MICHELIN

France
2011

Sommaire Contents

FRANÇAIS

INTRODUCTION

ENGLISH

→ INTRODUCTION

DISTINCTIONS 2011

→ AWARDS 2011

Mode d'emploi

INFORMATIONS TOURISTIQUES

Distances depuis les villes principales, offices de tourisme, sites touristiques locaux, moyens de transports, golfs et loisirs...

L'HÉBERGEMENT

De ⌂⌂⌂⌂⌂ à ⌂, ⌂ : catégories de confort.
En rouge ⌂⌂⌂⌂⌂ ... ⌂, ⌂ : les plus agréables.

LES MEILLEURES ADRESSES À PETITS PRIX

Bib Gourmand.
Bib Hôtel.

LES RESTAURANTS

De XXXXX à X : catégories de confort. En rouge XXXXX ... X : les plus agréables.

LES TABLES ÉTOILÉES

✿✿✿ Vaut le voyage.
✿✿ Mérite un détour.
✿ Très bonne cuisine.
(Entre parenthèses : nom du chef-propriétaire)

LOCALISER LA VILLE

Repérage de la localité sur la carte régionale en fin de guide (n° de la carte et coordonnées).

AUTRES PUBLICATIONS MICHELIN

Références de la carte et du Guide Vert Michelin où vous retrouverez la localité.

LOCALISER L'ÉTABLISSEMENT

Localisation sur le plan de ville (coordonnées et indice).

DESCRIPTION DE L'ÉTABLISSEMENT

Atmosphère, style, caractère et spécialités.

LES HÔTELS TRANQUILLES

hôtel tranquille.
hôtel très tranquille.

ÉQUIPEMENTS ET SERVICES

PRIX

Engagements

« Ce guide est né avec le siècle et il durera autant que lui. »

Cet avant-propos de la première édition du Guide MICHELIN 1900 est devenu célèbre au fil des années et s'est révélé prémonitoire. Si le Guide est aujourd'hui autant lu à travers le monde, c'est notamment grâce à la constance de son engagement vis-à-vis de ses lecteurs.
Nous voulons ici le réaffirmer.

Les engagements du Guide Michelin :

La visite anonyme : les inspecteurs testent de façon anonyme et régulière les tables et les chambres afin d'apprécier le niveau des prestations offertes à tout client. Ils paient leurs additions et peuvent se présenter pour obtenir des renseignements supplémentaires sur les établissements. Le courrier des lecteurs nous fournit par ailleurs une information précieuse pour orienter nos visites.

L'indépendance : la sélection des établissements s'effectue en toute indépendance, dans le seul intérêt du lecteur. Les décisions sont discutées collégialement par les inspecteurs et le rédacteur en chef. Les plus hautes distinctions sont décidées à un niveau européen. L'inscription des établissements dans le guide est totalement gratuite.

La sélection : le Guide offre une sélection des meilleurs hôtels et restaurants dans toutes les catégories de confort et de prix. Celle-ci résulte de l'application rigoureuse d'une même méthode par tous les inspecteurs.

La mise à jour annuelle : chaque année toutes les informations pratiques, les classements et les distinctions sont revus et mis à jour afin d'offrir l'information la plus fiable.

L'homogénéité de la sélection : les critères de classification sont identiques pour tous les pays couverts par le Guide Michelin.

... et un seul objectif : tout mettre en oeuvre pour aider le lecteur à faire de chaque sortie un moment de plaisir, conformément à la mission que s'est donnée Michelin : contribuer à une meilleure mobilité.

Édito

Cher lecteur,

Nous avons le plaisir de vous proposer notre 102e édition du Guide MICHELIN France. Cette sélection des meilleurs hôtels et restaurants, dans chaque catégorie de prix, est effectuée par une équipe d'inspecteurs professionnels, de formation hôtelière. Tous les ans, ceux-ci sillonnent le pays pour visiter de nouveaux établissements et vérifier le niveau des prestations de ceux déjà cités dans le guide.

Au sein de la sélection, nous reconnaissons également chaque année les meilleures tables, en leur décernant des étoiles, de ✿ à ✿✿✿. Celles-ci distinguent les établissements qui proposent la meilleure qualité de cuisine, dans tous les styles, en tenant compte du choix des produits, de la personnalité de la cuisine, de la maîtrise des cuissons et des saveurs, du rapport qualité/prix ainsi que de la constance de la prestation. Cette année encore, de nombreuses tables ont été remarquées pour l'évolution de leur cuisine : un « **N** » accompagne les nouveaux promus de ce millésime 2011, annonçant leur arrivée parmi les établissements couronnés d'une, de deux ou de trois étoiles.

De plus, nous signalons les « espoirs » pour la distinction supérieure. Ces établissements, repérés en rouge dans notre liste et dans nos pages, sont les meilleurs de leur catégorie. Ils pourront accéder à la distinction supérieure dès lors que la régularité de leurs prestations, dans le temps et sur l'ensemble de la carte, se sera confirmée. Par cette mention spéciale, nous entendons vous faire connaître les tables qui constituent, à nos yeux, les espoirs de la gastronomie de demain.

Votre avis nous intéresse, en particulier sur ces « espoirs ». N'hésitez donc pas à nous écrire ; votre participation est importante pour orienter nos visites et améliorer sans cesse votre Guide.

Merci encore de votre fidélité. Nous vous souhaitons de bons voyages avec le Guide MICHELIN 2011.

Consultez le Guide Michelin sur **www.viamichelin.com**
et écrivez-nous à : **leguidemichelin-france@fr.michelin.com**

Classement & distinctions

LES CATÉGORIES DE CONFORT

Le guide MICHELIN retient dans sa sélection les meilleures adresses dans chaque catégorie de confort et de prix. Les établissements sélectionnés sont classés selon leur confort et cités par ordre de préférence dans chaque catégorie.

🏨🏨🏨🏨🏨	XXXXX	**Grand luxe et tradition**
🏨🏨🏨🏨	XXXX	**Grand confort**
🏨🏨🏨	XXX	**Très confortable**
🏨🏨	XX	**De bon confort**
🏨	X	**Assez confortable**
	⌂	**Maison d'hôtes**
sans rest		**L'hôtel n'a pas de restaurant**
avec ch		**Le restaurant possède des chambres**

LES DISTINCTIONS

Pour vous aider à faire le meilleur choix, certaines adresses particulièrement remarquables ont reçu cette année une distinction.

Pour les adresses distinguées par une étoile ou un Bib Gourmand, la mention « **Rest** » apparaît en rouge dans le descriptif de l'établissement.

Pour les adresses distinguées par un Bib Hôtel, la mention « **ch** » apparaît en bleu dans le descriptif de l'établissement.

LES ÉTOILES : LES MEILLEURES TABLES

Les étoiles distinguent les établissements, tous styles de cuisine confondus, qui proposent la meilleure qualité de cuisine. Les critères retenus sont : le choix des produits, la personnalité de la cuisine, la maîtrise des cuissons et des saveurs, le rapport qualité-prix ainsi que la régularité.

✿✿✿ 25	**Cuisine remarquable, cette table vaut le voyage** On y mange toujours très bien, parfois merveilleusement.
✿✿ 76	**Cuisine excellente, cette table mérite un détour**
✿ 470	**Une très bonne cuisine dans sa catégorie**

LES BIBS : LES MEILLEURES ADRESSES À PETIT PRIX

☺ 601	**Bib Gourmand** Établissement proposant une cuisine de qualité au prix maximum de 29 € en province et 35 € à Paris (prix d'un repas hors boisson). En province, il s'agit le plus souvent d'une cuisine de type régional.

Bib Hôtel

255 Établissement offrant une prestation de qualité avec une majorité de chambres au prix maximum de 75 € en province et 90 € dans les grandes villes et stations touristiques importantes (prix pour 2 personnes, hors petit-déjeuner).

LES ADRESSES LES PLUS AGRÉABLES

Le rouge signale les établissements particulièrement agréables. Cela peut tenir au caractère de l'édifice, à l'originalité du décor, au site, à l'accueil ou aux services proposés.

à **Hôtels agréables**

Maisons d'hôtes agréables

à **Restaurants agréables**

LES MENTIONS PARTICULIÈRES

En dehors des distinctions décernées aux établissements, les inspecteurs MICHELIN apprécient d'autres critères souvent importants dans le choix d'un établissement.

SITUATION

Vous cherchez un établissement tranquille ou offrant une vue attractive ?
Suivez les symboles suivants :

Hôtel tranquille

Hôtel très tranquille

Vue intéressante

Vue exceptionnelle

CARTE DES VINS

Vous cherchez un restaurant dont la carte des vins offre un choix particulièrement intéressant ?
Suivez le symbole suivant :

Carte des vins particulièrement attractive
Toutefois, ne comparez pas la carte présentée par le sommelier d'un grand restaurant avec celle d'une auberge dont le patron se passionne pour les vins de sa région.

Équipements & services

30 ch	Nombre de chambres
	Jardin de repos – Parc
	Repas servi au jardin ou en terrasse
	Piscine de plein air / couverte
Spa	Bel espace de bien-être et de relaxation
	Salle de remise en forme – Court de tennis
	Ascenseur – Aménagements pour personnes à mobilité réduite
A/C	Air conditionné
	Connexion Internet Wifi/ADSL dans les chambres
	Salons pour repas privés
	Salles de conférences
	Restaurant proposant un service voiturier (pourboire d'usage)
P P	Parking / parking clos réservé à la clientèle
	Garage (généralement payant)
	Accès interdit aux chiens
M	Station de métro la plus proche
Ouvert / Fermé mai-oct	Période d'ouverture ou de fermeture communiquée par l'hôtelier

TABLES D'HÔTES

Les tables d'hôtes sont réservées exclusivement aux résidents.
Elles ne sont généralement proposées que le soir, le plus souvent sur réservation et pas forcément tous les jours.
Aussi, pensez à vérifier les jours de fermeture et à réserver votre dîner si vous souhaitez profiter de la table lors de votre séjour.

Prix

Les prix indiqués dans ce guide ont été établis à l'automne 2010. Ils sont susceptibles de modifications, notamment en cas de variation des prix des biens et des services. Ils s'entendent taxes et service compris. Aucune majoration ne doit figurer sur votre note sauf éventuellement la taxe de séjour. Les hôteliers et restaurateurs se sont engagés, sous leur propre responsabilité, à appliquer ces prix aux clients. À l'occasion de certaines manifestations : congrès, foires, salons, festivals, événements sportifs..., les prix demandés par les hôteliers peuvent être sensiblement majorés. Par ailleurs, renseignez-vous pour connaître les éventuelles conditions avantageuses accordées par les hôteliers.

RÉSERVATION ET ARRHES

Pour la confirmation de la réservation certains établissements demandent le numéro de carte de paiement ou un versement d'arrhes. Il s'agit d'un dépôt-garantie qui engage l'établissement comme le client. Bien demander à l'hôtelier de vous fournir dans sa lettre d'accord toutes précisions utiles sur la réservation et les conditions de séjour.

CARTES DE PAIEMENT

	Cartes de paiement acceptées :
VISA MC AE DC	Visa – MasterCard – American Express – Diners Club

CHAMBRES

ch – 50/80 €	Prix des chambres minimum / maximum pour 1 personne
ch – 60/100 €	Prix des chambres minimum / maximum pour 2 personnes
suites – 400/600 €	Prix des suites minimum / maximum pour 2 personnes
9 €	Prix du petit-déjeuner
ch	Petit-déjeuner compris

DEMI-PENSION

½ P 50/70 €	Prix de la demi-pension mini / maxi (chambre, petit-déjeuner et un repas) par personne. Ces prix s'entendent pour une chambre double occupée par deux personnes pour un séjour de trois jours minimum. Une personne seule occupant une chambre double se voit souvent appliquer une majoration. La plupart des hôtels de séjour pratiquent également la pension complète.

RESTAURANT

(13 €)	Formule entrée-plat ou plat-dessert au déjeuner en semaine
	Menu à moins de 19 €
Menu 15 € (déj.)	Menu uniquement servi au déjeuner
Menu 17 € (sem.)	Menu uniquement servi en semaine
Menu 16/38 €	Menu le moins cher / le plus cher
Carte 24/48 €	Repas à la carte hors boisson : le premier prix correspond à un repas simple comprenant une entrée, un plat et un dessert. Le deuxième prix concerne un repas plus complet (avec spécialité) comprenant deux plats, fromage et dessert.
bc	Boisson comprise

Villes

GÉNÉRALITÉS

63300	Numéro de code postal de la localité *les deux premiers chiffres correspondent au numéro de département*
✉ 57130 Ars	Numéro de code postal et nom de la commune de destination
P SP	Préfecture – Sous-préfecture
337 E5	Numéro de la carte « DEPARTEMENTS France » MICHELIN et coordonnées permettant de se repérer sur la carte
Jura	Voir le Guide Vert MICHELIN de la région
1057 h.	Nombre d'habitants (source : www.insee.fr)
alt. 75	Altitude de la localité
Sta. therm.	Station thermale
1200/1900	Altitude de la station et altitude maximum atteinte par les remontées mécaniques
2	Nombre de téléphériques ou télécabines
14	Nombre de remonte-pentes et télésièges
	Ski de fond
BY **b**	Lettres repérant un emplacement sur le plan de ville
9	Golf et nombre de trous
	Panorama, point de vue
	Aéroport – Localité desservie par train-auto *Renseignements au numéro de téléphone indiqué*
	Transports maritimes
	Transports maritimes pour passagers seulement
	Information touristique

INFORMATIONS TOURISTIQUES

INTÉRÊT TOURISTIQUE

★★★	Vaut le voyage
★★	Mérite un détour
★	Intéressant

Les musées sont généralement fermés le mardi

SITUATION DU SITE

	A voir dans la ville
	A voir aux environs de la ville
N, S, E, O	La curiosité est située : au Nord, au Sud, à l'Est, à l'Ouest
② ④	On s'y rend par la sortie ② ou ④ repérée par le même signe sur le plan du guide
6 km	Distance en kilomètres

Plans

Hôtels
Restaurants

CURIOSITÉS

Bâtiment intéressant
Édifice religieux intéressant :
- Catholique – Protestant

VOIRIE

Autoroute, double chaussée de type autoroutier
Échangeurs numérotés : complet, partiels
Grande voie de circulation
Sens unique – Rue réglementée ou impraticable
Rue piétonne – Tramway
R. Pasteur — Rue commerçante – Parking – Parking Relais
Porte – Passage sous voûte – Tunnel
Gare et voie ferrée – Auto-Train
Funiculaire – Téléphérique, télécabine
Pont mobile – Bac pour autos

SIGNES DIVERS

Information touristique
Mosquée – Synagogue
Tour – Ruines – Moulin à vent – Château d'eau
Jardin, parc, bois – Cimetière – Calvaire
Stade – Golf – Hippodrome – Patinoire
Piscine de plein air, couverte
Vue – Panorama – Table d'orientation
Monument – Fontaine – Usine
Centre commercial – Cinéma Multiplex
Port de plaisance – Phare – Tour de télécommunications
Aéroport – Station de métro – Gare routière (S.N.C.F.)
Transport par bateau : passagers et voitures, passagers seulement
Pastille de sortie de ville
Bureau principal de poste restante et Téléphone
Hôpital – Marché couvert – Caserne
Bâtiment public repéré par une lettre :
A C - Chambre d'agriculture – Chambre de commerce
G H J - Gendarmerie – Hôtel de ville – Palais de justice
M P T - Musée – Préfecture, sous-préfecture – Théâtre
U - Université, grande école
POL. - Police (commissariat central)
Passage bas (inf. à 4 m 50) – Charge limitée (inf. à 19 t)

Attention : en France, nouvelle numérotation en cours des routes nationales et départementales.

How to use this guide

TOURIST INFORMATION

Distances from the main towns, tourist offices, local tourist attractions, means of transport, golf courses and leisure activities...

LODGING

From 🏨🏨🏨🏨🏨 to 🏨, 🏠: categories of comfort.
In red 🏨🏨🏨🏨🏨 ... 🏨, 🏠: the most pleasant.

GOOD FOOD & ACCOMMODATION AT MODERATE PRICES

Bib Gourmand.
Bib Hotel.

RESTAURANTS

From XXXXX to X: categories of comfort.
In red XXXXX ... X: the most pleasant.

STARS

✿✿✿ Worth a special journey.
✿✿ Worth a detour.
✿ A very good restaurant.
(In brackets: name of the Chef-owner)

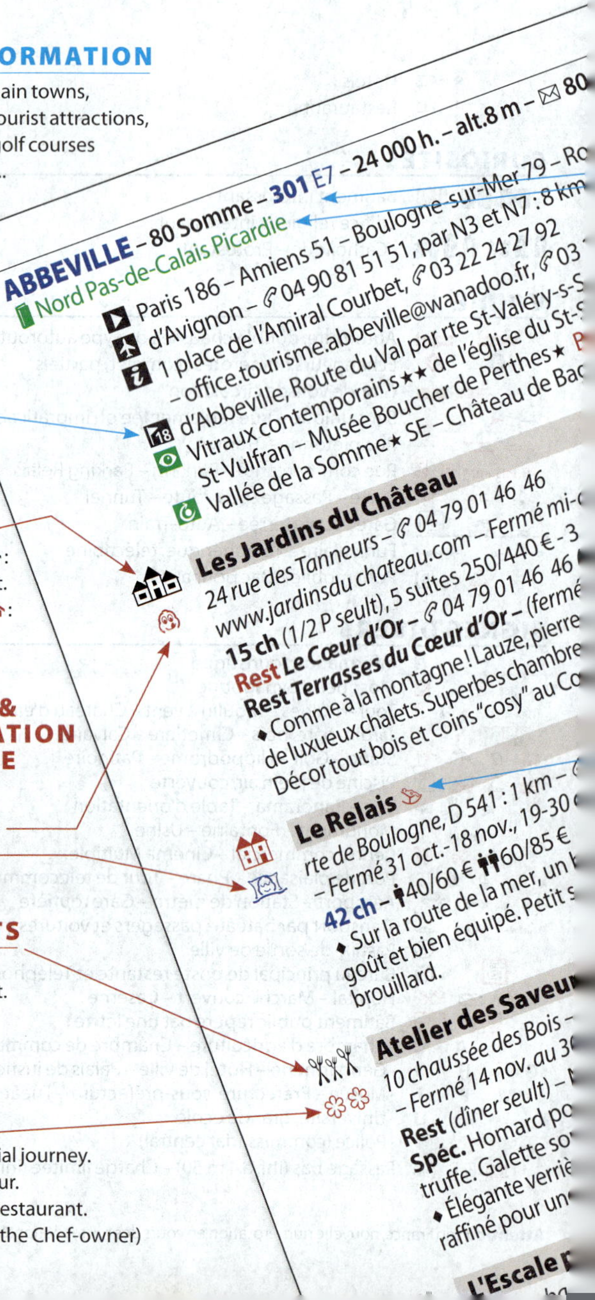

LOCATING THE TOWN

Locate the town on the map at the end of the guide (map number and coordinates).

OTHER MICHELIN PUBLICATIONS

References for the Michelin map and Green Guide which cover the area.

LOCATING THE ESTABLISHMENT

Located on the town plan (coordinates and letters giving the location).

DESCRIPTION OF THE ESTABLISHMENT

Atmosphere, style, character and specialities.

QUIET HOTELS

quiet hotel.

very quiet hotel.

FACILITIES & SERVICES

PRICES

Commitments

"This volume was created at the turn of the century and will last at least as long".

This foreword to the very first edition of the MICHELIN guide, written in 1900, has become famous over the years and the guide has lived up to the prediction. It is read across the world and the key to its popularity is the consistency of its commitment to its readers, which is based on the following promises.

The MICHELIN guide's commitments:

Anonymous inspections: our inspectors make regular and anonymous visits to hotels and restaurants to gauge the quality of products and services offered to an ordinary customer. They settle their own bill and may then introduce themselves and ask for more information about the establishment. Our readers' comments are also a valuable source of information, which we can then follow up with another visit of our own.

Independence: Our choice of establishments is a completely independent one, made for the benefit of our readers alone. The decisions to be taken are discussed around the table by the inspectors and the editor. The most important awards are decided at a European level. Inclusion in the guide is completely free of charge.

Selection and choice: The guide offers a selection of the best hotels and restaurants in every category of comfort and price. This is only possible because all the inspectors rigorously apply the same methods.

Annual updates: All the practical information, the classifications and awards are revised and updated every single year to give the most reliable information possible.

Consistency: The criteria for the classifications are the same in every country covered by the MICHELIN guide.

... and our aim: to do everything possible to make travel, holidays and eating out a pleasure, as part of MICHELIN's ongoing commitment to improving travel and mobility.

Dear reader,

We are delighted to introduce the 102nd edition of The MICHELIN guide France. This selection of the best hotels and restaurants in every price category is chosen by a team of full-time inspectors with a professional background in the industry. They cover every corner of the country, visiting new establishments and testing the quality and consistency of the hotels and restaurants already listed in the guide.

Every year we pick out the best restaurants by awarding them with stars from ✲ to ✲✲✲. Michelin stars are awarded to establishments serving cuisine, of whatever style, which is of the highest quality, taking into consideration the quality of ingredients, the flair and skill in their preparation, the combination of flavours, the value for money and the consistency of culinary standards.

Newly promoted restaurants which, over the last year, have raised the quality of their cooking to a new level, whether they have gained a first star, risen from one to two stars, or moved from two to three, are marked with an '**N**' next to their entry to signal their new status in 2011.

We have also picked out a selection of "Rising Stars". These establishments, listed in red, are the best in their present category. They have the potential to rise further, and already have an element of superior quality; as soon as they produce this quality consistently, and in all aspects of their cuisine, they will be hot tips for a higher award. We've highlighted these promising restaurants so you can try them for yourselves; we think they offer a foretaste of the gastronomy of the future.

We're very interested to hear what you think of our selection, particularly the "Rising Stars", so please continue to send us your comments. Your opinions and suggestions help to shape your guide, and help us to keep improving it, year after year.

Thank you for your support. We hope you enjoy travelling with the MICHELIN guide 2011.

Consult the Michelin Guide at **www.ViaMichelin.com**
and write to us at: **leguidemichelin-france@fr.michelin.com**

Classification & awards

CATEGORIES OF COMFORT

The MICHELIN guide selection lists the best hotels and restaurants in each category of comfort and price. The establishments we choose are classified according to their levels of comfort and, within each category, are listed in order of preference.

	Luxury in the traditional style
	Top class comfort
	Very comfortable
	Comfortable
	Quite comfortable
	Guesthouse
sans rest	**This hotel has no restaurant**
avec ch	**This restaurant also offers accommodation**

THE AWARDS

To help you make the best choice, some exceptional establishments have been given an award in this year's guide.

For those awarded a star or a Bib Gourmand, the mention "**Rest**" appears in red in the description of the establishment.

For those awarded a Bib Hotel, the mention "**ch**" appears in blue in the description of the establishment.

THE STARS: THE BEST CUISINE

MICHELIN stars are awarded to establishments serving cuisine, of whatever style, which is of the highest quality. The cuisine is judged on the quality of ingredients, the flair and skill in their preparation, the combination of flavours, the value for money and the consistency of culinary standards.

	Exceptional cuisine, worth a special journey
25	One always eats extremely well here, sometimes superbly.
	Excellent cooking, worth a detour
76	
	A very good restaurant in its category
470	

THE BIB : GOOD FOOD AND ACCOMMODATION AT MODERATE PRICES

601 **Bib Gourmand**
Establishment offering good quality cuisine at a maximum price of 29 € or 35 € in the Paris region (price of a meal not including drinks). Outside the Paris region, these establishments generally specialise in regional cooking.

255 **Bib Hotel**
Establishment offering good levels of comfort and service, with most rooms priced at a maximum price of 75 € or under 90 € in the main cities and popular tourist resorts (price of a room for 2 people not including breakfast).

PLEASANT HOTELS AND RESTAURANTS

Symbols shown in red indicate particularly pleasant or restful establishments: the character of the building, its décor, the setting, the welcome and services offered may all contribute to this special appeal.

to **Pleasant hotels**

Pleasant guesthouses

to **Pleasant restaurants**

OTHER SPECIAL FEATURES

As well as the categories and awards given to the establishment, MICHELIN inspectors also make special note of other criteria which can be important when choosing an establishment.

LOCATION

If you are looking for a particularly restful establishment, or one with a special view, look out for the following symbols:

Quiet hotel

Very quiet hotel

Interesting view

Exceptional view

WINE LIST

If you are looking for an establishment with a particularly interesting wine list, look out for the following symbol:

Particularly interesting wine list
This symbol might cover the list presented by a sommelier in a luxury restaurant or that of a simple inn where the owner has a passion for wine. The two lists will offer something exceptional but very different, so beware of comparing them by each other's standards.

Facilities & services

30 ch	Number of rooms
	Garden – Park
	Meals served in garden or on terrace
	Swimming pool: outdoor or indoor
	An extensive facility for relaxation and well-being
	Exercise room – Tennis court
	Lift – Establishment at least partly accessible to those of restricted mobility
	Air conditioning
	Wireless/broadband connection in bedrooms
	Private dining rooms
	Equipped conference room
	Restaurant offering valet parking (tipping customary)
	Car park / Enclosed car park for customers only
	Garage (additional charge in most cases)
	No dogs allowed
	Nearest metro station
Ouvert / Fermé mai-oct	Dates when open or closed as indicated by the hotelier.

TABLES D'HÔTES

Tables d'hôtes serve meals – generally dinner – to residents and by reservation only.
Meals are not always available every day of the week, so don't forget to check opening times and to reserve a table if you wish to dine during your stay.

Prices

Prices quoted in this guide were supplied in autumn 2010. They are subject to alteration if goods and service costs are revised.
By supplying the information, hotels and restaurants have undertaken to maintain these rates for our readers.
In some towns, when commercial, cultural or sporting events are taking place the hotel rates are likely to be considerably higher.
Out of season, certain establishments offer special rates. Ask when booking.

RESERVATION AND DEPOSITS

Some establishments will ask you to confirm your reservation by giving your credit card number or require a deposit which confirms the commitment of both the customer and the establishment. Ask the hotelier to provide you with all the terms and conditions applicable to your reservation in their written confirmation.

CREDIT CARDS

	Credit cards accepted by the establishment:
VISA MC AE D	Visa – MasterCard – American Express – Diners Club

ROOMS

ch – 🚹 50/80 €	Lowest price / highest price for a single room
ch – 🚹🚹 60/100 €	Lowest price / highest price for a double or a twin room
suites – 🚹🚹 400/600 €	Lowest price / highest price for a suite
☕ 9 €	Price of breakfast
ch ☕	Breakfast included

HALF BOARD

½ P 50/70 €	Lowest and highest prices for half board (room, breakfast and a meal) per person. These prices are valid for a double room occupied by two people for a minimum stay of three nights. If a single person occupies a double room a supplement may apply. Most of the hotels also offer full board terms on request.

RESTAURANT

(13 €)	2 course meal, on weekday lunchtimes
🪙	Menu for less than 19 €
Menu 15 € (déj.)	Set menu served only at lunchtime
Menu 17 € (sem.)	Set menu served only on weekdays
Menu 16/38 €	Cheapest set meal / Highest set menu
Carte 24/48 €	A la carte meal, drinks not included. The first figure is for a plain meal and includes first course, main dish of the day and dessert. The second price is for a fuller meal (with speciality) including starter, main course, cheese and dessert.
bc	House wine included

Towns

GENERAL INFORMATION

63300	Local postal number *the first two numbers are the same as the département number*
✉ 57130 Ars	Postal number and the name of the postal area
P SP	Prefecture – Sub-prefecture
337 E5	Number of the appropriate sheet and grid square reference of the Michelin road map in the "DEPARTEMENTS France" MICHELIN series
Jura	See the regional MICHELIN Green Guide
1057 h.	Population (source: www.insee.fr)
alt. 75	Altitude (in metres)
Sta. therm.	Spa
1200/1900	Altitude of resort and highest point reached by lifts
2	Number of cable-cars
14	Number of ski and chair-lifts
	Cross-country skiing
BY **b**	Letters giving the location of a place on a town plan
9	Golf course and number of holes
	Panoramic view, viewpoint
	Airport – Places with motorail pick-up point. *Further information from phone number listed*
	Shipping line – Passenger transport only
	Tourist information

TOURIST INFORMATION

STAR-RATING

★★★	Highly recommended
★★	Recommended
★	Interesting *Museums and art galleries are generally closed on Tuesday*

LOCATION

	Sights in town
	On the outskirts
N, S, E, O	The sight lies north, south, east or west of the town
② ④	Signs ② or ④ on the town plan show the road leading to a place of interest and correspond to the same signs on MICHELIN road maps.
6 km	Distance in kilometres

Town plans

- Hotels
- Restaurants

SIGHTS

Place of interest

Interesting place of worship:

- Catholic – Protestant

ROAD

Motorway, dual carriageway

Numbered junctions : complete, limited

Major thoroughfare

One-way street – Unsuitable for traffic or street subject to restrictions

Pedestrian street – Tramway

R. Pasteur Shopping street – Car park – Park and Ride

Gateway – Street passing under arch – Tunnel

Station and railway – Motorail

Funicular – Cable-car

Lever bridge – Car ferry

VARIOUS SIGNS

Tourist Information Centre

Mosque – Synagogue

Tower – Ruins – Windmill – Water tower

Garden, park, wood – Cemetery – Cross

Stadium – Golf course – Racecourse – Skating rink

Outdoor or indoor swimming pool

View – Panorama – Viewing table

Monument – Fountain – Factory

Shopping centre – Multiplex Cinema

Pleasure boat harbour – Lighthouse – Communications tower

S.N.C.F. Airport – Underground station – Coach station

Ferry services : passengers and cars, passengers only

③ Reference number common to town plans

Main post office with poste restante and telephone

Hospital – Covered market – Barracks

Public buildings located by letter :

A C - Chamber of Agriculture – Chamber of Commerce

G H J - Gendarmerie – Town Hall – Law Courts

M P T - Museum – Prefecture or sub-prefecture – Theatre

U - University, College

POL. - Police (in large towns police headquarters)

4'4 18T (18) Low headroom (15 ft. max.) – Load limit (under 19 t)

Please note: the *route nationale* and *route départementale* road numbers ar currently being changed in France.

Distinctions 2011

Awards 2011

Les Tables étoilées 2011

La couleur correspond à l'établissement le plus étoilé de la localité.
Paris
La localité possède au moins un restaurant 3 étoiles
Rouen
La localité possède au moins un restaurant 2 étoiles
Rennes
La localité possède au moins un restaurant 1 étoile
Bondues
Lille
Ligny-en-Cambrésis
Rethondes
St-Jean-aux-Bois
Courcelles-sur-Vesle
Reuilly-Sauvigny
Reims
Montchenot
Vinay
Épernay
Châlons-en-Champagne
Pont-Ste-Marie
Sens
Joigny
Colombey-les-Deux-Églises
Zoufftgen
Hagondange
Metz
Stiring-Wendel
Sarreguemines
Phalsbourg
Bitche
Untermuhlthal
Lembach
Gundershoffen
Sarrebourg
Languimberg
Belleville
Nancy
Lunéville
Obernai
Marlenheim
La Wantzenau
Strasbourg
Rosheim
C
Épinal
Illhaeusern
Mulhouse
Riedisheim
Sierentz
Vauchoux
Danjoutin
Prenois
St-Père
La Bussière-sur-Ouche
Dijon
Montbéliard
Sevenans
Chamesol
Pernand-Vergelesses
Sampans
Bonnétage
Saulieu
Dole
Villers-le-Lac
Nevers
Beaune
Levernois
Port-Lesney
Morteau
Chassagne-Montrachet
Chagny
Arbois
Malbuisson
Montceau-les-Mines
St-Rémy
Tournus
D
Vonnas
Ambierle
Roanne
Vichy
Chasselay
Annecy
Chamonix-Mont-Blanc
Clermont-Ferrand
Mionnay
Megève
Bort-l'Étang
Lyon
St Martin-de-Belleville
St-Just-St-Rambert
Le-Bourget-du-Lac
Sarpoil
Courchevel 1850
Charbonnières-les-Bains
Vienne
Val-Thorens
St-Bonnet-le-Froid
Pont-de-l'Isère
Uriage-les-Bains
Le Puy-en-Velay
Corrençon-en-Vercors
Les Deux-Alpes
Alleyras
Lamastre
Granges-les-Beaumont
Chaudes-Aigues
St-Agrève
Valence
Les Baux-de-Provence
B
La Turbie
Collias
Moustiers-Ste-Marie
E
Monte-Carlo
Tornac
Bonnieux
Vence
Èze
Garons
Tourtour
Beaulieu-sur-Mer
Gignac
Callas
Lorgues
Le Cannet
Arles
Montpellier
Cannes
L'Île Rousse
Erbalunga
Le Castellet
St-Florent
Béziers
Marseille
La Napoule
Lumio
Calvi
Narbonne
Ste-Maxime
St-Tropez
Ile de Porquerolles
Perpignan
Aiguebelle
St-Cyprien
Bormes-les-Mimosas
Collioure
Ajaccio
Laroque-des-Albères
Cala Rossa
Porto-Vecchio

Les Tables étoilées 2011

La couleur correspond à l'établissement le plus étoilé de la localité.

Ile-de-France

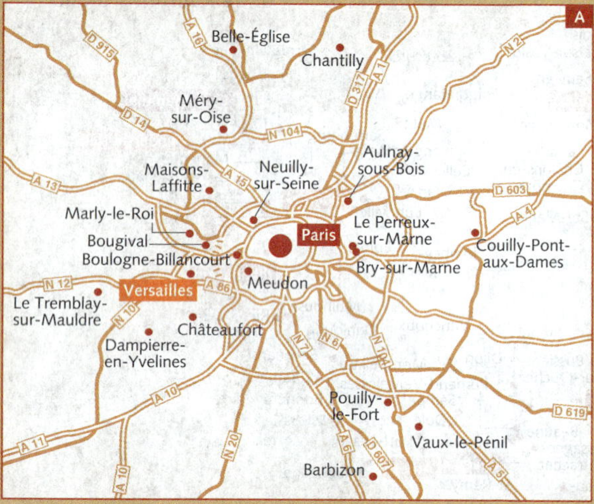

Provence

Alsace

Rhône-Alpes

Côte-d'Azur

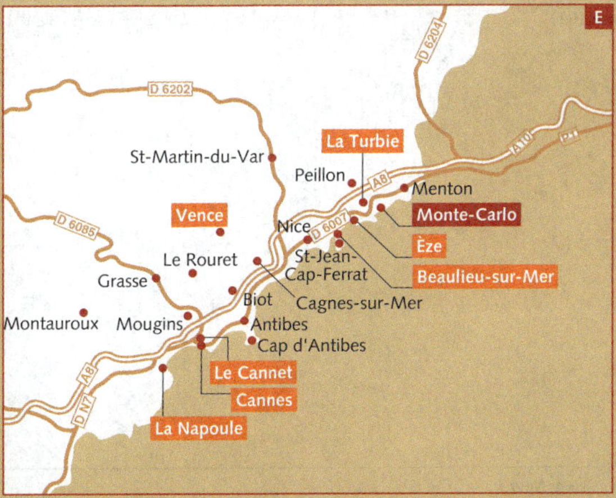

Les Tables étoilées

Starred establishments

✿✿✿ 2011

Baerenthal/ Untermuhlthal (57)	L'Arnsbourg
Chagny (71)	Maison Lameloise
Eugénie-les-Bains (40)	Michel Guérard
Fontjoncouse (11)	Auberge du Vieux Puits
Illhaeusern (68)	Auberge de l'Ill
Joigny (89)	La Côte St-Jacques
Laguiole (12)	Bras
Lyon (69)	Paul Bocuse
Marseille (13)	Le Petit Nice
Monte-Carlo (MC)	Le Louis XV-Alain Ducasse
Paris/ Paris 1er	Le Meurice
Paris/ Paris 4e	L'Ambroisie
Paris/ Paris 7e	Arpège
Paris/ Paris 8e	Alain Ducasse au Plaza Athénée
Paris/ Paris 8e	Le Bristol
Paris/ Paris 8e	Ledoyen
Paris/ Paris 8e	Pierre Gagnaire
Paris/ Paris 16e	Astrance
Paris/ Paris 16e	Le Pré Catelan
Paris/ Paris 17e	Guy Savoy
Roanne (42)	Troisgros
Saint-Bonnet-le-Froid (43)	Régis et Jacques Marcon
Saulieu (21)	Le Relais Bernard Loiseau
Valence (26)	Pic
Vonnas (01)	Georges Blanc

→ **N** *Nouveau* → *New*

✿✿ 2011

→ *En rouge les espoirs 2011 pour ✿✿✿*

→ *In red the 2011 Rising Stars for ✿✿✿*

Annecy (74) Le Clos des Sens
Arbois (39) Jean-Paul Jeunet
Arles (13) L'Atelier de Jean-Luc Rabanel
Les Baux-de-Provence (13) L'Oustaù de Baumanière
Beaulieu-sur-Mer (06) La Réserve de Beaulieu et Spa
Béthune/ Busnes (62) Le Château de Beaulieu
Bonnieux (84) La Bastide de Capelongue
Bordeaux/ Bouliac (33) Le St-James
Le-Bourget-du-Lac (73) Le Bateau Ivre
Cannes (06) La Palme d'Or
Cannes/ Le Cannet (06) Villa Archange **N**
Carantec (29) L'Hôtel de Carantec-Patrick Jeffroy
Le Castellet/Circuit Paul Ricard (83) Du Castellet
Chamonix-Mont-Blanc (74) Hameau Albert 1er
Chasselay (69) Guy Lassausaie
Courchevel (73) Cheval Blanc
Courchevel/ Courchevel 1850 (73) Les Airelles
Courchevel/ Courchevel 1850 (73) Le Chabichou
Èze (06) Château de la Chèvre d'Or
Gundershoffen (67) Le Cygne
Honfleur (14) Sa. Qua. Na
L'Isle-Jourdain/ Pujaudran (32) Le Puits St-Jacques
Lorient (56) L'Amphitryon
Lyon (69) Auberge de l'Ile
Lyon (69) Mère Brazier
Lyon/ Charbonnières-les-Bains (69) Philippe Gauvreau
Magescq (40) Relais de la Poste
Mandelieu/ La Napoule (06) L'Oasis
Megève/ Leutaz (74) Flocons de Sel
Mionnay (01) Alain Chapel
Monte-Carlo (MC) Joël Robuchon Monte-Carlo
Montpellier (34) Le Jardin des Sens
Nantes/ Haute-Goulaine (44) Manoir de la Boulaie
Nîmes/ Garons (30) Alexandre
Obernai (67) La Fourchette des Ducs
Onzain (41) Domaine des Hauts de Loire
Paris/ Paris 1er Carré des Feuillants
Paris/ Paris 1er L'Espadon
Paris/ Paris 1er Le Grand Véfour
Paris/ Paris 2e Passage 53 **N**
Paris/ Paris 6e Relais Louis XIII
Paris/ Paris 7e L'Atelier de Joël Robuchon - St-Germain
Paris/ Paris 7e Jean-François Piège **N**
Paris/ Paris 8e Apicius
Paris/ Paris 8e L'Atelier de Joël Robuchon - Étoile **N**
Paris/ Paris 8e Le Cinq
Paris/ Paris 8e Lasserre
Paris/ Paris 8e Senderens
Paris/ Paris 8e Taillevent
Paris/ Paris 17e Bigarrade
Paris/ Paris 17e Michel Rostang
Pauillac (33) Château Cordeillan Bages
La Plaine-sur-Mer (44) Anne de Bretagne
Plomodiern (29) Auberge des Glazicks
Pont-du-Gard/ Collias (30) Hostellerie Le Castellas
Porto-Vecchio (2A) Casadelmar
Puymirol (47) Michel Trama
Reims (51) L'Assiette Champenoise
La Rochelle (17) Richard et Christopher Coutanceau
Romans-sur-Isère/ Granges-les-Beaumont (26) Les Cèdres
Rouen (76) Gill
Saint-Émilion (33) Hostellerie de Plaisance
Saint-Just-Saint-Rambert (42) Le Neuvième Art
Saint-Martin-de-Belleville (73) La Bouitte
Saint-Sulpice-le-Verdon (85) Thierry Drapeau Logis de la Chabotterie **N**
Saint-Tropez (83) Résidence de la Pinède
Sens (89) La Madeleine
Toulouse (31) Michel Sarran
Toulouse/ Colomiers (31) L'Amphitryon
La Turbie (06) Hostellerie Jérôme
Uriage-les-Bains (38) Grand Hôtel
Val-Thorens (73) L'Oxalys
Vence (06) Le St-Martin
Versailles (78) Gordon Ramsay au Trianon
Vézelay/ Saint-Père (89) L'Espérance
Vienne (38) La Pyramide

→ **N** *Nouveau* → *New*

✿ 2011

→ *En rouge les espoirs 2011 pour* ✿✿

→ *In red the 2011 Rising Stars for* ✿✿

Agen (47) Mariottat
Agen/ Moirax (47) Auberge le Prieuré
Ainhoa (64) Ithurria
Aix-en-Provence (13) Le Clos de la Violette
Aix-en-Provence (13) Pierre Reboul
Ajaccio (2A) Palm Beach
Albi (81) L'Esprit du Vin
Alleyras (43) Le Haut-Allier
Ambierle (42) Le Prieuré
Amboise (37) Château de Pray **N**
Amiens/ Dury (80) L'Aubergade
Andrézieux-Bouthéon (42) Les Iris
Anduze/Tornac (30) Les Demeures du Ranquet
Angers (49) Le Favre d'Anne
Angers (49) Une Île
Annecy (74) Le Belvédère
Annecy (74) La Ciboulette
Annecy/ Veyrier-du-Lac (74) La Nouvelle Maison de Marc Veyrat **N**
Antibes (06) Le Figuier de St-Esprit
Antibes/ Cap d'Antibes (06) Les Pêcheurs
Arles (13) La Chassagnette
Arles (13) Le Cilantro
Aulnay-sous-Bois (93) Auberge des Saints Pères
Avignon (84) Christian Étienne
Avignon (84) D'Europe **N**
Avignon (84) Le Diapason **N**
Avignon (84) La Mirande
Avignon (84) Le Saule Pleureur
Azay-le-Rideau/Saché (37) Auberge du XIIe Siècle
Bagnoles-de-l'Orne (61) Le Manoir du Lys
Barbizon (77) Les Pléiades
Barneville-Carteret/Carteret (50) De la Marine
La Baule (44) Castel Marie-Louise
Les Baux-de-Provence (13) La Cabro d'Or
Bayeux/ Audrieu (14) Château d'Audrieu
Bayonne (64) Auberge du Cheval Blanc
Beaune (21) Le Bénaton
Beaune (21) Loiseau des Vignes
Beaune/Levernois (21) Hostellerie de Levernois
Beaune/ Pernand-Vergelesses (21) Le Charlemagne
Belcastel (12) Vieux Pont
Belfort/ Danjoutin (90) Le Pot d'Étain
Belfort/ Sevenans (90) Auberge de la Tour Penchée **N**
Belle-Église (60) La Grange de Belle-Église
Belleville (54) Le Bistroquet
Bergerac/ Moulin de Malfourat (24) La Tour des Vents
Beuvron-en-Auge (14) Le Pavé d'Auge
Les Bézards (45) Auberge des Templiers
Béziers (34) L'Ambassade
Béziers (34) Octopus
Biarritz (64) Du Palais
Biarritz (64) Les Rosiers
Biarritz/ Arcangues (64) Le Moulin d'Alotz
Bidart (64) Table et Hostellerie des Frères Ibarboure
Billiers (56) Domaine de Rochevilaine
Biot (06) Les Terraillers
Bitche (57) Le Strasbourg
Blainville-sur-Mer (50) Le Mascaret
Blois (41) Au Rendez-vous des Pêcheurs
Blois (41) Le Médicis
Blois (41) L'Orangerie du Château
Bonnétage (25) L'Étang du Moulin
Bordeaux (33) 7ème Péché **N**
Bordeaux (33) Le Chapon Fin
Bordeaux (33) Le Gabriel
Bordeaux (33) Le Pavillon des Boulevards
Bordeaux (33) Le Pressoir d'Argent
Bordeaux/ Cenon (33) La Cape
Bordeaux/ Lormont (33) Jean-Marie Amat
Bordeaux/Martillac (33) Les Sources de Caudalie
Bormes-les-Mimosas (83) La Rastègue
Bosdarros (64) Auberge Labarthe
Bougival (78) Le Camélia
Boulogne-Billancourt (92) Au Comte
Boulogne-Billancourt (92) Ducoté Cuisine
Boulogne-sur-Mer (62) La Matelote
Le Bourg-Dun (76) Auberge du Dun
Bourg-en-Bresse/Péronnas (01) La Marelle
Bourges (18) Le d'Antan Sancerrois
Le-Bourget-du-Lac (73) Auberge Lamartine
Le-Bourget-du-Lac (73) La Grange à Sel **N**
Le-Bourget-du-Lac/Les Catons (73) Atmosphères
Bourgueil/Restigné (37) Manoir de Restigné
Bozouls (12) Le Belvédère

→ **N** *Nouveau* → *New*

Brantôme/ Champagnac-de-Belair (24) Le Moulin du Roc
Bray-et-Lû (95) Les Jardins d'Epicure
La Brède (33) La Table de Montesquieu
Brest (29) L'Armen
Le Breuil-en-Auge (14) Le Dauphin
Breuillet (17) L'Aquarelle
Briollay (49) Château de Noirieux
Brive-la-Gaillarde/Varetz (19) Château de Castel Novel
Bry-sur-Marne (94) Auberge du Pont de Bry "La Grapille" **N**
La Bussière-sur-Ouche (21) Abbaye de la Bussière
La Cadière-d'Azur (83) Hostellerie Bérard
Caen (14) Ivan Vautier **N**
Caen (14) Stéphane Carbone - Restaurant Incognito
Cagnes-sur-Mer (06) Bistrot de la Marine - Jacques Maximin **N**
Cagnes-sur-Mer (06) Josy-Jo
Cahors/ Lamagdelaine (46) Marco
Cahors/ Mercuès (46) Château de Mercuès
Cahuzac-sur-Vère (81) Château de Salettes
Cahuzac-sur-Vère (81) La Falaise
Callas (83) Hostellerie Les Gorges de Pennafort
Calvi (2B) Emile's
Calvi (2B) La Villa
Calvinet (15) Beauséjour
Cancale (35) Le Coquillage
Cannes (06) Mon Rêve de Gosse **N**
Cannes (06) Le Park 45
Carcassonne (11) De La Cité
Carcassonne (11) Domaine d'Auriac
Carcassonne (11) Le Parc Franck Putelat
Carcassonne/ Aragon (11) La Bergerie
Carcassonne/ Pezens (11) L'Ambrosia
Cassis (13) La Villa Madie
Castres (81) Bistrot Saveurs
La Celle (83) Hostellerie de l'Abbaye de la Celle
Cergy-Pontoise/ Méry-sur-Oise (95) Le Chiquito **N**
Chaintré (71) La Table de Chaintré
Châlons-en-Champagne (51) D'Angleterre
Chalon-sur-Saône/ Saint-Rémy (71) L'Amaryllis
Chamesol (25) Mon Plaisir
Chamonix-Mont-Blanc (74) Le Bistrot
Chantilly (60) Dolce Chantilly
La Chapelle-de-Guinchay (71) La Poularde
Chartres (28) Le Grand Monarque
Chassagne-Montrachet (21) Le Chassagne
Château-Arnoux-Saint-Auban (04) La Bonne Étape
Châteaufort (78) La Belle Époque
Chaudes-Aigues (15) Serge Vieira
Chenonceaux (37) Auberge du Bon Laboureur
Cherbourg-Octeville (50) Le Pily
Chinon/ Marçay (37) Château de Marçay
Cholet (49) Au Passé Simple
Clères/ Frichemesnil (76) Au Souper Fin
Clermont/ Étouy (60) L'Orée de la Forêt
Clermont-Ferrand (63) Apicius
Clermont-Ferrand (63) Emmanuel Hodencq
Clermont-Ferrand (63) Fleur de Sel
Clermont-Ferrand (63) Jean-Claude Leclerc
Collioure (66) Relais des Trois Mas
Colmar (68) L'Atelier du Peintre **N**
Colmar (68) JY'S
Colombey-les-Deux-Églises (52) Hostellerie la Montagne
Compiègne/ Rethondes (60) Alain Blot
Condom (32) La Table des Cordeliers
Conques (12) Hervé Busset
Conteville (27) Auberge du Vieux Logis
Cordon (74) Les Roches Fleuries
Couilly-Pont-aux-Dames (77) Auberge de la Brie
Courcelles-sur-Vesle (02) Château de Courcelles
Courchevel/ Courchevel 1850 (73) Le Bateau Ivre
Courchevel/ Courchevel 1850 (73) Le Kilimandjaro
Courchevel/ Courchevel 1850 (73) Le Strato **N**
Courchevel/ Le-Praz (73) Azimut
Courchevel/ La Tania (73) Le Farçon
Le Croisic (44) Le Fort de l'Océan **N**
Cucuron (84) La Petite Maison
Curzay-sur-Vonne (86) Château de Curzay
Dampierre-en-Yvelines (78) Auberge du Château "Table des Blot"
Deauville (14) Royal-Barrière
Les Deux-Alpes (38) Chalet Mounier
Dijon (21) Hostellerie du Chapeau Rouge
Dijon (21) Le Pré aux Clercs
Dijon (21) Stéphane Derbord
Dijon/ Prenois (21) Auberge de la Charme
Dole (39) La Chaumière
Dole/ Sampans (39) Château du Mont Joly
Douvaine (74) Ô Flaveurs
Épernay (51) Les Berceaux
Épernay/ Vinay (51) Hostellerie La Briqueterie
Épinal (88) Les Ducs de Lorraine

→ **N** *Nouveau* → *New*

Erbalunga (2B) Le Pirate
Eygalières (13) Maison Bru
Èze (06) Château Eza
Flers/ La Ferrière-aux-Étangs (61) Auberge de la Mine
Fleurie (69) Le Cep
Forbach/ Stiring-Wendel (57) La Bonne Auberge
Gargas (84) Domaine de la Coquillade **N**
Gérardmer/ Bas-Rupts (88) Les Bas-Rupts
Gignac (34) de Lauzun
Gordes (84) Les Bories et Spa
La Gouesnière (35) Maison Tirel-Guérin
Grasse (06) La Bastide St-Antoine
Grasse (06) Lou Fassum "La Tourmaline"
Grenade-sur-l'Adour (40) Pain Adour et Fantaisie
Guéthary (64) Brikéténia
Gujan-Mestras (33) La Guérinière
Hagondange (57) Quai des Saveurs
Hasparren (64) Ferme Hégia
Le Havre (76) Jean-Luc Tartarin
Hennebont (56) Château de Locguénolé
Île de Noirmoutier/ L'Herbaudière (85) La Marine
Ile de Porquerolles (83) Le Mas du Langoustier
L'Île-Rousse (2B) Pasquale Paoli
L'Isle-sur-la-Sorgue (84) Le Vivier
Issoire/ Sarpoil (63) La Bergerie **N**
Issoudun (36) Rest. La Cognette
Istres (13) La Table de Sébastien
Jarnac/ Bourg-Charente (16) La Ribaudière
Jongieux (73) Auberge Les Morainières
Joucas (84) Hostellerie Le Phébus et Spa
Kaysersberg (68) Chambard
Lacave (46) Château de la Treyne
Lacave (46) Pont de l'Ouysse
Lamastre (07) Midi
Langon (33) Claude Darroze
Languimberg (57) Chez Michèle
Lannilis (29) Auberge des Abers
Lannion/ La Ville Blanche (22) La Ville Blanche
Laroque-des-Albères (66) Les Palmiers
Lastours (11) Le Puits du Trésor
Le Lavandou/ Aiguebelle (83) Le Sub **N**
Laventie (62) Le Cerisier
Lembach (67) Auberge du Cheval Blanc
Lezoux/ Bort-l'Étang (63) Château de Codignat
Lièpvre/ La Vancelle (67) Auberge Frankenbourg
Ligny-en-Cambrésis (59) Château de Ligny
Lille (59) A L'Huîtrière
Lille (59) La Laiterie
Lille (59) Le Sébastopol
Lille/ Bois-Grenier (59) La Table des Jardins **N**
Lille/ Bondues (59) Val d'Auge
Limoges (87) Amphitryon
Loctudy (29) Auberge Pen Ar Vir
Loiré (49) Auberge de la Diligence
Lorgues (83) Bruno
Lorient (56) Henri et Joseph
Lourmarin (84) Auberge La Fenière
Lumio (2B) Chez Charles
Lunéville (54) Château d'Adoménil
Lyon (69) L'Alexandrin
Lyon (69) Auberge de Fond Rose
Lyon (69) Au 14 Février **N**
Lyon (69) Le Gourmet de Sèze
Lyon (69) Maison Clovis
Lyon (69) Pierre Orsi
Lyon (69) Takao Takano **N**
Lyon (69) Les Terrasses de Lyon
Lyon (69) Les Trois Dômes
Lyon (69) Têtedoie
Lyon/ Rillieux-la-Pape (69) Larivoire
Mâcon (71) Pierre
Maisons-Laffitte (78) Tastevin
Malbuisson (25) Le Bon Accueil
Le Mans (72) Le Beaulieu
Marlenheim (67) Le Cerf
Marly-le-Roi (78) Le Village **N**
Marseille (13) L'Épuisette
Marseille (13) Une Table au Sud
Maury (66) Pascal Borrell
Mayenne (53) L'Eveil des Sens **N**
Melun/ Vaux-le-Pénil (77) La Table St-Just
Menton (06) Mirazur
Metz (57) La Citadelle
Meudon (92) L'Escarbille
Montargis (45) La Gloire
Montauban (82) Abbaye des Capucins Spa et Resort **N**
Montauroux (83) Auberge Eric Maio
Montbazon (37) Chancelière "Jeu de Cartes"
Montbéliard (25) Le St-Martin
Montceau-les-Mines (71) Le France
Mont-de-Marsan (40) Les Clefs d'Argent
Monte-Carlo (MC) Mandarine
Monte-Carlo (MC) Vistamar **N**
Monte-Carlo (MC) Yoshi
Montlivault (41) La Maison d'à Côté
Montpellier (34) La Réserve Rimbaud
Montreuil (62) Château de Montreuil
Montreuil/ La Madelaine-sous-Montreuil (62) Auberge de la Grenouillère
Montrevel-en-Bresse (01) Léa

N *Nouveau* *New*

Morteau (25) Auberge de la Roche
Mougins (06) Le Mas Candille
Mougins (06) Le Moulin de Mougins
Moustiers-Sainte-Marie (04) La Bastide de Moustiers
Mulhouse (68) Il Cortile
Mulhouse/ Riedisheim (68) La Poste
Munster/ Wihr-au-Val (68) Nouvelle Auberge
Mûr-de-Bretagne (22) Auberge Grand'Maison
Nancy (54) Le Grenier à Sel
Nantes (44) L'Atlantide
Narbonne (11) La Table St-Crescent
Neuilly-sur-Seine (92) La Truffe Noire
Nevers (58) Jean-Michel Couron
Nevez/Raguenès-Plage (29) Ar Men Du
Nice (06) Aphrodite
Nice (06) L'Aromate
Nice (06) Chantecler
Nice (06) Flaveur **N**
Nice (06) Keisuke Matsushima
Nice (06) L'Univers-Christian Plumail
Nîmes (30) Le Lisita
Obernai (67) Le Bistro des Saveurs
Orange/ Sérignan-du-Comtat (84) Le Pré du Moulin
Orléans (45) Le Lièvre Gourmand **N**
Paris/ Paris 1er Le Baudelaire **N**
Paris/ Paris 1er Yam'Tcha
Paris/ Paris 2e Le Céladon
Paris/ Paris 2e Pur'
Paris/ Paris 4e Benoit
Paris/ Paris 5e La Tour d'Argent
Paris/ Paris 6e Fogón
Paris/ Paris 6e Hélène Darroze
Paris/ Paris 6e Jacques Cagna
Paris/ Paris 6e Paris
Paris/ Paris 6e Le Restaurant
Paris/ Paris 6e Sensing **N**
Paris/ Paris 6e Ze Kitchen Galerie
Paris/ Paris 7e Aida
Paris/ Paris 7e Auguste
Paris/ Paris 7e Les Fables de La Fontaine
Paris/ Paris 7e Gaya Rive Gauche par Pierre Gagnaire
Paris/ Paris 7e Il Vino d'Enrico Bernardo
Paris/ Paris 7e Le Jules Verne
Paris/ Paris 7e Le Divellec
Paris/ Paris 7e 35 ° Ouest
Paris/ Paris 7e Vin sur Vin
Paris/ Paris 7e Le Violon d'Ingres
Paris/ Paris 8e Les Ambassadeurs **N**
Paris/ Paris 8e L'Angle du Faubourg
Paris/ Paris 8e L'Arôme
Paris/ Paris 8e Le Chiberta
Paris/ Paris 8e Dominique Bouchet
Paris/ Paris 8e Laurent
Paris/ Paris 8e Stella Maris
Paris/ Paris 8e La Table du Lancaster
Paris/ Paris 9e Jean
Paris/ Paris 12e Au Trou Gascon
Paris/ Paris 16e Antoine **N**
Paris/ Paris 16e etc...
Paris/ Paris 16e La Grande Cascade
Paris/ Paris 16e Hiramatsu
Paris/ Paris 16e Passiflore
Paris/ Paris 16e Le Pergolèse
Paris/ Paris 16e Relais d'Auteuil
Paris/ Paris 16e La Table du Baltimore
Paris/ Paris 17e Agapé
Paris/ Paris 17e La Braisière
Paris/ Paris 17e La Fourchette du Printemps **N**
Paris/ Paris 17e Frédéric Simonin **N**
Pau/ Jurançon (64) Chez Ruffet
Peillon (06) Auberge de la Madone
Périgueux (24) L'Essentiel
Périgueux/ Chancelade (24) Château des Reynats **N**
Perpignan (66) La Galinette
Le Perreux-sur-Marne (94) Les Magnolias
Perros-Guirec (22) L'Agapa
Perros-Guirec (22) La Clarté
Le-Petit-Pressigny (37) La Promenade
Phalsbourg (57) Au Soldat de l'An II
Pierrefonds/ Saint-Jean-aux-Bois (60) Auberge à la Bonne Idée **N**
Plancoët (22) Maxime et Jean-Pierre Crouzil et Hôtel L'Ecrin
Poitiers/ Saint-Benoît (86) Passions et Gourmandises
La Pomarède (11) Hostellerie du Château de la Pomarède
Pont-Aven (29) Le Moulin de Rosmadec
Pont-du-Gard/ Castillon-du-Gard (30) Le Vieux Castillon
Port-Lesney (39) Château de Germigney
Port-Louis (56) Avel Vor
Porto-Vecchio (2A) Belvédère
Porto-Vecchio (2A) Grand Hôtel de Cala Rossa
Porto-Vecchio (2A) U Santa Marina **N**
Port-sur-Saône/ Vauchoux (70) Château de Vauchoux
Pouilly-le-Fort (77) Le Pouilly
Pujaut (30) Entre Vigne et Garrigue
Le Puy-en-Velay (43) François Gagnaire
Questembert (56) Le Bretagne et sa Résidence

→ **N** *Nouveau* → *New*

Quiberon/ Portivy (56) Le Petit Hôtel du Grand Large **N**
Quimper (29) La Roseraie de Bel Air
Reims (51) Château les Crayères **N**
Reims (51) Le Foch
Reims (51) Le Millénaire
Reims/ Montchenot (51) Le Grand Cerf
Rennes (35) Le Coq-Gadby
Rennes/ Noyal-sur-Vilaine (35) Auberge du Pont d'Acigné
Rennes/ Saint-Grégoire (35) Le Saison
Reuilly-Sauvigny (02) Auberge Le Relais
Rhinau (67) Au Vieux Couvent
Riquewihr (68) Table du Gourmet
Riquewihr/ Zellenberg (68) Maximilien
La Roche-l'Abeille (87) Le Moulin de la Gorce
Rodez (12) Goûts et Couleurs
Romorantin-Lanthenay (41) Grand Hôtel du Lion d'Or
Roscoff (29) Le Brittany
Roscoff (29) Le Temps de Vivre
Rosheim (67) Hostellerie du Rosenmeer
Rouffach (68) Philippe Bohrer
Le Rouret (06) Le Clos St-Pierre
Roye (80) La Flamiche
Les Sables-d'Olonne/ à l'anse de Cayola (85) Cayola
Saint-Agrève (07) Faurie
Saint-Brieuc (22) Aux Pesked
Saint-Brieuc (22) Youpala Bistrot
Saint-Brieuc/ Sous-la-Tour (22) La Vieille Tour
Saint-Céré (46) Les Trois Soleils de Montal
Saint-Chamond (42) Les Ambassadeurs **N**
Saint-Cyprien (66) L'Ile de la Lagune
Saint-Florent (2B) La Roya
Saint-Jean-Cap-Ferrat (06) Grand Hôtel du Cap Ferrat
Saint-Jean-Pied-de-Port (64) Les Pyrénées
Saint-Joachim (44) La Mare aux Oiseaux
Saint-Julien-en-Genevois/ Bossey (74) La Ferme de l'Hospital
Saint-Malo (35) Le Chalut
Saint-Malo (35) À la Duchesse Anne
Saint-Malo/ Saint-Servan-sur-Mer (35) Le St-Placide
Saint-Martin-du-Var (06) Jean-François Issautier
Saint-Médard (46) Gindreau
Saint-Pée-sur-Nivelle (64) L'Auberge Basque
Saint-Rémy-de-Provence (13) La Maison de Bournissac
Saint-Rémy-de-Provence (13) La Maison Jaune
Saint-Rémy-de-Provence (13) Marc de Passorio
Saint-Savin (86) Christophe Cadieu
Saint-Tropez (83) Villa Belrose
Saint-Valery-en-Caux/ Ingouville (76) Les Hêtres **N**
Sainte-Maxime (83) La Badiane **N**
Sainte-Sabine (24) Étincelles-La Gentilhommière
Sancerre (18) La Tour **N**
Sarlat-la-Canéda (24) Le Grand Bleu
Sarrebourg (57) Mathis
Sarreguemines (57) Auberge St-Walfrid
Saumur (49) Le Gambetta
La Saussaye (27) Manoir des Saules
Sauveterre-de-Rouergue (12) Le Sénéchal
Sierentz (68) Auberge St-Laurent
Sousceyrac (46) Au Déjeuner de Sousceyrac
Strasbourg (67) Au Crocodile
Strasbourg (67) Buerehiesel
Strasbourg (67) La Cambuse **N**
Strasbourg (67) La Casserole
Strasbourg (67) Umami
Strasbourg/ La Wantzenau (67) Relais de la Poste **N**
Talloires (74) L'Auberge du Père Bise
Terrasson-Lavilledieu (24) L'Imaginaire
Thoiry (01) Les Cépages
Thonon-les-Bains (74) Le Prieuré
Toulouse (31) En Marge
Toulouse (31) Metropolitan
Toulouse/ Rouffiac-Tolosan (31) Ô Saveurs
Le Touquet-Paris-Plage (62) Westminster
Tournus (71) Aux Terrasses
Tournus (71) Rest. Greuze
Tours (37) Charles Barrier
Tours (37) La Roche Le Roy
Tours/ Rochecorbon (37) Les Hautes Roches
Tourtour (83) Les Chênes Verts
Trébeurden (22) Manoir de Lan-Kerellec
Le Tremblay-sur-Mauldre (78) Laurent Trochain
Trémolat (24) Le Vieux Logis
Troyes/ Pont-Sainte-Marie (10) Hostellerie de Pont-Ste-Marie
Vaison-la-Romaine (84) Le Moulin à Huile
Vaison-la-Romaine/ Roaix (84) Le Grand Pré
Val-d'Isère (73) La Becca **N**
Val-d'Isère (73) Les Barmes de l'Ours
Valence (26) La Cachette
Valence (26) Flaveurs

→ **N** *Nouveau* → *New*

Valence/ Pont-de-l'Isère (26) Michel Chabran
Vannes/ Saint-Avé (56) Le Pressoir **N**
Vence (06) Les Bacchanales
Ventabren (13) La Table de Ventabren
Versailles (78) L'Angélique
Vichy (03) Maison Decoret
Vienne/ Chonas-l'Amballan (38) Domaine de Clairefontaine
Villard-de-Lans/ Corrençon-en-Vercors (38) du Golf
Villeneuve-lès-Avignon (30) Le Prieuré
Villeneuve-sur-Lot (47) La Table des Sens **N**
Villers-le-Lac (25) Le France
Viré (71) Frédéric Carrion Cuisine Hôtel
Westhalten (68) Auberge du Cheval Blanc
Wimereux (62) Épicure
Zoufftgen (57) La Lorraine

LES ESPOIRS 2011 POUR ✿

The 2011 Rising Stars for ✿

Annecy (74)	Les Trésoms
Beaune (21)	Hostellerie Le Cèdre
Biarritz (64)	L'Atelier
Clermont-Ferrand (63)	Le Pré Carré
Ponthierry (77)	L'Inédit
Propriano (2A)	Le Lido
Tours (37)	Barju
Vaux-en-Beaujolais (69)	Auberge de Clochemerle

Localités possédant au moins un établissement avec un Bib Gourmand
Steenvoorde
Coudekerque-Branche
Calais
Wierre-Effroy
Boulogne-sur-Mer
Godewaersvelde
Busnes
Isbergues
Argoules
Favières
St-Valery-sur-Somme
Capinghem
Abbeville
Amiens
Cherbourg-Octeville
Quettehou
Sassetot-le-Mauconduit
St-Valery-en-Caux
Blangy-sur-Bresle
Auderville
St-Vaast-la-Hougue
Valmont
Le Havre
Clères
Beauvais
Grandcamp-Maisy
Honfleur
Touques
Vernon
Auvers-sur-Oise
St-Suliac
Houlgate
Gasny
Tremblay-en-France
St-Servan-sur-Mer
Coutances
Caen
Dives-sur-Mer
Ploubalay
Villedieu-les-Poêles
Asnières-s-Seine
Le-Val-André
Cancale
Aube
Bourth
PARIS
Morlaix
Cesson
Flers
Bois-Colombes
St-Thégonnec
St-Brieuc
Servon
Châtillon
Dinan
Bagnoles-de-l'Orne
Crozon
Rostrenen
Fougères
Nocé
Ste-Geneviève-des-Bois
Quédillac
Évron
Sillé-le-Guillaume
St-Mandé
Ty-Sanquer
Rennes
Fouesnant
Pont-Scorff
Guilliers
La Guerche-de-Bretagne
Orléans
Maisons-Alfort
Pont-Aven
Lorient
Luché-Pringé
Port-Manech
Vannes
Lomener
Auray
Noyalo
St-Herblain
Vern-d'Anjou
Quiberon
Couëron
Ancenis
Angers
Baden
Tours
Le Croisic
Varades
D
Nantes
Saumur
Vierzon
Tharon-Plage
Gétigné
L'Herbaudière
Doué-la-Fontaine
La Bernerie-en-Retz
Château-Thébaud
Cholet
La Garnache
Coëx
Aizenay
Châtellerault
Les Sables-d'Olonne
Bonneuil-Matours
St-Michel-Mont-Mercure
St-Hilaire-des-Loges
Montmorillon
Coulon
St-Étienne-de-Fursac
Chénérailles
Châtelaillon-Plage
Luxé
St-Priest-Taurion
Le Gua
Saintes
Limoges
Entraygues-sur-Truyère
St-Palais-sur-Mer
Angoulême
St-Ybard
Royan
Pons
La Roque-Gageac
Brive-la-Gaillarde
Sorges
Pauillac
Périgueux
Vitrac
Mur-de-Barrez
Arcins
Ménestérol
Port-de-Gagnac
Trémolat
St-Geniès
Libourne
Bordeaux
Meyronne
Bouliac
Coirac
Bergerac
Daglan
St-Julien-de-Lampon
St-Macaire
Espalion
Sauternes
Anglars-Juillac
Valady
La Réole
Pujols
Cahors
Rodez
Casteljaloux
Agen
Monteils
Bozouls
Francescas
Dunes
Villefranche-de-Rouergue
Montech
Albi
Lannepax
Castéra-Verduzan
Réalmont
Pouillon
Préneron
Auch
L'Union
Burlats
Bayonne
Morlanne
Noailhac
Salies-de-Béarn
Castanet-Tolosan
Ossès
Tarbes
Conilhac-Corbières
Pamiers
Lorp-Sentaraille
Rabat-les-Trois-Seigneurs
Villefranche-de-Conflent
Ax-les-Thermes
Saillagouse
Perpignan
Bib Gourmand 2011

A Alsace
Niedersteinbach
Altwiller
Reipertswiller
Graufthal
Weyersheim
Birkenwald
Strasbourg
Natzwiller
Ottrott
Barr
Fouday
Mittelbergheim
Saulxures
Itterswiller
Scherwiller
Blienschwiller
St-Hippolyte
Sélestat
Riquewihr
Bergheim
Colmar
Ingersheim
Eguisheim
B Auvergne
Vallon-en-Sully
Chevagnes
Reugny
Billy
Vichy
Orcines
Riom
Pontgibaud
Pont-du-Château
Mazaye
Bouzel
Chamalières
Clermont-Ferrand
Le Mont-Dore
Ambert
Boudes
Sauxillanges
Vergongheon
Beauzac
Bransac
Dunières
Salers
St-Flour
Saugues
Vic-sur-Cère
St-Bonnet-le-Froid
Aurillac
St-Julien-Chapteuil
Montsalvy
Pailherols
Vieillevie
Le Puy-en-Velay
San-Martino-di-Lota
Porto
Ajaccio
Tourcoing
Gruson
Lille
Liessies
Cambrai
Charleville-Mézières
Carignan
Neufchâtel-sur-Aisne
Mouzon
Ste-Menéhould
Épernay
A
Nancy
St-Quirin
Nogent-sur-Seine
Rouvres-en-Xaintois
Pont-Ste-Marie
Le Valtin
Bar-sur-Aube
Gérardmer
Vagney
Col de la Schlucht
Le-Val-d'Ajol
La Bresse
Auxerre
Combeaufontaine
Dijon
C
Valdahon
Saules
Ornans
Chalon-sur-Saône
Port-Lesney
Parcey
Granges-Ste-Marie
Jougne
Mirebel
Vichy
Clermont-Ferrand
Aix-les-Bains
B
E
Grenoble
Le Puy-en-Velay
Valence
La Garde
Aumont-Aubrac
Mende
Montélimar
Cocurès
Florac
F
Aguessac
Alès
Méjannes-lès-Alès
St-Jean-du-Bruel
Millau
Ferrières-les-Verreries
Nîmes
Combes
Lunel
Gallargues-le-Montueux
Nice
Vailhan
Montpellier
Pézenas
Aix-en-Provence
Sète
Magalas
Marseille
Sérignan
Bages

C Bourgogne

D Centre

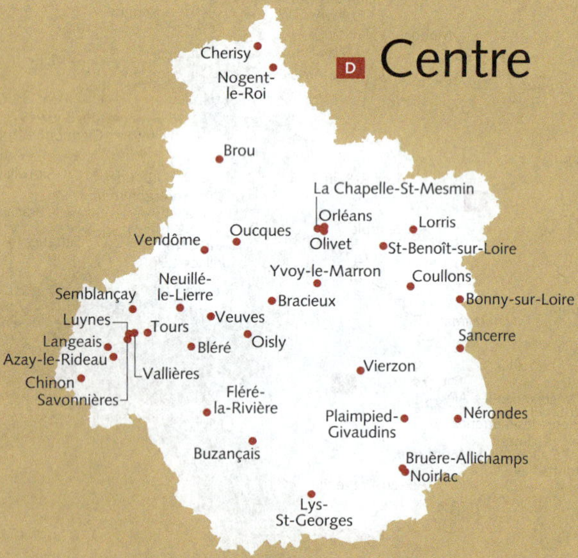

Bib Gourmand 2011

● Localités possédant au moins un établissement avec un Bib Gourmand.

E Rhône-Alpes

F Provence Alpes Côte d'Azur

Bib Gourmand

Repas soignés à prix modérés

Good food at moderate prices

Abbeville (80)	L'Escale en Picardie **N**
Agen (47)	L'Atelier **N**
Agen (47)	Le Margoton
Aguessac (12)	Auberge Le Rascalat
Aire-sur-la-Lys/ Isbergues (62)	Le Buffet
Aix-les-Bains (73)	Auberge St-Simond
Aizenay (85)	La Sittelle
Ajaccio (2A)	A Nepita **N**
Ajaccio (2A)	U Licettu
Albi (81)	La Table du Sommelier
Alès (30)	Le Riche **N**
Alès/ Méjannes-lès-Alès (30)	Auberge des Voutins
Altwiller (67)	L'Écluse 16
Ambert (63)	Les Copains
Ambronay (01)	Auberge de l'Abbaye
Amiens (80)	Au Relais des Orfèvres
Amphion-les-Bains (74)	Le Tilleul
Ancenis (44)	La Toile à Beurre
Angers (49)	Autour d'un Cep **N**
Angers (49)	Le Petit Comptoir
Angoulême (16)	L'Aromate
Angoulême (16)	Le Terminus
Annecy (74)	Café Brunet
Annecy (74)	Contresens
Annonay (07)	Marc et Christine
Antibes (06)	Oscar's
Argoules (80)	Auberge du Coq-en-Pâte
Asnières-sur-Seine (92)	La Petite Auberge
Aubagne (13)	Les Arômes **N**
Aube (61)	Auberge St-James
Aubenas (07)	Le Coyote **N**
Auch (32)	Le Bistrot des Gourmandises **N**
Auderville (50)	La Malle aux Épices
Aumont-Aubrac (48)	Le Compostelle
Auray (56)	Terre-Mer **N**
Aurillac (15)	Quatre Saisons
Autun (71)	Le Chapitre
Auvers-sur-Oise (95)	Auberge Ravoux **N**
Auxerre (89)	Le Bourgogne
Auxerre/ Vincelottes (89)	Auberge Les Tilleuls
Avallon/ Valloux (89)	Auberge des Chenêts
Avignon (84)	L'Essentiel
Ax-les-Thermes (09)	Le Chalet
Azay-le-Rideau (37)	L'Aigle d'Or
Baden (56)	Le Gavrinis
Bâgé-le-Châtel (01)	La Table Bâgésienne
Bagnoles-de-l'Orne (61)	Ô Gayot
Bandol (83)	L'Espérance **N**
Barr (67)	Aux Saisons Gourmandes
Bar-sur-Aube (10)	La Toque Baralbine
Bastia (2B)	La Corniche
La Bâtie-Divisin (38)	L'Olivier
Bayonne (64)	François Miura
Beaune (21)	La Ciboulette
Beaune (21)	Koki
Beaune/ Ladoix-Serrigny (21)	Les Terrasses de Corton
Beaune/ Levernois (21)	La Garaudière
Beauvais (60)	La Baie d'Halong
Beauzac (43)	L'Air du Temps
Beauzac/ Bransac (43)	La Table du Barret
Bellême/ Nocé (61)	Auberge des 3 J
Belleville (69)	Le Beaujolais
Bergerac (24)	L'Imparfait **N**
Bergerac (24)	La Table du Marché **N**
Bergheim (68)	Wistub du Sommelier
La Bernerie-en-Retz (44)	L'Artimon
Béthune/ Busnes (62)	Le Jardin d'Alice
Beuil (06)	L'Escapade
Billy (03)	Auberge du Pont **N**
Birkenwald (67)	Au Chasseur **N**
Blangy-sur-Bresle (76)	Les Pieds dans le Plat
Bléré (37)	La Boulaye **N**
Blienschwiller (67)	Le Pressoir de Bacchus
Bois-Colombes (92)	Le Chefson
Bonneuil-Matours (86)	Le Pavillon Bleu
Bonneville/ Vougy (74)	Capucin Gourmand
Bonny-sur-Loire (45)	Des Voyageurs
Bordeaux (33)	Auberge ' Inn
Bordeaux/ Bouliac (33)	Café de l'Espérance
Boudes (63)	Le Boudes La Vigne
Boulogne-sur-Mer (62)	Rest. de Nausicaa
Bourg-en-Bresse (01)	Mets et Vins
Bourg-en-Bresse (01)	Les Quatre Saisons
Bourth (27)	Auberge Chantecler
Bouzel (63)	L'Auberge du Ver Luisant
Bozouls (12)	À la Route d'Argent
Bracieux (41)	Rendez-vous des Gourmets
La Bresse (88)	Le Clos des Hortensias

→ **N** *Nouveau* → *New*

Bretenoux/ Port-de-Gagnac (46) Hostellerie Belle Rive
Briançon/ Puy-Saint-Pierre (05) La Maison de Catherine **N**
Brive-la-Gaillarde (19) La Toupine
Brou (28) L'Ascalier
Buellas (01) L'Auberge Bressane de Buellas
Buxy (71) Aux Années Vins
Buzançais (36) L'Hermitage
Cabourg/ Dives-sur-Mer (14) Chez le Bougnat
Caen (14) Le Bouchon du Vaugueux
Caen (14) Café Mancel
Cahors (46) La Garenne
Cahors (46) L'Ô à la Bouche
Calais (62) Au Côte d'Argent
Calais (62) Histoire Ancienne
Cambrai (59) Auberge Fontenoise
Cancale (35) Côté Mer **N**
Cancale (35) Le Surcouf
Cannes/ Le Cannet (06) Bistrot des Anges **N**
Carignan (08) La Gourmandière
Carpentras/ Beaumes-de-Venise (84) Dolium
Caseneuve (84) Le Sanglier Paresseux **N**
Casteljaloux (47) La Vieille Auberge
Castellane/ La Garde (04) Auberge du Teillon
Castéra-Verduzan (32) Le Florida
Castres/ Burlats (81) Les Mets d'Adélaïde
Caussade/ Monteils (82) Le Clos Monteils
Cevins (73) La Fleur de Sel **N**
Challans/ La Garnache (85) Le Petit St-Thomas
Chalon-sur-Saône (71) L'Auberge des Alouettes
Chalon-sur-Saône/ Saint-Loup-de-Varennes (71) Le Saint Loup
Chambolle-Musigny (21) Le Chambolle
Chamonix-Mont-Blanc (74) Atmosphère
Chamonix-Mont-Blanc (74) Café de l'Arve **N**
Chamonix-Mont-Blanc (74) La Maison Carrier
Chamonix-Mont-Blanc/ Les Praz-de-Chamonix (74) La Cabane des Praz
La Chapelle-d'Abondance (74) L'Ensoleillé
La Chapelle-d'Abondance (74) Les Gentianettes
Charleville-Mézières (08) La Table d'Arthur «R»
Château-Arnoux-Saint-Auban (04) La Magnanerie **N**
Châtelaillon-Plage (17) Les Flots
Châtellerault (86) Bernard Gautier
Châtillon (92) Barbezingue
Chavanoz (38) Aux Berges du Rhône
Chazey-sur-Ain (01) La Louizarde
Chénérailles (23) Le Coq d'Or
Cherbourg-Octeville (50) Café de Paris
Chevagnes (03) Le Goût des Choses **N**
Chinon (37) Au Chapeau Rouge **N**
Chinon (37) L'Océanic
Cholet (49) Le Pouce Pied **N**
Clères (76) Auberge du Moulin
Clermont-Ferrand (63) Amphitryon Capucine
Clermont-Ferrand (63) L'Annexe **N**
Clermont-Ferrand/ Chamalières (63) Ô Gré des Saveurs **N**
Clermont-Ferrand/ Orcines (63) Auberge de la Baraque
Clousclat (26) La Treille Muscate **N**
Clisson/ Gétigné (44) La Gétignière
Coirac (33) Le Flore
Col de la Schlucht (88) Le Collet
Coligny (01) Au Petit Relais
La Colle-sur-Loup (06) Le Blanc Manger
Colmar (68) Aux Trois Poissons
Colmar (68) Chez Hansi
Colmar (68) Côté Cour
Colmar/ Ingersheim (68) La Taverne Alsacienne
Combeaufontaine (70) Le Balcon
Conilhac-Corbières (11) Auberge Côté Jardin
Contamine-sur-Arve (74) Le Tourne Bride
Cosne-Cours-sur-Loire (58) Chat
Coullons (45) La Canardière
Coulon (79) Le Central
Coutances (50) Le Clos des Sens
Le Creusot/ Montcenis (71) Le Montcenis
Le Croisic (44) Le Saint-Alys
Crozon (29) Le Mutin Gourmand
Daglan (24) Le Petit Paris
Deauville/ Touques (14) Les Landiers
Deauville/ Touques (14) L'Orangeraie
Dijon (21) Porte Guillaume
Dijon/ Chenôve (21) Le Clos du Roy
Dinan (22) Au Coin du Feu
Dole/ Parcey (39) Les Jardins Fleuris
Doué-la-Fontaine (49) Auberge Bienvenue
Draguignan (83) Lou Galoubet **N**
Draguignan/ Flayosc (83) L'Oustaou
Dreux/ Cherisy (28) Le Vallon de Chérisy
Dunes (82) Les Templiers
Dunières (43) La Tour
Dunkerque/ Coudekerque-Branche (59) Le Soubise
Eguisheim (68) Le Pavillon Gourmand
Entraygues-sur-Truyère (12) Les Deux Vallées
Épernay (51) La Grillade Gourmande
Espalion (12) Le Méjane
Évron (53) Au Relais du Gué de Selle
Évron (53) La Toque des Coëvrons
Eygalières (13) Sous Les Micocouliers
Faverges (74) Florimont
Favières (80) La Clé des Champs
Fayence (83) La Table d'Yves
Ferrières-les-Verreries (34) La Cour-Mas de Baumes **N**
Fléré-la-Rivière (36) Le Relais du Berry
Flers (61) Au Bout de la Rue
Florac (48) Des Gorges du Tarn
Florac/ Cocurès (48) La Lozerette

→ **N** *Nouveau* → *New*

Fontenay-le-Comte/ Saint-Hilaire-des-Loges (85) Le Pantagruelion
Fouday (67) Julien
Fouesnant/ Cap-Coz (29) De la Pointe du Cap Coz
Fougères (35) Haute Sève
Francescas (47) Le Relais de la Hire
Fréjus (83) L'Amandier
Gallargues-le-Montueux (30) Orchidéa **N**
Gasny (27) Auberge du Prieuré Normand
Gassin (83) Auberge la Verdoyante
Gérardmer (88) L'Assiette du Coq à l'Âne **N**
Gevrey-Chambertin (21) Chez Guy
Gilette/ Vescous (06) La Capeline
Godewaersvelde (59) L'Estaminet du Centre
Grandcamp-Maisy (14) La Marée
Grenoble (38) Le Coup de Torchon
Gresse-en-Vercors (38) Le Chalet
Grignan (26) Le Poème de Grignan **N**
Grimaud (83) La Bretonnière **N**
Le Gua (17) Le Moulin de Châlons
La Guerche-de-Bretagne (35) La Calèche
Guilliers (56) Au Relais du Porhoët
Le Havre (76) La Petite Auberge
Honfleur (14) Le Bréard
Houlgate (14) L'Éden
Île de Noirmoutier/ L'Herbaudière (85) La Table d'Elise
L'Isle-sur-la-Sorgue (84) L'Oustau de l'Isle
L'Isle-sur-Serein (89) Auberge du Pot d'Étain
Itterswiller (67) Winstub Arnold **N**
Jougne (25) La Couronne **N**
Lamalou-les-Bains/ Combes (34) Auberge de Combes **N**
Langeais (37) Au Coin des Halles **N**
Langon/ Saint-Macaire (33) Abricotier
Lannepax (32) Les Caprices d'Antan **N**
Libourne (33) Chez Servais
Liessies (59) Le Carillon
Lille (59) La Table du Champlain **N**
Lille/ Capinghem (59) La Marmite de Pierrot
Lille/ Gruson (59) L'Arbre
Limoges (87) La Table du Couvent-Paroles de Chef
Limoges (87) Le Vanteaux
Lorient (56) L'Alto **N**
Lorient (56) Le Yachtman
Lorris (45) Guillaume de Lorris
Le Luc (83) Le Gourmandin
Luché-Pringé (72) Auberge du Port des Roches
Lunel (34) Chodoreille
Luynes (37) Le XII de Luynes **N**
Luzy (58) Le Morvan **N**
Lyon (69) Daniel et Denise
Lyon (69) Léon de Lyon
Lyon (69) M
Lyon (69) Mon Bistrot à Moi
Lyon (69) Les Oliviers
Lyon (69) L'Ouest
Lyon (69) Ponts et Passerelles **N**
Lyon (69) La Terrasse St-Clair
Lyon (69) 33 Cité
Lyon (69) Le Verre et l'Assiette
Lys-Saint-Georges (36) Auberge La Forge
Magalas (34) Ô. Bontemps
Maisons-Alfort (94) La Bourgogne **N**
Malbuisson/ Granges-Sainte-Marie (25) Auberge du Coude **N**
Mancey (71) Auberge du Col des Chèvres
Mandelieu/ La Napoule (06) Les Bartavelles
Mandelieu/ La Napoule (06) Le Bistrot L'Etage **N**
Manosque (04) Sens et Saveurs **N**
Mansle/ Luxé (16) Auberge du Cheval Blanc
Margaux/ Arcins (33) Le Lion d'Or
Marnans (38) Auberge de Marnans «Atelier Nicolas Grandclaude»
Martigues (13) Le Bouchon à la Mer **N**
Mazaye (63) Auberge de Mazayes
Megève (74) Flocons Village
Mende (48) La Safranière
Menton/ Monti (06) Pierrot-Pierrette
Messery (74) L'Atelier des Saveurs
Meyronne (46) La Terrasse
Millau (12) Capion
Mirebel (39) Mirabilis
Mittelbergheim (67) Am Lindeplatzel
Mittelbergheim (67) Gilg
Monestier-de-Clermont (38) Au Sans Souci
Montarcher (42) Le Clos Perché **N**
Montbard/ Saint-Rémy (21) La Mirabelle
Montbrison/ Savigneux (42) Yves Thollot
Montceau-les-Mines/ Blanzy (71) Le Plessis
Le Mont-Dore (63) La Golmotte **N**
Montech (82) La Maison de l'Éclusier
Montélimar (26) Aux Gourmands
Montélimar (26) Jéroboam
Montmorillon (86) Hôtel de France et Lucullus
Montpellier (34) Insensé **N**
Montpellier (34) Prouhèze Saveurs
Montpon-Ménestérol/ Ménestérol (24) Auberge de l'Eclade
Montrevel-en-Bresse (01) Le Comptoir **N**
Montrond-les-Bains (42) Carré Sud **N**
Montsalvy (15) L'Auberge Fleurie
Morlaix (29) L'Estaminet
Morlanne (64) Cap e Tot **N**
La Motte-d'Aigues (84) Du Lac **N**
Moustiers-Sainte-Marie (04) La Treille Muscate
Mouzon (08) Les Échevins
Mur-de-Barrez (12) Auberge du Barrez
Nancy (54) V Four
Nantes (44) L'Océanide **N**
Nantes/ Château-Thébaud (44) Auberge la Gaillotière **N**
Nantes/ Couëron (44) Le François II

Nantes/ Saint-Herblain (44)	Les Caudalies
Narbonne/ Bages (11)	Le Portanel
Natzwiller (67)	Auberge Metzger
Nérondes (18)	Le Lion d'Or **N**
Neufchâtel-sur-Aisne (02)	Le Jardin
Neuillé-le-Lierre (37)	Auberge de la Brenne
Nevers/ Sauvigny-les-Bois (58)	Moulin de l'Étang
Neyrac-les-Bains (07)	Du Levant
Nice (06)	Au Rendez-vous des Amis
Nice (06)	Les Pêcheurs
Niedersteinbach (67)	Cheval Blanc
Nîmes (30)	Aux Plaisirs des Halles
Nîmes (30)	Le Magister **N**
Noailhac (81)	Hostellerie d'Oc
Nogent-le-Roi (28)	Relais des Remparts
Nogent-sur-Seine (10)	Beau Rivage
Notre-Dame-de-Bellecombe (73)	La Ferme de Victorine
Noyalo (56)	L'Hortensia
Nuits-Saint-Georges (21)	La Cabotte
Nyons (26)	Le Petit Caveau
Obernai/ Ottrott (67)	À l'Ami Fritz
Oisly (41)	St-Vincent
Orléans (45)	La Dariole
Orléans (45)	Eugène
Orléans/ La Chapelle-Saint-Mesmin (45)	Côté Saveurs **N**
Orléans/ Olivet (45)	La Laurendière
Ornans (25)	Le Courbet
Ornans/ Saules (25)	La Griotte **N**
Ossès (64)	La Ferme Gourmande **N**
Oucques (41)	Du Commerce
Pailherols (15)	Auberge des Montagnes
Pamiers (09)	De France
Paris/ Paris 1er	La Régalade St-Honoré **N**
Paris/ Paris 1er	Zen
Paris/ Paris 2e	Aux Lyonnais
Paris/ Paris 2e	Café Moderne **N**
Paris/ Paris 2e	Frenchie
Paris/ Paris 2e	Osteria Ruggera **N**
Paris/ Paris 3e	Pramil
Paris/ Paris 4e	Suan Thaï
Paris/ Paris 5e	Ribouldingue
Paris/ Paris 6e	L'Épi Dupin
Paris/ Paris 6e	La Maison du Jardin
Paris/ Paris 6e	Le Timbre
Paris/ Paris 7e	L'Affriolé
Paris/ Paris 7e	Au Bon Accueil
Paris/ Paris 7e	Café Constant
Paris/ Paris 7e	Chez les Anges
Paris/ Paris 7e	Le Clarisse
Paris/ Paris 7e	Le Clos des Gourmets
Paris/ Paris 7e	Les Cocottes
Paris/ Paris 7e	Kinnari **N**
Paris/ Paris 7e	P'tit Troquet
Paris/ Paris 8e	Le Bouco
Paris/ Paris 9e	Carte Blanche
Paris/ Paris 9e	La Petite Sirène de Copenhague
Paris/ Paris 9e	Le Pré Cadet
Paris/ Paris 10e	Café Panique
Paris/ Paris 10e	Chez Michel
Paris/ Paris 11e	Auberge Pyrénées Cévennes
Paris/ Paris 11e	Bistrot Paul Bert
Paris/ Paris 11e	Caffé dei Cioppi
Paris/ Paris 11e	Mansouria
Paris/ Paris 11e	Villaret
Paris/ Paris 12e	L'Auberge Aveyronnaise
Paris/ Paris 12e	Jean-Pierre Frelet
Paris/ Paris 13e	Au Petit Marguery **N**
Paris/ Paris 13e	Les Cailloux
Paris/ Paris 13e	Impérial Choisy
Paris/ Paris 13e	Lao Lane Xang 2 **N**
Paris/ Paris 13e	L'Ourcine
Paris/ Paris 13e	Variations **N**
Paris/ Paris 14e	La Cantine du Troquet
Paris/ Paris 14e	La Cerisaie
Paris/ Paris 14e	L'Entêtée
Paris/ Paris 14e	Maison Courtine
Paris/ Paris 14e	L'Ordonnance
Paris/ Paris 14e	Les Petits Plats **N**
Paris/ Paris 14e	La Régalade
Paris/ Paris 15e	Le Bélisaire
Paris/ Paris 15e	Beurre Noisette
Paris/ Paris 15e	Le Caroubier
Paris/ Paris 15e	Le Grand Pan
Paris/ Paris 15e	L'Inattendu
Paris/ Paris 15e	Jadis
Paris/ Paris 15e	L'Os à Moelle
Paris/ Paris 15e	Stéphane Martin
Paris/ Paris 15e	Le Troquet
Paris/ Paris 16e	A et M Restaurant
Paris/ Paris 16e	Chez Géraud
Paris/ Paris 17e	L'Accolade
Paris/ Paris 17e	Chez Léon **N**
Paris/ Paris 17e	L'Entredgeu
Paris/ Paris 17e	Graindorge
Paris/ Paris 17e	Hier et Aujourd'hui
Paris/ Paris 17e	Meating
Paris/ Paris 18e	Miroir **N**
Paris/ Paris 18e	L'Oxalis
Paris/ Paris 18e	La Table d'Eugène
Paris/ Paris 20e	Les Allobroges
Paris/ Paris 20e	Le Baratin
Pauillac (33)	Café Lavinal
Périgueux (24)	Le Grain de Sel **N**
Pernes-les-Fontaines (84)	Au Fil du Temps **N**
Perpignan (66)	Les Antiquaires
La-Petite-Pierre/ Graufthal (67)	Au Cheval Blanc
Pézenas (34)	L'Entre Pots **N**
Plaimpied-Givaudins (18)	Aux Marais **N**
Plaisians (26)	Auberge de la Clue
Pléneuf-Val-André/ Le-Val-André (22)	Au Biniou
Ploemeur/ Lomener (56)	Le Vivier

→ **N** *Nouveau* → *New*

Ploubalay (22) De la Gare
Polliat (01) De la Place
Pommiers (69) Les Terrasses de Pommiers
Pons (17) De Bordeaux
Pont-Aven (29) Sur le Pont...
Pont-de-Vaux (01) Les Platanes
Pont-de-Vaux (01) Le Raisin
Pont-du-Château (63) Auberge du Pont **N**
Pontgibaud (63) L'Ours des Roches **N**
Pont-Scorff (56) L'Art Gourmand **N**
Port-Lesney (39) Le Bistrot Pontarlier
Port-Manech (29) Du Port et de l'Aven
Porto (2A) Bella Vista
Pouillon (40) L'Auberge du Pas de Vent
Puimichel (04) Chez Jules **N**
Le Puy-en-Velay (43) Comme à la Maison
Le Puy-en-Velay (43) Tournayre
Puy-l'Évêque/ Anglars-Juillac (46) Clau del Loup **N**
Puy-Saint-Vincent (05) La Pendine
Quarré-les-Tombes (89) Le Morvan
Quédillac (35) Le Relais de la Rance
Quettehou (50) Auberge de Ket Hou
Quiberon (56) La Chaumine **N**
Quimper/ Ty-Sanquer (29) Auberge de Ti-Coz
Ramatuelle (83) L'Écurie du Castellas **N**
Rayol-Canadel-sur-Mer (83) Le Relais des Maures **N**
Réalmont (81) Les Secrets Gourmands
Reipertswiller (67) La Couronne **N**
Renaison (42) Jacques Cœur **N**
Rennes (35) Le Quatre B
La Réole (33) Aux Fontaines
Reugny (03) La Table de Reugny
Rians (83) La Roquette
Riom (63) Le Flamboyant
Riquewihr (68) Le Sarment d'Or
Roanne (42) Le Central
Robion (84) L'Escanson
Rodez (12) Les Jardins de l'Acropolis
La Roque-Gageac (24) La Belle Étoile
La Roquette-sur-Siagne (06) La Terrasse
Rostrenen (22) L'Éventail des Saveurs
Rouvres-en-Xaintois (88) Burnel
Royan (17) Les Filets Bleus
Les Sables-d'Olonne (85) La Pilotine
Saillagouse (66) Planes (La Vieille Maison Cerdane)
Saint-Alban-les-Eaux (42) Le Petit Prince
Saint-Amand-Montrond/ Bruère-Allichamps (18) Les Tilleuls
Saint-Amand-Montrond/ Noirlac (18) Auberge de l'Abbaye de Noirlac
Saint-Benoît-sur-Loire (45) Grand St-Benoît
Saint-Bonnet-le-Froid (43) André Chatelard
Saint-Bonnet-le-Froid (43) Le Clos des Cimes
Saint-Bonnet-le-Froid (43) Le Fort du Pré
Saint-Brieuc (22) Ô Saveurs
Saint-Brieuc/ Cesson (22) La Croix Blanche
Saint-Chély-d'Apcher/ La Garde (48) Le Rocher Blanc
Saint-Crépin (05) Les Tables de Gaspard
Saint-Disdier (05) La Neyrette
Saint-Étienne/ Saint-Priest-en-Jarez (42) Du Musée
Saint-Flour (15) Grand Hôtel de l'Étape
Saint-Geniès (24) Le Château **N**
Saint-Germain-du-Bois (71) Hostellerie Bressane
Saint-Gervais-les-Bains (74) Le Sérac
Saint-Gilles-Croix-de-Vie/ Coëx (85) Le Balata **N**
Saint-Girons/ Lorp-Sentaraille (09) La Petite Maison
Saint-Hippolyte (68) Le Parc
Saint-Jean-du-Bruel (12) Du Midi-Papillon
Saint-Julien-Chapteuil (43) Vidal
Saint-Julien-de-Lampon (24) La Gabarre **N**
Saint-Julien-du-Sault (89) Le Bistrot
Saint-Julien-en-Champsaur (05) Les Chenets
Saint-Malo/ Saint-Servan-sur-Mer (35) La Gourmandise
Saint-Mandé (94) L'Ambre d'Or
Saint-Martin-en-Bresse (71) Au Puits Enchanté
Saint-Michel-Mont-Mercure (85) Auberge du Mont Mercure
Saint-Palais-sur-Mer (17) Les Agapes
Saint-Priest-Taurion (87) Relais du Taurion
Saint-Quirin (57) Hostellerie du Prieuré
Saint-Raphaël/ Valescure (83) Le Jardin de Sébastien **N**
Saint-Rémy-de-Provence/ Maillane (13) L'Oustalet Maïanen **N**
Saint-Rémy-de-Provence/ Verquières (13) Le Croque Chou **N**
Saint-Romain (21) Les Roches
Saint-Suliac (35) La Ferme du Boucanier
Saint-Thégonnec (29) Auberge Saint-Thégonnec
Saint-Vaast-la-Hougue (50) France et Fuchsias
Saint-Valery-en-Caux (76) Du Port
Saint-Valery-sur-Somme (80) Du Port et des Bains
Saint-Vallier (26) Le Bistrot d'Albert
Sainte-Cécile-les-Vignes (84) Campagne, Vignes et Gourmandises
Sainte-Croix-de-Verdon (04) L'Olivier
Sainte-Euphémie (01) Au Petit Moulin
Sainte-Geneviève-des-Bois (91) La Table d'Antan
Sainte-Menéhould (51) Le Cheval Rouge
Saintes (17) L'Adresse
Saintes (17) Clos des Cours
Salers (15) Le Bailliage
Salies-de-Béarn (64) Des Voisins **N**
Sancerre (18) La Pomme d'Or
Santenay (21) Le Terroir

Le Sappey-en-Chartreuse (38)	Les Skieurs	
Sassetot-le-Mauconduit (76)	Le Relais des Dalles	
Saugues (43)	La Terrasse	
Saulxures (67)	La Belle Vue	**N**
Saumur (49)	L'Escargot	**N**
Sauternes (33)	Saprien	
Sauxillanges (63)	Restaurant de la Mairie	
Savonnières (37)	La Maison Tourangelle	
Scherwiller (67)	Auberge Ramstein	**N**
Seillans (83)	Le Relais	**N**
Seillonnaz (01)	La Cigale d'Or	
Sélestat (67)	La Vieille Tour	**N**
Semblançay (37)	La Mère Hamard	
Sérignan (34)	L'Harmonie	
Serre-Chevalier/ Le Monêtier-les-Bains (05)	La Table du Chazal	
Servon (50)	Auberge du Terroir	
Servoz (74)	Les Gorges de la Diosaz	
Sète (34)	Paris Méditerranée	
Sillé-le-Guillaume (72)	Le Bretagne	
Sorges (24)	Auberge de la Truffe	
La Souterraine/ Saint-Étienne-de-Fursac (23)	Nougier	
Steenvoorde (59)	Auprès de mon Arbre	
Strasbourg (67)	Le Clou	
Tain-l'Hermitage (26)	Le Quai	**N**
Tarascon-sur-Ariège/Rabat-les-Trois-Seigneurs (09)	La Table de la Ramade	
Tarbes (65)	L'Étoile	**N**
Tarbes (65)	L'Isard	**N**
Tarbes (65)	Trait Blanc	**N**
Tharon-Plage (44)	L'Empreinte	**N**
Thoissey (01)	Côté Saône	
Thonon-les-Bains/ Port-de-Séchex (74)	Le Clos du Lac	
Toulouse/ Castanet-Tolosan (31)	La Table des Merville	
Toulouse/ L'Union (31)	La Bonne Auberge	
Tourcoing (59)	La Baratte	
Tournus/ Ozenay (71)	Le Relais d'Ozenay	
Tournus/ Le Villars (71)	L'Auberge des Gourmets	
Tours (37)	L'Arche de Meslay	
Tours (37)	Le Bistrot de la Tranchée	
Tours (37)	Casse-Cailloux	
Tours (37)	La Deuvalière	
Tours (37)	Le St-Honoré	
Tours/ Vallières (37)	Auberge de Port Vallières	
Tremblay-en-France (93)	La Jument Verte	
Trémolat (24)	Bistrot d'en Face	
Troyes/ Pont-Sainte-Marie (10)	Bistrot DuPont	
La Turbie (06)	Café de la Fontaine	
Uchaux (84)	Côté Sud	
Uchaux (84)	Le Temps de Vivre	
Uzerche/ Saint-Ybard (19)	Auberge Saint-Roch	
Vacqueyras (84)	L'Éloge	**N**
Vagney (88)	Les Lilas	
Vailhan (34)	L'Auberge du Presbytère	**N**
Vaison-la-Romaine (84)	Le Brin d'Olivier	
Vaison-la-Romaine/ Roaix (84)	Bistro Préface	**N**
Valady (12)	Auberge de l'Ady	
Valdahon (25)	Relais de Franche Comté	**N**
Le-Val-d'Ajol (88)	La Résidence	
Valence (26)	Le 7	
Vallon-en-Sully (03)	Auberge des Ris	
Valmont (76)	Le Bec au Cauchois	
Vals-les-Bains (07)	Le Vivarais	**N**
Le Valtin (88)	Auberge du Val Joli	
Vannes (56)	L'Éden	**N**
Vannes (56)	Le Vent d'Est	
Varades (44)	La Closerie des Roses	
Venarey-les-Laumes/Alise-Sainte-Reine (21)	Auberge du Cheval Blanc	
Vence (06)	Le Vieux Couvent	
Vendôme (41)	Le Terre à TR	
Vergongheon (43)	La Petite École	
Vern-d'Anjou (49)	Le Pigeon Blanc	
Vernon (27)	Les Fleurs	
Veuves (41)	L'Auberge de la Croix Blanche	**N**
Vic-Fezensac/ Préneron (32)	Auberge La Baquère	**N**
Vichy (03)	L'Alambic	
Vichy (03)	La Table de Marlène	
Vic-sur-Cère (15)	Bel Horizon	
Vic-sur-Cère/ Col-de-Curebourse (15)	Hostellerie St-Clément	
Vieillevie (15)	La Terrasse	
Vierzon (18)	Le Champêtre	
Villard-de-Lans (38)	Les Trente Pas	
Villars (84)	La Table de Pablo	
Villedieu-les-Poêles (50)	Manoir de l'Acherie	
Villefranche-de-Conflent (66)	Auberge Saint-Paul	
Villefranche-de-Rouergue (12)	Côté Saveurs	**N**
Villefranche-de-Rouergue (12)	L'Épicurien	
Villefranche-sur-Saône (69)	Le Juliénas	
Villeneuve-sur-Lot/ Pujols (47)	Lou Calel	
Vitrac (24)	La Treille	**N**
Viviers (07)	Le Relais du Vivarais	
Weyersheim (67)	Auberge du Pont de la Zorn	**N**
Wierre-Effroy (62)	La Ferme du Vert	
Yvoire (74)	Les Flots Bleus	
Yvoire (74)	Le Pré de la Cure	
Yvoy-le-Marron (41)	Auberge du Cheval Blanc	**N**

→ **N** *Nouveau* ☺ → *New* ☺

Bib Hôtel

Bonnes nuits à petits prix en province

Good accommodation at moderate prices outside the Paris region

Aguessac (12)	Auberge le Rascalat
Aire-sur-l'Adour/ Ségos (32)	Minvielle et les Oliviers
Aix-les-Bains (73)	Auberge St-Simond
Alençon (61)	Des Ducs
Allevard (38)	Les Alpes
Ampuis (69)	Le Domaine des Vignes
Angers (49)	Le Progrès
Arèches (73)	Auberge du Poncellamont
Argentat (19)	Sablier du Temps
Aubeterre-sur-Dronne (16)	Hostellerie du Périgord
Aubigny-sur-Nère (18)	La Chaumière **N**
Aubusson (23)	Villa Adonis
Aulnay (17)	Du Donjon
Aurec-sur-Loire (43)	Les Cèdres Bleus
Autrans (38)	Les Tilleuls
Autun (71)	La Tête Noire
Avignon/ Île de la Barthelasse (84)	La Ferme
Azay-le-Rideau (37)	De Biencourt
Azay-le-Rideau (37)	Des Châteaux
Baix (07)	Les Quatre Vents
Balot (21)	Auberge de la Baume
Ban-de-Laveline (88)	Auberge Lorraine
Baratier (05)	Les Peupliers
Barr (67)	Château d'Andlau **N**
Beaugency (45)	Sologne
Beaune (21)	Grillon
Beaune/ Levernois (21)	Le Parc
Beauzac (43)	L'Air du Temps
Beauzac/ Bransac (43)	La Table du Barret
Bédoin/ Sainte-Colombe (84)	La Garance **N**
Bénodet (29)	Domaine de Kereven
Bergerac (24)	Europ Hôtel **N**
Biarritz/ Arbonne (64)	Laminak
Bielle (64)	L'Ayguelade **N**
Bitche (57)	Le Strasbourg
Blienschwiller (67)	Winzenberg
Bollezeele (59)	Hostellerie St-Louis
Bonifacio (2A)	Domaine de Licetto
Bonnétage (25)	L'Étang du Moulin
Bonneval-sur-Arc (73)	À la Pastourelle
Bourges (18)	Le Christina
Bozouls (12)	À la Route d'Argent
Bretenoux/ Port-de-Gagnac (46)	Hostellerie Belle Rive
Buis-les-Baronnies (26)	Les Arcades-Le Lion d'Or
Burnhaupt-le-Haut (68)	Le Coquelicot
Buzançais (36)	L'Hermitage
Caen (14)	Des Quatrans
Calès (46)	Le Petit Relais **N**
Calvinet (15)	Beauséjour
Camaret-sur-Mer (29)	Vauban
Cambo-les-Bains (64)	Ursula
Cancale (35)	Le Chatellier
Cannes (06)	Florian
Carennac (46)	Hostellerie Fénelon
Carhaix-Plouguer (29)	Noz Vad
Le Cergne (42)	Bel'Vue **N**
Cernay (68)	Hostellerie d'Alsace
Chagny (71)	De la Poste
Champlive (25)	Auberge du Château de Vaite
Chandolas (07)	Auberge les Murets
Château-Gontier/ Coudray (53)	L'Amphitryon
Chaudes-Aigues (15)	Beauséjour
Chaumont/ Chamarandes (52)	Au Rendez-Vous des Amis
Chauvigny (86)	Lion d'Or
Cherbourg-Octeville (50)	La Renaissance
Cherbourg-Octeville (50)	Louvre
Chézery-Forens (01)	Commerce
Chinon (37)	Diderot
Col de la Schlucht (88)	Le Collet
Colmar/ Sainte-Croix-en-Plaine (68)	Au Moulin
Concarneau (29)	Des Halles
Coti-Chiavari (2A)	Le Belvédère

→ **N** *Nouveau* → *New*

Coulombiers (86)	Auberge le Centre Poitou
Coulon (79)	Le Central
La Courtine (23)	Au Petit Breuil
Coutras (33)	Henri IV
Crozon (29)	De la Presqu'île
Cruis (04)	Auberge de l'Abbaye
Dambach-la-Ville (67)	Le Vignoble
Damgan (56)	Albatros
Donzenac (19)	Relais du Bas Limousin
Donzy (58)	Le Grand Monarque **N**
Doué-la-Fontaine (49)	Auberge Bienvenue
Drusenheim (67)	Auberge du Gourmet
Entraygues-sur-Truyère/ Le Fel (12)	Auberge du Fel
Épaignes (27)	L'Auberge du Beau Carré
Erquy (22)	Beauséjour
Le Falgoux (15)	Des Voyageurs
La Ferté-Saint-Cyr (41)	Saint-Cyr
Feurs (42)	Etésia **N**
Fouesnant/ Cap-Coz (29)	Belle-Vue
Fougères (35)	Les Voyageurs
Gérardmer (88)	Gérard d'Alsace
Gérardmer (88)	Les Reflets du Lac **N**
Giffaumont-Champaubert (51)	Le Cheval Blanc
Gimel-les-Cascades (19)	Hostellerie de la Vallée
Guebwiller (68)	Domaine du Lac
Guilliers (56)	Au Relais du Porhoët
Hagetmau (40)	Le Jambon
Hesdin (62)	Trois Fontaines
Les Houches (74)	Auberge Le Montagny
Île-de-Sein (29)	Ar Men
Illhaeusern (68)	Les Hirondelles
L'Isle-d'Abeau (38)	Le Relais du Çatey
L'Isle-sur-Serein (89)	Auberge du Pot d'Étain
Jonzac/ Clam (17)	Le Vieux Logis
Jougne (25)	La Couronne
Juvigny-sous-Andaine (61)	Au Bon Accueil
Kaysersberg (68)	Constantin
Lacapelle-Viescamp (15)	Du Lac
Lac Chambon (63)	Le Grillon
Laguiole (12)	Régis
Lamoura (39)	La Spatule
Lanarce (07)	Le Provence
Lodève (34)	Paix
Loudéac (22)	Voyageurs
Lucinges (74)	Le Bonheur dans Le Pré
Luz-Saint-Sauveur/ Esquièze-Sère (65)	Terminus
Mansle (16)	Beau Rivage
Margès (26)	Auberge Le Pont du Chalon
Mauriac (15)	Auv'Hôtel
Mazaye (63)	Auberge de Mazayes
Meaulne (03)	Au Cœur de Meaulne **N**
Melle (79)	Les Glycines
Métabief (25)	Étoile des Neiges
Meyrueis (48)	Family Hôtel
Meyrueis (48)	Du Mont Aigoual
Mittelhausen (67)	À l'Étoile
Molsheim (67)	Le Bugatti
Les Molunes (39)	Le Pré Fillet
Monestier-de-Clermont (38)	Au Sans Souci
Montargis/ Amilly (45)	Le Belvédère
Montauban (82)	Du Commerce
Montélier (26)	La Martinière
Montigny-la-Resle (89)	Le Soleil d'Or
Montluel (01)	Petit Casset
Montmelard (71)	Le St-Cyr
Montpellier (34)	Du Parc
Montpellier (34)	Ulysse
Montsalvy (15)	L'Auberge Fleurie
Mortagne-au-Perche (61)	Du Tribunal
Morteau (25)	La Guimbarde **N**
Mulhouse/ Frœningen (68)	Auberge de Froeningen
Najac (12)	L'Oustal del Barry
Nantua (01)	L'Embarcadère
Natzwiller (67)	Auberge Metzger
Neufchâteau (88)	Le Romain et H. Le Richevaux **N**
Niederschaeffolsheim (67)	Au Bœuf Rouge
Niedersteinbach (67)	Cheval Blanc
Nogent-le-Rotrou (28)	Brit Hôtel du Perche
Nogent-le-Rotrou (28)	Sully
Nogent-sur-Seine (10)	Beau Rivage
Les Nonières (26)	Le Mont-Barral
Nontron (24)	Grand Hôtel
Le Nouvion-en-Thiérache (02)	Paix
Noyalo (56)	L'Hortensia
Oberhaslach (67)	Hostellerie St-Florent
Obersteinbach (67)	Anthon
Omonville-la-Petite (50)	Fossardière
Orléans (45)	Marguerite
Pailherols (15)	Auberge des Montagnes
Paimpol/ Ploubazlanec (22)	Les Agapanthes
Patrimonio (2B)	Du Vignoble
Pau (64)	Le Bourbon
Pégomas (06)	Bosquet
Piana (2A)	Le Scandola **N**
Pierre-Buffière (87)	La Providence
Pierrefort (15)	Du Midi
Pont-Aven (29)	Les Ajoncs d'Or
Pont-de-Vaux (01)	Les Platanes
Pont-du-Bouchet (63)	La Crémaillère
Pont-du-Château (63)	L'Estredelle **N**
Port-Manech (29)	Du Port et de l'Aven

→ **N** *Nouveau* → *New*

Le Pouldu (29)	Le Panoramique
Quarré-les-Tombes (89)	Le Morvan
Quédillac (35)	Le Relais de la Rance
Quinson (04)	Relais Notre-Dame **N**
Quintin (22)	Du Commerce
Rehaupal (88)	Auberge du Haut-Jardin **N**
Reipertswiller (67)	La Couronne
Rennes (35)	Britannia
Rennes (35)	Des Lices
Rieumes (31)	Auberge les Palmiers
Riom-Ès-Montagnes (15)	St-Georges
La Rochette (73)	Du Parc
Romagnieu (38)	Auberge les Forges de la Massotte
Roure (06)	Auberge le Robur
Rouvres-en-Xaintois (88)	Burnel
Les Sables-d'Olonne (85)	Antoine
Les Sables-d'Olonne (85)	Arc en Ciel
Les Sables-d'Olonne (85)	Les Embruns
Saillagouse (66)	Planes (La Vieille Maison Cerdane)
Saint-Agnan (58)	La Vieille Auberge
Saint-Ambroix/ Larnac (30)	Le Clos des Arts
Saint-Chély-d'Apcher/ La Garde (48)	Le Rocher Blanc
Saint-Flour (15)	L'Ander
Saint-Flour (15)	Auberge de La Providence
Saint-Gervais-d'Auvergne (63)	Le Relais d'Auvergne
Saint-Guénolé (29)	Ondines
Saint-Jean-du-Bruel (12)	Du Midi-Papillon
Saint-Jean-en-Royans/ Col de la Machine (26)	Du Col de la Machine
Saint-Lary (09)	Auberge de l'Isard
Saint-Louis (68)	Berlioz
Saint-Malo (35)	Le Nautilus **N**
Saint-Malo (35)	San Pedro
Saint-Rémy-de-Provence (13)	L'Amandière
Saint-Valery-en-Caux (76)	Les Remparts
Sainte-Menéhould (51)	Le Cheval Rouge
Saintes (17)	L'Avenue
Salins-les-Bains (39)	Charles Sander
Sallanches (74)	Auberge de l'Orangerie
Sand (67)	La Charrue
Sarlat-la-Canéda (24)	Le Mas de Castel
Sarlat-la-Canéda (24)	Le Mas del Pechs
Sarreguemines (57)	Amadeus
Sars-Poteries (59)	Marquais
Saugues (43)	La Terrasse
Sauveterre-de-Béarn (64)	La Maison de Navarre
Saverne (67)	Le Clos de la Garenne
Scherwiller (67)	Auberge Ramstein **N**
Sées/ Macé (61)	Île de Sées
Semur-en-Auxois (21)	Les Cymaises
Sermersheim (67)	Au Relais de l'Ill **N**
Servon (50)	Auberge du Terroir
Solignac (87)	St-Éloi
Sommières (30)	De l'Estelou
Sondernach (68)	A l'Orée du Bois
Souillac (46)	Le Quercy
Sousceyrac (46)	Au Déjeuner de Sousceyrac
Strasbourg/ Entzheim (67)	Père Benoit
Sully-sur-Loire (45)	La Closeraie **N**
Tain-l'Hermitage (26)	Les 2 Coteaux
Thann (68)	Aux Sapins
Le Thillot/ Le Ménil (88)	Les Sapins
Thizy (69)	La Terrasse
Tournon-sur-Rhône (07)	Les Amandiers
Tours (37)	Du Manoir **N**
Tours (37)	Ronsard **N**
Uzès (30)	Le Patio de Violette
Valgorge (07)	Le Tanargue
Valleraugue (30)	Auberge Cévenole
Vaux-en-Beaujolais (69)	Auberge de Clochemerle
Vaux-sous-Aubigny (52)	Le Vauxois
Vézelay/ Pierre-Perthuis (89)	Les Deux Ponts
Viaduc-de-Garabit (15)	Beau Site
Vic-en-Bigorre (65)	Réverbère
Vichy (03)	Arverna **N**
Vic-sur-Cère/ Col-de-Curebourse (15)	Hostellerie St-Clément
Villé (67)	La Bonne Franquette
Villiers-sur-Marne (52)	La Source Bleue **N**
Vittel (88)	Providence
Viviers (07)	Le Relais du Vivarais
Vougeot/ Gilly-lès-Cîteaux (21)	L'Orée des Vignes
Wissembourg (67)	Au Moulin de la Walk
Yvetot (76)	Du Havre

→ **N** *Nouveau* → *New*

Hébergements agréables

Pleasant accommodation

Antibes/ Cap d'Antibes (06)	Du Cap
La Baule (44)	Hermitage Barrière
Beaulieu-sur-Mer (06)	La Réserve de Beaulieu et Spa
Biarritz (64)	Du Palais
Cannes (06)	Carlton Inter Continental
Cannes (06)	Majestic Barrière
Cannes (06)	Martinez
Courchevel/ Courchevel 1850 (73)	Les Airelles
Courchevel/ Courchevel 1850 (73)	Cheval Blanc
Deauville (14)	Normandy-Barrière
Deauville (14)	Royal-Barrière
Évian-les-Bains (74)	Royal
Monte-Carlo (MC)	Hermitage
Monte-Carlo (MC)	Paris
Nice (06)	Negresco
Paris/ Paris 1er	Le Meurice
Paris/ Paris 1er	Ritz
Paris/ Paris 8e	Le Bristol
Paris/ Paris 8e	Crillon
Paris/ Paris 8e	Four Seasons George V
Paris/ Paris 8e	Plaza Athénée
Paris/ Paris 8e	Le Royal Monceau
Paris/ Paris 9e	Intercontinental Le Grand
Paris/ Paris 16e	Raphael
Paris/ Paris 16e	Shangri-La
Saint-Jean-Cap-Ferrat (06)	Grand Hôtel du Cap Ferrat
Saint-Tropez (83)	Byblos
Saint-Tropez (83)	Château de la Messardière
Tourrettes (83)	Four Seasons Resort Provence at Terre Blanche

Ablis (78)	Château d'Esclimont
Aix-en-Provence (13)	Villa Gallici
Antibes/ Cap d'Antibes (06)	Impérial Garoupe
Avallon/ Vault-de-Lugny (89)	Château de Vault de Lugny
Avignon (84)	La Mirande
Bagnols (69)	Château de Bagnols
Beaune (21)	Le Cep
Beaune/ Levernois (21)	Hostellerie de Levernois
Belle-Ile/ Port-Goulphar (56)	Castel Clara
Béthune/ Busnes (62)	Le Château de Beaulieu
Les Bézards (45)	Auberge des Templiers
Bidarray (64)	Ostapé
Billiers (56)	Domaine de Rochevilaine
Bordeaux (33)	The Regent Grand Hotel
Bordeaux/ Martillac (33)	Les Sources de Caudalie
Briollay (49)	Château de Noirieux
Brive-la-Gaillarde/ Varetz (19)	Château de Castel Novel
Cahors/ Mercuès (46)	Château de Mercuès
Calvi (2B)	La Villa
Cannes (06)	3.14 Hôtel
Carcassonne (11)	De La Cité
Le Castellet/ Circuit Paul Ricard (83)	Du Castellet
Cavalière (83)	Le Club de Cavalière et Spa
Chamonix-Mont-Blanc (74)	Hameau Albert 1er
La Chapelle-en-Serval (60)	Mont Royal
Colroy-la-Roche (67)	Hostellerie La Cheneaudière
Courcelles-sur-Vesle (02)	Château de Courcelles
Courchevel/ Courchevel 1850 (73)	Amanresorts Le Mélézin
Courchevel/ Courchevel 1850 (73)	Le Kilimandjaro
Courchevel/ Courchevel 1850 (73)	Le Lana
Courchevel/ Courchevel 1850 (73)	Le Strato

Curzay-sur-Vonne (86) Château de Curzay
Dinard (35) Grand Hôtel Barrière de Dinard
Divonne-les-Bains (01) Le Grand Hôtel
Eugénie-les-Bains (40) Les Prés d'Eugénie
Évian-les-Bains (74) Ermitage
Èze (06) Château de la Chèvre d'Or
Èze-Bord-de-Mer (06) Cap Estel
Figeac (46) Château du Viguier du Roy
Forcalquier/ Mane (04) Couvent des Minimes
Gargas (84) Domaine de la Coquillade
Gordes (84) La Bastide de Gordes et Spa
Grasse (06) La Bastide St-Antoine
Honfleur (14) La Ferme St-Siméon
Île de Ré/ La Flotte (17) Richelieu
Joigny (89) La Côte St-Jacques
Juan-les-Pins (06) Juana
Lacave (46) Château de la Treyne
Ligny-en-Cambrésis (59) Château de Ligny
Lille (59) L'Hermitage Gantois
Luynes (37) Domaine de Beauvois
Lyon (69) Cour des Loges
Lyon (69) Villa Florentine
Lyon/ Charbonnières-les-Bains (69) Le Pavillon de la Rotonde
Megève (74) Le Fer à Cheval
Megève (74) Les Fermes de Marie
Megève (74) Lodge Park
Mirambeau (17) Château de Mirambeau
Montbazon (37) Château d'Artigny
Monte-Carlo (MC) Monte Carlo Bay Hotel and Resort
Monte-Carlo (MC) Métropole
Monte-Carlo/ Monte-Carlo-Beach (MC) Monte-Carlo Beach Hôtel
Montpellier/ Castelnau-le-Lez (34) Domaine de Verchant
Mougins (06) Le Mas Candille
Obernai (67) Le Parc
Onzain (41) Domaine des Hauts de Loire
Paris/ Paris 1er Le Burgundy
Paris/ Paris 1er Costes
Paris/ Paris 1er De Vendôme
Paris/ Paris 3e Pavillon de la Reine
Paris/ Paris 8e Champs-Élysées Plaza
Paris/ Paris 8e Fouquet's Barrière
Paris/ Paris 8e Napoléon
Paris/ Paris 9e Scribe
Paris/ Paris 16e St-James Paris
Perros-Guirec (22) L'Agapa
Porticcio (2A) Le Maquis
Porto-Vecchio (2A) Casadelmar
Porto-Vecchio (2A) Grand Hôtel de Cala Rossa
Pouilly-en-Auxois/ Chailly-sur-Armançon (21) Château de Chailly
Puymirol (47) Michel Trama
Ramatuelle (83) La Réserve Ramatuelle
Reims (51) Château les Crayères
Roanne (42) Troisgros
Saint-Émilion (33) Hostellerie de Plaisance
Saint-Jean-Cap-Ferrat (06) La Voile d'Or
Saint-Jean-Cap-Ferrat (06) Royal Riviera
Saint-Tropez (83) La Bastide de St-Tropez
Saint-Tropez (83) Résidence de la Pinède
Saint-Tropez (83) Sezz
Saint-Tropez (83) Villa Belrose
Saint-Tropez (83) Villa Marie
Sainte-Foy-la-Grande (33) Château des Vigiers
Saulieu (21) Le Relais Bernard Loiseau
Strasbourg (67) Régent Petite France
Talloires (74) L'Auberge du Père Bise
Tignes/ Val-Claret (73) Les Suites du Nevada
Valence (26) Pic
Versailles (78) Trianon Palace
Vienne (38) La Pyramide
Villeneuve-lès-Avignon (30) Le Prieuré
Vonnas (01) Georges Blanc
Vougeot/ Gilly-lès-Cîteaux (21) Château de Gilly
Vougeot / Gilly-lès-Cîteaux (21) Château de Gilly

Aigues-Mortes (30) Villa Mazarin
Aillant-sur-Tholon (89) Domaine du Roncemay
Aix-en-Provence (13) Le Pigonnet
Aix-en-Provence/ Celony (13) Le Mas d'Entremont
Ajaccio (2A) Dolce Vita
Albi (81) La Réserve
Alpe-d'Huez (38) Au Chamois d'Or
Amboise (37) Le Choiseul
Amboise (37) Le Manoir Les Minimes
Amboise/ Saint-Règle (37) Château des Arpentis
Antibes/ Cap d'Antibes (06) Cap d' Antibes Beach Hôtel
Arles (13) L'Hôtel Particulier
Avignon/ Montfavet (84) Hostellerie Les Frênes
Avignon/ Le Pontet (84) Auberge de Cassagne et Spa

Bagnoles-de-l'Orne (61) Le Manoir du Lys
Bagnols-sur-Cèze (30) Château de Montcaud
Bandol (83) Île Rousse
Barbizon (77) Hôtellerie du Bas-Bréau
La Baule (44) Castel Marie-Louise
Les Baux-de-Provence (13) La Cabro d'Or
Bayeux (14) Château de Sully
Bayeux/ Audrieu (14) Château d'Audrieu
Beaune (21) L'Hôtel
Belleville/ Pizay (69) Château de Pizay
Bénodet/ Sainte-Marine (29) Villa Tri Men
Béthune/ Gosnay (62) Chartreuse du Val St-Esprit
Biarritz (64) Beaumanoir
Biarritz/ Lac de Brindos (64) Château de Brindos
Bonnieux (84) La Bastide de Capelongue
Bordeaux/ Bouliac (33) Le St-James
Boulogne-sur-Mer (62) La Matelote
Le-Bourget-du-Lac (73) Ombremont
Bourgueil/ Restigné (37) Manoir de Restigné
Boutigny-sur-Essonne (91) Domaine de Bélesbat
Brantôme (24) Le Moulin de l'Abbaye
Brantôme/ Champagnac-de-Belair (24) Le Moulin du Roc
La Bussière-sur-Ouche (21) Abbaye de la Bussière
La Cadière-d'Azur (83) Hostellerie Bérard
Cagnes-sur-Mer (06) Le Cagnard
Callas (83) Hostellerie Les Gorges de Pennafort
Calvi (2B) La Signoria
Cancale (35) De Bricourt-Richeux
Carantec (29) Hôtel de Carantec-Patrick Jeffroy
Carcassonne (11) Domaine d'Auriac
Carpentras/ Mazan (84) Château de Mazan
Les Carroz-d'Arâches (74) Les Servages d'Armelle
Cassel (59) Châtellerie de Schoebeque
La Celle (83) Hostellerie de l'Abbaye de la Celle
Cergy-Pontoise/ Méry-sur-Oise (95) Château de Méry
Chagny (71) Maison Lameloise
Chambolle-Musigny (21) Château André Ziltener
Chamonix-Mont-Blanc (74) Grand Hôtel des Alpes
Château-Arnoux-Saint-Auban (04) La Bonne Étape
Chenonceaux (37) Auberge du Bon Laboureur
Cognac (16) Château de l'Yeuse
Coise-Saint-Jean-Pied-Gauthier (73) Château de la Tour du Puits
La Colle-sur-Loup (06) Alain Llorca
Colmar (68) Les Têtes
Colombey-les-Deux-Églises (52) Hostellerie la Montagne
Condrieu (69) Hôtellerie Beau Rivage
Connelles (27) Le Moulin de Connelles
Cordon (74) Le Cerf Amoureux
Cordon (74) Les Roches Fleuries
Courchevel/ Courchevel 1850 (73) La Sivolière
Crillon-le-Brave (84) Crillon le Brave
Le Croisic (44) Le Fort de l'Océan
La Croix-Valmer/ Gigaro (83) Château de Valmer
Crozet (01) Jiva Hill Park Hôtel
Cruseilles (74) Château des Avenières
Dinard (35) Villa Reine Hortense
Enghien-les-Bains (95) Grand Hôtel Barrière
Épernay/ Champillon (51) Royal Champagne
Épernay/ Vinay (51) Hostellerie La Briqueterie
Èze (06) Château Eza
Fère-en-Tardenois (02) Château de Fère
Fouday (67) Julien
Gémenos (13) Relais de la Magdeleine
Gérardmer (88) Le Manoir au Lac
Gérardmer/ Bas-Rupts (88) Les Bas-Rupts
Les Gets (74) Labrador
Gordes (84) Les Bories et Spa
Grasse (06) La Bastide St-Mathieu
Le Grau-du-Roi/ Port-Camargue (30) Spinaker
Gray/ Rigny (70) Château de Rigny
Gressy (77) Le Manoir de Gressy
Guidel (56) Le Domaine de Kerbastic
Hennebont (56) Château de Locguénolé
Honfleur (14) Le Manoir du Butin
Hossegor (40) Les Hortensias du Lac
Igé (71) Château d'Igé
Ile de Bendor (83) Delos
Ile de Porquerolles (83) Le Mas du Langoustier
Île de Ré/ Saint-Martin-de-Ré (17) De Toiras
Joucas (84) Hostellerie Le Phébus et Spa
Jungholtz (68) Violettes
Lacave (46) Pont de l'Ouysse
Laguiole (12) Bras
Langeais/ Saint-Patrice (37) Château de Rochecotte
Lezoux/ Bort-l'Étang (63) Château de Codignat
Limoges/ Saint-Martin-du-Fault (87) Chapelle St-Martin
Locquirec (29) Le Grand Hôtel des Bains
Lorgues (83) Château de Berne
Lunéville (54) Château d'Adoménil
Lyon (69) Le Royal Lyon
Magescq (40) Relais de la Poste
La Malène (48) Château de la Caze
Manigod (74) Chalet Hôtel Croix-Fry
Marlenheim (67) Le Cerf
Marseille (13) Le Petit Nice
Massignac (16) Domaine des Étangs
Maussane-les-Alpilles/ Paradou (13) Le Hameau des Baux
Megève (74) Alpaga
Megève (74) Chalet du Mont d'Arbois
Megève (74) Chalet St-Georges
Megève (74) Mont-Blanc

Méribel (73) Allodis
Méribel (73) L'Hélios
Méribel (73) Le Grand Cœur et Spa
Méribel (73) Le Yéti
Mirepoix (09) Relais Royal
Missillac (44) La Bretesche
Moëlan-sur-Mer (29) Manoir de Kertalg
Moissac (82) Le Manoir St-Jean
Molitg-les-Bains (66) Château de Riell
Montbazon (37) Domaine de la Tortinière
Montélimar (26) Domaine du Colombier
Montreuil (62) Château de Montreuil
Mougins (06) De Mougins
Moustiers-Sainte-Marie (04) La Bastide de Moustiers
Nans-les-Pins (83) Domaine de Châteauneuf
Nice (06) La Pérouse
Nieuil (16) Château de Nieuil
Nîmes (30) Jardins Secrets
Niort (79) La Chamoiserie
Obernai (67) À la Cour d'Alsace
Paris/ Paris 6e L'Abbaye
Paris/ Paris 6e D'Aubusson
Paris/ Paris 6e Esprit St-Germain
Paris/ Paris 6e L'Hôtel
Paris/ Paris 6e Relais Christine
Paris/ Paris 6e Relais St-Germain
Paris/ Paris 6e Le Six
Paris/ Paris 7e Duc de St-Simon
Paris/ Paris 8e Daniel
Paris/ Paris 8e François 1er
Paris/ Paris 8e Intercontinental Avenue Marceau
Paris/ Paris 8e De Sers
Paris/ Paris 11e Les Jardins du Marais
Paris/ Paris 16e Dokhan's Radisson Blu
Paris/ Paris 16e Keppler
Paris/ Paris 16e Sezz
Paris/ Paris 16e Square
Paris/ Paris 17e Regent's Garden
Paris/ Paris 18e Kube
Pauillac (33) Château Cordeillan Bages
Pérouges (01) Ostellerie du Vieux Pérouges
La Plaine-sur-Mer (44) Anne de Bretagne
Pons/ Mosnac (17) Moulin du Val de Seugne
Pont-du-Gard/ Castillon-du-Gard (30) Le Vieux Castillon
Pornichet (44) Sud Bretagne
Port-en-Bessin (14) La Chenevière
Port-Lesney (39) Château de Germigney
Porto-Vecchio (2A) Belvédère
Propriano (2A) Miramar Boutique Hôtel
Rayol-Canadel-sur-Mer (83) Le Bailli de Suffren
Reims (51) L'Assiette Champenoise
Ribeauvillé (68) Le Clos St-Vincent
Rodez (12) Ferme de Bourran
Roscoff (29) Le Brittany
Roscoff (29) Le Temps de Vivre
Royat (63) Princesse Flore
Saint-Arcons-d'Allier (43) Les Deux Abbesses
Saint-Émilion (33) Château Grand Barrail
Saint-Florent (2B) Demeure Loredana
Saint-Florent (2B) La Dimora
Saint-Germain-en-Laye (78) La Forestière
Saint-Germain-en-Laye (78) Pavillon Henri IV
Saint-Jean-de-Luz (64) Grand Hôtel Loreamar Thalasso et Spa
Saint-Jean-de-Luz (64) Parc Victoria
Saint-Jean-de-Luz (64) Zazpi
Saint-Jean-Pied-de-Port (64) Les Pyrénées
Saint-Omer/ Tilques (62) Château Tilques
Saint-Paul (06) La Colombe d'Or
Saint-Paul (06) Le Mas de Pierre
Saint-Paul (06) Le Saint-Paul
Saint-Paul-Trois-Châteaux (26) Villa Augusta
Saint-Rémy-de-Provence (13) Hostellerie du Vallon de Valrugues
Saint-Rémy-de-Provence (13) Le Château des Alpilles
Saint-Rémy-de-Provence (13) Les Ateliers de l'Image
Saint-Tropez (83) La Ferme d'Augustin
Saint-Tropez (83) Kube
Saint-Tropez (83) La Tartane Saint-Amour
Saint-Tropez (83) Le Yaca
Saint-Tropez (83) Muse
Saint-Tropez (83) Pan Deï Palais
Saint-Tropez (83) Villa Cosy
Sainte-Anne-la-Palud (29) De La Plage
Sainte-Lucie-de-Porto-Vecchio (2A) Le Pinarello
Sainte-Maure-de-Touraine/ Noyant-de-Touraine (37) Château de Brou
Sainte-Preuve (02) Domaine du Château de Barive
Saintes (17) Relais du Bois St-Georges
Saintes-Maries-de-la-Mer (13) Lodge de la Fouque
Salon-de-Provence (13) Abbaye de Sainte-Croix
Le Sambuc (13) Le Mas de Peint
Sarlat-la-Canéda (24) Clos La Boëtie
Saumur (49) Château de Verrières
Saumur/ Chênehutte-les-Tuffeaux (49) Le Prieuré
La Saussaye (27) Manoir des Saules
Savigneux (01) Domaine de Fontanelle
Sélestat (67) Hostellerie Abbaye de la Pommeraie
Strasbourg (67) Cour du Corbeau
Strasbourg (67) Régent Contades
Strasbourg/ Plobsheim (67) Le Kempferhof
Tarbes (65) Le Rex Hotel
Théoule-sur-Mer/ Miramar (06) Miramar Beach
Théoule-sur-Mer/ Miramar (06) Tiara Yaktsa
Thuret (63) Château de la Canière
Tournus (71) Hôtel de Greuze
Tours/ Joué-lès-Tours (37) Château de Beaulieu
Tours/ Rochecorbon (37) Les Hautes Roches

Tourtour (83) La Bastide de Tourtour
Trébeurden (22) Manoir de Lan-Kerellec
Trébeurden (22) Ti al Lannec
Trégunc (29) Auberge Les Grandes Roches
Trémolat (24) Le Vieux Logis
Trigance (83) Château de Trigance
Troyes (10) La Maison de Rhodes
Troyes (10) Le Champ des Oiseaux
Uriage-les-Bains (38) Grand Hôtel
Verdun/ Les Monthairons (55) Hostellerie du Château des Monthairons
Verneuil-sur-Avre (27) Le Clos
Vézelay/ Saint-Père (89) L'Espérance
Ville-d'Avray (92) Les Étangs de Corot
Villiers-le-Mahieu (78) Château de Villiers-le-Mahieu
Vitrac (24) Domaine de Rochebois
Ygrande (03) Château d'Ygrande

Agde/ Le Cap-d'Agde (34) La Bergerie du Cap
Aix-en-Provence (13) Bastide du Cours
Ajaccio (2A) Les Mouettes
Alençon/ Saint-Paterne (72) Château de St-Paterne
Alleyras (43) Haut-Allier
Amboise (37) Château de Pray
Anduze/ Tornac (30) Les Demeures du Ranquet
Argelès-sur-Mer (66) Auberge du Roua
Argelès-sur-Mer (66) Le Cottage
Argenton-sur-Creuse/ Bouesse (36) Château de Bouesse
Auch (32) Château les Charmettes
Auribeau-sur-Siagne (06) Auberge de la Vignette Haute
Auxerre (89) Le Parc des Maréchaux
Bagnoles-de-l'Orne (61) Bois Joli
Barcelonnette/ Jausiers (04) Villa Morelia
Barneville-Carteret/ Carteret (50) Des Ormes
Les Baux-de-Provence (13) La Riboto de Taven
Les Baux-de-Provence (13) Mas de l'Oulivié
Bayonne (64) Villa Hôtel
Beaune/ Montagny-lès-Beaune (21) Le Clos
Beaune/ Savigny-lès-Beaune (21) Le Hameau de Barboron
Beaurepaire (85) Château de la Richerie
Bédarieux/ Hérépian (34) Le Couvent d'Hérépian
Belle-Ile/ Bangor (56) La Désirade
Bergerac (24) Château Rauly-Saulieut
Bergerac/ Saint-Nexans (24) La Chartreuse du Bignac
Bermicourt (62) La Cour de Rémi
Besançon (25) Charles Quint
Biarritz (64) Le Château du Clair de Lune
Bidart (64) L'Hacienda
Bidart (64) Villa L'Arche
Bize-Minervois (11) La Bastide Cabezac
Bonifacio (2A) Genovese
Bonnat (23) L'Orangerie
Bormes-les-Mimosas (83) Le Domaine du Mirage
Bourbon-l'Archambault (03) Grand Hôtel Montespan-Talleyrand
Bourges (18) D'Angleterre
Bourges (18) Villa C
Brantôme (24) Moulin de Vigonac
Brantôme/ Bourdeilles (24) Hostellerie Les Griffons
Cambremer (14) Château Les Bruyères
Canet-en-Roussillon/ Canet-Plage (66) Le Mas de la Plage
Cangey (37) Le Fleuray
Cannes (06) Cavendish
Carcassonne (11) Du Château
Carpentras/ Monteux (84) Domaine de Bournereau
Carsac-Aillac (24) La Villa Romaine
Céret (66) Le Mas Trilles
Chablis (89) Du Vieux Moulin
Chablis (89) Hostellerie des Clos
Chamonix-Mont-Blanc/ Le Lavancher (74) Les Chalets de Philippe
Charleville-Mézières (08) Le Dormeur du Val
Châteaudun/ Flacey (28) Domaine de Moresville
Le Châtelet/ Notre-Dame d'Orsan (18) La Maison d'Orsan
Châtillon-sur-Chalaronne (01) La Tour
La Colle-sur-Loup (06) L'Abbaye
Concarneau (29) Sables Blancs
Conques (12) Hervé Busset
Crépon (14) Ferme de la Rançonnière
Deauville (14) 81 L'Hôtel
Les Deux-Alpes (38) Chalet Mounier
Duingt (74) Clos Marcel
Épernay (51) La Villa Eugène
Erbalunga (2B) Castel'Brando
Eugénie-les-Bains (40) La Maison Rose
Les Eyzies-de-Tayac (24) Ferme Lamy
Fayence (83) Moulin de la Camandoule
Fontaine-de-Vaucluse (84) Du Poète
Forcalquier (04) La Bastide Saint Georges
Fort-Mahon-Plage (80) Auberge Le Fiacre
Fréjus (83) L'Aréna
La Gacilly (56) Grée des Landes
Gensac (33) Château de Sanse
Gex/ Échenevex (01) Auberge des Chasseurs

Goumois (25) Taillard
Graveson (13) Moulin d'Aure
Grignan (26) Le Clair de la Plume
Grimaud (83) Le Verger Maelvi
Guéthary (64) Villa Catarie
Gundershoffen (67) Le Moulin
Hauteluce (73) La Ferme du Chozal
Le Havre (76) Vent d'Ouest
Honfleur (14) absinthe
Honfleur (14) Écrin
Honfleur (14) La Chaumière
Honfleur (14) Les Maisons de Léa
Honfleur (14) La Maison de Lucie
Île de Noirmoutier/ Noirmoutier-en-l'Île (85) Fleur de Sel
Ile de Port-Cros (83) Le Manoir
Île de Ré/ Saint-Martin-de-Ré (17) Clos St-Martin
Île de Ré/ Saint-Martin-de-Ré (17) Domaine de la Baronnie
L'Île-Rousse (2B) Palazzu Pigna
Juan-les-Pins (06) La Villa
Juan-les-Pins (06) Ste-Valérie
Jumièges (76) Le Clos des Fontaines
Lacabarède (81) Demeure de Flore
Lapoutroie (68) Les Alisiers
Le Lavandou (83) Baptistin
Levie (2A) A Pignata
Lille/ Emmerin (59) La Howarderie
Limoux (11) Grand Hôtel Moderne et Pigeon
Lumbres (62) Moulin de Mombreux
Lyons-la-Forêt (27) La Licorne
La Malène (48) Manoir de Montesquiou
Marsolan (32) Lous Grits
Martel (46) Relais Ste-Anne
Maussane-les-Alpilles/ Paradou (13) Du Côté des Olivades
Mauzac-et-Saint-Meyme-de-Rozens (24) La Métairie
Megève (74) Au Coin du Feu
Mende (48) De France
Ménerbes (84) La Bastide de Marie
Meyronne (46) La Terrasse
Monpazier (24) Edward 1er
Montpellier (34) D'Aragon
Montpellier/ Castries (34) Disini
Montsoreau (49) La Marine de Loire
Morzine (74) Bergerie
Moudeyres (43) Le Pré Bossu
Mougins (06) Le Manoir de l'Étang
Mussidan/ Sourzac (24) Le Chaufourg en Périgord
Nancy (54) D'Haussonville
Nantes (44) L'Hôtel
Neauphle-le-Château (78) Domaine du Verbois
Nice (06) Le Grimaldi
Nîmes (30) La Maison de Sophie
Nitry (89) Auberge La Beursaudière
Obernai/ Ottrott (67) À l'Ami Fritz
Oradour-sur-Vayres (87) La Bergerie des Chapelles
Orgon (13) Le Mas de la Rose
Osthouse (67) À la Ferme
Paris/ Paris 2e De Noailles
Paris/ Paris 3e Du Petit Moulin
Paris/ Paris 4e Bourg Tibourg
Paris/ Paris 6e Récamier
Paris/ Paris 7e Le Bellechasse
Paris/ Paris 8e Le A
Paris/ Paris 8e Le 123
Paris/ Paris 8e Cristal
Paris/ Paris 8e Le Mathurin
Paris/ Paris 8e Pershing Hall
Paris/ Paris 9e Secret de Paris
Paris/ Paris 11e Gabriel
Paris/ Paris 17e Banville
Paris/ Paris 17e Hidden
Paris/ Paris 17e Les Jardins de la Villa
Paris/ Paris 18e L'Hôtel Particulier Montmartre
Paris/ Paris 20e Mama Shelter
Peillon (06) Auberge de la Madone
Perros-Guirec (22) Le Manoir du Sphinx
Petit-Bersac (24) Château Le Mas de Montet
Le Pradet/ Les Oursinières (83) L'Escapade
Le Puy-en-Velay (43) Du Parc
Quimper (29) Manoir-Hôtel des Indes
Ramatuelle (83) La Vigne de Ramatuelle
Rennes (35) Le Coq-Gadby
Les Riceys (10) Marius
Rocamadour (46) Domaine de la Rhue
Rocamadour (46) Les Vieilles Tours
Rodez (12) Château de Labro
Romans-sur-Isère (26) L'Orée du Parc
La Roque-sur-Pernes (84) Château la Roque
Le Rouret (06) Du Clos
Roussillon (84) Le Clos de la Glycine
Sabres (40) Auberge des Pins
Saillagouse/ Llo (66) L'Atalaya
Saint-Affrique-les-Montagnes (81) Domaine de Rasigous
Saint-Amour-Bellevue (71) Auberge du Paradis
Saint-Bernard (01) Le Clos du Chêne
Saint-Cirq-Lapopie/ Tour-de-Faure (46) Le Saint Cirq
Saint-Émilion (33) Au Logis des Remparts
Saint-Étienne-de-Baïgorry (64) Arcé
Saint-Jean-de-Luz (64) La Devinière
Saint-Laurent-des-Arbres (30) Le Saint-Laurent
Saint-Paul (06) La Grande Bastide
Saint-Paul (06) Le Hameau
Saint-Rémy-de-Provence (13) Gounod
Saint-Rémy-de-Provence (13) La Maison de Bournissac
Saint-Saud-Lacoussière (24) Hostellerie St-Jacques

Saint-Tropez (83) Benkiraï
Saint-Tropez (83) La Maison Blanche
Saint-Tropez (83) La Mistralée
Saint-Tropez (83) Pastis
Saint-Valery-sur-Somme (80) Les Corderies
Sainte-Anne-d'Auray (56) L'Auberge
Salers (15) Le Bailliage
Salers/ Le Theil (15) Hostellerie de la Maronne
Sare (64) Arraya
Saulxures (67) La Belle Vue
Sauternes (33) Relais du Château d'Arche
Sauveterre (30) Château de Varenne
Sélestat (67) Auberge de l'Illwald
Sélestat (67) Les Prés d'Ondine
Sézanne/ Mondement-Montgivroux (51) Domaine de Montgivroux
Toulouse (31) Garonne
Toulouse (31) Le Grand Balcon
Tournus/ Brancion (71) La Montagne de Brancion
La Trinité-sur-Mer (56) Le Lodge Kerisper
Turquant (49) Demeure de la Vignole
Uchaux (84) Château de Massillan
Uzès (30) Hostellerie Provençale
Valaurie (26) Le Moulin de Valaurie
Valenciennes (59) Auberge du Bon Fermier
Vannes (56) Villa Kerasy
Vannes/ Arradon (56) Le Parc er Gréo
Viré (71) Frédéric Carrion Cuisine Hôtel

Argenton-sur-Creuse (36) Manoir de Boisvillers
Avensan (33) Clos de Meyre (Le)
Beaune/ Puligny-Montrachet (21) La Chouette
Biarritz (64) Maison Garnier
Bonnieux (84) Le Clos du Buis
Bormes-les-Mimosas (83) Hostellerie du Cigalou
Boulbon (13) La Bastide de Boulbon
Briançon (05) La Chaussée
Cancale (35) Auberge de la Motte Jean
Chorges (05) Ax'Hôtel
Clermont-l'Hérault/ Saint-Saturnin-de-Lucian (34) Du Mimosa
Cliousclat (26) La Treille Muscate
Crest-Voland (73) Le Caprice des Neiges
Cuq-Toulza (81) Cuq en Terrasses
Deauville (14) Villa Joséphine
Douarnenez/ Tréboul (29) Ty Mad
Eygalières (13) Mas dou Pastré
Florac/ Cocurès (48) La Lozerette
Forcalquier (04) Auberge Charembeau
La Garde-Guérin (48) Auberge Régordane
Gérardmer/ Bas-Rupts (88) Auberge de la Poulcière
Gordes (84) La Ferme de la Huppe
Le Grand-Bornand/ Le Chinaillon (74) Les Cimes
Graveson (13) Le Cadran Solaire
Île de Ré/ Ars-en-Ré (17) Le Sénéchal
Île de Ré/ Saint-Martin-de-Ré (17) La Maison Douce
L'Isle-sur-la-Sorgue (84) Le Mas des Grès
Lyons-la-Forêt (27) Les Lions de Beauclerc
Le Mans/Saint-Saturnin (72) Domaine de Chatenay
Maubec (84) La Bastide du Bois Bréant
Meung-sur-Loire (45) Relais Louis XI
Montauban-sur-l'Ouvèze (26) La Badiane
Montclus (30) La Magnanerie de Bernas
Monte-Carlo (MC) Ni
Moustiers-Sainte-Marie (04) La Ferme Rose
Nyons (26) Une Autre Maison
Paris/ Paris 5e Le Petit Paris
Paris/ Paris 9e Relais Madeleine
Paris/ Paris 16e Windsor Home
Plan-de-la-Tour (83) Mas des Brugassières
Puycelci (81) L'Ancienne Auberge
Rocamadour (46) Troubadour
Roquebrune (06) Roquebrune
Saint-Alban-sur-Limagnole (48) Relais St-Roch
Saint-Céré (46) Villa Ric
Saint-Chély-d'Apcher/ La Garde (48) Le Rocher Blanc
Saint-Laurent-du-Verdon (04) Le Moulin du Château
Saint-Malo/ Saint-Servan-sur-Mer (35) L'Ascott
Saint-Prix (95) Hostellerie du Prieuré
Saint-Rémy-de-Provence (13) Sous les Figuiers
Sainte-Maxime/ Val (83) La Villa
Salers (15) Saluces
Sancerre/ Saint-Thibault (18) De la Loire
Seillans (83) Des Deux Rocs
Serre-Chevalier/ Le Monêtier-les-Bains (05) Alliey
Strasbourg (67) Chut - Au Bain aux Plantes
Sully-sur-Loire (45) La Closeraie
Le Thor (84) La Bastide Rose
Tréguier (22) Kastell Dinec'h
Valberg (06) Blanche Neige
Val-d'Isère (73) La Becca
Wierre-Effroy (62) La Ferme du Vert

Alès/ Saint-Hilaire-de-Brethmas (30) Comptoir St-Hilaire
Alleins (13) Domaine de Méjeans
Allex (26) Petite Aiguebonne
Amboise (37) Le Vieux Manoir
Apt/ Saignon (84) Chambre de Séjour avec Vue
Arbois (39) Closerie les Capucines
Argelès-sur-Mer (66) Château Valmy
Aujols (46) Lou Repaou
Aureille (13) Le Balcon des Alpilles
Auteuil (60) Le 33
Autun (71) Le Moulin Renaudiots
Auxerre/ Appoigny (89) Le Puits d'Athie
Auxerre/ Villefargeau (89) Le Petit Manoir des Bruyères
Avignon (84) Lumani
Ayguesvives (31) La Pradasse
Baden (56) Le Val de Brangon
Bagnères-de-Bigorre (65) Les Petites Vosges
Le Barroux (84) Aube Safran
Bastia (2B) Château Cagninacci
La Bastide-Clairence (64) Maison Maxana
La Baume (74) La Ferme aux Ours
Bazouges-la-Pérouse (35) Château de la Ballue
Beaulieu-sur-Dordogne/ Brivezac (19) Château de la Grèze
Beaumont-du-Périgord (24) Le Coteau de Belpech
Beaune (21) La Terre d'Or
Belle-Ile/ Le Palais (56) Château de Bordenéo
Bénodet/ Sainte-Marine (29) La Ferme Saint-Vennec
Bessonies (46) Château de Bessonies
Béziers/ Villeneuve-lès-Béziers (34) La Chamberte
Biarritz (64) Nere-Chocoa
Biarritz (64) Villa Le Goëland
Biarritz/ Arcangues (64) Les Volets Bleus
Biron (24) Le Prieuré
Bonneuil (16) Le Maine Pertubaud-Jenssen
Bordeaux (33) La Maison Bord'Eaux
La Bourboule (63) La Lauzeraie
Bourg-en-Bresse/ Lalleyriat (01) Le Nid à Bibi
Bras (83) Une Campagne en Provence
Le Bugue (24) Maison Oléa
Cancale (35) Les Rimains
Cancon/ Saint-Eutrope-de-Born (47) Domaine du Moulin de Labique
Carcassonne (11) La Maison Coste
Carpentras (84) Château du Martinet
Carpentras/ Beaumes-de-Venise (84) Le Clos Saint Saourde
Cerdon (45) Les Vieux Guays
Cervione (2B) Casa Corsa
Chadurie (16) Le Logis de Puygâty
Charolles (71) Le Clos de l'Argolay
Chassagne-Montrachet (21) Château de Chassagne-Montrachet
Châteauneuf-Villevieille (06) La Parare
Chaumont-sur-Tharonne (41) Le Mousseau
Cholet (49) Demeure l'Impériale
Collonges-la-Rouge (19) Jeanne
Cordes-sur-Ciel/ Campes (81) Le Domaine de la Borie Grande
Coursac (24) Le Clos Bruyols
Cucugnan (11) La Tourette
Cucuron (84) Le Pavillon de Galon
Cult (70) Les Egrignes
Cuzance (46) Manoir de Malagorse
Danizy (02) Domaine le Parc
Derchigny (76) Manoir de Graincourt
Dieulefit (26) La Bergerie de Féline
Drain (49) Le Mésangeau
Eccica-Suarella (2A) Carpe Diem Palazzu
Les Échelles/ Saint-Christophe-la-Grotte (73) La Ferme Bonne de la Grotte
Ennordres (18) Les Chatelains
Épernay/ Ay (51) Le Manoir des Charmes
Épinal/ Fontenay (88) La Grange
Escatalens (82) Maison des Chevaliers
Èze/ Col d'Èze (06) La Bastide aux Camélias
Faverney/ Breurey-lès-Faverney (70) Château de la Presle
Fontenay-le-Comte (85) Le Logis de la Clef de Bois
Fréland (68) La Haute Grange
Fresne-Cauverville (27) Le Clos de l'Ambroisie
Garrigues (34) Château Roumanières
Génissac (33) L'Arbre Rouge
Gramat (46) Moulin de Fresquet
Le Grand-Bornand/ Le Bouchet (74) Le Chalet des Troncs
Grasse (06) Moulin St-François
Grez-en-Bouère (53) Château de Chanay
Grignan (26) La Maison du Moulin
Guebwiller/ Murbach (68) Le Schaeferhof
Guéthary (64) Arguibel
Hasparren (64) Ferme Hégia
Honfleur (14) Le Clos Bourdet
Honfleur (14) La Petite Folie
Île de Groix (56) Le Sémaphore de la Croix
Île de Noirmoutier/ Noirmoutier-en-l'Île (85) Maison de Marine
L'Isle-sur-la-Sorgue (84) La Maison sur la Sorgue
Ivoy-le-Pré (18) Château d'Ivoy
Jarnac (16) Château Saint-Martial
Jullié (69) Domaine de la Chapelle de Vâtre
Lailly-en-Val (45) Domaine de Montizeau
Lascabanes (46) Le Domaine de Saint-Géry
Laval/ Argentré (53) Château d'Hauterives
Lavannes (51) La Closerie des Sacres

Legé (44) Villa des Forges
Libourne/ La Rivière (33) Château de La Rivière
Lille (59) La Maison Carrée
Linières-Bouton (49) Château de Boissimon
Lissac-sur-Couze (19) Château de Lissac
Logonna-Daoulas (29) Le Domaine de Moulin Mer
Louhans/ Bruailles (71) La Ferme de Marie-Eugénie
Lyon/ Écully (69) Les Hautes Bruyères
Mâcon/ Hurigny (71) Château des Poccards
Le Mans/ Savigné-l'Évêque (72) La Villa des Arts
Marquay (24) Maison de Marquay
Martigné-Briand (49) Château des Noyers
Martigné-sur-Mayenne (53) Château de Mythème
Maussane-les-Alpilles/ Paradou (13) La Maison du Paradou
Meauzac (82) Manoir des Chanterelles
Merry-sur-Yonne (89) Le Charme Merry
Monestier (24) Château des Baudry
Monhoudou (72) Château de Monhoudou
Montagnac (04) La Maison du Bois Doré
Montbenoît/ La Longeville (25) Le Crêt l'Agneau
Montcuq (46) Four
Montesquiou (32) Maison de la Porte Fortifiée
Montigny-lès-Arsures (39) Château de Chavanes
Montpellier (34) Baudon de Mauny
Montpellier (34) Clos de l'Herminier
Morlaix (29) Manoir de Coat Amour
Moustiers-Sainte-Marie (04) La Bouscatière
Mulhouse/ Rixheim (68) La Grange à Élise
Muro (2B) Casa Theodora
Mutigny (51) Manoir de Montflambert
Le Muy (83) Château des Demoiselles
Nancy (54) Maison de Myon
Nantes/ Sucé-sur-Erdre (44) Les Arbres Rouges
Narbonne/ Canet (11) Château des Fontaines
Négreville (50) Château de Pont Rilly
Notre-Dame-du-Guildo (22) Château du Val d'Arguenon
Notre-Dame-du-Pé (72) La Reboursière
Nyons/ Montaulieu (26) Les Terrasses
Oinville-sous-Auneau (28) Caroline Lethuillier
Orange (84) Justin de Provence
Ornans (25) Le Jardin de Gustave
Planguenoual (22) Manoir de la Hazaie
Plazac (24) Béchanou
Pleudihen-sur-Rance (22) Manoir de Saint-Meleuc
Plougasnou (29) Ar Velin Avel
Pluvigner (56) Domaine de Kerbarh
Poligny (05) Le Chalet des Alpages
Privas/ Rochessauve (07) Château de Rochessauve
Provins (77) Demeure des Vieux Bains
Quimperlé (29) Château de Kerlarec
Riquewihr (68) Le B. Espace Suites
Rochefort (17) Palmier sur Cour
Rouen/ Martainville-Épreville (76) Sweet Home
Saint-Adjutory (16) Château du Mesnieux
Saint-André-de-Roquelongue (11) Demeure de Roquelongue
Saint-Calais (72) Château de la Barre
Saint-Étienne-la-Thillaye (14) La Maison de Sophie
Saint-Florent (2B) La Maison Rorqual
Saint-Front (43) La Vidalle d'Eyglet
Saint-Front-de-Pradoux (24) Château la Thuilière
Saint-Léon (47) Le Hameau des Coquelicots
Saint-Mathurin (85) Le Château de la Millière
Saint-Michel-Mont-Mercure (85) Château de la Flocellière
Saint-Palais-sur-Mer (17) Ma Maison de Mer
Saint-Pierre-d'Albigny (73) Château des Allues
Saint-Rémy-de-Provence (13) La Maison du Village
Saint-Saturnin (63) Château Royal de Saint-Saturnin
Saint-Silvain-Bellegarde (23) Les Trois Ponts
Saint-Sornin (17) La Caussolière
Saint-Valery-en-Caux (76) Château du Mesnil Geoffroy
Saint-Vallier (26) Domaine des Buis
Saint-Witz (95) Villa 1865
Sainte-Mère-Église (50) Château de L'Isle Marie
Sainte-Nathalène (24) La Roche d'Esteil
Segonzac (19) Pré Laminon
Sennecey-le-Grand/ Jugy (71) Crot Foulot
Soustons (40) Domaine de Bellegarde
Terraube (32) Maison Ardure
Thibivillers (60) Le Puits d'Angle
Le Thoronet (83) Bastide des Hautes Moures
Toulouse (31) Les Loges de St-Sernin
Tourrettes-sur-Loup (06) Histoires de Bastide
Troyes/ Moussey (10) Domaine de la Creuse
Tulette (26) K-Za
Uchaud (30) Le Huit
Uzer (07) Château d'Uzer
Uzès/ Montaren-et-Saint-Médiers (30) Clos du Léthé
Valojoulx (24) La Licorne
Vals-les-Bains (07) Château Clément
Vence (06) La Maison du Frêne
Vergoncey (50) Château de Boucéel
Verteuil-sur-Charente (16) Le Couvent des Cordeliers
Villemontais (42) Domaine du Fontenay
Villetoureix (24) Le Moulin de Larcy
Villiers-sous-Grez (77) La Cerisaie
Vollore-Ville (63) Château de Vollore
Vouvray (37) Domaine des Bidaudières
Wailly-Beaucamp (62) La Prairière
Wierre-Effroy (62) Le Beaucamp

Restaurants agréables

Pleasant restaurants

XXXXX

Antibes/ Cap d'Antibes (06) — Eden Roc
Les Baux-de-Provence (13) — L'Oustaù de Baumanière
Illhaeusern (68) — Auberge de l'Ill
Lyon (69) — Paul Bocuse
Monte-Carlo (MC) — Le Louis XV-Alain Ducasse
Paris/ Paris 1er — L'Espadon
Paris/ Paris 1er — Le Meurice
Paris/ Paris 5e — La Tour d'Argent
Paris/ Paris 8e — Alain Ducasse au Plaza Athénée
Paris/ Paris 8e — Les Ambassadeurs
Paris/ Paris 8e — Le Bristol
Paris/ Paris 8e — Le Cinq
Paris/ Paris 8e — Lasserre
Paris/ Paris 8e — Ledoyen
Paris/ Paris 8e — Taillevent
Paris/ Paris 16e — Le Pré Catelan
Valence (26) — Pic

XXXX

Baerenthal/ Untermuhlthal (57) — L'Arnsbourg
Bordeaux (33) — Le Pressoir d'Argent
Cannes (06) — La Palme d'Or
Chagny (71) — Maison Lameloise
Eugénie-les-Bains (40) — Michel Guérard
Joigny (89) — La Côte St-Jacques
Laguiole (12) — Bras
Lyon (69) — Pierre Orsi
Lyon/ Charbonnières-les-Bains (69) — Philippe Gauvreau
Mandelieu/ La Napoule (06) — L'Oasis
Marseille (13) — Le Petit Nice
Mionnay (01) — Alain Chapel
Monte-Carlo (MC) — Grill de l'Hôtel de Paris
Monte-Carlo (MC) — Joël Robuchon Monte-Carlo
Montpellier (34) — Le Jardin des Sens
Nice (06) — Chantecler
Nîmes/ Garons (30) — Alexandre
Paris/ Paris 1er — Le Grand Véfour
Paris/ Paris 4e — L'Ambroisie
Paris/ Paris 8e — Apicius
Paris/ Paris 16e — La Grande Cascade
Roanne (42) — Troisgros
La Rochelle (17) — Richard et Christopher Coutanceau
Romans-sur-Isère/ Granges-les-Beaumont (26) — Les Cèdres
Saint-Bonnet-le-Froid (43) — Régis et Jacques Marcon
Saulieu (21) — Le Relais Bernard Loiseau
Versailles (78) — Gordon Ramsay au Trianon
Vonnas (01) — Georges Blanc

XXX

Agen (47) — Mariottat
Annecy (74) — Le Clos des Sens
Annecy/ Veyrier-du-Lac (74) — La Nouvelle Maison de Marc Veyrat
Antibes/ Cap d'Antibes (06) — Bacon
Antibes/ Cap d'Antibes (06) — Le Pavillon
Antibes/ Cap d'Antibes (06) — Les Pêcheurs
Avignon (84) — Christian Étienne
Balleroy (14) — Manoir de la Drôme
Belle-Église (60) — La Grange de Belle-Église
Bidart (64) — Table et Hostellerie des Frères Ibarboure
Biot (06) — Les Terraillers
Bonnieux (84) — La Bastide de Capelongue

Bordeaux (33) Le Gabriel
Boulogne-sur-Mer (62) La Matelote
Le-Bourget-du-Lac (73) Le Bateau Ivre
Bourron-Marlotte (77) Les Prémices
Cannes/ Le Cannet (06) Villa Archange
Cassis (13) La Villa Madie
Chalon-sur-Saône/ Saint-Rémy (71) L'Amaryllis
Chantilly (60) Le Verbois
Chasselay (69) Guy Lassausaie
Chaudes-Aigues (15) Serge Vieira
Clisson (44) La Bonne Auberge
Compiègne/ Rethondes (60) Alain Blot
Conteville (27) Auberge du Vieux Logis
Courchevel/ Courchevel 1850 (73) Le Bateau Ivre
Dijon (21) Le Pré aux Clercs
Dole/ Sampans (39) Château du Mont Joly
Dunkerque/ Coudekerque-Branche (59) Le Soubise
Eygalières (13) Maison Bru
Èze (06) Château de la Chèvre d'Or
Fayence (83) Le Castellaras
Fontjoncouse (11) Auberge du Vieux Puits
Forbach/ Stiring-Wendel (57) La Bonne Auberge
Grimaud (83) Les Santons
Gundershoffen (67) Le Cygne
Issoudun/ Saint-Valentin (36) Au 14 Février
Jarnac/ Bourg-Charente (16) La Ribaudière
Lille (59) A L'Huîtrière
Loiré (49) Auberge de la Diligence
Lourmarin (84) Auberge La Fenière
Lyon (69) Takao Takano
Lyon (69) Les Terrasses de Lyon
Lyon (69) Les Trois Dômes
Lyon (69) Têtedoie
Maisons-Laffitte (78) Tastevin
Marseille (13) L'Épuisette
Megève/ Leutaz (74) Flocons de Sel
Monte-Carlo (MC) Vistamar
Montluçon (03) Grenier à Sel
Montpellier/ Lattes (34) Domaine de Soriech
Moulins (03) Le Clos de Bourgogne
Mulhouse (68) Il Cortile
Nantes/ Haute-Goulaine (44) Manoir de la Boulaie
Obernai (67) La Fourchette des Ducs
Orléans/ Olivet (45) Le Rivage
Ozoir-la-Ferrière (77) La Gueulardière
Paris/ Paris 6e Paris
Paris/ Paris 7e Le Jules Verne
Paris/ Paris 8e Les Enfants Terribles
Paris/ Paris 8e 1728
Paris/ Paris 8e Senderens
Paris/ Paris 8e La Table du Lancaster
Paris/ Paris 16e Prunier
Pau (64) Au Fin Gourmet
Pont-Aven (29) Le Moulin de Rosmadec
Port-Louis (56) Avel Vor
Port-sur-Saône/ Vauchoux (70) Château de Vauchoux
Le Puy-en-Velay (43) François Gagnaire
Questembert (56) Le Bretagne et sa Résidence
Reims/ Montchenot (51) Le Grand Cerf
Rennes/ Saint-Grégoire (35) Le Saison
Reuilly-Sauvigny (02) Auberge Le Relais
Riquewihr (68) Table du Gourmet
La Roche-l'Abeille (87) Le Moulin de la Gorce
Saint-Germain-en-Laye (78) Cazaudehore
Saint-Joachim (44) La Mare aux Oiseaux
Saint-Saturnin-lès-Apt (84) Domaine des Andéols
Saint-Sulpice-le-Verdon (85) Thierry Drapeau Logis de la Chabotterie
Sierentz (68) Auberge St-Laurent
Strasbourg (67) Buerehiesel
Toulon (83) Les Pins Penchés
Toulouse/ Colomiers (31) L'Amphitryon
Tournus (71) Rest. Greuze
Vannes/ Saint-Avé (56) Le Pressoir
Villeneuve-le-Comte (77) A la Bonne Marmite
Zoufftgen (57) La Lorraine
Villeneuve-le-Comte (77) A la Bonne Marmite
Zoufftgen (57) La Lorraine

Aire-sur-la-Lys/ Isbergues (62) Le Buffet
Aix-en-Provence (13) Pierre Reboul
Ajaccio (2A) Palm Beach
Albertville/ Monthion (73) Les 16 Clochers
Albi (81) L'Esprit du Vin
Alès/ Saint-Privat-des-Vieux (30) Le Vertige des Senteurs
Ansouis (84) La Closerie
Antibes (06) Bastion
Antibes (06) Oscar's
Arcachon (33) Le Patio
Azay-le-Rideau/ Saché (37) Auberge du XIIe Siècle
Bannegon (18) Moulin de Chaméron

Le Bar-sur-Loup (06) La Jarrerie
Bayonne (64) Auberge du Cheval Blanc
Beaune (21) Caveau des Arches
Beaune (21) Loiseau des Vignes
Bédoin (84) Le Mas des Vignes
Belcastel (12) Vieux Pont
Belfort/ Sevenans (90) Auberge de la Tour Penchée
Belgentier (83) Le Moulin du Gapeau
Biarritz (64) Campagne et Gourmandise
Biarritz (64) Philippe
Biarritz/ Arcangues (64) Le Moulin d'Alotz
Blainville-sur-Mer (50) Le Mascaret
Le-Bourget-du-Lac (73) La Grange à Sel
Bray-et-Lû (95) Les Jardins d'Epicure
Le Breuil-en-Auge (14) Le Dauphin
Bully (69) Auberge du Château
Cahors/ Caillac (46) Le Vinois
Cancale (35) Le Coquillage
Carpentras/ Le Beaucet (84) Auberge du Beaucet
Chaintré (71) La Table de Chaintré
Chamonix-Mont-Blanc (74) La Maison Carrier
Chamonix-Mont-Blanc/ Les Praz-de-Chamonix (74) La Cabane des Praz
Châtillon-sur-Chalaronne/ L'Abergement-Clémenciat (01) St-Lazare
Chénas (69) Platanes de Chénas
Clermont-Ferrand (63) Le Pré Carré
Couilly-Pont-aux-Dames (77) Auberge de la Brie
La Crau (83) Auberge du Fenouillet
Cucuron (84) La Petite Maison
Divonne-les-Bains (01) Le Rectiligne
Épernay/ Ay (51) Le Vieux Puits-Clos St-Georges
Eugénie-les-Bains (40) La Ferme aux Grives
Falicon (06) Parcours
Ferrières-les-Verreries (34) La Cour-Mas de Baumes
Fontevraud-l'Abbaye (49) Licorne
Gordes (84) Le Mas Tourteron
Goult (84) La Bartavelle
Groisy (74) Auberge de Groisy
Le Havre (76) Jean-Luc Tartarin
Ile d'Oléron/ Le Château-d'Oléron (17) Jardins d'Aliénor
L'Isle-sur-la-Sorgue (84) La Prévôté
L'Isle-sur-Serein (89) Auberge du Pot d'Étain
Issoire/ Perrier (63) La Cour Carrée
Kilstett (67) Au Cheval Noir
Laroque-des-Albères (66) Les Palmiers
Le Lavandou/ Aiguebelle (83) Le Sub
Lièpvre/ La Vancelle (67) Auberge Frankenbourg
Lille/ Bois-Grenier (59) La Table des Jardins
La Londe-les-Maures (83) Cédric Gola
Lyon (69) Auberge de l'Ile
Lyon (69) La Rémanence
Malbuisson (25) Le Bon Accueil
Manosque (04) Sens et Saveurs
Le Mans (72) La Maison d'Élise
Marly-le-Roi (78) Le Village
Megève/ Leutaz (74) La Sauvageonne - Chez Nano
Méribel (73) Le Plantin
Merkwiller-Pechelbronn (67) Auberge Baechel-Brunn
Meudon (92) L'Escarbille
Mollégès (13) Mas du Capoun
Montauroux (83) Auberge Eric Maio
Montbazon (37) Chancelière "Jeu de Cartes"
Monte-Carlo (MC) Café de Paris
Monte-Carlo (MC) Maya Bay
Monte-Carlo (MC) La Trattoria
Monte-Carlo (MC) Yoshi
Montner (66) Auberge du Cellier
Morteau (25) Auberge de la Roche
Mougins (06) La Place de Mougins
Moustiers-Sainte-Marie (04) La Ferme Ste-Cécile
Nans-les-Pins (83) Château de Nans
Nantes (44) L'Abélia
Nexon (87) Les Chaumières
Nice (06) La Réserve de Nice
Nieuil (16) La Grange aux Oies
Ollioules (83) La Table du Vigneron
Orange (84) Le Mas des Aigras - Table du Verger
Paris/ Paris 2e Mori Venice Bar
Paris/ Paris 6e Le Restaurant
Paris/ Paris 6e La Société
Paris/ Paris 7e Il Vino d'Enrico Bernardo
Paris/ Paris 7e Jean-François Piège
Paris/ Paris 7e Les Ombres
Paris/ Paris 8e 114, Faubourg
Paris/ Paris 8e Mini Palais
Paris/ Paris 8e Le Relais Plaza
Paris/ Paris 16e Bon
Paris/ Paris 16e Cristal Room Baccarat
Paris/ Paris 17e Frédéric Simonin
Pouilly-le-Fort (77) Le Pouilly
Le Pradet/ Les Oursinières (83) La Chanterelle
Ramatuelle (83) L'Écurie du Castellas
La Rivière-Thibouville (27) Le Manoir du Soleil d'Or
Le Rouret (06) Le Clos St-Pierre
Saint-Galmier (42) Le Bougainvillier
Saint-Geniès (24) Le Château
Saint-Malo/ Saint-Servan-sur-Mer (35) Le St-Placide
Saint-Martin-de-Belleville (73) La Bouitte
Saint-Pée-sur-Nivelle (64) L'Auberge Basque

Saint-Valery-en-Caux/ Ingouville (76) Les Hêtres
Sare (64) Olhabidea
Sassetot-le-Mauconduit (76) Le Relais des Dalles
Serre-Chevalier/ Le Monêtier-les-Bains (05) La Table du Chazal
Sessenheim (67) Au Boeuf
Strasbourg (67) La Cambuse
La Turbie (06) Hostellerie Jérôme
Uchaux (84) Côté Sud
Uzès (30) L'Artemise
Vaison-la-Romaine (84) Le Moulin à Huile
Vaison-la-Romaine/ Roaix (84) Le Grand Pré
Vence (06) Le Vieux Couvent
Ventabren (13) La Table de Ventabren
Verdun-sur-le-Doubs (71) Hostellerie Bourguignonne
Vienne-en-Val (45) Auberge de Vienne
Villefranche-sur-Mer (06) L'Oursin Bleu
Willgottheim (67) La Cour de Lise

Ambronay (01) Auberge de l'Abbaye
Arles (13) L'Atelier de Jean-Luc Rabanel
Arles (13) La Chassagnette
Auriac (19) Les Jardins Sothys
Auvers-sur-Oise (95) Auberge Ravoux
Avignon (84) Les 5 Sens
Bastia (2B) A Casarella
Blois (41) Au Rendez-vous des Pêcheurs
Bonnieux (84) L'Arôme
Bonnieux (84) Le Fournil
Bordeaux (33) C'Yusha
Cancale (35) La Table de Breizh Café
Carnac (56) La Calypso
Castres (81) Bistrot Saveurs
Cernay-la-Ville/ La Celle-les-Bordes (78) L'Auberge de l'Élan
Chalon-sur-Saône (71) Le Bistrot
Chevagny-les-Chevrières (71) L'Arbre Blanc
Cieurac (46) Table de Haute Serre
Clermont-Ferrand (63) Fleur de Sel
Cormeilles (27) Gourmandises
Épaignes (27) L'Auberge du Beau Carré
Erquy/ Saint-Aubin (22) Relais St-Aubin
Fayence (83) La Table d'Yves
Fléchin (62) La Maison
Hendaye (64) Ez Kecha Bar Lieu Dit Vin
Iguerande (71) La Colline du Colombier
L'Isle-sur-la-Sorgue (84) Le Jardin du Quai
Langeais (37) Au Coin des Halles
Lille/ Gruson (59) L'Arbre
Lorient (56) Henri et Joseph
Luynes (37) Le XII de Luynes
Lyon (69) Au 14 Février
Lyon (69) Maison Clovis
Magalas (34) Ô. Bontemps
Maisons-Laffitte (78) La Plancha
Marseille (13) Le Ventre de l'Architecte - Le Corbusier
Montpellier (34) Tamarillos
Notre-Dame-de-Bellecombe (73) La Ferme de Victorine
Noyers (89) Les Millésimes
Paris/ Paris 7ᵉ L'Atelier de Joël Robuchon - St-Germain
Paris/ Paris 8ᵉ L'Atelier de Joël Robuchon - Étoile
Paris/ Paris 8ᵉ Café Lenôtre - Pavillon Elysée
Paris/ Paris 17ᵉ Caïus
Porto-Vecchio (2A) Des Hauts de Santa Giulia
Pratz (39) Les Louvières
Le Puy-en-Velay (43) Le Poivrier
Rambouillet (78) L'Huître sur le Zinc
Riquewihr (68) Grappe d'Or
Saint-Agrève (07) Faurie
Saint-Alban-sur-Limagnole (48) La Petite Maison
Saint-Marc-À-Loubaud (23) Les Mille Sources
Saint-Paul (06) La Toile Blanche
Sainte-Cécile-les-Vignes (84) Campagne, Vignes et Gourmandises
Sartène (2A) Santa Barbara
Seillans (83) Le Relais
Tourrettes-sur-Loup (06) Clovis
Tours (37) Le St-Honoré
Tourtour (83) La Table
Turenne (19) Maison des Chanoines
Vence (06) Les Bacchanales
Vergongheon (43) La Petite École
Yvetot (76) Auberge du Val au Cesne

Spa

Bel espace de bien-être et de relaxation
Extensive facility for relaxation and well-being

Spa

Aix-en-Provence (13) Aquabella
Aix-les-Bains (73) Mercure Ariana
Aix-les-Bains (73) Radisson Blu
Alpe-d'Huez (38) Au Chamois d'Or
Anglet (64) Atlanthal
Annecy (74) Les Trésoms
Antibes (06) Baie des Anges-Thalazur
Antibes/ Cap d'Antibes (06) Du Cap
Arles (13) Le Calendal
Arzon/ Port du Crouesty (56) Miramar
Avignon/ Le Pontet (84) Auberge de Cassagne et Spa
Bandol (83) Île Rousse
Barbizon (77) Les Pléiades
Bastia (2B) Ostella
Les Baux-de-Provence (13) L'Oustaù de Baumanière
Les Baux-de-Provence (13) La Cabro d'Or
Les Baux-de-Provence (13) Le Manoir
Beaulieu-sur-Mer (06) La Réserve de Beaulieu et Spa
Bédarieux/ Hérépian (34) Le Couvent d'Hérépian
Belle-Ile/ Port-Goulphar (56) Castel Clara
Belleville/ Pizay (69) Château de Pizay
Biarritz (64) Biarritz
Biarritz (64) Du Palais
Biarritz (64) Sofitel le Miramar Thalassa
Billiers (56) Domaine de Rochevilaine
Bonifacio (2A) A Madonetta
Bonifacio (2A) U Capu Biancu
Bordeaux/ Martillac (33) Les Sources de Caudalie
La Cadière-d'Azur (83) Hostellerie Bérard
Calais/ Coquelles (62) Holiday Inn
Calvi (2B) La Signoria
Calvi (2B) La Villa
Canet-en-Roussillon/ Canet-Plage (66) Les Flamants Roses
Cannes (06) Majestic Barrière
Cannes (06) Martinez
Cannes (06) 1835 White Palm Hotel
Cannes (06) Novotel Montfleury
Capbreton (40) Baya Hôtel et Spa

Carnac (56) Carnac Thalasso et Spa Resort
Cassel (59) Châtellerie de Schoebeque
Le Castellet/ Circuit Paul Ricard (83) Du Castellet
Cavalière (83) Le Club de Cavalière et Spa
Chambéry/ Barberaz (73) Altédia Lodge
Chambretaud (85) Château du Boisniard
Chamonix-Mont-Blanc (74) Les Aiglons
Chamonix-Mont-Blanc (74) Hameau Albert 1er
Chamonix-Mont-Blanc (74) Le Morgane
Chantilly/ Gouvieux (60) Château de Montvillargenne
La Chapelle-en-Serval (60) Mont Royal
Chartres (28) Le Grand Monarque
Château-Thierry (02) Ile de France
Châtel-Guyon (63) Splendid
Chorges (05) Ax'Hôtel
Contrexéville (88) Cosmos
Courban (21) Château de Courban
Courchevel (73) Manali
Courchevel/ Courchevel 1850 (73) Les Airelles
Courchevel/ Courchevel 1850 (73) Amanresorts Le Mélézin
Courchevel/ Courchevel 1850 (73) Annapurna
Courchevel/ Courchevel 1850 (73) Cheval Blanc
Courchevel/ Courchevel 1850 (73) Le Kilimandjaro
Courchevel/ Courchevel 1850 (73) Le Lana
Courchevel/ Courchevel 1850 (73) Saint-Roch
Courchevel/ Courchevel 1850 (73) La Sivolière
Courchevel/ Courchevel 1850 (73) Le Strato
Courchevel/ Courchevel 1850 (73) Les Suites de la Potinière
La Croix-Valmer/ Gigaro (83) Château de Valmer
Crozet (01) Jiva Hill Park Hôtel

Dax/ Saint-Paul-lès-Dax (40) Calicéo
Les Deux-Alpes (38) Chalet Mounier
Dinard (35) Novotel Thalassa
Divonne-les-Bains (01) La Villa du Lac
Embrun (05) Les Bartavelles
Enghien-les-Bains (95) Grand Hôtel Barrière
Enghien-les-Bains (95) Du Lac
Épernay/ Vinay (51) Hostellerie La Briqueterie
Épinal (88) La Fayette
Épinal (88) Mercure
Eugénie-les-Bains (40) Les Prés d'Eugénie
Évian-les-Bains (74) Ermitage
Évian-les-Bains (74) Hilton
Évian-les-Bains (74) Royal
Èze-Bord-de-Mer (06) Cap Estel
Forcalquier (04) La Bastide Saint Georges
Forcalquier/ Mane (04) Couvent des Minimes
Fouday (67) Julien
La Gacilly (56) Grée des Landes
Garrevaques (81) Le Château de Garrevaques
Garrevaques (81) Le Pavillon du Château
Gérardmer (88) Beau Rivage
Gérardmer (88) Le Grand Hôtel
Gérardmer/ Xonrupt-Longemer (88) Les Jardins de Sophie
Les Gets (74) La Marmotte
Gordes (84) Les Bories et Spa
Gordes (84) La Bastide de Gordes et Spa
La Grande-Motte (34) Les Corallines
Granville (50) Mercure le Grand Large
Le Grau-du-Roi/ Port-Camargue (30) Mercure
Gray/ Nantilly (70) Château de Nantilly
Grenoble/ Eybens (38) Château de la Commanderie
Le Havre (76) Pasino
Hendaye/ Hendaye-Plage (64) Serge Blanco
Honfleur (14) La Ferme St-Siméon
Honfleur/ Cricquebœuf (14) Manoir de la Poterie et Spa
Honfleur/ La Rivière-Saint-Sauveur (14) Antarès
Île de Ré/ La Flotte (17) Richelieu
Île de Ré/ Saint-Martin-de-Ré (17) Clos St-Martin
Île de Ré/ Sainte-Marie-de-Ré (17) Atalante
Joigny (89) La Côte St-Jacques
Joucas (84) Hostellerie Le Phébus et Spa
Jungholtz (68) Violettes
Kaysersberg (68) Chambard
Lieusaint (77) Clarion Suites
Ligny-en-Cambrésis (59) Château de Ligny
Locquirec (29) Le Grand Hôtel des Bains
Lons-le-Saunier/ Chille (39) Parenthèse

Lorgues (83) Château de Berne
Lyon (69) Cour des Loges
Lyon (69) Lyon Métropole
Lyon/ Charbonnières-les-Bains (69) Le Pavillon de la Rotonde
Lyons-la-Forêt (27) Le Grand Cerf
Margaux (33) Relais de Margaux
Marlenheim (67) Le Cerf
Marne-la-Vallée/ Magny-le-Hongre (77) Dream Castle
Marne-la-Vallée/ Magny-le-Hongre (77) Magic Circus
Marne-la-Vallée/ Magny-le-Hongre (77) Radisson Blu at Disneyland
Marseille (13) Sofitel Vieux Port
Maussane-les-Alpilles/ Paradou (13) B design et Spa
Megève (74) Chalet du Mont d'Arbois
Megève (74) Le Fer à Cheval
Megève (74) Les Fermes de Marie
Megève (74) Lodge Park
Megève (74) Mont-Blanc
Megève/ Leutaz (74) Flocons de Sel
Les Menuires (73) Chalet Hôtel Kaya
Méribel (73) Allodis
Méribel (73) Le Grand Cœur et Spa
Missillac (44) La Bretesche
Moissac (82) Le Moulin de Moissac
Molsheim (67) Diana
Montauban (82) Abbaye des Capucins Spa et Resort
Montbazon (37) Château d'Artigny
Monte-Carlo (MC) Fairmont Monte-Carlo
Monte-Carlo (MC) Hermitage
Monte-Carlo (MC) Monte Carlo Bay Hotel and Resort
Monte-Carlo (MC) Métropole
Monte-Carlo (MC) Paris
Monte-Carlo (MC) Port Palace
Monte-Carlo/ Monte-Carlo-Beach (MC) Monte-Carlo Beach Hôtel
Montpellier/ Baillargues (34) Golf Hôtel de Massane
Montpellier/ Castelnau-le-Lez (34) Domaine de Verchant
Montpellier/ Castries (34) Disini
Morsbronn-les-Bains (67) La Source des Sens
Mosnes (37) Domaine des Thômeaux
Mougins (06) Le Mas Candille
Mougins (06) Royal Mougins Golf Resort
Munster (68) Verte Vallée
Nantes/ Orvault (44) Le Domaine d'Orvault
Nice (06) Exedra
Nice (06) Hi Hôtel
Nice (06) Splendid
Nîmes (30) Jardins Secrets
Nîmes (30) Vatel
Obernai (67) Le Parc

Obernai/ Ottrott (67) Hostellerie des Châteaux
Obernai/ Ottrott (67) Le Clos des Délices
Olmeto (2A) Marinca
Paris/ Paris 1er Le Burgundy
Paris/ Paris 1er Le Meurice
Paris/ Paris 1er Renaissance Paris Vendôme
Paris/ Paris 1er Ritz
Paris/ Paris 2e Park Hyatt
Paris/ Paris 3e Pavillon de la Reine
Paris/ Paris 6e Le Six
Paris/ Paris 8e Le Bristol
Paris/ Paris 8e Fouquet's Barrière
Paris/ Paris 8e Four Seasons George V
Paris/ Paris 8e Hilton Arc de Triomphe
Paris/ Paris 8e Le Mathurin
Paris/ Paris 8e Plaza Athénée
Paris/ Paris 8e Le Royal Monceau
Paris/ Paris 9e Intercontinental Le Grand
Paris/ Paris 9e Scribe
Paris/ Paris 16e Shangri-La
Paris/ Paris 16e Square
Paris/ Paris 16e Villa Majestic
Pau (64) Parc Beaumont
Perros-Guirec (22) L'Agapa
La-Petite-Pierre (67) Au Lion d'Or
La-Petite-Pierre (67) La Clairière
Le Pian-Médoc (33) Golf du Médoc Hôtel et Spa
La Plagne/ Plagne-Bellecôte (73) Carlina
Ploërmel (56) Le Roi Arthur
Pornic (44) Alliance
Porticcio (2A) Sofitel Thalassa
Porto-Vecchio (2A) Casadelmar
Porto-Vecchio (2A) Grand Hôtel de Cala Rossa
Propriano (2A) Neptune
Provins (77) Aux Vieux Remparts
Quiberon (56) Sofitel Diététique
Quiberon (56) Sofitel Thalassa
Ramatuelle (83) La Réserve Ramatuelle
Rennes (35) Le Coq-Gadby
Roissy-en-France (95) Novotel Convention et Wellness
Rouen (76) De Bourgtheroulde
Rouffach (68) Château d'Isenbourg
Rueil-Malmaison (92) Le Relais de la Malmaison
Les Sables-d'Olonne (85) Mercure Thalassa
Saint-Cyprien (66) La Lagune
Saint-Cyr-sur-Mer (83) Dolce Frégate
Saint-Émilion (33) Château Grand Barrail
Saint-Gervais-les-Bains/ Le Bettex (74) Arbois-Bettex
Saint-Jean-Cap-Ferrat (06) Grand Hôtel du Cap Ferrat
Saint-Jean-Cap-Ferrat (06) Royal Riviera
Saint-Jean-de-Luz (64) Grand Hôtel Loreamar Thalasso et Spa
Saint-Jean-de-Luz (64) Hélianthal
Saint-Jean-de-Monts (85) Mercure
Saint-Laurent-de-Cerdans (66) Domaine de Falgos
Saint-Malo (35) Grand Hôtel des Thermes
Saint-Martin-de-Belleville (73) La Bouitte
Saint-Paul (06) Le Mas de Pierre
Saint-Paul (06) Mas d'Artigny
Saint-Raphaël/ Valescure (83) Golf de Valescure
Saint-Rémy-de-Provence (13) Hostellerie du Vallon de Valrugues
Saint-Tropez (83) Byblos
Saint-Tropez (83) Château de la Messardière
Saint-Tropez (83) Sezz
Saint-Tropez (83) Villa Marie
Sainte-Preuve (02) Domaine du Château de Barive
Saintes-Maries-de-la-Mer (13) Lodge de la Fouque
Salers (15) Le Bailliage
Saulieu (21) Le Relais Bernard Loiseau
Serre-Chevalier/ Le Monêtier-les-Bains (05) Alliey
Strasbourg/ Ostwald (67) Château de l'Ile
Théoule-sur-Mer/ Miramar (06) Miramar Beach
Tignes (73) Les Campanules
Tignes (73) Les Suites du Montana
Tignes (73) Village Montana
Tignes/ Val-Claret (73) Les Suites du Nevada
Le Touquet-Paris-Plage (62) Novotel
Le Touquet-Paris-Plage (62) Westminster
Tourrettes (83) Four Seasons Resort Provence at Terre Blanche
Trébeurden (22) Ti al Lannec
Uriage-les-Bains (38) Grand Hôtel
Val-d'Isère (73) Avenue Lodge
Val-d'Isère (73) Les Barmes de l'Ours
Val-d'Isère (73) Le Blizzard
Val-d'Isère (73) Le Tsanteleina
Val-d'Isère (73) Savoie
Val-Thorens (73) Fitz Roy
Vence (06) Château St-Martin et Spa
Versailles (78) Trianon Palace
Vichy (03) Vichy Spa Hôtel et Resort Les Célestins
Villiers-le-Mahieu (78) Château de Villiers-le-Mahieu
Vittel (88) L'Orée du Bois
Vonnas (01) Georges Blanc

Pour en savoir plus

Further information

Vignobles & Spécialités régionales

Vineyards & Regional Specialities

① NORMANDIE

Demoiselles de Cherbourg à la nage,
Andouille de Vire,
Sole dieppoise,
Poulet Vallée d'Auge,
Tripes à la mode de Caen,
Canard à la rouennaise,
Agneau de pré-salé,
Camembert, Livarot, Pont-l'Évêque,
Neufchâtel,
Tarte aux pommes au calvados,
Crêpes à la normande, Douillons

② BRETAGNE

Fruits de mer, Crustacés, Huîtres de Belon,
Galettes au sarrazin/blé noir, Charcuteries,
Andouille de Guéméné, St-Jacques à la bretonne,
Homard à l'armoricaine,
Poissons : bar, turbot, lieu jaune,
maquereau, etc.,
Cotriade, Kig Ha Farz,
Légumes : artichaut, chou-fleur, etc.,
Crêpes, Gâteau breton, Far, Kouing-aman

③ VAL DE LOIRE

Rillettes de Tours, Andouillette au vouvray,
Poissons de rivière : brochet, sandre, etc.,
Saumon beurre blanc, Gibier de Sologne,
Fromages de chèvre : Ste-Maure, Valençay,
Crémet d'Angers, Macarons, Nougat glacé,
Pithiviers, Tarte tatin

④ SUD-OUEST

Garbure, Ttoro, Jambon de Bayonne,
Foie gras, Omelette aux truffes,
Pipérade, Lamproie à la bordelaise,
Poulet basquaise, Cassoulet,
Confit de canard ou d'oie,
Cèpes à la bordelaise,
Tomme de brebis, Roquefort,
Gâteau basque, Pruneaux à l'armagnac

⑤ CENTRE-AUVERGNE

Cochonnailles, Tripous,
Champignons : cèpes, girolles, etc.,
Pâté bourbonnais, Aligot, Potée auvergnate,
Chou farci, Pounti, Lentilles du Puy,
Cantal, St-Nectaire, Fourme d'Ambert,
Flognarde, Gâteau à la broche

⑬ NORD-PICARDIE

Moules, Ficelle picarde, Flamiche aux poireaux, Poissons : sole, turbot, etc., Potjevlesch, Waterzoï, Gibier d'eau, Lapin à la bière, Hochepot, Boulette d'Avesnes, Maroilles, Gaufres

⑫ BOURGOGNE

Jambon persillé, Gougère, Escargots de Bourgogne, Œufs en meurette, Pochouse, Coq au vin, Jambon chaud à la crème, Viande de charolais, Bœuf bourguignon, Époisses, Poire dijonnaise, Desserts au pain d'épice

⑪ ALSACE-LORRAINE

Charcuterie, Presskopf, Quiche lorraine, Tarte à l'oignon, Grenouilles, Asperges, Poissons : sandre, carpe, anguille, Coq au riesling, Spaetzle, Choucroute, Baeckeoffe, Gibiers : biche, chevreuil, sanglier, Munster, Kougelhopf, Tarte aux mirabelles ou aux quetsches, Vacherin glacé

⑩ FRANCHE-COMTÉ/JURA

Jésus de Morteau, Saucisse de Montbéliard, Croûte aux morilles, Soufflé au fromage, Poissons de lac et rivières : brochet, truite, Grenouilles, Coq au vin jaune, Comté, Vacherin, Morbier, Cancoillotte, Gaudes au maïs

⑨ LYONNAIS-PAYS BRESSAN

Rosette de Lyon, Grenouilles de la Dombes, Gâteau de foies blonds, Quenelles de brochet, Saucisson truffé pistaché, Poularde demi-deuil, Tablier de sapeur, Cardons à la mœlle, Volailles de Bresse à la crème, Cervelle de canut, Bugnes

⑧ SAVOIE-DAUPHINÉ

Gratin de queues d'écrevisses, Poissons de lac : omble chevalier, perche, féra, Ravioles du Royans, Fondue, Raclette, Tartiflette, Diots au vin blanc, Fricassée de caïon, Potée savoyarde, Farçon, Farcement, Gratin dauphinois, Beaufort, Reblochon, Tomme de Savoie, St-Marcellin, Gâteau de Savoie, Gâteau aux noix, Tarte aux myrtilles

⑦ PROVENCE-MÉDITERRANÉE

Aïoli, Pissaladière, Salade niçoise, Bouillabaisse, Anchois de Collioure, Loup grillé au fenouil, Brandade nîmoise, Bourride sétoise, Pieds paquets à la marseillaise, Petits farcis niçois, Daube provençale, Agneau de Sisteron, Picodon, Crème catalane, Calissons, Fruits confits

⑥ CORSE

Jambon, Figatelli, Lonzo, Coppa, Langouste, Omelette au brocciu, Civet de sanglier, Chevreau, Fromages de brebis (Niolu), Flan de châtaignes, Fiadone

BORDEAUX
Pomerol
Tursan
→Vignobles
→Vineyards

⑦ CORSE
Jambon
→Spécialités régionales
→Regional specialities

Choisir le bon vin

Choosing a good wine

	1998	1999	2000	2001	2002	2003	2004	2005	2006	2007	2008	2009
Alsace	Good	Good	Great	Great	Good	Good	Good	Great	Good	Great	Great	Great
Bordeaux blanc	Good	Average	Great	Good	Average	Good	Good	Great	Good	Good	Great	Great
Bordeaux rouge	Good	Good	Great	Good	Good	Good	Good	Great	Great	Average	Good	Great
Bourgogne blanc	Good	Good	Good	Average	Great	Good	Good	Great	Good	Average	Good	Great
Bourgogne rouge	Good	Great	Good	Average	Great	Good	Good	Great	Good	Average	Great	Great
Beaujolais	Good	Great	Great	Good	Good	Great	Good	Great	Good	Good	Good	Great
Champagne	Good	Great	Average	Average	Good	Great	Good	Good	Good	Average	Great	Good
Côtes du Rhône Septentrionales	Good	Great	Good	Good	Good	Good	Good	Great	Great	Good	Average	Great
Côtes du Rhône Méridionales	Great	Good	Great	Great	Average	Good	Good	Great	Good	Good	Average	Great
Provence	Average	Good	Good	Great	Average	Good	Good	Good	Good	Good	Good	Great
Languedoc *Roussillon*	Great	Good	Good	Good	Average	Good	Good	Good	Good	Good	Good	Great
Val de Loire *Muscadet*	Good	Good	Good	Good	Good	Great	Good	Great	Good	Average	Good	Great
Val de Loire *Anjou-Touraine*	Good	Good	Good	Good	Good	Great	Good	Great	Good	Average	Good	Great
Val de Loire *Pouilly-Sancerre*	Good	Good	Great	Good	Good	Great	Good	Great	Good	Average	Average	Great

Grandes années
→ Great years

Bonnes années
→ Good years

Années moyennes
→ Average years

Les grandes années depuis 1970 :
1970 - 1975 - 1982 - 1985 - 1989 - 1990 - 1996 - 2005
→ The greatest vintages since 1970

ASSOCIER LES METS & LES VINS

→ **Suggestions for complementary dishes and wines**

→ **CRUSTACÉS & COQUILLAGES** Blancs secs → SHELLFISH : Dry whites	Alsace Bordeaux Bourgogne Côtes du Rhône Provence Languedoc-Roussillon Val de Loire	Sylvaner/Riesling Entre-deux-Mers Chablis/Mâcon Villages St Joseph Cassis/Palette Picpoul de Pinet Muscadet/Montlouis
→ **POISSONS** Blancs secs → FISH : Dry whites	Alsace Bordeaux Bourgogne Côtes du Rhône Provence Corse Languedoc-Roussillon Val de Loire	Riesling Pessac-Léognan/Graves Meursault/Chassagne-Montrachet Hermitage/Condrieu Bellet/Bandol Patrimonio Coteaux du Languedoc Sancerre/Menetou-Salon
→ **VOLAILLES & CHARCUTERIES** Blancs et rouges légers → POULTRY : Whites and light reds	Alsace Champagne Bordeaux Bourgogne Beaujolais Côtes du Rhône Provence Corse Languedoc-Roussillon Val de Loire	Pinot gris/Pinot noir Coteaux Champenois blanc et rouge Côtes de Bourg/Blaye/Castillon Mâcon/St Romain Beaujolais Villages Tavel (rosé)/Côtes du Ventoux Coteaux d'Aix-en-Provence Coteaux d'Ajaccio/Porto-Vecchio Faugères Anjou/Vouvray
→ **VIANDES** Rouges → MEATS : Reds	Bordeaux/Sud-Ouest Bourgogne Beaujolais Côtes du Rhône Provence Languedoc-Roussillon Val de Loire	Médoc/St Émilion/Buzet Volnay/Hautes Côtes de Beaune Moulin à Vent/Morgon Vacqueyras/Gigondas Bandol/Côtes de Provence Fitou/Minervois Bourgueil/Saumur
→ **GIBIER** Rouges corsés → GAME : Hearty reds	Bordeaux/Sud-Ouest Bourgogne Côtes du Rhône Languedoc-Roussillon Val de Loire	Pauillac/St Estèphe/Madiran/Cahors Pommard/Gevrey-Chambertin Côte-Rotie/Cornas Corbières/Collioure Chinon
→ **FROMAGES** Blancs et rouges → CHEESES : Whites and reds	Alsace Bordeaux Bourgogne Beaujolais Côtes du Rhône Languedoc-Roussillon Jura/Savoie Val de Loire	Gewurztraminer St Julien/Pomerol/Margaux Pouilly-Fuissé/Santenay St Amour/Fleurie Hermitage/Châteauneuf-du-Pape St Chinian Vin Jaune/Chignin Pouilly-Fumé/Valençay
→ **DESSERTS** Vins de desserts → DESSERTS : Dessert wines	Alsace Champagne Bordeaux/Sud-Ouest Bourgogne Jura/Bugey Côtes du Rhône Languedoc-Roussillon Val de Loire	Muscat d'Alsace/Crémant d'Alsace Champagne blanc et rosé Sauternes/Monbazillac/Jurançon Crémant de Bourgogne Vin de Paille/Cerdon Muscat de Beaumes-de-Venise Banyuls/Maury/Muscats/Limoux Coteaux du Layon/Bonnezeaux

→ *Région vinicole* → *Region of production*

→ *Appellation* → *Appellation*

N°1 mondial des pneumatiques avec 16,3 % du marché

Une présence commerciale dans plus de 170 pays

Une implantation industrielle au cœur des marchés

72 sites industriels dans **19** pays ont produit en 2008 :

- **150** millions de pneus
- **10** millions de cartes et guides

Des équipes très internationales

Plus de **109 200** employés* de toutes cultures sur tous les continents dont **6 000** personnes employées dans les centres de R&D en Europe, aux Etats-Unis, en Asie.

*102 692 en équivalents temps plein

Le groupe Michelin en un coup d'œil

Michelin présent en compétition

A fin 2009

- **24h du Mans**
  11 années de victoires consécutives
- **Endurance 2008**
  • 6 victoires sur 6 épreuves en Le Mans Series
  • 12 victoires sur 12 épreuves en American Le Mans Series
- **Paris-Dakar**
  Depuis le début de l'épreuve, le groupe Michelin remporte toutes les catégories (auto, moto, camion)
- **Moto GP**
  Champion du monde 2009
- **Trial**
  Tous les titres de champion du monde depuis 1981 (sauf 1992)

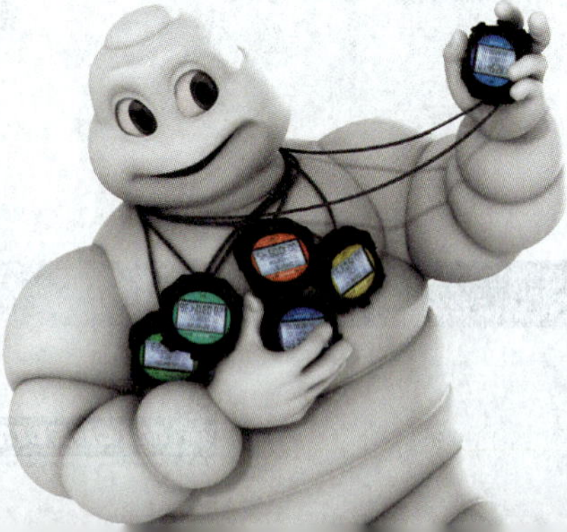

Michelin,
implanté près de ses clients

72 sites de production dans 19 pays

- Algérie
- Allemagne
- Brésil
- Canada
- Chine
- Colombie
- Espagne
- Etats-Unis
- France
- Hongrie
- Italie
- Japon
- Mexique
- Pologne
- Roumanie
- Royaume-Uni
- Russie
- Serbie
- Taïlande

Un centre de Technologies réparti sur 3 continents

- Amérique du Nord
- Asie
- Europe

Production de caoutchouc naturel

- Brésil

Notre mission

Contribuer, de manière durable, au progrès de la mobilité des personnes et des biens en facilitant la liberté, la sécurité, l'efficacité et aussi le plaisir de se déplacer.

Michelin s'engage pour l'environnement

Michelin, 1er producteur mondial de pneus à basse résistance au roulement, contribue à la diminution de la consommation de carburant et des émissions de gaz par les véhicules.

Michelin développe, pour ses produits, les technologies les plus avancées afin de :

- diminuer la consommation de carburant, tout en améliorant les autres performances du pneumatique ;
- allonger la durée de vie pour réduire le nombre de pneus à traiter en fin de vie ;
- privilégier les matières premières à faible impact sur l'environnement.

Par ailleurs, à fin 2008, 99,5 % de la production de pneumatiques en tonnage est réalisé dans des usines certifiées ISO 14001*.

Michelin est engagé dans la mise en œuvre de filières de valorisation des pneus en fin de vie.

*certification environnementale

Tourisme camionnette

Poids lourd

Michelin
au service de la mobilité

Génie civil

Avion

Agricole

Deux roues

Distribution

**Partenaire des constructeurs, à l'écoute des utilisateurs,
présent en compétition et dans tous les circuits de distribution,
Michelin ne cesse d'innover pour servir
la mobilité d'aujourd'hui et inventer celle de demain.**

Cartes et Guides

ViaMichelin, des services d'aide au voyage

Michelin Lifestyle, des accessoires pour vos déplacements

MICHELIN
joue l'équilibre des performances

- **Longévité des pneumatiques**
- **Economies de carburant**
- **Sécurité sur la route**

... les pneus MICHELIN vous offrent les meilleures performances, sans en sacrifier aucune.

Le pneu MICHELIN
un concentré de technologie

1 Bande de roulement
Une épaisse couche de gomme assure le contact avec le sol. Elle doit évacuer l'eau et durer très longtemps.

2 Armature de sommet
Cette double ou triple ceinture armée est à la fois souple verticalement et très rigide transversalement. Elle procure la puissance de guidage.

3 Flancs
Ils recouvrent et protègent la carcasse textile dont le rôle est de relier la bande de roulement du pneu à la jante.

4 Talons d'accrochage à la jante
Grâce aux tringles internes, ils serrent solidement le pneu à la jante pour les rendre solidaires.

5 Gomme intérieure d'étanchéité
Elle procure au pneu l'étanchéité qui maintient le gonflage à la bonne pression.

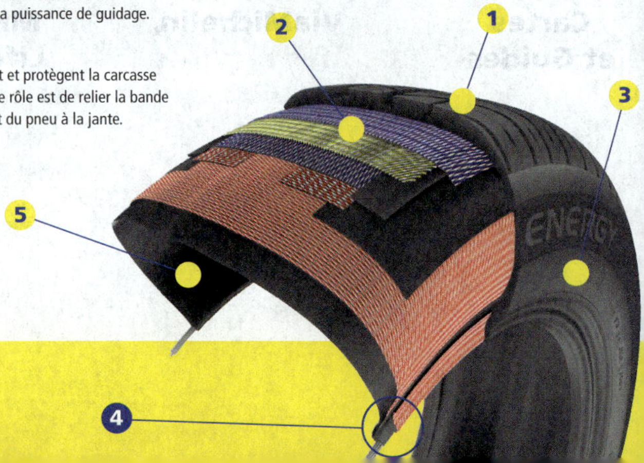

The world No.1 in tyres with 16.3% of the market

A business presence in over 170 countries

A manufacturing footprint at the heart of markets

In 2009 **72** industrial sites in **19** countries produced:

- **150** million tyres
- **10** million maps and guides

Highly international teams

Over **109 200** employees* from all cultures on all continents including **6 000** people employed in R&D centres in Europe, the US and Asia.

*102 692 full-time equivalent staff

The Michelin Group at a glance

Michelin competes

At the end of 2009

- **Le Mans 24-hour race**
  12 consecutive years of victories
- **Endurance 2009**
  • 6 victories on 6 stages in Le Mans Series
  • 12 victories on 12 stages in American Le Mans Series
- **Paris-Dakar**
  Since the beginning of the event, the Michelin group has won in all categories
- **Moto endurance**
  2009 World Champion
- **Trial**
  Every World Champion title since 1981 (except 1992)

Michelin, established close to its customers

72 plants in 19 countries

- Algeria
- Brazil
- Canada
- China
- Colombia
- France
- Germany
- Hungary
- Italy
- Japan
- Mexico
- Poland
- Romania
- Russia
- Serbia
- Spain
- Thailand
- UK
- USA

A Technology Centre spread over 3 continents

- Asia
- Europe
- North America

Natural rubber plantations

- Brazil

Our mission

To make a sustainable contribution to progress in the mobility of goods and people by enhancing freedom of movement, safety, efficiency and the pleasure of travelling.

Michelin: committed to environmental-friendliness

Michelin, world leader in low rolling resistance tyres, actively reduces fuel consumption and vehicle gas emission.

For its products, Michelin develops state-of-the-art technologies in order to:

- Reduce fuel consumption, while improving overall tire performance.
- Increase life cycle to reduce the number of tyres to be processed at the end of their useful lives;
- Use raw materials which have a low impact on the environment.

Furthermore, at the end of 2008, 99.5% of tyre production in volume was carried out in ISO 14001* certified plants.

Michelin is committed to implementing recycling channels for end-of-life tyres.

*environmental certification

Passenger Car
Light Truck

Truck

Michelin
a key mobility enabler

Earthmover

Aircraft

Agricultural

Two-wheel

Distribution

Partnered with vehicle manufacturers, in tune with users, active in competition and in all the distribution channels, Michelin is continually innovating to promote mobility today and to invent that of tomorrow.

Maps and Guides

ViaMichelin, travel assistance services

Michelin Lifestyle, for your travel accessories

MICHELIN
plays on balanced performance

- **Long tyre life**
- **Fuel savings**
- **Safety on the road**

... MICHELIN tyres provide you with the best performance, without making a single sacrifice.

The MICHELIN tyre
pure technology

1 Tread
A thick layer of rubber provides contact with the ground. It has to channel water away and last as long as possible.

2 Crown plies
This double or triple reinforced belt has both vertical flexibility and high lateral rigidity. It provides the steering capacity.

3 Sidewalls
These cover and protect the textile casing whose role is to attach the tyre tread to the wheel rim.

4 Bead area for attachment to the rim
Its internal bead wire clamps the tyre firmly against the wheel rim.

5 Inner liner
This makes the tyre almost totally impermeable and maintains the correct inflation pressure.

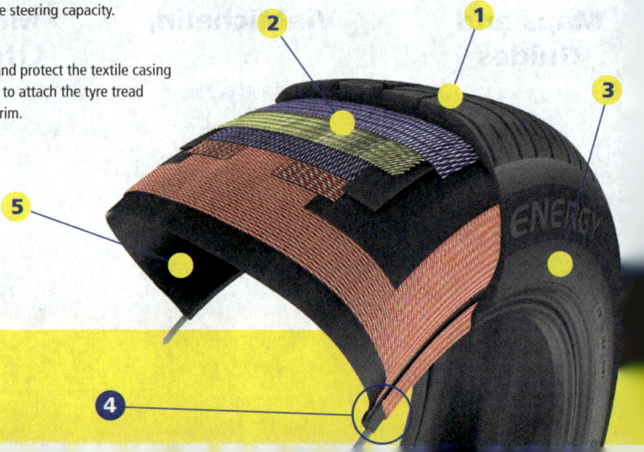

Villes
de A à Z

Towns
from A to Z

ABBEVILLE ⟨SP⟩ – 80 Somme – 301 E7 – 24 052 h. – alt. 8 m 36 A1

– ✉ 80100 Nord Pas-de-Calais Picardie

- Paris 186 – Amiens 51 – Boulogne-sur-Mer 79 – Rouen 106
- 1, place de l'Amiral Courbet ✆ 03 22 24 27 92
- 18 d'Abbeville Route du Val, par rte St-Valèry-s-Somme : 4 km, ✆ 03 22 24 98 58
- Vitraux contemporains★★ de l'église du St-Sépulcre - Façade★ de la collégiale St-Vulfran - Musée Boucher de Perthes★ BY **M.**
- Vallée de la Somme★ SE - Château de Bagatelle★ S.

Mercure Hôtel de France

19 pl.du Pilori – ✆ 03 22 24 00 42 – www.mercure.com BY**a**

72 ch – 🚹97/117 € 🚹🚹114/137 € – ☕ 14 €

Rest – (17 €) Menu 20 € – Carte 25/48 €

◆ Belle cure de jouvence pour cet immeuble en brique rouge : chambres contemporaines, junior suite avec baignoire balnéo et bar feutré très tendance. Au restaurant, cuisine traditionnelle.

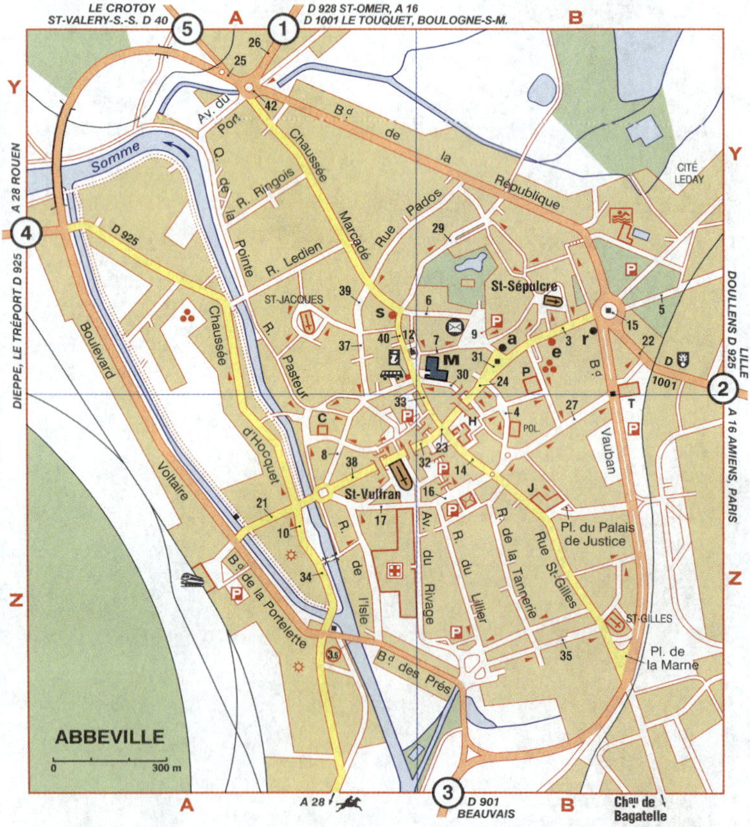

Relais Vauban sans rest
4 bd Vauban – 03 22 25 38 00 – www.relais-vauban.com – Fermé 5-13 mars et 17 déc.-2 janv. BY**r**
22 ch – 59 € 62 € – 9 €
◆ Sur un boulevard passant, non loin du centre-ville, ce petit hôtel dispose de chambres claires et fonctionnelles, à la tenue impeccable. Accueil charmant.

L'Escale en Picardie
15 r. des Teinturiers – 03 22 24 21 51 – Fermé 17 août-5 sept., 16 fév.-7 mars, jeudi soir, dim. soir, lundi et soirs fériés AY**s**
Rest – Menu 25/65 € – Carte 48/75 €
◆ Une belle escale maritime ! Poissons, coquillages et crustacés se donnent rendez-vous dans ce sympathique restaurant ; le patron les cuisine avec délice. Accueil charmant.

La Corne
32 chaussée du Bois – 03 22 24 06 34 – Fermé 15 juil.-2 août, vacances de Noël, merc. soir, sam. midi et dim. BY**e**
Rest – (16 €) Menu 26 € – Carte 30/45 €
◆ La façade bleue de cette vieille maison abbevilloise dissimule un agréable intérieur rétro où l'on apprécie de généreux plats bistrotiers : ris de veau, andouillette...

à St-Riquier **9 km par ②, D 925 – 1 246 h. – alt. 29 m – ✉ 80135**

le Beffroi 03 22 28 91 72

Jean de Bruges sans rest
18 pl. de l'Église – 03 22 28 30 30 – www.hotel-jean-de-bruges.com
11 ch – 95/120 € 95/234 € – 14 €
◆ Sur le parvis de l'abbatiale, élégante demeure du 17e s. en pierres blanches. Chambres de caractère décorées de meubles anciens ; salle des petits-déjeuners sous verrière.

à Mareuil-Caubert **4 km au Sud par D 928 (direction hippodrome puis rte de Rouen) – 922 h. – alt. 12 m – ✉ 80132**

Auberge du Colvert
4 rte de Rouen – 03 22 31 32 32 – Fermé 1 sem. en juil., 1 sem. en août, lundi soir de sept. à juin, dim. soir, mardi soir et merc.
Rest – (14 €) Menu 20/32 € – Carte 31/40 €
◆ Auberge champêtre, où l'on se régale de bons plats de tradition et de saison. Dans la salle, vue sur les cuisines et douce tiédeur d'un bon feu de cheminée.

L'ABERGEMENT-CLÉMENCIAT – 01 Ain – 328 C4 – rattaché à Châtillon-sur-Chalaronne

---

ABLIS – 78 Yvelines – 311 G4 – 3 142 h. – alt. 151 m – ✉ 78660 18 A2

Paris 62 – Chartres 31 – Mantes-la-Jolie 64 – Orléans 79
Hôtel de Ville 01 30 46 06 06

à l'Ouest **6 km par D 168**

Château d'Esclimont
2 r. du Château-d'Esclimont
✉ 28700 St-Symphorien-le-Château – 02 37 31 15 15 – www.esclimont.fr
48 ch – 185/610 € 185/610 € – 4 suites – 22 €
Rest – (43 €) Menu 59/89 € – Carte 70/90 €
◆ Goûtez à la vie de château en cette demeure des 15e et 16e s., ancienne résidence des La Rochefoucauld. Magnifique parc avec étang, rivière et jardin à la française. Cuisine actuelle servie dans la salle de style 18e s. ou dans celle réputée pour ses cuirs de Cordoue.

ABRESCHVILLER – 57 Moselle – 307 N7 – 1 481 h. – alt. 340 m – ✉ 57560 Alsace Lorraine 27 D2

Paris 433 – Baccarat 46 – Lunéville 62 – Phalsbourg 23
78, rue Jordy 03 87 03 77 26

XX **Auberge de la Forêt**

276 r. des Verriers, à Lettenbach : 0,5 km – ✆ 03 87 03 71 78 – www.aubergedelaforet57.com – Fermé 17-31 oct., 10-31 janv., mardi soir et lundi

Rest – (13 €) Menu 27/48 € – Carte 32/51 €

♦ Pimpante auberge de village abritant de coquettes salles à manger ; la plus récente présente un agréable cadre contemporain. Cuisine traditionnelle et spécialités régionales.

ACCOLAY – **89 Yonne** – **319** F6 – **462 h.** – **alt. 125 m** – ✉ **89460** **7** B2

Bourgogne

Paris 188 – Avallon 31 – Auxerre 23 – Tonnerre 40

XX **Hostellerie de la Fontaine** avec ch

16 r. de Reigny – ✆ 03 86 81 54 02 – www.hostelleriedelafontaine.fr – Ouvert 15 fév.-30 nov. et fermé dim. soir, mardi midi et lundi

6 ch – †53/56 € ††53/56 € – ☕ 9 € – ½ P 62 €

Rest – (13 € bc) Menu 27/52 € – Carte 31/54 €

♦ Maison bourguignonne au cœur d'un paisible village de la vallée de la Cure. On y sert une cuisine traditionnelle dans les anciens chais ou, si le temps le permet, dans l'agréable jardin fleuri. Chambres simples, pratiques pour l'étape.

ACQUIGNY – **27 Eure** – **304** H6 – **1 614 h.** – **alt. 19 m** – ✉ **27400** **33** D2

Paris 105 – Évreux 22 – Mantes-la-Jolie 54 – Rouen 38

XX **L'Hostellerie d'Acquigny**

1 r. d'Évreux – ✆ 02 32 50 20 05 – www.hostellerie-acquigny.fr – Fermé de mi-juil. à mi-août, 25 fév.-13 mars, lundi et mardi

Rest – Menu 33/75 € bc – Carte 39/88 €

♦ Cuisine au goût du jour et suggestions du marché à apprécier dans l'ambiance douillette et feutrée d'une salle aux tons chauds, discrètement contemporaine.

AFFIEUX – **19 Corrèze** – **329** L2 – **366 h.** – **alt. 480 m** – ✉ **19260** **25** C2

Paris 472 – Brive-la-Gaillarde 64 – Limoges 83 – Tulle 39

X **Le Cantou**

au bourg – ✆ 05 55 98 13 67 – Fermé dim. soir et merc.

Rest – (13 €) Menu 16 € (déj.)/55 € – Carte 35/45 €

♦ L'hiver, on apprécie la petite salle rustique et son cantou ; l'été, on préfère la véranda. Et en toute saison, on se régale de goûteux plats mi-traditionnels mi-régionaux.

AGAY – **83 Var** – **340** Q5 – ✉ **83530** Côte d'Azur **42** E2

Paris 880 – Cannes 34 – Draguignan 43 – Fréjus 12

place Giannetti BP 45 ✆ 04 94 82 01 85

Massif de L'Estérel★★★.

Les Flots Bleus rest,

83 rte St-Barthélémy, Anthéor Plage – ✆ 04 94 44 80 21 – www.hotel-cote-azur.com – Ouvert 26 mars-21 oct.

18 ch – †59/67 € ††59/67 € – ☕ 7 € – ½ P 55/59 €

Rest – Menu 21/43 € – Carte 27/65 €

♦ Au pied d'un imposant viaduc ferroviaire, face à la mer, un hôtel aux chambres simples et originales : "Soleillou", "Laurier rose", "Papillon"... Au restaurant, véranda lumineuse, terrasse sous les platanes et cuisine non dénuée de créativité.

X **Villa Matuzia**

15 bd Ste-Guitte – ✆ 04 94 82 79 95 – www.matuzia.com – Fermé lundi

Rest – *(nombre de couverts limité, prévenir)* (20 €) Menu 28/40 € – Carte 40/60 €

♦ Un joli décor de bonbonnière, un petit jardin noyé sous la verdure, une terrasse éclairée le soir à la bougie... et des assiettes qui font plaisir aux yeux autant qu'aux papilles.

AGDE – 34 Hérault – **339** F9 – 21 293 h. – alt. 5 m – Casino : au Cap d'Agde BY – ✉ 34300 Languedoc Roussillon **23** C2

Paris 754 – Béziers 24 – Lodève 60 – Millau 118

1, place Molière ☎ 04 67 94 29 68

du Cap-d'Agde au Cap-d'Agde 4 avenue des Alizés, S : 4 km par D 32, ☎ 04 67 26 54 40

Ancienne cathédrale St-Étienne★.

Athéna sans rest

18 r. de La Haye , rte du Cap-d'Agde, D 32^{E10} – ☎ 04 67 94 21 90 – www.hotel-athena-agde.com – Fermé fév.

32 ch – †50/90 € ††50/90 € – ☕ 7 €

◆ Aux portes de la ville, dans un bâtiment des années 1970, des chambres simples et bien tenues, avec terrasse ou loggia, plus calmes sur l'arrière. Petit-déjeuner face à la piscine.

Le Bistrot d'Hervé

47 r. Brescou – ☎ 04 67 62 30 69 – www.bistroherve.com – Fermé vacances de Noël, merc. soir, sam. midi et dim.

Rest – *(nombre de couverts limité, prévenir)* (16 €) Carte 29/48 €

◆ Une adresse contemporaine et intimiste, où l'on déguste une excellente cuisine de saison (asperges de Frontignan, sauce hollandaise et œuf poché ; finger au chocolat façon opéra).

La Table de Stéphane

2 r. des Moulins-à-Huile, (ZI Les Sept Fonts) – ☎ 04 67 26 45 22 – www.latabledestephane.com – Fermé 17-23 oct., 2-14 janv., dim. soir sauf du 12 juil. au 30 août, sam. midi et lundi

Rest – *(prévenir)* (15 €) Menu 22 € (déj. en sem.), 26/59 € – Carte 40/76 €

◆ Dans la zone industrielle des Sept Fonts, une table dans l'air du temps, proposant notamment poissons et produits de la mer locaux. Bon choix de vins du Languedoc-Roussillon.

à La Tamarissière 4 km au Sud-Ouest par D 32^{E12} – ✉ 34300

Le K Lamar

33 quai Théophile-Cornu – ☎ 04 67 94 05 06 – www.restaurant-klamar.com – Fermé 6 déc.-16 janv., dim. soir à jeudi de nov. à mars, lundi et mardi sauf le soir en juil.-août

Rest – (16 €) Menu 28/54 € – Carte 33/57 €

◆ Bon choix de poissons, bouillabaisse servie en deux fois (à la marseillaise !), spécialités méridionales... Une maison agréable au bord de l'Hérault. Jolie terrasse à fleur d'eau.

au Grau d'Agde 4 km au Sud-Ouest par D 32^{E} – ✉ 34300

L'Adagio

3 quai Cdt-Méric – ☎ 04 67 21 13 00 – http://ladagio.net – Fermé 18-25 déc., 2-31 janv., dim. soir, lundi hors saison et merc. sauf le soir en juil.-août

Rest – (21 €) Menu 25/37 € – Carte 30/57 €

◆ Une façade engageante sur un quai jalonné de restaurants : cette table propose une cuisine régionale plutôt soignée, à base de produits frais. Belle terrasse face à l'Hérault...

au Cap d'Agde 5 km au Sud-Est par D 32^{E10} – ✉ 34300

rond-point du Bon Accueil ☎ 04 67 01 04 04

Ephèbe d'Agde★★ au musée de l'Ephèbe.

Plans pages suivantes

Du Golfe

Île des Loisirs – ☎ 04 67 26 87 03 – www.hotel-golfe.com – Ouvert d'avril à oct. BY**m**

49 ch – †95/180 € ††95/180 € – 3 suites – ☕ 20 € – ½ P 85/127 €

Rest *Caladoc* – voir ci-après

◆ Au cœur de la bien nommée île des Loisirs, cet hôtel moderne, de style néo-provençal, s'épanouit dans un séduisant jardin arboré. Beaux équipements.

Palmyra Golf Hôtel sans rest

4 av. des Alizés – ✆ 04 67 01 50 15
– www.palmyragolf.com
– Ouvert 1er avril-13 nov. et 30 déc.-2 janv. AXp
32 ch – †105/240 € ††105/240 € – 2 suites – ☕ 20 €

◆ Une architecture assez soignée de style méditerranéen (tons ocre, arcades) et un environnement très calme : les chambres, spacieuses, ouvrent sur le grand patio ou le golf...

LE CAP D'AGDE

Acadiens (Allée des) .... **CX** 3
Alfonse (Av. du Chevalier d'). **AX** 4
Alizés (Av. des) .... **AXY**
Antilles (Rd-Pt des) .... **AY** 6
Beaupré (Quai du) .... **CX** 7
Belle Isle (Av. de)........... **ABX**
Bon Accueil (Rd-Pt du)...... **BX** 9
Bouteillou (Rd-Pt du) .... **CX** 10
Cantinières (Av. des) .... **CX**
Capelet (Quai du) .... **AX** 12
Challiès (Av. du Pasteur)... **ABY**
Chandelles (R. des) .... **BX** 15
Contrebandiers (Av. des)... **BCX**
Corsaires (R. des) .... **AY**
Courette (R. de la) .... **CX** 17
Dominico (Quai Di)......... **BX** 18
Estacade (R. de l')........... **BY** 19
Falaise (R. de la) .... **CY** 21
Flânerie (Allée de la)........ **CX** 23
Fouquet (Rd-Pt Nicolas)..... **BX** 24
Gabelle (R. de la) .... **BX** 26
Galères (Av. des) .... **CX**
Gallo-Romains (R. des) ..... **AX**
Garnison (R. de la) .... **CXY**
Gentilshommes (Cours des) **CXY**
Gouverneur (R. du).......... **CX**
Grenadiers (R. des) .... **CX** 31
Hallebardes (Av. des)........ **CX** 32
Hune (R. de la) .... **BX** 34
Iles-d'Amérique (Av. des).... **AY** 36
Ile (Av. de l') .... **BCY**
Jetée (Av. de la) .... **CY**
Joutes (Quai des).......... **BX** 39
Labech (R. du) .... **BX**
Louisiane (Allée de la) ...... **CX** 40
Méditerranée (Av. de la)..... **CX**
Miquel (Quai Jean) .... **BCX**
Outre-Mer (Av. d')........... **AY**
Pacifique (R. du) .... **AY**
Phocéens (Quai des) .... **CY** 42
Radoub (Rd-Pt du) .... **CY** 43
St-Martin-des-Vignes (R.).... **AX**
St-Martin (Quai) .... **BX** 48
Sarret-de-Coussergue (R.) . **ABX**
Sergents (Av. des)......... **BCX**
Soldats (Av. des)............ **CX**
Surintendant (Av. du) .... **BX**
Tambour (R. du) .... **BX** 51
Tirème (Quai de la) .... **CXY** 56
Tours-de-St-Martin
(Rd-Pt des) .... **AX** 53
Trinquette (Quai de la) ...... **CX** 54
Vaisseaux (R. des) .... **CX**
Vent-des-Dames (R. du)..... **BX**
Vieux Cap (Quai du) .... **BY**
Volvire-de-Brassac (R.)...... **AX**
2-Frères (R. des)............ **CY**
4-Cantons (Allée des)....... **CX** 60

Capaô ch, ch,

r. des Corsaires – ✆ 04 67 26 99 44 – www.capao.com – Ouvert 15 avril-1er oct.
55 ch – 80/155 € 80/155 € – 12 € **AYb**
Rest *Capaô Beach* – ✆ 04 67 26 41 25 *(fermé mardi soir et lundi)* Carte 29/85 €
♦ Ambiance estivale dans ce complexe hôtelier proche de la plage Richelieu. Les chambres sont assez spacieuses ; décor contemporain et balcon. Sauna, hammam, fitness, activités sportives, etc. Au Capaô Beach, salades et poissons grillés les pieds dans le sable...

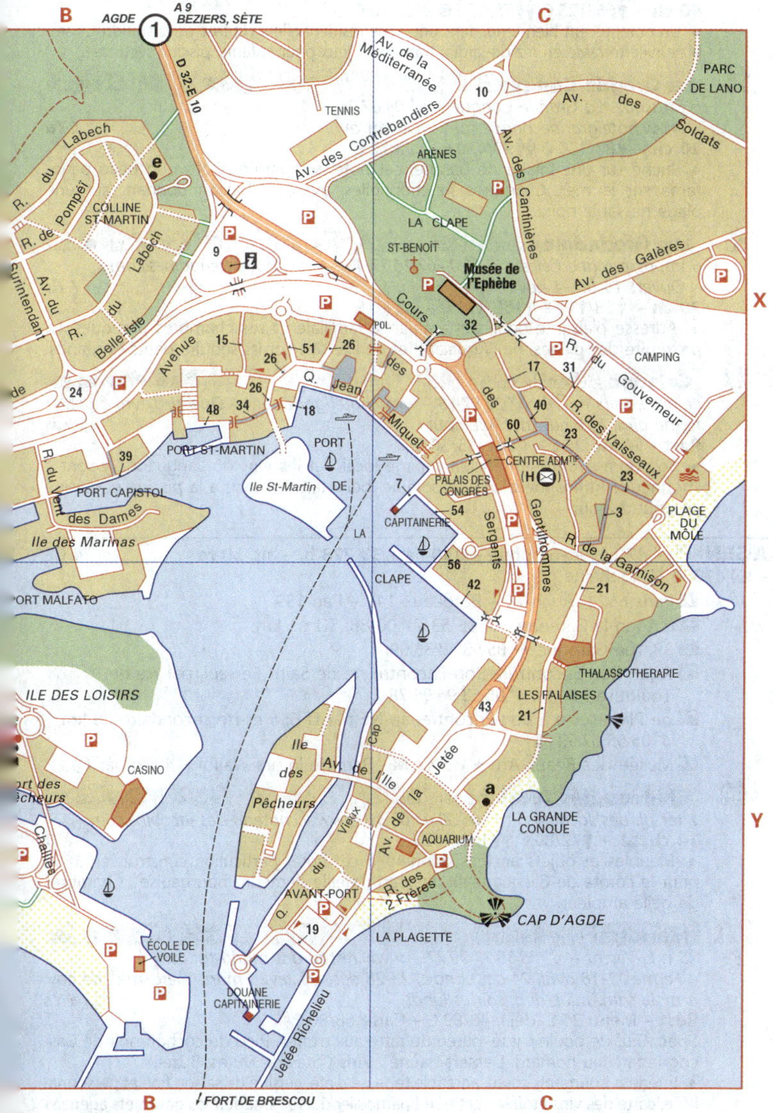

La Bergerie du Cap sans rest
4 av. Cassiopée - CX – 04 67 01 71 35 www.labergerieducap.com – Ouvert 22 avril-24 sept.
12 ch – 89/260 € 89/260 € – 16 €
◆ Un lieu original au Cap, avec un certain cachet : à l'extérieur de la station, une ancienne bergerie du 18e s., aux abords très fleuris. Patio avec piscine.

Hélios sans rest
12 r. Labech – 04 67 01 37 68 – www.hotel-helios.com – Ouvert 1er avril-30 sept. BX**e**
40 ch – 65/125 € 75/125 € – 10 €
◆ Un hôtel récent bien tenu, dans une zone résidentielle à l'entrée de la station. Chambres avec terrasse en rez-de-jardin, transats et jeux pour enfants, piscine sécurisée...

La Grande Conque sans rest
r. Etrusque, La Grande Conque – 04 67 26 11 42 – www.hotelgrandeconque.com – Ouvert avril-oct. CY**a**
20 ch – 80/130 € 99/130 € – 12 €
◆ Juché sur une falaise de basalte, cet hôtel sympathique offre un beau panorama sur la mer. Chambres fonctionnelles, avec un balcon donnant sur une plage de sable noir...

Les Grenadines sans rest
6 impasse Marie-Céleste – 04 67 26 27 40 – www.hotelgrenadines.com – Ouvert 15 fév.-4 nov. AY**k**
20 ch – 58/111 € 58/111 € – 10 €
◆ Adresse plaisante pour son ambiance familiale et ses chambres pratiques. La proximité des plages, de l'Aqualand et de l'île des Loisirs séduira petits et grands.

Caladoc – Hôtel du Golfe
Île des Loisirs – 04 67 26 87 18 – www.hotel-golfe.com – Ouvert d'avril à oct. et fermé dim. et lundi sauf juil.-août BY**m**
Rest – Menu 25 € – Carte 35/50 €
◆ Son nom évoque un ancien cépage local... et les vins du Languedoc y sont à l'honneur ! Atmosphère contemporaine, belle terrasse face à la piscine et cuisine au goût du jour.

AGEN P – 47 Lot-et-Garonne – 336 F4 – 33 728 h. – alt. 50 m 4 C2

– 47000 Aquitaine

Paris 662 – Auch 74 – Bordeaux 141 – Pau 159
d'Agen-la-Garenne : 05 53 77 00 88, SO : 3 km.
38, rue Garonne 05 53 47 36 09
Agen Bon-Encontre à Bon-Encontre rte de Saint Ferréol, par rte de Toulouse : 7 km, 05 53 96 95 78
de Pleneselve à Bon-Encontre, au NE par D 656 et rte secondaire : 8 km, 05 53 67 52 65
Musée des Beaux-Arts★★ AXY **M** - Parc de loisirs Walibi★ 4 km par ⑤.

Château des Jacobins sans rest
1 ter pl. des Jacobins – 05 53 47 03 31 – www.chateau-des-jacobins.com
14 ch – 72/80 € 120/152 € AY**f**
◆ Meubles et objets anciens donnent à cet hôtel particulier, construit en 1830 pour le comte de Cassaigneau, un esprit "vieille demeure bourgeoise". Chambres de belle ampleur.

Mariottat (Éric Mariottat)
25 r. L.-Vivent – 05 53 77 99 77 – www.restaurant-mariottat.com – Fermé 11-18 avril, 24 oct.-2 nov., 23-28 déc., 21 fév.-5 mars, merc. midi de nov. à avril, sam. midi, dim. soir et lundi AY**s**
Rest – Menu 25 € (déj.), 48/80 € – Carte 68/80 €
Spéc. Œuf de poule cassé, purée de ratte aux truffes. Pied de cochon noir de Gascogne farci au homard. Dessert "jaune". **Vins** Côtes de Duras, Buzet.
◆ Intérieur bourgeois cossu, agréable terrasse d'été, cuisine de saison fine et personnalisée, carte des vins étoffée : cet hôtel particulier du 19e s. séduit les gourmets agenais.

McCANN
NESPRESSO
www.nespresso.com
Le café corps et âme

Banabéra (R.) . . . . AX 2
Barbusse (Av. H.) . . . . BX 3
Beauville (R.) . . . . AY 4
Cessac (R. de) . . . . AY 5
Chaudordy (R.) . . . . AY 6
Colmar (Av. de) . . . . BZ 7
Cornières (R. des) . . . . AX 8
Desmoulins (R. C.) . . . . BX 9
Docteur-P.-Esquirol (Pl.) . . . . . AY 10
Dolet (R. E.) . . . . AY 13
Durand (Pl. J.-B.) . . . . AX 14
Floirac (R.) . . . . AX 17
Garonne (R.) . . . . AX 18
Héros-de-la-Résistance (R. des) . . . . BX 20
Jacquard (R.) . . . . ABX 21
Laitiers (Pl. des) . . . . AX 22
Lattre-de-Tassigny (R. Maréchal-de) . . . . AY 24
Lomet (R.) . . . . AY 27
Moncorny (R.) . . . . AY 28
Montesquieu (R.) . . . . AXY 30
Président-Carnot (Bd du) . . . . BXY
Puits-du-Saumon (R.) . . . . AX 31
Rabelais (Pl.) . . . . BX 32
République (Bd de la) . . . . . . ABX
Richard-Cœur-de-Lion (R.) . . . . AY 33
Tissidre (Av. A.) . . . . AZ 34
Vivent (R. Louis) . . . . AY 35
Voltaire (R.) . . . . AX 36
Washington (Cours) . . . . BY 37
9e-de-Ligne (Cours du) . . . . . . AYZ 38
14-Juillet (Cours du) . . . . BX 39
14-Juillet (Pl. du) . . . . BX 41

XX **Le Washington**

7 cours Washington
– ✆ 05 53 48 25 50
– www.le-washington.com
– Fermé 1er-28 août, sam. et dim. AY**r**

Rest – (16 € bc) Menu 21 € (déj.)/38 € – Carte 42/84 €

◆ Dans une maison édifiée par l'architecte Charles Garnier, restaurant contemporain où l'on sert une carte traditionnelle et des plats du marché soutenus par un beau choix de vins.

La Table d'Armandie

1350 av. du Midi – ✆ 05 53 96 15 15 – www.restaurant-agen.com – Fermé 8-25 août, 24 déc.-2 janv., dim. et lundi AZa

Rest – Menu 15/45 € – Carte 38/50 €

◆ Décor contemporain épuré avec grande table d'hôte, cuisine ouverte et écran géant (retransmissions sportives). Suggestions du marché et carte des vins essentiellement régionale.

Le Margoton

52 r. Richard-Cœur-de-Lion – ✆ 05 53 48 11 55 – www.lemargoton.com – Fermé 20 juil.-4 août, 22 déc.-5 janv., sam. midi, dim. et lundi AYe

Rest – (16 €) Menu 25/35 € – Carte 38/45 €

◆ Sympathique adresse de la vieille ville : accueil familial, décor à base de matériaux traditionnels, couleurs cosy et notes actuelles. Appétissante cuisine dans l'air du temps.

La Part des Anges

14 r. Émile-Sentini – ✆ 05 53 68 31 00 – www.lapartdesanges.eu – Fermé 15-31 août, vacances de fév., dim. et lundi BXu

Rest – Menu 15 € (déj. en sem.), 20/29 € – Carte 25/40 €

◆ Livres de cuisine et vieilles caisses de vin ornent ce petit restaurant du centre-ville où l'on se sent un peu comme chez des amis. Copieux plats du terroir à prix tout doux.

Le Tram's

r. du Trech, ZAC Agen-Sud par av. du Midi - ZA – ✆ 05 53 98 48 14 – www.letrams.com – Fermé 8-20 août, lundi soir, mardi soir, merc. soir et dim.

Rest – (14 € bc) Menu 25 € (dîner) – Carte 23/43 €

◆ Dans un décor branché, ce restaurant situé au cœur d'une ZAC vous réserve quelques surprises : cuisine fusion, recettes du terroir gascon ou spécialités de plats en cocotte.

L'Atelier

14 r. du Jeu-de-Paume – ✆ 05 53 87 89 22 AYg

Rest – (16 €) Menu 26/31 € – Carte 38/49 €

◆ Dans ce petit restaurant près des rues piétonnes, la décoration, bien dans son époque, sert d'écrin à la cuisine fraîche et colorée de la jeune chef. Rafraîchissant.

à Moirax 9 km par ④, N 21 et D 268 – 1 084 h. – alt. 154 m – ✉ 47310

Le bourg ✆ 05 53 87 13 73

Auberge le Prieuré (Benjamin Toursel)

Le Bourg – ✆ 05 53 47 59 55 – www.aubergeduprieuredemoirax.fr – Fermé vacances de la Toussaint, de fév., dim. soir, lundi et mardi

Rest – *(nombre de couverts limité, prévenir)* Menu 50/65 €

Spéc. Langoustines en cappuccino de fenouil. Agneau de lait du Quercy, pois chiche en émulsion, condiment rose-rhubarbe (saison). Framboises, crème citron et meringue moelleuse à l'estragon (été). **Vins** Vin de pays des Côtes de Gascogne, Côtes du Marmandais.

◆ Une cuisine spontanée, pleine d'audace, presque en mouvement ! On la déguste dans une belle maison de village plusieurs fois centenaire, qui a conservé le charme de l'ancien.

au Sud-Ouest 12 km par ④, rte d'Auch (N 21) puis D 268 – ✉ 47310 Laplume

Château de Lassalle

ch,

Brimont – ✆ 05 53 95 10 58 – www.chateaudelassalle.com – Fermé vacances de Noël, de fév., sam. et dim. du 1er nov. au 30 avril

17 ch – 119/199 € 119/249 € – 13 € – ½ P 98/124 €

Rest – (27 €) Menu 34/44 € – Carte 34/56 €

◆ Douillettes chambres contemporaines (bois, pierre, tons clairs) et délicieuse ambiance guesthouse pour cette demeure du 18e s. nichée dans un parc de 8 ha. Séjours à thème. Restaurant sous verrière ou dans l'ex-salle des gardes (11e s.) ; carte traditionnelle.

à Brax 6 km par ⑤ et D 119 – 1 742 h. – alt. 49 m – ✉ 47310

Au Colombier du Touron ch,
187 av. des Landes – ✆ 05 53 87 87 91 – www.colombierdutouron.com – Fermé vacances de la Toussaint et 26 fév.-5 mars
9 ch – †50 € ††59/82 € – ☕ 10 € – ½ P 61/67 €
Rest – *(fermé dim. soir et lundi)* (15 €) Menu 30/47 € – Carte 36/46 €
◆ L'enseigne évoque le colombier du 18e s. qui jouxte l'hôtel. Ce dernier dispose de grandes chambres colorées, progressivement rénovées. Cuisine gasconne proposée dans une confortable salle à manger donnant sur le jardin, ou sur la terrasse ombragée.

AGNEAUX – 50 Manche – **303** F5 – rattaché à St-LÔ

AGNIERES-EN-DEVOLUY – 05 Hautes-Alpes – **334** D4 – 259 h. – alt. 1 263 m – ✉ 05250 **40** B1

Paris 690 – Gap 42 – Marseille 204 – Vizille 73

Le Refuge de l'Eterlou sans rest
La Joue du Loup, 4 km à l'Est – ✆ 04 92 23 33 80 – www.hotel-eterlou.com – Ouvert 2 juil.-4 sept. et 18 déc.-25 avril
30 ch – †65/70 € ††80/85 € – ☕ 9 €
◆ Chalet moderne sur les hauteurs de la station, reliée à SuperDévoluy. Décoration "tout bois" pour la salle des petits-déjeuners et les chambres spacieuses d'esprit actuel.

AGUESSAC – 12 Aveyron – **338** K6 – 832 h. – alt. 375 m – ✉ 12520 **29** D2

Paris 628 – Florac 76 – Mende 87 – Millau 9

Auberge le Rascalat rest,
2 km rte de Verrières sur D 809 – ✆ 05 65 59 80 43 – www.auberge-lerascalat.fr – Ouvert 11 fév.-30 nov.
14 ch – †62/72 € ††62/72 € – ☕ 10 € – ½ P 64/74 €
Rest – *(fermé mardi midi hors saison et lundi sauf le soir en saison)* Menu 25/49 € – Carte 45/75 €
◆ Ex-moulin à huile situé entre Causses et rivière. Chambres campagnardes, petit-déjeuner sous les voûtes de la cave ; piscine à débordement. Table bourgeoise où l'on apprécie une cuisine franche et goûteuse (agneau du pays rôti à la broche dans la cheminée).

AHETZE – 64 Pyrénées-Atlantiques – **342** C2 – 1 468 h. – alt. 28 m – ✉ 64210 **3** A3

Paris 767 – Bordeaux 207 – Pau 127 – Donostia-San Sebastián 52

La Ferme Ostalapia avec ch
chemin d'Ostalapia, 3 km au Sud par D 855 – ✆ 05 59 54 73 79 – www.ostalapia.fr – Fermé 17-31 janv., merc. hors saison et le midi en juil.-août
8 ch – †65/155 € ††65/155 € – ☕ 10 €
Rest – (15 €) Menu 50 € – Carte 35/50 €
◆ Ancienne ferme du pays dont la réputation locale n'est plus à faire. On y sert une bonne cuisine du terroir dans un décor typiquement basque. Terrasse au pied des vignes, face aux montagnes. Chambres coquettes et rustiques, bien tenues.

L'AIGLE – 61 Orne – **310** M2 – 8 415 h. – alt. 220 m – ✉ 61300 **33** C2
Normandie Vallée de la Seine

Paris 137 – Alençon 68 – Chartres 79 – Dreux 61

place Fulbert-de-Beina ✆ 02 33 24 12 40

Du Dauphin
pl. de la Halle – ✆ 02 33 84 18 00 – www.hotel-dauphin.fr
30 ch – †65/85 € ††65/85 € – ☕ 10 € – ½ P 61/71 €
Rest – *(fermé dim. soir)* Menu 35/40 € – Carte 56/75 €
Rest *La Renaissance* – Menu 15 € – Carte 20/45 €
◆ Le plus ancien des deux bâtiments hébergeait déjà une hôtellerie en 1618. Chambres au confort actuel, salon-cheminée, boutique de produits régionaux. Carte dans l'air du temps et cadre traditionnel au restaurant. Joli décor de brasserie rétro à La Renaissance.

AIGUEBELETTE-LE-LAC – 73 Savoie – 333 H4 – 220 h. – alt. 410 m 46 F2
– ✉ 73610 Alpes du Nord

Paris 552 – Belley 34 – Chambéry 22 – Grenoble 76

Lac★ - Panorama★★ sur la route du col de l'Épine N.

à Novalaise-Lac (rive Ouest) 7 km par D 921 – 1 661 h. – alt. 427 m – ✉ 73470

Le Chalet du Lac

Le Neyret – ✆ 04 79 36 02 19 – www.le-chaletdulac.com – Fermé 2 janv.-3 fév.
13 ch – †60/90 € ††60/90 € – ☕ 10 €
Rest – *(fermé mardi soir et merc. d'oct. à mi-mars)* (26 €) Menu 29/89 € – Carte 56/75 €

◆ Sur la route bordant le lac d'Aiguebelette, ce chalet à la façade blanche dispose de chambres simples et fonctionnelles, avec vue sur les flots. Cuisine actuelle servie dans un cadre lumineux ou sur la terrasse. Carte d'été sur la plage.

à St-Alban-de-Montbel (rive Ouest) 7 km par D 921 – 554 h. – alt. 400 m – ✉ 73610

Les Lodges du Lac

La Curiaz, D 921 – ✆ 04 79 36 00 10 – www.leslodgesdulac.com – Fermé dim. soir, mardi midi et lundi du 12 sept. au 21 juin
13 ch – †50 € ††70 € – ☕ 8 € – ½ P 52/60 €
Rest – *(fermé 1 sem. en mars, 1er-15 oct., 1 sem. à Noël)* (12 €) Menu 20/28 € – Carte 25/40 €

◆ Hôtel situé en retrait du lac. Chambres joliment décorées dans le bâtiment principal ; celles de l'annexe, plus simples, donnent de plain-pied sur le jardin. Cuisine traditionnelle et spécialités savoyardes... à apprécier sous la véranda l'été venu.

à la Combe (rive Est) 4 km par D 921d – ✉ 73610

XX **La Combe "chez Michelon"** avec ch ch,

– ✆ 04 79 36 05 02 – www.chez-michelon.fr – Fermé de mi-nov. à fin janv., lundi soir en juil.-août, mardi sauf le midi d'avril à juin et merc. sauf juil.-août
5 ch – †59 € ††71 € – ☕ 8,50 € – ½ P 76 €
Rest – (19 €) Menu 22 € (sem.), 24/48 € – Carte 38/60 €

◆ Une accueillante maison dans un environnement privilégié (vue imprenable sur le lac) ; sublime carte de vins régionaux escortant plats traditionnels et poissons des lacs d'Annecy ou du Bourget.

AIGUEBELLE – 83 Var – 340 N7 – rattaché au Lavandou

AIGUES-MORTES – 30 Gard – 339 K7 – 7 115 h. – alt. 3 m – ✉ 30220 23 C2
Languedoc Roussillon

Paris 745 – Arles 49 – Montpellier 38 – Nîmes 42

place Saint-Louis ✆ 04 66 53 73 00

Remparts★★ et tour de Constance★★ : ✻★★ - Eglise Notre-Dame des Sablons★.

Villa Mazarin

35 bd Gambetta – ✆ 04 66 73 90 48 – www.villamazarin.com
20 ch – †120/350 € ††120/350 € – ☕ 14 € – ½ P 105/220 €
Rest *La Table* – *(fermé 2 sem. en nov., 2 sem. en fév., lundi et mardi hors saison et le midi sauf dim.)* Menu 29/44 €

◆ Au cœur d'Aigues, une demeure du 15e s. tout en pierre blonde. Escalier à balustres, mobilier ancien, piscine intérieure, jardinet... on apprécie l'élégance et la discrétion des lieux. Esprit baroque au restaurant, pour une cuisine actuelle fine et goûteuse.

Canal sans rest

440 rte de Nîmes – ✆ 04 66 80 50 04 – www.hotelcanal.fr – Fermé 15 nov.-16 déc. et 8 janv.-8 fév.
25 ch – †71/155 € ††71/155 € – ☕ 12 €

◆ À l'entrée de la ville, face au canal (hors les murs, donc), un hôtel moderne assez agréable : décor sobre, piscine, solarium, copieux petit-déjeuner...

St-Louis

10 r. Am.-Courbet – ✆ 04 66 53 72 68 – www.lesaintlouis.fr – Ouvert 27 mars-23 oct.
22 ch – †62/94 € ††79/102 € – ☕ 10 € – ½ P 65/77 €
Rest – (15 €) Menu 19/29 € – Carte 33/45 €
◆ Intra-muros, à deux pas de la tour de Constance, cette bâtisse du 18e s. allie simplicité et charme de l'ancien : un joli escalier dessert les chambres, apprêtées aux couleurs de la Provence. Au restaurant, décor vert amande, agréable patio et saveurs du Sud...

Les Arcades avec ch

23 bd Gambetta – ✆ 04 66 53 81 13 – www.les-arcades.fr – Fermé mardi midi et lundi sauf le soir en juil.-août
9 ch – †98/102 € ††104/140 € – ☕ 12 €
Rest – Menu 20 € (déj. en sem.), 35/45 € – Carte 36/66 €
◆ Sous les arcades d'une maison du 16e s., où s'épanouissent quelques tables aux beaux jours... Cette table rustique propose une bonne cuisine régionale, attachée aux produits de saison. Les quelques chambres sont spacieuses, avec un certain cachet (tons pastel).

AILLANT-SUR-THOLON – 89 Yonne – 319 D4 – 1 416 h. – alt. 112 m – ✉ 89110 — 7 B1

Paris 144 – Auxerre 20 – Briare 70 – Clamecy 61
1, cour de la Halle aux Grains ✆ 03 86 63 54 17
du Roncemay Domaine et Golf du Roncemay, Chassy, ✆ 03 86 73 50 50

au Sud-Ouest 7 km par D 955, D 57 et rte secondaire

Domaine du Roncemay

✉ 89110 Chassy – ✆ 03 86 73 50 50 – www.roncemay.com – Ouvert de mars à nov.
15 ch – †100/120 € ††180/220 € – 3 suites – ☕ 18 € – ½ P 118/237 €
Rest – *(fermé dim. soir, lundi et mardi hors saison)* (15 €) Menu 22 € (déj.), 35/54 € – Carte 50/75 €
◆ Bel hôtel construit dans la pure tradition régionale, associé à un vaste golf. Les chambres, séduisantes et confortables, ont le beau charme d'antan. Fitness et superbe hammam. Salle à manger donnant sur le parc ; cuisine gastronomique d'influence bourguignonne.

AIMARGUES – 30 Gard – 339 K6 – 4 173 h. – alt. 6 m – ✉ 30470 — 23 C2

Paris 740 – Aigues-Mortes 16 – Alès 62 – Montpellier 40

Un Mazet sous les platanes

3 bd St-Louis – ✆ 04 66 51 73 03 – Fermé 20-31 déc., sam. midi, dim. soir et lundi
Rest – (15 €) Menu 28 € bc – Carte 25/45 €
◆ Une petite maison basse sur un cours planté de... platanes. Son décor comme sa cuisine sont chaleureux, mêlant les styles provençaux et marocains ! Terrasse face au potager.

AINHOA – 64 Pyrénées-Atlantiques – 342 C5 – 648 h. – alt. 130 m – ✉ 64250 Pays Basque et Navarre — 3 A3

Paris 791 – Bayonne 28 – Biarritz 29 – Cambo-les-Bains 11
Village basque caractéristique★.

Ithurria (Xavier Isabal)

pl. du Fronton – ✆ 05 59 29 92 11 – www.ithurria.com – Ouvert 8 avril-1er nov.
28 ch – †95/125 € ††135/160 € – ☕ 13 € – ½ P 110/125 €
Rest – *(fermé jeudi midi sauf juil.-août et merc.) (prévenir le week-end)* Menu 38/60 € – Carte 52/78 €
Spéc. Rossini de pied de porc, foie gras poêlé et petite salade, vinaigrette truffée. Pigeon rôti, beurre sous la peau, fricassée de légumes en cocotte. Millefeuille renversé aux fruits rouges. **Vins** Jurançon sec, Irouléguy.
Rest *Bistrot Ithurria* – *(fermé merc. et jeudi sauf juil.-août, dim. et le soir)* Carte 21/35 €
◆ Un hôtel de tradition, face au fronton de pelote du village : ces murs du 17e s. cachent des chambres coquettes et confortables, ainsi qu'une belle salle à manger hautement rustique ! On y déguste une cuisine classique, à base de produits du terroir et du marché travaillés avec grand soin. Le petit bistrot est charmant.

Argi Eder
rte de la Chapelle – ✆ 05 59 93 72 00 – www.argi-eder.com – Ouvert 1er avril-2 nov.
19 ch – †85/105 € ††95/125 € – 7 suites – ☕ 12 € – ½ P 91/123 €
Rest – *(fermé merc. sauf le soir en juil.-août, lundi midi et vend. midi)*
Menu 29/48 € – Carte 55/65 €
◆ À flanc de colline, une grande bâtisse régionale et sa piscine dans un parc arboré et fleuri. Vastes chambres avec balcon et joli salon-bar (belle collection d'armagnacs). Salle à manger basque ; plats du terroir et superbe carte de bordeaux.

La Maison Oppoca ch,
r. Principale – ✆ 05 59 29 90 72 – www.oppoca.com – Fermé 9 janv.-4 fév. et 20 nov.-19 déc.
10 ch – †75/130 € ††85/150 € – ☕ 9 € – ½ P 82/114 €
Rest – Menu 60 € – Carte 28/48 €
Rest *Le Pilotari* – *(ouvert avril-oct.)* Menu 15 € (déj. en sem.)/23 € – Carte 18/25 €
◆ Cette belle maison basque du 17e s. abrite des chambres confortables et spacieuses (parquets anciens, tons lin et crème). Au restaurant gastronomique, deux ambiances – rustique ou contemporaine – et des mets alliant saveurs basques et exotiques. Côté bistrot, spécialités régionales (piperade, axoa...).

AIRAINES – 80 Somme – **301** E8 – 2 101 h. – alt. 30 m – ✉ 80270 **36** A1
Nord Pas-de-Calais Picardie
Paris 172 – Abbeville 22 – Amiens 30 – Beauvais 69
place de la Mairie ✆ 03 22 29 34 07

à Allery 5 km à l'Ouest par D 936 – 759 h. – alt. 50 m – ✉ 80270

Relais Forestier du Pont d'Hure
rte du Treport – ✆ 03 22 29 42 10 – www.pontdhure.com – Fermé 1er-20 août, 1er-20 janv., mardi et le soir sauf sam.
Rest – (14 €) Menu 19 € (sem.), 24/39 € – Carte 30/60 €
◆ Atmosphère pavillon de chasse (trophées, mobilier rustique) pleine de charme après une balade en forêt... Au programme, rôtisserie et grillades au feu de bois.

AIRE-SUR-L'ADOUR – 40 Landes – **335** J12 – 6 089 h. – alt. 80 m **3** B3
– ✉ 40800 Aquitaine
Paris 722 – Auch 84 – Condom 68 – Dax 77
20, bis rue Carnot ✆ 05 58 71 64 70
Sarcophage de Ste-Quitterie★ dans l'église St-Pierre-du-Mas.

Chez l'Ahumat
2 r. Mendès-France – ✆ 05 58 71 82 61 – Fermé 17-31 mars, 1er-16 sept., mardi soir et merc.
Rest – (10 €) Menu 12/30 € – Carte 20/35 €
◆ Restaurant tenu par la même famille depuis trois générations. Salles rustiques agrémentées d'objets anciens (collection d'assiettes, vieux vaisselier) et cuisine régionale.

à Ségos (32 Gers) 9 km par N 134 et D 260 – 250 h. – alt. 111 m – ✉ 32400

Domaine de Bassibé
– ✆ 05 62 09 46 71 – www.bassibe.fr – Ouvert de Pâques à mi-nov. et fermé mardi et merc. sauf juil.-août
9 ch – †140/165 € ††140/215 € – 7 suites – ☕ 16 € – ½ P 132/170 €
Rest – *(fermé le midi sauf sam., dim. en juil.-août)* Menu 49/61 €
◆ Bassibé : "Là où l'on est bien" en patois. Dans cette ancienne ferme en pleine campagne, on cultive le romantisme et l'art de bien vivre... Chambres coquettes et très douillettes. Cuisine classique à déguster dans l'ancien pressoir ou à l'ombre des platanes.

Minvielle et les Oliviers rest,
– ✆ 05 62 09 40 90
18 ch – †43/50 € ††50/57 € – ☕ 7 € – ½ P 50/55 €
Rest – *(fermé sam. midi et dim. soir)* (14 € bc) Menu 19/28 € – Carte 27/40 €
◆ Dans un petit village du Gers, bâtisse moderne d'esprit régional. Décor provençal dans les chambres de l'annexe (plus récentes) et grand balcon. Au restaurant, cuisine traditionnelle.

AIRE-SUR-LA-LYS – 62 Pas-de-Calais – **301** H4 – 9 606 h. – alt. 30 m **30** B2
– ✉ 62120 Nord Pas-de-Calais Picardie

Paris 236 – Arras 56 – Boulogne-sur-Mer 68 – Calais 60

"Grand-Place ""le Baillage""" ✆ 03 21 39 65 66

Bailliage★ - Tour★ de la Collégiale St-Pierre★.

Hostellerie des 3 Mousquetaires

Château de la Redoute, rte de Béthune (D 943) – ✆ 03 21 39 01 11 – www.hostelleriedes3mousquetaires.com – Fermé 3-13 janv.

28 ch – 90/150 € 90/150 € – 2 suites – 15 €

Rest – (18 €) Menu 21/60 € – Carte 40/70 €

◆ Charme bucolique d'une demeure du 19e s. entourée d'un parc. La décoration des chambres (lit à baldaquin, objets chinés) crée une douce atmosphère d'antan. La table, traditionnelle, laisse le choix du spectacle : cuisine ouverte ou vue sur la vallée.

à Isbergues 6 km au Sud-Est par D 187 – 9 503 h. – alt. 25 m – ✉ 62330

XX **Le Buffet** avec ch — rest, VISA

22 r. de la Gare – ✆ 03 21 25 82 40 – www.le-buffet.com – Fermé 1er-21 août, vacances de fév., lundi sauf fériés le midi et dim. soir

5 ch – 62 € 70 € – 10 €

Rest – (16 €) Menu 19 € (sem.), 25/88 € bc – Carte 48/68 €

◆ L'ancien buffet de la gare a aujourd'hui fière allure ! C'est un endroit élégant (mobilier de style) et l'on y savoure une goûteuse cuisine régionale de saison. Chambres confortables pour l'étape.

AISONVILLE-ET-BERNOVILLE – 02 Aisne – **306** D3 – 297 h. **37** C1
– alt. 155 m – ✉ 02110

Paris 200 – Amiens 115 – Laon 50 – Saint-Quentin 31

Le 1748

9 r. de Condé – ✆ 03 23 66 85 85 – http://le1748.monsite.orange.fr – Fermé 2-12 janv.

16 ch – 60/95 € 60/95 € – 12 € – ½ P 61/80 €

Rest – *(dîner seult)* Menu 28/45 € – Carte 38/65 €

◆ Dans l'ancienne ferme du château de Bernoville, des chambres douillettes et intimes, quelques-unes logées sous de belles charpentes. Plats du terroir, flamiches et grillades au feu de bois dans le superbe décor des anciennes écuries... datant de 1748.

AIX (ÎLE-D') – 17 Charente-Maritime – **324** C3 – voir à Île-d'Aix

AIX-EN-PROVENCE – 13 Bouches-du-Rhône – **340** H4 **40** B3
– 142 534 h. – alt. 206 m – Casino AV – ✉ 13100 Provence

Paris 752 – Avignon 82 – Marseille 30 – Nice 177

2, place du Général-de-Gaulle ✆ 04 42 16 11 61

Set Golf 1335 chemin de Granet, O : 6 km par D 17, ✆ 04 42 29 63 69

d'Aix-Marseille à Les Milles Domaine de Riquetti, par rte de Marignane et D 9 : 8 km, ✆ 04 42 24 20 41

Sainte-Victoire Golf Club à Fuveau "Lieu dit ""Château l'Arc""", par rte d'Aubagne et D 6 : 14 km, ✆ 04 42 29 83 43

Le Vieil Aix★★ - Cours Mirabeau★★ - Cathédrale St-Sauveur★ : triptyque du Buisson Ardent★★ - Cloître★ BX **B**[8] - Place Albertas★ BY **3** - Place★ de l'hôtel de ville BY **37** - Cour★ de l'hôtel de ville BY **H** - Quartier Mazarin★ : fontaine des Quatre-Dauphins★ BY **D** - Musée Granet★ CY **M**[6] - Musée des Tapisseries★ BX **M**[2] - Fondation Vasarely★ AV **M**[5].

Plans pages suivantes

AIX-EN-PROVENCE

Berger (Av. G.) .... BV 7
Brossolette (Av.) .... AV 13
Club Hippique (Av.) ...... AV 18
Dalmas (Av. J.) .... AV 23
Ferrini (Av. F.) .... AV 30
Fourane (Av. de la) ...... AV 32
Galice (Rte de) .... AV 33
Isaac (Av. J.) .... BV 41
Malacrida (Av. H.) .... BV 48
Minimes (Crs des) .... AV 52
Moulin (Av. J.) .... BV 56
Pigonnet (Av. du) .... AV 62
Poilus (Bd des) .... BV 67
Prados (Av. E.) .... AV 68
Solari (Av. Ph.) .... AV 76

Villa Gallici

ch, rest, VISA AE

18 bis av. de la Violette – ✆ 04 42 23 29 23 – www.villagallici.com – Fermé 20-27 déc. et 3 janv.-3 fév. BV**k**

17 ch – 230/780 € 230/780 € – 5 suites – 28 €

Rest – *(fermé mardi d'oct. à mai et merc.) (nombre de couverts limité, prévenir)* (45 €) Menu 60 € (déj.)/100 € – Carte 60/100 €

◆ Platanes, cyprès, fontaine, piscine, cigales... Un morceau de Provence idyllique en cette discrète villa juchée sur les hauteurs d'Aix. Chambres raffinées au charme très 19ᵉ s. Cuisine classique gorgée de soleil. L'été, profitez de la ravissante terrasse ombragée.

Grand Hôtel Roi René

VISA AE

24 bd du Roi-René – ✆ 04 42 37 61 00 – www.grand-hotel-roi-rene-aix-en-provence.com

131 ch – 135/345 € 135/365 € – 3 suites – 23 € BZ**b**

Rest ***La Table du Roi*** – Menu 39 €

◆ Si l'architecture de cet hôtel né en 1929 s'inspire du style régional, les chambres, accueillantes et cossues, sont très contemporaines. Grand patio avec piscine. À La Table du Roi, cuisine classique aux notes régionales servie dans une salle un tantinet glamour.

Le Pigonnet

rest, VISA AE

5 av. du Pigonnet ✉ 13090 – ✆ 04 42 59 02 90 – www.hotelpigonnet.com

48 ch – 115/210 € 170/530 € – 21 € AV**a**

Rest – *(ouvert 1er avril-31 oct. et fermé sam. midi et dim.)* (29 €) Menu 39/65 € – Carte 60/110 €

◆ Dans un beau parc, face à la Ste-Victoire, grande maison au calme, où Cézanne lui-même s'imprégna des parfums et couleurs de la Provence... Chambres romantiques et cossues. Élégantes salles à manger et terrasse tournées vers la verdure ; cuisine de produits frais.

Aquabella

Spa VISA AE

2 r. des Étuves – ✆ 04 42 99 15 00 – www.aquabella.fr AX**a**

110 ch – 149/155 € 169/175 € – 18 €

Rest ***L'Orangerie*** – Menu 24/39 € – Carte 42/48 €

◆ Aux portes de la vieille ville, cet imposant hôtel moderne jouxte les Thermes Sextius (nombreux soins). Aux derniers étages, chambres avec terrasse et vue sur la cité. Restaurant à la structure "verre et acier", prolongé d'une belle terrasse ; cuisine régionale.

AIX-EN-PROVENCE

Agard (Passage)	CY	2
Albertas (Pl.)	BY	3
Aude (R.)	BY	4
Bagniers (R. des)	BY	5
Bellegarde (Pl.)	CX	7
Bon Pasteur (R.)	BX	9
Boulégon (R.)	BX	12
Brossolette (Av.)	AZ	13
Cardeurs (Pl. des)	BY	16
Clemenceau (R.)	BY	18
Cordeliers (R. des)	BY	20
Couronne (R. de la)	BY	21
Curie (R. Pierre-et-Marie)	BX	22
Espariat (R.)	BY	26
Fabrot (R.)	BY	28
Foch (R. du Maréchal)	BY	30
Hôtel de Ville (Pl.)	BY	37
Italie (R. d')	CY	42
Lattre-de-Tassigny (Av. de)	AY	46
De-la-Roque (R. J.)	BX	25
Matheron (R.)	BY	49
Méjanes (R.)	BY	51
Minimes (Crs des)	AY	52
Mirabeau (Cours)	BCY	
Montigny (R. de)	BY	55
Napoléon-Bonaparte (Av.)	AY	57
Nazareth (R.)	BY	58
Opéra (R. de l')	CY	62
Pasteur (Av.)	BX	64
Paul-Bert (R.)	BX	66
Prêcheurs (Pl. des)	CY	70
Richelme (Pl.)	BY	72
Saporta (R. G.-de)	BX	75
Thiers (R.)	CY	80
Verdun (Pl. de)	CY	85
4-Septembre (R.)	BZ	87

Bastide du Cours

ch, ch,

43-47 cours Mirabeau – ✆ 04 42 26 10 06
– www.bastideducours.com BYe

7 ch – 145/245 € 145/245 € – 4 suites – 6,50 €

Rest – Menu 20/45 € – Carte 32/60 €

◆ Cette grande brasserie très animée du centre-ville cache, côté cour intérieure, de grandes chambres confortables et décorées à l'ancienne ; quatre d'entre elles donnent sur le beau cours Mirabeau. Ambiance cosy dans les salons aux tons chauds (bibliothèque).

Cézanne sans rest

40 av. Victor-Hugo – ✆ 04 42 91 11 11
– www.hotelaix.com/cezanne BZh

55 ch – 165/230 € 185/250 € – 2 suites – 19 €

◆ Belles chambres design pour ce "boutique hôtel" situé entre la gare et le centre-ville. Business center, open bar, garage gratuit et petit-déjeuner maison servi jusqu'à midi.

St-Christophe

2 av. Victor-Hugo – ✆ 04 42 26 01 24 – www.hotel-saintchristophe.com
67 ch – 84/149 € 92/174 € – 12 € **BYa**
Rest ***Brasserie Léopold*** – Menu 25 € – Carte 27/42 €
◆ Derrière une façade traditionnelle, des chambres très variées : grandes, petites, d'esprit provençal, très années 1930 ou au contraire résolument contemporaines. Joli cadre Art déco à la brasserie du rez-de-chaussée, dont les tables gagnent le trottoir en été.

Le Globe sans rest

74 cours Sextius – ✆ 04 42 26 03 58 – www.hoteldu globe.com – Fermé 18 déc.-17 janv. **AYe**
46 ch – 59/62 € 74/85 € – 8 €
◆ Accueil sympathique dans ce petit hôtel proposant des chambres simples mais bien insonorisées et rigoureusement tenues. Terrasse-solarium sur le toit d'où se déploie une belle vue.

L'Épicerie sans rest

12 r. du Cancel – ✆ 06 08 85 38 68 – www.unechambreenville.eu **BXa**
5 ch – 100/130 € 100/130 €
◆ Maison du 18e s. au cœur de la vieille ville. Chambres soignées (boutis, lit à baldaquin ou baignoire à l'ancienne) et petits-déjeuners servis dans un décor d'épicerie d'antan !

Le Clos de la Violette (Jean-Marc Banzo)

10 av. de la Violette – ✆ 04 42 23 30 71 – www.closdelaviolette.fr – Fermé 1er-17 août, 19 fév.-7 mars, dim. et lundi **BVa**
Rest – Menu 50 € (sem.), 90/130 € – Carte 80/100 €
Spéc. Petits farcis de légumes, jus émulsionné à l'anis (mai à oct.). Éclaté de pigeon en sanguette paysanne. Strate de noisettes et chocolat. **Vins** Palette, Coteaux d'Aix-en-Provence.
◆ Romarin et basilic frais, huile d'olive, échalote confite… Le fil d'Ariane d'une bonne cuisine ancrée dans le Sud, mais ouverte à toutes les tendances, sans jamais se perdre. Grande villa perchée sur les hauteurs (cadre feutré, terrasse sous les platanes).

Pierre Reboul

11 Petite-Rue-St-Jean – ✆ 04 42 20 58 26 – www.restaurant-pierre-reboul.com – Fermé 14-29 août, 23 déc.-16 janv., mardi midi, dim. et lundi **CYa**
Rest – Menu 39/120 €
Spéc. Menu du marché. **Vins** Palette, Bandol.
◆ Dans la vieille ville, un lieu original et stylé : voûtes blanches arrondies, panneaux lumineux colorés, mobilier design... Effets de miroir avec la cuisine, avant tout créative, mêlant notes ludiques et effets graphiques (menu unique). Beaux accords mets-vins.

Les 2 Frères

4 av. Reine-Astrid – ✆ 04 42 27 90 32 – www.les2freres.com **AZs**
Rest – (19 €) Menu 25/31 € – Carte 46/82 €
◆ Restaurant très contemporain d'esprit (inox brossé, bois brut, mobilier blanc), avec une grande terrasse "zen" sous les platanes, très prisée. Cuisine actuelle, ouverte au monde.

Le Formal

32 r. Espariat – ✆ 04 42 27 08 31 – Fermé sam. midi, dim. et lundi **BYw**
Rest – (22 €) Menu 36/70 € – Carte 36/70 €
◆ Adresse chaleureuse et animée, installée dans de belles caves voûtées du 15e s. Le chef propose une cuisine d'inspiration provençale avec un grand souci de qualité.

Yamato

21 av. des Belges – ✆ 04 42 38 00 20 – www.restaurant-yamato.com – Fermé lundi sauf le soir en juil. **AZe**
Rest – (36 €) Menu 49/98 € – Carte 45/105 €
◆ Table japonaise proposant une cuisine fine et soignée, très fraîche (bons desserts "fusion"). Belle cave au sous-sol. La propriétaire assure l'accueil en costume traditionnel.

Le Poivre d'Ane

40 pl. des Cardeurs – 04 42 21 32 66 – www.restaurantlepoivredane.com – Fermé vacances de Noël, 2 sem. en fév., merc. et le midi BY**u**

Rest – *(nombre de couverts limité, prévenir)* Carte 28/45 €

◆ Sur une place touristique du centre-ville, un petit restaurant tenu par une équipe jeune et dynamique. Décor seventies et cuisine tendance, à prix raisonnable.

Yôji

7 av. Victor-Hugo – 04 42 38 48 76 – www.yoji.fr – Fermé 2 sem. en oct., 2 sem. en fév., lundi midi et dim. BY**g**

Rest – Menu 17 € (déj.), 21/30 € – Carte 30/40 €

◆ Petit goût d'Asie, à deux pas de l'office du tourisme d'Aix : cuisine japonaise par un chef vietnamien, barbecue coréen (à chaque table) et bar à sushis, dans un décor zen.

Ze Bistro

7 r. de la Couronne – 04 42 39 81 88 – Fermé 14 août-5 sept., 23 déc.-3 janv., 20 fév.-7 mars, le midi en juil.-août, sam. midi, dim. et lundi BY**d**

Rest – *(nombre de couverts limité, prévenir)* (23 €) Menu 29 € (déj.), 34/64 € bc

◆ Bistro contemporain tenu par un jeune chef qui s'approvisionne au marché et auprès des producteurs locaux : de belles saveurs à la carte ! Son épouse assure un service sympathique.

au Canet 8 km par ② par D 7n – ✉ 13100 Beaurecueil

L'Auberge Provençale

imp. de Provence, au lieu-dit Le Canet-de-Meyreuil – 04 42 58 68 54 – www.auberge-provencale.fr – Fermé 12-28 juil., 24-29 déc., mardi sauf le midi de sept. à mai et merc.

Rest – Menu 27/49 € – Carte 55/65 €

◆ Jolie auberge de bord de route, cachant un décor jaune paille très méridional. Cuisine traditionnelle et soignée, ancrée dans la région ; belle carte de vins locaux.

à Beaurecueil 10 km par ②, N 7 et D 58 – 611 h. – alt. 254 m – ✉ 13100

La Table de Beaurecueil

66 rte de Meyreuil, allée des Muriers – 04 42 66 94 98 – www.latabledebeaurecueil.com – Fermé vacances de la Toussaint, dim. soir, lundi et merc.

Rest – (20 €) Menu 28/62 €

◆ Dans une ancienne bergerie au décor résolument contemporain (seules subsistent quelques touches rustiques), cuisine du terroir réalisée avec de bons produits ; vins au verre.

au Sud-Ouest 5 km par ③, D9 ou A 51, sortie Les Milles - ✉ 13546 Aix-en-Provence

Château de la Pioline

ch, rest,

260 r. Guillaume-du-Vair – 04 42 52 27 27 – www.chateaudelapioline.fr

30 ch – 165/240 € 240/365 € – 3 suites – 20 € – ½ P 39 €

Rest – *(fermé dim.)* (29 €) Menu 39/64 € – Carte 60/90 €

◆ Belle demeure classée (18e s.), avec son jardin à la française, son grand escalier, sa terrasse sous les tilleuls. Chambres joliment meublées, plus petites dans l'aile récente. Cuisine gastronomique servie dans un décor très "vie de château".

De l'Arbois

97 r. du Dr.-Albert-Aynaud, 10 km à l'Ouest, dir. Europôle de l'Arbois ✉ 13857 – 04 42 58 59 60 – www.hotelarbois.com

56 ch – 119/179 € 119/179 € – 2 suites – 12 €

Rest – *(fermé sam. et dim. hors saison)* (17 €) Menu 25 € (sem.) – Carte 27/47 €

◆ Pour un voyage d'affaires ou une étape (la gare TGV est toute proche), cet hôtel récent propose des chambres confortables. Bonnes prestations, dont un espace fitness. Cuisine régionale servie dans un restaurant au décor lumineux et vitaminé, ou en terrasse.

à Celony 3 km sur D 7n – ✉ 13090 Aix en Provence

Le Mas d'Entremont

315 rte Nationale 7 – ☎ 04 42 17 42 42 – www.masdentremont.com – Ouvert 15 mars-31 oct. AVg

14 ch – †155/170 € ††155/260 € – 6 suites – ☐ 19 €

Rest – *(fermé dim. soir et lundi midi)* (39 €) Menu 42/47 € – Carte environ 45 €

◆ Sur les hauteurs d'Aix, belle bastide nichée dans un parc avec bassin, colonnes et jets d'eau. Chambres à l'avenant : étoffes claires et boiseries sombres. Cuisine très classique servie près de la cheminée l'hiver et sur une délicieuse terrasse ombragée l'été.

AIX-LES-BAINS – 73 Savoie – **333** I3 – 27 375 h. – alt. 200 m – Stat. therm. : mi janv.-mi déc. – Casinos : Grand Cercle CZ, Nouveau Casino BZ – ✉ 73100 Alpes du Nord 46 F2

Paris 539 – Annecy 34 – Bourg-en-Bresse 115 – Chambéry 18

de Chambéry-Savoie : ☎ 04 79 54 49 54, à Viviers-du-Lac 8 km par ③.

place Maurice Mollard ☎ 04 79 88 68 00

d'Aix-les-Bains Avenue du Golf, par rte de Chambéry : 3 km, ☎ 04 79 61 23 35

Esplanade du Lac★ - Escalier★ de l'Hôtel de Ville CZ **H** - Musée Faure★ - Vestiges Romains★ - Casino Grand Cercle★.

Lac du Bourget★★ - Abbaye de Hautecombe★★ - Les Bauges★.

Radisson Blu

av. Ch.-de-Gaulle – ☎ 04 79 34 19 19 – www.radissonblu.com/hotel-aixlesbains CZx

102 ch – †115/200 € ††115/200 € – 10 suites – ☐ 18 € – ½ P 90/132 €

Rest – (20 €) Menu 27 € – Carte 32/51 €

◆ Au cœur du parc du casino, doté d'un jardin japonais, imposant hôtel moderne dont les chambres sont fonctionnelles et bien équipées. Spa et espaces séminaires. Cuisine d'inspiration brasserie servie dans un décor actuel ou sur l'agréable terrasse.

Mercure Ariana

111 av. de Marlioz , à Marlioz : 1,5 km – ☎ 04 79 61 79 79 – www.mercure.com AXa

60 ch – †104/180 € ††118/200 € – ☐ 16 € – ½ P 93/134 €

Rest – (23 €) Menu 28/39 € – Carte 26/49 €

◆ Dans le parc des thermes de Marlioz, cet établissement dispose de chambres spacieuses et d'un centre de balnéothérapie dernier cri, décoré à la manière d'un bateau. Au restaurant, cuisine traditionnelle et terrasse avec vue sur les arbres centenaires.

Astoria

pl. des Thermes – ☎ 04 79 35 12 28 – www.hotelastoria.fr – Ouvert 1er avril-30 nov. CZz

94 ch – †78/90 € ††105/125 € – ☐ 15 €

Rest *L'Hysope* – (20 €) Menu 32 € (dîner) – Carte 30/40 € le midi

◆ Ce palace construit en 1906 témoigne du passé fastueux d'Aix-les-Bains. Décor Belle Époque habilement rénové, chambres agréables et confortables. À l'Hysope, cuisine créative dans un cadre contemporain ; terrasse face aux thermes.

Le Manoir

37 r. Georges-1er – ☎ 04 79 61 44 00 – www.hotel-lemanoir.com – Fermé 18 déc.-6 janv. CZr

73 ch – †89/130 € ††99/170 € – 3 suites – ☐ 14 € – ½ P 94/130 €

Rest – (24 €) Menu 29/49 € – Carte 33/64 €

◆ Un Manoir aménagé dans les dépendances de l'ancien palace Splendide-Royal. La Villa Grimotière, de style 1900, abrite des chambres plus raffinées. Cadre oriental à l'espace bien-être. Plaisante salle à manger et véranda ouverte sur un jardin fleuri.

AIX-LES-BAINS

Bains (R. des) . . . . CZ 2
Berthollet (Bd) . . . . CZ 3
Boucher (Sq. A.) . . . . CY 5
Carnot (Pl.) . . . . CZ 6
Casino (R. du) . . . . CZ 8
Chambéry (R. de) . . . . CZ 9
Charcot (Bd J.) . . . . AX 10
Clemenceau (Pl.) . . . . BY 12
Dacquin (R.) . . . . CZ 13
Davat (R.) . . . . CZ 15
Fleurs (Av. des) . . . . CZ 16
Garibaldi (Bd) . . . . AX 17
Garrod (R. Sir-A.) . . . . CZ 18
Gaulle (Av. de) . . . . CZ 19
Georges-1er (R.) . . . . CZ 21
Lamartine (R.) . . . . CZ 22
Lattre-de-Tassigny (Bd. Mar.-de) . . . . AX, BY 23
Liège (R. de) . . . . CZ 24
Marlioz (Av. de) . . . . AX 25
Mollard (Pl. M.) . . . . CZ 26
Monard (R. S.) . . . . CZ 27
Petit Port (Av. du) . . . AX, BYZ 28
Pierpont-Morgan (Bd) . . . . . . BY 29
Près-Riants (R.) . . . . BY 30
République (R.) . . . . CY 32
Revard (Pl. du) . . . . CZ 33
Roche-du-Roi (Bd de la) . . . . CZ 34
Roosevelt (Av. F.) . . . . AX 35
Rops (Av. D.) . . . . AX 37
Russie (Bd de) . . . . AX 39
Seyssel (R. C.-de) . . . . CZ 40
Temple-de-Diane (Sq.) . . . . . . CZ 45
Temple (R. du) . . . . CZ 43
Verdun (Av. de) . . . . BZ 46
Victoria (Av.) . . . . CZ 47

Agora
1 av. de Marlioz – ✆ 04 79 34 20 20 – www.hotel-agora.com CZ**u**
61 ch – 🚹115 € 🚹🚹127 € – ☕ 14 € **Rest** – Menu 20 € – Carte 21/46 €
◆ Établissement aux lignes contemporaines, idéalement situé et confortable. Chambres d'esprit design (parquet, tons chauds) ou plus classiques. Restaurant résolument contemporain ; cuisine internationale (tajine, wok, tartare...).

Grand Hôtel du Parc
28 r. de Chambéry – ✆ 04 79 61 29 11 – www.grand-hotel-du-parc.com – Fermé 12 déc.-4 fév. CZ**n**
39 ch – 🚹49 € 🚹🚹71/85 € – ☕ 10 € – ½ P 70/80 €
Rest *La Bonne Fourchette* – *(fermé merc. midi hors saison, dim. soir et lundi)* Menu 20 € (déj.), 29/70 € – Carte 48/75 €
◆ Immeuble bâti en 1817, à deux pas du théâtre de Verdure. Chambres spacieuses, certaines dans un style contemporain épuré. Le salon a conservé son joli décor d'origine. Une Bonne Fourchette agréablement rétro, où savourer des recettes du terroir.

Auberge St-Simond
130 av. St-Simond – ✆ 04 79 88 35 02 – www.saintsimond.com – Fermé 15 déc.-25 janv., lundi midi d' oct. à avril et dim. soir AX**e**
24 ch – 🚹60 € 🚹🚹62/78 € – ☕ 10 € – ½ P 56/73 €
Rest – Menu 23 € (déj.), 29/38 € – Carte 36/51 €
◆ Auberge récente non loin de la voie ferrée, appréciée pour son ambiance conviviale, ses chambres coquettes et bien tenues et son jardin doté d'une jolie piscine d'été. Cuisine de tradition simple et soignée, à base de produits frais. Terrasse à la belle saison.

Revotel sans rest
198 r. de Genève – ✆ 04 79 35 03 37 – www.revotel.fr – Fermé 1er déc.-5 fév.
18 ch – 🚹36/43 € 🚹🚹36/43 € – ☕ 6,50 € CZ**v**
◆ Un rêve pour le porte-monnaie ! Accueil agréable dans cet hôtel proche des quartiers animés ; mobilier seventies et chambres fonctionnelles (plus tranquilles sur l'arrière).

Le 59 Restaurant
59 r. du Casino – ✆ 04 79 88 29 75 – www.boris-campanella.fr – Fermé vacances de Pâques et de la Toussaint, dim. et lundi CZ**r**
Rest – Menu 22 € (déj. en sem.), 36/85 € – Carte 50/75 €
◆ Cuisine du marché, produits triés sur le volet et agréables saveurs dans cette ancienne épicerie... Atmosphère contemporaine, colorée et épurée.

Auberge du Pont Rouge
151 av. du Grand-Port – ✆ 04 79 63 43 90 – Fermé lundi hors saison, dim. soir et mardi soir AX**f**
Rest – (22 €) Menu 34/38 € – Carte 35/58 €
◆ Menus du marché à l'ardoise, incontournables spécialités du Sud-Ouest et poissons du lac. Terrasse aux beaux jours.

AIZENAY – 85 Vendée – 316 G7 – 7 334 h. – alt. 62 m – ✉ 85190 34 B3

▶ Paris 435 – Challans 26 – Nantes 60 – La Roche-sur-Yon 18
ℹ avenue de la Gare ✆ 02 51 94 62 72

La Sittelle
33 r. du Mar- Leclerc – ✆ 02 51 34 79 90 – Fermé août, 1er-10 janv., lundi et le soir sauf sam.
Rest – *(nombre de couverts limité, prévenir)* Menu 24/35 €
◆ Cheminées en briques, plafonds moulurés, parquet à l'ancienne : les salles de cette discrète maison bourgeoise sont raffinées. Cuisine classique soignée et personnalisée.

AJACCIO – 2A Corse-du-Sud – 345 B8 – voir à Corse

ALBAN – 81 Tarn – 338 G7 – 940 h. – alt. 600 m – ✉ 81250 29 C2

▶ Paris 723 – Albi 29 – Castres 54 – Toulouse 106
ℹ 21, place des Tilleuls ✆ 05 63 55 93 90

Au Bon Accueil avec ch
49 av. de Millau – ✆ 05 63 55 81 03 – Fermé janv.
11 ch – †47/51 € ††54/70 € – ☕ 8 € – ½ P 55/60 €
Rest – *(fermé vend. soir, dim. soir et lundi)* (17 €) Menu 23/30 € – Carte 25/50 €
◆ Pratique pour l'étape, entre Albi et Millau, cette petite auberge familiale propose une généreuse cuisine traditionnelle. Cadre rustique (boiseries et poutres d'origine). Chambres simples et rafraîchies, plus au calme sur l'arrière.

ALBERT – 80 Somme – **301** I8 – 10 079 h. – alt. 65 m – ✉ 80300 **36** B1
Nord Pas-de-Calais Picardie

Paris 156 – Amiens 30 – Arras 50 – St-Quentin 53
9, rue Léon Gambetta ✆ 03 22 75 16 42

Royal Picardie ch, rest,
138 av. du Gén. Leclerc, (rte d'Amiens) – ✆ 03 22 75 37 00 – www.royalpicardie.com – Fermé 20 déc.-2 janv.
23 ch – †89/128 € ††89/128 € – ☕ 12 € – ½ P 85/104 €
Rest – *(dîner seult)* Menu 28/41 € – Carte 28/64 €
◆ Chambres fonctionnelles dans un imposant édifice à la sortie de la ville. Quelques détails soignés : les presse-pantalons électriques et les plateaux de courtoisie. Cuisine traditionnelle servie dans une grande salle garnie de mobilier de style Louis XIII.

à Authuille 5 km au Nord par D 50 – 165 h. – alt. 85 m – ✉ 80300

Auberge de la Vallée d'Ancre
6 r. Moulin – ✆ 03 22 75 15 18 – Fermé 22 août-5 sept., vacances scolaires de fév., dim. soir, merc. soir et lundi
Rest – Menu 23/33 € – Carte 50/85 €
◆ Au bord d'une rivière, sympathique auberge de pays. L'accueil y est charmant ; les habitués saluent le chef, tandis qu'il concocte des plats de tradition dans sa cuisine ouverte.

ALBERTVILLE – 73 Savoie – **333** L3 – 18 009 h. – alt. 344 m **46** F2
– ✉ 73200 Alpes du Nord

Paris 581 – Annecy 46 – Chambéry 51 – Chamonix-Mont-Blanc 64
place de l'Europe ✆ 04 79 32 04 22
Bourg de Conflans★, porte de Savoie ≤★ Grande Place★ - Route du fort du Mont ★★

Million rest,
8 pl. de la Liberté – ✆ 04 79 32 25 15 – www.hotelmillion.com – Fermé 9-22 mai, 31 oct.-13 nov.
26 ch – †93/110 € ††137/165 € – ☕ 12 € – ½ P 88/105 €
Rest – *(fermé sam. midi, dim. soir et lundi)* Menu 28/80 € – Carte 64/77 €
◆ Cette fière demeure du centre-ville abrite un hôtel depuis 1770. Intérieur cossu et bourgeois ; chambres en partie climatisées et garnies de meubles anciens. Cuisine classique servie dans une salle où dominent les tons taupe et lie-de-vin. Terrasse verdoyante.

Le Bistrot Gourmand
8 pl. Charles-Albert – ✆ 04 79 32 79 06 – Fermé août, vacances de Noël, dim. soir, mardi soir et merc.
Rest – (15 €) Menu 23/45 € – Carte 44/68 €
◆ Atmosphère bistrotière, simple et conviviale, et animation de la cuisine, ouverte sur la salle, en guise de sympathique toile de fond... Carte renouvelée au fil des saisons.

à Monthion 7 km au Sud par rte de Chambéry (sortie 26) et D 64 – ✉ 73200

Les 16 Clochers
91 chemin des 16 Clochers – ✆ 04 79 31 30 39 – Fermé 1 sem. en avril, 1 sem. en sept., vacances de Noël, dim. soir, lundi et mardi
Rest – (23 €) Menu 34/55 € – Carte 61/86 €
◆ Chaleureux intérieur façon chalet et terrasse offrant une vue superbe sur la vallée et les montagnes. Le chef fait son marché et réalise une cuisine savoureuse et généreuse.

ALBI P – 81 Tarn – **338** E7 – 48 712 h. – alt. 174 m – ✉ 81000 **29** C2
Midi-Toulousain

Paris 694 – Béziers 150 – Clermont-Ferrand 286 – Toulouse 76
place Sainte-Cécile ✆ 05 63 49 48 80
Albi Lasbordes Château de Lasbordes, O : 4 km par r. de la Berchère, ✆ 05 63 54 98 07
de Florentin-Gaillac à Marssac-sur-Tarn Al Bosc, par rte de Toulouse : 11 km, ✆ 05 63 55 20 50
Circuit automobile ✆ 05 63 43 23 00, 2 km par ⑤.
Cathédrale Ste-Cécile★★★ : Jubé★★★ - Palais de la Berbie★ : musée Toulouse-Lautrec★★ - Le Vieil Albi★★ : hôtel Reynès★ Z **C** - Pont Vieux★ - Pharmacie des Pénitents★ - ★ depuis les moulins albigeois.

La Réserve ch,
81 rte de Cordes, 3 km par ⑥ – ✆ 05 63 60 80 80 – www.lareservealbi.com – Ouvert 1er mai-31 oct.
23 ch – 168/328 € 168/328 € – 2 suites – 20 €
Rest – *(fermé le midi sauf dim.)* Menu 45/60 € – Carte 70/90 €
◆ Dans un parc au bord du Tarn, grande villa accueillante dont les chambres personnalisées (mobilier chiné et contemporain) ont vue sur la piscine et la reposante rivière. Lumineuse salle à manger actuelle et vaste terrasse surplombant le cours d'eau.

Hostellerie St-Antoine sans rest
17 r. St-Antoine – ✆ 05 63 54 04 04 – www.hotel-saint-antoine-albi.com – Fermé 19 déc.-4 janv. **Zd**
40 ch – 97/195 € 112/255 € – 2 suites – 19 €
◆ Dans cet hôtel fondé en 1734 (l'un des plus vieux de France), le jardin et le mobilier ancien recréent l'atmosphère douillette des maisons d'antan, le confort moderne en plus.

Chiffre rest,
50 r. Séré-de-Rivières – ✆ 05 63 48 58 48 – www.hotelchiffre.com – Fermé 15 déc.-15 janv. **Zb**
36 ch – 57/112 € 72/169 € – 2 suites – 11 € – ½ P 71/86 €
Rest – *(fermé sam., dim. et le midi)* Menu 20/27 € – Carte 30/45 €
◆ Cet ex-relais de poste entoure un patio fleuri. Les chambres sont raffinées et personnalisées : tons pastel, reproductions de tableaux. Plats traditionnels servis dans une chaleureuse salle de restaurant aux murs lambrissés.

Mercure ch, rest,
41 bis r. Porta – ✆ 05 63 47 66 66 – http://lemoulin-albi.fr **Yn**
56 ch – 98 € 116 € – 12 €
Rest – *(fermé 20 déc.-4 janv., sam. midi, dim. midi et le soir du vend. au dim. du 1er déc. au 28 fév.)* (18 €) Menu 20/52 € bc – Carte 28/49 €
◆ Ce moulin à farine du 18e s. dominant le Tarn abrite, derrière sa typique façade en briques roses, un hôtel au cadre sobre et au confort moderne. Le restaurant et la terrasse offrent une vue imprenable sur la cathédrale ; cuisine dans l'air du temps.

Grand Hôtel d'Orléans rest,
pl. Stalingrad – ✆ 05 63 54 16 56 – www.hotel-orleans-albi.com **Xe**
56 ch – 62/81 € 72/122 € – 2 suites – 10 € – ½ P 72/77 €
Rest – *(fermé 1er-15 août, 1er-11 nov., 1er-16 janv., 15-21 fév., sam. sauf le soir d'avril à oct., lundi midi d'avril à oct. et dim.)* Menu 17/23 € – Carte 34/48 €
◆ Depuis 1902, de père en fils, on installe le voyageur dans des chambres fonctionnelles décorées dans un esprit contemporain, pour un quiet séjour au pays de Lautrec. Confortable salle à manger, terrasse autour de la piscine et recettes traditionnelles.

Cantepau sans rest
9 r. Cantepau – ✆ 05 63 60 75 80 – www.hotelcantepau.fr – Fermé 23-31 déc.
33 ch – 57/84 € 57/84 € – 9 € **Va**
◆ Meubles en osier et rotin, tons crème et tabac, ventilateurs : le décor de ce petit hôtel familial situé dans une rue tranquille s'inspire du style colonial. Accueil aimable.

ALBI

Alsace-Lorraine (Bd) V
Andrieu (Bd Ed.) .... X 2
Archevêché (Pl. de l') ..... Y 3
Berchère (R. de la)......... Z
Bodin (Bd P.) .... X 5
Cantepau (R. de) V
Carnot (Bd)............... X
Castelviel (R. du) .... Y 7
Choiseul (Quai) .... Y 8
Croix-Blanche (R. de la) .... Z 9
Croix-Verte (R.) .... V, YZ 12
Dembourg (Av.)............ V 13
Dr-Camboulives (R. du) .... Z 14
Empeyralots (R. d') .... Z 15
Foch (Av. Mar.) X
Gambetta (Av.)............ X
Gaulle (Av. Gén.-de) X
Genève (R. de)............ Z 17
Gorsse (Pl. H. de) .... Y 18
Grand (R. E.).............. Y
Hôtel-de-Ville (R. de l') ..... Z 19
Jean-Jaurès (Pl.) .... Z
Joffre (Av. Mar.)........... X 22
Lacombe (Bd) .... X 23
Lamothe (R. de) .... V, Y
Lapérouse (Pl.)............ Z
Lattre-de-Tassigny (Av. Mar.-de)............ V 24
Loirat (Av. du)............ V
Lude (Bd du) X
Malroux (R. A.)............ Y 25
Maquis (Pl. du) .... X 26
Mariès (R.)................ Y
Montebello (Bd) .... X 27
Moulin (Lices J.) .... Z
Nobles (R. des) .... Z 28
Oulmet (R. de l') .... Z 29
Palais (Pl. du) .... Z 30
Palais (R. du) .... Z 31
Partisans (Espl. des) ...... Y
Pénitents (R. des) .... Z 33
Peyrolière (R.) .... YZ 34
Pompidou (Lices G.) ..... YZ
Porta (R.) .... Y
Porte-Neuve (R. de la) .... Z 35
Puech-Bérenguier (R.)..... Z 37
République (R. de la) .... V, Y
Rinaldi (R.) .... Y
Rivière (R. de la).......... Y 40
Roquelaure (R.) .... Z 41
Ste-Cécile (Pl.) .... Y 46
Ste-Cécile (R.) .... Z 47
Ste-Claire (R.)............ Y 48
St-Afric (R.).............. Y 42
St-Amarand (Pl.) .... V 69
St-Antoine (R.) .... Z 43
St-Clair (R.) .... Z 44
St-Julien (R.).............. Y 45
Saunal (R. de)............. Z 49
Savary (R. H.) .... Z 51
Sel (R. du)................ Z 52
Séré-de-Rivière (R.) .... Z 53
Sibille (Bd Gén.) .... Z
Soult (Bd) VX
Strasbourg (Bd de) ..... V, Y 54
Teyssier (Av. Col.) X
Thomas (Av. A.)........... V 57
Timbal (R.) .... Z 58
Toulouse-Lautrec (R. H.-de) Z 60
Valmy (Bd)............... VX
Verdier (Av. F.)............ X 62
Verdun (Pl. de) .... X 63
Verdusse (R. de) .... Z 64
Vigan (Pl. du) .... Z 65
Visitation (R. de la)........ Y 67
8-Mai-1945 (Pl. du) X

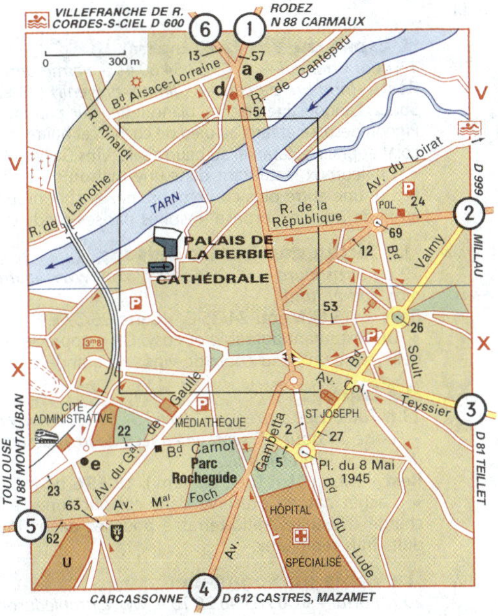

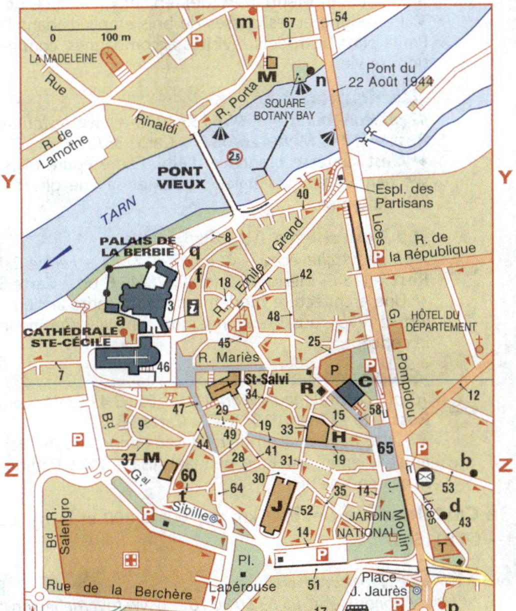

L'Esprit du Vin (David Enjalran)

11 quai Choiseul – 05 63 54 60 44 – Fermé dim. et lundi **Yq**

Rest – *(nombre de couverts limité, prévenir)* (23 €) Menu 60/98 €

Spéc. Langoustine façon blanquette au parfum de citronnelle (juin à août). Pigeon désossé et farci au pied de cochon et huître (nov. à mai). Tube craquant de chocolat et praliné, caramel au beurre salé. **Vins** Gaillac, Vin de pays des Côtes-du-Tarn.

◆ Chaleureux restaurant dans une maison du vieil Albi, avec une belle salle voûtée, et une autre plus contemporaine. Le chef propose une cuisine fine et créative, au fil de menus "surprise" inspirés par ses produits de prédilection (pas de carte).

Le Jardin des Quatre Saisons

19 bd Strasbourg – 05 63 60 77 76 – www.lejardindes4saisons.fr.st – Fermé dim. soir et lundi **Vd**

Rest – (15 €) Menu 24/35 € – Carte 25/37 €

◆ Un restaurant agréable et cosy. On y apprécie une généreuse cuisine traditionnelle, avec un beau choix de vins – la grande passion du patron !

Le Lautrec

13 r. Toulouse-Lautrec – 05 63 54 86 55 – www.restaurant-le-lautrec.com – Fermé 24 août-1er sept., vacances de la Toussaint, 18-25 fév., dim. sauf le midi de sept. à juin et lundi **Zt**

Rest – Menu 16 € (déj. en sem.), 18/55 € bc – Carte 34/40 €

◆ Cachet naturel préservé dans ces anciennes écuries où trône un vieux puits chargé d'histoire. Patio-terrasse pour les beaux jours et recettes à base de produits frais régionaux.

La Table du Sommelier

20 r. Porta – 05 63 46 20 10 – www.latabledusommelier.com – Fermé dim. et lundi **Ym**

Rest – (13 €) Menu 16 € (déj. en sem.), 25/45 € bc – Carte 16/24 €

◆ L'enseigne et les caisses de bois empilées dans l'entrée annoncent la couleur. Petits plats bistrotiers revisités accompagnés, comme il se doit, d'une belle sélection de vin.

L'Epicurien

42 pl. Jean-Jaurès – 05 63 53 10 70 – www.restaurantlepicurien.com – Fermé dim.

Rest – (17 €) Menu 26/68 € – Carte 35/57 € **Zp**

◆ C'est l'adresse branchée d'Albi. Cadre épuré mais néanmoins chaleureux avec ses banquettes, ses baies vitrées et sa vue directe sur les cuisines. Carte dans l'air du temps.

La Fourchette Adroite

7 pl. de l'Archevêché – 05 63 49 77 81 – Fermé 2-17 oct. et 16 janv.-1er fév.

Rest – (13 €) Menu 16 € (déj.), 28/42 € bc – Carte 36/50 € le soir **Yf**

◆ Une architecture moderne dans un cadre ancien : ce restaurant aux allures de loft se révèle aussi tendance que convivial. Cuisine inventive, bien en phase avec le concept.

Stéphane Laurens

10 pl . Monseigneur-Mignot – 05 63 43 62 41 – www.stephanelaurens.com

Rest – (9 €) Menu 19/26 € – Carte 23/62 € **Ya**

◆ Cette belle maison dévoile deux impressionnantes salles (hautes et profondes) au style épuré quelque peu japonisant. Plats traditionnels remis au goût du jour, riches en saveurs.

à Castelnau-de-Lévis 7 km par ⑥, D 600 et D 1 – 1 520 h. – alt. 221 m – ✉ 81150

La Taverne avec ch

rest,

r. Aubijoux – 05 63 60 90 16 – www.tavernebesson.com – Fermé 28 fév.-15 mars

8 ch – †60/68 € ††60/88 € – ☐ 10 €

Rest – *(fermé dim. soir et lundi hors saison)* Menu 20/53 € – Carte 50/65 €

◆ Ancienne coopérative boulangère dont les fours en briques agrémentent l'une des deux confortables salles à manger. Cuisine raffinée s'inspirant du terroir et de la tradition.

ALENÇON P – 61 Orne – **310** J4 – 28 458 h. – alt. 135 m – ✉ 61000 **33** C3
Normandie Cotentin

Paris 190 – Chartres 119 – Évreux 119 – Laval 90

place de la Magdeleine ✆ 02 33 26 11 36

d'Alençon-en-Arçonnay à Arçonnay Le Petit Maleffre, par rte du Mans : 3 km, ✆ 02 33 28 56 67

Église Notre-Dame★ - Musée des Beaux-Arts et de la Dentelle★ : collection de dentelles★ BZ **M²**.

Mercure sans rest

187 av. Gén- Leclerc, 2 km par ④ – ✆ 02 33 28 64 64 – www.mercure.com – Fermé 23 déc.-2 janv.

53 ch – †72/77 € ††76/82 € – ☕ 10 €

◆ Établissement situé dans une petite zone commerciale. Les chambres, pratiques et bien insonorisées, arborent une décoration plus contemporaine au 2e étage. Plaisant salon-bar.

ALENÇON

- Argentan (R. d') . . . . AY 2
- Basingstoke (Av. de) . . . . AY 3
- Bercail (R. du) . . . . BZ 4
- Capucins (R. des) . . . . CZ 6
- Clemenceau (Cours) . . . . . BCZ
- Duchamp (Bd) . . . . AY 8
- Écusson (R. de l') . . . . AY 9
- Fresnay (R. de) . . . . BZ 13
- Grandes-Poteries (R. des) . . BZ 14
- Grande-Rue . . . . BZ 15
- Halle-au-Blé (Pl. de la) . . . . . BZ 17
- Lattre-de-Tassigny (R. du Mar.-de) . . . . BCZ 19
- Leclerc (Av. du Gén.) . . . . . . AY 20
- La Magdeleine (Pl.) . . . . CZ 18
- Mans (R. du) . . . . AY 24
- Marguerite-de-Lorraine (Pl.) . BZ 25
- Porte-de-la-Barre (R.) . . . . . . BZ 30
- Poterne (R. de la) . . . . CZ 33
- Quakenbruck (Av. de) . . . . . . AY 34
- Rhin-et-Danube (Av.) . . . . AY 35
- Sieurs (R. aux) . . . . BZ
- Tisons (R. des) . . . . AY 39
- 1er Chasseurs (Bd) . . . . AY 40
- 14e Hussards (R. du) . . . . . . AY 42

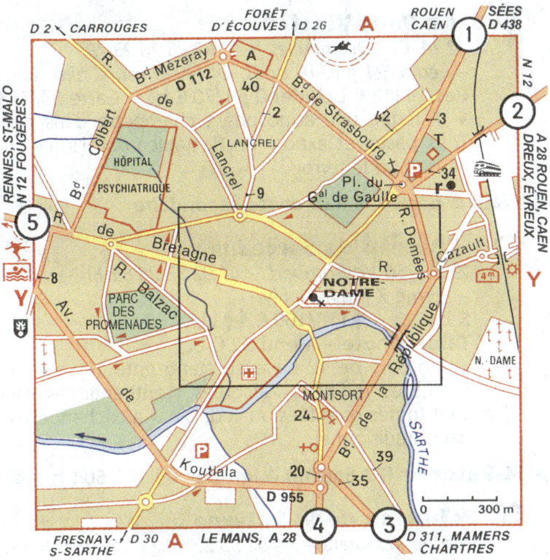

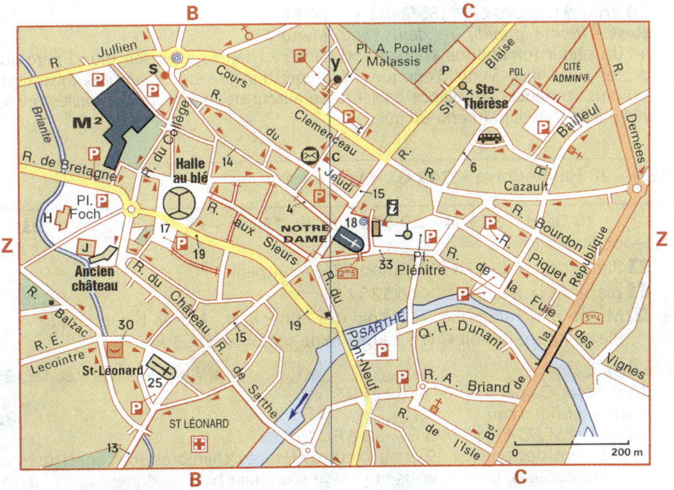

Des Ducs sans rest
50 av. Wilson – ✆ 02 33 29 03 93
– www.hoteldesducs-alencon.fr AYr
28 ch – †57 € ††73 € – ☕ 8 €
◆ Véritable cure de jouvence pour cet hôtel face à la gare, qui a pour atout des chambres modernes (couleurs tendance), fonctionnelles et bien équipées. Bar, jardin et terrasse.

Ibis sans rest
13 pl. Poulet-Malassis – ✆ 02 33 80 67 67
– www.ibishotel.com CZy
52 ch – †56/68 € ††56/68 € – ☕ 8 €
◆ À deux pas du centre-ville et dans un quartier résidentiel calme. Mobilier contemporain dans les chambres et la salle des petits-déjeuners. Ambiance feutrée au salon-bar.

Au Petit Vatel
72 pl. Cdt-Desmeulles – ✆ 02 33 26 23 78
– Fermé 21 juil.-10 août, 24 fév.-9 mars, dim. soir, mardi soir et merc.
Rest – (18 € bc) Menu 21/70 € bc – Carte 34/71 € BZs
◆ Il règne une atmosphère champêtre dans cette maison en pierres du pays. Tons pastel et exposition de tableaux à l'intérieur. Cuisine sans fausse note qui fleure bon le terroir.

au Nord par ① N 138 et rte secondaire

Château de Sarceaux
✉ 61250 Valframbert – ✆ 02 33 28 85 11 – www.chateau-de-sarceaux.com
– Fermé 7 janv.-11 fév.
5 ch ☕ – †118/160 € ††118/160 €
Table d'hôte – Menu 52 € bc
◆ Un parc de 12 ha avec étang entoure ce château des 17e et 19e s. dont les chambres raffinées, décorées d'authentiques meubles et tableaux de famille, sont toutes orientées au sud. Dîner aux chandelles à la table d'hôte ; registre culinaire traditionnel.

à St-Paterne (72 Sarthe) 4 km par ③ – 1 604 h. – alt. 160 m – ✉ 72610

Château de St-Paterne
4 r. de la Gaieté – ✆ 02 33 27 54 71 – www.chateau-saintpaterne.com
– Fermé 1er janv.-15 mars
10 ch – †100/240 € ††135/240 € – ☕ 13 €
Rest – *(fermé le midi) (résidents seult)* Menu 47 €
◆ Un séjour romantique vous attend dans ce château avec son grand parc aux arbres séculaires. Salon d'époque, décor personnalisé des chambres (historique ou plus tendance). Ambiance chaleureuse autour de repas aux chandelles préparés par le châtelain (menu unique).

ALÉRIA – 2B Haute-Corse – 345 G7 – voir à Corse

ALÈS – 30 Gard – 339 J4 – 39 943 h. – alt. 136 m – ✉ 30100 23 C1

Languedoc Roussillon

Paris 706 – Albi 226 – Avignon 72 – Montpellier 70
place de la Mairie ✆ 04 66 52 32 15
Musée minéralogique de l'Ecole des Mines★ N - Musée-bibliothèque Pierre-André-Benoit★ O : 2 km - Mine-témoin★ O : 3 km.

Ibis sans rest
18 r. Edgar-Quinet – ✆ 04 66 52 27 07
– www.ibishotel.com Be
75 ch – †57/75 € ††57/75 € – ☕ 8 €
◆ Bâtiment des années 1970 au cœur d'Alès. Les chambres sont spacieuses et bien insonorisées. Local à vélos et garage souterrain bien pratiques.

ALÈS

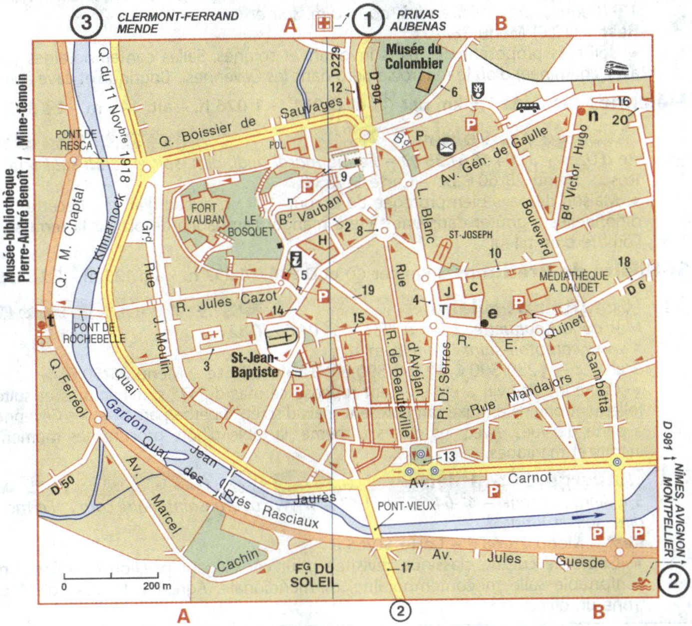

XX **Le Riche** avec ch — rest, VISA

42 pl. Sémard – ✆ 04 66 86 00 33 – www.leriche.fr – Fermé août **Bn**

19 ch – 55 € 72 € – 9 € – ½ P 54 €

Rest – Menu 22/50 € – Carte 40/50 €

◆ Dans ce bel immeuble du début du 20e s., l'Art nouveau flamboie de tous ses stucs, dorures et miroirs. On y déguste aussi bien des involtinis au pélardon que du lapin aux cèpes. Chambres d'esprit contemporain, pour l'étape.

X **L'Atelier des Saveurs** — VISA

16 fg de Rochebelle – ✆ 04 66 86 27 77 – www.latelierdessaveurs.net – Fermé 22 août-11 sept., sam. midi, dim. soir et lundi **At**

Rest – (19 €) Menu 29/68 € – Carte 42/71 €

◆ Lumineux intérieur un brin champêtre, patio ombragé, ambiance conviviale et recettes très originales, par un chef qui s'essaye à la cuisine moléculaire.

à St-Martin-de-Valgalgues 2 km par ① – 4 166 h. – alt. 148 m – ✉ 30520

Le Mas de la Filoselle — ch,

344 r. du 19-mars-1962 – ✆ 06 61 23 19 75 – http://filoselle.free.fr – Fermé janv.

4 ch – 73 € 85 €

Table d'hôte – Menu 18 € bc/25 € bc

◆ On se sent très vite chez soi dans cette ancienne magnanerie perchée sur les hauteurs du village. Ravissantes chambres thématiques (Lavande, Olivier, etc.) et beau jardin en terrasses. Table d'hôte le soir sur réservation (produits du terroir).

à St-Privat-des-Vieux **4 km par ②, rte de Montélimar, D 216 et rte secondaire – 4 314 h. – alt. 180 m – ✉ 30340**

XX **Le Vertige des Senteurs**

35 chemin de l'Usclade – ✆ 04 66 91 08 84 – www.vertige-des-senteurs.fr – Fermé 1er-10 janv., sam. midi en juil.-août, dim. soir et lundi

Rest – (19 €) Menu 38/70 €

◆ Joli mas proposant des plats inventifs et soignés. Salles contemporaines (une avec cheminée) d'où le regard se perd dans les Cévennes... Boutique et cave à vins.

à Méjannes-lès-Alès **7,5 km par ② et D 981 – 1 026 h. – alt. 141 m – ✉ 30340**

XX **Auberge des Voutins**

rte d'Uzès – ✆ 04 66 61 38 03 – Fermé mardi midi, dim. soir et lundi sauf fériés

Rest – Menu 28/60 € bc – Carte 50/65 €

◆ Maison de pays bien protégée de la route par un rideau d'arbres. Recettes traditionnelles à goûter dans une salle à manger campagnarde ou sur la terrasse, à l'ombre d'un tilleul.

à St-Hilaire-de-Brethmas **3 km par ② et D 936 – 4 257 h. – alt. 125 m – ✉ 30560**

Comptoir St-Hilaire

ch,

Mas de la Rouquette, 2 km à l'Est – ✆ 04 66 30 82 65 – www.comptoir-saint-hilaire.com

5 ch – 250/390 € 250/390 € **Table d'hôte** – Menu 25/50 €

◆ Catherine Painvin a entièrement repensé ce mas du 17e s. : chambres et suites follement originales, luxe omniprésent mais discret, superbe parc avec les Cévennes à perte de vue... Avec ses dîners à thème, la table d'hôte procure des moments inédits et magiques.

XXX **Auberge de St-Hilaire**

5 r. André-Schenk – ✆ 04 66 30 11 42 – www.aubergesainthilaire.com – Fermé dim. soir et lundi

Rest – Menu 25/68 € – Carte 50/65 €

◆ Goûteuse cuisine classique revisitée pour cet élégant pavillon dévoilant une confortable salle mi-contemporaine, mi-méridionale. Agréable terrasse d'été où trône un olivier.

ALFORTVILLE – **94 Val-de-Marne** – **312** D3 – **101** 27 – **voir à Paris, Environs**

ALGAJOLA – **2B Haute-Corse** – **345** C4 – **voir à Corse**

ALISE-STE-REINE – **21 Côte-d'Or** – **320** G4 – **rattaché à Venarey-les-Laumes**

ALIX – **69 Rhône** – **327** G4 – **686 h. – alt. 287 m – ✉ 69380** **43** E1

Paris 442 – L'Arbresle 12 – Lyon 28 – Villefranche-sur-Saône 12

XX **Le Vieux Moulin**

chemin du Vieux-Moulin – ✆ 04 78 43 91 66 – www.lemoulindalix.com – Fermé lundi et mardi

Rest – Menu 25/52 € – Carte 27/50 €

◆ Moulin rhodanien en pierre converti en auberge villageoise. Intérieur champêtre et paisible terrasse ombragée, très prisée en été. Carte traditionnelle et suggestions du moment.

ALLAS-LES-MINES – **24 Dordogne** – **329** H6 – **rattaché à St-Cyprien**

ALLEINS – **13 Bouches-du-Rhône** – **340** F3 – **2 368 h. – alt. 180 m – ✉ 13980** **42** E1

Paris 725 – Aix-en-Provence 34 – Avignon 47 – Marseille 63

Domaine de Méjeans

ch,

3 km par D 71B – ✆ 04 90 57 31 74 – www.domainedemejeans.com

5 ch – 160/230 € 170/240 € **Table d'hôte** – Menu 32/45 €

◆ Une allée de peupliers mène à ce domaine paisible et raffiné : parc luxuriant, lac, piscine, cuisine d'été et... chambres aux noms et aux coloris délicats de bonbons du Sud. Élégante table d'hôte et petite restauration près de la piscine.

ALLERY – **80 Somme** – **301** E8 – **rattaché à Airaines**

ALLEVARD – 38 Isère – **333** J5 – **3 853 h.** – **alt. 470 m** – **Sports d'hiver : au Collet d'Allevard 1 450/2 100 m** 13 – **Stat. therm. : début mars-mi-oct.** – **Casino** – ✉ **38580** Alpes du Nord **46** F2

Paris 593 – Albertville 50 – Chambéry 33 – Grenoble 40

place de la Résistance ✆ 04 76 45 10 11

Route du Collet★★ par D525^A.

Les Alpes

AC rest, VISA AE

pl. du Temple – ✆ 04 76 45 94 10 – www.lesalpesallevard.com – Fermé 4-20 avril, 19 oct.-9 nov., vend. hors saison et dim. soir **d**

15 ch – 55 € 59 € – 10 € – ½ P 65/70 €

Rest – Menu 14 € (déj. en sem.), 31/42 € – Carte 25/60 €

◆ Cet hôtel familial, repérable à sa façade jaune et verte, se trouve au cœur de la station thermale. Chambres assez vastes, personnalisées et propres. Salle à manger récemment refaite dans un style classique, au diapason d'une cuisine traditionnelle.

à Pinsot **7 km au Sud par D 525 A – 180 h. – alt. 730 m –** ✉ **38580**

Pic de la Belle Étoile

P VISA AE

✆ 04 76 45 89 45 – www.pbetoile.com – Fermé 24 avril-10 mai, 16 juil.-12 août, 22 oct.-2 nov., vend. soir, sam. et dim. sauf 2-9 avril, 12-19 août, 18 déc.-2 janv. et 6 fév.-6 mars

40 ch – 71/104 € 88/130 € – 13 € – ½ P 84/106 €

Rest – (16 €) Menu 22/47 €

◆ À l'entrée du village, imposante maison régionale récemment agrandie dont le jardin dégringole jusqu'à un torrent. Optez pour les chambres situées dans l'aile neuve. Recettes traditionnelles et régionales servies dans une salle à manger moderne ou en terrasse.

au Sud **17 km par D 525A et rtre secondaire -** ✉ **38580 Allevard**

Auberge Nemoz

ch, P VISA

au hameau "La Martinette" – ✆ 04 76 45 03 10 – www.auberge-nemoz.com – Fermé avril et nov.

5 ch – 85 € 95 € **Table d'hôte** – Menu 24/40 €

◆ Dans la vallée du Haut Bréda, chalet en bois et en pierre abritant des chambres personnalisées (meubles anciens et objets de famille). Promenades à cheval ou en raquettes (l'hiver). Restaurant rustique et très convivial ; la cheminée sert aux raclettes. Plats du terroir.

ALLEVARD

Baroz (R. Emma)	2
Charamil (R.)	5
Chataing (R. Laurent)	6
Chenal (R.)	7
Davallet (Av.)	8
Docteur-Mansord (R.)	9
Gerin (Av. Louis)	15
Grand Pont (R. du)	19
Libération (R. de la)	21
Louaraz (Av.)	22
Niepce (R. Bernard)	23
Ponsard (R.)	24
Rambaud (Pl. P.)	25
Résistance (Pl. de la)	27
Savoie (Av. de)	28
Soierie (R. de)	3
Thermes (R. des)	29
Verdun (Pl. de)	32
8-Mai-1945 (R. du)	34

Rues piétonnes en saison thermale

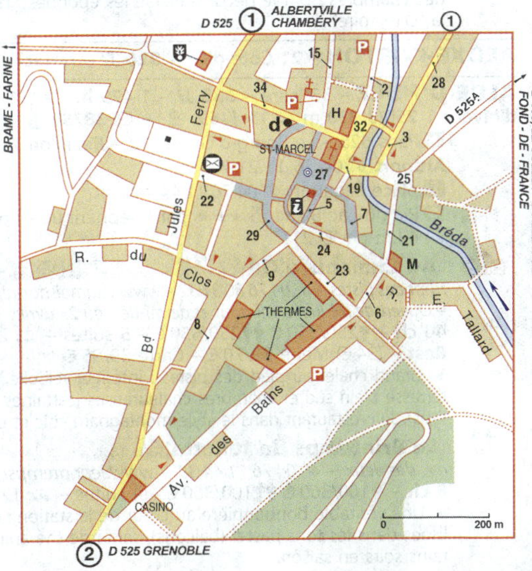

ALLEX – 26 Drôme – **332** C5 – 2 369 h. – alt. 160 m – ✉ 26400 **44** B3

Paris 588 – Lyon 126 – Romans-sur-Isère 46 – Valence 24

avenue Henri Seguin ✆ 04 75 62 73 13

La Petite Aiguebonne sans rest

chemin d'Aiguebonne, 2 km à l'Est par D 93 – ✆ 04 75 62 60 68 – www.petite-aiguebonne.com

6 ch – 85/120 € 100/120 €

◆ Zanzibar, Pondichéry, Louisiane... autant d'idées décoratives pour les coquettes chambres de cette ferme drômoise du 13ᵉ s. On trouve même une chambre dans une roulotte contemporaine !

ALLEYRAS – 43 Haute-Loire – **331** E4 – 176 h. – alt. 779 m – ✉ 43580 **6** C3

Paris 549 – Brioude 71 – Langogne 43 – Le Puy-en-Velay 32

Le Haut-Allier (Philippe Brun) rest,

2 km au Pont d'Alleyras, au Nord par D 40 – ✆ 04 71 57 57 63 – www.hotel-lehautallier.com – Ouvert de mi-mars à mi-nov. et fermé lundi et mardi sauf juil.-août et fériés

12 ch – 95/130 € 95/130 € – 15 € – ½ P 98/120 €

Rest – *(fermé lundi et mardi sauf le soir en juil.-août et fériés)* (35 €)
Menu 48/90 € – Carte 55/85 €

Spéc. Symbiose de morilles et écrevisses aux influences thaïes, herbes odorantes de la Margeride (avril-mai). Agneau du marché de Saugues en variation. Révélation de perles rouges des Monts du Velay, lait du Gévaudan glacé (juin à sept.).
Vins Saint-Joseph, Boudes.

◆ Belle adresse dans un hameau reculé, aux confins des gorges de l'Allier. Confort bourgeois sans ostentation, calme, tenue parfaite, accueil charmant... Au restaurant, cuisine étudiée à base d'excellents produits, navigant entre terroir et invention.

LES ALLUES – 73 Savoie – **333** M5 – rattaché à Méribel

ALLY – 15 Cantal – **330** B3 – 671 h. – alt. 720 m – ✉ 15700 **5** A3

Paris 532 – Aurillac 46 – Clermont-Ferrand 119 – Tulle 71

Château de la Vigne sans rest

1 km au Nord-Est par D 680 – ✆ 04 71 69 00 20 – www.chateaudelavigne.com – Ouvert avril-oct.

3 ch – 120/140 € 120/140 € – 8 €

◆ Dans la même famille depuis son édification (15ᵉ-18ᵉ s.), ce château propose des chambres dont le décor traverse les époques : la "Louis XV", la "Troubadour", la "Directoire"...

ALOXE-CORTON – 21 Côte-d'Or – **320** J7 – rattaché à Beaune

ALPE D'HUEZ – 38 Isère – **333** J7 – 1 479 h. – alt. 1 860 m – Sports d'hiver : 1 250/3 330 m 15 69 – ✉ 38750 Alpes du Nord **45** C2

Paris 625 – Le Bourg-d'Oisans 12 – Briançon 71 – Grenoble 63

Altiport ✆ 04 76 11 21 73, SE.

place Paganon ✆ 04 76 11 44 44

Pic du Lac Blanc ★★★ par téléphérique - Route de Villars-Reculas★ 4 km par D 211ᴮ.

Au Chamois d'Or ch, rest,

rd-pt des pistes – ✆ 04 76 80 31 32 – www.chamoisdor-alpedhuez.com – Ouvert de mi-juin à mi-août et de mi-déc. au 23 avril **Be**

40 ch – 250/350 € 250/550 € – 5 suites – 20 € – ½ P 190/315 €

Rest – (34 €) Menu 39/70 € – Carte 39/95 €

◆ Grand chalet au pied des pistes : intérieur relooké, spa complet, espace enfants, terrasse plein sud et chambres chaleureuses (certaines ont vue sur le massif de l'Oisans). Joli restaurant dans le style montagnard chic et cuisine classique bien faite.

Le Printemps de Juliette sans rest

av. des Jeux – ✆ 04 76 11 44 38 – www.leprintempsdejuliette.com **Ba**

8 ch – 100/360 € 100/360 € – 4 suites – 12 €

◆ Une véritable bonbonnière au cœur de la station : chambres et suite personnalisées dans les tons pastel (balcons), salon de thé animé par un saxophoniste certains soirs en saison.

ALPE D'HUEZ

Bergers (Chemin des) . . . . B 2
Cognet (Pl. du) . . . . B 4
Fontbelle (R. de) . . . . B 5
Meije (R. de la) . . . . B 6
Paganon (Pl. Joseph) . . . . A 7
Pic Bayle (R. du) . . . . B 8
Poste (Rte de la) . . . . A 9
Poutat (R. du) . . . . B 10
Siou Coulet (Rte du) . . . . A 12

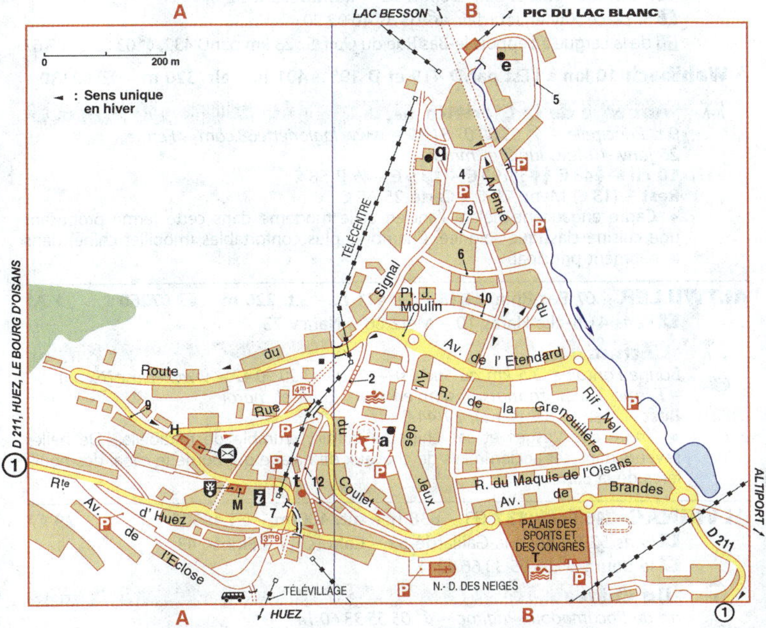

Le Dôme

rest,

pl. du Cognet – *04 76 80 32 11* – *www.dome-alpedhuez.com* – *Ouvert de déc. à avril et juil.-août* **Bq**

23 ch – 85/191 € 102/192 € – 14 € – ½ P 106/151 €

Rest – *(ouvert de déc. à avril)* (18 €) Menu 30 € – Carte 26/45 €

◆ Hôtel fondé par le grand-père de l'actuel patron, à l'emplacement de l'ex-refuge du Touring Club. Chambres récemment refaites, dans l'esprit local. Galerie marchande. Petite salle à manger à l'atmosphère montagnarde ; plats traditionnels et régionaux.

Au P'tit Creux

chemin des Bergers – *04 76 80 62 80* – *Fermé 1er mai-1er juin, 3-28 nov., lundi midi, mardi midi du 1er janv. au 1er mai, lundi soir et mardi soir du 1er sept. au 11 nov.*

Rest – *(prévenir)* Menu 48 € – Carte 28/55 € **At**

◆ Boiseries anciennes, nappage beige et rouge et chaises en paille composent le nouveau décor alpin de ce coquet restaurant agrandi d'une véranda. Cuisine traditionnelle.

à Huez 3,5 km au Sud-Ouest par D 211 – 1 327 h. – alt. 1 495 m – ✉ 38750

L' Ancolie

av. de l'Église – *04 76 11 13 13* – *www.ancolie-hotel.com* – *Ouvert 1er juin-22 août, 2-30 sept. et 1er déc.-24 avril*

16 ch – 54/112 € 58/126 € – 12 € – ½ P 61/102 €

Rest – *(fermé le midi)* Menu 25/50 €

◆ Belle maison de pays située dans un vieux village préservé. Intérieur décoré dans un esprit montagnard (pierre et bois), chambres coquettes et environnement paisible. Cuisine traditionnelle, fondues au fromage et jolie vue sur l'Oisans.

ALPUECH – 12 Aveyron – **338** J2 – rattaché à Laguiole

ALTENSTADT – 67 Bas-Rhin – **315** L2 – rattaché à Wissembourg

ALTKIRCH – 68 Haut-Rhin – **315** H11 – **5 575 h.** – **alt. 312 m** – ✉ **68130** Alsace Lorraine **1** A3

Paris 457 – Basel 33 – Belfort 35 – Montbéliard 52

5, place Xavier Jourdain ☎ 03 89 40 02 90

de la Largue à Seppois-le-Bas Rue du Golf, S : 23 km par D 432, ☎ 03 89 07 67 67

à Wahlbach **10 km à l'Est par D 419 et D 19B – 401 h. – alt. 320 m –** ✉ **68130**

XX **Auberge de la Gloriette** avec ch rest,

9 r. Principale – ☎ 03 89 07 81 49 – www.lagloriette68.com – Fermé 26 janv.-10 fév., lundi et mardi

10 ch – †48 € ††58/90 € – ☐ 9 € – ½ P 58 €

Rest – (13 €) Menu 28 € – Carte 25/65 €

◆ Cadre engageant mêlant l'ancien et le moderne dans cette ferme proposant une cuisine classique soignée. Chambres plus confortables (mobilier chiné) dans le bâtiment principal.

ALTWILLER – 67 Bas-Rhin – **315** F3 – **411 h.** – **alt. 220 m** – ✉ **67260** **1** A1

Paris 412 – Le Haras 10 – Metz 86 – Nancy 73

XX **L'Écluse 16**

Bonne Fontaine, 3,5 km au Sud-Est – ☎ 03 88 00 90 42 – www.ecluse16.com – Fermé 2 sem. en mars, 2 sem. en sept., lundi et mardi

Rest – Menu 18 € (sem.), 29/44 €

◆ Truite des Vosges et ses chips au cumin, crumble de mirabelle... De belles saveurs dans cet ancien relais de chevaux de halage qui borde le canal des houillères de la Sarre.

ALVIGNAC – 46 Lot – **337** G3 – **638 h.** – **alt. 400 m** – ✉ **46500** **29** C1

Paris 529 – Brive-la-Gaillarde 52 – Cahors 65 – Figeac 43

le Bourg ☎ 05 65 33 66 42

Du Château

rte de Rocamadour Padirac – ☎ 05 65 33 60 14 – www.hotel-chateau-alvignac.com – Ouvert 8 avril-31 oct.

28 ch – †45/49 € ††45/49 € – ☐ 7 € **Rest** – *(fermé merc. soir et dim. soir sauf juil.-août)* (15 €) Menu 16/28 € – Carte 15/35 €

◆ Adossée à l'église, une bâtisse séculaire dont la façade en pierre est tapissée de vigne vierge. Chambres fonctionnelles et bien tenues, agréable jardin. Salle à manger simple et chaleureuse, en accord avec la cuisine du terroir.

AMBÉRIEUX-EN-DOMBES – 01 Ain – **328** C5 – **1 436 h.** – **alt. 296 m** – ✉ **01330** **43** E1

Paris 437 – Bourg-en-Bresse 40 – Lyon 35 – Mâcon 43

267, rue Jean-Marie Vianney ☎ 04 74 08 10 76

Auberge des Bichonnières

545 rte du 3-Septembre-1944 – ☎ 04 74 00 82 07 – www.aubergedesbichonnieres.com – Fermé 20 déc.-25 janv., dim. soir sauf hôtel en juil.-août

9 ch – †50 € ††60 € – ☐ 9 € – ½ P 60/73 €

Rest – *(fermé mardi midi et lundi en juil.-août) (nombre de couverts limité, prévenir)* (18 € bc) Menu 26/34 € – Carte 40/50 €

◆ Cette ancienne ferme typique de la Dombes abrite des chambres proprettes, ornées de fresques représentant des scènes champêtres. En été, on s'attable volontiers dans l'avenante cour-terrasse fleurie. Cuisine mi-classique, mi-terroir à goûter dans un cadre rustique.

AMBERT – 63 Puy-de-Dôme – **326** J9 – **7 057 h.** – **alt. 535 m** – ✉ **63600** Auvergne **6** C2

Paris 438 – Brioude 63 – Clermont-Ferrand 77 – Thiers 53

4, place de Hôtel de Ville ☎ 04 73 82 61 90

Église St-Jean★ - Vallée de la Dore★ N et S - Moulin Richard-de-Bas★ 5,5 km à l'Est par D 996 - Musée de la Fourme et du fromage - Train panoramique★ (juil.-août).

XX **Les Copains** avec ch

42 bd Henri-IV – ✆ 04 73 82 01 02 – www.hotelrestaurantlescopains.com – Fermé 30 avril-8 mai, 10 sept.-10 oct., 20-28 fév., dim. soir, sam. et fériés le soir

10 ch – †48/50 € ††50/62 € – ☐ 7 € – ½ P 50/70 €

Rest – Menu 14 € (déj. en sem.), 27/55 € – Carte 46/54 €

◆ En face de la pittoresque mairie en rotonde célébrée par Jules Romains dans Les Copains. On y déguste de généreuses spécialités régionales et de la fourme d'Ambert !

AMBIALET – **81 Tarn** – **338** G7 – **439 h.** – **alt. 220 m** – ✉ **81430** **29** C2

Midi-Toulousain

Paris 718 – Albi 23 – Castres 55 – Lacaune 52

le bourg ✆ 05 63 55 39 14

Site★.

Du Pont

– ✆ 05 63 55 32 07 – www.hotel-du-pont.com – Ouvert de mi-fév. à mi-nov.

20 ch – †63/70 € ††63/70 € – ☐ 8,50 € – ½ P 61/65 €

Rest – (15 €) Menu 22/48 € bc – Carte 39/57 €

◆ Au bord du Tarn, maison régionale ayant vue sur Ambialet et son prieuré. Chambres fraîches, climatisées, ouvertes sur la campagne ou sur la rivière. Attablez-vous dans la salle à manger rustique ou sur la terrasse panoramique, autour de petits plats traditionnels.

AMBIERLE – **42 Loire** – **327** C3 – **1 811 h.** – **alt. 467 m** – ✉ **42820** **44** A1

Lyon Drôme Ardèche

Paris 379 – Lapalisse 33 – Roanne 18 – Thiers 81

Église★.

XXX **Le Prieuré** (Thierry Fernandes)

r. de la Mairie – ✆ 04 77 65 63 24 – www.restaurant-le-prieure-ambierle.fr – Fermé dim. soir, mardi et merc.

Rest – Menu 30 € (sem.)/75 € – Carte 65/80 €

Spéc. Saint-Jacques rôties à la plancha, cocktail acidulé. Ris de veau piqué d'un bois de réglisse caramélisé dans son jus. Sphère chocolat, craquant au sésame et chantilly pralinée. **Vins** Côte Roannaise.

◆ Une étape gourmande, où le chef s'exprime pleinement dans une cuisine tout en subtilité : saveurs et produits choisis composent des assiettes étonnantes. Intérieur zen et élégant.

AMBOISE – **37 Indre-et-Loire** – **317** O4 – **12 691 h.** – **alt. 60 m** **11** A1

– ✉ **37400** Châteaux de la Loire

Paris 223 – Blois 36 – Loches 37 – Tours 27

quai Général de Gaulle ✆ 02 47 57 09 28

Château★★ : ≤★★ de la terrasse, ≤★★ de la tour des Minimes - Clos-Lucé★ - Pagode de Chanteloup★ 3 km par ④.

Plan page suivante

Le Choiseul

36 quai Charles-Guinot – ✆ 02 47 30 45 45 – www.le-choiseul.com **B**v

32 ch – †135/305 € ††135/305 € – 4 suites – ☐ 19 €

Rest *Le 36* – (27 €) Menu 35/80 € – Carte 57/79 €

◆ Belle propriété érigée face à la Loire, avec petit parc fleuri et piscine. Chambres bourgeoises. Au 36, recettes au goût du jour servies dans une salle lumineuse (vue sur le fleuve ou sur les jardins à l'italienne) ou en terrasse.

Le Manoir Les Minimes sans rest

34 quai Charles-Guinot – ✆ 02 47 30 40 40 – www.manoirlesminimes.com – Fermé 30 janv.-10 fév. **B**x

13 ch – †129/200 € ††129/200 € – 2 suites – ☐ 14 €

◆ Cette demeure du 18ᵉ s. située en bord de Loire vous accueille avec élégance. De superbes meubles de style habillent ses beaux salons bourgeois et ses chambres raffinées.

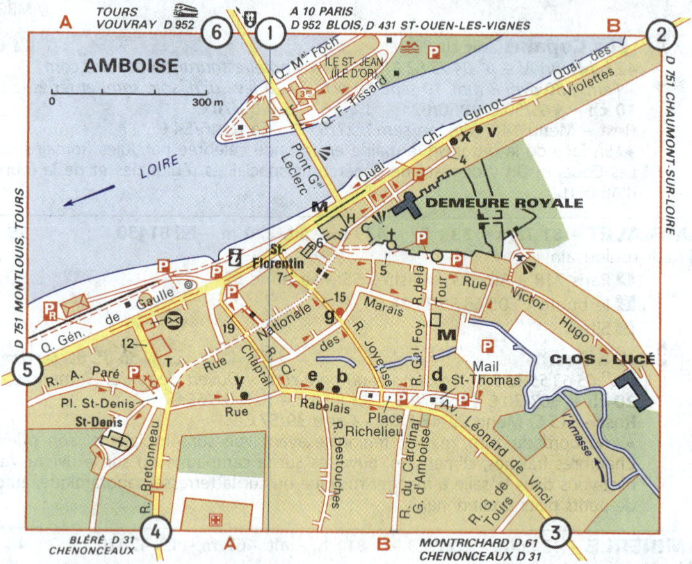

Concorde (R. de la) . . . . B 4
Debré (Pl. M.) . . . . B 5
François-1er (R.) . . . . B 6
J.-J. Rousseau (R.) . . . . B 7
Martyrs-de-la-R. (Av.). . . . . . . A 12
Nationale (R.) . . . . AB
Orange (R. d') . . . . B 15
Victor-Hugo (R.) . . . . B
Voltaire (R.) . . . . A 19

Le Manoir St-Thomas sans rest

1 Mail St-Thomas – ✆ 02 47 23 21 82
– www.manoir-saint-thomas.com
– Fermé janv. **Bd**
8 ch – †120/145 € ††120/145 € – 2 suites – ☕ 12 €

◆ Ce manoir Renaissance met tout en œuvre pour le confort de ses clients. Jardin avec piscine, agréables salons et chambres de caractère (poutres apparentes ou plafonds peints).

Novotel

17 r. des Sablonnières, 2 km au Sud par ③ rte de Chenonceaux
– ✆ 02 47 57 42 07 – www.novotel.com
121 ch – †95/155 € ††95/155 € – ☕ 14 €
Rest – (16 €) Carte 25/50 €

◆ Ce bâtiment domine Amboise et la vallée de la Loire. Chambres spacieuses et de style actuel, à l'image du dernier concept de la chaîne ; certaines ont vue sur le château. Salle trendy et carte "Novotel Café", conformes au nouveau look de l'enseigne.

Château de Pray

3 km, rte de Chargé par ② et D 751
– ✆ 02 47 57 23 67 – http://praycastel.online.fr
– Fermé 14-29 nov. et 3-25 janv.
19 ch – †145/195 € ††145/195 € – ☕ 19 € – ½ P 135/160 €
Rest – *(fermé lundi et mardi sauf le soir de mai à oct. et merc. midi sauf de nov. à avril)* Menu 52/65 € – Carte 75/90 €

Spéc. Pigeonneau du pays de Racan, poitrine pochée, cuisse confite et croustillante. Belles langoustines de Plouhinec au cacao, poireaux et orange amère. Macaron aux framboises fraîches, sorbet de leur jus.

◆ D'imposantes tours rondes, un grand parc arboré, quelques lits à baldaquin... Sur des fondations médiévales, ce petit château date essentiellement du 17e s. : caractère et agrément ! Mêmes atouts au restaurant, où tout est très bon ; le chef privilégie les producteurs locaux, en phase avec les saisons.

Le Clos d'Amboise sans rest

27 r. Rabelais – 02 47 30 10 20 – www.leclosamboise.com – Ouvert 7 fév.-27 nov. Bb

17 ch – 83/145 € 83/145 € – 12 €

◆ Un beau parc avec piscine chauffée et de coquettes chambres font l'attrait de cette maison de maître proche du château. Fitness et sauna logés dans d'anciennes écuries.

Domaine de l'Arbrelle

rest,

Berthellerie, par D31 – 02 47 57 57 17 – www.arbrelle.com – Fermé 15 déc.-15 janv.

21 ch – 80/155 € 80/155 € – 11 € – ½ P 74/110 €

Rest – *(fermé le midi)* Menu 28/44 € – Carte 45/55 €

◆ Au cœur d'un parc et en lisière de forêt, une ferme restaurée, au grand calme. Les chambres, confortables à souhait, ont un petit côté chalet à la campagne. Au dîner, sous la véranda ou en terrasse, on choisit, au gré des saisons, entre deux menus.

Le Vinci Loire Valley sans rest

12 av. Émile-Gounin, 1 km au Sud par ④ – 02 47 57 10 90 – www.vinciloirevalley.com

26 ch – 65/96 € 65/96 € – 12 €

◆ Dans les faubourgs de la ville, cet hôtel est idéalement situé sur la route des châteaux de la Loire. Décor contemporain dans les chambres, confortables et bien équipées.

Le Vieux Manoir sans rest

13 r. Rabelais – 02 47 30 41 27 – www.le-vieux-manoir.com – Ouvert 15 mars-15 nov. Ay

6 ch – 140/155 € 140/190 €

◆ Dans un jardin à la française, cette maison bourgeoise du 18e s. est meublée avec style et tendue de beaux tissus. Chambres à la mode rétro : armoires et tableaux anciens.

Au Charme Rabelaisien sans rest

25 r. Rabelais – 02 47 57 53 84 – www.au-charme-rabelaisien.com – Ouvert 15 mars-12 nov. Be

3 ch – 82/92 € 129/149 €

◆ Cette demeure bourgeoise qui abrita banque, école et étude notariale, propose aujourd'hui des chambres soignées. Accueil familial et tranquillité ; petit jardin avec piscine.

Le Pavillon des Lys avec ch

ch,

9 r. d'Orange – 02 47 30 01 01 – www.pavillondeslys.com – Fermé 22 nov.-2 déc., 17 janv.-1er fév., mardi et le midi sauf sam. et dim.

7 ch – 98/230 € 98/230 € – 14 € Bg

Rest – Menu 28/39 €

◆ Cette demeure du 18e s. dispose de deux petites salles intimes et raffinées. En été, on dîne dans la cour intérieure. Cuisine du marché inventive, mettant les légumes à l'honneur. Chambres agréables, à l'atmosphère cosy.

à Limeray 7 km par ① et D 952 – 1 055 h. – alt. 70 m – 37530

Auberge de Launay avec ch

rest,

9 r. de la Rivière – 02 47 30 16 82 – www.aubergedelaunay.com – Fermé de mi-déc. à mi-janv.

15 ch – 58/77 € 58/77 € – 8 € – ½ P 51/62 €

Rest – *(fermé lundi midi, sam. midi et dim.)* (19 €) Menu 24/36 €

◆ Cette ancienne ferme du 18e s. abrite une jolie salle campagnarde et une véranda lumineuse. Cuisine actuelle, spécialités et vins de Loire et agréable terrasse aux beaux jours. Chambres sobres, tenues avec un soin méticuleux.

à St-Ouen-les-Vignes 6,5 km par ① et D 431 – 1 033 h. – alt. 80 m – ✉ 37530

XXX **L'Aubinière** avec ch rest, VISA AE

29 r. Jules Gautier – ☎ 02 47 30 15 29 – www.aubiniere.com – Fermé 15 fév.-25 mars

6 ch – †95/150 € ††95/250 € – ☕ 15 € – ½ P 105/135 €

Rest – *(fermé dim. soir d'oct. à mai, merc. sauf le soir de juin à sept. et lundi)* (20 €) Menu 32 € bc (déj. en sem.), 35/65 € – Carte 37/58 €

◆ Une belle salle à manger, une terrasse donnant sur un jardin, une cuisine de saison qui ne triche pas sur la qualité des produits et une cave riche en vins régionaux, chambres douillettes en sus : cette auberge a tout pour plaire !

à St-Règle 3 km au Sud-Est par D 31 – 381 h. – alt. 80 m – ✉ 37530

Château des Arpentis sans rest

– ☎ 02 47 23 00 00 – www.chateaudesarpentis.com VISA

12 ch ☕ – †95/290 € ††130/340 €

◆ Un château entouré de douves, dans un parc de 30 ha, au grand calme. Les chambres sont raffinées et tendues de superbes tissus. On accède à la piscine par l'un des souterrains !

AMBRONAY – 01 Ain – 328 F4 – 2 241 h. – alt. 250 m – ✉ 01500 44 B1

Franche-Comté Jura

Paris 463 – Belley 53 – Bourg-en-Bresse 28 – Lyon 59

X **Auberge de l'Abbaye** VISA

47 pl. des Anciens-Combattants – ☎ 04 74 46 42 54 – www.aubergedelabbaye-ambronay.com – Fermé 1er-7 mars, 26 avril-2 mai, 11-18 juil., 1er-8 août, 24 oct.-2 nov., 31 déc.-3 janv., merc. soir, dim. soir et lundi

Rest – *(nombre de couverts limité, prévenir)* Menu 29/40 €

◆ Une auberge digne du 21e s., au décor sobre et lumineux. Le chef annonce de vive voix l'appétissant menu du jour, élaboré au gré du marché.

X **Le Comptoir des Moines** VISA

45 pl. des Anciens-Combattants – ☎ 04 74 36 56 28 – www.aubergedelabbaye-ambronay.com – Fermé 18-25 avril, 24 juil.-15 août, 17-24 oct., 24-26 déc., 31 déc.-3 janv., merc. soir, dim. et lundi

Rest – (12 € bc) Menu 22/27 €

◆ Dans ce bistrot gourmand au décor d'épicerie villageoise (bouteilles de vins et conserves en vente), la cuisine simple, généreuse et canaille s'affiche à l'ardoise, à prix sages.

L'AMÉLIE-SUR-MER – 33 Gironde – 335 E2 – rattaché à Soulac-sur-Mer

---

AMIENS P – 80 Somme – 301 G8 – 136 105 h. – Agglo. 160 815 h. – alt. 34 m – ✉ 80000 36 B2

Nord Pas-de-Calais Picardie

Paris 142 – Lille 123 – Reims 173 – Rouen 122

6 bis, rue Dusevel ☎ 03 22 71 60 50

d'Amiens à Querrieu D 929, par rte d'Albert : 7 km, ☎ 03 22 93 04 26

de Salouel à Salouel Rue Robert Mallet, SO : 5 km, ☎ 03 22 95 40 49

Cathédrale Notre-Dame★★★ (stalles★★★) - Hortillonnages★ - Hôtel de Berny★ CY M³ - Quartier St-Leu★ - Musée de Picardie★★ - Théâtre de marionnettes "ché cabotans d'Amiens" CY T².

Plans pages suivantes

Mercure VISA AE

21 r. Flatters – ☎ 03 22 80 60 60 – www.echanson.fr CYb

99 ch – †96/189 € ††111/204 € – 3 suites – ☕ 15 €

Rest – (14 €) Menu 25 € – Carte environ 28 €

◆ À côté de la cathédrale, profitez de grandes chambres à la décoration actuelle (mobilier contemporain) ; coin salon pour les catégories supérieures. Bel espace séminaires. Au restaurant, carte renouvelée deux fois par an.

All Seasons Cathédrale sans rest
17 pl. au Feurre – ✆ 03 22 22 00 20 – www.allseasons.com BY**r**
47 ch – 104 € 114/129 €
◆ En plein centre-ville, le charme d'un bel édifice du 18e s. et le confort de chambres de facture moderne, bien équipées et insonorisées (certaines conçues pour les familles).

Le Saint-Louis sans rest
24 r. des Otages – ✆ 03 22 91 76 03 – www.le-saintlouis.com CZ**h**
25 ch – 62 € 62 € – 8 €
◆ Accueil souriant dans cet établissement situé aux portes du centre-ville. Chambres bien tenues, pour des nuits douillettes.

Victor Hugo sans rest
2 r. Oratoire – ✆ 03 22 91 57 91 – www.hotel-a-amiens.com CY**v**
10 ch – 45 € 45/50 € – 7 €
◆ Un hôtel familial à deux pas de la cathédrale gothique et de son célèbre Ange pleureur. On accède aux chambres, simples et bien tenues, par un joli escalier en bois.

Le Vivier
593 rte de Rouen – ✆ 03 22 89 12 21 – www.restaurantlevivier-amiens.com – Fermé août, 24 déc.-4 janv., dim. et lundi AZ**d**
Rest – Menu 25/75 € – Carte 55/90 €
◆ Un vivier à crustacés trône au centre de ce restaurant, qui célèbre la mer et ses saveurs avec raffinement. Élégant jardin d'hiver ; formule attractive au déjeuner.

La Table du Marais
472 chaussée Jules-Ferry par ③ – ✆ 03 22 46 17 44 – www.latabledumarais.fr – Fermé 1er-7 mars, 31 juil.-22 août, 22 déc.-5 janv., dim. soir et lundi
Rest – (27 €) Menu 32 € – Carte 45/58 €
◆ Un paysage de verdure, une terrasse tournée vers les étangs... aux portes de la ville et déjà à la campagne ! La carte change régulièrement, pour le plaisir des gourmands.

L' Orée de la Hotoie
17 r. Jean-Jaurès – ✆ 03 22 91 37 05 – Fermé 20 juil.-15 août, 20-27 déc., sam. midi, dim. soir et lundi BY**f**
Rest – Menu 20 € (sem.), 29/59 € – Carte 39/56 €
◆ Au calme ! Dans cette petite maison donnant sur un parc, on savoure une cuisine de saison concoctée par un chef passionné, qui sait révéler l'âme de ses bons produits.

Au Relais des Orfèvres
14 r. des Orfèvres – ✆ 03 22 92 36 01 – www.restaurant-relais-orfevres.fr – Fermé 3 sem. en août, 2 sem. en fév., sam. midi, dim. et lundi CY**m**
Rest – (23 €) Menu 30/52 € – Carte 50/60 €
◆ Après avoir visité la superbe cathédrale, prenez place dans cette jolie salle à manger contemporaine (tons gris et rouge) pour savourer une cuisine au goût du jour à prix doux.

Le Bouchon
10 r. A.-Fatton – ✆ 03 22 92 14 32 – www.lebouchon.fr – Fermé dim. soir
Rest – Menu 18/42 € bc – Carte 30/70 € CY**t**
◆ Un bouchon chic et contemporain, où plats traditionnels et suggestions du marché du jour (à l'ardoise) mettent l'eau à la bouche.

rte de Roye **7 km par ③, N 29 et D 934**

Novotel
7 r. des Indres Noires ✉ 80440 Boves – ✆ 03 22 50 42 42 – www.novotel.com
94 ch – 117/137 € 117/137 € – 14 € **Rest** – (16 €) Carte 22/28 €
◆ Hôtel des années 1970 rénové dans un esprit contemporain. Chambres confortables et salles de bains façon "cabine de bateau". Au restaurant, carte Novotel Café ; terrasse dressée au bord de la piscine.

Aguesseau (Pl.)	CY	3
Alsace-Lorraine (Bd d')	CY	5
Beauvais (R. de)	BY	
Briand (Pl. A.)	CXY	10
Cange (Pt du)	CY	15
Catelas (R. Jean)	BY	
Cauvin (R. E.)	CY	17
Célestins (Bd des)	CX	19
Chapeau-des-Violettes (R.)	BY	20
Châteaudun (Bd de)	AZ	21
Chaudronniers (R. des)	BY	23
Cormont (R.)	CY	27
Courbet (R. de l'Amiral)	CY	29
Défontaine (R. du Cdt)	BY	31
Delambre (R.)	BY	32
Denfert-Rochereau (R.)	AZ	33
Déportés (R. des)	CX	34
Dodane (Pont de la)	CY	36
Dodane (R. de la)	CY	35
Don (Pl. du)	CY	37
Duméril (R.)	BY	38
Engoulvent (R. d')	CY	40
Fil (Pl. au)	BY	43
Fiquet (Pl. Alphonse)	CZ	44
Flatters (R.)	CY	45
Francs-Mûriers (R. des)	CY	51
Fusillés (Bd des)	CX	52
Gambetta (Pl.)	BY	53
Gde-Rue de la Veillère	BY	57
Gloriette (R.)	CY	54
Goblet (Pl. René)	CY	55
Granges (R. des)	CY	58
Gresset (R.)	BY	59

ABBEVILLE
ARRAS
N 25 DOULLENS
C
D
CAMBRAI
ALBERT D 929
CITADELLE
Av. du Gal de Gaulle
R. Vaubain
Rue Berryer
R. de Doullens
D 919
FAUBOURG
R. Léon Dupontreue
ST-PIERRE
Beauvillé
ST-VICTOR
X
R. Valentin
Haüy
D 1
R. Onfray
DAOURS
CORBIE
Chée St-Pierre
ST-PIERRE
R. des Bonnards
R. Éloi Morel
R. Abbé de l'Epée
52
19
34
SOMME
PARC
ST-PIERRE
Bd Baraban
R. des Archets
St-Leu
ST-LEU
10
89
40
85
58
35
Bd du Cange
R. Belu
121
51
Leu
Boulevard
Étang de Rivery
Maison des hortillonnages
Île aux Fagots
HORTILLONNAGES
b
m
45
36
37
15
62
ISAM
96
Port d'Amont
Chemin de Halage
60
ANCIEN ÉVÊCHÉ
CATHÉDRALE NOTRE-DAME
MARIE SANS CHEMISE
27
Pl. St. Michel
5
Rue de Verdun
SOMME
Y
Canal du Hocquet
115
3
80
V
93
54
Daussy
J
M3
29
R. Lamartine
R. Lapostolle
COMITÉ DÉPARTEMENTAL DU TOURISME
120
123
17
R. Allart
55
5
R. de la Vallée
Legrand
R. Neuve Dejean
R. Dejean
65
Tour Perret
t
44
R. Lamarck
91
NORD
R. E. Zola
h
94
Belfort
Foucault
Rue Riolan
Mail
Albert 1er
c
Bd de
R. Ch. de
R. de Castille
Rue
Z
Jules Barni
R. du Pinceau
R. Vaquette
Bd J. Verne
M
Warme
STE-ANNE
Pl. du Mal Joffre
Vulfran
Vascosan
R. de Blamont
R. Just Haüy
R. Voiture
108
D 7
R. Daire
Fg DE NOYON
SAINS-EN-A.
ST-QUENTIN D 1029
COMPIÈGNE
C
D

à Dury 6 km par ④ – 1 239 h. – alt. 115 m – ✉ 80480

Petit Château sans rest
2 r. Grimaux – ✆ 03 22 95 29 52
5 ch ☕ – 🚹60 € 🚹🚹72/80 €
◆ Charmant accueil et douceur de vivre dans cette ancienne ferme du château local. Si vous aimez les voitures de collection, le patron vous ouvrira les portes de son atelier.

L'Aubergade (Eric Boutté)
78 rte Nationale – ✆ 03 22 89 51 41 – www.aubergade-dury.com – Fermé 4-20 avril, 8-24 août, 19 déc.-4 janv., dim. et lundi
Rest – Menu 39/75 € – Carte 70/110 €
Spéc. Coquilles Saint-Jacques (oct. à avril). Véritable chou farci "hommage à Jean Delaveyne". Boule craquante de chocolat noir (oct. à mai).
◆ Une collection replète de guides Michelin, un cadre mêlant blancheur immaculée et tons chauds... enfin, last but not least, les saveurs de saison d'une cuisine au goût du jour.

La Bonne Auberge
63 rte Nationale – ✆ 03 22 95 03 33 – Fermé 15 juil.-7 août, vacances de fév., dim. soir, mardi et merc.
Rest – (20 €) Menu 25 € (sem.), 37/50 € – Carte 40/55 €
◆ Une auberge pimpante et typique, très fleurie l'été venu. Vous y apprécierez une cuisine dans l'air du temps, teintée d'exotisme et un brin créative.

AMILLY – 45 Loiret – **318** N4 – rattaché à Montargis

AMMERSCHWIHR – 68 Haut-Rhin – **315** H8 – 1 875 h. – alt. 215 m – ✉ 68770 Alsace Lorraine **2** C2

Paris 441 – Colmar 9 – Gérardmer 49 – St-Dié 44

Aux Armes de France avec ch
1 Grand'Rue – ✆ 03 89 47 10 12 – www.armesfrance.fr
10 ch – 🚹71/90 € 🚹🚹71/90 € – ☕ 12 €
Rest – *(fermé merc.)* Menu 30 € (sem.)/50 € – Carte 39/79 €
◆ Poussez la porte de cette hôtellerie de style régional pour découvrir les saveurs d'une carte classique pimentée de modernité, dans un cadre alsacien actualisé et cossu. Terrasse à la belle saison.

Aux Trois Merles
5 r. de la 5ème-Division-Blindée – ✆ 03 89 78 24 35 – www.troismerles.com – Fermé dim. soir et lundi
Rest – (15 €) Menu 22/29 € – Carte 30/40 €
◆ Plaisante adresse située dans l'un des villages de la célèbre route des Vins. Intérieur sagement rustique, terrasse ombragée tournée vers le jardin et cuisine traditionnelle.

AMNÉVILLE – 57 Moselle – **307** H3 – 10 172 h. – alt. 162 m – Stat. therm. : début mars-début déc. – Casino – ✉ 57360 Alsace Lorraine **26** B1

Paris 319 – Briey 17 – Metz 21 – Thionville 16
2, rue du casino ✆ 03 87 70 10 40
d'Amneville BP 99, S : 2 km, ✆ 03 87 71 30 13
Parc zoologique du bois de Coulange★★.
Parc d'attraction Walibi-Schtroumpf★ 3 km S.

au Parc de Loisirs 2,5 km, bois de Coulange au Sud – ✉ 57360 Amnéville

Diane sans rest
r. de la Source – ✆ 03 87 70 16 33 – www.accueil-amneville.com
48 ch – 🚹73 € 🚹🚹82 € – 3 suites – ☕ 9 €
◆ Au cœur du parc de loisirs, hôtel disposant de chambres confortables, décorées dans un style sobre et contemporain. Salle des petits-déjeuners ouverte sur la nature.

La Forêt

1 r. de la Source – 03 87 70 34 34 – www.restaurant-laforet.com – Fermé 25 juil.-8 août, 23 déc.-6 janv., dim. soir, fériés le soir et lundi

Rest – Menu 20 € (sem.), 29/42 € – Carte 35/55 €

◆ Carte traditionnelle à l'affiche de cette table familiale. À déguster dans l'ample et claire salle relookée ou sur la terrasse, face au bois de Coulange. Belle carte de vins.

AMOU – 40 Landes – 335 G13 – 1 567 h. – alt. 44 m – ✉ 40330 3 B3

Paris 760 – Aire-sur-l'Adour 51 – Dax 31 – Mont-de-Marsan 47

10, place de la poste 05 58 89 02 25

Au Feu de Bois

20 av. des Pyrénées – 05 58 89 06 76 – www.hotel-aufeudebois.fr – Fermé 24 déc.-1er janv. et merc. soir hors saison

11 ch – 50/80 € 50/80 € – 7 € – ½ P 47/62 €

Rest – (12 € bc) Menu 21 € bc/35 € – Carte 21/61 €

◆ Cet ancien relais routier a fait peau neuve : c'est désormais un sympathique hôtel familial, doté d'un salon agréable et de chambres actuelles, simples et confortables. Au restaurant, espace contemporain associant pierre et bois et cuisine régionale.

Le Commerce

2 pl. de la Poste, (près de l'église) – 05 58 89 02 28 – www.hotel-lecommerceamou.com – Fermé 8-29 nov., 21 fév.-7 mars, dim. soir et lundi sauf juil.-août

15 ch – 60 € 60/75 € – 7 € – ½ P 90 €

Rest – Menu 16 € (sem.)/36 € – Carte 30/55 €

◆ Le charme des anciennes auberges de village, la touche contemporaine et familiale en plus... Chambres cosy, d'une excellente tenue ; agréable bar aux tons taupe. Spécialités maison (pâté, terrine et confit) servies dans une salle joliment campagnarde.

AMPHION-LES-BAINS – 74 Haute-Savoie – 328 M2 – ✉ 74500 46 F1

Alpes du Nord

Paris 573 – Annecy 81 – Évian-les-Bains 4 – Genève 40

215, rue de la Plage 04 50 70 00 63

Le Tilleul avec ch rest,

252 av. de la Rive, (RN 5) – 04 50 70 00 39 – www.letilleul.com – Fermé 22 déc.-5 janv., dim. soir et lundi sauf en juil.-août

19 ch – 65/75 € 75/95 € – 9 € – ½ P 68/78 €

Rest – Menu 19 € (déj. en sem.), 27/43 € – Carte 39/58 €

◆ De belles surprises culinaires vous attendent dans cette maison anodine en bord de route. Décor rétro et cuisine classique gourmande ; spécialités de perches et féras du Léman. Chambres simples ; préférez celles sur l'arrière plus calmes.

AMPUIS – 69 Rhône – 327 H7 – 2 497 h. – alt. 150 m – ✉ 69420 44 B2

Paris 492 – Condrieu 5 – Givors 17 – Lyon 37

Le Domaine des Vignes sans rest

41 rte Taquière - D 386 – 04 74 59 21 24 – www.hoteldomainedesvignes.com

12 ch – 75 € 85 €

◆ Confort et modernité caractérisent cette grande villa au cœur du célèbre vignoble de la Côte Rôtie. Jolies chambres dans l'air du temps agrémentées de tableaux. Une valeur sûre.

ANCENIS – 44 Loire-Atlantique – 316 I3 – 7 407 h. – alt. 13 m – ✉ 44150 34 B2

Châteaux de la Loire

Paris 347 – Angers 55 – Châteaubriant 48 – Cholet 49

27, rue du Château 02 40 83 07 44

Hôtel de La Loire

2 km à l'Est, par D 723 rte d'Angers – ✆ 02 40 96 00 03 – www.hotel-loire.net
42 ch – †64/76 € ††64/80 € – ☐ 10 €
Rest – *(fermé 24 déc.-2 janv., sam. midi et dim.)* (15 €) Menu 18/35 € – Carte 40/50 €
◆ Construction moderne rénovée en 2007 et abritant des chambres lumineuses et très bien tenues, la plupart avec balcon ou terrasse privative côté jardin (quelques familiales). Cadre moderne au restaurant, cuisine traditionnelle.

La Charbonnière

au bord de la Loire par bd Joubert – ✆ 02 40 83 25 17 – www.restaurant-la-charbonniere.com – Fermé sam. midi d'oct. à mars, dim. soir, merc. soir, soirs fériés et lundi
Rest – Menu 15 € (sem.), 19/51 € – Carte 37/74 €
◆ Espace, tranquillité... la véranda et la terrasse dressée dans le jardin offrent une jolie perspective sur la Loire et le pont suspendu. Cuisine traditionnelle soignée.

La Toile à Beurre

82 r. St-Pierre – ✆ 02 40 98 89 64 – Fermé 17-31 mars, 1er-18 sept., dim. soir, merc. soir et lundi
Rest – Menu 19 € (déj. en sem.), 28/55 € – Carte 35/45 €
◆ Pierres, poutres et tomettes font le cachet rustique de cette maison de 1753, bordée d'une jolie terrasse. Cuisine traditionnelle franche et goûteuse (poissons de la Loire).

LES ANDELYS – 27 Eure – 304 I6 – 8 318 h. – alt. 28 m 33 D2

– ✉ 27700 Normandie Vallée de la Seine

Paris 93 – Évreux 38 – Gisors 30 – Mantes-la-Jolie 54
rue Philippe Auguste ✆ 02 32 54 41 93
Ruines du Château Gaillard★★ ≤★★ - Église Notre-Dame★.

La Chaîne d'Or avec ch

25 r. Grande – ✆ 02 32 54 00 31 – www.hotel-lachainedor.com – Fermé 20-28 déc., 2-22 janv., lundi soir, mardi de nov. à avril et merc.
12 ch – †89/145 € ††89/145 € – ☐ 12 € **Aa**
Rest – (20 €) Menu 26 € (déj. en sem.), 46/88 € – Carte 57/90 €
◆ Ce relais de poste du 18e s. faisait aussi office d'octroi : une chaîne barrait alors la Seine. Élégante salle à manger tournée vers le fleuve et cuisine au goût du jour.

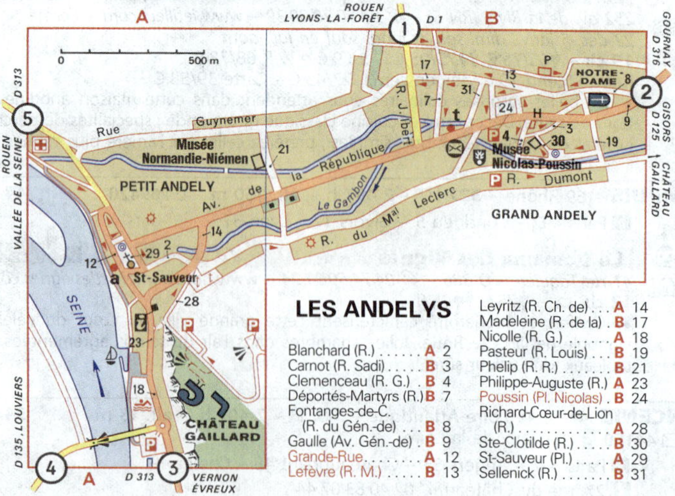

LES ANDELYS

De Paris avec ch
10 av. de la République – ✆ 02 32 54 00 33 – www.hotel-andelys.fr
11 ch – †60/75 € ††60/75 € – ☕ 8 € – ½ P 80 € Bt
Rest – *(fermé dim. soir, lundi midi et merc.)* (18 €) Menu 25/38 € – Carte 25/44 €
◆ Ce restaurant, logé dans une maison de maître (1880), a élégamment repensé sa décoration dans un esprit classique et intimiste. Cuisine traditionnelle et agréable cour-terrasse. Les chambres sont sobrement aménagées (trois plus actuelles dans l'annexe).

ANDLAU – 67 Bas-Rhin – 315 I6 – 1 844 h. – alt. 215 m – ✉ 67140 2 C1

Alsace Lorraine

Paris 501 – Erstein 25 – Le Hohwald 8 – Molsheim 25
5, rue du Général-de-Gaulle ✆ 03 88 08 22 57
Église St-Pierre-et-St-Paul★ : portail★★, crypte★.

Zinckhotel sans rest
13 r. de la Marne – ✆ 03 88 08 27 30 – www.zinckhotel.com
18 ch – †60/105 € ††60/105 € – ☕ 11 €
◆ Sur la route des Vins, dans le village d'Andlau, un ancien moulin et son extension ultracontemporaine. Chambres zen, pop, jazzy, Empire... Insolite et décalé !

Kastelberg
10 r. Gén.-Koenig – ✆ 03 88 08 97 83 – www.kastelberg.com
29 ch – †61/65 € ††65/78 € – ☕ 10 € – ½ P 65/72 € **Rest** – *(ouvert 1er avril-2 nov. et 28 nov.-4 janv.) (dîner seult)* Menu 17/45 € – Carte 24/71 €
◆ Adossé aux vignes, un grand bâtiment néoalsacien, aux chambres sobres et fonctionnelles, mansardées ou avec balcon. Au restaurant, décor classique et cuisine familiale du terroir.

Bœuf Rouge
6 r. du Dr-Stoltz – ✆ 03 88 08 96 26 – Fermé 22 juin-10 juil., 25 fév.-12 mars, merc. et jeudi sauf du 11 juil. au 30 sept.
Rest – (10 €) Menu 16/30 € – Carte 24/56 €
◆ Dans cette belle maison à colombages au cœur du village, le patron – et cuisinier – est fier de perpétuer la tradition familiale ! Spécialités alsaciennes ; petits plats côté winstub.

ANDORRE (PRINCIPAUTE D') – 343 H9 – voir en fin de guide

ANDREZÉ – 49 Maine-et-Loire – 317 D5 – 1 798 h. – alt. 87 m – ✉ 49600 34 B2

Paris 371 – Angers 80 – Nantes 62 – La Roche-sur-Yon 84

Le Château de la Morinière
– ✆ 02 41 75 40 30 – www.chateau-de-la-moriniere.com
5 ch ☕ – †79/89 € ††79/89 € **Table d'hôte** – Menu 35 € bc
◆ Construit sur les ruines d'un château médiéval, cet édifice romantique d'architecture Napoléon III domine la vallée. Les chambres sont poétiquement décorées sur le thème des fées, des éléments... Dîner aux chandelles autour de la table d'hôte. Cours de cuisine.

ANDRÉZIEUX-BOUTHÉON – 42 Loire – 327 E6 – 9 508 h. – alt. 395 m – ✉ 42160 44 A2

Paris 460 – Lyon 76 – Montbrison 20 – Roanne 71
11, rue Charles-de-Gaulle ✆ 04 77 55 37 03
Lac de retenue de Grangent★★ S : 9 km Lyon Drôme Ardèche.

Les Iris (Lionel Githenay) avec ch
32 av. J.-Martouret , (en direction de la gare) – ✆ 04 77 36 09 09 – www.les-iris.com – Fermé 16-23 août, 2-11 janv. et dim. soir
10 ch – †75 € ††85 € – ☕ 12 € – ½ P 89 €
Rest – *(fermé dim. soir, mardi midi et lundi)* (33 €) Menu 47/93 € – Carte 69/84 €
Spéc. Salade de homard bleu aux légumes, herbes et fleurs champêtres (juin à août). Pigeon rôti à la livèche, purée et chips de racine de persil (mars à mai). Moelleux au potimarron, catalane et crème glacée au cèpe (oct. à déc.). **Vins** Vin de pays d'Urfé, Saint-Joseph.
◆ Belle cuisine inventive servie dans une ambiance feutrée. La jolie salle marie à merveille cadre classique (parquet, moulures, cheminée) et mobilier tendance. Petites chambres à l'annexe, certaines donnant sur le jardin.

ANDUZE – 30 Gard – 339 I4 – 3 262 h. – alt. 135 m – ✉ 30140 23 C2

Languedoc Roussillon

Paris 718 – Alès 15 – Florac 68 – Montpellier 60

plan de Brie ✆ 04 66 61 98 17

Bambouseraie de Prafrance★★ N : 3 km par D 129.

Grottes de Trabuc★★ NO : 11 km - Le Mas soubeyran : musée du Désert★ (souvenirs protestants 17e-18e s.) NO : 7 km.

au Nord-Ouest par rte de St-Jean-du-Gard – ✉ 30140 Anduze

La Porte des Cévennes

à 3 km – ✆ 04 66 61 99 44 – www.porte-cevennes.com – Ouvert 1er avril-14 oct.

38 ch – †83/90 € ††83/90 € – ☕ 10 €

Rest – *(dîner seult)* Menu 24/30 € – Carte 29/50 €

◆ Non loin de la bambouseraie où fut tourné Le Salaire de la peur, paisible maison disposant de grandes chambres fonctionnelles, pour la moitié tournées vers la vallée du Gardon. Table traditionnelle au décor champêtre, et terrasse panoramique en prime.

Le Moulin de Corbès avec ch

à 4 km – ✆ 04 66 61 61 83 – www.moulin-corbes.com

5 ch – †80/90 € ††90/100 € – ☕ 12 € **Rest** – Menu 40 €

◆ Le Gardon coule à ses pieds... Cette maison d'aspect traditionnel abrite trois grandes salles ensoleillées (murs jaunes, larges fenêtres sur la verdure). Cuisine traditionnelle (produits frais). Quelques chambres, fonctionnelles et calmes.

à Tornac 6 km au Sud-Est par D 982 – 844 h. – alt. 140 m – ✉ 30140

Les Demeures du Ranquet

2 km rte de St-Hippolyte-du-Fort – ✆ 04 66 77 51 63 – www.ranquet.com – Fermé 15 nov.-10 déc. et 1er-10 fév.

10 ch – †135/195 € ††135/195 € – ☕ 17 € – ½ P 130/160 €

Rest – *(fermé lundi, mardi et merc. sauf le soir du 15 avril au 15 sept.)* Menu 38/82 € – Carte 70/80 €

Spéc. Foie gras en terrine dans son macaron et en crème brûlée, le coing du jardin. Turbot rôti et ses légumes croquants, bouillon miso-gingembre et herbes fraîches. Soufflé glacé au Grand Marnier. **Vins** Vin de pays de l'Hérault, Faugères.

◆ Ce charmant mas cévenol (11e s.) et ses pavillons récents ont pour cadre un beau parc niché dans le maquis. Chambres contemporaines, toutes avec terrasse privative. Cuisine actuelle aux influences méditerranéennes, avec les produits du potager et du jardin aromatique.

ANET – 28 Eure-et-Loir – 311 E2 – 2 633 h. – alt. 73 m – ✉ 28260 11 B1

Paris 76 – Chartres 51 – Dreux 16 – Évreux 37

8, rue Delacroix ✆ 02 37 41 49 09

Château★ Normandie Vallée de la Seine.

Auberge de la Rose

6 r. Ch.-Lechevrel – ✆ 02 37 41 90 64 – Fermé 12 déc.-3 janv., dim. soir et lundi

Rest – Menu 25 € – Carte 45/65 €

◆ Une auberge familiale déjà citée au Guide Michelin en 1900 ! Repas traditionnels servis dans trois salles à manger soignées et dotées de mobilier de style Louis XIII.

Manoir d'Anet

3 pl. du Château – ✆ 02 37 41 91 05 – www.lemanoirdanet.com – Fermé mardi et merc.

Rest – (20 € bc) Menu 26 € (sem.), 35/48 € – Carte 45/60 €

◆ Table idéalement située face au château de Diane de Poitiers. Une imposante cheminée en pierre trône au milieu de la salle à manger rustique et fleurie. Bar-salon de thé.

ANGERS P – 49 Maine-et-Loire – **317** F4 – **152 337 h.** **35** C2
– **Agglo. 226 843 h.** – **alt. 41 m** – ✉ **49000** Châteaux de la Loire

- Paris 294 – Laval 79 – Le Mans 97 – Nantes 88
- Aéroport d'Angers-Loire, ✆02 41 33 50 20, 20 km par ①.
- 7, place Kennedy ✆ 02 41 23 50 00
- 18 d'Avrille à Avrillé Château de la Perrière, NO : 5 km par D 175, ✆ 02 41 69 22 50
- 18 d'Angers à Brissac-Quincé Moulin de Pistrait, par rte de Cholet et D 751 : 8 km, ✆ 02 41 91 96 56
- 18 Golf d'Anjou à Champigné Route de Cheffes, N : 24 km par D 775 et D 768, ✆ 02 41 42 01 01
- Château★★★ : tenture de l'Apocalypse★★★, tenture de la Passion et Tapisseries mille-fleurs★★, ≤★ de la tour du Moulin - Vieille ville★ : cathédrale★, galerie romane★★ de la préfecture★ BZ **P**, galerie David d'Angers★ BZ **B**, - Maison d'Adam★ BYZ **K** - Hôtel Pincé★ - Choeur★★ de l'église St-Serge★ - Musée Jean Lurçat et de la Tapisserie contemporaine★★ dans l'ancien hôpital St-Jean★ - La Doutre★ AY - Musée régional de l'Air★.
- Château de Pignerolle★ : musée européen de la Communication★★ E : 8 km par D 61.

D'Anjou

1 bd Mar.- Foch – ✆ *02 41 21 12 11* – *www.hoteldanjou.fr* CZ**h**
53 ch – †79/122 € ††85/176 € – ☕ 14 €
Rest *La Salamandre* – ✆ 02 41 88 99 55 *(fermé dim. sauf le midi de sept. à juin)* (22 €) Menu 28/75 € – Carte 41/73 €

◆ Au cœur d'Angers, cet hôtel né en 1845 conserve des intérieurs historiques, mêlant les inspirations Renaissance, classique et Art déco. Patine et confort... Au restaurant, carte traditionnelle et décor François Ier : fresques, plafond à la française et salamandres.

Barangé (Bd Ch.) .... DX 3
Barra (R.) .... DV 4
Baumette (Pr. de la) .... DX 6
Bedier (Bd J.) .... EX 7
Bon-Pasteur (Bd) .... DV 9
Bouchemaine (Rte de) .... DX 10
Chalouère (R. de la) .... EV 13
Chaumin (Bd E.) .... EX 17
Doyenné (Bd du) .... EV 24
Dunant (Bd H.) .... EV 26
Estienne d'Orves (Bd) .... EX 29
Félix-Faure (Q.) .... EV 30
Joxe (Av. J.) .... EV 35
Larevellière (R.) .... EV 37
Lattre-de-Tassigny (Bd de) .... EX 39
Letanduère (R. de) .... EX 41
Lizé (R. du Gén.) .... DV 44
Meignanne (R. de la) .... DV 46
Millot (Bd J.) .... EX 48
Monplaisir (Bd de) .... EV 51
Montaigne (Av.) .... EX 50
Moulin (Bd J.) .... DEV 52
Portet (Bd J.) .... DX 61
Pyramide (Rte de la) .... EX 63
Rabelais (R.) .... EX 65
Ramon (Bd G.) .... EV 67
St-Jacques (R.) .... DV 76
Saumuroise (R.) .... EX 87
Strasbourg (Bd de) .... DEX 88

ANGERS

Alsace (R. d') . . . . CZ
Aragon (Av. Yolande d') . AY 2
Baudrière (R.) . . . . BY 5
Beaurepaire (R.) . . . . AY
Bichat (R.) . . . . AY 8
Bon-Pasteur (Bd du) . . . . AY 9
Bout-du-Monde (Prom. du) . . . . AY 12
Bressigny (R.) . . . . CZ
Chaperonnière (R.) . . . . BYZ 15
Commerce (R. du) . . . . . CY 19
David-d'Angers (R.) . . . . CY 21
Denis-Papin (R.) . . . . . . BZ 22
Droits-de-l'Homme (Av. des) . . . . CY 25
Espine (R. de l') . . . . BY 27
Estoile (Sq. J. de l') . . . . AY 28
Foch (Bd du Mar.) . . . . . BCZ
Freppel (Pl.) . . . . BY 31
Gare (R. de la) . . . . BZ 32
Laiterie (Pl.) . . . . AY
Lenepveu (R.) . . . . CY 40
Lices (R. des) . . . . BZ
Lionnaise (R.) . . . . AY
Lise (R. P.) . . . . CY 43
Marceau (R.) . . . . AZ 45
Mirault (Bd) . . . . BY 49
Mondain-Chanlouineau (Sq.) . . . . BY 51
Oisellerie (R.) . . . . BY 53
Parcheminerie (R.) . . . . . BY 54
Pasteur (Av.) . . . . CY 55
Pilori (Pl. du) . . . . CY 56
Plantagenêt (R.) . . . . BY 57
Pocquet-de-Livonnières (R.) . . . . CY 58
Poëliers (R. des) . . . . . . CY 59
Pompidou (Allées) . . . . . CY 60
Prés.-Kennedy (Place du) AZ 62
Ralliement (Pl. du) . . . . . BY 66
Résistance-et-de-la-Déport. (Bd) . . . . CY 68
Robert (Bd) . . . . BY 69
La Rochefoucauld Liancourt (Pl.) . . . . ABY 38
Roë (R. de la) . . . . BY 70
Ronceray (Bd du) . . . . . . AY 71
Ste-Croix (Pl.) . . . . BZ 86
St-Aignan (R.) . . . . AY 72
St-Aubin (R.) . . . . BZ 73
St-Étienne (R.) . . . . CY 75
St-Julien (R.) . . . . BCZ
St-Laud (R.) . . . . BY 77
St-Lazare (R.) . . . . AY 79
St-Martin (R.) . . . . BZ 80
St-Maurice (Mtée) . . . . . BY 82
St-Maurille (R.) . . . . CY 83
St-Michel (Bd) . . . . CY 84
St-Samson (R.) . . . . CY 85
Talot (R.) . . . . BZ 89
Tonneliers (R. des) . . . . . AY 90
Ursules (R. des) . . . . CY 91
Voltaire (R.) . . . . BZ 93
8-Mai-1945 (Av. du) . . . . CZ 94

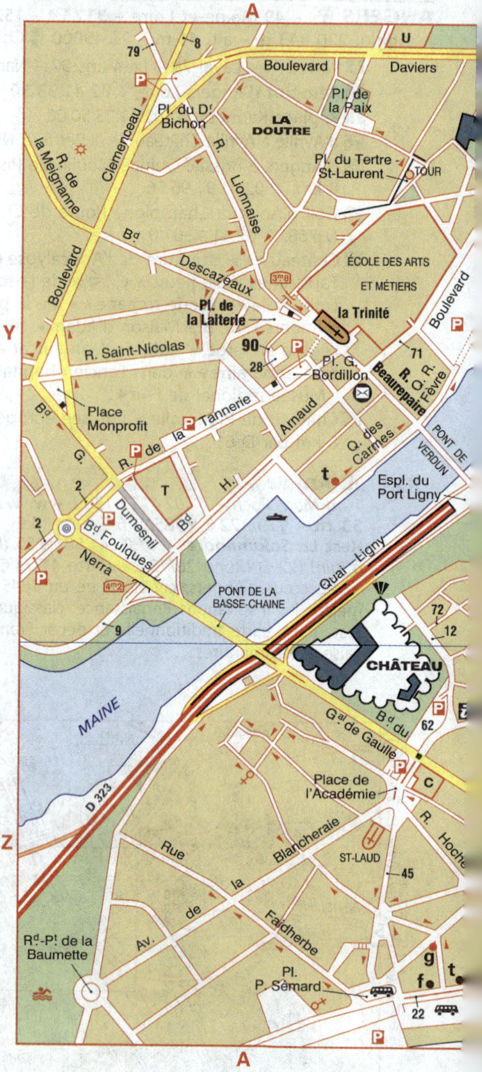

Hôtel de France

8 pl. de la Gare – ✆ 02 41 88 49 42
– www.hoteldefrance-angers.com AZt

55 ch – 80/165 € 80/165 € – 1 suite – 15 €

Rest *Les Plantagenêts* – ✆ 02 41 88 02 27 *(fermé 3 sem. en août, sam. midi et dim. soir)* (19 €) Menu 31/50 € – Carte 53/81 €

◆ Face à la gare, derrière une belle façade classique, hôtel tenu en famille depuis 1893. Chambres cossues, contemporaines au dernier étage ; bon petit-déjeuner (produits locaux). Aux Plantagenêts, cadre moderne, cuisine actuelle et bon choix de vins du cru.

Mercure Centre Gare sans rest

18 bd Foch – ✆ *02 41 87 37 20* – *www.mercure.com* **CZw**

80 ch – †65/223 € ††65/233 € – ☕ 14 €

◆ Situation privilégiée sur un boulevard animé du centre-ville. Chambres spacieuses, bien insonorisées, habillées de bois wengé et de prune. Intéressants tarifs week-end.

Du Mail sans rest

8 r. des Ursules – ✆ *02 41 25 05 25* – *www.hotel-du-mail.com* **CYb**

26 ch – †42/100 € ††62/100 € – ☕ 10 €

◆ Hôtel de caractère établi dans une discrète demeure du 17e s. (ancien couvent). Chambres classiques, de taille très variable. Avantage d'un parking en centre-ville.

Le Progrès sans rest

26 av. D.-Papin – 02 41 88 10 14 – www.hotelleprogres.com – Fermé 6-15 août et 24 déc.-1er janv. AZf

41 ch – 60/65 € 65/70 € – 8 €

◆ À deux pas de la gare, adresse accueillante aux chambres claires et simples (murs blancs, tissus colorés, mobilier fonctionnel). Petit-déjeuner servi devant une courette fleurie.

Continental sans rest

14 r. L.-de-Romain – 02 41 86 94 94 – www.hotellecontinental.com

25 ch – 61/83 € 66/86 € – 10 € BYZn

◆ Situation très centrale, chambres aux couleurs ensoleillées, bonne insonorisation, salle des petits-déjeuners lumineuse et prix sages.

De l'Europe sans rest

3 r. Châteaugontier – 02 41 88 67 45 – www.hoteldeleurope-angers.com – Fermé vacances de Noël CZa

29 ch – 50/72 € 55/80 € – 8 €

◆ Accueil sympathique en cet hôtel situé dans un quartier commerçant. Petites chambres égayées de tons chaleureux ; lits avec couettes. Plaisante salle des petits-déjeuners.

Grand Hôtel de la Gare sans rest

5 pl. de la Gare – 02 41 88 40 69 – www.hotel-angers.fr – Fermé 29 juil.-21 août, et 23 déc.-8 janv. BZa

52 ch – 58/84 € 58/84 € – 9 €

◆ Un artiste-peintre a égayé de fresques les couloirs et la salle des petits-déjeuners. Coquettes chambres contemporaines tournées vers le jet d'eau qui trône devant la gare.

Le Favre d'Anne (Pascal Favre d'Anne)

18 quai des Carmes – 02 41 36 12 12 – www.lefavredanne.fr – Fermé 24 juil.-16 août, 23 déc.-3 janv., dim. et lundi AYt

Rest – Menu 40 € (sem.)/90 € – Carte 50/75 €

Spéc. Saint-Jacques de Granville, glace au beurre blanc (nov. à avril). Pigeon fermier, girolles et jus de poivron jaune (été). Framboises du pays, pistache et vinaigre de framboise (été). **Vins** Savennières, Anjou.

Rest *L' R du Temps* – *(fermé le soir, dim. et lundi)* (20 €) Menu 24 € (sem.)/32 €

◆ Plats inventifs et originaux pour papilles aimant se laisser surprendre : dans cet hôtel particulier (19e s.), le chef aventureux bouscule les habitudes. Décor immaculé, face à la Maine et au château. L'R du Temps est bien nommé : cadre actuel pour plats tendance.

Une Île (Gérard Bossé)

9 r. Max-Richard – 02 41 19 14 48 – www.une-ile.fr – Fermé 12-28 sept., 2-15 janv., dim. et lundi AZg

Rest – *(nombre de couverts limité, prévenir)* (30 €) Menu 50/80 € – Carte 60/85 €

Spéc. Nage de coquillages et langoustines (printemps-été). Demi-pigeonneau rôti au cabernet surmûri. Tatin à la pépin cogna (hiver). **Vins** Savennières, Anjou blanc.

◆ Une île en forme de loft contemporain, sobre et épurée, comme la cuisine : le chef cultive le goût du produit, dans la simplicité et la précision. Madame, sommelière, suggère les accords mets et vins.

Le Relais

9 r. de la Gare – 02 41 88 42 51 – Fermé 7-17 avril, 11 août-5 sept., 23 déc.-3 janv., dim. et lundi BZk

Rest – (24 €) Menu 28/50 €

◆ Banquettes, sol en mosaïque, belles fresques sur le thème du vin et du "bien vivre" ajoutent à la chaleur de ce lieu élégant. Cuisine traditionnelle.

Provence Caffé

9 pl. Ralliement – 02 41 87 44 15 – www.provence-caffe.com – Fermé dim. et lundi

Rest – *(prévenir)* (15 €) Menu 18 € (sem.)/32 € – Carte environ 32 € BCYe

◆ Mobilier design, éclairage tamisé et fond musical : ambiance lounge pour ce Caffé qui manifeste un fort tropisme vers le Sud (épices, poisson, notes méditerranéennes, etc.).

X **Le Petit Comptoir** A/C VISA MC

40 r. David-d'Angers – ✆ 02 41 88 81 57 – Fermé 25 juil.-16 août, 16-31 janv., dim., lundi et fériés CZ**d**

Rest – (18 €) Menu 29 €

◆ La façade rouge carmin de ce bistrot angevin cache une toute petite salle : au menu, tables serrées, ambiance bon enfant et cuisine généreuse... douée de créativité !

X **Le Crèmet d' Anjou** A/C VISA MC

21 r. Delaâge – ✆ 02 41 88 38 38
– Fermé 20 juil.-20 août, 1er-8 janv., sam. et dim. BZ**e**

Rest – (14 €) Menu 22/28 €

◆ Du nom d'un fameux dessert régional, une bonne petite adresse réputée pour son ambiance conviviale et ses robustes plats traditionnels (produits fermiers, préparations maison).

X **Autour d'un Cep** VISA MC

9 r. Baudrière – ✆ 02 41 42 61 00 – Fermé 9-15 mai, août, vacances de Noël, sam. midi, dim. et lundi BY**a**

Rest – *(nombre de couverts limité, prévenir)* (17 €) Menu 27/35 €

◆ Un petit restaurant épatant, tenu par deux jeunes associés : l'un bon cuisinier, respectueux de la tradition ; l'autre bon sommelier et fils de vigneron. Un duo complémentaire...

X **Chez Rémi** VISA MC

7 bis bd Foch – ✆ 02 41 24 95 44
– Fermé 24 juil.-15 août, sam., dim. et lundi CZ**s**

Rest – *(nombre de couverts limité, prévenir)* (17 €) Menu 27 € (dîner)/32 €

◆ Long bistrot habillé de bois, façon cale de bateau. Idéal pour se régaler entre amis des petits plats du jeune chef, qui œuvre à vue : tout est fait maison (produits frais, bio).

à Beaucouzé 7 km par ⑤ – 4 677 h. – alt. 54 m – ✉ 49070

XXX **L'Hoirie** A/C P VISA MC AE

r. Henri-Faris, (zone commerciale D 723) – ✆ 02 41 72 06 09 – Fermé dim. soir et lundi

Rest – Menu 25 € (sem.)/55 € – Carte 45/65 €

◆ Maison de style régional dans une zone d'activité facile d'accès. Deux espaces : confort côté véranda, convivialité côté bar ; cuisine actuelle à prix sage, service agréable.

à St-Jean-de-Linières 8 km par ⑤, D 323 et D 723 – 1 550 h. – alt. 75 m – ✉ 49070

XX **Auberge de la Roche** P VISA MC

rte Nationale – ✆ 02 41 39 72 21 – fermé 8-29 août, dim. soir et lundi

Rest – (13 €) Menu 21/41 € – Carte 34/55 €

◆ Bavarois de poivron et sa crème d'ail, caviar d'aubergine... une cuisine dans l'air du temps dans une maison ancienne. Côté véranda, ardoise plus simple le midi.

ANGERVILLE – 91 Essonne – 312 A6 – 3 384 h. – alt. 141 m – ✉ 91670 18 B3

Paris 70 – Ablis 29 – Chartres 46 – Étampes 21

De France P VISA MC AE

2 pl. du Marché – ✆ 01 69 95 11 30 – www.hotelfrance3.com – Fermé dim. et lundi midi

21 ch – †72/106 € ††108/140 € – ☕ 14 €

Rest – Menu 29 € – Carte 31/60 €

◆ Tomettes vernies du 16e s., petits coins-salons, objets chinés, chambres coquettes et confortables ornées de mobilier de style... Une auberge rustique pétrie de charme. Une cheminée en pierres réchauffe l'élégante salle de restaurant. Cuisine traditionnelle.

ANGLARDS-DE-ST-FLOUR – 15 Cantal – 330 G5 – rattaché à Viaduc de Garabit

ANGLARS-JUILLAC – 46 Lot – 337 D5 – rattaché à Puy-l'Évêque

LES ANGLES – 30 Gard – 339 N5 – rattaché à Villeneuve-lès-Avignon

ANGLES-SUR-L'ANGLIN – 86 Vienne – 322 L4 – 388 h. – alt. 100 m 39 D1
– ✉ 86260 Poitou Vendée Charentes

Paris 336 – Châteauroux 78 – Châtellerault 34 – Montmorillon 34

1, rue de l'Église ✆ 05 49 48 86 87

Site★ - Ruines du château★.

Le Relais du Lyon d'Or ch,
4 r. d'Enfer – ✆ 05 49 48 32 53 – www.lyondor.com
10 ch – †75/135 € ††75/135 € – ☐ 13 € – ½ P 78/108 €
Rest – *(ouvert 26 mars-6 nov. et fermé le midi)* Carte 31/42 €
◆ Cette maison du 14e s. propose de jolies chambres garnies d'un mobilier chiné et un délicieux jardin de repos. Repas servis auprès de l'âtre ou dans la cour si le temps le permet. Livre de cave élaboré par le propriétaire, ex-négociant en vins.

ANGLET – 64 Pyrénées-Atlantiques – 342 C4 – 37 646 h. – alt. 20 m 3 A3
– ✉ 64600 Pays Basque et Navarre

Paris 769 – Bayonne 5 – Biarritz 4 – Cambo-les-Bains 18

de Biarritz-Anglet-Bayonne ✆05 59 43 83 83, 2 km au SO.

1, avenue de la Chambre d'Amour ✆ 05 59 03 77 01

27 de Chiberta 104 boulevard des Plages, N : 5 km par D 5, ✆05 59 52 51 10

Plan : voir Biarritz-Anglet-Bayonne

Atlanthal rest,
153 bd des Plages – ✆ 0 825 12 64 64 – www.biarritz-thalasso.com
99 ch ☐ – †84/126 € ††114/156 € – ½ P 113/155 € ABX
Rest – (20 €) Menu 29 € bc/40 €
◆ Un temple du bien-être : centre de thalasso, véritable club de sport dans un cadre contemporain. Vue sur l'Atlantique depuis certaines chambres. Cuisine traditionnelle dans une salle d'esprit bistrot. Plats basques et bar à tapas pour les petites faims.

De Chiberta et du Golf ch, ch,
104 bd des Plages – ✆ 05 59 58 48 48
– www.hmc-hotels.com ABX
92 ch – †120/160 € ††130/180 € – ☐ 14 €
Rest – Menu 27 € – Carte 29/48 €
◆ Situés le long du prestigieux golf de Chiberta, un bâtiment principal (années 1920) et une résidence plus récente (chambres fraîchement rénovées dans cette dernière). Cuisine traditionnelle servie dans la véranda ou sur la jolie terrasse ombragée, face au lac.

XX **La Fleur de Sel**
5 av. de la Fôret – ✆ 05 59 63 88 66 – www.lafleurdeselanglet.fr – Fermé 27 juin-3 juil., 14 nov.-1er déc., 20 fév.-5 mars, mardi midi en juil.-août, dim. soir de sept. à juin, merc. midi et lundi BXa
Rest – (20 €) Menu 33/43 € – Carte 33/43 €
◆ Cette maison conviviale abrite une salle spacieuse et lumineuse, ouverte sur une terrasse. Décor un brin champêtre et cuisine traditionnelle au diapason du marché.

ANGOULÊME P – 16 Charente – 324 K6 – 42 096 h. 39 C3
– Agglo. 103 746 h. – alt. 98 m – ✉ 16000 Poitou Vendée Charentes

Paris 447 – Bordeaux 119 – Limoges 105 – Niort 116

d'Angoulême-Brie Champniers : ✆05 45 69 88 09, 15 km au NE

7 bis, rue du Chat - Place des Halles ✆ 05 45 95 16 84

18 de l'Hirondelle Chemin de l'Hirondelle, S : 2 km, ✆05 45 61 16 94

Site★ - La Ville haute★★ - Cathédrale St-Pierre★★ : façade★★ Y F - La Cité de la bande dessinée et de l'image ★★ Y - Musée d'Angoulême★ : Le Casque d'Agris★★.

ANGOULÊME

Aguesseau (Rampe d') . . . . . Y 2
Arsenal (R. de l') . . . . Z 4
Basseau (R. de) . . . . X 6
Beaulieu (Rempart de) . . . . . Y 8
Belat (R. de) . . . . Z 10
Bouillaud (Pl.) . . . . Z 12
Briand (Bd A.) . . . . Y 14
Chabasse (Bd R.) . . . . X 17
Churchill (Bd W.) . . . . Z 20
Corderie (R. de la) . . . . Y 24
Desaix (Rempart) . . . . Z 26
Dr-E.-Roux (Bd du) . . . . Z 28
Fontaine-du-Lizier (R.) . . . . . Y 30
Frères-Lumière (R. des) . . . . Y 32
Gambetta (Av.) . . . . Y 34
Gaulle (Av. du Gén.-de) . . . . . Y 36
Guérin (R. J.) . . . . Y 37
Guillon (Pl. G.) . . . . Y 38
Iéna (R. d') . . . . Z 40
Lattre-de-Tassigny (Av. du Mar. de) . . . . . . X, Y 42
Liedot (Bd) . . . . X 44
Louvel (Pl. F.) . . . . Y 46
Marengo (Pl.) . . . . YZ 47
Midi (Rempart du) . . . . Y 48
Monlogis (R.) . . . . X 50
Papin (R. D.) . . . . Y 52
Paris (R. de) . . . . Y
Pasteur (Bd) . . . . Y 53
Périgueux (R. de) . . . . X 55
Postes (R. des) . . . . Y 57
Renoleau (R. A.) . . . . Z 58
République (Bd de la) . . . X, Y 59
La Rochefoucauld (R. de la) . Y 41
Saintes (R. de) X
St-André (R.) . . . . Y 60
St-Antoine (R.) . . . . X 61
St-Martial (Pl. et R.) . . . . Z 65
St-Roch (R.) . . . . X, Y 67
Soleil (R. du) . . . . Y 70
Tharaud (Bd J. et J.) . . . . Z 72
Turenne (R. de) . . . . Y 73
3-Fours (R. des) . . . . Y 75
8-Mai-1945 (Bd du) . . . . X 80

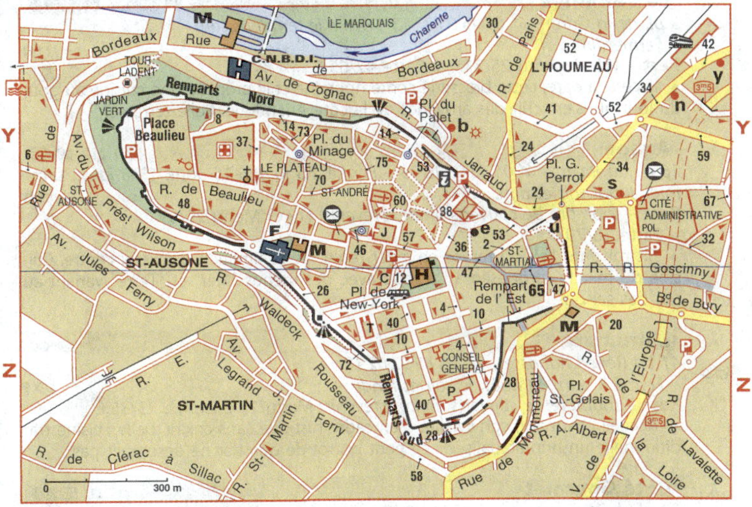

Mercure Hôtel de France

1 pl. des Halles-Centrales, (réouverture prévue en mai après rénovation) – ✆ 05 45 95 47 95 **Ye**

89 ch – 🛉100/164 € 🛉🛉110/164 € – ☕ 15 €

Rest – *(fermé dim. midi et sam.)* Menu 25/50 €

◆ L'hôtel occupe la maison natale de Guez de Balzac agrandie d'une aile moderne. Agréables chambres de style actuel et joli jardin avec échappée sur la Charente. Petite salle à manger contemporaine ouverte sur une paisible terrasse d'été.

L'Épi d'Or sans rest
66 bd René-Chabasse – ☎ 05 45 95 67 64 – www.hotel-epidor.fr Xv
33 ch – 65/100 € 65/100 € – 9 €
◆ Adresse pratique à deux pas de la place Victor-Hugo où se tient un marché animé. Les chambres, en majorité rénovées dans un style actuel épuré, sont plus calmes à l'arrière.

Le Palma AC ch, VISA AE
4 rampe d'Aguesseau – ☎ 05 45 95 22 89 – www.restaurant-hotel-palma.com – Fermé 19 déc.-5 janv., sam. midi et dim. Yu
9 ch – 68 € 72 € – 8,50 € – ½ P 60 €
Rest – (12 €) Menu 15/34 € – Carte 40/50 €
◆ Confortables chambres soigneusement décorées et garnies d'un mobilier en bois massif brut ou peint. Restaurant sobre et lumineux (carte traditionnelle) comprenant une salle spécialement dédiée aux plats du jour et à quelques spécialités espagnoles.

Champ Fleuri sans rest
chemin de l'Hirondelle, (au golf), 2 km au Sud du plan – ☎ 06 85 34 47 68 – www.champ-fleuri.com
5 ch – 80 € 80 €
◆ Belle maison ancienne dans un jardin clos, attenante au golf. Jolies chambres personnalisées, vue panoramique sur Angoulême, terrasse et piscine : la ville à la campagne.

Le Terminus AC VISA AE
3 pl. de la Gare – ☎ 05 45 95 27 13 – www.le-terminus.com – Fermé dim. Yn
Rest – (15 €) Menu 25/31 € – Carte 42/65 €
◆ Face à la gare, cette brasserie contemporaine chic propose une cuisine au goût du jour qui s'enrichit des arrivages de la côte Atlantique. Belle terrasse.

Agape VISA AE
16 pl. du Palet – ☎ 05 45 95 18 13 – Fermé 2-5 juin, 6-15 août, 1er-8 janv., sam. midi, lundi soir et dim. Yb
Rest – *(nombre de couverts limité, prévenir)* (17 €) Menu 29/59 € – Carte 38/79 €
◆ Bistrot dans l'air du temps en léger retrait de l'animation du vieux centre. Cuisine du marché proposée à l'ardoise avec des menus "Mer" et "Terre" variant au gré des saisons.

L'Aromate VISA
41 bd René-Chabasse – ☎ 05 45 92 62 18 – Fermé 3 sem. en août, le soir et lundi Xf
Rest – *(nombre de couverts limité, prévenir)* Menu 15 € (sem.), 23/35 €
◆ Accueil charmant, convivialité d'un cadre rustique sans chichi, belle cuisine traditionnelle un brin actualisée : ce petit bistrot de quartier ne désemplit pas.

Côté Gourmet AC VISA AE
23 pl. de la Gare – ☎ 05 45 95 00 27 – Fermé août, merc. soir, sam. midi et dim.
Rest – (15 € bc) Menu 23/33 € – Carte environ 35 € Yy
◆ Décor de bistrot moderne à l'étage, tables hautes au rez-de-chaussée, confort simple et cuisine dans l'air du temps : une adresse bienvenue pour les gourmets angoumois.

La Cité VISA AE
28 r. St-Roch – ☎ 05 45 92 42 69 – Fermé 1er-25 août, 15 fév.-3 mars, dim. et lundi Ys
Rest – Menu 13 € (déj. en sem.), 18/29 € – Carte 20/33 €
◆ Mobilier d'esprit rustique et tons frais et lumineux composent le cadre de cet établissement familial qui propose une cuisine traditionnelle axée sur le poisson.

à Soyaux 4 km par ③ – 10 386 h. – alt. 133 m – ✉ 16800

XX **La Cigogne**

5 imp. Cabane-Bambou, à la mairie, prendre r. A.-Briand et 1,5 km – ☎ 05 45 95 89 23 – www.la-cigogne-angouleme.com – Fermé 1er-15 mars, 23 oct.-10 nov., 23 déc.-3 janv., merc. soir, dim. soir et lundi

Rest – (22 € bc) Menu 38/50 € – Carte 53/84 €

◆ Accolée à une ancienne champignonnière, salle au décor sobre et contemporain ; lumineuse véranda et terrasse côté campagne. Cuisine au goût du jour à base de produits locaux.

à Roullet 14 km par ⑤ et N 10, dir. Bordeaux – 3 662 h. – alt. 50 m – ✉ 16440

La Vieille Étable

rest,

1,5 km rte de Mouthiers – ☎ 05 45 66 31 75 – www.hotel-vieille-etable.com – Fermé dim. soir d'oct. à mi-mai

29 ch – †75/120 € ††75/135 € – ☐ 14 € – ½ P 100/115 €

Rest – (13 €) Menu 19 € (sem.)/56 € – Carte 40/60 €

◆ Au calme, cette ferme restaurée et ses dépendances abritent des chambres conçues comme un motel (certaines sont climatisées). Beau parc avec plan d'eau, piscine et tennis. Carte traditionnelle servie dans une salle bourgeoise ou sous la véranda face au parc.

ANNECY P – 74 Haute-Savoie – **328** J5 – 51 023 h. – Agglo. 136 815 h. – alt. 448 m – Casino : l'Impérial – ✉ 74000 Alpes du Nord **46** F1

Paris 536 – Aix-les-Bains 34 – Genève 42 – Lyon 138

d'Annecy-Haute-Savoie ☎ 04 50 27 30 06, 4 km par N 508 BU et D 14.

1, rue Jean Jaurès, Bonlieu ☎ 04 50 45 00 33

du Belvédère à Saint-Martin-Bellevue Chef Lieu, par rte de la Roche-sur-Foron : 6 km, ☎ 04 50 60 31 78

du Lac d'Annecy à Veyrier-du-Lac Route du Golf, par rte de Talloires : 10 km, ☎ 04 50 60 12 89

de Giez-Lac-d'Annecy à Giez, par rte d'Albertville : 24 km, ☎ 04 50 44 48 41

Le Vieil Annecy★★ : Descente de Croix★ dans l'église St-Maurice EY **E**, Palais de l'Isle★★ EY **M²**, rue Ste-Claire★ - pont sur le Thiou ≤★ EY **N** - Musée-château d'Annecy★ - Les Jardins de l'Europe★ - Les bords du lac★★ ≤★*.

Tour du lac★★★ - Gorges du Fier★★ : 11 km par D 16 BV - Col de la Forclaz★★ - Forêt du crêt du Maure★ : ≤★★ 3 km par D 41 CV.

Plans pages suivantes

L'Impérial Palace

ch,

allée de l'Impérial – ☎ 04 50 09 30 00 – www.hotel-imperial-palace.com

91 ch – †300/450 € ††300/450 € – 8 suites – ☐ 25 € CV**s**

Rest *La Voile* – Menu 30 € (déj.)/34 € – Carte 42/62 €

◆ Ce grand hôtel de 1913 se dresse fièrement dans un parc au bord du lac. Chambres sobres et bien équipées (la plupart avec vue), centre de congrès, casino et institut de beauté. Belle salle à manger et sa superbe terrasse ouverte sur les flots et les jardins.

Les Trésoms

rest,

3 bd de la Corniche – ☎ 04 50 51 43 84 – www.lestresoms.com CV**f**

50 ch – †129/239 € ††149/269 € – ☐ 18 €

Rest *La Rotonde* – *(fermé sam. midi, dim. soir, lundi et le midi du 15 juil. au 30 août)* Menu 33 € (sem.), 49/89 € – Carte 73/95 €

Rest *La Coupole* – *(fermé mardi soir, merc. soir, jeudi soir et le midi sauf juil.-août)* Menu 33 € – Carte 39/66 €

◆ Au-dessus du lac, cette demeure des années 1930 conserve un certain charme Art déco, mais son aménagement est résolument moderne – et confortable (spa). Superbe vue sur les flots depuis la Rotonde, où l'on déguste une cuisine fine et très travaillée, où éclosent de belles idées… Repas plus simples à la Coupole.

ANNECY

Aléry (Av. d') . . . . BV 4
Aléry (Gde-R. d') . . . . BV 7
Balmettes (Fg des) . . . . CV 10
Beauregard (Av. de) . . . . BV 13
Bel-Air (R. du) . . . . CU 15
Bordeaux (R. Henry) . . . . CU 18
Boschetti (Av. Lucien) . . . . BCV 21
Chambéry (Av. de) . . . . BV 23
Chevêne (Av. de) . . . . BV 29
Corniche (Bd de la) . . . . CV 32
Crête (R. de la) . . . . BU 38
Crêt-de-Maure (Av. du) . . . . . CV 35
Fins Nord (Ch. des) . . . . . . BCU 45
Hirondelles (Av. des) . . . . . . BV 52
Leclerc (R. du Mar.) . . . . BU 59
Loverchy (Av. de) . . . . BV 63
Martyrs-de-la-Déportation (R. des) . . . . CU 64
Mendès-France (Av. Pierre) . BV 65
Mermoz (R. Jean) . . . . CU 66
Novel (Av. de) . . . . CU 69
Perréard (Av. Germain) . . . . BU 73
Pont-Neuf (Av. du) . . . . BV 77
Prélevet (Av. de) . . . . BV 79
Prés-Riants (R. des) . . . . CU 81
Saint-Exupéry (R. A.-de) . . . . CU 86
Stade (Av. du) . . . . BCU 92
Theuriet (R. André) . . . . CV 93
Thônes (Av. de) . . . . CU 94
Trésum (Av. de) . . . . CV 97
Trois-Fontaines (Av. des) . . . . BV 98
Val-Vert (R. du) . . . . BV 99

Le Pré Carré sans rest

27 r. Sommeiller – ✆ 04 50 52 14 14 – www.hotel-annecy.net EX**b**

27 ch – †152/182 € ††182/202 € – 2 suites – ☕ 14 €

◆ Ancien cinéma proche de la vieille ville et du lac. Chambres très contemporaines, dans un camaïeu de tons sobres. Petit-déjeuner sous une verrière. Jacuzzi, sauna.

Novotel Atria

1 pl. Marie-Curie – ✆ 04 50 33 54 54 – www.novotel.com DX**h**

95 ch – †87/189 € ††87/189 € – ☕ 14 €

Rest – Menu 16/22 € – Carte 19/46 €

◆ Derrière la gare, bâtiment en verre attenant à un centre de congrès. Les chambres sont confortables et insonorisées, et l'accueil tout sourire. Le restaurant, décoré dans des tonalités tendance, propose un bon panel de formules au goût du jour.

ANNECY

Chambéry (Av. de) . . . . DY 23
Chappuis (Q. Eustache) . . . . EY 26
Filaterie (R.) . . . . EY 43
Grenette (R.) . . . . EY 51
Hôtel-de-Ville (Pl. de l') . . . . . EY 53
Jean-Jacques-Rousseau (R.) DY 55
Lac (R. du) . . . . EY 57
Libération (Pl. de la) . . . . EY 61
Pâquier (R. du) . . . . EY 71
Perrière (R.) . . . . EY 75
Pont-Morens (R. du) . . . . EY 76
Poste (R. de la) . . . . DY 78
République (R.) . . . . DY 83
Royale (R.) . . . . DY 85
Ste-Claire (Fg et R.) . . . . DY 91
St-François-de-Sales (Pl.) . . . EY 87
St-François-de-Sales (R.) . . . DY 89
Tour-la-Reine (Ch.) . . . . EY 95

Splendid sans rest

4 quai E.-Chappuis – ✆ 04 50 45 20 00 – www.splendidhotel.fr EYd

47 ch – 119/140 € 131/160 € – 14 €

◆ Agréablement placé au bord du canal du Vassé, entre le centre historique et le lac, cet hôtel d'esprit Art déco a de grandes chambres pratiques et bien isolées. Salon-bar cossu.

Allobroges Park sans rest

11 r. Sommeiller – ✆ 04 50 45 03 11 – www.allobroges.com DYn

49 ch – 69/99 € 79/129 € – 9 €

◆ Établissement du centre-ville. Rénovation réussie pour les chambres entièrement refaites, décorées dans un style actuel misant sur les coloris rouge, chocolat et beige.

Mercure sans rest

26 r. Vaugelas – ✆ 04 50 45 59 80 – www.mercure.com DYa

39 ch – 78/159 € 89/169 € – 14 €

◆ Cet hôtel de chaîne du centre-ville vous assure des nuits tranquilles dans des chambres bien rénovées, affichant un style sobrement contemporain (grands lits, écrans plats).

De Bonlieu sans rest

5 r. Bonlieu – ✆ 04 50 45 17 16 – www.annecybonlieuhotel.fr
– Fermé 30 oct.-15 nov. EXa

35 ch – 88/106 € 96/114 € – 11 €

◆ Dans une rue calme du centre-ville, petit hôtel moderne proposant des chambres pratiques, agencées de façon contemporaine et reposante.

Amiral sans rest

61 r. Centrale, à Annecy-le-Vieux par ② ✉ 74940 – ✆ 04 50 23 29 26 – www.marinabay-hotel.com

57 ch – †60/100 € ††70/170 € – ☕ 8,50 €

◆ Ce établissement récent, idéal pour une villégiature à proximité du lac et de ses plages, abrite des chambres fonctionnelles. Offre de location de vélos.

Kyriad Centre sans rest

1 fg Balmettes – ✆ 04 50 45 04 12 – www.annecy-hotel-kyriad.com

24 ch – †62/88 € ††62/88 € – ☕ 8 € **DYt**

◆ Coincée dans le vieil Annecy, cette bâtisse du 16e s. refait progressivement peau neuve. Chambres de tailles diverses, sobrement meublées et égayées de tissus jaunes et bleus.

Nord sans rest

24 r. Sommeiller – ✆ 04 50 45 08 78 – www.annecy-hotel-du-nord.com

30 ch – †57/75 € ††64/75 € – ☕ 7 € **DYf**

◆ Idéalement situé en plein centre-ville, ce petit hôtel sans prétention se révèle fort commode pour un séjour de découverte. Chambres fonctionnelles et accueil familial.

Le Clos des Sens (Laurent Petit) avec ch ch,

13 r. J.-Mermoz – ✆ 04 50 23 07 90 – www.closdessens.com – Fermé 4-22 sept., 1er-12 janv., dim. sauf le soir en juil.-août, mardi midi et lundi **CUu**

5 ch – †180 € ††180/230 € – ☕ 20 €

Rest – Menu 48/110 € – Carte 80/100 €

Spéc. Écrevisses du lac Léman au thym-citron et kumbawa. Comme un os végétal, petits pois et févettes. Papier de sucre kalamansi. **Vins** Chignin-Bergeron, Roussette de Marestel.

◆ Cadre à l'élégance épurée et terrasse dominant Annecy, pour une cuisine fine et inventive, escortée d'une magnifique sélection de vins. Chambres originales et raffinées.

La Ciboulette (Georges Paccard)

10 r. Vaugelas, (cour du Pré Carré) – ✆ 04 50 45 74 57 – www.laciboulette-annecy.com – Fermé 1er-24 juil., vacances de la Toussaint, de fév., dim. et lundi **EYv**

Rest – Menu 32 € (sem.)/60 € – Carte 70/78 €

Spéc. Écrevisses des lacs alpins, soupe de tomate glacée, sorbet basilic (été). Turbot grillé, coque de sérac de brebis, émulsion de roquette. Soufflé chaud à la verveine fraîche (été). **Vins** Chignin-Bergeron, Mondeuse.

◆ Un restaurant au décor étudié et de bon goût, mi-classique, mi-contemporain. On y prépare une belle cuisine dans l'air du temps sur des bases classiques.

Le Belvédère (Vincent Lugrin) avec ch

7 chemin Belvédère, 2 km, rte Semnoz au Sud-Est par r. Marquisat – ✆ 04 50 45 04 90 – www.belvedere-annecy.com – Fermé janv., mardi sauf le soir de juin à sept., dim. soir et merc. **CVt**

5 ch – †85/145 € ††85/145 € – ☕ 12 € – ½ P 98/113 €

Rest – Menu 28 € (déj. en sem.), 45/85 € – Carte 58/105 €

Spéc. Foie gras de canard parfumé à la vanille bourbon. Omble chevalier cuit à la plancha. Crème caramel demi-sel, perles de cognac. **Vins** Mondeuse d'Arbin, Chignin-Bergeron.

◆ Appétissante cuisine actuelle à déguster dans ce restaurant surplombant le lac d'Annecy. Agréable terrasse d'été et chambres au calme, où l'on profite du panorama.

Le Bilboquet

14 fg Ste-Claire – ✆ 04 50 45 21 68 – www.restaurant-lebilboquet.fr – Fermé 26 fév.-6 mars, dim. sauf le soir en juil.-août et lundi **DYm**

Rest – Menu 20 € (déj. en sem.), 29/48 € – Carte 45/55 €

◆ Les vieux murs épais garantissent une certaine fraîcheur dans cet agréable restaurant qui jouxte la porte Ste-Claire. Saveurs traditionnelles au gré du marché.

XX **Auberge du Lyonnais** avec ch

9 r. de la République – ✆ 04 50 51 26 10 – www.auberge-du-lyonnais.com – Fermé 16-26 nov. et 18-28 janv. DY**p**

10 ch – †60/70 € ††65/120 € – ☕ 8 €

Rest – Menu 25 € (sem.), 36/42 € – Carte 45/60 €

◆ Cette vieille maison du centre historique entre deux bras du canal du Thiou vous accueille dans une salle d'esprit marin (terrasse au fil de l'eau). La carte valorise le poisson et des recettes au goût du jour. Chambres fonctionnelles de style montagnard.

XX **Auberge de Savoie**

1 pl. St-François-de-Sales – ✆ 04 50 45 03 05 – www.aubergedesavoie.fr – Fermé 23 oct.-9 nov., 8-12 janv., mardi sauf juil.-août et merc. EY**n**

Rest – (21 €) Menu 27/59 € – Carte 58/82 €

◆ Accueil et service très pros dans ce restaurant contemporain et chaleureux, adossé à l'église St-François. La terrasse sur une petite place a vue sur le Thiou et le château.

XX **La Brasserie St-Maurice**

7 r. Collège-Chapuisien – ✆ 04 50 51 24 49 – www.stmau.com – Fermé dim. sauf juil.-août et lundi EY**r**

Rest – Menu 19 € (déj.)/39 € – Carte 32/45 €

◆ Restaurant aménagé dans une maison de 1675. Salle à manger à l'étage joliment décorée, avec de belles colonnes en bois d'origine. Terrasse d'été, carte traditionnelle.

X **Contresens**

10 r. de la Poste – ✆ 04 50 51 22 10 – www.closdessens.com – Fermé 1er-17 janv., dim. et lundi DY**b**

Rest – (22 €) Menu 29 €

◆ On mange un peu au coude à coude et le "Tout-Annecy" se presse dans ce restaurant proposant une séduisante cuisine actuelle et ludique, façon bistrot moderne. Terrasse-trottoir.

X **Café Brunet**

18 pl. Gabriel-Fauré – ✆ 04 50 27 65 65 – www.closdessens.com – Fermé 1er-17 janv., dim. sauf le midi en juil.-août et lundi CU**a**

Rest – (22 €) Menu 29 €

◆ Le temps n'a pas de prise sur ce café de 1875 (terrasse, jeu de boules). Devenu l'annexe du "Clos des Sens", il garde l'âme d'un authentique bistrot. Cuisine canaille et plats mijotés.

X **Nature et Saveur**

pl. des Cordeliers – ✆ 04 50 45 82 29 – www.nature-saveur.com – Fermé vacances de Noël, dim., lundi et le soir DY**r**

Rest – *(nombre de couverts limité, prévenir)* (34 €) Menu 44 € bc

◆ Une cuisine créative et personnelle de produits choisis, misant sur le goût et la qualité nutritionnelle, tel est le credo de Laurence Salomon, naturopathe et chef passionnée.

à Veyrier-du-Lac 5,5 km par ② – 2 138 h. – alt. 504 m – ✉ 74290

i rue de la Tournette ✆ 04 50 60 22 71

XXX **La Nouvelle Maison de Marc Veyrat** avec ch

13 Vieille-Route-des-Pensières – ✆ 04 50 09 97 49 – www.yoann-conte.com – Fermé nov. et 2-10 janv.

6 ch – †250/500 € ††250/500 € – 2 suites – ☕ 30 €

Rest – *(fermé dim. soir de déc. à avril, lundi et mardi)* Menu 82/138 €

Spéc. Raviolis de légumes, pimpiolet, benoîte urbaine et polenta. Omble chevalier des lacs alpins, beurre de bouillon de légumes et carottes confites au miel de sapin. Savarin d'autrefois et d'aujourd'hui aux fruits et aux légumes, glace du jardin.

◆ Renaissance de cette institution du lac d'Annecy, ex-repaire de Marc Veyrat. Depuis 2010, c'est Yoann Conte, jeune disciple de "l'homme au chapeau", qui règne sur les cuisines... Il reprend les recettes à base d'herbes et de fleurs d'alpage qui ont fait le renom de son mentor. Grand confort côté hôtel.

à Sévrier **6 km au Sud par ③ – 3 922 h. – alt. 456 m – ✉ 74320**

Mairie ✆ 04 50 52 40 56
Musée de la Cloche★.

Auberge de Létraz
921 rte d'Albertville – ✆ 04 50 52 40 36 – www.auberge-de-letraz.com
22 ch – 72/215 € 72/215 € – 1 suite – 18 € – ½ P 93/164 €
Rest – *(fermé de mi-nov. à mi-déc., dim. soir et lundi d'oct. à mai)* (28 €) Menu 30/75 € – Carte 64/92 €
◆ Le jardin de cet hôtel occupe une situation de choix face au lac. Les chambres, refaites dans un style actuel, sont plus calmes côté flots. Salle de restaurant et terrasse tournés vers le joyau d'Annecy. Registre culinaire traditionnel actualisé.

à Pringy **8 km au Nord par ① et rte secondaire – 3 249 h. – alt. 483 m – ✉ 74370**

Le Clos du Château
70 rte Cuvat, dir. Promery – ✆ 04 50 66 82 23 – www.le-clos-du-chateau.com – Fermé 27 juil.-18 août, 22 déc.-4 janv., dim. soir, merc. soir et lundi
Rest – (19 €) Menu 33/56 € – Carte 44/61 €
◆ Adresse à l'agréable cadre contemporain épuré. Goûteuse cuisine dans l'air du temps mitonnée par un jeune chef talentueux, avec un "menu affaires" particulièrement raisonnable.

Passée en rouge, la mention **Rest** repère l'établissement auquel est attribué une distinction culinaire, ✿ (étoile) ou ☺ (Bib Gourmand).

ANNEMASSE – **74 Haute-Savoie – 328 K3 – 28 572 h. – Agglo. 106 673 h. – alt. 432 m – Casino : Grand Casino – ✉ 74100** **46 F1**

Paris 538 – Annecy 46 – Bonneville 22 – Genève 8
place de la Gare ✆ 04 50 95 07 10

Mercure
ch,
9 r. des Jardins, par ③ et rte Gaillard ✉ 74240 – ✆ 04 50 92 05 25 – www.mercure.com
78 ch – 69/190 € 79/200 € – 17 € **Rest** – Carte 23/38 €
◆ Localisé à proximité de l'autoroute, cet hôtel profite d'alentours très verts où chemine une rivière. Chambres assez spacieuses, confortables et bien insonorisées. Restaurant rénové dans un style moderne, terrasse face à la piscine et cuisine traditionnelle.

La Place sans rest
10 pl. Jean-Deffaugt – ✆ 04 50 92 06 44 – www.laplacehotel.com **Yn**
43 ch – 61 € 77 € – 8 €
◆ Un beau salon design, des chambres d'esprit contemporain sobre et épuré et un accueil des plus sympathique, voici une étape centrale agréable sur la route de la Suisse.

à Gaillard **3 km au Sud-Ouest – 11 507 h. – alt. 425 m – ✉ 74240**

La Pagerie
12 r. de la Libération – ✆ 04 50 38 34 00 – www.restaurant-lapagerie.com – Fermé 1er-25 août
Rest – (26 €) Menu 45/65 € bc – Carte 50/70 €
◆ Derrière cette façade anodine, on se régale d'une cuisine traditionnelle soignée utilisant les produits de la région (poissons du lac, légumes, bœuf simmenthal). Cadre feutré.

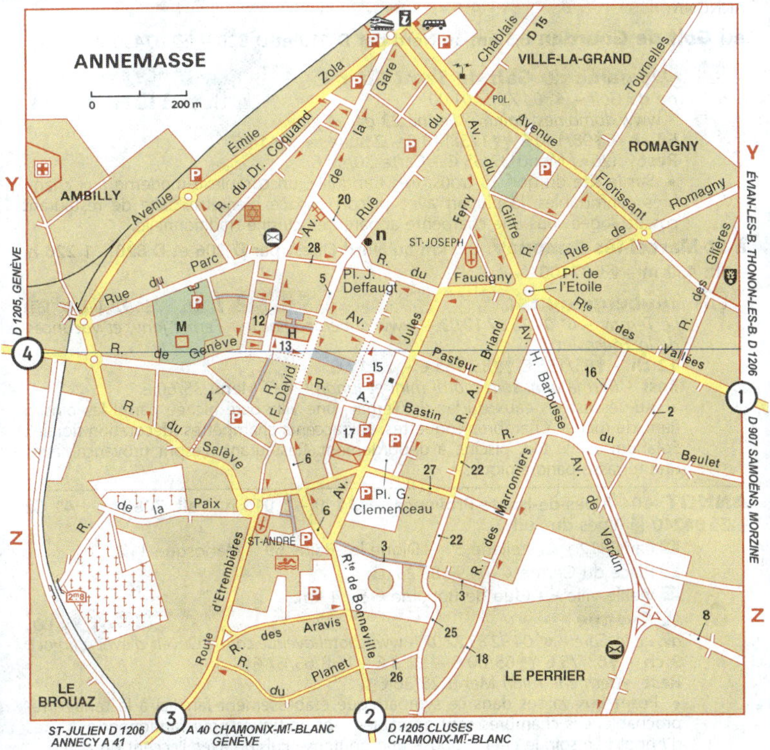

Alsace-Lorraine (Av. d') . . . . **Z** 2
Château Rouge (R. du) . . . . **Z** 3
Clos Fleury (R. du) . . . . **Z** 4
Commerce (R. du) . . . . **Y** 5
Courriard (R. M.) . . . . **Z** 6
Dusonchet (R. Cl.-Ph.) . . . . **Z** 8
Gare (R. de la) . . . . **Y** 12
Hôtel de Ville (Pl. de l') . . . . . . **Y** 13
Libération (Pl. de la) . . . . **Z** 15
Malbrande (R. de) . . . . **Z** 16
Marché de Gros (Pl. du) . . . . . . **Z** 17
Massenet (R.) . . . . **Z** 18
Mont-Blanc (R. du) . . . . **Y** 20
Petit Malbrande (R. du) . . . . **Z** 22
Saget (R. du) . . . . **Z** 25
Vaillat (R. L.) . . . . **Z** 27
Voirons (R. des) . . . . **Y** 28

ANNONAY – 07 Ardèche – 331 K2 – 17 088 h. – alt. 350 m – ✉ 07100 — 44 B2

Lyon Drôme Ardèche

Paris 529 – St-Étienne 44 – Valence 56 – Yssingeaux 57

place des Cordeliers ✆ 04 75 33 24 51

du Domaine de Saint-Clair Le Pelou, par rte de Serrières et D 820 : 6 km, ✆ 04 75 67 03 84

d'Albon à Saint-Rambert-d'Albon Château de Senaud, E : 19 km par D 82, ✆ 04 75 03 03 90

Marc et Christine

29 av. Marc-Seguin – ✆ 04 75 33 46 97 – Fermé 7-14 mars, 2-9 mai, 22 août-5 sept., 7-14 mars, dim. soir et lundi

Rest – Menu 20/49 € – Carte 29/54 €

◆ Ici, le temps ne semble pas avoir de prise… Délicieusement vieille France, le décor comble les nostalgiques ! Comme la cuisine, qui cultive la tradition avec gourmandise.

Opus Wine

17 pl. des Cordeliers – ✆ 04 75 32 04 62 – Fermé 7-18 août, dim. et lundi

Rest – (15 € bc) Menu 23/36 € – Carte 24/36 €

◆ Sur la place principale, un bistrot à vin pur jus : grand bar en bois, petites tables serrées, bouteilles de rouge et ardoises du jour. Un opus bien interprété.

au Golf de Gourdan **6,5 km au Nord par D 519 et D 820 – ✉ 07430 Annonay**

Domaine du Golf de Saint Clair ch, AC ch, VISA AE
rte du Golf – ✆ 04 75 67 01 00 – www.domainestclair.fr – Fermé 23 déc.-4 janv.
54 ch – 98/140 € 125/140 € – 2 suites – 14 €
Rest – (26 €) Menu 32/55 € – Carte 30/40 €
◆ Sur le site du golf 18 trous, très tranquille, un complexe moderne aux chambres confortables, la plupart avec balcon. Espace bien-être. Salle de restaurant cossue, logée sous une charpente apparente ; cuisine traditionnelle.

à St-Marcel-lès-Annonay **8,5 km au Nord-Ouest par D 206 et D 820 – 1 226 h. – alt. 450 m – ✉ 07100**

Auberge du Lac AC ch, VISA AE
Le Ternay – ✆ 04 75 67 12 03 – www.aubergedulac.fr – Fermé janv. et vacances de la Toussaint
12 ch – 85/155 € 85/155 € – 12 €
Rest – *(fermé dim. soir, mardi midi et lundi)* (28 €) Menu 35/60 €
◆ Au-dessus des eaux du lac du Ternay, une villa ocre nichée parmi les pins, à flanc de rocher. Chambres coquettes, aux accents champêtres (décoration florale). Solarium sur le toit, piscine à débordement. Restaurant d'esprit provençal, avec une terrasse panoramique.

ANNOT – 04 Alpes-de-Haute-Provence – 334 I9 – 1 015 h. – alt. 708 m – ✉ 04240 Alpes du Sud — 41 C2

Paris 812 – Castellane 31 – Digne-les-Bains 69 – Manosque 112
Place du Germe ✆ 04 92 83 23 03
Vieille ville★ - Clue de Rouaine★ S : 4 km.

L'Avenue VISA
av. de la Gare – ✆ 04 92 83 22 07 – www.hotel-avenue.com – Ouvert d'avril à fin oct.
9 ch – 63/75 € 65/80 € – 8 € – ½ P 63/67 €
Rest – *(fermé le midi)* Menu 25/36 €
◆ Posez vos valises dans ce sympathique établissement familial à la tenue irréprochable. Les chambres sont agréables – et pratiques pour randonner aux Grès d'Annot ! Le soir, le chef propose une goûteuse cuisine avec l'accent du Midi.

ANSE – 69 Rhône – 327 H4 – 4 996 h. – alt. 170 m – ✉ 69480 — 43 E1

Paris 436 – Bourg-en-Bresse 57 – Lyon 27 – Mâcon 51
place du 8 mai 1945 ✆ 04 74 60 26 16

St-Romain ch, VISA
rte des Graves – ✆ 04 74 60 24 46 – www.hotel-saint-romain.fr
23 ch – 50 € 55 € – 8 €
Rest – *(fermé sam. midi et dim. soir)* (15 €) Menu 20/38 €
◆ Cette grande ferme beaujolaise en pierre dispose de chambres calmes, fraîches et rénovées petit à petit. Au restaurant, lumineuse salle à manger et belle terrasse où l'on sert une cuisine traditionnelle.

Au Colombier VISA AE
126 allée Colombier, (Pont St Bernard) – ✆ 04 74 67 04 68 – www.aucolombier.com – Fermé 1er-10 janv., 30 oct.-14 nov., dim. soir et lundi d'oct. à mai
Rest – (16 €) Menu 19 € (déj.), 30/48 € – Carte 39/60 €
◆ Jolie maison du 18e s. bordant la Saône. Terrasse fleurie pour les repas estivaux, cheminée en pierre pour l'hiver et véranda couverte de chaume en toutes saisons. Cuisine actuelle.

ANSOUIS – 84 Vaucluse – 332 F11 – 1 105 h. – alt. 380 m – ✉ 84240 — 40 B2

Paris 751 – Aix-en-Provence 35 – Avignon 79 – Marseille 63
place du Château ✆ 04 90 09 86 98

La Closerie VISA
bd des Platanes – ✆ 04 90 09 90 54 – Fermé 2 janv.-2 fév., dim. soir, merc. et jeudi
Rest – *(nombre de couverts limité, prévenir)* (23 €) Menu 36 € – Carte 55/65 €
◆ Le chef ne manque pas d'inspiration pour renouveler ses menus, riches en saveurs et en parfums de la Provence. Une adresse sympathique, avec une jolie terrasse face au Luberon.

ANTHY-SUR-LÉMAN - 74 Haute-Savoie - **328** L2 - rattaché à Thonon-les-Bains

ANTIBES - 06 Alpes-Maritimes - **341** D6 - 75 820 h. - alt. 2 m **42** E2
- Casino : "la Siesta" bord de mer par ① - ✉ 06600 Côte d'Azur

Paris 909 - Aix-en-Provence 160 - Cannes 11 - Nice 21

11, place du Général-de-Gaulle ✆ 04 92 23 11 11

Vieille ville★: Promenade Amiral-de-Grasse ← ★ DXY - Château Grimaldi (Déposition de Croix★, Musée donation Picasso★) DX - Musée Peynet et de la Caricature★ DX **M²** - Marineland★ 4 km par ①.

Plans pages suivantes

Le Petit Castel sans rest
22 chemin des Sables - ✆ 04 93 61 59 37 - www.lepetitcastel.fr BU**b**
16 ch - †98/178 € ††108/188 € - ☐ 12 €
◆ Accueil convivial dans ce pavillon d'un quartier résidentiel. Chambres entièrement rénovées affichant une déco dans l'air du temps, solarium-jacuzzi, vélos à disposition.

Josse sans rest
8 bd James-Wyllie - ✆ 04 92 93 38 38 - www.hotel-josse.com BU**s**
26 ch - †91/165 € ††102/183 € - ☐ 11 €
◆ Une adresse tout en sobriété mais bien pratique : près de la plage de la Salis, chambres simples avec balcon (trois "familiales"), certaines tournées vers la grande bleue.

Mas Djoliba sans rest
29 av. de Provence - ✆ 04 93 34 02 48 - www.hotel-djoliba.com - Ouvert 10 mars-12 nov. CY**d**
13 ch - †85/100 € ††90/178 € - ☐ 12 €
◆ Relaxez-vous entre palmiers et bougainvillées, à la piscine ou dans les coquettes chambres de cette villa 1920 ; celle du dernier étage offre une terrasse avec vue sur le Cap.

Modern Hôtel sans rest
1 r. Fourmilière - ✆ 04 92 90 59 05 - www.modernhotel06.com - Fermé 15 déc.-15 janv. CX**a**
17 ch - †66/82 € ††66/82 € - ☐ 6 €
◆ Cet hôtel situé à l'entrée de la zone piétonne abrite des chambres à la décoration sobre, bénéficiant d'une literie confortable et d'un mobilier fonctionnel.

XXX **Les Vieux Murs**
25 promenade Amiral-de-Grasse - ✆ 04 93 34 06 73 - www.lesvieuxmurs.com - Fermé 10-25 janv., mardi midi d'oct. à mi-juin et lundi DY**f**
Rest - (29 €) Menu 34 € (déj.), 44/60 € - Carte 58/79 €
◆ Les vieux murs sont désormais peints en orange et cette maison située sur les remparts possède une belle terrasse face à la mer. Cuisine gastronomique du Sud (pêche locale).

XXX ✿ **Le Figuier de St-Esprit** (Christian Morisset)
14 r. St-Esprit - ✆ 04 93 34 50 12 - www.christianmorisset.fr - Fermé 1er-15 mars, 13-22 juin, 31 oct.-22 nov., lundi midi, merc. midi et mardi DX**a**
Rest - (36 € bc) Menu 59/79 € - Carte 85/120 €
Spéc. Cannelloni de supions à l'encre de seiche. Selle d'agneau cuite en terre d'argile de Vallauris. Moelleux au chocolat. **Vins** Vin de pays de Saint-Jeannet, Bellet.
◆ Dans le vieux Antibes, entre mer et ville, cette maison de pays embaume d'une cuisine provençale aux saveurs authentiques. Patio intimiste, tout en pierre, sous le figuier. Service décontracté.

XX **Le Bastion**
1 av. Général-Maizière - ✆ 04 93 34 59 86 - www.restaurant-bastion.com
Rest - (22 €) Menu 40 € (dîner)/58 € - Carte 32/78 € DY**u**
◆ Sur la terrasse, le temps s'arrête face à la mer. Autre ambiance à l'intérieur, chic et design, avec bar lounge. Cuisine inventive faisant un clin d'œil aux cinq continents.

ANTIBES

Châtaignier (Av. du) . . . . AU 13
Contrebandiers (Ch. des) . . . . . BV 16
Ferrié (Av. Gén.) . . . . AU 26
Gardiole-Bacon (Bd) . . . . . . BUV 31
Garoupe (Bd de la) . . . . BV 33
Garoupe (Ch. de la) . . . . BV 34
Grec (Av. Jules) . . . . ABU 38
Malespine (Av.) . . . . BV 50
Phare (Rte du) . . . . BV 62
Raymond (Ch.) . . . . BV 64
Reibaud (Av.) . . . . AU 65
Salis (Av. de la) . . . . BV 77
Sella (Av. André) . . . . BV 78
Tamisier (Ch. du) . . . . BV 79
Tour-Gandolphe (Av. de la) . . . . BV 82
Vautrin (Bd. du Gén.) . . . . BU 84
11-Novembre (Av. du) . . . . BU 91

Flèche noire Sens unique en saison

Oscar's

AC VISA AE

8 r. Rostan – ✆ 04 93 34 90 14 – www.oscars-antibes.com – Fermé 1er-15 juin, 20 déc.-5 janv., dim. et lundi DXs

Rest – *(nombre de couverts limité, prévenir)* Menu 29/56 € – Carte 72/89 €

◆ Laissez-vous surprendre par ce décor original de niches agrémentées de sculptures et paysages antiquisants. La goûteuse cuisine italo-provençale assure le succès de la maison.

L' Armoise

AC VISA

2 r. de la Tourraque – ✆ 04 92 94 96 13 – Fermé 1er-15 juil., 13-25 déc., mardi midi, merc. midi du 1er sept. au 30 juin, le midi en juil.-août et lundi

Rest – Menu 34 € – Carte 36/42 € DYe

◆ Convivialité assurée dans ce restaurant de poche où la salle, actuelle, ouvre sur les cuisines. Suggestions à l'ardoise élaborées avec des produits frais (marché provençal).

ANTIBES

Albert 1er (Bd) . . . . CDY
Alger (R. d') . . . . CX 3
Arazy (R.) . . . . DXY 4
Barnaud (Pl. Amiral) . . . . DY 6
Barquier (Av.) . . . . DY 8
Bas-Castelet (R. du) . . . . DY 9
Bateau (R. du) . . . . DX 10
Clemenceau (R. G.) . . . . DX 14
Dames-Blanches (Av. des) . . CY 19
Directeur Chaudon (R.) . . . . CY 20
Docteur Rostan (R. du) . . . . DX 24
Gambetta (Av.) . . . . CX 30
Gaulle (Pl. du Gén.-de) . . . . CXY
Grand-Cavalier (Av. du) . . . . . CX 37
Guynemer (Pl.) . . . . CX 40
Haut-Castelet (R. du) . . . . . . DY 42
Horloge (R. de l') . . . . DX 43
Martyrs-de-la-Résistance (Pl. des) . . . . CDX 51
Masséna (Cours) . . . . DX 52
Meissonnier (Av.) . . . . CDY 54
Nationale (Pl.) . . . . DX 55
Orme (R. de l') . . . . DX 57
République (R. de la) . . . . . CDX 67
Revely (R. du) . . . . DX 68
Revennes (R. des) . . . . DY 69
St-Roch (Av.) . . . . CX 72
Saleurs (Rampe des) . . . . . . DX 75
Tourraque (R. de la) . . . . DY 83
Vautrin (Bd. du Gén.) . . . . . . CX 84
8-Mai 1945 (Square du) . . . . DX 90
24-Août (Av. du) . . . . CY 92

rte de Nice par ① et D 6007 – ✉ 06600 Antibes

Baie des Anges-Thalazur

770 chemin Moyennes-Breguières, (près de l'hôpital)
– ✆ *04 92 91 82 00*
– *www.thalazur.fr*

164 ch – †84/192 € ††109/295 € – ☐ 15 € – ½ P 92/186 €

Rest – Menu 19 € bc/45 € – Carte 33/45 €

◆ Sur les collines d'Antibes, hôtel lié à un centre de thalassothérapie disposant de grandes chambres bien équipées (certaines ont vue sur la baie). Trois piscines panoramiques. Plats traditionnels ou diététiques servis dans la salle à manger et sur la superbe terrasse.

Bleu Marine sans rest
chemin des Quatre Chemins, (près de l'hôpital) – ✆ 04 93 74 84 84 – www.bleumarineantibes.com
18 ch – †59/66 € ††69/84 € – ☕ 7 €
◆ Construction récente à proximité de l'hôpital. Les chambres, fonctionnelles et pratiques, sont bien entretenues. Celles des étages supérieurs profitent d'une échappée sur la mer.

CAP D'ANTIBES – 06 Alpes-Maritimes – ✉ 06160 Juan les Pins 42 E2

Paris 922 – Antibes 6 – Marseille 174 – Nice 35
Plateau de la Garoupe ❋★★ - Jardin Thuret★ BV - ≤★ Pointe Bacon - ≤★ de la plate-forme du bastion (musée naval) ABV.

Du Cap
bd JF-Kennedy – ✆ 04 93 61 39 01 – www.hotel-du-cap-eden-roc.com – Ouvert 15 avril-16 oct. BV**x**
110 ch – †350/490 € ††350/1820 € – 12 suites – ☕ 35 €
Rest *Eden Roc* – voir ci-après
◆ Passage obligé de la jet-set, ce majestueux palace du 19e s. est niché dans un grand parc fleuri face à la mer. Luxe, raffinement, espace et calme en font un lieu magique.

Impérial Garoupe
rest,
770 chemin Garoupe – ✆ 04 92 93 31 61 – www.imperial-garoupe.com – Ouvert 22 avril-19 oct. BV**r**
30 ch – †300/650 € ††300/650 € – 4 suites – ☕ 32 €
Rest *Le Pavillon* – voir ci-après
Rest *Le Pavillon Beach* – ✆ 04 92 90 23 97 *(ouvert 1er juin-15 sept.) (déj. seult)* (65 €) Carte 60/80 €
◆ Belle demeure méditerranéenne entourée d'une végétation luxuriante. Chambres très raffinées, avec balcon, terrasse ou même petit jardin privé. Au restaurant de plage (l'été), cuisine soignée tournée vers l'Orient.

Cap d' Antibes Beach Hôtel
10 bd Mar.-Juin – ✆ 04 92 93 13 30 – www.ca-beachhotel.com – Ouvert 1er avril-31 oct. BV**e**
22 ch – †390/900 € ††390/900 € – 5 suites – ☕ 29 €
Rest *Les Pêcheurs* – voir ci-après
Rest *La Plage* – *(ouvert d'avril à mi-oct.) (déj. seult)* Carte 34/79 €
◆ Nouvelle adresse luxueuse, alliant chic balnéaire, design épuré et vue imprenable sur la Méditerranée, le cap et les îles de Lérens. Chambres lumineuses décorées de fresques marines. À La Plage, carte simple servie sous les pins maritimes.

Vogue Hôtel Don César
ch, rest,
46 bd de la Garoupe – ✆ 04 93 67 15 30 – www.voguehotel.fr – Ouvert 13 mars-5 nov. BV**s**
20 ch – †165/355 € ††165/355 € – ☕ 19 €
Rest – *(ouvert 1er mai-30 sept. et fermé dim., lundi et le midi) (nombre de couverts limité, prévenir)* Menu 35 € – Carte 32/51 €
◆ Parmi les atouts de cette grande villa méditerranéenne : une terrasse privée sur la mer pour chacune des chambres – toutes très cossues – et une belle piscine à débordement. Salle à manger intime ; cuisine inventive où s'illustrent les produits régionaux.

La Baie Dorée
579 bd la Garoupe – ✆ 04 93 67 30 67 – www.baiedoree.com BV**v**
17 ch – †250/720 € ††250/720 € – ☕ 20 €
Rest – *(ouvert d'avril à sept.)* Carte 40/100 €
◆ Cette lumineuse villa méridionale a les pieds dans l'eau. Les chambres, accueillantes et soignées, avec terrasse ou balcon, donnent toutes sur la baie. Ponton privé. Aux beaux jours, on dresse les tables du restaurant face à la mer (cuisine aux saveurs iodées).

Beau Site sans rest
141 bd Kennedy – ✆ 04 93 61 53 43 – www.hotelbeausite.net
– Ouvert 15 mars-5 nov. BV**t**
30 ch – †75/145 € ††85/175 € – 2 suites – ☕ 13 €
◆ Terrasse ombragée d'essences méditerranéennes, agréable piscine et charmantes chambres au mobilier peint dans le style régional du 18ᵉ s. : un lieu qui respire la Provence !

La Garoupe et Gardiole sans rest
60 chemin Garoupe – ✆ 04 92 93 33 33 – www.hotel-lagaroupe-gardiole.com
– Ouvert 8 avril-16 oct. BV**k**
37 ch – †78/160 € ††98/195 € – ☕ 12 €
◆ Piscine, jardin et belle terrasse-pergola participent au charme de ces jolies maisons décorées à la provençale. Chambres fraîches à la Garoupe et rustiques à la Gardiole.

Castel Garoupe sans rest
959 bd la Garoupe – ✆ 04 93 61 36 51 – www.castel-garoupe.com
– Ouvert mars-oct. BV**a**
26 ch – †98/148 € ††130/172 € – 3 suites – ☕ 10 €
◆ Intérieur mêlant mobilier ancien et objets chinés. Chambres confortables, toutes avec balcon ou terrasse. Piscine protégée dans un jardin, tennis et terrain de pétanque.

Eden Roc – Hôtel du Cap
bd JF-Kennedy – ✆ 04 93 61 39 01 – www.hotel-du-cap-eden-roc.com
– Ouvert 15 avril-16 oct. BV**z**
Rest – Menu 80 € (déj.)/140 € – Carte 110/220 €
◆ Superbe villa isolée sur un roc en bordure de mer : difficile de trouver meilleure situation pour goûter au luxe d'un lieu mythique où s'attabler sur la terrasse est un "must".

Le Pavillon – Impérial Garoupe
✆ 04 92 93 31 64 – www.imperial-garoupe.com
– Ouvert 22 avril-19 oct. BV**r**
Rest – *(fermé le midi du 1ᵉʳ juin au 15 sept. et merc. sauf juil.-août)* (65 €)
Carte 95/130 €
◆ La terrasse sous les arbres est un hymne au romantisme, surtout éclairée à la bougie la nuit venue… Moment d'exception porté par des mets superbes.

Bacon soir,
bd Bacon – ✆ 04 93 61 50 02 – www.restaurantdebacon.com
– Ouvert 1ᵉʳ mars-31 oct. et fermé mardi midi et lundi BU**m**
Rest – Menu 49 € (déj. en sem.)/79 € – Carte 100/230 €
◆ Une grande salle habillée de blanc, des œuvres d'art contemporain et une vue superbe sur la baie des Anges... La Méditerranée est reine ici, comme le poisson dans l'assiette.

Les Pêcheurs – Cap d'Antibes Beach Hôtel
10 bd Mar. Juin – ✆ 04 92 93 13 30
– www.lespecheurs-lecap.com – Ouvert 1ᵉʳavril-31 oct. et fermé le midi
Rest – Menu 78/98 € – Carte 85/135 € BV**u**
Spéc. Langoustines des côtes bretonnes aux agrumes. Poissons de Méditerranée cuits au plat. Citron en texture crémeuse, comète glacée aux calissons d'Aix. **Vins** Côtes de Provence, Bellet.
◆ Subtile cuisine du Sud avec pour spécialité le poisson de la Méditerranée grillé aux herbes. Décor moderne et terrasse panoramique ombragée par des toiles en forme de voile.

ANTONY – 92 Hauts-de-Seine – **311** J3 – **101** 25 – **Voir à Paris, Environs**

ANTRAIGUES-SUR-VOLANE – 07 Ardèche – **331** I5 – 583 h. **44** A3
– alt. 470 m – ✉ 07530 Lyon Drôme Ardèche
Paris 637 – Aubenas 15 – Lamastre 58 – Langogne 67
Maison d'Antraigues ✆ 04 75 88 23 06

La Remise

au pont de l'Huile – ✆ 04 75 38 70 74 – Fermé 20-30 juin, 5-16 sept., 12 déc.-7 janv., dim. soir, jeudi soir et vend. sauf juil.-août

Rest – *(réservation conseillée le soir hors saison)* Menu 22/35 €

◆ Ici, le patron propose de vive voix ses recettes du terroir concoctées en fonction du marché. Bonne franquette et nappes à carreaux dans une vieille grange ardéchoise.

ANZIN-ST-AUBIN – 62 Pas-de-Calais – 301 J6 – rattaché à Arras

AOSTE – 38 Isère – 333 G4 – 2 000 h. – alt. 221 m – ✉ 38490 45 C2

Alpes du Nord

Paris 512 – Belley 25 – Chambéry 37 – Grenoble 55

à la Gare de l'Est 2 km au Nord-Est sur D 1516 – ✉ 38490 Aoste

Au Coq en Velours avec ch

1800 rte de St-Genix – ✆ 04 76 31 60 04 – www.au-coq-en-velours.com – Fermé janv., jeudi soir (sauf hôtel), dim. soir et lundi

7 ch – †68/78 € ††68/78 € – ☕ 10 €

Rest – (21 €) Menu 29/59 € – Carte 40/70 €

◆ Décor actuel sur le thème du coq, jardin-terrasse fleuri, alléchante carte mi-bressane, mi-dauphinoise : une bonne auberge de village, tenue par la même famille depuis 1900. Chambres spacieuses, bien au calme face au jardin.

APPOIGNY – 89 Yonne – 319 E4 – rattaché à Auxerre

APT – 84 Vaucluse – 332 F10 – 11 229 h. – alt. 250 m – ✉ 84400 42 E1

Provence

Paris 728 – Aix-en-Provence 56 – Avignon 54 – Digne-les-Bains 91

20, avenue Ph. de Girard ✆ 04 90 74 03 18

Le Couvent sans rest

36 r. Louis-Rousset – ✆ 04 90 04 55 36 – www.loucouvent.com

5 ch ☕ – †95/125 € ††95/140 €

◆ Cet ancien couvent (17e s.) typiquement provençal a perdu en austérité ce qu'il a gagné en sobre élégance. Chambres de charme, petit-déjeuner sous les voûtes du réfectoire.

La Manade

8 r. René-Cassin – ✆ 04 90 04 79 06 – Fermé 20 déc.-20 janv., dim. soir et jeudi soir en hiver, sam. midi, mardi soir et merc.

Rest – (15 €) Menu 25/31 € – Carte environ 36 €

◆ Un petit restaurant rustique près de la place Jean-Jaurès. Avec des produits frais, le chef élabore une cuisine régionale de saison (quelques plats à base de viande de taureau).

à Saignon 4 km au Sud-Est par D 48 – 1 039 h. – alt. 450 m – ✉ 84400

Auberge du Presbytère

pl. de la Fontaine – ✆ 04 90 74 11 50 – www.auberge-presbytere.com – Fermé de mi-janv. à fin-fév.

16 ch – †50/155 € ††50/155 € – ☕ 12 €

Rest – *(fermé merc.) (prévenir)* (22 €) Menu 38/48 € – Carte 30/48 €

◆ Mobilier ancien, tomettes, poutres apparentes et cheminée préservent l'âme de cette délicieuse maison. Chambres coquettes, dont deux avec terrasse offrant une vue unique. Jolie salle à manger-véranda, patio et terrasse dressée le midi sur la place du village.

Chambre de Séjour avec Vue sans rest

r. de la Burgade – ✆ 04 90 04 85 01 – www.chambreavecvue.com – Ouvert de mars à nov.

5 ch ☕ – †80/120 € ††80/120 €

◆ Dans un charmant village, une maison d'hôtes atypique, à la fois lieu d'échange culturel et résidence d'artistes. Chambres design décorées dans un style industriel chic.

La Petite Cave

r. le Quai – ✆ 04 90 76 64 92 – www.lapetitecave-saignon.com – Ouvert mars-nov. et fermé dim. et lundi

Rest – *(dîner seult) (nombre de couverts limité, prévenir)* Menu 39/60 €

◆ Une cave médiévale transformée avec goût en petit restaurant contemporain. Menu du marché alléchant et cuisine actuelle préparée à partir de produits de qualité.

ARAGON – 11 Aude – **344** E3 – **rattaché à Carcassonne**

ARBIGNY – 01 Ain – **328** C2 – 349 h. – alt. 280 m – ✉ 01190 **44** B1

Paris 381 – Bourg-en-Bresse 61 – Chalon-sur-Saône 42 – Lyon 99

Moulin de la Brevette sans rest

rte de Cuisery – ✆ 03 85 36 49 27 – www.hotel-macon.net – Fermé vacances de la Toussaint et 1 sem. en fév.

17 ch – †48 € ††53 € – ☕ 8 €

◆ Au calme dans la verdure, ce moulin du 18e s. en bord de rivière propose des chambres simples et fraîches. Petit-déjeuner dans une salle à manger champêtre ou dans la cour.

ARBOIS – 39 Jura – **321** E5 – 3 509 h. – alt. 350 m – ✉ 39600 **16** B2

Franche-Comté Jura

Paris 407 – Besançon 46 – Dole 34 – Lons-le-Saunier 40

10, rue de l'Hôtel de Ville ✆ 03 84 66 55 50

Maison paternelle de Pasteur★ - Reculée des Planches★★ et grottes des Planches★ E : 4,5 km par D 107 - Cirque du Fer à Cheval★ S : 7 km par D 469 puis 15 mn - Église Saint-Just★.

Messageries sans rest

r. de Courcelles – ✆ 03 84 66 15 45 – www.hoteldesmessageries.com – Fermé déc. et janv.

26 ch – †53 € ††66 € – ☕ 9 €

◆ Sur une artère fréquentée, vieux relais de poste à la façade recouverte de lierre jouxtant un petit café. Chambres plus tranquilles sur l'arrière.

Closerie les Capucines sans rest

7 r. de la Bourgogne – ✆ 03 84 66 17 38 – www.closerielescapucines.com – Fermé 23 déc.-31 janv.

5 ch ☕ – †115/130 € ††115/130 €

◆ Cet ancien couvent du 17e s. se veut confortable, calme et authentique. Pari réussi grâce à des chambres contemporaines personnalisées, un patio exquis, un jardin coquet...

Jean-Paul Jeunet avec ch rest,

9 r. de l'Hôtel-de-Ville – ✆ 03 84 66 05 67 – www.jeanpauljeunet.com – Fermé déc., janv., mardi et merc. sauf le soir de juil. à mi-sept.

12 ch – †92 € ††120/150 € – ☕ 17 € – ½ P 118/130 €

Rest – Menu 58/135 € – Carte 87/105 €

Spéc. Écrevisses, artichauts et citron confit. Poulette de Bresse au vin jaune et morilles. Variation sur la morille et le genièvre (printemps et automne). **Vins** Arbois-Pupillin, Côtes du Jura.

◆ Élégante salle rustique, cuisine du terroir saupoudrée d'inventivité et superbe carte des vins : la recette gagnante de cette halte gourmande, au cœur d'Arbois.

Le Prieuré

– ✆ 03 84 66 05 67 – www.jeanpauljeunet.com – Fermé déc., janv., mardi et merc. de mi-sept. à juin

7 ch – †72 € ††88 € – ☕ 17 €

◆ À 200 m de la maison mère, dans une demeure du 17e s. dotée d'un agréable jardin fleuri, chambres au confort bourgeois, d'un charme suranné.

Les Caudalies avec ch
20 av. Pasteur – ✆ 03 84 73 06 54 – www.lescaudalies.fr
9 ch – †55/95 € ††75/125 € – ☕ 11 €
Rest – *(fermé 24 oct.-8 nov., 27 fév.-13 mars)* (16 €) Menu 19 € (déj. en sem.), 39/72 € bc – Carte 36/74 €
◆ Au cœur des vignobles, cuisine au goût du jour soignée, servie dans une salle lumineuse, avec mobilier et parquet en bois clair. Vue sur le parc. L'hôtel, sis dans un ancien manoir du 19e s., propose des chambres toutes différentes, spacieuses et de bon confort.

La Balance Mets et Vins
47 r. de Courcelles – ✆ 03 84 37 45 00 – www.labalance.fr
– Fermé 15-23 juin, 19 déc.-3 mars, mardi soir de sept. à juin et merc.
Rest – (16 €) Menu 24/55 € – Carte environ 45 €
◆ Nombreuses recettes réalisées en accord avec les vins du Jura et relevées de quelques épices du monde. Décor intérieur épuré et agréable terrasse.

Le Caveau d'Arbois
3 rte de Besançon – ✆ 03 84 66 10 70 – www.caveau-arbois.com – Fermé dim. soir et lundi
Rest – (14 €) Menu 17/30 € – Carte 28/52 €
◆ À l'orée d'Arbois, maison de pays où les saveurs du terroir jurassien se révèlent dans un nouveau décor chaleureux et moderne. Un lustre conique original éclaire chaque table.

à Pupillin 3 km au Sud par D 469 et D 248 – 246 h. – alt. 450 m – ✉ 39600

Le Grapiot
r. Bagier – ✆ 03 84 37 49 44 – www.legrapiot.com – Fermé 3-14 juil., 24 déc.-24 janv., mardi hors saison et lundi
Rest – (16 € bc) Menu 25/53 € bc – Carte 30/40 €
◆ Une cuisine du terroir revisitée, de bons produits locaux et un chef au vrai savoir-faire font de cette adresse, au cadre rustique, une halte culinaire fort recommandable.

ARBONNE – 64 Pyrénées-Atlantiques – 342 C4 – rattaché à Biarritz

L'ARBRESLE – 69 Rhône – 327 G4 – 6 020 h. – alt. 230 m – ✉ 69210 43 E1

Paris 453 – Lyon 28 – Mâcon 68 – Roanne 58
18, place Sapéon ✆ 04 74 01 48 87

Capucin
27 r. P.-Brossolette – ✆ 04 37 58 02 47 – Fermé 1er-23 août, 20 déc.-4 janv., dim. et lundi
Rest – (14 € bc) Menu 19 € (dîner), 25/31 € – Carte 28/39 € le soir
◆ Cette maison du 17e s. borde une rue piétonne où l'on dresse quelques tables en été. Pierres apparentes et chaises rustiques dans la salle où l'on sert une cuisine traditionnelle.

ARCACHON – 33 Gironde – 335 D7 – 12 153 h. – alt. 5 m – Casino BZ 3 B2 – ✉ 33120 Aquitaine

Paris 650 – Agen 196 – Bayonne 181 – Bordeaux 67
esplanade Georges Pompidou ✆ 05 57 52 97 97
d'Arcachon à La Teste-de-Buch 35 boulevard d'Arcachon, ✆ 05 56 54 44 00
Front de mer★ : ≤★ de la jetée - Boulevard de la Mer★ - La Ville d'Hiver★ - Musée de la maquette marine : port★ BZ **M.**

Ville d'Hiver
20 av. Victor-Hugo – ✆ 05 56 66 10 36 – www.hotelvilledhiver.com BZ**f**
12 ch – †125/225 € ††125/225 € – ☕ 12 €
Rest – Menu 18 € (déj.)/25 € – Carte 35/65 €
◆ Hôtel flambant neuf créé dans d'anciens bâtiments de la Compagnie générale des eaux. L'usine (19e s.) et deux pavillons de style balnéaire abritent de belles chambres contemporaines, avec balcon. Espace bien-être. Restaurant au décor rétro, avec spécialités à l'ardoise.

Point France sans rest

1 r. Grenier – ✆ 05 56 83 46 74 – www.hotel-point-france.com – Ouvert de mars à début nov. **BZq**

34 ch – †89/155 € ††122/190 € – ☕ 13 €

◆ Plaisant hôtel des années 1970 dont les chambres, refaites, sont décorées selon des styles différents, allant du moderne au plus ethnique. Certaines ont une terrasse côté mer.

- Abatilles (Av. des) . . . . . . **AX** 2
- Balde (Allée Jean) . . . . . . **AX** 6
- Bellevue (Av. de) . . . . **AY** 9
- Chapelle (Allée de la) . . . . **AZ** 16
- Expert (R. Roger) . . . . **AZ** 21
- Figuier (Rd-Pt du) . . . . **AY** 23
- Gambetta (Av.) . . . . **BZ**
- Gaulle (Av. Gén.-de) . . . . . **BZ** 25
- Héricart-de-Thury (Crs) . . . . **BZ** 31
- Lamarque-de-Plaisance (Cours) . . . . **ABZ**
- Lamartine (AV. de) . . . . . . **BZ** 35
- Lattre-de-Tassigny (R. Mar.- de) . . . . **AZ** 38
- Legallais (R. François) . . . **AZ** 39
- Lyautey (Av. Mar.) . . . . . **AXY** 41
- Michelet (R. Jules) . . . . . . **BX** 51
- Molière (R.) . . . . **BZ** 53
- Parc Péreire (Av. du) . . . . **AX** 59
- Plage (Bd de la) . . . . **ABZ**
- Pompidou (Espl. G.) . . . . . **BZ** 64
- Prés. Roosevelt (Pl.) . . . . . **BZ** 65
- St-François-Xavier (Av.) . . . . **AY** 67
- Thiers (Pl.) . . . . **BZ** 71

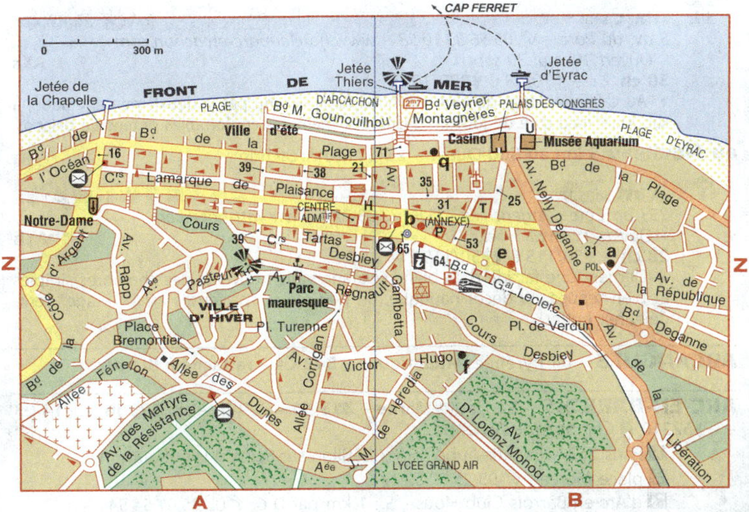

Le Dauphin sans rest

7 av. Gounod – 05 56 83 02 89 – www.dauphin-arcachon.com BZ**a**

50 ch – 68/110 € 78/120 € – 10 €

◆ Située dans un quartier résidentiel, cette villa arcachonnaise (18e s.) dispose de petites chambres sobres, certaines avec balcon. Copieux petit-déjeuner et agréable piscine.

Le Patio

10 bd de la Plage – 05 56 83 02 72 – www.lepatio-thierryrenou.com – Fermé 15-31 oct., 15-28 fév., dim. soir et lundi sauf le soir du 14 juil. au 31 août

Rest – (37 € bc) Menu 53 € bc (sem.)/70 € – Carte 65/90 € BX**t**

◆ Ce restaurant au décor actuel abrite une jolie salle colorée, ouverte sur un patio (terrasse). Cuisine de la mer inventive et soignée, métissée de quelques notes asiatiques.

Aux Mille Saveurs

25 bd Gén.-Leclerc – 05 56 83 40 28 – www.auxmillesaveurs.com – Fermé 24 oct.-5 nov., 20-28 fév., dim. soir et mardi soir sauf en août et merc.

Rest – (20 €) Menu 30/48 € – Carte 45/70 € BZ**e**

◆ Mille saveurs vous attendent dans l'assiette, flirtant avec l'air du temps et subtilement relevée d'épices. Grande salle à manger aux couleurs pastel, agrandie d'une véranda.

Chez Yvette

59 bd Gén.-Leclerc – 05 56 83 05 11 BZ**b**

Rest – Menu 24 € – Carte 32/80 €

◆ Une institution locale, gérée par une famille d'ostréiculteurs depuis une quarantaine d'années et réputée pour ses produits de la mer. Le cadre est nautique, et l'ambiance animée.

aux Abatilles 2 km au Sud-Ouest – ✉ 33120 Arcachon

Novotel

9 av. du Parc – 05 57 72 06 72 – www.thalazur.com – Fermé 3-15 janv.

94 ch – 126/191 € 155/191 € – 15 € AX**b**

Rest *Côté d'Arguin* – Menu 15/35 € – Carte 36/54 €

◆ Dans une pinède à 150 m de la plage, Novotel récent associé à un centre de thalassothérapie. Les chambres sont modernes et confortables. Belle piscine et solarium en terrasse. Au Côté d'Arguin, attrayante carte aux saveurs iodées, menus minceur et bon choix de bordeaux.

Parc sans rest

5 av. du Parc – 05 56 83 10 58 – www.hotelduparc-arcachon.com – Ouvert 1er mai-30 sept. AX**s**

30 ch – 70/98 € 78/109 €

◆ Au calme, entouré de pins, cet hôtel familial, tenu par la deuxième génération, a subi une vraie cure de jouvence. Grandes chambres confortables dotées de balcons.

au Moulleau 5 km au Sud-Ouest – ✉ 33120 Arcachon

Yatt sans rest

253 bd Côte-d'Argent – 05 57 72 03 72 – www.yatt-hotel.com – Ouvert 1er avril-3 oct. AY**h**

28 ch – 50/115 € 50/115 € – 6 €

◆ Derrière une façade d'un blanc éclatant, vous trouverez des chambres simples et bien tenues, au décor nautique, un peu moins spacieuses au 1er étage. Petit-déjeuner buffet.

ARCANGUES – 64 Pyrénées-Atlantiques – 342 C4 – rattaché à Biarritz

---

ARC-EN-BARROIS – 52 Haute-Marne – 313 K6 – 789 h. – alt. 270 m 14 C3 – ✉ 52210 Champagne Ardenne

Paris 263 – Bar-sur-Aube 55 – Châtillon-sur-Seine 44 – Chaumont 24

place Moreau 03 25 02 52 17

d'Arc-en-Barrois Club House, S : 1 km par D 6, 03 25 01 54 54

Du Parc

1 pl. Moreau – ✆ 03 25 02 53 07 – www.relais-sud-champagne.com – Fermé de mars à début avril, mardi soir et merc. de début sept. à fin fév.

16 ch – †60/65 € ††60/65 € – ☕ 8,50 € – ½ P 62 €

Rest – (14 €) Menu 19/42 € – Carte 35/65 €

◆ Cet ancien relais de poste au cœur du village daterait du 17e s. Il dispose de petites chambres simples, aux couleurs chaleureuses. Salle à manger d'allure cossue (parquet, mobilier de style) pour une cuisine traditionnelle. Brasserie au décor contemporain.

ARC-ET-SENANS – 25 Doubs – 321 E4 – 1 364 h. – alt. 231 m – ✉ 25610 Franche-Comté Jura — 16 B2

Paris 396 – Besançon 37 – Pontarlier 62 – Salins-les-Bains 16

Porche de la Saline ✆ 03 81 57 43 21

Saline Royale★★.

Port-Lesney★.

Le Relais d'Arc et Senans

9 pl. de l'Église – ✆ 03 81 57 40 60 – www.le-relais-darc-et-senans – Fermé 1er-8 oct. et de mi-déc. à mi-janv.

Rest – (14 €) Carte environ 30 €

◆ Une maison franc-comtoise à 800 m de la Saline royale (classée au patrimoine de l'Unesco). Salle rustique et cuisine actuelle privilégiant les produits locaux.

ARCHAMPS – 74 Haute-Savoie – 328 J4 – rattaché à St-Julien-en-Genevois

---

ARCINS – 33 Gironde – 335 G4 – rattaché à Margaux

LES ARCS – 83 Var – 340 N5 – 6 108 h. – alt. 80 m – ✉ 83460 Côte d'Azur — 41 C3

Paris 848 – Cannes 59 – Draguignan 11 – Fréjus 25

Polyptyque★ dans l'église - Chapelle Ste-Roseline★ NE : 4 km.

Le Relais des Moines

1,5 km à l'Est par rte Ste-Roseline – ✆ 04 94 47 40 93 – www.lerelaisdesmoines.com – Fermé 7-28 nov., 10-18 janv., mardi d'oct. à mai et lundi

Rest – (25 € bc) Menu 37/59 € – Carte 50/65 €

◆ Cette bergerie à flanc de colline abritait jadis des moines. Cadre chaleureux rehaussé d'arcades en pierre du 16e s. et terrasse ombragée pour apprécier des plats contemporains.

Logis du Guetteur avec ch

au village médiéval – ✆ 04 94 99 51 10 – www.logisduguetteur.com – Fermé 8 fév.-16 mars

13 ch – †130/154 € ††130/225 € – ☕ 17 €

Rest – (23 €) Menu 27/98 € – Carte 60/95 €

◆ Une robuste demeure médiévale (11e s.), perchée à l'aplomb du village... En terrasse, où l'on guette le panorama à loisir, ou sous les voûtes séculaires du bâtiment, on savoure une cuisine généreuse, marquée par le terroir. Agréable esprit provençal dans les chambres.

ARC-SUR-TILLE – 21 Côte-d'Or – 320 L5 – 2 458 h. – alt. 219 m – ✉ 21560 — 8 D1

Paris 323 – Avallon 119 – Besançon 97 – Dijon 13

Auberge Les Marronniers

16 r. de Dijon – ✆ 03 80 37 09 62

19 ch – †60 € ††65/80 € – ☕ 10 € – ½ P 78 €

Rest – (20 €) Menu 36/60 € – Carte 33/60 €

◆ Chambres spacieuses et simples dotées de salles de bains bien conçues. Au restaurant, décor champêtre, vivier à crustacés et carte orientée poissons ; jolie terrasse dressée l'été sous les marronniers centenaires.

ARDENTES – 36 Indre – 323 H6 – 3 582 h. – alt. 172 m – ✉ 36120 12 C3
Limousin Berry

Paris 275 – Argenton-sur-Creuse 43 – Bourges 66 – Châteauroux 14

La Gare

2 av. de la Gare – ✆ 02 54 36 20 24 – Fermé dim. soir, merc. du 15 sept. au 15 juin

Rest – Menu 12 € (déj.), 18/31 € – Carte 20/36 €

◆ Dans un quartier calme proche de l'ancienne gare, façade assez anodine abritant une salle de restaurant rustique et soignée, coiffée de poutres apparentes. Cuisine traditionnelle copieuse.

ARDRES – 62 Pas-de-Calais – 301 E2 – 4 191 h. – alt. 11 m – ✉ 62610 30 A1
Nord Pas-de-Calais Picardie

Paris 273 – Calais 18 – Arras 93 – Boulogne-sur-Mer 38

place d'Armes ✆ 03 21 35 28 51

Le François 1er

pl. des Armes – ✆ 03 21 85 94 00 – www.lefrancois1er.com – Fermé 16-18 avril, 1er-13 sept., 26 déc.-12 janv. merc. soir, dim. soir et lundi

Rest – *(prévenir)* (18 €) Menu 25/49 € – Carte 52/65 €

◆ Belle demeure sur la pittoresque Grand-Place, décorée avec élégance. Le chef met en valeur les produits du terroir (ris de veau aux morilles, turbot à la crème de homard).

ARÊCHES – 73 Savoie – 333 M3 – alt. 1 080 m – Sports d'hiver : 1 050/2 300 m 15 – ✉ 73270 Beaufort sur Doron 45 D1
Alpes du Nord

Paris 606 – Albertville 26 – Chambéry 77 – Megève 42

route Grand Mont ✆ 04 79 38 37 57

Hameau de Boudin★ E : 2 km.

Auberge du Poncellamont

– ✆ 04 79 38 10 23 – www.hotel-poncellamont-areches.com – Ouvert 15 juin-15 sept. et 20 déc.-15 avril et fermé dim. soir, lundi midi et merc. hors saison

14 ch – †65/80 € ††80/90 € – ☕ 11 € – ½ P 69 €

Rest – *(dîner seult en hiver)* (15 €) Menu 24/49 € – Carte 34/40 €

◆ Chalet savoyard abondamment fleuri en été. Chambres simples et pratiques ; certaines sont mansardées, d'autres pourvues de balcons. Salle à manger rustique et terrasse bercée par le murmure d'une fontaine. Plats traditionnels et du terroir.

ARÈS – 33 Gironde – 335 E6 – 5 341 h. – alt. 6 m – ✉ 33740 3 B1
Pays Basque et Navarre

Paris 627 – Arcachon 47 – Bordeaux 48

esplanade G. Dartiquelongue ✆ 05 56 60 18 07

des Aiguilles Vertes à Lanton Route de Bordeaux, SE : 12 km, ✆ 05 56 82 95 71

St-Éloi avec ch

11 bd Aérium – ✆ 05 56 60 20 46 – www.le-saint-eloi.com – Fermé 5 janv.-10 fév., merc. soir, dim. soir et lundi du 15 sept. au 15 juin

8 ch – †50/65 € ††55/85 € – ☕ 8,50 € – ½ P 45/55 €

Rest – (19 € bc) Menu 33 € (sem.), 43/62 € – Carte environ 50 €

◆ Agréable salle à manger contemporaine, terrasse, cuisine traditionnelle et chambres ethniques ou marines vous attendent en cette maison balnéaire blanche proche du bassin d'Arcachon.

ARGELÈS-GAZOST – 65 Hautes-Pyrénées – 342 L6 – 3 254 h. – alt. 462 m – Stat. therm. : mi avril-fin oct. – Casino Y – ✉ 65400 28 A3
Midi-Toulousain

Paris 863 – Lourdes 13 – Pau 58 – Tarbes 32

15, place République ✆ 05 62 97 00 25

ARGELÈS-GAZOST

Alicot (R. Michel) . . . . Y 3
Bourdette (R. Jean) . . . . Z 18
Bourg Neuf (R. du) . . . . Y 19
Coubertin (Av. P. de) . . . . Z 29
Dambé (Av. Jules) . . . . Y 30
Digoy (R. Capitaine) . . . . . . YZ 33
Edouard-VII (Pl.) . . . . Z 36
Foch (R. du Mar.) . . . . Y 39
Gassan (Av. Emile) . . . . Y 42
Joffre (Pl.) . . . . YZ 53
Nansouty (Av. du Gén.) . . . . . Y 69
Pasteur (R.) . . . . Z 75
Pérus (Pl.) . . . . Y 77
Poilus (R. des) . . . . Y 80
Reine Nathalie (Av.) . . . . Y 84
République (Pl. de la) . . . . Z 85
Sainte-Castere (R.) . . . . Z 91
Saint-Orens (R.) . . . . Z 88
Sassere (Av. Hector) . . . . Y 92
Sorbe (R.) . . . . Y 93
Sylvestre (Av. Armand) . . . . . Z 96
Victoire (Pl. de la) . . . . Y 100
Vieuzac (R. de) . . . . Y 101
8-Mai (R. du) . . . . Y 106

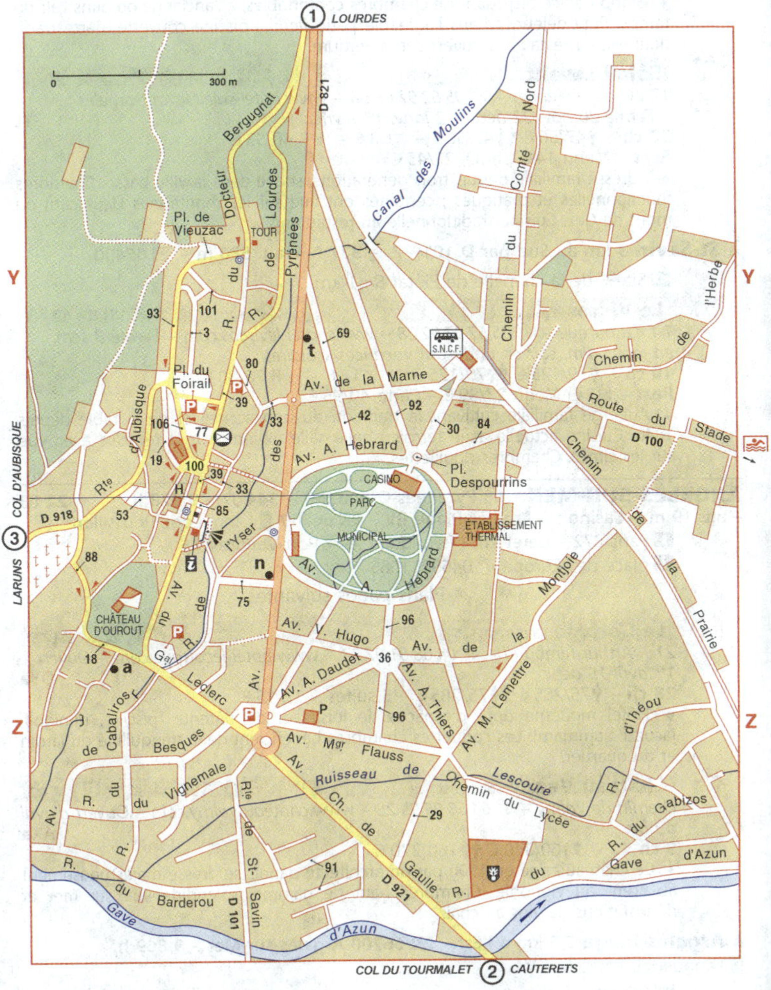

Le Miramont rest, ch,

44 av. des Pyrénées – ✆ 05 62 97 01 26 – www.bestwestern-lemiramont.com – Fermé de mi-nov. à mi-déc. **Zn**

19 ch – †56/165 € ††69/165 € – ☕ 13 € – ½ P 54/117 €

Rest – *(fermé merc. sauf le soir en juil.-août) (prévenir le week-end)* (16 €) Menu 21/29 € bc – Carte 32/55 €

◆ Cette villa blanche des années 1930, aux allures de paquebot, cache un joli jardin et des chambres de bon confort. Restaurant lumineux agrémenté d'une véranda pour déguster des plats au goût du jour.

Les Cimes rest, rest, VISA

1 pl. d'Ourout – 05 62 97 00 10 – www.hotel-lescimes.com – Fermé 25 oct.-25 déc. et 2 janv.-6 fév. Za

26 ch – 48/59 € 69/86 € – 10 € – ½ P 55/70 €

Rest – (10 €) Menu 19/45 € – Carte 20/50 €

◆ Grand édifice disposant de chambres confortables, à l'ancienne ou dans l'air du temps. Petit-déjeuner dans l'agréable patio fleuri ; piscine couverte. Carte traditionnelle au restaurant ouvert sur la verdure.

Soleil Levant rest, VISA AE

17 av. des Pyrénées – 05 62 97 08 68 – www.hotel-soleil-levant-argeles – Fermé 20 nov.-22 déc. et 2 janv.-1er fevrier Yt

32 ch – 47/56 € 47/56 € – 8 € – ½ P 48/53 €

Rest – Menu 14 € (sem.), 22/45 €

◆ Adresse familiale depuis trois générations, située dans la ville basse. Chambres fonctionnelles et pratiques ; certaines ont vue sur les montagnes Hautacam ou mont de Gez. Cuisine traditionnelle au restaurant.

à St-Savin 3 km au Sud par D 101 - Z – 377 h. – alt. 580 m – 65400

Site★ de la chapelle de Piétat S : 1 km.

Le Viscos avec ch rest, VISA AE

1 r. Lamarque – 05 62 97 02 28 – www.hotel-leviscos.com – Fermé 3 sem. en janv., dim. soir et lundi sauf vacances scolaires

10 ch – 79/125 € 79/125 € – 12 € – ½ P 78/88 €

Rest – (21 €) Menu 27/89 € – Carte 40/95 €

◆ Auberge familiale cultivant la tradition du bon accueil et de la table depuis 1840. Cuisine actuelle axée terroir ; belle salle ouverte sur la terrasse avec vue sur les cimes. Chambres douillettes.

ARGELÈS-SUR-MER – 66 Pyrénées-Orientales – 344 J7 – 9 928 h. – alt. 19 m – Casino : à Argelès-Plage BV – 66700 Languedoc Roussillon 22 B3

Paris 872 – Céret 28 – Perpignan 22 – Port-Vendres 9

place de l'Europe 0468811585

Plans pages suivantes

Le Cottage sans rest VISA

21 r. Arthur-Rimbaud – 04 68 81 07 33 – www.hotel-lecottage.com – Ouvert 1er avril-15 oct. DYa

28 ch – 75/285 € 75/285 € – 5 suites – 15 €

◆ Hôtel moderne doté d'espaces de loisirs et de détente (piscine, minigolf, jacuzzi, hammam). Les coquettes chambres bénéficient de la tranquillité du jardin et du quartier.

Château Valmy sans rest VISA

chemin de Valmy – 04 68 95 95 25 – www.chateau-valmy.com – Ouvert d'avril à nov. AXa

5 ch – 160/370 € 160/370 €

◆ Ce château érigé en 1900 par un architecte danois se dresse majestueusement au cœur du vignoble. Chambres haut de gamme, splendide vue sur mer et dégustations de vins au chai.

à Argelès-Plage 2,5 km à l'Est – 66700 Argelès-sur-Mer – 9 869 h.
Languedoc Roussillon

SE : Côte Vermeille★★.

Grand Hôtel du Lido ch, VISA AE

50 bd de la Mer – 04 68 81 10 32 – www.hotel-le-lido.com – Ouvert 22 avril-1er oct. BVu

66 ch – 84/215 € 84/215 € – 11 € – ½ P 78/148 €

Rest – (19 € bc) Menu 27 € (déj.), 30/47 € – Carte 40/55 €

◆ Agréablement posé en bord de plage, le Lido abrite des chambres colorées et bien équipées avec balcons, la plupart tournés vers la mer. Salle à manger-véranda, terrasses ombragées et fleuries pour une cuisine traditionnelle (buffets mercredi et dimanche).

ARGELÈS-SUR-MER

Albères (Bd des) . . . . BV 2
Arrivée (Rond-Point de l') . . . . . BV 6
Buisson (Allée Ferdinand) . . . . AV 10
Charlemagne (Av. de) . . . . BX 16
Corbières (Av. des) . . . . BV 17
Gaulle (Av. du Gén.-de) . . . . BX 21
Grau (Av. du) . . . . BX 24
Méditerranée (Bd de la) . . . . . . BV 29
Mimosas (Av. des) . . . . BV 30
Pins (Allée des) . . . . BV 37
Pins (Av. des) . . . . BV 38
Platanes (Av. des) . . . . BV 39
Port (R. du) . . . . BX 40
Racou (Allée du) . . . . BVX 42
Ste-Madeleine (Chemin) . . . . AX 43
Trabucaires (R. des) . . . . AV 44
14-Juillet (R. du) . . . . AV 49

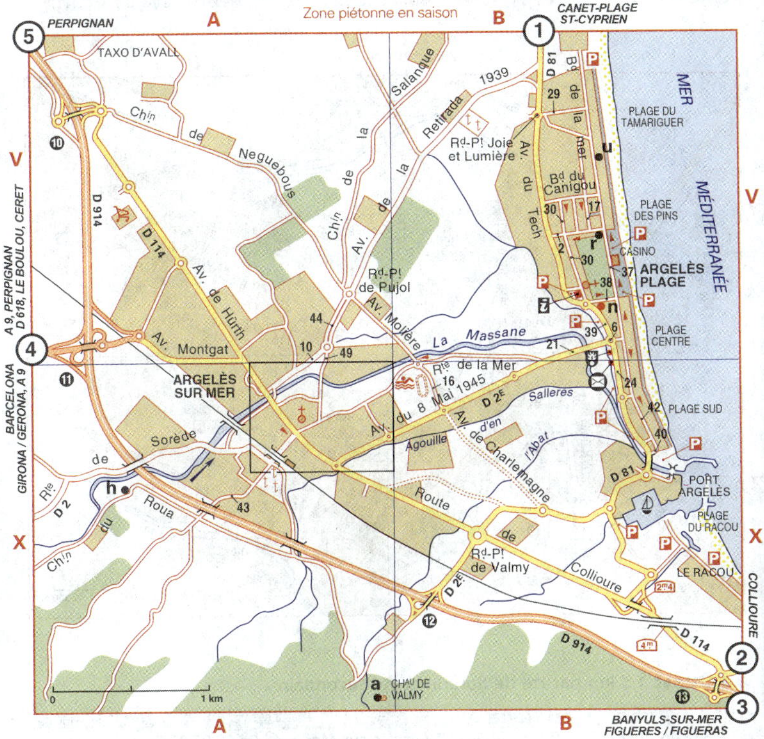

De la Plage des Pins sans rest

allée des Pins – ✆ 04 68 81 09 05 – www.plage-des-pins.com – Ouvert 16-30 avril et 2 juin- 25 sept. BVr

50 ch – 70/105 € 80/154 € – 13 €

◆ Cette grande bâtisse face à la Méditerranée bénéficie de chambres sobres et fonctionnelles, toutes dotées de balcons. Celles côté mer offrent plus d'ampleur. Belle piscine.

L'Amadeus

av. des Platanes – ✆ 04 68 81 12 38 – www.lamadeus.fr – Fermé 12 nov.-20 déc., 2 janv.-2 fév., lundi et mardi sauf le soir en saison et merc. midi du 16 juin au 14 sept.

Rest – (16 €) Menu 30/46 € – Carte 48/80 € BVn

◆ Spécialités régionales dans une salle à manger contemporaine avec cheminée et plantes vertes, ou sur une agréable terrasse en zone piétonne ; calme patio sur l'arrière.

rte de Collioure 4 km au Sud-Est DZ – ✉ 66700 Argelès-sur-Mer

Les Mouettes sans rest

La Corniche – ✆ 04 68 81 82 83 – www.hotel-lesmouettes.com – Ouvert 15 avril-15 oct.

31 ch – 95/200 € 95/250 € – 15 €

◆ Hôtel avec jardin, espace zen (jacuzzi, hammam) et piscine panoramique. Salon contemporain ouvert sur la terrasse et agréables chambres ou studios.

ARGELÈS-SUR-MER

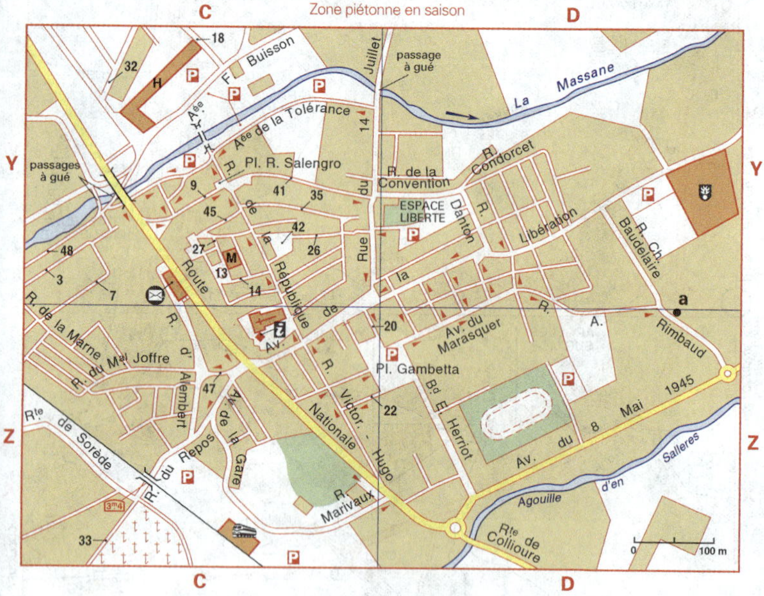

à l'Ouest 1,5 km par rte de Sorède et rte secondaire

Auberge du Roua

46 chemin du Roua ✉ 66700 Argelès-sur-Mer – ✆ 04 68 95 85 85 – www.aubergeduroua.com – Ouvert 1er fév.-14 nov. AXh

14 ch – †69/189 € ††69/189 € – 3 suites – ☕ 12 € – ½ P 78/138 €

Rest – *(fermé le midi sauf dim. et fériés)* (20 €) Menu 43/75 € – Carte 49/58 €

◆ Authentique mas du 17e s. Dans les chambres rénovées avec goût, la décoration moderne épurée (tons beige, taupe et marron) s'accorde parfaitement aux murs anciens. Cuisine méditerranéenne revisitée servie sous de belles voûtes ou au bord de la piscine.

ARGENTAN – 61 Orne – 310 I2 – 14 900 h. – alt. 160 m – ✉ 61200 Normandie Cotentin   33 C2

Paris 191 – Alençon 46 – Caen 59 – Dreux 115

rue Lautour Labroise ✆ 02 33 67 12 48

des Haras à Nonant-le-Pin Les Grandes Bruyères, E : 22 km, ✆ 02 33 27 00 19

Église St-Germain★.

Ariès

ch,

Z.A. Beurrerie, 1 km par D 916 – ✆ 02 33 39 13 13 – www.arieshotel.fr

43 ch – †60/64 € ††64/68 € – ☕ 8 € – ½ P 44/48 €

Rest – *(fermé vend. soir, sam. et dim.)* (12 €) Menu 16/23 € – Carte 22/38 €

◆ À proximité d'un axe à forte circulation, hôtel moderne simple et très bien insonorisé. Chambres fonctionnelles de conception identique. Au restaurant, salle claire et spacieuse, mobilier de bistrot, carte classique, formules buffets et plats du jour.

XXX **La Renaissance** avec ch
20 av. 2e-Division-Blindée – ☎ 02 33 36 14 20 – www.hotel-larenaissance.com – Fermé 26 juil.-16 août, 20-27 fév. et dim. soir
14 ch – †64/86 € ††69/90 € – ☐ 10 € – ½ P 71/97 €
Rest – *(fermé lundi)* (18 €) Menu 27/65 € – Carte 61/87 €
◆ De grandes baies vitrées donnant sur le jardin éclairent cette salle à manger bourgeoise ornée d'une cheminée d'inspiration Renaissance. Belle cuisine inventive. Chambres agréables pour l'étape.

au Nord-Est 11 km par N 26 et D 729

Pavillon de Gouffern
l'Orée du bois – ☎ 02 33 36 64 26 – www.pavillondegouffern.com
20 ch – †60/200 € ††70/200 € – ☐ 12 € – ½ P 93/103 €
Rest – (25 €) Menu 38/100 € bc
◆ Dans un parc entouré de bois, pavillon de chasse du 19e s. avec façade à colombages. Chambres spacieuses, aménagées dans un esprit contemporain. Les deux salles à manger, relookées au goût du jour, offrent une belle vue sur le domaine. Cuisine traditionnelle.

à Fontenai-sur-Orne 4,5 km au Sud-Ouest – 263 h. – alt. 65 m – ✉ 61200

XX **Faisan Doré** avec ch
– ☎ 02 33 67 18 11 – www.lefaisandore.com – Fermé 1er-15 août, sam. midi et dim. soir
16 ch – †60/150 € ††60/150 € – ☐ 9 €
Rest – (13 €) Menu 17 € (sem.), 25/35 € – Carte 19/45 €
◆ Une auberge normande située au bord d'une route fréquentée. La salle à manger, précédée d'un bar-salon cosy, ose le papier peint fleuri et les couleurs vives. Carte régionale. Chambres progressivement rénovées (style contemporain et teinte chocolat dominante).

ARGENTAT – 19 Corrèze – **329** M5 – 3 119 h. – alt. 183 m – ✉ 19400 **25** C3
Limousin Berry

Paris 503 – Aurillac 54 – Brive-la-Gaillarde 45 – Mauriac 49
place da Maïa ☎ 05 55 28 16 05

Le Sablier du Temps rest,
13 r. J.-Vachal – ☎ 05 55 28 94 90 – www.sablier-du-temps.com – Fermé 3 janv.-11 fév.
24 ch – †50/58 € ††52/95 € – ☐ 9 € – ½ P 53/75 €
Rest – *(fermé vend. d'oct. à avril)* (12 €) Menu 21 € (déj. en sem.), 23/43 € – Carte 32/55 €
◆ Un jardin arboré agrémenté d'une piscine entoure cet hôtel proche du centre-ville. Les chambres, actuelles, sont progressivement personnalisées et très bien tenues. Cuisine du terroir servie dans une grande salle à manger-véranda ouvrant sur la terrasse.

Fouillade rest,
11 pl. Gambetta – ☎ 05 55 28 10 17 – www.fouillade.com – Fermé 15 déc.-4 janv. et vacances de fév.
15 ch – †50 € ††52/73 € – ☐ 7 € – ½ P 45 €
Rest – *(fermé dim. soir et lundi du 15 sept. au 15 juin)* Menu 14 € (sem.), 25/39 € – Carte 18/46 €
◆ Hôtel au calme vous hébergeant dans des chambres au mobilier fonctionnel de style actuel et dotées de lits confortables. Plats traditionnels aux accents régionaux servis sous les poutres de la salle à manger rustique ; terrasse en façade.

XX **Saint-Jacques**
39 av. Foch – ☎ 05 55 28 89 87 – Fermé 7-28 mars, 3-17 oct., dim. soir d'oct. à avril et lundi
Rest – (14 €) Menu 19/55 € – Carte 46/76 €
◆ Monsieur réalise une goûteuse cuisine actuelle tandis que madame prend soin de vous accueillir. Salle confortable et raffinée, véranda et belle terrasse ombragée.

Auberge des Gabariers

15 quai Lestourgie – ✆ 05 55 28 05 87 – www.aubergedesgabariers.com – Ouvert 28 mars-10 nov. et fermé mardi soir et merc. sauf juil.-août
Rest – (16 €) Menu 27/36 € – Carte 35/48 €
◆ Jolie maison du 16e s. en bord de Dordogne. Salle à manger rustique à souhait, cuisine à la broche et terrasse riveraine ombragée par un tilleul. Chambres charmantes tournées vers les flots.

ARGENTEUIL – 95 Val-d'Oise – **305** E7 – **101** 14 – voir à Paris, Environs

---

ARGENTIÈRE – 74 Haute-Savoie – **328** O5 – alt. 1 252 m – Sports d'hiver : voir Chamonix – ✉ 74400 Alpes du Nord **45** D1

Paris 619 – Annecy 106 – Chamonix-Mont-Blanc 10 – Vallorcine 10
24, route du village ✆ 04 50 54 02 14
Aiguille des Grands Montets★★★ : ❊★★★ - Réserve naturelle des Aiguilles Rouges★★★ N : 3 km - Col de la Balme★★ : ❊★★.

Grands Montets sans rest

340 chemin des Arberons, (près du téléphérique de Lognan) – ✆ 04 50 54 06 66 – www.hotel-grands-montets.com – Ouvert 26 juin-29 août et 17 déc.-1er mai
45 ch – †115/200 € ††125/210 € – 3 suites
◆ Cet hôtel a de séduisants atouts : calme, proximité du téléphérique, décor régional au bar-salon, belle piscine, fitness et chambres avec vue. Préférez celles récemment rénovées.

Montana ch,

24 clos du Montana – ✆ 04 50 54 14 99 – www.hotel-montana.fr – Ouvert 30 juin-30 sept. et 8 déc.-11 mai
22 ch – †105/180 € ††120/300 €
Rest – *(ouvert 30 juin-30 sept.) (dîner seult) (résidents seult)* Menu 29 €
◆ Une adresse recherchée pour son ambiance familiale, particulièrement chaleureuse et amicale. Chambres sobrement meublées, dotées de balcons tournés vers les Grands Montets. Restaurant au décor alpin, terrasse face aux montagnes et plats traditionnels simples.

ARGENTON-SUR-CREUSE – 36 Indre – **323** F7 – 5 185 h. – alt. 100 m – ✉ 36200 Limousin Berry **11** B3

Paris 297 – Châteauroux 32 – Limoges 93 – Montluçon 103
13, place de la République ✆ 02 54 24 05 30
Vieux pont ★ - ★ de la terrasse de la chapelle N.-D.-des-Bancs.

Manoir de Boisvillers sans rest

11 r. Moulin-de-Bord – ✆ 02 54 24 13 88 – www.manoir-de-boisvillers.com – Fermé 4 janv.-1er fév. e
16 ch – †56/113 € ††60/113 € – 8 €
◆ Belle demeure bourgeoise du 18e s. posée sur une rive de la Creuse. Chambres de style, ethniques ou rustiques, salon contemporain et agréable jardin autour de la piscine.

Le Cheval Noir rest,

27 r. Auclert-Descottes – ✆ 02 54 24 00 06 – www.le-chevalnoir.fr – Fermé dim. soir hors saison n
20 ch – †46 € ††70 € – 7 €
Rest – *(fermé en nov. et en janv.)* (10 €) Menu 23/31 € – Carte 26/46 €
◆ Ancien relais de poste, géré de père en fils depuis plus d'un siècle. Chambres sobres, de styles et de tailles variés. Salle à manger contemporaine et terrasse dans une cour fleurie. Cuisine traditionnelle complétée, à midi, d'une petite formule du jour.

ARGENTON-SUR-CREUSE

Acacias (Allée des) 2
Barbès (R.) 5
Brillaud (R. Charles) 6
Chapelle-N.-D. (R. de la) 7
Châteauneuf (R.) 8
Chauvigny (R. A. de) 10
Coursière (R. de la) 12
Gare (R. de la) 14
Grande (R.) 15
Merle-Blanc (R. du) 18
Point-du-Jour (R. du) 20
Pont-Neuf (R. du) 23
Raspail (R.) 24
République (Pl. de la) 25
Rochers-St-Jean (R. des) 27
Rosette (R.) 28
Rousseau (R. Jean-J.) 29
Tanneurs (R. des) 31
Victor-Hugo (R.) 33
Villers (Impasse de) 35

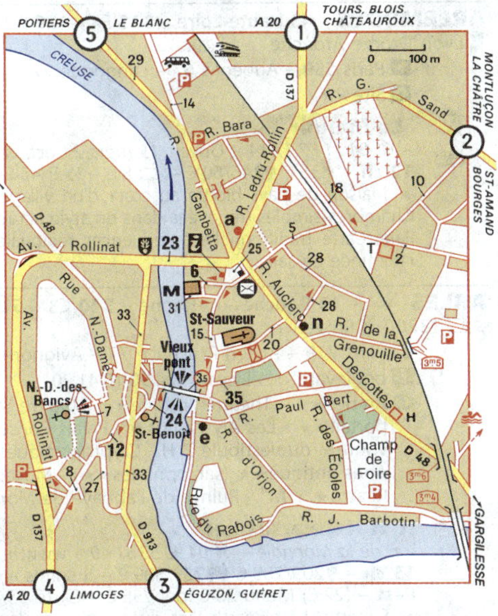

à Bouësse 11 km par ② – 391 h. – alt. 185 m – ✉ 36200

Château de Bouesse
– ✆ 02 54 25 12 20 – *www.chateau-bouesse.com – Ouvert 1er avril-1er janv. et fermé lundi et mardi sauf du 16 mai au 30 sept.*
8 ch – 🛉95/130 € 🛉🛉95/140 € – 4 suites – ☕ 12 € – ½ P 88/121 €
Rest – *(fermé mardi sauf juil.-août et lundi)* Menu 20 € (déj.), 36/50 € Carte 54/75 €
◆ Jeanne d'Arc aurait séjourné en ce château du 13e s. entouré d'un parc. L'intérieur allie style médiéval et confort moderne. Chambres au mobilier ancien, dont une magnifique au donjon. Au restaurant : décor du 18e s. et repas dans l'air du temps.

ARGENTRÉ – 53 Mayenne – **310** F6 – rattaché à Laval

ARGENT-SUR-SAULDRE – 18 Cher – **323** K1 – 2 285 h. – alt. 171 m **12** C2
– ✉ 18410 Limousin Berry
Paris 171 – Bourges 57 – Cosne-sur-Loire 46 – Gien 22

Relais du Cor d'Argent avec ch
39 r. Nationale – ✆ 02 48 73 63 49 – www.lecordargent.com – Fermé 28 juin-7 juil., 18-27 oct., 15 fév.-16 mars, mardi et merc.
7 ch – 🛉42/46 € 🛉🛉42/46 € – ☕ 8 € – ½ P 45 €
Rest – Menu 18 € (sem.), 28/58 € – Carte 40/70 €
◆ Un Cor d'Argent fleuri et rustique... Salles à manger sobres et champêtres, où l'on savoure une cuisine traditionnelle variant avec le marché et les saisons. Petites chambres simples pour l'étape.

ARGOULES – 80 Somme – **301** E5 – 335 h. – alt. 18 m – ✉ 80120 **36** A1
Nord Pas-de-Calais Picardie
Paris 217 – Abbeville 34 – Amiens 82 – Calais 93
Abbaye★★ et jardins★★ de Valloires NO : 2 km.

Auberge du Coq-en-Pâte
37 rte de Valloires – ✆ 03 22 29 92 09 – Fermé 5-12 avril, 30 août-10 sept., 18-25 oct., 3 sem. en janv., mardi sauf le midi en saison, dim. soir et lundi
Rest – *(nombre de couverts limité, prévenir)* Menu 20 € – Carte 25/45 €
◆ Dans les années 1930, cette auberge typiquement régionale fut offerte par le châtelain d'Argoules à sa cuisinière. Les plats, goûteux, magnifient le terroir picard à leur façon.

ARLEMPDES – 43 Haute-Loire – 331 F4 – 129 h. – alt. 840 m – ✉ 43490 6 C3

Lyon Drôme Ardèche

Paris 559 – Aubenas 67 – Langogne 27 – Le Puy-en-Velay 29

Site★★.

Le Manoir

ch, VISA

– *04 71 57 17 14 – Ouvert 15 mars-23 oct. et fermé dim. soir*

12 ch – 36 € 46/60 € – 8 € – ½ P 45 € **Rest** – Menu 17/40 €

◆ Maison de pays blottie au cœur d'un village pittoresque baigné par la Loire. Chambres simples (rénovées dans un style actuel au 1er étage) et ambiance familiale. Carte traditionnelle à séquences régionales ; parements de pierre et jolie cheminée en salle.

ARLES – 13 Bouches-du-Rhône – 340 C3 – 51 970 h. – alt. 13 m 40 A3

– ✉ 13200 Provence

Paris 719 – Aix-en-Provence 77 – Avignon 37 – Marseille 94

boulevard des Lices 04 90 18 41 20

Arènes★★ - Théâtre antique★★ - Cloître St-Trophime★★ et église★ : portail★★ - Les Alyscamps★ - Palais Constantin★ Y **S** - Hôtel de ville : voûte★ du vestibule Z **H** - Cryptoportiques★ Z **E** - Musée départemental Arles antique★★ (sarcophages★★) - Museon Arlaten★ Z **M**6 - Musée Réattu★ Y **M**4 - Ruines de l'abbaye de Montmajour★ 5 km par ①.

L'Hôtel Particulier

ch, rest, VISA AE

4 r. de la Monnaie – 04 90 52 51 40 – www.hotel-particulier.com Zd

15 ch – 209/289 € 239/389 € – 5 suites – 22 € – ½ P 350/415 €

Rest – (22 €) Menu 28 € (déj.)/55 € – Carte 55/75 € le soir

◆ Superbe hôtel particulier du quartier de la Roquette, mariant l'ancien et le moderne avec élégance. Chambres claires et luxueuses, massages et soins. Salle à manger toute vêtue de blanc et cuisine actuelle à base de produits frais (formule plus simple le midi).

Nord Pinus sans rest

VISA AE

pl. du Forum – 04 90 93 44 44 – www.nord-pinus.com – Ouvert 15 fév.-15 nov.

24 ch – 170 € 170/310 € – 2 suites – 20 € Zt

◆ Le superbe décor de cette institution arlésienne (mobilier signé du 20e siècle, collection de photographies) distille une atmosphère rétro. Idéal pour se balader en ville.

D'Arlatan sans rest

VISA AE

26 r. Sauvage – 04 90 93 56 66 – www.hotel-arlatan.fr – Ouvert 1er avril-13 nov.

41 ch – 85/157 € 85/157 € – 7 suites – 15 € Yf

◆ Dès la façade, une certitude : cette gracieuse demeure du 15e s. est un lieu chargé d'histoire. Salons et chambres avec poutres et tomettes, beau mobilier ancien. Agréable jardin.

Le Calendal sans rest

VISA AE

5 r. Porte-de-Laure – 04 90 96 11 89 – www.lecalendal.com Zs

38 ch – 79/109 € 99/169 € – 12 €

◆ De belles petites chambres provençales avec vue sur les arènes ou le jardin. Salon de thé et restauration sur le pouce l'été (snacking, en-cas). Parcours thermal "romain" au spa.

Mireille

rest, VISA AE

2 pl. St-Pierre, (à Trinquetaille) – 04 90 93 70 74 – www.hotel-mireille.com – Fermé 4 janv.-29 fév. Yh

34 ch – 75/165 € 85/165 € – 14 € – ½ P 85/126 €

Rest – *(fermé lundi midi et dim.)* Menu 33 € – Carte 39/53 €

◆ Ne vous fiez pas à l'emplacement de cet hôtel : les chambres, provençales, y sont coquettes ; l'accueil agréable et le petit-déjeuner de qualité. Piscine et boutique de produits du terroir. Terrasse bordée de mûriers pour les amateurs de cuisine méridionale.

Amphithéâtre sans rest

VISA AE

5 r. Diderot – 04 90 96 10 30 – www.hotelamphitheatre.fr Zn

30 ch – 50/55 € 55/95 € – 3 suites – 8 €

◆ Chambres colorées (bois peint, fer forgé) dans un bel immeuble du 17e s., plus grandes et raffinées dans l'hôtel particulier mitoyen. Jolie salle des petits-déjeuners.

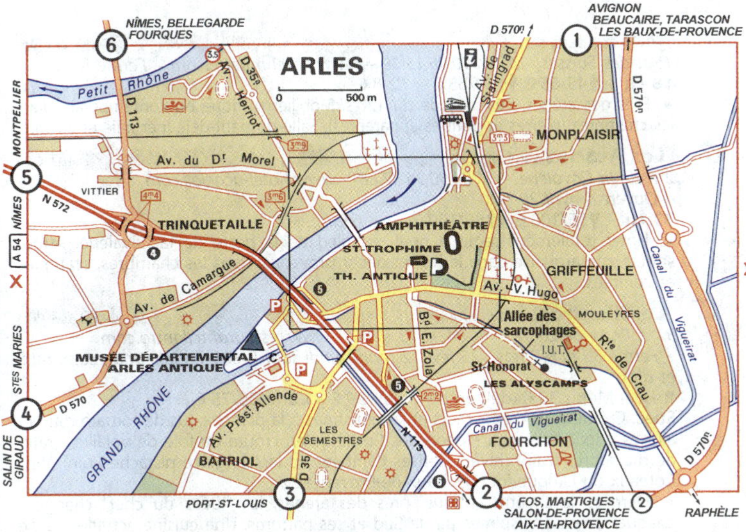

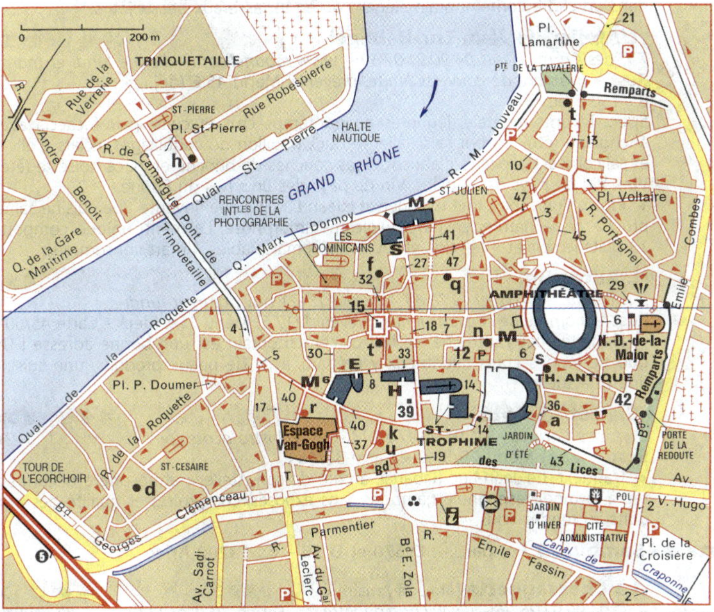

Alyscamps (Av. des) . . . . . Z 2
Amphithéâtre (R. de l') . . . . . Y 3
Anatole-France (R.) . . . . . Z 4
Antonelle (Pl.) . . . . . Z 5
Arènes (Rd-Pt des) . . . . . YZ 6
Arènes (R. des) . . . . . YZ 7
Balze (R.) . . . . . Z 8
Blum (R. Léon) . . . . . Y 10
Calade (R. de la) . . . . . Z 12
Cavalerie (R. de la) . . . . . Y 13
Cloître (R. du) . . . . . Z 14
Forum (Pl. du) . . . . . Z 15
Gambetta (R.) . . . . . Z 17
Hôtel de Ville (R. de l') . . . . . Z 18
Jean-Jaurès (R.) . . . . . Z 19
Lamartine (Av.) . . . . . Y 21
Lices (Bd des) . . . . . Z
Maïsto (R. Dominique) . . . . . Y 27
Major (Pl. de la) . . . . . Y 29
Mistral (R. Frédéric) . . . . . Z 30
Place (R. de la) . . . . . Y 32
Plan de la Cour (R. du) . . . . . Z 33
Porte de Laure (R.) . . . . . Z 36
Président Wilson (R. du) . . . . . Z 37
Réattu (R.) . . . . . Y 41
Redoute (Pl. de la) . . . . . Z 42
République (Pl. de la) . . . . . Z 39
République (R. de la) . . . . . Z 40
Vauban (Montée) . . . . . Z 43
Voltaire (R.) . . . . . Y 45
4-Septembre (R. du) . . . . . Y 47

Muette sans rest
15 r. des Suisses – ✆ 04 90 96 15 39 – www.hotel-muette.com – Fermé fév.
18 ch – 45/65 € 54/65 € – ☕ 8 € **Yq**
◆ Près des arènes, belle façade du 12e s. Mobilier rustique ou contemporain dans les chambres (pierres et poutres apparentes). Salle du petit-déjeuner gaie et colorée.

Les Acacias sans rest
2 r. de la Cavalerie – ✆ 04 90 96 37 88 – www.hotel-acacias.com – Ouvert 4 avril-20 oct. **Yt**
33 ch – 55/100 € 55/100 € – ☕ 6 €
◆ Hôtel totalement remis à neuf, au pied de la porte de la Cavalerie. Atmosphère camarguaise dans le hall et décor provençal dans les chambres, pratiques et colorées.

Le Cilantro (Jérôme Laurent)
31 r. Porte-de-Laure – ✆ 04 90 18 25 05 – www.restaurantcilantro.com – Fermé 30 oct.-7 nov., 25 fév.-12 mars, lundi sauf le soir en juil.-août, sam. midi et dim. **Za**
Rest – Menu 30 € (déj. en sem.), 65/99 € – Carte 65/75 €
Spéc. Cromesquis d'encornets et langoustines à la plancha, jus de tomate rôtie et ail des ours (automne). Pigeon des Costières en croûte de foie de volaille, gratin de macaronis truffé (hiver). Cerises flambées au kirsch, glace pistache (juin). **Vins** Coteaux du Languedoc, Les Baux-de-Provence.
◆ Derrière le théâtre antique, près des arènes, les "Idées du chef" changent chaque semaine, inspirées par le Sud et ses parfums. Une cuisine actuelle, servie dans un cadre contemporain élégant ou en terrasse aux beaux jours.

L'Atelier de Jean-Luc Rabanel
7 r. des Carmes – ✆ 04 90 91 07 69 – www.rabanel.com – Fermé lundi et mardi
Rest – *(nombre de couverts limité, prévenir)* Menu 45 € (déj.), 85/150 € bc **Zk**
Spéc. Tartine végétale, légumes du printemps crus et cuits, pain-focaccia avec anchoïade (été). Turbot saisi "aller-retour", bouillon de coquillages, éclats d'olives et salicornes. Gaspacho d'abricot, fines couches de brioche et glace noisette (été). **Vins** Vin de pays des Alpilles, Vin de pays des Bouches du Rhône.
◆ Plus qu'un repas, une expérience ! Jean-Luc Rabanel invente une cuisine saine, proche de la nature, en perpétuelle métamorphose. Le menu unique comporte 13 plats le soir et 7 le midi, et tous sont remarquables. Un art consommé...

L'Autruche
5 r. Dulau – ✆ 04 90 49 73 63 – Fermé 1er-21 nov., dim. et lundi **Zr**
Rest – *(nombre de couverts limité, prévenir)* (17 €) Menu 25 € (déj.) – Carte 45/60 €
◆ Ne faites pas l'autruche, ce bistrot contemporain est une bonne adresse ! Un duo de jeunes chefs talentueux y prépare, avec de beaux produits, une cuisine fine et actuelle.

Bistrot "À Côté"
21 r. des Carmes – ✆ 04 90 47 61 13 – www.bistro-acote.com **Zu**
Rest – (23 €) Menu 29/37 € – Carte 37/46 €
◆ L'annexe de Jean-Luc Rabanel, à côté de son Atelier : atmosphère décontractée à la mode espagnole (jambons, vins exposés, comptoir...) et qualité des produits au rendez-vous.

rte du Sambuc 17 km par ④, D 570 et D 36 – ✉ 13200 Arles

La Chassagnette (Armand Arnal)
– ✆ 04 90 97 26 96 – www.chassagnette.fr – Fermé 20 déc.-24 fév., mardi sauf du 1er au 15 juil. et merc.
Rest – *(nombre de couverts limité, prévenir)* Menu 36 € (déj.), 63/130 € – Carte 63/72 €
Spéc. Velouté d'herbes amères, brousse de chèvre frais. Pigeon rôti aux légumes du potager. Soufflé chaud selon la saison. **Vins** Vin de pays d'Oc, Côtes du Rhône-Villages.
◆ Un lieu magique que ce mas isolé ! Le chef mise sur une cuisine épurée, dans le respect des saisons et des produits du potager bio pour une explosion de saveurs naturelles.

ARMOY – 74 Haute-Savoie – **328** M2 – rattaché à Thonon-les-Bains

ARNAGE – 72 Sarthe – **310** K7 – rattaché au Mans

ARNAY-LE-DUC – 21 Côte-d'Or – **320** G7 – 1 708 h. – alt. 375 m – ✉ 21230 Bourgogne **8** C2

Paris 285 – Autun 28 – Beaune 36 – Chagny 38

15, rue Saint-Jacques ✆ 03 80 90 07 55

Chez Camille

1 pl. Edouard-Herriot – ✆ 03 80 90 01 38 – www.chez-camille.fr

11 ch – †79 € ††79 € – ☐ 9 € **Rest** – Menu 22/100 € – Carte 49/71 €

◆ Chambres personnalisées, plutôt cosy. Certaines jouissent du privilège d'un petit salon ; d'autres, au second étage, font admirer leur charpente apparente. Plats aux accents bourguignons à déguster dans une salle de style jardin d'hiver avec verrière.

LES ARQUES – 46 Lot – **337** D4 – 173 h. – alt. 254 m – ✉ 46250 Périgord Quercy **28** B1

Paris 569 – Cahors 28 – Gourdon 27 – Villefranche-du-Périgord 19

Église St-Laurent★ : Christ★ et Pietà★ - Fresques murales★ de l'église St-André-des-Arques.

La Récréation

le bourg – ✆ 05 65 22 88 08 – Ouvert de mars à oct. et fermé merc. et jeudi

Rest – Menu 22 € (déj. en sem.)/34 €

◆ L'école est finie ! À la place, une sympathique maison, doucement nostalgique : classe-salle à manger, préau-terrasse, jardin potager dans la cour de récré. Plats actuels.

ARRADON – 56 Morbihan – **308** O9 – rattaché à Vannes

ARRAS P – 62 Pas-de-Calais – **301** J6 – 42 015 h. – Agglo. 124 206 h. – alt. 72 m – ✉ 62000 Nord Pas-de-Calais Picardie **30** B2

Paris 179 – Amiens 69 – Calais 110 – Charleville-Mézières 159

place des Héros ✆ 03 21 51 26 95

18 d'Arras à Anzin-Saint-Aubin Rue Briquet Taillandier, NO : 5 km par D 341, ✆ 03 21 50 24 24

Grand'Place★★★ et Place des Héros★★★ - Hôtel de Ville et beffroi★ BY **H** - Ancienne abbaye St-Vaast★★ : musée des Beaux-Arts★- Carrière Wellington★.

Plans pages suivantes

De l'Univers

3 pl. de la Croix-Rouge – ✆ 03 21 71 34 01 – www.hotel-univers-arras.com

38 ch – †75/145 € ††95/195 € – ☐ 14 € – ½ P 88/138 € BZ**v**

Rest – (19 €) Menu 26 € (sem.)/39 € – Carte 41/55 €

◆ Cette élégante demeure du 16e s. abrita un monastère, puis un hôpital... Désormais, on s'y ressource paisiblement, dans un décor soigné (objets ethniques et contemporains). Au restaurant, appétissante cuisine classique.

Mercure Atria

58 bd Carnot – ✆ 03 21 23 88 88 – www.mercure.com CZ**b**

80 ch – †75/145 € ††85/155 € – ☐ 14 €

Rest – *(fermé sam. midi, dim. midi et fériés le midi)* (15 €) Carte 23/29 €

◆ Derrière sa façade de verre et de brique, cet hôtel du centre d'affaires cache des chambres décorées dans un esprit contemporain : mobilier en bois clair et couleurs tendance. Plantes vertes et fleurs habillent agréablement le restaurant. Carte traditionnelle.

D'Angleterre sans rest

7 pl. Foch – ✆ 03 21 51 51 16 – www.hotelangleterre.info CZ**r**

19 ch – †88/155 € ††99/180 € – ☐ 10 €

◆ Tout près de la gare TGV, cet élégant édifice en brique (1929) dispose de chambres spacieuses et soignées (moquette, mobilier classique ou rustique). Bar british, évidemment.

ARRAS

Adam (R. Paul) . . . . AY 2
Agaches (R. des) . . . . BY 3
Albert-Ier-de-Belgique (R.) BY 4
Ancien-Rivage (Pl. de l') . . BY 5
Barbot (R. du Gén.) . . . . . . BY 6
Baudimont (Rd-Pt) . . . . . . AY 7
Carabiniers-d'Artois
(R. des) . . . . AY 8
Cardinal (R. du) . . . . CZ 9
Delansorne (R. D.) . . . . . . BZ 10
Doumer (R. P.) . . . . BY 12
Ernestale (R.) . . . . BZ 13
Ferry (R. J.) . . . . AY 15
Foch (R. Maréchal) . . . . . . CZ 16
Gambetta (R.) . . . . BCZ
Gouvernance (R. de la) . . . BY 18
Guy Mollet (Pl.) . . . . CY 19
Kennedy (Av. J.) . . . . AZ 24
Legrelle (R. E.) . . . . BCZ 25
Madeleine (Pl. de la) . . . . . BY 28
Marché-au-Filé (R. du) . . . BY 30
Marseille (Pl. de) . . . . BZ 31
Robespierre (R.) . . . . BZ 34
Ronville (R.) . . . . CZ 35
Ste-Claire (R.) . . . . AZ 37
Ste-Croix (R.) . . . . CY 39
St-Aubert (R.) . . . . BY
Strasbourg (Bd de) . . . . . . CZ 42
Taillerie (R. de la) . . . . CY 43
Teinturiers (R. des) . . . . . . BY 45
Théâtre (Pl. et R.) . . . . BZ 47
Verdun (Cours de) . . . . AZ 49
Victor-Hugo (Pl.) . . . . AZ 51
Wacquez-Glasson (R.) . . . CZ 52
Wetz-d'Amain (Pl. du) . . . . BY 53
29-Juillet (R. du) . . . . BY 54
33e (Pl. du) . . . . BY 55

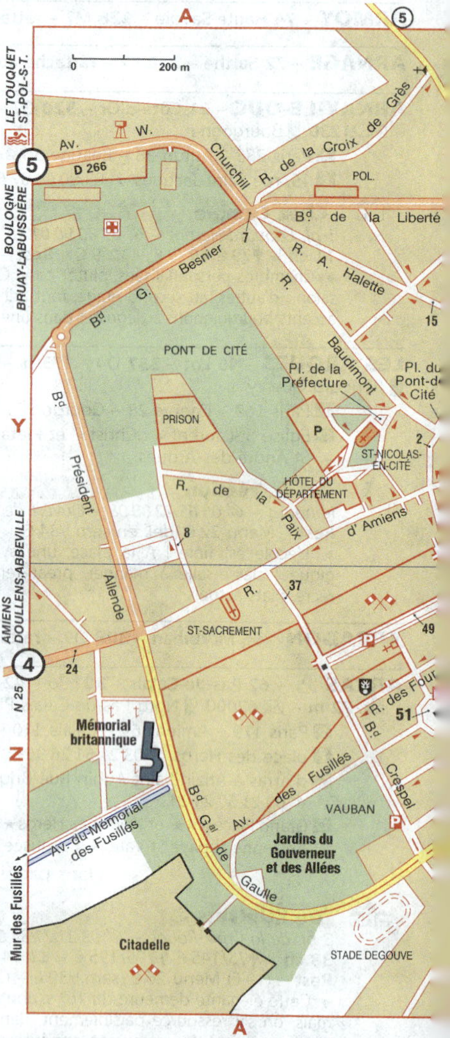

Express by Holiday Inn sans rest
3 r. du Dr Brassart – ✆ 03 21 60 88 88
– www.holidayinn-arras.com CZt
98 ch – 98/150 € 98/150 €
◆ Bâtiment contemporain à proximité immédiate de la gare. Chambres modernes bien équipées, parfaitement adaptées à la clientèle d'affaires.

Moderne sans rest
1 bd de Faidherbe – ✆ 03 21 23 39 57 – www.hotel-moderne-arras.com
– Fermé 18 déc.-3 janv. CZm
50 ch – 71/129 € 81/129 € – 9 €
◆ Face à la gare et à deux pas de la Grand-Place, ce bel immeuble (1920) abrite des chambres simples et fonctionnelles, égayées de tissus colorés.

3 Luppars sans rest

49 Grand'Place – ✆ 03 21 60 02 03
– www.ostel-les-3luppars.com CYr

42 ch – 🛉60/75 € 🛉🛉75 € – ☕ 8 €

◆ La plus ancienne demeure d'Arras, érigée en 1467, affiche fièrement sa superbe façade gothique. Chambres simplement agencées, plus calmes sur l'arrière.

Ibis sans rest

11 r. de la Justice – ✆ 03 21 23 61 61
– www.ibishotel.com CZn

63 ch – 🛉63/100 € 🛉🛉63/100 € – ☕ 8 €

◆ Hôtel idéalement posté entre les deux magnifiques places arrageoises. Les chambres, de dimension modeste, sont fonctionnelles et bien insonorisées.

La Corne d'Or sans rest
1 pl. Guy-Mollet – ✆ 03 21 58 85 94 – www.lamaisondhotes.com CY**a**
5 ch – 72/92 € 80/119 € – 9 €
◆ Savourez l'atmosphère romantique et le doux raffinement de cet hôtel particulier remanié au 18e s. Chambres classiques ou contemporaines, loft mansardé, superbes caves.

La Faisanderie
45 Grand'Place – ✆ 03 21 48 20 76 – www.restaurant-la-faisanderie.com – Fermé 1er-22 août, 27 fév.-14 mars, jeudi midi, dim. soir, lundi et soirs fériés
Rest – Menu 29/45 € – Carte 32/45 € CY**f**
◆ Dans les caves d'une demeure du 17e s., aux voûtes de brique soutenues par d'imposantes colonnes en pierre ! À l'extérieur, belle terrasse sous les arcades. Carte actuelle.

La Coupole d'Arras
26 bd de Strasbourg – ✆ 03 21 71 88 44 – Fermé dim. soir CZ**x**
Rest – Menu 25/30 € – Carte 29/57 €
◆ On savoure ici une cuisine traditionnelle (beau choix de pâtisseries maison) dans une atmosphère de brasserie Art nouveau : reproductions de Mucha, vitraux...

à Rœux **14 km à l'Est par ①, N 50, D 33 et D 42 – 1 379 h. – alt. 59 m – ✉ 62118**

Le Grand Bleu
41 r. Henri-Robert – ✆ 03 21 55 41 74 – www.legrandbleu-roeux.fr – Fermé le soir du mardi au jeudi, sam. midi, dim. soir et lundi
Rest – (20 €) Menu 25 € (déj. en sem.), 42/55 €
◆ La courte carte de ce Grand Bleu varie sans cesse, mêlant saveurs de saison et pointe d'exotisme... On se restaure dans une salle colorée ou sur la terrasse, face au lac.

à Mercatel **8 km par ③, D 917 et D 34 – 629 h. – alt. 88 m – ✉ 62217**

Mercator
24 r. de la Mairie – ✆ 03 21 73 48 33 – Fermé 22-29 mars, 1er-16 août, sam. et le soir sauf vend.
Rest – (18 €) Menu 28/40 € – Carte 34/75 €
◆ Ambiance familiale, salle à manger rustique et plats traditionnels escortés de vins soigneusement choisis : de passage à Arras, projetez donc un repas au Mercator.

à Anzin-St-Aubin **5 km au Nord-Ouest par D 341 – 2 655 h. – alt. 71 m – ✉ 62223**

Du Golf d'Arras
r. Briquet-Tallandier – ✆ 03 21 50 45 04 – www.golf-arras.com
64 ch – 89/115 € 99/115 € – 8 suites – 14 €
Rest – (22 €) Menu 24/28 € bc
◆ À l'entrée d'un golf 18 trous, bâtisse en bois clair, très "Nouvelle-Orléans". Chambres raffinées, la plupart donnant sur les greens. Répertoire culinaire au goût du jour et cadre lumineux pour une pause gourmande entre deux swings.

L'Infini
r. Briquet-Taillandier – ✆ 03 21 50 27 22 – www.golf-arras.com – Fermé 1 sem. à Noël, dim. soir, lundi soir et mardi soir
Rest – Carte 30/55 €
◆ On accède à ce restaurant design par la terrasse. Situé le long du golf, il bénéficie d'une agréable vue sur les greens. Carte traditionnelle variant avec les saisons.

ARREAU – 65 Hautes-Pyrénées – 342 O7 – 838 h. – alt. 705 m – ✉ 65240 Midi-Toulousain 28 A3

Paris 818 – Auch 91 – Bagnères-de-Luchon 34 – Lourdes 81
Château des Nestes ✆ 05 62 98 63 15
Vallée d'Aure★ S - ★★★ du col d'Aspin NO : 13 km.

Angleterre

18 rte de Luchon – ✆ 05 62 98 63 30 – www.hotel-angleterre-arreau.com – Ouvert de mi-mai à mi-oct., week-ends et vacances scolaires de Noël , de fév. et fermé lundi en mai-juin et sept.

16 ch – †70/120 € ††75/130 € – ☕ 10 € – ½ P 70/98 €

Rest – *(dîner seult)* Menu 20/40 € – Carte 20/52 €

◆ Dans un petit village typique de la vallée, relais de poste transformé en hôtel de caractère. Un bel escalier dessert les chambres, cosy et bien tenues. Au restaurant, atmosphère feutrée, mi-contemporaine, mi-campagnarde.

ARROMANCHES-LES-BAINS – 14 Calvados – 303 I3 – 602 h. – alt. 15 m – ✉ 14117 Normandie Cotentin 32 B2

Paris 266 – Bayeux 11 – Caen 34 – St-Lô 46

2, rue du Maréchal Joffre ✆ 02 31 22 36 45

Musée du débarquement - La Côte du Bessin★ O.

La Marine rest,

1 quai du Canada – ✆ 02 31 22 34 19 – www.hotel-de-la-marine.fr – Ouvert 6 fév.-11 nov.

28 ch – †61/96 € ††61/96 € – ☕ 12 € – ½ P 65/90 €

Rest – (18 €) Menu 22/35 € – Carte 30/75 €

◆ Les chambres récemment rajeunies de cette maison (1837) profitent pour la plupart d'une vue imprenable sur la Manche. Boutique de vins, épicerie fine et art de la table. Cuisine traditionnelle au restaurant de style actuel, dont les baies vitrées contemplent les flots.

à Manvieux 2,5 km au Sud-Ouest par D 516 et D 514 – 303 I3 – 112 h. – alt. 53 m – ✉ 14117

La Gentilhommière sans rest

4 r. du Port, lieu dit L'Eglise – ✆ 02 31 51 97 91 – www.lagentilhommiere-arromanches.com

5 ch ☕ – †68 € ††68/75 €

◆ Cette demeure en pierre du 18e s. garantit des nuits paisibles dans ses chambres, personnalisées par une couleur. Brioche, confitures et yaourt maison au petit-déjeuner.

à La Rosière 3 km au Sud-Ouest par rte de Bayeux – ✉14117 Tracy-sur-Mer

La Rosière sans rest

14 rte de Bayeux – ✆ 02 31 22 36 17 – www.hotellarosierebayeux.com – Ouvert 12 mars-13 nov.

24 ch ☕ – †61/130 € ††77/133 €

◆ Un ensemble de bâtiments, en léger retrait de la route. Les chambres fonctionnelles, très bien tenues, à majorité de plain-pied, donnent sur le jardin. Petit-déjeuner buffet.

ARS-EN-RÉ – 17 Charente-Maritime – 324 A2 – voir à Ile de Ré

ARTRES – 59 Nord – 302 J6 – rattaché à Valenciennes

ARVIEU – 12 Aveyron – 338 H5 – 865 h. – alt. 730 m – ✉ 12120 29 D2

Paris 663 – Albi 66 – Millau 59 – Rodez 31

Le Bourg ✆ 05 65 46 71 06

Au Bon Accueil

pl. du Marché – ✆ 05 65 46 72 13 – www.aubon-accueil.com – Fermé 15 déc.-20 janv.

11 ch – †45/48 € ††45/48 € – ☕ 7 € – ½ P 43/45 €

Rest – (13 €) Menu 19/34 € – Carte 22/43 €

◆ Les villageois se retrouvent au bar de cette charmante auberge installée sur la place centrale du bourg. Quelques chambres ont été rénovées et toutes sont bien tenues. Au restaurant, décor rustique et carte traditionnelle simple, avec quelques plats du pays.

ARVIEUX – 05 Hautes-Alpes – **334** I4 – 348 h. – alt. 1 550 m – ✉ 05350 **41** C1
Alpes du Sud

Paris 782 – Briançon 55 – Gap 80 – Marseille 254
la ville ✆ 04 92 46 75 76

La Ferme de l'Izoard
La Chalp , rte du Col – ✆ 04 92 46 89 00 – www.laferme.fr – Fermé avril et 25 sept.-20 déc.
23 ch – †62/164 € ††62/164 € – 3 suites – ☐ 11 € – ½ P 62/113 €
Rest – *(fermé mardi midi et jeudi midi hors vacances scolaires)* (14 €) Menu 23/51 € – Carte 27/55 €
◆ Ferme traditionnelle queyrassine. Grandes chambres décorées dans une veine locale, dotées d'un balcon ou d'une terrasse avec vue sur la vallée. Jacuzzi et hammam. À table, spécialités du terroir et grillades au feu de bois préparées devant le client.

ARZ (ÎLE-D') – 56 Morbihan – **308** O9 – voir à Île-d'Arz

ARZON – 56 Morbihan – **308** N9 – 2 170 h. – alt. 9 m – Casino **9** A3
– ✉ 56640 Bretagne

Paris 487 – Auray 52 – Lorient 94 – Quiberon 81
rond-point du Crouesty ✆ 02 97 53 69 69
Tumulus de Tumiac ou butte de César ✳★ E : 2 km puis 30 mn.

au Port du Crouesty 2 km au Sud-Ouest – ✉ 56640 Arzon

Miramar rest,
– ✆ 02 97 53 49 00 – www.miramarcrouesty.com – Fermé janv.
104 ch – †101/245 € ††122/310 € – 12 suites – ☐ 18 €
Rest *Le Diététique* – (28 €) Menu 40/75 € – Carte 40/99 €
Rest *Le Ruban Bleu* – (28 €) Menu 40/75 € – Carte 40/99 €
◆ Arrimé à la pointe de la presqu'île de Rhuys, cet hôtel profilé comme un paquebot vous loge dans de vastes chambres tournées vers l'océan. Centre de thalassothérapie et spa complet. Cuisine inventive et légère au Diététique. Cuisine traditionnelle au gré du marché et jolie vue sur l'océan au Ruban Bleu.

Le Crouesty sans rest
r. du Croisty – ✆ 02 97 53 87 91 – www.hotellecrouesty.com – Ouvert de mars à mi-nov.
26 ch – †69/81 € ††81/155 € – ☐ 10 €
◆ Idéalement situé sur la presqu'île de Rhuys, tout près du port de plaisance d'Arzon et des plages. Chambres très bien tenues, peu à peu rénovées dans un style épuré et lumineux.

à Port Navalo 3 km à l'Ouest – ✉ 56640 Arzon

Grand Large
à l'embarcadère – ✆ 02 97 53 71 58 – www.grand.largue.fr – Fermé 12 nov.-25 déc., 5 janv.-10 fév., mardi sauf juil.-août et lundi
Rest – Menu 38/89 € – Carte 50/100 €
Rest *Le P'tit Zeph* – ✆ 02 97 49 40 34 – Menu 28/32 € – Carte 30/50 €
◆ À l'étage de cette villa, on savoure aussi bien la vue panoramique sur le golfe du Morbihan qu'une cuisine gastronomique basée sur de beaux produits de la mer (homard, bar de ligne, coquillages). Au rez-de-chaussée, un vent marin souffle sur le bistrot le P'tit Zeph.

ASLONNES – 86 Vienne – **322** I6 – rattaché à Poitiers

ASNIÈRES-SUR-SEINE – 92 Hauts-de-Seine – **311** J2 – **101** 15 – voir à Paris, Environs

ASPRES-LES-CORPS – 05 Hautes-Alpes – **334** D4 – rattaché à Corps

ASTAFFORT – 47 Lot-et-Garonne – **336** F5 – 1 989 h. – alt. 65 m – ✉ 47220 **4** C2

Paris 674 – Agen 19 – Auvillar 29 – Condom 31
13 place de la Nation ✆ 05 53 67 13 33

XX **Cochon, Canard et Compagnie**

9 fg Corné, (face à la poste) – ✆ 05 53 67 10 27 – Fermé nov., dim. soir, lundi, mardi et merc.

Rest – (16 €) Menu 25/39 €

◆ Un bistrot de campagne "chic" qui, comme son nom l'indique, privilégie le terroir et la simplicité. Les produits sont bien choisis : foie gras, viande CCC, melon de pays...

ATTICHY – **60 Oise** – **305** J4 – **1 917 h.** – **alt. 73 m** – ✉ **60350** **37** C2

Paris 101 – Compiègne 18 – Laon 62 – Noyon 26

XX **La Croix d'Or** avec ch

13 r. Tondu-de-Metz – ✆ 03 44 42 15 37 – www.croixdor.fr – Fermé 1er-6 mars

4 ch – 35 € 43 €

Rest – *(fermé dim. soir, mardi soir et lundi)* (14 €) Menu 17 € (sem.), 32/45 €

◆ Un relais de poste du 19e s. et, passé la cour, une maison de style régional. D'un côté, le restaurant, traditionnel et proposant une cuisine aux accents régionaux ; de l'autre, des chambres simples et pratiques.

ATTIGNAT – **01 Ain** – **328** D3 – **2 487 h.** – **alt. 227 m** – ✉ **01340** **44** B1

Paris 420 – Bourg-en-Bresse 13 – Lons-le-Saunier 76 – Louhans 46

XX **Dominique Marcepoil** avec ch

481 Grande Rue, (D 975) – ✆ 04 74 30 92 24 – www.marcepoil.com – Fermé 8-21 août, 19-30 déc., lundi midi, merc. midi et dim.

12 ch – 57/65 € 63/71 € – 9 € – ½ P 72 €

Rest – (15 €) Menu 25/60 € – Carte 43/97 € le soir

◆ Grenouilles, poulets de Bresse... les incontournables de la région dans votre assiette ! Régalez-vous aussi de recettes plus actuelles... Chambres calmes côté piscine.

AUBAGNE – **13 Bouches-du-Rhône** – **340** I6 – **44 682 h.** – **alt. 102 m** – ✉ **13400** Provence **40** B3

Paris 788 – Aix-en-Provence 39 – Brignoles 48 – Marseille 18

8, cours Barthélémy ✆ 04 42 03 49 98

Souléia

4 cours Voltaire – ✆ 04 42 18 64 40 – www.hotel-souleia.com

72 ch – 82/132 € 82/132 € – 10 €

Rest – *(fermé sam. soir, vend. de sept. à mai, le midi de juin à août et dim. midi)* (12 €) Menu 20 € – Carte 21/43 €

◆ Dans la capitale du santon, un bâtiment moderne aux chambres fonctionnelles, presque minimalistes, certaines dotées d'une terrasse. Brasserie ouverte sur la place. Cuisine provençale au restaurant panoramique situé sur le toit (solarium).

XX **Les Arômes**

8 r. Moussard – ✆ 04 42 03 72 93 – http://lesaromes.vpweb.fr – Fermé mardi soir, merc. soir, sam. midi, dim. et lundi

Rest – *(nombre de couverts limité, prévenir)* (22 €) Menu 29 € – Carte 45/65 €

◆ On se sent chez soi dans ce restaurant familial joliment décoré par la maîtresse des lieux. Tous les parfums de Provence se retrouvent à la carte et sur le menu du marché !

au Nord **4 km par D 44 et rte secondaire**

XX **La Ferme**

La Font de Mai, (chemin Ruissatel) ✉ 13400 Aubagne – ✆ 04 42 03 29 67 – www.aubergelaferme.com – Fermé août, vacances de fév., sam. midi, lundi et le soir sauf vend. et sam.

Rest – Menu 50 € – Carte 30/70 €

◆ Une maison en pleine garrigue, au cœur du pays de Pagnol. On y déguste, en salle ou à l'ombre d'un vieux chêne, des plats traditionnels (civets, rognons de veau, riz au lait).

AUBAZINE – 19 Corrèze – 329 L4 – 807 h. – alt. 345 m – ✉ 19190 25 C3

Périgord Quercy

Paris 480 – Aurillac 86 – Brive-la-Gaillarde 14 – St-Céré 50

le Bourg ✆ 05 55 25 79 93

d'Aubazine à Beynat Complexe Touristique Coiroux, E : 4 km, ✆ 05 55 27 26 93

Abbaye cistercienne St-Etienne★ : clocher★, mobilier★, tombeau de St-Étienne★★, armoire liturgique★.

De la Tour

pl. de l'Église – ✆ 05 55 25 71 17 – www.hoteldelatour19.com – Fermé 2-10 janv., dim. soir et lundi midi sauf juil.-août

17 ch – 54/70 € 54/70 € – 8 € – ½ P 64 €

Rest – Menu 24/30 € – Carte 31/66 €

◆ Face à l'abbaye, vieille maison de caractère flanquée d'une tour. Chambres anciennes égayées de papiers peints colorés. Cuisine régionale servie dans des salles rustiques agrémentées de cuivres et d'étains.

AUBE – 61 Orne – 310 M2 – 1 460 h. – alt. 230 m – ✉ 61270 33 C3

Normandie Vallée de la Seine

Paris 144 – L'Aigle 7 – Alençon 55 – Argentan 47

Auberge St-James

62 rte de Paris – ✆ 02 33 24 01 40 – Fermé dim. soir, mardi soir et merc.

Rest – Menu 17/30 € – Carte 29/46 €

◆ Une adresse simple et sympathique à dénicher dans le village où vécut la comtesse de Ségur. La carte est composée de goûteux petits plats issus de diverses régions françaises.

AUBENAS – 07 Ardèche – 331 I6 – 11 773 h. – alt. 330 m – ✉ 07200 44 A3

Lyon Drôme Ardèche

Paris 627 – Alès 76 – Montélimar 41 – Privas 32

4, boulevard Gambetta ✆ 04 75 89 02 03

Site★ - Façade★ du château.

Ibis sans rest

rte de Montélimar – ✆ 04 75 35 44 45 – www.ibishotel.com

63 ch – 70/78 € 70/78 € – 8 €

◆ À la sortie sud de la ville, des chambres conformes aux normes de la chaîne. Petite restauration.

La Villa Tartary

64 r. de Tartary – ✆ 04 75 35 23 11 – www.restaurant-ardeche.com – fermé 2-11 mai, 20 août-11 sept., 23 déc.-8 janv., sam. midi, merc. et dim. sauf midi hors juil.-août

Rest – (16 €) Menu 20 € (déj. en sem.), 27/36 € – Carte 27/39 €

◆ De belles voûtes en pierres de taille, des cuisines ouvertes, un mobilier design, une terrasse face au château d'Aubenas... et à la carte, des saveurs retrouvées ou plus inventives.

Le Coyote

13 bd Jean-Mathon – ✆ 04 75 35 01 28 – www.restaurantlecoyote.com – Fermé 24 déc.-5 janv.

Rest – *(nombre de couverts limité, prévenir)* (16 €) Menu 18 € (déj.), 21/30 € – Carte 34/40 €

◆ Du foie gras et un chutney de figues, un confit de canard aux girolles fraîches, des Saint-Jacques aux truffes... des saveurs classiques et raffinées ; une atmosphère conviviale.

AUBETERRE-SUR-DRONNE – 16 Charente – 324 L8 – 418 h. – alt. 72 m – ✉ 16390 39 C3

Poitou Vendée Charentes

Paris 494 – Angoulême 48 – Bordeaux 90 – Périgueux 54

place du Château ✆ 05 45 98 57 18

d'Aubeterre à Saint-Séverin Le Manoir de Longeveau, NE : 7 km par D 17 et D 78, ✆ 05 45 98 55 13

Église monolithe★★.

Hostellerie du Périgord
rest,

(quartier Plaisance) – ✆ 05 45 98 50 46 – www.hostellerie-perigord.com – Fermé 2-16 janv.

11 ch – 50 € 60/80 € – 9 € – ½ P 60 €

Rest – *(fermé dim. soir et lundi)* (17 €) Menu 27/33 €

♦ Au pied de l'un des plus beaux villages de France, cet hôtel familial, couvert de vigne vierge, propose des chambres fraîches et fonctionnelles, insonorisées et bien tenues. Au restaurant, carte mi-traditionnelle, mi-actuelle. Véranda côté jardin et piscine.

AUBIGNY-SUR-NÈRE – 18 Cher – 323 K2 – 5 775 h. – alt. 180 m – 18700 Limousin Berry 12 C2

Paris 180 – Orléans 67 – Bourges 48 – Cosne-Cours-sur-Loire 41

1, rue de l'Église ✆ 02 48 58 40 20

La Chaumière
rest,

2 r. Paul-Lasnier – ✆ 02 48 58 04 01 – www.hotel-restaurant-la-chaumiere.com – fermé 8-21 août, 19 fév.-19 mars, dim. soir et lundi sauf juil.-août et fériés

19 ch – 56/81 € 72/130 € – 14 € – ½ P 64/67 €

Rest – Menu 19 € (sem.), 27/55 € – Carte 40/60 €

♦ Une belle maison ancienne qui soigne son image champêtre : les chambres, habillées de pierre et de bois, sont confortables et douillettes. Au restaurant, le chef concocte une cuisine bien agréable, qui met en valeur les saisons et les produits du marché.

Villa Stuart

12 av. de Paris – ✆ 02 48 58 93 30 – www.villastuart.com

5 ch – 72 € 85 € **Table d'hôte** – Menu 28 € bc

♦ Agréable séjour dans cette belle demeure bourgeoise. Chambres spacieuses et claires, décorées selon des thèmes variés (voyage, art, histoire...). Chefs en herbe, réjouissez-vous ! Le propriétaire réalise ses propres confitures et propose des cours de cuisine.

Le Bien Aller

3 r. des Dames – ✆ 02 48 58 03 92 – Fermé mardi soir et merc.

Rest – Menu 17 € (déj.)/30 €

♦ Le Bien Aller et... le bien manger ! Que vous soyez d'esprit bistrot ou plus baroque (deux atmosphères), composez votre menu à partir des suggestions du jour à l'ardoise.

AUBRAC – 12 Aveyron – 338 J3 – alt. 1 300 m – 12470 Languedoc Roussillon 29 D1

Paris 581 – Aurillac 97 – Mende 66 – Rodez 56

La Dômerie

1 r. Audrain – ✆ 05 65 44 28 42 – www.hoteldomerie.com – Ouvert 1er avril-16 oct.

24 ch – 70/97 € 70/97 € – 12 € – ½ P 70/80 €

Rest – *(fermé le midi en sem. sauf juil.-août et merc. soir sauf août)* Menu 23/36 € – Carte 27/59 €

♦ Belle demeure en basalte et granit au centre du village ; quelques chambres rénovées, la plupart étant rustiques. Au restaurant, la viande d'Aubrac est à l'honneur : les femmes de la famille se succèdent aux fourneaux depuis cinq générations !

AUBUSSON – 23 Creuse – 325 K5 – 4 239 h. – alt. 440 m – 23200 Limousin Berry 25 C2

Paris 387 – Clermont-Ferrand 91 – Guéret 41 – Limoges 89

rue Vieille ✆ 05 55 66 32 12

Musée départemental de la Tapisserie★ (Centre Culturel Jean-Lurçat).

Villa Adonis sans rest

14 av. de la République – 05 55 66 46 00 – www.villa-adonis.com – Fermé 23 déc.-2 janv.

10 ch – 59/69 € 59/69 € – 7 €

◆ Cette maison en pierre cache un intérieur contemporain soigné et cosy. Chambres confortables avec, côté jardin, vue sur un superbe séquoïa en bordure de rivière.

Le France rest,

6 r. des Déportés – 05 55 66 10 22 – www.aubussonlefrance.com – Fermé 24 déc.-7 janv.

21 ch – 65/100 € 65/100 € – 12 € – ½ P 56/73 €

Rest – *(fermé dim. soir du 7 nov. au 12 juin)* Menu 20 € (sem.), 26/38 € Carte 23/55 €

◆ Près de l'église Ste-Croix, jolie demeure du 18e s. aux chambres confortables et aménagées avec goût (meubles chinés, tissus choisis). Petit espace détente. Élégante salle à manger et terrasse dressée dans la cour intérieure ; cuisine traditionnelle de belle tenue.

AUCH P – **32 Gers** – **336** F8 – **21 545 h.** – **alt. 169 m** – **32000** **28** B2

Midi-Toulousain

Paris 713 – Agen 74 – Bordeaux 205 – Tarbes 74

1, rue Dessoles 05 62 05 22 89

d'Auch-Embats, O : 5 km par D 924, 05 62 61 10 11

de Gascogne à Masseube Les Stournes, S : 25 km, 05 62 66 03 10

Cathédrale Ste-Marie★★ : stalles★★★, vitraux★★.

Château les Charmettes sans rest

21 rte de Duran, 2 km à l'Ouest par D 924 et D 148 – 05 62 62 10 10 – www.chateaulescharmettes.com

6 ch – 120/160 € 160/345 € – 20 €

◆ Luxueux manoir ocre et bleu : chaque chambre est décorée selon une thématique différente (blues, fugue, concerto...). Suites avec jacuzzi. Parc, piscine... Une belle adresse.

Le Bistrot des Gourmandises

8 av. de la Marne – 05 62 05 10 79 – Fermé 2 sem. en été, dim. et lundi

Rest – (12 €) Menu 22/29 € BY**a**

◆ Un bistot éclectique et sans chichi, un menu de saison renouvelé chaque mois, de beaux produits frais et de bons petits vins au verre... une pure gourmandise !

Le Bartok

1 r. Gambetta – 05 62 05 87 82 – www.le-bartok.com – Fermé dim. soir et lundi

Rest – (11 €) Menu 14 € (déj. en sem.), 22/38 € AY**a**

◆ Dans ce couvent du 14e s., le décor est chaleureux et l'on découvre un patio fleuri. Le chef travaille de beaux produits frais, typiques d'une cuisine de marché.

La Table d'Oste

7 r. Lamartine – 05 62 05 55 62 – www.table-oste-restaurant.com – Fermé 12-20 mars, 11-20 juin, 5-14 nov., 22-31 janv., sam. soir de fin juin à déc., lundi midi et dim. AY**b**

Rest – *(nombre de couverts limité, prévenir)* Menu 16 € (déj. en sem.), 25/48 € – Carte 24/52 €

◆ Recettes du terroir gascon et spécialités de canard à savourer dans une ambiance familiale, au milieu des poutres peintes et des bibelots anciens. Pensez à réserver.

rte d'Agen **7 km par ①** – **32810 Montaux-les-Créneaux**

Le Papillon

N 21 – 05 62 65 51 29 – www.restaurant-lepapillon.com – Fermé 1 sem. en juil., 2 sem. en sept., 2 sem. vacances scolaires de fév., dim. soir et lundi

Rest – Menu 15 € (déj. en sem.), 27/43 € – Carte 37/45 €

◆ Bonne cuisine du chef qui joue sur un registre régional bien maîtrisé. Tout est fait maison. Cadre contemporain et lumineux dans la salle ; terrasse aux beaux jours.

AUCH

Alsace (Av. d') . . . . **BY** 2
Caillou (Pl. du) . . . . **AZ** 4
Caumont (R.) . . . . **AZ** 5
Convention (R. de la) . . . . **AZ** 7
Daumesnil (R.) . . . . **BY** 9
David (Pl. J.) . . . . **AY** 8
Dessoles (R.) . . . . **AY** 12
Espagne (R.) . . . . **AZ** 13
Fabre d'Églantine (R.) . . . . **AZ** 14
Gambetta (R.) . . . . **AY**
Lagarrasic (Allées) . . . . **ABZ** 17
Lamartine (R.) . . . . **AY** 15
Lartet (R. Ed.) . . . . **AZ** 16
Lissagaray (Q.) . . . . **BYZ** 18
Marceau (R.) . . . . **BY** 19
Marne (Av. de la) . . . . **BY** 22
Montebello (R.) . . . . **BZ** 23
Pasteur (R.) . . . . **BZ** 25
Pont-National (R. du) . . . . **AZ** 27
Pouy (R. du) . . . . **BY** 28
Prieuré (Pt du) . . . . **AZ** 29
Rabelais (R.) . . . . **BZ** 31
République (Pl. de la) . . . . **AZ** 33
Rousseau (R. A.) . . . . **AZ** 35
Salleneuve (R.) . . . . **AY** 38
Somme (R. de la) . . . . **BY** 40

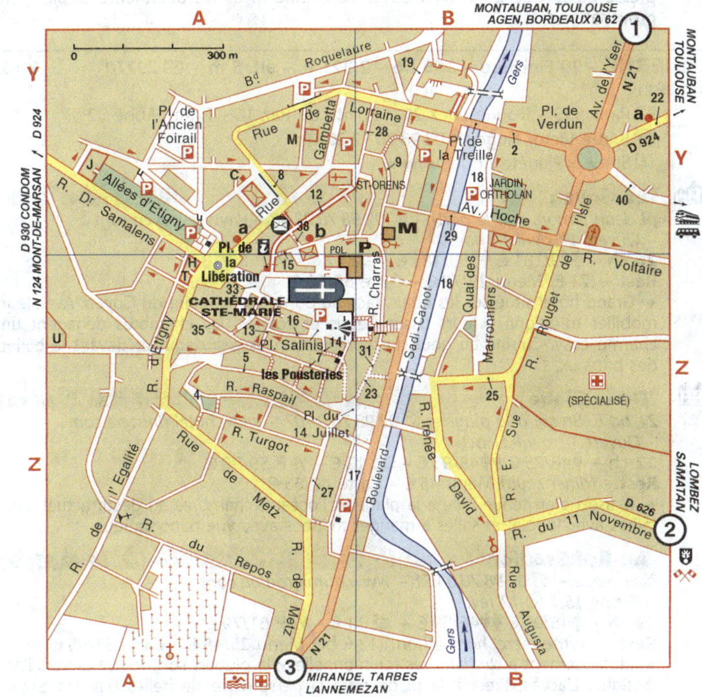

à St-Jean-le-Comtal 10 km au Sud-Ouest par ③, N 21 et D150 – 381 h. – alt. 190 m – ✉ 32550

XX **Le Château de Camille**

– ✆ 05 62 05 34 58 – *www.lechateaudecamille.com – Fermé 1 sem. en oct., 2 sem. en janv., lundi, mardi sauf le soir en juil.-août et sam. midi*

Rest – (20 €) Menu 26 € – Carte 30/37 €

◆ Une belle bâtisse du 17e s., très élégante, dans un parc planté d'essences anciennes. Porc noir gascon, foie et magret de canard pour le terroir, et cuisine du marché.

AUDERVILLE – 50 Manche – 303 A1 – 287 h. – alt. 55 m – ✉ 50440 32 A1

Normandie Cotentin

Paris 382 – Caen 149 – Saint-Lô 113 – Cherbourg 29

3, rue du Port ✆ 02 33 04 50 26

X **Auberge de Goury**

Port de Goury – ✆ 02 33 52 77 01 – www.aubergedegoury.com – Fermé janv., dim. soir sauf du 14 juil. au 15 sept. et lundi

Rest – Menu 19 € (sem.), 27/60 € – Carte 30/50 €

◆ Le chef, figure de la région, concocte une cuisine marine, avec de beaux produits de la mer, et terrienne, avec des viandes grillées dans la cheminée. Belle maison en granit.

X **La Malle aux Épices** VISA MC

– ✆ 02 33 52 77 44 – *www.lamalleauxepices.com* – *fermé de mi-fév. à mi-mars, dim. soir, lundi soir et mardi*

Rest – *(prévenir)* Menu 15 € (déj. en sem.), 24/50 € – Carte 35/50 €

◆ Atmosphère conviviale dans ce restaurant de la Hague qui fait office de point presse et de café du village. Goûteuse cuisine inventive agrémentée d'épices en provenance d'Asie.

AUDIERNE – **29 Finistère** – **308** D6 – **2 321 h.** – **alt. 5 m** – ✉ **29770** **9** A2

Bretagne

Paris 599 – Douarnenez 21 – Pointe du Raz 16 – Pont-l'Abbé 32

8, rue Victor Hugo ✆ 02 98 70 12 20

Site★ - Planète Aquarium★★.

Le Goyen VISA MC AE

pl. Jean Simon, (sur le port) – ✆ *02 98 70 08 88* – *www.le-goyen.com* – *Ouvert 1er avril-14 nov.*

26 ch – †89/181 € ††89/181 € – ☐ 12 € – ½ P 89/135 €

Rest – (21 €) Menu 29/79 € – Carte 55/70 €

◆ Grand hôtel situé sur les quais, face au port et à l'estuaire du Goyen. Avec leur mobilier traditionnel, leurs tissus fleuris et colorés, les chambres dégagent un charme cosy. Cuisine au goût du jour personnalisée à déguster devant le ballet des bateaux.

De la Plage P VISA MC

21 bd E. Brusq, à la plage – ✆ *02 98 70 01 07* – *www.hotel-finistere.com* – *Ouvert 1er avril-31 oct.*

22 ch – †48/75 € ††48/95 € – ☐ 12 € – ½ P 59/90 €

Rest – *(dîner seult)* Menu 45 € – Carte 40/65 €

◆ Maison bien tenue face à la plage et l'océan ; chambres au décor actuel (certaines avec loggia) et salles à manger marines avec vue panoramique.

Au Roi Gradlon AC rest, P VISA MC AE

à la plage – ✆ *02 98 70 04 51* – *www.auroigradlon.com* – *Fermé 15 déc.-12 fév.*

19 ch – †46/99 € ††46/99 € – ☐ 11 € – ½ P 61/79 €

Rest – *(fermé merc. hors saison)* (13 € bc) Menu 25/45 € – Carte 31/85 €

◆ Établissement aux chambres fonctionnelles ; la plupart sont tournées vers l'Atlantique. L'accès direct à la plage offre la perspective de belles balades. Sobre salle à manger ouverte sur la baie d'Audierne : la table met à l'honneur les produits de l'océan.

XX **L'Iroise** VISA MC AE

8 quai Camille-Pelletan – ✆ *02 98 70 15 80* – *www.restaurant-liroise.com* – *Fermé 2-27 janv., lundi et mardi sauf du 13 juil. au 31 août*

Rest – Menu 26/60 €

◆ Posée sur le port, cette maison bretonne à la jolie façade est, à juste titre, fort engageante : cuisine créative et raffinée servie dans une élégante salle dressée avec soin.

AUDINCOURT – **25 Doubs** – **321** L2 – **14 637 h.** – **alt. 323 m** **17** C1 – ✉ **25400** Franche-Comté Jura

Paris 476 – Basel 96 – Belfort 21 – Besançon 75

Église du Sacré-Coeur : baptistère★ AY **B.**

Voir plan de Montbéliard agglomération.

Les Tilleuls sans rest P VISA MC AE

51 r. du Mal. F.-Foch – ✆ *03 81 30 77 00* – *www.hotel-tilleuls.fr* Ys

47 ch – †52/74 € ††62/80 € – ☐ 8,50 €

◆ Dans un quartier calme, un bâtiment traditionnel rénové et ses deux annexes (dans le jardin) abritent des chambres propres, fonctionnelles et bien équipées.

à Taillecourt 1,5 km au Nord, rte de Sochaux – 1 045 h. – alt. 330 m – ✉ 25400

XXX **Auberge La Gogoline**
20 r. Croisée – ✆ 03 81 94 54 82 – Fermé sam. midi, dim. soir, lundi et mardi
Rest – Menu 28 € (sem.), 36/65 € – Carte 48/74 € Yk
◆ Son jardin la préserve de la zone commerciale ; son toit de chaume cache un confortable intérieur bourgeois ; enfin, sa carte mêle plaisamment tradition et bons vins...

AUDRESSEIN – 09 Ariège – **343** E7 – 118 h. – alt. 509 m – ✉ 09800 **28** B3
Paris 788 – Bagnères-de-Luchon 68 – St-Gaudens 62 – St-Girons 13

XX **L'Auberge d'Audressein**
– ✆ 05 61 96 11 80 – www.auberge-audressein.com – Ouvert 1er mars-30 sept. et fermé dim. soir et lundi
Rest – Menu 16/52 € – Carte 35/65 €
◆ Ces vieux murs de pierre abritaient une forge au 19e s. Salle à manger aux tons chauds, agréable véranda surplombant la rivière et cuisine inspirée par le terroir.

AUDRIEU – 14 Calvados – **303** I4 – rattaché à Bayeux

AUGEROLLES – 63 Puy-de-Dôme – **326** I8 – 908 h. – alt. 540 m – ✉ 63930 **6** C2
Paris 411 – Clermont-Ferrand 61 – Montluçon 149 – Roanne 65

X **Les Chênes**
rte de Courpière, 1 km à l'Ouest par D 42 – ✆ 04 73 53 50 34 – www.restaurant-les-chenes.com – Fermé 3-13 juil., 24 déc.-3 janv., 28 fév.-5 mars, mardi soir sauf juil.-août, sam. soir, dim. soir et lundi soir
Rest – (12 € bc) Menu 19 € (sem.)/47 €
◆ Cette auberge familiale est à la fois champêtre et accueillante. L'appétissante cuisine traditionnelle valorise les produits locaux (viandes label Rouge, miel, myrtilles...).

AUGERVILLE-LA-RIVIÈRE – 45 Loiret – **318** L2 – 228 h. – alt. 100 m **12** C1
– ✉ 45330
Paris 92 – Orléans 76 – Évry 59 – Corbeil-Essonnes 62

Château d'Augerville
pl. du Château – ✆ 02 38 32 12 07 – www.chateau-augerville.com
38 ch – †185/325 € ††185/325 € – 2 suites – ☕ 18 €
Rest – Menu 45 € – Carte 50/70 €
◆ Des chambres signées de l'architecte Patrick Ribes, un superbe domaine de 112 ha et un parcours 18 trous : ce château de style Renaissance est un paradis pour golfeurs. Belle salle à manger historique (boiseries, cheminée monumentale) et cuisine soignée.

AUJOLS – 46 Lot – **337** F5 – 272 h. – alt. 200 m – ✉ 46090 **29** C1
Paris 599 – Agen 145 – Cahors 18 – Toulouse 114

Lou Repaou
– ✆ 05 65 22 03 47 – www.lourepaou.fr – Fermé mi-nov. à mi-déc.
5 ch ☕ – †89/109 € ††99/119 € **Table d'hôte** – Menu 23 € bc/33 € bc
◆ Au cœur du village, la déco atypique de cette ancienne ferme évoque les nombreux pays visités par les propriétaires. L'accueil participe au charme du lieu. Recettes familiales à la table d'hôte.

AULLÈNE – 2A Corse-du-Sud – **345** D9 – voir à Corse

AULNAY – 17 Charente-Maritime – **324** H3 – 1 467 h. – alt. 63 m **38** B2
– ✉ 17470 Poitou Vendée Charentes
Paris 424 – Angoulême 66 – Niort 41 – Poitiers 87
290, avenue de l'Église ✆ 05 46 33 14 44
Église St-Pierre★★.

Du Donjon sans rest

4 r. des Hivers – ✆ 05 46 33 67 67 – www.hoteldudonjon.com – Fermé une sem. en fév.
10 ch – †55/69 € ††55/77 € – ☕ 7 €
◆ Charmante maison saintongeaise non loin de l'église St-Pierre. Intérieur décoré avec goût : pierres et poutres anciennes, mobilier rustique et confort moderne. Agréable jardin.

AULNAY-SOUS-BOIS – 93 Seine-Saint-Denis – 305 F7 – 101 18 – voir à Paris, Environs

AULON – 65 Hautes-Pyrénées – 342 N7 – 77 h. – alt. 1 213 m – ✉ 65240 28 A3

Paris 830 – Bagnères-de-Luchon 44 – Col d'Aspin 24 – Lannemezan 38

Auberge des Aryelets

Pl. du Village – ✆ 05 62 39 95 59 – Fermé de mi-nov. à mi-déc., dim. soir, lundi et mardi hors vacances scolaires et jours fériés
Rest – (18 €) Menu 22/36 € – Carte environ 43 €
◆ Petite maison en pierre de taille qui a su préserver son caractère rustique et authentique. Cuisine de pays généreuse, élaborée avec de bons produits ; ambiance conviviale.

AUMALE – 76 Seine-Maritime – 304 K3 – 2 447 h. – alt. 130 m 33 D1 – ✉ 76390 Normandie Vallée de la Seine

Paris 136 – Amiens 48 – Beauvais 49 – Dieppe 69
rue Centrale ✆ 02 35 93 41 68

Villa des Houx

6 av. Gén.-de-Gaulle – ✆ 02 35 93 93 30 – www.villa-des-houx.com – Fermé 1er janv.-8 fév. et dim. soir du 15 sept. au 15 mai sauf fériés
22 ch – †68/80 € ††72/140 € – ☕ 9 € – ½ P 70/80 €
Rest – *(fermé dim. soir et lundi du 15 sept. au 15 juin sauf fériés)* Menu 17/28 € – Carte environ 43 €
◆ Cette hostellerie familiale arbore une jolie façade à colombages. Vous y dormirez la conscience tranquille dans des chambres tout confort. Salle à manger, véranda et terrasse d'été ouvrent sur le paisible jardin. Carte classique inspirée du terroir.

AUMONT-AUBRAC – 48 Lozère – 330 H6 – 1 092 h. – alt. 1 040 m 23 C1 – ✉ 48130

Paris 549 – Aurillac 115 – Espalion 57 – Marvejols 25
rue de l'Église ✆ 04 66 42 88 70

Grand Hôtel Prouhèze

2 rte du Languedoc – ✆ 04 66 42 80 07 – www.prouheze.com – Fermé 2 nov.-1er déc. et 18 janv.-10 fév.
23 ch – †50/90 € ††50/90 € – ☕ 13 € – ½ P 79/98 €
Rest *Le Compostelle* – voir ci-après
Rest – *(ouvert 13 mars-1er nov. et fermé le midi sauf sam., dim. et fériés)* Carte 58/72 €
◆ Sur la place de la gare, cette demeure familiale propose des chambres à la décoration harmonieuse et colorée, mêlant la simplicité des lignes actuelles aux détails anciens. Goûteuse cuisine du terroir et vins du Languedoc servis dans un cadre chaleureux.

Chez Camillou sans rest

10 rte du Languedoc – ✆ 04 66 42 80 22 – www.hotel-camillou.com – Ouvert 18 mars-6 nov.
34 ch – †69/99 € ††69/101 € – 3 suites – ☕ 10 €
◆ En léger retrait de la nationale, deux bâtiments récents dans un environnement boisé. Les chambres, de bonne ampleur, arborent une décoration de style rustique.

Cyril Attrazic

10 rte du Languedoc – ✆ 04 66 42 86 14 – www.chezcamillou.com – Fermé 10 janv.-14 fév.
Rest – *(fermé dim. soir, mardi midi et lundi sauf le soir en juil.-août)* (25 €) Menu 38/109 € bc – Carte 50/70 €
Rest *Le Gabale* – (15 €) Menu 22/32 € – Carte 32/42 €
◆ Belle salle à manger contemporaine où l'on sert une cuisine actuelle aux accents régionaux. Recettes du terroir au Gabale.

Le Compostelle – Grand Hôtel Prouhèze

2 rte du Languedoc – ☎ 04 66 42 80 07 – www.prouheze.com – Fermé 2 nov.-2 déc., 18 janv.-9 fév., lundi soir, merc. midi et mardi de déc. à mars

Rest – Menu 19/29 € – Carte 29/44 €

♦ Aligot, chou farci, tripoux... tout l'Aubrac dans votre assiette ! Les recettes du terroir sont mises à l'honneur dans ce petit bistrot au charme très campagnard.

AUNAY-SUR-ODON – 14 Calvados – 303 I5 – 2 939 h. – alt. 188 m – ✉ 14260 Normandie Cotentin — 32 B2

Paris 269 – Caen 36 – Falaise 42 – Flers 37

rue Verdun ☎ 02 31 77 60 32

St-Michel avec ch

6 r. de Caen – ☎ 02 31 77 63 16 – Fermé lundi sauf le soir en juil.-août et dim. soir de sept. à juin

6 ch – 49 € 49 € – 8 € – ½ P 48 €

Rest – Menu 15 € (sem.)/45 € – Carte 37/58 €

♦ Sobre petite auberge familiale où l'on prépare une cuisine traditionnelle dans la note régionale. Salle à manger confortable et lumineuse. Chambres simples et pratiques.

AUPS – 83 Var – 340 M4 – 2 029 h. – alt. 496 m – ✉ 83630 — 41 C3

Côte d'Azur

Paris 818 – Aix-en-Provence 90 – Digne-les-Bains 78 – Draguignan 29

place Frédéric Mistral ☎ 04 94 84 00 69

Des Gourmets

5 r. Voltaire – ☎ 04 94 70 14 97 – Fermé 20 juin-12 juil., 28 nov.-16 déc., dim. soir et lundi

Rest – Menu 17 € (sem.), 19/38 €

♦ Adresse familiale dans ce village célèbre pour son marché aux truffes. Cadre coloré (fresques évoquant la Provence), goûteuse cuisine traditionnelle et joli chariot de fromages.

à Moissac-Bellevue 7 km à l'Ouest par D9 – 263 h. – alt. 599 m – ✉ 83630

Bastide du Calalou

rte de Baudinard – ☎ 04 94 70 17 91 – www.bastide-du-calalou.com

28 ch – 78/160 € 78/275 € – 4 suites – 17 €

Rest – (22 €) Menu 28/80 € – Carte 48/55 €

♦ Une grande bastide dans un écrin de verdure... Les chambres distillent un joli esprit d'antan, avec leurs mobilier et tableaux chinés par la propriétaire, ancienne décoratrice. Agréable piscine au bord de laquelle se prélasser... Le restaurant explore le terroir.

AURAY – 56 Morbihan – 308 N9 – 12 420 h. – alt. 35 m – ✉ 56400 — 9 A3

Bretagne

Paris 477 – Lorient 41 – Pontivy 54 – Quimper 102

☎ 3635 et tapez 42 (0,34 €/mn)

20, rue du Lait-Chapelle de la congrégation ☎ 02 97 24 09 75

Quartier St-Goustan★ - Promenade du Loch★ - Église St-Gildas★ - Ste-Avoye : Jubé★ et charpente★ de l'église 4 km par ①.

Plan page suivante

Auditel le Branhoc sans rest

à 1,5 km par ① rte du Bono – ☎ 02 97 56 41 55 – www.auditel-hotel.fr

29 ch – 47/79 € 47/79 € – 9 €

♦ Tout près de la route, ce petit hôtel des années 1980 dispose de chambres fonctionnelles et bien tenues. Buffet au petit-déjeuner, à apprécier sur la terrasse aux beaux jours.

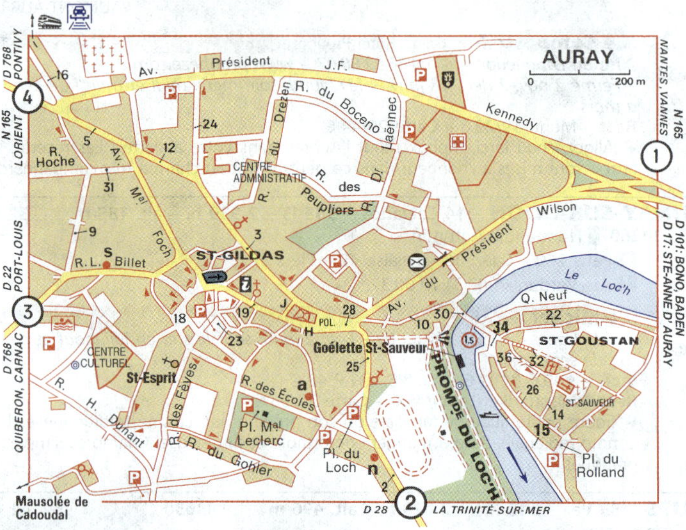

Abbé-Martin (R.)	2	Gaulle (Av. Gén.-de)	16	Petit-Port (R. du)	26
Barré (R. J. M.)	3	Joffre (Pl. du Mar.)	18	République (Pl. de la)	28
Briand (R. Aristide)	5	Lait (R. du)	19	St-Goustan (Pont de)	30
Cadoudal (R. G.)	9	Neuve (R.)	22	St-Julien (R.)	31
Château (R. du)	10	Notre-Dame (Pl.)	23	St-René (R.)	32
Clemenceau (R. Georges)	12	Penher (R. du)	24	St-Sauveur (Pl.)	34
Église-St-Goustan (R. de l')	14	Père-Éternel (R. du)	25	St-Sauveur (R.)	36
Franklin (Quai B.)	15				

Closerie de Kerdrain

20 r. Louis Billet – ✆ 02 97 56 61 27 – www.lacloseriedekerdrain.com
– Fermé 21 mars-4 avril, 26 sept.-4 oct., 9-23 janv., mardi midi et dim. soir de sept. à juin et lundi **s**

Rest – (25 €) Menu 40/90 € – Carte 64/85 €

◆ Classique et raffiné : tel est ce beau manoir breton du 17e s. Le chef aime utiliser les herbes et les fleurs du jardin, le tout accompagné de bien beaux flacons.

La Chebaudière

6 r. Abbé Joseph Martin – ✆ 02 97 24 09 84
– Fermé 1 sem. en juin, 1 sem. en oct., 1 sem. en fév., mardi soir, dim. soir et merc. **n**

Rest – Menu 19 € (sem.), 30/35 € – Carte 39/51 €

◆ Néobistrot de quartier, où l'on aime à se retrouver autour d'un bon petit plat de saison, telles ces tagliatelles aux fèves et lardons et leur filet de merluchon à la vapeur...

Terre-Mer

16 r. du Jeu-de-Paume – ✆ 02 97 56 63 60 – Fermé 2 sem. en avril, 1 sem. en fév., dim. soir et lundi **a**

Rest – (17 €) Menu 19 € (déj. en sem.), 28/32 €

◆ Derrière ces murs de granit, la terre épouse la mer – et uniquement pour le meilleur ! De jolies saveurs dans un décor soigné, pour cette table reprise en 2010 par un jeune couple.

au golf de St-Laurent 10 km par ③, D 22 et rte secondaire – ✉ 56400 Auray

Du Golf de St-Laurent sans rest

– ✆ 02 97 56 88 88 – www.hotel-golf-saint-laurent.com
– Ouvert 1er avril-1er oct.

42 ch – †99/199 € ††99/199 € – ☕ 12 €

◆ Sauna, jacuzzi, billard et piscine à deux pas du golf : dans cet hôtel, la détente n'est pas en option ! Chambres fonctionnelles, avec balcon ou terrasse.

AUREC-SUR-LOIRE – 43 Haute-Loire – 331 H1 – 5 229 h. – alt. 435 m – ✉ 43110 6 D2

Paris 536 – Firminy 11 – Le Puy-en-Velay 56 – St-Étienne 22

Château du Moine-Sacristain ✆ 04 77 35 42 65

Les Cèdres Bleus ch, rest, rest,

23 r. de la Rivière – ✆ 04 77 35 48 48 – www.lescedresbleus.com – Fermé 16-29 août, 2 janv.-2 fév. et dim. soir

15 ch – 51 € 90 € – ½ P 67 €

Rest – *(fermé dim. soir, lundi midi et mardi midi)* (20 €) Menu 23 € (sem.), 34/88 €

◆ Adresse située entre les gorges de la Loire et le lac de Grangent. Chambres fonctionnelles et bien équipées, réparties dans trois chalets en bois, au cœur d'un agréable parc arboré. Cuisine traditionnelle à déguster dans la salle panoramique ou sur la terrasse.

AUREILLE – 13 Bouches-du-Rhône – 340 E3 – 1 450 h. – alt. 134 m – ✉ 13930 42 E1

Paris 719 – Aix-en-Provence 59 – Avignon 38 – Marseille 73

Le Balcon des Alpilles sans rest

rte de Mouries, par D24 A – ✆ 04 90 59 94 24 – http://lebalcondesalpilles.com – Ouvert 1er avril-1er nov.

5 ch – 110/120 € 130/140 €

◆ Ici les chambres portent des noms de fleurs. Le mas est décoré avec style ; oliviers, pins et lavandins parfument le jardin : tout est paisible. Superbe petit-déjeuner !

AURIAC – 19 Corrèze – 329 N4 – 218 h. – alt. 608 m – ✉ 19220 25 C3

Paris 545 – Aurillac 58 – Limoges 153 – Tulle 61

Les Jardins Sothys

rte de Darazac-Le-Bourg – ✆ 05 55 91 96 89 – www.lesjardinssothys.com – Ouvert de mi-mars à mi-nov. et fermé mardi soir, dim. soir et lundi.

Rest – (13 €) Menu 26 € (déj. en sem.), 30/37 € – Carte 36/43 €

◆ Dans la campagne, construction récente respectant l'environnement : charpente de bois, murs en pierres locales, jardin botanique. Décor actuel, cuisine un brin inventive.

AURIBEAU-SUR-SIAGNE – 06 Alpes-Maritimes – 341 C6 – 2 710 h. – alt. 85 m – ✉ 06810 Côte d'Azur 42 E2

Paris 900 – Cannes 15 – Draguignan 62 – Grasse 9

place en Aïre ✆ 04 93 40 79 56

Auberge de la Vignette Haute ch,

370 rte du Village – ✆ 04 93 42 20 01 – www.vignettehaute.com

16 ch – 120/240 € 120/310 € – 1 suite – 23 €

Rest – *(fermé lundi et mardi de nov. à avril)* (35 €) Menu 45 € (dîner), 95/110 € – Carte 60/110 € le soir

◆ Confort, charme et originalité caractérisent cette ex-auberge : antiquités, objets chinés, piscine façon "bains turcs", minimusée de l'érotisme... Étonnant ! Au restaurant, vieilles pierres, bois brut, vaisselle en étain, lampes à huile et... petite bergerie.

AURILLAC P – 15 Cantal – 330 C5 – 29 477 h. – alt. 610 m – ✉ 15000 Auvergne 5 B3

Paris 557 – Brive-la-Gaillarde 98 – Clermont-Ferrand 158 – Montauban 174

Aurillac ✆ 04 71 64 50 00, 3 km par ③.

7 rue des Carmes ✆ 04 71 48 46 58

18 de Haute-Auvergne à Arpajon-sur-Cère La Bladade, SO par N 122 et D 153 : 7km, ✆ 04 71 47 73 75

9 de Vézac Aurillac à Vézac Mairie, SE par D 990 : 8 km, ✆ 04 71 62 44 11

Château St-Étienne : muséum des Volcans★.

Plan page suivante

Grand Hôtel de Bordeaux sans rest

2 av. de la République – ✆ 04 71 48 01 84 – www.hotel-de-bordeaux.fr – Fermé 18 déc.-2 janv. BY**r**

32 ch – †66/94 € ††88/118 € – 2 suites – ☕ 11 €

◆ Bel immeuble du début du 20e s. aux chambres claires, confortables et actuelles (mobilier de style ou rotin).

Delcher

20 r. Carmes – ✆ 04 71 48 01 69 – www.hotel-delcher.com – Fermé 1er-8 mai, 14-31 juil. et 23 déc.-8 janv. BZ**q**

23 ch – †49 € ††54 € – ☕ 7 € – ½ P 52 €

Rest – *(fermé dim. soir et fériés)* (14 €) Menu 18/30 € – Carte 16/32 €

◆ L'artiste danois Gorm Hansen a séjourné dans cet hôtel en 1912 et payé son séjour en fresques reproduisant les paysages environnants. Chambres plus récentes et calmes à l'annexe. Cuisine traditionnelle servie, en été, dans la cour-terrasse.

Quatre Saisons

10 r. Champeil – ✆ 04 71 64 85 38 – www.quatresaisons.fr – Fermé 19-25 août, 25 oct.-2 nov., 1 sem. en fév., dim. soir, mardi midi et lundi BY**t**

Rest – (18 €) Menu 29/56 € – Carte 45/65 €

◆ Le cadre a été entièrement rénové en 2010 mais la priorité reste la goûteuse cuisine du marché, réalisée avec des produits ultrafrais, dont les légumes du potager !

à Vézac par ③, D 920 et D 990 : 10 km – 1 073 h. – alt. 650 m – ✉ 15130

Château de Salles

rte du Château – ✆ 04 71 62 41 41 – www.chateausalles.com – Ouvert Pâques-Toussaint

22 ch – 108/174 € 108/174 € – 8 suites – 19 € – ½ P 94/127 €

Rest – (23 €) Menu 26/44 € – Carte 46/55 €

◆ Ce château du 15ᵉ s. et son parc bénéficient d'une vue dégagée sur les monts du Cantal. Chambres personnalisées et deux duplex originaux ; équipements de loisirs. Salle à manger-véranda face à la campagne et terrasse dominant le golf de Vézac.

AURON – 06 Alpes-Maritimes – 341 C2 – alt. 1 100 m – ✉ 06660 41 C-D2

St Etienne de Tinee Alpes du Sud

Paris 914 – Marseille 263 – Nice 93 – Borgo San Dalmazzo 206

Grange Cossa ✆ 04 93 23 02 66

Le Chalet d'Auron

voie du Berger – ✆ 04 93 23 00 21 – www.chaletdauron.com – Ouvert 29 juin-31 août et 11 déc.-31 mars

15 ch (½ P seult) – 2 suites – ½ P 100/207 €

Rest – Carte 45/65 €

◆ Totalement rénové, ce chalet offre une atmosphère montagnarde raffinée avec son salon cosy et ses chambres personnalisées. Terrasse face aux monts. Piscine, hammam. Dans la salle à manger "tout bois", le chef propose une cuisine traditionnelle orientée terroir.

AUSSOIS – 73 Savoie – 333 N6 – 668 h. – alt. 1 489 m – Sports d'hiver : 1 500/2 750 m 11 – ✉ 73500 Alpes du Nord 45 D2

Paris 670 – Albertville 97 – Chambéry 110 – Lanslebourg-Mont-Cenis 17

route des Barrages ✆ 04 79 20 30 80

Monolithe de Sardières★ NE : 3 km - Ensemble fortifié de l'Esseillon★ S : 4 km.

Du Soleil

15 r. de l'Église – ✆ 04 79 20 32 42 – www.hotel-du-soleil.com

22 ch – 50/80 € 65/106 € – 10 € – ½ P 59/84 €

Rest – *(fermé de mi-avril à mi-juin, de mi-oct. à mi-déc. et le midi) (prévenir)* Menu 20/36 € – Carte 33/57 €

◆ Ce plaisant hôtel abrite des chambres simples tournées vers la montagne ; fitness, sauna, hammam... Accueil sympathique. On se régale de belles recettes du marché accompagnées de vins choisis.

AUTEUIL – 60 Oise – 305 D4 – 575 h. – alt. 150 m – ✉ 60390 36 AB2

Paris 68 – Amiens 71 – Beauvais 15 – Rouen 85

Le 33 sans rest

33 r. de Gournay – ✆ 03 44 81 94 90 – http://letrentetrois.free.fr

3 ch – 70 € 90 €

◆ Raffinement et esprit contemporain dans cet ancien relais postal de la fin du 16ᵉ s. Jolis accords entre les cheminées en marbre, les couettes moelleuses, les camaïeux de gris...

AUTHUILLE – 80 Somme – 301 J7 – rattaché à Albert

AUTRANS – 38 Isère – **333** G6 – **1 663 h.** – **alt. 1 050 m** – **Sports d'hiver : 1 050/1 710 m** ⛷**13** ⛷ – ✉ **38880** Alpes du Nord **45** C2

Paris 586 – Grenoble 36 – Romans-sur-Isère 58 – St-Marcellin 47

rue du Cinéma ✆ 04 76 95 30 70

La Poste rest,

– ✆ *04 76 95 31 03 – www.hotel-barnier.com – Ouvert 11 mai-18 oct. et 4 déc.-16 avril*

28 ch – 🛉72/98 € 🛉🛉72/104 € – ☕ 10 € – ½ P 67/86 €

Rest – *(fermé dim. soir, mardi midi et lundi sauf juil.-août et 20 déc.-14 mars)* Menu 24/45 € – Carte 32/52 €

◆ Au cœur du village, avenante maison tenue par la même famille depuis 1937. Chambres rustiques peu à peu rénovées. Ici et là, huiles sur bois anciennes. Sauna et hammam. Chaleureuse salle lambrissée, tables joliment dressées, plats traditionnels et régionaux.

Les Tilleuls rest,

la Côte – ✆ 04 76 95 32 34 – www.hotel-tilleuls.com – Fermé 31 mars-21 avril, mardi soir et merc. hors saison et hors vacances scolaires

18 ch – 🛉51/66 € 🛉🛉60/80 € – 2 suites – ☕ 9 € – ½ P 60/70 €

Rest – Menu 21/42 € – Carte 34/58 €

◆ Près du centre de cette station incluse dans le Parc naturel régional du Vercors, accueillante bâtisse aux chambres fonctionnelles et bien tenues, dont six refaites à neuf. Cuisine classique, gibier en saison et une spécialité maison : la caillette.

à Méaudre 5,5 km au Sud par D 106^{c} – **1 199 h.** – **alt. 1 012 m** – **Sports d'hiver : 1000/1600 m** ⛷**10** ⛷ – ✉ **38112**

le Village ✆ 04 76 95 20 68

Auberge du Furon avec ch

La Combe – ✆ 04 76 95 21 47 – www.auberge-furon.fr

9 ch – 🛉56/62 € 🛉🛉56/62 € – ☕ 9 €

Rest – *(fermé merc. soir, dim. soir et lundi sauf juil.-août et sauf vacances de fév.)* Menu 16/30 € – Carte 24/43 €

◆ Carte traditionnelle changée régulièrement et plats régionaux font l'attrait de ce petit chalet au décor sagement montagnard, situé au pied des pistes. Chambres dans le style local.

AUTUN – 71 Saône-et-Loire – **320** F8 – **14 806 h.** – **alt. 326 m** – ✉ **71400** Bourgogne **8** C2

Paris 287 – Avallon 78 – Chalon-sur-Saône 51 – Dijon 85

13, rue du Général Demetz ✆ 03 85 86 80 38

d'Autun Le Plan d'Eau du Vallon, par rte de Chalon-s-Saône : 3 km, ✆ 03 85 52 09 28

Cathédrale St-Lazare★★ (tympan★★★, chapiteau★★) - Musée Rolin★ (la Tentation d'Eve★★, Nativité au cardinal Rolin★★, vierge d'Autun★★) BZ **M²** - Porte St-André★ - Grilles★ du lycée Bonaparte AZ **B** - Manuscrits★ (bibliothèque de l'Hôtel de Ville) BZ **H.**

La Tête Noire rest,

3 r. Arquebuse – ✆ 03 85 86 59 99 – www.hoteltetenoire.fr – Fermé 19 déc.-23 janv. BZ**n**

31 ch – 🛉64/75 € 🛉🛉75/94 € – ☕ 10 € – ½ P 62/69 €

Rest – (15 €) Menu 18/46 € – Carte 26/48 €

◆ Adresse du centre-ville dont les chambres, garnies d'un mobilier rustique en bois peint, s'avèrent pratiques et bien insonorisées. Accueil familial. À table, carte régionale et menu terroir.

Ibis ch,

2 km rte Chalon par ③ – ✆ 03 85 52 00 00 – www.ibishotel.com

46 ch – 🛉57/68 € 🛉🛉66/68 € – ☕ 8 €

Rest – *(fermé sam. et dim. hors saison et le midi)* Menu 15/19 €

◆ Cet Ibis, installé au bord d'un plan d'eau (base de loisirs) et à deux pas du centre-ville historique, profite de chambres fonctionnelles aux dernières normes de la chaîne. Restaurant convivial et cuisine traditionnelle.

De Dietrich
solo
piano
expert
Sélectionnez un mode de cuisson ou un menu
PIANO

AUTUN

Le Moulin Renaudiots

chemin du Vieux-Moulin, 5 km au Sud-Est par N 80 et D 978
– ✆ 03 85 86 97 10 – www.moulinrenaudiots.com
– Ouvert mars-nov.
5 ch – 115/150 € 115/150 €
Table d'hôte – Menu 45 € bc
◆ Magnifique villa couverte de vigne vierge et son jardin à la française. Décor intérieur élégamment minimaliste, contemporain et confortable, qui invite à la sérénité. Grande table d'hôte pour les petits-déjeuners composés de produits artisanaux et les repas.

Maison Sainte-Barbe sans rest

7 pl. Ste-Barbe – ✆ 03 85 86 24 77 – www.maisonsaintebarbe.com BZt
4 ch – 65 € 68 €
◆ Ancien logis de chanoines (15e-18e s.) au pied de la cathédrale. Grandes chambres personnalisées, jolie salle des petits-déjeuners agrémentée de meubles anciens, jardin clos.

Le Chalet Bleu
3 r. Jeannin – 03 85 86 27 30 – www.lechaletbleu.com – Fermé 1er-5 janv., 1er-23 fév., lundi soir, dim. soir sauf juil.-août et mardi BYZ**s**
Rest – Menu 17 € (sem.)/58 € – Carte 30/45 €
◆ Derrière une devanture vitrée, salle à manger aux murs ornés de fresques représentant des paysages et jardins imaginaires. Carte mariant tradition et terroir ; menus thématiques les vendredis soirs.

Le Chapitre
13 pl. du Terreau – 03 85 52 04 01 – www.restaurantlechapitre.com – Fermé 19-28 déc., 15 fév.-6 mars, dim. soir, mardi midi et lundi BZ**d**
Rest – *(nombre de couverts limité, prévenir)* (15 €) Menu 28/39 € – Carte environ 40 €
◆ Beaucoup de goût(s) pour cette table en prise sur les tendances. La salle affiche un bel esprit contemporain, tout en offrant une jolie vue sur le parvis de la cathédrale.

AUVERS – 77 Seine-et-Marne – 312 D5 – rattaché à Milly-la-Forêt (Essonne)

AUVERS-SUR-OISE – 95 Val-d'Oise – 305 E6 – 106 6 – 101 3 – voir à Paris, Environs

AUVILLAR – 82 Tarn-et-Garonne – 337 B7 – 985 h. – alt. 141 m – ✉ 82340 28 B2

Paris 652 – Agen 28 – Montauban 42 – Auch 62
place de la Halle 05 63 39 89 82

L'Horloge avec ch
pl. de l'Horloge – 05 63 39 91 61 – www.horlogeauvillar.monsite.orange.fr – Fermé 17 déc.-6 janv. et vend. du 15 oct. au 15 avril
10 ch – †50 € ††56/76 € – ☐ 10 €
Rest – *(fermé sam. midi sauf juil.-août)* Menu 27/120 € – Carte 50/80 €
Rest *Le Bouchon* – *(fermé vend., sam., dim. et le soir)* (15 €) Menu 19 € – Carte 23/39 €
◆ Jouxtant l'élégante tour de l'Horloge, ravissante maison aux volets vert tendre et sa terrasse sous les platanes. Cadre actuel de bon ton. Recettes et vins de la région. À l'heure du déjeuner, Le Bouchon propose des petits plats bistrot orientés terroir.

à Bardigues 4 km au Sud par D 11 – 252 h. – alt. 160 m – ✉ 82340

Auberge de Bardigues
au bourg – 05 63 39 05 58 – www.aubergedebardigues.com – Fermé dim. soir et lundi
Rest – (13 € bc) Menu 17 € (déj. en sem.), 30/58 € bc
◆ Adresse familiale tenue entre frères au cœur d'un agréable petit village rural. Terrasse panoramique, déco contemporaine et cuisine de "bistrot-gastro".

AUXERRE P – 89 Yonne – 319 E5 – 37 419 h. – alt. 130 m – ✉ 89000 7 B1

Bourgogne

Paris 166 – Bourges 144 – Chalon-sur-Saône 176 – Dijon 152
1-2, quai de la République 03 86 52 06 19
Cathédrale St-Étienne★★ (vitraux★★, crypte★, trésor★) - Ancienne abbaye St-Germain★★ (crypte★★).
Gy-l'Évêque : Christ aux Orties★ de la chapelle 9,5 km par ③.

Le Parc des Maréchaux sans rest
6 av. Foch – 03 86 51 43 77 – www.hotel-parcmarechaux.com AZ**u**
25 ch – †97/146 € ††97/146 € – ☐ 12 €
◆ Demeure Napoléon III aux jolies chambres cosy, meublées dans le style Empire ; plus de calme côté parc. Bar feutré habillé de velours rouge.

AUXERRE

Boucheries (R. des) .... BZ 3
Bourbotte (Av.) .... BY 4
Chesnez (R. M. des) .... AZ 5
Coche-d'Eau (Pl. du) .... BY 8
Cochois (R.) .... BY 9
Diderot (R.) .... AZ 10
Dr-Labosse (R. du) .... BY 11
Draperie (R. de la) .... AZ 12
Eckmühl (R. d') .... AZ 14
Fécauderie (R.) .... AZ 16
Foch (Av.) .... AZ 18
Grand-Caire (R. du) .... AY 20
Horloge (R. de l') .... AZ 22
Hôtel-de-Ville (Pl. de l') .... AZ 23
Jean-Jaurès (Av.) .... BY 26
Jean-Jaurès (Pl.) .... BZ 27
Leclerc (Pl. du Mar.) .... AZ 34
Lepère (Pl. Ch.) .... AZ 35
Maison-Fort (R.) .... BY 36
Marine (R. de la) .... BY 37
Mont-Brenn (R. du) .... BY 38
Paris (R. de) .... AY
Puits-des-Dames (R. du) .... BZ 40
St-Germain (R.) .... ABY 44
St-Nicolas (Pl.) .... BY 45
Schaeffer (R. René) .... AZ 46
Surugue (Pl. Ch.) .... AZ 47
Temple (R. du) .... AZ
Tournelle (Av. de la) .... BY 48
Yonne (R. de l') .... BY 52
24-Août (R. du) .... AZ 54

Normandie sans rest

41 bd Vauban – ✆ 03 86 52 57 80 – www.hotelnormandie.fr – Fermé 17 déc.-2 janv.
47 ch – †69/77 € ††77/99 € – ☕ 9 € AY**b**

♦ Cette demeure bourgeoise (19e s.) a tout pour plaire : paisible cour, chambres coquettes et colorées, salon meublé Art déco, billard et fitness.

Le Maxime sans rest

2 quai de la Marine – ✆ 03 86 52 14 19 – www.lemaxime.com BY**f**
26 ch – †92/157 € ††92/157 € – ☕ 12 €

♦ Au 19e s., ce grenier à sel des bords de l'Yonne s'est mué en hôtel. Chambres coquettes et feutrées (tons gris, taupe...), avec vue sur le fleuve ou la cour.

Le Jardin Gourmand

56 bd Vauban – ✆ 03 86 51 53 52 – www.lejardingourmand.com – Fermé 28 fév.-15 mars, 13-21 juin, 5-13 sept., 14-29 nov., lundi et mardi AY**d**
Rest – *(nombre de couverts limité, prévenir)* (49 €) Menu 70/110 € – Carte 84/100 €

♦ Cette ancienne maison de vigneron distille charme classique et fantaisie contemporaine... On y savoure une bonne cuisine du marché, qui varie avec les saisons. Raffiné.

XX **La Salamandre**

84 r. de Paris – ✆ 03 86 52 87 87 – www.lasalamandre-auxerre.fr – Fermé merc. soir, sam. midi, dim. et fériés AYa

Rest – Menu 40/72 € – Carte 58/100 €

◆ Poissons (sauvages), coquillages et crustacés : dans ce restaurant du vieil Auxerre, on respire le bon air de la mer ! Décor sobre et actuel.

X **Le Bourgogne**

15 r. de Preuilly – ✆ 03 86 51 57 50 – www.lebourgogne.fr – Fermé 8-29 mai, 19 déc.-2 janv., jeudi soir, dim., lundi et fériés BZe

Rest – *(nombre de couverts limité, prévenir)* Menu 29/40 €

◆ Sympathique cadre rustique, belle terrasse et petits plats du marché aussi appétissants sur l'ardoise que dans l'assiette : reconversion réussie pour cet ancien garage !

X **Le Rendez-Vous**

37 r. du Pont – ✆ 03 86 51 46 36 – www.restaurant-le-rendez-vous.com – Fermé le soir en sem. de mi-oct. à mi-mai, 25 avril-2 mai, 14-31 juil., 23 déc.-2 janv., sam. et dim. BZr

Rest – (21 €) Menu 32 € – Carte 31/66 €

◆ Rendez-vous au pied de l'église St-Pierre, où le chef mijote de savoureuses spécialités bourguignonnes (joue de bœuf, œufs en meurette...) dans une atmosphère conviviale.

à Champs-sur-Yonne 10 Km par ② et D 606 – 1 557 h. – alt. 110 m – ✉ 89290

Mas des Lilas sans rest

1 r. du Pont, (au Hameau de la Cour Barrée) – ✆ 03 86 53 60 55 – www.lemasdeslilas.com

16 ch – †55 € ††64 € – ☕ 8 €

◆ Ces pavillons nichés dans un jardin fleuri abritent de petites chambres climatisées et bien tenues, toutes de plain-pied et avec terrasse ouverte sur la verdure.

à Vincelottes 16 km par ② D 606 et D 38 – 312 h. – alt. 110 m – ✉ 89290

XX **Auberge Les Tilleuls** avec ch

12 quai de l'Yonne – ✆ 03 86 42 22 13 – www.auberge-les-tilleuls.com – Fermé 19 déc.-11 fév., mardi et merc.

5 ch ☕ – †68 € ††80 € – ½ P 65/76 €

Rest – (15 € bc) Menu 28/50 € – Carte 43/94 €

◆ Pause bucolique au bord de l'Yonne. Ici, le chef mise sur les bons produits et concocte une savoureuse cuisine traditionnelle. Terrasse à fleur d'eau et bon choix de bourgognes. Chambres pour l'étape.

à Chevannes 8 km par ③ et D1 – 2 120 h. – alt. 170 m – ✉ 89240

XX **La Chamaille**

4 rte de Boiloup – ✆ 03 86 41 24 80 – www.lachamaille.fr – Fermé 16-31 août, 24 oct.-3 nov., 27 fév.-13 mars, dim. soir et lundi

Rest – Menu 35/67 € – Carte 54/79 €

◆ Tandis qu'on savoure une cuisine traditionnelle dans la véranda de cette ferme rustique, les canards se chamaillent dans le ruisseau du parc fleuri... La campagne !

à Villefargeau 5,5 km par ④ – 852 h. – alt. 130 m – ✉ 89240

Le Petit Manoir des Bruyères

Les Bruyères, 4 km à l'Ouest – ✆ 03 86 41 32 82 – www.petit-manoir-bruyeres.com

5 ch ☕ – †140/220 € ††140/220 €

Table d'hôte – Menu 46/60 €

◆ À l'orée du bois, ce manoir au toit vernissé est un véritable havre de paix. Chambres raffinées (18e s.) et suite royale "Montespan". Cueillette des champignons en saison... Table d'hôte richement dressée devant la cheminée Louis XIII ; plats bourguignons.

à Appoigny 8 km par ⑤ et D 606 – 3 091 h. – alt. 110 m – ✉ 89380

ℹ 4, rue du Fer à Cheval ☎ 03 86 53 20 90

Le Puits d'Athie

1 r. de l'Abreuvoir – ☎ 03 86 53 10 59 – www.puitsdathie.com

4 ch ☕ – †75/180 € ††75/180 € **Table d'hôte** – Menu 45 € bc

◆ Les chambres de cette demeure bourguignonne possèdent un charme rare (meubles chinés), en particulier "Mykonos", habillée de bleu et blanc, et "Porte d'Orient", décorée d'une porte du Rajasthan. La patronne concocte des plats régionaux ou méditerranéens.

AVALLON – 89 Yonne – **319** G7 – 7 483 h. – alt. 250 m – ✉ 89200 **7** B2

Bourgogne

Paris 222 – Auxerre 51 – Beaune 103 – Chaumont 134

ℹ 6, rue Bocquillot ☎ 03 86 34 14 19

Site★ - Ville fortifiée★ : Portails★ de l'église St-Lazare - Miserere★ du musée de l'Avallonnais **M¹** - Vallée du Cousin★ S par D 427.

Dak'Hôtel sans rest

119 r. de Lyon, par ② – ☎ 03 86 31 63 20 – www.dak-hotel.com

27 ch – †57 € ††63 € – ☕ 8,50 €

◆ Un hôtel fonctionnel tout près de la route, avec piscine et jardin. Les chambres sont bien entretenues et insonorisées. Pratique et sympathique !

Le Gourmillon

8 r. de Lyon – ☎ 03 86 31 62 01 – www.legourmillon.com – Fermé 10-23 janv., jeudi soir hors saison et dim. soir **V**

Rest – (12 € bc) Menu 18/34 € – Carte 25/43 €

◆ Petit restaurant familial en plein centre-ville, où simplicité rime avec générosité. Cadre agréable et sagement champêtre ; menus faisant la part belle au terroir.

AVALLON

Belgrand (R.) 2
Bocquillot (R.) 3
Capucins (Prom. des). 5
Collège (R. du) 6
Fontaine-Neuve (R.) 8
Fort-Mahon (R.) 9
Gaulle (Pl. Gén.-de) 12
Gde-Rue A. Briand 13
Odebert (R. des). 14
Paris (R. de) . . . .
Porte-Auxerroise (R.) 16
Terreaux Vauban (Prom. des) 18
Vauban (Pl.). . . . .

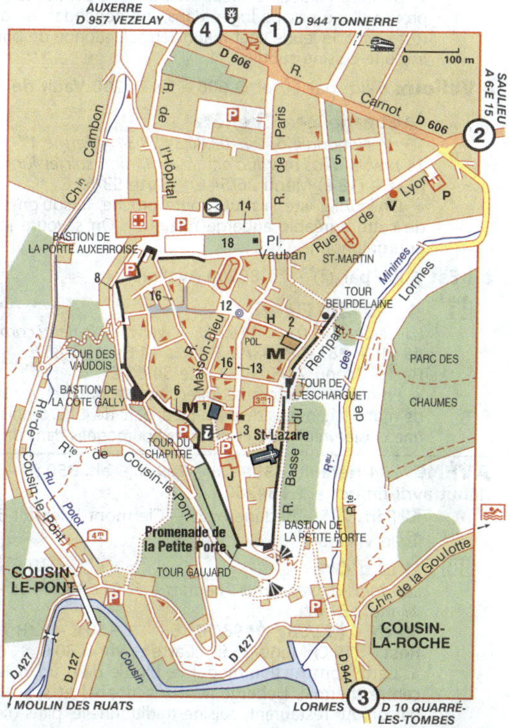

à Pontaubert 5 km par ④ et D 957 – 390 h. – alt. 160 m – ✉ 89200

Les Fleurs avec ch
69 rte de Vézelay – ✆ 03 86 34 13 81 – www.hotel-lesfleurs.com – Fermé 18 déc.-3 fév.
7 ch – 51 € 63 € – 9 €
Rest – *(fermé jeudi sauf le soir du 1er mai au 15 sept. et merc.)* Menu 19/43 € – Carte 35/55 €
◆ Une sympathique auberge familiale, où manger une cuisine traditionnelle et régionale. L'été, on profite du jardin. Chambres bien tenues.

dans la Vallée du Cousin 6 km par ④, Pontaubert et D 427 – ✉ 89200 Avallon

Hostellerie du Moulin des Ruats
– ✆ 03 86 34 97 00 – www.moulindesruats.com – Ouvert de mi-fév. au 11 nov.
25 ch – 82/154 € 82/154 € – 13 € – ½ P 99/135 €
Rest – *(fermé le midi sauf dim. et lundi)* Menu 30/47 € – Carte 45/69 €
◆ Au calme dans la vallée du Cousin, ce moulin du 18e s. invite à la détente : atmosphère feutrée dans le bar-bibliothèque et chambres au charme surrané. On dîne dans une salle ouverte sur le domaine ou en terrasse ; cuisine classique, au diapason des lieux.

à Vault de Lugny 6 km par ④ et D 142 – 326 h. – alt. 148 m – ✉ 89200

Château de Vault de Lugny
11 r. du Château – ✆ 03 86 34 07 86 – www.lugny.fr – Ouvert 8 avril-5 nov.
14 ch – 185/650 € 185/650 € – 2 suites – 25 €
Rest – *(fermé le midi sauf dim.) (nombre de couverts limité, prévenir)* Menu 49 €, 69/98 € – Carte 67/124 €
◆ Dans ce luxueux château du 16e s., le parc et le potager sont superbes et l'on profite d'une piscine logée dans une dépendance voûtée. Calme et idyllique ! Au restaurant, le jeune chef mauricien sélectionne de bons produits régionaux et réalise une cuisine subtile.

à Valloux 6 km par ④ et D 606 – ✉ 89200 Vault de Lugny

Auberge des Chenêts
10 rte Nationale 6 – ✆ 03 86 34 23 34 – Fermé 1er-13 mars, 20 juin-5 juil., 14 nov.-8 déc., mardi d'oct. à avril, dim. soir et lundi
Rest – (18 €) Menu 26/54 € – Carte 53/63 €
◆ On oublie vite la route toute proche, lorsqu'on s'attable près de la cheminée de cette agréable auberge rustique ! On savoure ici de bons plats d'inspiration bourguignonne.

à l'Est 6 km par ② – ✉ 89200 Avallon

Le Relais Fleuri
La Cerce – ✆ 03 86 34 02 85 – www.relais-fleuri.com
48 ch – 83 € 83/96 € – 14 € – ½ P 85 €
Rest – Menu 22/56 € – Carte 34/60 €
◆ En quittant l'autoroute (direction Avallon), trouvez le repos dans ce Relais aux airs de motel (chambres de plain-pied, parc de 4 ha, tennis et piscine chauffée). Savourez une cuisine régionale et de bons bourgognes dans un cadre élégant et champêtre.

AVÈNE – 34 Hérault – 339 D6 – 289 h. – alt. 350 m – Stat. therm. : début avril-fin oct. – ✉ 34260 — 22 B2

Paris 705 – Bédarieux 25 – Clermont-l'Hérault 51 – Montpellier 83
le Village ✆ 04 67 23 43 38

Val d'Orb ch, rest,
Les Bains-d'Avène, aux Thermes – ✆ 04 67 23 44 45 – www.valdorb.com – Ouvert 21 mars-31 oct.
58 ch – 92/98 € 98/104 € – 9,50 € – ½ P 72/84 €
Rest – (19 €) Menu 25 € – Carte environ 30 €
◆ Cette construction moderne, blottie dans un vallon verdoyant, est intégrée au centre thermal. Hébergement fonctionnel et spacieux. Quelques chambres avec balcon. Au restaurant, cuisine traditionnelle, plats diététiques et menu-pension.

AVENSAN – 33 Gironde – 335 G4 – 2 052 h. – alt. 25 m – ✉ 33480 3 B1

Paris 589 – Bordeaux 30 – Mérignac 28 – Pessac 34

Le Clos de Meyre sans rest

16 rte de Castelnau – ✆ 05 56 58 22 84 – www.chateaumeyre.com – Ouvert 1er mars-1er nov.

9 ch – 85/105 € 115/240 €

◆ Entre vignobles de Margaux et de Haut Médoc, ce château est une propriété viticole depuis trois siècles. Chambres de caractère, classiques ou actuelles. Piscine d'été, tennis.

AVESSAC – 44 Loire-Atlantique – 316 E2 – 2 357 h. – alt. 55 m – ✉ 44460 34 A2

Paris 406 – Nantes 78 – Rennes 63 – St-Nazaire 54

au Sud-Est 3 km par D 131 (direction Plessé)

Restaurant d'Edouard

La Ville en Pierre ✉ 44460 Avessac – ✆ 02 99 71 01 02 – www.edouardset.com – Fermé 14 juil.-20 sept., lundi, mardi, merc. et jeudi

Rest – Menu 29/61 € – Carte 50/62 €

◆ Dans cette ancienne ferme, la décoration design tranche avec les murs en brique et les poutres apparentes. On y sert une cuisine inventive, joliment présentée. Cave à vin.

AVIGNON P – 84 Vaucluse – 332 B10 – 92 454 h. – Agglo. 253 580 h. – alt. 21 m – ✉ 84000 Provence 42 E1

Paris 682 – Aix-en-Provence 82 – Arles 37 – Marseille 98

d'Avignon : ✆ 04 90 81 51 53, 9 km par ③ et N 7.

✆ 3635 et tapez 42 (0,34 €/mn)

41, cours Jean Jaurès ✆ 04 32 74 32 74

de Châteaublanc à Morières-lès-Avignon Les Plans, E : 8 km par D 58, ✆ 04 90 33 39 08

du Grand Avignon à Vedène Les Chênes Verts, E : 9 km par D 28, ✆ 04 90 31 49 94

Palais des Papes★★★ : ≤★★ de la terrasse des Dignitaires - Rocher des Doms ≤★★ - Pont St-Bénézet★★ - Remparts★ - Vieux hôtels★ (rue Roi-René) EZ **F²** - Coupole★ de la cathédrale Notre-Dame-des-Doms - Façade★ de l'hôtel des Monnaies EY **K** - Vantaux★ de l'église St-Pierre EY - Retable★ de l'église St-Didier EZ - Musées : Petit Palais★★ EY, Calvet★ EZ **M²**, Lapidaire★ EZ **M⁴**, Louis Vouland (faïences★) DYZ**M⁵** - Fondation Angladon-Dubrujeaud★★ EZ **M¹**.

Plans pages suivantes

La Mirande

4 pl. Amirande – ✆ 04 90 14 20 20 – www.la-mirande.fr EY**g**

25 ch – 330/560 € 330/560 € – 1 suite – 26 €

Rest – ✆ 04 90 85 93 93 *(fermé 9 janv.-9 fév.)* Menu 35 € (déj. en sem.), 72/93 € – Carte environ 83 €

Spéc. Miroir d'eau de tomates confites, crémeux de burrata et sorbet fenouil (saison). Dos de cabillaud rôti, pommes de terre écrasées à l'huile d'olive et truffe d'été. Œufs à la neige, crème anglaise pralinée et mousse au café. **Vins** Vin de pays de Vaucluse, Châteauneuf-du-Pape.

◆ La Mirande est un lieu superbe : décoration dans l'esprit provençal du 18e s., meubles d'antiquaires, objets d'art... raffinement exquis ! Goûteux plats traditionnels à base de produits bio ; table d'hôte certains soirs dans les anciennes cuisines.

D'Europe

12 pl. Crillon – *04 90 14 76 76* – *www.heurope.com* EYd

41 ch – 190/540 € 210/540 € – 3 suites – 18 €

Rest – *(fermé dim. et lundi)* Menu 35 € (déj.), 39/120 € – Carte 66/148 €

Spéc. Aiguillette de thon comme un tataki. Ris de veau doré au beurre d'algues et légumes du marché. Pain perdu à la fleur d'oranger.

♦ Décor délicat dans cet hôtel particulier du 16e s., au cœur de la cité. Certaines suites offrent une échappée sur le palais des Papes. On déguste ici une fine cuisine classique relevée de saveurs méditerranéennes. En terrasse, doux murmure de la fontaine...

AVIGNON

Amandier (Av. de l') . . . CX
Aulnes (Av. des) CX
Avignon (Av. d') CX
Croix Rouge (Av. de la) BX
Docteur-Pons (Rte Touristique) . . . BV
Eisenhower (Av.) . . . . . AX
Europe (Pont de l') . . . AX
Ferry (Bd J.) . . . . AX
Folie (Av. de la) . . . . . BCX 29
Foncouverte (Av. de) BCX 31
Gaulle (Rocade Ch.-de) . . ABX
Lyon (Rte de) . . . . BV
Marseille (Rte de) . . . BCX 51
Monclar (Av.) . . . . AX
Monod (Bd J.) . . . . AX 58
Montfavet (Rte de) . . BCX 60
Morières (Rte de) . . . BCV
Moulin Notre-Dame (Av. du) . . . . BX 61
Réalpanier (Carr.) CV
Reine-Jeanne (Av. de la) . . . . BX 81
Royaume (Pont du) . . . AV 92
St-Chamand (Av.) . . . . BX 95
St-Ruf (Av.) . . . . AX
Semard (Av. P.) . . . . . . BX
Sixte-Isnard (Bd) . . . . . BX 112
Souspirous (Av. de) . . . CX
Tarascon (Av. de) . . . . . AX
1re Division Blindée (Bd de la) . . . . BX 125

LES ANGLES

Pinède (Ch. de la) . . . . AV

LE PONTET

Delorme (Av. Th.) CV
Gaulle (Av. Ch. de) CV
Goutarel (Av. G.) . . . . . CV 38
Lascours (Av. F.) CV
Pasteur (Av. L.) CV

VILLENEUVE-LÈS-AVIGNON

Camp de Bataille (R.) . AV 15
Chartreux (Ch. des) . . . AV 16
Ducros (Bd Edmond) . AV
Fort St-André (Montée du) . . . . AV 32
Gaulle (Av. Ch.-de) . . . . AV 36
Hôpital (R. de l') . . . . . AV 43
Joffre (Rte) . . . . AV
Leclerc (Av. Gén.) . . . . AV
Monnaie (R. de la) . . . . AV 57
Pasteur (Av.) . . . . AV
Péri (Av. G.) . . . . AV
Ravoux (Av. Paul) . . . . AV
République (R. de la) . . AV 87
Tour (Montée de la) . . . AV 115
Verdun (Av. de) . . . . . . AV 117

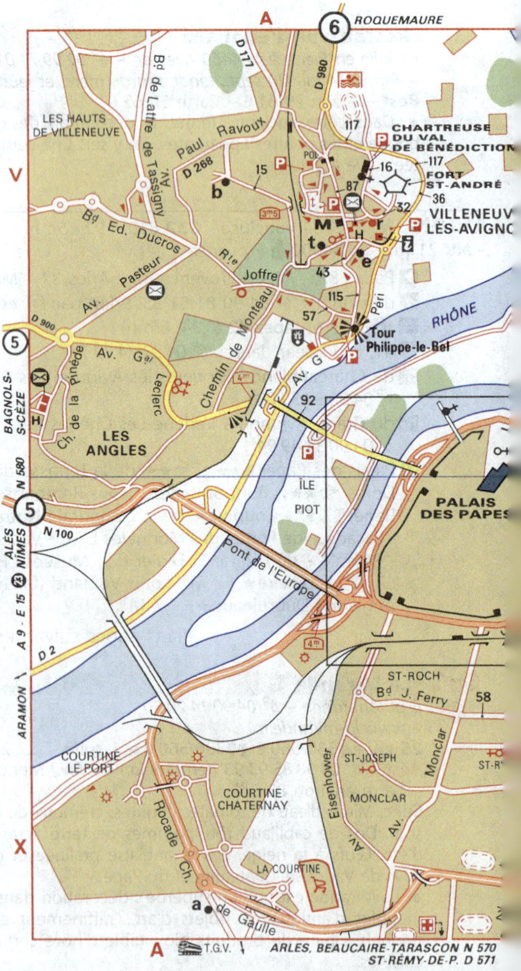

Cloître St-Louis

20 r. Portail-Boquier
– *04 90 27 55 55*
– *www.cloitre-saint-louis.com* EZs

80 ch – 210/330 € 210/330 € – 16 €
Rest – *(fermé 22 oct.-2 nov., 25 fév.-11 mars et sam. midi)* (18 €)
Menu 28 € (déj.)/38 €
– Carte 32/45 €

◆ Dans ce cloître du 16e s., les chambres allient sobriété moderne et charme des vieilles pierres. Piscine et terrasse sur le toit ; aile contemporaine (verre et acier). Restaurant sous les arcades ; l'été, on s'installe dans la paisible cour, à l'ombre des platanes.

AVIGNON

Amirande (Pl. de l')	EY	2
Arroussaire (Av. de l')	FZ	3
Aubanel (R. Théodore)	EZ	5
Balance (R. de la)	EY	7
Bancasse (R.)	EY	9
Bertrand (R.)	FY	10
Bon Martinet (R. du)	FZ	13
Campane (R.)	FY	14
Collège d'Annecy (R.)	EZ	18
Collège du Roure (R. du)	EY	19
Corps Saints (Pl. des)	EZ	20
David (R. Félicien)	EY	22
Dorée (R.)	EY	23
Folco-de-Baroncelli (R.)	EY	28
Fourbisseurs (R. des)	EY	34
Four de la Terre (R. du)	FZ	35
Four (R. du)	FY	33
Galante (R.)	EY	37
Grande Fusterie (R. de la)	EY	39
Grottes (R. des)	EY	41
Italiens (Av. des)	GY	44
Jean-Jaurès (Cours)	EZ	
Jérusalem (Pl.)	FY	45
Ledru-Rollin (R.)	FY	47
Manivet (R. P.)	EFZ	48
Marchands (R. des)	EY	49
Masse (R. de la)	FZ	52
Molière (R.)	EY	54
Monclar (Av.)	EZ	55
Mons (R. de)	EY	59
Muguet (R.)	GY	62
Ortolans (R. des)	EZ	63
Palais (Pl. du)	EY	64
Palapharnerie (R.)	FY	66
Petite Calade (R. de la)	EY	67
Petite Fusterie (R. de la)	EY	68

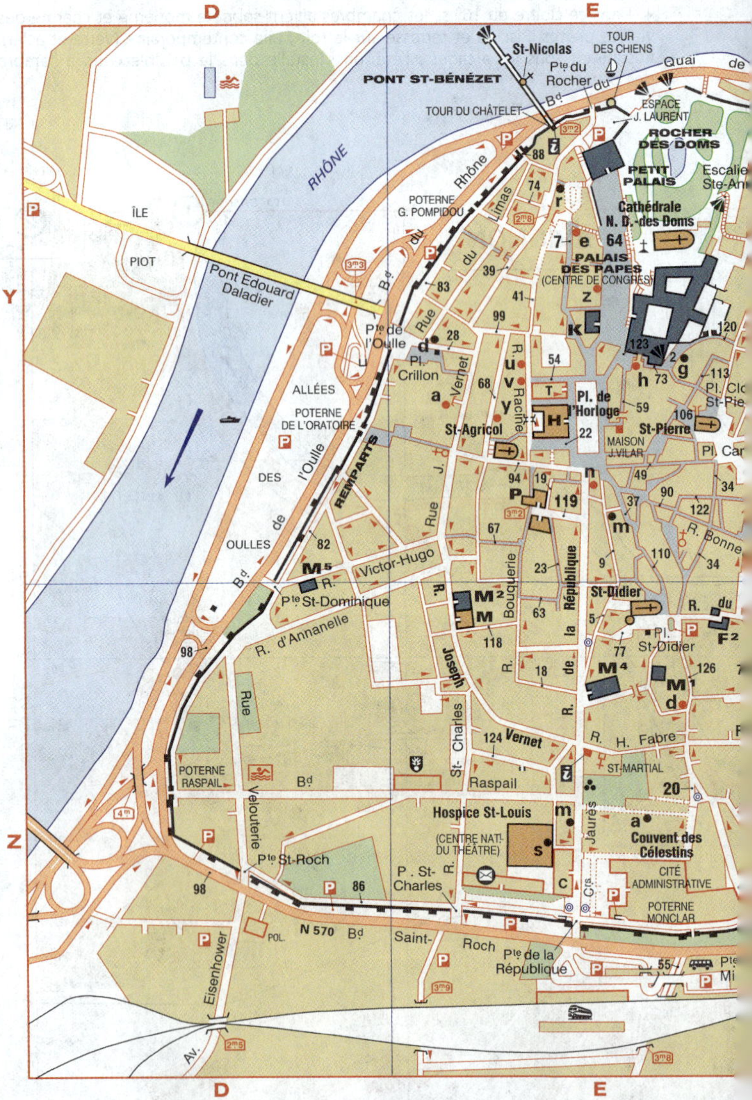

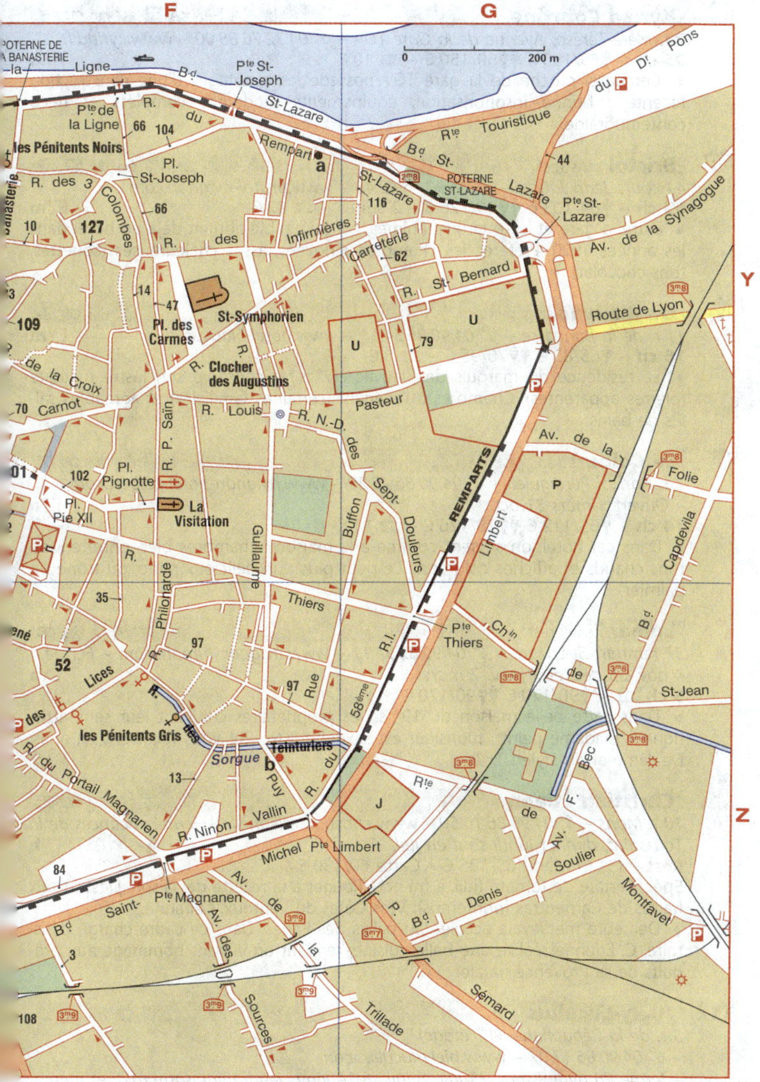
F
G
Y
Z
0
200 m
POTERNE DE BANASTERIE
Bd de la Ligne
Pte St-Joseph
Bd St-Lazare
Pte de la Ligne
les Pénitents Noirs
Pl. St-Joseph
R. des 3 Colombes
R. des Infirmières
Rempart St-Lazare
POTERNE ST-LAZARE
Rte Touristique
Dr Pons
Pte St-Lazare
Av. de la Synagogue
Route de Lyon
Carreterie
R. St-Bernard
St-Symphorien
Pl. des Carmes
Clocher des Augustins
R. de la Croix
Carnot
R. Louis Pasteur
R. N.-D. des Sept-Douleurs
REMPARTS
Av. de la Folie
Capdevila
Pl. Pignotte
Pl. Pie XII
La Visitation
R. Guillaume Puy
Buffon
Thiers
Pte Thiers
R. P. Saïn
R. Philonarde
Limbert
Ch. de St-Jean
Bd
Liçes
les Pénitents Gris
R. des Teinturiers
Sorgue
R. du Portail Magnanen
R. Ninon Vallin
R. du 58ème R.I.
Pte Limbert
Pte Magnanen
Bd Saint-Michel
Av. de la Trillade
Av. des Sources
Bd P. Sémard
Rte de Montfavet
Bd Denis Soulier
Av. F. Bec
Rue
U
P
J
a
b
127
109
10
14
47
66
104
116
62
79
44
70
101
102
35
52
97
13
84
3
108

Mercure Pont d'Avignon sans rest

r. Ferruce, (quartier Balance) – 04 90 80 93 93 – www.mercure.com EYr

87 ch – 117/182 € 127/192 € – 13 €

◆ Emplacement idéal pour visiter le palais des Papes. Les chambres de cet hôtel sont petites, mais fonctionnelles et chaleureuses. Agréable salle des petits-déjeuners.

Kyriad Courtine sans rest

2 r. Mère-Térésa, Avenue de la Gare TGV – 04 32 76 88 00 – www.kyriad.fr

95 ch – 69/150 € 69/150 € – 10 € AXa

◆ Cet hôtel proche de la gare TGV possède les avantages d'une construction récente : bonne insonorisation, équipements modernes complets et déco contemporaine.

Bristol sans rest

44 cours Jean-Jaurès – 04 90 16 48 48 – www.bristol-avignon.com

65 ch – 64/103 € 86/126 € – 2 suites – 12 € EZm

◆ Entre la gare et les quartiers animés, cet immeuble abritait déjà un hôtel dans les années 1920. Préférez les chambres rénovées, assez chaleureuses (couettes, tons chocolat).

De Blauvac sans rest

11 r. de la Bancasse – 04 90 86 34 11 – www.hotel-blauvac.com EYm

16 ch – 65/85 € 70/95 € – 8 €

◆ La résidence du marquis de Blauvac (17e s.) a conservé son lustre rustique (pierres apparentes). Chambres à l'avenant (certaines familiales) et agréables salles de bains.

Le Colbert sans rest

7 r. Agricol Perdiguier – 04 90 86 20 20 – www.avignon-hotel-colbert.com – Ouvert 5 mars-31 oct. EZa

14 ch – 65/112 € 78/126 € – 11 €

◆ Dans cet hôtel, on se sent comme à la maison : chambres bien entretenues, tons chauds et affiches colorées... Le petit plus : un délicieux patio, où trône un palmier.

Lumani sans rest

37 rempart St-Lazare – 04 90 82 94 11 – www.avignon-lumani.com – Fermé 4 nov.-25 déc. et 7 janv.-7 mars FYa

5 ch – 90/170 € 90/170 €

◆ Dans cette belle maison du 19e s., les propriétaires cultivent leur sens artistique – madame peint ; monsieur est saxophoniste – et vous reçoivent en amis. De l'âme et du style !

Christian Étienne

10 r. Mons – 04 90 86 16 50 – www.christian-etienne.fr – Fermé vacances de la Toussaint, dim. et lundi sauf en juil. EYh

Rest – (31 €) Menu 65/135 € – Carte 60/130 €

Spéc. Tartare de tomate (juil. à mi-oct.) Rouget à la recette de saison. Dessert aux fraises de Carpentras (printemps). **Vins** Côtes du Ventoux, Cairanne.

◆ Demeure médiévale accolée au palais des Papes. Dans ce cadre chargé d'histoire, C. Étienne réalise une belle cuisine, rendant un vibrant hommage aux produits de sa Provence natale.

Hiély-Lucullus

5 r. de la République, (1er étage) – 04 90 86 17 07 – www.hiely-lucullus.com – fermé 26 avril-9 mai, 25 juin-8 juil., 8-14 janv., jeudi midi, sam. midi et merc.

Rest – (19 €) Menu 25 € (déj. en sem.), 40/60 € – Carte 55/95 € EYn

◆ Véritable institution depuis 1938 ! Ici, on se délecte du décor Belle Époque (vitraux, boiseries de style Majorelle) autant que de la cuisine classique revisitée.

Le Diapason (Erwan Houssin)

1764 av. du Moulin-Notre-Dame - BX – ✆ 04 90 81 00 00 – www.lediapason-restaurant.com – Fermé 1 sem. fin août, 1 sem. en nov., 3 sem. en janv., mardi sauf juil.-août et lundi

Rest – Menu 21 € (déj.), 26/64 €

Spéc. Velouté glacé de tomate, brousse à l'estragon, jambon de cochon noir de Bigorre. Pigeon de Bresse rôti sur l'os, jus de presse à l'origan. Charlotte à l'abricot et chocolat, sorbet fromage blanc.

◆ Aux portes de la ville règne une douce harmonie champêtre. Charme des pierres apparentes et des tons clairs ; vue sur les cuisines et… savoureuses recettes créatives, signées par un couple talentueux (lui au chaud, elle à la pâtisserie). Mettez-vous au diapason !

Piedoie

26 r. 3-Faucons – ✆ 04 90 86 51 53 – Fermé fin août, vacances de fév., mardi et merc. EZ**d**

Rest – (14 €) Menu 18 € (sem.)/29 €

◆ On apprécie l'atmosphère familiale de ce petit bistrot joliment rustique (parquet, poutres apparentes, murs blancs) ; on se régale des plats du marché concoctés par le chef.

Le Moutardier du Pape

15 pl. du Palais-des-Papes – ✆ 04 90 85 34 76 – www.restaurant-moutardier.fr

Rest – (23 €) Menu 32/48 € – Carte 48/69 € EY**z**

◆ Moutardier du pape ? Une charge jadis très prisée et joliment évoquée par les fresques de la salle. Ici, plaisirs du palais et terrasse splendide donnant sur... le palais !

L'Essentiel

2 r. Petite-Fusterie – ✆ 04 90 85 87 12 – www.restaurantlessentiel.com – fermé 26 fév.-11 mars, dim. et merc. EY**y**

Rest – (17 €) Menu 28/39 € – Carte 41/53 €

◆ Comme son nom l'indique, cette table va à l'essentiel... des saveurs, et réjouira les amateurs d'une cuisine généreuse. Le décor, lui, joue la carte de la modernité épurée.

Le Numéro 75

75 r. Guillaume-Puy – ✆ 04 90 27 16 00 – www.numero75.com – Fermé dim.

Rest – Menu 33 € (déj.)/35 € – Carte 30/48 € FZ**b**

◆ Un sympathique restaurant haut en couleurs, niché dans un hôtel particulier du 19e s. On y savoure une goûteuse cuisine du marché et, aux beaux jours, on s'attable dans la cour.

Les 5 Sens

18 r. Joseph-Vernet, (pl. Plaisance) – ✆ 04 90 85 26 51 – www.restaurantles5sens.com – Fermé dim. et lundi EY**a**

Rest – (20 €) Menu 39/45 € – Carte 55/75 €

◆ Il faut dénicher ce petit restaurant, blotti sur une placette discrète... Là, dépaysement garanti : objets asiatiques et cuisine actuelle teintée de saveurs exotiques.

La Fourchette

17 r. Racine – ✆ 04 90 85 20 93 – Fermé 1er-22 août, sam. et dim. EY**u**

Rest – *(nombre de couverts limité, prévenir)* (26 €) Menu 32/34 €

◆ Collection de fourchettes, cigales, photos, cartes de vœux, bibelots : ce bistrot – au décor chargé mais charmant – affiche souvent complet. Cuisine aux savoureux accents du Sud.

Brunel

46 r. Balance – ✆ 04 90 85 24 83 – www.restaurantbrunel.fr – Fermé vacances scolaires de Noël, dim. et lundi sauf en juil. EY**e**

Rest – (15 € bc) Menu 25/33 €

◆ Ce néobistrot au décor minimaliste a le vent en poupe ! Ici, cap sur les produits frais : le soir, carte aux accents provençaux et, le midi, formule autour du plat du jour.

L'Isle Sonnante
7 r. Racine – 04 90 82 56 01 – www.lislesonnante.com – Fermé 2-12 août, vacances de la Toussaint, vacances de fév., dim. et lundi
Rest – (17 €) Menu 25/45 € – Carte 29/45 € EYv
◆ Derrière l'opéra, un petit néobistrot sympathique et chaleureux (grands miroirs, plafond rose...). On y déguste une cuisine aux accents du Sud accompagnée de crus régionaux.

dans l'île de la Barthelasse **5 km au Nord par D 228 et rte secondaire – ✉ 84000 Avignon**

La Ferme
110 chemin des Bois – 04 90 82 57 53 – www.hotel-laferme.com – Ouvert 15 mars-31 oct.
20 ch – †68/75 € ††78/86 € – ☕ 10 € – ½ P 70/76 €
Rest – *(fermé le midi)* Menu 25/42 € – Carte 25/42 €
◆ Idéal pour se mettre au vert sans trop s'éloigner du centre-ville. Chambres simples et bien tenues, au mobilier de style provençal. Cuisine traditionnelle servie dans une salle campagnarde (poutres apparentes, cheminée et vieilles pierres). Terrasse ombragée.

au Pontet **6 km vers ② par rte de Lyon – 17 365 h. – alt. 40 m – ✉ 84130**

Auberge de Cassagne & Spa
450 allée de Cassagne – 04 90 31 04 18 – www.aubergedecassagne.com – Fermé 2-27 janv.
45 ch – †169/488 € ††169/488 € – 3 suites – ☕ 25 € – ½ P 155/334 €
Rest – (33 €) Menu 59/94 € – Carte 73/130 €
◆ Atmosphère chaleureuse dans cette bastide de 1850 : charmants petits salons, cheminée, mobilier chiné et chambres au décor provençal tournées vers le jardin. Beau spa. Cuisine classique et vins choisis dans la jolie salle rustique (poutres et solives).

Les Agassins
52 av. Ch.-de-Gaulle – 04 90 32 42 91 – www.agassins.com – Fermé 15 fév.-6 mars CVu
26 ch – †100/240 € ††120/380 € – ☕ 19 € – ½ P 117/232 €
Rest – (17 €) Menu 23 € (déj.)/59 € – Carte 55/61 €
◆ Une grande maison d'inspiration régionale dans un jardin fleuri. Les chambres, pratiques et sobres, bénéficient presque toutes d'une petite terrasse. Restaurant ensoleillé et, aux beaux jours, tables dressées dans la cour arborée ; mets et vins honorent la Provence.

à Montfavet - CX – ✉ **84140**

Hostellerie Les Frênes
645 av. Vertes-Rives – 04 90 31 17 93 – www.lesfrenes.com – Ouvert de mars à nov.
12 ch – †120/650 € ††120/650 € – 6 suites – ☕ 20 €
Rest – (22 €) Menu 29 € (déj. en sem.), 47/67 € – Carte 65/85 €
◆ Des platanes, des frênes... de la verdure ! Cette demeure bourgeoise (1800) et ses dépendances, nichées dans un parc, disposent de chambres confortables (mobilier de style, plus de cachet dans la bâtisse principale). Restaurant cossu, bar cosy et jolie terrasse.

à l'aéroport **8 km par ③ – ✉ 84140**

Paradou
– 04 90 84 18 30 – www.hotel-paradou.fr
60 ch – †105/110 € ††115/170 € – ☕ 13 €
Rest – *(fermé dim. sauf le soir d'avril à sept.)* Menu 19/39 € – Carte 25/50 €
◆ Cet hôtel des années 1980, qui jouxte l'aéroport, se révèle accueillant et confortable : chambres sobres et bien tenues avec balcon, petite terrasse ou accès au jardin. Restaurant lumineux décoré façon bistrot, cuisine traditionnelle et vins régionaux.

rte de Carpentras 12 km par ② D 942, sortie Althen-des-Paluds

XXX **Le Saule Pleureur** (Laurent Azoulay)
✿ *145 chemin de Beauregard ✉ 84180 Monteux – ☎ 04 90 62 01 35 – www.le-saule-pleureur.com – Fermé 21 mars-4 avril, 31 oct.-7 nov., 2-9 janv., sam. midi, dim. soir et lundi sauf fériés et sauf juil.-août*
Rest – *(nombre de couverts limité, prévenir)* (26 €) Menu 39 € (sem.)/89 € – Carte 78/98 €
Spéc. Tomates de Provence multicolores dans tous leurs états (juin à sept.). Menu "Truffe Noire du Vaucluse" (déc.à mars). Chocolats de l'opéra en touches gourmandes, sorbet cacao intense. **Vins** Côtes du Ventoux, Rasteau.
◆ Un beau jardin fleuri, une grande villa... On oublie immédiatement la route toute proche pour jouir de l'essentiel : la cuisine généreuse, délicate et sagement créative du chef.

*Voir aussi ressources hôtelières de **Villeneuve-lès-Avignon***

AVIGNON (Aéroport d') – 84 Vaucluse – 332 C10 – rattaché à Avignon

AVRANCHES – 50 Manche – 303 D7 – 8 239 h. – alt. 108 m 32 A3

– ✉ 50300 Normandie Cotentin

▶ Paris 337 – Caen 105 – Rennes 85 – St-Lô 58
ℹ 2, rue Général-de-Gaulle ☎ 02 33 58 00 22
◉ Manuscrits★★ du Mont-St-Michel (musée) - Jardin des Plantes : ☼★ - La "plate-forme" ☼★.

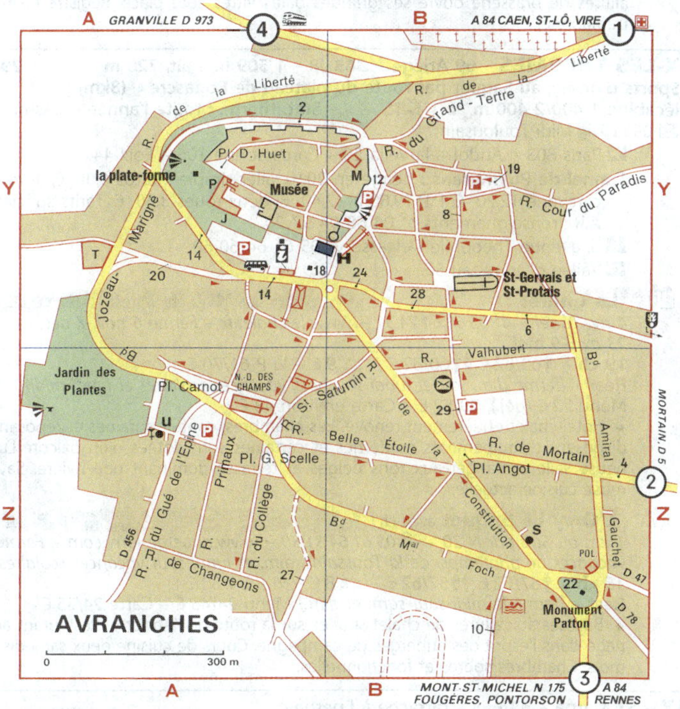

La Croix d'Or
83 r. de la Constitution – ☎ 02 33 58 04 88 – www.hoteldelacroixdor.fr – Fermé 1er-20 janv. et dim. soir du 15 oct. au 1er avril BZs
27 ch – †62/75 € ††77/110 € – ☐ 10 € – ½ P 78/95 €
Rest – Menu 18/49 € – Carte 37/60 €
◆ Façade à ossature de bois, beau hall-salon (mobilier régional) et jardin fleuri que regardent la plupart des agréables chambres dans cet ancien relais de poste du 17e s. Authentique cachet normand dans la salle à manger ; carte classique et régionale.

La Ramade sans rest
2 r. de la Côte, 1 km par ④ à Marcey les Grèves – ☎ 02 33 58 27 40 – www.laramade.fr – Fermé 21-30 nov. et 29 déc.-4 fév. et dim. de nov. à mars
12 ch – †70/109 € ††78/190 € – ☐ 11 €
◆ Demeure bourgeoise des années 1950 proposant des chambres douillettes et personnalisées sur le thème floral, ou une suite familiale pour cinq personnes.Verrière à l'ancienne.

Au Jardin des Plantes ch,
10 pl. Carnot – ☎ 02 33 58 03 68 – www.le-jardin-des-plantes.fr – Fermé 25 déc.-3 janv. AZu
19 ch – †50/88 € ††50/88 € – ☐ 10 € – ½ P 68 €
Rest – Menu 17/45 € – Carte 28/72 €
◆ Cet hôtel jouxte l'entrée du jardin des plantes ; l'accueil se fait au bar. Chambres rustiques, plus spacieuses dans le bâtiment arrière. La salle à manger aux allures de brasserie ouvre ses grandes baies vitrés côté place. Registre culinaire traditionnel.

AX-LES-THERMES – 09 Ariège – **343** J8 – **1 509 h.** – **alt. 720 m** **29** C3
– **Sports d'hiver : au Saquet par route du plateau de Bonascre★ (8km) et télécabine 1 400/2 400 m 1 15 – Stat. therm. : toute l'année – Casino**
– ✉ **09110** Midi-Toulousain

Paris 803 – Andorra-la-Vella 59 – Carcassonne 106 – Foix 44

Tunnel de Puymorens : péage en 2010, aller simple : autos 6,00 €, auto et caravane 12,20 €, P.L 19,80 à 32,40 €, deux-roues 3,60 €. Tarifs spéciaux A.R : renseignements ☎ 04 68 04 97 20.

6, avenue Théophile Delcassé ☎ 05 61 64 60 60

Vallée d'Orlu★ au SE.

Le Chalet ch, rest,
4 av. Turrel – ☎ 05 61 64 24 31 – www.le-chalet.fr – Fermé 6 nov.-7 déc. et 23 avril-9 mai
19 ch – †60/82 € ††60/82 € – ☐ 9 € – ½ P 61/70 €
Rest – *(fermé dim. soir et lundi soir hors vacances scolaires et lundi midi)* (18 €) Menu 22 € (déj.), 29/52 € – Carte environ 48 €
◆ Hôtel-chalet entièrement rénové. Les chambres, contemporaines et reposantes, disposent d'équipements modernes et certaines sont dotées d'un balcon. Lumineuse salle à manger aux tons beiges et terrasse dominant une rivière. Savoureuse cuisine actuelle.

XX **L'Orry Le Saquet** avec ch
1 km au Sud par N 20 – ☎ 05 61 64 31 30 – www.auberge-lorry.com – Fermé vacances de printemps, de la Toussaint, dim. et lundi sauf vacances scolaires
15 ch – †57/62 € ††57/62 € – ☐ 8 € – ½ P 54/60 €
Rest – *(fermé le midi sauf sam. et dim.)* Menu 24/45 € – Carte 24/35 €
◆ Bâtisses aux allures de chalet situées sur la route de l'Andorre. Restaurant aménagé dans l'esprit des auberges de campagne. Cours de cuisine deux samedis par mois. Chambres sobres et fonctionnelles.

AY – 51 Marne – **306** F8 – rattaché à Épernay

AYGUESVIVES – 31 Haute-Garonne – **343** H4 – **2 143 h.** – **alt. 164 m** **29** C2
– ✉ **31450** Midi-Toulousain

Paris 704 – Colomiers 36 – Toulouse 25 – Tournefeuille 38

La Pradasse sans rest
39 chemin de Toulouse, D 16 – ✆ 05 61 81 55 96 – www.lapradasse.com
5 ch – 79/85 € 98/105 €
◆ Cette grange superbement restaurée abrite des chambres qui rivalisent de charme dans leur décor en brique, bois et fer forgé conçu par les propriétaires. Délicieux parc avec étang.

AY-SUR-MOSELLE – **57 Moselle** – **307** I3 – **1 550 h.** – **alt. 160 m** – ✉ **57300** **26** B1

Paris 327 – Briey 31 – Metz 17 – Saarlouis 56

Le Martin Pêcheur
1 rte d'Hagondange – ✆ 03 87 71 42 31 – www.restaurant-martin-pecheur.fr – Fermé 25 avril-2 mai, 16 août-1er sept., 24 oct.-2 nov., 27 fév.-5 mars, merc. soir, sam. midi, dim. soir et lundi
Rest – (30 €) Menu 40 € (déj.), 57 € bc/100 € bc – Carte 50/70 €
◆ Entre canal et Moselle, ex-maison de pêcheurs (1928) agrémentée d'un beau jardin où l'on s'attable en été. Accueil avenant, salles colorées, cuisine actuelle et cave bien fournie.

AZAY-LE-RIDEAU – **37 Indre-et-Loire** – **317** L5 – **3 337 h.** – **alt. 51 m** – ✉ **37190** Châteaux de la Loire **11** A2

Paris 265 – Châtellerault 61 – Chinon 21 – Loches 58

4, rue du Château ✆ 02 47 45 44 40

Château★★★ - Façade★ de l'église St-Symphorien.

Des Châteaux
2 rte de Villandry – ✆ 02 47 45 68 00 – www.hoteldeschateaux.com – Ouvert 28 fév.-23 oct.
27 ch – 58/85 € 64/85 € – 10 € – ½ P 59/70 €
Rest – *(fermé dim. et le midi)* Menu 22/30 € – Carte 27/34 €
◆ Étape idéale sur la route des châteaux de la Loire ! Cet hôtel, peu à peu rénové, dispose de coquettes chambres gaies et colorées. Au restaurant, cuisine traditionnelle mitonnée par la patronne.

De Biencourt sans rest
7 r. Balzac – ✆ 02 47 45 20 75 – www.hotelbiencourt.com – Ouvert 1er avril-4 nov.
16 ch – 59 € 65 € – 8 €
◆ Près du château, une maison tourangelle du 18e s., autrefois école primaire. Les chambres sont sobres, avec de beaux planchers. Agréable patio fleuri et bon petit-déjeuner.

L'Aigle d'Or
10 av. A.-Riché – ✆ 02 47 45 24 58 – www.laigle-dor.fr – Fermé 1er-7 sept., 11-27 nov.,3 janv.-11 fév., lundi soir de déc. à avril, mardi soir sauf juil.-août, dim. soir et merc.
Rest – *(prévenir)* (20 €) Menu 27/72 € bc – Carte 35/64 €
◆ La maison est coquette et l'on s'y sent bien. Le chef prépare une cuisine du marché très actuelle, telle cette gelée de lapin à l'espuma de petits pois.

à Saché 6,5 km à l'Est par D 17 – **1 160 h.** – **alt. 78 m** – ✉ **37190**

Auberge du XIIe Siècle (Xavier Aubrun et Thierry Jimenez)
1 r. du Château – ✆ 02 47 26 88 77 – Fermé 30 mai-8 juin, 29 août-7 sept., 14-23 nov., 2-18 janv., dim. soir, mardi midi et lundi
Rest – *(prévenir le week-end)* Menu 35/85 €
Spéc. Œufs brouillés, crème de morilles, tartelettes aux grattons de foie gras. Saint-pierre rôti entier, beurre d'herbes, barigoule de poivrade. Crème chaud-froid café, chocolat et sa tuile. **Vins** Chinon, Touraine Azay-le-Rideau.
◆ Vénérable auberge à colombages où Balzac avait ses habitudes, à deux pas du château qui l'accueillit si souvent. Cadre historique bien conservé pour une cuisine très classique.

au Nord-Ouest 4 km par D 57 et rte secondaire - ✉ 31190 Azay-le-Rideau

Auberge Pom' Poire avec ch rest, P VISA

21 rte de Vallères – ☎ 02 47 45 83 00 – www.aubergepompoire.com – Fermé 18-25 déc., 18-22 janv., dim. soir sauf juil.-août, lundi sauf le soir d'avril à fév., et mardi midi

6 ch – 60/70 € 75/85 € – 9 €

Rest – (18 €) Menu 26/52 € – Carte 38/45 €

◆ Une auberge en pleine campagne, au milieu des poiriers et des pommiers. Le chef prépare des produits frais : gaspacho de noire de Crimée, poulette de Racan, sandre "chantant"... Quelques chambres très colorées, aux noms de fruits bien entendu!

BADEFOLS-SUR-DORDOGNE – 24 Dordogne – **329** F6 – 200 h. – alt. 42 m – ✉ 24150 Périgord Quercy **4** C3

Paris 595 – Agen 115 – Bordeaux 151 – Périgueux 63

Côté Rivage ch, rest, VISA

– ☎ 05 53 23 65 00 – www.coterivage.com – Fermé 1er déc.-13 fév.

7 ch – 87 € 97 € – 11 €

Rest – Menu 27 € (déj.)/39 € – Carte 23/39 € le midi

◆ Un petit havre de paix au bord de la Dordogne. Intérieur original décoré de meubles anciens et contemporains. La curiosité : la collection d'objets publicitaires du propriétaire. Au restaurant, des plats traditionnels avec un menu proposé à l'ardoise.

BADEN – 56 Morbihan – **308** N9 – 3 899 h. – alt. 28 m – ✉ 56870 **9** A3

Paris 473 – Auray 9 – Lorient 52 – Quiberon 40

Le Gavrinis rest, P VISA

1 r. de L'Île-Gavrinis, à Toulbroch, 2 km par rte Vannes – ☎ 02 97 57 00 82 – www.gavrinis.com – Fermé 15-30 nov. et 9 janv.-8 fév.

18 ch – 55/125 € 55/125 € – 12 € – ½ P 60/90 €

Rest – *(Fermé dim. soir hors saison, lundi sauf le soir du 15 juin au 15 sept. et sam. midi)* (15 €) Menu 23/62 € – Carte 33/61 €

◆ Cette maison néobretonne des années 1970, ceinte d'un beau jardin, dispose de chambres fraîches (bois blond, teintes claires), ou plus simples mais bien tenues. La Bretagne et ses produits sont à l'honneur de cette table gourmande et actuelle.

Le Val de Brangon ch, P

Lieu-dit Brangon, 2 km à l'Est par D 101 et C 204 – ☎ 02 97 57 06 05 – www.levaldebrangon.com – Fermé janv.

5 ch – 150/170 € 160/180 €

Table d'hôte – Menu 35 € bc/90 €

◆ Avant d'embarquer pour l'île aux Moines, arrêtez-vous dans cette longère de 1824 admirablement restaurée. Décoration élégante (pierres d'origine, objets chinées, œuvres d'art), grand jardin et piscine chauffée. Cuisine de saison fraîche et légère.

BAERENTHAL – 57 Moselle – **307** Q5 – 698 h. – alt. 220 m – ✉ 57230 **27** D1

Paris 449 – Bitche 15 – Haguenau 33 – Strasbourg 62

1, rue du Printemps d'Alsace ☎ 03 87 06 50 26

Le Kirchberg sans rest P VISA

8 imp. de la Forêt – ☎ 03 87 98 97 70 – www.le-kirchberg.com – Fermé 2 janv.-10 fév.

20 ch – 41/52 € 62/66 € – 8 €

◆ Hôtel de notre temps établi au cœur du parc régional. Chambres actuelles fraîches et nettes (dix avec cuisinette) à choisir sur l'arrière pour la vue vosgienne. Air pur garanti !

à Untermuhlthal 4 km au Sud-Est par D 87 – ✉ 57230 Baerenthal

XXXX ✿✿✿ **L'Arnsbourg** (Jean-Georges Klein)
18 Untermuhlthal – ✆ 03 87 06 50 85 – www.arnsbourg.com – Fermé 30 août-14 sept., 30 déc.-25 janv., mardi et merc.
Rest – *(prévenir le week-end)* Menu 65 € (déj. en sem.), 130/170 € Carte 115/190 €
Spéc. Émulsion de pommes de terre et truffe. Saint-pierre infusé au laurier en croûte de sel. Tartelette tiède au chocolat râpé de fève de Tonka, crème glacée au grué de cacao. **Vins** Riesling, Pinot gris.
◆ En pleine campagne vosgienne, maison à fière allure vous conviant aux plaisirs d'un repas délicieusement inventif dans une élégante salle aux notes actuelles surplombant la Zinsel.

K
5 Untermuhlthal – ✆ 03 87 27 05 60 – Fermé 30 août-14 sept., 30 déc.-25 janv., mardi et merc.
12 ch – †230/295 € ††230/295 € – 6 suites – ☕ 28 €
◆ Appréciez une architecture moderne tout en transparence qui fait entrer la nature dans de confortables chambres aux lignes épurées.

BÂGÉ-LE-CHÂTEL – 01 Ain – **328** C3 – 802 h. – alt. 209 m – ✉ 01380 **44** B1
Paris 396 – Bourg-en-Bresse 35 – Mâcon 11 – Pont-de-Veyle 7
2, rue Marsale ✆ 03 85 30 56 66

XX **La Table Bâgésienne**
19 Grande-Rue – ✆ 03 85 30 54 22 – www.latablebagesienne.com – Fermé 17-31 août, 21-28 déc., 25 fév.-9 mars, lundi soir, mardi soir et merc.
Rest – Menu 19 € (déj. en sem.), 26/60 € – Carte 45/60 €
◆ Décor dans les tons gris, lin et cacao pour cette table à l'ambiance contemporaine. Cuisine régionale actualisée et généreuse. Terrasse ombragée par un tilleul.

BAGES – 11 Aude – **344** I4 – rattaché à Narbonne

BAGNÈRES-DE-BIGORRE – 65 Hautes-Pyrénées – **342** M4 **28** A3
– 8 016 h. – alt. 551 m – Stat. therm. : mi mars-fin nov. – Casino – ✉ 65200
Midi-Toulousain
Paris 829 – Lourdes 24 – Pau 66 – St-Gaudens 65
3, allée Tournefort ✆ 05 62 95 50 71
de la Bigorre à Pouzac Quartier Serre Devant, NE par D 938 : 3 km, ✆ 05 62 91 06 20
Parc thermal de Salut★ par Av. Pierre-Noguès - Grotte de Médous★★ SE : 2,5 km par D 935.

La Résidence
Vallon de Salut – ✆ 05 62 91 19 19 – www.residotel.com – Ouvert 2 mai-30 sept.
26 ch (½ P seult) – 3 suites – ½ P 70/80 € **Rest** – *(dîner seult) (résidents seult)*
◆ Dans le cadre champêtre du parc de la station thermale, une imposante demeure blanche de la fin du 18e s. Les chambres sont spacieuses et plutôt modernes (certaines avec balcon) et ouvrent sur le vallon de Salut. Salle à manger cossue et cuisine traditionnelle.

Les Petites Vosges sans rest
17 bd Carnot – ✆ 05 62 91 55 30 – www.lespetitesvosges.com – Fermé 12-30 nov.
4 ch ☕ – †75 € ††95 €
◆ Pimpante maison où meubles chinés et contemporains s'harmonisent avec originalité. Chambres douillettes et salon de thé raffiné. La propriétaire saura vous conseiller de belles randonnées dans les environs.

X **L' Auberge Gourmande**
1 bd d'Hyperon – ✆ 05 62 95 52 01 – Fermé 15-30 nov., mardi sauf juil.-août et lundi
Rest – (13 €) Menu 19/55 € – Carte 35/64 €
◆ Près des thermes, cette jolie maison de pays abrite une salle élégante (murs jaunes, lustres en cuivre...). Cuisine d'esprit terroir.

Le Jardin des Brouches

22 bd Carnot – 05 62 91 07 95 – www.lejardindesbrouches.com – Fermé dim. soir et lundi
Rest – (19 €) Menu 29/55 €
◆ Près des thermes, une maison dont le jardin est joliment fleuri et l'intérieur provençal. De beaux produits, deux menus renouvelés régulièrement : une cuisine plaisante !

à Gerde **Sud 2 km par rte de Campan – 1 140 h. – alt. 570 m – ✉ 65200**

Le Relais des Pyrénées rest,

1 av. 8-Mai-1945 – 05 62 44 66 67 – www.relais-des-pyrenees.com
51 ch – 76/88 € 84/96 € – 10 € – ½ P 70/77 €
Rest ***Briques et Marronniers*** – 05 62 91 62 19 – (16 €) Menu 34 € – Carte 25/45 €
◆ Ancienne usine textile sur les rives de l'Adour, aux pieds du pic du Midi. Chambres récentes et fonctionnelles (quelques duplex). Belle vue sur les Pyrénées. Au bord de l'eau, grande salle à manger vitrée d'esprit brasserie et cuisine régionale.

à Lesponne **8 km au Sud par D 935 et D 29 – ✉ 65710 Campan**

Domaine de Ramonjuan rest,

– 05 62 91 75 75 – www.ramonjuan.com
17 ch – 50/80 € 60/90 € – 10 € – ½ P 60/80 €
Rest – *(fermé 10-26 nov., dim., lundi et le midi) (résidents seult)* Menu 22/45 €
◆ Ferme de montagne muée en hôtel disposant de bons équipements de loisirs. Chambres claires et joliment arrangées, beaucoup de matières et teintes naturelles (lin, rotin...). Cuisine régionale dans la véranda ou sur la terrasse d'été.

BAGNÈRES-DE-LUCHON – 31 Haute-Garonne – 343 B8 – 2 619 h. – alt. 630 m – Sports d'hiver : à Superbagnères, 1 440/2 260 m 1 14 – Stat. therm. : début mars-fin oct. – Casino Y – ✉ 31110 Midi-Toulousain 28 B3

Paris 814 – St-Gaudens 48 – Tarbes 98 – Toulouse 141
18, allée d'Étigny 05 61 79 21 21
de Luchon Route de Montauban, 05 61 79 03 27

D'Étigny rest, rest,

face établ. thermal – 05 61 79 01 42 – www.hotel-etigny.com – Ouvert 1er mai-22 oct. Zk
63 ch – 50/125 € 50/125 € – 5 suites – 10 € – ½ P 50/90 €
Rest – (14 €) Menu 19/49 € – Carte 38/65 €
◆ En face des thermes, ancien hôtel particulier (19e s.) tenu par la même famille depuis quatre générations. Chambres classiques, peu à peu rénovées. Cuisine au goût du jour servie dans la salle à manger habillée de boiseries.

Acta sans rest

19 allées d'Etigny – 05 61 79 56 97 – www.hotelluchon.com Yz
47 ch – 69/105 € 83/130 € – 12 €
◆ Hommes d'affaires et skieurs apprécient cet hôtel moderne pour sa situation centrale et ses jolies chambres parfaitement équipées. Agréable piscine intérieure et espace fitness.

La Rencluse rest,

à St-Mamet – 05 61 79 02 81 – www.hotel-larencluse.com – Ouvert 2 mai-10 oct., vacances de Noël et de fév. Zy
24 ch – 47/57 € 54/63 € – 7 € – ½ P 59 €
Rest – (16 €) Menu 17/27 € – Carte 30/40 €
◆ Sympathique auberge familiale sur la route de l'Espagne. Chambres de style montagnard au décor chaleureux (plus simples à l'annexe), certaines avec jolie vue sur les hauteurs. Salle à manger rustique ou pergola en saison pour apprécier une cuisine traditionnelle.

BAGNÈRES-DE-LUCHON

Alexandre-Dumas (Av.) . . . . Y 2
Bains (Allées des) . . . . Z 3
Barrau (Av. J.) . . . . Z 4
Boileau (R. P.) . . . . X 8
Boularan (Av. Jean) . . . . Y 6
Carnot (Av.) . . . . Y 9
Colomic (R.) . . . . X 12
Dardenne (Bd.) . . . . Y 13
Dr-Germès (R. du) . . . . X 14
Étigny (Allées d') . . . . YZ 16
Fontan (Bd A.) . . . . XY 17
Gambetta (R.) . . . . Y 18
Joffre (Pl. Mar.) . . . . X 20
Laity (R.) . . . . X 22
Lamartine (R.) . . . . Y 23
Nadau (R. G.) . . . . X 25
Nérée-Boubée (R.) . . . . X 26
Pyrénées (Av. des) . . . . Z 28
Quinconces (Cours des) . . . . Z 30
Rostand (Bd E.) . . . . Y 32
Thiers (R.) . . . . Y 33
Toulouse (Av. de) . . . . X 34
Victor-Hugo (R.) . . . . Y 36

Pavillon Sévigné

2 av. Jacques-Barrau – ✆ 05 61 79 31 50 – www.pavillonsevigne.com
5 ch – 80/85 € 90/95 € – ½ P 75/78 € Zz
Table d'hôte – Menu 30 € bc
◆ Fresques murales, escalier en bois, meubles anciens chinés ou de famille : tout le cachet d'un paisible manoir du 19e s., avec équipements modernes et accueil délicieux. À la table d'hôte, menu unique à déguster dans l'agréable salle à manger ouverte sur le jardin.

L'Heptameron des Gourmets

3 bd Charles-de-Gaulle – ✆ 05 61 79 78 55 – www.heptamerondesgourmets.com – Fermé 14 nov.-16 déc., le midi sauf dim. et lundi Xa
Rest – *(réservation indispensable)* Menu 55 €
◆ Ambiance raffinée et chaleureuse dans ce restaurant installé dans la maison même des propriétaires ! Menu unique en sept services composé au fil du marché, assorti de vins choisis.

à St-Paul-d'Oueil 8 km par③, D618 et D51 – 53 h. – alt. 1 000 m – ✉ 31110

Maison Jeanne sans rest

– ✆ 05 61 79 81 63 – www.maison-jeanne-luchon.com
4 ch – 67 € 79 €
◆ Accueil fort chaleureux dans cette maison de pays ouverte sur un jardin et sur la montagne. Chambres décorées de meubles de famille et de pochoirs réalisés par la propriétaire.

BAGNOLES-DE-L'ORNE – **61 Orne** – **310** G3 – **2 488 h.** – **alt. 140 m** **32** B3
– **Stat. therm. : mi mars-fin oct.** – **Casino** A – ✉ **61140** Normandie Cotentin

Paris 236 – Alençon 48 – Argentan 39 – Domfront 19
place du Marché ✆ 02 33 37 85 66
de Bagnoles-de-l'Orne Route de Domfront, ✆ 02 33 37 81 42
Site★ - Lac★ - Parc de l'établissement thermal★.

Le Manoir du Lys (Franck Quinton)

2 km rte Juvigny-sous-Andaine par ③ – ✆ 02 33 37 80 69 – www.manoir-du-lys.fr – Fermé 2 janv.-11 fév., dim. soir, mardi midi et lundi de nov. à avril sauf Pâques
23 ch – 100/220 € 125/300 € – 7 suites – 16 € – ½ P 127/215 €
Rest – *(fermé mardi midi, merc. midi et lundi de mai à oct.)* Menu 43/95 € – Carte 65/100 €
Spéc. Andouille de Vire en papillote transparente au foin vert, crème de camembert. Pigeonneau rôti entier. Macaron crème tendre à la vanille, sorbet aux champignons.
◆ Au milieu des bois, belle demeure normande avec son parc. Chambres personnalisées réparties entre le manoir et un original pavillon (les plus récentes et les plus spacieuses). Cuisine régionale servie dans une superbe salle à manger d'esprit contemporain ou sur une exquise terrasse.

Bois Joli

rest,

av. Ph.-du-Rozier – ✆ 02 33 37 92 77 – www.hotelboisjoli.com Aw
20 ch – 78/166 € 78/166 € – 11 € – ½ P 71/116 €
Rest – Menu 21/63 € – Carte 37/85 €
◆ Élégante maison anglo-normande du 19e s. dans un parc arboré. Intérieur cossu, meubles anciens, chambres coquettes et très romantiques. Salle à manger avec beaux lambris d'origine et cheminée en bois sculpté ; courte carte traditionnelle aux accents du terroir.

Nouvel Hôtel

rest,

8 av. Dr-P.-Noal – ✆ 02 33 30 75 00 – www.nouvel-hotel-bagnoles.fr – Ouvert d'avril à oct. Ae
30 ch – 61/100 € 67/105 € – 9 € – ½ P 59/68 €
Rest – Menu 19/34 € – Carte 31/48 €
◆ Cette jolie villa du début du 20e s. bénéficie de chambres fonctionnelles, plaisantes et bien insonorisées. Salon doté d'un piano et paisible jardin fleuri. Trois salles dont une occupant l'agréable véranda ; menus traditionnels, diététiques et végétariens.

BAGNOLES-DE-L'ORNE

Bois-Motté (Bd du) . . . . A 2
Casinos (R. des) . . . . A 3
Château (Av. du) . . . . A 4
Dr-Pierre-Noal (Av. du). . . . . A 7
Dr-Poulain (Av. du). . . . . A 8
Gaulle (Pl. Général-de). . . . . . . B 9
Hartog (Bd G.) . . . . A 13
Lemeunier-de-la-Raillère (Bd). . . . . B 14
Rozier (Av. Ph.-du). . . . . A 15
Sergenterie-de-Javains (R.) . . . . A 18

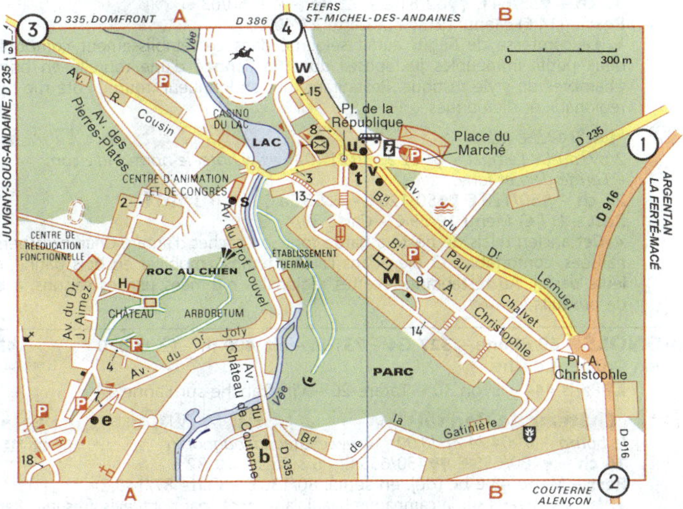

Ô Gayot

2 av. de la Ferté-Macé – ✆ 02 33 38 44 01 – www.ogayot.com – Fermé dim. soir du 15 nov. au 1er avril **Au**

16 ch – †55/80 € ††55/95 € – ☕ 9 € – ½ P 52/72 €

Rest – *(fermé jeudi sauf en août, lundi midi du 15 nov. au 1er avril et dim. soir)* (15 €) Menu 19 € (sem.)/25 € – Carte 27/40 €

◆ Au centre de la station thermale, hôtel au concept "tout en un" : chambres épurées, sur le thème de l'eau ou de la forêt ; bar, salon de thé, boutique de produits régionaux. Bistrot contemporain où vous attend une cuisine actuelle à prix attractifs. Terrasse.

Bagnoles Hôtel

6 pl. de la République – ✆ 02 33 37 86 79 – www.bagnoles-hotel.com **At**

20 ch – †72/92 € ††72/102 € – ☕ 9 € – ½ P 61/76 €

Rest *Bistrot Gourmand* – (17 €) Menu 22 € – Carte 29/38 €

◆ Cet hôtel récemment rénové abrite des chambres fonctionnelles aux couleurs tendance, chaudes et reposantes. La plupart disposent d'un balcon couvert ou d'une terrasse aménagée. Ambiance bistrot chic au restaurant, moderne ; goûteuse cuisine du marché.

Les Camélias

av. Château-de-Couterne – ✆ 02 33 37 93 11 – www.cameliashotel.com – Ouvert 14 fév.-31 déc. et fermé dim. soir, mardi midi et lundi du 1er nov. au 31 déc. **Ab**

26 ch – †51 € ††56 € – ☕ 8,50 € – ½ P 46 €

Rest – Menu 20 € – Carte 22/59 €

◆ Au cœur d'un quartier pavillonnaire, maison normande du début du 20e s. appréciée pour son calme et son jardin fleuri. Chambres régulièrement rafraîchies, pratiques et colorées. Cuisine traditionnelle inspirée du terroir servie dans une salle à manger lumineuse.

Le Roc au Chien

10 r. Prof.-Louvel – ✆ 02 33 37 97 33 – www.hotelrocauchien.fr – Ouvert 5 mars-31 oct. As

36 ch – †55/64 € ††62/81 € – ☕ 9 € – ½ P 50/63 €

Rest – (14 €) Menu 19/34 € – Carte 27/40 €

◆ La comtesse de Ségur aurait séjourné dans cet établissement composé de deux petits immeubles juxtaposés dont un flanqué d'une tourelle en briques. Chambres de style rustique. Restaurant tout en longueur, tourné côté rue ; plats régionaux et diététiques.

Le Normandie

2 av. du Dr-Lemuet – ✆ 02 33 30 71 30 – www.hotel-le-normandie.com – Fermé déc. et janv. Bv

22 ch – †50/120 € ††50/120 € – ☕ 8,50 € – ½ P 37/90 €

Rest – (17 €) Menu 19/29 € – Carte 38/47 €

◆ Cet ancien relais de poste a gardé tout son cachet d'antan. Chambres personnalisées, confortables et bien dans l'air du temps : mobilier en bois patiné, couleurs pastel. Au restaurant, recettes régionales rythmées par les saisons, à base de produits locaux.

BAGNOLS – 69 Rhône – 327 G4 – 731 h. – alt. 400 m – ✉ 69620 43 E1

Lyon Drôme Ardèche

Paris 444 – Lyon 30 – Tarare 20 – Villefranche-sur-Saône 14

Château de Bagnols

ch, rest,

le bourg – ✆ 04 74 71 40 00 – www.chateaudebagnols.fr

16 ch – †480/655 € ††480/655 € – 5 suites – ☕ 32 €

Rest – Menu 48 € bc (déj. en sem.), 80/130 € – Carte 87/140 €

◆ Jardins ouverts sur la campagne beaujolaise, accès par pont-levis, fresques Renaissance et superbes chambres : la vie de château ! Cuisine classique au restaurant, sis dans la majestueuse salle des gardes (cheminée gothique, meubles ancestraux).

BAGNOLS-SUR-CÈZE – 30 Gard – 339 M4 – 18 545 h. – alt. 51 m 23 D1

– ✉ 30200 Languedoc Roussillon

Paris 653 – Alès 54 – Avignon 34 – Nîmes 56

Espace Saint-Gilles ✆ 04 66 89 54 61

Musée d'Art moderne Albert-André★.

Site★ de Roques-sur-Cèze.

Château du Val de Cèze

ch, ch,

69 r. Léon Fontaine, 1 km rte d'Avignon – ✆ 04 66 89 61 26 – www.sud-provence.com – Fermé 19 déc.-2 janv.

22 ch – †85/120 € ††95/130 € – 1 suite – ☕ 12 € – ½ P 78/99 €

Rest – *(fermé sam. de juin à sept., lundi d'oct. à mai et dim.)* (19 €) Menu 25/45 € – Carte 40/70 €

◆ Ce château du 17e s. et son parc sont très prisés de la clientèle d'affaires (séminaires, réunions...). Chambres provençales (fer forgé, tomettes) dans des pavillons récents. Restaurant et cuisine aux couleurs du Sud.

rte d'Alès 5 km Ouest par D 6 et D 143

Château de Montcaud

ch,

Hameau de Combe ✉ 30200 Bagnols-sur-Cèze – ✆ 04 66 89 60 60 – www.chateau-de-montcaud.com – Ouvert 16 avril-24 oct.

26 ch – †120/360 € ††120/360 € – 2 suites – ☕ 23 € – ½ P 192/432 €

Rest *Les Jardins de Montcaud* – *(dîner seult)* Menu 30/75 € – Carte 31/66 €

Rest *Bistrot Il Giardino* – *(déj. seult)* (21 €) Carte 30/40 €

◆ Cette noble demeure du 19e s., au cœur d'un parc arboré, est un havre de paix. Meubles de style et tons chauds dans les chambres. Table traditionnelle à tendance méridionale et beau patio aux Jardins de Montcaud. Courte carte (plats italiens) au Bistrot Il Giardino ; en été, brunch dominical avec concerts de jazz.

BAIE DES TRÉPASSÉS – 29 Finistère – 308 C6 – rattaché à Pointe du Raz

BAILLARGUES – 34 Hérault – 339 J7 – rattaché à Montpellier

BAILLEUL – 59 Nord – **302** E3 – 13 616 h. – alt. 44 m – ✉ 59270 **30** B2
Nord Pas-de-Calais Picardie

Paris 244 – Armentières 13 – Béthune 31 – Dunkerque 44

3, Grand'place ✆ 03 28 43 81 00

☼★ du beffroi.

Belle Hôtel sans rest

19 r. de Lille – ✆ 03 28 49 19 00 – www.bellehotel.fr – Fermé 8-21 août et 24 déc.-1er janv.

31 ch – †85/160 € ††85/160 € – ☕ 13 €

◆ Deux jolies maisons typiquement flamandes. Chambres spacieuses et raffinées (meubles de style) dans l'une ; plus actuelles et tout aussi confortables dans l'autre.

BAIX – 07 Ardèche – **331** K5 – 1 010 h. – alt. 80 m – ✉ 07210 **44** B3

Paris 588 – Crest 30 – Montélimar 22 – Privas 18

Les Quatre Vents sans rest

rte Chomérac, 2 km au Nord-Ouest – ✆ 04 75 85 80 64 – Fermé 26 déc.-17 janv.

20 ch – †45/55 € ††52/58 € – ☕ 7 € – ½ P 80/83 €

◆ Façade ocre et volets bleus pour ces deux bâtiments en léger retrait d'une route passante. Chambres pratiques rénovées. Petits-déjeuners d'été en terrasse, avec vue champêtre.

Les Quatre Vents

rte Chomérac, 2 km au Nord-Ouest – ✆ 04 75 85 84 49 – www.restaurantles4vents.fr – Fermé 26 déc.-15 janv., sam. midi et dim. soir

Rest – (14 €) Menu 22 € (sem.), 32/56 € – Carte 37/56 €

◆ Au restaurant : charpente apparente, décor revu et coloré, orné de tableaux et d'un trompe-l'oeil, cuisine actuelle.

BALARUC-LES-BAINS – 34 Hérault – **339** H8 – 6 232 h. – alt. 3 m **23** C2
– Stat. therm. : début mars.-mi déc. – Casino – ✉ 34540 Languedoc Roussillon

Paris 781 – Agde 32 – Béziers 52 – Frontignan 8

Pavillon Sévigné ✆ 04 67 46 81 46

Le St-Clair

quai du Port – ✆ 04 67 48 48 91 – www.restaurant-saintclair.com

Rest – (20 €) Menu 30 € (déj. en sem.)/60 € – Carte 54/99 €

◆ Une maison élégante sur les quais ; la terrasse sous les palmiers ouvre sur le bassin de Thau... Incontournable pour les amateurs de poissons et de coquillages ! Produits frais.

BALDERSHEIM – 68 Haut-Rhin – **315** I10 – rattaché à Mulhouse

BÂLINES – 27 Eure – **304** F9 – rattaché à Verneuil-sur-Avre

BALLEROY – 14 Calvados – **303** G4 – 754 h. – alt. 70 m – ✉ 14490 **32** B2
Normandie Cotentin

Paris 276 – Bayeux 16 – Caen 42 – St-Lô 23

Château★.

Manoir de la Drôme

129 r. des Forges – ✆ 02 31 21 60 94 – www.manoir-de-la-drome.com – Fermé 17 fév.-11 mars, dim. soir, mardi midi, lundi et merc.

Rest – Menu 49/70 € – Carte 60/75 €

◆ Cet ensemble de caractère (17e s.) fut la propriété d'un maître de forge. Dégustez des repas classiques dans un cadre soigné. Agréable jardin fleuri où se glisse la Drôme.

BALOT – 21 Côte-d'Or – **320** G3 – 91 h. – alt. 272 m – ✉ 21330 **8** C1

Paris 235 – Auxerre 74 – Chaumont 74 – Dijon 82

Auberge de la Baume ch,

r. d'en haut – ✆ 03 80 81 40 15 – www.aubergedelabaume.com – Fermé 24 déc.-3 janv.

10 ch – †48/62 € ††48/62 € – ☕ 8 € – ½ P 68/70 €

Rest – Menu 17 € (déj. en sem.), 24/33 € – Carte 22/46 €

◆ Cette auberge située face à l'église vous réserve un accueil attentionné et propose des chambres fonctionnelles, bien tenues. Belle collection de soupières anciennes dans la salle rustique dotée d'une grande cheminée. Cuisine traditionnelle.

BAN-DE-LAVELINE – 88 Vosges – 314 K3 – 1 260 h. – alt. 427 m – ✉ 88520 — 27 D3

Paris 411 – Colmar 59 – Épinal 67 – St-Dié 14

XX Auberge Lorraine avec ch

5 r. du 8-mai – ✆ 03 29 51 78 17 – www.auberge-lorraine.biz – Fermé 27 août-9 sept. et 23 janv.-7 fév.

7 ch – 50/59 € 59 € – ☕ 11 € – ½ P 61 €

Rest – *(fermé dim. soir et lundi)* (14 €) Menu 20/30 € – Carte 27/58 €

◆ En 2010, cette auberge du pays vosgien a été reprise par un jeune couple, qui propose une cuisine traditionnelle en prise sur les saisons (sauté de joue de bœuf, vacherin glacé). À l'étage, on trouve des chambres assez spacieuses et douillettes.

BANDOL – 83 Var – 340 J7 – 8 647 h. – alt. 1 m – Casino – ✉ 83150 — 40 B3

Côte d'Azur

Paris 818 – Aix-en-Provence 68 – Marseille 48 – Toulon 18

Accès à l'Ile de Bendor par vedette (traversée 7mn) ✆ 04 94 29 44 34.

allées Vivien - B.P. 45 ✆ 09 60 42 10 37

de Frégate à Saint-Cyr-sur-Mer Route de Bandol, par rte de Marseille : 4 km, ✆ 04 94 29 38 00

Allées Jean-Moulin★.

Île Rousse

25 bd Louis-Lumière – ✆ 04 94 29 33 00 – www.ile-rousse.com

62 ch – 160/450 € 160/450 € – 5 suites – ☕ 25 €

Rest – *(fermé le midi en juil.-août)* Menu 40/70 € – Carte 63/77 €

◆ Une situation idéale pour cet hôtel chic, zen et... les pieds dans l'eau ! La décoration ultracontemporaine, la piscine d'eau de mer, le superbe centre de thalasso : tout séduit. Cuisine fine et soignée aux Oliviers, à l'unisson du panorama méditerranéen.

Golf Hôtel

10 Promenade de la Corniche, sur plage Renécros par bd L. Lumière – ✆ 04 94 29 45 83 – www.golfhotel.fr – Ouvert de mi-mars à mi-oct.

24 ch – 60/125 € 60/125 € – ☕ 10 € – ½ P 98/101 €

Rest – *(ouvert d'avril à fin sept. et fermé le soir sauf du 18 juin au 5 sept.)* Menu 23 € – Carte 30/42 €

◆ Une accueillante villa des années 1900 ancrée dans le sable fin, les pieds dans l'eau. Certaines chambres (la plupart contemporaines) disposent d'une loggia ou d'un balcon. Restaurant de plage en saison.

Les Galets

49 montée Voisin – ✆ 04 94 29 43 46 – www.lesgalets-bandol.com – Ouvert 10 janv.-12 nov.

21 ch – 68/70 € 70/88 € – ☕ 8,50 € – ½ P 68/79 €

Rest – (19 €) Menu 23/31 € – Carte 31/38 €

◆ Cet hôtel bâti à flanc de colline jouit d'une vue imprenable sur la mer. Chambres sobres et lumineuses, disposant presque toutes d'un balcon face à la grande bleue. Cuisine traditionnelle servie dans une salle chaleureuse ou sur la terrasse panoramique.

XX L'Espérance

21 r. L.-Marçon – ✆ 04 94 05 85 29 – www.restaurant-lesperance.com – Fermé 1 sem. en juin, 1 sem. en oct., 2 sem. en janv., vend. midi de juil. à sept., mardi sauf le soir de juil. à sept., dim. soir d'oct. à juin et lundi

Rest – *(nombre de couverts limité, prévenir)* (25 € bc) Menu 29/46 € Carte 46/54 €

◆ Dans ce restaurant cosy, à l'écart de l'agitation touristique, le jeune chef élabore une cuisine raffinée, où explosent les parfums et les couleurs (herbes, fleurs).

X Le Clocher

1 r. de la Paroisse – ✆ 04 94 32 47 65 – www.leclocher.fr – Fermé dim. soir et merc.

Rest – *(nombre de couverts limité, prévenir)* Menu 29/39 € – Carte 35/49 €

◆ Un Clocher très bistrotier au cœur du vieux Bandol ! Cuisine variant au gré du marché et mettant en avant les saveurs méditerranéennes ; terrasse dans la ruelle.

au Nord 1,5 km par D 559 rte de Sanary – ✉ 83110 Sanary-sur-Mer

XX **Le Castel** avec ch

925 rte de la Canolle – ✆ 04 94 29 82 98 – Fermé 15 janv.-28 fév. et dim. soir du 15 nov. au 15 janv.

9 ch – †66 € ††78 € – ☕ 8,50 € – ½ P 71 €

Rest – *(prévenir)* Menu 35 € – Carte 55/70 €

♦ Petite auberge familiale – avec sa coquette salle rustique –, où le chef concocte une cuisine traditionnelle, authentique et simple. Chambres sobres, la plupart de plain-pied.

BANGOR – 56 Morbihan – **063** 11 – voir à Belle-Ile-en-Mer

BANNALEC – 29 Finistère – **308** I7 – 5 061 h. – alt. 98 m – ✉ 29380 **9** B2

Paris 535 – Carhaix-Plouguer 51 – Châteaulin 67 – Concarneau 25

Kerbail ✆ 02 98 39 43 34

rte de St-Thurien 4,5 km au Nord-Est par D 23 et rte secondaire – ✉ 29380 Bannalec

Le Manoir du Ménec

✆ 02 98 39 47 47 – www.manoirdumenec.com – Fermé 3 janv.-12 fév.

15 ch ☕ – †80/90 € ††90/100 €

Rest – *(fermé merc. de mi-nov. à mi-mars et le midi)* Menu 30/43 € – Carte 30/60 €

♦ Vastes chambres à l'ancienne dans le manoir, moins amples dans les dépendances, mais souvent dotées de lits à baldaquin. Espace détente. Table au goût du jour et au cadre rustique : poutres, vieilles pierres, âtre en granit.

BANNEGON – 18 Cher – **323** M6 – 270 h. – alt. 180 m – ✉ 18210 **12** D3

Paris 284 – Bourges 43 – Moulins 70 – St-Amand-Montrond 22

XX **Moulin de Chaméron** avec ch

2,5 km par rte de Neuilly-en-Dun et rte secondaire – ✆ 02 48 61 84 48 – www.moulindechameron.fr.st – Ouvert 15 mars-30 nov. et fermé mardi midi et lundi

13 ch – †70 € ††93 € – ☕ 13 € **Rest** – Menu 27/45 € – Carte 46/52 €

♦ Dans un cadre bucolique à souhait, ce moulin du 18e s. héberge un plaisant restaurant et un musée de la meunerie. On y déguste une agréable cuisine traditionnelle. L'hôtel, plus récent, dispose de chambres sobres.

BANYULS-SUR-MER – 66 Pyrénées-Orientales – **344** J8 – 4 632 h. – alt. 1 m – ✉ 66650 Languedoc Roussillon **22** B3

Paris 887 – Cerbère 11 – Perpignan 37 – Port-Vendres 7

avenue de la République ✆ 04 68 88 31 58

✳★★ du cap Réderis E : 2 km.

Les Elmes

plage des Elmes – ✆ 04 68 88 03 12 – www.hotel.des.elmes.com

31 ch – †48/82 € ††48/125 € – ☕ 10 € – ½ P 65/105 €

Rest *Littorine* – *(fermé 15 nov.-1er déc. et le midi du lundi au merc.)* (25 €) Menu 28/48 € – Carte 32/48 €

♦ Accueillant hôtel situé en bord de plage. Les chambres, de tailles variables, affichent un cadre moderne (style boisé marin pour celles rénovées au 2e étage). Poissons et coquillages jouent les vedettes au restaurant avec terrasse ouvert sur la Méditerranée.

LA BARAQUE – 63 Puy-de-Dôme – **326** F8 – rattaché à Clermont-Ferrand

---

BARAQUEVILLE – 12 Aveyron – **338** G5 – 2 838 h. – alt. 792 m – ✉ 12160 **29** C1

Paris 639 – Albi 58 – Millau 75 – Rodez 17

place du Marché ✆ 05 65 69 10 78

Segala Plein Ciel

rte d'Albi – ✆ 05 65 69 03 45 – www.hotel-segala-pleinciel.com – Fermé en déc., dim. soir et vend. soir sauf juil.-août
46 ch – 48 € 75 € – 8 € – ½ P 55 €
Rest – Menu 20/45 € – Carte 35/55 €
◆ Sur les hauteurs du bourg, bâtisse des années 1970 et son parc. Grandes chambres d'esprit japonais ou canadien, avec balcon ou terrasse tournés vers la vallée. Salle à manger panoramique au décor marin original ; cuisine régionale avec quelques incursions côté mer.

BARATIER – 05 Hautes-Alpes – 334 G5 – 517 h. – alt. 855 m – 41 C1
– ✉ 05200

Paris 705 – Gap 40 – Grenoble 143 – Marseille 215

Les Peupliers

chemin de Lesdier – ✆ 04 92 43 03 47 – www.hotel-les-peupliers.com – Fermé 27 mars-21 avril et 25 sept.-27 oct.
24 ch – 50 € 63/70 € – 8 € – ½ P 59/63 €
Rest – *(fermé mardi midi, merc. midi, jeudi midi et vend. midi sauf juil.-août)* Menu 18/39 € – Carte 24/44 €
◆ Dans un village tranquille, cet avenant chalet aux abords verdoyants profite de coquettes chambres montagnardes ; certaines avec balcon et vue sur un lac. Espace détente. Salle à manger alpine où l'on sert une cuisine actuelle à base de produits du terroir.

BARBASTE – 47 Lot-et-Garonne – 336 D4 – 1 472 h. – alt. 45 m – 4 C2
– ✉ 47230 Aquitaine

Paris 703 – Agen 34 – Bordeaux 125 – Villeneuve-sur-Lot 50
place de la Mairie ✆ 05 53 65 84 85

La Cascade aux Fées

3 r. de la Riberotte – ✆ 05 53 97 05 96 – www.cascade-aux-fees.com
4 ch – 72/82 € 80/100 € – 9 € **Table d'hôte** – Menu 35 € bc
◆ Donnant sur un superbe parc fleuri bordé par la Gélise, cette demeure du 18e s. vous recevra chaleureusement. Décoration simple mais soignée (meubles anciens). Cuisine familiale à la table d'hôte qui s'affiche bourgeoise en salle, ombragée en terrasse.

BARBAZAN – 31 Haute-Garonne – 343 B6 – 438 h. – alt. 464 m – 28 B3
– ✉ 31510

Paris 779 – Bagnères-de-Luchon 32 – Lannemezan 27 – St-Gaudens 14
route Loures - Maison De La Prade ✆ 05 61 88 35 64

Hostellerie de l'Aristou avec ch

rte de Sauveterre – ✆ 05 61 88 30 67 – Fermé 6 nov.-13 fév.
6 ch – 70 € 75 € – 9 € – ½ P 60 €
Rest – *(fermé le midi du lundi au vend. de mai à août, dim. soir, lundi et mardi midi de sept. à avril)* Menu 25/45 € – Carte 35/66 €
◆ Cette ferme du 19e s. convertie en auberge champêtre offre deux accueillantes salles à manger et une petite terrasse. Chambres garnies de meubles rustiques ou de style.

LA BARBEN – 13 Bouches-du-Rhône – 340 G4 – rattaché à Salon-de-Provence

BARBENTANE – 13 Bouches-du-Rhône – 340 D2 – 3 711 h. – alt. 40 m – 42 E1
– ✉ 13570 Provence

Paris 692 – Avignon 10 – Arles 33 – Marseille 103
4, le Cours ✆ 04 90 90 85 86
Château★★.

Castel Mouisson sans rest
chemin sous les Roches – ✆ 04 90 95 51 17 – www.hotel-castelmouisson.com – Ouvert 15 mars-14 oct.
17 ch – †49/70 € ††49/70 € – ☕ 9 €
♦ Cette agréable maison provençale, au pied de la Montagnette, dispose de chambres proprettes, ouvertes sur le beau et vaste jardin arboré. Une sympathique adresse.

BARBERAZ – 73 Savoie – 333 I4 – rattaché à Chambéry

BARBEZIEUX-ST-HILAIRE – 16 Charente – 324 J7 – 4 646 h. – alt. 100 m – ✉ 16300 Poitou Vendée Charentes 38 B3

Paris 480 – Bordeaux 84 – Angoulême 36 – Cognac 36
Le Château Place Verdun ✆ 05 45 78 91 04

La Boule d'Or rest,
9 bd Gambetta – ✆ 05 45 78 64 13 – www.labouledor.net – Fermé 22 déc.-4 janv., vend. soir et dim. soir d'oct. à avril
18 ch – †58 € ††58 € – ☕ 7 € – ½ P 49 € **Rest** – Menu 14/36 € Carte 29/45 €
♦ Au centre de la "capitale" de la Petite Champagne cognaçaise, accueillante maison de 1852 aux grandes chambres fonctionnelles. Salle à manger rénovée, misant sur la sobriété ; paisible terrasse ombragée d'un marronnier centenaire. Cuisine traditionnelle.

à La Magdeleine 8 km au Nord-Ouest par D 1 et D 151 – 119 h. – alt. 153 m – ✉ 16240

Le Logis du Paradis
– ✆ 05 45 35 39 43 – www.logisduparadis.com – Fermé 5 janv.-28 fév.
5 ch ☕ – †85/110 € ††95/120 € **Table d'hôte** – Menu 29 € bc/39 € bc
♦ Au cœur du vignoble, chambres d'hôtes cosy et feutrées, aménagées dans une ancienne distillerie de Cognac (1712) comptant plusieurs bâtiments. À table, cuisine régionale sous influences internationales. Dégustation de pineau et de cognac. Terrasse ombragée.

BARBIZON – 77 Seine-et-Marne – 312 E5 – 1 571 h. – alt. 80 m – ✉ 77630 Île de France 19 C3

Paris 56 – Étampes 41 – Fontainebleau 10 – Melun 13
place Marc Jacquet ✆ 01 60 66 41 87
Cély Golf Club à Cély Route de Saint Germain, O : 9 km par D64 et D11, ✆ 01 64 38 03 07
Auberge du Père Ganne★.

Hôtellerie du Bas-Bréau ch,
22 r. Grande-Rue – ✆ 01 60 66 40 05 – www.bas-breau.com
16 ch – †150/180 € ††180/390 € – 4 suites – ☕ 25 €
Rest – (28 €) Menu 45/76 € – Carte 75/110 €
♦ Les séjours de R. L. Stevenson et de peintres célèbres ont fait la réputation de ce lieu. Belles chambres ornées de meubles anciens, donnant sur le parc aux mille fleurs. Décor bourgeois au restaurant, terrasse ombragée et cuisine classique (gibier en saison).

Les Pléiades
21 Grande Rue – ✆ 01 60 66 40 25 – www.hotel-les-pleiades.com
16 ch – †190/320 € ††250/320 € – 4 suites – ☕ 22 €
Rest – *(fermé dim. soir, merc. midi, lundi et mardi)* Menu 75/135 € bc – Carte environ 85 €
Spéc. Nougat de foie gras au croustillant carambar, caviar de melon et biscotte de pain d'épice. Noisettes de filet de bœuf et son jus à la réglisse. Liaison fatale de chocolat, daiquiri banane.
Rest *L'Atelier* – *(fermé dim. soir)* Carte 35/52 €
♦ Cet hôtel des années 1920, entièrement repensé, célèbre l'art de vivre : chambres sobres et contemporaines, espace bien-être, expos de peintures et de sculptures, piscine. Dégustez des recettes actuelles, renouvelées au fil des saisons, dans un cadre élégant (objets anciens, cheminée). Carte brasserie à L'Atelier.

Hostellerie La Clé d'Or
73 Grande-Rue – 01 60 66 40 96 – www.hotel-restaurant-cledor.com
16 ch – 56/60 € 75/138 € – 11 € – ½ P 78 €
Rest – *(fermé dim. soir de mi-oct. à fin mars)* Menu 32/42 € – Carte 47/60 €
◆ Meubles rustiques, en bois cérusé ou de style, personnalisent les chambres de cet ancien relais de poste (18e s.). Agréable jardin intérieur. Cuisine traditionnelle servie dans une salle à manger cossue ; terrasse en été et large choix de vins (250 références).

L'Angélus
31 Grande-Rue – 01 60 66 40 30 – www.langelus-restaurant.com
Rest – (27 €) Menu 29 € (sem.)/36 € – Carte 39/53 €
◆ Pimpante auberge rustique et sa terrasse ombragée, dont l'enseigne rend hommage à l'une des plus fameuses œuvres de Millet, peinte à Barbizon. Carte traditionnelle.

BARBOTAN-LES-THERMES – 32 Gers – 336 B6 – Stat. therm. : fin fév.-fin nov. – Casino – ✉ 32150 Cazaubon Midi-Toulousain — 28 A2

Paris 703 – Aire-sur-l'Adour 37 – Auch 75 – Condom 37
Maison du tourisme et du thermalisme 05 62 69 52 13

Les Fleurs de Lees — ch, rest
24 av. Henri IV, rte d'Agen – 05 62 08 36 36 – www.fleursdelees.com – Ouvert avril-nov.
16 ch – 65/125 € 90/125 € – 9 € – ½ P 70/85 €
Rest – (22 €) Menu 28/50 € bc – Carte 39/63 €
◆ Pimpante maison au cœur de l'Armagnac. Chambres feutrées, parfois avec terrasse. Quelques grandes chambres à thème ("Afrique", "Asie", "Inde", etc.). Meubles et objets de Dubaï ornent le restaurant ; la cuisine panache parfums du monde et saveurs régionales.

Cante Grit — rest,
51 av. des Thermes – 05 62 69 52 12 – www.cantegrit.com – Ouvert 16 mars-14 nov.
20 ch – 60/70 € 70/85 € – 9 € – ½ P 85/95 € **Rest** – (18 €) Menu 22 €
◆ Cette villa bourgeoise (1930), tapissée de vigne vierge, possède un certain cachet (poutres, cheminée). Il y règne une atmosphère de pension de famille. Les chambres sont peu à peu rénovées. Cuisine traditionnelle appréciée des curistes.

Beauséjour — ch,
6 av. des Thermes – 05 62 08 30 30 – www.hotel-barbotan.com – Ouvert de mars à nov.
25 ch – 34/75 € 34/75 € – 9 € – ½ P 52/90 €
Rest – Menu 20 € (déj. en sem.)/40 €
◆ Grande maison de style régional renfermant des chambres classiques, coquettement rénovées, et un petit salon d'esprit british. Joli jardin arboré. Un menu unique (cuisine traditionnelle) est prévu pour les pensionnaires. Réservation obligatoire pour les autres.

BARCELONNETTE – 04 Alpes-de-Haute-Provence – 334 H6 – 2 818 h. – alt. 1 135 m – Sports d'hiver : Le Sauze/Super Sauze 1 400/2 000 m 23 et Pra-Loup 1 500/2 600 m 3 29 – ✉ 04400 Alpes du Sud — 41 C2

Paris 733 – Briançon 86 – Cannes 161 – Digne-les-Bains 88
place Frédéric Mistral 04 92 81 04 71
Église de St-Pons★ NO : 2 km.

Azteca sans rest
3 r. François-Arnaud – 04 92 81 46 36 – www.azteca-hotel.fr – Fermé 11 nov.-6 déc.
27 ch – 61/110 € 61/110 € – 11 €
◆ Jolie villa où meubles et objets artisanaux mexicains composent un décor original évoquant l'épopée des Barcelonnettes au Mexique (19e s.). Une partie des chambres décline ce thème.

Le Passe-Montagne

à 3 km, rte Col de la Cayolle – ✆ 04 92 81 08 58 – Ouvert 1er juil.-15 sept., 20 déc.-2 mai et fermé mardi et merc. sauf vacances scolaires
Rest – *(prévenir)* Menu 21/30 € – Carte 32/49 €
◆ Ambiance conviviale et cadre rustique alpin pour ce petit chalet situé à l'orée d'une pinède, au départ du col de la Cayolle. Cuisine montagnarde en hiver et provençale en été.

à St-Pons **2 km au Nord-Ouest par D 900 et D 9 – ✉ 04400**

Domaine de Lara sans rest

– ✆ 04 92 81 52 81 – www.domainedelara.com – Fermé 25 juin-4 juil. et 12 nov.-19 déc.
5 ch – 90/98 € 95/103 €
◆ Dans un parc avec une belle vue sur les sommets, bastide provençale et de caractère (poutres, tomettes, vieilles pierres, mobilier de famille, style cosy). Petit-déjeuner soigné.

au Sauze **4 km au Sud-Est par D 900 et D 209 – ✉ 04400 Enchastrayes – Sports d'hiver : 1 400/2 000 m 23**

Immeuble Perce-Neige ✆ 04 92 81 05 61

Montana Chalet sans rest

Centre station – ✆ 04 92 81 05 97 – www.montana-chalet.com
20 ch – 80/110 € 100/160 €
◆ Un beau chalet en bois blond juste au pied des pistes, une cheminée crépitante, des chambres chaleureuses avec balcon : l'équation montagnarde parfaite !

à Jausiers **8 km au Nord-Est par D 900 – 1 013 h. – alt. 1 240 m – ✉ 04850**

Rue Principale ✆ 04 92 81 21 45

Villa Morelia

– ✆ 04 92 84 67 78 – www.villa-morelia.com – Fermé avril et 8 nov.-27 déc.
24 ch – 100/140 € 120/350 € – 20 €
Rest – *(fermé dim., lundi et mardi sauf juin, août et sept.) (prévenir)* (35 €) Menu 49/86 €
◆ Construite en 1900, cette fière villa "mexicaine" a conservé son cachet et propose des chambres chic, plus contemporaines à l'annexe. Le restaurant distille un charme bourgeois, écrin flatteur pour une cuisine du marché fine et inventive.

à Pra-Loup **8,5 km au Sud-Ouest par D 902, D 908 et D 109 – ✉ 04400 Uvernet Fours – Sports d'hiver : 1 500/2 600 m 3 29**

Maison de Pra-Loup ✆ 04 92 84 10 04

Le Prieuré de Molanès

rest,

à Molanès – ✆ 04 92 84 11 43 – www.prieure-praloup.com – Ouvert 5 juin-21 sept. et 15 déc.-20 avril
13 ch – 65/72 € 72/93 € – 10 € – ½ P 68/80 €
Rest – *(fermé le midi)* (14 €) Menu 20/30 € – Carte 23/49 €
◆ Près du télécabine, ex-prieuré devenu une hôtellerie familiale, estimée pour son atmosphère montagnarde authentique et ses chambres sobres et rustiques. Repas régional axé terroir, dans un cadre agreste et chaleureux (poutres, cheminée, outils paysans).

BARCUS – 64 Pyrénées-Atlantiques – 342 H5 – 741 h. – alt. 230 m – ✉ 64130 **3 B3**

Paris 813 – Mauléon-Licharre 14 – Oloron-Ste-Marie 18 – Pau 52

Chilo avec ch
– ☎ *05 59 28 90 79 – www.hotel-chilo.com – Fermé 8-30 janv., dim. soir, lundi et mardi midi d'oct. à avril*
10 ch – †50/85 € ††65/110 € – ☕ 8,50 € – ½ P 70/91 €
Rest – (20 €) Menu 39/69 € – Carte 45/65 €
◆ Belle maison blanche aux volets bleus, dans un village paisible. La salle à manger, chaleureuse, ouvre sur le jardin et la piscine, face aux montagnes. Cuisine actuelle (produits régionaux). Chambres coquettes, à l'ancienne.

BARDIGUES – 82 Tarn-et-Garonne – 337 B7 – rattaché à Auvillar

BARFLEUR – 50 Manche – 303 E1 – 644 h. – alt. 5 m – ✉ 50760 32 A1

Normandie Cotentin

Paris 355 – Carentan 48 – Cherbourg 29 – St-Lô 75
2, rond-point le Conquérant ☎ 02 33 54 02 48
Phare de la Pointe de Barfleur : ✻★★ N : 4 km - Intérieur★ de l'église de Montfarville 2 km S.

Le Conquérant sans rest
18 r. St-Thomas-Becket – ☎ 02 33 54 00 82 – www.hotel-leconquerant.com – Ouvert avril-oct.
10 ch – †73 € ††73/112 € – ☕ 12 €
◆ À deux pas du port, belle demeure du 17e s. en granit avec son jardin clos à la française. Charmant accueil familial ; chambres rafraîchies, plus au calme sur l'arrière.

Moderne
1 pl. Gén.-de-Gaulle – ☎ 02 33 23 12 44 – www.hotel-restaurant-moderne-barfleur.com – Fermé 2-15 janv., mardi soir et merc. du 15 sept. au 13 juil.
Rest – Menu 20/58 € – Carte 45/70 €
◆ Recettes traditionnelles revisitées et incontournables produits de la pêche locale vous attendent dans ce restaurant qui déborde, en été, sur une plaisante terrasse.

BARJAC – 30 Gard – 339 L3 – 1 498 h. – alt. 171 m – ✉ 30430 23 D1

Paris 666 – Alès 34 – Aubenas 45 – Mende 114
place Charles Guynet ☎ 04 66 24 53 44

Le Mas du Terme
4 km au Sud-Est par D 901 et rte secondaire – ☎ 04 66 24 56 31 – www.masduterme.com – Ouvert 15 mars-15 nov.
23 ch – †80/150 € ††80/350 € – ☕ 15 € – ½ P 96/250 €
Rest – (34 €) Menu 42 € – Carte 46/62 €
◆ Un jardin entouré de vignes et d'oliviers, de jolies piscines... qu'il fait bon paresser au soleil de cette ancienne magnanerie et prendre le frais dans une chambre provençale, ou contemporaine (annexe toute neuve). Cuisine du terroir sous de belles voûtes du 18e s.

BAR-LE-DUC P – 55 Meuse – 307 B6 – 16 041 h. – alt. 188 m 26 A2

– ✉ 55000 Alsace Lorraine

Paris 255 – Metz 97 – Nancy 84 – Reims 113
7, rue Jeanne-d'Arc ☎ 03 29 79 11 13
de Combles-en-Barrois à Combles-en-Barrois 38 rue Basse, par rte de St-Dizier : 5 km, ☎ 03 29 45 16 03
"le Transi" (statue)★★ dans l'église St-Étienne

Bistro St-Jean
132 bd de La Rochelle – ☎ 03 29 45 40 40 – www.bistrosaintjean.fr – Fermé 9 juil.-2 août, 29 janv.-7 fév., sam. midi, dim. soir et lundi
Rest – (22 €) Menu 30 € – Carte 37/49 €
◆ Aménagé dans une ancienne épicerie, un bistrot typique – bar, banquettes, vieilles affiches – proposant une savoureuse carte saisonnière (plats bistrotiers et produits de la mer).

à Trémont-sur-Saulx **9,5 km au Sud-Ouest par D 3 – 642 h. – alt. 166 m – ✉ 55000**

La Source rest, rest, VISA AE

2 r. de Beurey – ✆ 03 29 75 45 22 – www.hotel-restaurant-lasource.fr – Fermé 2-24 août, 2-18 janv., dim. soir, lundi midi et vend. soir

24 ch – †71/98 € ††77/130 € – ☕ 10 € – ½ P 75 €

Rest – (25 €) Menu 29/56 € – Carte 30/70 €

◆ Motel des années 1980 profitant d'un cadre campagnard. Chambres fonctionnelles – dont deux plus vastes – très bien tenues. Accueil sympathique. Restaurant flirtant avec la tradition qui s'invite dans le décor et dans l'assiette (truffe en saison).

BARNEVILLE-CARTERET **– 50 Manche – 303 B3 – 2 334 h. – alt. 47 m – ✉ 50270** Normandie Cotentin **32 A2**

Paris 356 – Carentan 43 – Cherbourg 39 – Coutances 47

10, rue des Ecoles ✆ 02 33 04 90 58

de la Côte-des-Isles à Saint-Jean-de-la-Rivière Chemin des Mielles, SE : 5 km par D 90, ✆ 02 33 93 44 85

à Barneville-Plage

Des Isles VISA AE

9 bd Maritime – ✆ 02 33 04 90 76 – www.hoteldesisles.com

30 ch – †98/128 € ††98/128 € – ☕ 13 € – ½ P 84/99 €

Rest – (17 €) Menu 26/31 € – Carte 38/56 €

◆ Face à la mer, cet hôtel dispose de chambres de diverses tailles à la décoration marine (tons bleus, couettes moelleuses). Piscine et jacuzzi. Buffet d'entrées et de desserts à volonté pour des repas décontractés.

à Carteret – **2 324 h.**

10, rue des Ecoles ✆ 02 33 04 90 58

Table d'orientation ≤★.

De la Marine (Laurent Cesne) rest, VISA AE

11 r. de Paris – ✆ 02 33 53 83 31 – www.hotelmarine.com – Fermé 23 déc.-20 fév.

26 ch – †90/240 € ††90/260 € – ☕ 15 € – ½ P 100/185 €

Rest – *(ouvert 17 mars-11 nov. et fermé dim. soir, jeudi midi et lundi en mars, oct. et nov., lundi midi et jeudi midi en avril, mai, juin et sept.)* Menu 37 € (sem.), 50/90 € – Carte 65/110 €

Spéc. L'huître creuse de Denneville dans tous ses états. Saint-pierre étuvé au beurre d'algues, haricots terre et mer, quelques bigorneaux et crevettes grises. Soufflé au chocolat noir, guacamole d'avocat, banane et fruit de la passion, sorbet banane-passion.

◆ Quasiment les pieds dans l'eau, cette maison est tenue par la même famille depuis 1876. La plupart des nouvelles chambres, spacieuses et modernes, ont une terrasse côté port. Belle vue sur la mer du restaurant panoramique et de sa terrasse ; goûteuse cuisine inventive valorisant le produit.

Des Ormes ch, VISA AE

quai Barbey d'Aurevilly – ✆ 02 33 52 23 50 – www.hoteldesormes.fr – Fermé janv.

12 ch – †125/175 € ††125/175 € – ☕ 14 € – ½ P 105/130 €

Rest – *(fermé dim. soir, lundi et mardi hors saison, lundi midi et mardi midi en saison)* (19 €) Menu 35/45 € – Carte 42/58 €

◆ Face au port de plaisance, demeure du 19e s. rénovée avec raffinement. Chambres délicieuses, salon cosy et beau jardin fleuri en saison. Élégante salle à manger contemporaine d'esprit romantique où l'on déguste une cuisine "terre et mer".

BARON **– 60 Oise – 305 H5 – 779 h. – alt. 80 m – ✉ 60300** **36 B3**

Île de France

Paris 65 – Amiens 110 – Argenteuil 63 – Montreuil 55

Le Domaine de Cyclone sans rest

2 r. de la Gonesse – 06 08 98 05 50 – http://pagesperso-orange.fr/domaine.cyclone
5 ch – 70 € 85/95 €

◆ Cette belle demeure des 17-18e s. est devancée d'une tour du 12e s. où Jeanne d'Arc aurait dormi ! Le domaine est dédié aux chevaux de course, et le décor des chambres leur rend hommage.

LE BARP – 33 Gironde – **335** G7 – **4 293 h.** – **alt. 72 m** – 33114 **3** B2

Paris 604 – Bordeaux 45 – Mérignac 41 – Pessac 32

Le Résinier avec ch ch, ch, VISA

68 av. des Pyrénées, D 10 – 05 56 88 60 07 – www.leresinier.com
11 ch – 60/80 € 84/100 € – 10 €
Rest – (16 €) Menu 18 € (sem.)/55 € – Carte 37/59 €

◆ Cette maison de pays conviviale rappelle l'atmosphère d'une auberge d'autrefois. Cuisine traditionnelle axée sur le terroir et vins à choisir dans la cave. Terrasse sous une vigne. Chambres confortables, rénovées en 2009 sur des thèmes "nature" liés à la région.

BARR – 67 Bas-Rhin – **315** I6 – **6 599 h.** – **alt. 200 m** – 67140 **2** C1
Alsace Lorraine

Paris 495 – Colmar 43 – Le Hohwald 12 – Saverne 46
place de l'Hôtel de Ville 03 88 08 66 65

Aux Saisons Gourmandes VISA

23 r. Kirneck – 03 88 08 12 77 – www.saisons-gourmandes.com – Fermé 5-23 juil., 3-13 janv., vacances de fév., dim. soir de janv. à avril, mardi et merc.
Rest – (17 €) Menu 25/41 € – Carte 32/47 €

◆ Cette maison à colombages du centre-ville affiche un décor sobrement contemporain. Cuisine du marché au bon goût de tradition. Terrasse ombragée dans la cour intérieure.

rte du Mont Ste-Odile par D 854

Château d'Andlau VISA AE

113 r. Vallée-St-Ulrich, à 2 km 67140 Barr – 03 88 08 96 78 – www.hotelchateauandlau.fr – Fermé 12-24 nov. et 1er-23 janv.
22 ch – 51/62 € 59/76 € – 9 € – ½ P 65/73 €
Rest – *(ouvert le soir du mardi au sam., dim. midi et fériés)* Menu 27/40 € – Carte 28/51 €

◆ Nuits sereines en perspective dans ce sympathique hôtel au cadre bucolique et aux chambres simples et rustiques. Salle à manger bourgeoise, mets classiques et superbe carte des vins du monde, présentée comme un manuel d'œnologie et primée pour son originalité.

LE BARROUX – 84 Vaucluse – **332** D9 – **615 h.** – **alt. 325 m** – 84330 **42** E1

Paris 684 – Avignon 38 – Carpentras 12 – Vaison-la-Romaine 16

L'Aube Safran ch, VISA

450 chemin du Patifiage – 04 90 62 66 91 – www.aube-safran.com – Ouvert 15 avril-15 nov.
5 ch – 120/170 € 155/185 € **Table d'hôte** – Menu 45 € bc

◆ Marie et François ont tout quitté pour s'installer dans ce joli mas, au pied du mont Ventoux. L'endroit est idyllique, les chambres raffinées et spacieuses. Table d'hôte deux fois par semaine : le safran, cultivé par les propriétaires, accommode les plats provençaux.

Gajulea A/C VISA AE

201 cours Louise-Raymond – 04 90 62 36 94 – www.gajulea.fr – Fermé 15-31 mars, 15-30 nov. et 3-9 janv.
Rest – *(fermé le midi sauf dim.) (nombre de couverts limité, prévenir)* Menu 35 €
Rest *Entre' Potes* – 04 90 65 57 43 – Menu 16 € (déj. en sem.)/23 €

◆ Dans cet ancien entrepôt mué en restaurant cossu, on se régale de belles saveurs provençales et l'on peut boire un verre à L'Entre' Potes, le bistrot à vin tenu par le fils du patron (restauration plus simple)... Vue sur la garrigue en terrasse !

BAR-SUR-AUBE – 10 Aube – 313 I4 – 5 492 h. – alt. 190 m 14 C3

– ✉ 10200 Champagne Ardenne

Paris 230 – Châtillon-sur-Seine 60 – Chaumont 41 – Troyes 53

Place de l'Hôtel de Ville ☎ 03 25 27 24 25

Église St-Pierre★.

Le Saint-Nicolas sans rest

2 r. du Gén.-de-Gaulle – ☎ 03 25 27 08 65 – www.lesaintnicolas.com

27 ch – 65 € 68 € – 9 €

◆ Les chambres de ces jolies maisons en pierre, assez simples mais agréables, s'articulent autour de la piscine. Établissement calme, un peu à l'écart du centre-ville.

La Toque Baralbine

18 r. Nationale – ☎ 03 25 27 20 34 – www.latoquebaralbine.com – Fermé dim. soir et lundi sauf fériés

Rest – Menu 22 € (sem.), 26/58 € – Carte 32/58 €

◆ Dégustez, dans la chaleureuse salle à manger ou sur la terrasse fleurie aux beaux jours, une cuisine actuelle bien faite où pointe l'accent du terroir.

LE BAR-SUR-LOUP – 06 Alpes-Maritimes – 341 C5 – 2 726 h. 42 E2

– alt. 320 m – ✉ 06620 Côte d'Azur

Paris 916 – Grasse 10 – Nice 31 – Vence 15

place Francis Paulet ☎ 04 93 42 72 21

Site★ - Danse macabre★ (peintures sur bois) dans l'église St-Jacques - ★ de la place de l'église.

La Jarrerie

8 av. de l'Amiral de Grasse – ☎ 04 93 42 92 92 – www.restaurant-la-jarrerie.com – Fermé 2-31 janv., merc. midi et mardi

Rest – (19 €) Menu 27/49 € – Carte 39/52 €

◆ Autrefois monastère, puis conserverie et parfumerie, cette bâtisse régionale du 17e s. abrite une grande salle à manger rustique avec cheminée, pierres et poutres apparentes.

Hostellerie du Château avec ch

6 pl. F.- Paulet – ☎ 04 93 42 41 10 – www.lhostellerieduchateau.com

6 ch – 140/160 € 140/220 € – 16 €

Rest – *(fermé mardi d'oct. à mai et lundi)* Menu 29 € (déj.)/64 € – Carte 66/85 €

◆ Élégant cadre contemporain (terrasse avec vue à l'étage) et savoureuse carte au goût du jour. Des chambres provençales raffinées (meubles anciens, bois précieux, tomettes) caractérisent ce château ayant appartenu aux comtes de Grasse. Certaines surplombent la vallée.

L'École des Filles

380 av. Amiral-de-Grasse – ☎ 04 93 09 40 20 – www.restaurantecoledesfilles.fr – Fermé dim. soir et lundi

Rest – (24 €) Menu 39/65 € – Carte 30/50 €

◆ Deux pimpantes petites salles à manger hébergées dans une ancienne école communale (1929) pour se régaler de recettes bien d'aujourd'hui. Terrasse dans la cour de récréation.

BAR-SUR-SEINE – 10 Aube – 313 G5 – 3 430 h. – alt. 157 m 13 B3

– ✉ 10110 Champagne Ardenne

Paris 197 – Bar-sur-Aube 37 – Châtillon-sur-Seine 36 – St-Florentin 57

33, rue Gambetta ☎ 03 25 29 94 43

Intérieur★ de l'église St-Étienne.

Du Commerce avec ch

rest,

30 r. de la République – ☎ 03 25 29 86 36 – www.hotelrestaurantducommerce.fr – Fermé vend. soir et dim.

13 ch – 47 € 49/55 € – 6,50 € – ½ P 44 €

Rest – (11 €) Menu 13 € (sem.)/40 € – Carte 28/46 €

◆ Cuisine traditionnelle réalisée avec de bons produits régionaux, servie dans une salle rustique avec colombages et cheminée. Petites chambres au confort simple. Prix serrés.

près échangeur 9 km autoroute A5, Nord-Est par D 443

Le Val Moret rest,

r. du Mar.-Leclerc ✉ 10110 Magnant – ✆ 03 25 29 85 12 – www.le-val-moret.com

42 ch – †64/91 € ††64/91 € – ☕ 11 €

Rest – Menu 16 € (sem.)/48 € – Carte 27/65 €

◆ Près de l'autoroute (mais sans nuisances sonores), quatre bâtiments de plain-pied de type motel ; chambres fonctionnelles et assez spacieuses. Aire de jeux pour les enfants. Salles à manger actuelles dont une en véranda ; carte traditionnelle et plats régionaux.

à Bourguignons 4 km au Nord par N 71 – 282 h. – alt. 156 m – ✉ 10110

Domaine de Foolz avec ch rest,

N 71 – ✆ 03 25 29 06 83 – www.domainedefoolz.com – Fermé 15-31 août, 1er janv.-7 fév., dim. soir et lundi

11 ch – †78 € ††78 € – ☕ 8 €

Rest – (15 €) Menu 18 € (déj. en sem.), 23/47 € – Carte 39/74 €

◆ Dans un cadre verdoyant, cette maison champenoise réhabilitée propose une honnête cuisine traditionnelle. Bonne carte de champagnes. Le Domaine dispose de onze chalets en bois avec terrasse indépendante. Une adresse bucolique.

BAS-RUPTS – 88 Vosges – **314** J4 – rattaché à Gérardmer

BASSAC – 16 Charente – **324** I6 – rattaché à Jarnac

BASSE-GOULAINE – 44 Loire-Atlantique – **316** H4 – rattaché à Nantes

---

BASTELICA – 2A Corse-du-Sud – **345** D7 – voir à Corse

BASTIA – 2B Haute-Corse – **345** F3 – voir à Corse

LA BASTIDE-CLAIRENCE – 64 Pyrénées-Atlantiques – **342** E2 – 990 h. – alt. 50 m – ✉ 64240 **3** B3

Paris 771 – Bayonne 27 – Irun 59 – Bordeaux 185

Place des Arceaux ✆ 05 59 29 65 05

Maison Maxana ch,

r. Notre-Dame – ✆ 05 59 70 10 10 – www.maison-maxana.com

5 ch ☕ – †90/110 € ††100/120 € **Table d'hôte** – Menu 35 € bc

◆ Rêveries, Voyages... Le nom des chambres de cette maison basque donne le ton. Mariage réussi de meubles anciens, contemporains et d'objets ethniques, dans un esprit toujours zen. À la table d'hôte, plats mâtinés d'épices rapportées d'Afrique (sur réservation).

LA BASTIDE-DES-JOURDANS – 84 Vaucluse – **332** G11 – 1 211 h. – alt. 412 m – ✉ 84240 **40** B2

Paris 762 – Aix-en-Provence 39 – Apt 40 – Digne-les-Bains 77

Auberge du Cheval Blanc avec ch rest,

– ✆ 04 90 77 81 08 – www.auberge-chevalblanc-labastide.fr – Fermé fév. et jeudi hors saison

4 ch ☕ – †80 € ††90 € – ½ P 75 €

Rest – (19 € bc) Menu 30 € – Carte 45/55 €

◆ Demeure provençale située au cœur du village. Salle à manger bourgeoise aux couleurs du Midi et généreuse cuisine aux accents du terroir. Coquettes chambres au décor soigné.

LA BÂTIE-DIVISIN – 38 Isère – **333** G4 – 846 h. – alt. 521 m – ✉ 38490 **45** C2

Paris 539 – Lyon 82 – Grenoble 45 – Chambéry 41

L'Olivier

100 rte du Vernay, Les Etrets – ✆ 04 76 31 00 60 – www.restaurant-l-olivier.com – Fermé 26 oct.-9 nov., 15 fév.-1er mars, dim. soir et lundi

Rest – (13 €) Menu 17 € (déj. en sem.), 23/50 € – Carte 21/60 €

◆ L'enseigne évoque l'un des produits préférés du chef, qui mitonne des plats fins et actuels essentiellement à l'huile d'olive. Salle à manger contemporaine et jardin-terrasse.

LA BÂTIE-NEUVE – **05 Hautes-Alpes** – **334** F5 – **rattaché à Gap**

BATZ (ÎLE-DE-) – **29 Finistère** – **308** G2 – **voir à Île-de-Batz**

BATZ-SUR-MER – **44 Loire-Atlantique** – **316** B4 – **3 217 h.** – **alt. 12 m** **34** A2 – ✉ **44740** Bretagne

Paris 457 – La Baule 7 – Nantes 84 – Redon 64

25, rue de la Plage ✆ 02 40 23 92 36

☼★★ de l'église St-Guenolé★ - Chapelle N.-D. du Mûrier★ - Excursions guidées★ dans les marais (musée des Marais salants) - La Côte Sauvage★.

Le Lichen sans rest

Baie du Manerick - Côte Sauvage, 2 km au Sud-Est par D 45 – ✆ 02 40 23 91 92 – www.le-lichen.com

17 ch – †60/230 € ††70/260 € – ☕ 12 €

◆ Sur la côte sauvage, vaste villa néobretonne (1956) jouissant du spectacle unique de l'océan. La moitié des chambres, certaines avec terrasse, donne sur les flots.

LA BAULE – **44 Loire-Atlantique** – **316** B4 – **16 095 h.** – **alt. 31 m** **34** A2 – **Casino : Grand Casino** BZ – ✉ **44500** Bretagne

Paris 450 – Nantes 76 – Rennes 120 – St-Nazaire 19

8, place de la Victoire ✆ 02 40 24 34 44

de Guérande à Guérande Ville Blanche, par rte de Nantes : 6 km, ✆ 02 40 66 43 21

de La Baule à Saint-André-des-Eaux Domaine de Saint Denac, NE : 9 km, ✆ 02 40 60 46 18

Front de mer★ - Parc des Dryades★ DZ.

Plan page suivante

Hermitage Barrière

5 espl. Lucien-Barrière – ✆ 02 40 11 46 46 – www.hermitage-barriere.com – Ouvert 2 avril-24 sept., 22 oct.-2 nov. et 26 déc.-2 janv. BZ**h**

202 ch – †116/699 € ††116/699 € – 5 suites – ☕ 24 €

Rest *La Terrasse* – *(fermé 25 avril-1er juin, 5-10 juin, 13 juin-2 juil. et 22 août-21 oct.)* (35 €) Carte 35/84 € le soir

Rest *L' Eden Beach* – ✆ 02 40 11 46 16 *(ouvert 1er avril-16 oct. et fermé du dim. soir au vend. midi du 26 sept. au 16 oct.)* (25 €) Menu 30 € – Carte 42/95 €

◆ Malgré les modes et l'usure du temps, le charme reste intact dans ce palace des années 1920, dont la façade anglo-normande se dresse face à la plage, parmi les pins. Vastes chambres classiques, piscine, hammam… Décor élégant au restaurant La Terrasse, qui propose une cuisine traditionnelle. Carte marine à L'Eden Beach.

Royal-Thalasso Barrière

6 av. Pierre Loti – ✆ 02 40 11 48 48 – www.lucienbarriere.com – Fermé 27 nov.-18 déc. BZ**t**

91 ch – †192/589 € ††192/589 € – 6 suites – ☕ 27 €

Rest *La Rotonde* – Menu 43 € – Carte 52/70 €

Rest *Le Ponton* – ✆ 02 40 60 52 05 *(fermé le soir d'oct. à mars et vacances scolaires)* (24 € bc) Carte 30/72 €

◆ Bien-être et confort, dans cet édifice séculaire (1896) associé à un centre de thalassothérapie. Jacques Garcia a assuré la décoration des chambres il y a quelques années ; vue sur la baie ou sur le parc. Cuisine diététique et mets traditionnels à La Rotonde. Restauration de plage au Ponton.

LA BAULE
0
500 m
VANNES GUÉRANDE
NANTES ST-NAZAIRE
LA BAULE-ESCOUBLAC
ST-NAZAIRE PORNICHET
LE CROISIC D 245
POINTE DE PENCHÂTEAU
MARAIS
SALANTS
LE PRÉMARE
KERCOCO
PARC DES DRYADES
LA BAULE-LES-PINS
LE POULIGUEN
ANSE DE TOULIN
O C E A N
A T L A N T I Q U E
PALAIS DES CONGRÈS ATLANTIA
CENTRE ÉQUESTRE
CENTRE CULTUREL A. DE ST-EXUPÉRY
CASINO
STE-THÉRÈSE
Albatros (Allée des) BYZ 2
Armorique (Av. d') DZ 6
Baguenaud (Av. de) CZ 7
Berry (Av. du) DZ 8
Chambord (Av. de) CY 10
Champsavin (Bd Guy-de) AZ 12
Chateaubriand (Av. de) CZ 13
Chaumont (Av. de) DZ 14
Chenonceau (Av. de) DYZ 15
Clemenceau (Av. G.) CY 16
Dr-Chevrel (Bd) BCY 18
Escholiers (Pl. des) BCZ 19
Gaulle (Av. Gén.-de) CYZ 21
Heurteau (Av.) BZ 23
Hirondelles (Av. des) BZ 24
Impairs (Av. des) BZ 25
Isabelle (Av.) BZ 26
Lajarrige (Av. L.) DZ
Lattre-de-Tassigny (Av. Mar.-de) ABYZ
Loiseau (Av. F.) BY 28
Lorraine (Av. de) DZ 29
Loti (Av. Pierre) BZ 30
Marguerite-Jean (Av.) BY 32
Marie-Louise (Av.) BZ 33
Mouettes (Allées des) BZ 34
Neyman (Av. J.-de) CY 35
Notre-Dame (Pl.) BZ 36
Palmiers (Pl. des) DZ 38
Pasteur (Av. Louis) BYZ 39
Pélicans (Av. des) BY 40
Rageot-de-la-Touche (Q.) AZ 41
Rodes (Av. Gén.) ABZ 42
Sandeau (Av. Jules) CZ 46
Sand (Av. George) CDZ 44
Tamaris (Allée des) BCZ 47
Victoire (Pl. de la) CY 49
Victor-Hugo (Av.) CZ 50

Castel Marie-Louise
rest,
1 av. Andrieu – ✆ 02 40 11 48 38 – www.castel-marie-louise.com
– Fermé 2 janv.-3 fév. BZg
29 ch – †179/645 € ††179/645 € – 2 suites – 21 €
Rest – *(fermé le midi sauf sam. en juil.-août et sauf dim.)* Menu 57/110 €
– Carte 75/131 €
Spéc. Foie gras de canard façon nougat aux fruits secs torréfiés. Épaule de cochon noir cuite lentement, fruits rôtis. Fraises flambées à la liqueur de rose (été). **Vins** Muscadet de Sèvre-et-Maine sur lie, Saumur.
◆ Il reçut son nom en l'honneur d'une femme aimée, et reste propice à la romance : architecture Belle Époque, tentures, mobilier ancien, entre parc arboré et bord de mer... On dîne dans un cadre feutré, près des grandes baies ou en terrasse, sous les pins, d'une belle cuisine inspirée des produits du moment.

Bellevue Plage
27 bd de l'Océan – ✆ 02 40 60 28 55 – www.hotel-bellevue-plage.fr
– Fermé 10 déc.-18 fév. DZr
35 ch – †95/195 € ††95/195 € – 14 €
Rest *La Véranda* – voir ci-après
◆ Une lucarne sur les années 1950 : cet hôtel élégant a été décoré de belles pièces de design moderniste. La terrasse du dernier étage domine toute la baie ! Balcons côté plage.

Mercure Majestic
espl. Lucien-Barrière – ✆ 02 40 60 24 86 – www.hotelmercure-labaule.com
83 ch – †89/195 € ††99/265 € – 16 € BZe
Rest *Le Ruban Bleu* – (18 €) Menu 25/30 € – Carte 22/42 €
◆ Une haute façade blanche signale cet hôtel né en 1930, non loin du casino, en bord de plage. L'esprit Art déco – chic et confort – plane toujours en partie sur les lieux, rénovés en 2004. Ambiance transatlantique au Ruban bleu ; cuisine régionale (produits de la mer).

St-Christophe
pl. Notre-Dame – ✆ 02 40 62 40 00 – www.st-christophe.com BZu
45 ch – †68/200 € ††68/200 € – 12 € – ½ P 73/140 €
Rest – (19 €) Menu 29/39 € – Carte 32/42 €
◆ Quatre villas nichées au creux d'un jardin verdoyant… Le charme agit : architectures 1900 (tourelles, balcons de bois), mobilier ancien, aquarelles signées par la maîtresse de maison, etc. La table est appréciée : cuisine terre et mer, et décor coloré.

Brittany sans rest
7 av. des Impairs – ✆ 02 40 60 30 25 – www.brittanylabaule.com BZb
19 ch – †100/195 € ††100/195 € – 13 €
◆ Cette maison des années 1930 abrite des chambres raffinées et bien équipées (salles de bain avec balnéo). Un joli atout : le très agréable solarium sur le toit terrasse.

Lutetia et rest. le Rossini
ch,
13 av. Olivier-Guichard – ✆ 02 40 60 25 81 – www.lutetia-labaule.com
26 ch – †45/190 € ††69/190 € – 12 € – ½ P 80/142 € CZr
Rest – *(fermé 13-29 nov., 23 janv.-15 mars, dim. soir, lundi soir du 1er sept. au 30 juin, lundi midi et mardi midi)* (17 €) Menu 23 € (déj. en sem.), 35/47 € bc
– Carte 55/65 €
◆ Agréable adresse : derrière une façade Art déco, le Lutetia affiche un style contemporain et coloré ; en annexe, la Villa St-Bernard joue la thématique sportive (chambres "Golf", "Voile", etc.). Produits de la mer au Rossini.

Alcyon sans rest
19 av. Pétrels – ✆ 02 40 60 19 37 – www.alcyon-hotel.com
– Fermé 2-23 janv. BYs
32 ch – †74/135 € ††74/135 € – 12 €
◆ Près du marché, façade en angle garnie de balcons, à l'exception du dernier étage. Préférez les chambres rénovées et leur décoration zen et colorée. Bar agréable avec terrasse.

Villa Cap d'Ail sans rest

145 av.de Lattre-de-Tassigny – 02 40 60 29 30 – www.villacapdail.com

22 ch – 69/120 € 72/140 € – 12 € BZp

◆ À 100 m de la plage, cette villa des années 1920, décorée dans un style actuel (bois peint, tons gris), a conservé son charme originel. Ambiance jeune et décontractée.

Hostellerie du Bois

65 av. Lajarrige – 02 40 60 24 78 – www.hostellerie-du-bois.com – Ouvert 13 mars-15 nov. et vacances de Noël DZm

15 ch – 60/79 € 60/83 € – 7 € – ½ P 59/68 €

Rest – *(fermé le midi) (résidents seult)* Menu 22 €

◆ Maison à colombages (1923) au charme vieille France préservé, tant dans les chambres que dans le reste de l'hôtel, bien tenu et orné d'objets rapportés de voyages. Jardin. Petit-déjeuner servi dans une salle rustique et feutrée ; repas le soir, pour les résidents.

St-Pierre sans rest

124 av. du Mar. de Lattre-de-Tassigny – 02 40 24 05 41 – www.hotel-saint-pierre.com BYZr

19 ch – 59/79 € 69/132 € – 10 €

◆ Une villa typique des années trente, habillée de colombages bleus. Chambres cosy décorées dans le style baulois, agréable véranda, accueil charmant : une bonne adresse.

La Véranda – Hôtel Bellevue Plage

27 bd de l'Océan – 02 40 60 57 77 – www.restaurant-laveranda.com – Fermé 15 déc.-1er fév., dim. soir, mardi midi de sept. à juin et lundi sauf le soir en juil.-août DZr

Rest – (22 € bc) Menu 32 € (dîner en sem.), 39/85 € bc – Carte 60/90 €

◆ Cette Véranda offre une vue privilégiée sur la plage et l'océan… Le poisson domine à la carte, relevée de quelques notes créatives. Décor très sobre (salle carrelée).

Carpe Diem

29 av. J.-Boutroux, 5 km au Nord par rte du golf de la Baule – 02 40 24 13 14 – www.le-carpediem.fr – Fermé 23 fév.-7 mars, mardi soir et merc. hors saison

Rest – (15 €) Menu 18/46 € – Carte 34/52 €

◆ L'établissement a joui d'un relooking complet : mobilier contemporain, teintes douces et sobres cohabitent avec cheminée et poutres apparentes. Cuisine classique.

LA BAUME – 74 Haute-Savoie – 328 M3 – 252 h. – alt. 730 m – ✉ 74430 46 F1

Paris 597 – Lyon 214 – Annecy 95 – Genève 52

La Ferme aux Ours

La Voagère – 04 50 72 19 88 – www.lafermeauxours.com – Fermé nov.

3 ch – 105/115 € 105/115 €

Table d'hôte – *(fermé en été)* Menu 28 € bc

◆ Belle ferme savoyarde isolée, dominant la vallée. Jolies chambres douillettes (collection d'ours en peluche) et accueil charmant de la propriétaire, férue de randonnées. Sauna.

BAUME-LES-DAMES – 25 Doubs – 321 I2 – 5 349 h. – alt. 280 m 17 C2 – ✉ 25110 Franche-Comté Jura

Paris 440 – Belfort 62 – Besançon 30 – Lure 45

8, rue de Provence 03 81 84 27 98

du Château de Bournel à Cubry, N : 20 km par D 50, 03 81 86 00 10

Hostellerie du Château d'As avec ch

24 r. Château-Gaillard – 03 81 84 00 66 – www.chateau-das.fr – Fermé dim. soir, mardi midi et lundi

6 ch – 69 € 69 € – 12 € – ½ P 64/70 €

Rest – Menu 19 € bc (déj. en sem.), 31/69 € – Carte 34/66 €

◆ Charmante atmosphère d'antan dans cette grande villa des années 1930. Cuisine actuelle servie dans une salle à manger lumineuse et élégante (superbe lustre en nacre). Chambres spacieuses.

LES BAUX-DE-PROVENCE – 13 Bouches-du-Rhône – 340 D3 — 42 E1

– 381 h. – alt. 185 m – ✉ 13520 Provence

Paris 712 – Arles 20 – Avignon 30 – Marseille 86

lot Post Tenebras Lux - Maison du Roy ✆ 04 90 54 34 39

des Baux-de-Provence Domaine de Manville, S : 2 km, ✆ 04 90 54 40 20

Site★★★ - Village★★★ : Place★ et église St-Vincent★ - Château★ : ※★★ - Monument Charloun Rieu ≤★ - Tour Paravelle ≤★ - Musée Yves-Brayer★ - Cathédrale d'Images★ N : 1 km par D 27 - ※★★★ sur le village N : 2,5 km par D 27.

dans le Vallon

La Riboto de Taven

– ✆ 04 90 54 34 23 – www.riboto-de-taven.fr – *Fermé 31 oct.-12 mars*

5 ch – †195/300 € ††195/300 € – 1 suite – ☕ 20 € – ½ P 155/203 €

Rest – *(fermé merc.) (dîner seult) (résidents seult)* Menu 55 €

◆ Charmant petit mas avec vue imprenable sur les Baux. Jardin fleuri, agréable piscine et chambres décorées avec goût (deux d'entre elles sont troglodytiques). Cuisine provençale utilisant les produits du marché, servie dans une belle salle avec poutres et cheminée.

L'Oustaù de Baumanière avec ch

– ✆ 04 90 54 33 07

– *www.oustaudebaumaniere.com – Ouvert mars-nov. et fermé mardi soir, jeudi midi et merc. de mars à avril et d'oct. à nov.*

16 ch – †205/440 € ††205/440 € – ☕ 24 € – ½ P 265/380 €

Rest – Menu 95 € (déj. en sem.), 130/175 € – Carte 131/198 €

Spéc. Œuf de poule, eau d'un gaspacho servie tremblotante, jus et condiment. Rouget barbet, croustillant au basilic vert, tapenade d'olive noire et shiso. Crêpe soufflée au Grand Marnier "Hommage à Monsieur Thuilier". **Vins** Les-Baux-de-Provence.

◆ Demeure du 16e s. aux voûtes séculaires, superbe terrasse avec les Alpilles en toile de fond : un lieu magique pour une cuisine gorgée de soleil. Belle cave. Confortables chambres et suites distinguées réparties entre la maison et le petit mas La Guigou.

Le Manoir

à 1 km rte d'Arles par D 27 – ✆ 04 90 54 33 07 – www.oustaudebaumaniere.com

7 ch – †245/430 € ††245/430 € – 7 suites – ☕ 22 € – ½ P 265/380 €

◆ Les chambres de cette élégante bastide conjuguent confort, raffinement et charme provençal d'antan. Parc arboré (dont un splendide platane séculaire) et jardin à la française.

rte d'Arles Sud-Ouest par D 27

La Cabro d'Or

à 1 km – ✆ 04 90 54 33 21 – www.lacabrodor.com – Fermé dim. et lundi de mi-oct. à fin mars

21 ch – †170/370 € ††170/370 € – 7 suites – ☕ 24 € – ½ P 159/262 €

Rest – *(fermé dim. soir, lundi et mardi midi de mi-oct. à fin mars)* Menu 49 € bc (déj. en sem.), 68/110 € – Carte 97/106 €

Spéc. Ravioles de langoustines aux courgettes et poireaux, jus aux girolles. Carré d'agneau rôti, petits farcis à ma façon et socca provençale. Mousseux au chocolat grand cru et fleur de sel de Camargue. **Vins** Les Baux-de-Provence.

◆ Pour les amateurs de quiétude et de raffinement, une belle demeure couverte de lierre, avec des chambres provençales très chic (certaines avec terrasse) et un ravissant jardin fleuri. Au restaurant, on déguste une cuisine provençale créative, d'une grande fraîcheur ; quelques tables sous les platanes.

Mas de l'Oulivié sans rest

Quartier les Arcoules, à 2,5 km – ✆ 04 90 54 35 78 – www.masdeloulivie.com – Ouvert 1er avril-6 nov.

25 ch – †130/305 € ††130/305 € – 2 suites – ☕ 16 €

◆ Au cœur d'une oliveraie, un mas pour se relaxer : décor provençal, piscine à débordement dans le jardin, massages... Petite restauration au déjeuner pour les résidents.

Auberge de la Benvengudo

ch, ch,

Vallon de l'Arcoule, (D78F), à 2 km – ✆ 04 90 54 32 54 – www.benvengudo.fr – Ouvert 18 mars-5 nov. et 16-31 déc.

22 ch – †105/205 € ††105/205 € – 5 suites – ☕ 16 €

Rest – Menu 45 € (dîner) – Carte 24/47 € le midi

◆ Authentique bastide à l'intérieur de style classique provençal, dans un joli jardin paysagé. Chambres déclinant le blanc sur tous les tons, moins récentes dans l'annexe. À table, menu régional selon le marché et petits plats servis au bord de la piscine le midi.

BAVAY – 59 Nord – 302 K6 – 3 396 h. – alt. 148 m – ✉ 59570 — 31 D2

Nord Pas-de-Calais Picardie

Paris 229 – Avesnes-sur-Helpe 24 – Lille 79 – Maubeuge 15

rue Saint-Maur ✆ 03 27 39 81 65

Le Bagacum

r. Audignies – ✆ 03 27 66 87 00 – www.bagacum.com – Fermé dim. soir et lundi sauf fériés

Rest – Menu 27 € bc (déj. en sem.), 34 € bc/50 € bc – Carte 45/65 €

◆ Charpente apparente, vieux objets agricoles, bibelots et tableaux font le cachet de cette ancienne grange du 19e s. disposant d'une terrasse fleurie. Cuisine traditionnelle.

BAVELLA (COL DE) – 2A Corse-du-Sud – 345 E9 – voir à Corse

BAYARD (COL) – 05 Hautes-Alpes – 334 E5 – voir à Col Bayard

BAYEUX – 14 Calvados – 303 H4 – 14 466 h. – alt. 50 m – ✉ 14400 — 32 B2

Normandie Cotentin

Paris 265 – Caen 31 – Cherbourg 95 – Flers 69

pont Saint-Jean ✆ 02 31 51 28 28

AS Bayeux Omaha Beach Golf à Port-en-Bessin Ferme Saint Sauveur, par rte de Port-en-Bessin et D 514 : 11 km, ✆ 02 31 22 12 12

Tapisserie dite "de la reine Mathilde" ★★★ - Cathédrale Notre-Dame ★★ - Musée-mémorial de la bataille de Normandie ★ Y M1 - Maison à colombage ★ (rue St-Martin) ZN.

Le Lion d'Or

71 r. St-Jean – ✆ 02 31 92 06 90 – www.liondor-bayeux.fr — Ze

27 ch – †90/195 € ††90/195 € – 1 suite – ☕ 13 € – ½ P 83/146 €

Rest – *(fermé 19 déc.-13 janv., dim. soir, lundi soir de mi-nov. à mi-mars, lundi midi, mardi midi et sam. midi)* (20 €) Menu 25 € (déj.), 38/47 € – Carte 47/63 €

◆ Cet ancien relais de poste du 18e s. précédé d'une jolie cour pavée abrite des chambres calmes d'ambiances différentes. Celles de l'annexe sont récentes et actuelles. Table traditionnelle et soignée. Des photos des célébrités passées en ces lieux ornent le salon feutré.

Novotel

ch,

117 r. St-Patrice – ✆ 02 31 92 16 11 – www.novotel.com — Yx

77 ch – †77/99 € ††77/149 € – ☕ 14 €

Rest – (17 €) Menu 20 € – Carte 20/35 €

◆ Hôtel relooké aux dernières normes de la chaîne : bar et salons modernes, chambres pratiques dans l'air du temps. Le restaurant d'esprit bistrot s'ouvre sur une terrasse face à la piscine. Carte et suggestions à l'ardoise assorties d'un bon choix de vins au verre.

Château de Bellefontaine sans rest

49 r. Bellefontaine – ✆ 02 31 22 00 10 – www.hotel-bellefontaine.com – Fermé 2 janv.-2 fév. — Yv

20 ch – †70/120 € ††75/150 € – ☕ 12 €

◆ Un parc arboré avec un plan d'eau sert d'écrin à ce château du 18e s. aux chambres de style (Louis XIII, Empire). Duplex plus actuels pour les familles, dans les anciennes écuries.

BAYEUX

Aure (Bords de l') .... Z 2
Bienvenu (R. du) .... Z 3
Bois (Pl. au) .... Z 4
Bouchers (R. des) .... Z
Bourbesneur (R.) .... Z 6
Bretagne (R. de la) .... Z
Chanoines (R. des) .... Z 7
Chartier (R. A.) .... Z 8
Churchill (Bd W.) .... Y
Clemenceau (Av. G.) .... Z
Conseil (Av.) .... Y
Courseulles (R. de) .... Y 9
Cuisiniers (R. des) .... Z 12
Dais (R. Gén.-de) .... Z
Dr-Michel (R.) .... Y 13
Eindhoven (Bd) .... Y
Eisenhower (Rond-Point) .... Y 14
Foch (R. Mar.) .... Z 15
Franche (R.) .... Z
Gaulle (Pl. Ch.-de) .... Z
Laitière (R.) .... Z 16
Larcher (R.) .... Z
Leclerc (Bd Mar.) .... Y 17
Leforestier (R. Lambert) .... Z 18
Liberté (Pl. de la) .... Z 19
Maîtrise (R. de la) .... Z 20
Marché (R. du) .... Z 21
Montgomery (Bd Mar.) .... Y 23
Nesmond (R. de) .... Z
Pigache (R. de la) .... Y 24
Pont-Trubert (R. du) .... Y 25
Poterie (R. de la) .... Z 28
Royale (R.) .... Z
Sadi-Carnot (Bd) .... Y 29
St-Jean (R.) .... Y, Z
St-Laurent (R.) .... Y, Z
St-Loup (R.) .... Y, Z 30
St-Malo (R.) .... Z
St-Martin (R.) .... Z
St-Patrice (R. et Pl.) .... Z 31
St-Quentin (R.) .... Y 41
Schumann (R. M.) .... Z 42
Tardif (R.) .... Z
Teinturiers (R. des) .... Z 32
Terres (R. des) .... Z 33
Vaucelles (Rond-Point de) .... Y 35
Verdun (R. de) .... Y 37
Ware (Bd F.) .... Y 38
6-Juin (Bd du) .... Y

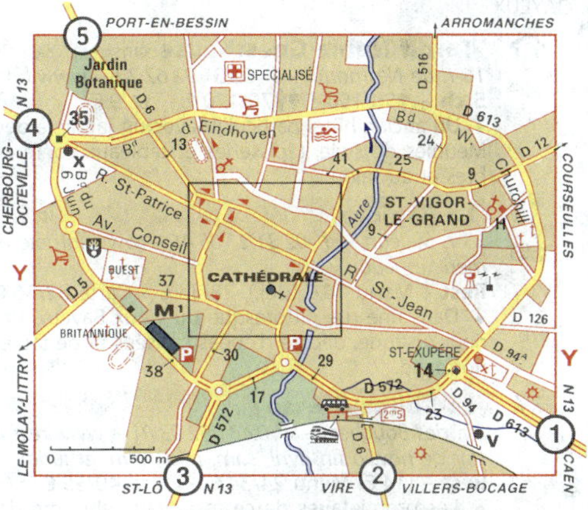

Churchill sans rest
14 r. St-Jean – ✆ 02 31 21 31 80 – www.hotel-churchill.fr
– Ouvert de mars à nov. Zh
32 ch – 95/102 € 100/135 € – 10 €
◆ Un hôtel plein d'attrait : chambres cosy (mobilier Louis XVI), salle lumineuse servant de salon de thé, bar, photos historiques sur le débarquement, épicerie fine, boutique de déco.

D'Argouges sans rest
21 r. St-Patrice – ✆ 02 31 92 88 86 – www.hotel-dargouges.com
– Fermé nov., déc. et janv. Zn
28 ch – 68/90 € 77/125 € – 12 €
◆ Profitez, en plein centre-ville, du calme du délicieux jardin qui accueille ces deux maisons de caractère (18e s.). Belles chambres rénovées au mobilier ancien ; salons classiques.

Le Bayeux sans rest
9 r. Tardif – ✆ 02 31 92 70 08 – www.lebayeux.net Zm
29 ch – 50/120 € 50/120 € – 8 €
◆ Bon accueil dans cet hôtel familial et fonctionnel, situé dans une rue calme, à deux pas de la cathédrale. Petit-déjeuner sous forme de buffet, servi dans un cadre rustique.

Tardif Noble Guesthouse sans rest
16 r. de Nesmond – 02 31 92 67 72 – www.hoteltardif.com **Zf**
5 ch – 50/150 € 70/170 € – 9 €
◆ Un ancien hôtel particulier avec un jardin, à deux minutes du centre historique. Meubles de style, tapisseries et tableaux confèrent un cachet certain aux chambres et au salon.

La Rapière
53 r. St-Jean – 02 31 21 05 45 – www.larapiere.net – Fermé 22 déc.-22 janv., merc. et jeudi **Zp**
Rest – Menu 16 € (déj.), 28/33 € – Carte 32/56 €
◆ Dans une rue pittoresque du vieux Bayeux, une maison du 15e s. au bel intérieur rustique, décoré d'épées croisées et de tableaux. Goûteuse cuisine du terroir normand.

La Coline d'Enzo
2 r. des Bouchers – 02 31 92 03 01 – www.restaurantbayeux.net – Fermé mardi soir de nov. à fin avril, sam. midi, dim. et lundi **Zb**
Rest – (14 €) Menu 24/34 € – Carte 40/55 €
◆ Les propriétaires de ce restaurant (du nom de leurs deux enfants) proposent une table actuelle, où dominent le marron, le turquoise, les poutres et pierres. Terrasse-trottoir.

Le Bistrot de Paris
pl. St-Patrice – 02 31 92 00 82 – Fermé 16-29 août, 16 fév.-2 mars, lundi soir, merc. soir et dim. **Zt**
Rest – (12 €) Menu 18/31 € – Carte 26/36 €
◆ Mobilier, miroirs et cuivres reconstituent le décor et l'atmosphère d'un bistrot à l'ancienne. Cuisine traditionnelle et ardoise du jour ; formules plus simples à l'Annexe voisine.

Le Pommier
40 r. des Cuisiniers – 02 31 21 52 10 – www.restaurantlepommier.com – Fermé 15 déc.-15 janv., merc. midi et dim. **Zs**
Rest – (17 €) Menu 23/35 € – Carte 28/48 €
◆ L'enseigne annonce d'emblée la couleur : ici, on revendique une carte normande, qui ne manque pas de finesse. Ambiance décontractée mariant rustique et détails contemporains.

rte de Port-en-Bessin 3 km par ⑤

Château de Sully ch, rest,
rte de Port-en-Bessin ✉ 14400 Bayeux – 02 31 22 29 48 – www.chateau-de-sully.com – Fermé 4 déc.-20 janv.
22 ch – 130/280 € 150/280 € – 1 suite – 19 €
Rest – *(fermé le midi sauf dim.) (nombre de couverts limité, prévenir)* Menu 49/89 € – Carte 59/95 €
◆ Parc et château de charme (18e s.) pour un séjour détente. Les chambres personnalisées cultivent un luxe discret. Piscine, jacuzzi, sauna. Le restaurant propose deux cadres, l'un classique, l'autre plus actuel (véranda). Cuisine au goût du jour à base de beaux produits, souvent bio.

à Audrieu 13 km par ① et D 158 – 953 h. – alt. 71 m – ✉ 14250

Château d'Audrieu rest,
– 02 31 80 21 52 – www.chateaudaudrieu.com – Fermé 4 déc.-11 fév.
25 ch – 159/499 € 159/499 € – 4 suites – 26 € – ½ P 164/335 €
Rest – *(fermé lundi et le midi sauf sam., dim. et fériés)* Menu 39/99 € – Carte 66/105 €
Spéc. Velouté vichyssois servi glacé, huître et jambon bellota. Turbot au champagne, fondue d'oignons nouveaux au lard paysan. Pêche laquée au safran, glace pistache (saison).
◆ Ce château du 18e s., classé monument historique, isolé au sein d'un immense et ravissant parc, abrite de vastes chambres (meubles anciens). Salles à manger très châtelaines, cuisine inventive et soignée accompagnée d'une carte des vins étoffée pour gourmets raffinés.

BAYONNE (SP) – 64 Pyrénées-Atlantiques – **342** D2 – 44 406 h. **3** A3
– Agglo. 178 965 h. – alt. 3 m – ✉ 64100 Pays Basque et Navarre

Paris 765 – Bordeaux 183 – Biarritz 9 – Pamplona 109

de Biarritz-Anglet-Bayonne : ✆ 05 59 43 83 83, 5 km au SO par N 10 AZ.

place des Basques ✆ 08 20 42 64 64

Makila Golf Club à Bassussarry Route de Cambo, S : 6 km par D 932, ✆ 05 59 58 42 42

Cathédrale Ste-Marie★ et Cloître★ **B** - Fêtes★ (début août) - Musée Bonnat★★ BY **M²** - Musée basque★★★.

Accès et sorties : voir à Biarritz.

Argenterie (R.) . . . . AZ 3
Bastion Royal (R. du) . . . . BZ 12
Bernède (R.) . . . . AY 15
Bonnat (Av. Léon) . . . . AY 16
Bourgneuf (R.) . . . . BYZ 17
Château-Vieux (Pl.) . . . . AZ 24
Cordeliers (R. des) . . . . BZ 26
Corsaires (Quai des) . . . . BZ 28
Dubourdieu (Q. Amiral) . . . . BZ 31
Duvergier-de-Hauranne (Av.) . . . . BZ 32
Galuperie (Quai) . . . . BZ 35
Génie (Pont du) . . . . BZ 39
Gouverneurs (R. des) . . . . AZ 41
Hugo (R. Victor) . . . . AZ 125
Jaureguiberry (Q.) . . . . AZ 57
Lachepaillet (Bd du Rempart) . . . . AZ 64
Laffitte (R. Jacques) . . . . BYZ 65
Lamarque (Av. du Chanoine) . . . . AZ 23
Liberté (Pl. de la) . . . . BY 73
Lormand (R.) . . . . AY 74
Marengo (Pont et R. de) . . . . . . BZ 80
Marines (Av. des Allées) . . . . AY 81
Mayou (Pont) . . . . BY 83
Monnaie (R. de la) . . . . AZ 86
Orbe (R.) . . . . AZ 92
Pannecau (Pont) . . . . BZ 93
Pelletier (R.) . . . . BZ 95
Port-de-Castets (R.) . . . . AZ 97
Port-Neuf (R.) . . . . AY 98
Ravignan (R.) . . . . BZ 104
Roquebert (Q. du Cdt) . . . . BZ 108
Ste-Catherine (R.) . . . . BY 109
Thiers (R.) . . . . AY
Tonneliers (R. des) . . . . BZ 112
Tour-de-Sault (R.) . . . . AZ 120
11-Novembre (Av.) . . . . AY 128
49e (R. du) . . . . AY 129

La Villa Hôtel sans rest
12 chemin de Jacquette – ☎ 05 59 03 01 20 – www.bayonne-hotel-lavilla.com
10 ch – 90/200 € 90/200 € – 16 € BZ**d**
◆ Au calme dans son jardin d'inspiration italienne, cette maison de maître offre une jolie vue sur la Nive et les Pyrénées. Décoration soignée ; meubles anciens chinés.

Auberge du Cheval Blanc (Jean-Claude Tellechea)
68 r. Bourgneuf – ☎ 05 59 59 01 33 – Fermé 4-12 juil., 27 juil.-1er août, 7-14 nov., 27 fév.-19 mars, sam. midi, dim. soir et lundi BZ**b**
Rest – Menu 46/85 € – Carte 55/80 €
Spéc. Pressé de truite fumée maison, foie gras et poires réduites au porto. Parmentier de xamango au jus de veau truffé. Moelleux au chocolat bayonnais.
Vins Jurançon, Irouléguy.
◆ Ce relais de poste du 18e s. est tenu par la même famille depuis 1959. Le décor arbore les couleurs blanc et rouge du Pays basque. Produits frais, bon choix d'irouléguys.

La Feuillantine
quai Amiral-Dubourdieu – ☎ 05 59 46 14 94 – www.lafeuillantine-bayonne.fr – Fermé 15 fév.-2 mars, une sem. début juil., 21-28 déc., dim. et merc.
Rest – (20 €) Menu 25/67 € – Carte 45/83 € BY**f**
◆ L'une des meilleures tables de la ville, derrière une jolie façade classée... Décor feutré (boiseries, photos du Pays basque) et cuisine raffinée (produits du marché).

François Miura
24 r. Marengo – ☎ 05 59 59 49 89 – Fermé mars, dim. soir et merc.
Rest – Menu 21/32 € – Carte 42/57 € BZ**r**
◆ Dans le vieux Bayonne, une cuisine du marché 100 % maison, simple et goûteuse ! Voûtes de pierre et décoration contemporaine.

L'Embarcadère
15 quai A.-Jauréguiberry – ☎ 05 59 25 60 13 – Fermé 2 sem. en janv., 1 sem. en oct. ABZ**e**
Rest – Carte 30/45 €
◆ En bord de Nive, derrière une mignonne façade, un décor rustique (poutres, tresses de piments) et une belle cuisine du marché, par un jeune chef et son beau-père, ex-pâtissier.

La Grange
26 quai Galuperie – ☎ 05 59 46 17 84 – Fermé dim. sauf fériés et août
Rest – Menu 20 € – Carte 35/58 € BZ**a**
◆ Dans cet ancien magasin de primeurs, tresses de piments et objets chinés créent une atmosphère d'antan... Terrasse sous les arcades en été. La carte est bistrotière.

BAY-SUR-AUBE – 52 Haute-Marne – 313 K7 – 56 h. – alt. 320 m – ✉ 52160 — 14 C3

Paris 312 – Châlons-en-Champagne 214 – Chaumont 65 – Langres 33

La Maison Jaune — ch, P
11 r. du four-Banal – ☎ 03 25 84 99 42 – Ouvert d'avril à oct.
4 ch – 75 € 80 € **Table d'hôte** – Menu 30 € bc
◆ Cette ancienne ferme ravira les amateurs d'art : superbe bibliothèque, tableaux partout – certains peints par la propriétaire –, mobilier chiné. Jolies chambres sur le thème des couleurs. Table d'hôte pleine de charme ; possibilité de panier pique-nique.

BAZAS – 33 Gironde – 335 J8 – 4 585 h. – alt. 70 m – ✉ 33430 — 3 B2

Aquitaine

Paris 637 – Agen 84 – Bergerac 105 – Bordeaux 62
1, place de la Cathédrale ☎ 05 56 25 25 84
Cathédrale St-Jean★ - Château de Cazeneuve★★ SO : 11 km par D 9 - Château de Roquetaillade★★ NO : 2 km - Collégiale d'Uzeste★.

Les Remparts

49 pl. de la Cathédrale, (Espace Mauvezin) – ✆ 05 56 25 95 24 – www.restaurant-les-remparts.com – Fermé 22 oct.-10 nov., 22 fév.-4 mars, merc. soir de sept. à mars, dim. soir et lundi

Rest – (14 € bc) Menu 24/49 € – Carte 40/65 €

◆ Salle moderne (tableaux) et superbe terrasse sur les remparts de la cité médiévale, près de la cathédrale. Spécialités de lamproie à la bordelaise et de bœuf bazadais.

à Bernos-Beaulac **6 km au Sud par D932 – 1 065 h. – alt. 66 m – ✉ 33430**

Dousud

au Doux Sud – ✆ 05 56 25 43 23 – www.dousud.fr – Fermé 1er-15 fév.

5 ch – †60/70 € ††70/95 € **Table d'hôte** – Menu 20 € bc

◆ Cette jolie ferme landaise profite de la tranquillité d'un parc de 9 ha où sont élevés des chevaux. Les chambres, personnalisées, se trouvent dans les dépendances ; deux d'entres elles possèdent une terrasse. Le soir, repas mitonnés par la propriétaire, ancienne restauratrice.

BAZEILLES – 08 Ardennes – 306 L4 – rattaché à Sedan

BAZINCOURT-SUR-EPTE – 27 Eure – 304 K6 – rattaché à Gisors

BAZOUGES-LA-PÉROUSE – 35 Ille-et-Vilaine – 309 M4 – 1 840 h. – alt. 106 m – ✉ 35560 Bretagne 10 D2

Paris 376 – Fougères 34 – Rennes 45 – Saint-Malo 53

2, place de l'Hôtel de Ville ✆ 02 99 97 40 94

Château de la Ballue sans rest

4 km au Nord-Est – ✆ 02 99 97 47 86 – www.laballue.com

5 ch – †160/170 € ††180/295 € – 18 €

◆ De superbes jardins d'esprit baroque et à la française entourent ce château du 17e s. Grandes chambres raffinées : hauteur sous plafond, boiseries d'époque, mobilier ancien.

BEAUCAIRE – 30 Gard – 339 M6 – 15 099 h. – alt. 18 m – ✉ 30300 23 D2

Languedoc Roussillon

Paris 703 – Arles 18 – Avignon 27 – Nîmes 24

24, cours Gambetta ✆ 04 66 59 26 57

Château★.

L'Oliveraie

chemin Clapas de Cornut, rte de Nîmes – ✆ 04 66 59 16 87 – www.oliveraie-hotel.fr – Fermé 24 déc.-3 janv.

38 ch – †70 € ††70 € – 10 € – ½ P 80 €

Rest – *(fermé dim. soir sauf en juil.-août et sam. midi)* (15 €) Menu 21/33 € – Carte 38/50 €

◆ Un bâtiment traditionnel et une aile plus récente, aux abords fleuris. Les chambres sont assez cosy, plus fonctionnelles dans l'annexe. Balcon ou terrasse, piscine. Le restaurant est décoré de nombreux bibelots (collection de poupées) ; plats traditionnels.

au Sud-Ouest **6 km (rte de St Gilles) puis à gauche, écluse de Nouriguier**

Mas de Lafont sans rest

chemin du Mas d'Aillaud ✉ 30300 Beaucaire – ✆ 04 66 59 29 59 – www.masdelafont.com – Ouvert 1er mai-1er oct.

3 ch – †70/80 € ††80/100 €

◆ Entre vignes et abricotiers, un mas du 17e s. aux chambres spacieuses, ornées d'un superbe mobilier provençal. Toutes ouvrent sur le jardin. Cuisine à la disposition des hôtes.

BEAUCENS – 65 Hautes-Pyrénées – 342 L5 – 426 h. – alt. 450 m – ✉ 65400 Midi-Toulousain 28 A3

Paris 866 – Pau 59 – Tarbes 38 – Toulouse 191

Donjon des Aigles

Eth Béryè Petit

15 rte de Vielle – ✆ 05 62 97 90 02 – www.beryepetit.com
3 ch – 58/64 € 58/64 €
Table d'hôte – *(ouvert vend. soir et sam. soir de nov. à avril)* Menu 18 € bc
◆ Ce petit verger ("Eth Beryè petit" en basque) est une accueillante maison bigourdane de 1790. Chambres cosy (parquet, tapis, mobilier ancien) ménageant un splendide panorama sur la vallée. Dîner et petit-déjeuner dans un joli salon au coin du feu ou en terrasse.

Le Petit Couassert

20 rte de Vielle – ✆ 05 62 97 90 25 – www.lepetitcouassert.fr – Fermé une sem. en avril, vacances de la Toussaint et merc. sauf vacances scolaires
Rest – Menu 18/25 € – Carte 25/36 €
◆ Une auberge familiale jouant le contraste : rustique et touches néobaroques ; murs en pierre, cheminée et toiles colorées. Cuisine traditionnelle et belle vue sur la terrasse.

LE BEAUCET – 84 Vaucluse – 332 D10 – rattaché à Carpentras

BEAUCOUZÉ – 49 Maine-et-Loire – 317 F4 – rattaché à Angers

BEAUFORT – 73 Savoie – 333 M3 – 2 196 h. – alt. 750 m – ✉ 73270 45 D1

Alpes du Nord

Paris 601 – Albertville 21 – Chambéry 72 – Megève 37
route Grand Mont ✆ 04 79 38 37 57
Beaufortain★★.

Du Grand Mont

pl. de l'Église – ✆ 04 79 38 33 36 – www.hotelbeaufort.com – Fermé 1 sem. début mai et de mi-oct. à mi-nov.
15 ch – 49/55 € 58/62 € – 8,50 € – ½ P 48/64 €
Rest – *(fermé dim. de nov. à janv. sauf vacances scolaires)* (11 €) Menu 20/32 € – Carte 24/42 €
◆ Cette sympathique maison de village appartient à la même famille depuis quatre générations. Chambres simples et rustiques, petites ou familiales (avec mezzanine). Cuisine du terroir et spécialités fromagères à base de beaufort servies dans un cadre régional.

BEAUGENCY – 45 Loiret – 318 G5 – 7 584 h. – alt. 99 m – ✉ 45190 12 C2

Châteaux de la Loire

Paris 152 – Blois 35 – Châteaudun 42 – Orléans 31
3, place Dr Hyvernaud ✆ 02 38 44 54 42
de Ganay à Saint-Laurent-Nouan Prieuré de Ganay, S : 7 km par D 925, ✆ 02 54 87 26 24
Les Bordes Golf International à Saint-Laurent-Nouan Les Petits Rondis, S : 9 km par D 925, ✆ 02 54 87 72 13
Église Notre-Dame★ - Donjon★ - Tentures★ dans l'hôtel de ville **H** - Musée régional de l'Orléanais★ dans le château.

Hostellerie de l'Écu de Bretagne

pl. Martroi – ✆ 02 38 44 67 60 – www.ecu-de-bretagne.fr
34 ch – 50/130 € 50/130 € – 14 € – ½ P 93 € **n**
Rest – (13 €) Menu 22/36 € – Carte 42/74 €
◆ Au cœur d'une cité médiévale ligérienne, un charmant relais de poste du 17e s. Poutres, charpentes et teintes chaudes dans les chambres. Jardin et jolie piscine chauffée. Cuisine régionale de saison, accompagnée de crus locaux et servie dans un cadre bourgeois.

Grand Hôtel de l'Abbaye sans rest

2 quai de l'Abbaye – ✆ 02 38 45 10 10 – www.grandhoteldelabbaye.com – Fermé janv. **s**
19 ch – 89/169 € 169/189 € – 16 €
◆ Pour découvrir Beaugency, cette ancienne abbaye – escalier monumental et boiseries sombres – vous attend au bord de la Loire. Chambres très stylées, dans un esprit Grand Siècle.

BEAUGENCY

Abbaye (R. de l') 2
Bretonnerie (R. de la) 3
Change (R. du) 4
Châteaudun (R. de) 5
Cordonnerie (R. de la) 6
Dr-Hyvernaud (Pl.) 8
Dunois (Pl.) 9
Maille-d'Or (R. de la) 10
Martroi (Pl. du) . . . .
Pellieux (Passage) 12
Pont (R. du) . . . .
Puits-de-l'Ange (R. du) 14
Sirène (R. de la) 15
Traîneau (R. du) 17
Trois-Marchands (R. des) 18

De la Sologne sans rest

6 pl. St-Firmin – ☎ 02 38 44 50 27 – www.hoteldelasologne.com – Fermé 22 déc.-8 janv.

16 ch – †55/72 € ††55/72 € – ☕ 9 € **e**

◆ Un ensemble de deux maisons du 19e s., toutes fleuries en été, à deux pas de la tour St-Firmin. Petites chambres d'esprit bonbonnière ; elles sont régulièrement rafraîchies.

Le Relais des Templiers sans rest

68 r. du Pont – ☎ 02 38 44 53 78 – www.hotelrelaistempliers.com – Fermé 26 déc.-12 janv. **a**

15 ch – †49/52 € ††56/62 € – ☕ 8 €

◆ Un hôtel avec une belle façade blanche, au bord d'un ru, idéal pour découvrir le centre historique. Dans les salons, des poutres et du rotin tressé. Chambres toutes simples.

Le Petit Bateau

54 r. du Pont – ☎ 02 38 44 56 38 – www.le-petit-bateau.com – Fermé 20-30 nov., 15-30 janv., mardi midi et lundi **u**

Rest – Menu 20/38 € – Carte 35/70 €

◆ Ce petit bateau, en fait une auberge familiale au charme rustique, vogue sur la tradition. On mange ici de bonnes terrines et des recettes simples et authentiques.

Le Relais du Château

8 r. du Pont – ☎ 02 38 44 55 10 – Fermé 1 sem. en janv., 1 sem. en mars, mardi soir d'oct. à juin, jeudi sauf le midi d'oct. à juin et merc. **t**

Rest – Menu 16/37 € – Carte 27/50 €

◆ Coquet petit restaurant situé dans une rue commerçante à proximité du donjon (11e s.) et décoré dans un style rustique. Cuisine traditionnelle changeant au fil des saisons.

à Tavers **3 km par ④ et rte secondaire – 1 284 h. – alt. 100 m – ✉ 45190**

La Tonnellerie sans rest

12 r. des Eaux-Bleues, (près de l'église) – ☎ 02 38 44 68 15 – www.tonelri.com – Fermé 12 déc.-31 janv.

18 ch – †90/115 € ††95/180 € – 2 suites – ☕ 14 €

◆ Tout le charme d'autrefois pour cette demeure de 1870 et son agréable jardin avec piscine. Les chambres, comme les salons, sont décorés dans un style "maison de famille".

BEAULIEU – 07 Ardèche – **331** H7 – **427 h.** – **alt. 130 m** – ✉ **07460** **44** A3

Paris 668 – Alès 40 – Aubenas 39 – Largentière 29

La Santoline ch, rest,

Lieu-dit Bouchet, 1 km au Sud-Est de Beaulieu – 04 75 39 01 91 – www.lasantoline.com – Ouvert fin avril à mi- sept.

5 ch – 80 € 80/148 € – 2 suites – 12 €

Rest – *(fermé jeudi) (dîner seult) (résidents seult)* Menu 30 €

◆ Bâtisse du 16e s. entourée par la garrigue cévenole. Les chambres sont décorées de meubles rustiques et d'objets marocains. Piscine dans la nature.

BEAULIEU-SUR-DORDOGNE – 19 Corrèze – **329** M6 – **1 287 h.** – **alt. 142 m** – ✉ **19120** Limousin Berry **25** C3

Paris 513 – Aurillac 65 – Brive-la-Gaillarde 44 – Figeac 56

place Marbot 05 55 91 09 94

Église St-Pierre★★ : portail méridional★★ - Vieille Ville★.

Le Relais de Vellinus ch,

17 pl. du Champ-de-Mars – 05 55 91 11 04 – www.vellinus.com – Fermé 17 déc.-3 janv.

20 ch – 62/125 € 62/125 € – 9 € – ½ P 65/85 €

Rest – *(fermé sam. et dim. de nov. à fév.)* Menu 15 € (déj. en sem.), 28/35 € – Carte 32/48 €

◆ Cette maison, ouverte sur la place du marché, propose des chambres confortables, toutes décorées sur un thème invitant au voyage (mauresque, zen, mer, Afrique...). Petites touches ethniques dans la salle à manger, agréable terrasse et plats traditionnels.

à Brivezac 4 km rte d' Argentat par D 940, D 12 et rte secondaire – 189 h. – alt. 140 m – ✉ 19120

Château de la Grèze

– 05 55 91 08 68 – www.chateaudelagreze.com – Fermé 15 nov.-15 mars

5 ch – 80/105 € 90/115 €

Table d'hôte – *(fermé merc., sam. et dim. en juil.-août)* Menu 32 € bc

◆ Entourée d'un parc, cette élégante demeure du 18e s. recèle de grandes chambres personnalisées, offrant une vue imprenable sur la vallée. Piscine et promenades équestres.

BEAULIEU-SUR-MER – 06 Alpes-Maritimes – **341** F5 – **3 714 h.** – Casino – ✉ **06310** Côte d'Azur **42** E2

Paris 935 – Menton 20 – Monaco 10 – Nice 8

place Georges Clemenceau 04 93 01 02 21

Site★ de la Villa Kerylos★ - Baie des Fourmis★.

La Réserve de Beaulieu & Spa rest, ch,

5 bd Mar.-Leclerc – 04 93 01 00 01 – www.reservebeaulieu.com – Fermé 22 oct.-21 déc. Zw

34 ch – 160/1240 € 160/1785 € – 5 suites – 40 €

Rest – *(fermé le midi de juin à oct.)* Menu 175/250 € – Carte 112/268 € le soir

Spéc. Rouget de roche dans l'esprit d'une escabèche au safran. Saint-pierre de petit bateau, courgettes croquantes (été). Soufflé à l'orange amère, biscuit façon tarte tropézienne. **Vins** Côtes de Provence.

◆ Luxueux palace de bord de mer (1880) de style néo-Renaissance décoré avec faste (mobilier ancien, tapisseries, boiseries). Face à la grande bleue, superbe piscine d'eau de mer chauffée. Salle à manger raffinée, terrasse avec vue sur la baie et cuisine recherchée à base d'excellents produits.

Carlton sans rest

7 av. Edith Cavell – 04 93 01 44 70 – www.carlton-beaulieu.com – Fermé 6 janv.-17 fév. Zs

34 ch – 79/200 € 79/200 € – 10 €

◆ Cette villa des années 1930, dans un quartier résidentiel proche de la plage et du casino, dispose de chambres classiques. Agréable piscine. Accueil attentionné et service pro.

BEAULIEU-SUR-MER

Albert-1er (Av.) . . . . Z
Alsace-Lorraine (Bd) . . . . . . Y
Bracco (R. J.) . . . . Y 3
Cavell (Av. Edith) . . . . Z 4
Charles II Comte de Provence (Av.) . . . . Z 6
Clemenceau (Pl. et R.) . . . . Y 5
Déroulède (Bd) . . . . Y
Doumer (R. Paul) . . . . Z 7
Dunan (Av. F.) . . . . Z
Edouard-VII (Bd) . . . . Y
Eiffel (R.) . . . . Z
Gaulle (Pl. Charles-de) . . . . . Y
Gauthier (Bd Eugène) . . . . . Y 13
Hellènes (Av. des) . . . . Z 14
Joffre (Bd Maréchal) . . . . . . Z
Leclerc (Bd Maréchal) . . . . . Z
Marinoni (Bd) . . . . Y 19
May (Av. F.) . . . . Z 21
Myrtes (Ch. des) . . . . Y
Orangers (Montée des) . . . . Z 22
Rouvier (Promenade de M.) Z
St-Jean (Pont) . . . . Z
Whitechurch (Quai) . . . . Y
Yougoslavie (R. de) . . . . Z 27

Frisia sans rest
2 bd E- Gauthier – ☎ 04 93 01 01 04 – www.frisia-beaulieu.com – Fermé 6 nov.-13 déc. **Yr**
33 ch – 🚹62/145 € 🚹🚹69/145 € – 1 suite – ☕ 9 €
◆ La moitié des chambres et le toit-solarium regardent le port de plaisance et le rivage. Dans la cour-jardin, annexe accueillant une grande chambre et une suite avec terrasse.

Comté de Nice sans rest
bd Marinoni – ☎ 04 93 01 19 70 – www.hotel-comtedenice.com – Fermé 19-25 déc. **Ya**
32 ch – 🚹62/109 € 🚹🚹72/119 € – ☕ 10 €
◆ Dans un immeuble discret du centre-ville, chambres de bonne ampleur et bien équipées, à choisir côté mer pour plus de tranquillité. Salons et bar confortables.

Riviera sans rest
6 r. Paul-Doumer – ☎ 04 93 01 04 92 – www.hotel-riviera.fr – Fermé 20 oct.-27 déc. **Zb**
14 ch – 🚹56/90 € 🚹🚹56/90 € – ☕ 9 €
◆ Accueil charmant des patrons dans cette villa année 1930 à la pimpante façade jaune et aux petites chambres fonctionnelles impeccablement tenues. Patio pour les petits-déjeuners.

Les Agaves
4 av. du Mar.-Foch – ☎ 04 93 01 13 12 – www.lesagaves.com – Fermé 20 nov.-14 déc., le midi et dim. **Yn**
Rest – Menu 36 € – Carte 38/75 €
◆ La Provence s'invite dans le décor (tons bleu et jaune, moulures d'origine, boiseries) et les assiettes, parfois inventives, de ce discret restaurant ouvert seulement le soir.

Voir aussi ressources hôtelières à ***St-Jean-Cap-Ferrat***

BEAUMARCHÉS – 32 Gers – **336** C8 – 655 h. – alt. 175 m – ✉ 32160 **28** A2

Paris 755 – Agen 108 – Mont-de-Marsan 65 – Pau 64

à Cayron 5 km à l'Est par D 946 – ✉ 32230

Relais du Bastidou

2 km au Sud par rte secondaire – ✆ 05 62 69 19 94 – www.le-relais-du-bastidou.com – Fermé nov. et 15-25 fév.

8 ch – †55/75 € ††55/75 € – ☕ 9 € – ½ P 50/85 €

Rest – *(fermé dim. soir et lundi sauf juil.-août) (prévenir)* Menu 20/36 € – Carte 26/48 €

◆ Calme garanti dans cette ancienne ferme isolée en pleine nature. Les chambres, installées dans la grange, sont joliment décorées dans un style rustique. Sauna et jacuzzi. Cuisine traditionnelle, simple et plaisante, faisant honneur aux beaux produits du Gers.

BEAUMES-DE-VENISE – 84 Vaucluse – **332** D9 – rattaché à Carpentras

BEAUMONT-DE-LOMAGNE – 82 Tarn-et-Garonne – **337** B8 **28** B2
– 3 691 h. – alt. 400 m – ✉ 82500 Midi-Toulousain

Paris 662 – Agen 60 – Auch 51 – Toulouse 58

3, rue Pierre Fermat ✆ 05 63 02 42 32

Le Commerce

AC rest, ch,

58 r. Mar.-Foch – ✆ 05 63 02 31 02 – www.hotellecommerce.com – Fermé 20 déc.-11 janv., 1 sem. en mai et 1 sem. en oct.

12 ch – †45/50 € ††48/53 € – ☕ 8 € – ½ P 50 €

Rest – *(fermé vend. soir hors saison et dim. soir)* (10 €) Menu 20/34 € – Carte 24/43 €

◆ Maison de pays à l'entrée du village. Cette auberge familiale abrite des chambres simples et bien tenues, offrant tout le confort désiré. La salle de restaurant conserve son charme campagnard ; cuisine traditionnelle.

BEAUMONT DU PERIGORD – 24 Dordogne – **329** F7 – 1 142 h. **4** C1
– alt. 160 m – ✉ 24440 Périgord Quercy

Paris 602 – Agen 93 – Bordeaux 153 – Périgueux 82

16, place Jean Moulin ✆ 05 53 22 39 12

Le Coteau de Belpech

– ✆ 05 53 22 87 58 – www.coteau-belpech.com

4 ch ☕ – †110 € ††135 € **Table d'hôte** – Menu 19/25 €

◆ De quoi être aux anges... Sur un coteau, une chapelle romane du 11e s. restaurée par un couple amoureux des vieilles pierres. Chambres soignées, dont l'une dans le clocher avec une vue à 360° ! Cuisine traditionnelle de qualité à la table d'hôte.

BEAUMONT-EN-AUGE – 14 Calvados – **303** M4 – 464 h. – alt. 90 m **32** A3
– ✉ 14950 Normandie Vallée de la Seine

Paris 199 – Caen 42 – Deauville 12 – Le Havre 49

Auberge de l'Abbaye

2 r. de la Libération – ✆ 02 31 64 82 31 – www.aubergelabbaye.com – Fermé 28 sept.-7 oct., 4 janv.-4 fév., lundi soir de nov. à mars, mardi sauf juil.-août et merc.

Rest – Menu 34/57 € – Carte 55/70 €

◆ Maison normande du 18e s. couverte de vigne vierge. Trois petites salles à manger joliment rustiques servent de cadre à une généreuse cuisine préparée à l'ancienne.

BEAUNE – 21 Côte-d'Or – **320** I7 – 21 778 h. – alt. 220 m – ✉ 21200 **7** A3
Bourgogne

Paris 308 – Autun 49 – Chalon-sur-Saône 29 – Dijon 45

Porte Marie de Bourgogne 6, boulevard Perpeuil ✆ 03 80 26 21 30

18 de Beaune Levernois à Levernois, SE : 4 km par D 970, ✆ 03 80 24 10 29

Hôtel-Dieu★★★ : polyptyque du Jugement dernier★★★, Grand'salle salle ou chambre des pauvres★★★ - Collégiale Notre-Dame★ : tapisseries★★ - Hôtel de la Rochepot★ AY **B** - Remparts★.

Le Cep sans rest

27 r. Maufoux – ✆ 03 80 22 35 48
– www.hotel-cep-beaune.com AZz
49 ch – 134/214 € 174/254 € – 15 suites – 19 €
◆ Hôtels particuliers (16e et 18e s.) dont les vastes chambres abritent chacun un vrai musée. Petits-déjeuners servis dans un caveau voûté ou, l'été, dans la cour Renaissance.

Hostellerie Le Cèdre

12 bd Mar.-Foch – ✆ 03 80 24 01 01 – www.lecedre-beaune.com AYt
40 ch – 159/278 € 159/278 € – 18 € – ½ P 144/171 €
Rest – *(fermé 3-17 janv., lundi du 22 nov. au 21 mars et le midi)* Menu 48/75 € – Carte 66/89 €
◆ Une belle demeure bourgeoise (début 20e s.), empreinte de classicisme : boiseries, moulures, mobilier de style... et sens du confort ! Œuf cuit a 64°, carpaccio de cèpes et truffes ; rouget barbet, pommes de terre safranées, émulsion de coquillages ; figue rôtie au thym citron : la table ne laisse pas indifférent.

BEAUNE

Alsace (R. d')	AZ	2
Belin (R.)	AZ	4
Bourgelat (R.)	AZ	5
Carnot (Petite-Pl.)	AZ	6
Carnot (Pl.)	AZ	7
Carnot (R.)	AZ	9
Château (R. du)	BY	10
Dames (Rempart des)	AZ	13
Dr-Jorrot (Pl. du)	BY	15
Enfant (R. de l')	AY	16
Enfert (R. d')	AZ	17
Favart (R.)	AY	18
Fleury (Pl.)	AZ	19
Fraysse (R. E.)	AZ	21
Halle (Pl. de la)	AZ	23
Lorraine (R. de)	AY	
Maufoux (R.)	AZ	25
Monge (Pl.)	AY	26
Monge (R.)	AZ	28
Perpreuil (Bd.)	AZ	29
Poterne (R.)	AZ	30
Rolin (R.)	AZ	31
Rousseau-Deslandes (R.)	BY	32
Ste-Marguerite (R.)	AY	35
St-Nicolas (R. du Fg)	AY	34
Tonneliers (R. des)	AY	37
Ziem (Pl.)	AZ	40

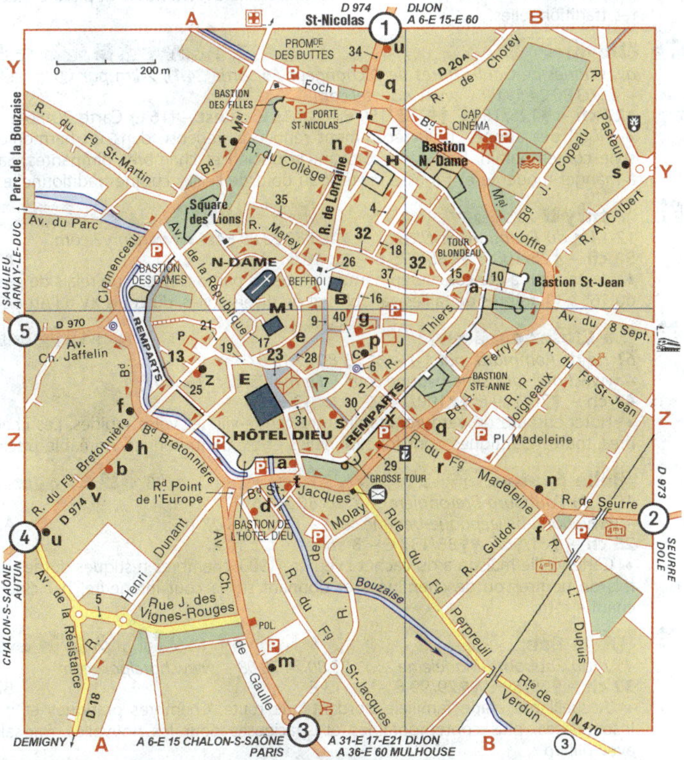

De la Poste

5 bd Clemenceau – ✆ 03 80 22 08 11 – www.hoteldelapostebeaune.com
33 ch – †165/290 € ††165/290 € – 3 suites – ☕ 18 € AZ**f**
Rest – *(fermé mardi et le midi)* Menu 37/60 € – Carte 55/80 €
Rest *Le Bistro* – *(fermé mardi et le soir)* (19 €) Menu 26 €
◆ Ce relais de poste du 19e s. a subi une importante cure de jouvence. Chambres dotées de meubles anciens ou contemporains, bar Art déco et salon-billard. Belle salle à manger classique pour savourer une cuisine au goût du jour. Recettes régionales au Bistro.

L'Hôtel

ch,

5 r. Samuel-Legay – ✆ 03 80 25 94 14 – www.lhoteldebeaune.com – Fermé déc.
7 ch – †200/370 € ††200/370 € – ☕ 25 € AZ**p**
Rest *Bistro de l'Hôtel* – ✆ 03 80 25 94 10 *(fermé 20 déc.-6 janv. et dim. midi)* Menu 35/70 € – Carte 35/90 €
◆ Luxueuses chambres de style Empire, bonne insonorisation, équipements high-tech, salles de bains design et salon-bar feutré caractérisent cette demeure bourgeoise. Au Bistro (cadre chic et cuisine ouverte sur la salle) : carte inventive et menus thématiques.

Mercure

7 av. Charles-de-Gaulle – ✆ 03 80 22 22 00 – www.mercure.com AZ**m**
107 ch – †92/142 € ††108/162 € – ☕ 16 €
Rest – (17 €) Menu 22 € – Carte 27/38 €
◆ Hall d'accueil, lounge et bar relookés dans un style design, salles de réunion modernes et chambres actuelles bien tenues dans cet établissement de la périphérie. Table au décor de brasserie contemporaine avec terrasse et piscine. Recettes traditionnelles.

Novotel

av. Charles-de-Gaulle, (près de l'échangeur A6 sortie 24.1), 2 km par ③ – ✆ 03 80 24 59 00 – www.novotel.com
127 ch – †125/159 € ††135/159 € – ☕ 15 € **Rest** – (16 €) Carte 20/50 €
◆ Hôtel des années 1990 récemment rénové et repensé dans un harmonieux style contemporain. Hall-salon côtoyant la piscine et chambres pimpantes. Salle à manger moderne et terrasse en teck au bord de l'eau ; cuisine traditionnelle.

Henry II sans rest

12-14 r. du Faubourg-St-Nicolas – ✆ 03 80 22 83 84 – www.henry2.com
58 ch – †75/105 € ††85/175 € – ☕ 10 € AY**q**
◆ L'extension a été conçue en harmonie avec la partie classée : un relais de poste du 16e s. Chambres de tailles variables et de divers styles, du Louis XV à l'Art déco.

La Closerie sans rest

61 rte de Pommard, par ④ – ✆ 03 80 22 15 07 – www.hotel-lacloserie-beaune.com – Fermé 23 déc.-15 janv.
47 ch – †78/129 € ††100/149 € – ☕ 13 €
◆ Hôtel entouré de verdure, établi entre centre-ville et voies rapides. Les chambres, toutes identiques, sont fonctionnelles et bien entretenues. Agréable piscine.

Belle Époque sans rest

15 r. du Faubourg-Bretonnière – ✆ 03 80 24 66 15 – www.hotel-belleepoque-beaune.com – Fermé 18-25 déc. AZ**h**
25 ch – †61/96 € ††88/137 € – 3 suites – ☕ 10 €
◆ Cette vieille maison a du cachet : verrière 1900, chambres rustiques dotées parfois de poutres ou de cheminées et donnant sur la cour intérieure, bar chic au charme rétro.

De la Paix sans rest

45 r. du Faubourg-Madeleine – ✆ 03 80 24 78 08 – www.hotelpaix.com
32 ch – †69/89 € ††79/99 € – ☕ 13 € BZ**n**
◆ Accueillante étape familiale bordant une route. Chambres pratiques et bien insonorisées, plus contemporaines et spacieuses pour les nouvelles. Bar-salon avec billard.

Grillon sans rest

21 rte Seurre, 1 km par ② – ✆ 03 80 22 44 25 – www.hotel-grillon.fr – Fermé 1er-7 déc. et fév.

20 ch – †60/135 € ††60/135 € – ☕ 10 €

◆ Pimpante demeure rose blottie dans son jardin clos. Coquettes chambres personnalisées, salon-bar en caveau et terrasse fleurie pour petits-déjeuners d'été.

Hostellerie de Bretonnière sans rest

43 r. du Faubourg-Bretonnière – ✆ 03 80 22 15 77 – www.hotelbretonniere.com – Fermé 17-23 janv. AZ**v**

32 ch – †56/110 € ††56/110 € – ☕ 10 €

◆ Ancien relais de poste et ses dépendances agencés autour de cours intérieures. La majorité des chambres sont en rez-de-jardin ; petit-déjeuner servi dans la véranda.

La Villa Fleurie sans rest

19 pl. Colbert – ✆ 03 80 22 66 00 – www.lavillafleurie.fr – Fermé janv.

10 ch – †70/100 € ††70/100 € – ☕ 8,50 € BY**s**

◆ Maison-bonbonnière devancée d'un jardinet fleuri. Belles chambres contemporaines ou garnies de meubles anciens, salon cosy et charmante salle des petits-déjeuners.

Alésia sans rest

4 av. de la Sablière, 1 km rte Dijon par ① – ✆ 03 80 22 63 27 – http://perso.wanadoo.fr/hotel.alesia/

15 ch – †44/80 € ††44/80 € – ☕ 8 €

◆ Aux portes de Beaune, sympathique adresse où les chambres, intimes et fraîches, sont bien tenues. Une navette gratuite vous permet de rejoindre les restaurants du centre-ville.

Beaune Hôtel sans rest

55 bis r. du Faubourg-Bretonnière – ✆ 03 80 22 11 01 – www.beaunehotel.com – Ouvert 5 mars-17 nov. AZ**u**

21 ch – †68/87 € ††77/101 € – ☕ 8 €

◆ Discrète bâtisse proche d'un carrefour. Les chambres, un peu petites mais fonctionnelles et scrupuleusement tenues, profitent presque toutes du calme de la cour intérieure.

La Terre d'Or sans rest

r. Izembart, (à la Montagne), 3 km par ③ et rte secondaire – ✆ 03 80 25 90 90 – www.laterredor.com – Fermé fév.

5 ch – †110/205 € ††110/205 € – ☕ 15 €

◆ Jolies chambres (mobilier contemporain et ancien), jardin dominant Beaune, étonnant espace détente dans une grotte naturelle et accueil délicieux... Une adresse en or !

Le Jardin des Remparts

10 r. Hôtel-Dieu – ✆ 03 80 24 79 41 – www.le-jardin-des-remparts.com – Fermé déc., dim. et lundi sauf fêtes AZ**a**

Rest – (28 €) Menu 70 € (dîner)/90 € – Carte 63/102 €

◆ Dans une maison des années 1930 accrochée aux remparts, belles salles à manger bourgeoises et ravissant jardin-terrasse. Cuisine actuelle réalisée avec de bons produits.

L'Écusson

pl. Malmédy – ✆ 03 80 24 03 82 – www.ecusson.fr – Fermé 15 fév.-16 mars, 10-20 août, merc. et dim. sauf fériés BZ**f**

Rest – Menu 25/65 €

◆ Repas au goût du jour, selon le marché et l'inspiration du chef-patron. Ambiance conviviale en salle (cadre classico-rustique raffiné) ou en terrasse. Beaux bourgognes.

Loiseau des Vignes

31 r. Maufoux – ✆ 03 80 24 12 06 – www.bernard-loiseau.com – Fermé 1er fév. -1er mars, dim. et lundi AZz

Rest – (20 €) Menu 28 € (déj.)/95 € – Carte 48/120 €

Spéc. Œufs meurette façon Bernard Loiseau. Quenelles de sandre maison façonnées à la cuillère, sauce homardine. Palet chocolat-cassis. **Vins** Rully, Volnay.

◆ Une adresse "Loiseau" au cœur du vieux Beaune : la carte décline classiques du maître et propositions personnelles du chef. Ces assiettes de caractère s'apprécient avec un choix rare de 70 vins au verre ! Lieu au cachet sûr (poutres, pierres) et service agréable.

Caveau des Arches

10 bd Perpreuil – ✆ 03 80 22 10 37 – www.caveau-des-arches.com – Fermé 18 juil.-19 août, 20 déc.-19 janv., dim. et lundi ABZx

Rest – (15 €) Menu 22/48 € – Carte 30/60 €

◆ Insolite, ce restaurant logé dans un caveau souterrain en pierre (18e s.) intégrant les soubassements d'un pont du 15e s. Carte traditionnelle et bon choix de bourgognes.

Le Bénaton (Bruno Monnoir)

25 r. du Faubourg-Bretonnière – ✆ 03 80 22 00 26 – www.lebenaton.com – Fermé 1er-7 juil., 5-15 déc., vacances de fév., sam. midi d'avril à nov., jeudi sauf le soir d'avril à nov. et merc. AZb

Rest – Menu 28 € (déj.), 50/95 € – Carte 60/85 €

Spéc. Tête de veau rôtie et grosses langoustines frites. Demi-pigeon du Louhanais désossé, filet rôti, cuisse farcie et jus au melilot. Gateau chocolat chaud manjari, coulant cassis et crème glacée aux bourgeons de cassis. **Vins** Mâcon, Gevrey-Chambertin.

◆ Original ! Ici, la vaisselle personnalisée participe à la création des recettes jouant sur les textures et les contrastes. À découvrir dans la salle contemporaine ou en terrasse.

Sushikai

50 r. du Faubourg-St-Nicolas – ✆ 03 80 24 02 87 – www.sushikai.fr – Fermé merc. et jeudi AYu

Rest – (19 €) Menu 25/58 € – Carte 45/55 €

◆ Bois sombre, galets, bambou et jardin japonais agrémenté d'un petit pont : ce restaurant zen et épuré propose une authentique cuisine nippone assortie de vins régionaux.

Auberge du Cheval Noir

17 bd St-Jacques – ✆ 03 80 22 07 37 – www.restaurant-lechevalnoir.fr – Fermé 1er-9 mars, dim. soir de nov. à avril, mardi et merc. AZt

Rest – Menu 21 €, 33/55 € – Carte 29/56 €

◆ La clientèle locale apprécie cette auberge conviviale et son joli cadre contemporain épuré. L'assiette généreuse est composée au gré du marché. Service attentif.

Via Mokis avec ch

1 r. Eugène Spüller – ✆ 03 80 26 80 80 – www.viamokis.com – Fermé 19-27 déc. et 16 janv.-11 fév. BYa

5 ch – †175/235 € ††175/265 € – ☕ 15 €

Rest – *(fermé le midi)* Menu 28/52 € – Carte 33/59 €

◆ Cuisine créative maîtrisée, servie en mokis (petits plats) dans un cadre bistrot assez branché. Possibilité de s'attabler au comptoir ou en salle. Beau choix de vins au verre. Grandes chambres modernes, personnalisées et bien insonorisées. Spa au sous-sol.

La Ciboulette

69 r. de Lorraine – ✆ 03 80 24 70 72 – Fermé 2-20 août, 1er-25 fév., lundi et mardi

Rest – Menu 20/32 € – Carte 28/56 € AYn

◆ Deux salles à manger égayées d'un mobilier en rotin vert et de boiseries. Appétissante petite carte traditionnelle mâtinée d'une touche bourguignonne.

Ma Cuisine

passage Ste-Hélène – ✆ 03 80 22 30 22 – Fermé août, merc., sam. et dim. AZs

Rest – *(nombre de couverts limité, prévenir)* Menu 24 € – Carte 35/75 €

◆ Tout tourne autour du vin dans ce petit restaurant aux couleurs du sud. Le livre de cave, riche de quelque 800 références, accompagne les suggestions du marché.

Aux Vignes rouges

4 bd Jules-Ferry – ✆ 03 80 24 71 28 – www.auxvignesrouges.com – Fermé 15-26 août, 1er-26 janv., mardi et merc. BZ**q**

Rest – (12 € bc) Menu 18/46 € – Carte 23/59 €

◆ Décoration naturelle en pierre pour ces deux belles salles installées dans un caveau voûté. On y apprécie une cuisine régionale utilisant les produits frais locaux.

Le P'tit Paradis

25 r. Paradis – ✆ 03 80 24 91 00 – www.restaurantleptitparadis.fr – Fermé 2 sem. en août, 2 dernières sem. de déc., 2 sem. en avril, dim. et lundi AZ**e**

Rest – *(prévenir)* Menu 28/36 € – Carte environ 45 €

◆ Un "P'tit coin de paradis" niché dans une vieille rue pavée du centre. Salle cosy un peu petite mais joliment décorée pour déguster des recettes de saison. Terrasse en été.

Le Comptoir des Tontons

22 r. du Faubourg-Madeleine – ✆ 03 80 24 19 64 – www.lecomptoirdestontons.com – Fermé 27 juil.-25 août, 1er-16 fév., dim. et lundi BZ**r**

Rest – (20 €) Menu 30/34 €

◆ Une atmosphère sympathique flotte dans ce petit bistrot où l'on savoure, dans un décor dédié au film Les Tontons Flingueurs, un menu du marché qui fleure bon la Bourgogne.

Bissoh

1a r. du Faubourg-St-Jacques – ✆ 03 80 24 99 50 – www.bissoh.com – Fermé 1 sem. en juin, 11-29 janv., lundi et mardi AZ**d**

Rest – Menu 13 € (déj.), 16/79 € – Carte 18/54 € le soir

◆ Adresse simple où le chef, d'origine nipponne, réalise des plats traditionnels de son pays avec les produits du terroir français. Vins choisis pour mettre en valeur la cuisine.

Koki

10 pl. Ziem – ✆ 03 80 24 06 61 – www.kokifoodshop.com AZ**g**

Rest – Menu 18 € (déj. en sem.)/20 € – Carte 20/29 €

◆ Sur le comptoir tournant style sushi-bar, cuisine inventive et savoureuse réalisée par un jeune chef talentueux. Cadre contemporain et terrasse en teck. Une adresse déroutante.

à Savigny-lès-Beaune 7 km par ①, D 18 et D 2 – 1 376 h. – alt. 237 m – ✉ 21420

ℹ 13, rue Vauchey Very ✆ 03 80 26 12 56

Le Hameau de Barboron

ch,

– ✆ 03 80 21 58 35 – www.hameaudebarboron.com

12 ch – †110/170 € ††110/200 € – ☕ 15 € **Rest** – Menu 38/61 €

◆ Au milieu d'une vaste réserve de chasse, bel ensemble de fermes fortifiées (16e s.) restaurées, où vous logerez dans des chambres personnalisées, au cachet champêtre préservé. Cuisine simple, du terroir, dans une petite salle rustique à souhait.

La Cuverie

5 r. Chanoine-Donin – ✆ 03 80 21 50 03 – Fermé 1er-10 juil. , 24-31 août, vacances de Noël, mardi soir de déc. à avril, dim. soir et merc.

Rest – (15 €) Menu 23/28 € – Carte 30/36 €

◆ Mobilier bourguignon, vieilles pierres et belle collection de cafetières dans cette ancienne cuverie (18e s.) vous conviant à un repas traditionnel orienté terroir.

à Pernand-Vergelesses 7 km au Nord par D18 – 283 h. – alt. 275 m – ✉ 21420

Le Charlemagne (Laurent Peugeot)

rte des Vergelesses – ✆ 03 80 21 51 45 – www.lecharlemagne.fr – Fermé merc. sauf le soir de juin à août et mardi

Rest – Menu 29 € (déj. en sem.), 48/88 € – Carte 77/89 €

Spéc. Tartare de daurade royale, velouté froid de petits pois, fraîcheur mascarpone citron caviar. Saint-pierre dans une sphère fumante de thym, marmelade yuzu, ananas, coriandre. Cheesecake made in Burgundy, so cassis et sablé au pain d'épice. **Vins** Meursault, Chambolle-Musigny

◆ Recettes créatives à découvrir dans un cadre moderne épuré, sur la terrasse face aux vignes de Corton Charlemagne ou... dans la cuisine (le chef y a installé des tables d'hôte) !

rte de Dijon 4 km par ①

Ermitage de Corton
21200 Chorey-lès-Beaune – 03 80 22 05 28 – www.ermitagecorton.com – Fermé 20-29 déc. et mi-fév. à mi-mars
7 ch – 150/250 € 150/250 € – 5 suites – 17 €
Rest – *(fermé merc. sauf le soir de mars à nov.)* (22 €) Menu 46 € (déj. en sem.), 65/75 € – Carte 65/83 € le soir
◆ Cette imposante auberge située entre la nationale et le vignoble abrite des chambres et des suites spacieuses, pour la plupart récemment rénovées dans un style tendance. Grande salle à manger classique (plafond à caisson) et belles tables. Cuisine rythmée par les saisons.

à Aloxe-Corton 6 km par ① – 188 h. – alt. 255 m – 21420

Villa Louise sans rest
9 r. Franche – 03 80 26 46 70 – www.hotel-villa-louise.fr – Fermé 11 janv.-15 fév.
13 ch – 98/195 € 98/195 € – 15 €
◆ Belle demeure vigneronne du 17e s. et son jardin (tilleul vénérable) se perdant dans les parcelles de Corton. Chambres personnalisées et ambiance cosy au salon.

à Ladoix-Serrigny 7 km par ① et D 974 – 1 709 h. – alt. 200 m – 21550

Les Terrasses de Corton avec ch
38-40 rte de Beaune – 03 80 26 42 37 – www.terrasses-de-corton.com – Fermé 1er-10 mars, 21-30 déc., 10 janv.-28 fév., dim. soir de nov. à mars, jeudi midi et merc.
10 ch – 50 € 61 € – 10 € – ½ P 55 €
Rest – Menu 25/45 € – Carte 27/52 €
◆ Au cœur d'un petit village de vignerons, cette auberge familiale, dotée d'une terrasse ombragée, propose une carte d'inspiration régionale assortie de vins à prix doux. À l'étage, chambres bien tenues et simples.

à Challanges 4 km par ② puis D 111 – 21200

Château de Challanges sans rest
478 r. des Templiers – 03 80 26 32 62 – www.chateaudechallanges.com – Ouvert 15 mars- fin nov.
20 ch – 96/145 € 96/145 € – 4 suites – 14 €
◆ Gentilhommière de 1870 nichée dans un parc. Les chambres marient charme d'antan et confort moderne. Caveau de dégustation des vins régionaux et, en été, envols de montgolfières.

à Levernois 5 km au Sud-Est par rte de Verdun-sur-le-Doubs, D 970 et D 111L - BZ – 257 h. – alt. 198 m – 21200

Hostellerie de Levernois
rest,
r. du Golf – 03 80 24 73 58 – www.levernois.com – Fermé 29 janv.-15 mars
25 ch – 135/400 € 135/400 € – 1 suite – 22 € – ½ P 153/285 €
Rest – *(fermé merc. de nov. à mars et le midi sauf dim. et fériés)* Menu 68/105 € – Carte 89/111 €
Spéc. Risotto carnaroli au vert, cuisses de grenouille et escargots de Bourgogne. Pigeonneau en cocotte, rostie de foie gras au lard paysan. Soufflé chaud au Grand Marnier, sorbet orange sanguine. **Vins** Clos-Vougeot, Savigny-lès-Beaune.
Rest *Le Bistrot du Bord de l'Eau* – 03 80 24 89 58 *(Fermé mardi soir et merc. soir)* (25 €) Menu 29 € (déj. en sem.)/38 €
◆ Au cœur d'un parc traversé par un ruisseau, cette belle gentilhommière du 19e s. et ses dépendances abritent de jolies chambres de caractère. Élégante table au goût du jour ouvrant sur le jardin à la française. Soirées à thèmes ; dégustation et vente de vins. Plats revisitant le terroir au Bistrot du Bord de l'Eau.

Golf Hôtel Colvert sans rest

23 r. du Golf – ☎ 03 80 24 78 20 – www.colvert-golf-hotel.com

24 ch – ♦85/95 € ♦♦110/140 € – ☐ 13 €

◆ Construction moderne ouverte sur le golf. Carte du vignoble bourguignon au mur et balcon côté green agrémentent les chambres fonctionnelles. Cheminée au salon.

Le Parc sans rest

13 r. du Golf – ☎ 03 80 24 63 00 – www.hotelleparc.fr – Fermé 29 janv.-15 mars

17 ch – ♦55/70 € ♦♦55/85 € – ☐ 8 €

◆ Une cour fleurie et un joli parc donnant sur la campagne font de cette ancienne ferme (18ᵉ s.) une étape propice au ressourcement. Douillettes chambres classiquement aménagées.

La Garaudière

10 Grand'Rue – ☎ 03 80 22 47 70 – Fermé fin nov. à mi janv., sam. midi d'avril à nov., dim. de mi-janv. à fin mars et lundi

Rest – Menu 17 € (sem.), 21/35 € – Carte 30/50 €

◆ Ex-grange convertie en auberge sympathique : plats régionaux, grillades saisies à la braise de la cheminée, intérieur rustique chaleureux et restaurant d'été sous tonnelle.

à Montagny-lès-Beaune 3 km par ③ et D 113 – 660 h. – alt. 206 m – ✉ 21200

Le Clos sans rest

22 r. Gravières – ☎ 03 80 25 97 98 – www.hotelleclos.com – Fermé 28 nov.-22 janv.

24 ch – ♦85/120 € ♦♦85/120 € – ☐ 13 €

◆ Cette propriété (1779) au cachet vigneron vous héberge dans de jolies chambres enrichies de meubles d'antiquaire. Petit-déjeuner dans une salle façon boulangerie et beau jardin.

Adélie sans rest

1 rte de Bligny – ☎ 03 80 22 37 74 – www.hoteladelie.com

18 ch – ♦60 € ♦♦67 € – ☐ 9 €

◆ Idéal pour une étape sur la route des vacances, car proche de l'autoroute mais sans en subir les nuisances. Petites chambres très bien tenues, dotées de meubles en pin.

à Meursault 8 km par ④ – 1 567 h. – alt. 243 m – ✉ 21190

i place de l'Hôtel de Ville ☎ 03 80 21 25 90

Les Charmes sans rest

10 pl.du Murger – ☎ 03 80 21 63 53 – www.hotelleschames.com – Fermé 8-22 janv. et dim. de nov. à mars

14 ch – ♦80/100 € ♦♦85/110 € – ☐ 10 €

◆ Ex-propriété de viticulteur du 18ᵉ s. abritant des chambres spacieuses, soit garnies de meubles anciens, soit contemporaines et colorées. Joli jardin arboré.

Le Relais de la Diligence

49 r. de la Gare, 2,5 km au Sud-Est par D 23 – ☎ 03 80 21 21 32 – www.relaisdeladiligence.com – Fermé 18 déc.-25 janv., mardi soir et merc.

Rest – Menu 10 € (déj.), 18/45 € – Carte 26/43 €

◆ Ancien relais de diligences en pierres du pays, proche de la gare. Deux salles sont largement ouvertes sur les vignes, au même titre que la terrasse. Choix traditionnel.

Le Chevreuil avec ch

pl. de l'Hôtel-de-Ville – ☎ 03 80 21 23 25 – www.lechevreuil.fr – Fermé fév.

11 ch – ♦60 € ♦♦70/80 € – ☐ 9 €

Rest – *(fermé jeudi midi, dim. soir et merc.)* (16 €) Menu 22/59 € – Carte 44/53 € le soir

◆ Charmante bâtisse aux volets verts. Parmi les goûteuses recettes du restaurant, figure l'incontournable terrine chaude, spécialité de la maison. Beau livre de cave. Chambres relookées dans un esprit contemporain.

Le Bouchon

1 pl. de l'Hôtel-de-Ville – ✆ 03 80 21 29 56 – www.restaurant-le-bouchon.com – Fermé 11-20 juil., 20 déc.-12 janv., 28 fév.-9 mars, sam. midi, dim. soir et lundi
Rest – (10 €) Menu 16/28 € – Carte 27/46 €
◆ La façade affiche d'emblée l'esprit bouchon de ce petit bistrot. Salle aux grandes baies vitrées tournées vers l'hôtel de ville. Menus traditionnels et plats du terroir.

à Pommard 4,5 km par ④, N 74 et D 973 – 552 h. – alt. 250 m – ✉ 21630

Auprès du Clocher

1 r. de Nackenheim – ✆ 03 80 22 21 79 – www.aupresduclocher.com – Fermé 24 déc.-1 er janv., mardi et merc.
Rest – Menu 24 € (déj.), 28/65 € – Carte 40/80 €
◆ Au cœur de ce village de vignerons, restaurant au cadre contemporain où l'on savoure une fine cuisine dans l'air du temps et quelques recettes bourguignonnes.

à Puligny-Montrachet 12 km par ④ et D 974 – 431 h. – alt. 227 m – ✉ 21190

Le Montrachet

rest,
10 pl. des Marronniers – ✆ 03 80 21 30 06 – www.le-montrachet.com – Fermé 28 nov.-13 janv.
31 ch – †130/160 € ††130/160 € – ☕ 14 €
Rest – Menu 28 € (déj.), 55/74 € – Carte 65/90 €
◆ Cette maison de 1824 vous accueille dans un salon raffiné et de confortables chambres privilégiant le bois (mobilier, plafond à la française). Salle à manger cossue pour savourer une cuisine au goût du jour et une belle sélection de bourgognes. Bar à vins.

La Maison d'Olivier Leflaive

10 pl. du Monument – ✆ 03 80 21 95 27 – www.maison-olivierleflaive.fr – Fermé 31 déc.-11 fév.
13 ch – †130/220 € ††130/220 € – ☕ 12 €
Rest – *(fermé dim.)* Menu 25/60 € bc
◆ Au cœur du village, maison proposant des chambres de charme, décorées dans différents styles : baroque, campagnard, pop, romantique, rétro... Petite restauration pour accompagner la dégustation des vins (visite des caves et vignes).

La Chouette sans rest

3 bis r. des Creux-de-Chagny – ✆ 03 80 21 95 60 – www.la-chouette.fr – Fermé 17 déc.-3 janv.
6 ch ☕ – †125/135 € ††140/150 €
◆ De grandes chambres personnalisées et cosy vous attendent dans cette paisible maison bourguignonne. Confortable salon classico-moderne avec cheminée et jardin face aux vignes.

à Volnay par ④ et D 974 – 287 h. – alt. 290 m – ✉ 21190

Auberge des Vignes

D 974 – ✆ 03 80 22 24 48 – www.aubergedesvignes.fr – Fermé 1er-8 juil., 19 fév.-7 mars, jeudi soir, dim. soir et lundi sauf fériés
Rest – Menu 19/40 € – Carte 27/50 €
◆ Ancienne ferme où mets traditionnels et suaves volnays se dégustent dans un cadre rustique. Flambées réconfortantes en hiver ; véranda et terrasses tournées vers les vignes.

à Bouze-lès-Beaune 6,5 km par ⑤ et D 970 – 326 h. – alt. 400 m – ✉ 21200

La Bouzerotte

– ✆ 03 80 26 01 37 – www.labouzerotte.com – Fermé 23 déc.-4 janv., 25 fév.-11 mars, lundi et mardi
Rest – *(prévenir le week-end)* (14 €) Menu 18 € (déj.), 24/34 € – Carte 25/40 €
◆ Table sympathique située dans les Hautes Côtes de Beaune. Le chef propose une cuisine de saison et un menu régional dans un cadre néo-rustique ou sur la verdoyante terrasse.

BEAURECUEIL – 13 Bouches-du-Rhône – **340** I4 – rattaché à Aix-en-Provence

BEAUREPAIRE – 85 Vendée – 316 J6 – 1 927 h. – alt. 95 m – ✉ 85500 34 B3

Paris 371 – Cholet 33 – Nantes 59 – La Roche-sur-Yon 51

Château de la Richerie sans rest

4 km au Sud-Est par D 23 et D 37 – ☎ 02 51 07 06 06 – www.chateaularicherie.com – Fermé nov., fév. et mars

14 ch – †60 € ††80/150 € – ☕ 12 €

◆ Petit château de 1875 sur un domaine traversé par une rivière. Chambres personnalisées au mobilier de style, lits à baldaquin et souvenirs d'Afrique ; magnifiques salons.

BEAUREPAIRE-EN-BRESSE – 71 Saône-et-Loire – 320 M9 – 585 h. – alt. 147 m – ✉ 71580 8 D3

Paris 383 – Châlon-sur-Saône 49 – Bourg-en-Bresse 65 – Lons-le-Saunier 13

Auberge de la Croix Blanche

– ☎ 03 85 74 13 22 – www.hotel-jura-bourgogne.com – Fermé 14-21 juin, 15 nov.-6 déc., 4-11 janv., dim. soir et lundi sauf juil.-août

14 ch – †55/61 € ††55/61 € – ☕ 6,50 € – ½ P 61/63 €

Rest – Menu 15 € (sem.), 24/48 € – Carte 35/65 €

◆ Au bord d'un axe fréquenté, auberge repérable à la croix blanche de sa toiture et aux épis de maïs séchant sous l'appentis de sa façade. Chambres proprettes côté jardin. Table au décor bressan ; produits régionaux préparés dans un registre actuel.

BEAUSOLEIL – 06 Alpes-Maritimes – 341 F5 – 13 416 h. – alt. 89 m – ✉ 06240 Côte d'Azur 42 E2

Paris 947 – Monaco 4 – Menton 11 – Monte-Carlo 2

32, boulevard de la République ☎ 04 93 78 01 55

Voir plan de Monaco (Principauté de).

Olympia sans rest

17 bis bd Gén.- Leclerc – ☎ 04 93 78 12 70 – www.olympiahotel.fr DXt

31 ch – †85/130 € ††85/170 € – 1 suite – ☕ 15 €

◆ Sur la frontière franco-monégasque, cet hôtel arbore une belle façade en pierres de taille égayée de balcons et d'une corniche ouvragés. Chambres sobres et insonorisées.

Capitole sans rest

19 bd Gén.-Leclerc – ☎ 04 93 28 65 65 – www.hotel-capitole.fr DXt

19 ch – †92/110 € ††115/145 € – ☕ 10 €

◆ Un immeuble rose de 1906, sur le boulevard délimitant la frontière entre Monaco et la France. Une bonne petite adresse proposant des chambres chaleureuses et confortables.

BEAUVAIS P – 60 Oise – 305 D4 – 55 481 h. – Agglo. 100 733 h. – alt. 67 m – ✉ 60000 Nord Pas-de-Calais Picardie 36 B2

Paris 87 – Amiens 63 – Boulogne-sur-Mer 182 – Compiègne 60

de Beauvais-Tillé ☎ 03 44 11 46 70, 3,5 km au NE

1, rue Beauregard, ☎ 03 44 15 30 30

du Vivier à Ons-en-Bray RN 31, par rte de Gournay-en-Bray : 15 km, ☎ 03 44 84 24 11

Cathédrale St-Pierre★★★ : horloge astronomique★ - Église St-Étienne★ : vitraux★★ et arbre de Jessé★★★ - Musée départemental de l'Oise★ dans l'ancien palais épiscopal **M²**.

Plan page suivante

Hostellerie St-Vincent

241 r. de Clermont, 3 km par ③ (Espace St-Germain) – ☎ 03 44 05 49 99 – www.stvincent-beauvais.com

79 ch – †73/89 € ††73/89 € – 1 suite – ☕ 10 € – ½ P 55 €

Rest – (13 €) Menu 18/32 € – Carte 23/43 €

◆ À proximité de l'autoroute, hôtel fonctionnel formé de deux bâtiments, dont l'un rénové récemment (décor contemporain). Salle à manger spacieuse et claire, agrémentée d'une terrasse ; menus traditionnels et suggestions sur ardoise.

BEAUVAIS

Beauregard (R.) 2
Brière (Bd J.) 3
Carnot (R.) ....
Clemenceau (Pl.) 4
Dr-Gérard (R.) 5
Dr-Lamotte (Bd du) 6
Dreux (R. Ph. de) 7
Gambetta ....
Grenier-à-Sel (R.) 8
Guéhengnies (R. de) 9
Hachette (Pl. J.) 10
Halles (Pl. des) 12
Leclerc (R. Mar.) 13
Lignières (R. J. de) 15
Loisel (Bd A.) 16
Malherbe (R. de) 18
Nully-d'Hécourt (R.) 19
République (Av. de la) 20
St-André (Bd) 22
St-Laurent (R.) 23
St-Pierre (R.) 24
Scellier (Cours) 27
Taillerie (R. de la) 29
Tapisserie (R. de la) 30
Villiers-de-l'Isle-Adam (R.) 35
Vincent-de-Beauvais (R.) 26
Watrin (R. du Gén.) 36
27-Juin (R. du) 38

Ibis

ch, rest,

1 r. J.-GodDet, 5 km par ②, Z.A.C la Marette – ✆ 03 44 03 49 49 – www.ibishotel.com
78 ch – 64/82 € 64/82 € – 8 €
Rest – *(dîner seult)* Menu 14 € – Carte 18/35 €

◆ Les chambres de cet Ibis bénéficient des dernières normes de la chaîne : parquet, écran plat, plan de travail, salles de bains avec grande douche. Au restaurant, plats traditionnels et pâtes fraîches.

La Maison Haute

128 r. de Paris, (quartier Voisinlieu), 1,5 km par ④ – ✆ 03 44 02 61 60 – www.lamaisonhaute.fr – Fermé 17-26 avril, 24 juil.-17 août, 18 déc.-2 janv., sam. midi, dim. et lundi
Rest – (34 €) Menu 39/43 €

◆ Dans un quartier résidentiel, restaurant dont le décor contemporain (tons clairs et boiseries sombres) s'accorde tout à fait à la cuisine dans l'air du temps. Accueil aimable.

La Baie d'Halong
49 r. Madeleine – ✆ 03 44 45 39 83 – Fermé 20 avril-4 mai, 14 juil.-15 août, 21 déc.-2 janv., merc. midi, sam. midi, dim. et lundi **a**
Rest – (23 €) Menu 29/37 €
◆ Le chef prépare une excellente cuisine vietnamienne alliant bons produits frais et savant dosage d'épices. À apprécier sur fond de tableaux représentant la baie d'Halong.

à l'Est **5 km par ④, D 1001 (direction Paris)**

Mercure ch,
21 av. Montaigne – ✆ 03 44 02 80 80 – www.mercure.com
60 ch – 107 € 117 € – 15 €
Rest – *(fermé 25 déc.-1er janv.)* Menu 25/48 € bc – Carte 28/38 €
◆ Dans une zone commerçante, ce bâtiment des années 1970 abrite des chambres spacieuses, au décor contemporain et bien insonorisées. Salle à manger avec cheminée, terrasse au bord de la piscine et attrayante carte traditionnelle.

Le Bellevue
3 av. Rhin-et-Danube – ✆ 03 44 02 17 11 – www.restaurantlebellevue.com – Fermé 7-23 août, sam. et dim.
Rest – Menu 29 € (sem.) – Carte 28/55 €
◆ En périphérie, au cœur d'une zone commerciale, restaurant d'esprit rustique égayé d'expositions de tableaux. Cuisine classique assortie de suggestions du marché.

BEAUVOIS-EN-CAMBRÉSIS – 59 Nord – 302 I7 – 2 104 h. – alt. 89 m – 59157 **31 C3**

Paris 190 – Arras 48 – Cambrai 12 – St-Quentin 40

La Buissonnière
92 r. Victor-Watiemez – ✆ 03 27 85 29 97 – Fermé dim. soir, merc. soir et lundi
Rest – (17 €) Menu 22 € (sem.)/32 € – Carte 33/56 €
◆ Aux portes du bourg, restaurant dont la cuisine traditionnelle s'enrichit des opportunités du marché. Deux salles dont une rustique soignée et récemment rafraîchie ouvrant sur la terrasse.

BEAUZAC – 43 Haute-Loire – 331 G2 – 2 563 h. – alt. 565 m – 43590 **6 C3**

Lyon Drôme Ardèche

Paris 556 – Craponne-sur-Arzon 31 – Le Puy-en-Velay 45 – St-Étienne 44
Avenue Maréchal Leclerc ✆ 04 71 61 50 74

L'Air du Temps avec ch rest, rest,
à Confolent, 4 km à l'Est par D 461 – ✆ 04 71 61 49 05 – www.airdutemps.fr – Fermé janv., dim. soir et lundi
8 ch – 49/54 € 49/54 € – 8 € – ½ P 46 €
Rest – (12 €) Menu 21/53 € – Carte 36/63 €
◆ Dans cette maison de pays : salle à manger lumineuse et actuelle agrandie d'une belle véranda, carte régionale créative et variée ; chambres confortables et bien équipées.

à Bransac **3 km au Sud par D 42 – 43590**

La Table du Barret avec ch ch,
– ✆ 04 71 61 47 74 – www.latabledubarret.com – Fermé 29 août-5 sept., 25 oct.-3 nov., 2-23 janv., dim. soir, mardi et merc.
7 ch – 55 € 60 € – 10 €
Rest – Menu 23 € (déj. en sem.), 28/47 € – Carte 59/69 €
◆ Dans un paisible hameau proche de la Loire, sobre salle de restaurant contemporaine où l'on sert une appétissante cuisine au goût du jour. Chambres confortables.

BEBLENHEIM – 68 Haut-Rhin – 315 H8 – 954 h. – alt. 212 m – 68980 **2 C2**

Alsace Lorraine

Paris 444 – Colmar 11 – Gérardmer 55 – Ribeauvillé 5

Auberge Le Bouc Bleu
2 r. 5-Décembre – 03 89 47 88 21 – Fermé merc. et jeudi
Rest – *(nombre de couverts limité, prévenir)* (28 €) Menu 37/52 €
◆ Livres, vieux objets, collection de menus anciens, etc. donnent un air de brocante à ce sympathique restaurant rustique. Cour-terrasse pavée et cuisine du marché.

LE BEC-HELLOUIN – 27 Eure – 304 E6 – 413 h. – alt. 101 m – 27800 Normandie Vallée de la Seine 33 C2

Paris 153 – Bernay 22 – Évreux 46 – Lisieux 46
Abbaye★★.

Auberge de l'Abbaye
12 pl. Guillaume-le-Conquérant – 02 32 44 86 02 – www.hotelbechellouin.com – Fermé 15 nov.-10 fév.
10 ch – 85/115 € 85/125 € – 12 €
Rest – *(fermé mardi midi et lundi)* Menu 20 € (sem.), 27/37 € – Carte 35/65 €
◆ Accueillant les voyageurs depuis le 18e s., cette pimpante demeure à pans de bois abrite des chambres rénovées, joliment personnalisées. Cuisine traditionnelle, enrichie de produits du terroir, servie dans des salles à manger campagnardes.

Le Canterbury
3 r. de Canterbury – 02 32 44 14 59 – www.lecanterbury.com – Fermé dim. soir, mardi soir et merc. sauf juil.-août
Rest – Menu 19 € (déj. en sem.), 24/39 € – Carte 34/50 €
◆ Derrière sa façade à colombages tapissée de vigne vierge, cette table traditionnelle révèle un cadre actuel, en tons pastel. Aux beaux jours, profitez de la terrasse verdoyante.

BÉDARIEUX – 34 Hérault – 339 D7 – 6 518 h. – alt. 196 m – 34600 22 B2
Languedoc-Roussillon

Paris 723 – Béziers 34 – Lodève 29 – Montpellier 70
1, rue de la République 04 67 95 08 79

La Forge
22 av. Abbé-Tarroux, (face à l'Office de tourisme) – 04 67 95 13 13 – Fermé 16-30 nov., 4-25 janv., dim. soir, merc. soir sauf juil.-août et lundi
Rest – Menu 16/36 € – Carte 37/54 €
◆ Écurie puis forge... ces hautes voûtes de pierre du 17e s. sont impressionnantes ! Elles distillent une agréable fraîcheur en été... La cuisine est ancrée dans le terroir.

à Hérépian 6 km au Sud-Est par D 908 – 1 446 h. – alt. 191 m – 34600

avenue Bédarieux 04 67 23 23 96

Le Couvent d'Hérépian sans rest
2 r. du Couvent – 04 67 23 36 30 – www.garrigaeresorts.com
7 ch – 125/285 € 125/285 € – 6 suites – 16 €
◆ Esprit et élégance. Au cœur du village, ce couvent du 17e s. allie charme de l'ancien et confort haut de gamme (tons contemporains, équipements high-tech). Idéal pour une romance...

L'Ocre Rouge avec ch
12 pl. de la Croix – 04 67 95 06 93 – www.locrerouge.fr – Fermé 6-23 juin, 1er-12 janv., mardi midi et merc. midi hors saison, mardi soir de la Toussaint à mi-fév., dim. soir et lundi
5 ch – 54/63 € 60/85 €
Rest – (19 € bc) Menu 25 € (sem.), 30/46 € – Carte 40/81 €
◆ Un relais de poste à la façade... ocre rouge. Sous les voûtes des anciennes écuries ou dans la cour intérieure, à l'ombre du figuier, on apprécie une cuisine de saison où dominent les produits frais et locaux. Quelques jolies chambres sous les toits...

à Villemagne-l'Argentière 8 km à l'Ouest par D 908 et D 922 – 426 h. – alt. 193 m – ✉ 34600

Auberge de l'Abbaye avec ch
pl. du couvent – ☎ 04 67 95 34 84 – www.aubergeabbaye.com – Fermé 21 nov.-12 fév., dim. soir et le midi du lundi au jeudi de fév. à juin, le midi du lundi au merc. en juil.-août, dim. soir, lundi et mardi de sept. à nov.
3 ch – 80 € 100/130 € **Rest** – (18 € bc) Menu 28/60 €
◆ Logée dans les anciennes caves de l'abbaye bénédictine, la salle à manger marie voûtes en pierres apparentes et petites touches modernes. La carte privilégie le terroir. Chambres thématiques pour l'étape : japonaise, nature ou orientale.

BÉDOIN – 84 Vaucluse – **332** E9 – 2 974 h. – alt. 295 m – ✉ 84410 **42** E1
Provence

Paris 692 – Avignon 43 – Carpentras 16 – Nyons 36
Espace Marie-Louis Gravier ☎ 04 90 65 63 95
Le Paty ≤★ NO : 4,5 km.

Des Pins ch, rest, rest,
chemin des Crans, 1 km à l'Est par rte secondaire – ☎ 04 90 65 92 92 – www.hoteldespins.net – Ouvert de mars à nov.
25 ch – 60/105 € 60/105 € – 10 €
Rest – *(ouvert de mi-mars à fin oct. et fermé le midi en sem.)* Menu 28/40 € – Carte 30/68 €
◆ Au milieu d'une pinède, ce grand mas abrite de jolies chambres de style provençal, toutes différentes, et une très grande suite avec terrasse privative. Piscine et pièce d'eau. Au restaurant ou en pleine nature, on déguste une cuisine du marché aux accents du Sud.

rte du Mont-Ventoux 6 km à l'Est

Le Mas des Vignes
au virage de St-Estève ✉ 84410 Bédoin – ☎ 04 90 65 63 91 – Ouvert avril-oct. et fermé le midi en juil.-août sauf dim. et fériés, mardi midi et lundi de sept. à juin
Rest – (28 €) Menu 38/50 €
◆ Dans ce joli mas, le chef travaille de bons produits frais et concocte une cuisine régionale fort sympathique... Et en terrasse, la vue sur la Provence est magnifique !

à Ste-Colombe 4 km à l'Est par rte du Mont-Ventoux – ✉ 84410

La Garance sans rest
Ste-Colombe – ☎ 04 90 12 81 00 – www.lagarance.fr – Ouvert 1er avril-31 oct.
13 ch – 56/83 € 60/85 € – 8 €
◆ Le Ventoux pour toile de fond, dans un hameau entre vignes et vergers... Cette ancienne ferme, simple mais bien tenue, est prisée des randonneurs. Chambres soignées, avec terrasse.

BÈGLES – 33 Gironde – **335** H5 – rattaché à Bordeaux

BÉHEN – 80 Somme – **301** D7 – 436 h. – alt. 105 m – ✉ 80870 **36** A1

Paris 195 – Amiens 77 – Abbeville 19 – Berck 59

Château de Béhen
8 r. du Château – ☎ 03 22 31 58 30 – www.chateau-de-behen.com
5 ch – 109 € 119 € **Table d'hôte** – Menu 41 € bc/52 € bc
◆ Vivez la vie de château dans ce bel édifice du 18e s. au cœur d'un parc verdoyant. Belles boiseries, mobilier de style et chambres de caractère (mansardées au 2e étage). À la table d'hôtes, recettes traditionnelles servies dans la salle à manger classique.

BELCASTEL – 12 Aveyron – **338** G4 – 234 h. – alt. 406 m – ✉ 12390 **29** C1
Midi-Toulousain

Paris 623 – Decazeville 28 – Rodez 25 – Villefranche-de-Rouergue 36
Maison du Patrimoine ☎ 05 65 64 46 11

Vieux Pont (Nicole Fagegaltier et Bruno Rouquier) avec ch
05 65 64 52 29 – www.hotelbelcastel.com
– Fermé 2 janv.-17 mars, 27 juin-2 juil., dim. soir sauf juil.-août, mardi midi et lundi
7 ch – 85/88 € 85/102 € – 15 € – ½ P 100/105 €
Rest – *(nombre de couverts limité, prévenir)* Menu 29 € (déj. en sem.), 45/78 € – Carte 52/80 €
Spéc. Foie de canard grillé et tuile au gomasio. Pavé de veau de l'Aveyron du Ségala servi rosé, citron et gingembre. Le chocolat en sucré, salé, acide, amer. **Vins** Marcillac, Vin d'Entraygues et du Fel.
◆ Un vieux pont de pierre du 15e s. sépare ces deux maisons de pays. Belle cuisine régionale actualisée servie dans un cadre moderne élégant. Chambres calmes et cosy dans l'ex-grange, de l'autre côté de la rivière, au bord de laquelle on petit-déjeune en été.

BELFORT P – 90 Territoire de Belfort – 315 F11 – 50 863 h. – Agglo. 104 962 h. – alt. 360 m – 90000 Franche-Comté Jura

17 C1

Paris 422 – Basel 78 – Besançon 93 – Épinal 95
2 bis, rue Clemenceau 03 84 55 90 90
de Rougemont-le-Château à Rougemont-le-Château Route de Masevaux, NE : 16 km par D 83 et D 25, 03 84 23 74 74
Le Lion★★ - La Citadelle★★ : ★★ de la terrasse du fort - Vieille ville★ : porte de Brisach★ - Orgues★ de la cathédrale St-Christophe Y **B** - Fresque★ (parking rue de l'As-de-Carreau Z 6) - Cabinet d'un amateur★ : Donation Maurice Jardot **M**[1].

Novotel Atria
av. Espérance , (au centre des Congrès) – 03 84 58 85 00 – www.accorhotels.com Yu
79 ch – 67/157 € 67/157 € – 14 € – ½ P 90/168 €
Rest – (12 €) Menu 22 € – Carte 19/41 €
◆ Élégante architecture futuriste pour cet hôtel intégré à un centre de congrès. Chambres spacieuses refaites aux dernières normes de la chaîne ; certaines regardent les fortifications. Formule Novotel Café au restaurant.

Boréal sans rest
2 r. Comte-de-la-Suze – 03 84 22 32 32 – www.hotelboreal.com – Fermé 18 déc.-3 janv. Zr
52 ch – 117 € 117 € – 2 suites – 11 €
◆ Dans une rue calme de la rive droite, un hôtel apprécié pour le confort de ses chambres – les plus récentes en particulier – et la prévenance de son personnel.

Grand Hôtel du Tonneau d'Or sans rest
1 r. Reiset – 03 84 58 57 56 – www.tonneaudor.fr Ye
52 ch – 149 € 149 € – 13 €
◆ Superbe façade, impressionnant hall Belle Époque (escalier monumental, vitraux) et vastes chambres au mobilier fonctionnel caractérisent cet immeuble de 1907.

Les Capucins
20 fg Montbéliard – 03 84 28 04 60 – www.capucins-hotel.com Zn
38 ch – 60/66 € 67/73 € – 8 € – ½ P 50/53 €
Rest – *(fermé 3 sem. en août, vacances de Noël, sam. midi, dim. et fériés)* Menu 16 € (déj. en sem.), 35/39 € – Carte 35/50 €
◆ Accueil chaleureux dans cet hôtel du cente-ville ; chambres bien tenues, égayées de boutis et de couleurs vives. Cuisine traditionnelle servie dans deux salles à manger, l'une de style rétro avec de grands miroirs, l'autre contemporaine.

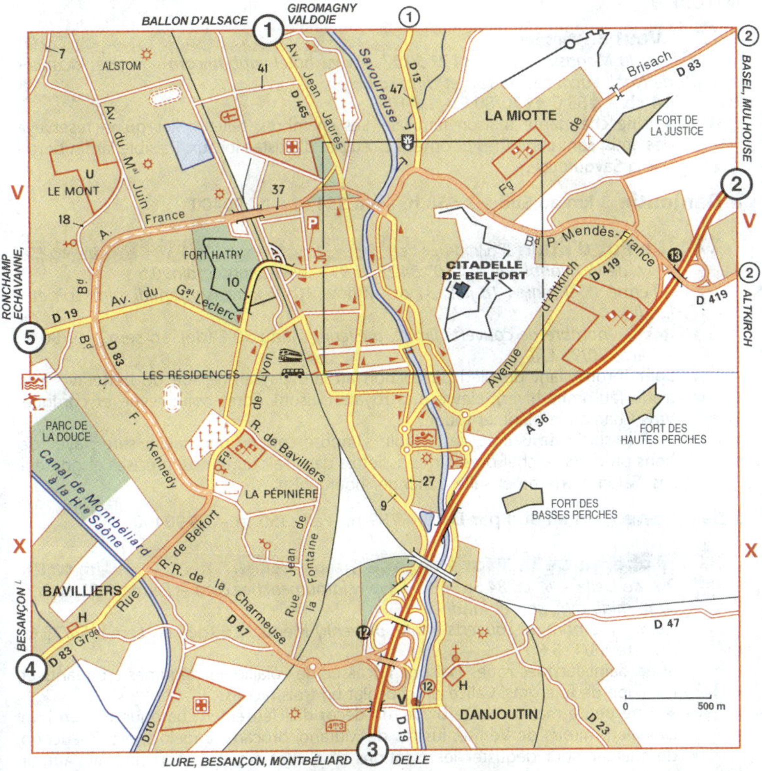

BELFORT

Ancêtres (Fg des) . . . . Y 3
Armes (Pl. d') . . . . Y 5
As-de-Carreau (R. de l') . . . . Z 6
Auxelles (Via d') . . . . V 7
Besançon (R. de) . . . . X 9
Boulloche (Pt A.) . . . . V 10
Bourgeois (Pl. des) . . . . Y 12
Carnot (Bd) . . . . Z 15
Château-d'Eau (Av. du) . . . . V 18
Clemenceau (R. G.) . . . . Y 20
Denfert-Rochereau (R.) . . . . Z 21
Dr-Corbis (Pl. du) . . . . Z 23
Dr-Fréry (R. du) . . . . Y 24
Dreyfus-Schmidt (R.) . . . . Y 25
Dunant (Bd H.) . . . . X 27
Espérance (Av. de l') . . . . Y 28
Foch (Av. Mar.) . . . . Z 29
France (Fg de) . . . . Z 30
Gaulard (R. du Gén.) . . . . Z 31
Grande-Fontaine (Pl. de la) . . . . Z 32
Grande-Fontaine (R.) . . . . Y 33
Grand'Rue . . . . Y 34
Joffre (Bd du Mar.) . . . . VY 37
Kléber (R.) . . . . Y 40
Lille (R. de) . . . . V 41
Magasin (Q. du) . . . . Y 43
Metz-Juteau (R.) . . . . Y 45
Moulin (Av. J.) . . . . V 47
Mulhouse (R. de) . . . . Y 46
Pompidou (R. G.) . . . . Y 48
République (Pl. de la) . . . . Y 49
République (R. de la) . . . . Z 50
Roussel (R. du Gén.) . . . . Y 51
Sarrail (Av. du Gén.) . . . . Z 52
Vauban (Q.) . . . . Y 60

Vauban sans rest

4 r. du Magasin – ✆ 03 84 21 59 37 – www.hotel-vauban.com – Fermé vacances de Noël, vacances de fév. et dim. soir Yh

14 ch – 65 € 70/80 € – 10 €

◆ Une charmante maison familiale. Les chambres, telles celles qu'on réserve à des amis, sont coquettes et ornées d'œuvres d'artistes locaux. Paisible jardin bordé par la Savoureuse.

à Danjoutin 3 km au Sud – 3 558 h. – alt. 354 m – ✉ 90400

Le Pot d'Étain (Philippe Zeiger)

4 av. de la République – ✆ 03 84 28 31 95 – www.lepotdetain90.fr – Fermé 1er-9 mai, 4-18 juil., 31 oct.-7 nov., 10-17 janv., sam. midi, dim. soir et lundi Xv

Rest – *(nombre de couverts limité, prévenir)* Menu 30 € (déj. en sem.), 49/80 € – Carte 70/95 €

Spéc. Croustillant de pied de cochon au lard paysan, salade de betterave à la truffe (automne-hiver). Lièvre à la royale (saison). Forêt noire revue et corrigée. **Vins** Charcenne blanc et rouge.

◆ À la sortie de Belfort, cette table s'impose comme une valeur sûre : avec de bons produits, le chef dresse des assiettes dans l'air du temps, précises et goûteuses. Salon moderne et salle à manger bourgeoise.

à Sevenans 7 km au Sud par D 19 – 789 h. – alt. 350 m – ✉ 90400

Auberge de la Tour Penchée (François Duthey)

2 r. de Delle – ✆ 03 84 56 06 52 – www.latourpenchee.com – Fermé 7-22 août, sam. midi, dim. soir et lundi

Rest – *(nombre de couverts limité, prévenir)* Menu 22 € (déj. en sem.), 53/75 € – Carte 53/115 €

Spéc. Saint-Jacques rôties (saison). Fricassée de volaille aux légumes croquants et escalope de foie gras. Calice de chocolat en trois façons.

◆ Une petite maison toute bleue, un décor délicieusement baroque et... un brin canaille : miroirs de Venise, lustres de Murano, brocarts, angelots, etc. Beaucoup de chaleur pour déguster les créations d'un chef amoureux du produit. Autour de l'essentiel, ses assiettes révèlent des saveurs très justes.

BELGENTIER – 83 Var – 340 L6 – 2 180 h. – alt. 152 m – ✉ 83210 41 C3

Paris 826 – Draguignan 71 – Marseille 62 – Toulon 23

Le Moulin du Gapeau

pl. Granet – ✆ 04 94 48 98 68 – www.moulin-du-gapeau.fr – Fermé 15-30 mars, 15-30 nov., lundi midi en juil.-août, dim. soir, jeudi soir sauf juil.-août et merc.

Rest – Menu 31/85 € – Carte 61/85 €

◆ Dans un moulin à huile du 17e s., avec de vieilles meules en décor. Ici, la cuisine est une histoire de famille : père et fils signent une cuisine savoureuse, à l'accent du Sud.

BELLEAU – 54 Meurthe-et-Moselle – 307 I6 – 720 h. – alt. 172 m – ✉ 54610 26 B2

Paris 340 – Metz 47 – Nancy 25 – Vandœuvre-lès-Nancy 35

Château de Morey

19 r. Saint-Pierre, à Morey, par D 44 A – ✆ 03 83 31 50 98 – www.chateaudemorey.com

5 ch – 67 € 77 € **Table d'hôte** – Menu 20 € bc/25 € bc

◆ Dans un parc dominant la vallée, château du 16e s. dont les grandes chambres (avec salon) sont appréciées des familles. Décor simple et rustique. Piscine, VTT, salle de jeux... Table d'hôtes sur réservation.

BELLE-ÉGLISE – 60 Oise – **305** E5 – 568 h. – alt. 69 m – ✉ 60540 **36** B3

Paris 53 – Beauvais 32 – Compiègne 64 – Pontoise 29

La Grange de Belle-Église (Marc Duval)

28 bd René-Aimé-Lagabrielle – ✆ 03 44 08 49 00 – www.lagrangedebelleeglise.fr – Fermé 1er-20 août, 15 fév.-2 mars, dim. soir, mardi midi et lundi

Rest – (25 €) Menu 60/79 € – Carte 90/152 €

Spéc. Rosace de Saint-Jacques aux truffes (nov. à mars). Médaillons de homard bleu a la nage. "Magie du voyage" au pays du chocolat de Mélanie.

◆ Des mets soignés, des produits nobles, une belle cave de bordeaux et de champagne : la bonne chère dans de beaux atours classiques. Cadre feutré et élégant.

BELLEGARDE – 45 Loiret – **318** L4 – 1 677 h. – alt. 113 m – ✉ 45270 **12** C2

Châteaux de la Loire

Paris 110 – Gien 41 – Montargis 24 – Nemours 41

12 bis, place Charles Desvergnes ✆ 02 38 90 25 37

Château★.

à Montliard 7 km au Nord-Ouest par D 44 – 215 h. – alt. 126 m – ✉ 45340

Château de Montliard sans rest

5 rte de Nesploy – ✆ 02 38 33 71 40 – www.chateau-de-montliard.com – Ouvert de Pâques à la Toussaint

4 ch – 58/90 € 69/100 €

◆ Ce château ceint de douves vous fera voyager dans le temps ! Bel intérieur historique (escalier à vis, murs épais, vitraux). Chambres sobrement meublées, l'une avec cheminée.

BELLEGARDE-SUR-VALSERINE – 01 Ain – **328** H4 – 11 497 h. – alt. 350 m – ✉ 01200 Franche-Comté Jura **45** C1

Paris 497 – Annecy 43 – Bourg-en-Bresse 73 – Genève 43

24, place Victor Bérard ✆ 04 50 48 48 68

Berges de la Valserine N : 2 km par N84.

à Lancrans 3 km au Nord par D 1084 et D 991 – 1 005 h. – alt. 500 m – ✉ 01200

Le Sorgia

39 Gde-Rue – ✆ 04 50 48 15 81 – Fermé 6-30 août, 24 déc.-18 janv., dim. et lundi

17 ch – 54/60 € 54/60 € – 8,50 € – ½ P 52 €

Rest – *(fermé sam. midi, dim. soir et lundi)* Menu 15 € (sem.), 26/48 € – Carte 22/32 €

◆ Au cœur du village, la même famille reçoit les visiteurs dans son auberge depuis 1890. Hébergement simple mais propre et régulièrement rafraîchi. Salle à manger champêtre et terrasse fleurie dressée au bord du jardin. Carte du terroir régulièrement renouvelée.

à Eloise (74 H.-Savoie) 5 km au Sud-Est par D 1508 et rte secondaire – 898 h. – alt. 511 m – ✉ 01200

Le Fartoret

130 r. du 14 juin 1944 – ✆ 04 50 48 07 18 – www.fartoret.com – Fermé 23 déc.-3 janv. et dim. soir hors saison

40 ch – 45/96 € 61/96 € – 10 € – ½ P 72/93 €

Rest – Menu 19 € (déj.), 26/45 € – Carte 37/54 €

◆ Ensemble hôtelier bâti autour d'une ferme centenaire, agrémenté d'un parc avec piscine et tennis. Chambres anciennes mais bien tenues. Immense collection de coqs. Grandes salles à manger et terrasse couverte avec vue sur les arbres. Cuisine classique.

BELLE-ÎLE-EN-MER ★★ – 56 Morbihan – 308 L10 Bretagne 9 B3

Accès par transports maritimes pour **Le Palais** (en été **réservation indispensable** pour le passage des véhicules).

depuis **Port-Navalo** - (avril-oct.) - Traversée 1 h - Renseignements et tarifs ; Navix S.A. à Port-Navalo ✆ 0 825 132 120 (0,15 €/mn)

depuis **Vannes** - (avril-oct.) - Traversée 2 h - Renseignements et tarifs : Navix S.A., Gare Maritime ✆ 0 825 132 100 (0,15 €/mn), www.navix.fr

depuis **Lorient** - Service saisonnier - Traversée 50 mn (passagers uniquement, réservation obligatoire) - Renseignements et Tarifs S.M.N. ✆ 0 820 056 000 (0,12 €/mn) - Pour **Le Palais** et pour **Sauzon** : depuis **Quiberon** - Service saisonnier - Traversée 25 mn - Renseignements et tarifs : S.M.N. ✆ 0 820 056 000 (0,12 €/mn) (Quiberon) - Renseignements et tarifs : Navix S.A

depuis **Locmariaquer** - ✆0 825 162 130 (0,15 €/mn) - **Auray Le Bono** - ✆ 0 825 162 140 (0,15 €/mn) - **La Trinité-sur-Mer** traversée 1 h (14 juil.-22 août) - ✆ 0 825 132 150 (0,15 €/mn).

depuis **Quiberon** (Port-Maria) - Traversée 30 mn - Renseignements et tarifs : S.M.N. ✆ 0 820 056 000 (Le Palais), www.smn-navigation.fr.

quai Bonnelle, Le Palais ✆ 02 97 31 81 93

Côte sauvage★★★- Pointe des Poulains★★★.

BANGOR – 56 Morbihan – 875 h. – alt. 45 m – ✉ 56360 9 B3

Paris 513 – Auray 34 – Rennes 162 – Vannes 53

Le Palais : citadelle Vauban★ NE : 3,5 km.

La Désirade

rest, VISA AE

Le Petit Cosquet – ✆ 02 97 31 70 70 – www.hotel-la-desirade.com – Ouvert 1er avril-3 nov. et 28 déc.-3 janv.

29 ch – 140/176 € 140/176 € – 3 suites – 16 €

Rest *La Table* – *(fermé le midi hors week-ends et vacances scolaires)* Menu 30/82 € – Carte 46/67 €

◆ Un hôtel de charme réparti dans plusieurs maisons récentes de style breton. On savoure le calme dans un charmant salon cosy et dans les chambres habillées de lambris. Espace bien-être complet. Cuisine plaisante puisant son inspiration dans les produits locaux.

LE PALAIS – 56 Morbihan – 2 526 h. – alt. 7 m – ✉ 56360 9 B3

Paris 508 – Lorient 3 – Rennes 157 – Vannes 48

Citadelle Vauban★.

Citadelle Vauban Hôtel-Musée

– ✆ *02 97 31 84 17* rest, P VISA AE

– www.citadellevauban.com – Ouvert 23 avril-2 oct.

52 ch – 125/325 € 125/325 € – 7 suites – 14 € – ½ P 115/220 €

Rest *La Table du Gouverneur* – (20 €) Menu 35 € (déj.)/65 € – Carte 45/85 €

◆ Cet hôtel-musée a investi la citadelle Vauban. Les chambres, décorées sur le thème de la Compagnie des Indes, donnent presque toutes sur la mer et invitent à des rêves de voyages. Cuisine iodée à déguster dans un cadre d'une luxueuse austérité.

Le Clos Fleuri sans rest

P VISA AE

rte de Sauzon, à Bellevue – ✆ 02 97 31 45 45

21 ch – 85/127 € 85/127 € – 11 €

◆ Sur les hauteurs de la ville, cet hôtel typique de l'architecture locale abrite des petites chambres coquettes, certaines donnant sur le jardin, forcément fleuri !

Château de Bordenéo sans rest

P VISA

2 km au Nord-Ouest par rte de Sauzon, à Bordenéo – ✆ 02 97 31 80 77 – www.chateau-bordeneo.fr

5 ch – 132/202 € 144/214 €

◆ Cette gentilhommière du 19e s. rêve parmi les palmiers et les arbres exotiques. Ambiance feutrée dans les chambres et détente absolue à la piscine entourée de grandes fenêtres.

L'Annexe

3 quai de l'Yser – ✆ 02 97 31 81 53 – Fermé mars, lundi et mardi du 15 nov. au 1er mars , merc. et le midi

Rest – Carte 30/50 €

◆ Un décor simple, façon bistrot marin : on vient surtout ici pour la qualité des produits de la mer et l'atmosphère conviviale. Viandes et poissons sont grillés dans la cheminée.

PORT-GOULPHAR – 56 Morbihan – ✉ 56360 Bangor — 9 B3

Paris 517 – Auray 38 – Rennes 166 – Vannes 57

Site★ : ≤★.

Castel Clara

– ✆ 02 97 31 84 21 – www.castel-clara.com – Fermé 13 nov.-16 déc.

63 ch – †180/360 € ††180/360 € – 6 suites – ☐ 25 € – ½ P 170/260 €

Rest – *(fermé le soir hors saison sauf week-ends)* Menu 38/55 €

Rest *Le Bleu Manière Verte* – *(dîner seult)* Menu 65/140 €

◆ Emplacement idyllique sur la côte sauvage, centre "thalasso", chambres et suites raffinées, vue panoramique : le luxe discret... au bout du monde ! Buffets de fruits de mer et de crustacés au Café Clara. Table élégante avec vue sur les falaises, pour une cuisine gastronomique à base de produits frais.

Le Grand Large

– ✆ 02 97 31 80 92 – www.hotelgrandlarge.com – Fermé 15 nov.-15 mars

34 ch – †119/359 € ††119/359 € – ☐ 15 €

Rest – (18 €) Menu 24/33 € – Carte 35/65 €

◆ Ce manoir, posé sur la côte sauvage, contemple l'océan et les aiguilles de Port-Coton. Les chambres, rénovées en 2010, donnent sur les flots ou la lande. Au restaurant, esprit lounge et grandes baies vitrées. Fruits de mer et cuisine du moment.

SAUZON – 56 Morbihan – 860 h. – alt. 35 m – ✉ 56360 — 9 B3

Paris 515 – Lorient 9 – Rennes 164 – Vannes 55

Site★ - Pointe des Poulains★★ : ✳★ NO : 3 km puis 30 mn - Port-Donnant : site★★ S : 6 km puis 30 mn.

Hostellerie La Touline sans rest

r. du Port-Vihan – ✆ 02 97 31 69 69 – www.hostellerielatouline.com – Ouvert 1er avril-25 sept.

5 ch – †106/128 € ††106/128 € – ☐ 14 €

◆ Une ancienne maison de pêcheur, sur les hauteurs du petit port de Sauzon. Dans les chambres, on part à l'abordage de la Bretagne, de Zanzibar... Jardin reposant (jacuzzi).

Roz Avel

r. du Lieutenant Riau, (derrière l'église) – ✆ 02 97 31 61 48 – Fermé 15 nov.-15 déc., 4 janv.-20 mars et merc.

Rest – *(nombre de couverts limité, prévenir)* (24 €) Menu 30/48 € – Carte 47/63 €

◆ Dans cette maison de pays, le mobilier est bel et bien breton. La cuisine est joliment tournée et fait la part belle aux produits de la mer. Terrasse et jardinet.

Café de la Cale

quai Guerveur – ✆ 02 97 31 65 74 – Ouvert d'avril à début oct. et vacances scolaires

Rest – *(prévenir)* Carte 34/48 €

◆ Cette ancienne sardinerie s'est transformée en bistrot marin. On joue des coudes pour apprécier la fraîcheur des poissons, des coquillages et de la cuisine régionale.

BELLÊME – 61 Orne – 310 M4 – 1 602 h. – alt. 241 m – ✉ 61130 — 33 C3

Normandie Vallée de la Seine

Paris 168 – Alençon 42 – La Ferté-Bernard 23 – Le Mans 55

bd Bansard des Bois ✆ 02 33 73 09 69

De Bellême Saint-Martin Les Sablons, SO : 2 km, ✆ 02 33 73 12 79

Forêt★.

Relais Saint-Louis

1 bd Bansard-des-Bois – ✆ 02 33 73 12 21 – www.relais-st-louis.com – Fermé 15-22 fév. et 12-30 nov.

9 ch – †65/87 € ††65/87 € – ☕ 8 € – ½ P 84/97 €

Rest – Menu 25/48 € – Carte 27/48 €

◆ Cet ancien relais de poste bien rénové s'illustre par son atmosphère romantique. Chambres coquettes avec ciel de lit ou baldaquin (deux plus modernes dans l'annexe). Au restaurant, belle cheminée, collection de vieux outils et cuisine traditionnelle connotée terroir.

à Nocé 8 km à l'Est par D 203 – 778 h. – alt. 120 m – ✉ 61340

Auberge des 3 J

1 pl. du Dr-Gireaux – ✆ 02 33 73 41 03 – Fermé 27 sept.-11 oct., 1er-15 janv., mardi de sept. à juin, dim. soir et lundi

Rest – Menu 25/47 € – Carte environ 36 €

◆ Tables joliment dressées et tableaux agrémentent la salle rustique de cette auberge familiale où dominent la pierre et le bois. Cuisine soignée, mi-traditionnelle, mi-terroir.

BELLEU – 02 Aisne – 306 C6 – rattaché à Soissons

BELLEVAUX – 74 Haute-Savoie – 328 M3 – 1 321 h. – alt. 913 m 46 F1
– Sports d'hiver : 1 100/1 800 m 23 – ✉ 74470 Alpes du Nord

Paris 572 – Annecy 70 – Bonneville 29 – Genève 44

imm les Contamines ✆ 04 50 73 71 53

Site★.

La Cascade

Chef-lieu – ✆ 04 50 73 70 22 – www.hotel-lacascade.com – Fermé 26 mars-18 avril et oct.

12 ch – †40 € ††50 € – ☕ 7 € – ½ P 50/60 €

Rest – (15 €) Menu 20/22 € – Carte 15/22 €

◆ Bâtisse de la fin du 19e s. située au cœur de la petite station. Chambres simples à la déco rustique, toutes avec balcon et vue sur les montagnes alentour. Salle à manger en rotonde où l'on sert une cuisine traditionnelle et régionale.

Les Moineaux

Le Borgel – ✆ 04 50 73 71 11 – www.hotel-les-moineaux.com – Ouvert 20 juin-10 sept. et 20 déc.-10 avril

14 ch – †48 € ††62 € – ☕ 6,50 € – ½ P 51/54 €

Rest – Menu 19 € (déj. en sem.), 23/40 €

◆ Deux bâtiments de type chalet en contrebas du village. Les chambres, fonctionnelles et bien tenues, sont dotées de balcons tournés vers les montagnes. Salle à manger rustique ; cuisine familiale à l'accent savoyard et menu végétarien.

à Hirmentaz 7 km au Sud-Ouest par D 26 et D 32 – ✉ 74470 Bellevaux

Le Christania

Hirmentaz – ✆ 04 50 73 70 77 – www.hotel-christania.com – Ouvert 4 juin-10 sept. et 18 déc.-2 avril

35 ch – †52/56 € ††58/60 € – ☕ 8 € – ½ P 55/67 €

Rest – (15 €) Menu 20/32 € – Carte 26/38 €

◆ Au pied des pistes, cet hôtel familial des années 1970 a gardé son style d'origine. Chambres rustiques, majoritairement équipées de balcons et mansardées au dernier étage. Restaurant tourné vers la piscine et la terrasse ; cuisine régionale, carte traditionnelle.

BELLEVESVRE – 71 Saône-et-Loire – 320 M8 – 270 h. – alt. 188 m 8 D3
– ✉ 71270

Paris 371 – Chalon-sur-Saône 51 – Dole 54 – Lons-le-Saunier 28

XX **Le Temps de Vivre**

16 Grande Rue – ✆ 03 85 72 36 44 – Fermé 3-20 janv., 27 juin-15 juil., sam. midi et le soir de dim. à merc.

Rest – *(nombre de couverts limité, prévenir)* Menu 19 € (déj.)/37 €

◆ Un accueil tout sourire vous attend dans cette maison de village. Sympathique cadre champêtre et cuisine traditionnelle soignée, parfumée aux herbes du potager.

BELLEVILLE – 54 Meurthe-et-Moselle – 307 H6 – 1 461 h. – alt. 190 m – ✉ 54940 — 26 B2

Paris 359 – Metz 42 – Nancy 19 – Pont-à-Mousson 14

XXX **Le Bistroquet**

97 rte Nationale – ✆ 03 83 24 90 12 – www.le-bistroquet.fr – Fermé 15-30 août, 1 sem. en janv., sam. midi, dim. soir, lundi et mardi

Rest – *(nombre de couverts limité, prévenir)* Menu 35 € (sem.), 55/72 € – Carte 66/85 €

Spéc. Foie gras de canard lorrain poêlé. Carré d'agneau allaiton lorrain. Soufflé chaud à la liqueur de mirabelle de Lorraine. **Vins** Gris de Toul, Pinot noir des Côtes de Toul.

◆ La discrète façade dissimule une salle à manger au décor rafraîchi, d'inspiration 1900 (miroirs, affiches et lustres). Terrasse fleurie et cuisine classique préparée avec art.

XX **La Moselle**

1 r. Prosper-Cabirol, (face à la gare) – ✆ 03 83 24 91 44 – www.restaurant-lamoselle.fr – Fermé 16 août-5 sept., 15-28 fév., dim. soir, lundi soir, mardi soir et merc.

Rest – Menu 24 € (sem.), 34/53 € – Carte 50/85 €

◆ Les deux salles à manger de cette petite adresse familiale sont séparées par des panneaux ornés de vitraux rappelant le style de l'école de Nancy. Agréable terrasse ombragée.

BELLEVILLE – 69 Rhône – 327 H3 – 7 113 h. – alt. 192 m – ✉ 69220 — 43 E1

Lyon Drôme Ardèche

Paris 416 – Bourg-en-Bresse 43 – Lyon 45 – Mâcon 31

68, rue de la République ✆ 04 74 66 44 67

Le Clos Beaujolais

Les Poutoux – ✆ 04 74 66 54 73 – www.closbeaujolais.com

4 ch – 70 € 75/90 € **Table d'hôte** – Menu 25 € bc

◆ Accueil très sympathique des propriétaires de cette ancienne maison régionale parfaitement restaurée, proposant des chambres calmes au décor assez sobre.

X **Le Beaujolais**

40 r. Mar.-Foch , (près de la gare) – ✆ 04 74 66 05 31 – www.restaurant-le-beaujolais.com – Fermé 1er-8 mai, 1er-21 août, 21-27 déc., dim. soir, lundi soir, mardi soir et merc.

Rest – (13 €) Menu 16 € (déj. en sem.), 26/42 € – Carte 26/38 €

◆ Tout près de la gare, cette auberge familiale et chaleureuse marie l'ancien et le moderne. Accueil et service aimables. Cuisine traditionnelle revisitée. Jolis vins locaux.

à Pizay 5 km au Nord-Ouest par D 18 et D 69 – ✉ 69220 St-Jean-d'Ardières

Château de Pizay

rte des Crus-du-Beaujolais – ✆ 04 74 66 51 41 – www.chateau-pizay.com – Fermé 18 déc.-4 janv.

62 ch – 247/320 € 247/320 € – 21 €

Rest – *(fermé le midi en sem. sauf fériés)* Menu 44/71 € – Carte 62/120 €

◆ Beau château (15e-17e s.) au cœur du vignoble. Chambres traditionnelles ou suites duplex plus contemporaines logées dans la dépendance du parc. Spa complet. Salle à manger mariant ancien et moderne, terrasse dans la cour d'honneur et fine cuisine classique actualisée.

BELLEY – 01 Ain – 328 H6 – 8 466 h. – alt. 279 m – ✉ 01300 45 C1

Franche-Comté Jura

Paris 507 – Aix-les-Bains 31 – Bourg-en-Bresse 83 – Chambéry 36

34, Grande Rue ✆ 04 79 81 29 06

Choeur★ de la cathédrale St-Jean - Charpente★ du château des Allymes.

Sweet Home

bd du Mail – ✆ 04 79 81 01 20 – www.sweethomehotel.fr

35 ch – 59/69 € 59/69 € – 8,50 € – ½ P 85 €

Rest – *(fermé sam. midi et dim.)* Menu 13 € (déj.)/17 €

◆ Adresse utile pour l'étape en centre-ville. Chambres actuelles et fonctionnelles. Petit-déjeuner servi sous forme de buffet. Au restaurant : photos d'acteurs en noir et blanc, courte carte traditionnelle.

au Sud-Est 3 km sur rte Chambéry

La Fine Fourchette

N 504 ✉ 01300 Belley – ✆ 04 79 81 59 33 – www.aubergedelafinefourchette.fr – Fermé 18 août-1er sept., 23 déc.-2 janv., dim. soir et lundi

Rest – Menu 24/54 € – Carte 40/50 €

◆ En surplomb de la route, charmant pavillon tourné vers la campagne et le canal du Rhône. Les larges baies de la salle à manger, redécorée, s'ouvrent sur la terrasse. Cuisine classique.

à Contrevoz 9 km au Nord-Ouest sur D 32 – 459 h. – alt. 320 m – ✉ 01300

Auberge de Contrevoz

– ✆ 04 79 81 82 54 – www.auberge-de-contrevoz.com – Fermé 2 sem. début janv., 2 sem. début oct., merc. soir, dim. soir et lundi

Rest – (15 €) Menu 21 € (sem.), 25/40 € – Carte environ 34 €

◆ On se sent bien dans cette maison régionale à l'intérieur rustique. Généreuse cuisine actuelle avec des touches terroir (menus à thèmes selon les saisons, truffe du Bugey...).

à Pugieu 9 km au Nord-Ouest sur D 1504 – 128 h. – alt. 247 m – ✉ 01510

Le Moulin du Martinet

– ✆ 04 79 87 82 03 – www.moulindumartinet.fr – Fermé 10-20 mars, 10-15 oct., 4-15 janv., dim. soir, mardi soir et merc.

Rest – (13 €) Menu 17 € (sem.), 23/48 € – Carte 27/54 €

◆ Jardin face à la montagne, canards en liberté, bassin à truites, agréable terrasse, repas au coin du feu en hiver et cuisine actuelle : un vieux moulin (1825) bien séduisant.

BELVES – 24 Dordogne – 329 H7 – 1 503 h. – alt. 175 m – ✉ 24170 4 D1

Périgord Quercy

Paris 552 – Bergerac 56 – Bordeaux 197 – Périgueux 66

1, rue des Filhols ✆ 05 53 29 10 20

Clément V sans rest

15 r. J.-Manchotte – ✆ 05 53 28 68 80 – www.clement5.com

10 ch – 100/125 € 100/210 € – 13 €

◆ Dans un village médiéval haut perché, cette coquette maison propose des chambres de caractère, dont l'une occupe une cave voûtée du 11e s. Véranda sur une petite cour fleurie.

à Sagelat 2 km au Nord par D 53 – 348 h. – alt. 78 m – ✉ 24170

Auberge de la Nauze avec ch

Fongauffier – ✆ 05 53 28 44 81 – www.aubergedelanauze.fr – Fermé 26 juin-5 juil., 20 nov.-7 déc., 12-20 fév., lundi sauf le soir en juil.-août, mardi soir et sam. midi de sept. à juin

8 ch – 36/58 € 36/58 € – 6 € – ½ P 38/48 €

Rest – (12 € bc) Menu 14 € (déj. en sem.), 22/52 € – Carte 30/62 €

◆ Dans cette maison en pierre de pays, on s'attable autour de bons plats traditionnels, sous les poutres ou sur la terrasse, en pleine campagne. L'auberge propose également de petites chambres, bien tenues.

BÉNESTROFF – Moselle – **307** L5 – 489 h. – alt. 250 m – ✉ 57670 **27** C2
Benestroff

Paris 414 – Grevenmacher 138 – Metz 89 – Saarbrücken 59

La Toque Blanche
49 Grand' Rue – ✆ 03 87 01 51 85 – www.latoque-blanche.fr – Fermé 17 juil.-2 août, 2-9 nov., vacances de fév., dim. soir, mardi soir et lundi
Rest – Menu 14 € (déj. en sem.), 27/55 € – Carte 38/48 €
♦ Terrine maison, souris d'agneau à la fleur de thym, retour de pêche... Cette toque honore la tradition, avec une note d'exotisme (sushis, crevettes tigrées, etc.). Décor soigné.

BÉNODET – 29 Finistère – **308** G7 – 3 159 h. – Casino – ✉ 29950 **9** A2
Bretagne

Paris 563 – Concarneau 19 – Fouesnant 8 – Pont-l'Abbé 13
29, avenue de la Mer ✆ 02 98 57 00 14
de l'Odet Clohars Fouesnant, N : 4 km par D 34, ✆ 02 98 54 87 88
Pont de Cornouaille ≤★ - L'Odet★★ en bateau : 1h30.

Kastel
corniche de la Plage – ✆ 02 98 57 05 01 – www.hotel-kastel.com – Fermé 4-17 déc.
22 ch – 57/219 € 94/232 €
Rest – (21 €) Menu 28/45 € – Carte 34/48 €
♦ À proximité de la plage et du centre de thalassothérapie, hôtel entièrement rénové dans un esprit contemporain. Les chambres, spacieuses, ont pris le parti décoratif de l'épure. Cuisine au goût du jour servie au restaurant, dans un cadre gai et lumineux.

Le Grand Hôtel Abbatiale
4 av. Odet – ✆ 02 98 66 21 66 – www.hotelabbatiale.com – Fermé 23-26 déc.
50 ch – 72/92 € 82/112 € – 11 € – ½ P 77/92 €
Rest – *(dîner seult)* Menu 22/32 € – Carte 30/45 €
♦ L'atout majeur de cet hôtel de belle ampleur : son emplacement face au port de la station balnéaire bretonne. Chambres soit sobres et fonctionnelles, soit d'esprit plus contemporain. Cuisine traditionnelle et produits de la mer.

Domaine de Kereven sans rest
2 km rte de Quimper – ✆ 02 98 57 02 46 – www.kereven.com – Ouvert Paques-30 sept.
12 ch – 58/68 € 68/95 € – 10 €
♦ Au cœur d'un grand parc ombragé, plusieurs bâtiments récents et paisibles d'inspiration régionale. Chambres douillettes et personnalisées. Tenue irréprochable et accueil charmant.

Les Bains de Mer
11 r. Kerguelen – ✆ 02 98 57 03 41 – www.lesbainsdemer.com – Fermé janv.
32 ch – 45/60 € 52/75 € – 8,50 € – ½ P 50/68 €
Rest – *(fermé sam. midi, mardi midi et vend. d'oct. à Pâques)* (11 €) Menu 16 €, 21/55 € – Carte 22/48 €
♦ Après un bain de mer, installez-vous dans l'une des chambres sobrement décorées de cet accueillant hôtel situé au centre de la cité d'adoption d'Éric Tabarly. Table traditionnelle aux tons contrastés : murs verts et tentures prune, comme les sièges.

Escapades
37 r. du Poulquer – ✆ 02 98 66 27 97 – www.escapades-benodet.com – Fermé 15 nov.-7 déc.
Rest – Menu 17 € – Carte 34/47 €
♦ Au bout de la plage du Trez, sympathique bistrot contemporain tenu par deux chefs associés, l'un en salle l'autre en cuisine. Menu du jour à l'ardoise et carte traditionnelle.

à Clohars-Fouesnant 3 km au Nord-Est par D 34 et rte secondaire – 2 062 h. – alt. 30 m – ✉ 29950

XX **La Forge d'Antan**

31 rte de Nors Vraz – ✆ 02 98 54 84 00 – www.laforgedantan.fr – Fermé mardi sauf le soir en juil.-août , dim. soir de sept. à juin et lundi

Rest – (25 €) Menu 35/70 € – Carte 50/70 €

◆ Plaisante auberge de campagne disposant de deux salles à manger : l'une rustique chaleureuse et l'autre plus claire, côté jardin. Cuisine classique privilégiant le poisson.

à Ste-Marine 5 km à l'Ouest par pont de Cornouaille – ✉ 29120 Combrit

Villa Tri Men

16 r. du Phare – ✆ 02 98 51 94 94 – www.trimen.fr – Fermé 15 nov.-18 déc. et 3 janv.-7 fév.

20 ch – †115/295 € ††115/295 € – ☕ 14 €

Rest – *(ouvert 2 avril-16 oct. et fermé dim. et lundi sauf du 15 juin au 15 sept. et le midi)* Menu 35/65 € – Carte 47/75 €

◆ Belle villa 1900 nichée dans un jardin arboré en bordure de mer. Les chambres sont élégantes et spacieuses, garnies de meubles et tableaux modernes. Cuisine actuelle mariant produits locaux, herbes et épices, servie dans une salle contemporaine ou en terrasse.

La Ferme Saint-Vennec sans rest

r. de la Clarté – ✆ 02 98 56 74 53 – www.lafermesaintvennec.com

5 ch – †85/175 € ††85/175 € – ☕ 12 €

◆ En quête de sérénité et d'authenticité ? Ces jolies maisons bretonnes restaurées marient confort et raffinement, dans un style mi-ancien mi-actuel. Accueil charmant.

BÉNOUVILLE – 14 Calvados – **303** K4 – rattaché à Caen

BERCK-SUR-MER – 62 Pas-de-Calais – **301** C5 – 15 145 h. – alt. 5 m – Casino – ✉ 62600 Nord Pas-de-Calais Picardie **30** A2

Paris 232 – Abbeville 48 – Arras 93 – Boulogne-sur-Mer 40

5, avenue Francis Tattegrain ✆ 03 21 09 50 00

de Nampont Saint-Martin à Nampont-Saint-Martin Maison Forte, par D 940 et D 901 : 15 km, ✆ 03 22 29 92 90

Parc d'attractions de Bagatelle★ 5 km par ①.

à Berck-Plage – ✉ 62600

XX **La Verrière**

pl. 18-Juin – ✆ 03 21 84 27 25 – www.casinoberck.com – Fermé 21-27 mars, 21-27 nov., dim. soir, mardi soir, merc. soir d'oct. à avril et lundi sauf en juil.-août

Rest – (14 € bc) Menu 19 € (sem.), 25/50 € – Carte 50/60 €

◆ La gare routière est devenue un casino... et ce dernier héberge un restaurant fort sympathique (cuisines ouvertes) ! Petits plats dans l'air du temps et menu du jour.

BERGERAC – 24 Dordogne – **329** D6 – 27 716 h. – alt. 37 m – ✉ 24100 Périgord Quercy **4** C1

Paris 534 – Agen 91 – Angoulême 110 – Bordeaux 94

Bergerac-Dordogne-Périgord : ✆ 05 53 22 25 25, 3 km par ③.

97, rue Neuve d'Argenson ✆ 05 53 57 03 11

Château les Merles à Mouleydier D 660, par rte de Sarlat : 15 km, ✆ 05 53 63 13 42

Le Vieux Bergerac★★ : musée du Tabac★★ (maison Peyrarède★) - Musée du Vin, de la Batellerie et de la Tonnellerie★ M³.

La Flambée

49 av. Marceau-Feyry, 3 km par ① rte de Périgueux – ✆ 05 53 57 52 33 – www.laflambee.com

20 ch – 🚹55/65 € 🚹🚹68/78 € – ☕ 8 €

Rest – Menu 17 € bc (déj. en sem.), 26/35 € – Carte 25/42 €

◆ À la sortie de la ville, une ancienne ferme (18e s.) dans un parc arboré. Chambres spacieuses, au mobilier de style colonial ; celles de l'ancien chai jouissent d'une terrasse. Au restaurant, décor périgourdin et cuisine régionale... qui n'oublie pas le poisson !

De France sans rest

18 pl. Gambetta – ✆ 05 53 57 11 61 – www.hoteldefrance-bergerac.com – Fermé vacances de fév. AY**b**

20 ch – 🚹60/65 € 🚹🚹69/74 € – ☕ 9 €

◆ Face à la place ombragée du marché (mercredi et samedi), l'hôtel de France, rénové, offre un nouveau visage. Les chambres sont simples et plus calmes côté piscine.

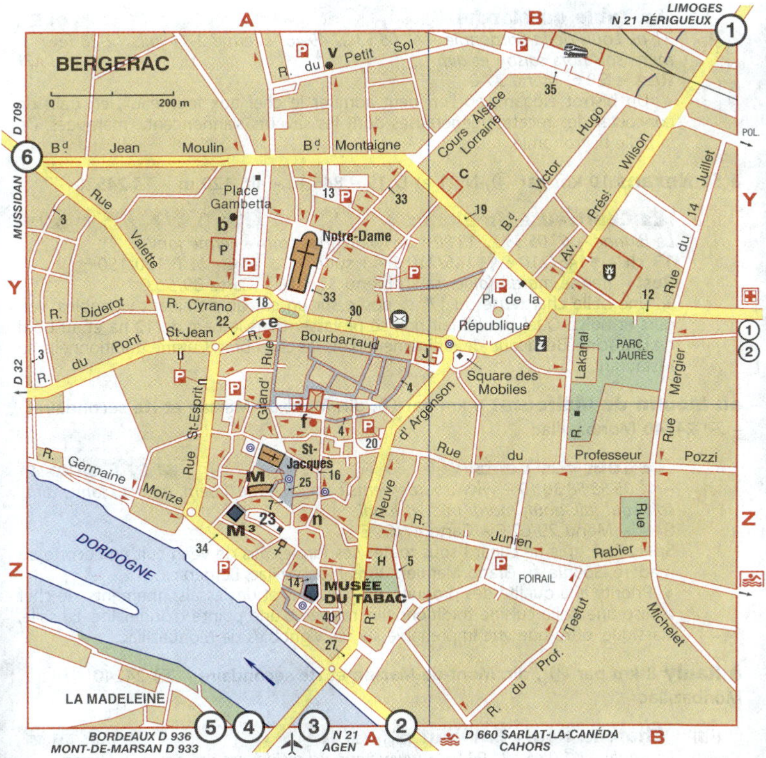

Europ Hôtel sans rest

20 r. Petit-Sol – ✆ 05 53 57 06 54 – www.europ-hotel-bergerac.com/
22 ch – †46 € ††46/57 € – ☕ 8 € AY**v**
◆ Le jardin jouxtant la piscine est l'atout majeur de cet hôtel situé dans le quartier de la gare. Chambres rénovées et bien tenues (climatisation et double-vitrage côté rue).

L'Imparfait

8 r. des Fontaines – ✆ 05 53 57 47 92 – www.imparfait.com
– Fermé 25 déc.-17 janv. AZ**n**
Rest – (24 €) Menu 29/36 € – Carte 30/50 €
◆ Dans cette bâtisse médiévale du vieux Bergerac, l'art culinaire se conjugue au présent ! Cuisine goûteuse inspirée du terroir et teintée d'exotisme. Parfait rapport plaisir-prix.

Le Repaire de Savinien

15 r. Mounet-Sully – ✆ 05 53 24 35 46 – Fermé 1er-9 mai,
10-28 nov., 26 fév.-5 mars, dim. et lundi AY**e**
Rest – Carte 25/35 €
◆ Ambiance bistrot à quelques pas de l'église Notre-Dame : repas au coude-à-coude et carte proposée à l'ardoise. Plats traditionnels respectueux des saisons et des produits.

La Table du Marché

21 pl. Louis-de-la-Bardonnie – ✆ 05 53 22 49 46 – Fermé 2-11 juil., 12-28 fév., merc. soir hors saison et dim. AZ**f**
Rest – (22 €) Menu 27 €
◆ Un bistrot élégant, où l'on peut admirer le chef aux fourneaux, en train de concocter des recettes généreuses dont les saveurs s'annoncent... marquées. De la belle bistronomie.

à St-Nexans 10 km par ③, N 21 et D 19 – 845 h. – alt. 120 m – ✉ 24520

La Chartreuse du Bignac

Le Bignac – ✆ 05 53 22 12 80 – www.abignac.com – Fermé janv.
13 ch – †145/210 € ††145/210 € – 1 suite – ☕ 17 € – ½ P 130/150 €
Rest – *(fermé mardi) (dîner seult)* Menu 32/40 € – Carte 39/56 €
◆ Une belle chartreuse du 17e s., posée sur un coteau dominant vignobles, vergers et bois... Quel site ! Il fait bon se prélasser dans le parc de 12 ha et au bord de la piscine. Beaucoup de raffinement dans les chambres. Cuisine traditionnelle au restaurant.

au Moulin de Malfourat 8 km par ④, dir. Mont-de-Marsan et rte secondaire – ✉ 24240 Monbazillac

La Tour des Vents (Marie Rougier)

– ✆ 05 53 58 30 10 – www.tourdesvents.com – Fermé 1 sem. en oct., janv., dim. soir sauf juil.-août, mardi midi et lundi
Rest – Menu 29/62 € – Carte 47/65 €
Spéc. Foie gras de canard sous toutes ses formes. Ris de veau cuit en cocotte au madère. Soufflé au Grand Marnier. **Vins** Monbazillac, Bergerac.
◆ Priorité à la qualité des produits, des cuissons et des assaisonnements : le chef réalise une belle cuisine traditionnelle, relevée d'une pointe d'originalité. La salle, classique, offre une vue imprenable sur les vignobles de Monbazillac.

à Rauly 8 km par ④ , dir. Mont-de-Marsan et rte secondaire – ✉ 24240 Monbazillac

Château Rauly-Saulieut sans rest

Le Rauly – ✆ 05 53 24 92 55 – www.perigord-residences-privees.eu – Ouvert 16 mars-1er nov.
10 suites – ††160/185 € – 5 ch – ☕ 13 €
◆ Tranquillité assurée dans ce château du 19e s. niché dans un parc en plein vignoble. Les appartements et les suites sont spacieux et meublés avec goût. Piscine, sauna.

BERGÈRES-LÈS-VERTUS – 51 Marne – 306 F9 – rattaché à Vertus

BERGHEIM – 68 Haut-Rhin – 315 I7 – 1 837 h. – alt. 235 m – ✉ 68750 2 C2

Alsace Lorraine

Paris 449 – Colmar 18 – Ribeauvillé 4 – Sélestat 11

La Bacchante avec ch

9 Grand Rue – ✆ 03 89 73 31 15 – www.cheznorbert.com – Fermé 8-27 mars, 4-10 juil. et 14-24 nov.

8 ch – †60/80 € ††80/115 € – ☕ 15 €

Rest – *(fermé merc. midi, vend. midi, jeudi et le midi)* Menu 30/48 € – Carte 32/45 €

◆ Cette ancienne exploitation viticole arbore un décor rustique plein de caractère. Jolie terrasse dans une cour intérieure pavée et cuisine traditionnelle assortie de suggestions du jour. Chambres simples réparties dans des bâtiments du 17e et du 18e s.

Wistub du Sommelier

51 Grand-Rue – ✆ 03 89 73 69 99 – www.wistub-du-sommelier.com – Fermé vacances de fév., merc. et jeudi

Rest – (17 €) Menu 21 € (sem.), 28/40 € – Carte 29/41 €

◆ Parquet et comptoir du 19e s., boiseries, poêle en faïence : un sympathique décor de wistub modernisé se cache derrière cette jolie façade alsacienne. Goûteux plats du terroir.

BERGUES – 59 Nord – 302 C2 – 3 959 h. – alt. 4 m – ✉ 59380 30 B1

Nord Pas-de-Calais Picardie

Paris 279 – Calais 52 – Dunkerque 9 – Hazebrouck 34

Place Henri Billiaert ✆ 03 28 68 71 06

Couronne d'Hondschoote★.

Au Tonnelier

4 r. Mont-de-Piété , (près de l'église) – ✆ 03 28 68 70 05 – www.autonnelier.com – Fermé 23 déc.-8 janv.

24 ch – †50/60 € ††60/70 € – ☕ 12 € – ½ P 57/60 €

Rest – *(fermé dim. soir)* (13 €) Menu 16 € (sem.), 21/33 € – Carte 22/38 €

◆ Cette petite adresse familiale, qui occupe une maison en briques abondamment fleurie de la cité en partie fortifiée par Vauban, abrite des chambres fonctionnelles. Accueillante salle à manger (boiseries, mobilier de style bistrot) et cuisine traditionnelle.

Cornet d'Or

26 r. Espagnole – ✆ 03 28 68 66 27 – Fermé dim. soir et lundi

Rest – (20 €) Menu 33/45 €

◆ Ce restaurant a fière allure avec sa jolie façade flamande et son intérieur résolument bourgeois. La généreuse carte, traditionnelle, sait valoriser des produits simples et bons.

BERMICOURT – 62 Pas-de-Calais – 301 G5 – 149 h. – alt. 118 m – ✉ 62130 30 B2

Paris 234 – Arras 50 – Lens 61 – Lille 100

La Cour de Rémi

1 r. Baillet – ✆ 03 21 03 33 33 – www.lacourderemi.com

10 ch – †80/160 € ††80/160 € – ☕ 10 €

Rest – *(fermé sam. midi, dim. soir et lundi)* (18 €) Menu 29/39 €

◆ Au bout d'une allée bordée de tilleuls et de châtaigniers, un joli château du 19e s. et ses dépendances... Chambres spacieuses, tout en sobriété et élégance. On se délecte de plats de saison dans une salle lumineuse et épurée, très contemporaine.

BERNAY – 27 Eure – 304 D7 – 10 635 h. – alt. 105 m – ✉ 27300 33 C2

Normandie Vallée de la Seine

Paris 155 – Argentan 69 – Évreux 49 – Le Havre 72

29, rue Thiers ✆ 02 32 43 32 08

Boulevard des Monts★.

Acropole Hôtel sans rest

10 r. Grande-Malouve, 3 km au Sud-Ouest par rte de Broglie (D 438) – ✆ 02 32 46 06 06 – www.hotel-acropole.com

51 ch – †58/68 € ††58/68 € – ☕ 8 € – ½ P 74 €

♦ Excentré dans une zone commerciale, établissement proposant un hébergement avant tout pratique, bénéficiant d'équipements fonctionnels et d'une bonne insonorisation.

Hostellerie du Moulin Fouret

2 r. du Moulin Fouret, 3,5 km au Sud par rte de St-Quentin-des-Isles – ✆ 02 32 43 19 95 – www.moulin-fouret.com – Fermé mardi de janv. à mars, dim. soir et lundi sauf fériés

Rest – (25 €) Menu 40/56 € – Carte 75/95 €

♦ Élégante salle à manger ouverte sur le bar où se trouvent les rouages de ce moulin reconverti. La paisible terrasse est prolongée par un parc fleuri bordant la rivière. Carte actuelle.

LA BERNERIE-EN-RETZ – 44 Loire-Atlantique – **316** D5 – 2 499 h. – alt. 24 m – ✉ 44760 **34** A2

Paris 434 – Nantes 46 – St-Herblain 46 – St-Nazaire 38

3, chaussée du Pays de Retz ✆ 02 40 82 70 99

L'Artimon

17 r. J. du Plessis – ✆ 02 51 74 61 60 – Fermé 7-14 mars, dim. soir, mardi et merc. de sept. à juin et lundi

Rest – *(nombre de couverts limité, prévenir)* Menu 18 € (déj. en sem.), 27/35 €

♦ Cet Artimon porte haut les valeurs de la bonne cuisine, attirant de loin les amateurs : le chef travaille en vrai artisan de beaux produits locaux. Petite salle d'esprit marin.

BERNEUIL-SUR-AISNE – 60 Oise – **305** J4 – 989 h. – alt. 45 m – ✉ 60350 **37** C2

Paris 107 – Amiens 97 – Compiègne 17 – Creil 55

Le Manoir de Rochefort sans rest

– ✆ 03 44 85 81 78 – www.domainederochefort.fr – Fermé 1er janv.-31 mars

4 ch ☕ – †79 € ††90 €

♦ L'ancienne chapelle (17e s.) de ce manoir abrite des chambres élégantes, décorées avec soin par la propriétaire, chineuse passionnée. Petits plus : la forêt voisine et le calme.

BERNEX – 74 Haute-Savoie – **328** N2 – 1 137 h. – alt. 955 m – Sports d'hiver : 1 000/2 000 m 13 – ✉ 74500 Alpes du Nord **46** F1

Paris 590 – Annecy 97 – Évian-les-Bains 10 – Morzine 32

le Clos du Moulin ✆ 04 50 73 60 72

à La Beunaz 1,5 km au Nord-Ouest par D 52 – ✉74500 Bernex – alt. 1 000 m

Bois Joli

– ✆ 04 50 73 60 11 – www.hotel-bois-joli.fr – Ouvert 22 avril-10 oct. et 20 déc.-20 mars

20 ch – †60/76 € ††76/90 € – 1 suite – ☕ 10 € – ½ P 64/70 €

Rest – *(fermé dim. soir et merc.)* Menu 26/48 € – Carte 42/59 €

♦ Pimpant chalet noyé dans la verdure. Chambres décorées à la mode savoyarde, avec balcon tourné vers la Dent d'Oche ou le mont Billiat. Espace bien-être. Cuisine traditionnelle au restaurant, dans un cadre montagnard ou sur la terrasse d'été (belle vue).

BERNIÈRES-SUR-MER – 14 Calvados – **303** J4 – 2 373 h. – ✉ 14990 **32** B2
Normandie Cotentin

Paris 252 – Caen 20 – Hérouville-Saint-Clair 21 – Le Havre 107

159, rue Victor Tesnières ✆ 02 31 96 44 02

XX **L'As de Trèfle**

420 r. Léopold Hettier – ✆ 02 31 97 22 60 – www.restaurant-asdetrefle.com – Fermé 3 janv.-10 fév., lundi et mardi

Rest – (15 €) Menu 20 € (sem.)/39 € – Carte 35/61 €

◆ En retrait du rivage, bâtisse de 1934 d'inspiration mauresque, cachant un intérieur contemporain (murs blanc ou ocre, parquet). Atout maître : les plats de poisson (pêche locale).

BERNOS-BEAULAC – **33 Gironde** – **335** J8 – **rattaché à Bazas**

BERRWILLER – **68 Haut-Rhin** – **315** H9 – **1 106 h.** – **alt. 260 m** – ✉ **68500** **1** A3

Paris 467 – Belfort 45 – Colmar 31 – Épinal 99

XX **L'Arbre Vert**

96 r. Principale – ✆ 03 89 76 73 19 – www.restaurant-koenig.com – Fermé 20-27 mars, 5-25 juil., jeudi soir, dim. soir et lundi

Rest – Menu 22/48 € – Carte 37/58 €

◆ Charmante auberge fleurie tenue par la même famille depuis 5 générations. Cuisine actuelle personnalisée privilégiant les produits de saison et belle carte des vins d'Alsace.

BERRY-AU-BAC – **02 Aisne** – **306** F6 – **521 h.** – **alt. 62 m** – ✉ **02190** **37** D2

Paris 161 – Laon 30 – Reims 21 – Rethel 46

XX **La Cote 108**

1 r. du Col. Vergezac – ✆ 03 23 79 95 04 – www.lacote108.com – Fermé 25 juil.-9 août, 19 déc.-3 janv., dim. soir, lundi et mardi

Rest – *(prévenir le week-end)* Menu 15 €, 24/89 € – Carte 60/80 €

◆ Pause gourmande face à la cote 108 : cette maison propose une cuisine de saison dans un cadre contemporain raffiné. Bon choix de vins et de champagnes.

BERZE-LA-VILLE – **71 Saône-et-Loire** – **320** I11 – **516 h.** – **alt. 350 m** – ✉ **71960** Bourgogne **8** C3

Paris 408 – Charolles 47 – Cluny 13 – Mâcon 13

à la Croix-Blanche 2 km à l'Ouest – ✉ **71960**

XX **Le Relais du Mâconnais**

lieu-dit la Croix Blanche, D 17 – ✆ 03 85 36 60 72 – www.lannuel.com – Fermé janv., dim. soir, mardi midi et lundi

Rest – Menu 28/60 € – Carte 49/57 €

◆ Belle maison régionale au centre du bourg. Cuisine dans l'air du temps mitonnée par un jeune chef talentueux et servie dans une salle contemporaine mariant les tons chaud-froid.

BESANÇON P – **25 Doubs** – **321** G3 – **117 080 h.** – **Agglo. 134 376 h.** – **alt. 250 m** – **Casino** BY – ✉ **25000** Franche-Comté Jura **16** B2

Paris 405 – Basel 167 – Bern 180 – Dijon 91

2, place de la 1ère Armée Française ✆ 03 81 80 92 55

de Besançon à Mamirolle La Chevillotte, E : 13 km par N 57, D 464 et D 104, ✆ 03 81 55 73 54

Site★★★ - Citadelle★★ : musée d'Histoire naturelle★ **M**[3], musée comtois★ **M**[2], musée de la Résistance et de la Déportation★ **M**[4] - Vieille ville★★ ABYZ : Palais Granvelle★, cathédrale★ (Vierges aux Saints★), horloge astronomique★, façades des maisons du 17e s.★ - Préfecture★ AZ **P** - Bibliothèque municipale★ BZ **B** - Grille★ de l'Hôpital St-Jacques AZ - Musée des Beaux-Arts et d'Archéologie★★.

Plans pages suivantes

BESANÇON

Allende (Bd S.) . . . . AX 2
Belfort (R. de) . . . . BX
Brulard (R. Gén.) . . . . AX 5
Carnot (Av.) . . . . BX 7
Chaillot (R. de) . . . . BX 12
Clemenceau (Av. Georges) . AX 15
Clerc (R. F.) . . . . BX 16
Fontaine-Argent (Av.) . . . . . . BX 19
Jouchoux (R. A.) . . . . AX 25
Lagrange (Av. Léo) . . . . AX 27
Montrapon (Av. de) . . . . AX 34
Observatoire (Av. de l') . . . . AX 35
Ouest (Bd) . . . . AX 37
Paix (Av. de la) . . . . BX 38
Vaite (R. de la) . . . . BX 55
Voirin (R.) . . . . BX 57

Mercure Parc Micaud

3 av. Edouard-Droz – ✆ 03 81 40 34 34 – www.mercure.com **BYd**
91 ch – 🚹69/170 € 🚹🚹79/180 € – ☕ 17 €
Rest – *(fermé sam. midi et dim. midi)* Menu 15 € (déj.) – Carte 27/41 €
♦ Près de la vieille ville, hôtel bien situé, au bord du Doubs et face au parc Micaud. Chambres spacieuses, rénovées en 2010 selon les normes de la chaîne ; agréable bar feutré. Au restaurant, plats traditionnels et décoration sur le thème du temps.

Charles Quint sans rest

3 r. du Chapitre – ✆ 03 81 82 05 49 – www.hotel-charlesquint.com – Fermé 20-26 fév. **BZf**
9 ch – 🚹89/145 € 🚹🚹89/145 € – ☕ 12 €
♦ Ferronnerie d'art, mobilier chiné, moulures... Une paisible demeure bourgeoise (18e s.) d'esprit maison d'hôtes. Chambres soignées, donnant sur le jardin ou la cathédrale.

De Paris sans rest

33 r. des Granges – ✆ 03 81 81 36 56 – www.besanconhoteldeparis.com **ABYa**
50 ch – 🚹60 € 🚹🚹75 € – ☕ 12 €
♦ Un hôtel de caractère, mêlant harmonieusement chatoiements de l'ancien et esprit design ! La plupart des chambres, élégantes, donnent sur deux paisibles cours intérieures.

Ibis Centre sans rest

21 r. Gambetta – ✆ 03 81 81 02 02 – www.ibis.com **BYk**
49 ch – 🚹62/91 € 🚹🚹62/91 € – ☕ 8 €
♦ Ce bâtiment industriel en pierre de taille fut une usine d'aiguilles de montres au 19e s. Chambres conformes aux standards Ibis et salle des petits-déjeuners contemporaine.

BESANÇON

Battant (Pont) . . . . **AY** 3
Battant (R.) . . . . **AY**
Bersot (R.) . . . . **BY**
Carnot (Av.) . . . . **BYX** 7
Castan (Sq.) . . . . **BZ** 8
Chapitre (R. du) . . . . **BZ** 14
Convention (R. de la) . . . . **BZ** 4
Denfert-Rochereau (Av.) . . . . **BY** 17
Denfert-Rochereau (Pont) . . . . **BY** 18
Fusillés-de-la-Résistance (R. des) . . . . **BZ** 20
Gambetta (R.) . . . . **ABY** 21
Gare-d'eau (Av. de la) . . . . . . **AZ** 22
Gaulle (Bd Ch.de) . . . . **AZ** 23
Girod-de-Chantrans (R.) . . . **AYZ** 24
Grande-Rue . . . . **ABYZ**
Granges (R. des) . . . . **ABY**
Krug (R. Ch.) . . . . **BY** 26
Lycée (R. du) . . . . **AY** 28
Madeleine (R. de la) . . . . **AY** 29
Martelots (Pl. des) . . . . **BZ** 30
Mégevand (R.) . . . . **ABZ** 32
Moncey (R.) . . . . **BY** 33
Orme-de-Chamars (R. de l') . **AZ** 36
Pouillet (R. C.) . . . . **AY** 39
République (R. de la) . . . . . **ABY** 40
Révolution (Pl. de la) . . . . **AY** 41
Rivotte (Faubourg) . . . . **BZ** 42
Ronchaux (R.) . . . . **BZ** 43
Rousseau (R. J. J.) . . . . **AY** 45
Saint-Amour (Sq.) . . . . **BY** 48
Sarrail (R. Gén.) . . . . **ABY** 52
Vauban (Q.) . . . . **AY** 56
1ère-Armée-Française (Pl. de la) . . . . **BY** 58

🏠 **Hôtel du Nord** sans rest

8 r. Moncey – ✆ 03 81 81 34 56
– www.hotel-du-nord-besancon.com **BYr**
44 ch – 🚹49/57 € 🚹🚹59/68 € – ☕ 7 €
◆ Une bâtisse du 19e s. en plein centre, idéale pour partir à la découverte de la ville... Les chambres sont très bien tenues et insonorisées. Accueil charmant.

XXX **Le Manège**

2 fg Rivotte – ✆ 03 81 48 01 48
– www.restaurant-le-manege.fr
– Fermé 1er-15 août, 21 fév.-7 mars, dim. soir et lundi **BZu**
Rest – (17 €) Menu 24/42 € – Carte 41/62 €
◆ Dans cette jolie maison au pied de la citadelle, le chef, autodidacte, concocte de goûteux plats dans l'air du temps (saumon mariné aux légumes croquants, pannacotta...).

XXX **Le St-Pierre** A/C VISA AE

104 r. Battant – ✆ 03 81 81 20 99 – www.restaurant-saintpierre.com – Fermé vacances de Pâques, 3 sem. en août, vacances de Noël, sam. midi, dim. et fériés

Rest – *(prévenir)* Menu 38 € bc/70 € – Carte 75/95 € AY**t**

◆ Une cuisine fine mettant le poisson et les bons produits à l'honneur ; un cadre élégant (pierres apparentes et touches contemporaines) : un petit paradis que ce Saint-Pierre !

XX **Le Poker d'As** A/C VISA AE

14 square St-Amour – ✆ 03 81 81 42 49 – www.restaurant-lepokerdas.fr – Fermé 12 juil.-11 août, vacances de Noël, dim. et lundi BY**u**

Rest – Menu 20/50 € – Carte 30/72 €

◆ Une affaire familiale : le fils de la patronne mitonne à sa façon de bons petits plats traditionnels et régionaux. Salle ornée de cloches de vaches et de sculptures en bois.

à Chalezeule 5,5 km par ① et D 217 – 1 061 h. – alt. 252 m – ✉ 25220

Les Trois Iles rest, P VISA AE

1 r. des Vergers – ✆ 03 81 61 00 66 – www.hoteldes3iles.com – Fermé 26 déc.-8 janv.

17 ch – †65/80 € ††65/90 € – ☕ 8 € – ½ P 60/75 €

Rest – *(fermé 23 déc.-10 janv.) (dîner seult)* Menu 20 €

◆ Calme et verdure alentour : tels sont les atouts de cet hôtel. Optez pour l'une des cinq chambres "Club", plus spacieuses et confortables. Menu du jour (unique) servi dans une salle aux couleurs du Sud.

à Montfaucon 9 km par ②, D 464 et D 146 – 1 454 h. – alt. 491 m – ✉ 25660

XX **La Cheminée** P VISA

rte du Belvédère – ✆ 03 81 81 17 48 – www.restaurantlacheminee.fr – Fermé 29 août-13 sept., dim. soir, merc. soir et lundi

Rest – Menu 21 € (sem.), 29/53 € – Carte 47/75 €

◆ Cuisine classique et régionale à déguster sur les hauteurs du village... Jolies salles rustiques (cheminée, larges baies ouvertes sur la nature), plaisante terrasse et piscine.

à Champvans-les-Moulins 8 km par ④ sur D 70 – 332 h. – alt. 252 m – ✉ 25170

X **La Source** P VISA AE

4 r. des Sources – ✆ 03 81 59 90 57 – www.lasource-besancon.com – Fermé 31 août-12 sept., 30 déc.-10 janv., merc. soir sauf de juin à août, dim. soir et lundi

Rest – Menu 17 € (déj. en sem.), 24/36 € – Carte 32/44 €

◆ Une source de tradition et de terroir ! Touche d'originalité : un cadran d'horloge projeté sur l'un des murs de la salle, agréable et lumineuse au demeurant. Jolie terrasse.

à Geneuille 13 km par ⑤, N 57 et D 1 – 1 225 h. – alt. 220 m – ✉ 25870

Château de la Dame Blanche P VISA AE

1 chemin de la Goulotte – ✆ 03 81 57 64 64 – www.chateau-de-la-dame-blanche.com – Fermé dim. soir

24 ch – †98/119 € ††115/138 € – 2 suites – ☕ 12 € – ½ P 149 €

Rest – *(fermé dim. soir et lundi)* (24 €) Menu 32/75 € – Carte 60/73 €

◆ Dans un beau parc boisé, un petit château raffiné. Élégantes chambres au décor soigné : classique, ethnique, ou plus contemporain à l'annexe. Salons bourgeois, cuisine actuelle (lieu et coulis de betterave, poêlée d'abricots à l'hibiscus...) et terrasse ombragée.

LE BESSAT – 42 Loire – **327** G7 – 439 h. – alt. 1 170 m – Sports d'hiver : 1 170/1 427 m – ✉ 42660 Lyon Drome Ardèche **44** B2

Paris 530 – Annonay 29 – St-Chamond 19 – St-Étienne 19

Place de l'église ✆ 04 77 20 43 76

XX **La Fondue "Chez l'Père Charles"** avec ch

Grande rue – ✆ 04 77 20 40 09 – www.lafonduechezleperecharles.fr – Fermé 22 déc.-5 janv.
8 ch – †40/50 € ††40/60 € – ☕ 7 € – ½ P 65 €
Rest – (15 €) Menu 22/39 € – Carte 34/59 €
◆ Repaire gourmand blotti au cœur d'un petit village du parc naturel du Pilat. Les amateurs de cuisine régionale s'y régalent de truite du Lignon farcie et de volaille bressane aux morilles. Chambres calmes et confortables, pour les randonneurs et les autres.

BESSE-ET-ST-ANASTAISE – 63 Puy-de-Dôme – 326 E9 – 1 632 h. – alt. 1 050 m – Sports d'hiver : à Super Besse – ✉ 63610 Auvergne

5 B2

Paris 462 – Clermont-Ferrand 46 – Condat 28 – Issoire 30
place du Dr Pipet ✆ 04 73 79 52 84
Église St-André★ - Rue de la Boucherie★ - Porte de ville★ - Lac Pavin★★ ≤★ et Puy de Montchal★★ ✳★★ SO : 4 km par D 978.

La Gazelle

rte Compains – ✆ 04 73 79 50 26 – www.lagazelle.fr – Fermé 15 mars-15 mai et 4 oct.-17 déc.
35 ch – †58/73 € ††58/73 € – ☕ 8,50 € – ½ P 57/66 €
Rest – *(fermé le midi)* Menu 18 €
◆ Cet hôtel aux allures de grand chalet moderne offre une belle vue sur Besse "la médiévale". Chambres de style montagnard, certaines avec balcon. Petits-déjeuners servis sous la véranda. Plats traditionnels à apprécier devant un superbe panorama.

XX **Hostellerie du Beffroy** avec ch

rest,

26 r. Abbé-Blot – ✆ 04 73 79 50 08 – www.lebeffroy.com – Rest. Ouvert 18 avril-11 nov. et fermé lundi soir et mardi sauf en juil.-aout et lundi midi ; hôtel : fermé 12 nov.- 15 déc., lundi et mardi sauf en juil.-août
12 ch – †65/75 € ††65/120 € – ☕ 12 € – ½ P 70/120 €
Rest – *(prévenir le week-end)* Menu 28 € (sem.), 36/70 € – Carte 52/65 €
◆ Une maison du 15e s. décorée de meubles patinés par les ans, et de beaux produits travaillés avec modernité : souris d'agneau au foin, parfait à la gentiane, etc.

BESSINES-SUR-GARTEMPE – 87 Haute-Vienne – 325 F4 – 2 900 h. – alt. 335 m – ✉ 87250

24 B1

Paris 355 – Argenton-sur-Creuse 58 – Bellac 29 – Guéret 55
6, avenue du 11 novembre ✆ 05 55 76 09 28

Bellevue

2 av. de Limoges – ✆ 05 55 76 01 99 – www.bellevue87.com – Fermé 8 janv.-8 fév. et 23-30 sept.
12 ch – †55 € ††55 € – ☕ 8 € – ½ P 71 €
Rest – Menu 13 € (déj.)/51 € – Carte 31/46 €
◆ Cette auberge de village à l'ambiance familiale, idéale pour l'étape, met à votre disposition des chambres fonctionnelles, simples et bien pratiques. Salles à manger au cadre sobre, pour une table traditionnelle à composantes limousines.

Château Constant

av. 11-Novembre-1918 – ✆ 05 55 76 78 42 – http://chateauconstant.spaces.live.com/
5 ch ☕ – †69/75 € ††79/85 €
Table d'hôte – Menu 22 € bc
◆ Cette maison de maître, dans un parc d'arbres centenaires, est tenue par un sympathique couple d'Hollandais qui a beaucoup voyagé. Mobilier varié : de style, ancien, ethnique... Cuisine internationale servie dans une grande salle à manger bourgeoise.

BESSONIES – 46 Lot – 337 I3 – 107 h. – alt. 520 m – ✉ 46210 29 C1

Paris 587 – Aurillac 34 – Cahors 95 – Toulouse 215

Château de Bessonies

Le Bourg – ✆ 06 03 82 20 18 – www.chateau-bessonies.com – Ouvert d'avril à mi-nov.

5 ch – 139/159 € 139/159 €

Table d'hôte – Menu 30 €

◆ Le maréchal Ney se cacha dans ce château (1550) avant son arrestation. La propriétaire, passionnée, vous dira tout de cette demeure historique, qui abrite des chambres superbes. Charme d'antan et esprit champêtre ! Cuisine du terroir à la table d'hôte.

BÉTHUNE – 62 Pas-de-Calais – 301 I4 – 26 472 h. – Agglo. 259 198 h. – alt. 34 m – ✉ 62400 Nord Pas-de-Calais Picardie 30 B2

Paris 214 – Arras 34 – Boulogne-sur-Mer 90 – Calais 83

3, rue Aristide Briand ✆ 03 21 52 50 00

du Vert-Parc à Illies 3 route d'Ecuelles, par rte de Lille : 18 km, ✆ 03 20 29 37 87

Au Départ

1 pl. F.-Mitterand, (face à la gare SNCF) – ✆ 03 21 57 18 04 – Fermé 5-25 août, vacances de fév., sam. midi, dim. soir, lundi et mardi

Rest – Menu 20 € (déj. en sem.), 32/62 € – Carte 50/90 €

◆ Face à la gare, on remarque cette maison de pays pour sa façade noir et blanc. L'intérieur, coloré et audacieux, interpelle, tout comme la cuisine, actuelle et soignée.

à Labourse 4 km par ②, D 943 et D 65 – 2 166 h. – alt. 25 m – ✉ 62113

Terre et Mer

16 r. A.-Larue – ✆ 03 21 64 03 57 – Fermé 2-21 août, 28 fév.-6 mars, sam. midi, dim. soir et lundi

Rest – (12 €) Menu 15 € (déj.), 28/40 € – Carte 43/63 €

◆ Mur parementé de briques, cheminée en marbre et tapisserie rayée composent le cadre de ce restaurant familial de la périphérie béthunoise. Cuisine de tradition bien maîtrisée.

à Gosnay 5 km par ④, D 941 et D 181 – 1 092 h. – alt. 29 m – ✉ 62199

Chartreuse du Val St-Esprit

ch, rest,

1 r. Fouquières – ✆ 03 21 62 80 00 – www.lachartreuse.com

52 ch – 140 € 140 € – 1 suite – 20 €

Rest *Robert II* – Menu 64/130 € – Carte 70/130 €

Rest *La Distillerie* – ✆ 03 21 62 89 89 *(fermé 25 juil.-10 août et dim. soir)* Menu 35 €

Rest *Le Vasco* – *(fermé sam. midi)* (25 €) Carte 26/53 €

◆ Bâti sur les ruines d'une ancienne chartreuse, cet élégant château (1762) abrite des chambres de caractère (mobilier de style). Recettes actuelles et carte des vins séduisantes, proposées dans la salle cossue du Robert II. Cadre rustique d'esprit 19e s. à la Distillerie pour une cuisine traditionnelle et régionale. Au Vasco, décor colonial, ambiance décontractée et carte de brasserie.

La Métairie

1 r. Fouquières – ✆ 03 91 80 11 20 – www.hotel-lametairie.com

40 ch – 108 € 108 € – 3 suites – 15 €

◆ Dans l'enceinte du domaine, deux bâtiments contemporains aux chambres agréables, certaines tendance.

BÉTHUNE

Albert-1er (R.) . . . . YZ 2
Arras (R. d') . . . . Z 3
Bruay (R. de) . . . . Z 6
Buridan (R.) . . . . Z 7
Clemenceau (Pl. G.) . . . . Z
Egalité (R. de l') . . . . Y 8
Gambetta (R.) . . . . YZ 10
Grand'Place . . . . Z
Haynaut (R. Eugène) . . . . Z 12
Juin (Av. du Mar.) . . . . Z 14
Kennedy (Av. du Prés.) . . . . . . Y 15
Lamartine (Pl.) . . . . Y 17
Lattre-de-Tassigny (Av. de) . . . Z 18
Pont de Pierre (R. du) . . . . Y 20
Quai du Rivage (R. du) . . . . Y 21
République (Pl. de la) . . . . Y 22
Sadi-Carnot (R.) . . . . Y
Treilles (R. des) . . . . Z 25
Vauban (Bd) . . . . Z 26
Zola (R. Emile) . . . . Z 27

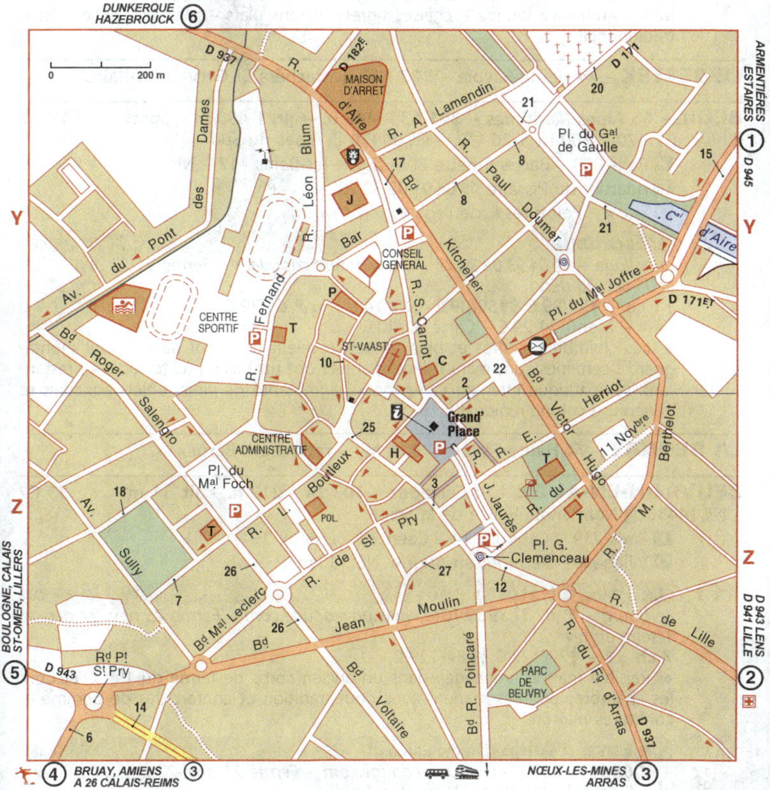

à Busnes 14 km par ⑤, D 943 et D 187 – ✉ 62350

Le Château de Beaulieu (Marc Meurin)

1098 rte de Lillers – ✆ 03 21 68 88 88 – www.lechateaudebeaulieu.fr

16 ch – 🚹170/430 € 🚹🚹170/430 € – 4 suites – ☕ 22 €

Rest *Le Jardin d'Alice* – voir ci-après

Rest *Meurin* – *(fermé 1er-25 août, 2-17 janv., mardi midi, sam. midi, dim. soir et lundi)* Menu 60 € (déj. en sem.), 98/125 € – Carte 122/179 €

Spéc. Collection de la mer. Cœur de ris de veau pané aux arachides, crème d'oignon brûlée, girolles, pousses de tétragone. Assiette de chocolat, barre chocolatée au café, cappuccino glacé.

◆ Cet élégant château et son parc (vignes et jardin d'herbes aromatiques) sont parfaits pour un week-end de charme. Les chambres, de style contemporain, sont sophistiquées. Beaux moments culinaires au Meurin, où le chef signe des plats pleins de finesse.

Le Jardin d'Alice – Hôtel Le Château de Beaulieu

1098 rte de Lillers – ✆ 03 21 68 88 88 – www.lechateaudebeaulieu.fr

Rest – *(fermé dim. soir du 1er nov. au 1er mai)* (20 €) Menu 29/63 € bc – Carte 34/65 €

◆ Un beau Jardin d'Alice sur l'arrière du château de Beaulieu (baies vitrées et terrasse). Ambiance lounge – chaises tigrées, écrans plats – pour une belle cuisine traditionnelle.

LE BETTEX – 74 Haute-Savoie – 328 N5 – rattaché à St-Gervais-les-Bains

BEUIL – 06 Alpes-Maritimes – 341 C3 – 489 h. – alt. 1 450 m – Sports d'hiver : 1 470/2 100 m 26 – ✉ 06470 Alpes du Sud

41 D2

Paris 809 – Barcelonnette 80 – Digne-les-Bains 117 – Nice 79

quartier du Pissaïre ✆ 04 93 02 32 58

Site★ - Peintures★ de l'église.

L'Escapade

au village – ✆ 04 93 02 31 27 – www.hotelescapade.fr – Fermé 11-22 avril et 1er oct.-26 déc.

11 ch – 59/89 € 59/89 € – 14 € – ½ P 64/79 €

Rest – Menu 24/29 € – Carte 30/40 €

◆ Les chambres, petites et bien tenues, révèlent un décor dans l'esprit montagnard ; certaines sont mansardées, d'autres ont un balcon (côté sud). Au restaurant, sympathique intérieur campagnard agrémenté de vieux objets agricoles et généreuse cuisine régionale.

LA BEUNAZ – 74 Haute-Savoie – 328 M2 – rattaché à Bernex

BEUVRON-EN-AUGE – 14 Calvados – 303 L4 – 219 h. – alt. 11 m – ✉ 14430 Normandie Vallée de la Seine

33 C2

Paris 219 – Cabourg 14 – Caen 32 – Lisieux 25

Village★ - Clermont-en-Auge★ NE : 3 km.

Le Pavé d'Hôtes sans rest

Le bourg – ✆ 02 31 39 39 10 – www.pavedauge.com – Fermé 25 nov.-27 déc. et 1 sem. en fév.

7 ch – 77/122 € 84/129 €

◆ Paisible maison aménagée dans un ancien corps de ferme du 19e s., et dont les chambres épurées marient avec goût tradition et confort. Jus de pomme et confitures maison.

Le Pavé d'Auge (Jérôme Bansard)

– ✆ 02 31 79 26 71 – www.pavedauge.com – Fermé 21 nov.-27 déc., 20-28 fév., mardi sauf du 15 juil. au 31 août et lundi

Rest – Menu 37/65 €

Spéc. Saint-Jacques en cappuccino de champignons (oct. à mars). Pigeonneau rôti, royale d'abats, jus gras (sept. à mai). Soufflés. **Vins** Vin de pays du Calvados.

◆ Une atmosphère conviviale et typiquement normande (colombages, cheminée en pierre) imprègne ce restaurant occupant les anciennes halles. Cuisine traditionnelle, service soigné.

BEUZEVILLE – 27 Eure – 304 C5 – 3 508 h. – alt. 129 m – ✉ 27210 Normandie Vallée de la Seine

32 A3

Paris 179 – Bernay 38 – Deauville 26 – Évreux 76

52, rue Constant Fouché ✆ 02 32 57 72 10

à l'Ouest 3 km par N 175 – ✉ 14130 Quetteville

Hostellerie de la Hauquerie-Chevotel sans rest

Lieu-dit La Hocquerie – ✆ 02 31 65 62 40 – www.chevotel.com – Ouvert 15 mars-15 déc.

16 ch – 110/210 € 110/210 € – 2 suites – 14 €

◆ Atmosphère "cottage" en cet hôtel-haras dédié aux amis des pur-sang. Les chambres, dont le décor évoque des étalons renommés, s'ouvrent sur la verdure.

LES BÉZARDS – 45 Loiret – 318 N5 – ✉ 45290 12 D2

Paris 136 – Auxerre 79 – Gien 17 – Joigny 58

Auberge des Templiers

à 4 km de l'autoroute A 77, sortie 19 – ✆ 02 38 31 80 01 – www.lestempliers.com – Fermé 3 sem. en fév.

22 ch – †195/310 € ††195/310 € – 6 suites – 25 € – ½ P 180/235 €

Rest – Menu 45 €, 76/125 € – Carte 80/140 €

Spéc. Ravioles de girolles dans un velouté au jus de truffe (saison). Gibier de Sologne (saison). Entremets de l'Auberge. **Vins** Pouilly-Fumé, Sancerre.

♦ De beaux bâtiments à colombages, de superbes salons ; la grande tradition française ! Les cottages, disséminés dans le parc, sont bien agencés, avec du mobilier d'époque. Restaurant très chic, avec une terrasse entourée de rosiers. On y savoure de beaux classiques (homard, pigeon de Sologne, soufflé Rotschild).

BÈZE – 21 Côte-d'Or – 320 L5 – 709 h. – alt. 217 m – ✉ 21310 8 D2

Paris 337 – Dijon 34 – Dole 86 – Chenôve 47

Le Bourguignon

8 r. Porte-de-Bessey – ✆ 03 80 75 34 51 – www.lebourguignon.com – Fermé 24 oct.-22 nov.

25 ch – †47 € ††62 € – 8,50 € – ½ P 63 €

Rest – (14 €) Menu 22/40 € – Carte 35/52 €

♦ Convivialité assurée dans cet établissement regroupant trois bâtisses, dont une maison à pans de bois. Chambres bien tenues (préférez celles refaites, plus gaies). Logée derrière une façade Renaissance, la salle à manger rustique propose des plats du terroir.

BÉZIERS – 34 Hérault – 339 E8 – 72 245 h. – Agglo. 124 967 h. – alt. 17 m – ✉ 34500 Languedoc Roussillon 22 B2

Paris 758 – Marseille 234 – Montpellier 71 – Perpignan 93

de Béziers-Cap d'Agde : ✆ 04 67 80 99 09, 10 km par ④.

29, avenue Saint-Saëns ✆ 04 67 76 84 09

de Saint-Thomas Route de Pezenas, NE : 12 km, ✆ 04 67 39 03 09

Anc. cathédrale St-Nazaire★ : terrasse ≤★ - Musée du Biterois★ BZ M3 - Jardin St Jacques ≤★.

Plans pages suivantes

Mercure sans rest

33 av. Camille-St-Saëns – ✆ 04 67 00 19 96 – www.mercure.com CYf

58 ch – †120/147 € ††136/155 € – 14 €

♦ Hôtel moderne entre l'office de tourisme et le palais des congrès. Les chambres arborent un style "cabine de péniche du canal du Midi" : boiseries, hublots et formes arrondies !

Des Poètes sans rest

80 allées Paul-Riquet – ✆ 04 67 76 38 66 – www.hoteldespoetes.net – Fermé 30 déc.-4 janv. CZt

14 ch – †45/70 € ††45/70 € – 7 €

♦ Chambres contemporaines et soignées dans ce petit hôtel confortable du centre. La salle des petits-déjeuners, réchauffée l'hiver par une cheminée, s'ouvre sur le parc des Poètes.

Le Clos de Maussanne

rte de Pézenas, (Domaine de Montpeyraux) – ✆ 04 67 39 31 81 – www.leclosdemaussanne.com

5 ch – †92 € ††125 € **Table d'hôte** – Menu 28/45 €

♦ En pleine nature à 10mn du centre de Béziers, dans un jardin clos de murs, cet ancien couvent abrite de grandes chambres au charme inclassable (meubles de style et antiquités). Table d'hôte aux saveurs méditerranéennes.

L'Ambassade (Patrick Olry)

22 bd de Verdun, (face à la gare) – ✆ 04 67 76 06 24
– Fermé dim. et lundi CZ**n**

Rest – Menu 29 € (sem.)/105 € – Carte 45/60 €

Spéc. Figue fraîche et foie gras de canard poêlé sur tranche de pain d'épice. Tronçon de baudroie méditerranéenne, artichaut poivrade et escargots de mer en barigoule. Velours noir fruité, parfait au cassis, crémeux chocolat blanc. **Vins** Faugères, Coteaux du Languedoc.

◆ Une décoration résolument contemporaine (boiseries blondes, verre sablé), des plats savoureux et une carte des vins exceptionnelle : le "Tout-Béziers" s'y précipite !

Octopus (Fabien Lefebvre)

12 r. Boïeldieu – ✆ 04 67 49 90 00 – www.restaurant-octopus.com
– Fermé 16 août-1er sept., 24 déc.-3 janv., dim. et lundi CY**t**

Rest – (22 € bc) Menu 30/75 € – Carte 60/94 €

Spéc. Langoustine bretonne voilée de colonnata (printemps-été). Homard bleu distillé (été-automne). Cédrat de Méditerranée confit-givré (hiver). **Vins** Faugères, Corbières.

◆ Moment de gastronomie au cœur de Béziers : cet Octopus propose une savoureuse cuisine de saison, épurée et centrée sur le produit. Décor simple et agréable, terrasse dans le patio.

La Maison de Petit Pierre

22 av. Pierre-Verdier – ✆ 04 67 30 91 85 – www.lamaisondepetitpierre.fr – Fermé 17 août-4 sept , 24-30 decembre, 28 fév.-6 mars, lundi soir, mardi soir, merc. soir et dim. AX**d**

Rest – (15 €) Menu 23 € (déj.)/65 € – Carte 30/60 €

◆ Non loin des arènes, une maison de campagne aux allures d'hacienda, avec un grand patio très agréable l'été ! Cuisine actuelle ; bar à tapas.

BÉZIERS

Abreuvoir (R. de l') .... **BZ** 2
Albert-1er (Av.) .... **CY** 3
Bonsi (R. de) .... **BZ** 4
Brousse (Av. Pierre) .... **BZ** 5
Canterelles (R.) .... **BZ** 6
Capus (R. du) .... **BZ** 7
Citadelle (R. de la) .... **BZ** 9
Drs-Bourguet (R. des) ...... **BZ** 13
Estienne-d'Orves (Av. d') ... **BZ** 22
Flourens (R. Pierre) .... **BY** 23
Garibaldi (Pl.) .... **CZ** 26
Joffre (Av. Mar.) .... **CZ** 32
Massol (R.) .... **BZ** 43
Moulins (Rampe des) ...... **BY** 44
Orb (R. de l') .... **BZ** 47
Péri (Pl. G.) .... **BYZ** 49
Puits-des-Arènes (R. du) ... **BZ** 54
République (R. de la) ...... **BY** 55
Révolution (Pl. de la) .... **BZ** 57
Riquet (R. P.) .... **BY** 58
St-Jacques (R.) .... **BZ** 60
Strasbourg (Bd de) .... **CY** 64
Tourventouse (Bd) .... **BZ** 65
Victoire (Pl. de la) .... **BCY** 68
Viennet (R.) .... **BZ** 69
4-Septembre (R. du) .... **BY** 72
11-Novembre (Pl. du) ...... **CY** 74

à Villeneuve-lès-Béziers 7 km par ③, D 612 et D 37 – 3 586 h. – alt. 6 m – ✉ 34420

ℹ 24, rue la Fontaine ✆ 04 67 39 48 83

La Chamberte

r. de la Source – ✆ 04 67 39 84 83 – www.lachamberte.com – Fermé 1er-15 mars et 1er-21 nov.

5 ch – 72 € 102 € **Table d'hôte** – *(fermé lundi soir)* Menu 28/35 €

◆ Couverte de verdure, cette ancienne cave à vin séduit d'emblée par son beau jardin-patio, véritable havre de paix. Le décor est aussi tendance que chaleureux (influences andalouse, exotique...). Table d'hôte dressée sous une belle charpente (plats du marché).

à Maraussan 6 km à l'Ouest par D 14 – 3 180 h. – alt. 38 m – ✉ 34370

Parfums de Garrigues

37 r. de l'Ancienne-Poste – ✆ 04 67 90 33 76 – www.parfumsdegarrigues.fr – Fermé 12-21 avril, 25 oct.-4 nov., 16-24 fév., dim. soir de sept. à juin, lundi en juil.-août, merc. sauf le soir en juil. août et mardi

Rest – (20 €) Menu 25/83 € bc – Carte 33/50 €

◆ Une bâtisse joliment restaurée, comptant une confortable salle aux tons d'oc et une cour intérieure abritant une terrasse ombragée. Cuisine aux parfums de la garrigue, bien sûr !

BIARRITZ – 64 Pyrénées-Atlantiques – 342 C4 – 26 690 h. – alt. 19 m – Casino – ✉ 64200 Pays Basque et Navarre 3 A3

Paris 772 – Bayonne 9 – Bordeaux 190 – Pau 122

de Biarritz-Anglet-Bayonne : ✆ 05 59 43 83 83, 2 km ABX.

✆ 3635 et tapez 42 (0,34 €/mn)

square d'Ixelles - Javalquinto ✆ 05 59 22 37 00

de Biarritz 2 avenue Edith Cavell, NE : 1 km, ✆ 05 59 03 71 80

d'Ilbarritz à Bidart Avenue du Château, S : 3 km par D 911, ✆ 05 59 43 81 30

d'Arcangues à Arcangues Jaureguiborde, SE : 8 km, ✆ 05 59 43 10 56

≤★★ de la Perspective - ≤★ du phare et de la Pointe St-Martin AX - Rocher de la Vierge★ - Musée de la mer★.

Plans pages suivantes

Du Palais

≤ ch, rest,

1 av. de l'Impératrice – ✆ 05 59 41 64 00 – www.hotel-du-palais.com EYk

122 ch – †300/520 € ††375/595 € – 30 suites – ☐ 33 € – ½ P 283/393 €

Rest *La Villa Eugénie* – *(fermé fév., lundi et mardi et le midi en juil.-août)* Menu 125 € – Carte 95/125 €

Spéc. Txangurro, araignée de mer en fin velouté, croustillant au galanga (été-automne). Rougets en filets poêlés, chipirons et riz crémeux, sauce à l'encre au piment d'Espelette. L'instant au chocolat. **Vins** Irouléguy, Jurançon.

Rest *La Rotonde* – *(fermé fév.)* Menu 58 € – Carte 61/85 €

◆ Luxe et service de haut standing dans ce palais de bord de mer, offert par Napoléon III à sa femme Eugénie. Le style Empire domine dans les chambres. Magnifique spa. Salon feutré, cuisine actuelle et régionale à la Villa Eugénie. De la Rotonde, belle vue sur l'Océan pour apprécier des plats traditionnels.

Sofitel le Miramar Thalassa

13 r. L.-Bobet – ✆ 05 59 41 30 01 – www.thalassa.com AXk

109 ch ☐ – †180/875 € ††290/875 € – 17 suites

Rest *Le B* – ✆ 05 59 41 30 00 – (42 €) Menu 49 € bc/56 € – Carte 56/63 €

◆ Cet hôtel, situé face au rocher de la Vierge, abrite un centre de thalasso et un spa. Chambres spacieuses, certaines avec terrasse ouverte sur la mer ; accès direct à la plage. Au B, ambiance moderne ou feutrée. Cuisine gastronomique ou allégée.

Radisson Blu

rest,

1 carr. Hélianthe – ✆ *05 59 01 13 13 – www.radissonblu.fr/hotel-biarritz* DZt

150 ch – †99/325 € ††120/550 € – ☐ 23 € – ½ P 94/197 €

Rest – (17 €) Menu 32 € – Carte 26/43 €

◆ Décor actuel dans les chambres spacieuses de cet hôtel, mitoyen du spa Serge Betsen. Salle de jeux pour les enfants, grande terrasse et piscine sur le toit. Lounge-bar et restaurant d'esprit trendy. Cuisine fusion (cuissons à la plancha et grillades).

Beaumanoir sans rest

10 av. de Tamamès – ✆ *05 59 24 89 29 – www.lebeaumanoir.com – Ouvert de début avril à mi-nov.* AXn

5 ch – †285/425 € ††285/425 € – 3 suites – ☐ 24 €

◆ Mobilier baroque et design, salle à manger d'esprit orangeraie, bar à champagne et suites ! Un charme luxueux règne dans ces anciennes écuries, à deux pas du centre et des plages.

Le Café de Paris

5 pl. Bellevue – ✆ *05 59 24 19 53 – www.hmc-hotels.com* EYt

17 ch – †190/420 € ††250/430 € – 2 suites – ☐ 20 €

Rest – (21 €) Carte 35/85 €

◆ Ambiance jeune et animée dans cette institution de Biarritz au cadre résolument contemporain : mobilier design, murs ornés de peintures d'un artiste basque. Chambres avec vue sur l'Océan et le phare. Restaurant moderne avec belle terrasse ; carte brasserie.

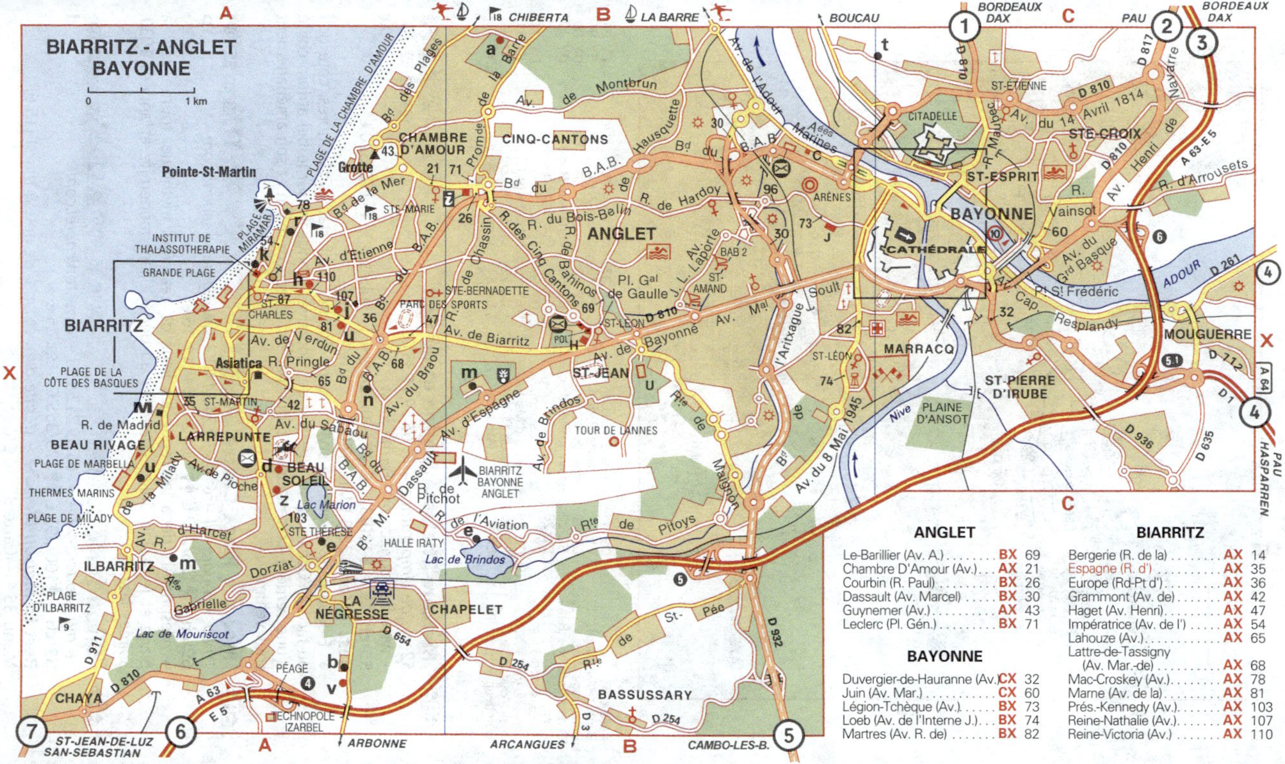

ANGLET

Le-Barillier (Av. A.)	BX	69
Chambre D'Amour (Av.)	AX	21
Courbin (R. Paul)	BX	26
Dassault (Av. Marcel)	BX	30
Guynemer (Av.)	AX	43
Leclerc (Pl. Gén.)	BX	71

BAYONNE

Duvergier-de-Hauranne (Av.)	CX	32
Juin (Av. Mar.)	CX	60
Légion-Tchèque (Av.)	BX	73
Loeb (Av. de l'Interne J.)	BX	74
Martres (Av. R. de)	BX	82

BIARRITZ

Bergerie (R. de la)	AX	14
Espagne (R. d')	AX	35
Europe (Rd-Pt d')	AX	36
Grammont (Av. de)	AX	42
Haget (Av. Henri)	AX	47
Impératrice (Av. de l')	AX	54
Lahouze (Av.)	AX	65
Lattre-de-Tassigny (Av. Mar.-de)	AX	68
Mac-Croskey (Av.)	AX	78
Marne (Av. de la)	AX	81
Prés.-Kennedy (Av.)	AX	103
Reine-Nathalie (Av.)	AX	107
Reine-Victoria (Av.)	AX	110

Mercure Thalassa Regina et du Golf

52 av. de l'Impératrice – ✆ 05 59 41 33 00 – www.mercure.com – Fermé janv. **AXr**

55 ch ☕ – 🚹120/320 € 🚹🚹140/420 € – 12 suites – ½ P 170/520 €

Rest – Menu 28 € (dîner)/40 € – Carte 45/59 €

◆ Élégante résidence de style Second Empire. Confortables chambres, côté golf ou face à l'Océan, desservies par des coursives plongeant sur le bel atrium coiffé d'une verrière. Le restaurant séduit par son joli décor marin et son aménagement sous vélum.

Mercure Plaza Centre sans rest

10 av. Édouard-VII – ✆ 05 59 24 74 00 – www.groupe-segeric.com **EYp**

69 ch – 🚹126/222 € 🚹🚹138/242 € – ☕ 16 €

◆ L'esprit Art déco imprègne les lieux de cet hôtel mythique, tourné vers la plage et le casino. Jolies chambres au décor alliant modernité et années 1930. Soirées jazz.

Grand Tonic Hôtel

58 av. Édouard-VII – ✆ 05 59 24 58 58 – www.tonichotel.com **EYd**

63 ch – 🚹100/295 € 🚹🚹125/355 € – ☕ 25 €

Rest *La Maison Blanche* – *(fermé dim. et lundi de nov. à mars)* (15 €)
Menu 35 € – Carte 35/50 €

◆ Un hôtel élégant et moderne à deux pas de la Grande Plage. Chambres au design soigné, équipées de baignoires hydromassantes pour des réveils toniques ! Agréable salle à manger contemporaine et cuisine en harmonie avec le cadre.

Édouard VII sans rest
21 av. Carnot – ✆ 05 59 22 39 80 – www.hotel-edouardvii.com EZ**k**
18 ch – †80/148 € ††80/148 € – ☕ 10 €
◆ Accueil sympathique en cette jolie villa biarrote de la fin du 18e s. Chambres claires, agréablement personnalisées dans un esprit maison bourgeoise.

Le Président sans rest
18 pl. G.-Clemenceau – ✆ 05 59 24 66 40 – www.mercure.com EY**b**
69 ch – †112/208 € ††124/228 € – ☕ 16 €
◆ Un hôtel des années 1970, mais une décoration et un confort très actuels : notes vives, surf à l'honneur et dominante de blanc dans les chambres (certaines avec vue sur la baie).

Alcyon sans rest
8 r. Maison-Suisse – ✆ 05 59 22 64 60 – www.hotel-alcyon-biarritz.com
– Fermé 2 janv.-10 mars EY**x**
15 ch – †80/105 € ††80/150 € – ☕ 11 €
◆ Cet hôtel marie charme des maisons anciennes et confort moderne : salon contemporain, salle des petits-déjeuners design et chambres aux tons chauds, dans l'air du temps.

Windsor
19 bd du Gén.-de-Gaulle, (Grande Plage) – ✆ 05 59 24 08 52
– www.hotelwindsorbiarritz.com EY**a**
48 ch – †80/265 € ††80/265 € – ☕ 13 € – ½ P 78/171 €
Rest *Le Galion* – ✆ 05 59 24 20 32 *(fermé dim. soir du 16 nov. au 29 fév., lundi sauf le soir du 1er juil. au 15 sept. et mardi midi)* (18 €) Menu 20/30 €
– Carte 42/58 €
◆ Océan, ville ou cour : l'exposition des chambres de cette bâtisse voisine de la Grande Plage varie. Préférez celles rénovées, modernes et épurées. Situé à 50 m, le restaurant panoramique offre une vue sur l'Atlantique. Plats traditionnels axés produits de la mer.

Biarritz rest,
30 av. de la Milady – ✆ 05 59 23 83 03 – www.hotel-lebiarritz.com AX**u**
49 ch – †90/130 € ††170/210 € – ☕ 12 € – ½ P 96/134 €
Rest – (16 €) Menu 26 € – Carte 26/44 €
◆ À deux pas des thermes marins (accessibles à des tarifs préférentiels), cet hôtel propose de confortables chambres contemporaines d'esprit bord de mer. Le Ponton ouvre grand ses baies sur l'Océan. Terrasse aux beaux jours et carte actuelle.

Maïtagaria sans rest
34 av. Carnot – ✆ 05 59 24 26 65 – www.hotel-maitagaria.com
– Fermé 22 nov.-13 déc. EZ**m**
15 ch – †55/74 € ††62/99 € – ☕ 9 €
◆ Demeure de style régional et d'esprit maison d'hôte. Le mobilier chiné des chambres (fonctionnelles ou plus confortables) est largement Art déco. Salon ouvert sur le jardin.

Maison Garnier sans rest
29 r. Gambetta – ✆ 05 59 01 60 70 – www.hotel-biarritz.com – Fermé 5-18 déc., 3-19 janv. EZ**e**
7 ch – †95/115 € ††100/170 € – ☕ 11 €
◆ Coquette villa biarrote du 19e s., agréablement aménagée. Mobilier ancien et décoration soignée font tout le cachet des chambres, assez grandes.

Marbella ch,
11 r. du Port-Vieux – ✆ 05 59 24 04 06 – www.hotel-marbella.fr DY**a**
29 ch – †83/160 € ††83/160 € – ☕ 10 € – ½ P 70/89 €
Rest *La Ruelle* – ✆ 05 59 24 84 56 – (13 €) Menu 19/33 € – Carte 40/50 €
◆ À quelques encablures du rocher de la Vierge et du musée de la Mer, un établissement d'esprit familial doté de chambres plaisantes et bien tenues. Cuisine régionale mettant le poisson à l'honneur ; cadre chaleureux et chatoyant.

Oxo sans rest
38 av. de Verdun – ✆ 05 59 24 26 17 – www.hotel-oxo.com – Fermé 21 déc.-4 janv. EYe
20 ch – 🚹65/80 € 🚹🚹70/95 € – ☕ 8 €
◆ Oxo... pour oxygène des montagnes et océan. Établissement situé sur un axe passant (face à la médiathèque) ; chambres d'esprit contemporain, mêlant gris souris et couleurs vives.

Villa Le Goëland sans rest
12 plateau de l'Atalaye – ✆ 05 59 24 25 76 – www.villagoeland.com
4 ch ☕ – 🚹140/260 € 🚹🚹150/300 € DYw
◆ Grande villa érigée sur l'un des sites les plus agréables de Biarritz : le panorama, superbe, va de l'Espagne à la côte landaise. Certaines chambres ont une terrasse.

Nere-Chocoa sans rest
28 r. Larreguy – ✆ 06 08 33 84 35 – www.nerechocoa.com AXe
5 ch – 🚹75/80 € 🚹🚹75/80 € – ☕ 9 €
◆ Cette maison basque entourée de chênes a hébergé des hôtes illustres, telle l'impératrice Eugénie. Ambiance galerie d'art contemporain (vernissages, expositions), grandes chambres.

La Ferme de Biarritz sans rest
15 r. Harcet – ✆ 05 59 23 40 27 – www.fermedebiarritz.com – Fermé 1er-16 déc.
5 ch – 🚹55/85 € 🚹🚹55/85 € – ☕ 8,50 € AXm
◆ Près de la plage, ferme basque du 17e s. bien restaurée. Coquettes chambres mansardées, agrémentées de meubles anciens. Petit-déjeuner dans le jardin ou devant la cheminée.

Philippe
30 av. du Lac-Marion – ✆ 05 59 23 13 12 – www.restaurantphilippe.fr – Fermé 2 sem. en mars, 2 sem. en nov., mardi d'oct. à juin et lundi sauf août
Rest – *(dîner seult) (nombre de couverts limité, prévenir)* AXd
Menu 35/65 € – Carte 50/65 €
◆ Cuisines ouvertes, plats inventifs à base de produits bio, décor avant-gardiste dans un cadre style hangar : ce restaurant surprend et séduit. Dépôt-vente d'art contemporain.

Les Rosiers (Andrée et Stéphane Rosier)
32 av. Beausoleil – ✆ 05 59 23 13 68 – www.restaurant-lesrosiers.fr – Fermé lundi et mardi sauf le soir en juil.-août AXz
Rest – Menu 36 € (déj. en sem.)/72 € – Carte 57/85 €
Spéc. Crabe et avocat en fine gelée de crustacés, mouillettes au citron confit. Merlu de ligne en croûte d'ail, mousseline de cocos piquillos, chipirons et jus de persil (printemps-automme). Moelleux au chocolat, coeur fondant à la confiture de lait, glace caramel au beurre demi sel. **Vins** Jurançon, Irouléguy.
◆ Cadre élégant, tout en sobriété, servant d'écrin à une séduisante cuisine "vérité" réalisée à quatre mains. Madame a été la première "Meilleure ouvrière de France" !

L'Atelier
18 r. de la Bergerie – ✆ 05 59 22 09 37 – www.latelierbiarritz.com – Fermé 1 sem. en juin, 2 sem. en oct., 2 sem. en janv., dim. soir et lundi sauf vacances scolaires et fériés AXh
Rest – (25 €) Menu 48/70 € – Carte environ 58 €
◆ Un véritable atelier culinaire, par un jeune chef qui va de l'avant ! On apprécie sa cuisine décomplexée, aux saveurs nettes et bien dosées, mâtinées de pointes acidulées.

Sissinou
5 av. Mar.-Foch – ✆ 05 59 22 51 50 – Fermé 26 juin-5 juil., vacances de la Toussaint et de fév., dim. et lundi sauf août et le midi en août EZn
Rest – (30 €) Menu 40 € (déj.)/55 €
◆ Agréable atmosphère néobistrot (banquettes, teintes chatoyantes, service décontracté) et recettes actuelles, généreuses et gourmandes.

XX **La Table d'Aranda**

87 av. de la Marne – 05 59 22 16 04 – www.tabledaranda.fr – Fermé 2 sem. en janv., lundi sauf le soir en juil.-août et dim. AX**j**

Rest – (15 €) Menu 20 € (déj.) – Carte 38/48 €

◆ Bon bouche à oreille pour cette table vouée à la satisfaction de vos papilles... Ambiance rustique et basque (ancienne rôtisserie) ; cuisine personnelle, autour du sucré-salé.

XX **Café de la Grande Plage**

1 av. Edouard-VII, (casino) – 05 59 22 77 77 – www.lucienbarriere.com

Rest – (22 €) Menu 27/30 € – Carte 29/47 € EY**h**

◆ Au rez-de-chaussée du casino, face à l'Océan, brasserie de style Art déco ornée de mosaïques. Vue idéale sur la plage et les surfeurs. Cuisine simple et banc d'écailler.

X **L'Instant**

4 r. du Port-Vieux – 05 59 24 84 65 – www.restaurant-linstant.com – Fermé 20 mars-6 avril, 4-15 déc., mardi et merc. sauf juil.-août DY**p**

Rest – (15 €) Menu 50 € – Carte 37/55 €

◆ Ce petit bistrot contemporain, niché au cœur d'un quartier touristique, propose une cuisine du marché fraîche, goûteuse et sincère, renouvelée tous les mois. Un bel instant !

X **Léonie**

7 av. Larochefoucauld – 05 59 41 01 26 – www.restaurant-leonie.com – Fermé 19 juin-3 juil., 27 nov.-11 déc., 20-27 mars, sam. midi, dim. soir et merc.

Rest – (15 €) Menu 24 € – Carte 30/45 € AX**u**

◆ Épure du blanc immaculé rehaussée de touches colorées (peintures et sculptures en exposition). Dans l'assiette : plats bistrotiers, simples, goûteux et généreux.

X **Le Clos Basque**

12 r. L.-Barthou – 05 59 24 24 96 – Fermé 21 juin-5 juil., 25 oct.-15 nov., 22 fév.-15 mars, dim. soir sauf juil.-août et lundi EY**v**

Rest – *(nombre de couverts limité, prévenir)* Menu 24/28 €

◆ Pierres apparentes et azulejos confèrent un esprit ibérique à la petite salle à manger, où l'on mange au coude-à-coude. Terrasse d'été très courue. Recettes dans l'air du temps.

X **Chez Albert**

au Port-des-Pêcheurs – 05 59 24 43 84 – www.chezalbert.fr – Fermé 21 nov.-15 déc., 6 janv.-12 fév. et merc. DY**v**

Rest – Menu 38 € – Carte 40/65 €

◆ Tous les chemins mènent à Rome ; une seule route conduit chez Albert. Adresse animée et décontractée du vieux port des pêcheurs ; les produits de la mer sont à l'honneur !

au lac de Brindos 4 km au Sud-Est – ✉ 64600 Anglet

Château de Brindos

1 allée du Château – 05 59 23 89 80 – www.chateaudebrindos.com – Fermé 15 fév.-5 mars BX**e**

24 ch – 175/275 € 220/335 € – 5 suites – 25 €

Rest – *(fermé dim. soir et lundi sauf de Pâques à la Toussaint)* (35 € bc) Menu 55/75 € – Carte 63/85 €

◆ Élégante bâtisse invitant au repos, située au bord d'un lac privé de 10 ha. Salons ornés de belles boiseries, chambres spacieuses tournées vers l'eau et luxueuses salles de bains. Cuisine au goût du jour servie dans la salle en rotonde. Terrasse sur les flots.

rte d'Arbonne 4 km au Sud par La Négresse et D 255 – ✉ 64200 Biarritz

Le Château du Clair de Lune sans rest

48 av. Alan-Seeger – 05 59 41 53 20 – www.hotelclairlune.com AX**b**

17 ch – 90/120 € 100/155 € – 10 €

◆ Dans un joli parc où flâner au clair de lune, charmante demeure bourgeoise (1902) abritant des chambres raffinées ; décor plus champêtre dans le pavillon.

Campagne et Gourmandise

52 av. Alan-Seeger – ✆ 05 59 41 10 11 – www.campagneetgourmandise.com – Fermé 12 juil.-31 août, dim. soir, lundi midi et merc. AX**v**

Rest – Menu 36/72 € – Carte 50/80 €

◆ Cette ancienne ferme nichée dans un vaste jardin, face aux Pyrénées, propose une cuisine classique actualisée. Salle cosy, belle cheminée et jolie terrasse.

à Arbonne 7 km au Sud par La Négresse et D 255 – 1 784 h. – alt. 37 m – ✉ 64210

Laminak sans rest

rte de St-Pée – ✆ 05 59 41 95 40 – www.hotel-laminak.com

12 ch – †73 € ††87/103 € – ☕ 10 €

◆ Jolie ferme du 18e s. dans un jardin verdoyant. Chambres au décor soigné ; petits-déjeuners (confitures maison) servis sous la véranda, ouverte sur la piscine.

à Arcangues 8 km par La Négresse, D 254 et D 3 – 2 985 h. – alt. 80 m – ✉ 64200

ℹ le bourg ✆ 05 59 43 08 55

Les Volets Bleus sans rest

chemin Etchegaraya, 2 km au Sud sur ancienne rte de St-Pée – ✆ 06 07 69 03 85 – www.lesvoletsbleus.fr – Fermé janv. et fév.

5 ch ☕ – †98/160 € ††98/170 €

◆ Quiétude, verdure, authenticité : les atouts de cette villa basque perdue en pleine campagne. Matériaux nobles, chambres spacieuses aux murs patinés, tomettes et boutis.

Le Moulin d'Alotz (Benoît Sarthou)

3 km au Sud par rte d'Arbonne et rte secondaire – ✆ 05 59 43 04 54 – Fermé 20-29 juin, 2-31 janv., merc. sauf le soir en juil.-août et mardi

Rest – *(nombre de couverts limité, prévenir)* Carte environ 65 €

Spéc. Homard caramélisé, pinces croustillantes et foie chaud. Poularde cuite à plat sur peau croustillante, haricots plats et girolles. Gâteau frangipane à la pistache, crème glacée à la verveine. **Vins** Irouléguy.

◆ Ce coquet moulin basque daterait de 1694. Cuisine de saison, inventive et raffinée, à déguster au coin du feu dès les premiers frimas, ou sur la plaisante terrasse l'été venu.

*Voir aussi ressources hôtelières à **Anglet***

BIDARRAY – 64 Pyrénées-Atlantiques – 342 D3 – 637 h. – alt. 110 m 3 A3

– ✉ 64780 Pays Basque et Navarre

Paris 799 – Biarritz 37 – Cambo-les-Bains 17 – Pau 127

Ostapé

rte d'Itxassou, 4 km au Nord par D 349 – ✆ 05 59 37 91 91 – www.ostape.com – Ouvert d'avril à mi-nov.

22 suites – ††140/410 € – ☕ 22 €

Rest – *(fermé mardi et le midi en sem. de sept. à juin)* Menu 38/69 € – Carte 51/61 €

◆ Plusieurs villas de style basque qui se fondent littéralement dans le paysage – un parc de 45 ha que l'on parcourt en golfette ! Chambres spacieuses et raffinées, piscine, fitness... Cuisine gastronomique servie dans le décor d'une maison de maître du 17e s.

BIDART – 64 Pyrénées-Atlantiques – 342 C4 – 5 614 h. – alt. 40 m 3 A3

– ✉ 64210 Pays Basque et Navarre

Paris 778 – Bayonne 17 – Biarritz 7 – Pau 122

ℹ rue d'Erretegia ✆ 05 59 54 93 85

d'Ilbarritz Avenue du Château, N : 3 km par N 10 et D 911, ✆ 05 59 43 81 30

Chapelle Ste-Madeleine ✳★.

Villa L'Arche sans rest

chemin Camboénéa – 05 59 51 65 95 – www.villalarche.com – Ouvert 16 fév.-20 nov.

8 ch – 115/275 € 115/275 € – 14 €

◆ Une grande villa ornée de mosaïques bleues, comme un Gaudí sur la falaise. L'intérieur a été entièrement refait dans un style design ; accès direct à la plage par un petit chemin.

L'Hacienda sans rest

50 r. Bassilour, 3 km au Sud par N10, rte Ahetze et rte secondaire – 05 59 54 92 82 – www.hacienda-bidart.com – Ouvert avril-nov.

14 ch – 115/170 € 115/180 € – 12 €

◆ Cette jolie demeure a comme un petit air espagnol. À l'intérieur, tout est charmant, fleuri et romantique. Les chambres évoquent les fleurs, les couleurs, le ciel, le miel...

Ouessant-Ty sans rest

3 r. Erretegia – 05 59 54 71 89 – www.ouessantty.com

12 ch – 55/105 € 55/105 € – 8,50 €

◆ Un bâtiment tout blanc avec des volets bleus au centre du village, à deux pas des plages. Grandes chambres meublées de rotin et appart-hôtels à la semaine. Crêperie attenante.

Irigoian sans rest

av. de Biarritz – 05 59 43 83 00 – http://www.irigoian.com

5 ch – 95/120 € 95/120 € – 9 €

◆ Ferme du 17e s. aux colombages bleus, typiquement basque, près d'un golf et de la plage. Jolies chambres simples, spacieuses et habillées de teintes pastel. Accueil convivial.

Table et Hostellerie des Frères Ibarboure (Jean-Philippe et Xabi Ibarboure) avec ch

ch,

chemin de Ttalienea, 4 km au Sud par D 810, rte Ahetze et rte secondaire – 05 59 54 81 64 – www.freresibarboure.com – Fermé 14 nov.-1er déc. et 2-19 janv.

12 ch – 115/230 € 130/230 € – 14 €

Rest – *(fermé merc. de sept. à juin, dim. soir sauf août et lundi midi en juil.-août)* Menu 37 € (déj. en sem.), 55/103 € – Carte 67/108 €

Spéc. Craquelon de tourteau façon txangurro. Poularde en deux services. Dégustation de grands crus de chocolat. **Vins** Irouléguy, Jurançon.

◆ Grande demeure basque aux murs ocre, dans un joli parc planté de pins. En terrasse ou dans les salles feutrées d'esprit contemporain, on savoure une cuisine classique actualisée, inspirée du terroir. Spacieuses chambres personnalisées, au grand calme.

BIEF – 25 Doubs – **321** K3 – rattaché à Villars-sous-Dampjoux

---

BIELLE – 64 Pyrénées-Atlantiques – **342** J6 – 460 h. – alt. 448 m – 64260 Aquitaine **3** B3

Paris 803 – Laruns 9 – Lourdes 43 – Oloron-Ste-Marie 26

L'Ayguelade

rest, rest,

1 km par rte de Pau – 05 59 82 60 06 – www.hotel-ayguelade.com – Fermé janv., sam. midi et merc. sauf juil.-août et mardi soir

10 ch – 50 € 50/62 € – 8 € – ½ P 49/53 €

Rest – (16 €) Menu 18 €, 23/40 € – Carte 35/45 €

◆ Hôtel situé sur la route d'Espagne, entièrement rénové en 2010. Chambres fonctionnelles et douillettes (tissus et murs colorés). Cuisine traditionnelle servie sous une véranda ou dans la salle à manger, fraîche et pimpante.

BIESHEIM – 68 Haut-Rhin – **315** J8 – rattaché à Neuf-Brisach

---

BIGNAN – 56 Morbihan – **308** O7 – rattaché à Locminé

BILLIERS – 56 Morbihan – 308 Q9 – 892 h. – alt. 20 m – ✉ 56190 10 C3

Paris 461 – La Baule 42 – Nantes 87 – Redon 39

Domaine de Rochevilaine

à la Pointe de Pen Lan , 2 km par D 5 – ✆ 02 97 41 61 61 – www.domainerochevilaine.com

34 ch – 155/440 € 155/440 € – 4 suites – 22 € – ½ P 150/418 €

Rest – Menu 40 € (déj. en sem.), 74/134 € bc – Carte 75/105 €

Spéc. Expression bretonne au gré du retour de pêche. Homard bleu de casier sauce coraillée. Les desserts bretons revisités.

◆ Hameau de belles demeures bretonnes et centre de balnéothérapie ancrés sur une pointe rocheuse face à l'océan. Chambres spacieuses et personnalisées. Carte classique actualisée, proposée dans un cadre mêlant boiseries, miroirs, tissus rouges, et surplombant les flots.

Les Glycines sans rest

17 pl. de l'Église – ✆ 06 11 86 07 52 – www.les-glycines-billiers.com

5 ch – 84/104 € 92/112 €

◆ Maison tout de bleu et de blanc sur la place du village. Salon avec piano, rempli de livres, bibelots et tableaux. Chambres hautes en couleur ; salle de jeu pour les enfants.

BILLY – 41 Loir-et-Cher – 318 G8 – 792 h. – alt. 90 m – ✉ 41130 11 B1

Paris 252 – Blois 40 – Châteauroux 62 – Orléans 127

Le Pont de Sauldre

2 r. Nationale, 2 km au Nord rte de Selles-sur-Cher – ✆ 02 54 96 21 65 – fermé dim. soir et lundi

Rest – Menu 17/40 € – Carte 32/39 €

◆ Galantine, jambon de pays, fromages de chèvre de la région, tarte au citron... Ode à la tradition dans une jolie salle aux murs vermillon. Bons produits frais et prix doux !

BILLY – 03 Allier – 326 H5 – 852 h. – alt. 250 m – ✉ 03260 Auvergne 6 C1

Paris 344 – Clermont-Ferrand 83 – Moulins 47 – St-Étienne 157

rue du Château ✆ 04 70 43 51 51

Auberge du Pont

1 rte de Marcenat – ✆ 04 70 43 50 09 – www.auberge-du-pont-billy.com

Rest – (15 €) Menu 18 € (déj. en sem.), 28/60 € bc

◆ Esprit bistrot gourmand pour cette auberge conviviale tenue par deux jeunes chefs déjà expérimentés. Au menu : produits de saison et simplicité, pour un maximum de goût.

BIOT – 06 Alpes-Maritimes – 341 D6 – 8 791 h. – alt. 80 m – ✉ 06410 42 E2

Côte d'Azur

Paris 910 – Antibes 6 – Cagnes-sur-Mer 9 – Cannes 17

46, rue Saint-Sébastien ✆ 04 93 65 78 00

de Biot Avenue Michard Pelissier, S : 1 km, ✆ 04 93 65 08 48

Musée national Fernand Léger★★ - Retable du Rosaire★ dans l'église.

Domaine du Jas sans rest

625 rte de la Mer , D 4 – ✆ 04 93 65 50 50 – www.domainedujas.com – Fermé déc. à fév.

19 ch – 80/100 € 90/225 € – 12 €

◆ Mignonnes chambres provençales (dont trois familiales et un duplex) avec balcon ou terrasse donnant sur la piscine, le jardin ou le village de Biot : vivez au rythme du Sud !

XXX **Les Terraillers** (Michaël Fulci)

11 rte Chemin-Neuf , au pied du village – ✆ 04 93 65 01 59 – www.lesterraillers.com – Fermé nov., merc. et jeudi

Rest – (39 €) Menu 55 € bc (déj.), 65/110 € – Carte 90/118 €

Spéc. Langoustines tièdes aux perles de caviar. Agneau en déclinaison, côte et selle sur lit de semoule virtuelle, jus d'agneau. Fraises des bois sur tarte renversée, mousseline de framboise et sorbet verveine (printemps-été). **Vins** Côtes de Provence, Bandol.

◆ Poterie du 16e s. où vous choisirez de savourer une cuisine aux accents du Sud dans la belle salle à manger voûtée, l'ancien four transformé en petit salon ou la terrasse en été.

X **Chez Odile**

au village, chemin des Bachettes – ✆ 04 93 65 15 63 – Fermé déc., janv., le midi en juil.-août, merc. et jeudi hors saison

Rest – (20 €) Carte 32/46 €

◆ Peynet avait son rond de serviette dans cette auberge rustique élevée au rang d'institution locale. Odile, joviale et passionnée, annonce le menu oralement (recettes du pays).

BIOULE – 82 Tarn-et-Garonne – 337 F7 – 878 h. – alt. 84 m – ✉ 82800 — 28 B2

Paris 613 – Cahors 53 – Montauban 22 – Toulouse 75

Les Boissières rest, VISA AE

708 rte de Caussade – ✆ 05 63 24 50 02 – www.lesboissieres.com – Fermé en août, vacances de la Toussaint, en janv., sam. midi, dim. soir et lundi

8 ch – †75/115 € ††75/115 € – ☕ 10 € – ½ P 68/79 €

Rest – *(fermé deux sem. en août, vacances de Toussaint, deux sem. en janv., sam. midi, dim. soir et lundi)* (21 €) Menu 29/55 € – Carte environ 54 €

◆ Composée d'une maison de maître (19e s.) et de son étable (18e s.) en briques rouges, cette hôtellerie, entourée par un parc, propose des chambres aux styles rustique et actuel. Salle à manger complétée par une pergola aux beaux jours. Cuisine dans l'air du temps.

BIRIATOU – 64 Pyrénées-Atlantiques – 342 B4 – rattaché à Hendaye

---

BIRKENWALD – 67 Bas-Rhin – 315 I5 – 281 h. – alt. 295 m – ✉ 67440 — 1 A1

Paris 461 – Molsheim 23 – Saverne 12 – Strasbourg 34

Au Chasseur rest, VISA AE

7 r. de l'Église – ✆ 03 88 70 61 32 – Fermé 20 déc.-15 janv.

19 ch – †65/70 € ††90/95 € – 3 suites – ☕ 15 € – ½ P 70/97 €

Rest – *(fermé mardi midi, merc. midi et lundi)* Menu 15 € (déj. en sem.), 28/65 € – Carte 33/64 €

◆ Dans un charmant village, une auberge régionale chaleureuse, proposant de belles chambres contemporaines, certaines tournées vers les Vosges. Le restaurant est élégant (beau plafond peint) et savoureux : rognons aux spaetzele maison, foie gras au gewurztraminer...

BIRON – 24 Dordogne – 329 G8 – 178 h. – alt. 200 m – ✉ 24540 — 4 C2

Paris 625 – Agen 76 – Bordeaux 172 – Périgueux 100

Le Prieuré sans rest VISA

– ✆ 05 53 61 93 03 – www.leprieurebiron.com – Fermé janv.

5 ch ☕ – †110/150 € ††120/160 €

◆ Historique ! De belles chambres dans les dépendances d'un château, avec vue imprenable sur la campagne. Magnifique cheminée en bois dans la "Cardinal".

BISCARROSSE – 40 Landes – 335 E8 – 12 031 h. – alt. 22 m – Casino – ✉ 40600 Aquitaine — 3 B2

Paris 656 – Arcachon 40 – Bayonne 128 – Bordeaux 74

55, place Georges Dufau ✆ 05 58 78 20 96

18 de Biscarrosse 400, avenue du Golf, E : 9 km par D 83 et D 305, ✆ 05 58 09 84 93

à Ispe **6 km au Nord par D 652 et D 305 – ✉ 40600 Biscarosse**

La Caravelle
5314 rte des lacs – ✆ 05 58 09 82 67 – www.lacaravelle.fr
– Ouvert 1er mars-1er nov.
15 ch – 48 € 73/113 € – 8 € – ½ P 67/82 €
Rest – *(fermé lundi midi et mardi midi sauf juil.-août)* Menu 16/40 €
– Carte 26/65 €
◆ Au bord du lac, une ancienne guinguette transformée en hôtel-restaurant après la Seconde Guerre mondiale. Quelques chambres offrent une belle vue sur les flots. Une annexe à 100 m. Véranda panoramique et terrasse au restaurant ; cuisine régionale.

Au Golf **7 km au Nord-Ouest par D 652 et D 305**

Le Parcours Gourmand
av. du Golf – ✆ 05 58 09 84 84 – www.biscarrossegolf.com
– Fermé 3 janv.-10 fév., mardi soir hors saison, dim. soir et lundi
Rest – (14 €) Menu 17 € (déj.), 28/32 €
◆ Carte classique valorisant les produits locaux servie dans ce restaurant posé sur le golf, au milieu d'une pinède. Élégant intérieur épuré et terrasse avec vue sur les greens.

BITCHE – 57 Moselle – 307 P4 – 5 607 h. – alt. 300 m – ✉ 57230 — 27 D1
Alsace Lorraine

Paris 438 – Haguenau 43 – Sarrebourg 62 – Sarreguemines 33
4, rue du glacis du Château ✆ 03 87 06 16 16
Holigest Golf de Bitche 2 rue des Prés, E : 1 km par D 662, ✆ 03 87 96 15 30
Citadelle★ - Ligne Maginot : Gros ouvrage du Simserhof★ O : 4 km.

Le Strasbourg (Lutz Janisch) avec ch
24 r. Col-Teyssier – ✆ 03 87 96 00 44 – www.le-strasbourg.fr – Fermé 1er-10 janv., vacances de fév., 24-31 juil. et vacances de la Toussaint
10 ch – 50 € 60/70 € – 10 €
Rest – *(fermé dim. soir, mardi midi et lundi)* Menu 21 € (sem.), 31/55 €
– Carte 39/58 €
Spéc. Foie gras d'oie servi à la cuillère. Cuisses de grenouille fraîches parfumées à l'ail confit. Variation surprise autour du chocolat. **Vins** Pinot gris de Moselle, Pinot noir d'Alsace.
◆ Dans une lumineuse salle à manger d'esprit Art déco, dégustez la séduisante cuisine du chef, soignée et généreuse. Les prix savent rester sages. Confortables chambres discrètement personnalisées (Afrique, Asie, Provence, etc.).

La Tour
3 r. de la Gare – ✆ 03 87 96 29 25 – Fermé 24 janv.-8 fév., mardi soir et lundi
Rest – (9 €) Menu 13 € (sem.), 23/60 € bc – Carte 25/70 €
◆ Entre gare et centre-ville, grande bâtisse flanquée d'une tourelle. Une décoration d'inspiration Belle Époque rend attrayantes les trois salles à manger. Carte au goût du jour.

BIZANET – 11 Aude – 344 I4 – 1 233 h. – alt. 42 m – ✉ 11200 — 22 B3

Paris 802 – Beziers 46 – Carcassonne 49 – Narbonne 15
Mairie ✆ 04 68 45 11 85

La Table du Château
16 r. de Paris – ✆ 04 68 93 51 19 – www.latableduchateau.fr
– Fermé 15 fév.-15 mars, 1er-7 nov., mardi de nov. à Pâques sam. midi d'avril à oct. et lundi
Rest – (16 €) Menu 29/34 € – Carte 29/49 €
◆ Au cœur d'un petit village des Corbières, restaurant familial au décor méridional. Cuisine traditionnelle avec des touches actuelles. Agréable patio-terrasse aux beaux jours.

BIZANOS – 64 Pyrénées-Atlantiques – 342 J3 – rattaché à Pau

BIZE-MINERVOIS – 11 Aude – **344** I3 – 1 042 h. – alt. 58 m – ✉ 11120 **22** B2

Paris 792 – Béziers 33 – Carcassonne 49 – Narbonne 22

La Bastide Cabezac

18 Hameau de Cabezac, 3 km au Sud par D 5 – ✆ 04 68 46 66 10 – www.la-bastide-cabezac.com – Fermé 8-30 nov. et 15-28 fév.

12 ch – 85/130 € 85/130 € – 12 €

Rest – *(fermé mardi et merc. du 16 sept. au 14 juin, lundi midi, jeudi midi et sam. midi)* (15 €) Menu 28/87 € bc – Carte environ 47 €

◆ Ancien relais de poste du 18e s. repris par un jeune couple enthousiaste. Aménagements et décor soignés (meubles régionaux, tons chaleureux) en font un plaisant lieu de séjour. Au restaurant, cuisine actuelle inspirée par les saveurs du Sud. Vins locaux.

BLAGNAC – 31 Haute-Garonne – **343** G3 – rattaché à Toulouse

BLAINVILLE-SUR-MER – 50 Manche – **303** C5 – 1 525 h. – alt. 26 m **32** A2 – ✉ 50560

Paris 347 – Caen 116 – St-Lô 41

12 bis, route de la mer ✆ 02 33 07 90 89

Le Mascaret (Philippe Hardy) avec ch

1 r. de Bas – ✆ 02 33 45 86 09 – www.restaurant-lemascaret.fr – Fermé 23 nov.-5 déc. et 2-28 janv.

5 ch – 95/110 € 105/195 € – 17 €

Rest – *(fermé dim. soir et merc. soir sauf du 15 juil. au 30 août et lundi)* (25 €) Menu 39/78 € – Carte 70/85 €

Spéc. Ormeaux sauvages et cerfeuil tubéreux (nov.-déc.). Turbot de ligne au jus d'étrilles et légumes des sables. Macaron de pomme givré au nitrogène liquide et nectar de chocolat chaud.

◆ Une cour, un jardin d'herbes aromatiques et une cuisine précise et créative, conjuguant avec bonheur les saveurs "terre et mer", font tout le charme de cette maison du 18e s. Chambres originales et baroques (mélange de motifs, baignoire décorative). Espace bien-être pour la relaxation.

LE BLANC – 36 Indre – **323** C7 – 6 927 h. – alt. 85 m – ✉ 36300 **11** B3

Limousin Berry

Paris 326 – Bellac 62 – Châteauroux 61 – Châtellerault 52

place de la Libération ✆ 02 54 37 05 13

Le Cygne

8 av. Gambetta – ✆ 02 54 28 71 63 – Fermé 19 juin-5 juil., 2-10 janv., dim. soir, lundi et mardi

Rest – *(nombre de couverts limité, prévenir)* Menu 20/44 € – Carte 35/56 €

◆ Non loin de l'église réputée pour ses guérisons miraculeuses, agréable restaurant aux tables soigneusement dressées. La cuisine, au goût du jour, évolue au gré du marché.

LE BLANC-MESNIL – 93 Seine-Saint-Denis – **305** F7 – **101** 17 – voir à Paris, Environs (Le Bourget)

BLANGY-SUR-BRESLE – 76 Seine-Maritime – **304** J2 – 3 171 h. **33** D1 – alt. 70 m – ✉ 76340

Paris 156 – Abbeville 29 – Amiens 56 – Dieppe 55

1, rue Checkroun ✆ 02 35 93 52 48

Les Pieds dans le Plat

27 r. St-Denis – ✆ 02 35 93 38 36 – Fermé vacances de fév., jeudi soir, dim. soir et lundi

Rest – (14 €) Menu 16 € (sem.), 25/34 € – Carte 24/46 €

◆ Pimpante et lumineuse salle à manger égayée de tableaux d'un artiste local et d'originales fleurs en verre. Ambiance conviviale et cuisine du terroir, généreuse et soignée.

BLANQUEFORT – 33 Gironde – **335** H5 – rattaché à Bordeaux

BLANZY – 71 Saône-et-Loire – **320** G9 – rattaché à Montceau-les-Mines

BLENDECQUES – 62 Pas-de-Calais – **301** G3 – rattaché à St-Omer

BLÉNEAU – 89 Yonne – **319** A5 – 1 476 h. – alt. 200 m – ✉ 89220 **7** A1

Paris 156 – Auxerre 56 – Clamecy 59 – Gien 30

2, rue Aristide Briand ✆ 03 86 74 82 28

Château de St Fargeau★★ Bourgogne

Blanche de Castille

17 r. d'Orléans – ✆ 03 86 74 92 63 – www.hotelblanchecastille.facite.com

13 ch – †50/80 € ††50/80 € – ☐ 8 € – ½ P 59 €

Rest – *(fermé 7-15 sept., 23 déc.-5 janv., dim. et jeudi)* (8 €) Menu 12 € (déj.)/26 € – Carte 26/45 €

◆ Un hôtel familial, dans un ancien relais de poste. Les chambres répondent aux doux noms de Blanche, Aurore ou Léonie ; celles du dernier étage sont mansardées. À la carte, escargots, andouillette et gigot à déguster dans un cadre classique ou en terrasse.

Auberge du Point du Jour

pl. de la Mairie – ✆ 03 86 74 94 38 – www.aubergepointdujour.com – Fermé 1er-5 janv., dim. soir et lundi

Rest – (12 €) Menu 21/29 € – Carte 35/45 €

◆ Poutres apparentes, belles boiseries et fleurs fraîches rendent ce petit restaurant bien agréable. Cuisine traditionnelle régionale ; formule bistrot le midi en semaine.

BLÉNOD-LÈS-PONT-À-MOUSSON – 54 Meurthe-et-Moselle – **307** H5 – rattaché à Pont-à-Mousson

BLÉRÉ – 37 Indre-et-Loire – **317** O5 – 5 048 h. – alt. 59 m – ✉ 37150 **11** A1
Châteaux de la Loire

Paris 234 – Blois 48 – Château-Renault 36 – Loches 25

8, rue Jean-Jacques Rousseau ✆ 02 47 57 93 00

Cheval Blanc rest,

pl. de l'Église – ✆ 02 47 30 30 14 – www.lechevalblancblere.com – Fermé 13-23 nov. et 2 janv.-9 fév.

12 ch – †66 € ††69 € – ☐ 10 €

Rest – *(fermé vend. midi, dim. soir et lundi sauf fériés) (prévenir)* Menu 27 € (sem.), 45/62 € – Carte 52/70 €

◆ Une demeure de caractère (17e s.), dont les chambres et le jardin fleuri ont conservé le charme d'antan. Concession à la modernité : la piscine ! Le restaurant est agréable, idéal pour déguster une cuisine classique et des vins du Val de Loire.

à l'Ouest 6 km par D 976 et rte secondaire – ✉ 37270

La Boulaye

lieu-dit La Boulaye – ✆ 02 47 50 29 21 – www.laboulaye.fr – Fermé vacances de Toussaint, de Noël et de fév., merc. sauf le soir de mai à sept. et mardi

Rest – (20 €) Menu 25/34 €

◆ Il faut se perdre un peu dans la campagne pour trouver cette grange du 17e s. La patronne cuisine des plats personnels, généreux et aromatiques, où même la simplicité régale...

BLÉRIOT-PLAGE – 62 Pas-de-Calais – **301** E2 – rattaché à Calais

BLESLE – 43 Haute-Loire – **331** B2 – 657 h. – alt. 520 m – ✉ 43450 **5** B3
Auvergne

Paris 484 – Aurillac 92 – Brioude 23 – Issoire 39

place de l'Église ✆ 04 71 76 26 90

Église St-Pierre★.

La Bougnate

pl. Vallat – ✆ 04 71 76 29 30 – www.labougnate.com – Fermé déc.-janv. et lundi d'oct. à avril

8 ch – †60/95 € ††60/95 € – ☕ 9 € – ½ P 75 € **Rest** – (17 €) Carte 21/30 €

◆ Paisible et charmante auberge installée dans une vraie maison de village. Chambres simples et coquettes ; celles de la petite tour sont assez pittoresques. Boutique d'artisanat. À table, joli décor rustique, cuisine du terroir et vins choisis.

BLIENSCHWILLER – **67 Bas-Rhin** – **315** I6 – **293 h.** – **alt. 230 m** **2** C1
– ✉ **67650**

Paris 504 – Barr 51 – Erstein 26 – Obernai 19

4, rue du Winzenberg ✆ 03 88 92 40 16

Winzenberg sans rest

58 rte des Vins – ✆ 03 88 92 62 77 – www.winzenberg.fr – Fermé 13 mars-15 avril, 30 juil.-8 août et 24 déc.-3 janv.

11 ch – †42/50 € ††45/55 € – ☕ 7 €

◆ Façade très fleurie, jolie cour intérieure, chambres coquettes (mobilier en bois peint) : un certain cachet dans cet hôtel familial aménagé dans une ancienne maison de vigneron.

Le Pressoir de Bacchus

50 rte des Vins – ✆ 03 88 92 43 01 – Fermé 1er-15 juil., 2 sem. en fév., lundi soir, merc. midi et mardi

Rest – *(nombre de couverts limité, prévenir)* (15 €) Menu 25/46 € – Carte 31/52 €

◆ Cuisine régionale (avec un zeste d'originalité) et carte mettant à l'honneur les 27 vignerons du village ! Un endroit soigné, mêlant notes alsaciennes et âme bistrotière.

BLOIS P – **41 Loir-et-Cher** – **318** E6 – **48 487 h.** – **Agglo. 116 544 h.** **11** A1
– **alt. 73 m** – ✉ **41000** Châteaux de la Loire

Paris 182 – Le Mans 111 – Orléans 61 – Tours 66

23, place du Château ✆ 02 54 90 41 41

18 du Château de Cheverny à Cheverny La Rousselière, par rte de Cheverny : 15 km, ✆ 02 54 79 24 70

Château★★★ : musée des Beaux-Arts★ - Le Vieux Blois★ : Église St-Nicolas★ - Cour avec galeries★ de l'hôtel d'Alluye YZ **E** - Jardins de l'Evêché ≤★ - Jardin des simples et des fleurs royales ≤★ **L** - Maison de la Magie Robert-Houdin★.

Plan page suivante

Mercure Centre

28 quai St-Jean – ✆ 02 54 56 66 66 – www.mercure.com Y**f**

96 ch – †105/200 € ††115/240 € – ☕ 15 €

Rest – (21 €) Menu 28/30 € – Carte 30/50 €

◆ Chambres contemporaines et suites originales, en partie desservies par une coursive ouvrant sur un atrium. Bar, piscine, sauna et hammam. Petite vue sur la Loire. Le restaurant est tourné vers le fleuve ; intéressante sélection de vins au verre.

Monarque

61 r. Porte-Chartraine – ✆ 02 54 78 02 35 – www.annedebretagne.free.fr – Fermé 19 déc.-24 janv. Y**a**

22 ch – †58/60 € ††58/60 € – ☕ 8 € – ½ P 52 €

Rest – (11 €) Menu 18/28 € – Carte environ 26 €

◆ Non loin du centre piéton, un hôtel accueillant dans une bâtisse du 19e s. Décor sobre et contemporain, avec partout de nombreuses affiches de Tintin, la passion du patron ! Formules et menus traditionnels au restaurant.

Ibis sans rest

3 r. Porte-Côté – ✆ 02 54 74 01 17 – www.ibishotel.com Z**x**

56 ch – †63/92 € ††63/92 € – ☕ 8 €

◆ Une adresse centrale, dans un ancien hôtel particulier. Chambres fonctionnelles et bien insonorisées, accès Internet gratuit.

BLOIS

Abbé-Grégoire (Quai de l'). Z 2
Anne-de-Bretagne (R.) . . . . Z 3
Augustin Thierry (Sq.) . . . . Z 4
Balzac (R. H. de) . . . . V 5
Beauvoir (R.) . . . . Y 6
Bourg-St-Jean (R. du) . . . . Y 10
Cartier (R. R.) . . . . V 13
Chemonton (R.) . . . . Y 16
Clouseau (Mail) . . . . Y 17
Commerce (R. du) . . . . Z
Cordeliers (R. des) . . . . . . Y 18
Curie (R. Pierre et Marie) . X 19
Déportés (Av. des) . . . . . . X 78
Dion (R. R.) . . . . V 20
Dupuis (Bd D.) . . . . X 21
Fontaine-des-Élus (R.) . . . . Z 22
Fossés-du-Château
(R. des) . . . . Z 23
Gambetta (Av.) . . . . X 25
Gaulle (Pont Ch.-de) . . . . . X 26
Gentils (Bd R.) . . . . X 27
Industrie (Bd de l') . . . . . . V 29
Jeanne-d'Arc (R.) . . . . Z 30
Laigret (Av. J.) . . . . Z 32
Leclerc (Av. du Mar.) . . . . . X 33
Lices (Pl. des) . . . . Z 34
Lion-Ferré (R. du) . . . . Z 35
Maunoury (Av. du Mar.) . . . Y 39
Monsabre (R. du Père) . . . . Z 41

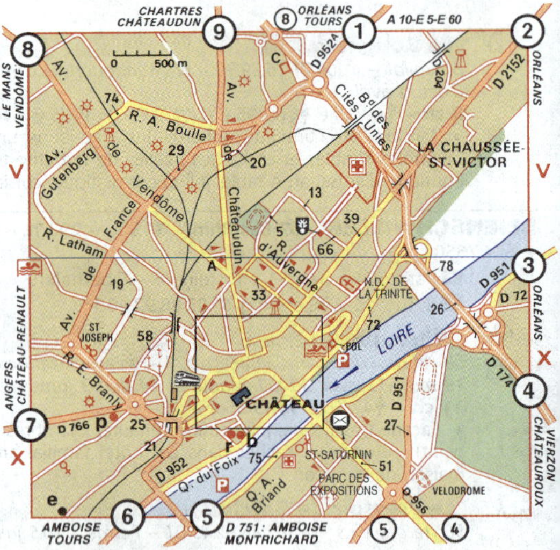

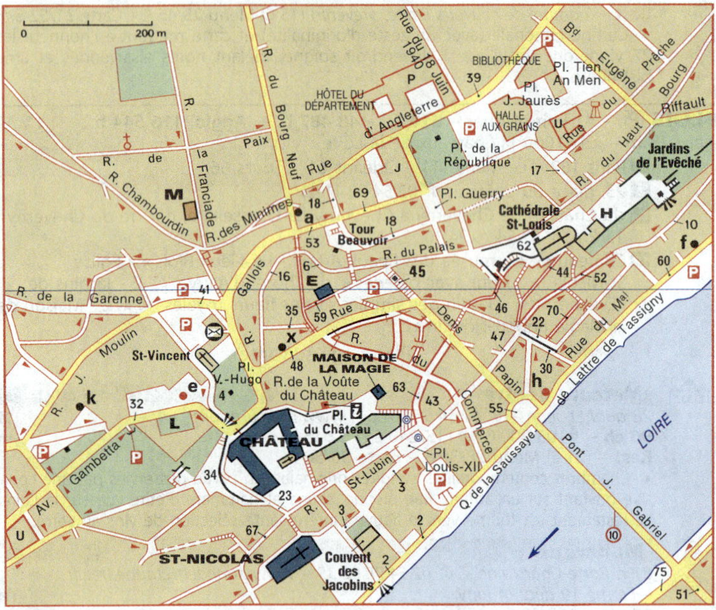

Orfèvres (R. des) . . . . Z 43
Papegaults (R. des) . . . . Y 44
Papin (Escaliers Denis) . . . . . . Y 45
Papin (R. Denis) . . . . Z
Pierre-de-Blois (R.) . . . . Z 46
Poids-du-Roi (R. du) . . . . Z 47
Porte-Côté (R.) . . . . Z 48
Président-Wilson (Av.) . . . . X, Z 51
Puits-Châtel (R. du) . . . . Y 52
Remparts (R. des) . . . . Y 53
Résistance (Carrefour de la) . . Z 55
Ronsard (R. P. de) . . . . X 58
St-Honoré (R.) . . . . YZ 59
St-Jean (Q.) . . . . Y 60
St-Louis (Pl.) . . . . Y 62
St-Martin (R.) . . . . Z 63
Schuman (Av. R.) . . . . V 64
Signeuix (R. de) . . . . V 66
Trois-Marchands (R. des) . . . . Z 67
Troussard (R.) . . . . Y 69
Vauvert (R.) . . . . Z 70
Verdun (Av. de) . . . . X 72
Vezin (R. A.) . . . . V 74
Villebois-Mareuil (Q.) . . . . . X, Z 75

Anne de Bretagne sans rest
31 av. J.-Laigret – ✆ 02 54 78 05 38
– http://annedebretagne.free.fr
– Fermé 1er-6 mars, 28 nov.-12 déc. et 19 fév.-11 mars Zk
27 ch – 🚹45/51 € 🚹🚹54/58 € – ☕ 8 €
◆ Sur une place arborée voisine du château, une adresse familiale où il fait bon s'arrêter : salon cosy, chambres simples et joliment colorées, petit-déjeuner servi dehors l'été.

Le Clos Pasquier sans rest
10 impasse de l'Orée-du-Bois, à 5 km par r. Albert-1er – ✆ 02 54 58 84 08
– www.leclospasquier.fr
4 ch ☕ – 🚹100/130 € 🚹🚹110/130 €
◆ À l'orée de la forêt – au grand calme ! –, une belle demeure régionale (16e s.) dans un jardin soigné. Chambres jolies et cosy, alliant cachet de l'ancien et sobriété contemporaine.

Le Plessis sans rest
195 r. Albert-1er – ✆ 02 54 43 80 08
– www.leplessisblois.com Xe
5 ch ☕ – 🚹110 € 🚹🚹140 €
◆ Une propriété viticole joliment reconvertie : salon de lecture et petit-déjeuner façon brunch dans la maison principale (18e s.), chambres soignées aménagées dans le pressoir.

L'Orangerie du Château (Jean-Marc Molveaux)
1 av. J.-Laigret – ✆ 02 54 78 05 36
– www.orangerie-du-chateau.fr – Fermé 23-26 août, 15 fév.-11 mars, dim. et lundi sauf fériés Ze
Rest – Menu 35 € bc (sem.), 57/79 € – Carte 73/100 €
Spéc. Cuisses de grenouille désossées à la crème de chevriers et noisettes torréfiées. Poitine de pigeonneau du Vendômois rôtie sur l'os, homard bleu et cébettes. Soufflé chaud marron, chocolat, rhum (automne-hiver). **Vins** Cour-Cheverny, Touraine.
◆ Dans une dépendance du château (15e s.), avec une belle terrasse ouvrant sur le monument... L'esprit de la Renaissance n'est sans doute pas étranger à la cuisine, à la fois fine, légère et soignée.

Le Médicis (Damien Garanger) avec ch
2 allée François-1er – ✆ 02 54 43 94 04 – www.le-medicis.com
– Fermé 27 oct. 2 nov., 3-31 janv., dim. soir de nov. à mai et lundi de nov. à mars Xp
10 ch – 🚹87 € 🚹🚹87/150 € – ☕ 12 € – ½ P 95/114 €
Rest – (23 €) Menu 30/72 € – Carte 44/72 €
Spéc. Florentin de foie gras de canard mariné au vin du Layon. Ris de veau aux morilles et raviole de légumes printaniers (avril à juin). Assiette tout chocolat grand cru. **Vins** Cheverny, Touraine.
◆ Une demeure 1900 au décor bourgeois (moulures au plafond, mobilier Second Empire, véranda), où l'on apprécie une cuisine centrée sur le produit. Bon choix de vins régionaux. Chambres confortables et soignées.

Au Rendez-vous des Pêcheurs (Christophe Cosme)
27 r. Foix – ✆ 02 54 74 67 48
– www.rendezvousdespecheurs.com
– Fermé 31 juil.-22 août, lundi midi et dim. Xr
Rest – *(nombre de couverts limité, prévenir)* (20 € bc) Menu 30 € (sem.), 49/69 € – Carte 60/80 €
Spéc. Fleur de courgette "vallée des rois" farcie aux légumes (juin à oct.). Sandre cuit à basse température. Assiette de gourmandises. **Vins** Jasnières, Touraine.
◆ Un ancien repaire de pêcheurs dont le décor cultive un très bel esprit bistrotier ! Poissons de la Loire, légumes bio de la région : les assiettes pétillent de fraîcheur et de saveurs, avec une originalité toute maîtrisée… Épatant.

Côté Loire "Auberge Ligérienne" avec ch

2 pl. de la Gréve – ✆ 02 54 78 07 86 – www.coteloire.com
– Fermé 29 mai-7 juin, 28 août-6 sept., 13-29 nov., 3 janv.-3 fév. **Xb**
7 ch – 56/79 € 56/79 € – 8,50 € – ½ P 65/75 €
Rest – *(fermé sam. midi en juil.-août, dim. et lundi)* (19 €) Menu 29 €
◆ Cette auberge fut fondée au 16e s. ! Poutres d'origine, vaisselier ancien, tables en bois verni, terrasse verdoyante et menu unique, évoluant au gré du marché et proposé à l'ardoise. Petites chambres rustiques à l'étage.

Le Bistrot de Léonard

8 r. Mar.-de Lattre-de-Tassigny – ✆ 02 54 74 83 04 – www.lebistrotdeleonard.com
– Fermé 24 déc.-1er janv., sam. midi et dim. **Zh**
Rest – Carte 28/40 €
◆ Sur les quais, derrière une jolie façade en bois, un bistrot... à la parisienne, avec des clins d'œil à Léonard de Vinci. À l'ardoise ? Des plats canailles (tartare, rognons...).

à St-Denis-sur-Loire 6 km par ② – 870 h. – alt. 92 m – ✉ 41000

Le Grand Atelier avec ch

r. 8-Mai-1945 – ✆ 02 54 74 10 64 – www.hotel-restaurant-atelier.com
– Fermé dim. soir et lundi
5 ch – 100 € 115 € – 12 €
Rest – *(fermé vacances de fév.)* Menu 30/65 €
◆ Cette jolie maison, qui fut l'atelier d'un peintre blésois, a gardé son âme d'artiste : de nombreuses toiles ornent la salle à manger. Cuisine actuelle. Quelques chambres pour l'étape.

à Molineuf 9 km par ⑦ – 800 h. – alt. 115 m – ✉ 41190

La Poste

11 av. de Blois – ✆ 02 54 70 03 25 – www.restaurant-delaposte.fr – Fermé 15 nov.-3 déc., 21 fév.-7 mars, dim. soir de sept. a juin, mardi d'oct. à avril et merc.
Rest – (16 €) Menu 29/61 € – Carte 45/65 €
◆ En lisière de forêt, une auberge de pays flanquée d'une véranda. Le chef – qui a repris l'affaire en 2010 – propose une cuisine assez moderne, en prise sur le terroir et les saisons.

BLONVILLE-SUR-MER – 14 Calvados – 303 M3 – 1 546 h. – alt. 10 m – ✉ 14910 32 A3

Paris 205 – Caen 46 – Deauville 5 – Le Havre 50
32 bis, avenue Michel d'Ornano ✆ 02 31 87 91 14

L'Épi d'Or rest,

23 av. Michel-d'Ornano – ✆ 02 31 87 90 48 – www.hotel-normand.com – Fermé 18-29 déc. et 9 janv.-17 fév.
40 ch – 52/120 € 60/170 € – 9 € – ½ P 65/120 €
Rest – *(fermé merc. et jeudi sauf juil.-août)* (16 €) Menu 20/52 € – Carte 30/75 €
◆ Avenante maison de style normand bien rénovée. Les chambres, toutes semblables, sont avant tout pratiques. Sobre salle à manger actuelle et carte traditionnelle ; repas rapides à la brasserie dans un décor rustique.

BOIS-COLOMBES – 92 Hauts-de-Seine – 311 J2 – 101 15 – voir à Paris, Environs

---

BOIS DE BOULOGNE – 75 Ville-de-Paris – voir à Paris (Paris 16e)

BOIS DE LA CHAIZE – 85 Vendée – 316 C5 – voir à Île de Noirmoutier

---

BOIS-GRENIER – 59 Nord – 302 E4 – rattaché à Lille

BOIS-LE-ROI – 77 Seine-et-Marne – **312** F5 – 5 433 h. – alt. 80 m – ✉ 77590 **19** C2

Paris 58 – Fontainebleau 10 – Melun 10 – Montereau-Fault-Yonne 26

U.C.P.A. Bois-le-Roi Base de loisirs, NO : 2 km, ☎ 01 64 81 33 31

La Marine VISA

52 quai Olivier Metra, (près de l'écluse) – ☎ 01 60 69 61 38 – Fermé 18 oct.-5 nov., 25 fév.-8 mars, dim. soir d'oct. à avril, lundi et mardi

Rest – Menu 28/33 € – Carte 44/65 €

◆ Cette auberge jouit d'une situation attractive en bord de Seine, face à une écluse. Sympathique cuisine traditionnelle dans la salle sagement rustique ou sur la terrasse d'été.

BOIS-PLAGE-EN-RÉ – 17 Charente-Maritime – **324** B2 – voir à Île de Ré

BOISSET – 15 Cantal – **330** B6 – 637 h. – alt. 426 m – ✉ 15600 **5** A3

Paris 559 – Aurillac 31 – Calvinet 18 – Entraygues-sur-Truyère 48

Auberge de Concasty ch, VISA AE

3 km au Nord-Est par D 64 – ☎ 04 71 62 21 16 – www.auberge-concasty.com – Ouvert 1er avril-30 nov.

11 ch – 63/74 € 84/128 € – 1 suite – 17 € – ½ P 72/121 €

Rest – *(fermé le midi)* Menu 32/42 €

◆ Air pur et calme en ce domaine ouvert sur la campagne cantalienne. Coquettes chambres actuelles, plus spacieuses dans la remise. Brunch auvergnat et massages sur demande. Menu unique servi dans un décor rustique ; recettes régionales avec les légumes du jardin.

BOISSIÈRES – 46 Lot – **337** E4 – 350 h. – alt. 229 m – ✉ 46150 **28** B1

Paris 573 – Cahors 16 – Fumel 43 – Souillac 64

Michel & Lydia

lieu-dit Bertouille , 1 km à l' Est par rte secondaire – ☎ 05 65 21 43 29 – www.micheletlydia.fr – Fermé 3 déc.-3 janv.

4 ch – 59/73 € 64/78 €

Table d'hôte – *(fermé merc., jeudi et dim.)* Menu 25 € bc

◆ Dans cette belle demeure du Quercy avec pigeonnier, Michel et Lydia sont aux petits soins ! Les chambres, confortables, sont décorées de mobilier chiné. Cuisine traditionnelle du patron – un ancien boulanger ! Viennoiseries et pâtisseries maison.

BOLLENBERG – 68 Haut-Rhin – **315** H9 – rattaché à Rouffach

BOLLEZEELE – 59 Nord – **302** B2 – 1 382 h. – alt. 40 m – ✉ 59470 **30** B1

Paris 274 – Calais 45 – Dunkerque 24 – Lille 68

Hostellerie St-Louis rest, VISA AE

47 r. de l'Église – ☎ 03 28 68 81 83 – www.hostelleriesaintlouis.com – Fermé 18-31 juil., 23 déc.-15 janv. et dim. soir

26 ch – 46/72 € 62/72 € – 9 € – ½ P 63/78 €

Rest – *(fermé le midi sauf dim.)* Menu 25 € (dîner en sem.)/46 € – Carte 42/54 €

◆ Cette belle maison du début du 19e s. possède un plaisant jardin d'agrément avec bassin. Les chambres, récentes, sont spacieuses et bien agencées. Généreuse cuisine traditionnelle servie avec le sourire dans un cadre bourgeois (mobilier de style et tons pastel).

BONDUES – 59 Nord – **302** G3 – rattaché à Lille

BONIFACIO – 2A Corse-du-Sud – **345** D11 – voir à Corse

BONLIEU – 39 Jura – **321** F7 – 238 h. – alt. 785 m – ✉ 39130 **16** B3

Franche-Comté Jura

Paris 439 – Champagnole 23 – Lons-le-Saunier 32 – Morez 24

La Poutre avec ch

25 Grande-Rue – 03 84 25 57 77 – Ouvert de début mai à début nov. et fermé une sem. en juin, mardi et merc. sauf juil.-août et lundi midi
8 ch – 46/60 € 46/60 € – 10 € – ½ P 62 €
Rest – Menu 25/70 € – Carte 48/81 €
◆ Ferme familiale de 1740 située au centre du bourg. Dans la salle à manger rustique (poutres et vieilles pierres), on se régale d'une cuisine raffinée cent pour cent maison.

BONNAT – 23 Creuse – 325 I3 – 1 318 h. – alt. 330 m – ✉ 23220 25 C1

Paris 329 – Châtre 37 – Guéret 20 – Montluçon 72

L'Orangerie

3 bis r. de la Paix – 05 55 62 86 86 – www.hotel-lorangerie.fr – Ouvert d'avril à oct.
30 ch – 87 € 87 € – 12 € – ½ P 81/96 € **Rest** – *(fermé le midi en sem. et lundi soir et dim. hors saison)* Menu 29/50 € – Carte environ 43 €
◆ Agréables salons, chambres confortables (joli mobilier de style Louis XV) et petit-déjeuner en terrasse : cette séduisante demeure bourgeoise tient ses promesses. La table, traditionnelle, fait la part belle aux légumes (superbe potager dans le parc).

BONNATRAIT – 74 Haute-Savoie – 328 L2 – rattaché à Thonon-les-Bains

BONNE – 74 Haute-Savoie – 328 K3 – 2 538 h. – alt. 457 m – ✉ 74380 46 F1

Paris 545 – Annecy 45 – Bonneville 16 – Genève 18

Baud rest,

181 av. du Léman – 04 50 39 20 15 – www.hotel-baud.com
19 ch – 135/245 € 135/245 € – 15 €
Rest – *(fermé dim. soir)* Menu 25 € (déj. en sem.), 39/79 € – Carte 50/75 €
◆ Belle atmosphère dans cette hôtellerie bien dans notre époque : décor design et confort (éclairages étudiés, équipements high-tech), excellent petit-déjeuner (produits artisanaux). Cuisine au goût du jour servie face à un charmant écran de verdure.

au Pont-de-Fillinges 2,5 km à l'Est – ✉ 74250

Le Pré d'Antoine

15 rte de Chez Radelet – 04 50 36 45 06 – www.lepredantoine.com – Fermé 1er-8 janv., dim. soir et lundi
Rest – (20 €) Menu 22 € (déj. en sem.), 36/52 € – Carte 46/62 €
◆ Construction moderne de type chalet abritant une belle salle à manger contemporaine aux couleurs claires, complétée d'une terrasse bien exposée. Goûteuse cuisine traditionnelle.

BONNE-FONTAINE – 57 Moselle – 307 O6 – rattaché à Phalsbourg

BONNÉTAGE – 25 Doubs – 321 K3 – 739 h. – alt. 960 m – ✉ 25210 17 C2

Paris 468 – Belfort 69 – Besançon 65 – Biel/Bienne 62

L'Étang du Moulin (Jacques Barnachon) rest,

5 chemin de l'étang du Moulin, 1,5 km par D 236 et chemin privé – 03 81 68 92 78 – www.etang-du-moulin.fr – Fermé 23-27 déc., 2 janv.-8 fév., dim. soir et lundi du 15 nov. au 15 mars et mardi sauf juil.-août
17 ch – 65/120 € 75/180 € – 2 suites – 11 € – ½ P 65/105 €
Rest – *(fermé lundi et mardi sauf le soir en juil.-août et merc. midi)* Menu 23 € (sem.), 39/100 € – Carte 50/100 €
Spéc. Morilles cuites en ragoût au vin jaune à la crème fraîche de Bonnétage. Ris de veau caramélisés au miel de sapin et vinaigre balsamique, haricots et navets. Dessert autour du vin jaune, tuile aux noix et suc de vin jaune. **Vins** Vin de pays de Charcenne, Arbois-Trousseau.
◆ La nature et le calme pour écrin ! Au bord d'un étang, ce chalet dispose de chambres élégantes et confortables (avec grand balcon), décorées dans un esprit original et contemporain. Délicieuse cuisine du terroir (carte de foies gras) et beau choix de vins.

BONNEUIL – 16 Charente – **324** J6 – **246 h.** – **alt. 100 m** – ✉ **16120** **39** B3

Paris 482 – Angoulême 34 – Poitiers 146 – Saintes 59

Le Maine Pertubaud-Jenssen

2 km à l'Est par D 699 – ✆ 05 45 96 99 50 – www.jenssen.fr – Fermé 9-16 août et 20-27 déc.

5 ch – 100/140 € 100/140 € – 12 €

Table d'hôte – Menu 35 € bc/60 € bc

◆ Au milieu d'un vignoble de 24 ha en Grande Champagne, petit hameau du 18e s. rénové luxueusement. Confort haut de gamme dans la villa récente. Distillerie du cognac Jenssen sur place. Table d'hôte dressée dans une salle rustique. Cuisine traditionnelle.

BONNEUIL-MATOURS – 86 Vienne – **322** J4 – **1 930 h.** – **alt. 60 m** – ✉ **86210** **39** C1

Paris 322 – Bellac 79 – Le Blanc 51 – Châtellerault 17

Carrefour Maurice Fombeure ✆ 05 49 85 08 62

Le Pavillon Bleu

D 749 , (face au pont) – ✆ 05 49 85 28 05 – Fermé 20 sept.-11 oct., merc. soir d'oct. à mai, dim. soir et lundi

Rest – (13 €) Menu 20/43 €

◆ Passez la Vienne par le pont suspendu pour rejoindre cette coquette auberge familiale que l'on apprécie pour son atmosphère reposante et ses goûteuses recettes traditionnelles.

BONNEVAL – 28 Eure-et-Loir – **311** E6 – **4 161 h.** – **alt. 128 m** – ✉ **28800** Châteaux de la Loire **11** B1

Paris 121 – Chartres 31 – Lucé 34 – Orléans 66

2, square Westerham ✆ 02 37 47 55 89

Hostellerie du Bois Guibert

à Guibert, 2 km au Sud-Ouest – ✆ 02 37 47 22 33 – www.bois-guibert.com – Fermé 21 fév.-6 mars et 24 oct.-2 nov.

20 ch – 69/160 € 69/160 € – 12 € – ½ P 81/125 €

Rest – *(fermé sam. midi, dim. soir et lundi)* Menu 28/67 € – Carte 53/70 €

◆ Au cœur d'un ravissant parc, une gentilhommière du 18e s. dont les chambres sont garnies d'un mobilier ancien. Celles de l'annexe récente sont plus spacieuses et actuelles. Élégant restaurant prolongé d'une terrasse côté jardin. Recettes classiques et menu végétarien.

BONNEVAL-SUR-ARC – 73 Savoie – **333** P5 – **239 h.** – **alt. 1 800 m** – **Sports d'hiver : 1 800/3 000 m** 10 – ✉ **73480** Alpes du Nord **45** D2

Paris 706 – Albertville 133 – Chambéry 146 – Lanslebourg 21

la Ciamarella ✆ 04 79 05 95 95

Vieux village★★.

À la Pastourelle

– ✆ 04 79 05 81 56 – www.pastourelle.com – Fermé une sem. en juin et vacances de la Toussaint

12 ch – 55/58 € 62/64 € – 8 € – ½ P 56 €

Rest – *(ouvert 18 déc.-23 avril) (dîner seult) (résidents seult)* Menu 12/21 € – Carte 12/25 €

◆ Accueil avenant dans cette maison familiale de style montagnard (pierre et bois). Petites chambres, douillettes et bien tenues. Raclettes, fondues, crêpes et diot (la spécialité régionale) à savourer au coin du feu, dans la salle à manger rustique à souhait.

BONNEVILLE – 74 Haute-Savoie – **328** L4 – **10 691 h.** – **alt. 450 m** – ✉ **74130** Alpes du Nord **46** F1

Paris 556 – Annecy 42 – Chamonix-Mont-Blanc 54 – Nantua 87

148, place de l'Hôtel de Ville ✆ 04 50 97 38 37

à Vougy 5 km à l'Est par D 1205 – 1 317 h. – alt. 471 m – ✉ 74130

XXX **Le Capucin Gourmand**

1520 rte de Genève, D 1205
– ✆ 04 50 34 03 50 – www.lecapucingourmand.com
– Fermé 7-30 août, 1er-8 janv., sam. midi, dim. et lundi sauf fêtes
Rest – Menu 38/58 € – Carte 44/54 €
Rest ***Le Bistro du Capucin*** – (21 €) Menu 28 € – Carte 32/51 €
◆ Le restaurant révèle une élégante salle dans les tons café et un salon avec cheminée monumentale. Cuisine classique accompagnée de vins choisis. Côté Bistro : plats de tradition (cassolette d'escargots, tête de veau...), décor rétro et tables à touche-touche.

BONNIEUX – 84 Vaucluse – 332 E11 – 1 400 h. – alt. 400 m – ✉ 84480 42 E1

Provence

Paris 721 – Aix-en-Provence 49 – Apt 12 – Carpentras 42
7, place Carnot ✆ 04 90 75 91 90
Terrasse ←★.

La Bastide de Capelongue

rte de Lourmarin, (face au pont), 1,5 km par D 232 et voie secondaire
– ✆ 04 90 75 89 78 – www.capelongue.com – Fermé 10 nov.-18 déc. et 10 janv.-12 fév.
18 ch – †160/220 € ††190/380 € – 9 suites – ☕ 22 €
Rest ***La Bastide de Capelongue*** – voir ci-après
◆ Au sommet des collines plantées de cèdres, ce beau mas est un hymne à la Provence. La plupart des chambres, confortables et raffinées, jouissent d'une terrasse ou d'un balcon. Magnifique bassin de nage parmi les lavandes.

Le Clos du Buis sans rest

r. Victor-Hugo – ✆ 04 90 75 88 48 – www.leclosdubuis.fr – Ouvert de début mars à mi-nov. et 23 déc.-4 janv.
8 ch ☕ – †102/132 € ††102/132 €
◆ Dans son ravissant jardin (avec piscine), cette jolie maison réussit le mariage de la tradition et du confort : chambres agréables et salons cosy – l'un avec un four à pain !

XXX **La Bastide de Capelongue** (Edouard Loubet)

Hôtel la Bastide de Capelongue
rte de Lourmarin, (face au pont), 1,5 km par D 232 et voie secondaire
– ✆ 04 90 75 89 78 – www.capelongue.com
– Fermé 8 nov.-18 déc. et 9 janv.-12 fév.
Rest – *(fermé mardi midi et merc. sauf juil.-août)* Menu 58 € (déj. en sem.), 140/190 € – Carte 130/180 €
Spéc. Cœur de tournesol à la truffe d'été et salade de girolles (juil.-août). Loup saisi à la fleur de sel, infusion à la sauge et chips d'orange. Fraises des bois en cristalline (juil.-août). **Vins** Côtes du Luberon.
◆ De l'élégante salle à manger, baignée de lumière, on aperçoit les champs de lavande... Édouard Loubet s'inspire de ce paysage pour créer ses superbes assiettes, magnifiées par les produits du Luberon, notamment les herbes et les fleurs.

X **Le Fournil**

pl. Carnot – ✆ 04 90 75 83 62 – www.lefournil-bonnieux.com
– Fermé 21 nov.-10 fév., mardi d' oct. à Pâques, sam. midi de Pâques à sept. et lundi
Rest – *(nombre de couverts limité, prévenir)* (21 €) Menu 27 € (déj.)/55 € – Carte 27/55 €
◆ Maison adossée à la colline avec une terrasse sur la placette et une salle à manger troglodytique fraîche et originale. Cuisine méridionale utilisant de beaux produits.

L'Arôme

2 r. Lucien-Blanc – 04 90 75 88 62 – www.larome-restaurant.com – Fermé 4 janv.-31 mars, jeudi sauf le soir d'avril à oct. et merc.
Rest – Menu 29/38 € – Carte 45/70 €
◆ Charmante maison en pierre blonde fort ancienne (voûtes du 14e s.) au décor soigné et champêtre. On y sert une cuisine régionale actualisée et généreuse, surtout du poisson.

BONNY-SUR-LOIRE – 45 Loiret – 318 O6 – 2 032 h. – alt. 190 m – 45420 — 12 D2

Paris 167 – Auxerre 64 – Cosne-Cours-sur-Loire 25 – Gien 24
29, Grande Rue 02 38 31 57 71

Des Voyageurs avec ch

10 Grande-Rue – 02 38 27 01 45 – Fermé 23 août-7 sept., 2-7 janv., 18 fév.-4 mars, dim. soir, mardi midi et lundi
6 ch – 42 € 42/52 € – 6 € – ½ P 54 €
Rest – Menu 19 € (sem.), 22/48 € – Carte 27/59 €
◆ Dans cette auberge, les voyageurs auront le plaisir de découvrir une cuisine gourmande, où les produits de saison s'accordent avec justesse. Chambres simples pour l'étape.

LE BONO – 56 Morbihan – 308 N9 – 2 112 h. – alt. 10 m – 56400 — 9 A3

Paris 475 – Auray 6 – Lorient 49 – Quiberon 37

Alicia

1 r. du Gén.-de-Gaulle – 02 97 57 88 65 – www.hotel-alicia.com – Fermé janv.
21 ch – 59/99 € 59/99 € – 10 €
Rest – *(fermé le midi) (résidents seult)* Menu 22 €
◆ À la sortie du village, un hôtel avec terrasse donnant sur la rivière du Bono. Les chambres, décorées dans un style contemporain classique, respirent le confort. En saison, les résidents savourent une cuisine traditionnelle privilégiant le bio.

BONS-EN-CHABLAIS – 74 Haute-Savoie – 328 L3 – 4 531 h. – alt. 565 m – 74890 — 46 F1

Paris 552 – Annecy 60 – Bonneville 30 – Genève 25

Le Progrès

r. Annexion – 04 50 36 11 09 – www.hotel-le-progres.com – Fermé 15 juin-6 juil., 1er-10 janv., vend. soir, dim. soir et lundi
10 ch – 52 € 62 € – 15 € – ½ P 118 €
Rest – (15 €) Menu 18 € (sem.), 23/50 € – Carte 30/50 €
◆ Deux maisons de village dont une abritant de confortables chambres bien tenues. Une base de randonnées pratique vers le Grand Signal des Voirons. Restaurant mi-rustique, mi-bourgeois décoré avec soin et registre culinaire classique.

Jacques Palut/Fotolia.com

Bordeaux

BORDEAUX

Département : P 33 Gironde
Carte Michelin LOCAL : 335 H5
Paris 579 – Lyon 537 – Nantes 323 – Strasbourg 970
Population : 232 260 h.
Pop. agglomération : 753 931 h.

Altitude : 4 m
Code Postal : 33000
Aquitaine
Carte régionale : 3 B1

RENSEIGNEMENTS PRATIQUES

OFFICE DE TOURISME

12, cours du 30 juillet ✆ 05 56 00 66 00

MAISON DU VIN DE BORDEAUX

linformations, dégustations

(fermé week-ends et j. fériés)

1 cours du 30 Juillet ✆ 05 56 00 22 66

bar à vin ouvert tlj sauf le dim. de 11 h à 22 h.

TRANSPORTS

Auto-train ✆ 3635 (dîtes auto-train - 0,34 €/mn)

AÉROPORT

Bordeaux-Mérignac : ✆ 05 56 34 50 00, **AU** : 10 km

CASINO

de Bordeaux-Lac, r. Cardinal Richaud ✆ 05 56 69 49 00 BT

QUELQUES GOLFS

36 de Bordeaux-Lac Avenue de Pernon, N : 5 km par D 209, ✆05 56 50 92 72

36 du Médoc à Le Pian-Médoc Chemin de Courmateau, par rte de Castelnau : 16 km, ✆05 56 70 11 90

27 de Pessac à Pessac Rue de la Princesse, SO : 16 km par D 1250, ✆05 57 26 03 33

À VOIR

BORDEAUX DU 18e S.

Grand théâtre★★ - Place de la Comédie - Place Gambetta - Cours de l'intendance - Église Notre-Dame★ **DX** - Place de la Bourse★★ - Place du Parlement★ - Basilique St-Michel★ Porte de la Grosse Cloche★ **EY** Fontaines★ du monument aux Girondins, Esplanade des Quinconces.

QUARTIER DES CHARTRONS

Entrepôts de vins - Balcons★ du cours Xavier-Arnozan - Entrepôt Lainé★ : musée d'Art contemporain★ **BU M²**
Musée des Chartrons **BU M⁵**

QUARTIER PEY BERLAND

Cathédrale St-André★ - Hôtel de Ville **DY H** - ⩹★★ de la tour Pey Berland★ **DY Q**
Musée : Beaux-Arts★ **DY M⁴** - Aquitaine★★ **DY M¹** - Arts décoratifs★ **DY M³**

BORDEAUX CONTEMPORAIN

Quartier Mériadeck **CY** : espaces verts, immeuble en verre et béton (Caisse d'Épargne, Bibliothèque, Hôtel de Région, Hôtel des Impôts).

RÉPERTOIRE DES RUES DE BORDEAUX

BÈGLES

BORDEAUX

BRUGES

CENON

EYSINES

FLOIRAC

GRADIGNAN

LATRESNE

LE BOUSCAT

LE HAILLAN

LORMONT

MÉRIGNAC

PESSAC

TALENCE

VILLENAVE D'ORNON

1
D 1215 LACANAU
LE VERDON
D 1 CASTELNAU
A
PAUILLAC
BLANQUEFORT
MARAIS DE BRUGES
BLANQUEFORT
BORDEAUX FRET
120
LACANAU
ST-MÉDARD-EN-JALLES
D 6
Av. du Médoc
LE VIGEAN
EYSINES
Av. du Haillan
Av. du Taillan-Médoc
Rte du Médoc
BRUGES
70
94
CH AU
LE HAILLAN
Av. Pasteur
Av. J. Mermoz
A 630-E 5
Av. de l'Hippodrome
LA FORÊT
Av. de St-Médard
Av. de Magudas
Av. de Lattre de Tassigny
Av. d'Eysines
D 211 E3
PHARE AÉRIEN
T
95
18
4m2
10
Rue Stehelin
Av. de la Libération
12
90
PARC BORDELAIS
12 Barrière St-Médard
CAP-FERRET
D 213
Av. M. Dassault
MÉRIGNAC
CAUDÉRAN
Barrière Judaïque
CITÉ ADMIVE
POL.
D 213 E2
13
74
Av. de l'Yser
Av. de Verdun
4m1
101
121
Barrière d'Arès
Av. d'Arès
Marne
PARC DE MÉRIGNAC
91
U
e
b
d
k
N 563
34
11a
11b
BORDEAUX-MÉRIGNAC
69
PARC PELUS
Av. de la Somme
Av. de la Marne
4m3
72
Barrière d'Ornano
15
TOUR DE VEYRINES
Av. de Peychotte
CHU
Av. de l'Argonne
18
Av. A. Briand
ARLAC
BOIS DU BURCK
131
87
18
CH AU
7
D 106
Av. du Bourgailh
A 630-E 5
Ch in de la Princesse
137
117
103
47
42
4m
2m8
Crs Jaurès
Av. Schweitzer
99
Av. Pasteur
PESSAC
Domaine Universitaire
138
Av. Dr A. Schweitzer
ZOO DE BORDEAUX-PESSAC
Av. de Beutre
CHR X. ARNOZAN
V
Av. du Gal Leclerc
Av. du Ht L'Évêque
f
CHR HAUT-L'ÉVÊQUE
60
ÉTABLISSEMENT MONÉTAIRE
A 63-E 5-E 70
D 214 E8
Crs du Gal de Gaulle
BIGANOS
D 1250
6
ARCACHON
BAYONNE
A
D 1010 BELIN-BÉLIET
GRADIGNAN

PARC FLORAL STADIUM
MACAU
BEC D'AMBES BASSENS
PARIS ANGOULÊME
CARBON-BLANC
PARC DES EXPOSITIONS
Le Lac
PALAIS DES CONGRÈS
CASINO
BORDEAUX-LAC
Bd du Parc des Expositions
LE LAC
Pont d'Aquitaine
BACALAN
LORMONT
LES 4 PAVILLONS
Pl. de Latule
Daney
LE BOUSCAT
Bd Godard
Pl. Ravesies
Crs St-Louis
R. L. Faure
PORT
Barrière du Médoc
LES CHARTRONS
LA BASTIDE
CENON
Av. R. Cassagne
GRD THÉATRE
CATHÉDRALE
Observatoire
FLOIRAC
Av. Pasteur
Quai de la Souys
Barrière de Pessac
Barrière St-Genès
Crs de la Somme
M.I.N.
Barrière de-Bègles
Bd J.-J. Bosc
GARONNE
Cabannes
BOULIAC
Crs Gambetta
Barrière de Toulouse
Bd Albert 1er
Crs V. Hugo
TALENCE
Rte de Toulouse
BÈGLES
Pont François Mitterrand
Rte de Latresne
Av. de la Libération
Av. de Thouars
Leysotte
Av. J. d'Arc
ARCINS
TARTIFUME
ST-BRIS
R. A. Labro
LATRESNE
PONT-DE-LA-MAYE
VILLENAVE-D'ORNON
SARCIGNAN
BORDEAUX
LÉOGNAN D 651
D 1113 LA BRÈDE
A 62-E 72 PAU, TOULOUSE
PÉRIGUEUX N 89 LIBOURNE
BERGERAC
D 10 LANGON
2 km

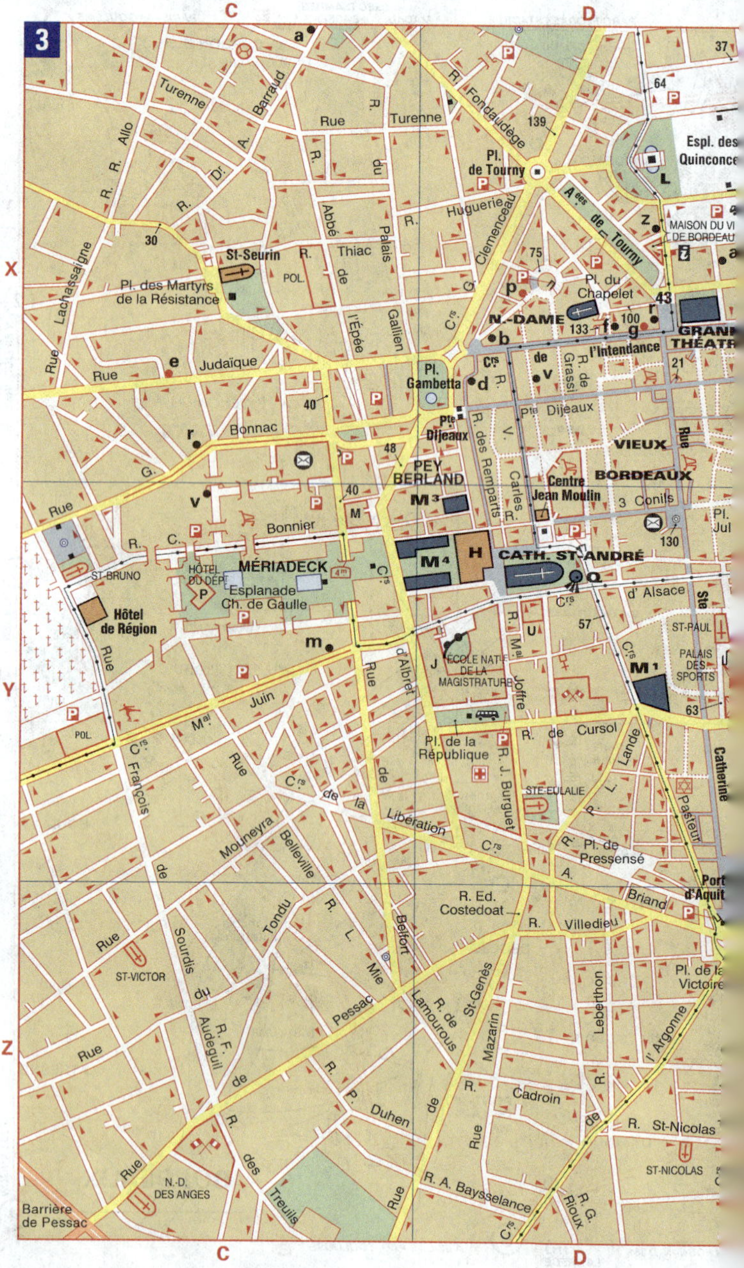
3
Turenne
Barraud
Rue Turenne
Allo
Pl. de Tourny
Fondaudège
Espl. des Quinconces
Huguerie
Clemenceau
Allées de Tourny
MAISON DU VIN DE BORDEAUX
St-Seurin
Pl. des Martyrs de la Résistance
Thiac
Abbé de l'Épée
Palais Gallien
Lachassaigne
Pl. du Chapelet
N.-DAME
l'Intendance
GRAND THÉÂTRE
Rue Judaïque
Pl. Gambetta
Pte Dijeaux
Bonnac
PEY BERLAND
VIEUX BORDEAUX
Centre Jean Moulin
R. des Remparts
3 Conils
Bonnier
MÉRIADECK
HÔTEL DU DÉPT
Esplanade Ch. de Gaulle
CATH. ST-ANDRÉ
ST-BRUNO
Hôtel de Région
d'Alsace
ST-PAUL
PALAIS DES SPORTS
ÉCOLE NATLE DE LA MAGISTRATURE
Mal Juin
Rue d'Albret
R. Mal Joffre
R. de Cursol
Pl. de la République
R. J. Burguet
STE-EULALIE
Cours François de Sourdis
Crs de la Libération
Mouneyra
Belleville
Pl. de Pressensé
Ste Catherine
Port d'Aquitaine
Crs A. Briand
R. Ed. Costedoat
R. Villedieu
Tondu
R. L. Mie
Belfort
Pl. de la Victoire
ST-VICTOR
R. de Lamourous
St-Genès
Mazarin
Lebetbon
Rue de Pessac
R. F. Audeguil
l'Argonne
R. P. Duhen
R. Cadroin
R. St-Nicolas
ST-NICOLAS
N.-D. DES ANGES
R. des Treuils
R. A. Bayssselance
R. G. Rioux
Barrière de Pessac
Pasteur
C
D
X
Y
Z

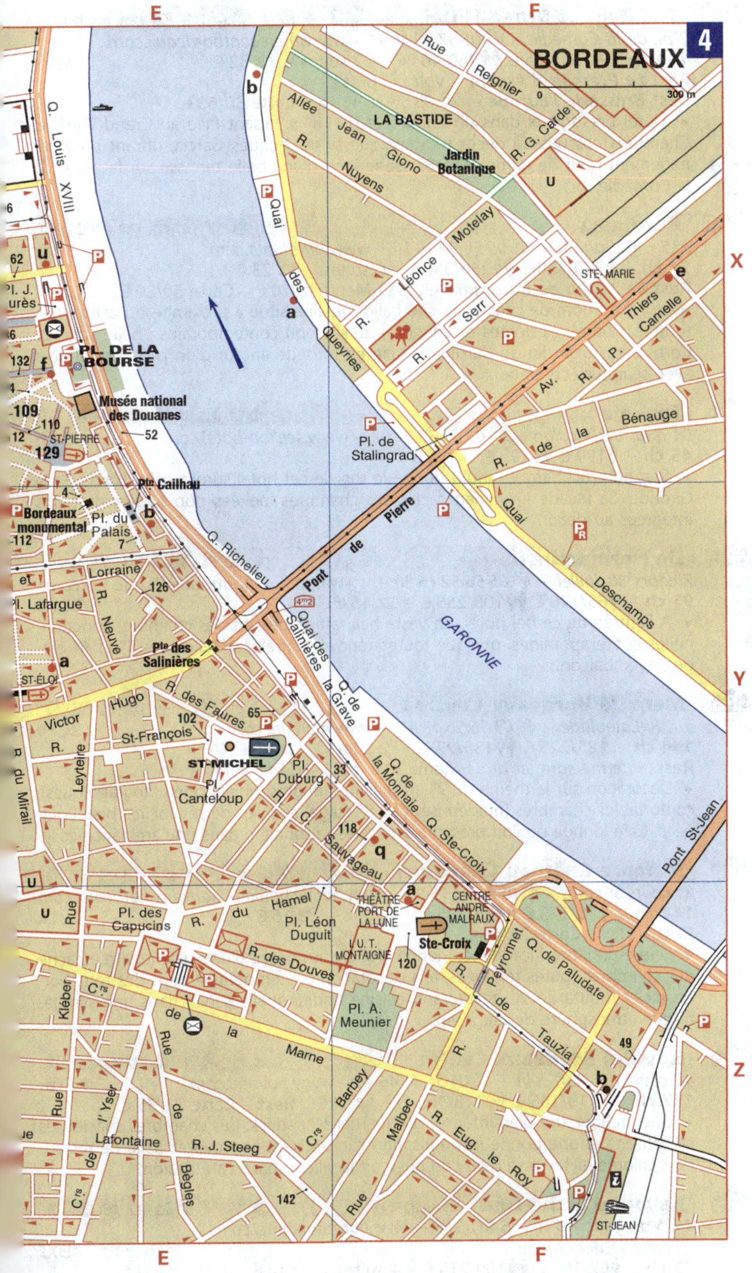

E
F
4
BORDEAUX
0
300 m
X
Y
Z
LA BASTIDE
Jardin Botanique
Allée Jean Giono
R. Nuyens
Rue Reignier
R. G. Carde
R. Motelay
R. Léonce
R. Serr
STE-MARIE
Av. Thiers
R. Camelle
R. P.
R. de la Bénauge
Quai des Queyries
Pl. de Stalingrad
Quai Deschamps
Pont de Pierre
GARONNE
Q. Louis XVIII
PL. DE LA BOURSE
Musée national des Douanes
ST-PIERRE
Pte Cailhau
Bordeaux monumental
Pl. du Palais
Q. Richelieu
Lorraine
R. Neuve
Pl. Lafargue
Pte des Salinières
Quai des Salinières
Q. de la Grave
ST-ÉLOI
Victor Hugo
R. des Faures
St-François
R. Leyteire
R. du Mirail
ST-MICHEL
Pl. Duburg
Pl. Canteloup
R. C. Sauvageau
Q. de la Monnaie
Q. Ste-Croix
Pont St-Jean
THÉATRE PORT DE LA LUNE
CENTRE ANDRÉ MALRAUX
Ste-Croix
I.U.T. MONTAIGNE
Pl. Léon Duguit
R. du Hamel
Pl. des Capucins
R. des Douves
Pl. A. Meunier
R. Peyronnet
Q. de Paludate
R. de Tauzia
Crs de la Marne
Rue Kléber
Rue de l' Yser
Lafontaine
R. J. Steeg
Rue de Bègles
Crs Barbey
Rue Malbec
R. Eug. le Roy
ST-JEAN
Crs de
62
132
109
110
12
129
52
112
126
65
102
33
118
120
142
49

The Regent Grand Hotel

2 pl. de la Comédie – ✆ 05 57 30 44 44 – www.theregentbordeaux.com
150 ch – †260/465 € ††260/465 € – 22 suites – ☕ 32 € **3DXr**
Rest *Le Pressoir d'Argent* – voir ci-après
Rest *Brasserie l'Europe* – ✆ 05 57 30 43 46 – Carte 30/60 €
♦ Hôtel prestigieux dans un immeuble du 18e s. faisant face au Grand Théâtre. Chambres cossues au décor néoclassique signé Jacques Garcia, offrant un aménagement haut de gamme. La Brasserie jouit d'une belle terrasse sur la place de la Comédie.

Burdigala

115 r. G.-Bonnac – ✆ 05 56 90 16 16 – www.burdigala.com **3CXr**
77 ch – †230/350 € ††230/350 € – 6 suites – ☕ 23 €
Rest *Le Jardin de Burdigala* – (28 €) Menu 38/70 € – Carte 50/80 €
♦ Hôtel du nom de l'ancienne cité gallo-romaine situé à proximité du centre historique. Chambres dotées de meubles de style ou contemporains ; belle suite Le Corbusier. Au Jardin de Burdigala, salle en rotonde autour d'un puits de lumière avec sculpture centrale.

Seeko'o sans rest

54 quai de Bacalan – ✆ 05 56 39 07 07 – www.seekoo-hotel.com **2BTh**
45 ch – †199 € ††199 € – ☕ 20 €
♦ Son nom (iceberg en inuit) donne le ton de cet hôtel surgi sur les bords de la Gironde. Sa façade en corian cache des chambres lookées pop ; salles de bains intégrées au décor.

De Normandie sans rest

7 cours 30-Juillet – ✆ 05 56 52 16 80 – www.hotel-de-normandie-bordeaux.com
91 ch – †65/120 € ††108/255 € – ☕ 15 € **3DXz**
♦ À l'entrée de ce bel hôtel, un vaste hall raffiné dessert des chambres fonctionnelles contemporaines, presque toutes rénovées. Préférez celles des 5e et 6e étages, avec balcon.

Mercure Bordeaux Centre

5 r. R.-Lateulade – ✆ 05 56 56 43 43 – www.mercure.com **3CYv**
194 ch – †85/225 € ††135/225 € – 2 suites – ☕ 15 €
Rest – *(fermé sam. et dim.)* Menu 20 € (déj.) – Carte 30/40 €
♦ Décoration sur le thème du 7e art (affiches, photos, objets cinématographiques), confortables chambres (modernisées au 8e étage) et salles de séminaires bien équipées. Café-lounge où l'on présente une carte saisonnière dans une ambiance cosy.

Mercure Château Chartrons

81 cours St-Louis – ✆ 05 56 43 15 00 – www.hotel-chateau-chartrons-bordeaux.com
144 ch – †75/175 € ††85/185 € – 1 suite – ☕ 16 € **2BTk**
Rest – (13 €) Carte 24/44 €
♦ Une étonnante façade victorienne (1850) surmontée d'une galerie vitrée cache des chambres toutes rénovées, à la décoration contemporaine dans des tons bordeaux et moutarde. Au restaurant, cuisine traditionnelle servie dans une sympathique atmosphère de bar à vin.

Novotel Bordeaux Centre

45 cours du Mar.-Juin – ✆ 05 56 51 46 46 – www.novotel.com **3CYm**
137 ch – †113/165 € ††113/165 € – ☕ 14 € **Rest** – Carte 21/35 €
♦ Une architecture bien intégrée au quartier Mériadeck, des chambres spacieuses climatisées et une bonne insonorisation caractérisent ce Novotel. Salle de restaurant colorée et terrasse d'où l'on aperçoit la ville. Espace café design.

Bayonne Etche-Ona sans rest

4 r. Martignac – ✆ 05 56 48 00 88 – www.bordeaux-hotel.com
– Fermé 22 déc.-3 janv. **3DXf**
57 ch – †92/185 € ††109/215 € – 4 suites – ☕ 14 €
♦ Dans le "Triangle d'Or", cet hôtel occupant deux immeubles du 18e s. cultive tradition et élégance. Chambres personnalisées et progressivement refaites.

Majestic sans rest
2 r. Condé – ✆ 05 56 52 60 44 – www.hotel-majestic.com **3DXa**
49 ch – 🚹85/230 € 🚹🚹85/230 € – ☕ 12 €
◆ Faites une pause dans ce bel immeuble typiquement bordelais du 18e s. Décor des chambres et du salon dédié à la musique (partitions de Bach, baguettes de chef d'orchestre).

Royal St-Jean sans rest
15 r. Charles-Domercq – ✆ 05 56 91 72 16 – www.hotel-bordeaux-saint-jean.com **4FZb**
37 ch – 🚹90/100 € 🚹🚹95/115 € – ☕ 13 €
◆ Situé à deux pas de la gare, hôtel entièrement rénové bénéficiant d'un garage privé. Intérieur contemporain et chambres confortables bien équipées. Cannelés au petit-déjeuner.

Grand Hôtel Français sans rest
12 r. du Temple – ✆ 05 56 48 10 35 – www.grand-hotel-francais.com **3DXv**
35 ch ☕ – 🚹117/162 € 🚹🚹144/198 €
◆ Très belle façade du Bordeaux historique. Cet immeuble du 18e s. a préservé son atmosphère feutrée (mobilier de style dans les salons). Chambre actuelles rénovées au 3e étage.

La Tour Intendance sans rest
16 r. de la Vieille Tour – ✆ 05 56 44 56 56 – www.hotel-tour-intendance.com **3DXd**
27 ch – 🚹78/128 € 🚹🚹108/158 € – ☕ 12 €
◆ Érigé sur les vestiges d'une ancienne tour, hôtel familial fraîchement rénové tout en pierres apparentes. Chambres à la décoration claire et douce où l'on se sent comme chez soi.

Aliénor sans rest
12 ch – 🚹75/88 € 🚹🚹85/128 € – ☕ 12 €
◆ Cette annexe toute proche possède des chambres de même esprit, dont deux avec mezzanine.

Continental sans rest
10 r. Montesquieu – ✆ 05 56 52 66 00 – www.hotel-le-continental.com **3DXb**
50 ch ☕ – 🚹86/105 € 🚹🚹98/125 € – 1 suite
◆ Ancien hôtel particulier du 18e s. situé à proximité de la galerie des Grands Hommes. Chambres sobres, progressivement rafraîchies (mobilier couleur chêne clair) ; salon cosy.

La Maison Bord'Eaux
rest,
113 r. du Dr.-Albert-Barrau – ✆ 05 56 44 00 45 – www.lamaisonbordeaux.com
5 ch – 🚹140/190 € 🚹🚹160/210 € – ☕ 15 € – ½ P 190/240 € **3CXa**
Table d'hôte – Menu 35/150 € bc
◆ Décor design et coloré dans cette demeure du 18e s. et ses dépendances, à 10mn à pied du cœur de Bordeaux. Prestations de qualité et accueil cordial. Mobilier signé Starck à la table d'hôte, où l'on se restaure sur demande ; menus classiques, vins de Bordeaux.

XXXX ✿ **Le Pressoir d'Argent** – The Regent Grand Hotel
5 Cours de l'Intendance, (1er étage) – ✆ 05 57 30 43 04 – www.lepressoirdargent.com – Fermé 31 juil.-22 août, 23 oct.-1er nov., 20-28 fév., dim., lundi et fériés **3DXg**
Rest – Menu 90/160 € – Carte 88/155 €
Spéc. Crabe royal de la mer des glaces, cuit sur lit de gros sel aux multiples poivres et algues. Homard bleu, ris de veau, sauce béarnaise au jus de presse. Mangue et mascarpone, sorbet citron basilic et vinaigre de framboise.
◆ Le décor au luxe opulent est signé Jacques Garcia : un esprit baroque et théâtral souffle donc sur les lieux. Côté assiette, on joue une cuisine de la mer aussi précise que sincère. Produits de premier choix.

XXXX **Le Chapon Fin**

✿ *5 r. Montesquieu – ✆ 05 56 79 10 10 – www.chapon-fin.com – Fermé 24 juil.-23 août, 1 sem. en fév., dim., lundi et fériés* **3DXp**

Rest – Menu 38 € (déj.), 65/95 € – Carte 90/110 €

Spéc. Langoustines et caviar d'Aquitaine "en boîte". Ris de veau poêlé, canneloni de sarrasin aux pignons de pins et jus aux huîtres (printemps-été). Parfait citron vert, petite nougatine et sorbet au thé. **Vins** Graves, Saint-Estèphe.

◆ Une vraie institution bordelaise fréquentée par les gourmets : belle cuisine actuelle, riche carte des vins, élégant mobilier contemporain et original décor de rocaille 1900.

XXX **Le Gabriel**

✿ *10 pl.de la Bourse, (2ème étage) – ✆ 05 56 30 00 70 – www.bordeaux-gabriel.fr – Fermé 26 juil.-10 août, 3-9 janv., 21 fév.-7 mars, dim. et lundi* **4EXf**

Rest – (37 € bc) Menu 55/80 € – Carte 78/100 €

Spéc. Homard en carpaccio, tartare à la mangue et vinaigrette passion (printemps-été). Bar de nos côtes, poché au lait de nori (saison). Chocolat, en finger, croustillant et sorbet chocolat (automne-hiver). **Vins** Bordeaux, Pessac-Léognan.

Rest *Le Bistrot du Gabriel* – ✆ 05 56 30 00 30 – (20 €) Menu 28 € – Carte 41/55 €

◆ Cadre d'exception pour cet établissement, créé dans le pavillon central de la célèbre place de la Bourse. Ses délicieux salons 18e s. se prêtent à la dégustation d'une cuisine créative et haute en saveurs. Au Bistrot, plats classiques et menus aux prix mesurés.

XXX **Le Pavillon des Boulevards** (Denis Franc)

✿ *120 r. Croix-de-Seguey – ✆ 05 56 81 51 02 – www.lepavillondesboulevards.fr – Fermé 15-31 août, 1er-8 janv., sam. midi, lundi midi et dim.* **2BUa**

Rest – Menu 40 € (déj.), 80/120 € – Carte 90/100 €

Spéc. Langoustines panées en tartare au wasabi et tiédies dans un bouillon de sauternes. Turbot rôti à la crème de chou fleur, jus aux algues, feuille iodée au caviar de citron. Passion chocolat, du fruit acidulé au caramel salé. **Vins** Côtes de Castillon, Côtes de Blaye.

◆ Ce restaurant, ouvert sur la terrasse verdoyante, illustre une belle modernité : murs drapés de voilages blancs et recettes inventives parfumées de saveurs exotiques.

XXX **Jean Ramet**

7 pl. J.-Jaurès – ✆ 05 56 44 12 51 – www.restaurant-jean-ramet.com – Fermé 12-18 avril, 9-29 août, dim. et lundi **4EXu**

Rest – (25 €) Menu 31 € (déj.), 55/65 € – Carte 57/83 €

◆ Les Bordelais se retrouvent autour d'une cuisine classique actualisée dans ce restaurant des bords de la Garonne. Cadre chaleureux aux tons ensoleillés.

XXX **Le Vieux Bordeaux**

27 r. Buhan – ✆ 05 56 52 94 36 – www.le-vieux-bordeaux.com – Fermé 3-24 août, 23 fév.-8 mars, dim., lundi et fériés **4EYa**

Rest – (20 € bc) Menu 30/55 € – Carte 60/80 €

◆ Deux salles à manger décorées avec goût (contemporaine ou dotée d'un mur original appelé "terres des vignes"). Agréable patio-terrasse et généreuse cuisine classique.

XXX **L'Alhambra**

111bis r. Judaïque – ✆ 05 56 96 06 91 – Fermé 14 juil.-15 août, sam. midi, lundi midi et dim. **3CXe**

Rest – Menu 20 € (déj.), 30/42 € – Carte 40/55 €

◆ Avec ses quenelles de brochet et son gibier en saison, cette adresse est un peu le conservatoire de la cuisine classique à Bordeaux. Salle agencée à la façon d'un jardin d'hiver.

XX **Le Clos d'Augusta**

339 r. Georges-Bonnac – ✆ 05 56 96 32 51 – www.leclosdaugusta.fr – Fermé 26 juil.-16 août, 23-30 déc., lundi soir, sam. midi, dim. et fériés

Rest – (22 €) Menu 43/65 € – Carte 52/64 € **1AUa**

◆ Grande salle feutrée dans les tons pastel avec mezzanine, délicieux jardin-terrasse ombragé et recettes actuelles un brin originales caractérisent ce sympathique restaurant.

XX **L'Oiseau Bleu**

127 av. Thiers – ✆ 05 56 81 09 39 – www.loiseaubleu.fr
– Fermé 10-18 avril, 1er-22 août, 18-26 déc., dim. et lundi **4FXe**
Rest – (19 €) Menu 22 € (déj.), 36/55 € – Carte 59/69 €
◆ Cette récente adresse installée dans une jolie maison en pierre abrite deux salles épurées dans les tons blanc et bleu. Agréable terrasse côté jardin et cuisine au goût du jour.

XX **La Tupina**

6 r. Porte-de-la-Monnaie – ✆ 05 56 91 56 37 – www.latupina.com **4FYq**
Rest – (16 €) Menu 32 € (déj. en sem.), 45 € bc/65 € – Carte 55/100 €
◆ Ambiance familale et décontractée dans cette auberge à l'atmosphère champêtre. Copieux plats mijotés du Sud-Ouest et viandes rôties au feu de bois. Belle carte des vins.

X **C'Yusha**

12 r. Ausone – ✆ 05 56 69 89 70 – www.cyusha.com
– Fermé 3 sem. en août, 1 sem. en janv., dim. et lundi **4EYb**
Rest – *(nombre de couverts limité, prévenir)* Menu 19 € (déj. en sem.)/33 €
– Carte 42/50 €
◆ Cuisine actuelle aux notes d'épices, de plantes et d'herbes, signée par un chef expérimenté travaillant seul pour – et devant – un nombre limité de clients. Bel espace contemporain.

X **Gravelier**

114 cours Verdun – ✆ 05 56 48 17 15 – www.gravelier.com
– Fermé 26 juil.-24 août, vacances de fév., sam. et dim. **2BUr**
Rest – Menu 24 € (déj.), 39/55 € – Carte 45/60 €
◆ Teck, zinc, couleurs vives et cuisines visibles. Ici, on sert une cuisine moderne proposée autour d'une courte carte et d'un menu du soir à choix unique. Présentations soignées.

X **7ème Péché** (Jan Schwitalla)

65 cours de Verdun – ✆ 05 56 06 42 16 – www.7peche.fr – Fermé 14 juil.-11 août, 1er-12 janv., le midi sauf dim., mardi et merc. **2BUg**
Rest – *(nombre de couverts limité, prévenir)* Menu 49/75 € – Carte 60/100 €
Spéc. Œuf ozen, chapelure chinoise et coulis de truffe. Agneau cuit à basse température, millefeuille oriental et jus safrané. Texture chocolat manjari et ivoire, sorbet passion.
◆ Ambiance feutrée et décor épuré pour cette salle à manger de poche (une vingtaine de couverts) et pour une cuisine créative associant habilement les saveurs et les textures.

X **Auberge ' Inn**

245 r. de Turenne – ✆ 05 56 81 97 86 – www.auberge-inn.fr
– Fermé 30 juil.-22 août, 24 déc.-2 janv., 18-27 fév., sam., dim. et fériés
Rest – Menu 19 € (déj.), 29/50 € – Carte 45/70 € **2BUb**
◆ Murs en pierre et couleurs vives, décor contemporain épuré, mobilier moderne, chaleureuse petite terrasse et cuisine dans l'air du temps : une auberge vraiment tendance...

X **L'Estaquade**

quai des Queyries – ✆ 05 57 54 02 50 – www.lestacade.com – Fermé 23 déc.-2 janv. **4EXa**
Rest – *(prévenir)* Menu 16 € (déj. en sem.) – Carte 42/57 €
◆ Une insolite construction sur pilotis posée sur la Garonne. Vue imprenable sur Bordeaux, décor épuré, carte actuelle et bon choix de vins du Languedoc-Roussillon et de Bourgogne.

X **La Petite Gironde**

75 quai des Queyries – ✆ 05 57 80 33 33 – www.lapetitegironde.fr – Fermé 24 déc.-4 janv. et dim. soir **4EXb**
Rest – Menu 17 € (sem.)/33 € – Carte 29/49 €
◆ Ce restaurant prisé pour sa situation sur la rive droite de la Garonne arbore un sympathique décor contemporain. Grande terrasse "les pieds dans l'eau" et plats traditionnels.

Café du Théâtre
pl. Renaudel – ✆ 05 57 95 77 20 – Fermé août, dim. et lundi **4FZa**
Rest – (14 €) Menu 20 € (déj.)/29 € – Carte 36/49 €
◆ Cadre moderne, petite terrasse, courte carte de plats traditionnels ou menus associant mets et vins : une adresse séduisante qui assure un service tardif les soirs de spectacle.

Quaizaco
80 quai des Chartrons – ✆ 05 57 87 67 72 – Fermé 9-23 août, sam. midi et dim.
Rest – (12 €) Menu 26/35 € – Carte 39/46 € **2BUt**
◆ La façade de ces entrepôts du 19e s. (anciens chais) cache un intérieur singulier mêlant pierres apparentes et décoration contemporaine aux touches colorées. Carte actuelle.

à Bordeaux-Lac (près parc des expositions) – ✉ 33300 Bordeaux

Pullman ch,
av. J.-G.-Domergue – ✆ 05 56 69 66 66 – www.pullmanhotels.com **2BTu**
166 ch – 🛉140/350 € 🛉🛉140/350 € – 19 suites – ☕ 23 €
Rest *L'Aquitania* – (24 € bc) Menu 29 € bc – Carte 44/65 €
◆ Accès direct au Palais des Congrès, salles de réunion sur 2000 m², confortables chambres design : rénovation réussie pour cet hôtel très apprécié de la clientèle d'affaires. Cuisine classique, décor contemporain et terrasse d'été ouverte sur le lac à l'Aquitania.

par la rocade A 630 :

à Blanquefort 3 km au Nord, sortie n° 6 – 14 944 h. – alt. 17 m – ✉ 33290

Hostellerie Des Criquets ch,
130 av. du 11-Novembre (D 210) – ✆ 05 56 35 09 24 – www.lescriquets.com
21 ch – 🛉74 € 🛉🛉96 € – ☕ 14 € – ½ P 92 €
Rest – *(fermé sam. midi, dim. soir et lundi)* (20 €) Menu 40/60 € – Carte 60/82 €
◆ Il règne une atmosphère de maison de campagne familiale dans cette ancienne ferme et ses coquettes chambres personnalisées, peu à peu rénovées. Agréable salle à manger, terrasse face au jardin et recettes dans l'air du temps.

à Lormont Nord-Est, sortie n°2 – 20 944 h. – alt. 60 m – ✉ 33310

i 4, avenue de la Libération ✆ 05 56 74 29 17

Jean-Marie Amat
1 r. du Prince Noir – ✆ 05 56 06 12 52 – www.jm-amat.com – Fermé 3 sem. en août, 1 sem. en déc., sam. midi, dim. et lundi **2BTn**
Rest – Menu 30 € (déj.)/50 € – Carte 75/120 €
Spéc. Salade de homard "comme dans un jardin". Pigeon grillé aux épices, pastilla de cuisse et salade d'herbes. Ananas vanillé et glace pinacolada (hiver). **Vins** Bordeaux supérieur.
◆ L'ancien "enfant terrible" signe son retour avec une table contemporaine, logée dans un château réhabilité : belle cuisine actuelle, véranda épurée, vue sur la verdure et le pont d'Aquitaine.

à Cenon Est, sortie n° 25 – 23 171 h. – alt. 50 m – ✉ 33150

La Cape (Nicolas Magie)
allée Morlette – ✆ 05 57 80 24 25 – Fermé 1er-21 août, vacances de Noël, sam., dim. et fériés **2BUv**
Rest – Menu 25 € (déj.), 40/85 € bc – Carte 70/100 €
Spéc. Gambas saisies, agneau confit en moussaka, tomate et aubergine fumée, jus concentré. Saint-pierre saisi, lard croustillant, moelle et chorizo, fleur de courgette en tempura. Abricot confit à la verveine, meringue et sorbet acidulé, pistaches torréfiées. **Vins** Bordeaux, Médoc.
◆ On se "bouscule" au portillon de ce pavillon pour savourer une belle cuisine inventive (menu renouvelé régulièrement). Cadre contemporain sobre et chic et agréable jardin-terrasse.

à Bouliac Sud-Est, sortie n° 23 – 3 087 h. – alt. 74 m – ✉ 33270

Le St-James
3 pl. Camille Hostein, près de l'église – ☎ 05 57 97 06 00 – www.saintjames-bouliac.com – Fermé 1er-16 janv. **2BUs**
15 ch – †195/330 € ††195/330 € – 3 suites – ☕ 25 €
Rest – *(fermé 10-25 avril, 28 août-5 sept., 23 oct.-3 nov., 1er-16 janv., dim. et lundi)* Menu 45 € bc (déj.), 65/132 € – Carte 100/150 €
Spéc. Foie gras en raviole et bouillon thaï, légumes croquants. Homard bleu grillé au beurre de corail, risotto iodé. Paris-brest, crème vanillée, fruits du moment frais et glacés. **Vins** Saint-Estèphe, Premières Côtes de Bordeaux.
Rest *Côté Cour* – ☎ 05 57 97 06 06 *(fermé 8-29 août, 1er-16 janv., sam. et dim.)* (19 €) Menu 26 € (déj.)/30 € – Carte 34/54 €
◆ Conçue par Jean Nouvel, cette maison qui surplombe les vignes s'inspire de l'architecture des séchoirs à tabac traditionnels de la région. Chambres design épurées. Le chef signe une cuisine raffinée, avec des mariages de saveurs subtils et harmonieux. Côté Cour, on mise sur une cuisine du marché.

Café de l'Espérance
10 r. de l'Esplanade, (derrière l'église) – ☎ 05 56 20 52 16 – www.cafe-esperance.com **2BVr**
Rest – Menu 15 € (déj. en sem.)/28 € – Carte 27/43 €
◆ Buffets d'entrées et de desserts, grillades au feu de bois, frites maison... C'est simple, très frais, copieux et bon. Les nostalgiques des troquets de village seront comblés !

à Bègles Sud-Est, sortie n°21 – 24 417 h. – alt. 6 m – ✉ 33130

Chiopot
281 r. des Quatre-Castera – ☎ 05 56 85 62 41 – chiopot.free.fr – Fermé sam. midi et dim. **2BVa**
Rest – Menu 19 € (sem.) – Carte 26/63 €
◆ Ce bistrot-brasserie très convivial vous reçoit autour de plats traditionnels. Spécialités de viandes grillées (agneau de lait des Pyrénées, bœuf charolais) et bons vins.

à Martillac 9 km au Sud, sortie n° 18, D 1113 et rte secondaire – 2 265 h. – alt. 40 m – ✉ 33650

Les Sources de Caudalie
chemin de Smith-Haut-Lafitte – ☎ 05 57 83 83 83 – www.sources-caudalie.com – Fermé 3-25 janv.
42 ch – †200/300 € ††200/300 € – 7 suites – ☕ 22 €
Rest *La Grand'Vigne* – *(fermé 3 janv.-1er fév., merc. midi, jeudi midi, vend. midi, lundi et mardi)* Menu 65/95 € – Carte 80/116 €
Spéc. "L'Aquitaine", en carpaccio de bœuf et grains de caviar primeur, toasts œufs de caille (avril à oct.). Turbot aux coquillages et ormeaux, jus chlorophylle et jeunes poireaux (nov. à mars). Transparence aux fraises, blanc-manger et sorbet citron basilic (mai à août). **Vins** Graves.
Rest *La Table du Lavoir* – (26 €) Menu 35 €
◆ Ce domaine incluant un institut de vinothérapie offre luxe et remise en forme au milieu des vignobles. À La Grand'Vigne (orangerie du 18e s.) est arrivé un chef de talent et inventif, maître dans l'assemblage des saveurs. La Table (lavoir des vendangeuses reconstitué) propose une cuisine du terroir.

au Sud-Ouest sortie n° 14 - ✉ 33600 Pessac

Holiday Inn Bordeaux Sud
10 av. Antoine Becquerel – ☎ 05 56 07 59 59 – www.holidayinn.fr **1AVf**
90 ch – †90/170 € ††90/170 € – ☕ 16 €
Rest – *(fermé sam., dim. et fériés)* (20 €) Menu 25 € – Carte 26/60 €
◆ Proche d'une rocade autoroutière, cet hôtel moderne bénéficie de confortables chambres contemporaines (lits king size). Salles de réunions aux équipements dernier cri. Chaleureuse salle à manger de type bistrot et cuisine traditionnelle.

à Mérignac Ouest, sortie n° 9 – 65 469 h. – alt. 35 m – ✉ 33700

Kyriad Prestige
116 av. Magudas – ✆ *05 57 92 00 00* – *www.bordeaux-hotels.net* **1ATr**
75 ch – †119 € ††119 € – ☕ 14 € – ½ P 90/100 €
Rest – *(fermé dim.)* (18 €) Menu 27/42 € – Carte 30/42 €
◆ Chambres spacieuses, insonorisées et rafraîchies, de plusieurs catégories : standard, executive ou familiale. Salle des petits-déjeuners réchauffée d'une flambée en hiver. Repas sous forme de buffets dressés dans une salle avec cheminée et charpente apparente.

à Eysines Ouest, sortie n° 9 – 19 279 h. – alt. 15 m – ✉ 33320

Les Tilleuls
à La Forêt, 205 av. St-Médard – ✆ *05 56 28 04 56* – *Fermé 21 fév.-1er mars, sam. midi, dim. soir et lundi* **1ATv**
Rest – Menu 18 € (déj. en sem.)/28 € – Carte 32/70 €
◆ Sympathique adresse où l'on mitonne plats traditionnels et spécialités régionales. Salle à manger campagnarde au décor provençal ; cheminée en hiver et jolie terrasse d'été.

à l'aéroport de Bordeaux-Mérignac Ouest, sortie n° 11 en venant du Sud, sortie n° 11b en venant du Nord – ✉ 33700 Mérignac

Mercure Bordeaux Aéroport
1 av. Ch.-Lindbergh – ✆ *05 56 34 74 74* – *www.mercure.com* **1AUe**
149 ch – †75/155 € ††85/175 € – ☕ 15 €
Rest – (15 €) Menu 22 € – Carte 30/55 €
◆ Adresse parfaite pour se reposer entre deux vols. Bar de style anglais, salles de réunion et chambres bien pensées (leur décor décline le thème des cinq continents). Cuisine traditionnelle servie dans une élégante salle à manger tournée vers la terrasse.

Novotel Aéroport
80 av. J.F.-Kennedy – ✆ *05 57 53 13 30* – *www.accor-hotels.com* **1AUk**
137 ch – †110/160 € ††110/160 € – ☕ 15 € **Rest** – (16 €) Carte 20/47 €
◆ L'hôtel, tendance et feutré, abrite des chambres de type "Novation" et un café répondant aussi au dernier concept du groupe. Pinède et aire de jeux pour les enfants. À table, cuisine simple axée sur les grillades et agréable vue sur le jardin.

All Seasons Bordeaux Aéroport
95 av. J.F.-Kennedy – ✆ *05 56 55 93 42* – *www.all-seasons-hotels.com*
81 ch ☕ – †65/105 € ††65/190 € **1AUd**
Rest – *(fermé 1er-15 août, 25 déc.-1er janv., vend. soir, sam. et dim.)* (15 €) Carte environ 25 €
◆ Cet hôtel flambant neuf affiche un intérieur moderne. Mobilier design et couleurs tendance aux touches acidulées dans des chambres très fonctionnelles équipées d'écrans plats. Restaurant traditionnel avec un buffet d'entrées et de desserts.

L'Iguane
83 av. J.F.-Kennedy – ✆ *05 56 34 07 39* – *www.liguane.fr* – *Fermé 1er août-4 sept., vend. soir, sam. midi et dim.* **1AUb**
Rest – (25 €) Menu 35/75 € – Carte 48/83 €
Rest *L'Olive de Mer* – ✆ 05 56 12 99 99 – (15 €) Menu 21 € (déj.) – Carte 26/49 €
◆ Salle en longueur, claire, contemporaine (sol et stores en bois). Cuisine actuelle métissée de saveurs exotiques et belle cave de 700 références de toutes régions vinicoles. Un vent méditerranéen souffle sur la carte de L'Olive de Mer (décor branché).

LES BORDES – 45 Loiret – **318** L5 – rattaché à Sully-sur-Loire

BORMES-LES-MIMOSAS – 83 Var – 340 N7 – 7 051 h. – alt. 180 m 41 C3
– ✉ 83230 Côte d'Azur

Paris 871 – Fréjus 57 – Hyères 21 – Le Lavandou 4

1, place Gambetta ✆ 04 94 01 38 38

de Valcros à La Londe-les-Maures, NO : 12 km, ✆ 04 94 66 81 02

Site★ - Les vieilles rues★ - ≤★ du château.

Hostellerie du Cigalou

pl. Gambetta, au vieux village – ✆ 04 94 41 51 27 – www.hostellerieducigalou.com

17 ch – †111/189 € ††134/256 € – 3 suites – ☐ 13 €

Rest – (14 €) Menu 18/36 € – Carte 25/45 €

◆ La propriétaire de cette jolie maison a décoré son intérieur avec raffinement, mêlant styles provençal et baroque. Certaines chambres bénéficient d'une terrasse privative. Au restaurant, recettes à dominante régionale, dans une ambiance bistrot décontractée.

La Bastide des Vignes

464 chemin du Patelin – ✆ 04 94 71 20 29 – www.bastidedesvignes.fr

5 ch ☐ – †117/137 € ††117/137 € **Table d'hôte** – Menu 43 € bc

◆ Un véritable havre de paix et de gentillesse que cette maison de vigneron de 1902, cernée par les vignes. Chambres aux couleurs de la Provence, ouvertes sur le luxuriant jardin (pas de TV). Dégustation de plats et vins régionaux à la table d'hôte (sur réservation).

Les Plumbagos sans rest

88 impasse du Pin, quartier Le Pin, par bd Mont des Roses – ✆ 06 09 82 42 86 – www.lesplumbagos.com – Ouvert avril-oct.

3 ch ☐ – †115/132 € ††115/132 €

◆ Une situation calme et privilégiée en surplomb de la baie, de coquettes chambres provençales et un agréable jardin : cette belle bâtisse des années 1920 ne manque pas d'atouts.

La Rastègue (Jérôme Masson)

48 bd Levant, 2 km au Sud, quartier Le Pin – ✆ 04 94 15 19 41 – www.larastegue.com – Fermé 4-31 janv., le midi sauf dim. et lundi

Rest – *(nombre de couverts limité, prévenir)* Menu 39/55 € – Carte 43/60 €

Spéc. Parfait tiède de langoustines, le jus des têtes en bisque. Poisson sauvage cuit à la plancha, fumet émulsionné et légumes du moment. Assiette gourmande.

Vins Côtes de Provence.

◆ Priorité aux saveurs ! Les cuisines, ouvertes sur la salle, permettent d'admirer le jeune chef à l'œuvre. Accommodant bons produits et arômes avec précision et équilibre, ce dernier réalise des plats inventifs et sans artifice. Service attentionné.

Le Garde Manger

29 r. Carnot – ✆ 04 94 71 15 45 – www.mathiasdandine.com – Ouvert 16 mars-14 nov.

Rest – *(nombre de couverts limité, prévenir)* Carte 40/70 €

◆ Autrefois boucherie, puis épicerie – tenue par les parents du chef –, désormais un charmant petit bistrot contemporain où l'on vous garde à manger... Cuisine du marché fine et goûteuse.

au Sud 1 km – ✉ 83230 Bormes-les-Mimosas

Le Domaine du Mirage

38 r. Vue-des-Iles – ✆ 04 94 05 32 60 – www.domainedumirage.com – Ouvert 1er avril-15 oct.

35 ch – †116/180 € ††116/278 € – ☐ 14 €

Rest – Menu 36 € (dîner) – Carte 30/40 € le midi

◆ Dominant la baie, une belle bâtisse de style victorien entourée d'un jardin fleuri. Chambres contemporaines, en majorité avec balcon ou terrasse face à la mer. Décor raffiné au restaurant, où l'on apprécie une cuisine qui fleure bon la Provence.

BORNY – 57 Moselle – 307 I4 – rattaché à Metz

BORT-L'ÉTANG – 63 Puy-de-Dôme – 326 H8 – rattaché à Lezoux

BOSDARROS – 64 Pyrénées-Atlantiques – **342** J5 – **1 021 h.** – **alt. 370 m** – ✉ **64290** **3** B3

Paris 790 – Lourdes 36 – Oloron-Ste-Marie 29 – Pau 14

Auberge Labarthe (Éric Dequin)

1 r. P.-Bidau – ☎ 05 59 21 50 13 – www.auberge-pau.com – Fermé 4-20 juil., 17-31 janv., dim. soir, lundi et mardi

Rest – *(prévenir le week-end)* Menu 29 € (sem.), 49/73 € – Carte 76/83 €

Spéc. Homard à l'estragon, sabayon gratiné et champignons sauvages. Magret de pigeonneau rôti, jus aux épices. Poires au caramel de nougatine, mousseux gianduja et crème vanille (automne). **Vins** Jurançon, Béarn rouge.

◆ Derrière l'église, maison accueillante à la belle façade fleurie. Savoureuse et généreuse cuisine régionale servie dans une salle cosy et sagement contemporaine.

BOSSEY – 74 Haute-Savoie – **328** J4 – **rattaché à St-Julien-en-Genevois**

LES BOSSONS – 74 Haute-Savoie – **328** O5 – **rattaché à Chamonix**

BOUC-BEL-AIR – 13 Bouches-du-Rhône – **340** H5 – **13 711 h.** – **alt. 259 m** – ✉ **13320** **40** B3

Paris 758 – Aix-en-Provence 10 – Aubagne 41 – Marseille 22

L'Étape Lani

ch, ch, ch

au Sud sur D 6 rte de Gardane-Marseille – ☎ 04 42 22 61 90 – www.hotelaix-etape.com

35 ch – 65/88 € 80/98 € – 12 € – ½ P 63/121 €

Rest – *(fermé 19 déc.-2 janv., dim. sauf le midi de sept. à juin, lundi midi en juil.-août et sam. midi)* (18 €) Menu 27/56 € – Carte 42/56 €

◆ L'accueil, les chambres bien insonorisées du bâtiment principal et le plaisant décor provençal de l'annexe font vite oublier la proximité de la route passante. Coquet restaurant séparé en deux salles (Marguerite et Lucie) et proposant une cuisine ensoleillée.

BOUCÉ – 03 Allier – **326** H5 – **rattaché à Varennes-sur-Allier**

LE BOUCHET – 74 Haute-Savoie – **328** L5 – **rattaché au Grand-Bornand**

BOUDES – 63 Puy-de-Dôme – **326** G10 – **266 h.** – **alt. 466 m** – ✉ **63340** **5** B2

Paris 462 – Brioude 29 – Clermont-Fd 52 – Issoire 16

Le Boudes La Vigne avec ch

rest,

pl. de la Mairie – ☎ 04 73 96 55 66 – leboudeslavigne.pagesperso-orange.fr – Fermé 27 juin-8 juil., 22 août-1er sept., 2-20 janv., dim. soir, lundi et mardi sauf juil.-août

7 ch – 45 € 45 € – 7 € – ½ P 50 € **Rest** – (17 €) Menu 23/50 €

◆ Construite sur d'anciennes fortifications, cette maison a gardé le charme des vieilles pierres. Cuisine réalisée avec finesse, accompagnée de crus locaux, dont le boudes !

BOUËSSE – 36 Indre – **323** G7 – **rattaché à Argenton-sur-Creuse**

BOUGIVAL – 78 Yvelines – **311** I2 – **101** 13 – **voir à Paris, Environs**

LA BOUILLADISSE – 13 Bouches-du-Rhône – **340** I5 – **5 561 h.** – **alt. 220 m** – ✉ **13720** **40** B3

Paris 776 – Aix-en-Provence 27 – Brignoles 43 – Marseille 31

place de la Libération ☎ 04 42 62 97 08

La Fenière

ch, rest,

8 r. J. Pourchier – ☎ 04 42 72 38 38 – www.hotelfeniere.com

10 ch – 60/100 € 65/100 € – 8 €

Rest – *(fermé 28 août-5 sept., dim. et lundi)* (17 €) Menu 21/45 € – Carte 27/57 €

◆ Un établissement tout simple, avec une jolie petite piscine et un jardin. Les chambres sont fraîches, gaies et méticuleusement tenues. Le restaurant, de style provençal (poutres apparentes, cheminée) et agrémenté d'une terrasse, sert une cuisine régionale.

BOUILLAND – 21 Côte-d'Or – 320 I7 – 189 h. – alt. 400 m – ✉ 21420 8 C2

Bourgogne

Paris 295 – Autun 54 – Beaune 17 – Bligny-sur-Ouche 13

Hostellerie du Vieux Moulin

1 r. de la Forge – ☎ 03 80 21 51 16 – www.moulin-de-bouilland.com – Ouvert 12 mars-27 nov. et 13-31 déc.

24 ch – †90/168 € ††90/168 € – 2 suites – ☕ 18 € – ½ P 68 €

Rest – *(fermé le midi du lundi au jeudi)* (27 €) Menu 39/95 € – Carte 60/94 €

♦ À deux pas de l'A6 et des grands vignobles bourguignons, deux bâtiments, dont un ancien moulin, aux chambres en partie rénovées. Fitness et piscine. Cuisine actuelle servie dans une salle à manger plus contemporaine. Vue sur la campagne ; service prévenant.

Auberge St-Martin

17 rte de Beaune – ☎ 03 80 21 53 01 – Fermé 1er-7 juil., 13 déc.-3 fév., mardi et merc.

Rest – (16 €) Menu 21/29 € – Carte 25/40 €

♦ La petite salle campagnarde de cette accueillante auberge (18e s.) donne sur une miniterrasse-balcon. Appétissante cuisine traditionnelle et spécialités régionales.

LA BOUILLE – 76 Seine-Maritime – 304 F5 – 805 h. – alt. 5 m – ✉ 76530 33 D2

Normandie Vallée de la Seine

Paris 132 – Bernay 44 – Elbeuf 12 – Louviers 32

Le Bellevue

13 quai Hector-Malot – ☎ 02 35 18 05 05 – www.hotel-le-bellevue.com

20 ch – †76/80 € ††76/84 € – ☕ 9 € – ½ P 60/70 €

Rest – Menu 20/34 € – Carte 25/50 €

♦ Demeure (début 20e s.) située sur une rive de la Seine. Chambres fraîches et colorées, progressivement rénovées ; certaines bénéficient d'une belle vue sur le fleuve. Plats traditionnels à déguster dans une salle de restaurant qui a conservé son âme normande.

St-Pierre

4 pl. du Bateau – ☎ 02 35 68 02 01 – www.restaurantlesaintpierre.com – Fermé 21 fév.-8 mars , 22 août-7 sept., dim. soir, lundi et mardi

Rest – (18 €) Menu 25/65 € – Carte 55/76 €

♦ Cuisine d'aujourd'hui servie dans une salle claire et actuelle ou en plein air, avec la Seine et le va-et-vient des bateaux pour toile de fond. Accueil et service avenants.

De la Poste

6 pl.du Bateau – ☎ 02 35 18 03 90 – Fermé 3 sem. en déc., dim. soir, lundi et mardi

Rest – Menu 20 € (sem.), 28/44 € – Carte 50/70 €

♦ Jolie façade à colombages d'un relais de poste (18e s.) ancré sur les quais. Salle rustique ou, à l'étage, cadre plus récent et plus clair avec vue sur la Seine. Carte classique.

Les Gastronomes

1 pl. du Bateau – ☎ 02 35 18 02 07 – www.lesgastronomes-labouille.com – Fermé 21 oct.-10 nov., 24 fév.-16 mars, merc. et jeudi sauf fériés

Rest – Menu 20 € (sem.), 28/45 € – Carte 42/56 €

♦ À côté de l'église, restaurant familial traditionnel abritant deux salles : ambiance bistrot Belle Époque dans celle du bas ; touches rustiques et coup d'œil batelier à l'étage.

BOUIN – 85 Vendée – 316 E6 – 2 206 h. – alt. 5 m – ✉ 85230 34 A3

Paris 435 – Challans 22 – Nantes 51 – Noirmoutier-en-l'Ile 29

boulevard Sébastien Luneau ☎ 02 51 68 88 85

Domaine le Martinet

pl. du Gén.-Charette – ☎ 02 51 49 23 23 – www.domaine-lemartinet.com – Ouvert 16 avril-31 oct.

25 ch – †49/84 € ††56/120 € – ☕ 10 € **Rest** – ☎ 02 51 49 23 48 *(fermé dim. soir hors saison, lundi midi et mardi midi)* (12 €) Menu 17/36 € – Carte 22/45 €

♦ Hôtel situé dans un bourg tranquille du marais breton vendéen. Chambres d'antan dans la maison de bourg ; celles situées dans les dépendances sont plus spacieuses et coquettes. Cuisine traditionnelle servie dans l'ancien grenier à sel au cadre rustique soigné.

BOULBON – 13 Bouches-du-Rhône – 340 D2 – 1 532 h. – alt. 18 m – ✉ 13150 42 E1

Paris 703 – Avignon 18 – Marseille 113 – Nîmes 34

La Bastide de Boulbon

r. de l'Hôtel-de-Ville – ☎ 04 90 93 11 11 – www.labastidedeboulbon.com – *Ouvert avril-oct.*

10 ch – †85/125 € ††95/155 € – ☕ 15 €

Rest – *(fermé le dim. soir) (dîner seult) (nombre de couverts limité, prévenir)* (29 €) Menu 35 €

◆ Au cœur d'un village, cette demeure bourgeoise (1850) aux allures de maison d'hôte invite à la détente, avec son beau jardin aux platanes bicentenaires. Chambres actuelles. Cuisine du marché servie dans une salle intime ou sur la terrasse ombragée.

BOULIAC – 33 Gironde – 335 H6 – rattaché à Bordeaux

BOULIGNEUX – 01 Ain – 328 C4 – rattaché à Villars-les-Dombes

BOULOGNE-SUR-MER – 62 Pas-de-Calais – 301 C3 – 44 273 h. – Agglo. 135 116 h. – alt. 58 m – Casino (privé) Z – ✉ 62200 30 A2

Nord Pas-de-Calais Picardie

Paris 265 – Amiens 130 – Arras 122 – Calais 35

24, Parvis Nausicaä ☎ 03 21 10 88 10

de Wimereux à Wimereux Avenue François Mitterrand, par rte de Wimereux : 8 km, ☎ 03 21 32 43 20

Nausicaa★★ - Ville haute★★ : crypte et trésor★ de la basilique ★ du Beffroi Y H - Perspectives★ des remparts - Calvaire des marins ★ Y - Château-Musée★ : vases grecs★★, masques inuits et aléoutes★★ - Colonne de la Grande Armée★ : ★★ 5 km par ① - Côte d'Opale★ par ①.

La Matelote

70 bd Ste-Beuve – ☎ 03 21 30 33 33 – www.la-matelote.com Yq

35 ch – †85/185 € ††100/185 € – ☕ 15 €

Rest *La Matelote* – voir ci-après

◆ Fière bâtisse des années 1930 sur le front de mer, face au Nausicaa. Ambiance chaleureuse, chambres de bon confort et espace détente de qualité (piscine à contre courant).

Métropole sans rest

51 r. Thiers – ☎ 03 21 31 54 30 – www.hotel-metropole-boulogne.com – *Fermé 20 déc.-12 janv.* Ze

25 ch – †70/80 € ††89/97 € – ☕ 11 €

◆ Hôtel familial dans le centre-ville, près du port et des commerces, aux chambres spacieuses et confortables. Jolie salle des petits-déjeuners, ouverte sur le jardin.

Hamiot

1 r. Faidherbe – ☎ 03 21 31 44 20 – www.hotelhamiot.com Zh

12 ch – †65/95 € ††80/100 € – ☕ 10 €

Rest *Grand Restaurant* – *(fermé dim. soir et merc.)* (19 €) Menu 22 € (déj. en sem.), 27/39 € – Carte 42/81 €

Rest *Brasserie* – (12 €) Menu 18/32 € – Carte 15/50 €

◆ Ce bâtiment d'après-guerre donne sur le port et propose des chambres confortables (beau mobilier en bois) et bien insonorisées. Atmosphère feutrée, vue sur l'animation portuaire et cuisine axée mer au Grand Restaurant. Ambiance animée et terrasse à la Brasserie.

La Matelote (Tony Lestienne) – Hôtel La Matelote

80 bd Ste Beuve – ☎ 03 21 30 17 97 – www.la-matelote.com – *Fermé 22 déc.-15 janv. et jeudi midi* Yq

Rest – Menu 31/70 € – Carte 64/80 €

Spéc. Salade de homard, sauce crustacés. Darne de turbot poêlée au beurre de thym. Tarte banoffee, parfait vanille aux popcorns, caramel au vieux rhum.

◆ Un restaurant au cadre élégant et feutré, dans les tons rouge et or, avec une belle terrasse d'été. Cuisine de la mer superbement mise en valeur.

BOULOGNE-SUR-MER

Adam (R. A.)	X	2
Aumont (R. d')	Z	7
Beaucerf (Bd)	Z	8
Beaurepaire (R.)	X	9
Bras-d'Or (R. du)	Z	13
Colonne (R. de la)	X	17
Diderot (Bd)	X	18
Duflos (R. Louis)	X	19
Dutertre (R.)	Y	20
Égalité (R. de)	X	22
Entente-Cordiale (Pont de l')	Z	23
Faidherbe (R.)	Y	
Grande-Rue	Z	
Huguet (R. A.)	X	29
Jean-Jaurès (Bd et Viaduc)	X	30
J.-J. Rousseau (Viaduc)	X	31
Lampe (R. de la)	Z	32
Lattre-de-Tassigny (Av. de)	Y	33
Lavocat (R. Albert)	X	34
Liberté (Bd de la)	X	35
Lille (R. de)	Y	37
Marguet (Pont)	Z	38
Michelet (R. J.)	X	39
Mitterrand (Bd F.)	Z	40
Montesquieu (Bd)	X	42
Mont-Neuf (R. du)	X	44
Orme (R. de l')	X	46
Perrochel (R. de)	Z	48
Porte-Neuve (R.)	Y	49
Puits-d'Amour (R.)	Z	53
Résistance (Pl.)	Y	55
Ste-Beuve (Bd)	XY	59
St-Louis (R.)	Y	56
Thiers (R. A.)	YZ	60
Tour-N.-Dame (R.)	Y	61
Victoires (R. des)	Y	63
Victor-Hugo (R.)	YZ	
Wicardenne (R. de)	X	64

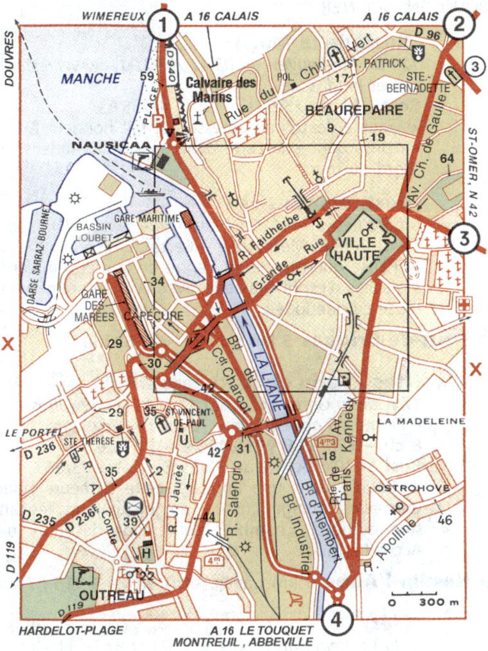

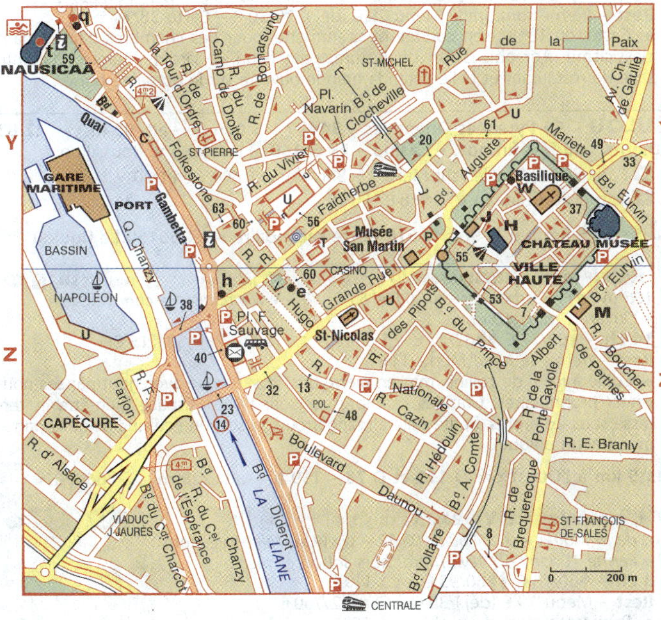

XX **Rest. de la Plage** VISA AE

124 bd Ste-Beuve – 03 21 99 90 90 – www.restaurantdelaplage.fr – Fermé dim. soir et lundi soir **Xv**

Rest – Menu 25/65 € – Carte 48/85 €

◆ Face à l'eau, une adresse qui fait honneur à la vocation maritime de la ville en proposant une carte riche en saveurs iodées. Joli décor actuel sur le thème "bord de mer".

X **Rest. de Nausicaa** A/C VISA

bd Ste-Beuve – 03 21 33 24 24 – Fermé dim. soir hors saison et lundi soir

Rest – (18 €) Menu 28 € – Carte 26/48 € **Yt**

◆ Pause gourmande au Centre de la mer. Ambiance animée dans deux immenses salles d'esprit brasserie, avec vue panoramique sur le port et la plage. Savoureuse cuisine iodée.

à Pont-de-Briques **5 km par ④ – ✉ 62360**

XXX **Hostellerie de la Rivière** avec ch ch, P VISA AE

17 r. de la Gare – 03 21 32 22 81 – www.lhostelleriedelariviere.fr – Fermé 16 août-1er sept., 10 janv.-4 fév., dim. soir, mardi midi et lundi

8 ch – †75/99 € ††99/119 € – ☕ 12 €

Rest – (30 € bc) Menu 35/59 € – Carte 63/86 €

◆ Retirée dans une impasse, cette demeure bourgeoise toute blanche abrite une salle à manger cossue ; aux beaux jours, les tables investissent le jardin. Cuisine actuelle. Chambres sobrement décorées dans un style contemporain. Accueil familial.

à Hesdin-l'Abbé **9 km par ④ et D 901 – 1 915 h. – alt. 50 m – ✉ 62360**

Cléry ch, P VISA AE

r. du Château, au village – 03 21 83 19 83 – www.hotelclery-hesdin-labbe.com

25 ch – †158/320 € ††158/320 € – 2 suites – ☕ 16 € – ½ P 141/297 €

Rest – *(fermé sam. midi)* Menu 29 € (déj.), 35/50 € – Carte 38/74 €

◆ Castel du 18e s., son cottage et sa fermette, pour des chambres d'un élégant classicisme. Agréable salon de lecture, parc fleuri et jardin potager. Plaisante salle de restaurant et belle véranda grande ouverte sur le domaine boisé.

LE BOULOU – 66 Pyrénées-Orientales – 344 I7 – 5 066 h. – alt. 90 m 22 B3

– Stat. therm. : mi fév.-fin nov. – Casino – ✉ 66160 Languedoc Roussillon

Paris 869 – Argelès-sur-Mer 20 – Barcelona 169 – Céret 10

1, rue du Château 04 68 87 50 95

au Sud-Est **4,5 km par D 900, D 618 et rte secondaire – ✉ 66160 Le Boulou**

Relais des Chartreuses ch, rest, P VISA

106 av. d'En-Carbouner – 04 68 83 15 88 – www.relais-des-chartreuses.fr – Ouvert 2 mars-10 nov.

14 ch – †62/77 € ††62/77 € – 1 suite – ☕ 12 € – ½ P 68/115 €

Rest – *(fermé le midi)* Menu 33 €

◆ Édifié à flanc de colline, mas en pierre du 17e s. rénové avec goût par ses nouveaux propriétaires. Grandes chambres personnalisées. Espace bien-être et terrasse sous les arbres. Petite salle à manger où l'on sert une cuisine actuelle parfumée (menu unique).

à Vivès **5 km à l'Ouest par D 115 et D 73 – 159 h. – alt. 228 m – ✉ 66490**

X **L'Hostalet de Vivès** avec ch A/C ch, VISA

r. de la Mairie – 04 68 83 05 52 – www.hostalet-vives.com – Fermé 10 janv.-27 fév., mardi hors saison et merc.

3 ch – †60/75 € ††60/95 € – ☕ 11 €

Rest – Menu 19 € (déj.)/30 € – Carte 27/60 €

◆ Ravissante maison en pierre du 12e s. ayant conservé son cachet d'antan. Service en costume traditionnel et "gargantuesques" plats catalans. Quelques chambres fonctionnelles.

BOURBACH-LE-BAS – 68 Haut-Rhin – 315 G10 – 625 h. – alt. 340 m – ✉ 68290 1 A3

Paris 451 – Altkirch 27 – Belfort 26 – Mulhouse 25

A la Couronne d'Or avec ch

9 r. Principale – ☎ 03 89 82 51 77 – Fermé mardi soir et lundi
7 ch – †43 € ††59 € – ☐ 7 € – ½ P 53 €
Rest – Menu 10 € (déj. en sem.), 23/48 € – Carte 23/45 €
◆ Dans un village de la vallée de la Doller, cette maison abrite une grande salle rustique et une autre plus intime avec un poêle en faïence. Plats traditionnels. Chambres simples.

BOURBON-LANCY – 71 Saône-et-Loire – 320 C10 – 5 466 h. – alt. 240 m – Stat. therm. : début avril-fin oct. – Casino – ✉ 71140 Bourgogne 7 B3

Paris 308 – Autun 62 – Mâcon 110 – Montceau-les-Mines 55
place d'Aligre ☎ 03 85 89 18 27
de Givalois Givallois, E : 3 km, ☎ 03 85 89 05 48
Maison de bois et tour de l'horloge ★.

La Tourelle du Beffroi sans rest

17 pl. de la Mairie – ☎ 03 85 89 39 20 – www.hotellatourelle.fr
8 ch – †55 € ††55 € – ☐ 10 €
◆ Emplacement agréable, près des remparts de la vieille ville et à l'ombre du beffroi, pour ce petit établissement aux airs de pension de famille. Chambres parfois exiguës.

BOURBON-L'ARCHAMBAULT – 03 Allier – 326 F3 – 2 617 h. – alt. 367 m – Stat. therm. : début mars-début nov. – Casino – ✉ 03160 Auvergne 5 B1

Paris 292 – Montluçon 53 – Moulins 24 – Nevers 54
1, place de l'Hotel de Ville ☎ 04 70 67 09 79
Nouveau parc ≤★ - Château ≤★.

Grand Hôtel Montespan-Talleyrand

rest,
pl. des Thermes – ☎ 04 70 67 00 24 – www.hotel-montespan.com – Ouvert 2 avril-20 oct.
42 ch – †64/66 € ††67/125 € – 2 suites – ☐ 13 € – ½ P 66/84 €
Rest – (12 €) Menu 21/50 € – Carte 30/50 €
◆ Au cœur de la station thermale, trois demeures historiques (11e-18e s.) : Mme de Sévigné et Talleyrand y logèrent, la Montespan y mourut… Chambres spacieuses, aux décors de caractère ; jardin à la française. À table, tradition bourbonnaise, poutres et pierres.

BOURBONNE-LES-BAINS – 52 Haute-Marne – 313 O6 – 2 275 h. – alt. 290 m – Stat. therm. : début mars-fin nov. – Casino – ✉ 52400 Champagne Ardenne 14 D3

Paris 313 – Chaumont 55 – Dijon 124 – Langres 39
place des Bains ☎ 03 25 90 01 71

Hérard

29 Grande-Rue – ☎ 03 25 90 13 33 – www.hotelbourbonne.com
17 ch – †45/70 € ††45/70 € – 2 suites – ☐ 7 € – ½ P 48/75 €
Rest – *(fermé lundi et mardi du 1er déc. au 31 janv.)* (13 €) Menu 27/32 € – Carte 15/25 €
◆ Dans une rue commerçante du centre-ville, un hôtel entièrement rénové en 2009. Les chambres, confortables, sont thématiques (Africaine, NY, Bio...) et un brin ludique. Cet établissement familial sert une restauration simple, de type brasserie.

Orfeuil

rest,
29 r. Orfeuil (près des Thermes) – ☎ 03 25 90 05 71 – Ouvert 3 avril-22 oct.
30 ch – †51/57 € ††55/70 € – ☐ 9 € – ½ P 41/50 €
Rest – *(fermé dim. soir et lundi)* Menu 14/30 € – Carte 18/37 €
◆ Près des thermes, un établissement traditionnel avec son salon bourgeois, parfait pour les curistes. Chambres fonctionnelles équipées d'une kitchenette. Paisible jardin et sa belle piscine. Mobilier sixties et plantes vertes dans le lumineux restaurant.

XX **Jeanne d'Arc** avec ch

12 r. de l'Amiral-Pierre – ☎ 03 25 90 46 00 – www.hotel-rest-jda52.com – Fermé 27 nov.-1er fév., dim. soir et lundi

13 ch – 🚹62 € 🚹🚹62 € – ☕ 9 € **Rest** – Menu 19 € – Carte 28/55 €

◆ Une bonne adresse pour manger à Bourbonne, car le chef sait mettre en valeur les produits du terroir. Le décor est classique, avec une petite cour intérieure pour l'été. Chambres simples et bien tenues.

LA BOURBOULE – 63 Puy-de-Dôme – 326 D9 – 2 049 h. – alt. 880 m – Stat. therm. : début février-début oct. – Casino AZ – ✉ 63150 Auvergne 5 B2

Paris 469 – Aubusson 82 – Clermont-Ferrand 50 – Mauriac 71

place de la République ☎ 04 73 65 57 71

Parc Fenêstre★ - Murat-le-Quaire : musée de la Toinette★ N : 2 km.

Le Parc des Fées rest,

107 quai Mar.-Fayolle – ☎ 04 73 81 01 77 – www.parcdesfees.com – Fermé 30 oct.-20 déc. AZ**x**

42 ch – 🚹56/65 € 🚹🚹69/74 € – ☕ 12 € – ½ P 77/85 €

Rest – (14 €) Menu 18/55 € – Carte 35/42 €

◆ La moitié des chambres de cette bâtisse centenaire donne sur la Dordogne. Ampleur, décoration actuelle et confort sont au rendez-vous. Salle de jeux pour les enfants. Chaleureux restaurant où dominent les tons pastel et les miroirs. Carte traditionnelle.

Le Charlet rest,

bd L.-Choussy – ☎ 04 73 81 33 00 – www.lecharlet.fr – Fermé 14 nov.-17 déc.

36 ch – 🚹49/74 € 🚹🚹59/74 € – ☕ 9 € – ½ P 100/132 € AZ**g**

Rest – Menu 18/37 € – Carte 25/45 €

◆ Dans un quartier assez calme, cet hôtel propose des petites chambres fonctionnelles et des infrastructures sportives très complètes (piscine, fitness). Cuisine traditionnelle et régionale dans un cadre plutôt simple.

LA BOURBOULE

Alsace-Lorraine (Av.) . . . . . . BY 2
Clemenceau (Bd G.) . . . . . ABY
États-Unis (Av. des) . . . . BY 3
Féron (Quai) . . . . BY
Foch (Av. Mar.) . . . . AY 6
Gambetta (Quai) . . . . AZ 7
Guéneau-de-Mussy (Av.) . . . AY 8
Hôtel de Ville (Quai) . . . . AY 10
Jeanne-d'Arc (Quai) . . . . BY 12
Jet-d'eau (Square du) . . . . . . AY 13
Joffre (Sq. du Mar.) . . . . BY 15
Lacoste (Pl. G.) . . . . AY 16
Libération (Q. de la) . . . . AZ 17
Mangin (Av. du Général) . . . . AZ 19
République (Pl. de la) . . . . AZ 21
Souvenir (Pl. du) . . . . BY 22
Victoire (Pl. de la) . . . . AY 23

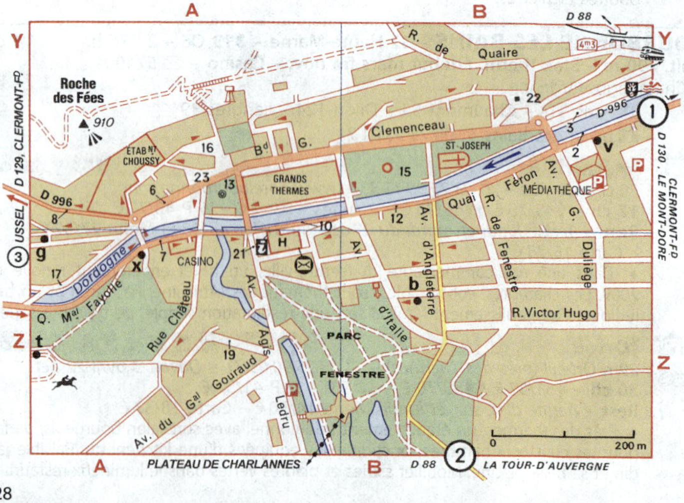

Régina
48 av. Alsace-Lorraine – ✆ 04 73 81 09 22 – www.hotelregina-labourboule.com – Fermé 5-29 janv. BY**v**
20 ch – †58/80 € ††65/100 € – ☕ 8 € – ½ P 55/75 €
Rest – (16 €) Menu 18/31 € – Carte 28/46 €
♦ Une bâtisse du 19e s. sur les rives de la Dordogne. Chambres fonctionnelles et bien équipées, piscine couverte et espace fitness. Deux salles à manger : l'une de style Art déco (moulures et parquet anciens), l'autre plus moderne. Cuisine traditionnelle.

Aviation rest,
r. de Metz – ✆ 04 73 81 32 32 – www.aviation.fr – Fermé 25 sept.-17 déc. BZ**b**
43 ch – †53/63 € ††53/63 € – ☕ 8 € – ½ P 54/59 €
Rest – (13 €) Menu 16/30 € – Carte 21/32 €
♦ Cette maison du début du 20e s., à quelques pas du parc Fenestre, propose des chambres bien tenues. Pour les loisirs : piscine, fitness, salle de jeux, billard... Des plats classiques et des spécialités régionales sont servis dans une grande salle à manger.

La Lauzeraie sans rest
577 chemin de la Suchère – ✆ 04 73 81 15 70 – www.lalauzeraie.net – Fermé 15 oct.-28 déc. AZ**t**
4 ch ☕ – †80/120 € ††99/145 €
♦ Entourée d'un agréable jardin, cette maison au toit de lauze a du charme : matériaux anciens, mobilier chiné et bassin à poissons ! Piscine couverte, fitness, hammam.

BOURDEILLES – 24 Dordogne – 329 E4 – rattaché à Brantôme

BOURG-ACHARD – 27 Eure – 304 E5 – 2 792 h. – alt. 124 m 33 C2
– ✉ 27310 Normandie Vallée de la Seine

Paris 141 – Bernay 39 – Évreux 62 – Le Havre 62

L'Amandier
581 rte Rouen – ✆ 02 32 57 11 49 – Fermé 1er-10 août, 31 janv.-10 fév., dim. soir, mardi et merc.
Rest – Menu 17 € (déj. en sem.), 28/48 € – Carte 50/70 €
♦ Au centre du village, agréable restaurant décoré dans un esprit sobrement actuel (baies vitrées ouvrant sur le jardin). Accueil aimable et généreuse cuisine au goût du jour.

BOURG-CHARENTE – 16 Charente – 324 I5 – rattaché à Jarnac

LE BOURG-DUN – 76 Seine-Maritime – 304 F2 – 455 h. – alt. 17 m 33 C1
– ✉ 76740 Normandie Vallée de la Seine

Paris 188 – Dieppe 20 – Fontaine-le-Dun 7 – Rouen 56
route de Dieppe ✆ 02 35 84 19 55
Tour★ de l'église.

Auberge du Dun (Pierre Chrétien)
3 rte de Dieppe, (face à l'église) – ✆ 02 35 83 05 84 – www.auberge-du-dun.fr – Fermé 2-15 nov., 2-12 janv., merc. sauf le midi du 1er mars au 15 oct., dim. soir et lundi
Rest – *(prévenir le week-end)* Menu 30 € (sem.), 50/89 € – Carte 70/95 €
Spéc. Foie gras chaud de canard caramélisé aux fruits de saison. Fricassée de sole aux petits pois, persil frit "dessus" (avril à juin). Crêpes soufflées au calvados.
♦ Coquette auberge disposant de deux jolies salles à manger rustiques, séparées du spectacle des cuisines par une baie vitrée. Recettes au goût du jour soignées.

BOURG-EN-BRESSE 🅿 – 01 Ain – 328 E3 – 40 156 h. 44 B1
– Agglo. 101 016 h. – alt. 251 m – ✉ 01000 Bourgogne

Paris 424 – Annecy 113 – Genève 112 – Lyon 82

6, avenue Alsace Lorraine ✆ 04 74 22 49 40

de Bourg-en-Bresse Parc de Loisirs de Bouvent, par rte de Nantua : 2 km, ✆ 04 74 24 65 17

Église de Brou★★ (tombeaux★★★, stalles★★, jubé★★, vitraux★★, chapelle et oratoires★★★, portail★) X B - Stalles★ de l'église Notre-Dame Y - Musée du monastère★ X E.

Mercure
10 av. Bad-Kreuznach – ✆ 04 74 22 44 88 – www.mercure.com Xe

60 ch – †85/106 € ††90/117 € – ☕ 15 € – ½ P 73/83 €

Rest – *(fermé sam. midi et dim. midi)* Menu 20/39 € – Carte 29/49 €

◆ Ce Mercure propose plusieurs types de chambres ; toutes sont confortables et bien équipées dans l'ensemble. Le restaurant, avec terrasse couverte et vue sur un jardin, a adopté un style contemporain sans perdre son charme feutré. Cuisine traditionnelle.

De France sans rest
19 pl. Bernard – ✆ 04 74 23 30 24 – www.grand-hoteldefrance.com

43 ch – †80/93 € ††91/105 € – 1 suite – ☕ 13 € Yr

◆ À deux pas de l'église Notre-Dame, des chambres spacieuses et plutôt jolies, d'un style classique pimenté de couleurs. Hall restauré dans son esprit 1900 d'origine.

Ariane
bd Kennedy – ✆ 04 74 22 50 88 – www.hotel-ariane-bourg.com Xs

40 ch – †80 € ††85 € – ☕ 11 €

Rest – *(fermé dim. et fériés)* Menu 22/45 € – Carte 34/49 €

◆ Une construction des années 1980, toute proche du boulevard circulaire. Chambres aux tons chaleureux et colorés ; mobilier sobre et fonctionnel. Dans la salle à manger ou sur la terrasse, on jouit d'une vue imprenable sur le jardin et la piscine.

Logis de Brou sans rest
132 bd de Brou – ✆ 04 74 22 11 55 – www.logisdebrou.net Zk

30 ch – †65/75 € ††71/81 € – ☕ 10 €

◆ Cet hôtel des années 1970 se refait peu à peu une jeunesse. Chambres avec balcon, colorées et aménagées dans divers styles. Jardin fleuri et bon petit-déjeuner.

L'Auberge Bressane
166 bd de Brou – ✆ 04 74 22 22 68 – www.aubergebressane.fr – Fermé mardi

Rest – (23 €) Menu 29/71 € – Carte 65/85 € Xf

◆ Table incontournable : cuisine qui fait la part belle aux spécialités régionales, beau choix de bourgognes, collection de coqs et terrasse avec vue sur l'église de Brou.

La Reyssouze
20 r. Ch.-Robin – ✆ 04 74 23 11 50 – Fermé 22 avril-3 mai, merc. soir, dim. soir et lundi Yn

Rest – Menu 25 € (déj. en sem.), 36/56 €

◆ Nouveau décor feutré et intime pour ce restaurant baptisé du nom de la rivière toute proche. Généreuse cuisine des terroirs bressan et de la Dombes, préparée "à l'ancienne".

Place Bernard
19 pl. Bernard – ✆ 04 74 45 29 11 – www.georgesblanc.com – Fermé 1er-15 nov.

Rest – (15 €) Menu 19 € (déj.)/45 € – Carte 33/55 € Yg

◆ Maison 1900 décorée façon bistrot chic : tons vifs, banquettes rouges, meubles anciens et véranda rétro font de l'effet. La carte, personnalisée, honore les saveurs régionales.

Le Français
7 av. Alsace-Lorraine – ✆ 04 74 22 55 14 – www.brasserielefrancais.com – Fermé 1er-23 août, 24 déc.-4 janv., sam. soir, dim. et fériés Zr

Rest – Menu 25/56 € – Carte 34/78 €

◆ Depuis 1932, la même famille vous accueille dans cette institution locale au cadre Belle Époque. Banc d'écailler, répertoire culinaire de type brasserie et touches bressannes.

BOURG-EN-BRESSE

Anciens Combattants (Av. des) . . . . Z 3
Arsonval (Av. A. d') . . . . . X 4
Bad-Kreuznach (Av. de) . . X 5
Basch (R. Victor) . . . . Z 6
Baudin (Av. A.) . . . . Z 7
Belges (Av. des) . . . . Y 9
Bernard (Pl.) . . . . Y 10
Bons Enfants (R. des) . . YZ 12
Bouveret (R.) . . . . Y 13
Champ-de-Foire (Av. du) . Y 14
Citadelle (R. de la) . . . . . . X 15
Crêts (R. des) . . . . X 16
Debeney (R. Général) . . . Y 17
Europe (Car. de l') . . . . . . X 19
Foch (R. Maréchal) . . . . . Y 20
Gambetta (R.) . . . . Z 21
Huchet (Bd E.) . . . . X 22
Jean-Jaurès (Av.) . . . . . X, Z 23
Joliot-Curie (Bd Irène) . . . X 24
Juin (Av. Maréchal) . . . . . X 26
Lévrier (Bd A.) . . . . X 27
Lyon (Pont de) . . . . X 28
Mail (Av. du) . . . . X 30
Migonney (R. J.) . . . . Z 31
Morgon (R. J.) . . . . X 32
Muscat (Av. A.) . . . . Z 33
Neuve (Pl.) . . . . Y 34
Notre-Dame (R.) . . . . Y 35
Palais (R. du) . . . . Y 36
St-Nicolas (Bd) . . . . X 37
Samaritaine (R.) . . . . Z 38
Semard (Av. P.) . . . . X 40
Teynière (R.) . . . . Z 42
Valéry (Bd P.) . . . . X 43
Verdun (Cours de) . . . . . . Y 44
Victoire (Av. de la) . . . . . . Z 45
4-Septembre (R. du) . . . . Y 48
23e-R.I. (R. du) . . . . X 50

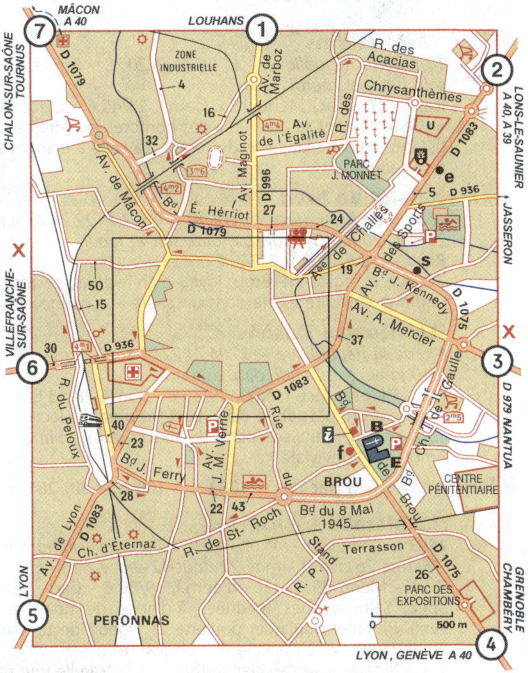

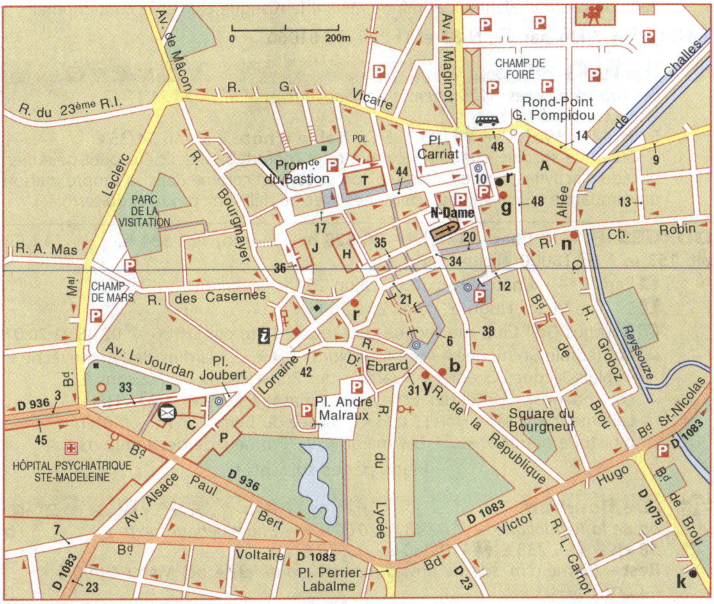

Mets et Vins
11 r. de la République – 04 74 45 20 78 – Fermé 11-20 juil., 1er-10 janv., dim. soir, lundi et mardi **Zb**
Rest – (12 € bc) Menu 18 € (sem.), 23/45 € – Carte 26/47 €
◆ Ce restaurant se distingue des nombreuses adresses voisines grâce à son appétissante cuisine dans l'air du temps. La salle à manger se veut un brin rétro (tons rose-saumon).

Chalet de Brou
168 bd de Brou, (face à l'église) – 04 74 22 26 28 – Fermé 25 juin-2 juil., 23 déc.-20 janv., jeudi soir, dim. soir et lundi **Xf**
Rest – (16 €) Menu 22/46 €
◆ Face à l'église de Brou, joyau architectural, ce restaurant familial perpétue la tradition culinaire locale dans un cadre au charme désuet.

Les Quatre Saisons
6 r. de la République – 04 74 22 01 86 – Fermé 1er-10 mai, 15-30 août, 2-10 janv., sam. midi, dim. et lundi **Zy**
Rest – Menu 19 € (sem.), 29/55 € – Carte 28/55 €
◆ Le patron, passionné de vins et de produits locaux, vous mettra en appétit en vous commentant ses plats du terroir, aussi joliment réinventés que généreux. Ambiance conviviale.

à Péronnas **3 km par ⑤, D 1083 – 6 106 h. – alt. 281 m – ✉ 01960**

La Marelle (Didier Goiffon)
1593 av. de Lyon – 04 74 21 75 21 – www.lamarelle.fr – Fermé 26 avril-11 mai, 22 août-12 sept., 2-16 janv., dim. soir, mardi et merc.
Rest – Menu 29 € (déj. en sem.), 39/80 € – Carte 56/80 €
Spéc. Saint-Jacques marinées à l'huile de noisette, sorbet au corail (oct. à avril). Pintade, poularde, poulette et pigeon de Bresse. Poire tapée aux morilles et vin jaune. **Vins** Manicle, Macon-Solutré.
◆ De la terre jusqu'au ciel, retrouvez à la Marelle une séduisante cuisine inventive dans un cadre chaleureux et raffiné mêlant le rustique chic et le contemporain.

à Lalleyriat **7 km par ⑤, N 83 et D 22 – ✉ 01960**

Le Nid à Bibi
Les Grandes Terres - 120 chemin des Sauvagères – 04 74 21 11 47 – www.lenidabibi.com
5 ch – 90/115 € 105/135 € **Table d'hôte** – Menu 24/35 €
◆ Quiétude absolue, chambres coquettes et confortables, délicieux petit-déjeuner, pléiade d'activités, accueil adorable : on se sent ici comme dans sa propre maison de campagne ! Plats soignés, mitonnés avec de délicieux produits du terroir.

BOURGES P – 18 Cher – 323 K4 – 70 828 h. – Agglo. 123 584 h. – alt. 153 m – ✉ 18000 Limousin Berry 12 C3

Paris 244 – Châteauroux 65 – Dijon 254 – Nevers 69
21, rue Victor Hugo 02 48 23 02 60
Bourges Golf Club rue Jacques Becker, S : 5 km par D 106, 02 48 21 20 01
Cathédrale St-Étienne★★★ : tour Nord ★★ Z - Jardins de l'Archevêché★ - Palais Jacques-Coeur★★ - Jardins des Prés-Fichaux★ - Maisons à colombage★ - Hôtel des Échevins★ : musée Estève★ Y **M²** - Hôtel Lallemant★ Y **M³** - Hôtel Cujas★ : Musée du Berry★ Y **M¹** - Muséum d'histoire naturelle★ Z - Les marais★ V - Promenade des remparts★.

Plans pages suivantes

De Bourbon
bd de la République – 02 48 70 70 00 – www.hoteldebourbon.fr **Yb**
58 ch – 95/235 € 110/260 € – 17 €
Rest – *(fermé dim. soir de nov. à mars et mardi)* (32 € bc) Menu 49/90 € – Carte 75/90 €
◆ Près du centre-ville, cette abbaye du 17e s. abrite un hôtel très agréable, dont les chambres sont fonctionnelles et confortables. L'ex-chapelle et son immense voûte : un bel écrin alliant classique et contemporain pour une cuisine dans l'air du temps.

D'Angleterre sans rest
1 pl. des Quatre-Piliers – ✆ 02 48 24 68 51
– www.bestwestern-angleterre-bourges.com – Fermé 26 déc.- 2 janv. **Yt**
31 ch – 98/148 € 118/148 €
◆ Cet hôtel bénéficie non seulement d'un bel emplacement près du palais Jacques Cœur, mais aussi d'une complète cure de jouvence qui rend l'adresse très agréable et confortable.

Villa C sans rest
20 av. Henri-Laudier – ✆ 02 18 15 04 00 – www.hotelvillac.com **Vb**
12 ch – 95/195 € 115/195 € – 12 €
◆ À quelques pas de la gare, une belle demeure du 19e s. distillant une sobre élégance contemporaine... Joli salon feutré, quelques chambres avec terrasse.

BOURGES

Baffier (R. J.) . . . . X 3
Bérégovoy (Av. P.) . . . . X 6
Deux-Ponts (R. des) . . . . V 16
Dormoy (Av. M.) . . . . V 19
Farman (Rd-Pt H.) . . . . X 21
Foch (Bd du Mar.) . . . . X 23
Frères-Voisin (Av. des) . . . . X 25
Industrie (Bd de l') . . . . X 30
Joffre (Bd du Mar.) . . . . X 34
J.-J.-Rousseau (R.) . . . . X 33
Laudier (Av. H.) . . . . V 38
Liberté (Bd de la) . . . . X 41
Mitterrand (Av. F.) . . . . X 47
Orléans (Av. d') . . . . V 48
Pignoux (R. de) . . . . X 51
Près-le-Roi (Av. des) . . . . V 53
Prospective (Av. de la) . . . . V 56
Pyrotechnie (Pl. de la) . . . . X 57
Santos-Dumont (Bd) . . . . X 65
Sellier (R. H.) . . . . X 66
Semard (Av. P.) . . . . V 68

Le Christina sans rest

5 r. de la Halle
– *02 48 70 56 50*
– *www.le-christina.com* **Zm**

71 ch – 50/75 € 50/75 € – 8 €

◆ Près du centre-ville, face à la jolie halle au blé du 19e s. Les chambres sont fonctionnelles (mobilier simple), mais celles de catégorie supérieure ont été bien rénovées.

BOURGES

Armuriers (R. des) . . . . Z 2
Auron (Bd d') . . . . Z
Barbès (R.) . . . . Z 4
Beaux-Arts (R. des) . . . . Y 5
Bourbonnoux (Prom.) . . . . YZ
Calvin (R.) . . . . Y 7
Cambournac (R.) . . . . Y 8
Champ-de-Foire (R. du) . . . . Z 12
Commerce (R. du) . . . . Y 13
Coursarlon (R.) . . . . Y
Cujas (Pl.) . . . . Y 15
Dr-Témoin (R. du) . . . . Y 17
Dormoy (Av. Marx) . . . . Y 19
Équerre (R. de l') . . . . Z 20
George-Sand (Escalier) . . . . Y 27
Hémerettes (R. des) . . . . Z 29
Jacobins (Cour des) . . . . Z 31
Jacques-Coeur (R.) . . . . Y 32
Jean-Jaurès (Av.) . . . . Y
Joyeuse (R.) . . . . Y 35
Juranville (Pl.) . . . . Z 36
J.-J. Rousseau (R.) . . . . Z 33
Leblanc (R. N.) . . . . YZ 40
Linières (R. de) . . . . Z 42
Louis XI (Av.) . . . . Z 43
Mallet (R. L.) . . . . Z 44
Marceau (Rampe) . . . . Z 45
Mirebeau (R.) . . . . Y
Moyenne (R.) . . . . YZ
Orléans (Av. d') . . . . Y 48
Pelvoysin (R.) . . . . Y 50
Poissonnerie (R. de la) . . . . Y 52
Prinal (R. du) . . . . Y 55
Rimbault (R. J.) . . . . Z 61
Strasbourg (Bd de) . . . . Z 71
Thaumassière (R. de la) . . . . Y 72
Tory (R. G.) . . . . Y 73
Victor-Hugo (R.) . . . . Z 74
3-Maillets (R. des) . . . . Z 75
4-Piliers (Pl. des) . . . . Z 76
95e-de-Ligne (Av. du) . . . . Z 78

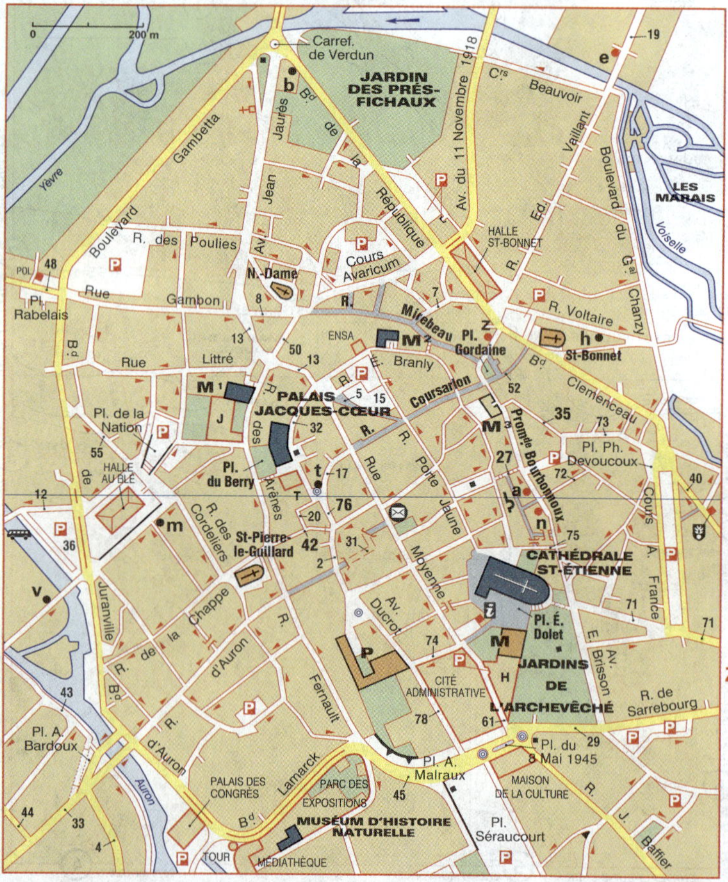

Les Tilleuls sans rest
7 pl. Pyrotechnie – 02 48 20 49 04 – www.les-tilleuls.com **Xs**
39 ch – 59/67 € 67/74 € – 8 €
◆ Dans les faubourgs, adresse familiale où règne la simplicité. Les chambres sont logées dans une maison de maître (19e s.) et une annexe moderne. Agréable petit jardin et piscine.

Le Berry
3 pl. du Gén.-Leclerc – 02 48 65 99 30 – www.le-berry.com **Va**
64 ch – 63/80 € 73/85 € – 8,50 € – ½ P 82 €
Rest – *(fermé 24 déc.-1er janv., sam. midi et dim.)* Menu 16 € (déj.) – Carte 25/40 €
◆ Face à la gare, un grand bâtiment moderne qui dissimule des chambres fraîches : couleurs vives, boiseries peintes et tableaux africains. Esprit ethnique et tour du monde des saveurs au restaurant.

Ibis
r. Jankélévitch, quartier Prado – 02 48 65 89 99 – www.ibishotel.com
86 ch – 59/83 € 59/83 € – 8 € **Zv**
Rest – *(dîner seult)* Menu 19 € – Carte 21/28 €
◆ Les points forts de cet Ibis : son accueil, ses chambres bien tenues et sa bonne situation ; 10mn de marche suffisent pour gagner la cathédrale ou le palais. Bar, salon et restaurant.

Le Cèdre Bleu sans rest
14 r. Voltaire – 02 48 25 07 37 – www.lecedrebleu.fr – Fermé 1er-23 août
3 ch – 72 € 80 € **Yh**
◆ Perle rare en pleine ville : cette demeure bourgeoise de style Napoléon III, agrémentée d'un agréable jardin, dispose de chambres personnalisées à la tenue irréprochable.

Le d'Antan Sancerrois (Stéphane Rétif)
50 r. Bourbonnoux – 02 48 65 96 26 – www.dantansancerrois.fr – Fermé 2-23 août, 23 déc.-4 janv., dim., lundi et fériés **Zn**
Rest – (34 €) Menu 56/85 € – Carte 54/65 €
Spéc. Homard décliné en trois recettes. Filet de colvert rôti, cuisse confite au miel et pommes rattes écrasées aux truffes (oct.-nov.). Croustillant chocolat au cœur fondant, crème anglaise Bourbon. **Vins** Menetou-Salon, Sancerre.
◆ Dans un cadre élégant (vieilles pierres, mobilier moderne et tons gris bleu), belle partition du chef qui signe une cuisine originale, aux saveurs franches et marquées.

Le Beauvoir
1 av. Marx-Dormoy – 02 48 65 42 44 – www.restaurantlebeauvoir.com – Fermé 2-23 août et dim. soir **Ye**
Rest – Menu 14 € (sem.), 27/48 € – Carte 50/60 €
◆ Recettes actuelles et belle carte des vins à découvrir dans un intérieur contemporain, lumineux et aux tons chauds : une séduisante et sympathique adresse des faubourgs.

Le Bourbonnoux
44 r. Bourbonnoux – 02 48 24 14 76 – www.bourbonnoux.com – Fermé 15-22 avril, 16 août-5 sept., 3-12 mars, sam. midi, dim. soir et vend.
Rest – Menu 13 € (sem.), 19/32 € – Carte 25/43 € **Ya**
◆ Coloris vifs et colombages composent le plaisant intérieur de ce restaurant situé dans une rue jalonnée de boutiques d'artisans. Accueil aimable. Cuisine classique actualisée.

La Prose
pl. Gordaine – 02 48 70 70 30 – www.restaurant-la-prose.com **Yz**
Rest – (20 €) Menu 31 € (déj. en sem.), 35/44 € – Carte 35/44 €
◆ En centre-ville, agréable restaurant au cadre tendance (mobilier et éclairage design). La chef y propose une cuisine actuelle pleine de fraîcheur, avec un judicieux choix de vins.

LE BOURGET – 93 Seine-Saint-Denis – **305** F7 – **101** 17 – voir à Paris, Environs

BOURG-ET-COMIN – 02 Aisne – 306 D6 – 730 h. – alt. 55 m – ✉ 02160 37 D2

▶ Paris 141 – Reims 40 – Château-Thierry 54 – Laon 25

De la Vallée

6 r. d'Oeuilly – ✆ 03 23 25 81 58 – www.auberge-delavallee.com – Fermé janv., mardi soir et merc.

10 ch – †45/55 € ††45/55 € – ☕ 8,50 € – ½ P 53/62 €

Rest – Menu 13 € bc (déj.), 17/38 € – Carte 28/57 €

◆ Sur le circuit-mémoire du Chemin des Dames. Les chambres, fonctionnelles et bien tenues, ont bénéficié d'une récente cure de jouvence. Accueil chaleureux. Cuisine traditionnelle.

LE BOURGET-DU-LAC – 73 Savoie – 333 I4 – 4 125 h. – alt. 240 m 46 F2

– ✉ 73370 Alpes du Nord

▶ Paris 531 – Aix-les-Bains 10 – Annecy 44 – Belley 23

ℹ place Général Sevez ✆ 04 79 25 01 99

👁 Lac★★ - Église : frise sculptée★ du choeur.

Ombremont

2 km au Nord par D 1504 – ✆ 04 79 25 00 23 – www.hotel-ombremont.com – Fermé 15 nov.-4 déc., 3-23 janv., lundi et mardi de déc. à avril

15 ch – †140/320 € ††140/320 € – 2 suites – ☕ 22 € – ½ P 150/260 €

Rest ***Le Bateau Ivre*** – voir ci-après

◆ Dans un superbe parc arboré, vaste demeure de 1930 dont les chambres, au décor soigné (style contemporain ou raffinement bourgeois), jouissent presque toutes d'une vue magnifique. Piscine.

Le Bateau Ivre (Jean-Pierre Jacob) – Hôtel Ombremont

2 km au Nord par D 1504 – ✆ 04 79 25 00 23 – www.hotel-ombremont.com – Fermé 16 nov.-4 déc., 6-22 janv., lundi sauf le soir de mi-juin à mi-sept., mardi sauf le soir de mai à oct. et jeudi midi de mai à oct.

Rest – Menu 48/150 € – Carte 100/140 €

Spéc. Quenelles de brochet à l'émulsion d'écrevisses. Lavaret poché, baselle, bouillon froid coco et cardamome. Chocolat mi-amer en mousse soufflée chaude, sorbet. **Vins** Chignin-Bergeron, Roussette de Monterminod.

◆ Au Bateau Ivre, cap sur une belle cuisine classique réalisée avec des produits du terroir et de saison ; lac et mont Revard à l'horizon !

Auberge Lamartine (Pierre Marin)

3,5 km au Nord par D 1504 – ✆ 04 79 25 01 03 – www.lamartine-marin.com – Fermé 23 déc.-27 janv., lundi et mardi de sept. à juin et dim. soir sauf fériés

Rest – Menu 26 € (déj.), 43/83 € – Carte 67/95 €

Spéc. Lavaret du lac du Bourget mariné à cru au soja et huile de sésame, purée d'aubergine (été). Pigeon sur canapé d'abats, cuisse confite et petits légumes. Écume tiède de chocolat guanaja, sorbet de saison. **Vins** Mondeuse, Chignin-Bergeron.

◆ Face au lac cher à Lamartine, on déguste une goûteuse cuisine du marché, tout entière dévouée au produit ; le décor est chaleureux, l'accueil soigné... Ô temps, suspends ton vol !

La Grange à Sel

✆ 04 79 25 02 66 – www.lagrangeasel.com – Fermé 2 janv.-11 fév., dim. soir et merc.

Rest – Menu 27 € (déj. en sem.), 38/63 € – Carte 55/80 €

Spéc. Cuisses de grenouille en persillade. Gibier (saison). Soufflé chaud à la Chartreuse. **Vins** Chignin-Bergeron, Mondeuse.

◆ Pierres et poutres apparentes font le cachet de cette ancienne grange à sel du 17e s., bordée par un joli jardin où l'on s'attable aux beaux jours... Un chef de métier, y propose une cuisine bien maîtrisée et très savoureuse.

Beaurivage avec ch

1171 bd du Lac – ✆ 04 79 25 00 38 – www.beaurivage-bourget-du-lac.com – Fermé 17 oct.-26 nov., merc. sauf juil.-août, dim. soir et jeudi

4 ch – †70 € ††70/72 € – ☕ 8 €

Rest – (21 €) Menu 25 € (déj. en sem.), 28/65 € – Carte 49/77 €

◆ Carte étoffée et inventive faisant la part belle aux produits régionaux et aux poissons du lac. Belle terrasse ombragée. Les chambres, confortables, jouissent d'une jolie vue.

aux Catons 2,5 km au Nord-Ouest par D 42 – ✉ 73370

Atmosphères (Alain Périllat-Mercerot) avec ch

618 rte des Tournelles – ✆ 04 79 25 01 29

www.atmospheres-hotel.com – Fermé 26 avril-12 mai, 18 oct.-11 nov., mardi et merc.

4 ch – 🚹100/120 € 🚹🚹100/120 € – ☕ 13 €

Rest – (25 €) Menu 42/75 € – Carte 62/72 €

Spéc. Brochet, consommé glacé de champignons, céleri et pomme. Lavaret du lac du Bourget, cuisson basse température, millefeuille de vert et côtes de blette (février à oct.). Carpaccio de figues, huile d'olive, fromage de chèvre glacé (sept. à déc.). **Vins** Roussette de Savoie, Vin de pays d'Allobrogie.

◆ Atmosphère, Atmosphère... Ici, pas de canal St-Martin en vue, mais le lac pour écrin somptueux de la cuisine du chef. Sans renier ses bases classiques, ce dernier réalise des plats créatifs, aux saveurs délicates. Chambres séduisantes, épurées et colorées.

BOURGOIN-JALLIEU – 38 Isère – 333 E4 – 23 659 h. – alt. 235 m 44 B2

– ✉ 38300 Lyon Drôme Ardèche

Paris 503 – Bourg-en-Bresse 81 – Grenoble 66 – Lyon 43

1, place Carnot ✆ 04 74 93 47 50

des Trois Vallons à L'Isle-d'Abeau Le Rival, par rte de Lyon (D 1006) : 5 km, ✆ 04 74 43 28 84

Domaine des Séquoias rest, VISA AE

54 Vie-de-Boussieu, 2,5 km à l'Est par D 1006 et rte de Boussieu – ✆ 04 74 93 78 00 – www.domaine-sequoias.com

19 ch – 🚹110/240 € 🚹🚹110/240 € – ☕ 18 €

Rest – *(fermé en août, 24 déc.-5 janv., dim. soir, mardi midi et lundi)* (20 €) Menu 30 € (déj. en sem.), 38/110 € – Carte 60/95 €

◆ Côté hôtel, vous aurez le choix entre les chambres classiques et spacieuses de la Demeure, ou celles plus modernes et design de la Ferme. Côté restaurant, salle mi-bourgeoise, mi-contemporaine, ouverte sur le parc arboré et la piscine ; fine cuisine traditionnelle.

Des Dauphins sans rest VISA

8 r. François-Berrier, 1,5 km à l'Ouest par D 312 – ✆ 04 74 93 00 58 – www.hoteldesdauphins.fr

20 ch – 🚹55 € 🚹🚹55/70 € – ☕ 8 €

◆ Maison bourgeoise (1910) et ses deux annexes, proposant des chambres agréables et bien tenues. Pour la détente : terrasse face au jardin où trône un beau séquoïa, petit fitness.

à La Grive 4,5 km à l'Ouest par D 312 – ✉ 38300 Bourgoin Jallieu

Bernard Lantelme VISA

D 312 – ✆ 04 74 28 19 12 – www.restaurantlantelme.com – Fermé 30 juil.-30 août, sam. midi et dim.

Rest – (18 €) Menu 22 € (sem.), 34/44 € – Carte 39/53 €

◆ Ferme du 19e s. transformée en restaurant. Les tableaux modernes qui égaient la coquette salle à manger rustique forment un heureux contraste avec la cuisine traditionnelle.

BOURG-ST-ANDÉOL – 07 Ardèche – 331 J7 – 7 390 h. – alt. 36 m 44 B3

– ✉ 07700 Lyon Drôme Ardèche

Paris 640 – Aubenas 57 – Montélimar 26 – Orange 34

place du champs de Mars ✆ 04 75 54 54 20

Le Clos des Oliviers rest, VISA

pl. du Champ-de-Mars – ✆ 04 75 54 50 12 – www.closdesoliviers.fr – Fermé 23 déc.-3 janv., sam. et dim. d'oct. à mars

24 ch – 🚹40/50 € 🚹🚹50/60 € – ☕ 7 € – ½ P 44/48 €

Rest – (11 €) Menu 15 € (déj.)/27 € – Carte 23/30 €

◆ Sur la place principale du village, cette maison ancienne, bien rénovée, abrite de petites chambres fonctionnelles et colorées. Celles de l'annexe sont plus calmes. Au restaurant, terrasse au milieu des oliviers et... saveurs du Sud.

BOURG-ST-MAURICE – 73 Savoie – **333** N4 – **7 634 h.** – **alt. 850 m** **45** D2
– **Sports d'hiver : voir aux Arcs** – ✉ **73700** Alpes du Nord

Paris 635 – Albertville 54 – Aosta 79 – Chambéry 103
105, place de la Gare ✆ 04 79 07 12 57
des Arcs Chalet des Villards, S : 20 km, ✆ 04 79 07 43 95
Fresques★ de la chapelle St-Grat à Vulmix S : 4 km.

L'Autantic sans rest
69 rte d'Hauteville – ✆ 04 79 07 01 70 – www.hotel-autantic.fr
29 ch – †40/130 € ††40/130 € – ☕ 10 €
◆ Authentique, ce chalet en pierre et bois ! Chambres épurées, mêlant murs immaculés, bois et fer forgé (terrasse ou un balcon dans certaines). Agréable piscine couverte.

L'Arssiban
253 av. Antoine-Borrel – ✆ 04 79 07 77 35 – Fermé 19 juin-9 juil., 23 oct.-3 nov., lundi en juil.-août, merc. sauf juil.-août et dim. soir
Rest – (20 €) Menu 26/35 € – Carte 35/62 €
◆ Voûtes en pierre, carrelage ancien, tables en bois et arssiban (typique "banc-coffre" savoyard en pin) : un décor chaleureux pour une cuisine au goût du jour.

Le Montagnole
26 av. du Stade – ✆ 04 79 07 11 52 – www.restaurantlemontagnole.com – Fermé 10-27 mai, 15 nov.-8 déc. et mardi
Rest – (15 €) Menu 19/29 € – Carte 34/57 €
◆ Les propriétaires, tous deux artistes, exposent leurs œuvres picturales et poétiques dans la salle. Dans l'assiette, cuisine traditionnelle à base de produits frais.

BOURGUEIL – 37 Indre-et-Loire – **317** J5 – **3 923 h.** – **alt. 42 m** **11** A2
– ✉ **37140** Châteaux de la Loire

Paris 281 – Angers 81 – Chinon 16 – Saumur 23
16, place de l'église ✆ 02 47 97 91 39

La Rose de Pindare
4 pl. Hublin – ✆ 02 47 97 70 50 – www.larosedepindare.com – Fermé 1er-10 fév. et merc.
Rest – Menu 18/38 € – Carte 27/50 €
◆ Anagramme de Pierre Ronsard, La Rose de Pindare offre un décor simple, blanc et fleuri avec ses poutres apparentes. La cuisine est plaisante, à base de produits frais.

Le Moulin Bleu
7 rte du Moulin-Bleu, 2 km au Nord par rte de Courléon – ✆ 02 47 97 73 13 – www.lemoulinbleu.com – Fermé de mi-déc. à fin fév., dim. soir, lundi soir, mardi soir et merc.
Rest – (15 €) Menu 19/37 € – Carte 34/43 €
◆ Ce Moulin Bleu est de style angevin (15e s.). Cuisine traditionnelle servie sous les voûtes ou en terrasse, face au vignoble. Évidemment, les vins de Bourgueil sont à l'honneur !

à Restigné 5 km à l'Est par D 35 – 1 162 h. – alt. 32 m – ✉ 37140

Manoir de Restigné
15 rte de Tours – ✆ 02 47 97 00 06 – www.manoirderestigne.com – Fermé 15-25 nov. et 2 janv.-14 fév.
5 ch – †175 € ††205 € – 4 suites – ☕ 20 €
Rest ***Le Chai*** – *(fermé mardi sauf le soir de juin à sept. et lundi)* Menu 27 € (déj. en sem.), 50/80 € – Carte 65/90 €
Spéc. Foie gras de canard en chaud-froid aux morilles et asperges vertes (printemps). Blanc de turbot sauvage poché, beurre fondu, amandes fraîches comme un risotto (saison). Cube croquant et onctueux au chocolat blanc, mangue pochée, sorbet passion (printemps). **Vins** Anjou blanc, Saint-Nicolas de Bourgueil.
◆ Au cœur des vignes, cette demeure des 17e et 18e s. a bénéficié d'une restauration d'un grand raffinement. Les chambres sont vastes, confortables... Dans l'ancien chai, on déguste une cuisine maîtrisée, gorgée de couleurs et de saveurs bien tranchées.

BOURGUIGNONS – 10 Aube – **313** G5 – **rattaché à Bar-sur-Seine**

BOURNEVILLE – 27 Eure – **304** D5 – 827 h. – alt. 124 m – ✉ 27500 **32** B3

Paris 155 – Le Havre 45 – Rouen 43 – Brionne 25

6, Grande Rue ✆ 02 32 57 32 23

Risle Seine VISA AE

5 pl. de la Mairie – ✆ 02 32 42 30 22 – www.risle-seine.com – Fermé vacances de la Toussaint, de fév., mardi soir et merc.

Rest – (12 €) Menu 17/30 € – Carte 20/35 €

◆ Cette petite auberge située au centre du village abrite une salle rustique et une véranda de style plus actuel tournée sur la verdure. Cuisine traditionnelle mitonnée avec soin.

BOURRON-MARLOTTE – 77 Seine-et-Marne – **312** F5 – 2 858 h. **19** C3 – alt. 71 m – ✉ 77780

Paris 72 – Fontainebleau 9 – Melun 26 – Montereau-Fault-Yonne 26

37, rue Mürger ✆ 01 64 45 88 86

Les Prémices P VISA AE

Château de Bourron – ✆ 01 64 78 33 00 – www.restaurant-les-premices.com – Fermé 1er-15 août, vacances de Noël, dim. soir, lundi et mardi

Rest – Menu 33/75 € – Carte 60/80 €

◆ Dans les dépendances du château de Bourron (fin 16e-début 17e s.), salle moderne et terrasse fleurie. Cuisine inventive fervente des produits exotiques ; belle carte de vins.

BOURTH – 27 Eure – **304** E9 – 1 200 h. – alt. 182 m – ✉ 27580 **33** C2

Paris 125 – L'Aigle 16 – Alençon 78 – Évreux 46

Auberge Chantecler VISA

6 pl. de l'Église – ✆ 02 32 32 61 45 – Fermé dim. soir et lundi

Rest – Menu 17 € (déj. en sem.), 27 € – Carte 33/51 €

◆ Cette auberge arbore une façade en briques chaulées recouverte de fleurs l'été. Deux salles à manger rustiques ; appétissante cuisine traditionnelle.

BOUSSAC – 23 Creuse – **325** K2 – 1 436 h. – alt. 376 m – ✉ 23600 **25** C1

Limousin Berry

Paris 333 – Aubusson 50 – La Châtre 37 – Guéret 41

place de l'Hôtel de Ville ✆ 05 55 65 05 95

Site★.

à Nouzerines 10 km au Nord-Ouest par D97 – 253 h. – alt. 407 m – ✉ 23600

La Bonne Auberge avec ch rest, VISA AE

1 r. des Lilas – ✆ 05 55 82 01 18 – www.la-bonne-auberge.net – Fermé 1er-13 mars, 29 août-2 sept., 10-27 oct. et 20-28 fév.

6 ch – 55/70 € 55/70 € – 9 €

Rest – *(fermé dim. soir et lundi)* (15 €) Menu 25/50 € – Carte 31/60 €

◆ Auberge traditionnelle aux volets verts. La salle à manger principale, lumineuse et coquette, propose une cuisine traditionnelle orientée terroir. Terrasse dans le jardin. Les chambres ont été rénovées en 2009.

BOUTIGNY-SUR-ESSONNE – 91 Essonne – **312** D5 – 3 075 h. **18** B3 – alt. 61 m – ✉ 91820

Paris 58 – Corbeil-Essonnes 29 – Étampes 19 – Fontainebleau 29

Domaine de Bélesbat ch, AC P VISA AE

– ✆ 01 69 23 19 00 – www.belesbat.com – Fermé 25 juil.-16 août, 24 déc.-2 janv., lundi et mardi

59 ch – 370/650 € 370/650 € – 1 suite – 20 €

Rest *L'Orangerie* – ✆ 01 69 23 19 30 – Menu 29 € (déj.) – Carte environ 45 €

◆ Henri IV et Voltaire séjournèrent dans ce château des 15e et 18e s. Luxueuses chambres contemporaines ou classiques. Superbe parc traversé par un bras de l'Essonne et golf 18 trous. Cuisine actuelle à déguster à l'Orangerie, restaurant moderne au design épuré.

BOUZEL – 63 Puy-de-Dôme – **326** G8 – **665 h.** – **alt. 320 m** – ✉ **63910** **6** C2

Paris 432 – Ambert 57 – Clermont-Ferrand 23 – Issoire 38

L'Auberge du Ver Luisant

2 r. Breuil – ☎ 04 73 62 93 83 – www.restaurantleverluisant.com – Fermé 14-20 avril, 15 août-7 sept., 1er-8 janv., dim. soir, mardi soir, merc. soir, jeudi soir et lundi

Rest – (15 €) Menu 25/48 € – Carte 40/50 €

◆ Cette sympathique maison de pays a su conserver tout le charme de la campagne. On y mange une cuisine traditionnelle soignée, de bons produits, variant au rythme des saisons.

BOUZE-LÈS-BEAUNE – 21 Côte-d'Or – **320** I7 – rattaché à Beaune

BOUZIGUES – 34 Hérault – **339** G8 – rattaché à Mèze

BOUZY – 51 Marne – **306** G8 – **960 h.** – **alt. 111 m** – ✉ **51150** **13** B2

Paris 168 – Châlons-en-Champagne 29 – Épernay 21 – Reims 27

Les Barbotines sans rest

1 pl. A. Tritant – ☎ 03 26 57 07 31 – www.lesbarbotines.com – Fermé 1er-14 août et 10 déc.-1er fév.

5 ch – 72 € 96 €

◆ La prestigieuse route du Champagne s'offre à votre curiosité depuis cette belle maison de vigneron du 19e s. Coquettes chambres garnies de meubles chinés chez les antiquaires.

BOZOULS – 12 Aveyron – **338** I4 – **2 723 h.** – **alt. 530 m** – ✉ **12340** **29** D1

Midi-Toulousain

Paris 603 – Espalion 11 – Mende 94 – Rodez 22

7 bis, place de la Mairie ☎ 05 65 48 50 52

Trou de Bozouls ★.

À la Route d'Argent

rte d'Espalion – ☎ 05 65 44 92 27 – www.laroutedargent.com – Fermé janv. et fév.

21 ch – 45/65 € 45/65 € – 9 € – ½ P 55/65 €

Rest – *(fermé lundi sauf le soir de mi-juil. à mi-août et dim. soir hors saison)* Menu 19 € (sem.), 30/38 €

◆ Bâtisse hôtelière (fin 20e s.) vous logeant côté route ou bien côté piscine. Une annexe abrite six chambres neuves (même confort). Repas traditionnel selon le marché, dans un cadre actuel : panneaux en verre sablé, lumière tamisée, toiles modernes.

Hameau des Brunes sans rest

hameau les Brunes, 5 km au Sud par D 920 et rte secondaire – ☎ 05 65 48 50 11 – www.lesbrunes.com

5 ch – 102/145 € 102/145 €

◆ Hébergement de charme en cette demeure du 18e s. avec tourelle. Mobilier ancien, petit-déjeuner (produits régionaux) près du cantou, jardin-verger et campagne pour toile de fond...

Le Belvédère (Guillaume Viala) avec ch

11 rte du Maquis Jean-Pierre, rte de St-Julien – ☎ 05 65 44 92 66 – www.belvedere-bozouls.com – Fermé 1er-18 mars, 14 nov.-14 déc., mardi midi sauf juil.-août, dim. soir et lundi

10 ch – 55/65 € 55/65 € – 9 € – ½ P 50 €

Rest – *(nombre de couverts limité, prévenir)* Menu 20 € (déj. en sem.), 35/49 €

Spéc. Filet de truite fario d'Estaing juste saisi et cèpes bouchons (automne). Pigeonneau du Mont-Royal en deux cuissons. Rouleau garni de faisselle fermière au citron-gingembre, fraise mara des bois et glace sureau (printemps). **Vins** Vins de pays de l'Aveyron.

◆ Auberge en pierre surplombant un cirque naturel grandiose (le "Trou de Bozouls"). Arrivé en cuisine après un passage en fac, le jeune chef a visiblement trouvé sa voie : originale et pure, dominée par les légumes et les produits locaux. Accueil charmant. Chambres simples et bien tenues.

BRACIEUX – 41 Loir-et-Cher – **318** G6 – 1 265 h. – alt. 70 m – ✉ 41250 **11** B1
Châteaux de la Loire

Paris 185 – Blois 19 – Montrichard 39 – Orléans 64
10 Les Jardins du Moulin ✆ 02 54 46 09 15

L'Orée des Châteaux sans rest
9 bis rte de Blois – ✆ 02 54 46 40 19 – www.oree-des-chateaux.com – Ouvert 2 mars-14 nov.
10 ch – 57 € 68 € – 8 €
◆ Ce petit hôtel familial ouvert en 2008 dispose de chambres lumineuses et pratiques. Une étape idéale sur la route des châteaux de la Loire.

De la Bonnheure sans rest
9 bis r. R.-Masson – ✆ 02 54 46 41 57 – www.hoteldelabonnheur.com – Ouvert de mi-mars à début déc.
14 ch – 62 € 62/90 € – 2 suites – 9 €
◆ Des outils agricoles dans le jardin, des chambres rustiques, de bons petits-déjeuners et un patron aux petits soins avec les cyclistes et randonneurs : un vrai esprit auberge !

Le Rendez-vous des Gourmets
20 r. Roger-Brun – ✆ 02 54 46 03 87 – Fermé vacances de printemps, 23-31 août, vacances de la Toussaint, 23 déc.-20 janv., dim. soir sauf juil.-août, sam. midi et merc.
Rest – (16 €) Menu 20 € (sem.), 24/60 € – Carte 38/68 €
◆ Cette auberge familiale, située dans l'hôtel du Cygne, se révèle claire et lumineuse. Le chef travaille de beaux produits : gâteau de foie de volaille, marmite de poisson, etc.

BRAM – 11 Aude – **344** D3 – 3 156 h. – alt. 134 m – ✉ 11150 **22** A2

Paris 749 – Carcassonne 24 – Castres 67 – Montpellier 173

au Nord rte de Castelnaudary : 4 km par D 4, N 6113 et rtre secondaire - ✉ 11150 Bram

Château de la Prade
– ✆ 04 68 78 03 99 – www.chateaulaprade.eu – Ouvert de mi-mars à mi-nov.
4 ch – 95/115 € 95/115 € **Table d'hôte** – Menu 24 €
◆ Maison bourgeoise de caractère en bordure du canal du Midi. Parc soigné avec arbres centenaires et piscine. Décoration classique et mobilier plaisant, sans luxe ostentatoire. Alléchant petit-déjeuner avec confitures maison servi au salon ou en terrasse.

BRANCION – 71 Saône-et-Loire – **320** I10 – rattaché à Tournus

LA BRANDE – 36 Indre – **323** H7 – rattaché à Montipouret

BRANNE – 33 Gironde – **335** J6 – 949 h. – alt. 10 m – ✉ 33420 **4** C1

Paris 593 – Bordeaux 35 – Bergerac 57 – Libourne 13
29, rue Emmanuel Roy ✆ 05 57 74 90 24

Le Caffé Cuisine
7 pl. du Marché , (au pont) – ✆ 05 57 24 19 67 – fermé dim. soir et lundi
Rest – (14 € bc) Carte 30/46 €
◆ À côté du pont jeté sur la Dordogne, restaurant convivial au cadre ancien modernisé avec brio. Service sans chichi et cuisine traditionnelle soignée valorisant les produits.

BRANSAC – 43 Haute-Loire – **331** G2 – rattaché à Beauzac

BRANTÔME – 24 Dordogne – **329** E3 – 2 112 h. – alt. 104 m – ✉ 24310 **4** C1
Périgord Quercy

Paris 470 – Angoulême 58 – Limoges 83 – Nontron 23
boulevard Charlemagne ✆ 05 53 05 80 52
Clocher★★ de l'église abbatiale - Bords de la Dronne★★.

Le Moulin de l'Abbaye

1 rte de Bourdeilles – ✆ 05 53 05 80 22 – www.moulinabbaye.com – Ouvert 1er avril-6 nov.
19 ch – †150/550 € ††150/550 € – ☕ 22 € – ½ P 165/375 €
Rest – Menu 38 € (déj. en sem.), 58/85 € – Carte 51/102 €
◆ Ce ravissant moulin et sa maison de meunier révèlent un cadre romantique à souhait. Chambres personnalisées, bercées par le murmure d'une cascade. La terrasse au bord de l'eau et l'élégant restaurant (cuisine régionale) offrent une vue bucolique sur la Dronne.

Charbonnel

57 r. Gambetta – ✆ 05 53 05 70 15 – www.lesfrerescharbonnel.com – fermé 15 nov.-15 déc., dim. soir d'oct. à juin et lundi
18 ch – †50/65 € ††80/90 € – ☕ 12 € – ½ P 77/90 €
Rest – (20 €) Menu 30 € (sem.), 46/66 € – Carte 44/70 €
◆ Une maison de tradition qui épouse pleinement son époque : les chambres, confortables et douillettes, se refont peu à peu une beauté. Recettes de toujours (lapin, escargots...) revisitées. Salle contemporaine et terrasse donnant sur la Dronne.

Moulin de Vigonac

– ✆ 05 53 05 87 59 – www.moulindevigonac.com – Ouvert 15 mars-15 nov.
10 ch – †120/270 € ††120/270 € – ☕ 15 €
Rest – *(dîner seult sauf week-ends et feriés) (nombre de couverts limité, prévenir)* Menu 45/65 € – Carte 55/100 €
◆ Esprit romantique en ce moulin du 16e s., bercé par la Dronne. La décoration actuelle, sans trahir le charme originel du lieu, lui apporte sérénité et confort. Parc, piscine. Agréable cuisine traditionnelle servie dans le cadre feutré du restaurant.

Au Fil du Temps

1 chemin du Vert Galand – ✆ 05 53 05 24 12 – www.fildutemps.com
Rest – (14 €) Carte 32/49 €
◆ On se délecte ici de savoureux plats du terroir et de viandes à la broche (rôtisserie). Au fil des saisons, on paresse sous le tilleul ou au coin du feu...

Au Fil de l'Eau

21 quai Bertin – ✆ 05 53 05 73 65 – www.fildeleau.com – Ouvert d'avril à oct. et fermé merc. soir et jeudi du 1er avril au 1er juil.
Rest – Menu 28/33 € – Carte 30/41 €
◆ Coquette guinguette où fritures et matelotes sont à l'honneur. Sous les saules pleureurs bordant la Dronne, on se rêve soudain pêcheur du dimanche, flânant au bord de l'eau.

Les Saveurs

6 r. Georges-Saumande – ✆ 05 53 05 54 23 – www.restaurant-les-saveurs.com – Fermé vacances de Toussaint, 2 sem. en janv., vacances de fév., dim. soir et mardi soir de nov. à mars et merc.
Rest – (17 €) Menu 26/45 € – Carte 46/71 €
◆ Un intérieur sobre et chaleureux pour déguster une cuisine gourmande qui valorise le produit. À midi, profitez du menu "bistrot" concocté selon le marché et l'humeur du chef.

à Champagnac de Belair **6 km au Nord-Est par D 78 et D 83 – 738 h. – alt. 135 m – ✉ 24530**

Le Moulin du Roc (Alain Gardillou)

✆ 05 53 02 86 00 – www.moulinduroc.com – Ouvert 24 mars-20 nov.
15 ch – †130/200 € ††130/220 € – ☕ 18 € – ½ P 153/198 €
Rest – *(fermé merc. midi et mardi)* Menu 45 € bc (déj. en sem.)/70 € – Carte 70/90 €
Spéc. Émulsion de lard fumé, foie gras poché, feuilles de chou et pousses de salades. Pavé de bar, girolles et lentilles vertes, bouillon de céleri branche et truffes d'été (juin à sept.). Tarte soufflée au citron vert, fraises du Périgord et sorbet citron (avril à oct.). **Vins** Bergerac, Pécharmant.
◆ Le lieu est magique : un luxueux moulin à huile sur la Dronne, entouré de verdure. Les chambres sont superbes et l'on se perd dans un dédale d'escaliers ou dans le jardin au fil de l'eau. Au restaurant, le chef revisite le terroir avec délicatesse ; sa belle cuisine est mise en valeur par la beauté du cadre.

à Bourdeilles 10 km au Sud-Ouest par D 78 – 782 h. – alt. 103 m – ✉ 24310

place des Tilleuls ✆ 05 53 03 42 96
Château★ : mobilier★★, cheminée★★ de la salle à manger.

Hostellerie Les Griffons rest, VISA MC
Le Pont – ✆ 05 53 45 45 35 – www.griffons.fr – Ouvert 16 avril-1er nov.
10 ch – †90/112 € ††90/112 € – 12 € – ½ P 88/99 €
Rest – *(fermé le midi sauf dim. et fériés)* Menu 35/56 €
◆ Charme des belles poutres et des vieilles pierres, vue sur la Dronne : au pied du château, cette maison bourgeoise du 17e s. cultive élégamment un certain romantisme rural. Cadre cossu pour une cuisine au goût du jour. Véranda donnant sur la rivière et jardin.

BRAS – 83 Var – **340** K5 – 1 996 h. – alt. 280 m – ✉ 83149 **41** C3
Paris 814 – Aix-en-Provence 55 – Marseille 62 – Toulon 61
place du 14 juillet ✆ 04 94 69 98 26

Une Campagne en Provence ch, VISA MC AE
Domaine Le Peyrourier, 3 km au Sud-Ouest par D 28 et rte secondaire – ✆ 04 98 05 10 20 – www.provence4u.com – Ouvert avril-nov.
5 ch – †92/136 € ††92/136 € **Table d'hôte** – Menu 30 € bc/36 € bc
◆ Idéale pour une retraite au plus près de la nature, cette ancienne ferme des Templiers (remontant au 12e s.) se dresse parmi les prairies et les vignes. Chaleureux et charmant décor provençal. À la table d'hôte, cuisine régionale et vins de la propriété.

BRAX – 47 Lot-et-Garonne – **336** F4 – rattaché à Agen

BRAY-ET-LU – 95 Val-d'Oise – **305** A6 – **106** – 911 h. – alt. 28 m – ✉ 95710 **18** A1
Paris 70 – Rouen 61 – Gisors 26 – Pontoise 36

Les Jardins d'Epicure avec ch ch, VISA MC AE
16 Grande-Rue – ✆ 01 34 67 75 87
www.lesjardinsdepicure.com – Fermé 2 janv.-10 fév., dim. soir, mardi midi et lundi
18 ch – †110/250 € ††110/250 € – 15 €
Rest – (28 €) Menu 39/105 € – Carte 68/101 €
Spéc. Queue de grosse langoustine, potager de légumes (été). Poitrine de pigeon servie rosée, ratatouille au basilic (été). Dôme au chocolat, cœur pistache et biscuit moelleux.
◆ Dans un parc traversé par une rivière, deux maisons de maître du 19e s. et d'anciennes écuries : un trio de charme abritant des chambres de caractère. Au restaurant, le jeune chef démontre une grande maîtrise dans le travail de beaux produits, et une inventivité qui touche juste ; salle cossue face à la piscine.

BREBIÈRES – 62 Pas-de-Calais – **301** L5 – rattaché à Douai

LA BRÈDE – 33 Gironde – **335** H6 – 3 601 h. – alt. 18 m – ✉ 33650 **3** B2
Paris 584 – Agen 123 – Bordeaux 24 – Mont-de-Marsan 112
3, place Marcel Vayssière ✆ 05 56 78 47 72

La Table de Montesquieu VISA MC AE
pl. St-Jean d'Etampes, (derrière l'église) – ✆ 05 56 78 52 91 – www.latabledemontesquieu.fr – Fermé 17-25 avril, 15 août-1er sept., 20 déc.-4 janv., dim. et lundi
Rest – Menu 50/68 €
Spéc. Sardines océanes farcies aux huit saveurs (mai à oct.). Pigeonneau laqué aux épices marocaines et foie gras grillé. Notre vision de la barre chocolatée. **Vins** Graves.
◆ Sur la place du village, dans l'ancienne école communale (1890), un décor contemporain où faire l'expérience d'une cuisine ludique et aventureuse juste comme il faut, à base de bons produits du terroir girondin.

BRÉHAT (ÎLE-DE) – 22 Côtes-d'Armor – **309** D1 – voir à Île-de-Bréhat

BRÉLÈS – 29 Finistère – **308** C4 – 792 h. – alt. 52 m – ✉ 29810 **9** A1

Paris 616 – Brest 25 – Quimper 99 – Rennes 264

Auberge de Bel Air

rte de Lanildut – ✆ 02 98 04 36 01 – www.aubergedebelair.ovh.org – Fermé 28 sept.-10 oct. et 5-31 janv.

3 ch – †56/65 € ††56/65 € – ☐ 8 €

Table d'hôte – *(fermé mardi soir et merc. soir hors vacances scolaires, dim. soir et lundi)* Menu 22/54 €

◆ Au bord de l'aber Ildut, dans un site verdoyant, vieille ferme en granit donnant sur un grand jardin et son étang. Coquettes chambres de bon confort ; terrasse côté rivière. Cadre rustique et menu du marché sur mesure à la table d'hôte.

BRÉLIDY – 22 Côtes-d'Armor – **309** C3 – 309 h. – alt. 100 m – ✉ 22140 **9** B1

Paris 503 – Lannion 27 – Rennes 151 – St-Brieuc 55

Château de Brélidy

rest,

– ✆ 02 96 95 69 38 – www.chateau-brelidy.com

– Ouvert de début avril à mi-déc.

14 ch – †85/99 € ††105/173 € – ☐ 13 € – ½ P 103/149 €

Rest – *(dîner seult)* Menu 32/66 € bc – Carte 32/38 €

◆ Difficile de résister aux attraits de ce château du 16e s. : petites chambres personnalisées, salons cossus, salle à manger rustique, parc (parcours de pêche en rivière).

LA BRESSE – 88 Vosges – **314** J4 – 4 728 h. – alt. 636 m – Sports d'hiver : 650/1 350 m 31 – ✉ 88250 Alsace Lorraine **27** C3

Paris 437 – Colmar 52 – Épinal 52 – Gérardmer 13

2a, rue des Proyes ✆ 03 29 25 41 29

Les Vallées

ch,

31 r. Paul Claudel – ✆ 03 29 25 41 39 – www.labellemontagne.com

56 ch – †53/76 € ††56/102 € – ☐ 12 € – ½ P 54/85 €

Rest – (14 €) Menu 25 € (déj.)/55 € – Carte 33/57 € le soir

◆ Chambres fonctionnelles de tailles variées, équipements complets pour séminaires et installations de loisirs : cet imposant complexe hôtelier est fréquenté hiver comme été. Haute charpente en bois blond, grandes baies vitrées et plats régionaux au restaurant.

La Table d'Angèle

30 Grande Rue – ✆ 03 29 25 41 97 – www.resto.fr/latabledangele – Fermé 19-30 juin, 20-30 nov., lundi et mardi sauf vacances scolaires

Rest – (13 €) Menu 25/35 € – Carte 36/52 €

◆ Petits appétits s'abstenir : les portions sont gargantuesques ! Ce bistrot contemporain, tenu par une famille sympathique, explore le terroir avec générosité.

au Sud 3 km, rte de Cornimont par D 486 – ✉ 88250 La Bresse

Le Clos des Hortensias

51 rte de Cornimont – ✆ 03 29 25 41 08 – Fermé 6-22 nov., dim. soir, merc. soir, lundi et soir fériés

Rest – *(prévenir)* Menu 16 € (sem.), 21/40 €

◆ Élégance bourgeoise, appétissants petits plats traditionnels et accueil tout sourire : on oublie vite la façade un brin désuète de ce restaurant !

BRESSIEUX – 38 Isère – **333** E6 – 83 h. – alt. 510 m – ✉ 38870 **43** E2

Paris 533 – Grenoble 50 – Lyon 76 – Valence 73

Auberge du Château

– ✆ 04 74 20 91 01 – www.aubergedebressieux.fr – Fermé 24 oct.-3 nov., 15 fév.-6 mars, dim. soir hors saison, mardi et merc.

Rest – (20 €) Menu 28/58 € – Carte 40/64 €

◆ Au faîte d'un vieux village perché, accueillante maison ancienne bien restaurée. La terrasse ombragée offre un beau point de vue sur la vallée et les monts du Lyonnais.

BRESSON – 38 Isère – **333** H7 – rattaché à Grenoble

BRESSUIRE – 79 Deux-Sèvres – **322** D3 – 18 225 h. – alt. 186 m **38** B1
– ✉ 79300 Poitou Vendée Charentes

Paris 364 – Angers 84 – Cholet 45 – Niort 64

place de l'Hotel de Ville ✆ 05 49 65 10 27

Les 3 Marchands

les Sicaudières, 2 km par rte de Nantes – ✆ 05 49 65 01 19 – www.hotel-restaurant-bressuire.com – Fermé 1er-15 août

21 ch – 49 € 60 € – 8 € – ½ P 51/56 €

Rest – *(fermé vend. soir de mi-sept. à mi-mai, sam. midi et dim. soir)* Menu 13 € (déj. en sem.), 18/35 € – Carte 24/49 €

♦ Sur la route de Nantes, adresse familiale et sérieuse qui se révèle pratique pour l'étape entre le Puy du Fou et le Futuroscope. Chambres fonctionnelles ; préférez les plus récentes. Cuisine traditionnelle, avec la viande de bœuf à l'honneur.

Il fait beau ? Savourez le plaisir de manger en terrasse :

BREST – 29 Finistère – **308** E4 – 144 548 h. – Agglo. 210 055 h. **9** A2
– alt. 35 m – ✉ 29200 Bretagne

Paris 596 – Lorient 133 – Quimper 72 – Rennes 246

de Brest-Bretagne ✆ 02 98 32 86 00, 10 km au NE

Place de la Liberté ✆ 02 98 44 24 96

18 de Brest les Abers à Plouarzel Kerhoaden, NE : 24 km par D 5, ✆ 02 98 89 68 33

Océanopolis★★★ - Cours Dajot ←★★ - Traversée de la rade★ - Arsenal et base navale ★ DZ - Musée des Beaux-Arts★ EZ **M¹** - Musée de la Marine★ DZ **M²** - Conservatoire botanique du vallon du Stang-Alar★.

Les Abers ★★

Plans pages suivantes

Océania

rest,

82 r. de Siam – ✆ 02 98 80 66 66 – www.oceaniahotels.com EY**r**

82 ch – 85/165 € 85/165 € – 14 €

Rest *Nautilus* – ✆ 02 98 80 90 67 – Menu 20 € (sem.) – Carte 28/39 €

♦ Ce confortable hôtel refait de pied en cap, est situé rue de Siam, évoquée dans un célèbre poème de J. Prévert (Barbara). Chambres dans l'air du temps, parfaitement insonorisées. Cuisine actuelle axée plats à la plancha, servie dans le cadre moderne du Nautilius.

L'Amirauté

rest,

41 r. Branda – ✆ 02 98 80 84 00 – www.oceaniahotels.com BX**t**

84 ch – 79/135 € 79/135 € – 14 €

Rest – *(fermé 14 juil.-28 août, 26 déc.-1er janv., sam., dim. et fériés)* (18 €) Menu 22 € (déj.), 29/39 €

♦ Hôtel d'architecture récente aux lignes élégantes, disposant de chambres de bonne ampleur, bien insonorisées et garnies d'un mobilier fonctionnel. Restaurant agencé à la façon d'une brasserie où l'on sert une cuisine au goût du jour (produits du terroir).

La Paix

32 r. Algésiras – ✆ 02 98 80 12 97 – www.hoteldelapaix-brest.com – Fermé 23 déc.-2 janv. EY**y**

29 ch – 49/130 € 59/130 € – 11 €

Rest *Square* – (14 €) Menu 17 € (déj.)/29 € – Carte 27/43 €

♦ Hôtel du centre-ville rénové dans un style moderne épuré. Belles chambres d'esprit contemporain, bien équipées et insonorisées. Copieux buffet au petit-déjeuner. Restaurant lounge au sous-sol servant une cuisine au goût du jour.

BREST

Aiguillon (R. d') . . . . EZ
Albert-1er (Pl.) . . . . BZ
Algésiras (R. d') . . . . EY 2
Anatole-France (R.) . . . . AX
Beaumanoir (R.) . . . . AX 3
Blum (Bd Léon) . . . . BV
Botrel (R. Th.) . . . . BV
Bot (R. du) CV
Le Bris (R. J.-M.) . . . . EZ
Brossolette (R. Pierre) . . . . . DZ
Bruat (R.) . . . . BX
Caffarelli (Porte) . . . . AX
Château (R. du) . . . . EYZ
Clemenceau (Av. G.) . . . . EY
Colbert (R.) . . . . EY 5
Collet (R. Yves) . . . . BX
Corniche (Rte de la) . . . . AX
Dajot (Cours) . . . . EZ
Denvers (R.) . . . . EZ

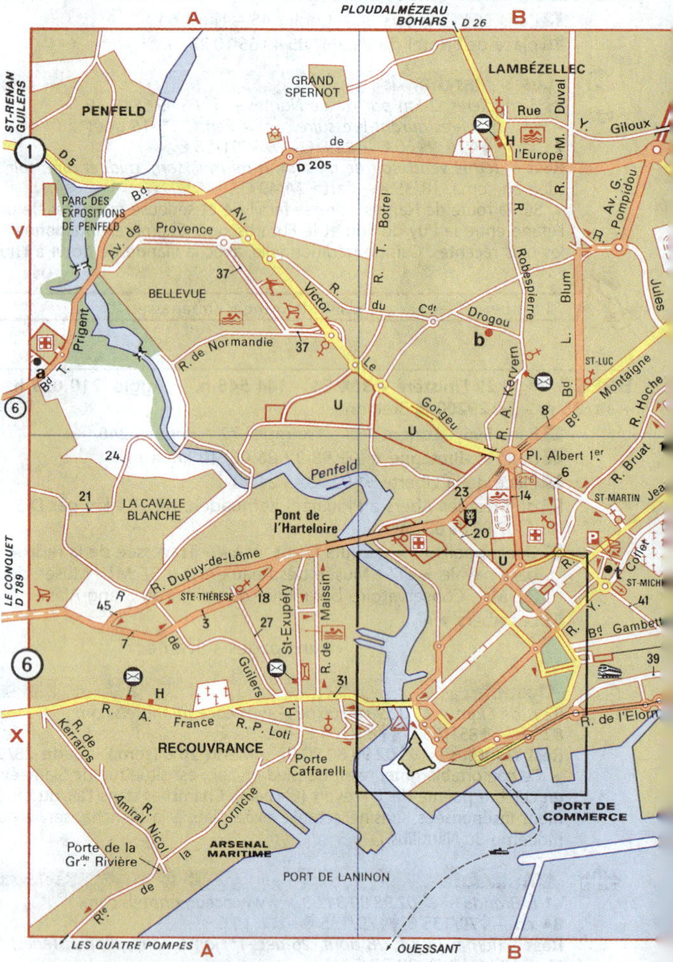

De la Rade sans rest

6 r. de Siam – ✆ 02 98 44 47 76 – www.hoteldelarade.com DZf

48 ch – †63 € ††68 € – ☕ 7,50 €

◆ À proximité du château et du pont de Recouvrance, cet hôtel totalement remis à neuf abrite des chambres tendance, élégantes et claires, très bien tenues.

Du Questel sans rest

120 r. F.-Thomas – ✆ 02 98 45 99 20 – www.hotel-du-questel.fr – Fermé 26 déc.-2 janv. AVa

36 ch – †45/55 € ††60/62 € – ☕ 8 €

◆ Un hôtel flambant neuf très pratique : proximité de la rocade Nord (mais au calme), chambres fonctionnelles bien tenues, prix tout doux et, sur demande, petit service snack.

Desmoulins (Av. C.) . . . . . . BX 6
Dr-Kerrien (R. du) . . . . . . AX 7
Doumer (R. Paul) . . . . . . BV 8
Dourjacq (Rte du) CV
Drogou (R. Com.) . . . . . . BV
Dupuy-de-Lôme (R.) . . . . . . AX
Duquesne (R.) . . . . . . EY

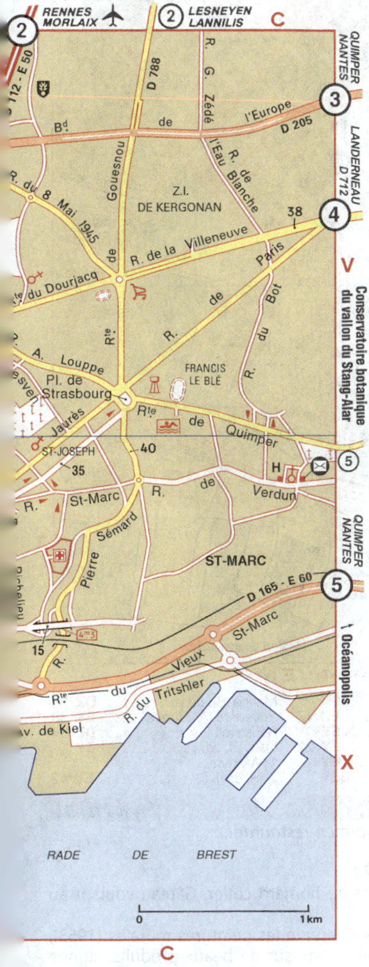

Duval (R. Marcellin) . . . . . . BV
Eau-Blanche (R. de l') CV
Elorn (R. de l') . . . . . . BX
Europe (Bd de l') . . . . . . ACV
Ferry (R. J.) . . . . . . BCX 12
Foch (Av. Mar.) . . . . . . BX 14
Forestou (Pont du) . . . . . . CX 15
Français-Libres (Bd des) . . . . . . DZ 16
Frégate-La-Belle-Poule (R. de la) . . . . . . EZ 17
Gallieni (R. du Mar.) . . . . . . AX 18
Gambetta (Bd) . . . . . . BX
Le Gorgeu (Av. Victor) . . . . . . AV
Gouesnou (Rte de) CV
Grande-Rivière (Porte de la) . . . . . . AX
Guilers (R. de) . . . . . . AX
Harteloire (Pt. de l') . . . . . . AX
Harteloire (R. de l') . . . . . . AX 20
Hoche (R.) . . . . . . BV
Jean-Jaurès (R.) . . . . . . EY
Kent (R. de) . . . . . . AX 21
Kérabécam (R. de) . . . . . . EY 22
Kérraros (R. de) . . . . . . AX
Kervern (R. Auguste) . . . . . . BV
Kiel (Av. de) CX
Lamotte-Picquet (R.) . . . . . . BX 23
Lesven (R. Jules) . . . . . . BCV
Libération (Av. de la) . . . . . . AX 24
Liberté (Pl. de la) . . . . . . EY
Loti (R. Pierre) . . . . . . AX
Louppe (R. Albert) CV
Lyon (R. de) . . . . . . DEY
Macé (R. Jean) . . . . . . EZ
Maissin (R. de) . . . . . . AX
Marine (Bd de la) . . . . . . DZ 25
Michelet (R.) . . . . . . DV
Montaigne (Bd) . . . . . . BV
Mouchotte (Bd Cdt) . . . . . . AX 27
Moulin (Bd Jean) . . . . . . DY
Nicol (R. de l'Amiral) . . . . . . AX
Normandie (R. de) . . . . . . AV
Paris (R. de) CV
Pompidou (R. G.) . . . . . . BV
Porte (R. de la) . . . . . . AX 31
Prigent (Bd T.) . . . . . . AV
Provence (Av. de) . . . . . . AV
Quimper (Rte de) CV
Recouvrance (Pt de) . . . . . . DZ
Réveillère (Av. Amiral) . . . . . . EY 33
Richelieu (R.) CX
Robespierre (R.) . . . . . . BY
Roosevelt (Av. Fr.) . . . . . . DZ 34
Saint-Exupéry (R.) . . . . . . AX
St-Marc (R.) CX
Salaün-Penquer (Av.) . . . . . . EZ
Sébastopol (R.) . . . . . . CX 35
Semard (R. Pierre) CX
Siam (R. de) . . . . . . EY
Strasbourg (Pl. de) CV
Tarente (Av. de) . . . . . . AV 37
Tourbihan (R. de) . . . . . . CV 38
Tourville (Porte) . . . . . . DZ
Tritshler (R. du) CX
Troude (R. Amiral) . . . . . . BX 39
Valmy (R. de) . . . . . . CX 40
Verdun (R. de) CX
Victor-Hugo (R.) . . . . . . BX 41
Vieux-St-Marc (R. du) CX
Villeneuve (R. de la) CV
Voltaire (R.) . . . . . . EZ
Wilson (Pl.) . . . . . . EZ
Zédé (R. G.) CV
Zola (R. Émile) . . . . . . EY
2e-R.C.I. (R. du) . . . . . . DY
8-Mai-1945 (R. du) CV
11-Martyrs (R. des) . . . . . . EY 42
19-Mars-1962 (R. du) . . . . . . AX 45

XXX **Le M**

22 r. du Cdt-Drogou – ✆ 02 98 47 90 00 – www.le-m.fr
– Fermé 8-30 août et 1er-12 janv. BVb

Rest – Menu 38 € (déj.), 42/65 €

◆ Belle maison bretonne des années 1930 : intérieur moderne soigné et jardin fleuri. Cuisine actuelle raffinée, adepte du sucré-salé.

XXX **La Fleur de Sel**

15 bis r. de Lyon – ✆ 02 98 44 38 65 – www.lafleurdesel.com – Fermé 1er-22 août, 1er-10 janv., sam. midi, lundi midi et dim. EYq

Rest – (17 €) Menu 30/65 € – Carte 42/76 €

◆ Le chef prépare une cuisine inventive terre et mer en privilégiant les produits de la région. Intérieur contemporain (salon particulier). Service agréable et dynamique.

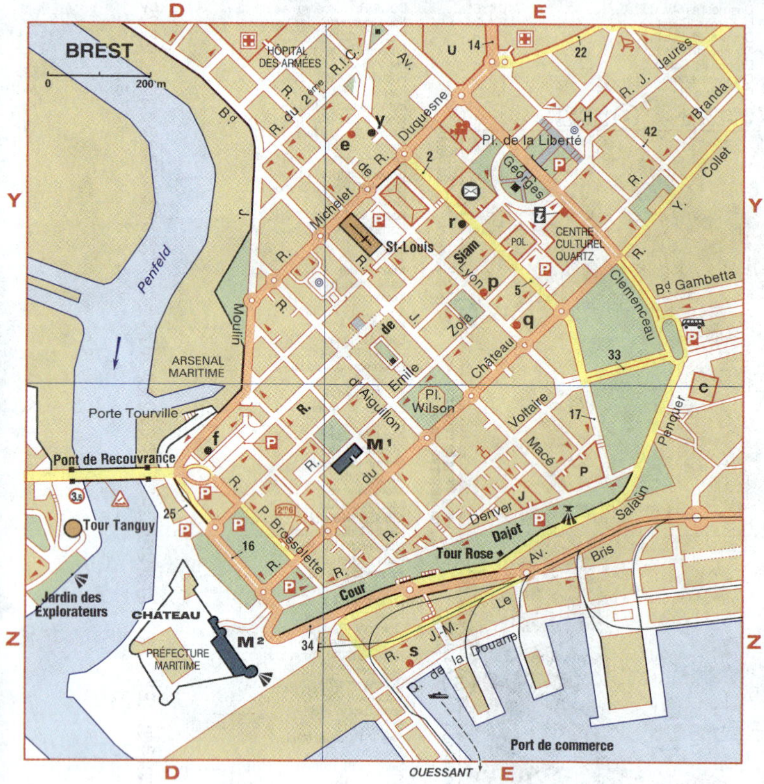

Algésiras (R. d') . . . . EY 2
Clemenceau (Av. G.). . . . . . . EY
Colbert (R.) . . . . EY 5
Foch (Av. Mar.) . . . . EY 14
Français-Libres (Bd des). . . . . DZ 16
Frégate-La-Belle-Poule (R. de la). . . . . EZ 17
Jean-Jaurès (R.) . . . . EY
Kérabécam (R. de) . . . . EY 22
Liberté (Pl. de la) . . . . EY
Lyon (R. de) . . . . DEY
Marine (Bd de la) . . . . DZ 25
Réveillère (Av. Amiral). . . . . . EY 33
Roosevelt (Av. Fr.). . . . . DZ 34
Siam (R. de). . . . . EY
11-Martyrs (R. des) . . . . EY 42

L'Armen (Yvon Morvan)

21 r. de Lyon – ✆ 02 98 46 28 34 – www.armen-restaurant.fr
– Fermé 31 juil.-15 août, dim. et lundi EYp
Rest – (25 €) Menu 58/85 € – Carte 55/72 €
Spéc. Petits ormeaux des abers. Médaillons de homard côtier. Gâteau coulant au chocolat.
◆ Ancienne pâtisserie élégante dont on a conservé les peintures murales (1953), avec boiseries et miroirs. Cuisine classique et fine sur de beaux produits, signée par un chef formé à l'école des grands.

L'Imaginaire

23 r. Fautras – ✆ 02 98 43 30 13 – www.imaginaire-restaurant.blogspot.com
– Fermé 10-30 août,1er-16 janv., merc. soir, dim. soir et lundi EYe
Rest – (18 € bc) Menu 32/60 € – Carte 45/60 €
◆ Amusante entrée par une petite boutique de vente à emporter. Cuisine actuelle personnalisée servie dans une salle de restaurant classique, aux tons pastel apaisants.

La Maison de l'Océan

2 quai de la Douane, port de commerce – ✆ 02 98 80 44 84
– www.maisondelocean.com EZs
Rest – (14 €) Menu 17/38 € – Carte 26/105 €
◆ "L'Océan" célébré dans le décor – banc d'écailler, mobilier et bibelots – et dans l'assiette (produits de la mer) : cette adresse du port compte bon nombre de fidèles.

au Nord 5 km par D 788 CV – ✉ 29200 Brest

Oceania Brest Aéroport ch, rest,
32 av. Baron Lacrosse – ✆ *02 98 02 32 83*
– www.oceaniahotels.com VISA MC AE
82 ch – †65/139 € ††65/139 € – ☕ 14 €
Rest – *(fermé le midi du 1er au 16 août, vend. soir, sam., dim. et fériés)* (20 €)
Carte 22/37 €
◆ Construction des années 1970 bénéficiant de l'agrément d'un petit cadre de verdure. Chambres totalement rénovées, fonctionnelles et spacieuses ; certaines donnent sur la piscine. Plaisant restaurant lumineux où l'on propose des recettes traditionnelles.

au port de plaisance du Moulin Blanc 7 km par ⑤ – ✉ 29200 Brest

Plaisance Hôtel rest, VISA MC AE
37 r. du Moulin Blanc – ✆ *02 98 42 33 33*
46 ch ☕ – †67 € ††74 €
Rest – *(fermé sam. midi en hiver et dim. soir)* (14 €) Menu 17 € (déj.)/27 €
– Carte 35/45 €
◆ Hôtel bien situé proposant des chambres fonctionnelles, toutes identiques, pratiques et colorées. Une adresse idéale pour partir en visite à Océanopolis. Cuisine traditionnelle revue à la façon du chef, servie dans un décor sobrement contemporain.

BRETENOUX – 46 Lot – **337** H2 – 1 311 h. – alt. 136 m – ✉ 46130 **29** C1
Périgord Quercy
Paris 521 – Brive-la-Gaillarde 44 – Cahors 83 – Figeac 48
avenue de la Libération ✆ 05 65 38 59 53
Château de Castelnau-bretenoux★★ : ★ SO : 3,5 km.

au Port de Gagnac 6 km au Nord-Est par D 940 et D 14 – ✉ 46130 Gagnac-sur-Cère

Hostellerie Belle Rive ch, VISA MC AE
Port-de-Gagnac – ✆ *05 65 38 50 04* – *www.bellerive-dordogne-lot.com* – *Fermé 17 déc.-3 janv.*
12 ch – †55/85 € ††75/120 € – 1 suite – ☕ 9 € – ½ P 75/95 €
Rest – *(fermé vend. soir, sam. midi et dim. soir de mi-avril à mi-juil. et de fin août à mi-oct., et le week-end de mi-oct. à mi-avril)* (15 €) Menu 25 € (déj. en sem.)/31 € – Carte 36/57 €
◆ Dans un hameau au bord de la Cère, une vieille maison lotoise aux chambres colorées et confortables. Au restaurant, le chef travaille de bons produits et manie la tradition avec brio ; atmosphère cosy et jolie terrasse fleurie.

BRÉTIGNOLLES-SUR-MER – 85 Vendée – **316** E8 – 3 454 h. **34** A3
– alt. 14 m – ✉ 85470
Paris 465 – Challans 30 – Nantes 86 – La Roche-sur-Yon 44
1, boulevard du Nord ✆ 02 51 90 12 78

J.-M. Pérochon et Hôtellerie des Brisants avec ch rest,
63 av. de la Grand'Roche – ✆ *02 51 33 65 53* VISA MC AE
– www.lesbrisants.com – Fermé 15 nov.-8 déc. et 20 fév.-16 mars
15 ch – †63/105 € ††78/105 € – ☕ 12 € – ½ P 67/81 €
Rest – *(fermé lundi sauf le soir en juil.-août, dim. soir de sept. à juin et mardi midi)* Menu 30/79 € bc – Carte 57/69 €
◆ Jolie vue sur l'Atlantique de la grande salle à manger au style contemporain épuré et reposant. Carte au goût du jour dictée par la marée. Chambres simples mais bien tenues.

BRETONVILLERS – 25 Doubs – **321** J3 – 227 h. – alt. 727 m **17** C2
– ✉ 25380
Paris 479 – Besançon 67 – Fribourg 163 – Neuchâtel 75

De Gigot

à Gigot, 4,5 km au Sud-Ouest – ☎ 03 81 68 91 18 – www.hotel-gigot-vallee-dessoubre.com – Fermé vacances de la Toussaint, 15 janv.-28 fév., lundi soir, merc. soir et jeudi de mi-sept. à mi-mai

15 ch – †49/55 € ††49/55 € – ☕ 7 € – ½ P 56/60 €

Rest – Menu 13 € (déj. en sem.), 19/32 € – Carte 21/55 €

◆ Hôtel familial en pleine nature, au cœur de la magnifique vallée du Dessoubre, paradis des pêcheurs. Chambres fraîches et bien tenues. Dans un cadre rustique, on déguste une cuisine traditionnelle (spécialités : truite et grenouille).

BRETTEVILLE-SUR-LAIZE – 14 Calvados – 303 C2 – 1 551 h. – alt. 54 m – ✉ 14680 — 32 B2

Paris 245 – Caen 18 – Hérouville-Saint-Clair 23 – Lisieux 52

Château des Riffets sans rest

– ☎ 02 31 23 53 21 – www.chateau-des-riffets.com

4 ch ☕ – †120 € ††120/170 €

◆ Dominant un vaste parc boisé, ce joli château de 1850 abrite des chambres spacieuses et élégantes. Mobilier d'époque et équipements modernes contribuent au confort des lieux.

LE BREUIL – 71 Saône-et-Loire – 320 G9 – rattaché au Creusot

LE BREUIL-EN-AUGE – 14 Calvados – 303 N4 – 939 h. – alt. 38 m – ✉ 14130 — 33 C2

Paris 196 – Caen 55 – Deauville 21 – Lisieux 10

Le Dauphin (Régis Lecomte)

2 r. de l'Église – ☎ 02 31 65 08 11 – www.ledauphin-restaurant.com – Fermé 14 nov.-6 déc., vacances de fév., merc. midi en août, dim. soir et lundi

Rest – Menu 38 € (sem.)/47 € – Carte 80/100 €

Spéc. Escalope de foie gras au vinaigre de Xérès. Tajine de homard (mai à oct.). Soufflé Grand-Marnier aux écorces d'oranges confites.

◆ Cette maison normande séduit autant par sa belle cuisine personnalisée que par son cadre rustique chaleureux et soigné (cheminée à blason, cuisinière chromée, aquarelles).

BREUILLET – 17 Charente-Maritime – 324 D5 – 2 495 h. – alt. 28 m – ✉ 17920 — 38 A3

Paris 509 – Poitiers 176 – La Rochelle 69 – Rochefort 39

L'Aquarelle (Xavier Taffart)

22 rte du Candé – ☎ 05 46 22 11 38 – www.laquarelle.net – Fermé 1 sem. en juin, 1 sem. en oct., 1 sem. en janv., dim. soir, mardi midi et lundi

Rest – (25 €) Menu 38/70 € bc – Carte 46/60 €

Spéc. Raviole de tourteau à l'huile d'amande et avocat (août à déc.). Lotte frottée au curry, bouillon à la noix de coco, tartare de courgette et palourdes (août à oct.). Gâteau de sable (août à déc.). **Vins** Vins de pays Charentais.

◆ Pourpre, vert pomme, chocolat : le cadre coloré se prête à la découverte d'une cuisine créative fort bien maîtrisée, à base de savoureux produits locaux. Bon rapport qualité-prix.

BREUREY-LES-FAVERNEY – 70 Haute-Saône – 314 E6 – rattaché à Faverney

---

BRÉVONNES – 10 Aube – 313 G3 – 664 h. – alt. 120 m – ✉ 10220 — 13 B3

Paris 198 – Bar-sur-Aube 30 – St-Dizier 59 – Troyes 28

Au Vieux Logis avec ch

1 r. Piney – ☎ 03 25 46 30 17 – www.auvieuxlogis.com – Fermé janv., dim. et lundi sauf le soir en saison

5 ch – †50/65 € ††50/65 € ☕ 8 € – ½ P 59/85 € **Rest** – (12 €) Menu 17/32 €

◆ Côté restaurant, salle au décor rustique à souhait (tommettes, bibelots chinés) ou jolie terrasse, avec jardin fleuri, pour goûter d'honnêtes recettes traditionnelles. Côté hôtel, quelques chambres simples et bien tenues.

BRIANÇON – 05 Hautes-Alpes – **334** H3 – **11 542 h. – alt. 1 321 m** **41** C1
– **Sports d'hiver : 1 200/2 800 m** 9 67 – **Casino** – 05100 Alpes du Sud

Paris 681 – Digne-les-Bains 145 – Gap 89 – Grenoble 119

3635 et tapez 42 (0,34 €/mn)

1, place du Temple 04 92 21 08 50

de Montgenèvre à Montgenèvre Route d'Italie, NE : 12 km, 04 92 21 94 23

Ville haute★★ : Grande Gargouille★, Statue "La France"★**B** - Chemin de ronde supérieur★, ★ de la porte de la Durance - Puy St-Pierre ★★ de l'église SO : 3 km par Rte de Puy St-Pierre.

Croix de Toulouse ★★ par Av. de Toulouse et D232^T : 8,5 km.

Parc Hôtel sans rest
Central Parc – 04 92 20 37 47 – www.soleilvacances.com **Aa**
60 ch – 60/134 € 70/198 € – 10 €
◆ Pratique et fonctionnel, cet immeuble situé en plein centre-ville propose des chambres spacieuses (idéales pour les familles), certaines avec vue sur le massif du Prorel.

La Chaussée
4 r. Centrale – 04 92 21 10 37 – www.hotel-de-la-chaussee.com
– Fermé 30 avril-26 mai, 15 oct.-5 nov., lundi midi, mardi midi et merc. midi
14 ch – 65/70 € 68/85 € – 8,50 € – ½ P 65/70 € **Ae**
Rest – (16 €) Menu 23/42 € – Carte 25/39 €
◆ D'emblée on se sent bien dans cet hôtel familial transformé en "refuge montagnard" : vieux meubles, objets anciens, chambres coquettes et douillettes, belles salles de bains. Harmonie parfaite entre le décor du restaurant et la cuisine, typiquement locale.

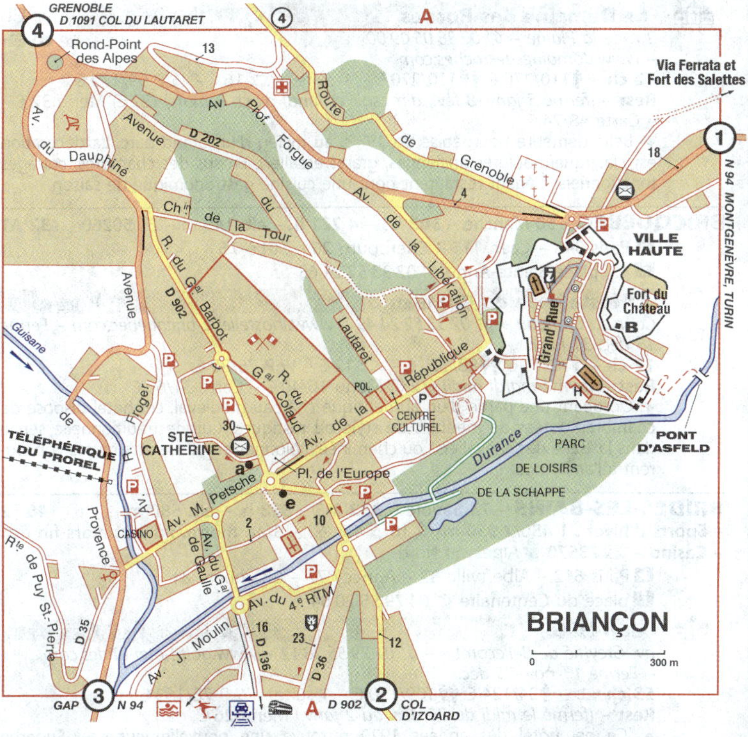

à La Vachette 3 km par ① – ✉ 05100

Le Vach' tin
rte d'Italie – ✆ *04 92 46 93 13* – *Fermé vacances de la Toussaint et lundi sauf juil.-août*
Rest – *(dîner seult) (prévenir)* (15 €) Carte 27/49 €
◆ Vieille maison de pays dans un village typique. La salle voûtée a un certain cachet avec son décor mi-rustique, mi-régional. Carte traditionnelle et spécialités locales.

à Puy-St-Pierre 3 km à l'Ouest par D 135 – 478 h. – ✉ 05100

La Maison de Catherine
chemin des Blés – ✆ *04 92 20 40 89* – *www.aubergecatherine.fr* – *Fermé 16 avril-2 mai et 22 oct.-7 nov.*
11 ch – †52 € ††60 € – ☕ 6 € – ½ P 15 €
Rest – *(fermé dim. soir, merc. midi et lundi)* Menu 24/35 € – Carte environ 33 €
◆ Parfait pour se ressourcer en montagne, avec un panorama superbe sur les cimes et la vallée… Accueil familial et ambiance cosy dans les chambres (bois clair, fleurs séchées, bibelots). Le restaurant offre charme et simplicité : décor soigné et fines recettes du pays.

BRIARE – 45 Loiret – **318** N6 – 5 703 h. – alt. 135 m – ✉ 45250 **12** D2
Châteaux de la Loire

Paris 155 – Auxerre 76 – Cosne-Cours-sur-Loire 31 – Gien 10
1, place de Gaulle ✆ 02 38 31 24 51

Le Domaine des Roches
2 r. de la Plaine – ✆ *02 38 05 09 00* – *www.domainesdesroches.com*
12 ch – †110/270 € ††110/270 € – 1 suite – ☕ 16 € – ½ P 99/179 €
Rest – *(fermé 5 janv.-8 fév., dim. soir et lundi d'oct. à mars)* (22 €) Menu 32 € – Carte 48/74 €
◆ Belle demeure bourgeoise du 19e s. au milieu d'un grand parc. La décoration est classique(moulures anciennes, grand escalier). En sus des chambres, cottages fonctionnels. Élégant restaurant pour une cuisine gastronomique de saison.

BRICQUEBEC – 50 Manche – **303** C3 – 4 221 h. – alt. 145 m – ✉ 50260 **32** A1

Paris 348 – Caen 115 – Cherbourg 26 – St-Lô 76
13, place Sainte-Anne ✆ 02 33 52 21 65

L'Hostellerie du Château
Cour du Château – ✆ *02 33 52 24 49* – *www.lhostellerie-bricquebec.com* – *Fermé 15 déc.-31 janv.*
17 ch – †72/75 € ††88/120 € – ☕ 12 € – ½ P 75/80 €
Rest – *(fermé mardi midi)* (12 €) Menu 16/40 € – Carte 31/60 €
◆ Occupant une partie d'un authentique château médiéval, cet hôtel dispose de chambres dotées de meubles de style ou rustiques. Cuisine traditionnelle servie dans la "salle des chevaliers" où cheminée, colonnes en pierre et armures concourent à l'ambiance.

BRIDES-LES-BAINS – 73 Savoie – **333** M5 – 578 h. – alt. 580 m **46** F2
– Sports d'hiver : 1 450/2 950 m 16 45 – Stat. therm. : début mars-fin oct. – Casino – ✉ 73570 Alpes du Nord

Paris 612 – Albertville 32 – Annecy 77 – Chambéry 81
place du Centenaire ✆ 04 79 55 20 64

Golf-Hôtel
av. Greyffié de Bellecombe – ✆ *04 79 55 28 12* – *www.golf-hotel-brides.com* – *Fermé 1er nov.-25 déc.*
53 ch ☕ – †84/124 € ††109/150 € – 1 suite – ½ P 76/163 €
Rest – *(fermé le midi du 26 déc. au 2 janv.)* Menu 26 €
◆ Ce bel hôtel des années 1920 retrouve une nouvelle jeunesse. Superbe hall, chambres modernes offrant, pour certaines, une jolie vue sur la Vanoise. Grande salle à manger lumineuse ; menu diététique ou traditionnel.

Amélie rest,

r. Émile-Machet – ✆ 04 79 55 30 15 – www.hotel-amelie.com – Fermé 31 oct.-16 déc.

41 ch – 🚹82/159 € 🚹🚹82/159 € – ☕ 11 € – ½ P 67/93 €

Rest *Les Cerisiers* – Menu 21/24 € – Carte 39/69 €

◆ Un hôtel des années 1990 situé au cœur du village, à deux pas de la télécabine menant à Méribel. Chambres bien insonorisées, salles de bains en marbre et agréable bar cosy. Au restaurant, spécialités du terroir et menus diététiques. L'été, barbecue au jardin.

Le Belvédère sans rest

r. Émile-Machet, quartier des Sources – ✆ 04 79 55 23 41 – www.hotel-73-belvedere.com – Fermé de fin oct. à mi-déc.

28 ch ☕ – 🚹49/55 € 🚹🚹78/90 €

◆ Belle maison bourgeoise dotée de balcons et tournée vers le massif de la Vanoise. Chambres simples et bien tenues, d'esprit chalet. Jacuzzi, hammam et piscine d'été chauffée.

BRIE-COMTE-ROBERT – 77 Seine-et-Marne – **312** E3 – **101** 39 – voir à Paris, Environs

---

LA BRIGUE – 06 Alpes-Maritimes – **341** G3 – rattaché à Tende

---

BRINON-SUR-SAULDRE – 18 Cher – **323** J1 – 1 048 h. – alt. 147 m – ✉ 18410 **12** C2

Paris 190 – Bourges 66 – Cosne-Cours-sur-Loire 59 – Gien 37

Les Bouffards

8 km sur D 923 rte de lamotte-Beuvron – ✆ 02 48 58 59 88 – www.bouffards.fr

5 ch ☕ – 🚹70/105 € 🚹🚹105/130 € **Table d'hôte** – Menu 18/25 € bc

◆ En pleine campagne et au calme ! Maison bourgeoise au cœur d'un joli parc de trois hectares, avec piscine. Les chambres y sont spacieuses et confortables.

BRIOLLAY – 49 Maine-et-Loire – **317** F3 – 2 531 h. – alt. 20 m – ✉ 49125 **35** C2

Paris 288 – Angers 15 – Château-Gontier 44 – La Flèche 45

Place O'Kelly ✆ 02 41 42 16 84

Plafond★★★ de la salle des Gardes du château de Plessis-Bourré NO : 10 km

Châteaux de la Loire

par rte de Soucelles 3 km (D 109) – ✉ 49125 Briollay

Château de Noirieux

26 rte du Moulin – ✆ 02 41 42 50 05 – www.chateaudenoirieux.com – Fermé 15 fév.-24 mars, 13 nov.-1er déc., dim. et lundi d'oct. à mai

19 ch – 🚹175/425 € 🚹🚹175/425 € – ☕ 23 € – ½ P 168/280 €

Rest – *(fermé dim. soir, lundi et mardi midi d'oct. à mai)* Menu 55 € (déj. en sem.), 65/125 € – Carte 105/130 €

Spéc. Lasagne d'araignée de mer à la truffe en soupe mousseuse d'écrevisses. Zéphyr de homard bleu et sole de petit bateau, légumes primeurs, jus de crustacés. Soufflé au Cointreau, cassolette de fruits rôtis à la cassonade. **Vins** Savennières, Anjou-Villages.

Rest *Côté Véranda* – *(fermé sam. soir, dim., lundi et mardi midi d'oct. à mai)* (28 €) Menu 34 € (sem.)/42 €

◆ Tout est raffinement dans cette superbe propriété ! Chambres dans le château du 17e s. ou au manoir (15e s.), avec une belle vue sur le parc ou sur le Loir. Au restaurant, Gérard Côme propose des créations subtiles à partir d'excellents produits régionaux. Côté Véranda, on sert une élégante cuisine bistrot.

BRION – 01 Ain – **328** G3 – rattaché à Nantua

BRIONNE – 27 Eure – **304** E6 – 4 329 h. – alt. 56 m – ✉ 27800 **33** C2
Normandie Vallée de la Seine

Paris 156 – Bernay 16 – Évreux 40 – Lisieux 40
1, rue du Général-de-Gaulle ✆ 02 32 45 70 51
du Champ de Bataille à Le Neubourg Château du Champ de Bataille, O : 18 km par D 137 et D 39, ✆ 02 32 35 03 72
Abbaye du Bec-Hellouin★★ N : 6 km - Harcourt : château★ et arboretum★ SE : 7 km.

XXX **Le Logis** avec ch
pl. St-Denis – ✆ 02 32 44 81 73 – www.lelogisdebrionne.com
– Fermé 2 sem. en août, 25 déc.-2 janv., 5 fév.-12 mars, sam. midi, dim. soir et lundi soir
12 ch – †85 € ††85 € – ☕ 13 € – ½ P 78/85 €
Rest – (20 €) Menu 30/62 € – Carte 75/88 €
◆ Salle à manger contemporaine agrémentée de nombreuses plantes vertes. On y déguste une cuisine au goût du jour et des spécialités du pays. Chambres garnies de meubles anciens.

BRIOUDE – 43 Haute-Loire – **331** C2 – 6 688 h. – alt. 427 m **6** C3
– ✉ 43100 Auvergne

Paris 479 – Clermont-Ferrand 69 – Le Puy-en-Velay 62 – St-Flour 52
place Lafayette ✆ 04 71 74 97 49
Basilique St-Julien★★ (chevet★★, chapiteaux★★).
Lavaudieu : fresques★ de l'église et cloître★★ de l'ancienne abbaye 9,5 km par ①.

La Sapinière rest, VISA AE
av. P.-Chambriard – ✆ 04 71 50 87 30 – www.hotel-sapiniere-brioude.com
– Fermé fév. et dim. soir sauf juil.-août m
11 ch – †85/95 € ††98/112 € – ☕ 11 € – ½ P 78/85 €
Rest – *(ouvert de Pâques au 31 déc. et fermé 23-30 oct., dim. soir, lundi et le midi sauf dim.)* Menu 23 € (sem.), 28/48 € – Carte 36/52 €
◆ Au cœur de la cité mais au calme d'un joli parc, plaisante maison récente abritant d'amples chambres décorées dans un esprit champêtre. Belle piscine couverte ; jacuzzi. Charpente apparente, bois blond et agréable luminosité au restaurant.

BRIOUDE

Assas (R. d') 2
Blum (Av. Léon) 3
Briand (Bd Aristide) 4
Chambriard (Av. P.) 5
Chapitre (R. du) 6
Chèvrerie (R. de la) 7
Commerce (R. du) 8
La-Fayette (Pl.) 12
Gilbert (Pl. Eugène) 9
Grégoire-de-Tours (Pl.) 10
Lamothe (Av. de) 13
Liberté (Pl. de la) 14
Maigne (R. J.) 15
Mendès-France (Av. P.) 16
Michel-de-l'Hospital (R.) 17
Pascal (R.) 18
République (R. de la) 19
Résistance (Pl. de la) 20
St-Jean (Pl.) 21
Sébastopol (R.) 22
Séguret (R.) 23
Talairat (R.) 24
Vercingétorix (Bd) 25
Victor-Hugo (Av.) 26
4-Septembre (R. du) 27
14-Juillet (R. du) 28
21-Juin-1944 (R. du) 29

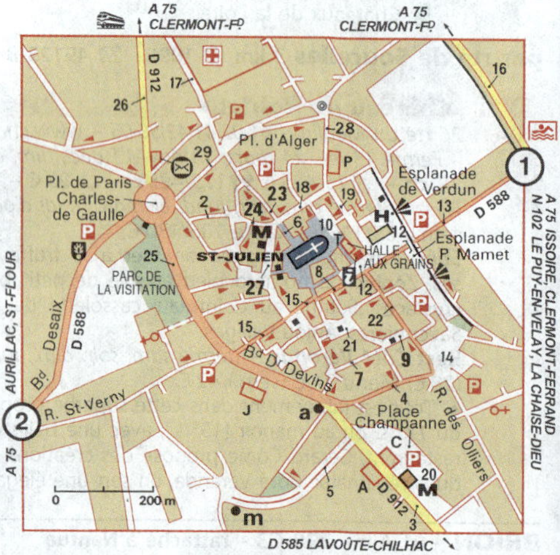

Artemis ch,

Parc des Conchettes, Rocade N 102 : 2 km au Nord-Ouest – ✆ 04 71 50 45 04 – www.artemis-hotel.com

40 ch – †60/75 € ††60/75 € – ☕ 10 € – ½ P 59/68 €

Rest – (11 €) Menu 23/38 € – Carte 26/61 €

♦ Au bord de la nationale contournant Brioude, cet hôtel propose chambres, jardin, piscine et salle de séminaires. Agencements contemporains et pratiques ; bonne insonorisation. Cuisine traditionnelle dans une salle à manger actuelle aux tons crème.

Poste et Champanne rest,

1 bd Dr-Devins – ✆ 04 71 50 14 62 – www.hotel-de-la-poste-brioude.com – Fermé vacances de la Toussaint, fév., dim. soir et lundi midi **a**

17 ch – †52 € ††52/62 € – ☕ 8 € – ½ P 52/55 € **Rest** – Menu 16/45 €

♦ Établissement familial du centre-ville. Chambres rénovées, fonctionnelles dans l'aile principale, plus calmes et confortables à l'annexe. Le restaurant rustique et rétro respire l'authenticité, tout comme la cuisine aux accents auvergnats, copieuse et savoureuse.

BRISSAC – 34 Hérault – **339** H5 – 596 h. – alt. 145 m – ✉ 34190 **23** C2

Paris 732 – Alès 55 – Montpellier 41 – Le Vigan 25

Jardin aux Sources avec ch ch, ch,

30 av. du Parc – ✆ 04 67 73 31 16 – www.lejardinauxsources.com – Fermé 2-20 janv., dim. soir, lundi et merc. hors saison

3 ch ☕ – †85/95 € ††95/105 €

Rest – *(nombre de couverts limité, prévenir)* (19 €) Menu 31/95 € bc Carte environ 43 €

♦ Maison en pierre au cœur d'un pittoresque village. Jolie salle de restaurant voûtée avec vue sur les cuisines, ravissante terrasse et carte inventive. Chambres coquettes.

BRISSAC-QUINCÉ – 49 Maine-et-Loire – **317** G4 – 2 552 h. – alt. 65 m **35** C2 – ✉ 49320 Châteaux de la Loire

Paris 307 – Angers 18 – Cholet 62 – Saumur 39

8, place de la République ✆ 02 41 91 21 50

Château★★.

Le Castel sans rest

1 r. L.-Moron, (face au château) – ✆ 02 41 91 24 74 – www.hotel-lecastel.com

11 ch – †46/80 € ††46/80 € – ☕ 7 €

♦ Petit hôtel familial commode pour faire étape, en lien avec la visite du château tout proche. Chambres classiques (têtes de lit fleuries, frises murales).

BRIVE-LA-GAILLARDE – 19 Corrèze – **329** K5 – 50 009 h. **24** B3 – alt. 142 m – ✉ 19100 Périgord Quercy

Paris 480 – Albi 218 – Clermont-Ferrand 170 – Limoges 92

✆3635 et tapez 42 (0,34 €/mn)

place du 14 Juillet ✆ 05 55 24 08 80

de Brive Vallée de Planchetorte, SO : 5 km, ✆ 05 55 87 57 57

Musée de Labenche★.

Plans pages suivantes

La Truffe Noire

22 bd A.-France – ✆ 05 55 92 45 00 – www.la-truffe-noire.com CY**v**

27 ch – †95/105 € ††115/145 € – ☕ 12 €

Rest – (17 €) Menu 27/65 € – Carte 40/75 €

♦ Au seuil de la vieille ville, cette grande maison régionale du 19e s. s'est offert une seconde jeunesse. Chambres rafraîchies au décor discret servi par des teintes beiges. Intérieur moderne ou terrasse pour déguster truffes et spécialités corréziennes actualisées.

BRIVE-LA-GAILLARDE

Blum (Av. L.) . . . . AX 4
Clemenceau (Bd) . . . . . . AX 6
Dalton (R. Gén.) . . . . AX 7
Dellessert (R. B.) . . . . . . AX 9
Dr-Marbeau (Bd). . . . . . . AX 10
Dormoy (Bd M.) . . . . AX 13
Dubois (Bd Cardinal). . . . AX 15
Foch (Av. du Mar.) . . . . . AX 17
Germain (Bd Colonel) . . . AX 20
Grivel (Bd Amiral) . . . . . . AX 22
Hériot (Av. E). . . . . AX 24
Leclerc (Av. Mar.) . . . . . . AX 31
Michelet (Bd) . . . . AX 33
Paris (Av. de). . . . . AX 34
Pasteur (Av.) . . . . AX 35
Pompidou (Av. G.) . . . . . AX 37

Le Collonges sans rest

3 pl. W.-Churchill – ✆ 05 55 74 09 58 – www.hotel-le-collonges.com

24 ch – †54/59 € ††54/64 € – ☕ 9 € CZn

◆ Cet hôtel familial est situé en léger retrait du boulevard ceinturant le centre-ville. Salon-bar coquet et chambres sobrement modernes assurent le bien-être des voyageurs.

Le Coq d'Or sans rest

16 bd Jules-Ferry – ✆ 05 55 17 12 92 – www.hotel-coqdor.com CZe

8 ch – †65 € ††65 € – ☕ 9 €

◆ À deux pas du centre, cet hôtel rénové propose des chambres décorées de meubles anciens et de toile de Jouy.

La Toupine

27 av. Pasteur – ✆ 05 55 23 71 58 – Fermé 1er-25 août, vacances de fév., dim. et lundi AXa

Rest – *(prévenir)* (12 €) Menu 27/40 € – Carte 34/46 €

◆ Pour manger en toute quiétude, ce restaurant au décor contemporain, mariant avec goût l'inox et le bois de rose, régale d'une savoureuse cuisine au goût du jour.

Auberge de Chanlat

34 r. G-Buisson, (au Sud du plan), 2 km par rte de Noailles – ✆ 05 55 24 02 03 – Fermé dim. soir, lundi et mardi

Rest – (15 €) Menu 20 € (déj. en sem.)/28 € – Carte 30/70 €

◆ Auberge familiale où le cœur balance entre le banc d'écailler et le vivier à homards. Spécialités de viandes du Limousin vivement conseillées également. Salle panoramique.

Chez Francis

61 av. de Paris – ✆ 05 55 74 41 72 – www.chezfrancis.fr – Fermé 12-20 juin, 4-9 sept., 8-13 janv., dim. et lundi AXs

Rest – *(nombre de couverts limité, prévenir)* Menu 16/25 € – Carte 35/60 €

◆ Pubs rétro et dédicaces laissées par les clients décorent ce sympathique restaurant aux allures de bistrot parisien. Cuisine traditionnelle revisitée ; vins du Languedoc.

BRIVE-LA-GAILLARDE

Alsace-Lorraine (Av. d') . . . . . CZ 2
Anatole-France (Bd) . . . . CY 3
Dalton (R. Gén.) . . . . CY 7
Dauzier (Pl. J.-M.) . . . . CY 8
Dellessert (R. B.). . . . . CY 9
Dr-Massénat (R.). . . . . CY 12
Échevins (R. des) . . . . CZ 14
Faro (R. du Lt-Colonel) . . . . . CZ 16
Gambetta (R.) . . . . CZ
Gaulle (Pl. Ch. de) . . . . CZ 18
Halle (Pl. de la) . . . . CY 23
Herriot (Av. E.). . . . . CZ 24
Hôtel-de-Ville (Pl. de l') . . . . . CY 26
Hôtel-de-Ville (R. de l') . . . . . BZ 27
Latreille (Pl.). . . . . CZ 30
Lattre-de-Tassigny (Pl. de) . . . . CZ 29
Leclerc (Av. Mar.) . . . . CZ 31
Lyautey (Bd Mar.) . . . . BZ 32
Majour (R.) . . . . BYZ 36
Paris (Av. de) . . . . BY
Puyblanc (Bd de). . . . . CZ 19
Raynal (R. B.). . . . . CZ 40
République (Pl. de la) . . . . . . BZ 42
République (R. de la) . . . . . . BZ 43
Salan (R. du) . . . . CZ 45
Ségéral-Verninac (R.) . . . . BY 46
Teyssier (R.). . . . . CY 47
Toulzac (R.) . . . . CY 48
14 Juillet (Av. du) . . . . CY 21

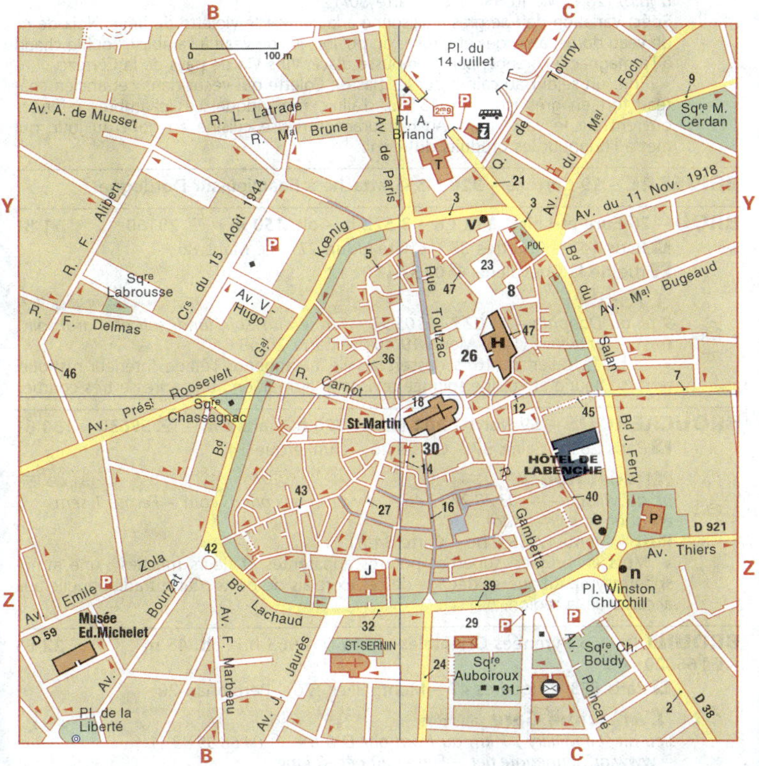

à Ussac 5 km au Nord-Ouest par D 920 AX et D 57 – 3 475 h. – alt. 350 m – ✉ 19270

Auberge St-Jean

5 pl. de l'Église – ✆ 05 55 22 87 55 – www.auberge-saint-jean.fr
22 ch – †56/59 € ††59/62 € – ☕ 8 € – ½ P 59/62 € **Rest** – (19 €) Menu 23/43 €
◆ Au centre du village, voici une sympathique auberge familiale où vous attendent de coquettes chambres bien tenues et peu à peu rénovées. Grande salle à manger et terrasse respirant l'air du jardin pour savourer une appétissante cuisine au goût du jour.

rte d'Aurillac Est par D 921 CZ – ✉ 19360 Malemort

Auberge des Vieux Chênes

31 av. Honoré-de-Balzac, à 2,5km – ✆ 05 55 24 13 55 – www.aubergedesvieuxchenes.fr – Fermé dim. et fériés
16 ch – †55 € ††60 € – ☕ 8 € – ½ P 60/72 €
Rest – (14 €) Menu 17/36 € – Carte 42/70 €
◆ Aux portes de Brive, grande bâtisse abritant hôtel, café, commerce de tabacs et de journaux. Petites chambres pratiques bien équipées et à la tenue très correcte. Restaurant au sobre cadre actuel ; cuisine traditionnelle et plats régionaux.

à Varetz **10 km par ③, D 901 et D 152 – 2 086 h. – alt. 109 m – ✉ 19240**

Château de Castel Novel
– ✆ 05 55 85 00 01 – www.castelnovel.com
– Fermé 13-20 nov., 1er-22 janv., 26 fév.-4 mars, dim. soir et lundi sauf juil.-août
32 ch – 96/380 € 116/400 € – 5 suites – 23 € – ½ P 138/300 €
Rest – *(fermé le midi en juil.-août sauf dim., sam. midi, dim. soir et lundi de sept. à juin)* (28 €) Menu 55/87 € – Carte 80/123 €
Spéc. Variation de foie gras assaisonné à la moutarde violette de Brive. Noix de ris de veau dorée, asperges et girolles au poêlon, jus de veau à l'arabica. Soufflé chaud à l'armagnac à l'orange, pamplemousse glacé. **Vins** Vin de pays de la Corrèze.
◆ Pour un séjour au calme, sur les pas de Colette qui vécut dans cet ancien château fort en grès rose (13e-15e s.), d'allure romantique. Les chambres raffinées ouvrent sur le vaste parc. Au restaurant, sérieuse cuisine au goût du jour, qui met à l'honneur les produits du terroir.

BRIVEZAC – **19 Corrèze – 329 M5 – rattaché à Beaulieu-sur-Dordogne**

BROU – **28 Eure-et-Loir – 311 C6 – 3 572 h. – alt. 150 m – ✉ 28160** **11 B1**

Paris 142 – Chartres 38 – Châteaudun 22 – Le Mans 86

rue de la Chevalerie ✆ 02 37 47 01 12

L'Ascalier
9 pl. du Dauphin – ✆ 02 37 96 05 52 – Fermé dim. soir, lundi soir et mardi soir
Rest – *(prévenir)* (14 €) Menu 19/40 € – Carte 20/48 €
◆ Le bel "ascalier" du 16e s. dessert la salle à manger de l'étage. Intérieur rustique, terrasse fleurie et cuisine soignée revisitant la tradition : une adresse très courue.

BROUCKERQUE – **59 Nord – 302 B2 – 1 276 h. – alt. 2 m – ✉ 59630** **30 B1**

Paris 283 – Calais 37 – Cassel 26 – Dunkerque 14

Middel Houck
pl. du Village – ✆ 03 28 27 13 46 – www.mh-receptions.com – Fermé 1 sem. en août, le soir et sam.
Rest – Menu 17/55 € bc – Carte 34/51 €
◆ Murs en briques, superbes poutres apparentes et fleurs fraîches : une atmosphère sympathique se dégage de cet ex-relais de poste. Carte traditionnelle aux accents de la région.

BROUILLA – **66 Pyrénées-Orientales – 344 I7 – 965 h. – alt. 45 m – ✉ 66620** **22 B3**

Paris 873 – Figueres 47 – Montpellier 176 – Perpignan 20

L'Ancienne Gare sans rest
lieu-dit "Le Millery", 1 km au Nord par D 8 B – ✆ 04 68 89 88 21 – www.anciennegare.net – Fermé 20 déc.-6 janv.
5 ch – 57 € 72 €
◆ Tout près de la frontière espagnole, l'ex-gare ferroviaire est devenue une maison d'hôtes très chaleureuse. Chambres romantiques, cachet ancien, terrasse et vue sur le Canigou.

BROUILLAMNON – **18 Cher – 323 I4 – rattaché à Charost**

LES BROUZILS – **85 Vendée – 316 I6 – 2 392 h. – alt. 64 m – ✉ 85260** **34 B3**

Paris 427 – Cholet 77 – Nantes 46 – La Roche-sur-Yon 37

Manoir de la Thébline sans rest
rte de l'Herbergement – ✆ 06 77 71 67 25 – www.manoirthebline.com
3 ch – 90 € 90 €
◆ De beaux meubles anciens donnent un cachet aux douillettes chambres de cette jolie demeure du 19e s. Plaisant parc fleuri, salon-billard, bibliothèque. Tenue exemplaire.

BRUAILLES – **71 Saône-et-Loire – 320 L10 – rattaché à Louhans**

BRUÈRE-ALLICHAMPS – **18 Cher – 323 K6 – rattaché à St-Amand-Montrond**

BRUGAIROLLES – 11 Aude – **344** D4 – 236 h. – alt. 182 m – ✉ 11300 **22** A3

Paris 770 – Carcassonne 33 – Castelnaudary 32 – Castres 82

Domaine Gayda

rte de Malvés – ✆ 04 68 20 65 87 – www.maisongayda.com – Fermé merc. soir et sam. midi de janv. à avril, lundi et mardi

Rest – (22 € bc) Menu 39 € (sem.)/49 € – Carte 37/53 €

◆ Au-dessus des chais, salle de restaurant actuelle et plats au goût du jour. L'été, vaste terrasse ménageant une échappée sur le vignoble et paillotes réparties dans le jardin.

BRULLIOLES – 69 Rhône – **327** F5 – 706 h. – alt. 650 m – ✉ 69690 **44** B1

Paris 485 – Clermont-Ferrand 138 – Lyon 43 – Saint-Étienne 75

L'Auberge avec ch

pl. Neuve – ✆ 04 72 54 55 24 – www.l-auberge.fr – Fermé 20 déc.-20 janv., 16-28 fév., dim. soir, mardi et merc. sauf de mai à août

7 ch – †95/105 € ††95/105 € – ☕ 12 €

Rest – Menu 18 € (sem.), 25/57 € – Carte 38/57 €

◆ Si vous allez par monts (en l'occurrence du Lyonnais) et par vaux, cette auberge contemporaine – créée en 2010 – tombe à point nommé. Son architecture respecte l'esprit du village, de même la cuisine (spécialités régionales). Les chambres, flambant neuves, sont confortables et agréables avec leur joli mobilier chiné.

BRÛLON – 72 Sarthe – **310** H7 – 1 407 h. – alt. 102 m – ✉ 72350 **35** C1

Paris 239 – Laval 55 – Le Mans 41 – Nantes 167

2 place Albert Liébault ✆ 02 43 95 05 10

Château de l'Enclos sans rest

2 av. de la Libération – ✆ 02 43 92 17 85 – www.chateau-enclos.com

5 ch ☕ – †110 € ††110 €

◆ Cette belle maison bourgeoise recèle bien des trésors : salon original dans la cave, chambres cosy au château, "kota" (maison lapone en bois) perchée sur trois arbres du parc.

BRUMATH – 67 Bas-Rhin – **315** K4 – 9 737 h. – alt. 145 m – ✉ 67170 **1** B1

Paris 472 – Haguenau 14 – Molsheim 45 – Saverne 35

À L'Écrevisse

4 av. de Strasbourg – ✆ 03 88 51 11 08 – www.hostellerie-ecrevisse.com

Rest – (13 €) Menu 20/72 € – Carte 30/60 €

◆ Cette maison alsacienne est dirigée par la même famille depuis sept générations ! Cuisine régionale servie dans deux salles, l'une bourgeoise, l'autre d'esprit winstub.

BRY-SUR-MARNE – 94 Val-de-Marne – **312** E2 – **101** 18 – voir à Paris, Environs

BUELLAS – 01 Ain – **328** D3 – 1 650 h. – alt. 225 m – ✉ 01310 **43** E1

Paris 424 – Annecy 120 – Bourg-en-Bresse 9 – Lyon 69

L'Auberge Bressane de Buellas

pl. du Prieuré – ✆ 04 74 24 20 20 – www.auberge-buellas.com – Fermé 28 fév.-16 mars, 1er-8 août, 24 oct.-2 nov., dim. soir, mardi et merc.

Rest – (12 €) Menu 19/43 € – Carte 32/43 €

◆ De belles recettes du terroir, un zeste de saveurs du Sud et une dose d'inventivité : on se régale dans cette auberge (une ex-boulangerie) au décor méridional. Service attentionné.

LE BUGUE – 24 Dordogne – **329** G6 – 2 762 h. – alt. 62 m – ✉ 24260 **4** C3

Périgord Quercy

Paris 522 – Bergerac 47 – Brive-la-Gaillarde 72 – Périgueux 42

Rue Jardin Public ✆ 05 53 07 20 48

de La Marterie à Saint-Félix-de-Reillac-et-Mortemart Domaine de la Marterie, N : 13 km par D 710, ✆ 05 53 05 61 00

Gouffre de Proumeyssac★★ S : 3 km.

rte de Sarlat 3 km à l'Est par D 703 et rte secondaire ✉ 24260

Maison Oléa sans rest
La Combe de Leygue – ✆ 05 53 08 48 93 – www.olea-dordogne.com – Fermé 21 déc.-4 janv.
5 ch – 70/100 € 75/105 €
◆ Derrière cette architecture inspirée des anciennes granges à tabac se cache un rêve mauresque ! Chambres avec loggia orientées plein sud et vue sur la vallée de la Vézère.

BUIS-LES-BARONNIES – 26 Drôme – **332** E8 – 2 283 h. – alt. 365 m **44** B3
– ✉ 26170 Alpes du Sud
Paris 685 – Carpentras 39 – Nyons 29 – Orange 50
14, boulevard Eysserie ✆ 04 75 28 04 59
Vieille ville★.

Les Arcades-Le Lion d'Or sans rest
pl. du Marché – ✆ 04 75 28 11 31 – www.hotelarcades.fr – Ouvert de mars à nov.
15 ch – 48/72 € 58/78 € – 1 suite – 9 €
◆ On entre dans l'hôtel par les belles arcades (15e s.) de la place centrale. Chambres de style provençal, charmant jardin intérieur (tonnelle, glycine), jacuzzi et sauna.

LE BUISSON-CORBLIN – 61 Orne – **310** F2 – rattaché à Flers

LE BUISSON-DE-CADOUIN – 24 Dordogne – **329** G6 – 2 114 h. **4** C3
– alt. 63 m – ✉ 24480
Paris 532 – Bergerac 38 – Brive-la-Gaillarde 81 – Périgueux 52
place André Boissière ✆ 05 53 22 06 09

à Paleyrac 4 km au Sud-Est par D 25 et rte secondaire – ✉ 24480

Le Clos Lascazes sans rest
– ✆ 05 53 74 33 94 – www.clos-lascazes.com – Ouvert de mars à mi-nov.
5 ch – 76/98 € 84/108 €
◆ Trois maisons de siècles différents invitent à une étape détente très tranquille (parc, piscine d'eau salée). Chambres lumineuses aux murs blancs, tissus brodés, gravures...

BULGNEVILLE – 88 Vosges – **314** D3 – 1 300 h. – alt. 350 m **26** B3
– ✉ 88140 Alsace Lorraine
Paris 342 – Belfort 133 – Épinal 55 – Langres 71
105, rue de l'Hôtel de Ville ✆ 03 29 09 14 67

Benoit Breton sans rest
74 r. des Récollets – ✆ 03 29 09 21 72 – www.benoitbreton.fr
4 ch – 70 € 75 €
◆ Antiquaire de son métier, monsieur Breton a donné une âme à sa maison : chambres spacieuses, meubles et bibelots raffinés. Petits-déjeuners campagnards devant la jolie cheminée.

La Marmite Beaujolaise
34 r. de l'Hôtel-de-Ville – ✆ 03 29 09 16 58 – www.restaurant-lamarmitebeaujolaise.com – Fermé 1er-15 janv., dim. soir et lundi
Rest – Menu 14 € (déj.), 21/35 € – Carte 35/50 €
◆ Cette auberge propose une cuisine traditionnelle soignée et de beaux produits (grenouille, poisson, canard). Le cadre est à la fois rustique et raffiné, le sourire en plus !

BULLY – 69 Rhône – **327** G4 – 1 973 h. – alt. 313 m – ✉ 69210 **43** E1
Paris 471 – Lyon 32 – Saint-Étienne 92 – Villeurbanne 41

Auberge du Château
pl. de l'Église – ✆ 04 74 01 25 36 – www.aubergedu-chateau.com – fermé une sem. en mai , 1er-15 sept., 1er-15 janv., mardi de nov. à mars, sam. midi, dim. soir et lundi
Rest – (20 €) Menu 33/62 € – Carte 48/68 € le soir
◆ En face de l'église du village, cette vénérable auberge de 1749 cache un restaurant rénové : salle et terrasse d'esprit actuel. Cuisines visibles ; menu-carte moderne.

BURLATS – 81 Tarn – **338** F9 – rattaché à Castres

BURNHAUPT-LE-HAUT – 68 Haut-Rhin – **315** G10 – 1 599 h. – alt. 300 m – ✉ 68520 **1** A3

▶ Paris 454 – Altkirch 16 – Belfort 32 – Mulhouse 17

Le Coquelicot ch, rest, VISA AE

au Pont d'Aspach, 1 km au Nord – ✆ 03 89 83 10 10 – www.lecoquelicot.fr – Fermé 26 déc.-3 janv.

26 ch – †70 € ††70 € – ☕ 12 € – ½ P 66/76 €

Rest – *(fermé 23 juil.-15 août, 26 déc.-3 janv., sam. midi et dim. soir)* (12 €) Menu 28 € (sem.)/58 € – Carte 25/55 €

◆ Village aux portes de la pittoresque région du Sundgau. L'hôtel, proche d'axes routiers fréquentés, dispose de chambres confortables, rafraîchies régulièrement. Au retaurant, tons pastel et terrasse fleurie créent une ambiance printanière. Plats traditionnels.

BUSNES – 62 Pas-de-Calais – **301** I4 – rattaché à Béthune

BUSSEAU-SUR-CREUSE – 23 Creuse – **325** J4 – ✉ 23150 Ahun **25** C1

▶ Paris 368 – Aubusson 27 – Guéret 17

Moutier d'Ahun : boiseries★★ de l'église SE : 5,5 km - Ahun : boiseries★ de l'église SE : 6 km Berry Limousin.

Le Viaduc avec ch VISA

9 Busseau Gare – ✆ 05 55 62 57 20 – www.restaurant-leviaduc.com – Fermé 1 sem. en juin, 2 sem. en janv., dim. soir et lundi

5 ch – †48 € ††48 € – ☕ 7 € – ½ P 65 €

Rest – (14 €) Menu 22/45 € – Carte 35/50 €

◆ Cette auberge tire profit de sa situation dominante : la salle à manger rustique et la terrasse offrent une belle vue sur un viaduc de 1863 qui enjambe la Creuse. Cuisine traditionnelle actualisée à base de bons produits. À l'étage, chambres bien tenues.

LA BUSSIÈRE-SUR-OUCHE – 21 Côte-d'Or – **320** I6 – 163 h. – alt. 320 m – ✉ 21360 Bourgogne **8** C2

▶ Paris 297 – Dijon 34 – Chalon-sur-Saône 63 – Beaune 34

Abbaye de la Bussière VISA AE

D 33 – ✆ 03 80 49 02 29 – www.abbayedelabussiere.fr – Fermé 4 janv.-9 fév.

17 ch – †195/470 € ††195/470 € – ☕ 19 €

Rest – *(fermé lundi, mardi et le midi sauf dim.)* Menu 60/110 € – Carte 103/117 € le soir

Spéc. Cœur de chou palmiste, truffe de Bourgogne et purée de brocoli vanillée (été). Faux-filet de bœuf, polenta à la fourme d'Ambert, sauce diable (automne). Anis de Flavigny en jeu de texture et de saveur. **Vins** Pommard, Gevrey-Chambertin.

Rest *Le Bistrot* – *(fermé le soir, lundi et mardi)* Menu 26/30 €

◆ Une abbaye cistercienne du 12e s. noyée dans la verdure. Si le cloître des moines a disparu, la quiétude reste entière : architectures gothiques, pièce d'eau, chambres luxueuses... Sous de superbes voûtes d'ogives, on déguste une cuisine fine qui respecte les produits et les saisons. Choix simplifié le midi au Bistrot.

BUSSY-ST-GEORGES – 77 Seine-et-Marne – **312** F2 – **101** 20 – voir à Paris, Environs (Marne-la-Vallée)

BUXY – 71 Saône-et-Loire – **320** I9 – 2 164 h. – alt. 263 m – ✉ 71390 **8** C3

▶ Paris 351 – Chagny 25 – Chalon-sur-Saône 17 – Montceau-les-Mines 33

ℹ place de la gare ✆ 03 85 92 00 16

Aux Années Vins VISA AE

2 Grande-Rue – ✆ 03 85 92 15 76 – www.aux-annees-vins.com – Fermé 22-31 août, 20 fév.-14 mars, merc. sauf le soir du 1er avril au 11 nov., lundi soir du 11 nov. au 31 mars et mardi

Rest – (17 €) Menu 23/59 € – Carte 35/65 €

◆ Bien situé au centre du village, dans les anciennes fortifications, ce restaurant élégant propose une cuisine traditionnelle soignée et un beau choix de fromages affinés.

BUZANÇAIS – 36 Indre – **323** E5 – **4 535 h.** – **alt. 111 m** – ✉ **36500** **11** B3

Paris 286 – Le Blanc 47 – Châteauroux 25 – Chatellerault 78

55, rue Ponts ✆ 02 54 84 22 00

L'Hermitage rest, VISA AE

1 chemin de Vilaine – ✆ 02 54 84 03 90 – www.lhermitagehotel.com – Fermé 2-25 janv., lundi sauf le soir en saison et dim. soir

12 ch – 59/71 € 64/71 € – 8 € – ½ P 68/80 €

Rest – *(prévenir le week-end)* (16 €) Menu 20 € (sem.), 26/48 € – Carte 55/70 €

◆ Propriété accueillante agrémentée d'un jardin arboré où se glisse l'Indre. Les chambres, de style rustique et bien équipées, profitent presque toutes de cette vue apaisante. Aux beaux jours, on sert les repas sous une pergola ouverte sur la terrasse.

CABANAC-SÉGUENVILLE – 31 Haute-Garonne – **343** E2 – **151 h.** – **alt. 200 m** – ✉ **31480** **28** B2

Paris 668 – Colomiers 39 – Montauban 46 – Toulouse 51

Château de Séguenville

par D 1 et D 89A – ✆ 05 62 13 42 67 – www.chateau-de-seguenville.com – Fermé 15 déc.-15 janv.

5 ch – 100 € 120 €

Table d'hôte – *(fermé sam. en juil.-août et dim.)* Menu 30/50 €

◆ Joli château gascon du 19e s. entouré d'arbres centenaires. Vastes chambres meublées avec goût ; l'une d'elles ouvre sur une immense terrasse dominant la campagne. Cuisine régionale.

CABESTANY – 66 Pyrénées-Orientales – **344** I6 – rattaché à Perpignan

CABOURG – 14 Calvados – **303** L4 – **3 965 h.** – **alt. 3 m** – **Casino** – ✉ **14390** Normandie Vallée de la Seine **32** B2

Paris 220 – Caen 24 – Deauville 23 – Lisieux 35

jardins de l'Hotel de Ville ✆ 02 31 06 20 00

Public de Cabourg Avenue de l'Hippodrome, 1 km par av. de l'Hippodrome, ✆ 02 31 91 70 53

de Cabourg Le Home à Varaville 38 avenue du Pdt René Coty, par rte de Caen : 3 km, ✆ 02 31 91 25 56

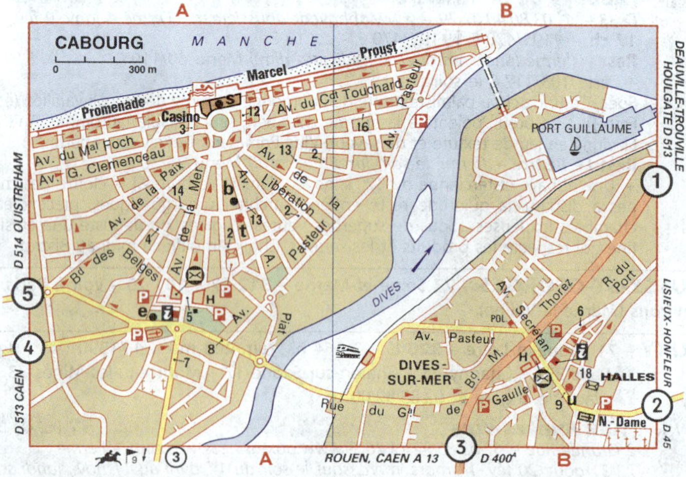

Bertaux-Levillain (Av. du Cdt) . . . . A 2
Castelnau (Av. Gén.-de) . . . . . A 4
Coquatrix (Pl. B.) . . . . A 5
Hastings (R. d') . . . . B 6
Hippodrome (Av. de l') . . . . . . A 7
Leclerc (Av. du Gén.) . . . . A 8
Manneville (R. Gaston) . . . . . . B 9
Mermoz (Av. Jean) . . . . A 12
Mer (Av. de la) . . . . A
Prempain (Av. A.) . . . . A 3
Prés. R.-Poincaré (Av. du) . . . . A 13
République (Av. de la) . . . . . . A 14
République (Pl. de la) . . . . B 18
Roi-Albert-1er (Av. du) . . . . . . B 16

Grand Hôtel
prom. M.-Proust – ✆ 02 31 91 01 79 – www.mgallery.com **As**
68 ch – 🚹175/390 € 🚹🚹175/390 € – 2 suites – ☕ 23 € – ½ P 185 €
Rest – Menu 39/49 € – Carte 45/60 €
◆ Palace du front de mer hanté par le souvenir de Marcel Proust : sa chambre attitrée est reconstituée à l'identique. Dans un décor cosy et feutré, on ne voit guère le temps passer... Cuisine traditionnelle au restaurant, façon brasserie chic ; belle vue sur le large.

Mercure Hippodrome
rest, ch, rest, VISA
av. M.-d'Ornano, par av. Hippodrome A – ✆ 02 31 24 04 04 – www.hotel-cabourg-hippodrome.com
75 ch – 🚹118/155 € 🚹🚹118/155 € – ☕ 14 €
Rest – *(ouvert 1er avril-30 nov. et fermé dim. et lundi sauf juil.-août)* Menu 20 €
◆ Deux bâtiments récents d'allure normande jouxtant l'hippodrome. Chambres aménagées dans un style contemporain et pratique. Chaleureuse et agréable salle à manger profitant d'une belle vue sur le champ de courses.

Du Golf
av. M.-d'Ornano, par av. Hippodrome A – ✆ 02 31 24 12 34 – www.hotel-du-golf-cabourg.com – Ouvert 16 mars-15 nov.
39 ch – 🚹62/80 € 🚹🚹62/80 € – ☕ 8,50 € – ½ P 58/68 €
Rest – *(fermé le midi du 15 mars au 30 avril, du 15 sept. au 15 nov. et vend.)* Menu 17 € (déj.)/25 € – Carte 30/49 €
◆ Cet établissement de type motel, situé en bordure du golf, abrite des chambres simples et fonctionnelles, de plain-pied avec le jardin ou la terrasse. La salle à manger, confortable et sobrement contemporaine, est tournée vers les greens.

Castel Fleuri sans rest
4 av. Alfred Piat – ✆ 02 31 91 27 57 – www.castel-fleuri.com – Fermé 5-24 janv. **Ab**
22 ch ☕ – 🚹75/80 € 🚹🚹80/90 €
◆ Maison de maître de 1920 précédée d'un joli jardin où l'on sert le petit-déjeuner dès les premiers beaux jours. Chambres coquettes et fraîches. Accueil aimable et souriant.

Le Cottage sans rest
24 av. du Gén.-Leclerc – ✆ 02 31 91 65 61 – www.hotel-cottage-cabourg.com – Fermé 8-31 janv. **Ae**
14 ch – 🚹49/59 € 🚹🚹63/73 € – ☕ 10 €
◆ Atmosphère de maison d'hôtes en ce cottage des années 1900 devancé par un jardinet. Les chambres, simples mais régulièrement rafraîchies, offrent toutes un décor différent.

Le Baligan
8 av. Alfred-Piat – ✆ 02 31 24 10 92 – www.lebaligan.fr – Fermé 5 déc.-2 janv. et merc. sauf feriés **At**
Rest – Menu 17 € (déj. en sem.), 27/50 € – Carte 24/68 €
◆ Dans ce bistrot au décor très marin (cannes à pêche, lithographies, fresque), on vous propose les produits de la criée locale ; fraîcheur garantie ! Terrasse d'été sur rue.

à Dives-sur-Mer Sud du plan – 5 864 h. – alt. 3 m – ✉ 14160

Village Guillaume-le-Conquérant, 2 rue d'Hastings ✆ 02 31 91 24 66
Halles★.

Chez le Bougnat
27 r. G.-Manneville – ✆ 02 31 91 06 13 – www.chezlebougnat.fr – Fermé 1 sem. en oct., 18 déc.-5 janv. et le soir du dim. au merc. sauf vacances scolaires **Bu**
Rest – Menu 16 € (déj. en sem.), 26/28 € – Carte 30/50 €
◆ Ancienne quincaillerie transformée en bistrot convivial. Murs tapissés de vieilles affiches et étonnant bric-à-brac d'objets chinés en guise de décor. Carte selon le marché.

au Hôme 2 km par ⑤ – ✉ 14390

Mairie ✆ 02 31 24 73 83

Au Pied des Marais VISA AE

26 av. du Prés.-Coty – ✆ 02 31 91 27 55 – Fermé 21 juin-30 juil., 13-27 déc., 24 janv.-9 fév., mardi et merc. sauf le soir en juil.-août

Rest – Menu 18 € (déj. en sem.), 32/52 € – Carte 40/75 €

◆ Plats traditionnels, spécialités (dont les fameux pieds de cochon) et grillades cuites au feu de bois, à apprécier dans un cadre rustique agrémenté de touches actuelles.

CABRIÈRES – 30 Gard – **339** L5 – **1 284 h.** – **alt. 120 m** – ✉ **30210** **23** D2

Paris 695 – Alès 64 – Arles 40 – Avignon 33

L'Enclos des Lauriers Roses AC ch, VISA AE

71 r. du 14-Juillet – ✆ 04 66 75 25 42 – www.hotel-lauriersroses.com – Ouvert 18 mars-6 nov.

20 ch – 80/115 € 80/115 € – 2 suites – 15 € – ½ P 70/100 €

Rest – Menu 23/43 € – Carte 37/57 €

◆ Des maisons gardoises dans un joli jardin planté de lauriers roses, quatre piscines, des chambres d'esprit provençal (la plupart avec terrasse) : un enclos bien agréable ! Au restaurant, le décor et les saveurs ont l'accent chantant du Sud.

CABRIÈRES-D'AVIGNON – 84 Vaucluse – **332** D10 – **1 705 h.** – **alt. 167 m** – ✉ **84220** Provence **42** E1

Paris 715 – Aix-en-Provence 74 – Avignon 34 – Marseille 88

La Bastide de Voulonne rest, P VISA

2133 rte des Beaumettes, 2,5 km au Sud-Ouest par D 148 – ✆ 04 90 76 77 55 – www.bastide-voulonne.com – Ouvert de mi-fév. à mi-nov.

13 ch – 95/150 € 95/150 € – 12 € – ½ P 86/112 €

Rest – *(fermé dim. sauf de juin à sept.) (dîner seult) (résidents seult)* Menu 32 €

◆ Au milieu des vignes et des arbres fruitiers, une ravissante bastide de 1764. Chambres coquettes et soignées, possibilité de séjours à thèmes (huile d'olive, truffes...). Le soir, les produits du terroir sont à la fête avec le menu unique de la table d'hôte.

CABRIÈS – 13 Bouches-du-Rhône – **340** H5 – **8 362 h.** – **alt. 177 m** – ✉ **13480** **40** B3

Paris 773 – Avignon 100 – Marseille 21 – Toulon 86

avenue René Cassin - Trébillane ✆ 04 42 69 05 48

La Bastide de Cabriès avec ch rest, AC P

r. du Lac – ✆ 04 42 69 07 81 – www.bastidecabries.com VISA AE

12 ch – 98/120 € 113/140 € – 13 €

Rest – *(fermé 1er-10 août, dim. sauf le midi en saison et sam. midi)* Menu 30 € (sem.)/80 € – Carte 65/95 €

◆ À l'ombre des platanes ou dans la salle aux tons chocolat et pistache, on goûte une belle cuisine actuelle, toute en textures et en parfums. Carte des vins orientée plein Sud. Chambres thématiques (écologique, provençale...) dans une bastide au calme.

CABRIS – 06 Alpes-Maritimes – **341** C6 – **rattaché à Grasse**

CADEROUSSE – 84 Vaucluse – **332** B9 – **rattaché à Orange**

LA CADIÈRE-D'AZUR – 83 Var – **340** J6 – **5 039 h.** – **alt. 144 m** – ✉ **83740** Côte d'Azur **40** B3

Paris 815 – Aix-en-Provence 66 – Brignoles 53 – Marseille 45

place Général-de-Gaulle ✆ 04 94 90 12 56

<★ - Le Castelet : Village★ NE : 4 km.

Hostellerie Bérard (Jean-François Bérard)
av. Gabriel-Péri – 04 94 90 11 43 – www.hotel-berard.com – Fermé 3 janv.-10 fév.
35 ch – 99/189 € 99/189 € – 2 suites – 21 € – ½ P 142/188 €
Rest – *(fermé mardi sauf le soir du 15 juin au 30 sept. et lundi)* Menu 44 € (sem.)/149 € – Carte 87/115 €
Spéc. Rouget de pays, supion et risotto à l'encre de seiche (été). Poulette de Bresse rôtie à la broche, fourrée sous la peau à la brousse d'herbes. Figue de Solliès gratinée au miel de romarin, sablé aux épices (été). **Vins** Bandol.
Rest *Le Bistrot de Jef* – *(fermé jeudi sauf le soir du 1er juil. au 1er sept. et merc.)* (20 €) Menu 29 € – Carte 42/58 €
◆ Cette hôtellerie familiale, composée de maisons de caractère dont un couvent du 11e s., abrite de belles chambres provençales. Superbe spa d'inspiration gallo-romaine. Restaurant tourné vers le vignoble de Bandol, jolie terrasse et savoureuse cuisine actuelle. Le Bistrot de Jef est idéal pour manger sur le pouce.

CADILLAC – 33 Gironde – **335** J7 – **2 427 h.** – **alt. 16 m** – ✉ **33410** **3** B2
Aquitaine

Paris 607 – Bordeaux 41 – Langon 12 – Libourne 40
9, place de la Libération 05 56 62 12 92

Du Château de la Tour ch,
av. de la libération, (D 10) – 05 56 76 92 00 – www.hotel-restaurant-chateaudelatour.com
32 ch – 75/200 € 90/230 € – 11 €
Rest – *(fermé dim. soir de nov. à fév.)* (15 €) Menu 28/49 € – Carte 40/49 €
◆ Bâti dans l'ancien potager du château des ducs d'Épernon, l'hôtel refait par étapes abrite des chambres contemporaines. Parc bordé d'une rivière, sauna. Au restaurant, belle charpente et terrasse ; la cuisine est actuelle, à base de produits du terroir.

CAENP – 14 Calvados – **303** J4 – **110 399 h.** – **Agglo. 199 490 h.** **32** B2
– **alt. 25 m** – ✉ **14000** Normandie Cotentin

Paris 236 – Alençon 105 – Cherbourg 125 – Le Havre 91
de Caen-Carpiquet : 02 31 71 20 10, 7 km par D 9.
Hotel d'Escoville - 12, place Saint-Pierre 02 31 27 14 14
de Caen à Biéville-Beuville Le Vallon, N : 5 km par D 60, 02 31 94 72 09
de Garcelles à Garcelles-Secqueville Route de Lorguichon, par rte de Falaise : 15 km, 02 31 39 09 09
Abbaye aux Hommes★★ : église St-Etienne★★ - Abbaye aux Dames★ : église de la Trinité★★ - Chevet★★, frise★★ et voûtes★★ de l'église St-Pierre★ - Église et cimetière St-Nicolas★ - Tour-lanterne★ de l'église St-Jean EZ - Hôtel d'Escoville★ DY **B** - Vieilles maisons★ (n° 52 et 54 rue St-Pierre) DY **K** - Musée des Beaux-Arts★★ dans le château★ DX **M¹** - Mémorial★★★ AV - Musée de Normandie★ DX **M²**.

Plans pages 367, 368, 369

Le Dauphin ch,
29 r. Gémare – 02 31 86 22 26 – www.le-dauphin-normandie.com
37 ch – 75/185 € 85/200 € – 13 € – ½ P 65/140 € DYa
Rest – *(fermé 18 juil.-7 août, sam. midi et dim.)* (18 €) Menu 23/60 € – Carte 50/80 €
◆ Ancien prieuré proche des murailles du château. Chambres personnalisées, parfois agrémentées de poutres patinées et de meubles de style. Agréable salle à manger cossue ; cuisine traditionnelle aux accents du terroir. Salon-bar attenant.

Moderne sans rest
116 bd Mar.-Leclerc – 02 31 86 04 23 – www.hotel-caen.com DYd
40 ch – 95/145 € 120/220 €
◆ Discrète construction d'après-guerre aux chambres régulièrement rafraîchies. Au 5e étage, la salle des petits-déjeuners offre une vue sur les toits de la ville.

Mercure Port de Plaisance sans rest
1 r. Courtonne – ✆ 02 31 47 24 24 – www.mercure.com
126 ch – 100/220 € 120/220 € – 4 suites – 15 € EYb
◆ Hôtel de chaîne face au port de plaisance. Le hall expose des tableaux d'artistes locaux. Chambres de bonne ampleur, progressivement rajeunies dans un style plus actuel.

Des Quatrans sans rest
17 r. Gemare – ✆ 02 31 86 25 57 – www.hotel-des-quatrans.com – Fermé 24 déc.-2 janv. DYp
47 ch – 60/80 € 65/80 € – 9 €
◆ Au cœur du centre-ville, près du château, hôtel vous accueillant dans un salon-bar cosy. Chambres chaleureuses et propres, régulièrement rénovées (plus calmes sur l'arrière).

Du Château sans rest
5 av. du 6-Juin – ✆ 02 31 86 15 37 – www.hotel-chateau-caen.com
24 ch – 50/60 € 60/70 € – 8 € EYn
◆ Entre le port de plaisance et le château, adresse sympathique profitant d'un emplacement de choix. Chambres assez petites et sobrement décorées dans des coloris pastel.

Du Havre sans rest
11 r. du Havre – ✆ 02 31 86 19 80 – www.hotelduhavre.com – Fermé 15 déc.-2 janv.
19 ch – 52 € 62 € – 7 € EZv
◆ Cet hôtel familial, régulièrement rafraîchi, propose des chambres sans luxe mais pratiques, très tranquilles côté église. Tenue scrupuleuse et prix doux. Accueil aimable.

Bristol sans rest
31 r. du 11-Novembre – ✆ 02 31 84 59 76 – www.hotelbristolcaen.com
24 ch – 60/65 € 80/95 € – 9 € EZs
◆ Cet édifice de 1955 proche de l'hippodrome et de la gare abrite des chambres bien tenues, bénéficiant toutes d'un double vitrage. Petit-déjeuner sous forme de buffet.

De France sans rest
10 r. de la Gare – ✆ 02 31 52 16 99 – www.hoteldefrance-caen.com
47 ch – 66/93 € 66/93 € – 9 € EZe
◆ À deux pas de la gare, établissement rénové doté de chambres d'ampleur moyenne, simples et nettes (bonne literie, mobilier en bois plaqué et double vitrage).

Ivan Vautier avec ch
3 av. Henry Chéron – ✆ 02 31 73 32 71 – www.ivanvautier.com AVv
19 ch – 108 € 155 € – 15 €
Rest – *(fermé dim. soir et lundi)* Menu 27 € (déj. en sem.), 48/80 € – Carte 65/90 €
Spéc. Tartare de grosses langoustines mi-cuites mi-crues, saveurs du voyage. Pavé de bar rôti sur peau, purée de cocos de Paimpol, bouillon de coquillages. Mille-feuillle "haut comme un gratte ciel".
◆ Limpidité, précision, maîtrise : dans ce Pressoir, les assiettes ont du style, et ce sans sacrifier la nature et la saveur des produits, au contraire ! Sobre décor contemporain. Les chambres, créées en 2009, sont assez spacieuses et tout aussi épurées.

Stéphane Carbone - Restaurant Incognito
14 r. de la Courtonne – ✆ 02 31 28 36 60 – www.stephanecarbone.fr – Fermé le midi du 8 au 21 août, sam. midi et dim.
Rest – (27 €) Menu 35/79 € – Carte 55/90 € EYu
Spéc. Raviole de langoustine aux petits légumes (avril à oct.). Ris de veau doré au jus gras, émincé de pois gourmands au sésame. Entremets au chocolat mangaro.
Vins Vin de pays du Calvados.
◆ Restaurant contemporain près du bassin St-Pierre : cuisines ouvertes sur la salle. Le chef signe des plats épurés, précis dans les cuissons et les harmonies de saveurs.

ArchiDona
9 r. Gémare – ✆ 02 31 85 30 30 – www.archidona.fr – Fermé dim. et lundi
Rest – (14 €) Menu 18 € (déj.), 25/46 € – Carte 25/46 € DYh
◆ L'Archidona – nom d'un village andalou – est situé près du château. Cadre contemporain sobre et épuré, lumières tamisées au dîner, cuisine dans l'air du temps.

CAEN

Baladas (Bd des). . . . . AV 6
Chemin-vert (R. du) . . . . AV 19
Chéron (Av. Henri) . . . . AV 20
Clemenceau (Av. G.) . . . . . . BV 22
Copernic (Av. N.) . . . . ABV 23
Côte-de-Nacre (Av. de la). . . AV 24
Courseulles (Av. de) . . . . AV 25
Délivrande (R. de la) . . . . AV 29
Demi-Lune (Pl. de la) . . . . . . BV 30
Lyautey (Bd Mar.). . . . . AV 53
Montalivet (Cours) . . . . BV 59
Montgomery (Av. Mar.) . . . . AV 60
Mountbatten (Av. Am.) . . . . . AV 62
Pasteur (R. L.) . . . . BV 63
Père-Ch.-de-Foucault (Av.) . . AV 64
Poincaré (Bd R.) . . . . BV 66
Pompidou (Bd G.) . . . . AV 67
Rethel (Bd de). . . . . BV 70
Richemond (Bd) . . . . AV 71
Rouen (Av. de) . . . . BV 95
Trouville (Rte de). . . . . BV 84

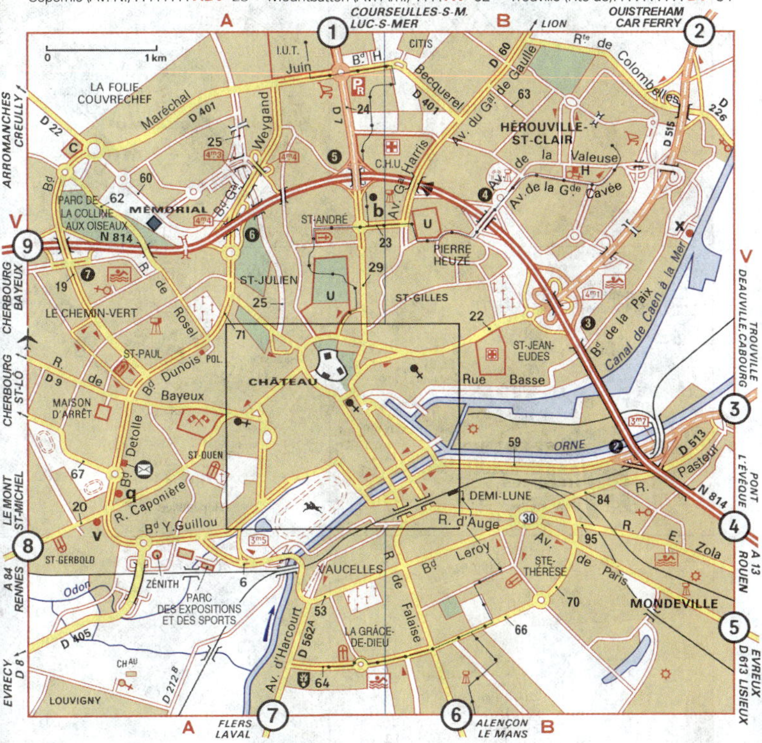

Villa Eugène

75 bd André-Detolle – ✆ 02 31 75 12 12 – www.villa-eugene.fr – Fermé 1er-15 août, 1 sem. en fév., sam. midi, dim. et fériés AV**q**

Rest – (16 €) Menu 21 € (déj.) – Carte 30/40 €

◆ Ce nouveau restaurant plaît grâce à son décor plutôt branché aux tons prune et sa terrasse verdoyante protégée de la rue par des arbustes. Cuisine actuelle, bon choix de vins.

Le Carlotta

16 quai Vendeuvre – ✆ 02 31 86 68 99 – www.lecarlotta.fr – Fermé dim. EY**m**

Rest – Menu 24 € (sem.), 28/37 € – Carte 30/50 €

◆ Grande brasserie d'inspiration Art déco fréquentée pour son atmosphère animée et sa cuisine typique du genre, enrichie de plats de poissons. Véranda ouverte, l'été, sur le port.

Café Mancel

au Château – ✆ 02 31 86 63 64 – www.cafemancel.com – Fermé vacances de fév., dim. soir et lundi DX**t**

Rest – (15 €) Menu 21/31 € – Carte 26/42 €

◆ Discret car situé dans le château, le Café du musée des Beaux-Arts mérite le détour : sobre cadre contemporain, terrasse, soirées musicales et surtout appétissante cuisine actuelle.

Pain et Beurre A/C VISA MC

46 r. Guillaume-le-Conquérant – ✆ 02 31 86 04 57 – Fermé 1er-23 août, sam. midi, dim. soir et lundi CYr

Rest – (15 €) Menu 18 € (déj. en sem.)/30 €

◆ Près de l'église Saint-Étienne et de l'abbaye aux Hommes, cette maison sur trois niveaux a revu son cadre d'origine dans un esprit épuré. Carte fusion à base de produits de saison.

CAEN

Académie (R. de l') . . . . CY 2
Alliés (Bd des). . . . . DY 3
Bagatelle (Av. de) . . . . CX 4
Barbey-d'Aurevilly (R.) . . . . . . CX 7
Bayeux (R. de) . . . . CX 8
Bir-Hakeim (Pont de). . . . . EZ 9
Brunet (R. H.) . . . . EYZ 10
Caponière (R.) . . . . CY 12
Carrières-St-Julien (R. des) . CDX 13
Caumont (R. A. de). . . . . CY 15
Chanoine X. de St-Paul (R.). CDX 16
Chaussée-Ferrée (R. de la) . . . EZ 18
Churchill (Pont) . . . . EZ 21
Courtonne (Pl.) . . . . EY 26
Creully (Av. de) . . . . CX 27
Decaen (R. Gén.). . . . . EZ 28
Délivrande (R. de la) . . . . DX 29
Docteur-Rayer (R.) . . . . CX 32
Doumer (R. Paul) . . . . DY 33
Écuyère (R.) . . . . CY
Édimbourg (Av. d') . . . . DX 35
Falaise (R. de) . . . . EZ 38
Foch (Pl. Mar.). . . . . DZ 39
Fontette (Pl.) . . . . CY 40
Froide (R.) . . . . DY 42
Fromages (R. aux) . . . . CY 43
Guillaume-le-Conquérant (R.). CY 45
Guillouard (Pl. L.). . . . . CY 46
Juifs (R. aux) . . . . CX 47
Lair (R. P.-A.). . . . . DY 49
Lebisey (R. de) . . . . EX 50
Lebret (R. G.). . . . . DYZ 51
Leclerc (Bd Mar.). . . . . DYZ
Libération (Av. de la) . . . . . . DXY 52
Malherbe (Pl.). . . . . CDY 54
Manissier (R.) . . . . EX 55
Marot (R. J.) . . . . CY 56
Meslin (Q. E.) . . . . EZ 57
Miséricorde (R. de la). . . . . . EYZ 58
Montalivet (Cours) . . . . EZ 59
Montoir-Poissonnerie (R.) . . . DY 61
Pémagnie (R.). . . . . CX 63
Petit-Vallerent (Bd du). . . . . . . CZ 65
Pont-St-Jacques (R. du) . . . . . DY 68
Reine-Mathilde (Pl.) . . . . EX 69
Sadi-Carnot (R.). . . . . DZ 72
St-Gabriel (R.) . . . . CX 74
St-Jean (R.) . . . . DEYZ
St-Manvieu (R.) . . . . CY 75
St-Michel (R.). . . . . EZ 77
St-Nicolas (R.) . . . . CY 78
St-Pierre (Pl.) . . . . DY 80
St-Pierre (R.) . . . . DY
Sévigné (Prom. de) . . . . EZ 81
Strasbourg (R. de) . . . . DY 83
Vaucelles (R. de) . . . . EZ 85
Vaugueux (R. du) . . . . DX 86
6-Juin (Av. du) . . . . DEYZ
11-Novembre (R. du) . . . . . . DEZ 90

Le Bouchon du Vaugueux

12 r. Graindorge – ✆ 02 31 44 26 26
– Fermé dim. et lundi DYg
Rest – *(prévenir)* (13 €) Menu 18 € (déj. en sem.)/26 €
◆ Sous ses airs simples, ce sympathique bistrot au style bouchon vous régale de plats actuels, sensibles aux saisons. Sélection de vins de petits producteurs à l'ardoise.

à l'échangeur Caen-Université (bretelle du bd périphérique, sortie n° 5) – ✉ 14000 Caen

Novotel Côte de Nacre
av. de la Côte-de-Nacre – ☎ 02 31 43 42 00 – www.novotel.com AV**b**
126 ch – †101/141 € ††101/141 € – ☕ 14 € **Rest** – (12 €) Carte 16/32 €
◆ Proche d'axes routiers importants, cet hôtel met à disposition de ses clients des chambres rénovées en majorité selon les dernières normes de la chaîne. Au restaurant, formule Novotel Café dans un cadre épuré, ouvert sur la piscine. Sympathique salon-bar.

à Hérouville St-Clair 3 km au Nord-Est – 22 766 h. – alt. 20 m – ✉ 14200

L'Espérance
512 r. Abbé-Alix, (au bord du canal) – ☎ 02 31 44 97 10 – www.restaurant-esperance.com – Fermé 16 août-2 sept., 4-20 janv., dim. soir et lundi
Rest – (14 €) Menu 20 € (déj. en sem.), 26/34 € – Carte environ 43 € BV**x**
◆ Dans ce restaurant qui jouit d'un cadre agréable (vue sur le canal reliant Caen à la mer), on sert une cuisine d'inspiration traditionnelle. Salle au décor contemporain.

à Bénouville 10 km par ② – 1 931 h. – alt. 8 m – ✉ 14970

Château★ : escalier d'honneur★★ - Pegasus Bridge★.

La Glycine rest,
11 pl. Commando-n° 4, (face à l'église) – ☎ 02 31 44 61 94 – www.la-glycine.com – Fermé 15 déc.-4 janv.
35 ch – †58/59 € ††68 € – ☕ 8,50 € – ½ P 68 €
Rest – *(fermé dim. soir d'oct. à avril)* Menu 20 € (sem.), 28/55 € – Carte 34/68 €
◆ Le fameux Pegasus Bridge disputé lors du "D Day" est proche de ces deux maisons reliées par un patio fleuri. Les chambres récentes de l'annexe sont plus modernes et épurées. Cuisine traditionnelle servie dans un cadre contemporain.

Le Manoir d'Hastings et la Pommeraie avec ch
18 av. Côte-de-Nacre, (près de l'église) – ☎ 02 31 44 62 43 – www.manoirhastings.com
15 ch – †75/90 € ††90/120 € – ☕ 10 € – ½ P 80/90 €
Rest – Menu 25 € (déj. en sem.), 35 € bc/48 € bc – Carte environ 53 €
◆ Salle à manger rustique, véranda et coquettes chambres côté prieuré (17e s.), aménagements plus fonctionnels dans le bâtiment récent. Cuisine traditionnelle. Jardin arboré.

à Fleury-sur-Orne 4 km par ⑦ – 4 039 h. – alt. 33 m – ✉ 14123

Auberge de l'Île Enchantée
1 r. St-André, (au bord de l'Orne) – ☎ 02 31 52 15 52 – www.aubergelileenchantee.com – Fermé 4-14 août, mardi soir hors saison, merc. soir, dim. soir et lundi
Rest – (19 €) Menu 23/42 € – Carte 40/64 €
◆ Cet ancien bar de pêcheurs dans les années 1930 est devenu une auberge à colombages, tapissée en partie de vigne vierge. Les salles campagnardes donnent sur l'Orne. Plats actuels.

CAGNES-SUR-MER – 06 Alpes-Maritimes – 341 D6 – 48 313 h. – alt. 20 m – Casino – ✉ 06800 Côte d'Azur 42 E2

Paris 915 – Antibes 11 – Cannes 21 – Grasse 25

6, boulevard Maréchal Juin ☎ 04 93 20 61 64

Haut-de-Cagnes★ - Château-musée★ : patio★★, ☼★ de la tour - Musée Renoir.

Domaine Cocagne
30 chemin du Pain de Sucre, colline de la rte de Vence, 2 km par ①, D 36 et rte secondaire – ☎ 04 92 13 57 77 – www.domainecocagne.com – Ouvert 8 mars-6 nov. et fermé dim. et lundi
21 ch ☕ – †100/270 € ††100/270 € – 9 suites – ½ P 80/165 €
Rest – *(fermé dim. soir, lundi et mardi)* (28 €) Menu 35/50 € – Carte 40/65 €
◆ Dans un cadre idyllique (fleurs, palmiers), luxueuses chambres avec balcon ou terrasse, décor contemporain épuré signé Jan des Bouvrie et expositions de peintures. Brasserie au cadre tendance servant une cuisine au goût du jour.

CAGNES-VILLE

Béranger (R. Gén.) .... BZ 3
Chevalier-Martin (R.) .... BZ 6
Gaulle (Pl. Gén.-de) .... BZ 15
Giacosa (R. J.-R.) .... BZ 17
Hôtel-des-Postes (Av. de l') .... BZ 19
Hôtel-de-Ville (Av. de l') .... BZ 20
Mistral (Av. F.) .... BZ 24
Renoir (Av. A.) .... BZ

CROS-DE-CAGNES

Jean-Jaurès (Av.) .... BX 22
Leclerc (Av. Gén.) .... BX 23
Nice (Av. de) .... BX 25
Oliviers (Av. des) .... BX 26
Serre (Av. de la) .... BX 36

HAUT-DE-CAGNES

Château (Montée du) .... AZ 4
Clergue (R. Denis J.) .... AZ 7
Dr-Maurel (Pl. du) .... AZ 8
Dr-Provençal (R. du) .... AZ 10
Geniaux (R. Ch.) .... AZ 16
Grimaldi (Pl.) .... AZ 18
Paissoubran (R.) .... AZ 27
Piolet (R. du) .... AZ 28
Planastel (R. du) .... BX 29
Pontis-Long (R. du) .... AZ 30
St-Sébastien (R.) .... AZ 33
Sous-Baous (Montée) .... AZ 37

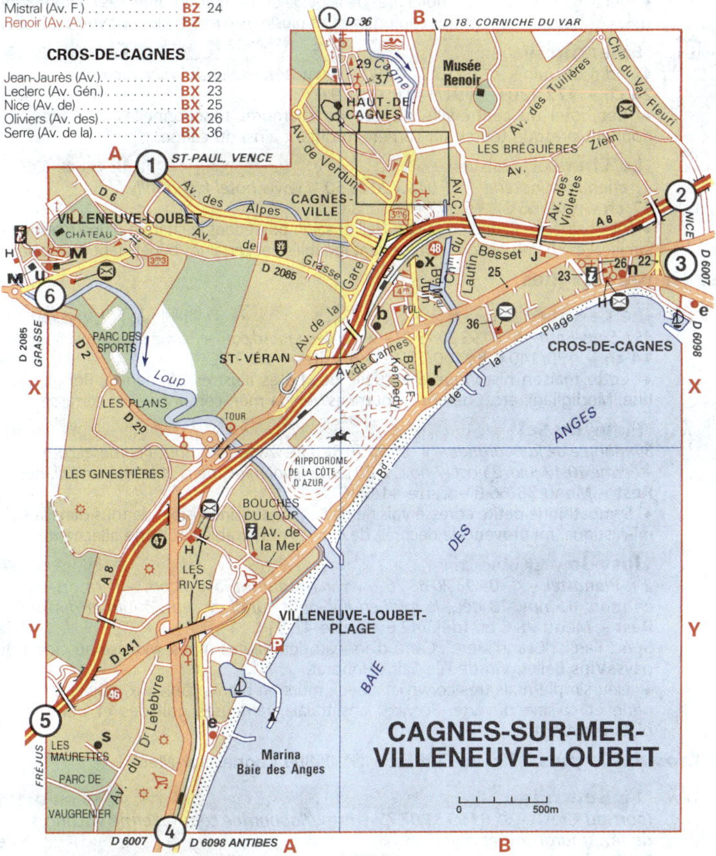

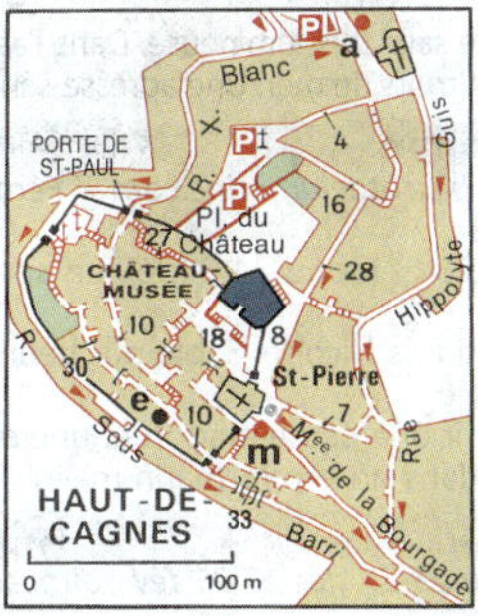

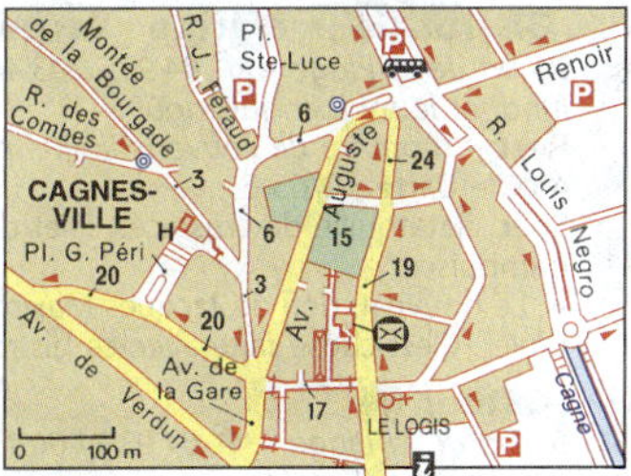

Tiercé sans rest
33 bd Kennedy – ✆ 04 93 20 02 09 – www.tiercehotel.com – Fermé nov.
23 ch – †75/90 € ††85/161 € – ☕ 10 € BX**r**
◆ Tiercé gagnant pour cet hôtel près de la plage et de l'hippodrome. Les chambres, de style contemporain, sont très confortables, et plusieurs d'entre elles ont vue sur la mer.

Splendid sans rest
41 bd Mar.-Juin – ✆ 04 93 22 02 00 – www.hotel-splendid-riviera.com
26 ch – †72/130 € ††91/140 € – ☕ 9 € BX**x**
◆ Cet hôtel du centre-ville dispose de chambres fonctionnelles et claires, qui donnent presque toutes sur l'arrière, profitant ainsi du calme.

Le Chantilly sans rest
31 chemin Minoterie – ✆ 04 93 20 25 50 – www.hotel-lechantilly.fr BX**b**
17 ch – †60/66 € ††68/77 € – ☕ 8 €
◆ Villa balnéaire fleurie en saison. Hall et salon possèdent le charme d'une maison de famille. Les chambres sont diversement meublées et certaines bénéficient d'un balcon.

au Haut-de-Cagnes

Le Cagnard sans rest
45 r. Sous-Barri – ✆ 04 93 20 73 21 – www.le-cagnard.com – Fermé de mi-nov. à mi-déc.
14 ch – †85/140 € ††100/250 € – 6 suites – ☕ 16 € AZ**e**
◆ Cette maison historique a accueilli des hôtes illustres : Simenon, Renoir, Soutine, Modigliani, etc. Chambres tournées vers la mer, certaines avec terrasse.

Fleur de Sel
85 montée de la Bourgade – ✆ 04 93 20 33 33 – www.restaurant-fleurdesel.com – Fermé 10-17 juin, 25 oct.-7 nov., 6-20 janv., jeudi midi, merc. et le midi en juil.-août
Rest – Menu 33/66 € – Carte 44/65 € AZ**m**
◆ Sympathique petite adresse voisine de l'église. Cuisine visible de tous dans la salle mi-rustique, mi-provençale décorée de cuivres et de tableaux. Carte alléchante.

Josy-Jo (Josy Bandecchi)
2 r. Planastel – ✆ 04 93 20 68 76 – www.restaurant-josyjo.com – Fermé 1 sem. en mars, 15 nov.-13 déc., le midi en juil.-août, lundi de sept. à juin et dim.
Rest – Menu 28 € bc (déj.)/42 € – Carte 42/91 € AZ**a**
Spéc. Farcis "Grand'Mère". Carré d'agneau des Hautes-Alpes. Mousse au citron du pays. **Vins** Bellet, Vin de l'Île Saint Honorat.
◆ Lieu simple mais très convivial : vieux murs en pierre, tableaux, objets en ferronerie et cuisine ouverte. Service sans tralala, fameuses grillades et bons petits plats provençaux.

à Cros-de-Cagnes 2 km au Sud-Est – ✉ 06800 Cagnes-sur-Mer

La Bourride
(port du Cros) – ✆ 04 93 31 07 75 – http://labourride.com – Fermé vacances de fév., mardi soir et merc. BX**e**
Rest – Menu 40/80 € – Carte 55/75 €
◆ Nouvelle décoration contemporaine dans cette salle très lumineuse. Dans l'assiette, produits du marché avec, à l'honneur, poissons et fruits de mer. Une adresse sérieuse.

Bistrot de la Marine - Jacques Maximin
96 bd de la Plage – ✆ 04 93 26 43 46 – www.bistrotdelamarine.com – Fermé lundi et le midi en juil.-août BX**n**
Rest – *(nombre de couverts limité, prévenir)* (25 €) Menu 34 € (déj. en sem.)/ 43 € – Carte 40/65 €
Spéc. Ratatouille de crustacés. Filet de loup rôti à la Niçoise. Sablé pur beurre aux framboises.
◆ Le nouveau défi de Jacques Maximim : "ouvrir une petite maison et une grande table". C'est chose faite avec ce bistrot pensé dans un esprit "marin-malin" !

Catherine
91 bd de la Plage – ✆ 04 93 31 00 17 – Fermé 23-27 déc., 7-21 fév., dim. soir et lundi sauf juil.-août BX
Rest – Menu 25 € (déj. en sem.)/39 € – Carte 60/130 €
◆ Ancien nez dans le parfum, la propriétaire soigne l'alliance des arômes ! Fraîchement débarqué des petits pointus locaux, le poisson embaume. Terrasse en bord de plage.

CAHORS P – 46 Lot – 337 E5 – 20 062 h. – alt. 135 m – ✉ 46000 28 B1

Périgord Quercy

Paris 575 – Agen 85 – Albi 110 – Brive-la-Gaillarde 98

place François Mitterrand ✆ 05 65 53 20 65

Pont Valentré★★ - Portail Nord★★ et cloître★ de la cathédrale St-Etienne ★BY E - ≤★ du pont Cabessut - Croix de Magne ≤★ O : 5 km par D 27 - Barbacane et tour St-Jean★ - ≤★ du nord de la ville.

Plan page suivante

Terminus

5 av. Ch.-de-Freycinet – ✆ 05 65 53 32 00 – www.balandre.com – Fermé 15-30 nov.

22 ch – 60/160 € 70/160 € – 12 € AY**s**

Rest *Le Balandre* – voir ci-après

◆ C'est au Terminus que tout le monde descend ! Les atouts de cette demeure bourgeoise des années 1910 : de grandes chambres nettes et insonorisées et un bar Art déco.

Jean XXII sans rest

2 r. E. Albe – ✆ 05 65 35 07 66 – www.hotel-jeanxxii.com – Fermé dim. d'oct. à mai

9 ch – 50 € 60 € – 7 € BY**v**

◆ Voici un point de chute pratique et calme, au pied de la tour Jean XXII. Les murs de ce palais, édifié par la famille du pontife, abritent des chambres au cachet agréable.

Le Balandre – Hôtel Terminus

5 av. Ch.-de-Freycinet – ✆ 05 65 53 32 00 – www.balandre.com – Fermé 15-30 nov., dim. sauf fériés et lundi AY**s**

Rest – (18 €) Menu 36 € (dîner), 75 € – Carte 30/60 €

◆ Le chef invente une cuisine aux saveurs actuelles, à déguster dans une élégante salle égayée de vitraux. En prime : une superbe sélection de vins et un menu plus simple le midi.

L'Ô à la Bouche

134 r. Ste-Urcisse, (transfert prévu au 56 allées Fénelon) – ✆ 05 65 35 65 69 – Fermé vacances de Pâques et de la Toussaint, dim. et lundi BZ**a**

Rest – (19 € bc) Menu 27 € bc/40 € – Carte environ 30 €

◆ Des plats dans l'air du temps... qui mettent l'eau à la bouche ! L'enseigne devrait quitter, au printemps 2011, ses vieux murs du centre-ville – en emportant leur âme, espérons-le.

Le Marché

27 pl. Chapou – ✆ 05 65 35 27 27 – www.restaurantlemarche.com – Fermé 1er-8 mai, 1er-15 nov., 21-28 fév., lundi sauf juil.-août et dim. BZ**d**

Rest – (14 €) Menu 33 €

◆ Adresse en vue, autant pour son cadre – une salle tout en longueur (banquettes beiges et prune, mur en ardoise) – que pour sa cuisine, tendance et inspirée.

Au Fil des Douceurs

90 quai de la Verrerie – ✆ 05 65 22 13 04 – Fermé 21 juin-5 juil., 2-18 janv., dim. et lundi BY**x**

Rest – Menu 14 € (déj. en sem.), 24/50 € – Carte 27/39 €

◆ Embarquement immédiat sur ce bateau qui offre une vue imprenable sur le Lot et le vieux Cahors. Cuisine traditionnelle proposée dans deux salles à manger superposées.

à Caillac 13 km par ①, rte de Bergerac et D145 – 563 h. – alt. 161 m – ✉ 46140

Le Vinois avec ch

Le bourg – ✆ 05 65 30 53 60 – www.levinois.com – Fermé 3-18 oct., 10 janv.-9 fév.

10 ch – 82/150 € 89/150 € – 14 € – ½ P 83/112 €

Rest – *(fermé lundi sauf le soir en juil.-août, dim. soir et mardi midi)* (15 €) Menu 35/69 € – Carte 45/64 €

◆ Au cœur du vignoble de Cahors, ne ratez pas cette étonnante auberge, agencée de manière ultramoderne, et sa goûteuse cuisine, actuelle et soignée. L'hôtel joue aussi la carte de la modernité dans les chambres, agréables et confortables.

Augustins (R. des)	AY	2
Badernes (R. des)	BZ	3
Blanqui (R.)	BZ	4
Bourthoumieux (R. P.)	AZ	5
Champollion (Quai)	BZ	8
Château-du-Roi (R. du)	BY	9
Clemenceau (R. G.)	BZ	10
Delmas (R. du Col.)	BZ	13
Dr-Bergounioux (R.)	BZ	14
Dr-J.-Ségala (R. du)	AY	15
Évêques (Côtes des)	AY	17
Foch (R. du Mar.)	BZ	18
Gambetta (Bd)	AY, BZ	
Gaulle (Pl. Ch.-de)	AY	21
Joffre (R. du Mar.)	BZ	23
Lastié (R.)	BZ	24
Marot (R. Clément)	BY	26
Mendès-France (R. P.)	AY	27
Mitterrand (Pl. F.)	BZ	30
Monzie (Av. A.-de)	BZ	31
Pelegry (R.)	BY	34
Portail-Alban (R. du)	BY	35
St-Barthélemy (R.)	BY	38
St-James (R.)	BZ	39
St-Priest (R.)	BZ	41
St-Urcisse (R.)	BZ	42
Vaxis (Cours)	BZ	44
Villars (R. René)	AY	46

à Mercuès 10 km par ① et D 811 – 1 056 h. – alt. 133 m – ✉ 46090

Château de Mercuès rest,

– ✆ 05 65 20 00 01 – www.chateaudemercues.com VISA

– *Ouvert de Pâques à la Toussaint*

24 ch – †190/220 € ††190/220 € – 6 suites – ☕ 22 € – ½ P 163/185 €

Rest – *(fermé lundi sauf le soir du 10 juil. au 20 août, mardi midi, merc. midi et jeudi midi)* Menu 65/120 € – Carte 74/139 €

Spéc. Minestrone de légumes au pistou, cromesquis de pied de veau. Côte de veau cuite en cocotte et purée de pommes "ratte" aux truffes (été). Pêche saturne, crémeux verveine et arlette croustillante (saison). **Vins** Cahors.

◆ Le designer François Champsaur a insufflé un style contemporain à ce château historique (13e s.), dont les points forts sont les majestueuses chambres et le beau panorama sur la vallée du Lot. Le chef concocte une cuisine inventive, au diapason du décor "griffé".

Le Mas Azemar
r. du Mas-de-Vinssou – ✆ 05 65 30 96 85 – www.masazemar.com
5 ch – 109 € 109 € **Table d'hôte** – Menu 34 € bc/42 € bc
◆ Les propriétaires de cette maison de maître du 18e s., ancienne dépendance du château de Mercuès, sont passionnés d'art et de mobilier ancien. Une belle atmosphère... Cuisine traditionnelle familiale dans un cadre chaleureux et rustique (poutres, murs en pierre, cheminée).

rte de Brive par ① et D 820 – ✉ 46000 Cahors

La Garenne
St-Henri, à 7 km – ✆ 05 65 35 40 67 – Fermé 6-13 juil., 16-23 nov., 1er fév.-2 mars, lundi soir, mardi soir et merc.
Rest – Menu 19 € (déj. en sem.), 29/55 € – Carte 37/76 €
◆ L'écurie d'une ferme, ou presque ! Dans cette atmosphère bucolique et rétro, la cuisine se fait tantôt classique, tantôt mâtinée de touches régionales.

à Lamagdelaine 7 km par ② – 762 h. – alt. 122 m – ✉ 46090

Marco (Richard Marco) avec ch
chemin des Écoles – ✆ 05 65 35 30 64 – www.restaurantmarco.com
– Fermé 17-27 oct., 3 janv.-4 mars, dim. soir du 15 sept. au 15 juin, mardi midi et lundi du 15 juin au 15 sept.
5 ch – 95/145 € 110/145 € – 12 €
Rest – Menu 30 € (sem.), 52/78 € – Carte 52/96 €
Spéc. Foie de canard à la braise, fond d'artichaut et cèpes, jus de truffe crémé. Suprême de colvert fourré à la datte et au foie gras (sept. à mai). Déclinaison tout chocolat. **Vins** Cahors.
◆ Monsieur Marco laisse la place à... Monsieur Marco ! Tel père, tel fils : dans cette maison, la cuisine est subtile, actuelle... Homard, turbot, foie gras : de bien belles saveurs pour un bien joli moment. Chambres soignées.

CAHUZAC-SUR-VÈRE – 81 Tarn – 338 D7 – 1 023 h. – alt. 240 m – ✉ 81140 — 29 C2

Paris 655 – Albi 28 – Gaillac 11 – Montauban 60
Place Hautpoul ✆ 05 63 33 68 91

Château de Salettes
3 km au Sud par D 922 – ✆ 05 63 33 60 60 – www.chateaudesalettes.com
– Fermé 2-16 janv. et 28 fév.-13 mars, dim. soir, lundi, mardi et merc. du 17 janv. au 23 avril
18 ch – 135/370 € 135/370 € – 20 €
Rest – *(fermé dim. soir et lundi en mai, lundi midi, mardi midi, merc. midi et jeudi midi de juin à sept.)* (27 € bc) Menu 39 € (sem.), 53/90 € – Carte 78/84 €
Spéc. Foie gras grillé, pomelos et fût de poireau, campari et soja. Langoustines vitreuses et raviolis de thé vert matcha, rave à la vanille, jus de coquillages. Croûte de dragées, chocolat ivoire, gelée de mara des bois, crème glacée verveine. **Vins** Gaillac.
◆ Au cœur des vignes, château du 13e s. entièrement rebâti. Belle décoration contemporaine et mobilier design, chambres spacieuses. La salle à manger au cadre épuré offre un bel écrin pour l'intéressante cuisine du chef. Dégustations des vins de la propriété.

La Falaise (Guillaume Salvan)
rte de Cordes – ✆ 05 63 33 96 31 – www.lafalaiserestaurant.com
– Fermé 1er-15 déc., dim. soir, mardi midi et lundi
Rest – (20 €) Menu 31/57 € – Carte 61/67 €
Spéc. Cannellonis de boudin noir et chair de tourteau (janv.-fév.). Filet d'anguille grillé à la mangue verte et sucs de piquillos (mars-avril). Framboises de pays à la guimauve grillée, agastache et sorbet à l'huile d'amandon (juil.-août). **Vins** Gaillac.
◆ À la sortie du village, une petite maison où le chef signe une séduisante cuisine riche en saveurs. Joli choix de vins du vignoble voisin de Gaillac. En été, terrasse dressée sous les saules.

à Donnazac **5 km au Nord-Est par D 922 et rte secondaire – 92 h. – alt. 291 m – ✉ 81170**

Les Vents Bleus sans rest
rte de Caussade – ✆ 05 63 56 86 11 – www.lesventsbleus.com – Ouvert 1er avril-31 oct.
5 ch ☕ – 🚹90 € 🚹🚹90/150 €
◆ Au cœur du vignoble de Gaillac, paisible demeure en pierre blanche (1844), flanquée d'un pigeonnier. Chambres raffinées et personnalisées dans l'ancien chai. Terrasse-patio.

CAILLAC – **46 Lot** – **337** E5 – **rattaché à Cahors**

CAIRANNE – **84 Vaucluse** – **332** C8 – **871 h.** – **alt. 136 m** – ✉ **84290** **40** A2

Paris 650 – Avignon 43 – Bollène 47 – Montélimar 51

Route de Sainte Cécile ✆ 04 90 30 76 53

Auberge Castel Miréïo ch,
rte de Carpentras par D 8 – ✆ 04 90 30 82 20 – www.castelmireio.fr – Fermé 15 déc.-2 mars
8 ch – 🚹66/71 € 🚹🚹67/72 € – 1 suite – ☕ 8,50 € – ½ P 63/66 €
Rest – *(fermé merc. soir et dim. soir de sept. à juin, mardi midi, jeudi midi, vend. midi et sam. midi en juil.-août et lundi midi)* Menu 19 € (déj. en sem.), 24/30 € – Carte 26/40 €
◆ L'annexe récente de cette demeure familiale (19e s.) abrite des chambres simples, égayées de tissus provençaux ; chacune d'elles porte le nom d'un cépage. Restaurant rustique, affichant fièrement son carrelage centenaire ; copieux plats du terroir.

Coteaux et Fourchettes
rte de Violés, croisement de la Courançonne (D8 et D 975) – ✆ 04 90 66 35 99 – Fermé 2 sem. en janv., dim. soir, lundi soir et jeudi
Rest – (19 €) Menu 22 € (déj. en sem.), 29/45 € – Carte 38/52 €
◆ Jolie enseigne... Dans cet ancien caveau, le terroir s'exprime aussi bien par l'assiette – savoureuse – que par le flacon – excellent choix de vins locaux. Agréable décor contemporain, terrasse ouverte sur le vignoble.

Le Tourne au Verre
rte de Ste-Cécile – ✆ 04 90 30 72 18 – www.letourneauverre.com – Fermé mi-nov. à début janv., le soir sauf vend., sam. d'oct. à avril, merc. midi et mardi de mai à sept. et merc. d'oct. à avril.
Rest – Menu 14 € (déj. en sem.)/23 €
◆ Atmosphère bar à vins (tonneaux, grande cave vitrée comptant 650 références), belle terrasse sous les platanes, cuisine régionale et ardoise du jour... Un lieu sympathique !

CAJARC – **46 Lot** – **337** H5 – **1 088 h.** – **alt. 160 m** – ✉ **46160** **29** C1
Périgord Quercy

Paris 586 – Cahors 52 – Figeac 25 – Rocamadour 59

Tour de Ville ✆ 05 65 40 72 89

La Ségalière ch,
380 av. François Mitterrand, (rte de Capdenac) – ✆ 05 65 40 65 35 – www.lasegaliere.com – Fermé janv.
24 ch – 🚹50/70 € 🚹🚹80/115 € – ☕ 10 € – ½ P 60/70 €
Rest – *(fermé le midi sauf juil. août, dim. et fériés)* (19 €) Menu 27/34 € – Carte 20/35 €
◆ Adresse détente dans ce village qui vit naître Françoise Sagan. Cet hôtel moderne est agréable à vivre, et les chambres bien tenues. Les plus : la grande piscine et le jardin. La carte du restaurant allie tradition et créativité. Terrasse aux beaux jours.

CALACUCCIA – **2B Haute-Corse** – **345** D5 – **voir à Corse**

CALAIS – 62 Pas-de-Calais – **301** E2 – **74 888 h.** **30** A1
– **Agglo. 104 852 h. – alt. 5 m – Casino** CX – **62100** Nord Pas-de-Calais Picardie

Paris 290 – Boulogne-sur-Mer 35 – Dunkerque 46 – St-Omer 43

Tunnel sous la Manche : Terminal de Coquelles AU, renseignements **"Le Shuttle"** 03 21 00 61 00.

3635 et tapez 42 (0,34 €/mn)

12, boulevard Clemenceau 03 21 96 62 40

Monument des Bourgeois de Calais (Rodin)★★ - Phare ★★ DX - Cité internationale de la Dentelle et de la Mode★★ - Musée des Beaux-Arts et de la Dentelle★ CX **M²**.

Cap Blanc Nez★★ : 13 km par④.

Plans pages suivantes

Meurice

5 r. E.-Roche – 03 21 34 57 03 – www.hotel-meurice.fr CX**v**
39 ch – 85/150 € 85/150 € – 12 € – ½ P 68/98 €
Rest – *(fermé sam. midi)* (15 €) Menu 17/45 € – Carte environ 33 €
◆ L'hôtel le plus ancien de la ville, près du musée des Beaux-Arts, a conservé un certain charme suranné. Chambres confortables, plus modernes dans l'aile récente. Cuisine traditionnelle servie dans le décor cossu du restaurant.

Holiday Inn

bd des Alliés – 03 21 34 69 69 – www.holidayinn.fr/calais-nord CX**a**
63 ch – 105/142 € 105/142 € – 14 €
Rest – *(fermé sam. midi, dim. midi et fériés midi)* (9 €) Menu 18 € bc (dîner)/ 24 € bc – Carte 18/30 €
◆ En face du port de plaisance, cette bâtisse imposante dispose de chambres agréables et confortables, la moitié d'entre elles donnant sur la mer. Cuisine traditionnelle au restaurant, dont les baies vitrées s'ouvrent sur les mâts des voiliers.

Mercure Centre sans rest

36 r. Royale – 03 21 97 68 00 – www.mercure.com CX**d**
41 ch – 85/115 € 95/130 € – 14 €
◆ Cet hôtel qui borde une artère commerçante, près du casino, arbore le nouveau concept de la chaîne : chambres contemporaines, camaïeu de gris-marron, mobilier en alu brossé.

Métropol sans rest

43 quai du Rhin – 03 21 97 54 00 – www.metropolhotel.com – Fermé 18 déc.-8 janv.
40 ch – 50 € 70/160 € – 11 € CY**h**
◆ Dans un immeuble ancien en brique rouge, derrière la gare. Chambres pratiques pour une étape vers la Grande-Bretagne... Le salon-bar a d'ailleurs déjà des airs de pub anglais.

Au Côte d'Argent

1 digue G.-Berthe – 03 21 34 68 07 – www.cotedargent.com – Fermé 23 août-12 sept., 20 déc.-4 janv., 2 sem. en fév., merc. soir de sept. à mars, dim. soir et lundi CX**f**
Rest – Menu 18 € (sem.), 25/40 € – Carte 40/60 €
◆ Embarquement immédiat pour un voyage gourmand, riche en saveurs iodées ! Cadre inspiré des cabines de bateau ; intéressante carte de vins (belle sélection de bordeaux).

Channel

3 bd de la Résistance – 03 21 34 42 30 – www.restaurant-lechannel.com – Fermé 2-7 janv., dim. soir et mardi CX**e**
Rest – Menu 19/52 € – Carte 44/95 €
◆ Décor élégant, cuisine classique, produits de la mer et très belle carte des vins (cave ouverte sur la salle) : une plaisante escale avant la traversée du "channel".

Aquar'aile

255 r. J.-Moulin, (4e étage) – 03 21 34 00 00 – www.aquaraile.com – Fermé dim. soir
Rest – Menu 30/45 € – Carte 40/65 € AT**s**
◆ L'atout majeur de cet agréable restaurant, situé au 4e étage d'un immeuble ? Son panorama unique sur la Manche et les côtes anglaises ! Cuisine mettant en valeur la pêche locale.

Histoire Ancienne

20 r. Royale – ✆ 03 21 34 11 20 – www.histoire-ancienne.com – Fermé lundi soir et dim. CX**x**

Rest – (13 €) Menu 16 € (déj. en sem.), 19/36 € – Carte 26/44 €

◆ Ce sympathique bistrot néorétro (banquettes, fresques, vieux zinc) n'est pas de l'histoire ancienne ; on y savoure une cuisine traditionnelle goûteuse et quelques grillades.

Le Grand Bleu

quai de la Colonne – ✆ 03 21 97 97 98 – www.legrandbleu-calais.com – Fermé 23 août-9 sept., 15 fév.-3 mars, mardi soir et merc. CX**n**

Rest – (16 €) Menu 19 € (sem.), 25/45 € – Carte 29/39 €

◆ Ce Grand Bleu-là a installé sa terrasse en face du port de pêche. Les produits servis sont ultra frais, souvent bio, et travaillés avec une pointe d'originalité.

à Coquelles **6 km a l'Ouest par av. R. Salengro AT – 2 332 h. – alt. 5 m – ✉ 62231**

Holiday Inn

av. Charles de Gaulle – ✆ 03 21 46 60 60 – www.holidayinncoquelles.com

118 ch – 🛉105/125 € 🛉🛉125/260 € – ☕ 15 € – ½ P 133/153 €

Rest – (16 €) Menu 28 € – Carte 23/50 €

◆ Ce complexe moderne situé à 3 km de l'Eurostar (gare de Calais-Fréthun) propose des chambres de bon confort. Sauna, hammam, piscine intérieure, club de gym et de squash. Restaurant décoré dans un style actuel, carte d'hôtel classique et spécialités de poisson.

CALAIS

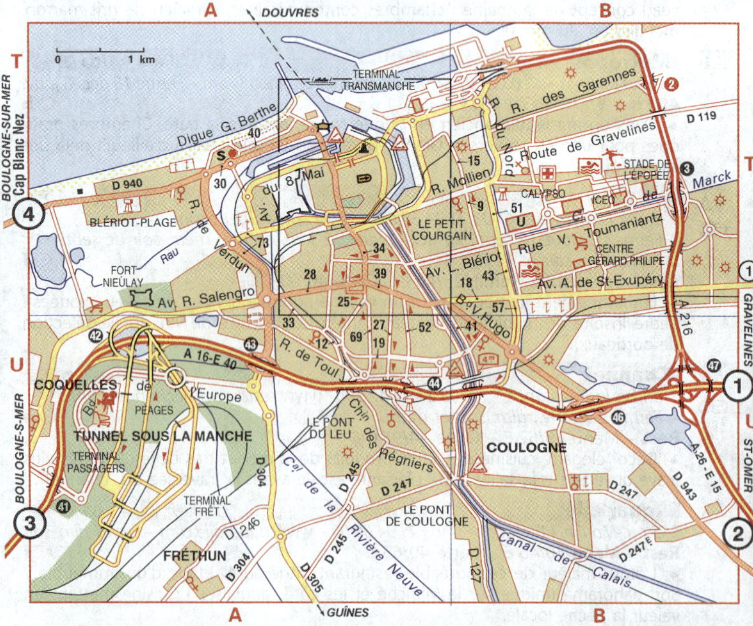

CALAIS

Amsterdam (R. d') .... DXY 3
Angleterre (Pl. d') .... DX 4
Barbusse (Pl. Henri) .... DX 6
Bonnigue (R. du Cdt) .... DX 7
Bruxelles (R. de) .... DX 10
Chanzy (R. du Gén.) .... DY 13
Commune-de-Paris (R. de la) CDY 16
Escaut (Quai de l') .... CY 21
La-Fayette (Bd) .... DY
Foch (Pl. Mar.) .... CXY 22
Fontinettes (R. des) .... CDY 24
Gambetta (Bd Léon) .... CY
Georges-V (Pont) .... CY 31
Jacquard (Bd) .... CDY
Jacquard (Pont) .... CY 36
Jean-Jaurès (R.) .... DY 37
Londres (R. de) .... DX 42
Mer (R. de la) .... CX 45
Notre-Dame (R.) .... CDX 46
Paix (R. de la) .... CX 48
Pasteur (Bd) .... DY
Paul-Bert (R.) .... CDY 49
Prés.-Wilson (Av. du) .... CY 54
Quatre-Coins (R. des) .... CY 55
Rhin (Quai du) .... CY 58
Richelieu (R.) .... CX 60
Rome (R. de) .... CY 61
Royale (R.) .... CX 63
Soldat-Inconnu (Pl. du) .... DY 64
Tamise (Quai de la) .... CDY 66
Thermes (R. des) .... CX 67
Varsovie (R. de) .... DY 70
Vauxhall (R. du) .... CY 72

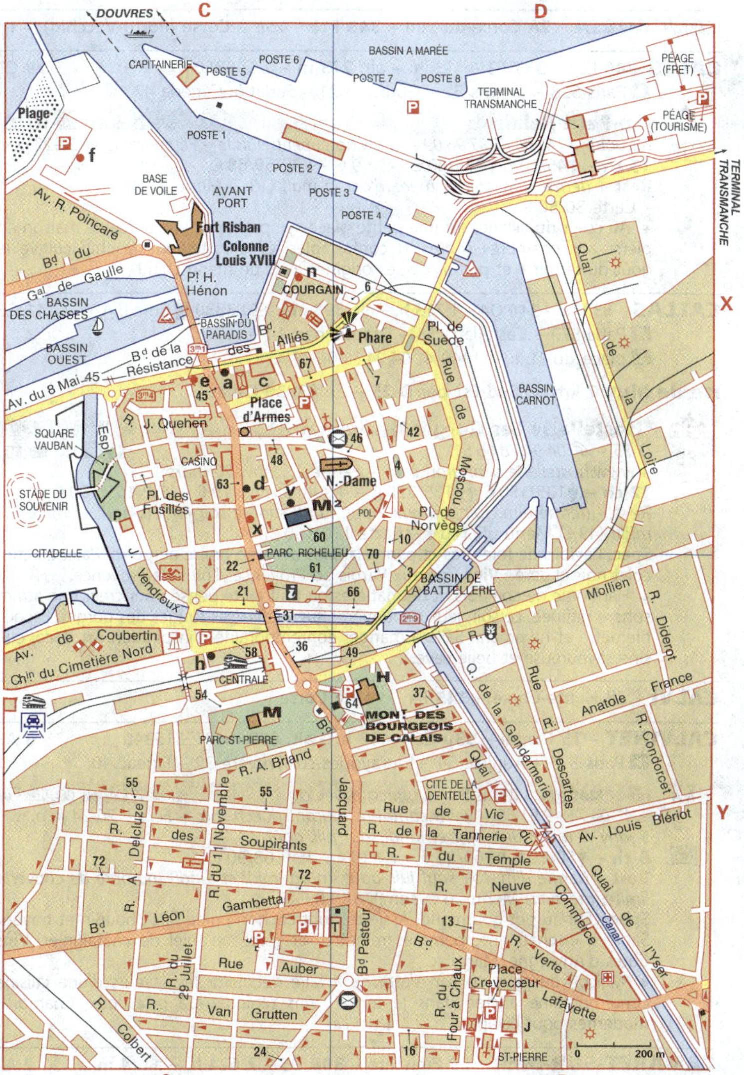

Suite Novotel sans rest
pl. de Cantorbery – ✆ 03 21 19 50 00 – www.suitenovotel.com
100 ch – 107/112 € 107/112 € – 12 €
◆ Votre suite ? Pas moins de 30 m² avec espace à vivre (bureau et salon), chambre cloisonnable et salle de bains bien équipée (douche et baignoire).

CALALONGA (PLAGE DE) – 2A Corse-du-Sud – **345** E11 – voir à Corse (Bonifacio)

CALA-ROSSA – 2A Corse-du-Sud – **345** F10 – voir à Corse (Porto-Vecchio)

CALÈS – 46 Lot – **337** F3 – 125 h. – alt. 273 m – ✉ 46350 **29** C1
Paris 528 – Cahors 52 – Gourdon 21 – Sarlat-la-Canéda 42

Le Petit Relais ch,
au bourg – ✆ 05 65 37 96 09 – www.hotel-petitrelais.fr – Fermé mars et 20-27 déc.
13 ch – 45/50 € 55/60 € – 9 € – ½ P 59/68 €
Rest – *(fermé dim. soir et merc. d'oct. à mai)* (13 €) Menu 21/39 € bc – Carte 30/50 €
◆ Au cœur du village, sur une petite place sympathique, une agréable maison en pierre aux chambres sobres et confortables. Côté restaurant, le chef cultive le goût du terroir – et parfois de ses origines avec un menu ch'ti !

CALLAS – 83 Var – **340** O4 – 1 713 h. – alt. 398 m – ✉ 83830 Côte d'Azur **41** C3
Paris 872 – Castellane 51 – Draguignan 14
place du 18 juin 1940 ✆ 04 94 39 06 77

rte de Muy 7 km au Sud-Est par D 25 – ✉ 83830 Callas

Hostellerie Les Gorges de Pennafort
D 25 – ✆ 04 94 76 66 51
– www.hostellerie-pennafort.com – Fermé 15 janv.-20 mars
12 ch – 135/150 € 185/220 € – 4 suites – 19 € – ½ P 165/180 €
Rest – *(fermé dim. soir sauf juil.-août, lundi sauf le soir en juil.-août et merc. midi)* (49 €) Menu 65/140 € – Carte 110/160 €
Spéc. Raviolis de foie gras et parmesan. Ris de veau braisé au porto. Palet au chocolat noir et café. **Vins** Coteaux Varois en Provence, Côtes de Provence.
◆ Harmonie de couleurs et de matières où tout a été pensé pour créer une atmosphère raffinée. Le soir, jeux de lumières sur les falaises rouges des gorges. Espace bien-être et hammam. Salle à manger contemporaine d'inspiration Art déco, cuisine savoureuse et belle cave.

CALVI – 2B Haute-Corse – **345** B4 – voir à Corse

CALVINET – 15 Cantal – **330** C6 – 462 h. – alt. 600 m – ✉ 15340 **5** A3
Paris 576 – Aurillac 34 – Entraygues-sur-Truyère 32 – Figeac 40

Beauséjour (Louis-Bernard Puech) avec ch
– ✆ 04 71 49 91 68 – www.cantal-restaurant-puech.com – Fermé 20-24 juin, 5 janv.-5 mars, dim. soir et lundi sauf juil.-août
8 ch – 50/60 € 60/80 € – 10 € – ½ P 68/90 €
Rest – *(fermé dim. soir sauf juil.-août, mardi midi et lundi) (nombre de couverts limité, prévenir)* Menu 26 € (sem.), 38/60 €
Spéc. Œuf au pot gourmand. Assiette "tout cochon", pied farci, boudin et travers. Sablé à la châtaigne, pommes reinettes et glace au miel de châtaignier. **Vins** Côtes d'Auvergne, Marcillac.
◆ Maison de pays où l'on s'attache à faire découvrir les saveurs d'une cuisine contemporaine ancrée dans le terroir. Vins régionaux à prix doux. Chambres modernes pour l'étape.

CAMARET-SUR-MER – 29 Finistère – **308** D5 – 2 624 h. – alt. 4 m **9** A2
– ✉ 29570 Bretagne
Paris 597 – Brest 4 – Châteaulin 45 – Crozon 11
15, quai Kleber ✆ 02 98 27 93 60
Pointe de Penhir★★★ SO : 3,5 km.

De France rest,

quai G.-Toudouze – ✆ 02 98 27 93 06 – www.hotel-france-camaret.com – Ouvert 1er mars-15 déc.

20 ch – 55/98 € 55/98 € – 10 € – ½ P 56/78 €

Rest – *(ouvert de Pâques au 1er nov.)* (15 €) Menu 21/50 € – Carte 31/60 €

◆ Chambres d'inspiration marine, bien tenues et insonorisées ; la moitié regarde les bateaux, les autres sont plus petites mais plus calmes. Spécialités de fruits de mer au restaurant.

Bellevue

– ✆ 02 98 17 12 50 – Fermé 15 janv.-15 fév.

15 ch – 65/85 € 65/140 € – 10 € – ½ P 60/85 €

◆ Vue panoramique sur le port et tranquillité assurée dans les studios fonctionnels de l'annexe, équipés de cuisinettes.

Vauban sans rest

4 quai du Styvel – ✆ 02 98 27 91 36 – www.hotelvauban-camaret.fr – Fermé vacances de Noël et de fév.

16 ch – 33/56 € 33/56 € – 6,50 €

◆ Les navigateurs ne s'y trompent pas en faisant escale ici : l'hôtel est plutôt modeste, mais ses prix sages et son chaleureux accueil justifient qu'on change de cap !

LA CAMBE – **14 Calvados** – **303** F3 – **609 h.** – **alt. 25 m** – ✉ **14230** **32** B2

Paris 289 – Bayeux 26 – Caen 56 – Saint-Lô 31

Ferme Savigny sans rest

2,5 km par D 613 et D113 – ✆ 02 31 21 12 33 – http://perso.wanadoo.fr/ferme-savigny/

4 ch – 41 € 50 €

◆ Un corps de ferme (16e - 17e s.) avec un bel escalier en pierre desservant des chambres simples, d'esprit rustique. Petit-déjeuner maison servi, l'été, dans un délicieux jardin.

CAMBO-LES-BAINS – **64 Pyrénées-Atlantiques** – **342** D4 – **5 671 h.** **3** A3 – **alt. 67 m** – **Stat. therm. : début mars-mi déc.** – ✉ **64250** Pays Basque et Navarre

Paris 783 – Biarritz 21 – Pau 115

avenue de la Mairie ✆ 05 59 29 70 25

Epherra à Souraïde Urloko Bidea, O : 13 km par D 918, ✆ 05 59 93 84 06

Villa Arnaga★★.

Le Bellevue rest, rest,

r. des Terrasses – ✆ 05 59 93 75 75 – www.hotel-bellevue64.fr – Fermé 4 janv.-10 fév.

7 suites – 70/110 € – 7 €

Rest – *(fermé jeudi soir sauf juil.-août, dim. soir et lundi)* (13 €) Menu 20/45 €

◆ Dans cette maison du 19e s., bien rénovée, on trouve des suites familiales d'esprit contemporain, spacieuses et bien tenues. Jardin verdoyant et transats autour de la piscine. Au restaurant, décor soigné et cuisine dans l'air du temps.

Ursula sans rest

quartier Bas-Cambo, 2 km au Nord – ✆ 05 59 29 88 88 – www.hotel-ursula.fr – Fermé 20 déc.-10 janv.

15 ch – 51 € 56/66 € – 10 €

◆ Petit hôtel familial, convivial et coloré, au cœur du pittoresque quartier du Bas-Cambo. Chambres très bien tenues et climatisées. Jambon et confitures maison au petit-déjeuner.

Auberge "Chez Tante Ursule"

fronton du Bas-Cambo, 2 km au Nord – ✆ 05 59 29 78 23 – www.auberge-tante-ursule.com – Fermé 15-28 fév. et mardi

Rest – Menu 16 € (déj. en sem.), 20/35 € – Carte 23/41 €

◆ Près du fronton de pelote du Bas-Cambo, une grande salle à manger aménagée dans un ancien atelier de menuiserie. La cuisine a l'âme basque.

CAMBRAI ⟨SP⟩ – 59 Nord – 302 H6 – 32 594 h. – alt. 53 m – ✉ 59400 31 C3

Nord Pas-de-Calais Picardie

▶ Paris 179 – Amiens 98 – Arras 36 – Lille 77

ℹ 48, rue du Noyon ✆ 03 27 78 36 15

👁 Mise au tombeau★★ de Rubens dans l'église St-Géry AY - Musée Beaux-Arts : clôture du choeur★, char de procession★ AZ M.

CAMBRAI

Albert-1er (Av.) . . . . BY 2
Alsace-Lorraine (R. d') . . . . BYZ 4
Berlaimont (Bd de) . . . . BZ 5
Briand (Pl. A.) . . . . AYZ 6
Cantimpré (R. de) . . . . AY 7
Capucins (R. des) . . . . AY 8
Château-de-Selles (R. du) . . . AY 10
Clefs (R. des) . . . . AY 12
Épée (R. de l') . . . . AZ 13
Fénelon (Gde-R.) . . . . AY 15
Fénelon (Pl.) . . . . AY 16
Feutriers (R. des) . . . . AY 17
Gaulle (R. Gén.-de) . . . . BZ 18
Grand-Séminaire (R. du) . . . . AZ 19
Lattre-de-Tassigny (R. Mar.-de) . . . . BZ 21
Leclerc (Pl. du Mar.) . . . . BZ 22
Lille (R. de) . . . . BY 23
Liniers (R. des) . . . . AZ 24
Moulin (Pl. J.) . . . . AZ 25
Nice (R. de) . . . . AY 27
Pasteur (R.) . . . . AY 29
Porte-de-Paris (Pl. de la) . . . . AZ 32
Porte-Notre-Dame (R.) . . . . . BY 31
Râtelots (R. des) . . . . AZ 33
Sadi-Carnot (R.) . . . . AY 35
St-Aubert (R.) . . . . AY 36
St-Géry (R.) . . . . AY 37
St-Ladre (R.) . . . . BZ 39
St-Martin (Mail) . . . . AZ 40
St-Sépulcre (Pl.) . . . . AZ 41
Selles (R. de) . . . . AY 43
Vaucelette (R.) . . . . AZ 45
Victoire (Av. de la) . . . . AZ 46
Watteau (R.) . . . . BZ 47
9-Octobre (Pl. du) . . . . AY 48

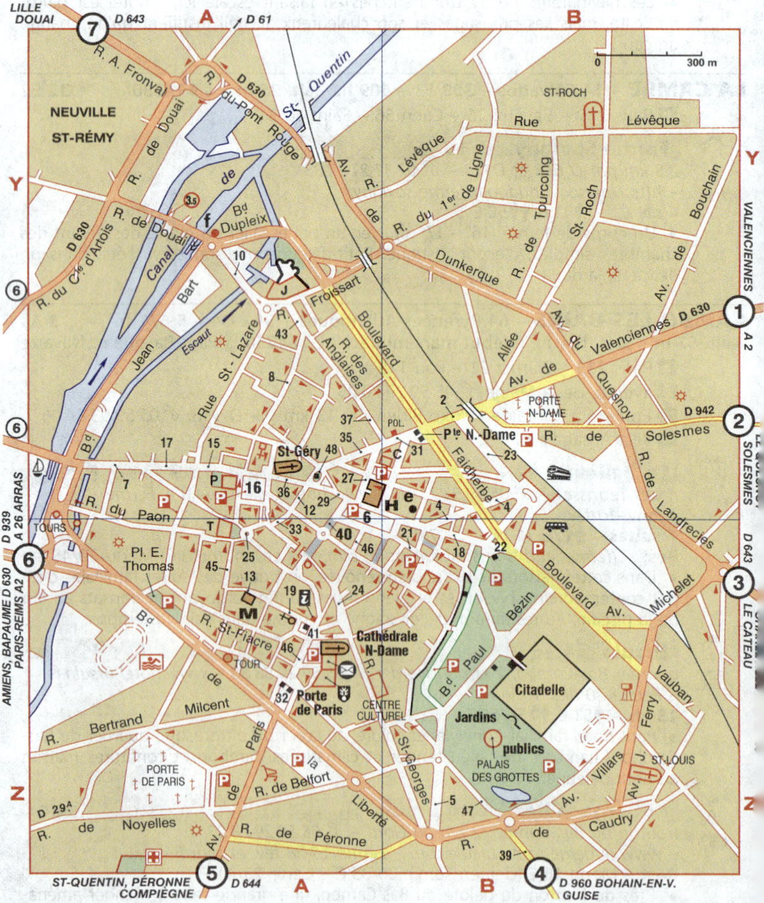

Beatus
718 av. de Paris, 1,5 km par ⑤ – 03 27 81 45 70 – www.hotel-beatus.fr
32 ch – 71/102 € 76/102 € – 10 €
Rest – *(fermé août, 24 déc.-4 janv. et week-ends) (dîner seult) (résidents seult)*
Menu 22/25 € – Carte 28/60 €
◆ À l'ombre de grands arbres, demeure toute blanche dont le superbe escalier conduit à de spacieuses chambres, toutes différentes, contemporaines ou de style. Salon-bar feutré.

Le Clos St-Jacques sans rest
9 r. St-Jacques – 03 27 74 37 61 – www.leclosstjacques.com – Fermé 11-23 août et 21 déc.-5 janv. BYe
5 ch – 76 € 80 € – 10 €
◆ Monsieur conte volontiers l'histoire de ce bel hôtel particulier que madame a superbement redécoré en conservant son âme originelle. Excellent petit-déjeuner, accueil délicieux.

Au Fil de l'Eau
1 bd Dupleix – 03 27 74 65 31 – www.aufildeleau-cambrai.fr – Fermé 14 juil.-13 août, 19-25 fév., dim. soir, merc. soir et lundi AYf
Rest – (19 €) Menu 23/47 € – Carte 28/50 €
◆ Sympathique petit restaurant proche d'une écluse du canal de St-Quentin où vous attendent convivialité, déco colorée et goûteuse cuisine traditionnelle aux saveurs iodées.

rte de Bapaume 4 km par ⑥ – ✉ 59400 Fontaine-Notre-Dame

Auberge Fontenoise
543 rte de Bapaume – 03 27 37 71 24 – www.auberge-fontenoise.com – Fermé sam. midi d'oct. à avril, dim. soir et lundi
Rest – Menu 28/64 € bc – Carte environ 48 €
◆ Dans cette auberge familiale, on se régale de recettes mises au goût du jour teintées d'influences régionales : des produits de qualité et une bonne dose de savoir-faire !

CAMBREMER – 14 Calvados – 303 M5 – 1 098 h. – alt. 100 m – ✉ 14340 33 C2

Paris 211 – Caen 38 – Deauville 28 – Falaise 38
rue Pasteur 02 31 63 08 87

Château Les Bruyères
rte du Cadran (D 85) – 02 31 32 22 45 – www.chateaulesbruyeres.com – Fermé 4 janv.-9 fév.
13 ch – 95/195 € 160/225 € – 1 suite – 20 €
Rest – *(fermé lundi et mardi d'oct. à avril) (dîner seult)* Menu 42/85 € – Carte 65/90 €
◆ Cette noble demeure se dresse au cœur d'un agréable parc arboré. Élégant salon bourgeois et jolies chambres personnalisées pour un séjour au grand calme. Menus "terre et mer" composés selon les arrivages du marché ; plantes aromatiques et produits du potager.

CAMON – 09 Ariège – 343 J6 – 160 h. – alt. 349 m – ✉ 09500 29 C3

Midi-Toulousain

Paris 780 – Carcassonne 63 – Pamiers 37 – Toulouse 103
10, rue Georges d'Armagnac 05 61 68 88 26

L'Abbaye-Château de Camon
– 05 61 60 31 23 – www.chateaudecamon.com – Ouvert 16 mars-31 oct.
6 ch – 120/160 € 130/190 € – 18 € **Table d'hôte** – Menu 40 €
◆ Le temps semble s'être arrêté dans ce site enchanteur. Les chambres, personnalisées, occupent d'anciennes cellules monacales. Le jardin offre de multiples recoins pour s'isoler. Le soir, rejoignez le cloître où vous attend une cuisine traditionnelle autour d'un menu-carte.

CAMPAGNE – 24 Dordogne – 329 G6 – rattaché au Bugue

CAMPES – 81 Tarn – 338 D6 – rattaché à Cordes-sur-Ciel

CAMPIGNY – 27 Eure – 304 D6 – rattaché à Pont-Audemer

CANAPVILLE – 14 Calvados – 303 M4 – rattaché à Deauville

CANCALE – 35 Ille-et-Vilaine – 309 K2 – 5 285 h. – alt. 50 m – ✉ 35260 10 D1

Bretagne

Paris 398 – Avranches 61 – Dinan 35 – Fougères 73

44, rue du Port ✆ 02 99 89 63 72

Site★ - Port de la Houle★ - ✻★ de la tour de l'église St-Méen - Pointe du Hock et sentier des Douaniers ≤★.

Pointe du Grouin★★.

De Bricourt-Richeux

rte du Mont-St-Michel : 6,5 km par D 76, D 155 et voie secondaire – ✆ 02 99 89 64 76 – www.maisons-de-bricourt.com – Fermé 9 janv.-6 fév. et 27 fév.-13 mars

11 ch – †165/310 € ††165/310 € – 2 suites – ☕ 23 €

Rest *Le Coquillage* – voir ci-après

◆ Dans un parc (plantes aromatiques, animaux) dominant la baie du Mont-St-Michel, superbe villa de 1922 où séjourna Léon Blum. Chambres très raffinées, accueil soigné.

Le Continental

4 quai Thomas – ✆ 02 99 89 60 16 – www.hotel-cancale.com – Fermé 4 janv.-6 fév.

16 ch – †65/150 € ††85/165 € – ☕ 13 € – ½ P 85/125 € Zs

Rest *L'Ormeau* – *(fermé mardi et merc. sauf le soir de juin à sept.)* (18 €) Menu 23 € (déj.)/65 € – Carte 32/65 €

◆ Une petite adresse sympathique : situation privilégiée face au port, chambres confortables et très bien tenues, confitures maison au petit-déjeuner. À l'Ormeau, belles boiseries rehaussées de miroirs et vue sur la flotille de pêche ; spécialités de poisson.

Le Querrien

7 quai Duguay-Trouin – ✆ 02 99 89 64 56 – www.le-querrien.com Zv

15 ch – †69/89 € ††95/169 € – ☕ 10 €

Rest – Menu 16 € (sem.)/30 € – Carte 25/65 €

◆ Maison bretonne et sa véranda en bois donnant sur le quai. Les chambres, vastes, portent des noms de bateaux et arborent les couleurs du large ; neuf donnent sur les flots. Le décor (vivier, boiseries, fresque marine) et la carte du restaurant rendent hommage à l'océan.

CANCALE

Bricourt (Pl.) .... Y 3
Calvaire (Pl. du) .... Z 4
Duguay-Trouin (Quai) .... Z 9
Duquesne (R.) .... Y 10
Du-Guesclin (R.) .... Y 8
Fenêtre (Jetée de la) .... Z 12
Gallais (R.) .... Y 13
Gambetta (Quai) .... Z 14
Hock (R. du) .... Z 16
Jacques-Cartier (Quai) .... Z 17
Juin (R. du Mar.) .... Z 18
Kennedy (Quai) .... Z 19
Leclerc (R. Gén.) .... YZ 20
Mennais (R. de la) .... Y 22
Port (R. du) .... Z
République (Pl. de la) .... Z 23
Rimains (R. des) .... Y 24
Roulette (R. de la) .... Z 25
Stade (R. du) .... Y 27
Surcouf (R.) .... Y 28
Thomas (Quai) .... Z 30

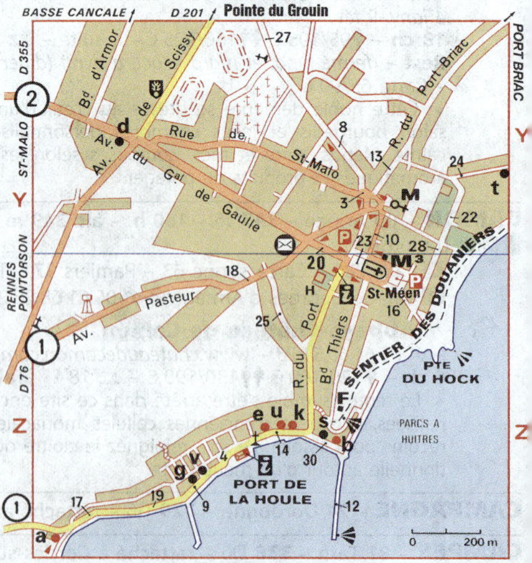

Le Manoir des Douets Fleuris

1,5 km par ② et D 355 – ✆ 02 23 15 13 81 – www.manoirdesdouetsfleuris.com – Fermé janv.

7 ch – †85/130 € ††85/130 € – 3 suites – ☕ 13 €

Rest – *(fermé mardi midi et lundi)* (15 €) Carte 30/80 €

◆ La patronne aime ce manoir du 17e s., dans sa famille depuis cinq générations. Chambres feutrées (dont une suite avec cheminée en granit), âtre monumental au salon : de l'âme ! À table, atmosphère bistrotière mariant vieilles pierres et plats de tradition.

Auberge de la Motte Jean sans rest

2 km par ② et D 355 – ✆ 02 99 89 41 99 – www.hotelpointedugrouin.com – Fermé 1er déc.-31 janv.

13 ch – †65/130 € ††65/130 € – ☕ 8 €

◆ Au jardin ou au bord de l'étang, profitez des plaisirs de la campagne cancalaise ! Corps de ferme de 1707 doté de chambres classiques et romantiques ; accueil charmant.

Alg Hôtel

59 bis av. du Gén.-de-Gaulle – ✆ 02 99 89 50 00 – www.cancale.brit-hotel.fr – Fermé janv. Yd

30 ch – †45/75 € ††49/89 € – ☕ 10 € – ½ P 89/129 €

Rest – *(fermé dim. soir et lundi hors saison, lundi midi, mardi midi et merc. midi en saison)* (12 €) Menu 15/25 €

◆ À l'entrée de Cancale, un hôtel entièrement dédié au bien-être. Chambres fonctionnelles, décorées dans un esprit zen. Au bistrot, tout est "pica-pica" : des brochettes en bambou piquées de viandes, de légumes et de fruits de mer ; le tout cuit à la plancha.

Duguay Trouin sans rest

11 quai Duguay-Trouin – ✆ 02 23 15 12 07 – www.hotelduguaytrouin.com

7 ch – †85 € ††95/110 € – ☕ 8 € Zg

◆ Hôtel du port de pêche où simplicité et gentillesse sont reines ! Chambres côté baie ou rochers, sobrement marines et décorées d'objets chinés dans de lointaines contrées...

Le Chatellier sans rest

1 km par ② et D 355 – ✆ 02 99 89 81 84 – www.hotellechatellier.com – Ouvert avril-nov.

13 ch – †55/60 € ††70/90 € – ☕ 9 €

◆ Belle demeure bretonne au charme familial préservé. Chambres sobres et cosy (mobilier patiné, parquet...), mansardées à l'étage ; certaines donnent sur l'agréable jardin.

Les Rimains sans rest

62 r. des Rimains – ✆ 02 99 89 64 76 – www.maisons-de-bricourt.com – Ouvert de mi-mars à mi-déc. Yt

4 ch – †170/310 € ††170/310 € – ☕ 23 €

◆ Olivier Roellinger a fait de ce ravissant cottage des années 1930 – ceint d'un jardin surplombant la mer –, une charmante maison d'hôtes. Chambres raffinées (meubles chinés).

Le Coquillage – Hôtel de Bricourt-Richeux

rte du Mont-St-Michel : 6,5 km par D 76, D 155 et voie secondaire – ✆ 02 99 89 25 25 – www.maisons-de-bricourt.com – Fermé 27 fév.-13 mars et 9 janv.-6 fév.

Rest – Menu 54 € (déj. en sem.), 62/110 €

Spéc. Araignée de mer et vinaigrette flibustière. Homard au cacao, piment et xérès. La roulante des gourmandises. **Vins** Muscadet, Muscadet de Sèvre-et-Maine sur lie.

◆ Poissons et coquillages d'une grande fraîcheur, relevés de savants mélanges d'épices : la figure tutélaire d'Olivier Roellinger plane sur cette table - un menu reprend d'ailleurs ses créations. Grande salle lumineuse ouvrant sur le jardin en bord de mer.

Côté Mer

4 r. E.-Larmort, rte de la corniche – ✆ 02 99 89 66 08 – www.restaurant-cotemer.fr – Fermé 24-30 juin, 2 sem. en nov., vacances de fév., mardi soir, dim. soir hors saison et merc. Za

Rest – (22 €) Menu 27/72 € – Carte 50/70 €

◆ La vue sur la baie et le port est bien agréable. Poisson, coquillages et crustacés ont ici le vent en poupe et sont préparés avec finesse. Plateaux de fruits de mer sur commande.

Le Cancalais avec ch

rest, ch,

12 quai Gambetta – ✆ 02 99 89 61 93 – www.lecancalais.com – Fermé déc., janv., dim. soir Zu

10 ch – 65/90 € 65/90 € – 8 €

Rest – Menu 15 € (sem.), 27/39 € – Carte 36/58 €

◆ Une institution cancalaise joliment rustique (meubles d'inspiration bretonne), où apprécier une agréable cuisine traditionnelle faisant la part belle aux produits de la mer. Véranda panoramique. Chambres coquettes.

La Table de Breizh Café

7 quai Thomas, (1er étage) – ✆ 02 99 89 56 46 – www.breizhcafe.com – Fermé mardi sauf juil.-août et merc. Zb

Rest – *(nombre de couverts limité, prévenir)* (38 €) Menu 58/90 €

◆ Le chef japonais est passé par de grandes maisons hexagonales, et sa cuisine se mêle de belles influences françaises. Cadre raffiné et vue imprenable sur le port et la baie.

Le Surcouf

7 quai Gambetta – ✆ 02 99 89 61 75 – www.lesurcouf.fr – Fermé déc., janv., mardi et merc. Zk

Rest – (16 €) Menu 26 € (sem.)/44 € – Carte 45/60 €

◆ Bordant le port, ce joli petit bistrot marin sort du lot ! Vue sur la jetée (plus étendue à l'étage) et goûteuse cuisine de la mer.

Le Troquet

19 quai Gambetta – ✆ 02 99 89 99 42 – Fermé 15 nov.-31 janv., jeudi et vend. sauf août

Rest – Menu 23/55 € – Carte 32/65 € Ze

◆ Un sympathique petit "Troquet" sur les quais, face à la baie. Poissons et crustacés de premier choix, dont les fameuses huîtres de Cancale.

à la Pointe du Grouin ★★ 4,5 km au Nord par D 201 – ✉ 35260 Cancale

La Pointe du Grouin

– ✆ 02 99 89 60 55 – www.hotelpointedugrouin.com – Ouvert 1er avril-15 nov.

15 ch – 84/92 € 84/150 € – 8,50 € – ½ P 84/117 €

Rest – *(fermé jeudi midi sauf du 14 juil. au 31 août et mardi)* (15 €) Menu 21/40 € – Carte 45/68 €

◆ Il règne comme un délicieux parfum de bout du monde dans cette demeure bretonne perchée sur une falaise, face aux îles et au Mont-St-Michel. Chambres romantiques à souhait. Au restaurant, superbe vue sur le large. Tradition et produits de la mer à l'honneur.

CANCON – 47 Lot-et-Garonne – 336 F2 – 1 283 h. – alt. 199 m – ✉ 47290 4 C2

Paris 581 – Agen 51 – Bergerac 40 – Bordeaux 134

place de la Halle ✆ 05 53 01 09 89

à St-Eutrope-de-Born 9 km au Nord-Est par D 124 et D 153 – 667 h. – ✉ 47210

Domaine du Moulin de Labique

ch,

rte de Villeréal – ✆ 05 53 01 63 90 – www.moulin-de-labique.fr – Fermé 17-23 nov.

5 ch – 75 € 90/115 € – 10 € – ½ P 83/95 €

Table d'hôte – Menu 27/31 €

◆ Domaine paisible, bordé par un ruisseau et agrémenté d'une piscine, d'un potager et d'un coin pêche. Belles chambres logées dans la maison, l'écurie et la grange. Servie dans une salle à manger champêtre, la cuisine honore joliment le terroir.

CANDES-ST-MARTIN – 37 Indre-et-Loire – **317** J5 – 222 h. **11** A2
– alt. 35 m – ✉ 37500 Châteaux de la Loire

Paris 290 – Angers 76 – Chinon 16 – Saumur 13

Collégiale★.

Auberge de la Route d'Or

2 pl. de l'Église – ✆ 02 47 95 81 10 – Ouvert début avril à mi-nov. et fermé lundi sauf le midi en juil.-août et mardi

Rest – *(nombre de couverts limité, prévenir)* (17 €) Menu 23/35 € – Carte 38/56 €

◆ Une petite auberge du 17e s., au pied de l'église d'un joli village. La cuisine, traditionnelle, puise son inspiration dans le terroir et sied à l'agréable décor rustique.

CANDÉ-SUR-BEUVRON – 41 Loir-et-Cher – **318** E7 – 1 408 h. **11** A1
– alt. 70 m – ✉ 41120

Paris 199 – Blois 15 – Chaumont-sur-Loire 7 – Montrichard 21

10, route de Blois ✆ 02 54 44 00 44

La Caillère

36 rte de Montils – ✆ 02 54 44 03 08 – www.lacaillere.com – fermé janv. et fév.

18 ch – †52 € ††74 € – ☕ 11 € – ½ P 58/67 €

Rest – *(fermé lundi midi, jeudi midi et merc.)* Menu 20 € (sem.), 30/46 € – Carte 43/58 €

◆ Isolée de la route par un rideau de verdure, cette ancienne ferme est flanquée d'une aile moderne abritant des chambres sobres et bien tenues. Cuisine traditionnelle de saison dans une salle au cachet campagnard (vieilles soupières, plafond à la française).

LE CANET – 13 Bouches-du-Rhône – **340** I5 – rattaché à Aix-en-Provence

---

CANET – 11 Aude – **344** I3 – rattaché à Narbonne

CANET-EN-ROUSSILLON – 66 Pyrénées-Orientales – **344** J6 **22** B3
– 11 702 h. – alt. 11 m – Casino BZ – ✉ 66140

Paris 849 – Argelès-sur-Mer 21 – Narbonne 66 – Perpignan 11

Place Méditerranée ✆ 04 68 86 72 00

à Canet-Plage – ✉ 66140

Plan page suivante

Les Flamants Roses

1 voie des Flamants-Roses, par ① – ✆ 04 68 51 60 60 – www.hotel-flamants-roses.com

59 ch – †140/290 € ††140/290 € – 3 suites – ☕ 18 € – ½ P 124/188 €

Rest *L'Effet Mer* – *(ouvert 15 juin-15 sept. et fermé le soir)* Menu 29 € – Carte 37/47 €

Rest *L'Horizon* – Menu 29 € (déj. en sem.), 44/95 € – Carte 44/55 €

◆ Établissement moderne bordant la plage et couplé à un centre de thalassothérapie. Les chambres, largement ouvertes sur les flots, offrent un intérieur chaleureux. Cuisine de type brasserie à l'Effet Mer. À l'Horizon : plats actuels ou allégés et jolie vue.

Le Mas de la Plage

34 av. Roussillon – ✆ 04 68 80 32 63 – www.lemasdelaplageetdespins.com – Ouvert 20 mars-12 nov. AYa

19 ch ☕ – †80/110 € ††95/160 € – ½ P 85/95 €

Rest – *(dîner seult)* Menu 34 €

◆ À l'ombre d'un parc fleuri planté de pins centenaires, charmant mas catalan du 19e s. et ses confortables chambres personnalisées aux couleurs du Sud. Cuisine soignée servie près de la cheminée habillée d'éclats de faïence ou sur la belle terrasse.

CANET-PLAGE

Aigues Marines (R. des) . . . . BZ 2
Albères (R. des) . . . . BY 5
Amandiers (R. des) . . . . BY 6
Anémones (Bd des) . . . . AYZ 7
Balcons du Front de Mer (Av. des) BZ 8
Bourgogne-Morvan (R.) . . . . BZ 9
Capcir (Galerie du) . . . . BY 12
Cassanyes (Galerie) . . . . BY 14
Catalogne (Av. de la) . . . . BY 15
Cerdagne (R. de) . . . . BY 18
Cerisiers (R. des) . . . . BY 20
Champagne (R. de) . . . . BZ 22
Coquillages (R. des) . . . . BZ 25
Corbières (R. des) . . . . BY 28
Grande-Bretagne (R. de) . . . . BYZ 29
Gratia (Av. Edmond) . . . . BZ 30
Île-de-France (R.) . . . . BZ 32
Jouy d'Arnaud (R.) . . . . BY 33
Pountarrou (Av. du) . . . . AY 34
Pyrénées (R. des) . . . . BY 35
Sardane (R. de la) . . . . ABY 36

All Seasons sans rest
120 prom. de la Côte-Vermeille – ✆ 04 68 80 28 59 BZ**b**
48 ch – 95/135 € 105/145 €
◆ Immeuble du front de mer proposant des chambres contemporaines, entièrement rénovées (lits king size), pour moitié tournées vers la grande bleue et pourvues de balcons.

Le Galion
20 bis av. du Grand-large – ✆ 04 68 80 28 23 – www.hotel-le-galion.com
28 ch – 64/132 € 64/132 € – 11 € – ½ P 64/99 € BZ**r**
Rest – (18 €) Menu 26/30 € – Carte 28/38 €
◆ Ce Galion-là se trouve à quelque 150 m des flots : maison familiale dont la majorité des chambres, peu à peu modernisées, possèdent un balcon. Le restaurant ouvre sur la piscine et la terrasse (grillades aux beaux jours). Recettes catalanes.

Du Port
21 bd de la Jetée – ✆ 04 68 80 62 44 – www.hotel-du-port.net – Ouvert avril-nov.
35 ch – 60/105 € 70/105 € – 8 € BY**e**
Rest – *(Fermé le midi) (résidents seult)* Menu 20 €
◆ À mi-chemin entre le port et la plage, cette adresse datant des années 1980 est appréciée pour le calme et le confort de ses sobres chambres, toutes dotées d'un balcon. Cuisine traditionnelle sans prétention et ambiance marine dans la salle à manger.

Le Don Quichotte
22 av. de Catalogne – ✆ 04 68 80 35 17 – www.ledonquichotte.com
– Fermé mi-janv.-mi-fév., lundi et mardi sauf fériés BY**r**
Rest – Menu 18 € (déj.)/46 € – Carte 25/55 €
◆ Le patron de ce sympathique restaurant soutient les viticulteurs locaux en proposant une belle sélection de leurs vins pour escorter sa carte mi-traditionnelle, mi-catalane.

CANGEY – 37 Indre-et-Loire – 317 P4 – 1 024 h. – alt. 85 m – ✉ 37530 11 A1

Paris 210 – Amboise 12 – Blois 28 – Montrichard 26
de Fleuray Route de Dame-Marie-les-Bois, N : 8 km par D 74, ✆ 02 47 56 07 07

Le Fleuray
7 km au Nord, par D 74 rte Dame-Marie-les-Bois – ✆ 02 47 56 09 25
– www.lefleurayhotel.com
20 ch – 78/96 € 78/148 € – 14 € – ½ P 82/127 €
Rest – *(fermé le midi sauf dim.) (nombre de couverts limité, prévenir)*
Menu 29/49 € – Carte 49/76 €
◆ Une ferme restaurée, si charmante avec son verger et sa piscine. On vous accueille avec le sourire, et les chambres, douillettes, ont des noms de fleurs. Restaurant façon jardin d'hiver, avec une belle vue sur la campagne. Cuisine bien faite et joliment présentée.

CANNES – 06 Alpes-Maritimes – 341 D6 – 70 610 h. – alt. 2 m 42 E2
– Casinos : Palm Beach X, Croisette BZ – ✉ 06400 Côte d'Azur

Paris 898 – Aix-en-Provence 149 – Marseille 160 – Nice 33
1, boulevard de La Croisette ✆ 04 92 99 84 22
Riviera Golf Club à Mandelieu Avenue des Amazones, par rte de la Napoule : 8 km, ✆ 04 92 97 49 49
de Cannes Mougins à Mougins 175 avenue du Golf, NO : 9 km, ✆ 04 93 75 79 13
Royal Mougins Golf Club à Mougins 424 avenue du Roi, par rte de Grasse : 10 km, ✆ 04 92 92 49 69
Site★★ - Le front de Mer★★ : boulevard★★ et pointe★ de la croisette - ★ de la tour du Mont-Chevalier AZ - Musée de la Castre★★ AZ - Chemin des Collines★ NE : 4 km V - La Croix des Gardes X ★ O : 5 km puis 15 mn.

Plans pages suivantes

CANNES

Albert-Édouard (Jetée) BZ
Alexandre-III (Bd) X 2
Alsace (Bd) BDY
Anc.-Combattants-d'Afrique-du-Nord (Av.) AYZ 4
André (R. du Cdt) CZ
Antibes (R. d') BCY
Bachaga-Saïd-Boualam (Av.) AY 5
Beauséjour (Av.) DYZ
Beau-Soleil (Bd) X 10
Belges (R. des) BZ 12
Blanc (R. Louis) AYZ
Broussailles (Av. des) V 16
Buttura (R.) BZ 17
Canada (R. du) DZ
Carnot (Bd) X
Carnot (Square) V 20
Castre (Pl. de la) AZ 21
Chabaud (R.) CY 22
Clemenceau (R. G.) AZ
Coteaux (Av. des) V
Croisette (Bd de la) BDZ
Croix-des-Gardes (Bd) VX 29
Delaup (Bd) AY 30
Dr-Pierre Gazagnaire (R.) AZ 32
Dr-R. Picaud (Av.) X
Dollfus (R. Jean) AZ 33
États-Unis (R. des) CZ 35
Favorite (Av. de la) X 38
Félix-Faure (R.) ABZ
Ferrage (Bd de la) ABY 40
Fiesole (Av.) X 43
Foch (R. du Mar.) BY 44
Gallieni (R. du Mar.) BY, X 48
Gaulle (Pl. Gén.-de) BZ 51
Gazagnaire (Bd Eugène) X
Grasse (Av. de) VX 53
Guynemer (Bd) AY
Hespérides (Av. des) X 55
Hibert (Bd Jean) AZ
Hibert (R.) AZ
Isola-Bella (Av. d') X
Jean-Jaurès (R.) BCY
Joffre (R. du Mar.) BY 60
Juin (Av. Mar.) DZ
Koening (Av. Gén.) DY
Lacour (Bd Alexandre) X 62
Latour-Maubourg (R.) DZ
Lattre-de-Tassigny (Av. de) AY 63
Laubeuf (Quai Max) AZ
Lérins (Av. de) X 65
Liberté-Charles de Gaulle (A. de la) AZ 70
Lorraine (Bd de) CDY
Macé (R.) CZ 66
Madrid (Av. de) DZ
Meynadier (R.) ABY
Midi (Bd du) X
Mimont (R. de) BY
Montfleury (Bd) CDY 74
Monti (R. Marius) AY 75
Mont-Chevalier (R. du) AZ 72
Noailles (Av. J.-de) X
Observatoire (Bd de l') X 84
Oxford (Bd d') V 87
Paillassou (Av. R. et I.) V 64
Pantiero (La) ABZ
Paradis-Terrestre (Corniches du) V 88
Pasteur (R.) DZ
Pastour (R. Louis) AY 90
Perier (Bd du) V 91
Perrissol (R. Louis) AZ 92
Petit-Juas (Av. du) VX
Pins (Bd des) X 95
Pompidou (Espl. G.) BZ
Prince-de-Galles (Av. du) X 97
République (Bd de la) X
Riouffe (R. Jean de) BY 98
Riou (Bd du) VX
Roi-Albert 1er (Av.) X
Rouguière (R.) BY 100
St-Antoine (R.) AZ 102
St-Nicolas (Av.) BY 105
St-Pierre (Quai) AZ
Sardou (R. Léandre) X 108
Serbes (R. des) BZ 110
Source (Bd de la) X 112
Stanislas (Pl.) AY
Strasbourg (Bd de) CDY
Teisseire (R.) CY 114
Tuby (Bd Victor) AYZ 115
Vallauris (Av. de) VX 116
Vallombrosa (Bd) AY 118
Vautrin (Bd Gén.) DZ
Vidal (R. du Cdt) CY 120
Wemyss (Av. Amiral Wester) X 122
1ère Division-Française (Bd de la) BCY 124

LE CANNET

Aubarède (Ch. de l') V 8
Bellevue (Pl.) V 13
Bréguières (Rte des) V 14
Cannes (R. de) V 19
Carnot (Bd) V
Cheval (Av. Maurice) V 23
Collines (Ch. des) V
Doumer (Bd Paul) V 31
Écoles (Av. des) V 34
Four-à-Chaux (Bd du) V 45
Gambetta (Bd) V 50
Gaulle (Av. Gén.-de) V
Jeanpierre (Av. Maurice) V 58
Mermoz (Av. Jean) V 67
Monod (Bd Jacques) V 68
Mont-Joli (Av. du) V 73
N.-D.-des-Anges (Av.) V 79
Olivetum (Bd d') V 86
Olivet (Ch. de l') V 85
Paris (R. de) V 89
Pinède (Av. de la) V 94
Pompidou (Av. Georges) V 96
République (Bd de la) V
Roosevelt (Av. Franklin) V 99
St-Sauveur (R.) V 10
Victoria (Av.) V
Victor-Hugo (R.) V 11

VALLAURIS

Cannes (Av. de) V 18
Clemenceau (Av. G.) V 25
Dr J. Ugo (Bd du) V 56
Golfe (Av. du) V 52
Picasso (Av. Pablo) V 93
Rouvier (Bd Maurice) V 10
Tapis-Vert (Av. du) V 11

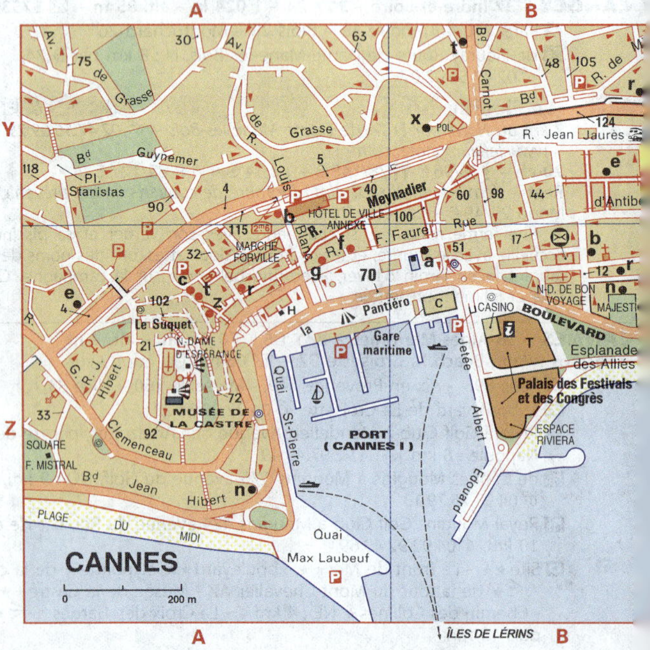

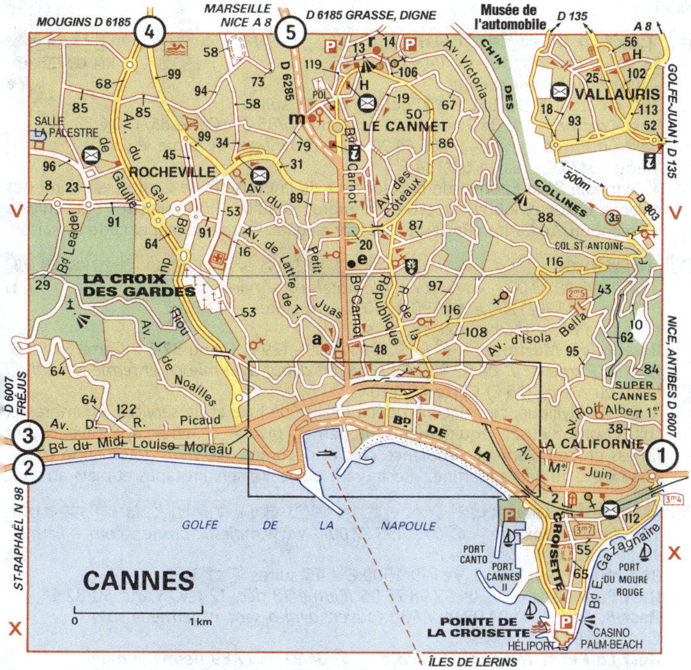
CANNES
MOUGINS D 6185
MARSEILLE NICE A 8
D 6185 GRASSE, DIGNE
Musée de l'automobile
D 135
A 8
VALLAURIS
GOLFE-JUAN D 135
LE CANNET
ROCHEVILLE
LA CROIX DES GARDES
SALLE LA PALESTRE
COLLINES
COL ST ANTOINE
LA CALIFORNIE
NICE, ANTIBES D 6007
D 6007 FRÉJUS
ST-RAPHAËL N 98
Bd du Midi Louise Moreau
GOLFE DE LA NAPOULE
PORT CANTO
PORT CANNES II
PORT DU MOURÉ ROUGE
POINTE DE LA CROISETTE
HÉLIPORT
CASINO PALM-BEACH
ÎLES DE LÉRINS
0 1 km

CHAPELLE DU SOUVENIR
d'Alsace
J. Jaurès
Bd de la République
Bd de Strasbourg
Bd d'Alsace
Av. Gal Kœnig
Rue d'Antibes
Bd de Lorraine
Rd-Pt Gal Maubert
Av. Beauséjour
Av. Mal Juin
R. du Cdt André
Malmaison
R. du Canada
R. Pasteur
CARLTON
R. Latour-Maubourg
MARTINEZ
Bd Gal Vautrin
Avenue de Madrid
DE LA CROISETTE
Pointe de la Croisette

Carlton Inter Continental

58 bd de la Croisette – 04 93 06 40 06 – www.ichotelsgroup.com CZe

300 ch – 200/850 € 200/850 € – 43 suites

Rest *Carlton* – 04 93 06 40 21 – Menu 46/85 € – Carte 85/120 €

Rest *La Plage* – 04 93 06 44 94 *(ouvert avril-oct. et fermé le soir)* Menu 43/75 € – Carte 64/134 €

◆ Symbole Belle Époque de la splendeur de la Croisette, le Carlton est le roi des palaces. Luxueux lobby, superbes chambres et suites, hôtes illustres : un univers d'exception. Au Carlton Restaurant, décor élégant, vue sur la mer et carte de saison.

Martinez

– 04 92 98 73 00 – www.concorde-hotels.com/martinez DZn

393 ch – 190/1250 € 190/1250 € – 16 suites – 37 €

Rest *La Palme d'Or* – voir ci-après

Rest *Relais Martinez* – 04 92 98 74 12 – (29 €) Menu 37 € – Carte 60/95 €

Rest *Z. Plage* – 04 92 98 74 22 *(ouvert début avril-mi-oct. et fermé le midi du lundi au merc.)* (35 €) Carte 40/120 €

◆ Escale idyllique, ce palace Art déco rivalise de luxe et de services. Chambres et suites somptueuses, équipements modernes, piscine chauffée, spa Givenchy et fitness en complément. Ambiance chic et décontractée, carte gourmande et terrasse d'été au Relais Martinez. Restaurant balnéaire servant tapas et plats au wok.

Majestic Barrière

10 bd de la Croisette – 04 92 98 77 00 – www.majestic-barriere.com – Fermé 10-30 déc. et 11 fév.-4 mars BZn

304 ch – 199/1500 € 199/1500 € – 45 suites – 34 €

Rest *Fouquet's* – 04 92 98 77 05 *(Fermé 18 déc.-12 fév.)* Carte 50/82 €

Rest *B. Sud* – 04 92 98 77 30 *(ouvert avril à sept. et fermé le soir)* Carte 38/98 €

Rest *La Petite Maison de Nicole* – 04 92 98 77 89 *(fermé le midi)* Carte 45/92 €

◆ En face du Palais des festivals, sa façade immaculée évoque le faste des Années folles. Luxe, confort et raffinement à tous les étages, mais préférez les chambres de la nouvelle aile, plus contemporaines. Au Fouquet's, cuisine de brasserie très soignée servie dans l'éblouissement de la véranda, face à la Croisette. Chez Nicole, voilages blancs, vieux parquets et cuisine niçoise...

1835 White Palm Hotel

1 bd Jean-Hibert – 04 92 99 73 00 – www.1835-hotel.com

128 ch – 139/799 € 139/799 € – 6 suites – 27 € AZn

Rest *Le 360°* – 04 92 99 73 10 – (34 €) Menu 55 € (dîner) – Carte 75/145 €

◆ À la pointe du vieux port, cet hôtel de luxe flambant neuf adossé au Suquet a adopté un style contemporain raffiné. Prestations haut de gamme et magnifiques thermes marins. Restaurant sur le toit avec vue époustouflante sur la baie de Cannes ; cuisine au goût du jour.

3.14 Hôtel

5 r. F.-Einesy – 04 92 99 72 00 – www.3-14hotel.com CZu

94 ch – 155/480 € 155/480 € – 15 suites – 25 €

Rest – *(fermé lundi soir et dim.) (dîner seult)* Menu 35 € bc – Carte 50/75 €

◆ Étonnante et agréable atmosphère pluriethnique dans ce superbe hôtel où décors des chambres, musiques et parfums évoquent les cinq continents. Belle piscine sur le toit. Au restaurant, cuisine fusion faite essentiellement à base de produits bio.

Le Grand Hôtel

45 bd de la Croisette – 04 93 38 15 45 – www.grand-hotel-cannes.com – Fermé 11 déc.-14 janv. CZb

74 ch – 200/600 € 200/600 € – 2 suites – 28 €

Rest *Le Park 45* – voir ci-après

Rest *La Plage* – 04 93 38 19 57 *(ouvert 3 avril-15 oct. et fermé le soir)* Carte 38/60 €

◆ Hôtel préservé de l'agitation de la Croisette par un beau jardin de palmiers ; l'intérieur soigné mêle touches seventies et contemporaines. Recettes estivales à La Plage.

Gray d'Albion

38 r. des Serbes – 04 92 99 79 79 – www.gray-dalbion.com – Fermé 10-29 déc.
199 ch – 210/400 € 210/400 € – 8 suites **BZd**
Rest *38 The Restaurant* – 04 92 99 79 60 *(fermé dim. et lundi)* (23 € bc) Menu 40 € bc – Carte 49/61 €
◆ Cet immeuble des années 1970 abrite une galerie marchande et des chambres récemment relookées dans un esprit contemporain. Plage privée sur la Croisette. Décor épuré non dénué de convivialité et cuisine actuelle au restaurant 38.

J W Marriott

50 bd de la Croisette – 04 92 99 70 00 – www.palaisstephanie.com
224 ch – 165/690 € 165/690 € – 39 suites – 26 € **CZa**
Rest *La Scena* – 04 92 99 70 92 – (25 € bc) Carte 44/65 €
◆ Face à la mer, cet hôtel de luxe a été totalement et judicieusement rénové en 2009 : chambres spacieuses et chaleureuses, très confortables. Cuisine d'inspiration italo-asiatique au restaurant, qui a également fait peau neuve.

Novotel Montfleury

rest,
25 av. Beauséjour – 04 93 68 86 86 – www.novotelcannes.com **DYm**
182 ch – 99/268 € 99/268 € – 1 suite – 19 € **Rest** – Carte 48/59 €
◆ L'hôtel jouxte le quartier de la Californie et ses luxueuses villas. Confortables chambres actuelles, piscine et terrasse sous les palmiers. Potentiel pour congrès et réceptions. Restauration Novotel Café.

Croisette Beach sans rest

13 r. du Canada – 04 92 18 88 00 – www.croisettebeach.com – Fermé 9-26 déc. **DZy**
94 ch – 107/307 € 107/307 € – 18 €
◆ Chambres spacieuses au confort moderne, entièrement rajeunies et pour la plupart dotées d'une terrasse. Plage privée installée sur la Croisette.

Splendid sans rest

4 r. F.-Faure – 04 97 06 22 22 – www.splendid-hotel-cannes.fr **BZa**
62 ch – 103/174 € 104/351 € – 12 €
◆ Un accueil courtois et chaleureux vous attend dans cet hôtel. Façade 19e s. face au port des yachts et intérieur soigné avec des chambres alliant ambiance d'antan et modernité.

Sun Riviera sans rest

138 r. d'Antibes – 04 93 06 77 77 – www.sun-riviera.com **CZh**
40 ch – 134/267 € 134/267 € – 2 suites – 16 €
◆ Hôtel traditionnel dans une rue jalonnée de belles boutiques. Chambres assez élégantes et parfaitement équipées ; côté jardin, elles sont plus calmes et possèdent un balcon.

Eden Hôtel

133 r. d'Antibes – 04 93 68 78 00 – www.eden-hotel-cannes.com **DZd**
116 ch – 110/450 € 110/450 € – 1 suite – 20 €
Rest – *(dîner seult)* (20 €) Menu 27 € – Carte 28/47 €
◆ Hôtel au design raffiné dans l'air du temps. Grandes chambres au décor sobre et élégant. Piscine intérieure avec hammam, une autre sur le toit avec solarium, fitness. Cuisine actuelle, ambiance contemporaine et touches ethniques au restaurant.

Amarante

ch,
78 bd Carnot – 04 93 39 22 23 – www.jjwhotels.com **Ve**
71 ch – 150/210 € 150/210 € – 17 €
Rest – *(fermé 27 nov.-28 déc., sam., dim. et le soir)* (19 € bc) Menu 26 € bc/39 €
◆ En bordure d'un boulevard très fréquenté, chambres bien équipées et remarquablement insonorisées. Parking souterrain pratique et cour intérieure avec piscine. Agréable salle à manger ouverte sur la terrasse, où le décor et l'assiette honorent la Provence.

Cavendish sans rest
11 bd Carnot – ✆ 04 97 06 26 00 – www.cavendish-cannes.com BYt
34 ch – 140/220 € 140/220 €
◆ Belles chambres personnalisées d'un hôtel de tradition aux fonctionnement et services haut de gamme. Bar gratuit pour les résidents et délicieux petits-déjeuners.

Villa Garbo sans rest
64 bd d'Alsace – ✆ 04 93 46 66 00 – www.villagarbo-cannes.com – Fermé 10 déc.-3 janv. DZx
10 suites – 180/450 € – 1 ch
◆ Derrière la façade classée de cette demeure (1884) se cache un hôtel confidentiel assurant des prestations luxueuses. Design raffiné et équipements high-tech. Open bar le soir.

Château de la Tour sans rest
10 av. Font-de-Veyre, par ③ – ✆ 04 93 90 52 52 – www.hotelchateaudelatour.com – Fermé 30 janv.-20 fév.
34 ch – 125/375 € 125/375 € – 17 €
◆ Cette ancienne maison nobiliaire ceinte d'un beau jardin clos jouit d'une délicieuse tranquillité. Chambres de grand confort, entièrement aménagées dans un esprit néobaroque.

Le Canberra
120 r. d'Antibes, (rond-point Duboys-d'Angers) – ✆ 04 97 06 95 00 – www.hotel-cannes-canberra.com CZk
30 ch – 140/500 € 140/500 € – 5 suites – 21 €
Rest – (19 €) Menu 26/33 € – Carte 40/55 €
◆ Hôtel entièrement rénové situé rue d'Antibes, dont l'intérieur met en scène un décor glamour années cinquante. Chambres très confortables aux meubles contemporains épurés. Le restaurant tourné sur le jardin et la piscine propose une cuisine traditionnelle.

Cézanne sans rest
40 bd d'Alsace – ✆ 04 92 59 41 00 – www.hotel-cezanne.com CYn
28 ch – 159/329 € 159/329 € – 17 €
◆ Séduisantes chambres contemporaines mariant chacune le gris à une couleur vive (jaune, turquoise), fitness, hammam et petit-déjeuner sous les palmiers : rénovation réussie !

Renoir sans rest
7 r. Edith-Cavell – ✆ 04 92 99 62 62 – www.hotel-renoir-cannes.com – Fermé 2-20 janv. et 4-27 fév. BYx
26 ch – 159/379 € 159/379 € – 15 €
◆ Tout est neuf derrière cette façade de caractère (1913). Décor intérieur ultra-contemporain parsemé de touches néobaroques ; chambres et suites modernes, dans le même esprit.

Victoria sans rest
rd-pt Duboys-d'Angers – ✆ 04 92 59 40 00 – www.cannes-hotel-victoria.com – Fermé 29 janv.-24 fév. CZx
25 ch – 110/305 € 110/305 € – 18 €
◆ Hôtel proche de la Croisette occupant deux étages d'un immeuble. Chambres confortables et actuelles (tons beige et bleu) ; bar ouvrant sur une terrasse face à la petite piscine.

America sans rest
13 r. St-Honoré – ✆ 04 93 06 75 75 – www.hotel-america.com – Fermé 15 déc.-15 janv. BZr
28 ch – 80/150 € 80/150 € – 15 €
◆ Dans une petite rue calme proche de la Croisette. Les chambres, fraîches et dans l'air du temps, sont bien insonorisées et généralement spacieuses. Tenue irréprochable.

Fouquet's sans rest
2 rd-pt Duboys-d'Angers – ✆ 04 92 59 25 00 – www.le-fouquets.com – Ouvert avril-8 nov. CZy
12 ch – 120/200 € 140/260 € – 14 €
◆ Sur un rond-point relativement calme, grandes chambres assez gaies, joliment refaites dans un esprit provençal. Accueil prévenant et tenue rigoureuse.

La Villa Cannes Croisette sans rest
8 traverse Alexandre-III – ✆ 04 93 94 12 21 – www.hotel-villa-cannes.com
33 ch – 110/170 € 130/300 € – 16 € DZ**h**
◆ Ces belles maisons ordonnées autour d'un jardin-piscine abritent des chambres confortables, décorées dans un style très frais et coloré ; certaines possèdent une terrasse.

Cannes Riviera sans rest
16 bd d'Alsace – ✆ 04 97 06 20 40 – www.cannesriviera.com BY**r**
61 ch – 105/160 € 120/180 € – 2 suites – 15 €
◆ La façade agrémentée d'un portrait géant de Marilyn Monroe attire le regard. Intérieur résolument provençal, chambres rénovées et piscine panoramique sur le toit-terrasse.

De Paris sans rest
34 bd d'Alsace – ✆ 04 97 06 98 81 – www.hoteldeparis.fr – Fermé 16-26 déc. et 8-19 janv. CY**a**
47 ch – 75/140 € 90/165 € – 3 suites – 15 €
◆ Proche d'un axe fréquenté mais parfaitement insonorisé, hôtel particulier du 19e s. abritant des chambres bourgeoises bien tenues. Piscine au milieu des palmiers.

Villa de l'Olivier sans rest
5 r. Tambourinaires – ✆ 04 93 39 53 28 – www.hotelolivier.com – Fermé 27 nov.-26 déc., 7-21 janv. et 28 janv.-28 fév. AZ**e**
24 ch – 80/120 € 90/155 € – 12 €
◆ Dans le quartier du Suquet, villa familiale aux chambres coquettes (deux avec terrasse et vue sur l'Estérel). Buffet de petits-déjeuners dans la véranda ou face à la piscine.

Le Mondial sans rest
1 r. Teisseire – ✆ 04 93 68 70 00 – www.hotellemondial.com CY**e**
49 ch – 80/123 € 110/410 € – 14 €
◆ Élégante façade de style Art déco. Les chambres, aux tons chocolat, affichent un cadre plutôt ethnique ; certaines possèdent un balcon avec vue sur mer (étages supérieurs).

La Villa Tosca sans rest
11 r. Hoche – ✆ 04 93 38 34 40 – www.villa-tosca.com – Fermé 12-26 déc.
22 ch – 61/98 € 82/220 € – 13 € BY**e**
◆ Cette belle façade "à l'italienne" jaune citron dissimule un intérieur contemporain associant meubles et objets modernes ou anciens. Petites chambres joliment refaites.

Le Mistral sans rest
13 r. des Belges – ✆ 04 93 39 91 46 – www.mistral-hotel.com – Fermé 12-26 déc. et 13-28 fév. BZ**b**
10 ch – 59/109 € 69/149 € – 8 €
◆ Un hôtel de poche récent situé derrière le Palais des festivals. Les jolies petites chambres contemporaines portent chacune un nom de vent. Accueil familial et prévenant.

De Provence sans rest
9 r. Molière – ✆ 04 93 38 44 35 – www.hotel-de-provence.com – Fermé 23 nov.-15 janv. CZ**s**
30 ch – 70/92 € 87/207 € – 10 €
◆ Un charmant jardin planté de palmiers devance cet hôtel idéalement proche de la Croisette. Les chambres ne sont pas très grandes mais coquettes et bien tenues (quelques balcons). Rénovation programmée début 2011.

Florian sans rest
8 r. Cdt-André – ✆ 04 93 39 24 82 – www.hotel-leflorian.com – Fermé 1er déc.-10 janv. CZ**g**
20 ch – 52/72 € 64/84 € – 6 €
◆ Accueil tout sourire dans cet hôtel familial doté de chambres simples et rigoureusement tenues. Certaines possèdent un balcon où vous pourrez apprécier un bon petit-déjeuner.

XXXX **La Palme d'Or** – Hôtel Martinez
✿✿ *73 bd de la Croisette – ✆ 04 92 98 74 14 – www.concorde-hotels.com/martinez – Fermé 2 janv.-1er mars, mardi sauf de juin à oct., dim. et lundi* DZ**n**
Rest – Menu 66 € bc (déj.), 95/185 € – Carte 120/195 €
Spéc. Pixels des saveurs comme des perles noires aux condiments d'agrumes (hiver). Sardine grillée, ragoût de poivrons cuisinés comme un stockfish. Palet fondant au chocolat gianduja aux noisettes, glace à la fève de tonka. **Vins** Vin de pays de l'Île Saint-Honorat, Côtes de Provence.
◆ Photos de stars et bois nobles subliment le séduisant intérieur Art déco ouvrant "plein cadre" sur la Croisette. Superbe terrasse panoramique. Brillante cuisine gorgée de soleil.

XXX **Le Mesclun**
16 r. St-Antoine – ✆ 04 93 99 45 19 – www.lemesclun-restaurant.com – Fermé 3-10 juil., 30 janv.-3 mars et dim. AZ**t**
Rest – *(dîner seult)* Menu 39 € – Carte 70/110 €
◆ Lumière tamisée, boiseries, tableaux et couleurs chaudes composent un décor idéal pour déguster une cuisine méditerranéenne goûteuse et soignée. Service compétent et souriant.

XXX **Le Park 45** – Le Grand Hôtel
✿ *45 bd de la Croisette – ✆ 04 93 38 15 45 – www.grand-hotel-cannes.com – Fermé 12 déc. - 14 janv.* CZ**b**
Rest – (34 €) Menu 45/80 € – Carte 63/105 €
Spéc. Émietté de tourteau, écume de yaourt, gelée de concombre-citron et huile d'avocat. Côte de veau rôtie aux aromates, cèpe et truffe d'été (saison). Pêche de vigne à la citronnelle, glace verveine (été). **Vins** Vin de l'Île de Saint Honorat, Bellet.
◆ Le nouveau chef, riche d'une belle expérience, exécute une cuisine toute de fraîcheur et de saveurs, et met le produit en valeur avec un plaisir évident. Décor épuré et terrasse ouverte sur le parc.

XX **Mantel**
22 r. St-Antoine – ✆ 04 93 39 13 10 – www.restaurantmantel.com – Fermé 1er-15 juil., 23-29 déc., jeudi midi, merc. et le midi en juil.-août AZ**c**
Rest – Menu 25 € (déj.), 28/57 € – Carte 50/90 €
◆ Derrière une façade discrète, sympathique entrée (vitrine de pâtisseries et cave à vins) et salle décorée avec goût dans un esprit contemporain. Belle cuisine aux saveurs provençales.

XX **Rest. Arménien**
82 bd de la Croisette – ✆ 04 93 94 00 58 – www.lerestaurantarmenien.com
Rest – *(dîner seult)* Menu 45 € DZ**a**
◆ Le menu du jour convie à une goûteuse – et très copieuse – escapade culinaire en Arménie. Cadre un peu kitsch, service jusqu'à minuit, accueil charmant et clientèle fidèle.

XX **Relais des Semailles**
9 r. St-Antoine – ✆ 04 93 39 22 32 – www.lerelaisdessemailles.fr – Fermé fév., dim. soir et lundi midi AZ**z**
Rest – (22 €) Menu 34/42 € – Carte 55/90 €
◆ Tableaux, meubles anciens et bibelots composent le cadre cosy de ce restaurant situé dans une ruelle de la vieille ville (salon pour repas privés). Cuisine à l'accent provençal.

XX **Rendez-Vous**
35 r. Félix Faure – ✆ 04 93 68 55 10 – Fermé 13-21 déc. et 4-21 janv.
Rest – (16 €) Menu 23/31 € – Carte 35/50 € AZ**g**
◆ Rendez-Vous dans ce joli restaurant révélant un nouveau décor contemporain d'inspiration Art déco. Poissons, crustacés et plats traditionnels à l'accent méridional.

XX **Côté Jardin**
12 av. St-Louis – ✆ 04 93 38 60 28 – www.restaurant-cotejardin.com – Fermé 22 oct.-2 nov., dim. et lundi X**a**
Rest – (23 €) Menu 30/38 €
◆ Sympathique petit restaurant dans un quartier résidentiel. Salle à manger-véranda et jardinet-terrasse ombragé. Plats familiaux et du marché, à découvrir sur l'ardoise du jour.

L'Affable
5 r. la Fontaine – 04 93 68 02 09 – www.restaurant-laffable.fr – Fermé août, sam. midi et dim. CZ**d**

Rest – Menu 24 € (déj.)/38 € – Carte 62/84 €

◆ Décor épuré rehaussé de tableaux modernes et cuisine visible de tous dans ce bistrot contemporain proposant une carte assez courte, à la fois sage et appétissante.

Caveau 30
45 r. F.-Faure – 04 93 39 06 33 – www.lecaveau30.com AZ**f**

Rest – (15 €) Menu 25/36 € – Carte 40/65 €

◆ Deux grandes salles à manger façon brasserie des années 1930. Bar moderne et terrasse donnant sur une grande place ombragée. Poissons, coquillages et plats traditionnels.

Mon Rêve de Gosse (Ludovic Ordas)
11 r. L.-Blanc – 04 93 39 68 08 – www.monrevedegosse.com – fermé 20 déc.-31 janv., lundi et mardi AY**b**

Rest – (16 €) Carte 40/60 €

Spéc. Risotto crémeux au calamar, pistou et copeaux de parmesan. Filet de cabillaud cuit sur peau, péquillos farcis au caviar d'aubergine, jus d'arêtes au paprika. Tarte fine d'une marmelade de prune.

◆ Les recettes jouent la carte de la fraîcheur, des saveurs et de la simplicité : un trio gagnant pour ce chef épanoui et… visiblement heureux d'avoir réalisé son rêve de gosse ! Décor convivial et chaleureux, façon bistrot chic.

La Cave
9 bd de la République – 04 93 99 79 87 – www.restaurant-lacave.com – Fermé 2-17 juil., sam. midi et dim. CY**q**

Rest – Menu 25 € (déj.)/31 € – Carte 40/70 €

◆ Un vrai petit bistrot, actuel et convivial, avec ses ardoises de suggestions du jour et sa riche carte des vins hexagonale particulièrement bien composée.

Aux Bons Enfants
80 r. Meynadier – Fermé 27 nov.-3 janv. et dim. AZ**r**

Rest – *(nombre de couverts limité, prévenir)* (20 €) Menu 24 € – Carte 29/44 €

◆ Sympathique adresse familiale d'esprit bistrot où l'on cultive avec bonheur l'art de recevoir. Cuisine provençale. Pas de téléphone et paiement en liquide.

La Table du Chef
5 r. Jean-Daumas – 04 93 68 27 40 – Fermé 3-10 avril, 4-11 oct., 1er-18 janv., mardi soir, merc. soir, dim. et lundi CY**f**

Rest – *(nombre de couverts limité, prévenir)* (25 €) Menu 37 € (dîner)

◆ Voici un bistrot de poche à découvrir à deux pas de la rue d'Antibes. Accueil prévenant et cuisine traditionnelle de qualité, avec un "menu surprise" unique le soir.

au Cannet 3 km au Nord - V - 42 531 h. - alt. 80 m - ✉ 06110

avenue du Campon 04 93 45 34 27

Villa Archange (Bruno Oger)
15 bis r. Notre-Dame-des-Anges, (par av. Campon - D 6285) – 04 92 18 18 28 – www.bruno-oger.com – fermé dim., lundi et le midi sauf vend. et sam. V**m**

Rest – *(nombre de couverts limité, prévenir)* Menu 70/150 €

Spéc. Cappuccino de grenouilles à l'ail doux. Jarret de veau du Limousin cuisiné vingt quatre heures, carottes fondantes. "Traou Mad" à la vanille et aux fraises écrasées. **Vins** Côtes de Provence.

◆ Une jolie bâtisse du 18e s. décorée avec beaucoup de goût (parquets, tableaux, mobilier chiné...). Bruno Oger signe des plats très parfumés, savamment composés et extrêmement précis dans leur exécution, qui font pousser des ailes à la gastronomie méridionale !

Bistrot des Anges

15 bis r. Notre-Dames-des-Anges, (par avenue Campon - D 6285) – 04 92 18 18 28 – www.bruno-oger.com **Vm**

Rest – Menu 29/65 € – Carte 41/77 €

Rest *L'Ange Bar* – Carte environ 20 €

◆ Dans l'échelle séraphique, l'équipe de la Villa Archange pense brasserie : ici, décor de loft new-yorkais, formules ensoleillées et chariot de douceurs... angélique. Pour grignoter, profitez de la déco pop et élégante du "lounge Bar".

Pézou

346 r. St-Sauveur – 04 93 69 32 50 – Fermé 10 nov.-10 déc., dim. soir sauf juil.-août et merc. **Vr**

Rest – (14 €) Menu 18 € (déj.), 26/32 € – Carte 35/42 €

◆ Dans le quartier pittoresque du vieux Cannet, sympathique restaurant situé sur une jolie placette où l'on dresse la terrasse sous les platanes. Cuisine à l'accent provençal.

LE CANNET – **06 Alpes-Maritimes** – **341** D6 – **rattaché à Cannes**

CAPBRETON – **40 Landes** – **335** C13 – **7 565 h.** – **alt. 6 m** – **Casino** **3** A3

– ✉ **40130** Aquitaine

Paris 749 – Bayonne 22 – Biarritz 29 – Mont-de-Marsan 90

avenue Georges Pompidou 05 58 72 12 11

de Seignosse à Seignosse Av. du Belvédère, N : 8 km par D 152, 05 58 41 68 30

quartier de la plage

Baya Hôtel & Spa

85 av. du Mar.-de-Lattre-de-Tassigny – 05 58 41 80 00 – www.bayahotel.com

75 ch – †89/360 € ††99/360 €

Rest – (19 €) Menu 29 € (dîner)/33 € – Carte 30/42 € le soir

◆ Un hôtel au bord de l'Océan, d'esprit zen et ethnique (chambres fonctionnelles, dont certaines design). Temple de la détente : hammam, piscine chauffée, massages thaï... Cuisine au goût du jour mâtinée d'exotisme ; menu barbecue l'été. La terrasse donne sur la plage.

L'Océan rest,

85 av. Georges Pompidou – 05 58 72 10 22 – www.hotel-capbreton.com – Fermé 27 nov.-24 déc. et 8-28 janv.

24 ch – †48/78 € ††59/114 € – 9 € **Rest** – (13 €) Menu 18/25 € – Carte 29/44 €

◆ Au bord du chenal, une façade immaculée cachant des chambres simples, avec balcon. À la brasserie, l'Atlantique est à l'honneur, tant dans le décor (filets de pêche et faux poissons) que dans l'assiette.

quartier la Pêcherie

Le Regalty

port de plaisance, (quai Mille-Sabords) – 05 58 72 22 80 www.restaurant-leregalty.com – Fermé merc. soir, dim. soir de sept. à juin et lundi

Rest – Menu 31 € bc/65 € – Carte 31/50 €

◆ Au pied d'un immeuble moderne, une salle chaleureuse, en partie ouverte sur les cuisines. Un mur végétal borde la terrasse. Menu homard, belle carte des vins.

Le Pavé du Port

port de plaisance, (quai Mille Sabords) – 05 58 72 29 28 – www.le-pave-du-port.com – Fermé des vacances de Noël à mi-janv., lundi midi et merc. midi en juil.-août, merc. de mi-sept. à mi-avril et mardi

Rest – Menu 16 € (sem.), 27/30 € – Carte 30/40 €

◆ Une adresse toute simple, qui honore la pêche : chaque jour, le patron se fournit en poisson auprès des petits chaluts du port ! Terrasse face aux bateaux de plaisance.

CAP COZ – **29 Finistère** – **308** H7 – **rattaché à Fouesnant**

CAP-d'AGDE – **34 Hérault** – **339** G9 – **rattaché à Agde**

CAP d'AIL – 06 Alpes-Maritimes – 341 F5 – 4 887 h. – alt. 51 m – ✉ 06320 42 E2

Paris 945 – Monaco 3 – Menton 14 – Monte-Carlo 4

87, avenue du 3 Septembre ☎ 04 93 78 02 33

Voir plan de Monaco (Principauté de)

Marriott Riviera la Porte de Monaco

au port – ☎ 04 92 10 67 67 – www.marriottportedemonaco.com rest, VISA AE AVn

186 ch – 119/534 € 119/534 € – 15 suites – 21 €

Rest – Menu 20 € (déj. en sem.), 29/39 € – Carte 30/65 €

◆ Immeuble moderne face à la marina de Cap-d'Ail. Chambres très confortables, conformes aux normes de la chaîne ; la plupart sont dotées de loggias avec vue sur la mer. Restaurant de style brasserie chic, terrasse sur le port ; cuisine traditionnelle.

CAP d'ANTIBES – 06 Alpes-Maritimes – 341 D6 – rattaché à Antibes

CAPDENAC-LE-HAUT – 46 Lot – 337 I4 – rattaché à Figeac

CAP-FERRET – 33 Gironde – 335 D7 – alt. 11 m – ✉ 33970 Aquitaine 3 B2

Paris 650 – Arcachon 66 – Bordeaux 71 – Lacanau-Océan 55

☼★ du phare.

La Frégate sans rest

34 av. de l'Océan – ☎ 05 56 60 41 62 – www.hotel-la-fregate.net – Fermé déc. et janv.

29 ch – 49/159 € 49/159 € – 11 €

◆ Autour d'une agréable piscine, ces deux maisons balnéaires ont retrouvé leur éclat : les chambres rénovées arborent un look à la fois sobre (tons blancs), actuel et chic.

Le Pinasse Café

2 bis av. de l'Océan – ☎ 05 56 03 77 87 – www.pinassecafe.com – Ouvert 1er avril-12 nov.

Rest – (23 € bc) Menu 39 € – Carte 35/75 €

◆ Grande salle (avec terrasse) face au bassin et à la dune du Pilat. Décor marin et cuisine iodée, huîtres en tête. La pinasse est le bateau traditionnel du littoral arcachonnais.

CAP FRÉHEL – 22 Côtes-d'Armor – 309 I2 – Casino – ✉ 22240 10 C1

Plevenon Bretagne

Paris 438 – Dinan 43 – Dinard 36 – Lamballe 36

Site★★★ - ☼★★★ - Fort La Latte : site★★, ☼★★ SE : 5 km.

La Fauconnière

à la Pointe – ☎ 02 96 41 54 20 – Ouvert début avril-1er nov. et fermé merc. de sept. à oct. et jeudi en oct.

Rest – *(déj. seult)* (14 €) Menu 20/28 € – Carte 23/46 €

◆ Ce restaurant situé dans un site classé uniquement accessible à pied, est ancré sur les roches rouge violacé de la Fauconnière. Décor très sobre mais vue exceptionnelle.

CAP GRIS-NEZ ★★ – 62 Pas-de-Calais – 301 C2 – ✉ 62179 30 A1

Audinghen Nord Pas-de-Calais Picardie

Paris 288 – Arras 139 – Boulogne-sur-Mer 21 – Calais 32

La Sirène

– ☎ 03 21 32 95 97 – Fermé 15 déc.-25 janv., le soir sauf de mai à août, dim. soir et lundi

Rest – (17 €) Menu 23/38 € – Carte 23/46 €

◆ Point de sirènes à l'horizon, mais homards et poissons vous charmeront dans cette maison postée au bord de l'eau, face aux côtes anglaises (visibles par beau temps).

CAPINGHEM – 59 Nord – 302 F4 – rattaché à Lille

CAPPELLE-LA-GRANDE – 59 Nord – 302 C2 – rattaché à Dunkerque

CARANTEC – 29 Finistère – 308 H2 – 3 088 h. – alt. 37 m – ✉ 29660 9 B1
Bretagne

Paris 552 – Brest 71 – Lannion 53 – Morlaix 14

4, rue Pasteur ✆ 02 98 67 00 43

de Carantec Rue de Kergrist, S : 1 km par D 73, ✆ 02 98 67 09 14

Croix de procession★ dans l'église - "Chaise du Curé" (plate-forme) ≤★.

Pointe de Pen-al-Lann ≤★★ E : 1,5 km puis 15 mn.

L'Hôtel de Carantec-Patrick Jeffroy

✿✿ *20 r. du Kelenn – ✆ 02 98 67 00 47 – www.hoteldecarantec.com – Fermé 14 nov.-7 déc., 17 janv.-2 fév., dim. soir, lundi et mardi sauf fériés et sauf vacances scolaires du 14 sept. au 16 juin, lundi midi, mardi midi et jeudi midi du 13 juin au 11 sept.*

12 ch – †98/195 € ††120/236 € – ☕ 18 €

Rest – *(prévenir)* Menu 40 € (déj. en sem.), 68/140 € – Carte 92/195 €

Spéc. Pressé de tourteau et artichaut camus au wakamé, crème de coco curry (mai à oct.). Homard breton "Breizh West" et tête de veau rôtie (mai à nov.). Sablé de sarrasin aux fruits de saison.

♦ Cette charmante maison de 1936 surplombe la superbe baie de Morlaix. Les chambres (avec terrasse au 2e étage), contemporaines et épurées, donnent toutes sur la Manche. Restaurant panoramique où l'on se régale d'une cuisine inventive, "terre et mer" à l'unisson.

CARCASSONNE P – 11 Aude – 344 F3 – 46 639 h. – alt. 110 m 22 B2
– ✉ 11000 Languedoc Roussillon

Paris 768 – Albi 110 – Narbonne 61 – Perpignan 114

de Carcassonne-en pays Cathare : ✆ 04 68 71 96 46, 3 km par ④.

28, rue de Verdun ✆ 04 68 10 24 30

de Carcassonne Route de Saint Hilaire, S : 4 km par D 118 et D 104, ✆ 06 13 20 85 43

La Cité★★★ - Basilique St-Nazaire★ : vitraux★★, statues★★ - Musée du château Comtal : calvaire★ de Villanière - Montolieu★ (village du livre) - Châteaux de Latours★ .

Les Trois Couronnes

2 r. Trois-Couronnes – ✆ 04 68 25 36 10 – www.hotel-destroiscouronnes.com – Fermé 24 déc.-10 janv. BZ**v**

70 ch – †95/145 € ††95/145 € – ☕ 11 € – ½ P 126/176 €

Rest – (12 €) Menu 25 € – Carte 25/42 € le soir

♦ Cet hôtel a fait peau neuve en 2009 : cadre actuel, couleurs tendance (rouge, gris) et vue remarquable sur la Cité depuis la quarantaine de chambres avec balcon. Petite piscine au 4e étage. Tout en haut, restaurant panoramique tourné vers la forteresse.

La Maison Coste

40 r. Coste-Reboulh – ✆ 04 68 77 12 15 – www.maison-coste.com – Fermé 30 janv.-8 fév. BZ**n**

5 ch ☕ – †73/145 € ††88/160 € **Table d'hôte** – Menu 30 € bc

♦ Tout a été pensé pour que l'on se sente bien dans cette accueillante maison décorée dans un style contemporain sobre et du meilleur goût. Jardin-terrasse, jacuzzi et solarium. Menu unique (annoncé le soir même) à la table d'hôtes ; apéritif et café offerts.

Le Parc Franck Putelat

✿ *80 chemin des Anglais, au Sud de la Cité - C – ✆ 04 68 71 80 80 – www.restaurantleparcfranckputelat.fr – Fermé 1er-24 janv., vacances de la Toussaint, dim. et lundi sauf fériés*

Rest – (30 € bc) Menu 48 € (sem.), 68/108 € – Carte 70/95 €

Spéc. Pomme de terre ratte confite, brousse de brebis et comté de mon Jura, truffe aestivum (juin à août). Rouget de Méditerranée cuit façon pan con tomate et encre de seiche (mai à août). Tarte tout chocolat guanara. **Vins** Corbières, Limoux.

♦ Au pied de la Cité médiévale, une salle contemporaine et lumineuse, ouverte sur un jardin (terrasse). Cuisine très soignée et savoureuse, créative sans excès, et dont le caractère s'affirme.

CARCASSONNE

Armagnac (R. A.) . . . AY 2
Barbès (R.) . . . . BZ 5
Bringer (R. Jean) . . BYZ 6
Bunau-Varilla (Av.). . . AZ 7
Chartran (R.) . . . . . . AZ 9
Clemenceau (R. G.) . BY 20
Combéléran (Mtée G.) D 21
Courtejaire (R.) . . . . . BZ 22
Cros-Mayrevieille (R.) . D 24
Dr-A.-Tomey (R.) . . AYZ 26
Études (R. des). . . . . AZ 27
Foch (Av. du Mar.) . . BY 28
Gout (Av. Henri) . . . . AZ 29
Grand-Puits (R. du). . CD 30
Joffre (Av. du Mar.) . . BY 32
Marcou (Bd) . . . . AZ 34
Médiévale (Voie) . . . . D 36
Minervoise (Rte) . . . . BY 37
Mullot (Av. Arthur) . . BZ 38
Pelletan (Bd C.) . . . . . BZ 40
Pont-Vieux (R. du). . . BZ 41
Ramon (R. A.) . . . . ABZ 42
République (R. de la) . . . . ABY 43
Roumens (Bd du Cdt) . . . . BZ 44
St-Jean (R.) . . . . C 46
St-Saëns (R. C.). . . . . . D 48
St-Sernin (R.) . . . . D 49
Semard (Av. Pierre) . AY 52
Trivalle (R.). . . . . BZ 54
Verdun (R. de) . . . . ABZ
Victor-Hugo (R.) . . . . AZ 55
Viollet-le-Duc (R.). . . . . C 56
4-Septembre (R. du). . . . . ABY 58

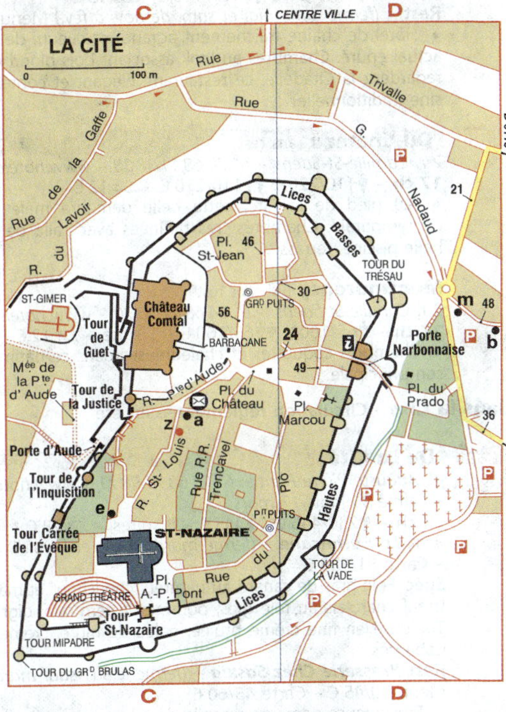

Robert Rodriguez
39 r. Coste-Reboulh – ✆ 04 68 47 37 80 – www.restaurantrobertrodriguez.com – Fermé dim., lundi et merc. BZz
Rest – *(dîner seult) (nombre de couverts limité, prévenir)* Menu 65/135 € bc
Rest *La Cantine de Robert* – 1 pl. de Lattre de Tassigny *(fermé merc. soir et dim.)* Carte 28/60 €
◆ Dans ce restaurant intimiste, Robert Rodriguez élabore une cuisine créative aux accents du terroir qu'il propose sur une carte de saison privilégiant les produits locaux. Place à une ambiance bistrot de l'autre côté de la rue. Plats canailles et cadre rustique.

Le Clos Occitan
68 bd Barbès – ✆ 04 68 47 93 64 – Fermé 14 fév.-14 mars, sam. midi, dim. soir et lundi AZs
Rest – Menu 16 € (déj. en sem.), 22/41 € – Carte 30/50 €
◆ Ancien garage converti en restaurant : décor ensoleillé dans la salle en partie sur mezzanine et patio-terrasse ombragé. Longue carte traditionnelle et produits du marché.

à l'entrée de la Cité près porte Narbonnaise

Mercure Porte de la Cité
ch, rest,
18 r. Camille-St-Saens – ✆ 04 68 11 92 82 – www.mercure-carcassonne.fr Db
80 ch – †100/130 € ††105/140 € – ☕ 13 €
Rest – *(fermé dim. midi et sam. de nov. à fév.)* Menu 17 € – Carte 20/45 €
◆ Hôtel de chaîne fraîchement agrandi et rajeuni de pied en cap dans un style actuel épuré. Chambres au look associant bois blond et teintes pastel ; certaines regardent la Citadelle. Le restaurant, élégant et contemporain, propose une cuisine traditionnelle.

Du Château sans rest
2 r. Camille-St-Saens – ✆ 04 68 11 38 38 – www.hotelduchateau.net
17 ch – †110/220 € ††110/220 € – ☕ 12 € Dm
◆ Au pied de la Cité, cette belle demeure mêle astucieusement ancien et contemporain. Chambres très raffinées avec salle de bains en pierre, bar cosy, belle piscine, terrasse.

Montmorency sans rest
2 r. Camille-St-Saens – ✆ 04 68 11 96 70 – www.hotelmontmorency.com
27 ch – †65/160 € ††65/160 € – 1 suite – ☕ 12 € Dm
◆ Chambres coquettes et chaleureuses dans ce bâtiment sur l'arrière de la maison principale.

dans la Cité - Circulation réglementée en été

De La Cité
ch, rest,
pl. Auguste-Pierre-Pont – ✆ 04 68 71 98 71 – www.hoteldelacite.com – Fermé 30 janv.-17 mars Ce
53 ch – †230/445 € ††445 € – 8 suites – ☕ 28 €
Rest *La Barbacane* – *(fermé mardi, merc. et le midi)* Menu 75/160 € bc – Carte 81/135 €
Spéc. Foie gras de canard au naturel, "chouchou" et marmelade d'orange. Filet de bœuf charolais au foie gras, pomme de terre aux oignons et truffe. Violettes de Toulouse en fine crème brûlée, gelée de mûre, crémeux chocolat. **Vins** Limoux, Cabardès.
Rest *Brasserie Chez Saskia* – *(fermé le soir sauf mardi et merc.)* (19 €) Menu 30/45 € – Carte 45/60 €
◆ Prestigieuse demeure remplie de calme, entourée d'un jardin avec piscine côté remparts. Agencements luxueux, chambres personnalisées, quelques balcons et terrasses avec vue sur la Cité. À La Barbacane, cuisine actuelle et cadre néogothique cosy. Chez Saskia, brasserie à l'ambiance décontractée.

Le Donjon

2 r. Comte-Roger – ✆ 04 68 11 23 00 – www.hotel-donjon.fr **Ca**

62 ch – †105/183 € ††105/183 € – 2 suites – 12 € – ½ P 78/112 €

Rest – *(fermé dim. soir de nov. à mars)* (15 €) Menu 20/29 € – Carte 31/50 €

◆ Lové au cœur des remparts de la Cité, hôtel à l'atmosphère médiévale composé de trois maisons. Chambres personnalisées d'esprit cosy ou contemporaines dans l'annexe voisine. Cuisine traditionnelle servie à la brasserie (déco actuelle tendance Moyen Âge revisité).

Comte Roger

14 r. St-Louis – ✆ 04 68 11 93 40 – www.comteroger.com – Fermé fév., dim. et lundi sauf fériés **Cz**

Rest – (19 €) Menu 35/50 € – Carte environ 58 €

◆ Vos flâneries dans la Cité vous mèneront peut-être à cette terrasse ombragée dressée au bord d'une venelle animée. Intérieur moderne épuré et carte attentive au marché.

à Aragon **10 km par ① D 118 et D 935 – 441 h. – alt. 195 m – ✉ 11600**

La Bergerie (Fabien Galibert)

allée Pech-Marie – ✆ 04 68 26 10 65 – www.labergerieаragon.com – Fermé 16 oct.-2 nov. et 15 fév.-10 mars

8 ch – †70/90 € ††90/120 € – 10 €

Rest – *(fermé lundi midi, mardi midi et merc. midi de juin à sept., mardi et merc. d'oct. à mai)* Menu 39/90 € bc – Carte 62/68 €

Spéc. Terrine de foie gras, artichaut et riz soufflé. Fondue d'agneau aux lentilles. Gourmandise fraise citronnée (juil. à sept.). **Vins** Cabardès.

◆ Maison récente qui se fond bien dans le décor de ce pittoresque village perché. Agréables chambres provençales d'où l'on admire le vignoble de Cabardès. Le restaurant propose une cuisine de saison inventive – sans négliger le terroir.

au hameau de Montredon **4 km au Nord-Est par r. A. Marty BY – ✉ 11000 Carcassonne**

Hostellerie St-Martin

– ✆ 04 68 47 44 41 – www.chateausaintmartin.net – ouvert 19 mars-14 nov.

15 ch – †70/80 € ††80/105 € – 10 €

Rest *Château St-Martin* – voir ci-après

◆ Bâtie dans un parc paisible, cette maison languedocienne recèle de confortables chambres au charme campagnard (mobilier en chêne et équipements actuels). Jolie piscine d'été.

Château St-Martin "Trencavel"

– ✆ 04 68 71 09 53 – www.chateausaintmartin.net – fermé première quinz. de mars, dim. soir et merc.

Rest – Menu 34/58 € – Carte 41/70 €

◆ Au fond d'un parc, belle demeure des 17e et 18e s., flanquée d'une tour médiévale. Sobre intérieur agrémenté d'une fresque et agréable terrasse d'été. Cuisine classique.

à Floure **11 km par ② et D 6113 – 351 h. – alt. 77 m – ✉ 11800**

Château de Floure

1 allée Gaston-Bonheur – ✆ 04 68 79 11 29 – www.chateau-de-floure.com – Ouvert 1er avril-31 oct.

21 ch – †140/220 € ††140/220 € – 4 suites – 18 € – ½ P 131/171 €

Rest – *(fermé le mardi de mars à mai et de sept. à nov.) (dîner seult)* Menu 39 € (sem.)/79 € – Carte 73/81 €

◆ Jadis villa romaine puis monastère, ce château (12e-17e s.) arbore un cadre opulent (dorures, tapisseries). Chambres de caractère donnant sur le jardin à la française. Restaurant au cadre bourgeois relevé d'une touche médiévale et cuisine traditionnelle.

au Sud par ③ 3 km et par D104 – ✉ 11000 Carcassonne

Domaine d'Auriac

04 68 25 72 22 – www.domaine-d-auriac.com
– Fermé 7-14 nov., 2 janv.-6 fév., dim. soir et lundi d'oct. à Pâques sauf fériés
24 ch – 100/450 € 100/450 € – 23 € – ½ P 150/325 €
Rest – *(fermé dim. soir et lundi d'oct. à mars, lundi midi, mardi midi et merc. midi d'avril à sept. sauf fériés)* Menu 45 € bc (déj. en sem.), 70/150 € bc – Carte 78/110 €
Spéc. Assiette de dégustation autour de l'anchois de Collioure. Cassoulet du Domaine. Grande assiette de desserts. **Vins** Vin de pays de l'Hérault, Corbières.
Rest *Bistrot d'Auriac* – 04 68 25 37 19 *(fermé 21-29 nov., lundi et le soir du mardi au jeudi d'oct. à avril et dim. soir sauf fériés)* Menu 30 €
– Carte 29/66 € le soir
◆ Belle demeure du 19e s. dans un parc avec golf 18 trous. Chambres personnalisées au château, grandes et méridionales dans les dépendances. Savoureuse cuisine du terroir servie dans une salle à manger bourgeoise prolongée d'une terrasse. Club-house façon bistrot.

à Cavanac 7 km par ③ et rte de St-Hilaire – 826 h. – alt. 138 m – ✉ 11570

Château de Cavanac

ch, ch, ch,
– 04 68 79 61 04 – www.chateau-de-cavanac.fr
– Fermé 2 sem. en nov., janv. et fév.
24 ch – 68/150 € 68/150 € – 4 suites – 12 €
Rest – *(fermé dim. soir sauf de mi-avril à mi-sept. et lundi) (dîner seult sauf dim.)* Menu 42 € bc/68 €
◆ Château du 17e s. dans un petit village flirtant avec un domaine viticole. Ravissantes chambres baptisées de noms de fleurs. Véranda-terrasse pour les petits-déjeuners. Plats traditionnels et vins de la propriété dans le cadre rustique d'anciennes écuries.

à Pezens 10 km au Nord-Ouest par ⑤ et D 6113 – 1 234 h. – alt. 117 m – ✉ 11170

L'Ambrosia (Daniel Minet)

carrefour la Madeleine , D 6113 – 04 68 24 92 53 – Fermé 3 janv.-9 fév., 3-18 oct., merc. midi, dim. soir et lundi
Rest – Menu 32 € (déj. en sem.), 42/92 € bc – Carte 60/83 €
Spéc. Paella version XXIème siècle (juil. à sept.). Agneau en déclinaison "voyage à Marrakech" (avril à juin). Le "4C" chocolat, chicorée, caramel et café. **Vins** Minervois, Corbières.
◆ Après avoir repris cette affaire à l'âge de 22 ans, le jeune chef confirme son étonnant talent : recettes inventives et pétillantes, pleines de sincérité, dans un environnement pourtant sans éclat, à l'extérieur de la ville.

CARENNAC – 46 Lot – 337 G2 – 385 h. – alt. 123 m – ✉ 46110 — 29 C1

Périgord Quercy

Paris 520 – Brive-la-Gaillarde 39 – Cahors 79 – Martel 16
Cours du Prieuré, le Bourg 05 65 10 97 01
Portail★ de l'église St Pierre - Mise au tombeau★ dans la salle capitulaire du cloître.

Hostellerie Fénelon

Le Bourg – 05 65 10 96 46 – www.hotel-fenelon.com – Fermé 16 nov.-19 déc., 5 janv.-14 mars et vend. du 1er oct. au 30 avril
15 ch – 51/59 € 54/72 € – 11 € – ½ P 63/72 €
Rest – *(fermé lundi midi, vend. midi et sam. midi sauf juil.-août)* (18 €)
Menu 25/46 € – Carte 27/60 €
◆ Une grande maison quercinoise où règne une sympathique ambiance. Vous préférerez les chambres offrant une vue sur la Dordogne. Le fils de la famille œuvre en cuisine ; carte traditionnelle servie dans un décor rustique (objets paysans), face à la campagne.

CARGÈSE – 2A Corse-du-Sud – 345 A7 – voir à Corse

CARHAIX-PLOUGUER – 29 Finistère – 308 J5 – 7 676 h. – alt. 138 m 9 B2
– ✉ 29270 Bretagne

Paris 506 – Brest 86 – Guingamp 49 – Lorient 74

rue Brizeux ✆ 02 98 93 04 42

Noz Vad sans rest

12 bd de la République – ✆ 02 98 99 12 12 – www.nozvad.com – Fermé 21 déc.-11 janv.

44 ch – 42/91 € 49/97 € – 11 €

◆ Intérieur contemporain ponctué de touches de décoration bretonnes (peintures, photos, etc.). Vous passerez une "noz vad" (bonne nuit) dans une chambre sobre et fonctionnelle.

à Port de Carhaix 6 km au Sud-Ouest par rte de Lorient
– ✉ 29270 Carhaix-Plouguer

Auberge du Poher

– ✆ 02 98 99 51 18 – www.auberge-du-poher.com – Fermé le soir et merc.

Rest – (11 €) Menu 25/45 € – Carte 32/53 €

◆ Cette gentille auberge abrite une salle à manger champêtre tournée vers un jardin. Cuisine traditionnelle concoctée avec de beaux produits.

CARIGNAN – 08 Ardennes – 306 N5 – 3 188 h. – alt. 174 m – ✉ 08110 14 C1

Paris 264 – Charleville-Mézières 43 – Mouzon 8 – Montmédy 24

La Gourmandière

19 av. Blagny – ✆ 03 24 22 20 99 – www.la-gourmandiere.com – Fermé lundi sauf fériés

Rest – (22 €) Menu 29/69 € – Carte 55/70 €

◆ Cette maison bourgeoise de 1890 choie ses convives : cuisine gourmande et généreuse (à base de produits du potager), belle carte des vins, et espace lounge.

CARNAC – 56 Morbihan – 308 M9 – 4 445 h. – alt. 16 m – Casino Z 9 B3
– ✉ 56340 Bretagne

Paris 490 – Auray 13 – Lorient 49 – Quiberon 19

74, avenue des Druides ✆ 02 97 52 13 52

18 de Villarceaux à Auray Ploemel, N : 8 km par D 196, ✆ 02 97 56 85 18

Musée de préhistoire★★ **M** - Église St-Cornély★ **E** - Tumulus St-Michel★ : ←★ - Alignements du Ménec★★ par D 196 : 1,5 km - Alignements de Kermario★★ par ② : 2 km - Alignements de Kerlescan★ par ② : 4,5 km.

Plan page suivante

Le Diana

21 bd de la Plage – ✆ 02 97 52 05 38 – www.lediana.com – Ouvert 15 avril-2 oct. Zr

35 ch – 127/255 € 142/255 € – 3 suites – 21 € – ½ P 126/183 €

Rest – *(ouvert 29 avril-2 oct.) (dîner seult sauf sam. et dim.)* Menu 39/69 € – Carte 50/69 €

◆ Atmosphère cossue dans cet hôtel de style néobreton. Les chambres, plutôt spacieuses, ont vue sur l'océan ou – plus au calme – sur le minigolf. Espace bien-être. Au restaurant, vue sur les flots et carte axée produits de la mer. Beau choix de vins et rhums.

Carnac Thalasso & Spa Resort

av. de l'Atlantique – ✆ 02 97 52 53 00 – www.thalasso-carnac.com – Fermé 2-16 janv. rest, Zs

109 ch – 120/232 € 139/237 € – 1 suite – 16 € – ½ P 115/163 €

Rest *Le Clipper* – (23 €) Menu 30 € – Carte 34/59 €

Rest *Secrets de Cuisine* – Menu 30 €

◆ Accès direct à la thalasso, piscine d'eau de mer, spa moderne, fitness, tennis et chambres avenantes : un Novotel ressourçant ! Au Clipper, plats traditionnels et cadre contemporain. Secrets de Cuisine propose des recettes diététiques et inventives.

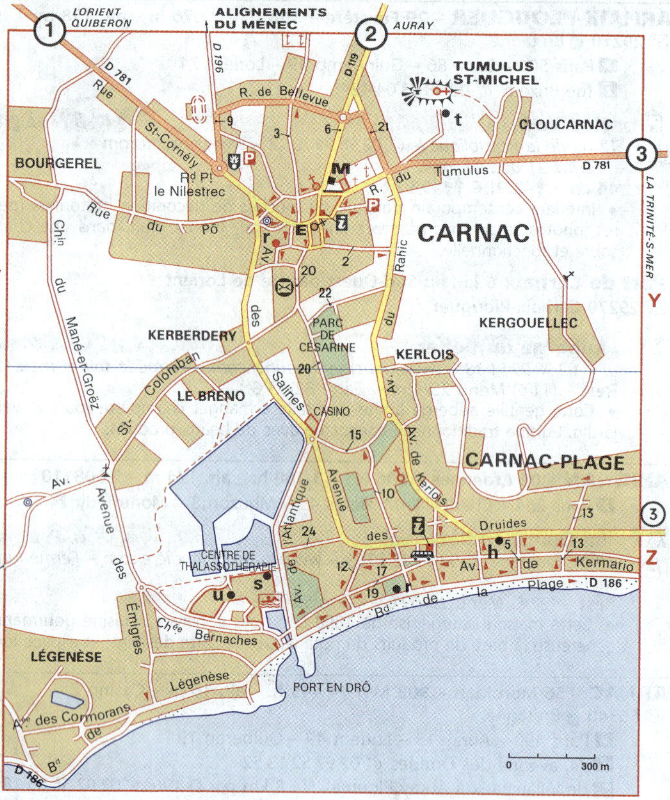

Colary (R.) . . . . Y 2	Menhirs (Av. des) . . . . Z 10	Port en Dro (Av. de) . . . . Z 19
Courdiec (R. de) . . . . Y 3	Miln (Av.) . . . . Z 12	Poste (Av. de la) . . . . Y 20
Cromlech (Allée du) . . . . Z 5	Montagne (Allée de la) . . . . Z 13	Poul Person (R. de) . . . . Y 21
Korrigans (R. des) . . . . Y 6	Palud (Av. du) . . . . Z 15	Roer (Av. du) . . . . Y 22
Ménec (R. du) . . . . Y 9	Parc (Allée du) . . . . Z 17	Talleyrand (R. de) . . . . Z 24

Le Churchill sans rest

70 bd de la Plage, 1 km à l'Est par D 186 - Z
– ✆ 02 97 52 50 20 – www.lechurchill.com
– Ouvert 15 mars-14 nov.
28 ch – †150/290 € ††150/290 € – ☕ 18 €

◆ À la pointe Churchill, édifice néobreton rénové sous le vocable de la mer (photos de Plisson). Chambres contemporaines à l'aménagement soigné. Espace bien-être et piscine.

Tumulus

chemin du Tumulus – ✆ 02 97 52 08 21
– www.hotel-tumulus.com
– Fermé 5 nov.-12 fév. Yt
23 ch – †90/142 € ††90/142 € – ☕ 16 € – ½ P 96 €
Rest – *(fermé le midi sauf dim.)* (15 €) Menu 27/68 € – Carte 32/67 €

◆ Au calme ! Ce petit manoir des années 1920 est perché sur les hauteurs de Carnac ; on loge dans des chambres confortables (les plus spacieuses avec terrasse) et on profite du bel espace bien-être. Au restaurant, baie de Quiberon en toile de fond et cuisine actuelle.

Celtique
82 av. des Druides – ✆ 02 97 52 14 15 – www.hotel-celtique.com **Zh**
43 ch – †90/190 € ††90/190 € – 12 suites – ☕ 13 €
Rest – *(fermé dim. de nov. à mars) (dîner seult)* Menu 23/35 € – Carte 32/41 €
◆ À proximité de la plage, cet hôtel abrite des chambres actuelles et fonctionnelles. Agréable espace bien-être : piscine couverte, sauna, hammam, soins esthétiques... Au restaurant, cuisine traditionnelle à déguster sous la véranda.

Carnac Thalasso rest, rest,
av. de l'Atlantique – ✆ 02 97 52 54 00
– www.thalasso-carnac.com – Fermé 2-16 janv. **Zu**
121 ch – †77/156 € ††85/156 € – ☕ 11 €
Rest – (19 €) Menu 25 € – Carte 22/44 €
◆ Au pied des anciennes salines, cet hôtel de la fin des années 1980 est relié au centre de thalassothérapie. Chambres fonctionnelles avec balcon ; belle piscine couverte. Grand buffet dressé dans une salle contemporaine, avec vue sur le plan d'eau.

La Côte
3 impasse er Forn, (alignements de Kermario), 2 km par ② – ✆ 02 97 52 02 80 – www.restaurant-la-cote.com – Fermé 3-9 oct., 3 janv.-9 fév., sam. midi, dim. soir de sept. à juin, mardi midi en juil.-août et lundi
Rest – Menu 35/85 € – Carte 50/70 €
◆ Atmosphère rustique ou contemporaine ? On a le choix, dans cette ferme proche du site mégalithique de Kermario. La cuisine du chef est inventive et réalisée avec de bons produits.

La Calypso
158 r. du Pô, zone ostréïcole du Pô - Y – ✆ 02 97 52 06 14 – www.calypso-carnac.com – Fermé 1 sem. en juin, 13 nov.-3 fév., dim. soir sauf juil.-août et lundi
Rest – Carte 35/115 €
◆ Les habitués ne s'y trompent pas : dans ce charmant bistrot marin, poissons, coquillages et crustacés sont d'une grande fraîcheur et préparés avec simplicité.

Auberge le Râtelier avec ch
4 chemin du Douet – ✆ 02 97 52 05 04 – www.le-ratelier.com – Fermé 17 nov.-10 déc. et 5 janv.-4 fév. **Yr**
8 ch – †45/65 € ††45/65 € – ☕ 8 € – ½ P 49/62 €
Rest – *(fermé mardi et merc. d'oct. à Pâques, mardi midi et merc. midi en juin et sept.)* Menu 21/46 € – Carte 40/80 €
◆ La façade en granit (19e s.) de cette auberge est recouverte de vigne vierge. Cette touche bucolique séduit, tout comme l'ambiance conviviale et la cuisine, régionale et axée poisson. Chambres simples pour l'étape.

CARNON-PLAGE – 34 Hérault – 339 I7 – ✉ 34280 — 23 C2

Paris 758 – Aigues-Mortes 20 – Montpellier 20 – Nîmes 56
rue du Levant ✆ 04 67 50 51 15

Neptune rest,
au port – ✆ 04 67 50 88 00 – www.hotel-neptune.fr – Fermé 18 déc.-10 janv.
53 ch – †60/92 € ††72/112 € – ☕ 12 €
Rest – *(fermé 21 déc.-15 janv., sam. midi et dim. soir sauf juil.-août)* (17 €) Menu 22 € (sem.), 25/35 € – Carte 25/35 €
◆ Face au port de plaisance, bâtiment moderne abritant des chambres claires et confortables, rénovées dans un style contemporain. Accueil convivial. Petite carte de fruits de mer au restaurant en complément des cartes et menus traditionnels.

CARPENTRAS – 84 Vaucluse – 332 D9 – 27 451 h. – alt. 102 m – ✉ 84200 Provence — 42 E1

Paris 679 – Avignon 30 – Digne-les-Bains 139 – Gap 146
97, Place du 25 Août 1944 ✆ 04 90 63 00 78
18 Provence Country Club à Saumane-de-Vaucluse Route de Fontaine de Vaucluse, par rte de Cavaillon : 18 km, ✆ 04 90 20 20 65
Ancienne cathédrale St-Siffrein★ : Synagogue★.

Plan page suivante

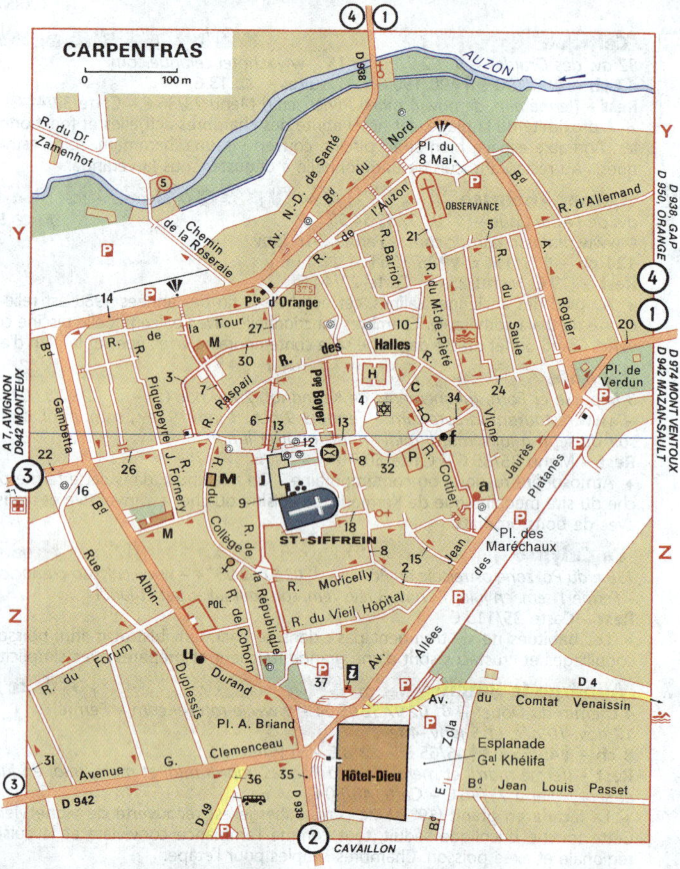

Barjavel (R.) Z 2	Inguimbert (Pl. d') Z 12	Pte de Monteux (R.) Z 26
Briand (Pl. A.) Z	Inguimbert (R. d') YZ 13	Pte Orange (R.) Y 27
Carmel (R. du) Y 3	Khélifa (Espl. Gén.) Z	République (R. de la) Z
Charretier (Pl. M.) Y 4	Leclerc (Bd Mar.) Y 14	Stes-Maries (R. des) Y 30
Clapiès (R. de) Y 5	Marins (R. des) Z 15	St-Jean (R.) Y 34
Évêché (R. de l') Y 6	Marotte (Pl. de la) Z 16	Sémard (Av. Pierre) Z 31
Frères-Laurens (R. des) Y 7	Mercière (R.) Z 18	Sous-Préfecture (R.) Z 32
Gaudibert-Barret (R.) Z 8	Mont Ventoux (Av. du) Y 20	Victor-Hugo (Av.) Z 35
Gaulle (Pl. du Gén.-de) Z 9	Observance (R. de l') Y 21	Wilson (Av.) Z 36
Guillabert (R. D.) Y 10	Pétrarque (Av.) Z 22	25-Août-1944 (Pl. du) Z 37
Halles (R. des) Y	Pte de Mazan (R.) Y 24	

Safari

1060 av. Jean-Henri Fabre, par ③ – ✆ 04 90 63 35 35 – www.safarihotel.fr
35 ch – 70/120 € 80/180 € – 12 € – ½ P 75/160 €
Rest – *(fermé dim. soir hors saison)* (18 €) Menu 27/47 € – Carte 15/35 €
◆ Hôtel rénové de pied en cap en 2009 : mobilier design, touches de couleurs vives, œuvres d'art primitif – la passion du patron –, équipements dernier cri... Dans l'ascenseur vitré, vue sur le mont Ventoux. Au restaurant, on s'attable autour de plats provençaux.

Le Comtadin sans rest

65 bd Albin-Durand – ✆ 04 90 67 75 00 – www.le-comtadin.com
– Fermé 17 déc.-2 janv., 19-27 fév. et dim. d'oct. à fév. **Zu**
19 ch – 65/115 € 85/115 € – 12 €
◆ Bel hôtel particulier de la fin du 18e s. La plupart des chambres, confortables et bien insonorisées, donnent sur le patio, où l'on prend le petit-déjeuner en été.

Château du Martinet sans rest

rte de Mazan, 2,5 km par ① – 04 90 63 03 03 – www.chateau-du-martinet.fr – Ouvert avril-déc.

5 ch – 170/275 € 190/295 €

◆ Un superbe château du 18e s. (classé). On flâne dans son immense parc ; on paresse dans l'une de ses somptueuses chambres et l'on se fait groupie autour du piano...

Maison Trevier

36 pl. du Dr-Cavaillon – 04 90 51 99 98 – www.maison-trevier.com

5 ch – 105/125 € 105/145 € – 10 € YZf

Table d'hôte – Menu 28/55 €

◆ Un hôtel particulier (1742) au cœur de la vieille ville. La propriétaire, esthète, passionnée de cuisine et de voyages, a créé un lieu raffiné, mêlant rétro et contemporain. En semaine, plats régionaux accompagnés de vins naturels ; cours de cuisine.

Chez Serge

90 r. Cottier – 04 90 63 21 24 – www.chez-serge.com Za

Rest – (12 €) Menu 15 € (déj.)/69 € – Carte 40/80 €

◆ Dans une bâtisse du 16e s., un bistrot où le décor "maison de famille" rencontre la tendance industrielle... Cuisine traditionnelle – ici, la truffe est reine – et très bons crus.

à Beaumes-de-Venise 10 km par ① D 7 puis D 21 – ✉ 84190

place du Marché 04 90 62 94 39

Le Clos Saint Saourde sans rest

rte de St-Véran, 3 km au Sud-Est par D 21 et rte secondaire – 04 90 37 35 20 – www.leclossaintsaourde.com

5 ch – 170/430 € 170/430 €

◆ Un mas du 18e s. tout en raffinement et caractère ! Belles chambres taillées dans la roche, matériaux bruts et... somptueuse "cabane" en bois au fond du jardin (avec petit spa).

Dolium

pl. Balma-Vénitia, (cave des vignerons) – 04 90 12 80 00 – www.dolium-restaurant.com – Fermé 15 déc.-15 janv., le soir du 16 sept. au 13 juin sauf vend.-sam. et merc. toute l'année

Rest – *(nombre de couverts limité, prévenir)* (20 €) Menu 29/50 €

◆ Bistrot contemporain au sein de la cave des vignerons de Beaumes-de-Venise. On déguste ici une bonne cuisine régionale misant sur la vérité du produit frais ; vins du cru.

à Mazan 7 km à l'Est par D 942 – 5 445 h. – alt. 100 m – ✉ 84380

83, place du 8 Mai 04 90 69 74 27

Cimetière ≤★.

Château de Mazan

ch, ch, rest,

pl. Napoléon – 04 90 69 62 61 – www.chateaudemazan.com – Fermé 2 janv.-4 mars

28 ch – 105/145 € 105/145 € – 2 suites – 17 €

Rest – *(fermé le midi en sem., lundi de nov. à avril et mardi)* Menu 35 € – Carte 50/67 €

◆ Cette demeure du 18e s. appartint au marquis de Sade. Moulures, tomettes, touches néorétro : l'élégance d'une maison de famille provençale. Belle piscine et séduisant jardin. Cuisine créative à déguster dans de jolis salons ou sur la superbe terrasse ombragée.

au Beaucet 11 km au Sud-Est par D 4 et D 39 – 362 h. – alt. 275 m – ✉ 84210

Auberge du Beaucet

r. Coste-Chaude – 04 90 66 10 82 – www.aubergedubeaucet.fr – Fermé 15 nov.-2 déc., 6 janv.-6 fév., dim. soir et lundi

Rest – *(nombre de couverts limité, prévenir)* Menu 24/39 € – Carte environ 42 €

◆ Auberge rustique au cœur de cette pittoresque bourgade adossée à la falaise. Bonne cuisine provençale ; l'été, on la déguste au jardin ou dans la véranda sur le toit !

à Monteux **4,5 km au Sud-Ouest – 10 704 h. – alt. 42 m – ✉ 84170**

place des Droits de l'Homme ✆ 04 90 66 97 52

Domaine de Bournereau sans rest

579 chemin de la Sorguette, rte d'Avignon et rte secondaire – ✆ 04 90 66 36 13 – www.bournereau.com – Ouvert de mars à oct.

12 ch – 🛉100/140 € 🛉🛉110/170 € – 1 suite – ☕ 14 €

◆ Un majestueux platane centenaire trône au milieu de la cour de ce paisible mas provençal. Chambres colorées, spacieuses et confortables ; tenue impeccable.

CARQUEIRANNE – 83 Var – 340 L7 – 9 482 h. – alt. 30 m – ✉ 83320 41 C3

Paris 849 – Draguignan 80 – Hyères 7 – Toulon 16

La Maison des Saveurs

18 av. J.-Jaurès, (centre ville) – ✆ 04 94 58 62 33 – www.maisondessaveurs.com – Fermé dim. soir et lundi sauf juil.-août

Rest – (21 €) Menu 27 €

◆ Cuisine méditerranéenne concoctée par un chef autodidacte et servie dans un cadre clair, feutré et serein ou sur la jolie terrasse estivale, à l'ombre des platanes.

à l'Est **2 km par D 559 ✉83320 Carqueiranne**

Val d'Azur sans rest

3 imp. de la Valérane – ✆ 06 09 07 23 87 – www.valdazur.com

5 ch ☕ – 🛉90/135 € 🛉🛉90/135 €

◆ Sur les hauteurs de Carqueiranne, face à la mer, belle villa contemporaine disposant de confortables chambres au décor exotique et soigné (bain balnéo ou hammam).

LES CARROZ-D'ARÂCHES – 74 Haute-Savoie – 328 M4 46 F1

– alt. 1 140 m – Sports d'hiver : 1 140/2 500 m 5 70 – ✉ 74300

Alpes du Nord

Paris 580 – Annecy 67 – Bonneville 25 – Chamonix-Mont-Blanc 47

9, place Ambiance ✆ 04 50 90 00 04

de Pierre Carrée à Flaine, E : 12 km par D 106, ✆ 04 50 90 85 44

Les Servages d'Armelle

841 rte des Servages – ✆ 04 50 90 01 62 – www.servages.com – Fermé mai et nov.

8 ch – 🛉220/380 € 🛉🛉220/380 € – 3 suites – ☕ 25 € – ½ P 180/260 €

Rest ***Les Servages*** – *(fermé lundi, mardi et merc. hors saison) (résidents seult)* Menu 30 € (sem.)/60 € – Carte 40/65 €

◆ Vieux bois patinés, équipements high-tech et touches design se marient avec raffinement dans les chambres de ce superbe chalet restauré avec des matériaux anciens. Vue sur les cuisines ultramodernes depuis la salle à manger très montagnarde ; recettes actuelles.

Les Airelles

346 rte Moulins – ✆ 04 50 90 01 02 – www.chalet-lesairelles.com – Ouvert 20 juin-30 sept. et 15 déc.-28 avril

12 ch – 🛉55/64 € 🛉🛉68/100 € – 3 suites – ☕ 10 € – ½ P 65/110 €

Rest – *(fermé le midi en juin et sept.) (prévenir)* Menu 24 € (dîner)/29 € – Carte 24/40 €

◆ Les chambres du premier chalet sont petites, mais coquettes (bois, tons chauds) ; le second, plus récent, abrite de confortables appartements. Table montagnarde dans le décor et dans l'assiette. Spécialité maison : les diots (saucisses savoyardes) au chou.

La Croix de Savoie

768 rte du Pernand – ✆ 04 50 90 00 26 – www.lacroixdesavoie.fr

Rest – Menu 22/48 € – Carte 37/47 €

◆ Une table appréciée pour ses appétissantes recettes régionales revisitées par la patronne et sa terrasse estivale qui offre une vue splendide sur les montagnes et la vallée.

CARRY-LE-ROUET – 13 Bouches-du-Rhône – **340** F6 – 6 358 h. **40** B3
– alt. 5 m – Casino – ✉ 13620 Provence

Paris 765 – Aix-en-Provence 39 – Marseille 34 – Martigues 20

avenue Aristide Briand ☏ 04 42 13 20 36

Le Madrigal

4 av. du Dr. Gérard Montus – ☏ 04 42 44 58 63 – www.restaurant-lemadrigal.com – Fermé de mi-nov. à début déc., dim. soir et lundi de sept. à avril

Rest – Menu 34/59 € – Carte 37/62 €

◆ Sur les hauts de Carry, la vue de cette maison rose sur le port compose un madrigal estival. Généreuse cuisine sous les pins parasols, poisson et glaces artisanales.

CARSAC-AILLAC – 24 Dordogne – **329** I6 – 1 460 h. – alt. 80 m **4** D3
– ✉ 24200 Périgord Quercy

Paris 536 – Brive-la-Gaillarde 59 – Gourdon 18 – Sarlat-la-Canéda 9

La Villa Romaine

ch,

St-Rome, 3 km par rte de Gourdon – ☏ 05 53 28 52 07 – www.lavillaromaine.com – Fermé 14 nov.-8 déc. et 15 fév.-15 mars

15 ch – 110/190 € 110/190 € – 2 suites – 15 €

Rest – *(ouvert 30 avril-12 nov. et fermé merc. et dim. sauf juil.-août et le midi)* Menu 29/45 € – Carte 52/80 €

◆ Bâtie sur un site gallo-romain proche de la Dordogne, cette ancienne métairie a effectivement un petit air italien, avec ses cyprès ! Terrasses, jardin et piscine sont très agréables. La cuisine est goûteuse, réalisée par un jeune chef appliqué. Cadre plaisant.

CARTERET – 50 Manche – **303** B3 – rattaché à Barneville-Carteret

CARVIN – 62 Pas-de-Calais – **301** K5 – 17 744 h. – alt. 31 m – ✉ 62220 **31** C2

Paris 204 – Arras 35 – Béthune 28 – Douai 23

Parc Hôtel

rest,

Z.I. du Château – ☏ 03 21 79 65 65 – www.parc-hotel.com

46 ch – 55/79 € 63/89 € – 11 €

Rest – *(fermé dim. soir et fériés le soir)* (17 €) Menu 21/35 € bc – Carte 27/47 €

◆ Près de l'autoroute, hôtel actuel disposant de chambres fonctionnelles rénovées dans un style contemporain épuré, à choisir de préférence côté campagne. Salle à manger claire et spacieuse où les repas peuvent être servis sous forme de buffet. Belle terrasse.

Le Charolais

Domaine de la Gloriette, 143 bis r. Mar.-Foch – ☏ 03 21 40 12 98 – www.le-charolais.fr – Fermé 2 sem. en août et le soir sauf le sam.

Rest – (12 €) Menu 15 € (sem.), 20/30 € – Carte 30/45 €

◆ Le bœuf charolais est à l'honneur dans cette maison de style régional ; tables bien espacées et cadre soigné agrémenté de nombreux tableaux.

CASAMOZZA – 2B Haute-Corse – **345** F4 – voir à Corse

CASCASTEL-DES-CORBIÈRES – 11 Aude – **344** H5 – 207 h. **22** B3
– alt. 140 m – ✉ 11360

Paris 835 – Perpignan 52 – Carcassonne 70 – Narbonne 48

Domaine Grand Guilhem sans rest

1 chemin du Col-de-la-Serre – ☏ 04 68 45 86 67 – www.grandguilhem.com – Fermé en fév.

4 ch – 80 € 90 €

◆ Demeure en pierre (19e s.) à l'authentique et rassurante ambiance maison de famille. Chambres coquettes d'une tenue impeccable. Dégustations de vins du domaine dans le caveau.

CASENEUVE – 84 Vaucluse – **332** F10 – 407 h. – alt. 595 m **40** B2
– ✉ 84750

Paris 745 – Avignon 63 – Digne-les-Bains 83 – Marseille 121

Le Sanglier Paresseux

Le Village – ✆ 04 90 75 17 70 – www.sanglierparesseux.com – Fermé dim. soir et merc.
Rest – Menu 23 € (sem.)/29 €
◆ Chaleureux ! Brésilien, le chef a posé ses valises dans ce village et repris l'ancienne auberge communale. Sa cuisine, assez personnelle, est tout simplement savoureuse...

CASSEL – 59 Nord – 302 C3 – 2 322 h. – alt. 175 m – ✉ 59670 — 30 B2

Paris 250 – Calais 58 – Dunkerque 30 – Hazebrouck 11
20, Grand'Place ✆ 03 28 40 52 55
Site★.

Châtellerie de Schoebeque sans rest

32 r. du Maréchal Foch – ✆ 03 28 42 42 67 – www.schoebeque.com
14 ch – 95 € 201 € – 14 €
◆ Demeure historique (18e s.) où les chambres arborent un décor personnalisé (la Mer, l'Aziza, les Comédiens...). Vue unique sur les Flandres depuis la véranda du petit-déjeuner.

Au Petit Bruxelles

1656 rte Nationale, au Petit-Bruxelles, Sud-Est : 3,5 km sur D 916 – ✆ 03 28 42 44 64 – www.aupetitbruxelles.com – Fermé dim. soir, lundi soir, mardi et merc.
Rest – Menu 39 € bc/48 € – Carte 30/50 €
◆ Ancien relais de poste à la jolie façade en briques rouges typique de la région. Chaleureux décor rustique, ambiance bon enfant et cuisine au goût du jour, gourmande et soignée.

CASSIS – 13 Bouches-du-Rhône – 340 I6 – 7 788 h. – alt. 10 m – Casino — 40 B3
– ✉ 13260 Provence

Paris 800 – Aix-en-Provence 51 – La Ciotat 10 – Marseille 30
Quai des Moulins ✆ 08 92 25 98 92
Site★ - Les Calanques★★ (1h en bateau) - Mt de la Saoupe ✳★★ : 2 km par D 41A.
Cap Canaille, la plus haute falaise maritime d'Europe, ★★★ 5 km par D41A - Sémaphore ✳★★★ - Corniche des Crêtes★★ de Cassis à La Ciotat.

Royal Cottage sans rest

6 av. 11 Novembre , par ① – ✆ 04 42 01 33 34 – www.royal-cottage.com – Fermé 11-30 déc.
25 ch – 80/215 € 80/215 € – 13 €
◆ Bâtisse moderne sur les hauteurs disposant de chambres sobres et spacieuses, certaines avec vue sur le port. Belle piscine au milieu d'une luxuriante végétation exotique.

CASSIS

- Abbé-Mouton (R.) 2
- Arène (R. de l') 4
- Autheman (R. V.) 5
- Baragnon (Pl.) 6
- Barthélemy (Bd) 7
- Barthélemy (Quai Jean-Jacques) 8
- Baux (Quai des) 9
- Ciotat (R. de la) 10
- Clemenceau (Pl.) 12
- Ganteaume (Av. de l'Amiral) 14
- Jean-Jaurès (Av.) 16
- Leriche (Av. Professeur) 17
- Mirabeau (Pl.) 22
- Moulins (Quai des) 23
- République (Pl.) 25
- Revestel (Av. du) 26
- St-Michel (Pl.) 27
- Thiers (R. Adolphe) 29
- Victor-Hugo (Av.) 32

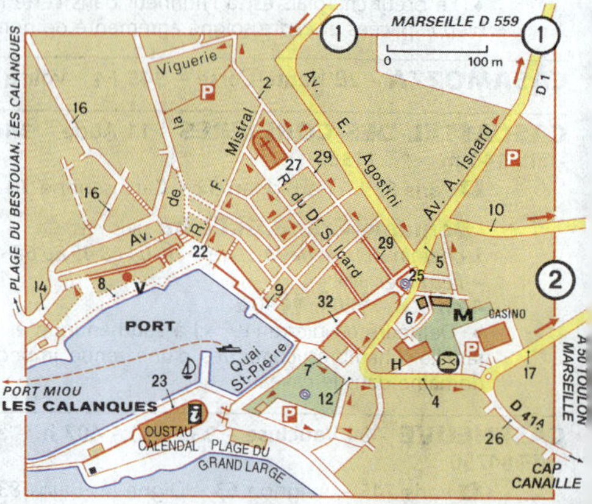

Les Jardins de Cassis sans rest
r. A. Favier, 1 km par ① – ✆ 04 42 01 84 85
– www.lesjardinsdecassis.com – Ouvert de mars à nov.
36 ch – 77/150 € 77/150 € – ☐ 14 €
◆ Bâtiments ocre sur les hauteurs de Cassis. Chambres coquettes (un peu moins de cachet en annexe, aux Restanques), souvent avec terrasse privée. Beau jardin méridional.

La Villa Madie (Jean-Marc Banzo)
av. du Revestel, Sud-Est par D 41A, (anse de Corton) – ✆ 04 96 18 00 00
– www.lavillamadie.com – Fermé 20 déc.-20 fév., lundi et mardi de sept. à mai
Rest – Menu 97 € (déj.) – Carte 100/140 €
Spéc. Rouget de roche, barigoule d'artichaut violet et vinaigrette de coquillages (mai à sept.). Dos de loup rôti contisé au citron. Soufflé chaud sous toutes ses formes. **Vins** Cassis, Bandol.
Rest *La Petite Cuisine* – Menu 40 €
◆ Vue sur le large et les pins, cadre design et épuré, terrasses descendant jusqu'à la mer et... la cuisine actuelle de Jean-Marc Banzo, qui ménage des émotions gustatives au diapason. À l'étage, l'annexe propose une "petite" cuisine du marché pour les midis pressés.

Nino avec ch
port de Cassis – ✆ 04 42 01 74 32 – www.nino-cassis.com – Fermé 6 déc.-3 janv., dim. soir hors saison et lundi **v**
3 ch ☐ – 130/200 € 130/200 € **Rest** – Menu 33 € – Carte 45/65 €
◆ Une institution locale depuis 1962 : comme un navire à quai où déguster la bouillabaisse, mais aussi des produits de la mer ultrafrais ! Terrasse fleurie côté port. À l'étage, trois belles chambres inondées de soleil avec une vue et un confort au top.

CASTAGNÈDE – 64 Pyrénées-Atlantiques – 342 G4 – rattaché à Salies-de-Béarn

CASTANET-TOLOSAN – 31 Haute-Garonne – 343 H3 – rattaché à Toulouse

CASTELJALOUX – 47 Lot-et-Garonne – 336 C4 – 4 617 h. – alt. 52 m – ✉ 47700 Aquitaine 4 C2

Paris 674 – Agen 55 – Langon 55 – Marmande 23
Maison du Roy ✆ 05 53 93 00 00
de Casteljaloux Rte de Mont de Marsan, S : 4 km par D 933, ✆ 05 53 93 51 60

Les Cordeliers
r. Cordeliers – ✆ 05 53 93 02 19 – www.hotel-cordeliers.fr – Fermé 23 déc.-10 janv.
24 ch – 45 € 49/70 € – ☐ 8 € – ½ P 48/52 €
Rest – (12 €) Menu 16/29 € – Carte 28/48 €
◆ Accueil souriant en cet établissement situé dans une venelle donnant sur la grande place. On rafraîchit peu à peu les chambres, fonctionnelles et bien tenues. Le restaurant sert une cuisine traditionnelle dans un décor frais et coloré.

La Vieille Auberge
11 r. Posterne – ✆ 05 53 93 01 36
– Fermé 20 juin-3 juil., 21 nov.-7 déc., 22 fév.-3 mars, dim. soir et merc.
Rest – Menu 19/60 € – Carte 45/53 €
◆ Charmante maison de pierre bordant une ruelle de la bastide. La salle à manger bourgeoise, redécorée et colorée, est bien fleurie. Cuisine classique soignée.

CASTELLANE – 04 Alpes-de-Haute-Provence – 334 H9 – 1 630 h. – alt. 730 m – ✉ 04120 Alpes du Sud 41 C2

Paris 797 – Digne-les-Bains 54 – Draguignan 59 – Grasse 64
rue Nationale ✆ 04 92 83 61 14
de Taulane à La Martre Le Logis du Pin, E : 17 km par D 4085, ✆ 04 93 60 31 30
Site★ - Lac de Chaudanne★ 4 km par ①.
- Grand canyon du Verdon★★★.

à la Garde 6 km par D 559 et D 4085 – 88 h. – alt. 928 m – ✉ 04120

Auberge du Teillon avec ch
rte Napoléon – ✆ 04 92 83 60 88 – www.auberge-teillon.com
– Ouvert 15 mars-15 nov. et fermé dim. soir et lundi hors saison et fériés; lundi midi et mardi midi en juil.-août
8 ch – †60/65 € ††60/65 € – ☕ 8 € – ½ P 57/60 €
Rest – Menu 26/52 € – Carte 43/65 €
◆ Des produits au top, des assiettes qui débordent de saveurs : cette auberge rustique célèbre la tradition avec un bel accent du Sud. Accueil tout sourire et ambiance conviviale. À l'étage, quelques petites chambres fraîches, pratiques pour l'étape.

LE CASTELLET – 83 Var – 340 J6 – 4 154 h. – alt. 252 m – ✉ 83330 40 B3

Paris 816 – Aubagne 30 – Marseille 46 – Toulon 23
Circuit Paul Ricard ✆ 04 94 98 36 66

Castel Lumière
2 r. Douce, (au vieux village) – ✆ 04 94 32 62 20 – www.castellumiere.fr
– Fermé 14 nov.-2 déc., 2-20 janv., lundi et mardi sauf du 1er juil. au 15 sept.
Rest – Menu 27/48 € – Carte 30/55 €
◆ Face aux larges baies vitrées, on profite de la vue sur le village de La Cadière – la mer en toile de fond – et l'on savoure une fine cuisine aux accents régionaux.

à Ste-Anne-du-Castellet 4,5 km au Nord par D 226 et D 26 – ✉ 83330

Castel Ste-Anne sans rest
81 chemin Chapelle – ✆ 04 94 32 60 08
24 ch – †55 € ††95 € – ☕ 8 €
◆ Quiétude, jardin fleuri et jolie piscine : un hôtel familial bien sympathique. Chambres sobres, plus récentes et dotées d'une terrasse à l'annexe.

au Circuit Paul Ricard 11 km au Nord par D 226, D 26 et D N8 – ✉ 83330 Le Beausset

Du Castellet
3001 rte Hauts-du-Camp – ✆ 04 94 98 37 77
– www.hotelducastellet.com – Fermé déc. et janv.
33 ch – †320/680 € ††320/680 € – 15 suites – ☕ 32 €
Rest *Monte Cristo* – *(fermé dim. soir, lundi, mardi et le midi)*
Menu 145/170 € bc – Carte 130/165 €
Spéc. Sardine de Méditerranée et coquillages. Pigeonneau au sang cuit en croûte de sel épicée. Soufflé au Grand Marnier. **Vins** Bandol, Les Baux de Provence.
Rest *San Felice* – Carte 50/80 €
◆ En bordure du circuit, ce domaine, vaste et luxueux, mêle les influences architecturales provençale et toscane. Belles chambres au décor feutré ; magnifique terrasse (patios...). Au Monte Cristo, cuisine méditerranéenne signée par le chef Christophe Bacquié, Meilleur Ouvrier de France. Carte bistrotière au San Felice.

Grand Prix
3100 rte des Hauts du Camp – ✆ 04 94 88 80 80
– www.grandprixhotel.fr
117 ch – †110 € ††110 € – ☕ 15 €
Rest – (19 €) Menu 28 € – Carte 30/45 €
◆ À deux pas du circuit, cet hôtel design et épuré dispose de chambres contemporaines (murs blanc et taupe) bénéficiant d'équipements dernier cri. Espace bien-être. Au restaurant, photos de compétitions automobiles et cuisine actuelle.

CASTELNAUDARY – 11 Aude – 344 C3 – 11 575 h. – alt. 175 m – ✉ 11400 Languedoc Roussillon 22 A2

Paris 735 – Carcassonne 42 – Foix 70 – Pamiers 49
place de Verdun ✆ 04 68 23 05 73

Du Canal sans rest

2 ter av. A. Vidal – ✆ 04 68 94 05 05 – www.hotelducanal.com AZb

38 ch – †51/64 € ††58/77 € – ☕ 6 €

◆ À quelques pas du centre, bâtisse ocre, autrefois usine à chaux, longée par le canal du Midi. Chambres pratiques décorées sobrement. Petits-déjeuners servis au bord de l'eau.

Le Tirou

90 av. Mgr de Langle – ✆ 04 68 94 15 95 – www.letirou.com – Fermé 23-30 juin, 20 déc.-20 janv., le soir et lundi BZe

Rest – Menu 22 € (sem.)/41 € – Carte 35/50 €

◆ Le chef prépare son cassoulet avec des produits du terroir. Beau choix de vins régionaux et agréable salle ouverte sur un jardin où paissent des chèvres et un âne.

CASTELNAU-DE-LÉVIS – 81 Tarn – 338 E7 – rattaché à Albi

CASTELNAU-DE-MONTMIRAL – 81 Tarn – 338 C7 – 940 h. – alt. 287 m – ✉ 81140 29 C2

▶ Paris 645 – Toulouse 69 – Cordes-sur-Ciel 22 – Gaillac 12

ℹ place de la Mairie ✆ 05 63 33 15 11

Des Consuls sans rest
pl.des Arcades – ✆ 05 63 33 17 44 – www.hoteldesconsuls.com – Fermé vacances de Noël
16 ch – †59/83 € ††59/83 € – ☕ 9 €
◆ Maisons anciennes situées sur la place centrale de la pittoresque bastide du 13e s. : les vieilles façades dissimulent des chambres au mobilier rustique, simples ou rénovées.

CASTELNAU-LE-LEZ – 34 Hérault – 339 I7 – rattaché à Montpellier

CASTÉRA-VERDUZAN – 32 Gers – 336 E7 – 906 h. – alt. 114 m – Stat. therm. : début mars-mi-déc. – Casino – ✉ 32410 28 A2

Paris 720 – Agen 61 – Auch 26 – Condom 20
avenue des Thermes ✆ 05 62 68 10 66

Le Florida
2 rue du Lac – ✆ 05 62 68 13 22 – www.restaurant-florida.fr – Fermé vacances de fév., dim. soir et lundi sauf jours fériés
Rest – (13 €) Menu 25 € bc/45 € – Carte 45/75 €
◆ Spécialités gersoises à savourer en hiver, réchauffé par le crépitement d'un bon feu de cheminée, et en été sur la terrasse ombragée et fleurie.

CASTERINO – 06 Alpes-Maritimes – 341 G3 – rattaché à Tende

CASTILLON-DU-GARD – 30 Gard – 339 M5 – rattaché à Pont-du-Gard

CASTRES – 81 Tarn – 338 F9 – 43 141 h. – alt. 170 m – ✉ 81100 29 C2

Midi-Toulousain

Paris 718 – Albi 43 – Béziers 107 – Carcassonne 70
de Castres-Mazamet : ✆ 05 63 70 34 77, 8 km par ③.
2, place de la République ✆ 0563626362
de Castres Gourjade Domaine de Gourjade, N : 3 km par rte de Roquecourbe, ✆ 05 63 72 27 06
Musée Goya★ - Hôtel de Nayrac★ AY - Centre national et musée Jean-Jaurès AY.
Le Sidobre★ 9 km par ① - Musée du Protestantisme à Ferrières.

Occitan
201 av. Ch. de Gaulle, par ③ – ✆ 05 63 35 34 20 – www.hotel-restaurant-l-occitan.fr – Fermé 18 déc.-2 janv.
62 ch – †65/93 € ††72/105 € – ☕ 11 € – ½ P 60/86 €
Rest – *(fermé dim. midi de la Toussaint à Pâques et sam. midi)* Menu 14 € (sem.)/40 € – Carte 23/60 €
◆ Hôtel pratique pour une étape aux portes de la ville. Les chambres, toutes climatisées, ont été rénovées ; certaines occupent une aile très récente. Sauna et jacuzzi. Cuisine traditionnelle servie dans un cadre contemporain ou en terrasse, face à la piscine.

Miredames
1 pl. R. Salengro – ✆ 05 63 71 38 18 – www.hotel-miredames.com BYf
14 ch – †53/57 € ††60/71 € – ☕ 8 €
Rest *Relais du Pont Vieux* – ✆ 05 63 35 56 14 – Menu 12 € (déj. en sem.), 17/33 € – Carte 20/40 €
◆ L'enseigne de cette maison de la vieille ville évoque le coche d'eau qui remonte l'Agout. Chambres fonctionnelles et bien tenues. Le Relais du Pont Vieux donne sur une place où murmure une fontaine, mais déploie sa terrasse côté rivière. Plats traditionnels.

Le Victoria
24 pl. 8-Mai-1945 – ✆ 05 63 59 14 68 – Fermé 1 sem. en juil., sam. midi et dim. soir
Rest – (13 €) Menu 24/50 € – Carte 30/50 € BZs
◆ Trois salles à manger assez intimes aménagées dans un sous-sol voûté ; la plus plaisante donne sur la cave à vins. Cuisine traditionnelle soignée.

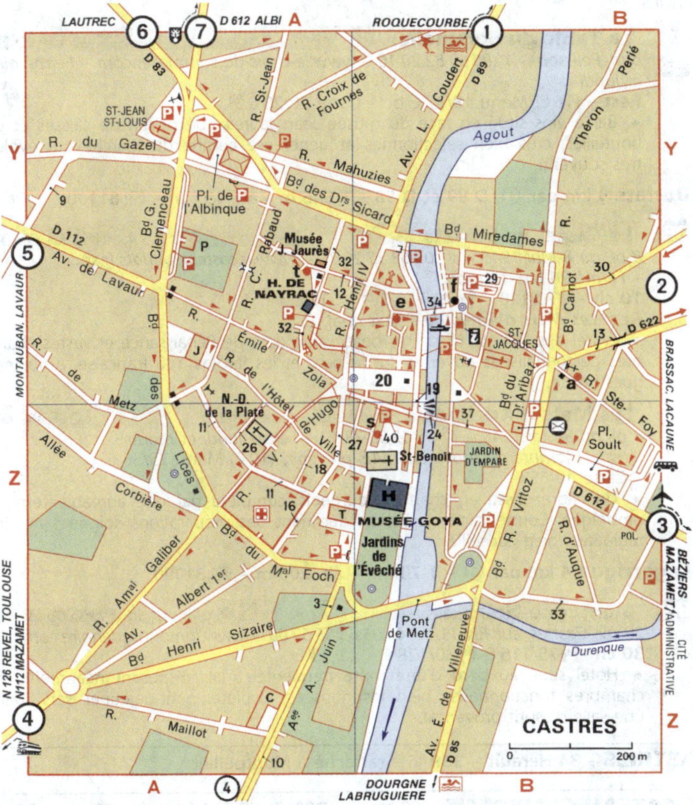

XX **Mandragore**

1 r. Malpas – ✆ 05 63 59 51 27 – Fermé 1 sem. en mars, 1 sem. en sept., dim. et lundi BY**e**

Rest – (13 € bc) Menu 15 € (déj. en sem.)/27 € – Carte 29/42 € le soir

◆ Cette maison du vieux Castres est décorée dans un style contemporain, où dominent bois blond et verre dépoli. On y déguste des préparations traditionnelles.

X **Bistrot Saveurs** (Simon Scott)

5 r. Ste-Foy – ✆ 05 63 50 11 45 – www.bistrot-saveurs.com – Fermé 1er-22 août, 23-31 oct., 28 fév.-4 mars, sam., dim. et fériés BY**a**

Rest – (22 € bc) Menu 24 € (déj.), 38/95 € bc – Carte 60/80 € le soir

Spéc. Foie gras de canard à ma façon. Tronçon de turbot cuit à 63°C à l'huile d'olive et tarte fine à la tomate noire de Crimée (juil. à sept). Sphère de chocolat noir et blanc. **Vins** Vin de pays de la Vallée du Paradis, Irouléguy.

◆ Ce chef britannique (déjà) distingué a pris ses quartiers en 2009 dans ce décor contemporain et épuré. Priorité aux produits : carte courte et renouvelée chaque jour, compositions inventives sans excès, pour que les saveurs tombent juste. All right !

La Table du Sommelier
6 pl. Pélisson – ✆ 05 63 82 20 10 – www.le-chais-du-sommelier.com – Fermé dim. et lundi AYt
Rest – (16 €) Menu 18/37 € bc – Carte 20/28 €
◆ Bar à vins situé en face du musée Jean Jaurès : décor fait de caisses et de bouteilles, crus bien sélectionnés et généreuse cuisine du marché qui évolue très souvent.

à Burlats 9 km par ①, D 89 et D 58 – 1 846 h. – alt. 191 m – ✉ 81100

Le Castel de Burlats
8 pl. du 8-Mai-1945 – ✆ 05 63 35 29 20 – www.lecasteldeburlats.fr.st – Fermé 26 fév.-14 mars
10 ch – 70/110 € 70/110 € – 10 €
Rest ***Les Mets d'Adélaïde*** – voir ci-après
◆ Castel des 14e et 16e s. Très beau salon de style Renaissance et vastes chambres personnalisées ouvertes sur le parc et les jardins à la française. Ambiance guesthouse.

Les Mets d'Adélaïde – Hôtel Le Castel de Burlats
8 pl. du 8-Mai-1945 – ✆ 05 63 35 78 42 – Fermé lundi et mardi
Rest – *(nombre de couverts limité, prévenir)* (19 €) Menu 25/56 € – Carte 40/65 €
◆ Un cadre cossu au charme bourgeois, complété par une agréable terrasse ombragée. Courte carte de saison déclinant des préparations soignées et vins régionaux bien conseillés.

à Lagarrigue 4 km par ③ – 1 707 h. – alt. 200 m – ✉ 81090

Montagne Noire sans rest
29 av. Castres, sur RN 112 – ✆ 05 63 35 52 00 – www.lamontagnenoire.com
30 ch – 75/116 € 80/128 € – 13 €
◆ Hôtel situé au bord d'une route fréquentée mais disposant néanmoins de chambres fonctionnelles bien insonorisées. Copieux petit-déjeuner servi dans une salle d'esprit provençal.

CASTRIES – 34 Hérault – 339 I6 – rattaché à Montpellier

LE CATEAU-CAMBRÉSIS – 59 Nord – 302 J7 – 7 156 h. – alt. 123 m – ✉ 59360 Nord Pas-de-Calais Picardie 31 C3

Paris 202 – Cambrai 24 – Hirson 44 – Lille 86
9, place du Commandant Richez ✆ 03 27 84 10 94

Le Relais Fénelon avec ch
21 r. Mar.-Mortier – ✆ 03 27 84 25 80 – www.relais-fenelon.fr – Fermé 4-27 août, dim. soir et lundi sauf fériés
5 ch – 48 € 48 € – 7 € – ½ P 41 €
Rest – (15 €) Menu 22/32 € – Carte 35/53 €
◆ Cette fière maison bourgeoise du 19e s. cache une salle à manger au charme provincial, précédée d'un salon, et une terrasse d'été dressée côté jardin. Cuisine traditionnelle.

LE CATELET – 02 Aisne – 306 B2 – 201 h. – alt. 90 m – ✉ 02420 37 C1

Paris 170 – Cambrai 22 – Le Cateau-Cambrésis 29 – Laon 66

La Coriandre
68 r. du Gén.-Augereau – ✆ 03 23 66 21 71 – Fermé 25 juil.-20 août, 3-12 janv., lundi et le soir sauf vend. et sam.
Rest – Menu 23 € (déj. en sem.), 40/56 € – Carte 60/72 €
◆ Salade de homard à la crème de ciboulette ; barbue dorée à l'huile d'olive, lasagnes de céleri ; dentelle croustillante de fraises... Une cuisine soignée, dans un cadre rustique.

LES CATONS – 73 Savoie – 333 I4 – rattaché au Bourget-du-Lac

CAUDEBEC-EN-CAUX – 76 Seine-Maritime – 304 E4 – 2 336 h. – alt. 6 m – ✉ 76490 Normandie Vallée de la Seine — 33 C1

Paris 162 – Lillebonne 17 – Le Havre 53 – Rouen 37

place du General de Gaulle ☎ 02 32 70 46 32

Église Notre-Dame★.

Vallon de Rançon★ NE : 2 km.

Normotel La Marine

18 quai Guilbaud – ☎ 02 35 96 20 11 – www.normotel-lamarine.fr – Fermé 20 déc.-3 janv.

31 ch – 72/112 € 72/112 € – 9 € – ½ P 62/78 €

Rest – *(fermé sam. midi et dim. soir)* (15 €) Menu 26/36 € – Carte 48/57 €

◆ Face à la Seine animée par le va-et-vient des bateaux, grande bâtisse hôtelière dont les meilleures chambres ont un balcon tourné vers le fleuve. Salle de restaurant panoramique proposant des repas traditionnels ; terrasse d'été au bord de l'eau.

Le Normandie

19 quai Guilbaud – ☎ 02 35 96 25 11 – www.le-normandie.fr – Fermé 17 déc.-4 janv.

15 ch – 59 € 79 € – 8 € – ½ P 58 €

Rest – *(fermé lundi midi, merc. midi et dim. soir)* (14 €) Menu 21/42 € – Carte 40/66 €

◆ Sur le quai longeant la Seine, chambres fonctionnelles, parfois garnies de meubles rustiques ; les plus spacieuses, en façade, ont un balconnet et offrent une échappée sur le fleuve. Vue batelière par les baies du restaurant ; plats traditionnels et normands.

Le Cheval Blanc

4 pl. René Coty – ☎ 02 35 96 21 66 – www.le-cheval-blanc.fr – Fermé 25 déc.-3 janv.

14 ch – 56 € 58 € – 7 €

Rest – *(fermé 21 déc.-3 janv., sam. midi, dim. soir et vend.)* (13 €) Menu 16 € (sem.)/35 € – Carte environ 33 €

◆ Claires et fraîches, toutes les chambres de cet établissement du centre-ville bénéficient d'une insonorisation satisfaisante ; celles du second étage sont mansardées. Le chef-patron propose une cuisine du terroir. Terrasse fleurie aux beaux jours.

CAUREL – 22 Côtes-d'Armor – 309 D5 – 379 h. – alt. 188 m – ✉ 22530 — 10 C2

Paris 461 – Carhaix-Plouguer 45 – Guingamp 48 – Loudéac 24

Beau Rivage avec ch

au Lac de Guerlédan , 2 km par D 111 – ☎ 02 96 28 52 15 – www.le-beau-rivage.infos – Fermé dim. soir et lundi

3 ch – 62 € 62 € – 8 €

Rest – Menu 20 € (sem.), 31/44 € – Carte environ 22 €

◆ Appréciée des gens de la région comme des touristes, cette maison profite de sa situation au bord du lac de Guerlédan. Restaurant panoramique et cuisine sagement traditionnelle. Les chambres simples donnent sur le lac.

CAUSSADE – 82 Tarn-et-Garonne – 337 F7 – 6 463 h. – alt. 109 m – ✉ 82300 Midi-Toulousain — 29 C2

Paris 606 – Cahors 38 – Gaillac 51 – Montauban 28

11, rue de la République ☎ 05 63 26 04 04

Dupont

r. Récollets – ☎ 05 63 65 05 00 – www.hotel-restaurant-dupont.com – Fermé 24 déc.-10 janv.

30 ch – 47/60 € 47/60 € – 9 € – ½ P 45/50 €

Rest – *(fermé vend., sam. et dim.) (dîner seult)* Menu 15/22 € – Carte 15/30 €

◆ La petite capitale du chapeau de paille compte parmi ses demeures cet ancien relais de poste bâti au 18e s. Toutes les chambres ont été rénovées en 2009. Plaisante salle à manger rustique et cuisine d'inspiration régionale.

à Monteils 3 km au Nord-Est par D 17 – 1 223 h. – alt. 120 m – ✉ 82300

Le Clos Monteils

7 chemin du Moulin – ✆ 05 63 93 03 51 – Fermé 1 sem. en nov., mi-janv. à mi-fév., mardi midi, dim. et lundi

Rest – *(nombre de couverts limité, prévenir)* (18 €) Menu 29/54 €

◆ L'ex-presbytère (1771) de ce village quercynois, transformé en restaurant, est décoré dans l'esprit d'une maison particulière. Agréable terrasse. Cuisine du terroir revisitée.

CAUTERETS – 65 Hautes-Pyrénées – **342** L7 – 1 109 h. – alt. 932 m **28** A3
– Sports d'hiver : 1 000/2 350 m 3 18 – Stat. therm. : début fév.-fin nov.
– Casino – ✉ 65110 Midi-Toulousain

Paris 880 – Argelès-Gazost 17 – Lourdes 30 – Pau 75

place Foch ✆ 05 62 92 50 50

La station★ - Route et site du Pont d'Espagne★★★ (chutes du Gave) au Sud par D 920 - Cascade★★ et vallée★★ de Lutour S : 2,5 km par D 920.

Cirque du Lys★★.

Astérides-Sacca rest, rest, VISA AE

bd Latapie-Flurin – ✆ 05 62 92 50 02 – www.asterides-sacca.com – Fermé 10 oct.-10 déc. **a**

56 ch – 38/75 € 38/75 € – 7 € **Rest** – Menu 18/45 € – Carte 35/54 €

◆ Ces étoiles de mer (astérides) ont élu domicile à la montagne... Derrière une belle façade de style bigourdan, des chambres fonctionnelles, certaines décorées dans un esprit actuel. Salles chaleureuses où déguster une cuisine traditionnelle et soignée.

CAUTERETS

Benjamin-Dulau (Av.) 2
Bordenave (Pl.) 3
Clemenceau (Pl. G.) 4
Etigny (R. d') 5
Féria (R. de la) 6
Foch (Pl. Mar.) 8
Jean-Moulin (Pl.) 10
Latapie-Flurin (Bd) 12
Mamelon Vert (Av.) 13
Pont-Neuf (R. du) 15
Richelieu (R. de) 16
Victoire (Pl. de la) 18

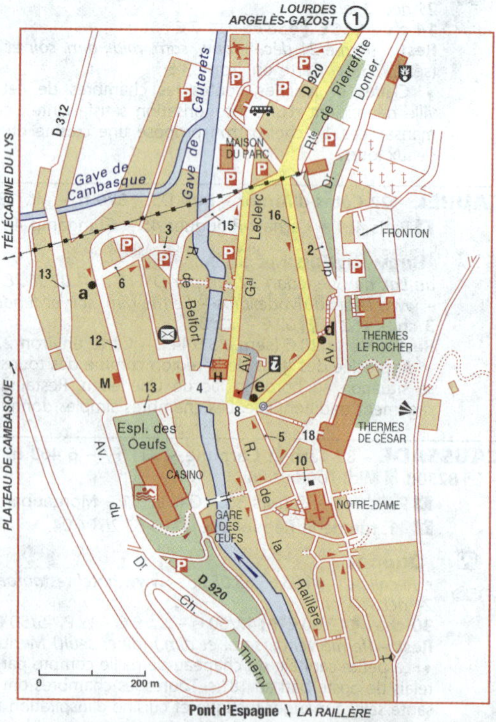

Du Lion d'Or

12 r. Richelieu – ✆ 05 62 92 52 87 – www.liondor.eu – Fermé 25 avril-13 mai et 9 oct.-18 déc. **d**

19 ch – 71/120 € 73/125 € – 11 € – ½ P 66/90 €

Rest – *(dîner seult) (résidents seult)* Menu 21/28 €

◆ Hôtel familial construit au 19e s. (portes-fenêtres, balconnets en fer forgé...). Chambres douillettes à la décoration soignée (objets chinés). Confitures et tourtes maison au petit-déjeuner. Cuisine de tradition servie dans une salle à manger ancienne.

Le Bois Joli sans rest

1 pl. du Mar.-Foch – ✆ 05 62 92 53 85 – www.hotel-leboisjoli.com – Fermé 25 avril-1er juin et 16 oct.-3 déc. **e**

12 ch – 85/96 € 96/110 € – 10 €

◆ Au cœur de la station, bâtisse du 19e s. au cachet préservé. Chambres d'esprit chalet, très colorées et décorées suivant trois thèmes : fleurs, animaux et monts.

L' Abri du Benques

2 km au Sud par D 920 au lieu-dit la Raillère – ✆ 05 62 92 50 15 – Fermé 12 nov.-20 déc., lundi soir, mardi soir et merc. sauf vacances scolaires

Rest – (12 €) Menu 22/58 € – Carte 31/65 €

◆ Sur la route du pont d'Espagne, dans un cadre magique – entre montagne et torrents –, ce restaurant au décor contemporain propose une cuisine actuelle.

CAVAILLON – 84 Vaucluse – 332 D10 – 25 819 h. – alt. 75 m – 42 E1

– ✉ 84300 Provence

Paris 702 – Aix-en-Provence 60 – Arles 44 – Avignon 25

place Francois Tourel ✆ 04 90 71 32 01

Musée de l'Hôtel-Dieu : collection archéologique★ - ≤★ de la colline St-Jacques.

Prévôt

353 av. de Verdun – ✆ 04 90 71 32 43 – www.restaurant-prevot.com – Fermé dim. et lundi sauf juil.-août et fériés

Rest – Menu 25 € (déj.), 44/110 € – Carte 65/79 €

◆ Dans cette sympathique maison familiale, on célèbre le melon – un menu entier lui est même dédié. Truffes et légumes du pays occupent aussi une place de choix sur la carte.

à Cheval-Blanc 5 km à l'Est par D 973 – 3 981 h. – alt. 83 m – ✉ 84460

L' Auberge de Cheval Blanc

481 av. de la Canebière – ✆ 04 32 50 18 55 – www.auberge-de-chevalblanc.com – Fermé sam. midi, dim. soir et lundi de sept. à juin

Rest – *(nombre de couverts limité, prévenir)* (20 €) Menu 28 € (déj.)/68 € – Carte 45/70 €

◆ Des produits frais, une agréable cuisine de saison : cette discrète auberge de bord de route promet un agréable moment gourmand... et sa terrasse est idyllique.

CAVALAIRE-SUR-MER – 83 Var – 340 O6 – 6 351 h. – alt. 2 m – 41 C3

– Casino – ✉ 83240 Côte d'Azur

Paris 880 – Draguignan 55 – Fréjus 41 – Le Lavandou 21

Maison de la Mer ✆ 04 94 01 92 10

Massif des Maures★★★.

La Calanque

r.de la Calanque – ✆ 04 94 01 95 00 – www.residences-du-soleil.com/lacalanque – Ouvert 1er avril-30 oct.

28 ch – 186/208 € 233/269 € – 15 € **Rest** – Menu 27/56 €

◆ Choisissez cet hôtel pour sa vue : il est perché sur une calanque du massif des Maures ! Les chambres, spacieuses et actuelles, dominent la Méditerranée. Restaurant et terrasse panoramiques ouverts sur la mer ; spécialités régionales.

CAVALIÈRE – 83 Var – **340** N7 – alt. 4 m – ✉ 83980 Le Lavandou **41** C3
Côte d'Azur

Paris 880 – Draguignan 68 – Fréjus 55 – Le Lavandou 7
Massif des Maures★★★.

Le Club de Cavalière & Spa
30 av. Cap Nègre – ☎ 04 98 04 34 34
– www.clubdecavaliere.com – Ouvert 6 mai-1er sept.
32 ch – 335/815 € 430/1025 € – 5 suites
Rest – Menu 49 € (déj.), 80/94 € – Carte 58/180 €
◆ Une demeure élégante face à la mer, abritant de magnifiques chambres contemporaines. Tout pour les loisirs : piscine, plage privée, spa, sauna, jacuzzi, fitness... Belle cuisine au restaurant, décoré avec goût ; de la terrasse, on domine les flots.

CAVANAC – 11 Aude – **344** E3 – rattaché à Carcassonne

CAYRON – 32 Gers – **336** C8 – rattaché à Beaumarchés

CEILLAC – 05 Hautes-Alpes – **334** I4 – 294 h. – alt. 1 640 m – Sports d'hiver : 1 700/2 500 m 6 – ✉ 05600 Alpes du Sud **41** C1

Paris 729 – Briançon 50 – Gap 75 – Guillestre 14
le village- Place Philippe Lamour ☎ 04 92 45 05 74
Site★ - Église St-Sébastien★.
Vallon du Mélezet★ - Lac Ste-Anne★★.

La Cascade
au pied du Mélezet, 2 km au Sud-Est – ☎ 04 92 45 05 92
– www.hotel-la-cascade.com – Ouvert 28 mai-11 sept. et 18 déc.-30 mars
22 ch – 46/64 € 54/77 € – 9 € – ½ P 52/69 €
Rest – Menu 14/25 € – Carte 28/38 €
◆ Hôtel isolé dans un beau site alpestre. Des meubles ornés de sculptures au couteau, typiques du Queyras, décorent les chambres de style montagnard. Joli espace bien-être. Le restaurant et la terrasse offrent une jolie vue sur les montagnes ; cuisine régionale.

CEILLOUX – 63 Puy-de-Dôme – **326** I9 – 156 h. – alt. 615 m – ✉ 63520 **6** C2

Paris 464 – Clermont-Ferrand 50 – Cournon-d'Auvergne 36 – Riom 62

Domaine de Gaudon sans rest
4 km au Nord par D 304 – ☎ 04 73 70 76 25 – www.domainedegaudon.fr
5 ch – 90 € 110 €
◆ Adresse rare que cette maison du 19e s. bordée d'un arborétum et d'un étang de pêche. Les chambres et la salle du petit-déjeuner sont superbes.

LA CELLE – 83 Var – **340** L5 – 1 239 h. – alt. 260 m – ✉ 83170 **41** C3

Paris 812 – Aix-en-Provence 63 – Draguignan 62 – Marseille 65
place des Ormeaux ☎ 04 94 59 19 05

Hostellerie de l'Abbaye de la Celle ch, rest,
10 pl. du Gén. de Gaulle – ☎ 04 98 05 14 14
– www.abbaye-celle.com – Fermé 4 janv.-4 fév., mardi et merc. de mi-oct. à mi-avril
10 ch – 250/450 € 250/450 € – 20 €
Rest – Menu 45 € (déj.), 65/85 € – Carte 53/92 €
Spéc. Légumes des jardins de Provence cuits à la barigoule (printemps-été). Épaule d'agneau de lait confite, pomme de terre farcie et côte de sucrine (hiver). Crêpes Suzette (automne-hiver). **Vins** Coteaux Varois en Provence, Côtes de Provence.
◆ Jouxtant l'abbaye, une demeure provençale du 18e s. (ex-prieuré puis magnanerie) érigée dans un beau parc. Grandes chambres classiques et confortables. Au restaurant de cette maison du groupe Ducasse, séduisante cuisine méridionale ; belle terrasse ombragée.

LA CELLE-LES-BORDES – 78 Yvelines – **311** H4 – **106** 28 – **101** 31 – voir à Paris, Environs (Cernay-la-Ville)

CELLES-SUR-DUROLLE – 63 Puy-de-Dôme – **326** I7 – **1 850 h.** – **alt. 660 m** – ✉ **63250** **6** C2

Paris 460 – Clermont-Ferrand 55 – Moulins 140 – Saint-Étienne 101

Auberge du Palais

Le Bourg – ✆ 04 73 51 89 15 – www.aubergedupalais.com – Fermé fév. et 16-31 août

13 ch – †65/85 € ††69/89 € – ☕ 8 € – ½ P 66/86 €

Rest – Menu 23/35 € – Carte 38/52 €

◆ Cadre d'esprit classique dans la bâtisse principale ou ambiance plus feutrée et moderne à l'annexe. À vous de choisir votre style dans cet hôtel situé face à l'église. Grande salle champêtre et recettes inspirées des expériences du chef à l'étranger.

CELLETTES – 41 Loir-et-Cher – **318** F6 – **2 209 h.** – **alt. 78 m** – ✉ **41120** **11** A1

Paris 189 – Blois 9 – Orléans 68 – Romorantin-Lanthenay 36

2, rue de la Rozelle ✆ 02 54 70 30 46

La Vieille Tour

7 r. Nationale – ✆ 02 54 74 67 15 – www.vieilletour.com – Fermé sam. midi, dim. soir et lundi

Rest – Menu 23/43 € – Carte 47/57 €

◆ La vieille tour de cette maison du 15ᵉ s., visible de loin, vous guidera vers cette halte gourmande... Belle cuisine actuelle à savourer dans un cadre contemporain et épuré.

CELONY – 13 Bouches-du-Rhône – **340** H4 – **rattaché à Aix-en-Provence**

CÉNAC-ET-ST-JULIEN – 24 Dordogne – **329** I7 – **1 193 h.** – **alt. 70 m** – ✉ **24250** **4** D1

Paris 547 – Bordeaux 205 – Périgueux 73 – Cahors 71

La Guérinière

sur D 46 – ✆ 05 53 29 91 97 – www.la-gueriniere-dordogne.com – Ouvert 1ᵉʳ avril-1ᵉʳ nov.

5 ch ☕ – †80/95 € ††80/95 € **Table d'hôte** – *(fermé dim. soir)* Menu 25 €

◆ Située face à la bastide de Domme, cette chartreuse périgourdine profite d'un cadre verdoyant et serein. Chambres coquettes décorées avec soin, grand parc, piscine et tennis. Le soir, recettes régionales servies dans un agréable décor rustique.

Le Moulin Rouge sans rest

– ✆ 05 53 28 23 66 – www.lemoulinrouge.org

3 ch – †45/65 € ††50/70 € – ☕ 8 €

◆ Un moulin au charme bucolique, au bord d'un petit étang invitant à la baignade. Les charmants propriétaires vous retraceront avec plaisir son histoire. Chambres douillettes.

CENON – 33 Gironde – **335** H5 – **rattaché à Bordeaux**

CERDON – 45 Loiret – **318** L6 – **1 050 h.** – **alt. 145 m** – ✉ **45620** **12** C2

Paris 185 – Orléans 73 – Fleury-les-Aubrais 63 – Olivet 59

Les Vieux Guays

rte des Hauteraults, 3 km au Sud-Ouest par D 65 et rte secondaire – ✆ 02 38 36 03 76 – www.lesvieuxguays.com – Fermé 21 fév.-9 mars

5 ch ☕ – †70 € ††80 € **Table d'hôte** – Menu 30 € bc

◆ Superbe relais de chasse des années 1950, dans un parc avec étang, piscine et tennis. Chambres confortables, tendues de jolis tissus fleuris et décorées avec raffinement. Dans ce cadre rustique, on savoure une cuisine de saison, inspirée par le terroir.

CÉRET – 66 Pyrénées-Orientales – **344** H8 – **7 568 h.** – **alt. 153 m** – ✉ **66400** Languedoc Roussillon **22** B3

Paris 875 – Gerona 81 – Perpignan 34 – Port-Vendres 37

1, avenue Georges Clemenceau ✆ 04 68 87 00 53

Vieux pont★ - Musée d'Art Moderne★★.

La Terrasse au Soleil

1,5 km à Ouest par rte Fontfrède – 04 68 87 01 94 – www.terrasse-au-soleil.com – Fermé 20 déc.-7 fév.
35 ch – 69/169 € 91/199 € – 2 suites – 15 €
Rest – *(fermé mardi midi, merc. midi, jeudi midi, vend. midi, dim. soir et lundi d'oct. à avril)* Menu 35/49 € – Carte 53/80 €
◆ Charles Trenet vécut dans ce mas catalan isolé sur les vertes hauteurs de Céret. Chambres fonctionnelles sur l'arrière. Piscine, jacuzzi, sauna. Faïences et meubles régionaux ensoleillent la salle à manger. Terrasse avec vue sur le Canigou et cuisine actuelle.

Le Mas Trilles sans rest

au Pont de Reynès, 3 km après Céret direction Amélie-les-Bains – 04 68 87 38 37 – www.le-mas-trilles.com – Ouvert 30 avril-8 oct.
8 ch – 93/154 € 93/217 € – 2 suites – 11 €
◆ Cette maison du 17e s. nichée dans un vallon soigne son accueil. Ravissantes chambres aux couleurs du Sud, souvent avec terrasse ou jardin privatif. Piscine dominant le Tech.

Les Arcades sans rest

1 pl. Picasso – 04 68 87 12 30 – www.hotel-arcades-ceret.com
30 ch – 46/63 € 46/63 € – 7 €
◆ Hôtel ambiance années 1980, décoré d'œuvres d'artistes de "L'École de Céret". Chambres ornées de mobilier catalan (quelques cuisinettes). Petit-déjeuner avec des produits locaux.

Le Chat qui Rit

1 rte de Céret, (à la Cabanasse), 1,5 km par rte Amélie – 04 68 87 02 22 – Fermé 7-13 mars, 19-26 déc., 10-30 janv., dim. soir de sept. à juin, lundi soir de janv. à mars, mardi soir et merc.
Rest – Menu 14 € (déj. en sem.), 23/40 € – Carte 38/70 €
◆ Emblème de cette maison de pays, le chat fait partie intégrante du décor. Cadre moderne (exposition de tableaux) et cuisine traditionnelle valorisant les produits catalans.

Del Bisbe avec ch

4 pl. Soutine – 04 68 87 00 85 – www.hotelvidalceret.com – Fermé juin, nov., fév., mardi et merc.
9 ch – 45 € 60 € – 6 € **Rest** – (15 €) Menu 26/32 € – Carte 38/53 €
◆ Demeure du 18e s. dont l'enseigne signifie "maison de l'Évêque" en catalan. Authentique décor rustique, jolie terrasse sous une treille et cuisine du terroir. À l'étage, des chambres simples pour petits budgets ont été rafraîchies.

LE CERGNE – 42 Loire – 327 E3 – 701 h. – alt. 640 m – ✉ 42460 — 44 A1

Paris 414 – Charlieu 17 – Chauffailles 15 – Lyon 78

Bel'Vue

– 04 74 89 87 73 – http://lebelvue.com – Fermé 15-28 août, 26 fév.-5 mars, vend. soir et dim. soir
15 ch – 60 € 72 € – 9 € – ½ P 58 €
Rest – Menu 21 € bc/60 € – Carte 36/50 €
◆ Dans le village, au cœur des monts du Forez, cette maison propose des chambres confortables et bien tenues, de styles variés (fleuri, coloré, oriental...). Comme son nom l'indique, belle vue sur la vallée depuis la salle à manger panoramique. Cuisine traditionnelle.

CERGY – 95 Val-d'Oise – 305 D6 – 106 5 – 101 2 – voir à Paris, Environs (Cergy-Pontoise)

CÉRILLY – 03 Allier – 326 D3 – 1 407 h. – alt. 340 m – ✉ 03350 — 5 B1

Auvergne

Paris 298 – Bourges 66 – Montluçon 41 – Moulins 47

place du Champ de Foire 04 70 67 55 89

Chez Chaumat

pl. Péron – ✆ 04 70 67 52 21 – www.chezchaumat.com – Fermé 20-30 juin, 15-25 sept., 20 déc.-6 janv., dim. soir et lundi

8 ch – †44 € ††52 € – ☕ 8 €

Rest – (9 €) Menu 17 € (déj. en sem.), 21/35 € – Carte 15/30 €

◆ Établissement familial d'esprit auberge de campagne, à proximité de la superbe forêt domaniale de Tronçais. Les chambres, sobres et fonctionnelles, sont bien insonorisées. Cuisine traditionnelle servie dans une atmosphère bistrotière et rustique.

CERNAY – 68 Haut-Rhin – 315 H10 – 10 752 h. – alt. 275 m – ✉ 68700 1 A3

Alsace Lorraine

▶ Paris 461 – Altkirch 26 – Belfort 39 – Colmar 37

ℹ 1, rue Latouche ✆ 03 89 75 50 35

Hostellerie d'Alsace avec ch — rest,

61 r. Poincaré – ✆ 03 89 75 59 81 – www.hostellerie-alsace.fr – Fermé 25 juil.-14 août, 1er-9 janv., sam. et dim.

10 ch – †54 € ††68 € – ☕ 8 € **Rest** – Menu 19/58 € – Carte 41/61 €

◆ Grande maison à colombages dans la lignée des auberges alsaciennes. La salle à manger et les chambres, personnalisées, contrastent par leur cadre contemporain. Carte classique.

CERNAY-LA-VILLE – 78 Yvelines – 311 H3 – 106 29 – 101 31 – voir à Paris, Environs

---

CERVIONE – 2B Haute-Corse – 345 F6 – voir à Corse

CESSON – 22 Côtes-d'Armor – 309 F3 – rattaché à St-Brieuc

CESSON-SÉVIGNÉ – 35 Ille-et-Vilaine – 309 M6 – rattaché à Rennes

---

CESTAYROLS – 81 Tarn – 338 D7 – 507 h. – alt. 233 m – ✉ 81150 29 C2

▶ Paris 660 – Albi 19 – Castres 59 – Toulouse 71

Lou Cantoun

Le village – ✆ 05 63 53 28 39 – www.loucantoun.fr – Fermé 1er-9 mars, 2-19 janv., mardi et merc.

Rest – (14 €) Menu 18 € (sem.), 25/45 € – Carte 36/54 €

◆ La terrasse de cette bâtisse ancienne donne sur l'église. On y sert une cuisine actuelle (risotto de chou vert, turbot à la citronnelle, lotte vanille praline, etc.).

CEVINS – 73 Savoie – 333 L4 – 657 h. – alt. 400 m – ✉ 73730 46 F2

▶ Paris 629 – Lyon 172 – Chambéry 63 – Annecy 57

La Fleur de Sel

Les Marais – ✆ 04 79 37 49 98 – www.restaurant-fleurdesel.fr – Fermé dim. soir, mardi soir et lundi

Rest – (15 €) Menu 19 € (déj. en sem.), 32/52 € – Carte 45/69 €

◆ Entre mer et montagne… Sur la route des stations, cette maison récente mêle le bois, la pierre et les inspirations marines (objets, peintures). Appétissante cuisine de saison.

CHABLIS – 89 Yonne – 319 F5 – 2 482 h. – alt. 135 m – ✉ 89800 7 B1

Bourgogne

▶ Paris 181 – Auxerre 21 – Avallon 39 – Tonnerre 18

ℹ 1, rue du Maréchal de Lattre ✆ 03 86 42 80 80

Hostellerie des Clos — rest,

18 r. Jules Rathier – ✆ 03 86 42 10 63 – www.hostellerie-des-clos.fr – Fermé 19 déc.-21 janv.

32 ch – †62/104 € ††64/134 € – 4 suites – ☕ 14 € – ½ P 95/155 €

Rest – *(fermé lundi midi, mardi midi, merc. midi et jeudi midi)* Menu 42/78 € – Carte 58/98 €

◆ Une agréable hostellerie au cœur de Chablis. On peut prendre ses aises au salon – avec feu de cheminée l'hiver – avant de gagner l'une des chambres, à la fois traditionnelles et cosy (quelques-unes en annexe). Classicisme, terroir et vins locaux au restaurant.

Du Vieux Moulin sans rest
18 r. des Moulins – ✆ 03 86 42 47 30 – www.larochehotel.fr – Fermé 15 déc.-15 fév.
5 ch – †100/175 € ††100/175 € – 2 suites – ☕ 12 €
◆ Subtile alliance de tradition (poutres, pierres) et de modernité (salles de bain design, écrans plats)... Une certaine idée du luxe, sans ostentation.

CHADURIE – 16 Charente – **324** K7 – **512 h.** – **alt. 150 m** – ✉ **16250** **39** C3
Paris 957 – Angoulême 21 – Barbezieux-St-Hilaire 31 – Périgueux 77

Le Logis de Puygâty
4 km au Nord par rte d'Angoulême et rte secondaire – ✆ 05 45 21 75 11 – www.logisdepuygaty.com – Fermé fév.
4 ch – †135/285 € ††135/285 € – ☕ 13 € **Table d'hôte** – Menu 50 € bc
◆ Entre vignes, champs et forêts, chambres d'hôtes aménagées dans une demeure fortifiée du 15e s. Décoration harmonieuse qui mélange l'ancien et le contemporain. Piscine à l'écart. À table, cuisine à base de bons produits du terroir servie dans une ex-grange.

CHAGNY – 71 Saône-et-Loire – **320** I8 – **5 406 h.** – **alt. 215 m** – ✉ **71150** **7** A3
Paris 327 – Autun 44 – Beaune 15 – Chalon-sur-Saône 20
2, place des Halles ✆ 03 85 87 25 95

Maison Lameloise
36 pl. d'Armes – ✆ 03 85 87 65 65 – www.lameloise.fr – Fermé 20 déc.-26 janv., mardi et merc. d'oct. à mars
16 ch – †120/170 € ††230/350 € – ☕ 26 €
Rest *Maison Lameloise* – voir ci-après
◆ Cette haute maison bourguignonne – un ancien relais de poste fondé au 15e s. – incarne la grande hôtellerie de tradition ! Le restaurant vaut le voyage (voir ci-après) et le séjour est fort plaisant : les chambres sont à la fois classiques, raffinées et spacieuses...

De la Poste sans rest
17 r. Poste – ✆ 03 85 87 64 40 – www.hoteldelaposte-chagny71.com – Fermé 28 août-5 sept. et 22 déc.-2 janv.
11 ch – †42/50 € ††45/62 € – ☕ 7 €
◆ L'établissement est situé au cœur du bourg, mais au calme d'une impasse. Toutes les chambres, rénovées et nettes, sont en rez-de-jardin.

La Ferté sans rest
11 bd Liberté – ✆ 03 85 87 07 47 – www.hotelferte.com
13 ch – †39/59 € ††41/78 € – ☕ 8 €
◆ Les propriétaires, également artistes, de ce petit établissement, à deux pas de Lameloise, vous reçoivent avec beaucoup d'égards. Expo d'art ; beau jardin fleuri.

Maison Lameloise – Hôtel Maison Lameloise
36 pl. d'Armes – ✆ 03 85 87 65 65 – www.lameloise.fr – Fermé 21 déc.-26 janv., mardi et merc. d'oct. à juin
Rest – *(prévenir)* Menu 100 € bc (déj. en sem.), 130/160 € – Carte 110/180 €
Spéc. Foie gras de canard en robe de pommes de terre à la vapeur, bouillon parfumé à la truffe. Poitrine de pigeonneau rôtie au pralin de pain d'épice. Variation chocolat, croustillant gianduja, crémeux guanaja, émulsion tiède chocolat. **Vins** Rully, Chassagne-Montrachet.
◆ Jacques Lameloise a porté la table au firmament, Éric Pras reprend aujourd'hui le flambeau – très étoilé – en réinterprétant tous les classiques de la maison avec une sémillante touche de légèreté... Au cœur de la gastronomie française.

Pierre & Jean
2 r.de la Poste – ✆ 03 85 87 08 67 – www.pierrejean-restaurant.fr – Fermé 22 déc.-21 janv., dim. soir et lundi
Rest – (21 €) Menu 28/34 € – Carte 40/46 €
◆ "La cuisine d'en face" du Lameloise, qui arbore les prénoms de ses fondateurs, aïeuls de Jacques. Cuisine actuelle, version bistrot, sous les belles charpentes d'un chai du 17e s.

rte de Chalon 2 km au Sud-Est par N 6 et rte secondaire – ✉ 71150 Chagny

Hostellerie du Château de Bellecroix
20 chemin de Bellecroix – ✆ 03 85 87 13 86
– www.chateau-bellecroix.com – Fermé 18 déc.-13 fév. et merc. sauf de juin à sept.
19 ch – 90 € 90/230 € – 1 suite – 15 € – ½ P 105/170 €
Rest – *(fermé lundi midi, jeudi midi et merc.)* Menu 25 € (déj. en sem.), 49/63 € – Carte 50/90 €
◆ Ancienne demeure des chevaliers de Malte nichée dans un parc. Les chambres, personnalisées, sont vastes dans la commanderie du 12e s., plus petites dans le château du 18e s. Le restaurant a fière allure : cheminée, boiseries ouvragées et mobilier de style.

CHAILLES – 73 Savoie – **333** H5 – rattaché aux Échelles

CHAILLY-SUR-ARMANÇON – 21 Côte-d'Or – **320** G6 – rattaché à Pouilly-en-Auxois

CHAINTRÉ – 71 Saône-et-Loire – **320** I12 – 519 h. – alt. 284 m – ✉ 71570 **8** C3

Paris 397 – Bourg-en-Bresse 45 – Lyon 70 – Mâcon 10

La Table de Chaintré (Sébastien Grospellier)
– ✆ 03 85 32 90 95 – www.latabledechaintre.com
– Fermé 16 août-2 sept., 2-18 janv., dim. soir, lundi et mardi sauf fériés
Rest – *(nombre de couverts limité, prévenir)* Menu 38 € (déj. en sem.)/52 €
Spéc. Saint-Jacques d'Erquy sur velouté de châtaigne à la vanille (oct. à mars). Lièvre à la royale (saison). Crême brûlée à la praline rose. **Vins** Mâcon-Chaintré, Morgon.
◆ Accueil tout sourire dans cette élégante table, au cœur du vignoble de Pouilly-Fuissé. Délicieux menu dégustation (produits du marché) et vins des meilleurs vignerons français.

LA CHAISE-DIEU – 43 Haute-Loire – **331** E2 – 801 h. – alt. 1 080 m **6** C3
– ✉ 43160 Auvergne

Paris 503 – Ambert 29 – Brioude 35 – Issoire 59
Place de la Mairie ✆ 04 71 00 01 16
Église abbatiale St-Robert★★ : tapisseries★★★.

L'Écho et l'Abbaye avec ch
pl. Écho – ✆ 04 71 00 00 45 – Ouvert 3 avril-8 nov. et fermé merc. sauf juil.-août
10 ch – 44 € 49/78 € – 8,50 € – ½ P 59 €
Rest – *(nombre de couverts limité, prévenir)* (18 €) Menu 28/38 € – Carte 29/52 €
◆ Tables joliment dressées, cuisine traditionnelle réalisée par le chef-patron, carte des vins étoffée... et clientèle V.I.P. lors du festival de musique. Hôtel néorustique au sobre confort. Création récente de deux chambres d'hôtes.

CHALEZEULE – 25 Doubs – **321** G3 – rattaché à Besançon

CHALLANGES – 21 Côte-d'Or – **320** J7 – rattaché à Beaune

CHALLANS – 85 Vendée – **316** E6 – 17 676 h. – alt. 8 m – ✉ 85300 **34** A3
Poitou Vendée Charentes

Paris 436 – Cholet 84 – Nantes 58 – La Roche-sur-Yon 42
place de l'Europe ✆ 02 51 93 19 75

Plan page suivante

De l'Antiquité sans rest
14 r. Galliéni – ✆ 02 51 68 02 84 – www.hotelantiquite.com **Ba**
20 ch – 55/140 € 60/150 € – 9 €
◆ Maison récente de style vendéen. Le mobilier chiné chez les antiquaires personnalise les jolies chambres, toutes tournées vers la cour ; celles de l'annexe sont très soignées.

à la Garnache 6,5 km par ① – 4 202 h. – alt. 28 m – ✉ 85710

Le Petit St-Thomas
25 r. de Lattre-de-Tassigny – ✆ 02 51 49 05 99 – www.restaurant-petit-st-thomas.com
– Fermé 20 juin-12 juil., 2-27 janv., dim. soir, merc. soir et lundi
Rest – (18 €) Menu 25 € (sem.), 31/63 € – Carte 45/60 €
◆ Dans cette petite maison vendéenne, le chef concocte une cuisine soignée, au gré du marché... Jolie véranda donnant sur une courette fleurie et expositions d'artistes locaux.

CHALLANS

Baudry (R. P.) . . . . A
Bazin (Bd R.) . . . . A
Biochaud (Av.) . . . . B
Bois de Céné (R. de) . . . A 2
Bonne Fontaine (R.) . . . . B
Briand (Pl. A.) . . . . A 3
Calmette (R.) . . . . B
Carnot (R.) . . . . A
Champ de Foire (Pl. du) . B 4
Cholet (R. de) . . . . B 5
Clemenceau (Bd) . . . . . . A
Dodin (Bd L.) . . . . B
F.F.I. (Bd des) . . . . A 6
Gambetta (R.) . . . . B
Gare (Bd de la) . . . . B
Gaulle (Pl. du Gén.-de) . . A 7
Guérin (Bd) . . . . B
Leclerc (R. du Général) . A 8
Lézardière (R. P. de) . . . . A 10
Lorraine (R. de) . . . . A 12
Marzelles (R. des) . . . . . B 13
Monnier (R. P.) . . . . A 15
Nantes (R. de) . . . . AB
Roche-sur-Yon (R. de la) B 16
Sables (R. des) . . . . B 17
Strasbourg (Bd de) . . . . A
Viaud Grand Marais (Bd) B
Yole (Bd J.) . . . . AB

rte de St-Gilles-Croix-de-Vie par ⑤ – ✉ 85300 Challans

Château de la Vérie

rte de Soullans, 2,5 km sur D 69 – ✆ 02 51 35 33 44 – www.chateau-de-la-verie.com

21 ch – †75/168 € ††75/168 € – ☕ 15 € – ½ P 84/130 €

Rest – *(fermé 17 oct.-7 nov., 19-26 déc., 20 fév.-14 mars, dim. soir, mardi midi et lundi)* (17 € bc) Menu 29/49 € – Carte 34/54 €

◆ Château du 16ᵉ s. classé monument historique et son beau parc entre rivière et marais. Spacieuses chambres au grand calme garnies de meubles de style ou d'origine. Boiseries et cheminées anciennes appuient le caractère intime des salles à manger ; cuisine actuelle.

CHALLES-LES-EAUX – 73 Savoie – **333** I4 – rattaché à Chambéry

---

CHÂLONS-EN-CHAMPAGNE Ⓟ – 51 Marne – **306** I9 – 46 184 h. **13** B2 – alt. 83 m – ✉ 51000 Champagne Ardenne

▶ Paris 188 – Dijon 259 – Metz 157 – Nancy 162

ℹ 3, quai des Arts ✆ 03 26 65 17 89

18 de la Grande-Romanie à Courtisols Route Départementale 994, par rte de Verdun : 15 km, ✆ 03 26 66 65 97

◉ Cathédrale St-Étienne★★ - Église N.-D.-en-Vaux★ : intérieur★★ F - Statues-colonnes★★ du musée du cloître de N.-D.-en-Vaux★ AY M¹.

◉ Basilique N.-D.-de-l'Épine★★.

D'Angleterre (Jacky Michel)

✿

19 pl. Mgr Tissier – ✆ 03 26 68 21 51 – www.hotel-dangleterre.fr – Fermé 24 juil.-16 août, vacances de Noël, dim. et fériés BY**g**

25 ch – †85/150 € ††95/200 € – ☕ 16 €

Rest *Jacky Michel* – *(fermé lundi midi, sam. midi, dim. et fériés)* Menu 35 € (déj.), 57/78 € – Carte 62/98 €

Spéc. Langoustines rôties aux légumes de saison, tomates à la citronnelle (mai à sept.). Canard sauvage cuit rosé au ratafia et aux poires (sept. à janv.). Soufflé chaud au chocolat. **Vins** Champagne, Coteaux Champenois.

Rest *Les Temps changent* – 1 r. Garinet, ✆ 03 26 66 41 09 *(fermé lundi midi, sam. midi, dim. et fériés)* (19 €) Menu 25 € – Carte 30/45 €

◆ Chambres très confortables et personnalisées, parfois décorées dans un chaleureux esprit chalet. Agréables salles de bains en marbre. Cuisine classique, réalisée dans les règles de l'art, à la table de Jacky Michel. Côté brasserie : menu du jour et plats de saison.

CHÂLONS-EN-CHAMPAGNE

- Arche-de-Mauvillain (Pt de l') . BZ 2
- Bourgeois (R. Léon) . . . . ABY
- Brossolette (Av. Pierre) . . . . X 4
- Chastillon (R. de) . . . . ABZ 6
- Croix-des-Teinturiers (R.) . . . . . AZ 9
- Dr-Pellier (R. du) . . . . X 11
- Flocmagny (R. du) . . . . BY 12
- Foch (Pl. du Maréchal) . . . . . . AY 13
- Gantelet (Rue du) . . . . AY 14
- Gaulle (Av. du Gén. Charles-de) . . BZ 15
- Godart (Pl.) . . . . AY 17
- Jacquiert (R. Clovis) . . . . X 18
- Jeanne-d'Arc (Av.) . . . . X 21
- Jean-Jaurès (R.) . . . . AZ 20
- Jessaint (R. de) . . . . BZ 22
- Libération (Pl. de la) . . . . AZ 24
- Mariniers (Pt des) . . . . AY 26
- Marne (R. de la) . . . . AY
- Martyrs-de-la-Résistance (R. des) . . . . BY 29
- Orfeuil (R. d') . . . . AZ 31
- Ormesson (Cours d') . . . . AZ 32
- Prieur-de-la-Marne (R.) . . . . . . BY 36
- Récamier (R. Juliette) . . . . AZ 38
- République (Pl. de la) . . . . AZ 39
- Roosevelt (Av. du Prés.) . . . . . . X 41
- Simon (Av. Jacques) . . . . X 45
- Vaux (R. de) . . . . AY 47
- Vieilles-Postes (R. des) . . . . X 48
- Vinetz (R. de) . . . . BZ 49
- Viviers (Pt des) . . . . AY 50

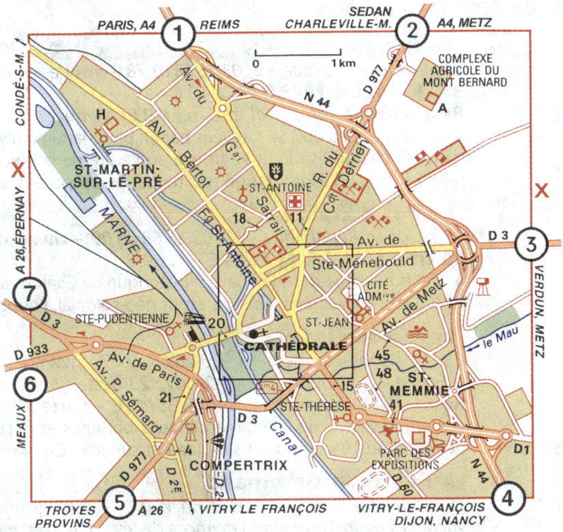

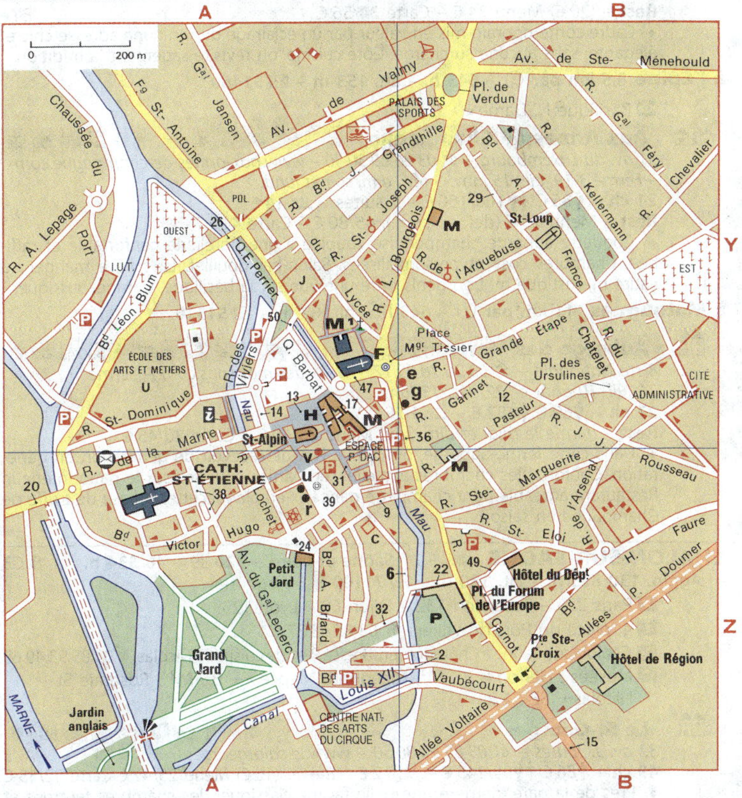

Le Renard rest,

24 pl. de la République – ✆ 03 26 68 03 78 – www.le-renard.com – Fermé 17 déc.-3 janv.
38 ch – †80 € ††88 € – ☕ 10 € AZ**r**
Rest – *(fermé sam. midi et dim.)* (19 €) Menu 21/39 € – Carte 38/45 €
◆ Deux maisons du 15e s. reliées par un patio-jardin d'hiver. Minimalisme et originalité dans les chambres : le lit se trouve au centre de la pièce. Le restaurant, entièrement relooké dans un esprit design très tendance, propose une cuisine au goût du jour.

Le Pot d'Étain sans rest

18 pl. de la République – ✆ 03 26 68 09 09 – www.hotel-lepotdetain.com
30 ch – †68/71 € ††73/84 € – ☕ 9 € AZ**u**
◆ Cet hôtel situé dans le quartier historique de Châlons abrite des chambres actuelles, rustiques ou décorées dans un esprit néo-colonial. Lounge bar au rez-de-chaussée.

Les Caudalies

2 r. de l'Abbé-Lambert – ✆ 03 26 65 07 87 – www.les-caudalies.com – Fermé 15-30 août, 23 oct.-2 nov., 23 déc.-4 janv., sam. midi et dim.
Rest – (17 €) Menu 22 € (sem.), 35/45 € – Carte 22/52 € AY**v**
◆ Verrières de style Eiffel, magnifiques boiseries et décor début Art nouveau : cette demeure du 19e s. est tout simplement superbe. Cuisine actuelle et carte de brasserie.

Au Carillon Gourmand

15 bis pl. Mgr Tissier – ✆ 03 26 64 45 07 – Fermé vacances de Pâques, 1er-22 août, vacances de la Toussaint, vacances de fév., dim. soir, merc. soir et lundi
Rest – (20 €) Menu 34 € – Carte 34/56 € BY**e**
◆ Cadre contemporain mis en valeur par un éclairage design : une adresse chic et élégante, sans aucune surcharge. Côté cuisine, on revisite sagement la tradition.

à l'Épine **8,5 km par ③ – 645 h. – alt. 153 m – ✉ 51460**

Basilique N.-Dame★★.

Aux Armes de Champagne rest,

31 av. du Luxembourg – ✆ 03 26 69 30 30 – www.aux-armes-de-champagne.com – Fermé 3-19 juil., 15 janv.-9 fév., dim. soir et lundi
21 ch – †85 € ††100/150 € – 2 suites – ☕ 14 €
Rest – Menu 25 € (déj. en sem.), 45/80 € – Carte 41/87 €
◆ Coquette auberge champenoise couplée à une hôtellerie confortable et raffinée. Chambres cosy et personnalisées. Salon-bar douillet. La salle à manger au cadre mi-rustique mi-bourgeois offre une vue sur la basilique. Cuisine classique.

à Matougues **11 km par ⑦ – 645 h. – alt. 82 m – ✉ 51510**

Auberge des Moissons rest,

8 rte Nationale – ✆ 03 26 70 99 17 – www.des-moissons.com – Fermé 26 juil.-10 août et 22 déc.-13 janv.
27 ch – †69 € ††82 € – ☕ 10 € – ½ P 72 €
Rest – *(fermé le midi et dim. soir)* Menu 23/40 € – Carte 30/45 €
◆ Dans cette ferme-auberge, on cultive l'art de recevoir de génération en génération. Confortables chambres actuelles, en parties ouvertes sur le patio intérieur. Restaurant agréablement champêtre dans l'ex-étable ; recettes à base de truffe de Champagne en saison.

CHALON-SUR-SAÔNE – 71 Saône-et-Loire – 320 J9 – 46 534 h. – Agglo. 130 825 h. – alt. 180 m – ✉ 71100 Bourgogne 8 C3

Paris 335 – Besançon 132 – Dijon 68 – Lyon 125
4, place du Port de Villiers ✆ 03 85 48 37 97
Chalon-sur-Saône à Châtenoy-en-Bresse Parc de Loisirs St-Nicolas, ✆ 03 85 93 49 65
Musées : Denon★ BZ **M1**, Nicéphore Niepce★★ BZ **M2** - Roseraie St-Nicolas★ SE : 4 km X.

Le St-Georges

32 av. J. Jaurès – ✆ 03 85 90 80 50 – www.le-saintgeorges.fr AZ**s**
49 ch – †86 € ††95/145 € – ☕ 12 € **Rest** – (16 €) Menu 25/42 € Carte 32/55 €
◆ Près de la gare, derrière une belle façade classique, des chambres feutrées et contemporaines, après une complète rénovation en 2010. Au restaurant, cuisine traditionnelle estampillée "by Georges Blanc".

CHALON-SUR-SAÔNE

Arnal (R. R.) . . . . X 2
Banque (R. de la) . . . . BZ 3
Blum (Av. L.) . . . . X 4
Châtelet (Pl. du) . . . . BZ 5
Châtelet (R. du) . . . . CZ 6
Citadelle (R. de la) . . . . BY 7
Coubertin (R. P. de) . . . . X 8
Couturier (R. Ph.-L.) . . . . BZ 9
Duhesme (R. du Gén.) . . . . AY 12
Europe (Av. de l') . . . . X 14
Evêché (R. de l') . . . . CZ 15
Fèvres (R. aux) . . . . CZ 16
Gaulle (Pl. Gén.-de) . . . . BZ 17
Grande-R. . . . . BCZ 18
Hôtel-de-Ville (Pl. de l') . . . . BZ 19
Lardy (Av. P.) . . . . X 20
Leclerc (R. Gén.) . . . . BZ
Lyon (R. de) . . . . BZ 21
Mac-Orlan (R. P.) . . . . X 22
Messiaen (R. O.) . . . . AZ 24
Nugues (Av. P.) . . . . X 25
Obélisque (Pl. de l') . . . . BY 27
Pasteur (R.) . . . . BZ 28
Poilus-d'Orient (R.) . . . . X 29
Poissonnerie (R. de la) . . . . CZ 31
Pompidou (Av. G.) . . . . AZ 32
Pont (R. du) . . . . CZ 35
Porte-de-Lyon (R.) . . . . BZ 36
Port-Villiers (R. du) . . . . BZ 37
Poterne (Q. de la) . . . . CZ 38
Pretet (R. René) . . . . AZ 40
République (Bd) . . . . ABZ 42
Ste-Marie (Prom.) . . . . CZ 47
St-Georges (R.) . . . . BZ 45
St-Vincent (Pl. et R.) . . . . CZ 46
Strasbourg (R. de) . . . . CZ 48
Thénard (R. L.-J.) . . . . X 49
Trémouille (R. de la) . . . . BCY 51
8-Mai-1945 (Av.) . . . . X 52
56e-R.I. (R. du) . . . . X 54
134e-R.I. (R. du) . . . . X 58

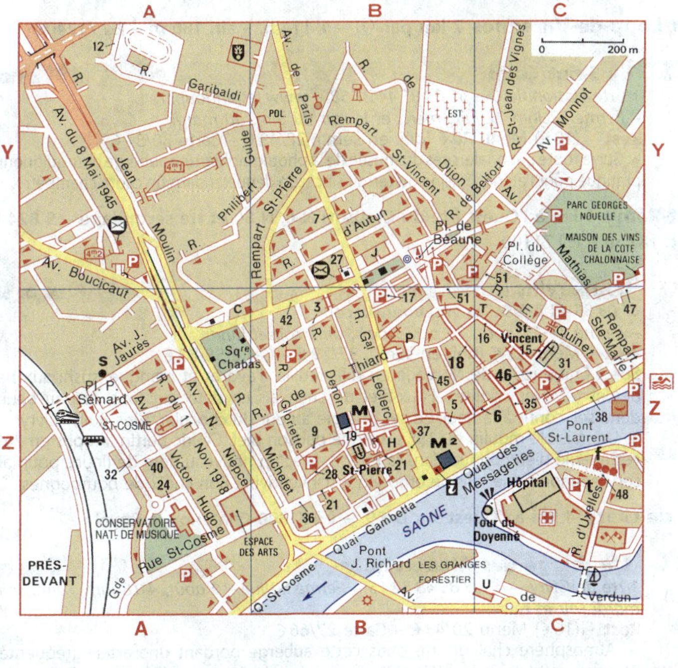

XX **Le Bourgogne**

28 r. Strasbourg – ✆ 03 85 48 89 18 – www.restau-lebourgogne-chalon.fr – Fermé 26 avril-4 mai, 4-20 juil., 8-16 nov., 25-30 déc., sam. midi, dim. soir et lundi

Rest – (16 €) Menu 18/48 € – Carte 45/70 € CZ**t**

◆ Le haut plafond aux poutres apparentes et le mobilier d'inspiration Louis XIII de la salle à manger affirment le cadre "rustico-bourguignon" du restaurant. Carte traditionnelle.

X **Le Bistrot**

31 r. de Strasbourg – ✆ 03 85 93 22 01 – Fermé 1er-21 août, vacances de fév., sam. et dim. CZ**f**

Rest – Menu 28 € (déj.)/39 € – Carte 41/55 €

◆ Agréable bistrot tout de rouge vêtu (boiseries, banquettes, lustres...). Au sous-sol, le salon voûté donne sur la cave vitrée. Cuisine actuelle avec légumes du jardin et beaux bourgognes.

X **Chez Jules**

11 r. de Strasbourg – ✆ 03 85 48 08 34 – Fermé 25 juil.-7 août, vacances de fév., sam. midi et dim. CZ**f**

Rest – Menu 19 € (sem.)/36 € – Carte 29/44 €

◆ Sur l'île St-Laurent, étroite façade vitrée laissant découvrir une salle au cadre agreste et simple. Dans l'assiette : tradition, suggestions du jour et grand choix de desserts.

X **La Table de Fanny**

21 r. de Strasbourg – ✆ 03 85 48 23 11 – Fermé 5-21 sept., 23 déc.-4 janv., lundi midi, sam. midi et dim. CZ**f**

Rest – Menu 19/32 € – Carte 19/32 €

◆ Des intitulés ludiques et une cuisine pleine d'inventivité, voici le secret de cette table tendance qui offre un joli décor (chaises en osier, murs en briques et colombages).

à St-Loup-de-Varennes **7 km par ③ – 1 114 h. – alt. 186 m – ✉ 71240**

XX **Le Saint Loup**

13 rte Nationale 6 – ✆ 03 85 44 21 58 – www.lesaintloup.fr – Fermé 27 juin-12 juil., merc. et le soir du dim. au mardi

Rest – (18 €) Menu 20 € (déj. en sem.), 28/48 € – Carte 30/57 €

◆ Sur la route nationale, près du musée de la photographie, une auberge bourguignonne pratique pour l'étape. Cuisine du terroir sincère à déguster dans un cadre champêtre.

à St-Rémy **4 km à l'Ouest (rte du Creusot) N 6, N 80 et rte secondaire – 5 824 h. – alt. 187 m – ✉ 71100**

XXX **L'Amaryllis** (Cédric Burtin)

✆ 03 85 48 12 98 – www.lamaryllis.com – Fermé 1er-15 août, 24 oct.-3 nov., dim. soir et lundi X**k**

Rest – Menu 27 € (déj. en sem.), 37/79 € – Carte 58/83 €

Spéc. Crabe royal de Norvège en millefeuille d'avocat et mangue, sushi aux herbes et tomates confites. Faux-filet de charolais en deux cuissons, rôti au beurre demi-sel, confit à la fleur de sel. Trilogie autour du chocolat. **Vins** Rully, Givry.

◆ Un paisible moulin du 19e s. baigné par son bief. Cédric Burtin a repris en 2010 cette table bien connue dans la région, avec un nouveau nom de fleur... pour laisser s'épanouir une cuisine empreinte d'inventivité. Bon choix de bourgognes.

rte de Givry **4 km à l'Ouest sur D 69 – ✉ 71880 Châtenoy-le-Royal :**

XX **L'Auberge des Alouettes**

1 rte de Givry – ✆ 03 85 48 32 15 – Fermé 20 juil.-10 août, 4-18 janv., dim. soir, mardi soir et merc. X**e**

Rest – (16 €) Menu 20/43 € – Carte 27/66 €

◆ Atmosphère chaleureuse dans cette auberge bordant une artère fréquentée. Attablez-vous près de l'élégante cheminée en pierre pour déguster les suggestions du jour.

à Dracy-le-Fort **6 km par ⑥ et D 978 – 1 321 h. – alt. 180 m – ✉ 71640**

Le Dracy

4 r. du Pressoir – ✆ 03 85 87 81 81 – www.ledracy.com
47 ch – 80/130 € 80/130 € – 12 € – ½ P 79/105 €
Rest *La Garenne* – Menu 18 € (déj. en sem.), 28/48 € – Carte 44/59 €
◆ Pour un séjour au vert placé sous le signe de la détente : chambres rénovées dans un style cosy et dotées de terrasses privatives côté jardin. Belle piscine. Cuisine traditionnelle servie dans une salle à manger contemporaine ou en terrasse.

à Sassenay **9 km au Nord-Est par D 5, rte de Seurre – 1 476 h. – alt. 178 m – ✉ 71530**

Le Magny

29 Grande-Rue – ✆ 03 85 91 61 58 – www.lemagny.com – Fermé 4-11 mai, 27 juil.-13 août, 4-11 janv., dim. soir, mardi soir et lundi
Rest – (14 €) Menu 22/36 € – Carte 26/61 €
◆ Avec sa façade jaune aux volets verts et son intérieur campagnard (armoires bressannes, parquet, cheminée), cette auberge de village offre un cadre chaleureux. Cuisine régionale.

CHAMAGNE – 88 Vosges – 314 F2 – rattaché à Charmes

CHAMALIÈRES – 63 Puy-de-Dôme – 326 F8 – rattaché à Clermont-Ferrand

---

CHAMARANDES – 52 Haute-Marne – 313 K5 – rattaché à Chaumont

CHAMBERET – 19 Corrèze – 329 L2 – 1 319 h. – alt. 450 m – ✉ 19370 25 C2

Paris 453 – Guéret 84 – Limoges 66 – Tulle 45
5, place du Marché ✆ 05 55 98 30 12
Mont Gargan ✻★★ NO : 9 km Limousin Berry

De France

– ✆ 05 55 98 30 14 – Fermé 23 déc.-30 janv.
15 ch – 42/52 € 42/52 € – 8 € – ½ P 59 € **Rest** – *(fermé vend. soir et dim. soir de sept. à mai)* Menu 13 € (déj. en sem.), 21/35 € – Carte 21/47 €
◆ Ambiance familiale dans une pimpante maison de pierre proposant des petites chambres correctement équipées. Café-comptoir pour la clientèle locale. Restaurant plaisamment campagnard (vieux meubles et fresques de paysages corréziens) et cuisine traditionnelle régionale.

CHAMBÉRY Ⓟ – 73 Savoie – 333 I4 – 57 543 h. – Agglo. 113 457 h. 46 F2 – alt. 270 m – Casino : à Challes-les-Eaux – ✉ 73000 Alpes du Nord

Paris 562 – Annecy 50 – Grenoble 55 – Lyon 101
de Chambéry-Aix-les-Bains : ✆ 04 79 54 49 54, à Viviers-du-Lac 8 km par ④.
5 bis place Palais de Justice ✆ 04 79 33 42 47
du Granier Apremont à Apremont Chemin de Fontaine Rouge, SE : 8 km par D 201, ✆ 04 79 28 21 26
Vieille ville★★ : Château★, place St-Léger★, grilles★ de l'hôtel de Châteauneuf (n° 18 rue de la Croix-d'Or) - Crypte★ de l'église St-Pierre-de-Lémenc - Rue Basse-du-Château★ - Cathédrale métropolitaine St-François-de-Sales★ - Musée Savoisien★ **M¹** - Musée des Beaux-Arts★ **M²**.

Plan page suivante

Mercure sans rest

183 pl. de la Gare – ✆ 04 79 62 10 11 – www.mercure.com **As**
81 ch – 79/209 € 89/219 € – 17 €
◆ Face à la gare, architecture résolument moderne (verre et béton). Plaisant hall d'accueil, salon-bar contemporain, chambres spacieuses et bien insonorisées.

Des Princes sans rest

4 r. de Boigne – ✆ 04 79 33 45 36 – www.hoteldesprinces.eu **Br**
45 ch – 80 € 95 € – 9 €
◆ Près de la fontaine des Éléphants, un charmant hôtel dont la décoration se veut royale : portraits de la grande famille de Savoie, chambres thématiques sur le thème du voyage.

CHAMBÉRY

Allobroges (Q. des) . . . . A 2
Banque (R. de la) . . . . B 3
Basse-du-Château (R.) . . . . . . A 4
Bernardines (Av. des) . . . . A 6
Boigne (R. de) . . . . B
Borrel (Q. du Sénateur A.) . . . B 7
Charvet (R. F.) . . . . B 9
Château (Pl. du) . . . . A 10
Colonne (Bd de la) . . . . B 12
Ducis (R.) . . . . B 13
Ducs-de-Savoie (Av. des) . . . . B 14
Europe (Espl. de l') . . . . B 16
Freizier (R.) . . . . AB 17
Gaulle (Av. Gén.-de) . . . . B 18
Italie (R. d') . . . . B 20
Jean-Jaurès (Av.) . . . . A 21
Jeu-de-Paume (Q. du) . . . . A 23
Juiverie (R.) . . . . A
Lans (R. de) . . . . A 24
Libération (Pl. de la) . . . . B 25
Maché (Pl.) . . . . A 27
Maché (R. du Fg) . . . . A 28
Martin (R. Cl.) . . . . B 30
Métropole (Pl.) . . . . B 31
Michaud (R.) . . . . B 32
Mitterrand (Pl. F.) . . . . B 33
Musée (Bd. du) . . . . AB 34
Ravet (Q. Ch.) . . . . B 35
St-François (R.) . . . . B 38
St-Léger (Pl.) . . . . B
St- Antoine (R.) . . . . A 36
Théâtre (Bd du) . . . . B 39
Vert (Av. du Comte) . . . . A 40

Brasserie Le Z

12 av. des Ducs de Savoie – ✆ 04 79 85 96 87 – www.zorelle.fr **Bz**

Rest – (13 €) Menu 28 € (dîner) – Carte 25/40 €

◆ Cadre contemporain, vue sur les cuisines, cave vitrée à flanc de rocher, carte internationale et banc d'écailler... Une brasserie dans l'air du temps, très prisée en ville.

L'Atelier

59 r. de la République – ✆ 04 79 70 62 39 – www.atelier-chambery.com – Fermé 29 août-12 sept., dim. et lundi **Bt**

Rest – (17 €) Menu 20 € (déj.)/39 €

◆ L'atmosphère de ce relais de poste converti en restaurant façon bistrot – comptoir et ardoises dans l'une des trois salles à manger – se veut branchée. Cuisine actuelle sans chichi.

à Sonnaz 8 km par ① sur D 991 – 1 257 h. – alt. 370 m – ✉ 73000

Auberge Le Régent

453 rte d'Aix-les-Bains – ✆ 04 79 72 27 70 – Fermé 15 août-10 sept., dim. soir et merc.

Rest – (18 €) Menu 28/44 € – Carte 37/63 €

◆ Ce restaurant familial, ancienne ferme savoyarde (19e s.), abrite deux coquettes salles à manger rustiques. Délicieuse terrasse ombragée face au jardin. Cuisine traditionnelle.

à St-Alban-Leysse 4 km par ①, D 1006 et rte secondaire – 5 462 h. – alt. 285 m – ✉ 73230

L'Or du Temps

814 rte de Plainpalais – ✆ 04 79 85 51 28 – www.or-du-temps.com – Fermé 10-31 août et 1er-10 janv.

18 ch – †60 € ††70 € – ☕ 7 € – ½ P 55 €

Rest – *(fermé sam. midi, dim. soir et lundi)* Menu 24 € (déj. en sem.)/49 € – Carte 44/70 €

◆ Cette bâtisse régionale offre une vue splendide sur le massif des Bauges. Chambres simples, pour l'étape. Au restaurant, pierres apparentes, tons chauds et crème, terrasse ombragée : une atmosphère douce au service d'une appétissante cuisine d'aujourd'hui ...

à Barberaz 3 km par ① , N 201 (sortie 19 : La Ravoire) – 4 708 h. – alt. 315 m – ✉ 73000

Altédia Lodge rest,

61 r. de la République – ✆ 04 79 60 05 00 – www.hotel-altedia.com

34 ch – †88/130 € ††88/130 € – 8 suites – ☕ 13 €

Rest *La Maison Rouge* – ✆ 04 79 60 07 00 *(fermé 1er-15 août)* (16 €) Menu 19 € (déj.), 32/39 € – Carte 27/52 €

◆ Orange, vert, rouge, gris souris, cet hôtel voit la vie en couleur... Fauteuils Louis XVI revisités par Starck, écrans plats, films à la demande et espace forme : un lieu jeune (beaucoup d'événementiel). À la Maison Rouge, carte brasserie.

Altédia Hôtel

41 ch – †45/75 € ††45/75 € – ☕ 8 €

◆ L'annexe dispose de chambres familiales. Petit-déjeuner sous forme de buffet.

à Challes-les-Eaux 7 km par ②par D 1006 et rte secondaire – 4 829 h. – alt. 310 m – ✉ 73190

avenue de Chambéry ✆ 04 79 72 86 19

Château des Comtes de Challes

247 montée du Château – ✆ 04 79 72 72 72 – www.chateaudescomtesdechalles.com – Fermé 24 oct.-14 nov.

54 ch – †65 € ††85/89 € – 4 suites – ☕ 12 € – ½ P 98 €

Rest – (26 €) Menu 40/55 € – Carte 64/78 €

◆ Grand parc, arbres centenaires, chapelle et chambres raffinées (ciels de lit et baldaquins dans certaines)... un élégant château du 15e s. à l'atmosphère romantique. Salles à manger cossues ; cheminée de 1650 trônant dans l'une d'elles. Cuisine classique.

à Chambéry-le-Vieux 5 km par ③ par N 201 et rte secondaire (sortie Chambéry-le-Haut) – ✉ 73000

Château de Candie rest,

r. du Bois-de-Candie – ✆ 04 79 96 63 00 – www.chateaudecandie.com

23 ch – †160/260 € ††160/260 € – 5 suites – ☕ 20 € – ½ P 132/182 €

Rest – *(fermé mardi midi, dim. soir et lundi)* (32 €) Menu 56/72 € – Carte 67/105 €

◆ Cette maison forte, bâtie au 14e s. par des Croisés, domine la vallée. Chambres cosy alliant styles ancien et contemporain ; superbe suite avec jacuzzi dans la tour. Élégantes salles à manger et agréable terrasse.

CHAMBOLLE-MUSIGNY – 21 Côte-d'Or – 320 J6 – 308 h. – alt. 280 m – ✉ 21220 8 D1

Paris 326 – Beaune 28 – Dijon 17

Château André Ziltener sans rest

r. de la Fontaine – ✆ 03 80 62 41 62 – www.chateau-ziltener.com – Fermé 6 déc.-6 mars

8 ch – †220/250 € ††220/250 € – 2 suites – ☕ 18 €

◆ Cette demeure du 18e s. vous invite à partager le luxe discret de ses spacieuses chambres de style Louis XV, mariage réussi de l'ancien et du moderne. Petit musée du vin.

Le Millésime

1 r. Traversière – ✆ 03 80 62 80 37 – Fermé 1er-15 janv., dim. soir, mardi midi et lundi
Rest – (18 €) Menu 26/41 € – Carte 34/59 €
◆ Au centre de ce village réputé pour sa production viticole, ancien bistrot repris par un jeune chef talentueux. Cuisine au goût du jour (prix raisonnables). Vins à emporter.

Le Chambolle

28 r. Caroline-Aigle – ✆ 03 80 62 86 26 – www.restaurant-lechambolle.com – Fermé 20 déc.-4 fév., dim. soir de déc. à mars, merc. et jeudi
Rest – *(nombre de couverts limité, prévenir)* Menu 23/45 € – Carte 35/60 €
◆ Dans cette salle à manger chaleureuse et rustique (imposante cheminée), on s'attable pour goûter des plats de terroir très savoureux. Accueil tout sourire.

CHAMBON-LA-FORÊT – 45 Loiret – 318 K3 – 709 h. – alt. 117 m – ✉ 45340 12 C2

Paris 96 – Châteauneuf-sur-Loire 26 – Montargis 43 – Orléans 43

Auberge de la Rive du Bois

11 r. de la Rive du Bois, 1 km au Nord par rte de Pithiviers – ✆ 02 38 32 28 44 – www.auberge-rivedubois.com – Fermé 4-23 août, 20 déc.-3 janv., lundi soir, mardi soir et merc.
Rest – Menu 16 € (sem.)/48 € – Carte 29/57 €
◆ Dans un paisible hameau, sympathique auberge propice aux repas de famille et d'affaires : salles à manger champêtres, terrasse fleurie et véranda. Cuisine traditionnelle.

LE CHAMBON-SUR-LIGNON – 43 Haute-Loire – 331 H3 – 2 661 h. – alt. 967 m – ✉ 43400 Lyon Drôme Ardèche 6 D3

Paris 573 – Annonay 48 – Lamastre 32 – Privas 75
2, route de Tence ✆ 04 71 59 71 56
du Chambon-sur-Lignon La Pierre de la Lune, SE : 5 km par D 103, ✆ 04 71 59 28 10

Bel Horizon

ch, rest,

chemin de Molle – ✆ 04 71 59 74 39 – www.belhorizon.fr – Fermé 2-24 janv., lundi (sauf hôtel) et dim. soir du 1er oct. au 30 avril
30 ch – †60/108 € ††60/108 € – ☐ 10 € – ½ P 76/90 €
Rest – (15 €) Menu 18/36 € – Carte 30/50 €
◆ Ambiance décontractée dans cet hôtel axé détente et loisirs (centre de remise en forme complet). Dix nouvelles chambres, au décor contemporain, réparties dans de confortables chalets. Restaurant aux tons ensoleillés et terrasse face au jardin ; carte classique.

au Sud 3 km par D 151, rte de la Suchère et rte secondaire – ✉ 43400 Chambon-sur-Lignon

Le Bois Vialotte

rest,

rte de la Suchère – ✆ 04 71 59 74 03 – www.leboisvialotte.com – Ouvert 31 mai-1er oct.
17 ch – †57/70 € ††57/70 € – ☐ 10 € – ½ P 58/66 €
Rest – *(dîner seult) (résidents seult)* Menu 15/26 €
◆ Au calme en lisière de forêt, établissement familial proposant des chambres simples, rénovées ou plus désuètes mais toujours impeccablement tenues. Salle de restaurant au charme d'antan ; cuisine traditionnelle où tout est fait maison.

à l'Est 3,5 km par D 157 et D 185 – ✉ 43400 Chambon-sur-Lignon

Clair Matin

ch, rest,

Les Barandons – ✆ 04 71 59 73 03 – www.hotelclairmatin.com – Fermé 30 nov.-30 janv., lundi et mardi hors saison
25 ch – †55/70 € ††55/130 € – 2 suites – ☐ 12 € – ½ P 60/94 €
Rest – Menu 20/39 € – Carte 30/60 €
◆ Cet accueillant chalet dispose d'une vue étendue sur les Cévennes. Air pur garanti ! Chambres fonctionnelles et nombreux loisirs dans le parc (piscine, tennis, fitness). Style néorustique au restaurant ; cuisine traditionnelle avec une touche actuelle.

CHAMBOULIVE – 19 Corrèze – **329** L3 – **1 272 h.** – **alt. 429 m** **25** C3
– ✉ **19450** Limousin Berry

Paris 463 – Bourganeuf 80 – Brive-la-Gaillarde 43 – Seilhac 10

place de l'Église ✆ 05 55 21 47 60

Deshors Foujanet

rte Treignac – ✆ 05 55 21 62 05 – www.deshors-foujanet.com – Fermé 1 sem. en juin, 3 sem. en oct., 1 sem. en fév., dim. soir et lundi sauf juil.-août
22 ch – 52/55 € 60/65 € – 8,50 € – ½ P 60/62 €
Rest – Menu 15/50 € bc – Carte 26/51 €
◆ Au cœur du village, une hostellerie familiale dont les chambres sont progressivement rénovées dans un esprit contemporain et fonctionnel. Jardin et agréable piscine d'été. Ambiance rustique au restaurant où l'on sert une cuisine du terroir corrézien.

CHAMBRETAUD – 85 Vendée – **316** K6 – **1 402 h.** – **alt. 214 m** **34** B3
– ✉ **85500**

Paris 373 – Angers 85 – Bressuire 50 – Cholet 21

Château du Boisniard

– ✆ 02 51 67 50 01 – www.chateau-boisniard.com – Fermé 1er-15 nov.
17 ch – 95/395 € 250/650 € – 32 €
Rest – *(fermé dim. soir du 30 sept. au 31 mars)* Menu 28 € (déj.)/55 € – Carte 48/55 €
◆ Non loin du Puy du Fou, château du 15e s. dans un parc avec étangs. Idéal pour un séjour serein dans des chambres spacieuses au charme médiéval ; celles du Manoir sont plus actuelles. Cuisine traditionnelle.

CHAMESOL – 25 Doubs – **321** K2 – **363 h.** – **alt. 730 m** – ✉ **25190** **17** C2

Paris 453 – Besançon 91 – Belfort 43 – Montbéliard 30

Mon Plaisir (Christian Pilloud)

22 lieu-dit Journal – ✆ 03 81 92 56 17 – Fermé 29 août-13 sept., 18-27 déc., dim. soir, lundi et mardi sauf fériés le midi
Rest – Menu 38/80 € bc
Spéc. Foie gras revisité. Grenouilles fraîches de Franche-Comté (fin fév. à fin mars). Assortiment de desserts. **Vins** Arbois.
◆ À l'entrée du village, cette accueillante maison de pays est tout entière dédiée à votre plaisir : ambiance cosy (confortable salon, élégante salle à manger bourgeoise) et belle cuisine du chef, fine et harmonieuse.

CHAMONIX-MONT-BLANC – 74 Haute-Savoie – **328** O5 – **9 195 h.** **45** D1
– **alt. 1 040 m** – **Sports d'hiver : 1 035/3 840 m** 14 36 – **Casino** AY
– ✉ **74400** Alpes du Nord

Paris 610 – Albertville 65 – Annecy 97 – Aosta 57

Tunnel du Mont-Blanc : péage en 2010, aller simple : autos 35,10 €, auto et caravane 46,40 €, camions 127,10 à 271,10 €, motos 23,20 €. Renseignements ATMB ✆ 04 50 55 55 00 et ✆ 04 50 55 39 36.

85, place du Triangle de l'Amitié ✆ 04 50 53 00 24

de Chamonix à Les Praz-de-Chamonix 35 route du Golf, N : 3 km, ✆ 04 50 53 06 28

E : Mer de glace★★★ et le Montenvers★★★ par chemin de fer à crémaillère - SE : Aiguille du midi ✻★★★ par téléphérique (station intermédiaire : plan de l'Aiguille★★) - NO : Le Brévent ✻★★★ par téléphérique (station intermédiaire : Planpraz★★) - N : Col de Balme★★ (Alpages de Charamillon).

Plan page suivante

CHAMONIX-MONT-BLANC

Aiguille-du-Midi (Av.)	AY	2
Angeville (Rte H. d')	AX	3
Balmat (Pl. Jacques)	AY	5
Blanche (Rte)	AY	
Bois-du-Bouchet (Av. du)	AX	6
Cachat-le-Géant (Av.)	AX	7
Courmayeur (Av. de)	AY	9
Cour (Pont de)	AY	8
Cristalliers (Ch. des)	AX	10
Croix-des-Moussoux (Montée)	AZ	12
Croz (Av. Michel)	AY	13
Devouassoux (Ch. F.)	AY	14
Gaillands (Rte des)	AZ	18
Gare (Pl. de la)	AY	20
Helbronner (R.)	AY	
Lyret (R.)	AY	
Majestic (Allée du)	AY	21
Mollard (Ch. de la)	AX	23
Mont-Blanc (Av. et Pl.)	AX	24
Moussoux (Rte des)	AZ	26
Mummery (R.)	AX	27
Nants (Rte des)	AZ	
Paccard (R. du Dr)	AY	28
Pècles (Rte des)	AZ	29
Pèlerins (Rte des)	AZ	
Plage (Av. de la)	AX	
Ravanel-le-Rouge (Av.)	AY	31
Recteur-Payot (Allée)	AXY	32
Roumnaz (Rte de la)	AZ	33
Triangle-de-l'Amitié (Pl. du)	AX	34
Tunnel (Rte du)	AZ	
Vallot (R. J.)	AX	
Whymper (R.)	AX	37

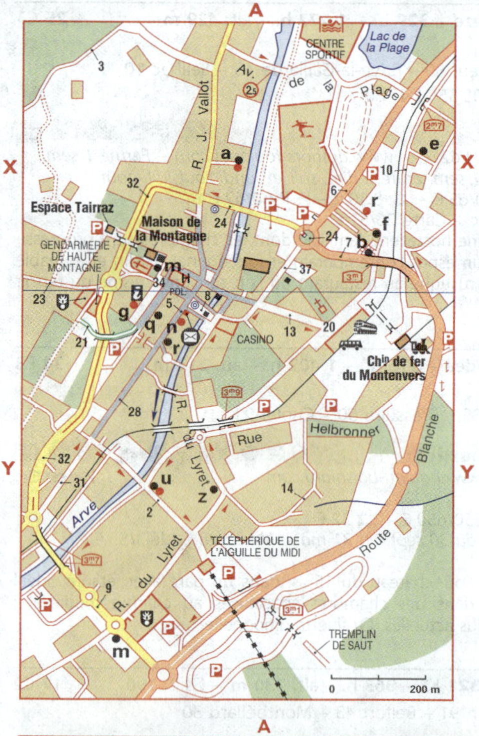

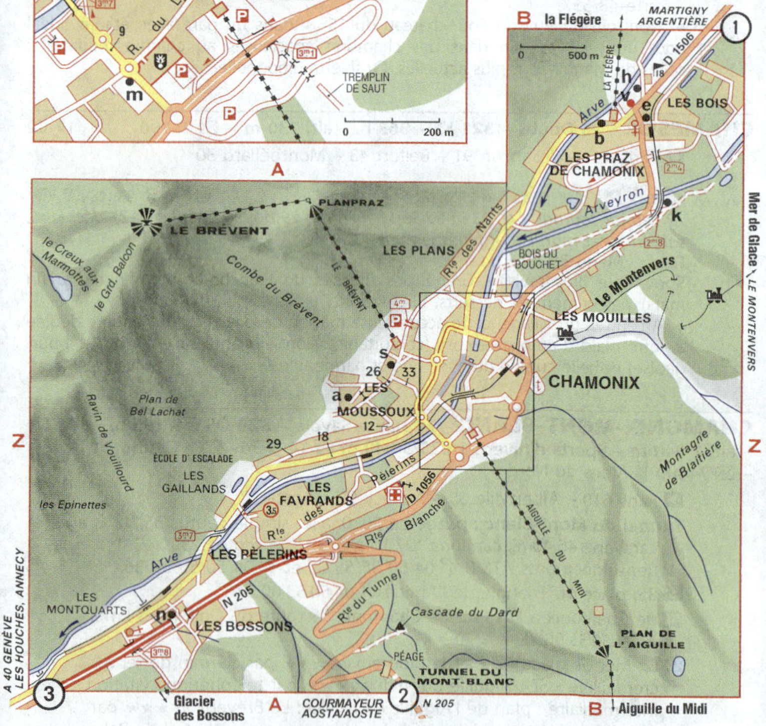

Hameau Albert 1er (Pierre Carrier et Pierre Maillet)
38 rte du Bouchet – ch, ch,
– *✆ 04 50 53 05 09 – www.hameaualbert.fr – Fermé 8-26 mai et 30 oct.-1er déc.*
32 ch – 140/540 € 140/540 € – 2 suites – 21 € AX**f**
Rest *La Maison Carrier* – voir ci-après
Rest – *(fermé 8-26 mai, 6 nov.- 1erdéc., mardi midi, jeudi midi et merc.)* (39 €) Menu 56 € (sem.)/138 € – Carte 120/190 €
Spéc. Risotto à la truffe blanche d'Alba (sept. à janv.). Omble chevalier du lac Léman proposé entier, oxalis et chicorée. Soufflé chaud à la Chartreuse verte, sorbet Chartreuse. **Vins** Mondeuse, Chignin.
◆ Ce "hameau" cultive avec bonheur tradition et modernité. À l'hôtel, superbes chambres avec belles boiseries et équipements dernier cri. À la "Ferme", décor contemporain mariant bois de vieux chalets d'alpage et design. Élégant restaurant, brillante cuisine classique subtilement modernisée et carte des vins étoffée.

Grand Hôtel des Alpes sans rest
75 r. du Dr Paccard – ✆ 04 50 55 37 80 – www.grandhoteldesalpes.com – Fermé 15 avril-7 juin et 1er oct.-15 déc. AY**r**
30 ch – 190/600 € 190/600 € – 3 suites – 20 €
◆ Ce "grand hôtel" bâti en 1840 a été merveilleusement restauré en 2004 : hall cossu, bar feutré, élégants salons, chambres raffinées et ambiance intimiste.

Le Morgane
145 av. Aiguille du Midi – ✆ 04 50 53 57 15 – www.morgane-hotel-chamonix.com
56 ch – 110/250 € 140/380 € – 15 € AY**u**
Rest *Le Bistrot* – voir ci-après
◆ La nature est ici respectée : engagement environnemental (zéro carbone), cadre épuré et beaux matériaux (bois brut, pierre, coton bio). Voilà l'hôtel de montagne du 21e s.

Auberge du Bois Prin
69 chemin de l'Hermine, (aux Moussoux) – ✆ 04 50 53 33 51 – www.boisprin.com – Fermé 25 avril-19 mai et 24 oct.-2 déc. AZ**a**
8 ch – 196/323 € 229/340 € – 2 suites – ½ P 145/184 €
Rest – *(fermé lundi midi, mardi midi et merc. midi)* (19 €) Menu 34/44 € bc – Carte 48/79 €
◆ Joli chalet perché sur les hauteurs de la station. Décoration design, équipements high-tech et lambris se marient avec goût dans les chambres luxueusement rénovées. Panorama sur le Mont-Blanc depuis la salle à manger et la terrasse ; produits du marché et du potager.

Les Aiglons rest,
270 av. Courmayeur – ✆ 04 50 55 90 93 – www.aiglons.com AY**m**
107 ch – 90/210 € 110/450 € – 13 €
Rest – (16 €) Menu 35 € (dîner)/55 € – Carte 30/57 €
◆ À deux pas du départ pour l'Aiguille du Midi, cet hôtel contemporain a fait peau neuve en 2008 : chambres actuelles, piscine chauffée et spa complet. Un lieu à l'esprit sportif. Cuisine au goût du jour et formule déjeuner-spa ; salle confortable et grande terrasse.

Chalet Hôtel Hermitage
63 chemin du Cé – ✆ 04 50 53 13 87 – www.hermitage-paccard.com – Ouvert 17 juin-18 sept. et 17 déc.-24 avril AX**e**
23 ch – 100/197 € 100/197 € – 7 suites – 14 €
Rest – *(ouvert 17 juin-18 sept. et fermé merc.) (dîner seult) (résidents seult)* Menu 25 €
◆ Cet hôtel dispose de chambres et de suites confortables, refaites dans un style montagnard et contemporain. Certaines profitent d'une belle vue sur le massif. Bar-salon avec cheminée. Cuisine traditionnelle pour les résidants.

L'Oustalet sans rest
330 r. Lyret – ✆ 04 50 55 54 99 – www.hotel-oustalet.com – Fermé 23 mai-7 juin et 2 nov.-16 déc. AY**z**
15 ch – 95/135 € 115/180 € – 15 €
◆ Chalet récent au décor chaleureux et coquet. Chambres spacieuses, idéales pour les familles. Hammam, sauna et jacuzzi en hiver, piscine l'été. Salon de thé (pâtisseries maison).

Auberge du Manoir sans rest

8 rte du Bouchet – 04 50 53 10 77 – www.aubergedumanoir.com

18 ch – †88/142 € ††102/256 € – 18 € AX**b**

◆ Entièrement rénové en 2008, cet hôtel a su conserver son charme savoyard. Confortables chambres "tout bois", tissus chaleureux. Salon avec billard et jardin.

Park Hotel Suisse ch, rest,

75 allée du Majestic – 04 50 53 07 58 – www.chamonix-park-hotel.com – Ouvert de mi-juin à fin sept. et de mi-déc. à mi-avril AY**q**

64 ch – †76/170 € ††98/230 € – 2 suites – 14 € – ½ P 76/154 €

Rest – *(ouvert 12 juin-12 sept., 19 déc.-31 mars)* (15 €) Menu 22 € (dîner)/25 €

◆ Hôtel familial dans lequel on profite de chambres lambrissées, d'un salon avec billard et d'une terrasse-solarium. Été comme hiver, on y admire toute la chaîne du Mont-Blanc. Au restaurant, cuisine traditionnelle et spécialités savoyardes.

La Savoyarde sans rest

28 rte Moussoux – 04 50 53 00 77 – www.lasavoyarde.com – Ouvert de juin à sept. et de déc. à avril AZ**s**

14 ch – †61/81 € ††110/149 € – 12 €

◆ Coquette maison chamoniarde du 19e s. située à 50 m du téléphérique du Brévent. Chambres simples, lambrissées, parfois mansardées ou agrandies d'une mezzanine.

Faucigny sans rest

118 pl. de l'Église – 04 50 53 01 17 – www.hotelfaucigny-chamonix.com – Ouvert 22 déc.-1er mai, 11 juin-26 sept. AX**m**

20 ch – †50/64 € ††80/109 € – 8,50 €

◆ Ce sympathique petit hôtel du centre-ville a été soigneusement rénové ; chambres chaleureuses, certaines sous les mansardes. Salon avec cheminée. Prix raisonnables.

De l'Arve sans rest

60 impasse des Anémones – 04 50 53 02 31 – www.hotelarve-chamonix.com – Fermé de fin oct. à mi-déc. AX**a**

37 ch – †64/107 € ††64/123 € – 11 €

◆ Hôtel familial aux chambres d'esprit savoyard, petites mais fonctionnelles. Salon-billard et jardinet face au mont Blanc. Fitness avec équipements complets et mur d'escalade.

Arveyron ch, rest,

1650 rte du Bouchet, 2 km – 04 50 53 18 29 – www.hotel-arveyron.com – Ouvert de mi-juin au 22 sept. et vacances de Noël à mi-avril BZ**k**

30 ch – †52 € ††52/88 € – 11 € – ½ P 68/74 €

Rest – *(fermé avril, lundi et merc.)* (20 €) Menu 23/26 €

◆ Ce plaisant hôtel familial abrite des chambres montagnardes, plus au calme côté forêt. Bar-salon, billard et jardin... sous les aiguilles de Chamonix ! Salle à manger "tout bois" et agréable terrasse ; la cuisine traditionnelle prend des accents du terroir.

Le Bistrot (Michael Bourdillat) – Hôtel Le Morgane

151 av. Aiguille du Midi – 04 50 53 57 64 – www.lebistrotchamonix.com

Rest – (17 €) Menu 65/85 € – Carte 45/80 € AY**u**

Spéc. Tomate farcie d'escargots du Mont-Blanc, jus aux olives de Nice. Fricassée de filets de perche du Léman, émulsion de beurre noisette, câpres, citron et croûtons. Mousse de fromage blanc aux myrtilles de pays (juin à août). **Vins** Roussette de Savoie, Chignin-Bergeron.

◆ Ce restaurant affiche un esprit contemporain d'une sobre élégance. À table, goûteuse cuisine accompagnée d'une belle sélection de vins. Formule imbattable au déjeuner !

Les Jardins du Mont Blanc

62 allée du Majestic – 04 50 53 05 64 – www.hotelmontblancchamonix.com – Fermé 1er oct.-18 déc., et le midi de déc. à avril AY**g**

Rest – Menu 26 € (déj.), 42/98 € – Carte 60/95 € le soir

◆ Une institution ! Le chef, arrivé en 2010, concocte une cuisine inventive (plus simple le midi) ; on s'en régale dans une belle salle, où trône une grande cheminée.

La Maison Carrier – Hôtel Hameau Albert 1er
44 rte du Bouchet – 04 50 53 00 03 – www.hameaualbert.fr
– Fermé 8-26 mai, 6 nov.-13 déc., lundi sauf juil.-août et fériés AX**r**
Rest – (18 €) Menu 23 € (déj. en sem.), 28/39 € – Carte 40/70 €
◆ Salle des guides, "borne" (cheminée) où fument les charcuteries maison : un intérieur savoyard typique pour cette jolie ferme reconstituée avec le bois de vieux chalets d'alpage. Belle cuisine du terroir.

Atmosphère
123 pl. Balmat – 04 50 55 97 97 – www.restaurant-atmosphere.com
Rest – (20 €) Menu 23/30 € – Carte 30/64 € AY**n**
◆ Cette adresse ne manque pas d'atmosphère : décor contemporain, cuisine traditionnelle, belle carte des vins et ambiance conviviale. Quelques tables avec vue sur l'Arve.

Café de l'Arve
60 impasse des Anémones – 04 50 53 58 57 – www.cafe-arve.com
– Fermé début nov. à mi-déc. AX**a**
Rest – *(fermé dim. soir, mardi midi et lundi)* (16 €) Menu 23/35 € – Carte 26/39 €
◆ Êtes-vous "locavore" ? Cette table contemporaine privilégie les produits locaux ! La cuisine, simple et soignée (rôti de porc aux crozets), ravit Chamonix...

aux Praz-de-Chamonix **2,5 km au Nord – ✉ 74400 Chamonix-Mont-Blanc – alt. 1 060 m**

La Flégère ≤★★ par téléphérique BZ.

Le Labrador sans rest
au golf – 04 50 55 90 09 – www.hotel-labrador.com
– Fermé 26 avril-6 mai et 23 oct.-9 déc. BZ**h**
33 ch – †90/210 € ††100/250 € – 2 suites – ☐ 11 €
◆ Ce chalet à la silhouette scandinave jouit d'un environnement exceptionnel : les chambres ménagent une vue superbe sur le Mont-Blanc et la vallée de Chamonix. Salons cosy.

Eden
35 rte des Gaudenays – 04 50 53 18 43 – www.hoteleden-chamonix.com
– Fermé 25 oct.-30 nov. BZ**e**
31 ch – †89/125 € ††98/135 € – ☐ 11 € – ½ P 75/120 €
Rest – *(fermé 15 oct.-1er déc. et mardi) (dîner seult)* Menu 19/39 € – Carte 36/50 €
◆ Sympathique hôtel proposant des chambres pratiques et claires, et des appartements (avec cuisine) parfaits pour des séjours familiaux. Au restaurant, cuisine au goût du jour servie, l'été, en terrasse.

Les Lanchers rest, rest,
1459 rte des Praz – 04 50 53 47 19 – www.hotel-lanchers-chamonix.com
19 ch – †50/85 € ††60/98 € – ☐ 10 € – ½ P 55/79 € BZ**b**
Rest – Menu 13 € (déj.), 18/24 € – Carte 22/29 €
◆ Derrière la façade égayée de fresques, vous trouverez de grandes chambres au confort simple, mais agréables (rénovation en 2009). Salle à manger-véranda meublée dans le style bistrot ; cuisine traditionnelle, spécialités italiennes et savoyardes.

La Cabane des Praz
23 rte du Golf – 04 50 53 23 27 – www.restaurant-cabane.com – Fermé 6-30 nov.
Rest – (19 €) Menu 28 € – Carte 32/76 € BZ**v**
◆ Superbement refaite, cette élégante cabane en rondins finlandais offre un chic décontracté : salon cossu, terrasse avec vue sur le golf et les aiguilles, cuisine au goût du jour.

aux Tines **4 km par ①, D 1506 et rte secondaire – ✉ 74400 Chamonix-Mont-Blanc**

Excelsior ch, rest,
251 chemin de St-Roch – 04 50 53 18 36 – www.hotelexcelsior-chamonix.com
– Fermé 11-25 mai et 5 nov.-15 déc.
36 ch – †40/65 € ††65/95 € – ☐ 10 € – ½ P 63/78 € **Rest** – *(fermé le midi de mi-déc. à fin avril sauf sam. et dim.)* (16 € bc) Menu 27/45 € – Carte 27/45 €
◆ Au pied de l'aiguille Verte et du Dru, engageante maison tenue par la même famille depuis 1913. Plaisantes chambres rénovées, habillées de bois clair. Le restaurant ouvre ses baies sur les sommets alentour ; plats d'inspiration classique.

au Lavancher 6 km par ①, D 1506 et rte secondaire – ✉ 74400 Chamonix-Mont-Blanc – Sports d'hiver : voir à Chamonix

≤★★.

Le Jeu de Paume rest,

705 rte Chapeau – ✆ 04 50 54 03 76 – www.jeudepaumechamonix.com – Ouvert 24 juin-15 sept. et 15 déc.-10 mai

23 ch – 🛉160/255 € 🛉🛉160/255 € – ☕ 15 €

Rest – *(fermé mardi midi et merc. midi)* Menu 35/58 € – Carte 38/65 €

◆ Billard, piscine couverte, sauna, jacuzzi, salons-cheminée... Détente assurée dans ce chalet traditionnel au décor "tout bois" très raffiné. Vue sur les aiguilles ou la vallée. Cuisine au goût du jour dans une élégante salle.

Les Chalets de Philippe sans rest

700-718 rte Chapeau – ✆ 06 07 23 17 26 – www.chaletsphilippe.com

10 ch – 🛉120/400 € 🛉🛉120/400 € – ☕ 15 €

◆ Parmi les sapins, luxueux chalets à flanc de montagne. Vieux bois, équipements de pointe, meubles chinés, objets rares... Services personnalisés.

aux Bossons 3,5 km au Sud – ✉ 74400 Chamonix-Mont-Blanc – alt. 1 005 m

Aiguille du Midi rest,

479 chemin Napoléon – ✆ 04 50 53 00 65 – www.hotel-aiguilledumidi.com – Ouvert 14 mai-17 sept. et 17 déc.-2 avril AZn

39 ch – 🛉60/140 € 🛉🛉73/140 € – ☕ 14 € – ½ P 72/110 €

Rest – *(fermé merc. midi de déc. à avril)* (18 €) Menu 24/52 € – Carte 23/61 €

◆ Dans cet hôtel bâti en 1908, préférez les chambres récemment rénovées dans un style montagnard et design. Salon panoramique face au glacier des Bossons. Salle de massage. Restaurant en rotonde, jolie terrasse côté jardin, plats traditionnels et savoyards.

CHAMOUILLE – 02 Aisne – 306 D6 – rattaché à Laon

CHAMPAGNAC-DE-BELAIR – 24 Dordogne – 329 F3 – rattaché à Brantôme

---

CHAMPAGNÉ – 72 Sarthe – 310 L6 – 3 561 h. – alt. 53 m – ✉ 72470 35 D1

Paris 205 – Alençon 67 – Le Mans 14 – Nantes 204

place de l'Église ✆ 02 43 89 89 89

XX **Le Cochon d'Or**

49 rte de Paris, D 323 – ✆ 02 43 89 50 08 – www.lecochondor.fr – Fermé 25 juil.-19 août, 2-11 janv., lundi et le soir sauf sam.

Rest – (16 €) Menu 20 € (déj.), 29/51 € – Carte 40/60 €

◆ Cure de jeunesse pour cette maison bordant une route passante. Grande salle aux couleurs vives et tendances, ouvrant sur le jardin (baie vitrée). Cuisine traditionnelle.

CHAMPAGNEUX – 73 Savoie – 333 G4 – rattaché à St-Genix-sur-Guiers

---

CHAMPAGNEY – 70 Haute-Saône – 314 I6 – rattaché à Ronchamp

CHAMPAGNOLE – 39 Jura – 321 F6 – 8 135 h. – alt. 541 m 16 B3

– ✉ 39300 Franche-Comté Jura

Paris 420 – Besançon 66 – Dole 68 – Genève 86

rue Baronne Delort ✆ 03 84 52 43 67

Musée archéologique : plaques-boucles★.

Le Bois Dormant ch,

rte de Pontarlier, 1,5 km – ✆ 03 84 52 66 66 – www.bois-dormant.com – Fermé 21-27 déc.

40 ch – 🛉67 € 🛉🛉75 € – ☕ 10 € – ½ P 65 €

Rest – Menu 17 € (sem.), 25/50 € – Carte 23/70 €

◆ Au sein d'un parc arboré, établissement au décor chaleureux et moderne. Chambres fonctionnelles, habillées de bois blond et de tons roses. Piscine côté jardin. Grande salle à manger-véranda et paisible terrasse ; carte traditionnelle et vins du Jura.

rte de Genève 8 km au Sud – ✉39300 Champagnole

Auberge des Gourmets avec ch

1 la Billaude du haut, sur N 5 – ☎ 03 84 51 60 60 – www.auberge-des-gourmets-jura.fr – Fermé 1er déc.-5 fév., dim. soir et lundi sauf vacances scolaires

6 ch – †77 € ††88 € – ☐ 10 € – ½ P 78 €

Rest – (15 €) Menu 34/48 € – Carte 35/58 €

◆ Petits plats traditionnels faits maison, servis dans plusieurs salles à manger (dont une véranda) rustico-bourgeoises et soignées. Les chambres côté terrasse sont plus calmes.

CHAMPAGNY-EN-VANOISE – 73 Savoie – 333 N5 – 654 h. – alt. 1 240 m – ✉ 73350 Alpes du Nord — 45 D2

Paris 625 – Albertville 44 – Chambéry 94 – Moûtiers 19

Le Centre ☎ 04 79 55 06 55

Retable★ dans l'église - Télécabine de Champagny★ : ≤★ - Champagny-le-Haut★★.

L'Ancolie

Les Hauts du Crey – ☎ 04 79 55 05 00 – www.hotel-ancolie.com – Ouvert 18 juin-5 sept. et 20 déc.-18 avril

31 ch – †65/105 € ††65/130 € – ☐ 10 € – ½ P 53/94 €

Rest – Menu 20/35 € – Carte 29/39 €

◆ La fleur sauvage a prêté son nom à cet hôtel perché sur les hauteurs d'un authentique village-station. Petites chambres fonctionnelles, pour la plupart dotées d'un balcon orienté au sud. Au restaurant, décor montagnard et cuisine régionale simple.

Les Glières

à Planchamp – ☎ 04 79 55 05 52 – www.hotel-glieres.com – Ouvert 2 juil.-20 août et 18 déc.-16 avril

20 ch – †75/115 € ††75/115 € – ☐ 10 € – ½ P 65/85 €

Rest – *(fermé lundi en été)* (14 €) Menu 19/31 € – Carte 22/37 €

◆ Établissement familial situé dans un hameau, au calme. Chambres coquettes, certaines dans un esprit chalet (boiseries et tissus coordonnés). Sauna et salon-cheminée ouvert sur une terrasse verdoyante. Au restaurant, cuisine et cadre typiquement savoyards.

CHAMPEIX – 63 Puy-de-Dôme – 326 F9 – 1 256 h. – alt. 456 m – ✉ 63320 Auvergne — 5 B2

Paris 440 – Clermont-Ferrand 30 – Condat 49 – Issoire 14

place du Pré ☎ 04 73 96 26 73

Église de St-Saturnin★★ N : 10 km.

à Montaigut-le-Blanc 3 km à l'Ouest par D 996 – 717 h. – alt. 500 m – ✉ 63320

Le Chastel Montaigu sans rest

au château – ☎ 04 73 96 28 49 – www.lechastelmontaigu.com – Ouvert d'avril à oct.

4 ch ☐ – †125/135 € ††140/150 €

◆ L'originalité de cette maison d'hôtes haut perchée : ses superbes chambres (lits à baldaquin) logées dans un donjon crénelé, avec vue plongeante sur les monts Dore et le Forez.

CHAMPIGNÉ – 49 Maine-et-Loire – 317 F3 – 1 869 h. – alt. 25 m – ✉ 49330 — 35 C2

Paris 287 – Angers 24 – Château-Gontier 24 – La Flèche 41

Anjou Golf & Country Club Route de Cheffes, S : 3 km par D 190, ☎ 02 41 42 01 01

au Nord-Ouest 3 km par D 768 et D 190 – ✉ 49330 Champigné

Château des Briottières rest,
rte de Marigné – ☎ 02 41 42 00 02 – www.briottieres.com
17 ch – †140/250 € ††180/350 € – ☕ 15 €
Rest – *(dîner seult) (résidents seult)* Menu 39 €
◆ Un raffinement très 18e s. règne dans ce château familial entouré d'un parc avec un étang. Chambres et salons sont décorés avec style et le soir, on dîne aux chandelles.

CHAMPILLON – 51 Marne – **306** F8 – rattaché à Épernay

CHAMPLIVE – 25 Doubs – **321** H3 – 263 h. – alt. 404 m – ✉ 25360 **17** C1
Paris 438 – Besançon 24 – Lausanne 121

Auberge du Château de Vaite avec ch
17 Grande-Rue – ☎ 03 81 55 20 66 – www.auberge-chateau-vaite.com – Fermé 20 déc.-20 janv.
9 ch – †49 € ††49 € – ☕ 7 €
Rest – Menu 11 € (déj. en sem.), 22/30 € – Carte 20/52 €
◆ Dans une grande salle à manger, vous apprécierez une fine cuisine traditionnelle réalisée avec de bons produits locaux. Les neuf chambres de l'hôtel proposent autant d'ambiances différentes (chic, blanche, nature...).

CHAMPS-SUR-TARENTAINE – 15 Cantal – **330** D2 – 1 041 h. – alt. 450 m – ✉ 15270 **5** B2
Paris 500 – Aurillac 90 – Clermont-Ferrand 82 – Condat 24
Mairie ☎ 04 71 78 79 74
Gorges de la Rhue★★ SE : 9 km Auvergne.

Auberge du Vieux Chêne sans rest
34 rte des Lacs – ☎ 04 71 78 71 64 – www.advc.free.fr – Ouvert 1er mai-30 sept.
15 ch – †63/91 € ††63/91 € – ☕ 10 €
◆ Ambiance champêtre dans une authentique ferme du 19e s. Chambres simples et chaleureuses, propices à un séjour empreint de quiétude. Vente de confitures et gelées maison.

CHAMPS-SUR-YONNE – 89 Yonne – **319** E5 – rattaché à Auxerre

---

CHAMPTOCEAUX – 49 Maine-et-Loire – **317** B4 – 2 162 h. – alt. 68 m – ✉ 49270 Châteaux de la Loire **34** B2
Paris 357 – Ancenis 9 – Angers 65 – Beaupréau 30
Le Champalud ☎ 02 40 83 57 49
de l'Ile d'Or à La Varenne, O : 5 km par D 751, ☎ 02 40 98 58 00
Site★ - Promenade de Champalud★★.

Le Champalud ch,
1 pl. du Chanoine-Bricard – ☎ 02 40 83 50 09 – www.lechampalud.com
19 ch – †61/99 € ††61/99 € – ☕ 8,50 € – ½ P 65/70 €
Rest – *(fermé dim. soir d'oct. à mars)* (12 €) Menu 18/41 € – Carte 29/45 €
◆ Au cœur du village, face à l'église, petit hôtel bien tenu, mêlant mobilier fonctionnel, poutres apparentes et vieilles pierres. Chambres spacieuses et bien équipées. Côté restaurant, décor rustique et cuisine traditionnelle. Bar-pub.

CHAMPVANS-LES-MOULINS – 25 Doubs – **321** F3 – rattaché à Besançon

---

CHANAS – 38 Isère – **333** B6 – 2 255 h. – alt. 150 m – ✉ 38150 **43** E2
Paris 512 – Grenoble 89 – Lyon 57 – St-Étienne 75

Mercure
à l'échangeur A 7 – ☎ 04 74 84 27 50 – www.mercure.com
42 ch – †70/90 € ††82/98 € – ☕ 14 €
Rest – *(fermé sam. midi et dim.)* (12 €) Menu 16/22 € – Carte 25/70 €
◆ Pour une étape sur la route des vacances, hôtel disposant de chambres récemment rénovées, pratiques et pourvues d'une bonne isolation phonique. Lumineux restaurant agrémenté de claustras et de plantes vertes ; cuisine traditionnelle.

CHANCELADE – 24 Dordogne – 329 E4 – rattaché à Périgueux

CHANDAI – 61 Orne – 310 N2 – 630 h. – alt. 200 m – ✉ 61300 33 C3

Paris 129 – L'Aigle 10 – Alençon 72 – Chartres 71

L'Écuyer Normand

23 rte de Paris, D 626 – ✆ 02 33 24 08 54 – www.ecuyer-normand.com – Fermé merc. soir, dim. soir et lundi

Rest – (14 €) Menu 19/39 € – Carte 54/82 €

◆ Cette jolie maison en briques rouges vous reçoit dans un cadre élégant, décoré de tableaux peints par une artiste locale. Cuisine traditionnelle orientée terroir.

CHANDOLAS – 07 Ardèche – 331 H7 – 426 h. – alt. 115 m – ✉ 07230 44 A3

Paris 662 – Alès 43 – Aubenas 34 – Privas 66

Auberge les Murets

D 104, quartier Langarnayre – ✆ 04 75 39 08 32 – www.aubergelesmurets.com – Fermé 21nov.-4 déc., 3 janv.-4 fév.

10 ch – 65/85 € 65/85 € – 10 € – ½ P 57/65 €

Rest – *(fermé lundi et mardi du 15 nov. au 31 mars, lundi midi d'avril au 15 nov.)* Menu 19 € (sem.), 22/33 € – Carte 25/37 €

◆ Ferme cévenole du 18e s. entourée d'un parc ouvert sur la campagne et les vignes. Chambres pimpantes, meublées en rotin ; trois nouvelles plus spacieuses et modernes. Au restaurant, caves voûtées et terrasse ombragée par un mûrier ; cuisine traditionnelle.

CHANTEMERLE – 05 Hautes-Alpes – 334 H3 – rattaché à Serre-Chevalier

CHANTILLY – 60 Oise – 305 F5 – 11 045 h. – alt. 59 m – ✉ 60500 36 B3

Île de France

Paris 51 – Beauvais 55 – Compiègne 44 – Meaux 53

60, avenue du Maréchal Joffre ✆ 03 44 67 37 37

Dolce Chantilly à Vineuil-Saint-Firmin Route d'Apremont, par rte d'Apremont : 3 km, ✆ 03 44 58 47 74

d'Apremont à Apremont CD 606, N : 7 km par D 606, ✆ 03 44 25 61 11

Les Golfs de Mont-Griffon à Luzarches Route Départementale 909, S : 11km par N 16, ✆ 01 34 68 10 10

Château★★★ - Parc★★ - Grandes Écuries★★ : musée vivant du Cheval★★ - L'Aérophile★ (vol en ballon captif) : ★.

Site★ du château de la Reine-Blanche S : 5,5 km.

Plan page suivante

Hotel du Parc sans rest

36 av. Mar. Joffre – ✆ 03 44 58 20 00 – www.hotel-parc-chantilly.com

57 ch – 105/125 € 135/165 € – 12 € Aa

◆ Bâtiment moderne, aux chambres assez spacieuses, claires et fonctionnelles, bénéficiant parfois d'une terrasse ; les plus calmes sont tournées vers le jardin. Bar anglais.

rte d'Apremont par ① et D 606

Dolce Chantilly

à 3 km – ✆ 03 44 58 47 77 – www.dolcechantilly.com – Fermé 22 déc.-2 janv.

194 ch – 150/300 € 150/300 € – 6 suites – 21 €

Rest *Carmontelle* – *(fermé sam. midi, dim., lundi et fériés) (nombre de couverts limité, prévenir)* Menu 43 € bc (déj.), 70 € bc/120 € bc – Carte 85/120 €

Spéc. Saint-Jacques, dieppoise rôtie au beurre de roquette, marinée de soja, croustillant de riz (oct. à mars). Homard bleu cuisiné au beurre d'estragon, carotte jaune au caviar d'Aquitaine. Chocolat grand cru en trois textures et trois saveurs.

Rest *L'Étoile* – Menu 43 € bc/63 € bc – Carte 41/65 €

Rest *Le Swing* – *(déj. seult)* Menu 25 € (sem.), 28/34 €

◆ Au vert, resort avec golf, terrain de polo, espace détente, salles de séminaires… Grand bâtiment d'inspiration classique, aux chambres spacieuses et modernes ; fil rouge : le cheval. Au Carmontelle, cadre cossu et cuisine actuelle valorisant d'excellents produits. Carte plus traditionnelle à L'Étoile. Buffets au Swing.

CHANTILLY

Berteux (Av. de) . . . . A 2
Canardière (Quai de la) . . . . . . A 3
Cascades (R. des) . . . . A 4
Chantilly (R. de) . . . . B 5
Condé (Av. de) . . . . B 6
Connétable (R. du) . . . . AB
Embarcadère (R. de l') . . . . A 8
Faisanderie (R. de la) . . . . B 9
Gaulle (Av. du Gén.-de) . . . . . . A 10
Joffre (Av. du Mar.) . . . . A
Leclerc (Av. du Gén.) . . . . A 12
Libération Maurice Schumann (Bd de la) . . . . A 18
Orgemont (R. d') . . . . A 15
Paris (R. de) . . . . A 16
Vallon (Pl. Omer) . . . . A 21
Victor-Hugo (R.) . . . . A 22

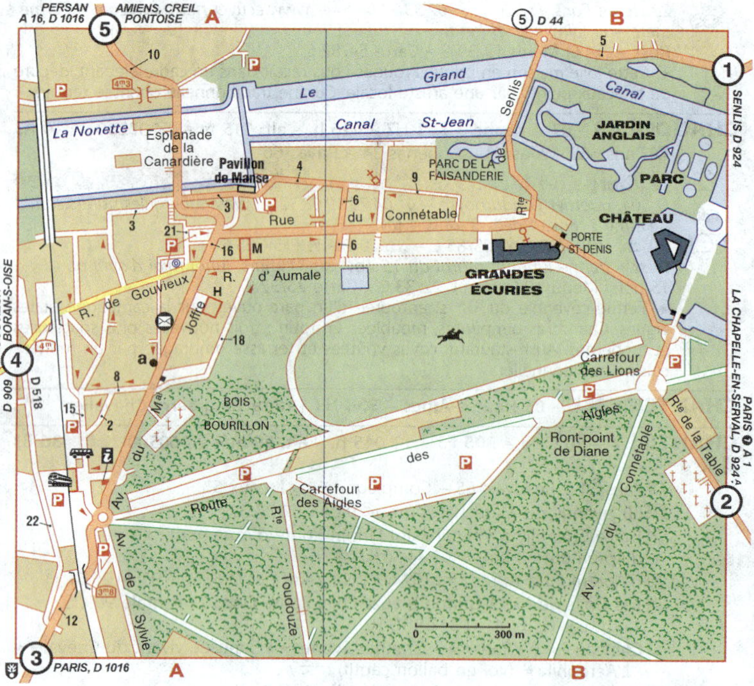

XX **Auberge La Grange aux Loups** avec ch rest,
8 r. du 11 novembre, à Apremont, 6 km ✉ 60300
– ✆ 03 44 25 33 79
– www.lagrangeauxloups.com
– Fermé 16-31 août, 2-17 janv., dim. soir et lundi
4 ch – 🚹80 € 🚹🚹80 € – ☕ 10 €
Rest – Menu 26 € (sem.), 52/57 € – Carte 70/77 €
◆ Auberge villageoise logée sous les poutres et solives d'une jolie salle rustique (cheminée centrale). Terrasse d'été et choix classique à la carte. Chambres calmes et bien tenues, installées dans une dépendance.

à Montgrésin 5 km par ②– ✉ **60560 Orry-la-Ville**

Relais d'Aumale ch,
37 pl. des Fêtes – ✆ 03 44 54 61 31
– www.relais-aumale.fr
– fermé 23 déc.-4 janv.
22 ch ☕ – 🚹128/158 € 🚹🚹140/188 € – 2 suites – ½ P 118/140 €
Rest – (28 €) Menu 36 € (sem.)/46 € – Carte 55/85 €
◆ Ancien pavillon de chasse du duc d'Aumale, niché dans un jardin à l'orée de la forêt. Chambres confortables et joliment décorées. Deux salles à manger : l'une actuelle, l'autre châtelaine, avec boiseries, plafond à la française et tableaux. Recettes traditionnelles.

à Gouvieux 4 km par ④ – 9 386 h. – alt. 26 m – ✉ 60270

Château de Montvillargenne
6 av. François Mathet – ✆ 03 44 62 37 37
– www.montvillargenne.com
120 ch – †210/1000 € ††210/1000 € – ☕ 19 €
Rest – *(fermé le midi sauf week-end)* Menu 43/87 € bc – Carte 40/100 €
◆ Immense château construit à l'aube du 20e s. dans un style éclectique (colombages, meneaux, etc.). Chambres souvent très spacieuses, au décor teinté d'exotisme ("Asie", "Afrique", etc.). Spa, fitness, salles de réception. Cuisine actuelle (poisson) au restaurant.

Château de la Tour
chemin de la Chaussée – ✆ 03 44 62 38 38 – www.lechateaudelatour.fr
41 ch ☕ – †170/195 € ††170/195 € – ½ P 110/130 €
Rest – (30 € bc) Menu 39 € (déj.), 45/86 € bc – Carte 52/65 €
◆ Belle demeure du début du 20e s. et son extension contemporaine dans un joli parc de 5 ha. À l'intérieur, raffinement et atmosphère bourgeoise. Hauts plafonds ouvragés et cheminées dans les salles de restaurant, rénovées en 2009 ; superbe terrasse. Carte classique.

Le Pavillon St-Hubert
à Toutevoie – ✆ 03 44 57 07 04 – www.pavillon-saint-hubert.com – Fermé 2-20 janv.
18 ch – †60/85 € ††60/90 € – ☕ 9 €
Rest – *(fermé 2 janv.-8 fév., dim. soir et lundi)* Menu 25 € (sem.), 33/55 €
– Carte 35/50 €
◆ Maison de caractère et son joli jardin situé au bord de l'Oise. Confortables petites chambres. Restaurant meublé dans le style Louis XIII ; l'été, la terrasse dressée à l'ombre des tilleuls profite d'une vue sur le trafic des péniches. Plats traditionnels.

La Renardière
2 r. Frères Segard, (La Chaussée) – ✆ 03 44 57 08 23
– www.restaurantlarenardiere.fr – Fermé dim. soir et lundi
Rest – Menu 15/49 € – Carte 55/90 €
◆ Cette sympathique auberge vous accueille dans un plaisant cadre rustique. Cuisine traditionnelle et carte des vins habilement composée par la patronne, sommelière de la maison.

Ô Relais de la Côte
9 r. de Chantilly – ✆ 03 44 57 01 19 – Fermé 26 juil.-9 août, 1 sem. en fév., dim. soir, lundi soir et mardi
Rest – *(nombre de couverts limité, prévenir)* (14 €) Menu 28/34 € – Carte 28/55 €
◆ À la sortie de la ville, restaurant au style actuel (murs blancs, tableaux modernes, mobilier contemporain), jouissant d'une belle terrasse arborée. Cuisine au goût du jour.

rte de Creil 4 km par ⑤ – ✉ 60740 St-Maximin

Le Verbois
6 r. L.-Dubois, D 1016 – ✆ 03 44 24 06 22 – www.leverbois.com – Fermé 16-31 août, 3-17 janv., dim. soir et lundi
Rest – (30 €) Menu 36/67 € – Carte 63/91 €
◆ À l'orée de la forêt, ex-relais de chasse (1886) évoquant une maison de maître, agrandi d'une véranda cernée par le jardin. Tenue soignée. Cuisine du marché et de saison (gibier).

CHANTONNAY – 85 Vendée – **316** J7 – 7 958 h. – alt. 58 m – ✉ 85110 **34** B3

Paris 410 – Nantes 79 – La Roche-sur-Yon 34 – Cholet 53
place de la Liberté ✆ 02 51 09 45 77

Manoir de Ponsay ch,
5 km à l'Est par rte de Pouzauges et rte secondaire – ✆ 02 51 46 96 71
– www.manoirdeponsay.com
5 ch – †62/115 € ††62/115 € – ☕ 9 € **Table d'hôte** – Menu 32 € bc
◆ Pour jouir de la vie de château, ce manoir classé, transmis de père en fils depuis 1644, est idéal : spacieuses chambres décorées d'objets accumulés au fil des siècles, parc, piscine. Belle salle à manger et table d'hôte à la demande.

CHAOURCE – 10 Aube – 313 E5 – 1 104 h. – alt. 150 m – ✉ 10210 13 B3

Champagne Ardenne

Paris 196 – Auxerre 66 – Bar-sur-Aube 58 – Châtillon-sur-Seine 52

2, Place de l'Échiquier ✆ 03 25 40 97 22

Église St-Jean-Baptiste★ : sépulcre★★.

à Maisons-lès-Chaource 6 km au Sud-Est par D 34 – 178 h. – alt. 235 m – ✉ 10210

Aux Maisons

11 r. des AFN – ✆ 03 25 70 07 19 – www.logis-aux-maisons.com

23 ch – †68 € ††72 € – ☕ 10 € – ½ P 72 €

Rest – *(fermé dim. soir du 15 oct. au 15 mars)* (17 € bc) Menu 25/68 € bc – Carte 42/58 €

◆ Au centre du village, ces deux bâtisses champenoises abritent des chambres récemment rénovées, confortables et fonctionnelles. Vue sur la piscine ou sur les prairies. Salle à manger au décor bourgeois ; cuisine traditionnelle soignée. Belle carte de champagnes.

LA CHAPELLE-AUX-CHASSES – 03 Allier – 326 I2 – 226 h. – alt. 225 m – ✉ 03230 6 C1

Paris 294 – Moulins 21 – Bourbon-Lancy 22 – Decize 25

Auberge de la Chapelle aux Chasses

– ✆ 04 70 43 44 71 – Fermé 28 fév.-17 mars, 24 oct.-3 nov., mardi et merc.

Rest – *(prévenir)* (15 €) Menu 22/50 € – Carte 48/63 €

◆ Dans cet ancien presbytère au cœur du village, l'accueil est sympathique et l'on savoure une appétissante cuisine du moment, qui évolue au gré des saisons...

LA CHAPELLE-D'ABONDANCE – 74 Haute-Savoie – 328 N3 – 781 h. – alt. 1 020 m – Sports d'hiver : 1 000/1 850 m 1 11 – ✉ 74360 46 F1

Alpes du Nord

Paris 600 – Annecy 108 – Châtel 6 – Évian-les-Bains 29

Chef-lieu ✆ 04 50 73 51 41

Les Cornettes

– ✆ 04 50 73 50 24 – www.lescornettes.com – Fermé 3-16 avril et de mi-oct. à mi-déc.

42 ch – †75/105 € ††115/150 € – ☕ 13 € – ½ P 85/155 €

Rest – (18 €) Menu 23 € (sem.), 30/60 € – Carte 35/100 €

◆ Dans la même famille depuis 1894, ces bâtiments reliés par un souterrain abritent de confortables chambres lambrissées. Équipements de loisirs et petit musée savoyard. Salle à manger montagnarde (objets régionaux chinés) ; cuisine du terroir et salaisons maison.

Les Gentianettes

rte de Chevenne – ✆ 04 50 73 56 46 – www.gentianettes.fr – Ouvert 1er juin à mi-sept. et 18 déc. à Pâques

36 ch – †95/170 € ††95/170 € – ☕ 13 € – ½ P 91/125 €

Rest – Menu 21/65 € – Carte 44/65 €

◆ Un chalet où domine le style montagnard chic et où les chambres ont toutes leur décoration propre. Espace balnéo avec une piscine à jets. Goûteuse cuisine régionale et atmosphère cosy au restaurant : cuivres, objets paysans et décor soigné.

L'Ensoleillé

– ✆ 04 50 73 50 42 – www.hotel-ensoleille.com – Ouvert de fin mai à début sept. et de mi-déc. à fin mars

35 ch – †65/85 € ††75/110 € – ☕ 12 € – ½ P 60/100 €

Rest – *(fermé mardi)* (15 €) Menu 20 € (sem.), 29/54 € – Carte 31/60 €

◆ Hôtel-chalet proposant des chambres sobres, dotées de balcon. Espace "forme" complet. Recettes traditionnelles revisitées dans un joli cadre champêtre (fresques représentant le village, collection de cafetières) ou spécialités savoyardes dans un décor tout bois.

LA CHAPELLE-DE-GUINCHAY – 71 Saône-et-Loire – **320** I12 **8** C3
– 3 336 h. – alt. 200 m – ✉ 71570

Paris 412 – Bourg-en-Bresse 50 – Caluire-et-Cuire 64 – Dijon 142

XX **La Poularde** (Olivier Muguet)
pl. de la Gare – ✆ 03 85 36 72 41 – www.lapoularde.free.fr – Fermé 26 avril-4 mai, 18 juil.-4 août, 21 fév.-10 mars, dim. soir, mardi et merc.
Rest – Menu 35/60 € – Carte 60/70 €
Spéc. Fraîcheur de légumes verts craquants et coulis de petit pois. Homard rôti au vinaigre de mangue et semoule façon tajine. Tarte aux pommes revisitée.
Vins Saint-Véran, Fleurie.
◆ Accueil souriant, cuisine bien maîtrisée, savoureuse et précise dans son exécution : voilà les atouts de cette maison avenante au décor contemporain, située à côté de la gare.

LA CHAPELLE-EN-SERVAL – 60 Oise – **305** G6 – 2 462 h. **36** B3
– alt. 104 m – ✉ 60520

Paris 41 – Beauvais 64 – Chantilly 10 – Compiègne 43

Mont Royal rest,
rte de Plailly, 1 km à l'Est par D 118 – ✆ 03 44 54 50 50 – www.tiara-hotels.com
109 ch – 150/420 € 160/420 € – 5 suites – 25 €
Rest – *(fermé le midi)* Menu 59 € – Carte 70/100 €
◆ Superbe château de 1909 (style classique), dressé dans un parc et entièrement rénové. Dès l'entrée, haut plafond, miroir, mobilier de style donnent le ton : luxe et raffinement. Élégante salle à manger en rotonde ornée de lustres en cristal ; cuisine traditionnelle.

LA CHAPELLE-EN-VERCORS – 26 Drôme – **332** F4 – 674 h. **43** E2
– alt. 945 m – Sports d'hiver : au Col de Rousset 1 255/1 700 m 8 – ✉ 26420
Alpes du Nord

Paris 604 – Die 41 – Grenoble 60 – Romans-sur-Isère 47
place Piétri ✆ 04 75 48 22 54
Chapelle-en-Vercors, S : 2 km, ✆ 04 75 48 19 86
Grotte de la Draye blanche★, 5 km au S par D 178.

Des Sports ch,
av. des Grands Goulets – ✆ 04 75 48 20 39 – www.hotel-des-sports.com – Fermé 12 nov.-26 déc., 4 janv.-1er fév., dim. soir et lundi
10 ch – 54/58 € 54/58 € – 8,50 € – ½ P 57/59 €
Rest – (13 €) Menu 18/32 € – Carte 26/42 €
◆ Dans une rue commerçante à l'entrée du village, un véritable pied-à-terre pour cyclistes et randonneurs parcourant le Vercors. Chambres pimpantes et très bien tenues. Au restaurant, cadre campagnard, plats traditionnels et spécialités régionales.

LA CHAPELLE-ST-MESMIN – 45 Loiret – **318** H4 – rattaché à Orléans

CHARBONNIÈRES-LES-BAINS – 69 Rhône – **327** H5 – rattaché à Lyon

CHARENTON-LE-PONT – 94 Val-de-Marne – **312** D3 – **101** 26 – voir à Paris, Environs

CHARETTE – 38 Isère – **333** F3 – 358 h. – alt. 250 m – ✉ 38390 **44** B1

Paris 479 – Aix-les-Bains 68 – Belley 39 – Grenoble 100

Auberge du Vernay
rte Optevoz, D 52 – ✆ 04 74 88 57 57 – www.auberge-du-vernay.fr
7 ch – 55/80 € 80/120 € – 10 € – ½ P 70/90 €
Rest – *(fermé sam. midi, dim. soir, merc. midi et lundi) (nombre de couverts limité, prévenir)* (16 €) Menu 20 € (sem.), 28/84 € – Carte 55/95 €
◆ Le calme de la campagne environnante et les coquettes chambres personnalisées font l'attrait de cette accueillante ferme du 18e s. joliment réhabilitée. Au restaurant : décor mi-rustique, mi-contemporain, belle cheminée et cuisine au goût du jour pleine de saveurs.

LA CHARITÉ-SUR-LOIRE – 58 Nièvre – 319 B8 – 5 366 h. – alt. 170 m 7 A2
– ✉ 58400 Bourgogne

Paris 212 – Auxerre 109 – Bourges 51 – Montargis 102

5, place Sainte-Croix ✆ 03 86 70 15 06

Église N.-Dame★★ : ≤★★ sur le chevet - Esplanade rue du Clos ≤★.

Auberge de Seyr

4 Grande Rue – ✆ 03 86 70 03 51 – Fermé 22-29 mars, 16 août-6 sept., jeudi soir dim. soir et lundi

Rest – Menu 12/35 € – Carte 15/45 €

◆ Un restaurant tout simple, dont les salles sont rustiques et chaleureuses (poutres peintes, murs blancs). Le chef concocte de bons petits plats traditionnels.

CHARLEVILLE-MÉZIÈRES P – 08 Ardennes – 306 K4 – 51 997 h. 13 B1
– Agglo. 107 777 h. – alt. 145 m – ✉ 08000 Champagne Ardenne

Paris 230 – Luxembourg 168 – Reims 85 – Sedan 26

4, place Ducale ✆ 03 24 55 69 90

18 des Sept-Fontaines à Fagnon Abbaye de Sept Fontaines, SO : 10 km par D 139, ✆ 03 24 37 38 24

18 des Ardennes à Villers-le-Tilleul Base de Loisirs des Poursaudes, S : 21 km par D 764 et D 33, ✆ 03 24 35 64 65

Place Ducale★★ - Musée de l'Ardenne★ BX **M¹** - Musée Rimbaud BX **M²** - Basilique N.-D.-d'Espérance : vitraux★★ BZ.

Le Dormeur du Val sans rest

32 bis r. de la Gravière – ✆ 03 24 42 04 30 – www.dormeur.fr BY**d**

17 ch – †90/150 € ††90/150 € – ☕ 14 €

◆ Ode à la poésie rimbaldienne dans cette ancienne imprimerie... Ici, le design et l'originalité arty sont de mise ; les chambres se font "Rime", "Strophe" ou "Poème".

La Clef des Champs

33 r. du Moulin – ✆ 03 24 56 17 50 – www.laclefdeschamps.fr – Fermé dim. soir

Rest – (19 €) Menu 23/65 € – Carte 50/80 € BX**e**

◆ Deux jolies salles à manger (une avec cheminée en brique et bois) et une cour-terrasse d'été dans une demeure du 17e s. Recettes au goût du jour avec quelques touches asiatiques.

La Côte à l'Os

11 cours A. Briand – ✆ 03 24 59 20 16 – www.restaurant-charleville-lacotealos.fr

Rest – (14 €) Menu 21 € (sem.)/29 € – Carte 25/45 € BY**e**

◆ Viandes (choix de gibier en saison) et beaux plateaux de fruits de mer servis dans une ambiance animée ou plus intimiste à l'étage. Décor néoclassique façon brasserie cossue.

La Papillote

7 bis r. d'Aubilly – ✆ 03 24 37 41 34 – Fermé 3 sem. en août, dim. soir et lundi

Rest – (21 €) Menu 27/32 € BX**b**

◆ La maison date du 17e s. Intérieur chaleureux avec boiseries, poutres apparentes, cheminée et tables joliment dressées. Côté cuisine, un menu-carte et registre traditionnel.

La Table d'Arthur "R"

9 r. Bérégovoy – ✆ 03 24 57 05 64 – Fermé vacances de printemps, 7-31 août, lundi soir, merc. soir, dim. et fériés BX**a**

Rest – (20 €) Menu 26 €

◆ Au bout d'une impasse, un univers dédié au vin et au bien manger. Après la découverte des nombreux flacons, on descend à la cave... pour déguster une cuisine franche et sincère.

Amorini

46 pl. Ducale – ✆ 03 24 37 48 80 – Fermé 2-19 mai, 1er-23 août, dim. et lundi

Rest – *(déj. seult)* Carte 22/32 € BX**t**

◆ Goûtez à la "dolce vita" dans un cadre typiquement italien avec ses fresques figurant des angelots. Sur les tables, plats et vins transalpins aux notes ensoleillées.

CHARLEVILLE-MÉZIÈRES

Arches (Av. d') .... BYZ
Arquebuse (R. de l') .... BX 2
Bérégovoy (R. P.) .... BX 3
Bourbon (R.) .... BX 4
Carré (R. Irénée) .... BX 5
Corneau (Av. G.) .... BY 6
Droits-de-l'Homme (Pl. des) BX 7
Fg de Pierre (R. du) .... BZ 8
Flandre (R. de) .... BX 9
Hôtel de Ville (Pl. de l') ..... BZ 10
Jean-Jaurès (Av.) .... BY
Leclerc (Av. Mar.) .... BY 19
Manchester (Av. de) .... AY 20
Mantoue (R. de) .... BX 21
Mitterrand (Av. F.) .... AX 22
Monge (R.) .... BZ 23
Montjoly (R. de) .... AX 24
Moulin (R. du) .... BX 25
Nevers (Pl. de) .... BX 27
Petit-Bois (Av. du) .... BX 28
République (R. de la) .... BX 30
Résistance (Pl. de la) ...... BZ 31
St-Julien (Av. de) .... AY 32
Sévigné (R. Mme de) .... BY 33
Théâtre (R. du) .... BX 34
91e-Régt-d'Infanterie (Av. du) .... BZ 36

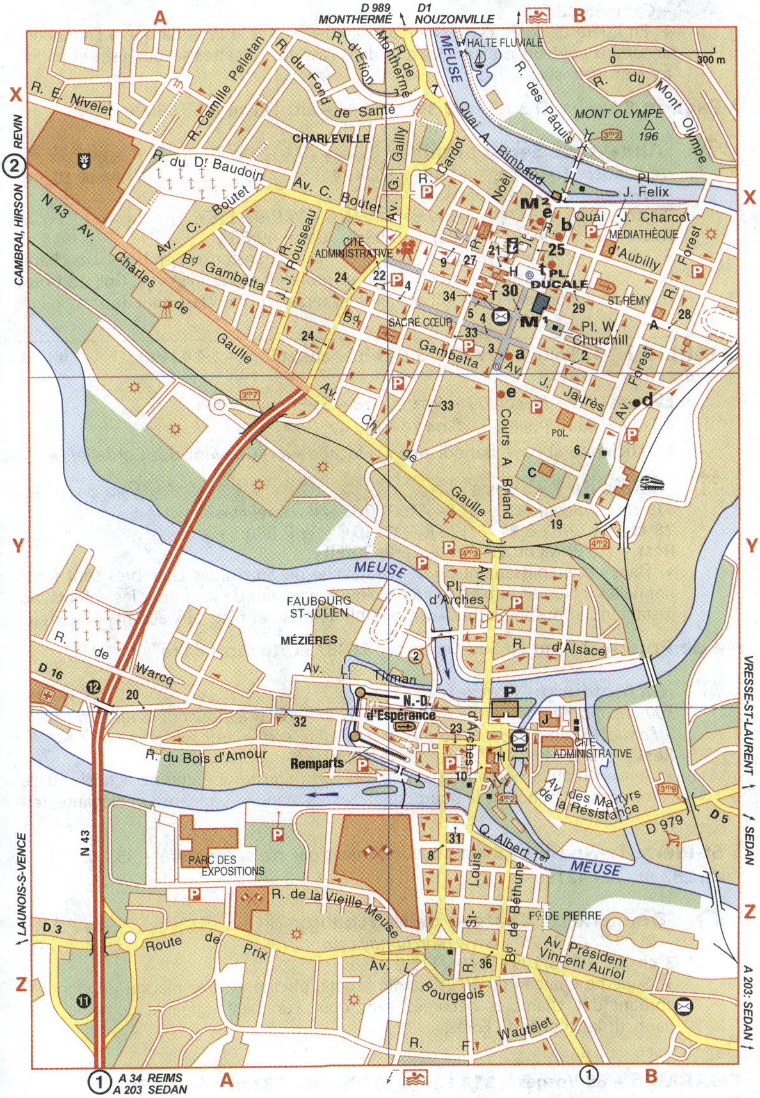

à Montcy-Notre-Dame 4 km au Nord par D 1 BX – 1 536 h. – alt. 144 m – ✉ 08090

XX **L'Auberge du Laminak**

rte de Nouzonville – ✆ 03 24 33 37 55 – www.auberge-ardennes.com – Fermé 9-31 août, 2-8 janv., dim. soir, merc. soir et lundi

Rest – *(nombre de couverts limité, prévenir)* Menu 27 € (déj. en sem.)/39 € – Carte 35/48 €

◆ En lisière de forêt, cette charmante auberge met le Pays Basque à l'honneur : décor aux couleurs du Sud-Ouest et dans l'assiette, recettes savoureuses et parfaitement maîtrisées.

à Fagnon 8 km par D 3 AZ et D 39 – 356 h. – alt. 171 m – ✉ 08090

Abbaye de Sept Fontaines

rte des Sept Fontaines – ✆ 03 24 37 38 24 – www.abbayeseptfontaines.fr

23 ch – †89/195 € ††98/199 € – ☕ 15 € – ½ P 92/115 €

Rest – (19 €) Menu 27 € (déj.), 36/68 € – Carte 49/85 €

◆ Une ancienne abbaye (17e s.) et son domaine, transformée en hôtel. Les chambres sont plus spacieuses au 1er étage et profitent d'une jolie vue. Golf 18 trous. Une magnifique salle Louis XVI accueille les repas (cuisine classique). Terrasse d'été.

CHARLIEU – 42 Loire – 327 E3 – 3 649 h. – alt. 265 m – ✉ 42190 — 44 A1

Bourgogne

Paris 398 – Mâcon 77 – Roanne 18 – St-Étienne 102

place Saint-Philibert, ✆ 04 77 60 12 42

Ancienne abbaye bénédictine★ : façade★★ - Couvent des Cordeliers★.

Relais de l'Abbaye

415 rte du Beaujolais – ✆ 04 77 60 00 88 – www.relais-abbaye.fr

28 ch – †72/82 € ††78/125 € – ☕ 10 € – ½ P 58/65 €

Rest – (15 €) Menu 26/48 € – Carte 36/80 €

◆ Dans cet établissement de la rive gauche du Sornin, les chambres sont fonctionnelles, colorées et bien tenues. Pelouse avec aire de jeux pour les enfants. Au restaurant, atmosphère moderne, paisible terrasse et plats aux accents du terroir.

rte de Pouilly 2,5 km au Sud-Ouest par D 487 et rte secondaire

XX **Le Moulin de Rongefer**

300 chemin de Rongefer – ✆ 04 77 60 01 57 – www.lemoulinderongefer.fr – Fermé 16 août-10 sept., 15 janv.-5 fév., dim. soir, mardi soir et merc.

Rest – (15 €) Menu 26/55 € – Carte 40/60 €

◆ Ancien moulin bordant le Sornin, où l'on déguste une cuisine actuelle (belle carte des vins honorant la Bourgogne). Salle à manger lumineuse et élégante, terrasse fleurie.

à St-Pierre-la-Noaille 5,5 km au Nord-Ouest par rte secondaire – 353 h. – alt. 287 m – ✉ 42190

Domaine du Château de Marchangy sans rest

– ✆ 04 77 69 96 76 – www.marchangy.com

3 ch ☕ – †85/105 € ††95/115 €

◆ Superbe château du 18e s., jardin arboré, piscine et jolie maison de vigneron abritant des chambres décorées avec goût... un bien agréable domaine donnant sur les monts du Forez.

CHARMES – 88 Vosges – 314 F2 – 4 561 h. – alt. 282 m – ✉ 88130 — 27 C3

Alsace Lorraine

Paris 381 – Épinal 31 – Lunéville 40 – Nancy 43

2, place Henri Breton ✆ 03 29 38 17 09

Dancourt avec ch
6 pl. Henri Breton – ✆ 03 29 38 80 80 – www.hotel-dancourt.com – Fermé 17 déc.-17 janv., dim. soir de sept. à juin, sam. midi et vend.
16 ch – †44/55 € ††49/62 € – ☕ 9 € – ½ P 46/53 €
Rest – (15 €) Menu 19 € (sem.)/43 € – Carte 32/75 €
◆ Près de la maison natale de Maurice Barrès, on se retrouve dans ce cadre néo-classique pour déguster gibier, poisson frais ou écrevisses en vivier. Chambres simples et propres.

à Chamagne **4 km au Nord par D 9 – 462 h. – alt. 265 m – ✉ 88130**

Le Chamagnon
236 r. du Patis – ✆ 03 29 38 14 74 – Fermé 1er-24 juil., 27 oct.-5 nov., dim. soir, mardi soir, merc. soir et lundi
Rest – (10 € bc) Menu 19/53 € – Carte 35/60 €
◆ Dans le village de Claude Gellée dit "Le Lorrain", ce restaurant chaleureux (cave en exposition) propose une cuisine privilégiant le terroir et les excellents produits.

à Vincey **4 km au Sud-Est par N 57 – 2 250 h. – alt. 297 m – ✉ 88450**

Relais de Vincey
33 r. de Lorraine – ✆ 03 29 67 40 11 – www.relaisdevincey.fr – Fermé 15-28 août
34 ch – †60/72 € ††78/87 € – ☕ 11 € – ½ P 65/77 €
Rest – *(fermé sam. midi et dim. soir)* (22 €) Menu 25 € (sem.), 28/35 € – Carte 30/51 €
◆ Des chambres aménagées dans un style contemporain, au calme. Beau jardin avec piscine et tennis. Restaurant et piscine couverte dans le bâtiment principal du Relais. Cuisine traditionnelle et spécialités de fruits de mer.

CHARMES-SUR-RHÔNE – 07 Ardèche – 331 K4 – 2 070 h. – alt. 112 m – ✉ 07800 — 44 B3

Paris 571 – Crest 23 – Montélimar 44 – Privas 29

Le Carré d'Alethius avec ch
4 r. Paul-Bertois – ✆ 04 75 78 30 52 – www.lecarredalethius.com – Fermé 2 sem. en août, 2 sem. en fév.
9 ch – †65/71 € ††74/105 € – ☕ 9 €
Rest – *(fermé dim. soir, mardi midi et lundi)* (18 €) Menu 23 € (déj. en sem.), 32/60 €
◆ Œuf de poule cuit à basse température, soupe de courge ; filet de dorade et légumes à la grecque... Une cuisine savoureuse et soignée (bon rapport qualité-prix), à apprécier dans un décor contemporain et lumineux. Chambres sobres et fraîches, certaines avec terrasse.

CHARNY-SUR-MEUSE – 55 Meuse – 307 D3 – rattaché à Verdun

CHAROLLES – 71 Saône-et-Loire – 320 F11 – 2 864 h. – alt. 279 m – ✉ 71120 Bourgogne — 8 C3

Paris 374 – Autun 80 – Chalon-sur-Saône 67 – Mâcon 55
24, rue Baudinot ✆ 03 85 24 05 95

De la Poste
av. de la Libération, (près de l'église) – ✆ 03 85 24 11 32 – www.hotel-laposte-doucet.com – Fermé 15 nov.-3 déc., 15 fév.-3 mars, jeudi soir hors saison, dim. soir et lundi
15 ch – †70/160 € ††70/160 € – ☕ 13 €
Rest – (22 €) Menu 39/70 € – Carte 55/92 €
◆ Cet hôtel de tradition propose des chambres confortables, rénovées dans un esprit contemporain, avec quelques clins d'œil au passé (armoires de famille). Belle cuisine au goût du jour à savourer dans un décor raffiné ou sur l'agréable terrasse chlorophyllée.

Le Clos de l'Argolay sans rest
21 quai de la Poterne – ✆ 03 85 24 10 23 – www.closdelargolay.fr – Fermé janv.
5 ch – †95 € ††119 €
◆ Dans la petite Venise du Charolais, maison 18e s. protégée par un jardin clos soigné. Belles suites (mobilier de style) et duplex actuel en annexe. Produits maison de qualité.

au Sud-Ouest 11 km par D 985 et D 270 – ✉ 71120 Changy

Le Chidhouarn
par D 270 – ✆ 03 85 88 32 07 – Fermé 29 août-8 sept., 9 janv.-2 fév., dim. soir de nov. à avril, lundi et mardi
Rest – Menu 22 € (sem.), 29/51 € – Carte 20/50 €
◆ Une collection de coquillages pour égayer cette maison rustique du bocage charolais, une cheminée pour réchauffer le salon. Spécialités de poisson à base de produits bretons.

CHARQUEMONT – 25 Doubs – **321** K3 – 2 387 h. – alt. 864 m – ✉ 25140 **17** C2

Paris 478 – Basel 98 – Belfort 66 – Besançon 75

Au Bois de la Biche avec ch
5 km au Sud-Est par D 10E et rte secondaire – ✆ 03 81 44 01 82 – www.boisdelabiche.com – Fermé 2 janv.-3 fév. et lundi
3 ch – †49 € ††49 € – 8 € – ½ P 51 €
Rest – Menu 20 € (sem.)/42 € – Carte 28/57 €
◆ Point de ralliement des randonneurs, cette ancienne ferme en pleine nature domine les gorges du Doubs. La salle à manger, panoramique, fait face au Jura suisse ; appétissante cuisine régionale. Chambres classiques, au grand calme.

CHARROUX – 03 Allier – **326** F5 – 374 h. – alt. 420 m – ✉ 03140 **5** B1
Auvergne

Paris 344 – Clermont-Ferrand 61 – Montluçon 68 – Moulins 52
rue de l'Horloge ✆ 04 70 56 87 71

La Maison du Prince de Condé sans rest
8 pl. d'Armes – ✆ 04 70 56 81 36 – www.maison-conde.com
5 ch – †54/71 € ††59/91 €
◆ Dans cette maison (13e-18e s.), le prince de Condé est en bonne compagnie : le patron canadien est charmant ! Chambres joliment décorées, dont "Porte d'Orient" dans la tour.

à Valignat 8 km à l'Ouest sur D 183 – 69 h. – alt. 420 m – ✉ 03330

Château de l'Ormet sans rest
L'Ormet – ✆ 04 70 58 57 23 – www.chateaudelormet.com – Ouvert début avril à mi-nov.
4 ch – †68/87 € ††75/95 €
◆ "Champêtre", "Renaissance", "Romantique"... les chambres de cette gentilhommière bourbonnaise du 18e s. ont du caractère ! Toutes donnent sur le parc, où s'épanouit un insolite mini-réseau ferroviaire, la passion du patron.

CHARTRES P – 28 Eure-et-Loir – **311** E5 – 40 022 h. – Agglo. 130 681 h. – alt. 142 m – Grand pèlerinage des étudiants (fin avril-début mai) – ✉ 28000 Île de France **11** B1

Paris 89 – Évreux 78 – Le Mans 120 – Orléans 80
place de la Cathédrale ✆ 02 37 18 26 26
du Bois d'Ô à Saint-Maixme-Hauterive Ferme de Gland, par rte de Verneuil-sur-Avre : 26 km, ✆ 02 37 51 04 61
Cathédrale Notre-Dame★★★ : le portail Royal★★★, les vitraux★★★ - Vieux Chartres★ : église St-Pierre★, ≤★ sur l'église St-André, des bords de l'Eure - Musée des Beaux-Arts : émaux★ Y M2 - COMPA★ (Conservatoire du Machinisme agricole et des Pratiques Agricoles) 2 km par D24.

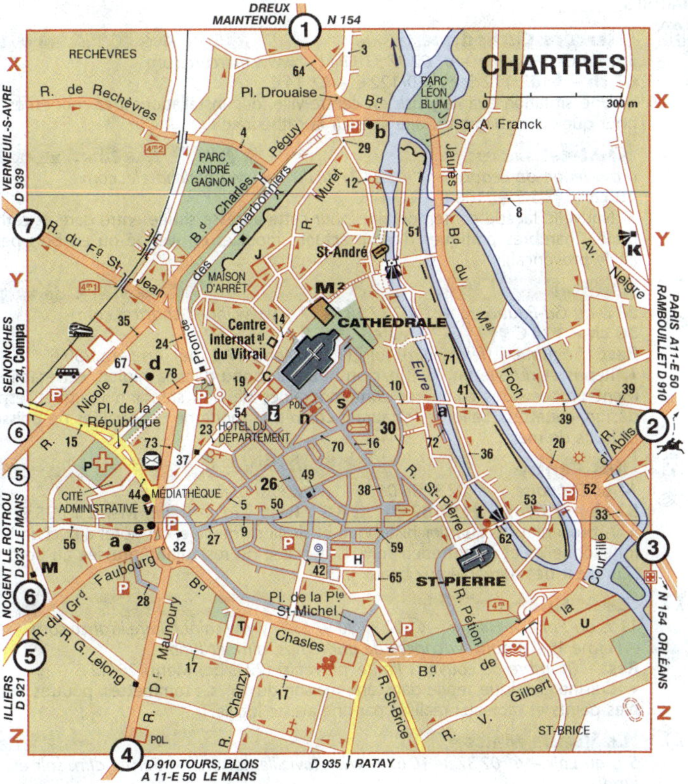

Le Grand Monarque

rest,

22 pl. des Épars – ✆ *02 37 18 15 15* – *www.bw-grand-monarque.com*

50 ch – 110/190 € 130/190 € – 5 suites – 15 € Ze

Rest ***Le Georges*** – *(fermé sam. midi en juil.-août, dim. soir et lundi)*

Menu 50/85 € – Carte 64/79 €

Spéc. Œuf mollet meunière, fricassée d'escargots aux cèpes (automne-hiver). Agneau, la selle aux aromates, la souris confite comme un tajine. Ricotta citron basilic, jus de framboise au gingembre, meringue et sorbet noix de coco (été).

Rest ***La Cour du Monarque*** – (22 € bc) Carte 21/56 €

◆ Cet ancien relais de poste était déjà recommandé dans le guide 1900 ! Les chambres sont spacieuses et cossues, dans une veine classique : mobilier de style, tentures, boiseries... Au Georges, cuisine actuelle axée terroir et très belle carte des vins. Préparations plus ludiques sous la verrière de la Cour du Monarque.

Mercure Cathédrale sans rest

3 r. du Gén.-Koenig – 02 37 33 11 11 – www.mercure.com Yv

67 ch – 102/112 € 110/122 € – 14 €

◆ Une situation avantageuse en centre-ville, des installations très modernes et, pour quelques chambres, une vue sur la cathédrale !

Châtelet sans rest

6 av. Jehan-de-Beauce – 02 37 21 78 00 – www.hotelchatelet.com

48 ch – 95 € 108 € – 14 € Yd

◆ Nouvelle façade contemporaine pour cette adresse située entre gare et cathédrale. Chambres pratiques d'esprit actuel : mobilier en wengé ou en bois peint (style provençal).

L'Hôtel

28 r. du Gd-Faubourg – 02 37 18 52 77 – www.lhotel-chartres.com

36 ch – 74 € 74 € – 1 suite – 10 € – ½ P 59 € Za

Rest *L' Écume* – *(fermé dim. soir)* (15 €) Menu 17 € (déj. en sem.)/30 €

◆ Repris et rénové fin 2008 par un hôtelier connu dans la région, cet établissement propose des chambres contemporaines de bon standing (parquet, esprit design, couettes). Salle de restaurant colorée et moderne ; spécialités de poisson et fruits de mer.

Ibis Centre

14 pl. Drouaise – 02 37 36 06 36 – www.ibishotel.com Xb

82 ch – 57/89 € 57/89 € – 8 € **Rest** – *(dîner seult)* Menu 15/25 €

◆ À proximité du quartier historique et de la cathédrale, un hôtel aux chambres fonctionnelles et à l'entretien suivi. La terrasse du restaurant, dressée au bord de l'Eure, est très agréable aux beaux jours.

Le St-Hilaire

11 r. du Pont St-Hilaire – 02 37 30 97 57 – www.saint.hilaire.ifrance.com

– Fermé 1er-16 août, vacances de printemps, dim. et lundi YZt

Rest – *(nombre de couverts limité, prévenir)* (22 € bc) Menu 26/42 €

◆ Cuisine classique servie dans une maison du 16e s. : tommettes, poutres, meubles peints et tableaux réalisés par une artiste locale.

La Vieille Maison

5 r. au Lait – 02 37 34 10 67 – www.lavieillemaison.fr – Fermé dim. soir et lundi Ys

Rest – Menu 30/55 € – Carte 50/65 €

◆ Pierres et poutres apparentes, meubles rustiques et cheminée donnent tout son cachet à cette vénérable demeure plusieurs fois centenaire. Cuisine traditionnelle.

Les Feuillantines

4 r. du Bourg – 02 37 30 22 21 – Fermé 1 sem. en avril, 3 sem. en août, 1 sem. en janv., dim. et lundi Ya

Rest – (19 €) Menu 25 € – Carte 35/52 €

◆ Dans ce petit restaurant du quartier historique, le chef prépare une cuisine traditionnelle sensible au rythme des saisons. Décor ensoleillé, terrasse d'été et accueil chaleureux.

Le Bistrot de la Cathédrale

1 Cloître Notre Dame – 02 37 36 59 60 – Fermé merc. Yn

Rest – Menu 21 € – Carte environ 28 €

◆ Face à la cathédrale – que l'on peut admirer de la terrasse –, un sympathique bistrot cosy et feutré. Large choix de plats à l'ardoise, dont la poule au pot, spécialité maison.

à l'Est 4 km par ② puis D 910 – ✉ 28000 Chartres

Novotel

av. Marcel Proust – 02 37 88 13 50 – www.novotel.com

112 ch – 102/135 € 102/135 € – 14 €

Rest – (17 €) Menu 27 € – Carte 20/40 €

◆ Construction "seventies" située entre zone commerciale et voies rapides. Préférez les chambres rénovées, pratiques, modernes et claires. Jardin-patio et jeux pour les enfants. Au restaurant, concept et carte Novotel Café.

à Chazay 12 km à l'Ouest par D 24 et D 121 - ✉ 28300 St-Aubin-des-Bois

L' Erablais sans rest
38 r. Jean Moulin – ✆ 02 37 32 80 53 – www.erablais.com – Fermé 20 déc.-4 janv.
3 ch – 40/45 € 49/54 €
◆ Les chambres, aménagées dans l'ex-étable de cette ferme du 19e s., sont coquettement décorées sur le thème des fleurs. Le paisible et beau jardin donne sur les champs de colza.

à St-Luperce 13 km à l'Ouest par ⑥ puis D 121 et D 114 – 885 h. – alt. 152 m – ✉ 28190

La Ferme de Mousseau sans rest
Lieu-dit "Mousseau" – ✆ 02 37 26 85 01 – www.lafermedemousseau.com – Ouvert 1er mars-15 nov.
3 ch – 50 € 60 €
◆ Pour un séjour à la campagne, dans une "vraie" ferme (en activité) : cadre rustique et confortable, petit-déjeuner (confitures, brioches maison) dans le décor d'anciennes écuries.

LA CHARTRE-SUR-LE-LOIR – 72 Sarthe – 310 M8 – 1 497 h. – alt. 55 m – ✉ 72340 Châteaux de la Loire — 35 D2

Paris 217 – La Flèche 57 – Le Mans 49 – St-Calais 30

13, place de la République ✆ 02 43 44 40 04

De France
20 pl. de la République – ✆ 02 43 44 40 16 – www.hoteldefrance-72.fr – Fermé 25 déc.-25 janv., dim. soir et lundi sauf le soir en juil.-août
21 ch – 55/61 € 55/61 € – 8,50 € – ½ P 50/59 €
Rest – *(prévenir le week-end)* (12 €) Menu 15 € (sem.), 27/36 € – Carte 30/55 €
◆ Relais de poste centenaire aux chambres progressivement rénovées. Petit jardin au bord du Loir et piscine. Il règne une atmosphère vieille France au restaurant qui propose une cuisine traditionnelle et une carte des vins axée sur la production régionale.

CHARTRETTES – 77 Seine-et-Marne – 312 F5 – 2 514 h. – alt. 75 m – ✉ 77590 — 19 C2

Paris 66 – Créteil 44 – Montreuil 60 – Vitry-sur-Seine 48

Château de Rouillon sans rest
41 av. Charles de Gaulle – ✆ 01 60 69 64 40 – www.chateauderouillon.net
5 ch – 90/110 € 98/118 €
◆ Château du 17e s. et son majestueux parc à la française bordé par la Seine. Meubles de style et objets anciens composent un décor raffiné dans les chambres comme dans les salons.

CHASSAGNE-MONTRACHET – 21 Côte-d'Or – 320 I8 – 396 h. – alt. 200 m – ✉ 21190 — 7 A3

Paris 327 – Beaune 16 – Dijon 64 – Lons-le-Saunier 125

Château de Chassagne-Montrachet sans rest
5 r. du Château – ✆ 03 80 21 98 57 – www.michelpicard.com
VISA
5 ch – 200/250 € 200/250 €
◆ Ce prestigieux domaine viticole vous ouvre les portes de son château (fin 18e s.) et de ses caves. Belles chambres très contemporaines, salles de bains créées par le sculpteur Argueyrolles.

XX **Le Chassagne** (Stéphane Léger)
4 imp. Chenevottes – ✆ 03 80 21 94 94 – www.restaurant-lechassagne.com – Fermé 1er-22 août, 19 déc.-3 janv., dim. soir, merc. soir et lundi
Rest – (25 €) Menu 29 € (déj. en sem.), 39/85 €
Spéc. Langoustines et escargots aux saveurs de crustacés et badiane. Pigeonneau fermier du Louhannais, petits pois et mange tout (saison). Streusel de rhubarbe et vanille de Madagascar, glace à la fraise mara des bois (été). **Vins** Chassagne-Montrachet blanc et rouge.
◆ Belle étape gourmande que cette maison pleine de charme avec boutique de vins au rez-de-chaussée et restaurant, clair et sobre, à l'étage. Cuisine actuelle parfaitement aboutie.

CHASSELAY – 69 Rhône – 327 H4 – 2 678 h. – alt. 220 m – ✉ 69380 — 43 E1

Paris 443 – L'Arbresle 15 – Lyon 21 – Villefranche-sur-Saône 18

XXX **Guy Lassausaie**
r. de Belle Sise – ✆ 04 78 47 62 59 – www.guy-lassausaie.com – Fermé 1er-25 août, 13-22 fév., mardi et merc.
Rest – Menu 55/105 € – Carte 70/90 €
Spéc. Gâteau de tourteau et avocat au caviar. Suprême de caille et foie gras en coque d'épices. Cône glacé aux épices, poire williams de Chasselay rôtie au miel (automne-hiver). **Vins** Saint-Véran, Fleurie.
◆ Au cœur du village, cette solide maison familiale vit avec son époque : sa séduisante cuisine, réalisée sur des bases classiques, le prouve – comme son décor, d'une élégance toute contemporaine.

CHASSENEUIL – 36 Indre – 323 E7 – 649 h. – alt. 140 m – ✉ 36800 — 11 B3

Paris 299 – Châteauroux 27 – Guéret 99 – Orléans 173

XX **Auberge des Saveurs**
1 pl. de l'Église – ✆ 02 54 25 82 17 – www.auberge-des-saveurs.fr – Fermé sam. midi, mardi et merc.
Rest – *(prévenir)* Menu 26/50 €
◆ Dans sa cuisine ouverte sur la salle, le chef réalise de bons plats mis au goût du jour. Tout est frais et fait maison. Salle de type bistrot, ambiance proche d'une table d'hôte.

CHASSENEUIL-DU-POITOU – 86 Vienne – 322 I5 – rattaché à Poitiers

CHASSE-SUR-RHÔNE – 38 Isère – 333 B4 – rattaché à Vienne

CHÂTEAU-ARNOUX-ST-AUBAN – 04 Alpes-de-Haute-Provence – 334 E8 – 5 126 h. – alt. 440 m – ✉ 04160 Alpes du Sud — 41 C2

Paris 719 – Digne-les-Bains 26 – Forcalquier 30 – Manosque 42
Font Robert ✆ 04 92 64 02 64
Église St-Donat★ - Belvédère de la chapelle St-Jean★ - Site★ de Montfort.

La Bonne Étape (Jany Gleize)
chemin du lac – ✆ 04 92 64 00 09 – www.bonneetape.com – Fermé 2 janv.-10 fév.
18 ch – 159/195 € 159/422 € – 25 € – ½ P 174/192 €
Rest – *(fermé 15 nov.-1er déc., 2 janv.-10 fév., lundi et mardi hors saison sauf fériés)* Menu 42 € (déj.), 75/115 € – Carte 65/113 €
Spéc. Calamar farci aux herbes et pignons (été). Agneau de Sisteron. Crème glacée au miel de lavande. **Vins** Coteaux de Pierrevert, Palette.
◆ Comment ne pas tomber sous le charme de cette demeure du 18e s. fleurant bon la Provence ? Spacieuses chambres de facture classique. Joli jardin et superbe potager. Au restaurant, le chef cuisine de bons produits dans la pure tradition gastronomique française ; très belle carte des vins.

La Magnanerie avec ch

Les Fillières, 2 km au Nord par N 85 – 04 92 62 60 11 – www.la-magnanerie.net – Fermé 25 avril-1er mai, 29 août-4 sept., 24 oct.-6 nov. et 19-27 déc.

9 ch – †65/89 € ††65/89 € – ☐ 9 € – ½ P 59/71 €

Rest – *(fermé merc. soir de sept. à mai, dim. soir et lundi)* Menu 19 € (déj. en sem.), 23/43 € – Carte 40/75 €

♦ Une équipe jeune et passionnée fait ici souffler un vent de modernité ! Spacieux intérieur, sobre et confortable dans l'esprit de l'époque ; cuisine inventive et réfléchie, contemporaine autant que gourmande. Chambres à l'unisson, sur des thèmes parfois décalés !

Au Goût du Jour

14 av. Gén. de Gaulle – 04 92 64 48 48 – Fermé 2 janv.-10 fév.

Rest – (18 €) Menu 24 €

♦ Dans une salle aux couleurs de la Provence, on déguste des petits plats du terroir, très bistrotiers. Bons produits du marché et du jardin.

CHÂTEAUBOURG – 35 Ille-et-Vilaine – 309 N6 – 5 535 h. – alt. 50 m – ✉ 35220 10 D2

Paris 329 – Angers 114 – Châteaubriant 52 – Fougères 44

Ar Milin'

rest,

30 r. de Paris – 02 99 00 30 91 – www.armilin.com – Fermé 20 déc.-2 janv.

32 ch – †82/129 € ††90/200 € – ☐ 12 € – ½ P 78/104 €

Rest – *(fermé mardi midi et lundi en juil.-août, dim. soir de nov. à fév. et sam. midi)* (21 €) Menu 29/46 € – Carte 30/61 €

Rest *Bistrot du Moulin* – *(fermé dim.) (déj. seult)* (16 €) Menu 20 € – Carte environ 26 €

♦ Dans ce moulin en pierre du 19e s., les chambres sont cosy (plus petites à l'annexe). Au gré d'une balade, on admire les monumentales œuvres contemporaines qui peuplent le parc. Le restaurant, épuré, donne sur la rivière ; carte dans l'air du temps. Ambiance décontractée et cuisine actuelle au Bistrot.

à St-Didier 6 km à l'Est par D 33 – 1 590 h. – alt. 49 m – ✉ 35220

Pen'Roc

ch,

à La Peinière, D 105 – 02 99 00 33 02 – www.penroc.fr – Fermé 24 déc.-4 janv.

28 ch – †86/273 € ††98/273 € – ☐ 13 €

Rest – *(fermé dim. soir hors saison)* (17 €) Menu 23 € (sem.), 33/85 € – Carte 54/150 €

♦ Ce Pen'Roc respire la sérénité : chambres au décor soigné et espace "détente et relaxation" (bassin de nage à contre-courant, sauna, hammam, jacuzzi), en pleine campagne. Cuisine dans l'air du temps servie dans de petits salons intimes et feutrés.

CHÂTEAUBRIANT – 44 Loire-Atlantique – 316 H1 – 12 390 h. – alt. 70 m – ✉ 44110 Bretagne 34 B2

Paris 354 – Angers 72 – Laval 65 – Nantes 62

22, rue de Couëré 02 40 28 20 90

Château★.

La Ferrière

rest,

r. Winston Churchill, au Sud par rte de Moisdon-la-Rivière (D 178) – 02 40 28 00 28 – www.hotellaferriere.fr

19 ch – †75/100 € ††75/100 € – ☐ 11 € – ½ P 65/79 €

Rest – *(fermé dim. soir)* (15 €) Menu 20/42 € – Carte 33/71 €

♦ Dans un parc, une demeure de 1840 ornée d'échauguettes. Les chambres sont spacieuses, avec un peu moins de caractère dans l'annexe. Les amateurs de cuisine traditionnelle pourront se régaler au restaurant d'une pièce de bœuf... à la Châteaubriant.

CHÂTEAU-CHALON – 39 Jura – **321** D6 – 166 h. – alt. 420 m **16** B3
– ✉ 39210 Franche-Comté Jura

Paris 409 – Besançon 73 – Dole 51 – Lons-le-Saunier 14

Le Relais des Abbesses sans rest

r. de la Roche – ☎ 03 84 44 98 56 – www.chambres-hotes-jura.com – Ouvert de fév. à mi-nov.

5 ch – †65 € ††70/75 €

◆ Les propriétaires ont eu le coup de foudre pour cette maison de village. Ses chambres, baptisées Agnès, Marguerite et Eugénie offrent une superbe vue sur la Bresse ; Violette regarde Château-Chalon.

CHÂTEAU D'IF – **340** G6 Provence **40** B3

au départ de **Marseille** pour le château d'If★★ (✻★★★) 20 mn. Navettes Frioul If Express ☎ 04 91 46 54 65

LE CHÂTEAU D'OLÉRON – 17 Charente-Maritime – **324** C4 – voir à Île d'Oléron

CHÂTEAU-DU-LOIR – 72 Sarthe – **310** L8 – 4 785 h. – alt. 50 m **35** D2
– ✉ 72500

Paris 235 – La Flèche 41 – Langeais 47 – Le Mans 43

2, avenue Jean Jaurès ☎ 02 43 44 56 68

Le Grand Hôtel

pl. Hôtel de Ville – ☎ 02 43 44 00 17 – www.grand-hotel-chateau-du-loir.fr – Fermé 1er-11 nov., vend. soir de nov. à fin mars

18 ch – †52 € ††52 € – 8 € – ½ P 60 €

Rest – Menu 22/30 € – Carte 30/50 €

◆ Ce relais de poste en tuffeau du 19e s. abrite des chambres correctement équipées, rustiques ou actuelles ; elles sont plus calmes à l'annexe, sise dans l'ancienne écurie. Salle à manger au cachet rétro et terrasse sous une glycine ; cuisine traditionnelle.

CHÂTEAUDUN – 28 Eure-et-Loir – **311** D7 – 13 955 h. **11** B2
– alt. 140 m – ✉ 28200 Châteaux de la Loire

Paris 131 – Blois 57 – Chartres 45 – Orléans 53

1, rue de Luynes ☎ 02 37 45 22 46

Château★★ - Vieille ville★ : église de la Madeleine★ - Promenade du Mail ★ - Musée des Beaux-Arts et d'Histoire naturelle : Collection d'oiseaux★ **M.**

Aux Trois Pastoureaux

31 r. A. Gillet – ☎ 02 37 45 74 40 – www.aux-trois-pastoureaux.fr – Fermé 8-25 juil., 25 déc.-3 janv., 27 fév.-7 mars, dim. et lundi

Rest – (20 €) Menu 21/41 € – Carte 32/50 €

◆ Boiseries, touches provençales et tableaux peints par un artiste local composent le décor du restaurant. Carte traditionnelle, menu médiéval et bon choix de vins au verre.

à Flacey 8 km au Nord par N 10 – 206 h. – alt. 157 m – ✉ 28800

Domaine de Moresville sans rest

rte de Brou, Nord-Ouest par D 110 – ☎ 02 37 47 33 94 – www.domaine-moresville.com

16 ch – †70/75 € ††80 € – 2 suites – 12 €

◆ Au cœur d'un parc avec étang, un château (18e s.) doté de jolis salons et de chambres personnalisées tout confort (dont cinq récentes aménagées dans l'orangerie). Sauna, jacuzzi.

CHÂTEAUFORT – 78 Yvelines – **311** I3 – **101** 22 – voir à Paris, Environs

CHÂTEAU-GONTIER – 53 Mayenne – **310** E8 – 11 025 h. **35** C1
– alt. 33 m – ✉ 53200 Châteaux de la Loire

Paris 288 – Angers 50 – Châteaubriant 56 – Laval 30

place André Counord ☎ 02 43 70 42 74

Intérieur roman★ de l'église St-Jean-Baptiste.

Parc Hôtel sans rest
46 av. Joffre, au Sud par N 162 – ☎ 02 43 07 28 41 – www.parchotel.fr – Fermé 17 déc.-3 janv., 11-27 fév.
21 ch – 62/75 € 69/85 € – ☕ 9 €
◆ Dans le parc arboré et près de la piscine chauffée, on oublie vite la route toute proche. Chambres classiques, plus spacieuses dans la maison de maître du 19e s. Accueil charmant.

L'Aquarelle
2 r. Félix Marchand, 1 km au Sud par D 267, rte de Ménil – ☎ 02 43 70 15 44 – www.restaurant-laquarelle.com – Fermé 1er-13 mars, 15-30 nov., 20-29 fév., dim. soir, mardi soir et merc.
Rest – (11 €) Menu 14 € (déj. en sem.), 25/48 € – Carte 32/54 €
◆ Une maison bordant la Mayenne, où le chef réalise une cuisine raffinée (brochettes de homard persillé, mousse de caramel...). Terrasse et grandes baies vitrées.

à Coudray 7 km au Sud-Est par D 22 – 766 h. – alt. 68 m – ✉ 53200

L'Amphitryon avec ch
2 rte de Daon – ☎ 02 43 70 46 46 – www.lamphitryon53.fr – Fermé 1er-15 juil., 1er-7 nov., vacances de Noël, mardi midi, dim. soir et lundi
6 ch – 58 € 74 € – ☕ 8 € **Rest** – Menu 17 € (sem.)/28 € – Carte 40/65 €
◆ Cet amphitryon vous reçoit dans sa maison du 19e s. au charme agréablement bourgeois. Tables joliment dressées ; produits du terroir pour une cuisine un brin créative. Chambres plaisantes, confortables et bien insonorisées, d'esprit actuel.

CHÂTEAUNEUF-DE-GALAURE – 26 Drôme – 332 C2 – 1 481 h. – alt. 253 m – ✉ 26330 43 E2

Paris 531 – Beaurepaire 19 – Romans-sur-Isère 27 – Tournon-sur-Rhône 25

Yves Leydier
1 r. du Stade – ☎ 04 75 68 68 02 – Fermé 1 sem. en sept., 25 janv.-28 fév., dim. soir, mardi soir et merc.
Rest – (16 €) Carte 25/55 €
◆ Salle à manger rustique, véranda ouverte sur le jardin et terrasse ombragée : cette maison en galets de la Galaure est charmante. Carte classique variant avec les saisons.

CHÂTEAUNEUF-DU-FAOU – 29 Finistère – 308 I5 – 3 599 h. – alt. 130 m – ✉ 29520 Bretagne 9 B2

Paris 526 – Brest 65 – Carhaix-Plouguer 23 – Châteaulin 24
rue Mairie ☎ 02 98 81 83 90
Domaine de Trévarez★ S : 6 km.

Le Relais de Cornouaille
9 r. Paul-Sérusier, rte Carhaix – ☎ 02 98 81 75 36 – www.lerelaisdecornouaille.com – Fermé oct., dim. soir et sam. hors saison
30 ch – 45/48 € 53/56 € – ☕ 7 € – ½ P 49/51 €
Rest – (12 €) Menu 17 € (sem.)/39 € – Carte 18/45 €
◆ Ambiance familiale dans ce sympathique hôtel à la façade fleurie. Chambres fonctionnelles et bien tenues ; salles de réunion panoramiques. Au restaurant, cuisine traditionnelle privilégiant les produits de la mer. Grande salle de banquets (300 couverts) rénovée.

CHÂTEAUNEUF-DU-PAPE – 84 Vaucluse – 332 B9 – 2 107 h. – alt. 87 m – ✉ 84230 Provence 42 E1

Paris 667 – Alès 82 – Avignon 19 – Carpentras 22
place du Portail ☎ 04 90 83 71 08
≤★★ du château des Papes.

Hostellerie Château des Fines Roches
rte de Sorgues et voie privée – ✆ 04 90 83 70 23 – www.chateaufinesroches.com
11 ch – †109/315 € ††109/315 € – ☕ 17 € – ½ P 105/208 €
Rest – *(fermé dim. soir, mardi midi et lundi de nov. à avril)* (20 €) Menu 25 € (déj. en sem.), 39/65 € – Carte 40/64 €
◆ Passé la grande allée plantée d'ifs surgit cet étonnant château (19e s.) dont les tours crénelées dominent le vignoble. Chambres raffinées et spacieuses, d'inspiration provençale. Cuisine agréable servie dans les salons cossus ou en terrasse, face aux vignes.

Le Verger des Papes
au château – ✆ 04 90 83 50 40 – www.vergerdespapes.com – Fermé 20 déc.-3 mars, dim. soir, lundi soir, mardi soir et merc. soir d'oct. à mars
Rest – Menu 19 € (déj. en sem.)/29 € – Carte 37/45 €
◆ Quoi de plus plaisant que ce restaurant adossé aux remparts du château et sa terrasse réservant une vue à couper le souffle ? Cuisine provençale, bons produits et vins locaux.

à l'Ouest 4 km par D 17 – ✉ 84230 Châteauneuf-du-Pape

La Sommellerie
rte de Roquemaure – ✆ 04 90 83 50 00 – www.la-sommellerie.fr – Fermé 2-29 janv.
15 ch – †75/123 € ††75/123 € – 1 suite – ☕ 13 € – ½ P 94/118 €
Rest – *(fermé sam. midi, dim. soir et lundi hors saison)* (23 €) Menu 30/64 € – Carte 55/75 €
◆ Au cœur du vignoble de Châteauneuf, une bergerie du 17e s. joliment aménagée. Chambres fraîches tendues de tissus provençaux et jardin arboré. Cuisine méridionale ayant pour vedettes le gibier, la truffe et les herbes du jardin. L'été, repas sous la pergola.

CHÂTEAUNEUF-LE-ROUGE – 13 Bouches-du-Rhône – 340 I5 — 40 B3
– 2 078 h. – alt. 230 m – ✉ 13790
Paris 763 – Aix-en-Provence 14 – Aubagne 32 – Marseille 36

Mercure Ste-Victoire
D 7n, 2 km rte de St-Maximin – ✆ 04 42 20 21 51 – www.restaurantlagaliniere.fr
29 ch – †105/189 € ††148/208 € – ☕ 14 € – ½ P 80/90 €
Rest – *(fermé dim. soir du 15 oct. au 15 mars)* (22 €) Menu 28 € – Carte 50/80 €
◆ Ferme des Templiers au 12e s., puis relais de poste au 18e s., ce domaine veille agréablement sur votre sommeil. Décoration sobre et chaleureuse dans les chambres. Cuisine régionale de saison, servie dans une belle salle voûtée avec cheminée ou sur une jolie terrasse.

CHÂTEAUNEUF-VILLEVIEILLE – 06 Alpes-Maritimes – 341 E5 — 41 D2
– 822 h. – alt. 600 m – ✉ 06390
Paris 957 – Menton 42 – Nice 22 – Puget-Théniers 81

La Parare sans rest
67 Calade du Pastre – ✆ 04 93 79 22 62 – www.laparare.com – Fermé 1er- 25 déc.
4 ch ☕ – †130/145 € ††130/145 €
◆ Dans un parc planté d'oliviers, superbe bergerie (17e s.) rénovée avec des matériaux naturels. Confortables chambres où se marient ambiance zen et mode provençale. Piscine chauffée.

CHÂTEAUROUX Ⓟ – 36 Indre – 323 G6 – 47 559 h. – alt. 155 m — 12 C3
– ✉ 36000 Limousin Berry
Paris 265 – Blois 101 – Bourges 65 – Limoges 125
1, place de la Gare ✆ 02 54 34 10 74
du Val de l'Indre à Villedieu-sur-Indre Parc du Château, par rte de Loches : 13 km, ✆ 02 54 26 59 44
Déols : clocher★ de l'ancienne abbaye, sarcophage★ dans l'église St-Etienne.

CHÂTEAUROUX

Albert 1er (R.) . . . . BY 2
Argenton (Av. d') . . . . X 4
Augras (R. E.) . . . . X 5
Auvergne (R. d') . . . . X 7
Bourdillon (R.) . . . . BZ 8
Bryas (Bd de) . . . . X 9
Château-Raoul (R. du) . . . . . AY 13
Châtellerault (R. de) . . . . . . AY 29
Châtre (Av. de la) . . . . X, BZ 14
Croix-Normand (Bd) . . . . . . BZ 17
Duchâteau (Av. G.) . . . . X 18
États-Unis (R. des) . . . . . . X, BY 20
Fontaine-St-Germain (R.) . . . . X 22
Fournier (R. A.) . . . . BY 23
Gallieni (R.) . . . . BZ 24
Gambetta (Pl.) . . . . BY 25
Gare (R. de la) . . . . BY
Gaulle (Av. du Gén.-de) . . . . . . X 26
Grande (R.) . . . . BY 27
J.-J.-Rousseau (R.) . . . . AY 28
Kennedy (Av. J.-F.) . . . . . . X, AZ 30
Ledru-Rollin (R.) . . . . BY 31
Lemoine (Av. Marcel) . . . . X, BY 32
Marins (Av. des) . . . . X, AY 33
Marins (Bd des) . . . . X 34
Mitterrand (Av. F.) . . . . . . X, AY 35
Moulin-Neuf (Bd du) . . . . X 36
Palais-de-Justice (R. du) . . ABZ 37
Pont-Neuf (Av. du) . . . . . . X, AY 40
République (Pl. de la) . . . . . . AY 44
Ste-Hélène (Pl.) . . . . BY 48
St-Denis (Bd) . . . . X 45
St-Luc (R.) . . . . BY 46
Tours (Av. de) . . . . X 50
Valla (Bd de la) . . . . X 51
Verdun (Av. de) . . . . X 52
Victoire et des Alliés (Pl. de la) . . . . AY 53
Victor-Hugo (R.) . . . . ABY 54
3e-Rég.-Aviation-de-Chasse (R. du) . . . . X 55
6-Juin 1944 Débarquement Allié (Av. du) . . . . AY 58

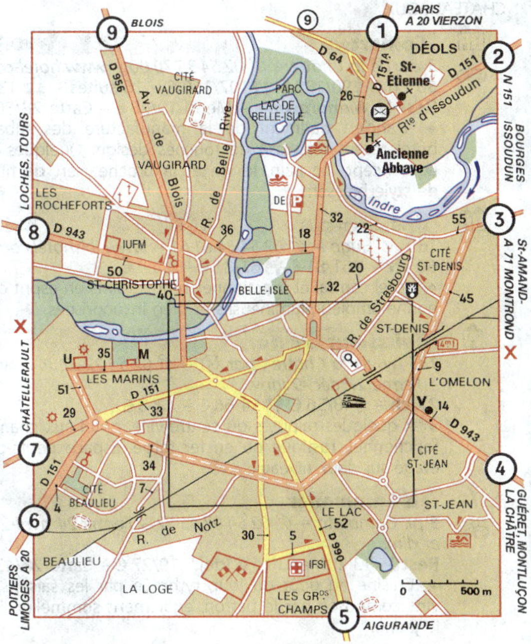

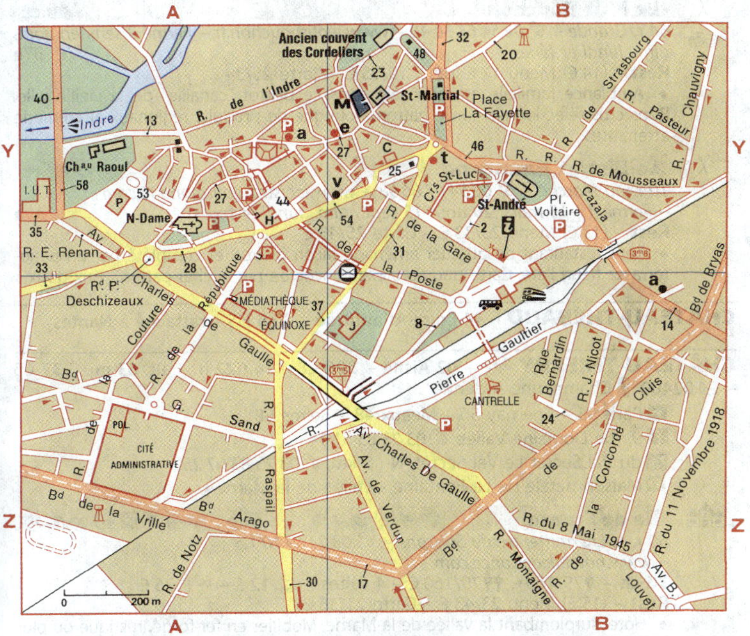

Colbert

3 av. de la Châtre – 02 54 35 70 00 – www.hotel-colbert.fr BZa

58 ch – 90/130 € 107/160 € – 16 suites – 13 €

Rest *La Manufacture* – Menu 19/28 € – Carte 28/50 €

◆ L'ancien bâtiment de la manufacture des tabacs abrite aujourd'hui cet hôtel récent rehaussé de touches design. Quelques chambres sont en duplex. Le concept "Le pain, le vin et la broche" sert de fil conducteur au restaurant, de style brasserie.

Ibis sans rest

16 r. V. Hugo – 02 54 34 61 61 – www.ibishotel.com BYv

60 ch – 61/81 € 61/81 € – 8 €

◆ Hôtel central et fonctionnel, rénové dans un esprit contemporain. Chambres de bonne ampleur, lumineuses et bien insonorisées.

Boischaut sans rest

135 av. de la Châtre , par ④ – 02 54 22 22 34 – www.hotel-chateauroux.com – Fermé 27 déc.-9 janv. Xv

27 ch – 48/56 € 54/66 € – 8 €

◆ À quelques minutes du centre-ville, hôtel aux chambres garnies d'un mobilier fonctionnel, rustique ou en fer forgé. Espace petits-déjeuners clair et moderne étagé sur deux niveaux.

Le Sommelier

5 pl. Gambetta – 02 54 07 45 52 – Fermé 24 avril-2 mai, 10-24 juil., lundi soir et dim. BYt

Rest – (13 €) Menu 16 € (déj.), 19/27 € – Carte 28/43 €

◆ Cuisine au goût du jour, rythmée par les saisons, et intéressante carte des vins composée par le patron, également sommelier. Salle lumineuse où domine le jaune.

Le P'tit Bouchon

64 r. Grande – 02 54 61 50 40 – www.leptitbouchon.fr – Fermé 3 sem. en août, dim., lundi et fériés BYe

Rest – (14 €) Menu 17 € (déj.), 19/25 € – Carte 25/34 €

◆ Ambiance familiale et conviviale dans ce bistrot "canaille" de la vieille ville. Bons crus sélectionnés par le patron. Boutique de produits régionaux et crèmerie attenantes.

Le Bistrot Gourmand

10 r. du Marché – 02 54 07 86 98 – www.lebistrotgourmand36.com – Fermé 1er-15 mars, 20 août-15 sept., dim., lundi et fériés AYa

Rest – (13 €) Menu 23/33 € – Carte 25/45 €

◆ Petit restaurant de quartier aménagé façon bistrot, et complété par un patio-terrasse fleuri l'été. Carte traditionnelle concoctée par le chef-patron ; prix doux.

CHÂTEAU-THÉBAUD – 44 Loire-Atlantique – 316 H5 – rattaché à Nantes

CHÂTEAU-THIERRY – 02 Aisne – 306 C8 – 14 622 h. – alt. 63 m 37 C3 – 02400 Champagne Ardenne

Paris 95 – Épernay 56 – Meaux 48 – Reims 58

9, rue Domaine Vallée 03 23 83 51 14

du Val Secret Le Val Secret, N : 5 km, 03 23 83 07 25

Maison natale de La Fontaine - Vallée de la Marne★.

Ile de France ch, rest,

60 r. L. Lhermitte, rte de Soissons – 03 23 69 10 12 – www.hotel-iledefrance.com

36 ch – 79/160 € 79/160 € – 4 suites – 12 € – ½ P 75 €

Rest – (15 €) Menu 23/43 € – Carte 21/36 €

◆ Hôtel surplombant la vallée de la Marne. Mobilier en fer forgé, rustique ou plus contemporain dans les chambres, douillettes et confortables. Spa et centre de remise en forme. Au restaurant, la carte change avec les saisons ; agréable terrasse panoramique.

CHÂTEL – 74 Haute-Savoie – 328 O3 – 1 254 h. – alt. 1 180 m – Sports d'hiver : 1 200/2 100 m 2 52 – ✉ 74390 Alpes du Nord — 46 F1

Paris 578 – Annecy 113 – Évian-les-Bains 34 – Morzine 38

14 rue de Thonon ✆ 04 50 73 22 44

Site★ - Lac du pas de Morgins★ S : 3 km.

Macchi

rest, rest, VISA

94 chemin de l'Etringa – ✆ 04 50 73 24 12 – www.hotelmacchi.com – Ouvert 5 juin-20 sept. et 15 déc.-20 avril

32 ch – 102/203 € 145/290 € – 15 € – ½ P 99/215 €

Rest – *(fermé le midi)* Menu 19/71 € bc – Carte 49/71 €

◆ Beau chalet dont les balcons finement ouvragés donnent sur la vallée d'Abondance. Chambres soignées et rénovées en 2010 ; espace détente très agréable. Raclettes et fondues dans un cadre savoyard.

Belalp

VISA

382 rte de Vonnes – ✆ 04 50 73 24 39 – www.hotelbelalp.com – Ouvert 1er juil.-28 août et 18 déc.-30 mars

25 ch – 44/86 € 54/106 € – 9 € – ½ P 48/83 €

Rest – *(fermé mardi)* (12 €) Menu 16/32 € – Carte 23/46 €

◆ Pimpante façade en bois blond rythmée de volets verts pour ce chalet aux chambres mignonnes, rénovées dans la note montagnarde, à choisir si possible côté vallée. Repas savoyard près de la cheminée au "carnotzet" ou dans une salle panoramique (résidents).

Le Kandahar

VISA

1620 rte de la Dranse, 1,5 km au Sud-Ouest par rte de la Béchigne – ✆ 04 50 73 30 60 – www.lekandahar.com – Fermé 26 avril à mi-mai, 27 juin-10 juil., 29 oct.-16 déc.

8 ch – 50/59 € 70/84 € – 10 € – ½ P 57/70 €

Rest – *(fermé merc. soir et dim. soir hors saison)* (12 €) Menu 14 € (déj.), 21/40 € – Carte 23/58 €

◆ Située en contrebas de la station, une accueillante adresse familiale dotée de petites chambres pratiques, couvertes de lambris. Navettes pour le Linga. Cuisine régionale servie dans un chaleureux décor : mobilier campagnard, comtoise, cuivres et cheminée.

Le Choucas sans rest

VISA

303 rte Vonnes – ✆ 04 50 73 22 57 – www.hotel-lechoucas.com – Ouvert 18 juin-18 sept. et 17 déc.-20 avril

12 ch – 49/65 € 49/65 € – 8 €

◆ Ce petit hôtel familial, à l'allure de chalet moderne largement fleuri en façade, propose des chambres fonctionnelles et très bien tenues, toutes avec balcon. Prix modestes.

CHÂTEL-GUYON – 63 Puy-de-Dôme – 326 F7 – 6 133 h. – alt. 430 m – Stat. therm. : début mai-fin sept. – Casino B – ✉ 63140 Auvergne — 5 B2

Paris 411 – Clermont-Ferrand 21 – Gannat 31 – Vichy 43

1, avenue de l'Europe ✆ 04 73 86 01 17

Plan page suivante

Splendid

rest, VISA AE

5-7 r. d'Angleterre – ✆ 04 73 86 04 80 – www.splendid-resort.com – Fermé 2 janv.-14 fév., dim. soir et lundi midi de mi-nov. à fin janv.

85 ch – 69/75 € 69/75 € – 1 suite – 11 € — Ab

Rest – (19 €) Menu 24 € (sem.)/28 € – Carte 42/60 €

◆ Guy de Maupassant, qui fréquenta cet ancien palace bâti en 1872, a laissé son nom à l'un des salons. Charmantes chambres rénovées dans la tendance inspirée de l'ancien. Majestueuse salle à manger du 19e s. : colonnes, belle cheminée en bois sculpté, etc.

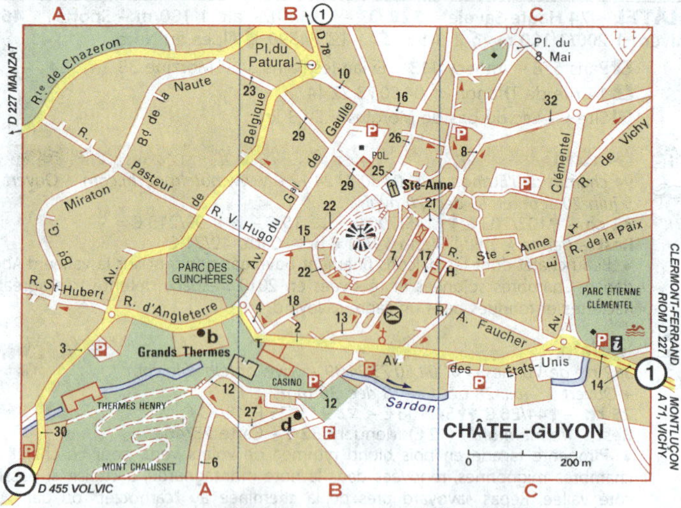

Baraduc (Av.) . . . . B 2
Brocqueville (Av.). . . . . A 3
Brosson (Pl.) . . . . B 4
Chalusset (R. du). . . . . A 6
Château (R. du) . . . . B 7
Commerce (R. du). . . . . C 8
Coulon (R. Roger) . . . . B 10
Dr-Gübler (R.). . . . . B 12
Dr-Levadoux (R.). . . . . B 13
Europe (Av. de l'). . . . . C 14
Fénelon (R.). . . . . B 15
Groslier (R. J.) . . . . B 16
Hôtel de Ville (R. de l'). . . . . . B 17
Lacroix (R.). . . . . B 18
Marché (Pl. du) . . . . B 21
Maupassant (R. Guy-de) . . . . . B 22
Mont Oriol (R.). . . . . AB 23
Ormeau (R. de l'). . . . . B 26
Orme (Pl. de l') . . . . B 25
Punett (R. A.) . . . . B 27
Remparts (R. des). . . . . B 29
Russie (Av. de). . . . . A 30
Thermal (Bd) . . . . C 32

Le Bellevue

4 r. A. Punett – ✆ 04 73 86 07 62 – www.bellevue63.fr – Ouvert 1er avril-15 oct. **Bd**

38 ch – †65/85 € ††65/85 € – ☕ 10 € – ½ P 69/79 €

Rest – *(ouvert 1er juin-20 sept.) (dîner seult) (résidents seult)* Menu 28/36 €

◆ Dominant la station thermale, cet hôtel 1930 invite au repos. Les chambres sont pratiques, et le cadre verdoyant. Cuisine traditionnelle – exclusivement pour les résidents – servie en terrasse aux beaux jours.

CHÂTELAILLON-PLAGE – 17 Charente-Maritime – 324 D3 — 38 A2

– 5 911 h. – alt. 3 m – Casino – ✉ 17340 Poitou Vendée Charentes

Paris 482 – Niort 74 – Rochefort 22 – La Rochelle 19

5, avenue de Strasbourg ✆ 05 46 56 26 97

Mercure Les Trois Iles

à la Falaise – ✆ 05 46 56 14 14 – www.mercure.com

79 ch – †76/195 € ††84/205 € – ☕ 13 €

Rest – (18 €) Menu 27 € – Carte 25/45 €

◆ Îles d'Oléron, d'Aix et de Ré à l'horizon : telle est la sainte trinité sur laquelle ouvre cet hôtel. Les chambres, rénovées, sont contemporaines et confortables. Salle à manger lumineuse ; cuisine traditionnelle axée sur la mer.

Ibis

à la Falaise, 1,5 km – ✆ 05 46 56 35 35

70 ch – †85/120 € ††95/120 € – ☕ 10 €

Rest – Menu 19 € – Carte 21/30 €

◆ À l'écart de l'agitation touristique et face à la mer, bâtiment moderne comprenant un centre de thalassothérapie. Chambres assez spacieuses, avant tout pratiques. Restaurant et terrasse tournés vers l'Atlantique ; menu diététique et carte traditionnelle.

Majestic Hôtel
bd République – 05 46 56 20 53 – www.majestic-chatelaillon.com
33 ch – 48/99 € 48/99 € – 8,50 € – ½ P 59/85 €
Rest – *(fermé 2-24 janv., lundi midi et dim. soir d'oct. à mai, sam. midi et vend.)* Menu 17/35 € – Carte 43/59 €
◆ Cet hôtel doté d'une belle façade des années 1920 se dresse au cœur de la cité balnéaire. Chambres de diverses tailles ; la moitié a été rénovée dans un esprit contemporain. Ambiance années folles au restaurant ; carte axée sur les produits de la mer et du marché.

L'Acadie St-Victor avec ch
35 bd de la Mer – 05 46 56 25 13 – www.hotel-acadie.fr – Fermé 20 oct.-18 nov., 15-28 fév., vend. soir de janv. à avril et de nov. à mars, dim. soir et lundi sauf du 15 juin au 15 sept.
15 ch – 52/65 € 73/75 € – 8,50 € – ½ P 56/67 €
Rest – (18 €) Menu 21 € (sem.), 30/39 € – Carte 30/60 €
◆ Belle vue sur l'océan depuis ce restaurant du front de mer. Lumineuse salle actuelle et sobre ; cuisine privilégiant poissons et coquillages. Chambres simples et pratiques.

Les Flots avec ch
ch, rest,
52 bd de la Mer – 05 46 56 23 42 – www.les-flots.fr – Fermé 15 déc.-15 fév.
10 ch – 64/98 € 64/98 € – 8,50 € – ½ P 66/82 €
Rest – *(fermé mardi d'oct. à mars)* Menu 27 € – Carte 29/59 €
◆ Décor marin dans une agréable salle de type bistrot ouverte sur l'immense plage. Sur l'ardoise, petits plats simples et goûteux, mitonnés au gré du marché. Chambres modernes.

LE CHÂTELET – 18 Cher – **323** J7 – 1 131 h. – alt. 200 m – 18170 **12** C3
Paris 301 – Argenton-sur-Creuse 66 – Bourges 54 – Châteauroux 55

à Notre-Dame d'Orsan 7 km au Nord-Ouest par D 951 et D 65, rte de Lignères – 18170 Rezay

La Maison d'Orsan
– 02 48 56 27 50 – www.prieuredorsan.com – Ouvert d'avril à oct.
6 ch (½ P seult) – ½ P 198/272 € **Rest** – *(fermé le midi)* Menu 64 €
◆ Délicieuse étape dans un prieuré du 12e s. : réfectoire et dortoir transformés en ravissantes chambres contemporaines, exquise tonnelle et jardins monastiques recomposés. Dans l'assiette, produits du potager et du marché. Boutique et salon de thé.

CHÂTELLERAULT – 86 Vienne – **322** J4 – 34 402 h. – alt. 52 m **39** C1
– 86100 Poitou Vendée Charentes
Paris 304 – Châteauroux 98 – Cholet 134 – Poitiers 36
2, avenue Treuille 05 49 21 05 47

Plan page suivante

Villa Richelieu - Villa 61 et 63 sans rest
61-63 av. Richelieu – 06 70 15 30 90 – www.villarichelieu.com AY**e**
5 ch – 74/115 € 90/115 €
◆ Vous logerez dans deux bâtisses en tuffeau : côté cour au n° 61, dans des chambres douillettes aux tonalités actuelles, ou côté rue au n° 63, dans des chambres d'esprit plus urbain.

La Gourmandine avec ch
ch,
22 av. Président Wilson – 05 49 21 05 85 – www.la-gourmandine.com – Fermé 25 avril-1er mai, 7-25 nov., 2-12 janv., dim. soir et lundi midi AZ**x**
9 ch – 88/138 € 98/148 € – 14 € – ½ P 88/134 €
Rest – (14 €) Menu 17 € (déj. en sem.), 38/64 € – Carte 45/62 € le soir
◆ Maison de maître de 1905 restée fidèle à son style – hauts plafonds, moulures, cheminée et jardin-terrasse – où l'on déguste des plats actuels. En semaine, formule "bistrot" proposée au déjeuner. Chambres bourgeoises et cosy, un brin contemporaines.

Alsace-Lorraine (Q.)	AY 2	Kennedy (Av. J. F.)	BZ 10	Prés. Roosevelt (Av.)	AZ 18
Blossac (Bd de)	BY	Krebs (R. Clément)	AZ 12	St-Jacques (R. du Fg)	BZ 19
Château (Q. du)	AY 3	Leclerc (Av. Mar.)	BY 13	Sully (R.)	AZ 21
Clemenceau (Av. G.)	BY 4	Martyrs-de-la-Résistance (Q. des)	AZ 14	Thuré (R. de)	AY 23
Cygne-Châteauneuf (R. du)	AY 5	Napoléon-1er (Quai)	AY 15	Trois-Pigeons (R. des)	BZ 25
Dupleix (Pl.)	BY 6	Nouveau-Brunswick (R. du)	AZ 16	Villeneuve (R. Chanoine-de)	AZ 27
Gaudeau-Lerpinière (R.)	AY 7				
Grande-Rue de Châteauneuf	AZ 8				

Bernard Gautier

189 r. d'Antran – ✆ 05 49 90 24 74 – Fermé 7-27 mars, 29 août-11 sept., dim. et lundi AYt

Rest – (19 € bc) Menu 26/46 € – Carte 35/60 €

◆ Avec sa salle à manger de style rustique actualisé, ce restaurant possède un air d'auberge familiale qui s'accorde plutôt bien avec la solide cuisine traditionnelle du chef.

à Usseau 7 km par ⑤, D 749 et D 75 – 634 h. – alt. 82 m – ✉ 86230

Château de la Motte

– ✆ 05 49 85 88 25 – www.chateau-de-la-motte.net
– Fermé mi-nov. à mi-mars

5 ch – 80/130 € 80/130 € **Table d'hôte** – Menu 30 € bc

◆ Accueil charmant asssuré par deux amoureux des vieilles pierres en ce château du 15e s. dominant la vallée. Confort et authenticité au rendez-vous : baldaquins, hauts plafonds. Légumes "oubliés" du potager et produits du verger à découvrir à la table d'hôte.

CHÂTILLON – 92 Hauts-de-Seine – 311 J3 – 101 25 – voir à Paris, Environs

CHÂTILLON-ST-JEAN – 26 Drôme – 332 D3 – rattaché à Romans-sur-Isère

CHÂTILLON-SUR-CHALARONNE – 01 Ain – 328 C4 – 4 813 h. 43 E1
– alt. 177 m – ✉ 01400 Lyon Drôme Ardèche

Paris 418 – Bourg-en-Bresse 28 – Lyon 55 – Mâcon 28

place du Champ de Foire ✆ 04 74 55 02 27

de La Bresse à Condeissiat Domaine de Mary, NE : 12 km par D 936 et D 64, ✆ 04 74 51 42 09

Triptyque★ dans l'ancien hôpital - Halles★.

La Tour
pl. de la République – ✆ 04 74 55 05 12 – www.hotel-latour.com – Fermé 23-29 déc.
19 ch – †90 € ††115/170 € – ☕ 9 €
Rest – *(fermé dim. soir sauf du 15 juin au 15 sept., lundi midi et merc. midi)*
Menu 20 € (sem.), 38/65 € – Carte 61/74 €

◆ Charme et confort caractérisent cette superbe demeure du 14e s., entre cabinet de curiosités et esprit déco : salles de bains ouvertes, tissus choisis, objets chinés, etc. Spécialités de poisson et cuisine bressane servies dans un cadre chamarré, un brin baroque.

Le Clos de la Tour
135 r. Barrit – Fermé 23-29 déc.
15 ch – †115/135 € ††115/160 € – ☕ 9 €

◆ Belles demeures bressanes – dont un moulin du 16e s. – dans un grand jardin bordé par la Chalaronne. Chambres cosy mêlant meubles anciens et tons contemporains.

à l'Abergement-Clémenciat 5 km au Nord-Ouest par D 7 et D 64C – 811 h. – alt. 250 m – ✉ 01400

St-Lazare
le Bourg – ✆ 04 74 24 00 23 – www.lesaintlazare.fr – Fermé 19 juil.- 11 août, 21-29 déc., vacances de fév., dim. soir, merc. et jeudi
Rest – *(prévenir)* (19 €) Menu 29/65 €

◆ Salles à manger lumineuses, véranda s'ouvrant sur un jardinet méditerranéen : cette maison de famille, où le chef propose une cuisine au goût du jour, ne manque pas de charme.

CHÂTILLON-SUR-INDRE – 36 Indre – 323 D5 – 2 869 h. – alt. 115 m 11 B3
– ✉ 36700

Paris 261 – Orléans 175 – Châteauroux 47 – Déols 51

boulevard du Général Leclerc ✆ 02 54 38 74 19

La Poignardière
4 km au Nord-Est par D 975 et D 28 direction Le Tranger – ✆ 02 54 38 78 14 – www.lapoignardiere.fr – Ouvert de mars à nov.
5 ch ☕ – †80 € ††90 € **Table d'hôte** – Menu 25 € bc

◆ Castel d'architecture 1900 entouré d'un parc de 12 ha aux arbres tricentenaires. Piscine, promenades en barque sur l'étang, tennis. Chambres lumineuses, classiques ou actuelles. Cuisine traditionnelle, belle cheminée en bois, jardin d'hiver sous une verrière.

CHÂTILLON-SUR-SEINE – 21 Côte-d'Or – 320 H2 – 5 837 h. 8 C1
– alt. 219 m – ✉ 21400 Bourgogne

Paris 233 – Auxerre 85 – Chaumont 60 – Dijon 83

place Marmont ✆ 03 80 91 13 19

Source de la Douix★ - Musée★ du Châtillonnais : trésor de Vix★★.

La Côte d'Or
2 r. Charles-Ronot – ✆ 03 80 91 13 29 – www.hotel-delacotedor.fr – Fermé 1er janv.-16 mars, lundi et mardi
9 ch – †65 € ††75 € – ☕ 10 €
Rest – Menu 20 € (sem.), 30/45 € – Carte 40/60 €

◆ Ex-relais postal, cette hostellerie de tradition propose des chambres rénovées, au mobilier ancien et de style. Cuisine traditionnelle et bourguignonne dans l'élégante salle rustique dotée d'une cheminée, ou à l'ombre des parasols du jardin.

LA CHÂTRE – 36 Indre – 323 H7 – 4 488 h. – alt. 210 m – ✉ 36400 Limousin Berry 12 C3

Paris 298 – Bourges 69 – Châteauroux 37 – Guéret 53

134, rue Nationale ✆ 02 54 48 22 64

les Dryades à Pouligny-Notre-Dame Hôtel des Dryades, S : 9 km par D 940, ✆ 02 54 06 60 67

À l'Escargot

pl. du Marché – ✆ 02 54 48 03 85 – Fermé 22 fév.-7 mars, 16 août-6 sept., dim. soir et lundi

Rest – (16 €) Menu 22/36 €

◆ Cette discrète façade cache une auberge jadis fréquentée par les parents de George Sand. Salles rustiques (la première plus pimpante), carte traditionnelle et ardoise du jour.

à St-Chartier 9 km au Nord par D 943 et D 918 – 598 h. – alt. 195 m – ✉ 36400

Vic : fresques★ de l'église SO : 2 km.

Château de la Vallée Bleue rest,

rte Verneuil – ✆ 02 54 31 01 91 – www.chateauvalleebleue.com – Ouvert de mi-mars à mi-nov. et fermé dim. soir et lundi d'oct. à mai

15 ch – 75/145 € 95/195 € – 2 suites – 13 € – ½ P 75/115 €

Rest – *(fermé le midi sauf week-ends et fériés)* (24 €) Menu 34/44 € – Carte 55/75 €

◆ Maison de maître du 19e s., entourée d'un parc à l'anglaise de 4 ha., qui fut celle du médecin de la romancière G. Sand. Sobres chambres rustiques, beau duplex dans le pigeonnier. Cadre bourgeois au restaurant ; cuisine traditionnelle assortie d'une belle carte des vins.

CHÂTRES – 77 Seine-et-Marne – 312 F3 – 572 h. – alt. 116 m – ✉ 77610 19 C2

Paris 49 – Boulogne-Billancourt 57 – Montreuil 44 – Saint-Denis 62

Le Portail Bleu

2 rte de Fontenay – ✆ 01 64 25 84 94 – www.leportailbleu.com

5 ch – 50 € 65/70 € **Table d'hôte** – Menu 23 € bc

◆ Cette ancienne ferme briarde (19e s.), impeccablement rénovée, abrite des chambres mansardées et douillettes, garnies de meubles et d'objets chinés avec passion. Table d'hôte.

CHAUBLANC – 71 Saône-et-Loire – 320 J8 – rattaché à St-Gervais-en-Vallière

CHAUDES-AIGUES – 15 Cantal – 330 G5 – 972 h. – alt. 750 m – Stat. therm. : début avril-fin nov. – Casino – ✉ 15110 Auvergne 5 B3

Paris 538 – Aurillac 94 – Espalion 54 – St-Chély-d'Apcher 30

29 Av Pierre Vialard ✆ 04 71 23 52 75

Beauséjour

9 av. G. Pompidou – ✆ 04 71 23 52 37 – www.hotel-beausejour-chaudes-aigues.com – Ouvert 1er avril-25 nov.

39 ch – 47/54 € 58/68 € – 7 € – ½ P 52/56 €

Rest – (14 €) Menu 15/35 € – Carte 28/45 €

◆ Des chambres simples mais assez confortables, claires et bien tenues vous attendent derrière cette façade blanche des années 1960, à deux pas du centre thermal. Spa. Agréables salles à manger et terrasse donnant sur la piscine chauffée ; cuisine du terroir.

Serge Vieira avec ch ch,

Château du Couffour, 2,5 km au Sud par rte de Rodez (D 921) – ✆ 04 71 20 73 85 – www.sergevieira.com – Ouvert 1er avril-18 déc. et fermé mardi et merc.

3 ch – 165 € 165 € – 16 € **Rest** – Menu 50/85 €

Spéc. Autour du chou, filet de barbue confit, chou fleur, amande bio et purée de tanou (mai). Suprême de pigeon rôti, cuisse confite aux épices, salade de pois blonds de la Planèze (juin). Millefeuille fraise gingembre, crème glacée au miel sur un nuage de lait-fraise (juin).

◆ Bocuse d'or 2005, ce jeune chef s'est établi dans un vaisseau contemporain (pierre, fer et verre) construit à l'aplomb d'une forteresse des 14 et 16e s. dominant l'Aubrac. Cuisine pointue, aux saveurs franches ou plus mêlées, pleine de promesses. Les chambres ont été conçues selon une démarche écologique.

CHAUMONT P – 52 Haute-Marne – **313** K5 – **24 357 h.** – **alt. 318 m** **14** C3

– ✉ **52000** Champagne Ardenne

Paris 264 – Épinal 128 – Langres 35 – St-Dizier 74

place du Général-de-Gaulle ✆ 03 25 03 80 80

Viaduc★ - Basilique St-Jean-Baptiste★.

De France

ch,

25 r. Toupot de Béveaux – ✆ *03 25 03 01 11*
– www.hotel-france-chaumont.com Zs

20 ch – †79/103 € ††85/110 € – 7 suites – ☕ 11 €

Rest – *(fermé 1er-20 août, dim. et fériés) (dîner seult)* Menu 16/38 € – Carte 29/44 €

◆ À l'entrée de la zone piétonne, cet hôtel propose des chambres spacieuses, parées d'allusions discrètes à de lointaines destinations. Bonne insonorisation et literie neuve. Restaurant décoré dans un style contemporain et accueillant ; recettes traditionnelles.

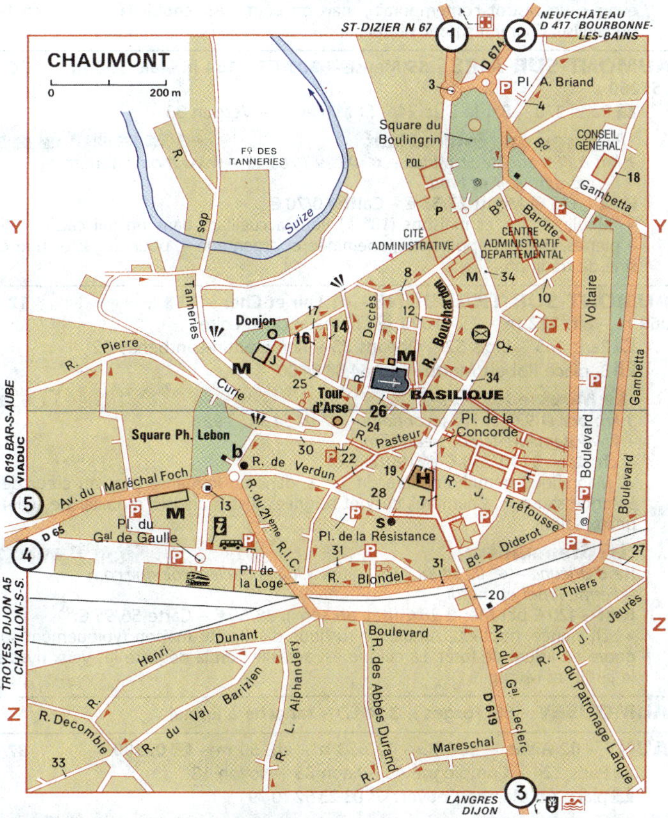

Les Remparts

72 r. Verdun – ☎ 03 25 32 64 40 – www.hotel-les-remparts.fr – Fermé dim.
17 ch – 78 € 88 € – 12 € Zb
Rest – (18 €) Menu 21 € (sem.), 32/52 € – Carte 43/52 €
◆ En face d'un joli parc, chambres colorées et confortables, agencées dans plusieurs immeubles anciens attenants. Petit salon et bar propices à la détente. Cuisine classique et produits du terroir servis dans un cadre feutré. Buffets à la brasserie.

à Chamarandes 3,5 km par ③ et D 162 – 1 021 h. – ✉ 52000

Au Rendez-Vous des Amis avec ch

4 pl. du Tilleul – ☎ 03 25 32 20 20 – www.au-rendezvous-des-amis.com – Fermé 1er-12 mai, 28 juil.-21 août et 22 déc.-2 janv.
18 ch – 69/74 € 76/82 € – 13 €
Rest – *(fermé vend. soir, dim. soir et sam.)* (16 € bc) Menu 19/39 € – Carte 33/50 €
◆ Sympathique auberge proposant une cuisine traditionnelle revisitée. Le cadre évoque un bistrot contemporain, mais on peut aussi choisir la terrasse en face de l'église. Chambres pour l'étape.

CHAUMONT-SUR-AIRE – 55 Meuse – 307 C5 – 164 h. – alt. 250 m – ✉ 55260 26 A2

Paris 270 – Bar-le-Duc 24 – St-Mihiel 25 – Verdun 33

Auberge du Moulin Haut

1 km à l'Est sur rte St-Mihiel – ☎ 03 29 70 66 46 – www.moulinhaut.fr – Fermé dim. soir et lundi
Rest – (15 €) Menu 27/55 € – Carte 40/70 €
◆ Moulin à eau et maisons (18e s.) vous accueillant dans un joli cadre ancien – pierres, poutres apparentes, cheminée et argenterie –, pour déguster une cuisine de tradition.

CHAUMONT-SUR-THARONNE – 41 Loir-et-Cher – 318 I6 – 1 069 h. – alt. 122 m – ✉ 41600 Châteaux de la Loire 12 C2

Paris 165 – Blois 52 – Orléans 35 – Romorantin-Lanthenay 32
3, place Robert Mottu ☎ 02 54 88 64 00

Le Mousseau sans rest

3 km par D 922 et rte secondaire – ☎ 02 54 88 53 92 – www.demeure-lemousseau.com
4 ch – 190/250 € 190/250 €
◆ Magnifique gentilhommière du 19e s. dans un immense parc au cœur de la Sologne sauvage. Chambres cosy et soignées (tissus choisis, mobilier de style) et beaux salons.

La Grenouillère

rte d'Orléans – ☎ 02 54 88 50 71 – www.lagrenouillere-sologne.com – Fermé lundi et mardi
Rest – (20 € bc) Menu 28 € (déj. en sem.), 38/50 € – Carte 56/95 €
◆ Cheminée, poutres... Ambiance rustique dans cette maison typiquement solognote en lisière de forêt. La cuisine est actuelle ; on la déguste les yeux rivés sur le jardin et l'étang.

CHAUMOUSEY – 88 Vosges – 314 G3 – rattaché à Épinal

CHAUNY – 02 Aisne – 306 B5 – 12 653 h. – alt. 50 m – ✉ 02300 37 C2

Paris 124 – Compiègne 46 – Laon 35 – Noyon 18
place du Marché Couvert ☎ 03 23 52 10 79

Toque Blanche avec ch

rest,

24 av. V. Hugo – ☎ 03 23 39 98 98 – www.toque-blanche.fr – Fermé 2-21 août, 2-4 janv., 25 fév.-5 mars, sam. midi, dim. soir et lundi
7 ch – 63/89 € 63/89 € – 13 €
Rest – Menu 18 € (déj. en sem.), 30/73 € – Carte 58/77 €
◆ Blottie dans un parc, cette belle demeure bourgeoise de 1827, reconstruite en 1920, révèle un agréable décor romantique. Goûteuse cuisine actuelle.

à Ognes 2 km à l'Ouest par rte de Noyon – 1 108 h. – alt. 55 m – ✉ 02300

L'Ardoise

26 av. Liberté – ✆ 03 23 52 15 77 – www.lardoise.biz – Fermé 24-31 août, 1er-8 fév., sam. midi, dim. soir et lundi soir

Rest – (15 € bc) Menu 20/37 € – Carte 22/65 €

◆ Joli décor noir et blanc, vue sur les cuisines et, à l'ardoise, recettes calées sur le marché : cette maison régionale cultive l'esprit néobistrot.

au Rond-d'Orléans 8 km au Sud-Est par D 937 et D 1750 – ✉ 02300 Sinceny

Auberge du Rond d'Orléans

– ✆ 03 23 40 20 10 – www.aubergedurondorleans-02.com

21 ch – 48/96 € 55/96 € – 7 € – ½ P 64/105 €

Rest – *(fermé dim. soir)* (15 € bc) Menu 19 € (déj. en sem.)/60 € – Carte 40/67 €

◆ Au cœur de la forêt domaniale de Coucy-Basse, établissement de type motel disposant de chambres fonctionnelles bien tenues. Petits-déjeuners dans un bâtiment séparé. Au restaurant, atmosphère rustique et cuisine traditionnelle.

CHAUSEY (ÎLES) – 50 Manche – 303 B6 – voir à Îles Chausey

LA CHAUSSÉE D'IVRY – 28 Eure-et-Loir – 311 E2 – 992 h. – alt. 57 m – ✉ 28260 11 B1

Paris 75 – Orléans 141 – Chartres 60 – Cergy 59

Le Gingko sans rest

505 r. des Moulins, (golf Parc de Nantilly) – ✆ 02 37 64 01 11 – www.hotel-gingko.com

20 ch – 76/160 € 76/160 € – 9 €

◆ À proximité du golf, une ancienne maison de maître du 19e s. et ses dépendances, entièrement rénovées. Chambres contemporaines, amples et confortables.

CHAUSSIN – 39 Jura – 321 C5 – 1 598 h. – alt. 191 m – ✉ 39120 16 A2

Paris 354 – Beaune 52 – Besançon 76 – Chalon-sur-Saône 56

Chez Bach

4 pl. Ancienne Gare – ✆ 03 84 81 80 38 – www.hotel-bach.com – Fermé 20 déc.-10 janv., vend. soir sauf du 14 juil. au 31 août, dim. soir et lundi midi sauf fériés

21 ch – 70/91 € 70/91 € – 12 € – ½ P 76 €

Rest – *(prévenir le week-end)* (19 €) Menu 27/64 € – Carte 43/68 €

◆ Hôtel familial bien tenu dans ce village situé aux confins de la Bresse, de la Bourgogne et du Jura. Chambres peu à peu rénovées (esprit "montagne" avec mobilier en bois). Dans un élégant cadre régional, le restaurant propose une cuisine traditionnelle et de bons vins.

CHAUVIGNY – 86 Vienne – 322 J5 – 6 916 h. – alt. 65 m – ✉ 86300 39 C1

Poitou Vendée Charentes

Paris 333 – Bellac 64 – Le Blanc 36 – Châtellerault 30

Mairie ✆ 05 49 45 99 10

Ville haute★ - Église St-Pierre★ : chapiteaux du choeur★★ - Donjon de Gouzon★.

St-Savin : abbaye★★ (peintures murales★★★).

Lion d'Or ch, rest,

8 r. du Marché, (près de l'église) – ✆ 05 49 46 30 28 – Fermé 24 déc.-15 janv.

26 ch – 50 € 50 € – 7 € – ½ P 47 €

Rest – (12 €) Menu 22/41 € – Carte 24/47 €

◆ Une adresse de la ville basse appréciée pour son décor gai et pour ses chambres personnalisées, confortables et bien tenues. Au restaurant, atmosphère méridionale, fer forgé, chaises de style Art nouveau et goûteuse cuisine traditionnelle.

CHAUX-NEUVE – 25 Doubs – 321 G6 – 253 h. – alt. 992 m – ✉ 25240 16 B3

Paris 450 – Besançon 94 – Genève 78 – Lons-le-Saunier 68

Auberge du Grand Gît

8 r des Chaumelles – ☎ 03 81 69 25 75 – www.aubergedugrandgit.com – Ouvert 7 mai-2 oct., 24 déc.-25 mars et fermé dim. soir et lundi

8 ch – †46/51 € ††51/56 € – ☕ 10 € – ½ P 51/56 €

Rest – *(dîner seult)* Menu 19/26 € – Carte 24/35 €

◆ Un chalet récent, posté près des tremplins de saut à ski. Il règne ici une agréable atmosphère familiale et un calme plaisant. Chambres simples, d'esprit montagnard. Le patron mitonne une appétissante cuisine régionale, servie dans une sympathique salle rustique.

CHAVANOZ – 38 Isère – 333 E3 – 4 098 h. – alt. 234 m – ✉ 38230 44 B1

Paris 494 – Lyon 49 – Grenoble 101 – Villeurbanne 38

Aux Berges du Rhône avec ch

hameau de Grange-Rouge, 2 km au Sud-Est par D 55 rte de Loyettes – ☎ 04 72 02 02 50 – www.aux-berges-du-rhone.com – Fermé dim. soir, merc. soir et lundi

7 ch ☕ – †95 € ††120 € **Rest** – (22 €) Menu 29/72 € – Carte 29/61 €

◆ Ce bâtiment tout récent, entouré d'un parc et proche du Rhône, est aménagé dans un style contemporain épuré. Vaste restaurant proposant une alléchante cuisine actuelle. Les plaisantes chambres, bien insonorisées, se caractérisent par une décoration minimaliste.

CHAVIGNOL – 18 Cher – 323 M2 – rattaché à Sancerre

CHAZAY – 28 Eure-et-Loir – 311 E5 – rattaché à Chartres

CHAZEY-SUR-AIN – 01 Ain – 328 E5 – 1 339 h. – alt. 235 m – ✉ 01150 44 B1

Paris 469 – Bourg-en-Bresse 45 – Chambéry 87 – Lyon 43

La Louizarde

3 km au Sud par D 62 et rte secondaire – ☎ 04 74 61 53 23 – Fermé 29 avril-4 mai, 5-14 sept., 23-28 déc., mardi soir, merc. soir et jeudi soir d'oct. à mai, sam. midi, dim. soir et lundi

Rest – Menu 16 € (déj. en sem.), 24/35 € – Carte 37/58 €

◆ L'architecture de la maison et le décor d'esprit colonial séduisent tout autant que la cuisine, raffinée et originale. En été, profitez de la magnifique terrasse ombragée.

CHECY – 45 Loiret – 318 J4 – 7 863 h. – alt. 112 m – ✉ 45430 12 C2

Paris 142 – Orléans 10 – Fleury-les-Aubrais 13 – Olivet 28

Le Week End

1 pl. du Cloître – ☎ 02 38 86 84 93 – www.restaurant-leweekend.com – Fermé dim. soir et lundi

Rest – Menu 28 € (sem.), 36/65 € – Carte 55/61 €

◆ Un week-end, arrêtez-vous dans cette charmante maison ! Cailles, pigeonneau, retour de pêche selon la saison et beau choix de vins du Val de Loire (dégustation au caveau).

CHELLES – 60 Oise – 305 J4 – rattaché à Pierrefonds

CHÉNAS – 69 Rhône – 327 H2 – 466 h. – alt. 253 m – ✉ 69840 43 E1

Paris 407 – Mâcon 18 – Bourg-en-Bresse 45 – Lyon 59

Les Platanes de Chénas

aux Deschamps, 2 km au Nord par D 68 – ☎ 03 85 36 79 80 – www.platanes-chenas.com – Fermé 18-30 déc., 1er fév.-10 mars, mardi et merc.

Rest – Menu 28/53 € – Carte 35/54 €

◆ Goûteuse cuisine régionale dont on profite dans la salle à manger au décor raffiné ou sur la charmante terrasse sous les platanes, avec le Beaujolais en toile de fond.

CHÊNEHUTTE-LES-TUFFEAUX – 49 Maine-et-Loire – 317 I5 – rattaché à Saumur

CHÉNÉRAILLES – 23 Creuse – **325** K4 – 740 h. – alt. 537 m – ✉ 23130 **25** C1
Limousin Berry

Paris 369 – Aubusson 19 – La Châtre 63 – Guéret 32

32, route de gouzon ✆ 05 55 62 91 22

Haut-relief★ dans l'église.

Le Coq d'Or

7 pl. du Champ-de-Foire – ✆ 05 55 62 30 83 – www.restaurant-coqdor-23.com – Fermé 21 juin-1er juil., 26 sept.-6 oct., 1er-25 janv., dim. soir, merc. soir et lundi

Rest – (14 €) Menu 24/46 € – Carte 36/53 €

◆ Décor soigné et coloré : des coqs ornent l'ensemble de ce restaurant... coquet, rapportés des quatre coins du monde par les clients. Cuisine actuelle goûteuse. Accueil aimable.

CHENONCEAUX – 37 Indre-et-Loire – **317** P5 – 339 h. – alt. 62 m **11** A1
– ✉ 37150 Châteaux de la Loire

Paris 234 – Amboise 12 – Château-Renault 36 – Loches 31

1, rue Bretonneau ✆ 02 47 23 94 45

Château de Chenonceau★★★.

Auberge du Bon Laboureur (Antoine Jeudi) ch,

6 r. Dr Bretonneau – ✆ 02 47 23 90 02 – www.bonlaboureur.com – Fermé 13 nov.-17 déc., 2 janv.-12 fév. et mardi midi

23 ch – 95/155 € 120/260 € – 3 suites – 15 € – ½ P 118/190 €

Rest – Menu 30 € (déj. en sem.), 48/85 € – Carte 65/95 €

Spéc. Langoustines juste saisies, déclinaison de persil. Conjugaison de ris et tête de veau au présent et au passé. Tout chocolat, granité thé vert. **Vins** Montlouis, Bourgueil.

◆ Près du "château des Dames", ces coquettes maisons abritent de belles chambres stylées. Parc avec potager. On dîne dans un cadre élégant ou sur la jolie terrasse bordant le jardin. La cuisine, plutôt classique, mise sur les produits... avec finesse et subtilité.

La Roseraie ch, ch,

7 r. Dr Bretonneau – ✆ 02 47 23 90 09 – www.hotel-chenonceau.com – Ouvert 20 mars-14 nov.

18 ch – 54/85 € 68/132 € – 11 €

Rest – *(fermé lundi et le midi sauf dim.)* Menu 30/45 € – Carte 35/49 €

◆ Rustique, ce bâtiment tapissé de vigne vierge ne manque pas de charme... L'ambiance est familiale, les chambres fleuries comme le jardin, et la piscine invite à la détente. Cuisine traditionnelle à savourer près de la cheminée.

CHENÔVE – 21 Côte-d'Or – **320** K6 – rattaché à Dijon

CHÉPY – 80 Somme – **301** C7 – 1 291 h. – alt. 96 m – ✉ 80210 **36** A1

Paris 207 – Abbeville 17 – Amiens 72 – Le Tréport 23

L'Auberge Picarde ch,

pl. de la Gare – ✆ 03 22 26 20 78 – Fermé 26 déc.-12 janv.

25 ch – 48/63 € 53/70 € – 6,50 € – ½ P 98 €

Rest – *(fermé sam. midi, dim. soir et le midi du 16 au 30 août)* (12 €) Menu 16 € (sem.), 23/32 € – Carte 24/46 €

◆ Dans un environnement champêtre, face à une gare désaffectée, petit hôtel aux chambres simples, décorées de mobilier rustique, en bois cérusé ou en rotin. Un passage couvert aux faux airs de jardin d'hiver conduit au restaurant. Table "tradition et terroir".

CHERBOURG-OCTEVILLE – 50 Manche – **303** C2 – 40 838 h. **32** A1
– Agglo. 117 855 h. – alt. 10 m – Casino BY – ✉ 50100 Normandie Cotentin

Paris 359 – Brest 399 – Caen 125 – Laval 224

de Cherbourg-Maupertus : ✆ 02 33 88 57 60, 11 km par ①.

2 quai Alexandre III ✆ 02 33 93 52 02

de Cherbourg à La Glacerie Domaine des Roches, par rte de Valognes et D 122 : 7 km, ✆ 02 33 44 45 48

Fort du Roule ≤★ - Château de Tourlaville : parc★ 5 km par ①.

Plan page suivante

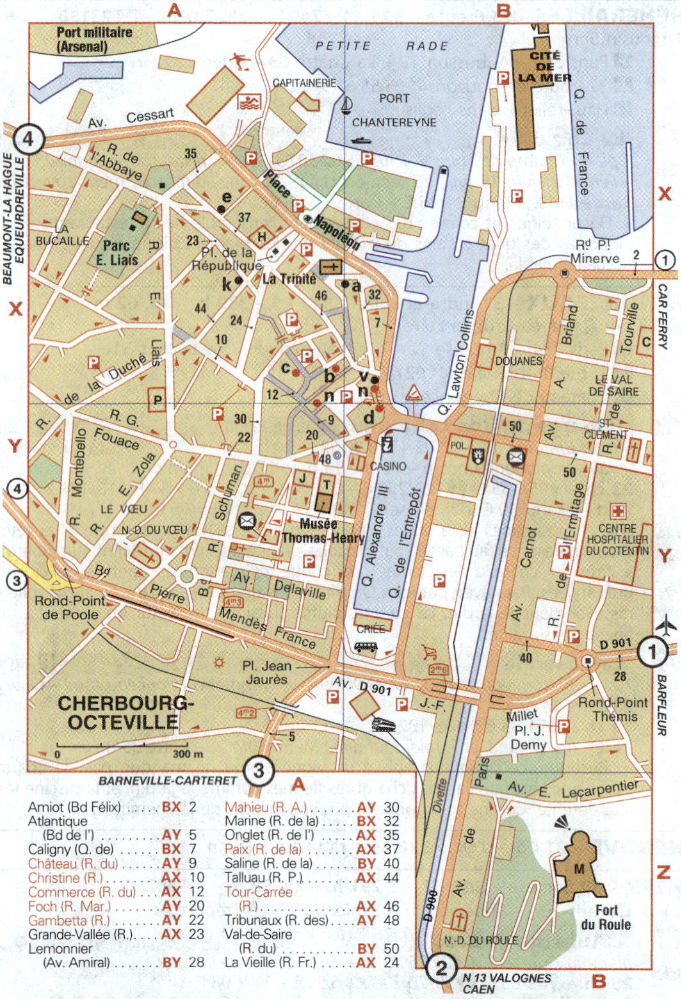

Amiot (Bd Félix)	BX	2
Atlantique (Bd de l')	AY	5
Caligny (Q. de)	BX	7
Château (R. du)	AY	9
Christine (R.)	AX	10
Commerce (R. du)	AX	12
Foch (R. Mar.)	AY	20
Gambetta (R.)	AY	22
Grande-Vallée (R.)	AX	23
Lemonnier (Av. Amiral)	BY	28
Mahieu (R. A.)	AY	30
Marine (R. de la)	BX	32
Onglet (R. de l')	AX	35
Paix (R. de la)	AX	37
Saline (R. de la)	BY	40
Talluau (R. P.)	AX	44
Tour-Carrée (R.)	AX	46
Tribunaux (R. des)	AY	48
Val-de-Saire (R. du)	BY	50
La Vieille (R. Fr.)	AX	24

Le Louvre sans rest
2 r. H. Dunant – ✆ 02 33 53 02 28 – www.hotel-le-louvre.com
– Fermé 18 déc.-2 janv. AXe
40 ch – †62/68 € ††68/74 € – ☕ 8,50 €
◆ Situation centrale, chambres confortables progressivement rénovées dans un style actuel, isolation efficace et petits-déjeuners servis sous forme de buffet caractérisent cet hôtel.

La Renaissance sans rest
4 r. de l'Église – ✆ 02 33 43 23 90
– www.hotel-renaissance-cherbourg.com ABXa
11 ch – †48/62 € ††54/74 € – 1 suite – ☕ 9 €
◆ Vous séjournerez au calme dans des chambres gaies et parfaitement tenues, tout en profitant d'un accueil souriant, d'un bon petit-déjeuner... et de prix très raisonnables.

Ambassadeur sans rest
22 quai Caligny – 02 33 43 10 00 – www.ambassadeurhotel.com – Fermé 17 déc.-8 janv. BX**v**
40 ch – 42/62 € 54/72 € – 8 € – ½ P 63/80 €
◆ Sur les quais, établissement mettant à votre disposition ses chambres sobres et convenablement équipées ; celles de la façade donnent sur le port.

Angleterre sans rest
8 r. P. Talluau – 02 33 53 70 06 – www.hotelangleterre-fr.com AX**k**
23 ch – 39/48 € 45/58 € – 7 € – ½ P 62/73 €
◆ Accueil souriant dans cette adresse familiale proche du centre-ville. Petites chambres fonctionnelles et proprettes, à prix sages. Sauna.

Le Vauban
22 quai Caligny – 02 33 43 10 11 – Fermé vacances de la Toussaint, de fév., sam. midi, dim. soir et lundi BX**n**
Rest – (18 €) Menu 22 € (sem.), 33/41 € – Carte 50/60 €
◆ Ce restaurant offre un agréable panorama sur les quais de l'avant-port. Le chef œuvre dans des cuisines en partie visibles de la salle. Plats actuels.

Café de Paris
40 quai Caligny – 02 33 43 12 36 – www.restaurantcafedeparis.com – Fermé 2 sem. en mars, 3 sem. en nov., lundi midi et dim. BXY**d**
Rest – Menu 19 € (déj. en sem.), 23/37 € – Carte 30/55 €
◆ Face à l'animation des bassins portuaires, restaurant d'esprit brasserie (salle panoramique à l'étage) proposant des plats traditionnels soignés et iodés.

Le Pily (Pierre Marion)
39 Gde Rue – 02 33 10 19 29 – www.le-pily.com – Fermé 1er-21 mai, 1er-15 janv., sam. midi, dim. soir et merc. AX**b**
Rest – *(nombre de couverts limité, prévenir)* Menu 37/64 €
Spéc. Foie gras pressé, chips de brioche. Filet de saint-pierre, légumes verts et crevettes grises au shiso. Fraises marinées au miel-yuzu.
◆ Restaurant intimiste et chaleureux, d'esprit contemporain. Le chef signe une cuisine actuelle et recherchée, où les produits révèlent leur finesse et leur caractère.

Le Pommier
15 bis r. Notre-Dame – 02 33 53 54 60 – Fermé 3-23 nov., 15 fév.-2 mars, dim. et lundi AXY**n**
Rest – Menu 17 € – Carte environ 33 €
◆ Derrière cette façade contemporaine se cache une salle à manger façon bistrot moderne agrémentée de peintures et de sculptures. Belle terrasse en teck et cuisine au goût du jour.

L'Imprévu
32 Gde Rue – 02 33 04 53 90 – Fermé dim. et lundi AX**c**
Rest – (16 € bc) Menu 30/34 € – Carte 25/34 €
◆ En cuisine, le chef concocte des plats dans l'air du temps, privilégiant les produits de la pêche locale. Intérieur actuel, service efficace et accueil tout sourire.

CHERISY – **28 Eure-et-Loir** – **311** E3 – **rattaché à Dreux**

LE CHESNAY – **78 Yvelines** – **311** I3 – **101** 23 – **voir à Paris, Environs (Versailles)**

CHEVAGNES – **03 Allier** – **326** I3 – **701 h.** – **alt. 224 m** – **03230** **6** C1
Paris 309 – Bourbon-Lancy 18 – Decize 31 – Digoin 43

Le Goût des Choses
12 rte Nationale – 04 70 43 11 12 – Fermé vacances de la Toussaint, dim. soir, mardi soir et lundi
Rest – (16 € bc) Menu 24 € (sem.), 30/55 € bc – Carte 38/55 €
◆ Ici, le goût des choses s'exprime tant dans l'assiette, élaborée en fonction du marché, que dans la décoration, très colorée. Miniterrasse dans la cour intérieure.

CHEVAGNY-LES-CHEVRIÈRES – **71 Saône-et-Loire** – **320** I12 **8** C3
– **583 h.** – **alt. 230 m** – **71960**
Paris 413 – Bourg-en-Bresse 44 – Dijon 143 – Mâcon 7

L'Arbre Blanc
pl. de l'Église – ✆ 03 85 40 63 26 – http://restaurant-alexandre-blanc.e-monsite.com – Fermé 1 sem. en juin, 1 sem. en sept. et 3 sem. en janv.
Rest – *(nombre de couverts limité, prévenir)* Menu 25/42 € – Carte 35/48 €
◆ Charmant restaurant chic et convivial, tout habillé de blanc. Dans les assiettes : finesse, tradition, créativité et... grenouilles et poulet à la crème ; la recette du bonheur !

CHEVAL-BLANC – **84 Vaucluse** – **332** D11 – **rattaché à Cavaillon**

CHEVANNES – **89 Yonne** – **319** D5 – **rattaché à Auxerre**

CHEVERNY – **41 Loir-et-Cher** – **318** F7 – **rattaché à Cour-Cheverny**

CHEVIGNY – **21 Côte-d'Or** – **320** K6 – **rattaché à Dijon**

LE CHEYLARD – **07 Ardèche** – **331** I4 – **3 341 h.** – **alt. 450 m** – ✉ **07160** **44** A3
Paris 598 – Aubenas 50 – Lamastre 21 – Privas 47
rue du 5 Juillet 44 ✆ 04 75 29 18 71

Le Provençal rest, ch,
17 av. de la Gare – ✆ 04 75 29 02 08 – www.hotelrestaurantleprovencal.com – Fermé 1er-20 oct., 26 déc.- 18 janv., vend. soir, dim. soir et lundi
10 ch – †53 € ††63/85 € – ☕ 9 € – ½ P 56/76 €
Rest – *(résidents seult)* (18 €) Menu 23/57 € bc – Carte 32/49 €
◆ Bâtisse en pierre abritant de petites chambres simples et bien tenues. Garage à vélos apprécié des cyclistes qui parcourent la corniche de l'Eyrieux. Salles à manger sobrement rustiques, cuisine traditionnelle inspirée du terroir et sélection de vins du pays.

CHÉZERY-FORENS – **01 Ain** – **328** I3 – **399 h.** – **alt. 585 m** – ✉ **01200** **45** C1
Paris 506 – Bellegarde-sur-Valserine 17 – Bourg-en-Bresse 82 – Gex 39

Commerce avec ch
– ✆ 04 50 56 90 67 – www.hotelducommerce-blanc.fr – Ouvert fév.-sept. et fermé de mi-juin à mi-juil., mardi et merc. hors vacances scolaires
7 ch – †59 € ††59 € – ☕ 8 € – ½ P 50/60 €
Rest – Menu 13 € (sem.), 25/42 € – Carte 22/44 €
◆ Cette attachante maison propose une généreuse cuisine régionale (grenouille en saison) dans un décor campagnard ou sur la terrasse bercée par le bruit des eaux de la Valserine. Petites chambres bien tenues et accueil plein de gentillesse.

CHILLE – **39 Jura** – **321** D6 – **rattaché à Lons-le-Saunier**

CHILLEURS-AUX-BOIS – **45 Loiret** – **318** J3 – **1 881 h.** – **alt. 125 m** – ✉ **45170** **12** C2
Paris 96 – Orléans 30 – Chartres 71 – Étampes 47

Le Lancelot
12 r. des Déportés – ✆ 02 38 32 91 15 – www.restaurant-le-lancelot.com – Fermé 8-30 août, 21 fév.-7 mars, merc. soir, dim. soir et lundi
Rest – *(prévenir le week-end)* Menu 21 € (sem.), 29/68 € – Carte 38/76 €
◆ Au centre du village, accueillante maison fleurie et rustique avec jardin et terrasse. La patronne propose ses créations personnelles et de vieilles recettes de famille.

CHINAILLON – **74 Haute-Savoie** – **328** L5 – **rattaché au Grand-Bornand**

CHINON – **37 Indre-et-Loire** – **317** K6 – **8 256 h.** – **alt. 40 m** – ✉ **37500** Châteaux de la Loire **11** A3
Paris 285 – Châtellerault 51 – Poitiers 80 – Saumur 29
place Hofheim ✆ 02 47 93 17 85
Vieux Chinon★★ : Grand Carroi★★ A E - Château★★ : ≤★★.
Château d'Ussé★★ 14 km par ①.

Carnot (R.) . . . . A 2
Caves-Painctes (Impasse) . . . . A 3
Commerce (R. du) . . . . A 4
Courances (R. des) . . . . B 5
Diderot (R.) . . . . B 6
Dr-Gendron (R.) . . . . A 7
Gaulle (Pl. Gén. de) . . . . A 8
Grand-Carroi (R.) . . . . A 9
Henri II Plantagenet (Pl.) . . . . A 10
Jeanne-d'Arc (Q.) . . . . AB
Jeanne-d'Arc (R.) . . . . A 13
J.-J.-Rousseau (R.) . . . . B
Lamproie (R. de la) . . . . B 14
Rabelais (R.) . . . . AB 17
Voltaire (R.) . . . . A 20
11-Novembre (R. du) . . . . . . B 23

De France sans rest
47 pl. Gén. de Gaulle – ✆ 02 47 93 33 91 – www.bestwestern-hoteldefrance-chinon.com – Fermé 1er-10 mars, 4-30 nov., 15-28 fév. et dim. soir de nov. à mars **As**
30 ch – 85/138 € 95/150 € – 3 suites – ½ P 82/105 €
♦ Dans ces deux maisons mitoyennes du 16e s., près du centre historique, les chambres sont confortables et certaines donnent sur le château. Jolie courette intérieure.

Diderot sans rest
4 r. de Buffon – ✆ 02 47 93 18 87 – www.hoteldiderot.com – Fermé 5-20 déc. et 15 janv.-5 fév. **Bn**
23 ch – 45/65 € 55/82 € – 9 €
♦ Cette belle demeure du 18e s. propose des chambres joliment décorées dans un style ancien. Petit-déjeuner façon table d'hôte : produits fermiers et confitures maison.

L'Océanic
13 r. Rabelais – ✆ 02 47 93 44 55 – Fermé 1er-6 mars, 28 août-7 sept., 31 déc.-3 janv., dim. soir et lundi **Au**
Rest – (17 € bc) Menu 25/68 € bc – Carte 31/63 €
♦ L'enseigne le suggère : ici, les produits de la mer ultrafrais sont à l'honneur, cuisinés avec un zeste d'originalité. Le bonheur des amateurs de saveurs iodées... à prix doux !

Au Chapeau Rouge
49 pl. du Gén.-de-Gaulle – ✆ 02 47 98 08 08 – www.auchapeaurouge.fr – Fermé 24 oct.-15 nov., 15 fév.-12 mars, dim. soir et lundi **Av**
Rest – Menu 20 € bc (déj. en sem.), 27/50 € – Carte 36/79 €
♦ Autour d'une place ombragée et de sa fontaine, aux pieds des remparts, on vient apprécier la cuisine de produits, simple et généreuse, de ce chef qui respecte les saisons.

Les Années Trente
78 r. Voltaire – ✆ 02 47 93 37 18 – www.lesannees30.com – Fermé 20-30 juin, 16-28 nov., mardi sauf le soir de mai à sept. et merc. **At**
Rest – (16 € bc) Menu 27/43 € – Carte 40/54 €
♦ Bibelots, petits tableaux et photos des années 1930 font le charme de ce restaurant du vieux Chinon. Cuisine au goût du jour à base de produits frais.

à Marçay 9 km par ③ et D 116 – 464 h. – alt. 65 m – ✉ 37500

Château de Marçay

rte du Château – ✆ 02 47 93 03 47 – www.chateaudemarcay.com – Fermé de mi-janv. à début mars, dim. et lundi de nov. à mars

29 ch – 100/120 € 100/290 € – 4 suites – 22 € – ½ P 137/212 €

Rest – *(fermé dim. soir hors saison, mardi midi et lundi sauf le soir en saison)* (25 €) Menu 40 € (dîner), 55/98 € – Carte 45/65 €

Spéc. Foie gras et figue à l'hysope. Sandre rôti sur sa peau, grecque de jeunes légumes à l'huile de coriandre. Douceur chocolatée, amertume de citron vert. **Vins** Chinon.

◆ De la forteresse du 12e s. ne subsiste que ce château, remanié au 15e s. Et il a fière allure, au milieu de son grand parc arboré et de ses vignes (dégustation au domaine). Belle cuisine qui respecte les saveurs de produits choisis, accompagnée de vins de Loire.

CHIROUBLES – 69 Rhône – 327 G2 – 354 h. – alt. 430 m – ✉ 69115 43 E1

Paris 422 – Lyon 59 – Villeurbanne 67 – Bourg-en-Bresse 60

La Tour

ch,

à 1 km, le Pont (rte de Fleurie) – ✆ 04 74 04 20 26 – www.mfjp.bernard.free.fr – Ouvert d'avril à nov.

4 ch – 75 € 85 € **Table d'hôte** – Menu 30 € bc

◆ Maison de caractère abritant de belles chambres à thèmes : Romantique et Florale (dans la tour), Rétro et Pastorale. Agréable vue sur la vigne. Cuisine régionale.

CHISSAY-EN-TOURAINE – 41 Loir-et-Cher – 318 D7 – rattaché à Montrichard

CHISSEAUX – 37 Indre-et-Loire – 317 P5 – 615 h. – alt. 58 m – ✉ 37150 11 A1

Paris 235 – Tours 37 – Amboise 14 – Loches 33

Auberge du Cheval Rouge

30 r. Nationale – ✆ 02 47 23 86 67 – www.auberge-duchevalrouge.com – Fermé 20 déc.-10 janv., lundi et mardi

Rest – (18 €) Menu 28/56 € – Carte 40/75 €

◆ L'ancien café du village abrite aujourd'hui ce coquet restaurant au cadre élégant, mêlant rustique et moderne. La cuisine est généreuse et la terrasse verdoyante, charmante.

CHITENAY – 41 Loir-et-Cher – 318 F7 – 1 027 h. – alt. 90 m – ✉ 41120 11 A1

Paris 196 – Orléans 72 – Blois 15 – Romorantin-Lanthenay 39

Auberge du Centre

rest,

pl. de l'Église – ✆ 02 54 70 42 11 – www.auberge-du-centre.com – Fermé 24 janv.-3 mars

26 ch – 58/69 € 83/100 € – 11 € – ½ P 67/85 €

Rest – *(fermé dim. soir hors saison, mardi midi et lundi)* Menu 24 € (sem.), 35/49 € – Carte 34/48 €

◆ À proximité des châteaux de la Loire, une engageante auberge de village dont la façade est couverte de vigne vierge. Chambres propres et mignonnes (motifs floraux, couleurs gaies) ; jardin arboré. Cuisine traditionnelle dans un cadre frais et cosy.

CHOISY-AU-BAC – 60 Oise – 305 I4 – rattaché à Compiègne

CHOLET – 49 Maine-et-Loire – 317 D6 – 54 632 h. – alt. 91 m – ✉ 49300 Châteaux de la Loire 34 B2

Paris 353 – Ancenis 49 – Angers 64 – Nantes 60

14, avenue Maudet ✆ 02 41 49 80 00

de Cholet Allée du Chêne Landry, ✆ 02 41 71 05 01

Musée d'Art et d'Histoire★ Z M.

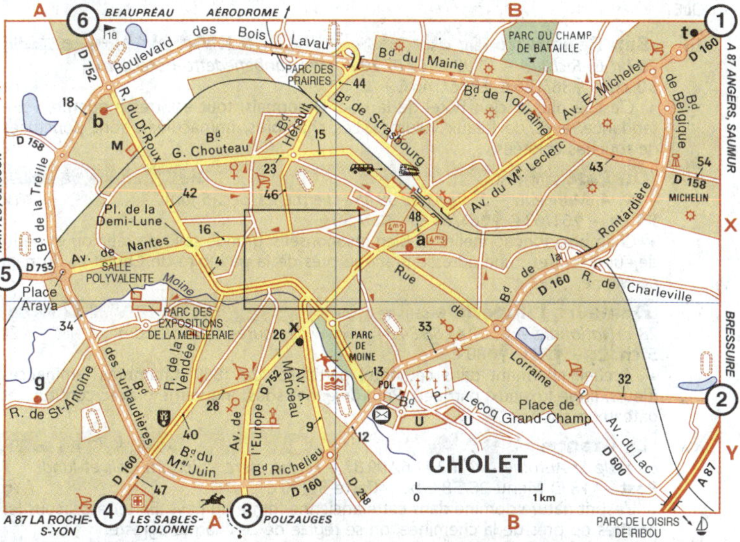

Abreuvoir (Av. de l')	Z	2
Bons Enfants (R. des)	Z	3
Bouet (Av. F.)	AX	4
Bourg Baudry (R. du)	Z	6
Bretonnaise (R.)	Z	7
Champagny (Av. du Cdt-de)	AY	9
Clemenceau (R. G.)	Z	10
Coubertin (Bd P.-de)	BY	12
Delhumeau-Plessis (Bd)	BY	13
Faidherbe (Bd du Gén.)	AY	15
Foch (Av. du Mar.)	AX	16
Godinière (Bd de la)	AX	18
Guérineau (Pl. A.)	Z	20
Hôtel de Ville (R. de l')	Z	22
Joffre (Bd du Mar.)	AX	23
libération (Av. de la)	AY	26
Marne (Av. de la)	AY	28
Maudet (Av.)	Z	30
Maulévrier (R. de)	BY	32
Minée (Bd de la)	BY	33
Moine (R. de la)	Z	36
Moinie (Bd de la)	AY	34
Montfort (R. G.-de)	Z	37
Nantaise (R.)	Z	39
Napoléon-Bonaparte (Av.)	AY	40
Nationale (R.)	Z	
Pasteur (R. L.)	AX	42
Poitou (Bd du)	BX	43
Pont de Pierre (Bd du)	AB	44
Puits de l'Aire (R. du)	Z	45
Richard (Bd G.)	Z	46
Sablerie (R.)	Z	49
Sables (Av. des)	AY	47
Sadi-Carnot (R.)	BX	48
Sardinerie (R. de la)	Z	50
Toutlemonde (R. de)	BX	54
Travot (Pl.)	Z	52
Travot (R.)	Z	53
Vieux Greniers (R. des)	Z	56
8-Mai-1945 (Pl. du)	Z	58

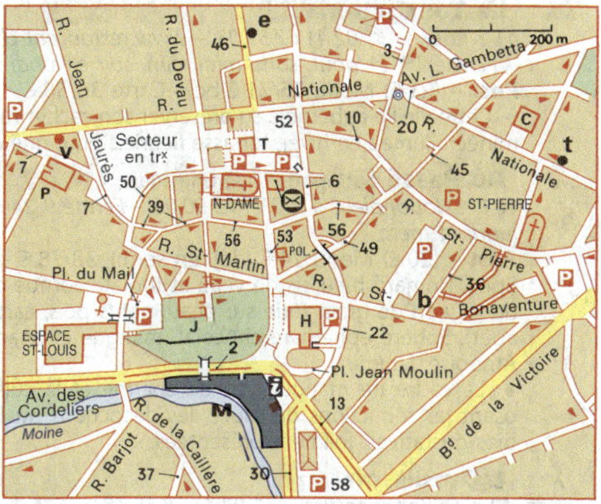

All Seasons

45 av. d'Angers
– ✆ 02 41 71 08 08
– *www.all-seasons-hotels.com* BXt

60 ch – 80/110 € 90/120 € – 3 suites
Rest – *(fermé vend. soir)* (18 €) Menu 22/33 € – Carte 30/39 €

◆ Une fois à l'intérieur, on oublie la zone commerciale toute proche : le décor, où domine le bois canadien, est chaleureux. Les chambres sont modernes, confortables et bien insonorisées. Carte traditionnelle dans un cadre dépaysant avec charpente et verrière.

San Benedetto sans rest
26 bd G.-Richard – ☎ 02 41 62 07 20 – www.sanbenedetto-hotel.com
50 ch – †86/126 € ††96/146 € – ☕ 11 € **Ze**
◆ C'est le plus ancien hôtel de la ville. Désormais, tout est très moderne, voire tendance, avec de beaux volumes. Les chambres, immaculées, sont ponctuées de touches colorées.

Du Parc sans rest
4 av. A. Manceau – ☎ 02 41 62 65 45 – Fermé 21 déc.-6 janv. **AYx**
54 ch – †61/63 € ††61/63 € – ☕ 7,50 €
◆ Chambres fonctionnelles et bien insonorisées, grande salle de réunion et petit-déjeuner buffet : une adresse pratique près de la patinoire de Cholet et du parc de Moine.

Demeure l'Impériale sans rest
28 r. Nationale – ☎ 02 41 58 84 84 – www.demeure-imperiale.com **Zt**
5 ch ☕ – †70 € ††80 €
◆ Accueil charmant dans cet hôtel particulier de 1860. Chambres lumineuses (fleurs, linge luxueux, parquet). Petit-déjeuner sous une verrière avec confiture et gâteaux maison.

La Grange
64 r. de St-Antoine – ☎ 02 41 62 09 83 – Fermé merc. soir, dim. soir et lundi
Rest – (18 €) Menu 26/58 € bc – Carte 30/70 € **AYg**
◆ L'esprit nature domine dans cette ancienne ferme du pays. En terrasse, sous les poutres ou près de la cheminée, on se régale de ce charme agreste.

La Touchetière
41 r Roux – ☎ 02 41 62 55 03 – www.restaurant-cholet.fr
– Fermé 1er-21 août, sam. midi, dim. soir et lundi soir **AXb**
Rest – (21 €) Menu 26/71 € bc – Carte 36/58 €
◆ Cette vieille auberge a su préserver son cachet rustique : poutres blanchies, cheminée allumée en hiver, terrasse fleurie... pour une cuisine traditionnelle, bien sûr !

Au Passé Simple (Lilian Grimaud)
181 r. Nationale – ☎ 02 41 75 90 06 – Fermé 9-24 août, 19 déc.-4 janv., dim. soir, lundi et merc. **Zv**
Rest – (20 €) Menu 24 € (déj. en sem.), 38/78 € – Carte 48/55 €
Spéc. Homard bleu, ris de veau et tomate cornue des Andes (juin à oct.). Poitrine de pigeon de grain rôtie sur peau, petits pois, carottes et lard croustillant (mai à août). Sphère éphémère chocolat, mangue et ananas (nov. à fév.) **Vins** Touraine-Amboise, Saumur.
◆ Le cadre ne manque pas de charme et la cuisine est volontiers audacieuse, osant les réductions de sauce, les décoctions ou les infusions. De belles harmonies gustatives, joliment présentées.

L'Ourdissoir
40 r. St-Bonaventure – ☎ 02 41 58 55 18
– Fermé 27 juil.-17 août, 20 fév.-1er mars, dim. soir, lundi soir et merc.
Rest – Menu 17 € (déj. en sem.), 29/55 € bc – Carte environ 42 € **Zb**
◆ De beaux murs en pierre, témoins du travail des tisserands de la ville du mouchoir. Le chef propose un menu découverte selon son inspiration et les propositions du marché.

Le Pouce Pied
1 r. du Lait-au-Beurre – ☎ 02 41 58 50 03 – www.lepoucepied.com – fermé 15-31 août, sam. midi, dim. soir, et lundi **BXa**
Rest – Menu 18 € (déj. en sem.), 28/47 € bc – Carte environ 38 €
◆ Un restaurant de poche un peu excentré, où les tables sont décorées de pouces-pieds ! La cuisine est alléchante et gorgée de saveurs, le tout à prix raisonnable.

à Nuaillé 7,5 km par ① et D 960 – 1 322 h. – alt. 133 m – ✉ 49340

Les Biches sans rest
pl. de l'Eglise – ☎ 02 41 62 38 99 – www.hoteldesbiches.com – Fermé 19 déc.-4 janv.
12 ch – †58/65 € ††68/76 € – ☕ 8,50 €
◆ Un petit hôtel familial plaisant, avec ses chambres gaies, bien tenues et régulièrement rafraîchies. En été, les petits-déjeuners sont servis près de la piscine.

à Maulévrier 13 km par ② et D 20 – 2 890 h. – alt. 130 m – ✉ 49360

ℹ place de l'Hôtel de Ville ☎ 02 41 55 06 50

Château Colbert

pl. du Château – ☎ 02 41 55 51 33 – www.chateaucolbert.com – Fermé 17 déc.-3 janv., 15-27 fév. et dim. soir

20 ch – †85/165 € ††85/165 € – 1 suite – ☕ 12 € – ½ P 46 €

Rest – Menu 30 € (déj.), 34/75 € – Carte 50/58 €

◆ Ce château du 17e s. veille jalousement sur ses chambres meublées d'ancien – celles du 1er étage sont magnifiques – qui donnent sur un splendide jardin japonais. Hauts plafonds et lustres en cristal Grand Siècle pour une cuisine actuelle inspirée du terroir.

CHOMELIX – 43 Haute-Loire – **331** E2 – 506 h. – alt. 910 m – ✉ 43500 **6** C3

Paris 519 – Ambert 36 – Brioude 52 – Le Puy-en-Velay 30

Auberge de l'Arzon avec ch — ch, rest,

pl. Fontaine – ☎ 04 71 03 62 35 – Ouvert 1er mai-30 sept. et fermé dim. soir, lundi et mardi (sauf hôtel en juil.-août)

9 ch – †55 € ††65/85 € – ☕ 7 € – ½ P 56/70 €

Rest – (19 €) Menu 24/47 € – Carte 23/46 €

◆ Au cœur du village, bâtisse en pierre vous conviant à un repas traditionnel dans un cadre rustique réactualisé. Tables dressées avec sobriété ; mobilier en chêne et acajou. Une dépendance située à l'arrière abrite des chambres très bien tenues.

CHONAS-L'AMBALLAN – 38 Isère – **333** B5 – rattaché à Vienne

---

CHORANCHE – 38 Isère – **333** F7 – 134 h. – alt. 280 m – ✉ 38680 **43** E2

Alpes du Nord

Paris 588 – Grenoble 52 – Valence 48 – Villard-de-Lans 20

Grotte de Coufin★★.

Le Jorjane — rest,

Le village – ☎ 04 76 36 09 50 – www.lejorjane.com – Fermé 15-30 nov., dim. soir hors saison et lundi

7 ch – †40/53 € ††40/53 € – ☕ 8 € – ½ P 85/99 €

Rest – Menu 15/23 € – Carte 19/32 €

◆ Dans le célèbre village aux sept grottes, auberge familiale abritant des chambres pratiques. Les motards y sont chouchoutés. Restaurant rustique décoré d'objets chinés et terrasse couverte bordant la route ; plats traditionnels, grillades, salades...

CHORGES – Hautes-Alpes – **334** F5 – 2 419 h. – alt. 864 m – ✉ 05230 **41** C1

Alpes du Sud

Paris 717 – Digne-les-Bains 98 – Gap 18 – Marseille 193

ℹ place Centrale ☎ 04 92 50 64 25

Ax'Hôtel

ZA La Grande-Ile – ☎ 04 92 21 45 17 – www.ax-hotel.com

39 ch – †70/85 € ††80/95 € – 1 suite – ☕ 8 € – ½ P 70/78 €

Rest – *(fermé le midi)* Menu 22/36 € – Carte 32/39 €

◆ Une construction moderne habillée de bois clair, au calme, près de Gap. La décoration est contemporaine, rehaussée d'illustrations évoquant les beautés naturelles. La Parenthèse propose une cuisine actuelle, servie face aux montagnes.

CIBOURE – 64 Pyrénées-Atlantiques – **342** C4 – rattaché à St-Jean-de-Luz

---

CIEURAC – 46 Lot – **337** F5 – 287 h. – alt. 247 m – ✉ 46230 **28** B1

Paris 589 – Cahors 16 – Montauban 53 – Toulouse 105

Table de Haute Serre

Château de Haute Serre – ☎ 05 65 20 80 20 – www.hauteserre.fr – Fermé 3 nov.-6 janv., jeudi hors saison, dim. soir et merc.

Rest – Menu 25/70 €

◆ À l'entrée du château, au milieu des vignes, un lieu de convivialité pour une cuisine pleine de saveurs et de finesse. Idéal pour découvrir le vin, la truffe et le safran.

CINQ-CHEMINS – 74 Haute-Savoie – **328** L2 – rattaché à Thonon-les-Bains

LA CIOTAT – 13 Bouches-du-Rhône – **340** I6 – 32 126 h. – Casino **40** B3 – ✉ 13600 Provence

Paris 802 – Aix-en-Provence 53 – Brignoles 62 – Marseille 32

boulevard Anatole France ✆ 04 42 08 61 32

Calanque de Figuerolles★ SO : 1,5 km puis 15 mn par D141 - Chapelle N.-D. de la Garde ≤★★ O : 2,5 km puis 15 mn.

- à l'Ile Verte ≤★ en bateau 30 mn .

Les Gourman'dînent

18 r. des Combattants – ✆ 04 42 08 00 60 – www.lesgourman-dinent.com – Fermé 1er-7 sept., 19-26 déc., sam. midi, dim. soir et merc. de sept. à juin, lundi midi, mardi midi et merc. midi en juil.-août

Rest – *(nombre de couverts limité, prévenir)* (19 € bc) Menu 39 €

♦ Ces gourmands-là dînent sur le port dans un cadre original : une boutique d'apothicaire transformée en écrin coloré. Cuisine créative et ludique, à base de produits frais.

au Liouquet 6 km à l'Est par D 559 (rte de Bandol) – ✉ 13600 La Ciotat

Roche Belle

Corniche du Liouquet – ✆ 04 42 71 47 60 – www.roche-belle.fr – Fermé 1er-15 nov., 1er-21 fév., dim. et lundi sauf juil.-août

Rest – *(nombre de couverts limité, prévenir)* Menu 34 € – Carte 36/66 €

♦ Dans un chaleureux cadre provençal, une maisonnette couverte de vigne vierge et sa terrasse plantée d'oliviers. La cuisine est goûteuse, ensoleillée, et fleure bon le Midi.

CIRES-LÈS-MELLO – 60 Oise – **305** F5 – 3 450 h. – alt. 39 m – ✉ 60660 **36** B3

Paris 65 – Beauvais 32 – Chantilly 17 – Compiègne 47

Relais du Jeu d'Arc

pl. Jeu-d'Arc , 1 km à l'Est – ✆ 03 44 56 85 00 – www.relais-jeu-arc.com – Fermé août et 21 déc.-1er janv.

14 ch – †65/125 € ††65/125 € – ☕ 10 €

Rest – *(fermé dim. et lundi)* Menu 18 € (déj. en sem.), 24/39 € – Carte 38/50 €

♦ Relais de poste dont les origines remontent au 17e s. Les chambres sont actuelles et confortables ; certaines avec mezzanine. L'ancienne écurie sert de cadre au restaurant. Plats traditionnels servis au coin du feu ou sur la terrasse tournée vers le château.

CLAIRAC – 47 Lot-et-Garonne – **336** E3 – 2 506 h. – alt. 52 m – ✉ 47320 **4** C2

Paris 690 – Agen 42 – Marmande 24 – Nérac 35

16, place Viçoze ✆ 05 53 88 71 59

L'Auberge de Clairac

12 rte Tonneins – ✆ 05 53 79 22 52 – www.aubergedeclairac.fr – Fermé vacances de la Toussaint et de fév., dim. soir, mardi soir et merc.

Rest – (20 € bc) Menu 29/35 € – Carte 29/39 €

♦ Cette maison régionale bâtie au 19e s. jouxte un ancien séchoir à tabac. Cuisine au goût du jour servie dans un cadre actuel ou sur la jolie terrasse fleurie.

CLAM – 17 Charente-Maritime – **324** H7 – rattaché à Jonzac

CLAMART – 92 Hauts-de-Seine – **311** J3 – **101** 25 – voir à Paris, Environs

CLAMECY – 58 Nièvre – **319** E7 – 4 551 h. – alt. 144 m – ✉ 58500 **7** B2 Bourgogne

Paris 208 – Auxerre 42 – Avallon 38 – Cosne-sur-Loire 52

7-9, rue du Grand Marché ✆ 03 86 27 02 51

Église St-Martin★.

Hostellerie de la Poste ch,

9 pl. Emile Zola – ✆ 03 86 27 01 55 – www.hostelleriedelaposte.fr

17 ch – †59/79 € ††59/79 € – ☐ 10 € – ½ P 71/81 €

Rest – (20 €) Menu 25 € (sem.), 35/42 € – Carte 48/56 €

◆ Ex-relais de poste au cœur d'une jolie bourgade, tenu avec soin par un jeune couple. Coquettes petites chambres, plus calmes sur l'arrière. Salle à manger feutrée, entre boiseries et pierres apparentes, et saveurs du terroir revisitées.

Deux Pièces Cuisine

7 r. de la Monnaie – ✆ 03 86 27 25 07 – www.2pieces-cuisine.fr – Fermé 2 sem. en mars, 20 nov.-10 déc., lundi et mardi

Rest – *(nombre de couverts limité, prévenir)* Menu 19 € (déj. en sem.), 27/38 € – Carte 29/44 €

◆ Une véritable petite bonbonnière, où se côtoient bibelots, oursons et même coucou suisse... L'âme cosy des lieux a conquis la clientèle locale. Cuisine actuelle.

CLARA – **66 Pyrénées-Orientales – 344 F7 – rattaché à Prades**

LES CLAUX – **05 Hautes-Alpes – 334 I5 – rattaché à Vars**

CLÉMONT – **18 Cher – 323 J1 – 647 h. – alt. 141 m – ✉ 18410** **12 C2**

Paris 187 – Orléans 72 – Bourges 62 – Vierzon 71

Domaine des Givrys

4 km au Sud par D 79, rte de Ste-Montaine et rte secondaire – ✆ 02 48 58 80 74 – www.domainedesgivrys.com

5 ch ☐ – †67 € ††75 € **Table d'hôte** – Menu 35 € bc

◆ Douceur de vivre et sérénité en bordure d'étang et de rivière... Cette ancienne ferme au cœur d'un vaste domaine ravira les amoureux de la nature. Chambres sobres et classiques. Le terroir et la convivialité sont à l'honneur autour de la grande table d'hôte en chêne.

CLÈRES – **76 Seine-Maritime – 304 G4 – 1 303 h. – alt. 113 m** **33 D1**
– ✉ **76690** Normandie Vallée de la Seine

Paris 155 – Dieppe 45 – Forges-les-Eaux 35 – Neufchâtel-en-Bray 36

59, avenue du Parc ✆ 02 35 33 38 64

Parc zoologique★.

à Frichemesnil **4 km au Nord-Est par D 6 et D 100 – 387 h. – alt. 150 m – ✉ 76690**

Au Souper Fin (Eric Buisset) avec ch ch,

1 rte de Clères – ✆ 02 35 33 33 88 – www.souperfin.com – Fermé 3 sem. en août, dim. soir, merc. et jeudi

3 ch – †55 € ††70 € – ☐ 10 €

Rest – (28 €) Menu 33 € (sem.), 46/55 € – Carte 56/82 €

Spéc. Saint-Jacques poêlées au beurre d'algues (oct. à fév.). Carré d'agneau rôti au four, jus réduit au confit d'ail. Millefeuille à la vanille.

◆ Ce sympathique restaurant arbore un décor contemporain, élégant et chaleureux. Cuisine actuelle soignée, vins choisis, terrasse-pergola côté jardin et jolies petites chambres.

au Sud **2 km sur D 155 – ✉ 76690 Clères**

Auberge du Moulin

36 r. des Moulins-du-Tot – ✆ 02 35 33 62 76 – www.aubergedumoulin.org – Fermé 16 août-3 sept., mardi sauf le soir d'avril à oct., dim. soir et lundi

Rest – (18 €) Menu 27/47 € – Carte 37/61 €

◆ Auberge sympathique tournée vers un vieux moulin bordé par une petite rivière dont le cours est ponctué de cressonnières. Cuisine actuelle où entre le terroir. Terrasse d'été.

CLERMONT – **60 Oise – 305 F4 – 10 748 h. – alt. 125 m** **36 B2**
– ✉ **60600** Nord Pas-de-Calais Picardie

Paris 79 – Amiens 83 – Beauvais 27 – Compiègne 34

19, place de l'Hôtel de Ville ✆ 03 44 50 40 25

à Étouy **7 km au Nord-Ouest par D 151 – 790 h. – alt. 85 m – ✉ 60600**

XXX **L'Orée de la Forêt** (Nicolas Leclercq)
✿ *255 r. Forêt – ✆ 03 44 51 65 18 – www.loreedelaforet.fr – Fermé 28 juil.-30 août, 2-11 janv., sam. midi, dim. soir, vend. et soirs fériés*
Rest – Menu 28 € (déj. en sem.), 46/95 € – Carte 78/100 €
Spéc. Foie gras poêlé au sirop de betterave. Pigeonneau rôti, légumes du potager. Millefeuille vanillé.
◆ Une maison de maître du début du 20e s., dans un paisible parc arboré. Le grand potager approvisionne la table en légumes frais ! Le millefeuille vanille est divin.

CLERMONT-FERRAND P – **63 Puy-de-Dôme** – **326** F8 – **138 992 h.** **5** B2
– **Agglo. 258 541 h. – alt. 401 m – ✉ 63000** Auvergne

Paris 420 – Lyon 172 – Moulins 106 – St-Étienne 147
de Clermont-Ferrand-Auvergne : ✆ 04 73 62 71 00, 6 km par D 766 CY.
place de la Victoire ✆ 04 73 98 65 00
Nouveau Golf de Charade à Royat, O par D 5 : 8 km, ✆ 04 73 35 73 09
des Volcans à Orcines La Bruyère des Moines, NO : 9 km, ✆ 04 73 62 15 51
Circuit automobile de Charade, St Genès-Champanelle ✆ 04 73 29 52 95 AZ.
Le Vieux Clermont★ EFVX : Basilique de N.-D.-du-Port★★ (choeur★★★), Cathédrale★★ (vitraux★★), fontaine d'Amboise★, cour★ de la maison de Savaron EV - Cour★ dans l'Hôtel de Fonfreyde EV **M1**, musée d'archéologie Bargoin★ FX - Le Vieux Montferrand★★ : hôtel de Lignat★, hôtel de Fontenilhes★, maison de l'Éléphant★, cour★ de l'hôtel Regin, porte★ de l'hôtel d'Albiat, - Bas-relief★ de la maison d'Adam et d'Ève - Musée d'art Roger-Quilliot - Belvédère de la D 941A ≤★★ AY.
Puy de Dôme ✱★★★ 15 km par ⑥ - Vulcania (Centre Européen du Vulcanisme). Parc Naturel régional des volcans d'Auvergne ★★★.

Plans pages suivantes

Novotel
Z.I. du Brézet, r. G. Besse ✉ 63100 – ✆ 04 73 41 14 14 – www.novotel.com
131 ch – †99/200 € ††99/200 € – ☕ 15 € CYa
Rest ***Le Jardin des Puys*** – ✆ 04 73 41 14 44 – (17 €) Menu 25/55 € bc – Carte 22/48 €
◆ Espace, mobilier moderne en bois, tons chauds, bonne isolation phonique : réservez en priorité une chambre rénovée. Lignes actuelles dans le hall et le bar. Esprit contemporain au restaurant Le Jardin des Puys, ouvert sur la piscine et le parc ; plats régionaux.

Suite Novotel sans rest
52 av. de la République – ✆ 04 73 42 34 73 – www.suitenovotel.com
91 ch – †109/143 € ††109/143 € – ☕ 12 € BYc
◆ Hôtel récent dont les "suites" offrent un cadre actuel et confortable, avec un coin bureau modulable. Boutique gourmande et espace business à disposition au rez-de-chaussée.

Kyriad Prestige
25 av. de la Libération – ✆ 04 73 93 22 22
– www.hotel-kyriadprestigeclermont.com EXm
81 ch – †80/185 € ††80/185 € – ☕ 13 €
Rest – *(fermé 1er-15 août, sam. et dim.)* (14 € bc) Menu 22 € – Carte 28/37 €
◆ Ce bâtiment moderne, situé en centre-ville, abrite des chambres contemporaines colorées ; à partir du 3e étage, côté rue, elles bénéficient de la vue sur les volcans. Carte traditionnelle et formules buffets au restaurant, dans un décor d'inspiration bistrot.

Lafayette sans rest
53 av. de l'Union Soviétique – ✆ 04 73 91 82 27 – www.hotel-le-lafayette.com
– Fermé 23 déc.-2 janv. GVa
48 ch – †69/125 € ††69/125 € – ☕ 10 €
◆ Hall contemporain, chambres actuelles (tons pastel, meubles de qualité) et bonne insonorisation caractérisent cet hôtel voisin de la gare.

Dav'Hôtel Jaude sans rest
10 r. Minimes – ✆ 04 73 93 31 49 – www.davhotel.fr EVf
28 ch – †58/61 € ††61/66 € – ☕ 8,50 €
◆ On apprécie cet hôtel pour sa proximité avec la place de Jaude (commerces, parking public, cinémas) et son décor gai et coloré. Chambres de bonne ampleur peu à peu rénovées.

Des Puys
16 pl. Delille – ✆ 04 73 91 92 06 – www.hoteldespuys.com – Fermé 23 déc.-1er janv. FVn
63 ch – †81/129 € ††109/184 € – ☕ 14 € **Rest** – Menu 13 €, 16 €
◆ Vue imprenable sur le puy de Dôme depuis la salle des petits-déjeuners installée au 6e étage ! Les chambres, au confort actuel, intègrent pour certaines la salle de bains. Restaurant d'esprit bistrot chic où l'on sert une cuisine traditionnelle.

Le Relais Kennedy sans rest
bd Edgar-Quinet – ✆ 04 73 23 37 01 – www.relais-kennedy.com CYe
55 ch – †79/95 € ††89/105 € – ☕ 11 €
◆ Cet hôtel a un petit je-ne-sais-quoi de colonial. L'ensemble est plutôt chic, et les chambres, actuelles et spacieuses, révèlent une douce atmosphère chaleureuse.

Ibis Montferrand
bd A.-Brugière – ✆ 04 73 23 00 04 CYv
77 ch – †57/100 € ††57/100 € – ☕ 8 €
Rest – *(fermé sam. midi)* (14 €) Carte 22/41 €
◆ Bâtiment moderne en retrait d'un petit boulevard, abritant des chambres bien pensées : grand lit avec couette, espace de travail, mobilier en bois. Restaurant d'esprit bistrot, proposant par exemple bavette et andouillette.

Bordeaux sans rest
39 av. F.-Roosevelt – ✆ 04 73 37 32 32 – www.hoteldebordeaux.com – Fermé 24 déc.-10 janv. DXt
31 ch – †50/70 € ††60/80 € – ☕ 9 €
◆ Près du centre-ville, petit hôtel sympathique, parfaitement tenu. Chambres fonctionnelles, agréables avec leurs tons orangés.

Emmanuel Hodencq
pl. Marché St-Pierre, (1er étage) – ✆ 04 73 31 23 23 – www.hodencq.com – Fermé 9-31 août, dim. et lundi EVa
Rest – (23 € bc) Menu 37 € (sem.), 70/140 € bc – Carte 76/120 €
Spéc. Langoustines à la plancha, infusion d'estragon. Petit salé de homard aux lentilles du Puy. Paris-brest de mon enfance (oct. à avril). **Vins** Vin de pays d'Urfé, Côtes du Forez.
◆ Une valeur sûre, au-dessus des halles. Décor alliant chaleur et élégance, dans une veine contemporaine très soignée ; terrasse verdoyante. Cuisine créative à base d'excellents produits.

Jean-Claude Leclerc
12 r. St-Adjutor – ✆ 04 73 36 46 30 – www.restaurant-leclerc.com – Fermé 1er-9 mai, 7-30 août, 2-9 janv., dim. et lundi EVk
Rest – Menu 30 € (déj. en sem.), 40/90 € – Carte 78/120 €
Spéc. Escargots de Limagne au beurre vert, raviole de pomme de terre et salade à la truffe d'été (saison). Faux-filet de bœuf sauce périgueux et pommes de terre fondantes au cantal. Rhubarbe à la fraise, glace au lait d'amande (printemps). **Vins** Saint-Pourçain, Châteaugay.
◆ Invitation à l'épicurisme en cette table clermontoise appréciée, où chaque assiette vaut une leçon de nature, entre classicisme et modernité. Atmosphère élégante et terrasse ombragée.

Amphitryon Capucine
50 r. Fontgiève – ✆ 04 73 31 38 39 – www.amphitryoncapucine.com – Fermé 1er-15 août, dim. sauf fêtes et lundi DVk
Rest – (23 €) Menu 28/75 € – Carte 55/75 €
◆ Ce petit restaurant à la façade en bois abrite une salle à manger chaleureuse, agrémentée de poutres et d'une cheminée. Les menus, au goût du jour, changent au gré des saisons.

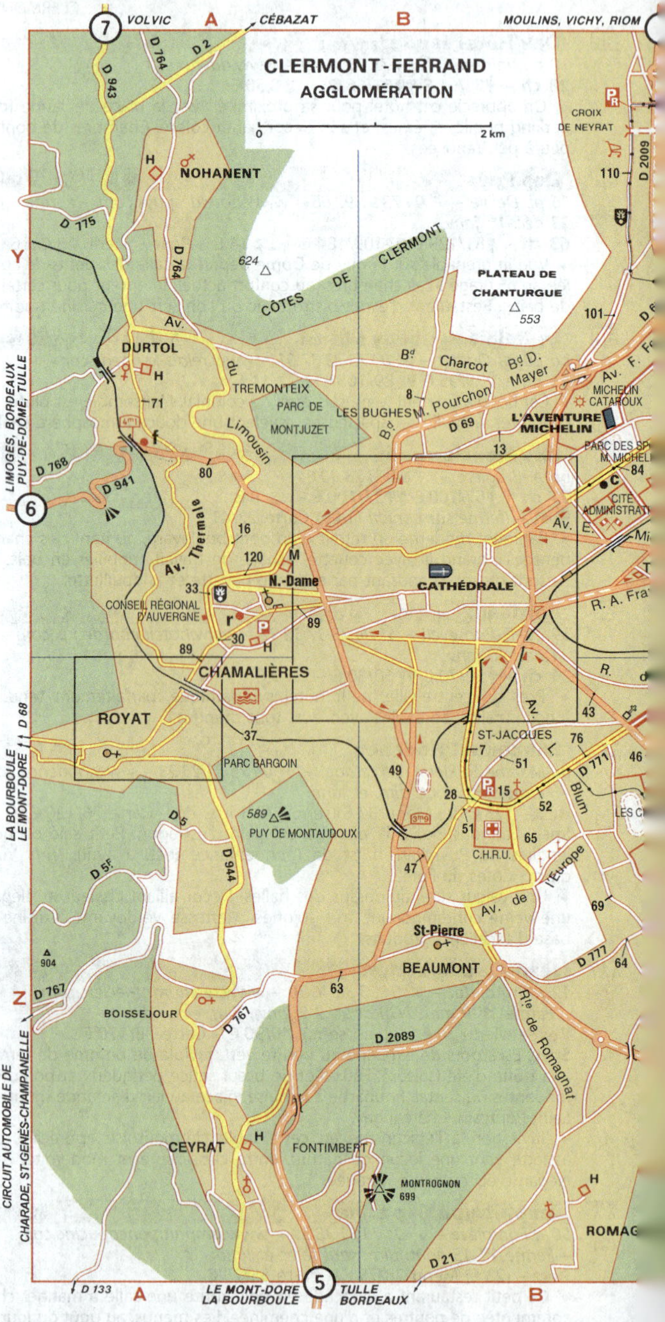
CLERMONT-FERRAND
AGGLOMÉRATION
0
2 km
VOLVIC
CÉBAZAT
MOULINS, VICHY, RIOM
A
B
Y
Z
NOHANENT
DURTOL
CÔTES DE CLERMONT
PLATEAU DE CHANTURGUE
CROIX DE NEYRAT
TREMONTEIX
PARC DE MONTJUZET
LES BUGHES
MICHELIN CATAROUX
L'AVENTURE MICHELIN
CATHÉDRALE
N.-Dame
CONSEIL RÉGIONAL D'AUVERGNE
CHAMALIÈRES
ROYAT
PARC BARGOIN
PUY DE MONTAUDOUX
ST-JACQUES
C.H.R.U.
St-Pierre
BEAUMONT
BOISSEJOUR
CEYRAT
FONTIMBERT
MONTROGNON 699
ROMAG
LIMOGES, BORDEAUX PUY-DE-DÔME, TULLE
LA BOURBOULE LE MONT-DORE
CIRCUIT AUTOMOBILE DE CHARADE, ST-GENÈS-CHAMPANELLE
LE MONT-DORE LA BOURBOULE
TULLE BORDEAUX
Av. du Limousin
Av. Thermale
Bd Charcot
Bd D. Mayer
Bd M. Pourchon
Av. L. Blum
Av. de l'Europe
Rte de Romagnat
PARC DES SP
M. MICHELI
CITÉ ADMINISTRATI
LES C
D 943
D 764
D 2
D 775
D 768
D 941
D 68
D 5
D 944
D 767
D 2089
D 69
D 771
D 777
D 21
D 133
D 2009
624
553
589
904

AUBIÈRE

Cournon (Av. de) . . . . CZ
Maerte (Av. R.) . . . . CZ 55
Mont Mouchet (Av. du) . . BZ 64
Moulin (Av. Jean) . . . . CZ
Noellet (Av. J.) . . . . BZ 69
Roussillon (Av. du) . . . . CZ

BEAUMONT

Europe (Av. de l') . . . . BZ
Leclerc (Av. du Mar.) . . . . . BZ 47
Mont Dore (Av. du) . . . . ABZ 63
Romagnat (Rte de) . . . . . . BZ

CHAMALIÈRES

Claussat (Av. J.) . . . . AY 16
Europe (Carrefour de l') . . AY 30
Fontmaure (Av. de) . . . . . . AY 33
Gambetta (Bd) . . . . AZ 37
Royat (Av. de) . . . . AY 89
Thermale (Av.) . . . . AY
Voltaire (R.) . . . . AY 120

CLERMONT-FERRAND

Agriculture (Av. de l') . . . . . CY 3
Anatole-France (R.) . . . . . . BY
Bernard (Bd Cl.) . . . . BZ 7
Bingen (Bd J.) . . . . BCYZ
Blanzat (R. de) . . . . BY 8
Blériot (R. L.) . . . . CY 10
Blum (Av. L.) . . . . BZ
Brezet (Av. du) . . . . CY
Champfleuri (R. de) . . . . . BY 13
Charcot (Bd) . . . . BY
Churchill (Bd Winston) . . . BZ 15
Clementel (Bd E.) . . . . BY
Cugnot (R. N.-J.) . . . . CY 22
Dunant (Pl. H.) . . . . BZ 28
La-Fayette (Bd) . . . . BZ 43
Flaubert (Bd G.) . . . . CZ 32
Forest (Av. F.) . . . . BY
Jean-Moulin (Bd) . . . . CY 39
Jouhaux (Bd L.) . . . . CY 40
Kennedy (Bd J.-F.) . . . . CY 41
Kennedy (Carrefour) . . . . . CY 42
Landais (Av. des) . . . . . . BCZ 46
Libération (Av. de la) . . . . . BZ 49
Limousin (Av. du) . . . . AY
Liondards (Av. des) . . . . . . BZ 51
Loucheur (Bd Louis) . . . . . BZ 52
Mabrut (R. A.) . . . . CY 53
Margeride (Av. de la) . . . . . CZ 58
Mayer (Bd D.) . . . . BY
Mermoz (Av. J.) . . . . CY
Michelin (Av. Édouard) . . . BY
Montalembert (R.) . . . . . . BZ 64
Oradour (R. de l') . . . . . . BCZ
Pochet-Lagaye (Bd P.) . . . . BZ 76
Pompidou (Bd G.) . . . . CY
Pourchon (Bd M.) . . . . BY
Puy de Dôme (Av. du) . . . . AY 80
Quinet (Bd Edgar) . . . . CY
République (Av. de la) . . . . BY 84
St-Jean (Bd) . . . . CY 96
Sous les Vignes (R.) . . . . . BY 101
Torpilleur Sirocco (R. du) . . BY 110
Verne (R. Jules) . . . . CY 117
Viviani (R.) . . . . CY

DURTOL

Paix (Av. de la) . . . . AY 71

D
E
V
X
Parc de Monjuzet
Rue Paul
R. de Nohanent
Boulevard du Clos
R. du Clos
Lavoisier
R. G. Durant
St-Alyre
ST ALYRE
Blanzat
Tiretaine
Notre Dame du Pont
Diomède
R. du Belloy
R. Naturel
R. Pierre Besset
R. de Serbie
ST-EUTROPE
R. G. de Blanzat
Rue Fontgiève
Rue Amadéo
Rue G. Péri
R. A. Moinier
Marché St-Pierre
FONTAINE D'AMBOISE
VIEUX CLERMONT
CITÉ JUDICIAIRE
R. Antoine Menat
STE-MARIE
SQUARE AMADÉO
Torrilhon
R. des Gras
ESPACE MICHELIN
Mon de Savaron
Pl. Sugny
Boulevard Berthelot
R. J.B. Lamartine
Av. F. Roosevelt
Rue Blatin
St-Pierre-les Minimes
Place de Jaude
HÔTEL DU DÉP.
R. Rameau
R. L. Morel-Ladeuil
Av. de Montjoly
Bd Duclaux
Julien
Pl. L. Aragon
CENTRE JAUDE
Av. G. Clemenceau
Avenue Julien
Bonnabaud
Av. Pasteur
R. Eugène Gilbert
POL
Boulevard Pasteur
Pl. Gallièni
Bd Ch. de Gaulle
Av. Jean Jaurès
Boulevard A. Briand
R. des Salins
Drelon
Av. Max Dormoy
Pl. des Salins (Pl. Gambetta)
MAISON DE LA CULTURE
Av. de la Libération
R. Abbé de l'
PIERRE DE COUBERTIN
SAINTE JEANNE D'ARC
Bd Gambetta
R. de Bellevue
Boulevard Jean Jaurès
Jaurès
6
16
36
29
134
74
92
95
25
38
44
a
c
e
f
k
m
r
t
x
A
U
M¹

Anatole-France (R.)	GX	4
Ballainvilliers (R.)	FX	5
Bergougnan (Av. R.)	DV	6
Blatin (R.)	DEX	
Bourse (Pl. de la)	EV	12
Centre Jaude	EX	
Claussat (Av. Joseph)	DX	16
Desaix (Bd)	EX	25
États-Unis (Av. des)	EV	29
Gaillard (Pl.)	EV	36
Gonod (R.)	EX	38
Gras (R. des)	EV	
Lagarlaye (R. de)	EX	44
Malfreyt (Bd L.)	EX	56
Marcombes (R. Ph.)	EV	57
Michel-de-l'Hospital (Pl.)	FX	62
Petit Gras (R. des)	EV	74
Port (R. du)	FV	
Poterne (Pl. de la)	EFV	77
St-Esprit (R.)	EX	87
St-Eutrope (Pl.)	EV	92
St-Genes (R.)	EX	
St-Hérem (R.)	EV	95
Terrail (R. du)	FV	108
Vercingétorix (Av.)	EFX	116
11-Novembre (R. du)	EV	134

XX **Apicius** (Arkadiusz Zuchmanski)

16 r. Claussmann – ✆ 04 73 91 13 61 – www.apicius-clermont.com – Fermé 1er-8 mai, 1er-26 août, 1er-7 janv., sam. et dim. **FVb**

Rest – (29 €) Menu 43 € (sem.), 53/79 € – Carte 74/85 €

Spéc. Saint-Jacques en marinade de citron vert (oct. à mai). Filet de bœuf Salers au foie gras de Limagne. Macaron à la framboise et fraises des bois (mai à oct.). **Vins** Saint-Pourçain, Châteaugay.

◆ L'enseigne célèbre un cuisinier fameux de l'Antiquité, à juste titre : les assiettes, bien qu'actuelles, distillent des saveurs éternelles, celles des produits rendus dans leur vérité. Beau décor contemporain.

XX **Pavillon Lamartine**

17 r. Lamartine – ✆ 04 73 93 52 25 – www.pavillonlamartine.com – Fermé 31 juil.-15 aout , 23-30 déc., lundi soir et dim. **DXa**

Rest – (19 €) Carte 27/55 €

◆ Tout près de la place de Jaude, restaurant confortable et cossu proposant une cuisine alliant tradition et modernité. Des recettes revisitées goûteuses et gourmandes.

X **Fleur de Sel** (Patrice Eschalier)

8 r. Abbé Girard – ✆ 04 73 90 30 59 – www.restaurantfleurdesel.com – Fermé août, vacances de Noël, dim., lundi et fériés **FXa**

Rest – *(nombre de couverts limité, prévenir)* Menu 30 € (sem.)/75 € – Carte 73/89 €

Spéc. Foie gras de canard poêlé, pointes d'asperges vertes et émulsion d'oursin (printemps). Homard en marmite de légumes du pays "comme un pot-au-feu" (automne-hiver). Le fameux "banoffee" des Anglo-Saxons (automne-hiver). **Vins** Boudes, Saint-Pourçain.

◆ Un décor à la blancheur immaculée et une cuisine originale qui fait la part belle à des produits de la mer d'une grande fraîcheur : cap sur les saveurs !

X **Goûts et Couleurs**

6 pl. du Changil – ✆ 04 73 19 37 82 – www.restaurantgoutsetcouleurs.com – Fermé 1er-8 mai, 8-31 août, lundi midi, sam. midi et dim. **EVr**

Rest – (21 €) Menu 29/65 € – Carte 50/91 €

◆ Sur une petite place, sympathique restaurant pour déguster une cuisine dans l'air du temps. Cadre sobre, bicolore (blanc-mauve), orné de tableaux ; salle sous une arcade voûtée.

X **Brasserie Danièle Bath**

pl. Marché St-Pierre – ✆ 04 73 31 23 22 – http://danielebath.com – Fermé 15 fév.-8 mars, 15-29 août, dim., lundi et fériés **EVe**

Rest – (19 €) Menu 27/48 € – Carte 34/61 €

◆ Décor de bistrot, salle à manger cossue égayée d'œuvres d'art contemporaines ou, en été, terrasse sur la place piétonne. Cuisine traditionnelle ; bon choix de vins au verre.

X **Le Moulin Blanc**

48 r. Chandiots – ✆ 04 73 23 06 81 – Fermé 1er-21 août **CYe**

Rest – *(déj. seult)* (14 €) Menu 18/45 € – Carte 23/50 €

◆ Bonne adresse pour qui souhaite déguster une cuisine traditionnelle soignée et savoureuse, à prix modérés. Décor coloré, accueil charmant.

X **Le Comptoir des Saveurs**

5 r. Ste-Claire – ✆ 04 73 37 10 31 – www.le-comptoir-des-saveurs.fr – Fermé 31 juil.-21 août, 15 fév.-1er mars, mardi soir, merc. soir, dim. et lundi

Rest – (20 €) Menu 25 € (déj.), 35/42 € **EVx**

◆ On peut jouer à la dînette en picorant parmi les propositions du chef – plats servis en mini-portions – changées chaque jour. Un concept à découvrir dans une salle colorée.

X **L'Annexe**

1 r. de Courpière – ✆ 04 73 92 50 00 – www.l-annexe-restaurant.com – Fermé sam. midi, dim., lundi et fériés **GVt**

Rest – (16 €) Menu 26/38 € – Carte 38/53 €

◆ Une ancienne imprimerie transformée en loft branché et design, idéal pour déguster une cuisine gourmande et innovante. Les cuisines sont filmées en direct !

à Chamalières – 17 689 h. – alt. 450 m – ✉ 63400

Radio rest,

43 av. P. et M.-Curie – ✆ 04 73 30 87 83 – www.hotel-radio.fr – Fermé 24 oct.-8 nov. et 2-10 janv. **Plan de Royat Bw**

25 ch – †85/130 € ††95/140 € – ☕ 13 € – ½ P 107/128 €

Rest – *(fermé lundi midi, sam. midi et dim.)* Menu 29 € (déj.), 39 € bc/85 € – Carte 73/98 €

◆ Sur les hauteurs, élégant établissement des années 1930 où l'on valorise le style Art déco. Les chambres, amples et feutrées, optent pour une ambiance plus contemporaine. Cuisine inventive et belle carte des vins dans un cadre chic, respectueux de l'âme des lieux.

Ô Gré des Saveurs

22 r. du Pont-de-la-Gravière – ✆ 04 73 36 99 35 – www.ogredesaveurs.com – Fermé 1er-8 janv., 29 mai-5 juin, 16-30 août, 24-31 déc., dim. soir, mardi soir et lundi

Rest – Menu 15 € (déj. en sem.), 26/42 € – Carte 16/48 € **AYr**

◆ Le produit est la source d'inspiration de ce jeune chef d'origine bretonne, au gré du marché du matin et des producteurs locaux. Tons blanc et acidulés, et ambiance conviviale.

à Pérignat-lès-Sarliève 8 km – 2 604 h. – alt. 364 m – ✉ 63170

Plateau de Gergovie★ : ✻★★ S : 8 km.

Gergovie

25 allée du Petit-Puy – ✆ 04 73 79 09 95 – www.hotelgergovie-clermontferrand.com

59 ch – †85/150 € ††85/150 € – 3 suites – ☕ 12 € **CZb**

Rest – *(fermé le midi du 15 juil. au 22 août, sam. et dim.)* Menu 16 € (déj.) – Carte 32/55 €

◆ Construit récemment en périphérie de la ville, grand bâtiment moderne dont les chambres, climatisées, offrent un confort actuel et un décor design et résolument sobre. Restaurant contemporain servant une cuisine traditionnelle. Belle terrasse d'été en teck.

rte de La Baraque – ✉ 63830 Durtol

Le Pré Carré

rte de la Baraque – ✆ 04 73 19 25 00 – Fermé 1er-22 août, 3-9 janv., sam. midi, dim. soir et lundi **AYf**

Rest – (27 €) Menu 45/75 €

◆ Concept audacieux adopté par ce jeune chef : pas de menu, mais une "cuisine d'instinct" réalisée selon le marché et l'inspiration du moment. Une spontanéité, alliée à un vrai sens du produit, qui présage de belles surprises.

à La Baraque 6 km par ⑥ - ✉ 63870 Orcines

Le Relais des Puys ch,

59 rte de la Baraque – ✆ 04 73 62 10 51 – www.relaisdespuys.com – Fermé 9 déc.-30 janv., dim. soir hors saison

36 ch – †64/78 € ††64/78 € – ☕ 9 € – ½ P 62/69 €

Rest – *(fermé dim. soir hors saison et lundi midi)* (15 €) Menu 18/46 € – Carte 24/46 €

◆ Depuis sept générations, la même famille veille aux destinées de cet ancien relais de diligence. Les chambres offrent tous les agréments du confort moderne. Côté restaurant, recettes du terroir ou plus originales, à déguster devant la cheminée.

à Orcines 8 km par ⑥ – 3 255 h. – alt. 810 m – ✉ 63870

place de la Liberté ✆ 04 73 62 20 08

Les Hirondelles

34 rte de Limoges – ✆ 04 73 62 22 43 – www.hotel-leshirondelles.com – Ouvert 12 fév.-11 nov. et fermé dim. soir, mardi midi et lundi en fév.-mars

30 ch – †60/73 € ††65/78 € – ☕ 9 € – ½ P 59/75 €

Rest – (16 €) Menu 20 € (sem.), 26/40 € – Carte 27/40 €

◆ Cette ancienne ferme, postée en lisière du parc naturel des Volcans, porte un bien joli nom et dégage un certain charme. Les chambres sont petites, mais fonctionnelles. Sous les voûtes de l'ancienne étable, on sert une cuisine auvergnate.

Domaine de Ternant sans rest

Ternant, 5,5 km au Nord – 04 73 62 11 20 – http://domaine.ternant.free.fr – Ouvert de mi-mars à mi-nov.

5 ch – 80/92 € 90/102 €

◆ Cette demeure fleurie du 19e s. offre une vue superbe sur les monts Dôme. Piano à queue dans le salon, mobilier de famille dans les chambres : le vrai charme bourgeois.

Auberge de la Baraque

2 rte de Bordeaux – 04 73 62 26 24 – www.laubrieres.com – Fermé 27 juin-13 juil., 2-18 janv., lundi, mardi et merc. sauf fériés

Rest – Menu 27/53 €

◆ La cuisine, séduisante et pleine de saveurs, est réalisée par la propriétaire de cet ancien relais de diligences et rehaussée par le cadre classique (lustres et moulures).

CLERMONT-L'HÉRAULT – 34 Hérault – 339 F7 – 7 214 h. – alt. 92 m – 34800 Languedoc Roussillon 23 C2

Paris 718 – Béziers 46 – Lodève 24 – Montpellier 42

9, rue Doyen René Gosse 04 67 96 23 86

Église St-Paul★.

Le Tournesol

2 r. Roger Salengro – 04 67 96 99 22 – www.letournesol.fr

Rest – (12 €) Menu 16 € (déj. en sem.), 23/38 € – Carte 28/65 €

◆ Ce restaurant du centre-ville propose une cuisine traditionnelle qui suit... le soleil. Jolie véranda, mobilier en teck et grande terrasse plantée de palmiers.

à St-Saturnin-de-Lucian 10 km au Nord par D 609, D 908, D 141 et D 130 – 281 h. – alt. 150 m – 34725

Grotte de Clamouse★★ NE : 12 km - St-Guilhem-le-Désert : site★★, église abbatiale★ NE : 17 km.

Du Mimosa sans rest

10 pl. de la Fontaine – 04 67 88 62 62 – www.hoteldumimosa.blogspot.com

7 ch – 68/95 € 68/95 € – 10 €

◆ Ravissante demeure séculaire (16e s.) sur la place du village. Chambres spacieuses où s'harmonisent mobilier design, vieilles pierres et cheminées d'origine. Accueil à partir de 17h.

à Brignac 3 km à l'Est par D 4 – 516 h. – alt. 60 m – 34800

La Missare sans rest

9 rte de Clermont – 04 67 96 07 67 – http://la.missare.free.fr

4 ch – 70 € 70 €

◆ La Missare ("le loir" en languedocien !) allie charme et sérénité : vastes chambres, meubles chinés, objets anciens, beau jardin envahi de fleurs, piscine, petit-déjeuner maison.

CLICHY – 92 Hauts-de-Seine – 311 J2 – 101 15 – voir à Paris, Environs

CLIOUSCLAT – 26 Drôme – 332 C5 – 617 h. – alt. 235 m – 26270 44 B3

Paris 586 – Valence 31 – Montélimar 24

La Treille Muscate

Le Village – 04 75 63 13 10 – www.latreillemuscate.com – Fermé 12 déc.-12 fév.

11 ch – 65/130 € 70/150 € – 1 suite – 11 €

Rest – *(fermé lundi)* (15 €) Menu 20 € (déj. en sem.), 29/33 € – Carte 30/40 €

◆ Cette belle bâtisse en pierre est tout imprégnée de douceur provençale : le jardin ouvre sur les vergers alentour, les chambres sont raffinées... Décor cosy, produits frais et saveurs régionales revisitées ; au restaurant, tout est fait maison et cela se sent !

CLISSON – 44 Loire-Atlantique – 316 I5 – 6 600 h. – alt. 34 m — 34 B2
– ✉ 44190 Bretagne

Paris 396 – Nantes 31 – Niort 130 – Poitiers 151

place du Minage ✆ 02 40 54 02 95

Site★ - Domaine de la Garenne-Lemot★.

Villa Saint-Antoine

8 r. St-Antoine – ✆ 02 40 85 46 46 – www. hotel-villa-saint-antoine.com

43 ch – 78/132 € 92/148 € – 16 € – ½ P 98/168 €

Rest – (14 €) Carte 25/36 €

◆ Au cœur de Clisson – petite ville dont l'architecture s'inspire de la Toscane –, cette ancienne filature propose de belles chambres contemporaines rendant hommage à l'art italien. Terrasse au bord de l'eau. Cuisine du marché dans un décor façon bistrot moderne.

La Bonne Auberge

1 r. Olivier de Clisson – ✆ 02 40 54 01 90 – Fermé 11 août-3 sept., 1er-20 janv., mardi midi, dim. soir, merc. soir et lundi

Rest – (14 €) Menu 21 € (déj. en sem.), 42/62 € – Carte 63/80 €

◆ Cette maison bourgeoise compte trois salles à manger élégantes et chaleureuses (boiseries blondes), dont une véranda ouverte sur un petit jardin. Carte fidèle à son classicisme.

à Gétigné 3 km au Sud-Est par D 149 et rte secondaire – 3 305 h. – alt. 26 m – ✉ 44190

La Gétignière

3 r. de la Navette – ✆ 02 40 36 05 37 – Fermé 3 sem. en août, 20 déc.-1er janv., dim. soir, mardi soir et lundi

Rest – Menu 28/65 € – Carte 54/67 €

◆ Jolie maison fleurie au cœur du village. Salle contemporaine (murs gris, mobilier design) et terrasse ouvrant sur un petit jardin japonisant. Cuisine actuelle.

CLOHARS-FOUESNANT – 29 Finistère – 308 G7 – rattaché à Bénodet

CLUNY – 71 Saône-et-Loire – 320 H11 – 4 552 h. – alt. 248 m – ✉ 71250 — 8 C3
Bourgogne

Paris 384 – Mâcon 25 – Chalon-sur-Saône 49 – Montceau-les-Mines 44

6, rue Mercière ✆ 03 85 59 05 34

Anc. abbaye★★ : clocher de l'Eau Bénite★★ - Musée Ochier★ **M** - Clocher★ de l'église St-Marcel.

Château de Cormatin★★ (cabinet de St-Cécile★★★) N : 13 km - Communauté de Taizé N : 10 km.

Plan page suivante

De Bourgogne — ch,

pl. l'Abbaye – ✆ 03 85 59 00 58 – www.hotel-cluny.com – Fermé 1er déc.-10 fév.

14 ch – 91 € 101/132 € – 2 suites – 11 € **n**

Rest – *(fermé 3-10 juil., mardi et merc.)* (19 €) Menu 25/48 € – Carte 40/50 €

◆ Lamartine venait se reposer dans cet hôtel particulier de caractère situé en face de l'abbaye bénédictine. Salon agréable et chambres diversement aménagées. Sol en damier, murs clairs, sièges Louis XVI et cheminée en pierre au restaurant. Choix traditionnel.

Hostellerie d'Héloïse avec ch — rest,

pont de l'Étang – ✆ 03 85 59 05 65 – www.hostelleriedheloise.com – Fermé de mi-déc. à mi-fév. **y**

13 ch – 39/65 € 49/65 € – 8,50 €

Rest – *(fermé dim. soir, jeudi midi et merc.)* (19 € bc) Menu 24/49 € – Carte 31/50 €

◆ Un établissement familial à l'entrée de la ville, apprécié pour son accueil chaleureux et sa cuisine de tradition soignée. Grande salle et véranda d'esprit colonial. Si vous souhaitez faire étape, demandez de préférence l'une des chambres rénovées.

Avril (R. d') 2
Conant (Espace K. J.) 3
Filaterie (R.) 4
Gaulle (Av. Ch.-de) 5
Lamartine (R.) 6
Levée (R. de la) 8
Marché (Pl. du) 9
Mercière (R.) 12
Prud'hon (R.) 14
Pte des Prés (R.) 13
République (R.) 15

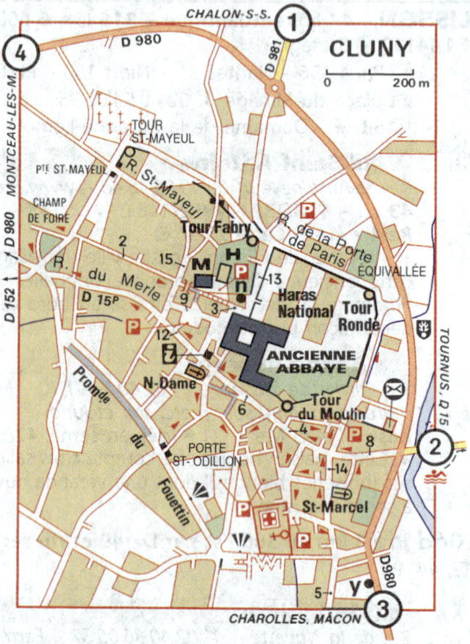

LA CLUSAZ – 74 Haute-Savoie – 328 L5 – 1 920 h. – alt. 1 040 m 46 F1

– Sports d'hiver : 1 100/2 600 m 6 49 – ✉ 74220 Alpes du Nord

Paris 564 – Albertville 40 – Annecy 32 – Chamonix-Mont-Blanc 60

161, place de l'église ✆ 04 50 32 65 00

E : Vallon des Confins★ - Vallée de Manigod★ S - Col des Aravis ★★ par ② : 7,5 km.

Beauregard

ch, rest,

90 sentier du Bossonet – ✆ 04 50 32 68 00 – www.hotel-beauregard.fr – Fermé 22 oct.-15 nov. **k**

95 ch – 95/320 € 95/320 € – 13 € – ½ P 84/195 €

Rest – (19 €) Menu 26 €

◆ Au pied des pistes, vaste chalet confortable et bien équipé : ample salon-bar (billard), grande piscine couverte, fitness. Chaleureux intérieur en bois blond, chambres avec balcon. Plats traditionnels servis sur la terrasse exposée au sud.

Les Sapins

rest,

105 chemin des Riffroids – ✆ 04 50 63 33 33 – www.clusaz.com – Ouvert 17 juin-5 sept. et 16 déc.-9 avril **h**

24 ch – 60/100 € 60/120 € – 11 € – ½ P 61/128 €

Rest – Menu 22/26 €

◆ Face à la chaîne des Aravis, chalet abritant des chambres décorées à la mode montagnarde (boiseries blondes et couleurs gaies), souvent dotées d'un balcon. Accès direct aux pistes. Tartiflettes et fondues se dégustent avec les pentes enneigées en toile de fond.

Alp'Hôtel

192 rte col des Aravis – ✆ 04 50 02 40 06 – www.clusaz.com – Ouvert 15 juin-20 sept. et 15 déc.-20 avril **e**

15 ch – 70/230 € 80/260 € – 14 € – ½ P 80/164 €

Rest – (19 €) Menu 25/39 € – Carte 35/60 €

◆ Haut chalet dressé au centre de La Clusaz. Les chambres, garnies de mobilier typiquement savoyard, possèdent toutes un balcon. Salon-cheminée. Cuisine régionale personnalisée servie, à la belle saison, sur la terrasse exposée au Sud.

rte du Col des Aravis 4 km par ② – ✉ 74220 La Clusaz

Les Chalets de la Serraz rest. P VISA MC AE

3862 rte du Col des Aravis – ✆ 04 50 02 48 29 – www.laserraz.com
– Fermé 26 avril-20 mai et 25 sept.-21 oct.
10 ch – 130/230 € 130/230 € – 17 € – ½ P 100/190 €
Rest – Menu 38/45 € – Carte 38/48 €
◆ Les coquettes chambres de cette ancienne ferme ouvrent toutes sur la montagne. Dans le jardin, des petits chalets abritent les duplex (terrasse privative). Hammam, jacuzzi et salon-bar cosy. Cuisine traditionnelle réalisée par une jeune chef motivée ; vins choisis.

CLUSES – **74 Haute-Savoie** – **328** M4 – **17 835 h.** – **alt. 486 m** **46** F1
– ✉ **74300** Alpes du Nord

Paris 570 – Annecy 56 – Chamonix-Mont-Blanc 41 – Thonon-les-Bains 59
100, place du 11 Novembre ✆ 04 50 98 31 79
Bénitier★ de l'église.

Le St-Vincent VISA MC

14 r. Fg St-Vincent, au Sud-Est par rte de Chamonix
– ✆ 04 50 96 17 47 – www.le-saint-vincent.com
– Fermé 9-23 août, sam. midi et dim.
Rest – (19 €) Menu 37/57 € – Carte 37/45 €
◆ Cette auberge régionale arbore un chaleureux intérieur, mi-rustique, mi-actuel, qui sied à la dégustation d'une cuisine au goût du jour assez soignée.

COCURÈS – **48 Lozère** – **330** J8 – **rattaché à Florac**

COËX – **85 Vendée** – **316** E7 – **rattaché à St-Gilles-Croix-de-Vie**

COGNAC – **16 Charente** – **324** I5 – **19 409 h.** – **alt. 25 m** – ✉ **16100** **38** B3
Poitou Vendée Charentes

Paris 478 – Angoulême 45 – Bordeaux 120 – Niort 83
16, rue du 14 juillet ✆ 05 45 82 10 71
18 Du Cognac à Saint-Brice La Maurie, E : 8 km rte de Bourg-de-Charente, ✆ 05 45 32 18 17

Plan page suivante

COGNAC

Angoulême (R. d') . . . . Y
Armes (Pl. d') . . . . Y
Bazoin (R. Abel) . . . . Y 6
Boucher (R. Cl.) . . . . Y 7
Briand (R. A.) . . . . Y
Canton (R. du) . . . . Y 8
Champ de Mars (Allées du) . . Z 9
Château (Quai du) . . . . Y 10
Cordeliers (R. des) . . . . Y 11
Corderie (Allées de la) . . . . Z 12
François-1er (R.) . . . . Y 13
Germain (R. H.) . . . . Y 14
Grande Rue . . . . Y 15
Isle d'Or (R. de l') . . . . Y 16
Lusignan (R. de) . . . . Y 20
Magdeleine (R.) . . . . Y 21
Martell (Pl. Ed.) . . . . Z 22
Monnet (Pl. Jean) . . . . Z 23
Palais (R. du) . . . . Y 24
Victor-Hugo (Av.) . . . . Z
14-Juillet (R. du) . . . . Z 26

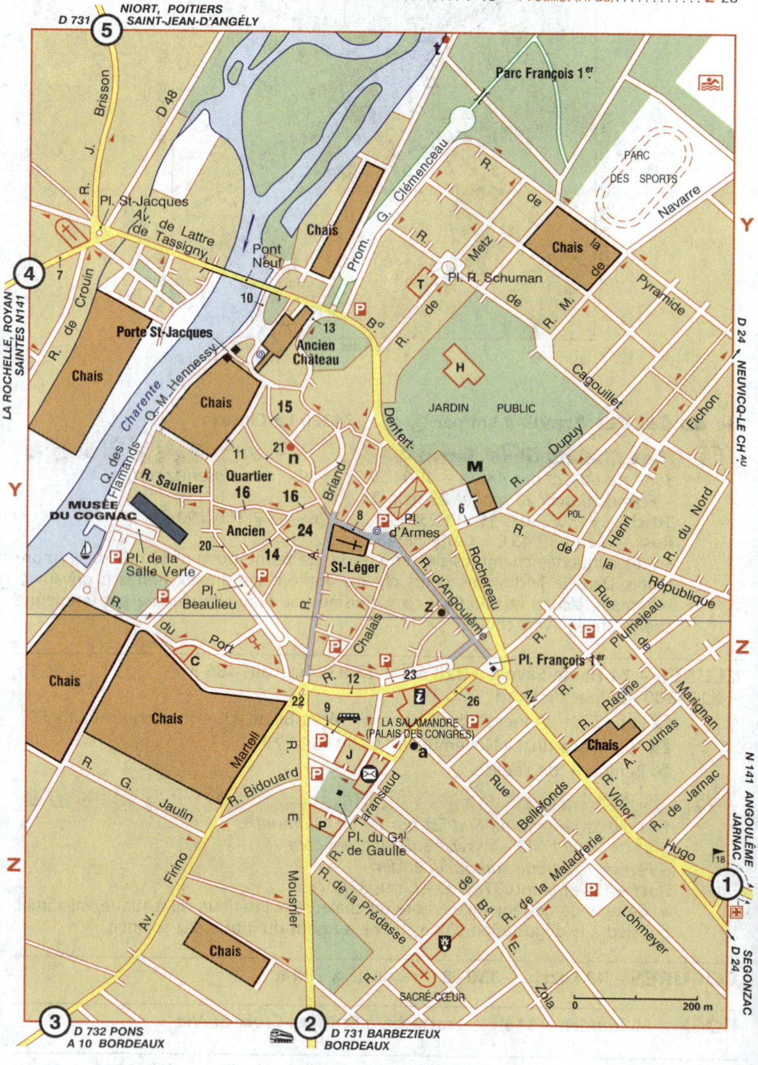

Le Valois sans rest

35 r. du 14 Juillet – ✆ 05 45 36 83 00 – www.hotellevalois.com
– Fermé 23 déc.-4 janv. Za

46 ch – 🛉70 € 🛉🛉76 € – ☕ 9 €

◆ À deux pas des chais de Cognac, construction des années 1980 proposant des chambres spacieuses, plus sept nouvelles dans une annexe. Salon-bar actuel aménagé dans le hall.

Héritage
25 r. d'Angoulême – ✆ 05 45 82 01 26 – www.hheritage.com Yz
19 ch – 65 € 70 € – 8 €
Rest – *(fermé dim. et lundi)* (17 €) Menu 20 € – Carte 25/40 €
◆ Mélanges d'ambiances et de styles, mobilier chiné et couleurs vitaminées réveillent le cadre Second Empire de cet hôtel particulier. Chambres thématiques très réussies. Au restaurant, influences multiples dans l'assiette et dans le décor (original, pétillant et chaleureux).

La Courtine
allée Fichon, parc François 1er – ✆ 05 45 82 34 78 – www.restaurant-la-courtine.fr – Fermé 24 déc.-14 janv. Yt
Rest – (18 €) Menu 26 € bc – Carte 26/42 €
◆ Ex-guinguette au décor chaleureux tout en bois, dans un parc en bord de Charente. Plats traditionnels et grillades. Terrasse abritée. Soirées musicales et promenades fluviales.

Le Bistro de Claude
35 r. Grande – ✆ 05 45 82 60 32 – www.bistro-de-claude.com – Fermé 2 sem. en août, vacances de Noël, sam. et dim. Yn
Rest – (17 €) Menu 20 € (déj.)/30 € bc – Carte 40/55 €
◆ Dans la vieille ville, bistrot contemporain, cosy et feutré, dans une maison à colombages du 17e s. ; cuisine bistrotière aux saveurs franches. Belle collection de cognacs.

au Sud-Est 3 km par ① rte d'Angoulême et rte de Rouillac (D 15) – ✉ 16100 Châteaubernard

Château de l'Yeuse
r. Bellevue, (quartier l'Échassier) – ✆ 05 45 36 82 60 – www.yeuse.fr – Fermé 18 déc.-2 fév.
23 ch – 109/375 € 109/375 € – 3 suites – 19 €
Rest *Château de l'Yeuse* – *(fermé le midi sauf dim.)* Menu 48/108 € – Carte 43/83 €
Rest *Le P'tit Yeuse* – *(fermé lundi, sam., dim. et le soir)* Menu 28 €
◆ Atmosphère romantique en cette gentilhommière du 19e s. agrandie d'une aile moderne. Mobilier ancien et décor raffiné dans les chambres. Salon "cognacs et cigares". Cuisine traditionnelle bien exécutée dans l'élégant restaurant dominant la vallée. Repas plus simples au P'tit Yeuse à l'excellent rapport qualité-prix.

Domaine de l'Échassier
quartier l'Échassier, 72 r. Bellevue – ✆ 05 45 35 01 09 – www.echassier.com – Fermé 21-29 déc. et dim. hors saison
22 ch – 78 € 95 € – 12 € – ½ P 83 €
Rest – *(fermé vacances de la Toussaint, 1 sem. vacances de fév. et le midi)* Menu 32/43 € – Carte environ 39 €
◆ Dans un joli jardin, maison récente abritant des chambres douillettes et parfaitement tenues ; leur décoration évoque parfois l'activité viticole. Cuisine rythmée par les saisons au restaurant gastronomique.

COGOLIN – 83 Var – 340 O6 – 11 066 h. – alt. 20 m – ✉ 83310 41 C3

Paris 864 – Fréjus 33 – Ste-Maxime 13 – Toulon 60
place de la République ✆ 04 94 54 54 46

Bliss sans rest
pl. de la République – ✆ 04 94 54 15 17 – www.bliss-hotel.com
24 ch – 75/205 € 75/205 € – 12 €
◆ Bliss... ou "béatitude" en français : cet hôtel rénové à la fin des années 2000 se prête à un séjour zen, dans un décor très actuel (tons taupe, mobilier minimaliste, bois clair).

XX **La Grange des Agapes** A/C VISA MC

7 r. du 11-Novembre, (pl. de la Mairie) – ✆ 04 94 54 60 97 – www.grangeagapes.com

Rest – (20 €) Menu 24/42 € – Carte 30/50 €

◆ Une adresse qui a la cote : la salle est agréable (à l'étage, avec vue sur les fourneaux) et la cuisine, régionale, allie simplicité et authenticité. Le chef propose des cours.

X **Grain de Sel** A/C VISA MC

6 r. du 11-Novembre, (derrière la mairie) – ✆ 04 94 54 46 86 – www.restaurant-cogolin.com – Fermé 25-31 août, 24-31 déc., vacances de fév., lundi de sept. à juin et dim.

Rest – *(nombre de couverts limité, prévenir)* Menu 29 € – Carte environ 38 €

◆ Un minuscule bistrot provençal qui ne manque pas de sel : le chef prépare sous vos yeux, en salle, une appétissante cuisine du marché présentée à l'ardoise. Chaleureux.

COIGNIÈRES – 78 Yvelines – 311 H3 – 4 400 h. – alt. 160 m – ✉ 78310 — 18 A2

▶ Paris 39 – Rambouillet 15 – St-Quentin-en-Yvelines 7 – Versailles 21

XXX **Le Capucin Gourmand** P VISA MC AE

170 N 10 – ✆ 01 34 61 46 06 – www.capucingourmand.com – Fermé dim. soir et lundi soir

Rest – Menu 30 € (déj. en sem.)/36 € – Carte environ 47 €

◆ Dans une zone commerciale, ancien relais de poste au charme préservé. Cuisine traditionnelle et salle à manger rustique, réchauffée l'hiver par une cheminée. Terrasse d'été.

XX **Le Vivier** P VISA MC

296 N 10 – ✆ 01 34 61 64 39 – www.levivier.net – Fermé sam. midi, dim. soir et lundi soir

Rest – Menu 39 € – Carte 45/65 €

◆ Ambiance marine, aussi bien dans les deux salles que dans l'assiette mettant en scène fruits de mer et poissons. Le chef propose à l'ardoise sa "pêche" du jour.

COIRAC – 33 Gironde – 335 J6 – 180 h. – alt. 100 m – ✉ 33540 — 4 C2

▶ Paris 598 – Bordeaux 49 – Langon 20 – Périgueux 131

X **Le Flore** P VISA MC AE

1 Petit-Champ-du-Bourg – ✆ 05 56 71 57 47 – Fermé dim. soir, mardi soir, merc. soir et lundi

Rest – (14 €) Menu 29/40 €

◆ Excellente table de campagne qui propose une cuisine du marché savoureuse et soignée. Portions généreuses, à l'unisson de l'accueil tout sourire. Terrasse sur un petit verger.

COISE-ST-JEAN-PIED-GAUTHIER – 73 Savoie – 333 J4 – 1 101 h. – alt. 292 m – ✉ 73800 — 46 F2

▶ Paris 582 – Albertville 32 – Chambéry 23 – Grenoble 55

Château de la Tour du Puits P VISA MC AE

1 km par rte du Puits – ✆ 04 79 28 88 00 – www.chateaupuit.fr – Fermé 1er nov.-4 déc.

7 ch – 120/150 € 120/150 € – 20 € – ½ P 125/140 €

Rest – *(fermé dim. soir sauf juil.-août, mardi midi et lundi)* (28 €) Menu 35/55 € – Carte 70/100 €

◆ Ce gracieux château rebâti au 18e s. dresse sa tour en poivrière au milieu d'un superbe parc arboré. Chambres décorées avec soin (boutis, mobilier chiné...). Héliport. Fine cuisine actuelle réalisée avec de bons produits ; jolie terrasse sous une tonnelle.

COL BAYARD – 05 Hautes-Alpes – 334 E5 – alt. 1 248 m – ✉ 05000 Gap — 41 C1

Alpes du Sud

▶ Paris 658 – Gap 7 – La Mure 56 – Sisteron 60

à Laye 2,5 km au Nord par N 85 – 217 h. – alt. 1 170 m – ✉ 05500

La Laiterie du Col Bayard
– ✆ 04 92 50 50 06 – www.laiterie-col-bayard.com – Fermé 11 nov.-17 déc. et lundi sauf vacances scolaires
Rest – (13 € bc) Menu 17/42 € bc – Carte 20/46 €
◆ Jouxtant une laiterie-fromagerie, étonnant restaurant complété par une boutique de produits locaux. Terrasse face à la montagne. Plats du terroir et fromages à l'honneur.

COL DE BAVELLA – 2A Corse-du-Sud – 345 E9 – voir à Corse

COL DE CUREBOURSE – 15 Cantal – 330 D5 – rattaché à Vic-sur-Cère

COL DE LA CROIX-FRY – 74 Haute-Savoie – 328 L5 – rattaché à Manigod

COL DE LA FAUCILLE ★★ – 01 Ain – 328 J2 – alt. 1 320 m – Sports d'hiver : (Mijoux-Lelex-la Faucille) 900/1 680 m 3 29 – ✉ 01170 Gex 46 F1

Franche-Comté Jura

Paris 480 – Bourg-en-Bresse 108 – Genève 29 – Gex 11

Descente sur Gex★★ (N 5) ✳★★ SE : 2 km - Mont-Rond★★ (accès par télécabine - gare à 500 m au SO du col).

La Mainaz
col de la Faucille, 1 km au Sud par D 1005 – ✆ 04 50 41 31 10 – www.la-mainaz.com – Fermé 13 juin-1er juil., 29 oct.-9 déc., dim. soir et lundi sauf vacances scolaires
21 ch – †82/101 € ††92/121 € – ☕ 13 € – ½ P 89/99 €
Rest – (25 €) Menu 32/44 € – Carte 30/92 €
◆ Atout incontestable de ce grand chalet de bois : la vue exceptionnelle sur le Léman et les Alpes. Chambres spacieuses, parfois dotées d'un balcon ; certaines sont plus récentes. Magnifique panorama sur la région de la terrasse du restaurant ; cuisine classique.

La Petite Chaumière
col de la Faucille – ✆ 04 50 41 30 22 – www.petitechaumiere.com – Ouvert 30 avril-9 oct. et 18 déc.-27 mars
34 ch – †52/59 € ††61/72 € – ☕ 11 € – ½ P 67/73 €
Rest – (16 €) Menu 20 € (sem.), 27/34 € – Carte 32/46 €
◆ Chalet jurassien des années 1960 au pied des pistes. Petites chambres simples habillée de bois ; certaines avec balcon. Studios familiaux en annexe. Jetez un œil à la collection de vieux soufflets de forge du patron en allant au restaurant, rustique et chaleureux.

La Couronne
– ✆ 04 50 41 32 65 – www.hotel-de-la-couronne.com – Ouvert 15 mai-30 sept. et 17 déc.-31 mars
15 ch – †68/78 € ††68/78 € – ☕ 10 € – ½ P 68/74 €
Rest – *(fermé merc. en juin)* (18 €) Menu 27/42 € – Carte 38/61 €
◆ La plupart des chambres, seventies, sont dotées d'un balcon. Quelques-unes sont bien rénovées, avec des murs recouverts de bois clair. Le restaurant sert des plats classiques dans un cadre mariant poutres apparentes, bibelots et fresque. Terrasse au grand air.

COL DE LA MACHINE – 26 Drôme – 332 F4 – rattaché à St-Jean-en-Royans

COL DE LA SCHLUCHT – 88 Vosges – 314 K4 – alt. 1 258 m – Sports d'hiver : 1 150/1 250 m 27 D3

Alsace Lorraine

Paris 441 – Colmar 37 – Épinal 56 – Gérardmer 16

Route des Crêtes★★★ N et S - Le Hohneck ✳★★★ S : 5 km.

Le Collet rest,
au Collet, 2 km sur rte de Gérardmer – 03 29 60 09 57 – www.chalethotel-lecollet.com
25 ch – 72 € 82 € – 6 suites – 15 € – ½ P 79/96 €
Rest – *(fermé jeudi midi et merc. sauf vacances scolaires)* (16 €) Menu 26/52 € – Carte 35/48 €
◆ Grand chalet convivial au milieu des sapins. Dans les chambres, très douillettes, jolie décoration et détails soignés (tissu des Vosges brodé, omniprésence du bois). Goûteuse cuisine du terroir, simple et vraie, à savourer dans une salle chaleureuse.

COL DU DONON – **67 Bas-Rhin** – **315** G5 – **alt. 718 m** – **67130** **1** A2
Grandfontaine Alsace Lorraine

Paris 402 – Lunéville 61 – St-Dié 41 – Sarrebourg 39
★★ sur la chaîne des Vosges.

Du Donon rest,
– 03 88 97 20 69 – www.ledonon.com – Fermé 22-28 mars, 12 nov.-10 déc. et jeudi hors saison
22 ch – 50/72 € 72 € – 1 suite – 10 € – ½ P 67 €
Rest – Menu 20/37 € – Carte 15/50 €
◆ Sur le col, au milieu de la forêt, une imposante bâtisse abritant des chambres douillettes, d'esprit traditionnel, et des studios avec mansarde. Jolie piscine, sauna, jacuzzi. Cadre rustique et esprit régional au restaurant.

COL DU PAVILLON – **69 Rhône** – **327** F3 – **rattaché à Cours**

COLIGNY – **01 Ain** – **328** F2 – **1 140 h.** – **alt. 298 m** – **01270** **44** B1

Paris 407 – Bourg-en-Bresse 24 – Lons-le-Saunier 39 – Mâcon 57

Au Petit Relais
Grande-Rue – 04 74 30 10 07 – Fermé 28 mars-7 avril, 26 sept.-6 oct., 5-8 déc., merc. soir et jeudi
Rest – *(nombre de couverts limité, prévenir)* Menu 18 € (déj. en sem.), 29/58 € bc – Carte 42/89 €
◆ Cuisine goûteuse, spécialités de la Bresse et vins choisis à déguster dans une salle à manger pimpante. Terrasse dressée l'été dans la cour intérieure.

COLLÉGIEN – **77 Seine-et-Marne** – **312** F2 – **101** 19 – **voir à Paris, Environs (Marne-la-Vallée)**

LA COLLE-SUR-LOUP – **06 Alpes-Maritimes** – **341** D5 – **7 434 h.** – **alt. 90 m** – **06480** Côte d'Azur **42** E2

Paris 919 – Antibes 15 – Cagnes-sur-Mer 7 – Cannes 26
28, rue Maréchal Foch 04 93 32 68 36

Alain Llorca
350 rte de St Paul – 04 93 32 02 93 – www.alainllorca.com
9 ch – 150/250 € 150/570 € – 20 €
Rest – Menu 38 € (déj.), 50/65 € – Carte 42/114 €
◆ Goûtez au charme de la vie méditerranéenne dans ces trois mas provençaux et leurs jardins paysagers. Chambres spacieuses, raffinées et confortables. Au Café Llorca, cuisine du marché fleurant bon le Sud et viandes cuites au gril.

L'Abbaye ch,
541 bd Teisseire, (rte de Grasse) – 04 93 32 68 34 – www.hotelabbaye.com
15 ch – 90/110 € 140/260 € – 2 suites – 13 €
Rest – *(fermé lundi de sept. à mai et mardi d'oct. à avril)* (17 €) Menu 39 € (dîner) – Carte 48/63 €
◆ Grandes chambres d'esprit tendance ornées d'œuvres d'art et aménagées au sein d'une très vieille abbaye, ex-propriété des moines de l'île St-Honorat (chapelle du 10e s.). Le restaurant voûté affiche un décor design et branché. Terrasse dans l'ancien cloître.

Marc Hély sans rest
535 rte de Cagnes, 800 m au Sud-Est par D 6 – 04 93 22 64 10 – www.hotel-marc-hely.com – Fermé nov. et 1er-15 fév.
11 ch – 75/100 € 100/140 € – 14 €
◆ La majorité des chambres de cette grande maison bénéficient d'une belle vue sur St-Paul-de-Vence. Confort fonctionnel, calme, piscine et petits-déjeuners dans la véranda.

Le Blanc Manger
1260 rte de Cagnes – 04 93 22 51 20 – www.leblancmanger.fr – Fermé lundi sauf le soir du 1er juin au 15 sept., merc. midi du 1er juin au 15 sept. et mardi
Rest – *(nombre de couverts limité, prévenir)* (24 €) Menu 29/55 €
◆ Une cuisine féminine gorgée de saveurs du Sud, à apprécier dans une charmante salle d'esprit champêtre, arborant un petit côté bonbonnière. Jolie terrasse couverte.

COLLEVILLE-SUR-MER – 14 Calvados – 303 G3 – 167 h. – alt. 42 m – 14710 Normandie Cotentin 32 B2

Paris 281 – Cherbourg 84 – Caen 49 – Saint-Lô 39

Domaine de L'Hostréière sans rest
rte du Cimetière Américain – 02 31 51 64 64 – www.domainedelhostreiere.com – Ouvert 22 avril-12 nov.
19 ch – 94/119 € 94/119 € – 11 €
◆ Domaine près du cimetière américain de St-Laurent-sur-Mer. Vous logerez dans les dépendances de la ferme ou dans les annexes récentes. Salon ouvert sur la terrasse, piscine.

COLLIAS – 30 Gard – 339 L5 – rattaché à Pont-du-Gard

COLLIOURE – 66 Pyrénées-Orientales – 344 J7 – 2 937 h. – alt. 2 m – Casino – 66190 Languedoc Roussillon 22 B3

Paris 879 – Argelès-sur-Mer 7 – Céret 36 – Perpignan 30
place du 18 Juin 04 68 82 15 47
Site★★ - Retables★ dans l'église Notre-Dame-des-Anges.

Plan page suivante

Relais des Trois Mas
rte Port-Vendres – 04 68 82 05 07 – www.relaisdestroismas.com – Fermé fin nov. à début fév. Bn
23 ch – 150/465 € 150/465 € – 2 suites – 18 € – ½ P 130/312 €
Rest *La Balette* – *(fermé merc. midi d'oct. à mars, lundi sauf le soir d'avril à sept. et mardi midi)* Menu 39/90 € – Carte 65/120 €
Spéc. Langoustines de Loctudy saisies, variation carotte, orange et gingembre (juin à sept.). Lotte cuite au sautoir, fricassée de légumes d'été au pistou (juin à sept.). Abricot du Roussillon poché à la fève de tonka sur lit de polenta (juil. à sept.). **Vins** Banyuls, Côtes du Roussillon.
◆ Ces trois mas ménagent une vue imprenable sur le port et la ville. Chambres personnalisées portant le nom d'un peintre. Jardin, piscine et jacuzzi complètent le décor. Cuisine du terroir actualisée servie en été sur l'agréable terrasse panoramique.

Casa Païral sans rest
imp.des Palmiers – 04 68 82 05 81 – www.hotel-casa-pairal.com – Ouvert 8 avril-13 nov. Ab
27 ch – 89/269 € 89/269 € – 14 €
◆ Demeure du 19e s. agencée autour d'un luxuriant jardin méditerranéen où murmure une fontaine. Chambres de caractère peu à peu rafraîchies dans un style plus actuel.

L'Arapède
rte Port-Vendres – 04 68 98 09 59 – www.arapede.com – Fermé 13 nov.-11 fév.
20 ch – 55/80 € 65/110 € – 11 € – ½ P 61/87 € Ad
Rest – *(dîner seult)* Menu 27/36 € – Carte 35/45 €
◆ Hôtel moderne bâti à flanc de colline. Un joli mobilier de style catalan orne les vastes chambres tournées vers la mer et la piscine à débordement. Restaurant décoré de photos anciennes de Collioure, terrasse face à la grande bleue et recettes du terroir.

COLLIOURE

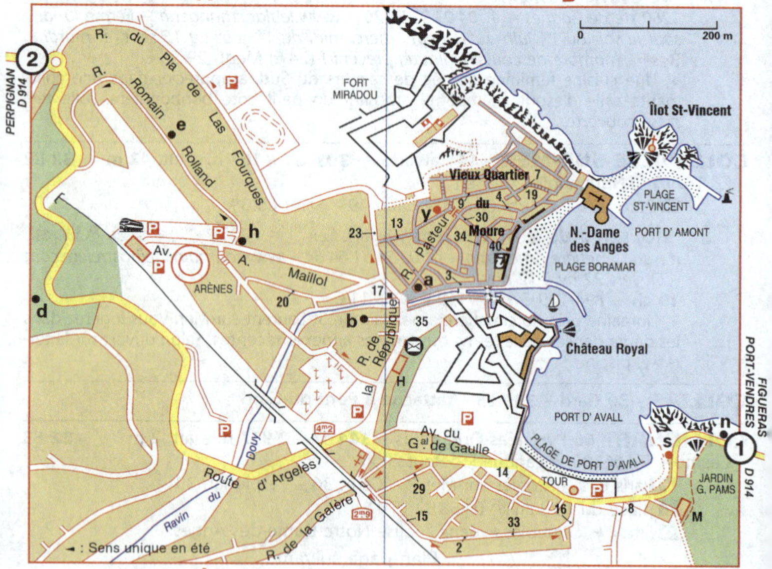

Madeloc sans rest
r. R. Rolland – ✆ 04 68 82 07 56 – www.madeloc.com – Ouvert 8 avril-11 nov.
23 ch – †80/180 € ††80/180 € – ☕ 11 € **Ae**
♦ Sur les hauteurs, agréables chambres (certaines avec terrasse) redécorées petit à petit. Jacuzzi, piscine panoramique et jardin à flanc de colline.

La Frégate
24 quai de l'Amirauté – ✆ 04 68 82 06 05 – www.fregate-collioure.com – Fermé fin nov. à début fév. **Ba**
26 ch – †50/115 € ††70/115 € – 1 suite – ☕ 8 € – ½ P 80/100 €
Rest – *(fermé jeudi sauf juil.-août)* Menu 22/37 € – Carte 27/40 €
♦ Idéalement situé face au château, cet hôtel, joliment rénové en 2009, bénéficie de chambres de taille variable et sobres, dans l'esprit catalan. Deux salles à manger parées de faïence servent de cadre à une cuisine du terroir simple et bonne.

Méditerranée sans rest
av. A. Maillol – ✆ 04 68 82 08 60 – www.mediterranee-hotel.com – Ouvert avril-nov.
23 ch – †65/105 € ††65/105 € – ☕ 10 € **Ah**
♦ Pratiques et pourvues de balcons, les chambres de cet hôtel des années 1970 adoptent progressivement un style actuel rehaussé de teintes locales. Jardin en terrasses. Solarium.

Le Neptune
rte Port-Vendres – ✆ 04 68 82 02 27 – www.leneptune-collioure.com – Fermé 2-17 janv. et mardi sauf en saison **Bs**
Rest – Menu 38/82 € bc – Carte 46/82 €
♦ Nouvelle équipe pour ce restaurant au chaleureux décor et aux belles terrasses accrochées au rocher. Vue superbe sur la vieille ville et goûteuse cuisine actuelle.

X **Le 5ème Péché**

18 r. de la Fraternité – ✆ 04 68 98 09 76 – www.le5peche.com – Fermé 23 nov.-26 déc., janv., lundi et mardi midi sauf juil.-août By

Rest – *(nombre de couverts limité, prévenir)* (18 €) Menu 24 € (déj.), 34/55 €

◆ Petite table du vieux Collioure symbolisant la rencontre entre le Japon et la Catalogne : le chef tokyoïte prépare une cuisine fusion dominée par les poissons ultrafrais.

COLLONGES-AU-MONT-D'OR – 69 Rhône – 327 I5 – rattaché à Lyon

COLLONGES-LA-ROUGE – 19 Corrèze – 329 K5 – 450 h. – alt. 230 m – ✉ 19500 Périgord Quercy 25 C3

Paris 505 – Brive-la-Gaillarde 21 – Cahors 105 – Figeac 75

le Bourg ✆ 05 55 25 47 57

Village★★ : tympan★ et clocher★ de l'église, castel de Vassinhac★ - Saillac : tympan★ de l'église S : 4 km.

Jeanne

au bourg – ✆ 05 55 25 42 31 – www.jeannemaisondhotes.com

5 ch – †95 € ††95 €

Table d'hôte – Menu 35 € bc

◆ Fière demeure en pierres rouges flanquée d'une tour (15e s.) desservant les chambres au cachet rustique et personnalisées avec goût. Salon-cheminée, terrasse et jardin clos de murs. Le soir, table d'hôte sur réservation pour apprécier une cuisine familiale.

X **Le Relais de St-Jacques de Compostelle** avec ch

– ✆ 05 55 25 41 02 – www.hotel-relaisstjacques.com – Fermé janv., fév., mardi sauf de juin à sept. et merc.

10 ch – †55 € ††55/70 € – ☐ 8 € – ½ P 51/80 €

Rest – (15 €) Menu 20/37 € – Carte 32/52 €

◆ Dans cette bâtisse du 15e s., la cuisine du terroir est à l'honneur. Bœuf limousin, foie gras de canard et ris d'agneau... voilà quelques spécialités de la maison ! Salles d'esprit rustique et jolie terrasse. Chambres modestes mais bien tenues, pour l'étape.

COLMAR P – 68 Haut-Rhin – 315 I8 – 65 713 h. – Agglo. 116 268 h. – alt. 194 m – ✉ 68000 Alsace Lorraine 2 C2

Paris 450 – Basel 68 – Freiburg-im-Breisgau 51 – Nancy 140

4, rue d'Unterlinden ✆ 03 89 20 68 92

18 d'Ammerschwihr à Ammerschwihr Allée du Golf, NO : 9 km par D 415 puis D 11, ✆ 03 89 47 17 30

Musée d'Unterlinden★★★ (retable d'Issenheim★★★) - Ville ancienne★★ : Maison Pfister★★ BZ **W**, Collégiale St-Martin★ BY, Maison des Arcades★ CZ**K**, Maison des Têtes★ BY **Y** - Ancienne Douane★ BZ **D**, Ancien Corps de Garde★ BZ **B** - Vierge au buisson de roses★★ et vitraux★ de l'église des Dominicains BY - Vitrail de la Grande Crucifixion★ du temple St-Matthieu CY - La "petite Venise"★ : ≤★ du pont St-Pierre BZ , quartier de la Krutenau★, rue de la Poissonnerie★, façade du tribunal civil★ BZ **J** - Maison des vins d'Alsace par ①.

Plans pages suivantes

Les Têtes

19 r. Têtes – ✆ 03 89 24 43 43 – www.maisondestetes.com – Fermé fév.

21 ch – †99/215 € ††105/240 € – ☐ 15 € BY**Y**

Rest ***La Maison des Têtes*** – voir ci-après

◆ À l'attrait historique de cette superbe demeure, bâtie au 17e s. sur les vestiges du mur d'enceinte de Colmar, s'ajoute le raffinement du décor. Ravissante cour intérieure.

COLMAR

Agen (R. d') BY
Alsace (Av. d') CYZ
Ancienne Douane (Pl. de l') CZ 2
Augustins (R. des) BZ 3
Bagatelle (R. de la) AY
Bains (R. des) BY 5
Bâle (Route de) CZ
Bartholdi (R.) BCZ
Blés (R. des) BZ 9
Boulangers (R. des) BY 12
Brasseries (R. des) CY 13
Bruat (R.) BZ 14
Cathédrale (Pl. de la) BY 17
Cavalerie (R. de la) BCY
Champ-de-Mars (Bd du) BYZ 18
Chauffour (R.) BZ 20
Clefs (R. des) BCY
Clemenceau (Av. Georges) BCZ
Écoles (R. des) BZ 22
Est (R. de l') CYZ
Fleischhauer (R.) BCY
Fleurent (R. J.-B.) BY 24
Fleurs (R. des) CZ
Florimont (R. du) AY 25
Foch (Av.) BZ
Fribourg (Av. de) CZ
Gare (Pl. et R. de la) AZ
Gaulle (Av. Gén.-de) ABYZ
Golbéry (R.) BY
Grad (R. Charles) AY
Grand'Rue BCZ 31
Grenouillère (R. de la) CYZ 32
Herse (R. de la) BZ 33
Ingersheim (Rte d') ABY
Jeanne d'Arc (Pl.) CY
Joffre (Av.) BZ
Kléber (R.) BY 35
Ladhof (R. du) CY 36
Lasch (R. Georges) AZ 37
Lattre-de-Tassigny (Av. J. de) ABY 43
Leclerc (Bd du Gén.) BZ 45
Liberté (Av. de la) AZ
Logelbach (R. du) AY
Manège (R. du) BZ 49
Marchands (R. des) BYZ 50
Marché-aux-Fruits (Pl. du) BZ 51
Marne (Av. de la) BZ
Messimy (R.) ABZ 52
Molly (R. Berthe) BYZ 54
Mouton (R. du) CY 57
Mulhouse (R. de) AZ
Neuf-Brisach (Rte de) CY
Nord (R. du) BCY
Poincaré (Av. Raymond) ABZ
Poissonnerie (R. et Q. de la) BCZ 62
Preiss (R. Jacques) ABZ 63
Rapp (Pl.) BZ
Rapp (R.) BCY
Reims (R. de) BZ 65
République (Av. de la) ABZ
Ribeauvillé (R. de) BY 67
Roesselman (R.) BY 69
Rouffach (Rte de) AZ
St-Jean (R.) BZ 71
St-Joseph (Pl. et R.) AY
St-Josse (R.) CZ
St-Léon (R.) AY
St-Nicolas (R.) BY 73
St-Pierre (Bd et Pont) BCZ
Schlumberger (R. Camille) ABZ
Schwendi (R.) CZ
Sélestat (Rte de) CY
Semm (R. de la) CZ
Serruriers (R. des) BY 75
Sinn (Quai de la) BY 77
Six-Montagnes-Noires (Pl. des) BZ 79
Stanislas (R.) BY
Tanneurs (R. des) CZ 82
Têtes (R. des) BY 83
Thann (R. de) CY
Tir (R. du) AZ
Turckheim (R. de) AY
Turenne (R.) BCZ
Unterlinden (Pl. d') BY 85
Val St-Grégoire (R. du) AY
Vauban (R.) CY
Voltaire (R.) ABZ
Weinemer (R.) BZ 86
1ère Armée Française (R. de la) BY
2 Février (Pl. du) CY 87
5e Division-Blindée (R. de la) BY 95
18 Novembre (Pl. du) BY 97

NANCY ST-DIÉ-DES-V.
STRASBOURG SÉLESTAT
B
C
R. d'Agen
R. Fleischhauer
R. de la 1ère Armée Française
CITÉ ADMINISTRATIVE
Rte de Sélestat
ST-LEON
R. Henry Wilhelm
MANUFACTURE
R. de la Cavalerie
VÉLODROME
ST-ANTOINE LADHOF
Y
R. Golbery
R. d'Ingersheim
R. Stanislas
R. de Thann
R. du Nord
R. Rapp
MUSÉE D'UNTERLINDEN
Avenue de Neuf-Brisach
Rte de Neuf-Brisach
Église des Dominicains
R. des Clefs
R. Vauban
ST-MARTIN
Pl. Jeanne d'Arc
St-Matthieu
R. de l'Est
Av. d'Alsace
Place Rapp
Ancien Hôpital
R. de la République
CHAMP DE MARS
Lauch
Quartier des Tanneurs
R. St-Josse
Fontaine Roesselmann
Av. de la Marne
VENISE
R. Schwendi
R. des Fleurs
PETITE
Quartier de la Krutenau
R. Turenne
Z
JARDIN MEQUILLET
U.F.M.
Av. Joffre
Bd Saint-Pierre
Pont St-Pierre
R. Bartholdi
Route de Bâle
HÔTEL DU DÉPARTEMENT
R. de la Semm
Av. de Fribourg
D 13
R. de la Semm
Av. Poincaré
Av. Foch
Av. Georges Clemenceau
MARAICHERS
FREIBURG-IM-B. NEUF-BRISACH
MULHOUSE A 35 BÂLE

Grand Hôtel Bristol

7 pl. de la Gare – 03 89 23 59 59 – www.grand-hotel-bristol.com
91 ch – 98/165 € 108/165 € – 16 € AZ**g**
Rest *Rendez-vous de Chasse* – 03 89 23 15 86 – (29 €) Menu 44/75 € – Carte 65/95 €
Rest *L'Auberge* – 03 89 23 17 57 – (14 €) Carte 29/45 €
◆ Près de la gare, hôtel d'atmosphère Belle Époque conjuguant confort, équipements pour séminaires et bien-être. Chambres contemporaines ou classiques. Décor à l'ancienne au restaurant (poutres, cheminée...), pour une cuisine gastronomique à base de beaux produits. À l'Auberge, joli cadre 1900, plats et vins d'Alsace.

Le Colombier sans rest

7 r. Turenne – 03 89 23 96 00 – www.hotel-le-colombier.fr – Fermé 24 déc.-2 janv.
28 ch – 86/245 € 86/245 € – 12 € BZ**u**
◆ Le cadre contemporain et le mobilier créé par un designer italien soulignent le charme authentique de cette bâtisse régionale du 15e s. Escalier Renaissance, paisible patio.

Hostellerie Le Maréchal

4 pl. des Six Montagnes Noires – 03 89 41 60 32 – www.le-marechal.com
30 ch – 85/95 € 105/255 € – 15 € – ½ P 113/188 € BZ**b**
Rest *A l'Échevin* – *(fermé 10 janv.-3 fév.)* (19 €) Menu 26 € (déj.), 34/75 € – Carte 37/82 €
◆ Les chambres de ces maisons alsaciennes de la "petite Venise" sont garnies de meubles de style Louis XV et Louis XVI. Généreux petit-déjeuner régional. À l'Échevin, décor cosy sur le thème de la musique et belle vue sur la Lauch.

St-Martin sans rest

38 Grand'Rue – 03 89 24 11 51 – www.hotel-saint-martin.com – Fermé 23-26 déc. et 1er janv.-22 mars BCZ**e**
40 ch – 79 € 79/154 € – 12 €
◆ Dans le quartier historique, trois maisons des 14e et 17e s. réparties autour d'une cour intérieure avec tourelle et escalier Renaissance. Chambres cosy personnalisées.

Turenne sans rest

10 rte Bâle – 03 89 21 58 58 – www.turenne.com CZ**x**
82 ch – 49/79 € 60/90 € – 1 suite – 8,50 €
◆ Architecture d'inspiration régionale, chambres fonctionnelles, copieux buffet de petits-déjeuners et prix sages : une adresse pratique à deux pas de la "petite Venise".

La Maison des Têtes – Hôtel Les Têtes

19 r. des Têtes – 03 89 24 43 43 – Fermé fév., dim. soir, mardi midi et lundi
Rest – Menu 28/65 € – Carte 34/72 € BY**Y**
◆ Cette belle maison Renaissance est l'un des joyaux du patrimoine architectural colmarien. Boiseries blondes (19e s.), cuisine traditionnelle et bon choix de vins de Bordeaux.

JY'S (Jean-Yves Schillinger)

17 r. de la Poissonnerie – 03 89 21 53 60 – www.jean-yves-schillinger.com – Fermé 20 fév.-9 mars, lundi sauf le soir de juin à août et dim. BZ**g**
Rest – Menu 36 € (déj.), 54/72 € – Carte 36/76 €
Spéc. Thon rouge en croûte de quinoa soufflé, bonbon pané au pavot et son sushi. Langoustine royale, fève japonaise au wasabi et sauce porto blanc. Transparence de gin-tonic. **Vins** Riesling, Sylvaner.
◆ Cuisine très inventive, carte des vins d'Alsace et décor ultracontemporain signé Olivier Gagnère : c'est dans une jolie maison de 1750 que se cache l'adresse branchée de Colmar.

Aux Trois Poissons

15 quai de la Poissonnerie – 03 89 41 25 21 – Fermé 2 sem. en juil.,1 sem. à la Toussaint, dim. soir, mardi soir et merc. CZ**t**
Rest – Menu 20 € (sem.), 28/45 € – Carte 30/60 €
◆ Coquette salle à manger et ambiance sympathique pour apprécier une goûteuse cuisine mi-traditionnelle, mi-inventive. Ici le poisson est roi et il y en a plus de trois sur la carte !

Bartholdi

2 r. Boulangers – 03 89 41 07 74 – www.restaurant-bartholdi.fr – Fermé 18 juil.-1er août, vacances de fév., dim. soir et lundi BY**e**

Rest – Menu 21/51 € – Carte 23/71 €

◆ Amoureux de vins alsaciens, vous trouverez forcément votre bonheur parmi l'immense choix de crus régionaux que propose cette maison aux allures de winstub. Plats traditionnels.

L'Arpège

24 r. Marchands – 03 89 23 37 89 – Fermé sam. et dim. BZ**a**

Rest – *(nombre de couverts limité, prévenir)* Menu 23 € (déj. en sem.), 27/52 € – Carte 38/60 €

◆ Cette demeure de 1463, nichée au fond d'une impasse, aurait appartenu à la famille Bartholdi. Décor contemporain, terrasse dans un joli jardin fleuri et cuisine actuelle.

Côté Cour

1 r. St-Martin, (pl. de la Cathédrale) – 03 89 21 19 18 – www.cotecour-cotefour.fr – Fermé 15-28 fév., dim. et lundi BY**g**

Rest – (21 €) Menu 29 € – Carte 31/46 €

◆ Imposante maison transformée en restaurant et idéalement placée. Cuisine traditionnelle qui respecte les codes de la bonne brasserie. Salle dans le ton, tendance moderne.

Le Théâtre

1 r. des Bains – 03 89 29 29 29 – Fermé vacances de fév., lundi et mardi

Rest – Carte 28/48 € BY**a**

◆ Ce restaurant animé a été repris en 2010 par M. Staub (les cocottes...). Le lieu s'inspire des bistrots à l'ancienne et l'on y sert une tarte flambée aux escargots !

L'Atelier du Peintre (Loïc Lefebvre)

1 r. Schongauer – 03 89 29 51 57 – www.atelier-peintre.fr – Fermé dim. et lundi BZ**v**

Rest – Menu 18 € (déj.), 37/55 € – Carte 55/65 €

Spéc. Salade de cèpes et artichaut à la crème de foie gras. Filet de bœuf à la purée de céleri, calamars et jus en infusion de citronnelle. "Ali baba" au marc de gewurztraminer.

◆ Un décor très frais, qui préserve l'âme des lieux, et un chef qui joue avec les produits… sur de solides bases techniques. Une jolie palette contemporaine !

Chez Hansi

23 r. des Marchands – 03 89 41 37 84 – Fermé 1 sem. en juin, janv., merc. et jeudi BZ**e**

Rest – Menu 18/44 € – Carte 18/33 €

◆ Retrouvez tout l'esprit de l'Alsace dans cette maison à colombages typique du vieux Colmar. Tradition dans l'assiette et dans le service assuré en costume traditionnel.

La Petite Venise

4 r. de la Poissonnerie – 03 89 41 72 59 – www.restaurantpetitevenise.com – Fermé 1 sem. en juil., 1 sem. en janv., jeudi midi, dim. midi et merc.

Rest – Carte 26/38 € BZ**t**

◆ Dans la "petite Venise", maison du 17e s. vous conviant à goûter des recettes alsaciennes transmises de génération en génération. Choix à l'ardoise ; cadre nostalgique attachant.

Wistub Brenner

1 r. Turenne – 03 89 41 42 33 – www.wistub-brenner.fr – Fermé 20-30 juin, 14-23 nov., 9-29 janv., mardi et merc. sauf d'avril à oct. BZ**u**

Rest – (20 €) Menu 25 € – Carte 26/34 €

◆ Ambiance décontractée et animée dans cette authentique Wistub agrandie d'une sympathique terrasse. Cuisine du pays (tête de veau, pieds de porc...) et ardoise de suggestions.

à Horbourg 4 km à l'Est par rte de Neuf-Brisach - CY – 5 011 h. – alt. 188 m – ✉ 68180 Horbourg Wihr

L'Europe
15 rte Neuf-Brisach – ✆ 03 89 20 54 00 – www.hotel-europe-colmar.com
128 ch – †89/110 € ††99/145 € – 4 suites – ☐ 12 €
Rest *Eden des Gourmets* – *(fermé dim. soir, lundi et mardi)* Menu 23 € (déj. en sem.), 31/47 € – Carte 35/50 €
Rest *Leonardo* – *(fermé dim. midi, merc. et jeudi)* Carte environ 20 €
◆ Imposant hôtel de style néo-alsacien. Chambres agréables, parfois luxueuses. Équipements d'exception pour séminaires et loisirs. Carte privilégiant les produits bio à l'Éden des Gourmets. Plats italiens et quelques spécialités régionales au Leonardo.

à Logelheim 9 km au Sud-Est par D 13 et D 45 - CZ – 802 h. – alt. 195 m – ✉ 68280

A la Vigne avec ch
5 Grand'Rue – ✆ 03 89 20 99 60 – www.restaurant-vigne.com – fermé 20 juin-10 juil. et 24 déc.-3 janv.
9 ch – †55/58 € ††59/75 € – ☐ 6,50 €
Rest – *(fermé jeudi soir, dim. midi, sam. et lundi)* Carte 22/38 €
◆ Maison régionale simple mais accueillante, située au cœur d'un paisible village. Salle à manger champêtre où l'on propose plats du terroir (tartes flambées, choucroutes, spaetzle) et ardoise de suggestions. Les chambres sont calmes et sobrement contemporaines.

à Ste-Croix-en-Plaine 10 km par ③ – 2 493 h. – alt. 192 m – ✉ 68127

Au Moulin
rte d'Herrlisheim, par D 1 – ✆ 03 89 49 31 20 – www.aumoulin.net – Ouvert 1er avril-20 déc.
16 ch – †48/75 € ††63/80 € – ☐ 9 €
Rest – *(ouvert 1er mai-15 oct. et fermé dim.) (dîner seult) (résidents seult)* Carte 25/45 €
◆ Les chambres de ce moulin du 15e s., confortables et personnalisées, ont vue sur les Vosges. Petit musée d'objets alsaciens anciens. Restauration d'appoint (plats locaux).

à Wettolsheim 4,5 km par ⑤ et D 1bis II – alt. 220 m – ✉ 68920

La Palette avec ch
9 r. Herzog – ✆ 03 89 80 79 14 – www.lapalette.fr – Fermé 15-24 août, 23-26 déc., 2-10 janv. et 21 fév.-2 mars
16 ch – †64 € ††74 € – ☐ 11 €
Rest – *(fermé dim. soir, mardi midi et lundi)* Menu 13 € (déj. en sem.), 25/68 € – Carte 37/60 €
◆ Des salles à manger empreintes de gaieté et une belle terrasse vous attendent ici. Cuisine au goût du jour et attractive sélection de vins du village. Chambres claires et fraîches.

à Ingersheim 4 km au Nord-Ouest - AY – 4 531 h. – alt. 220 m – ✉ 68040

La Taverne Alsacienne
99 r. de la République – ✆ 03 89 27 08 41 – Fermé 21 juil.-7 août, 1er-10 janv., jeudi soir sauf déc., dim. soir et lundi
Rest – (16 €) Menu 21/53 € – Carte 30/60 €
◆ Au bord de la Fecht, vaste salle à manger contemporaine et claire, bar servant des plats du jour et salon refait. Cuisine actuelle et régionale, belle carte de vins alsaciens.

COLOMBES – 92 Hauts-de-Seine – 312 C2 – voir à Paris, Environs

---

COLOMBEY-LES-DEUX-ÉGLISES – 52 Haute-Marne – 313 J4 — 14 C3

– 678 h. – alt. 353 m – ✉ 52330 Champagne Ardenne

Paris 248 – Bar-sur-Aube 16 – Châtillon-sur-Seine 63 – Chaumont 26
68, rue du Général-de-Gaulle ✆ 03 25 01 52 33
Mémorial du Général-de-Gaulle et la Boisserie (musée).

Hostellerie la Montagne (Jean-Baptiste Natali)
10 r. Pisseloup – ✆ 03 25 01 51 69 – www.hostellerielamontagne.com – Fermé 9-31 janv., lundi et mardi
9 ch – †120/170 € ††120/170 € – 1 suite – ☕ 14 €
Rest – Menu 28 € (déj. en sem.), 52/85 € – Carte 72/87 €
Spéc. Carpaccio de cèpe, maquereau au vin blanc et citron confit (été-automne). Filet de pigeonneau sur une tranche de melon rôti à la menthe poivrée. Ravioles d'ananas et brunoise exotique, émulsion coco et sorbet passion (été). **Vins** Champagne, Vin de pays des Coteaux de Coiffy.
◆ Au cœur d'un jardin, cette maison de maître en pierre recèle de charmantes chambres qui vous enchanteront par leur joli style champêtre. Au restaurant, on déguste une séduisante cuisine inventive ; décor contemporain et beau jardin pour l'apéritif ou le café.

COLOMIERS – **31 Haute-Garonne** – **343** F3 – **rattaché à Toulouse**

COLROY-LA-ROCHE – **67 Bas-Rhin** – **315** H6 – **474 h.** – **alt. 475 m** – ✉ **67420** **1** A2

Paris 412 – Lunéville 70 – St-Dié 33 – Sélestat 31

Hostellerie La Cheneaudière
3 r. Vieux Moulin – ✆ 03 88 97 61 64 – www.cheneaudiere.com
25 ch – †125/420 € ††125/420 € – 7 suites – ☕ 25 €
Rest – *(fermé le midi du lundi au jeudi sauf fériés et vend. midi de nov. à mars)* (59 €) Menu 75/110 € – Carte 60/114 €
◆ À flanc de colline, une imposante demeure d'esprit traditionnel, confortable et accueillante en tous points. Sentiment d'exclusivité... Chambres spacieuses, sobres et apaisantes. Cuisine classique (produits régionaux) dans un décor élégant.

COLY – **24 Dordogne** – **329** I5 – **rattaché au Lardin-St-Lazare**

LA COMBE – **73 Savoie** – **333** H4 – **rattaché à Aiguebelette-le-Lac**

COMBEAUFONTAINE – **70 Haute-Saône** – **314** D6 – **538 h.** – **alt. 259 m** – ✉ **70120** **16** B1

Paris 336 – Besançon 72 – Épinal 83 – Gray 40
42 Grande Rue ✆ 03 84 92 11 80

Le Balcon avec ch
2 Grande-Rue – ✆ 03 84 92 11 13 – www.le-balcon.com – Fermé 27 juin-5 juil., 3-8 oct., 27 déc.-15 janv., dim. soir, mardi midi et lundi
15 ch – †48/68 € ††48/68 € – ☕ 10 € – ½ P 55 €
Rest – Menu 26/62 € – Carte 50/75 €
◆ Dans le jardinet de cette auberge coule une jolie fontaine... Une fois en salle, on se régale de plats classiques ou plus inventifs, dans un cadre champêtre et soigné (nappes blanches, cuivres et meubles cirés). Réservez une chambre sur l'arrière, au calme.

COMBLOUX – **74 Haute-Savoie** – **328** M5 – **2 042 h.** – **alt. 980 m** – **Sports d'hiver : 1 000/1 850 m** **1** **24** – ✉ **74920** Alpes du Nord **46** F1

Paris 593 – Annecy 80 – Bonneville 37 – Chamonix-Mont-Blanc 31
49, chemin des Passerands ✆ 04 50 58 60 49
※★★★ - Table d'orientation★ de la Cry.

Aux Ducs de Savoie
au Bouchet – ✆ 04 50 58 61 43 – www.ducs-de-savoie.com – Ouvert 1er juin-6 oct. et 15 déc.-25 avril
50 ch – †140/220 € ††140/220 € – ☕ 19 € – ½ P 125/160 €
Rest – Menu 30/45 € – Carte 43/55 €
◆ Ce vaste chalet tout en bois vous réserve un bon accueil dans un superbe cadre alpin. Chambres avenantes, salon-cheminée, piscine face au mont Blanc. Repas traditionnel actualisé servi dans une salle savoyarde panoramique. Ambiance conviviale et feutrée.

Au Cœur des Prés

152 chemin du Champet – ✆ 04 50 93 36 55 – www.hotelaucoeurdespres.com – Ouvert de fin mai à fin sept. et de mi-déc. à début avril
33 ch – 80/120 € 80/145 € – 13 € – ½ P 80/105 €
Rest – *(résidents seult)* Menu 28 €
◆ Sur les hauts de Combloux, bâtisse de type chalet vous logeant dans des chambres majoritairement rénovées et donnant toutes à admirer les sommets. Salon-cheminée douillet. Vue étendue, décor soigné et cuisine classique au restaurant.

Le Coin Savoyard

300 rte Cry, Cuchet – ✆ 04 50 58 60 27 – www.coin-savoyard.com – Ouvert 10 juin-18 sept. et 15 déc.-10 avril
14 ch – 100 € 100/160 € – 11 € – ½ P 87/116 €
Rest – *(fermé lundi midi en hiver sauf vacances scolaires et lundi en juin et sept.)* Carte 20/50 €
◆ Accueillante ferme du 19e s. située à côté de l'église. Sous ses allures d'auberge savoyarde, elle recèle de confortables chambres tournées vers les monts. Spécialités régionales servies au bord de la piscine lorsqu'arrivent les beaux jours.

Joly Site

81 rte de Sallanches – ✆ 04 50 58 60 07 – www.hotelcombloux.com
9 ch – 69/120 € 75/140 € – 9 € – ½ P 75/85 €
Rest – *(fermé lundi soir, mardi soir et merc. soir hors saison)* (12 €) Menu 20 € (dîner)/32 € – Carte 30/36 €
◆ Au centre du village, cet hôtel propose d'agréables chambres dans un sobre style montagnard. À table, recettes traditionnelles à déguster devant la cheminée centrale ou sur la terrasse tournée vers les montagnes.

COMBOURG – 35 Ille-et-Vilaine – 309 L4 – 5 223 h. – alt. 45 m – ✉ 35270 Bretagne 10 D2

Paris 387 – Avranches 58 – Dinan 25 – Fougères 49
23, place Albert Parent ✆ 02 99 73 13 93
des Ormes à Dol-de-Bretagne Epiniac, N : 13 km par D 795, ✆ 02 99 73 54 44
Château★.

Du Château

1 pl. Chateaubriand – ✆ 02 99 73 00 38 – www.hotelduchateau.com – Fermé 18 déc.-24 janv., dim. soir sauf juil.-août, lundi midi et sam. midi
33 ch – 57 € 83/149 € – 11 € – ½ P 148/210 €
Rest – Menu 19 € (sem.), 26/65 € – Carte 42/64 €
◆ Au pied du château et du lac célébrés par Chateaubriand, belle maison ancienne et ses annexes. Chambres de bonne tenue, aux styles variés. Côté restaurant, carte actuelle aux notes régionales, servie dans une salle bourgeoise et, l'été, au jardin.

COMMELLE-VERNAY – 42 Loire – 327 D4 – rattaché à Roanne

COMMERCY – 55 Meuse – 307 E6 – 6 549 h. – alt. 240 m – ✉ 55200 26 B2

Paris 269 – Bar-le-Duc 40 – Metz 73 – Nancy 53
Château Stanislas ✆ 03 29 91 33 16

Côté Jardin sans rest

40 r. St-Mihiel – ✆ 03 29 92 09 09 – www.hotelcommercy.com
11 ch – 55/70 € 55/90 € – 9 €
◆ Un grand jardin à la française agrémente cette engageante maison. Chambres spacieuses, très soignées aux tons chaleureux bleu et jaune.

COMPIÈGNE – 60 Oise – 305 H4 – 42 036 h. – Aggl. 108 234 h. 36 B2 – alt. 41 m – ✉ 60200 Nord Pas-de-Calais Picardie

Paris 81 – Amiens 80 – Beauvais 61 – St-Quentin 74

place de l'Hôtel de Ville ☎ 03 44 40 01 00

de Compiègne Avenue Royale, E : par avenue Royale, ☎ 03 44 38 48 00

du Château d'Humières à Monchy Humières Rue de Gournay, NO : 9 km par D202, ☎ 03 44 86 48 22

Palais★★★ : musée de la voiture★★, musée du Second Empire★★ - Hôtel de ville★ BZ **H** - Musée de la Figurine historique★ BZ **M** - Musée Vivenel : vases grecs★★ AZ **M¹**.

Forêt★★ (les Beaux Monts) - Rethondes : Clairière de l'Armistice★★ (statue du Maréchal Foch, dalle commémorative, wagon du Maréchal Foch).

Plan page suivante

De Flandre sans rest

16 quai de la République – ☎ 03 44 83 24 40 – www.hoteldeflandre.com – Fermé 24 déc.-3 janv. AY**u**

42 ch – 52/60 € 52/70 € – 8,50 € – ½ P 76 €

◆ Sur la rive droite de l'Oise, non loin de la gare, cet immeuble de la reconstruction abrite des chambres simples, d'esprit rustique. Bonne insonorisation.

L'Hostellerie du Royal Lieu avec ch

9 r. de Senlis , par r. de Paris (AZ) 2 km au Sud-Ouest – ☎ 03 44 20 10 24 – www.host-royallieu.com

15 ch – 115/160 € 125/170 € – 14 €

Rest – Menu 35/75 € – Carte 50/85 €

◆ Une hostellerie de tradition (19e s.) posée en lisière de forêt. Dans un beau décor classique – ou sous les arbres centenaires l'été – on déguste une cuisine gastronomique en prise sur les saisons. Les chambres jouent la carte du style, de la fraîcheur et du confort.

Rive Gauche

13 cours Guynemer – ☎ 03 44 40 29 99 – http://rivegauche.pagesperso-orange.fr – Fermé lundi et mardi BY**e**

Rest – Menu 38/48 € – Carte 75/96 €

◆ Tartare de bar sauvage au citron vert ; râble de lapin farci aux légumes provençaux, tomates confites et gnocchis au jus de veau... Cuisine soignée sur la rive gauche de l'Oise.

Du Nord avec ch

pl. de la Gare – ☎ 03 44 83 22 30 – Fermé 1er-15 août, sam. midi et dim. soir

20 ch – 49 € 55 € – 7 € – ½ P 71 € AY**b**

Rest – Menu 25 € (sem.), 37/50 € bc – Carte 39/108 €

◆ À deux pas de la gare, une cuisine classique servie dans une salle vaste et claire, avec vue sur les cuisines. Chambres fonctionnelles.

à Choisy-au-Bac 5 km par ② – 3 475 h. – alt. 40 m – ✉ 60750

Auberge du Buissonnet

825 r. Vineux – ☎ 03 44 40 17 41 – www.aubergedubuissonnet.com – Fermé dim. soir et lundi

Rest – Menu 16/20 € – Carte environ 32 €

◆ Quiétude et confort dans cette auberge bordée par un étang... Décor aux notes rustiques, tables au bord de l'eau dès les beaux jours ; cuisine traditionnelle.

à Rethondes 10 km par ② – 706 h. – alt. 38 m – ✉ 60153

St-Crépin-aux-Bois : mobilier★ de l'église NE : 4 km.

Alain Blot

21 r. Mar. Foch – ☎ 03 44 85 60 24 – www.alainblot.com – Fermé 1er-8 janv., 1er-15 sept., sam. midi, dim. soir, lundi et mardi

Rest – *(nombre de couverts limité, prévenir)* Menu 29 € (sem.), 49/67 €

Spéc. Grillade de bar à la confiture d'oignon rouge. Medley d'abats de veau aux herbes et huiles parfumées. Composition "toute chocolat" grands crus.

◆ Près de l'église du village, en cette jolie maison de style régional, on sait cultiver le classicisme : mobilier ancien, petits fauteuils Louis XVI et cuisine d'une facture très soignée.

COMPIÈGNE

Austerlitz (R. d') . . . . **AZ** 2
Boucheries (R. des) . . . . **AZ** 3
Capucins (R. des). . . . . **AZ** 4
Change (Pl. du) . . . . **AZ** 5
Clemenceau (Av. G.) . . . . **BY** 6
Harlay (R. de) . . . . **AY** 8
Hôtel-de-Ville (Pl. de l') . . . . . . **AZ** 10
Legendre (R. J.) . . . . **BZ** 12
Lombards (R. des) . . . . **BZ** 13
Magenta (R.) . . . . **BZ** 14
Notre-Dame-de-Bon-Secours (R.) . . . . **AZ** 15
Noyon (R. de) . . . . **AY** 16
Paris (R. de) . . . . **AZ** 17
Pierrefonds (R. de) . . . . **BZ** 18
St-Antoine (R.) . . . . **AZ** 19
St-Corneille (R.) . . . . **AZ** 20
St-Jacques (Pl.) . . . . **BZ** 22
Soissons (R. de) . . . . **BY** 24
Solferino (R.) . . . . **AYZ** 25
Sorel (R. du Prés.) . . . . **AZ** 26
Sous-Préfecture (R. de la) . . . **BZ** 27
54e-Rgt.-d'Infanterie (Pl.) . . . . **AY** 30

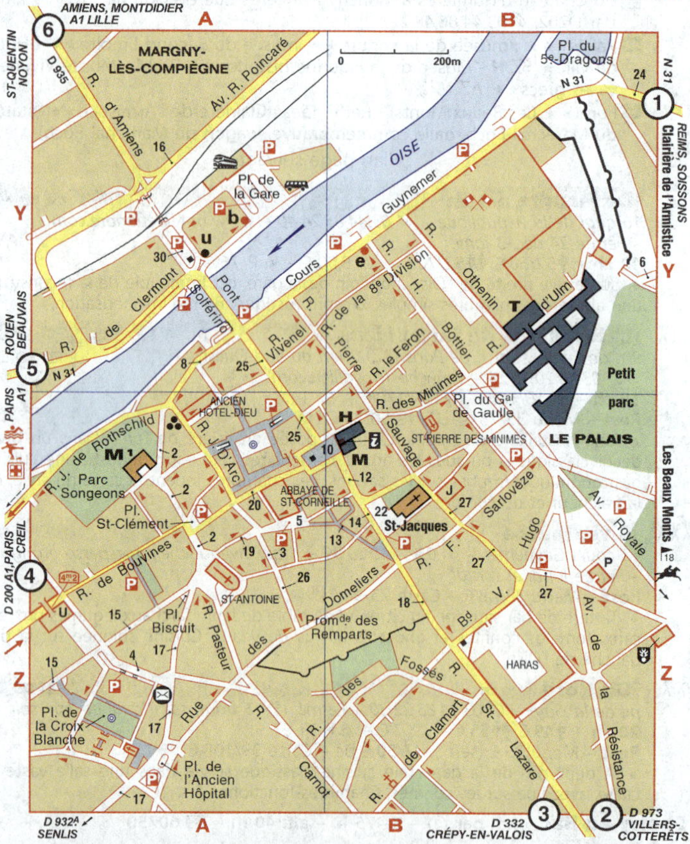

à Vieux-Moulin 10 km par ③ et D 14 – 628 h. – alt. 49 m – ✉ 60350

Mont St-Marc★ N : 2 km - Les Beaux-Monts★★ : ≤★ NO : 7 km.

XXX **Auberge du Daguet** VISA MC

25 r. Saint Jean, (face à l'église) – ☎ 03 44 85 60 72 – http://auberge.du.daguet.free.fr – Fermé 19-30 juil., 4-29 janv., dim. soir, lundi et mardi

Rest – (28 €) Menu 36/95 € bc – Carte 39/89 €

◆ Face au clocher de l'église, vitraux, pierres et poutres composent le cadre d'inspiration médiévale de cette auberge champêtre. Plats classiques, gibier en saison.

XX **Auberge du Mont St-Pierre** P VISA MC AE

28 rte des Étangs – ☎ 03 44 85 60 00 – www.aubergedumontsaintpierre.fr – Fermé 3 sem. en août, vacances de fév., mardi soir et merc. soir en hiver, dim. soir, jeudi soir et lundi sauf fériés

Rest – (18 €) Menu 29/42 € – Carte 46/67 €

◆ À l'orée de la forêt, cette auberge des années 1930 décline le thème de la chasse dans le décor comme dans l'assiette (gibier en saison). Belle quiétude en terrasse.

au Meux 11 km par ⑤, D 200 et D 98 – 2 027 h. – alt. 50 m – ✉ 60880

L'Annexe
1 r. de la République – ✆ 03 44 91 10 10
Rest – *(déj. seult en sem.)* (18 €) Menu 24/34 €
◆ Sous l'égide du Rive Gauche de Compiègne, cette table explore la tradition au gré du marché. Agréable terrasse sous la glycine.

Z.A.C du Camp du Roy 5 km par ⑥ - ✉ 60880 Jaux

All Seasons sans rest
pl. J.-Tati – ✆ 03 44 23 80 80 – www.all-seasons-hotels.com
58 ch – 69/89 € 79/99 €
◆ Un hôtel flambant neuf à la périphérie de Compiègne. Décor moderne et coloré, salle de musculation, sauna et, pour les enfants (et les plus grands ?), consoles de jeux.

COMPS-SUR-ARTUBY – 83 Var – **340** O3 – 315 h. – alt. 898 m **41** C2
– ✉ 83840 Alpes du Sud

Paris 892 – Castellane 29 – Digne-les-Bains 82 – Draguignan 31
Balcons de la Mescla★★★ NO : 14,5 km - Tunnels de Fayet ≤★★★ O : 20 km.

Grand Hôtel Bain
Av. de Fayet – ✆ 04 94 76 90 06 – www.grand-hotel-bain.fr – Fermé 11 nov.-26 déc.
17 ch – 65 € 65 € – 9 € – ½ P 60 €
Rest – Menu 18/39 € – Carte 34/65 €
◆ Inscrite dans le Livre des records, cette auberge traditionnelle, peinte d'une diligence, est exploitée par la même famille depuis... 1737 ! Chambres simples de style rustique provençal. Au restaurant, cuisine régionale servie dans une salle ouverte sur la vallée.

CONCARNEAU – 29 Finistère – **308** H7 – 19 953 h. – alt. 4 m **9** B2
– ✉ 29900 Bretagne

Paris 546 – Brest 96 – Lorient 49 – Quimper 22
pour **Beg Meil** - (juillet-août) Traversée 25 mn - Renseignements et tarifs : Vedettes Glenn, face au port de Plaisance à Concarneau ✆ 02 98 97 10 31
pour Iles Glénan - (avril à sept.) Traversée 1 h 10 mn - Renseignements et tarifs : Vedettes de l'Odet ✆ 02 98 57 00 58 pour les Iles Glénan et la Rivière de l'Odet - Vieux Port Bénodet
pour **La Rivière de l'Odet** - (avril à sept.) Traversée 4 h AR- Renseignements et tarifs : voir ci-dessus (Vedettes Glenn), au Port de pêche de Bénodet.
quai d'Aiguillon ✆ 02 98 97 01 44
Ville Close★★ C - Musée de la Pêche★ **M¹** - Pont du Moros ≤★ B - Fête des Filets bleus★ (fin août).

Plan page suivante

Les Sables Blancs
plage des Sables Blancs – ✆ 02 98 50 10 12 – www.hotel-les-sables-blancs.com **An**
18 ch – 95/260 € 105/260 € – 2 suites – 15 €
Rest *Le Nautile* – (18 €) Menu 30/85 € – Carte 50/130 €
◆ Cet hôtel les pieds dans l'eau, avec accès direct à la plage, a opté pour un style contemporain chic : chambres lumineuses et sereines, dotées de terrasses face au large. Cuisine iodée servie au restaurant lounge, véritable vaisseau marin surplombant l'océan.

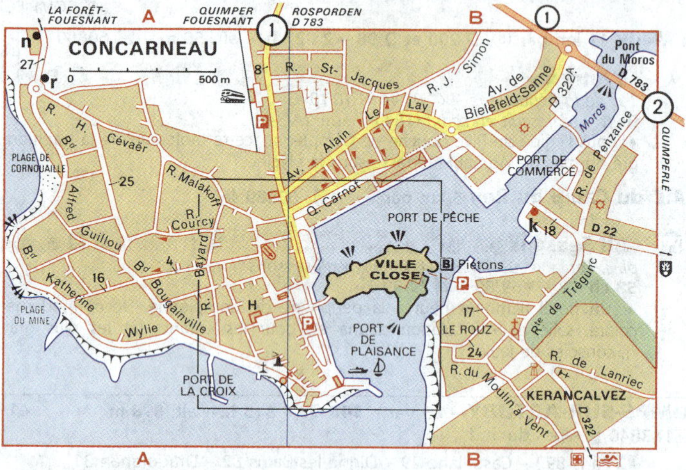

Ville close: Circulation réglementée l'été

Bougainville (Bd) **C** 3
Courbet (R. Amiral) . . . . **A** 4
Croix (Quai de la) **C** 5
Dr-P.-Nicolas (Av. du) . . . . . **C** 6
Dumont-d'Urville (R.) . . . . **C** 7
Gare (Av. de la) **AC** 8
Gaulle (Pl. Gén.-de) . . **C** 9
Guéguin (Av. Pierre) . . . **C** 10
Jean-Jaurès (Pl.) . **C** 12
Le Lay (Av. Alain) **B**
Libération (R. de la) . . . . . **A** 16
Mauduit-Duplessis (R.) . . . . **B** 17
Moros (R. du) . . . **B** 18
Morvan (R. Gén.) **C** 20
Pasteur (R.) . . . . . **B** 24
Renan (R. Ernest) **A** 25
Sables-Blancs (R. des) . . . . . . **A** 27
Vauban (R.) . . . . . **C** 29

L'Océan

rest,

plage des Sables Blancs – ✆ 02 98 50 53 50 – www.hotel-ocean.com
70 ch – †79/125 € ††89/149 € – ☕ 12 € – ½ P 79/107 € **Ar**
Rest – *(fermé déc., janv., dim. d'oct. à mars, sam. midi et lundi midi)*
Menu 28/45 € – Carte 30/50 €

◆ Imposant bâtiment moderne contemplant la mer. Chambres fonctionnelles, spacieuses et bien insonorisées ; côté plage, elles possèdent des balcons. Vaste salle de restaurant actuelle ouverte sur la baie de Concarneau ; cuisine traditionnelle.

Des Halles sans rest

pl. de l'Hôtel de Ville – ✆ 02 98 97 11 41 – www.hoteldeshalles.com – Fermé vend., sam., dim. en nov. et janv. **Cs**
25 ch – †45/49 € ††59/84 € – ☕ 10 €

◆ Il règne une ambiance familiale dans cet hôtel disposant de chambres de tailles diverses, souvent décorées dans un esprit marin coloré. Préparations maison au petit-déjeuner.

France et Europe sans rest
9 av. de la Gare – ✆ 02 98 97 00 64 – www.hotel-france-europe.com – Fermé 16 déc.-15 janv. et sam. de mi-nov. à mi-mars **Cb**
25 ch – †58/75 € ††58/75 € – ☕ 10 €
◆ L'axe passant qui longe l'immeuble ne nuit pas à la tranquillité des chambres, fonctionnelles et équipées du double vitrage. Salle des petits-déjeuners nautique.

La Coquille
1 quai du Moros – ✆ 02 98 97 08 52 – www.lacoquille-concarneau.com – Fermé 1 sem. en nov., 1 sem. en janv., dim. soir et lundi **Bk**
Rest – Menu 29/45 € – Carte 48/80 €
Rest *Le Bistrot* – *(fermé le soir et lundi)* (14 €) Menu 19 €
◆ Table située sur le port de pêche, affichant un cadre rustique égayé de toiles et de photos. Cuisine classique orientée produits de la mer, sensible aux influences du marché. À midi, formule proposée à l'ardoise et ambiance portuaire sympathique au bistrot.

L'Amiral
1 av. P. Guéguin – ✆ 02 98 60 55 23 – www.restaurant-amiral.com – Fermé 3 sem. en nov., 26 fév.-13 mars, dim. soir et lundi sauf juil.-août **Ct**
Rest – (15 €) Menu 18 € (sem.), 26/39 € – Carte 32/50 €
◆ Bel emplacement face à la ville close et plaisant décor marin (jolis tableaux). Cuisine traditionnelle revisitée selon l'inspiration du chef. Prix étudiés.

Le Parvis des Halles
pl. du Gén.-de-Gaulle – ✆ 02 98 97 50 65 – Fermé 23-28 déc., dim. soir, mardi soir et merc. sauf juil.-août **Cd**
Rest – Menu 14/47 € – Carte 32/65 €
◆ On savoure des mets traditionnels revisités dans ce restaurant tenu par un couple sympathique. La salle de l'étage est un peu plus intime.

Le Buccin
1 r. Duguay-Trouin – ✆ 02 98 50 54 22 – www.restaurantlebuccin.fr – Fermé sam. midi hors saison, lundi sauf le soir en saison et dim. soir **Cv**
Rest – (13 €) Menu 18 € (déj. en sem.), 25/38 € – Carte 35/54 €
◆ Dans une petite rue légèrement en retrait du port de plaisance, maison à la salle à manger chaleureuse proposant une carte au goût du jour axée poissons et coquillages.

CONCHES-EN-OUCHE – 27 Eure – 304 F8 – 4 982 h. – alt. 123 m – ✉ 27190 Normandie Vallée de la Seine — 33 D2

Paris 118 – Bernay 34 – Dreux 49 – Évreux 18
place A. Briand ✆ 02 32 30 76 42
Église Ste-Foy★.

La Grand'Mare
13 av. Croix-de-Fer – ✆ 02 32 30 23 30 – Fermé dim. soir, mardi soir et lundi
Rest – (11 €) Menu 13/28 € – Carte 20/35 €
◆ Cette auberge à l'élégante salle à manger habillée de boiseries jouxte une maison à colombages au cadre plus simple (cheminée). Plats traditionnels et suggestions à l'ardoise.

CONCHY-LES-POTS – 60 Oise – 305 H3 – 620 h. – alt. 106 m – ✉ 60490 — 36 B2

Paris 100 – Compiègne 28 – Amiens 55 – Beauvais 68

Le Relais
D 1017 – ✆ 03 44 85 01 17 – Fermé fin juil.- début août, 27 fév.-7 mars, dim. soir, merc. soir, lundi et mardi
Rest – (20 €) Menu 28/84 € – Carte 53/86 €
◆ N'hésitez pas à pousser la porte de cet ancien relais routier peint en jaune : la salle à manger s'avère coquette et lumineuse, et la cuisine, traditionnelle et généreuse.

CONCREMIERS – 36 Indre – 323 C7 – 630 h. – alt. 82 m – ✉ 36300 — 11 B3

▶ Paris 337 – Orléans 212 – Châteauroux 66 – Châtellerault 65

Château de Forges sans rest

1 km à l'Ouest par D 53 – ✆ 02 54 37 40 03 – www.chateaudeforges.fr

3 ch ☕ – 🚹140 € 🚹🚹150 €

◆ Cette forteresse médiévale, posée au bord d'une rivière, a conservé tout son caractère. Très jolies chambres mêlant l'ancien et le moderne. Produits du terroir au petit-déjeuner.

CONDÉ-NORTHEN – 57 Moselle – 307 J4 – 558 h. – alt. 208 m – ✉ 57220 — 27 C1

▶ Paris 350 – Metz 21 – Pont-à-Mousson 52 – Saarlouis 38

La Grange de Condé

ch, VISA MC AE

41 r. Deux-Nieds – ✆ 03 87 79 30 50 – www.lagrangedeconde.com – Fermé 3-20 janv.

17 ch – 🚹105 € 🚹🚹105 € – 3 suites – ☕ 12 € – ½ P 88 €

Rest – Menu 23/49 € – Carte 32/80 €

◆ Un hôtel est venu s'ajouter à cette ferme familiale bâtie en 1682. Chambres de bon confort, sauna, jacuzzi et hammam. Cuisine à la broche et produits du potager sont à déguster dans le plaisant cadre rustico-lorrain de la salle à manger.

CONDETTE – Pas-de-Calais – 301 C4 – 2 585 h. – alt. 35 m – ✉ 62360 — 30 A2

▶ Paris 245 – Amiens 117 – Arras 125 – Lille 128

ℹ Mairie ✆ 03 21 32 88 88

L'Orée du Bois

VISA MC

20 r. de la Marne – ✆ 03 21 87 34 73 – Fermé 24 déc.-10 janv., Dimanche soir et lundi

Rest – (19 € bc) Menu 26/46 € – Carte 30/60 €

◆ Cette ancienne épicerie de village abrite désormais un restaurant. Le décor, rehaussé de peintures et de lithographies, cadre bien avec une sympathique cuisine d'aujourd'hui.

CONDOM – 32 Gers – 336 E6 – 7 158 h. – alt. 81 m – ✉ 32100 — 28 A2

Midi-Toulousain

▶ Paris 729 – Agen 41 – Mont-de-Marsan 80 – Toulouse 121

ℹ place Bossuet ✆ 05 62 28 00 80

👁 Cathédrale St-Pierre★ : Cloître★ Y - Villa romaine de Seviac ★ SO : par D15.

Les Trois Lys

A/C VISA MC

38 r. Gambetta – ✆ 05 62 28 33 33 – www.lestroislys.com — Ya

10 ch – 🚹60 € 🚹🚹90 € – ☕ 9 € – ½ P 85 €

Rest – *(fermé lundi midi, jeudi midi et dim. sauf juil.-août)* Menu 35 €

◆ Cet hôtel particulier du 18e s. abrite des chambres personnalisées avec de beaux meubles anciens ou ethniques. Jolie piscine sur l'arrière. Cuisine simple servie dans la salle ou sur la terrasse en teck dressée dans la cour. Bar cosy.

Continental

A/C ch, VISA MC AE

20 r. du Mar.-Foch – ✆ 05 62 68 37 00 – www.lecontinental.net – Fermé 18-28 déc. — Yd

25 ch – 🚹44/69 € 🚹🚹44/69 € – ☕ 8 € – ½ P 46/59 €

Rest – *(fermé sam. midi et dim. soir)* (11 €) Menu 13 € (déj. en sem.), 21/33 € – Carte 25/49 €

◆ La Baïse coule au pied de cet hôtel. Les chambres, confortables et bien tenues, donnent pour la plupart sur une cour joliment aménagée (terrasse). Plats traditionnels dans un décor actuel, clair et lumineux.

CONDOM

Aquitaine (Av. d') .... Y 2
Armuriers (R. des) .... Y 5
Barlet (Pont) .... Y 7
Bonnamy (R.) .... YZ 8
Buzon (R. et Quai) .... Z 12
Carmes (Pont des) .... Z 14
Cazaubon (R. H.) .... Z 16
Charron (R.) .... Y 19
Cordeliers (R. des) .... Z 21
Foch (R. Mar.) .... Y 22
Gaichies (R.) .... Y 24
Gambetta (R. L.) .... Y 26
Jean-Jaurès (R.) .... Z 28
Lannelongue (Pl.) .... Y 31
Lion-d'Or (Pl. du) .... Y 35
Monnaie (R. de la) .... YZ 38
Paix (R. de la) .... Z 40
Roquepine (R. de) .... Z 44
Roques (R.) .... Y 47
Saint-Exupéry (R.) .... Z 50
St-Pierre (Pl.) .... Y 53

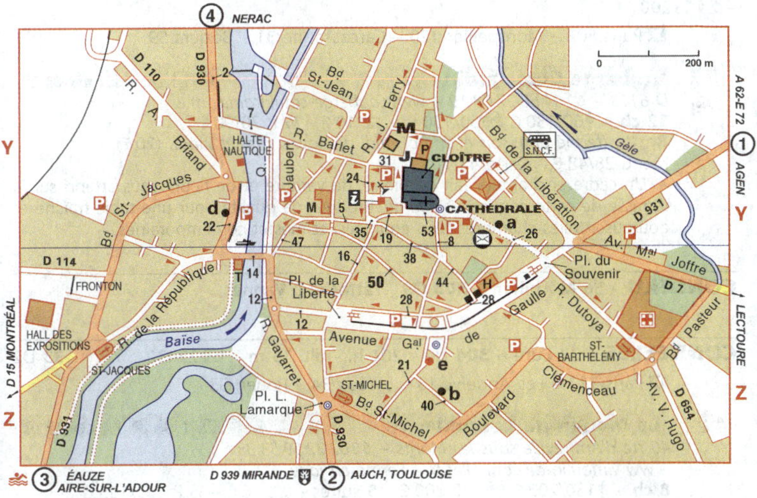

Logis des Cordeliers sans rest
2 bis r. de la Paix – ✆ 05 62 28 03 68 – www.logisdescordeliers.com – Fermé 2 janv.-3 fév. **Zb**

21 ch – †48/67 € ††48/71 € – ☕ 8 €

◆ Bâtiment des années 1970 situé dans un quartier tranquille. Chambres fonctionnelles ; optez pour celles donnant sur la piscine, agrémentées de petits balcons. Ambiance familiale.

La Table des Cordeliers (Éric Sampietro)
1 r. des Cordeliers – ✆ 05 62 68 43 82 – www.latabledescordeliers.fr – Fermé dim. soir et lundi. **Ze**

Rest – Menu 25 € (sem.), 50/95 € bc

Spéc. Tarte au cèpe, glace verveine (sept.). Ris de veau poêlé, purée de chou fleur et noisettes grillées. Pain perdu d'aubergine, tiramisu aux mûres, sorbet mûre (été). **Vins** Vin de pays des Côtes de Gascogne.

◆ Dans cet ancien couvent, la cuisine se fonde sur le produit pour des mariages inventifs, osant l'alliance entre le sucré et le salé. Au salon, on admire la belle collection d'armagnacs.

CONDRIEU – 69 Rhône – 327 H7 – 3 626 h. – alt. 150 m – ✉ 69420 — 44 B2

Lyon Drôme Ardèche

Paris 497 – Annonay 34 – Lyon 41 – Rive-de-Gier 21

place du Séquoïa ✆ 04 74 56 62 83

Calvaire ≤★.

Hôtellerie Beau Rivage
r. Beau Rivage – ✆ 04 74 56 82 82 – www.hotel-beaurivage.com

18 ch – †145/170 € ††145/170 € – 10 suites – ☕ 19 €

Rest – Menu 38 € (déj.)/89 € bc – Carte 50/90 €

◆ Dans l'un des plus fameux vignobles des Côtes-du-Rhône, solide maison bourgeoise au bord du fleuve. Chambres élégantes. Cuisine classique aux accents méridionaux. Agréable terrasse face au paysage.

CONFLANS-STE-HONORINE – 78 Yvelines – **311** I2 – **101** 3 – voir à Paris, Environs

CONILHAC-CORBIÈRES – 11 Aude – **344** H3 – 754 h. – alt. 125 m – ✉ 11200 **22** B3

Paris 802 – Montpellier 120 – Carcassonne 31 – Béziers 59

Auberge Côté Jardin avec ch

D 6113 – ✆ 04 68 27 08 19 – www.auberge-cotejardin.com
12 ch – †60/130 € ††60/130 € – ☕ 10 € – ½ P 70/90 €
Rest – *(fermé dim. soir et mardi midi de nov. à mai et lundi)* (20 €)
Menu 28/48 € – Carte 45/70 €

◆ Un cadre enchanteur fait de pierre, de verdure et de fleurs vous attend sur la terrasse de cette coquette auberge. Produits de qualité pour une table fraîche et goûteuse. Jolies chambres bien équipées, calmes et contemporaines.

CONLEAU – 56 Morbihan – **308** O9 – rattaché à Vannes

CONNELLES – 27 Eure – **304** H6 – 201 h. – alt. 15 m – ✉ 27430 **33** D2

Paris 111 – Les Andelys 13 – Évreux 34 – Rouen 33

Le Moulin de Connelles

40 rte d'Amfreville sous les Monts – ✆ 02 32 59 53 33 – www.moulin-de-connelles.fr – Fermé en janv.
8 ch – †130/200 € ††130/200 € – 5 suites – ☕ 16 € – ½ P 109/195 €
Rest – *(fermé dim. soir et lundi d'oct. à avril et le midi en juil.-août)*
Menu 35/58 €

◆ Un authentique manoir anglo-normand, des chambres élégantes, un parc sur une île de la Seine : autant de raisons de découvrir ce moulin entre romantisme et impressionnisme. Cuisine classique et cadre actuel côté restaurant, doté d'une véranda surplombant la rivière.

CONQUES – 12 Aveyron – **338** G3 – 286 h. – alt. 350 m – ✉ 12320 **29** C1
Midi-Toulousain

Paris 601 – Aurillac 53 – Espalion 42 – Figeac 43
Le Bourg ✆ 05 65 72 85 00
Site★★ - Village★ - Abbatiale Ste-Foy★★ : tympan du portail occidental★★★ et trésor de Conques★★★ - Le Cendié★ O : 2 km par D 232 - Site du Bancarel★ S : 3 km par D 901.

Ste-Foy

r. Principale – ✆ 05 65 69 84 03 – www.hotelsaintefoy.com – Ouvert 14 mai-23 oct.
17 ch – †97/187 € ††97/197 € – ☕ 13 €
Rest – Menu 25/35 €

◆ Cette demeure du 17e s. typiquement rouergate (belle façade à colombages) contemple l'abbatiale. Poutres et vieilles pierres font le cachet des chambres. Restaurant de caractère ouvert sur de bucoliques terrasses ; cuisine au goût du jour.

Auberge St-Jacques

r. Gonzague-Florent – ✆ 05 65 72 86 36 – www.aubergestjacques.fr – Fermé 2 janv.-2 fév., dim. soir et lundi du 15 nov. au 31 mars
Rest – (12 €) Menu 18/50 € – Carte 23/41 €

◆ Restaurant au cadre champêtre proposant une cuisine d'inspiration régionale ou inventive. La terrasse ombragée offre une vue plongeante sur l'abbatiale du village.

au Sud 3 km sur D 901 – ✉ 12320 Conques

Hervé Busset

– ✆ 05 65 72 84 77 – *www.moulindecambelong.com – Ouvert 1er avril-31 oct. et fermé mardi midi et lundi hors saison*
8 ch – 110/330 € 110/330 € – 1 suite – 18 € – ½ P 110/255 €
Rest – *(fermé mardi midi et merc. midi hors saison)* Menu 35 € (déj. en sem.), 55/95 € – Carte 85/115 €
Spéc. "L' Épiraire des Bois" dans un bouillon au miso, filet de saumon bio basse température (été). "Le Pin Douglas", ses jeunes pousses en coulis, pièce de veau fermier de l'Aveyron (été). "Le Lierre Terrestre", en crème infusée, moelleux au chocolat grand cru guanaja (été). **Vins** Marcillac, Vin d'Entraygues et du Fel.
◆ Dans l'un des derniers moulins à eau du 18e s. en bordure du Dourdou, des chambres au charme singulier, avec tentures et mobilier de style. Nouveau décor contemporain pour découvrir la table créative mariant fleurs et produits du terroir.

CONQUES-SUR-ORBIEL – 11 Aude – 344 F3 – 2 245 h. – alt. 127 m – ✉ 11600 22 B2

Paris 777 – Montpellier 155 – Carcassonne 12 – Castres 62

La Maison Pujol sans rest

17 r. F.-Mistral – ✆ 04 68 26 98 18 – www.lamaisonpujol.com – Fermé de mi-déc. à début avril
4 ch – 80 € 90 €
◆ Une architecture intérieure qui a du style : matériaux bruts, blanc immaculé, objets design, œuvres d'art et un mur en... ruine. C'est de l'art. Exclusif et plaisant.

LE CONQUET – 29 Finistère – 308 C4 – 2 543 h. – alt. 30 m – ✉ 29217 9 A2

Bretagne

Paris 619 – Brest 24 – Brignogan-Plages 59 – St-Pol-de-Léon 85
parc de Beauséjour ✆ 02 98 89 11 31
Site★.
Île d'Ouessant★★ - Les Abers★★.

à la Pointe de St-Mathieu 4 km au Sud – ✉ 29217 Plougonvelin

Phare ✲★★ – Ruines de l'église abbatiale★.

Hostellerie de la Pointe St-Mathieu

– ✆ 02 98 89 00 19 – *www.pointe-saint-mathieu.com – Fermé 13 fév.-16 mars*
23 ch – 100/200 € 100/200 € – 12 €
Rest – *(fermé dim. soir)* (16 €) Menu 31/78 € – Carte 39/110 €
◆ Hôtellerie du bout du monde voisinant avec les phares et les vestiges de l'abbaye. Confortables chambres allant du traditionnel au moderne cossu, certaines avec balcon. Cuisine actuelle gorgée d'iode, servie dans deux salles d'esprit contemporain.

Vent d'Iroise sans rest

– ✆ 02 98 89 45 00 – *www.hotel-vent-iroise.com*
– Fermé 13 fév.-16 mars
24 ch – 55/125 € 55/125 € – 9 €
◆ Idéalement placé pour partir en balade sur les sentiers de la pointe St-Mathieu, cet hôtel récent vous loge dans des chambres au décor clair et épuré, bien dans l'air du temps.

Se régaler sans se ruiner ? Repérez les Bib Gourmand. Ils vous aideront à dénicher les bonnes tables sachant marier cuisine de qualité et prix ajustés !

LES CONTAMINES-MONTJOIE – 74 Haute-Savoie – 328 N6 46 F1
– 1 182 h. – alt. 1 164 m – Sports d'hiver : 1 165/2 500 m 4 22 – ✉ 74170
Alpes du Nord

Paris 606 – Annecy 93 – Bonneville 50 – Chamonix-Mont-Blanc 33
18, route de Notre-Dame de la Gorge ✆ 04 50 47 01 58
Le Signal★ (par télécabine).

Gai Soleil
rest, VISA MC

288 chemin des Loyers – ✆ 04 50 47 02 94 – www.gaisoleil.com – Ouvert 11 juin-15 sept. et 17 déc.-22 avril
19 ch – 50/55 € 66/82 € – 10 € – ½ P 57/70 €
Rest – *(fermé le midi sauf du 22 janv. au 12 fév., du 12 au 19 mars et du 11 juin au 14 sept.)* (14 €) Menu 19/28 € – Carte 20/33 € le midi
◆ On est ici aux petits soins pour la clientèle. Dominant la station, cette ancienne ferme au toit recouvert de tavaillons se pare de fleurs en saison. Chambres montagnardes. Sympathique salle rustique où l'on propose une cuisine traditionnelle.

L'Ô à la Bouche
VISA MC

510 rte Notre-Dame-de-la-Gorge – ✆ 04 50 47 81 67 – www.lo-contamines.com – Fermé 1er-23 oct., 15 nov.-15 déc.
Rest – *(prévenir)* Menu 19/46 € – Carte 26/32 €
◆ Cadre contemporain et cuisine au goût du jour au rez-de-chaussée ; grillades et plats savoyards dans une ambiance plus montagnarde au sous-sol en hiver.

CONTAMINE-SUR-ARVE – 74 Haute-Savoie – 328 L4 – 1 512 h. 46 F1
– alt. 450 m – ✉ 74130

Paris 547 – Annecy 46 – Chamonix-Mont-Blanc 63 – Genève 20

Le Tourne Bride
A/C VISA MC AE

94 rte d'Annemasse – ✆ 04 50 03 62 18 – www.letournebride.com – Fermé 25 juil.-15 août, 3-23 janv., dim. soir et lundi
Rest – Menu 14 € (déj. en sem.), 24/36 € – Carte 31/50 €
◆ Cuisine mélangeant terroir, tradition et influences étrangères, servie dans d'anciennes écuries transformées en coquette salle à manger campagnarde.

CONTES – 06 Alpes-Maritimes – 341 E5 – 6 828 h. – alt. 250 m 41 D2
– ✉ 06390

Paris 954 – Marseille 206 – Nice 21 – Antibes 43
13, place Jean Allardi ✆ 04 93 79 13 99

La Fleur de Thym
A/C P VISA MC

3 bd Charles Alunni – ✆ 04 93 79 47 33 – www.lafleurdethym.fr – Fermé 20-31 août, 24 déc.-10 janv., mardi soir et merc.
Rest – (18 €) Menu 26/46 € – Carte 35/47 €
◆ Un décor moderne dans un cadre provençal et une savoureuse cuisine au goût du jour font le charme de cette adresse. Sans oublier l'accueil, tout sourire.

CONTEVILLE – 27 Eure – 304 C5 – 821 h. – alt. 33 m – ✉ 27210 32 A3

Paris 181 – Évreux 102 – Le Havre 34 – Honfleur 15

Auberge du Vieux Logis (Éric Boilay)
VISA MC

– ✆ 02 32 57 60 16 – Fermé 2-18 nov., sem. en mars, mardi sauf juil.-août, dim. soir et lundi
Rest – Menu 40 € (sem.), 60/80 € – Carte 90/100 €
Spéc. Aile de raie et queue de homard-vinaigrette à la moutarde de Meaux. Filet de bar, langoustines rôties au lard. Soufflé glacé Bénédictine à l'angélique.
◆ Un agréable restaurant normand, au cœur d'un charmant village. On y déguste une cuisine classique réalisée avec soin, dans le respect du produit.

au Marais Vernier 8 km à l'Est par D 312 et D 90 – 492 h. – alt. 10 m – ✉ 27680

Auberge de l'Etampage avec ch — rest, ch, VISA MC

42 quartier de l'Eglise – ✆ 02 32 57 61 51 – Fermé 23 déc.-1er fév., dim. soir et merc.
3 ch – 35 € 39 € – 8 € **Rest** – (16 € bc) Menu 19/30 € – Carte 35/45 €
◆ Cette maison villageoise à colombages propose une cuisine orientée terroir mitonnée avec des produits frais. Intérieur d'esprit bistrot et trois coquettes chambres soignées.

CONTRES – 41 Loir-et-Cher – **318** F7 – 3 429 h. – alt. 98 m – ✉ 41700 **11** A1

Paris 203 – Blois 22 – Châteauroux 79 – Montrichard 23

De France — ch, rest, VISA MC

rte de Blois – ✆ 02 54 79 50 14 – www.hoteldefrance-contres.com
35 ch – 59/83 € 62/86 € – 2 suites – 12 € – ½ P 75/80 €
Rest – *(fermé lundi et mardi)* (20 €) Menu 26 € (sem.)/52 € – Carte 56/68 €
◆ Une bonne adresse familiale au centre de Contres. Chambres confortables, la plupart donnant sur le jardin et la piscine. Au restaurant – une grande salle à manger – la carte est traditionnelle.

La Botte d'Asperges — VISA MC

52 r. P. H. Mauger – ✆ 02 54 79 50 49 – www.labotte-dasperges.com – Fermé 21 août-5 sept., 2-17 janv., dim. soir et lundi
Rest – (17 €) Menu 23/50 € – Carte 46/55 €
◆ Ici, le chef réalise une jolie cuisine de saison. Évidemment, l'asperge est à l'honneur, mais aussi le gibier. Cadre convivial (fresques sur la cuisine et le vin)... Ça nous botte !

CONTREVOZ – 01 Ain – **328** G6 – rattaché à Belley

CONTREXÉVILLE – 88 Vosges – **314** D3 – 3 507 h. – alt. 342 m **26** B3
– Stat. therm. : début avril-début oct. – Casino – ✉ 88140 Alsace Lorraine

Paris 337 – Épinal 47 – Langres 75 – Nancy 83

36 de Vittel Ermittage à Vittel HOTEL ERMITAGE, N : 7 km, ✆ 03 29 08 81 53

9 du Bois de Hazeau Centre Préparation Olympique, par D 429 : 4 km, ✆ 03 29 08 20 85

Cosmos — ch, VISA MC AE

13 r. de Metz – ✆ 03 29 07 61 61 – www.hotelcontrexeville.com – Ouvert 1er avril-31 oct.
77 ch – 78/98 € 98/138 € – 6 suites – 13 € – ½ P 106/152 €
Rest – Menu 23/26 €
◆ L'atmosphère vieille France de cet hôtel aux chambres confortables nous transporte à la Belle Époque. Un endroit idéal pour les adeptes de fitness et de balnéothérapie. Menus classiques et diététiques servis dans une grande salle à manger rétro à souhait.

COQUELLES – 62 Pas-de-Calais – **301** D2 – rattaché à Calais

---

CORBEIL-ESSONNES – 91 Essonne – **312** D4 – **101** 37 – voir à Paris, Environs

---

CORBIGNY – 58 Nièvre – **319** F8 – 1 681 h. – alt. 203 m – ✉ 58800 **7** B2
Bourgogne

Paris 236 – Autun 76 – Avallon 38 – Clamecy 28

8, rue de l'Abbaye ✆ 03 86 20 02 53

Hôtel de L'Europe — ch, VISA MC AE

7 Grande Rue – ✆ 03 86 20 09 87 – www.bourgognemorvanrestaurant.com – Fermé 22 déc.-2 janv. et en fév.
18 ch – 53 € 60 € – 9 €
Rest *Le Cépage* – *(fermé dim. soir sauf juil.-août)* Menu 28/58 € – Carte 25/50 €
Rest *Le Bistrot* – *(fermé dim. soir sauf juil.-août)* Menu 19/22 € – Carte 21/35 €
◆ Un sympathique hôtel familial dont les chambres, petites, sont très propres et bien équipées. Confiture maison au petit-déjeuner. Au Cépage, cuisine traditionnelle et belle petite carte des vins à prix sage. Menu bourguignon et plats du terroir au Bistrot.

CORDES-SUR-CIEL – 81 Tarn – 338 D6 – 1 012 h. – alt. 279 m 29 C2
– ✉ 81170 Midi-Toulousain

Paris 655 – Albi 25 – Rodez 78 – Toulouse 82
place Jeanne Ramel-Cals ✆ 05 63 56 00 52
Site★★ - La Ville haute★★ : maisons gothiques★★ - musée d'Art et d'Histoire Charles-Portal★.

Hostellerie du Vieux Cordes
21 r. St-Michel – ✆ 05 63 53 79 20 – www.vieuxcordes.fr – Fermé 2 janv.-12 fév.
19 ch – †55/118 € ††55/180 € – ☕ 14 €
Rest – *(fermé dim. soir en mars, avril, oct. et nov., lundi sauf le soir en juil.-août, et mardi midi)* Menu 22/45 € – Carte 36/42 €
◆ Dans les murs d'un ancien monastère du 13e s., un bel escalier à vis mène aux chambres personnalisées, en partie refaites et actualisées. Cuisine traditionnelle servie dans une salle à manger-terrasse dominant la vallée, ou dans le patio, sous une glycine tricentenaire.

rte d'Albi

L'Envolée sauvage
La Borie – ✆ 05 63 56 88 52 – www.lenvolee-sauvage.com – Ouvert avril-oct.
4 ch ☕ – †115/120 € ††120/125 €
Table d'hôte – Menu 35/40 €
◆ Rencontre du terroir et du raffinement dans cette ferme du 18e s. où l'on élève des oies. Authenticité des vieilles pierres, plaisir de la piscine, charme des chambres cosy... Les produits de la ferme garnissent la table d'hôte. Stages de cuisine autour de l'oie !

à Campes 3 km au Nord-Est par D 922, D 98 et rte secondaire – ✉ 81170

Le Domaine de la Borie Grande
St- Marcel-Campes – ✆ 05 63 56 58 24 – www.laboriegrande.com
4 ch ☕ – †110/160 € ††115/165 €
Table d'hôte – Menu 40 € bc
◆ On reçoit les hôtes "en amis" dans cette demeure du 18e s. en pleine campagne. Très jolies chambres au raffinement à l'ancienne, profitant de vues magnifiques. Superbe suite aménagée façon loft. Plats actuels servis dans une salle rustique ou une cour intérieure.

CORDON – 74 Haute-Savoie – 328 M5 – 986 h. – alt. 871 m – ✉ 74700 46 F1
Alpes du Nord

Paris 589 – Annecy 76 – Bonneville 33 – Chamonix-Mont-Blanc 32
3650 route de Cordon ✆ 04 50 58 01 57
Site★.

Les Roches Fleuries
rest, VISA AE
90 rte de la Scie – ✆ 04 50 58 06 71 – www.rochesfleuries.com – Ouvert 15 mai-20 sept. et 18 déc.-4 avril
20 ch – †152/177 € ††170/195 € – 5 suites – ☕ 18 € – ½ P 155/175 €
Rest – *(fermé mardi midi, dim. soir et lundi sauf vacances scolaires)* Menu 35 € (déj. en sem.), 58/85 € bc – Carte 75/100 €
Spéc. Croustilles de langoustine au citron confit. Filet de féra du lac Léman rôti meunière sur une peau de pain. Soufflé chaud à la Chartreuse. **Vins** Roussette de Marestel, Mondeuse d'Arbin.
Rest *La Boîte à Fromages* – *(ouvert 10 juil.-25 août, 22 déc.-20 mars et fermé dim., lundi, mardi et le midi) (prévenir)* Menu 45 € bc
◆ Ravissant chalet fleuri perché sur les hauteurs du "balcon du Mont-Blanc". Chaleureux intérieur tout bois et élégant mobilier savoyard ancien. Au restaurant, cadre alpin feutré et cuisine créative riche en saveurs. Recettes du terroir à La Boîte à Fromages.

Le Cerf Amoureux

à Nant-Cruy, 2 km au Sud (rte Combloux) ✉ 74700 Sallanches – ✆ 04 50 47 49 24 – www.lecerfamoureux.com – Fermé 22 sept.-5 oct.

9 ch – †155/185 € ††200/295 € – 2 suites – ☕ 17 €

Rest – *(fermé dim. et lundi hors vacances scolaires) (dîner seult) (résidents seult)* Menu 36 €

◆ Il règne une ambiance très cosy dans ce chalet tout de pierre et de bois vêtu. Délicieuses chambres dotées de balcons tournés vers les massifs des Aravis ou du Mont-Blanc. La ravissante salle à manger sert de cadre à une cuisine familiale de bon aloi.

La Joubarbe au Balcon du Mont Blanc

2087 rte des Miaz – ✆ 04 50 91 15 35 – www.lajoubarbe.com

10 ch ☕ – †125/150 € ††131/230 €

Rest – *(dîner seult) (résidents seult)* Menu 25 €

◆ Sur les hauteurs de Cordon, ce grand chalet dispose de chambres très confortables, au style montagnard épuré, toutes dotées d'un balcon ou d'une terrasse. Vue imprenable sur les monts. Cuisine traditionnelle (menu unique différent chaque soir). Ambiance familiale.

Le Chamois d'Or

4080 rte de Cordon – ✆ 04 50 58 05 16 – www.hotel-chamoisdor.com – Ouvert 1er juin à mi-sept. et 18 déc. à fin mars

26 ch – †90/130 € ††130/175 € – 2 suites – ☕ 15 € – ½ P 90/125 €

Rest – *(fermé merc. midi et jeudi midi)* (20 €) Menu 25 € (sem.), 30/38 € – Carte 32/62 €

◆ Gros chalet familial bien fleuri en été et équipé pour les loisirs. Chambres et suites cosy dans un esprit montagnard (tissus choisis), salon-cheminée douillet. Au restaurant, mur en pierres du pays, mobilier régional, terrasse "4 saisons" et vue panoramique.

Le Cordonant

120 rte des Miaz – ✆ 04 50 58 34 56 – www.lecordonant.fr – Ouvert de mi-mai à fin sept. et de mi-déc. à mi-avril

16 ch – †75/85 € ††85/105 € – ☕ 10 € – ½ P 72/90 € **Rest** – Menu 25/33 €

◆ Grand chalet à la sympathique ambiance familiale. Beaux meubles en bois peint dans les chambres bien tenues, avec jardin ou balcon. Cuisine traditionnelle et vue imprenable sur les sommets depuis la salle à manger rustique.

CORENC – 38 Isère – 333 H6 – rattaché à Grenoble

CORMEILLES – 27 Eure – 304 C6 – 1 201 h. – alt. 80 m – ✉ 27260 32 A3

Paris 181 – Bernay 441 – Lisieux 19 – Pont-Audemer 17

14, place du Mont Mirel ✆ 02 32 56 02 39

L'Auberge du Président

70 r. de l'Abbaye – ✆ 02 32 57 80 37 – www.hotel-cormeilles.com – Fermé 3-10 janv.

14 ch – †55/80 € ††75/90 € – ☕ 12 € – ½ P 65/75 €

Rest – *(fermé mardi midi, merc. midi, jeudi midi et dim. soir d'oct. à mars, et lundi midi)* Menu 19/35 € – Carte 29/52 €

◆ L'enseigne rend hommage au président de la République René Coty qui séjourna à l'hôtel. Chambres personnalisées, bien tenues. Au restaurant, le plaisant décor normand avec cheminée et une cuisine traditionnelle orientée terroir remportent tous les suffrages !

Gourmandises

29 r. de l'Abbaye – ✆ 02 32 42 10 96 – Fermé 2 janv.-3 fév., mardi midi, merc. midi en saison, mardi, merc. hors saison et lundi

Rest – (24 €) Carte 42/54 €

◆ Joli présage que cette enseigne, pour une table installée dans l'ancienne fromagerie du bourg. Cadre chaleureux et petits plats bistrotiers originaux.

CORMEILLES-EN-VEXIN – 95 Val-d'Oise – **305** D6 – **106** 5 – voir à Paris, Environs (Cergy-Pontoise)

CORMERY – 37 Indre-et-Loire – **317** N5 – 1 631 h. – alt. 59 m – ✉ 37320 Châteaux de la Loire **11** B2

Paris 254 – Blois 63 – Château-Renault 48 – Loches 22

13, rue Nationale ✆ 02 47 43 30 84

Auberge du Mail

2 pl. du Mail – ✆ 02 47 43 40 32 – www.aubergedumail-cormery.com – Fermé 18-22 avril, 26 août-4 sept., 24-31 déc., le soir de mi-oct. à fin mars, sam. midi et jeudi

Rest – (15 €) Menu 19 € (sem.)/39 € – Carte 25/54 €

◆ Maison de pays proche de l'abbaye – célèbre pour ses macarons. La terrasse, ombragée de tilleuls et de glycine, et l'intérieur rustique vont bien avec la cuisine, plutôt classique.

Auberge des 2 Cèdres

av. de la Gare – ✆ 02 47 43 03 09 – Fermé 3-18 juil., 1 sem. en oct., 1er-16 janv., le soir du dim. au jeudi et lundi

Rest – (9 €) Menu 14 € (déj. en sem.), 19/28 € – Carte 19/34 €

◆ Cette bâtisse régionale proche de la gare, sur une route passante, a des faux airs de guinguette. Le chef cuisine des produits frais... Idéal pour les repas de famille.

CORNILLON – 30 Gard – **339** L3 – 847 h. – alt. 168 m – ✉ 30630 Provence **23** D1

Paris 666 – Avignon 50 – Alès 47 – Bagnols-sur-Cèze 17

La Vieille Fontaine avec ch

r. du Château – ✆ 04 66 82 20 56 – www.lavieillefontaine.net – Ouvert de mai à oct. et fermé le midi sauf dim.

8 ch – †105/155 € ††105/155 € – ☕ 10 € – ½ P 115 €

Rest – Menu 40/60 €

◆ Maison de caractère adossée aux murailles médiévales. Dans la salle voûtée, on déguste une cuisine de tradition, dont la spécialité de la maison : les moules farcies à la diable. Piscine et jardin dominant la vallée ; petites chambres coquettes pour l'étape.

CORPS – 38 Isère – **333** I9 – 451 h. – alt. 939 m – ✉ 38970 Alpes du Sud **45** C3

Paris 626 – Gap 39 – Grenoble 64 – La Mure 24

Route Napoléon ✆ 04 76 30 03 85

Barrage★★ et pont★ du Sautet O : 4 km.

Du Tilleul

r. des Fosses – ✆ 04 76 30 00 43 – www.hotel-restaurant-du-tilleul.com – Fermé 20 oct.-15 déc.

18 ch – †43/50 € ††50/71 € – ☕ 8 € – ½ P 53 €

Rest – (14 €) Menu 16/37 € – Carte 19/35 €

◆ Sur l'impériale route Napoléon et au cœur du vieux village fort animé en été. Chambres fraîches et bien tenues, plus calmes à l'annexe. Accueil charmant. Salle de restaurant un peu sombre, mais sympathique ambiance campagnarde. Cuisine traditionnelle.

à Aspres-les-Corps 5 km au Sud-Est par N 85 et D 58 – 131 h. – alt. 930 m – ✉ 05800

Château d'Aspres

– ✆ 04 92 55 28 90 – www.chateau-d-aspres.com – Ouvert 1er mars-15 nov., 30 déc.-2 janv. et fermé dim. soir et lundi du 1er mars au 31 mai

8 ch – †88 € ††118 € – 3 suites – ☕ 12 € – ½ P 78/90 €

Rest – Menu 22/38 € – Carte 32/74 €

◆ Cette demeure seigneuriale (12e-17e s.) domine la vallée du Champsaur. Chambres de caractère, garnies de beaux meubles anciens. Des portraits d'ancêtres accompagnent votre repas dans l'élégante salle à manger. Cuisine traditionnelle.

CORRENÇON-EN-VERCORS – 38 Isère – 333 G7 – rattaché à Villard-de-Lans

CORRÈZE – 19 Corrèze – 329 M3 – 1 175 h. – alt. 455 m – ✉ 19800 25 C3

Limousin Berry

Paris 480 – Aubusson 96 – Brive-la-Gaillarde 45 – Tulle 19

place de la Mairie ✆ 05 55 21 32 82

Mercure Seniorie

Le Bourg – ✆ 05 55 21 22 88 – www.mercure.com

– Fermé 17 déc.-10 janv.

29 ch – 85/105 € 95/115 € – ☕ 13 €

Rest – *(fermé week-ends du 1er oct. au 1er mars et le midi)* Menu 25/40 € – Carte 35/52 €

◆ Sur les hauteurs de la cité médiévale, cette élégante demeure du 19e s., ancien pensionnat, abrite des chambres très spacieuses, aux équipements et confort modernes. Carte traditionnelle que l'on déguste dans un décor cossu et bourgeois. Grande terrasse.

Le Parc des 4 Saisons

av. de la Gare – ✆ 05 55 21 44 59 – www.leparc.info

5 ch ☕ – 58/88 € 65/95 € **Table d'hôte** – Menu 35 € bc

◆ Un jeune couple belge vous reçoit dans cette ancienne maison de notable agrémentée d'un parc. Chambres pimpantes et confortables, joli salon, piscine d'été, sauna et massages. Table d'hôte (sur réservation) proposée trois soirs par semaine.

H. Le Gac/MICHELIN

La Balagne

CORSE

Département : Corse
Carte Michelin LOCAL : 345
Population : 249 729 h.

Corse
Carte régionale : 15 B2

RENSEIGNEMENTS PRATIQUES

TRANSPORTS MARITIMES

Depuis la France continentale les relations avec la Corse s'effectuent à partir de Marseille, Nice et Toulon.

au départ de Marseille : SNCM - 61 bd des Dames (2e) ✆ 0 825 888 088 (0,15 €/mn) et 3260 dîtes "SNCM". CMN - 4 quai d'Arenc (2e) ✆ 0 810 201 320

au départ de Nice : SNCM - Ferryterranée quai du Commerce ✆ 0 825 888 088 (0,15 €/mn). CORSICA FERRIES - Port de Commerce ✆ 0 825 095 095 (0,15 €/mn)

au départ de Toulon : SNCM - 49 av. Infanterie de Marine (15 mars-15 sept.) ✆ 0 825 888 088 (0,15 €/mn). CORSICA FERRIES - Gare Maritime ✆ 0 825 095 095 (0,15 €/mn).

AÉROPORTS

La Corse dispose de quatre aéroports assurant des relations avec le continent, l'Italie et une partie de l'Europe :

Ajaccio ✆ 04 95 23 56 56, Calvi ✆ 04 95 65 88 88, Bastia ✆ 04 95 54 54 54, et Figari-Sud-Corse ✆ 04 95 71 10 10 (Bonifacio et Porto-Vecchio).

Voir aussi au texte de ces localités.

QUELQUES GOLFS

9 Bastia, (voir à la localité), ✆ 04 95 38 33 99

18 de Sperone à Bonifacio, (voir à la localité), ✆ 04 95 73 17 13

AJACCIO P – 2A Corse-du-Sud – **345** B8 – **63 723 h.** – **Casino** Z **15** A3
– ✉ **20000**

▶ Bastia 147 – Bonifacio 131 – Calvi 166 – Corte 80

✈ d'Ajaccio-Napoléon Bonaparte : ✆ 04 95 23 56 56, 7 km par ①.

ℹ 3, boulevard du Roi Jérôme ✆ 04 95 51 53 03

Vieille Ville★ - Musée Fesch★★ : peintures italiennes★★★ - Maison Bonaparte★ - Salon Napoléonien★ (1er étage de l'hôtel de ville) - Jetée de la Citadelle ≤★ - Place Gén.-de-Gaulle ou Place du Diamant ≤★.

Golfe d'Ajaccio★★. . Aux Iles sanguinaires★★.

Palazzu U Domu sans rest VISA AE
17 r. Bonaparte – ✆ 04 95 50 00 20
– www.hotel-palazzudomu-ajaccio.com Ze
45 ch – 170/325 € 190/355 € – 19 €
◆ Le palais du comte Pozzo di Borgo (18e s.) est désormais résolument design : escalier d'époque, teintes sombres, expos d'art contemporain. Trois catégories de chambres, suites.

Les Mouettes sans rest ≤ P VISA AE
9 cours Lucien-Bonaparte par ② – ✆ 04 95 50 40 40 – www.hotellesmouettes.fr – Fermé 14 nov.-22 mars
28 ch – 100/410 € 100/410 € – 16 €
◆ Une grande demeure rose de 1880, une vue superbe sur la piscine et la plage privée. Chambres sobres et spacieuses, la plupart avec loggia, pour rêver en regardant les mouettes.

Napoléon sans rest VISA AE
4 r. Lorenzo Vero – ✆ 04 95 51 54 00 – www.hotelnapoleonajaccio.fr
62 ch – 69/104 € 88/115 € – 11 € Zs
◆ Dans une ruelle discrète et calme, perpendiculaire au cours Napoléon. Chambres confortables, simplement décorées : parfait pour les affaires ou une visite rapide de la ville.

Albert-1er (Bd) . . . . . Y 2
Bévérini Vico (Av.) . . . . . Y 4
Colonna d'Ornano (Av. du Col.) . . . . . Y 10
Griffi (Square P.) . . . . . Y 22
Leclerc (Cours Gén.) . . . . . Y 25
Madame-Mère (Bd) . . . . . Y 29
Maillot (Bd H.) . . . . . Y 30
Masséria (Bd) . . . . . Y 32
Napoléon-III (Av.) . . . . . Y 37
Napoléon (Cours) . . . . . Y
Nicoli (Cours J.) . . . . . Y 38
Paoli (Bd D.) . . . . . Y 41
St-Jean (Montée) . . . . . Y 51

Bonaparte (R.)	Z 6	Macchini (Av. E.)	Z 27	Roi-de-Rome (R.)	Z 49
Dr-Ramaroni (Av. du)	Z 17	Napoléon-III (Av.)	Z	Roi-Jérôme (Bd)	Z 50
Eugénie (Av. Impératrice)	Z 18	Napoléon (Cours)	Z	Sebastiani (R. Gén.)	Z 53
Fesch (R. Cardinal)	Z	Notre-Dame (R.)	Z 39	Sérafini (Av. A.)	Z 55
Forcioli-Conti (R.)	Z 20	Pozzo-di-Borgo (R.)	Z 44	Soeur-Alphonse (R.)	Z 56
Grandval (Cours)	Z	Premier-Consul (Av.)	Z 45	Vero (R. Lorenzo)	Z 58
Herminier (Quai l')	Z 23	République (Q. de la)	Z 48	Zévaco-Maire (R.)	Z 60

Impérial sans rest

6 bd Albert 1er – ✆ 04 95 21 50 62 – www.hotelimperial-ajaccio.fr – Ouvert de mi-mars à fin-oct. **Ya**

44 ch – 73/133 € 73/133 € – 10 €

◆ Une façade pimpante, en lisière de la ville, sur la promenade menant aux Sanguinaires. Le hall est "impérial" ; sorte d'hommage à Napoléon. Chambres simples, plage à deux pas.

Amirauté sans rest

19 rte de Sartène, par ① – ✆ 04 95 55 10 00 – www.corsica-hotels.fr

72 ch – 49/175 € 59/175 € – 9,50 €

◆ Vaste immeuble moderne en sortie de ville, vers l'aéroport. Chambres fonctionnelles, avec un mobilier épuré en bois blond. Piscine et terrasse tournées vers la mer.

San Carlu Citadelle sans rest

8 bd Casanova – ✆ 04 95 21 13 84 – www.hotel-sancarlu.com **Zf**

40 ch – 55/145 € 55/145 € – 10 €

◆ Au cœur du vieil Ajaccio et à deux pas de la plage St-François, cet hôtel abrite des chambres pratiques et bien tenues, la plupart avec vue sur la citadelle et la mer.

Kallisté sans rest

51 cours Napoléon – ✆ 04 95 51 34 45 – www.hotel-kalliste-ajaccio.com
45 ch – 64/77 € 80/95 € **Zb**
◆ Cet édifice (19e s.) du cours Napoléon a conservé ses murs de brique et de granit et ses plafonds voûtés. Chambres spartiates, idéales pour une étape ou un court séjour.

Grand Café Napoléon

10 cours Napoléon – ✆ 04 95 21 42 54 – Fermé 23 déc.-3 janv., sam. soir, dim. et fériés **Zd**
Rest – Menu 18 € (déj.), 30/45 € – Carte 53/71 €
◆ L'un des plus anciens cafés de l'île, avec son beau décor historique (carrelage à damiers, moulures). Cuisine fraîche et aromatique, salon de thé l'après-midi. Terrasse prisée.

L'Altru Versu

bd Nicéphore-Sephanopoli-de-Comnene, Les Sept Chapelles, rte des Iles Sanguinaires – ✆ 04 95 50 05 22 – www.laltruversu.com – Fermé janv., dim. soir et merc. hors saison
Rest – Menu 39 € – Carte 41/61 €
◆ De la lumineuse salle à manger à fleur d'eau, la vue sur le golfe est superbe. Parfums de clémentine et de myrte... La carte "terre et mer" donne une autre idée de la Corse.

Le 20123

2 r. Roi de Rome – ✆ 04 95 21 50 05 – www.20123.fr – Fermé le midi et lundi
Rest – *(prévenir)* Menu 33 € **Zv**
◆ De la cuisine de terroir (charcuterie, sanglier, ravioli au bruccio, crème de châtaigne) dans un décor de village corse reconstitué. Une bonne adresse ; mieux vaut réserver.

A Nepita

4 r. San-Lazaro – ✆ 04 95 26 75 68 – Fermé août, 23-30 déc., lundi soir mardi soir merc soir, sam. midi et dim **Yf**
Rest – (15 €) Menu 25 € (déj. en sem.)/32 €
◆ Dans ce petit établissement, un chef d'expérience concocte chaque jour un menu unique autour de deux plats au choix, au gré du marché et de ses envies. Fraîcheur et saveur !

L'Amuse Bouche

3 bd Pugliesi-Conti – ✆ 04 95 52 11 43 – Fermé juil., dim. soir et lundi
Rest – (39 €) Menu 48 € – Carte 39/49 € **Ys**
◆ Amuse-bouches et produits bien sélectionnés (jambon corse, poisson frais) pour une cuisine aux parfums de la Méditerranée. Cadre intime et service prévenant.

Plaine de Cuttoli 15 km par ① par rte de Bastia, rte de Cuttoli (D 1) puis rte de Bastelicaccia – ✉ 20167 Mezzavia

U Licettu avec ch

– ✆ 04 95 25 61 57 – www.u-licettu.com – Fermé 1er janv.-15 fév., dim. soir et lundi hors saison
5 ch – 75/85 € 75/85 € **Rest** – *(prévenir)* Menu 40 € bc
◆ Villa dominant le golfe et noyée sous les fleurs, accueil charmant, plats corses copieux et savoureux (charcuteries maison) : de bonnes raisons de ne pas prendre le maquis ! La maison propose des chambres récentes, gaies et spacieuses, donnant sur le jardin.

à Pisciatello 12 km par ① et N 196 – ✉ 20117 Cauro

Auberge du Prunelli

– ✆ 04 95 20 02 75 – Fermé mardi
Rest – Menu 20 € (déj.)/31 € bc – Carte 27/45 €
◆ À deux pas d'un petit pont sur le Prunelli, une auberge corse du 19e s. avec sa treille. Légumes du potager et incontournables (omelette au brocciu, cabri rôti, figatelli).

rte des îles Sanguinaires par ② – ✉ 20000 Ajaccio :

Dolce Vita ch, ch, VISA AE

à 9 km – ✆ 04 95 52 42 42 – www.hotel-dolcevita.com – Ouvert de fin mars à début nov.

32 ch – 210/420 € 290/560 € – 29 €

Rest ***La Mer*** – (31 €) Menu 45 € – Carte 48/80 €

◆ La vie est douce dans cet hôtel à fleur d'eau : beau jardin, piscine et plage privée. Chambres spacieuses et contemporaines, toutes avec vue sur la Méditerranée. Vaste salle et superbe terrasse face aux Sanguinaires pour déguster les produits de la mer.

Cala di Sole ch, VISA AE

à 6 km – ✆ 04 95 52 01 36 – www.caladisole.fr – Ouvert avril-sept.

31 ch – 90/190 € 130/250 € – 12 €

Rest – *(ouvert mai-sept.)* Carte 20/40 €

◆ Pour un séjour tonique les pieds dans l'eau : piscine, fitness, plongée, jet-ski et planche à voile. Chambres avec terrasse ou loggia donnant sur la mer. En saison, grillades et salades servies midi et soir à la paillotte de l'hôtel, située sur la plage.

Palm Beach avec ch ch, VISA AE

à 5 km – ✆ 04 95 52 01 03 – www.palm-beach.fr – Fermé 1er-27 déc., dim. soir et lundi

10 ch – 110/180 € 120/250 € – 17 €

Rest – *(dîner seult)* Menu 36 € (sem.), 55/75 € – Carte 68/96 €

Spéc. L'ode à la mer en trois paliers. Veau corse abbattucci. Fiadone (nov. à juin).

Rest ***Sari*** – *(fermé lundi) (déj. seult)* Menu 26 € – Carte 34/40 €

◆ Le restaurant embrasse le golfe d'Ajaccio : la grande bleue vient caresser sa terrasse… Une situation idyllique pour savourer une cuisine gastronomique raffinée, mettant en valeur de très beaux produits. Snacking de luxe (tapas, salades) au Sari, sur la plage. Chambres contemporaines et épurées, face à la mer.

ALÉRIA – 2B Haute-Corse – 345 G7 – 2 002 h. – alt. 20 m – ✉ 20270 15 B2

Bastia 71 – Corte 50 – Porto Vecchio 72

Casa Luciani RN 198 ✆ 04 95 57 01 51

Fort de Matra ★ - Musée Jérôme-Carcopino collection de céramiques attiques ★★ - Ville antique★.

L'Atrachjata sans rest VISA AE

– ✆ 04 95 57 03 93 – www.hotel-atrachjata.net

30 ch – 49/219 € 49/219 € – 2 suites – 8 €

◆ Au cœur de la Costa Serena, accueillant hôtel familial situé en bordure de route. Grandes chambres actuelles avec de jolies salles de bains, à choisir de préférence sur l'arrière.

L'Empereur VISA AE

lieu-dit Cateraggio , (N 198) – ✆ 04 95 57 02 13 – www.hotel-empereur.com

32 ch – 42/70 € 49/100 € – 7 € – ½ P 60/70 €

Rest – Menu 15/25 € – Carte 27/39 €

◆ À 3 minutes de la plage, construction de style motel abritant des chambres spacieuses et fonctionnelles tournées pour la plupart vers la piscine (certaines avec mezzanine). Appétissantes recettes traditionnelles corses servies dans une lumineuse salle à manger.

ALGAJOLA – 2B Haute-Corse – 345 C4 – 268 h. – alt. 2 m – ✉ 20220 15 A1

Bastia 76 – Calvi 16 – L'Ile-Rousse 10

rue Droite ✆ 04 95 62 78 32

Citadelle★.

Stellamare sans rest VISA

chemin Santa Lucia – ✆ 04 95 60 71 18 – www.stellamarehotel.com – Ouvert 15 avril-5 oct.

16 ch – 75/135 € 85/145 €

◆ En retrait de la mer, nichée sur les hauteurs de la station, maison précédée d'un beau jardin. Chambres plaisantes, régulièrement rafraîchies ; terrasse de style marocain.

Serenada sans rest
– ✆ 04 95 36 43 64 – www.hotel-serenada.com – Ouvert de mai à oct.
8 ch – 88/219 € 88/219 €
◆ Près de la plage, deux bâtiments neufs séparés par une petite route calme. L'hôtel à la façade ocre-orangée propose des chambres contemporaines et bien insonorisées.

AULLÈNE – 2A Corse-du-Sud – **345** D9 – **177 h.** – **alt. 825 m** – ✉ **20116** **15** B3

Ajaccio 73 – Bonifacio 84 – Corte 103 – Porto-Vecchio 59

San Larenzu sans rest
Pasta di Grano – ✆ 04 95 78 63 12 – www.san-larenzu.spaces.live.com
5 ch – 55 € 60 €
◆ En route pour le GR 20 ? Laurent propose des chambres bien tenues et... vend aussi sa charcuterie artisanale ! Bon petit-déjeuner (miel et confitures corses) face aux montagnes.

BASTELICA – 2A Corse-du-Sud – **345** D7 – **519 h.** – **alt. 800 m** – ✉ **20119** **15** B2

Ajaccio 43 – Corte 69 – Propriano 70 – Sartène 82

Route panoramique★ du plateau d'Ese.

A 400 m du col de Mercujo : belvédère ★★ et SO : 13,5 km.

Chez Paul avec ch
– ✆ 04 95 28 71 59
13 ch (½ P seult) – ½ P 45 € **Rest** – (12 €) Menu 17/26 €
◆ Découvrez le truculent Paul et sa cuisine corse (charcuterie maison, daube de veau, cannelonis au brocciu). Sur la terrasse, vue plongeante sur le village et la vallée du Prunelli. Appartements autour de l'auberge, pratiques pour les familles.

BASTIA P – 2B Haute-Corse – **345** F3 – **43 577 h.** – ✉ **20200** **15** B1

Ajaccio 148 – Bonifacio 171 – Calvi 92 – Corte 69

de Bastia-Poretta ✆ 04 95 54 54 54, 20 km par ②.

place Saint-Nicolas ✆ 04 95 54 20 40

Golf Club Borgo Borgo Castellarese, S : 20 km par rte Aéroport, ✆ 04 95 38 33 99

Terra-Vecchia★ : le vieux port★★, oratoire de l'Immaculée Conception★ - Terra-Nova★ : Assomption de la Vierge★★ dans l'église Ste-Marie, décor★★ rococo dans la chapelle Ste-Croix.

Église Ste-Lucie ★★ 6 km NO par D 31 X - ★★★ de la Serra di Pigno 14 km par ③ - ★★ du col de Teghime 10 km par ③.

Les Voyageurs sans rest
9 av. du Mar.-Sébastiani – ✆ 04 95 34 90 80 – www.hotel-lesvoyageurs.com
24 ch – 60/85 € 85/115 € – 10 € Xr
◆ Situé proche de la gare, cet hôtel récemment rénové accueille les voyageurs depuis un siècle. Chambres bien insonorisées, joliment décorées dans des tons jaune et bleu.

Corsica Hôtels Bastia Centre sans rest
av. J. Zuccarelli , par ③ – ✆ 04 95 55 10 00
– www.corsica-hotels.fr
71 ch – 64/159 € 77/159 € – 9 €
◆ Architecture contemporaine bénéficiant d'équipements modernes très appréciables. Chambres en cours de rénovation, confortables et calmes. Petit salon et snack-bar.

Posta Vecchia sans rest
8 r. Posta Vecchia – ✆ 04 95 32 32 38 – www.hotel-postavecchia.com
50 ch – 45/95 € 45/105 € – 7 € Ys
◆ Au cœur de Terra-Vecchia, la vieille ville bastiaise, immeuble rose aux volets verts. Chambres un peu étroites mais bien entretenues ; elles sont plus grandes à l'annexe.

Campinchi (R. César) .... Y
Carbuccia (R. Gén.-de) .... Z 2
Casanova (R. L.) .... Z 3
Chanoine Colombani (R.) .... X 4
Chanoine Leschi (R.) .... X 5
Dr-Favale (Cours du) .... Z 6
Donjon (Pl. du) .... Z 7
Evêché (R. de l') .... Z 8
Gaudin (Bd A.) .... Z
Giraud (Bd Gén.) .... YZ 9
Landry (R. A.) .... X 15
Leclerc (Sq. du Mar.) .... X 17
Luccioni (R. José) .... X 18
Marché (Pl. du) .... Y 19
Marine (R. de la) .... Z 20
Napoléon (R.) .... Y 23
Neuve-St-Roch (R.) .... Y 25
Paoli (Bd) .... YZ
Pierangeli (Cours H.) .... Y 29
St-François (R.) .... Y 32
St-Michel (R.) .... Z 34
St-Roch (R.) .... Y 35
Salicetti (R.) .... Y 37
Sari (Av. Emile) X
Sébastiani (Av. Mar.) .... X 38
Terrasses (R. des) .... Y 39
Zéphyrs (R. des) .... Y 42

XX **Chez Huguette**
quai Sud, au Vieux-Port – ✆ 04 95 31 37 60 – www.chezhuguette.fr – Fermé 10-28 déc., dim. sauf le soir du 15 juin au 15 sept., lundi midi du 15 juin au 15 sept. et sam. midi **Zt**
Rest – Carte 40/60 €
◆ Restaurant familial situé face aux nombreuses embarcations du vieux port. Cet agréable voisinage donne le ton à la cuisine qui met à l'honneur fruits de mer et poissons frais.

XX **La Table du Marché St Jean**
pl. du Marché – ✆ 04 95 31 64 25 – Fermé dim. **Ya**
Rest – Menu 25/30 € – Carte 40/50 €
◆ Une Table à retenir aussi bien pour la fraîcheur de ses poissons et fruits de mer que pour sa terrasse sous les platanes et ses salles à manger cosy. Joli banc d'écailler.

XX **La Citadelle**
6 r. Dragon – ✆ 04 95 31 44 70 – www.restaurantlacitadelle.com – Fermé dim. et lundi
Rest – Menu 35/48 € – Carte 42/50 € **Za**
◆ Décoration chaleureuse et rafraîchie pour cet ancien moulin à huile qui a conservé sa meule et sa presse à olives. Cuisine de tradition et, au déjeuner, formule bistrot.

X **A Casarella**
r. Ste-Croix, (La Citadelle) – ✆ 04 95 32 02 32 – http://a-casarella .com – Fermé merc. midi d'oct. à mai **Zs**
Rest – Menu 18 € (déj. en sem.) – Carte 25/60 €
◆ Accueil très convivial dans ce charmant restaurant situé au cœur de la citadelle. Salle à manger cosy au décor raffiné, belles terrasses et bons petits plats du terroir.

X **Le Siam**
r. de la Marine, au Vieux-Port – ✆ 04 95 31 72 13 – Fermé sam. midi et lundi
Rest – Menu 22/48 € bc – Carte environ 30 € **Yb**
◆ Belle vue sur l'activité du vieux port depuis la miniterrasse de ce restaurant. Intérieur tout simple rehaussé de discrètes touches asiatiques. Spécialités thaïlandaises.

X **A Vista**
8 r. St-Michel, (La Citadelle) – ✆ 04 95 47 39 91 – www.restaurantavista.com – Fermé janv. **Zv**
Rest – (19 € bc) Menu 35 € bc (déj. en sem.), 45 € bc/100 € bc – Carte 35/150 €
◆ Restaurant chaleureux agencé avec élégance, où l'on déguste les produits de la région. La belle terrasse offrant une vue plongeante sur la mer est un vrai petit paradis.

à Palagaccio 2,5 km par ① – ✉ 20200 San Martino di Lota

L'Alivi
rte du Cap – ✆ 04 95 55 00 00 – www.hotel-alivi.com – Ouvert 15 mars-30 oct.
36 ch – †80/200 € ††90/200 € – 1 suite – ☐ 15 € – ½ P 95/150 €
Rest *L'Archipel* – ✆ 04 95 55 00 10 *(ouvert 1er avril-15 oct.)* Menu 32 € Carte 38/74 €
◆ Sur la route du Cap Corse, hôtel moderne aux chambres spacieuses dotées de terrasses tournées vers la mer. Grand solarium surplombant la grande bleue, accès direct à la plage. À l'Archipel, cuisine méditerranéenne au bord de la piscine face aux îles Toscanes.

à Pietranera 3 km par ① – ✉ 20200 San Martino di Lota

Pietracap sans rest
sur D 131 – ✆ 04 95 31 64 63 – www.hotel-pietracap.com – Ouvert avril-nov.
39 ch – †92/145 € ††92/215 € – ☐ 15 €
◆ Un havre de paix dans un parc arboré et fleuri, une attention toute particulière étant ici accordée à la splendide décoration florale. Vastes chambres côté mer Méditerranée.

Cyrnea sans rest
✆ 04 95 31 41 71 – http://hotelcyrnea.monsite.wanadoo.fr – Fermé 15 déc.-15 janv.
19 ch – †50/80 € ††56/88 € – ☐ 6 €
◆ À côté de l'église, sur la rue principale, petit hôtel aux chambres simples et bien tenues, à choisir sur mer. Le jardin, en terrasses, mène directement à la plage.

à Miomo 5,5 km par ① – ✉ 20200 Santa Maria di Lota

Torremare ch, ch,
2 rte Bord de Mer – ✆ 04 95 33 47 20 – www.hotel-torremare-corse.com – Ouvert début mai à fin sept.
7 ch – 70/100 € 80/155 € – 10 € **Rest** – (20 €) Carte 26/46 €
◆ Idéalement situé sur la plage, ce petit hôtel offre une belle vue sur la Méditerranée et sur une pittoresque tour génoise. Chambres fraîches et lumineuses, au décor épuré. Salle à manger immaculée, terrasse panoramique face à la mer et cuisine du terroir.

à San-Martino-di-Lota 13 km par ① et D 131 – 2 702 h. – alt. 350 m – ✉ 20200

La Corniche ch,
hameau de Castagneto – ✆ 04 95 31 40 98 – www.hotel-lacorniche.com – Fermé janv.
20 ch – 54/105 € 65/130 € – ½ P 61/93 €
Rest – *(fermé dim. soir de nov. à avril, lundi et mardi)* Menu 30 € – Carte 42/59 €
◆ Perchée sur les hauteurs du village, à flanc de colline, cette maison jouit d'une vue incomparable sur la vallée et la mer. Spacieuses chambres colorées, insonorisées. Cuisine traditionnelle, généreuse et authentique, servie dans un cadre chaleureux ou à l'ombre des platanes.

Château Cagninacci sans rest
Hameau de Mola – ✆ 06 78 29 03 94 – www.chateaucagninacci.com – Ouvert 15 mai-1er oct.
4 ch – 99/119 € 103/123 €
◆ Au grand calme, couvent du 17es. restructuré en château et empli d'authenticité. Superbes chambres meublées à l'ancienne, donnant – comme la terrasse – sur la mer et l'île d'Elbe.

rte d'Ajaccio 4 km par ② – ✉ 20600 Bastia :

Ostella ch,
av. Sampiero Corso – ✆ 04 95 30 97 70 – www.hotel-ostella.com
52 ch – 69/130 € 98/150 € – 2 suites – 12 €
Rest – *(fermé sam. et dim.)* Menu 19/25 € – Carte 29/54 €
◆ Hôtel aux chambres fonctionnelles peu à peu rénovées dans un style contemporain ; certaines possèdent un petit balcon côté mer. Jardin original avec cascade. Beau fitness. Salle à manger agrémentée de colonnes en marbre, terrasse et cuisine traditionnelle.

rte de l'aéroport de Bastia-Poretta 18 km par ②, N 193 et D 507 ✉ 20290 Lucciana

Poretta sans rest
rte de l'aéroport – ✆ 04 95 36 09 54 – www.hotel-poretta.com
45 ch – 65/75 € 70/86 € – 8 €
◆ En retrait de la route, construction moderne dissumulée par d'imposants palmiers. Chambres aux tailles diverses, fraîches et fonctionnelles. Duplex pour les familles.

BOCOGNANO – 2A Corse-du-Sud – **345** D7 – 451 h. – alt. 600 m **15** B2
– ✉ 20136

Ajaccio 39 – Bonifacio 155 – Corte 43
Cascade du Voile de la Mariée ★ 3,5 km au Sud.

Beau Séjour
– ✆ 04 95 27 40 26 – www.hotelbocognano.com – Ouvert 15 avril-7 oct.
18 ch – 51 € 61 € – ½ P 53 € **Rest** – Menu 17/23 € – Carte 20/40 €
◆ Au milieu des châtaigniers, bâtisse de 1890 appréciée des randonneurs et des amoureux de la nature. Les chambres ont un cachet rustique, surtout au 1er étage, avec leur mobilier régional. À la carte : soupe corse, civet de sanglier et gâteau à la châtaigne.

BONIFACIO – 2A Corse-du-Sud – **345** D11 – 2 831 h. – alt. 55 m – ✉ 20169 **15** B3

Ajaccio 132 – Corte 150 – Sartène 50

Figari-Sud-Corse : ✆ 04 95 71 10 10, 21 km au N.

2, rue Fred Scamaroni ✆ 04 95 73 11 88

de Sperone Domaine de Sperone, E : 6 km, ✆ 04 95 73 17 13

Site★★★ - Ville haute★★ : Place du marché ≤★★ - Trésor★ des églises de Bonifacio (Palazzu Publicu) - Eglise St-Dominique★ - Esplanade St-Francois ≤★★ - Cimetière marin★.

Grottes marines et la côte★★.

Genovese sans rest

Haute Ville – ✆ 04 95 73 12 34 – www.hotelgenovese.com – Fermé 14 nov.-15 janv.

15 ch – 145/350 € 145/350 € – 3 suites – 20 €

◆ Dans les remparts du fort, un établissement au minimalisme chic et moderne, propice à la détente. Belles chambres réparties autour de la cour, orientées côté citadelle ou port.

Santa Teresa sans rest

quartier St-François , (ville haute) – ✆ 04 95 73 11 32 – www.hotel-santateresa.com – Ouvert 10 avril-12 oct.

44 ch – 105/280 € 105/280 € – 15 €

◆ Hôtel imposant surplombant les falaises. Chambres contemporaines très soignées ; certaines offrent une vue plongeante sur la grande bleue, avec la Sardaigne au loin !

A Trama

2 km à l'Est par rte Santa Manza – ✆ 04 95 73 17 17 – www.a-trama.com – Fermé 5 janv.-2 fév.

31 ch – 93/195 € 93/195 € – 15 € – ½ P 140/242 €

Rest – *(ouvert 1er avril-31 oct.) (dîner seult)* Menu 36 € – Carte 37/47 €

◆ Les chambres sont disséminées dans cinq bungalows, au cœur d'un beau jardin planté d'oliviers et de palmiers. Décor soigné (mosaïques) et terrasses privées. Courte carte et cuisine méditerranéenne servies sous une véranda face à la piscine.

A Madonetta sans rest

r. Paul-Nicolaï – ✆ 04 95 10 36 39 – www.amadonetta.com

24 ch – 70/195 € 70/195 € – 4 suites – 12 €

◆ Un hôtel flambant neuf proche de la marina et assez calme. Chambres claires et élégantes, certaines avec mezzanine. Agréable spa (bain à remous, hammam, solarium).

A Cheda

rte de Porto-Vecchio, 2 km au Nord-Est par N 198 – ✆ 04 95 73 03 82 – www.acheda-hotel.com

11 ch – 119/459 € 119/459 € – 5 suites – 25 €

Rest – *(fermé 2 janv.-11 fév., le midi et mardi d' oct. à mai)* Menu 65/85 € – Carte 67/72 €

◆ Pour se couper du monde : un jardin planté d'essences du Sud et des chambres délicieuses (terrasse privative, sauna) dans des maisonnettes. Bois, pierre, mosaïque... Restaurant intimiste et terrasse face à la piscine ; recettes actuelles à base de produits corses.

Le Voilier

quai Comparetti – ✆ 04 95 73 07 06 – Fermé 14 janv.-14 fév., dim. soir et merc. hors saison

Rest – (25 €) Menu 29 € – Carte 50/80 €

◆ Voguez sans crainte vers cette étape gourmande ! Décor élégant et terrasse sur la marina, cuisine iodée d'une grande fraîcheur, embellie de légumes et d'herbes aromatiques.

Stella d'Oro

7 r. Doria , (ville haute) – ✆ 04 95 73 03 63 – Ouvert début avril-fin sept.

Rest – Menu 27 € – Carte 40/75 €

◆ Une maison ancienne (poutres, pressoir à olives et meule en pierre) dans la vieille ville. Cuisine savoureuse faisant la part belle à la pêche locale et aux langoustes.

Domaine de Licetto avec ch

rte Pertusato – ✆ 04 95 73 19 48 – www.licetto.com – Ouvert 1er avril-30 oct. et fermé dim. et le midi

19 ch – 50/80 € 50/100 € – 9 €

Rest – *(nombre de couverts limité, prévenir)* Menu 36 € bc/110 € bc

◆ Sur une route isolée, une adresse sympathique, où l'on sert une cuisine familiale préparée avec les légumes et les herbes du potager. Chambres spacieuses, au calme, certaines avec une vue superbe sur la ville haute et les falaises. Réservez à l'avance.

à Gurgazu 6 km au Nord-Est par rte de Santa-Manza – ✉ 20169 Bonifacio

Du Golfe ch,

Golfe Sant' Amanza – ✆ 04 95 73 05 91 – www.hoteldugolfe-bonifacio.com – Ouvert de début avril à mi-nov.

12 ch – 50/90 € 60/130 € – 8,50 € – ½ P 55/90 €

Rest – Menu 20/30 € – Carte 27/44 €

◆ Cette affaire familiale nichée dans un site sauvage du golfe de Santa Manza, à 50 m de la mer, séduit les amateurs de quiétude et de simplicité. Salle de restaurant conviviale et terrasse face à la côte. Appétissante cuisine, régionale et sans prétention.

au Nord-Est 10 km par rte de Porto-Vecchio (N 198) et rte secondaire – ✉ 20169 Bonifacio :

U Capu Biancu ch, rest,

Domaine de Pozzoniello – ✆ 04 95 73 05 58 – www.ucapubiancu.com – Ouvert 29 avril-4 nov. et 26 déc.-2 janv.

33 ch – 220/305 € 245/330 € – 9 suites

Rest – Menu 65 € (dîner)/165 € bc – Carte 90/120 €

◆ Dans un splendide jardin méditerranéen, au-dessus des eaux turquoises du golfe de Santa Manza... Suites luxueuses et chambres côté mer ou côté maquis. Piscine à débordement. Le chef travaille les produits nobles et du terroir corse. Superbe restaurant de plage.

à la plage de Calalonga 6 km à l'Est par D 258 et rte secondaire – ✉ 20169 Bonifacio

Marina di Cavu ch,

– ✆ 04 95 73 14 13 – www.marinadicavu-hotel.com

7 ch (½ P seult) – 2 suites – ½ P 68/111 €

Rest – *(ouvert avril-oct. et fermé le midi sauf de mi-juin à mi-sept.) (nombre de couverts limité, prévenir)* Menu 48 € (dîner)/89 € – Carte 75/110 €

◆ Une impression de bout du monde, face aux îles Lavezzi et Cavallo. Le granit s'invite même dans la décoration des vastes chambres (mosaïques et mobilier d'Afrique du Nord). Restaurant panoramique : un régal pour les amateurs de produits nobles et d'épices.

CALACUCCIA – 2B Haute-Corse – 345 D5 – 335 h. – alt. 830 m – ✉ 20224 **15 A2**

Bastia 78 – Calvi 97 – Corte 35 – Piana 68

avenue Valdoniello ✆ 04 95 47 12 62

Lac de Calacuccia★ - Tour du lac de barrage ★★ - Défilé de la Scala di Santa Regina★★ NE : 5 km.

Acqua Viva sans rest

– ✆ 04 95 48 06 90 – www.acquaviva-fr.com

14 ch – 62/75 € 65/79 € – 9 €

◆ Au débouché de la Scala di Santa Regina taillée, dit-on, par la Vierge en personne, petit hôtel familial disposant de chambres actuelles d'une tenue irréprochable.

Auberge Casa Balduina sans rest

lieu-dit Le Couvent – ✆ 04 95 48 08 57 – www.casabalduina.com – Ouvert de Pâques à oct.

7 ch – 62/75 € 62/79 € – 9 €

◆ Cette avenante maison nichée dans un jardin abrite de coquettes petites chambres bien rénovées. Les petits-déjeuners sont servis sous une jolie pergola.

CALVI – 2B Haute-Corse – **345** B4 – **5 477 h.** – ✉ **20260** **15** A1

Bastia 92 – Corte 88 – L'Ile-Rousse 25 – Porto 73

de Calvi-Ste-Catherine : ☎ 04 95 65 88 88, par ①.

Port de Plaisance ☎ 04 95 65 16 67

Citadelle★★ : fortifications★ - La Marine★.

Intérieur★ de l'église St-Jean-Baptiste - La Balagne★★★.. La Balagne★★★.

La Villa

chemin de Notre-Dame-de-la-Serra, 1 km par ① – ☎ 04 95 65 10 10 – www.hotel-lavilla.com – Ouvert 19 fév.-3 janv.

34 ch – †200/600 € ††200/600 € – 15 suites – ☕ 35 € – ½ P 190/390 €

Rest ***La Table de Bastien*** – *(fermé lundi et mardi)* Menu 70 € (dîner), 110/195 € – Carte 90/118 €

Spéc. Fritos de langoustines de nos côtes (mars à sept.). Quasi de veau corse cuit au sautoir. Déclinaison d'agrumes de l'Île de Beauté. **Vins** Patrimonio, Corse-Figari.

♦ La vieille ville et toute la baie semblent se prosterner devant cette Villa juchée sur les hauteurs ! Un palace au luxe discret, digne d'un couvent comme d'une villa romaine. La Table de Bastien cultive aussi les beautés de l'île : le meilleur du terroir corse et de la pêche locale... avec vue sur la mer.

Regina sans rest

av. Santa Maria , par ① – ☎ 04 95 65 24 23 – www.reginahotelcalvi.com

44 ch – †65/320 € ††65/320 € – ☕ 12 €

♦ Cet hôtel récent jouit d'une situation dominante, offrant ainsi une vue sur le port et le golfe de Calvi. Grandes chambres modernes tournées vers la mer ou la jolie piscine.

Balanea sans rest

6 r. Clemenceau – ☎ 04 95 65 94 94 – www.hotel-balanea.com – Ouvert 1er avril-31 oct. **n**

37 ch – †100/260 € ††100/260 € – 1 suite – ☕ 12 €

♦ Accès par une rue piétonne. Les chambres cultivent l'originalité : couleurs vives, mobilier néo-rustique ou design ; certaines offrent un beau panorama sur le port.

Mariana sans rest

av. Santa Maria, par ① – ☎ 04 95 65 31 38 – www.hotel-mariana.com

55 ch – †60/190 € ††70/190 € – 5 suites – ☕ 12 €

♦ Hôtel moderne surplombant le golfe de Calvi. Loggia privée tournée côté mer pour la plupart des chambres. Extension neuve avec suites et piscine-solarium sur le toit-terrasse.

Hostellerie de l'Abbaye sans rest

rte de Santore – ☎ 04 95 65 04 27 – www.hostellerie-abbaye.com – Ouvert 1er avril-31 oct. **a**

43 ch – †85/280 € ††85/282 € – ☕ 14 €

♦ La façade de cet hôtel, bâti dans les murs d'une abbaye franciscaine (16e s.), est couverte de fleurs et verdure, tout comme la terrasse arborée et le beau jardin. Chambres cosy.

L'Onda sans rest

av. Christophe-Colomb, 1 km par ① – ☎ 04 95 65 35 00 – www.hotel-londa.com – Ouvert 30 avril-1er nov.

24 ch – †55/140 € ††68/140 € – ☕ 8 €

♦ À proximité de la plage et de la pinède, un petit immeuble des années 1980, engageant avec sa façade jaune vif. Chambres simples et pratiques, toutes avec balcon.

Emile's

quai Landry – ☎ 04 95 65 09 60 – www.restaurant-emiles.com – Fermé 15 oct.-10 déc. **k**

Rest – Menu 50/120 € – Carte 85/125 €

Spéc. Foie gras de canard mariné au citron cédrat. Saint-pierre façon rossini. Gros macaron aux fraises des bois. **Vins** Patrimonio, Ajaccio.

♦ Sur un quai planté de palmiers, maison typique dont le restaurant, à l'étage, domine le port et la citadelle. Cuisine joliment travaillée, célébrant les produits du terroir méditerranéen.

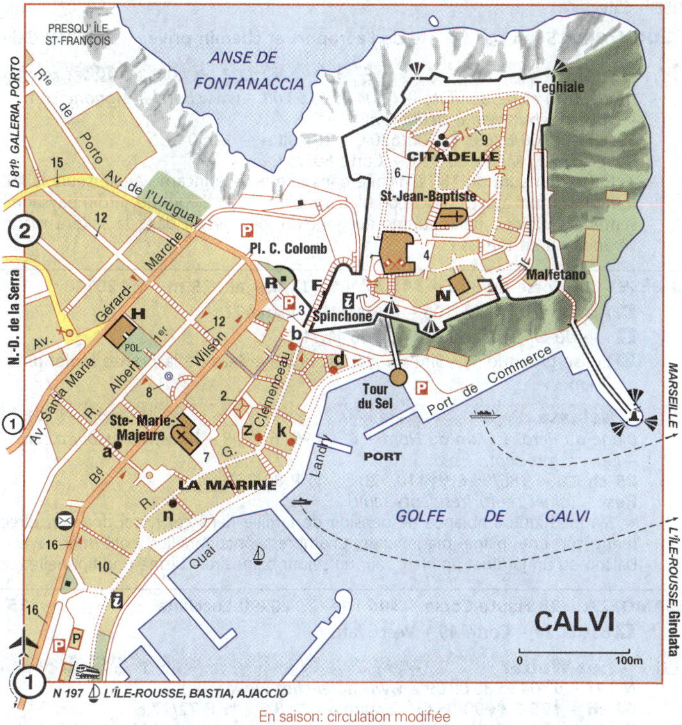

En saison: circulation modifiée

Alsace-Lorraine (R.)	2	Crudelli (Pl.)	7	Montée des Écoles (Chemin de)	12
Anges (R. des)	3	Dr-Marchal (Pl. du)	8	Napoléon (Av.)	15
Armes (Pl. d')	4	Fil (R. du)	9	République (Av. de la)	16
Clemenceau (R. G.)		Joffre (R.)	10	Wilson (Bd)	
Colombo (R.)	6				

Calellu

quai Landry – ✆ 04 95 65 22 18 – Ouvert 1er avril-31 oct. et fermé lundi hors saison **d**

Rest – Menu 25 € – Carte 50/65 €

◆ Éffiloché d'aile de raie ; filet de saint-pierre sauce araignée... Une cuisine de la mer soignée et savoureuse – le chef privilégie les produits locaux – face au port de plaisance.

E.A.T.

r. Clemenceau, Montée du Port – ✆ 04 95 38 21 87 – Fermé 15-25 oct., lundi, mardi et merc. de nov. à mars **b**

Rest – (15 €) Menu 32 € – Carte 45/70 €

◆ Épicurien Avant Tout ! Un restaurant d'ambiance lounge au concept original : à vous de choisir les plats en taille L ou XL. Terrasse au pied de la citadelle.

Aux Bons Amis

r. Clemenceau – ✆ 04 95 65 05 01 – Ouvert 1er mars-15 oct. et fermé merc. hors saison, sam. midi en saison et merc. midi **z**

Rest – Menu 21/32 € – Carte 40/75 €

◆ Dans une rue piétonne, sympathique petit restaurant décoré sur le thème de la pêche (filets, bibelots) ; vivier à langoustes et homards. Spécialités de produits de la mer.

au Sud-Ouest 5 km par ① rte de l'aéroport et chemin privé - ✉ 20260 Calvi

La Signoria

rte de la forêt de Bonifato – ✆ 04 95 65 93 00 – www.hotel-la-signoria.com – Ouvert début avril à début janv.

17 ch – 🚹200/670 € 🚹🚹200/670 € – 10 suites – ☕ 30 €

Rest – (35 €) Menu 58/95 € – Carte 80/95 €

◆ Cette demeure du 18ᵉ s. nichée dans une pinède incarne à elle seule la Méditerranée : murs aux tons ocre ou bleu, mobilier corse d'époque, jardin paysagé et... senteurs infinies ! Belle cuisine au goût du jour, servie dans la salle à manger-véranda ou en terrasse.

CARGÈSE – 2A Corse-du-Sud – **345** A7 – 1 117 h. – alt. 75 m – ✉ 20130 **15** A2

Ajaccio 51 – Calvi 106 – Corte 119 – Piana 21

rue du Dr Dragacci ✆ 04 95 26 41 31

Église grecque ★ - Site★★ depuis le belvédère de la pointe Molendino E : 3 km.

Thalassa

plage du Pero, 1,5 km au Nord – ✆ 04 95 26 40 08 – www.thalassalura.com – Ouvert mai-sept.

25 ch ☕ – 🚹85/95 € 🚹🚹110/120 € – ½ P 80/85 €

Rest – *(dîner seult) (résidents seult)*

◆ Sympathique ambiance de pension de famille dans cet hôtel donnant directement sur une plage magnifique. Chambres fonctionnelles côté mer, avec un balcon ou un jardinet ; parfait pour un séjour balnéaire. Cuisine traditionnelle corse.

CASAMOZZA – 2B Haute-Corse – **345** F4 – ✉ 20290 Lucciana **15** B1

Bastia 20 – Corte 49 – Vescovato 6

Chez Walter

N 193 – ✆ 04 95 36 00 09 – www.hotel-chez-walter.com

64 ch – 🚹75 € 🚹🚹90/95 € – 2 suites – ☕ 8 € – ½ P 72/77 €

Rest – *(fermé 19 déc.-10 janv. et dim. sauf le soir en août)* Menu 22 € – Carte 40/55 €

◆ Proche de l'aéroport de Bastia-Poretta, un complexe hôtelier moderne au cœur d'un jardin méditerranéen. Chambres bien équipées, de taille et de confort variables. Vaste salle à manger au décor néo-rustique ; cuisine traditionnelle, buffets et pizzas.

CERVIONE – 2B Haute-Corse – **345** F6 – 1 605 h. – alt. 350 m – ✉ 20221 **15** B2

Ajaccio 140 – Bastia 52 – Biguglia 45 – Corte 78

à Prunete 5,5 km à l'Est par D 71 – ✉ 20221

Casa Corsa sans rest

Acqua Nera – ✆ 04 95 38 01 40 – www.casa-corsa.net

5 ch ☕ – 🚹54/59 € 🚹🚹60/66 €

◆ Vous ne serez pas déçus par le confort et l'accueil vraiment convivial de cette maison d'hôtes. Les chambres, douillettes, possèdent de grandes salles de bains. Beau jardin.

COL DE BAVELLA – 2A Corse-du-Sud – **345** E9 – alt. 1 218 m – ✉ 20124 **15** B3
Zonza

Ajaccio 102 – Bonifacio 76 – Porto-Vecchio 49 – Propriano 49

Col et aiguilles de de Bavella★★★ - Forêt de Bavella★★.

Auberge du Col de Bavella

– ✆ 04 95 72 09 87 – www.auberge-bavella.com – Ouvert avril-oct.

Rest – Menu 22 € – Carte 20/40 €

◆ Gîte d'étape de style rustique sur le GR 20 au milieu des pins, à proximité des aiguilles de Bavella. Les spécialités : ragoût de haricots à la pancetta, courgette au brocciu.

CORTE – 2B Haute-Corse – **345** D6 – **6 735 h. – alt. 396 m** – ✉ **20250** **15** B2
Corse

Bastia 69 – Bonifacio 150 – Calvi 88 – L'Ile-Rousse 63

la Citadelle de Corté ✆ 04 95 46 26 70

Ville haute★ : chapelle Ste-Croix★, citadelle★ ≤★, Belvédère ✳★ - Musée de la Corse★★.

✳★★ du Monte Cecu N : 7 km - SO : gorges de la Restonica★★.

Le 24

24 cours Paoli – ✆ 04 95 46 02 90 – Fermé 15 fév.-2 mars et dim. hors saison

Rest – (16 €) Menu 23 € – Carte 29/49 €

◆ Une petite adresse sympathique dans un cadre sagement contemporain. Belles propositions à l'ardoise, mêlant traditionnel, terroir corse et cuisine du monde. Jolis vins locaux.

dans les Gorges de La Restonica **Sud-Ouest sur D 623 – ✉ 20250 Corte**

Dominique Colonna sans rest

à 2 km – ✆ 04 95 45 25 65 – www.dominique-colonna.com – Ouvert 4 avril-13 nov.

28 ch – †70/255 € ††70/255 € – 1 suite – ☕ 12 €

◆ À l'entrée des gorges et parmi les "pins de Corte", bâtiments modernes tapissés de vigne vierge abritant des chambres confortables. Agréable piscine chauffée.

COTI-CHIAVARI – 2A Corse-du-Sud – **345** B9 – **677 h. – alt. 625 m** – ✉ **20138** **15** A3

Ajaccio 42 – Propriano 38 – Sartène 50

Le Belvédère

– ✆ 04 95 27 10 32 – www.lebelvederedecoti.com – Ouvert de mars à mi-nov.

13 ch (½ P seult) – ½ P 52/60 €

Rest – *(fermé le midi sauf dim. de mars à mai) (prévenir)* Menu 27 € (dîner)/30 €

◆ Véritable nid d'aigle dans le maquis, l'hôtel offre une vue époustouflante sur le golfe d'Ajaccio. Chambres spacieuses et fonctionnelles. Réservez à l'avance ! Cuisine authentique de la propriétaire : daube de veau, travers de porc au miel et poule au pot.

ECCICA-SUARELLA – 2A Corse-du-Sud – **345** C8 – **834 h. – alt. 300 m** – ✉ **20117** **15** A3

Ajaccio 19 – Corte 87 – Ghisonaccia 129 – Propriano 52

Carpe Diem Palazzu

ch, ch,

– ✆ 04 95 10 96 10 – www.carpediem-palazzu.com – Fermé 22 déc.-10 janv.

6 ch – †250/430 € ††250/430 € – ☕ 21 € **Table d'hôte** – Menu 41/85 €

◆ Pierre brute et bois omniprésents, mobilier chiné ou de style ; les suites de cette maison de maître du 18e s. sont décorées avec goût. Délicieux jardin, petite piscine et hammam. Menu unique proposant le meilleur du terroir corse, avec un pointe de créativité.

ERBALUNGA – 2B Haute-Corse – **345** F3 – ✉ **20222** **15** B1

Bastia 11 – Rogliano 30

Chapelle N.-D. des Neiges ★ 3 km à l'Ouest.

Castel'Brando sans rest

Rte du Cap – ✆ 04 95 30 10 30 – www.castelbrando.com – Ouvert mars-oct.

39 ch – †109/159 € ††109/159 € – 6 suites – ☕ 13 €

◆ Maison de maître édifiée par un médecin des armées napoléoniennes. Chambres personnalisées, certaines logées dans des villas de style plus actuel. Beau jardin avec piscines.

Le Pirate

au port – 04 95 33 24 20 – www.restaurantlepirate.com – Fermé janv.-fév., lundi et mardi sauf du 2 juin au 3 oct.

Rest – Menu 35 € (déj.), 68/90 € – Carte 74/100 €

Spéc. Tortellinis de langoustines, crème de crustacés et infusion de noisette. Agneau "bio" corse, jus infusé à la nepita. Orange corse pochée, parfait de son écorce, coque en chocolat flambée au Grand Marnier. **Vins** Patrimonio.

◆ Agréable terrasse face au petit port, salle à manger-véranda côté mer et goûteuse cuisine, délicate et précise, font le charme de cette vieille maison en pierre.

ERSA – 2B Haute-Corse – **345** F2 – ✉ **20275** **15** B1

Ajaccio 195 – Bastia 48

Le Saint-Jean sans rest

Botticella – 04 95 47 71 71 – www.lesaintjean.net – Ouvert mars-oct.

9 ch – 60/100 € 65/125 € – 8 €

◆ Située au bout du cap Corse, ancienne maison de maître entièrement rénovée avec goût. Chambres personnalisées sur le thème du voyage, belle terrasse face à l'île de la Giraglia.

ÉVISA – 2A Corse-du-Sud – **345** B6 – **185 h.** – **alt. 850 m** – ✉ **20126** **15** A2

Ajaccio 71 – Calvi 96 – Corte 70 – Piana 33

Forêt d'Aïtone★★ - Cascades d'Aïtone★ NE : 3 km puis 30 mn.

Col de Vergio ★★ NE : 10 km.

Scopa Rossa

– 04 95 26 20 22 – www.hotelscoparossa.com – Ouvert 16 mars-29 nov.

28 ch – 49/63 € 52/85 € – 8 € – ½ P 53/68 €

Rest – Menu 22/30 € – Carte 30/40 €

◆ Idéal pour un séjour en famille à l'orée de la forêt d'Aïtone. Chambres simples et bien tenues, plus récentes à l'annexe. Salle à manger rustique pour une cuisine vouée à la châtaigne : tourte, filet de porc, fondant... à la châtaigne.

FAVONE – 2A Corse-du-Sud – **345** F9 – ✉ **20135 Conca** **15** B3

Ajaccio 128 – Bonifacio 58

U Dragulinu sans rest

– 04 95 73 20 30 – www.hoteludragulinu.com – Ouvert 11 avril-30 oct.

34 ch – 85/220 € 95/230 €

◆ Cet hôtel tenu par deux sœurs jouit d'un emplacement idyllique, idéal pour un séjour balnéaire. Chambres fonctionnelles, dans le parc ou directement sur la plage...

FELICETO – 2B Haute-Corse – **345** C4 – **203 h.** – **alt. 350 m** – ✉ **20225** **15** A1

Bastia 76 – Calvi 26 – Corte 72 – L'Ile-Rousse 15

Mare e Monti sans rest

– 04 95 63 02 00 – www.hotel-maremonti.com – Ouvert 1er avril-31 oct.

18 ch – 77/137 € 77/137 € – 12 €

◆ Fortune faite dans la canne à sucre, les ancêtres de la famille revinrent de Porto Rico et édifièrent au 19e s. ce "Palais américain" entre mer et montagne.

GALÉRIA – 2B Haute-Corse – **345** A5 – **332 h.** – **alt. 30 m** – ✉ **20245** **15** A2

Bastia 118 – Calvi 34 – Porto 48

Carrefour 04 95 62 02 27

Golfe de Galéria★.

à Ferayola 13 km au Nord par D 351 et D 81B – ✉ **20245 Galeria**

Auberge Ferayola

– 04 95 65 25 25 – www.ferayola.com – Ouvert 23 avril-30 sept.

14 ch – 55/120 € 62/120 € – 9 € – ½ P 62/87 €

Rest – Menu 21/25 € – Carte 25/40 €

◆ Auberge isolée en plein maquis et surplombant la mer pour un dépaysement et un calme assurés ! Petites chambres simples mais agréables et chalets. Vue imprenable sur la montagne et beau panorama sur le soleil couchant de la salle à manger rustique et sa terrasse.

L'ILE-ROUSSE – 2B Haute-Corse – 345 C4 – 2 758 h. – ✉ 20220 15 A1

Bastia 67 – Calvi 25 – Corte 63

7, place Paoli ✆ 04 95 60 04 35

Marché couvert★ - Ile de la Pietra★.

La Balagne★★★.

Perla Rossa sans rest

30 r. Notre-Dame – ✆ 04 95 48 45 30 – www.hotelperlarossa.com – Ouvert de fin avril à fin oct.

8 ch – †240/490 € ††240/490 € – 2 suites – ☕ 20 €

◆ En centre-ville, cette belle maison du 18e s. a du caractère avec ses grandes chambres lumineuses et épurées. Le style général est moderne et design. Terrasse face à la mer.

Santa Maria sans rest

rte du Port – ✆ 04 95 63 05 05 – www.hotelsantamaria.com

56 ch ☕ – †100/400 € ††110/450 €

◆ Hôtel situé avant le pont conduisant sur l'île de la Pietra. Chambres agréables ; quelques-unes disposent d'une très belle vue sur la mer. Beau jacuzzi extérieur.

Funtana Marina sans rest

1 km par rte de Monticello et rte secondaire – ✆ 04 95 60 16 12 – www.hotel-funtana.com

29 ch – †65/116 € ††65/116 € – ☕ 10 €

◆ Sur les hauteurs, bâtisse immergée dans une végétation luxuriante. Les chambres, confortables, regardent la belle piscine, elle-même tournée vers la mer et la ville.

Cala di l'Oru sans rest

bd Pierre Pasquini – ✆ 04 95 60 14 75 – www.hotel-caladiloru.com – Ouvert de mars à oct.

26 ch – †63/116 € ††66/135 € – ☕ 10 €

◆ Les fils de la patronne exposent photographies et œuvres d'art contemporaines dans cet hôtel bien rénové, donnant sur la mer ou la montagne. Beau jardin méditerranéen.

L'Amiral sans rest

bd Ch.-Marie Savelli – ✆ 04 95 60 28 05 – www.hotel-amiral.com – Ouvert avril-sept.

19 ch – †80/110 € ††80/110 € – ☕ 10 €

◆ Embarquez à bord de cet hôtel à l'ambiance très marine, dont les parties communes ressemblent à l'intérieur d'un bateau, tout en bois exotique. Chambres fonctionnelles.

Le Grillon

av. P. Doumer – ✆ 04 95 60 00 49 – www.hotel-grillon.net – Ouvert 1er mars-31 oct.

16 ch – †40/62 € ††42/64 € – ☕ 6,50 € – ½ P 41/54 €

Rest – Menu 14/17 € – Carte environ 24 €

◆ Accueil convivial dans ce petit hôtel simple où les chambres, fraîchement rénovées et insonorisées, arborent un décor plus actuel (mobilier en bois peint patiné). Sobre salle à manger et cuisine familiale à tendance régionale.

La Pietra

chemin du Phare – ✆ 04 95 63 02 30 – www.hotel-lapietra.com – Ouvert d'avril à oct.

42 ch – †70/122 € ††70/122 € – ☕ 10 €

Rest – *(dîner seult)* (25 €) Menu 30 € – Carte 30/40 €

◆ Belle situation face au port, les "pieds dans l'eau", pour cet hôtel des années 1970. Les chambres ont toutes un balcon côté mer ou côté tour génoise (15e s.). Salon-piano bar. Recettes locales et suggestions du jour, avec la grande bleue en toile de fond.

Escale Côté Sud sans rest

22 r. Notre-Dame – ✆ 04 95 63 01 70 – www.hotel-ilerousse.com

14 ch – †85/145 € ††105/190 € – ☕ 12 €

◆ À deux pas de la plage, hôtel moderne au design agréable. Bon confort dans les chambres et équipement complet. Snacking au bar lounge, avec vue sur la mer.

XX **Pasquale Paoli** (Ange Cananzi)

2 pl. Paoli – 04 95 47 67 70 – Fermé fév., le midi en juil.-août, lundi midi de nov. à mars, dim. soir et merc. de sept. à juin

Rest – *(nombre de couverts limité, prévenir)* Menu 45/80 € – Carte 50/95 €

Spéc. Roquette légèrement poivrée et prisuttu affiné dix huit mois. Lasagne ouverte à la joue et noix de bœuf corse en cuisson longue. Isula-Rossa-Merusaglia, crème onctueuse de châtaignes corses. **Vins** Vin de Corse Calvi, Vin de Corse Sartène.

◆ Un concentré de la Corse à l'état pur, raconté par deux passionnés : l'un en salle (décor dédié à Pasquale Paoli) ; l'autre en cuisine, sublimant les produits du terroir.

X **Le Bistrot de la Place**

3 pl. Paoli – 04 95 60 12 90 – Fermé dim. soir sauf juil.-août et lundi

Rest – Carte 59/82 €

◆ Sur une place animée du centre-ville, restaurant au cadre rustique et chaleureux (murs à la chaux). Cuisine au goût du jour. Agréable terrasse sous la tonnelle.

à Monticello 4,5 km au Sud-Est par D 63 – 1 565 h. – alt. 220 m – ✉ 20220

XX **A Pasturella** avec ch

pl. du Village – 04 95 60 05 65 – www.a-pasturella.com – Fermé de mi-nov. à mi-déc. et 27 fév.-6 mars

12 ch – †65/98 € ††75/110 € – ☐ 11 € – ½ P 108/122 €

Rest – *(fermé dim. soir de mi-déc. à fin mars)* Carte 38/91 €

◆ Dans un pittoresque village perché de la corniche Paoli. Poissons (pêche du jour) et plats traditionnels à savourer dans une salle décorée avec goût ou sur la terrasse. Belles chambres actuelles.

à Pigna 8 km au Sud-Ouest par N 197 et D 151 – 97 h. – alt. 400 m – ✉ 20220

Palazzu Pigna

– 04 95 47 32 78 – http://hotel-corse-palazzu.com – Ouvert avril à oct.

3 ch – †140/280 € ††140/280 € – 2 suites – ☐ 20 €

Rest – *(nombre de couverts limité, prévenir)* (23 € bc) Menu 56 € (dîner)

◆ Au cœur du village, ancienne maison de maître (18e s.) offrant une vue superbe sur la plaine et la mer. Grandes chambres dotées, pour certaines, d'une cheminée ou d'une terrasse. Fine cuisine corse à savourer dans le vieux pressoir transformé en restaurant.

LEVIE – 2A Corse-du-Sud – **345** D9 – 743 h. – alt. 645 m – ✉ 20170 **15** B3

Ajaccio 101 – Bonifacio 57 – Porto-Vecchio 39 – Sartène 28

rue Sorba 04 95 78 41 95

Musée de l'Alta Rocca★ : christ en ivoire★.

Sites★★ de Cucuruzzu et Capula O : 7 km.

A Pignata

5 km rte des sites de Cucuruzzu et Capula – 04 95 78 41 90 – www.apignata.com – Fermé 2 nov.-26 déc. et 3 janv.-31 mars

16 ch (½ P seult) – ½ P 85/170 €

Rest – Menu 40 €

◆ Pour se ressourcer au grand calme, plusieurs maisons en pierre de pays, en pleine forêt... Les chambres, élégantes (gris et bruns chauds), ouvrent sur la verdure du massif de Bavella. Cuisine familiale, au bon goût de tradition préservée ; les produits (charcuterie, agneau) sont d'une qualité exceptionnelle.

X **La Pergola**

r. Sorba – 04 95 78 41 62 – Ouvert avril-oct.

Rest – *(nombre de couverts limité, prévenir)* (15 €) Menu 18 €

◆ Ne ratez pas l'entrée de ce petit restaurant discret ! On s'y régale de spécialités corses (terrine de sanglier, plats mijotés) à prix très digestes. Agréable tonnelle.

LUMIO – 2B Haute-Corse – **345** B4 – **1 040 h.** – **alt. 150 m** – ✉ **20260** **15** A1

Bastia 82 – Calvi 10 – L'Ile-Rousse 16

Chez Charles

– ✆ 04 95 60 61 71 – *www.hotel-chezcharles.com* – *ouvert 18 mars-3 janv.*

30 ch – 90/270 € 170/270 € – 14 €

Rest – *(Fermé le midi du 15 juin au 15 sept. sauf dim. et fériés)* Menu 56/76 € – Carte 65/85 €

Spéc. Foie gras de canard en escalopes et pain perdu. Saint-pierre en aiguillettes poêlées au beurre demi-sel, calamaratas farcis aux aubergines. Macaron au gingembre confit, crème au piment d'Espelette. **Vins** Calvi, Patrimonio.

◆ Agréable escapade en cet hôtel-restaurant au décor contemporain et design, ouvrant sur le golfe de Calvi et la montagne (suites avec terrasse, piscine à débordement). À table, on redécouvre les saveurs des produits du terroir corse à travers une cuisine généreuse et soignée, au goût du jour.

MACINAGGIO – 2B Haute-Corse – **345** F2 – ✉ **20248** **15** B1

Bastia 37

port de plaisance ✆ 04 95 35 40 34

U Libecciu

rte de la Plage – ✆ *04 95 35 43 22* – *www.u-libecciu.com* – *Ouvert 1er avril-15 oct.*

30 ch – 66/94 € 74/115 € – 10 suites – 7 € – ½ P 58/78 €

Rest – *(dîner seult)* Menu 20/35 € – Carte 26/38 €

◆ Le mouillage de Macinaggio est réputé depuis l'Antiquité. Cette adresse proche du port abrite de spacieuses chambres avec terrasse et des suites équipées pour un long séjour. Spécialités régionales sur la carte du restaurant, aménagé en véranda, au 1er étage.

U Ricordu

– ✆ *04 95 35 40 20* – *www.hotel-uricordu.com* – *Ouvert 30 mars-3 nov.*

65 ch – 80/140 € 90/150 €

Rest – *(ouvert 15 avril-15 oct.)* (15 €) Menu 19 € (dîner)/21 € – Carte 20/30 €

◆ Chambres fraîches et actuelles, orientées côté route ou côté montagne, bien appréciées après avoir parcouru le vivifiant sentier des douaniers. Belle piscine d'été chauffée. Touches africaines dans le décor de la lumineuse salle à manger et cuisine traditionnelle.

MURO – 2B Haute-Corse – **345** C4 – **261 h.** – **alt. 350 m** – ✉ **20225** **15** A1

Ajaccio 160 – Bastia 105

Casa Theodora sans rest

Piazza a u Duttore – ✆ *04 95 61 78 32* – *www.a-casatheodora.com* – *Ouvert mi-avril à fin oct.*

5 ch – 140/170 € 140/270 € – 15 €

◆ Palazzo du 16e s. réhabilité, portant le nom de l'éphémère roi de Corse, hôte des lieux en 1736. Architecture génoise, trompe-l'œil et fresques baroques, petite piscine intérieure.

NONZA – 2B Haute-Corse – **345** F3 – **68 h.** – **alt. 100 m** – ✉ **20217** **15** B1

Bastia 33 – Rogliano 49 – Saint-Florent 20

Casa Maria sans rest

au pied de la tour génoise – ✆ *04 95 37 80 95* – *www.casamaria.fr* – *Ouvert d'avril à oct.*

5 ch – 75/95 € 75/95 €

◆ Au pied d'une tour génoise, cette ancienne maison de maître vous accueille chaleureusement. Chambres fraîches et agréables, décorées de meubles familiaux. Belle vue sur la mer.

OLETTA – 2B Haute-Corse – **345** F4 – **1 236 h.** – **alt. 250 m** – ✉ **20232** **15** B1

Bastia 18 – Calvi 78 – Corte 72 – L'Ile-Rousse 53

Auberge A Magina

– *04 95 39 01 01 – Ouvert avril-mi-oct. et fermé lundi sauf juil.-août*

Rest – Menu 28 € – Carte 35/55 €

◆ Une vue à couper le souffle et une vraie cuisine corse préparée en famille et servie dans une agréable salle à manger. Le soir, depuis la terrasse, sublime coucher de soleil.

OLMETO – 2A Corse-du-Sud – **345** C9 – **1 189 h.** – **alt. 320 m** – ✉ **20113** **15** A3

Ajaccio 64 – Propriano 8 – Sartène 20

Montée de L'église 04 95 74 65 87

Santa Maria

pl. de l'Église – 04 95 74 65 59 – www.hotel-restaurant-santa-maria.com – Fermé nov. et déc.

12 ch – 46/59 € 46/59 € – 7 € – ½ P 44/57 €

Rest – *(dîner seult)* Menu 24 € – Carte 27/46 €

◆ Ambiance familiale dans cet ancien moulin à huile qui fait face à l'église. Les chambres, fonctionnelles, donnent sur une ruelle ou... la vallée. Au restaurant, belles voûtes séculaires et terrasse fleurie pour apprécier soupes, charcuteries et plats en sauce.

à Olmeto-Plage 9 km au Sud-Ouest par D 157 – ✉ **20113**

Ruesco

Capicciolo – 04 95 76 70 50 – www.hotel-ruesco.com – Ouvert 1er avril-10 oct.

25 ch – 75/125 € 125/175 € – 3 suites – 11 €

Rest – 04 95 76 20 95 – (25 €) Carte 35/65 €

◆ Dans une crique privée à l'issue d'une route étroite... Architecture moderne pour des suites luxueuses et des chambres classiques ouvrant sur la mer. La paillotte, entre piscine et plage, propose une carte simple mais aussi de la langouste et des poissons nobles.

au Sud 5 km par N 196 et rte secondaire – ✉ **20113 Olmeto**

Marinca

Lieu-dit Vitricella – 04 95 70 09 00 – www.hotel-marinca.com – Ouvert début mai à mi-oct.

58 ch – 230/390 € 280/700 € – 4 suites

Rest – Menu 35 € (déj.)/49 € – Carte 54/70 €

Rest *Le Diamant Noir* – *(dîner seult)* Menu 70/110 € – Carte 54/79 €

◆ Au bord d'une crique, dans un parc fleuri, avec trois piscines à débordement descendant vers la plage privée... Dans les chambres, décor oriental et vue sur la mer ! Au restaurant, belle terrasse de style mauresque et cuisine traditionnelle. Pour le dîner, le Diamant Noir sert des repas plus élaborés.

PATRIMONIO – 2B Haute-Corse – **345** F3 – **668 h.** – **alt. 100 m** – ✉ **20253** **15** B1

Bastia 16 – St-Florent 6 – San-Michele-de-Murato 22

Église St-Martin★.

Du Vignoble sans rest

Santa Maria – 04 95 37 18 48 – www.hotel-du-vignoble.com – Ouvert d'avril à oct.

12 ch – 60/90 € 70/90 € – 6 €

◆ Au cœur du village, hôtel neuf aménagé dans une belle maison de 1846. Tons chaleureux, murs patinés et meubles en fer forgé ornent les chambres. Cave à vins familiale attenante.

Osteria di San Martinu

Santa Maria – 04 95 37 11 93 – Ouvert 1er mai-30 sept. et fermé merc. en sept.

Rest – Carte 25/40 €

◆ Tout se passe, en été, sur la terrasse sous pergola : on y goûte des plats corses et des grillades arrosés, bien entendu, de vin de Patrimonio, produit par le frère du patron.

PERI – 2A Corse-du-Sud – **345** C7 – **1 469 h. – alt. 450 m** – ✉ **20167** **15** A2

Ajaccio 26 – Corte 71 – Propriano 82 – Sartène 94

Chez Séraphin

– ✆ *04 95 25 68 94 – Ouvert début avril à mi-oct. et fermé lundi*

Rest – *(prévenir)* Menu 45 € bc

◆ Typique maison corse dans un charmant village à flan de montagne. Menu unique appétissant : beignets aux fleurs d'acacia, tarte aux herbes du jardin, agneau rôti, etc.

PETRETO-BICCHISANO – 2A Corse-du-Sud – **345** C9 – **566 h.** – **alt. 600 m** – ✉ **20140** **15** A3

Ajaccio 52 – Sartène 35

De France

à Bicchisano – ✆ *04 95 24 30 55 – Ouvert de début avril à début déc.*

Rest – *(prévenir)* Menu 18 € (déj.), 30/40 € – Carte 45/74 €

◆ Spécialités corses et produits maison (charcuteries, confitures, liqueurs) vous attendent dans cette chaleureuse salle à manger au cachet rustique ou sous la fraîche tonnelle.

PIANA – 2A Corse-du-Sud – **345** A6 – **440 h. – alt. 420 m** – ✉ **20115** **15** A2

Ajaccio 72 – Calvi 85 – Évisa 33 – Porto 13

Place de la mairie ✆ 04 95 27 84 42

Golfe de Porto★★★.

Capo Rosso

rte des Calanches – ✆ *04 95 27 82 40 – www.caporosso.com – Ouvert 1er avril-20 oct.*

46 ch (½ P seult en saison) – 105/155 € 129/155 € – ½ P 135/270 €

Rest – Carte 38/70 €

◆ Vue imprenable sur le golfe de Porto et les calanques depuis la piscine et les vastes chambres, toutes avec balcon et décorées dans un élégant style contemporain. Au restaurant panoramique, cuisine de qualité à base de pêche locale et de produits du terroir.

Le Scandola sans rest

rte de Cargèse – ✆ *04 95 27 80 07 – www.hotelscandola.com – Ouvert 1er avril-15 oct.*

12 ch – 65/95 € 75/120 €

◆ Au cœur d'un site exceptionnel, un hôtel simple face à la presqu'île de Scandola. Bonne surprise : des chambres face à la mer, décorées avec soin et une pointe de romantisme.

POGGIO-MEZZANA – 2B Haute-Corse – **345** F5 – **617 h. – alt. 350 m** – ✉ **20230** **15** B2

Ajaccio 150 – Bastia 45

Levolle Marine

Levolle Sottana, (à la plage) – ✆ *04 95 58 41 50 – www.levollemarine.com – Ouvert de mi-avril à fin-sept.*

9 ch – 85/90 € 95/115 € – 7 suites – 8,50 €

Rest – *(fermé lundi de sept. à mi-oct.)* Carte 35/55 €

◆ Objets anciens et collections de lampes à pétrole, cafetières, etc. décorent joliment l'intérieur de cette maison, au milieu d'un parc fleuri. Chambres confortables. Plats traditionnels dans la salle à manger ou sur la terrasse, face à la plage de sable fin.

PORTICCIO – 2A Corse-du-Sud – **345** B8 – ✉ **20166** **15** A3

Ajaccio 19 – Sartène 68

le village Les Echoppes ✆ 04 95 25 10 09

Le Maquis

ch, rest,

– ✆ *04 95 25 05 55 – www.lemaquis.com – Fermé janv.-fév.*

20 ch – 160/730 € 180/730 € – 5 suites – 26 €

Rest – Menu 75 € (dîner) – Carte 81/133 €

◆ Cette demeure d'inspiration génoise, nichée dans un jardin luxuriant, est un petit bijou. Chambres spacieuses, décorées de mobilier ancien, avec une vue superbe sur la mer. Splendides piscines. Langoustines, homard et poissons sont à l'honneur dans ce beau cadre.

Sofitel Thalassa rest,
domaine de la Pointe – 04 95 29 40 40 – www.sofitel.com – Fermé 3 janv.-14 fév.
96 ch – 185/622 € 185/622 € – 2 suites – 25 €
Rest – Menu 55/65 € – Carte environ 55 €
◆ Complexe hôtelier voué à Neptune : situation isolée à la pointe du cap de Porticcio, institut de thalassothérapie, sports nautiques et chambres tournées vers la mer. Piscine à débordement. Carte traditionnelle et plats diététiques à déguster face aux flots.

à Agosta-Plage 2 km au Sud – 20166 Porticcio

Kallisté sans rest
rte du Vieux Molini – 04 95 25 54 19 – www.cyrnos.net – Ouvert 1er avril-1er nov.
8 ch – 69/129 € 79/209 €
◆ Une villa sur les hauteurs, avec une vue magnifique sur le golfe d'Ajaccio. Chambres sobres, meublées de teck, certaines avec terrasse. Grande piscine et jardin face à la mer.

PORTO – 2A Corse-du-Sud – **345** B6 – 544 h. – 20150 Ota **15** A2
Ajaccio 84 – Calvi 73 – Corte 93 – Évisa 23
place de La Marine 04 95 26 10 55
Tour génoise★.
Golfe de Porto★★★ : les Calanche★★★ - NO : réserve de Scandola★★★, golfe★★ de Girolata.

Eden Park
4 km par rte de Calvi – 04 95 26 10 60 – www.hotels-porto.com – Ouvert 23 avril-8 oct.
35 ch – 75/148 € 150/295 € **Rest** – Menu 35 € (dîner) Carte 40/65 €
◆ Grand établissement composé de bungalows nichés dans un jardin luxuriant. Bel espace lounge et palmiers autour de la piscine. Cuisine actuelle à l'Acropole et restauration légère le midi en plein air au restaurant Le Grill.

Capo d'Orto sans rest
rte de Calvi – 04 95 26 11 14 – www.hotel-capo-dorto.com – Ouvert 10 avril-20 oct.
39 ch – 85/150 € 85/160 €
◆ Un hôtel sur la route de Calvi, surplombant le golfe. Deux types de chambres, dont les "Privilège", plus agréables avec leur balcon donnant sur la mer. Bel espace piscine.

Le Subrini sans rest
à la Marine – 04 95 26 14 94 – www.hotels-porto.com – Ouvert d'avril à oct.
23 ch – 60/90 € 85/140 € – 10 €
◆ Un édifice en pierre de taille tout proche de la mer, face à la tour génoise. Décoration simple (mobilier en rotin) et chambres fonctionnelles avec vue sur la marina.

Le Belvédère sans rest
à la Marine – 04 95 26 12 01 – www.hotel-le-belvedere.com – Ouvert 1er avril-31 oct.
20 ch – 55/132 € 55/132 € – 8 €
◆ Au pied de la tour de Porto, un hôtel moderne en pierre rouge, à l'entrée discrète. Chambres simples et confortables avec vue sur le port ou plus calmes sur l'arrière.

Bella Vista
– 04 95 26 11 08 – www.hotel-corse.com – Ouvert d'avril à oct.
17 ch – 65/104 € 70/185 € – 11 €
Rest – *(ouvert 30 avril-2 oct. et fermé le midi)* Menu 27/37 € – Carte 37/65 €
◆ La vue est belle, c'est vrai, sur le Capo d'Orto... En outre, il règne ici une ambiance familiale. Chambres accueillantes et bon petit-déjeuner. Peu de place en salle mais grande terrasse en saison. Parmi les spécialités, la soupe de poisson et le gigotin de cabri.

Romantique sans rest
à la Marine – ✆ 04 95 26 10 85 – www.hotel-romantique-porto.com – Ouvert 25 avril-mi-oct.
8 ch – 67/97 € 67/97 € – 8 €
◆ Chambres spacieuses, crépies et carrelées, équipées d'un mobilier de fabrication artisanale ; les balcons donnent tous sur une petite marina et un bois d'eucalyptus.

PORTO-POLLO – **2A Corse-du-Sud** – **345** B9 – **alt. 140 m** – ✉ **20140** **15** A3
Ajaccio 52 – Sartène 31

Le Golfe
– ✆ 04 95 74 01 66 – www.hotel-corse-porto-pollo.com
14 ch – 140/380 € 140/380 € – 4 suites – 19 €
Rest – Menu 27 € – Carte 29/93 €
◆ Un bâtiment récent juste à côté du port. Les chambres sont sobres et élégantes, avec une jolie vue sur le golfe de Valinco où l'on peut se promener avec le bateau de l'hôtel. Brasserie lounge proposant une cuisine régionale soignée et des produits de la mer.

Les Eucalyptus sans rest
– ✆ 04 95 74 01 52 – www.hoteleucalyptus.com – Ouvert 1er mai-25 oct.
32 ch – 70/112 € 70/120 € – 9 €
◆ Cet hôtel familial tout simple (rénovations en cours) domine le golfe de Valinco. De la plupart des chambres, on contemple la plage, toute proche...

PORTO-VECCHIO – **2A Corse-du-Sud** – **345** E10 – **9 484 h.** – **alt. 40 m** **15** B3
– ✉ **20137**
Ajaccio 141 – Bonifacio 28 – Corte 121 – Sartène 59
Figari-Sud-Corse : ✆ 04 95 71 10 10, 23 km au SO.
rue du Docteur Camille de Rocca Serra ✆ 04 95 70 09 58
La Citadelle★.
Golfe de Porto-Vecchio★★ - Castellu d'Arraghju★ ≤★★ N : 7,5 km.

Casadelmar
7 km par rte de Palombaggia – ✆ 04 95 72 34 34 – www.casadelmar.fr – Ouvert 2 avril-1er nov.
20 suites – 530/5200 € – 14 ch
Rest *Casadelmar* – *(dîner seult)* Menu 80/195 €
Spéc. Foie gras de canard au speck de sauris et noix de pécan torréfiées, transparence de melon. Canette au miel de Tarasco, macaron de pois chiches et pevarada. Soufflé au yogourt de brebis et basilic, jus de fraise, glace pain et chocolat. **Vins** Patrimonio, Porto Vecchio.
Rest *Le Grill* – Carte 50/80 €
◆ En bord de mer, cet hôtel ultramoderne et luxueux se niche dans un parc planté de figuiers, de grenadiers et d'oliviers, offrant un large panorama sur le golfe. Piscine à débordement. Le restaurant brille par son cadre d'exception et sa fine cuisine mêlant terroirs corse et italien. Belles salades et planchas au Grill.

Belvédère
5 km par rte de la plage de Palombaggia – ✆ 04 95 70 54 13 – www.hbcorsica.com – Fermé 2 janv.-11 mars
15 ch – 100/350 € 100/350 € – 4 suites – 20 € – ½ P 125/381 €
Rest – *(fermé lundi et mardi du 12 oct. au 12 avril)* (29 €) Menu 85/110 € – Carte 92/107 €
Spéc. Nougat d'huîtres de l'étang de Diana, légèreté au raifort et salade de jeunes pousses (oct. à avril). Dos de denti de palangre en croûte de népita-pancetta, rougaille tomate oignon mangue. Fusion passion-châtaigne. **Vins** Vin de Corse Figari. Vin de Corse Porto Vecchio.
Rest *La Brocherie-Mari e Tarra* – *(ouvert mai à sept.)* Carte 45/82 €
Rest *Le Lounge* – *(ouvert de mi-juin à mi-sept. et fermé le midi)* Menu 90 €
◆ Dans une oasis de verdure au bord d'une plage privée, des chambres disséminées dans de paisibles pavillons, avec piscine et terrasse panoramiques... Intimité et raffinement au restaurant, tourné vers la mer ; cuisine tout en épure. À la Brocherie, agneau, cabri et cochon de lait cuits au feu de bois. Tapas au Lounge.

Alta Rocca sans rest
rte de Palombaggia – ✆ 04 95 70 22 01 – www.hotelaltarocca.com
15 ch – 187/695 € 187/695 € – 2 suites – 18 €
◆ Belle villa moderne à flanc de colline, avec une vue superbe sur la baie de Porto-Vecchio. Chambres très confortables avec balcon et terrasse. Belle piscine à débordement.

Le Goéland
à la Marine – ✆ 04 95 70 14 15 – www.hotelgoeland.com – Ouvert 1er mars-10 nov.
34 ch – 95/365 € 110/380 € – ½ P 80/215 €
Rest – (18 €) Menu 24 € (déj.) – Carte 31/49 €
◆ Cet hôtel agréable a le pied marin : lampes-tempêtes, meubles aux peintures patinées... Mais aussi plage privée et ponton d'amarrage ! Le grand restaurant s'ouvre totalement sur le golfe et le jardin ; cuisine corse et plats méditerranéens affichés à l'ardoise.

Golfe Hôtel
r. du 9 Septembre 1943 – ✆ 04 95 70 48 20 – www.golfehotel-corse.com – Fermé vacances de Noël
45 ch – 81/295 € 89/335 €
Rest – *(fermé dim. hors saison et le midi)* Menu 30 € – Carte environ 38 €
◆ Sur la route du port, cet hôtel propose des chambres décorées avec soin (moblier épuré, tons gris et blanc) disséminées autour de la piscine et du jardin. Viandes grillées et poissons à la plancha servis dans une belle salle à manger moderne et colorée.

Alcyon sans rest
9 r. Mar. Leclerc , (près de la poste) – ✆ 04 95 70 50 50 – www.hotel-alcyon.com
40 ch – 78/192 € 78/280 € – 12 €
◆ Un établissement moderne en centre-ville, abritant des chambres fonctionnelles et bien rénovées. Certaines, plus spacieuses, peuvent convenir aux familles.

San Giovanni
rte Arca, 3 km au Sud-Ouest par D 659 – ✆ 04 95 70 22 25 – www.hotel-san-giovanni.com – Ouvert 1er mars-14 nov.
30 ch – 85/135 € 85/135 € – 11 € – ½ P 68/93 €
Rest – *(dîner seult) (résidents seult)* Menu 20 € (dîner)
◆ L'hôtel de loisirs par excellence, charmant et familial, au calme dans un très beau jardin fleuri. La plupart des chambres ont une terrasse ou un petit jardin privatif. Mieux vaut réserver ! Petits-déjeuners et restauration simple servie sous la pergola.

Le Troubadour
13 r. Gén.- Leclerc (1er étage), (près de la poste) – ✆ 04 95 70 08 62 – Fermé 1er-23 janv., dim. d'oct. à juin et le midi
Rest – *(dîner seult)* Menu 49/79 € – Carte 65/90 €
Rest *L'Atelier du Troubadour* – *(rez-de-chaussée)* – Carte 28/40 €
◆ Belle ballade gastronomique dans cette maison de la vieille ville. La salle (à l'étage) est chaleureuse, avec des notes rétro et une terrasse fermée. Au rez-de-chaussée, l'Atelier chante la tradition et la simplicité (viande et poisson à la plancha, pâtes fraîches).

Tamaricciu
11 km par rte de la plage de Palombaggia – ✆ 04 95 70 49 89 – www.tamaricciu.com – Ouvert avril-oct.
Rest – *(déj. seult sauf juil.-août)* Carte 40/100 €
◆ Sur la sublime plage de Palombaggia, face à la mer turquoise, on déguste des pâtes fraîches, des poissons frais du jour et des desserts raffinés. Le dépaysement !

au golfe de Santa Giulia 8 km au Sud par N 198 et rte secondaire – ✉ 20137 Porto-Vecchio

Moby Dick
– ✆ 04 95 70 70 00 – Ouvert fin avril à mi-oct.
44 ch (½ P seult en saison) – 76 € 76 € – ½ P 109/265 €
Rest – Menu 42 € – Carte 65/75 €
◆ Emplacement idyllique sur la lagune pour cet hôtel séparé du golfe aux couleurs polynésiennes par une plage de sable fin. Chambres spacieuses à choisir côté mer ou côté jardin. Grand buffet pour le déjeuner, cuisine méditerranéenne à l'honneur le soir.

Castell' Verde

– 04 95 70 71 00 – www.sud-corse.com – Ouvert 24 avril-15 oct.
32 ch (½ P seult) – ½ P 129/243 €
Rest ***Le Costa Rica*** – 04 95 72 24 51 – Menu 35 € (dîner) – Carte 53/76 €
♦ Dans un parc protégé de 5 ha, de spacieux bungalows à portée de la grande bleue. Chambres au mobilier clair et épuré. Deux piscines, dont une chauffée ; accès direct à la plage. Sur la terrasse qui surplombe la baie, la cuisine s'inspire également de la mer.

Alivi sans rest

Marina di Santa Giulia – 04 95 52 01 68 – www.santa-giolia.fr – Ouvert 1er avril-10 nov.
10 ch – 119/347 € 135/362 € – 18 €
♦ Pour passer ses vacances au calme, un hôtel contemporain entre mer et maquis, aux chambres reposantes avec une petite terrasse. Piscine en rond face à la baie de Santa Giulia.

U Santa Marina

Marina Di Santa Giulia – 04 95 70 45 00 – www.usantamarina.com – Ouvert début avril-20 oct. et fermé le midi
Rest – Menu 65/125 € – Carte 70/90 €
Spéc. Crevettes rouges en deux façons : l'une en bouillon thaï, l'autre en sushi de légumes. Déclinaison autour de la bouillabaisse. Coque de grand cru de chocolat, mousse légèrement caramélisée, noisettes de Cervione croustillantes.
♦ La vue sur le golfe y est délicieuse... plus encore la cuisine, signée par un jeune chef breton parfaitement acclimaté ! Chaque assiette témoigne d'un bel engagement. Si l'on pouvait aussi croquer le soleil couchant... Restauration légère sur la plage le midi.

Des Hauts de Santa Giulia

– 04 95 70 40 84 – Ouvert 15 mai-30 sept. et fermé lundi
Rest – *(prévenir)* Carte 45/76 €
♦ Un restaurant original, avec son mobilier chiné des années 1960 et sa terrasse sous les canisses. Cuisine parfumée et raffinée, aux influences asiatiques et méditerranéennes.

à Cala Rossa **10 km au Nord-Est par N 198 et D 468 – ✉ 20137 Lecci**

Grand Hôtel de Cala Rossa

– 04 95 71 61 51 – www.cala-rossa.com – Ouvert 5 avril-2 janv.
30 ch – 385/1225 € 430/1225 € – 8 suites – ½ P 265/700 €
Rest – *(fermé le midi)* Menu 130/140 € – Carte 130/160 €
Spéc. Langoustines du cap, courgettes craquantes, mousse au basilic. Saint-pierre au beurre demi-sel et tomate cœur de bœuf au pesto. Fantaisie gourmande à la framboise, façon tropézienne. **Vins** Corse-Figari, Patrimonio.
♦ À demeure d'exception, écrin splendide : un jardin luxuriant pour des chambres stylées, un ponton privé sur la plage... Superbe spa. Élégante salle à manger et terrasse ombragée, pour une belle cuisine d'inspiration méditerranéenne interprétée avec raffinement.

PROPRIANO – **2A Corse-du-Sud** – **345** C9 – **3 232 h.** – **alt. 5 m** – ✉ **20110** **15** A3

Ajaccio 74 – Bonifacio 62 – Corte 139 – Sartène 13
Port de Plaisance 04 95 76 01 49

Miramar Boutique Hôtel

rte de la Corniche – 04 95 76 06 13 – www.miramarboutiquehotel.com – Ouvert 15 mai-5 oct.
21 ch – 300/420 € 300/420 € – 5 suites
Rest – (35 €) Menu 55/100 € – Carte 60/75 €
♦ Au cœur d'un parc luxuriant, cette villa aux murs chaulés offre une vue plongeante sur le golfe de Valinco. Beaucoup de charme : objets chinés, espace et raffinement... Carte simple et légère le midi ; poisson à la plancha, terroir corse et langouste grillée le soir.

Le Lido ch, ch, VISA AE

42 av. Napoléon-III – 04 95 76 06 37 – www.le-lido.com
– Ouvert mai-sept.

11 ch – 120/225 € 120/225 € – 15 €

Rest – *(ouvert mai-sept. et fermé le midi) (nombre de couverts limité, prévenir)* Menu 75/95 € bc

◆ Sur une presqu'île, une maison de charme les pieds dans l'eau... Bois exotique, objets chinés et mosaïques portugaises dans les chambres ; certaines donnent directement sur la plage. Les produits de la mer sont à l'honneur au restaurant : une belle marée montante !

Neptune sans rest VISA AE

39 r. du 9-Septembre – 04 95 76 10 20 – www.hotels-propriano.com

40 ch – 63/130 € 85/170 €

◆ Près du port et de la plage, cette bâtisse moderne propose des chambres fonctionnelles, certaines avec vue sur la mer. Petit-déjeuner face au golfe de Valinco. Grand spa de 200 m².

Le Claridge sans rest VISA AE

1 r. Bonaparte – 04 95 76 05 54 – www.hotels-propriano.com
– Ouvert avril-oct.

24 ch – 52/96 € 63/110 €

◆ Un hôtel pratique en plein centre de Propriano, un peu en retrait du port. Les chambres sont fonctionnelles, toutes avec balcon. Très utile, le parking privatif.

Chez Parenti VISA AE

10 av. Napoléon – 04 95 76 12 14 – www.chezparenti.fr
– Fermé 15 nov.-28 fév., dim. soir et lundi sauf le soir en saison

Rest – Menu 46/58 € – Carte 58/75 €

◆ Pour une envie de poisson frais ou de homard (en vivier), ce restaurant, tenu depuis 1935 par la famille Parenti, dispose d'une agréable terrasse sur le port de plaisance.

Terra Cotta VISA

29 av. Napoléon – 04 95 74 23 80 – Ouvert de mi-mars à fin nov.

Rest – (25 €) Menu 36 € (dîner), 44/55 € – Carte 42/60 €

◆ Dans ce charmant petit restaurant du port, le frère du patron fournit la pêche du jour. Pagre, liche, chapon, mustelle et autres poissons frais sont préparés avec grand soin.

ST-FLORENT – **2B Haute-Corse** – **345** E3 – **1 614 h.** – **20217** **15** B1

Bastia 22 – Calvi 70 – Corte 75 – L'Ile-Rousse 45

centre Administratif 04 95 37 06 04

Église Santa Maria Assunta★★ - Vieille Ville★.

Les Agriates★.

Demeure Loredana sans rest VISA AE

Cisterninu Suttanu – 04 95 37 22 22
– www.demeureloredana.com – Ouvert 31 mars-4 nov.

18 ch – 190/440 € 190/440 € – 4 suites – 30 €

◆ Cet hôtel rivalise de détails luxueux pour un séjour d'exception. Espaces cossus ; le décor raffiné, imaginé par les propriétaires, marie plusieurs styles. Vue sur la mer, piscine.

La Dimora sans rest VISA AE

4,5 km par D 82 rte d'Oletta – 04 95 35 22 51 – www.ladimora.fr
– Ouvert 14 avril-24 oct.

15 ch – 145/340 € 145/340 € – 2 suites – 18 €

◆ Matériaux nobles du pays, authenticité et luxe contemporain discret caractérisent cette villa du 18e s. où l'on est reçu comme des amis. Piscine et jardin invitent au farniente.

La Roya

plage de la Roya, 1 km par rte de Calvi puis rte secondaire – ☎ 04 95 37 00 40 – www.hotelroya.com – Ouvert 27 mars-11 nov.

29 ch – 150/390 € 150/390 € – 3 suites – 20 € – ½ P 150/270 €

Rest – *(Ouvert 27 mars-1er nov.)* Menu 55/70 € – Carte 60/90 €

Spéc. Nem d'araignée. Pêche locale. Chaud-froid aux deux chocolats. **Vins** Patrimonio.

◆ Architecture moderne face à la plage de la Roya (accès direct). Jolies chambres bien équipées, d'esprit méridional ou asiatique, souvent dotées de balcons côté flots. Ambiance actuelle et raffinée au restaurant, superbe terrasse et cuisine fine mettant en valeur le terroir.

Dolce Notte sans rest

rte de Bastia – ☎ 04 95 37 06 65 – www.hotel-dolce-notte.com – Ouvert d'avril à oct.

20 ch – 70/170 € 70/170 € – 8 €

◆ Longeant la côte, maison tout en longueur aux chambres dotées de terrasses ou loggias côté mer ; certaines refaites à neuf et plus originales (galets, voûtes, éclairage indirect).

Tettola sans rest

1 km au Nord sur D 81 – ☎ 04 95 37 08 53 – www.tettola.com – Ouvert avril-oct.

30 ch – 70/153 € 78/178 € – 13 €

◆ Sur une plage de galets, hôtel bien rénové disposant d'une belle terrasse. Chambres face à la montagne ou la grande bleue (plus tranquilles et lumineuses). Accueil aimable.

Les Galets sans rest

rte du Front de Mer – ☎ 04 95 37 09 09 – www.hotel-lesgalets.com – Ouvert d'avril à oct.

16 ch – 50/120 € 50/130 € – 7 €

◆ Attenant à une résidence, mais indépendant, cet hôtel moderne dispose de grandes chambres fonctionnelles (balcon et vue sur la mer) et réserve un bon accueil. Agréable jardin.

La Florentine sans rest

1 km au Nord par D 81 – ☎ 04 95 37 00 99 – www.hotellaflorentine.com – Ouvert avril-oct.

20 ch – 100/260 € 100/260 € – 15 €

◆ Jardin fleuri, terrasse ombragée, délicieuse piscine, couleurs chatoyantes, chambres fraîches et confortables... Autant d'atouts pour cet hôtel tout neuf, situé en bord de mer.

Maxime sans rest

St Florent – ☎ 04 95 37 05 30 – Fermé fin nov.-début fév.

19 ch – 58/85 € 58/85 € – 9 €

◆ Bâtisse blanche aux volets bleus construite au bord d'un petit canal (amarrage possible). La plupart des chambres sont équipées de loggias ou de balcons.

La Maison Rorqual

rte de la Roya – ☎ 04 95 37 05 37 – www.maison-rorqual.com

5 ch – 230/480 € 230/480 € – 15 €

Table d'hôte – Menu 50 € bc/60 € bc

◆ Cette demeure a été conçue par son propriétaire comme un hymne à l'authenticité corse. Chaque chambre évoque un univers, allant du romantique à l'insolite. Piscine à débordement.

La Rascasse

promenade des Quais – ☎ 04 95 37 06 09 – Ouvert avril-oct. et fermé lundi sauf de juin à août

Rest – Menu 58/72 € – Carte 60/120 €

◆ Venez ici déguster une cuisine au goût du jour, à base de beaux produits frais et de poissons de qualité. Deux agréables terrasses dont une panoramique dominant le port.

STE-LUCIE-DE-PORTO-VECCHIO – **2A Corse-du-Sud** – **345** F9 – ✉ **20144** **15** B3

Corse

Ajaccio 157 – Ghisonaccia 42 – Porto-Vecchio 16 – Sartène 76

Mairie annexe ✆ 04 95 71 48 99

Le Pinarello sans rest

Pinarello – ✆ 04 95 71 44 39 – www.lepinarello.com – Ouvert de mi-avril à mi-oct.

31 ch – †214/455 € ††230/551 € – 14 suites – ☕ 22 €

◆ Bel ensemble au luxe discret dans un cadre de rêve... Chambres et suites contemporaines, magnifique vue sur le golfe, centre de soins. À midi, snacking au luxueux bar-terrasse.

Le Rouf

Pinarello Sainte-Lucie-de-Porto-Vecchio – ✆ 04 95 71 50 48 – Ouvert avril-sept.

Rest – (39 € bc) Carte 60/120 €

◆ Dans une maison de 1857, où les tables sont dressées face à la mer. Rougets et chapons, papillotes de mérou et homard grillé : ici on ne travaille que la meilleure qualité.

La Fleur de Sel

Pinarello – ✆ 04 95 71 06 49 – Ouvert 15 mars-1er oct.

Rest – *(dîner seult) (nombre de couverts limité, prévenir)* Menu 35/75 € – Carte 55/75 €

◆ Face à la Méditerranée, une terrasse romantique noyée sous les jasmins, les roses et les oliviers. Cuisine terre et mer à prix doux, servie dans de la porcelaine et de l'argenterie.

STE-LUCIE-DE-TALLANO – **2A Corse-du-Sud** – **345** D9 – **320 h.** – **alt. 450 m** – ✉ **20112** **15** B3

Ajaccio 92 – Bonifacio 68 – Porto-Vecchio 48 – Sartène 19

Santa Lucia

– ✆ 04 95 78 81 28 – Fermé janv. et dim. hors saison

Rest – Menu 18/24 € – Carte 23/32 €

◆ Sur la place du village, sa terrasse sous les platanes invite à faire une pause. À la carte : lapin au vin de myrte, civet de cochon sauvage et flan à la châtaigne...

STE-MARIE-SICCHÉ – **2A Corse-du-Sud** – **345** C8 – **362 h.** – **alt. 420 m** – ✉ **20190** **15** A3

Ajaccio 36 – Sartène 51

Santa Maria

– ✆ 04 95 25 72 65 – www.santa-maria-hotel.com

22 ch – †50/59 € ††55/74 € – ☕ 8 € – ½ P 54/63 €

Rest – Menu 19/23 € – Carte 24/32 €

◆ Ambiance de pension de famille dans cet hôtel des années 1970 prisé des randonneurs. Les chambres sont simples et bien tenues, certaines avec balcon. Salle à manger rustique où l'on sert une cuisine familiale : charcuteries maison et spécialités corses.

SANT'ANTONINO – **2B Haute-Corse** – **345** C4 – **89 h.** – **alt. 500 m** – ✉ **20220** **15** A1

Ajaccio 155 – Bastia 99 – Corte 74

I Scalini

haut du village – ✆ 04 95 47 12 92 – Ouvert de mai à sept. et fermé le mardi midi de mi-juin à fin août

Rest – *(nombre de couverts limité, prévenir)* Carte 34/53 €

◆ Un étroit escalier en pierre conduit à ce restaurant perché au sommet du village. Intérieur original (toilettes à voir absolument) et 4 petites terrasses ménageant de superbes panoramas. Délicieux petits plats et ambiance zen.

SARTÈNE – 2A Corse-du-Sud – **345** C10 – **3 096 h.** – **alt. 310 m** – ✉ **20100** **15** A3

Ajaccio 84 – Bonifacio 50 – Corte 149

6, rue Borgo ✆ 04 95 77 15 40

Vieille ville★★ - Musée de Préhistoire corse★.

La Villa Piana sans rest

rte de Propriano – ✆ 04 95 77 07 04 – www.lavillapiana.com – Ouvert 1er avril-30 sept.

32 ch – 70/120 € 70/165 € – 9 €

◆ Superbe panorama sur Sartène et la vallée du Rizzanèse depuis le parc et la piscine à débordement. Préférez les chambres du rez-de-chaussée et leur terrasse verdoyante.

Santa Barbara

1 km à l'Est par N 196 et rte secondaire – ✆ 04 95 77 09 06 – www.santabarbara.fr – Ouvert Pâques-15 oct. et fermé lundi sauf le soir en juil.-août

Rest – Menu 34 € – Carte 38/70 €

◆ Une villa moderne, dans un jardin exquis ouvrant sur Sartène et la vallée... Autres atouts : la cuisine, par une chef qui honore la tradition corse, et le service charmant, sous l'égide de sa fille.

SOLENZARA – 2A Corse-du-Sud – **345** F8 – **1 169 h.** – **alt. 310 m** – ✉ **20145** **15** B3

Ajaccio 118 – Bonifacio 68 – Sartène 77

Anciennes ecoles ✆ 04 95 57 43 75

La Solenzara sans rest

quartier du Palais – ✆ 04 95 57 42 18 – www.lasolenzara.com – Ouvert mi-mars à fin oct.

28 ch – 80/130 € 80/130 €

◆ Grande demeure de style génois (18e s.) entourée d'un jardin. Chambres spacieuses, claires et sobres ; vue sur la mer à l'arrière. Espace bien-être, belle piscine à débordement.

Maison Rocca Serra sans rest

Scaffa Rossa, 1,5 km au Nord – ✆ 04 95 57 44 41

5 ch – 100 € 100/200 €

◆ Une grande bâtisse dans un jardin, d'où l'on accède directement à de petites criques privées... Chambres avec terrasse, décorées de mobilier ancien ; petit-déjeuner sous la véranda.

A Mandria

1 km au Nord – ✆ 04 95 57 41 95 – Fermé déc., janv., dim. soir et lundi hors saison

Rest – Menu 28/30 € – Carte 26/39 €

◆ Un restaurant au cadre pittoresque, proposant des grillades, des buffets de hors-d'œuvres et des spécialités corses. La pergola jouxte le potager.

ZONZA – 2A Corse-du-Sud – **345** E9 – **2 132 h.** – **alt. 780 m** – ✉ **20124** **15** B3

Ajaccio 93 – Bonifacio 67 – Porto-Vecchio 40 – Sartène 38

Col et aiguilles de Bavella★★★ NE : 9 km.

Le Tourisme sans rest

rte de Quenza – ✆ 04 95 78 67 72 – www.hoteldutourisme.fr – Ouvert d'avril à oct.

16 ch – 85/150 € 100/165 €

◆ Cet ancien relais de diligences (1875) a conservé sa fontaine d'origine. Chambres sobres et colorées avec balcon. Jardin et belle piscine chauffée avec vue sur la forêt de Zonza.

CORTE – 2B Haute-Corse – **345** D6 – voir à Corse

CORVOL-D'EMBERNARD – 58 Nièvre – **319** D8 – **109 h.** – **alt. 260 m** – ✉ **58210** **7** B2

Paris 236 – Cosne-sur-Loire 48 – Dijon 168 – Nevers 45

Le Colombier de Corvol
– ✆ 03 86 29 79 60 – *www.lecolombierdecorvol.com*
5 ch – 53 € 105 € **Table d'hôte** – Menu 45 € bc/60 € bc
◆ Ferme de caractère (1812) tenue par un couple belge amoureux d'art contemporain et de cuisine : chambres simples ornées d'œuvres, galerie dans une ancienne étable (expositions durant l'été) et table d'hôte orchestrée par monsieur, "amateur de plats en sauce".

COSNE-COURS-SUR-LOIRE – 58 Nièvre – 319 A7 – 11 185 h. – alt. 150 m – ✉ 58200 Bourgogne 7 A2

Paris 186 – Auxerre 83 – Bourges 61 – Montargis 76
place de l'Hôtel de Ville ✆ 03 86 28 11 85
du Sancerrois à Sancerre, N : 10 km par D 955, ✆ 02 48 54 11 22
Cheminée★ du musée.

Le Vieux Relais avec ch
11 r. St-Agnan – ✆ 03 86 28 20 21 – http://le-vieux-relais.fr – Fermé 23 déc.-12 janv., vend. soir, sam. midi et dim. soir sauf juil.-août
10 ch – 75/83 € 93/96 € – 10 € – ½ P 75 €
Rest – (17 €) Menu 22/49 € bc – Carte 36/50 €
◆ Une vénérable maison à colombages entre Loire et Nohain. L'atmosphère est chaleureuse et l'assiette fait la part belle à la tradition. Chambres pratiques pour l'étape.

Le Chat
42 r. Guérins, Villechaud – ✆ 03 86 28 49 03 – Fermé 1er-8 janv., 15-31 août, dim. soir, lundi soir et mardi
Rest – (18 €) Menu 22 € (déj. en sem.), 25/38 €
◆ Cet ancien bar de village est tenu par un jeune chef dynamique. Tables en bois, comptoir carrelé et poutres. À l'ardoise, une cuisine de bistrot inventive et pleine de goût.

LE COTEAU – 42 Loire – 327 D3 – rattaché à Roanne

LA CÔTE-ST-ANDRÉ – 38 Isère – 333 E5 – 4 653 h. – alt. 370 m – ✉ 38260 Lyon Drôme Ardèche 44 B2

Paris 525 – Grenoble 50 – Lyon 67 – La Tour-du-Pin 33
place Hector Berlioz ✆ 04 74 20 61 43

France avec ch
16 pl. de l'Église – ✆ 04 74 20 25 99 – www.hoteldefrance.info
14 ch – 58/65 € 65/75 € – 10 € – ½ P 84 €
Rest – *(fermé dim. soir et lundi)* Menu 28 € (sem.), 40/80 € – Carte 48/86 €
◆ Au cœur de la cité natale de Berlioz, cette demeure ancienne vous propose une cuisine ancrée dans la tradition. Petites chambres simples mais rafraîchies.

COTI-CHIAVARI – 2A Corse-du-Sud – 345 B9 – voir à Corse

COTINIÈRE – 17 Charente-Maritime – 324 C4 – voir à Île d'Oléron

COUDEKERQUE-BRANCHE – 59 Nord – 302 C1 – rattaché à Dunkerque

COUDRAY – 53 Mayenne – 310 F8 – rattaché à Château-Gontier

LE COUDRAY-MONTCEAUX – 91 Essonne – 312 D4 – 106 44 – voir à Paris, Environs (Corbeil-Essonnes)

COUËRON – 44 Loire-Atlantique – 316 F4 – rattaché à Nantes

COUILLY-PONT-AUX-DAMES – 77 Seine-et-Marne – 312 G2 – 2 028 h. – alt. 50 m – ✉ 77860 Île de France 19 C2

Paris 45 – Coulommiers 20 – Lagny-sur-Marne 12 – Meaux 9

XX **Auberge de la Brie** (Alain Pavard)
14 av. Alphonse Boulingre , (D 436) – ✆ 01 64 63 51 80 – www.aubergedelabrie.com – Fermé 17-26 avril, 30 juil.-24 août, 24 déc.-6 janv., dim. et lundi
Rest – *(nombre de couverts limité, prévenir)* (29 €) Menu 45/68 € – Carte 64/105 €
Spéc. Carpaccio de langoustines et daurade royale, espuma de cresson et pousses d'épinard. Ris de veau braisé au jus réduit, marmelade d'oignon au jambon Ibérico. Tarte sablée tiède au chocolat guanaja, chocolat liégeois à boire.
◆ Parmi les atouts que compte cette coquette maison briarde : son cadre contemporain raffiné, sa délicieuse cuisine actuelle personnalisée et son accueil tout sourire.

COUIZA – **11 Aude** – **344** E5 – **1 191 h.** – **alt. 228 m** – ✉ **11190** — **22** B3
Languedoc Roussillon

Paris 785 – Carcassonne 41 – Foix 75 – Perpignan 88

Château des Ducs de Joyeuse
allée du Château – ✆ 04 68 74 23 50 – www.chateau-des-ducs.com – Ouvert 18 mars-13 nov.
35 ch – †94/230 € ††94/230 € – ☕ 14 €
Rest – *(fermé dim. et lundi sauf de juin à sept. et le midi du 18 mars au 1er mai et du 1er oct. au 13 nov.)* Menu 24 € (déj.)/57 € – Carte 57/70 € le soir
◆ Les tours de ce beau château fortifié (16e s.) abritent des chambres simples d'inspiration médiévale (pierres, poutres, lits à baldaquin). Élégante salle à manger voûtée ; cuisine sensible au rythme des saisons et au terroir.

COULANDON – **03 Allier** – **326** G3 – **rattaché à Moulins**

COULLONS – **45 Loiret** – **318** L6 – **2 385 h.** – **alt. 166 m** – ✉ **45720** — **12** C2

Paris 165 – Aubigny-sur-Nère 18 – Gien 16 – Orléans 60

XX **La Canardière**
1 r. de la Mairie – ✆ 02 38 29 23 47 – www.restaurantlacanardiere.fr – Fermé 8-30 août, 19 déc.-3 janv., dim. soir, merc. soir, lundi et mardi
Rest – Menu 28/69 € – Carte 28/59 €
Rest *Le Bistro* – (15 €) Menu 18 € – Carte 15/25 €
◆ Le cadre est rustique, avec ses poutres et sa cheminée en cuivre. La cuisine n'en est pas moins écoresponsable ! Légumes, herbes du jardin, inventivité et respect des saisons. Au Bistro, menu à l'ardoise ou carte traditionnelle dans une atmosphère conviviale.

COULOMBIERS – **86 Vienne** – **322** H6 – **1 048 h.** – **alt. 141 m** – ✉ **86600** — **39** C2

Paris 352 – Couhé 25 – Lusignan 8 – Parthenay 44

Auberge le Centre Poitou
39 r. Nationale – ✆ 05 49 60 90 15 – www.centre-poitou.com – fermé 23 oct.-7 nov., vacances de fév., dim. soir et lundi de sept. à juin
13 ch – †50 € ††55/95 € – ☕ 8,50 € – ½ P 60/80 €
Rest – (14 € bc) Menu 28/75 € – Carte 66/94 €
◆ La même famille tient ce relais de poste plein de charme depuis 1870. Étape du chemin de Compostelle, il abrite des chambres au mobilier Louis Philippe ou en pin et un joli salon-piano. Chaleureux restaurant façon auberge et carte au goût du jour bien composée.

COULOMMIERS – **77 Seine-et-Marne** – **312** H3 – **13 836 h.** – **alt. 85 m** – ✉ **77120** Île de France — **19** D2

Paris 62 – Châlons-en-Champagne 111 – Meaux 26 – Melun 46
7, rue du Général-de-Gaulle ✆ 01 64 03 88 09

Les Échevins

quai de l'Hôtel-de-Ville – ✆ 01 64 20 75 85 – www.lesechevins.com – Fermé 24 juil.-15 août, vacances scolaires de fév., dim. et lundi

Rest – (11 €) Menu 18 € (sem.) – Carte 29/55 €

◆ Au cœur de la ville, cette maison posée sur la rive d'un canal du Morin dissimule une salle aux tons pastel et une terrasse d'été protégée. Menus inspirés par les saisons.

à Pommeuse Ouest : 6,5 km – 2 693 h. – alt. 67 m – ✉ 77515

Le Moulin de Pommeuse sans rest

32 av. Gén. Herne – ✆ 01 64 75 29 45 – www.le-moulin-de-pommeuse.com

5 ch – 57 € 74/85 €

◆ Ce moulin à eau du 14e s. abrite de jolies chambres aux noms évocateurs : Semailles, Moisson, Batteuse... Petit salon aménagé dans l'ex-machinerie et parc agrémenté d'une île.

COULON – 79 Deux-Sèvres – 322 C7 – 2 215 h. – alt. 6 m – ✉ 79510 38 B2

Poitou Vendée Charentes

Paris 418 – Fontenay-le-Comte 25 – Niort 11 – La Rochelle 63

31, rue Gabriel Auchier ✆ 05 49 35 99 29

Marais poitevin★★.

Au Marais sans rest

quai L. Tardy – ✆ 05 49 35 90 43 – www.hotel-aumarais.com – Fermé 15 déc.-1er fév.

18 ch – 70 € 80 € – 12 €

◆ Face à l'embarcadère pour le Marais mouillé, deux anciennes maisons de bateliers rénovées. Agréables chambres mêlant classique et contemporain, certaines avec vue sur la Sèvre.

Le Central avec ch

4 r. d'Autrement – ✆ 05 49 35 90 20 – www.hotel-lecentral-coulon.com – Fermé 14 fév.-8 mars, dim. soir et lundi

13 ch – 53/55 € 60/74 € – 10 € – ½ P 58/65 €

Rest – (15 €) Menu 18 € (sem.), 28/41 € – Carte 42/54 €

◆ Pour une escapade champêtre au cœur de la Venise verte... Poutres blanchies, vaisselier à l'ancienne. La cuisine cultive elle aussi la tradition : anguilles, escargots, fromage de chèvre. Chambres chaleureuses, revues dans un esprit campagnard chic.

COUPELLE-VIEILLE – 62 Pas-de-Calais – 301 F4 – 508 h. – alt. 147 m – ✉ 62310 30 A2

Paris 232 – Abbeville 58 – Arras 64 – Boulogne-sur-Mer 48

Le Fournil

r. St-Omer – ✆ 03 21 04 47 13 – www.restaurant-lefournil.fr – Fermé mardi soir, dim. soir, soirs fériés et lundi

Rest – (14 €) Menu 17 € (sem.), 25/30 € – Carte 38/54 €

◆ Un ancien relais de poste typique du Pas-de-Calais. On y savoure une cuisine de saison aux accents régionaux et de bons vins... L'été, on s'installe dans le jardin ombragé.

COURBAN – 21 Côte-d'Or – 320 I2 – 163 h. – alt. 262 m – ✉ 21520 8 C1

Paris 252 – Dijon 101 – Chaumont 43 – Langres 58

Château de Courban

7 r. du Lavoir – ✆ 03 80 93 78 69 – www.chateaudecourban.com – Fermé 25 déc.-1er janv.

20 ch – 95/295 € 95/295 € – 14 € – ½ P 99/225 €

Rest – *(fermé le midi hors saison et vacances scolaires)* Menu 35/58 €

◆ Charme, authenticité et modernité caractérisent cette demeure bourgeoise entourée de beaux jardins. Chambres cosy, salons confortables, piscine. Salle à manger façon "orangerie", terrasse orientée vers la verdure, et cuisine traditionnelle, servie uniquement le soir.

COURBEVOIE – 92 Hauts-de-Seine – 311 J2 – 101 15 – voir à Paris, Environs

COURCELLES-DE-TOURAINE – 37 Indre-et-Loire – 317 K4 – 393 h. – alt. 85 m – ✉ 37330 11 A2

Paris 267 – Angers 74 – Chinon 46 – Saumur 46

du Château des Sept-Tours, E : 7 km, ✆ 02 47 24 69 75

au golf 7 km à l'Est dir. Ambillou puis Château La Vallière – ✉ 37330 Courcelles-de-Touraine :

Château des Sept Tours

ch, rest, rest,

Le Vivier des Landes - D34 – ✆ 02 47 24 69 75 – www.7tours.com – Fermé mi-déc. à mi-fév.

45 ch – 150/170 € 280/330 € – 20 €

Rest – *(fermé le midi du lundi au jeudi)* (29 € bc) Menu 45/80 € – Carte 62/74 €

Rest *Club House* – ✆ 02 47 24 59 67 *(fermé le soir de sept. à mai)* (20 €) Menu 23 € (déj.)/45 € bc – Carte environ 31 €

◆ Ce beau château du 15e s., entouré d'un golf 18 trous, est impressionnant avec ses... sept tours ! Chambres agréables, plus fonctionnelles dans l'orangerie. Cuisine gastronomique d'influence méridionale servie dans une salle bourgeoise ou sous la véranda. Carte actuelle au Club House, situé dans une ancienne chapelle.

COURCELLES-SUR-VESLE – 02 Aisne – 306 D6 – 321 h. – alt. 75 m – ✉ 02220 37 C2

Paris 122 – Fère-en-Tardenois 20 – Laon 35 – Reims 39

Château de Courcelles

ch, rest,

8 r. du Château – ✆ 03 23 74 13 53 – www.chateau-de-courcelles.fr

15 ch – 195/365 € 195/365 € – 3 suites – 20 € – ½ P 182/312 €

Rest – Menu 55/95 € – Carte 80/120 €

Spéc. Foie gras de canard en habit vert à la croque au sel. Ris de veau. Café gourmand. **Vins** Champagne.

◆ Château du 17e s. dans un parc de 20 ha (étang) auquel Crébillon, Rousseau ou encore Cocteau ont donné ses lettres de noblesse. Ciels de lit, baldaquins, meubles de style... Cuisine gastronomique dans une salle raffinée ou une belle véranda au mobilier Napoléon III.

COURCHEVEL – 73 Savoie – 333 M5 – Sports d'hiver : 1 100/2 750 m 11 54 – ✉ 73120 Alpes du Nord 45 D2

Paris 660 – Albertville 52 – Chambéry 99 – Moûtiers 25

Altiport ✆ 04 79 08 31 23, S : 4 km

le Cur de Courchevel ✆ 04 79 08 00 29

Plan page 563

à Courchevel 1850 – alt. 1 850 m – ✉ 73120

★ - Belvédère la Saulire★★★ (télécabine).

Les Airelles

ch, rest,

Au Jardin Alpin – ✆ 04 79 00 38 38 – www.airelles.fr – Ouvert mi-déc.-mi-avril

37 ch (½ P seult) – 15 suites – – ½ P 950/2450 € Zh

Rest *Pierre Gagnaire pour les Airelles* – *(dîner seult)* Menu 220 € (sem.)/300 € – Carte 270/450 €

Spéc. Corolle de homard bleu enrobée d'une gelée de crustacés. Turbot rôti à l'arête terminé au four sur un lit de varech, fondue de poireaux à la moelle. Le "Grand Dessert" de Pierre Gagnaire.

Rest *La Table du Jardin* – Carte 180/400 €

Rest *Le Coin Savoyard* – *(dîner seult)* Carte environ 200 €

◆ Le palace des neiges par excellence, dédié au raffinement : somptueux décor à la tyrolienne, spa d'élite, service sur mesure. Avalanche de saveurs inouïes aux Airelles de Pierre Gagnaire, où l'audace de la cuisine le dispute à celle des prix. Délicieuse terrasse à la Table du Jardin. Carte fromagère au Coin Savoyard.

Cheval Blanc
au Jardin Alpin – 04 79 00 50 50 – www.chevalblanc.com – Ouvert mi-déc.-mi-avril
32 ch (½ P seult) – 2 suites – ½ P 675/1250 € **Zm**
Rest ***Le 1947*** – Menu 115 € (déj.)/195 € – Carte 165/250 €
Spéc. Mousseline de pommes de terre rattes au jus de poulet, truffes et jaune d'œuf confit. Filet de bœuf black Angus à la royale, pâtes coudées gonflées au jus de truffe. Fuseau croustillant au chocolat lacté, copeaux de truffe noire à la fleur de sel.
◆ Fastueuses chambres, appartement de 650 m², cadre design, photos signées K. Lagerfeld, spa Givenchy, boutiques de luxe : le chalet de montagne version "haute couture". Au 1947, cuisine tout en finesse et délicatesse, à base de produits magnifiques et... magnifiés ; sélection de Cheval Blanc.

Le Kilimandjaro
rte Altiport - Z – 04 79 01 46 46 – www.hotelkilimandjaro.com – Ouvert de mi-déc. à mi-avril
32 ch (½ P seult) – 3 suites – ☕ – ½ P 345/825 €
Rest ***La Table du Kilimandjaro*** – *(dîner seult)* Menu 90/150 € – Carte 100/225 €
Spéc. Langoustines des côtes bretonnes aux agrumes. Saint-pierre de Méditerranée piqué au fenouil sec, encornets au saté, olives taggiasche. Onctueux citron en texture crémeuse, pain de Gênes, comète glacée au calisson d'Aix.
Rest ***Les Terrasses du Kilimandjaro*** – *(déj. seult)* Carte 85/160 €
◆ Un véritable hameau de montagne, formé de luxueux chalets : matériaux nobles (lauze, pierre et bois vieilli), équipements high-tech et confort absolu. Le soir venu, la Table réserve des plaisirs de haute gastronomie ; service accort. Au pied des pistes, les Terrasses accueillent les skieurs pour une pause gourmande.

Le Strato
rte de Bellecôte – 04 79 41 51 60 – www.hotelstrato.com – Ouvert 18 déc.-10 avril **Zf**
23 suites (½ P seult) – 2 ch – ½ P 500/2000 €
Rest – Menu 95 € (déj.) – Carte 150/280 € le soir
Spéc. Velouté de champignons et truffes. Turbot au fenouil confit et bouillon de poissons de roche. Millefeuille comme à Baumanière.
◆ Dernier né de la station (fin 2009), cet hôtel-chalet associe luxe, grand confort et esprit sportif : spa de 800 m², mobilier design et pièces anciennes, décor sur le thème du ski – face aux pistes. Au restaurant, les mets slalooment avec grâce et précision entre inspirations provençales et influences hivernales.

Amanresorts Le Mélézin
r. Bellecôte – 04 79 08 01 33 – www.amanresorts.com – Ouvert 17 déc.-11 avril **Yr**
23 ch – †760/1760 € ††760/1760 € – 8 suites – ☕ 30 €
Rest – Carte 70/100 €
◆ Au pied des pistes, hôtel élégant et très intime, propice à la détente : spa complet, grandes chambres lumineuses et zen, certaines avec espace "day bed" (dédié au repos de jour). Outre sa carte traditionnelle, le restaurant propose des spécialités thaïlandaises.

Le Lana
rte de Bellecote – 04 79 08 01 10 – www.lelana.com – Ouvert 10 déc.-16 avril
55 ch (½ P seult) – 30 suites – ½ P 200/715 € **Yp**
Rest ***La Table du Lana*** – (55 €) Menu 80 € – Carte 100/130 €
◆ L'un des premiers hôtels de la station, demeuré le chouchou de la jet-set. Branché, design, moderne, baroque ou plus classique : le décor des chambres et salons est soigné. Bel espace bien-être. À La Table du Lana, carte simple à midi, plus ambitieuse le soir.

Annapurna
rte Altiport - Z – 04 79 08 04 60 – www.annapurna-courchevel.com – Ouvert mi-déc. à mi-avril
64 ch ☕ – †300/1245 € ††540/1260 € – 7 suites
Rest – Menu 66 € (déj.)/72 € – Carte 48/151 €
◆ Avis aux skieurs : cet hôtel – le plus haut de la station – tutoie les cimes, dans un environnement immaculé. Décor d'esprit montagnard ; les chambres au sud dominent les pistes. Grande salle à manger et terrasse face à la Saulire ; cuisine traditionnelle.

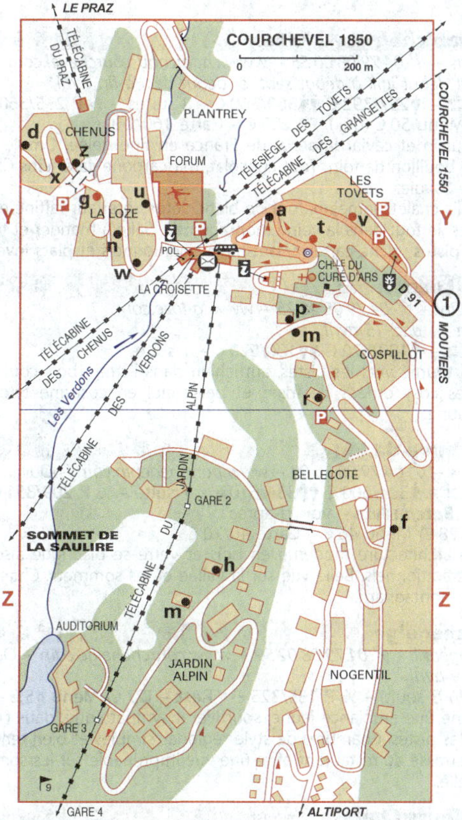

Les Suites de la Potinière sans rest

r. du Plantret 73120 – ✆ 04 79 08 00 16 – www.suites-potiniere.com – Ouvert mi-déc. à fin avril **Yu**

16 suites – 1500/2800 € – ☕ 30 €

◆ Luxe discret, raffinement et élégance en cet hôtel contemporain proche de la Croisette. Suites spacieuses, œuvres d'art. Petite restauration (tapas) au séduisant bar-lounge.

Saint-Roch

rte de Bellecôte – ✆ 04 79 08 02 66 – www.lesaintroch.com – Ouvert de mi-déc. à mi-avril **Ym**

10 suites ☕ – 980/1990 € – 5 ch

Rest – *(fermé le midi)* Menu 70 € – Carte 70/200 €

◆ Oubliez l'esprit montagnard dans cet hôtel ostensiblement chic et moderne, au décor parfois très original. Chaque chambre dispose de son hammam. Au restaurant, tout de noir vêtu, carte aux notes plus traditionnelles.

La Sivolière

r. des Chenus – ✆ 04 79 08 08 33 – www.hotel-la-sivoliere.com – Ouvert 9 déc.-28 avril **Yd**

24 ch – 400/665 € 400/665 € – 12 suites – ☕ 35 €

Rest – Menu 90 € – Carte 80/150 €

◆ Sur les hauteurs, chalet de caractère distillant un charme sûr. Décor contemporain et raffiné dans les espaces communs ; montagnard et cosy dans les chambres. Le must : la piscine face à la forêt. Au restaurant, flambées dans la cheminée design et carte actuelle.

Le Chabichou (Michel Rochedy)
r. Chenus – 04 79 08 00 55 – www.chabichou-courchevel.com – Ouvert début juil. à début sept. et début déc. à fin avril Yz
33 ch – 252/392 € 360/560 € – 8 suites – ½ P 235/560 €
Rest – Menu 50 € (déj.), 90/200 € – Carte 160/260 €
Spéc. Oursin et caviar impérial de France en fine gelée. Omble Chevalier confit dans un bouillon de foin. Tout chocolat, mascarpone café. **Vins** Chignin-Bergeron, Pinot de Savoie.
♦ De jolis chalets jumeaux tout de blanc vêtus. Intérieur raffiné et chambres chaleureuses, le tout dans la veine montagnarde. Salle à manger et terrasse tournées vers les pistes ; riche carte mêlant mets traditionnels et plats inventifs.

De la Loze sans rest
r. Park City – 04 79 08 28 25 – www.la-loze.com – Ouvert 11 déc.-15 avril Yw
28 ch – 180/520 € 180/520 € – 1 suite
♦ Hôtel tourné vers les pistes, autrichien dans l'âme : bois couleur pain d'épice, chambres cosy ornées de frises et personnel en costume tyrolien. Petit hammam, sauna.

La Pomme de Pin
r. Chenus – 04 79 08 36 88 – www.pommedepin.com – Ouvert 18 déc.-25 avril
48 ch – 324/600 € 334/610 € – 1 suite – ½ P 209/351 € Yx
Rest ***Le Bateau Ivre*** – voir ci-après
Rest – (28 €) Menu 46 € – Carte 40/70 €
♦ Cette architecture moderne en bois et verre se distingue aisément parmi les chalets traditionnels. Belle vue sur la vallée et les sommets. Chambres spacieuses de style montagnard.

Courcheneige
r. de Nogentil – 04 79 08 02 59 – www.courcheneige.com – Ouvert 17 déc.-9 avril Yf
86 ch (½ P seult) – ½ P 135/325 € **Rest** – (27 €) Menu 45 € – Carte 19/48 €
♦ Il règne une ambiance jeune, sportive et sympathique, dans ce chalet posé au milieu des pistes. Chambres de style régional, simples et bien tenues (couettes de lit). La terrasse du restaurant offre une vue imprenable sur les sommets ; carte traditionnelle.

Les Monts Charvin sans rest
impasse des Verdons – 04 79 04 19 10 – www.lesmontscharvin-courchevel1850.com – Ouvert de déc. à avril et juil.-août
20 ch – 120/310 € 120/310 € – 15 € Ya
♦ Petit hôtel convivial et authentique, au cœur de la station : coquette décoration alpestre, salon avec feu de cheminée, tenue impeccable. Tarifs intéressants pour Courchevel.

Le Bateau Ivre (Jean-Pierre Jacob) – Hôtel La Pomme de Pin
r. Chenus – 04 79 00 11 71 – www.pommedepin.com – Ouvert mi-déc. à mi-avril et fermé le midi du lundi au vend.
Rest – Menu 85/170 € – Carte 110/180 € Yx
Spéc. Brochet en quenelles, émulsion d'écrevisses. Ris de veau braisé, jus au citron confit. Feuillet, crème à l'anis étoilé, sorbet à la banane. **Vins** Roussette de Savoie, Chignin-Bergeron.
♦ Ce bateau des cimes offre une vue époustouflante sur Courchevel et les vagues blanches des sommets de la Vanoise : une bouffée d'air pur. Recettes actuelles accompagnées d'un beau choix de vins régionaux. Service attentif.

Le Genépi
r. Park City – 04 79 08 08 63 – www.legenepi-courchevel.com – Ouvert sept. à avril et fermé sam. et dim. de sept. à nov. Yg
Rest – Menu 32 € (déj.)/49 € – Carte 40/80 €
♦ Accueil sympathique en ce petit restaurant familial : le feu crépite dans le salon. Le chef, né à Courchevel, propose une cuisine régionale bien ficelée (menu skieur à midi).

XX **La Saulire**

pl. Rocher – ✆ 04 79 08 07 52 – www.lasaulire.fr – Ouvert 1er déc.-30 avril
Rest – (28 €) Menu 36 € (déj.) – Carte 50/85 € Yt
◆ Au cœur de la Savoie : un décor tout de bois blond, rehaussé de vieux objets montagnards... Menu du jour à midi et recettes à base de truffes du Périgord le soir.

à Courchevel 1650 par ① : 4 km – ✉ 73120

Manali

r. Rosière – ✆ 04 79 08 07 07 – www.hotelmanali.com – Ouvert déc.-avril
29 ch – 330/820 € 440/920 € – 7 suites
Rest – (30 €) Menu 67 € (dîner) – Carte 50/70 €
◆ Du nom d'un village himalayen, un luxueux chalet mâtiné d'exotisme : au gré des chambres, le bois montagnard rencontre des inspirations indiennes (frises sculptées) ou canadiennes (rondins de bois). Au restaurant, décor Bollywood et cuisine actuelle teintée d'épices.

Le Seizena

– ✆ 04 79 08 26 36 – www.hotelseizena.com – Ouvert de mi-déc. à mi-avril
20 ch – 115/175 € 230/350 € **Rest** – Carte environ 40 €
◆ Un hommage original et réussi au Cessna et à l'aéronautique : chambres modernes évoquant des cabines, salles de bain façon cockpit, maquettes d'avions... Au restaurant, la carte se décline en "vols intérieurs" et "longs courriers", entre Savoie et saveurs du monde.

au Praz (Courchevel 1300) **8 km par ① – ✉ 73120 St Bon Tarentaise**

Les Peupliers

– ✆ 04 79 08 41 47 – www.lespeupliers.com – Fermé mai-juin et les week-ends de sept. à nov.
35 ch – 90/205 € 110/305 € – 12 € – ½ P 90/190 €
Rest *La Table de mon Grand-Père* – Menu 29 € – Carte 31/75 €
◆ Cet hôtel familial situé à deux pas d'un petit lac abrite des chambres chaleureuses et lambrissées ; elles sont dotées de balcons côté sud. Accueil sympathique. Jolies boiseries savoyardes et plats traditionnels à La Table de mon Grand-Père.

X **Azimut** (François Moureaux)

Immeuble l'Or Blanc – ✆ 04 79 06 25 90 – www.restaurantazimut.com – Ouvert mi-déc.- fin avril
Rest – *(prévenir le midi)* (25 €) Menu 30/85 € – Carte 46/90 €
Spéc. Foie gras poêlé, émulsion de fruits de la passion. Saint-Jacques, royale de beaufort et crème de chorizo. Parfait glacé au génépi, minestrone de fruits. **Vins** Chignin-Bergeron, Mondeuse.
◆ Adresse sympathique et aux prix mesurés, qui propose une cuisine très sûre, simple et actuelle, à base d'excellents produits. Bon choix de vins du Jura. Accueil très aimable.

X **Le Bistrot du Praz**

– ✆ 04 79 08 41 33 – Fermé mai
Rest – Menu 26 € – Carte 34/70 €
◆ Dans le village du Praz, petit chalet au cadre savoyard chaleureux, proposant une cuisine de bistrot bien gourmande. Spécialités de foie gras (froid ou chaud).

à la Tania 12 km par ① – ✉ 73120

imm Folières ✆ 04 79 08 40 40

XX **Le Farçon** (Julien Machet)

immeuble la Kalinka – ✆ 04 79 08 80 34 – www.lefarcon.fr – Ouvert mi-juin à mi-sept., début déc. à mi-avril et fermé dim. soir en été et lundi
Rest – (25 €) Menu 42/110 € – Carte 18/45 €
Spéc. Huître spéciale servie tiède à la grenobloise. Épaule d'agneau cuite doucement en croûte de pain. Sorbet au foin de nos montagnes. **Vins** Chignin-Bergeron, Vin de Savoie.
◆ Si l'agréable décor façon chalet (dû au père du chef, menuisier de son état) honore la Savoie, la cuisine explore un territoire de saveurs plus large, avec inventivité et soin.

COUR-CHEVERNY – 41 Loir-et-Cher – **318** F6 – 2 591 h. – alt. 86 m – ✉ 41700 **11** AB1

Paris 194 – Blois 14 – Châteauroux 88 – Orléans 73

12, rue du Chêne des Dames ✆ 02 54 79 95 63

Château de Cheverny★★★ S : 1 km - Porte★ de la chapelle du château de Troussay SO : 3,5 km - Château de Beauregard★ Châteaux de la Loire

St-Hubert

122 rte Nationale – ✆ 02 54 79 96 60 – www.hotel-sthubert.com

21 ch – 55/75 € 55/75 € – 9 € – ½ P 58 €

Rest – *(fermé dim. soir de nov. à mars)* Menu 18 € (déj. en sem.), 25/33 € – Carte 39/58 €

◆ Un petit hôtel placé sous la protection du patron des chasseurs – logique dans une localité avec une telle tradition de vénerie ! Plaisante ambiance provinciale, âtre au salon... Salle de restaurant lumineuse et colorée ; cuisine traditionnelle et gibier en saison.

à Cheverny 1 km au Sud – 947 h. – alt. 110 m – ✉ 41700

12, rue du Chêne des Dames ✆ 02 54 79 95 63

Château du Breuil

23 rte de Fougères, Ouest : 3 km par D 52 et voie privée – ✆ 02 54 44 20 20 – www.chateau-hotel-du-breuil.com

35 ch – 120/185 € 140/230 € – 4 suites – 16 €

Rest – *(dîner seult) (résidents seult)* Menu 40 €

◆ Visitez Cheverny et logez au Breuil : un parc arboré de 30 ha préserve ce petit château (18e s.) du monde extérieur. Décor soigné ; quelques belles chambres dans les anciennes granges, côté verger. Cuisine traditionnelle au restaurant.

COURCOURONNES – 91 Essonne – **312** D4 – **101** 36 – voir à Paris, Environs (Évry)

COURLANS – 39 Jura – **321** C6 – rattaché à Lons-le-Saunier

COURS – 69 Rhône – **327** E3 – 3 975 h. – alt. 543 m – ✉ 69470 **44** A1

Paris 416 – Chauffailles 17 – Lyon 75 – Mâcon 70

au col du Pavillon 4 km à l'Est par D 64 – alt. 755 m – ✉ 69470 Cours la Ville

Le Pavillon

– ✆ 04 74 89 83 55 – www.hotel-pavillon.com

21 ch – 47 € 57 € – 8,50 € – ½ P 53 €

Rest – *(fermé dim. soir)* (11 €) Menu 15/35 € – Carte 35/48 €

◆ Au col même, en lisière de forêt ; la quiétude de l'environnement, l'architecture d'inspiration nordique et les chambres confortables font de cet hôtel une étape plaisante. Cuisine classique servie dans une salle à manger contemporaine prolongée d'une véranda.

COURSAC – 24 Dordogne – **329** E5 – 1 573 h. – alt. 200 m – ✉ 24430 **4** C1

Paris 556 – Angoulême 91 – Bordeaux 127 – Périgueux 14

Le Clos Bruyols sans rest

impasse de Bruyols – ✆ 05 53 07 56 61 – www.le-clos-bruyols.com

4 ch – 85 € 85/150 €

◆ De chaque pièce de cette métairie, la propriétaire a fait un lieu unique (objets chinés, mobilier ancien). Mention spéciale pour la suite du colombier ! Bibliothèque, billard, sauna...

COUR-ST-MAURICE – 25 Doubs – **321** K3 – 177 h. – alt. 500 m – ✉ 25380 **17** C2

Paris 481 – Baume-les-Dames 50 – Besançon 68 – Montbéliard 44

Le Moulin rest, VISA

Le Moulin du Milieu, 3 km à l'Est sur D 39 – 03 81 44 35 18 – Ouvert de mars à sept. et fermé merc. hors saison
5 ch – 45 € 60/76 € – 6,50 € – ½ P 58/63 €
Rest – *(nombre de couverts limité, prévenir)* Menu 21/32 € – Carte 29/53 €
◆ Cette insolite villa des années 1930 fut construite pour un meunier de la vallée. Chambres de facture classique et bien tenues. Jardin ombragé ; parcours de pêche réservé aux hôtes. Cuisine traditionnelle servie dans une coquette salle tournée vers la rivière.

COURSEULLES-SUR-MER – 14 Calvados – 303 J4 – 4 106 h. – 14470 Normandie Cotentin 32 B2

Paris 252 – Arromanches-les-Bains 14 – Bayeux 24 – Cabourg 41
5, rue du 11 novembre 02 31 37 46 80
Clocher★ de l'église de Bernières-sur-Mer E : 2,5 km - Tour★ de l'église de Ver-sur-Mer O : 5 km par D 514.
Château★★ de Fontaine-Henry S : 6,5 km.

XX **La Pêcherie** avec ch ch, VISA AE

pl. 6-Juin – 02 31 37 45 84 – www.la-pecherie.fr
6 ch – 60/90 € 60/90 € – 9 € – ½ P 74/84 €
Rest – (15 €) Menu 20/38 € – Carte 30/75 €
◆ Derrière la façade à colombages, un intérieur nostalgique (horloges, portraits, etc.) comprenant une salle aux pierres apparentes, une autre avec verrière. Produits de la mer. Chambres rafraîchies dans un style actuel (couleurs vives).

LA COURTEIX – 63 Puy-de-Dôme – 326 E8 – rattaché à Pontgibaud

---

COURTENAY – 45 Loiret – 318 P3 – 3 636 h. – alt. 146 m – 45320 12 D2

Paris 118 – Auxerre 56 – Nemours 44 – Orléans 101
5, rue du Mail 02 38 97 00 60
18 de Clairis à Savigny-sur-Clairis Domaine de Clairis, N : 7 km, 03 86 86 33 90

à Ervauville 9 km au Nord-Ouest par N 60, D 32 et D 34 – 516 h. – alt. 152 m – 45320

XXX **Le Gamin** VISA

– 02 38 87 22 02 – Fermé 11-26 juil., 2-17 nov., 25 janv.-5 fév., dim. soir, lundi et mardi
Rest – *(nombre de couverts limité, prévenir)* Menu 70 € bc
◆ Pour une soirée romantique, une épicerie transformée en élégante auberge, avec terrasse et joli jardin. La cuisine est séduisante, employant volontiers des produits nobles.

LA COURTINE – 23 Creuse – 325 K6 – 928 h. – alt. 789 m – 23100 25 D2

Paris 424 – Aubusson 38 – La Bourboule 53 – Guéret 80
Mairie 05 55 66 76 58

Au Petit Breuil VISA AE

rte Felletin – 05 55 66 76 67 – Fermé 19 déc.-12 janv., vend. soir du 15 sept. au 15 avril et dim. soir
11 ch – 44 € 55 € – 7 € – ½ P 62 €
Rest – (14 €) Menu 18 € (sem.)/44 € – Carte 28/51 €
◆ Demeure familiale centenaire dont les chambres, simples mais correctement équipées, sont plus calmes sur l'arrière. Lumineuse salle à manger, récemment rénovée dans un esprit contemporain. La cuisine, régionale et actuelle, fait la part belle aux champignons.

COUSSEY – 88 Vosges – **314** C2 – **713 h.** – **alt. 280 m** – ✉ **88630** **26** B3

Paris 290 – Metz 116 – Toul 48 – Vandœuvre-lès-Nancy 56

La Demeure du Gardien du Temps qui Passe

47 Grand Rue – ✆ 03 29 06 99 83 – www.lademeure88.com

5 ch – 55 € 75 € **Table d'hôte** – Menu 20 €

◆ Cet ancien relais de poste (18e s.) dégage un charme authentique : jolis meubles chinés dans les chambres spacieuses et agréable salon-bibliothèque. À la table d'hôte, cuisine régionale avec de bonnes spécialités lorraines.

COUTANCES – **50 Manche** – **303** D5 – **9 518 h.** – **alt. 91 m** – ✉ **50200** Normandie Cotentin **32** A2

Paris 335 – Avranches 52 – Cherbourg 76 – St-Lô 28

place Georges Leclerc ✆ 02 33 19 08 10

Cathédrale★★★ : tour-lanterne★★★, parties hautes★★ - Jardin des Plantes★.

Cosital

r. de St-Malo par ④ – ✆ 02 33 19 15 00 – www.cositel.fr

55 ch – 65/98 € 65/98 € – 9 € – ½ P 118/151 €

Rest – *(fermé sam. midi et dim. midi)* (11 €) Menu 22/35 € – Carte 19/44 €

◆ Ensemble moderne érigé sur une colline dominant la ville. Les chambres sont claires et garnies d'un mobilier fonctionnel. Atmosphère contemporaine du côté du restaurant qui ouvre sur une terrasse et de petits bassins. Carte traditionnelle aux touches actuelles.

Manoir de L'Ecoulanderie sans rest

r. de la Broche – ✆ 02 33 45 05 05 – www.l-b-c.com **Yb**

4 ch – 100 € 130 €

◆ Un parc arboré, une piscine intérieure chauffée, Coutances et sa cathédrale à l'horizon : de séduisants atouts pour ce manoir du 17e s. et sa dépendance. Chambres personnalisées.

COUTANCES

Albert-1er (Av.) . . . . . Z 2
Croûte (R. de la) . . . . . YZ 3
Daniel (R.) . . . . . Y 5
Duhamel (R.) . . . . . Z 6
Écluse-Chette (R. de l') . . . . . Y 8
Encoignard (Bd) . . . . . Z 9
Foch (R. Mar.) . . . . . Z 10
Gambetta (R.) . . . . . Y 12
Herbert (R. G.) . . . . . Z 13
Leclerc (Av. Division) . . . . . Y 15
Legentil-de-la-Galaisière (Bd) . Z 16
Lycée (R. du) . . . . . Z 17
Marest (R. Thomas-du) . . . . . Y 18
Milon (R.) . . . . . Y 19
Montbray (R. G.-de) . . . . . Z 20
Normandie (R. de) . . . . . Y 21
Palais-de-Justice (R. du) . . . . . Y 23
Paynel (Bd J.) . . . . . Y 24
Quesnel-Morinière (R.) . . . . . Z 26
République (Av. de la) . . . . . Y 27
St-Dominique (R.) . . . . . Y 29
St-Nicolas (R.) . . . . . Y 30
Tancrède (R.) . . . . . Y 32
Tourville (R.) . . . . . Y 33

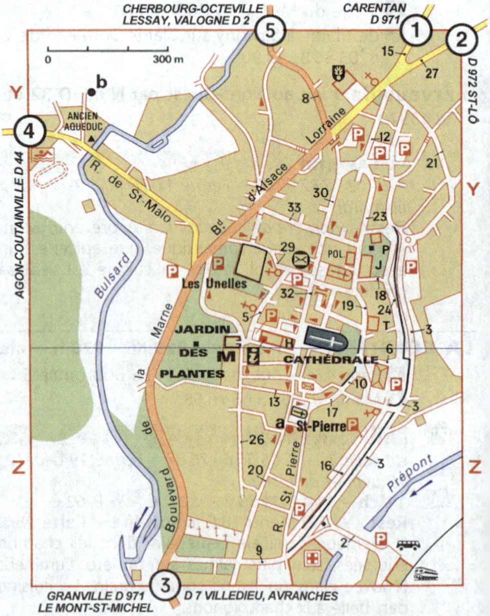

Le Clos des Sens

55 r. Geoffroy-de-Montbray – ✆ 02 33 47 94 78 – www.leclosdessens.fr – Fermé 2 sem. en juil., 1 sem. en oct., 1 sem. en fév., dim. et lundi Za

Rest – *(nombre de couverts limité, prévenir)* (19 €) Menu 28/46 € – Carte 60/85 € le soir

◆ Petit restaurant logé dans une maison du 17e s. Son atmosphère joue sur la rencontre d'un héritage rustique et de tableaux contemporains. Savoureuse cuisine d'aujourd'hui.

à Gratot **4 km par ④ et D 244 – 649 h. – alt. 83 m – ✉ 50200**

Le Tourne-Bride

85 r. d'Argouges – ✆ 02 33 45 11 00 – Fermé 2 sem. en juil., 12-28 fév., dim. soir et lundi

Rest – (14 €) Menu 18/49 € – Carte 31/60 €

◆ La cuisine traditionnelle perdure sereinement dans ce coquet relais de poste du 19e s. proche du château de Gratot et de sa Tour à la Fée. Cadre rustique et chaleureux.

COUTRAS – 33 Gironde – 335 K4 – 7 584 h. – alt. 15 m – ✉ 33230 4 C1

Paris 527 – Bergerac 67 – Blaye 50 – Bordeaux 51

17, rue Sully ✆ 05 57 69 36 53

Henri IV sans rest

pl. du 8 Mai 1945, (face à la gare) – ✆ 05 57 49 34 34 – www.hotelcoutras.com

16 ch – †59/78 € ††59/78 € – ☕ 8 €

◆ La bataille que livra Henri IV en 1587 a fait entrer Coutras dans l'histoire. Maison de maître (19e s.) abritant des chambres simples. Belle véranda où l'on petit-déjeune, face au jardin.

LA CRAU – 83 Var – 340 L7 – 15 798 h. – alt. 36 m – ✉ 83260 41 C3

Paris 847 – Brignoles 41 – Draguignan 71 – Hyères 9

37 avenue du 8 mai 1945 ✆ 04 94 66 14 48

Auberge du Fenouillet

20 av. du Gén.-de-Gaulle – ✆ 04 94 66 76 74 – Fermé 3-12 janv., dim. soir, lundi et mardi

Rest – (24 €) Menu 48 € – Carte 35/75 €

◆ Fontaine et bouddhas, salles contemporaines cosy, vue sur les cuisines : une atmosphère zen, idéale pour déguster la cuisine actuelle et un brin créative du jeune chef.

CRAVANT – 89 Yonne – 319 F5 – 812 h. – alt. 120 m – ✉ 89460 7 B1

Paris 185 – Auxerre 19 – Avallon 33 – Clamecy 35

4, rue d'Orléans ✆ 03 86 42 25 71

Hostellerie St-Pierre

5 r. de l'Église – ✆ 03 86 42 31 67 – www.hostellerie-st-pierre.com – Fermé 20 déc.-10 janv.

9 ch – †66 € ††70 € – ☕ 9 € – ½ P 74 € **Rest** – *(fermé dim. soir hors saison) (dîner seult) (nombre de couverts limité, prévenir)* Menu 36 €

◆ Cet hôtel familial vous réserve un accueil chaleureux ; les chambres, petites mais coquettes, sont disposées autour d'une cour fleurie. Sauna et fitness dans la cave voûtée. Au restaurant, cuisine du marché et vieux millésimes à prix doux.

CRAVANT-LES-CÔTEAUX – 37 Indre-et-Loire – 317 L6 – 728 h. – alt. 50 m – ✉ 37500 11 A3

Paris 284 – Orléans 160 – Tours 45 – Joué-lès-Tours 37

Manoir des Berthaisières sans rest

– ✆ 02 47 98 35 07 – www.lesberthaisieres.com

3 ch ☕ – †55/105 € ††65/125 €

◆ Au cœur d'une immense propriété cultivant du cabernet-franc, ce petit manoir fortifié propose plusieurs chambres, une suite familiale et un gîte. Piscine, fitness et jacuzzi.

CRÈCHES-SUR-SAÔNE – 71 Saône-et-Loire – **320** I12 – rattaché à Mâcon

CRÉDIN – 56 Morbihan – **308** O6 – 1 418 h. – alt. 124 m – ✉ 56580 **10** C2

Paris 451 – Rennes 100 – Vannes 49 – Pontivy 19

La Maison Blanche aux Volets Bleus ch,

à Blézouan, 2,5 km à l'Est par D11 et rte secondaire – ✆ 02 97 38 58 61 – www.lamaisonblancheauxvoletsbleus.com – Fermé 2 sem. en déc., janv. et 2 sem. en fév.

4 ch (½ P seult) – ½ P 135/220 € **Table d'hôte** –

◆ Une Maison Blanche aux Volets Bleus dans un joli hameau... C'est dans cette atmosphère cosy que les Delhange – un charmant couple de Belges – nous reçoivent. Passionnés de cuisine, ils organisent des ateliers culinaires... Esprit de famille à la table d'hôte.

CREIL – 60 Oise – **305** F5 – 33 479 h. – alt. 30 m – ✉ 60100 **36** B3

Île de France

Paris 63 – Beauvais 45 – Chantilly 9 – Clermont 17

41, place du Général-de-Gaulle ✆ 03 44 55 16 07

d'Apremont à Apremont CD 606, SE : 6 km par D 1330, ✆ 03 44 25 61 11

La Ferme de Vaux VISA AE

à Vaux , (sur D 120 direction Verneuil) – ✆ 03 44 64 77 00 – www.la-ferme-de-vaux.com

28 ch – †68/78 € ††68/84 € – ☕ 10 € – ½ P 131/149 €

Rest – *(fermé sam. midi et dim. soir)* Menu 18/39 € – Carte 40/52 €

◆ Une ancienne ferme francilienne (19e s.), organisée autour d'une cour fermée. Chambres simples et bien tenues, plus spacieuses au rez-de-chaussée. Murs en pierres apparentes et mobilier moderne au restaurant ; carte traditionnelle.

CRÉMIEU – 38 Isère – **333** E3 – 3 330 h. – alt. 200 m – ✉ 38460 **44** B2

Lyon Drôme Ardèche

Paris 488 – Belley 49 – Bourg-en-Bresse 64 – Grenoble 86

9, place de la Nation Charles de Gaulle ✆ 04 74 90 45 13

Halles★.

Auberge de la Chaite avec ch VISA AE

pl. des Tilleuls – ✆ 04 74 90 76 63 – www.aubergedelachaite.com – Fermé 22 avril-10 mai, 22-30 août, 20 déc.-15 janv., merc. midi, dim. soir et lundi

9 ch – †55/58 € ††60/65 € – ☕ 8,50 €

Rest – Menu 18 € (sem.), 28/39 € – Carte 27/55 €

◆ Face à la porte de la Loi, cette maison de pays propose des plats traditionnels à déguster dans une salle rustique à souhait ou sur la terrasse ombragée. Chambres modestes.

CREON – 33 Gironde – **335** I6 – 3 831 h. – alt. 110 m – ✉ 33670 **3** B1

Aquitaine

Paris 597 – Bordeaux 25 – Arcachon 88 – Langon 32

62, boulevard Victor Hugo ✆ 05 56 23 23 00

Château Camiac AC ch, rest, VISA

rte de la forêt, (D 121) – ✆ 05 56 23 20 85 – www.chateaucamiac.com – Ouvert 2 mai-2 oct.

12 ch – †160/280 € ††160/280 € – 2 suites – ☕ 20 €

Rest – *(fermé mardi et le midi en sem.) (dîner seult)* Menu 40 € – Carte 62/100 €

◆ Étape de charme en ce château du vignoble bordelais (18e s.). Chambres garnies de meubles de style ; quelques originales salles de bains aux parois vitrées. Piscine, tennis. Restaurant cossu et feutré, agrémenté de tableaux ; cuisine dans l'air du temps.

CRÉON-D'ARMAGNAC – 40 Landes – **335** K11 – 295 h. – alt. 130 m – ✉ 40240 **4** C2

Paris 700 – Bordeaux 122 – Condom 47 – Mont-de-Marsan 36

Le Poutic
1,5 km au Sud, rte de Cazaubon, par D 51 – ✆ 05 58 44 66 97 – www.lepoutic.com
3 ch – 55/62 € 60/67 €
Table d'hôte – *(fermé sam. et dim.)* Menu 24 € bc/45 € bc
◆ Des chênes, des tilleuls, un beau parc et des chambres soignées (entrée indépendante). Douceur de vivre dans cette belle ferme landaise et... plaisirs gourmands (week-ends foie gras, armagnac...). Table régionale mettant le canard à l'honneur.

CRÉPON – **14 Calvados** – **303** I4 – **209 h.** – **alt. 52 m** – ✉ **14480** **32** B2
Normandie Cotentin

Paris 257 – Bayeux 13 – Caen 23 – Deauville 66

Ferme de la Rançonnière
rte d'Arromanches-les-Bains – ✆ 02 31 22 21 73 – www.ranconniere.fr
35 ch – 60/180 € 60/180 € – 1 suite – 12 € – ½ P 66/159 €
Rest – *(fermé 5-28 janv.)* (22 €) Menu 29/52 € – Carte 36/61 €
◆ Cette ferme médiévale fortifiée abrite des chambres au joli cachet : poutres patinées, mobilier du 15e s. et bibelots anciens. Le cadre du restaurant a été pieusement préservé : cheminée, murs et belles voûtes en pierre.

Ferme de Mathan
à 800 m.
19 ch – 95/180 € 95/190 € – 12 €
◆ Vous êtes assuré de passer des nuits calmes dans les grandes chambres de cette ex-métairie du 18e s.

CRESSERONS – **14 Calvados** – **303** J4 – **rattaché à Douvres-la-Délivrande**

CREST – **26 Drôme** – **332** D5 – **7 786 h.** – **alt. 196 m** – ✉ **26400** **44** B3
Lyon Drôme Ardèche

Paris 585 – Die 37 – Gap 129 – Grenoble 114
place du Docteur Rozier ✆ 04 75 25 11 38
du Domaine de Sagnol à Gigors-et-Lozeron Domaine de Sagnol, NE : 19 km par D 731, ✆ 04 75 40 98 00
Donjon★ : ✻★.

Kléber
6 r. A.-Dumont – ✆ 04 75 25 11 69 – www.le-kleber.com – Fermé 2-11 janv., dim. soir hors saison, sam. midi et lundi
Rest – Menu 39 €, 49/59 € – Carte 45/79 €
◆ Dans une maison du centre-ville, un cadre contemporain feutré (tons beige et chocolat, tableaux, mise de table élégante) pour une cuisine actuelle et joliment présentée.

à La Répara-Auriples **8 km au Sud par D 538 et D 166 rte d'Autichamp** – **216 h.** – **alt. 350 m** – ✉ **26400**

Le Prieuré des Sources
lieu dit Bouchassagne – ✆ 04 75 25 03 46 – www.prieuredessources.com
5 ch – 145/220 € 145/220 € – 14 € – ½ P 115/160 €
Table d'hôte – Menu 22/47 €
◆ Cet ancien prieuré vous ouvre ses portes : salon et salle à manger voûtés, grandes chambres décorées dans un style africain ou asiatique. Espace bien-être (fitness, jacuzzi, massages...). Cuisine au goût du jour avec les produits bio du potager et du marché.

CREST-VOLAND – **73 Savoie** – **333** M3 – **403 h.** – **alt. 1 230 m** – **Sports d'hiver : 1 230/2 000 m** 17 – ✉ **73590** Alpes du Nord **46** F1

Paris 588 – Albertville 24 – Annecy 53 – Chamonix-Mont-Blanc 47
Maison de Crest-Voland ✆ 04 79 31 62 57

Le Caprice des Neiges rest,

rte du Col des Saisies : 1 km – ✆ 04 79 31 62 95 – www.hotel-capricedesneiges.com – Ouvert de déc. à mi-avril et de mai à sept.

16 ch – †45/65 € ††65/130 € – ☕ 10 € – ½ P 69/105 €

Rest – *(fermé sam. midi)* (15 €) Menu 20 € (déj. en sem.), 28/42 € – Carte 31/50 €

◆ Un si joli caprice ! Atmosphère chaleureuse et familiale : chambres décorées de bois brut, bar plein d'originalité près de la cheminée et aire de jeux pour les enfants. Salle à manger savoyarde et cuisine plaisante, au goût du jour.

Mont Bisanne ch,

– ✆ 04 79 31 60 26 – www.mont-bisanne.com – Ouvert mi-déc. à mi-avril et début juil. à mi-sept.

14 ch – †45/50 € ††62/70 € – ☕ 8,50 € – ½ P 61/65 €

Rest – *(fermé lundi sauf vacances scolaires)* (14 €) Menu 38/48 €

◆ Chalet au cœur du village, face au télésiège. Les chambres, de style régional (lambris et mobilier vernis), y sont simples et fonctionnelles. Au restaurant, deux ambiances : savoyarde avec vue sur les Alpes ou contemporaine et cosy. Cuisine actuelle.

CRÉTEIL – **94 Val-de-Marne** – **312** D3 – **101** 27 – **voir à Paris, Environs**

CREULLY – **14 Calvados** – **303** I4 – **1 512 h.** – **alt. 27 m** – ✉ **14480** **32** B2

Paris 253 – Bayeux 14 – Caen 20 – Deauville 62

Hostellerie St-Martin avec ch

6 pl. Edmond Paillaud – ✆ 02 31 80 10 11 – www.hostelleriesaintmartin.com – Fermé 20 déc.-10 janv.

12 ch – †54/57 € ††54/57 € – ☕ 7 € – ½ P 50 €

Rest – Menu 15 €, 24/42 € – Carte 21/47 €

◆ Ces belles salles voûtées du 16e s., agrémentées de sculptures d'un artiste régional, abritaient naguère les halles du village ; plats traditionnels. Chambres pour l'étape.

LE CREUSOT – **71 Saône-et-Loire** – **320** G9 – **23 813 h.** – **Agglo. 92 000 h.** – **alt. 348 m** – ✉ **71200** Bourgogne **8** C3

Paris 316 – Autun 30 – Beaune 46 – Chalon-sur-Saône 38

Château de la Verrerie ✆ 03 85 55 02 46

Château de la Verrerie★.

Mont St-Vincent★ ✳★★.

La Petite Verrerie

4 r. J. Guesde – ✆ 03 85 73 97 97 – www.hotelfp-lecreusot.com – Fermé 23 déc.-4 janv.

43 ch – †79/105 € ††93/115 € – 6 suites – ☕ 15 €

Rest – *(fermé sam. midi et dim.)* (20 €) Menu 31/73 € – Carte environ 37 €

◆ Pharmacie des Usines puis maison pour hôtes de marque, cet hôtel confortable, marqué par l'histoire de la ville, propose aujourd'hui des chambres rénovées dans des tons colorés. Salle à manger bourgeoise ornée de peintures sur le thème de la métallurgie.

au Breuil **5,5 km à l'Est par rue principale et direction centre équestre – 3 508 h. – alt. 337 m –** ✉ **71670**

Le Domaine de Montvaltin sans rest

– ✆ 03 85 55 87 12 – www.domainedemontvaltin.com

4 ch ☕ – †80/90 € ††85/95 €

◆ À cinq minutes du Creusot, ancienne propriété des usines Schneider réaménagée en maison d'hôtes. Chambres personnalisées. Jardin soigné et étang peuplé de carpes.

à Montcenis 3 km à l'Ouest par D 784 – 2 176 h. – alt. 400 m – ✉ 71710

XX **Le Montcenis**
2 pl. du Champ-de-Foire – ✆ 03 85 55 44 36 – www.restaurantlemontcenis.fr – Fermé 12 juil.-6 août, 1 sem. en janv., dim. soir, mardi soir et lundi
Rest – *(nombre de couverts limité, prévenir)* (21 €) Menu 27/45 € – Carte 37/59 €
◆ Salon douillet, cave voûtée pour des repas en famille et salle "néobourguignonne" aux belles poutres : un cadre accueillant pour une cuisine dans l'air du temps.

à St-Sernin-du-Bois 2 km au Nord-Est par D 138 – 1 774 h. – alt. 447 m – ✉ 71200

X **Le Restaurant du Château**
le bourg – ✆ 03 85 78 28 42 – www.lerestaurantduchateau.fr – Fermé vacances de Noël et merc.
Rest – *(nombre de couverts limité, prévenir)* Menu 19/29 €
◆ Château du 11e s. au centre du village, face au lac. La salle à manger rustique (voûtes, pierres, mobilier en bois) se marie bien à la cuisine traditionnelle revisitée servie ici.

à Torcy 4 km au Sud par D 28 – 2 996 h. – alt. 310 m – ✉ 71210

XX **Le Vieux Saule**
lieu dit le Vieux Saule – ✆ 03 85 55 09 53 – www.restaurantvieuxsaule.com – Fermé 26 déc.-9 janv., dim. soir et lundi
Rest – Menu 18 € (sem.), 35/49 € – Carte 47/72 €
◆ Mets traditionnels et quelquefois actualisés, servis dans l'ambiance feutrée d'une salle aux murs pourpres. Chaises ornées de motifs liés aux vins de Bourgogne.

CREUTZWALD – 57 Moselle – 307 L3 – 13 655 h. – alt. 210 m – ✉ 57150 — 27 C1

Paris 376 – Metz 53 – Neunkirchen 61 – Saarbrücken 37
Hôtel de Ville ✆ 03 87 81 89 89

XX **Auberge Richebourg**
17 r. de la Houve – ✆ 03 87 90 17 54 – www.aubergerichebourg.com – Fermé 1er-21 août, sam. midi, dim. soir et lundi
Rest – Menu 35/58 € – Carte 38/54 €
◆ Nouveau décor dans l'air du temps pour ce restaurant familial qui propose une cuisine au goût du jour. Agréable terrasse donnant sur un jardin clos.

CREUZIER-LE-VIEUX – 03 Allier – 326 H5 – rattaché à Vichy

CRICQUEBOEUF – 14 Calvados – 303 M3 – rattaché à Honfleur

CRILLON – 60 Oise – 305 C3 – 439 h. – alt. 110 m – ✉ 60112 — 36 A2

Paris 103 – Aumale 33 – Beauvais 16 – Breteuil 33

XX **La Petite France**
7 r. Moulin – ✆ 03 44 81 01 13 – www.lapetitefrance-restaurant.com – Fermé 4-17 juil., dim. soir, merc. soir, lundi et mardi
Rest – Menu 14 € (sem.), 23 € bc/35 € – Carte 34/66 €
◆ Cette accueillante auberge située dans un village du Beauvaisis abrite deux salles à manger rustiques. Carte traditionnelle dont la tête de veau ravigote, spécialité maison.

CRILLON-LE-BRAVE – 84 Vaucluse – 332 D9 – 434 h. – alt. 340 m – ✉ 84410 — 42 E1

Paris 687 – Avignon 41 – Carpentras 14 – Nyons 37

Crillon le Brave
pl. de l'Église – ✆ 04 90 65 61 61 – www.crillonlebrave.com – Fermé 27 nov.-21 déc. et 1er janv.-2 mars
28 ch – †250/290 € ††250/780 € – 6 suites – ☕ 19 € **Rest** – Carte 40/75 €
◆ Un village perché, le mont Ventoux à perte de vue et ces belles bastides en pierre... Les chambres sont tout imprégnées de Provence et le jardin à l'italienne débouche sur la piscine. Magnifique ! La cuisine sent bon le Sud et la terrasse est si romantique...

CRIQUETOT-L'ESNEVAL – 76 Seine-Maritime – 304 B4 – 2 205 h. – alt. 127 m – ✉ 76280 33 C1

Paris 197 – Fécamp 19 – Le Havre 28 – Rouen 81

Le Manoir

5 pl. des Anciens Élèves, (près de l'église) – ✆ 02 35 29 31 90 – http://monsite.orange.fr/bnbmanoir

5 ch – 52/56 € 66/70 € **Table d'hôte** – Menu 18 € bc

◆ D'élégantes armoires normandes garnissent les grandes chambres de cette gentilhommière à la coquette façade de briques et de pierres. Vaste parc arboré et fleuri.

CRISENOY – 77 Seine-et-Marne – 312 F4 – rattaché à Melun

LE CROISIC – 44 Loire-Atlantique – 316 A4 – 4 121 h. – alt. 6 m – ✉ 44490 Bretagne 34 A2

Paris 459 – La Baule 9 – Nantes 86 – Redon 66

place du 18 Juin 1940 ✆ 02 40 23 00 70

du Croisic Golf de la Pointe, O : 3 km, ✆ 02 40 23 14 60

Océarium★ - ★ du Mont-Lénigo.

Le Fort de l'Océan

pointe du Croisic- AY – ✆ 02 40 15 77 77 – www.hotelfortocean.com

9 ch – 190 € 290/330 € – 20 € – ½ P 168/228 €

Rest – *(fermé 13 nov.-16 déc., 4 janv.-4 fév., lundi et mardi sauf du 5 juil. au 12 sept.) (dîner seult sauf sam. et dim.)* Menu 34 €, 50/80 € – Carte 77/121 €

Spéc. Langoustine de Paimpol et petit cochon salé, jus de persil. Homard breton et cèpes. Délice chocolat banane.

◆ Un fortin en granit (17e s.) isolé sur la côte sauvage : dans les chambres très douillettes (joli décor à l'ancienne), on admire à loisir l'océan se déchaînant sur les chaos de rochers… Au restaurant, le jeune chef et son équipe concoctent une cuisine de la mer pleine d'idées et de saveurs ; que de vitalité !

Les Vikings sans rest

à Port-Lin – ✆ 02 40 62 90 03 – www.hotel-les-vikings.com AZe

24 ch – 71/111 € 71/111 € – 13 €

◆ Un bâtiment moderne au Croisic, en retrait de l'océan, mais la plupart des chambres – avec balcon ou bow-window – dominent la côte sauvage. Assez soigné et lumineux.

Les Nids sans rest

15 r. Pasteur, à Port-Lin – ✆ 02 40 23 00 63 – www.hotellesnids.com – Ouvert 1er avril-4 nov. AZf

24 ch – 64/80 € 64/92 € – 10 €

◆ L'immeuble est moderne, les chambres simplement décorées et l'ambiance familiale. Avec le jardinet, l'aire de jeu et la piscine couverte, les enfants seront ravis !

L'Océan

à Port-Lin, réouverture prévue début mai après rénovation – ✆ 02 40 62 90 03 – www.restaurantlocean.com AZv

Rest – Carte 60/150 €

Rest *Le Bistrot de l'Océan* – Carte 25/60 €

◆ Une situation unique, à même les rochers de la côte sauvage, magnifiquement illuminés le soir venu. La verrière atteint plus de 30 m de longueur, face au large ! Produits de la mer "tout frais pêchés", également déclinés – avec plus de simplicité – au Bistrot.

La Bouillabaisse Bretonne

12 quai de la Petite Chambre, (au port) – ✆ 02 40 23 06 74 – www.labouillabaisse-lecroisic.com – Fermé 4 janv.-20 mars, le soir en sem. hors saison, dim. soir et mardi sauf juil.-août et lundi BYs

Rest – Menu 17/34 € – Carte 37/80 €

◆ L'enseigne fera sourciller les Marseillais, mais la vue sur les flots réconciliera Bretons et Provençaux. Homards et langoustines vous tendent leurs pinces, en toute simplicité.

LE CROISIC

Aiguillon (Quai d') .... AY 2
Cordiers (R. des) .... BY 6
Europe (R. de l') .... AY 7
Gaulle (Pl. du Gén.-de) ..... AZ 9
Grande-Rue .... AY 12
Lénigo (Quai du) .... AY 13
Lepré (Pl. Donatien) .... AY 16
Mail de Broc (R. du) .... AY 17
Petite Chambre (Q. de la) .. BY 20
Pilori (R. du) .... BY 22
Poilus (R. des) .... BZ 23
Port Charly (Quai) .... AY 26
Port Ciguet (Quai du) ...... AY 27
Port Lin (Av. de) .... AZ 28
Rielle (Quai Hervé) .... BY 32
Saint-Christophe (R.) ...... BY 33
Saint-Goustan (Av. de) ..... AY 35
18-Juin-1940 (Pl. du) ...... BZ 36

Le Lénigo

11 quai Lénigo – ✆ 02 40 23 00 31 – www.le-lenigo.fr – Ouvert 15 fév.-11 nov. et fermé lundi et mardi sauf août AY**b**

Rest – Menu 25/38 € – Carte 30/70 €

◆ Face à la criée, embarquez dans ce restaurant tenu par toute une famille très sympathique. Atmosphère marine (bois vernis, hublots) et cuisine de la mer fraîche et soignée.

Le Saint-Alys

3 quai Hervé-Rielle – 02 40 23 58 40 – Fermé 28 juin-2 juil., 15-19 nov., 22-26 déc., fév., dim. soir, mardi soir et merc. BYd

Rest – (17 €) Menu 26/36 € – Carte 34/53 €

◆ Accueil charmant dans cette jolie maison marine, placée sur le port de plaisance. Alléchante cuisine terre-mer (tarte fine de cabillaud, jus de viande au romarin, caviar de légumes).

LA CROIX-BLANCHE – 71 Saône-et-Loire – 320 I11 – rattaché à Berzé-la-Ville

LA CROIX-FRY (COL DE) – 74 Haute-Savoie – 328 L5 – rattaché à Manigod

LA CROIX-ST-LEUFROY – 27 Eure – 304 H7 – 1 049 h. – alt. 24 m – ✉ 27490 33 D2

Paris 98 – Rouen 46 – Évreux 18 – Mantes-la-Jolie 47

Le Cheval Blanc

27 r. de Louviers – 02 32 34 82 86 – Fermé 24 déc.-12 janv., dim. soir, mardi soir et merc.

Rest – (18 € bc) Menu 27/35 € – Carte 33/43 €

◆ Sur la rue principale du village, maison du 19e s. vous accueillant dans une salle en longueur, d'esprit mi-classique mi-rustique (cheminée). Table traditionnelle actualisée.

LA CROIX-VALMER – 83 Var – 340 O6 – 3 173 h. – alt. 120 m – ✉ 83420 Côte d'Azur 41 C3

Paris 873 – Draguignan 48 – Fréjus 35 – Le Lavandou 27

esplanade de la Gare 04 94 55 12 12

Gassin Golf Country Club à Gassin Rte de Ramatuelle, N : 8 km, 04 94 55 13 44

L'Orangeraie

rte de Ramatuelle – 04 94 55 27 27 – www.hotel-lorangeraie.com – Ouvert 9 avril-15 oct.

31 ch – 105/325 € 105/325 € – 18 €

Rest – *(ouvert 1er mai-30 sept. et fermé le midi)* Menu 30 € – Carte 32/53 €

◆ Couvent, puis orphelinat, puis hôtel à la Belle Époque. Hall majestueux et vastes chambres romantiques, la plupart tournées vers la palmeraie et la mer : du lustre et du cachet ! Petite restauration en été dans un cadre historique.

Les Trois Îles sans rest

146 bd du Littoral, Le Vergeron, rte de Gigaro – 04 94 49 03 73 – www.3iles.com – Ouvert mi-mars-mi-oct.

5 ch – 130/270 € 220/430 €

◆ En face des îles d'Or, cette belle villa récente niche dans un charmant jardin fleuri, à flanc de colline. Les chambres sont chic et de bon goût, et l'on est aux petits soins.

à Gigaro 5 km au Sud-Est par rte secondaire – ✉ 83420 La Croix-Valmer

Château de Valmer

ch, rest,

plage de Gigaro – 04 94 55 15 15 – www.chateauvalmer.com – Ouvert de mi-avril à mi-oct.

42 ch – 220/570 € 220/570 € – 1 suite – 27 €

Rest – *(fermé mardi soir)* (58 €) Menu 70 € (dîner) – Carte 65/90 €

◆ Dans un domaine viticole, une belle maison de maître de style régional (19e s.) et... deux belles cabanes très chic dans les arbres ! Piscine bordée de palmiers, spa complet. Au restaurant, le décor et l'assiette déclinent une version élégante de la Provence.

La Pinède-Plage

ch, ch,

plage de Gigaro – 04 94 55 16 16 – www.pinedeplage.com – Ouvert de mai à début oct.

33 ch – 220/560 € 220/560 € – 27 € **Rest** – Carte 60/90 €

◆ L'hôtel porte bien son nom : ombragé de pins parasols et directement sur la plage ! Un établissement avec beaucoup de charme et de belles chambres, toutes ouvertes sur le large. Belle terrasse panoramique face aux îles d'Or pour une cuisine du Sud orientée mer.

CROS-DE-CAGNES – 06 Alpes-Maritimes – **341** D6 – rattaché à Cagnes-sur-Mer

LA CROUZILLE – 63 Puy-de-Dôme – **326** D5 – 286 h. – alt. 580 m – ✉ 63700 **5** B1

Paris 357 – Clermont-Ferrand 75 – Guéret 89 – Moulins 72

La Claie des Champs avec ch

– ✆ *04 73 52 32 48 – www.auberge-claie-des-champs.fr – Fermé 1 sem. en juil. et 1 sem. en oct.*

4 ch – †45 € ††50 € – ☕ 8 € **Rest** – (12 € bc) Menu 20/35 € – Carte 25/57 €

♦ Cet ex-café et épicerie, transformé en auberge, fait le bonheur du village ! Un jeune couple vous y accueille chaleureusement. Dans l'assiette, plats traditionnels, revisités avec simplicité. Pour prolonger le séjour, profitez des chambres bien tenues.

CROZANT – 23 Creuse – **325** G2 – 527 h. – alt. 263 m – ✉ 23160 **25** C1

Limousin Berry

Paris 329 – Argenton-sur-Creuse 31 – La Châtre 46 – Guéret 41

Ruines★.

Auberge de la Vallée

– ✆ *05 55 89 80 03 – www.laubergedelavallee.fr – Fermé 1er-15 juin, 1er-15 oct., 20-27 déc., mardi soir et merc.*

Rest – Menu 17 € (sem.), 31/48 € – Carte 51/68 €

♦ Nouveau départ pour cette petite auberge de campagne reprise par un jeune chef dynamique. Cuisine traditionnelle agrémentée de notes actuelles.

CROZET – 01 Ain – **328** J3 – 1 673 h. – alt. 540 m – ✉ 01170 **46** F1

Paris 537 – Lyon 153 – Bourg-en-Bresse 105 – Genève 16

Jiva Hill Park Hôtel

rte d'Harée – ✆ *04 50 28 48 48 – www.jivahill.com*

32 ch – †240/515 € ††240/515 € – ☕ 20 €

Rest *Shamwari* – ✆ 04 50 28 48 47 *(fermé dim. soir et lundi)* Menu 48 € (dîner)/88 € – Carte 61/99 €

♦ Raffinement, luxe et lignes contemporaines à 10 mn de l'aéroport de Genève. Cet hôtel, pensé comme un lodge sud-africain, est placé sous le signe de la sophistication chic. Restaurant intimiste, avec terrasse face au Mont-Blanc, pour une cuisine au goût du jour.

CROZON – 29 Finistère – **308** E5 – 7 684 h. – alt. 85 m – ✉ 29160 **9** A2

Bretagne

Paris 587 – Brest 60 – Châteaulin 35 – Douarnenez 40

boulevard de Pralognan ✆ 02 98 27 07 92

Retable★ de l'église.

Circuit des Pointes★★★.

De la Presqu'île

pl. de l'Église – ✆ 02 98 27 29 29 – Fermé 3 sem. en mars, 3 sem. en oct., dim. soir et mardi midi hors saison, lundi sauf le soir en saison

13 ch – †52/56 € ††52/84 € – ☕ 11 € – ½ P 65/81 €

Rest *Le Mutin Gourmand* – voir ci-après

♦ L'ancienne mairie abrite désormais des chambres insonorisées et décorées avec goût dans un style qui panache touches actuelles et esprit breton.

Le Mutin Gourmand – Hôtel de la Presqu'île

pl. de l'Église – ✆ 02 98 27 06 51 – Fermé 3 sem. en mars, 3 sem. en oct., lundi sauf le soir en saison, dim. soir et mardi midi hors saison

Rest – Menu 28/68 € – Carte 33/56 €

♦ Deux salles, l'une rustique et l'autre au décor plus actuel, vous attendent en cette accueillante maison bretonne. Cuisine régionale soignée ; vins du Languedoc et de la Loire.

au Fret 5,5 km au Nord par D 155 et D 55 – ✉ 29160 Crozon

Hostellerie de la Mer
11 quai du Fret – ✆ 02 98 27 61 90 – www.hostelleriedelamer.com – Fermé vend., sam. et dim. en janv.
24 ch – †52/115 € ††52/115 € – ☕ 12 € – ½ P 60/90 €
Rest – *(fermé 3 janv.-4 fév.)* (19 €) Menu 26/75 € – Carte 40/130 €
◆ Agréable ambiance de pension familiale dans cet hôtel situé face au port et à la rade de Brest. Chambres rénovées peu à peu dans un esprit contemporain ; certaines profitent de la vue. Au restaurant, mobilier breton, beau panorama et cuisine honorant les produits de la mer.

CRUGNY – 51 Marne – **306** E7 – 613 h. – alt. 100 m – ✉ 51170 **13** B2
Champagne Ardenne
Paris 135 – Châlons-en-Champagne 71 – Reims 28 – Soissons 39

La Maison Bleue
46 r. Haute – ✆ 03 26 50 84 63 – www.la-maison-bleue.com – Fermé 22 déc.-31 janv.
6 ch ☕ – †88/104 € ††96/120 € **Table d'hôte** – Menu 29 € bc/45 € bc
◆ Accueillante maison au cœur d'un paisible parc avec étangs. Chambres personnalisées ; la plus spacieuse, sous les toits, donne sur le village et la vallée de l'Ardre. Cuisine traditionnelle aux accents régionaux.

CRUIS – 04 Alpes-de-Haute-Provence – **334** D8 – 585 h. – alt. 728 m **40** B2 – ✉ 04230
Paris 732 – Digne-les-Bains 42 – Forcalquier 22 – Manosque 42

Auberge de l'Abbaye avec ch
– ✆ 04 92 77 01 93 – http://auberge-abbaye-cruis.monsite-orange.fr – Fermé vacances de la Toussaint, de Noël, de fév., dim. soir, mardi soir et merc. de sept. à juin et le midi du lundi au jeudi en juil.-août
8 ch – †55/75 € ††55/75 € – ☕ 10 € – ½ P 63/73 €
Rest – *(nombre de couverts limité, prévenir)* Menu 30/55 €
◆ Sympathique auberge familiale, avec une agréable terrasse ombragée près de l'église. La cuisine est fine et valorise les produits du terroir (canard, caille, agneau de Sisteron...). Chambres simples et impeccablement tenues. Pain maison au petit-déjeuner.

CRUSEILLES – 74 Haute-Savoie – **328** J4 – 3 572 h. – alt. 781 m **46** F1 – ✉ 74350
Paris 537 – Annecy 19 – Bellegarde-sur-Valserine 44 – Bonneville 37
46, place de la Mairie ✆ 04 50 44 20 92

L'Ancolie avec ch
rest,
au parc des Dronières, Nord-Est : 1 km par D 15 – ✆ 04 50 44 28 98 – www.lancolie.com – Fermé vacances de la Toussaint et 24 janv.-12 fév.
10 ch – †91/128 € ††91/128 € – ☕ 15 € – ½ P 90/105 €
Rest – *(fermé dim. soir sauf juil.-août et lundi)* (24 €) Menu 29 € (déj. en sem.), 42/71 € – Carte 50/72 €
◆ Face à un lac, chalet moderne à l'ambiance savoyarde. Plats traditionnels et régionaux, terrasse panoramique. Confortables chambres lambrissées avec balcon (sauf une).

aux Avenières 6 km au Nord par D 41 et rte secondaire – ✉ 74350 Cruseilles

Château des Avenières
– ✆ 04 50 44 02 23 – www.avenieres.com – Fermé vacances de la Toussaint
14 ch – †180/590 € ††180/590 € – 6 suites – ☕ 20 €
Rest – (29 €) Menu 45 € (déj.)/75 €
◆ Ce manoir bâti en 1907, au passé plein de mystère, se dresse dans un charmant parc en forme de papillon. Chambres de caractère, vue imprenable sur la chaîne des Aravis. Superbe salle à manger classico-baroque (boiseries ouvragées) et délicieuse cuisine inventive.

CUCUGNAN – 11 Aude – **344** G5 – 131 h. – alt. 310 m – ✉ 11350 **22** B3
Languedoc Roussillon

Paris 847 – Carcassonne 77 – Limoux 79 – Perpignan 42
Circuit des Corbières cathares★★.

La Tourette sans rest
4 passage de la Vierge – ✆ 06 09 64 60 47 – www.latourette.eu
3 ch – 90/110 € 100/120 €
◆ La propriétaire a décoré cette maison avec un goût sûr et les chambres Prune, Turquoise et Indigo sont insolites et réellement exquises. Jacuzzi sous un olivier, dans le patio.

Auberge du Vigneron avec ch
– ✆ 04 68 45 03 00 – www.auberge-vigneron.com – Ouvert 16 mars-10 nov.
7 ch – 54/69 € 56/69 € – 8 € – ½ P 53/63 €
Rest – *(fermé mardi midi hors saison, sam. midi en juil.-août et lundi)* (15 €) Menu 21/38 € – Carte 22/50 €
◆ La chef élabore une cuisine régionale où l'originalité trouve sa place. Salle aménagée dans l'ancien chai et jolie terrasse face au vignoble. Petites chambres rustiques.

Auberge de Cucugnan avec ch
2 pl. Fontaine – ✆ 04 68 45 40 84 – www.auberge-de-cucugnan.com – Fermé 1er janv.-1er mars
6 ch – 50 € 50 € – 7 € – ½ P 49 €
Rest – *(fermé jeudi)* Menu 18/46 € – Carte 23/53 €
◆ Ambiance campagnarde dans cette ex-grange que l'on atteint après avoir parcouru un dédale de ruelles. Cuisine de terroir franche et généreuse. Chambres parfaitement tenues.

CUCURON – 84 Vaucluse – **332** F11 – 1 814 h. – alt. 350 m – ✉ 84160 **42** E1
Provence

Paris 739 – Apt 25 – Cavaillon 39 – Digne-les-Bains 109
rue Léonce Brieugne ✆ 04 90 77 28 37

Le Pavillon de Galon sans rest
chemin de Galon – ✆ 04 90 77 24 15 – www.pavillondegalon.com
3 ch – 175/240 € 175/240 €
◆ Un magnifique parc classé (jardin à la française, vignes, verger, buis, oliviers...) entoure ce pavillon de chasse du 18e s. Un domaine très privé, aux chambres raffinées.

La Petite Maison (Éric Sapet)
pl. de l'Étang – ✆ 04 90 68 21 99 – www.lapetitemaisondecucuron.com – Fermé lundi et mardi
Rest – *(nombre de couverts limité, prévenir)* Menu 40/60 €
Spéc. Pâté en croûte de canard au foie gras. Pressé de coq au vin rouge du Luberon, légumes de printemps. Clafoutis aux mûres et pêches de vigne (été). **Vins** Côtes du Luberon.
◆ Cette petite maison jaune près de l'étang propose une belle et goûteuse cuisine, au gré de l'inspiration du chef et du marché. Superbes salles à l'étage et délicieuse terrasse, comme un souvenir du temps jadis (boiseries, tomettes, tapisseries).

L'Horloge
55 r. L. Brieugne – ✆ 04 90 77 12 74 – www.horloge.netfirms.com – Fermé 27 juin-1er juil., 19-28 déc., 6 fév.-15 mars, lundi soir du 1er sept. au 5 avril, mardi soir et merc.
Rest – (14 €) Menu 19/43 € – Carte 35/60 €
◆ Dans ce bourg du Luberon, pressoir à huile du 14e s. réaménagé en restaurant rustique égayé de chauds coloris. Cuisine aux accents régionaux.

CUERS – 83 Var – **340** L6 – 9 542 h. – alt. 140 m – ✉ 83390 **41** C3

Paris 834 – Brignoles 25 – Draguignan 59 – Marseille 84
18, Place du Gl de Gaulle ✆ 09 75 91 83 84

Le Verger des Kouros
quartier des Cauvets, 2 km par rte de Solliès-Pont D 97 – ✆ 04 94 28 50 17 – www.le-verger-des-kouros.com – Fermé mardi sauf le soir de juin à sept. et merc.
Rest – Menu 18 € (déj.)/36 €
◆ Point de statues d'éphèbes, mais trois frères d'origine grecque à la tête de ce restaurant occupant une maison régionale. Fraîche salle à manger et recettes méditerranéennes.

CUISEAUX – **71 Saône-et-Loire** – **320** M11 – **1 764 h.** – **alt. 280 m** **8** D3
– ✉ **71480** Bourgogne
Paris 395 – Chalon-sur-Saône 60 – Lons-le-Saunier 26 – Mâcon 74
rue des Lombards Cour des Princes d'Orange ✆ 03 85 72 76 09

Vuillot
36 r. Vuillard – ✆ 03 85 72 71 79 – Fermé 4-24 janv. et dim. soir
16 ch – 45/50 € 56/60 € – 10 € – ½ P 50/55 €
Rest – (15 €) Menu 20/45 € – Carte 22/45 €
◆ Maison bourguignonne en belles pierres du pays abritant de grandes chambres proprettes, dans un bourg conservant des vestiges de ses anciennes fortifications. Salle à manger dans les teintes orangées ; cuisine régionale soignée, réalisée avec de bons produits.

CUISERY – **71 Saône-et-Loire** – **320** J10 – **1 616 h.** – **alt. 211 m** **8** C3
– ✉ **71290** Bourgogne
Paris 367 – Chalon-sur-Saône 35 – Lons-le-Saunier 50 – Mâcon 38
32, place d'Armes ✆ 03 85 40 11 70

Hostellerie Bressane
56 rte de Tournus – ✆ 03 85 32 30 66 – www.hostellerie-bressane.fr – Fermé 11-21 juil., 28 déc.-26 janv., merc. et jeudi
15 ch – 65/100 € 75/120 € – 11 € – ½ P 82/102 €
Rest – (25 €) Menu 34/57 € – Carte 38/61 €
◆ Hostellerie familiale de 1870 abritant des chambres spacieuses (dont 3 junior suites), rénovées avec soin. Charmant jardin. Mets traditionnels et locaux servis avec le sourire dans un cadre classique actualisé. Terrasse onbragée par un superbe platane.

CULT – **70 Haute-Saône** – **321** E3 – **200 h.** – **alt. 270 m** – ✉ **70150** **16** B2
Paris 367 – Besançon 35 – Dole 44 – Vesoul 56

Les Egrignes sans rest
2 rte d'Hugier – ✆ 03 84 31 92 06 – www.les-egrignes.com – Fermé 15 nov.-25 fév.
3 ch – 75/80 € 85/95 €
◆ Belle demeure de caractère (1849) entourée d'un parc fleuri et ombragé. Chambres très spacieuses, décorées avec raffinement, comme l'élégant salon. Délicieux petit-déjeuner.

CUQ-TOULZA – **81 Tarn** – **338** D9 – **572 h.** – **alt. 203 m** – ✉ **81470** **29** C2
Paris 713 – Toulouse 47 – Albi 72 – Castelnaudary 35

Cuq en Terrasses
ch, ch,
Sud-Est : 2,5 km par D 45 – ✆ 05 63 82 54 00 – www.cuqenterrasses.com – Ouvert 1er avril-30 oct.
6 ch – 90/110 € 90/160 € – 1 suite – 15 € – ½ P 94/124 €
Rest – *(fermé merc.) (dîner seult) (résidents seult)* Menu 36 €
◆ Cette charmante maison du 18e s. est une perle rare : insolite jardin en terrasses, ambiance guesthouse, chambres calmes, personnalisées et décorées avec goût. Repas actuels aux influences méditerranéennes, servis en extérieur l'été.

CUREBOURSE (COL DE) – **15 Cantal** – **330** D5 – **rattaché à Vic-sur-Cère**

CURTIL-VERGY – **21 Côte-d'Or** – **320** J6 – **rattaché à Nuits-St-Georges**

CURZAY-SUR-VONNE – 86 Vienne – **322** G6 – 456 h. – alt. 125 m – ✉ 86600 **39** C1

Paris 364 – Lusignan 11 – Niort 54 – Parthenay 34

Château de Curzay ch, VISA AE

rte de Jazeneuil – ✆ 05 49 36 17 00 – www.chateau-curzay.com – Fermé janv.-fév.
20 ch – 175/380 € 175/380 € – 2 suites – 25 € – ½ P 165/285 €
Rest *La Cédraie* – *(fermé lundi, mardi et merc. sauf juil.-août et fériés)*
Menu 65 € (déj.), 95/120 € bc – Carte 80/95 €
Spéc. Brochette d'écrevisses et œuf mollet aux copeaux de truffe (hiver-été). Filet de turbot rôti, marmelade de légumes du potager, poudre de citron et cardamome. Pomme confite, glace caramel et fruits secs caramélisés (automne). **Vins** Vin de pays de la Vienne.
Rest *La Table d'à Côté* – (30 €) Menu 35 € bc/50 € bc – Carte 38/48 €
◆ Superbe château (1710) au cœur d'un beau parc de 120 ha traversé par une rivière et hébergeant un haras. Chambres au port aristocratique. Cuisine inventive et saisonnière (produits du potager et du jardin aromatique) à La Cédraie. À La Table d'à Côté, cuisine aux saveurs d'autrefois dans l'ancienne salle de chasse.

CUSSAY – 37 Indre-et-Loire – **317** N6 – 562 h. – alt. 105 m – ✉ 37240 **11** B3

Paris 303 – Orléans 179 – Tours 67 – Joué-lès-Tours 62

La Ferme Blanche ch, P

La Chaume-Brangerie – ✆ 06 61 72 68 30 – www.la-ferme-blanche.com – Ouvert d' avril à sept.
5 ch – 130 € 130 € **Table d'hôte** – Menu 35 € bc
◆ Un peu à l'écart du village, au grand calme, une ferme en pierre (18e s.) joliment restaurée. Ambiance "campagne chic" dans les chambres aussi bien qu'au salon. À la table d'hôte, on profite d'une cuisine traditionnelle inspirée du terroir tourangeau.

CUSSEY-SUR-L'OGNON – 25 Doubs – **321** F2 – 814 h. – alt. 227 m – ✉ 25870 **16** B2

Paris 412 – Besançon 14 – Gray 37 – Vesoul 45
Château de Moncley★ Franche-Comté Jura

La Vieille Auberge VISA AE

1 grande rue – ✆ 03 81 48 51 70 – www.la-vieille-auberge.fr – Fermé 23 août-13 sept., 27 déc.-13 janv., vend. soir de nov. à janv., dim. soir et lundi
Rest – Menu 17 € bc (déj.), 22/48 € – Carte 40/55 €
◆ Maison ancienne tapissée de lierre, simple et engageante ; on y déguste des plats traditionnels et régionaux dans une salle discrètement rustique.

CUTS – 60 Oise – **305** J3 – 945 h. – alt. 79 m – ✉ 60400 **37** C2

Paris 115 – Chauny 16 – Compiègne 26 – Noyon 10

Auberge Le Bois Doré avec ch VISA

5 r. Ramée, D 934 – ✆ 03 44 09 77 66 – www.leboisdore.fr – Fermé 27 fév.-8 mars, mardi soir, dim. soir et lundi
3 ch – 47 € 62 € – 8 €
Rest – (9 €) Menu 17 € (déj. en sem.), 20/38 € – Carte 30/48 €
◆ Sur la façade, une belle fresque en faïence représente l'établissement au début du 20e s. On cultive la tradition dans cette auberge plus que centenaire. Quelques chambres pour prolonger l'étape.

CUTXAN – 32 Gers – **336** B6 – rattaché à Barbotan-les-Thermes

CUVES – 50 Manche – **303** F7 – 357 h. – alt. 78 m – ✉ 50670 **32** A2

Paris 334 – Avranches 23 – Domfront 42 – Fougères 47

Le Moulin de Jean P VISA AE

Nord-Est : 2 km sur D 48 – ✆ 02 33 48 39 29 – www.lemoulindejean.com – Fermé lundi d'oct. à mars
Rest – (28 €) Menu 34/49 €
◆ Dans un site bucolique, ancien moulin où se marient harmonieusement pierres, parquet et mise de table actuelle. Salon cosy devant une cave à vins vitrée. Cuisine du moment.

CUVILLY – 60 Oise – **305** H3 – 593 h. – alt. 78 m – ✉ 60490 **36 B2**

Paris 93 – Compiègne 21 – Amiens 54 – Beauvais 61

L'Auberge Fleurie

64 rte Flandres, D 1017 – ✆ 03 44 85 06 55
– www.auberge-fleurie-gastronomie-60.com
– Fermé 31 août-18 sept., 23 janv.-8 fév., mardi soir, merc. soir, dim. soir et lund
Rest – Menu 14 € (déj. en sem.), 28/38 € – Carte 30/45 €
◆ Relais de poste – fondé par un grognard de Napoléon – puis ferme, cette maison tapissée de vigne vierge propose aujourd'hui des petits plats dans la tradition picarde.

CUZANCE – 46 Lot – **337** F2 – 418 h. – alt. 233 m – ✉ 46600 **29 C1**

Paris 507 – Cahors 80 – Sarlat-la-Canéda 40 – Tulle 61

Manoir de Malagorse

Sud-Est 4,5 km par D103 rte de Rignac – ✆ 05 65 27 14 83
– www.manoir-de-malagorse.fr – Ouvert mars-nov. et week-ends en hiver
5 ch – 110/140 € 110/165 € **Table d'hôte** – Menu 38 €
◆ Ce domaine de 5 ha situé en pleine campagne vous promet un séjour mémorable : chambres personnalisées et salon-bibliothèque cosy logés dans une bâtisse régionale en pierre (19e s.). La table d'hôte met à l'honneur les fruits et légumes du Causse.

DACHSTEIN – 67 Bas-Rhin – **315** J5 – 1 439 h. – alt. 160 m – ✉ 67120 **1 A1**

Paris 477 – Molsheim 6 – Saverne 28 – Sélestat 40

Auberge de la Bruche

1 r. Principale – ✆ 03 88 38 14 90 – www.auberge-bruche.com
– Fermé 2-15 août, 27 déc.-6 janv., sam. midi, dim. soir et merc.
Rest – Menu 28/69 € bc – Carte 45/62 €
◆ Filet de sandre au speck, mignon de veau à la moutarde... Carte actuelle dans cette auberge fleurie, à deux pas de la porte du village et de la Bruche, un joli cours d'eau.

DAGLAN – 24 Dordogne – **337** D3 – 540 h. – alt. 101 m – ✉ 24250 **4 D2**

Paris 558 – Bordeaux 203 – Cahors 51 – Sarlat-la-Canéda 23

le Bourg ✆ 05 53 29 88 84

Le Petit Paris

au bourg – ✆ 05 53 28 41 10 – www.le-petit-paris.fr – Fermé 15 nov.-13 fév., dim soir sauf juil.-août, sam. midi et lundi
Rest – *(nombre de couverts limité, prévenir)* Menu 27/39 € – Carte environ 40 €
◆ Ici, le chef met un point d'honneur à valoriser les produits de sa région. Crevettes cuites en tempura, risotto de noix de coco... c'est actuel, frais et savoureux !

LA DAILLE – 73 Savoie – **333** O5 – rattaché à Val-d'Isère

DAMBACH-LA-VILLE – 67 Bas-Rhin – **315** I7 – 1 930 h. – alt. 210 m **2 C1**
– ✉ 67650 Alsace Lorraine

Paris 443 – Obernai 24 – Saverne 61 – Sélestat 8

11, place du Marché ✆ 03 88 92 61 00

Le Vignoble sans rest

1 r. de l'Église – ✆ 03 88 92 43 75 – www.hotel-vignoble-alsace.fr
– Fermé de janv. à début fév.
7 ch – 58/60 € 65/68 € – 8 €
◆ Attenante à l'église du village, cette ancienne grange alsacienne (1765) dispose de chambres coquettes et rustiques. Accueil chaleureux ; cour et jardinet.

DAMGAN – 56 Morbihan – **308** P9 – 1 456 h. – ✉ 56750 **9 B3**

Paris 469 – Muzillac 10 – Redon 46 – La Roche-Bernard 25

Place Alexandre Tiffoche ✆ 02 97 41 11 32

De la Plage sans rest

38 bd de l'Océan – ✆ 02 97 41 10 07 – www.hotel-morbihan.com – Fermé 11 nov.-6 fév.

16 ch – †78/135 € ††78/135 € – 1 suite – ☕ 12 €

◆ Cet hôtel n'est séparé de la plage que par une petite rue. Les chambres, peu à peu redécorées dans un style épuré, donnent sur la mer. Par beau temps, petit-déjeuner en terrasse.

Albatros

1 bd de l'Océan – ✆ 02 97 41 16 85 – www.hotel-albatros-damgan.com – Ouvert 1er avril-3 nov.

25 ch – †58 € ††60/73 € – ☕ 8,50 € – ½ P 58/65 €

Rest – (12 €) Menu 20/44 € – Carte 26/55 €

◆ L'atout majeur de cet hôtel est son emplacement, juste en face de la plage et des voiliers. La majorité des chambres, très bien tenues, donnent sur l'océan. Au restaurant, grandes baies vitrée ouvrant sur les flots, plateaux de fruits de mer et poissons frais.

DAMPIERRE-EN-YVELINES – 78 Yvelines – 311 H3 – 101 31 – voir à Paris, Environs

DAMPRICHARD – 25 Doubs – 321 L3 – 1 787 h. – alt. 825 m – ✉ 25450 17 C2

Paris 505 – Basel 94 – Belfort 64 – Besançon 82

Le Lion d'Or

7 pl. du 3ème RTA – ✆ 03 81 44 22 84 – www.hotel-le-lion-dor.com – fermé 24 oct.-5 nov., 21-27 fév., dim. soir et lundi

Rest – (12 €) Menu 23/52 € – Carte 29/65 €

◆ Un sympathique Lion d'Or sur la place de l'église d'un bourg proche de la frontière suisse. Cuisine classique réalisée à base de produits frais ; bon choix de vins au verre.

DANIZY – 02 Aisne – 306 C5 – 554 h. – alt. 54 m – ✉ 02800 37 C2

Paris 148 – Amiens 111 – Laon 32 – Saint-Quentin 28

Domaine le Parc

r. du Quesny – ✆ 03 23 56 55 23 – www.domaineleparc.fr – Fermé 21 déc.-8 janv.

5 ch ☕ – †75 € ††95 € **Table d'hôte** – Menu 35 € bc

◆ Belle demeure du 18e s. nichée dans un magnifique parc boisé. Esprit classique et romantique dans les chambres, dont certaines regardent la vallée de l'Oise. Séduisante cuisine familiale concoctée par la sympathique propriétaire, originaire de Hollande.

DANJOUTIN – 90 Territoire de Belfort – 315 F11 – rattaché à Belfort

DANNEMARIE – 68 Haut-Rhin – 315 G11 – 2 299 h. – alt. 320 m – ✉ 68210 1 A3

Paris 447 – Basel 43 – Belfort 25 – Colmar 58

Ritter

(face à la gare) – ✆ 03 89 25 04 30 – Fermé 15-30 juil., 20-31 déc., 16 fév.-5 mars, lundi soir, jeudi soir et mardi

Rest – (10 €) Menu 26/58 € bc – Carte 32/45 €

◆ L'ancien théâtre du village (1900) converti en restaurant. Sur scène et dans la salle, décor alsacien, collection de chopes et outils paysans... Spécialité de carpes frites.

Wach

13 pl. de l'Hôtel de Ville – ✆ 03 89 25 00 01 – Fermé 8-22 août, 23 déc.-10 janv., le soir et lundi

Rest – (12 €) Menu 15 € (sem.)/36 € – Carte 30/50 €

◆ La modeste façade de cette adresse familiale est joliment fleurie en saison. Vous y goûterez une cuisine régionale accompagnée de vins de qualité proposés à des prix raisonnables.

DAVAYAT – 63 Puy-de-Dôme – **323** F7 – 558 h. – alt. 369 m – ✉ 63200 **5** B2
Auvergne

Paris 402 – Clermont-Ferrand 28 – Cournon-d'Auvergne 29 – Vichy 46

La Maison de la Treille sans rest

25 r. de l'Église – ✆ 04 73 63 58 20 – http://honnorat.la.treille.free.fr
4 ch – †68/86 € ††75/93 €

◆ Au cœur du village, l'architecture de cette demeure de 1810 s'inspire du néo-classicisme italien. Les chambres se trouvent dans l'orangerie, au milieu d'un ravissant jardin.

DAX – 40 Landes – **335** E12 – 20 810 h. – alt. 12 m – Stat. therm. : à St-Paul-lès-Dax : toute l'année – Casinos : La Potinière, et à St-Paul-lès-Dax – ✉ 40100 Aquitaine **3** B3

Paris 727 – Biarritz 61 – Bordeaux 144 – Mont-de-Marsan 54
11, cours Foch ✆ 05 58 56 86 86

Le Grand Hôtel rest,

r. Source – ✆ 05 58 90 53 00 – www.thermes-dax.com – Fermé 18 déc.-9 janv.
128 ch – †72/88 € ††81/111 € – 8 suites – 8 € **Bf**
– ½ P 117/147 € **Rest** – (10 €) Menu 18/31 € – Carte 23/33 €

◆ Au cœur de la cité, une pension dédiée aux curistes (thermes intégrés), aux chambres fonctionnelles parfois équipées d'une kitchenette. Nombreuses animations (thés dansants). Le restaurant propose une formule attractive le midi.

DAX

Aspremont (R. d') . . . . . A 2
Augusta (Cours J.) . . . . . B 3
Baignots (Allée des) . . . . . B 4
Bouvet (Pl. C.) . . . . . B 5
Carmes (R. des) . . . . . B 6
Carnot (Bd) . . . . . A 10
Cazade (R.) . . . . . B 12
Chanoine-Bordes (Pl.) . . . . . B 13
Chaulet (Av. G.) . . . . . AB 14
Clemenceau (Av. G.) . . . . . AB 15
Doumer (Av. P.) . . . . . A 16
Ducos (Pl. R.) . . . . . B 18
Foch (Cours Mar.) . . . . . B 19
Francis Plante (Av.) . . . . . A 35
Fusillés (R. des) . . . . . B 22
Gaulle (Espl. Gén.-de) . . . . . B 23
Lorrin (Bd C.) . . . . . A 26
Manoir (Bd Y.-du) . . . . . AB 28
Milliés-Lacroix (Av. E.) . . . . . AB 30
Neuve (R.) . . . . . B 31
Pasteur (Cours) . . . . . B 34
Sablar (Av. du) . . . . . B 37
St-Pierre (Pl.) . . . . . B 38
St-Pierre (R.) . . . . . B 39
St-Vincent-de-Paul (Av.) . . . . . AB 44
St-Vincent (R.) . . . . . B 40
Sully (R.) . . . . . B 47
Thiers (Pl.) . . . . . B 49
Toro (R. du) . . . . . B 50
Tuilleries (Av. des) . . . . . AB 51
Verdun (Cours de) . . . . . B 52
Victor-Hugo (Av.) . . . . . AB 54

ST-PAUL-LÈS-DAX

Foch (R. Mar.) . . . . . A 20
Lahillade (R. G.) . . . . . A 24
Liberté (Av. de la) . . . . . A 25
Loustalot (R. René) . . . . . A 27
Résistance (Av. de la) . . . . . A 36
St-Vincent-de-Paul (Av.) . . . . . A 45
Tambour (R. du) . . . . . B 47

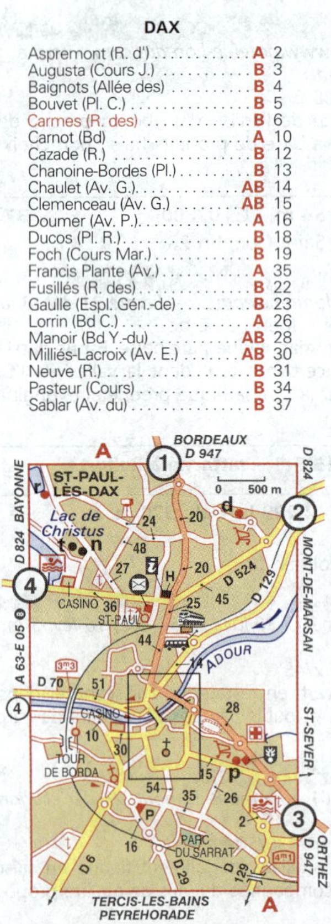

Le Richelieu

13 av. V.-Hugo – ✆ 05 58 90 49 49 – www.le-richelieu.fr – Fermé 21 déc.-4 janv.
40 ch – 55/58 € 65/68 € – 7 € – ½ P 60 € **Bn**
Rest – *(fermé 17-20 août, sam. midi, dim. soir et lundi)* Menu 15 € bc (déj.), 25/35 € – Carte 31/53 €
◆ Cet ancien relais de poste, situé sur un axe passant, dispose de chambres classiques et confortables. Celles de l'annexe ont été redécorées dans un beau style moderne. Cuisine actuelle au restaurant, agréablement décoré. Joli patio avec fontaine.

La Néhé sans rest

18 r. de la Fontaine Chaude – ✆ 05 58 90 16 46 – www.hotel-nehe-dax.com – Fermé 1er-15 janv. **Bg**
20 ch – 49/51 € 59/63 € – 6,50 € – ½ P 63/65 €
◆ Tout près de la fontaine d'eau chaude, dans une rue piétonne, un hôtel pratique et bon marché. Chambres spacieuses et fonctionnelles agrémentées d'un mobilier en bois clair.

L'Amphitryon

38 cours Galliéni – ✆ 05 58 74 58 05 – Fermé 21 août-6 sept., 1er-30 janv., sam. midi, dim. soir et lundi **Be**
Rest – *(nombre de couverts limité, prévenir)* Menu 20 € (sem.), 26/38 € – Carte 38/48 €
◆ Plaisante salle à manger au décor marin : tons crème et bleu, baromètre et maquette de bateau. La cuisine est généreuse : le poisson y domine bien sûr !

Le Bistrot de Cuisine en Ville

11 av. Georges Clemenceau – ✆ 05 58 90 26 89 – Fermé mardi midi, dim. et lundi
Rest – (16 €) Menu 28 € – Carte 30/40 € **Ap**
◆ Table contemporaine avec murs en pierres apparentes. Un cadre simple où apprécier une cuisine de bistrot réalisée à la minute et relevée de quelques touches inventives.

La Tête de l'Art

2 pl. Camille Bouvet – ✆ 05 58 74 00 13 – Fermé 18-31 août, 11-19 fév., dim. et lundi **Bv**
Rest – (15 €) Menu 20 € – Carte 32/54 €
◆ Un restaurant, deux atmosphères. Côté basque : superbes clichés de taureaux, poutres et tresses de piments. Côté breton : pêche et marine. Cuisine traditionnelle (ardoise).

à St-Paul-lès-Dax – 11 830 h. – alt. 21 m – ✉ 40990

68, avenue de la Résistance ✆ 05 58 91 60 01

Calicéo

355 r. du Centre Aéré, au lac de Christus – ✆ 05 58 90 66 00 – www.hotelcaliceo.com **An**
148 suites – 116/128 € – 49 ch – 10 €
Rest – (13 €) Menu 19/28 € – Carte 20/40 €
◆ Hôtel moderne équipé d'un centre de balnéothérapie avec un espace bien-être (spa, centre de soins). Chambres – en majorité des suites – agrémentées de balcons. Cuisine traditionnelle ou diététique au restaurant. Terrasse tournée vers le lac de Christus.

Du Lac

allée de Christus – ✆ 05 58 90 60 00 – www.thermes-dax.com – Ouvert 6 mars-27 nov. **At**
209 ch – 67/75 € 75/84 € – 8 € – ½ P 61/65 €
Rest *L'Arc-en-Ciel* – ✆ 05 58 90 63 00 – (15 €) Menu 18/25 € – Carte 24/38 €
◆ Imposant ensemble hôtelier et thermal situé à deux pas du lac de Christus. Chambres pratiques ; un grand nombre avec terrasse. Restaurant de style classique, mets traditionnels.

XXX **Le Moulin de Poustagnacq**

– ✆ 05 58 91 31 03 – www.moulindepoustagnacq.com – *Fermé vacances de la Toussaint, 20-30 déc., vacances de fév., mardi midi, dim. soir et lundi*

Rest – Menu 29/69 € – Carte 50/75 € **Ar**

◆ Cet ancien moulin en lisière de bois vous séduira par sa salle à manger originalement décorée et sa terrasse au bord d'un étang. Cuisine actuelle aux accents régionaux.

X **Mail Bistrot**

507 rte de la Bernadère – ✆ 05 58 55 04 04 – *Fermé dim.* **Ad**

Rest – *(déj. seult)* (13 €) Menu 25 € – Carte 23/45 €

◆ L'emplacement (dans un centre commercial) surprend, mais le style du lieu, façon hangar aménagé, séduit. Cuisine fraîche d'esprit locavore, privilégiant les beaux produits.

DEAUVILLE – 14 Calvados – **303** M3 – **3 973 h.** – **alt. 2 m** – **Casino AZ** **32** A3
– ✉ **14800** Normandie Vallée de la Seine

Paris 202 – Caen 50 – Évreux 101 – Le Havre 44

de Deauville-St-Gatien : ✆ 02 31 65 65 65, 5 km par ② BY.

place de la Mairie ✆ 02 31 14 40 00

New Golf de Deauville, S : 3 km par D 278, ✆ 02 31 14 24 24

de l'Amirauté à Tourgéville Route Départementale 278, S : 4 km par D 278, ✆ 02 31 14 42 00

de Saint-Gatien à Saint-Gatien-des-Bois Le Mont Saint Jean, E : 10 km par D 74, ✆ 02 31 65 19 99

Mont Canisy★ 5 km par ④ puis 20 mn.

- La corniche normande★★ - La côte fleurie★★

DEAUVILLE

Blanc (R. E.) **AZ** 4	Fracasse (R. A.) **AZ**	Laplace (R.) **AZ** 23
Colas (R. E.) **AZ** 5	Gambetta (R.) **BY** 9	Le Marois (R.) **AZ** 25
Fossorier (R. R.) **ABZ** 8	Gaulle (Av. Gén.-de) **AZ** 10	Mirabeau (R.) **BY** 26
	Gontaut-Biron (R.) **AYZ** 13	Morny (Pl. de) **BZ** 28
	Hoche (R.) **AYZ** 20	République (Av. de la) **ABZ**
	Le-Hoc (R. D.) **BZ** 24	

Normandy-Barrière rest,

38 r. J. Mermoz – 02 31 98 66 22 – www.lucienbarriere.com

259 ch – 327/457 € 327/457 € – 31 suites – 30 € AZh

Rest *La Belle Époque* – Menu 55 € (dîner)/65 € – Carte 65/105 €

◆ Reconnaissable à sa silhouette de manoir anglo-saxon, ce palace de 1912 est l'emblème de la station. Spacieuses chambres raffinées et cosy. Salle de remise en forme. Luxueux restaurant recréant le style Belle Époque et tables dressées dans la jolie cour normande en été.

Royal-Barrière rest,

bd E. Cornuché – 02 31 98 66 33 – www.lucienbarriere.com
– Ouvert 8 mars-1er nov. AZy

236 ch – 272/774 € 272/774 € – 16 suites – 30 €

Rest *L'Etrier* – *(fermé le midi sauf sam. et dim.)* Menu 57/105 € bc Carte 87/127 €

Spéc. Lisette de Trouville et jambon pata negra, pochée dans un bouillon d'algues kombou. Filet de bœuf normand, cromesquis de fondant de céleri à la truffe noire. Traditionnel soufflé chaud au Grand Marnier, biscuit mirliton à l'orange.

Rest *Côté Royal* – *(fermé le midi sauf sam. et dim.)* Menu 48 € – Carte 60/92 € le soir

◆ Imposante architecture 1900 appréciée par la jet-set et les stars du cinéma. Chambres luxueuses, parfois tournées vers la Manche. À L'Étrier, délicieuse cuisine actuelle servie dans un cadre classique et cosy (boiseries, tentures, photos anciennes). Atmosphère digne d'un palace et plats traditionnels au Côté Royal.

L'Augeval sans rest

15 av. Hocquart de Turtot – 02 31 81 13 18 – www.augeval.com

40 ch – 95/165 € 95/242 € – 2 suites – 13 € AZd

◆ Près de l'hippodrome et des haras, ce séduisant manoir normand abrite deux demeures cossues : L'Augeval, assez rétro, et Le Trait d'Union, plus actuelle. Piscine, espace détente.

81 L'Hôtel sans rest

81 av. de la République – 02 31 14 01 50 – www.81lhotel.com AZp

20 ch – 139/310 € 139/310 € – 14 €

◆ Grand manoir anglo-normand (1906) à la surprenante décoration moderne et feutrée associant parquets et moulures d'époque, mobilier de style laqué argent, pampilles, reproductions de Lichtenstein...

Almoria sans rest

37 av. de la République – 02 31 14 32 32 – www.almoria-deauville.com
– Fermé 2-16 janv. BZq

60 ch – 80/240 € 80/240 € – 13 €

◆ Confort, modernité et lignes épurées caractérisent cet hôtel tout neuf, conçu dans le style régional. Quelques chambres ont un accès direct au patio doté d'une terrasse d'été.

Le Trophée sans rest

81 r. du Gén.-Leclerc – 02 31 88 45 86 – www.letrophee.com AZu

35 ch – 59/219 € 65/219 € – 13 €

◆ Établissement sobre et actuel, proche des plages et du centre-ville. Les chambres sont tournées vers la rue ou la piscine ; certaines avec balnéo, la plupart avec balcons. Sauna et hammam.

Continental sans rest

1 r. Désiré Le Hoc – 02 31 88 21 06 – www.hotel-continental-deauville.com

42 ch – 63/100 € 63/100 € – 8,50 € BZs

◆ Sur une avenue animée, hôtel bien tenu adressant des clins d'œil à Deauville : vente de produits régionaux, affiches du festival du film américain dans la salle des petits-déjeuners.

Mercure Deauville Hôtel du Yacht Club sans rest

2 r. Breney – 02 31 87 30 00 – www.mercure.com

53 ch – 115/155 € 125/205 € – 15 € BYb

◆ Un Mercure récent d'allure régionale, près de la marina. Chambres fonctionnelles (quelques duplex) décorées sur le thème des yachts et principalement côté rue. Terrasse-jardin.

Villa Joséphine sans rest

23 r. des Villas – ☎ 02 31 14 18 00 – www.villajosephine.fr – Fermé 4-12 janv.

9 ch – †110/165 € ††155/380 € – ☐ 22 € AZ**b**

◆ Charmante villa normande (fin 19e s.) classée, entourée d'un ravissant jardin. Tout y est cosy et délicat (couleurs poudrées, mobilier de style, drapés, portraits de famille...).

Marie-Anne sans rest

142 av. de la République – ☎ 02 31 88 35 32 – www.hotelmarieanne.com

25 ch – †80/180 € ††80/180 € – ☐ 12 € AZ**f**

◆ Casino, golf et hippodrome se trouvent à deux pas de cette villa. Chambres spacieuses et élégantes, plus calmes sur l'arrière ; celles de l'annexe, côté jardin, sont plus simples.

Le Chantilly sans rest

120 av. République – ☎ 02 31 88 79 75 – www.123france.com/chantilly/ – Fermé janv. BZ**a**

17 ch – †67/95 € ††67/135 € – ☐ 8,50 €

◆ Bien situé à deux pas de l'hippodrome de la Touques, ce petit hôtel de charme dispose de chambres très bien tenues, plus tranquilles sur l'arrière. Écrans plats et wifi.

Le Spinnaker

52 r. Mirabeau – ☎ 02 31 88 24 40 – www.spinnakerdeauville.com – Fermé 6-15 juin, 17 nov.-2 déc., 5-27 janv., lundi et mardi sauf le soir du 15 juin au 15 sept. BZ**v**

Rest – Menu 38 € (déj.), 55/85 € – Carte 50/120 €

◆ Ce "spi"-là ne vous fera pas gagner de régate mais vous propulsera vers un joli cadre contemporain, où vous attendent une cuisine de la mer et d'appétissants desserts.

La Flambée

81 r. Général Leclerc – ☎ 02 31 88 28 46 – www.laflambee-deauville.com

Rest – (20 € bc) Menu 27/48 € – Carte 50/75 € AZ**t**

◆ Une belle flambée crépite dans la grande cheminée où l'on prépare, sous vos yeux, les grillades. Autres choix : plats traditionnels et homard (vivier). Atmosphère conviviale.

Augusto Chez Laurent

27 r. Désiré Le Hoc – ☎ 02 31 88 34 49 – www.restaurant-augusto.com – Fermé mardi sauf vacances scolaires et lundi BZ**k**

Rest – (16 €) Menu 36/57 € – Carte 40/77 €

◆ Connue pour ses spécialités de homards et de poissons, cette institution suit le cap de la cuisine iodée depuis plus de 35 ans. Décor chic façon bateau.

Le Comptoir et la Table

1 quai de la Marine – ☎ 02 31 88 92 51 – Fermé 2 sem. en nov. et merc.

Rest – (15 €) Menu 20/30 € – Carte 40/60 € BY**g**

◆ Une belle convivialité anime ce restaurant de la marina qui a pour attraits son comptoir en bois et sa fresque de Trouville (1947) au plafond. Plats bistrotiers et grands crus.

à Touques 2,5 km par ③ – 3 848 h. – alt. 10 m – ✉ 14800

i place Lemercier ☎ 02 31 88 70 93

Les Landiers

90 r. Louvel-et-Brière – ☎ 02 31 87 41 08 – www.restaurant-deauville.com – Fermé 20-30 juin, 2-10 janv., du lundi au jeudi l'hiver ; dim. soir, mardi et merc. sauf vacances scolaires

Rest – (22 €) Menu 29/50 €

◆ Accueil tout sourire, coquettes salles à manger rustiques, goûteuse cuisine traditionnelle et spécialités des pays de l'Est : ce sympathique petit restaurant a tout pour plaire.

L'Orangeraie

12 quai Monrival – ✆ 02 31 81 47 81 – www.lorangeraie-touques.com – Fermé jeudi sauf vacances scolaires et merc.

Rest – (15 €) Menu 25/45 € – Carte 41/99 €

◆ Cette maison du 15e s. au cadre rustique épuré propose une généreuse cuisine qui suit les saisons. Au dessert, pas de carte mais un plateau dégustation. Agréable terrasse.

à Canapville 6 km par ③ – 239 h. – alt. 10 m – ✉ 14800

Le Mont d'Auge sans rest

par D 279 et rte secondaire rte de St-Gatien – ✆ 02 31 64 95 17 – www.maison-deauville.com

3 ch – 80/90 € 95/115 €

◆ Cette maison à colombages jouit du calme de la campagne. Chambres assez spacieuses d'esprit rustique. Aux beaux jours, on sert le petit-déjeuner sur la terrasse face au jardin.

Auberge du Vieux Tour

36 rte départementale 677 – ✆ 02 31 65 21 80 – www.levieuxtour.com – Fermé 30 juin-8 juil., vacances de Noël, de fév., mardi et merc.

Rest – Menu 24 € (sem.), 29/55 € – Carte 38/61 €

◆ Coiffée de chaume, l'auberge borde la départementale, mais la coquette salle à manger (poutres, murs rose saumon, tableaux, tomettes) et la terrasse sont au calme, côté jardin.

au New Golf 3 km au Sud par D 278 - BAZ – ✉ 14800 Deauville

Du Golf-Barrière ch, rest,

– ✆ 02 31 14 24 00 – www.lucienbarriere.com – Fermé de mi-nov. au 29 déc.

178 ch – 175/630 € 175/630 € – 25 €

Rest *Le Lassay* – *(fermé le midi)* Menu 42 €, 48/65 € – Carte 40/70 €

Rest *Le Club House* – ✆ 02 31 14 24 23 *(fermé le soir)* (21 €) Menu 25 € – Carte 33/47 €

◆ Palace Art déco entouré d'un golf et juché sur le mont Canisy, d'où la vue s'étend sur la mer et la campagne. Chambres assez spacieuses tout confort. Au Lassay, cuisine classique servie dans un cadre chic, prolongé d'une véranda. Le midi, repas traditionnels au Club House. Boutique de golf.

au Sud 6 km par D 278 et chemin de l'Orgueil – ✉ 14800 Deauville

Les Manoirs de Tourgéville rest,

6 km au Sud par D 278 et chemin de l'Orgueil – ✆ 02 31 14 48 68 – www.lesmanoirstourgeville.com – Fermé 2-16 janv.

35 suites – 220/510 € – 22 ch – 25 €

Rest – *(fermé dim. soir et lundi d'oct. à mars)* (29 €) Menu 40 € – Carte 51/64 €

◆ Séduisant manoir normand isolé en plein bocage du pays d'Auge. Chambres, duplex et triplex portent le nom de vedettes du cinéma ; décor personnalisé (golf, cheval, etc.). La ravissante salle à manger rustique donne sur une agréable terrasse avec un joli patio.

au golf de l'Amirauté 7 km au Sud par D 278 – ✉ 14800 Deauville

Les Chaumes

CD 278 – ✆ 02 31 14 42 00 – www.amiraute.com – Fermé 9-25 janv.

Rest – *(déj. seult)* (23 €) Menu 29 € – Carte 41/64 €

◆ Hier haras, aujourd'hui club-house doté d'un restaurant panoramique. Vue sur le parcours de 27 trous agrémenté de sculptures modernes. Formule simple au bar ou en terrasse.

DECIZE – 58 Nièvre – 319 D11 – 5 975 h. – alt. 197 m – ✉ 58300 — 7 B3

Bourgogne

Paris 270 – Châtillon-en-Bazois 34 – Luzy 44 – Moulins 35

place du Champ de Foire ✆ 03 86 25 27 23

Le Charolais

33 bis rte Moulins – ✆ 03 86 25 22 27 – Fermé 1er-9 janv., 1 sem. en fév., mardi du 10 oct. au 15 juin, dim. soir et lundi

Rest – Menu 18/50 € – Carte 20/60 €

◆ Dans cet agréable restaurant, le jeune chef mitonne des plats bien dans leur époque. Et dès que le temps le permet, place aux grillades et à la cuisine à la plancha... en terrasse.

LA DÉFENSE – **92 Hauts-de-Seine** – **311** J2 – **101** 14 – **voir à Paris, Environs**

DELLE – **90 Territoire de Belfort** – **315** G11 – **6 113 h.** – **alt. 364 m** – ✉ **90100** **17** D1

Paris 448 – Besançon 108 – Belfort 25 – Bâle 97

Rue Joachim ✆ 03 84 36 03 06

Hostellerie des Remparts

1 pl. Raymond Forni – ✆ 03 84 56 32 61 – www.hostellerie-des-remparts.fr – Fermé en août et en fév.

Rest – (14 €) Menu 28/47 € – Carte 25/50 €

◆ Dans cette bâtisse de 1576 mêlant rusticité (à l'étage) et modernité (rez-de-chaussée), on se délecte de bons plats traditionnels. Terrasse en bord de rivière.

DELME – **57 Moselle** – **307** J5 – **859 h.** – **alt. 220 m** – ✉ **57590** **27** C2

Paris 364 – Château-Salins 12 – Metz 33 – Nancy 36

33, rue Raymond Poincaré ✆ 03 87 01 37 19

A la XIIe Borne

rest,

6 pl. République – ✆ 03 87 01 30 18 – www.12eme-borne.com – Fermé dim. soir et lundi

15 ch – †59/73 € ††59/73 € – ☕ 8 € – ½ P 64 €

Rest – (8 €) Menu 11 € (déj. en sem.), 23/50 € – Carte 52/63 €

◆ Quatre frères président au destin de cette longue bâtisse, dans la famille depuis 1954. Chambres fonctionnelles, bien insonorisées. Au restaurant, les produits du terroir sont à l'honneur.

DERCHIGNY – **76 Seine-Maritime** – **304** H2 – **497 h.** – **alt. 100 m** – ✉ **76370** **33** D1

Paris 206 – Barentin 64 – Dieppe 10 – Rouen 74

Manoir de Graincourt

ch,

10 pl. Ludovic Panel – ✆ 02 35 84 12 88 – www.manoir-de-graincourt.fr

5 ch ☕ – †89/129 € ††97/137 €

Table d'hôte – Menu 37 € bc

◆ Renoir séjourna dans ce manoir du 19e s. typiquement normand. Chambres thématiques (meubles de famille ou chinés, beaux tissus, etc.), ouvertes sur un joli jardin clos. Dîner traditionnel en table d'hôte dans la belle cuisine rustique (pensez à réserver).

DESCARTES – **37 Indre-et-Loire** – **317** N7 – **3 855 h.** – **alt. 50 m** – ✉ **37160** Châteaux de la Loire **11** B3

Paris 292 – Châteauroux 94 – Châtellerault 24 – Chinon 51

rue, Blaise Pascal ✆ 02 47 92 42 20

Moderne avec ch

15 r. Descartes – ✆ 02 47 59 72 11 – www.modernehotel.fr – Fermé 24 déc.-6 janv., vacances de printemps, lundi midi de mi-avril à mi-sept., sam. midi et vend. de mi-sept. à mi-avril et dim. soir

11 ch – †43 € ††49 € – ☕ 8 € – ½ P 43 €

Rest – (12 €) Menu 16/28 € – Carte 24/62 €

◆ L'enseigne "hôtel" est trompeuse : il y a bien un restaurant ici, tout près de la maison natale de René Descartes (devenue musée). On y sert une cuisine traditionnelle à base de produits frais. Les chambres, sobres et pratiques, peuvent dépanner.

DESVRES – 62 Pas-de-Calais – **301** E3 – 5 056 h. – alt. 98 m – ✉ 62240 **30** A2

▶ Paris 263 – Calais 40 – Arras 98 – Boulogne 19

ℹ 41 bis, rue des Potiers ✆ 03 21 92 09 09

Ferme du Moulin aux Draps

rte Crémarest, 1,5 km par D 254ᴱ – ✆ 03 21 10 69 59 – http://hotel-moulinauxdraps.com – Fermé 18 déc.-6 janv. et dim. soir d'oct. à mars

20 ch – †74/140 € ††74/140 € – ☕ 12 € – ½ P 75/100 €

Rest – *(fermé sam. midi, dim. soir et lundi midi)* (19 €) Menu 26 € (déj. en sem.), 26/54 € – Carte 34/73 €

◆ Alentour : la forêt, les prairies et un vieux moulin du 15ᵉ s. Un peu comme à la ferme, le confort en plus ! Les chambres sont plaisantes, douillettes et mansardées à l'étage. Au restaurant, cuisine régionale de saison ; terrasse aux beaux jours.

LES DEUX-ALPES (Alpes de Mont-de-Lans et de Vénosc) – 38 Isère – **333** J7 – Sports d'hiver : 1 650/3 600 m 🚡7 ⛷49 ⛸ – ✉ 38860 **45** C2

Alpes du Nord

▶ Paris 640 – Le Bourg-d'Oisans 26 – Grenoble 78

ℹ 4, place des Deux-Alpes ✆ 04 76 79 22 00

⛳9 des Deux-Alpes Rue des Vikings, E : 2 km, ✆ 04 76 80 52 89

👁 Belvédères : de la Croix★, des Cîmes★ - Croisière Blanche★★★.

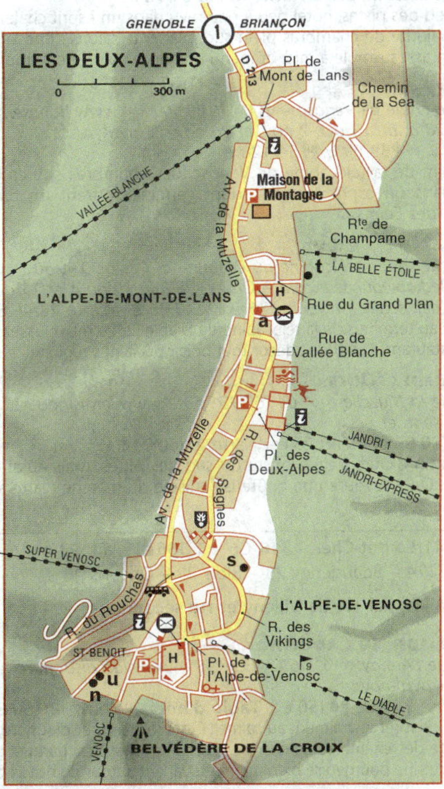

Chalet Mounier
rest,

2 r. de la Chapelle – 04 76 80 56 90 – www.chalet-mounier.com – Ouvert 16 juin-28 août et 10 déc.-28 avril **n**

40 ch – 115/240 € 180/390 € – 4 suites – 20 € – ½ P 125/230 €

Rest – *(dîner seult) (résidents seult)* Carte 40/68 €

Rest Le P'tit Polyte – *(fermé lundi) (dîner seult sauf dim. et fériés)* Menu 61/77 € – Carte 55/71 €

Spéc. Foie gras chaud, bouillon de volaille mousseux, maïs craquant et soufflé. Pigeon en quatre morceaux, fondant de légumes, sauce salmis. Les trois chocolats.

◆ Ce chalet d'alpage de 1879 arbore un look contemporain : décor ultra cosy grâce au bois dominant et aux tons chaleureux du salon et des chambres ; wellness. Cuisine inventive servie dans la jolie salle du P'tit Polyte donnant sur la montagne.

Souleil'Or
rest,

10 r. Grand Plan – 04 76 79 24 69 – www.le-souleil-or.fr – Hôtel : ouvert 18 juin-27 août et 12 déc.-29 avril ; rest. : ouvert 19 déc.-29 avril **t**

42 ch – 93/145 € 110/190 € – ½ P 92/137 €

Rest – *(dîner seult)* Menu 35 €

◆ Les chambres de cet hôtel à la façade en bois, rénovées par étapes, disposent toutes d'un balcon. Ambiance "chalet", bon confort et tenue rigoureuse. Sauna, hammam. Restaurant avec terrasse au bord de la piscine ; plats traditionnels et dauphinois.

Les Mélèzes
rest,

17 r. des Vikings – 04 76 80 50 50 – www.hotelmelezes.com – Ouvert 15 déc.-24 avril **s**

34 ch – 70/80 € 125/166 € – 12 € – ½ P 88/133 €

Rest – *(ouvert 20 déc.-24 avril)* Menu 34/78 €

◆ Au pied des pistes, hôtel peu à peu revu dans un esprit chalet cosy. Accueil charmant, majorité de chambres plein sud, plaisants salons, fitness, sauna, jacuzzi. Restauration assez simple à midi et menu unique le soir ("menu montagnard" le mardi).

Serre-Palas sans rest

13 pl. de l'Alpe de Venosc – 04 76 80 56 33 – www.hotelserre-palas.fr – Ouvert 11 juin-28 août, 23 oct.-2 nov. et 26 nov.-26 avril **u**

24 ch – 38/69 € 54/128 €

◆ À 50 m de la télécabine de Venosc, des chambres sobres (sauf une, joliment revue dans un esprit "chalet"), dont certaines offrent un balcon face au parc national des Écrins.

Le Diable au Cœur

au sommet de la télécabine du Diable – 04 76 79 99 50 – www.lediableaucoeur.com – Ouvert 28 juin-30 août et 15 déc.-30 avril

Rest – *(déj. seult) (prévenir)* (26 €) Menu 35 € – Carte 23/46 €

◆ Arrivé au terminus de la télécabine du Diable (2400 m), poussez la porte de ce charmant restaurant d'altitude : décor tout bois, spécialités régionales, service attentionné.

Le Raisin d'Ours

98 av. de la Muzelle – 04 76 79 29 56 – www.leraisindours.fr – Fermé en mai, sept. et oct. **a**

Rest – (20 € bc) Menu 25 € – Carte 24/60 €

◆ Le Raisin d'Ours ? Un arbuste du sud des Alpes, mais aussi un chaleureux restaurant... On y savoure une goûteuse cuisine du marché (carte simple le midi, plus étoffée le soir).

DHUIZON – 41 Loir-et-Cher – 318 G6 – 1 366 h. – alt. 93 m – ✉ 41220 12 C2

Paris 174 – Beaugency 23 – Blois 29 – Orléans 46

au Nord-Est 4 km par rte de Villeny et rte secondaire

La Maison de Capucine

(Ferme de l'Aunay) – 06 13 43 58 98 – www.lamaisondecapucine.com – Ouvert avril-nov.

4 ch – 140 € 150 € **Table d'hôte** – Menu 38/150 €

◆ En pleine forêt et vraiment au calme ! Cette jolie ferme solognote, parfaitement rénovée, abrite des chambres au charme champêtre (poutres, parquet, tomettes...). Au restaurant, cuisine bourgeoise bien maîtrisée variant autour de beaux produits de saison.

DIE – 26 Drôme – **332** F5 – 4 387 h. – alt. 415 m – ✉ 26150 **44** B3

Alpes du Sud

Paris 623 – Gap 92 – Grenoble 110 – Montélimar 73

rue des Jardins ✆ 04 75 22 03 03

Mosaïque★ dans l'hôtel de ville.

Paysages du Diois★★.

L' Escale de Die

av. de la Clairette – ✆ 04 75 22 00 95 – Fermé vacances de la Toussaint, 26 fév.-15 mars et merc.

9 ch – †54/65 € ††54/65 € – ☕ 8 € – ½ P 55/60 €

Rest – Menu 14 € (déj. en sem.), 19/35 € – Carte 19/46 €

◆ Il règne une agréable ambiance familiale dans cette maison à la façade fleurie. Chambres climatisées parfaitement tenues et confortables. Bon rapport qualité-prix. Au restaurant, cuisine traditionnelle tout en simplicité, servie dans une salle élégante.

DIEBOLSHEIM – 67 Bas-Rhin – **315** J7 – 569 h. – alt. 163 m – ✉ 67230 **1** B2

Paris 529 – Strasbourg 44 – Freiburg im Breisgau 59 – Colmar 55

Ambiance Jardin sans rest

12 r. de L'Abbé-Wendling – ✆ 03 88 74 84 85 – www.ambiance-jardin.com

4 ch ☕ – †70/80 € ††80/90 €

◆ De cette grange, les propriétaires ont fait une charmante maison d'hôtes, qui foisonne d'antiquités. Chambres aux tons pastel, spacieuses et cosy. Beau jardin.

DIEFFENBACH-AU-VAL – 67 Bas-Rhin – **315** H7 – 628 h. – alt. 350 m – ✉ 67220 **2** C1

Paris 538 – Colmar 33 – Lahr 65 – Strasbourg 53

La Romance sans rest

17 r. de Neuve-Église – ✆ 03 88 85 67 09 – www.la-romance.net

5 ch ☕ – †88 € ††103 €

◆ Au bout du chemin qui borde la forêt, cette charmante maison à colombages respire la sérénité. Chambres soignées et joliment colorées (deux avec terrasse donnant sur la vallée).

DIEFFENTHAL – 67 Bas-Rhin – **315** I7 – 244 h. – alt. 185 m – ✉ 67650 **2** C1

Paris 441 – Lunéville 100 – St-Dié 45 – Sélestat 7

Le Verger des Châteaux

2 rte Romaine – ✆ 03 88 92 49 13 – www.verger-des-chateaux.fr

32 ch – †60/75 € ††69/85 € – ☕ 9 € – ½ P 76 €

Rest – *(fermé lundi midi)* (10 €) Menu 18/32 € – Carte 35/57 €

◆ Une imposante bâtisse bordant le fameux vignoble alsacien. Les chambres sont spacieuses, équipées de mobilier en bois blond ; mansardes familiales au dernier étage. Salle à manger donnant sur la campagne ; registre culinaire traditionnel. Winstub au décor coloré.

DIEFMATTEN – 68 Haut-Rhin – **315** G10 – 260 h. – alt. 300 m – ✉ 68780 **1** A3

Paris 450 – Belfort 25 – Colmar 48 – Mulhouse 21

Auberge du Cheval Blanc avec ch rest,

17 r. Hecken – ✆ 03 89 26 91 08 – www.auchevalblanc.fr – Fermé 11 juil.-2 août et 11-19 janv.

8 ch – †54 € ††95 € – ☕ 12 €

Rest – *(fermé dim. et merc. de nov. à mars et lundi et mardi sauf fériés)* (23 € bc) Menu 28/75 € – Carte 47/86 €

◆ Cuisine classique, menus à thème (truffe, océan...) et bon choix de vins sont proposés dans cette maison alsacienne du 19e s. Salle à manger lumineuse au mobilier rustique ; vue sur le parc depuis la terrasse. Cinq appartements neufs et chambres plus anciennes.

DIEPPE - 76 Seine-Maritime - **304** G2 - 33 618 h. - alt. 6 m **33** D1
- Casino Municipal AY - ✉ 76200 Normandie Vallée de la Seine

Paris 197 - Abbeville 68 - Caen 176 - Le Havre 111

pont Jehan Ango ☎ 02 32 14 40 60

de Dieppe-Pourville Route de Pourville, O : 2 km par D 74, ☎ 02 35 84 25 05

Église St-Jacques★ - Chapelle N.-D.-de-Bon-Secours ≤★ - Musée★ du château (ivoires dieppois★).

Aguado sans rest

30 bd Verdun - ☎ 02 35 84 27 00 - www.hotelsdieppe.com BYs

56 ch - †60/145 € ††65/145 € - ☕ 10 €

◆ L'immeuble enjambe une rue donnant sur le front de mer. Les chambres, bien insonorisées, de style moderne ou classique, ouvrent côté plage ou côté ville et port.

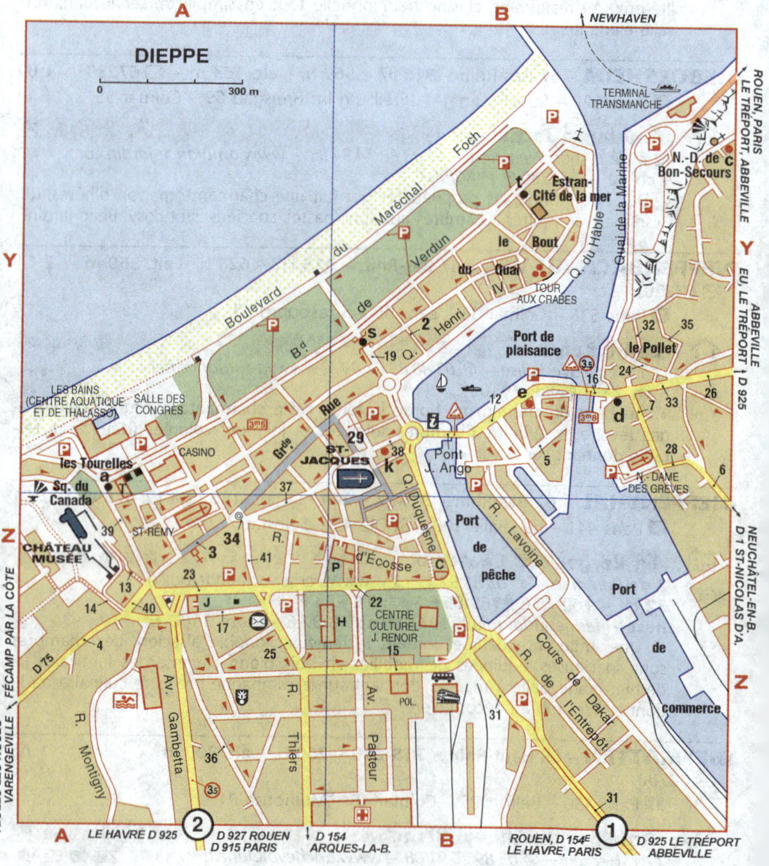

Ango (R. J.)	BY	2	Desmarets (R.)	AZ	17	Petit-Fort (R. du)	BY	32
Barre (R. de la)	AZ	3	Duquesne (R.)	BY	19	Polet (Gde-R. du)	BY	33
Barre (R. du Fg-de-la)	AZ	4	Gaulle (Bd Gén.-de)	ABZ	22	Puits-Salé (Pl. du)	AZ	34
Belleteste (R. Jean)	BY	5	Grande-Rue	ABY		Quiquengrogne (R.)	BY	35
Bonne-Nouvelle (R.)	BY	6	Groulard (R. C.)	AZ	23	République (R. de la)	AZ	36
Brunel (R. J.)	BY	7	Guerrier (R.)	BY	24	St-Jacques (R.)	AYZ	37
Carénage (Q. du)	BY	12	Joffre (Bd Mar.)	AZ	25	St-Jean (R.)	BY	38
Chastes (R. de)	AZ	13	Leclerc (Av. Gén.)	BY	26	Sygogne (R. de)	AZ	39
Citadelle (Ch. de la)	AZ	14	Levasseur (R.)	BY	28	Toustain (R.)	AZ	40
Clemenceau (Bd G.)	BZ	15	Nationale (Pl.)	BY	29	Victor-Hugo (R.)	AZ	41
Colbert (Pont)	BY	16	Normandie-Sussex (Av.)	BZ	31			

Mercure la Présidence

1 bd de Verdun – ✆ 02 35 84 31 31 – www.mercure-dieppe.com AY**a**
85 ch – †105/285 € ††115/295 € – ☕ 16 €
Rest – *(fermé dim. soir, lundi midi de janv. à mars et de nov. à déc.)* Menu 25/27 € – Carte 33/42 €
◆ Près du casino et de la thalasso, hôtel rénové en 2009 : chambres décorées avec goût, toutes différentes, avec parquet, mobilier design et tons chatoyants (fuchsia, anis, rose). La moitié regardent la mer. Restaurant façon bistrot chic ; produits de la mer.

De l'Europe sans rest

63 bd Verdun – ✆ 02 32 90 19 19 – www.hotelsdieppe.com BY**t**
60 ch – †60/136 € ††80/136 € – ☕ 9 €
◆ La façade de cet hôtel associe bois et béton. Grandes chambres claires, meublées en rotin et tournées vers la Manche. Bar feutré fréquenté par la clientèle locale.

La Villa Florida sans rest

24 chemin du Golf, au Sud-Ouest par D 75 - AZ – ✆ 02 35 84 40 37 – www.lavillaflorida.com
4 ch ☕ – †65/78 € ††73/82 €
◆ Il flotte comme un parfum des Indes dans cette maison dont la propriétaire est passionnée de yoga. Chambres sereines et personnalisées. Beau jardin fleuri. Accueil charmant.

Villa des Capucins sans rest

11 r. des Capucins – ✆ 02 35 82 16 52 – www.villa-des-capucins.fr BY**d**
5 ch ☕ – †60 € ††75 €
◆ Un ancien couvent (1820) et ses dépendances transformés en maison d'hôtes. Jolies chambres au mobilier chiné, ouvertes sur le jardin où se cache un petit coin brocante.

Les Voiles d'Or

2 chemin de la Falaise, près de la chapelle N.-D.-de-Bon-Secours – ✆ 02 35 84 16 84 – www.lesvoilesdor.fr – Fermé 20 déc.-5 janv., dim. soir, lundi et mardi BY**c**
Rest – *(nombre de couverts limité, prévenir)* Menu 35 € bc (déj.)/52 € – Carte 53/67 €
◆ Table au goût du jour perchée sur la falaise du Pollet, à proximité de la chapelle N.-D. de Bon-Secours et du sémaphore. Intérieur chaleureux et coloré ; mobilier design.

La Marmite Dieppoise

8 r. St-Jean – ✆ 02 35 84 24 26 – Fermé 20 juin-1er juil., 21 nov.-6 déc., vacances de fév., jeudi soir hors saison, dim. soir et lundi BY**k**
Rest – Menu 29/44 € – Carte 30/60 €
◆ Ici, la fameuse marmite dieppoise tient la vedette. Les produits de la mer arrivent directement du port de pêche tout proche. Dîner aux chandelles les vendredis et samedis.

Bistrot du Pollet

23 r. Tête de Boeuf – ✆ 02 35 84 68 57 – Fermé 27 mars-11 avril, 28 août-12 septembe, 1er-16 janv., dim. et lundi BY**e**
Rest – *(nombre de couverts limité, prévenir)* (19 €) Carte 26/39 €
◆ Sur l'île portuaire du Pollet, un sympathique bistrot de la mer à l'ambiance conviviale. La cuisine évolue au gré du marché, des saisons et de la pêche locale.

à Martin-Église 6 km au Sud-Est par D 1 - BYZ – 1 460 h. – alt. 11 m – ✉ 76370

Auberge du Clos Normand avec ch

22 r. Henri IV – ✆ 02 35 40 40 40 – www.closnormand.fr – Fermé 15 nov.-5 déc. et 15 fév.-1er mars
7 ch – †65 € ††65 € – ☕ 7 €
Rest – *(fermé mardi midi, merc. midi et lundi)* Menu 22/32 € – Carte 39/51 €
◆ Cet ex-relais de poste (15e s.), bordé par une rivière, abrite une auberge normande. Grande cheminée en bois et briques de Dieppe dans la salle à manger. Plats traditionnels. Chambres calmes et feutrées, aménagées dans une dépendance, côté jardin.

à Offranville 6 km par ②, D 927 et D 54 – 3 347 h. – alt. 80 m – ✉ 76550

XX **Le Colombier** VISA MC

r. Loucheur, (parc du Colombier) – ✆ 02 35 85 48 50 – http://restaurant-normandie-offranville-colombier.over-blog.com/ – Fermé 17 oct.-4 nov., 27 fév.-16 mars, mardi sauf juil.-août, dim. soir et merc.

Rest – (19 €) Menu 25 € (sem.), 38/65 €

◆ Cette vénérable maison normande (1509) serait la doyenne du bourg. Cadre clair rénové (imposante cheminée en briques encadrée de colonnes), cuisine actuelle inspirée du marché.

à Pourville-sur-Mer 5 km à l'Ouest par D 75 AZ – ✉ 76550 Hautot-sur-Mer

XX **Le Trou Normand** VISA MC

128 r. des Verts Bois – ✆ 02 35 84 59 84 – Fermé 24 août-11 sept., 24 déc.-15 janv., dim. soir et lundi

Rest – Menu 23/39 € – Carte 35/50 €

◆ Auberge avoisinant la plage où débarquèrent, en 1942, les Canadiens de l'opération "Jubilee". Cadre rustique et petite carte "terre et mer" suivant le marché.

DIEULEFIT – 26 Drôme – 332 D6 – 3 207 h. – alt. 366 m – ✉ 26220 — 44 B3

Lyon Drôme Ardèche

Paris 614 – Crest 30 – Montélimar 29 – Nyons 30

1, place Abbé Magnet ✆ 04 75 46 42 49

XX **Le Relais du Serre** avec ch VISA MC

rte de Nyons , 3 km par D 538 – ✆ 04 75 46 43 45 – www.lerelaisduserre.com – Fermé 2-15 janv., dim. soir et lundi de sept. à mai

7 ch – †50 € ††54 € – ☕ 8 € – ½ P 55/65 €

Rest – (13 €) Menu 22 € (sem.), 25/38 € – Carte 32/48 €

◆ Agréable maison à la façade rose, sur la route de la vallée du Lez. Salle colorée, agrémentée de fleurs et de tableaux ; copieuse cuisine traditionnelle et gibier en saison. Chambres modestes et bien tenues, pour l'étape.

au Poët-Laval 5 km à l'Ouest par D 540 – 875 h. – alt. 311 m – ✉ 26160

Site★.

Les Hospitaliers VISA MC AE

– ✆ 04 75 46 22 32 – www.hotel-les-hospitaliers.com – Ouvert 26 mars-6 nov.

22 ch – †80/160 € ††80/160 € – ☕ 15 € – ½ P 82/122 €

Rest – *(fermé lundi et mardi sauf du 1er juil. au 15 sept.)* (27 €) Menu 42/55 € – Carte 61/92 €

◆ Dans un beau village médiéval, ces maisons en pierre sèche abritent des chambres de caractère (mobilier rustique et terrasse privative pour certaines). Pittoresque ! Le restaurant est élégant et valorise la belle cuisine de saison, fraîche et soignée.

au Nord 9 km par D 538, D 110 et D 245 - ✉ 26460 Truinas

La Bergerie de Féline ch, P

Les Charles – ✆ 04 75 49 12 78 – www.labergeriedefeline.com – Ouvert 21 avril-22 oct.

5 ch ☕ – †130/210 € ††130/210 € **Table d'hôte** – Menu 38 € bc

◆ Vue sur le Vercors, superbe piscine naturelle, cabane et hamac au fond du jardin... Dans cette bergerie du 18e s., la vie est bien douce ! Très jolies chambres (esprit design et matériaux naturels). À la table d'hôte, cuisine familiale à base de bons produits locaux.

DIGNE-LES-BAINS P – 04 Alpes-de-Haute-Provence – 334 F8 — 41 C2

– 17 868 h. – alt. 608 m – Stat. therm. : début mars-début déc. – ✉ 04000 Alpes du Sud

Paris 744 – Aix-en-Provence 109 – Avignon 167 – Cannes 135

place du Tampinet ✆ 04 92 36 62 62

de Digne-les-Bains 57 route du Chaffaut, par rte de Nice et D 12 : 7 km, ✆ 04 92 30 58 00

Musée départemental★ - Cathédrale N.D.-du-Bourg★ - Dalles à ammonites géantes★ N : 1 km par D 900A.

★ du Relais de Télévision.

Le Grand Paris rest, VISA AE

19 bd Thiers – ✆ 04 92 31 11 15 – www.hotel-grand-paris.com – Ouvert 1er mars-30 nov.

16 ch – †85/120 € ††95/150 € – 4 suites – ☕ 17 € – ½ P 92/130 €

Rest – *(ouvert 1er avril-15 nov. et fermé lundi midi, mardi midi, merc. midi et jeudi midi hors saison)* (28 €) Menu 35/60 € – Carte 61/85 €

◆ Charme et authenticité caractérisent cet ancien couvent du 17e s. aux chambres délicieusement vieille France. La salle à manger, chaleureuse et colorée avec sa volière, sert d'écrin à une goûteuse cuisine provençale.

rte de Nice 2 km par N 85 – ✉ 04000 Digne-les-Bains

Villa Gaïa ch, P VISA

24 rte de Nice – ✆ 04 92 31 21 60 – www.hotel-villagaia-digne.com – Ouvert 15 avril-1er juil. et 9 juil.-21 oct.

10 ch – †65/104 € ††85/110 € – ☕ 12 € – ½ P 75/88 €

Rest – *(fermé merc.) (dîner seult) (résidents seult)* Menu 26 €

◆ Cette accueillante maison de maître du début du 18e s. a conservé le charme d'autrefois : un grand parc, une bibliothèque et des chambres de style rétro (sans TV !). Plats traditionnels d'inspiration régionale, privilégiant les fruits et les légumes.

DIGOIN – 71 Saône-et-Loire – 320 D11 – 8 527 h. – alt. 232 m – ✉ 71160 7 B3

Bourgogne

Paris 337 – Autun 69 – Charolles 26 – Moulins 57

8, rue Guilleminot ✆ 03 85 53 00 81

De la Gare avec ch A/C rest, P VISA

79 av. Gén. de Gaulle – ✆ 03 85 53 03 04 – www.hoteldelagare.fr – Fermé dim. soir, lundi et mardi

12 ch – †55/82 € ††55/82 € – ☕ 8 €

Rest – Menu 18 € (sem.), 26/62 € – Carte 37/62 €

◆ Repas traditionnels que l'on prend dans une grande salle au décor classique ; ambiance tamisée et fauteuils en cuir rouge ou noir au salon, mobilier plus ancien ou de style dans les chambres.

à Vigny-les-Paray 9 km au Nord-Est par D 994 et D 52 – ✉ 71160

Auberge de Vigny P VISA

– ✆ 03 85 81 10 13 – www.aubergedevigny.fr – Fermé 9-30 oct., 2-20 janv., dim. soir de nov. à mars, lundi et mardi

Rest – (16 €) Menu 25/36 € – Carte 29/43 €

◆ Cuisine au goût du jour servie dans une ancienne salle de classe qui respire aujourd'hui le bonheur. Ici, la maîtresse est excellente pâtissière ! Jardin-terrasse ensoleillé.

DIJON P – 21 Côte-d'Or – 320 K6 – 151 504 h. – Agglo. 236 953 h. 8 D1 – alt. 245 m – ✉ 21000 Bourgogne

Paris 311 – Auxerre 152 – Besançon 94 – Genève 192

Dijon-Bourgogne ✆ 03 80 67 67 67, 6 km par ⑤.

11, rue des Forges ✆ 08 92 70 05 58

18 de Dijon Bourgogne à Norges-la-Ville Bois de Norges, par de Langres : 15 km, ✆ 03 80 35 71 10

18 de Quetigny à Quetigny Rue du Golf, E : 5 km par D 107, ✆ 03 80 48 95 20

Circuit automobile de Dijon-Prenois ✆ 03 80 35 32 22, 16 km par ⑧

Palais des Ducs et des États de Bourgogne★★ : Musée des Beaux-Arts★★ (tombeaux des Ducs de Bourgogne★★★) - Rue des Forges★ - Eglise Notre-Dame★ - Plafonds★ du Palais de Justice DY **J** - Chartreuse de Champmol★ : Puits de Moïse★★★, Portail de la Chapelle★ A - Église St-Michel★ - Jardin de l'Arquebuse★ CY - Rotonde★★ dans la cathédrale St-Bénigne - Musée de la Vie bourguignonne★ DZ **M7** - Musée Archéologique★ CY **M2** - Musée Magnin★ DY **M5** - Jardin des Sciences★ CY **M8**.

Plans pages 598, 599, 600

DIJON

Adler (Pl. E.) EZ
Albert-1er (Av.) CY
Arquebuse (R. de l') CY
Audra (R.) CY
Auxonne (R. d') EZ
Barabant (Pl. Henri) DZ
Baudin (R. J.-B.) EYZ
Berbisey (R.) CYZ
Berlier (R.) DEY
Bordot (R.) DZ
Bossuet (R. et Pl.) CDY
Bouhey (Pl. J.) EX
Bourg (R. du) DY
Briand (Av. A.) EX 8
Brosses (Bd de) CY 9
Buffon (R.) DY
Cabet (R. P.) EY
Carnot (Bd) DEY
Castell (Bd du) CZ
Cellerier (R. J.) CX
Chabot-Charny (R.) DYZ
Champagne (Bd de) EX 14
Charrue (R.) DY 18
Chouette (R. de la) DY 21
Clemenceau (Bd G.) EX
Colmar (R. de) EX
Comte (R. A.) DY 27
Condorcet (R.) CY
Cordeliers (Pl. des) DY
Courtépée (R.) DX
Darcy (Pl.) CY
Daubenton (R.) CZ
Davout (R.) EY
Devosge (R.) CDXY
Diderot (R.) EY
Dr-Chaussier (R.) CY 32
Dubois (Pl. A.) CY 33
Dumont (R. Ch.) DZ
École-de-Droit (R.) DY 35
Égalité (R. de l') CX
Févret (R.) DZ
Foch (Av. Mar.) CY 43
Fontaine-lès-Dijon (R.) CX
Forges (R. des) DY
Fremiet (R. A.) DX
Gagnereaux (R.) DX
Garibaldi (Av.) DX
Gaulle (Crs Général-de) DZ
Godrans (R. des) DY 51
Grangier (Pl.) DY 54
Gray (R. de) EY
Guillaume-Tell (R.) CY
Hôpital (R. de l') CZ
Ille (R. de l') CZ
Jeannin (R.) DEY
Jean-Jaurès (Av.) CZ
Jouvence (R. de) DX
J.-J.-Rousseau (R.) DY
Ledru-Rollin (R.) EXY
Libération (Pl. de la) DY 57
Liberté (R. de la) CY
Longvic (R. de) DEZ
Magenta (R.) EZ 58
Manutention (R. de la) CZ
Marceau (R.) DX
Mariotte (R.) CY
Marne (Bd de la) EX
Metz (R. de) EY
Michelet (R.) CY 64
Mirande (R. de) EY
Monge (R.) CY
Montchapet (R. de) CX
Mulhouse (R. de) EXY
Musette (R.) DY
Parmentier (R.) EX
Pasteur (R.) DYZ
Perrières (R. des) CY
Perspective (Pl. de la) CZ
Petit-Citeaux (R. du) CZ
Petit-Potet (R. du) DY 71
Piron (R.) DY
Préfecture (R. de la) DY
Prés.-Wilson (Pl.) DZ
Prévert (Pl. J.) CZ
Raines (R. du Fg) CYZ
Rameau (R.) DY 77
République (Pl. de la) DX
Rolin (Quai N.) CZ
Roses (R. des) CX

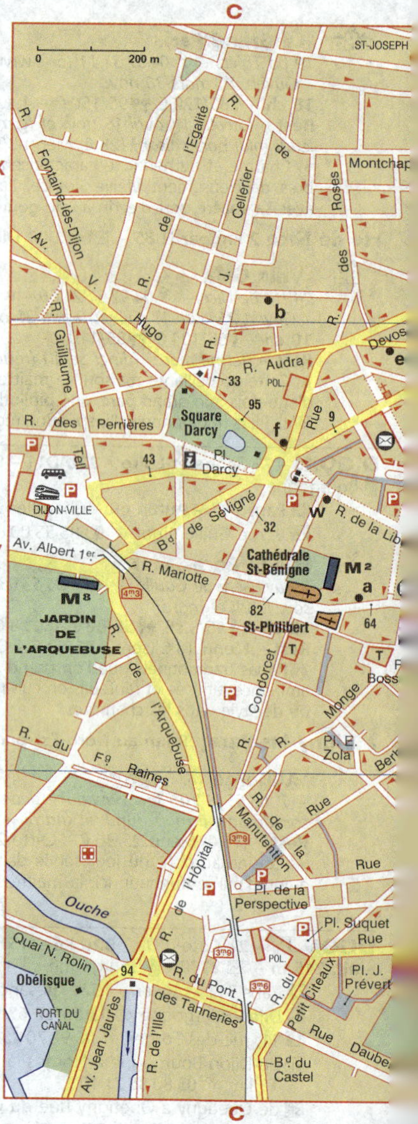

Roussin (R. Amiral) DY
Rude (Pl. F.) DY
Rude (R. F.) DY 81
Ste-Anne (R.) DYZ
St-Bénigne (Pl.) CY 82
St-Bernard (Pl.) DY 83
St-Michel (Pl.) DY 8
Sambin (R.) DX
Sévigné (Bd de) CY
Suquet (Pl.) CZ
Tanneries (Rd-Pt des) CZ
Théâtre (Pl. du) DY

hibert (R. M.) . . . . **EZ**
hiers (Bd) . . . . **EY**
ivoli (R. de) . . . . **CDZ**
ransvaal (R. du) . . . . **CDZ**
rémouille (Bd de la) . . . . **DXY**
urgot (R.) . . . . **DZ**
Vaillant (R.) . . . . **DY** 92
Vannerie (R.) . . . . **DY**
Vauban (R.) . . . . **DY**
Verdun (Bd de) . . . . **EX** 93
Verrerie (R.) . . . . **DY**
Victor-Hugo (Av.) . . . . **CXY**
Voltaire (Bd) . . . . **EYZ**
Zola (Pl. E.) . . . . **CY**
1er-Mai (Pl. du) . . . . **CZ** 94
1re-Armée-Française (Av.) . . . . **CY** 95
26e-Dragons (R. du) . . . . **EX** 98
30-Octobre (Pl. du) . . . . **EY**

DIJON

A
B
IS-S-TILLE
D 974 LANGRES
1 km
PARC TECHNOLOGIQUE
PARC DE LA TOISON D'OR
ZENITH
DAIX
CTRE CULTUREL A. DECOURTRAY
CHÂTEAU DE POUILLY
D 971 TROYES CHÂTILLON-S-SEINE
ST-BERNARD
FONTAINE-LÈS-DIJON
ST-JEAN BOSCO
ST-MARTIN
TALANT
ST-APOLLINAIRE
FORT DE ST-APOLLINAIRE
SACRÉ-CŒUR
PALAIS DES SPORTS
PALAIS DES EXPOSITIONS ET DES CONGRÈS
STE-BERNADETTE
GRAY, VESOUL
Lac Kir
TOUR BAGATELLE
A 38 AVALLON, AUTUN
CHARTREUSE DE CHAMPMOL
PALAIS DES DUCS
PTE NEUVE
C.H.R.U.
STE-JEANNE-D'ARC
CITÉ UNIVERSITAIRE
A 31 TROYES
ST-CHANTAL
ARSENAL
ST-PAUL
Parc de la Colombière
Pl. R. Salengro
DOLE, BESANÇON
CHENÔVE
D 974 BEAUNE
D 996 SEURRE
A 31 MÂCON

Sofitel La Cloche

14 pl. Darcy – 03 80 30 12 32 – www.hotel-lacloche.com CYf
64 ch – 200/220 € 240/350 € – 4 suites – 18 €
Rest *Les Jardins de la Cloche* – (26 €) Menu 34/46 € bc – Carte 60/95 €
◆ Bâtiment du 19e s. aux confortables chambres contemporaines. Duplex et appartements récemment rénovés (avec douche-hammam). Bar, salles de réunion bien équipées. Cuisine actuelle aux Jardins de la Cloche. Jolie terrasse.

Hostellerie du Chapeau Rouge (William Frachot)

5 r. Michelet – 03 80 50 88 88 – www.chapeau-rouge.fr
30 ch – 140/160 € 150/230 € – 2 suites – 16 € CYa
Rest – *(fermé 2-23 janv., dim. et lundi)* Menu 41 € (déj.), 47/100 € – Carte 70/104 €
Spéc. Escargots croustillants, pain perdu à l'ail, céleri et écume de persil. Dos de saint-pierre dans un beurre mousseux, bouillon de coquillage. Crème prise au chocolat de Papouasie, mousse aux fèves de Madong, glace Sechuan. **Vins** Saint-Aubin, Vosne-Romanée.
◆ Cette élégante hostellerie, créée en 1863, propose des chambres personnalisées – parfois très contemporaines – et un salon-bar sous verrière façon jardin d'hiver. Restaurant relooké dans un style un peu japonisant et savoureuse cuisine inventive. Beau livre de cave.

Mercure-Centre Clemenceau

22 bd Marne – 03 80 72 31 13
– www.hotel-mercure-dijon.com EXz
123 ch – 135/175 € 155/230 € – 16 €
Rest *Le Château Bourgogne* – (25 €) Menu 30/54 € – Carte 42/107 €
◆ L'immeuble, moderne, jouxte l'auditorium, les palais des congrès et des expositions. Chambres toutes identiques, partiellement rénovées. Cuisine traditionnelle, cadre design et jolie carte des vins régionaux au Château Bourgogne. Terrasse près de la piscine.

Philippe Le Bon

18 r. Ste-Anne – 03 80 30 73 52 – www.hotelphilippelebon.com DYp
32 ch – 88 € 101 € – 13 €
Rest *Les Oenophiles* – voir ci-après
◆ Bel ensemble de trois demeures des 15e, 16e et 17e s. Chambres insonorisées, pourvues d'un mobilier pratique. Quelques-unes offrent une vue sur les toits dijonnais.

Du Nord

pl. Darcy – 03 80 50 80 50 – www.hotel-nord.fr – Fermé 23-31 déc.
27 ch – 87/97 € 100/140 € – 12 € – ½ P 88 € CYw
Rest *Porte Guillaume* – (22 €) Menu 26/42 € – Carte 28/55 €
◆ Situé sur la place centrale, cœur animé et commerçant de Dijon, hôtel bénéficiant de chambres fonctionnelles, bien insonorisées. Cuisine traditionnelle dans la salle au cadre rustique actualisé et caveau-bar à vins logé sous une belle voûte en pierre.

Wilson sans rest

1 r. de Longvic – 03 80 66 82 50 – www.wilson-hotel.com DZk
27 ch – 82/106 € 82/106 € – 12 €
◆ Ancien relais de poste du 17e s. où les chambres, sobrement décorées, s'ordonnent autour d'une cour intérieure. Plaisante salle des petits-déjeuners avec sa grande cheminée.

Ibis-Centre Clemenceau sans rest

2 av. de Marbotte – 03 80 74 67 30 – www.hotel-ibisclemenceau-dijon.com
102 ch – 70/98 € 70/98 € – 8 € EXa
◆ Bâtiment récent près des palais des congrès et des expositions. Vaste hall-salon-bar moderne, salle des petits-déjeuners lumineuse et chambres fonctionnelles, toutes identiques.

Victor Hugo sans rest

23 r. Fleurs – 03 80 43 63 45 – www.hotelvictorhugo-dijon.com CXb
23 ch – 38/42 € 48/55 € – 6 €
◆ Adresse sympathique où les chambres claires, sobrement décorées et très bien tenues, sont plus spacieuses côté cour. Deux agréables petits salons et grande salle rustique.

Montigny sans rest
8 r. Montigny – ✆ 03 80 30 96 86 – www.hotelmontigny.com – Fermé 18 déc.-2 janv. CYe
28 ch – †54/56 € ††59/61 € – ☕ 8 €
◆ Hôtel proche du centre-ville disposant d'un parking fermé. Les chambres, à la tenue irréprochable, sont fonctionnelles et bien insonorisées. Accueil courtois.

Le Pré aux Clercs (Jean-Pierre et Alexis Billoux)
13 pl. de la Libération – ✆ 03 80 38 05 05 – www.jeanpierrebilloux.com – Fermé 21 août-6 sept., 20 fév.-4 mars, dim. soir et lundi DYn
Rest – Menu 35 € bc (déj. en sem.), 50/95 € – Carte 60/100 €
Spéc. Tarte de jambonnettes de grenouille, pétales d'ail et jus de grenouille. Compote de lièvre à la royale (oct à fév.). Effeuillé de pain d'épice, sorbet au vin rouge. **Vins** Marsannay blanc, Pernand-Vergelesses.
◆ Les baies vitrées de la salle (décor design et poutres apparentes) ouvrent sur la jolie place où l'on dresse la terrasse en été. Belle cuisine classique rythmée par les saisons.

Stéphane Derbord
10 pl. Wilson – ✆ 03 80 67 74 64 – www.restaurantstephanederbord.fr – Fermé 24 juil.-16 août, 26 fév.-7 mars, dim. et lundi DZb
Rest – Menu 25 € (déj. en sem.), 48/88 € – Carte 79/94 €
Spéc. Croque escargots de Bourgogne à la moutarde de Dijon. Jarret de veau cuit fondant au poivre de cassis et crème de Vougeot. Œufs en neige au pain d'épice, coings caramélisés et sorbet. **Vins** Saint-Aubin, Marsannay.
◆ Élégant cadre contemporain joliment fleuri. Le chef revisite avec brio la cuisine régionale et du marché. Riche livre de cave (millésimes anciens et grands crus).

La Dame d'Aquitaine
23 pl. Bossuet – ✆ 03 80 30 45 65 – www.ladamedaquitaine.fr – Fermé le midi du 20 juil. au 20 août, lundi midi et dim. CYm
Rest – (21 €) Menu 28/43 €
◆ Salle au mobilier actuel aménagée dans une crypte du 13e s., où les jeux de lumière mettent en valeur les voûtes et les arcs. Cuisine suivant le rythme des saisons.

Les Oenophiles – Hôtel Philippe Le Bon
18 r. Ste-Anne – ✆ 03 80 30 73 52 – www.hotelphilippelebon.com – Fermé le midi du 8 au 21 août et dim. DYp
Rest – Menu 25 € (déj. en sem.), 39/59 € – Carte 58/82 €
◆ Salles à manger de caractère occupant les murs d'un hôtel particulier du 15e s. Belle cave voûtée transformée en petit musée du vin. Cuisine au goût du jour.

Ma Bourgogne
1 bd P. Doumer – ✆ 03 80 65 48 06 – Fermé 3 sem. en août, 1 sem. en fév., dim. soir et sam. Be
Rest – *(déj. seult) (nombre de couverts limité, prévenir)* (22 €) Menu 29/35 € – Carte 35/45 €
◆ Tout est dit dans l'enseigne ! Installé dans la petite salle bourgeoise, partez à la découverte des spécialités régionales préparées dans les règles de l'art. Terrasse paysagère.

Petit Vatel
73 r. Auxonne – ✆ 03 80 65 80 64 – Fermé sam. midi et dim. sauf fériés
Rest – (16 €) Menu 29/42 € – Carte 47/65 € EZa
◆ Sympathique restaurant de quartier aménagé dans deux petites salles à manger sobrement décorées. La cuisine opte pour le registre traditionnel. Accueil aimable.

Le Bistrot des Halles
10 r. Bannelier – ✆ 03 80 49 94 15 – Fermé 24 déc.-2 janv., dim. et lundi
Rest – Menu 18 € (déj. en sem.) – Carte environ 33 € DYs
◆ Face aux halles joliment restaurées, les plats canailles, la rôtissoire et le décor de bistrot 1900 un brin théâtral séduisent les Dijonnais. Convivialité assurée !

DZ'envies

12 r. Odebert – ✆ 03 80 50 09 26 – www.dzenvies.com – Fermé dim.
Rest – (14 €) Menu 18/35 € – Carte 28/40 € DY**a**
◆ Installé sur la place du marché, ce nouveau restaurant, à l'image d'une cantine épurée (bois clair et tons blancs), dénote par son style branché. Cuisine actuelle à prix sages.

Chez Septime

11 av. Junot – ✆ 03 80 66 72 98 – www.chezseptime.fr – Fermé 7-18 août, dim. et lundi B**n**
Rest – (14 €) Menu 18 € (déj.) – Carte 32/38 €
◆ Sa façade orange et mauve donne une note dans le vent, et l'intérieur façon bistrot contemporain est aussi tendance. Belle sélection de vins au verre.

au Parc de la Toison d'Or 5 km au Nord par D 974 – ✉ 21000 Dijon

Holiday Inn

1 pl. Marie de Bourgogne – ✆ 03 80 60 46 00 – www.holiday-inn-dijon.com
100 ch – 132/160 € 141/175 € – ☕ 17 € B**r**
Rest – *(fermé sam. midi et dim. midi)* Menu 24/48 € – Carte 35/70 €
◆ Cet immeuble moderne est intégré au parc technologique de la Toison d'Or. Décoration intérieure contemporaine et colorée ; chambres toutes rénovées, aux meubles design. Cuisine traditionnelle servie dans une spacieuse salle à manger actuelle.

à Chevigny 9 km par ⑤ et D 996 – ✉ 21600 Fenay

Le Relais de la Sans-Fond

33 rte Dijon, (sur D 996) – ✆ 03 80 36 61 35 – http://lerelais-delasansfond.com – Fermé 15 déc.-5 janv.
17 ch – 59/64 € 69/74 € – ☕ 8,50 € – ½ P 68/73 €
Rest – *(fermé dim. soir et soirs fériés)* Menu 15 € (déj. en sem.)/49 € – Carte 21/60 €
◆ Petite auberge familiale aux aménagements simples et soignés. Chambres claires, pratiques et fort bien tenues. Cuisine traditionnelle à déguster dans les salles à manger actuelles ou sur l'agréable terrasse, face au jardin.

à Chenôve 6 km par ⑥ – 14 921 h. – alt. 263 m – ✉ 21300

L'Escargotière

120 av. Roland-Carraz – ✆ 03 80 54 04 04 – www.hotel-escargotiere.fr – Fermé 20 déc.-3 janv.
41 ch – 68 € 72 € – 3 suites – ☕ 8,50 € – ½ P 61 €
Rest *La Véranda* – Menu 20 € – Carte 25/39 €
◆ L'hôtel borde une route très passante, mais les chambres, toutes identiques et rénovées, sont bien insonorisées. Ambiance "jardin d'hiver", grillades, plats à la broche et spécialités d'escargots au restaurant La Véranda.

Le Clos du Roy

35 av. du 14-Juillet – ✆ 03 80 51 33 66 – www.restaurant-closduroy.com – Fermé 2-23 août, merc. soir, dim. soir et lundi
Rest – (18 €) Menu 25/60 € – Carte 48/70 €
◆ Ce restaurant au cadre actuel est une étape de choix sur la route du vignoble. Cuisine au goût du jour rehaussée de touches régionales, accompagnée d'une belle carte de bourgognes.

à Marsannay-la-Côte 8 km par ⑥ – 5 271 h. – alt. 275 m – ✉ 21160

ℹ 41, rue de Mazy ✆ 03 80 52 27 73

Les Gourmets

8 r. Puits de Têt, (près de l'église) – ✆ 03 80 52 16 32 – www.restaurant-lesgourmets.com – Fermé 27 juil.-10 août, lundi et mardi
Rest – (17 €) Menu 25/95 € – Carte 60/105 €
◆ Au centre du village, ce restaurant sert une cuisine actuelle dans une salle à manger s'ouvrant sur une terrasse d'été. Belle carte de crus de la région.

à Talant 4 km – 11 898 h. – alt. 354 m – ✉ 21240

Table d'orientation ≤★.

La Bonbonnière sans rest

24 r. Orfèvres, (au vieux village) – ☎ 03 80 57 31 95 – www.labonbonnierehotel.fr
19 ch – †70/80 € ††80/90 € – ☕ 10 € As

◆ Sur les hauteurs de la ville, petit hôtel familial offrant une vue étendue sur Dijon et le lac Kir. Chambres spacieuses et bien tenues et agréable jardin.

à Velars-sur-Ouche 11 km par ⑦et A 38 – 1 626 h. – alt. 280 m – ✉ 21370

L'Auberge Gourmande

17 allée de la Cude – ☎ 03 80 33 62 51 – www.auberge-velars.com – Fermé 16 août-9 sept., 2-23 janv., dim. soir, mardi et merc.
Rest – Menu 20 € (sem.), 29/52 € – Carte 29/50 €

◆ Voici une petite auberge de campagne comme on les aime : intérieur cossu et chaleureux, cuisine du terroir attentive aux saisons et terrasse donnant sur un jardin.

à Prenois 12 km par ⑧ par D 971 et D 104 – 378 h. – alt. 485 m – ✉ 21370

Auberge de la Charme (Nicolas Isnard et David Le Comte)

12 r. de la Charme – ☎ 03 80 35 32 84 – www.aubergedelacharme.com – Fermé 24-30 déc., lundi et mardi
Rest – *(prévenir)* Menu 29 € bc (déj. en sem.), 47/85 € – Carte 87/105 €
Spéc. Huîtres en vichyssoise (été). Pigeon rôti au jus de cassis de Bourgogne (automne). Transparence de pomme (automne-hiver). **Vins** Saint-Aubin, Auxey-Duresses.

◆ Dans un village réputé gourmand, maison en pierre (ancienne forge) à l'intérieur actuel. Les nouveaux propriétaires réalisent à quatre mains une intéressante cuisine inventive.

rte de Troyes 4 km par ⑧ – ✉ 21121 Daix

Les Trois Ducs

5 rte de Troyes – ☎ 03 80 56 59 75 – www.restaurant-lestroisducs.com – Fermé 1er-23 août, 20 déc.-5 janv., dim. et lundi
Rest – (25 €) Menu 29/65 € – Carte 45/75 €

◆ Déco contemporaine, rehaussée de tableaux modernes, pour ce confortable restaurant servant une cuisine actuelle. Repas en terrasse dès les premiers beaux jours.

à Hauteville-lès-Dijon 6 km par ⑧ et D 107F – 1 076 h. – alt. 402 m – ✉ 21121

La Musarde avec ch

7 r. des Riottes – ☎ 03 80 56 22 82 – www.lamusarde.fr – Fermé 21 déc.-13 janv.
13 ch – †51/53 € ††59/74 € – ☕ 10 €
Rest – *(fermé mardi midi, dim. soir et lundi)* (22 €) Menu 25 € bc (déj. en sem.), 28 € bc/64 € bc – Carte 45/60 €

◆ Grand calme, verdure, salle à manger ouverte sur la belle terrasse d'été, cuisine au goût du jour... Tout semble réuni pour musarder sans retenue dans cette ferme du 19e s. Chambres simples et bien tenues.

DINAN – 22 Côtes-d'Armor – **309** J4 – 11 235 h. – alt. 92 m **10** C2
– ✉ 22100 Bretagne

Paris 400 – Rennes 54 – St-Brieuc 61 – St-Malo 32

9, rue du Château ☎ 02 96 87 69 76

La Corbinais Golf Club à Saint-Michel-de-Plélan La Corbinais, O : 15 km, ☎ 02 96 27 64 81

de Saint-Malo à Le Tronchet, rte de Dol-de-Bretagne : 19 km, ☎ 02 99 58 96 69

de Tréméreuc à Tréméreuc 14 rue de Dinan, par rte de Dinard : 11 km, ☎ 02 96 27 10 40

Vieille ville★★ : Tour de l'Horloge ✻★★ R, Jardin anglais ≤★★, place des Merciers★ BZ , rue du Jerzual★ BY, - Promenade de la Duchesse-Anne ≤★, Tour du Gouverneur ≤★★, Tour Ste-Catherine ≤★★ - Château★ : ✻★.

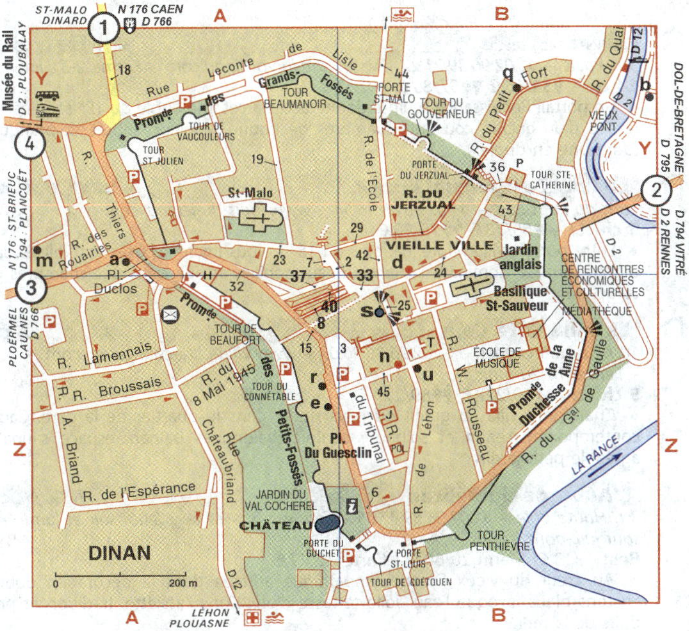

Apport (R. de l')	ABY	2	Garaye (R. Comte de la)	AY	19	Michel (R.)	BY	36
Champ Clos (Pl. du)	ABZ	3	Grande-R.	AY	23	Mittrie (R. de la)	AZ	37
Château (R. du)	BZ	6	Haute-Voie (R.)	BY	24	Petit-Pain (R. du)	AZ	40
Cordeliers (Pl. des)	AY	7	Horloge (R. de l')	BZ	25	Poissonnerie (R. de la)	BY	42
Cordonnerie (R. de la)	AZ	8	Lainerie (R. de la)	BY	29	Rempart (R. du)	BY	43
Ferronerie (R. de la)	AZ	15	Marchix (R. du)	AYZ	32	Ste-Claire (R.)	BZ	45
Gambetta (R.)	AY	18	Merciers (Pl. des)	BYZ	33	St-Malo (R.)	BY	44

Jerzual

26 quai Talards, (au port) – ✆ 02 96 87 02 02 – http://bestwesterndinan.fr BY**b**

52 ch – †83/160 € ††90/210 € – ☕ 14 €

Rest – (13 €) Menu 26 € – Carte 28/50 €

◆ La silhouette de cet hôtel évoquant les cloîtres bretons se fond bien dans le quartier du port. Chambres spacieuses et actuelles. Piscine dans le patio. Cuisine traditionnelle servie au restaurant – tout en boiseries – ou sur la terrasse tournée vers la Rance.

Le d'Avaugour sans rest

1 pl. du Champ Clos – ✆ 02 96 39 07 49 – www.avaugourhotel.com – Ouvert 1er mars-31 oct. AZ**r**

24 ch – †90/180 € ††90/190 € – ☕ 14 €

◆ Cette belle bâtisse en pierres du pays adossée aux remparts de la ville abrite des jolies chambres personnalisées et cosy. Petit-déjeuner servi dans le jardin aux beaux jours.

Le Challonge sans rest

29 pl. Duguesclin – ✆ 02 96 87 16 30 – www.hotel-dinan.fr AZ**e**

18 ch – †58/69 € ††69/84 € – ☕ 8,50 €

◆ En centre-ville, cet hôtel à la longue façade classique vous accueille chaleureusement. Les chambres, confortables et bien insonorisées, ont un petit air british.

Ibis sans rest

1 pl. Duclos – ✆ 02 96 39 46 15 AY**a**

62 ch – †56/105 € ††56/105 € – ☕ 8 €

◆ Fonctionnel et récemment rénové, un hôtel bien placé, à proximité des remparts et du château, disposant de chambres spacieuses et climatisées.

Arvor sans rest
5 r. Pavie – 02 96 39 21 22 – www.hotelarvordinan.com – Fermé 2-31 janv.
24 ch – 54/66 € 57/85 € – 7 € BZ**u**
◆ Un portail Renaissance sculpté donne accès à cet immeuble du 18e s. édifié sur le site d'un ancien couvent. Chambres de bonne ampleur, sobres et pratiques (dont une en duplex).

Le Logis du Jerzual sans rest
25 r. du Petit-Fort – 02 96 85 46 54 – www.logis-du-jerzual.com BY**q**
5 ch – 55/78 € 75/90 €
◆ Entre port et ville haute, ce logis du 15e s. vous invite à poser vos valises. Jardin en terrasse dominant la Rance. Beau mobilier ancien dans des chambres de caractère.

La Villa Côté Cour sans rest
10 r. Lord-Kitchener – 02 96 39 30 07 – www.villa-cote-cour-dinan.com – Fermé 14-20 mars AY**m**
5 ch – 69/222 € 89/229 €
◆ Charmante villa en granit du pays située dans le quartier de la gare. Cadre contemporain, serein et soigné ; confort (baignoires balnéo, espace sauna) ; agréable petit jardin.

L'Auberge du Pélican
3 r. Haute Voie – 02 96 39 47 05 – Fermé 4 janv.-4 fév., jeudi soir et lundi sauf juil.-août BY**d**
Rest – (13 €) Menu 20/60 € – Carte 32/79 €
◆ Au cœur du vieux Dinan, sympathique adresse dont la décoration douce, en tons bleus, évoque l'eau. Jolie terrasse d'été. Dans l'assiette, tradition et produits de la mer.

Au Coin du Feu
66 r. de Brest, par ③ – 02 96 85 02 90 – www.coin-du-feu.com – Fermé dim. soir et lundi
Rest – (13 €) Menu 17/44 € – Carte 29/52 €
◆ L'adresse a vite conquis son public grâce à sa cuisine traditionnelle, copieuse et soignée. Cuisines ouvertes et four à bois animent la salle contemporaine, mi-brasserie, mi-bistrot.

Le Cantorbery
6 r. Ste-Claire – 02 96 39 02 52 – Fermé 14-30 nov., 1er-13 mars, dim. de nov. à mars et merc. de mars à nov. sauf juil.-août BZ**n**
Rest – (14 €) Menu 27/38 € – Carte 35/48 €
◆ Maison de ville du 17e s. abritant une salle rustique où rôtissent les grillades dans la grande cheminée en pierres (à l'étage, pièce avec boiseries d'époque). Plats traditionnels.

DINARD – 35 Ille-et-Vilaine – **309** J3 – **10 644 h.** – **alt. 25 m** – **Casino** BY **10** C1
– ✉ **35800** Bretagne

Paris 408 – Dinan 22 – Dol-de-Bretagne 31 – Rennes 73
de Dinard-Pleurtuit-St-Malo 02 99 46 18 46, 5 km par ①.
2, boulevard Féart 02 99 46 94 12
Dinard Golf à Saint-Briac-sur-Mer Boulevard de la Houle, O : 7 km, 02 99 88 32 07
de Tréméreuc à Tréméreuc 14 rue de Dinan, par rte de Dinan : 6 km, 02 96 27 10 40
Pointe du Moulinet ★★ - Grande Plage ou Plage de l'Écluse★ - Promenade du Clair de Lune★ - Pointe de la Vicomté★★ - La Rance★★ en bateau - St-Lunaire : pointe du Décollé ★★ et grotte des Sirènes★ 4,5 km par ② - Usine marémotrice de la Rance : digue ★ SE : 4 km.
Pointe de la Garde Guérin★ : ★★ par ② : 6 km puis 15 mn.

DINARD

Abbé-Langevin (R.) . . . . AY 2
Albert-1er (Bd) . . . . BY 3
Anciens Combattants
(R. des) . . . . AZ 5
Barbine (R. de) . . . . AZ 7
Boutin (Pl. J.) . . . . BY 9
Clemenceau (R. G.) . . . . BY 10
Coppinger (R.) . . . . BY 12
Corbinais (R. de la) . . . . AZ 13
Croix-Guillaume (R.) . . . . AZ 15
Douet-Fourche (R. du) . . . . . AZ 17
Dunant (R. H.) . . . . AY 19
Féart (Bd) . . . . BYZ
Français-Libres (R.) . . . . . . ABZ 22
Gaulle (Pl. du Gén.-de) . . . . . BZ 25
Giraud (Av. du Gén.) . . . . BZ 26
Leclerc (R. Mar.) . . . . BYZ 28
Levasseur (R.) . . . . BY 29
Lhotelier (Bd) . . . . AY 31
Libération (Bd de la) . . . . AZ 32
Malouine (R. de la) . . . . BY 34
Mettrie (R. de la) . . . . BZ 35
Pionnière (R. de la) . . . . ABY 38
Prés.-Wilson
(Bd) . . . . BY 40
Renan (R. E.) . . . . AY 43
République (Pl. de la) . . . . . . BY 44
St-Lunaire (R. de) . . . . AY 48
Vallée (R. de la) . . . . BYZ 50
Verney (R. Y.) . . . . BY 52

Grand Hôtel Barrière de Dinard

46 av. George-V – *02 99 88 26 26*
– *www.lucienbarriere.com*
– *Ouvert 18 mars-26 nov.* BYv

90 ch – 130/490 € 130/490 € – 20 €

Rest *Le Blue B* – *(fermé le midi)* Menu 39/58 € – Carte 40/115 €

Rest *333 Café* – *(fermé le soir)* (19 € bc) Menu 25 € – Carte 29/56 €

◆ Ce "grand hôtel" du 19e s., qui domine la promenade maritime du Clair de Lune, accueille les stars de cinéma lors du Festival du film britannique. Chambres sobres et raffinées. Cuisine actuelle et vue sur la mer au Blue B. Au 333 Café, restauration de type snacking en terrasse ou dans une salle cosy.

Villa Reine Hortense sans rest
19 r. Malouine – ✆ 02 99 46 54 31 – www.villa-reine-hortense.com – Ouvert début avril à fin sept. BYe
7 ch – †150/245 € ††150/245 € – 1 suite – ☐ 16 €
◆ Toute la splendeur de la Belle Époque revit dans cette villa typique de la "perle" de la Côte d'Émeraude. Les chambres, élégantes et luxueuses, regardent la plage.

Novotel Thalassa
rest,
1 av. du Château Hébert – ✆ 02 99 16 78 10 – www.accorthalassa.com – Fermé 1er nov.-31 déc. AYr
173 ch – †155/245 € ††155/245 € – ☐ 17 € – ½ P 150/170 €
Rest – (21 €) Menu 31 € (dîner) – Carte 30/45 €
◆ Sur la pointe de St-Énogat – quel cadre ! –, cet hôtel dispose d'un superbe centre de thalassothérapie ; repos dans des chambres contemporaines, ou façon chalet dans l'aile annexe. Cuisine diététique les yeux rivés sur la Manche : telle est la carte du restaurant.

Mercure Emeraude Plage sans rest
1 bd Albert 1er – ✆ 02 99 46 19 19 – www.hotelemeraudeplage.com – Fermé 14 fév.-13 mars BYa
47 ch – †109/407 € ††124/407 € – ☐ 19 €
◆ Dans ce bel hôtel en pierre et brique rouge de 1876 (classé), on rêve de voyages lointains en regardant la mer... Les chambres sont cosy et raffinées, le salon "so british" !

Crystal sans rest
15 r. Malouine – ✆ 02 99 46 66 71 – www.crystal-hotel.com BYn
19 ch – †84/145 € ††84/145 € – ☐ 12 €
◆ Les chambres de cet hôtel des années 1970 sont vastes et bien tenues, certaines avec vue sur la plage et la pointe de la Malouine.

La Vallée
6 av. George V – ✆ 02 99 46 94 00 – www.hoteldelavallee.com – Fermé 3 janv.-10 fév. BYg
23 ch – †75/150 € ††75/150 € – ☐ 12 €
Rest – *(fermé dim. soir, lundi et mardi sauf juil.-août)* Carte 36/44 €
◆ Bâtisse au charme typique des stations balnéaires. Les chambres, élégantes et contemporaines, arborent une couleur différente selon l'étage (rouille, turquoise, vert anis). Au restaurant – résolument actuel –, on déguste des produits de la mer en regardant la baie.

Balmoral sans rest
26 r. du Mar.-Leclerc – ✆ 02 99 46 16 97 – www.hotels-balmoral.com
29 ch – †55/82 € ††65/92 € – ☐ 10 € BYt
◆ Petit immeuble des années 1900 joliment mis en valeur, frais et pimpant. Les chambres sont sobres, claires et bien équipées. Accueil aimable et tenue exemplaire.

Du Parc des Tourelles sans rest
20 av. Edouard-VII – ✆ 02 99 46 11 39 – www.hotelduparc.org – Ouvert 15 fév.-15 nov. AYx
19 ch – †55/69 € ††61/76 € – ☐ 8,50 €
◆ À quelques minutes de la plage et de l'animation de la station. Dans ce petit hôtel familial, les chambres sont fonctionnelles et très bien tenues ; les prix restent doux.

Didier Méril avec ch
rest,
1 pl. Gén.-de-Gaulle – ✆ 02 99 46 95 74 – www.restaurant-didier-meril.com BZn
6 ch – †65/160 € ††65/160 € – ☐ 10 €
Rest – (22 €) Menu 29/65 € – Carte 50/70 €
◆ Tons orange et gris, cave vitrée, mobilier design et – clou du spectacle – vue splendide sur la baie du Prieuré : un décor moderne servant à merveille la cuisine traditionnelle. Chambres cosy et sobrement actuelles.

à St-Lunaire 5 km par ② par D786 – 2 307 h. – alt. 20 m – ✉ 35800

72, boulevard du Général-de-Gaulle ✆ 02 99 46 31 09

Le Décollé

1 Pointe du Décollé – ✆ 02 99 46 01 70 – www.restaurantdudecolle.com – Fermé 12 nov.-1er fév., merc., jeudi en mars, mardi sauf juil.-août et lundi

Rest – *(prévenir)* (17 €) Menu 30/40 € – Carte 44/55 €

◆ La carte fait la part belle aux produits de la mer, tandis que le sobre décor s'efface volontiers devant la superbe vue sur la Côte d'Émeraude. Terrasse idyllique.

DIOU – 36 Indre – **323** I4 – rattaché à Issoudun

DISNEYLAND RESORT PARIS – 77 Seine-et-Marne – **312** F2 – **106** 22 – voir à Paris, Environs (Marne-La-Vallée)

DISSAY – 86 Vienne – **322** I4 – 2 875 h. – alt. 69 m – ✉ 86130 **39** C1

Poitou Vendée Charentes

Paris 320 – Châtellerault 19 – Poitiers 16

place du 8 Mai 1945 ✆ 05 49 52 34 56

Peintures murales★ de la chapelle du château.

Le Binjamin

D 910 – ✆ 05 49 52 42 37 – www.binjamin.com – Fermé le soir sauf vend. et sam.

Rest – Menu 16/35 €

◆ Un cadre au look contemporain et design donne le ton de cette sympathique adresse familiale de bord de route. Cuisine au goût du jour et propositions de formules brasserie.

DIVES-SUR-MER – 14 Calvados – **303** L4 – rattaché à Cabourg

---

DIVONNE-LES-BAINS – 01 Ain – **328** J2 – 7 400 h. – alt. 486 m **46** F1 – Stat. therm. : mi mars-mi nov. – Casino – ✉ 01220 Franche-Comté Jura

Paris 488 – Bourg-en-Bresse 129 – Genève 18 – Gex 9

rue des Bains ✆ 04 50 20 01 22

18 de Divonne-les-Bains Route de Gex, O : 2 km, ✆ 04 50 40 34 11

27 de Maison-Blanche à Échenevex, SO : 11 km, ✆ 04 50 42 44 42

Le Grand Hôtel sans rest

av. des Thermes – ✆ 04 50 40 34 34 – www.domainededivonne.com – Fermé 17-26 avril

130 ch – †235 € ††265/385 € – 4 suites – ☕ 21 €

◆ Palace de 1931 inscrit dans son parc soigné. Chambres amples et élégantes, disponibles en trois styles : bourgeois, Art déco ou contemporain. Casino et golf.

Château de Divonne rest,

115 r. des Bains – ✆ 04 50 20 00 32 – www.chateau-divonne.com

26 ch – †124/370 € ††124/370 € – 6 suites – ☕ 23 €

Rest – (39 €) Menu 57 € (dîner), 72/86 € – Carte 75/86 €

◆ Perchée au-dessus de la ville, cette imposante demeure du 19e s. bénéficie d'un superbe parc arboré. Belle hauteur sous plafond et mobilier en bois ancien dans les chambres. Élégante salle à manger, terrasse panoramique enchanteresse ; cuisine au goût du jour.

La Villa du Lac ch, ch, ch,

93 chemin du Chatelard – ✆ 04 50 20 90 00 – www.lavilladulac.com

90 ch ☕ – †145/240 € ††145/240 € – ½ P 109 €

Rest – (20 €) Menu 24 € – Carte 31/55 €

◆ Ensemble moderne tout récent, situé au calme, entre lac et ville. Chambres de style contemporain avec balcon, salles de séminaires équipées dernier cri et spa très complet. Repas traditionnel dans un cadre actuel ou sur la terrasse tournée vers le plan d'eau.

Le Jura sans rest

54 r. d'Arbère – 04 50 20 05 95 – www.hotel-divonne.com

29 ch – 69/132 € 76/139 € – 11 €

◆ Affaire familiale aux chambres bien tenues. Celles de l'annexe sont neuves (mobilier actuel) avec terrasses. Petits-déjeuners servis dans la véranda ouverte sur le jardin.

Le Rectiligne

2981 rte du Lac – 04 50 20 06 13 – www.lerectiligne.fr – Fermé dim. et lundi de sept. à mai

Rest – (26 €) Menu 39 € (dîner)/73 € – Carte 53/83 €

◆ Maison blanche moderne dont restaurant et terrasse donnent sur le lac. L'espace est volontairement épuré et zen (tons pastels, mur d'eau). Goûteuse cuisine actuelle.

Le Pavillon du Golf

av. des Thermes – 04 50 40 34 13 – www.domaine-de-divonne.com – Fermé 12 déc.-11 mars, lundi et mardi du 15 oct. au 12 déc.

Rest – Menu 25 € (déj.)/34 € – Carte 30/47 €

◆ Ancienne ferme bordant le parcours de golf. Redécorée, la salle à manger est à la fois lumineuse et feutrée. Charmante terrasse. Appétissante carte traditionnelle.

Gourmand'in

76 Grande Rue – 04 50 28 93 02 – Fermé 1er-15 août

Rest – Menu 17 € (déj.)/33 € – Carte 32/61 €

◆ Côté rue, le Gourmand'in, un bistrot sympathique et sobre, dont le chef concocte une bonne cuisine de tradition. Côté cour, les Coulisses Gourmandes, une école de cuisine ludique.

DIZY – 51 Marne – 306 F8 – rattaché à Épernay

DOLANCOURT – 10 Aube – 313 H4 – 141 h. – alt. 112 m – ✉ 10200 13 B3

Paris 229 – Châlons-en-Champagne 92 – Saint-Dizier 63 – Troyes 45

Moulin du Landion

5 r. St-Léger – 03 25 27 92 17 – www.moulindulandion.com – Fermé 15-25 déc. et 3-15 janv.

16 ch – 59/99 € 59/99 € – 11 € **Rest** – Menu 31/45 € – Carte 32/45 €

◆ Moulin du 17e s. accolé à un bâtiment plus récent ; chambres agréables et cosy, dotées de balcons donnant sur la rivière ou sur le parc. Plats traditionnels au restaurant.

DOL-DE-BRETAGNE – 35 Ille-et-Vilaine – 309 L3 – 4 760 h. – alt. 20 m – ✉ 35120 Bretagne 10 D2

Paris 378 – Alençon 154 – Dinan 26 – Fougères 54

3, Grande Rue des Stuarts 02 99 48 15 37

des Ormes Epiniac, S : 9 km par D 795, 02 99 73 54 44

Cathédrale St-Samson★★ - Cathédraloscope★ - Collection★ du musée Les "Trésors du mariage ancien" - Promenade des Douves : ★ - Mont-Dol ★ 4,5 km NO par D 155.

Des Ormes rest, rest,

Domaine des Ormes, 7 km au Sud par rte de Combourg – 02 99 73 53 40 – www.lesormes.com – Fermé de déc. à fév.

45 ch – 63/80 € 78/110 € – 11 € – ½ P 92/109 €

Rest – *(dîner seult)* Carte 25/46 €

◆ Un domaine familial de 200 ha ! Activités sportives et ludiques à foison (équitation, golf, cabanes dans les arbres, etc.) et repos mérité dans des chambres sobres et pratiques. Pause gourmande simple et traditionnelle ; détente au bar, face à la piscine.

à Mont-Dol 3 km au Nord par D 155 – 1 194 h. – alt. 10 m – ✉ 35120

Château de Mont-Dol ch,

1 r. de la Mairie – 02 99 80 74 24 – www.chateaumontdol.com – Fermé 20 nov.-31 déc. et janv.

5 ch – 85/105 € 85/105 € **Table d'hôte** – Menu 35 € bc

◆ Accueil charmant dans cette demeure bourgeoise du 19e s. située entre le Mont-St-Michel et St-Malo. Chambres cosy : mobilier de famille ou chiné. Table tenue par un chef ayant œuvré dans des maisons étoilées ; produits de la mer et légumes du potager à l'honneur.

DOLE – 39 Jura – 321 C4 – 24 606 h. – alt. 220 m – ✉ 39100 16 B2

Franche-Comté Jura

Paris 363 – Beaune 65 – Besançon 55 – Dijon 50

6, place Grévy ✆ 03 84 72 11 22

Public du Val d'Amour à Parcey Chemin du Camping, S : 9 km par D 405 et N 5, ✆ 03 84 71 04 23

Le Vieux Dole★★ BZ : Collégiale Notre-Dame★ - Grille★ en fer forgé de l'église St-Jean-l'Evangéliste AZ - Le musée des Beaux-Arts★.

Fôret de Chaux★.

Plan page suivante

Au Moulin des Écorces

14 allée du Pont-Roman – ✆ 03 84 72 72 00 – www.aumoulindesecorces.fr

18 ch – 90/105 € 95/160 € – 1 suite – 12 € BZa

Rest – *(fermé dim. soir et lundi midi)* Menu 22/65 € – Carte 37/67 €

◆ En bordure du Doubs, ancien moulin parfaitement restauré. Grandes chambres au décor épuré et mobilier minimaliste chic. Salles de bains spacieuses et bien équipées. Cuisine traditionnelle revisitée au restaurant ; plats plus simples au bistrot.

La Cloche sans rest

1 pl. Grévy – ✆ 03 84 82 06 06 – www.la-cloche.fr – Fermé 24 déc.-2 janv.

30 ch – 75/115 € 85/135 € – 11 € BYv

◆ Stendhal aurait séjourné dans cette vieille maison voisine du cours St-Mauris. Les chambres, de tailles diverses, sont progressivement rénovées.

XXX La Chaumière (Joël Césari) avec ch

346 av. du Mar. Juin, 3 km par ③ – ✆ 03 84 70 72 40 – www.la-chaumiere.info – Fermé 23 oct.-1er nov., dim. sauf hôtel en juil.-août, lundi midi et sam. midi

19 ch – 70/125 € 80/125 € – 15 €

Rest – *(Fermé 22 oct.-1er nov., 22 déc.-10 janv.)* (22 € bc) Menu 35/85 € – Carte 65/85 €

Spéc. Escargots, fine gelée de persil et crème glacée à la gentiane. Poularde aux morilles et vin jaune cuite à 60° C. Crème brûlée au vin jaune, croustillant de morilles, glace genièvre. **Vins** Côtes du Jura, Arbois.

◆ Dans une salle qui mélange les styles (rustique/moderne), cuisine inventive qui varie au gré du marché. Bon choix de vins du Jura et conseils avisés du sommelier. À l'hôtel, chambres au calme, dont certaines rénovées en 2009 et 2010.

X Le Grévy

2 av. Eisenhower – ✆ 03 84 82 44 42 – Fermé 10-16 mai, 1er-21 août, 24 déc.-1er janv., sam. et dim. BYt

Rest – Menu 15 € (déj. en sem.) – Carte 20/62 €

◆ Banquettes et nappes à carreaux donnent le ton de ce petit bistrot façon bouchon lyonnais. Tripes et autres plats canailles du Rhône et du Jura sont à l'honneur.

à Rochefort-sur-Nenon 7 km par ② par D 673 – 587 h. – alt. 210 m – ✉ 39700

Fernoux-Coutenet

r. Barbière – ✆ 03 84 70 60 45 – www.hotelfernoux-coutenet.com – Fermé 23 déc.-1er janv.

17 ch – 45/61 € 50/64 € – 8,50 €

Rest – *(fermé dim. soir d'oct. à juin)* (13 €) Menu 15 € (déj. en sem.), 20/41 € – Carte 21/60 €

◆ Hôtel familial tenu par un couple dynamique et sérieux, qui rénove chaque année quelques chambres. Celles-ci disposent de parquet et de belles couleurs ensoleillées. Menus régionaux servis dans l'une des trois salles ou sur la terrasse (vue sur le clocher).

à Parcey 8 km par ③ rte de Lons-le-Saunier – 937 h. – alt. 197 m – ✉ 39100

XX Les Jardins Fleuris

35 route Nationale 5 – ✆ 03 84 71 04 84 – www.restaurant-jardins-fleuris.com – Fermé 2-10 juil., 11 nov.-2 déc., dim. soir et mardi

Rest – Menu 18/41 € – Carte 28/56 €

◆ Cette maison de village en pierre abrite une coquette salle à manger (fresques pastorales). Paisible terrasse fleurie sur l'arrière. Carte traditionnelle personnalisée.

DOLE

Arènes (R. des) . . . . ABZ
Besançon (R. de) . . . . BYZ
Béthouart (R. du Gén.) . . . . . BZ 2
Boyvin (R.) . . . . BZ 4
Chifflot (R. L.) . . . . AZ 5
Duhamel (Av. J) . . . . AZ 6
Gouvernement (R. du) . . . . . BY 9
Grande-Rue . . . . BZ 10
Jean-Jaurès (Av.) . . . . BY 13
Juin (Av. du Mar.) . . . . BZ 14
Lattre de Tassigny (Av. du Mar.de) . . . . BY 15
Messageries (R. des) . . . . . AY 16
Nationale, Charles-de-Gaulle (Pl.) . . . . BZ 17
Parlement (R. du) . . . . BZ 18
Rockefeller (R. J.) . . . . BY 21
Sous-Préfecture (R. de la) . . . . BY 22

à Sampans 6,5 km au Nord par ① – 777 h. – alt. 222 m – ✉ 39100

Château du Mont Joly (Romuald Fassenet) avec ch rest,
6 r. du Mont-Joly – ☎ 03 84 82 43 43 rest, VISA
– www.chateaumontjoly.com – Fermé 2-18 janv., mardi et merc. sauf le soir en juil.-août
7 ch – 90/150 € 90/150 € – 14 €
Rest – Menu 30 € (déj. en sem.), 54/120 € bc – Carte 77/100 €
Spéc. Escargots en viennoise d'herbes. Suprême de volaille de Bresse cuite en vessie, morilles à la crème et au vin jaune. Framboises fraîches et rhubarbe pochée (été). **Vins** Côtes du Jura.

◆ Cette belle demeure du 18e s. recèle une agréable salle à manger contemporaine, dotée d'une verrière tournée vers le parc. On y déguste une savoureuse cuisine traditionnelle habilement modernisée. Chambres confortables, certaines avec balnéothérapie.

DOLUS-D'OLERON – 17 Charente-Maritime – **324** C4 – voir à Île d'Oléron

DOMFRONT-EN-CHAMPAGNE – 72 Sarthe – 310 J6 – 964 h. – alt. 131 m – ✉ 72240 35 C1

▶ Paris 216 – Alençon 54 – Laval 77 – Le Mans 20

XX **Midi**

33 r. du Mans, D 304 – ✆ 02 43 20 52 04 – www.restaurantdumidi.com – Fermé 15-31 août, 15 fév.-15 mars, lundi, mardi et le soir sauf vend. et sam.

Rest – Menu 12 € (déj. en sem.), 19/35 € – Carte environ 31 €

◆ Petite auberge de village abritant une salle à manger très colorée, dotée d'un mobilier contemporain. Tables bien espacées, préservant l'intimité et cuisine au goût du jour.

DOMMARTEMONT – 54 Meurthe-et-Moselle – 307 I6 – rattaché à Nancy

DOMME – 24 Dordogne – 329 I7 – 1 036 h. – alt. 250 m – ✉ 24250 4 D1

Périgord Quercy

▶ Paris 538 – Sarlat-la-Canéda 12 – Cahors 51 – Fumel 50

ℹ place de la Halle ✆ 05 53 31 71 00

◉ La bastide★ : ✳★★★.

XXX **L'Esplanade** avec ch

2 r. Pontcarral – ✆ 05 53 28 31 41 – www.esplanade-perigord.com – Fermé 1er nov.-10 déc., 15 janv.-10 fév., lundi sauf le soir de mai à sept. et merc. midi hors saison

15 ch – †72/85 € ††80/150 € – ☕ 12 € – ½ P 93/132 €

Rest – Menu 32/65 € – Carte 50/100 €

◆ Une belle demeure ancienne sur les remparts, avec une terrasse sous les tilleuls. La cuisine est sincère, sans artifice, et fait apprécier les saveurs franches de la tradition. Chambres bourgeoises, certaines avec une jolie vue sur la vallée de la Dordogne.

X **Cabanoix et Châtaigne**

3 r. Geoffroy-de-Vivans – ✆ 05 53 31 07 11 – www.restaurantcabanoix.com – Fermé 25 juin-5 juil., 29 août-4 sept., 18 déc.-début mars, merc. sauf juil.-août et sam. sauf le soir en juil.-août

Rest – (22 €) Menu 28/36 €

◆ Un jeune couple de passionnés s'est installé dans cette maison médiévale et l'a transformée en bistrot chic. Cuisine élaborée à partir de produits frais des marchés locaux.

DOMPAIRE – 88 Vosges – 314 F3 – 998 h. – alt. 300 m – ✉ 88270 26 B3

▶ Paris 366 – Épinal 21 – Luxeuil-les-Bains 61 – Nancy 64

XX **Le Commerce** avec ch

pl. Gén. Leclerc – ✆ 03 29 36 50 28 – Fermé 22 déc.-12 janv., dim. soir sauf hôtel et lundi

7 ch – †39 € ††43/48 € – ☕ 6,50 € – ½ P 34/38 €

Rest – Menu 13 € (sem.)/32 € – Carte 32/40 €

◆ La salle à manger, avec sa grande baie vitrée ouverte sur le jardin, est d'un commerce agréable. Cuisine régionale et produits locaux. Chambres simples et spacieuses pour une étape entre Vittel et Épinal.

DOMPIERRE-SUR-BESBRE – 03 Allier – 326 J3 – 3 307 h. – alt. 234 m – ✉ 03290 6 C1

▶ Paris 324 – Bourbon-Lancy 19 – Decize 46 – Digoin 27

ℹ 145, Grande Rue ✆ 04 70 34 61 31

XX **Auberge de l'Olive** avec ch

AC rest, P VISA AE

av. de la Gare – ✆ 04 70 34 51 87 – www.auberge-olive.fr – Fermé 23 sept.-9 oct., 2-10 janv., dim. soir de nov. à mars et vend. sauf juil.-août

17 ch – †60 € ††60 € – ☕ 8 € **Rest** – Menu 20/27 € – Carte 32/60 €

◆ L'auberge propose une cuisine traditionnelle et généreuse, à déguster sous une lumineuse véranda ou dans une salle à manger d'inspiration plus rustique. Chambres simples, fraîches et colorées, non loin du parc d'attractions du PAL.

DOMPIERRE-SUR-VEYLE – 01 Ain – 328 E4 – 1 147 h. – alt. 285 m 44 B1
– ✉ 01240

Paris 439 – Belley 70 – Bourg-en-Bresse 18 – Lyon 58

L'Auberge de Dompierre

7 r. des Ecoles – ✆ 04 74 30 31 19 – www.aubergededompierresurveyle.com – Fermé 1 sem. en avril, 22 août-4 sept., 22-30 déc. et le soir sauf sam.

Rest – *(prévenir)* (12 € bc) Menu 25/38 €

◆ Restaurant de village situé sur la place de l'église. Salle à manger sobrement rénovée. Au menu, spécialités de la Dombes ; le plat du jour est proposé dans l'espace bar.

DONNAZAC – 81 Tarn – 338 D7 – rattaché à Cahuzac-sur-Vère

DONON (COL DU) – 67 Bas-Rhin – 315 G5 – voir à Col du Donon

DONZENAC – 19 Corrèze – 329 K4 – 2 359 h. – alt. 204 m – ✉ 19270 24 B3
Périgord Quercy

Paris 469 – Brive-la-Gaillarde 11 – Limoges 81 – Tulle 27

Siège Social 2, rue des Pénitents ✆ 05 55 85 65 35

Les Pans de Travassac★.

Le Périgord

9 av. de Paris – ✆ 05 55 85 72 34 – Fermé vacances de la Toussaint, vacances de fév., lundi soir et merc.

Rest – Menu 19/40 € – Carte 34/46 €

◆ Restaurant à la façade couverte de vigne vierge où l'on s'attable autour d'une cuisine traditionnelle régionale (tête de veau sauce gribiche). Expo de toiles d'artistes locaux.

au Nord-Est sur D 920, près sortie 47 A20, dir. Sadroc

Relais du Bas Limousin

à 6 km – ✆ 05 55 84 52 06 – www.relaisbaslimousin.fr – Fermé 25 oct.-5 nov., 15-21 fév., vend. soir et dim. soir sauf en juil.-août

22 ch – †58/78 € ††58/78 € – ☕ 10 € – ½ P 62/66 €

Rest – *(fermé dim. soir sauf juil.-août et lundi midi)* Menu 18/34 € – Carte 30/56 €

◆ Cette auberge inspirée de l'architecture régionale est bâtie en léger retrait de la route. Chambres personnalisées et accueil réellement charmant. Salle à manger de style actuel ; cuisine traditionnelle rehaussée d'une touche d'originalité au goût du jour.

DONZY – 58 Nièvre – 319 B7 – 1 640 h. – alt. 188 m – ✉ 58220 Bourgogne 7 A2

Paris 203 – Auxerre 66 – Bourges 73 – Clamecy 39

18, rue du Général Leclerc ✆ 03 86 39 45 29

Le Grand Monarque

10 r. de l'Étape, (près de l'église) – ✆ 03 86 39 35 44 – www.legrandmonarque-donzy.fr – Fermé 20 oct.-5 nov. et 5-20 janv.

12 ch – †49 € ††59/74 € – ☕ 10 € – ½ P 65 €

Rest – *(fermé dim. soir et lundi)* (14 €) Menu 20/24 € – Carte 26/33 €

◆ Dans un paisible village, ancien relais de poste remontant au 16e s. Les chambres sont desservies par un escalier à vis et certaines arborent murs en pierre et ciel de lit. Le restaurant conserve un authentique fourneau à charbon ; plats du terroir.

LE DORAT – 87 Haute-Vienne – 325 D3 – 1 903 h. – alt. 209 m 24 B1
– ✉ 87210 Limousin Berry

Paris 369 – Bellac 13 – Le Blanc 49 – Guéret 68

17, place de la Collégiale ✆ 05 55 60 76 81

Collégiale St-Pierre★★.

La Marmite

29 av. de la Gare – ✆ 05 55 60 66 94 – www.restaurantlamarmite.com – Fermé 22-30 juin, 27 sept.-6 oct., 24-29 déc., 19-25 fév., mardi et merc.

Rest – (11 €) Menu 18/36 € – Carte 24/35 €

◆ Derrière une façade assez banale se cache une salle rustique d'esprit assez chaleureux (une ancienne étable). On y sert une sobre cuisine traditionnelle sensible au terroir.

DOUAI – 59 Nord – **302** G5 – **42 766 h.** – **Agglo. 518 727 h.** **31** C2
– **alt. 31 m** – ✉ **59500** Nord Pas-de-Calais Picardie

- Paris 194 – Arras 26 – Lille 42 – Tournai 39
- 70, place d'Armes ✆ 03 27 88 26 79
- de Thumeries à Thumeries, N : 15 km par D 8, ✆ 03 20 86 58 98
- Beffroi★ BY **D** - Musée de la Chartreuse★★.
- Centre historique minier de Lewarde★★ SE : 8 km par ②.

Armes (Pl. d') BY 2	Dubois (R. P.) BX 18	Orchies (R. d') BX 34
Bellain (R. de) BY 3	Faidherbe (Bd) BY 19	Paris (R. de) BZ
Bellegambe (R. J.) BY 4	Foulons (R. des) AZ 20	Phalempin (Bd Paul) BY 35
Béthune (R. de) AX 5	Gambetta (R. L.) BY 21	Pont-St-Vaast (R. du) BX 36
Boutique (R. A.) BX 7	Gouvernement (R. du) BY 23	Raches (R. de) BX 37
Brebières (R. de) AZ 8	Leclerc (Av. Mar.) BY 24	St-Christophe (R.) BY 39
Canteleu (R. du) BY 9	Madeleine (R. de la) BY 25	St-Jacques (R.) BY 40
Carnot (Pl.) BY	Mairie (R. de la) BY 26	St-Michel (R.) BX 41
Chartreux (R. des) AX 10	Malvaux (R. des) BX 27	St-Samson (R.) AY 44
Clocher-St-Pierre (R. du) BY 14	Marceline (R.) BX 28	St-Sulpice (R.) BX 45
Cloche (R. de la) AY 13	Massue (R. de la) AY 29	Université (R. de l') BZ 46
Cloris (R. de la) AY 15	Merlin-de-Douai (R.) BY 30	Valenciennes (R. de) BZ 49
Comédie (R. de la) AZ 17	Ocre (R. d') AX 33	Victor-Hugo (R.) BY 50

La Terrasse AC rest, Wi-Fi, P, VISA, MC

36 terrasse St-Pierre – ☎ 03 27 88 70 04 – www.laterrasse.fr **BYa**

24 ch – †55/98 € ††90/115 € – ☕ 11 € – ½ P 76/92 €

Rest – Menu 17/79 € – Carte 40/80 €

◆ Avenante maison cachée dans une ruelle jouxtant l'ancienne collégiale St-Pierre. Les chambres, un peu petites, sont décorées dans le style des années 1980. À table, copieuse cuisine classique, simple et bien faite, et belle carte des vins (900 appellations).

Au Turbotin AC VISA MC AE

9 r. Massue – ☎ 03 27 87 04 16 – www.au-turbotin.com – Fermé 1er-21 août, vacances de Noël, sam. midi, dim. soir et lundi **AYs**

Rest – Menu 21 € (sem.), 29/52 € – Carte 58/68 €

◆ Un beau vivier est "exposé" comme un tableau dans ce restaurant décoré dans un plaisant style classique. Recettes tournées vers les produits de la mer.

à Roost-Warendin **10 km par ①, D 917 et D 8 – 6 115 h. – alt. 22 m – ✉ 59286**

ℹ 270, rue Brossolette ☎ 03 27 95 90 00

Le Chat Botté P VISA MC

Château de Bernicourt – ☎ 03 27 80 24 44 – www.restaurantlechatbotte.com – Fermé 1er-15 août, dim. soir et lundi

Rest – *(déj. seult)* Menu 20/65 € – Carte 65/79 €

◆ Dans une dépendance d'un joli château du 18e s. Cuisine au goût du jour, simple et goûteuse, à déguster sur la terrasse en été. Belle carte des vins (bordeaux).

à Brebières **7 km par ③ – 4 878 h. – alt. 48 m – ✉ 62117**

Air Accueil P VISA MC

D 950 – ☎ 03 21 50 01 02 – Fermé 14-29 août, dim. soir et lundi

Rest – Menu 30 € (sem.)/40 € – Carte 33/70 €

◆ Cuisine classique et de tradition servie dans une spacieuse salle à manger de style Louis XIII (tissus fleuris, cheminée moderne) ou sur la verdoyante terrasse.

DOUAINS – 27 Eure – **304** I7 – rattaché à Vernon

DOUARNENEZ – 29 Finistère – **308** F6 – 15 608 h. – alt. 25 m – ✉ 29100 Bretagne **9 A2**

▶ Paris 585 – Brest 76 – Lorient 88 – Quimper 23

ℹ 1, rue Docteur Mével ☎ 02 98 92 13 35

◉ Boulevard Jean-Richepin et nouveau port★ ≤★ Y - Port du Rosmeur★ - Musée à flot★★ - collection★ au musée du bateau - Ploaré : tour★ de l'église S : 1 km - Pointe de Leydé★ ≤★ NO : 5 km.

Le Clos de Vallombreuse ≤ Wi-Fi P VISA MC AE

7 r. d'Estienne-d'Orves – ☎ 02 98 92 63 64 – www.closvallombreuse.com

25 ch – †60/150 € ††70/150 € – ☕ 13 € – ½ P 69/109 € **Yx**

Rest – Menu 21/60 € – Carte 41/96 €

◆ Deux styles différents pour les chambres : classique dans le logis, actuel et moderne dans l'extension. Jardin clos et belle piscine tournée vers la baie de Douarnenez. Élégant décor et produits de la mer font l'attrait du restaurant.

De France Wi-Fi VISA MC AE

4 r. Jean-Jaurès – ☎ 02 98 92 00 02 – www.lafrance-dz.com – Fermé 12-26 mars, 1er-19 nov., 19-26 déc. **Yr**

23 ch – †57/67 € ††57/67 € – ☕ 8 € – ½ P 72/82 €

Rest ***L'Insolite*** – Menu 17 € (déj.)/45 € – Carte 34/78 €

◆ Cet hôtel du centre-ville propose des chambres claires, fonctionnelles et bien tenues. À L'Insolite, cuisine valorisant le terroir et les épices, servie en terrasse ou dans une salle à manger contemporaine ayant conservé ses boiseries anciennes.

DOUARNENEZ

Anatole-France (R.)	Y	2
Baigneurs (R. des)	Y	5
Barré (R. J.)	YZ	7
Berthelot (R.)	Z	8
Centre (R. du)	Y	10
Croas-Talud (R.)	Z	14
Duguay-Trouin (R.)	YZ	15
Enfer (Pl. de l')	YZ	16
Grand-Port (Quai du)	Y	19
Grand-Port (R. du)	Y	20
Jaurès (R. Jean)	YZ	
Jean-Bart (R.)	Y	24
Kerivel (R. E.)	YZ	21
Laënnec (R.)	Z	25
Lamennais (R.)	Z	27
Marine (R. de la)	Y	32
Michel (R. L.)	Y	36
Monte-au-Ciel (R.)	Z	37
Péri (Pl. Gabriel)	Y	42
Petit-Port (Quai du)	Y	43
Plomarc'h (R. des)	YZ	44
Stalingrad (Pl.)	Z	65
Vaillant (Pl. E.)	Y	59
Victor-Hugo (R.)	Z	60
Voltaire (R.)	Y	62

Sens unique en saison: flèche noire

Le Kériolet avec ch — ch, VISA

29 r. Croas-Talud – ✆ 02 98 92 16 89 – www.hotel-keriolet.com
– Fermé 1er-15 fév. et lundi midi hors saison **Za**

8 ch – †55/60 € ††55/60 € – ☕ 7 € – ½ P 58 €

Rest – (14 €) Menu 20/38 € – Carte 25/40 €

◆ Plats traditionnels mettant à l'honneur les produits du terroir et la pêche locale. Décoration marine sobre et de bon goût ; vue sur un jardinet. Chambres simples et récentes.

à Tréboul 3 km au Nord-Ouest – ✉29100 Douarnenez

Thalasstonic — ch, rest, P VISA AE

r. des Professeurs Curie – ✆ 02 98 74 45 45
– www.hotel-douarnenez.com

44 ch – †69/92 € ††98/138 € – 6 suites – ☕ 13 € – ½ P 88/142 €

Rest – (20 €) Menu 26/55 € – Carte 36/74 €

◆ Cet hôtel respire l'air marin et vous garantit un séjour "tonic" dans des chambres spacieuses et actuelles. Plage et centre de thalassothérapie à proximité. Vaste restaurant contemporain prolongé d'une terrasse d'été. Plats traditionnels du marché ou diététiques.

Ty Mad — rest, P VISA AE

plage St Jean, près chapelle St-Jean – ✆ 02 98 74 00 53 – www.hoteltymad.com
– Ouvert 12 mars-14 nov.

14 ch – †60/84 € ††83/196 € – 1 suite – ☕ 13 € – ½ P 82/134 €

Rest – *(fermé mardi, merc., jeudi sauf vacances scolaires et lundi) (dîner seult)*
Menu 28 € – Carte 28/40 €

◆ Chambres claires et fraîches pour cet hôtel de charme qui mêle la pierre, le bois et une décoration contemporaine de bon goût qui tend vers le zen. Accueil charmant. Menu du marché servi au dîner dans une véranda lumineuse et coquette ouvrant sur le jardin.

DOUBS – 25 Doubs – 321 I5 – rattaché à Pontarlier

DOUCIER – 39 Jura – 321 E7 – 318 h. – alt. 526 m – ✉ 39130 **16 B3**

Paris 427 – Champagnole 21 – Lons-le-Saunier 25

Lac de Chalain★★ N : 4 km **G.** Franche-Comté Jura

Le Comtois avec ch — ch, VISA MC AE
– ✆ 03 84 25 71 21 – *www.lecomtoisdoucier.com* – *Fermé 25 oct.-5 nov., dim. soir et lundi d'oct. à juin*
6 ch – – †55/66 € ††64/66 € – ½ P 50 €
Rest – (15 €) Menu 20 € (déj.)/45 €
◆ Plaisant décor campagnard, cuisine jurassienne revisitée, service soigné et très bon accueil font la réputation de cette coquette auberge. Attrayante sélection de vins du Jura. Chambres simples à l'étage.

DOUÉ-LA-FONTAINE – 49 Maine-et-Loire – 317 H5 – 7 442 h. – alt. 75 m – ✉ 49700 Châteaux de la Loire — 35 C2

Paris 322 – Angers 40 – Châtellerault 86 – Cholet 50
30, place des Fontaines ✆ 02 41 59 20 49
Zoo de Doué★★.

Auberge Bienvenue avec ch — VISA MC AE
104 rte de Cholet, (face au zoo) – ✆ 02 41 59 22 44
– *www.aubergebienvenue.com* – *Fermé 22 déc.-14 janv., dim. soir et lundi*
10 ch – †51/85 € ††61/85 € – 10 € – ½ P 65 €
Rest – (17 €) Menu 25/56 € – Carte 42/58 €
◆ Une auberge idéale pour aller visiter le zoo local ou découvrir les roseraies. On y sert une savoureuse cuisine ancrée dans la tradition et les saisons (bœuf au tanin d'Anjou). Les chambres sont calmes, spacieuses et bien tenues.

DOURDAN – 91 Essonne – 312 B4 – 9 518 h. – alt. 100 m – ✉ 91410 Île de France — 18 B2

Paris 54 – Chartres 48 – Étampes 18 – Évry 44
place du Général-de-Gaulle ✆ 01 64 59 86 97
Rochefort Chisan Country Club à Rochefort-en-Yvelines Château de Rochefort/Yvelines, N : 8 km par D 836 et D 149, ✆ 01 30 41 31 81
de Forges-les-Bains à Forges-les-Bains Route du Général Leclerc, N : 14 km par D 838, ✆ 01 64 91 48 18
Place du Marché aux grains★ - Vierge au perroquet★ au musée.

Host. Blanche de Castille — VISA MC AE
pl. Marché aux Herbes – ✆ 01 60 81 19 10 – *www.revalisever.com*
39 ch – †94 € ††94 € – 12 suites – 10 € – ½ P 94 €
Rest – (13 €) Menu 18 € (sem.), 25/35 € – Carte environ 35 €
◆ Maison ancienne située en plein cœur du vieux Dourdan, face aux halles. Chambres fonctionnelles de bon confort, certaines profitant d'une vue sur l'église aux trois clochers. Sobre salle de restaurant où l'on sert une cuisine traditionnelle. Terrasse d'été.

DOURGNE – 81 Tarn – 338 E10 – 1 258 h. – alt. 250 m – ✉ 81110 — 29 C2

Paris 742 – Toulouse 67 – Carcassonne 52 – Castelnaudary 35
1, avenue du Maquis ✆ 05 63 74 27 19

Hostellerie de la Montagne Noire avec ch — rest, VISA MC
15 pl. Promenades – ✆ 05 63 50 31 12
– *www.montagnenoire.net* – *Fermé 31 août-7 sept. et 16-23 fév.*
9 ch – †50 € ††55 € – 8 € – ½ P 42 €
Rest – (14 €) Menu 16 € (sem.), 25/36 € – Carte 29/46 €
◆ Maison en pierres abritant deux salles à manger : l'une classique, l'autre rustique. Terrasse sous les platanes. Généreuse cuisine traditionnelle. Petites chambres simples aux étages.

DOUSSARD – 74 Haute-Savoie – 328 K6 – 3 276 h. – alt. 456 m – ✉ 74210 — 46 F1

Paris 555 – Albertville 27 – Annecy 20 – Megève 42

Arcalod
104 rte de la Gare – 04 50 44 30 22 – www.hotelarcalod.fr – Ouvert 16 mai-25 sept.
33 ch – 65/90 € 70/95 € – 11 € – ½ P 65/80 €
Rest – (14 €) Menu 20/30 € – Carte environ 28 €
◆ L'atout de ce chalet familial : de nombreuses activités proposées gratuitement (randonnée, tir à l'arc, vélo...). Petites chambres bien tenues, jardin arboré, grande piscine. Spacieuse et lumineuse salle de restaurant, cuisine de pension gentiment savoyarde.

DOUVAINE – 74 Haute-Savoie – **328** K3 – **4 494 h.** – **alt. 428 m** – **74140** **46** F1
Paris 555 – Annecy 63 – Chamonix-Mont-Blanc 87 – Genève 18
place de l'Hôtel de Ville 04 50 94 10 55

Ô Flaveurs (Jérôme Mamet)
Château de Chilly , 2 km au Sud Est par rte de Crépy – 04 50 35 46 55 – www.oflaveurs.com – Fermé mardi et merc.
Rest – Menu 33 € (déj. en sem.), 58/88 €
Spéc. King crabe de Norvège en gelée de pomme verte (mai-juin). Suprême de pigeon en croûte de pain brûlé, jeunes légumes d'été, jus simple (juil. à sept.). Délice chocolat et bananes caramélisées, glace chocolat banane (oct.-nov.). **Vins** Crépy, Vin de pays de Chautagne.
◆ Cuisine actuelle rehaussée d'inventivité dans ce restaurant raffiné occupant un petit château du 15e s. à l'authenticité bien préservée (pierres, poutres, cheminée).

Le 111
111 r. du Centre – 04 50 85 06 25 – www.le111.fr – Fermé 20 juil.-10 août, 1er-10 janv., mardi et merc.
Rest – (14 € bc) Menu 26/34 € – Carte 27/34 €
◆ Bar à vins et cuisine traditionnelle dans cette maison tenue par un sommelier passionné. Salle en boiseries claires avec cave vitrée ; véranda pour le déjeuner.

DOUVRES-LA-DÉLIVRANDE – **14 Calvados** – **303** J4 – **4 877 h.** **32** B2
– **alt. 19 m** – **14440** Normandie Cotentin
Paris 246 – Bayeux 26 – Caen 15 – Deauville 48
41, rue Général-de-Gaulle 02 31 37 93 10

à Cresserons **2 km à l'Est par D 35** – **1 215 h.** – **alt. 9 m** – **14440**

La Valise Gourmande
7 rte de Lion-sur-Mer – 02 31 37 39 10 – www.lavalisegourmande-caen.com – Fermé dim. soir, mardi midi et lundi
Rest – (19 €) Menu 27/56 € – Carte 45/68 €
◆ Entouré d'un joli jardin clos, ce prieuré du 18e s. abrite trois petites salles à manger d'esprit campagnard, dont une avec cheminée. Cuisine classique, un zeste revisitée.

DRACY-LE-FORT – **71 Saône-et-Loire** – **320** I9 – **rattaché à Chalon-sur-Saône**

DRAGUIGNAN – **83 Var** – **340** N4 – **37 088 h.** – **alt. 178 m** **41** C3
– **83300** Côte d'Azur
Paris 862 – Fréjus 30 – Marseille 124 – Nice 89
2, avenue Lazard Carnot 04 98 10 51 05
de Saint Endréol à La Motte Route de Bagnols en Forêt, par rte du Muy et D 47 : 15 km, 04 94 51 89 89
Musée des Arts et Traditions populaires de moyenne Provence★ **M²**.
Site★ de Trans-en-Provence S : 5 km.

Plan page suivante

All Seasons sans rest
11 bd G. Clemenceau – 04 94 50 95 09 – www.all-seasons-hotels.com
38 ch – 99/135 € 110/145 € **Zn**
◆ Entièrement rénové et idéalement situé en centre-ville, cet hôtel bénéficie de chambres spacieuses, bien équipées et insonorisées, dans un esprit assez tendance.

DRAGUIGNAN

Cisson (R.) . . . . YZ 3
Clemenceau (Bd) . . . . Z
Clément (R. P.) . . . . Z 4
Droits-de-l'Homme (Parvis des) . . . . Z 5
Gay (Pl. C.) . . . . Y 6
Grasse (Av. de) . . . . Y 8
Joffre (Bd. Mar.) . . . . Z 9
Juiverie (R. de la) . . . . Y 12
Kennedy (Bd J.) . . . . Z 13
Leclerc (Bd Gén.) . . . . Z 14
Marchands (R. des) . . . . Y 15
Marché (Pl. du) . . . . Y 16
Martyrs-de-la-Résistance (Bd des) . . . . Z 17
Marx-Dormoy (Bd) . . . . Z 18
Mireur (R. F.) . . . . Y 19
Observance (R. de l') . . . . Y 20
République (R. de la) . . . . Z 23
Rosso (Av. P.) . . . . Z 24

Lou Galoubet

23 bd J.-Jaurès – ✆ 04 94 68 08 50 – www.lougaloubet.com – Fermé 3 sem. en été, 1 sem. début avril, dim. soir, mardi soir et merc. soir **Ze**

Rest – (19 €) Menu 27/33 € – Carte 37/53 €

◆ Une fois passé la porte, on découvre les cuisines. Une belle entrée en matière, à l'unisson des assiettes qui vont à l'essentiel : terroir, saison et fraîcheur. Salle lumineuse.

rte de Flayosc 4 km par ③ et D 557 – ✉ 83300 Draguignan

Les Oliviers sans rest

rte de Flayosc - D557 – ✆ 04 94 68 25 74 – www.hotel-les-oliviers.com – Fermé 5-20 janv.

12 ch – †50/61 € ††56/63 € – ☕ 7 €

◆ Cet accueillant hôtel familial propose des chambres de plain-pied, parfaitement tenues. Le jardin fleuri abrite une piscine et on y sert le petit-déjeuner en été.

à Flayosc 7 km par ③ et D 557 – 4 289 h. – alt. 310 m – ✉ 83780

place Pied Bari ✆ 04 94 70 41 31

L'Oustaou

5 pl. Joseph-Brémond, (au village) – ✆ 04 94 70 42 69 – Fermé vacances de la Toussaint, de fév., dim. soir, lundi et merc. hors saison, mardi midi, merc. midi et vend. midi en juil.-août

Rest – (19 €) Menu 29/40 € – Carte 45/60 €

◆ Le nom de cet ancien relais de poste signifie "petit mas". Décor actualisé, plein de fraîcheur, en harmonie avec la cuisine au goût du jour émaillée de touches régionales.

DRAIN – 49 Maine-et-Loire – **317** B4 – **1 687 h.** – **alt. 53 m** – ✉ **49530** **34** B2

▶ Paris 359 – Cholet 60 – Nantes 41 – Saint-Herblain 48

Le Mésangeau

5 km au Sud par D 154 – ☎ 02 40 98 21 57 – www.loire-mesangeau.com

5 ch – †80/100 € ††90/110 € – ½ P 76/85 €

Table d'hôte – Menu 35 € bc

◆ Vaste gentilhommière de 1830, au sein d'un agréable parc (étang, chapelle, basse-cour, collection de voitures anciennes). Chambres spacieuses et confortables, ornées de mobilier et objets de style. Table d'hôte rustique : belle cheminée en pierre et plats du terroir.

DRAVEIL – 91 Essonne – **312** D3 – **101** 36 – **voir à Paris, Environs**

DREUX – 28 Eure-et-Loir – **311** E3 – **32 723 h.** – **alt. 82 m** **11** B1

– ✉ **28100** Normandie Vallée de la Seine

▶ Paris 78 – Chartres 36 – Évreux 44 – Mantes-la-Jolie 43

ℹ 9, cour de l'Hôtel Dieu ☎ 02 37 46 01 73

◉ Beffroi★ AY **B** - Glaces peintes★★ de la chapelle royale St-Louis AY.

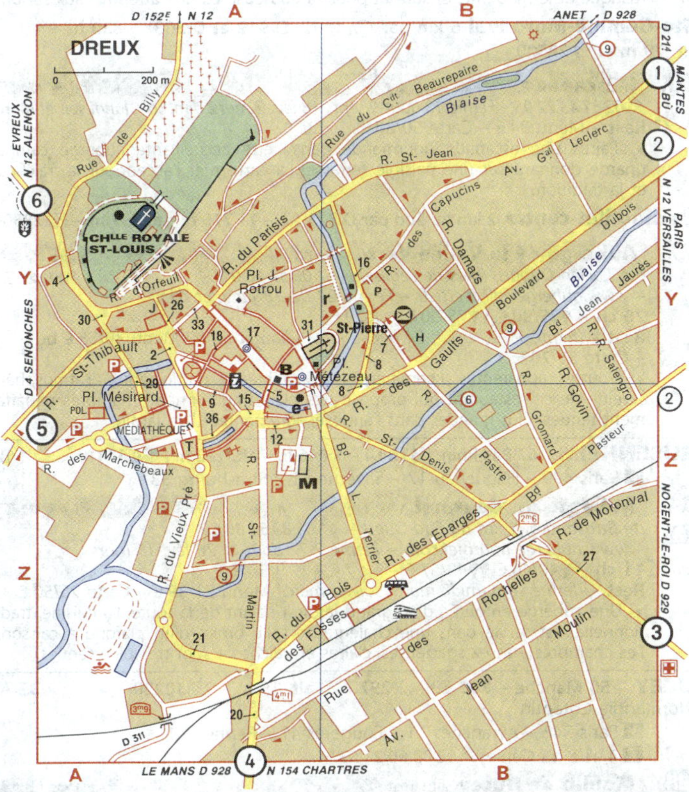

Anatole-France (Pl.) . . . . . AY 2
Bois-Sabot (R. du) . . . . . AY 4
Chartraine (R. Porte) . . . . . AZ 5
Châteaudun (R. de) . . . . . BY 7
Doguereau (R.) . . . . . BY 8
Embûches (R. des) . . . . . AYZ 9
Esmery-Caron (R.) . . . . . AZ 12
Fusillés (Pl. des) . . . . . AZ 15
Gaulle (R. du Gén.-de) . . . . . BY 16
Gd-R. M.-Viollette . . . . . AY 17
Illiers (R.) . . . . . AY 18
Marceau (Av. du Gén.) . . . . . AZ 20
Melsungen (Av. de) . . . . . AZ 21
Palais (R. du) . . . . . AY 26
Parisis (R.) . . . . . AY
Prés.-Kennedy (Av. du) . . . . . BZ 27
Renan (R. Ernest) . . . . . AZ 29
Sainte-Barbe (Pl.) . . . . . AY 30
Senarmont (R. de) . . . . . AY 31
Tanneurs (R. aux) . . . . . AY 33
Teinturiers (R. des) . . . . . AZ 36

Le Beffroi sans rest
12 pl. Métézeau – ✆ 02 37 50 02 03 – www.hotelbeffroi.fr – Fermé 22 juil.-16 août
15 ch – 72 € 72 € – 7 € AZe
◆ Toutes les chambres de cet hôtel central ont vue sur la Blaise ou l'église St-Pierre. Elles sont bien tenues et décorées d'objets glanés par le propriétaire, ex-grand reporter.

Le St-Pierre
19 r. Sénarmont – ✆ 02 37 46 47 00 – www.lesaint-pierre.com – Fermé 14-31 juil., 6-15 fév., jeudi soir, dim. soir et lundi BYr
Rest – (14 €) Menu 17 € (sem.), 24/33 € – Carte 31/47 €
◆ Près de l'église, un agréable restaurant aux trois petites salles joliment redécorées dans un esprit classique. Aux fourneaux, le chef concocte des plats traditionnels.

à Chérisy **4,5 km par ② – 1 803 h. – alt. 88 m – ✉ 28500**

Le Vallon de Chérisy
12 rte de Paris – ✆ 02 37 43 70 08 – www.le-vallon-de-cherisy.fr – Fermé 14 juil.-7 août, dim. soir, mardi soir et merc.
Rest – Menu 28/54 € – Carte 29/54 €
◆ Cette maison à colombages mérite qu'on s'y arrête : pour son cadre alliant le rustique et le moderne, et surtout pour sa goûteuse cuisine attentive aux saisons.

à Ste-Gemme-Moronval **6 km par ②, N 12, D 912 et D 308[1] – 830 h. – alt. 79 m – ✉ 28500**

L'Escapade
✆ 02 37 43 72 05 – Fermé 18 août-9 sept., 18 fév.-2 mars, dim. soir, lundi soir et mardi
Rest – Menu 34 € – Carte 50/80 €
◆ Faites une escapade gourmande dans cette accueillante auberge campagnarde donnant sur une paisible terrasse. La carte met l'accent sur la fraîcheur et la tradition.

à Vernouillet-centre **2 km au Sud par D 311 AZ – 11 779 h. – alt. 97 m – ✉ 28500**

Auberge de la Vallée Verte avec ch
6 r. Lucien Dupuis, (près de l'église) – ✆ 02 37 46 04 04 – www.aubergevalleeverte.fr – Fermé 24 déc.-8 janv. et dim.
26 ch – 75/90 € 75/90 € – 9 €
Rest – *(fermé 1er-22 août, 24 déc.-8 janv., dim. et lundi)* Menu 30/55 € bc – Carte 55/70 €
◆ Poutres apparentes, cheminée et jolis tableaux participent à l'atmosphère sereine de ce restaurant qui propose des plats traditionnels. Chambres parfaitement tenues, plus grandes dans l'annexe, agrémentée d'un jardin.

DRUSENHEIM – 67 Bas-Rhin – 315 L4 – 5 046 h. – alt. 122 m – ✉ 67410 1 B1

Paris 499 – Haguenau 17 – Saverne 61 – Strasbourg 33

Auberge du Gourmet avec ch
rte Strasbourg, 1 km au Sud-Ouest – ✆ 03 88 53 30 60 – www.auberge-gourmet.com – Fermé 2-27 août et 26 fév.-15 mars
11 ch – 40/46 € 45/57 € – 7 € – ½ P 55 €
Rest – *(fermé sam. midi, mardi soir et merc.)* Menu 21/39 € – Carte 25/50 €
◆ Une auberge entourée d'un grand jardin l'isolant de la route. La cuisine, traditionnelle, est servie dans une chaleureuse salle ornée d'un plafond à caissons. Les chambres – assez spacieuses, claires et fraîches – sont très bien tenues.

DUCEY – 50 Manche – 303 E8 – 2 297 h. – alt. 15 m – ✉ 50220 32 A3

Normandie Cotentin

Paris 348 – Avranches 11 – Fougères 41 – Rennes 80
4, rue du Génie ✆ 02 33 60 21 53

Moulin de Ducey sans rest
1 Grande Rue – ✆ 02 33 60 25 25 – www.moulindeducey.com – Fermé 17 déc.-2 janv.
28 ch – 58/110 € 65/110 € – 11 €
◆ Entre bief et Sélune, l'ancien moulin semble établi sur une île verdoyante. Chambres de style anglais et salle des petits-déjeuners surplombant la rivière (pêche au saumon).

Auberge de la Sélune

2 r. St-Germain – ✆ 02 33 48 53 62 – www.selune.com – Fermé 22 nov.-12 déc., 17 janv.-10 fév. et lundi de mars à sept.

20 ch – 60 € 62/66 € – 9 € – ½ P 66/68 €

Rest – Menu 16 € (sem.), 26/43 € – Carte 25/60 €

◆ Cette maison en pierre abrite des chambres bien tenues, donnant pour certaines sur le joli jardin doté d'un pittoresque abri au bord de la Sélune. Salles à manger aux décors bourgeois et classique ; cuisine traditionnelle, d'un bon rapport qualité-prix.

DUHORT-BACHEN – 40 Landes – **335** J12 – 617 h. – alt. 72 m – ✉ 40800 **3** B3

Paris 710 – Bordeaux 150 – Mont-de-Marsan 30 – Pau 57

Les Arcades

232 pl. de la Mairie – ✆ 05 58 71 85 59 – Fermé 26-30 déc., mardi soir, dim. soir et lundi

Rest – Menu 12 € (déj. en sem.), 18 € bc/40 € – Carte 30/50 €

◆ Maison landaise noyée sous le lierre et les fleurs. Intérieur champêtre, agréable terrasse sous les arcades et petits plats mijotant en cuisine, revisités au fil des saisons.

DUINGT – 74 Haute-Savoie – **328** K6 – 870 h. – alt. 450 m – ✉ 74410 **46** F1

Alpes du Nord

Paris 548 – Albertville 34 – Annecy 12 – Megève 48

rue du Vieux Village ✆ 04 50 52 40 56

Clos Marcel

410 allée de la Plage – ✆ 04 50 68 67 47 – www.closmarcel.com – Fermé 6 nov.-15 déc. et 8 janv.-10 fév.

13 ch – 125/210 € 125/210 € – 1 suite – 14 €

Rest *Comptoir du Lac* – ✆ 04 50 68 14 10 *(fermé dim. soir de déc. à avril)* (15 €) Menu 31 €

◆ Sur un site privilégié au bord du lac d'Annecy (ponton privé), une architecture repensée dans un esprit écologique, des chambres design et confortables : le joli millésime 2010 du Clos Marcel ! Cuisine traditionnelle au restaurant ; terrasse sous les arbres.

DUNES – 82 Tarn-et-Garonne – **337** A7 – 1 079 h. – alt. 120 m – ✉ 82340 **28** B2

Paris 655 – Agen 21 – Auvillar 13 – Miradoux 12

Les Templiers

1 pl. des Martyrs – ✆ 05 63 39 86 21 – Fermé vacances de la Toussaint, 1 sem. fin fév., mardi soir, sam. midi, dim. soir et lundi

Rest – Menu 20 € (sem.), 28/47 € – Carte 46/55 €

◆ Maison du 16e s. au cachet rustique habilement mis en valeur. Décor lumineux (tons beiges, pierres, briques et fleurs), terrasse sous arcades et cuisine au goût du jour.

DUNIÈRES – 43 Haute-Loire – **331** I2 – 3 025 h. – alt. 760 m – ✉ 43220 **6** D3

Paris 549 – Le Puy-en-Velay 52 – St-Agrève 30 – St-Étienne 37

La Tour avec ch

7 ter r. Fraisse, (D 61) – ✆ 04 71 66 86 66 – www.hotelrestaurantlatour.com – Fermé 1er-20 mars, 27 août-4 sept., 14-21 nov., 10-29 fév., vend. soir d'oct. à mai, dim. soir et lundi

11 ch – 55/61 € 55/61 € – 8 € – ½ P 59/65 €

Rest – (14 €) Menu 24/53 € – Carte 44/66 €

◆ Dans une salle à manger actuelle, le chef propose une fine cuisine savoureuse à base de bons produits. Carte alléchante et service souriant. Petite terrasse. Côté hôtel, chambres fonctionnelles de bonne tenue.

DUNKERQUE – 59 Nord – **302** C1 – 69 274 h. – Agglo. 191 173 h. **30** B1 – alt. 4 m – Casino : à Malo-les-Bains – ✉ 59140 Nord Pas-de-Calais Picardie

Paris 288 – Amiens 205 – Calais 47 – Ieper 56

rue de l'Amiral Ronarc'h ✆ 03 28 66 79 21

de Dunkerque à Coudekerque Fort Vallières, SE : 1 km par D 72, ✆ 03 28 61 07 43

Port★★ - Musée d'Art contemporain★ : jardin des sculptures★ CDY - Musée des Beaux-Arts★ CDZ M² - Musée portuaire★ CZ M³ .

Borel sans rest

6 r. L'Hermite – ✆ 03 28 66 51 80 – www.hotelborel.fr CYu

48 ch – †78 € ††88 € – ☕ 10 €

◆ Immeuble en briques proche du port de plaisance proposant des chambres rénovées, bien équipées et parfaitement tenues. Agréable salon feutré. Formule buffet au petit-déjeuner.

Ibis

13 r. Leughenaer – ✆ 03 28 66 29 07 – www.ibishotel.com CYs

120 ch – †65/89 € ††65/89 € – ☕ 8 €

Rest – *(Fermé le midi)* Menu 15 € – Carte 19/29 €

◆ Bâtiment des années 1970 entièrement rénové. Chambres confortables, bel espace shopping, bar au cadre contemporain, buffet de petit-déjeuner présenté sur une barque de pêcheurs.

DUNKERQUE

Banc Vert (R. du) . . . . AX 8
Berteaux (Av. M.) . . . . AX 10
Cambon (Bd P.) . . . . BX 17
Darses (Chaussée des) . . . . AX 25
Jean-Jaurès (R.) . . . . BX 39
Lille (R. de) . . . . BX 45
Malo (R. Célestin) . . . . BX 50
Mendès-France (Bd) . . . . . . BX 52
Pasteur (R.) . . . . BX 56
République (R. de la) . . . . . . AX 61
Waldeck-Rousseau (R.) . . . . BX 73

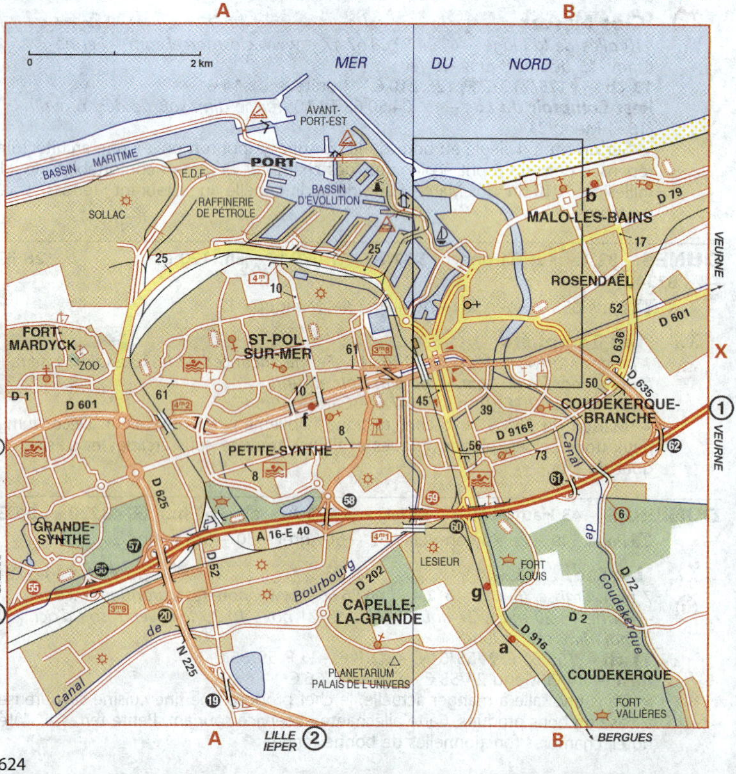

DUNKERQUE

Albert-1er (R.)	CZ	2
Alexandre-III (Bd)	CZ	3
Arbres (R. des)	CDY	6
Asseman (Pl. P.)	DY	8
Bergues (R. du Canal de)	CZ	9
Bollaert (Pl. Émile)	CZ	12
Calonne (Pl.)	DZ	16
Carnot (Bd)	DY	18
Carton-Lurat (Av.)	DZ	19
Clemenceau (R.)	CZ	21
Écluse-de-Bergues (R.)	CZ	26
Faidherbe (Av.)	DY	
Fusillés-Marins (R.)	CZ	30
Gare (Pl. de la)	CZ	32
Gaulle (Pl. du Gén.-de)	CZ	33
Geeraert (Av. Adolphe)	DY	
Hermitte (R. l')	CY	35
Hollandais (Quai des)	CZ	36
Hôtel-de-Ville (R. de l')	DY	37
Jardins (Quai des)	CZ	38
Jean-Bart (Pl.)	CZ	41
Jean-Jaurès (R.)	CZ	40
Jeu-de-Paume (R. du)	CZ	42
Leclerc (R. du Mar.)	CY	43
Leughenaer (R. du)	CY	44
Lille (R. de)	CZ	45
Magasin-Général (R.)	CZ	48
Malo (Av. Gaspard)	DY	49
Mar.-de-France (Av. des)	DY	51
Mer (Digue de)	DY	
Minck (Pl. du)	CY	53
Paris (R. de)	CZ	54
Prés.-Poincaré (R. du)	CZ	57
Prés.-Wilson (R. du)	CZ	58
Quatre-Écluses (Quai)	CZ	59
Thiers (R.)	CZ	65
Turenne (Pl.)	DY	67
Valentin (Pl. C.)	CZ	68
Verley (Bd Paul)	DY	69
Victoire (Pl. et R. de la)	CDY	70
Victor-Hugo (Bd)	CZ	72

XX **Le Corsaire**

97 Entrée du Port – ✆ 03 28 59 03 61 – www.lecorsaire-dk.com – Fermé dim. soir et merc. soir CY**b**

Rest – (18 €) Menu 28/50 € – Carte 30/60 €

◆ En surplomb du port de plaisance, ce restaurant a remplacé une ancienne station météo (1868). Cuisine évoluant au gré des saisons. Mobilier contemporain, belle salle panoramique.

XX **Le Vent d'Ange**

1449 av. de Petite Synthe – ✆ 03 28 25 28 98 – www.leventdange.com – Fermé 6-20 sept., 3-16 janv., mardi soir, dim. soir et lundi AX**f**

Rest – (19 €) Menu 25/45 € – Carte 38/55 €

◆ Un accueil d'une rare gentillesse et une cuisine traditionnelle fort généreuse sont les atouts de ce lieu. Décor modernisé dans un style baroque italien, dédié aux anges.

XX **L'Estouffade**

2 quai de la Citadelle – ✆ 03 28 63 92 78 – www.estouffade.com – Fermé dim. soir et lundi soir CZ**r**

Rest – Menu 25/50 € – Carte 37/58 €

◆ Installé sur le port de plaisance, ce restaurant prépare une cuisine au goût du jour avec de beaux produits. Salle moderne de bon goût. Accueil et service souriants.

X **L'Auberge de Jules**

9 r. de la Poudrière – ✆ 03 28 63 68 80 – Fermé 1er-21 août, 1er-9 janv., sam. midi, dim. et fériés CY**a**

Rest – (20 €) Menu 25/32 € – Carte 25/40 €

◆ Voici une adresse pour le moins familiale. La patronne accommode les poissons fournis quotidiennement par son père et son frère, patrons pêcheurs, tandis que son mari prépare les desserts.

à Malo-les-Bains – ✉ 59240

L'Hirondelle ch, rest, ch,

46 av. Faidherbe – ✆ 03 28 63 17 65 – www.hotelhirondelle.com DY**r**

50 ch – †60/80 € ††74/98 € – ☕ 9 € – ½ P 61/73 €

Rest – *(fermé 12 août-3 sept., 18 fév.-4 mars, dim. soir et lundi midi)* (14 €) Menu 20 € (sem.)/61 € – Carte 30/70 €

◆ Au cœur de la petite station balnéaire, ce sympathique hôtel familial rénove peu à peu ses chambres dans un esprit contemporain sobre et plaisant. Salon-bar. À table, carte traditionnelle largement orientée vers les produits de la mer.

XX **Au Bon Coin** avec ch rest,

49 av. Kléber – ✆ 03 28 69 12 63 – www.restaurantauboncoin.com BX**b**

4 ch – †63 € ††73 € – ☕ 7 € **Rest** – Menu 20/50 € – Carte 26/100 €

◆ Proximité de la mer oblige, cette table se consacre aux saveurs iodées. Salle à l'ambiance feutrée dont les murs s'ornent de photos de célébrités dédicacées. Chambres élégantes.

à Téteghem 6 km au Sud-Est par D 601 BX – 7 256 h. – alt. 1 m – ✉ 59229

XXX **La Meunerie** avec ch

au Galghouck, 2 km au Sud-Est par D 4 – ✆ 03 28 26 14 30 – www.lameunerie.fr – fermé 20 juil.-10 août et 12-18 fév.

9 ch – †90 € ††90/218 € – ☕ 11 €

Rest – *(fermé dim. soir et lundi) (dîner seult sauf dim.)* Menu 28 €, 53 € bc/84 € bc

◆ Espace et clarté : le restaurant dispose de deux salons feutrés et bourgeois, ouverts sur un élégant jardin. Cuisine traditionnelle rythmée par les saisons. À l'hôtel, grandes chambres récemment rénovées ; belles salles de bains, certaines avec baignoire balnéo.

à Coudekerque-Branche – 22 994 h. – alt. 1 m – ✉ 59210

ℹ 59 rue Boernhol ✆ 03 28 64 60 00

XXX **Le Soubise**

49 rte de Bergues – ✆ 03 28 64 66 00 – Fermé 16-24 avril, 30 juil.-22 août, 24 déc.-9 janv., sam. et dim. BX**g**

Rest – Menu 29/50 € bc – Carte 44/59 €

◆ Plats traditionnels, bien mitonnés et généreux, servis dans un ancien relais de poste du 18e s. Le chef, figure reconnue de la profession, a fêté en 2010 ses 50 ans de métier.

à Cappelle-la-Grande **5 km au Sud sur D 916 – 8 131 h. – ✉ 59180**

Mairie ✆ 03 28 64 94 41

XX **Fleur de Sel**

48 rte Bergues – ✆ 03 28 64 21 80 – www.fleurdesel-restaurant.com – Fermé dim. soir et lundi BX**a**

Rest – Menu 24/42 €

◆ Intérieur cosy bien dans l'air du temps (pierres apparentes, tons gris, mobilier et tableaux contemporains), accueil parfait et bonne cuisine classique.

DUN-LE-PALESTEL – **23 Creuse – 325 G3 – 1 133 h. – alt. 370 m – ✉ 23800** **25 C1**

Paris 349 – Limoges 83 – Guéret 29 – La Souterraine 18

81, Grande Rue ✆ 05 55 89 24 61

Joly ch,

3 r. Bazenerye – ✆ 05 55 89 00 23 – www.hoteljoly-limousin.com – Fermé 3-8 mars, 29 sept.-6 oct., dim. soir et lundi midi sauf fériés

26 ch – 45 € 45/48 € – 9 € – ½ P 52 €

Rest – (11 €) Menu 15 € (sem.), 20/38 € – Carte 35/52 €

◆ Au centre du village, le bâtiment principal abrite des chambres entièrement refaites et personnalisées ; elles sont plus simples à l'annexe. Le terroir s'immisce dans les recettes traditionnelles du restaurant, au décor rustique (cheminée).

DURAS – **47 Lot-et-Garonne – 336 D1 – 1 182 h. – alt. 122 m – ✉ 47120** **4 C2**

Aquitaine

Paris 577 – Agen 90 – Marmande 23 – Périgueux 88

14, boulevard Jean Brisseau ✆ 05 53 83 63 06

XX **Hostellerie des Ducs** avec ch rest,

bd. J. Brisseau – ✆ 05 53 83 74 58 – www.hostellerieducs-duras.com – Fermé lundi midi de juil. à sept., dim. soir et lundi d'oct. à juin et sam. midi

18 ch – 45/95 € 70/150 € – 11 €

Rest – Menu 14/47 € – Carte 47/71 €

◆ Cet ex-presbytère voisin du château propose une cuisine traditionnelle. Salle meublée en style Louis XIII, véranda. Chambres actuelles ; les nouvelles occupent une bâtisse du 13e s.

DURY – **80 Somme – 301 G8 – rattaché à Amiens**

EAUX-PUISEAUX – **10 Aube – 313 D5 – 234 h. – alt. 220 m – ✉ 10130** **13 B3**

Paris 161 – Auxerre 53 – Sens 63 – Troyes 32

L'Étape gourmande rest,

6 Gde-Rue – ✆ 03 25 80 36 96 – www.letape-gourmande.com – Fermé dim. soir et lundi

14 ch – 56 € 56 € – 8 € – ½ P 60 €

Rest – Menu 17/40 € – Carte 33/44 €

◆ Ouvert sur la nature, cet hôtel de construction récente propose des chambres à la décoration actuelle et parfaitement tenues, grâce au dynamisme de ses nouveaux propriétaires. Cuisine traditionnelle au restaurant.

EAUZE – **32 Gers – 336 C6 – 3 923 h. – alt. 164 m – ✉ 32800** **28 A2**

Midi-Toulousain

Paris 719 – Auch 58 – Mont-de-Marsan 64 – Toulouse 131

2, rue Felix Soules ✆ 05 62 09 85 62

Trésor ★★.

X **La Vie en Rose**

22 r. Saint-July – ✆ 05 62 09 83 29 – Fermé vacances de printemps, de la Toussaint, mardi soir et merc.

Rest – Menu 14 € bc (sem.), 26/41 € – Carte 43/70 €

◆ L'intérieur de ce restaurant a du charme et invite à apprécier, en toute sérénité, une cuisine mettant à l'honneur le terroir. Vins de Gascogne et accueil convivial.

EBERSMUNSTER – 67 Bas-Rhin – **315** J7 – 470 h. – alt. 165 m **2** C1
– ✉ 67600

Paris 508 – Obernai 23 – St-Dié-des-Vosges 55 – Strasbourg 40

XX **Des Deux Clefs**

23 r. du Gén.-Leclerc – ✆ 03 88 85 71 55 – www.auxdeuxclefs.ifrance.com – Fermé 20 juil.-8 août, 24 déc.-9 janv., vacances de fév., lundi et merc. sauf fériés

Rest – (14 €) Menu 30/33 € – Carte 30/48 €

◆ Ici, les poissons d'eau douce sont à l'honneur : friture, anguille, etc. On les déguste dans un restaurant au sobre décor alsacien, agrémenté d'une salle winstub.

ECCICA-SUARELLA – 2A Corse-du-Sud – **345** C8 – voir à Corse

LES ÉCHELLES – 73 Savoie – **333** H5 – 1 234 h. – alt. 386 m **45** C2
– ✉ 73360 Les Echelles Alpes du Nord

Paris 552 – Chambéry 24 – Grenoble 40 – Lyon 92

rue Stendhal ✆ 04 79 36 56 24

à Chailles 5 km au Nord – ✉ 73360

X **Auberge du Morge** avec ch

D 1006, Gorges de Chailles – ✆ 04 79 36 62 76 – www.aubergedumorge.com – Fermé 30 nov.-31 janv., jeudi midi et merc.

7 ch – †50/52 € ††50/56 € – ☕ 9 € **Rest** – Carte 26/44 €

◆ Auberge à l'entrée des gorges de Chailles, près d'un torrent apprécié des pêcheurs. On y déguste des recettes traditionnelles dans un décor champêtre. Chambres au charme d'antan, très bien tenues.

à St-Christophe-la-Grotte 5 km au Nord-Est par D 1006 et rte secondaire – 485 h. – alt. 425 m – ✉ 73360

La Ferme Bonne de la Grotte

– ✆ 04 79 36 59 05 – www.gites-savoie.com

5 ch ☕ – †63/77 € ††68/95 € **Table d'hôte** – Menu 20 € bc

◆ Cette ancienne ferme du 18e s. adossée à une falaise est le point de départ d'une randonnée vers la superbe grotte de St-Christophe. Chambres coquettes et chaleureuses. Plats régionaux servis dans un charmant cadre rehaussé de meubles authentiquement savoyard.

ECHENEVEX – 01 Ain – **328** J3 – rattaché à Gex

LES ÉCHETS – 01 Ain – **328** C5 – alt. 276 m – ✉ 01700 Miribel **43** E1

Paris 454 – L'Arbresle 28 – Bourg-en-Bresse 47 – Lyon 20

XXX **Christophe Marguin** avec ch

916 rte de Strasbourg – ✆ 04 78 91 80 04 – www.christophe-marguin.com – Fermé 1er-22 août, 23 déc.-6 janv., sam. midi, dim. soir et lundi

7 ch – †65 € ††85 € – ☕ 12 €

Rest – (25 €) Menu 28 € (sem.), 45/80 € – Carte 55/80 €

◆ Photographies des "ancêtres", boiseries, bibliothèque : un lieu agréable où l'on se sent comme chez soi. Cuisine mi-classique, mi-régionale, cave riche en bordeaux et bourgognes.

ÉCHIROLLES – 38 Isère – **333** H7 – rattaché à Grenoble

ÉCULLY – 69 Rhône – **327** H5 – rattaché à Lyon

ÉGLETONS – 19 Corrèze – **329** N3 – 4 376 h. – alt. 650 m – ✉ 19300 **25** C3

Paris 499 – Aubusson 75 – Aurillac 97 – Limoges 112

rue Joseph Vialaneix ✆ 05 55 93 04 34

Ibis
rte Ussel par D 1089 : 1,5 km – ✆ 05 55 93 25 16 – www.ibishotel.com
41 ch – †67/70 € ††67/70 € – ☕ 8 € **Rest** – Menu 15 €
◆ En pleine campagne haut-corrézienne, cet Ibis se démarque par ses grandes chambres (lits avec couettes) et son mobilier moderne. Le plan d'eau ajoute un supplément d'âme au lieu. La salle à manger intègre un salon avec cheminée ; carte traditionnelle.

EGUISHEIM – 68 Haut-Rhin – 315 H8 – 1 549 h. – alt. 210 m – ✉ 68420 2 C2

Alsace Lorraine

Paris 452 – Belfort 68 – Colmar 7 – Gérardmer 52
22a, Grand'Rue ✆ 03 89 23 40 33
Circuit des remparts★ - Route des Cinq Châteaux★ SO : 3 km.

Hostellerie du Pape ch,
10 Grand'Rue – ✆ 03 89 41 41 21 – www.hostellerie-pape.com
44 ch – †75/105 € ††75/120 € – ☕ 10 € – ½ P 74/88 €
Rest – (11 €) Menu 20/39 € – Carte 20/45 €
◆ L'enseigne de cette ancienne exploitation vinicole est un clin d'œil au pape Léon IX, dont le château est tout proche. Chambres pratiques au cadre traditionnel modernisé. Plats régionaux servis dans une chaleureuse salle à manger.

St-Hubert sans rest
6 r. Trois Pierres – ✆ 03 89 41 40 50 – www.hotel-st-hubert.com – Fermé 26 juin-3 juil., 13-24 nov. et 9 janv.-3 mars
13 ch – †75/85 € ††109/115 € – 2 suites – ☕ 11 €
◆ À l'écart du village, hôtel où l'on cultive une ambiance de maison d'hôte. Chambres fonctionnelles bénéficiant de la sérénité du vignoble. Miniterrasses, piscine couverte.

Hostellerie du Château sans rest
2 r. du Château – ✆ 03 89 23 72 00 – www.hostellerieduchateau.com
11 ch – †70/120 € ††75/135 € – ☕ 11 €
◆ Sur une place pittoresque du bourg. La façade à colombages de cet hôtel de caractère dissimule de lumineuses chambres contemporaines, pleines de couleurs. Bon petit-déjeuner.

Hostellerie des Comtes
2 r. des Trois Châteaux – ✆ 03 89 41 16 99 – www.hostellerie-des-comtes.com
17 ch – †55/69 € ††55/69 € – ☕ 8 €
Rest – (11 €) Menu 19/39 € – Carte 28/46 €
◆ Une atmosphère d'auberge de village vous accueille dans cette maison. Les chambres sont dotées d'un mobilier fonctionnel et certaines offrent l'agrément d'une miniterrasse. Cuisine actuelle servie dans une grande salle rustique ou en terrasse l'été.

Auberge des Trois Châteaux ch,
26 Grand'Rue – ✆ 03 89 23 11 22 – www.auberge-3-chateaux.com – Fermé 29 juin-6 juil., 16-23 nov.
12 ch – †52 € ††57/69 € – ☕ 8 € – ½ P 60/66 €
Rest – *(fermé mardi soir et merc.)* Menu 18/35 € – Carte 27/41 €
◆ Au cœur du village, trois maisons du 17e s. au charme rustique alsacien et bien fleuries en saison. Toutes les chambres sont récentes, fonctionnelles et propres. Le restaurant, sympathique et lumineux, sert des petits plats du terroir.

Au Vieux Porche
16 r. des Trois Châteaux – ✆ 03 89 24 01 90 – www.auvieuxporche.fr – Fermé 12-18 nov., vacances de fév., mardi et merc.
Rest – Menu 21/44 € – Carte 30/50 €
◆ Poutres, vitraux et boiseries : un cadre soigné pour cette demeure de vignerons de 1707. Bonne cuisine traditionnelle et belle sélection de vins de la propriété et d'ailleurs.

XX **La Grangelière**

59 r. Rempart Sud – ✆ 03 89 23 00 30 – www.lagrangeliere.fr – Fermé jeudi hors saison et merc.

Rest – Menu 19 € (déj. en sem.), 25/49 € – Carte 30/56 €

◆ Derrière un façade à pans de bois, deux salles chaleureuses et une carte qui s'adapte à tous les goûts, avec des mets ancrés dans la tradition alsacienne et d'autres plus créatifs.

X **Le Pavillon Gourmand**

101 r. Rempart-Sud – ✆ 03 89 24 36 88 – www.perso.orange.fr/pavillon.schubnel/ – Fermé 10 jours fin juin-début juil., mi-janv. à mi-fév., mardi et merc.

Rest – Menu 17/60 € bc – Carte 23/68 €

◆ Une cuisine régionale et soignée vous régale en cette vénérable maison ancienne (1683). Cadre rustique, décor pastel et paisible cour-terrasse aux beaux jours.

EICHHOFFEN – 67 Bas-Rhin – 315 I6 – 499 h. – alt. 200 m – ✉ 67140 — 2 C1

Paris 497 – Strasbourg 38 – Colmar 43 – Offenburg 50

Les Feuilles d'Or sans rest

52 r. du Vignoble – ✆ 03 88 08 49 80 – www.lesfeuillesdor-alsace.com

5 ch – †75 € ††80 €

◆ Bordée par les vignes du Moenchberg, cette maison d'aspect traditionnel est agréable et cosy, mêlant confort actuel et charme rustique (poutres apparentes). Chambres spacieuses.

ÉLOISE – 74 Haute-Savoie – 328 I4 – rattaché à Bellegarde-sur-Valserine

---

EMBRUN – 05 Hautes-Alpes – 334 G5 – 6 230 h. – alt. 871 m — 41 C1
– ✉ 05200 Alpes du Sud

Paris 706 – Barcelonnette 55 – Briançon 48 – Digne-les-Bains 97

place Général-Dosse ✆ 04 92 43 72 72

Cathédrale N.-D. du Réal★ : trésor★, portail★ - Peintures murales★ dans la chapelle des Cordeliers - Rue de la Liberté et Rue Clovis-Huques★.

rte de Gap 3 km au Sud-Ouest par N 94 – ✉ 05200 Embrun

Les Bartavelles rest, rest,

Clos des Pommiers, (RN 94) – ✆ 04 92 43 20 69 – www.bartavelles.com – Fermé 2-24 janv.

42 ch – †78/98 € ††78/108 € – 1 suite – ☕ 10 € – ½ P 67/92 €

Rest – *(fermé dim. soir et lundi midi d'oct. à avril)* (21 €) Menu 25/49 € – Carte 39/69 €

◆ Mélèze sculpté et pierres sèches locales : décor typé dans cette maison et ses trois bungalows qui abritent chambres ou duplex. Jardin et spa avec large choix de soins. Repas classiques sous la rotonde (colonne de Guillestre) ou sur la terrasse bordant la piscine.

EMMERIN – 59 Nord – 302 F4 – rattaché à Lille

ENGHIEN-LES-BAINS – 95 Val-d'Oise – 305 E7 – 101 5 – voir à Paris, Environs

---

ENNORDRES – 18 Cher – 323 K2 – 226 h. – alt. 166 m – ✉ 18380 — 12 C2

Paris 191 – Orléans 102 – Bourges 44 – Vierzon 38

Les Chatelains

7 km à l'Est par D 171 – ✆ 02 48 58 40 37 – www.leschatelains.com

5 ch ☕ – †69 € ††75/105 € **Table d'hôte** – Menu 28 € bc

◆ Au carrefour du Berry et de la Sologne, une ferme restaurée dans laquelle le charme d'antan (mobilier d'antiquaire et esprit brocante) rivalise avec la gentillesse des hôtes. Cerise sur le gâteau : la table d'hôte, joliment champêtre, et la cuisine de tradition.

ENSISHEIM – 68 Haut-Rhin – **315** I9 – **6 933 h.** – **alt. 217 m** – ✉ **68190** **1** A3

Paris 487 – Strasbourg 100 – Colmar 27 – Freiburg im Breisgau 68

Le Domaine du Moulin

44 r. 1ère Armée – ✆ *03 89 83 42 39* – *www.hotel-domainedumoulin-alsace.com*

65 ch – 88/120 € 98/135 € – ☕ 13 € – ½ P 88/108 €

Rest ***La Villa du Meunier*** – ✆ 03 89 81 15 10 *(fermé sam. midi)* (14 €) Menu 19 € (sem.), 23/54 € – Carte 28/59 €

◆ Grande maison récente d'allure alsacienne, ouverte sur un jardin agrémenté d'un étang. Chambres spacieuses et fonctionnelles. Piscine et espace bien-être. La Villa du Meunier, dans un ex-moulin, se consacre à la cuisine traditionnelle. Agréable terrasse.

ENTRAYGUES-SUR-TRUYÈRE – 12 Aveyron – **338** H3 – **1 195 h.** – **alt. 236 m** – ✉ **12140** Midi-Toulousain **29** C1

Paris 600 – Aurillac 45 – Figeac 58 – Rodez 43

place de la République ✆ 05 65 44 56 10

Vieux Quartier : Rue Basse★ - Pont gothique★.

Vallée du Lot★★.

La Rivière

60 av. du Pont-de-Truyère – ✆ *05 65 66 16 83* – *www.hotellariviere.com* – *Fermé 21 fév.-10 mars et 12-28 déc.*

31 ch – 69/79 € 89/119 € – ☕ 11 €

Rest – Menu 29/37 € – Carte 48/60 €

◆ Cet hôtel des bords de la Truyère a subi une cure de jouvence en 2007. Résultat : un aménagement confortable et une décoration dans l'air du temps (tons harmonieux, matériaux choisis). Salle à manger et bar lumineux ouvrant sur la rivière.

Les Deux Vallées

av. du Pont-de-Truyère – ✆ *05 65 44 52 15* – *www.hotel-les2vallees.com* – *Fermé fév., en nov., vacances de Noël, dim. soir, vend. soir et sam. d'oct. à avril*

20 ch – 49 € 49 € – ☕ 8 € – ½ P 54 €

Rest – (12 €) Menu 17/36 € – Carte 23/48 €

◆ À Entraygues, confluent les vallées du Lot et de la Truyère. Peu à peu rénovées, les chambres sont fonctionnelles, efficacement insonorisées et très bien tenues. Atmosphère campagnarde au restaurant ouvert sur une petite cour-terrasse ; belle cuisine maison.

au Fel 10 km à l'Ouest par D 107 et D 573 – 171 h. – alt. 530 m – ✉ 12140

Auberge du Fel

Le Fel – ✆ *05 65 44 52 30* – *www.auberge-du-fel.com* – *Ouvert 17 avril-3 nov.*

10 ch – 57/68 € 57/68 € – ☕ 8,50 € – ½ P 51/61 €

Rest – *(fermé le midi hors saison sauf sam. et dim.)* (16 €) Menu 25 € (sem.), 32/42 €

◆ Dans un hameau surplombant le Lot, maison coiffée de lauzes, devancée d'une terrasse sous une treille. Chambres joliment arrangées, à la tenue irréprochable. Pounti, truffade et cabécou arrosés du vin du Fel vous attendent au restaurant : tout est fait maison.

ENTZHEIM – 67 Bas-Rhin – **315** J5 – rattaché à Strasbourg

ÉPAIGNES – 27 Eure – **304** C6 – **1 236 h.** – **alt. 159 m** – ✉ **27260** **32** A3

Paris 175 – Le Grand-Quevilly 63 – Le Havre 50 – Rouen 69

L'Auberge du Beau Carré avec ch

1 rte des Anglais – ✆ *02 32 41 52 42* – *http://aubergedubeaucarre.monsite.wanadoo.fr* – *Fermé dim. soir et lundi*

7 ch – 55 € 70 € – ☕ 8 € – ½ P 45 €

Rest – Menu 18 € (déj. en sem.), 30/55 €

◆ Dans une maison de briques rouges, restaurant familial à l'appétissante cuisine au goût du jour préparée avec des produits de qualité. Chambres confortables.

ÉPENOUX – 70 Haute-Saône – **314** E7 – rattaché à Vesoul

ÉPERNAY – 51 Marne – **306** F8 – 24 456 h. – alt. 75 m – ✉ 51200 **13** B2

Champagne Ardenne

▶ Paris 143 – Châlons-en-Champagne 35 – Château-Thierry 57 – Reims 28

ℹ 7, avenue de Champagne ✆ 03 26 53 33 00

👁 Caves de Champagne★★ - Collection archéologique★ au musée municipal.

La Villa Eugène sans rest

82 av. de Champagne, 1 km par ② – ✆ 03 26 32 44 76 – www.villa-eugene.com

15 ch – †129/344 € ††129/344 € – ☕ 17 €

◆ Fière demeure bourgeoise disposant de chambres de style colonial ou Louis XVI. Bar dédié au champagne, petit-déjeuner sous verrière, grand parc aménagé autour de la piscine.

Le Clos Raymi sans rest

3 r. Joseph de Venoge – ✆ 03 26 51 00 58 – www.closraymi-hotel.com – Fermé 24 déc.-2 janv. BZ**a**

7 ch – †105/165 € ††105/165 € – ☕ 15 €

◆ La jolie maison de maître en briques rouges fut celle de la famille Chandon. Chambres personnalisées raffinées. Agréable salle des petits-déjeuners ouverte sur le jardin.

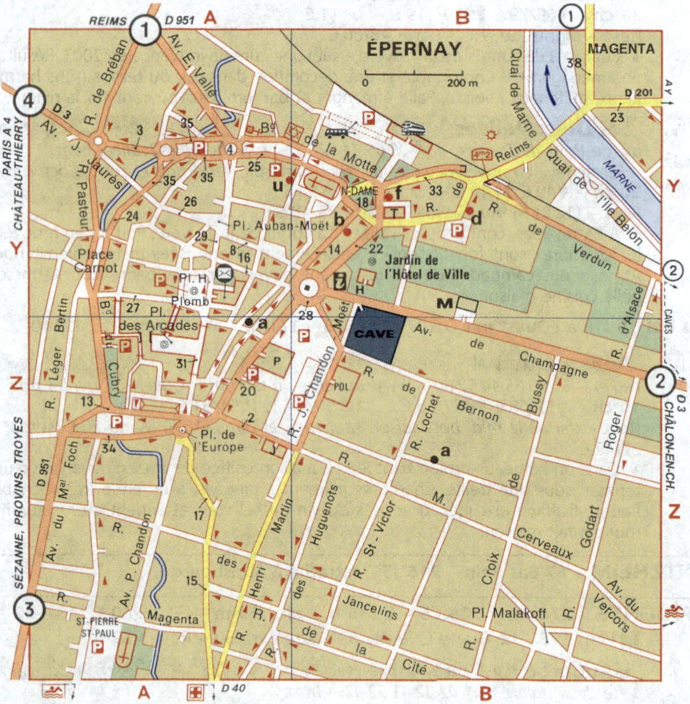

Archers (R. des) AZ 2
Bourgeois (Pl. Léon) AY 4
Flodoard (R.) AY 8
Gallice (R.) AZ 13
Gambetta (R.) BY 14
Hôpital Auban-Moët (R.) AZ 15
Leclerc (R. Gén.) AY 16
Louis (R. Charles) AZ 17
Mendès-France (Pl.) BY 18
Mercier (R. E.) AZ 20
Moët (R. Jean) BY 22
Moulin Brûlé (R. du) AY 24
Moulin (R. Jean) BY 23
Perrier (Rempart) AY 25
Plomb (Pl. Hugues) AY
Porte Lucas (R.) AY 26
Prof. Langevin (R.) AY 27
République (Pl.) BYZ 28
St-Laurent (R.) AY 3
St-Martin (R.) AY 29
St-Thibault (R.) AZ 31
Semard (R. Pierre) BY 33
Sézanne (R. de) AZ 34
Tanneurs (R. des) AY 35
Thévenet (Av.) BY 38

Les Berceaux (Patrick Michelon) rest, VISA
13 r. Berceaux – 03 26 55 28 84 – www.lesberceaux.com **AZa**
28 ch – 95/130 € 95/130 € – 11 € – ½ P 98/140 €
Rest – *(fermé 10-30 août, 14 fév.-8 mars, lundi et mardi)* (26 €) Menu 33 € (déj. en sem.), 60/69 € – Carte 59/72 €
Spéc. Turbot sauvage braisé au vin de Champagne. Lièvre à la royale, champignons de saison, compotée de prunes, spaetzle (saison). Assiette tout chocolat.
Vins Champagne.
Rest *Bistrot le 7* – (17 €) Menu 23/26 € – Carte 40/65 €
◆ Au cœur de la pétillante cité, une auberge aux chambres confortables, toutes rénovées à l'identique (tons jaunes, parquet foncé). L'élégant restaurant gastronomique vous invite à déguster une cuisine authentiquement classique. Belle cave. Atmosphère plus actuelle, tamisée et chic au Bistrot 7 ; menu traditionnel.

Le Théâtre VISA
8 pl. P. Mendès-France – 03 26 58 88 19 – www.epernay-rest-letheatre.com – Fermé 15 juil.-1er août, 22-28 déc., 15 fév.-3 mars, dim. soir, mardi soir et merc.
Rest – (19 €) Menu 22/46 € – Carte 37/63 € **BYf**
◆ Proche du théâtre, voici l'une des plus anciennes brasseries d'Epernay (début du 20e s.). Moulures, hauts plafonds et tons chauds en décor ; recettes ancrées dans la tradition.

La Table Kobus VISA
3 r. Dr Rousseau – 03 26 51 53 53 – www.latablekobus.com – Fermé 2 sem. en avril, 1er-23 août, 22 déc.-8 janv., jeudi soir, dim. soir et lundi **ABYu**
Rest – (22 €) Menu 29/46 € – Carte 50/70 €
◆ Sympathique bistrot 1900 où l'on peut déguster du champagne en apportant ses propres bouteilles et ce, sans payer de droit de bouchon ! Les Sparnaciens s'y précipitent.

La Cave à Champagne VISA
16 r. Gambetta – 03 26 55 50 70 – www.la-cave-a-champagne.com – Fermé mardi et merc. **BYb**
Rest – *(nombre de couverts limité, prévenir)* Menu 17/23 € – Carte 30/50 €
◆ Petit caveau à la gloire des vins régionaux (exposition de bouteilles). Vraie gageure, on y fait un repas au champagne sans se ruiner. Registre culinaire traditionnel.

La Grillade Gourmande VISA
16 r. de Reims – 03 26 55 44 22 – www.lagrilladegourmande.com – Fermé 15-30 août, 19-27 déc., 20 fév.-7 mars, dim. et lundi **BYd**
Rest – Menu 19/55 € – Carte 24/51 €
◆ Dans ce petit restaurant familial rustique, on savoure une cuisine traditionnelle, dont des spécialités au champagne et des grillades préparées en salle, à la cheminée.

à Dizy 3 km par ① – 1 714 h. – alt. 77 m – ✉ 51530

Les Grains d'Argent rest, VISA
1 allée du Petit Bois – 03 26 55 76 28 – www.lesgrainsdargent.com – Fermé 24-30 déc.et 1er-9 janv.
20 ch – 95 € 95/105 € – 15 € – ½ P 65/90 €
Rest – *(fermé sam. midi, lundi soir et dim.)* Menu 26/88 € – Carte 67/103 €
◆ Bel accueil, jolies chambres personnalisées et bar à champagne dans cette hôtellerie contemporaine tournée vers les vignes. Le restaurant, relooké dans un esprit actuel, sert des plats au goût du jour, ponctués par le rythme des saisons.

à Champillon 6 km par ① – 509 h. – alt. 210 m – ✉ 51160

Royal Champagne ch, rest, VISA
D 201 – 03 26 52 87 11 – www.royalchampagne.com – Fermé déc. et janv.
24 ch – 390/480 € 480/550 € – 4 suites – 29 € – ½ P 305/340 €
Rest – *(fermé lundi midi et mardi midi)* (33 €) Menu 65/110 € – Carte 78/96 €
◆ Cet ancien relais de poste, aux chambres luxueusement aménagées, domine Épernay. On s'attable dans l'élégante salle à manger d'où la vue se perd sur le vignoble de Champagne et la vallée de la Marne. Cuisine actuelle de qualité, service agréable.

rte de Reims 8 km par ① – ✉ 51160 St-Imoges

Maison du Vigneron

D 951 – ☎ 03 26 52 88 00 – www.lamaisonduvigneron.com – Fermé lundi et merc.

Rest – Menu 24 € (sem.), 32/52 € – Carte 57/65 €

◆ Autorisez-vous une escale dans une plaisante atmosphère d'auberge forestière. Poutres, lustres en fer forgé, cheminée et belle mise en place au service d'une cuisine traditionnelle.

à Ay 4 km au Nord-Est par D 201 – 4 190 h. – alt. 76 m – ✉ 51160

Castel Jeanson sans rest

24 r. Jeanson – ☎ 03 26 54 21 75 – www.casteljeanson.fr – Fermé 22 déc.-20 janv.

15 ch – †115/200 € ††115/200 € – 2 suites – ☕ 12 €

◆ Le joyau de cet hôtel particulier du 19e s. : la superbe verrière de style Art nouveau côté piscine. Chambres agréables, salon-bibliothèque et dégustation de champagne maison.

Le Manoir des Charmes sans rest

83 bd Charles de Gaulle – ☎ 03 26 54 58 49 – www.lemanoirdescharmes.com – Fermé 24 déc.-12 fév.

5 ch ☕ – †120/145 € ††120/145 €

◆ Belle demeure bâtie en 1906, ouverte sur un jardin. Chambres garnies de meubles chinés par la propriétaire, passionnée de brocante. Petit-déjeuner sous une magnifique verrière.

Le Vieux Puits-Clos St-Georges

7 r. Jules Lobet – ☎ 03 26 56 96 53 – www.levieuxpuits.com – Fermé 2-19 janv., merc. et jeudi

Rest – (25 €) Menu 35/65 € – Carte 55/75 €

◆ Blottie au cœur d'un jardin ombragé et fleuri, une jolie maison de maître à l'atmosphère douce et bourgeoise. Cuisine traditionnelle et beau choix de champagnes.

à Vinay 6 km par ③ – 489 h. – alt. 102 m – ✉ 51530

Hostellerie La Briqueterie

ch, rest,

4 rte de Sézanne – ☎ 03 26 59 99 99 – www.labriqueterie.fr – Fermé 10-25 déc., 2-13 janv. et sam. midi

40 ch – †180/450 € ††180/450 € – ☕ 22 €

Rest – (35 €) Menu 60/95 € – Carte 80/120 €

Spéc. Langoustines rôties et marinées en tartare. Pigeonneau de Fromentières farci au jambon de Reims. Sphère meringuée, crémeux de cumbawa, cake aux zestes d'agrumes. **Vins** Champagne.

◆ Au cœur d'un vignoble, jolie bâtisse aux chambres personnalisées. Salon-bar cosy proposant une longue carte de champagnes ; spa et piscine. Décor très soigné au restaurant, ouvert sur un jardin paysager. Pas moins de 850 références de vins accompagnent la cuisine actuelle du chef.

ÉPINAL P – 88 Vosges – 314 G3 – 34 014 h. – alt. 324 m – ✉ 88000 27 C3

Alsace Lorraine

Paris 385 – Belfort 96 – Colmar 88 – Mulhouse 106

6, place Saint-Goëry ☎ 03 29 82 53 32

des Images d'Épinal, par rte de St-Dié-des-Vosges : 3 km, ☎ 03 29 31 37 52

Vieille ville★ : Basilique★ - Parc du château★ - Musée départemental d'art ancien et contemporain★ - Imagerie d'Épinal.

Le Manoir

5 av. Provence – ☎ 03 29 29 55 55 – www.manoir-hotel.com BZn

10 ch – †89/95 € ††89/95 € – 2 suites – ☕ 15 €

Rest *Ducs de Lorraine* – voir ci-après

◆ Une belle demeure bourgeoise pleine du cachet du 19e s. Tableaux, tapis, boiseries, mobilier ancien... et équipements high-tech (haut débit, console de jeux...). Espace bien-être.

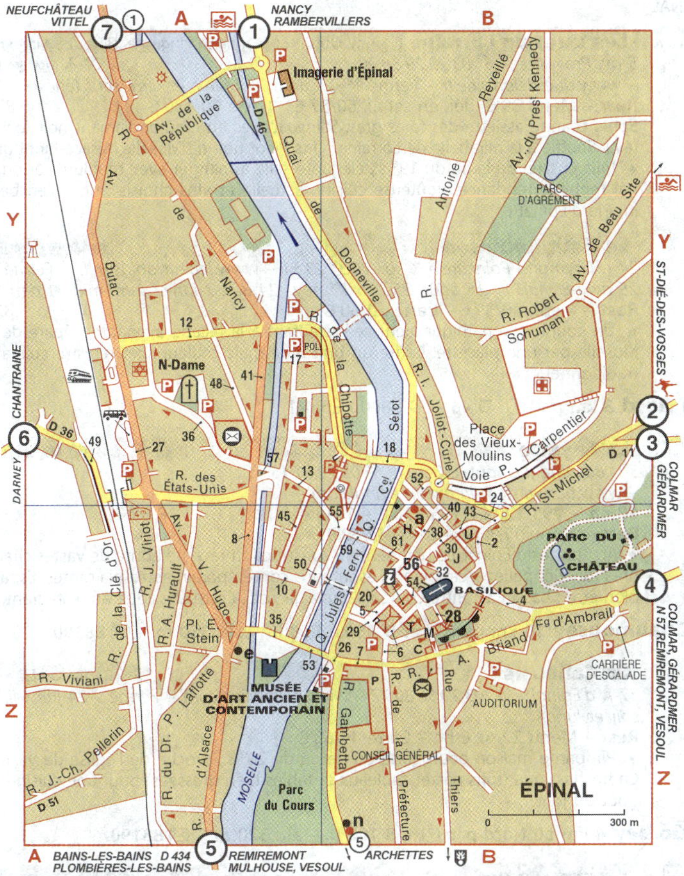

Abbé-Friesenhauser (R.)	BZ	2
Ambrail (R. d')	BZ	4
Bassot (Pl. Cl.)	BZ	5
Blaudez (R. F.)	BZ	6
Boegner (R. du Pasteur)	BZ	7
Bons-Enfants (Quai des)	AZ	8
Boudiou (Pt et R. du)	AZ	10
Boulay-de-la-Meurthe (R.)	AY	12
Bourg (R. L.)	AY	13
Clemenceau (Pl.)	AY	17
Clemenceau (Pont)	BY	18
Comédie (R. de la)	BZ	20
Entre-les-Deux-Portes (R.)	BYZ	24
États-Unis (R. des)	AY	
Foch (Pl.)	BZ	26
Gaulle (Av. du Gén.-de)	AY	27
Gelée (R. Cl.)	BZ	28
Georgin (R.)	BZ	29
Halles (R. des)	BZ	30
Henri (Pl. E.)	BZ	32
Lattre (Av. Mar.-de)	AY	36
Leclerc (R. Gén.)	BZ	38
Lormont (R.)	BZ	40
Lyautey (R. Mar.)	AY	41
Maix (R. de la)	BZ	43
Minimes (R. des)	AZ	45
Neufchâteau (R. F. de)	AY	48
N.-D.-de-Lorette (R.)	AY	49
Pinau (Pl.)	AZ	50
Poincaré (R. Raymond)	BY	52
Sadi-Carnot (Pont)	AZ	53
St-Goery (R.)	BZ	54
Schwabisch Hall (Pl. de)	BZ	55
La Tour (R. G. de la)	AZ	35
Vosges (Pl. des)	BZ	56
4-Nations (Pl. des)	AY	57
170e Régt-d'Inf. (Pont du)	BZ	59
170e-Régt-d'Inf. (R. du)	BZ	61

Mercure

13 pl. E. Stein – ✆ 03 29 29 12 91
– *www.mercure.com* **AZe**

60 ch – ♦65/180 € ♦♦75/190 € – ☕ 17 €

Rest – *(fermé vend. soir, sam. et dim.)* Menu 19/26 € – Carte 28/42 €

◆ Près du musée d'Art ancien et contemporain, un immeuble du 19e s. cachant un hôtel contemporain, récemment rénové. À l'arrière, les chambres ouvrent sur le canal. Carte traditionnelle au restaurant Le Mouton Blanc ; terrasse au calme.

Les Ducs de Lorraine (Claudy Obriot et Stéphane Ringer) – Hôtel Le Manoir
5 av. Provence – ☎ 03 29 29 56 00
– www.ducsdelorraine.fr – Fermé 1er-23 août, 2-9 janv. et dim. sauf fériés
Rest – Menu 39 € (déj. en sem.), 60/87 € – Carte 90/130 € BZ**n**
Spéc. Grande assiette des foies gras. Saint-Jacques en croûte, diamant noir (oct. à fév.). Soufflé à la mirabelle de Lorraine. **Vins** Pinot noir de Moselle, Alsace-Pinot gris.
◆ Villa cossue de la fin du 19e s., élégante salle à manger avec moulures et original mobilier tendance, goûteuse cuisine actuelle et vins choisis : une bien belle image d'Épinal !

Le Petit Robinson
24 r. Raymond Poincaré – ☎ 03 29 34 23 51 – www.lepetitrobinson.fr – Fermé 25 avril-8 mai, 1er-15 août, 25 oct.-1er nov., 24 déc.-2 janv., sam. midi et dim.
Rest – Menu 20/39 € – Carte 30/60 € BZ**a**
◆ Un couple sympathique tient ce restaurant à la façade avenante, séparé de la Moselle par une placette. Cadre un brin daté mais chaleureux ; registre culinaire traditionnel.

au Nord 3 km par ① D 46 - ✉ 88000 Épinal

La Fayette rest,
3 r. Bazaine (Le-Saut-le-Cerf) – ☎ 03 29 81 15 15
– www.bestwestern-lafayette-epinal.com
58 ch – 🛉95/120 € 🛉🛉95/120 € – 1 suite – ☕ 12 € – ½ P 68 €
Rest – Menu 17/43 € – Carte 42/52 €
◆ Aux portes d'Épinal, ce bâtiment de construction récente abrite de vastes chambres fonctionnelles – certaines d'esprit plus contemporain assez plaisantes. Espace bien-être : bassin à contre-courant, sauna, jacuzzi. Carte classique au restaurant.

à Chaumousey 10 km par ⑥ et D 460 – 858 h. – alt. 360 m – ✉ 88390

Le Calmosien
37 r. d'Epinal – ☎ 03 29 66 80 77 – www.calmosien.com – Fermé 9-24 juil., dim. soir et lundi
Rest – Menu 22/62 € bc – Carte 45/65 €
◆ Pimpante maison bourgeoise du début du 20e s., proche de l'église du village. Cadre classique (tons pastel, tableaux et tables bien dressées) pour une cuisine au goût du jour.

à Golbey 4 km au Nord par ⑦ – 8 102 h. – alt. 320 m – ✉ 88190

Atrium sans rest
89 r. de Lorraine – ☎ 03 29 81 15 20 – www.hotel-atrium.fr – Fermé 23 déc.-2 janv.
22 ch – 🛉59 € 🛉🛉65 € – ☕ 8 €
◆ En périphérie d'Épinal, un bâtiment de plain-pied organisé autour d'un patio fleuri. Chambres simples, pratiques et bien tenues (bonne literie, écrans plats).

à Fontenay 13 km au Nord-Est par D 420 – 474 h. – alt. 390 m – ✉ 88600

La Grange
chemin de Framont – ☎ 03 29 43 20 55 – www.la-grange-aux-arts.com
5 ch ☕ – 🛉95 € 🛉🛉105 € **Table d'hôte** – Menu 25 € bc/35 €
◆ Dans cette villa contemporaine toute blanche, une coursive dessert les chambres, décorées sur le thème des cinq continents – reflet de la passion artistique de la propriétaire, galeriste. Spa, piscine couverte. Dîners aux chandelles sur réservation.

L'ÉPINE – 51 Marne – 306 I9 – rattaché à Châlons-en-Champagne

---

ÉPINEAU-LES-VOVES – 89 Yonne – 319 D4 – rattaché à Joigny

ERBALUNGA – 2B Haute-Corse – 345 F3 – voir à Corse

ERMENONVILLE – 60 Oise – **305** H6 – 897 h. – alt. 92 m – ✉ 60950 **36** B3
Île de France

Paris 51 – Beauvais 70 – Compiègne 42 – Meaux 25
2 bis, rue René de Girardin ☎ 03 44 54 01 58
Mer de Sable★ - Forêt d'Ermenonville★ - Abbaye de Chaalis★★ N : 3 km.

XX **Le Relais de la Croix d'Or** avec ch rest, VISA AE
2 r. Prince Radziwill – ☎ 03 44 54 00 04 – www.lacroixdor.net – Fermé 25 juil.-8 août, dim. soir et lundi
8 ch – †69/85 € ††78/98 € **Rest** – (16 €) Menu 35/69 € – Carte 40/60 €
◆ Atmosphère rustique – poutres, pierres apparentes, cave voûtée – en cette auberge dédiée à la tradition (produits de saison). Terrasse en bord de bassin. Chambres pratiques.

ERMITAGE-DU-FRÈRE-JOSEPH – 88 Vosges – **314** J5 – rattaché à Ventron

ERNÉE – 53 Mayenne – **310** D5 – 5 793 h. – alt. 120 m – ✉ 53500 **34** B1
Normandie Cotentin

Paris 304 – Domfront 47 – Fougères 22 – Laval 31
place de l'Hôtel de Ville ☎ 02 43 08 71 10

XX **Le Grand Cerf** VISA
19 r. Aristide Briand – ☎ 02 43 05 13 09 – www.legrandcerf.net – Fermé 6-12 août, 15-31 janv., dim. soir et lundi
Rest – (17 €) Menu 24/50 € bc – Carte environ 43 €
◆ Une auberge de village (salles sur deux niveaux, murs en pierres apparentes), où l'on vient apprécier une cuisine du terroir assez simple.

ERQUY – 22 Côtes-d'Armor – **309** H3 – 3 742 h. – alt. 12 m – ✉ 22430 **10** C1
Bretagne

Paris 451 – Dinan 46 – Dinard 39 – Lamballe 21
3, rue du 19 Mars 1962 ☎ 02 96 72 30 12
Cap d'Erquy ★ NO : 3,5 km puis 30 mn.

Beauséjour P VISA
21 r. Corniche – ☎ 02 96 72 30 39 – www.beausejour-erquy.com – Ouvert 15 avril-15 nov. et fermé lundi hors saison
15 ch – †60/65 € ††64/72 € – 10 € – ½ P 64/72 €
Rest – (15 €) Menu 21/35 € – Carte 30/40 €
◆ À 100 m de la plage, hôtel-restaurant familial disposant de chambres bien tenues, égayées de tissus colorés et fleuris ; la moitié offre une vue sur le port de pêche. Table iodée et beau panorama sur la mer à travers les baies de la sobre salle à manger.

XX **L'Escurial** VISA AE
bd de la Mer – ☎ 02 96 72 31 56 – www.restaurantlescurial.com – Fermé janv., jeudi soir, dim. soir et lundi
Rest – (24 €) Menu 30/62 € – Carte 52/66 €
◆ Élégant restaurant contemporain généreusement ouvert sur les flots. On y déguste recettes actuelles, poissons et, en saison, les fameuses noix de Saint-Jacques.

à St-Aubin 3 km au Sud-Est par rte secondaire – ✉ 22430 Erquy

X **Relais St-Aubin** P VISA AE
D 68 – ☎ 02 96 72 13 22 – www.relais-saint-aubin.fr – Fermé 15 nov.-15 déc., fév., mardi sauf juil.-août et lundi
Rest – Menu 16 € (sem.)/44 € – Carte 29/65 €
◆ Cette demeure campagnarde en pierres du pays (17e s.) abrite une belle salle à manger rustique. Aux beaux jours, profitez de la terrasse et du ravissant jardin fleuri.

ERSA – 2B Haute-Corse – **345** F2 – voir à Corse

ERSTEIN – 67 Bas-Rhin – **315** J6 – 9 592 h. – alt. 150 m – ✉ 67150 **1** B2

Paris 514 – Colmar 49 – Molsheim 24 – St-Dié 69
16, rue du Général-de-Gaulle ☎ 03 88 98 14 33

Crystal

41-43 av. de la Gare – 03 88 64 81 00 – www.hotelcrystal.fr – Fermé 1er-7 août
71 ch – 69/82 € 79/115 € – 3 suites – 13 €
Rest – *(fermé 29 juil.-21 août, 23 déc.-1er janv., vend. soir, sam. midi et dim.)* (11 €) Menu 14 € (déj.), 25/42 € – Carte 26/53 €
◆ Bâtiment récent, à proximité de la route. Chambres fonctionnelles ; celles du 3e étage sont mansardées et plus spacieuses. Plaisant restaurant où l'on sert une sympathique cuisine traditionnelle mêlée de touches asiatiques.

Jean-Victor Kalt

41 av. de la Gare – 03 88 98 09 54 – Fermé 15 juil.-10 août, 1er-8 janv., dim. soir, merc. soir, sam. midi et lundi
Rest – (22 €) Menu 28/65 € – Carte 45/75 €
◆ Le chef aime son métier et le prouve : il élabore, au gré du marché, une belle cuisine classique et, lorsqu'il vient saluer ses hôtes, il prodigue de judicieux conseils.

ERVAUVILLE – **45 Loiret** – **318** O3 – **rattaché à Courtenay**

ESCATALENS – **82 Tarn-et-Garonne** – **337** D8 – **935 h.** – **alt. 60 m** – ✉ **82700** **28** B2

Paris 649 – Colomiers 58 – Montauban 16 – Toulouse 53

Maison des Chevaliers sans rest

pl. de la Mairie – 05 63 68 71 23 – www.maisondeschevaliers.com
5 ch – 70 € 90 €
◆ Cette maison en briques accueille de vastes chambres dont le décor, très recherché, associe meubles anciens, souvenirs de voyage, lavabos et faïences ramenés du Portugal. Cuisinette et salle de jeux à disposition.

ESCOIRE – **24 Dordogne** – **329** G4 – **457 h.** – **alt. 100 m** – ✉ **24420** **4** C1

Paris 485 – Bordeaux 147 – Périgueux 13 – Sarlat-la-Canéda 72

Château d' Escoire sans rest

– 05 53 05 99 80 – www.escoire-lechateau.com – Ouvert 1er mai-30 oct.
4 ch – 70 € 90 €
◆ Cette romantique demeure (18e s.) dominant le village bénéficie d'un grand parc, d'une piscine et d'un jardin à la française. Chambres spacieuses.

ESPALION – **12 Aveyron** – **338** I3 – **4 511 h.** – **alt. 342 m** – ✉ **12500** **29** D1

Midi-Toulousain

Paris 592 – Aurillac 72 – Figeac 93 – Mende 101
23, place du Plô 05 65 44 10 63
Église de Perse★ SE : 1 km.

Le Méjane

r. Méjane – 05 65 48 22 37 – www.restaurant-mejane.fr – Fermé 7-27 mars, 22-29 juin, merc. sauf juil.-août, dim. soir et lundi
Rest – (17 €) Menu 25/56 € – Carte 39/53 €
◆ Derrière cette façade discrète se cache une petite salle à manger contemporaine, agrandie par un subtil jeu de miroirs. Goûteuse cuisine actuelle sensible aux saisons.

Moderne et rest. l'Eau Vive

27 bd Guizard – 05 65 44 05 11 – www.hotelmoderne12.com – Fermé 4 nov. au 10 déc. et 3 au 18 janv.
Rest – *(fermé dim. soir et lundi)* (15 €) Menu 25/48 € – Carte 35/58 €
◆ On vient ici apprécier une cuisine régionale et des plats à base de poissons d'eau douce, pêchés par le chef en personne. Salle à manger lumineuse.

ESPALY-ST-MARCEL – **43 Haute-Loire** – **331** F3 – **alt. 650 m** – **rattaché au Puy-en-Velay**

ESPELETTE – 64 Pyrénées-Atlantiques – **342** D2 – **1 936 h.** – **alt. 77 m** – ✉ **64250** **3** A3

Paris 775 – Bordeaux 215 – Pau 134 – Donostia-San Sebastián 78

145, route Karrika Nagusia ✆ 05 59 93 95 02

Euzkadi rest, ch, VISA

285 Karrika Nagusia – ✆ 05 59 93 91 88 – www.hotel-restaurant-euzkadi.com – Fermé 1er nov.-24 déc., mardi hors saison et lundi

27 ch – 47/62 € 59/78 € – 8 € – ½ P 60/70 €

Rest – Menu 18/35 € – Carte 20/45 €

◆ Dans la capitale du piment, une belle façade à la gloire du pays. La plupart des chambres arborent un style basque épuré : murs blancs et poutres. La piscine est agréable... Généreuse et fidèle à la tradition, la cuisine ravit les gourmands dans un décor rustique.

ESSOYES – 10 Aube – **313** H5 – **681 h.** – **alt. 170 m** – ✉ **10360** **13** B3

Paris 222 – Chaumont 65 – Dijon 120 – Troyes 49

Canotiers rest, VISA

1 r. Pierre-Renoir – ✆ 03 25 38 61 08 – www.hoteldescanotiers.com – Fermé 20 déc.-5 janv., 15 fév.-10 mars, mardi midi et lundi d'oct. à mai

14 ch – 74 € 96 € – ½ P 68 €

Rest – (15 €) Menu 23/44 € – Carte 35/66 €

◆ Hôtel proposant de grandes chambres confortables et très bien tenues, avec vue sur la vallée et le village où repose le peintre Auguste Renoir. Grande salle à manger panoramique avec terrasse ; cuisine traditionnelle, bonne carte de champagnes.

ESTAING – 12 Aveyron – **338** I3 – **610 h.** – **alt. 313 m** – ✉ **12190** **29** D1

Midi-Toulousain

Paris 602 – Aurillac 63 – Conques 33 – Espalion 10

24, rue François d'Estaing ✆ 05 65 44 03 22

Le Manoir de la Fabrègues VISA AE

rte d'Espalion, 3 km – ✆ 05 65 66 37 78 – www.manoirattitude.com – Fermé 1er nov.-16 déc.

10 ch – 75/85 € 75/85 € – 1 suite – 10 €

Rest – *(fermé dim. soir, lundi hors saison et le midi)* Menu 18/34 €

◆ Les propriétaires ont su insuffler l'esprit d'une maison d'hôtes à ce manoir du 15e s. (pierres du pays, poutres apparentes, cantou). Les chambres ont récemment été refaites avec goût et caractère. Cuisine du terroir simple et faite maison.

L' Auberge St-Fleuret VISA

19 r. François d'Estaing, (face à la mairie) – ✆ 05 65 44 01 44 – www.auberge-st-fleuret.com – Ouvert d'avril à mi-nov. et fermé mardi midi, merc. midi et lundi

14 ch – 48/58 € 48/58 € – 8 € – ½ P 49/57 €

Rest – Menu 19/29 € – Carte 28/43 €

◆ Ex-relais de poste du 19e s. aux chambres traditionnelles et modestes. Au restaurant, produits régionaux et spécialités du terroir, dont le fameux aligot. Terrasse surplombant la piscine.

ESTISSAC – 10 Aube – **313** C4 – **1 783 h.** – **alt. 133 m** – ✉ **10190** **13** B3

Paris 158 – Châlons-en-Champagne 105 – Sens 44 – Troyes 23

Communauté de communes des Portes du Pays d'Othe ✆ 03 25 40 42 42

Domaine du Voirloup

3 pl. Betty Dié – ✆ 03 25 43 14 27 – www.vrlp.com

3 ch – 65 € 85 € **Table d'hôte** – Menu 30 € bc

◆ Grande demeure bourgeoise (1904) et son superbe parc où courent un ruisseau, une cascade et des canaux. Les chambres, joliment colorées, s'appellent Orient, Occident et Midi. À table, les menus changent selon le marché. Gâteaux et confitures maison au petit-déjeuner.

ESTIVAREILLES – 03 Allier – 326 C4 – 1 005 h. – alt. 200 m – ✉ 03190 5 B1

Paris 317 – Bourbon-l'Archambault 45 – Montluçon 12 – Montmarault 36

XX **Le Lion d'Or**

D 2144 – ✆ 04 70 06 00 35 – www.hotel-leliondor.net – Fermé 28 août-12 sept., 27 fév.-11 mars, dim. soir et lundi

Rest – (15 €) Menu 20 € (sem.), 29/48 € – Carte 35/60 €

◆ Bâtisse centenaire bordant la route nationale. De belles poutres font le caractère de la salle à manger, tandis que la terrasse donne sur un parc arboré baigné par un étang.

ESTRABLIN – 38 Isère – 333 C4 – rattaché à Vienne

ESTRÉES-ST-DENIS – 60 Oise – 305 G4 – 3 543 h. – alt. 70 m – ✉ 60190 36 B2

Paris 81 – Beauvais 46 – Clermont 21 – Compiègne 17

du Château d'Humières à Monchy Humières Rue de Gournay, NE : 11 k m, ✆ 03 44 86 48 22

XX **Moulin Brûlé**

70 av. de Flandre – ✆ 03 44 41 97 10 – Fermé vacances de Pâques, août, 1er-10 janv., dim. soir, lundi et mardi

Rest – *(prévenir)* (17 €) Menu 22/50 € – Carte 35/55 €

◆ Logé dans une ancienne épicerie, un restaurant mi-contemporain, mi-champêtre, agrémenté d'une terrasse fermée. Plats actuels et beau choix de bordeaux et de vins de Loire.

ÉTAMPES – 91 Essonne – 312 B5 – 22 568 h. – alt. 80 m – ✉ 91150 Île de France 18 B3

Paris 51 – Chartres 59 – Évry 35 – Fontainebleau 45

2, place de l'Hôtel de Ville ✆ 01 69 92 69 00

de Belesbat à Boutigny-sur-Essonne Domaine de Belesbat, E : 17 km par D 837 et D 153, ✆ 01 69 23 19 10

Collégiale Notre-Dame★.

XX **Auberge de la Tour St-Martin**

97 r. St-Martin – ✆ 01 69 78 26 19 – www.aubergedelatoursaintmartin.com – Fermé 1er-20 août, 2 sem. en fév., dim. soir et merc.

Rest – Carte 28/45 €

◆ Nouveau départ réussi pour ce restaurant au cadre rustique bien agréable (poutres, pierres apparentes et cheminée). La carte, traditionnelle, évolue au fil des saisons.

à Ormoy-la-Rivière 5 km au Sud par D 49 et rte secondaire – 936 h. – ✉ 91150

X **Le Vieux Chaudron**

45 Grande Rue – ✆ 01 64 94 39 46 – www.levieuxchaudron.com – Fermé 8-29 août, 26 déc.-8 janv., jeudi soir, dim. soir et lundi

Rest – (25 €) Menu 35/50 €

◆ Une petite auberge face à l'église, disposant d'un intérieur campagnard agrémenté d'une belle cheminée et d'une terrasse au calme. Appétissantes recettes dans l'air du temps.

ÉTANG-DE-HANAU – 57 Moselle – 307 Q4 – rattaché à Philippsbourg

LES ÉTANGS-DES-MOINES – 59 Nord – 302 M7 – rattaché à Fourmies

ÉTAPLES – 62 Pas-de-Calais – 301 C4 – 11 813 h. – alt. 10 m – ✉ 62630 Nord Pas-de-Calais Picardie 30 A2

Paris 228 – Calais 67 – Abbeville 55 – Arras 101

boulevard Bigot Descelers ✆ 03 21 09 56 94

XX **Aux Pêcheurs d'Étaples**

quai Canche – ✆ 03 21 94 06 90 – www.auxpecheursdetaples.fr – Fermé 1er-25 janv. et dim. soir d'oct. à mars

Rest – Menu 20/39 € – Carte 32/62 €

◆ Au rez-de-chaussée, une grande poissonnerie ; au 1er, un restaurant de poissons et fruits de mer... Fraîcheur garantie ! Vue sur l'aérodrome du Touquet... entre ciel et mer !

ÉTEL – 56 Morbihan – **308** L9 – 2 035 h. – alt. 20 m – ✉ 56410 **9** B2
Bretagne

Paris 494 – Lorient 26 – Quiberon 24 – Vannes 37

place des Thoniers ✆ 02 97 55 23 80

Le Trianon rest, VISA

14 r. du Gén.-Leclerc – ✆ 02 97 55 32 41 – www.letrianon@wanadoo.fr – Fermé 3-18 déc., 2 janv.-1er fév.

23 ch – 55/60 € 58/150 € – 10 € – ½ P 60/68 €

Rest – (15 €) Menu 20/40 € – Carte environ 50 €

◆ Près du port de pêche, des chambres provinciales et rétro, un peu hors du temps et parfaitement tenues (préférez celles de l'annexe) ! Jardinet au calme. Dans la salle rustique, on savoure une agréable cuisine traditionnelle.

ÉTOUY – 60 Oise – **305** F4 – rattaché à Clermont

ÉTRÉAUPONT – 02 Aisne – **306** F3 – 868 h. – alt. 127 m – ✉ 02580 **37** D1

Paris 184 – Avesnes-sur-Helpe 24 – Hirson 16 – Laon 44

Clos du Montvinage ch, VISA AE

8 r. Albert Ledant – ✆ 03 23 97 91 10 – www.clos-du-montvinage.fr – Fermé 8-21 août, 19 déc.-9 janv., dim. soir et lundi midi

20 ch – 61/81 € 72/92 € – 11 € – ½ P 60 €

Rest *Auberge du Val de l'Oise* – (21 €) Menu 23/45 € bc – Carte 25/42 €

◆ Avenante maison de maître du 19e s. aux chambres personnalisées (montagne, bourgeoise, etc.). Pour vos loisirs : belle salle de billard, tennis, vélos et croquet dans le parc. Au restaurant, ne manquez pas de goûter la spécialité du terroir : la tourte au maroilles.

ÉTRETAT – 76 Seine-Maritime – **304** B3 – 1 531 h. – alt. 8 m – Casino A **33** C1 – ✉ 76790 Normandie Vallée de la Seine

Paris 206 – Bolbec 30 – Fécamp 16 – Le Havre 29

place Maurice Guillard ✆ 02 35 27 05 21

d'Étretat Route du Havre, ✆ 02 35 27 04 89

Le Clos Lupin★ - Falaise d'Aval★★★ - Falaise d'Amont★★.

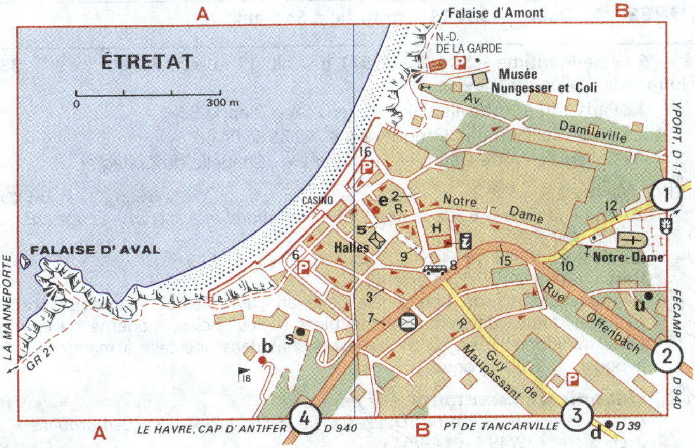

Abbé-Cochet (R. de l') . . . . B 2	George-V (Av.) . . . . B 7	Nungesser-et-Coli (Av.) . . . . B 12
Alphonse-Karr (R.) . . . . B 3	Guillard (Pl. Maurice) . . . . B 8	Verdun (Av. de) . . . . B 15
Coty (Bd R.) . . . . B 5	Monge (R.) . . . . B 9	Victor-Hugo (Pl.) . . . . B 16
Gaulle (Pl. Gén.-de) . . . . A 6	Mottet (R. Charles) . . . . B 10	

Dormy House

rte du Havre – 02 35 27 07 88 – www.dormy-house.com **As**

60 ch – 68/195 € 68/195 € – 3 suites – 17 € – ½ P 92/146 €

Rest – *(fermé 3-23 janv.)* (26 €) Menu 31 € (déj. en sem.), 40/72 € – Carte environ 55 €

◆ En surplomb de la station, dans un parc jouxtant le golf, paisible manoir de 1870 et ses dépendances tournés vers la falaise d'Amont. Divers types de chambres : classiques, cosy ou plus simples. Belle vue littorale par les baies du restaurant, du bar et en terrasse.

Domaine St-Clair

chemin de St-Clair – 02 35 27 08 23 – www.hoteletretat.com **Bu**

21 ch – 90/550 € 90/550 € – 14 €

Rest – *(fermé lundi midi, mardi midi, merc. midi et jeudi midi)* Menu 25 € (déj.), 35/85 €

◆ Hôtel des hauteurs d'Étretat invitant à la détente dans un château anglo-normand (19e s.) et une villa Belle Époque. Plusieurs petits salons et chambres aux tissus précieux. Cuisine actuelle de beaux produits (potager) servie dans des salles au décor intime.

Villa sans Souci sans rest

27 ter r. Guy de Maupassant – 02 35 28 60 14 – www.villa-sans-souci.fr

4 ch – 85 € 105/160 € **Bd**

◆ Villa de 1903 vous logeant au calme, dans des chambres personnalisées. Espace breakfast déclinant les thèmes du 7e art et de l'automobile, joli salon-bibliothèque et jardin ombragé.

Le Galion

bd R. Coty – 02 35 29 48 74 – Fermé 15 déc.-20 janv., mardi et merc. sauf vacances scolaires **Be**

Rest – Menu 25/41 € – Carte 36/57 €

◆ Le trésor de ce galion-là ne se trouve pas à fond de cale, mais au plafond : la forêt de poutres sculptées date du 14e s. et provient d'une maison de Lisieux.

Du Golf

rte du Havre – 02 35 27 04 56 – www.golfetretat.com – Fermé dim. soir, lundi soir, merc. soir et mardi de nov. à mars **Ab**

Rest – (32 €) Menu 38 € (déj.)/40 €

◆ Superbe échappée littorale par les baies vitrées de ce club house du golf perché tel un belvédère sur la falaise d'Aval. Menu au goût du jour noté à l'ardoise.

ÉTUPES – **25 Doubs** – **321** L1 – **rattaché à Sochaux**

EU – **76 Seine-Maritime** – **304** I1 – **7 571 h.** – **alt. 19 m** – **76260** **33** D1

Normandie Vallée de la Seine

Paris 176 – Abbeville 34 – Amiens 88 – Dieppe 33

place Guillaume le Conquérant 02 35 86 04 68

Collégiale Notre-Dame et St-Laurent★ - Chapelle du Collège★.

Maine

20 av. de la Gare – 02 35 86 16 64 – www.hotel-maine.com – Fermé sam. midi et dim. soir

28 ch – 44/54 € 54/64 € – 10 € – ½ P 79/125 €

Rest – Menu 22/30 € – Carte 45/80 €

◆ Attrayante maison bourgeoise bâtie en 1897. Petites chambres sobrement équipées, toutes différemment meublées (styles ancien, moderne ou ethnique). Carte traditionnelle et joli choix de poissons dans une salle à manger au décor évoquant la Belle Époque.

Manoir de Beaumont sans rest

rte de Beaumont, 3 km par D 49 – 02 35 50 91 91 – www.demarquet.eu

3 ch – 39/49 € 49/61 €

◆ Ancien relais de chasse situé à un saut de biche de la forêt d'Eu et à 5 mn des plages. Chambres calmes et personnalisées, salon Louis XVI pour le petit-déjeuner et joli parc.

EUGÉNIE-LES-BAINS – 40 Landes – 335 I12 – 476 h. – alt. 65 m 3 B3

– Stat. therm. : mi-fév.-début déc. – ✉ 40320 Aquitaine

Paris 731 – Aire-sur-l'Adour 12 – Dax 71 – Mont-de-Marsan 26

147, rue René Vielle ☏ 05 58 51 13 16

Les Greens d'Eugénie à Bahus-Soubiran GOLF DU TURSAN, S : 4 km par D 11 et D 62, ☏ 05 58 51 11 63

Les Prés d'Eugénie

pl. de l'Impératrice – ☏ 05 58 05 06 07
– www.michelguerard.com – Fermé 3 janv.-15 mars

29 ch – †220/660 € ††240/780 € – 10 suites – ☐ 45 €

Rest ***Michel Guérard*** – voir ci-après

Rest – *(menu minceur pour résidents seult)* Menu 55 € – Carte 127/177 €

◆ Les Prés du bonheur ! Demeure du 19e s. élégamment décorée, parc et "ferme thermale" : heureux mariage entre maison de ville et maison des champs, entre plaisir et forme.

Le Couvent des Herbes

– Fermé 3 janv.-9 fév.

4 ch – †340/400 € ††340/400 € – 4 suites – ☐ 30 €

◆ Napoléon III fit amoureusement restaurer pour Eugénie ce joli couvent du 18e s. Autour d'un jardin d'Éden, les chambres sont la séduction même.

La Maison Rose

ch, rest,

– ☏ 05 58 05 06 07 – www.michelguerard.com – Fermé 11 déc.-6 fév.

26 ch – †150/230 € ††150/230 € – 5 suites – ☐ 20 €

Rest – *(résidents seult)* Menu 40 €

◆ Couleurs pastel reposantes, mobilier en rotin blanc et fleurs fraîches, salon cosy aux murs tendus d'étoffe rayée : une ambiance guesthouse raffinée et réussie.

Michel Guérard – Hôtel Les Prés d'Eugénie

– ☏ 05 58 05 06 07 – www.michelguerard.com
– Fermé 3-15 déc., 3 janv.-15 mars, lundi soir et le midi en sem. sauf du 5 juil. au 22 août et sauf fériés

Rest – *(nombre de couverts limité, prévenir)* Menu 100 € bc (sem.), 165/190 € – Carte 127/182 €

Spéc. Œuf de poule au caviar en moscovite d'herbes fines. Homard rôti et légèrement fumé à la cheminée. Millefeuille à l'Impératrice. **Vins** Tursan blanc, Vin de pays des Terroirs Landais rouge.

◆ Une signature à jamais associée à l'aventure de la Nouvelle Cuisine ! Une œuvre sensible, légère, inventive… une véritable ode aux saveurs, rendues dans une veine naturaliste. Mention spéciale à la magie des lieux, occasion d'une véritable parenthèse bucolique.

La Ferme aux Grives avec ch

– ☏ 05 58 05 05 06 – www.michelguerard.com – Fermé 3 janv.-9 fév.

4 ch – †340/400 € ††450/600 € – ☐ 40 €

Rest – *(fermé mardi soir et merc. sauf du 7 juil. au 29 août et sauf fériés)* Menu 48/62 €

◆ Auberge de village qui a retrouvé ses couleurs d'antan. Jardin potager, vieilles poutres et tomettes... Un cadre idéal pour savourer une cuisine du terroir joliment ressuscitée. Suites et chambre exquises, pour des nuits paisibles.

ÉVIAN-LES-BAINS – 74 Haute-Savoie – 328 M2 – 7 797 h. 46 F1

– alt. 370 m – Stat. therm. : fév.-début nov. – Casino B – ✉ 74500 Alpes du Nord

Paris 577 – Genève 44 – Montreux 40 – Thonon-les-Bains 10

place d'Allinges ☏ 04 50 75 04 26

Évian Masters Golf Club Rive Sud du Lac de Genève, par rte de Thonon : 1 km, ☏ 04 50 75 46 66

Lac Léman★★★ - Promenade en bateau★★★ - L'escalier d'honneur★ de l'hôtel de ville.

Falaises★★.

Plan page suivante

Royal – ✆ 04 50 26 85 00 – www.evianroyalresort.com **Cz**

140 ch – †200/870 € ††280/870 € – 12 suites – ☕ 25 € – ½ P 165/460 €

Rest *L'Edouard VII* – *(fermé du dim. au jeudi) (dîner seult) (nombre de couverts limité, prévenir)* Menu 80/100 € – Carte 105/142 €

Rest *La Véranda* – *(fermé vacances scolaires)* Menu 40/60 €

Rest *Le Jardin des Lys* – *(fermé sam. et dim.) (déj. seult)* Menu 40 €

Rest *La Suite* – *(dîner seult)* Menu 60 € – Carte 51/89 €

◆ Belle architecture Art déco pour ce luxueux palace édifié en 1907. Parc majestueux, superbe institut de remise en forme et spacieuses chambres garnies de meubles de style. À l'Édouard VII, peintures de Gustave Jaulnes, décor Belle Époque, terrasse avec vue magnifique sur le lac et cuisine gastronomique actuelle. La Véranda propose buffets et grillades. Plats diététiques servis au Jardin des Lys. Ambiance lounge et carte internationale à La Suite.

Ermitage rest,

av. du Léman – ✆ 04 50 26 85 00 – www.evianermitage.com **Ca**

74 ch – †140/245 € ††200/350 € – 6 suites – ☕ 25 €

Rest *La Table* – ✆ 04 50 26 85 54 *(dîner seult)* Menu 50/80 € – Carte 53/85 €

Rest *La Bibliothèque* – *(déj. seult)* Carte 35/58 €

◆ Une imposante architecture Belle Époque sur les hauteurs d'Évian, dans un écrin de verdure. Détente à tous les étages : chambres feutrées et confortables, belle offre de soins au spa... La Table met en valeur les terroirs français ; superbe terrasse dominant le lac. Cuisine légère et ambiance cosy côté Bibliothèque.

ÉVIAN-LES-BAINS

Abondance (Av. d')	C	2
Bennevy (Bd de)	AB	5
Besson (Quai Ch.)	B	6
Clermont (R. de)	B	10
Cordeliers (R. des)	C	12
Cottet (Pl. Ch.)	B	15
Folliet (R. Gaspard)	B	19
Grottes (Av. des)	C	22
Larringes (Av. de)	A	25
Libération (Pl. de la)	C	26
Mateirons (Av. des)	B	27
Monnaie (R. de la)	B	29
Narvik (Av. de)	B	31
Nationale (R.)	B	33
Neuvecelle (Av. de)	C	36
Port (Pl. du)	C	37
Sources (Av. des)	B	39
Vallées (Av. des)	AB	40

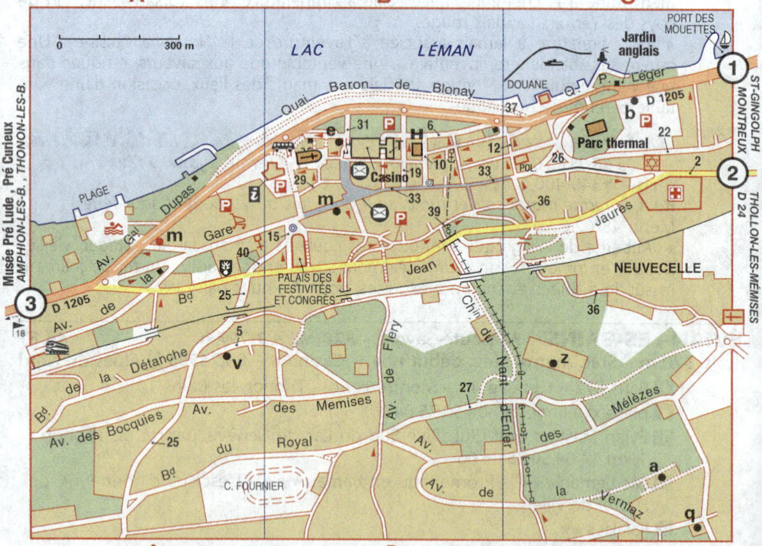

Hilton
53 quai Paul Léger – ✆ 04 50 84 60 00 – www.evianlesbains.hilton.fr
170 ch – 🚹99/580 € 🚹🚹99/580 € – 3 suites – ☕ 25 € **Cb**
Rest *Riva* – ✆ 04 50 84 60 30 – (17 €) Menu 22 € – Carte 33/62 €
◆ Hôtel au cadre moderne et épuré. La majorité des chambres, dotées de balcons, regarde le lac. Farniente chic au bord de la piscine et détente au wellness. Le Riva propose une cuisine internationale dans une ambiance lounge et branchée.

La Verniaz et ses Chalets
rte d'Abondance – ✆ 04 50 75 04 90 – www.verniaz.com
– Ouvert 11 fév.-11 nov. **Cq**
32 ch – 🚹90/290 € 🚹🚹95/292 € – 6 suites – ☕ 16 € – ½ P 116/214 €
Rest – (28 €) Menu 36/75 € – Carte 52/82 €
◆ Ensemble de maisons et chalets disséminés dans un superbe parc noyé sous les fleurs en saison. Grandes chambres garnies de meubles anciens ; vue sur le lac. Cuisine classique, spécialités de grillades et poissons du Léman à déguster dans le restaurant rustique.

Littoral sans rest
9 av. de Narvik – ✆ 04 50 75 64 00 – www.hotel-littoral-evian.com – Fermé 22 oct.-13 nov. **Be**
30 ch – 🚹72/88 € 🚹🚹80/106 € – ☕ 10 €
◆ Hôtel des années 1990 situé à côté du casino. Les chambres, progressivement rafraîchies dans un style régional, offrent toutes une vue sur le lac (la majorité avec balcon).

L'Oasis sans rest
11 bd Bennevy – ✆ 04 50 75 13 38 – www.oasis-hotel.com – Ouvert 1er avril-30 sept. **Av**
17 ch – 🚹70/170 € 🚹🚹70/170 € – ☕ 12 €
◆ Sur les hauteurs d'Évian, charmant hôtel aux chambres coquettes et douillettes ; certaines face au lac, d'autres occupent deux maisonnettes nichées dans le joli jardin arboré.

Continental sans rest
65 r. Nationale – ✆ 04 50 75 37 54 – www.hotel-continental-evian.com
32 ch – 🚹50/65 € 🚹🚹55/90 € – ☕ 8 € **Bm**
◆ Dans une rue piétonne, édifice de 1868 abritant un hôtel familial. Chambres bien tenues, au mobilier ancien chiné par le propriétaire ; celles du 4e étage ont vue sur le lac.

Histoire de Goût
1 av. gén.-Dupas – ✆ 04 50 70 09 98 – www.restaurant-histoiredegout.com
– Fermé 2-16 janv. et lundi **Am**
Rest – (18 € bc) Menu 28/39 € – Carte 42/59 €
◆ Casiers à vin et beau comptoir "pin et zinc" dans une salle, voûte et lustre en fer forgé dans l'autre : deux ambiances agréables pour découvrir des menus et suggestions actuels.

ÉVISA – 2A Corse-du-Sud – 345 B6 – voir à Corse

ÉVOSGES – 01 Ain – 328 F5 – 128 h. – alt. 750 m – ✉ 01230 — 45 C1

Paris 481 – Aix-les-Bains 69 – Belley 37 – Bourg-en-Bresse 57

L'Auberge Campagnarde
Le village – ✆ 04 74 38 55 55 – Fermé 1er-8 sept., 16-30 nov., janv., mardi soir et merc. hors saison
15 ch – 🚹60/85 € 🚹🚹60/85 € – ☕ 10 € – ½ P 63/67 €
Rest – *(fermé mardi soir et merc.)* Menu 22 € (déj. en sem.), 27/60 €
– Carte 39/57 €
◆ Savourez la quiétude de cette auberge tenue par la même famille depuis cinq générations. Accueil chaleureux, chambres simples mais impeccables, minigolf, piscine. Salle à manger champêtre (objets anciens), terrasse fleurie et cuisine féminine aux accents du terroir.

ÉVREUX - 27 Eure - **304** G7 - 51 239 h. - alt. 64 m - ✉ 27000 **33** D2

Normandie Vallée de la Seine

Paris 100 – Alençon 119 – Caen 135 – Chartres 78

1 ter, place de Gaulle ✆ 02 32 24 04 43

18 d'Évreux Chemin du Valème, par rte de Lisieux : 3 km, ✆ 02 32 39 66 22

Cathédrale Notre-Dame★★ - Châsse★★ dans l'église St-Taurin - Musée★★ **M.**

Mercure

bd Normandie – ✆ 02 32 38 77 77 – www.mercure.com AZs

60 ch – †79/108 € ††84/116 € – ☕ 11 €

Rest – (16 €) Menu 20/29 € – Carte 28/41 €

◆ Bien situé à l'entrée du centre-ville, bâtiment moderne et pratique offrant les prestations de la chaîne. Chambres fonctionnelles. Cuisine traditionnelle au restaurant, apprécié pour son atmosphère lumineuse et son décor cosy (ronce de bois, tons chauds).

L'Orme sans rest

13 r. Lombards – ✆ 02 32 39 34 12 – www.hotel-de-lorme.fr BYt

39 ch – †60/67 € ††67/72 € – ☕ 9 €

◆ Cet établissement central constitue une bonne étape pour le voyageur de passage. Chambres sobres et refaites en majorité (écrans plats, wi-fi).

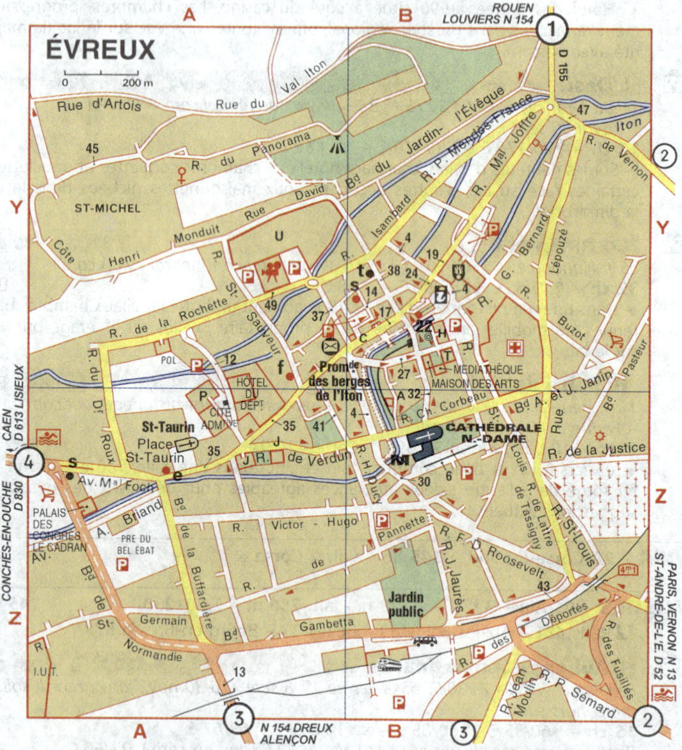

Borville-Dupuis (R.) .... BY 4	Feray (R. Édouard) .... BY 19	Leclerc (R. Gén.) .... AY 37
Chambaudoin (Bd) .... BZ 6	Gaulle (Pl. de) .... BY 22	Lombards (R. des) .... BY 38
Chartraine (R.) .... BZ 8	Grand-Carrefour (Pl. du) .... BY 24	Meilet (R. du) .... AZ 41
Chauvin (Bd G.) .... AY 12	Grenoble (R. de) .... BY 27	Résistance (R. de la) .... BZ 43
Cités Unies (Bd des) .... AZ 13	Harpe (R. de la) .... BZ 30	St-Michel (R. de) .... AY 45
Clemenceau (Pl.) .... BY 14	Horloge (R. de l') .... BZ 32	Vigor (R.) .... BY 47
Dr-Oursel (R.) .... BY 17	Joséphine (R.) .... AZ 35	7e-Chasseurs (R. du) .... AY 49

XX **La Gazette**
7 r. St-Sauveur – ✆ 02 32 33 43 40 – www.restaurant-lagazette.fr – Fermé 1er-22 août, sam. midi et dim. AYf
Rest – (18 €) Menu 21/58 € – Carte 43/66 €
◆ Table actuelle soignée repérable à sa devanture en bois peint. Mobilier moderne, poutres enduites, murs gris clair et copies de gazettes composent un décor intime et trendy.

XX **La Vieille Gabelle**
3 r. Vieille-Gabelle – ✆ 02 32 39 77 13 – Fermé 1er-22 août, 25 déc.-2 janv., sam. midi, dim. soir et lundi BYs
Rest – Menu 16 € (sem.), 22/36 € – Carte 32/59 €
◆ Derrière une façade normande à colombages, se cachent deux jolies salles à manger campagnardes où l'on propose des recettes dans l'air du temps.

X **La Croix d'Or**
3 r. Joséphine – ✆ 02 32 33 06 07 – Fermé dim. soir et lundi AZe
Rest – Menu 13 € (déj. en sem.), 17/33 € – Carte 27/44 €
◆ Le banc d'écailler et le vivier à homards annoncent la couleur : la carte, très étoffée, privilégie poissons et crustacés. Sobre décor d'esprit rustique et terrasse-véranda.

à Parville 4 km par ④ – 287 h. – alt. 130 m – ✉ 27180

XX **Côté Jardin**
rte de Lisieux – ✆ 02 32 39 19 19 – www.restaurant-cotejardinparville.com – Fermé dim. soir et lundi soir
Rest – (16 €) Menu 27/47 € – Carte 26/57 €
◆ Jolie maison à colombages bordant la route. La coquette salle à manger n'est pas en reste avec son cadre normand repeint dans des tons pastel. Carte au goût du jour.

ÉVRON – 53 Mayenne – 310 G6 – 7 152 h. – alt. 114 m – ✉ 53600 35 C1

Normandie Cotentin

Paris 250 – Alençon 58 – La Ferté-Bernard 98 – Laval 32
place de la Basilique ✆ 02 43 01 63 75
Basilique Notre-Dame★ : chapelle N.-D.-de l'Épine★★.

X **La Toque des Coëvrons**
4 r. des Prés – ✆ 02 43 01 62 16 – www.latoquedescoevrons.com – Fermé 28 juil.-13 août, 28 fév.-14 mars, dim. soir, merc. soir et lundi
Rest – (16 €) Menu 19 € (sem.), 26/45 € – Carte 33/55 €
◆ Le chef, toqué de recettes traditionnelles, mitonne de goûteux petits plats avec de bons produits locaux. Jolie salle rustique et ambiance familiale.

rte de Mayenne 6 km par D 7 – ✉ 53600 Mézangers

Au Relais du Gué de Selle
rte de Mayenne, (D 7) – ✆ 02 43 91 20 00 – www.relais-du-gue-de-selle.com Fermé 18 déc.-11 janv., 26 fév.-14 mars, vend. soir, dim. soir et lundi d'oct. à mai
30 ch – †62/191 € ††78/212 € – ☐ 11 € – ½ P 66/115 €
Rest – *(fermé lundi midi de juin à sept.)* (16 € bc) Menu 23 € (sem.), 27/55 € – Carte 53/66 €
◆ Vieille ferme restaurée et son jardin sur une rive de l'étang, visible depuis une partie des plaisantes chambres. Promenade au bord de l'eau, vélos, pêche. Salle à manger coiffée d'une charpente en forme de coque de navire, plats classiques, formule bistrot (déjeuner).

ÉVRY – 91 Essonne – 312 D4 – 101 37 – voir à Paris, Environs

EYBENS – 38 Isère – 333 H7 – rattaché à Grenoble

EYGALIÈRES – 13 Bouches-du-Rhône – 340 E3 – 1 955 h. – alt. 134 m 42 E1
– ✉ 13810 Provence

Paris 701 – Avignon 28 – Cavaillon 14 – Marseille 83

La Bastide d'Eygalières
rte Orgon (D 24B) et chemin de Pestelade – ☎ 04 90 95 90 06 – www.hotellabastide.com
14 ch – †72/100 € ††84/150 € – ☕ 14 €
Rest – *(fermé le midi d'oct. à mars)* (16 €) Menu 26 € (dîner)/38 € – Carte 30/42 € le soir
♦ Charmante bastide aux volets bleus. À l'intérieur, murs blanc cassé, meubles patinés et tomettes... Joli jardin avec piscine, donnant sur les Alpilles. La cuisine privilégie les légumes et les produits bio : salades et tapas le midi, menu traditionnel le soir.

Mas dou Pastré
quartier St-Sixte, 1,5 km par rte Orgon (D 24B) – ☎ 04 90 95 92 61 – www.masdupastre.com – Fermé 15 nov.-15 déc.
15 ch – †100/180 € ††100/180 € – 2 suites – ☕ 15 €
Rest – *(fermé dim.)* Menu 27 € (dîner)/35 €
♦ Cette ancienne bergerie a l'âme d'une "guesthouse" un peu insolite : décoration provençale à l'ancienne, meubles et bibelots chinés, jardin... et trois roulottes typiquement gitanes! Pour se restaurer, cuisine régionale et bons produits du terroir.

Maison Roumanille
au village – ☎ 04 90 95 92 61 – www.maisonroumanille.com – Fermé 15 nov.-15 déc.
4 ch – †150/180 € ††150/180 € – 2 suites – ☕ 15 €
♦ Au cœur du village, joli mas décoré dans le même esprit que la maison mère. Chambres personnalisées et colorées, avec terrasse (sauf une). Véranda pour les petits-déjeuners.

Maison Bru (Wout Bru) avec ch
3,5 km rte d'Orgon – ☎ 04 90 90 60 34 – www.chezbru.com – Fermé mardi midi d'oct. à avril et lundi sauf le soir de mai à sept.
16 ch – †200/300 € ††200/300 € – ☕ 20 €
Rest – Menu 105/135 € – Carte 100/150 €
Spéc. Rouget barbet à la plancha, tomates parfumées aux croquants d'olives (mars à sept.). Pluma ibérique laqué, crème de panais et lentilles à l'aigre-doux. Praline de fruit de la passion. **Vins** Vin de pays des Alpilles, Vin de pays des Bouches du Rhône.
♦ Bel endroit que ce mas en pierre blanche cerné par des oliviers centenaires. Au restaurant, décor contemporain et terrasse regardant les Alpilles ; cuisine au goût du jour. Chambres spacieuses et minimalistes. Équipements high-tech, grande piscine.

La Brasserie d'Eygalières
1 r. de la République – ☎ 04 90 95 93 17 – www.chezbru.com – Fermé mardi
Rest – Menu 16 € (déj.)/36 € – Carte 34/48 €
♦ Au cœur du village, un lieu décontracté aux allures de bistrot chic. Cuisine actuelle concoctée à partir de produits méridionaux. Agréable patio et terrasse sur la rue.

Sous Les Micocouliers
Traverse de Montfort – ☎ 04 90 95 94 53 – www.souslesmicocouliers.com – Fermé janv. et dim. soir
Rest – (22 €) Menu 29/48 € – Carte 38/56 €
♦ Une décoration élégante et colorée, une belle cheminée et, évidemment, une terrasse ombragée de micocouliers ! Fine cuisine actuelle, qui ne renie pas les classiques provençaux.

EYGUIÈRES – 13 Bouches-du-Rhône – 340 F3 – 6 285 h. – alt. 75 m – ✉ 13430 Provence 42 E1

Paris 715 – Aix-en-Provence 49 – Arles 45 – Avignon 40

place de l'ancien Hôtel de Ville ☎ 04 90 59 82 44

Le Relais du Coche
pl. Monier – ☎ 04 90 59 86 70 – www.lerelaisducoche.com – Fermé 5-18 juil., 21 fév.-7 mars, sam. midi, dim. soir et lundi
Rest – Menu 16 € (déj. en sem.), 29/35 € – Carte 30/47 €
♦ Étonnant endroit que ce restaurant installé dans les écuries d'un ancien relais de diligences du 18e s. ! Quelques tables dans le patio envahi de vigne vierge. Cuisine régionale.

EYMET – 24 Dordogne – 329 D8 – 2 541 h. – alt. 54 m – ✉ 24500 4 C2
Périgord Quercy

Paris 560 – Arcachon 72 – Bayonne 239 – Bordeaux 101

place de la Bastide ✆ 05 53 23 74 95

XX **La Cour d'Eymet** avec ch rest, VISA

32 bd National – ✆ 05 53 22 72 83 – www.lacourdeymet.com – Fermé 25 juin- 5 juil., 15 fév.-10 mars, dim. soir, lundi, mardi et merc. de nov. à mars

3 ch – †80 € ††100 €

Rest – *(nombre de couverts limité, prévenir)* (12 €) Menu 18 € (déj. en sem.), 39/49 € – Carte 40/60 €

♦ Sur la rue principale du bourg, une maison de style régional, flanquée d'une petite cour où l'on dresse quelques tables aux beaux jours. Cuisine soignée, à base d'excellents produits ; vins du pays. Quelques chambres spacieuses et plutôt coquettes.

EYMOUTIERS – 87 Haute-Vienne – 325 H6 – 2 068 h. – alt. 417 m – ✉ 87120 25 C2

Paris 434 – Guéret 63 – Limoges 45 – Tulle 71

7 avenue de la Paix ✆ 05 55 69 27 81

Le Relais du Haut Limousin VISA

2 bd Karl Marx – ✆ 05 55 69 40 31 – www.relaisduhautlimousin.com

10 ch – †45 € ††45 € – 8 € – ½ P 49 €

Rest – Menu 13/27 € – Carte 26/55 €

♦ Nouveau souffle pour cet hôtel familial repris par un couple. L'intérieur a été entièrement refait à neuf : petites chambres pimpantes, décorées avec des touches de rouge. Cuisine traditionnelle servie au restaurant (1er étage) ou au bistrot (rez-de-chaussée).

EYRAGUES – 13 Bouches-du-Rhône – 340 D2 – 4 179 h. – alt. 23 m – ✉ 13630 42 E1

Paris 705 – Avignon 14 – Marseille 98 – Nîmes 64

XX **Le Pré Gourmand** AC P VISA AE

175 av. Marx-Dormoy – ✆ 04 90 94 52 63 – www.restaurant-lepregourmand.com – Fermé vacances de la Toussaint et de fév., sam. midi, dim. soir et lundi sauf feriés

Rest – Menu 27/70 € – Carte 60/84 €

♦ De la terrasse, on aperçoit un pré fleuri, tandis que la carte, courte et alléchante, rend gourmand ! Cuisine soignée, à base de produits de saison, relevée d'herbes et de fleurs.

EYSINES – 33 Gironde – 335 H5 – rattaché à Bordeaux

LES EYZIES-DE-TAYAC – 24 Dordogne – 329 H6 – 848 h. – alt. 70 m – ✉ 24620 Périgord Quercy 4 C3

Paris 536 – Brive-la-Gaillarde 62 – Fumel 62 – Périgueux 47

19, av. de la Préhistoire ✆ 05 53 06 97 05

Musée national de Préhistoire★★ - Grotte du Grand Roc★★ : ≤★ - Grotte de Font-de-Gaume★★.

Les Glycines ≤ AC ch, P VISA AE

4 av. de Laugerie, rte de Périgueux – ✆ 05 53 06 97 07 – www.les-glycines-dordogne.com – Ouvert de Pâques à la Toussaint

24 ch – †95/235 € ††95/235 € – 15 € – ½ P 104/174 €

Rest – *(fermé lundi midi et mardi midi sauf juil.-août)* (39 €) Menu 49/95 €

♦ Cet ancien relais de poste près de la Vézère embaume la nature, avec son parc, sa tonnelle de glycine et son potager. Les chambres, très confortables, sont vraiment reposantes. La carte est alléchante, embellie de notes actuelles et de légumes du jardin.

Hostellerie du Passeur

pl. de la Mairie – ✆ 05 53 06 97 13 – www.hostellerie-du-passeur.com – Ouvert de Pâques à la Toussaint

19 ch – 70/92 € 70/120 € – 13 € – ½ P 73/105 €

Rest – *(fermé mardi midi, vend. midi et sam. midi sauf juil.-août)* (12 €) Menu 37/65 €

◆ Au cœur du bourg, sur la place de la mairie, cette imposante demeure périgourdine propose des chambres petites mais coquettes. Les tables sont dressées avec élégance, parfois en terrasse. Carte traditionnelle le soir (foie gras, confit) et formule bistrot le midi.

Moulin de la Beune

2 r. du Moulin Bas – ✆ 05 53 06 94 33 – www.moulindelabeune.com – Ouvert 8 avril-31 oct.

20 ch – 55 € 74 € – 8 € – ½ P 74/80 €

Rest *Au Vieux Moulin* – *(fermé mardi midi, merc. midi et sam. midi)* Menu 18/48 € – Carte 50/89 €

◆ Deux vieux moulins dans un paisible jardin traversé par la Beune. Chambres meublées d'ancien et décorées avec goût. Agréable salon doté d'une belle cheminée. On déguste, face à la rivière, une cuisine traditionnelle bien tournée.

Le Cro Magnon

54 av. de la Préhistoire – ✆ 05 53 06 97 06 – www.hostellerie-cro-magnon.com – Ouvert 21 mars-8 nov.

15 ch – 65/75 € 75/92 € – 10 € – ½ P 71/79 €

Rest – *(fermé lundi en juil.-août) (dîner seult)* Menu 25/44 € – Carte 29/50 €

◆ Cette demeure adossée aux rochers n'a rien de préhistorique, avec ses chambres spacieuses, son joli salon avec cheminée et sa piscine. Repas traditionnels servis dans la véranda ou en terrasse ; petits-déjeuners dans un salon délicieusement cossu.

à l'Est 7 km par rte de Sarlat – ✉ 24620 Les Eyzies-de-Tayac

La Métairie

Lieu-dit Beyssac, sur D 47 – ✆ 05 53 29 65 32 – www.toques-perigord.com/metairie – Fermé mardi

Rest – (15 €) Menu 19/32 € – Carte 28/41 €

◆ Au pied de la falaise, l'ancienne ferme du château de Beyssac, entourée d'un parc. La salle à manger a beau être rustique, la cuisine ne l'est pas et privilégie le poisson.

à l'Est 8 km par rte de Sarlat, C 3 dir. Meyrals et rte secondaire – ✉ 24220 Meyrals :

Ferme Lamy sans rest

– ✆ 05 53 29 62 46 – www.ferme-lamy.com – Fermé 18 déc.-3 janv. et 12-28 fév.

12 ch – 98/185 € 98/185 € – 17 €

◆ Ambiance cosy dans cette ferme. Chambres calmes, joliment décorées de meubles anciens, et beau jardin.

ÈZE – 06 Alpes-Maritimes – 341 F5 – 2 932 h. – alt. 390 m – ✉ 06360 42 E2

Côte d'Azur

Paris 938 – Cap d'Ail 6 – Menton 17 – Monaco 8

place du Général-de-Gaulle ✆ 04 93 41 26 00

Site★★ - Sentier Frédéric Nietzsche★ - Le vieux village★ - Jardin exotique ★★★.

"Belvédère" d'Èze ★★ O : 4 km.

Château de la Chèvre d'Or

r. Barri, (accès piétonnier) – ✆ 04 92 10 66 66 – www.chevredor.com – Ouvert 4 mars-30 nov.

30 ch – 280/870 € 280/870 € – 7 suites – 45 €

Rest *Château de la Chèvre d'Or* – voir ci-après

Rest *Les Remparts* – *(ouvert mi-avril à mi-oct. et fermé le soir)* Menu 59 € – Carte 115/150 €

Rest *Eden* – *(ouvert mi-avril à mi-oct. et fermé le midi)* Carte 100/220 €

◆ Exceptionnel, divin, enchanteur... Un îlot céleste, agrippé aux rochers au-dessus de la mer ! La plupart des chambres, disséminées dans le village, jouissent d'une vue splendide. Aux Remparts, on déguste une belle cuisine méditerranéenne tout au bord de la falaise. L'Éden n'ouvre ses portes qu'au dîner : ambiance magique sous les étoiles et cuisine fusion.

Château Eza – rest.

r. Pise, (accès piétonnier) – ✆ 04 93 41 12 24 – www.chateaueza.com – Fermé 1er nov.-20 déc.

9 ch – †237/1200 € ††237/1200 € – 1 suite – ☕ 35 €

Rest – *(fermé lundi et mardi de janv. à mars)* Menu 39 € (déj.), 49/105 € – Carte 56/116 €

Spéc. Moelleux de crabe des neiges, miroir de roquette sauvage et légumes tendres du moment. Agneau des Alpes, concassée de pommes nouvelles et olives taggiasche. Soufflé aux pêches de vigne à la verveine-citronnelle. **Vins** Bellet, Vin de pays des Bouches du Rhône.

◆ Cette somptueuse demeure du 14e s. accrochée entre ciel et mer offre une vue époustouflante sur la côte. Élégantes chambres personnalisées, avec terrasse, balcon ou jacuzzi privé. À table : panorama sublime, toit ouvrant, décor moyenâgeux et subtile cuisine actuelle.

Château de la Chèvre d'Or – Hôtel Château de la Chèvre d'Or

r. Barri, (accès piétonnier) – ✆ 04 92 10 66 66 – www.chevredor.com

Rest – *(ouvert 4 mars-30 nov. et fermé merc. en mars et lundi en nov.) (prévenir)* Menu 65 € (déj.), 175/230 € – Carte 135/250 €

Spéc. Caviar oscietre, risotto glacé au citron confit, carpaccio de loup et araignée de mer. Filet de bœuf Salers au foie gras, macaronis gratinés. Figue du pays crue et cuite, sorbet mascarpone (automne). **Vins** Bellet, Côtes de Provence.

◆ À hôtel d'exception, table d'exception ! Pour cette institution de la gastronomie azuréenne, choisir l'excellence va de soi. Produits de premier ordre, mets fins et délicats, fraîcheur, couleurs… avec le décor et le service d'une grande maison.

Troubadour

r. du Brec, (accès piétonnier) – ✆ 04 93 41 19 03 – Fermé 3-8 juil., 14 nov.-20 déc., 27 fév.-7 mars, dim. et lundi

Rest – *(prévenir)* Menu 39/52 € – Carte 50/65 €

◆ Au cœur du vieux village, trois petites salles intimes et fraîches dans une demeure ancienne. Carte classique évoluant au gré du marché et quelques spécialités provençales.

au Col d'Èze 3 km au Nord-Ouest – ✉ 06360 Eze – 2 509 h. – alt. 390 m

La Bastide aux Camélias sans rest

23c rte de l'Adret – ✆ 04 93 41 13 68 – www.bastideauxcamelias.com

5 ch ☕ – †120/150 € ††120/150 €

◆ Immergée dans la verdure, cette villa dispose de chambres douillettes et élégantes. Piscine et fitness. Dans l'annexe du village : suite et terrasse panoramique sur le toit.

ÈZE-BORD-DE-MER – 06 Alpes-Maritimes – 341 F5 – ✉ 06360 Eze — 42 E2

Côte d'Azur

Paris 959 – Menton 22 – Monaco 8 – Nice 14

Cap Estel

1312 av. Raymond-Poincaré – ✆ 04 93 76 29 29 – www.capestel.com – Fermé 3 janv.-25 fév.

10 suites – ††680/13350 € – 8 ch – ☕ 30 €

Rest – Menu 78/98 € – Carte 67/102 €

◆ Maison enchanteresse construite sur une presqu'île par un prince russe à la fin du 19e s. Salons magnifiques, chambres et suites somptueuses, jardin, plage privée et spa, pour un séjour de rêve. Élégante table au goût du jour tournée vers la grande bleue.

FAGNON – 08 Ardennes – 306 J4 – rattaché à Charleville-Mézières

FALAISE – 14 Calvados – 303 K6 – 8 475 h. – alt. 132 m – ✉ 14700 — 32 B2

Normandie Cotentin

Paris 264 – Argentan 23 – Caen 36 – Flers 37

boulevard de la Libération ✆ 02 31 90 17 26

Château Guillaume-Le-Conquérant★ - Église de la Trinité★.

De la Poste

38 r. G. Clemenceau – ✆ 02 31 90 13 14 – Fermé 1er-23 janv., dim. soir, vend. soir d'oct. à avril, vend. midi de mai à sept. et lundi
15 ch – 57/110 € 57/110 € – 8 € – ½ P 57/70 €
Rest – (13 €) Menu 16/45 € – Carte 39/70 €
◆ Ce bâtiment de l'après-guerre héberge des chambres sobres et bien tenues ; celles sur l'arrière sont plus calmes. Salle de restaurant aux tons pastel où l'on sert des plats traditionnels.

L'Attache

rte de Caen , 1,5 km au Nord par N158 – ✆ 02 31 90 05 38 – Fermé 15 juin-4 juil., mardi et merc.
Rest – *(nombre de couverts limité, prévenir)* Menu 20/55 € – Carte 40/65 €
◆ Ancien relais de poste à façade pimpante. Sympathique intérieur classique et recettes traditionnelles réhabilitant quelquefois légumes et aromates injustement oubliés.

à St-Pierre-Canivet 4 km au Nord par N 158 et D 6 – 361 h. – alt. 150 m – ✉ 14700

Domaine de la Tour sans rest

– ✆ 02 31 20 53 07 – www.domainedelatour.fr
4 ch – 65 € 70 €
◆ Propriété du 18e s. occupant le pavillon de chasse et les écuries du Château de la Tour. Pour un séjour au calme et en famille : chambres d'esprit normand, salle de jeux pour enfants, parc.

LE FALGOUX – 15 Cantal – **330** D4 – 160 h. – alt. 930 m – Sports d'hiver : 1 050 m 1 – ✉ 15380 **5** B3

Paris 533 – Aurillac 57 – Mauriac 29 – Murat 34
Vallée du Falgoux★.
Cirque du Falgoux★★ SE : 6 km - Puy Mary ★★★ : 1 h AR du Pas de Peyrol★★ SE : 12 km Auvergne

Des Voyageurs

– ✆ 04 71 69 51 59 – Fermé 2 nov.-25 janv. et merc. soir hors saison
14 ch – 46 € 46 € – 7 € – ½ P 44 €
Rest – Menu 17/27 € – Carte 20/31 €
◆ Cette auberge de village bénéficie de chambres claires et fonctionnelles. Préférez celles tournées vers les hauteurs du Puy Marie. Le restaurant de style rustique offre une superbe vue panoramique. Cuisine régionale.

FALICON – 06 Alpes-Maritimes – **341** E5 – 1 789 h. – alt. 396 m – ✉ 06950 **42** E2

Paris 935 – Cannes 42 – Nice 12 – Sospel 41

Parcours

1 pl. Marcel Eusebi – ✆ 04 93 84 94 57 – www.restaurant-parcours.com – Fermé 2 sem. en juin et 2 sem. en janv., dim. soir, mardi de sept. à juin et lundi
Rest – (25 €) Menu 39/70 € – Carte 54/78 €
◆ Séduisant cocktail : écrans plasma retransmettant le travail des cuisiniers, cadre contemporain, terrasse panoramique et menus composés selon le marché.

LE FAOU – 29 Finistère – **308** F5 – 1 669 h. – alt. 10 m – ✉ 29590 Bretagne **9** A2

Paris 560 – Brest 30 – Châteaulin 20 – Landerneau 23
10, rue du Gal-de-Gaulle ✆ 02 98 81 06 85
Site★.

De Beauvoir

rest,

11 pl. Mairie – ✆ 02 98 81 90 31 – www.hotel-beauvoir.com – Fermé 15-29 déc. et dim. soir
32 ch – 65 € 80 € – ½ P 60/65 €
Rest *La Vieille Renommée* – *(fermé dim. soir d'oct. à mai, lundi sauf le soir de juin à sept. et vend. soir hors saison)* Menu 18 € (déj. en sem.), 25/55 € – Carte 40/50 €
◆ Grand hôtel situé au cœur d'un village éminemment breton, au fond de l'estuaire du Faou. Accueil aimable et chambres classiques. La salle à manger de la Vieille Renommée est dressée avec soin ; cuisine traditionnelle assortie d'une belle carte des vins.

LA FARLÈDE – 83 Var – **340** L6 – 6 952 h. – alt. 90 m – ✉ 83210 **41** C3

Paris 853 – Marseille 76 – Toulon 12

L'Âne au Salon

3 r. Calade Ste-Elisabeth, (angle r. de la République) – ✆ 04 94 75 28 14 – www.aneausalon.com – Fermé 25 déc.-2 janv., dim. sauf le soir de Pâques à sept., mardi soir et lundi d'oct. à Pâques

Rest – (16 €) Menu 35/40 € – Carte 37/52 €

◆ Un lieu atypique sautant joliment du coq à l'âne : un atelier d'artiste coloré, un coin boudoir et une "salle blanche". Cuisine revisitant le terroir méditerranéen.

FARROU – 12 Aveyron – **338** E4 – rattaché à Villefranche-de-Rouergue

LA FAUCILLE (COL DE) – 01 Ain – **328** J2 – voir à Col de la Faucille

FAVERGES – 74 Haute-Savoie – **328** K6 – 6 533 h. – alt. 507 m **45** C1 – ✉ 74210 Alpes du Nord

Paris 562 – Albertville 20 – Annecy 27 – Megève 35

place Marcel Piquand ✆ 04 50 44 60 24

Florimont

1006 r. du Champ-Canon, (rte d'Albertville) – ✆ 04 50 44 50 05 – www.hotelflorimont.com – Fermé 10 déc.-10 janv.

27 ch – 70/90 € 80/120 € – 12 € – ½ P 78/105 €

Rest – *(fermé dim. soir, lundi midi et sam.)* Menu 28/44 € – Carte 57/82 €

◆ Le Florimont (mot-valise pour fleur et montagne) jouit d'une situation privilégiée près d'un golf avec vue sur le mont Blanc. Tons vifs et tenue parfaite dans les chambres. Cuisine dans l'air du temps servie en salle (classique ou savoyarde) ou sur la terrasse.

De Genève sans rest

34 r. République – ✆ 04 50 32 46 90 – www.hotellegeneve.com – Fermé 17 déc.-1er janv.

30 ch – 58/81 € 58/81 € – 8 € – ½ P 54/66 €

◆ Reconnaissable à sa façade peinte, cet hôtel, central et parfaitement entretenu, constitue un utile point de chute. Chambres fonctionnelles, bien insonorisées côté rue.

au Tertenoz 4 km au Sud-Est par D 12 et rte secondaire – ✉ 74210 Seythenex

Au Gay Séjour avec ch

– ✆ 04 50 44 52 52 – www.hotel-gay-sejour.com – Fermé dim. soir et lundi sauf fériés et sauf juil.-août

11 ch – 75/95 € 85/112 € – 13 € – ½ P 90/100 €

Rest – (26 €) Menu 38 € (sem.)/84 € – Carte 52/65 €

◆ Cette ancienne ferme-auberge du 17e s. a fière allure : cuisine traditionnelle, vue sur la vallée et décor contemporain haut en couleurs au restaurant. Chambres simples.

FAVERNEY – 70 Haute-Saône – **314** E6 – 1 052 h. – alt. 235 m – ✉ 70160 **16** B1

Paris 364 – Besançon 70 – Lure 48 – Vesoul 21

place de la Mairie ✆ 03 84 91 30 71

à Breurey-lès-Faverney 3 km au Sud-Est par D 434 et D 6 – 521 h. – alt. 233 m – ✉ 70160

Château de la Presle

3 r. Louis-Pergaud – ✆ 03 84 91 41 70 – www.chateaudelapresle.com

5 ch – 95/125 € 110/140 € **Table d'hôte** – Menu 45 € bc

◆ Ce petit château du 19e s. entouré d'un parc arboré de 6 ha domine le pittoresque village. Chambres ravissantes (toile de Jouy, style gustavien, etc.). Salon avec piano, billard sous les combles, beau spa. Cuisine bourgeoise servie dans une élégante salle.

FAVIÈRES – 80 Somme – **301** C6 – 453 h. – alt. 1 m – ✉ 80120 **36** A1

Paris 212 – Abbeville 22 – Amiens 77 – Berck-Plage 27

Le Crotoy : Butte du Moulin ★ SO : 5 km Picardie Flandres Artois

Les Saules ch, rest, VISA AE
1075 r. des Forges – 03 22 27 04 20 – www.hotel-baie-somme.com – Fermé 2-27 janv.
13 ch – 70/100 € 75/110 € – 12 € – ½ P 72/78 €
Rest – *(dîner seult) (résidents seult)* Menu 25 €
◆ Tranquillité assurée dans cette maison proche du parc ornithologique du Marquenterre. Chambres fonctionnelles avec vue sur le jardin ou la campagne environnante. Dîner servi aux résidents.

La Clé des Champs AC VISA AE
pl. des Frères-Caudron – 03 22 27 88 00 – www.restaurant-lacledeschamps.fr – Fermé 1 sem. en sept., 2 sem. en janv., lundi et mardi sauf fériés
Rest – (15 €) Menu 22/41 €
◆ Cette ancienne ferme picarde est désormais une bonne adresse gourmande. Près de la cheminée, on se régale de jolis plats du marché : sole, asperges, escalope de foie gras...

FAVONE – 2A Corse-du-Sud – **345** F9 – voir à Corse

FAYENCE – 83 Var – **340** P4 – 4 790 h. – alt. 350 m – ✉ 83440 **41** C3
Côte d'Azur

Paris 884 – Castellane 55 – Draguignan 30 – Fréjus 36
place Léon Roux 04 94 76 20 08
★ de la terrasse de l'Église.

La Bégude du Pascouren sans rest AC VISA
74 chemin de la Bane, 7,5 km au Sud par D 562 (rte de Draguignan) – 04 94 68 63 03 – www.chambres-hotes-labegudedupascouren.fr
5 ch – 112/162 € 115/165 €
◆ Une partie de pétanque, quelques brasses dans la piscine, puis une sieste dans sa chambre ou au jardin... Cette villa offre tous les plaisirs de la Provence !

La Table d'Yves AC VISA AE
1357 rte de Fréjus, 2 km par D 563 – 04 94 76 08 44 – www.latabledyves.com – Fermé 2 nov.-1er déc., jeudi sauf le soir en saison et merc.
Rest – Menu 29/48 € – Carte 38/50 €
◆ Dans cette jolie maison aux volets bleus, au milieu des vignes, on se délecte d'une agréable cuisine du marché. Salle à manger feutrée (tons beige et chocolat) et belle terrasse.

La Farigoulette VISA
pl. du Château – 04 94 84 10 49 – www.lafarigoulette.com – Fermé 22 oct.-3 nov., 20-25 déc., 25 fév.-12 mars, mardi sauf du 1er juil. au 31 août et merc.
Rest – (17 €) Menu 28/34 € – Carte 38/56 €
◆ Cette ancienne bergerie abrite deux charmantes salles à manger (poutres et pierres apparentes, mobilier ancien). Cuisine traditionnelle judicieusement actualisée.

Le Temps des Cerises VISA AE
pl. République – 04 94 76 01 19 – www.descerises.com – Fermé 14 nov.-17 fév., le midi du 15 juin au 1er sept. sauf dim., sam. midi du 2 sept. au 14 juin et mardi
Rest – (29 €) Menu 41 € – Carte 42/48 €
◆ Une terrasse sous la tonnelle, des cuisines ouvertes sur la salle et des tableaux peints par le père du chef. Ce dernier, d'origine hollandaise, chante la tradition... sans nostalgie.

à l'Ouest par rte de Seillans (D 19) et rte secondaire – ✉ 83440 Fayence

Moulin de la Camandoule AC VISA AE
à 2 km – 04 94 76 00 84 – www.camandoule.com
9 ch – 72/118 € 72/159 € – 1 suite – 14 € – ½ P 87/123 €
Rest – *(fermé jeudi sauf le soir en juil.-août et merc. de sept. à juin)*
Menu 30/57 € – Carte 42/57 €
◆ Au cœur d'un parc traversé par un aqueduc romain, moulin à huile du 17e s. abritant de coquettes chambres d'esprit provençal (mobilier de style). Le restaurant, avec sa terrasse bordée par un charmant jardin-verger, met en valeur les recettes et produits du terroir.

XXX Le Castellaras

461 chemin Peymeyan, à 4 km – ☎ 04 94 76 13 80 – www.restaurant-castellaras.com – Fermé de nov. à mi-mars, mardi sauf le soir en juil.-août et lundi

Rest – Menu 45/65 € – Carte 72/78 €

◆ Maison de caractère dans un jardin arboré, avec une superbe terrasse et le village pour toile de fond. Décor soigné et cuisine généreuse... aux couleurs de la Provence.

LE FAYET – 74 Haute-Savoie – 074 08 – rattaché à St-Gervais-les-Bains

---

FÉCAMP – 76 Seine-Maritime – 304 C3 – 19 424 h. – alt. 15 m – Casino 33 C1

AZ – ✉ 76400 Normandie Vallée de la Seine

Paris 201 – Amiens 165 – Caen 113 – Dieppe 66

Quai Sadi Carnot ☎ 02 35 28 51 01

Abbatiale de la Trinité★ - Palais Bénédictine★★ - Musée des Terres-Neuvas et de la Pêche★ M³ - Chapelle N.-D.-du-Salut ☀★★ N : 2 km par D 79 BY.

Le Grand Pavois sans rest

15 quai Vicomté – ☎ 02 35 10 01 01 – www.hotel-grand-pavois.com

35 ch – †92/250 € ††92/250 € – ☕ 14 € AYr

◆ Sur les quais, immeuble bâti en lieu et place d'une conserverie. Hall au décor marin, bar (piano) et grandes chambres au mobilier contemporain ; certaines donnent sur le port.

La Ferme de la Chapelle

2 km par ①, rte du Phare et D 79 – ☎ 02 35 10 12 12 – Fermé 16-23 nov., 4-18 janv. AYd

22 ch – †85/95 € ††85/95 € – ☕ 10 €

Rest – *(fermé dim. soir et lundi)* (17 €) Menu 24/31 € – Carte 30/37 €

◆ Couronnant une falaise, cette ancienne ferme seigneuriale du 16e s. accolée à la chapelle des marins abrite, autour d'une cour carrée, des chambres sobrement meublées. Salle de restaurant à la fois simple et accueillante, où l'on sert des plats traditionnels.

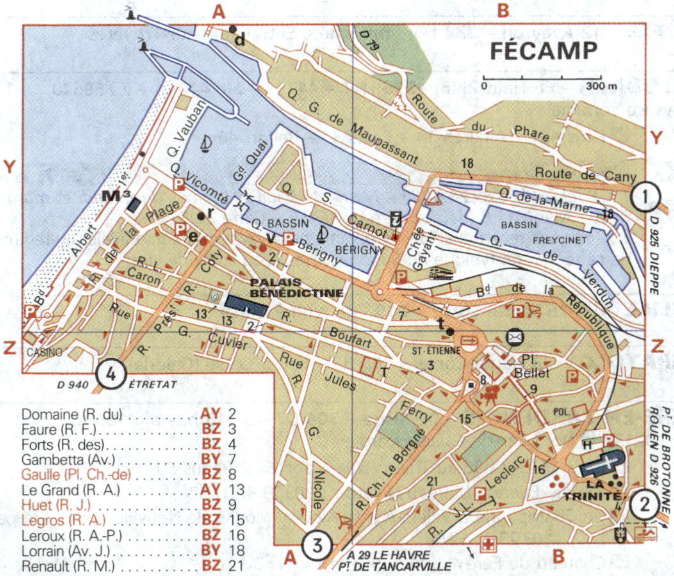

Domaine (R. du)	AY	2
Faure (R. F.)	BZ	3
Forts (R. des)	BZ	4
Gambetta (Av.)	BY	7
Gaulle (Pl. Ch.-de)	BZ	8
Le Grand (R. A.)	AY	13
Huet (R. J.)	BZ	9
Legros (R. A.)	BZ	15
Leroux (R. A.-P.)	BZ	16
Lorrain (Av. J.)	BY	18
Renault (R. M.)	BZ	21

Vent d'Ouest sans rest

3 av. Gambetta – ✆ 02 35 28 04 04 – www.hotelventdouest.tm.fr – Fermé dim. soir sauf de juil. à sept. BYt

15 ch – 38/44 € 44/57 € – 7 €

◆ Cet hôtel familial sans prétention, entièrement refait, conviendra aux budgets serrés. Les chambres, de couleur jaune, sont bien équipées. Coquette salle des petits-déjeuners.

Auberge de la Rouge avec ch

rte du Havre, 2 km par ③ – ✆ 02 35 28 07 59 – www.auberge-rouge.com

8 ch – 65 € 65 € – 8 €

Rest – *(fermé sam. midi, dim. soir et lundi)* (15 €) Menu 20/55 € – Carte 62/103 €

◆ Un répertoire culinaire traditionnel s'illustre dans cet ancien relais de poste au décor campagnard. Terrasse sur jardin fleuri pour les beaux jours. Chambres rustiques.

La Marée

77 quai Bérigny, (1er étage) – ✆ 02 35 29 39 15 – www.fecamp-restaurant-la-maree.com – Fermé jeudi soir, dim. soir et lundi hors saison AYv

Rest – (17 €) Menu 29/36 € – Carte 32/50 €

◆ La carte de ce restaurant est entièrement vouée aux produits de la mer. Sobre décor actuel et vue sur le port depuis certaines tables. Petite terrasse exposée plein sud.

Le Vicomté

4 r. Prés. R. Coty – ✆ 02 35 28 47 63 – Fermé 26-30 avril, 15 août-2 sept., 22 déc.-4 janv., dim., merc. et fériés AYe

Rest – *(nombre de couverts limité, prévenir)* Menu 18 €

◆ Proche de l'étonnant palais Bénédictine dû au créateur de la célèbre liqueur, agréable petit bistrot où l'on déguste une cuisine du marché à découvrir sur l'ardoise.

FEGERSHEIM – 67 Bas-Rhin – 315 K6 – rattaché à Strasbourg

LE FEL – 12 Aveyron – 338 H3 – rattaché à Entraygues-sur-Truyères

FELDBACH – 68 Haut-Rhin – 315 H11 – 442 h. – alt. 410 m – ✉ 68640 1 A3

Alsace Lorraine

Paris 461 – Altkirch 14 – Basel 34 – Belfort 46

Cheval Blanc

1 r. Bisel – ✆ 03 89 25 81 86 – Fermé 4-19 juil., 23 janv.-7 fév., lundi et mardi

Rest – Menu 11 € (déj. en sem.), 14/38 € – Carte 20/51 €

◆ Quelques recettes actuelles ponctuent la carte mi-traditionnelle, mi-régionale de cette maison typique du Sundgau. Très beau choix de vins.

FELICETO – 2B Haute-Corse – 345 C4 – voir à Corse

FERAYOLA – 2B Haute-Corse – 345 B5 – voir à Corse (Galéria)

FÈRE-EN-TARDENOIS – 02 Aisne – 306 D7 – 3 313 h. – alt. 180 m 37 C3 – ✉ 02130 Nord Pas-de-Calais Picardie

Paris 111 – Château-Thierry 23 – Laon 55 – Reims 50

18, rue Etienne-Moreau-Nelaton ✆ 03 23 82 31 57

de Champagne à Villers-Agron-Aiguizy Moulin de Neuville, E : 17 km par D 2, ✆ 03 23 71 62 08

Château de Fère★ : Pont-galerie★★ N : 3 km.

Château de Fère ch, rest,
rte de Fismes, 3 km au Nord par D 967 – 03 23 82 21 13 – www.chateaudefere.com – Fermé 2 janv.-11 fév.
23 ch – 144/180 € 252/315 € – 6 suites – 22 €
Rest – *(fermé lundi midi sauf fériés)* (31 €) Menu 52/90 € – Carte 75/100 €
◆ Non loin se dressent les vestiges du château d'Anne de Montmorency... Cette belle demeure du 16e s. est chargée d'histoire, mais vit au présent : piscine d'été, chambres confortables... Fresque à la gloire de La Fontaine et cuisine classique : la tradition a du bon !

FERNEY-VOLTAIRE – 01 Ain – 328 J3 – 7 661 h. – alt. 430 m – 46 F1
– ✉ 01210 Franche-Comté Jura

Paris 499 – Bellegarde-sur-Valserine 37 – Genève 10 – Gex 10
de Genève-Cointrin (00 41 22) 717 71 11, 4 km au S.
26, Grand'Rue 04 50 28 09 16
de Gonville à Saint-Jean-de-Gonville, SO : 14 km par D 35 et D 984, 04 50 56 40 92
Château★.
Genève★★★.

Novotel ch,
rte de Meyrin, par D 35 – 04 50 40 85 23 – www.novotel.com
80 ch – 79/220 € 79/220 € – 14 €
Rest – (12 €) Menu 20 € – Carte 22/39 €
◆ Un vent de renouveau a soufflé sur ce Novotel proche de la frontière suisse. Chambres désormais contemporaines (aux normes de la chaîne) : bois clair et tendance zen. Restaurant élégant (avec terrasse) pour des plats traditionnels et des spécialités régionales.

De France avec ch
1 r. de Genève – 04 50 40 63 87 – www.hotelfranceferney.com – Fermé 1er-15 août, 24 oct.-1er nov., 24 déc.-11 janv.
14 ch – 69/100 € 89/115 € – 9 €
Rest – *(fermé sam. midi, dim. et lundi)* (20 €) Menu 26 € (déj.), 45/66 € – Carte 40/71 € le soir
◆ Maison de 1742 bien reprise en main : salle à manger modernisée, bar cosy, véranda prolongée par une terrasse sous les tilleuls, jolies chambres, et cuisine au goût du jour.

Le Pirate
1 chemin de la Brunette – 04 50 40 63 52 – www.lepirate.fr – Fermé 1er-21 août, 2-8 janv., dim. et lundi
Rest – (28 €) Menu 32 € (déj.)/62 € – Carte 45/75 €
◆ Une adresse dédiée aux produits de la mer. Élégantes salles à manger (tons chaleureux, plantes vertes à profusion) et véranda ouverte, aux beaux jours, sur une fontaine.

Le Chanteclair
13 r. Versoix – 04 50 40 79 55 – Fermé 1 sem. en mai, 16-31 août, 1 sem. à Noël, dim. et lundi
Rest – (24 €) Menu 28 € (déj.), 38/58 € – Carte 45/65 €
◆ Cuisine rythmée par les saisons et tables dressées de façon contemporaine en ce sympathique restaurant égayé de tons bleu et jaune (originale devanture chargé d'écritures).

FERRETTE – 68 Haut-Rhin – 315 H12 – 1 063 h. – alt. 470 m – ✉ 68480 – 1 A3
Alsace Lorraine

Paris 467 – Altkirch 20 – Basel 28 – Belfort 52
route de Lucelle 03 89 08 23 88
de la Largue à Seppois-le-Bas Rue du Golf, O : 10 km par D 473 et D 24, 03 89 07 67 67
Site★ - Ruines du Château ≤★.

à Ligsdorf 4 km au Sud par D 432 – 334 h. – alt. 520 m – ✉ 68480

XX **Le Moulin Bas et rest. La Mezzanine** avec ch ch,
1 r. Raedersdorf – ✆ 03 89 40 31 25 – www.le-moulin-bas.fr
8 ch – †65/70 € ††85/95 € – ☕ 10 € – ½ P 69/98 €
Rest – *(fermé mardi)* (11 €) Menu 32/57 € – Carte 22/48 €
Rest *Stuba* – *(fermé mardi)* Menu 11 € (déj. en sem.)/34 € – Carte 18/28 €
◆ Ce moulin édifié en 1796 au bord de l'Ill dispose d'une élégante salle à manger, où l'on apprécie une cuisine classique et des grillades en saison. Au Stuba, décor de winstub, vue sur l'ancien mécanisme, cuisine alsacienne et tartes flambées. Chambres calmes et fonctionnelles.

à Lutter 8 km au Sud-Est par D 23 – 297 h. – alt. 428 m – ✉ 68480

XX **L'Auberge Paysanne** avec ch
1 r. de Wolschwiller – ✆ 03 89 40 71 67 – www.auberge-hostellerie-paysanne.com – Fermé 27 juin-11 juil., 19 déc.-9 janv., mardi midi et lundi
7 ch – †44/64 € ††54/64 € – ☕ 8,50 € – ½ P 51/56 €
Rest – Menu 24/42 € – Carte 25/45 €
◆ Maison familiale près de la frontière suisse. Spécialités locales et méditerranéennes servies dans une ambiance conviviale de bistrot. Chambres actuelles.

Hostellerie Paysanne
8 r. de Wolschwiller – ✆ 03 89 40 71 67 – www.auberge-hostellerie-paysanne.com – Fermé 27 juin-10 juil., 15 déc.-9 janv. et lundi
9 ch – †54/74 € ††63/74 € – ☕ 9 € – ½ P 58/63 €
◆ Ferme alsacienne (1618) démontée puis reconstruite dans ce village. Chambres garnies de meubles de style. Accueil à l'Auberge Paysanne.

LA FERRIÈRE-AUX-ÉTANGS – 61 Orne – 310 F3 – rattaché à Flers

FERRIÈRES-EN-GÂTINAIS – 45 Loiret – 318 N3 – 3 296 h. 12 D2
– alt. 96 m – ✉ 45210 Bourgogne

Paris 99 – Auxerre 81 – Fontainebleau 40 – Montargis 12
place des Églises ✆ 02 38 96 58 86
Croisée du transept★ de l'église St-Pierre et St-Paul.

L'Abbaye ch,
– ✆ 02 38 96 53 12 – www.hotel-abbaye.fr
30 ch – †73/87 € ††73/87 € – ☕ 10 € – ½ P 64 €
Rest – (14 €) Menu 24 € (sem.), 34/58 € – Carte 25/51 €
◆ L'hôtel doit son nom à l'abbaye bénédictine de St-Pierre-et-St-Paul. Pour une étape ou un court séjour dans la région, préférez les chambres récentes, mieux équipées. Cuisine traditionnelle ; terrasse très prisée en été.

FERRIÈRES-LES-VERRERIES – 34 Hérault – 339 H5 – 56 h. 23 C2
– alt. 320 m – ✉ 34190

Paris 747 – Alès 47 – Florac 86 – Montpellier 41

XX **La Cour-Mas de Baumes** avec ch
4 km à l'Est par D 107E4 – ✆ 04 66 80 88 80 – www.oustaldebaumes.com – Fermé janv., fév. sauf week-end, dim. soir, lundi et mardi du 1er nov. au 15 mars
7 ch ☕ – †63/68 € ††75/82 €
Rest – (18 €) Menu 29/55 € – Carte 46/53 €
◆ Le ciel et la garrigue pour horizon... Renouez avec les éléments dans ce mas du 15e s. isolé sur un causse. Dans le décor élégant du restaurant, on déguste une cuisine très soignée, toute de saison et de fraîcheur. Les chambres sont propices à une escapade romantique...

LA FERTÉ-BEAUHARNAIS – 41 Loir-et-Cher – 318 I6 – 516 h. 12 C2
– alt. 101 m – ✉ 41210 Châteaux de la Loire

Paris 183 – Orléans 45 – Blois 46 – Vierzon 56

Château de la Ferté Beauharnais sans rest
172 r. du Prince-Eugène – 02 54 83 72 18
4 ch – 145 € 145/240 €
◆ Ce château fut la résidence de la famille de Beauharnais, et notamment de Joséphine, première épouse de Napoléon. Chambres de style (parquet, moulures, cheminée) et grand parc.

LA FERTÉ-BERNARD – 72 Sarthe – 310 M5 – 9 262 h. – alt. 90 m 35 D1
– ✉ 72400 Châteaux de la Loire

Paris 164 – Alençon 56 – Chartres 79 – Châteaudun 65
15, place de la Lice 02 43 71 21 21
du Perche à Souancé-au-Perche La Vallée des Aulnes, NE : 21 km par D 923 et D137, 02 37 29 17 33
Église N.-D.-des Marais★★.

La Perdrix
2 r. de Paris – 02 43 93 00 44 – http://laperdrix.monsite-orange.fr – Fermé de mi-janv. à mi-fév., lundi soir et mardi
Rest – Menu 18/39 € – Carte 39/45 €
◆ Restaurant situé en centre-ville, au bord d'un axe important. Cuisine traditionnelle à déguster dans la salle bleue sous verrière ou dans celle aux tonalités rouge-beige.

Du Dauphin
3 r. d'Huisne, (accès piétonnier) – 02 43 93 00 39 – Fermé 14-29 août, dim. soir, lundi et jeudi
Rest – Menu 17 € (sem.), 27/49 € – Carte 45/58 €
◆ Cette maison (16e s.) de la vieille ville a su préserver son cachet d'antan (pierres, poutres, cheminée), que modernise une décoration aux tons vifs. Plats dans l'air du temps.

LA FERTÉ-MACÉ – 61 Orne – 310 G3 – 6 201 h. – alt. 250 m 32 B3
– ✉ 61600 Normandie Cotentin

Paris 227 – Alençon 46 – Argentan 33 – Domfront 23
11, rue de la Victoire 02 33 37 10 97

Auberge d'Andaines
rte de Bagnoles-de-l'Orne, 2 km au Sud par D 916 – 02 33 37 20 28 – www.aubergeandaines.com – Fermé vend. du 15 oct. au 1er avril
15 ch – 45/75 € 45/75 € – 12 € – ½ P 48/58 €
Rest – *(fermé 15 janv.-10 fév.)* (10 €) Menu 17/37 € – Carte 10/30 €
◆ En bordure de route, accueillante auberge familiale à la lisière de la forêt des Andaines. Chambres simples mais bien tenues ; choisir si possible celles côté jardin. Restaurant coquet et chaleureux, conçu dans un style un brin rétro. Cuisine traditionnelle.

LA FERTÉ-ST-AUBIN – 45 Loiret – 318 I5 – 7 028 h. – alt. 114 m 12 C2
– ✉ 45240 Châteaux de la Loire

Paris 153 – Blois 62 – Orléans 23 – Romorantin-Lanthenay 45
rue des Jardins 02 38 64 67 93
des Aisses Domaine des Aisses, SE : 3 km par N 20, 02 38 64 80 87
de Sologne Route de Jouy-le-Potier, N-O : 5 km, 02 38 76 57 33
Château★.

L'Orée des Chênes
3,5 km au Nord-Est par rte de Marcilly – 02 38 64 84 00 – www.loreedeschenes.com
26 ch – 90/130 € 90/130 € – 14 €
Rest – (26 €) Menu 38/52 € – Carte 49/67 €
◆ Le calme et le confort règnent dans ces chambres au mobilier rustique, réparties dans différents bâtiments inspirés de l'architecture solognote. Parc très agréable avec un étang. Ambiance feutrée et cheminée au restaurant ; cuisine traditionnelle bien tournée.

à Ménestreau-en-Villette **7 km à l'Est par D 17 – 1 464 h. – alt. 122 m – ✉ 45240**

XX **Le Relais de Sologne**

63 pl. du 8-Mai-1945 – ☎ 02 38 76 97 40 – www.lerelaisdesologne.com – Fermé 25 juil.-2 août, 19-26 déc., 21 janv.-7 fév., dim. soir, lundi soir, mardi soir et merc.

Rest – (12 €) Menu 22/50 € – Carte 46/65 €

◆ Dans cette bonne auberge rustique, le chef travaille avec les producteurs locaux. Il sert aussi bien du gibier en saison – Sologne oblige –, que du poisson au soja et aux épices.

LA FERTÉ-ST-CYR – **41 Loir-et-Cher** – **318 H6** – **957 h.** – **alt. 82 m** – **✉ 41220** **12 C2**

▶ Paris 170 – Blois 32 – Orléans 37 – Romorantin-Lanthenay 35

Saint-Cyr sans rest

15 r. de Bretagne – ☎ 02 54 87 90 51 – www.hotel-st-cyr.com – Fermé 20 déc.-4 janv. et 31 janv.-15 mars

20 ch – †55 € ††58/75 € – ☐ 10 €

◆ Sympathique petit hôtel d'esprit maison d'hôtes. Les chambres sont chaleureuses (couleurs gaies, fer forgé...) ; boutique de produits du terroir et location de vélos.

LA FERTÉ-SOUS-JOUARRE – **77 Seine-et-Marne** – **312 H2** – **8 932 h.** – **alt. 58 m** – **✉ 77260** **19 D1**

▶ Paris 67 – Melun 70 – Reims 83 – Troyes 116

ℹ 34, rue des Pelletiers ☎ 01 60 01 87 99

Château des Bondons

47 r. des Bondons, 2 km à l'Est par D 70, rte Montménard – ☎ 01 60 22 00 98 – www.chateaudesbondons.com – Fermé janv.

11 ch – †120/210 € ††120/210 € – 3 suites – ☐ 15 €

Rest – *(lundi et mardi)* (22 €) Menu 41/80 € – Carte 63/119 €

◆ Dans un parc, château du 18e s. ayant abrité le G.Q.G. de l'armée française durant la drôle de guerre. Chambres de tailles variées, avec meubles de style (parfois ciel de lit et cheminée). Au restaurant, cuisine actuelle servie dans une salle classique (boiseries).

XXX **Auberge de Condé** avec ch

1 av. de Montmirail – ☎ 01 60 24 50 05 – www.auberge-de-conde.com

14 ch – †85/110 € ††100/120 € – ☐ 15 €

Rest – *(fermé lundi et mardi)* (35 €) Menu 50/65 € – Carte 44/67 €

Rest *Le Bistrot des Peintres* – *(fermé merc. soir, jeudi soir, vend. soir, sam. et dim.)* (17 €)

◆ Cette auberge, longtemps réputée, connaît depuis 2004 une véritable cure de jouvence. Au restaurant, qualité rime avec modernité, sous la houlette d'un jeune chef habile et inspiré. Hébergement de qualité : matériaux contemporains, confort et espace. Au Bistrot, ambiance plus rustique et carte traditionnelle.

à Jouarre **3 km au Sud par D 402 – 3 997 h. – alt. 141 m – ✉ 77640**

Île-de-France

ℹ rue de la Tour ☎ 01 60 22 64 54

◉ Crypte★ de l'abbaye

Le Plat d'Étain

6 pl. Auguste Tinchant – ☎ 01 60 22 06 07 – www.le-plat-d-etain.com – Fermé 2-9 janv.

18 ch – †55/63 € ††59/69 € – ☐ 8 € – ½ P 67/79 €

Rest – *(fermé vend. soir, dim. soir et fériés)* (15 €) Menu 19 € (sem.)/52 € – Carte 40/61 €

◆ Auberge édifiée en 1840, à deux pas de l'abbaye et de ses cryptes carolingiennes. Coquettes petites chambres au mobilier en bois cérusé coloré. Au restaurant, un plat en étain, symbole du lieu, orne depuis toujours le mur de la salle. Recettes traditionnelles.

FEURS – 42 Loire – **327** E5 – 7 380 h. – alt. 343 m – ✉ 42110 **44** A2

Lyon Drôme Ardèche

Paris 433 – Lyon 69 – Montbrison 24 – Roanne 38

place du Forum ✆ 04 77 26 05 27

Etésia sans rest

4 chemin des monts, rte de Roanne – ✆ 04 77 27 07 77 – www.hotel-etesia.fr – Fermé 25 déc.-1er janv.

15 ch – 53/60 € 58/65 € – 8 €

♦ À la sortie de la ville, cet hôtel dispose de chambres de plain-pied, pratiques et très bien tenues. Le jardin arboré est bien agréable et l'on peut même faire quelques brasses !

Chalet de la Boule d'Or

42 r. R. Cassin, (rte de Lyon) – ✆ 04 77 26 20 68 – www.chaletlabouledor.com – Fermé 8-13 mars, 26 avril-1er mai, 2-5 juin, 19 juil.-15 août, dim. soir, merc. soir et lundi

Rest – *(prévenir)* (12 €) Menu 16 € (sem.), 28/55 € – Carte 32/52 €

♦ L'été, on déjeune à l'ombre d'un beau marronnier et, dès les premiers frimas, on se réfugie dans une salle rustique. Cuisine traditionnelle soignée, élaborée avec de bons produits.

à Salt-en-Donzy 5 km rte de Lyon – 445 h. – alt. 337 m – ✉ 42110

L'Assiette Saltoise

au bourg – ✆ 04 77 26 04 29 – www.assiette-saltoise.com – Fermé 1er-8 janv., merc. et jeudi

Rest – (13 €) Menu 20/33 € – Carte environ 22 €

♦ Rustique et convivial, ce petit restaurant fait la part belle à la tradition... Aux beaux jours, profitez de la terrasse sous les tilleuls.

à Naconne 3 km au Nord-Ouest par N 89 et D 112 – ✉ 42110

Brin de Laurier

– ✆ 04 77 26 07 50 – www.brindelaurier.com – Fermé 1er-12 mai, 22 août-7 sept., 23 déc.-12 janv., sam. midi, dim. soir et lundi

Rest – Menu 15 € bc (déj. en sem.), 19/36 € – Carte 42/48 €

♦ Un Brin de Laurier dans une maison framboise ! Le chef, inspiré par ses voyages, réalise une cuisine actuelle à base de produits du terroir. Jolie terrasse sous les glycines.

FEYTIAT – 87 Haute-Vienne – **325** E6 – 5 622 h. – alt. 365 m – ✉ 87220 **24** B2

Paris 398 – Limoges 9 – Saint-Junien 41 – Panazol 5

Prieuré du Puy Marot

allée du Puy-Marot, 2 km au Nord-Est par rte de St-Just-le-Martel (D 98) – ✆ 05 55 48 33 97

3 ch – 60 € 72 € **Table d'hôte** – Menu 30 € bc

♦ Calme assuré dans ce prieuré des 16e-17e s. cerné par un beau jardin clos et surplombant la vallée de la Valoisse. Confortables chambres personnalisées par un mobilier ancien. La patronne vous propose une cuisine traditionnelle.

FIGEAC – 46 Lot – **337** I4 – 9 943 h. – alt. 214 m – ✉ 46100 **29** C1

Périgord Quercy

Paris 578 – Aurillac 64 – Rodez 66 – Villefranche-de-Rouergue 36

place Vival ✆ 05 65 34 06 25

Le vieux Figeac★★ : hôtel de la Monnaie★ **M**[1], musée Champollion★★ **M**[2] près de la place aux Ecritures★ - Chapelle N.D.-de-Pitié★ dans l'église St-Sauveur.

Plan page suivante

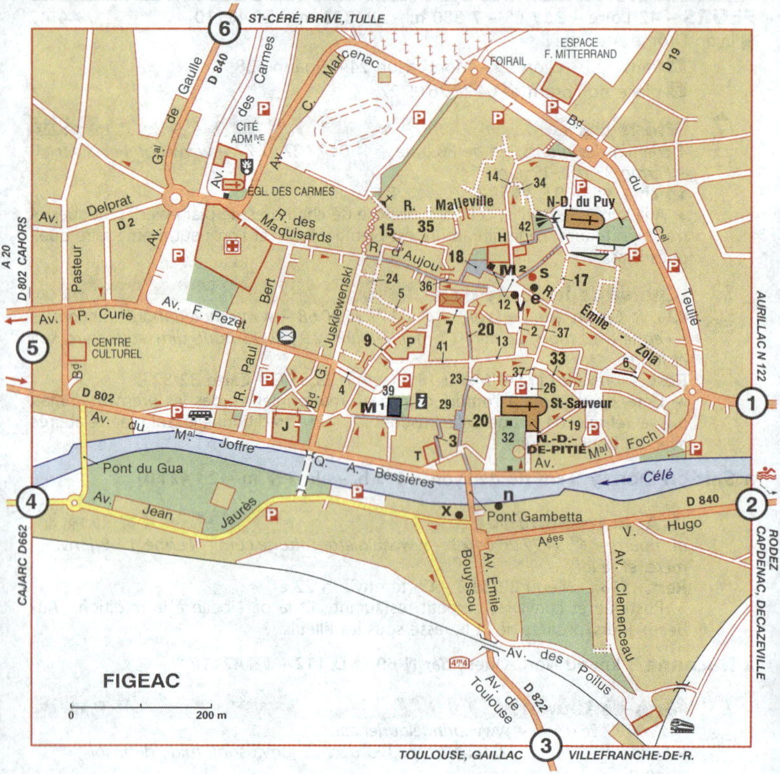

Aujou (R. d')		Clermont (R.)	13	Ortabadial (R.)	29
Baduel (R.)	2	Colomb (R. de)	14	Raison (Pl. de la)	32
Balène (R.)	3	Crussol (R. du)	15	Roquefort (R.)	33
Barthal (Pl.)	4	Delzhens (R.)	17	St-Jacques (R.)	34
Bonhore (R.)	5	Ecritures (Pl. des)	18	St-Thomas (R.)	35
Canal (R. du)	6	Ferrer (R.)	19	Seguier (R.)	36
Carnot (Pl.)	7	Gambetta (R.)	20	Tomfort (R.)	37
Caviale (R.)	9	Herbes (Pl. aux)	23	Vival (Pl.)	39
Champollion (Pl. et R. des Frères)	12	Laurière (R.)	24	11-Novembre (R. du)	41
		Michelet (Pl. E.)	26	16-Mai (R. du)	42

Château du Viguier du Roy

52 r. É. Zola – ✆ 05 65 50 05 05
– www.chateau-viguier-figeac.com – Ouvert 1er avril-31 oct. **e**
19 ch – 179/599 € 179/599 € – 2 suites – 19 €
Rest ***La Dînée du Viguier*** – voir ci-après
◆ Témoins des 12e, 14e et 18e s., plusieurs bâtiments cernant une superbe cour à l'italienne. Arcades de pierre, boiseries, mobilier d'époque... le Moyen Âge et tout son esprit galant !

Le Pont d'Or

2 av. J. Jaurès – ✆ 05 65 50 95 00
– www.hotelpontdor.com **x**
35 ch – 76/122 € 76/122 € – 12 €
Rest – *(fermé 23 déc.-2 janv.)* (13 €) Menu 19/31 € – Carte 26/45 €
◆ Cet hôtel borde le Célé, face à la vieille ville. Chambres de bon confort, avec des équipements de qualité et, pour certaines, vue sur la rivière. Piscine et fitness sur le toit !

Le Champollion sans rest
3 pl. Champollion – ✆ 05 65 34 04 37 **v**
10 ch – †47 € ††53 € – ☕ 7 €
◆ Une maison médiévale sur la jolie place Champollion, face au "moucharabieh typographique" (2009) qui rehausse la façade du musée éponyme. Chambres fonctionnelles, en noir et blanc.

Des Bains sans rest
1 r. Griffoul – ✆ 05 65 34 10 89 – www.hoteldesbains.fr – Fermé 19 déc.-5 janv. et le week-end du 2 nov. au 27 fév. **n**
19 ch – †47/71 € ††47/71 € – ☕ 8 €
◆ Un hôtel familial face à la vieille ville. Cet ancien établissement de bains publics abrite des chambres simples et bien tenues. Terrasse au bord de la rivière.

La Dînée du Viguier – Hôtel Château du Viguier du Roy
4 r. Boutaric – ✆ 05 65 50 08 08 – www.ladineeduviguier.fr – Fermé 15-23 nov., 17 janv.-8 fév., lundi sauf le soir d'avril à sept., dim. soir d'oct. à mars et sam. midi **s**
Rest – (19 €) Menu 29/73 € – Carte 51/78 €
◆ Au cœur de la cité médiévale, dans l'ancienne salle des gardes du château du Viguier : haut plafond de poutres peintes, cheminée au manteau sculpté... et cuisine bien plus actuelle !

à Capdenac-le-Haut 5 km par ② – ✉ 46100

Le Relais de la Tour
pl. Lucter – ✆ 05 65 11 06 99 – www.lerelaisdelatour.fr – Fermé vacances de la Toussaint et de fév.
11 ch ☕ – †55/63 € ††65/91 € – ½ P 56/64 €
Rest – *(fermé dim. soir et lundi)* Menu 13 € (déj.), 21/34 € – Carte 22/36 €
◆ Cette maison villageoise du 15e s. entièrement restaurée fait face à une tour médiévale qui surplombe la vallée du Lot. Chambres sobrement décorées. Plats du terroir au restaurant.

FISMES – 51 Marne – 306 E7 – 5 351 h. – alt. 70 m – ✉ 51170 — 13 B2

Paris 131 – Château-Thierry 42 – Compiègne 69 – Laon 37
28, rue René Letilly ✆ 03 26 48 81 28

La Boule d'Or
11 r. Lefèvre – ✆ 03 26 48 11 24 – www.boule-or.com – Fermé 24 janv.-11 fév., mardi midi, dim. soir et lundi
8 ch – †59/65 € ††59/65 € – ☕ 8,50 € **Rest** – Menu 14/44 € – Carte 36/42 €
◆ Comme jadis les rois de France en route pour leur sacre, vous ferez étape dans la localité. À votre disposition, des chambres fraîches d'une tenue impeccable. Deux salles à manger en enfilade, simples mais coquettes ; cuisine de tradition et plats du terroir.

FLACEY – 28 Eure-et-Loir – 311 E7 – rattaché à Châteaudun

FLAGEY-ÉCHEZEAUX – 21 Côte-d'Or – 320 J7 – rattaché à Vougeot

---

FLAMANVILLE – 50 Manche – 303 A2 – 1 686 h. – alt. 74 m – ✉ 50340 — 32 A1

Paris 371 – Barneville-Carteret 23 – Cherbourg 27 – Valognes 36
✆ 0233526123

Bel Air sans rest
2 r. du Château – ✆ 02 33 04 48 00 – www.hotelbelair-normandie.com – Fermé 15 déc.-15 fév.
11 ch – †70/105 € ††70/105 € – ☕ 11 €
◆ Cette maison où résidait jadis le régisseur des fermes du château est appréciée pour son grand calme. Les chambres, toutes différentes, possèdent une dominante rustique.

Le Sémaphore

Chasse de la Houe – ✆ 02 33 52 18 98 – www.restaurantlesemaphore.com – Fermé 12 déc.-8 fév., dim. soir, mardi sauf juil.-août et lundi

Rest – (13 €) Menu 21/37 € – Carte 32/47 €

◆ Vue sublime sur la Manche et les îles anglo-normandes depuis cet ancien sémaphore perché sur une falaise. Dans l'assiette, tradition et influences du Sud-Ouest.

FLAVIGNY-SUR-MOSELLE – 54 Meurthe-et-Moselle – **307** I7 – rattaché à Nancy

---

FLAYOSC – 83 Var – **340** N4 – rattaché à Draguignan

LA FLÈCHE – 72 Sarthe – 310 I8 – 15 321 h. – alt. 33 m – ✉ 72200 35 C2

Châteaux de la Loire

Paris 244 – Angers 52 – Laval 70 – Le Mans 44

boulevard de Montréal ✆ 02 43 94 02 53

Prytanée militaire★ - Boiseries★ de la chapelle N.-D.-des-Vertus - Parc zoologique du Tertre Rouge★ 5 km par ② puis D 104.

Bazouges-sur-le-Loir : pont ≤★, 7 km par ④.

Boierie (R. de la) . . . . Z 2
Carnot (R.) . . . . Y 3
Collège (R. du) . . . . Y 4
Dauversière (R. de la) . . . . Y 5
Foch (Promenade du Mar.) . . . . Z 14
Gallieni (R. du Mar.) . . . . . Z 9
Grande-Rue . . . . Y
Grollier (R.) . . . . YZ 10
Henri-IV (Pl.) . . . . Y 12
Marché-au-Blé (Pl.) . . . . . . Y 13
Moulin (Bd Jean) . . . . Y 16
Ravenel (R.) . . . . Y 17
Rhin-et-Danube (Av.) . . . . Y 18
Thury-Harcourt (Av. de) . . . . Z 19
Verdier (R. R.) . . . . Y 20

Le Relais Cicero sans rest
18 bd Alger – ✆ 02 43 94 14 14 – www.cicero.fr – Fermé 1er-15 août et 23 déc.-6 janv.
21 ch – †82/135 € ††85/135 € – ☐ 12 € Y**a**
◆ Cet ancien couvent (17e s.) et son jardin – un vrai havre de paix – invitent à une "retraite" en toute serénité. Salon-bar rustique, meubles cirés et chambres personnalisées.

Le Vert Galant sans rest
70 Grande Rue – ✆ 02 43 94 00 51 – www.vghotel.com Y**r**
22 ch – †75/170 € ††92/170 € – ☐ 12 €
◆ Au centre-ville, non loin du Prytanée, ex-relais postal du 18e s. Mobilier traditionnel, parfois contemporain, dans les chambres ; véranda où l'on propose le petit-déjeuner.

Le Moulin des Quatre Saisons
r. Gallieni – ✆ 02 43 45 12 12 – www.moulindesquatresaisons.com – Fermé vacances de la Toussaint, de fév., dim. soir, merc. soir et lundi Z**e**
Rest – Menu 27/42 € – Carte 45/76 €
◆ Moulin du 17e s. sur une petite île du Loir. Cuisine actuelle assortie d'une très belle carte des vins, dont certains crus autrichiens ou hongrois, servie dans un décor tyrolien.

FLÉCHIN – 62 Pas-de-Calais – 301 G4 – 525 h. – alt. 96 m – ✉ 62960 30 B2

▶ Paris 246 – Arras 63 – Lens 55 – Lille 72

La Maison
20 r. Haute – ✆ 03 21 12 69 33 – www.lamaisonrestaurant.com – Fermé sam. midi, dim. soir, lundi er merc.
Rest – *(nombre de couverts limité, prévenir)* Menu 16 € (déj. en sem.), 25/47 €
◆ Une belle maison 1900 : parquet d'époque, objets chinés, superbe lustre Gallet... Le chef concocte une cuisine où se mêlent produits du terroir et bio, légumes oubliés et épices.

FLÉRÉ-LA-RIVIÈRE – 36 Indre – 323 C4 – 582 h. – alt. 95 m – ✉ 36700 11 B3

▶ Paris 277 – Le Blanc 50 – Châtellerault 60 – Châtillon-sur-Indre 7

Le Relais du Berry
2 rte de Tours – ✆ 02 54 39 32 57 – Fermé janv., dim. soir, lundi et mardi
Rest – *(nombre de couverts limité, prévenir)* Menu 15 € (déj. en sem.), 24/40 € – Carte 37/50 €
◆ Dans cet ancien relais postal, vous appréciez une généreuse cuisine traditionnelle qui fait la part belle aux produits du jardin ; gibier en saison. Intérieur rustique.

FLERS – 61 Orne – 310 F2 – 16 094 h. – alt. 270 m – ✉ 61100 32 B2

Normandie Cotentin

▶ Paris 234 – Alençon 73 – Argentan 42 – Caen 60
ℹ place Charles de Gaulle ✆ 02 33 65 06 75
⛳ du Houlme à La Selle-la-Forge Le Bourg, par rte de Bagnoles-de-l'Orne : 4 km, ✆ 02 33 64 42 83

Plan page suivante

Le Galion sans rest
5 r. V. Hugo – ✆ 02 33 64 47 47 – www.hotellegalion.fr – Fermé 24 déc.-2 janv.
31 ch – †52/61 € ††52/61 € – ☐ 8,50 € AZ**b**
◆ Cet immeuble situé au centre-ville bénéficie d'un environnement paisible et d'une bonne insonorisation. Les chambres spacieuses ont été rénovées (tons pastel ou tissus).

Beverl'inn
9 r. Chaussée – ✆ 02 33 96 79 79 – www.beverlinn.com – Fermé 22 déc.-5 janv.
16 ch – †43/46 € ††49/56 € – ☐ 6 € – ½ P 56/59 € AZ**s**
Rest – *(fermé sam. midi et dim.)* (10 € bc) Menu 15/30 € – Carte 22/34 €
◆ Auberge proche du château de Flers, abritant de sobres chambres avec bureau. Restaurant de jaune et de rouge vêtu ; grillades au feu de bois et recettes traditionnelles.

FLERS

Boule (R. de la) . . . . AY
Charleston (Pl.) . . . . AYZ 3
Delaunay (R.) . . . . AY 4
Dr-Vayssières (Pl. du) . . . . . . AY 6
Domfront (R. de) . . . . AZ
Duhalde (Pl. P.) . . . . AZ
Gaulle (Pl. Ch.-de) . . . . AY 9
Géroudière (R. de la) . . . . BZ 10
Gévelot (R. J.) . . . . AY 12
Messei (R. de) . . . . AZ
Moulin (R. du) . . . . ABY 14
Paris (R. de) . . . . BY
Pont Feron (R. du) . . . . BZ 15
République (R. de la) . . . . . AYZ 16
St-Gilles (R.) . . . . BYZ 18
Salles (R. J.) . . . . AY 19
Schnetz (R.) . . . . AYZ
6-Juin (R. du) . . . . AY

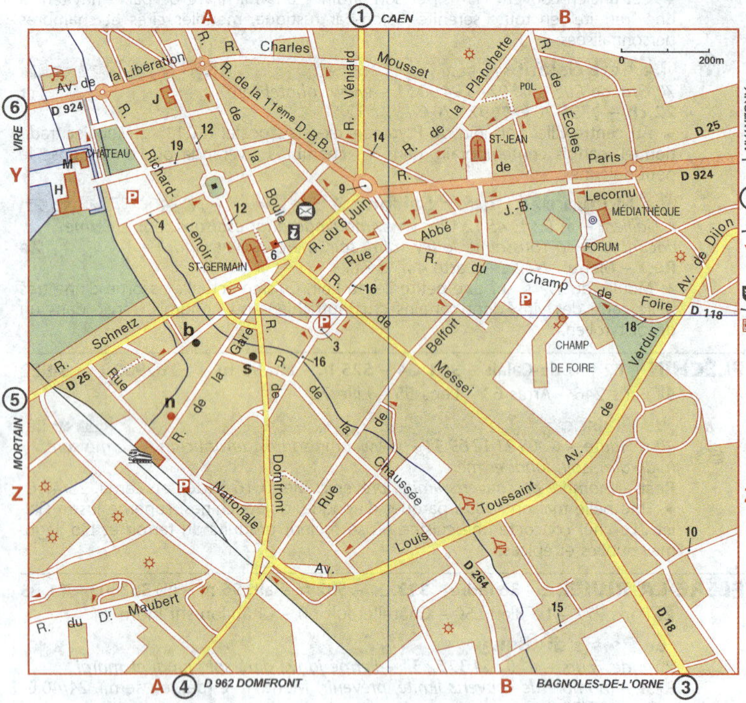

Au Bout de la Rue

60 r. de la Gare – ✆ 02 33 65 31 53 – www.auboutdelarue.com
– Fermé 1er-8 mai, 14-28 août, 2-8 janv., merc. soir, sam. midi, dim. et fériés
Rest – (16 €) Menu 21/33 € – Carte 27/51 € AZ**n**

◆ Ici, on ne vous cache rien ! Depuis la salle, chic et élégante, vous observerez le chef préparer le plat que vous aurez précédemment choisi sur la carte, actuelle et créative.

Auberge du Relais Fleuri

115 r. Schnetz , par ⑤ – ✆ 02 33 65 23 89 – www.aubergelerelaisfleuri.fr
– Fermé 27 fév.-21 mars, 1 sem. vacances de Noël, vend. soir, dim. soir et lundi
Rest – (13 €) Menu 26/31 € – Carte 41/60 €

◆ Cadre rustique, rehaussé de pierres et poutres apparentes, dans la première salle, la seconde affichant des boiseries normandes. Cuisine inventive et de saison, bons vins.

au Buisson-Corblin 3 km par ② – ✉ 61100 Flers

Auberge des Vieilles Pierres

– ✆ 02 33 65 06 96 – www.aubergedesvieillespierres.fr
– Fermé 8-30 août, 28 fév.-13 mars, dim. soir, mardi soir et lundi
Rest – Menu 16 € (sem.), 25/58 € – Carte 39/56 €

◆ Vieilles pierres à l'extérieur... Salles à manger élégantes et chaleureuses à l'intérieur. La cuisine, au goût du jour, met les produits de la mer à l'honneur.

à La Ferrière-aux-Étangs 10 km par ③ – 1 584 h. – alt. 304 m – ✉ 61450

XX **Auberge de la Mine** (Hubert Nobis)
le Gué-Plat, à 2 km par rte de Dompierre – ✆ 02 33 66 91 10 – www.aubergedelamine.com – Fermé 18 juil.-10 août, 2-25 janv., dim. soir, lundi et mardi
Rest – (20 €) Menu 26/65 € – Carte 63/87 €
Spéc. Foie gras à la liqueur de pomme à cidre. Ris de veau piqué à l'andouille de Vire, braisé au foin. Savarin trempé au calvados domfrontais, pommes caramélisées (nov. à fév.). **Vins** Vin de pays du Calvados.
◆ Intéressante cuisine au goût du jour servie dans deux plaisantes salles à manger. Pour l'anecdote, on se trouve dans l'ex-cantine d'une mine de fer dont l'activité a cessé en 1970.

FLEURIE – 69 Rhône – **327** H2 – 1 228 h. – alt. 320 m – ✉ 69820 **43** E1
Lyon Drôme Ardèche

Paris 410 – Bourg-en-Bresse 46 – Lyon 58 – Mâcon 22

Des Grands Vins sans rest
r. Grappe Fleurie, 1 km au Sud par D 119E – ✆ 04 74 69 81 43 – www.hoteldesgrandsvins.com
20 ch – 60/87 € 60/87 € – 10 €
◆ Établissement familial dont le jardin borde le vignoble. Chambres simples et bien tenues ; vaste salle des petits-déjeuners. Vente de vins du domaine.

Domaine du Clos des Garands sans rest
Les Garands, 1 km à l'Est par D 32 – ✆ 04 74 69 80 01 – www.closdesgarands.fr
4 ch – 90/110 € 90/110 €
◆ Les chambres de ce domaine viticole offrent toutes une vue imprenable sur Fleurie et les monts du Beaujolais. Un soin particulier est apporté au décor. Dégustations de vins de la propriété.

XX **Le Cep** (Chantal Chagny)
pl. de l'Église – ✆ 04 74 04 10 77 – Fermé 15-30 mars, 30 juin-12 juil., 20 déc.-15 janv., dim. et lundi
Rest – *(prévenir)* Menu 27/65 € – Carte 40/73 €
Spéc. Cuisses de grenouille au beurre en persillade, jeunes salades à l'huile de noix. Pigeonneau nourri aux grains, jus simple au poivre concassé. Cassis de Lancié en sorbet, pulpe acidulée et glace vanille. **Vins** Beaujolais blanc, Fleurie.
◆ Foin du décor élégant ou de la brigade stylée ! Cette digne ambassade du Beaujolais a renoncé au luxe pour mieux retrouver les saveurs d'une authentique et fine cuisine du terroir.

FLEURVILLE – 71 Saône-et-Loire – **320** J11 – 473 h. – alt. 174 m – ✉ 71260 **8** C3

Paris 375 – Cluny 26 – Mâcon 18 – Pont-de-Vaux 8

Château de Fleurville
r. du Glamont – ✆ 03 85 27 91 30 – www.chateau-de-fleurville.com
14 ch – 145/180 € 145/180 € – 1 suite – 15 € – ½ P 136/156 €
Rest – *(fermé le midi sauf dim.)* Menu 39/79 € – Carte 68/82 €
◆ Dans son parc séculaire, un petit château du 17e s. en pierre bourguignonne flanqué d'une jolie tour. Chambres rénovées, aux meubles anciens et tissus tendus. Piscine, tennis. Cuisine traditionnelle servie dans une salle à manger rustique (poutres, cheminée) ; agréable terrasse.

à Mirande 3 km au Nord-Ouest – ✉ 71260 Montbellet

XX **La Marande** avec ch
rest, rest,
rte de Lugny – ✆ 03 85 33 10 24 – www.hotel-restaurant-la-marande.com – Fermé 27 nov.-6 déc., 2-30 janv., 21 fév.-1er mars, lundi et mardi
5 ch – 75 € 75 € – 8 € **Rest** – Menu 28/68 € – Carte 45/62 €
◆ Maison bourgeoise dans un environnement bucolique. Deux salles aux touches de déco contemporaine valorisant les pierres apparentes. Belle cuisine au goût du jour et crus choisis. Chambres pratiques pour l'étape et bon petit-déjeuner.

FLEURY-LA-FORÊT – 27 Eure – **304** J5 – 269 h. – alt. 161 m – ✉ 27480 **33** D2

Paris 108 – Rouen 42 – Évreux 99 – Beauvais 49

Château de Fleury la Forêt sans rest

4 rte de Lyons, 1,5 km au Sud-Ouest par D 14 – ☎ 02 32 49 63 91 – www.chateau-fleury-la-foret.com

3 ch – 80 € 80 €

♦ Les chambres de ce beau château (16e et 18e s.) possèdent un authentique mobilier d'époque. Petit-déjeuner dans la cuisine normande. Collections de poupées et d'objets anciens.

FLEURY-SUR-ORNE – 14 Calvados – **303** J5 – rattaché à Caen

FLORAC – 48 Lozère – **330** J9 – 1 908 h. – alt. 542 m – ✉ 48400 **23** C1

Languedoc Roussillon

Paris 622 – Alès 65 – Mende 38 – Millau 84

33, avenue J. Monestier ☎ 04 66 45 01 14

Corniche des Cévennes★.

Des Gorges du Tarn

48 r. Pêcher – ☎ 04 66 45 00 63 – www.hotel-gorgesdutarn.com – Ouvert de Pâques à la Toussaint et fermé merc.

26 ch – 48/85 € 48/85 € – 9 € – ½ P 55 €

Rest *L'Adonis* – Menu 24/45 € – Carte 38/54 €

♦ Vous êtes à l'entrée (ou à la sortie) des gorges du Tarn. Préférez les chambres fraîchement rénovées, au décor actualisé ; plus spacieuses à l'annexe. Au restaurant, la carte et ses spécialités content le pays cévenol dans un cadre modernisé et lambrissé.

à Cocurès 5,5 km au Nord-Est par D 806 et D 998 – 194 h. – alt. 600 m – ✉ 48400

La Lozerette

– ☎ 04 66 45 06 04 – www.lalozerette.com – Ouvert du 16 avril à la Toussaint

20 ch – 59/90 € 59/90 € – 9 € – ½ P 58/76 €

Rest – *(Fermé mardi soir hors saison sauf résidents, mardi midi et merc. midi)* Menu 18 € (déj. en sem.), 26/48 € – Carte 32/48 €

♦ Dans un hameau situé aux portes du Parc national des Cévennes, cette demeure bénéficie de chambres claires agrémentées de petits balcons en bois. Élégante salle à manger d'esprit local, fine cuisine actuelle et cave riche en vins du Languedoc-Roussillon.

FLOURE – 11 Aude – **344** F3 – rattaché à Carcassonne

FLUMET – 73 Savoie – **333** M3 – 864 h. – alt. 920 m – Sports d'hiver : 1 000/2 030 m 11 – ✉ 73590 Alpes du Nord **46** F1

Paris 582 – Albertville 22 – Annecy 51 – Chamonix-Mont-Blanc 43

avenue de Savoie ☎ 04 79 31 61 08

Coeur de Marie

aux Glières, 5 km au Nord par D 909 rte de la Giettaz – ☎ 04 79 31 38 84 – www.chalet-marie.com

4 ch – 59 € 66/76 € **Table d'hôte** – Menu 24 € bc

♦ Chalet (1810) portant le nom d'une fleur ancienne. Décor tout bois et chambres cosy : rideaux brodés, tissus savoyards, bibelots choisis... À l'étage, au coin du feu, dîner familial aux accents savoyards et petit-déjeuner avec confitures maison.

FOIX P – 09 Ariège – **343** H7 – 9 605 h. – alt. 375 m – ✉ 09000 **29** C3

Midi-Toulousain

Paris 762 – Andorra-la-Vella 102 – Carcassonne 89 – St-Girons 45

29, rue Delcassé ☎ 05 61 65 12 12

18 de l'Ariège à La Bastide-de-Sérou Unjat, par rte de St-Girons : 15 km, ☎ 05 61 64 56 78

Site★ - ★ de la tour du château - Route Verte★★ O par D17 A.

Rivière souterraine de Labouiche★ NO : 6,5 km par D1.

FOIX

Alsace-Lorraine (Bd)	B	2
Bayle (R.)	B	
Chapeliers (R. des)	A	3
Delcassé (R. Th.)	B	4
Delpech (R. Lt P.)	A	5
Duthil (Pl.)	B	6
Fauré (Cours G.)	AB	7
Labistour (R. de)	B	8
Lazéma (R.)	A	9
Lérida (Av. de)	A	10
Lespinet (R. de)	A	13
Marchands (R. des)	B	12
Préfecture (R. de la)	A	14
Rocher (R. du)	A	20
St-Jammes (R.)	A	22
St-Volusien (Pl.)	A	23
Salenques (R. des)	A	24

Du Lac
rte de Toulouse, 3 km par ① – ✆ 05 61 65 17 17 – www.hoteldulac-foix.fr
35 ch – †67/75 € ††67/75 € – ☕ 9 € – ½ P 65/74 €
Rest – *(fermé 24 déc.-1er janv., dim. soir d'oct. à juin et le midi)* Menu 25/34 € – Carte 35/41 €
◆ Les chambres, confortables et neuves, de cette ancienne bergerie (1599) profitent du calme du parc et du lac. Nombreuses activités nautiques et location de bungalows climatisés. Décor rustique (poutres et pierres apparentes, cheminée) au restaurant.

Eychenne sans rest
11 r. N. Peyrevidal – ✆ 05 61 65 00 04 – www.hotel-eychenne.com **Ab**
16 ch – †45/49 € ††52/59 € – ☕ 6 €
◆ Facilement repérable grâce à sa tour d'angle en bois et son bar façon pub anglais, cet hôtel simple et rajeuni se révèle pratique et idéalement situé pour une visite de Foix.

Phoebus
3 cours Irénée Cros – ✆ 05 61 65 10 42 – www.ariege.com/le-phoebus – Fermé 18 juil.-18 août, sam. midi, dim. soir et lundi **Ba**
Rest – (19 €) Menu 29/87 € bc – Carte 30/70 €
◆ Pour déguster une cuisine traditionnelle dans une salle dominant l'Ariège et le château de G. Phoebus. L'accueil est soigné et pensé pour les non-voyants (carte en braille).

FONDAMENTE – 12 Aveyron – 338 K7 – 277 h. – alt. 430 m – ✉ 12540 29 D2
Paris 679 – Albi 109 – Millau 43 – Montpellier 98

Baldy avec ch
Vallée de Sorgues – ✆ 05 65 99 37 38 – www.hotel-sorgues.com – Hôtel : ouvert de Pâques à oct. et fermé dim. soir et lundi soir
9 ch – †48/72 € ††48/72 € – ☕ 10 € – ½ P 55/58 €
Rest – *(fermé jeudi midi, dim. soir et lundi) (nombre de couverts limité, prévenir)* (18 € bc) Menu 24 € bc (déj. en sem.), 30/62 €
◆ Le chef de cette sympathique auberge familiale – un ancien boucher – mise sur la fraîcheur des produits et propose une carte volontairement réduite de spécialités régionales. Petites chambres simples et bien tenues.

FONS – 46 Lot – 337 H4 – 386 h. – alt. 260 m – ✉ 46100 29 C1
Paris 562 – Toulouse 190 – Cahors 66 – Villefranche-de-Rouergue 47

Domaine de la Piale sans rest
La Piale, 1 km au Sud – ✆ 05 65 40 19 52 – www.domainedelapiale.com
4 ch ☕ – †60/110 € ††60/110 €
◆ Une adresse idéale pour se mettre au vert. Ambiance familiale et agréable cadre rustique et campagnard (poutres, pierres apparentes). Les chambres occupent une ancienne grange.

FONTAINEBLEAU – 77 Seine-et-Marne – **312** F5 – **15 688 h.** **19** C3
– **alt. 75 m** – ✉ **77300** Île de France

Paris 64 – Melun 18 – Montargis 51 – Orléans 89

4, rue Royale ✆ 01 60 74 99 99

U.C.P.A. Bois-le-Roi à Bois-le-Roi Base de loisirs, par rte de Melun : 10 km, ✆ 01 64 81 33 31

Palais★★★ : Grands appartements★★★ (Galerie François 1er★★★, Salle de Bal★★★) - Jardins★ - Musée napoléonien d'Art et d'Histoire militaire : collection de sabres et d'épées★ **M¹** - Forêt★★★ - Gorges de Franchard★★ 5 km par ⑥.

Grand Hôtel de l'Aigle Noir sans rest
27 pl. Napoléon Bonaparte – ✆ 01 60 74 60 00 – www.hotelaiglenoir.fr
15 ch – †110/170 € ††120/180 € – 4 suites – ☕ 16 € AZ**a**
◆ Ancien hôtel particulier construit au 15e s. situé tout près du château. Ambiance feutrée et chambres personnalisées par de beaux meubles, certaines de style Empire.

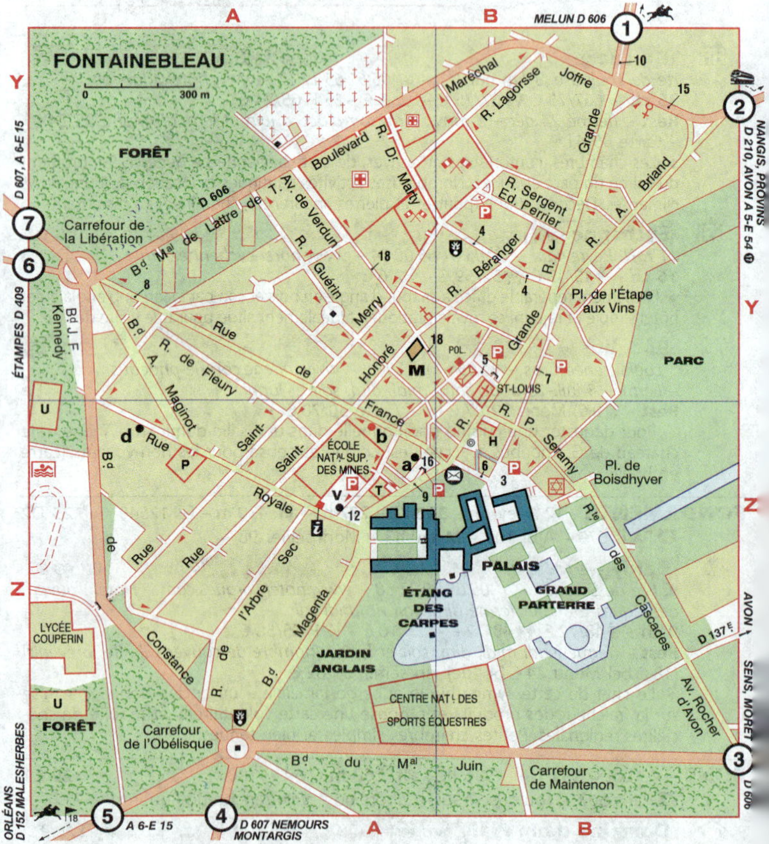

Mercure
41 r. Royale – 01 64 69 34 34 – www.mercure.com AZ**d**
97 ch – 149/159 € 149/159 € – 18 €
Rest – *(fermé 29 juil.-22 août et 16 déc.-2 janv.,dim. midi, vend. soir et sam.)*
(22 €) Menu 27 € (déj. en sem.), 38/60 € – Carte 28/35 €
◆ Cet établissement confortable et de qualité propose des chambres fonctionnelles. Détendez-vous devant la cheminée du salon ou profitez de l'ambiance cosy du bar. Cuisine traditionnelle dans la salle contemporaine prolongée d'une terrasse avec vue sur le parc.

De Londres sans rest
1 pl. Gén. de Gaulle – 01 64 22 20 21 – www.hoteldelondres.com – Fermé 12-19 août et 23 déc.-6 janv. AZ**v**
16 ch – 90/160 € 110/200 € – 13 €
◆ Cet hôtel, face au château, existe depuis le 16e s. Chambres amples et insonorisées, élégamment décorées : beaux tissus, meubles rustiques et de style, gravures de chasse.

Croquembouche
43 r. de France – 01 64 22 01 57 – www.restaurant-croquembouche.fr – Fermé 2 sem. en août, 1 sem. en janv., sam. midi, dim. et lundi AZ**b**
Rest – (30 €) Menu 40 € – Carte 50/66 €
◆ Pour une agréable halte : accueil chaleureux, tableaux en décor et cuisine au goût du jour qui fait la part belle aux produits frais, sélectionnés avec soin.

FONTAINE-DANIEL – 53 Mayenne – 310 E5 – rattaché à Mayenne

FONTAINE-DE-VAUCLUSE – 84 Vaucluse – 332 D10 – 671 h. – alt. 75 m – 84800 Provence 42 E1

Paris 697 – Apt 34 – Avignon 33 – Carpentras 21
chemin de la Fontaine 04 90 20 32 22
La Fontaine de Vaucluse★ - Collection Casteret★ au Monde souterrain de Norbert Casteret - Église St-Véran★.

Du Poète sans rest
– 04 90 20 34 05 – www.hoteldupoete.com – Ouvert 1er mars-28 nov.
24 ch – 70/310 € 70/310 € – 17 €
◆ Ce charmant moulin du 19e s. est entouré d'un jardin luxuriant, traversé par la Sorgue. Chambres discrètement provençales. On prend le petit-déjeuner en face des cascades.

Philip
chemin de la Fontaine – 04 90 20 31 81 – Ouvert 1er avril-30 sept. et fermé le soir sauf du 26 juin au 31 août
Rest – Menu 26/46 €
◆ Au pied de la célèbre fontaine, une affaire de famille avec son atmosphère de guinguette, la déco contemporaine en plus. Vue magnifique, terrasse et bonne cuisine régionale.

FONTANGES – 15 Cantal – 330 D4 – rattaché à Salers

LE FONTANIL – 38 Isère – 333 H6 – rattaché à Grenoble

FONTENAI-SUR-ORNE – 61 Orne – 310 I2 – rattaché à Argentan

FONTENAY – 88 Vosges – 314 H3 – rattaché à Épinal

FONTENAY-LE-COMTE – 85 Vendée – 316 L9 – 14 354 h. – alt. 21 m – 85200 Poitou Vendée Charentes 34 B3

Paris 442 – Cholet 103 – La Rochelle 51 – La Roche-sur-Yon 64
8, rue de Grimouard 02 51 69 44 99
Clocher★ de l'église N.-Dame **B** - Intérieur★ du château de Terre-Neuve.

Plan page suivante

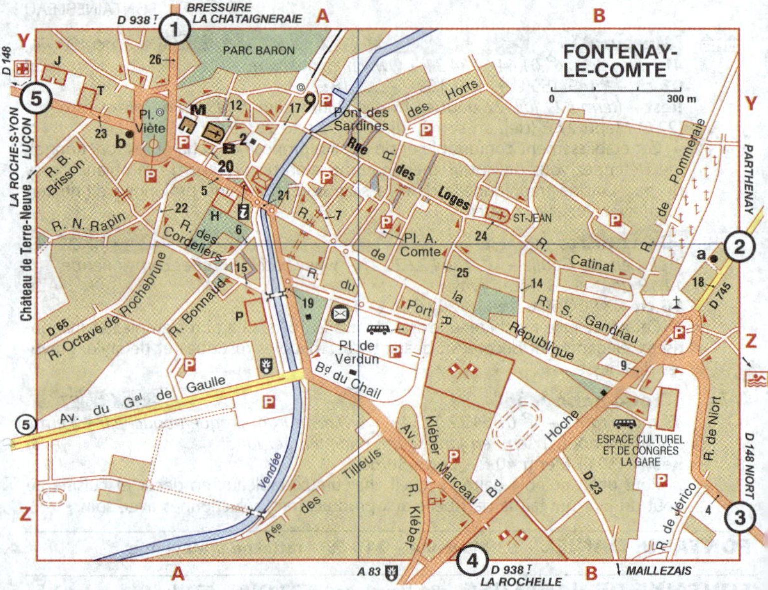

Le Rabelais rest, rest,

19 r. Ouillette – 02 51 69 86 20 – www.hotel-lerabelais.com BZa

54 ch – 69/99 € 79/109 € – 10 €

Rest – (15 €) Menu 19/32 € – Carte 25/32 €

◆ L'enseigne fait référence au séjour de trois ans que fit l'écrivain dans la ville. La plupart des chambres, fonctionnelles, ouvrent sur un jardin fleuri. Au restaurant, terrasse face à la piscine et grand buffet d'entrées et de desserts.

Le Logis de la Clef de Bois sans rest

5 r. du Département – 02 51 69 03 49 – www.clef-de-bois.com – Ouvert avril- déc.

4 ch – 105 € 115 € AYb

◆ Cet hôtel particulier du 17e s. abrite des chambres décorées avec goût, portant le nom d'un écrivain. La suite Rabelais, évoquant la commedia dell'arte, est la plus originale.

à St-Hilaire-des-Loges 11 km par ② – 1 846 h. – alt. 48 m – ✉ 85240

Le Pantagruelion

9 r. Octroi – 02 51 00 59 19 – Fermé 2-15 juil., sam. midi, dim. soir et merc.

Rest – (16 €) Menu 26/45 € – Carte 37/55 €

◆ Poutres, pierres apparentes et sol en jonc tressé : une ambiance rustique à souhait pour déguster d'appétissantes recettes traditionnelles valorisant les produits vendéens.

à Velluire 11 km par ④, D 938 ter et D 68 – 508 h. – alt. 9 m – ✉ 85770

Auberge de la Rivière avec ch

r. du Port de la Fouarne – 02 51 52 32 15 – www.hotel-riviere-vendee.com – Fermé lundi midi

11 ch – 50/85 € 65/94 € – 11 € – ½ P 70/84 €

Rest – (18 €) Menu 23/50 € – Carte 45/70 €

◆ Auberge ancienne dans un cadre bucolique postée sur une rive de la Vendée Cuisine au gré des saisons servie dans une salle mi-rustique mi-actuelle. Grandes chambres soignées.

FONTETTE – 89 Yonne – **319** F7 – rattaché à Vézelay

FONTEVRAUD-L'ABBAYE – 49 Maine-et-Loire – **317** J5 – 1 497 h. **35** C2
– alt. 75 m – ✉ 49590 Châteaux de la Loire

Paris 296 – Angers 78 – Chinon 21 – Loudun 22
place Saint-Michel ✆ 02 41 51 79 45
Abbaye★★ - Église St-Michel★.

Hostellerie la Croix Blanche rest,
5 pl. Plantagenets – ✆ 02 41 51 71 11 – www.hotel-croixblanche.com
23 ch – 70/110 € 70/145 € – 2 suites – 12 €
Rest – Menu 23/39 € – Carte 37/50 €
♦ On vient depuis plus de 300 ans dans cette auberge pour découvrir l'abbaye royale du 12e s. située juste en face. Les chambres sont modernes (literie neuve, écran plat). Après la visite, vous pourrez déguster une cuisine régionale actualisée au Plantagenêt.

La Licorne
allée Ste-Catherine – ✆ 02 41 51 72 49 – www.la-licorne-restaurant.com
– Fermé 12 déc.-12 janv., dim. soir, merc. soir et lundi sauf de mars à sept.
Rest – *(nombre de couverts limité, prévenir)* Menu 25/55 € – Carte 51/83 €
♦ Pas de vraie licorne dans cette demeure du 18e s. (tuffeau, poutres) mais la terrasse et le jardin fleuri sont délicieux. Les légumes du jardin se retrouvent à la carte.

FONTJONCOUSE – 11 Aude – **344** H4 – 133 h. – alt. 298 m **22** B3
– ✉ 11360

Paris 822 – Carcassonne 56 – Narbonne 32 – Perpignan 65

Auberge du Vieux Puits (Gilles Goujon) avec ch
av. St Victor – ✆ 04 68 44 07 37
– www.aubergeduvieuxpuits.fr – Fermé 2 janv.-11 mars, mardi midi et lundi du 20 juin au 11 sept., dim. soir, lundi et mardi du 10 sept. au 19 juin
8 ch – 205/280 € 205/280 € – 20 €
Rest – Menu 65 € (déj. en sem.), 125/150 € – Carte 135/165 €
Spéc. Œuf de poule "pourri" de truffes sur une purée de champignons et truffe. Filet de rouget barbet, pomme bonne bouche fourrée d'une brandade à la cèbe en "bullinada". Fraises gariguettes aux olives noires confites, sorbet fleur de thym-citron (été). **Vins** Corbières blanc et rouge.
♦ Le produit est la star de cette cuisine inspirée qui porte certaines émotions gustatives à l'incandescence. Saisons, terroir, invention : Gilles Goujon excelle dans l'équilibre, avec précision et humilité, entouré d'une équipe proche du client. Hébergement de qualité, mêlant cadre rustique et décor contemporain.

La Maison des Chefs
(à 300 m dans le village) – ✆ 04 68 44 07 37 – www.aubergeduvieuxpuits.fr
6 ch – 130/140 € 130/140 € – 20 €
♦ Les chambres de cette annexe sont placées sous le patronage des grands chefs : ustensiles, vestes signées Bocuse, Troigros, etc. Cours de cuisine.

FONT-ROMEU – 66 Pyrénées-Orientales – **344** D7 – 2 003 h. **22** A3
– alt. 1 800 m – Sports d'hiver : 1 900/2 250 m 1 28 – Casino – ✉ 66120
Languedoc Roussillon

Paris 858 – Andorra la Vella 73 – Ax-les-Thermes 56 – Bourg-Madame 18
38, avenue Emmanuel Brousse ✆ 04 68 30 68 30
de Font-Romeu Espace Sportif Colette Besson, N : 1 km, ✆ 04 68 30 10 78
Camaril★★★, retable★ et chapelle★ de l'Ermitage - ★★ Calvaire.

Plan page suivante

Le Grand Tétras sans rest
14 av. E. Brousse – ✆ 04 68 30 01 20 – www.hotelgrandtetras.fr AX**r**
36 ch – 73/100 € 73/100 € – 10 € – ½ P 66/80 €
♦ Hôtel aux allures montagnardes situé au centre du village. Balcon et vue panoramique sur les Pyrénées dans les chambres orientées au sud. Sauna et piscine couverte sur le toit.

FONT-ROMEU

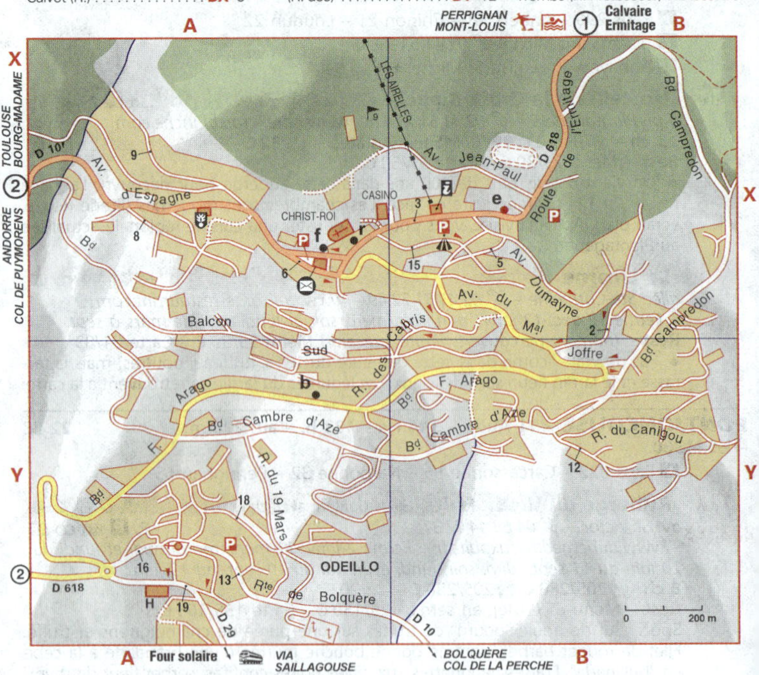

Sun Valley

3 av. Espagne – ✆ 04 68 30 21 21 – www.hotelsunvalley.fr – Fermé 31 oct.-4 déc. AX f

41 ch – 🛉72/109 € 🛉🛉85/119 € – ☕ 11 € – ½ P 68/93 €

Rest – *(fermé le midi) (résidents seult)* Menu 25 € – Carte 20/45 €

◆ Les chambres, toutes rénovées dans un esprit chalet, profitent du soleil depuis leur balcon. Bel espace bien-être et relaxation au dernier étage. Repas simples et copieux.

Clair Soleil

29 av. François Arago, rte Odeillo : 1 km – ✆ 04 68 30 13 65 – www.hotel-clair-soleil.com – Fermé 13 avril-16 mai et 2 nov.-18 déc. AY

29 ch ☕ – 🛉59/68 € 🛉🛉67/76 € – ½ P 51/60 €

Rest – *(fermé le midi du lundi au jeudi)* Menu 22/38 € – Carte 32/38 €

◆ Cette sympathique pension de famille bénéficie d'une très bonne exposition face au four solaire d'Odeillo. Chambres modestes bien tenues, avec balcon ou terrasse. Cuisine régionale et accueil aux petits soins dans la salle à manger-véranda.

La Chaumière

96 av. Emmanuel Brousse – ✆ 04 68 30 04 40 – www.lachaumiere-font-romeu.fr – Fermé 20 juin-10 juil., 10-23 oct., lundi et mardi hors vacances scolaires BX

Rest – (17 €) Menu 20 € – Carte 35/55 €

◆ Accueil tout sourire de la patronne dans ce sympathique restaurant à l'ambiance locale. On y déguste une cuisine de tradition et d'inspiration catalane rythmée par les saisons.

à Via 5 km au Sud par D 29 AY – ✉ 66210 Font Romeu Odeillo Via

L'Oustalet rest,
av. du Mar. Leclerc – ✆ 04 68 30 11 32 – www.hoteloustalet.com – Fermé 15 avril-8 mai et 15 oct.-15 nov.
25 ch – †45/60 € ††45/60 € – ☕ 8 € – ½ P 44/51 €
Rest – *(fermé le midi) (résidents seult)*
◆ Étape idéale pour les skieurs et les randonneurs, ce joli chalet à la façade en bois propose des chambres simples (la plupart avec balcon). Belle piscine extérieure. Atmosphère montagnarde au restaurant où l'on sert des spécialités catalanes.

FONTVIEILLE – 13 Bouches-du-Rhône – 340 D3 – 3 417 h. – alt. 20 m 42 E1 – ✉ 13990 Provence

Paris 712 – Arles 12 – Avignon 30 – Marseille 92
avenue des Moulins ✆ 04 90 54 67 49
Moulin de Daudet ≤ ★.
Chapelle St-Gabriel ★ N : 5 km.

La Regalido
r. F. Mistral – ✆ 04 90 54 60 22 – www.laregalido.com – Fermé 3 janv.-12 fév.
15 ch – †129/320 € ††129/320 € – ☕ 20 €
Rest – *(fermé lundi)* (18 €) Menu 26/60 €
◆ Ce vieux moulin à huile, blotti au cœur d'un exubérant jardin fleuri, est un régal ! Chambres contemporaines, sobres et élégantes. Piscine et mini spa. Salle à manger voûtée et terrasse pour déguster des menus uniques (variations autour d'un produit du terroir).

La Peiriero ch,
36 av. des Baux – ✆ 04 90 54 76 10 – www.hotel-peiriero.com – Ouvert 1ᵉʳ avril-31 oct.
42 ch – †93/129 € ††93/129 € – ☕ 14 €
Rest – *(fermé le soir d'avril à juin et de sept. à oct.)* Menu 30 €
◆ Plaisant hôtel au milieu d'une pinède, bercé par le chant des cigales. Chambres pimpantes, de style provençal. Minigolf et jeu d'échecs géant. Plats traditionnels servis en salle (climatisée) ou sur la ravissante terrasse ouverte sur le parc.

Le Val Majour sans rest
22 rte d'Arles – ✆ 04 90 54 62 33 – www.valmajour.com
32 ch – †60/140 € ††60/140 € – ☕ 10 €
◆ Dans un environnement tranquille, cet hôtel des années 1970 propose de spacieuses chambres colorées, parfois dotées d'un balcon tourné vers le parc. Salon et piscine agréables.

Hostellerie de la Tour ch,
3 r. Plumelets, rte d'Arles – ✆ 04 90 54 72 21 – www.hotel-delatour.com – Ouvert 1ᵉʳ avril-30 oct.
10 ch – †63 € ††70 € – ☕ 10 € – ½ P 61/65 €
Rest – *(fermé le midi)* Menu 28 €
◆ Près de la tour des Abbés, petite auberge dont les chambres, simples et agréables (pin et tissus fleuris), entourent la piscine et le coquet jardin. Les amateurs de bouillabaisse ou de petits farcis se retrouveront sous les poutres de la salle à manger.

Le Patio
117 rte du Nord – ✆ 04 90 54 73 10 – www.lepatio-alpilles.com – Fermé vacances de la Toussaint, de fév., mardi soir hors saison, dim. soir et merc.
Rest – (19 €) Menu 28/40 € – Carte 55/70 €
◆ Cette bergerie du 18ᵉ s. s'égaye d'un joli patio planté d'acacias et de palmiers. Cuisine aux parfums de la Provence tels que le basilic, la lavande, l'olive ou l'amande douce...

La Table du Meunier
42 cours Hyacinthe-Bellon – ✆ 04 90 54 61 05 – Fermé nov., 20-29 déc., fév., mardi sauf juil.-août et merc.
Rest – *(nombre de couverts limité, prévenir)* (21 €) Menu 26/34 € – Carte environ 43 €
◆ Non loin du moulin d'Alphonse Daudet, plus de meunier mais une cuisine provençale bien copieuse. Poulailler de 1765 et charmante terrasse décorée de... gallinacés.

rte de Tarascon 5 km au Nord-Ouest par D 33 – ✉ 13150 Tarascon

Les Mazets des Roches
rte de Fonvieille – ✆ 04 90 91 34 89 – www.mazetsdesroches.com – Ouvert d'avril à mi-oct.
38 ch – †60/137 € ††69/153 € – ☕ 12 €
Rest – *(fermé jeudi midi et sam. midi sauf juil.-août)* (15 € bc) Menu 25 € (sem.)/ 39 € – Carte 42/56 €
◆ Idéal pour se mettre au vert (parc boisé, piscine de 25 m). Chambres fonctionnelles et confortables, égayées de boutis et de lin. Cuisine classique inspirée par la Provence (poisson à l'huile d'olive, citron et fenouil), servie dans la salle à manger-véranda.

rte de Maussane-les-Alpilles 6 km à l'Est par D 17 - ✉ 13990 Fontvieille

Le Bistrot Mogador
Château d'Estoublon – ✆ 04 90 96 22 40 – www.estoublon.com – Ouvert de fév. à déc. et fermé mardi et merc.
Rest – Menu 25 €
◆ Une belle cave voûtée du 18e s. s'est muée en restaurant. Courte carte de bonne cuisine régionale, embellie par l'huile d'olive et les vins du domaine d'Estoublon.

FORBACH – 57 Moselle – **307** M3 – **21 956 h.** – **Agglo. 104 074 h.** – **alt. 222 m** – ✉ **57600** Alsace Lorraine **27** C1

Paris 385 – Metz 59 – St-Avold 23 – Sarreguemines 21

Château Barrabino - Av St Rémi ✆ 03 87 85 02 43

FORBACH

Alliés (R. des) . . . . . B 2
Arras (R. d') . . . . . A 3
Briand (Pl. A.) . . . . . A 6
Chapelle (R. de la) . . . . . A 7
Couturier (R.) . . . . . B 9
Église (R. de l') . . . . . B 10
Gare (R. de la) . . . . . B 12
Jardins (R. des) . . . . . A 13
Moulins (R. des) . . . . . A 15
Nationale (R.) . . . . . AB
Ney (R. P.) . . . . . A 17
Parc (R. du) . . . . . B 18
Remsing (R. de) . . . . . A 20
République (Pl. de la) . . . . . B 21
St-Remy (Av.) . . . . . AB
Schlossberg (R. du) . . . . . A 23
Schuman (Pl. R.) . . . . . B 24
Tuilerie (R. de la) . . . . . A 26
22-Novembre (R. du) . . . . . B 27

Mercure ch,
70 r. F. Barth, par ②, près piscine et échangeur Forbach-Sud Centre de Loisirs – 03 87 87 06 06 – www.mercure.com
67 ch – 65/85 € 85/115 € – 13 € – ½ P 85/105 €
Rest – *(fermé sam. midi)* (13 €) Menu 22/35 € – Carte 25/52 €
◆ Hôtel de chaîne excentré situé entre l'autoroute et un complexe sportif. Deux catégories de chambres ("standard" et "confort") ; bonne installation pour séminaires. Salle à manger moderne prolongée d'une véranda.

Le Schlossberg
13 r. Parc – 03 87 87 88 26 – Fermé 25 juil.-12 août, 27 déc.-13 janv., dim. soir, mardi soir et merc. **Bs**
Rest – Menu 19 € (sem.), 29/49 € – Carte 37/55 €
◆ Bâti en pierre du pays, ce restaurant côtoie le parc du Schlossberg. Salle au beau plafond marqueté et aux boiseries habillées de couleurs claires. Terrasse sous les tilleuls.

à Stiring-Wendel 3 km au Nord-Est par D 603 – 12 588 h. – alt. 240 m – ✉ 57350

1, place de Wendel 03 87 87 07 65

La Bonne Auberge (Lydia Egloff)
15 r. Nationale – 03 87 87 52 78 – Fermé 15-31 août, 26 déc.-3 janv., sam. midi, dim. soir et lundi
Rest – Menu 40 € (déj. en sem.), 65/110 € – Carte 70/90 €
Spéc. Tatin de foie d'oie aux coings confits (oct. à mars). Bouchée à la reine "collection 2011". Forêt noire nouvelle version.
◆ Élégante salle contemporaine entourant le jardin d'hiver éclairé par un puits de lumière, goûteuse cuisine inventive et belle carte des vins : une enseigne-vérité !

à Rosbrück 6 km par ③ – 789 h. – alt. 200 m – ✉ 57800

Auberge Albert Marie
1 r. Nationale – 03 87 04 70 76 – Fermé 11-19 juil., sam. midi, dim. soir et lundi
Rest – (26 € bc) Menu 39 € (déj. en sem.), 44/52 € – Carte 60/80 €
◆ Belle mise en place, plafond à caissons, boiseries sombres et discrète thématique à la gloire du coq : la tradition est autant à l'honneur dans le cadre que sur la carte.

FORCALQUIER – 04 Alpes-de-Haute-Provence – 334 C9 40 B2
– 4 654 h. – alt. 550 m – ✉ 04300 Provence

Paris 747 – Aix-en-Provence 80 – Apt 42 – Digne-les-Bains 50
13, place du Bourguet 04 92 75 10 02
Site★ - Cimetière classé★ - ✳★ de la terrasse N.-D. de Provence.
Mane★ - St-Michel-l'Observatoire★ - Observatoire de Haute-Provence★.

La Bastide Saint Georges sans rest
rte de Banon, 2 km par D 950 – 04 92 75 72 80 – www.bastidesaintgeorges.com – Fermé 22 nov.-25 déc. et 3 janv.-1er mars
21 ch – 135/240 € 135/240 € – 1 suite – 17 €
◆ Beaucoup de charme en ce domaine paysagé. Les chambres sont décorées avec goût – et au naturel : bois, pierre, lin –, la plupart avec terrasse. Piscine, spa et massages.

Les Terrasses de la Bastide
rte de Banon, (Domaine Bastide St Georges) – 04 92 73 32 35 – www.lesterrassesdelabastide.com – Fermé 28 nov.-15 déc., 1er fév.-6 mars, dim. soir, mardi midi et lundi sauf du 15 mai au 30 sept.
Rest – Menu 26 € – Carte 27/40 €
◆ Restaurant méditerranéen orné de photos sur le thème de l'olive. Cuisine traditionnelle du marché, avec en spécialité les pieds et paquets. Terrasse tournée vers le jardin.

à l'Est 4 km par D 4100 et rte secondaire – ✉ 04300 Forcalquier

Auberge Charembeau sans rest

rte de Niozelles, (Lieu-dit Charambau) – ✆ 04 92 70 91 70 – www.charembeau.com – Ouvert 1er mars-15 nov.

25 ch – †64/105 € ††64/121 € – ☕ 10 €

◆ Ferme du 18e s. dans un charmant parc vallonné. Cadre bucolique, bouquets de fleurs fraîches, grandes chambres de style provençal, piscine : comme une invitation à la détente...

à Mane 4 km au Sud par D 4100 – 1 329 h. – alt. 500 m – ✉ 04300

Couvent des Minimes

rest,

chemin des Jeux de Maï – ✆ 04 92 74 77 77 – www.couventdesminimes-hotelspa.com

42 ch – †180/210 € ††225/590 € – 4 suites – ☕ 29 €

Rest *Le Cloître* – *(fermé janv., mardi d'oct. à avril et lundi)* Menu 55 € (déj.), 72/88 € – Carte 83/129 €

Rest *Le Bancaou* – (29 €) Menu 35 € (déj.)/50 € – Carte 40/68 €

◆ Couvent des Minimes (1862) superbement mué en hôtel de luxe. Dans les chambres, décor sobre et raffiné (chêne massif, tons chauds). Jardin aux nombreuses essences et spa signé L'Occitane. Fine cuisine méditerranéenne au Cloître, avec sa terrasse ombragée. Formule bistrot au Bancaou.

Mas du Pont Roman sans rest

chemin de Châteauneuf , rte d'Apt – ✆ 04 92 75 49 46 – www.pontroman.com

9 ch – †70/90 € ††80/120 € – ☕ 10 €

◆ Près d'un vieux pont roman, un mas en pierre dans un joli jardin... Les plus : de ravissantes chambres provençales, des piscines balnéo et à contre-courant, un coquet salon...

LA FORÊT-FOUESNANT – 29 Finistère – 308 H7 – 3 161 h. – alt. 19 m – ✉ 29940 Bretagne

9 B2

■ Paris 552 – Concarneau 8 – Pont-l'Abbé 22 – Quimper 16

ℹ 2, rue du Vieux Port ✆ 02 98 51 42 07

XX Auberge St-Laurent

6 rte de Beg Menez, 2 km rte Concarneau par la côte – ✆ 02 98 56 98 07 – Fermé vacances de la Toussaint, de fév., dim. soir, lundi soir, mardi soir hors saison et merc.

Rest – (15 €) Menu 22/40 € – Carte 28/48 €

◆ Cuisine traditionnelle, agrémentée parfois de saveurs asiatiques, servie soit dans une salle au décor contemporain, soit dans un cadre plus rustique. Paisible terrasse d'été.

FORGES-LES-EAUX – 76 Seine-Maritime – 304 J4 – 3 542 h. – alt. 161 m – Casino – ✉ 76440 Normandie Vallée de la Seine

33 D1

■ Paris 117 – Rouen 44 – Abbeville 73 – Amiens 72

ℹ rue Albert Bochet ✆ 02 35 90 52 10

Le Continental sans rest

av. des Sources, rte de Dieppe – ✆ 02 32 89 50 50 – www.domainedeforges.com

44 ch – †59/77 € ††69/77 € – ☕ 10 €

◆ Petit immeuble de style régional abritant des chambres assez grandes, décorées dans un style contemporain. Confortable salon et charmante salle de petits déjeuners.

XX Auberge du Beau Lieu avec ch

2 rte du Montadet, 2 km par D 915 – ✆ 02 35 90 50 36 – www.aubergedubeaulieu.fr – Fermé 3-18 janv., 31 janv.-8 fév., lundi sauf férié et mardi

3 ch – †45 € ††60 € – ☕ 13 € **Rest** – (19 €) Menu 30/51 €

◆ Auberge campagnarde du pays brayon. L'hiver, on se réfugie avec plaisir auprès de l'âtre de la douillette salle de restaurant. Terrasse d'été. Chambres au rez-de-chaussée.

FORT-MAHON-PLAGE – 80 Somme – 301 C5 – 1 278 h. – alt. 2 m 36 A1
– Casino – ✉ 80120 Nord Pas-de-Calais Picardie

Paris 225 – Abbeville 41 – Amiens 90 – Berck-sur-Mer 19

1000, avenue de la Plage ✆ 03 22 23 36 00

de Belle-Dune Promenade du Marquenterre, (près de l'Aquaclub), ✆ 03 22 23 45 50

Parc ornithologique du Marquenterre★★ S : 15 km.

Auberge Le Fiacre
ch, ch, VISA

à Routhiauville, 2 km au Sud-Est par rte de Rue – ✆ 03 22 23 47 30 – www.lefiacre.fr – fermé 20 déc.-1er fév.

11 ch – 103/115 € 103/115 € – 3 suites – 14 € – ½ P 98/104 €

Rest – *(fermé mars, 15 nov.-28 fév.)* Menu 36/47 € – Carte 58/74 €

◆ Idéal pour se mettre au vert ! Dans cette ancienne ferme du Marquenterre, on profite d'un beau jardin avec piscine et l'on se repose dans une chambre douillette à souhait. Cuisine actuelle servie dans un cadre soigné ou en terrasse.

La Terrasse
AC rest, ch, P VISA

1461 av de la Plage – ✆ 03 22 23 37 77 – www.hotellaterrasse.com – Fermé 3-23 janv.

56 ch – 44/109 € 44/109 € – 11 € – ½ P 44/78 €

Rest – Menu 16/50 € bc – Carte 30/60 €

◆ Dans cet hôtel du front de mer, les chambres sont confortables et donnent sur le large ou, plus au calme, sur la cour. Au restaurant, la carte et le décor mettent la mer à l'honneur ; cuisine plus simple à l'espace brasserie.

LA FOSSETTE (PLAGE DE) – 83 Var – 340 N7 – rattaché au Lavandou

FOS-SUR-MER – 13 Bouches-du-Rhône – 340 E5 – 15 734 h. 40 A3
– alt. 11 m – ✉ 13270 Provence

Paris 750 – Aix-en-Provence 55 – Arles 42 – Marseille 51

Place de l'Hotel de Ville ✆ 04 42 47 71 96

Village ★.

Ariane Fos
AC P VISA AE

rte d'Istres : 3 km – ✆ 04 42 05 00 57 – www.arianefoshotel.com

72 ch – 87/105 € 92/110 € – 11 €

Rest – *(fermé sam. et dim.)* (15 €) Menu 18/24 € – Carte 26/41 €

◆ Près de l'étang de l'Estomac, un hôtel confortable, pratique pour les affaires ou les réceptions. Chambres spacieuses et fonctionnelles. Équipements pour les séminaires. Cuisine traditionnelle (carpaccios, salades) dans une salle lumineuse, face à la piscine.

FOUCHÈRES – 10 Aube – 313 F5 – 469 h. – alt. 138 m – ✉ 10260 13 B3

Paris 189 – Troyes 25 – Bar-sur-Aube 42 – Bar-sur-Seine 11

Auberge de la Seine
AC VISA

1 fg de Bourgogne – ✆ 03 25 40 71 11 – www.aubergedelaseine.com – Fermé merc. du 1er sept. au 15 avril, dim. soir et lundi

Rest – (19 €) Menu 29/68 € bc – Carte 37/62 €

◆ Relais de poste du 18e s. agrandi d'une belle terrasse surplombant la Seine. On y mange des plats simples à base de bons produits frais en provenance du marché.

FOUDAY – 67 Bas-Rhin – 315 H6 – 340 h. – ✉ 67130 Alsace Lorraine 1 A2

Paris 412 – St-Dié 34 – Saverne 55 – Sélestat 37

Julien
Spa rest, P VISA AE

D 1420 – ✆ 03 88 97 30 09 – www.hoteljulien.com – Fermé 9 janv.-3 fév.

44 ch – 113/142 € 113/142 € – 15 suites – 18 € – ½ P 99/122 €

Rest – *(fermé mardi)* (14 €) Menu 18 € (déj. en sem.), 25/55 € – Carte 36/52 €

◆ Bel établissement dans un magnifique parc fleuri, traversé par la Bruche. Chambres raffinées, alliant le contemporain à la chaleur du bois. Espace bien-être. Au restaurant, atmosphère vosgienne ; on savoure une appétissante cuisine traditionnelle et alsacienne.

FOUESNANT – 29 Finistère – 308 G7 – 9 716 h. – alt. 30 m – ✉ 29170 9 B2
Bretagne

Paris 555 – Carhaix-Plouguer 69 – Concarneau 11 – Quimper 16

Espace Kernevelech ✆ 02 98 51 18 88

de Cornouaille à La Forêt-Fouesnant Manoir du Mesmeur, E : 4 km par D 44, ✆ 02 98 56 97 09

L'Orée du Bois sans rest

4 r. Kergoadig, (près église) – ✆ 02 98 56 00 06 – www.hotel-oreedubois.com

15 ch – 38/75 € 38/75 € – 8 €

◆ Près de l'église, petit hôtel entièrement rénové par la nouvelle propriétaire très souriante. Chambres actuelles qui mêlent styles contemporain et marin. Prix doux.

au Cap Coz 2,5 km au Sud-Est par rte secondaire – ✉ 29170 Fouesnant

De la Pointe du Cap Coz rest,

153 av. de la Pointe – ✆ 02 98 56 01 63 – www.hotel-capcoz.com – Fermé 27 nov.-2 déc., 1er janv.-12 fév. et dim. soir du 1er oct. au 15 mars

16 ch – 61/64 € 70/101 € – 11 € – ½ P 77/92 €

Rest – *(fermé dim. soir et lundi midi du 1er sept. au 15 juin et merc.)* Menu 26/53 € – Carte 45/80 €

◆ Maison bretonne à l'extrémité du Cap-Coz. Chambres chaleureuses (décoration actuelle) donnant sur l'océan ou sur l'anse de Port-la-Forêt. Belle cuisine personnalisée qui met à l'honneur les produits de la mer et ceux du terroir.

Belle-Vue

30 descente Belle-Vue, (réouverture prévue en juin après rénovation) – ✆ 02 98 56 00 33 – http://hotel-belle-vue.com – Ouvert juin-nov.

16 ch – 61/72 € 67/90 € – 9 € – ½ P 63/77 €

Rest – *(ouvert 15 mars-31 oct. et fermé lundi)* Menu 25/40 € – Carte 29/46 €

◆ Hôtel familial dominant la baie de la Forêt-Fouesnant. Les chambres, petites et sans fioritures, sont tournées vers l'océan ou vers le jardin. Au restaurant, sobre décor et cuisine de terroir sans prétention ; l'été, plaisante terrasse panoramique.

à la Pointe de Mousterlin 6 km au Sud-Ouest par D 145 et D 134 – ✉ 29170 Fouesnant

De la Pointe de Mousterlin rest, rest,

108 rte de la Pointe – ✆ 02 98 56 04 12 – www.mousterlinhotel.com – Fermé 20 fév.-15 mars, mardi midi, dim. soir et lundi du 17 oct. au 12 avril

42 ch – 57/78 € 69/132 € – 1 suite – 15 € – ½ P 85/116 €

Rest – Menu 25/45 € – Carte 43/65 €

◆ Complexe balnéaire à 50 mètres de la plage. Chambres spacieuses et pratiques réparties dans trois bâtiments entourant un jardin. Bons équipements de loisirs. Cuisine du terroir à composantes océanes, servie dans deux salles dont une agrémentée d'une verrière.

FOUGÈRES – 35 Ille-et-Vilaine – 309 O4 – 20 941 h. – alt. 115 m – ✉ 35300 10 D2
Bretagne

Paris 326 – Avranches 44 – Laval 53 – Le Mans 132

2, rue Nationale ✆ 02 99 94 12 20

Château★★ - Église St-Sulpice★ - Jardin public★ : ★ - Vitraux★ de l'église St-Léonard - Rue Nationale★.

Les Voyageurs sans rest

10 pl. Gambetta – ✆ 02 99 99 08 20 – www.hotel-fougeres.fr – Fermé 24 déc.-2 janv. BY

35 ch – 56 € 69/125 € – 8,50 €

◆ Établissement centenaire situé au cœur de la ville haute, bien tenu et peu à peu renové. De colorées et fonctionnelles, les chambres y gagnent un esprit contemporain, plus cosy.

Baron (R.) . . . . BY 3
Le Bouteiller (R.) . . . . AY 16
Briand (Pl. A.) . . . . BY 5
Feuteries (R. des) . . . . BY 8
Forêt (R. de la) . . . . BY
Foskéraly (R.) . . . . AY 10
Gaulle (Av. Gén.-de) . . . . BY 12
Grande Douve (Pl. de la) . . . . BY 13
Jean-Jaurès (Bd) . . . . BY
Leclerc (Bd Mar.) . . . . BY 17
Lusignan (R. de) . . . . AY 19
Mendès-France (R. P.) . . . . BYZ 20
Nançon (R. du) . . . . AY 22
Nationale (R.) . . . . ABY
Porte-Rogers (R.) . . . . BY 26
Porte-St-Léonard (R.) . . . . AY 28
Providence (R. de la) . . . . AY 29
Sévigné (R. Mme de) . . . . BZ 32
Tanneurs (R. des) . . . . AY 38
Tribunal (R. du) . . . . BY 40
Verdun (R. de) . . . . BY 42

XX **Haute Sève** VISA MC AE

37 bd Jean-Jaurès – ✆ 02 99 94 23 39 – www.lehauteseve.fr – Fermé 22 juil.-22 août, 1er-20 janv., dim. soir et lundi BYz

Rest – (21 € bc) Menu 26 € (sem.)/44 € – Carte 35/45 €

◆ L'avenante façade à colombages abrite une salle à manger relookée dans un esprit contemporain. Cuisine régionale mise au goût du jour, à base de bons produits du terroir.

FOUGEROLLES – 70 Haute-Saône – 314 G5 – 3 874 h. – alt. 311 m 17 C1

– ✉ 70220 Franche-Comté Jura

Paris 374 – Épinal 49 – Luxeuil-les-Bains 10 – Remiremont 25

1, rue de la Gare ✆ 03 84 49 12 91

Ecomusée du Pays de la Cerise et de la Distillation★.

XX **Au Père Rota** P VISA MC AE

8 Grande Rue – ✆ 03 84 49 12 11 – Fermé 31 août-4 sept., 2-30 janv., dim. soir, mardi soir et lundi

Rest – (20 €) Menu 26 € (sem.), 35/69 € – Carte 52/80 €

◆ Fougerolles, son kirsch et... son Père Rota, un restaurant feutré, où l'on déguste une bonne cuisine authentique (poularde, gratin dauphinois...). Beaux millésimes en cave.

FOURAS – 17 Charente-Maritime – 324 D4 – 4 024 h. – alt. 5 m 38 A2

– Casino – ✉ 17450 Poitou Vendée Charentes

Paris 485 – Châtelaillon-Plage 18 – Rochefort 15 – La Rochelle 34

avenue du Bois Vert ✆ 05 46 84 60 69

Donjon ✻★.

Grand Hôtel des Bains sans rest
15 r. Gén. Bruncher – ✆ 05 46 84 03 44 – www.grandhotel-desbains.com – Ouvert 15 mars-31 oct.
31 ch – 🚹48/76 € 🚹🚹50/76 € – ☕ 8 €
◆ Le "plus" de cet ancien relais de poste ? La chambre 1, face à la mer. Les autres donnent côté rue (double-vitrage) ou sur le patio fleuri, agréable l'été (petit-déjeuner).

FOURGES – 27 Eure – 304 J7 – 805 h. – alt. 14 m – ✉ 27630 33 D2

Paris 74 – Les Andelys 26 – Évreux 47 – Mantes-la-Jolie 23

Le Moulin de Fourges
38 r. du Moulin – ✆ 02 32 52 12 12 – www.moulindefourges.com – fermé mardi, merc. et jeudi de nov. à mars, dim. soir et lundi
Rest – (25 €) Menu 35 € – Carte 33/48 €
◆ Rendez-vous des peintres et des amoureux de la nature, cet ancien moulin du bord de l'Epte offre un agréable cadre champêtre. Salles de style rustique et cuisine au goût du jour.

FOURMIES – 59 Nord – 302 M7 – 13 155 h. – alt. 200 m – ✉ 59610 31 D3

Nord Pas-de-Calais Picardie

Paris 214 – Avesnes-sur-Helpe 16 – Charleroi 60 – Hirson 14
1158 rue Faidherbe ✆ 03 20 50 63 85
Musée du textile et de la vie sociale★.

aux Étangs-des-Moines 2 km à l'Est par D 964 et rte secondaire – ✉ 59610 Fourmies

Ibis sans rest
r. des Etangs des Moines – ✆ 03 27 60 21 54
31 ch – 🚹59/66 € 🚹🚹59/66 € – ☕ 8 €
◆ En lisière de forêt, relais motard tenu par un patron organisant des excursions "moto verte". Chambres fonctionnelles bien tenues, pour moitié dotées de douches à l'italienne.

Auberge des Étangs des Moines
97 r. des Étangs – ✆ 03 27 60 02 62 – www.restaurant-les-etangs-des-moines.com – Fermé 1er-21 août, vacances de fév., sam. midi, dim. soir et lundi sauf fériés
Rest – Menu 19/42 € – Carte 36/50 €
◆ Voici une auberge qui sait se faire aimer avec sa chaleureuse salle à manger mi-classique, mi-rustique (avec cheminée), ouverte sur une terrasse côté étangs. Plats traditionnels.

FRANCESCAS – 47 Lot-et-Garonne – 336 E5 – 725 h. – alt. 109 m – ✉ 47600 4 C2

Paris 720 – Agen 28 – Condom 18 – Nérac 14

Le Relais de la Hire
11 r. Porte-Neuve – ✆ 05 53 65 41 59 – www.la-hire.com – Fermé 27 oct.-4 nov., vacances de fév., dim. soir, mardi soir, merc. soir et lundi
Rest – *(prévenir)* (15 € bc) Menu 22/56 € – Carte 45/60 €
◆ Confortable décor classique (plafond peint d'un ciel bleu), terrasse d'été et cuisine du terroir joliment personnalisée : cette maison du 18e s. cache une très bonne adresse.

FRÉHEL – 22 Côtes-d'Armor – 309 H3 – 1 586 h. – alt. 72 m – Casino – ✉ 22240 10 C1

Paris 433 – Dinan 38 – Lamballe 28 – St-Brieuc 40
place de Chambly ✆ 02 96 41 53 81
☼★★★.
Fort La Latte★★ : site★★, ☼★★ SE : 5 km.

Le Victorine

3 pl. Chambly – ✆ 02 96 41 55 55 – www.levictorine.net
– Fermé 18 oct.-9 nov., 15 fév.-1er mars, dim. soir et lundi sauf du 6 juil. au 29 août
Rest – (14 €) Menu 21/35 € – Carte 23/44 €
◆ Ce restaurant familial situé sur la place du village vous reçoit dans une sobre salle à manger néo-rustique ou en terrasse. Cuisine traditionnelle influencée par le marché.

FRÉJUS – 83 Var – 340 P5 – 51 537 h. – alt. 20 m – ✉ 83600 — 41 C3

Côte d'Azur

- Paris 868 – Cannes 40 – Draguignan 31 – Hyères 90
- ✆ 3635 et tapez 42 (0,34 €/mn)
- 325, rue Jean Jaurès ✆ 04 94 51 83 83
- 9 de Roquebrune à Roquebrune-sur-Argens Quartier des Planes, O : 6 km par D 8, ✆ 04 94 19 60 35
- 18 de Valescure à Saint-Raphaël Route des golfs, NE : 8 km, ✆ 04 94 82 40 46
- Groupe épiscopal★★ : baptistère★★, cloître★, cathédrale★ - Ville romaine★ A : arènes★ - Parc zoologique★ N : 5 km par ③.

FRÉJUS

Agachon (Av. de l') . . . . A 2
Alger (Bd) . . . . B 5
Brosset (Av. du Gén.) . . . . . AB 13
Carrara (R. Jean) . . . . A 16
Decuers (Bd S.) . . . . A 23
Donnadieu (R.) . . . . B 24
Einaudi (R. Albert) . . . . A 25
Europe (Av. de l') . . . . A 26
Fabre (Av. Hippolyte) . . . . . . B 27
Garros (R. Roland) . . . . B 32
Libération (Bd de la) . . . . B 40
Papin (R. Denis) . . . . B 46
Triberg (R. de) . . . . A 53
Verdun (Av. de) . . . . A 56
Victor-Hugo (Av.) . . . . B 60
XVe-Corps (Av. du) . . . . A 62

ST-RAPHAËL

Coty (Promenade René) . . . . B 20
Gaulle (Av. du Gén.-de) . . . . . B 33
Leclerc (Av. Mar.) . . . . B 39
Mimosas (Bd des) . . . . B 43
Myrtes (Av. des) . . . . B 45
Poincaré (Av. Raymond) . . . . B 47
Rivière (Av. Théodore) . . . . . B 51
Valescure (Av. de) . . . . B 54

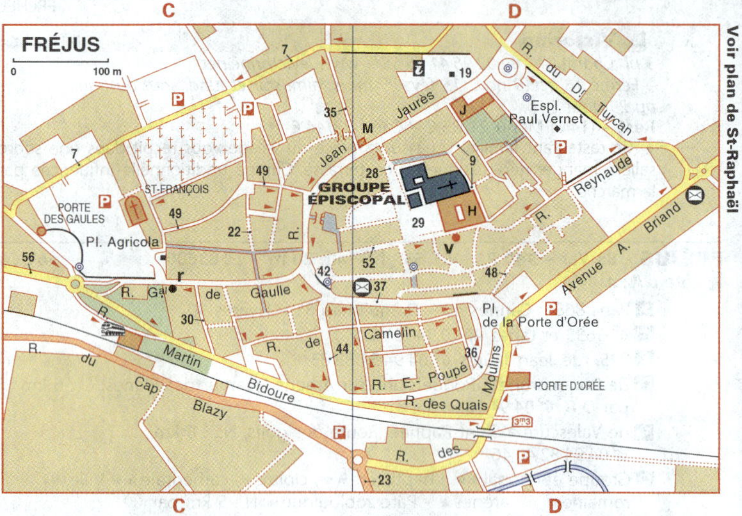

Aubenas (R. Joseph) . . . . C 7
Beausset (R. du) . . . . D 9
Clemenceau (Pl. G.) . . . . D 19
Craponne (R.) . . . . C 22
Decuers (Bd S.) . . . . D 23
Fleury (R. de) . . . . D 28
Formigé (Pl.) . . . . D 29
Gallus (R.) . . . . C 30
Girardin (R.) . . . . C 35
Glacière (Pl. de la) . . . . D 36
Grisolle (R.) . . . . D 37
Jean-Jaurès (R.) C
Liberté (Pl. de la) . . . . C 42
Montgolfier (R.) . . . . C 44
Portalet (Passage du) . . . . . . D 48
Potiers (R. des) . . . . C 49
Sieyès (R.) . . . . D 52
Verdun (Av. de) . . . . C 56

L'Aréna ch, rest,

145 r. Gén. de Gaulle – ✆ 04 94 17 09 40 – www.hotel-frejus-arena.com – Fermé nov. **Cr**

39 ch – †85/125 € ††85/125 € – ☕ 14 €

Rest – Menu 26/55 € – Carte 38/60 €

◆ Chambres cosy (tissus régionaux, mobilier peint, faïence...), patio odorant, piscine bleu azur : un pur concentré de Provence dans cette délicieuse maison proche des arènes. Au restaurant, vous goûterez une cuisine gorgée de soleil.

L'Amandier

19 r. Marc-Antoine-Desaugiers – ✆ 04 94 53 48 77 – www.restaurant-lamandier.com – Fermé vacances de la Toussaint, 31 déc.-10 janv. lundi midi, merc. midi et dim. **Dv**

Rest – *(nombre de couverts limité, prévenir)* (20 €) Menu 24/37 € – Carte 31/46 €

◆ Une adresse sympathique à deux pas de la mairie. Deux salles sobrement rustiques, dont une voûtée. Cuisine méridionale tout simplement bonne et belle sélection de vins.

à Fréjus-Plage AB – ✉ 83600 Fréjus

L'Oasis sans rest

imp. Charcot – ✆ 04 94 51 50 44 – www.hotel-oasis.net – Ouvert 1er fév.-12 nov. **Bh**

27 ch – †38/72 € ††38/72 € – ☕ 7 €

◆ Il règne une ambiance familiale dans cet hôtel des années 1950 situé dans un quartier calme. Chambres fonctionnelles néo-rustiques. Petit-déjeuner sous la pergola en saison.

Atoll sans rest

923 bd de la Mer – ✆ 04 94 51 53 77 – www.atollhotel.fr **At**

30 ch – †46/69 € ††46/69 € – ☕ 6 €

◆ À proximité des plages et de la marina, petit établissement familial tout simple abritant des chambres bien tenues, fonctionnelles et sobrement aménagées.

Le Mérou Ardent

157 bd la Libération – ✆ 04 94 17 30 58 – fermé 23-27 mai, 21 nov.-20 déc., sam. midi, lundi midi et jeudi midi en juil.-août, merc. et jeudi de sept. à juin
Rest – Menu 18/36 € – Carte 22/46 € **Be**
◆ Sympathique restaurant du front de mer où la carte, plutôt traditionnelle, privilégie les recettes de poisson. Aux beaux jours, service en terrasse, face à la plage.

FRÉLAND – 68 Haut-Rhin – **315** H7 – 1 385 h. – alt. 425 m – ✉ 68240 **2** C2

Paris 438 – Strasbourg 91 – Colmar 20 – Mulhouse 63

La Haute Grange sans rest

la Chaude Côte – ✆ 03 89 71 90 06 – www.lahautegrange.fr
4 ch – †80/120 € ††100/140 €
◆ Isolée dans un site bucolique, adossée à la colline, cette maison ancienne vous garantit le plus grand calme. Chambres douillettes, salons rustiques (cheminée, bibliothèque).

LE FRENEY-D'OISANS – 38 Isère – **333** J7 – 270 h. – alt. 926 m – ✉ 38142 **45** C2

Paris 626 – Bourg-d'Oisans 12 – La Grave 16 – Grenoble 64
Le Village ✆ 04 76 80 05 82
Barrage du Chambon★★ SE : 2 km - Gorges de l'Infernet★ SO : 2 km
Alpes du Nord

à Mizoën Nord-Est : 4 km par N 91 et D 1091 – 173 h. – alt. 1 100 m – ✉ 38142

Panoramique

rte des Aymes – ✆ 04 76 80 06 25 – www.hotel-panoramique.com – Ouvert 15 mai-27 sept. et 26 déc.-25 avril
9 ch – †77/87 € ††97/107 € – ½ P 67/77 €
Rest – *(ouvert 26 déc.-25 avril et fermé le midi)* Menu 19/27 € – Carte environ 28 €
◆ Outre son très bel environnement, ce chalet fleuri a de nombreux atouts : accueil charmant, tenue méticuleuse, solarium exposé plein sud, sauna, etc. Salle de restaurant panoramique et agréable terrasse d'été face aux sommets.

LE FRENZ – 68 Haut-Rhin – **315** F9 – rattaché à Kruth

FRESNAY-EN-RETZ – 44 Loire-Atlantique – **316** E5 – 1 068 h. – alt. 15 m – ✉ 44580 **34** A2

Paris 425 – Nantes 40 – La Roche-sur-Yon 64 – Saint-Nazaire 51

Le Colvert

14 rte de Pornic – ✆ 02 40 21 46 79 – www.lecolvert.fr – Fermé 16 août-11 sept., dim. soir, mardi soir, merc. soir et lundi
Rest – Menu 18 € (déj. en sem.), 30/52 € – Carte 44/60 €
◆ Deux espaces selon vos envies : côté col, une salle élégante où déguster une cuisine soignée ; côté vert, une brasserie conviviale, au décor vigneron (bonne formule déjeuner).

FRESNE-CAUVERVILLE – 27 Eure – **304** C6 – 191 h. – alt. 160 m – ✉ 27260 **33** C2

Paris 155 – Rouen 81 – Évreux 59 – Le Havre 62

Le Clos de l'Ambroisie

La Forge Subtile, 500 m au Sud-Est – ✆ 02 32 42 76 40 – www.closdelambroisie.fr
4 ch – †60 € ††70 € **Table d'hôte** – Menu 25 € bc
◆ Découvrez cet ancien pressoir normand du 18e s. et son jardin invitant à la détente. Décoration des chambres sur la thématique des pierres (Rubis, Citrine, M'Bigou, Améthyste). Cuisine traditionnelle teintée d'exotisme à la table d'hôte (sur réservation).

LE FRET – 29 Finistère – **308** D5 – rattaché à Crozon

FRICHEMESNIL – 76 Seine-Maritime – **304** G4 – rattaché à Clères

FROENINGEN – 68 Haut-Rhin – **315** H10 – rattaché à Mulhouse

FROIDETERRE – 70 Haute-Saône – **314** H6 – rattaché à Lure

FRONCLES-BUXIERES – 52 Haute-Marne – **313** K4 – 1 645 h. – alt. 226 m – ✉ 52320 **14** C3

Paris 282 – Bar-sur-Aube 41 – Chaumont 28 – Neufchâteau 52

Au Château

Parc d'Activités – ☎ 03 25 02 93 84 – www.restaurant.auchateau.monsite.wanadoo.fr – Fermé vacances de Noël, sam. midi et dim. soir

Rest – Menu 13 € (déj. en sem.), 27/52 € – Carte 37/55 €

◆ Non pas un château, mais l'ancienne demeure du maître de forges ! On y dîne dans trois petits salons bourgeois ou sur la terrasse couverte, face au parc. Cuisine audacieuse.

FRONTONAS – 38 Isère – **333** E4 – 1 812 h. – alt. 260 m – ✉ 38290 **44** B2

Paris 495 – Ambérieu-en-Bugey 44 – Lyon 34 – La Tour-du-Pin 26

Auberge du Ru

Le Bergeron-Les-Quatre-Vies – ☎ 04 74 94 25 71 – www.aubergeduru.fr – Fermé 28 fév.-8 mars, 17 juil.-9 août, dim. soir, lundi et mardi

Rest – (19 € bc) Menu 28/36 €

◆ Nouveau décor frais et original (tons mode, clins d'œil culinaires, toiles monochromes), saveurs du moment, jolis côtes-du-rhône sagement tarifés et bons conseils du patron.

FUISSÉ – 71 Saône-et-Loire – **320** I12 – 325 h. – alt. 290 m – ✉ 71960 **8** C3

Bourgogne

Paris 401 – Charolles 54 – Chauffailles 52 – Mâcon 9

Au Pouilly Fuissé

le bourg – ☎ 03 85 35 60 68 – www.restaurant.pouillyfuisse.com – Fermé mardi soir, merc. d' oct. à avril et dim. soir

Rest – (17 €) Menu 21/60 € – Carte 30/80 €

◆ Comme son nom l'indique, cette auberge familiale accompagne sa cuisine traditionnelle des bons vins de la région. Salle à manger-véranda et terrasse ombragée.

LA FUSTE – 04 Alpes-de-Haute-Provence – **334** D10 – rattaché à Manosque

FUTEAU – 55 Meuse – **307** B4 – rattaché à Ste-Menehould (51 Marne)

FUVEAU – 13 Bouches-du-Rhône – **340** I5 – 8 653 h. – alt. 283 m – ✉ 13710 **40** B3

Paris 765 – Marseille 36 – Brignoles 53 – Manosque 73

cours Victor Leydet ☎ 04 42 50 49 77

Mona Lisa Ste-Victoire ch, rest,

375 R.D 6, (face au golf de Château l'Arc) – ☎ 04 42 68 19 19 – www.monalisahotels.com

81 ch – 65/125 € 65/140 € – 10 € **Rest** – *(dîner seult)* Menu 14/24 €

◆ Bâtiment récent, pour les amateurs de golf (terrain tout proche). Chambres reposantes et bien pensées, certaines avec vue sur la Ste-Victoire. Sauna et fitness. Lumineux restaurant dont les baies vitrées s'ouvrent sur la terrasse et la piscine.

LA GACILLY – 56 Morbihan – **308** S8 – 2 248 h. – alt. 22 m – ✉ 56200 **10** C2

Paris 415 – Nantes 96 – Rennes 64 – Vannes 65

Le bout du Pont ☎ 02 99 08 21 75

La Grée des Landes

1,5 km au Sud-Est par rte de Cournon – ☎ 02 99 08 50 50 – www.lagreedeslandes.com – Fermé 1er-7 janv.

29 ch – 110/120 € 130/140 € – 13 € – ½ P 105/115 €

Rest *Les Jardins Sauvages* – (20 €) Menu 26 € (déj.), 31/70 € – Carte 45/58 €

◆ Un vrai concept que cet "éco-hôtel spa" Yves Rocher : architecture bioclimatique et matériaux bruts (lin, coton, chêne). Soins esthétiques et repos total face à la vallée de l'Aff. Traçabilité et produits locavores (potager bio) aux Jardins Sauvages.

GAGNY – 93 Seine-Saint-Denis – **305** G7 – **101** 18 – voir à Paris, Environs

GAILLAC – 81 Tarn – **338** D7 – 12 397 h. – alt. 143 m – ✉ 81600 **29** C2

Midi-Toulousain

Paris 672 – Albi 26 – Cahors 89 – Castres 52

Abbaye Saint-Michel ✆ 05 63 57 14 65

La Verrerie ch, rest, rest,

r. Égalité – ✆ 05 63 57 32 77 – www.la-verrerie.com

14 ch – 55/85 € 55/85 € – 11 € – ½ P 45/60 €

Rest – *(fermé sam. midi et dim. soir)* (15 € bc) Menu 25/44 € – Carte 41/51 €

◆ Cette maison bicentenaire, aux allures de mas provençal, abritait jadis une verrerie. Chambres modernes et pratiques, à choisir côté parc (belle bambouseraie). Cuisine au goût du jour dans une lumineuse salle à manger ou en terrasse.

Les Sarments

27 r. Cabrol, (derrière abbaye St-Michel) – ✆ 05 63 57 62 61 – http://restaurantlessarmentsgaillac.services.officelive.com – Fermé 27 juin-10 juil., 29 août-11 sept., 19 déc.-8 janv., 27 fév.-6 mars, merc. midi, vend. midi, mardi et jeudi de sept. à juin, merc. soir, dim. soir et lundi

Rest – *(nombre de couverts limité, prévenir)* (28 €) Menu 40/45 € – Carte 37/45 €

◆ Découvrez le Gaillac viticole dans un chai médiéval, voisin de la Maison des Vins. Salles voûtées, exposition des tableaux des propriétaires, artistes. Cuisine traditionnelle.

La Table du Sommelier

34 pl. du Griffoul – ✆ 05 63 81 20 10 – www.latabledusommelier.com – Fermé dim. sauf juil.-août et lundi

Rest – Menu 16 € (déj.), 20/35 € bc – Carte environ 23 €

◆ Avec une telle enseigne, nul doute, c'est Bacchus que l'on célèbre dans ce "bistrot-boutique" : belle carte des vins, au verre ou en bouteille, et cuisine du marché.

GAILLARD – 74 Haute-Savoie – **328** K3 – rattaché à Annemasse

GAILLON – 27 Eure – **304** I7 – 6 724 h. – alt. 15 m – ✉ 27600 **33** D2

Normandie Vallée de la Seine

Paris 94 – Les Andelys 13 – Évreux 25 – Rouen 48

4, place Aristide Briand ✆ 02 32 53 08 25

de Gaillon Les Artaignes, E : 1 km par D 515, ✆ 02 32 53 89 40

à Vieux-Villez Ouest : 4 km par D 6015 – 192 h. – alt. 125 m – ✉ 27600

Château Corneille

17 r. de l'Eglise – ✆ 02 32 77 44 77 – www.chateau-corneille.fr

20 ch – 89 € 106 € – 11 €

Rest *Closerie* – *(fermé sam. midi et dim. soir)* (14 €) Menu 22/37 € – Carte 25/50 €

◆ Profitant d'un parc d'arbres centenaires, ce manoir du 18e s. allie confort et modernité. Les chambres, au décor acajou et tons pastel, donnent sur la verdure. Cuisine traditionnelle servie dans une ancienne bergerie, entre murs en briques, cheminée et poutres.

GALÉRIA – 2B Haute-Corse – **345** A5 – voir à Corse

GALLARGUES-LE-MONTUEUX – 30 Gard – **339** J6 – 3 002 h. – alt. 55 m – ✉ 30660 **23** C2

Paris 735 – Montpellier 36 – Nîmes 26 – Arles 51

Orchidéa

9 pl. Coudoulié – ✆ 04 66 73 34 07 – Fermé dim.

Rest – (17 €) Menu 25/33 € – Carte environ 50 €

◆ Une maison conviviale, d'esprit "table d'hôte". Au gré de son inspiration et du marché, le chef concocte une alléchante ardoise du jour, teintée de saveurs méridionales.

GAMBAIS – 78 Yvelines – **311** G3 – **2 343 h.** – **alt. 119 m** – ✉ **78950** **18** A2

Paris 55 – Dreux 27 – Mantes-la-Jolie 32 – Rambouillet 22

XX **Auberge du Clos St-Pierre**

2 bis r. Goupigny – ✆ 01 34 87 10 55 – www.restaurant-clossaintpierre-78.com – Fermé 31 juil.-22 août, dim. soir, mardi soir et lundi

Rest – (23 €) Menu 26 € (déj. en sem.), 38/55 €

◆ Une cuisine de tradition se concocte derrière la devanture rouge de cette auberge. Salle avenante (murs jaunes, cheminée) et, l'été, tables au jardin, à l'ombre du tilleul.

GANNAT – 03 Allier – **326** G6 – **5 881 h.** – **alt. 345 m** – ✉ **03800** **5** B1

Auvergne

Paris 383 – Clermont-Ferrand 49 – Montluçon 78 – Moulins 58

11, place Hennequin ✆ 04 70 90 17 78

Évangéliaire★ au musée municipal (château).

XX **Le Frégénie**

4 r. des Frères-Bruneau – ✆ 04 70 90 04 65 – www.le-fregenie.com – Fermé 24-31 août, 26 déc.-4 janv., le soir sauf vend. et sam.

Rest – Menu 15 € (sem.)/43 € – Carte 35/50 €

◆ Un ancien relais de poste bourbonnais à la décoration classique, où l'on vous reçoit avec chaleur. Cuisine gastronomique respectueuse des produits, et toujours de saison.

GAP P – 05 Hautes-Alpes – **334** E5 – **37 332 h.** – **alt. 735 m** – ✉ **05000** **41** C1

Alpes du Sud

Paris 665 – Avignon 209 – Grenoble 103 – Sisteron 52

2a, cours Frédéric Mistral ✆ 04 92 52 56 56

Alpes Provence Gap Bayard Station Gap Bayard, par rte de Grenoble : 7 km, ✆ 04 92 50 16 83

Vieille ville★ - Musée départemental★.

Le Clos

20 ter av. du cdt. Dumont, par ① rte Grenoble et chemin privé – ✆ 04 92 51 37 04 – www.leclos.fr – Fermé vacances de la Toussaint, lundi (sauf hôtel) et dim. soir

28 ch – †49/62 € ††53/62 € – ☕ 10 € – ½ P 51 € **Rest** – Menu 19/33 €

◆ À 500 m du centre-ville, cet hôtel en cours de rénovation propose des chambres bien conçues, agrémentées pour certaines d'un balcon. Jardin avec jeux pour les enfants. Spacieuse salle à manger prolongée d'une véranda et d'une terrasse.

Kyriad sans rest

5 chemin des Matins Calmes, par ③ : 2,5 km (près piscine), rte Sisteron – ✆ 04 92 51 57 82 – www.kyriad.fr

26 ch – †60/80 € ††60/80 € – ☕ 9 €

◆ Aux portes de Gap, sur la route Napoléon, un hôtel accueillant qui dispose de chambres fraîches et spacieuses. Joli jardin fleuri où l'on sert le petit-déjeuner à la belle saison.

XXX **Patalain**

2 pl. Ladoucette – ✆ 04 92 52 30 83 – www.lepatalain.com – Fermé 31 déc.-25 janv., dim. et lundi Yd

Rest – Menu 38/42 €

Rest ***Bistro du Patalain*** – (16 €) Menu 20/24 €

◆ Belle maison de maître (1890) dotée d'un jardin et d'une terrasse sous une glycine. Carte traditionnelle proposée dans une salle bourgeoise classiquement aménagée. Au Bistro, ambiance "bouchon lyonnais", menu du jour inscrit sur ardoise et plats régionaux.

XX **Le Pasturier**

18 r. Pérolière – ✆ 04 92 53 69 29 – www.restaurant-lepasturier-gap.com – Fermé 1er-20 juin, 28 nov.-5 déc., 2-15 janv., mardi midi, dim. soir et lundi

Rest – (18 €) Menu 28/51 € – Carte 42/51 € Ya

◆ Décor aux tons ensoleillés dans cette sympathique petite adresse du vieux Gap. Cuisine régionale et beau livre de cave ; terrasse ombragée sur l'arrière.

GAP

Balmens (R.) . . . . Z 3
Carnot (R.) . . . . Z 4
Curie (Bd P. et M.). . . . . Y 5
Dumont (Av. du Cdt) . . . . Y 6
Euzières (Pl. Frédéric) . . . . Z 7
Eymar (R. Jean) . . . . Y 8
Faure-du-Serre (R.) . . . . Y 9
France (R. de) . . . . Y 10
Jean-Jaurès (Av.) . . . . Z 12
Ladoucette (Cours) . . . . Y 13
Libération (Bd de) . . . . Y 14
Mazel (R. du) . . . . Z 15
Moreau (R. E.) . . . . Z 16
Révelly (Pl. du) . . . . Y 17
Roux (R. Colonel) . . . . Z 19
St-Arnoux (Pl.) . . . . Z 20
Valserres (R. de) . . . . Z 23

Le Bouchon
4 La Placette – ✆ 04 92 46 02 43 – www.lebouchon-gap.com
– fermé 24 déc.-4 janv., 2 sem. en mai, 24 août-3 sept., dim. et lundi
Rest – (15 €) Carte 25/40 € Yb
◆ Sur une placette du centre-ville, un bistrot chaleureux dont le décor est dédié... au vin. Goûteuse et généreuse cuisine du marché, bien dans son temps, à base de légumes bio.

à La Bâtie-Neuve 10 km par ② – 1 976 h. – alt. 852 m – ✉ 05230

La Pastorale sans rest
Les Brès, 4 km au Nord-Est par D 214 et D 614 – ✆ 04 92 50 28 40
– www.lapastorale.net – Ouvert 1er mai-30 oct.
8 ch – 🛉82 € 🛉🛉82/109 € – ☕ 9 €
◆ Il faut emprunter de petites routes en lacets pour rallier cette bâtisse du 16e s. Entre ses murs biscornus, les chambres sont délicieuses ! Salle voûtée pour le petit-déjeuner.

GAPENNES – 80 Somme – **301** E6 – 243 h. – alt. 76 m – ✉ 80150 **36** A1

Paris 178 – Amiens 50 – Abbeville 17 – Berck 62

La Nicoulette sans rest

7 r. de St-Riquier – ☎ 03 22 28 92 77 – www.nicoulette.com – Fermé 11 nov.-14 fév.

5 ch – 85 € 95 €

◆ Mobilier chiné çà et là, briques apparentes, chambres de plain-pied sur le joli jardin... Cette ancienne ferme picarde ne manque pas de charme. Jacuzzi pour la détente.

GARABIT (VIADUC DE) – 15 Cantal – **330** H5 – voir à Viaduc de Garabit

LA GARDE – 04 Alpes-de-Haute-Provence – **334** H10 – rattaché à Castellane

LA GARDE – 48 Lozère – **330** H5 – rattaché à St-Chély-d'Apcher

LA GARDE-ADHÉMAR – 26 Drôme – **332** B7 – 1 128 h. – alt. 178 m – ✉ 26700 Lyon Drôme Ardèche **44** B3

Paris 624 – Montélimar 24 – Nyons 42 – Pierrelatte 7

le village ☎ 04 75 04 40 10

Église★ - ≤★ de la terrasse.

Le Logis de l'Escalin ch, ch, ch, VISA AE

1 km au Nord par D 572 – ☎ 04 75 04 41 32 – www.lescalin.com – Fermé 8 fév.-7 mars

14 ch – 65/95 € 70/95 € – 12 € – ½ P 74/78 €

Rest – *(fermé dim. soir et lundi)* Menu 26 € (sem.), 38/63 € – Carte 44/78 €

◆ Cette belle ferme – façon mas provençal – aurait pu voir naître Escalin, baron de la Garde et ambassadeur de François 1er. Couleurs du Sud dans les chambres, assez confortables. Salle à manger provençale et agréable terrasse ombragée ; cuisine traditionnelle.

LA GARDE-GUÉRIN – 48 Lozère – **330** L8 – ✉ 48800 Languedoc Roussillon **23** C1

Paris 610 – Alès 59 – Aubenas 69 – Florac 71

Donjon ★ - Belvédère du Chassezac★★.

Auberge Régordane ≤ rest, rest, VISA

Prévenchères – ☎ 04 66 46 82 88 – www.regordane.com – Ouvert 22 avril-2 oct.

16 ch – 60/71 € 60/71 € – 10 € – ½ P 59/67 €

Rest – Menu 20/49 € – Carte 39/61 €

◆ Cette demeure seigneuriale (16e s.), située au cœur d'un village médiéval fortifié, recèle des pièces de caractère mariant la pierre et le bois. Salle à manger voûtée, ornée d'un superbe cantou (cheminée), terrasse dans le patio et cuisine aux accents du terroir.

LA GARENNE-COLOMBES – 92 Hauts-de-Seine – **311** J2 – **101** – voir à Paris, Environs

GARGAS – 84 Vaucluse – **332** F10 – 2 980 h. – alt. 275 m – ✉ 84400 **42** E1

Paris 735 – Marseille 107 – Avignon 53 – Aix-en-Provence 91

Domaine de la Coquillade ≤ rest, VISA AE

4,5 km au Sud-Ouest par D 83 – ☎ 04 90 74 71 71 – www.coquillade.fr – Fermé 2 janv.-17 mars

14 ch – 150/360 € 150/360 € – 14 suites – 20 €

Rest *Le Gourmet* – *(fermé merc. sauf de mi-juin à mi-sept.)* Menu 38 € (déj. en sem.), 49/75 €

Spéc. Loup à la plancha, tombée de choux chinois. Selle d'agneau rôtie, polenta aux champignons. Millefeuille au citron jaune et gentiane.

Rest *Le Bistrot - Jardin dans les Vignes* – *(fermé mardi sauf de mi-juin à mi-sept.)* Menu 30/32 €

◆ Magnifique domaine, sorte de hameau provençal alliant grand luxe et écologie. Chambres très raffinées, piano-bar, œuvres d'art... Les gourmets sont rois au restaurant bien nommé et superbe (colonnes, charpente). Au Bistrot, plats traditionnels dans le caveau voûté en hiver, dans le jardin au milieu des vignes l'été.

GARIDECH – 31 Haute-Garonne – 343 H2 – 1 498 h. – alt. 180 m – ✉ 31380 29 C2

Paris 687 – Toulouse 21 – Albi 58 – Auch 96

XX **Le Club**

rte d'Albi – ✆ 05 61 84 20 23 – www.leclubchampetre.com – Fermé 10 août-1er sept., sam. midi, dim. soir et lundi

Rest – (18 €) Menu 28/44 € – Carte 43/53 €

◆ Maison familiale située dans un jardin en retrait de la route. Coquette salle à manger rustique ; terrasse et véranda tournées vers la campagne. Carte traditionnelle.

GARNACHE – 85 Vendée – 316 F6 – rattaché à Challans

GARONS – 30 Gard – 339 L6 – rattaché à Nîmes

GARREVAQUES – 81 Tarn – 338 D10 – 283 h. – alt. 192 m – ✉ 81700 29 C2

Paris 727 – Carcassonne 53 – Castres 31 – Toulouse 52

Le Pavillon du Château

Château de Garrevaques – ✆ 05 63 75 04 54 – www.garrevaques.com

15 ch – 150/200 € 180/220 € – 12 € – ½ P 110/130 €

Rest – *(prévenir)* (14 €) Menu 17 € (déj. en sem.), 25/68 € – Carte 26/52 €

◆ Cet hôtel aménagé dans les communs du château abrite de très belles chambres garnies de meubles d'époque, familiaux ou chinés. Superbe spa doté d'équipements dernier cri. Cuisine au goût du jour servie dans la cave voûtée.

Le Château de Garrevaques

– ✆ 05 63 75 04 54 – www.garrevaques.com

5 ch – 150/180 € 180/220 € – 12 € – ½ P 110/130 €

◆ Chambres cossues et raffinées dans un château du 16e s. remanié au 19e s. Paisible et beau parc.

GARRIGUES – 34 Hérault – 339 J6 – 149 h. – alt. 62 m – ✉ 34160 23 C2

Paris 756 – Montpellier 37 – Nîmes 46 – Alès 51

Château Roumanières

pl. de la Mairie – ✆ 04 67 86 49 70 – www.chateauroumanieres.com

5 ch – 80/115 € 85/120 € **Table d'hôte** – Menu 20 € bc/42 € bc

◆ Cette maison familiale – ancien château du village – jouxte le domaine viticole et sa ferme fortifiée. Salle de réception du 13e s., belles chambres mariant l'ancien et l'actuel. Table d'hôte dans la salle à manger voûtée ; dégustation des vins de la propriété.

GASNY – 27 Eure – 304 J7 – 2 860 h. – alt. 36 m – ✉ 27620 33 D2

Paris 77 – Évreux 43 – Mantes-la-Jolie 20 – Rouen 71

18 de Villarceaux à Chaussy Château du Couvent, N : 11 km par D 37, ✆ 01 34 67 73 83

XX **Auberge du Prieuré Normand**

1 pl. de la République – ✆ 02 32 52 10 01 – www.aubergeduprieurenormand.com – Fermé mardi soir et merc.

Rest – Menu 17 € (déj. en sem.), 26/45 € – Carte environ 43 €

◆ Depuis la Roche-Guyon, votre route vous mènera le long des boves crayeuses à cette sympathique auberge villageoise où vous attend une cuisine traditionnelle soignée.

GASSIN – 83 Var – 340 O6 – 2 859 h. – alt. 200 m – ✉ 83580 41 C3

Côte d'Azur

Paris 872 – Fréjus 34 – Le Lavandou 31 – St-Tropez 9

18 Gassin Golf Country Club Route de Ramatuelle, ✆ 04 94 55 13 44

Terrasse des Barri ≤ ★.

Moulins de Paillas ✻ ★★ SE : 3,5 km.

Auberge la Verdoyante

866 chemin vicinal Coste Brigade – 04 94 56 16 23 – www.la-verdoyante.fr – Ouvert début fév.-1er nov. et fermé du lundi au jeudi en fév. et mars, lundi midi et merc. d'avril à nov.

Rest – Menu 27/51 € – Carte 38/80 €

◆ Auberge noyée dans la verdure. Goûtez son appétissante cuisine régionale sur la terrasse dominant le golfe de St-Tropez, ou dans une coquette salle provençale avec cheminée.

GAUJAC – 30 Gard – 339 M4 – 918 h. – alt. 90 m – ✉ 30330 — 23 D2

Paris 673 – Avignon 39 – Montpellier 93 – Nîmes 45

La Maison

r. du Presbytère – 04 66 39 33 08 – www.lamaison.gaujac.com – fermé fév., dim. soir, lundi midi et merc.

Rest – (14 €) Menu 27/31 €

◆ Un jeune couple a relevé de ses ruines cette cave vigneronne tout en pierres. Elle en cuisine, lui – sommelier – en salle : cette jolie Maison est bien d'aujourd'hui !

GAVARNIE – 65 Hautes-Pyrénées – 342 L8 – 155 h. – alt. 1 350 m – Sports d'hiver : 1 350/2 400 m 11 – ✉ 65120 Midi-Toulousain — 28 A3

Paris 901 – Lourdes 52 – Luz-St-Sauveur 20 – Pau 96

le village 05 62 92 48 05

Village★ - Cirque de Gavarnie★★★ S : 3 h 30.

à Gèdre 9 km au Nord par D 921 – 268 h. – alt. 1 000 m – ✉ 65120

Brèche de Roland

rest,

– 05 62 92 48 54 – www.pyrenees-hotel-breche.com – Fermé mars-avril

25 ch – †80/90 € ††80/140 € – ☕ 10 € – ½ P 70/85 €

Rest – Menu 18/26 € – Carte 30/40 €

◆ Au pied des cirques de Gavarnie et de Troumouse, auberge familiale aménagée dans une maison de pays ; lieu de départ idéal pour la découverte d'une nature intacte. Petit fitness. Salle à manger rustique ornée d'une belle cheminée et recettes du terroir.

GAZERAN – 78 Yvelines – 311 G4 – rattaché à Rambouillet

GÈDRE – 65 Hautes-Pyrénées – 342 L8 – rattaché à Gavarnie

GÉMENOS – 13 Bouches-du-Rhône – 340 I6 – 5 882 h. – alt. 150 m – ✉ 13420 Provence — 40 B3

Paris 788 – Aix-en-Provence 39 – Brignoles 48 – Marseille 25

cours Pasteur 04 42 32 18 44

Parc de St-Pons★ E : 3 km.

Relais de la Magdeleine

ch, rest,

rd-pt de la Fontaine, D 396 – 04 42 32 20 16 – www.relais-magdeleine.com – Ouvert 15 mars-1er nov.

28 ch – †110/160 € ††120/220 € – ☕ 16 €

Rest – *(fermé lundi midi et merc. midi)* Menu 35 € (déj. en sem.), 45/60 € – Carte 60/110 €

◆ C'est toute la noblesse provençale qui s'exprime dans cette demeure du 18e s. : mobilier ancien, tableaux, tissus... même le chant des cigales semble élégant ! Cuisine traditionnelle et ensoleillée à l'ombre des platanes ou à la lueur des bougies.

Bed & Suites sans rest

au parc d'activités de Gémenos, Sud : 2 km, (250 av. Château de Jouques) – 04 42 32 72 73 – www.bestwestern-gemenos.com

31 ch – †70/125 € ††70/125 € – ☕ 9 €

◆ Derrière sa façade ocre, un hôtel aux chambres modernes (plus calmes à l'avant), décorées sur le thème de la mer et de la Provence, certaines avec balcon ou terrasse.

Du Parc

Vallée St-Pons, 1 km par D 2 – ✆ 04 42 32 20 38 – www.hotel-parc-gemenos.com
13 ch – †52/58 € ††56/92 € – ☕ 8,50 € – ½ P 59/75 €
Rest – (13 €) Menu 17 € (déj.)/35 € – Carte 30/50 €
◆ Non loin du parc de St-Pons, une sympathique adresse noyée dans la verdure, avec des chambres simples et colorées. Spécialités régionales (soupe de poisson, pieds et paquets, encornet farci, etc.) à déguster en terrasse ou dans une grande salle lumineuse.

GENAS – 69 Rhône – 327 J5 – rattaché à Lyon

GENESTON – 44 Loire-Atlantique – 316 G5 – 3 233 h. – alt. 28 m – ✉ 44140 — 34 B2

▶ Paris 398 – Cholet 60 – Nantes 20 – La Roche-sur-Yon 47

XX **Le Pélican**

13 pl. Georges Gaudet – ✆ 02 40 04 77 88 – Fermé 18 juil.-9 août, 13-28 fév., dim. soir, lundi et mardi
Rest – (18 €) Menu 22/42 €
◆ Ouvrez grand la bouche : ce Pélican propose une cuisine de tradition soignée et savoureuse, d'un excellent rapport qualité-prix. Décor pimpant derrière une façade en bois peint.

GENEUILLE – 25 Doubs – 321 F3 – rattaché à Besançon

GÉNIN (LAC) – 01 Ain – 328 H3 – rattaché à Oyonnax

GÉNISSAC – 33 Gironde – 335 J5 – 1 507 h. – alt. 10 m – ✉ 33420 — 3 B1

▶ Paris 581 – Agen 167 – Bordeaux 38 – Périgueux 105

L'Arbre Rouge

ch,

1393 rte de la Palus, à Port de Génissac, 5 km au Nord par D 121 et rte secondaire – ✆ 05 57 24 43 72 – www.larbrerouge.com – Ouvert 15 avril-15 oct.
5 ch ☕ – †90/110 € ††90/110 €
Table d'hôte – *(ouvert mardi, jeudi et sam.)* Menu 35 € bc
◆ Un petit coin de paradis situé en plein vignoble de l'Entre-Deux-Mers : au bord de la Dordogne, cette ancienne ferme du 18e s. jouit d'un calme absolu. Jolies chambres sobres et contemporaines, salon design. Plats actuels servis à la table d'hôte.

GENNES – 49 Maine-et-Loire – 317 H4 – 1 952 h. – alt. 28 m – ✉ 49350 — 35 C2

Châteaux de la Loire

▶ Paris 305 – Angers 33 – Bressuire 65 – Cholet 68
ℹ square de l'Europe ✆ 02 41 51 84 14
◉ Église★★ de Cunault SE : 2,5 km - Église★ de Trèves-Cunault SE : 3 km.

XX **L'Aubergade**

7 av. des Cadets – ✆ 02 41 51 81 07 – Fermé vacances de la Toussaint, mardi et merc.
Rest – (15 €) Menu 25/75 € bc – Carte 38/50 €
◆ Le chef de cette auberge n'hésite pas à mêler les influences et à parfumer sa cuisine de touches exotiques, avec habileté. Une invitation au voyage, dans un décor fort élégant...

GENNES-SUR-SEICHE – 35 Ille-et-Vilaine – 309 P7 – 785 h. – alt. 80 m – ✉ 35370 — 10 D2

▶ Paris 325 – Angers 83 – Nantes 113 – Rennes 57

XX **Le Vallon de Beauregard**

16 r. de l'Église – ✆ 02 99 96 95 79 – www.levallondebeauregard.com – Fermé 22 août-6 sept., 3-18 janv., dim. soir, lundi et mardi
Rest – (17 €) Menu 26/46 € – Carte 32/56 €
◆ Dans un village niché aux portes de la Mayenne, les anciennes écuries de cette maison de maître abritent la salle à manger. Cuisine actuelle privilégiant les produits du terroir.

GENNEVILLE – 14 Calvados – **303** N3 – **702 h. – alt. 90 m** – ✉ **14600** **32** A3

Paris 189 – Alençon 138 – Caen 61 – Évreux 88

Le Grand Clos de St-Martin sans rest

Hameau St-Martin – ☎ 02 31 87 80 44 – www.legrandclosdesaintmartin.com

3 ch – 85 € 95/115 €

◆ Parc, plan d'eau, pommiers, chevaux... Un authentique paysage normand entoure cette agréable maison à colombages, très calme. Chambres cosy ; produits maison au petit-déjeuner.

GENSAC – 33 Gironde – **335** L6 – **847 h. – alt. 78 m** – ✉ **33890** **4** C1

Paris 554 – Bergerac 39 – Bordeaux 63 – Libourne 33

5, place de la Mairie ☎ 05 57 47 46 67

Remparts avec ch

16 r. Château – ☎ 05 57 47 43 46 – www.lesremparts.net – Fermé 1er janv.-4 mars

7 ch – 60/85 € 60/85 € – 8,50 € – ½ P 64/76 €

Rest – *(dîner seult)* Menu 25/34 € – Carte 22/38 €

◆ Près de l'église, ensemble typé où un chef anglais vous convie à un repas assez actuel dans une salle sobre et claire, dotée de chaises rustiques. Jolie vue sur la vallée. Chambres avenantes à l'ombre du clocher, dans le presbytère médiéval. Jardin soigné.

au Nord **2 km par D16 et D130 (rte de Juillac) – ✉ 33890 Juillac**

Le Belvédère

1 côte de la Tourbeille – ☎ 05 57 47 40 33 – www.restaurantlebelvedere.fr – Fermé oct., mardi sauf le midi en juil.-août et merc.

Rest – Menu 16 € (déj. en sem.), 28/58 € – Carte 31/67 €

◆ Grand chalet surplombant le village et un méandre de la Dordogne. Salle rustique avec cheminée et agréable terrasse-belvédère pour goûter une cuisine traditionnelle.

au Sud-Ouest **2 km par D18 et D15E1 – ✉ 33350 Ste-Radegonde**

Château de Sanse

– ☎ 05 57 56 41 10 – www.chateaudesanse.com – Fermé 1erjanv.-31 janv.

12 ch – 100/210 € 100/210 € – 4 suites – 12 € – ½ P 87/137 €

Rest – *(prévenir)* Menu 32/42 € – Carte 35/60 €

◆ Dominant campagne et vignobles, noble demeure (18e s.) en pierres blondes agrémentée d'un parc et d'une belle piscine. Chambres modernes offrant ampleur, calme et caractère. Repas au goût du jour dans une véranda au cadre actuel ou sur la terrasse perchée.

GÉRARDMER – 88 Vosges – **314** J4 – **8 776 h. – alt. 669 m – Sports d'hiver : 660/1 350 m** 31 – **Casino** AZ – ✉ **88400** Alsace Lorraine **27** C3

Paris 425 – Belfort 78 – Colmar 52 – Épinal 40

4, place des Déportés ☎ 03 29 27 27 27

Lac de Gerardmer★ - Lac de Longemer★ - Saut des Cuves★ E : 3 km par ①.

Le Grand Hôtel

pl. du Tilleul – ☎ 03 29 63 06 31 – www.grandhotel-gerardmer.com

62 ch – 78/130 € 98/195 € – 14 suites – 18 € AZf

Rest ***L'Assiette du Coq à l'Âne*** – voir ci-après

Rest ***Le Pavillon Pétrus*** – *(dîner seult sauf dim. et fériés)* Menu 45/90 € – Carte 56/84 €

Rest ***Le Grand Cerf*** – *(dîner seult)* Menu 26 €

◆ Petit palace à l'âme vosgienne : chambres au classicisme soigné, belles suites dans un chalet contemporain et superbe spa (massages à thème). Cadre raffiné et plats contemporains au Pavillon Pétrus. Cuisine traditionnelle au Grand Cerf.

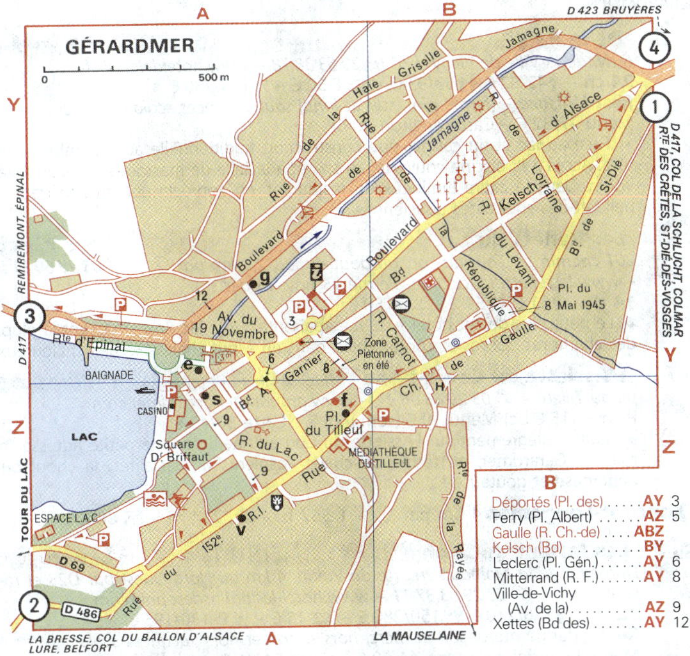

Déportés (Pl. des) . . . . . AY 3
Ferry (Pl. Albert) . . . . . . AZ 5
Gaulle (R. Ch.-de) . . . . ABZ
Kelsch (Bd) . . . . BY
Leclerc (Pl. Gén.) . . . . . . AY 6
Mitterrand (R. F.) . . . . . . AY 8
Ville-de-Vichy (Av. de la) . . . . AZ 9
Xettes (Bd des) . . . . . . AY 12

Le Manoir au Lac

chemin de la Droite du Lac, rte d'Épinal, 1 km par ③ – ✆ 03 29 27 10 20 – www.manoir-au-lac.com – Fermé 12 nov.-3 déc.

10 ch – 160/300 € 160/300 € – 2 suites – 20 €

Rest – *(fermé dim. et lundi) (dîner seult) (résidents seult)* Menu 30 €

◆ Dans son parc escarpé dominant le lac, cet imposant chalet de 1830 fut jadis fréquenté par Maupassant. Piano, beau mobilier, chambres raffinées et magnifique panorama. Salon de thé.

Beau Rivage

esplanade du Lac – ✆ 03 29 63 22 28 – www.hotel-beaurivage.fr AY**e**

49 ch – 70/163 € 89/194 € – 1 suite – 12 € – ½ P 88/220 €

Rest *Côté Lac* – Menu 22 € (déj. en sem.), 41/75 € – Carte 45/57 €

Rest *Le Toit du Lac* – *(fermé merc. et jeudi sauf vacances scolaires)* (19 €) Menu 28 € (déj. en sem.)/34 € – Carte 34/40 €

◆ Des confortables chambres "standard" aux superbes suites faisant face aux ondes bleutées, un bel esprit contemporain habite cet hôtel. Agréable spa. Le Côté Lac sert une cuisine classique dans un cadre tendance, assez élégant. Lounge bar et cuissons à la plancha au Toit du Lac.

Jamagne

2 bd Jamagne – ✆ 03 29 63 36 86 – www.jamagne.com – Fermé 13 nov.-16 déc.

48 ch – 60/80 € 70/120 € – 10 € – ½ P 60/85 € AY**g**

Rest – (13 €) Menu 17/48 € – Carte 24/65 €

◆ Chambres d'esprit traditionnel joliment rénovées et espace bien-être très complet : cap sur la détente dans cet hôtel tenu par la même famille depuis 1905. Plats de tradition, spécialités et vins d'Alsace dans une grande salle aux couleurs du Sud.

Gérard d'Alsace sans rest

14 r. du 152° R.I. – ✆ 03 29 63 02 38 – www.hotel-gerard-dalsace.com – Fermé 26 juin-8 juil. AZ**v**

13 ch – 59/74 € 59/74 € – 8,50 €

◆ Une maison traditionnelle, à 300 m du lac. Les chambres sont vraiment douillettes, décorées dans un esprit chalet, avec de jolis boutis et des tissus aux couleurs vives.

De la Paix rest,

6 av. de la Ville-de-Vichy – *03 29 63 38 78* – *www.hoteldelapaix.fr*
24 ch – 42/82 € 53/93 € – 8,50 € – ½ P 57/80 € AZs
Rest ***L'Alsace*** – *(fermé dim. soir et lundi sauf vacances scolaires et fériés)* (21 €) Menu 27/32 € – Carte environ 30 €

◆ Face au lac et au casino, une construction traditionnelle aux chambres rajeunies. Accès à la piscine couverte, au spa et à la salle de massages du Beau Rivage voisin. Dans le cadre lumineux du restaurant, on apprécie une cuisine traditionnelle et des spécialités alsaciennes.

Les Reflets du Lac sans rest

201 chemin du Tour-du-Lac, au bout du lac, 2,5 km par ③ – *03 29 60 31 50* – *www.lesrefletsdulac.com* – *Fermé 15 nov.-15 déc.*
14 ch – 51 € 59 € – 6,50 €

◆ Le petit plus de cet hôtel ? La vue apaisante sur le lac dont jouissent la plupart des chambres, sobres et confortables, dans un esprit chalet. Accueil chaleureux.

L'Assiette du Coq à l'Âne – Hôtel le Grand Hôtel

pl. du Tilleul – *03 29 63 06 31* – *www.grandhotel-gerardmer.com*
Rest – (15 € bc) Menu 19 € (sem.)/25 € – Carte 30/49 € AZf

◆ Sautez allégrement sur l'Assiette du Coq à l'Âne, la bonne petite adresse "terroir" de Gérardmer, en forme de chalet vosgien. En spécialité : la choucroute, généreuse et goûteuse !

à Xonrupt-Longemer 4 km par ① – 1 557 h. – alt. 714 m – ✉ 88400

Les Jardins de Sophie

Domaine de la Moinaudière, rte du Valtin, 4 km au Nord-Ouest par D23 et rte secondaire – *03 29 63 37 11* – *www.hotel-lesjardinsdesophie.com*
32 ch – 130/210 € 150/280 € – 15 € – ½ P 130/195 €
Rest – *(fermé mardi soir et merc. hors saison et hors vacances scolaires)* Menu 42 € (déj. en sem.), 44/69 € – Carte 54/81 €

◆ Blotti parmi de gigantesques épicéas, un hôtel luxueux où règne une atmosphère raffinée et cosy, savant mariage d'un décor de montagne et de touches design. Le spa est superbe. Au restaurant, décor chaleureux et élégant ; cuisine actuelle.

La Devinière sans rest

318 montée des Broches – *03 29 63 23 89* – *www.chambredhote-deviniere.com* – *Fermé 20 mars- 2 avril, 19 juin-2 juil. et 9-16 janv.,*
5 ch – 60/77 € 68/85 €

◆ Les atouts de cette ferme restaurée ? La tranquillité, la vue sur la forêt, un espace bien-être (sauna finlandais), une piscine extérieure chauffée et cinq grandes chambres.

aux Bas-Rupts 4 km par ② – ✉ 88400 Gérardmer

Les Bas-Rupts (Michel Philippe) rest, rest,

181 rte de la Bresse – *03 29 63 09 25* – *www.bas-rupts.com*
21 ch – 140/220 € 160/220 € – 4 suites – 22 € – ½ P 160/220 €
Rest – *(prévenir le week-end)* Menu 30 € (déj. en sem.), 48/98 € – Carte 54/90 €
Spéc. Tripes au riesling à la crème et moutarde. Coquelet rôti au vin jaune et morilles. Ruche glacée au miel de sapin. **Vins** Muscat d'Alsace, Pinot noir d'Alsace.

◆ Un parfait décor pour un séjour de charme à la montagne : boiseries, cheminées, salons confortables, objets anciens, tableaux, piscine intérieure... On ne peut quitter les lieux sans nostalgie ! La table est une valeur sûre, où même la rusticité de certains mets (telles les tripes au riesling) se fait raffinement...

Auberge de la Poulcière rest,

10 chemin du Bouchot – *03 29 42 04 33* – *www.auberge-poulciere.com* – *Fermé 17 oct.-16 déc.*
6 ch – 80/90 € 80/90 € – 8 € – ½ P 65/70 €
Rest – *(fermé mardi hors saison et merc.) (dîner seult sauf sam. et dim.) (nombre de couverts limité, prévenir)* (20 €) Menu 25/38 € – Carte 25/33 €

◆ Une auberge en pleine nature – cernée par les jonquilles au printemps... Entre ces murs datés de 1775, âme rustique et confort contemporain se conjuguent avec charme. Chambres avec kitchenette. Côté cuisine, le chef ne jure que par les produits frais !

Cap Sud

144 rte de la Bresse – ✆ 03 29 63 06 83 – www.capsud-bellemaree.com – Fermé lundi sauf fériés

Rest – (16 €) Menu 28/55 € – Carte 37/58 €

◆ Escale maritime au cœur des Vosges : décor "paquebot" en acajou côté salle, vue sur les montagnes côté véranda et cuisine du large d'inspiration méditerranéenne. Salon-fumoir.

GERBEROY – **60 Oise** – **305** C3 – **95 h.** – **alt. 180 m** – ✉ **60380** **36** A2

Paris 110 – Aumale 30 – Beauvais 22 – Breteuil 37

Hostellerie du Vieux Logis

25 r. Logis du Roy – ✆ 03 44 82 71 66 – Fermé vacances de Noël, de fév., dim. soir, lundi soir, mardi soir et merc.

Rest – Menu 25/46 € – Carte 40/60 €

◆ À l'entrée du vieux village fortifié, désormais pris d'assaut par les peintres et les touristes. Plats traditionnels axés terroir servis dans une salle rustique.

GERMIGNY-L'ÉVÊQUE – **77 Seine-et-Marne** – **312** G2 – **rattaché à Meaux**

GÉTIGNÉ – **44 Loire-Atlantique** – **316** I5 – **rattaché à Clisson**

LES GETS – **74 Haute-Savoie** – **328** N4 – **1 321 h.** – **alt. 1 170 m** – **Sports d'hiver : 1 170/2 000 m** 5 47 – ✉ **74260** Alpes du Nord **46** F1

Paris 579 – Annecy 77 – Bonneville 33 – Cluses 19

place de la Mairie ✆ 04 50 75 80 80

des Gets Les Chavannes, E : 3 km, ✆ 04 50 75 87 63

Mont Chéry ✲ ★★.

Le Labrador

rte de La Turche – ✆ 04 50 75 80 00 – www.labrador-hotel.com – Ouvert 18 juin-4 sept. et 17 déc.-15 avril

21 ch – 140/190 € 190/290 € – ½ P 125/185 €

Rest ***Le St-Laurent*** – *(dîner seult sauf été)* Menu 30/90 € – Carte 40/70 €

◆ Délicieuse halte dans ce chalet à la décoration typiquement savoyarde. Intérieur douillet avec salon-cheminée cossu et chambres dotées de balcon. Cuisine colorée et savoureuse servie dans une salle ornée de vieux objets pittoresques.

La Marmotte

61 r. du Chêne – ✆ 04 50 75 80 33 – www.hotel-marmotte.com – Ouvert 1er juil.-31 août et 17 déc.-10 avril

48 ch (½ P seult en hiver) – 190/370 € 210/390 € – 15 € – ½ P 160/250 €

Rest – *(fermé le midi) (résidents seult)* Menu 40 € – Carte 30/60 €

◆ Après une journée de ski, détendez-vous près de la cheminée avant de vous faire dorloter dans le superbe spa (750 m²). Chambres douillettes et agrémentées de boiseries, où paresser avec délectation, comme... une marmotte ! Restaurant ouvert sur les pistes.

Mont Chéry

421 r. du Centre – ✆ 04 50 75 80 75 – www.hotelmontchery.com – Ouvert 18 déc.-28 mars

25 ch (½ P seult) – 2 suites – ½ P 110/190 €

Rest – *(fermé le midi)* Menu 35/55 € bc

◆ Un chalet au pied des remontées mécaniques... Chambres coquettes (lambris et tissus à fleur ou style plus contemporain et épuré) ; jacuzzi et piscine panoramiques ; sauna. Ambiance rustique dans la salle à manger, où l'on sert une cuisine au goût du jour.

Alpina

55 imp. de la Grange-Neuve – ✆ 04 50 75 80 22 – www.hotelalpina.fr – Ouvert 25 mai-25 sept. et 15 déc.-15 avril

38 ch – 71/161 € 99/232 € – 11 € – ½ P 84/155 €

Rest – Menu 22 € (déj.), 26/37 € – Carte 29/53 €

◆ Non loin du téléphérique, ce chalet familial domine le bourg et abrite de grandes chambres au style savoyard actuel ; plaisant jardin d'été. Cuisine aux accents du pays et belles boiseries vous attendent au restaurant, ouvert sur la vallée.

Crychar

136 impasse de la Grange-Neuve, par rte La Turche – 04 50 75 80 50 – www.crychar.com – Ouvert 20 juin-11 sept. et 17 déc.-16 avril

14 ch – 98/170 € 129/256 € – 1 suite – 12 € – ½ P 109/175 €

Rest – *(fermé le midi)* Menu 36 €

◆ C'est un petit chalet au pied des pistes, chaleureux et confortable : cheminée dans le salon, chambres avec balcon, salle de jeux pour les enfants. Joli concentré de Savoie au restaurant : poutres, bois blond et tissus artisanaux. Salon de thé.

Régina

rest, VISA AE

534 r. du Centre – 04 50 75 80 44 – www.hotelregina74.com – Ouvert 1er juil.-31 août et 17 déc.-18 avril

21 ch (½ P seult en hiver) – 48/60 € 55/70 € – ½ P 70/95 €

Rest – Menu 19/39 € – Carte 25/65 €

◆ L'un des premiers hôtels de la station, géré de père en fils depuis 1937 ; l'actuel propriétaire est également guide de montagne. Chambres simples et ambiance chaleureuse. Au restaurant, boiseries et cheminée ; cuisine classique et spécialités régionales.

GEVREY-CHAMBERTIN – 21 Côte-d'Or – 320 J6 – 3 138 h. – alt. 275 m – 21220 Bourgogne

8 D1

Paris 315 – Beaune 33 – Dijon 13 – Dole 61

1, rue Gaston Roupnel 03 80 34 38 40

Arts et Terroirs sans rest

28 rte de Dijon – 03 80 34 30 76 – www.arts-et-terroirs.com Be

20 ch – 79/89 € 79/89 € – 13 €

◆ Agréables chambres rénovées donnant sur un paisible jardin ; seules trois se trouvent côté route mais bénéficient d'une bonne isolation. Salon "Chesterfield" où trône un piano.

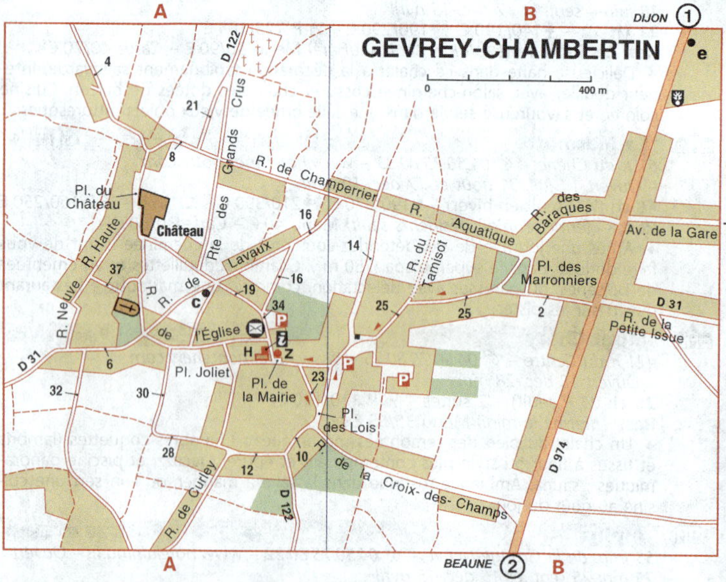

- Ancienne Poste (R. de l') ..... B 2
- Argillière (Chemin de l') ..... A 4
- Aumonerie (R. de l') ..... A 6
- Caron (R. du) ..... A 8
- Chambertin (R. du) ..... A 10
- Chêne (R. du) ..... A 12
- Combe du Bas (R.) ..... B 14
- Combe du Dessus (R.) ..... A 16
- Docteur-Magnon-Pujo (R. du) ..... A 19
- En Songe (R. d') ..... A 21
- Gaizot (R. du) ..... A 23
- Lattre-de-Tassigny (R. du Maréchal de) ..... B 25
- Mees (R. des) ..... A 28
- Meixvelle (R. de) ..... A 30
- Planteligone (R. de) ..... A 32
- Roupnel (R. Gaston) ..... A 34
- Tison (R. du) ..... A 37

Grands Crus sans rest

r. de Lavaux – ✆ 03 80 34 34 15 – www.hoteldesgrandscrus.com – Ouvert de mars à nov. **Ac**

24 ch – †82/92 € ††82/92 € – ☕ 12 €

◆ Les vignes des "grands crus" voisinent cette chaleureuse maison de village entourée d'un joli jardin fleuri. Chambres bourgeoises et salon de caractère.

Chez Guy

3 pl. de la Mairie – ✆ 03 80 58 51 51 – www.hotel-bourgogne.com – Fermé 24 déc.-2 janv. et dim. du 27 nov. au 18 mars **Az**

Rest – (27 €) Menu 29/55 €

◆ Un très beau choix de bourgognes escorte la cuisine régionale actualisée de ce restaurant d'esprit moderne (tableaux sur le thème culinaire et grande cheminée décorative).

GEX – 01 Ain – **328** J3 – 9 323 h. – alt. 626 m – ✉ 01170 **46 F1**

Franche-Comté Jura

Paris 490 – Genève 19 – Lons-le-Saunier 93 – Pontarlier 110

square Jean Clerc ✆ 04 50 41 53 85

de Maison-Blanche à Échenevex, S : 3 km par D 984, ✆ 04 50 42 44 42

à Echenevex 4 km au Sud par D 984^c et rte secondaire – 1 462 h. – alt. 580 m – ✉ 01170

Auberge des Chasseurs

711 rte de Naz-Dessus – ✆ 04 50 41 54 07 – www.aubergedeschasseurs.com – Ouvert 14 fév.-20 nov.

15 ch – †90/145 € ††100/245 € – ☕ 12 €

Rest – *(ouvert 1er mars-15 nov. et fermé dim. soir, merc. midi, jeudi midi, lundi et mardi) (prévenir)* (25 €) Menu 45 € – Carte 46/75 €

◆ Coquette maison recouverte de vigne vierge avec le Mont-Blanc en toile de fond. L'Intérieur scandinave avec boiseries peintes, photographies de Cartier-Bresson et autres œuvres : sérénité et Art de Vivre. Chambres cosy et personnalisées. Cuisine traditionnelle.

GIEN – 45 Loiret – **318** M5 – 15 495 h. – alt. 162 m – ✉ 45500 **12 C2**

Châteaux de la Loire

Paris 149 – Auxerre 85 – Bourges 77 – Cosne-sur-Loire 46

place Jean Jaurès ✆ 02 38 67 25 28

Château★ : musée de la Chasse★★, terrasse du château ≤★ **M** - Pont ≤★.

Pont-canal★★ de Briare : 10 km par ②.

Plan page suivante

Rivage sans rest

1 quai de Nice – ✆ 02 38 37 79 00 – Fermé vacances de Noël **Za**

16 ch – †64/98 € ††74/118 € – 3 suites – ☕ 10 €

◆ Dans un ancien relais de poste du 19e s., bien situé face à la Loire et au pittoresque vieux pont. Chambres pratiques pour une étape, bar avec piano et salon confortable.

Axotel sans rest

14 r. de la Bosserie , 3 km par ① – ✆ 02 38 67 11 99 – www.axotelgien.com

48 ch – †60/63 € ††65/73 € – ☕ 8 €

◆ Hôtel récent situé au nord de la ville, pratique pour les voyages d'affaires. Salons gais et confortables, chambres spacieuses (meubles cérusés, tissus colorés) et piscine.

Anne de Beaujeu sans rest

10 rte de Bourges, par ③ – ✆ 02 38 29 39 39 – www.hotel-anne-de-beaujeu.com

30 ch – †40/46 € ††49/56 € – ☕ 7 €

◆ Cet établissement de la rive gauche porte le nom de la célèbre comtesse de Gien. Chambres aménagées de façon fonctionnelle ; préférez celles situées sur l'arrière.

GIEN

Anne-de-Beaujeu (R.) . . . . Z 2
Bildstein (R. du Lt.) . . . . Y 3
Briqueteries (R. des) . . . . Y
Château (Pl. du) . . . . Z
Clemenceau (R. G.) . . . . Z 5
Curie (Pl.) . . . . Y
Gambetta (R.) . . . . Z 6
Hôtel-de-Ville (R. de l') . . . . . . Z 7
Jeanne-d'Arc (R.) . . . . YZ
Jean-Jaurès (Pl.) . . . . Z 9
Joffre (Q. du Mar.) . . . . Z
Leclerc (Av. du Mar.) . . . . Z 12
Lenoir (Quai) . . . . Z
Louis-Blanc (R.) . . . . Z 13
Marienne (R. de l'Adj.-Chef) . . Z 15
Montbricon (R. de) . . . . YZ
Noé (R. de) . . . . Y
Paris (R. de) . . . . YZ
Paul-Bert (R.) . . . . Z 16
Président-Wilson (Av.) . . . . . . Y 17
République (Av. de la) . . . . . . Y 19
Thiers (R.) . . . . Z 23
Verdun (R. de) . . . . Y
Victor-Hugo (R.) . . . . Z 24
Vieille Boucherie (R.) . . . . Z 25
Villejean (R. J.) . . . . Y

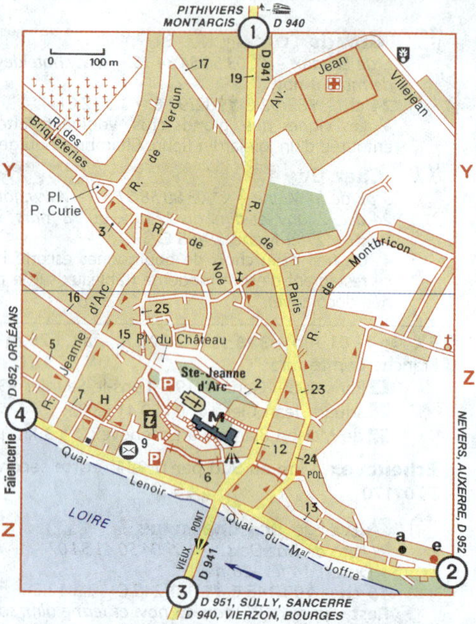

La Poularde avec ch — A/C rest, VISA MC AE

13 quai Nice – ✆ 02 38 67 36 05 – www.lapoularde.fr – Fermé 1er-10 janv., lundi sauf hôtel et dim. soir Ze

9 ch – 53 € 60 € – 10 € **Rest** – Menu 29/75 € – Carte 65/90 €

◆ En bordure du fleuve, une maison bourgeoise où la cuisine traditionnelle est servie dans du Gien. Poularde au menu, bien entendu, mais aussi cuisses de grenouille ou sandre au chinon. Chambres pratiques et bien tenues.

Côté Jardin — A/C VISA MC

14 rte Bourges, par ③ – ✆ 02 38 38 24 67 – Fermé 26 juil.-8 août, 21 déc.-8 janv., mardi et merc.

Rest – *(nombre de couverts limité, prévenir)* Menu 25 € (sem.), 36/58 € – Carte 43/62 €

◆ Un sympathique restaurant plein de fraîcheur, sur la rive gauche. Avec recherche, le chef travaille de bons produits (escargots, joue de boeuf, fromages régionaux...).

Le P'tit Bouchon — VISA MC

66 r. B. Palissy, par r. Hôtel de Ville Z – ✆ 02 38 67 84 40 – Fermé 15 août-5 sept., 19 déc.-3 janv., dim. et lundi

Rest – (16 €) Menu 23/26 €

◆ Tête de veau en hiver, terrine de lapin, saucisse de Morteau... répertoire bistrotier et menus s'annoncent ici à l'ardoise. Le cadre est rustique, l'ambiance chaleureuse.

au Sud par ③, D 940 et rte secondaire : 3 km – ✉ 45500 Poilly-lez-Gien

Villa Hôtel — ch, VISA MC

ZA le Clair Ruisseau, allée du Vieux Cours – ✆ 02 38 27 03 30

24 ch – 39 € 39 € – 6,50 € – ½ P 39/42 €

Rest – *(fermé 12-22 juil., 27-31 déc., vacances de fév., vend. soir, sam. et dim.) (dîner seult) (résidents seult)* Menu 13 € (sem.)/16 €

◆ Parfait pour une étape à prix doux, un hôtel moderne au confort simple, façon zone pavillonnaire. Chambres fonctionnelles et bien tenues. Plat du jour unique ; buffets d'entrées et de desserts. Possibilité de repas de groupes.

GIENS – 83 Var – **340** L7 – ✉ 83400 Hyeres Côte d'Azur **41** C3

Paris 860 – Carqueiranne 10 – Draguignan 87 – Hyères 9

Ruines du château des Pontevès ✳ ★★.

Voir plan de Giens à Hyères.

Le Provençal

pl. St-Pierre – ✆ 04 98 04 54 54 – www.provencalhotel.com – Ouvert 16 avril-16 oct. Xs

41 ch – †90/150 € ††111/175 € – ☕ 15 € – ½ P 90/120 €

Rest – Menu 28/56 € – Carte 51/100 €

◆ Hôtel bâti à flanc de colline, dans un parc ombragé et fleuri qui dégringole en terrasses jusqu'à la mer. Chambres provençales. Parking privé à 500 m. Le panorama offert par le restaurant a peut-être inspiré le poète Saint-John Perse, célèbre résident de la presqu'île.

GIFFAUMONT-CHAMPAUBERT – 51 Marne – **306** K11 – 256 h. – alt. 130 m – ✉ 51290 Champagne Ardenne **14** C2

Paris 208 – Bar-le-Duc 53 – Chaumont 75 – St-Dizier 25

Maison du Lac ✆ 03 26 72 62 80

Lac du Der-chantecoq★★.

Le Cheval Blanc

rest,

21 r. du Lac – ✆ 03 26 72 62 65 – www.lechevalblanc.net – Fermé 29 août-23 sept., 1er-20 janv., dim. soir et lundi

14 ch – †70/75 € ††70/135 € – 1 suite – ☕ 9 € – ½ P 70/80 €

Rest – *(fermé mardi midi)* (19 €) Menu 26/60 € – Carte 40/64 €

◆ Accueillante maison à 1,2 km du plus grand lac artificiel d'Europe : le Lac du Der. Confortable salon-véranda, chambres lumineuses et parfaitement tenues. Au restaurant, cadre classique, tables soignées et carte traditionnelle.

GIF-SUR-YVETTE – 91 Essonne – **312** B3 – 21 816 h. – alt. 61 m – ✉ 91190 **20** A3

Paris 34 – Évry 37 – Boulogne-Billancourt 23 – Montreuil 41

Les Saveurs Sauvages

4 r. Croix Grignon, (face gare RER) – ✆ 01 69 07 01 16 – Fermé 5-25 août, 25 déc.-2 janv., dim. et lundi

Rest – (18 €) Menu 23/39 € – Carte environ 46 €

◆ Un bistrot gastro moderne où la cuisine, inventive avec quelques touches asiatiques, est réalisée à quatre mains. Carte saisonnière assortie d'un menu changeant tous les jours.

GIGARO – 83 Var – **340** O6 – rattaché à La Croix-Valmer

GIGNAC – 34 Hérault – **339** G7 – 4 951 h. – alt. 53 m – ✉ 34150 **23** C2

Paris 719 – Béziers 58 – Lodève 25 – Montpellier 30

3, Parc d'activités de Camalcé ✆ 04 67 57 58 83

de Lauzun (Matthieu de Lauzun)

3 bd de l'Esplanade – ✆ 04 67 57 50 83 – www.restaurant-delauzun.com – Fermé 21 fév.-14 mars, 1 sem. en août, 1 sem. en nov., sam. midi, dim. soir et lundi

Rest – Menu 41/58 € – Carte 40/60 €

Spéc. Gaspacho andalou glacé, mosaïque de petits légumes marinés (été). Gigot d'agneau cuit rosé, tranche d'aubergine confite, condiment à la marocaine. Pomme confite au four, riz au lait crémeux au caramel.

◆ Cette maison, face à l'esplanade, est menée par un jeune chef de talent. Décor sobre et soigné à l'image de la cuisine, séduisante avec ses belles associations de saveurs – originales et bien pensées – et ses assiettes très graphiques. Bon choix de vins locaux.

GIGONDAS – 84 Vaucluse – **332** D9 – 598 h. – alt. 313 m – ✉ 84190 **42** E1

Provence

Paris 662 – Avignon 40 – Nyons 31 – Orange 20

rue du Portail ✆ 04 90 65 85 46

Les Florets

2 km à l'Est par rte secondaire – 04 90 65 85 01 – www.hotel-lesflorets.com – Fermé janv. et vacances de fév.

15 ch – 70/110 € 77/130 € – 15 € – ½ P 87/115 €

Rest – *(fermé merc.)* (23 €) Menu 30/46 € – Carte 50/65 €

◆ Au pied des Dentelles de Montmirail, cet hôtel situé en plein vignoble abrite de séduisantes chambres colorées (avec terrasse à l'annexe). Décor et cuisine inspirés par la région, vins du domaine et jolie terrasse.

L'Oustalet

pl. du village – 04 90 65 85 30 – www.restaurantoustalet.com – Fermé 15 nov.-15 janv., dim. soir et lundi sauf juil.-août

Rest – *(nombre de couverts limité, prévenir)* (23 €) Menu 28 € (déj. en sem.), 32/120 € – Carte 40/85 €

◆ Dans ce beau village de vignerons, cet Oustalet vous délecte d'une cuisine savoureuse, aux doux parfums provençaux. Installez-vous sous les vieux platanes... On dirait le Sud !

GILETTE – 06 Alpes-Maritimes – **341** D4 – 1 425 h. – alt. 420 m – ✉ 06830 Côte d'Azur **41** D2

Paris 946 – Antibes 43 – Nice 36 – St-Martin-Vésubie 45

place du Dr Morani 04 92 08 98 08

❊★★ des ruines du château.

à Vescous par rte de Rosquesteron (D 17) : 9 km – ✉ 06830 Toudon

La Capeline

rte de Roquesteron – 04 93 08 58 06 – www.restaurant-lacapeline.com – Ouvert du jeudi au dim. de mars à nov., les week-ends de nov. à fév.

Rest – *(fermé le soir sauf vend. et sam. en saison) (prévenir)* (24 €) Menu 22 € (déj.)/28 €

◆ Maisonnette rustique isolée en bord de route, dans la vallée de l'Esteron. Le goûteux menu unique, annoncé de vive voix, valorise les produits du cru. Belle terrasse ombragée.

GILLY-LÈS-CÎTEAUX – 21 Côte-d'Or – **320** J6 – rattaché à Vougeot

---

GIMBELHOF – 67 Bas-Rhin – **315** K2 – rattaché à Lembach

GIMEL-LES-CASCADES – 19 Corrèze – **329** M4 – 679 h. – alt. 375 m – ✉ 19800 **25** C3

Paris 493 – Limoges 104 – Tulle 13 – Brive-la-Gaillarde 40

le Bourg 05 55 21 44 32

Hostellerie de la Vallée

au bourg – 05 55 21 40 60 – Fermé 20 déc.-5 janv., dim. soir, lundi midi, vend. et sam. du 1er oct. au 31 mars

9 ch – 63 € 63 € – 8,50 € – ½ P 55 €

Rest – *(dîner seult) (résidents seult)* Menu 27/36 € – Carte 26/37 €

◆ Au centre d'un village réputé pour ses cascades, maison de pays rénovée offrant une halte de choix avec de confortables chambres (dont trois côté vallée). Salle à manger panoramique et cuisine traditionnelle de saison mitonnée par la mère et sa fille.

LA GIMOND – 42 Loire – **327** F6 – 241 h. – alt. 625 m – ✉ 42140 **44** A2

Paris 485 – Saint-Étienne 18 – Annonay 67 – Lyon 58

Le Vallon du Moulin

– 04 77 30 97 06 – Fermé 22 août-1er sept., 28 fév.-10 mars, dim. soir, lundi soir, mardi soir et merc.

Rest – Menu 20 € (déj. en sem.), 27/47 €

◆ Au cœur d'un village, ce sympathique restaurant contemporain propose une bonne cuisine (saumon à la niçoise, croustillant de framboise...) évoluant au rythme des saisons.

GIMONT – 32 Gers – **336** H8 – 2 834 h. – alt. 180 m – ✉ 32200 **28** B2

Midi-Toulousain

Paris 701 – Colomiers 40 – Toulouse 51 – Tournefeuille 40

53, boulevard du Nord ✆ 05 62 67 77 87

Château de Larroque rest, VISA AE

rte de Toulouse – ✆ 05 62 67 77 44 – www.chateaularroque.fr – Fermé 14-22 nov., 3-18 janv., 15-28 fév., dim. soir et lundi d'oct. à avril

16 ch – †89/120 € ††89/154 € – 1 suite – ☕ 13 €

Rest – Menu 22/57 € – Carte 29/61 €

◆ Un beau château, édifié en 1805, entouré d'un parc paisible avec piscine et tennis. Certaines chambres, et l'un des salons, ont été décorés dans un style plus contemporain. Cuisine traditionnelle dans un cadre élégant, à déguster sous la tonnelle en été.

Villa Cahuzac ch, VISA AE

1 av. de Cahuzac – ✆ 05 62 62 10 00 – www.villacahuzac.com

11 ch – †98 € ††98 € – ☕ 12 € – ½ P 80/91 €

Rest – *(dîner seult)* Menu 25 € (sem.), 31/37 €

◆ Maison typique de la région (1885) ; chambres fonctionnelles et soignées (lambris et parquet). Celles du 1er étage s'ouvrent sur un corridor qui plonge sur le patio fleuri. Cuisine traditionnelle privilégiant le terroir, surtout le canard et le foie gras.

GINASSERVIS – 83 Var – **340** K3 – 1 382 h. – alt. 407 m – ✉ 83560 **40** B3

Paris 781 – Aix-en-Provence 53 – Avignon 111 – Manosque 23

Chez Marceau avec ch VISA AE

pl. Jean Jaurès – ✆ 04 94 80 11 21 – www.chezmarceau.com – Fermé 15-30 nov., 15-30 janv., dim. soir et lundi

6 ch – †45 € ††50/55 € – ☕ 8 € – ½ P 50/55 €

Rest – (12 €) Menu 15/43 € – Carte 30/80 €

◆ Entre Durance et Verdon, plongez au cœur de la vie méridionale dans cette sympathique auberge. Terrasse dressée sur la place. Cuisine régionale et chambres pour l'étape.

GINCLA – 11 Aude – **344** E6 – 45 h. – alt. 570 m – ✉ 11140 **22** B3

Paris 821 – Carcassonne 77 – Foix 88 – Perpignan 67

Hostellerie du Grand Duc P VISA AE

2 rte de Boucheville – ✆ 04 68 20 55 02 – www.host-du-grand-duc.com – Ouvert 1er avril-1er nov.

12 ch – †60/62 € ††73/82 € – ☕ 11 € – ½ P 80/85 €

Rest – *(fermé merc. midi)* Menu 32/70 € – Carte 40/75 €

◆ Maison de maître (18e s.) du pays cathare et son jardin clos arboré. Pierres apparentes, boiseries et meubles anciens font le cachet des chambres, joliment personnalisées. Salle à manger rustique chic, terrasse et copieuses assiettes traditionnelles.

GIRMONT-VAL-D'AJOL – 88 Vosges – **314** H5 – rattaché à Remiremont

GIROUSSENS – 81 Tarn – **338** C8 – rattaché à Lavaur

GISORS – 27 Eure – **304** K6 – 11 532 h. – alt. 60 m – ✉ 27140 **33** D2

Normandie Vallée de la Seine

Paris 73 – Beauvais 33 – Évreux 66 – Mantes-la-Jolie 40

4, rue du Général-de-Gaulle ✆ 02 32 27 60 63

18 de Chaumont-en-Vexin à Chaumont-en-Vexin Château de Bertichères, E : 8 km par D 982, ✆ 03 44 49 00 81

18 de Rebetz à Chaumont-en-Vexin Route de Noailles, E : 12 km par D 981, ✆ 03 44 49 15 54

Château fort★★ - Église St-Gervais et St-Protais★.

Moderne sans rest P VISA

1 pl. de la Gare – ✆ 02 32 55 23 51 – www.hotel-moderne-gisors.fr

31 ch – †55 € ††55/90 € – ☕ 7 €

◆ Cet hôtel familial situé face à la gare conviendra pour une étape. Les chambres, sobrement décorées, sont bien tenues.

Le Cappeville

13 r. Cappeville – 02 32 55 11 08 – www.lecappeville.com – Fermé 3-15 janv., merc. et jeudi

Rest – Menu 27/52 € – Carte 50/65 €

◆ Pigeon rôti à la crème de laitue, langoustines et potiron confit : au cœur de la capitale du Vexin normand, le terroir se pare de modernité et la carte suit les saisons.

à Bazincourt-sur-Epte 6 km au Nord par D 14 – 626 h. – alt. 55 m – ✉ 27140

Château de la Rapée

2 km à l'Ouest par rte secondaire – 02 32 55 11 61 – www.hotel-la-rapee.com – Fermé 15 août-1er sept. et 15 fév.-14 mars

13 ch – †92 € ††127/155 € – ☕ 13 € – ½ P 85/100 €

Rest – *(fermé merc.)* (25 € bc) Menu 36 € (déj. en sem.)/55 € Carte 60/75 € le midi

◆ Château aux allures de manoir anglo-normand posé dans une campagne préservée (haras à proximité). Les chambres, dotées de mobilier ancien, sont spacieuses et profitent du parc. Salle à manger chaleureuse au décor bourgeois rehaussé de boiseries ; cuisine classique.

GIVERNY – 27 Eure – 304 I6 – 508 h. – alt. 17 m – ✉ 27620 — 33 D2

Paris 75 – Cergy 47 – Évreux 37 – Rouen 65

La Réserve sans rest

1,5 km au Nord par r. Blanche-Hochedé-Monet (après l'église) – 02 32 21 99 09 – www.giverny-lareserve.com – Ouvert avril-sept.

5 ch ☕ – †130 € ††160 €

◆ Superbe demeure familiale à la façade jaune safran, perchée sur les hauts de Giverny. Le décor intérieur, très personnalisé, crée une atmosphère des plus chaleureuses. Jolies chambres.

GIVET – 08 Ardennes – 306 K2 – 6 828 h. – alt. 103 m – ✉ 08600 — 14 C1

Champagne Ardenne

Paris 287 – Charleville-Mézières 58 – Fumay 23 – Rocroi 41

10, quai des Fours 08 10 81 09 75

≤★ du fort de Charlemont★.

Les Reflets Jaunes sans rest

2 r. du Gén.-de-Gaulle – 03 24 42 85 85 – www.les-reflets-jaunes.com

17 ch – †62/79 € ††69/89 € – ☕ 10 €

◆ Près du centre historique, hôtel en briques rouges de 1685 disposant de chambres spacieuses et confortables (baignoire-jacuzzi pour certaines). Copieux petit-déjeuner buffet.

Le Val St-Hilaire sans rest

7 quai des Fours – 03 24 42 38 50 – www.hotel-val-st-hilaire.com

20 ch – †69 € ††85 € – ☕ 11 €

◆ Cet ancien hôtel particulier (1719) posé sur une rive de la Meuse abrite des chambres pratiques, bien tenues et insonorisées, avec vue sur le fleuve en façade. Accueil aimable.

Le Roosevelt sans rest

14 quai des Remparts – 03 24 42 14 14 – http://hotel-leroosevelt.com – Fermé 26 déc.-9 janv.

8 ch – †60 € ††70 € – ☕ 8 €

◆ Sur un quai mosan, maison ardennaise en pierres dotée de chambres bien tenues, régulièrement rafraîchies. Crêperie et salon de thé dans la salle des petits-déjeuners.

Auberge de la Tour

6 quai des Fours – 03 24 40 41 71 – www.auberge-de-la-tour.net – Fermé 19 déc.-18 janv. et lundi d'oct. à mars

Rest – Menu 18 € (déj. en sem.), 26/42 € – Carte 28/66 €

◆ Le chef de cette jolie auberge rustique tournée vers la Meuse réalise une cuisine plutôt traditionnelle (quelques plats à base de homards du vivier maison). Terrasse d'été.

GIVORS – 69 Rhône – **327** H6 – 18 454 h. – alt. 156 m – ✉ 69700 **44** B2
Lyon Drôme Ardèche

Paris 480 – Lyon 25 – Rive-de-Gier 17 – Vienne 12
1, place de la Liberté ✆ 04 78 07 41 38

à Loire-sur-Rhône 5 km par N 86, rte de Condrieu – 2 277 h. – alt. 140 m – ✉ 69700

Mouton-Benoît
1167 rte de Beaucaire – ✆ 04 78 07 96 36 – www.restaurant-moutonbenoit.com – Fermé 12-31 août, sam. et le soir sauf vend.
Rest – Menu 23 € (déj. en sem.), 30/35 € – Carte 40/57 €
◆ Aux commandes de ce restaurant, un jeune couple réalise une savoureuse cuisine actuelle sur des bases traditionnelles. Belle terrasse arborée.

GLAINE-MONTAIGUT – 63 Puy-de-Dôme – **326** H8 – 530 h. – alt. 350 m – ✉ 63160 **6** C2

Paris 440 – Clermont-Ferrand 31 – Issoire 37 – Thiers 21

Auberge de la Forge avec ch
– ✆ 04 73 73 41 80 – www.aubergedelaforgeglainemontaigut.com – Fermé dim. soir et merc.
4 ch – 30/39 € 42/48 € – 6 € – ½ P 42/48 €
Rest – (13 € bc) Menu 19 € (sem.), 26/40 € – Carte 23/46 €
◆ Face à la belle église romane, sympathique auberge refaite à l'ancienne (murs de pisé) et proposant une reconstitution de la forge du village. La cuisine est bien réalisée, avec des spécialités parfois surprenantes comme la fricassée de crêtes de coq...

GLUIRAS – 07 Ardèche – **331** J4 – 383 h. – alt. 800 m – ✉ 07190 **44** B3

Paris 606 – Le Cheylard 20 – Lamastre 40 – Privas 33

Le Relais de Sully avec ch
pl. centrale – ✆ 04 75 66 63 41 – www.lerelaisdesully.com – Fermé 18-29 déc., 15 janv.-15 mars, dim. soir, merc. soir et lundi sauf juil.-août
4 ch – 39 € 39 € – 6 € **Rest** – Menu 18 € (sem.)/37 €
◆ Au cœur de ce village perché ardéchois, une maison en pierre devancée par une véranda. Le jovial patron aime cuisiner les produits du terroir local, de même que le poisson, selon les arrivages. Chambres modestes, utiles en dépannage.

GODEWAERSVELDE – 59 Nord – **302** D3 – 1 893 h. – alt. 45 m – ✉ 59270 **30** B2

Paris 263 – Arras 90 – Brugge 97 – Lille 41

L'Estaminet du Centre
11 rte de Steenvoorde – ✆ 03 28 42 21 72 – www.estaminetducentre.com – Fermé 22 déc.-4 janv., 5-18 mai, dim. soir, lundi soir, mardi et merc.
Rest – Menu 20 € (sem.)/27 € – Carte 25/37 €
◆ Simples et goûteuses recettes du Nord, servies dans cet estaminet sis dans une grosse bâtisse typique de la région. Salle à manger de type bistrot.

GOLBEY – 88 Vosges – **314** G3 – rattaché à Épinal

GOLFE DE SANTA-GIULIA – 2A Corse-du-Sud – **345** E10 – voir à Corse (Porto-Vecchio)

GOLFE-JUAN – 06 Alpes-Maritimes – **341** D6 – ✉ 06220 Vallauris **42** E2
Côte d'Azur

Paris 905 – Antibes 5 – Cannes 6 – Grasse 23
boulevard des Frères Roustan ✆ 04 93 63 73 12

pour Vallauris voir plan de Cannes

Beau Soleil sans rest

6 impasse Beau-Soleil, par D 6007 (dir. Antibes) – ✆ 04 93 63 63 63 – www.hotel-beau-soleil.com – Ouvert 7 mars-9 oct.

30 ch – †57/119 € ††69/136 € – ☕ 10 €

◆ Cet hôtel moderne, sis dans une impasse à 500 m de la plage du Midi et du théâtre de la Mer, vous propose des chambres colorées et bien entretenues (certaines avec balcon).

Nounou

à la plage – ✆ 04 93 63 71 73 – www.nounou.fr – Fermé 12 nov.-25 déc., dim. soir et lundi sauf juil.-août

Rest – Menu 39/68 € – Carte 75/120 €

◆ Restaurant à même la plage, dont les baies vitrées s'ouvrent côté rivage. Intérieur d'inspiration marine ; cuisine de poissons et de coquillages et quelques plats provençaux.

Tétou

10 bd des Frères Roustan, (à la plage) – ✆ 04 93 63 71 16 – Ouvert fin mars-mi oct. et fermé lundi midi, mardi midi et merc.

Rest – Carte 110/195 €

◆ Cette institution locale fondée en 1920 et récemment rénovée a gardé son ambiance de restaurant balnéaire. Au menu, bouillabaisse, produits de la mer et carte régionale.

à Vallauris Nord-Ouest : 2,5 km par D 135 – 30 610 h. – alt. 120 m – ✉ 06220

Square du 8 mai 1945 ✆ 04 93 63 82 58

Musée national "la Guerre et la Paix" (château) - Musée de l'Automobile★ NO : 4 km.

Le Mas Samarcande sans rest

138 Grand-Boulevard de Super-Cannes – ✆ 04 93 63 97 73 – www.mas-samarcande.com

5 ch ☕ – †120/135 € ††120/135 €

◆ Cette belle villa vous ouvre ses portes pour un séjour privilégié : chambres originales et raffinées mêlant inspiration provençale et exotique, vue superbe depuis la terrasse.

Café Marianne

pl. Paul Isnard, (pl. de l'Église) – ✆ 04 93 64 30 42 – www.cafemarianne-vallauris.com

Rest – (19 € bc) Menu 29 € – Carte 28/54 €

◆ Sur la place de l'église, face à "L'homme au mouton" de Picasso. Cuisine du marché, suggestions et pâtisseries dans ce restaurant moderne et spacieux doté d'une agréable terrasse.

GORDES – 84 Vaucluse – 332 E10 – 2 126 h. – alt. 372 m – ✉ 84220 42 E1

Provence

Paris 712 – Apt 19 – Avignon 38 – Carpentras 26

le Château ✆ 04 90 72 02 75

Site★ - Village★ - Château : cheminée★ - Village des Bories★★ SO : 2 km par D 15 puis 15 mn - Abbaye de Sénanque★★ NO : 4 km - Pressoir★ dans le musée des Moulins de Bouillons S : 5 km.

La Bastide de Gordes & Spa

ch,

au village – ✆ 04 90 72 12 12 – www.bastide-de-gordes.com – Fermé 3 janv.-10 fév.

34 ch – †137/405 € ††172/455 € – 7 suites – ☕ 27 €

Rest – (38 €) Menu 60 € (dîner)/88 € – Carte 90/150 € le soir

◆ Une très belle demeure du 16e s. au décor luxueux et aux prestations dignes d'un palace. Grandes chambres donnant sur la vallée ou le village. Magnifique spa. Cuisine du Sud et beaux vins régionaux servis dans un cadre raffiné. Sur la terrasse, vue superbe sur le Lubéron et les Alpilles.

Les Bories & Spa rest,

rte de l'Abbaye de Sénanque, 2 km – ✆ 04 90 72 00 51 – www.hotellesbories.com – Fermé 2 janv.-12 fév.

27 ch – 200/438 € 200/438 € – 2 suites – 23 € – ½ P 185/300 €

Rest – *(fermé dim. soir et lundi du 3 nov. au 2 avril et le midi du lundi au jeudi de mi-juin à mi-sept.) (prévenir)* Menu 57/92 € – Carte 84/99 €

Spéc. Courgettes fleurs soufflées au basilic (avril à sept.). Carré d'agneau laqué au citron (juin à août). Pêche jaune rôtie à la verveine, financier à la pêche (juin à août). **Vins** Côtes du Luberon.

◆ Ces luxueuses "bories" semblent perdues dans la garrigue, parmi les oliviers. Les chambres sont raffinées et lumineuses. Superbes piscines et spa. Fine gastronomie, parfumée, harmonieuse et sublimant les produits provençaux, servie dans un cadre idyllique.

Le Gordos sans rest

1,5 km par rte de Cavaillon – ✆ 04 90 72 00 75 – www.hotel-le-gordos.com – Ouvert 20 mars-2 nov.

19 ch – 121/169 € 121/222 € – 16 €

◆ Posté à l'entrée du village, un mas en pierre sèche frais et charmant. Les chambres avec terrasse donnent sur le jardin, où embaument les fleurs et les plantes aromatiques.

Le Mas des Romarins sans rest

rte de Sénanque – ✆ 04 90 72 12 13 – www.masromarins.com – Fermé 14 nov.-16 déc. et 2 janv.-2 mars

13 ch – 87/186 € 99/198 €

◆ Ferme centenaire dominant Gordes. Les chambres sont fraîches et cosy ; de la terrasse, à l'ombre des mûriers, la vue est un délice. Table d'hôte sur réservation.

rte d'Apt 2 km à l'Est par D 2 – ✉ 84220 Gordes

Auberge de Carcarille ch,

rte d'Apt, 4 km par D 2 – ✆ 04 90 72 02 63 – www.auberge-carcarille.com – Fermé 11 nov.-29 janv.

20 ch – 70/115 € 70/115 € – 12 € – ½ P 82/105 €

Rest – *(fermé vend. sauf le soir d'avril à sept.)* Menu 19 € (déj. en sem.), 31/50 € – Carte 26/65 €

◆ Une fois passé l'allée de cyprès, on découvre cette plaisante construction en pierre sèche, aux chambres design ou de style provençal et dotées d'un balcon ou d'une terrasse. Au restaurant, goûteuse cuisine régionale faisant la part belle au potager et aux herbes aromatiques.

La Ferme de la Huppe ch,

5 km par D 156 rte de Goult – ✆ 04 90 72 12 25 – www.lafermedelahuppe.com – Ouvert 21 mars-4 nov.

10 ch – 95/109 € 109/213 € – ½ P 86/114 €

Rest – *(fermé lundi et le midi)* Menu 38/55 € – Carte 52/62 €

◆ Jolie fermette du 18e s. en pierre sèche. Les chambres fleurent bon le lin et la lavande, comme un rêve provençal. Très jolie piscine parmi les arbustes. La salle à manger évoque une "borie", cette cabane du Lubéron. Savoureuse cuisine régionale actualisée.

rte des Imberts Sud-Ouest : 4 km par D 2 – ✉ 84220 Gordes

Mas de la Senancole

Hameau les Imberts – ✆ 04 90 76 76 55 – www.mas-de-la-senancole.com – Fermé 2-31 janv.

21 ch – 99/232 € 99/232 € – 13 €

Rest *L'Estellan* – voir ci-après

◆ La Sénancole coule à proximité de ce petit mas en pierre. Chambres agréables (bois peint et fer forgé), certaines avec terrasse. Espace détente avec sauna, hammam, jacuzzi.

Le Moulin des Sources sans rest

Hameau des Gros – ☎ 04 90 72 11 69 – www.le-moulin-des-sources.com – Fermé 30 nov.-15 fév.

5 ch – 95/180 € 95/180 €

◆ On se prélasse volontiers dans cet ancien moulin à huile aux murs voûtés, allant du salon-bibliothèque au jardin, puis à la piscine. Belles chambres aux teintes terriennes.

Le Mas Tourteron

chemin de St-Blaise – ☎ 04 90 72 00 16 – www.mastourteron.com – Ouvert 15 fév.-31 oct. et fermé le midi sauf juil.-août, dim. soir, lundi et mardi

Rest – Menu 49 €

◆ Ce joli mas et sa terrasse sous les mûriers dégagent un charme à la Pagnol. Le credo du lieu : une "cuisinière dans sa maison" qui régale d'une généreuse cuisine provençale.

L'Estellan – Hôtel Mas de la Senancole

Hameau les Imberts – ☎ 04 90 72 04 90 – www.restaurant-estellan.com – Fermé 2-31 janv., dim. soir et lundi de nov. à mars

Rest – (19 €) Menu 25 € (déj. en sem.), 35/49 € – Carte 36/67 €

◆ Un restaurant au charme poétique et rétro, dans un mas en pierre. Ail, olive, plantes aromatiques en vedette d'une goûteuse cuisine provençale.

GORGES DE LA RESTONICA – 2B Haute-Corse – 345 D6 – voir à Corse (Corte)

GOSNAY – 62 Pas-de-Calais – 301 I4 – rattaché à Béthune

LA GOUESNIÈRE – 35 Ille-et-Vilaine – 309 K3 – 1 583 h. – alt. 22 m – ✉ 35350 10 D1

Paris 390 – Dinan 25 – Dol-de-Bretagne 13 – Lamballe 65

Maison Tirel-Guérin (Jean-Luc Guérin)

à la Gare (rte de Cancale) : 1,5 km par D 76 – ☎ 02 99 89 10 46 – www.tirelguerin.com – Fermé 22 déc.-1er fév.

58 ch – 55/200 € 55/200 € – 2 suites – 13 € – ½ P 100/142 €

Rest – *(fermé dim. soir d'oct. à mars et lundi midi sauf fériés) (prévenir le week-end)* Menu 24/96 € – Carte 55/134 €

Spéc. Salade amoureuse de cailles poêlées, lames de truffe et foie gras. Plancha de poissons nobles grillés. Méli-mélo croustillant de framboises.

◆ Cette maison familiale proche de la route ne manque pas d'attraits : piscine couverte, jardin fleuri... Les chambres sont spacieuses et soignées ; le service prévenant. Cuisine raffinée – belles bases classiques – servie dans une salle où règne une atmosphère agréablement provinciale.

GOULT – 84 Vaucluse – 332 E10 – 1 217 h. – alt. 258 m – ✉ 84220 42 E1

Paris 714 – Apt 14 – Avignon 41 – Bonnieux 8

La Bartavelle

r. du Cheval-Blanc – ☎ 04 90 72 33 72 – www.bartavelle.free.fr – Ouvert de début mars à mi-nov. et fermé mardi et merc.

Rest – *(dîner seult) (nombre de couverts limité, prévenir)* Menu 40 €

◆ Le "petit Marcel" et son chasseur de père auraient apprécié cette salle voûtée avec ses tomettes... rouges comme des bartavelles ! Plats régionaux pour ce restaurant de poche.

Le Garage à Lumières

Hameau de Lumières – ☎ 04 32 50 29 32

Rest – Menu 23/32 € – Carte 33/45 €

◆ Un ancien garage transformé en restaurant branché et design : murs décorés de petites voitures, toiles contemporaines et belle cuisine actuelle, sobrement créative.

GOUMOIS – 25 Doubs – 321 L3 – 189 h. – alt. 490 m – ✉ 25470 17 C2

Paris 513 – Besançon 92 – Montbéliard 55 – Morteau 47

Corniche de Goumois★★, **Franche-Comté Jura**

Taillard

3 rte de la Corniche – 03 81 44 20 75 – www.hoteltaillard.com – Ouvert 15 mars-8 nov.

16 ch – 86/190 € 86/190 € – 4 suites – 14 € – ½ P 86/122 €

Rest – *(fermé merc. soir d'oct. à avril, lundi midi et merc. midi)* Menu 25 € (déj.), 35/97 € bc – Carte 46/85 €

◆ Situé à flanc de colline, cet hôtel familial (1875) propose des chambres classiques, plus modernes à l'annexe. Meubles chinés, tableaux... un décor soigné ! Au restaurant, agréable vue sur la vallée, belle cuisine du terroir revisitée et belle carte des vins.

Le Moulin du Plain

Lieu-dit Le Moulin du Plain – 03 81 44 41 99 – www.moulinduplain.com – Ouvert 20 fév.-1er nov.

22 ch – 46 € 62 € – 8 € – ½ P 54 €

Rest – Menu 23/35 € – Carte 20/55 €

◆ En pleine nature, auberge familiale au bord du Doubs, appréciée par les pêcheurs. Chambres simples, dont une partie tournée vers la rivière (deux duplex pour les familles). Dans les assiettes, priorité aux truites, morilles et autres produits de la région.

GOUPILLIÈRES – 14 Calvados – 303 J5 – 156 h. – alt. 162 m – 14210 32 B2

Paris 255 – Caen 24 – Condé-sur-Noireau 27 – Falaise 34

Auberge du Pont de Brie

Halte de Grimbosq, Est : 1,5 km – 02 31 79 37 84 – www.pontdebrie.com – Fermé 4-15 juil., 19 déc.-21 janv., nov. et déc. sauf week-ends, mardi sauf août et lundi

Rest – Menu 20/46 € – Carte 33/56 €

◆ Auberge familiale isolée dans la vallée de l'Orne. Salle à manger-véranda claire et lumineuse, entièrement redécorée, et terrasse d'été. Cuisine traditionnelle.

GOURDON – 46 Lot – 337 E3 – 4 669 h. – alt. 250 m – 46300 28 B1

Périgord Quercy

Paris 543 – Bergerac 91 – Brive-la-Gaillarde 66 – Sarlat-la-Canéda 26

24, rue du Majou 05 65 27 52 50

Rue du Majou★ - Cuve baptismale★ dans l'église des Cordeliers - Esplanade ★.

Grottes de Cougnac★ NO : 3 km.

Hostellerie de la Bouriane

pl. du Foirail – 05 65 41 16 37 – www.hotellabouriane.fr – Fermé 16-25 oct., 20 janv.-10 mars, dim. soir et lundi du 20 oct. au 30 avril

20 ch – 77/115 € 77/115 € – 13 € – ½ P 78/92 €

Rest – *(dîner seult sauf dim.)* Menu 26/42 € – Carte 45/85 €

◆ Une maison centenaire qui cultive le sens de l'hospitalité. Chambres rustiques et soignées, mansardées au dernier étage. Agréable jardin. Au restaurant, pierres apparentes et grande cheminée pour une ambiance élégante et chaleureuse. Goûteuse cuisine classique.

GOURDON – 06 Alpes-Maritimes – 341 C5 – 437 h. – alt. 800 m – 06620 42 E2

Côte d'Azur

Paris 921 – Cannes 27 – Castellane 62 – Grasse 15

place Victoria 04 93 09 68 25

Site★★ - ★★ du chevet de l'église - Château : musée des Arts décoratifs et de la modernité.

Au Vieux Four

r. Basse – 04 93 09 68 60 – Fermé 2 sem. en déc., 2 sem. en janv., le soir du lundi au jeudi, merc. en juil.-août et jeudi

Rest – *(nombre de couverts limité, prévenir)* (18 €) Menu 25/37 €

◆ Une charmante petite maison nichée dans le village. L'accueil est d'une rare gentillesse et l'ardoise du jour révèle une généreuse cuisine à l'accent du Sud, inspirée et parfumée.

GOURETTE – 64 Pyrénées-Atlantiques – 342 K7 – alt. 1 400 m – Sports d'hiver : 1 400/2 400 m 1 18 – ✉ 64440 Eaux Bonnes Aquitaine 3 B3

Paris 829 – Argelès-Gazost 35 – Eaux-Bonnes 9 – Laruns 14

place Sarrière ✆ 05 59 05 12 17

Col d'Aubisque ★★ N : 4 km.

Boule de Neige

– ✆ 05 59 05 10 05 – *Ouvert juil.-août et 1er déc.-14 avril.*
22 ch – †70/140 € ††75/160 € – ☕ 9,50 € – ½ P 67/77 €
Rest – (12 €) Menu 14 € (déj.), 16/30 € – Carte 30/51 € le soir
◆ Les atouts de cet hôtel : sa situation au pied des pistes, face aux sommets, et ses petites chambres de style chalet (la moitié avec mezzanine). Restaurant contemporain décoré de rondins de bois et de pierres apparentes. Cuisine traditionnelle ; snack à midi.

L'Amoulat

– ✆ 05 59 05 12 06 – *Ouvert 16 juin-12 sept. et 18 déc.-27 mars*
12 ch (½ P seult) – ½ P 66/68 €
Rest – *(dîner seult en hiver)* Menu 25/40 € – Carte 19/36 €
◆ Sur les hauteurs de Gourette et près de la route menant au col de l'Aubisque, cet hôtel dispose de petites chambres, fonctionnelles et bien tenues. Cuisine simple servie sous la véranda ou dans la salle rustique (réservée aux pensionnaires).

GOURNAY-EN-BRAY – 76 Seine-Maritime – 304 K5 – 6 187 h. – alt. 94 m – ✉ 76220 Normandie Vallée de la Seine 33 D2

Paris 97 – Amiens 78 – Les Andelys 38 – Beauvais 31

9, place d'Armes ✆ 02 35 90 28 34

Le Saint Aubin

3 km par D 915 rte de Dieppe – ✆ *02 35 09 70 97 – www.hotel-saint-aubin.fr*
60 ch – †70/120 € ††72/120 € – ☕ 8 € – ½ P 91 €
Rest – *(fermé dim. et sam.)* Menu 16 €/28 € – Carte 16/38 €
◆ Cette construction récente, en léger retrait de la route, propose des chambres fonctionnelles convenant pour une étape. Le restaurant, aménagé au sous-sol de l'hôtel, est sobrement décoré. Cuisine traditionnelle sans prétention.

Le Cygne sans rest

20 r. Notre Dame – ✆ *02 35 90 27 80 – www.lecygne.c.la*
29 ch – †47 € ††57 € – ☕ 7 €
◆ Hôtel familial et accueillant, situé au centre de cette petite cité du pays de Bray. Les chambres, relookées, sont bien tenues ; celles sur l'arrière profitent du calme.

GOUVIEUX – 60 Oise – 305 F5 – rattaché à Chantilly

GOUY-ST-ANDRÉ – 62 Pas-de-Calais – 301 E5 – rattaché à Hesdin

GRAMAT – 46 Lot – 337 G3 – 3 536 h. – alt. 305 m – ✉ 46500 Périgord Quercy 29 C1

Paris 534 – Brive-la-Gaillarde 57 – Cahors 58 – Figeac 36

place de la République ✆ 05 65 38 73 60

Du Centre

pl. de la République – ✆ *05 65 38 73 37 – www.lecentre.fr*
20 ch – †57 € ††65 € – ☕ 8 € – ½ P 60 €
Rest – (12 €) Menu 17/39 € – Carte 45/60 €
◆ Un bon point de chute, associant confort et esprit contemporain – l'adresse a été récemment rénovée de pied en cap ! Au restaurant, cuisine traditionnelle, formule brasserie le midi et clin d'œil à la Bretagne – région d'origine du chef – avec un menu poisson frais.

Lion d'Or

8 pl. de la République – ✆ 05 65 10 46 10 – www.liondorhotel.fr – Fermé janv.
15 ch – †65 € ††75 € – ☕ 9 € – ½ P 72/88 €
Rest – Menu 20/49 € – Carte 55/65 €
Rest *Le Quinze* – (17 €) Menu 20 €
◆ Une demeure régionale de caractère établie en centre-ville. Les chambres, récemment rénovées, arborent un joli décor aux couleurs pastel. Recettes traditionnelles servies dans une salle à manger bourgeoise ou sur la terrasse ombragée et fleurie. Ambiance "rugby" et cuisine de brasserie (axée terroir) au Quinze.

Le Relais des Gourmands

2 av. de la Gare, (à la gare) – ✆ 05 65 38 83 92 – www.relais-des-gourmands.fr – Fermé 3-11 oct., 25 déc.-2 janv., 26 fév.-14 mars, dim. soir et lundi sauf juil.-août
16 ch – †56/77 € ††58/77 € – ☕ 9 € – ½ P 58/70 €
Rest – (16 €) Menu 18 € (sem.)/42 € – Carte 27/47 €
◆ Accueil attentionné et bonne tenue dans cet établissement situé face à la gare. Chambres actuelles et plaisante piscine bordée d'un jardin. Lumineux restaurant contemporain (harmonie de tons jaunes) ; on y propose une carte régionale.

Hostellerie du Causse

2 km par rte de Cahors – ✆ 05 65 10 60 60 – www.hostellerieducausse.com – Fermé 2-31 janv.
28 ch – †55/65 € ††65/75 € – ☕ 9 € – ½ P 65/70 €
Rest – *(fermé sam. midi, dim. soir et vend. d'oct. à mars)* (14 €) Menu 18/38 € – Carte 30/40 €
◆ À l'écart du centre, une belle bâtisse récente inspirée du style local, abritant des chambres assez spacieuses. Au restaurant, cuisine traditionnelle et spécialités locales.

Moulin de Fresquet

ch,

1 km par rte de Figeac – ✆ 05 65 38 70 60 – www.moulindefresquet.com – Ouvert d'avril à oct.
5 ch ☕ – †69/81 € ††69/116 € **Table d'hôte** – *(fermé jeudi)* Menu 27 € bc
◆ Ce moulin où cohabitent trois époques (14e, 18e et 19e s.) se dresse au sein d'un jardin baigné par un bief. Meubles, tableaux, tapisseries et objets anciens habillent les chambres, très cosy ! La table d'hôte sert une appétissante cuisine régionale.

GRAMBOIS – 84 Vaucluse – 332 G11 – 1 155 h. – alt. 390 m – ✉ 84240 40 B2

Paris 759 – Aix-en-Provence 36 – Apt 41 – Digne-les-Bains 82
rue de la Mairie ✆ 04 90 08 97 45

L'Auberge des Tilleuls par Dominique Bucaille avec ch

au Moulin du Pas à 1,5 km par D 122 – ✆ 04 90 77 93 11 – www.tilleuls.com – Fermé janv., lundi et mardi sauf fériés et sauf juil.-août
5 ch ☕ – †80/100 € ††100 € **Rest** – Menu 35/75 €
◆ Au pied du village, une bâtisse ancienne précédée d'une terrasse sous les tilleuls. La salle est contemporaine et il fait bon y déguster d'agréables spécialités régionales. Petites chambres classiques.

LE GRAND-BORNAND – 74 Haute-Savoie – 328 L5 – 2 202 h. – alt. 934 m – Sports d'hiver : 1 000/2 100 m 2 37 – ✉ 74450 46 F1

Alpes du Nord

Paris 564 – Albertville 47 – Annecy 31 – Bonneville 23
place de l'Église ✆ 04 50 02 78 00

Vermont sans rest

rte du Bouchet – ✆ 04 50 02 36 22 – www.hotelvermont.fr – Ouvert de début juin à mi-sept. et de début-déc. à fin avril
23 ch ☕ – †79/110 € ††98/125 €
◆ Près de la télécabine de la Joyère, construction régionale dotée d'un bel espace de détente et de remise en forme (jacuzzi et sauna). Chambres lambrissées, la plupart avec balcon.

Croix St-Maurice
(face à l'église) – ✆ 04 50 02 20 05 – www.hotel-lacroixstmaurice.com – Fermé 25 sept.-22 oct.
21 ch – †59/95 € ††59/95 € – ☐ 8 € – ½ P 55/81 €
Rest – Menu 20/29 € – Carte 25/45 €
◆ Chalet traditionnel au cœur de la petite capitale... du reblochon. Les chambres, souvent dotées de balcons, sont dans le style local. Cuisine classique et spécialités savoyardes à déguster dans une salle "tout bois" (cheminée). Vue sur la chaîne des Aravis.

Les Fermes de Pierre et Anna sans rest
Les Plans, 7 km à l'Est par D 4e – ✆ 04 50 51 54 99 – www.fermes-pierre-anna.com – Fermé 15-30 nov.
8 ch – †60/101 € ††76/126 € – ☐ 10 €
◆ Jouxtant le golf, ce beau chalet entièrement rénové dispose de chambres cocons (bois brossé, couettes). Salon avec cheminée et vue sur la vallée.

au Chinaillon Nord : 5,5 km par D 4 – ✉ 74450 Le Grand Bornand

Les Cimes sans rest
– ✆ 04 50 27 00 38 – www.hotel-les-cimes.com – Ouvert 26 juin-3 sept. et 4 déc.-24 avril
10 ch – †70/139 € ††80/159 € – ☐ 12 €
◆ Au sein du hameau sportif du "Grand Bo", chalet-bonbonnière aux chambres pétillantes : décor montagnard contemporain, meubles et bibelots anciens, etc. Une perle rare !

La Crémaillère
Le Chinaillon – ✆ 04 50 27 02 33 – www.hotel-la-cremaillere.fr – Ouvert 15 juin-15 sept. et 20 déc.-20 avril
15 ch – †70/110 € ††70/110 € – ☐ 8 € – ½ P 65/83 €
Rest – *(fermé mardi midi et lundi)* Menu 20/38 € – Carte 26/51 €
◆ Toutes les chambres de ce petit hôtel familial, pourvues de balcon, sont orientées au sud, face aux pistes. Salon-cheminée cosy et confiture maison au petit-déjeuner. Cuisine savoyarde (produits du terroir) proposée dans un chaleureux cadre de bois blond.

à la Vallée du Bouchet – ✉ 74450

Le Chalet des Troncs
Vallée du Bouchet, 3,5 km à l'Est – ✆ 04 50 02 28 50 – www.chaletdestroncs.com
4 ch – †132/182 € ††156/228 € – ☐ 15 € **Table d'hôte** – Menu 35/40 €
◆ Les chambres de cette ancienne ferme perdue en pleine nature sont de vrais cocons montagnards. Hammam panoramique et superbe piscine couverte alimentée à l'eau de source. Pour les résidents, cuisine familiale et produits du potager auprès de la cheminée.

GRANDCAMP-MAISY – 14 Calvados – 303 F3 – 1 757 h. – alt. 5 m — 32 B2

– ✉ 14450 Normandie Cotentin
Paris 297 – Caen 63 – Cherbourg 73 – St-Lô 40
118, rue Aristide-Briand ✆ 02 31 22 62 44

La Faisanderie sans rest
av. du Col.-Courson – ✆ 02 31 22 70 06
3 ch ☐ – †55 € ††55 €
◆ Accueillante maison tapissée de vigne vierge au sein d'un domaine où l'on élève des chevaux. Chambres personnalisées garnies d'un mobilier rustique de famille. Calme absolu.

La Marée
5 quai Henri-Cheron – ✆ 02 31 21 41 00 – www.restolamaree.com – Fermé 1er janv.-10 fév.
Rest – (15 €) Menu 18/25 € – Carte 35/54 €
◆ Un ancien bar de pêcheur face à la criée, paré de teintes rouge et taupe, agrandie d'une véranda. On s'y régale de produits tout frais pêchés dans la Manche ou l'Océan.

GRAND'COMBE-CHÂTELEU – 25 Doubs – 321 J4 – rattaché à Morteau

LA GRANDE-MOTTE - 34 Hérault - 339 J7 - 8 202 h. - alt. 1 m - Casino - ✉ 34280 Languedoc Roussillon 23 C2

Paris 747 - Aigues-Mortes 12 - Lunel 16 - Montpellier 28

Place du 1er Octobre 1974 ✆ 04 67 56 42 00

de La Grande-Motte Avenue du Golf, N : 2 km, ✆ 04 67 56 05 00

Les Corallines

rest,

615 allée de la Plage, (Le Point Zéro) - ✆ 04 67 29 13 13 - www.thalasso-grandemotte.com - Fermé 24 déc.-30 janv.

39 ch - 130/196 € 130/196 € - 3 suites - 14 €

Rest - Menu 25/31 € - Carte 35/41 €

◆ Sur le bord de mer, un complexe hôtelier moderne avec centre de thalassothérapie et spa. Chambres avec balcon, belle piscine et terrasse panoramique face au littoral. Au restaurant, cadre japonisant et zen pour une cuisine aux parfums méditerranéens.

Novotel

1641 av. du Golf - ✆ 04 67 29 88 88 - www.novotel.com

80 ch - 95/195 € 95/195 € - 3 suites - 14 €

Rest - (16 €) Menu 18 € - Carte 20/40 €

◆ À l'entrée du golf, cet hôtel a récemment été entièrement rénové : hall monumental coiffé d'une coupole en verre, grandes chambres aux normes de la chaîne, belles suites. Au restaurant ouvert sur la piscine, formules traditionnelles et saveurs de Méditerranée.

Mercure

ch,

140 r. du port - ✆ 04 67 56 90 81 - www.mercure.com

99 ch - 90/150 € 100/160 € - 18 suites - 14 € **Rest** - Carte 35/42 €

◆ Cette imposante bâtisse domine le port de plaisance, au cœur de la station. Les chambres, spacieuses, bénéficient d'un balcon tourné vers la mer. Carte traditionnelle proposée dans un décor actuel ou sur une terrasse ombragée de platanes.

Golf Hôtel sans rest

1920 av. du Golf - ✆ 04 67 29 72 00 - www.golfhotel34.com

44 ch - 91/142 € 95/155 € - 1 suite - 12 €

◆ Dans un quartier calme, face à une pinède, un hôtel construit dans les années 1970 ; les chambres, peu à peu rénovées, ouvrent par une loggia sur le golf ou le plan d'eau du Ponant.

De la Plage

allée du Levant, direction Grau-du-Roi - ✆ 04 67 29 93 00 - www.hp-lagrandemotte.fr - Ouvert 1er avril-5 nov.

38 ch - 85/179 € 85/179 € - 1 suite - 13 €

Rest - *(ouvert 1er avril-30 sept. et fermé dim. hors saison et le midi)* Carte 26/40 €

◆ Sur la plage évidemment... Cet hôtel tenu par un jeune couple a bénéficié de travaux de modernisation (literie neuve, décor contemporain). Les balcons face à la Méditerranée sont bien agréables. Au restaurant ouvert le soir, cuisine estivale face à la piscine.

Azur Bord de Mer sans rest

pl. Justin - ✆ 04 67 56 56 00 - www.hotelazur.net

20 ch - 69/238 € 69/238 € - 13 €

◆ Telle une vigie scrutant la grande bleue, un hôtel familial ancré sur le môle fermant le port au sud. Chambres douillettes, au décor classique ou contemporain. Piscine chauffée.

Europe sans rest

allée des Parcs - ✆ 04 67 56 62 60 - www.hoteleurope34.com - Ouvert mars à oct.

34 ch - 67/125 € 67/125 € - 11 €

◆ Derrière le palais des congrès, un sympathique hôtel familial né dans les années 1970. Piscine, terrasse-solarium et salon marocain en plein air.

XXX **Alexandre**

esplanade Maurice Justin – ✆ 04 67 56 63 63 – www.alexandre-restaurant.com – Fermé 2 janv.-4 fév., dim. soir sauf juil.-août, mardi d'oct. à mars et lundi
Rest – (32 €) Menu 50/80 € – Carte 45/70 €
Rest *Bistrot d'Alexandre* – *(ouvert 5 juin-6 sept. et fermé le soir)* Menu 23 €
◆ La table gastronomique se situe à l'étage et bénéficie d'une belle vue sur le port et le large... On y propose une cuisine très classique, où dominent les produits de la mer. Côté Bistrot, au rez-de-chaussée, ambiance décontractée et viandes ou poissons grillés.

GRAND-FOUGERAY – 35 Ille-et-Vilaine – 309 L8 – 2 211 h. – alt. 40 m – ✉ 35390 10 D2

Paris 392 – Rennes 49 – Cesson-Sévigné 52 – Bruz 41

Les Palis

15 pl. de l'Église – ✆ 02 99 08 30 80 – www.hotelcharmebretagne.com
13 ch – †80/98 € ††80/98 € – ☕ 11 € – ½ P 78/80 €
Rest – *(fermé dim. soir)* (17 €) Menu 22 € (sem.)/38 € – Carte 32/45 €
◆ Dans une maison du 18e s., sur la place centrale du village, des chambres tout à fait contemporaines, en gris et blanc, avec un mobilier en bois clair. Cuisine traditionnelle relevée d'épices à déguster sous une fresque de Bacchus et une charpente apparente.

LE GRAND-VILLAGE-PLAGE – 17 Charente-Maritime – 324 C4 – voir à Île d'Oléron

GRANDVILLERS – 88 Vosges – 314 I3 – 700 h. – alt. 365 m – ✉ 88600 27 C3

Paris 404 – Épinal 22 – Lunéville 48 – Gérardmer 29

Europe et Commerce

3 et 4 rte de Bruyères – ✆ 03 29 65 71 17 – www.hotel-europe-commerce.fr
20 ch – †47 € ††57 € – ☕ 8 € – ½ P 44 €
Rest – *(fermé vend. soir et dim. soir)* Menu 12 € (sem.), 16/37 € – Carte 24/50 €
◆ D'un côté de la route, le restaurant ; de l'autre – et un peu en retrait – les chambres, dans un bâtiment des années 1980 bordé par un petit jardin. Cuisine traditionnelle.

GRANE – 26 Drôme – 332 C5 – 1 680 h. – alt. 175 m – ✉ 26400 44 B3

Paris 599 – Lyon 136 – Montélimar 35 – Valence 32
Le Village ✆ 04 75 62 66 08

XX **La Demeure de Grâne** avec ch

8 pl. de l'Église – ✆ 04 75 62 60 64 – www.lademeuredegrane.com
8 ch – †55 € ††55 € – ☕ 7 € – ½ P 80/115 €
Rest – *(fermé dim. soir, lundi sauf juil.-août, merc. midi, jeudi midi et mardi)* Menu 23 € (sem.), 37/55 €
◆ Sur la place de l'église, cette sympathique auberge vous reçoit autour de sa table traditionnelle. Terrasse ombragée par des arbres séculaires. Chambres fonctionnelles récentes.

GRANGES-LÈS-BEAUMONT – 26 Drôme – 332 C3 – rattaché à Romans-sur-Isère

GRANGES-STE-MARIE – 25 Doubs – 321 H6 – rattaché à Malbuisson

GRANS – 13 Bouches-du-Rhône – 340 F4 – 4 033 h. – alt. 52 m – ✉ 13450 40 B3

Paris 729 – Arles 43 – Marseille 50 – Martigues 29
boulevard Victor Jauffret ✆ 04 90 55 88 92

X **Le Planet**

pl. J. Jaurès – ✆ 04 90 55 83 66 – Fermé 26 sept.-11 oct., 27 fév.-12 mars, dim. soir de nov. à mars, lundi et mardi
Rest – (15 €) Menu 19 € (déj. en sem.), 26/45 € – Carte 31/51 €
◆ Cet ancien moulin à huile abrite un petit restaurant joliment voûté. En terrasse, à l'ombre des platanes, on est bien sur la planète Provence ! Cuisine du cru, bien copieuse.

GRANVILLE – 50 Manche – **303** C6 – 13 022 h. – alt. 10 m – Casino, et **32** A2
à St-Pair-sur-Mer – ✉ 50400 Normandie Cotentin

Paris 342 – Avranches 27 – Cherbourg 105 – St-Lô 57

4, cours Jonville ✆ 02 33 91 30 03

de Granville à Bréville-sur-Mer Pavillon du Golf, par rte de Coutances : 5 km, ✆ 02 33 50 23 06

Le tour des remparts★ : place de l'Isthme ≤★ - Pointe du Roc : site★.

Mercure le Grand Large sans rest

5 r. Falaise – ✆ 02 33 91 19 19 – www.mercure-granville.com

51 ch – †75/159 € ††75/159 € – ☕ 13 €

◆ Sur la falaise à pic au-dessus de la plage, cet hôtel associé à un centre de thalassothérapie abrite des chambres modulables en duplex ou studios, donnant la plupart sur la mer.

La Citadelle

34 r. du Port – ✆ 02 33 50 34 10 – www.restaurant-la-citadelle.com – Fermé 8 déc.-13 janv., mardi d'oct. à mars et merc.

Rest – (17 €) Menu 24/43 € – Carte 28/52 €

◆ Dégustez homards de Chausey et autres produits de la mer dans un décor aux teintes reposantes ou sur la terrasse devant le port d'où s'élançaient corsaires et terre-neuvas.

GRASSE – 06 Alpes-Maritimes – **341** C6 – 48 801 h. – alt. 250 m **42** E2
– Casino – ✉ 06130 Côte d'Azur

Paris 905 – Cannes 17 – Digne-les-Bains 118 – Draguignan 53

22, cours Honoré Cresp ✆ 04 93 36 66 66

de St-Donat à Le Plan-de-Grasse 270 route de Cannes, par rte de Cannes : 5 km, ✆ 04 93 09 76 60

Grasse Country Club 1 route des 3 Ponts, O : 5 km par D 11, ✆ 04 93 60 55 44

de la Grande Bastide à Châteauneuf-Grasse 761 Chemin des Picholines, E : 6 km par D 7, ✆ 04 93 77 70 08

Opio Valbonne à Opio Château de la Bégude, E : 11 km par D 4, ✆ 04 93 12 00 08

Saint-Philippe Golf Academy à Sophia-Antipolis Avenue Roumanille, E : 12 km, ✆ 04 93 00 00 57

Vieille ville★ : Place du Cours★ ≤★ Z - Toiles★ de Rubens dans la cathédrale Notre-Dame-du-Puy Z **B** - Parc de la Corniche ✳★★ 30 mn Z - Jardin de la Princesse Pauline ≤★ X **K** - Musée international de la Parfumerie ★★ Z .

Montée au col du Pilon ≤★★ 9 km par ④.

Plan page suivante

La Bastide St-Antoine (Jacques Chibois)

48 av. H.-Dunant, (quartier St-Antoine), 1,5 km par ② et rte de Cannes – ✆ 04 93 70 94 94 – www.jacques-chibois.com

11 ch – †240/315 € ††240/315 € – 5 suites – ☕ 29 €

Rest – Menu 59 € (déj.), 160/190 € – Carte 95/180 €

Spéc. Saint-Jacques au caviar, cœur de palmier au citron vert (oct. à avril). Pigeon sur son risotto d'artichaut aux truffes. Cerises cuites aux épices et coulis de framboise à l'émulsion d'amande. **Vins** Bellet, Vin de pays de l'île Saint Honorat

◆ Divine bastide du 18e s. nichée au cœur d'une oliveraie. Les chambres, de style provençal ou contemporaines, associent technologie de pointe, élégance et luxe discret. Même grâce dans le décor du restaurant, qui cultive le goût de la région.

La Bastide St-Mathieu sans rest

35 chemin Blumenthal, (quartier St-Mathieu), à l'Est du plan par av. Jean XXIII – ✆ 04 97 01 10 00 – www.bastidestmathieu.com

4 ch ☕ – †230/330 € ††270/360 € – 2 suites

◆ Bastide du 18e s. où se marient avec bonheur le luxe d'un hôtel de caractère et l'atmosphère d'une maison d'hôte. Superbes chambres, piscine d'eau de mer et ravissant jardin.

GRASSE

Barri (Pl. du)	Z	4
Bellevue (Bd)	X	5
Charabot (Bd)	XY	6
Conte (R. D.)	Y	7
Cresp (Cours H.)	Z	8
Crouët (Bd Jacques)	X	10
Droite (R.)	Y	12
Duval (Av. M.)	X	14
Évêché (R. de l')	Z	15
Fontette (R. de)	Y	16
Foux (Pl. de la)	Y	17
Fragonard (Bd)	Z	18
Gaulle (Av. Gén.-de)	Z	20
Gazan (R.)	Z	22
Herbes (Pl. aux)	Y	23
Jeu-de-Ballon (Bd)	YZ	
Journet (R. M.)	YZ	26
Juin (Av. Mar.)	Y	27
Lattre-de-Tassigny (Av. Mar.-de)	X	28
Leclerc (Bd Mar.)	X	30
Libération (Av.)	X	32
Mougins-Roquefort (R.)	Z	33
Moulin-des-Paroirs (R.)	X	34
Oratoire (R. de l')	Y	35
Ossola (R. Jean)	Z	38
Petit-Puy (Pl. du)	Z	42
Poissonnerie (Pl.)	Z	43
Prés.-Kennedy (Bd)	X	45
Reine-Jeanne (Bd)	X	48
Rothschild (Bd de)	X	49
St-Martin (Traverse)	Z	50
Sémard (Av. P.)	X	53
Thiers (Av.)	Y	
Touts-Petits (Trav.)	Z	55
Tracastel (R.)	Z	57
Victoria (Av.)	X	60
Victor-Hugo (Bd)	X, Z	59
11-Novembre (Av. du)	X, Y	63

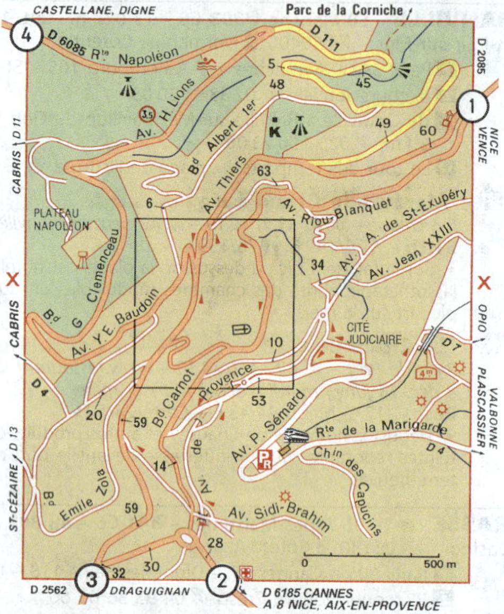

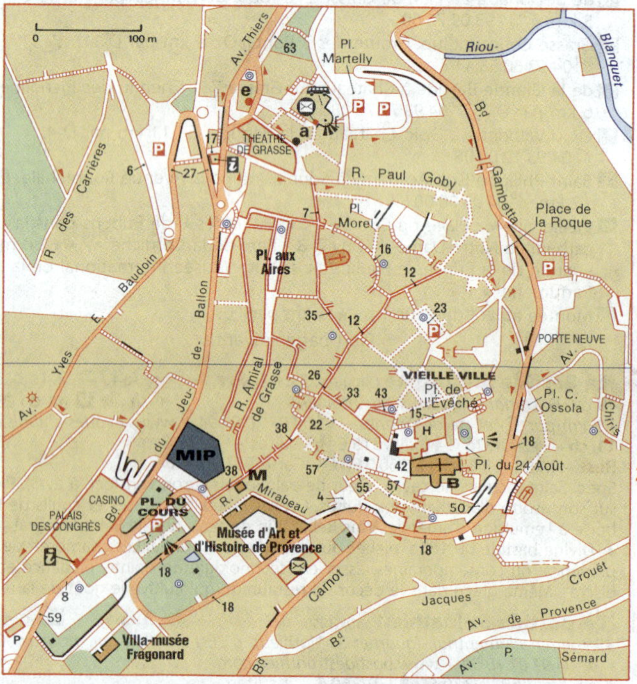

Le Patti

pl. Patti – ✆ 04 93 36 01 00 – www.hotelpatti.com Ya

73 ch – 65/95 € 75/95 € – 9 € – ½ P 57/70 €

Rest – *(fermé 3 janv.-1er fév. et dim.)* Menu 19/38 € – Carte 25/40 €

◆ Les chambres de cet établissement à la belle façade ocre (voisin du centre international) arborent un décor provençal ou contemporain. Boutique de produits du Sud-Est. Salle à manger actuelle et terrasse face à une placette ; cuisine traditionnelle aux accents régionaux.

La Bellaudière

78 av. P. Ziller , par ① – ✆ 04 93 36 02 57 – www.labellaudiere.com – Fermé 10 nov.-20 déc.

16 ch – 60/145 € 60/145 € – 8,50 € – ½ P 68/106 €

Rest – *(fermé dim. et le midi) (résidents seult)* Menu 25/28 €

◆ Dans un cadre verdoyant, une belle maison bourgeoise transformée en hôtel de charme. Passionnés d'objets chinés, les propriétaires ont personnalisé le décor de chaque chambre. Cuisine familiale servie le soir aux résidents (menu unique).

Moulin St-François sans rest

60 av. G. de Maupassant, 2 km à l'Ouest par rte de St-Cézaire – ✆ 04 93 42 14 35 – www.moulin-saint-francois.com

3 ch – 220/250 € 220/250 €

◆ Savourez le charme et la quiétude de ce moulin (1760) entouré d'un parc planté d'oliviers. Décoration au raffinement ancien et aux finitions très soignées. Superbes chambres.

Moulin Ste-Anne sans rest

9 chemin des Prés, quartier Ste-Anne par ③ – ✆ 04 92 42 01 70 – www.moulin-sainte-anne.com

5 ch – 110/220 € 120/230 €

◆ Vous découvrirez le mécanisme quasi intact de cet ancien moulin 18e s. magnifiquement restauré. Ses murs en pierre abritent de grandes chambres de charme meublées d'ancien.

Lou Candeloun

5 r. des Fabreries – ✆ 04 93 60 04 49 – www.loucandeloun.eresto.net – Fermé lundi midi en saison, lundi soir hors saison et dim. Ye

Rest – (29 €) Menu 37/55 € – Carte 44/53 €

◆ Restaurant de poche d'esprit provençal. Le chef réalise une cuisine actuelle, selon le principe des grandes maisons dans lesquelles il a officié : ne travailler que du frais.

à Magagnosc 5 km par ① rte de Nice – ✉ 06520

<★ du cimetière de l'Eglise St-Laurent - Le Bar-sur-Loup : site★, danse macabre★ dans l'église St-Jacques, place de l'Église <★ NE : 3,5 km.

Au Fil du Temps

83 av. Auguste Renoir – ✆ 04 93 36 20 64 – www.restaurantaufildutemps.com – Fermé sam. midi et dim. soir de sept. à juin et merc.

Rest – *(nombre de couverts limité, prévenir)* (23 €) Menu 35/65 € – Carte 55/80 €

◆ Ce restaurant possède plusieurs atouts, à commencer par ses propositions de savoureux mets au goût du jour. Vue jusqu'à la mer depuis la terrasse et décor provençal lumineux.

au Sud-Est 5 km par D 4- ✉ 06130 Grasse

Lou Fassum "La Tourmaline" (Emmanuel Ruz)

381 rte de Plascassier – ✆ 04 93 60 14 44 – www.loufassum.com – Fermé 20 déc.-6 janv., mardi sauf de juin à août et merc.

Rest – *(nombre de couverts limité, prévenir)* (25 € bc) Menu 39 € (déj. en sem.), 56/74 € – Carte 75/99 €

Spéc. Gaspacho (été). "Lou Fassum" grassois en cocotte. Dessert lacté rose, champagne, violette (juin à août). **Vins** Bellet, Côtes de Provence.

◆ Savoureuse cuisine provençale à déguster dans un cadre rustique ou sur la terrasse dressée sous les tilleuls, offrant une vue exceptionnelle jusqu'à Cannes et la grande bleue.

au Val du Tignet 8 km par ③ rte de Draguignan par D 2562
– ✉ 06530 Peymeinade

XX **Auberge Chantegrill**

291 rte de Draguignan – ✆ 04 93 66 12 33 – www.restaurantchantegrill.com
– Fermé 15-31 janv., dim. soir et merc. d'oct. à avril
Rest – (16 €) Menu 22 € (sem.), 29/49 € – Carte 50/62 €
◆ Accueil chaleureux et service attentionné dans cette auberge où vous dégustez une copieuse cuisine traditionnelle. Salle avec grande cheminée ou jardin-terrasse fleuri.

à Cabris 5 km à l'Ouest par D 4 X – 1 558 h. – alt. 550 m – ✉ 06530

4, rue de la Porte Haute ✆ 04 93 60 55 63
Site★ - ★★ des ruines du château.

Horizon sans rest

100 Promenade St-Jean – ✆ 04 93 60 51 69
– Ouvert 22 avril-15 oct.
22 ch – †88 € ††148 € – ☕ 12 €
◆ Dans un charmant village perché où résida Saint-Exupéry. La terrasse, la piscine et les chambres offrent une vue à couper le souffle. Espace-musée dédié aux activités locales.

XX **Auberge du Vieux Château** avec ch

pl. Panorama – ✆ 04 93 60 50 12
– www.aubergeduvieuxchateau.com
4 ch – †71/116 € ††71/116 € – ☕ 12 €
Rest – (29 €) Menu 39 € (déj.)/51 €
◆ Belle demeure ancienne à deux pas des ruines du château. Salle à manger d'allure provençale et délicieuse terrasse avec une échappée sur la nature. Chambres coquettes.

GRATENTOUR – 31 Haute-Garonne – 343 G2 – rattaché à Toulouse

GRATOT – 50 Manche – 303 D5 – rattaché à Coutances

LE GRAU-D'AGDE – 34 Hérault – 339 F9 – rattaché à Agde

LE GRAU-DU-ROI – 30 Gard – 339 J7 – 7 892 h. – alt. 2 m – Casino 23 C2
– ✉ 30240 Languedoc Roussillon

Paris 751 – Aigues-Mortes 7 – Arles 55 – Lunel 22
30, rue Michel Rédarès ✆ 04 66 51 67 70
Requinarium★.

Splendid sans rest

bd Mar.-Alphonse-Juin – ✆ 04 66 51 41 29
– www.splendid-camargue.com
35 ch – †65/115 € ††65/125 € – ☕ 11 €
◆ Face à la mer, un hôtel moderne avec des balcons à tous les étages. Depuis les chambres, la vue est... splendide ! L'ensemble est propre et bien tenu. Accueil aimable.

Les Acacias sans rest

21 r. Egalité – ✆ 04 66 51 40 86 – www.hotel-les-acacias.fr – Fermé 30 déc.-12 fév.
29 ch – †52/88 € ††52/88 € – ☕ 9 €
◆ Un hôtel familial tout près de la plage. Une terrasse plantée d'acacias sépare les deux maisons : décor provençal dans l'une, plus sobre dans l'autre. Simple et bien tenu.

à Port Camargue Sud : 3 km par D 62^{B} – ✉ 30240 Le Grau du Roi

Spinaker
pointe de la Presqu'île – ✆ 04 66 53 36 37 – www.spinaker.com – Fermé 20-26 déc. et janv.
16 ch – 88/149 € 88/149 € – 5 suites – 14 €
Rest *Carré des Gourmets* – *(fermé lundi et mardi sauf juil.-août et fériés)* Menu 56/62 € – Carte 58/72 €
◆ Un hôtel avec ponton privé ! Ce complexe moderne est amarré à la marina, au bout de la presqu'île. Toutes les chambres donnent de plain-pied sur le jardin et la piscine bordée de palmiers. Carte classique au restaurant, qui ouvre sur le port de plaisance.

Mercure
rte Marines – ✆ 04 66 73 60 60 – www.thalassa.com – Fermé 7-25 déc.
89 ch – 130/180 € 130/180 € – 14 €
Rest – (20 €) Menu 30 € – Carte 32/44 €
◆ Détente face aux dunes et à la mer : cet ensemble hôtelier comprend un centre de thalasso et la plupart de ses chambres regardent les flots (toutes avec balcon). Cuisine traditionnelle et recettes diététiques au restaurant, perché au 6e étage.

L'Oustau Camarguen
3 rte Marines – ✆ 04 66 51 51 65 – www.oustaucamarguen.com – Ouvert 25 mars-2 nov.
31 ch – 81/115 € 81/115 € – 8 suites – 12 € – ½ P 78/95 €
Rest – *(ouvert 1^{er}mai-fin sept. et fermé merc. soir sauf juil.-août et le midi en sem.)* Menu 29/33 €
◆ Un petit mas camarguais qui a le goût de la Provence : fer forgé, terre cuite, bois patiné... Les chambres sont assez spacieuses et disposent de terrasses ou de jardins privés au calme ! Le restaurant est agréable : on sert une cuisine classique au bord de la piscine...

L'Amarette
centre commercial Camargue 2000 – ✆ 04 66 51 47 63 – www.l-amarette.com – Fermé merc. sauf juil.-août
Rest – (23 €) Menu 37/60 € – Carte 35/81 €
◆ Près de la plage, ce restaurant dispose d'une terrasse en étage qui offre une belle vue sur la baie d'Aigues-Mortes. Agréable cuisine de la mer.

GRAUFTHAL – 67 Bas-Rhin – 315 H4 – rattaché à La Petite-Pierre

GRAULHET – 81 Tarn – 338 D8 – 11 991 h. – alt. 166 m – ✉ 81300 — 29 C2

Paris 694 – Albi 39 – Castres 31 – Toulouse 63
square Maréchal Foch ✆ 05 63 34 75 09

La Rigaudié
rte de St-Julien-du-Puy – ✆ 05 63 34 49 54 – www.larigaudie-restaurant.com – Fermé 2-18 avril, 25 août-20 sept., sam. midi, dim. soir et lundi
Rest – (11 €) Menu 20/65 € – Carte 28/72 €
◆ Belle maison de maître du 19e s. dont la chaleureuse salle bourgeoise s'ouvre sur le parc. Terrasse dressée sous les platanes et cuisine actuelle.

LA GRAVE – 05 Hautes-Alpes – 334 F2 – 487 h. – alt. 1 526 m – Sports d'hiver : 1 450/3 250 m 2 2 – ✉ 05320 Alpes du Nord — 41 C1

Paris 642 – Briançon 38 – Gap 126 – Grenoble 80
route nationale 91 ✆ 04 76 79 90 05
Glacier de la Meije★★★ (par téléphérique) - ★★★.
Oratoire du Chazelet★★★ NO : 6 km.

Les Chalets de la Meije sans rest
– ✆ 04 76 79 97 97 – www.chaletdelameije.com – Fermé 25 avril-28 mai et 2 oct.-24 déc.
18 ch – 62/90 € 80/105 € – 9 suites
◆ Cet ensemble de chalets jouit d'une superbe situation face au parc des Écrins. Chambres ou duplex coquets et bien tenus, au décor montagnard chaleureux. Espace bien-être.

GRAVESON – 13 Bouches-du-Rhône – **340** D2 – **3 736 h. – alt. 14 m** – ✉ 13690 Provence **42** E1

Paris 696 – Avignon 14 – Carpentras 40 – Cavaillon 30

Le Grand Portail - Cours National ✆ 04 90 95 88 44

Musée Auguste-chabaud★.

Moulin d'Aure rest, VISA AE

rte de St-Rémy-de-Provence, 1 km par D 5 – ✆ 04 90 95 84 05 – www.hotel-moulindaure.com

19 ch – †72/200 € ††72/200 € – ☐ 16 €

Rest – *(ouvert de début mars au 15 oct. et fermé lundi midi sauf en juil.-août)* Menu 40 € (dîner), 80/120 € – Carte 50/120 €

◆ Dans un grand parc planté d'oliviers, cette bastide récente dispose de jolies chambres provençales (fer forgé, tomettes, couleurs du Sud) ; quelques-unes avec terrasse. Sous les belles poutres du restaurant, on déguste une fraîche cuisine franco-italienne.

Le Cadran Solaire sans rest VISA AE

5 r. du Cabaret-Neuf – ✆ 04 90 95 71 79 – www.hotel-en-provence.com – Ouvert 15 mars-15 nov.

12 ch – †68/110 € ††68/110 € – ☐ 9 €

◆ Quelle que soit l'heure donnée par le cadran solaire, ce relais de poste du 16e s. a un charme fou ! Les chambres, avec leur mobilier chiné, sont délicieuses ; le jardin aussi.

XXX **Le Clos des Cyprès**

rte de Châteaurenard – ✆ 04 90 90 53 44 – Fermé le soir en sem. hors saison, merc. soir, dim. soir et lundi en saison

Rest – *(nombre de couverts limité, prévenir)* Menu 41/56 €

◆ Cette villa provençale au milieu d'un beau parc dégage un charme cossu. Sur l'ardoise, rien que des bonnes surprises : de beaux produits frais, une cuisine fine et soignée.

GRAY – 70 Haute-Saône – **314** B8 – **6 262 h. – alt. 220 m** – ✉ **70100** Franche-Comté Jura **16** B2

Paris 336 – Besançon 45 – Dijon 50 – Dole 46

Ile Sauzay ✆ 03 84 65 14 24

Hôtel de ville★ - Collection de pastels et dessins★ de Prud'hon au musée Baron-Martin★.

à Rigny au Nord 5 km par D 70 et D 2 – 606 h. – alt. 196 m – ✉ 70100

Château de Rigny ch, rest, VISA AE

70 r. des Epoux Blanchot – ✆ 03 84 65 25 01 – www.chateau-de-rigny.com

28 ch – †95/140 € ††95/230 € – ☐ 12 € – ½ P 99/168 €

Rest – Menu 35/48 € – Carte 41/63 €

◆ Cette demeure du 17e s. est nichée au cœur d'un magnifique parc à l'anglaise, avec sa rivière et son étang. Chambres décorées de mobilier d'époque, réparties dans trois bâtiments. Piscine, tennis. Cuisine classique ; primeurs au printemps et gibier en automne.

à Nantilly au Nord 5 km par D 2 – 516 h. – alt. 200 m – ✉ 70100

Château de Nantilly VISA AE

1 r. Millerand – ✆ 03 84 67 78 00 – www.chateau-de-nantilly.com – Fermé janv. et fév.

41 ch – †75/110 € ††110/190 € – ☐ 14 € – ½ P 112/137 €

Rest – *(fermé dim. soir sauf vacances scolaires, merc. midi, jeudi midi, vend. midi, lundi et mardi)* Menu 42 € (dîner)/69 € – Carte 49/61 €

◆ Dans un parc traversé par un cours d'eau, un petit château (1830) couvert de vigne vierge. Les chambres adoptent un style champêtre à la Résidence des Roses, contemporain à l'Orangerie et classique au château. Beau spa flambant neuf. Cuisine créative dans l'élégante salle de restaurant ou sur la charmante terrasse.

GRENADE-SUR-L'ADOUR – 40 Landes – 335 I12 – 2 423 h. 3 B2
– alt. 55 m – ✉ 40270

Paris 720 – Aire-sur-l'Adour 18 – Mont-de-Marsan 15 – Orthez 53

1, place des Déportés ✆ 05 58 45 45 98

Pain Adour et Fantaisie (Philippe Garret)

14 pl. des Tilleuls – ✆ 05 58 45 18 80 – Fermé dim. soir, merc. midi et lundi

Rest – (16 €) Menu 39/72 € – Carte 60/78 €

Spéc. Foie gras de canard au genièvre éclaté, abricot épicé et confiture de rhubarbe. Piccatas de foie gras grillé, purée de fenouil à l'orange. Panier meringué aux fruits rouges, crème glacée citron-muscade (été). **Vins** Vin de pays des Côtes de Gascogne, Madiran.

◆ Pain, Amour et Fantaisie : un film italien de 1953 avec Gina Lollobrigida. Pain Adour et Fantaisie : une maison du 17e s., une bonne cuisine actuelle et des vins régionaux dont on profite sur la terrasse, au bord de l'Adour. Point commun : saveur et piquant !

GRENOBLE P – 38 Isère – 333 H6 – 156 107 h. – Agglo. 419 334 h. 45 C2
– alt. 213 m – ✉ 38000 Alpes du Nord

Paris 566 – Chambéry 55 – Genève 143 – Lyon 105

de Grenoble-Isère ✆ 04 76 65 48 48, 39 km par ⑥.

14, rue de la République ✆ 04 76 42 41 41

de Seyssins à Seyssins 29 rue du Plâtre, ✆ 04 76 70 12 63

de Grenoble à Bresson Route de Montavie, S : 6 km par D 269, ✆ 04 76 73 65 00

Site★★★ - Église-musée St-Laurent★★ : crypte St-Oyand★★ FY - Fort de la Bastille ※★★ par téléphérique EY - Vieille ville★ EY : Palais de Justice★ (boiseries★) - escalier★ de l'hôtel d'Ornacieux EY **J** - Musées : de Grenoble★★★ FY, de la Résistance et de la Déportation★ F , de l'ancien Evêché-Patrimoines de l'Isère★★ - Musée dauphinois★ : chapelle★★, exposition thématique★★ EY.

Plans pages suivantes

Park Hôtel rest,

10 pl. Paul Mistral – ✆ 04 76 85 81 23 – www.park-hotel-grenoble.fr – Fermé 23 juil.-21 août et 24 déc.-1er janv. FZ**w**

50 ch – 120/180 € 150/255 € – 9 suites – 18 €

Rest ***Louis 10*** – *(fermé sam. midi, dim. et fériés)* (22 € bc) Menu 34/49 € – Carte 39/80 €

◆ Belle rénovation en 2008 pour cet hôtel dont les chambres spacieuses marient élégance et sobriété. Ambiance cosy dans les salons et au bar. Le Louis 10 affiche un cadre design très chic ; cuisine fusion avec carte de sushis, sashimis et makis.

Novotel Centre ch,

à Europole, 5 pl. Robert Schuman – ✆ 04 76 70 84 84 – www.novotel.com

116 ch – 141/161 € 141/161 € – 2 suites – 15 € AV**r**

Rest – (14 €) Carte 25/50 €

◆ Cet hôtel face à la gare, refait dans un style contemporain, partage ses murs avec le WTC et un centre de congrès. Amples chambres japonisantes et beau fitness moderne. Au restaurant, cadre dans l'air du temps, recettes traditionnelles et grillades à la plancha.

Mercure Grand Hôtel Président ch,

11 r. du Gén.-Mangin ✉ 38100 – ✆ 04 76 56 26 56 – www.mercure.com AX**y**

105 ch – 89/189 € 99/199 € – 17 € **Rest** – (17 €) Carte 26/35 €

◆ Ce plaisant hôtel de la chaîne Mercure dispose de chambres confortables. Hall et bar sagement exotiques, salles de séminaires, fitness, sauna, jacuzzi et terrasse-jardin. Le restaurant propose une carte traditionnelle variée.

CORENC

Eygala (Av. de l') . . . . BCV
Grésivaudan (Av. du) . . . . BCV

EYBENS

Innsbruck (Av. d') . . . . BX 38
Jean-Jaurès (Av.) . . . . BX
Mendès-France (R.) . . . . BX
Poisat (Av. de) . . . . BX 47

ÉCHIROLLES

Etats-Généraux (Av. des) . . . . AX 30
Grugliasco (Av. de) . . . . AX
Jean-Jaurès (Crs) . . . . AX
Kimberley (Av. de) . . . . ABX

FONTAINE

Briand (Av. A.) . . . . AV
Joliot-Curie (Bd) . . . . AV
Vercors (Av. du) . . . . AV

GRENOBLE

Alliés (R. des) . . . . AX
Alsace-Lorraine (Av.) . . . . DYZ 3
Ampère (R.) . . . . AV
Augereau (R.) . . . . DZ
Barnavel (R.) . . . . EFY 5
Bayard (R.) . . . . FY 6
Belgique (Av. Albert-1er de) . . . . . . EFZ 7
Belgrade (R. de) . . . . EY 9
Bernard (Q. Cl.) . . . . DY
Berriat (Crs) . . . . AV, DZ
Berthelot (Av. M.) . . . . BX
Bistesi (R.) . . . . FZ 10
Bizanet (R.) . . . . FGY
Blanchard (R. P.) . . . . EYZ
Blum (Av. Léon) . . . . AX
Boissieux (R. B.-de) . . . . EZ
Bonne (R. de) . . . . EZ 12
Brenier (R. C.) . . . . DY 13
Briand (Pl. A.) . . . . DY
Brocherie (R.) . . . . EY 15
Casimir-Périer (R.) . . . . EZ 16
Champollion (R.) . . . . FZ 17
Champon (Av. Gén.) . . . . FZ
Chanrion (R. J.) . . . . FYZ
Chenoise (R.) . . . . EFY 18
Claudel (R. P.) . . . . BX 20
Clemenceau (Bd) . . . . FGZ
Clot-Bey (R.) . . . . EYZ 21
Condillac (R.) . . . . EZ
Condorcet (R.) . . . . DZ
Créqui (Q.) . . . . DEY
Diables-Bleus (Bd des) . . . . FZ 24
Diderot (R.) . . . . AV 25
Dr-Girard (Pl.) . . . . FY 26
Driant (Bd Col.) . . . . FZ 27
Dubedout (Pl. H.) . . . . DY 28
Esclangon (R. F.) . . . . AV 29
Esmonin (Av. E.) . . . . AX
l'Europe (Av. de) . . . . BX 31
Fantin-Latour (R.) . . . . FZ 32
Faure (R. E.) . . . . FZ
La Fayette (R.) . . . . EY 39
Flandrin (R. J.) . . . . GZ 33
Foch (Bd Mar.) . . . . DEZ
La Fontaine (Crs) . . . . EZ
Fourier (R.) . . . . FZ 34
France (Q. de) . . . . DEY
Gambetta (Bd) . . . . DEZ
Graille (Q. de la) . . . . DY
Grande-Rue . . . . EY 37
Grenette (Pl.) . . . . EY
Gueymard (R. E.) . . . . DY
Haxo (R.) . . . . FZ
Hébert (R.) . . . . FYZ
L'Herminier (R. Cdt) . . . . FY 41
Hoche (R.) . . . . EZ
Jay (Q. S.) . . . . EY
Jeanne-d'Arc (Av.) . . . . GZ
Jean-Jaurès (Crs) . . . . DYZ
Joffre (Bd Mar.) . . . . DEZ
Jongking (Q.) . . . . FY
Jouhaux (R. L.) . . . . BX, GZ
Jouvin (Q. X.) . . . . FY
Lakanal (R.) . . . . EZ
Lavalette (Pl.) . . . . FY 40
Leclerc (Av. Mar.) . . . . FY
Lesdiguières (R.) . . . . EZ
Libération et du Gén.-de Gaulle (Crs de la) . . . . AX
Lyautey (Bd Mar.) . . . . EZ 42
Lyon (Rte de) . . . . DY
Malakoff (R.) . . . . FGZ
Mallifaud (R.) . . . . EFZ

Martyrs (R. des) . . . . AV
Mistral (Pl. P.) . . . . FZ
Montorge (R.) . . . . EY 43
Mortillet (R. de) . . . . FGY
Moyrand (R.) . . . . FGZ
Notre-Dame (Pl.) . . . . FY
Pain (Bd J.) . . . . FZ
Palanka (R.) . . . . EY 44
Pasteur (Pl.) . . . . FZ 45
Perrière (Q.) . . . . EY 46
Perrot (Av. J.) . . . . BX, FZ
Poulat (R. F.) . . . . EY 48
Prévost (R. J.) . . . . DZ
Randon (Av. Mar.) . . . . FY
Reynier (R. A.) . . . . AX 49
Reynoard (Av. M.) . . . . BX 50
Rey (Bd Ed.) . . . . EY
Rhin-et-Danube (Av.) . . . . AX
Rivet (Pl. G.) . . . . EZ 53
Rousseau (R. J.-J.) . . . . EY 55
Sablon (Pont du) . . . . GY
Ste-Claire (Pl.) . . . . EY 57
St-André (Pl.) . . . . EY 56
Sembat (Bd A.) . . . . EZ
Servan (R.) . . . . FY 59
Stalingrad (R. de) . . . . AX 60
Strasbourg (R. de) . . . . EFZ 62
Thiers (R.) . . . . DZ
Très-Cloîtres (R.) . . . . FY 63
Turenne (R.) . . . . DZ

LA TRONCHE

MEYLAN

SEYSSINET-PARISET

SEYSSINS

ST-MARTIN-D'HÈRES

GRENOBLE

Alsace-Lorraine (Av.) . . . . DYZ 3
Barnavel (R.) . . . . EFY 5
Bayard (R.) . . . . FY 6
Belgique
(Av. Albert-1er-de) . . . . . EFZ 7
Belgrade (R. de) . . . . EY 9
Bistesi (R.) . . . . FZ 10
Blanchard (R. P.) . . . . EYZ
Bonne (R. de) . . . . EZ 12
Brenier (R. C.) . . . . DY 13
Brocherie (R.) . . . . EY 15
Casimir-Périer (R.) . . . . EZ 16
Champollion (R.) . . . . FZ 17
Chenoise (R.) . . . . EFY 18
Clot-Bey (R.) . . . . EYZ 21
Diables-Bleus (Bd des) . . . . FZ 24
Dr-Girard (Pl.) . . . . FY 26
Driant (Bd Col.) . . . . FZ 27
Dubedout (Pl. H.) . . . . DY 28
Fantin-Latour (R.) . . . . FZ 32
Flandrin (R. J.) . . . . GZ 33

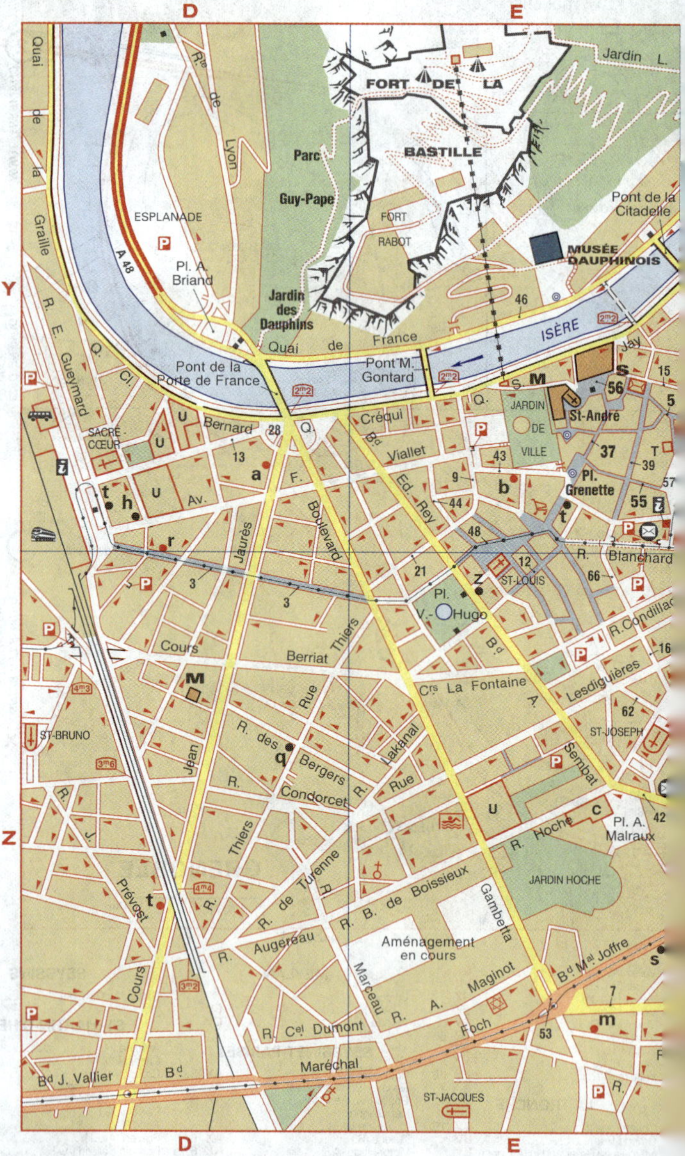

Foch (Bd Mar.) . . . . DEZ
Fourier (R.) . . . . FZ 34
Grande-Rue . . . . EY 37
Grenette (Pl.) . . . . EY
Lavalette (Pl.) . . . . FY 40
La Fayette (R.) . . . . EY 39
L'Herminier (R. Cdt) . . . . . . FY 41
Lyautey (Bd Mar.) . . . . EZ 42
Montorge (R.) . . . . EY 43
Palanka (R.) . . . . EY 44
Pasteur (Pl.) . . . . FZ 45
Perrière (Q.) . . . . EY 46
Poulat (R. F.) . . . . EY 48
Rivet (Pl. G.) . . . . EZ 53
Rousseau (R. J.-J.) . . . . EY 55
Ste-Claire (Pl.) . . . . EY 57
St-André (Pl.) . . . . EY 56
Servan (R.) . . . . FY 59
Strasbourg (R. de) . . . . . . EFZ 62
Très-Cloître (R.) . . . . FY 63
Vicat (R.) . . . . EZ 66
Victor-Hugo (Pl.) . . . . EZ
Voltaire (R.) . . . . FY 68

Lesdiguières

122 cours de la Libération – ☎ 04 38 70 19 50 – www.hotellesdiguieres.com – Fermé vacances scolaires, vend., sam. et dim. AX**b**

23 ch – †69 € ††78 € – 1 suite – ☕ 8,50 € – ½ P 91 €

Rest – (17 €) Menu 24 € (déj.), 30/56 €

◆ Vraie institution grenobloise abritant depuis 1917 une école hôtelière réputée. Bon confort dans les chambres ; préférez celles situées côté parc pour plus de tranquillité. Menus attrayants mettant à l'honneur les produits du terroir dauphinois.

Terminus sans rest

10 pl. de la Gare – ☎ 04 76 87 24 33 – www.terminus-hotel-grenoble.fr

39 ch – †79/99 € ††99/149 € – ☕ 12 € DY**t**

◆ Comme son nom l'indique, cet hôtel familial fait face à la gare. Vue sur le Moucherotte et le massif du Vercors aux derniers étages. Petits-déjeuners servis sous une verrière.

Patrick Hotel sans rest

116 cours de la Libération – ☎ 04 76 21 26 63 – www.patrickhotel-grenoble.com

56 ch – †94 € ††104 € – ☕ 12 € AX**n**

◆ Sur un important axe de circulation, hôtel entièrement rénové en 2009. Chambres bien tenues, actuelles et insonorisées. Petit bar-salon dans des tons chocolat.

Angleterre sans rest

5 pl. Victor-Hugo – ☎ 04 76 87 37 21 – www.hotel-angleterre-grenoble.com

62 ch – †120/190 € ††120/190 € – ☕ 13 € EZ**z**

◆ Bien placé juste devant un jardin public, cet hôtel dispose de chambres pratiques (meubles en rotin et bois). Certaines sont mansardées, d'autres équipées de baignoires balnéo.

Splendid sans rest

22 r. Thiers – ☎ 04 76 46 33 12 – www.splendid-hotel.com DZ**q**

45 ch – †59/95 € ††75/115 € – ☕ 8 €

◆ Près du musée des Rêves mécaniques, prolongez vos songes dans ces chambres peu à peu refaites (originales fresques). Petit-déjeuner sous forme de buffet dans un cadre modernisé.

Europe sans rest

22 pl. Grenette – ☎ 04 76 46 16 94 – www.hoteleurope.fr EY**t**

45 ch – †65 € ††70 € – ☕ 8 €

◆ Au cœur du vieux Grenoble, l'Europe (le premier hôtel de la ville) propose des chambres refaites dans un style sobre et actuel. Salle des petits-déjeuners joliment tendance.

Gallia sans rest

7 bd Mar. Joffre – ☎ 04 76 87 39 21 – www.hotel-gallia.com – Fermé 23 juil.-22 août EZ**s**

35 ch – †56/67 € ††60/75 € – ☕ 8 €

◆ La majorité des chambres de cette affaire familiale a été rajeunie avec des teintes gaies, parfois dans la note provençale. Pimpant hall-salon lumineux.

Institut sans rest

10 r. L. Barbillon – ☎ 04 76 46 36 44 – www.institut-hotel.fr DY**h**

48 ch – †59/67 € ††67/79 € – ☕ 8 €

◆ L'accueil tout sourire, la bonne tenue et les prix modérés sont les atouts de cet hôtel fonctionnel aux chambres bien équipées (pour moitié climatisées) et au décor frais.

Trianon sans rest

3 r. P.-Arthaud – ☎ 04 76 46 21 62 – www.hotel-trianon.com – Fermé 2 sem. en août DZ**x**

38 ch – †47/72 € ††49/82 € – ☕ 8 €

◆ Atmosphère familiale ; chambres claires et, dans certaines, décoration ne manquant pas d'originalité ("Pompadour", "Bergerie"...). Boudoir de style Napoléon III.

XXX **Le Fantin Latour**

1 r. Gén. Beylié – ✆ 04 76 01 00 97 – www.fantin-latour.net FZ**a**
Rest – *(fermé dim. et lundi) (dîner seult sauf sam.)* Menu 39 € (sem.), 45/82 € – Carte 61/92 €
Rest *Le 18.36* – 5 r. Abbé de la Salle *(fermé sam. et dim.) (déj. seult)* (21 € bc) Menu 26 € bc – Carte 36/67 €
♦ Ce chef dynamique concocte une cuisine inventive à base de plantes de montagne dans ce bel hôtel particulier du 19ᵉ s., ex-musée dédié à Fantin Latour. Au "1836" (année de naissance du peintre), courte carte brasserie et menu du jour.

XXX **Auberge Napoléon**

7 r. Montorge – ✆ 04 76 87 53 64 – www.auberge-napoleon.fr – Fermé 25 avril-9 mai, 8-20 août, 5-8 janv. et dim. EY**b**
Rest – *(dîner seult) (nombre de couverts limité, prévenir)* Menu 35/65 € – Carte 43/72 €
♦ La maison entretient le souvenir de Napoléon Bonaparte, son hôte le plus célèbre. Salle à manger Empire qui sert de théâtre à une cuisine personnalisée et inventive.

XX **Le Mas Bottero**

168 cours Berriat – ✆ 04 76 21 95 33 – www.lemasbottero.com – Fermé mi juil.-mi août, dim. et lundi AV**n**
Rest – (19 €) Menu 25 € (déj. en sem.), 36/59 € – Carte environ 45 €
♦ Truite et pigeon du Vercors, fruits et légumes du Grésivaudan, noix de Grenoble, desserts à la Chartreuse... Trois mots-clés dans ce mas : le terroir, les saisons et le marché !

XX **À Ma Table**

92 cours J. Jaurès – ✆ 04 76 96 77 04 – Fermé 11-31 juil., 2-9 janv., sam. midi, dim. sauf le midi de sept. à juin et lundi DZ**t**
Rest – *(nombre de couverts limité, prévenir)* (18 €) Menu 27/39 € – Carte 43/58 €
♦ Cuisine traditionnelle réalisée avec de bons produits, servie dans une salle à manger rénovée en 2009 (parquet, tons jaunes et peintures abstraites). Ambiance familiale.

XX **Marie Margaux**

12 r. Marcel Porte ✉ 38100 – ✆ 04 76 46 46 46 – www.lemariemargaux.com – Fermé 14 juil.-15 août, dim. soir, lundi soir et mardi soir EZ**m**
Rest – (13 €) Menu 18 € (déj. en sem.), 35/50 € – Carte 40/58 €
♦ Avenante maison familiale (l'enseigne est la réunion des prénoms des grands-mères) au chaleureux décor provençal, où la cuisine de poisson reste traditionnelle et sans superflu.

XX **Chasse-Spleen**

6 pl. Lavalette – ✆ 04 38 37 03 52 – Fermé lundi midi, sam. midi et dim.
Rest – (15 €) Menu 20/34 € – Carte 35/50 € FY**e**
♦ Hommage à Charles Baudelaire qui baptisa ce vin lors d'un séjour à Moulis-en-Médoc. Aux murs, poèmes de l'auteur en guise de nourriture spirituelle. À table, plats dauphinois.

X **Grill Parisien**

34 bd Alsace-Lorraine – ✆ 04 76 46 10 16 – Fermé 30 juil.-22 août, 1ᵉʳ-6 janv., sam., dim. et fériés DYZ**r**
Rest – (21 €) Menu 29 € – Carte 35/62 €
♦ Installés à la table d'hôte (dans la cuisine) ou sous les poutres de la salle à manger, les habitués de ce bistrot se régalent d'une cuisine traditionnelle aux accents du Sud.

X **Le Coup de Torchon**

8 r. Dominique-Villars – ✆ 04 76 63 20 58 – Fermé merc. soir, dim. et lundi
Rest – Menu 18/25 € – Carte environ 33 € le soir FY**a**
♦ À proximité des boutiques d'antiquaires, sympathique table dont la cuisine actuelle puise ses idées et s'élabore en fonction du marché. Cadre clair et coquet. Prix attractifs.

X **L'Exception**

4 cours Jean-Jaurès – ✆ 04 76 47 03 12 – www.restaurant-lexception.com – Fermé sam. et dim. DYa

Rest – (15 €) Menu 25/52 € – Carte 48/69 €

◆ Une adresse simple qui ne désemplit pas, dont la salle à manger a été revue dans un style actuel. Généreuse cuisine créative, axée sur le terroir et proposée à prix sages.

X **Le Village**

20 r. de Strasbourg – ✆ 04 76 87 88 44 – Fermé 3 juil.-2 août, 24 déc.-4 janv., mardi midi, dim. et lundi FZb

Rest – (14 €) Menu 17 € (déj. en sem.), 27/42 € – Carte 33/50 €

◆ Dans un quartier-village du centre, ce restaurant au cadre rénové affiche souvent complet. Un succès qui tient à l'ambiance conviviale et à la bonne cuisine au goût du jour.

à Corenc – **3 784 h. – alt. 450 m – ✉ 38700**

XX **La Corne d' Or**

159 rte de Chartreuse, par ① : 3,5 km sur D 512 – ✆ 04 38 86 62 36 – www.cornedor.fr – Fermé 14 août-2 sept., dim. soir et lundi midi

Rest – (18 €) Menu 42/78 € – Carte 53/90 €

◆ Les tables côté fenêtres et la terrasse ombragée offrent un joli panorama sur Grenoble et la chaîne de Belledonne. Carte au goût du jour qui s'inspire des grands chefs.

XX **Le Provence**

28 av. du Grésivaudan – ✆ 04 76 90 03 38 – www.leprovence.fr – Fermé sam. midi, dim. soir et lundi CVx

Rest – (22 € bc) Menu 26 € bc (déj. en sem.), 35/45 € – Carte 45/65 €

◆ Spécialités de poissons grillés (cuisinés à l'huile d'olive) servies dans de jolies salles ensoleillées ou en terrasse. Des écrans montrent en direct la création des plats en cuisine.

à Eybens : **5 km – 9 335 h. – alt. 230 m – ✉ 38320**

Château de la Commanderie

rest,

17 av. d'Échirolles – ✆ 04 76 25 34 58 – www.commanderie.fr – fermé 20 déc.-3 janv. BXd

42 ch – †95/169 € ††106/186 € – ☕ 15 €

Rest – *(fermé vacances de la Toussaint, de Noël, sam. midi, dim. et lundi)* (25 € bc) Menu 41/72 € – Carte 58/85 €

◆ Petit château – ex-commanderie des Templiers – dans un jardin arboré. Meubles ancestraux, portraits de famille et tapisseries d'Aubusson. Spa complet. Cuisine classique actualisée servie dans un cadre bourgeois ou sur la terrasse d'été.

à Bresson Sud par av. J. Jaurès : 8 km par D 269ᶜ – 697 h. – alt. 300 m – ✉ 38320

XXX **Chavant** avec ch

2 r. Emile Chavant – ✆ 04 76 25 25 38 – www.chavanthotel.com – Fermé 20-28 déc., sam. midi, dim. soir et lundi

7 ch – †130/160 € ††130/160 € – ☕ 15 €

Rest – Menu 32 € (déj.), 49/78 € – Carte 50/120 €

◆ Auberge abritant une salle habillée de boiseries et une agréable terrasse donnant sur un jardin arboré. Cave à vins (vente et dégustation). Chambres spacieuses ornées de meubles anciens.

à Échirolles : **4 km – 35 687 h. – alt. 237 m – ✉ 38130**

Dauphitel

16 av. Kimberley – ✆ 04 76 33 60 60 – www.dauphitel.fr AXe

68 ch – †70/110 € ††70/110 € – ☕ 10 € – ½ P 69/73 €

Rest – *(fermé 1er-22 août, 24 déc.-2 janv., sam., dim. et fériés)* (23 €) Menu 25/39 € – Carte 23/57 €

◆ Cet hôtel moderne proche des massifs montagneux abrite des chambres confortables et des salles de séminaires bien équipées. Piscine entourée de verdure. Lumineuse salle à manger, terrasse d'été et cuisine traditionnelle avec suggestions du marché.

au Nord-Ouest par A 48, sortie 6

au Fontanil : 8 km par A 48, sortie 14 et D 1075 – 2 699 h. – alt. 210 m – ✉ 38120

La Queue de Cochon

rte de Lyon – ✆ 04 76 75 65 54 – www.laqueuedecochon.fr – Fermé merc. soir, dim. soir et lundi

Rest – Menu 29/52 € – Carte 30/45 €

◆ L'adresse est autant appréciée pour ses buffets et ses grillades que pour sa vaste terrasse verdoyante. Décor actuel agrémenté d'un vivier ; vaisselle sur le thème du cochon.

près échangeur A 48 sortie n° 12/13 : 12 km – ✉ 38340 Voreppe

Novotel

ch,

1625 rte de Veurey – ✆ 04 76 50 55 55 – www.novotel.com

114 ch – †75/155 € ††75/155 € – ☕ 14 €

Rest – (12 €) Menu 16 € – Carte 20/45 €

◆ À la fois proches de l'autoroute et entourées de champs, grandes chambres confortables, en partie revues selon les dernières normes de la chaîne. Espace Novotel Café. Terrasse d'été face au jardin, cuisine traditionnelle et plats à la plancha.

GRÉOUX-LES-BAINS – 04 Alpes-de-Haute-Provence – 334 D10 40 B2

– 2 455 h. – alt. 386 m – Stat. therm. : début mars-mi déc. – Casino – ✉ 04800

Alpes du Sud

Paris 783 – Aix-en-Provence 55 – Brignoles 52 – Digne-les-Bains 69

5, avenue des Marronniers ✆ 04 92 78 01 08

La Crémaillère

rest,

776 av. des Thermes, rte de Riez – ✆ 04 92 70 40 04 – www.mascremailleregreoux.com – Ouvert 27 mars-17 déc.

51 ch – †95/145 € ††95/145 € – ☕ 12 € – ½ P 75/110 €

Rest – (19 €) Menu 27/49 € – Carte 39/55 €

◆ À deux pas des thermes troglodytiques, cet hôtel, confortable et chic, est idéal pour se ressourcer. Chambres contemporaines et lumineuses, avec balcon ou loggia. La cuisine s'inspire de la Provence (menu santé et nature pour les curistes).

Villa Borghèse

rest,

av. des Thermes – ✆ 04 92 78 00 91 – www.villa-borghese.com – Ouvert 19 mars-4 déc.

67 ch – †62/166 € ††88/166 € – ☕ 13 € – ½ P 83/125 €

Rest – (24 €) Menu 32/45 € – Carte 42/62 €

◆ Cette Villa Borghèse, tapissée de vigne vierge, dispose de grandes chambres traditionnelles avec balcon. Sauna, espace beauté et cours de bridge. Au restaurant carte classique à l'accent provençal ; la salle est égayée de tableaux d'un artiste local.

Les Alpes

19 av. des Alpes – ✆ 04 92 74 24 24 – www.hoteldesalpes04.fr – Fermé 20 déc.-15 janv.

26 ch ☕ – †60/140 € ††80/140 € – ½ P 65/95 €

Rest – Menu 25/28 € – Carte 30/49 €

◆ Ce petit hôtel familial, au pied du château des Templiers, dispose de chambres actuelles de bon confort, dont neuf avec terrasse. Bons plats provençaux servis au bord de la piscine. Salle contemporaine et cuisines ouvertes.

Le Verdon

rest, rest,

rte de Riez – ✆ 08 26 46 81 83 – www.chainethermale.fr – Ouvert 7 mars-27 nov.

64 ch – †65/80 € ††65/80 € – ☕ 10 € – ½ P 65/75 €

Rest – ✆ 0 826 46 81 83 – (17 €) Menu 24/35 € – Carte environ 38 €

◆ Les chambres de cet hôtel sont fraîches et pratiques, avec un balcon donnant sur le village ou la garrigue. Agréable jardin avec terrain de pétanque. Vaste salle à manger, terrasse verdoyante et recettes au goût du jour.

GRESSE-EN-VERCORS – 38 Isère – 333 G8 – 365 h. – alt. 1 205 m 45 C2
– Sports d'hiver : 1 300/1 700 m 16 – ✉ 38650 Alpes du Nord

Paris 610 – Clelles 22 – Grenoble 48 – Monestier-de-Clermont 14

le Faubourg ✆ 04 76 34 33 40

Col de l'Allimas ★ S : 2 km.

Le Chalet

Le Village – ✆ 04 76 34 32 08 – www.lechalet.free.fr – Fermé 13 mars-7 mai, 10 oct.-18 déc. et merc. midi sauf vacances scolaires

25 ch – 59 € 86 € – 12 € – ½ P 65/78 €

Rest – (15 €) Menu 21 € (sem.), 28/53 € – Carte 28/57 €

◆ Plutôt qu'un chalet, une maison dauphinoise ancienne, qui soigne ses visiteurs. Grandes chambres progressivement rénovées, parfois dotées d'une loggia. Généreuse cuisine traditionnelle servie dans une élégante salle à manger ou sur la jolie terrasse d'été.

GRESSY – 77 Seine-et-Marne – 312 F2 – 101 10 – voir à Paris, Environs

GRÉSY-SUR-ISÈRE – 73 Savoie – 333 K4 – 1 216 h. – alt. 350 m 46 F2
– ✉ 73460

Paris 595 – Aiguebelle 12 – Albertville 18 – Chambéry 35

Site★★ - Château de Miolans ★ : Tour St-Pierre ★★, souterrain de défense★ Alpes du Nord

La Tour de Pacoret avec ch

Nord-Est : 1,5 km par D 201 – ✆ 04 79 37 91 59 – www.hotel-pacoret-savoie.com – Ouvert 1er mai-20 oct.

10 ch – 65/180 € 80/180 € – 12 € – ½ P 70/115 €

Rest – *(fermé merc. midi sauf juil.-août, lundi en oct. et mardi)* (13 €) Menu 19/58 € – Carte 40/50 €

◆ Cette tour de guet édifiée en 1283 garde la combe de Savoie. Lumineuse salle à manger, agréable terrasse avec vue sur les sommets environnants et cuisine traditionnelle.

GREZ-EN-BOUÈRE – 53 Mayenne – 310 F7 – 996 h. – alt. 85 m – ✉ 53290 35 C1

Paris 276 – Nantes 143 – Laval 35 – Angers 66

Château de Chanay

4 km à l'Ouest par D 28 – ✆ 02 43 70 98 81 – www.chateau-de-chanay.com – Fermé 15 déc.-31 janv.

3 ch – 80/105 € 90/115 € **Table d'hôte** – Menu 30 € bc

◆ Au cœur d'un parc boisé, cette gentilhommière (1805) a conservé son précieux cachet d'antan (parquet et boiseries d'origine). Chambres confortables et élégantes ; belle bibliothèque. À la table d'hôte, cuisine maison servie dans une salle au charme classique.

GRÈZES – 46 Lot – 337 G4 – 157 h. – alt. 312 m – ✉ 46320 29 C1

Paris 562 – Aurillac 84 – Cahors 50 – Figeac 21

Le Grézalide

– ✆ 05 65 11 20 40 – www.grezalide.com – Ouvert 8 avril-9 oct.

19 ch – 77/97 € 77/97 € – 10 € – ½ P 75/85 €

Rest – *(fermé le midi)* Menu 28/38 € – Carte 25/44 €

◆ Au cœur de ce village du Quercy, une adresse qui vous entraîne sur les chemins de l'art avec ses chambres dédiées à des artistes (Dalí, Rodin...) et son espace exposition. Une cuisine aux accents du terroir vous attend dans une jolie salle à manger voûtée.

LA GRIÈRE – 85 Vendée – 316 H9 – rattaché à La Tranche-sur-Mer

GRIGNAN – 26 Drôme – 332 C7 – 1 464 h. – alt. 198 m – ✉ 26230 44 B3
Lyon Drôme Ardèche

Paris 629 – Crest 46 – Montélimar 25 – Nyons 25

place Sévigné ✆ 04 75 46 56 75

Château★★ - Église St-Sauveur ★.

Manoir de la Roseraie

1 chemin des Grands Prés, (rte Valréas) – ✆ 04 75 46 58 15
– www.manoirdelaroseraie.com
– Ouvert 15 mai-15 sept. et week-ends du 11 fév. au 30 oct.
21 ch – 155/375 € 155/375 € – 20 €
Rest – *(fermé le midi du lundi au vend. hors saison et mardi en saison) (prévenir)* Menu 28/60 € – Carte 50/77 €

◆ Dans un joli parc avec une roseraie et une belle piscine, un manoir du 19e s. et son annexe plus récente (20e s.). Chambres spacieuses un brin surannées. Restaurant en rotonde avec une agréable verrière. Cuisine privilégiant les produits locaux (pigeon, agneau...).

Le Clair de la Plume

pl. du Mail – ✆ 04 75 91 81 30 – www.clairplume.com
16 ch – 99/189 € 99/189 € – 15 € – ½ P 86/131 €
Rest – (20 € bc) Carte 30/46 €

◆ Dans cette séduisante demeure provençale (18e s.) et son annexe, les chambres sont charmantes (mobilier chiné, bibelots), certaines donnant sur le ravissant jardin de curé. Cuisine du marché à déguster au restaurant, dans le jardin ou au bord de la piscine !

La Bastide de Grignan sans rest

120 chemin de Bessas, 1 km par D 541 rte de Montélimar – ✆ 04 75 90 67 09
– www.labastidedegrignan.com
16 ch – 70/160 € 70/160 € – 13 €

◆ Cette demeure récente est délicatement posée sur une ancienne garrigue truffière, au calme ! Faites comme elle et profitez de chambres coquettes et provençales. Belle piscine.

Le Serre de la Maniette

400 Chemin de la Maniette, à 2 km, après la Grotte de Rochecourbière
– ✆ 04 75 46 92 39 – www.lamaniette.com – Fermé en avril et en oct.
4 ch – 100/140 € 100/140 € **Table d'hôte** – Menu 25 € bc/35 €

◆ Chêne vert, tilleul, figuier, cyprès, potager... le jardin de cette maison en pierre est exquis. Quelques brasses dans la piscine avant la sieste dans l'une des jolies chambres : la belle vie ! En hiver, menu truffe à la table d'hôte.

La Table des Délices

1 km par D 541 rte de Montélimar – ✆ 04 75 46 57 22
– www.latabledesdelices.com – Fermé 15-30 nov., 1er-11 janv., mardi midi en juil.-août, mardi soir hors saison, dim. soir et lundi
Rest – Menu 26/90 € – Carte 35/52 €

◆ Une jolie maison sur la route de la grotte de Mme de Sévigné. Le chef concocte une cuisine actuelle (dont un menu du jour). Bonne sélection de vins (côtes-du-rhône méridionaux).

Le Poème de Grignan

r. St-Louis – ✆ 04 75 91 10 90 – www.lepoemedegrignan.com – Fermé 1 sem. en sept., 15-30 nov., 1 sem. en janv. et merc.
Rest – *(nombre de couverts limité, prévenir)* Menu 26 € (déj.), 29/45 €
– Carte 55/65 € le soir

◆ Une maison de village, des porcelaines anciennes, des fleurs : le thème est lancé. Ici, tout est fait maison, soigné, goûteux... et fleure bon la Provence !

rte de Montélimar **4 km par D 541 et rte secondaire - ✉ 26230 Grignan**

La Maison du Moulin

chemin de la Motte – ✆ 04 75 46 56 94 – www.maisondumoulin.com – Fermé 24 oct.-5 nov. et 19 déc.-5 janv.
5 ch – 70/105 € 80/150 € **Table d'hôte** – Menu 35 € bc/50 € bc

◆ Dans ce moulin du 18e s. au bord d'une rivière, on profite d'un potager bio, d'une piscine, d'un sauna, d'une salle de massages et... de chambres ravissantes (meubles chinés) ! À la table d'hôte, plats provençaux mitonnés par la propriétaire.

GRIMAUD – 83 Var – 340 O6 – 4 181 h. – alt. 105 m – ✉ 83310 41 C3

Côte d'Azur

Paris 861 – Fréjus 32 – Le Lavandou 32 – St-Tropez 12

1, boulevard des Aliziers ☎ 04 94 55 43 83

Château ≤★.

Port Grimaud★ : ≤★ 5 km.

Le Verger Maelvi sans rest

2 km à l'Ouest par D 14, rte de Collobrières – ☎ 04 94 55 57 80 – www.hotel-grimaud.com – Ouvert 1er avril-6 nov.

14 ch – †98/340 € ††115/515 € – ☕ 20 €

◆ On n'entend que le doux chuchotement de la rivière dans ce joli mas champêtre et son pavillon "bio", au fond du jardin. L'été, odeurs de glycine et copieux petit-déjeuner sous l'agréable pergola, face à la piscine.

La Boulangerie sans rest

2 km à l'Ouest par D14 rte de Collobrières – ☎ 04 94 43 23 16 – www.hotel-laboulangerie.com – Ouvert Pâques-9 oct.

10 ch – †119/139 € ††119/145 € – 2 suites – ☕ 11 €

◆ Sur les hauteurs du village, un agréable petit mas niché dans la verdure. Chambres d'esprit provençal, ambiance conviviale. Détente et bien-être sont au rendez-vous.

Athénopolis

ch, rest,

3,5 km au Nord-Ouest par D 558, rte de La Garde-Freinet – ☎ 04 98 12 66 44 – www.athenopolis.com – Ouvert 1er avril-31 oct.

11 ch – †92/120 € ††92/140 € – ☕ 12 € – ½ P 80/104 €

Rest – *(ouvert de mai à mi-oct. et fermé merc. midi sauf juil.-août et lundi midi) (nombre de couverts limité, prévenir)* (17 €) Menu 22/28 € – Carte 34/48 €

◆ Dans le paysage méditerranéen – presque grec – du massif des Maures, une maison aux volets bleus. Les chambres ont toutes leur propre loggia ou terrasse. L'ensemble est charmant et l'on profite au maximum de la nature. Cuisine traditionnelle au restaurant.

Les Santons

rte Nationale – ☎ 04 94 43 21 02 – www.restaurant-les-santons.fr – Fermé 12 nov.-20 déc., le midi en sem. en juil.-août, mardi en fév.-mars, dim. soir et lundi

Rest – Menu 35 € bc (déj.)/58 € – Carte 84/160 €

◆ Des recettes classiques (sole au champagne, poire Belle-Hélène...) dans un cadre chaleureux : salon avec cheminée et fauteuils club, salle à manger élégante. Accueil charmant.

La Bretonnière

pl. des Pénitents – ☎ 04 94 43 25 26 – www.bretonniere.1s.fr – Fermé 1er nov.-29 déc., merc. soir, vend. midi, dim. et le midi en juil.-août

Rest – (20 €) Menu 29/35 € – Carte 45/55 €

◆ Au cœur du bourg médiéval, face à la chapelle des Pénitents, une table qui invite... au péché de gourmandise. Savoureuse cuisine de tradition, par un chef d'origine belge.

Le Mûrier

La Boal, 1,5 km au Sud-Est par D 14 – ☎ 04 94 56 31 62 – www.restaurant-lemurier.fr – Fermé 15 fév.-8 mars, dim. soir du 15 oct. à Pâques, lundi et le midi en juil.-août

Rest – Menu 31/62 € – Carte 48/55 €

◆ C'est un couple franco-japonais qui préside à la destinée de cette jolie villa bordée de mûriers. Ici, courte carte alléchante et rapport plaisir-prix garanti !

Le Coteau Fleuri avec ch

ch,

pl. des Pénitents – ☎ 04 94 43 20 17 – www.coteaufleuri.fr – Fermé 3 nov.-18 déc.

14 ch – †61/115 € ††61/115 € – ☕ 12 € – ½ P 69/100 €

Rest – *(fermé 26 oct.-25 déc., le midi en juil.-août, lundi midi, vend. midi et mardi)* (27 €) Menu 45/80 € bc – Carte 60/80 €

◆ Une ancienne magnanerie sur une placette pittoresque du vieux village. Cuisine classique servie dans la salle ornée d'une grande cheminée ou sur la terrasse tournée vers le massif des Maures. Les chambres, au décor monacal, sont sobres et bien tenues.

LA GRIVE – 38 Isère – **333** E4 – rattaché à Bourgoin-Jallieu

GROISY – 74 Haute-Savoie – **328** K4 – 2 937 h. – alt. 690 m – ✉ 74570 **46** F1

Paris 534 – Annecy 17 – Bellegarde-sur-Valserine 40 – Bonneville 29

XX **Auberge de Groisy**

34 rte du Chef-Lieu – ✆ 04 50 68 09 54 – www.auberge-groisy.com – Fermé 1er-20 sept., vacances de Noël, dim. soir, lundi et mardi

Rest – *(nombre de couverts limité, prévenir)* Menu 30/68 € – Carte 39/86 €

◆ Ferme du 19e s. dotée d'une salle mélangeant le contemporain et les matériaux nobles (poutres et pierres) ; terrasse avec vue sur le lac d'Annecy. Cuisine actuelle soignée.

GRUFFY – 74 Haute-Savoie – **328** J6 – 1 382 h. – alt. 570 m – ✉ 74540 **46** F1

Paris 545 – Aix-les-Bains 19 – Annecy 17 – Chambéry 36

Aux Gorges du Chéran

au Pont de l'Abîme – ✆ 04 50 52 51 13 – www.gorgesducheran.com – Ouvert 1er avril- 30 oct.

8 ch (½ P seult) – ☕ 9 € – ½ P 65/74 € **Rest** – *(dîner seult) (résidents seult)*

◆ Chambres calmes et lambrissées dans un établissement bénéficiant d'un remarquable arrière-plan : le pont métallique (1887) qui enjambe les gorges du Chéran. Copieuse cuisine traditionnelle inspirée par la région, carte snack. Belle terrasse panoramique.

GRUISSAN – 11 Aude – **344** J4 – 4 268 h. – alt. 2 m – Casino **22** B3
– ✉ 11430 Languedoc Roussillon

Paris 796 – Carcassonne 73 – Narbonne 15 – Perpignan 76

1, boulevard du Pech-Maynaud ✆ 04 68 49 09 00

Le Phoebus ch, rest, VISA AE

bd de la Sagne, (au casino) – ✆ 04 68 49 03 05 – www.phoebus-sa.com

50 ch – †49/112 € ††49/112 € – ☕ 10 € **Rest** – Menu 20/45 € Carte 22/52 €

◆ Intégrées au complexe du casino, confortables chambres de type motel, décorées selon des thèmes originaux : "Sud", "Pescador", "Chalet", etc. Jardinets en rez-de-chaussée. Restaurant au cadre actuel complété en été par une formule grill au bord de la piscine.

X **L'Estagnol**

12 av. Narbonne – ✆ 04 68 49 01 27 – Fermé vacances de fév., lundi, le soir en hiver sauf vend. et sam.

Rest – (13 €) Menu 24/30 € – Carte 33/45 €

◆ Une adresse authentique et sincère dans une ex-maison de pêcheur : décor méridional, petite terrasse face à l'étang et cuisine régionale axée sur le poisson, simple et bonne.

GRUSON – 59 Nord – **302** H4 – rattaché à Lille

LE GUA – 17 Charente-Maritime – **324** E5 – 1 953 h. – alt. 3 m – ✉ 17600 **38** B3

Paris 493 – Bordeaux 126 – Rochefort 26 – La Rochelle 63

Salle Basse Place Poste ✆ 05 46 23 17 28

XX **Le Moulin de Châlons** avec ch ch,

à Châlons, 1 km à l'Ouest par rte de Royan – ✆ 05 46 22 82 72 – www.moulin-de-chalons.com – Fermé 14-27 mars, 22 nov.-5 déc., dim. soir et lundi midi d'oct. à avril

10 ch – †115/165 € ††115/165 € – ☕ 13 €

Rest – Menu 28/48 € – Carte 40/80 €

◆ Appétissante cuisine au goût du jour servie dans le décor champêtre et cossu d'un authentique moulin à marée du 18e s. (pierres et poutres apparentes). Les chambres, toutes joliment rénovées, donnent sur le parc bucolique.

GUEBERSCHWIHR – 68 Haut-Rhin – **315** H8 – 834 h. – alt. 260 m **1** A2
– ✉ 68420 Alsace Lorraine

Paris 487 – Colmar 12 – Guebwiller 18 – Mulhouse 36

Relais du Vignoble

33 r. des Forgerons – 03 89 49 22 22 – www.relaisduvignoble.com – Fermé 1er fév.-1er mars

30 ch – 53/66 € 53/112 € – 9 € – ½ P 66/68 €

Rest *Belle Vue* – 29 r. des Forgerons, 03 89 49 31 09 *(fermé jeudi midi et merc.)* Menu 22/35 € – Carte 32/47 €

◆ Situé à flanc de coteau, cette grande bâtisse jouxte la cave familiale. La plupart des chambres, simples mais bien tenues, donnent sur les vignes. Salle de séminaires. Plats traditionnels et vins du domaine à déguster sur la terrasse panoramique aux beaux jours.

GUEBWILLER – 68 Haut-Rhin – 315 H9 – 11 609 h. – alt. 300 m – 68500 Alsace Lorraine 1 A3

Paris 474 – Belfort 52 – Colmar 27 – Épinal 96

73, rue de la République 03 89 76 10 63

Église St-Léger★ : façade Ouest★★ - Intérieur★★ de l'église N.-Dame★ : Maître-Hôtel★★ - Hôtel de ville★ - Musée du Florival★.

Vallée de Guebwiller★★ NO.

Domaine du Lac

244 r. de la République, vers Buhl – 03 89 76 15 00 – www.domainedulac-alsace.com

69 ch – 41/190 € 41/190 € – 13 €

Rest *Les Terrasses* – 03 89 76 15 76 *(fermé sam. midi)* (16 €) Menu 19 € (déj. en sem.), 28/43 € bc – Carte 34/55 €

◆ Au sein de ce domaine, un premier hôtel aux chambres épurées et un second tout récent, l'Hôtel des Rives, à l'esprit cosy et contemporain. Belle vue sur le lac ou le ruisseau à l'arrière. Restaurant design et terrasse embrassant le panorama. Carte actuelle honorant les spécialités locales.

à Murbach 5 km au Nord-Ouest par D 40II – 136 h. – alt. 420 m – 68530

Église★★.

Le St-Barnabé

rest,

53 r. de Murbach – 03 89 62 14 14 – www.le-stbarnabe.com – Fermé 9 janv.-5 fév.

26 ch – 68/183 € 76/183 € – 13 € – ½ P 82/140 €

Rest – *(fermé 27 juin-8 juil., dim. soir de nov. à avril, jeudi midi et merc.)* (15 €) Menu 28/72 € – Carte 43/78 €

◆ Cette demeure alsacienne, située en plein cœur de la forêt, s'inscrit dans une démarche éco-environnementale. Les chambres redécorées arborent un style actuel et coloré. Salle à manger d'esprit contemporain et cuisine au goût du jour.

Le Schaeferhof

6 r. de Guebwiller – 03 89 74 98 98 – www.schaeferhof.fr – Fermé 10-30 janv.

4 ch – 130/145 € 145/200 €

Table d'hôte – Menu 40 € (sem.)/130 € bc

◆ La restauration de cette métairie du 18e s. est une vraie réussite. Chambres de belle qualité (coin salon, écran plat, douche à jet) où chaque détail a été soigneusement pensé. Cuisine alsacienne actualisée et bon choix de vins. Petit-déjeuner maison.

à Rimbach-près-Guebwiller 11 km à l'Ouest par D 5I – 243 h. – alt. 550 m – 68500

L'Aigle d'Or avec ch

5 r. Principale – 03 89 76 89 90 – www.hotelaigledor.com – Fermé 21 fév.-18 mars

15 ch – 39 € 49/56 € – 8,50 € – ½ P 38/52 €

Rest – *(fermé lundi de mi-juil. à mi-sept.)* Menu 18/36 € – Carte 23/47 €

◆ Auberge familiale idéale pour retrouver quiétude et authenticité. Le chef concocte une cuisine du terroir qu'il complète par des suggestions du jour. Salle champêtre avec cheminée, terrasse d'été et ravissant jardin. Chambres sobres bien tenues.

GUÉCÉLARD – 72 Sarthe – 310 J7 – 2 689 h. – alt. 45 m – ✉ 72230 35 C1

Paris 219 – Château-du-Loir 38 – La Flèche 26 – Le Grand-Lucé 38

La Botte d'Asperges

49 r. Nationale – ☎ 02 43 87 29 61 – www.la-botte-dasperges.fr – Fermé 14-21 mars, 1er-22 août, 3-9 janv., dim. soir et lundi sauf fériés

Rest – (14 €) Menu 16/52 € – Carte 29/60 €

◆ Ancien relais de poste au centre du village. Recettes de tradition avec les fameuses asperges locales (en saison) dans une salle ornée de fresques et de tableaux à motifs floraux.

GUENROUËT – 44 Loire-Atlantique – 316 E2 – 2 780 h. – alt. 30 m – ✉ 44530 34 A2

Paris 430 – Nantes 56 – Redon 21 – St-Nazaire 41

Relais St-Clair

31 r. de l'Isac, (rte de Nozay) – ☎ 02 40 87 66 11 – www.relais-saint-clair.com – Fermé mardi soir, merc. soir et lundi

Rest – (25 € bc) Menu 29/95 € bc – Carte 38/82 €

Rest *Le Jardin de l'Isac* – *(fermé mardi soir, merc. soir et lundi sauf du 15 juin au 15 sept.)* (10 €) Menu 13 € (déj. en sem.)/20 € – Carte 21/54 €

◆ Dans cette bâtisse fleurie qui surplombe le canal de Nantes à Brest, on privilégie les menus et les produits locaux (poissons, coquillages). Belle carte des vins. À l'étage inférieur, sous les glycines, formule brasserie (grillades et buffets) au Jardin de l'Isac.

Le Paradis des Pêcheurs

au Cougou, 5 km au Nord-Ouest par D 102 – ☎ 02 40 87 64 10 – Fermé vacances de la Toussaint, de fév., lundi soir, mardi soir, jeudi soir et merc.

Rest – (11 €) Menu 20/34 € – Carte 36/43 €

◆ Dans un hameau tranquille de l'Argoat, une auberge rustique des années 1930 (poutres et cheminée). Après le repas, d'inspiration régionale, on peut se promener dans le parc.

GUÉRANDE – 44 Loire-Atlantique – 316 B4 – 15 226 h. – alt. 54 m – ✉ 44350 Bretagne 34 A2

Paris 450 – La Baule 6 – Nantes 77 – St-Nazaire 20

1, place du Marché au Bois ☎ 08 20 15 00 44

Collégiale St-Aubin★.

Hôtel de la Cité sans rest

2 pl. Dolgellau – ☎ 02 40 22 02 20 – www.hotel-guerande.com

60 ch – †69/189 € ††75/195 € – ☕ 12 €

◆ À 1 km de la cité, dans une zone d'activités, cet hôtel flambant neuf offre un bon rapport qualité-prix : literie moelleuse, matériaux contemporains (résine, stuc), photos graphiques...

La Guérandière sans rest

5 r. Vannetaise – ☎ 02 40 62 17 15 – www.guerandiere.com

5 ch – †61/81 € ††61/81 € – ☕ 10 €

◆ Demeure du 19e s. pleine de charme, au pied des remparts. Chambres cosy et colorées, plusieurs avec cheminée. L'été, petit-déjeuner servi dans le jardin ou sous la verrière.

Les Remparts

bd Nord – ☎ 02 40 24 90 69 – Fermé le soir de nov. à mi-mars, dim. soir et lundi sauf août

Rest – Menu 18 € (déj. en sem.)/29 €

◆ Face aux remparts, ce petit restaurant propose mets classiques et poissons, saupoudrés, bien sûr, de sel de Guérande. Chambres ultrasimples et désuettes, mais calmes.

LA GUERCHE-DE-BRETAGNE – 35 Ille-et-Vilaine – 309 O7 – 4 155 h. – alt. 77 m – ✉ 35130 Bretagne 10 D2

Paris 324 – Châteaubriant 30 – Laval 53 – Redon 84

30, rue Du Guesclin ☎ 02 99 96 30 78

XX **La Calèche** avec ch
16 av. du Gén.-Leclerc – ✆ 02 99 96 21 63 – www.restaurant-la-caleche.com – Fermé 2-25 août, 25-31 déc., lundi, vend. soir et dim. soir
13 ch – †50 € ††62 € – ☕ 11 € – ½ P 70 €
Rest – (14 €) Menu 16 € (sem.), 26/35 € – Carte 45/69 €
◆ Généreuse cuisine du terroir servie dans une sobre salle à manger complétée par une véranda et un petit espace bistrot. Chambres fonctionnelles.

GUÉRET Ⓟ – 23 Creuse – 325 I3 – 13 789 h. – alt. 457 m – ✉ 23000 25 C1

Limousin Berry

Paris 351 – Châteauroux 90 – Limoges 93 – Montluçon 66

1, rue Eugène France ✆ 05 55 52 14 29

Émaux Champlevés★ du musée d'art et d'archéologie de la Sénatorerie.

Auclair sans rest
19 av. de la Sénatorerie – ✆ 05 44 00 03 93 – www.hotelauclair.fr
31 ch – †63/70 € ††63/70 € – ☕ 8 €
◆ Cet hôtel arbore un bel esprit actuel. Décor épuré dans les chambres, bar intimiste, terrasse avec piscine... Les tons chocolat et or dominent l'ensemble. Restauration d'appoint.

XXX **Le Coq en Pâte**
2 r. de Pommeil – ✆ 05 55 41 43 43 – Fermé 27 juin-13 juil., 19 fév.-10 mars, dim. soir hors saison et lundi soir
Rest – Menu 18 € (sem.), 28/56 € – Carte 54/85 €
◆ Dans cette maison bourgeoise (19ᵉ s.) joliment restaurée ou sur sa terrasse regardant un agréable jardin arboré, on savoure avec plaisir une cuisine actuelle généreuse et soignée.

à Ste-Feyre 7 km à l'Est – 2 254 h. – alt. 450 m – ✉ 23000

XX **Le Point du Jour**
1 pl. de la Mairie – ✆ 05 55 80 00 07 – Fermé 1ᵉʳ-15 janv., merc. soir, dim. soir et lundi
Rest – (12 €) Menu 18 € (sem.), 28/48 € – Carte 20/55 €
◆ Nouvelle équipe dynamique dans cet ancien relais de poste qui fait face à l'église. Coquette salle à manger (tissus fleuris) pour une appétissante cuisine au goût du jour.

GUÉRY (LAC DE) – 63 Puy-de-Dôme – 326 D9 – rattaché au Mont-Dore

---

GUÉTHARY – 64 Pyrénées-Atlantiques – 342 C4 – 1 322 h. – alt. 15 m – ✉ 64210 3 A3

Pays Basque et Navarre

Paris 780 – Bayonne 19 – Biarritz 9 – Pau 125

74, rue du Comte de Swiecinski ✆ 05 59 26 56 60

Villa Catarie sans rest
415 av. du Gén. de Gaulle – ✆ 05 59 47 59 00 – www.villa-catarie.com
14 ch – †130/220 € ††130/220 € – 2 suites – ☕ 12 €
◆ Ravissante demeure basque de 1830, à deux pas du port et des plages. Chambres cosy, aux tons pastel. L'été, petit-déjeuner servi au jardin. Il règne ici un esprit familial.

Brikéténia (Martin et David Ibarboure) rest,
r. de l'Église – ✆ 05 59 26 51 34 – www.briketenia.com – Fermé 2-24 nov.
15 ch – †75/95 € ††80/98 € – ☕ 10 €
Rest – *(fermé mardi du 15 sept. au 30 juin)* Menu 33 € (déj. en sem.), 46/78 € – Carte 55/98 €
Spéc. Éloge de langoustine en cinq étapes. Pigeon façon thaï et cuisses en samoussa. Trilogie de fraise (été). **Vins** Irouléguy, Bergerac.
◆ Le relais de poste du 17ᵉ s. abrite les chambres, dont certaines avec balcon. Le restaurant occupe une demeure des années 1930. On y déguste une cuisine de grande qualité, tant par ses produits que son exécution : plats légers et parfumés, sur des bases classiques.

Arguibel sans rest
1146 chemin de Laharraga – 05 59 41 90 46 – www.arguibel.fr – Fermé 3 janv.-10 fév.
5 ch – 120/215 € 120/285 € – 15 €
◆ Superbe villa de style néobasque, à l'intérieur très raffiné, mariant objets design, meubles traditionnels et toiles d'artistes contemporains... Chaque chambre a sa personnalité.

LE GUÉTIN – 18 Cher – 323 O5 – ✉ 18150 — 12 D3

Paris 252 – Bourges 58 – La Guerche-sur-l'Aubois 11 – Nevers 13

Auberge du Pont-Canal
37 r. des Ecluses – 02 48 80 40 76 – www.auberge-du-pont-canal.fr – Fermé 2-10 janv. et lundi
Rest – Menu 13 € (déj. en sem.), 20/30 € – Carte 30/45 €
◆ Dans cette petite auberge familiale jouxtant le pont de l'Allier, la tradition est à l'honneur... Ris de veau, cuisses de grenouille et friture font la fierté de la maison.

GUEWENHEIM – 68 Haut-Rhin – 315 G10 – 1 205 h. – alt. 323 m – ✉ 68116 — 1 A3

Paris 458 – Altkirch 23 – Belfort 36 – Mulhouse 21

De la Gare
2 r. Soppe – 03 89 82 51 29 – Fermé 26 juil.-12 août, 16 fév.-4 mars, mardi soir et merc.
Rest – (10 €) Menu 30/75 € – Carte 25/50 €
◆ Un ancien café de village, fort sympathique, tenu par la même famille depuis 1874. Plats traditionnels et du terroir. La superbe carte des vins mérite le voyage.

GUIDEL – 56 Morbihan – 308 K8 – 9 877 h. – alt. 38 m – ✉ 56520 — 9 B2

Paris 511 – Lorient 14 – Pont-Aven 26 – Quimper 60
9, rue Saint-Maurice 02 97 65 01 74

Le Domaine de Kerbastic
rte de Locmaria – 02 97 65 98 01 – www.domaine-de-kerbastic.com – Fermé 1er janv.-28 fév.
17 ch – 180/360 € 180/360 € – 17 € – ½ P 120/195 €
Rest – (30 € bc) Menu 55/88 € – Carte 47/60 €
◆ Colette, Proust, Cocteau... que d'hommes illustres ont séjourné dans cette demeure princière ! Depuis 2007, elle s'est muée en hôtel luxueux, très privé... à votre tour de vous délecter de son charme raffiné ! Au restaurant règnent l'élégance et la tradition.

GUILLESTRE – 05 Hautes-Alpes – 334 H5 – 2 247 h. – alt. 1 000 m – ✉ 05600 Alpes du Sud — 41 C1

Paris 715 – Barcelonnette 51 – Briançon 36 – Digne-les-Bains 114
Maison du tourisme place Salva 04 92 45 04 37
Porche★ de l'église - Pied-la-Viste <★ E : 2 km - Peyre-Haute <★ S : 4 km puis 15 mn.
Combe du Queyras★★ NE : 5,5 km.

Dedans Dehors
ruelle Sani – 04 92 44 29 07 – Ouvert mi-mai à fin sept.
Rest – Carte 20/35 €
◆ Une ruelle médiévale dessert cette cave voûtée : tartines, salades et cuisine du terroir à la plancha, le tout agrémenté de fleurs et d'herbes folles. Un bistrot éclectique !

à Mont-Dauphin gare **4 km au Nord-Ouest par D 902^A et N 94 – 87 h. – alt. 1 050 m – ✉ 05600**

ℹ rue Rouget de Lisle ☎ 04 92 45 17 80
Charpente★ de la caserne Rochambeau.

Lacour et rest. Gare rest,
– ☎ *04 92 45 03 08 – www.hotel-lacour.com – Fermé sam. sauf juil.-août et de Noël à Pâques*
46 ch – 🛉57/68 € 🛉🛉57/68 € – ☕ 8 € – ½ P 51/58 €
Rest – (13 €) Menu 17 € (sem.), 23/30 € – Carte 20/45 €
◆ En contrebas des fortifications de Mont-Dauphin, cet hôtel familial et son annexe proposent des chambres d'un confort simple, plus au calme côté jardin. Restaurant contemporain logé dans un autre bâtiment ; cuisine régionale, buffet de hors-d'œuvres.

à Mont-Dauphin **6 km au Nord-Ouest par D 37 – 130 h. – alt. 1 050 m – ✉ 05600**

ℹ Quartier des Artisans d'Art ☎ 04 92 45 17 80

La Maison du Guil
La Font d'Eygliers – ☎ 04 92 50 16 20 – www.lamaisonduguil.com – Fermé17 avril-2 mai, 21 août-5 sept. et 22 oct.-15 déc.
4 ch ☕ – 🛉110/130 € 🛉🛉110/130 € **Table d'hôte** – Menu 35 €
◆ Au-dessus des gorges du Guil, ancien prieuré du 16e s. restauré avec inspiration : entre vieilles pierres et mobilier design de qualité, intimité ainsi que charme sont au rendez-vous. Cuisine du marché inventive, servie sous les voûtes de l'ancienne bergerie.

GUILLIERS – 56 Morbihan – 308 Q6 – 1 287 h. – alt. 86 m – ✉ 56490 10 C2

Paris 418 – Dinan 66 – Lorient 91 – Ploërmel 13

Au Relais du Porhoët ch,
11 pl. de l'Église – ☎ 02 97 74 40 17 – www.aurelaisduporhoet.com – Fermé 2 sem. en janv.
12 ch – 🛉40/51 € 🛉🛉45/59 € – ☕ 8 € – ½ P 41/46 €
Rest – *(fermé dim. soir et lundi sauf en juil.-août)* (10 €) Menu 14 € (déj. en sem.), 20/44 € – Carte 24/43 €
◆ Une auberge fort avenante disposant de chambres classiques et bien insonorisées. Au restaurant, cheminée monumentale et atmosphère joliment rustique : l'endroit idéal pour savourer une cuisine régionale, généreuse et bien faite.

GUINGAMP – 22 Côtes-d'Armor – 309 D3 – 7 693 h. – alt. 81 m 9 B1

– ✉ 22200 Bretagne

Paris 484 – Carhaix-Plouguer 49 – Lannion 32 – Morlaix 53
ℹ 2, place Champ au Roy ☎ 02 96 43 73 89
⛳ de Bégard à Bégard Krec'h An Onn, par rte de Lannion : 13 km, ☎ 02 96 45 32 64
Basilique N.D.-de-Bon-Secours★ B.

La Demeure sans rest
5 r. Gén. de Gaulle – ☎ 02 96 44 28 53 – www.demeure-vb.com – Fermé 27 juin-4 juil., 29 août-5 sept., 1er-17 janv. et dim. d'oct. à avril **Bb**
10 ch – 🛉66/145 € 🛉🛉85/145 € – ☕ 9 €
◆ En centre-ville, ancienne maison de notable (18e s.) vous hébergeant dans de vastes chambres pourvues de meubles de style. Petit-déjeuner dans une véranda ouverte sur le jardin.

De l'Arrivée sans rest
19 bd Clemenceau, (face à la gare) – ☎ 02 96 40 04 57 – www.hotel-arrivee.com
27 ch – 🛉44/106 € 🛉🛉58/106 € – ☕ 10 € **Ba**
◆ L'enseigne évoque la proximité de la gare ferrovière. À l'arrivée ou au départ de Guingamp, cet hôtel s'avère pratique avec ses chambres sans ampleur mais bien rénovées.

Carmélites (R. des)	A	2
Centre (Pl. du)	AB	
Champ-au-Roy (Pl.)	B	3
Clemeceau (Bd G.)	B	4
Cosquer (R. du)	A	5
Notre-Dame (R.)	B	6
Ponts-St-Michel (R. des)	A	7
Renan (R.)	A	8
Rustang (R.)	B	9
St-Michel (R.)	A	10
St-Yves (R.)	A	12
Vally (Pl. et R. du)	B	13

La Boissière

90 r. Yser, 1 km par ⑧ – 02 96 21 06 35
– www.restaurant-la-boissiere.com
– Fermé 28 fév.-14 mars, 22 août-5 sept., sam. midi, dim. soir et lundi

Rest – (14 €) Menu 16 € (déj. en sem.), 23/60 € – Carte 32/64 €

◆ Demeure en pierre du pays, digne d'une vieille maison de famille, au cœur d'un parc verdoyant (jeux pour enfants). Décor classique et cuisine de tradition appuyée sur les saisons.

Le Clos de la Fontaine

9 r. du Gén.-de-Gaulle – 02 96 21 33 63 – Fermé 15-31 juil., 26 fév.-14 mars, mardi soir, dim. soir et lundi **Bd**

Rest – (15 €) Menu 28/43 € – Carte 34/47 €

◆ Restaurant vous conviant à un repas traditionnel actualisé dans l'une de ses deux salles classiquement aménagées, avec parquet et pierres apparentes, ou sur sa terrasse-patio.

GUISSENY – 29 Finistère – 308 E3 – 1 796 h. – alt. 18 m – ✉ 29880 9 A1

Paris 591 – Brest 35 – Landerneau 27 – Morlaix 56

place Saint Sezny 02 98 25 67 99

Auberge de Keralloret

3 km au Sud par D 10 et rte secondaire
– 02 98 25 60 37 – www.keralloret.com
– Fermé 5-30 janv.

11 ch – 54/62 € 62/81 € – 10 € – ½ P 60/71 €

Rest – *(fermé vend. soir d'oct. à avril et le midi) (résidents seult)* Menu 21/37 €

◆ Goûtez au charme et à la tranquillité de cette vieille ferme joliment rénovée. Le décor contemporain des chambres, réparties dans plusieurs maisons de granit, s'inspire de la région. Au restaurant, cuisine traditionnelle et chaleureuse atmosphère rustique.

GUJAN-MESTRAS – 33 Gironde – 335 E7 – 17 031 h. – alt. 5 m – Casino – ✉ 33470 Aquitaine

3 B2

Paris 638 – Andernos-les-Bains 26 – Arcachon 10 – Bordeaux 56

19, avenue de Lattre-de-Tassigny ✆ 05 56 66 12 65

Gujan-Mestras Rte de Sanguinet, S : 5 km par D 1250 et D 65, ✆ 05 57 52 73 73

Parc ornithologique du Teich★ E : 5 km.

La Guérinière

18 cours de Verdun, à Gujan – ✆ 05 56 66 08 78 – www.laguerinière.com

23 ch – 125/170 € 125/170 € – 2 suites – 12 € – ½ P 130/150 €

Rest – *(fermé sam. midi)* Menu 42/100 € – Carte 75/130 €

Spéc. Huîtres du banc d'Arguin, caviar de Gironde. Sole meunière nacrée au jus de poulet, cèpe et raviole de pomme de terre (automne). Soufflé chaud au Grand Marnier. **Vins** Médoc, Graves.

◆ Maison moderne située au centre du principal port ostréicole du bassin d'Arcachon. Chambres spacieuses, aménagées avec goût dans un esprit zen et épuré. Cuisine actuelle parfumée à savourer au bord de la piscine ou dans la salle au décor contemporain.

GUNDERSHOFFEN – 67 Bas-Rhin – 315 J3 – 3 462 h. – alt. 180 m – ✉ 67110

1 B1

Paris 466 – Haguenau 16 – Sarreguemines 61 – Strasbourg 45

Le Moulin sans rest

r. Moulin – ✆ 03 88 07 33 30 – www.hotellemoulin.com – Fermé 31 juil.-23 août, 2-9 janv. et 20 fév.-6 mars

11 ch – 90 € 90/230 € – 1 suite – 19 €

◆ Ancien moulin au milieu d'un beau parc où coule une rivière. Chambres au décor soigné, joliment rustiques ou contemporaines. Calme, raffinement et... accueil charmant !

Le Cygne (François Paul)

35 Gd'Rue – ✆ 03 88 72 96 43 – www.aucygne.fr – Fermé 31 juil.-23 août, 2-9 janv., 20 fév.-6 mars, dim. soir, mardi midi et lundi

Rest – Menu 50 € (sem.), 60/105 € – Carte 85/95 €

Spéc. Fricassée de grenouilles fraîches aux oignons grillés, schniederspädle, herbes du potager. Selle de chevreuil, compotée de pommes et figues, spaetzele, sauce aux épices douces. Beignets de quetsches d'Alsace, sabayon quetsche, crème glacée à la cannelle (automne). **Vins** Riesling, Pinot noir

◆ Un Cygne plein d'élégance ! En noble maître-queux, François Paul signe une cuisine raffinée, où l'invention le dispute au classicisme, entre saveurs d'ici et d'ailleurs... Derrière sa belle façade à colombages, la maison mêle style régional et notes contemporaines.

Le Soufflet

13 r. de la Gare – ✆ 03 88 72 91 20 – www.lesoufflet.fr – Fermé sam. midi, lundi soir et merc. soir

Rest – Menu 27/48 € – Carte 40/70 €

Rest *Bahnstub* – (13 €) Carte 30/50 €

◆ Derrière la façade fleurie de ce restaurant, découvrez une salle plaisante et sobre et savourez une cuisine classique. Aux beaux jours, repas sous la pergola. Ambiance familiale à la Bahnstub : plats du jour et spécialités alsaciennes.

GY – 70 Haute-Saône – 314 C8 – 1 034 h. – alt. 237 m – ✉ 70700 Franche-Comté Jura

16 B2

Paris 356 – Besançon 32 – Dijon 69 – Dôle 50

Grande rue ✆ 03 84 32 93 93

Château★.

Pinocchio sans rest

3 r. Beauregard – ✆ 03 84 32 95 95 – www.hotel-pinocchio.fr – Fermé vacances de Noël

14 ch – 45/50 € 70/82 € – 10 €

◆ La décoration de cette jolie maison régionale en pierre est un hommage à la célèbre marionnette ! Chambres sobres, claires et confortables. Charmant jardin avec piscine.

HABÈRE-POCHE – 74 Haute-Savoie – **328** L3 – **1 135 h. – alt. 945 m** **46** F1
– Sports d'hiver – ✉ **74420**

Paris 564 – Annecy 63 – Bonneville 33 – Genève 37

Chef-Lieu ✆ 04 50 39 54 46

Col de Cou★ NO : 4 km Alpes du Nord

Tiennolet VISA AE

– ✆ 04 50 39 51 01 – Fermé 2-28 juin, 18 oct.-11 nov., dim. soir, mardi soir et merc. sauf vacances scolaires

Rest – (15 €) Menu 27/38 € – Carte 40/60 €

◆ Au centre du village, chaleureux restaurant montagnard avec terrasse exposée plein sud. Cuisine traditionnelle et régionale.

HAGETMAU – 40 Landes – **335** H13 – **4 583 h. – alt. 96 m** – ✉ **40700** **3** B3
Aquitaine

Paris 737 – Aire-sur-l'Adour 34 – Dax 45 – Mont-de-Marsan 29

place de la République ✆ 05 58 79 38 26

Chapiteaux★ de la Crypte de St-Girons.

Les Lacs d'Halco rest, VISA AE

3 km au Sud-Ouest par rte de Cazalis – ✆ 05 58 79 30 79 – www.hotel-des-lacs-dhalco.fr

23 ch – 100/150 € 100/150 € – 16 € – ½ P 100/130 €

Rest – (22 €) Menu 30/60 € – Carte 39/60 €

◆ Acier, verre, bois et pierre : esprit zen dans cet étonnant "paquebot" design ouvert sur la nature, entre lac et forêt. Belles chambres contemporaines ; barques, minigolf, etc. Un restaurant en rotonde, presque posé sur l'eau, et une appétissante cuisine du terroir.

Le Jambon rest, VISA AE

245 av. Carnot – ✆ 05 58 79 32 02 – www.hotellejambon.fr – Fermé janv., dim. soir et lundi

7 ch – 60 € 70/80 € – 7 € **Rest** – Menu 15 € (sem.)/45 €

◆ Cette grande maison du centre-ville héberge des chambres spacieuses ; toutes donnent sur l'espace piscine joliment fleuri. Bonne insonorisation et tenue rigoureuse. Généreuse cuisine traditionnelle et landaise servie dans une confortable salle bourgeoise.

HAGONDANGE – 57 Moselle – **307** I3 – **9 137 h. – alt. 160 m** **26** B1
– ✉ **57300** Alsace Lorraine

Paris 324 – Luxembourg 49 – Metz 21 – Thionville 17

place Jean Burger ✆ 03 87 70 35 27

Quai des Saveurs (Frédéric Sandrini) VISA AE

69 r. de la Gare – ✆ 03 87 71 24 98 – www.quaidessaveurs.com – Fermé 16-31 août, 12-27 fév., dim. soir et lundi

Rest – Menu 38/65 € – Carte 60/85 €

Spéc. Cèpes en cocotte, réduction de vin rouge, toast croustillant à la ventrèche de cochon (août à oct.). Tête de veau en croûte de pomme de terre, condiment citron confit-girolles et piquillos (printemps). Soufflé chaud à la mirabelle de Lorraine. **Vins** Vins de Moselle.

◆ Face à la gare, un restaurant à la devanture engageante. Dans la salle à manger contemporaine et son impressionnant aquarium, une cuisine actuelle, fraîche et séduisante.

HAGUENAU – 67 Bas-Rhin – **315** K4 – **34 891 h. – alt. 150 m** **1** B1
– ✉ **67500** Alsace Lorraine

Paris 478 – Baden-Baden 41 – Sarreguemines 93 – Strasbourg 33

place de la Gare ✆ 03 88 93 70 00

Soufflenheim Baden-Baden à Soufflenheim Allée du Golf, E : 14 km par D 1063, ✆ 03 88 05 77 00

Musée historique★ BZ **M²** - Retable★ dans l'église St-Georges - Boiseries★ dans l'église St-Nicolas.

Plan page suivante

Armes (Pl. d') . . . . **AZ** 2
Bitche (Rte de) . . . . **AY** 3
Château (R. du) . . . . **AY** 4
Gaulle (Pl. Ch.-de) . . . . **AY** 6
Grand'Rue . . . . **ABYZ**
Moder (R. de la) . . . . **AY** 9
République (Pl. de la) . . . . **ABZ** 10
Rhin (Rte du) . . . . **BY** 12
Schweighouse (Rte de) . . . . **AZ** 14
Soufflenheim (Rte de) . . . . **BY** 15
Strasbourg (Rte de) . . . . **AZ** 17

XXX **Le Jardin**

16 r. Redoute – ✆ 03 88 93 29 39 – www.lejardinhaguenau.fr
– Fermé 3-18 août, 27 fév.-12 mars, mardi et merc. **BZn**
Rest – (16 €) Menu 36/50 € bc
◆ Levez les yeux pour contempler l'élégant plafond de style Renaissance de la salle. Puis savourez une bonne cuisine classique, assez épurée ; le poisson y est à l'honneur.

au Sud-Est **3 km par D 329 et rte secondaire – ✉ 67500 Haguenau**

Champ'Alsace rest, VISA AE

12 r. St-Exupéry – ✆ 03 88 93 30 13 – www.champ-alsace.com
40 ch – †65 € ††65 € – ☕ 8,50 €
Rest – *(fermé août, vend., sam. et dim.)* Menu 18 €
◆ Dans une zone artisanale, non loin de l'aérodrome. Chambres propres et spacieuses, la plupart décorées de grandes fresques invitant au voyage : "Afrique", "Russie"... et même l'Amérique avec "Obama" ! Restauration simple servie dans deux salles contemporaines.

LA HAIE-TONDUE – 14 Calvados – 303 M4 – ✉ 14950 — 32 A3

▶ Paris 198 – Caen 41 – Deauville 15 – Le Havre 53

XX **La Haie Tondue**

– ✆ 02 31 64 85 00 – www.restaurants.deauville.com – Fermé 1 sem. en juin, 1 sem. en nov., 2 sem. en janv., lundi soir sauf août et mardi d'oct. à mars
Rest – (18 €) Menu 26/42 € – Carte 25/47 €
◆ Accueil chaleureux en cette maison régionale tapissée de vigne vierge. Salles à la rusticité affichée (poutres, tables en bois, cheminée). Copieuse cuisine traditionnelle.

HAMBACH – 57 Moselle – **307** N4 – **2 670 h.** – **alt. 230 m** – ✉ **57910** **27** C1

Paris 396 – Metz 70 – Saarbrücken 23 – Sarreguemines 8

Hostellerie St-Hubert

La Verte Forêt – ☎ 03 87 98 39 55 – www.hostellerie-saint-hubert.com – Fermé 22-30 déc.

51 ch – 59/62 € 79/82 € – 2 suites – 9 € – ½ P 79 €

Rest – Menu 20/55 € – Carte 25/55 €

◆ Bâtisse de notre temps voisinant avec un étang et un complexe sportif. Les chambres, spacieuses, sont pourvues de meubles en bois peint et parfois d'une loggia. Salles à manger au décor foisonnant, taverne et terrasse près de l'eau ; table traditionnelle.

HAMBYE – 50 Manche – **303** E6 – **1 151 h.** – **alt. 111 m** – ✉ **50450** **32** A2

Normandie Cotentin

Paris 316 – Coutances 20 – Granville 30 – St-Lô 25

Église abbatiale★★.

à l'Abbaye 3,5 km au Sud par D 51 – ✉ 50450 Hambye

Auberge de l'Abbaye avec ch

5 rte de l'Abbaye – ☎ 02 33 61 42 19 – Fermé janv., dim. soir et lundi

6 ch – 47 € 52 € – 9 € – ½ P 65 €

Rest – (17 €) Menu 27/68 € – Carte 38/63 €

◆ Cette maison en pierres de taille, proche des ruines de l'abbaye, dresse sa terrasse d'été dans un petit jardin. Salle à manger de style classique et plats traditionnels. Petites chanbres simples et bien tenues.

HANVEC – 29 Finistère – **308** G5 – **1 867 h.** – **alt. 103 m** – ✉ **29460** **9** A-B2

Paris 568 – Brest 35 – Quimper 48 – Rennes 216

Les Chaumières de Kerguan sans rest

Kerguan, 2 km par rte de Sizun – ☎ 06 01 96 87 53 – http://kerguan.perso.neuf.fr

4 ch – 36 € 52/54 €

◆ Jolie longère protégée par un toit de chaume, située dans un hameau d'anciennes fermes restaurées. Chambres cosy et petit-déjeuner avec confitures et jus de pomme maison.

HARDELOT-PLAGE – 62 Pas-de-Calais – **301** C4 – ✉ **62152** **30** A2

Neufchatel Hardelot Nord Pas-de-Calais Picardie

Paris 254 – Arras 114 – Boulogne-sur-Mer 15 – Calais 51

476, avenue Francois-1er ☎ 03 21 83 51 02

d'Hardelot à Neufchâtel-Hardelot 3 avenue du Golf, E : 1 km, ☎ 03 21 83 73 10

Du Parc

111 av. Francois 1er – ☎ 03 21 33 22 11 – www.hotelduparc-hardelot.com

85 ch – 121/204 € 121/204 € – 1 suite – 14 € – ½ P 92/129 €

Rest – (22 € bc) Menu 28/39 € – Carte 45/60 €

◆ Complexe hôtelier et sportif récent dans un environnement arboré. Les chambres, spacieuses et douillettes, ouvrent sur le parc. Provision de parfums et de saveurs iodées dans le lumineux restaurant aux murs habillés de boiseries.

Régina

185 av. François 1er – ☎ 03 21 83 81 88 – www.lereginahotel.fr – Ouvert 25 fév.-27 nov.

42 ch – 70/78 € 70/78 € – 11 € – ½ P 61/64 €

Rest – *(fermé dim. soir d'oct. à juin, mardi midi de juil. à sept. et lundi)* Menu 22/38 € – Carte 24/52 €

◆ Bâtisse moderne, à la lisière de la pinède de cette élégante station de la Côte d'Opale. Chambres claires et fonctionnelles, avec balcon. Au restaurant, produits de la pêche servis dans un chaleureux décor actuel, ou sur l'agréable terrasse.

HARRICOURT – 08 Ardennes – **306** L6 – **53 h.** – **alt. 180 m** – ✉ **08240** **14** C1

Paris 236 – Châlons-en-Champagne 86 – Charleville-Mézières 61 – Sedan 42

La Montgonière
1 r. St-Georges – ✆ 03 24 71 66 50 – www.lamontgoniere.net – Fermé janv.
3 ch – 80/90 € 90/110 €
Table d'hôte – Menu 25 €
◆ Au centre du village, demeure familiale du 17e s. dans un parc avec étang, propice à la détente. Boiseries, bibliothèque (avec jeux), mobilier ancien... Table d'hôte proposant une cuisine familiale dans un cadre d'époque.

HASPARREN – 64 Pyrénées-Atlantiques – **342** E4 – 5 742 h. – alt. 50 m – ✉ 64240 Pays Basque et Navarre **3** AB3

Paris 783 – Bayonne 24 – Biarritz 34 – Cambo-les-Bains 9
2, place Saint-Jean ✆ 05 59 29 62 02
Grottes d'Oxocelhaya et d'Isturits★★ SE : 11 km.

Les Tilleuls
pl. de Verdun – ✆ 05 59 29 62 20 – www.hotelestilleuls.fr – Fermé 14-21 nov., 12 fév.-1er mars, dim. soir et sam. du 25 sept. au 11 juil. sauf fériés
25 ch – 48/54 € 58/63 € – 8 € – ½ P 48/55 €
Rest – (12 €) Menu 14/30 € – Carte 23/40 €
◆ Non loin de la maison où vécut l'écrivain Francis Jammes, cette construction de style basque dispose de chambres simples et bien tenues. Idéal pour l'étape. Salle à manger rustique et cuisine traditionnelle sans prétention.

au Sud 6km par D152 et voie secondaire - ✉64240 Hasparren

Ferme Hégia (Arnaud Daguin)
chemin Curutxeta , (quartier Zelai) – ✆ 05 59 29 67 86 – www.hegia.com
5 ch (½ P seult) – ½ P 325 € **Table d'hôte** – *(menu unique résidents seult)*
◆ Si loin de tout... cette ancienne ferme labourdine (1746) n'a que la montagne pour vis-à-vis ! Entièrement rénové, son décor ultradesign, épuré et superbe, est propice au calme intérieur. Moment de plaisir autour des fourneaux, où le propriétaire-chef cultive son inspiration au gré du marché...

HASPRES – 59 Nord – **302** I6 – 2 679 h. – alt. 44 m – ✉ 59198 **31** C3

Paris 197 – Avesnes-sur-Helpe 49 – Cambrai 18 – Lille 66

Auberge St-Hubert
62 r. A. Brunet, rte Denain 1km D 955 – ✆ 03 27 25 70 97 – www.lestoquesblanchesduhainaut.com – Fermé août, 3-12 janv., dim. soir et lundi sauf fériés
Rest – Menu 20 € (sem.), 25/48 € bc – Carte 37/55 €
◆ Les habitués apprécient cette coquette auberge de la Vallée de la Selle pour son petit jardin, ses salles à manger champêtres et sa cuisine traditionnelle (gibier en saison).

HAUTEFORT – 24 Dordogne – **329** H4 – 1 120 h. – alt. 160 m – ✉ 24390 Périgord Quercy **4** D1

Paris 466 – Bordeaux 189 – Brive-la-Gaillarde 57 – Périgueux 59
place du Marquis J. F. de Hautefort ✆ 05 53 50 40 27

Au Périgord Noir sans rest
La Genèbre – ✆ 05 53 50 40 30 – www.hotel-perigordnoir.com
29 ch – 45/50 € 47/52 € – 6,50 €
◆ Bâtisse récente face au château de Hautefort, proposant des chambres très fonctionnelles, bien tenues et calmes. Réception partiellement automatisée.

HAUTE-GOULAINE – 44 Loire-Atlantique – **316** H4 – rattaché à Nantes

HAUTELUCE – 73 Savoie – **333** M3 – 887 h. – alt. 1 150 m – ✉ 73620 Alpes du Nord **45** D1

Paris 606 – Albertville 24 – Annecy 62 – Chambéry 77
316, Avenue des Jeux Olympiques ✆ 04 79 38 90 30

La Ferme du Chozal

ch, rest, VISA

– 04 79 38 18 18 – *www.lafermeduchozal.com* – *Ouvert de début juin à début oct. et de mi-déc. à mi-avril*

11 ch – 110/155 € 110/300 € – 15 € – ½ P 105/200 €

Rest – *(fermé lundi midi, mardi midi et merc. midi en juil.-août et dim. soir en juin et sept.)* Menu 28/100 € bc – Carte 52/69 €

◆ Alliance du confort moderne et du charme savoyard dans cette ancienne ferme : chambres douillettes, salon-bibliothèque et espace bien-être (sauna, hammam, jacuzzi, massages). Cuisine actuelle aux associations originales et belle carte de vins des Alpes (France, Suisse, Italie...).

HAUTERIVES – 26 Drôme – 332 D2 – 1 532 h. – alt. 299 m – 26390 43 E2

Lyon Drôme Ardèche

Paris 540 – Grenoble 77 – Lyon 85 – Valence 46

Place Galaure 04 75 68 86 82

Le Palais Idéal★★.

Le Relais

VISA

1 pl. Gén.-de-Miribel – 04 75 68 81 12 – *www.hotel-relais-drome.com* – *Fermé 15 janv.-28 fév., dim. soir et lundi sauf juil.-août*

16 ch – 58 € 66 € – 8,50 € – ½ P 55 €

Rest – Menu 17/37 € – Carte 50/80 €

◆ Les visiteurs du "Palais idéal" édifié par le facteur Cheval pourront faire étape dans cette solide maison à la façade en galets roulés. Chambres simples et bien tenues. Petits plats traditionnels servis dans la salle rustique ou en terrasse.

LES HAUTES-RIVIÈRES – 08 Ardennes – 306 L3 – 1 781 h. 14 C1 – alt. 175 m – 08800 Champagne Ardenne

Paris 254 – Châlons-en-Champagne 150 – Charleville-Mézières 22 – Sedan 29

Croix d'Enfer ★ S : 1,5 km par D 13 puis 30 mn - Vallon de Linchamps★ N : 4 km.

Auberge en Ardenne

VISA

15 r. Hôtel de Ville – 03 24 53 41 93 – *www.auberge-ardennes.fr* – *Fermé 20 déc.-10 janv.*

14 ch – 50 € 50 € – 7 € – ½ P 50 €

Rest – *(fermé sam. midi et dim. soir hors saison)* (11 €) Menu 13/40 € Carte 18/37 €

◆ Les chambres de cette auberge sont réparties dans des bâtiments situés de chaque côté de la rue. Ensemble sobre, fonctionnel et bien tenu. Deux salles de restaurant : l'une rustique logée dans l'ex-étable, l'autre plus contemporaine ouverte sur la rivière.

Les Saisons

A/C VISA

5 Grande Rue – 03 24 53 40 94 – *www.restaurant-lessaisons.com* – *Fermé 16-31 août, 28 fév.-6 mars, dim. soir, merc. soir et lundi*

Rest – (13 €) Menu 25/50 € – Carte 29/50 €

◆ Ici, la cuisine traditionnelle valorise les produits locaux : jambon de sanglier ou de pays, gibier et champignons en saison... Plusieurs salles dont une réservée au menu du jour.

HAUTEVILLE-LÈS-DIJON – 21 Côte-d'Or – 320 J5 – rattaché à Dijon

---

LE HAVRE SP – 76 Seine-Maritime – 304 A5 – 182 580 h. – 33 C2 Agglo. 248 547 h. – alt. 4 m – Casino HZ – 76600 Normandie Vallée de la Seine

Paris 198 – Amiens 184 – Caen 90 – Lille 318

Pont de Normandie : péage en 2010 : autos 5 €, auto et caravane 5,80 €, camions et autocars 6,30 à 12,50 €, gratuit pour motos.

du Havre-Octeville : 02 35 54 65 00 A.

186, boulevard Clemenceau 02 32 74 04 04

du Havre à Octeville-sur-Mer 17 chemin Saint Supplix, par rte d'Etretat : 10 km, 02 35 46 36 50

Port★★ EZ - Quartier moderne★ EFYZ : église St-Joseph★★EZ, pl. de l'Hôtel-de-Ville★ FY47, Av. Foch★ EFY - Musée André-Malraux★★ EZ - Maison de l'Armateur ★★ GZ.

Ste-Adresse★ : circuit★.

HARFLEUR

Doumer (R. Paul) . . . . D 30
Verdun (Av. de) . . . . D 90
104 (R. des) . . . . D 98

LE HAVRE

Abbaye (R. de l') . . . . C 2
Aplemont (Av. d') . . . . C 7
Churchill (Bd W.) . . . . B 24
Hermann-du-Pasquier (Quai) . B 44
Joannès-Couvert (Quai) . . . . . B 52
Mouchez (Bd Amiral) . . . . B 68
Octeville (Rte d') . . . . A 74
Picasso (Av. Pablo) . . . . C 77
Rouelles (R. de) . . . . C 82
Sakharov (R. Andréi) . . . . C 84

Pasino

pl. Jules Ferry, (au Casino)
– ✆ 02 35 26 00 00
– *www.pasino-lehavre.fr* FZ**b**

ch, rest, VISA

45 ch – 130/160 € 130/160 € – 15 €
Rest *La Brasserie* – (15 € bc) Menu 20 €
– Carte 25/50 €

◆ Chambres, junior suites et spa complet dans cet hôtel-casino ultra trendy. Brasserie moderne avec terrasse côté bassin.

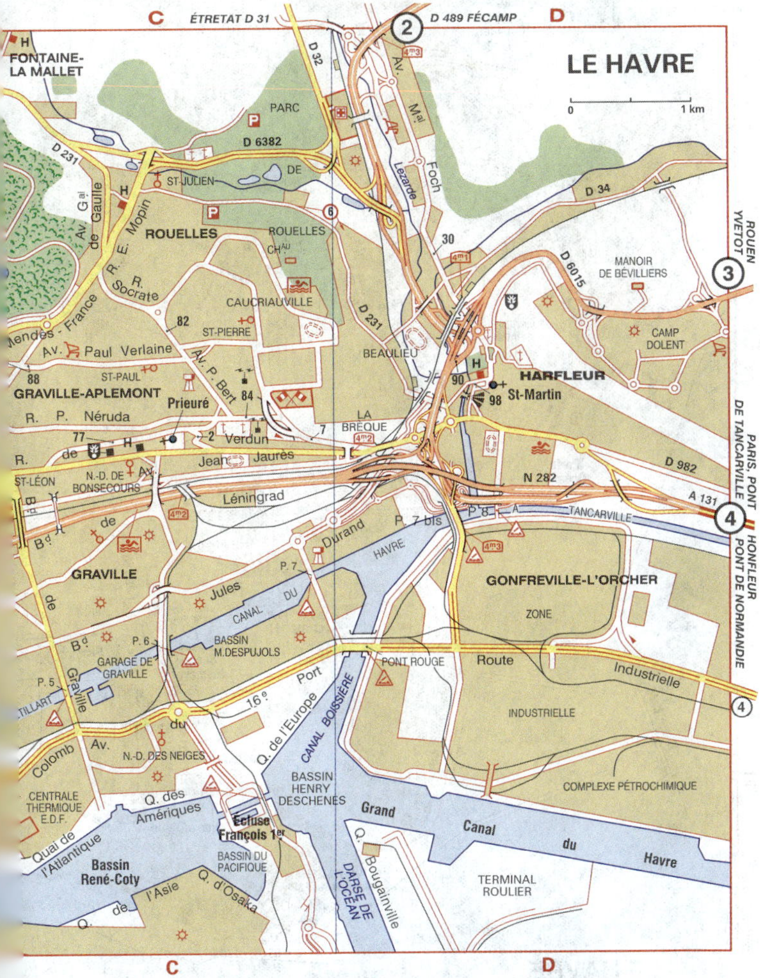

Novotel

20 cours Lafayette – ✆ 02 35 19 23 23 – www.novotel.com **HZa**

rest,

134 ch – †98/180 € ††98/180 € – 6 suites – ☕ 15 €

Rest – (23 €) Menu 29/55 € bc – Carte 30/40 €

◆ Hôtel d'architecture contemporaine proche de la gare, posé sur les rives du bassin Vauban. Chambres confortables répondant au concept "Novation". Cuisine actuelle de saison servie dans une salle dont les baies donnent sur un jardin. Terrasse d'été.

Alma (R. de l') EY 3	Churchill (Bd W.) HZ 24	François le Chevalier (Passerelle) GZ 3
Anfray (R.) GZ 5	Delavigne (Quai C.) GZ 29	Fratacci (Crs Cdt) HZ 1
Archinard (Av. Gén.) GZ 9	Delavigne (R. C.) GHY	Gaulle (Pl. Gén.-de) FZ 4
Bernardin-de-St-Pierre (R.) FZ 13	Drapiers (R. des) FZ 32	Genestal (R. H.) FY 4
La Bourdonnais (R.) EY 54	Étretat (R. d') EY	Honegger (R. A.) FZ 4
Bretagne (R. de) FGZ 14	Faidherbe (R. Gén.) GZ 36	Hôtel-de-Ville (Pl. de l') FYZ 4
Briand (R. A.) HY	Féré (Quai Michel) FZ 37	Huet (R. A.-A.) FY 4
Brindeau (R. L.) EFZ 15		

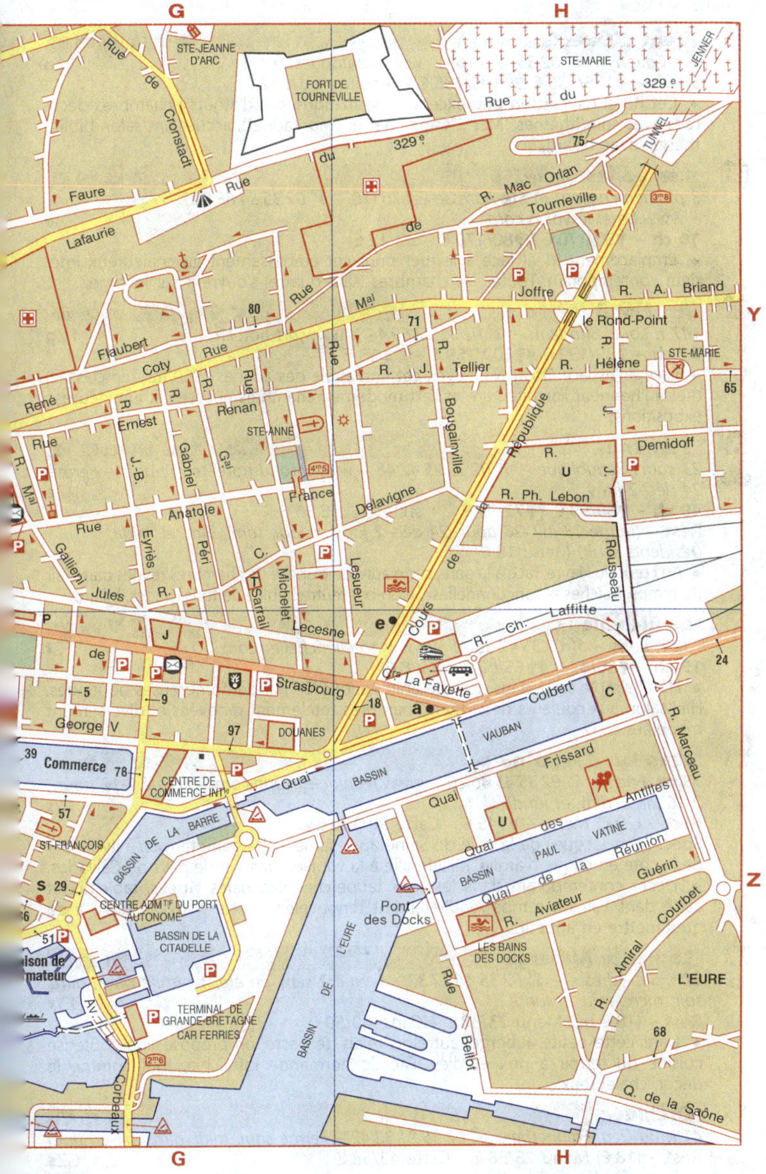

G
H
Y
Z
STE-JEANNE D'ARC
FORT DE TOURNEVILLE
STE-MARIE
Rue du 329e
JENNER
Rue de Cronstadt
Rue Faure
Rue Lafaurie
R. Mac Orlan
Tourneville
TUNNEL
75
3m8
Rue du Mal Joffre
R. A. Briand
le Rond-Point
80
71
Rue Flaubert
Rue René Coty
R. J. Tellier
R. Hélène
STE-MARIE
65
R. Ernest Renan
STE-ANNE
Bougainville
Cours de la République
Demidoff
R. J.-B. Eyriès
R. Gabriel Péri
Gal
France
4m5
Delavigne
R. Ph. Lebon
U
Rue Anatole France
Rue Mal Galliéni
Rousseau
R. Jules Lecesne
C. Michelet
Sarrail
Lesueur
R. Ch. Laffitte
P
J
Rue de Strasbourg
Crs La Fayette
24
5
9
George V
97
18
DOUANES
Colbert
C
R. Marceau
39
Commerce
78
CENTRE DE COMMERCE INTL
Quai
BASSIN VAUBAN
Frissard
Quai des Antilles
57
BASSIN DE LA BARRE
ST-FRANÇOIS
S 29
CENTRE ADMTIF DU PORT AUTONOME
BASSIN DE LA CITADELLE
51
BASSIN PAUL VATINE
Quai de la Réunion
Guérin
Pont des Docks
R. Aviateur
Courbet
LES BAINS DES DOCKS
BASSIN DE L'EURE
L'EURE
R. Amiral
TERMINAL DE GRANDE-BRETAGNE CAR FERRIES
Rue Bellot
68
Av.
2m6
Corbeaux
Q. de la Saône

Vent d'Ouest sans rest
4 r. Caligny – 02 35 42 50 69 – www.ventdouest.fr EZa
35 ch – 105/135 € 105/135 € – 4 suites – 12 €
◆ Cet hôtel havrais, un peu excentré, ne manque pas d'atouts : chambres décorées avec soin (thèmes "Mer", "Capitaine" et "Montagne"), accueillant salon-bibliothèque avec billard.

Les Voiles sans rest
3 pl. Clemenceau , à Ste-Adresse ✉ 76310 – 02 35 54 68 90 – www.hotel-lesvoiles.com Ae
16 ch – 80/170 € 80/170 € – 12 €
◆ Emplacement idéal face à la mer pour cet établissement au chaleureux intérieur contemporain. Toutes les chambres (sauf quatre) s'ouvrent sur le large.

Art Hôtel sans rest
147 r. Louis Brindeau – 02 35 22 69 44 – www.art-hotel.fr FZg
31 ch – 89/139 € 109/159 € – 13 €
◆ Face à l'espace Oscar Niemeyer, cet immeuble des années 1950 (façade classée) met à l'honneur l'architecture et l'art moderne : chambres épurées et lumineuses ; expositions.

Terminus
23 cours République – 02 35 25 42 48 – www.grand-hotel-terminus.fr – Fermé 24 déc.-2 janv. HZe
40 ch – 59/99 € 72/99 € – 1 suite – 8,50 €
Rest – *(fermé 13 juil.-28 août, 24 déc.-2 janv., vend., sam., dim. et midi) (résidents seult)* Menu 19 €
◆ Au cœur du Havre, face à la gare, cette adresse dispose de chambres revues dans l'air du temps, fraîches et fonctionnelles. Salon-bar feutré habillé de tons rouges, billard.

Le Richelieu sans rest
132 r. Paris – 02 35 42 38 71 – www.hotellerichelieu.com FZf
19 ch – 50/62 € 55/68 € – 8 €
◆ Hôtel simple situé dans une rue animée, bordée par de nombreuses boutiques. Hall-salon aux couleurs de la mer. Chambres totalement rénovées et diversement meublées.

Jean-Luc Tartarin
73 av. Foch – 02 35 45 46 20 – www.jeanluc-tartarin.com – Fermé 2-17 août, 2-16 janv., dim. et lundi FYt
Rest – (29 €) Menu 40/145 € – Carte 90/110 €
Spéc. Saint-Jacques de la baie de Seine au sésame et bergamote (oct. à avril). Bar de la côte en coque d'argile. Millefeuille à la vanille. **Vins** Vin de pays du Calvados.
◆ Décor contemporain dans les tons taupe-chocolat, baies vitrées, tableaux et carte dans l'air du temps régulièrement renouvelée : cette nouvelle table a de quoi mettre en appétit.

La Petite Auberge
32 r. Ste-Adresse – 02 35 46 27 32 – Fermé 2 sem. en été, 1 sem. en fév., dim. soir, merc. midi et lundi EYr
Rest – (18 € bc) Menu 23/38 € – Carte 40/59 €
◆ Dans cette petite auberge, autrefois relais de poste, on propose une goûteuse cuisine du terroir à prix étudiés. Façade normande rafraîchie, tout comme le décor, chaleureux.

Orchidée
41 r. du Gén.-Faidherbe – 02 35 21 32 42 – Fermé sam. midi, dim. soir et lundi
Rest – (18 €) Menu 28/38 € – Carte 43/58 € GZs
◆ En retrait des quais, salle colorée avec véranda, ornée de tableaux contemporains et d'un mobilier d'esprit marin. Cuisine actuelle soignée, à base de produits frais.

Le Wilson
98 r. Prés. Wilson – 02 35 41 18 28 – Fermé 20 juin-8 juil., 21-26 fév., dim. soir, lundi soir, mardi soir et merc. EYk
Rest – (13 €) Menu 18/36 € – Carte 30/46 €
◆ Cette discrète façade située sur une placette d'un quartier commerçant dissimule une table conviviale : décor marin, ambiance bistrot et cuisine traditionnelle.

HAZEBROUCK – 59 Nord – **302** D3 – 21 101 h. – alt. 25 m – ✉ 59190 **30** B2
Nord Pas-de-Calais Picardie

Paris 240 – Armentières 28 – Arras 60 – Calais 64

Le Gambrinus sans rest

2 r. Nationale, (rue face à la gare) – ✆ 03 28 41 98 79 – http://hoteldugambrinus.fr – Fermé 8-28 août

19 ch – †50/55 € ††55/60 € – ☕ 6,50 €

◆ Hôtel central dont l'enseigne évoque le joyeux roi de la bière, grande figure des Flandres. Petites chambres rénovées toutes différentes, simples et bien tenues.

à la Motte-au-Bois 6 km au Sud-Est par D 946 – ✉59190 Morbecque

Auberge de la Forêt avec ch

– ✆ 03 28 48 08 78 – www.auberge-delaforet.com

15 ch – †53/65 € ††55/70 € – ☕ 8 € – ½ P 60 €

Rest – *(fermé vend. midi et lundi midi)* (16 €) Menu 21/70 € bc – Carte 32/53 €

◆ Dans un village situé au cœur de la forêt de Nieppe. La vaste salle à manger (cheminée, sièges Louis XIII) sert de cadre à une cuisine actuelle à base d'épices et de plantes.

HÉDÉ – 35 Ille-et-Vilaine – **309** L5 – 1 711 h. – alt. 90 m – ✉ 35630 **10** D2

Paris 372 – Avranches 71 – Dinan 33 – Dol-de-Bretagne 31

Mairie ✆ 02 99 45 46 18

Château de Montmuran★ et église des Iffs★ O : 8 km.

La Vieille Auberge

rte de Tinténiac – ✆ 02 99 45 46 25 – www.lavieilleauberge35.fr – Fermé 23 août-7 sept., 21 fév.-9 mars, dim. soir et lundi

Rest – Menu 16 € (déj. en sem.), 25/75 € – Carte 45/100 €

◆ Ce joli moulin du 17e s. est rustique et bucolique : on peut s'installer au bord de l'étang et déguster une cuisine classique, dont l'agneau élevé par le père des patrons !

HENDAYE – 64 Pyrénées-Atlantiques – **342** B4 – 14 041 h. – alt. 30 m **3** A3
– Casino – ✉ 64700 Pays Basque et Navarre

Paris 799 – Biarritz 31 – Pau 143 – St-Jean-de-Luz 12

67, boulevard de la Mer ✆ 05 59 20 00 34

Grand crucifix★ dans l'église St-Vincent - Château d'Antoine-Abbadie★★ (salon★) 3 km.

Villa Goxoa sans rest

32 av. des Magnolias – ✆ 05 59 20 32 43 – www.villa-goxoa.com – Fermé 15 nov.-1er déc.

7 ch – †80/120 € ††80/120 € – ☕ 10 €

◆ Entre plage et port de plaisance, cette belle maison abrite un élégant "éco-hôtel". Décor épuré dans les chambres, dont le nom en basque évoque la nature (eau, montagne...).

Ez Kecha Bar Lieu Dit Vin

3 rte de Béhobie – ✆ 05 59 20 67 09 – www.eguiazabal.com – Fermé dim., lundi et fériés sauf déc.

Rest – *(nombre de couverts limité, prévenir)* (16 €) Menu 20 € (déj.)/35 € – Carte 40/60 € le soir

◆ Au cœur d'une vinothèque, plus de 1 500 références accompagnant une cuisine du marché soignée. Dégustation sur le zinc (tapas), dans le salon cosy ou près de la piscine.

à Hendaye Plage

Serge Blanco

125 bd de la Mer – ✆ 0 825 00 00 15 – www.thalassoblanco.com – Fermé déc.

90 ch – †87/125 € ††132/170 € – ☕ 14 € – ½ P 108/149 €

Rest – Carte 45/57 €

◆ Envie de tout plaquer ? À la tête de cet hôtel et de son centre de thalasso, le célèbre rugbyman. Chambres de style contemporain, face à la plage ou au port (quelques-unes sur cour). Trois formules de restauration : diététique, gastronomique ou grill (en été).

à Biriatou 4 km au Sud-Est par D 811 – 952 h. – alt. 60 m – ✉ 64700

Les Jardins de Bakéa rest, VISA MC AE

r. Herri Alde – ✆ 05 59 20 02 01 – www.bakea.fr – Fermé 20 nov.-8 déc. et 16 janv.-2 fév.
25 ch – †48/127 € ††58/127 € – ☕ 10 € – ½ P 75/110 €
Rest – *(fermé lundi et mardi sauf le soir d'avril à nov.)* Menu 35 € (sem.), 46/68 € – Carte 50/85 €
◆ Maison régionale du début du 20e s., abritant des chambres traditionnelles ou plus contemporaines (tissus acidulés, bois clair). Le restaurant offre une vue agréable sur la montagne ainsi qu'une jolie terrasse sous les platanes.

HÉNIN-BEAUMONT – 62 Pas-de-Calais – 301 K5 – 25 915 h. – alt. 30 m – ✉ 62110 Nord Pas-de-Calais Picardie
31 C2

Paris 194 – Arras 25 – Béthune 30 – Douai 13

Novotel ch, VISA MC AE

av. de la République, près échangeur Autoroute A1, par D 943 ✉ 62950 – ✆ 03 21 08 58 08 – www.novotel.com
81 ch – †59/174 € ††59/174 € – ☕ 14 €
Rest – (12 €) Menu 21 € – Carte 16/47 €
◆ Dans un centre commercial, ce Novotel est protégé par un îlot de verdure. Hall moderne et chambres de type "novation". Salle à manger contemporaine, tables dressées près de la piscine (lorsque le temps le permet) et cuisine au goût du jour.

HENNEBONT – 56 Morbihan – 308 L8 – 14 174 h. – alt. 15 m – ✉ 56700 Bretagne
9 B2

Paris 492 – Concarneau 57 – Lorient 13 – Pontivy 51
9, place Maréchal-Foch ✆ 02 97 36 24 52
Tour-clocher★ de la basilique N.-D.-de-Paradis.
Port-Louis : citadelle★★ (musée de la Compagnie des Indes★★, musée de l'Arsenal★) S : 13 km.

rte de Port-Louis 4 km au Sud par D 781 – ✉ 56700 Hennebont

Château de Locguénolé rest, VISA MC AE

– ✆ 02 97 76 76 76 – www.chateau-de-locguenole.com – Fermé 2 janv.-12 fév.
18 ch – †155/295 € ††155/295 € – 4 suites – ☕ 20 € – ½ P 162/236 €
Rest – *(fermé lundi et le midi sauf dim.)* Menu 44/92 € – Carte 64/100 €
Spéc. Vinaigrette de homard bleu à l'huile de crustacés (juin à sept.). Dos de turbot rôti à l'arête, mousseline de camus et écume d'algues (mars à mai). Chocolat en trois arômes pour trois textures (oct. à déc.).
◆ Deux demeures historiques dans un parc de 120 ha qui descend jusqu'à la ria du Blavet. Chambres spacieuses, élégantes et personnalisées. Agréables salles à manger où l'on sert une cuisine mariant avec brio saveurs marines et potagères ; belle carte des vins.

Chaumières de Kerniaven VISA MC AE

à 3 km – ✆ 02 97 76 91 90 – www.chaumieres-de-kerniaven.com – Ouvert 1er mai-26 sept.
9 ch – †78/112 € ††78/112 € – ☕ 17 €
◆ Présentez-vous à l'accueil au Château de Locguénolé ; vous serez conduit jusqu'à ces deux chaumières du 17e s. perdues dans la nature, idéales pour se ressourcer.

L'HERBAUDIÈRE – 85 Vendée – 316 C5 – voir à Île de Noirmoutier

---

HERBIGNAC – 44 Loire-Atlantique – 316 C3 – 5 117 h. – alt. 18 m – ✉ 44410
34 A2

Paris 446 – La Baule 24 – Nantes 72 – Redon 37
2, rue Pasteur ✆ 02 40 19 90 01

au Sud 6 km rte de Guérande par D774 – ✉ 44410 Herbignac

XX **La Chaumière des Marais**

– ✆ 02 40 91 32 36 – Fermé vacances de la Toussaint, vacances de fév., lundi sauf juil.-août et mardi

Rest – (18 €) Menu 28/63 € bc – Carte 49/55 €

◆ Jolie chaumière briéronne aux abords fleuris, avec poutres et cheminée. En cuisine, on utilise les herbes, les fleurs (capucines), les tomates et les fruits rouges du potager...

HÉRÉPIAN – 34 Hérault – **339** D7 – rattaché à Bédarieux

HÉROUVILLE – 95 Val-d'Oise – **305** D6 – **106** 6 – voir à Paris, Environs (Cergy-Pontoise)

HESDIN – 62 Pas-de-Calais – **301** F5 – 2 420 h. – alt. 27 m – ✉ 62140 **30** A2

Nord Pas-de-Calais Picardie

Paris 210 – Abbeville 36 – Arras 58 – Boulogne-sur-Mer 65

place d' Armes ✆ 03 21 86 19 19

Trois Fontaines

16 rte d'Abbeville – ✆ 03 21 86 81 65 – www.hotel-les3fontaines.com – Fermé 18 déc.-4 janv., lundi midi et sam. midi

16 ch – 57/67 € 61/74 € – 8 € – ½ P 50/53 €

Rest – (15 € bc) Menu 19/37 € – Carte 22/40 €

◆ Les petites chambres de cet hôtel sont en rez-de-jardin avec terrasse ; préférez celles de l'extension récente, de chaleureux style scandinave (lambris, mobilier rustique). Cuisine à prix doux servie dans une salle conviviale, autour de la cheminée.

XX **L'Écurie**

17 r. Jacquemont – ✆ 03 21 86 86 86 – www.restaurant-lecurie.com – Fermé 3-18 juil., dim. soir, lundi et mardi

Rest – (14 €) Menu 18/26 € – Carte 27/45 €

◆ À deux pas du bel hôtel de ville, un sympathique restaurant qui célèbre le cheval (sculptures en bois, enseigne). Lumineuse salle agrémentée de faïences. Cuisine traditionnelle.

à Gouy-St-André 14 km à l'Ouest par N 39 et D 137 – 602 h. – alt. 100 m – ✉ 62870

XX **Le Clos de la Prairie** avec ch

17 r. de St-Rémy – ✆ 03 21 90 39 58 – www.leclosdelaprairie.com – Fermé 1er-10 oct., 23-30 déc., sam. midi et merc.

8 ch – 85/95 € 100/115 € – 10 €

Rest – Menu 34/50 € – Carte 50/80 €

◆ Dans un sympathique village, restaurant chaleureux niché dans un corps de ferme. Terrasse ouverte sur la campagne. Cuisine traditionnelle revisitée, rythmée par le marché. Les belles chambres, contemporaines et climatisées, dominent la vallée de l'Authie.

HESDIN-L'ABBÉ – 62 Pas-de-Calais – **301** D3 – rattaché à Boulogne-sur-Mer

---

HÉSINGUE – 68 Haut-Rhin – **315** J11 – rattaché à St-Louis

HEUDICOURT-SOUS-LES-CÔTES – 55 Meuse – **307** F5 – rattaché à St-Mihiel

---

HEYRIEUX – 38 Isère – **333** D4 – 4 587 h. – alt. 220 m – ✉ 38540 **44** B2

Paris 487 – Lyon 30 – Pont-de-Chéruy 22 – La Tour-du-Pin 35

XXX **L'Alouette**

rte de St-Jean-de-Bournay, à 3 km ✉ 38090 – ✆ 04 78 40 06 08 – www.jcmarlhins.com – Fermé 14-20 avril, 26 juil.-13 août, 21 déc.-4 janv., sam. midi, dim. soir et lundi

Rest – (21 € bc) Menu 31 € bc (sem.), 38/51 € – Carte 45/65 €

◆ Salle de restaurant tripartite avec poutres apparentes, agrémentée de tableaux et de sculptures d'un artiste régional. Jolie mise en place et cuisine classique.

HIERES-SUR-AMBY – 38 Isère – **333** E3 – **1 119 h. – alt. 216 m** – ✉ 38118 **44** B1

▶ Paris 489 – Bourg-en-Bresse 57 – Grenoble 107 – Lyon 61

XX **Le Val d'Amby** avec ch rest, ch, VISA AE

pl. de la République – ✆ *04 74 82 42 67* – *www.hotel-levaldamby.com* – *Fermé 1er-6 mars, 25 avril-1er mai, 27 juil.-21 août, 23-25 déc., dim. soir et merc.*

13 ch – †52/65 € ††58/70 € – ☕ 8 €

Rest – (13 € bc) Menu 29/60 € – Carte 42/61 €

◆ Dans cette belle maison de pays sur la place du village, l'accueil est chaleureux et l'on savoure une cuisine traditionnelle aux accents méridionaux. Menu du jour, plus simple, servi au café. Chambres fonctionnelles et bien tenues, à prix sages.

HINSINGEN – 67 Bas-Rhin – **315** F3 – **91 h. – alt. 220 m** – ✉ **67260** **1** A1

▶ Paris 405 – St-Avold 35 – Sarrebourg 37 – Sarreguemines 22

X **La Grange du Paysan** P VISA

23 r. Principale – ✆ *03 88 00 91 83* – *Fermé lundi*

Rest – (12 €) Menu 19/45 € – Carte 17/50 €

◆ Vieilles poutres, licous et autres objets du monde agricole : on appréciera dans cette salle champêtre une cuisine du terroir généreuse (produits de l'élevage familial).

HIRMENTAZ – 74 Haute-Savoie – **328** M3 – **rattaché à Bellevaux**

HIRTZBACH – 68 Haut-Rhin – **315** H11 – **1 249 h. – alt. 308 m** – ✉ 68118 **1** A3

▶ Paris 462 – Altkirch 5 – Belfort 31 – Mulhouse 24

XX **Hostellerie de l'Illberg** P VISA AE

17 r. Mar. de Lattre de Tassigny – ✆ *03 89 40 93 22* – *www.hostelillberg.fr*

Rest – *(fermé lundi et mardi)* Menu 34/93 € bc – Carte 25/66 €

Rest *Bistrot d'Arthur* – *(fermé dim. soir et lundi)* (12 €) Menu 22/26 € – Carte 32/40 €

◆ Des œuvres d'artistes locaux ornent la salle à manger de cette chaleureuse maison. Cuisine classique revisitée, respectueuse des produits de la région. Le Bistrot propose de bien appétissants plats ou menus du jour dans une grande convivialité.

HOCHSTATT – 68 Haut-Rhin – **315** H10 – **rattaché à Mulhouse**

HOHRODBERG – 68 Haut-Rhin – **315** G8 – **alt. 750 m** – ✉ **68140** **1** A2

Alsace Lorraine

▶ Paris 462 – Colmar 26 – Gérardmer 37 – Guebwiller 47

≤★★.

Panorama ≤ ch, rest, P VISA AE

3 rte de Linge Hohrodberg – ✆ *03 89 77 36 53* – *www.hotel-panorama-alsace.com* – *Fermé 7-25 nov. et 9 janv.-9 fév.*

30 ch – †48/75 € ††48/75 € – ☕ 12 € – ½ P 52/71 €

Rest – Menu 16 € (sem.), 21/39 € – Carte 22/49 €

◆ Bâtiment ancien et son annexe moderne, face à la vallée de Munster. Chambres confortables – avec ou sans vue sur les Vosges – décorées de fresques à thème régional. Superbe panorama au restaurant où l'on sert des spécialités telles que le Presskopf de la mer.

LE HOHWALD – 67 Bas-Rhin – **315** H6 – **469 h. – alt. 570 m – Sports d'hiver : 600/1 100 m** 1 – ✉ **67140** Alsace Lorraine **2** C1

▶ Paris 430 – Lunéville 89 – Molsheim 33 – St-Dié 46

ℹ square Kuntz ✆ 03 88 08 33 92

Le Neuntelstein★★ ≤★★ N : 6 km puis 30 mn.

La Forestière
10 A chemin-du-Eck – 03 88 08 31 08 – www.laforestiere-alsace.fr
– Fermé 1 sem. en avril, fin juin-début juil. et 1 sem. en fév.
5 ch – 72/92 € 87/107 € **Table d'hôte** – Menu 26 € bc/38 € bc
♦ Sur les hauteurs de cette petite station de montagne, avec la forêt toute proche, une grande maison très tranquille : espace, modernité, confort... et saveurs, car ses charmants propriétaires sont passionnés par la cuisine alsacienne et le gibier !

HOLNON – 02 Aisne – 306 B3 – rattaché à St-Quentin

LE HÔME – 14 Calvados – 303 L4 – rattaché à Cabourg

HONDSCHOOTE – 59 Nord – 302 D2 – 3 803 h. – alt. 5 m – ✉ 59122 30 B1

Paris 286 – Dunkerque 22 – Lille 63 – Oostende 52
5, place du Général-de-Gaulle 03 28 62 53 00

Les Jardins de l'Haezepoël
1151 r. de Looweg – 03 28 62 50 50 – www.hzpl.com – Fermé lundi soir et mardi
Rest – Menu 15 € (sem.)/25 € – Carte 25/35 €
♦ Belle maison en briques abritant également un cabaret. Dans un cadre champêtre, vous dégusterez grillades préparées devant vous et spécialités régionales (potjevleech).

HONFLEUR – 14 Calvados – 303 N3 – 8 177 h. – alt. 5 m – ✉ 14600 32 A3

Normandie Vallée de la Seine

Paris 195 – Caen 69 – Le Havre 27 – Lisieux 38
Pont de Normandie : péage en 2010 : autos 5 €, auto et caravane 5,80 €, camions et autocars 6,30 à 12,50 €, gratuit pour motos.
quai Lepaulmier 02 31 89 23 30
le vieux Honfleur★★ : Vieux bassin★★ AZ, église Ste-Catherine★★ AY et clocher★ AY **B** - Côte de Grâce★★AY : calvaire★★.
Pont de Normandie★★ par ① : 4 km (péage).

Plan page suivante

La Ferme St-Siméon
20 r. A. Marais, par ③ – 02 31 81 78 00
– www.fermesaintsimeon.fr
30 ch – 150/490 € 150/490 € – 4 suites – 27 € – ½ P 229/399 €
Rest – Menu 55 € (déj. en sem.), 90/129 € – Carte 95/115 €
♦ Haut lieu de l'histoire de la peinture, l'auberge que fréquentaient les impressionnistes est devenue un magnifique ensemble hôtelier, dont le parc domine l'estuaire. Espaces détente et remise en forme. Restaurant raffiné, terrasses face à la mer, bon choix de calvados et belle cuisine classique.

Le Manoir du Butin
r. A. Marais , par ③ – 02 31 81 63 00 – www.hotel-lemanoir.fr
10 ch – 120/350 € 120/350 € – 22 € **Rest** – Menu 48 €
♦ Colombages peints, fenêtres à croisillons, jeu de toitures asymétriques et parc : ce manoir du 18e s. pétri de charme abrite des chambres douillettes. Élégante et lumineuse salle à manger ; cuisine au goût du jour.

Les Maisons de Léa sans rest
pl. Ste-Catherine – 02 31 14 49 49 – www.lesmaisonsdelea.com AY**a**
24 ch – 120/205 € 120/205 € – 6 suites – 15 €
♦ Trois anciens logis de pêcheur (16e s.) et un ancien grenier à sel composent cet hôtel de charme, proche du clocher en bois de Ste-Catherine. Petit espace bien-être.

L'Écrin sans rest
19 r. E. Boudin – 02 31 14 43 45 – www.honfleur.com/default-ecrin.htm
27 ch – 100/250 € 100/250 € – 3 suites – 15 € AZ**k**
♦ Hôtel-musée dont les chambres et les salons, foisonnants d'objets d'art et d'ornements anciens, sont répartis dans cinq bâtiments d'époques différentes. Petit-déjeuner servi dans une véranda ouvrant sur le jardin.

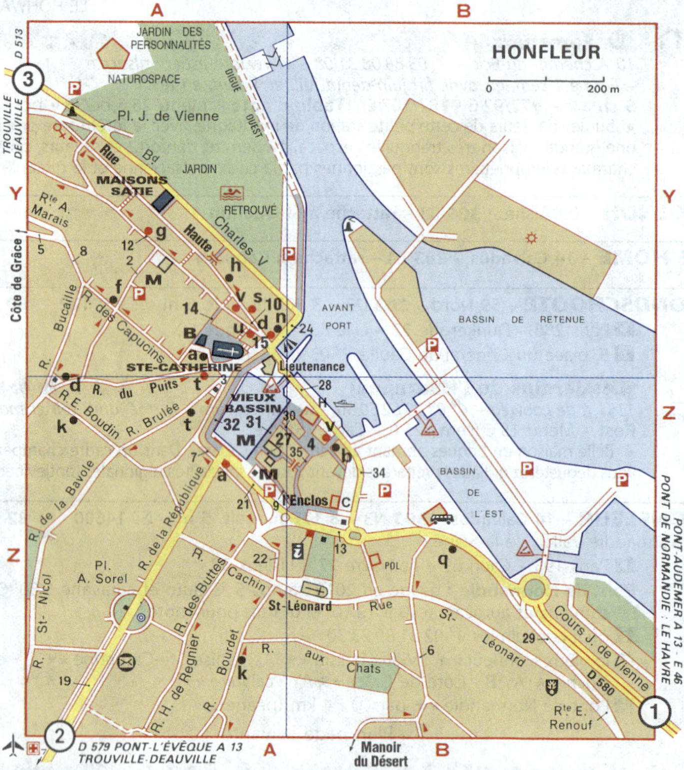

La Maison de Lucie sans rest

44 r. des Capucins – ✆ 02 31 14 40 40 – www.lamaisondelucie.com

10 ch – †150/220 € ††150/220 € – 2 suites – ☕ 18 € **AYf**

◆ Charme et raffinement vous attendent dans les chambres coquettes de cette maison du 18e s. Petit-déjeuner servi aux salons (boiseries, poutres) ou dans la cour intérieure pavée.

L'Absinthe sans rest

1 r. de la Ville – ✆ 02 31 89 23 23 – www.absinthe.fr **BZv**

10 ch – †120/185 € ††120/185 € – 2 suites – ☕ 12 €

◆ Ce presbytère du 16e s. abrite un hôtel calme et insolite. Décor aux teintes douces, mariant rustique et moderne. Certaines chambres sont logées dans une maison face aux quais.

Des Loges sans rest

18 r. Brûlée – ✆ 02 31 89 38 26 – www.hoteldesloges.com **AZt**

14 ch – †110/155 € ††110/155 € – ☕ 12 €

◆ Trois maisons du 17e s. bien rénovées composent cet insolite hôtel-boutique. Cadre contemporain très épuré ; ambiance zen dans les chambres.

Mercure sans rest
r. Vases – ✆ 02 31 89 50 50 – www.accor-hotels.com BZ**q**
56 ch – 🚹85/130 € 🚹🚹85/130 € – ☕ 13 €
◆ Pas loin du centre, hôtel de chaîne à la façade vaguement normande où vous logerez dans des chambres fonctionnelles. Amateurs de calme, préférez celles situées sur l'arrière.

Le Cheval Blanc sans rest
2 quai des Passagers – ✆ 02 31 81 65 00 – www.hotel-honfleur.com
34 ch – 🚹70/115 € 🚹🚹85/200 € – 2 suites – ☕ 10 € AY**n**
◆ Un ancien relais de poste du 15e s. bien rénové, aux chambres actuelles (plus grandes au 1er étage) avec vue sur l'avant-port. Petit-déjeuner buffet. Accueil aimable.

Kyriad
62 cours A. Manuel, par ② – ✆ 02 31 89 41 77 – www.kyriad.fr – Fermé 23-26 déc.
50 ch – 🚹68/89 € 🚹🚹68/89 € – ☕ 8,50 € **Rest** – (15 €) Carte environ 28 €
◆ Hôtel rénové situé à l'écart du centre. Ses chambres, petites mais bien insonorisées, sont avant tout fonctionnelles ; celles de l'arrière donnent sur un jardinet. Table traditionnelle, formule buffet et brunch le dimanche.

La Petite Folie sans rest
44 r. Haute – ✆ 06 74 39 46 46 – www.lapetitefolie-honfleur.com – Fermé 12 janv.-12 fév. AY**h**
5 ch ☕ – 🚹145/160 € 🚹🚹145/160 €
◆ Toutes les touches raffinées d'une maison d'hôtes s'illustrent ici : meubles et objets chinés, tommettes au sol, linge luxueux, etc. Petit-déjeuner au jardin dès les beaux jours.

Le Clos Bourdet sans rest
50 r. Bourdet – ✆ 06 07 48 99 67 – www.leclosbourdet.com – Fermé janv.
5 ch ☕ – 🚹130 € 🚹🚹145 € AZ**k**
◆ Dans un grand jardin clos à flanc de colline... C'est peu dire que cette belle maison bourgeoise du 18e s. jouit du calme ! Chambres personnalisées.

La Cour Ste-Catherine sans rest
74 r. du Puits – ✆ 02 31 89 42 40 – www.coursaintecatherine.com AYZ**d**
5 ch ☕ – 🚹75/95 € 🚹🚹80/100 €
◆ Sur les hauteurs d'Honfleur, dans les murs d'un ancien couvent (17e s.) qui fut aussi une cidrerie, des chambres paisibles, mariant l'ancien et le moderne. Petit-déjeuner dans une salle rustique (ex-pressoir).

L'Absinthe
10 quai Quarantaine – ✆ 02 31 89 39 00 – www.absinthe.fr – Fermé 15 nov.-15 déc. BZ**b**
Rest – (28 €) Menu 33/65 € – Carte 66/84 €
◆ Face au port, ce restaurant – ancien bar de pêcheur – occupe deux maisons des 15e et 17e s., au cadre rustique à souhait. Grande terrasse sur le devant. Cuisine actuelle.

Sa. Qua. Na (Alexandre Bourdas)
22 pl. Hamelin – ✆ 02 31 89 40 80 – www.alexandre-bourdas.com – Fermé 2 sem. en juin, mi-janv. à fin fév., lundi, mardi et merc. AY**u**
Rest – *(nombre de couverts limité, prévenir)* Menu 65/95 €
Spéc. Lotte pochée au citron vert, livèche et coriandre. Rouget barbet juste cuit, chair de tourteau, tomates, févettes et amandes fraîches (juil.-août). Feuille de nougatine au cacao, chocolat blanc et "melanosporum" (hiver).
◆ Sa.Qua.Na pour "saveurs, qualité, nature", ou encore "poisson" (sakana) en nippon : telle est la formule magique d'Alexandre Bourdas, formé chez Bras et passé par le Japon. Étonnante cuisine d'auteur, technique et intuitive à la fois. Cadre moderne, tendance zen.

XX **Entre Terre et Mer** avec ch
12 pl. Hamelin – ✆ 02 31 89 70 60 – www.entreterreetmer-honfleur.com – Fermé janv. **AYd**
14 ch – †98/105 € ††98/105 € – ☕ 11 €
Rest – (23 €) Menu 28/55 € – Carte 52/88 €
◆ Sur une place proche du vieux bassin. Deux salles contemporaines ; l'une décorée de photos sur la Normandie, l'autre de tableaux régionaux. Carte "terre et mer" actuelle. Chambres cosy et confortables dans la maison annexe située juste en face.

XX **Le Bréard**
7 r. du Puits – ✆ 02 31 89 53 40 – www.restaurant-lebreard.com – Fermé 7-15 mars, 10-25 déc., 15-21 fév., merc. midi, lundi et mardi
Rest – Menu 28/49 € **AYt**
◆ Dans une ruelle pavée proche de l'église Ste-Catherine, façade sobre dissimulant deux salles lumineuses séparées par une terrasse intérieure chauffée en hiver. Plats au goût du jour.

XX **La Fleur de Sel**
17 r. Haute – ✆ 02 31 89 01 92 – www.lafleurdesel-honfleur.com – Fermé 1er-7 juil., janv., mardi et merc. **AYv**
Rest – Menu 28/58 €
◆ Une table sympathique pour un repas dans l'air du temps : deux petites salles néo-rustiques exposant des photographies culinaires et une collection de Guides Michelin.

X **Au P'tit Mareyeur**
4 r. Haute – ✆ 02 31 98 84 23 – www.auptitmareyeur.com – Fermé 22 juin-1er juil., 4 janv.-2 fév., lundi et mardi **AYs**
Rest – *(nombre de couverts limité, prévenir)* Carte 39/59 €
◆ Colombages, tableaux sur le thème marin et jolies tables participent à l'atmosphère intime du restaurant. Produits de la mer ; bouillabaisse honfleuraise en spécialité.

X **L'Ecailleur**
1 r. de la République – ✆ 02 31 89 93 34 – www.lecailleur.fr – Fermé en mars, 17 juin-4 juil., 12-21 nov., 8-25 déc., merc. et jeudi hors saison **AZa**
Rest – Menu 27/39 € – Carte 34/56 €
◆ Recettes au goût du jour à déguster dans un décor dépaysant et chaleureux évoquant une cabine de paquebot (boiseries, cordages, hublots). La grande baie vitrée s'ouvre sur le port.

X **La Tortue**
36 r. de l'Homme de Bois – ✆ 02 31 81 24 60 – www.restaurantlatortue.fr – Fermé janv., mardi et merc. **AYg**
Rest – (18 €) Menu 23/37 €
◆ Dans une ruelle du vieux Honfleur, ce restaurant régional renouvelle chaque jour ses suggestions, à l'ardoise, selon l'arrivage de la pêche locale. Petite épicerie fine.

à la Rivière-St-Sauveur 2 km par ① – 1 719 h. – alt. 1 m – ✉ 14600

Antarès sans rest
r. St-Clair – ✆ 02 31 89 10 10 – www.antares-honfleur.com
78 ch – †89/174 € ††89/174 € – ☕ 11 €
◆ Les chambres de ce complexe hôtelier ont été rénovées en 2009 (tentures, écrans plats, couettes...), tout comme la piscine, le hammam et le sauna. Spa avec massages.

Les Bleuets sans rest
11 r. Desseaux – ✆ 02 31 81 63 90 – www.motel-les-bleuets.com – Fermé 9 janv.-7 fév.
18 ch – †59/99 € ††59/99 € – ☕ 8 €
◆ Établissement d'allure motel : façade bleu et blanche, espace détente (sauna, hammam...) et chambres avec miniterrasse ou balcon. Balançoire, toboggan, prêt de vélos adulte.

au Nord-Ouest 3 km par ③ rte de Trouville – ✉ 14600 Vasouy

La Chaumière

rte du Littoral, Vasouy – ✆ 02 31 81 63 20 – www.hotel-chaumiere.fr
9 ch – †150/450 € ††150/450 € – ☕ 17 €
Rest – *(fermé merc. midi, jeudi midi et mardi) (nombre de couverts limité, prévenir)* Menu 40 € (sem.)/60 € – Carte 74/97 €
◆ Cette jolie ferme normande du 17e s. se dresse face à l'estuaire de la Seine dans un parc dégringolant jusqu'à la mer. Chambres cosy, garnies de beaux meubles anciens. Poutres patinées et belle cheminée contribuent à l'atmosphère douillette du restaurant.

au Nord-Ouest 8 km par ③ rte de Trouville et rte secondaire – ✉ 14600 Honfleur

Le Romantica

chemin Petit Paris – ✆ 02 31 81 14 00 – www.romantica-honfleur.com
35 ch – †60 € ††70/125 € – ☕ 9 € – ½ P 73/100 €
Rest – *(fermé jeudi midi et merc.)* (18 €) Menu 28/40 € – Carte 28/64 €
◆ Sur les hauteurs du village, cette bâtisse d'architecture régionale offre calme et confort dans ses chaleureuses chambres à touche rustique. Agréable piscine intérieure. Beau panorama sur la Manche et la campagne par les baies vitrées du restaurant.

à Cricqueboeuf 9 km par ③ et rte de Trouville – 207 h. – alt. 25 m – ✉ 14113

Manoir de la Poterie & Spa

chemin P. Ruel – ✆ 02 31 88 10 40 – www.honfleur-hotel.com
23 ch – †147/258 € ††147/258 € – 1 suite – ☕ 21 €
Rest – *(fermé le midi en sem.)* Menu 33 € (sem.), 52/75 € – Carte 41/101 €
◆ Face à la mer, manoir moderne d'allure normande dont les chambres, de styles Louis XVI, Directoire, marin et actuel, sont tournées vers l'estran ou la campagne. Spa. Atmosphère cosy et cuisine au goût du jour dans la salle à manger qui ménage un espace plus intime.

à Villerville 10 km par ③, rte de Trouville – 750 h. – alt. 10 m – ✉ 14113

ℹ 40, rue Général Leclerc ✆ 02 31 87 21 49

Le Bellevue

rte d'Honfleur – ✆ 02 31 87 20 22 – www.bellevue-hotel.fr – Fermé 3 janv.-3 fév.
26 ch – †75/115 € ††95/115 € – 3 suites – ☕ 12 € – ½ P 85/120 €
Rest – *(fermé mardi midi, merc. midi et jeudi midi)* Menu 28/46 € – Carte 37/53 €
◆ Cette demeure dominant la mer fut, à la fin du 19e s., la villégiature d'un directeur de l'Opéra Comique de Paris. Chambres confortables, rustiques ou contemporaines. Coquette salle à manger-véranda offrant une jolie vue sur le jardin et le littoral.

L'HÔPITAL-ST-BLAISE – 64 Pyr.-Atl. – 342 H5 – 74 h. – alt. 145 m – ✉ 64130 Aquitaine   3 B3

Paris 796 – Oloron-Ste-Marie 18 – Orthez 32 – Pau 52

Église★.

Auberge du Lausset

– ✆ 05 59 66 53 03 – Fermé mardi et merc. de nov. à mai
Rest – Menu 17/30 €
◆ Le village, avec sa belle église romane, est tout petit. Si l'intérieur de ce restaurant n'a rien de particulier, l'assiette, en revanche, éclate de couleurs. Tout est fait maison !

HORBOURG – 68 Haut-Rhin – 315 I8 – rattaché à Colmar

HOSSEGOR – 40 Landes – 335 C13 – 3 292 h. – alt. 4 m – Casino 3 A3
– ✉ 40150 Aquitaine

Paris 752 – Bayonne 25 – Biarritz 32 – Bordeaux 170
place des Halles ✆ 05 58 41 79 00
d'Hossegor 333 avenue du Golf, SE : 0,5 km, ✆ 05 58 43 56 99
de Seignosse à Seignosse avenue du Belvédère, N : 5 km par D 152, ✆ 05 58 41 68 30
de Pinsolle à Soustons Port d'Albret Sud, N : 10 km par D 4, ✆ 05 58 48 03 92
Le lac★ - Les villas basco-landaises★.

Les Hortensias du Lac sans rest
1578 av. du Tour du Lac – ✆ 05 58 43 99 00
– www.hortensias-du-lac.com – Ouvert de mi-mars à mi-nov.
20 ch – 140/240 € 140/240 € – 4 suites – 20 €
◆ Trois belles maisons entourées d'une pinède, au bord du lac marin... Dans les chambres, luxe décontracté et décoration d'inspiration 1930. Délicieux petit-déjeuner sucré-salé.

Pavillon Bleu
av. Touring Club de France – ✆ 05 58 41 99 50 – www.pavillonbleu.fr
21 ch – 70/165 € 70/165 € – 11 € – ½ P 75/120 €
Rest – *(fermé 26 déc.-20 janv.)* Menu 23 € (déj. en sem.), 31/68 € – Carte 31/68 €
◆ Une grande maison de construction récente, près du lac marin : les chambres, avec balcon, sont fonctionnelles et bien équipées (baignoires balnéo). Le restaurant et sa terrasse offrent la vue sur les flots ; cuisine au goût du jour.

Mercédès sans rest
63 av. du Tour du Lac – ✆ 05 58 41 98 00 – www.hotel-mercedes.com
– Ouvert 1er avril-1er nov.
40 ch – 70/90 € 88/149 € – 11 €
◆ Établissement balnéaire (1953) proche du lac ; les chambres possèdent presque toutes un balcon et une kitchenette. En été, le petit-déjeuner est servi près de la piscine.

202 sans rest
202 av. du Golf – ✆ 05 58 43 22 02 – www.hotel202.fr
25 ch – 110/220 € 110/220 € – 2 suites – 15 €
◆ Une jolie villa immaculée, où règne une ambiance assez jeune. Les chambres sont spacieuses et cosy, toutes avec balcon. Terrasse en teck. L'adresse design d'Hossegor.

Jean des Sables
121 av. de la Dune – ✆ 05 58 72 29 82 – Fermé 15 janv.-13 fév., merc. sauf juil.-août, lundi midi et vend. midi en juil.-août
Rest – Menu 37 € (déj. en sem.), 57/87 € – Carte 61/98 €
◆ Cadre épuré pour ce restaurant de plage du chef Jean Cousseau : béton ciré, murs clairs, vivier, vue sur l'Océan... Carte créative privilégiant poissons et produits de saison.

HOUAT (ÎLE D') – 56 Morbihan – 308 N10 – voir à Île d'Houat

LA HOUBE – 57 Moselle – 307 O7 – ✉ 57850 Dabo 27 D2

Paris 453 – Lunéville 86 – Phalsbourg 18 – Sarrebourg 27

Des Vosges
41 r. de la Forêt Brulée ✉ 57850 La Hoube Dabo – ✆ 03 87 08 80 44
– www.hotel-restaurant-vosges.com – Fermé 28 sept.-11 oct., 15 fév.-15 mars, mardi soir et merc.
9 ch – 35/40 € 50/58 € – 8 € – ½ P 45 €
Rest – (10 €) Menu 21/30 € – Carte 24/36 €
◆ Petite auberge familiale située au bout du village. Chambres simples et bien tenues ; agréable jardin. Dans la salle à manger rustique tournée vers la forêt vosgienne, sympathique cuisine respectueuse du terroir.

LES HOUCHES - 74 Haute-Savoie - 328 N5 - 3 037 h. - alt. 1 004 m 46 F1
- Sports d'hiver : 1 010/1 900 m 2 16 - ✉ 74310 Alpes du Nord

Paris 602 - Annecy 89 - Bonneville 47 - Chamonix-Mont-Blanc 9

place de la Mairie ✆ 04 50 55 50 62

Le Prarion★★.

Du Bois
La Griaz - ✆ 04 50 54 50 35 - www.hotel-du-bois.com - Fermé 4 nov.-6 déc.
43 ch - 50/162 € 60/182 € - 10 € - ½ P 110/121 €
Rest - *(fermé 13 avril-15 mai, 6 oct.-10 déc. et le midi)* Menu 20 € Carte environ 23 €
◆ Ensemble typé, avec le mont Blanc à l'horizon. Chambres pratiques et appartements dans l'aile récente. Belle piscine couverte, sauna et bassin extérieur. Salon-bar tendance et formule buffet servie dans un sympathique cadre rustique.

Auberge Beau Site
52 r. de l'Eglise - ✆ 04 50 55 51 16 - www.hotel-beausite.com - Ouvert 1er juin-26 sept. et 20 déc.-20 avril
18 ch - 87/115 € 97/137 € - 10 € - ½ P 84/104 €
Rest *Le Pèle* - *(fermé 11-20 avril, 1er-15 juin, 12-26 sept. et le midi en hiver sauf vacances de Noël)* Menu 28/38 € - Carte environ 35 €
◆ Maison familiale située au pied du clocher de la station rendue célèbre par Lord Kandahar. Chambres de bonne ampleur, fonctionnelles et égayées d'étoffes rouges et vertes. Agréable table familiale où l'on sert une bonne cuisine traditionnelle.

Auberge Le Montagny sans rest
490 rte du Pont - ✆ 04 50 54 57 37 - www.chamonix-hotel.com - Ouvert 19 juin-26 sept. et 21 déc.-6 avril
8 ch - 72 € 82 € - 10 €
◆ De la ferme de 1876 ne subsistent que la porte et quelques poutres : ce sympathique petit chalet où le bois est roi abrite aujourd'hui de coquettes chambres à l'esprit montagne.

au Prarion par télécabine - ✉ 74310 Les Houches

✳★★ 30 mn.

Le Prarion
alt.1 860 - ✆ 04 50 54 40 07 - www.prarion.com - Ouvert 20 juin-13 sept. et 18 déc.-15 avril
12 ch (½ P seult) - ½ P 90/120 € **Rest** - Menu 32 € - Carte 19/37 €
◆ Massifs du Mont-Blanc et des Aravis, vallées de Chamonix et de Sallanches : de cet hôtel votre regard ne se posera que sur des sommets enneigés... Petites chambres simples. Le midi, repas traditionnels (en self-service l'hiver) et le soir, menu unique.

HOUDAN - 78 Yvelines - 311 F3 - 3 105 h. - alt. 104 m - ✉ 78550 18 A2
Île de France

Paris 60 - Chartres 55 - Dreux 20 - Évreux 52

4, place de la Tour ✆ 01 30 59 53 86

36 de la Vaucouleurs à Civry-la-Forêt Rue de l'Eglise, N : 11 km par D 983, ✆ 01 34 87 62 29

27 des Yvelines à La Queue-les-Yvelines Château de la Couharde, E : 12 km par N 12, ✆ 01 34 86 48 89

La Poularde
24 av. de la République, (rte de Maulette D 912) - ✆ 01 30 59 60 50 - www.alapoularde.com - Fermé 26 avril-3 mai, 16-31 août, 24 oct.-2 nov., 28 fév.-8 mars, dim. soir, lundi et mardi
Rest - (25 €) Menu 29/58 € - Carte 46/80 €
◆ La carte traditionnelle met en valeur la fameuse poule de Houdan et les truffes en saison. Salle à manger classique et grande terrasse pour l'été. Belle collection de whisky.

Le Donjon
14 r. d'Epernon, (près de l'église) - ✆ 01 30 59 79 14 - www.restaurant-ledonjon.fr - Fermé 1 sem. en mars, 9-24 août, dim. soir, jeudi soir et lundi
Rest - (22 € bc) Menu 30/60 € bc - Carte environ 47 €
◆ Du château médiéval ne subsiste que le donjon, voisin de ce restaurant. Cuisine traditionnelle rythmée par les saisons, servie dans une salle classique, de bon confort.

HOUDEMONT – 54 Meurthe-et-Moselle – **307** H7 – rattaché à Nancy

HOULGATE – 14 Calvados – **303** L4 – 1 902 h. – alt. 11 m – Casino **32** B2
– ✉ 14510 Normandie Vallée de la Seine

Paris 214 – Caen 29 – Deauville 14 – Lisieux 33

10, boulevard des Belges ✆ 02 31 24 34 79

d'Houlgate à Gonneville-sur-Mer, E : 3 km par D 513, ✆ 02 31 24 80 49

Falaise des Vaches Noires★ au NE.

L'Éden

7 r. Henri-Fouchard – ✆ 02 31 24 84 37 – www.restaurant-leden.com – Fermé 4-12 oct., 2 janv.-7 fév., lundi et mardi sauf du 7 juil. au 31 août

Rest – Menu 19 € (sem.), 26/43 € – Carte 36/55 €

◆ Goûteux plats traditionnels honorant les produits de la mer, à déguster dans une salle actuelle ou sous une véranda façon jardin d'hiver, d'où l'on peut voir les cuisines.

HUEZ – 38 Isère – **333** J7 – rattaché à Alpe d'Huez

HUNINGUE – 68 Haut-Rhin – **315** J11 – rattaché à St-Louis

HURIGNY – 71 Saône-et-Loire – **320** I12 – rattaché à Mâcon

HUSSEREN-LES-CHÂTEAUX – 68 Haut-Rhin – **315** H8 – 488 h. **2** C2
– alt. 380 m – ✉ 68420 Alsace Lorraine

Paris 455 – Belfort 69 – Colmar 10 – Gérardmer 55

Husseren-les-Châteaux

r. Schlossberg – ✆ 03 89 49 22 93 – www.hotel-husseren-les-chateaux.com

36 ch – †75/88 € ††102/145 € – 2 suites – ☕ 13 € – ½ P 90/99 €

Rest – (11 €) Menu 21/44 € – Carte 26/38 €

◆ Perchée sur les hauteurs du massif vosgien, construction moderne pourvue de grandes chambres fonctionnelles avec mezzanine. Piscine couverte et tennis. Belle échappée sur la vallée du Rhin depuis le lumineux restaurant où l'on sert une cuisine traditionnelle.

HYÈRES – 83 Var – **340** L7 – 55 007 h. – alt. 40 m – Casino : des Palmiers Z – ✉ 83400 Côte d'Azur **41** C3

Paris 851 – Aix-en-Provence 102 – Cannes 123 – Draguignan 78

de Toulon-Hyères : ✆ 0 825 01 83 87, SE : 4 km V.

3, avenue Ambroise Thomas ✆ 04 94 01 84 50

≤★ de la place St-Paul Y **49** - ≤★ du parc St-Bernard Y - ≤★ de l'esplanade de la Chapelle N.-D. de Consolation V **B** - ✻★ des Ruines du Château des aires - Presqu'île de Giens★★.

Mercure

19 av. A. Thomas – ✆ 04 94 65 03 04 – www.mercure.com Vx

84 ch – †112/152 € ††124/164 € – ☕ 13 €

Rest – (15 €) Menu 25 € – Carte 24/43 €

◆ Hôtel lumineux, situé près de la voie d'Olbia et d'un centre d'affaires. Chambres fonctionnelles et contemporaines disposant d'équipements dernier cri. Au restaurant, cuisine régionale et service au bord de la piscine en saison.

L'Europe sans rest

45 av. E. Cavell – ✆ 04 94 00 67 77 – www.hotel-europe-hyeres.com

42 ch – †75/150 € ††85/160 € – ☕ 10 € Vr

◆ Face à la gare, bâtiment du 19e s. entièrement rénové en 2010. Chambres d'esprit zen (tons gris et taupe) et belle terrasse panoramique sur le toit.

Les Jardins de Bacchus

32 av. Gambetta – ✆ 04 94 65 77 63 – www.bacchushyeres.com – Fermé 2-8 janv., sam. midi, dim. soir et lundi Zv

Rest – (14 €) Menu 19/39 € – Carte 30/45 €

◆ Bacchus est à l'honneur dans cette jolie maison à l'ambiance feutrée... Les vins régionaux ravissent le palais, ainsi que la savoureuse cuisine d'influence méridionale...

HYÈRES-GIENS

Almanarre (Rte de l')	X	2
Barbacane (R.)	Y	3
Barruc (R.)	Y	4
Belgique (Av. de)	Y	5
Bourgneuf (R.)	Y	6
Chateaubriand (Bd)	Y	7
Clemenceau (Pl.)	Y	9
Clotis (Av. J.)	V	10
Costebelle (Montée)	V	12
Degioanni (R. R.)	X	13
Denis (Av. A.)	Y	
Dr-Perron (Av.)	Z	14
Foch (Av. Mar.)	Z	15
Gambetta (Av.)	Z	
Gaulle (Av. de)	Y	16
Geoffroy-St-Hilaire (Av.)	V	17
Godillot (Av. A.)	V	18
Herriot (Bd E.)	X	20
Iles d'Or (Av. des)	Z	
Lattre-de-Tassigny (Av. de)	V	22
Lefebvre (Pl. Th.)	Z	23
Macri (Ch. Soldat)	V	25
Madrague (Rte de la)	X	26
Mangin (Av. Gén.)	Y	28
Massillon (Pl. et R.)	Y	29
Millet (Av. E.)	Z	32
Moulin-Premier (Chemin du)	V	33
Noailles (Montée de)	Y	34
Nocart (Bd)	Y	35
Palyvestre (Chemin du)	V	36
Paradis (R. de)	Y	37
Plaine-de-Bouisson (Chemin)	X	38
Provence (R. de)	V	40
Rabaton (R.)	Y	41
République (Pl. et R.)	Y	42
Riondet (Av.)	YZ	43
Riquier (Av. O.)	V	44
Roubaud (Ch.)	V	45
Ste-Catherine (R.)	Y	50
Ste-Claire (R.)	Y	51
St-Bernard (R.)	Y	46
St-Esprit (R.)	Y	47
St-Paul (Pl. et R.)	Y	49
Strasbourg (Cours)	Y	52
Versin (Pl. L.)	Z	53
Victoria (Av.)	Z	54
11-Novembre (Pl.)	V	56
15e-Corps-d'Armée (Av. du)	V	57

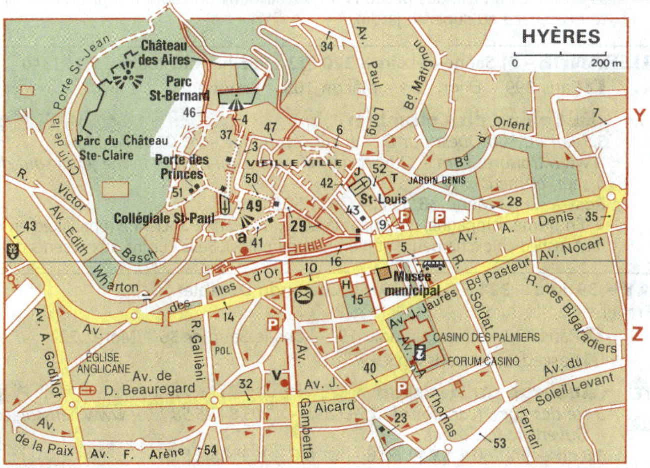

Joy
24 r. de Limans – ✆ 04 94 20 84 98 – Fermé 2 sem. en janv., dim. et lundi hors saison
Rest – *(prévenir)* Menu 25 € (déj. en sem.), 28/65 € – Carte 40/50 € le soir **Ya**
◆ Dans les deux salles de ce charmant restaurant contemporain ou sur la petite terrasse donnant sur la rue piétonne, on savoure une subtile cuisine en prise sur les saisons.

à La Bayorre **2,5 km à l'Ouest par rte de Toulon – ✉ 83400 Hyères**

La Colombe
663 rte de Toulon – ✆ 04 94 35 35 16 – www.restaurantlacolombe.com – Fermé dim. soir de sept. à juin, mardi midi en juil.-août, sam. midi et lundi
Rest – Menu 27/65 € – Carte 40/70 €
◆ Charmant restaurant au pied du massif des Maurettes. Cuisine méditerranéenne raffinée, servie avec le sourire dans une jolie salle à manger ou un patio verdoyant.

IFFENDIC – 35 Ille-et-Vilaine – 309 J6 – 3 778 h. – alt. 48 m – ✉ 35750 10 C2

Paris 393 – Bruz 36 – Cesson-Sévigné 50 – Rennes 40

Château du Pin sans rest
6 km au Nord-Est par D 31 puis D 125 – ✆ 02 99 09 34 05 – www.chateaudupin-bretagne.com
5 ch – †85/130 € ††95/160 € – ☕ 14 €
◆ Ce petit château de campagne (1795) fait le bonheur des amateurs de littérature et d'art. Grand salon-bibliothèque, chambres aux noms d'écrivains (Hugo, Proust...) et vue sur le parc.

IGÉ – 71 Saône-et-Loire – 320 I11 – 854 h. – alt. 265 m – ✉ 71960 8 C3

Paris 396 – Cluny 13 – Mâcon 14 – Tournus 34

Château d'Igé
r. du Château – ✆ 03 85 33 33 99 – www.chateaudige.com – Ouvert 13 fév.-15 nov. et fermé dim. soir, lundi et mardi sauf du 31 mars au 31 oct.
12 ch – †95/195 € ††95/195 € – 4 suites – ☕ 16 € – ½ P 138 €
Rest – *(fermé le midi en sem.)* Menu 32/78 € – Carte 52/84 €
◆ Ce château fort (1235) du Mâconnais vous accueille dans de belles chambres personnalisées (tapisseries, baldaquins, voûtes). Appartements dans les tours. Cuisine raffinée à base des produits du terroir dans un cadre d'esprit médiéval ou en terrasse, face au superbe jardin.

IGUERANDE – 71 Saône-et-Loire – 320 E12 – 988 h. – alt. 280 m – ✉ 71340 7 B3

Paris 399 – Dijon 184 – Mâcon 105 – Roanne 21

La Colline du Colombier
3,5 km au Sud-Ouest par D 9 et rte secondaire – ✆ 03 85 84 07 24 – www.troisgros.com – Ouvert de mi-mars à mi-nov. et fermé jeudi sauf de juin à sept. et merc.
Rest – (28 €) Menu 38/53 € – Carte 50/70 €
◆ En pleine campagne, dominant la Loire, une ferme ancienne réhabilitée en restaurant rustico-chic (charpente et pierres apparentes). Belle cuisine aux accents de terroir.

ILAY – 39 Jura – 321 F7 – ✉ 39150 Chaux du Dombief 16 B3

Franche-Comté Jura

Paris 439 – Champagnole 19 – Lons-le-Saunier 36 – Morez 22

Cascades du Hérisson★★★.

Auberge du Hérisson
5 rte des Lacs, (carrefour D 75-D 39) – ✆ 03 84 25 58 18 – www.herisson.com – Ouvert de fév. à oct.
16 ch – †40/60 € ††40/60 € – ☕ 8 € – ½ P 45/65 €
Rest – Menu 18/45 € – Carte 30/50 €
◆ Auberge située au pied du sentier qui mène aux cascades du Hérisson. Chambres pratiques et toutes simples. À table, cuisine du Jura (coq au vin jaune).

ÎLE-AUX-MOINES – 56 Morbihan – 308 N9 – 536 h. – alt. 16 m 9 A3

– ✉ 56780 Bretagne

Accès par transports maritimes - Stationnement à Port-Blanc en Baden

Les Embruns

r. du Commerce – ✆ 02 97 26 30 86 – www.restaurantlesembruns.com – Fermé 15 janv.-1er mars, 3-22 oct. et merc. sauf juil.-août

Rest – Menu 20/27 € – Carte 23/40 €

◆ Pas de chichi dans ce sympathique bar-restaurant ! Après une promenade sous les embruns, on savoure ici tourteaux, poissons frais, huîtres et fruits de mer.

L'ÎLE BOUCHARD – 37 Indre-et-Loire – 317 L6 – 1 745 h. – alt. 41 m 11 A3

– ✉ 37220 Châteaux de la Loire

Paris 284 – Châteauroux 118 – Chinon 16 – Châtellerault 49

16, place Bouchard ✆ 02 47 58 67 75

Chapiteaux★ et Cathèdre★ dans le prieuré St-Léonard.

Champigny-sur-Veude : vitraux★★ de la Ste-Chapelle★ SO : 10,5 km.

Auberge de l'Ile

3 pl. Bouchard – ✆ 02 47 58 51 07 – www.aubergedelile.fr – Fermé 1er déc.-27 janv., mardi et merc. sauf fériés

Rest – (29 €) Menu 36/44 € – Carte 36/48 €

◆ Sur une île au milieu de la Vienne... Cette auberge propose de bons produits, cuisinés avec soin. Le cadre est contemporain, avec une terrasse pour rêver au bord de l'eau.

à Sazilly 7 km à l'Ouest par D 760 – 317 L6 – ✉ 37220

Auberge du Val de Vienne

30 rte de Chinon – ✆ 02 47 95 26 49 – www.aubergeduvaldevienne.com – Fermé 3-29 janv., 1 sem. en nov., 1 sem. en déc., dim. soir et lundi

Rest – (15 €) Menu 18 € (déj.), 29/51 € – Carte 35/49 €

◆ Faites une halte gourmande dans cet ancien relais de poste (1870) au cœur du vignoble de Chinon. Décor chaleureux se mariant parfaitement avec une cuisine actuelle de qualité.

ÎLE-D'AIX ★ – 324 C3 – 215 h. – alt. 10 m – ✉ 17123 38 A2

Poitou Vendée Charentes

Accès par transports maritimes

depuis **La Rochelle** - Service saisonnier (avril-oct.) - Traversée 1h 15 mn - Renseignements et tarifs : Croisières Inter Iles, ✆ 0 825 135 500 (0,15 €/mn) (La Rochelle)

depuis **Boyardville** (Ile d'Oléron) - Service saisonnier - Traversée 30 mn - Renseignements et tarifs : Croisières Inter Iles ✆ 0 825 135 500 (0,15 €/mn), (Boyardville)

depuis **Sablanceaux** (Ile de Ré) - Service saisonnier - Agences Inter Iles de Sablonceaux - Renseignements et tarifs ✆ 0 825 135 500

depuis **Fouras** traversée en 20 mn - Service Maritime-Sté Fouras-Aix - ✆ 0 820 16 00 17 (0,12 €/min) ; Service permanent - Traversée 30 mn - Renseignements et tarifs ✆ 0 820 160 017 (0,12 €/mn)

depuis la **Pointe de la Fumée** (2,5 km NO de Fouras) - Traversée 25 mn - Renseignements et tarifs à Société Fouras-Aix ✆ 0 820 160 017 (0,12 €/mn)

ÎLE D'ARZ – 308 O9 – 231 h. – alt. 25 m – ✉ 56840 Bretagne 9 A3

Accès par transports maritimes depuis **Barrarach et Conleau** - Traversée 20 mn - Renseignements : Compagnie du Golfe ✆ 02 97 01 22 80, www.lactm.com -

depuis **Vannes** d'avril à fin sept. - Traversée 30 mn - Renseignements : Navix S.A. Gare Maritime (Vannes) ✆ 0825 132 100.

ÎLE-DE-BATZ – 29 Finistère – 308 G2 – 606 h. – alt. 30 m – ✉ 29253 9 B1

Bretagne

Accès par transports maritimes depuis **Roscoff** - Traversée 15 mn - Renseignements et tarifs : CFTM BP 10 - 29253 Île de Batz ✆ 02 98 61 78 87 - Armein ✆ 02 98 61 77 75 - Armor Excursion ✆ 02 98 61 79 66.

lieu-dit le Débarcadère ✆ 02 98 61 75 70
Pors Kernoc ✆ 02 98 61 75 87

Ti Va Zadou sans rest

au bourg – ✆ 02 98 61 76 91 – Ouvert 1er fév.-11 nov.

4 ch – 50 € 65 €

◆ De coquettes chambres marines, dont une familiale, vous attendent dans cette typique maison bretonne aux volets bleus, située près de l'église. Location de vélos ; accueil charmant.

ÎLE DE BENDOR – 83 Var – 340 J7 – ✉ 83150 40 B3

Accès par transports maritimes depuis Bandol par vedette (traversée 7mn) renseignements et tarifs : ✆ 04 94 29 44 34.

allées Vivien - B.P. 45 ✆ 09 60 42 10 37

Le Delos

ch, VISA AE

– ✆ 04 94 05 90 90 – www.bendor.com – Ouvert avril-oct.

61 ch – 85/105 € 95/275 € – 8 suites – ½ P 125/250 €

Rest – (32 €) Menu 55 € (déj. en sem.)/95 € – Carte 40/65 €

◆ Deux beaux bâtiments de style italien et huit petites villas au bord de l'eau : à la pointe de l'île, cet établissement unique se prête à une escapade romantique. Au restaurant, cadre raffiné, superbe terrasse et fine cuisine du Sud mettant à l'honneur le poisson.

ÎLE-DE-BRÉHAT ★ – 22 Côtes-d'Armor – 309 D1 – 421 h. – alt. 7 m 10 C1 – ✉ 22870 Bretagne

Accès par transports maritimes, pour **Port-Clos.**

depuis la **Pointe de l'Arcouest** - Traversée 10 mn - Renseignements et tarifs : Vedettes de Bréhat ✆ 02 96 55 79 50

depuis **St-Quay-Portrieux** - Service saisonnier - Traversée 1 h 15 mn - Renseignements et tarifs : Vedettes de Bréhat (voir ci-dessus).

depuis **Binic** - Service saisonnier - Traversée 1 h 30 mn - Renseignements et tarifs : Vedettes de Bréhat (voir ci-dessus).

depuis **Erquy** - Service saisonnier - Traversée 1 h 15 mn - Renseignements et tarifs : Vedettes de Bréhat (voir ci-dessus).

Le Bourg ✆ 02 96 20 04 15

Tour de l'île★★ - Phare du Paon★ - Croix de Maudez ★ - Chapelle St-Michel ★★ - Bois de la citadelle ★.

Bellevue

VISA

Port-Clos – ✆ 02 96 20 00 05 – www.hotel-bellevue-brehat.com – Fermé 11 nov.-26 déc. et 5 janv.-13 fév.

17 ch – 72/128 € 72/128 € – 11 € – ½ P 77/105 €

Rest – Menu 25/66 € – Carte 33/55 €

◆ Maison régionale de 1904, tournée vers le ponton et la pointe de l'Arcouest. Les chambres, en façade, profitent de la vue. Jardin. Location de vélos. Recettes marines qui vont de pair avec le décor du restaurant, éclairé par des baies ; terrasse.

La Vieille Auberge

VISA

au bourg – ✆ 02 96 20 00 24 – www.brehat-vieilleauberge.eu – Ouvert 9 avril-2 nov.

15 ch – 79/94 € 79/94 € – 10 € – ½ P 71 €

Rest – Menu 18 € (déj.) – Carte 10/18 €

◆ On rejoint à pied cette ancienne maison de corsaires située au bourg : le patrimoine écologique de l'île mérite que l'on oublie sa voiture ! Chambres fonctionnelles. Cuisine traditionnelle servie dans une salle décorée de filets de pêche ou dans une cour fleurie.

ÎLE DE GROIX ★ – 56 Morbihan – 308 K9 – ✉ 56590 Bretagne 9 B2

Accès par transports maritimes pour **Port-Tudy** (en été **réservation recommandée** pour le passage des véhicules).

depuis **Lorient** - Traversée 35 mn - Tarifs, se renseigner : S.M.N., r. G. Gahinet ✆ 0 820 056 000, www.smn-navigation.fr.

Site★ de Port-Lay - Trou de l'Enfer★.

La Jetée sans rest

1 quai de Port-Tudy – ✆ 02 97 86 80 82 – www.hoteldelajetee.fr – Fermé 5 janv.-15 fév.

8 ch – †59/69 € ††69/89 € – ☕ 8,50 €

◆ Fraîches et pimpantes, toutes les chambres de cette petite maison blanche donnent sur la jetée ou la côte du Gripp. Petit-déjeuner au bar marin ou sur la terrasse.

Le Sémaphore de la Croix sans rest

Le Sémaphore – ✆ 02 97 86 86 43 – www.semaphoredelacroix.fr – Ouvert d'avril à mi-nov.

5 ch ☕ – †155/195 € ††165/205 €

◆ L'isolement de ce sémaphore du 19e s. le pare de romantisme. Chambres raffinées, certaines avec terrasse. Jardin fleuri et vue superbe sur l'océan en font un petit paradis.

ÎLE DE JERSEY ★★ – 309 J1 – 85 150 h. Normandie Cotentin

Accès par transports maritimes pour **St-Hélier (réservation indispensable).**

depuis **Granville** - Catamaran rapide - traversée 60 mn (St-Hélier) par Manche Iles Express : ✆ 0 825 133 050 (0,15 €/mn)

depuis **St-Malo** (réservation obligatoire). par **Hydroglisseur** (Condor Ferries) - Traversée 1 h 15 mn - Renseignements et tarifs : gare maritime de la bourse (St-Malo) Terminal Ferry du Naye ✆ 0 825 135 135 (0,15 €/mn).

depuis **Carteret :** Catamaran - service saisonnier (traversée 50 mn -Gorey) par Manche Iles Express ✆ 0 825 133 050 (0,15 €/mn).

*Ressources hôtelières voir le Guide Michelin : **Great Britain and Ireland***

ÎLE DE NOIRMOUTIER – 85 Vendée – 316 C6 – alt. 8 m 34 A2

Poitou Vendée Charentes

Accès - par le pont routier au départ de Fromentine : passage gratuit.

- par le passage du Gois** : 4,5 km.
- passage par beau temps limité de une heure et demie avant et jusqu'à une heure et demie après la basse mer, par mauvais temps ou petite marée, ne pas s'écarter de l'heure de la basse mer. Voir les panneaux d'affichage sur place, avant l'accès au Gois.

L'HERBAUDIÈRE – 85 Vendée – ✉ 85330 Noirmoutier en l Ile 34 A2

Paris 469 – Cholet 140 – Nantes 85 – La Roche-sur-Yon 91

La Marine (Alexandre Couillon)

3 r. Marie-Lemonnier, (sur le port) – ✆ 02 51 39 23 09 – Fermé 15 nov.-6 déc., 4-20 janv., dim. soir, mardi et merc.

Rest – Menu 50/120 € bc

Spéc. Cracker's de sardines marinées, piquillos et parmesan (juin à sept.). Lotte cuisinée lentement, asperges vertes et concombre, bergamote (mai à juin). Mirliton d'abricot et amande, crème glacée aux tiges de rhubarbe (juil.). **Vins** Vin de pays de Vendée, Fiefs Vendéens.

Rest *La Table d'Élise* – voir ci-après

◆ Face au port de pêche, salle au cadre contemporain et épuré, en osmose avec la cuisine du chef : les préparations autour des produits de la mer sont techniquement abouties.

La Table d'Elise – Rest. La Marine

5 r. Marie-Lemonnier, (sur le port) – ✆ 02 28 10 68 35 – Fermé 15 nov.-6 déc., 4-20 janv., dim. soir, mardi et merc.

Rest – (19 €) Menu 28/35 € – Carte 28/40 €

◆ Derrière la façade de cette maison de pays, se dissimule une salle de restaurant tout en longueur dédiée aux produits de la mer. Terrasse en été. Très bon rapport qualité-prix.

NOIRMOUTIER-EN-L'ÎLE – 85 Vendée – 4 855 h. – alt. 8 m – ✉ 85330 34 A2

Paris 464 – Cholet 135 – Nantes 80 – La Roche-sur-Yon 86

Route du Pont ✆ 02.51.39.80.71

Collection de faïences anglaises★ au château.

Fleur de Sel rest, rest,

r. des Saulniers – ✆ 02 51 39 09 07 – www.fleurdesel.fr – Ouvert 8 avril-1er nov.

35 ch – 95/195 € 115/215 € – ½ P 90/135 €

Rest – *(fermé le midi du lundi au vend. sauf de juin à sept. et fériés)* (20 €) Menu 30/40 € – Carte 35/53 €

◆ Environnement paisible et verdoyant, practice de golf, terrasse, coquets salons et chambres soignées (décor marin ou cosy) : ici, calme, confort et détente passent avant tout. Le cadre du restaurant, qui sert une cuisine au goût du jour, s'inspire de l'océan.

Général d'Elbée sans rest

pl. du Château – ✆ 02 51 39 10 29 – www.generaldelbee.com – Ouvert 22 avril-2 oct.

27 ch – 110/250 € 110/250 € – 14 €

◆ Les chambres de cette demeure historique du 18e s. possèdent le charme patiné des maisons d'antan (mobilier d'époque, poutres) ; certaines ont vue sur le château éclairé le soir.

La Maison de Marine ch,

3 r. Parmentier – ✆ 02 28 10 27 21 – www.lamaisondemarine.com – Fermé déc. et janv.

5 ch – 90 € 115 € **Table d'hôte** – Menu 35 € bc/40 € bc

◆ Belles chambres personnalisées, terrasses fleuries ouvertes sur le patio-piscine, salon-cheminée, jardin aromatique : cette délicieuse maison respire la douceur de vivre. Côté restauration, priorité aux produits de la mer. Cours de cuisine.

Le Grand Four

1 r. Cure, (derrière le château) – ✆ 02 51 39 61 97 – www.legrandfour.com – Fermé déc.- janv., jeudi midi en oct., nov., fév. et mars, dim. soir et lundi sauf le soir en juil.-août

Rest – Menu 23/75 € – Carte 44/73 €

◆ Maison ancienne (17e s.) tapissée de vigne vierge. Salle lumineuse avec boiseries et rideaux épais, et à l'étage une autre plus intime et sobre. Cuisine au goût du jour.

L'Étier

rte de L'Épine, 1 km au Sud-Ouest – ✆ 02 51 39 10 28 – www.restaurant-letier.fr – Fermé déc.-janv., mardi sauf juil.-août et lundi

Rest – Menu 18/38 € – Carte 41/62 €

◆ Une maison basse typique de l'île où l'on déguste de bons produits de la pêche locale. Intérieur sagement rustique et véranda face à l'étier de l'Arceau.

au Bois de la Chaize 2 km à l'Est – ✉ 85330 Noirmoutier en l Ile

Bois★.

Les Prateaux ch,

8 allée du Tambourin – ✆ 02 51 39 12 52 – www.lesprateaux.com – Ouvert 14 fév.-30 oct.

19 ch – 102/170 € 102/170 € – 14 € – ½ P 96/135 €

Rest – *(fermé merc. midi et mardi)* (18 €) Menu 22/59 € – Carte 27/68 €

◆ La proximité de la plage et la quiétude de la pinède favorisent cet hôtel. Mobilier de style dans les chambres, spacieuses et souvent de plain-pied. Lumineuse salle à manger ouvrant sur le jardin fleuri ; cuisine axée sur les produits de la mer.

St-Paul

15 av. du Mar.-Foch – ✆ 02 51 39 05 63 – www.hotel-saint-paul.net – Ouvert 14 fév.-15 nov.

34 ch – 84/151 € 84/151 € – 13 € – ½ P 90/120 €

Rest – *(fermé dim. soir et lundi hors saison)* (16 €) Menu 30/70 € – Carte 45/60 €

◆ Un parc fleuri et des bois entourent cet hôtel au grand calme. Chambres assez cossues (mobilier de style ou rustique) et chaleureux salon-bar. Espace bien-être. Cuisine traditionnelle et de la mer servie dans une salle à manger élégante.

Château du Pélavé

9 allée de Chaillot – 02 51 39 01 94 – www.chateau-du-pelave.fr
16 ch – 111/259 € 111/259 € – 12 €
Rest – *(fermé dim. soir, merc. midi, lundi et mardi d'oct. à mars sauf vacances scolaires)* (25 €) Menu 28/42 € bc – Carte 43/62 €
◆ Pour une halte au grand calme, ce petit castel de la fin du 19e s. blotti dans son ravissant parc arboré et fleuri vous propose des chambres personnalisées, de divers styles. À table, cuisine valorisant le terroir et belle carte de vins de propriétaires. Terrasse.

ÎLE DE PORQUEROLLES – 83 Var – 340 M7 – 83400 41 C3

Accès par transports maritimes depuis **La Tour Fondue** (presqu'île de Giens) - Traversée 20 mn - Renseignements et tarifs : T.L.V. et T.V.M. 04 94 58 21 81, www.tlv-tvm.com (La Tour Fondue).

depuis **Cavalaire** - service saisonnier - Traversée 1 h 40 mn ou **Le Lavandou** -service saisonnier - Traversée 50 mn. Renseignements et tarifs : Vedettes Îles d'Or 15 quai Gabriel-Péri 04 94 71 01 02 (Le Lavandou)

depuis **Toulon** - service saisonnier - Traversée 1 h - Renseignements et tarifs : Se renseigner auprès de l'Office du tourisme de Toulon 04 94 18 53 00.

Le Mas du Langoustier

3,5 km à l'Ouest du port – 04 94 58 30 09 – www.langoustier.com – Ouvert de fin avril à début oct.
45 ch (½ P seult) – 5 suites – ½ P 180/314 €
Rest – Menu 55/110 € – Carte 70/110 €
Spéc. Filets de rouget poêlés, sablé parmesan, tomate confite et riquette. Filet de chapon et boudin de seiche à la plancha. Tarte sablée à la réglisse, mousse mascarpone à l'aneth et framboises. **Vins** Vins de l'Île de Porquerolles.
◆ Un petit coin de paradis à la pointe de l'île... Cette belle demeure de style provençal abrite des chambres spacieuses, à la fois bourgeoises et classiques. Navette régulière au départ du port. Le restaurant, d'où l'on aperçoit la mer, sert une cuisine ensoleillée, revisitée avec brio.

Villa Ste-Anne

pl. d'Armes – 04 98 04 63 00 – www.sainteanne.com – Fermé 1er nov.-20 mars
25 ch (½ P seult) – ½ P 170/220 €
Rest – Menu 18 € (déj.)/25 € – Carte 29/63 €
◆ À côté de la petite église, sur la placette du village, une maison traditionnelle fort bien tenue, aux chambres récemment rénovées. Le restaurant, de style bistrot, jouit d'une terrasse ombragée ; cuisine traditionnelle.

Auberge des Glycines

pl. d'Armes – 04 94 58 30 36 – www.auberge-glycines.com
11 ch (½ P seult) – ½ P 89/179 € **Rest** – Menu 25 € – Carte 35/70 €
◆ Un sympathique petit coin de Provence, agréable pour un séjour sur l'île. Accueil chaleureux et décor coloré ! La Méditerranée est à l'honneur au restaurant, qui cache un joli patio ombragé.

ÎLE DE PORT-CROS ★★★ – 83 Var – 340 N7 – 83400 41 C3

Côte d'Azur

Accès par transports maritimes depuis **Hyères** - renseignements et tarifs : T.L.V. et T.V.M. 04 94 57 44 07 - depuis **Le Lavandou** -Traversée 35 mn - Renseignements et tarifs : Vedettes Îles d'Or 15 quai Gabriel-Péri 04 94 71 01 02 (Le Lavandou)

depuis **Cavalaire** - Traversée 45 mn - Renseignements et tarifs : voir ci-dessus

depuis **La Tour Fondue** - Traversée 1 h - Renseignements et tarifs : T.L.V. - T.V.M. 04 94 58 21 81.

Le Manoir

ch,

– ✆ 04 94 05 90 52 – *http://monsite.wanadoo.fr/hotelmanoirportcros*
– Ouvert 30 avril-5 oct.

23 ch (½ P seult) – ½ P 160/230 € **Rest** – Menu 56 € – Carte 35/95 €

◆ Pour les amoureux de calme et de nature... Cette jolie maison du 19e s. jouit d'une situation idyllique sur cette île protégée, dans un parc à deux pas de la plage. Restaurant et terrasse regardent les voiliers ancrés dans la rade de Port-Cros ; cuisine régionale.

ÎLE DE RÉ ★ – 17 Charente-Maritime – 324 B2 — 38 A2

Poitou Vendée Charentes

Accès par le pont routier (voir à La Rochelle).

ARS-EN-RÉ – 17 Charente-Maritime – 1 312 h. – alt. 4 m – ✉ 17590 — 38 A2

Paris 506 – Fontenay-le-Comte 85 – Luçon 75 – La Rochelle 34

26, place Carnot ✆ 05 46 29 46 09

Le Martray

Le Martray, 3 km à l'Est par D 735 – ✆ 05 46 29 40 04
– www.hotel-le-martray.com – Fermé 3 Janvier-11 fév.

15 ch – 🚹75/155 € 🚹🚹75/155 € – ☕ 11 €

Rest – *(fermé dim. soir et lundi sauf juil.-août)* (19 €) Menu 25 € (déj. en sem.), 35/46 € – Carte 38/81 €

◆ À deux pas de la plage, hôtel entièrement rénové. Les chambres, confortables et bien équipées, offrent différents atouts : vue sur les marais et la mer, décor à thème coloré... Au bistrot, cadre contemporain dans les tons rouges et cuisine axée mer.

Le Sénéchal sans rest

6 r. Gambetta – ✆ 05 46 29 40 42 – www.hotel-le-senechal.com – Fermé 3 janv.-3 fév.

22 ch – 🚹60/240 € 🚹🚹60/240 € – 4 suites – ☕ 12 €

◆ Ambiance de maison d'hôte, intérieur de très bon goût mariant vieilles pierres et décoration tendance, joli patio fleuri pour les petits-déjeuners : une adresse pleine de charme.

XX **Le Bistrot de Béné**

1 quai Criée – ✆ 05 46 29 40 26 – Fermé 15 nov.-22 déc., 2 janv.-15 fév., lundi et mardi hors saison

Rest – Menu 28 € – Carte 35/65 €

◆ Dans cette ancienne demeure rhétaise, on apprécie une cuisine traditionnelle dominée par le poisson. Salle décorée de sculptures, cour fleurie ou terrasse face au port.

LE BOIS-PLAGE-EN-RÉ – 17 Charente-Maritime – 2 293 h. – alt. 5 m – ✉ 17580 — 38 A2

Paris 494 – Fontenay-le-Comte 74 – Luçon 64 – La Rochelle 23

87, rue des Barjottes ✆ 05 46 09 23 26

Les Bois Flottais sans rest

chemin des Mouettes – ✆ 05 46 09 27 00 – www.lesboisflottais.com – Ouvert 2 mars-15 nov. et 26 déc.-3 janv.

19 ch – 🚹81/110 € 🚹🚹81/150 € – ☕ 12 €

◆ Tomettes, lambris lasurés, bibelots marins : un décor insulaire habille les chambres, confortables et toutes de plain-pied avec le patio (piscine). Espace bien-être ; hammam.

L'Océan

ch,

172 r. St-Martin – ✆ 05 46 09 23 07 – www.re-hotel-ocean.com
– Fermé 3 janv.-10 fév.

29 ch – 🚹75/160 € 🚹🚹75/180 € – ☕ 10 € – ½ P 70/122 €

Rest – *(fermé merc. sauf le soir d'avril à sept.)* (19 €) Menu 24/32 € – Carte 28/60 €

◆ Maisons aux murs chaulés où bois blond, courtepointes et tissus brodés recréent le charme des habitations rhétaises. Chambres très coquettes, plus contemporaines autour de la piscine. Ambiance îlienne dans la salle à manger ouverte sur la cour-terrasse. Bar lounge.

La Villa Passagère sans rest

25 av. du Pas des Bœufs – ✆ 05 46 00 26 70 – www.hotel-lavillapassagere.fr – Ouvert 1er avril-6 nov.

13 ch – 75/145 € 75/145 €

◆ Hôtel constitué de petites maisons de style régional, autour d'une agréable piscine et d'un jardin odorant (lavande et romarin). Chambres de plain-pied, simples et lumineuses.

LA FLOTTE – 17 Charente-Maritime – 2 907 h. – alt. 4 m – ✉ 17630 38 A2

Paris 489 – Fontenay-le-Comte 68 – Luçon 58 – La Rochelle 17

quai de Sénac ✆ 05 46 09 60 38

Richelieu

44 av. de la Plage – ✆ 05 46 09 60 70 – www.hotel-le-richelieu.com – Fermé 3 janv.-5 fév.

37 ch – 120/470 € 120/470 € – 3 suites – 30 € – ½ P 110/360 €

Rest – Menu 50/65 € – Carte 33/78 €

◆ Luxueuses chambres personnalisées (meubles de style) au bord de l'océan. Les plus agréables possèdent une vaste terrasse face au large. Centre de thalassothérapie. Restaurant ouvert sur le jardin et la mer ; cuisine dans l'air du temps, plus simple à midi.

L'Écailler

3 quai Sénac – ✆ 05 46 09 56 40 – www.lecailler-iledere.com – Ouvert 1er mars-30 nov. et fermé mardi en mars, en oct.-nov. et lundi

Rest – Menu 35 € (déj.), 40/54 € – Carte 50/80 €

◆ Terrasse tournée vers le port, intérieur soigné (boiseries, cheminée et parquet anciens) et recettes honorant la pêche locale : cette maison d'armateur de 1652 a bien du charme.

Chai nous comme Chai vous

1 r. de la Garde – ✆ 05 46 09 49 85 – www.chainouscommechaivous.over-blog.com – Fermé 15-31 mars, 27 juin-6 juil., 4-18 oct., 3-19 janv., jeudi sauf vacances scolaires et merc.

Rest – *(nombre de couverts limité, prévenir)* (19 €) Menu 41 €

◆ On se sent un peu comme chez soi dans ce restaurant très sobre, mené par un couple. Au menu, produits de la mer, inventivité et petites attentions. Judicieux choix de vins.

RIVEDOUX-PLAGE – 17 Charente-Maritime – 2 197 h. – alt. 2 m – ✉ 17940 38 A2

Paris 483 – Fontenay-le-Comte 63 – Luçon 53 – La Rochelle 12

place de la République ✆ 05 46 09 80 62

La Marée

321 av. A. Sarrault, rte de St-Martin – ✆ 05 46 09 80 02 – www.hoteldelamaree.com

26 ch – 66/176 € 66/176 € – 2 suites – 14 € – ½ P 75/157 €

Rest – Menu 20/51 € – Carte 33/73 €

◆ Décor contemporain et épuré pour cet hôtel dont les chambres donnent sur la mer, la roseraie ou la piscine. Nombreux salons. Accueil charmant. Formule ardoise au restaurant (salle panoramique et lounge), composée selon les arrivages du port et le marché.

Le Grand Large

154 av. des Dunes – ✆ 05 46 09 89 51 – www.hoteldugrandlarge.com – Ouvert de mi-mars à nov.

30 ch – 60/150 € 60/185 € – 12 € – ½ P 71/132 €

Rest – (17 €) Menu 22 € (déj. en sem.)/33 € – Carte 22/53 €

◆ Face à la plage, cet hôtel ouvert sur le large se déploie autour d'une belle piscine chauffée. Chambres claires et fonctionnelles dotées de terrasses ou de balcons. Restaurant d'esprit balnéaire et décontracté : cuisine régionale ; carte de pâtes et pizzas.

ST-CLÉMENT-DES-BALEINES – 17 Charente-Maritime – 726 h. – alt. 2 m – ✉ 17590 38 A2

Paris 509 – Fontenay-le-Comte 89 – Luçon 79 – La Rochelle 38

200, rue du Centre ✆ 05 46 29 24 19

L'Arche de Noé (parc d'attractions) : Naturama★ (collection d'animaux naturalisés) - Phare des Baleines ✱★ N : 2,5 km.

Le Chat Botté sans rest

2 pl. de l'Église – ✆ 05 46 29 21 93 – www.hotelchatbotte.com – Fermé de fin-nov. à début déc. et de début janv. à mi-fév.

20 ch – 55/58 € 73/131 € – 3 suites – ☕ 14 €

◆ Atmosphère cosy (bois, tons pastel), petit-déjeuner servi au cœur d'un adorable jardin et centre de beauté : une adresse dédiée à la détente et au bien-être !

Le Chat Botté

r. de la Mairie – ✆ 05 46 29 42 09 – www.restaurant-lechatbotte.com – Fermé déc.-janv., merc. de sept. à mars

Rest – Menu 22 € (sem.), 35/75 € – Carte 44/75 €

◆ L'ambiance marine de la confortable salle à manger annonce d'emblée la couleur : au menu, poissons d'origine sauvage, fraîchement choisis par le chef à la criée de La Rochelle.

ST-MARTIN-DE-RÉ – 17 Charente-Maritime – 2 597 h. – alt. 14 m – ✉ 17410 38 A2

Paris 493 – Fontenay-le-Comte 72 – Luçon 62 – La Rochelle 22

2, quai Nicolas Baudin ✆ 05 46 09 20 06

Fortifications★.

De Toiras ch, rest,

1 quai Job Foran – ✆ 05 46 35 40 32 – www.hotel-de-toiras.com

14 ch – 135/580 € 135/580 € – 6 suites – ☕ 28 €

Rest – *(fermé dim. et lundi soir de janv. à mai et d'oct. à déc., mardi et merc. soir de juin à sept. et le midi)* Menu 65 € – Carte 75/95 €

◆ Décoration soignée, à la fois luxueuse et simple, chambres très chaleureuses et accueil particulièrement attentionné... Cette maison d'armateur du 17e s. est une perle rare ! Repas servis dans une jolie salle à manger ou en terrasse lorsque le temps s'y prête.

Le Clos St-Martin sans rest

8 cours Pasteur – ✆ 05 46 01 10 62 – www.le-clos-saint-martin.com – Fermé 14 nov.-19 déc.

33 ch – 135/460 € 135/460 € – ☕ 19 €

◆ Cette maison récente se trouve à une encablure du port. Chambres d'esprit réthais, donnant sur un jardin clos avec deux piscines chauffées. Salon-bar. Spa et joli hammam.

Domaine de la Baronnie sans rest

21 r. Baron de Chantal – ✆ 05 46 09 21 29 – www.domainedelabaronnie.com – Ouvert 2 avril-1er nov.

16 ch – 110/250 € 110/250 € – ☕ 16 €

◆ Deux hôtels particuliers mitoyens du 18e s. restaurés dans un esprit de maison d'hôtes. Chambres cosy à la décoration soignée (quelques unes familiales), joli jardin.

La Jetée sans rest

quai G. Clemenceau – ✆ 05 46 09 36 36 – www.hotel-lajetee.com

17 ch – 96/125 € 96/125 € – 7 suites – ☕ 12 €

◆ Sur le port, un hôtel agencé dans un style contemporain chaleureux : couleur tendance et mobilier épuré dans les chambres, ordonnées autour du patio (petit déjeuner en été).

Le Galion sans rest

allée Guyane – ✆ 05 46 09 03 19 – www.hotel-legalion.com

29 ch – 70/120 € 75/125 € – ☕ 9 €

◆ Les remparts de Vauban protègent l'hôtel des humeurs de l'océan. Chambre actuelles et bien tenues donnant pour la plupart sur le large (quatre côté patio Salon asiatique.

La Maison Douce sans rest

25 r. Mérindot – ✆ 05 46 09 20 20 – www.lamaisondouce.com – Fermé 15 nov.-25 déc. et 7 janv.-15 fév.

11 ch – 120/205 € 120/205 € – 15 €

◆ Cette typique maison rhétaise (19e s.) porte bien son nom : atmosphère feutrée, chambres délicieuses, salles de bains rétro et jolie cour-jardin où l'on petit-déjeune l'été.

Du Port sans rest

29 quai Poithevinière – ✆ 05 46 09 21 21 – www.iledere-hot-port.com

35 ch – 70/108 € 75/142 € – 11 €

◆ Au cœur du quartier animé de St-Martin-de-Ré, cet établissement, refait à neuf, propose des chambres colorées, meublées simplement. Certaines bénéficient de la vue sur le port.

L'Avant Port

8 quai Daniel Rivaille – ✆ 05 46 68 06 68 – www.lavantport.com – Ouvert de fév. à Noël et fermé dim. soir et lundi sauf juil.-août

Rest – (19 €) Menu 25 € (déj.) – Carte 40/75 €

◆ À l'entrée du port, loin de l'agitation touristique, ce restaurant familial vous reçoit comme des amis. Cadre branché et poisson frais (pêche locale) cuisiné sans esbroufe.

STE-MARIE-DE-RÉ – 17 Charente-Maritime – 3 027 h. – alt. 9 m – ✉ 17740 — 38 A2

Paris 486 – Fontenay-le-Comte 66 – Luçon 55 – La Rochelle 15

place d'Antioche ✆ 05 46 30 22 92

Atalante rest, rest,

r. Port Notre-Dame – ✆ 05 46 30 22 44 – www.relaisthalasso.com – Fermé 2-16 janv.

91 ch – 87/208 € 118/288 € – 18 € – ½ P 102/143 €

Rest – Menu 35/41 € – Carte 45/70 €

◆ Cet hôtel face à l'océan dispose de chambres modernes aux tons acidulés (plus doux dans celles qui ont été rénovées). Accès direct à la thalassothérapie. La salle à manger-véranda forme une vraie fenêtre sur le spectacle de l'Atlantique. Cuisine actuelle.

Les Vignes de la Chapelle sans rest

5 r. de la Manne – ✆ 05 46 30 20 30 – www.lesvignesdelachapelle.com – Ouvert 1er avril-31 oct.

17 suites – 105/310 € – 2 ch – 13 €

◆ Face aux vignes et à la mer, un hôtel récent respectueux de l'environnement (matériaux naturels, panneaux solaires...). Suites contemporaines, de plain-pied et avec terrasse.

L'Ile sous le Vent

17 bis r. du Petit-Labat – ✆ 05 46 09 60 53 – www.ilesouslevent.com

9 ch – 50/98 € 50/98 € – 8 €

Rest – *(fermé le midi, lundi soir et dim. soir)* Menu 35 € bc

◆ Maison basse tout en longueur, bien dans l'esprit de l'île. Les chambres, intimes et décorées avec goût, offrent confort et sérénité. Jardin d'agrément et piscine d'été. Au restaurant, le poisson est à l'honneur, comme il se doit !

ÎLE-DE-SEIN – 29 Finistère – 308 B6 – 238 h. – alt. 14 m – ✉ 29990 — 9 A2

Bretagne

Transports uniquement piétons - depuis **Brest** (le dim. en juil.-août) - Traversée 1 h 30 mn - Renseignements et tarifs : Cie Maritime Penn Ar Bed (Brest) ✆ 02 98 70 70 70 - depuis **Audierne** (toute l'année) Traversée 1 h - Renseignements et tarifs : voir ci-dessus. depuis **Camaret** (le dim. en juil.-août) Traversée 1 h - Renseignements et tarifs : Cie Maritime Penn Ar Bed (Brest) ✆ 02 98 70 70 70

Ar Men

rte du Phare – 02 98 70 90 77 – www.hotel-armen.net – Fermé 2 nov.-18 fév.
10 ch – 45 € 55/70 € – 7 € – ½ P 53/60 €
Rest – *(fermé merc. d'avril à nov. et dim. soir)* Menu 20 €
◆ La dernière maison en sortant du bourg, sur la route du phare. Cet hôtel familial abrite de sympathiques petites chambres aux couleurs océanes, avec vue sur le large. Les plats, simples et sérieux, changent au gré de la pêche (ragoût de homard sur réservation).

ÎLE DES EMBIEZ – 83 Var – 340 J7 – 83140 Côte d'Azur 40 B3

Hélios ch,

au port – 04 94 10 66 10 – www.ilespaulricard.com – Ouvert d' avril à oct.
60 ch – 125/170 € 125/170 € – 1 suite – 12 € – ½ P 75/95 €
Rest – (20 €) Menu 30/38 €
◆ Rien que sept minutes de traversée pour rejoindre cette charmante petite île... Les chambres sont lumineuses et actuelles, avec balcon côté port. La terrasse du restaurant donne sur la marina ; sa cuisine, bien ficelée, chante avec l'accent du Sud.

ÎLE-D'HOUAT – 56 Morbihan – 308 N10 – 311 h. – alt. 31 m 10 C3 – 56170 Bretagne

Accès par transports maritimes depuis **Quiberon** - Traversée 45 mn - Renseignements et tarifs : la Compagnie Océane Le Palais SMN 0 820 056 000 (0,12 €/mn)(Quiberon) www.smn-navigation.fr

depuis **La Trinité-sur-Mer** (juil.-août) Traversé 1 h - Navix : cours des quais 0 825 162 100 - depuis Vannes, Port Navalo, Locmariaquer, la Turballe et le Croisic - renseignements et tarifs : la Compagnie des Iles 0825 164 100 www.compagniedesiles.com

Le Bourg ★.

La Sirène rest, ch,

rte du Port – 02 97 30 66 73 – www.houat-la-sirene.com – Ouvert de Pâques à fin sept. et week-ends en oct.
20 ch – 110/130 € 110/150 € – 12 € – ½ P 80/100 €
Rest – (16 €) Menu 22 € (sem.)/33 € – Carte 35/75 €
◆ Hôtel familial ancré au cœur du bourg. Les chambres sont fonctionnelles et bien tenues, certaines avec vue sur mer. Cuisine traditionnelle au restaurant, où les poissons sont fournis par les pêcheurs locaux. Moules-frites et salades pour les petits budgets.

ÎLE D'OLÉRON ★ – 17 Charente-Maritime – 324 C4 38 A2 Poitou Vendée Charentes

Accès par le pont viaduc : passage gratuit.

LA COTINIÈRE – 17 Charente-Maritime – 17310 St Pierre d Oleron 38 A2

Paris 522 – Marennes 22 – Rochefort 44 – La Rochelle 80
22, rue du Port 05 46 47 09 08

Face aux Flots sans rest

24 r. du Four – 05 46 47 10 05 – www.hotel-faceauxflots-oleron.com – Ouvert 13 fév.-12 nov. et vacances de Noël
21 ch – 52/110 € 53/110 € – 8 €
◆ Sympathique hôtel familial aux chambres simples et fraîches, parfois colorées dont quatre avec petit balcon. Belle vue sur la mer depuis celles du deuxième étage.

Île de Lumière sans rest

av. des Pins – 05 46 47 10 80 – www.moteliledelumiere.com – Ouvert 8 avril-2 oct.
45 ch – 78/142 € 78/142 €
◆ Sur un site préservé, sobres chambres de plain-pied souvent dotées de terrasses regardant l'océan, les dunes ou la piscine, créée dans un trou de bombe de la dernière guerre.

à la Ménounière 2 km au Nord par rte secondaire ✉ 17310 St-Pierre-d'Oléron – ✉ 17310

Saveurs des Îles

18 r. de la Plage – ✆ 05 46 75 86 68 – www.saveursdesiles.fr – Fermé 8 nov.-28 déc., 3 janv.-31 mars, lundi sauf le soir en juil.-août, merc. midi en juil.-août et mardi hors saison

Rest – Menu 25/52 € – Carte 44/63 €

◆ Les propriétaires ont construit eux-mêmes ce restaurant au cadre asiatique : mobilier indonésien, terrasse côté jardin, cuisine créative relevée de saveurs et épices exotiques.

ST-PIERRE-D'OLÉRON – 17 Charente-Maritime – 6 177 h. – alt. 8 m – ✉ 17310 **38** A2

Paris 522 – Marennes 22 – Rochefort 44 – La Rochelle 80

place Gambetta ✆ 05 46 47 11 39

Église ✻★.

Le Square sans rest

pl.des Anciens Combattants – ✆ 05 46 47 00 35 – www.le-square-hotel.fr – Ouvert mars-oct.

26 ch – †48/75 € ††48/85 € – ☕ 8,50 €

◆ En centre-ville, près du marché couvert, petit hôtel familial aux prix mesurés. Les chambres rénovées sont plus actuelles et spacieuses. Grande piscine dans la cour intérieure.

Les Alizés

4 r. Dubois-Aubry – ✆ 05 46 47 20 20 – Ouvert de début mars à début déc. et fermé mardi et merc. sauf de mi-juil. à mi-sept. et fériés

Rest – Menu 19/35 € – Carte 30/47 €

◆ Un vent de fraîcheur souffle sur ce restaurant protégé par une petite palissade blanc et bleu. Saveurs océaniques forcément ! Agréable terrasse aux beaux jours.

ST-TROJAN-LES-BAINS – 17 Charente-Maritime – 1 486 h. – alt. 5 m – ✉ 17370 **38** A2

Paris 509 – Marennes 16 – Rochefort 38 – La Rochelle 74

carrefour du Port ✆ 05 46 76 00 86

Novotel

ch, ch,

plage de Gatseau, 2,5 km au Sud – ✆ 05 46 76 02 46 – www.accorthalassa.com – Fermé 29 nov.-26 déc.

109 ch – †140/260 € ††140/260 € – ☕ 17 € – ½ P 112/172 €

Rest – (21 €) Menu 29 € – Carte 27/49 €

◆ Repos garanti dans cet hôtel doté d'un centre de thalassothérapie et bâti face à la plage. Établissement entièrement rénové aux confortables chambres d'esprit actuel. À table, guettez le large tout en surveillant votre ligne (carte en partie diététique).

Hostellerie Les Cleunes sans rest

25 bd Plage – ✆ 05 46 76 03 08 – www.hotel-les-cleunes.com – Ouvert 1er avril-5 nov.

40 ch – †96/168 € ††96/252 € – ☕ 13 €

◆ Sur le front de mer, un établissement familial revu de pied en cap : chambres confortables et chaleureuses, salon-billard cosy et piscine installée au cœur d'un joli patio.

Mer et Forêt

rest,

16 bd Pierre Wiehn – ✆ 05 46 76 00 15 – www.hotel-ile-oleron.com – Ouvert 22 avril-1er oct.

43 ch – †54/99 € ††54/132 € – ☕ 10 € – ½ P 57/102 €

Rest – (14 € bc) Menu 19/37 € – Carte 30/43 €

◆ L'hôtel se trouve dans un quartier résidentiel calme. Chambres actuelles et fonctionnelles, bénéficiant de la vue sur la forêt de pins ou sur l'océan ; agréable piscine. Beau panorama sur le pont-viaduc et le continent depuis le restaurant et sa terrasse.

L'Albatros ch, rest, VISA AE

11 bd Dr Pineau – 05 46 76 00 08 – www.albatros-hotel-oleron.com – Ouvert 7 fév.-2 nov.

12 ch – 70/120 € 70/120 € – 11 € – ½ P 75/100 €

Rest – (16 €) Menu 29/54 € – Carte 30/60 €

◆ Vous apprécierez pleinement la quiétude de cet hôtel qui a "les pieds dans l'eau" et des chambres au style marin. Accueil parfait. Côté restaurant, produits de la pêche locale, décor convivial et terrasse panoramique face à la mer.

LE CHÂTEAU-D'OLÉRON – 17 Charente-Maritime – 3 884 h. – alt. 9 m – 17480 **38** A2

Paris 524 – Poitiers 190 – La Rochelle 72 – Saintes 54

place de la République 05 46 47 60 51

Les Jardins d'Aliénor avec ch ch, VISA AE

11 r. Mar.-Foch – 05 46 76 48 30 – www.lesjardinsdalienor.com

4 ch – 97/147 € 97/147 €

Rest – *(fermé le midi en juil.-août, dim. soir hors saison, mardi midi et lundi de sept. à juin)* (26 €) Menu 40 € – Carte environ 45 €

◆ Mélange de styles – d'hier et d'aujourd'hui – et patio agrémenté d'un mur végétal : un cadre chic autant qu'agréable pour savourer une cuisine assez contemporaine. À l'étage, délicieuses chambres au charme champêtre, climatisées et bien équipées.

LE GRAND VILLAGE PLAGE – 17 Charente-Maritime – 970 h. – alt. 6 m – 17370 **38** A2

Paris 525 – Poitiers 191 – La Rochelle 73 – Rochefort 36

Le Relais des Salines VISA

Port des Salines – 05 46 75 82 42 – www.lerelaisdessalines.com – Ouvert de mi-mars à mi-nov. et fermé lundi sauf vacances scolaires

Rest – Menu 19 € (déj. en sem.) – Carte environ 35 €

◆ Ambiance décontractée, esprit bistrot marin tendance, terrasse côté marais salants et belle ardoise de suggestions iodées : cette ancienne cabane ostréicole est une perle !

ÎLE D'OUESSANT – 29 Finistère – 308 A4 – 29242 Bretagne **9** A1

Transports uniquement piétons - depuis **Brest** - Traversée 2 h 15 mn - Renseignements et tarifs : Cie Maritime Penn Ar Bed (Brest) 02 98 80 80 80 -

depuis **Le Conquet** - Traversée 1 h - Renseignements et tarifs : voir ci-dessus

depuis **Camaret** (uniquement mi juillet-mi août) - Traversée 1 h 15 mn - Renseignements et tarifs : voir ci-dessus.

Ti Jan Ar C' Hafé sans rest VISA

Kernigou – 02 98 48 82 64 – www.tijan.fr – Fermé 11 nov.-20 déc. et 4 janv.-15 fév.

8 ch – 69/99 € 69/99 € – 10 €

◆ À l'entrée du bourg de Lampaul, petit hôtel de charme vous réservant ur accueil convivial. Salon coquet, salle des petits-déjeuners lumineuse, terrasse chambres avenantes.

Ty Korn VISA

au bourg de Lampaul – 02 98 48 87 33 – Fermé 16-30 nov., 4-25 janv., dim. e lundi sauf fériés

Rest – *(nombre de couverts limité, prévenir)* Menu 31 € (dîner) – Carte 39/47 €

◆ Incontournable restaurant-pub près de l'église. On goûte les produits de l'océan (mention spéciale pour les fruits de mer) dans un décor évoquant le pont avant d'un bateau.

Il fait beau ? Savourez le plaisir de manger en terrasse :

ÎLE D'YEU ★★ – 85 Vendée – 316 BC7 – 4 941 h. 34 A3

Poitou Vendée Charentes

Accès par transports maritimes pour **Port-Joinville.**

depuis Fromentine (toute l'année) - Traversée de 30 à 45 mn - Renseignements et tarifs : Cie Yeu Continent (à Fromentine) ☎ 0 825 853 000 (0,15 €/mn), www.compagnie-yeu-continent.fr - depuis Barbâtre : Cie V.I.I.V. ☎ 02 51 39 00 00 - depuis St-Gilles-Croix-de-Vie et depuis Les Sables d'Olonne (Quai Bénatier) (avril-sept.) : Cie Vendéenne ☎ 0 825 139 085 (0,15 €/mn), www.compagnievendeenne.com Service Saisonnier (avril-sept.).

depuis Fromentine : traversée de 30 à 70 mn - Renseignements à Cie Yeu Continent BP 16-85550 La Barre-de-Monts ☎ 0 825 853 000 (0,15 €/mn), www.compagnie-yeu-continent.fr.

i 1, place du Marché ☎ 02 51 58 32 58

PORT-JOINVILLE – 85 Vendée – 4 880 h. – ✉ 85350 L Ile d Yeu 34 A3

Paris 457 – Challans 26 – Nantes 69 – La Roche-sur-Yon 70

Vieux Château★ : ≤★★ SO : 3,5 km - Grand Phare ≤★ SO : 3 km.

Atlantic Hôtel sans rest ≤ A/C VISA MC AE

quai Carnot – ☎ 02 51 58 38 80 – www.hotel-yeu.com – Fermé janv.

18 ch – †43/92 € ††43/92 € – ☐ 7 €

◆ Face à l'embarcadère, chambres claires profitant du tintement des mâts – comme la salle des petits-déjeuners – ou de la tranquillité du village et de ses jardinets de pêcheurs.

L'Escale sans rest ♿ VISA MC

14 r. de La Croix de Port – ☎ 02 51 58 50 28 – www.yeu-escale.fr – Fermé 15 nov.-15 déc.

29 ch – †55/80 € ††55/82 € – ☐ 8 €

◆ En retrait du port, façade blanche égayée de volets colorés. Chambres simples et bien tenues, parfois climatisées. Salle des petits-déjeuners au décor marin.

Port Baron VISA MC

9 r. Georgette – ☎ 02 51 26 01 61 – Fermé 2 sem. en oct., mardi midi et lundi

Rest – Menu 20 € (déj. en sem.), 32/40 €

◆ Vieilles affiches, banquettes, photos, bibelots et disques anciens : dans un agréable décor de bistrot rétro, la carte s'inspire des tendances saisonnières et des arrivages.

L'ILE-ROUSSE – 2B Haute-Corse – 345 C4 – voir à Corse

ÎLE STE-MARGUERITE ★★ – 341 D6 – ✉ 06400 Cannes Côte d'Azur 42 E2

Accès par transports maritimes depuis **Cannes** Traversée 15 mn par Cie Esterel Chanteclair-Gare Maritime des Iles ☎04 93 38 66 33

Forêt★★ - ≤★ de la terrasse du Fort-Royal.

ÎLES CHAUSEY – 50 Manche – 303 B6 – ✉ 50400 Normandie Cotentin 32 A2

Accès par transports maritimes depuis **Granville** - Traversée 50 mn - Renseignements à : Vedette "Jolie France II" Gare Maritime ☎ 02 33 50 31 81 (Granville), Compagnie Corsaire : ☎ 0 825 138 050 (0,15 €/mn), www.compagniecorsaire.com

depuis **St-Malo** - Traversée 1 h 10 mn - Compagnie Corsaire : ☎ 0 825 138 035 (0,15 €/mn).

Grande Ile★.

Fort et des Iles avec ch ≤ ch, VISA MC

– ☎ 02 33 50 25 02 – www.hotel-chausey.com – Ouvert 16 avril-2 oct. et fermé lundi sauf fériés

8 ch (½ P seult) – ½ P 70 €

Rest – *(prévenir en saison)* Menu 23/32 € – Carte 28/50 €

◆ Homards, crabes, huîtres et poissons : cuisine de la mer réalisée selon la pêche du jour. Belle vue sur l'archipel. Idéal pour se ressourcer loin de l'agitation continentale. Chambres très simples, sans télévision pour mieux profiter de l'atmosphère insulaire.

LAS ILLAS – 66 Pyrénées-Orientales – **344** H8 – rattaché à Maureillas-las-Illas

ILLHAEUSERN – 68 Haut-Rhin – **315** I7 – 711 h. – alt. 173 m – ✉ 68970 **2** C2

Paris 452 – Artzenheim 15 – Colmar 19 – St-Dié 55

La Clairière sans rest

rte de Guémar – ✆ 03 89 71 80 80 – www.hotel-la-clairiere.com – Fermé janv. et fév.

25 ch – 77 € 98/185 € – 12 €

◆ À l'orée de la forêt de l'Ill, vaste construction inspirée de l'architecture alsacienne. Chambres personnalisées, calmes et spacieuses ; certaines regardent les Vosges.

Les Hirondelles sans rest

33 r. du 25 janvier – ✆ 03 89 71 83 76 – www.hotelleshirondelles.com – Fermé 28 août-2 sept. et 30 janv.-11 mars

19 ch – 63/69 € 68/74 € – 6 €

◆ Un accueil sympathique vous attend dans cette ancienne ferme au cadre sagement rustique. Chambres bien équipées, réparties autour d'une jolie cour, et belle piscine chauffée.

Auberge de l'Ill (Marc Haeberlin)

2 r. de Collonges-au-Mont-d'Or – ✆ 03 89 71 89 00 – www.auberge-de-l-ill.com – Fermé 1er-7 janv., 6 fév.-9 mars, lundi et mardi

Rest – *(prévenir)* Menu 99 € (déj. en sem.), 121/158 € – Carte 120/200 €

Spéc. Terrine de foie gras d'oie. Mousseline de grenouilles "Paul Haeberlin". Variation de chocolats. **Vins** Riesling, Pinot noir.

◆ Grande maison de tradition française qui jouit d'un cadre superbe et d'une vue féerique sur l'Ill. Le service sans faille est au diapason. Mets classiques et recettes alsaciennes revisitées.

Hôtel des Berges

– ✆ 03 89 71 87 87 – www.hoteldesberges.com – Fermé 1er-7 janv., 31 janv.-3 mars, lundi et mardi

13 ch – 315/370 € 315/370 € – 2 suites – 28 €

◆ Belle reconstitution d'un séchoir à tabac du Ried, au fond du jardin de l'Auberge de l'Ill. Chambres raffinées, jacuzzi extérieur.

ILLKIRCH-GRAFFENSTADEN – 67 Bas-Rhin – **315** K5 – rattaché à Strasbourg

INGERSHEIM – 68 Haut-Rhin – **315** H8 – rattaché à Colmar

INGOUVILLE – 76 Seine-Maritime – **304** E2 – rattaché à St-Valéry-en-Caux

INNENHEIM – 67 Bas-Rhin – **315** J6 – 1 027 h. – alt. 150 m – ✉ 67880 **1** B2

Paris 487 – Molsheim 12 – Obernai 10 – Sélestat 34

Au Cep de Vigne

5 r. Barr – ✆ 03 88 95 75 45 – www.aucepdevigne.com – Fermé 2-17 janv., 20 juin-4 juil., dim. soir et lundi

37 ch – 62 € 67/80 € – 9 € – ½ P 70/75 €

Rest – Menu 20/45 € – Carte 20/45 €

◆ Cette grande maison de style régional (façade à colombages) dispose de chambres confortables et bien tenues. Joli jardin sur l'arrière. Restaurant chaleureux (boiseries en bois sombre) ; cuisine du terroir accompagnée de crus locaux.

INXENT – 62 Pas-de-Calais – **301** D4 – rattaché à Montreuil

ISBERGUES – 62 Pas-de-Calais – **301** H4 – rattaché à Aire-sur-la-Lys

ISIGNY-SUR-MER – 14 Calvados – **303** F4 – 2 755 h. – alt. 4 m – ✉ 14230 Normandie Cotentin **32** A2

Paris 298 – Bayeux 35 – Caen 64 – Carentan 14

16, rue Émile Demagny ✆ 02 31 21 46 00

De France

13 r. E. Demagny – ✆ 02 31 22 00 33 – www.hotel-france-isigny.com – Fermé 20 déc.-10 janv.

18 ch – 50/60 € 60 € – 8,50 €

Rest – *(fermé vend. soir, sam. midi et dim. soir d'oct. à mars)* Menu 15/30 € – Carte 22/39 €

◆ Sur la rue principale de la petite cité laitière et beurrière, établissement ancien bâti autour d'une cour. Chambres rafraîchies, simples et bien tenues. Plats traditionnels et de la mer (dont les huîtres du pays) servis dans deux salles à manger soignées.

L'ISLE-ADAM – 95 Val-d'Oise – 305 E6 – 11 231 h. – alt. 28 m – ✉ 95290 Île de France 18 B1

Paris 41 – Beauvais 49 – Chantilly 24 – Compiègne 66

46, Grande Rue ✆ 01 34 69 41 99

de l'Isle-Adam 1 chemin des Vanneaux, NE : 5 km, ✆ 01 34 08 11 11

Les Golfs de Mont Griffon à Luzarches Route Départementale 909, NE : 5 km, ✆ 01 34 68 10 10

Paris International Golf Club à Baillet-en-France 18 route du Golf, SE par D 301 : 15 km, ✆ 01 34 69 90 00

Chaire★ de l'église St-Martin.

Le Gai Rivage

11 r. de Conti – ✆ 01 34 69 01 09 – www.legairivage.com – Fermé 29 août-14 sept., 26 déc.-5 janv., 20 fév.-9 mars, dim. soir, mardi soir et lundi

Rest – Menu 36/40 € – Carte 60/70 €

◆ Situé sur une petite île, ce restaurant doté de larges baies et sa charmante terrasse permettent de contempler tranquillement le cours de l'Oise. Cuisine traditionnelle.

Le Relais Fleuri

61 bis r. St-Lazare – ✆ 01 34 69 01 85 – Fermé août, dim. soir, lundi soir, merc. soir et mardi

Rest – (25 €) Menu 30/33 €

◆ Trois ambiances dans cette auberge familiale : salle rustique, salon Régence ou véranda plus actuelle. Plats classiques à savourer à l'ombre des tilleuls aux beaux jours.

L'ISLE-D'ABEAU – 38 Isère – 333 E4 – 15 397 h. – alt. 265 m – ✉ 38080 44 B2

Paris 499 – Bourgoin-Jallieu 6 – Grenoble 72 – Lyon 38

Le Relais du Çatey avec ch

10 r. Didier – ✆ 04 74 18 26 50 – www.le-relais-du-catey.com – Fermé 30 juil.-23 août et 26 déc.-3 janv.

7 ch – 60/74 € 60/74 € – 8,50 € – ½ P 52/57 €

Rest – *(fermé dim. et lundi)* Menu 23 € (déj. en sem.), 33/57 € – Carte 40/65 €

◆ Décor et éclairage contemporains soulignent le cachet préservé de cette maison dauphinoise de 1774 ; terrasse calme et verdoyante. Cuisine actuelle soignée. Jolies chambres.

à l'Isle-d'Abeau-Ville-Nouvelle Ouest : 4 km par N 6 – ✉ 38080 L'Isle d'Abeau – 38 769 h.

Mercure

20 r. Condorcet – ✆ 04 74 96 80 00 – www.mercure.portedesalpes.fr

189 ch – 90/125 € 100/135 € – 40 suites – 13 €

Rest *La Belle Époque* – *(fermé 19 juil.-25 août, sam. et dim. de mai à août)* (18 €) Menu 23 € – Carte 30/41 €

Rest *New Sunset* – ✆ 04 74 96 81 77 *(fermé vend. soir, sam. et dim. d'oct. à mars)* (11 €) Carte 22/35 €

◆ Ce Mercure œuvre pour le bien-être de ses hôtes : construction "géobiologique" (tendance Feng Shui), centre de remise en forme, bel équipement sportif. Chambres refaites. Cuisine traditionnelle à La Belle Époque. Carte de brasserie au piano-bar le New Sunset.

L'ISLE-JOURDAIN – 32 Gers – 336 I8 – 6 471 h. – alt. 116 m – ✉ 32600 Midi-Toulousain **28 B2**

Paris 682 – Auch 45 – Montauban 58 – Toulouse 37

route de Mauvezin ✆ 05 62 07 25 57

Las Martines Route de Saint Livrade, N : 4 km, ✆ 05 62 07 27 12

du Château de Barbet à Lombez Route de Boulogne, SO par D 634 : 25 km, ✆ 05 62 62 08 54

Centre-musée européen d'art campanaire★.

à Pujaudran Est : 8 km par N 124 – 1 217 h. – alt. 302 m – ✉ 32600

Le Puits St-Jacques (Bernard Bach)

av. Victor Capoul – ✆ 05 62 07 41 11 – www.lepuitssaintjacques.com – Fermé 30 août-16 sept., 1er-20 janv., dim. soir, lundi et mardi

Rest – *(prévenir le week-end)* Menu 28 € (déj. en sem.), 60/100 € – Carte 85/120 €

Spéc. Bouchon de foie gras à l'amande, citron confit et navet croquant. Quasi de veau, truffe d'été et huile d'amandon (juin à août). Véritable chocolat liégeois servi devant vous. **Vins** Côtes de Duras, Cahors.

◆ Cette maison gersoise, jadis relais sur la route de Compostelle, abrite une salle à manger raffinée et un patio à l'atmosphère méridionale. Cuisine séduisante et inspirée, osant les nouvelles tendances.

L'ISLE-JOURDAIN – 86 Vienne – 322 K7 – 1 238 h. – alt. 142 m – ✉ 86150 Poitou Vendée Charentes **39 C2**

Paris 375 – Confolens 29 – Niort 104 – Poitiers 53

place d'Armes ✆ 05 49 48 80 36

à Port-de-Salles Sud : 7 km par D 8 et rte secondaire – ✉ 86150

Val de Vienne sans rest

Port de Salles – ✆ 05 49 48 27 27 – www.hotel-valdevienne.com

20 ch – †75/125 € ††75/125 € – 1 suite – ☕ 15 €

◆ En pleine campagne, sur une rive de la Vienne, hôtel doté de chambres fonctionnelles de plain-pied s'ouvrant sur des terrasses. Bar dans la véranda côté jardin et piscine.

L'ISLE-SUR-LA-SORGUE – 84 Vaucluse – 332 D10 – 18 015 h. – alt. 57 m – ✉ 84800 Provence **42 E1**

Paris 693 – Apt 34 – Avignon 23 – Carpentras 18

place de la Liberté ✆ 04 90 38 04 78

Décoration★ de la collégiale de Notre-Dame des Anges.

Église★ du Thor O : 5 km.

Les Névons sans rest

chemin des Névons, (derrière la poste) – ✆ 04 90 20 72 00 – www.hotel-les-nevons.com – Fermé 11 déc.-25 janv.

44 ch – †56/90 € ††56/90 € – ☕ 9 €

◆ Près du centre-ville, des chambres fonctionnelles, plus confortables dans l'aile la plus récente ; certaines avec balcon. Sympathique petit-déjeuner (confitures maison).

La Maison sur la Sorgue sans rest

6 r. Rose-Goudard – ✆ 06 87 32 58 68 – www.lamaisonsurlasorgue.com

4 ch ☕ – †190/330 € ††190/330 €

◆ Un très bel hôtel particulier, décoré sur le thème des voyages. Les chambres ont toutes leur cachet : baignoire sur pieds, loggia, vue sur l'église... Délicieux patio et piscine.

La Prévôté avec ch

4 bis r. J.-J.-Rousseau, (derrière l'église) – ✆ 04 90 38 57 29 – www.la-prevote.fr – Fermé 1er-17 mars, 13 nov.-3 déc., merc. sauf juil.-août et mardi

5 ch ☕ – †120/180 € ††120/180 € **Rest** – *(nombre de couverts limité, prévenir)* Menu 26 € bc (déj. en sem.), 39/70 € – Carte 40/60 €

◆ Dans un couvent du 17e s. ouvrant sur un bras de la Sorgue, on savoure une cuisine basée sur des produits frais, dans un cadre raffiné (cheminée, poutres apparentes). Chambres très joliment décorées.

XX **Le Vivier**

800 cours F. Peyre (rte de Carpentras) – 04 90 38 52 80 – www.levivier-restaurant.com – Fermé 1er-14 mars, 27 août-3 sept., 1 sem. en nov., 2-6 janv., jeudi midi en juil.-août, dim. soir de sept. à juin, vend. midi, sam. midi et lundi

Rest – Menu 30 € (déj. en sem.), 45/70 € – Carte 45/73 €

Spéc. Pressé de foie gras et anguille fumée. Pithiviers de pigeon des Costières aux cèpes et foie gras. Le "tout chocolat". **Vins** Côtes du Ventoux.

◆ Une cuisine très actuelle, sophistiquée mais tout en finesse, dans ce restaurant design aux couleurs acidulées, dont les baies s'ouvrent sur la Sorgue. Bon choix de vins.

XX **Café Fleurs**

9 r. T.-Aubanel – 04 90 20 66 94 – www.cafefleurs.com – Fermé en janv., mardi et merc.

Rest – (19 €) Menu 23 € (déj. en sem.)/39 € – Carte 45/58 €

◆ Deux salles au décor provençal clair et soigné, une agréable terrasse ombragée au bord de l'eau : joli cadre pour une cuisine actuelle au charme typiquement méridional.

XX **L'Oustau de l'Isle**

147 chemin du Bosquet, 1 km par rte d'Apt – 04 90 20 81 36 – www.restaurant-oustau.com – Fermé 14 nov.-1er déc., 16 janv.-9 fév., merc. sauf le soir de mi-juin à mi-sept. et mardi

Rest – (16 €) Menu 28/54 €

◆ Ce mas entouré de verdure possède une ravissante terrasse ombragée et deux salles épurées, décorées de reproductions de Modigliani. Délicate cuisine d'inspiration provençale.

X **Le Jardin du Quai**

91 av. J.-Guigue, (près de la gare) – 04 90 20 14 98 – Fermé mardi et merc. sauf de mi-juin à mi-sept.

Rest – Menu 35 € (déj. en sem.)/43 €

◆ Avec son jardin ombragé, ce bistrot dégage un vrai charme rétro. Menu unique du marché, pour une cuisine goûteuse et juste. L'annexe "à KO'T" propose des petits plats le midi.

au Nord par D 938 et rte secondaire – ✉ 84740 Velleron

Hostellerie La Grangette

rest,

807 chemin Cambuisson, à 6 km – 04 90 20 00 77 – www.la-grangette-provence.com – Ouvert 12 fév.-7 nov.

16 ch – †95/228 € ††95/228 € ½ P 98/164 € **Rest** – (fermé lundi et mardi) (dîner seult) (nombre de couverts limité, prévenir) Menu 38/50 € – Carte 52/59 €

◆ Ancienne ferme provençale décorée dans un style rustique et cossu. Chambres stylées, de tailles diverses, et belle literie. Cuisine régionale gorgée de soleil, à apprécier dans une salle intime ou en plein air l'été.

rte d'Apt 6 km au Sud-Est par D 901– ✉ 84800 Lagnes

Le Mas des Grès

ch, ch,

– 04 90 20 32 85 – www.masdesgres.com – Ouvert 25 mars-13 nov.

14 ch – †80/150 € ††80/230 € – 12 € – ½ P 85/145 €

Rest – (fermé le midi) (prévenir) Menu 36 €

◆ Ce mas provençal restauré avec goût invite au repos et à la détente : jardin, terrasse ombragée, aire de jeux pour enfants, petit espace fitness. Chambres coquettes décorées avec soin. Au restaurant, tables dressées sous la treille ou sous les platanes ; menu du marché.

au Sud-Ouest 4 km par D 938 (rte de Cavaillon) et rte secondaire – ✉ 84800 L'Isle-sur-la-Sorgue

Mas de Cure Bourse

ch,

120 chemin de Serre – 04 90 38 16 58 – www.masdecurebourse.com – Fermé 3-18 janv.

14 ch – †90/130 € ††90/130 € – 10 €

Rest – (fermé lundi de nov. à avril) (20 € bc) Menu 26 € (déj.), 37/59 € – Carte 45/51 €

◆ Le calme règne en maître dans cet authentique mas du 18e s., perdu au milieu des vergers. Intérieur rustique, chambres impeccables, piscine et jardin ombragé. Cuisine du Sud servie dans la salle à manger provençale ou à l'ombre d'arbres centenaires.

L'ISLE-SUR-SEREIN – 89 Yonne – 319 H6 – 760 h. – alt. 190 m – ✉ 89440 7 B2

Paris 209 – Auxerre 50 – Avallon 17 – Montbard 36

Auberge du Pot d'Étain avec ch

24 r. Bouchardat – ✆ 03 86 33 88 10 – www.potdetain.com – Fermé 15-31 oct., fév., dim. soir et mardi midi sauf juil.-août et lundi

9 ch – †60/90 € ††60/90 € – ☐ 9 € – ½ P 75 €

Rest – Menu 26/52 € – Carte 43/68 €

◆ Cuisine aux accents régionaux, belle sélection de bourgognes, chambres coquettes et colorées : une auberge sympathique dans la bucolique vallée du Serein... à deux tours de roue de l'A6 !

ISPE – 40 Landes – 335 D8 – rattaché à Biscarrosse

LES ISSAMBRES – 83 Var – 340 P5 – ✉ 83380 Côte d'Azur 41 C3

Paris 877 – Draguignan 40 – Fréjus 11 – St-Raphaël 14

place San-Peire ✆ 04 94 49 66 55

à San-Peire-sur-Mer – ✉ 83520

Le Provençal rest, ch,

D 559 – ✆ 04 94 55 32 33 – www.hotel-leprovencal.com – Ouvert 12 fév.-20 oct.

27 ch – †68/138 € ††75/138 € – ☐ 12 € – ½ P 81/108 €

Rest *Les Mûriers* – *(fermé mardi midi)* Menu 29/65 € – Carte 49/99 €

◆ Dans le golfe de St-Tropez, une maison colorée des années 1930, tenue par la même famille depuis quatre générations. Chambres fonctionnelles, certaines avec vue sur la mer. Cuisine méditerranéenne servie dans une salle provençale ou à l'ombre des mûriers.

au parc des Issambres – ✉ 83380 Les Issambres

La Quiétude ch,

D 559 – ✆ 04 94 96 94 34 – www.hotel-laquietude.com – Ouvert 26 mars -4 nov.

19 ch – †50/99 € ††61/99 € – ☐ 10 € – ½ P 60/80 €

Rest – *(dîner seult sauf dim.)* Menu 22/38 € – Carte 34/46 €

◆ En bordure d'un axe passant, un hôtel familial aux chambres fraîches et colorées (certaines offrent une échappée sur le large). Petit jardin avec piscine. Plats simples axés sur la tradition et les saveurs du Sud, à déguster sur la terrasse, face à la mer.

à la calanque des Issambres – ✉ 83380 Les Issambres

Chante-Mer

pl. Ottaviani, (au village provençal) – ✆ 04 94 96 93 23 – Fermé 15 déc.-31 janv., dim. soir d'oct. à Pâques, mardi midi et lundi hors saison

Rest – Menu 25/45 € – Carte 37/78 €

◆ À l'écart de l'agitation touristique – et du front de mer –, une adresse conviviale, où l'on apprécie une cuisine traditionnelle simple et généreuse. Terrasse en façade.

ISSOIRE – 63 Puy-de-Dôme – 326 G9 – 14 016 h. – alt. 400 m – ✉ 63500 Auvergne 5 B2

Paris 446 – Clermont-Ferrand 36 – Le Puy-en-Velay 94 – Thiers 56

place Saint-Paul ✆ 04 73 89 15 90

Anc. abbatiale St-Austremoine★★ Z.

Le Pariou

18 av. Kennedy, 1 km par ① – ✆ 04 73 55 90 37 – www.hotel-pariou.com – Fermé 17 déc.-3 janv.

54 ch – †68/77 € ††80/88 € – ☐ 10 € – ½ P 65/70 €

Rest *Le Jardin* – *(fermé dim. et lundi)* (13 €) Menu 20/38 € – Carte 29/40 €

◆ Bâtisse des années 1950 entièrement redécorée dans un agréable style moderne et design. Chambres colorées, plus spacieuses dans l'aile récente. Au Jardin, on déguste des produits frais, du pain et des desserts maison.

X **Toqué**

35 r. St-Antoine – ✆ 04 73 54 95 06 – www.gourmands-gourmets.com – Fermé 30 mai-7 juin, 1er-16 sept., 2-17 janv. **Ze**

Rest – (19 €) Menu 25/42 € – Carte 31/52 €

◆ Ce restaurant au cadre minimaliste, proche de l'abbatiale St-Austremoine, ravit les toqués de gastronomie, avec sa carte alléchante et bien équilibrée !

à St-Rémy-de-Chargnat 7 km par ② et D 999 – 550 h. – alt. 400 m – ✉ 63500

Château de la Vernède sans rest

– *✆ 04 73 71 07 03 – www.chateauvernedeauvergne.com*
– *Ouvert mars-nov.*

5 ch ☕ – 🚹70/110 € 🚹🚹70/110 €

◆ Un joli château remanié en 1850, ancien relais de chasse de la reine Margot, où meubles d'époque côtoient tableaux anciens et pièces rares. Beaucoup de goût et de romantisme !

à Sarpoil 10 km par ② et D 999 – ✉ 63490 St-Jean-en-Val

XXX **La Bergerie** (Cyrille Zen)

– *✆ 04 73 71 02 54 – www.labergeriedesarpoil.com*
– *Fermé 20-27 juin, 19-26 sept., 2 janv.-1er fév., merc. sauf juil.-août, dim. soir et lundi*

Rest – *(nombre de couverts limité, prévenir)* Menu 17 € (sem.), 26/68 € – Carte 49/73 €

Spéc. Nem d'escargots et pieds de cochon. Confit de lièvre à la royale (saison). Autour du macaron.

◆ Point d'habitudes moutonnières en cette Bergerie, mais du soin apporté à chaque assiette, de subtils mariages de saveurs, de textures, de couleurs... Une cuisine à la fois fine et gourmande ! Élégant décor d'esprit classique, avec une cheminée allumée en hiver.

ISSOIRE

Altaroche (Pl.)	Z	2
Ambert (R. d')	Y	
Ancienne Caserne (R. de l')	Z	3
Berbiziale (R. de la)	Y	
Buisson (Bd A.)	Y	
Cerf Volant (R. du)	Y	4
Châteaudun (R. de)	Z	5
Cibrand (Bd J.)	Y	
Dr-Sauvat (R.)	Z	
Duprat (Pl. Ch.)	Y	
Espagnon (R. d')	Z	
Foirail (Pl. du)	Y	
Fours (R. des)	Z	
Gambetta (R.)	Z	6
Gare (Av. de la)	Z	9
Gaulle (Pl. du Gén.-de)	Y	
Gauttier (R. Eugène)	Y	
Haïnl (Bd G.)	Z	
Hauterive (R. E. d')	Z	
Libération (Av. de la)	Z	10
Manlière (Bd de la)	Z	
Mas (R. du)	Y	
Montagne (Pl. de la)	Y	
Notre-Dame des Filles (R.)	Z	12
Palais (R. du)	Y	
Pomel (Pl. N.)	Z	13
Ponteil (R. du)	Y	16
Pont (R. du)	Z	14
Postillon (R. du)	Z	
République (Pl. de la)	Z	
St-Avit (Pl.)	Y	22
Sous-Préfecture (Bd de la)	Z	
Terraille (R. de la)	Z	24
Triozon-Bayle (Bd)	YZ	25
Verdun (Pl. de)	Z	26
8 Mai (R. du)	Y	30

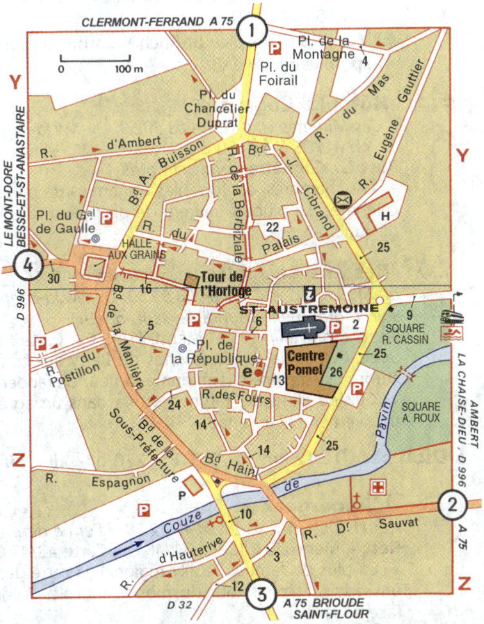

à Perrier 5 km par ④ et D 996 – 820 h. – alt. 415 m – ✉ 63500

XX **La Cour Carrée** avec ch ch,
17 av. du Tramot – ✆ 04 73 55 15 55 – www.cour-carree.com – Fermé 14-20 nov., 2-12 janv., dim. soir et lundi soir du 15 sept. au 15 juin et le midi sauf dim. et fériés
3 ch – †75/95 € ††75/95 € – ☕ 11 € – ½ P 73/83 €
Rest – *(nombre de couverts limité, prévenir)* Menu 28/45 €
◆ Cette ancienne maison de vigneron vous accueille dans une salle lumineuse ouverte sur... une cour carrée ! Derrière les baies vitrées, le chef cuisine d'excellents produits, tout en subtilité. Chambres élégantes et très confortables, parfaites pour une étape.

ISSONCOURT – 55 Meuse – **307** C5 – 116 h. – alt. 260 m – ✉ 55220 **26** A2
Les Trois Domaines

Paris 265 – Bar-le-Duc 28 – St-Mihiel 28 – Verdun 28

XX **Relais de la Voie Sacrée**
1 Voie Sacrée – ✆ 03 29 70 70 46 – www.voiesacree.com – Fermé 2 janv.-13 fév., dim. soir et lundi
Rest – (18 €) Menu 22 € (sem.), 31/50 € – Carte 35/75 €
◆ Près de la gare TGV, cette engageante auberge borde la célèbre Voie Sacrée, lien vital lors de la bataille de Verdun. Cadre rustique ou terrasse ombragée. Cuisine traditionnelle.

ISSOUDUN – 36 Indre – **323** H5 – 13 930 h. – alt. 130 m **12** C3
– ✉ 36100 Limousin Berry

Paris 244 – Bourges 37 – Châteauroux 29 – Tours 127
place Saint-Cyr ✆ 02 54 21 74 02
des Sarrays Les Sarrays, SO : 12 km par D 151 et rte secondaire, ✆ 02 54 49 54 49
Musée de l'hospice St-Roch★ : arbre de Jessé★ dans la chapelle et apothicairerie★ AB.

Hôtel La Cognette
r. des Minimes – ✆ 02 54 03 59 59 – www.la-cognette.com Ae
17 ch – †95 € ††150 € – 3 suites – ☕ 14 €
Rest *La Cognette* – voir ci-après
◆ Les chambres, confortables et garnies de meubles de style, portent le nom de célébrités. La plupart ouvrent de plain-pied sur un jardinet où l'on prend le petit-déjeuner en été.

XXX **Rest. La Cognette** (Jean-Jacques Daumy)
bd Stalingrad – ✆ 02 54 03 59 59 – www.la-cognette.com – Fermé janv., dim. soir, mardi midi et lundi de sept. à juin Az
Rest – *(prévenir)* (25 €) Menu 35/95 € – Carte 55/95 €
Spéc. Crème de lentilles vertes du Berry aux truffes. Foie de veau au miel et au citron. Massepains d'Issoudun à la fleur d'oranger. **Vins** Reuilly, Quincy.
◆ Cuisine classique raffinée servie dans un agréable jardin d'hiver, couvert par une verrière victorienne.

à Diou par ① : 12 km sur D 918 – 270 h. – alt. 130 m – ✉ 36260

XX **L'Aubergeade**
rte d'Issoudun – ✆ 02 54 49 22 28 – Fermé dim. soir et merc. soir
Rest – Menu 20 € (déj.), 31/40 € – Carte 43/49 €
◆ En plus du fameux reuilly régional, la carte des vins de L'Aubergeade propose un séduisant petit tour du monde viticole. Cuisine au goût du jour et terrasse face au jardin.

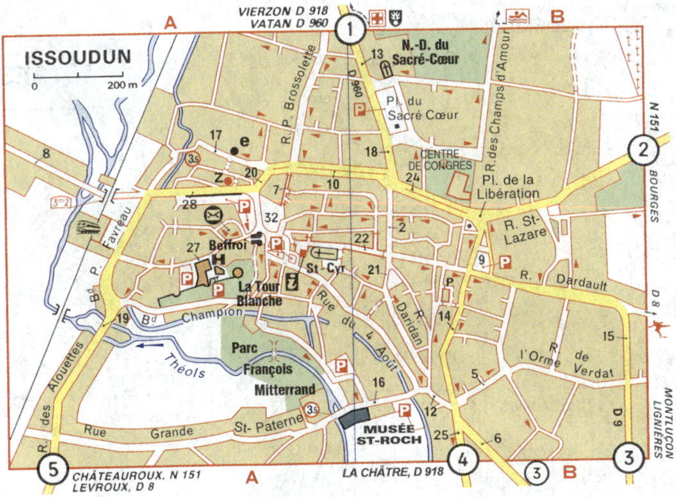

Avenier (R. de l') . . . . B 2
Bons-Enfants (R. des) . . . . B 5
Capucins (R. des). . . . . B 6
Casanova (R. D.) . . . . A 7
Chinault (Av. de). . . . . A 8
Croix-de-Pierre (Pl. de la) . . . . B 9
Dormoy (Bd M.) . . . . A 10
Entrée-de-Villatte (R.). . . . . B 12
Estienne-d'Orves (R. d') . . . . B 13
Fossés-de-Villatte (R. des). . . . . . B 14
Gaulle (Av. Ch. de). . . . . B 15
Hospices St-Roch (R.) . . . . B 16
Minimes (R. des). . . . . A 17
Père-Jules-Chevalier (R. du). . . . . B 18
Ponts (R. des) . . . . A 19
Poterie (R. de la) . . . . A 20
Quatre-Vents (R. des) . . . . B 21
République (R. de la) . . . . AB 22
Roosevelt (Bd Prés.) . . . . B 24
St-Martin (R.). . . . . B 25
Semard (R. P.) . . . . A 27
Stalingrad (Bd de) . . . . A 28
10-Juin (Pl. du). . . . . A 32

à St-Valentin 11 km à l'Ouest par D 8 et D 12 – 273 h. – alt. 151 m – ✉ 36100

XXX **Au 14 Février**

2 r. du Portail – ✆ 02 54 03 04 96 – www.au14fevrier.com – Fermé 29 août-20 sept. , 3-10 janv.
Rest – Menu 25 € (déj.), 32/62 €
◆ Cuisine fusion adaptant la technique japonaise aux produits et aux goûts français. Cadre cosy : boiseries foncées, affiches de R. Peynet ; service tout en délicatesse.

IS-SUR-TILLE – 21 Côte-d'Or – **320** K4 – 3 824 h. – alt. 284 m – ✉ 21120 **8** C2

Paris 332 – Chenôve 43 – Dijon 30 – Talant 32
Place de la République ✆ 03 80 95 24 03

Auberge Côté Rivière

3 r. des Capucins – ✆ 03 80 95 65 40 – www.auberge-cote-riviere.com – Fermé 1 sem. en août et 24 déc-6 janv.
9 ch – †75 € ††75 € – ☕ 10 € – ½ P 76 €
Rest – *(Fermé dim. soir et lundi)* Menu 19 € (déj.), 29/62 € – Carte 45/62 €
◆ Deux bâtisses entourées par un jardin au bord de la rivière. La maison bourgeoise, entièrement rénovée, abrite des chambres contemporaines. Le restaurant, logé dans la ferme, a gardé son cachet d'antan tout en adoptant une déco actuelle. Cuisine traditionnelle.

ISSY-LES-MOULINEAUX – 92 Hauts-de-Seine – **311** J3 – **101** 25 – voir à **Paris, Environs**

ISTRES – 13 Bouches-du-Rhône – **340** E5 – 42 090 h. – alt. 32 m – ✉ 13800 Provence **40** A3

Paris 745 – Arles 46 – Marseille 55 – Martigues 14
30, allées Jean Jaurés ✆ 04 42 81 76 00

Plan page suivante

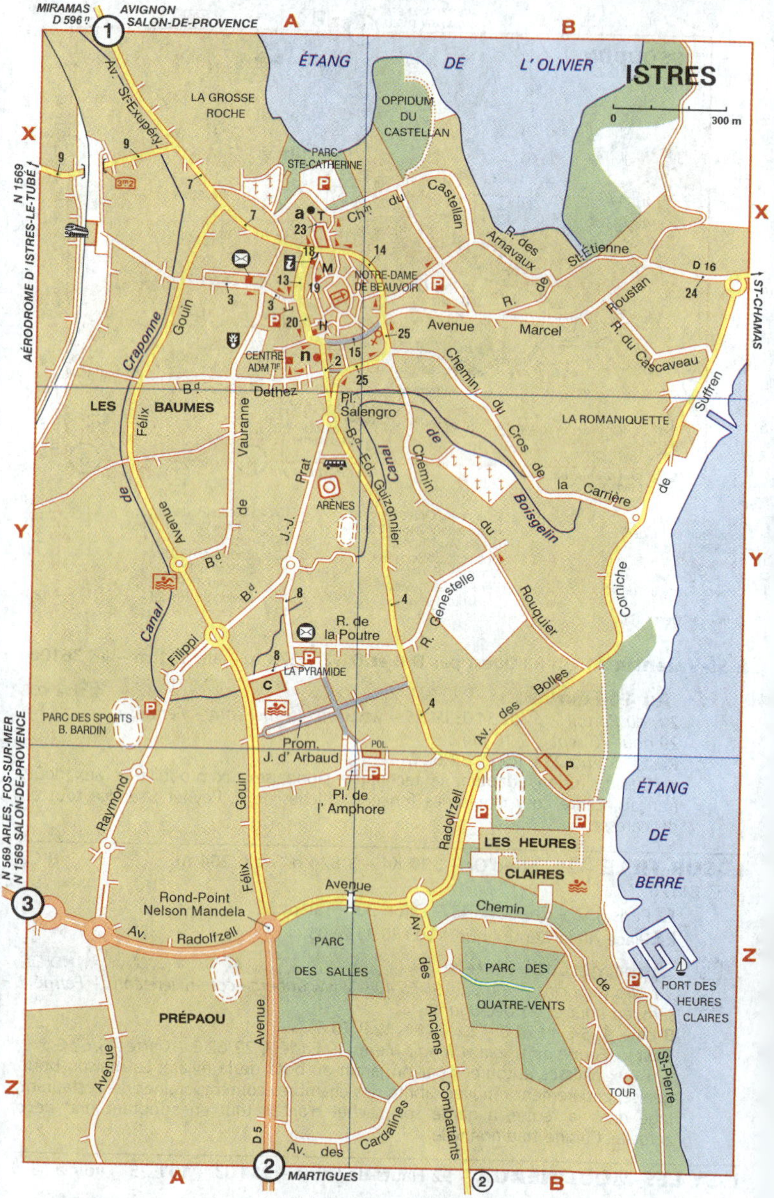

Boucher (Av. H.) . . . . AX 2
Briand (Av. A.) . . . . AX 3
Chave (Av. Alderic) . . . . BY 4
Craponne (Av. A.-de) . . . . AX 7
Equerre (R. de l') . . . . AY 8
Guynemer (Av. G.) . . . . AX 9
Jean-Jaurès (Allée) . . . . AX 13
Mistral (Bd F.) . . . . ABX 14
Painlevé (Bd P.) . . . . ABX 15
Porte-d'Arles (Pl. de la) . . . . AX 18
Puits Neuf (Pl. du) . . . . AX 19
République (Bd de la) . . . . AX 20
Ste-Catherine (R.) . . . . AX 23
St-Chamas (Rte de) . . . . BX 24
Victor-Hugo (Bd) . . . . ABX 25

Le Castellan sans rest
15 bd L. Blum – 04 42 55 13 09 – www.hotel-lecastellan.com AXa
17 ch – 50 € 62 € – 7 €
◆ Parmi les points forts de cette adresse proche de la place forte gréco-ligure : chambres claires et bien tenues, accueil aimable et prix doux. Idéal pour visiter la région.

La Table de Sébastien (Sébastien Richard)
7 av. H.-Boucher – 04 42 55 16 01 – www.latabledesebastien.fr
– Fermé 28 août-6 sept. , 2-17 janv., dim. soir, mardi midi et lundi AXn
Rest – Menu 28/72 € – Carte 65/75 €
Spéc. Soupe de girelles, mini-sandwich de pain noir et poutargue pulvérisée (mai à juil.). Agneau d'Istres en variation, légumes biologiques fumés (mars à sept.). Feuille à feuille d'aubergine cristallisée, brousse et olives confites (juin à août).
Vins Coteaux d'Aix-en-Provence, Vin de pays des Bouches du Rhône.
◆ Le chef réinterprète avec finesse et talent le répertoire culinaire régional, en s'appropriant des produits de première qualité. Dans une ancienne bergerie, avec une terrasse sous les platanes.

au Nord 4 km par ③, N 569 et rte secondaire – ✉ 13800 Istres

Ariane sans rest
12 av. de Flore – 04 42 11 13 13 – www.arianehotel-istres.com
44 ch – 64/94 € 68/99 € – 5 suites – 11 €
◆ Dans un quartier résidentiel, cet hôtel récent propose des chambres confortables et des appartements, parfois dotés d'une kitchenette et d'une terrasse côté piscine.

ITTERSWILLER – 67 Bas-Rhin – 315 I6 – 275 h. – alt. 235 m – ✉ 67140 2 C1

Alsace Lorraine

Paris 502 – Erstein 25 – Mittelbergheim 5 – Molsheim 26
Mairie 03 88 85 50 12

Arnold
98 rte des Vins – 03 88 85 50 58 – www.hotel-arnold.com
28 ch – 82/116 € 82/116 € – 1 suite – 12 € – ½ P 81/99 €
Rest *Winstub Arnold* – *(fermé dim. soir et lundi de nov. à avril)* (16 €) Menu 20 € (sem.), 29/59 € – Carte 32/64 €
◆ Une vue de carte postale ! La plupart des chambres dominent le vignoble, les villages de la plaine d'Alsace et la Forêt-Noire… Décor rustique et chaleureux dans deux bâtisses à colombages. La winstub met à l'honneur les "elsässische spezialitäten" !

ITXASSOU – 64 Pyrénées-Atlantiques – 342 D5 – 1 970 h. – alt. 39 m 3 A3

– ✉ 64250 Pays Basque et Navarre

Paris 787 – Bayonne 24 – Biarritz 25 – Cambo-les-Bains 5
Église★.

Du Fronton
– 05 59 29 75 10 – www.hotelrestaurantfronton.com
– Fermé 14-21 nov., 1er janv.-15 fév. et merc.
21 ch – 52/62 € 52/65 € – 3 suites – 8 € – ½ P 56/63 €
Rest – Menu 21 €, 32/38 € – Carte 34/45 €
◆ Maison basque adossée au fronton de pelote du village. Chambres spacieuses dans l'aile récente ; petit cachet local pour les plus anciennes. Cuisine de bistrot, avec des produits de terroir et un menu "tout cerise". Monts d'Itxassou en toile de fond.

Txistulari
– 05 59 29 75 09 – www.txistulari.fr – Fermé 10 déc.-2 janv.
20 ch – 44/50 € 46/62 € – 7 € – ½ P 43/51 €
Rest – *(fermé dim. soir et sam. de nov. à mars)* (9 €) Menu 13 € (déj. en sem.), 16/30 € – Carte 20/30 €
◆ L'hôtel est tout proche de la petite route conduisant au Pas de Roland. Chambres sobres et bien tenues, rénovées en 2010 côté jardin. Environnement calme et verdoyant. Cuisine simple, servie dans une grande salle à manger colorée ou sous la terrasse couverte.

Le Chêne rest,

(près de l'église) – *05 59 29 75 01* – *Fermé 20 déc.-29 fév., mardi d'oct. à juin et lundi*
16 ch – 40/45 € 50/56 € – 7 € – ½ P 52/58 €
Rest – Menu 18 € (déj. en sem.), 26/32 € – Carte 24/44 €
◆ Face à l'église du village, cette auberge accueille les voyageurs depuis 1696 ! Chambres et équipements anciens, mais bien entretenus. Au restaurant, décor rustique et cuisine du Pays basque ; belle terrasse.

IVOY-LE-PRÉ – 18 Cher – 323 K2 – 854 h. – alt. 276 m – ✉ 18380 — 12 C2

Paris 202 – Bourges 38 – Orléans 105 – Vierzon 41

Château d'Ivoy sans rest

rte d'Henrichemont – *02 48 58 85 01* – *www.chateaudivoy.com*
5 ch – 125 € 145 € – 15 €
◆ Ce château des 16e-17e s. au cœur d'un domaine préservé a toute une histoire (Henri IV y séjourna et le Grand Meaulnes y fut tourné). Atmosphère chaleureuse de manoir anglais.

JALIGNY-SUR-BESBRE – 03 Allier – 326 I4 – 652 h. – alt. 246 m – ✉ 03220 Auvergne — 6 C1

Paris 335 – Clermont-Ferrand 101 – Mâcon 123 – Moulins 38

De Paris rest,

3 Grande-Rue – *04 70 34 82 63* – *www.hotelrestaurantdeparis.fr* – *Fermé 26 fév.-7 mars*
6 ch – 60 € 60 € – 8 € – ½ P 65 € **Rest** – (13 €) Menu 22/47 € – Carte 30/50 €
◆ Une adresse familiale au cœur d'un petit village tranquille. Les chambres, simples et fonctionnelles, sont idéales pour une étape près du parc d'attractions et animalier du PAL. Cuisine traditionnelle servie dans un cadre rustique ; patio pour les beaux jours.

JANVRY – 91 Essonne – 101 33 – voir à Paris, Environs

JARNAC – 16 Charente – 324 I5 – 4 535 h. – alt. 26 m – ✉ 16200 Poitou Vendée Charentes — 38 B3

Paris 475 – Angoulême 31 – Barbezieux 30 – Bordeaux 113
place du Château 05 45 81 09 30
Donation François-Mitterrand - Maison Courvoisier - Maison Louis-Royer.

Château Saint-Martial

56 r. des Chabannes – *05 45 83 38 64* – *www.chateausaintmartial.fr* – *Fermé 22 oct.-3 nov., 17-25 déc. et 19 fév.-7 mars*
5 ch – 82/122 € 102/142 € **Table d'hôte** – Menu 40 € bc
◆ La famille Bisquit, célèbre pour son cognac, vécut dans ce beau château du 19e s. Collection de tableaux, mobilier de style, grandes chambres confortables et agréable parc arboré.

Du Château

15 pl. du Château – *05 45 81 07 17* – *www.restaurant-du-chateau.com*
Rest – (24 €) Menu 32 € (déj. en sem.), 47 € bc/78 € bc – Carte 40/60 €
◆ Restaurant rénové dans un esprit contemporain, voisin des chais de la Maison Courvoisier. Cuisine d'aujourd'hui réalisée avec de beaux produits par un chef de la région.

à Bourg-Charente Ouest : 6 km par N 141 et rte secondaire – 706 h. – alt. 14 m – ✉ 16200

La Ribaudière (Thierry Verrat)

2 pl. du Port – *05 45 81 30 54* – *www.laribaudiere.com* – *Fermé 20 oct.-7 nov., vacances de fév., dim. soir, mardi midi et lundi*
Rest – Menu 42/110 € bc – Carte 69/99 €
Spéc. Escargots petits gris à la graisse de canard, bouillon d'ortie sauvage (juil. à sept.). Brochette d'huîtres et langoustines, émulsion au lait de chèvre. Parfait glacé au chocolat noir, mousse caramel, crumble et cognac flambé. **Vins** Vin de pays Charentais.
◆ Décor contemporain épuré, mobilier design, "cognathèque", belle cuisine actuelle, terrasses étagées regardant l'eau : venez donc manger sur la rive gauche... de la Charente !

à Bassac Sud-Est : 7 km par N 141 et D 22 – 521 h. – alt. 20 m – ✉ 16120

L'Essille

r. de Condé – ☎ 05 45 81 94 13 – www.hotel-restaurant-essille.com – Fermé 1er-8 janv.

17 ch – †60/75 € ††60/75 € – ☕ 10 € – ½ P 68 €

Rest – *(fermé sam. midi et dim. soir de mi-sept. à mi-mai)* Menu 16 € (déj. en sem.), 26/45 € – Carte 41/57 €

◆ Hôtel familial situé à deux pas de l'abbaye. Chambres fonctionnelles progressivement rafraîchies dans un esprit plus actuel. Mobilier ancien. Salle à manger-véranda ouverte sur le parc ; cuisine traditionnelle et belle carte de cognacs (plus de 100 références).

JARVILLE-LA-MALGRANGE – 54 Meurthe-et-Moselle – **307** I6 – rattaché à Nancy

---

JAUJAC – 07 Ardèche – **331** H6 – 1 167 h. – alt. 450 m – ✉ 07380 **44** A3

Lyon Drôme Ardèche

Paris 616 – Lyon 185 – Montélimar 59 – Pierrelatte 71

La Calade ☎ 04 75 35 49 61

Le Rucher des Roudils sans rest

Les Roudils, 4 km au Nord-Ouest – ☎ 04 75 93 21 11 – www.lesroudils.com – Ouvert 2 avril-14 nov.

3 ch ☕ – †65 € ††65 €

◆ Adresse du bout du monde, grande ouverte sur le massif du Tanargue. Les chambres ont beaucoup de caractère, de même que le salon avec sa cheminée cévenole.

JAUSIERS – 04 Alpes-de-Haute-Provence – **334** I6 – rattaché à Barcelonnette

---

JERSEY (ÎLE DE) – JSY Jersey – **309** J1 – voir à Île de Jersey

---

JOIGNY – 89 Yonne – **319** D4 – 10 333 h. – alt. 79 m – ✉ 89300 Bourgogne **7** B1

Paris 144 – Auxerre 28 – Gien 74 – Montargis 59

4, quai Ragobert ☎ 03 86 62 11 05

du Roncemay à Chassy Château du Roncemay, par rte de Montargis : 18 km, ☎ 03 86 73 50 50

du Roncemay à Chassy Château du Roncemay, par rte de Montargis : 18 km, ☎ 03 86 73 50 50

Vierge au sourire★ dans l'église St-Thibault A **E** - Côte St-Jacques★ ≤★ 1,5 km par D 20 A.

Plan page suivante

La Côte St-Jacques

14 fg de Paris – ☎ 03 86 62 09 70 – www.cotesaintjacques.com – Fermé 2-19 janv., mardi midi et lundi

31 ch – †190/510 € ††190/510 € – 1 suite – ☕ 28 € – ½ P 250/330 € **Ar**

Rest *La Côte St-Jacques* – voir ci-après

◆ Au bord de l'Yonne, cet hôtel luxueux offre de nombreux agréments : moments de détente à la piscine, au spa, sur le bateau privé ; sommeil réparateur dans des chambres raffinées ; et beaux plaisirs gastronomiques (voir ci-après).

Le Rive Gauche

rest,

r. du Port-au-Bois – ☎ 03 86 91 46 66 – www.hotel-le-rive-gauche.fr

42 ch – †72 € ††72/82 € – ☕ 10 € **As**

Rest – *(fermé dim. soir d'oct. à Pâques)* (19 €) Menu 21 € (déj.), 31/39 € – Carte 35/45 €

◆ Sur la rive gauche de l'Yonne, cet hôtel dispose de chambres spacieuses, fonctionnelles et assez claires. Agréable parc avec plan d'eau et petit héliport. Au restaurant, cuisine actuelle ; salle et terrasse tournées vers la rivière.

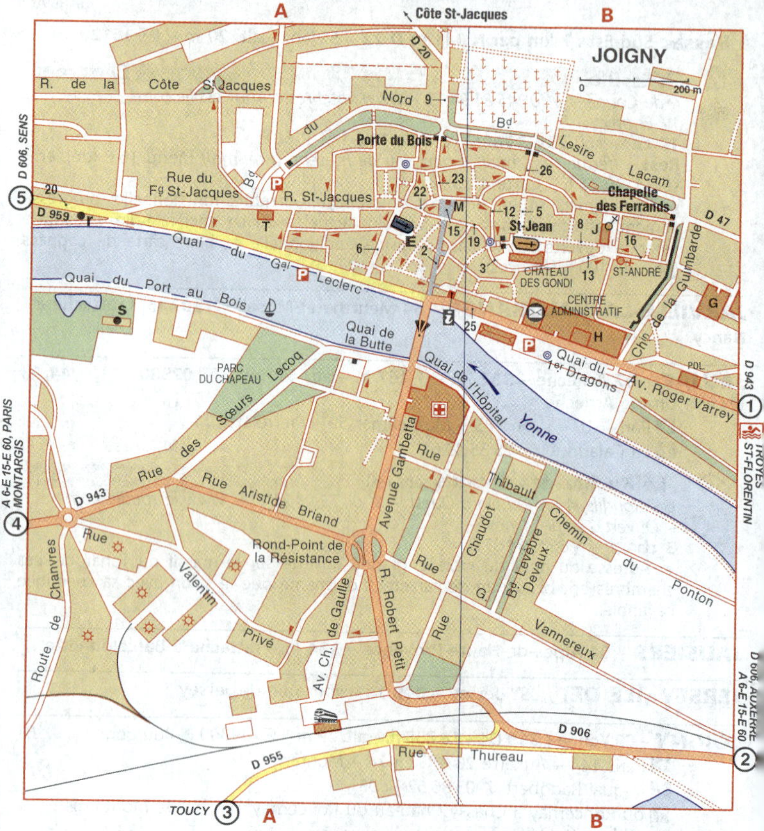

Cortel (R. Gabriel) . . . . A 2
Couturat (R.) . . . . B 3
Dans le Château (R.) . . . . B 5
Étape (R. de l') . . . . A 6
Ferrand (R. Jacques) . . . . B 8
Forêt d'Othe (Av. de la) . . . . A 9
Fossés-St-Jean (R. des) . . . . B 12
Gambetta (Av.) . . . . A
Grenet (R. Dominique) . . . . B 13
Joigny (Pl. Jean-de) . . . . A 15
Moines (R. des) . . . . B 16
Montant au Palais (R.) . . . . B 19
Paris (Faubourg de) . . . . A 20
Pilori (Pl. du) . . . . A 22
Porte du Bois (R. de la) . . . . A 23
Ragobert (Quai Henri) . . . . AB 25
Tour Carrée (R. de la) . . . . B 26

XXXX ✿✿✿ **La Côte St-Jacques** (Jean-Michel Lorain) – Hôtel La Côte St-Jacques

14 fg de Paris
– ✆ 03 86 62 09 70
– www.cotesaintjacques.com
– fermé 2-19 janv., mardi midi et lundi Ar

Rest – *(prévenir le week-end)* (100 € bc) Menu 130 € (déj.), 145/175 € – Carte 120/195 €

Spéc. Genèse d'un plat sur le thème de l'huître. Noix de ris de veau au gingembre, petits oignons, rhubarbe et radis rose. Assortiment de cinq desserts servis en petites assiettes. **Vins** Bourgogne-Chardonnay, Irancy.

◆ D'une petite couturière audacieuse à son petit-fils globe-trotter, le nom de la famille n'a cessé de se décliner… en gourmandise(s). Épices, produits exotiques, techniques nouvelles – mais avec toujours la Bourgogne au cœur : Jean-Michel Lorain signe une cuisine inventive, qui célèbre le beau produit.

à Épineau-les-Voves 7,5 km par ② – 723 h. – alt. 92 m – ✉ 89400

XX **L'Orée des Champs**

(D 606) – ✆ 03 86 91 20 39 – Fermé 18 juil. au 6 août, vacances de fév., lundi soir, mardi soir, merc. soir, jeudi soir et dim. soir
Rest – (14 €) Menu 28/40 € – Carte environ 33 €
◆ Ici, on traverse le jardin (jeux pour enfants), puis on s'installe sur la terrasse ombragée ou dans la plaisante salle aux tons rouge et ocre. Carte traditionnelle.

JOINVILLE – 52 Haute-Marne – 313 K3 – 3 886 h. – alt. 195 m – ✉ 52300 Champagne Ardenne

14 C2

Paris 244 – Bar-le-Duc 54 – Bar-sur-Aube 47 – Chaumont 44
place Saunoise ✆ 03 25 94 17 90
Château du Grand Jardin★.

Le Soleil d'Or

rest,

9 r. des Capucins – ✆ 03 25 94 15 66 – www.hotellesoleildor.fr
26 ch – 65/80 € 80/100 € – 10 € – ½ P 85/95 €
Rest – *(fermé 16-31 août, 14-28 fév., dim. et lundi)* (17 € bc) Menu 22/45 € – Carte 22/28 €
◆ Les origines de cette maison chaleureuse remontent au 17e s. La plupart des chambres sont décorées avec goût, dans un esprit contemporain. La cuisine, servie dans un décor d'inspiration historique, marie avec subtilité d'excellents produits.

JOINVILLE-LE-PONT – 94 Val-de-Marne – 312 D3 – 101 27 – voir à Paris, Environs

---

JONGIEUX – 73 Savoie – 333 H3 – 291 h. – alt. 300 m – ✉ 73170

45 C1

Paris 528 – Annecy 58 – Chambéry 25 – Lyon 103

XX **Auberge Les Morainières** (Michaël Arnoult)

rte de Marétel – ✆ 04 79 44 09 39 – www.les-morainieres.com – Fermé 4-12 avril, 17-24 oct., 26 déc.-13 janv., lundi et mardi sauf le soir en juil.-août
Rest – Menu 28 € (déj. en sem.), 52/72 € – Carte 65/95 €
Spéc. Écrevisses du lac Léman en bouillon, blanc monté aux herbes (mai à sept.). Pigeon du Vercors rôti et braisé, butternut et truffe de Jongieux (déc. à mars). Cerise soufflée, biscuit amande, beignet de reine des prés (juil.-août). **Vins** Roussette de Marestel, Mondeuse.
◆ Un ancien cellier, perché sur un coteau, converti en auberge gourmande. Très jolie pergola avec vue sur le Rhône et les vignes. Belle cuisine actuelle et créative.

JONS – 69 Rhône – 327 J5 – 1 265 h. – alt. 205 m – ✉ 69330

43 E1

Paris 476 – Lyon 28 – Meyzieu 10 – Montluel 8

Auberge de Jons

ch,

rte du Pont – ✆ 04 78 31 29 85 – www.auberge-de-jons.fr
34 ch – 75/160 € 85/180 € – 3 suites – 13 € – ½ P 135 €
Rest *Lounge Boat* – (14 €) Menu 28 € (dîner)/39 € – Carte 23/52 €
◆ Complexe hôtelier moderne ancré sur une rive du Rhône. Chambres actuelles et gaies, deux duplex et huit chaleureux bungalows personnalisés (quelques cuisinettes). Belle piscine. Restaurant aux allures de bateau avec vue sur le Rhône servant une cuisine actuelle.

JONZAC – 17 Charente-Maritime – 324 H7 – 3 554 h. – alt. 40 m – Stat. therm. : début mars-début déc. – Casino – ✉ 17500 Poitou Vendée Charentes

38 B3

Paris 512 – Angoulême 59 – Bordeaux 84 – Cognac 36
22, place du Château ✆ 05 46 48 49 29

Hostellerie du Coq d' Or avec ch

18 pl. du Château – ✆ 05 46 48 00 06 – www.lecoqdor.fr – Fermé en janv.
5 ch – †85/95 € ††85/95 € – ☕ 10 €
Rest – Menu 15 € (déj.)/30 € – Carte 22/55 €
◆ Magnifique demeure ancienne sur la place du château. Service bistrot au bar style 1900 et carte plus élaborée dans la salle en pierre apparente, très tendance. Confortables chambres mêlant avec brio l'ancien et le moderne.

à Clam **6 km au Nord par D 142 – 323 h. – alt. 67 m – ✉ 17500**

Le Vieux Logis

r. du 8 mai-1945 – ✆ 05 46 70 20 13 – www.vieuxlogis.com
10 ch – †62/75 € ††62/75 € – ☕ 10 € – ½ P 55/60 €
Rest – Menu 17 € (dîner en sem.), 28/40 € – Carte 36/68 €
◆ Établissement situé au cœur du Jonzaçais. Chambres de plain-pied avec terrasse, actuelles et bien tenues. Cuisine du terroir et quelques recettes plus exotiques servies dans trois plaisantes salles à manger néorustiques. Boutique d'artisanat d'outre-mer.

JOSSELIN – 56 Morbihan – 308 P7 – 2 419 h. – alt. 58 m – ✉ 56120 — 10 C2

Bretagne

Paris 428 – Dinan 86 – Lorient 76 – Rennes 79
place de la Congrégation ✆ 02 97 22 36 43
Château★★ : façade★★ - Basilique N.-D.-du-Roncier★ - ★ du Pont Ste-Croix.

Du Château

1 r. du Gén.-de-Gaulle – ✆ 02 97 22 20 11 – www.hotel-chateau.com – Fermé 2-15 nov., 21-31 déc., sam. midi, dim. soir et lundi d'oct. à mars
35 ch – †61/86 € ††72/91 € – ☕ 9 € – ½ P 60/69 €
Rest – (10 €) Menu 18/39 € – Carte 23/67 €
◆ Cette auberge des bords de l'Oust, créée en 1958, fait face au château des Rohan. Les chambres ont été rénovées en 2010 et la moitié donnent sur les puissantes murailles. Cuisine traditionnelle dans une salle d'esprit médiéval ou sur la terrasse tournée vers la forteresse.

JOUARRE – 77 Seine-et-Marne – 312 H2 – rattaché à La Ferté-sous-Jouarre

JOUCAS – 84 Vaucluse – 332 E10 – 315 h. – alt. 263 m – ✉ 84220 — 42 E1

Paris 716 – Apt 14 – Avignon 42 – Carpentras 32

Hostellerie Le Phébus & Spa (Xavier Mathieu)

rte de Murs – ✆ 04 90 05 78 83 – www.lephebus.com – Ouvert 9 avril-30 oct.
14 ch – †200/320 € ††200/320 € – 10 suites – ☕ 25 €
Rest Xavier Mathieu – *(fermé mardi midi, merc. midi et jeudi midi)* Menu 130 € – Carte 75/140 €
Spéc. Soupe au pistou. Pieds et paquets marseillais. Figue de plein été à la rose, granité aux parfums de muscat. **Vins** Côtes du Luberon.
Rest *Le Café de la Fontaine* – *(ouvert juin-sept. et fermé le soir)* Carte 42/100 €
◆ Belles chambres et suites provençales (minipiscine pour certaines) dans ce mas en pierre au milieu de la garrigue. Cuisine créative à la recherche du mariage parfait des saveurs provençales dans un très beau cadre, ouvert sur le Lubéron. Au Café de la Fontaine, ambiance lounge et cuisine de bistrot du Sud.

Le Mas des Herbes Blanches

2,5 km rte de Murs – ✆ 04 90 05 79 79 – www.herbesblanches.com – Fermé 2 janv.-15 mars
17 ch – †150/600 € ††150/600 € – 2 suites – ☕ 23 €
Rest – *(fermé mardi et merc. de mi-oct. à mi-mars sauf résidents)* Menu 39 € (déj.)/90 € – Carte 79/105 €
◆ Beau mas en pierre, adossé au plateau de Vaucluse, abritant des chambres confortables avec balcon ou jardin privatif. Gastronomie inspirée par la Provence et relevée d'épices asiatiques. En terrasse, on profite du panorama grandiose de la vallée du Luberon.

Le Mas du Loriot

4 km rte de Murs – ✆ 04 90 72 62 62 – www.masduloriot.com – Ouvert 16 avril-20 oct.

7 ch – 105/145 € 105/145 € – 13 € – ½ P 67/112 €

Rest – *(fermé mardi, jeudi, sam. et dim.) (dîner seult) (résidents seult)* Menu 32 €

◆ Maison familiale perdue dans la garrigue, au cœur du parc régional du Lubéron. Les chambres, confortables, sont en rez-de-jardin. Agréable piscine parmi les pins et la lavande. Trois soirs par semaine, la maîtresse de maison prépare des plats régionaux.

JOUGNE – 25 Doubs – **321** I6 – 1 338 h. – alt. 1 001 m – Sports d'hiver : à Métabief 880/1 450 m 22 – ✉ 25370 Franche-Comté Jura **17** C3

Paris 464 – Besançon 79 – Champagnole 50 – Lausanne 48

La Couronne

6 r. de l'Église – ✆ 03 81 49 10 50 – www.hotel-couronne-jougne.com – Fermé nov., dim. soir et lundi hors saison et vacances scolaires

11 ch – 65 € 65/70 € – 2 suites – 8 € – ½ P 65/69 €

Rest – Menu 20 € (déj. en sem.), 27/47 € – Carte 33/60 €

◆ Près de l'église, une maison de pays (18e s.) où l'on se sent bien... Côté chambres : décor cosy et, pour certaines, vue sur les monts du Jura. Côté cuisine, de douces saveurs régionales et de bons produits cuisinés avec justesse : une Couronne bien méritée !

JOUILLAT – 23 Creuse – **325** I3 – 454 h. – alt. 396 m – ✉ 23220 **25** C1

Paris 345 – Domérat 74 – Guéret 15 – Limoges 102

La Maison Verte

2 Lombarteix , 2 km au Nord par D 940 et rte secondaire – ✆ 05 55 51 93 34 – www.lamaisonvertecreuse.com

4 ch – 70 € 90/110 € **Table d'hôte** – Menu 25 € bc

◆ Ferme du 19e s. parfaitement préservée, située au grand calme, avec un jardin-potager et une piscine d'été. Grandes chambres à la décoration soignée et de bon goût. La patronne prépare une cuisine traditionnelle servie dans un cadre rustique actualisé.

JOUX – 69 Rhône – **327** F4 – 657 h. – alt. 520 m – ✉ 69170 **44** A1

Paris 437 – Lyon 51 – St-Étienne 102 – Villeurbanne 60

Le Tilia

pl. du Plaisir – ✆ 04 74 05 19 46 – www.letilia.com – Fermé 17-31 août, 15-21 fév., dim. soir, lundi et mardi

Rest – Menu 20 € (sem.), 26/55 € – Carte 47/67 €

◆ Près du château et son tilleul vieux de quatre siècles, une maison régionale cosy (boiseries claires, tables soignées). Cuisine traditionnelle et généreuse. Jolie terrasse d'été.

JOYEUSE – 07 Ardèche – **331** H7 – 1 595 h. – alt. 180 m – ✉ 07260 **44** A3

Lyon Drôme Ardèche

Paris 650 – Alès 54 – Mende 97 – Privas 55

Montée de la Chastellane ✆ 04 75 89 80 92

Corniche du Vivarais Cévenol★★ O.

Les Cèdres

quartier La Glacière – ✆ 04 75 39 40 60 – www.hotelcedres.com – Ouvert 11 avril-15 oct.

43 ch – 54/60 € 63/69 € – 8,50 € – ½ P 60/65 €

Rest – Menu 17/32 € – Carte 32/44 €

◆ Cet hôtel occupe une ancienne usine textile, sur les rives de la Beaume. Préférez les chambres sur l'arrière, plus calmes. Tir à l'arc, canoë, piscine chauffée... Au restaurant, la carte met en valeur les produits ardéchois ; le buffet de hors-d'œuvre est très prisé.

JUAN-LES-PINS – 06 Alpes-Maritimes – 341 D6 – alt. 2 m – Casino : Eden Beach FZ – ✉ 06160 Côte d'Azur   42 E2

Paris 910 – Aix-en-Provence 161 – Cannes 10 – Nice 22

51, boulevard Guillaumont ✆ 04 92 90 53 05

Massif de l'Esterel★★★ - Massif de Tanneron★.

Juana

la Pinède, 19 av. G. Gallice – ✆ 04 93 61 08 70 – www.hotel-juana.com – Hôtel : fermé 22 oct.-29 déc. FZf

37 ch – †175/715 € ††175/715 € – 3 suites – ☕ 27 €

Rest *Café Marianne* – (19 € bc) Menu 35 € – Carte 30/65 €

◆ Luxueux hôtel des années 1930 où l'on cultive l'art de recevoir. Spacieuses chambres Art déco, pourvues d'équipements haut de gamme. Belle piscine. Cuisine de bistrot servie dans une salle au cadre élégant ou en terrasse. Vinothèque ; pâtisseries à emporter.

Belles Rives

33 bd E.-Baudoin – ✆ 04 93 61 02 79 – www.bellesrives.com – Fermé 3 janv.-4 mars FZd

38 ch – †205/800 € ††205/800 € – 5 suites – ☕ 27 €

Rest *La Passagère* – *(fermé lundi et mardi hors saison)* (35 € bc) Menu 50 € (déj. en sem.), 65/120 € – Carte 80/140 €

Rest *Plage Belles Rives* – *(ouvert d'avril à oct.)* Carte 40/80 €

◆ Un petit joyau Art déco où vécut Scott Fitzgerald. Bar d'époque classé, chambres joliment décorées (mobilier rétro), ponton et plage privés : élégance et nostalgie. Beau décor 1930 façon "paquebot" et jolie terrasse face à la mer au restaurant La Passagère. Tables près des flots à la Plage Belles Rives.

JUAN-LES-PINS

Accès et sorties: voir à Antibes

Garden Beach
15 bd E.-Baudoin – ✆ 04 92 93 57 57 – www.garden-beach-hotel.com – Fermé déc. FZ**w**
175 ch – †119/339 € ††119/339 € – 17 suites – ☕ 23 €
Rest *La Plage* – *(ouvert mi avril-mi oct.) (déj. seult)* (24 € bc) Carte 55/75 €
◆ Face aux flots, immeuble "verre et béton" jouxtant le casino et disposant de chambres confortables et bien équipées. Vous y profiterez d'équipements sportifs et d'une plage privée. Cuisine ensoleillée, salades et grillades vous attendent à la brasserie La Plage.

Ambassadeur
50 chemin des Sables – ✆ 04 92 93 74 10 – www.hotel-ambassadeur.com – Fermé déc. FZ**s**
221 ch – †130/490 € ††130/490 € – ☕ 25 €
Rest *Grill Les Palmiers* – *(ouvert juil.-août) (déj. seult)* (19 € bc) Carte 37/52 €
Rest *Le Cézanne* – *(fermé le midi en juil.-août)* (19 € bc) Menu 29 € (dîner) – Carte 37/52 €
◆ Ce vaste complexe hôtelier adossé au palais des congrès accueille séminaires et vacanciers. Patio central lumineux et chambres rénovées dans un esprit résolument design. L'été, restauration simple au Grill les Palmiers. Décor provençal et carte régionale au Cézanne.

Ste-Valérie sans rest
r. Oratoire – ✆ 04 93 61 07 15 – www.juanlespins.net – Ouvert 28 avril-10 oct. FZ**p**
24 ch – †150/250 € ††200/400 € – 6 suites – ☕ 20 €
◆ Entouré de verdure et de fleurs, cet hôtel offre un havre de paix. Chambres soignées, décorées dans un esprit méridional, donnant sur le jardin et la piscine. Accueil charmant.

La Villa sans rest
av. Saramartel – ✆ 04 92 93 48 00 – www.hotel-villa-juan.com – Ouvert de mars à fin nov. FZ**n**
26 ch – †129/289 € ††129/289 € – ☕ 18 €
◆ Le jardin et la piscine ajoutent du charme à cette calme villa, entièrement relookée. Salon-bar d'esprit colonial, chambres modernes et épurées (bois wengé). Accueil délicieux.

Astoria sans rest
15 av. Mar. Joffre – ✆ 04 93 61 23 65 – www.hotellastoria.com FZ**a**
49 ch – †88/155 € ††88/155 € – ☕ 10 €
◆ Proche de la gare et à deux pas de la plage, petit immeuble totalement refait à neuf. Les chambres, actuelles, sont plus calmes sur l'arrière. Jolie salle des petits-déjeuners.

Des Mimosas sans rest
r. Pauline – ✆ 04 93 61 04 16 – www.hotelmimosas.com – Ouvert 1er mai- 30 sept. EZ**q**
34 ch – †95/150 € ††95/150 € – ☕ 10 €
◆ La façade immaculée de cet hôtel se dresse au cœur d'un parc planté de palmiers. Chambres rénovées et modernisées. Jardin et piscine pour la détente.

Juan Beach sans rest
5 r. de l'Oratoire – ✆ 04 93 61 02 89 – www.hoteljuanbeach.com – Ouvert d'avril à oct. FZ**e**
24 ch – †82/147 € ††97/172 € – 3 suites – ☕ 10 €
◆ Cette villa blanche et bleue, bien rénovée, vous réserve un accueil des plus chaleureux. Chambres d'esprit provençal, bar-salon au décor marin ouvert sur la piscine.

Eden Hôtel sans rest
16 av. L. Gallet – ✆ 04 93 61 05 20 – www.edenhoteljuan.com – Ouvert de mars à oct. EZ**z**
17 ch – †55/96 € ††78/105 € – ☕ 7 €
◆ Atouts majeurs de cet édifice 1930 : petit-déjeuner en terrasse, proximité de la plage et ambiance conviviale. Chambres simples ; certaines offrent une échappée sur la mer.

XX **L'Amiral** A/C VISA MC AE

7 av. Amiral Courbet – ✆ 04 93 67 34 61 – www.restaurant-lamiral06.com – Fermé 16-25 janv., sam. midi, dim. soir, lundi et le midi en juil.-août

Rest – Menu 25/37 € – Carte 29/61 € EZ**h**

◆ Ce sympathique restaurant familial propose une cuisine au goût du jour et des recettes de la mer (aquarium et vivier). Salle à manger intime, agrémentée de tableaux.

XX **Le Perroquet** A/C VISA MC AE

La Pinède, av. G. Gallice – ✆ 04 93 61 02 20 – Fermé 1er nov.-26 déc. FZ**r**

Rest – (16 €) Menu 30/37 € – Carte 38/60 €

◆ En bordure de la pinède, restaurant disposant d'une agréable terrasse-véranda. Bibelots, moulins à café et fleurs égayent la salle de style provençal. Cuisine traditionnelle.

XX **Le Paradis** A/C VISA MC AE

13 bd Beaudouin – ✆ 04 93 61 22 30 – www.restaurant-le-paradis.com – Fermé dim. soir et lundi de nov. à fév. FZ**g**

Rest – (28 €) Menu 38/42 € – Carte 38/80 €

◆ Salle design à touches ethniques, belle vue sur mer et appétissante carte au goût du jour pour cette adresse, accessible par un passage sous un immeuble voisin du casino.

JUGY – 71 Saône-et-Loire – **320** J10 – rattaché à Sennecey-le-Grand

---

JULIÉNAS – 69 Rhône – **327** H2 – 812 h. – alt. 276 m – ✉ 69840 **43** E1

Lyon Drôme Ardèche

Paris 403 – Bourg-en-Bresse 51 – Lyon 63 – Mâcon 15

Chez la Rose VISA MC AE

pl. du Marché – ✆ 04 74 04 41 20 – www.chez-la-rose.fr – Ouvert de mars à mi-déc.

7 ch – †58/72 € ††58/72 € – 6 suites – ☕ 10 € – ½ P 62/68 €

Rest – *(fermé mardi midi, jeudi midi, vend. midi et lundi)* (21 €) Menu 29/50 € – Carte 30/60 €

◆ Cet hôtel propose des chambres de diverses tailles, dotées de meubles anciens ou rustiques. Le restaurant vous accueille dans une salle à manger contemporaine avec cheminée.

Les Vignes sans rest P VISA MC AE

à 0,5 km rte St-Amour – ✆ 04 74 04 43 70 – www.hoteldesvignes.com – Fermé 12 déc.-9 fév.

22 ch – †50/82 € ††60/82 € – ☕ 9 €

◆ Petit hôtel simple et agréable posé dans les vignes à flanc de coteau. Accueil aimable, chambres personnalisées et terrasse pour les petits-déjeuners aux beaux jours.

X **Le Coq à Juliénas** VISA MC AE

pl. du Marché – ✆ 04 74 04 41 98 – www.coq-julienas.com – Fermé mi-déc. à mi-mars, jeudi soir, mardi soir et merc.

Rest – Carte 15/35 €

◆ Volets bleu lavande, intérieur résolument rétro égayé de bibelots à la gloire du coq et de fresques bachiques, terrasse très prisée l'été : un coquet bistrot.

JULLIÉ – 69 Rhône – **327** H2 – 403 h. – alt. 370 m – ✉ 69840 **43** E1

Paris 415 – Bourg-en-Bresse 55 – Lyon 67 – Mâcon 20

Domaine de la Chapelle de Vâtre sans rest P VISA MC

Le Bourbon, 2 km au Sud par D 68 – ✆ 04 74 04 43 57 – www.vatre.com

3 ch ☕ – †50/80 € ††60/95 €

◆ Ce domaine viticole perché au sommet d'une colline jouit d'un panorama exceptionnel sur la plaine de la Saône. Chambres superbement décorées dans un esprit contemporain.

JUMIÈGES – 76 Seine-Maritime – 304 E5 – 1 715 h. – alt. 25 m – ✉ 76480 Normandie Vallée de la Seine — 33 C2

Paris 160 – Caudebec-en-Caux 16 – Rouen 28

rue Guillaume le Conquérant ✆ 02 35 37 28 97

de Jumièges Jumièges-Le Mesnil, SE : 2,5 km par D 65, ✆ 02 35 05 32 97

Ruines de l'abbaye★★★.

Le Clos des Fontaines sans rest

191 r. des Fontaines – ✆ 02 35 33 96 96 – www.leclosdesfontaines.com – Fermé 20 déc.-20 janv.

19 ch – †90/230 € ††90/230 € – ☕ 15 €

◆ Adossée aux vestiges de l'abbaye, demeure récente d'architecture régionale abritant des chambres cosy, inspirées des horizons lointains. Espace bien-être : hammam, jacuzzi...

L' Auberge des Ruines

17 pl. de la Mairie – ✆ 02 35 37 24 05 – www.auberge-des-ruines.fr – Fermé 19 août-2 sept., 23 déc.-14 janv., 26 fév.-8 mars, dim. soir, mardi et merc.

Rest – (22 €) Menu 35/70 € – Carte 60/70 €

◆ Table au goût du jour voisine des ruines de l'abbaye. Terrasse et véranda devancent la salle principale au décor actualisé préservant des éléments anciens. Belle carte de bordeaux.

JUNGHOLTZ – 68 Haut-Rhin – 315 H9 – 902 h. – alt. 332 m – ✉ 68500 — 1 A3

Paris 475 – Belfort 62 – Colmar 32 – Mulhouse 23

Les Violettes

rte de Thierenbach, 1 km à l'Ouest – ✆ 03 89 76 91 19 – www.les-violettes.com – Fermé 4-24 janv.

37 ch ☕ – †90/210 € ††110/300 € – 4 suites – ½ P 79/180 €

Rest – *(dîner seult)* Menu 59 € – Carte 45/70 €

◆ Dans un cadre verdoyant, ex-maison de chasse aux chambres et suites alsaciennes très confortables (moins cossues à la Gentilhommière). Spa luxueux avec espace fitness. Le restaurant de sytle Art déco s'ouvre sur une vaste terrasse et sert une cuisine de saison.

JURANÇON – 64 Pyrénées-Atlantiques – 342 J5 – rattaché à Pau

JUVIGNAC – 34 Hérault – 339 H7 – rattaché à Montpellier

JUVIGNY-SOUS-ANDAINE – 61 Orne – 310 F3 – 1 058 h. – alt. 200 m – ✉ 61140 — 32 B3

Paris 239 – Alençon 51 – Argentan 47 – Domfront 12

Au Bon Accueil avec ch

23 pl. St Michel – ✆ 02 33 38 10 04 – www.aubonaccueil-normand.com

8 ch – †56 € ††56/72 € – ☕ 10 € – ½ P 58 €

Rest – (12 €) Menu 15 € (déj. en sem.), 19/45 € – Carte 30/45 €

◆ L'enseigne ne vous ment pas ! Derrière l'élégante façade, une généreuse cuisine du terroir vous attend dans deux salles à manger dont une avec verrière et petit jardin d'hiver.

KATZENTHAL – 68 Haut-Rhin – 315 H8 – 538 h. – alt. 280 m – ✉ 68230 — 2 C2

Paris 445 – Colmar 8 – Gérardmer 53 – Munster 18

A l'Agneau avec ch

16 Grand'Rue – ✆ 03 89 80 90 25 – www.agneau-katzenthal.com – Fermé 27 juin-7 juil., 14-23 nov., 24-28 déc., 21 fév.-16 mars

12 ch – †45/60 € ††45/60 € – ☕ 11 €

Rest – *(fermé mardi soir de mi-oct. à fin juin, jeudi midi et merc.)* (18 € bc) Menu 22/46 € – Carte 25/47 €

◆ Attenante à l'exploitation viticole familiale, maison abritant deux coquettes salles à manger typiquement alsaciennes. Cuisine régionale et du marché, vins de la propriété.

KAYSERSBERG – 68 Haut-Rhin – 315 H8 – 2 715 h. – alt. 242 m 2 C2
– ✉ 68240 Alsace Lorraine

Paris 438 – Colmar 12 – Gérardmer 46 – Guebwiller 35

39, rue du Gal-de-Gaulle ✆ 03 89 78 22 78

Église Ste-Croix ★ : retable★★ - Hôtel de ville★ - Vieilles maisons★ - Pont fortifié★ - Maison Brief★.

Chambard (Olivier Nasti)
r. Gén.-de-Gaulle – ✆ 03 89 47 10 17 – www.lechambard.fr
32 ch – †148/232 € ††148/232 € – 5 suites – ☕ 19 €
Rest – *(fermé mardi midi, merc. midi et lundi)* (35 €) Menu 57/99 € – Carte 72/100 €
Spéc. Escargots à l'Alsacienne façon nouvelle mode. Morceau de gros cabillaud cuit vapeur, coquillages en marinière et son jus semi-coagulé. Goutte café dans l'esprit d'un cappuccino. **Vins** Riesling, Gewurztraminer.
Rest *Winstub* – Menu 28 € – Carte 31/47 €
Rest *Flamme & Co* – ✆ 03 89 47 16 16 *(fermé le midi et lundi)* Menu 25 € – Carte 37/43 €
◆ Cet hôtel a pris le virage de la modernité et propose une majorité de chambres au look et au confort contemporains, ainsi qu'un spa dernier cri. Restaurant tendance, avec vue sur les cuisines depuis l'accueil, pour savourer de goûteux plats inventifs. Cadre alsacien à la Winstub. Atmosphère branchée au Flamme & Co.

Les Remparts et Les Terrasses sans rest
4 r. Flieh – ✆ 03 89 47 12 12 – www.lesremparts.com
44 ch – †51/69 € ††59/92 € – ☕ 9 €
◆ Hôtel situé dans un quartier résidentiel calme, aux portes de la cité. Chambres pratiques dotées de terrasses (fleuries en saison) ; celles de l'annexe sont plus spacieuses.

Constantin sans rest
10 r. Père Kohlman – ✆ 03 89 47 19 90 – www.hotel-constantin.com
20 ch – †50/55 € ††65/75 € – ☕ 8 €
◆ Vieille maison de vigneron abritant des chambres d'esprit rustique, parfois agrandies d'une mezzanine. Salle des petits-déjeuners sous verrière ornée d'un beau poêle en faïence.

Le Moreote
12 r. du Gén.-Rieder – ✆ 03 89 47 39 08 – www.moreote.com – Fermé 20 juil.-16 août, merc. et jeudi
Rest – *(nombre de couverts limité, prévenir)* (16 €) Menu 56/65 € – Carte 35/54 €
◆ Honneur à la région à travers une belle sélection de vins et des plats du terroir revisités. Accueil sympathique dans un cadre rustique et chaleureux, complété par une terrasse.

La Vieille Forge
1 r. des Écoles – ✆ 03 89 47 17 51 – Fermé 30 déc.-15 janv.
Rest – (9 €) Menu 18/36 € – Carte 32/53 €
◆ La façade à colombages du 16e s. invite à s'attabler dans ce restaurant familial où l'on sert des plats traditionnels. Cadre mariant vieilles poutres et mobilier contemporain.

Au Lion d'Or
66 r. Gén. de Gaulle – ✆ 03 89 47 11 16 – www.auliondor.fr – Fermé 28 juin-6 juil., mardi sauf le midi de mai à oct. et merc.
Rest – Menu 16/35 € – Carte 16/40 €
◆ Belle maison de 1521 tenue par la même famille depuis 1764 ! Salles à manger d'époque – dont une de 180 convives, ornée d'une monumentale cheminée – et cuisine régionale.

à Kientzheim **Est : 3 km par D 28 – 794 h. – alt. 225 m – ✉ 68240**

Pierres tombales★ dans l'église.

L'Abbaye d'Alspach sans rest

2 r. Foch – ✆ 03 89 47 16 00 – www.hotel-abbaye-alspach.com – Fermé 3 janv.-15 mars

34 ch – 80/121 € 80/121 € – 5 suites – 12 €

◆ Parmi les atouts de cet hôtel occupant les dépendances d'un couvent du 11e s. : cinq superbes suites, une jolie cour et un bon petit-déjeuner (kouglof et confitures maison).

Hostellerie Schwendi

ch, rest,

2 pl. Schwendi – ✆ 03 89 47 30 50 – www.schwendi.fr

29 ch – 69 € 79/112 € – 11 € – ½ P 81/97 €

Rest – *(fermé 24 déc.-10 mars, jeudi midi et merc.)* Menu 22/60 € – Carte 23/50 €

◆ Belle façade à pans de bois dressée sur une placette pavée. Intérieur mi-rustique, mi-bourgeois. Coquettes chambres personnalisées, encore plus confortables à l'annexe. Carte régionale et vins de la propriété à déguster l'été en terrasse, face à une fontaine.

KEMBS-LOÉCHLÉ – 68 Haut-Rhin – 315 J11 – alt. 245 m – ✉ 68680 1 B3

Paris 493 – Altkirch 26 – Basel 16 – Belfort 70

Les Écluses

8 r. Rosenau – ✆ 03 89 48 37 77 – www.lesecluses.fr – Fermé 12-26 sept., 5-17 janv., merc. soir d'oct. à avril, dim. soir et lundi

Rest – (11 €) Menu 14/39 € – Carte 26/52 €

◆ À proximité du canal de Huningue et de la Petite Camargue alsacienne, ce restaurant au cadre frais propose des plats traditionnels teintés de terroir (spécialités de poissons).

KIENTZHEIM – 68 Haut-Rhin – 315 H8 – rattaché à Kaysersberg

KILSTETT – 67 Bas-Rhin – 315 L4 – 2 270 h. – alt. 130 m – ✉ 67840 1 B1

Paris 489 – Haguenau 23 – Saverne 51 – Strasbourg 14

Oberlé

11 rte Nationale – ✆ 03 88 96 21 17 – www.hotel-restaurant-oberle.fr – Fermé 15 août-4 sept. et 27 janv.-11 fév.

30 ch – 45/48 € 60 € – 7 € – ½ P 45 €

Rest – *(fermé vend. midi et jeudi)* Menu 10 € (déj. en sem.), 22/37 € – Carte 26/52 €

◆ Chambres sobres, fonctionnelles et très bien insonorisées dans cet établissement familial, situé à proximité d'un passage à niveau. Au restaurant, atmosphère conviviale et cuisine aux couleurs régionales.

Au Cheval Noir

1 r. du Sous-Lieutenant-Maussire – ✆ 03 88 96 22 01 – www.restaurant-cheval-noir.fr – Fermé 16 juil.-10 août, 10-25 janv., lundi et mardi

Rest – Menu 13 € (déj.), 25/48 € – Carte 36/50 €

◆ Belle maison à colombages (18e s.), dans la même famille depuis cinq générations. Salle principale chaleureuse, décorée sur le thème de la chasse ; cuisine bourgeoise raffinée.

KOENIGSMACKER – 57 Moselle – 307 I2 – 1 996 h. – alt. 150 m – ✉ 57970 26 B1

Paris 349 – Luxembourg 50 – Metz 39 – Völklingen 69

1, square du Père Scheil ✆ 03 82 83 75 54

Moulin de Méwinckel sans rest

– ✆ 03 82 55 03 28

5 ch – 47/55 € 55/70 €

◆ Chambres calmes et confortables aménagées dans une ancienne grange du 18e s. Ambiance de ferme authentique, accueil spontané et cadre bucolique (la roue à aubes tourne encore).

LE KREMLIN-BICÊTRE – 94 Val-de-Marne – 312 D3 – 101 26 – voir à Paris, Environs

KRUTH – 68 Haut-Rhin – **315** F9 – 1 018 h. – alt. 498 m – ✉ 68820 **1** A3
Alsace Lorraine

Paris 453 – Colmar 63 – Épinal 68 – Gérardmer 31

Cascade St-Nicolas★ SO : 3 km par D 13b[1] - Musée du textile et des costumes de Haute-Alsace à Husseren-Wesserling SE : 6 km.

au Frenz Ouest : 5 km par D 13bis – ✉68820 Kruth – 1 018 h. – alt. 498 m

Les Quatre Saisons

3 rte du Frentz – ✆ 03 89 82 28 61 – www.hotel4saisons.com – Fermé 2 sem. en nov. et en janv.

9 ch – †50/65 € ††65/75 € – ☕ 9 € – ½ P 47/57 €

Rest – *(fermé mardi et merc.)* Menu 16/27 € – Carte 26/38 €

◆ Attaché à ses racines montagnardes, ce chalet familial s'est joliment modernisé au fil du temps. Chambres douillettes et salon de lecture cosy. Petit-déjeuner maison. Plats régionaux actualisés, choix de vins judicieux et salle à manger ouverte sur les Vosges.

LABAROCHE – 68 Haut-Rhin – **315** H8 – 2 175 h. – alt. 750 m – ✉ 68910 **2** C2

Paris 441 – Colmar 17 – Gérardmer 49 – Munster 25

2, impasse Prés. Poincaré ✆ 03 89 49 80 56

La Rochette

500 lieu-dit La Rochette – ✆ 03 89 49 80 40 – www.larochette-hotel.fr – Fermé 8-24 nov. et 13 mars-6 avril

11 ch – †68/92 € ††68/92 € – ☕ 10 € – ½ P 68/89 €

Rest – *(fermé lundi soir et mardi)* (12 €) Menu 18/45 € – Carte 32/45 €

◆ Au cœur du parc naturel régional des Ballons des Vosges, cet hôtel familial, entouré de verdure, bénéficie de jolies chambres décorées dans l'air du temps. Carte de saison à tendance régionale, terrasse en teck et lounge bar au restaurant.

LABARTHE-SUR-LÈZE – 31 Haute-Garonne – **343** G4 – 4 758 h. – alt. 162 m – ✉ 31860 **28** B2

Paris 694 – Auch 91 – Pamiers 45 – St-Gaudens 81

18 de Toulouse à Vieillevigne, N : 10 km par D 4, ✆ 05 61 73 45 48

Le Poêlon

19 pl. V. Auriol – ✆ 05 61 08 68 49 – Fermé 14-22 août, 23 déc.-3 janv., dim. et lundi

Rest – Menu 22 € (sem.), 34/43 € – Carte 32/45 €

◆ Les habitués de cette demeure bourgeoise apprécient sa carte traditionnelle et son impressionnant livre de cave (plus de 600 références). Expo-vente de tableaux, terrasse ombragée.

LABASTIDE-BEAUVOIR – 31 Haute-Garonne – **343** I4 – 976 h. – alt. 260 m – ✉ 31450 **29** C2

Paris 701 – Albi 97 – Castelnaudary 35 – Toulouse 25

L' Oustal du Lauragais

rte de Mauremont – ✆ 05 34 66 16 16 – www.oustal-lauragais.fr – Fermé 22 déc.-2 janv.

14 ch – †69 € ††69 € – ☕ 7 € – ½ P 85 €

Rest – *(fermé 8-28 août)* (12 €) Menu 16/24 €

◆ Cette ancienne ferme restaurée convertie en hôtel bénéficie d'un calme apaisant. Elle propose de grandes chambres simplement meublées et de belles salles de bains. Une cuisine de tradition est servie dans la salle à manger de style moderne.

LABASTIDE-DE-VIRAC – 07 Ardèche – **331** I7 – 211 h. – alt. 207 m – ✉ 07150 **44** A3

Paris 675 – Alès 42 – Lyon 213 – Privas 73

Le Mas Rêvé sans rest
3 km à l'Est par D 217 et rte secondaire – ✆ 04 75 38 69 13 – www.lemasreve.com – Ouvert 1er mai-30 sept.
5 ch – 95/115 € 95/150 €
◆ Marie-Rose et Guido Goossens ont restauré cette ferme ardéchoise avec soin ; les chambres sont pleines de charme, le jardin vraiment beau et la piscine... rafraîchissante !

LABASTIDE-MURAT – 46 Lot – **337** F4 – 653 h. – alt. 447 m – ✉ 46240 Périgord Quercy **29** C1
Paris 543 – Brive-la-Gaillarde 66 – Cahors 32 – Figeac 45
Grand'Rue ✆ 05 65 21 11 39

La Garissade
20 pl. de la Mairie – ✆ 05 65 21 18 80 – www.garissade.com – Ouvert avril-oct.
19 ch – 62/68 € 68/75 € – 8,50 € – ½ P 67/70 €
Rest – (14 €) Menu 28 €
◆ Une ambiance familiale règne dans cette maison villageoise du 13e s. La particularité des chambres, plutôt sobres : un mobilier conçu par un artisan local. Un petit côté bistrot chic, une carte s'inspirant du terroir... pour un repas bien agréable !

LABOURSE – 62 Pas-de-Calais – **301** J5 – rattaché à Béthune

LACABARÈDE – 81 Tarn – **338** H10 – 314 h. – alt. 325 m – ✉ 81240 **29** C2
Paris 754 – Béziers 71 – Carcassonne 53 – Castres 36

Demeure de Flore
106 Grand'rue – ✆ 05 63 98 32 32 – www.demeuredeflore.com – Fermé 2-30 janv. et lundi hors saison
11 ch – 85 € 110/120 € – 14 € **Rest** – Menu 27 € (déj. en sem.)/35 €
◆ La déesse romaine a doté cette maison de maître du 19e s. d'un bel écrin de verdure face à la Montagne Noire. Intérieur coquet, mobilier ancien, accueil attentif. Cuisine du marché aux accents provençaux ou italiens à déguster dans un cadre contemporain et raffiné.

LACAPELLE-VIESCAMP – 15 Cantal – **330** B5 – 446 h. – alt. 550 m – ✉ 15150 **5** A3
Paris 547 – Aurillac 19 – Figeac 57 – Laroquebrou 12

Du Lac
– ✆ 04 71 46 31 57 – www.hoteldulac-cantal.com – Fermé 20 déc.-1er mars, vend. soir, dim. soir et lundi soir de la Toussaint à Pâques
23 ch – 55/65 € 60/75 € – 10 € – ½ P 55/68 €
Rest – (13 €) Menu 17 € (sem.), 25/41 € – Carte 27/45 €
◆ Accueil convivial dans cet hôtel des années 1950 situé au calme, à proximité du lac de St-Étienne-Cantalès. Côté jardin, les chambres avec balcon ou terrasse sont plus fraîches. Restaurant ouvert sur la nature environnante, plats traditionnels et vins régionaux.

LACAUNE – 81 Tarn – **338** I8 – 2 839 h. – alt. 793 m – Casino – ✉ 81230 Midi-Toulousain **29** D2
Paris 708 – Albi 67 – Béziers 89 – Castres 48
place Général-de-Gaulle ✆ 05 63 37 04 98

Le Relais de Fusies
2 r. de la République – ✆ 05 63 37 02 03 – www.hotelfusies.fr
30 ch – 65/85 € 75/95 € – 10 € – ½ P 62/70 €
Rest – *(fermé dim. soir et lundi)* (13 €) Menu 16/45 € – Carte 30/49 €
◆ Près de l'église, cet hôtel vous reçoit dans ses hall, bar et salon agréablement rétro (mobilier ancien, boiseries). Salles de bains modernes dans les chambres, peu à peu rénovées. La cuisine explore la tradition ; grande salle à manger en partie sous des arcades.

Calas avec ch
pl. Vierge – ✆ 05 63 37 03 28 – Fermé 19 déc.-10 janv.
16 ch – †39/48 € ††40/60 € – ☕ 7 € – ½ P 40/45 €
Rest – *(fermé vend. soir, sam. midi et dim. soir d'oct. à Pâques)* (13 €) Menu 16 € (sem.), 22/37 € – Carte 28/50 €
◆ Quatre générations se sont succédé à la tête de cette institution servant une solide cuisine du terroir. Restaurant décoré par des artistes du pays. Chambres colorées (certaines ont été rénovées en 2009).

LACAVE – 46 Lot – 337 F2 – 290 h. – alt. 130 m – ✉ 46200 29 C1

Périgord Quercy

Paris 528 – Brive-La-Gaillarde 51 – Cahors 58 – Gourdon 26
Grottes★★.

Château de la Treyne
3 km à l'Ouest par D 23, D 43 et voie privée – ✆ 05 65 27 60 60 – www.chateaudelatreyne.com – Ouvert 19 mars-15 nov. et 23 déc.-3 janv.
14 ch – †180/580 € ††180/580 € – 2 suites – ☕ 24 €
Rest – *(fermé le midi du mardi au vend.)* Menu 48 € (déj.), 96/138 € – Carte 108/146 €
Spéc. Asperges vertes crues et cuites, baluchon d'œuf poché truffé (avril à août). Millefeuille de bœuf et foie gras au vin de Cahors, gratin aux morilles, pommes soufflées. Jeu de fraises, sablé et mascarpone, en croustillant au pamplemousse (avril à sept.). **Vins** Cahors, Pécharmant.
◆ Une situation idyllique, en surplomb de la Dordogne qui lui prête ses reflets... Vivre est un art en ce château du 17e s. ! Le parc abrite un jardin à la française et une chapelle romane (expositions, concerts), les chambres sont somptueuses. Quant au restaurant, il cultive le classicisme avec élégance.

Pont de l'Ouysse (Daniel et Stéphane Chambon)
– ✆ 05 65 37 87 04 – www.lepontdelouysse.fr – Ouvert de mi-mars à mi-nov. et fermé lundi sauf le soir du 14 juil. au 31 août et mardi midi
14 ch – †130/180 € ††130/180 € – ☕ 16 € – ½ P 140/180 €
Rest – Menu 35 € (déj. en sem.), 60/95 € – Carte 65/174 €
Spéc. Foie de canard "bonne maman". Pommes de terre charlotte en habit noir de truffe. Millefeuille caramélisé au chocolat et crème légère à la vanille. **Vins** Cahors, Vin de pays du Lot.
◆ Une séduisante demeure du 19e s., dans un jardin baigné par l'Ouysse, qui a creusé ce vallon escarpé... Beaucoup de charme dans les chambres, mêlant goût de l'ancien et esprit champêtre. Au restaurant, père et fils explorent l'âme du Sud-Ouest – une belle rencontre de la tradition et de l'invention.

LAC CHAMBON★★ – 63 Puy-de-Dôme – 326 E9 – alt. 877 m – Sports d'hiver : 1 150/1 760 m 9 – ✉ 63790 Chambon sur Lac 5 B2

Auvergne

Paris 456 – Clermont-Ferrand 37 – Condat 39 – Issoire 32

Le Grillon
– ✆ 04 73 88 60 66 – www.hotel-grillon.com – Ouvert 12 fév.-3 nov.
22 ch – †45/60 € ††45/60 € – ☕ 10 € – ½ P 50/60 €
Rest – *(fermé lundi midi sauf 10 juil.- 20 août)* (15 €) Menu 20 € (sem.)/45 € – Carte 35/60 €
◆ Voici une affaire familiale bien menée ! Les chambres sont douillettes et décorées avec soin par la propriétaire. Le chef réalise avec bonheur une solide cuisine régionale, à déguster face au lac.

Beau Site
– ✆ 04 73 88 61 29 – www.beau-site.com – Ouvert avril-oct. et 5 fév.-6 mars
17 ch – †40/45 € ††50/55 € – ☕ 8,50 € – ½ P 50/55 €
Rest – *(fermé jeudi midi d'avril à sept., le midi sauf dim. en oct. et le midi du 5 fév. au 6 mars)* (15 €) Menu 19/32 € – Carte 30/38 €
◆ Cette belle maison fleurie domine le lac. Les chambres sont très bien tenues, avec vue sur le plan d'eau ou la plage. Cuisine du terroir à déguster sur la terrasse ou derrière les baies vitrées... pour profiter de la vue sur le rivage.

LAC DE GUÉRY – 63 Puy-de-Dôme – **326** D9 – rattaché au Mont-Dore

LAC DE LA LIEZ – 52 Haute-Marne – **313** M6 – rattaché à Langres

LAC DE PONT – 21 Côte-d'Or – **320** G5 – rattaché à Semur-en-Auxois

LAC DE VASSIVIÈRE – 23 Creuse – **325** I6
– rattaché à Peyrat-le-Château (87 H.-Vienne)

LAC GÉNIN – 01 Ain – **328** H3 – rattaché à Oyonnax

LACHASSAGNE – 69 Rhône – **327** H4 – 893 h. – alt. 368 m – ✉ 69480 **43** E1

Paris 445 – Lyon 30 – Villeurbanne 39 – Vénissieux 43

La Table de Lachassagne

850 rte de la colline – ✆ 04 74 67 14 99 – www.restaurant-lachassagne.com – Fermé 1er-16 août, 2-17 janv., dim. soir, lundi et mardi

Rest – Menu 28/55 € – Carte 56/66 €

◆ Service aimable et cuisine du terroir actualisée variant au gré des saisons. Coquette salle à manger et agréable terrasse dominant la vallée de la Saône.

LACROIX-FALGARDE – 31 Haute-Garonne – **343** G3 – rattaché à Toulouse

LADOIX-SERRIGNY – 21 Côte-d'Or – **320** J7 – rattaché à Beaune

LAFARE – 84 Vaucluse – **332** D9 – 101 h. – alt. 220 m – ✉ 84190 **42** E1

Paris 670 – Avignon 37 – Carpentras 13 – Nyons 34

Le Grand Jardin

✆ 04 90 62 97 93 – www.legrandjardin.biz – Ouvert 15 fév.-12 nov. et fermé lundi

5 ch – †75/80 € ††80/105 € – ☕ 12 € – ½ P 73/87 €

Rest – Menu 22/43 € – Carte 36/49 €

◆ Chambre pratiques, de plain-pied, dans cette construction récente cernée par les vignes des Côtes-du-Rhône. La terrasse fleurie, dressée à l'ombre des canisses, offre une vue sur les Dentelles de Montmirail. Cuisine traditionnelle aux accents d'Afrique du Sud.

LAGARDE-ENVAL – 19 Corrèze – **329** L4 – 745 h. – alt. 480 m – ✉ 19150 **25** C3

Paris 488 – Aurillac 71 – Brive-la-Gaillarde 35 – Mauriac 66

Auberge du Pays

rte de l'Étang – ✆ 05 55 27 16 12 – www.aubergedupays.fr – Fermé sept., sam. et dim.

Rest – (10 €) Menu 13 € (déj.), 22/30 € – Carte 32/40 €

◆ Sympathique maison familiale qui fait aussi bar-tabac. Salle à manger rafraîchie et terrasse où l'on sert une cuisine typiquement locale ; farcedure le jeudi d'octobre à avril.

LAGARRIGUE – 81 Tarn – **338** F9 – rattaché à Castres

LAGRASSE – 11 Aude – **344** G4 – 603 h. – alt. 108 m – ✉ 11220 **22** B3

Languedoc Roussillon

Paris 819 – Carcassonne 51 – Montpellier 133 – Perpignan 97

6, boulevard de la Promenade ✆ 04 68 43 11 56

Hostellerie des Corbières

9 bd de la Promenade – ✆ 04 68 43 15 22 – www.hostellerie-des-corbieres.com – Fermé 15-30 nov. et 2 janv.-10 fév.

6 ch – †70/75 € ††70/107 € – ☕ 8 € – ½ P 70/90 €

Rest – *(fermé merc. du 16 oct. au 15 mars et jeudi du 16 mars au 14 oct.)* Menu 17 € (déj.), 22/37 € – Carte 39/51 €

◆ Maison de maître rénovée dans un style actuel, mais au cachet soigneusement préservé. Vieux parquet et mobilier Louis-Philippe. Salle de restaurant contemporaine (tons chocolat et taupe), ouverte sur les vignes par des baies vitrées. Cuisine traditionnelle.

LAGUIOLE – 12 Aveyron – **338** J2 – **1 260 h.** – **alt. 1 004 m** – **Sports d'hiver : 1 100/1 400 m** 12 – ✉ **12210** Midi-Toulousain **29** D1

Paris 571 – Aurillac 79 – Espalion 22 – Mende 83

Place du Foirail ✆ 05 65 44 35 94

de Mezeyrac Soulages, O : 12 km par D 541, ✆ 05 65 44 41 41

Hôtel Auguy-Gilles Moreau

VISA MC AE

2 allée de l'Amicale – ✆ 05 65 44 31 11 – www.hotel-auguy.fr – Fermé 15 nov.-10 fév., mardi et merc. sauf juil.-août

20 ch – 60/110 € 60/110 € – 11 € – ½ P 85/110 €

Rest – *(nombre de couverts limité, prévenir)* (22 € bc) Menu 29 € bc (déj. en sem.), 47/79 € – Carte 44/76 €

◆ Une maison de tradition à l'âme hospitalière. Préférez les chambres côté jardin, plus calmes et plus confortables (quelques balcons). Le restaurant, bien connu dans la région, prend un nouveau départ sous la houlette d'un jeune chef ; décor chaleureux.

Le Relais de Laguiole

VISA MC AE

espace Les Cayres – ✆ 05 65 54 19 66 – www.relais-laguiole.com – Ouvert 9 avril-1er nov.

33 ch – 80/199 € 80/199 € – 11 € – ½ P 70/105 €

Rest – *(fermé le midi)* Menu 22/37 € – Carte 34/55 €

◆ Bâtiment moderne au toit d'ardoise hébergeant de vastes chambres fonctionnelles. Grande piscine couverte. Copieux buffet de petits-déjeuners, avec gâteaux maison. Idéal pour les familles. Cuisine traditionnelle sans prétention au restaurant.

Régis sans rest

P VISA MC AE

3 pl. de la Patte d'Oie – ✆ 05 65 44 30 05 – www.hotel-regis-laguiole.com – Ouvert 10 fév.-15 nov. et 27 déc.-3 janv.

20 ch – 39/50 € 48/128 € – 8 €

◆ Relais de diligences du 19e s. au cœur de la cité aveyronnaise. Les chambres du 2e étage offrent plus d'espace et de confort. Agréable piscine sur l'arrière.

La Ferme de Moulhac sans rest

P

2,5 km au Nord-Est par rte secondaire – ✆ 05 65 44 33 25 – http://perso.wanadoo.fr/moulhac

5 ch – 65/70 € 70/115 €

◆ Calme, air pur et repos garantis en cette ferme familiale. Jolies chambres mêlant l'ancien et le moderne en toute simplicité. Copieux petit-déjeuner maison et cuisinette à disposition.

à Alpuech 10 km au Nord par D 921 – ✉ 12210

Air Aubrac

ch, ch, P VISA MC

La Violette, au Sud 5 km par rte de Laguiole – ✆ 05 65 44 33 64 – www.airaubrac.fr – Ouvert 23 avril-2 oct.

5 ch – 58 € 64 € **Table d'hôte** – Menu 20 € bc

◆ Un pilote de montgolfières (vol possible) vous accueille dans cette ancienne ferme typique alanguie au milieu des pâturages de l'Aubrac. Chambres coquettes et confortables. La patronne prépare une cuisine simple avec les produits du potager et de la région.

à l'Est 6 km par rte de l'Aubrac (D 15) – ✉ 12210 Laguiole

Bras

P VISA MC AE

rte de l'Aubrac – ✆ 05 65 51 18 20 – www.bras.fr – Ouvert de début avril à fin oct. et fermé lundi sauf juil.-août

13 ch – 257/412 € 257/412 € – 28 €

Rest *Bras* – voir ci-après

◆ Au-dessus de Laguiole, à l'aplomb du plateau de l'Aubrac : plein sud, tout l'Aveyron se déploie à vos pieds ! C'est ici que Michel Bras a décidé de recréer l'auberge familiale, devenue vaisseau contemporain. Dans la transparence du verre, la nature est à vous…

XXXX ✿✿✿ **Bras** (Michel et Sébastien Bras) – Hôtel Bras

rte de l'Aubrac – ✆ 05 65 51 18 20 – www.bras.fr – Ouvert début avril à fin oct. et fermé mardi midi et merc. midi sauf juil.-août et lundi

Rest – *(nombre de couverts limité, prévenir)* Menu 117/188 € – Carte 130/200 €

Spéc. Gargouillou de jeunes légumes, graines et herbes, lait de poule à la noisette. Viandes et volailles de pays. Gaufrette de pomme de terre. **Vins** Marcillac, Gaillac.

◆ Aubrac, Aubrac... Telle est l'incantation dont résonne cette table magique ! Suc du terroir, sève des herbes aromatiques : le style Bras père et fils puise au cœur du produit. Ainsi le gargouillou, précipité unique d'une sensibilité et des légumes ou fleurs du jour. L'invention faite chant de la terre.

au Golf 12 km à l' Ouest par D541, D213 et rte secondaire

Domaine de Mezeyrac

– ✆ 05 65 44 41 41 – www.golf-laguiole.fr – Ouvert 4 avril-2 nov.

11 ch – 59/69 € 59/149 € – 9 €

Rest – *(dîner pour résidents seult)* Menu 19 € – Carte 25/35 €

◆ Ancienne ferme reconvertie en hôtellerie et complexe dédié au golf. Grand calme assuré, chambres confortables et vue sur le green. L'ex-grange rustique abrite le restaurant.

LAILLY-EN-VAL – **45 Loiret** – **318** H5 – **2 403 h.** – **alt. 86 m** – ✉ **45740** **12** C2

Paris 158 – Blois 42 – Fleury-les-Aubrais 37 – Orléans 31

Domaine de Montizeau

au Sud-Est par D19 (rte de Ligny) et rte secondaire : 5 km – ✆ 02 38 45 34 74 – www.domaine-montizeau.com

4 ch – 75/95 € 80/95 € **Table d'hôte** – Menu 28 € bc

◆ Cet ancien relais de chasse du 17e s., noyé sous la végétation, est un véritable havre de paix. Les chambres sont délicieuses et font des clins d'œil à l'Italie, aux fleurs ou à la chasse, mais avec humour ! L'hôtesse cuisine au gré de son inspiration.

LALACELLE – **61 Orne** – **310** I4 – **265 h.** – **alt. 300 m** – ✉ **61320** **32** B3

Paris 208 – Alençon 20 – Argentan 34 – Domfront 42

Château de Carrouges★★ N : 11 km Normandie Cotentin

La Lentillère

rte d'Alençon : 1,5 km par N 12 – ✆ 02 33 27 38 48 – www.lalentillere.fr – Fermé 24-31 déc. et dim. soir

8 ch – 45/76 € 45/76 € – 8,50 € – ½ P 49/64 €

Rest – (13 €) Menu 18/39 €

◆ Au bord de la route nationale, cet ancien relais de poste propose des chambres rénovées : esprit actuel pour la déco et salles de bains avec douche balnéo. Menus de saison et produits du terroir vous attendent au restaurant (cadre rustique et agréable jardin d'été).

LALLEYRIAT – **01 Ain** – **328** E4 – **rattaché à Bourg-en-Bresse**

LAMAGDELAINE – **46 Lot** – **337** E5 – **rattaché à Cahors**

LAMALOU-LES-BAINS – **34 Hérault** – **339** D7 – **2 247 h.** – **alt. 200 m** – **Stat. therm. : mi fév.-mi déc.** – **Casino** – ✉ **34240** Languedoc Roussillon **22** B2

Paris 732 – Béziers 39 – Lodève 38 – Montpellier 79

1, avenue Capus ✆ 04 67 95 70 91

de Lamalou-les-Bains Route de Saint-Pons, SE : 2 km par D 908, ✆ 04 67 95 08 47

Église de St-Pierre-de-Rhèdes★ SO : 1,5 km.

St-Pierre-de-Rhèdes★ SO : 1,5 km.

Du Square sans rest
11 av. Mal.-Foch – 04 67 23 09 93 – www.hoteldusquare.com – Fermé de mi-déc. à fin fév.
14 ch – 42/50 € 44/52 € – 7 €
◆ Cette construction de type motel propose des chambres de plain-pied sobrement décorées mais pratiques, plus au calme sur l'arrière. Certaines bénéficient d'une petite terrasse.

Les Marronniers
8 av. Capus , (D 22) – 04 67 95 76 00 – Fermé 2 janv.-3 fév., merc. soir hors saison, dim. soir et lundi
Rest – Menu 14/61 € bc – Carte environ 32 €
◆ Un accueil avenant vous est réservé dans cette maison légèrement excentrée. La table honore une cuisine traditionnelle, à savourer dans un cadre chaleureux orné de tableaux.

à Combes **10 km à l'Ouest par D 908 et D 180 – 307 h. – alt. 480 m – 34240**

Auberge de Combes
– 04 67 95 66 55 – www.aubergedecombes.com – Fermé janv., dim. soir sauf juil.-août et lundi
Rest – (22 € bc) Menu 28/75 € – Carte 42/58 €
◆ Désormais, père et fils œuvrent de concert dans cette auberge qui domine la vallée de l'Orb. Ils tirent le meilleur du terroir : un tel environnement inspire à une suavité brute !

LAMASTRE – 07 Ardèche – 331 J4 – 2 526 h. – alt. 375 m – 07270 — 44 B2

Lyon Drôme Ardèche

Paris 577 – Privas 55 – Le Puy-en-Velay 72 – St-Étienne 90
place Montgolfier 04 75 06 48 99

Midi (Bernard Perrier)
pl. Seignobos – 04 75 06 41 50 – www.restaurantlemidifree.fr – Fermé 21-26 juin, fin déc. à fin janv., vend. soir, dim. soir et lundi
Rest – Menu 39/90 €
Spéc. Salade tiède de foie gras de canard et champignons des bois. Poularde de Bresse en vessie. Soufflé glacé aux marrons de l'Ardèche. **Vins** Saint-Joseph, Saint-Péray.
◆ Cette maison située au cœur du village a su conserver son charme d'autrefois. On y déguste des mets classiques réalisés avec soin, dans la tradition de la cuisine française.

LAMBALLE – 22 Côtes-d'Armor – 309 G4 – 11 037 h. – alt. 55 m — 10 C2

– 22400 Bretagne

Paris 431 – Dinan 42 – Rennes 81 – St-Brieuc 21
place du Champ de Foire 02 96 31 05 38
Haras national★.

Kyriad sans rest
29 bd Jobert – 02 96 31 00 16 – www.hotel-lamballe.com **Ba**
27 ch – 59/98 € 59/98 € – 8,50 €
◆ Face à la gare, un établissement dont les chambres, fonctionnelles, sont décorées à l'identique et bien insonorisées. Petit-déjeuner buffet servi dans une salle claire.

Lion d'Or sans rest
3 r. du Lion d'Or – 02 96 31 20 36 – www.leliondor-lamballe.com – Fermé 23 déc.-4 janv. **Ad**
17 ch – 51/57 € 54/62 € – 8 €
◆ Cet hôtel familial s'est rajeuni. Ainsi, ses chambres, assez petites mais bien tenues, ont été repeintes en blanc pour plus de luminosité. Formule buffet au petit-déjeuner.

LAMBALLE

Augustins (R. des) . . . . A 2
Bario (R.) . . . . A 3
Blois (R. Ch. de) . . . . B 5
Boucouets (R. des) . . . . B 7
Cartel (R. Ch.) . . . . A 8
Charpentier (R. Y.) . . . . B 14
Dr-Calmette (R. du) . . . . A 15
Dr-Lavergne (R. du) . . . . A 16
Foch (R. Mar.) . . . . B 19
Gesle (Ch. de la) . . . . A 23
Grand Bd (R. du) . . . . A 24
Hurel (R. du Bg) . . . . B 25
Jeu-de-Paume (R. du) . . . . A 26
Leclerc (R. Gén.) . . . . B 29
Marché (Pl. du) . . . . A 30
Martray (Pl. du) . . . . A
Mouëxigné (R.) . . . . B 31
Poincaré (R.) . . . . B 34
Préville (R.) . . . . B 35
St-Jean (R.) . . . . A 37
St-Lazare (R.) . . . . A 38
Tery (R. G.) . . . . A 39
Tour-aux-Chouettes (R.) . . . . B 42
Val (R. du) . . . . AB
Villedeneu (R.) . . . . A 45

à la Poterie 3,5 km par ① – ✉ 22400 Lamballe

Manoir des Portes
– ✆ 02 96 31 13 62 – *www.manoirdesportes.com* – *Fermé 23 déc.-3 janv.*
15 ch – 48/76 € 57/100 € – 8,50 € – ½ P 51/88 €
Rest – (19 €) Menu 25/35 €
◆ Proche d'un centre équestre, ce manoir du 16e s. ouvre sur un jardin fleuri, doté d'un verger et d'un potager. Les chambres, assez cosy, vous assurent des nuits paisibles. Ambiance rustique (poutres, pierres, cheminée) pour un menu unique et traditionnel.

à St-Aaron 6 km par ⑤ – ✉ 22400 Lamballe

Au Clos du Lit
r. de la Ville-D'Ys – ✆ *02 96 31 17 48* – *www.auclosdulit.com*
4 ch – 44/54 € 49/59 € **Table d'hôte** – Menu 18 € bc
◆ Fervents d'un tourisme vert, les propriétaires de ce petit manoir l'ont décoré à la gloire de la Bretagne authentique. Chambres personnalisées et calmes, bibliothèque, jardin. À la table d'hôte, repas copieux et cadre campagnard, rempli d'objets de famille. Bon accueil.

LAMOTTE-BEUVRON – 41 Loir-et-Cher – 318 J6 – 4 529 h. – alt. 114 m – ✉ 41600 12 C2

Paris 171 – Blois 59 – Gien 58 – Orléans 36
1, rue de l'Allée verte ✆ 02 54 83 01 73

Tatin
5 av. de Vierzon, (face à la gare) – ✆ *02 54 88 00 03* – *www.hotel-tatin.fr*
– *Fermé 30 juil.-14 août, 19 déc.-5 janv., 13 fév.-2 mars, dim. soir, mardi midi et lundi*
14 ch – 60/70 € 60/133 € – 10 €
Rest – Menu 22 € (sem.), 30/57 € – Carte environ 32 €
◆ Dans cette hôtellerie familiale, les chambres sont simples mais bien tenues. C'est ici que les sœurs Tatin inventèrent leur fameuse tarte aux pommes (le fourneau de l'époque est exposé au bar)... Une tradition toujours vivante !

LAMOTTE-WARFUSEE – 80 Somme – **301** I8 – 559 h. – alt. 90 m – ✉ 80800 **36** B2

Paris 141 – Abbeville 72 – Amiens 22 – Cambrai 68

Le Saint-Pierre

3 r. Delambre – ✆ 03 22 42 26 66 – Fermé dim. soir, merc. soir et lundi
Rest – (15 € bc) Menu 21/25 € – Carte 25/40 €
◆ Près du canal de la Somme, le Saint-Pierre vous mène au paradis sans passer par le purgatoire... Accueil sympathique d'un couple franco-roumain et généreuse cuisine classique.

LAMOURA – 39 Jura – **321** F8 – 534 h. – alt. 1 156 m – Sports d'hiver : voir aux Rousses – ✉ 39310 **16** B3

Paris 477 – Genève 47 – Gex 29 – Lons-le-Saunier 74
Grande Rue ✆ 03 84 41 27 01

La Spatule

Grande'rue – ✆ 03 84 41 20 23 – www.hotellaspatule.com
26 ch – 44 € 65 € – 9 € – ½ P 65 €
Rest – *(fermé lundi hors saison)* Menu 20/31 € – Carte 22/47 €
◆ Au pied des pistes de ski, chalet disposant de chambres à l'esprit montagnard au 1er étage (avec balcon), plus contemporaines au niveau supérieur (sans balcon). Prix compétitifs. Appétissante carte au restaurant : cuisine du terroir et spécialités fromagères.

LAMPAUL-PLOUARZEL – 29 Finistère – **308** C4 – 2 047 h. – alt. 34 m – ✉ 29810 **9** A1

Paris 615 – Brest 24 – Quimper 98 – Rennes 263
7, rue de la Mairie ✆ 02 98 84 04 74

Auberge du Vieux Puits

pl. de l'Église – ✆ 02 98 84 09 13 – http://monsite.orange.fr/aubergeduvieuxpuits – Fermé 8-26 mars, 21 sept.-8 oct., dim. soir et lundi
Rest – (22 €) Menu 34/50 € – Carte 38/82 €
◆ Engageante maison bretonne au centre du village. Cuisine traditionnelle orientée terroir à déguster dans la coquette salle rustique ou sur la terrasse où subsiste le vieux puits.

LAMURE-SUR-AZERGUES – 69 Rhône – **327** F3 – 1 034 h. – alt. 383 m – ✉ 69870 **44** B1

Paris 446 – Lyon 50 – Mâcon 51 – Roanne 49
rue du Vieux Pont ✆ 04 74 03 13 26

Château de Pramenoux

2 km à l'Ouest – ✆ 04 74 03 16 43 – www.pramenoux.com
5 ch – 99/140 € 99/140 € **Table d'hôte** – Menu 40 € bc
◆ La vie de château comme vous en avez toujours rêvé ! Un magnifique escalier conduit aux chambres calmes et garnies de meubles anciens. La "Royale" possède un lit à baldaquin. Dîner à la lueur des chandelles, accompagné d'une douce musique.

LANARCE – 07 Ardèche – **331** G5 – 173 h. – alt. 1 180 m – ✉ 07660 **44** A3

Paris 579 – Aubenas 44 – Langogne 18 – Privas 72

Le Provence

N 102 – ✆ 04 66 69 46 06 – www.hotel-le-provence.com – Ouvert 15 mars-12 nov.
19 ch – 47/61 € 47/61 € – 9 € – ½ P 48/61 €
Rest – (13 €) Menu 19/36 € – Carte 23/40 €
◆ Une bâtisse récente longeant un axe fréquenté, mais toutes les chambres, rénovées et bien insonorisées, ouvrent du côté opposé à la route. Au restaurant, produits du terroir (charcuterie, champignons, agneau) et portions très généreuses !

LANCIÉ – 69 Rhône – **327** H2 – 713 h. – alt. 210 m – ✉ 69220 **43** E1

Paris 418 – Lyon 56 – Villeurbanne 65 – Saint-Étienne 115

Le Petit Nid de Pierres ch, VISA

Le Chatelard – ✆ 04 74 04 10 39 – www.pariaud.com

5 ch – 80 € 82/92 € **Table d'hôte** – Menu 27 € bc/30 € bc

◆ Abrité par des murs de pierre, ce corps de ferme bien restauré vous réserve un séjour convivial. Chambres personnalisées bien équipées, balcons fleuris, fontaine. Salle à manger rustique pour des repas régionaux (légumes du potager) ; soirées dégustation au caveau.

LANCIEUX – 22 Côtes-d'Armor – **309** J3 – 1 330 h. – alt. 24 m **10** C1 – ✉ 22770

Paris 413 – Rennes 80 – Saint-Brieuc 85 – Saint-Malo 18

square Jean Conan ✆ 02 96 86 25 37

Des Bains sans rest VISA AE

20 r. Poncel – ✆ 02 96 86 31 33 – www.hoteldesbains-lancieux.fr – Fermé sam. et dim. de déc. à mars sauf vacances scolaires

12 ch – 62/110 € 70/110 € – 8 €

◆ Cet hôtel familial près du rivage existe depuis 1894. Chambres fonctionnelles, certaines dotées d'une cuisinette. Petits-déjeuners servis sous une véranda. Crêperie en saison.

LANCRANS – 01 Ain – **328** I4 – rattaché à Bellegarde-sur-Valserine

LANGEAC – 43 Haute-Loire – **331** C3 – 3 943 h. – alt. 505 m – ✉ 43300 **6** C3

Auvergne

Paris 508 – Brioude 31 – Mende 92 – Le Puy-en-Velay 45

Place Aristide Briand ✆ 04 71 77 05 41

à Reilhac Nord : 3 km par D 585 – ✉ 43300 Mazeyrat d Allier

Val d'Allier rest, rest, VISA

– ✆ 04 71 77 02 11 – Ouvert avril-oct. et fermé dim. et lundi hors saison

22 ch – 50/55 € 60/65 € – 9 € – ½ P 60 €

Rest – *(fermé le midi) (prévenir)* Menu 22/42 €

◆ Chambres de bonne tenue et fonctionnelles, plus calmes sur l'arrière. Au restaurant, cuisine du terroir servie dans une salle à manger lumineuse, au décor sobre.

LANGEAIS – 37 Indre-et-Loire – **317** L5 – 3 861 h. – alt. 41 m **11** A2 – ✉ 37130 Châteaux de la Loire

Paris 259 – Angers 101 – Château-la-Vallière 28 – Chinon 26

place du 14 Juillet ✆ 02 47 96 58 22

Château★★ : appartements★★★.

Parc★ du château de Cinq-Mars-la-Pile NE : 5 km par N 152.

Au Coin des Halles VISA

9 r. Gambetta – ✆ 02 47 96 37 25 – www.aucoindeshalles.com – Fermé de mi-janv. à mi-fév., jeudi midi et merc.

Rest – (23 €) Menu 29/49 € – Carte 45/55 €

◆ Une maison typiquement tourangelle, à deux pas du château. Le décor est agréable et la cuisine, boostée par les produits du terroir, fait mouche ! Accueil charmant en prime.

à St-Patrice Ouest : 10 km par rte de Bourgueil – 675 h. – alt. 39 m – ✉ 37130

Château de Rochecotte rest, VISA AE

43 r. Dorothée de Dino – ✆ 02 47 96 16 16 – www.chateau-de-rochecotte.fr – Fermé 15 fév.-7 mars

32 ch – 137/253 € 137/253 € – 3 suites – 18 €

Rest – (29 €) Menu 44/65 €

◆ Le souvenir de la duchesse de Dino et de Talleyrand plane sur cette demeure aristocratique. Mobilier de style dans les chambres. Belle pergola à colonnade dominant le parc. Le 18e s. règne dans les élégantes salles à manger. Cuisine classique et beaux produits.

LANGOGNE – 48 Lozère – **330** L6 – **3 071 h.** – **alt. 913 m** – ✉ **48300** **23** C1

Paris 577 – Mende 48 – Le Puy-en-Velay 42 – Privas 95

15, boulevard des Capucins ✆ 04 66 69 01 38

de Langogne Barres Domaine de Barres, S : 3 km par N 88, ✆ 04 66 69 01 11

Domaine de Barrès rest, rest, VISA

rte de Mende – ✆ 04 66 46 08 37 – www.domainedebarres.com – Ouvert 16 mars-30 nov. et fermé lundi et mardi sauf juil.-août

20 ch – 110/140 € 110/140 € – 13 €

Rest – (18 €) Menu 26/42 € – Carte 50/65 €

◆ Belle bâtisse du 18e s. entièrement repensée dans un style contemporain par l'architecte Jean-Michel Wilmotte. Les chambres, où le bois prédomine, ouvrent sur le parc. Salle à manger dotée de cheminées en pierre design, agréable terrasse et cuisine actuelle.

LANGON – 33 Gironde – **335** J7 – **7 135 h.** – **alt. 10 m** – ✉ **33210** **3** B2

Aquitaine

Paris 624 – Bergerac 83 – Bordeaux 49 – Libourne 54

11, allées Jean-Jaurès ✆ 05 56 63 68 00

des Graves et Sauternais Lac de Seguin, E : 5 km par D 116, ✆ 05 56 62 25 43

Château de Roquetaillade★★ S : 7 km.

XXX

Claude Darroze avec ch VISA AE

95 cours Gén. Leclerc – ✆ 05 56 63 00 48 – www.darroze.com – Fermé 14 oct.-7 nov., 5-22 janv., dim. soir et lundi midi hors saison

15 ch – 65/75 € 75/100 € – 13 € – ½ P 95/115 €

Rest – Menu 42/85 € – Carte 80/110 €

Spéc. Salade de homard tiède aux légumes croquants, vinaigrette balsamique. Lamproie de la Gironde au blanc de poireau (janv. à avril). Soufflé léger au Grand Marnier. **Vins** Graves blanc et rouge.

◆ Savoureuse cuisine du Sud-Ouest et belle carte de bordeaux (600 appellations) : cette demeure sait perpétuer les traditions. Terrasse sous les platanes. Chambres en grande partie rénovées.

à St-Macaire Nord : 2 km – **1 670 h.** – **alt. 15 m** – ✉ **33490**

Verdelais : calvaire ★ N : 3 km - Château de Malromé★ N : 6 km - Ste-Croix-du-Mont : ★, grottes★ NO : 5 km.

XX

Abricotier avec ch rest, ch, VISA

RN 113 – ✆ 05 56 76 83 63 – www.restaurant-labricotier.com – Fermé 23-30 mars, 31 août-4 sept., 12 nov.-9 déc., mardi soir et lundi

3 ch – 62 € 65 € – 8 € **Rest** – Menu 20/40 € – Carte 35/50 €

◆ À deux pas de la cité médiévale, cette maison régionale sait se faire conviviale par son décor actuel, son jardin-terrasse ombragé et son appétissante cuisine du marché. Dans l'annexe, chambres fraîches et spacieuses, bien équipées.

LANGRES – 52 Haute-Marne – **313** L6 – **8 524 h.** – **alt. 466 m** – ✉ **52200** **14** C3

Champagne Ardenne

Paris 285 – Chaumont 35 – Dijon 79 – Nancy 142

Place Bel Air - Square Olivier Lahalle ✆ 03 25 87 67 67

Site★★ - Promenade des remparts★★ - Cathédrale St-Mammès★ Y - Section gallo-romaine★ au musée d'art et d'histoire Y **M1**.

Le Cheval Blanc ch, VISA AE

4 r. de l'Estres – ✆ 03 25 87 07 00 – www.hotel-langres.com – Fermé 1er-29 nov.

23 ch – 70/90 € 85/145 € – 10 € – ½ P 90/130 € Za

Rest – *(fermé merc. midi)* (18 €) Menu 35/48 € – Carte 50/90 €

◆ Lieu chargé d'histoire que cette église (Bossuet y reçut le sous-diaconat) devenue auberge sous la Révolution. Chambres de caractère ou plus fonctionnelles à l'annexe. Salle à manger rustique agrémentée d'une véranda, terrasse au calme et carte actuelle.

LANGRES

Aubert (R.) . . . . Y
Barbier-d'Aucourt (R.) . . . . Y 3
Beligné (R. Ch.) . . . . Y 4
Belle-Allée (La) . . . . Y 5
Boillot (R.) . . . . Y 6
Boulière (Porte) . . . . Y
Boulière (R.) . . . . Y 7
Canon (R.) . . . . Y 8
Centenaire (Pl. du) . . . . Y 10
Chambrûlard (R.) . . . . X 12
Chavannes (R. des) . . . . Z 13
Crémaillière (R. de la) . . . . Y 14
Croc (R. du) . . . . Y 15
Denfert-Rochereau (R.) . . . . . . Z 16
Diderot (Pl.) . . . . Y
Diderot (R.) . . . . YZ
Durand (R. Pierre) . . . . Y 17
Duvet (Pl. J.) . . . . Y
États-Unis (Pl. des) . . . . Z
Gambetta (R.) . . . . Y 18
Grand-Bie (R. du) . . . . Y 19
Grand-Cloître (R. du) . . . . Y 20
Grouchy (Pl. Col.-de) . . . . Z 21
Hôtel-de-Ville (Porte de l') . . . . Y
Jenson (Pl.) . . . . Z
Lambert-Payen (R.) . . . . Y 24
Lattre-de-Tassigny (Bd Mar.-de) . . . . YZ
Leclerc (R. Général) . . . . Y 25
Lescornel (R.) . . . . Y 26
Longe-Porte (Porte de) X
Longe-Porte (R. de) . . . . X 27
Mance (Square J.) . . . . Y 28
Minot (R.) . . . . Z 31
Morlot (R. Card.) . . . . Y 32
Roger (R.) . . . . Y 33
Roussat (R. Jean) . . . . Y 35
St-Didier (R.) . . . . Y 36
Tassel (R.) X
Terreaux (R. des) . . . . Y 37
Tournelle (R. de la) . . . . Y 39
Turenne (R. de) . . . . Y 41
Ursulines (R. des) . . . . Y 43
Verdun (Pl. de) X
Walferdin (R.) . . . . Y 44
Ziegler (Pl.) . . . . Y 45

au Lac de la Liez par ②, N 19 et D 284 : 6 km – ✉ 52200 Langres

XX **Auberge des Voiliers** avec ch

1 r. des Voiliers, (lac de la Liez) – ✆ 03 25 87 05 74 – www.hotel-voiliers.com – Ouvert 19 mars-13 nov. et fermé mardi midi hors saison, dim. soir et lundi

10 ch – 50/90 € 50/90 € – 8 €

Rest – (15 €) Menu 22/52 € – Carte 25/60 €

◆ Cette auberge jouit d'une situation idéale au bord du lac. À déguster sa cuisine traditionnelle sous la véranda et avec pareille vue, on se croirait en vacances ! Les chambres, fonctionnelles et climatisées, entretiennent l'illusion du voyage nautique.

LANGUIMBERG – 57 Moselle – **307** M6 – 214 h. – alt. 290 m – ✉ 57810 **27** C2

Paris 411 – Lunéville 43 – Metz 79 – Nancy 65

XX **Chez Michèle** (Bruno Poiré)

57 r. Principale – ✆ 03 87 03 92 25 – www.chezmichele.fr – Fermé vacances de la Toussaint, 1er-7 sept., vacances de fév., mardi et merc.

Rest – (20 €) Menu 33/76 € – Carte 45/75 €

Spéc. Foie gras. Gibier (saison). Café liégeois. **Vins** Vins de Moselle.

◆ Le petit "bistrot de village" est désormais une belle étape gourmande à l'atmosphère familiale, où le jeune chef réalise une cuisine précise, généreuse et inventive sans excès.

LANNEPAX – 32 Gers – **336** D7 – 558 h. – alt. 168 m – ✉ 32190 **28** A2

Paris 787 – Auch 41 – Bordeaux 180 – Toulouse 115

Les Caprices d'Antan

pl. de la Mairie – ✆ 05 62 65 76 92 – www.aubergelescapricesdantan.fr – Fermé 20 juin-4 juil., 19 sept.-4 oct., 2-10 janv., dim. soir et lundi

Rest – (13 € bc) Menu 15 €

◆ Dans cette auberge conviviale, l'ardoise change chaque jour ; les assiettes explosent de saveurs d'ici et d'ailleurs, de couleurs... La patronne a le goût du voyage (elle a vécu au Brésil) et aime faire découvrir les petits vins locaux. Généreux, simple et bon !

LANNILIS – 29 Finistère – **308** D3 – 4 948 h. – alt. 48 m – ✉ 29870 **9** A1

Paris 599 – Brest 23 – Landerneau 29 – Morlaix 63

1, place de l'Église ✆ 02 98 04 05 43

Auberge des Abers (Jean-Luc L'Hourre) VISA AE

5 pl. Gén. Leclerc, (près de l'église) – ✆ 02 98 04 00 29 – Fermé 30 sept.-15 oct. et 25 fév.-5 mars

Rest – *(ouvert le soir du merc. au sam. et dim. midi) (nombre de couverts limité, prévenir)* Menu 38/125 € bc

Spéc. Langoustines rôties à la salamandre, pieds et oreilles de cochon en cromesquis. Turbot cuit sur l'arête aux cocos de Paimpol et marinière de palourdes. Croustillant à l'orange, thé matcha et chocolat blanc.

Rest *Côté Bistrot* – *(ouvert le midi du mardi au sam.)* Menu 22/31 € – Carte 22/45 €

◆ Le chef signe une belle cuisine de la mer, personnelle et gourmande, à déguster dans un cadre classique et sobre, avec vue sur les fourneaux. Cours de cuisine le mardi soir. Plats familiaux servis au Côté Bistrot.

LANNION – 22 Côtes-d'Armor – **309** B2 – 19 459 h. – alt. 12 m – ✉ 22300 Bretagne **9** B1

Paris 516 – Brest 96 – Morlaix 42 – St-Brieuc 65

de Lannion : ✆ 02 96 05 82 00, 4 km au N.

Quai d'Aiguillon ✆ 02 96 46 41 00

Maisons anciennes★ (pl.Général Leclerc) - Église de Brélévenez★ : mise au tombeau★

Manoir du Launay sans rest

chemin de Ker-Ar-Faout, à Servel, 3 km au Nord-Ouest par D 21 – ✆ 02 96 47 21 24 – www.manoirdulaunay.com

5 ch – †88/123 € ††95/130 €

◆ Salon cossu, mobilier ancien, décor personnalisé dans les chambres spacieuses et soignées : ce manoir du 17e s. concilie le charme d'hier et le confort d'aujourd'hui. Parc.

rte de Perros-Guirec 5 km par D 788 – ✉ 22300 Lannion

Arcadia VISA AE

Crec'h-Quillé – ✆ 02 96 48 45 65 – www.hotel-arcadia.com – Fermé 17 déc.-2 janv.

29 ch – †52/66 € ††52/66 € – ☕ 7 €

Rest – (13 €) Menu 16 € (sem.)/20 € – Carte 18/32 €

◆ Pas loin du CNET, hôtel d'aspect récent disposant de chambres sobrement contemporaines, dont six ont été créées en 2009 ; quelques duplex. Bar-billard ; piscine sous véranda. Repas simples et grillades servis au restaurant qui jouxte l'hôtel.

à La Ville-Blanche par rte de Tréguier : 5 km sur D 786 – ✉ 22300 Rospez

La Ville Blanche (Jean-Yves Jaguin) VISA

– ✆ 02 96 37 04 28 – www.la-ville-blanche.com – Fermé 27 juin -6 juil., 19 déc.-27 janv., dim. soir et merc. sauf juil.-août et lundi

Rest – *(prévenir le week-end)* Menu 31 € bc/71 € – Carte 70/81 €

Spéc. Saint-Jacques tièdes au citron vert, beignet iodé (10 oct.-15 avril). Homard rôti au beurre salé, ses pinces en ragoût (15 mars-30 oct.). Sablé aux fraises, mousse glacée à la bergamote (mai à sept.).

◆ Délicieuse maison de famille aux décors épuré et classique. La cuisine du chef, savoureuse et personnalisée, est subtilement relevée par les fines herbes du jardin potager.

LANS-EN-VERCORS – 38 Isère – **333** G7 – 2 297 h. – alt. 1 120 m – Sports d'hiver : 1 020/1 980 m 16 – ✉ 38250 **45** C2

Paris 576 – Grenoble 27 – Villard-de-Lans 8 – Voiron 37

246, avenue Léopold Fabre ✆ 08 11 46 00 38

Le Val Fleuri sans rest

730 av. Léopold Fabre – ✆ 04 76 95 41 09 – www.le-val-fleuri.com – Ouvert 8 mai-20 sept., 18 déc.-22 mars et fermé dim. soir et lundi hors vacances scolaires

14 ch – 41/69 € 41/69 € – 9 € – ½ P 54/68 €

◆ Le temps semble s'être arrêté dans cette jolie demeure de 1928 au cachet rétro pieusement conservé. Chambres très bien tenues, parfois dotées de meubles et lampes Art déco.

LAON P – 02 Aisne – **306** D5 – 26 522 h. – alt. 181 m – ✉ 02000 **37** D2

Nord Pas-de-Calais Picardie

Paris 141 – Reims 62 – St-Quentin 48 – Soissons 38

place du Parvis Gautier de Mortagne ✆ 03 23 20 28 62

de l'Ailette à Cerny-en-Laonnois, S : 16 km par D 967, ✆ 03 23 24 83 99

Site★★ - Cathédrale Notre-Dame★★ : nef★★★ - Rempart du Midi et porte d'Ardon★ CZ - Abbaye St-Martin★ BZ - Porte de Soissons★ ABZ - Rue Thibesard ★ BZ - Musée★ et chapelle des Templiers★ CZ.

Plans pages suivantes

La Bannière de France

11 r. F. Roosevelt – ✆ 03 23 23 21 44 – www.hoteldelabannieredefrance.com – Fermé 15 juil.-1er août, 22 déc.-9 janv. BCZt

18 ch – 61/79 € 73/86 € – 9 € – ½ P 84/99 €

Rest – *(fermé sam. midi et merc.)* (17 €) Menu 23/57 € – Carte 26/70 €

◆ Édifié en 1685 au cœur de la cité médiévale, ce relais postal accueillit le premier cinéma laonnois dans sa salle de banquet (années 1920). Chambres rustiques, très bien tenues. Le restaurant possède un charme vieille France ; plats de tradition.

Zorn - La Petite Auberge

45 bd Brossolette – ✆ 03 23 23 02 38 – www.zorn-lapetiteauberge.com – Fermé 1 sem. vacances de Pâques, 1er-15 août, 1 sem. vacances de fév., sam. midi, lundi soir et dim. sauf fériés CYa

Rest – (18 €) Menu 28/65 € – Carte 60/75 €

Rest *Bistrot St-Amour* – ✆ 03 23 23 31 01 – (11 €) Menu 15/18 € – Carte 30/38 €

◆ Dans la ville basse, restaurant agencé dans un esprit contemporain : lignes épurées, tons sobres, peintures abstraites. Cuisine inventive et belle sélection de vins (Côtes-du-Rhône). Formules express dans le décor tout simple du Bistrot St-Amour.

à Samoussy par ② et D 977 : 13 km – 379 h. – alt. 84 m – ✉ 02840

Le Relais Charlemagne

4 rte de Laon – ✆ 03 23 22 21 50 – www.lerelaischarlemagne.fr – Fermé 1er-16 août, vacances de fév., merc. soir, dim. soir, fériés le soir et lundi

Rest – Menu 25 € (sem.)/55 € – Carte 54/63 €

◆ Berthe, la mère de Charlemagne, était originaire de ce village. La maison abrite deux salles feutrées dont l'une s'ouvre sur le jardin. Cuisine classique et ambiance familiale.

à Chamouille par D 967 DZ : 13 km – 234 h. – alt. 112 m – ✉ 02860

Du Golf de l'Ailette

23 r. du chemin-des-dames, (parc nautique de l'Ailette), 0,5 km au Sud par D 967 – ✆ 03 23 24 84 85 – www.ailette.net

58 ch – 89/99 € 99/109 € – 14 € – ½ P 80/95 €

Rest – (23 €) Menu 26 € (sem.)/30 € – Carte 34/49 €

◆ Bâtiment moderne sur les rives du lac d'Ailette. Chambres spacieuses et contemporaines, toutes avec balcon tourné vers l'eau. Golf et sports nautiques. Côté restaurant, terrasse au bord de la piscine et cuisine traditionnelle.

LAON

Arquebuse (R. de l') .... **CZ** 2
Aubry (Pl.) .... **CZ** 3
Berthelot (R. Marcelin) ..... **AZ** 5
Bossus (R. de l'Abbé) .... **DY** 6
Bourg (R. du) .... **BCZ** 8
Carnot (Av.) .... **CY**
Change (R. du) .... **CZ** 9
Charles de Gaulle (Av.)...... **DY** 12
Châtelaine (R.) .... **CZ** 13
Cloître (R. du) .... **CZ** 15
Combattants d'Afrique du Nord (Pl. des) .... **DZ** 16
Cordeliers (R. des) .... **CZ** 18
Doumer (R. Paul) .... **CZ** 19
Ermant (R. Georges) .... **CZ** 21

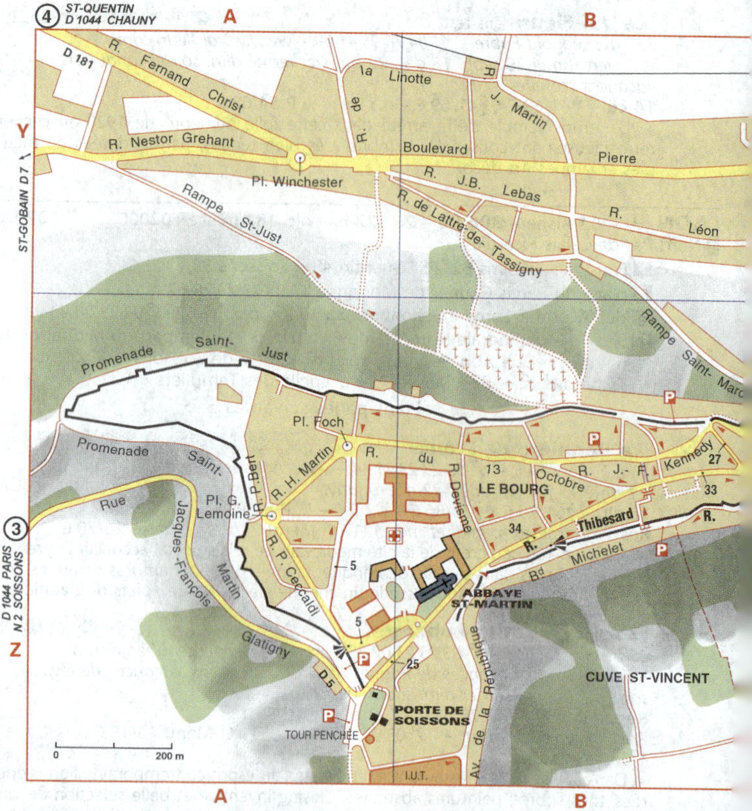

Une bonne table sans se ruiner ? Repérez les Bib Gourmand ☺.

LAPALISSE – **03 Allier** – **326** I5 – **3 217 h.** – **alt. 280 m** – ✉ **03120** **6** C1

Auvergne

▶ Paris 346 – Digoin 45 – Mâcon 122 – Moulins 50

ℹ 26, rue Winston Churchill ☎ 04 70 99 08 39

◉ Château★★.

XX **Galland** avec ch

20 pl. de la République – ☎ *04 70 99 07 21* – *www.hotelgalland.fr* – *Fermé dim. soir sauf juil.-août et lundi*

7 ch – †56/66 € ††56/66 € – ☕ 8 € – ½ P 50/68 €

Rest – *(prévenir le week-end)* (16 €) Menu 25/57 € – Carte 46/63 €

◆ Plats actuels mettant à l'honneur les produits régionaux, servis dans une élégante salle à manger contemporaine égayée de tons pastel. Chambres sobres et bien tenues.

Hurée (R. de la) . . . . DY 23
Jur (Prom. Barthélémy de) . . CZ 24
Leduc (R. Eugène) . . . . DY
Libération (R. de la) . . . . . . ABZ 25
Marquette (R. Père) . . . . BZ 27
Martinot (Allée Jean) . . . . . . DZ 28
Mortagne (Pl. Gautier de) . . . CZ 29
Rabin (Promenade Yitzhak) . CZ 30
Roosevelt (R. Franklin) . . . . . CZ 31
St-Jean (R.) . . . . BZ 33
St-Martin (R.) . . . . BZ 34
Signier (R. de) . . . . CZ 36
Thuillart (R. Fernand) . . . . . . DY 37
Victor-Hugo (Pl.) . . . . DY 39
Vinchon (R.) . . . . CZ 40

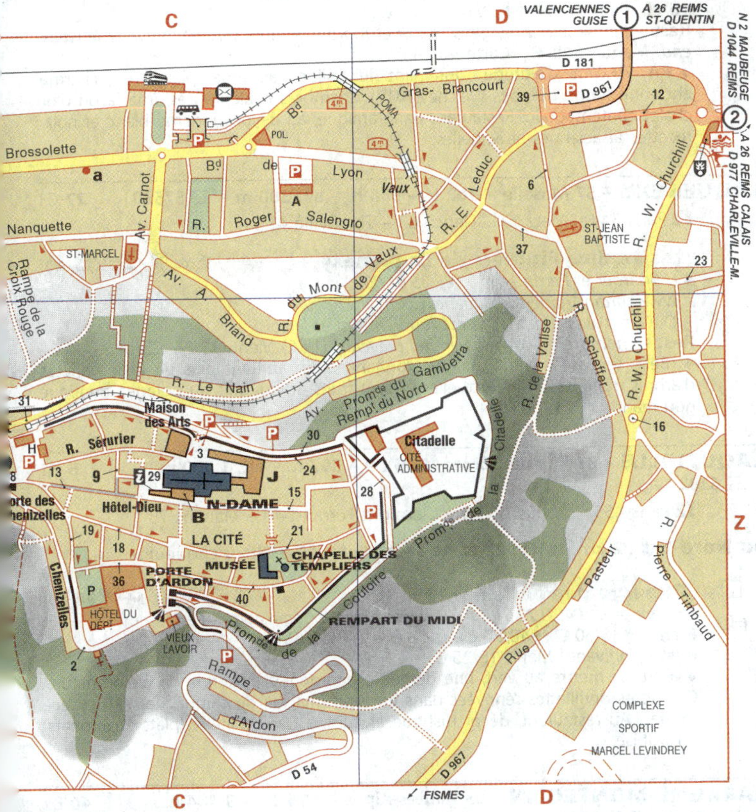

Une nuit douillette sans se ruiner ? Repérez les Bib Hôtel.

LAPOUTROIE – 68 Haut-Rhin – **315** H8 – **2 057 h. – alt. 420 m** **1** A2
– ✉ 68650 Alsace Lorraine

Paris 430 – Colmar 21 – Munster 31 – Ribeauvillé 20

Du Faudé VISA

28 r. Gén. Dufieux – ✆ 03 89 47 50 35 – www.faude.com
– Fermé 7-26 mars et 7-26 nov.
30 ch – 59/99 € 59/99 € – 2 suites – 13 €
Rest *Faudé Gourmet* – *(fermé mardi et merc.)* Menu 31/75 € – Carte 45/60 €
Rest *Au Grenier Welche* – *(fermé mardi et merc.)* Menu 20/29 €
– Carte 30/45 €

◆ Chambres confortables, plus grandes et rénovées à l'annexe. Joli jardin bordé par une rivière. Au Faudé Gourmet, carte et décor dans l'air du temps, riche carte des vins. Plats du terroir et service en tenue locale au Grenier Welche.

Les Alisiers

lieu-dit Faudé, 3 km au Sud-Ouest par rte secondaire – ✆ 03 89 47 52 82 – www.alisiers.com – Fermé 3 janv.-3 fév., 23-26 déc.
16 ch – †60/180 € ††60/180 € – ☕ 11 €
Rest – *(fermé le midi en sem., lundi et mardi soir hors saison) (prévenir le week-end)* Menu 35/45 € – Carte 40/54 €
◆ À 700 m d'altitude, dominant le vallon, auberge pleine de charme, ancienne ferme du pays Welche (1819). Chambres chaleureuses, à la façon d'un chalet contemporain. Restaurant panoramique, au décor moderne blanc et noir ; recettes alsaciennes et actuelles.

LAQUENEXY – 57 Moselle – **307** I4 – 988 h. – alt. 300 m – ✉ 57530 **27** C1

Paris 344 – Metz 17 – Nancy 63 – Thionville 43

Les Jardins Fruitiers de Laquenexy

4 r. Bourger-et-Perrin – ✆ 03 87 35 01 00 – www.jardinsfruitiersdelaquenexy.com – Ouvert d'avril à oct. et fermé lundi, mardi et le soir
Rest – *(nombre de couverts limité, prévenir)* (17 €) Menu 23 € – Carte 23/30 €
◆ Belle terrasse ouverte sur un étonnant jardin abritant plus de mille variétés d'arbres fruitiers. Cuisine actuelle utilisant fruits et légumes du potager. Boutique gourmande.

LAQUEUILLE – 63 Puy-de-Dôme – **326** D9 – 397 h. – alt. 1 000 m – ✉ 63820 **5** B2

Paris 455 – Aubusson 74 – Clermont-Ferrand 40 – Mauriac 73

au Nord-Est : 2 km par D 922 et rte secondaire – ✉ 63820 Laqueuille

Auberge de Fondain

Fondain – ✆ 04 73 22 01 35 – www.auberge-fondain.com – Fermé nov.
6 ch – †36/60 € ††48/80 € – ☕ 8 € – ½ P 49/65 €
Rest – *(prévenir)* Menu 18/25 €
◆ Pour se mettre au vert, une demeure bourgeoise ancienne en pleine nature. Chambres douillettes rénovées dans un esprit maison de campagne, VTT, espace forme... Au restaurant, décor rustique et cuisine traditionnelle (plats auvergnats) à l'ardoise.

LARAGNE-MONTÉGLIN – 05 Hautes-Alpes – **334** C7 – 3 484 h. – alt. 571 m – ✉ 05300 **40** B2

Paris 687 – Digne-les-Bains 58 – Gap 40 – Sault 60
place des Aires ✆ 04 92 65 09 38

Les Terrasses

av. de Provence, (D 1075) – ✆ 04 92 65 08 54 – http://perso.wanadoo.fr/hotellesterrasses/ – Ouvert 1er avril-1er nov.
15 ch – †30/54 € ††46/54 € – ☕ 8 € – ½ P 53 €
Rest – *(ouvert 1er mai-1er oct. et fermé le midi)* (17 €) Menu 22/27 € – Carte environ 25 €
◆ Petit hôtel familial aux chambres modestes et très bien tenues ; côté jardin, plus au calme, elles possèdent une terrasse d'où l'on aperçoit le village et le mont Chabre. Repas traditionnel dans une salle aux tons ensoleillés ou sous la pergola tapissée de vigne vierge.

L'Araignée Gourmande

8 r. de la Paix – ✆ 04 92 65 13 39 – Fermé 16-30 nov., vacances de Noël, 15 fév.-5 mars, dim. soir, mardi soir et merc.
Rest – (11 €) Menu 25/48 € – Carte 36/48 €
◆ Cette table familiale saura vous prendre dans sa toile : salle lumineuse au coloris jaune provençal, cuisine traditionnelle généreuse, service efficace et prix doux.

LARÇAY – 37 Indre-et-Loire – **317** N4 – 2 254 h. – alt. 82 m – ✉ 37270 **11** B2

Paris 243 – Angers 134 – Blois 55 – Poitiers 103

Manoir de Clairbois sans rest

2 imp. du Cher – ✆ 02 47 50 59 75 – www.manoirdeclairbois.com

3 ch – 120 € 120 €

◆ Le Cher longe le parc de ce manoir du 19e s. Le décor est soigné, avec de beaux meubles d'époque dans les parties communes. Chambres bonbonnières, le confort en plus !

LE LARDIN-ST-LAZARE – 24 Dordogne – **329** I5 – 2 000 h. – alt. 86 m – ✉ 24570 **4** D1

Paris 503 – Brive-la-Gaillarde 28 – Lanouaille 38 – Périgueux 47

au Sud : 4 km par D 704, D 62 et rte secondaire – ✉ 24570 Condat-sur-Vézère :

Château de la Fleunie

– ✆ 05 53 51 32 74 – www.lafleunie.com

– Ouvert de mars à nov.

33 ch – 75/125 € 85/160 € – 15 € – ½ P 92/145 €

Rest – Menu 45/50 €

◆ Ce château féodal, au cœur d'un vaste domaine boisé, impressionne ; il y a même un parc animalier ! On cultive le style châtelain, avec poutres, vieilles pierres et beau salon dans la tour. Cuisine classique servie près d'une noble cheminée.

à Coly Sud-Est : 6 km par D 74 et D 62 – 218 h. – alt. 113 m – ✉ 24120

Église★★ de St-Amand-de-Coly SO : 3 km, **Périgord Quercy.**

Manoir d'Hautegente

– ✆ 05 53 51 68 03 – www.manoir-hautegente.com – Ouvert 1er mai-15 oct.

17 ch – 95/250 € 95/250 € – 15 € – ½ P 163/318 €

Rest – Menu 35/100 € bc – Carte 56/63 €

◆ Dans un parc traversé par une rivière, un moulin du 14e s. tapissé de vigne vierge. La beauté du site, les meubles anciens et le bar installé dans l'ancienne forge dégagent un charme véritable. Un écrin bourgeois pour une cuisine inspirée du marché.

LARDY – 91 Essonne – **312** C4 – 5 694 h. – alt. 70 m – ✉ 91510 **18** B2

Paris 46 – Boulogne-Billancourt 49 – Évry 29 – Montreuil 47

Auberge de l'Espérance

80 Grande-Rue – ✆ 01 69 27 40 82 – Fermé 7-31 août, vacances de fév., lundi et le soir sauf vend. et sam.

Rest – (13 € bc) Menu 31/50 € bc – Carte environ 42 €

◆ Au cœur de ce charmant village de l'Essonne, une auberge au cadre frais et lumineux où l'on se régale d'une bonne cuisine actuelle. Petit patio-terrasse pour les beaux jours.

LARGENTIÈRE – 07 Ardèche – **331** H6 – 1 834 h. – alt. 240 m – ✉ 07110 Lyon Drôme Ardèche **44** A3

Paris 645 – Alès 66 – Aubenas 18 – Privas 49

8, rue Camille Vielfaure ✆ 04 75 39 14 28

Le vieux Largentière★.

à Rocher Nord : 4 km par D 5 – 269 h. – alt. 353 m – ✉ 07110

Le Chêne Vert

– ✆ 04 75 88 34 02 – www.hotellechenevert.com – Ouvert 1er avril-31 oct. et fermé lundi et mardi en oct.

25 ch – 65/88 € 65/88 € – 10 € – ½ P 58/76 €

Rest – *(fermé lundi midi)* Menu 20/38 € – Carte 38/55 €

◆ Aux confins du Vivarais et des Cévennes, une adresse conviviale aux chambres pratiques, certaines avec balcon offrant une jolie vue sur la vallée. À table, plats traditionnels et recettes régionales servis dans un décor bourgeois.

à Sanilhac **Sud : 7 km par D 312 – 374 h. – alt. 420 m – ✉ 07110**

Auberge de la Tour de Brison ch, ch,
à la Chapelette – ✆ 04 75 39 29 00 – www.belinbrison.com
– Ouvert 1er avril-31 oct. et fermé merc. sauf de juin à août
14 ch – †62/125 € ††62/125 € – ☕ 9 € – ½ P 65/95 €
Rest – *(prévenir)* Menu 29 € – Carte 26/33 € le midi
◆ De cette accueillante auberge bâtie à flanc de colline, la vue plonge sur la vallée et sur le plateau du Coiron. Chambres actuelles, jardin et superbe piscine à débordement. Au restaurant, cadre chaleureux, terrasse panoramique et menu du terroir proposé de vive voix.

LARMOR-BADEN – **56 Morbihan** – **308** N9 – **847 h.** – **alt. 10 m** – **✉ 56870** **9** A3

Paris 474 – Auray 15 – Lorient 59 – Pontivy 66
place de l'Eglise ✆ 02 97 57 17 87
Cairn ★★ de l'île Gavrinis : 15 mn en bateau.

Auberge du Parc Fétan
17 r. de Berder – ✆ 02 97 57 04 38 – www.hotel-parcfetan.com
– Ouvert 12 fév.-13 nov.
25 ch – †45/125 € ††45/125 € – ☕ 8 € – ½ P 53/93 €
Rest – ✆ 02 97 57 13 85 *(fermé merc. sauf le soir de juin à août, sam. midi et mardi)* (15 €) Menu 22/35 € – Carte 26/52 €
◆ À proximité de la baie et des sentiers côtiers, un hôtel convivial et parfaitement tenu, doté de chambres plutôt petites, simples et claires, la plupart ouvrant sur le golfe du Morbihan. Produits de la mer et cuisine traditionnelle dans une ambiance bistrot.

LARMOR-PLAGE – **56 Morbihan** – **308** K8 – **8 428 h.** – **alt. 4 m** **9** B2
– ✉ **56260** Bretagne

Paris 510 – Lorient 7 – Quimper 74 – Vannes 66
<★ du Pont St-Maurice.

Les Rives du Ter
bd Jean Monnet – ✆ 02 97 35 33 50 – www.lesrivesduter.com
58 ch – †99/120 € ††108/120 € – ☕ 14 €
Rest – Menu 24/40 € – Carte 28/40 €
◆ Un hôtel récent (2005) bordant le Ter... Style épuré dans les chambres, toutes avec terrasse ou balcon donnant sur l'étang, au calme. Au restaurant, la carte, courte et actuelle, est allèchante. Décor contemporain et vue sur le plan d'eau.

LARNAC – **30 Gard** – **339** K3 – **rattaché à St-Ambroix**

LAROQUE-DES-ALBERES – **66 Pyrénées-Orientales** – **344** I7 **22** B3
– 1 941 h. – alt. 100 m – ✉ 66740

Paris 883 – Figueres 50 – Montpellier 187 – Perpignan 39
20, rue Carbonneil ✆ 04 68 95 49 97

Les Palmiers (Bart Thoelen)
33 av. Louis et Michel Soler – ✆ 04 68 89 73 61 – www.lespalmiers.eu – Fermé 2 janv.-12 fév., dim. soir et mardi soir sauf juil.-août, sam. midi, mardi midi et lundi
Rest – Menu 24 € (déj. en sem.), 45/75 € – Carte 65/95 €
Spéc. Langoustines en carpaccio, marinées à l'huile d'olive, herbes fraîches et guacamole. Cochon noir de lait de Bigorre cuit 36 heures à 62°C. Chocolat cuit croustillant avec son cœur coulant et glace. **Vins** Vin de pays des Côtes Catalanes.
◆ Le chef, d'origine belge, signe une cuisine méditerranéenne tout en finesse, mariant de très beaux produits du terroir ou de la mer, au gré du marché et des saisons. Joli choix de vins du Roussillon. Accueil charmant.

LARRAU – **64 Pyrénées-Atlantiques** – **342** G6 – **209 h.** – **alt. 636 m** **3** B3
– ✉ **64560**

Paris 832 – Oloron-Ste-Marie 42 – Pau 75 – St-Jean-Pied-de-Port 64

Etchemaïté

Le Bourg – 05 59 28 61 45 – www.hotel-etchemaite.fr – Fermé 3 janv.-16 fév., dim. soir et lundi de nov. à avril
16 ch – 47/68 € 47/78 € – 8 € – ½ P 50/65 € **Rest** – *(fermé dim. soir et lundi du 11 nov. au 15 mai)* Menu 18 € (sem.), 24/45 € – Carte 34/52 €
◆ Simplicité et accueil familial d'une auberge de montagne, dans un hameau de la pittoresque Haute-Soule. Dans la salle à manger : pierres et poutres apparentes, nappes basques, cheminée et vue sur la vallée. Recettes régionales.

LASCABANES – 46 Lot – 337 D5 – 180 h. – alt. 180 m – ✉ 46800 28 B1

Paris 598 – Montauban 69 – Toulouse 120 – Villeneuve-sur-Lot 61

Le Domaine de Saint-Géry

– 05 65 31 82 51 – www.saint-gery.com – Ouvert 15 avril-1er nov. et les week-ends en janv.-fév.
5 ch – 220/351 € 220/351 € – 28 € – ½ P 226/291 €
Table d'hôte – *(réservation conseillée)* Menu 48/205 €
◆ Ce domaine comprend une truffière, une exploitation agricole et des sentiers de randonnée ! Cinq jolies chambres sont réparties dans plusieurs bâtiments. À la table d'hôte, plats régionaux et belles pièces de viande rôties.

LASCELLE – 15 Cantal – 330 D4 – 315 h. – alt. 760 m – ✉ 15590 5 B3

Paris 555 – Aurillac 16 – Bort-les-Orgues 84 – Brioude 94

Du Lac des Graves

Jaulhac – 04 71 47 94 06 – www.lacdesgraves.com – Fermé 1er nov.-5 déc. et 6-18 janv.
22 ch – 60/75 € 60/80 € – 8 €
Rest – *(fermé le midi) (résidents seult)* Menu 16/26 €
◆ Randonneurs, kayakistes et adeptes du VTT apprécieront ce vaste parc aménagé au bord d'un lac. Chambres récemment rafraîchies et chalets les pieds dans l'eau. Le restaurant et sa terrasse panoramique s'ouvrent sur la nature environnante.

LASSEUBE – 64 Pyrénées-Atlantiques – 342 J3 – 1 600 h. – alt. 188 m – ✉ 64290 3 B3

Paris 797 – Bordeaux 219 – Pau 19 – Tarbes 60

La Ferme Dagué sans rest

chemin Croix de Dagué – 05 59 04 27 11 – www.ferme-dague.com – Ouvert 28 avril-24 oct.
5 ch – 44/63 € 54/64 €
◆ Cette ferme béarnaise du 18e s. a conservé sa superbe cour fermée. Chambres coquettes, dont la décoration met en valeur le cachet rustique. Copieux petit-déjeuner.

La Promenade

r. de la République – 05 59 04 26 24 – Fermé 27 juin-4 juil., 21 nov.-5 déc. et lundi
Rest – (18 €) Menu 26/29 € – Carte 24/38 €
◆ Une bonne petite table de terroir, où simplicité rime avec qualité. Préparations maison, produits frais et de saison. Ambiance familiale.

LASTOURS – 11 Aude – 344 F3 – 165 h. – ✉ 11600 22 B2

Paris 782 – Carcassonne 19 – Castres 52 – Toulouse 107

Le Puits du Trésor (Jean-Marc Boyer)

21 rte des Quatre Châteaux – 04 68 77 50 24 – www.lepuitsdutresor.com – Fermé 3-18 janv., 28 fév.-15 mars, dim. soir, lundi et mardi
Rest – *(nombre de couverts limité, prévenir)* Menu 39/72 € – Carte 47/82 €
Spéc. Terrine de foie de canard et anguille fumée, haricots verts mentholés (été). Filets de perche meunière, étuvée d'asperges et condiments au lard (printemps). Chocolat, passion, noisette (automne). **Vins** Corbières, Cabardès.
Rest *L' Auberge* – (14 €) Menu 18/20 €
◆ Village au pied des vestiges du château de Lastours. Cadre chaleureux d'esprit contemporain et recettes personnalisées au restaurant. Ardoise du jour et confort plus simple au bistrot L'Auberge qui propose une petite terrasse. Conserves du chef à emporter.

LATOUR-DE-CAROL – 66 Pyrénées-Orientales – **344** C8 – 386 h. – alt. 1 260 m – ✉ 66760 **22** A3

▶ Paris 839 – Ax-les-Thermes 37 – Font-Romeu-Odeillo-Via 21 – Perpignan 110

Auberge Catalane

10 av. Puymorens – ✆ 04 68 04 80 66 – www.auberge-catalane.fr – Fermé 19-27 avril, 8 nov.-7 déc., dim. soir et lundi

10 ch – †43/47 € ††53/57 € – ☕ 8 € – ½ P 55/61 €

Rest – (17 €) Menu 20 € (déj. en sem.)/28 € – Carte 35/52 € le soir

◆ Au cœur de la Cerdagne, auberge familiale "cent pour cent catalane" située en bordure de route, proposant des chambres fonctionnelles et bien rénovées. Salle à manger rustique, véranda ou terrasse pour apprécier une généreuse cuisine régionale actualisée.

LATTES – 34 Hérault – **339** I7 – rattaché à Montpellier

LAUTARET (COL DU) – 05 Hautes-Alpes – **334** G2 – voir à Col du Lautaret

---

LAUTERBOURG – 67 Bas-Rhin – **315** N3 – 2 191 h. – alt. 115 m – ✉ 67630 **1** B1

▶ Paris 519 – Haguenau 40 – Karlsruhe 22 – Strasbourg 63

ℹ 21, rue de la 1ère Armée ✆ 03 88 94 66 10

La Poêle d'Or

35 r. Gén.-Mittelhauser – ✆ 03 88 94 84 16 – www.poeledor.com – Fermé mardi soir et merc.

Rest – (16 €) Menu 43/72 € – Carte 34/73 €

◆ Dans cette maison à colombages, on savoure une cuisine actuelle dans une élégante salle (boiseries, plafond à caissons). Véranda et terrasse.

LAUZERTE – 82 Tarn-et-Garonne – **337** C6 – 1 501 h. – alt. 224 m – ✉ 82110 Midi-Toulousain **28** B1

▶ Paris 614 – Agen 53 – Auch 98 – Cahors 39

ℹ place des Cornières ✆ 05 63 94 61 94

⛳ des Roucous à Sauveterre, E : 16 km par D 34, ✆ 05 63 95 83 70

Du Quercy avec ch

fg d'Auriac – ✆ 05 63 94 66 36 – Fermé vacances de la Toussaint et de fév., dim. soir sauf juil.-août et lundi

9 ch – †40/50 € ††40/50 € – ☕ 6,50 €

Rest – (11 €) Menu 19/28 € – Carte 28/35 €

◆ Au cœur de la "Tolède du Quercy", maison de pays de la fin du 19e s. coquettement restaurée. La lumineuse salle à manger de style bistrot offre le coup d'œil sur collines et vallons ; plats du terroir. Quelques chambres s'ouvrent sur la vallée.

LAVAL P – 53 Mayenne – **310** E6 – 51 233 h. – alt. 65 m – ✉ 53000 **35** C1

Châteaux de la Loire

▶ Paris 280 – Angers 79 – Le Mans 86 – Rennes 76

ℹ 1, allée du Vieux Saint-Louis ✆ 02 43 49 46 46

⛳18 de Laval à Changé Le Jariel, N : 8 km par D 104, ✆ 02 43 53 16 03

👁 Vieux château★ Z : charpente★★ du donjon, musée d'Art naïf★, ←★ des remparts - Vieille ville★ YZ : - Les quais★ ←★ - Jardin de la Perrine★ Z - Chevet★ de la basilique N.-D. d'Avesnières X - Église N.-D. des Cordeliers★ : retables★★ X - Lactopôle★★.

Perier du Bignon

7 r. du Marchis – ✆ 02 43 66 02 02 – www.hotel-perier-du-bignon.com

26 ch – †85/100 € ††95/110 € – 3 suites – ☕ 12 € Zt

Rest – (14 €) Menu 23/49 € – Carte 43/52 €

◆ Ce bel hôtel particulier du 18e s. (classé) s'élève sur les hauteurs de la ville. Les chambres y sont cosy, raffinées et toutes différentes (plus grandes dans la partie ancienne). Élégants salons classiques et carte traditionnelle ; formule bistrot le midi.

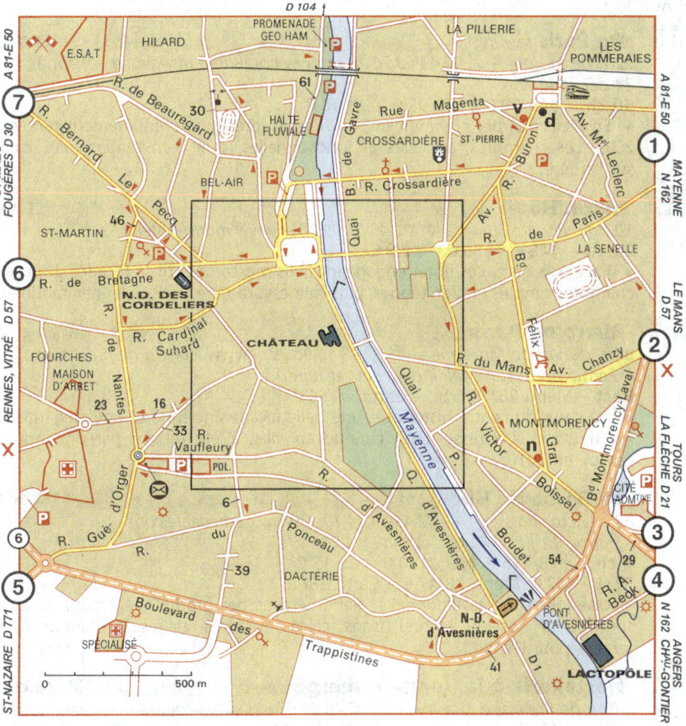

LAVAL

Alègre (Prom. Anne d') . . . . Z 3
Avesnières (Q. d') . . . . Z 5
Avesnières (R. d'). . . . . Z 7
Le Basser (Bd F.). . . . . X 29
Bourg-Hersent (R.) . . . . X 6
Briand (Pont A.) . . . . Y 8
Britais (R. du) . . . . Y 9
Chapelle (R. de) . . . . Z 12
Déportés (R. des) . . . . Y 13
Douanier-Rousseau (R.) . . . Z 14
Droits de l'homme
(Parvis des). . . . . Y 15
Étaux (R. des) . . . . X 16
Gambetta (Quai) . . . . Y 17
Gaulle (R. Gén.-de) . . . . Y
Gavre (Q. B.-de). . . . . Y 18
Grande-Rue . . . . Z 19
Hardy-de-Lévaré (Pl.) . . . . . . Z 22
Haut-Rocher (R.). . . . . X 23
Jean-Fouquet (Q.) . . . . Y 26
Macé (R. J.). . . . . X 30
Messager (R.) . . . . X 33
Moulin (Pl. J.). . . . . Y 34
Orfèvres (R. des) . . . . Z 36
Paix (R. de la). . . . . Y
Paradis (R. de) . . . . Z 37
Picardie (R. de) . . . . X 39
Pin-Doré (R. du) . . . . Z 40
Pont-d'Avesnières (Bd du) . X 41
Pont-de-Mayenne (R. du) . . Z 43
Renaise (R.) . . . . Y 44
Résistance (Crs de la) . . . . . Y 45
St-Martin (R.) . . . . X 46
Serruriers (R. des) . . . . Z 47

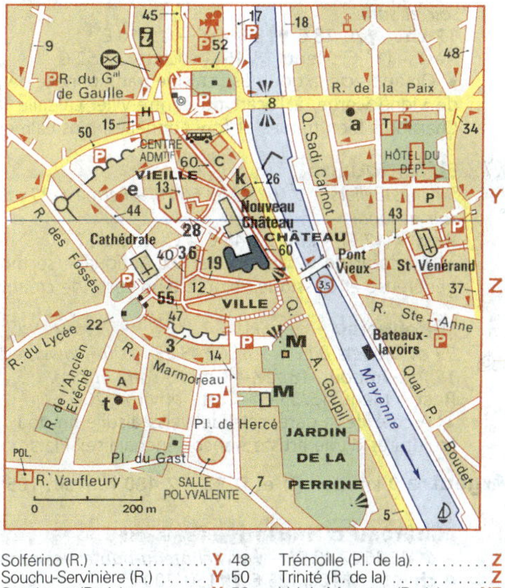

Solférino (R.) . . . . Y 48
Souchu-Servinière (R.) . . . . . . Y 50
Strasbourg (R. de) . . . . Y 52
Tisserands (Bd des). . . . . X 54

Trémoille (Pl. de la). . . . . Z 28
Trinité (R. de la) . . . . Z 55
Val-de-Mayenne (R. du) . . . . YZ 60
Vieux-St-Louis (R. du) . . . . X 61

De Paris sans rest

22 r. de la Paix – ✆ 02 43 53 76 20 – www.hotel-de-paris-laval.fr – Fermé 24 déc.-4 janv. Ya

50 ch – †65/90 € ††70/95 € – ☕ 10 €

◆ En plein quartier commerçant, un hôtel d'après-guerre entièrement rénové en 2005. Les chambres, actuelles et fonctionnelles, sont bien tenues (plus calmes sur l'arrière).

Marin'Hôtel sans rest

102 av. Robert Buron – ✆ 02 43 53 09 68 – www.marin-hotel.fr Xd

25 ch – †48 € ††55 € – ☕ 9 €

◆ Face à la gare, cet hôtel engageant (jolis mascarons sur la façade) dispose de chambres simples et bien tenues, plus calmes à l'arrière. Petit-déjeuner continental.

Bistro de Paris

67 r. du Val de Mayenne – ✆ 02 43 56 98 29 – www.lebistro-de-paris.com – Fermé août, sam. midi, dim. soir et lundi Yk

Rest – Menu 28/70 € bc – Carte 48/56 €

◆ Au cœur du centre historique, une belle façade ancienne et une élégante salle Art nouveau. L'adresse, bien connue en ville, a été reprise par une nouvelle équipe en 2010.

La Gerbe de Blé avec ch

83 r. Victor Boissel – ✆ 02 43 53 14 10 – www.gerbedeble.com – Fermé 14 juil.-17 août et dim. Xn

8 ch – †78/115 € ††95/120 € – ☕ 13 €

Rest – (17 €) Menu 28/47 € – Carte 38/46 €

◆ Une jolie carte traditionnelle, élaborée avec des produits régionaux et de saison. Cadre cosy et actuel (tons crème, poutres claires...). Chambres bien tenues, pour l'étape.

Hostellerie à la Bonne Auberge avec ch

170 r. de Bretagne, par ⑥ – ✆ 02 43 69 07 81 – www.alabonneauberge.com – Fermé 19-27 mars, 1er-28 août, 24 déc.-1er janv., vend. soir, dim. soir, fériés le soir et sam.

12 ch – †70/78 € ††80/90 € – ☕ 10 €

Rest – (14 €) Menu 18/45 € – Carte 32/52 €

◆ On apprécie la goûteuse cuisine traditionnelle de cette Bonne Auberge tapissée de vigne vierge, à l'écart du centre-ville. La salle (avec véranda) est lumineuse. Chambres bien tenues et fonctionnelles, plus calmes à l'arrière.

L'Antiquaire

5 r. des Béliers – ✆ 02 43 53 66 76 – Fermé 5-25 juil., 3-23 janv., sam. midi, dim. soir et lundi Ye

Rest – (17 €) Menu 23/48 € – Carte 30/57 €

◆ Au cœur de la vieille ville, cet Antiquaire se montre plaisant et cosy. Cuisine généreuse et classique, teintée d'un zeste de créativité.

Edelweiss

99 av. Robert Buron – ✆ 02 43 53 11 00 – www.restaurant-edelweiss.fr – Fermé 18 juil.-16 août, 13 fév.-1er mars, sam. et dim. Xv

Rest – Menu 15/35 € – Carte environ 26 €

◆ À côté de la gare, cet Edelweiss distille un doux parfum, convivial et ethnique (peintures d'une artiste franco-sénégalaise). Plats traditionnels sans esbroufe.

à Argentré **9 km par ② et D 32 – 2 480 h. – alt. 105 m – ✉ 53210**

Château d'Hauterives sans rest

– ✆ 06 26 22 49 51 – www.chateau-hauterives.com

4 ch ☕ – †100/125 € ††150/200 €

◆ Une longue allée mène à ce somptueux château de 1737 : douves, chapelle, parc, jardins à la française, sentiers pédestres... Sobriété, raffinement et classicisme de bon aloi !

LAVALADE – 24 Dordogne – 329 G7 – 101 h. – alt. 190 m – ✉ 24540 4 C2

▶ Paris 580 – Bergerac 46 – Bordeaux 144 – Périgueux 94

Le Grand Cèdre sans rest

Le Bourg – ✆ 05 53 22 57 70 – www.legrandcedre.com – Ouvert Pâques-11 nov.

5 ch ☕ – 🚹65/80 € 🚻70/80 €

◆ Cette ancienne dépendance du château de Biron a su préserver son caractère d'origine. Les chambres sont confortables et spacieuses, et le cèdre du jardin veille sur les hôtes.

LE LAVANCHER – 74 Haute-Savoie – 328 O5 – rattaché à Chamonix

LE LAVANDOU – 83 Var – 340 N7 – 5 780 h. – alt. 1 m – ✉ 83980 41 C3

Côte d'Azur

▶ Paris 873 – Cannes 102 – Draguignan 75 – Fréjus 61

ℹ quai Gabriel-Péri, ✆ 04 94 00 40 50

Ile d'Hyères★★★.

Baptistin sans rest

quai Baptistin-Pins – ✆ 04 98 00 44 51 – www.baptistin-hotel-lavandou.com

14 ch – 🚹90/140 € 🚻90/140 € – ☕ 16 € **Bb**

◆ Face au port, cet hôtel flambant neuf joue la carte de la modernité : décor design, formes cubiques et équipements de qualité, pour des chambres invitant au cocooning.

Le Rabelais sans rest

r. Rabelais, (face au vieux port) – ✆ 04 94 71 00 56 – www.le-rabelais.fr – Fermé 11 nov.-1er janv. **Ba**

21 ch – 🚹50/110 € 🚻58/125 € – ☕ 7 €

◆ Petit hôtel très bien tenu, agréablement situé sur le front de mer, abritant des chambres fraîches et colorées. L'été, petit-déjeuner en terrasse face à l'animation du port.

LE LAVANDOU

Bois-Notre-Dame (R. du) .... A 2
Bouvet (Bd Gén.-G) .... A 3
Cazin (R. Charles) .... A 4
Gaulle (Av. Gén.-de) .... AB
Lattre-de-Tassigny (Bd de) ... A 7
Martyrs-de-la-Résistance (Av. des) .... A 8
Patron Ravello (R.) .... B 10
Péri (Quai Gabriel) .... B 12
Port Cros (R.) .... A 15
Port (R. du) .... B 13
Vincent-Auriol (Av. Prés.) .... A 16

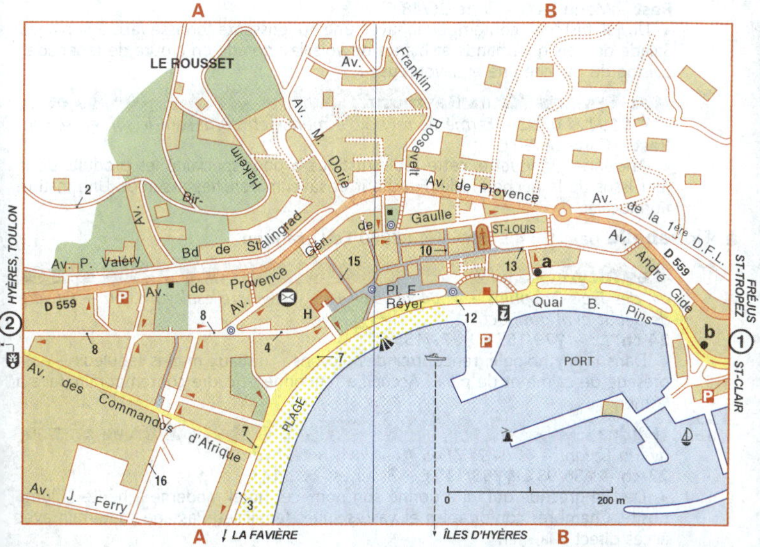

à St-Clair par ① : 2 km – ✉ 83980 Le Lavandou

Roc Hôtel sans rest
5 bd des Dryades – ✆ 04 94 01 33 66 – www.roc-hotel.com – Ouvert de fin mars à mi-oct.
30 ch – 78/197 € 78/197 € – 1 suite
◆ Un hôtel accroché aux rochers, au-dessus de la mer... Les chambres, avec leur terrasse, sont lumineuses : pour un séjour tonique, choisissez-les face au large !

Méditerranée
– ✆ 04 94 01 47 70 – http://perso.wanadoo.fr/hotel-mediterranee/ – Ouvert 30 mars-20 oct.
20 ch – 79/130 € 79/130 € – 9 € – ½ P 73/96 €
Rest – *(fermé merc. et le midi) (résidents seult)*
◆ Soleil et plaisirs de la Méditerranée au bord de cette plage de sable fin. Chambres contemporaines et fonctionnelles ; optez pour celles regardant la mer. Ambiance familiale. Décor coquet au restaurant, agréable terrasse ombragée ; cuisine traditionnelle.

Belle Vue
– ✆ 04 94 00 45 00 – www.bellevue.fr – Ouvert avril-oct.
19 ch – 80/90 € 90/230 € – ½ P 90/150 €
Rest – *(ouvert juin-sept. et fermé dim. et le midi)* Menu 41/54 € – Carte 41/55 €
◆ À l'écart de l'animation estivale, une villa nichée dans un jardin fleuri (bougainvilliers, essences locales), dominant la plage de St-Clair. Les chambres sont provençales, en toute simplicité. Magnifiques couchers de soleil sur la côte, à contempler du restaurant.

La Bastide sans rest
pl. des Pins Penchés – ✆ 04 94 01 57 00 – www.hotel-la-bastide.fr – Ouvert 1er avril-10 nov.
19 ch – 63/121 € 63/121 € – 9 €
◆ Hauts murs blancs, volets colorés, balcons, tuiles romaines et... accueil familial : esprit méridional non loin de la plage de St-Clair. Simplicité et fraîcheur dans les chambres.

Bistr'eau Ryon
bd des Dryades – ✆ 04 94 15 26 97 – www.bistreauryon.com – Fermé nov., janv., le midi en juil.-août, dim. soir et lundi sauf juil.-août
Rest – Menu 24 € – Carte 36/48 €
◆ Un joli bistr'eau contemporain, avec une appétissante terrasse face à la plage... Salade de pois gourmands et blancs de volaille ; dorade en croûte de tapenade : cuisine du marché fine et savoureuse !

Les Tamaris "Chez Raymond"
– ✆ 04 94 71 07 22 – Fermé de mi-nov. à mi-fév. et mardi sauf le soir en saison
Rest – Carte 30/90 €
◆ Ancienne guinguette, cette table rustique a pour spécialité les produits de la mer issus de la pêche locale. Fraîcheur et saveurs franches assurées. Une institution locale.

à Aiguebelle par ① : 4,5 km – ✉ 83980 Le Lavandou

Les Alcyons sans rest
av. des Trois-Dauphins – ✆ 04 94 05 84 18 – www.hotellesalcyons.com – Ouvert de début avril à mi-oct.
24 ch – 79/155 € 79/155 €
◆ Dans la mythologie, rencontrer des alcyons – oiseaux marins fabuleux – était présage de calme et de paix... Accueil attentionné et cadre contemporain, face à la mer.

Hydra sans rest
av. du Levant – ✆ 04 94 71 65 46 – www.hotel-hydra.fr
27 ch – 86/98 € 95/115 € – 3 suites – 14 €
◆ De l'île grecque qui lui a donné son nom, cet hôtel moderne a hérité la luminosité. Chambres confortables et vastes suites familiales. Passage souterrain avec accès direct à la mer.

Beau Soleil
av. des Trois Dauphins – ✆ 04 94 05 84 55 – www.hotel-lavandou.com – Ouvert avril-oct.
15 ch – 52/127 € 65/164 € – 7 € – ½ P 61/82 €
Rest – (15 €) Menu 30/38 € – Carte 32/43 €
◆ Aiguebelle ("belle eau") et beau soleil : l'essentiel pour des vacances réussies ! Profitez ici de chambres confortables (balcons) et bien tenues : le patron est un excellent bricoleur. Formule snack à midi, spécialités locales le soir ; terrasse sous les platanes.

Le Sub
av. des Trois-Dauphins – ✆ 04 94 05 76 98 – Fermé 2 janv.-9 fév., le midi du 15 juin au 15 sept., dim. soir, mardi midi et lundi du 15 sept. au 15 juin
Rest – Menu 45 € (déj. en sem.)/63 €
Spéc. Menu du marché.
◆ Une vraie bonbonnière au charme suranné ! On y déguste une cuisine délicieusement classique, généreuse et très parfumée. Le menu unique change chaque semaine, au gré du marché...

LAVANNES – **51 Marne** – **306** H7 – **549 h.** – **alt. 100 m** – ✉ **51110** **13** B2

Paris 161 – Châlons-en-Champagne 56 – Épernay 43 – Reims 14

La Closerie des Sacres sans rest
7 r. Chefossez – ✆ 03 26 02 05 05 – www.closerie-des-sacres.com
3 ch – 78 € 94 €
◆ Chambres d'hôtes aménagées avec goût dans les écuries d'une ancienne ferme. Meubles anciens ou en fer forgé et tissus choisis. Petit-déjeuner servi devant une cheminée en pierre.

LAVARDIN – **41 Loir-et-Cher** – **318** C5 – **rattaché à Montoire-sur-le-Loir**

LAVAUDIEU – **43 Haute-Loire** – **331** C2 – **227 h.** – **alt. 465 m** – ✉ **43100** **6** C3
Auvergne

Paris 488 – Brioude 11 – Clermont-Ferrand 78 – Le Puy-en-Velay 56

Fresques★ de l'église abbatiale - Cloître★ - Carrefour du vitrail★.

Le Colombier sans rest
rte des Fontannes – ✆ 04 71 76 09 86 – www.lecolombier-lavaudieu.com – Ouvert 1er mai-30 sept.
4 ch – 60 € 70 €
◆ Chambres à thèmes – Velay, Afrique (lit à baldaquin en bambou), Maroc (fer forgé) – aménagées dans une maison moderne en pierre. Vieux pigeonnier, jardin et belle vue rurale.

Auberge de l'Abbaye
– ✆ 04 71 76 44 44 – http://lavaudieu.free.fr – Fermé 15 nov.-15 mars, dim. soir, lundi et mardi
Rest – Menu 20/29 €
◆ Cette auberge, voisine de l'abbaye, décline le style rustique dans un esprit actuel. Ici, la convivialité s'impose autour d'une cuisine régionale à base de produits du marché.

Court La Vigne
– ✆ 04 71 76 45 79 – Fermé déc., janv., mardi sauf juil.-août et merc.
Rest – *(nombre de couverts limité, prévenir)* Menu 23 € – Carte environ 30 €
◆ Charmante bergerie (15e s.) voisinant avec un cloître médiéval. Ameublement plaisant, bar au coin de la cheminée, galerie d'art et cour agréable. Table du marché axée terroir.

LES LAVAULTS – **89 Yonne** – **319** H8 – **rattaché à Quarré-les-Tombes**

LAVAUR – 81 Tarn – **338** C8 – **9 860 h.** – **alt. 140 m** – ✉ **81500** **29** C2
Midi-Toulousain

Paris 682 – Albi 51 – Castelnaudary 56 – Castres 40
Tour des Rondes ✆ 05 63 58 02 00
des Étangs de Fiac à Fiac Brazis, E : 11 km par D 112, ✆ 05 63 70 64 70
Cathédrale St-Alain★.

Ibis sans rest

1 av. G. Pompidou – ✆ 05 63 83 08 08 – www.ibishotel.com
58 ch – 52/80 € 52/80 € – ☐ 8 €
◆ Dans un quartier résidentiel, cet hôtel propose de grandes chambres claires et fonctionnelles, toutes climatisées. Agréable petit jardin et terrasse fleurie avec fontaine.

à Giroussens 10 km au Nord-Ouest par D 87 et D 38 – 1 264 h. – ✉ 81500

L'Échauguette

pl. de la Mairie – ✆ 05 63 41 63 65 – Fermé 22 déc.-3 janv., jeudi soir de sept. à juin, dim. soir et lundi
Rest – Menu 17 € (déj. en sem.), 29/65 € – Carte 50/80 €
◆ Une belle demeure des 13e-19e s. La salle à manger, décorée d'œuvres signées par des artistes locaux, offre une vue magnifique sur la vallée de l'Agoût. Cuisine actuelle.

LAVELANET – 09 Ariège – **343** J7 – **6 769 h.** – **alt. 512 m** – ✉ **09300** **29** C3

Paris 784 – Carcassonne 71 – Castelnaudary 53 – Foix 28
Maison de Lavelanet - place Henri-Dunant ✆ 05 61 01 22 20

à Nalzen Ouest : 6 km sur D 117 – 135 h. – alt. 632 m – ✉ 09300

Les Sapins

Conte – ✆ 05 61 03 03 85 – www.restaurantlessapins.com – Fermé 15-30 nov., 12-23 janv., dim. soir, lundi et mardi sauf fériés
Rest – Menu 16 € bc (déj. en sem.), 22/37 € – Carte 30/54 €
◆ Maison aux allures de chalet posée au pied d'une forêt de sapins. Dans un sobre intérieur rustique, vous apprécierez la simplicité d'une bonne cuisine traditionnelle.

à Montségur Sud : 13 km par D 109 et D 9 – 109 h. – alt. 900 m – ✉ 09300

Village ✆ 05 61 03 03 03

Costes avec ch

– ✆ 05 61 01 10 24 – www.chez-costes.com
13 ch – 40/125 € 40/125 € – ☐ 8 €
Rest – (15 €) Menu 18/35 € – Carte environ 36 €
◆ Une auberge sympathique où dominent la pierre et le bois. Cuisine régionale mitonnée avec les produits bio des fermes des montagnes ; civets, confits, magrets selon les saisons. Chambres confortables et équipées de salles de bains balnéo avec jacuzzi.

LAVENTIE – 62 Pas-de-Calais – **301** J4 – **4 700 h.** – **alt. 18 m** – ✉ **62840** **30** B2

Paris 229 – Armentières 13 – Arras 45 – Béthune 18

Le Cerisier (Éric Delerue)

3 r. de la Gare – ✆ 03 21 27 60 59 – www.lecerisier.com – Fermé 1 sem. en fév., dim. soir, sam. midi et lundi
Rest – Menu 26 € (déj. en sem.), 58/72 € – Carte 70/117 €
Spéc. Escalope de foie gras proposée de différentes façons. Saint-Jacques aux champignons, risotto à la truffe blanche (saison). Gratin de fraises gariguettes au poivre de Séchuan, sorbet aux baies roses (saison).
◆ Cette maison bourgeoise en brique rouge, typiquement régionale, est bien plaisante. La cuisine est fine et ose les variations de saison ("Balade", "Promenade du pêcheur"...).

LAVOUX – 86 Vienne – **322** J5 – rattaché à Poitiers

LAYE – 05 Hautes-Alpes – **334** E5 – rattaché à Col Bayard

LES LECQUES – 83 Var – **340** J6 – rattaché à St-Cyr-sur-Mer

LECTOURE – 32 Gers – **336** F6 – 3 797 h. – alt. 155 m – ✉ 32700 **28** B2
Midi-Toulousain

Paris 708 – Agen 39 – Auch 35 – Condom 26
place du Général-de-Gaulle ✆ 05 62 68 76 98
Site★ - Promenade du bastion ≤★ - Musée municipal★.

De Bastard VISA
r. Lagrange – ✆ 05 62 68 82 44 – www.hotel-de-bastard.com – Fermé 20 déc.-1er fév.
28 ch – †50/85 € ††50/85 € – 2 suites – ☕ 11 € – ½ P 60/80 €
Rest – *(fermé dim. soir, mardi midi et lundi)* (17 €) Menu 29/45 €
◆ En plein centre de la cité gersoise, bel hôtel particulier du 18e s. abritant des chambres coquettes ; celles du 2e étage sont mansardées. Bar cosy. Plats du terroir et de poisson proposés dans trois salons cossus (meubles Louis XVI) ou sur la terrasse.

L'Auberge des Bouviers VISA
8 r. Montebello – ✆ 05 62 68 95 13 – www.auberge-des-bouviers.com – Fermé 10-22 janv., sam. midi, dim. soir et lundi
Rest – (14 €) Menu 19/32 € – Carte 30/48 €
◆ Chaleureux restaurant installé dans une demeure du 17e s. qui a conservé ses pierres et poutres apparentes. Cuisine traditionnelle.

LEGÉ – 44 Loire-Atlantique – **316** G6 – 3 968 h. – alt. 56 m – ✉ 44650 **34** B3

Paris 424 – Nantes 44 – La Roche-sur-Yon 32
8, rue de la Chaussée ✆ 02 40 26 30 49

Villa des Forges sans rest VISA
Les Forges – ✆ 02 40 26 36 58 – www.villadesforges.com – Fermé 26 fév.-13 mars
5 ch ☕ – †65/75 € ††75/85 €
◆ Alliance des vieilles pierres et du design le plus contemporain, en ce corps de ferme du 18e s. rénové par son propriétaire architecte. Beaux espaces, jacuzzi, étang et prés...

LEMBACH – 67 Bas-Rhin – **315** K2 – 1 724 h. – alt. 190 m – ✉ 67510 **1** B1
Alsace Lorraine

Paris 470 – Bitche 32 – Haguenau 25 – Strasbourg 58
23, route de Bitche ✆ 03 88 94 43 16
Château de Fleckenstein★NO : 7 km.

Au Heimbach sans rest VISA
15 rte de Wissembourg – ✆ 03 88 94 43 46 – www.hotel-au-heimbach.fr
18 ch – †50 € ††60/75 € – ☕ 10 €
◆ Au cœur du village, repos et réconfort dans des chambres simples, douillettes et rustiques. Copieux petit-déjeuner ; accueil convivial.

Auberge du Cheval Blanc (Pascal Bastian) avec ch ch, VISA
4 rte de Wissembourg – ✆ 03 88 94 41 86 – www.au-cheval-blanc.fr – Fermé 20 juin-8 juil. et 10 janv.-4 fév.
13 ch – †105/250 € ††105/250 € – ☕ 14 €
Rest – *(fermé vend. midi, lundi et mardi)* Menu 45/95 € – Carte 65/89 €
Spéc. Cannelloni de foie gras poêlé, champignons des bois, émulsion de truffe noire. Poitrine de pigeon rôtie, cuisse en tempura (mai à oct.). Sablé breton, mousse légère à la verveine et sorbet framboise (mai à sept.). **Vins** Pinot gris, Pinot noir.
Rest *D'Rössel Stub* – ✆ 03 88 94 29 02 – (15 €) Menu 26/35 € – Carte 25/51 €
◆ Cossu et épuré, tout en conservant son charme typiquement alsacien... un ancien relais de poste du 18e s. très raffiné ! Carte fidèle aux grands classiques et plats inventifs. Luxueuses junior suites contemporaines (minispa). Au D'Rössel Stub, boiseries et recettes du terroir ; belles chambres traditionnelles à l'étage.

à Gimbelhof Nord : 10 km par D 3, D 925 et rte forestière – ✉ 67510 Lembach

Gimbelhof avec ch ≤ rest, VISA
– ✆ 03 88 94 43 58 – www.gimbelhof.com – Fermé vacances de fév.
7 ch – †41 € ††50/67 € – ☕ 7 € – ½ P 48/55 €
Rest – *(fermé lundi et mardi)* Menu 12 € (sem.), 23/35 € bc – Carte 19/40 €
◆ Cette auberge forestière du "pays des trois frontières", au cœur du massif vosgien, séduira les amoureux de la nature. Ambiance rustique ; cuisine régionale. Pour l'étape, chambres simples et agréables, très bien tenues.

LEMPDES – 63 Puy-de-Dôme – **326** G8 – 8 374 h. – alt. 330 m – ✉ 63370 **5** B2

▶ Paris 420 – Clermont-Ferrand 11 – Issoire 36 – Thiers 36

XX **Sébastien Perrier** AC VISA MC

6 r. Caire – ☎ 04 73 61 74 71 – www.sebastienperrier.fr – Fermé août, 1-7 janv., merc. soir, dim. soir et lundi

Rest – Menu 18 € (déj.), 28/60 € – Carte 40/54 €

◆ Sur la place du village, un restaurant chaleureux et contemporain (murs gris, fauteuils club rouges, vaisselle design). Cuisine actuelle, avec une pointe de créativité.

LENS SP – 62 Pas-de-Calais – **301** J5 – 35 583 h. – Agglo. 323 174 h. **30** B2 – alt. 38 m – ✉ 62300 Nord Pas-de-Calais Picardie

▶ Paris 199 – Arras 18 – Béthune 19 – Douai 24

ℹ 26, rue de la Paix ☎ 03 21 67 66 66

Lensotel P VISA MC AE

centre commercial Lens 2, 4 km par ⑤ ✉ 62880 – ☎ 03 21 79 36 36 – www.lensotel.com

70 ch – †74/84 € ††84/94 € – ☕ 11 € – ½ P 67/72 €

Rest – Menu 20/35 € – Carte 29/59 €

◆ Îlot hôtelier de style provençal au cœur d'une zone commerciale. Plaisantes chambres actuelles, toutes de plain-pied : réservez de préférence côté jardin. Salle à manger dotée d'une cheminée et d'une véranda tournée vers la piscine. Plats traditionnels.

LENS

Anatole-France (R.) . . . . . . **BXY** 2
Basly (Bd Émile) . . . . **ABY**
Berthelot (R. Marcelin) . . . . . **BY** 3
Combes (R. Émile) . . . . **CX** 4
Decrombecque (R. Guilsain) . . . . **BXY** 6
Diderot (R. Denis) . . . . **CY** 7
Faidherbe (R. Louis) . . . . **BY** 8
Flament (R. Étienne) . . . . **BX** 10
Freycinet (R. Louis-de) . . . . **CX** 12
Gare (R. de la) . . . . **BCY**
Gauthier (R. François) . . . . . . **BY** 13
Havre (R. du) . . . . **BY** 14
Hospice (R. de l') . . . . **CY** 15
Huleux (R. François) . . . . . . **BXY** 16
Jean-Jaurès (Pl.) . . . . **BY** 18
Jean-Moulin (R.) . . . . **BX** 19
Lamendin (R. Arthur) . . . . . **CXY** 20
Lanoy (R. René) . . . . **BXY** 21
Leclerc (R. du Mar.) . . . . **BY** 22
Paix (R. de la) . . . . **BY** 23
Paris (R. de) . . . . **BY** 24
Pasteur (R. Louis) . . . . **BX** 25
Pourquoi Pas (R. du) . . . . . **ABX** 26
Pressense (R. Francis-de) . . **CX** 27
République (Pl. de la) . . . . . . **BY** 28
Reumaux (Av. Elie) . . . . **ABX** 29
Sorriaux (R. Uriane) . . . . . . **BCX** 30
Varsovie (Av. de) . . . . **CY** 31
Wetz (R. du) . . . . **BX** 32
8-Mai-1945 (R.) . . . . **CY** 33
11-Novembre (R. du) . . . . **ABX** 36

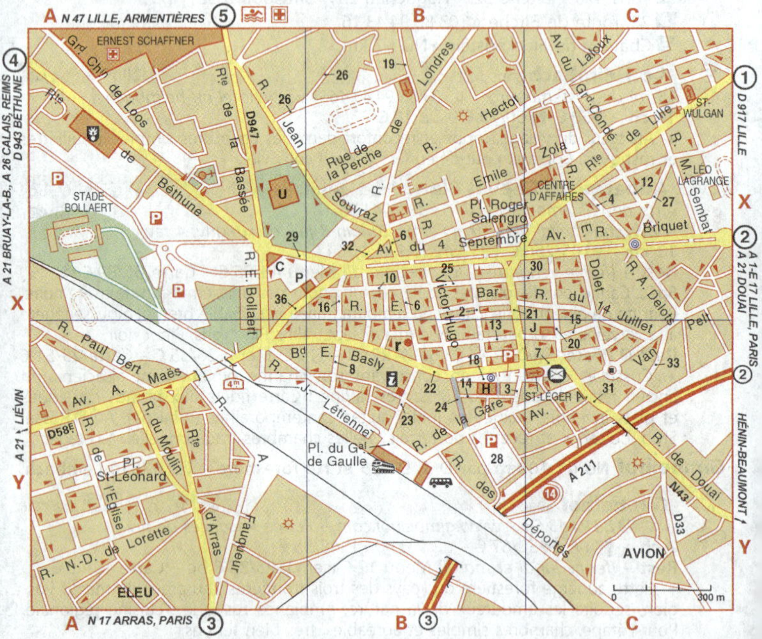

XX **L'Arcadie II**

13 r. Decrombecque – 03 21 70 32 22 – www.restaurant-arcadie2.fr – Fermé 19 fév.-6 mars, sam. midi, mardi soir, merc. soir, dim. soir et lundi BYr

Rest – Menu 17 € (déj. en sem.), 33 € bc/50 € – Carte 45/55 €

◆ En plein centre-ville, ce restaurant élégant (tableaux colorés, grands chandeliers en argent) accueille les gourmets amateurs d'une cuisine classique soignée.

LÉON – **40 Landes** – **335** D11 – **1 665 h.** – **alt. 9 m** – ✉ **40550** **3** B2

Paris 724 – Castets 14 – Dax 30 – Mont-de-Marsan 75

65, place Jean Baptiste Courtiau 05 58 48 76 03

de Moliets à Moliets-et-Maa Côte d'Argent - Club House, SO : 8 km par D 652 puis D 117, 05 58 48 54 65

Courant d'Huchet★ en barque NO : 1,5 km Aquitaine

Hôtel du Lac sans rest

2 r. des Berges du Lac – 05 58 48 73 11 – www.hoteldulac-leon.com – Ouvert de fin avril à fin sept.

14 ch – †55/65 € ††55/65 € – ☕ 7 €

◆ Les chambres, simples mais soignées, donnent pour la plupart sur le lac. Petits-déjeuners servis sous la véranda ou, en été, sur la terrasse au bord de l'eau.

X **Ô Mille et Une Pâtes**

108 av. du Marensin – 05 58 49 24 21 – Fermé 1er janv.-14 fév., mardi et merc.

Rest – Menu 30 € – Carte 30/60 €

◆ Un emplacement improbable, dans une zone commerciale, et un décor façon bistrot. Outre les pâtes, la carte fait la part belle aux poissons et aux viandes à la plancha.

LESPERON – **40 Landes** – **335** E11 – **968 h.** – **alt. 75 m** – ✉ **40260** **3** B2

Paris 702 – Bordeaux 123 – Mont-de-Marsan 85 – Pau 141

Escalandes

35 r. du Commerce – 05 58 89 61 45 – www.hotel-escalandes.com – Fermé sam. et dim. d'oct. à mars

10 ch – †45/58 € ††45/58 € – ☕ 8 € – ½ P 50/60 €

Rest – (11 €) Menu 18/36 € – Carte 27/46 €

◆ Une architecture landaise typique, avec ses colombages et sa glycine. Dans les chambres, un réel effort de décoration a été fait, en toute simplicité. Ambiance campagne d'aujourd'hui au restaurant, pour une cuisine traditionnelle simple et efficace.

LESPIGNAN – **34 Hérault** – **339** E9 – **3 044 h.** – **alt. 61 m** – ✉ **34710** **22** B2

Paris 769 – Béziers 11 – Capestang 20 – Montpellier 78

XX **Hostellerie du Château**

4 r. Figuiers – 04 67 37 67 71 – Fermé mardi sauf le soir en juil.-août et lundi

Rest – Menu 28/42 € – Carte 35/50 €

◆ Au cœur du village, château dont la salle à manger se distingue par son décor contemporain. Cuisine actuelle. La terrasse offre une vue imprenable sur les villages alentour.

LESPONNE – **65 Hautes-Pyrénées** – **342** M4 – **rattaché à Bagnères-de-Bigorre**

LESTELLE-BÉTHARRAM – **64 Pyrénées-Atlantiques** – **342** K6 – **802 h.** – **alt. 299 m** – ✉ **64800** Aquitaine **3** B3

Paris 801 – Laruns 35 – Lourdes 17 – Nay 8

Mairie 05 59 61 93 59

Grottes★ de Bétharram S : 5 km.

Le Vieux Logis

2 km rte des Grottes de Bétharram par D 937
– ✆ 05 59 71 94 87 – www.hotel-levieuxlogis.com
– Fermé 1er-7 nov., 21 déc.-3 janv., 1er-25 fév., dim. soir et lundi hors saison
34 ch – 55/83 € 58/83 € – 12 € – ½ P 64/77 €
Rest – *(fermé lundi midi)* (17 € bc) Menu 25/35 € – Carte 35/58 €
◆ Chambres fonctionnelles dans le corps de cette ancienne ferme des années 1800. Bungalows rustiques disséminés dans l'agréable parc, proche des grottes de Bétharram. Au restaurant, cheminée d'époque et cuisine régionale simple.

LEUCATE – **11 Aude** – **344** J5 – **3 435 h.** – **alt. 21 m** – ✉ **11370** **22** B3
Languedoc Roussillon

Paris 821 – Carcassonne 88 – Narbonne 38 – Perpignan 35
Espace Culturel ✆ 04 68 40 91 31
★ du sémaphore du Cap E : 2 km.

Jardin des Filoche

64 av. Jean Jaurès – ✆ 04 68 40 01 12 – Fermé de déc. à fév., le midi sauf dim., dim. soir et mardi du 1er oct. au 31 mars et lundi
Rest – Menu 27/31 €
◆ Le jardin clos et la terrasse ombragée par de multiples essences protègent du bruit ce plaisant restaurant. Carte traditionnelle et vue sur les cuisines pour les curieux.

à Port-Leucate **Sud : 7 km par D 627 – ✉ 11370 Leucate**

rue Dour ✆ 04 68 40 91 31

Des Deux Golfs sans rest

sur le port – ✆ 04 68 40 99 42 – www.hoteldes2golfs.com – Ouvert mars-nov.
30 ch – 37/49 € 49/65 € – 7 €
◆ Dans la marina bâtie entre lac et mer, construction moderne aux chambres simples et fonctionnelles, pourvues de petites loggias donnant majoritairement sur le port de plaisance.

LEUTENHEIM – **67 Bas-Rhin** – **315** M3 – **838 h.** – **alt. 119 m** – ✉ **67480** **1** B1

Paris 501 – Haguenau 22 – Karlsruhe 46 – Strasbourg 45

Auberge Au Vieux Couvent

à Koenigsbruck, 4 km au Nord par D 163 – ✆ 03 88 86 39 86 – Fermé 2-9 mars, 22 août-5 sept., lundi et mardi
Rest – (9 €) Menu 28/37 € – Carte 21/42 €
◆ Au cœur de la forêt, une maison à colombages (fin du 17e s.) simple et rustique. Carte actuelle et copieuse revisitant les spécialités régionales.

LEVALLOIS-PERRET – **92 Hauts-de-Seine** – **311** J2 – **101** 15 – **voir à Paris, Environs**

LEVERNOIS – **21 Côte-d'Or** – **320** J8 – **rattaché à Beaune**

LEVIE – **2A Corse-du-Sud** – **345** D9 – **voir à Corse**

LEYNES – **71 Saône-et-Loire** – **320** I12 – **487 h.** – **alt. 340 m** – ✉ **71570** **8** C3

Paris 402 – Bourg-en-Bresse 51 – Charolles 58 – Mâcon 15

Le Fin Bec

pl. de la Mairie
– ✆ 03 85 35 11 77 – www.lefinbec.com
– Fermé 15-30 nov., 1er-25 janv., jeudi soir, dim. soir et lundi
Rest – Menu 12/40 € – Carte 29/61 €
◆ Ne vous fiez pas à l'humble décor de cette bâtisse massive, car on s'y régale d'une cuisine traditionnelle de bonne facture. Prix raisonnables et accueil charmant.

LÉZIGNAN-CORBIÈRES – 11 Aude – 344 H3 – 9 465 h. – alt. 51 m – ✉ 11200 22 B3

Paris 804 – Carcassonne 39 – Narbonne 22 – Perpignan 85

9, cours de la République ✆ 04 68 27 05 42

Le Mas de Gaujac

r. Gustave Eiffel, Z. I. Gaujac vers accès A61 – ✆ 04 68 58 16 90 – www.masdegaujac.fr – Fermé 20-26 déc.

21 ch – 75 € 75 € – 10 € **Rest** – Menu 16/35 € – Carte 23/39 €

◆ Bâtisse récente de couleur ocre située en lisière d'une zone commerciale. Les chambres simples, fraîches et avant tout pratiques, conviennent pour l'étape. Salle à manger contemporaine aux tons chaleureux et cuisine traditionnelle.

LEZOUX – 63 Puy-de-Dôme – 326 H8 – 5 434 h. – alt. 340 m – ✉ 63190 6 C2

Auvergne

Paris 434 – Clermont-Ferrand 33 – Issoire 43 – Riom 38

rue Pasteur ✆ 04 73 73 01 00

Les Voyageurs avec ch

2 pl. de la Mairie – ✆ 04 73 73 10 49 – Fermé 13 août-4 sept., 24 déc.-3 janv.

10 ch – 45 € 54 € – 8 €

Rest – Menu 14 € (déj. en sem.), 17/42 € – Carte 30/40 €

◆ Dans une bâtisse des années 1960 faisant face à la mairie, sympathique adresse familiale. Aux fourneaux, la patronne concocte une cuisine traditionnelle à prix doux (grande salle assez colorée). Chambres bien tenues, en partie relookées dans un esprit contemporain.

à Bort-l'Étang 8 km au Sud-Est par D 223 et D 309 – 521 h. – alt. 420 m – ✉ 63190

☀★ de la terrasse du château★ à Ravel O : 5 km.

Château de Codignat

Ouest : 1 km – ✆ 04 73 68 43 03 – www.codignat.com – Ouvert 20 mars-1er nov.

15 ch – 225/390 € 225/390 € – 4 suites – 25 € – ½ P 195/375 €

Rest – *(fermé le midi du lundi au vend. sauf fériés) (nombre de couverts limité, prévenir)* Menu 57/100 € – Carte 95/110 €

Spéc. Saint-Jacques et asperges vertes en tartare, tuile et vinaigrette noisette (mars-avril). Lotte rôtie, risotto citrons confits, salicornes, fumet au lait de coco (juil.-août). Pêches, olives confites et infusion de thym, revisitées en vacherin (juil.-août). **Vins** Saint-Pourçain, Côtes d'Auvergne.

◆ Joli château du 15e s. et son superbe parc. Les chambres, raffinées, évoquent pour la plupart un personnage historique : Louis XI, Jacques Cœur, Barbe-Bleue... Au restaurant, le chef réalise une cuisine actuelle marquée par le jeu subtil des saveurs.

à l'Ouest 5 km par N 89 ✉63190 Seychalles

Chante Bise

à Courcourt – ✆ 04 73 62 91 41 – Fermé 16 août-6 sept., 27 fév.-14 mars, dim. soir, merc. soir et lundi sauf fériés

Rest – (11 €) Menu 20/37 € – Carte 30/49 €

◆ Ambiance conviviale et familiale en ce restaurant agrémenté de pierres apparentes et de boiseries. Les menus, traditionnels, évoluent avec les saisons. Terrasse ombragée.

LIBOURNE – 33 Gironde – 335 J5 – 23 296 h. – alt. 7 m – ✉ 33500 3 B1

Aquitaine

Paris 576 – Agen 129 – Bergerac 64 – Bordeaux 30

45, allée Robert Boulin ✆ 05 57 51 15 04

18 de Teynac à Beychac-et-Caillau Domaine de Teynac, par rte de Bordeaux et D 1089 : 15 km, ✆ 05 56 72 85 62

18 de Bordeaux Cameyrac à Saint-Sulpice-et-Cameyrac, par rte de Bordeaux et D1089 : 16 km, ✆ 05 56 72 96 79

Plan page suivante

LIBOURNE

Amade (Q. du Gén.-d') . . . . . AZ 4
Clemenceau (Av. G.). . . . . . BY 5
Decazes (Pl.) . . . . BY 6
Ferry (R. J.) . . . . AZ 7
Foch (Av. du Mar.). . . . . BY 8
Gambetta (R.) . . . . ABY
Jean-Jaurès (R.) . . . . ABZ
J.-J.-Rousseau (R.). . . . . . . ABZ 10
Lattre-de-Tassigny (Pl. du Mar.-de) . . . . AZ 14
Montaigne (R. M.) . . . . BZ 21
Montesquieu (R.) . . . . BY 23
Prés.-Carnot (R. du) . . . . ABY
Prés.-Doumer (R. du) . . . . ABY 28
Prés.-Wilson (R. du) . . . . BY 29
Princeteau (Pl.). . . . . ABY 30
Salinières (Quai des) . . . . . . AY 35
Surchamp (Pl. A.) . . . . AZ
Thiers (R.) . . . . AZ
Waldeck-Rousseau (R.) . . . . AY 45

Mercure sans rest
3 quai Souchet
– ✆ 05 57 25 64 18
– www.mercure.com AYt
81 ch – †74/119 € ††84/129 € – 3 suites – ☐ 14 €
◆ Sur les quais de la Dordogne, bâtiment neuf décoré selon un esprit contemporain, uniformisé dans les chambres. Trois suites ; salle de séminaire ; bar à vins (le soir seulement).

De France sans rest
7 r. Chanzy
– ✆ 05 57 51 01 66
– www.hoteldefrancelibourne.com BYa
19 ch – †65/145 € ††70/145 € – ☐ 11 €
◆ Le décor de ce relais de poste entièrement rénové est un habile mélange de tradition et de modernité (tons chauds, mobilier actuel). Chambres à choisir parmi trois catégories.

Chez Servais
14 pl. Decazes – 05 57 51 83 97
– Fermé 1er-7 mai, 14-30 août, dim. soir et lundi BYn
Rest – (19 €) Menu 27/39 €
◆ Accueil charmant, ambiance décontractée, cuisine dans l'air du temps et intérieur lumineux sont les atouts de ce restaurant situé au cœur de la bastide.

Bord d'Eau
par ⑤ : 1,5 km – 05 57 51 99 91
– Fermé 20-27 sept., 16-30 nov., 15 fév.-2 mars, merc. soir, dim. soir et lundi
Rest – Menu 19 € (sem.), 32/47 € – Carte 35/45 €
◆ Le temps d'un repas, on profite de la vue sur la Dordogne, unique depuis cette construction sur pilotis. Exposition de peintures et de photos. Carte évoluant au gré du marché.

à La Rivière 6 km à l'Ouest par⑤ – 326 h. – alt. 6 m – 33126

Château de La Rivière sans rest
par D 670 – 05 57 55 56 51 – www.vignobles-gregoire.com – Ouvert de mars à oct.
5 ch – 120/180 € 140/200 €
◆ Dans l'aile Renaissance du château, restaurée par Viollet-le-Duc, chambres mêlant style ancien et confort actuel. Le plus : la visite des caves souterraines d'une surface de 4 ha.

LIÈPVRE – 68 Haut-Rhin – 315 H7 – 1 747 h. – alt. 272 m – 68660 2 C1

Paris 428 – Colmar 35 – Ribeauvillé 27 – St-Dié 31

à La Vancelle (Bas-Rhin) Nord-Est : 2,5 km par D 167 – 407 h. – alt. 400 m – 67730

Auberge Frankenbourg (Sébastien Buecher) avec ch
13 r. Gén.de Gaulle – 03 88 57 93 90 rest,
– www.frankenbourg.com – Fermé 28 juin-8 juil., 9-12 nov., 15 fév.-11 mars
11 ch – 52 € 60 € – 12 € – ½ P 56 €
Rest – *(fermé mardi soir et merc.)* Menu 30 € (sem.), 46/68 € – Carte 49/63 €
Spéc. Foie gras de canard choco-fruits (printemps-été). Pigeon de nid cuit à basse température. Pêche Melba revisitée (été). **Vins** Sylvaner, Riesling.
◆ Belle salle moderne et cossue, au mobilier contemporain. Élégante cuisine au goût du jour qui met le produit en valeur. À l'étage, chambres parfaitement tenues.

LIESSIES – 59 Nord – 302 M7 – 531 h. – alt. 165 m – 59740 31 D3

Nord Pas-de-Calais Picardie

Paris 223 – Avesnes-sur-Helpe 14 – Charleroi 48 – Hirson 24
20, rue du Maréchal Foch 03 27 57 91 11
Parc départemental du Val Joly★ E : 5 km.

Château de la Motte
14 r. de la Motte, 1 km au Sud par rte secondaire – 03 27 61 81 94
– www.chateaudelamotte.fr – Fermé 16 déc.-8 fév.
10 ch – 61 € 73 € – 9 € – ½ P 73 €
Rest – *(fermé dim. soir et lundi mid hors saison)* (18 €) Menu 21 € bc (sem.), 40 € bc/65 € – Carte 34/69 €
◆ Cette belle construction de briques entourée d'un agréable parc fut la maison de retraite des moines de l'abbaye voisine. Chambres correctement équipées. Au restaurant, cadre de caractère, terrasse ouverte sur la verdure, plats traditionnels et régionaux.

La Forge de l'Abbaye sans rest
13 r. de la Forge – 06 86 88 58 53 – www.laforgedelabbaye.com – Fermé 16 déc.-6 fév.
4 ch – 54 € 64 €
◆ Délicieuse atmosphère champêtre dans cette ancienne forge au cachet préservé. Chambres agréables et cuisine à disposition des hôtes, avec la nature et un étang pour décor.

Le Carillon

1 r. Roger-Salengro, (face à l'église) – ✆ 03 27 61 80 21 – www.le-carillon.com – Fermé 16 fév.-9 mars, 24-31 août, 16-30 nov., lundi soir, mardi soir, jeudi soir, dim. soir et merc.

Rest – *(nombre de couverts limité, prévenir)* (16 €) Menu 27 € (sem.)/43 €

◆ Une maison qui a du charme avec sa terrasse sous les platanes et sa salle parée de poutres et briques. Carte traditionnelle valorisant les produits du terroir. Boutique gourmande.

LIEUSAINT – 77 Seine-et-Marne – **312** E4 – **101** 38 – voir à Paris, Environs (Sénart)

LA LIEZ (LAC DE) – 52 Haute-Marne – **313** M6 – rattaché à Langres

---

LIFFRE – 35 Ille-et-Vilaine – **309** M5 – 6 611 h. – alt. 95 m – ✉ 35340 **10** D2

Paris 359 – Laval 84 – Rennes 25 – Saint-Lô 131

Domaine de la Reposée - L'Escu de Runfao

La Quinte, sortie 26 sur A 84 – ✆ 02 99 68 31 51 – www.hotel-la-reposee.com – Fermé 1er-18 août

23 ch – 60/75 € 75/90 € – 9 € – ½ P 85/90 €

Rest – *(fermé sam. midi et dim. soir)* Menu 23 € (déj. en sem.), 39/50 € – Carte 62/78 €

◆ À proximité de l'autoroute, dans un parc, une grande bâtisse construite dans les années 1960, d'inspiration néobretonne. Chambres fonctionnelles bien tenues. Ambiance cosy et contemporaine au restaurant, ouvert sur la verdure ; cuisine rythmée par les saisons.

LIGNY-EN-CAMBRÉSIS – 59 Nord – **302** I7 – 1 687 h. – alt. 127 m – ✉ 59191 **31** C3

Paris 193 – Arras 51 – Cambrai 17 – Valenciennes 42

Château de Ligny

2 r. P-Curie – ✆ 03 27 85 25 84 – www.chateau-de-ligny.fr – Fermé 1er-17 août, fév., dim. soir, lundi et mardi

21 ch – 120 € 120/200 € – 5 suites – 15 €

Rest – (30 €) Menu 48/97 € – Carte 73/105 €

Spéc. Tarte friande de rouget barbet au romarin. Sole et petits crustacés mijotés dans une bisque de crevettes grises. Soufflé chaud à la chicorée.

◆ Beau manoir médiéval aux chambres personnalisées, plus spacieuses mais tout aussi raffinées dans la "Résidence", remarquablement aménagée. Espace well-ness ultra-moderne. L'ancienne salle d'armes et le salon-bibliothèque font le charme aristocratique du restaurant.

LIGSDORF – 68 Haut-Rhin – **315** H12 – rattaché à Ferrette

Nimbus/Fotolia.com

La vieille bourse

LILLE

Département : [P] 59 Nord
Carte Michelin LOCAL : 302 G4
▶ Paris 223 – Bruxelles 114 – Gent 75 – Luxembourg 310
Population : 226 014 h.
Pop. agglomération : 1 000 900 h.

Altitude : 10 m
Code Postal : ✉ 59000
Nord Pas-de-Calais Picardie
Carte régionale : 31 C2

RENSEIGNEMENTS PRATIQUES

OFFICE DE TOURISME

place Rihour ✆ 08 91 56 20 04

AÉROPORT

✈ Lille-Lesquin : ✆ 0 891 67 32 10 (0,23 €/mn), 7 km par A1 HT.

QUELQUES GOLFS

- 18 Lille Métropole à Ronchin Rond Point des Acacias, ✆ 03 20 47 42 42
- 36 du Sart à Villeneuve-d'Ascq 5 rue Jean Jaurès, par D 656 : 7 km, ✆ 03 20 72 02 51
- 9 de Bondues à Bondues Château de la Vigne, Nord : 10 km, ✆ 03 20 23 20 62
- 18 des Flandres à Marcq-en-Baroeul 159 boulevard Clemenceau, par D 670 : 4,5 km, ✆ 03 20 72 20 74
- 36 de Brigode à Villeneuve-d'Ascq 36 avenue du Golf, par D146 : 9 km, ✆ 03 20 91 17 86

A VOIR

AUTOUR DU BEFFROI DE L'HÔTEL DE VILLE

Quartier St-Sauveur **FZ** : porte de Paris★, ≤★ du beffroi - Palais des Beaux-Arts ★★★ **EZ**

AUTOUR DU BEFFROI DE LA CHAMBRE DE COMMERCE

Le Vieux Lille★★ **EY** : Vieille Bourse★★, Demeure de Gilles de la Boé★ (29 place Louise-de-Bettignies) - rue de la Monnaie★ - Hospice Comtesse★ - Maison natale du Général de Gaulle★ **EY** - Église St-Maurice★ **EFY**, La Citadelle★ **BV**

LES QUARTIERS QUI BOUGENT

Place du Général de Gaulle (Grand'Place)★ **EY** - Place Rihour **EY** - Rue de Béthune (cinémas) **EYZ** - Euralille (tour du Crédit Lyonnais★) Et autour de la gare Lille-Flandres **FY**

...ET AUX ENVIRONS

Villeneuve d'Ascq : musée d'Art moderne★★ **HS M**
Bondues : château du Vert-Bois★ **HR**
Bouvines : vitraux de l'église et évocation de la bataille **JT**
Marché de Wazemmes★
Gare Saint-Sauveur★

Anatole-France (R.) . . . . EY 3
Barre (R. de la) . . . . EY 9
Béthune (R. de) . . . . EYZ
Bettignies (Pl. L. de) . . . . . . EY 16
Chats-Bossus (R. des) . . . . EY 27
Debierre (R. Ch.) . . . . FZ 43
Delesalle (R. E.) . . . . EZ 45
Déportés (R. des) . . . . FY 46
Dr-Calmette (Bd) . . . . FY 51
Esquermoise (R.) . . . . EY
Faidherbe (R.) . . . . EY
Faubourg-de-Roubaix (R. du) . . . . FY 55
Fosses (R. des) . . . . EYZ 61
Gambetta (R. Léon) . . . . . DEZ
Gare (Pl. de la) . . . . FY 65
Gaulle (Pl. Gén.-de) . . . . EY 66
Grande-Chaussée (R. de la) . . . . EY 73
Hôpital-Militaire (R.) . . . . . . EY 78
Jacquemars-Giélée (R.) . . . . EZ 81
Jardins (R. des) . . . . EY 83
Kennedy (Av. Prés.) . . . . FZ 86
Lebas (Bd J. B.) . . . . FZ 93
Lefèvre (R. G.) . . . . FZ 100
Lepelletier (R.) . . . . EY 102
Maillotte (R.) . . . . EZ 105
Mendès-France (Pl.) . . . . . . EY 115
Monnaie (R. de la) . . . . EY 120
Nationale (R.) . . . . DEYZ
Neuve (R.) . . . . EY 123
Pasteur (Bd L.) . . . . FY 125
Réduit (R. du) . . . . FZ 132
Rihour (Pl.) . . . . EY 133
Roisin (R. Jean) . . . . EY 135
Rotterdam (Parvis de) . . . . . FY 137
Roubaix (R. de) . . . . EFY 138
St-Génois (R.) . . . . EY 139
St-Venant (Av. Ch.) . . . . . . FYZ 141
Sec-Arembault (R. du) . . . . EY 144
Suisses (Pl. des) . . . . FY 146
Tanneurs (R. des) . . . . EYZ 147
Tenremonde (R.) . . . . EY 148
Théâtre (Pl. du) . . . . EY 150
Trois-Mollettes (R. des) . . . . EY 154
Vieille-Comédie (R. de la) . . . . EY 162

HAUBOURDIN

Carnot (R. Sadi) . . . . GT 22
Vanderhaghen (R. A.) . . . . GT 157

HELLEMMES-LILLE

Salengro (R. Roger). . . . . HS 142

HEM

Clemenceau (Bd G.) . . . . JS 28
Croix (R. de) . . . . JS 40
Gaulle (Av. Ch.-de) . . . . JS 64

LAMBERSART

Hippodrome (Av. de l') . . . . GS 76

LANNOY

Leclerc (R. du Gén.) . . . . JS 97
Tournai (R. de) . . . . JS 153

LA MADELEINE

Gambetta (R.) . . . . GS 63
Gaulle (R. du Gén.-de) . . . . HS 69
Lalau (R.) . . . . HS 87

LILLE

Arras (R. du Fg d') . . . . GT 4
Postes (R. du Fg des) . . . . GST 129

LOMME

Dunkerque (Av. de). . . . . GS 52

LOOS

Doumer (R. Paul). . . . . GT 49
Foch (R. du Mar.) . . . . GST 58
Potié (R. Georges). . . . . GT 130

LYS-LEZ-LANNOY

Guesde (R. Jules) . . . . JS 75
Lebas (R. J.-B.). . . . . JS 94

MARCQ-EN-BARŒUL

Clemenceau (Bd) . . . . HS 30
Couture (R. de la) . . . . HS 39
Foch (Av. Mar.) . . . . HS 57
Nationale (R.) . . . . HS 122

MARQUETTE-LEZ-LILLE

Lille (R. de). . . . . GS 103
Menin (R. de). HS 117

MONS-EN-BARŒUL

Gaulle (R. du Gén.-de) . . . . HS 70

MOUVAUX

Carnot (Bd). . . . . HR 21

ST-ANDRÉ-LEZ-LILLE

Lattre-de-Tassigny (Av. du Mar.-de). GS 91
Leclerc (R. du Gén.) . . . . GS 99

TOUFFLERS

Déportés (R. des). . . . . JS 48

TOURCOING

Yser (R. de l') . . . . JR 165
3-Pierres (R. des) . . . . JR 166

VILLENEUVE-D'ASCQ

Ouest (Bd de l') . . . . HS 124
Ronsse (R. Ch.) . . . . JT 136
Tournai (Bd de) . . . . JT 151

WAMBRECHIES

Marquette (R. de) . . . . GZ 108

WATTIGNIES

Clemenceau (R.) . . . . GT 31
Gaulle (R. du Gén.-de) . . . . GT 72
Victor-Hugo (R.) . . . . GT 160

WATTRELOS

Carnot (R.) . . . . JRS 24
Jean-Jaurès (R.) . . . . JR 82
Lebas (R. J.-B.). . . . . JR 96
Mont-à-Leux (R. du). . . . . JR 121

HALLUIN
H
OOSTENDE
1
MENEN
2 KORTRIJK GENT
3 A 14-E 17
4 KORTRIJK
J
3
R
RONCQ
C.I.T.
NEUVILLE-EN-FERRAIN
RISQUONS TOUT
Hôp. Dron
Bourgogne
MOUSCRON
N 58
5
LINSELLES
Pont de Neuville
Phalempins
LUINGNE
TOURCOING
BELGIQUE
A 17 TOURNAI
Colbert
MONT-A-LEUX
HERSEAUX
Tourcoing centre
Tourcoing Sébastopol
LES BALLONS
CH.AU DU VERT BOIS
6
Carliers
PARC DU LION
Septentrion
Mercure
R. J. Guesde
MOUVAUX
A 17 KORTRIJK TOURNAI
BONDUES
Alsace
Gare J. Lebas
Roubaix Grand-Place
WATTRELOS
AÉRODROME LILLE-MARCQ
Av. de la Marne
Ch. de Roubaix
Roubaix Ch. de Gaulle
Eurotéléport
LEERS
ROUBAIX
Croix Mairie
Epeule Montesquieu
Av. R. Salengro
MARCQ-EN-B.
LYS-LEZ-LANNOY
MARQUETTE-LEZ-LILLE
CROIX
Av. G. Delory
Wasquehal Hôtel de V.
Croix Centre
WASQUEHAL
Av. A. Motte
LANNOY
N 510
LA MADELEINE
Wasquehal Pavé de Lille
R. d'Hem
Av. de l'Europe
R. J. Guesde
S
Jean Jaurès
LE SART
HEM
TOUFFLERS
Av. de la République
ST-MAURICE
les Prés
7
Mons Sarts
FLERS
LA COUSINERIE
SAILLY-LEZ-LANNOY
A 17 TOURNAI
Fort de Mons
PARC DU HÉRON
MONS-EN BARŒUL
FIVES
Mairie de Mons
FOREST-S-MARQUE
HELLEMMES
STADIUM
VILLENEUVE-D'ASCQ
Marbrerie
Hellemmes
Lézennes
P.t de Bois
ANNAPPES
R. Colbert
BASE DE LOISIRS
WILLEMS
Villeneuve d'Ascq Hôtel de V.
Triolo
ASCQ
LÉZENNES
TRESSIN
CH.AU
SIN
Cité Scientifique
BAISIEUX
Quatre Cantons
CITÉ SCIENTIFIQUE
ANSTAING
CHÉRENG
RONCHIN
8
A 27
GRUSON
TOURNAI BRUXELLES
FACHES-THUMESNIL
T.G.V.
SAINGHIN-EN-MÉLANTOIS
LESQUIN
Marque
NORD
BOUVINES
C.R.T.
T.G.V.
T
LILLE-LESQUIN
C.R.T.
CYSOING
VENDEVILLE
AÉROGARE
PÉRONNE-EN-MÉLANTOIS
0
2 km
PARIS
H
VALENCIENNES
9
J
ST-AMAND-LES-EAUX

Bapaume (R. de)	CX	7	Courmont (R.)	CX	37	Gaulle (R. du Gén.-de)	CU	6
Beethoven (Av.)	AX	12	Cuvier (Av.)	BV	42	Justice (R. de la)	BX	8
Bernos (R.)	DV	13	Desmazières (R.)	BV	47	Lambret (Av. Oscar)	AX	8
Bigo-Danel (Bd)	BV	18	Esplanade (Façade de l')	BUV	54	Lebas (Bd J.-B.)	CV	9
Carrel (R. Armand)	CX	25	Fébvrier (Pl. J.)	CX	56	Magasin (R. du)	BU	1
Colpin (R. du Lt)	BV	33	Fontenoy (R. de)	CX	60	Manuel (R.)	BV	1

arronniers (Allée des) . . . . . **BU** 109
arx-Dormoy (Av.) . . . . **AV** 111
aubeuge (R. de) . . . . **CX** 112
ax (Av. Adolphe) . . . . **BU** 114
eurein (R.) . . . . **BV** 118
St-Sébastien (R.) . . . . **BCU** 140
Schuman (Pl. Maurice) . . . . . **BV**
Stations (R. des) . . . . **BV** 145
Valenciennes (R. de) . . . . **CX** 156
Verdun (Bd de) . . . . **DX** 159
Wazemmes (R. de) . . . . **BCX** 163
43e-Régt-d'Infanterie (Av. du) . . . . **BV** 168

L'Hermitage Gantois ch, rest,

224 r. de Paris – 03 20 85 30 30 – www.hotelhermitagegantois.com
72 ch – 235/430 € 235/430 € – 19 € **1EZb**
Rest – (36 €) Menu 48/68 € – Carte 63/94 €
Rest *L'Estaminet* – *(fermé sam. midi et dim.)* (18 €) Menu 18/26 € – Carte 19/40 €
♦ Ce superbe hospice du 14e s. marie avec élégance architecture ancienne et style contemporain. Luxe et confort dans les chambres personnalisées, agréables cours et patios intérieurs. Cuisine de saison servie sous les voûtes rouge et or du restaurant. Esprit brasserie, recettes bistrotières et régionales à l'Estaminet.

Crowne Plaza ch, rest,

335 bd Leeds – 03 20 42 46 46 – www.lille-crowneplaza.com **1FYn**
121 ch – 195/300 € 195/300 € – 1 suite – 19 €
Rest – Menu 22/35 € – Carte 37/57 €
♦ Face à la gare TGV, ce bâtiment moderne abrite de vastes chambres contemporaines, zen et très bien équipées ; certaines ménagent une vue superbe sur Lille et son beffroi. Décor design (mobilier signé Starck), carte actuelle et formules buffet au restaurant.

Couvent des Minimes Alliance ch,

17 quai du Wault 59800 – 03 20 30 62 62 – www.alliance-lille.com
83 ch – 220/250 € 220/250 € – 8 suites – 19 € **4BVd**
Rest *Le Jardin du Cloître* – *(fermé lundi du 15 juil. au 20 août)*
Menu 37/43 € bc – Carte 43/55 €
♦ Entre le vieux Lille et la Citadelle, ce couvent du 17e s. en briques rouges révèle un intérieur moderne et des chambres de tout confort garantissant bien-être et détente. Restaurant dans le cadre préservé du cloître et cuisine au goût du jour. Piano-bar.

Grand Hôtel Bellevue sans rest

5 r. J. Roisin – 03 20 57 45 64 – www.grandhotelbellevue.com **1EYa**
60 ch – 99/190 € 99/190 € – 13 €
♦ Les chambres ne manquent pas d'allure avec leur mobilier de style Directoire et leurs salles de bains en marbre. Les plus prisées donnent sur la Grand'Place.

Novotel Lille Gares ch,

49 r. Tournai 59800 – 03 28 38 67 00 – www.novotel.com **1FZu**
96 ch – 109/201 € 109/201 € – 5 suites – 14 € **Rest** – (13 €) Carte 26/36 €
♦ Voisin de la gare Lille-Flandres, hôtel entièrement rénové offrant des chambres aux dernières normes de la chaîne : confort, équipements de qualité et décor épuré. Cuisine traditionnelle servie dans la salle à manger tendance ou sur la terrasse d'été fleurie.

Mercure Centre Opéra sans rest

2 bd Carnot 59800 – 03 20 14 71 47 – www.mercure.com **1EYh**
101 ch – 75/195 € 95/215 € – 15 €
♦ Nouvelle atmosphère de charme dans cet immeuble centenaire en pierres de taille. Chambres d'inspiration flamande au mobilier Art déco ou Régence. Salon-bar.

Art Déco Romarin sans rest

110 r. République à la Madeleine – 03 20 14 81 81
– www.hotelartdecoromarin.com **1FYt**
56 ch – 95/160 € 95/160 € – 13 €
♦ Cet hôtel, situé sur une avenue passante, bénéficie d'une insonorisation efficace. Original intérieur de style Art déco, chambres de bonne ampleur et salon-bar feutré.

De la Paix sans rest

46 bis r. de Paris – 03 20 54 63 93 – www.hotel-la-paix.com **1EYr**
36 ch – 75/110 € 85/120 € – 9 €
♦ Artiste dans l'âme, la propriétaire de cet hôtel (1782) expose des reproductions de tableaux et a réalisé la fresque qui orne la salle des petits-déjeuners. Chambres douillettes.

De la Treille sans rest

7/9 pl. Louise-de-Bettignies – 03 20 55 45 46 – www.hoteldelatreille.fr.st
42 ch – 75/105 € 80/130 € – 12 € **1EYb**
♦ Idéalement situé pour arpenter la vieille ville, cet hôtel dispose de chambres un peu exiguës, mais fraîches et bien agencées. Copieux buffets à l'heure du petit-déjeuner.

La Maison Carrée sans rest
29 r. Bonte-Pollet – ✆ 03 20 93 60 42 – www.lamaisoncarree.fr **4AXa**
5 ch – 155 € 170 €
◆ Découvrez ce splendide hôtel particulier (début du 20e s.) : calme, raffinement, grand confort et œuvres d'art (la passion des anciens propriétaires) sont au programme.

A L'Huîtrière
3 r. Chats Bossus ✉ 59800 – ✆ 03 20 55 43 41 – www.huitriere.fr – Fermé 31 juil.-22 août, dim. soir et soirs fériés **1EYg**
Rest – Menu 45 € (déj. en sem.), 105/150 € – Carte 80/150 €
Spéc. Vinaigrette tiède d'anguille fumée et de foie gras chaud des Landes, radis noir confit. Tranche de gros turbot rôtie, toast à la moelle, jus au romarin. Irish coffee, version dessert.
◆ Dans ce lieu dédié aux produits de la mer, passage obligé dans la boutique pour le décor en céramique et le nouveau bar à huîtres... Suivent trois luxueuses salles bourgeoises.

La Laiterie (Benoit Bernard)
138 av. de l'Hippodrome , à Lambersart ✉ 59130 – ✆ 03 20 92 79 73 – www.lalaiterie.fr – Fermé 2-24 août, dim. et lundi **4AVs**
Rest – Menu 45 € bc/120 € bc – Carte 70/120 €
Spéc. Tête de veau croustillante, anguille fumée et cresson vinaigrette. Turbot rôti sur l'os, déclinaison de cèpes, jus de persil (saison). Soupe de mangue et sorbet krieck, vinaigrette fruits de la passion.
◆ Un cadre contemporain très tendance dans les tons gris, une cuisine actuelle riche en saveurs et un choix d'excellents vins (bourgognes et bordeaux) : un moment de pur plaisir.

Le Sébastopol (Jean-Luc Germond)
1 pl. Sébastopol – ✆ 03 20 57 05 05 – www.restaurant-sebastopol.fr – Fermé 31 juil.-22 août, dim. soir, sam. midi et lundi midi **1EZa**
Rest – Menu 42/68 € – Carte 72/85 €
Spéc. Saint-Jacques d'Étaples (oct. à avril). Poissons de petits bateaux aux champignons sauvages. Notre raison d'aimer la chicorée du Nord.
◆ Un rideau de verdure et une originale marquise habillent la façade de cette maison bourgeoise. Cuisine au goût du jour servie dans une salle intimiste et belle carte des vins.

Clément Marot
16 r. Pas ✉ 59800 – ✆ 03 20 57 01 10 – www.clement-marot.com – Fermé dim. soir
Rest – (18 €) Menu 29/42 € bc – Carte 40/95 € **1EYn**
◆ Maison tenue par les descendants du poète cadurcien Clément Marot. Intérieur plutôt classique aux boiseries peintes et tableaux, recettes traditionnelles et atmosphère conviviale.

Brasserie de la Paix
25 pl. Rihour – ✆ 03 20 54 70 41 – www.restaurantsdelille.com – Fermé dim.
Rest – (14 €) Menu 18/26 € – Carte 26/42 € **1EYz**
◆ À deux pas du palais Rihour, cette sympathique brasserie est une institution lilloise. Décor Art déco, banquettes, faïences de Desvres et cuisine de bistrot : rien ne manque !

La Table du Champlain
17 r. N.-Leblanc – ✆ 03 20 54 01 38 – www.lechamplain.fr – Fermé août, sam. midi et lundi **1EZu**
Rest – Menu 29 € bc/45 € bc
◆ Beaucoup de douceur dans cette adresse intimiste, où dominent le blanc et le crème. Le chef signe une cuisine savoureuse, au gré de son inspiration et des produits du moment.

La Maison du Champlain
13 r. N.-Leblanc – ✆ 03 20 54 01 38 – www.lechamplain.fr – Fermé août
3 suites – 175/250 € – 1 ch
◆ Maison de 1873 restaurée avec goût, abritant d'élégantes chambres contemporaines et un espace bien-être installé dans les anciennes caves voûtées.

XX **Monsieur Jean**

12 r. de Paris – ✆ 03 28 07 70 72
– www.restaurant.jeanjean.fr **1EYv**

Rest – Menu 29/36 € – Carte 36/45 €

◆ Façade flamande, magnifique escalier, mur en brique orné de sculptures en pierre : une demeure au puissant charme du Nord... De belles saveurs traditionnelles se font sentir et, le midi, on peut "fooder" bio (soupes, tartes...).

XX **L'Écume des Mers**

10 r. de Pas – ✆ 03 20 54 95 40
– www.ecume-des-mers.com **1EYn**

Rest – (18 €) Menu 25 € (dîner) – Carte 32/70 €

◆ Ambiance animée, salle originale, carte journalière de poissons, joli banc d'écailler et quelques viandes pour les "accros" : voici un avant-goût de cette brasserie très prisée.

XX **Le Why Not**

9 r. Maracci – ✆ 03 20 74 14 14 – www.lewhynot-restaurant.fr
– Fermé 24 juil.-9 août, 3-11 janv., sam. midi, dim. et lundi **1EYm**

Rest – Menu 26 € (déj. en sem.)/36 €

◆ Dans le vieux Lille, ce restaurant convivial a pour cadre une cave tendance (décor design, tableaux). Plats actuels savoureux signés par un chef globe-trotter de retour au pays.

X **L'Atelier "La Cour des Grands"**

15 r. François-de-Badts, à la Madeleine – ✆ 03 20 74 26 33
– www.latelier-restaurant.fr – Fermé 19-26 avril, 1er-8 août, 24-31 déc., 16-23 fév., sam. midi, dim., lundi et fériés **1FYa**

Rest – Menu 17 € (déj. en sem.) – Carte 43/49 € le soir

◆ Décor de loft industriel, toiles et photos d'artistes, cuisine de bistrot et nombreux vins au verre : cet ancien garage est l'une des adresses tendance de Lille.

X **Le Bistrot de Pierrot**

6 pl. de Béthune – ✆ 03 20 57 14 09 – www.bistrotdepierrot.com – Fermé dim. et lundi **1EZr**

Rest – Menu 28 € – Carte 28/45 €

◆ Authentique bistrot qui a su garder l'âme et le décor d'autrefois. Ambiance sympathique et au menu, un bon choix de plats canailles avec une cuisine plus légère pour ces dames.

à Bondues – 10 151 h. – alt. 37 m – ✉ 59910

i ruelle de la Mairie ✆ 03 20 25 94 94

XXX **Auberge de l'Harmonie**

pl. Abbé Bonpain – ✆ 03 20 23 17 02 – www.aubergeharmonie.fr
– Fermé 11 juil.-2 août, dim. soir, mardi soir, jeudi soir et lundi **3HRt**

Rest – (25 € bc) Menu 29/55 € – Carte 48/81 €

◆ Une belle harmonie règne dans cet ex-relais de poste du 19e s. : couleurs gaies, mobilier élégant, terrasse verdoyante et cuisine actuelle élaborée au fil des saisons.

XXX ✿ **Val d'Auge** (Christophe Hagnerelle)

805 av. Gén. de Gaulle – ✆ 03 20 46 26 87 – www.valdauge.com
– Fermé 17-22 avril, 24 juil.-15 août, 23-30 déc., 27 fév.-6 mars, dim. sauf fériés, sam. midi et lundi **3HRa**

Rest – (28 €) Menu 50 € bc (sem.)/63 € – Carte 70/90 €

Spéc. Foie gras d'oie grillé. Quasi de veau cuit à basse température. Pomme reconstituée.

◆ Cette maison régionale qui borde la route vous reçoit dans une salle à manger assez tendance, mais surtout agréablement lumineuse. Cuisine actuelle et belle carte des vins.

à Marcq-en-Baroeul – 38 939 h. – alt. 15 m – ✉ 59700

i 111, avenue Foch ✆ 03 20 72 60 87

Mercure

157 av. Marne, par D 670 : 5 km – ✆ 03 28 33 12 12 – www.mercure.com
125 ch – 🛉95/225 € 🛉🛉105/235 € – 1 suite – ☕ 18 € **3HSs**
Rest *L'Europe* – ✆ 03 28 33 12 68 – (16 €) Menu 21 € – Carte 23/53 €
◆ Abords verdoyants, atmosphère chaleureuse et feutrée, chambres tout confort, installations conférencières et prestations haut de gamme pour cette unité de la chaîne Mercure. Au restaurant L'Europe, ambiance de brasserie de luxe et cuisine au diapason.

Le Septentrion

parc du château Vert-Bois, par D 617 : 9 km – ✆ 03 20 46 26 98 – www.septentrion.fr – Fermé dim. soir, mardi soir, merc. soir et lundi
Rest – (35 € bc) Menu 43 € bc/80 € bc – Carte 45/70 € **3HRn**
Rest *L'Exseption* – (15 €) Menu 20 € (dîner en sem.) – Carte 30/40 €
◆ Au sein de la fondation Prouvost-Septentrion, ex-dépendance du château du Vert-Bois offrant une vue bucolique sur le parc. Salle à manger moderne et carte actuelle. À l'Exseption, cuisines ouvertes, plats de brasserie et atmosphère bistrot chic.

La Table de Marcq

944 av. de la République – ✆ 03 20 72 43 55 – Fermé 1er-26 août, 1 sem. en fév., dim. soir et lundi **2HSe**
Rest – Menu 22/32 € – Carte 25/44 €
◆ Ancien café reconverti en restaurant qui s'est doté d'une décoration actuelle, mais a conservé son beau comptoir. Ambiance conviviale et menus élaborés au gré du marché.

à Villeneuve d'Ascq – 61 151 h. – alt. 26 m – ✉ 59491

i chemin du Chat Botté ✆ 03 20 43 55 75

Le Carré des Sens

73 av. de Flandres – ✆ 03 20 82 05 97 – Fermé 25 juil.-16 août, 27 fév.-6 mars, lundi soir, sam. midi et dim. **2HSv**
Rest – (25 €) Menu 33/65 € – Carte 50/78 €
◆ Cette maison d'un quartier pavillonnaire vous reçoit dans une grande salle contemporaine (certaines tables plus hautes que la moyenne) ; agréable terrasse, l'été. Plats actuels.

à Gruson – 1 131 h. – alt. 52 m – ✉ 59152

L'Arbre

1 croisement chemin de Bourguhelles, 1 km à l'Est par D 90 – ✆ 03 20 79 55 33 – www.larbre.com – Fermé 25 avril-2 mai, 8-28 août , 2-9 janv., dim. soir, mardi soir, sam. midi et lundi **3JTb**
Rest – (21 €) Menu 28/54 € – Carte 32/62 €
◆ Bâtisse toute de briques placée sur le trajet de la course Paris-Roubaix. Le décor a fait sa révolution en 2009 : murs gris bleu, mobilier contemporain. Goûteuse cuisine actuelle.

à l'aéroport de Lille-Lesquin – ✉ 59810 Lesquin

Mercure Aéroport

110 r. Jean Jaurès – ✆ 03 20 87 46 46 – www.mercure.com **3HTr**
215 ch – 🛉57/182 € 🛉🛉62/187 € – ☕ 15 €
Rest *La Flamme* – (20 €) Menu 24/30 € bc – Carte 27/59 €
◆ Architecture contemporaine située face à l'aéroport (service de navettes gratuites). Grand hall d'accueil, chambres spacieuses, confortables et bien équipées. Convivialité, plats régionaux et rôtisserie visible de tous au restaurant La Flamme.

Novotel Aéroport

55 rte de Douai – ✆ 03 20 62 53 53 – www.novotel.com **3HTt**
92 ch – 🛉82/153 € 🛉🛉82/153 € – ☕ 14 € **Rest** – (16 €) Carte 20/40 €
◆ Cette construction basse est la plus ancienne unité de la chaîne. Les chambres, de bon confort, adoptent progressivement le nouveau look du groupe. Côté restaurant, grande salle moderne où l'on propose plats au goût du jour et recettes allégées.

Agena sans rest

451 av du Gén.-Leclerc ✉ 59155 – ✆ 03 20 60 13 14 – www.hotel-agena.com

40 ch – †72 € ††72/77 € – ☕ 9 € **3HTv**

◆ Les chambres de ce bâtiment en arc de cercle, aménagées en rez-de-jardin, sont plus calmes côté patio. Cadre sobre, entretien sans reproche et accueil sympathique.

à Emmerin – **2 933 h.** – **alt. 24 m** – ✉ **59320**

La Howarderie

1 r. des Fusillés – ✆ 03 20 10 31 00 – www.lahowarderie.com – Fermé 2-22 août, 22 déc.-3 janv. et dim. soir **2GTe**

7 ch – †90/95 € ††100/135 € – 3 suites – ☕ 17 € – ½ P 80/98 €

Rest – *(fermé sam. midi et dim.)* (14 €) Menu 26/55 € – Carte 31/60 €

◆ Une aile de cette vieille ferme en briques abrite des chambres personnalisées (style contemporain pour deux d'entre elles). Beaux meubles de style ou anciens. Cuisine au goût du jour servie dans deux salles à manger intimistes, décorées avec originalité.

à Capinghem – **1 596 h.** – **alt. 50 m** – ✉ **59160**

La Marmite de Pierrot

93 r. Poincaré – ✆ 03 20 92 12 41 – www.pierrot-de-lille.com – Fermé dim. soir, mardi soir, merc. soir, jeudi soir et lundi **2GSv**

Rest – (24 €) Menu 28/38 €

◆ Sympathique restaurant aux allures de bistrot rustique, orné de licous et d'outils paysans. Généreuse cuisine proposant savoureuses cochonnailles et autres produits tripiers.

à Bois-Grenier **15 km par ⑫, sortie n°8 (Armentières) et D 222 – 1 405 h. – alt. 5 m** – ✉ **59280**

La Table des Jardins (Guillaume Thuin)

480 r. de la Guennerie, 2 km au Sud-Ouest par D 222 (dir. Fleurbaix) et rte secondaire, direction cimetière anglais Y. Farm – ✆ 03 20 57 75 52 – Fermé 15 janv.-15 fév., mardi et merc.

Rest – *(nombre de couverts limité, prévenir)* Menu 55/90 €

Spéc. Vol-au-vent d'écrevisses, ris et rognons de veau, coulis de persil. Cochon de lait en côtelettes, boudin noir et poitrine confite. Biscuit roulé aux parfums exotiques.

◆ Au milieu des champs, une ancienne ferme rénovée dans une veine très... design ! Même esprit contemporain côté cuisine : le chef fait rimer créativité et qualité, avec de belles compositions qui révèlent les saveurs les plus essentielles.

à St-André-Lez-Lille – **10 792 h.** – **alt. 20 m** – ✉ **59350**

ℹ 89, rue du Général Leclerc ✆ 03 20 51 79 05

La Quintinie

501 av. Mal-de-Lattre-de-Tassigny , (D 57) – ✆ 03 20 40 78 88 – www.alaquintinie.com – Fermé 18 juil.-16 août, lundi et le soir sauf sam.

Rest – Menu 40/45 € – Carte 33/59 € **2GSt**

◆ Maison en briques dans un joli jardin doté d'un potager. Grande salle lumineuse, décor contemporain raffiné (tableaux en faïence) et cuisine classique simple et bonne.

LIMAY – **78 Yvelines** – **311** G2 – **15 779 h.** – **alt. 16 m** – ✉ **78520** **18** A1

▶ Paris 56 – Argenteuil 50 – Boulogne-Billancourt 52 – Saint-Denis 60

Au Vieux Pêcheur

5 quai Albert 1er – ✆ 01 30 92 77 78 – www.auvieuxpecheur.fr – Fermé 2-9 mai, 1er-30 août, merc. soir, dim. soir et lundi

Rest – (26 €) Menu 34/60 € bc – Carte 53/78 €

◆ En face du vieux pont de Limay, sur la Seine. Plusieurs salles et plusieurs ambiances (contemporaine ou plus feutrée) pour déguster une cuisine traditionnelle soignée.

LIMERAY – **37 Indre-et-Loire** – **317** P4 – **rattaché à Amboise**

LIMOGES P – 87 Haute-Vienne – **325** E6 – **136 539 h.** **24** B2
– **Agglo. 173 299 h.** – **alt. 300 m** – ✉ **87000** Limousin Berry

Paris 391 – Angoulême 105 – Brive-la-Gaillarde 92 – Châteauroux 126

Limoges : ✆ 05 55 43 30 30, 8 km par ⑦.

12, boulevard de Fleurus ✆ 05 55 34 46 87

de la Porcelaine à Panazol Celicroux, par rte de Clermont-Ferrand : 9 km, ✆ 05 55 31 10 69

de Limoges Avenue du Golf, par rte de St-Yriex : 3 km, ✆ 05 55 30 21 02

Cathédrale St-Etienne★ - Église St-Michel-des-Lions★ - Cour du temple★ CZ 115 - Jardins de l'évêché★ - Musée national de la porcelaine Adrien Dubouché★★ (porcelaines) BY - Rue de Boucherie★ - Musée de l'évêché★ : les émaux★ - Chapelle St-Aurélien★ - Gare des Bénédictins★.

Plans pages suivantes

Mercure Royal Limousin sans rest
1 pl. de la République – ✆ 05 55 34 65 30 – www.mercure.com CY**u**
82 ch – 95/160 € 120/170 € – 14 €
◆ Une harmonie de bois clair et de tons pastel habille cet hôtel bordant une vaste place. Trois catégories de chambres proposées, selon votre désir de simplicité ou de confort.

Domaine de Faugeras
allée de Faugeras, 3 km au Nord-Est par r. A-Briand et D 142 AX
– ✆ 05 55 34 66 22
9 ch – 116 € 132 € – 2 suites – 14 €
Rest – *(fermé lundi soir, sam. midi et dim.)* (28 €) Menu 36/56 € – Carte 41/70 €
◆ Entouré d'un parc en surplomb de Limoges, ce château du 18e s. marie patrimoine et modernité, notamment dans ses chambres très chic et confortables. Au restaurant, baies vitrées ouvrant sur le jardin, décoration actuelle et cuisine au goût du jour.

Atrium sans rest
22 allée de Seto - Parc du Ciel – ✆ 05 55 10 75 75 – www.interhotel-atrium.com
70 ch – 70/95 € 80/110 € – 11 € DY**a**
◆ Cet ancien entrepôt des douanes converti en hôtel offre d'agréables chambres dont une partie ouvre sur la magnifique gare de Limoges. Restauration à la brasserie attenante.

Richelieu sans rest
40 av. Baudin – ✆ 05 55 34 22 82 – www.hotel-richelieu.com CZ**k**
41 ch – 80/120 € 90/130 € – 2 suites – 14 €
◆ Près de la mairie, cet hôtel allie confort moderne et décor de style années 1930. Chambres contemporaines dans l'extension.

Nos Rev sans rest
16 r. Gén. Bessol – ✆ 05 55 77 41 43 – www.hotelnos-rev.com DY**u**
12 ch – 47 € 49/72 € – 7 €
◆ L'hôtel est proche de la gare, mais il a d'autres atouts : son appréciable style contemporain et son ambiance familiale font que l'on s'y sent tout simplement bien.

Art Hôtel Tendance sans rest
37 r. Armand Barbes – ✆ 05 55 77 31 72 – www.arthoteltendance.com
13 ch – 53/65 € 59/71 € – 8 € AX**t**
◆ Adresse familiale située dans un quartier résidentiel. Chambres personnalisées selon des destinations (Bali, Venise, Grèce...), réparties dans deux maisons dont une sur cour.

St-Martial sans rest
21 r. A. Barbès – ✆ 05 55 77 75 29 – www.hotelsaintmartiallimoges.com
30 ch – 55/85 € 55/85 € – 8,50 € AX**n**
◆ Hôtel familial fonctionnel logé dans un immeuble d'angle, pratique car proche du centre, disposant de chambres sobres avec double vitrage et équipements complets.

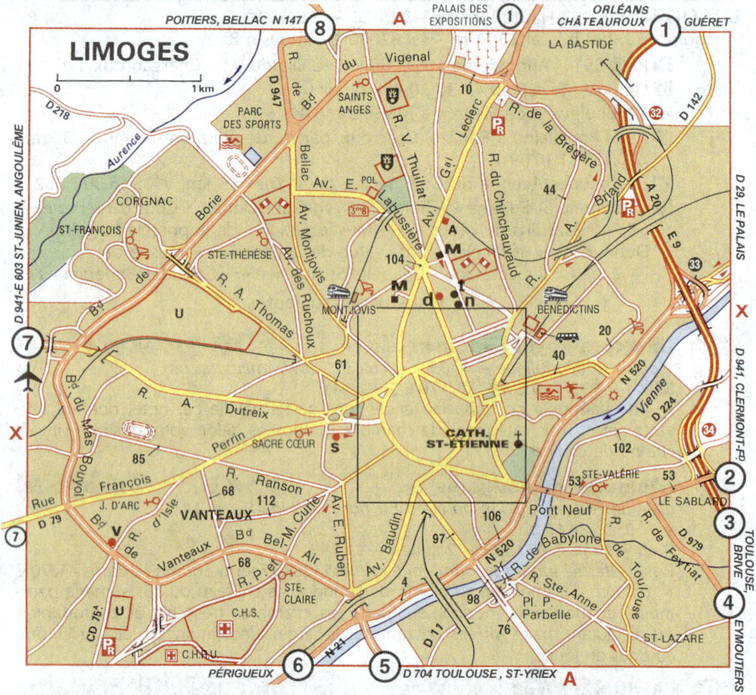

XX **Amphitryon** (Richard Lequet)

✿ *26 r. Boucherie – ✆ 05 55 33 36 39 – Fermé 1er-9 mai, 21 août-5 sept., 1er-9 janv., 26 fév.-5 mars, dim. et lundi* CZ**u**

Rest – (23 €) Menu 44/72 € – Carte 76/99 €

Spéc. Les trois foies gras, en carpaccio à la fleur de sel, poché au vin, grillé à la plancha. Homard à la plancha, pak-choï sauté façon riviera (juin à sept.). Transparence de framboise et rhubarbe (été).

◆ Maison à pans de bois au cœur du pittoresque "village" des Bouchers. Intérieur chaleureux et agréable terrasse d'été pour déguster une cuisine revisitant la tradition avec talent.

XX **Le Vanteaux**

122 r. d'Isle – ✆ 05 55 49 01 26 – www.levanteaux.com – Fermé 25 avril-2 mai, 1er-15 août, 1er-9 janv., dim. soir et lundi AX**v**

Rest – (19 €) Menu 21 € (déj. en sem.), 28/56 € – Carte 52/84 € le soir

◆ Pimpante façade (1815) fraîchement refaite, intérieur "smart", terrasse, table inventive, alléchant chariot garni de minidesserts et, à midi, sélection de vins au verre.

XX **L 'Escapade du Gourmet**

5 r. du 71ème-Mobiles – ✆ 05 55 32 40 26 – www.lescapadedugourmet.com – Fermé 6-23 août DZ**u**

Rest – Menu 22/50 € – Carte environ 48 €

◆ Table du centre-ville au magnifique décor inspiré de la Belle Époque : sièges, boiseries, plafond et verrières signés Mucha. Carte traditionnelle suivant le rythme des saisons.

LIMOGES

Le Versailles

20 pl. Aine – ✆ 05 55 34 13 39 – www.restaurateursdefrance.com BZ**a**

Rest – Menu 24/29 € – Carte 24/64 €

◆ Avec le palais de justice en toile de fond, cette brasserie fondée en 1932, agrandie d'une mezzanine circulaire, sert des petits plats simples adaptés à l'esprit du lieu.

La Cuisine

21 r. Montmailler – ✆ 05 55 10 28 29 – www.restaurantlacuisine.com – Fermé 1er-15 août, 15-30 janv., dim. et lundi BY**a**

Rest – (19 €) Menu 30 € (sem.), 39/60 € – Carte 39/55 €

◆ Le jeune chef concocte des plats inventifs inspirés par la cuisine d'ailleurs et les goûts insolites. Originalité et qualité prisées midi et soir dans un cadre d'esprit bistrot.

La Maison des Saveurs

74 av. Garibaldi – ✆ 05 55 79 30 74 – Fermé 16-31 juil., sam. midi, dim. soir et lundi AX**d**
Rest – (16 € bc) Menu 25/58 € – Carte 52/83 €
◆ Cuisine traditionnelle de produits du terroir – foie gras, magrets fermiers, viande et pommes du Limousin – servie dans un cadre associant murs à colombages et déco actuelle.

27

27 r. Haute-Vienne – ✆ 05 55 32 27 27 – www.le27.com – Fermé dim. et fériés
Rest – (11 €) Menu 17 € (déj.) – Carte 25/48 € CZ**a**
◆ Tables laquées rouges et bibliothèques garnies de dives bouteilles composent le décor contemporain de ce restaurant proche des halles. Cuisine au goût du jour.

Les Petits Ventres

20 r. de la Boucherie – ✆ 05 55 34 22 90 – www.les-petits-ventres.com – Fermé 17 avril-2 mai, 4-19 sept., 19 fév.-7 mars, dim. et lundi CZ**u**
Rest – (18 €) Menu 25 € bc/35 € – Carte 17/24 €
◆ Plats canailles (spécialité de tripes) et large éventail de menus régalent les petits ventres et les autres ! Cadre rustique à colombages en cette maison du 14e siècle.

La Table du Couvent-Paroles de Chef

15 r. Neuves-des-Carmes – ✆ 05 55 32 30 66 – www.parolesdechef.com – Fermé 13-31 août, vend. soir, sam., dim. et lundi AX**s**
Rest – Menu 24 € (déj. en sem.), 28/38 €
◆ Dans l'enceinte de l'ancien couvent des Carmes, une table gourmande comme on les aime associée à des cours de cuisine et à une boutique. Déco contemporaine dans des murs anciens.

Chez Alphonse

5 pl. Motte – ✆ 05 55 34 34 14 – Fermé 1er-8 août, 1er-8 janv., dim. et fériés
Rest – (13 €) Carte 21/48 € CZ**e**
◆ Comme le veut la tradition qui a donné son nom à ce bistrot animé, le chef "fonce aux halles" voisines faire son marché quotidien pour concocter une cuisine canaille généreuse.

La Table de Jean

5 r. Boucherie – ✆ 05 55 32 77 91 – Fermé 24 déc.-3 janv., sam., dim. et fériés
Rest – *(nombre de couverts limité, prévenir)* (19 €) Carte 32/53 € CZ**x**
◆ Voici une bonne table du quartier historique. Service sympathique dans un décor minimaliste et goûteuse cuisine bistrotière accompagnée de crus choisis (bon choix au verre).

à St-Martin-du-Fault par ⑦, N 141, D 941 et D 20 : 13 km – ✉ 87510 Nieul

Chapelle St-Martin

– ✆ 05 55 75 80 17 – www.chapellesaintmartin.com – Fermé 2 janv.-9 fév.
10 ch – †80/260 € ††80/260 € – 4 suites – ☕ 17 €
Rest – *(fermé dim. soir de nov. à mars, mardi midi, merc. midi et lundi) (nombre de couverts limité, prévenir)* Menu 35 € (déj. en sem.), 45/99 € bc – Carte 74/108 €
◆ Au cœur d'un parc en lisière d'un bois, cette gentilhommière cultive la sérénité et l'élégance bourgeoise : chambres parées d'étoffes colorées, mobilier raffiné, tentures murales... Côté restaurant, cuisine classique mise au goût du jour.

LIMONEST – 69 Rhône – 327 H4 – rattaché à Lyon

LIMOUX – 11 Aude – 344 E4 – 9 680 h. – alt. 172 m – ✉ 11300 22 B3

Languedoc Roussillon

Paris 769 – Carcassonne 25 – Foix 70 – Perpignan 104

32 promenade du Tivoli ✆ 04 68 31 11 82

Grand Hôtel Moderne et Pigeon ch,
1 pl. Gén.-Leclerc, (près de la poste) – ✆ 04 68 31 00 25 – www.grandhotelmodernepigeon.fr – Fermé 15 déc.-15 janv.
13 ch – †79/92 € ††89/105 € – 3 suites – ☕ 12 € – ½ P 85/93 €
Rest – *(fermé dim. soir sauf juil.-août et lundi)* Menu 38/117 € – Carte 48/75 €
◆ Cet ancien hôtel particulier du 17e s. abrite un superbe escalier (fresques et vitraux) conduisant à des chambres décorées avec goût. Au restaurant, belles salles 1900, patio verdoyant et savoureuse cuisine classique. Formule plus simple au bistrot.

LINGOLSHEIM – 67 Bas-Rhin – 315 K5 – rattaché à Strasbourg

LINIÈRES-BOUTON – 49 Maine-et-Loire – 317 J4 – 96 h. – alt. 53 m – ✉ 49490 35 C2

Paris 293 – Nantes 155 – Angers 67 – Tours 58

Château de Boissimon sans rest
– *✆ 02 41 83 30 86 – www.chateaudeboissimon.com – Ouvert d'avril à oct.*
5 ch ☕ – †130/150 € ††160/190 €
◆ La destination idéale pour un week-end à deux : un parc aux arbres centenaires, des chambres élégantes (Baroque, Gustavienne, etc.) qui subliment l'esprit du lieu. Avec piscine !

LE LIOUQUET – 13 Bouches-du-Rhône – 340 I6 – rattaché à La Ciotat

---

LISIEUX – 14 Calvados – 303 N5 – 23 343 h. – alt. 51 m – Pèlerinage (fin septembre) – ✉ 14100 Normandie Vallée de la Seine 33 C2

Paris 179 – Alençon 94 – Caen 64 – Évreux 73
11, rue d'Alençon ✆ 02 31 48 18 10
Cathédrale St-Pierre★ BY.
Château★ de St-Germain-de-Livet 7 km par ④.

Plan page suivante

Mercure
par ② : 2,5 km (rte de Paris) – ✆ 02 31 61 17 17 – www.accor-hotels.com
69 ch – †78/104 € ††92/108 € – ☕ 16 €
Rest – (20 €) Menu 24 € – Carte 28/39 €
◆ En périphérie de Lisieux, hôtel aux chambres confortables et bien tenues (mansardées au dernier étage). Le restaurant, prolongé d'une terrasse d'été au bord d'une piscine, propose des buffets de hors-d'œuvre et de desserts.

De la Place sans rest
67 r. Henry Chéron – ✆ 02 31 48 27 27 – www.lisieux-hotel-delaplace.com – Fermé 1er déc.-3 janv. ABY**a**
33 ch – †50/79 € ††69/89 € – ☕ 10 €
◆ Cet hôtel central vous reçoit avec amabilité. Chambres rénovées dans des couleurs gaies et actuelles ; certaines donnent sur la cathédrale. Petits-déjeuners copieux (buffet).

L 'Espérance
16 bd Ste-Anne – ✆ 02 31 62 17 53 – www.lisieux-hotel.com – Ouvert de mi-avril à fin-oct. BZ**e**
100 ch – †79/115 € ††89/129 € – ☕ 10 €
Rest – Menu 22/39 € – Carte 40/70 €
◆ Idéalement située en centre ville, cette bâtisse normande à colombages abrite des chambres rénovées dans un style contemporain. Une grande fresque campagnarde orne les murs de l'immense salle à manger. Recettes classiques actualisées.

Aux Acacias
13 r. Résistance – ✆ 02 31 62 10 95 – Fermé 20-30 déc., dim. soir et lundi
Rest – Menu 17 € (sem.), 25/46 € – Carte 38/63 € BZ**d**
◆ Agréable restaurant au cadre provençal : mobilier rustique en bois peint, nappes et tentures pastel. Cuisine traditionnelle mettant à l'honneur les produits du terroir normand.

Alençon (R. d') . . . . **BZ** 2	Duchesne-Fournet (Bd) . . . . **BY** 13	Oresme (Bd N.) . . . . **BY** 21
Carmel (R. du) . . . . **BZ** 4	Foch (R. Mar.) . . . . **BY** 14	Pont-Mortain (R.) . . . . **BZ** 23
Char (R. au) . . . . **BY** 5	Fournet (R.) . . . . **BZ** 15	Remparts (Quai des) . . . . **AY** 24
Chéron (R. Henry) . . . . **ABY** 6	Guizot (R.) . . . . **AZ** 16	République (Pl. de la) . . . . **ABZ** 25
Condorcet (R.) . . . . **AY** 8	Herbet-Fournet (Bd) . . . . **BY** 18	Ste-Thérèse (Av.) . . . . **BZ** 28
Creton (R.) . . . . **ABZ** 9	Jeanne-d'Arc (Bd) . . . . **BZ** 19	Verdun (R. de) . . . . **BZ** 31
Dr-Lesigne (R.) . . . . **BZ** 10	Mitterrand (Pl. F.) . . . . **ABY** 20	Victor-Hugo (Av.) . . . . **BZ** 33
Dr-Ouvry (R.) . . . . **BZ** 12		

à Ouilly-du-Houley par ②, **D 510 et D 262 : 10 km – 187 h. – alt. 55 m – ✉ 14590**

✗ **De la Paquine**

rte de Moyaux – ✆ 02 31 63 63 80 – Fermé 2-17 mars, 12 nov.-2 déc., dim. soir, mardi soir et merc.

Rest – *(prévenir)* Menu 35 € – Carte 45/65 €

◆ À l'entrée du village, petite auberge fleurie au cadre rustique et chaleureux, où l'on propose une cuisine traditionnelle renouvelée de saison en saison.

LISLE-SUR-TARN – 81 Tarn – 338 C7 – 4 110 h. – alt. 127 m – ✉ 81310 — 29 C2

Paris 668 – Albi 32 – Cahors 105 – Castres 58

place Paul Saissac ✆ 05 63 40 31 85

✗ **Le Romuald**

6 r. Port – ✆ 05 63 33 38 85 – Fermé vacances de la Toussaint, dim. soir, mardi soir et lundi

Rest – Menu 12 € bc (déj. en sem.), 19/32 € – Carte 23/41 €

◆ Maison à pans de bois du 16e s. au cœur de la bastide. Cuisine traditionnelle et grillades préparées dans la grande cheminée qui agrémente la salle à manger rustique.

Le Cépage

15 pl. Paul-Saissac – ✆ 05 63 33 50 44 – Fermé vacances de la Tousaint, mardi soir, dim. soir et lundi
Rest – Menu 13 € (déj.), 17/22 € – Carte 27/37 €
◆ Intérieur chaleureux de style bistrot moderne et agréable terrasse pour les beaux jours. Le chef réalise des recettes aux accents du terroir un brin revisitées.

LISSAC-SUR-COUZE – 19 Corrèze – **329** J5 – 664 h. – alt. 170 m **24** B3
– ✉ 19600

Paris 489 – Limoges 101 – Tulle 45 – Brive-la-Gaillarde 14

Château de Lissac sans rest

au bourg – ✆ 05 55 85 14 19 – www.chateaudelissac.com – Fermé 1er nov.-1er mars
6 ch – 120/150 € 120/150 € – 12 €
◆ Ce château (13e, 15e et 18e s.), au calme dans un village, profite d'un très beau parc et d'une position dominante sur le lac. Confort et décoration délicatement actuelle.

LISSES – 91 Essonne – **312** D4 – **106** 32 – voir à Paris, Environs (Évry)

LIVRY-GARGAN – 93 Seine-Saint-Denis – **305** G7 – **101** 18 – voir à Paris, Environs

---

LA LLAGONNE – 66 Pyrénées-Orientales – **344** D7 – rattaché à Mont-Louis

---

LLO – 66 Pyrénées-Orientales – **344** D8 – rattaché à Saillagouse

---

LOCHES – 37 Indre-et-Loire – **317** O6 – 6 375 h. – alt. 80 m **11** B3
– ✉ 37600 Châteaux de la Loire

Paris 261 – Blois 68 – Châteauroux 72 – Châtellerault 56

place de la Marne ✆ 02 47 91 82 82

de Loches-Verneuil à Verneuil-sur-Indre La Capitainerie, par D 943 : 10 km, ✆ 02 47 94 79 48

Cité médiévale★★ : donjon★★, église St-Ours★, Porte Royale★, porte des cordeliers★, hôtel de ville★ Y H - Chateaux★★ : gisant d'Agnès Sorel★, triptyque★ - Carrières troglodytiques de Vignemont★.

Portail★ de la Chartreuse du Liget E : 10 km par ②.

Plan page suivante

Le George Sand

39 r. Quintefol – ✆ 02 47 59 39 74
– www.hotelrestaurant-georgesand.com Zs
19 ch – 50/84 € 65/130 € – 11 € – ½ P 60/68 €
Rest – *(fermé dim. soir du 1er oct. au 31 mars)* (12 € bc) Menu 21/28 € – Carte 32/38 €
◆ Cette demeure du 15e s. sur les berges de l'Indre possède un esprit d'auberge familiale. Bel escalier à vis en pierre, chambres rustiques dont la moitié donne sur le fleuve. Plaisant restaurant (poutres, cheminée) et délicieuse terrasse couverte avec vue bucolique.

La Maison de l'Argentier du Roy sans rest

21 r. Saint-Ours – ✆ 02 47 91 62 86
– www.argentier-du-roy.eu Zr
4 ch – 85 € 95/120 €
◆ Une maison en tuffeau dans la partie médiévale de la ville, pour un voyage hors du temps. Les chambres, thématiques, se nomment Belle Époque, Jacques Cœur ou Gîte du Chevalier !

LOCHES

Anciens A.F.N. (Pl. des) . . . . . . Z
Auguste (Bd Ph.) . . . . Z
Balzac (R.) . . . . YZ
Bas-Clos (Av. des) . . . . Y 2
Blé (Pl. au) . . . . Y 3
Château (R. du) . . . . YZ 5
Cordeliers (Pl. des) . . . . Y
Descartes (R.) . . . . Y 7
Donjon (Mail du) . . . . Z
Droulin (Mail) . . . . Z
Filature (Q. de la) . . . . Y 8
Foulques-Nerra (R.) . . . . Z 9
Gare (Av. de la) . . . . Y
Gaulle (Av. Gén.-de) . . . . Y 10
Grande-Rue . . . . Y 13
Grand Mail (Pl. du) . . . . Y 12
Lansyer (R.) . . . . Z 14
Louis XI (Av.) . . . . Y
Maquis Césario (Allée) . . . . . . Z
Marne (Pl. de la) . . . . Y
Mazerolles (Pl.) . . . . Y 15
Moulins (R. des) . . . . Y 16
Pactius (R. T.) . . . . Z 17
Picois (R.) . . . . Y
Ponts (R. des) . . . . Y 18
Porte-Poitevine (R. de la) . . . . Z 19
Poterie (Mail de la) . . . . Z
Quintefol (R.) . . . . YZ
République (R. de la) . . . . Y
Ruisseaux (R. des) . . . . Z 20
St-Antoine (R.) . . . . Y 21
St-Ours (R.) . . . . Z 22
Tours (R. de) . . . . Y
Verdun (Pl. de) . . . . Y
Victor-Hugo (R.) . . . . Y
Vigny (R. A.-de) . . . . Y
Wermelskirchen (Pl. de) . . . . . Y 29

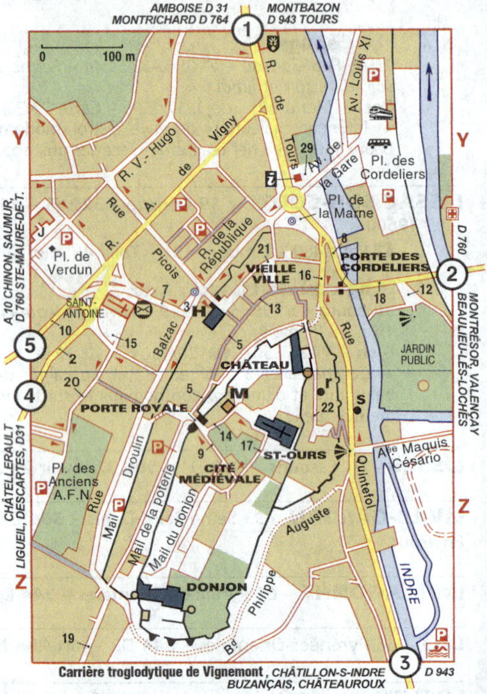

LOCMARIAQUER – 56 Morbihan – **308** N9 – 1 598 h. – alt. 5 m **9** A3
– ✉ 56740 Bretagne

Paris 488 – Auray 13 – Quiberon 31 – La Trinité-sur-Mer 10
rue de la Victoire ☎ 02 97 57 33 05
Ensemble mégalithique ★★ - dolmens de Mané Lud★ et de Mané Rethual★ - Tumulus de Mané-er-Hroech★ S : 1 km - Dolmen des Pierres Plates★ SO : 2 km - Pointe de Kerpenhir ★ SE : 2 km.

Des Trois Fontaines sans rest
rte d'Auray – ☎ 02 97 57 42 70
– www.hotel-troisfontaines.com
– Fermé 7 nov.-25 déc. et 9 janv.-10 fév.
18 ch – 72/135 € 72/135 € – 11 €
◆ À l'entrée du village, un hôtel engageant avec un beau jardin fleuri. L'agréable salon et les chambres, meublées d'acajou, évoquent le bord de mer. Accueil vraiment charmant.

Le Neptune sans rest
port du Guilvin – ☎ 02 97 57 30 56 – www.hotel-le-neptune.fr
– Ouvert 1er avril-30 sept.
12 ch – 53/75 € 53/75 € – 7 €
◆ Cet hôtel familial, situé sur le port du Guilvin, propose des chambres toutes simples. Préférez celles de l'annexe, plus spacieuses et dotées d'une terrasse donnant sur le golfe.

LOCMINÉ – 56 Morbihan – **308** N7 – 3 922 h. – alt. 108 m – ✉ 56500 **10** C2
Bretagne

Paris 453 – Lorient 52 – Pontivy 24 – Quimper 114
place Anne de Bretagne ☎ 02 97 60 00 37

à Bignan Est : 5 km par D 1 – 2 549 h. – alt. 148 m – ✉ 56500

XX **Auberge La Chouannière**
6 r. Georges Cadoudal – ✆ 02 97 60 00 96 – Fermé 1er-17 mars, 28 juin-6 juil., 5-21 oct., dim. soir, mardi soir, merc. soir et lundi
Rest – Menu 22 € (déj.), 32/71 € bc
◆ Pierre Guillemot, farouche lieutenant de Cadoudal, était natif du village : il est l'un des chouans célébrés par l'enseigne... Sobre décor et carte classique.

LOCQUIREC – 29 Finistère – **308** J2 – 1 405 h. – alt. 15 m – ✉ 29241 **9** B1
Bretagne

Paris 534 – Brest 81 – Guingamp 52 – Lannion 22
place du Port ✆ 02 98 67 40 83
Église★ - Pointe de Locquirec★ 30 mn - Table d'orientation de Marc'h Sammet ≤★ O : 3 km.

Le Grand Hôtel des Bains rest, VISA AE
15 bis r. de l'Église – ✆ 02 98 67 41 02 – www.grand-hotel-des-bains.com
36 ch – †126/229 € ††131/246 € – ☕ 13 €
Rest – *(dîner seult)* Menu 39 € – Carte 51/103 €
◆ Piscine d'eau salée, beau jardin dominant la mer, salles de massage et chambres de style balnéaire contemporain : autant d'atouts pour ce lieu où fut tourné "L'Hôtel de la plage". Restaurant chic (lambris pastel) et cuisine iodée face à la baie.

LOCRONAN – 29 Finistère – **308** F6 – 800 h. – alt. 105 m – ✉ 29180 **9** A2
Bretagne

Paris 576 – Brest 66 – Briec 22 – Châteaulin 18
place de la Mairie ✆ 02 98 91 70 14
Place★★ - Église St-Ronan et chapelle du Pénity★★ - Montagne de Locronan ✻★ E : 2 km.

Le Prieuré ch, P VISA AE
11 r. Prieuré – ✆ 02 98 91 70 89 – www.hotel-le-prieure.com – Hôtel : Ouvert 15 mars-11 nov., rest : fermé 12-30 nov. et vacances de fév.
15 ch – †54/59 € ††64/73 € – ☕ 9 € – ½ P 60/65 €
Rest – (14 €) Menu 23/35 € – Carte 25/60 €
◆ Petit hôtel familial situé à l'entrée du pittoresque village breton. Davantage de calme dans les chambres côté jardin ou à l'annexe, récemment rénovée. Repas traditionnel dans un cadre chaleureux : poutres, pierres apparentes, cheminée et mobilier régional.

au Nord-Ouest : 3 km par rte secondaire – ✉ 29550 Plonévez-Porzay

Manoir de Moëllien ≤ ch, P VISA AE
– ✆ 02 98 92 50 40 – www.moellien.com – Ouvert 26 mars-15 nov.
18 ch (½ P seult) – ☕ 12 € – ½ P 72/80 € **Rest** – *(dîner seult) (résidents seult)*
◆ Joli manoir du 17e s. isolé dans un vaste parc en pleine campagne. Les chambres, aménagées dans les dépendances, profitent du grand calme. Cuisine traditionnelle servie dans la belle salle à manger (imposantes cheminées).

LOCTUDY – 29 Finistère – **308** F8 – 4 045 h. – alt. 8 m – ✉ 29750 **9** A2
Bretagne

Paris 587 – Rennes 236 – Quimper 26 – Concarneau 40
place des Anciens Combattants ✆ 02 98 87 53 78

XX **Auberge Pen Ar Vir** (Arnaud Le Levier) P VISA
r. Cdt. Carfort – ✆ 02 98 87 57 09 – Fermé vacances de la Toussaint, 5-25 janv., mardi midi de mai à sept., mardi et merc. de mi-sept. à mi-avril, dim. soir et lundi
Rest – (22 €) Menu 32/75 €
Spéc. Gourmandises d'ormeaux à la paillarde (15 juin-15 sept.). Poissons de ligne. Assiette gourmande.
◆ Excellente cuisine de la mer : sélectionnant des produits d'une extrême fraîcheur, le chef dresse des plats simples et dépouillés, qui mettent le cap sur le goût. Élégant cadre contemporain, dans une villa au bord d'un bras de mer.

LODÈVE – 34 Hérault – 339 E6 – 7 334 h. – alt. 165 m – ✉ 34700 23 C2

Languedoc Roussillon

Paris 695 – Alès 98 – Béziers 63 – Millau 60

7, place de la République ✆ 04 67 88 86 44

Anc. cathédrale St-Fulcran★ - Musée de Lodève★- Cirque du Bout du Monde★.

Paix

11 bd Montalangue – ✆ 04 67 44 07 46 – www.hotel-dela-paix.com – Fermé 15-30 nov., fév., sam. midi, dim. soir et lundi d' oct. à avril sauf vacances scolaires

22 ch – 50/55 € 58/75 € – 1 suite – 8 € – ½ P 61/76 €

Rest – Menu 18/37 € bc – Carte 41/49 €

♦ Ancien relais de poste converti en hôtel familial, aux portes des Grands Causses. Chambres décorées dans un style provençal, coloré et gai. Cuisine régionale accompagnée de vins du Languedoc à apprécier dans la salle à manger contemporaine.

Du Nord sans rest

18 bd Liberté – ✆ 04 67 44 10 08 – www.hotellodeve.com – Fermé vacances de la Toussaint et de Noël

24 ch – 43/56 € 49/60 € – 1 suite – 8 €

♦ Cet immeuble du centre-ville a vu naître le compositeur Georges Auric en 1899. Il abrite des chambres simples et fonctionnelles. Agréable terrasse pour le petit-déjeuner, sauna.

LOGELHEIM – 68 Haut-Rhin – 315 I8 – rattaché à Colmar

LOGONNA-DAOULAS – 29 Finistère – 308 F5 – 1 969 h. – alt. 45 m – ✉ 29460 9 A2

Paris 578 – Brest 25 – Morlaix 75 – Quimper 59

Le Domaine de Moulin Mer

34 rte de Moulin Mer, 1 km par D 333 – ✆ 02 98 07 24 45 – www.domaine-moulin-mer.com

5 ch – 75/130 € 75/130 € **Table d'hôte** – Menu 40 € bc

♦ Sur la route du littoral, cette demeure début 20e s. posée dans un beau jardin fleuri, planté de palmiers et magnolias, recèle des chambres parfaitement tenues, décorées de meubles chinés. Menu du jour préparé par le propriétaire (uniquement hors saison).

LOHÉAC – 35 Ille-et-Vilaine – 309 K7 – 603 h. – alt. 50 m – ✉ 35550 10 D2

Paris 380 – Châteaubriant 51 – Ploërmel 47 – Redon 33

Manoir de l'automobile★★ **Bretagne.**

Hostellerie du Village sans rest

21 r. de la Poste – ✆ 02 99 34 19 19 – www.hotel-cafeduvillage.com – Fermé 24 déc.-2 janv.

7 ch – 54/98 € 64/115 € – 8 €

♦ Ancienne étape pour les pèlerins de Compostelle (16e s.). Chambres de caractère (quelques lits clos), thématiques dans l'annexe ("Capitaine", "Serre", etc.). Bar à vin très rustique.

LOIRÉ – 49 Maine-et-Loire – 317 D3 – 765 h. – alt. 39 m – ✉ 49440 34 B2

Paris 322 – Ancenis 35 – Angers 45 – Châteaubriant 34

Auberge de la Diligence (Michel Cudraz)

4 r. de la Libération – ✆ 02 41 94 10 04 – www.diligence.fr – Fermé 30 avril-9 mai, 6-29 août, 24-26 déc., sam. midi, dim. soir et lundi

Rest – *(nombre de couverts limité, prévenir)* (30 €) Menu 40/82 € – Carte 44/78 €

Spéc. Fricassée de langoustines, escalope de foie gras chaud. Ormeaux du Cotentin et couteaux cuits dans un bouillon à l'hysope. Crêpe au chocolat, zestes d'orange et sorbet mangue. **Vins** Savennières, Muscadet de Sèvre-et-Maine sur lie.

♦ Vieilles pierres et terrasse au jardin : un charmant écrin pour une ambitieuse cuisine contemporaine, relevée par les herbes du potager et quelques notes d'Asie, passion du chef.

LOIRE-SUR-RHÔNE – 69 Rhône – **327** H6 – rattaché à Givors

LOMENER – 56 Morbihan – **308** K8 – rattaché à Ploemeur

LA LONDE-LES-MAURES – 83 Var – **340** M7 – 10 034 h. – alt. 24 m – ✉ 83250 **41** C3

Paris 868 – Marseille 93 – Toulon 29 – La Seyne-sur-Mer 35

avenue Albert Roux ☎ 04 94 01 53 10

XX **Cédric Gola** AC VISA MC

22 av. Georges-Clemenceau – ☎ 04 94 66 97 93 – Fermé 1 sem. en mars et en juin, 14 nov.-26 déc., le midi sauf le dim. de sept. à juin, lundi et mardi

Rest – *(dîner seult) (nombre de couverts limité, prévenir)* Menu 34/75 €

◆ Ce bistrot chic (beau carrelage d'époque, haut plafond, vieux comptoir...) propose une cuisine fine, marquée par le Sud et les saisons (menu truffe). Accueil charmant.

LONDINIÈRES – 76 Seine-Maritime – **304** I3 – 1 188 h. – alt. 78 m – ✉ 76660 **33** D1

Paris 147 – Amiens 78 – Dieppe 27 – Neufchâtel-en-Bray 14

Mairie ☎ 02 35 94 90 69

X **Auberge du Pont** avec ch VISA MC AE

14 r. du Pont de Pierre – ☎ 02 35 93 80 47 – Fermé 1er-15 fév., dim. soir et lundi

10 ch – †40 € ††40 € – ☕ 5 € – ½ P 51 € **Rest** – Menu 10 € (sem.), 16/32 €

◆ Petite auberge normande située sur les bords de l'Eaulne. Cuisine régionale servie dans une salle à manger de style champêtre. Chambres refaites, fonctionnelles et colorées, bien pratiques pour l'étape.

LA LONGEVILLE – 25 Doubs – **321** I4 – rattaché à Montbenoît

LONGJUMEAU – 91 Essonne – **312** C3 – **101** 35 – voir à Paris, Environs

LONGUES – 63 Puy-de-Dôme – **326** G9 – rattaché à Vic-le-Comte

LONGUYON – 54 Meurthe-et-Moselle – **307** E2 – 5 754 h. – alt. 213 m – ✉ 54260 **26** B1

Paris 314 – Metz 79 – Nancy 133 – Sedan 69

place S. Allende ☎ 03 82 39 21 21

à Rouvrois-sur-Othain (Meuse) Sud : 7,5 km par D 618 – 184 h. – alt. 223 m – ✉ 55230

XX **La Marmite** AC VISA MC AE

11 rte Nationale – ☎ 03 29 85 90 79 – Fermé 30 août-10 sept., 2-18 janv., mardi en hiver, dim. soir et lundi sauf fériés

Rest – Menu 15 € (déj.), 26/49 € – Carte 35/60 €

◆ Retrouvez dans cette "marmite" des plats authentiques et savoureux, concoctés avec de bons produits locaux. Jolie salle rustique avec cheminée. Accueil et service aimables.

LONGWY – 54 Meurthe-et-Moselle – **307** F1 – 14 317 h. – alt. 262 m – ✉ 54400 Alsace Lorraine **26** B1

Paris 328 – Luxembourg 38 – Metz 64 – Thionville 41

place Darche ☎ 03 82 24 94 54

Musée municipal : collection de fers à repasser★.

à Méxy Sud : 3 km par N2 – 2 163 h. – alt. 369 m – ✉ 54135

Ibis & ch, AC ch, P VISA MC AE

r. Château d'Eau – ☎ 03 82 23 14 19 – www.ibishotel.com

62 ch – †59/75 € ††59/75 € – ☕ 8 €

Rest – Menu 10 € bc (déj. en sem.), 13 € bc/32 € – Carte 18/32 €

◆ Établissement situé à proximité d'un axe passant. Les installations sont spacieuses, l'équipement complet et le mobilier contemporain. Chambres de style actuel. Assiettes gourmandes et formule buffets à découvrir dans un sobre décor.

LONS – 64 Pyrénées-Atlantiques – 342 J3 – 11 799 h. – alt. 162 m – ✉ 64140 — 3 B3

Paris 837 – Bordeaux 259 – Pau 6 – Tarbes 50

Le Fer à Cheval

1 av. des Martyrs-du-Pont-Long – *✆ 05 59 32 17 40*
– www.hotel-leferacheval.com
10 ch – †52/65 € ††62/75 € – ☕ 8 €
Rest – *(fermé dim. soir)* Menu 23 € bc (déj. en sem.)/38 € – Carte 47/58 €

◆ Ce relais de poste a fait peau neuve en 2010 et c'est réussi ! Les chambres marient le contemporain et l'ancien avec simplicité et sont bien insonorisées. Au restaurant, cuisine actuelle sans prétention. L'été, on profite de la terrasse : glycine, tilleul, camélias...

LONS-LE-SAUNIER Ⓟ – 39 Jura – 321 D6 – 17 879 h. – alt. 255 m – Stat. therm. : début avril-fin oct. – Casino – ✉ 39000 Franche-Comté Jura — 16 B3

Paris 408 – Besançon 84 – Bourg-en-Bresse 73 – Chalon-sur-Saône 61
place du 11 Novembre ✆ 03 84 24 65 01
du Val de Sorne Vernantois, S : 6 km par D 117 et D 41, ✆ 03 84 43 04 80
Rue du Commerce★ - Théâtre★ - Pharmacie★ de l'Hôtel-Dieu.

Du Béryl sans rest
805 bd de l'Europe, 1 km par ① rte de Besançon puis D 1083 – ✆ 03 84 24 40 50 – www.groupe-emeraude.com
40 ch – †65/75 € ††75/95 € – ☕ 9 € – ½ P 64/74 €
◆ Non loin du casino, cet hôtel possède des chambres modernes et spacieuses aux teintes beiges reposantes. Mobilier contemporain. Tarifs raisonnables.

Parc rest,
9 av. J. Moulin – ✆ 03 84 86 10 20 – www.hotel-parc.fr Ys
16 ch – †53 € ††59 € – ☕ 8 € – ½ P 93 €
Rest – *(fermé dim. soir)* (12 €) Menu 15/28 € – Carte 10/17 €
◆ À deux pas du parc des Bains, ce sympathique hôtel dispose de chambres colorées et fonctionnelles. Mobilier en bois cérusé. Sobre salle à manger et cuisine traditionnelle simple utilisant les produits régionaux.

à Chille par ① rte de Besançon et D 157 : 3 km – 321 h. – alt. 330 m – ✉ 39570

Parenthèse ch,
186 chemin du Pin – ✆ 03 84 47 55 44 – www.hotelparenthese.com – Fermé 22-29 déc.
34 ch – †99/153 € ††99/153 € – ☕ 11 € – ½ P 92/119 €
Rest – *(fermé dim. soir sauf juil.-août, sam. midi et lundi midi)* Menu 20 € (sem.), 27/54 € – Carte 40/73 €
◆ Au cœur d'un parc, cet hôtel dispose de chambres spacieuses au mobilier actuel (certaines avec balcon ou terrasse). Piscine et spa complet flambant neuf. Une adresse tenue par un couple dynamique. Au restaurant, cuisine dans l'air du temps fidèle au terroir.

au Sud par D 117 et D 41 : 6 km – ✉ 39570 Vernantois

Domaine du Val de Sorne rest,
– ✆ 03 84 43 04 80 – www.valdesorne.com
– Fermé 18 déc.-11 janv.
35 ch – †81/112 € ††92/125 € – ☕ 12 € – ½ P 77/92 €
Rest – *(fermé dim. soir d'oct. à déc. et de janv. à avril)* Menu 21/35 € – Carte 39/48 €
◆ Construction régionale moderne, sur le golf du Val de Sorne. Les chambres, spacieuses, ont été rénovées dans un style contemporain élégant. Équipements de loisirs de qualité. Restaurant avec vue sur les greens, carte traditionnelle (grillades et salades en été).

à Courlans par ③ rte de Chalon, N 78 : 6 km – 927 h. – alt. 227 m – ✉ 39570

Hôberge de Chavannes avec ch
1890 rte de Chalon – ✆ 03 84 47 05 52 – www.auberge-de-chavannes.com
11 ch – †88 € ††88/98 € – ☕ 10 €
Rest – *(fermé dim. soir et lundi)* (15 €) Menu 20 € (sem.)/50 € – Carte 36/43 €
◆ Cette maison traditionnelle cache une salle au design de bon goût ; cuisine inventive et récréative bien maîtrisée. Excellent service. Bois blond et décoration méditerranéenne dominent dans les chambres situées à l'arrière du bâtiment, au calme.

LE LONZAC – 19 Corrèze – 329 L3 – 825 h. – alt. 450 m – ✉ 19470 25 C2

Paris 479 – Limoges 90 – Tulle 29 – Brive-la-Gaillarde 62

Auberge du Rochefort avec ch
36 av. de la Libération – ✆ 05 55 97 93 42 – www.auberge-du-rochefort.fr – Fermé 1er-15 oct. et mardi
6 ch – †45/60 € ††45/60 € – ☕ 7 € **Rest** – Menu 11/30 € – Carte 37/74 €
◆ Cette maison à colombages typique semble sortie d'une carte postale. Salle à manger rustique où l'accueil est à la hauteur de la cuisine, actuelle et soignée. Table d'hôtes. L'étage abrite six chambres de bon confort, douillettes et fonctionnelles.

LORAY – 25 Doubs – **321** I4 – **435 h.** – **alt. 745 m** – ✉ **25390** **17** C2

▶ Paris 448 – Baume-les-Dames 35 – Besançon 46 – Morteau 22

XX **Robichon** avec ch

22 Grande Rue – ☎ 03 81 43 21 67 – www.hotel-robichon.com – Fermé 1er-8 oct., 15-25 nov., 15-31 janv., sam. midi, dim. soir et lundi

11 ch – †57/62 € ††57/62 € – ☕ 9 €

Rest – (14 €) Menu 25 € (déj. en sem.)/45 € – Carte 30/69 €

Rest *P'tit Bichon* – *(fermé sam. midi, dim. soir et lundi soir)* (13 € bc) Menu 15 € (déj. en sem.)/22 € – Carte 23/31 €

◆ Robuste maison régionale située au centre du bourg. Cuisine de tradition servie dans une salle contemporaine (boiseries claires et mobilier coloré). Petites chambres traditionnelles pour l'étape. Au P'tit Bichon, décor façon chalet franc-comtois, plats régionaux, grillades et menu du jour.

LORGUES – 83 Var – **340** N5 – **8 550 h.** – **alt. 200 m** – ✉ **83510** **41** C3

Côte d'Azur

▶ Paris 841 – Brignoles 34 – Draguignan 12 – Fréjus 37

ℹ place Trussy ☎ 04 94 73 92 37

XXX **Bruno** (Clément Bruno) avec ch

2350 rte des Arcs, Campagne Mariette, 3 km au Sud-Est par rte des Arcs – ☎ 04 94 85 93 93 – www.restaurantbruno.com – Fermé dim. soir et lundi du 15 sept. au 15 juin

6 ch – †100 € ††200/306 € – ☕ 35 € **Rest** – *(prévenir)* Menu 65/185 €

Spéc. "De la Russie des Tsars aux saveurs de Provence", caviar de truffe, blinis, tomate confite et crème fouettée à la truffe. Pomme de terre de Noirmoutier en robe des champs aux truffes. Pigeon des cols alpins en feuilleté au foie gras et aux truffes. **Vins** Côtes de Provence.

◆ Un chef truculent, vouant une passion à la truffe, tient ce mas entouré de vignes. Décor rustico-provençal charmant, menu unique dédié au précieux tubercule (d'hiver et d'été). Jolies chambres en rez-de-jardin.

XX **Le Chrissandier**

18 cours de la République – ☎ 04 94 67 67 15 – www.lechrissandier.com – Fermé janv., mardi et merc. sauf en été

Rest – (15 €) Menu 47/63 € – Carte 18/47 €

◆ Jolie adresse dont le chef honore tradition et beaux produits. Derrière une devanture de bois, décor agréable mêlant tons clairs et pierres ; patio sous une treille.

au Nord-Ouest par rte de Salernes, D 10 et rte secondaire : 8 km – ✉ 83510

Château de Berne

rte de Salernes – ☎ 04 94 60 48 88 – www.chateauberne.com – Fermé 2 janv.-11 fév.

18 ch – †195/610 € ††195/610 € – 1 suite – ☕ 25 € – ½ P 180/387 €

Rest – *(fermé le midi)* Menu 60/115 € – Carte 86/94 €

Rest *La Bouscarelle* – *(ouvert de Pâques à fin oct. et fermé le soir)* (22 €) Menu 28/35 € – Carte 33/45 €

◆ Au bout d'un long chemin serpentant à travers la garrigue... une parenthèse bénie dans un domaine viticole de 600 ha ! On partage son temps entre les chambres – élégantes –, les cours de cuisine, les dégustations de vin, les concerts, le spa... Cuisine fine au restaurant ; grillades aux sarments côté brasserie.

LORIENT – 56 Morbihan – **308** K8 – **58 547 h.** – **Agglo. 116 174 h.** – **alt. 4 m** – ✉ **56100** Bretagne **9** B2

▶ Paris 503 – Quimper 69 – St-Brieuc 116 – St-Nazaire 146

✈ de Lorient-Bretagne Sud : ☎ 02 97 87 21 50, 9 km par D 162 AZ.

ℹ quai de Rohan ☎ 02 97 84 78 00

18 de Valqueven à Quéven Lieu dit Kerruisseau, N : 8 km par D 765, ☎ 02 97 05 17 96

◉ Base des sous-marins★ AZ - Intérieur★ de l'église N.-D.-de-Victoire BY **E**.

Alsace-Lorraine (Pl.)	BY	2
Assemblée-Nat. (R.)	BYZ	3
Bôve (Cours de la)	BZ	8
Briand (Pl. A.)	BZ	6
Du-Couëdic (R.)	BY	9
Du-Faouëdic (Av.)	AZ	10
Foch (R. Mar.)	BYZ	
Franchet-d'Esperey (Bd)	AY	14
Guieysse (R. P.)	AY	
Libération (Pl. de la)	AY	15
Liège (R. de)	BYZ	
Massé (R. Victor)	BY	16
Patrie (R. de la)	BYZ	19
Port (R. du)	BZ	
St-Christophe (Pont)	BY	20
Turenne (R. de)	BY	23
Vauban (R. de)	ABY	24

Mercure sans rest
31 pl. Jules-Ferry – ✆ 02 97 21 35 73 – www.accorhotels.com BZ**m**
58 ch – †75/123 € ††75/123 € – ☕ 14 €
◆ Situation très pratique : commerces, palais des congrès et bassin à flot sont à proximité. Le décor du salon-bar et des chambres évoque discrètement la Compagnie des Indes.

Escale Océania sans rest
30 r. du Couëdic – ✆ 02 97 64 13 27 – www.oceaniahotel.com – Fermé 23 déc.-8 janv. BY**a**
32 ch – †55/95 € ††59/120 € – ☕ 10 €
◆ Accueil chaleureux dans cet hôtel idéalement situé en centre-ville, entre la gare et le palais des Congrès. Chambres rénovées en 2010, actuelles et bien insonorisées.

Cléria sans rest
27 bd Mar.-Franchet-d'Esperey – ✆ 02 97 21 04 59 – www.hotel-cleria.com
33 ch – †49/69 € ††59/79 € – ☕ 9 € AY**f**
◆ Les chambres de cet hôtel sont peu à peu rénovées dans un style actuel ; celles qui donnent sur la courette fleurie (petits-déjeuners en été) sont plus au calme.

Astoria sans rest
3 r. de Clisson – ✆ 02 97 21 10 23 – www.hotelastoria-lorient.com – Fermé 23 déc.-7 janv. BY**e**
35 ch – †65/86 € ††65/86 € – ☕ 9 €
◆ Un établissement sympathique à plus d'un égard : accueil familial chaleureux, chambres simples mais personnalisées, expositions de peintures dans la salle des petits-déjeuners.

Central Hôtel sans rest
1 r. Cambry – ✆ 02 97 21 16 52 – www.centralhotellorient.com – Fermé vacances de Noël BZ**b**
21 ch – †50/85 € ††50/95 € – ☕ 8,50 €
◆ Enseigne justifiée pour cet hôtel familial du... centre-ville. Les chambres, fonctionnelles et bien tenues, bénéficient d'une bonne isolation phonique.

Le Jardin Gourmand
46 r. Jules Simon – ✆ 02 97 64 17 24 – www.jardin-gourmand.fr – Fermé vacances de fév., de la Toussaint, de Noël, dim. soir, lundi, mardi sauf en saison, merc. et jeudi AY**t**
Rest – (22 €) Menu 40 € (déj. en sem.)/54 €
◆ La chef-patronne met à l'honneur les produits bretons à travers des recettes inventives escortées d'un beau choix de vins, whiskies et eaux-de-vie. Décor actuel et plaisant.

Le Yachtman
14 r. Poissonnière – ✆ 02 97 21 31 91 – Fermé dim. BZ**u**
Rest – (15 €) Menu 19 € (sem.), 29/42 € – Carte 35/54 €
◆ Non loin du port, la salle joue la carte de l'épure et de l'intime. La cuisine, bien maîtrisée, vogue sur la mer (morue fraîche à l'aïoli, tartelette à la clémentine...).

Henri et Joseph (Philippe Le Lay)
4 r. Léo-le-Bourgo – ✆ 02 97 84 72 12 – www.henrietjoseph.fr – Fermé mardi soir et merc. soir sauf juil.-août, dim. et lundi AY**z**
Rest – *(prévenir)* (32 €) Menu 49/90 €
Spéc. Homard de l'île de Groix, légumes cuisinés en cocotte, vrai jus de rôti (mai à sept.). Filet d'oie frotté au pamplemousse et au genièvre, strates de légumes (fév.). Tarte au chocolat pure origine, sorbet yuzu, ressort au cacao (nov.).
◆ Ni Henri ni Joseph, mais le chef en personne annonce le menu, défini au gré du marché et des saisons. Pas de choix à la carte, mais les associations de textures et de saveurs, créatives et maîtrisées, ravissent nécessairement. Décor contemporain au style sûr.

L'Alto
pl. de l'Hôtel-de-Ville – ✆ 02 97 84 07 57 – www.lalto.fr – Fermé dim.
Rest – (13 €) Menu 16 € (déj. en sem.), 20/34 € – Carte 31/49 € AZ**s**
◆ Une atmosphère résolument lounge dans l'enceinte du Grand Théâtre + deux jeunes frères aux commandes = une cuisine sincère, fraîche et savoureuse.

Le Tire Bouchon

45 r. Jules-Legrand – ✆ 02 97 84 71 92 – www.letirebouchon.net – Fermé 2-12 Janvier, 21 Août-8 sept., sam. midi et merc. BZ**k**

Rest – (12 €) Menu 15 € (déj.), 27/54 € – Carte 34/62 €

◆ Ne vous fiez pas à la façade anodine, elle cache une coquette salle à manger (poutres et cheminée). Cuisine traditionnelle épurée, attentive aux saisons. Accueil souriant.

Le Pécharmant

5 r. Carnel – ✆ 02 97 21 33 86 – Fermé 23-30 avril, 7-21 juil., 1er-7 nov., 1er-7 janv., dim., lundi et fériés AZ**a**

Rest – (15 €) Menu 17 € (sem.), 35/69 € – Carte 38/70 €

◆ La façade orange ornée de casseroles en cuivre ne passe pas inaperçue, mais c'est bien grâce à sa cuisine – généreuse et délicate – que ce petit restaurant ne désemplit pas.

Le Pic

2 bd du Mar.-Franchet-d'Esperey – ✆ 02 97 21 18 29 – www.restaurant-lepic.com – Fermé 11-17 juil., merc. soir, sam. midi et dim. sauf fériés AY**b**

Rest – (15 €) Menu 19/38 € – Carte 35/47 €

◆ Façade rouge, décor rétro (vitraux, miroirs, comptoir), ambiance de brasserie intime, cuisine traditionnelle et arrivages de poisson frais... Une adresse qui tombe à pic !

au Nord-Ouest : 3,5 km par D 765 AY – ✉ 56100 Lorient

L'Amphitryon (Jean-Paul Abadie)

127 r. du Col.-Müller – ✆ 02 97 83 34 04 – www.amphitryon-abadie.com – Fermé 29 mai-8 juin, 18 sept.-5 oct., 9-23 janv., dim. et lundi

Rest – Menu 50 € (sem.), 88/150 € – Carte 112/152 €

Spéc. Maquereau confit et fenouil (mai à sept.). Homard, safran et gingembre (mai à sept.). Chocolat et violette.

◆ Cuisine d'auteur ludique, fine et inspirée, mettant les produits de la mer à l'honneur ; superbe sélection de crus confidentiels ; service aussi professionnel que charmant et beau cadre contemporain : l'Amphitryon triomphe !

LORMONT – 33 Gironde – **335** H5 – rattaché à Bordeaux

LORP-SENTARAILLE – 09 Ariège – **343** E6 – rattaché à St-Girons

---

LORRIS – 45 Loiret – **318** M4 – 2 815 h. – alt. 126 m – ✉ 45260 **12** C2

Châteaux de la Loire

Paris 132 – Gien 27 – Montargis 23 – Orléans 55

1, rue des Halles ✆ 02 38 94 81 42

Église N.-Dame★.

Guillaume de Lorris

8 Grande-Rue – ✆ 02 38 94 83 55 – Fermé vacances de Noël, dim. soir, lundi et mardi

Rest – *(nombre de couverts limité, prévenir)* (18 €) Menu 27/32 € – Carte 30/50 €

◆ L'allusion à l'auteur du Roman de la Rose est trompeuse : ici, point de civet médiéval, mais une carte honorant avec finesse les produits de la mer. Réservation conseillée.

LOUBRESSAC – 46 Lot – **337** G2 – 458 h. – alt. 320 m – ✉ 46130 **29** C1

Périgord Quercy

Paris 531 – Brive-la-Gaillarde 47 – Cahors 73 – Figeac 44

le bourg ✆ 05 65 10 82 18

Site★ du château.

Le Relais de Castelnau

rte de Padirac – ✆ 05 65 10 80 90 – www.relaisdecastelnau.com – Ouvert 1er avril-fin oct. et fermé dim. soir et lundi en avril et oct.

40 ch – †55/120 € ††55/150 € – ☕ 10 € – ½ P 69/85 €

Rest – *(fermé le midi sauf dim.)* Menu 19/49 € – Carte 40/65 €

◆ Cette construction moderne, tournée vers l'imposant château de Castelnau-Bretenoux, offre une vue imprenable sur la campagne. Chambres colorées et pratiques. Cuisine de tradition au restaurant ; terrasse panoramique face aux vallées de la Bave et de la Dordogne.

LOUDÉAC – 22 Côtes-d'Armor – **309** F5 – **9 619 h.** – **alt. 155 m** – ✉ **22600** Bretagne **10** C2

Paris 438 – Carhaix-Plouguer 69 – Dinan 76 – Pontivy 24

1, rue Saint-Joseph ✆ 02 96 28 25 17

Voyageeurs rest, VISA AE

10 r. Cadélac – ✆ 02 96 28 00 47 – www.hoteldesvoyageurs.fr

30 ch – 49/85 € 59/85 € – 8 € – ½ P 53 €

Rest – *(fermé 22 déc.-3 janv., dim. soir et sam.)* Menu 15 € (sem.), 19/39 € Carte 26/35 €

◆ Bienvenue aux voyageurs ! Deux nouvelles chambres de prestige complètent une gamme plus fonctionnelle, mais d'une tenue excellente. Dans la grande salle à manger, ambiance conviviale de brasserie et plats traditionnels.

LOUDUN – 86 Vienne – **322** G2 – **7 255 h.** – **alt. 120 m** – ✉ **86200** **39** C1

Poitou Vendée Charentes

Paris 311 – Angers 79 – Châtellerault 47 – Poitiers 55

2, rue des Marchands ✆ 05 49 98 15 96

de Loudun à Roiffé Domaine de Saint Hilaire, N : 18 km par D 147, ✆ 05 49 98 78 06

Tour carrée ★

L'Aumônerie sans rest P

3 bd Mar. Leclerc – ✆ 05 49 22 63 86 – www.l-aumonerie.biz

4 ch – 42/48 € 50/55 €

◆ La propriétaire de ce logis du 13e s. réserve un accueil charmant. Chambres personnalisées (mobilier ancien) et salle de petit-déjeuner aux baies vitrées ouvrant sur le jardin.

LOUÉ – 72 Sarthe – **310** I7 – **2 097 h.** – **alt. 112 m** – ✉ **72540** **35** C1

Paris 230 – Laval 59 – Le Mans 30 – Rennes 127

Ricordeau avec ch rest, P VISA AE

13 r. de la Libération – ✆ 02 43 88 40 03 – www.hotel-ricordeau.fr
– Fermé 2 sem. en nov. et 2 sem. en fév., dim. soir, lundi et mardi

13 ch – 78/150 € 78/150 € – 13 € – ½ P 100/200 €

Rest – (27 € bc) Menu 38/56 € – Carte 67/88 €

Rest *La Table du Coq* – ✆ 02 43 88 31 14 *(fermé le soir du merc. au sam. et dim.)* Menu 13 € (déj. en sem.)/20 € – Carte 15/22 €

◆ Aux beaux jours, installez-vous sur l'agréable terrasse de cet ancien relais de poste, dressée dans le parc, au bord de la Vègre. Salle à manger bourgeoise et cuisine actuelle. Chambres spacieuses et personnalisées, dont la majorité donnent sur la nature. À La Table du Coq, ambiance d'auberge et recettes bistrotières.

LOUHANS SP – 71 Saône-et-Loire – **320** L10 – **6 432 h.** – **alt. 179 m** – ✉ **71500** Bourgogne **8** D3

Paris 373 – Bourg-en-Bresse 61 – Chalon-sur-Saône 38 – Dijon 85

1, Arcade Saint-Jean ✆ 03 85 75 05 02

Grande-Rue★.

Le Moulin de Bourgchâteau P VISA

r. Guidon, rte de Chalon – ✆ 03 85 75 37 12 – www.bourgchateau.com

19 ch – 46/51 € 57/62 € – 9 € – ½ P 70 €

Rest – *(fermé 12 nov.-5 déc. et lundi de sept. à juin) (nombre de couverts limité, prévenir)* (14 €) Menu 28/55 € – Carte 42/63 €

◆ Moulin céréalier (1778) sur la Seille, converti en hôtel-restaurant de caractère. Chambres progressivement rénovées. Rouages, caisson de meule, poutres et vieilles pierres font le charme du restaurant ; plats traditionnels dont certains soulignent l'origine italienne des patrons.

Hostellerie du Cheval Rouge et La Buge ch, rest,

5 r. d'Alsace – ✆ 03 85 75 21 42 – www.hotel-chevalrouge.com VISA
– Fermé 20 déc.-18 janv., dim. soir de déc. à mars et lundi

14 ch – 45 € 58 € – 8,50 € – ½ P 57 €

Rest – *(fermé mardi midi et lundi)* Menu 17 € (sem.), 24/43 € – Carte 25/49 €

◆ Cet ancien relais postal bordant une rue passante abrite des chambres à prix attractifs ; celles de l'annexe, plus récentes, offrent davantage de confort et de calme. Plats traditionnels et régionaux servis dans une ambiance provinciale.

Barbier des Bois
rte de Cuiseaux, 3,5 km au Sud-Est par D 996 – 03 85 75 55 65 – www.barbierdesbois.com
10 ch – 63 € 79 € – 10 € **Rest** – (15 €) Menu 20/48 € – Carte 30/60 €
◆ Motel de campagne aux chambres agréables, pratiques et dotées d'une terrasse tournée vers la nature. Chacune d'elles décline une couleur différente. Joli bar sous charpente. Décor moderne ou terrasse en teck pour déguster une cuisine actuelle.

à Bruailles **8 km au Sud-Est par D 972 – 912 h. – alt. 198 m – 71500**

La Ferme de Marie-Eugénie
225 allée de Chardenoux – 03 85 74 81 84 – www.lafermedemarieeugenie.fr – Fermé 24-28 déc.
4 ch – 95/115 € 95/115 € **Table d'hôte** – Menu 30 €
◆ En pleine campagne, ferme du 18e s. harmonieusement rénovée. Chambres de charme avec douches à l'italienne ou baignoires, certaines avec lits à baldaquin contemporains. Cuisine à tendance régionale et jolie sélection de vins servis à la table d'hôte.

LOUPIAC – 12 Aveyron – 338 E3 – 12700 29 C1

Paris 582 – Cahors 80 – Rodez 69 – Toulouse 153

Le Claux de Sérignac
4 km au Sud par rte de Villefranche-de-Rouergue – 05 65 64 87 15 – www.clauxdeserignac.com
14 ch – 50/110 € 60/110 € – 10 € – ½ P 77 €
Rest – Menu 15 € (déj. en sem.), 26/33 € – Carte 33/45 €
◆ Au calme, entourée d'un grand parc avec piscine et tennis, cette belle maison de pays offre un cadre rustique bien rénové. Chambres traditionnelles ou actuelles. Cheminée en pierre et poutres apparentes décorent la salle à manger. Cuisine au goût du jour.

LOURDES – 65 Hautes-Pyrénées – 342 L6 – 15 265 h. – alt. 420 m – Grand centre de pèlerinage – 65100 Midi-Toulousain 28 A3

Paris 850 – Bayonne 147 – Pau 45 – St-Gaudens 86
de Tarbes-Lourdes-Pyrénées : 05 62 32 92 22, 10 km par ①.
place Peyramale 05 62 42 77 40
Lourdes Golf Club Chemin du Lac, par rte de Pau : 3 km, 05 62 42 02 06
Château fort★ DZ - Musée de Cire de Lourdes★ DZ **M**[1] - Basilique souterraine St-Pie X CZ - Pic du Jer★.

Plans pages suivantes

Grand Hôtel Moderne
21 av. Bernadette-Soubirous – 05 62 94 12 32 – www.grandhotelmoderne.com – Ouvert 8 fév.-31 oct. CZ**y**
106 ch – 106/136 € 126/156 € – 5 suites – 14 € – ½ P 95/120 €
Rest – Menu 28 € – Carte 38/55 €
◆ Cette construction de 1896, édifiée par un membre de la famille de Bernadette Soubirous, a retrouvé tout son lustre d'antan : magnifique façade et décor intérieur classique. Cuisine traditionnelle servie dans la salle ornée de boiseries style Majorelle.

Éliseo
4-6 r. Reine-Astrid – 05 62 41 41 41 – www.hoteleliseolourdes.fr – Fermé 12 déc.-6 fév.
197 ch – 91/116 € 124/174 € – 7 suites – 15 € – ½ P 99/124 € CZ**p**
Rest – Menu 29 € (déj.)/34 € – Carte 43/60 €
◆ À proximité de la grotte, établissement abritant de grandes chambres modernes très bien équipées. Boutique de souvenirs, salon cosy et terrasses panoramiques sur le toit. Cuisine traditionnelle servie dans des salles à manger spacieuses, de style actuel.

Padoue
1 r. Reine-Astrid – 05 62 53 07 00 – www.hotelpadoue.fr – Ouvert début avril-fin oct.
155 ch – 105/110 € 105/109 € – 12 € – ½ P 76/79 € CZ**a**
Rest – (14 €) Menu 19 € – Carte 21/35 €
◆ À 150 m de la grotte, cet hôtel récent a été conçu dans le souci du confort : grandes chambres colorées, agréable coin salon d'esprit design. L'immense restaurant contemporain, au premier étage, propose des plats traditionnels et simples.

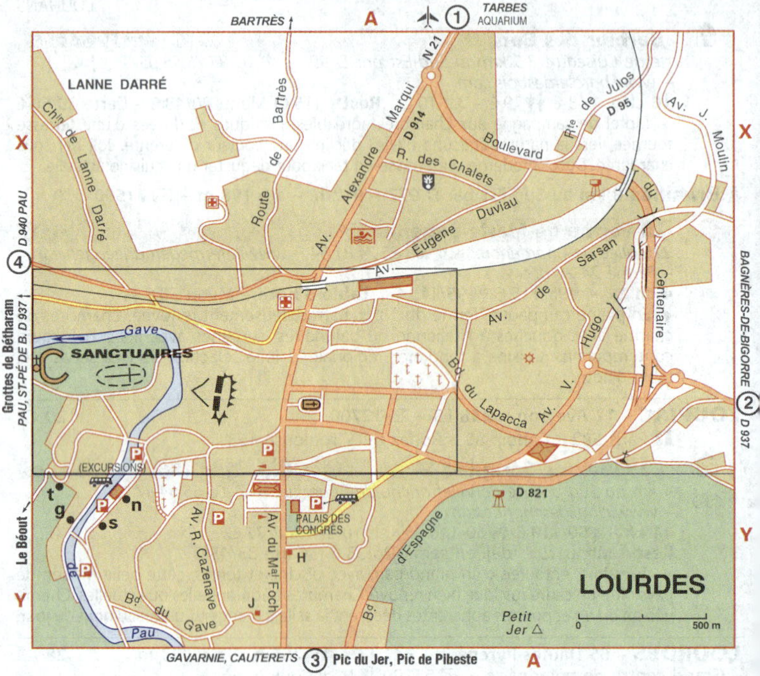

LOURDES

Basse (R.) . . . . DZ 5
Bourg (Chaussée du) . . . . DZ 8
Capdevielle (R. Louis) . . . . EZ 12
Carrières Peyramale (R. des) . CZ 15
Fontaine (R. de la) . . . . DZ 20
Fort (R. du) . . . . DZ 22
Grotte (Bd de la) . . . . DZ 30
Jeanne-d'Arc (Pl.) . . . . DZ 35
Latour-de-Brie (R. de) . . . . DZ 40
Marcadal (Pl. du) . . . . DZ 45
Martyrs-de-la-Déportation (R. des) . . . . EZ 47
Paradis (Espl. du) . . . . CZ 50
Petits Fossés (R. des) . . . . DZ 53
Peyramale (Av.) . . . . CZ 55
Peyramale (Pl.) . . . . DZ 56
Pont-Vieux . . . . CZ 57
Pyrénées (R. des) . . . . DZ 59
Reine-Astrid (R. de la) . . . . CZ 60
Ste-Marie (R.) . . . . CZ 68
St-Frai (R. Marie) . . . . CZ 65
St-Michel (Pont) . . . . DZ 66
St-Pierre (R.) . . . . DZ 67
Schœpfer (Av. Mgr) . . . . CZ 71
Soubirous (Av. Bernadette) . . CZ 73
Soubirous (R. Bernadette) . . . DZ 74

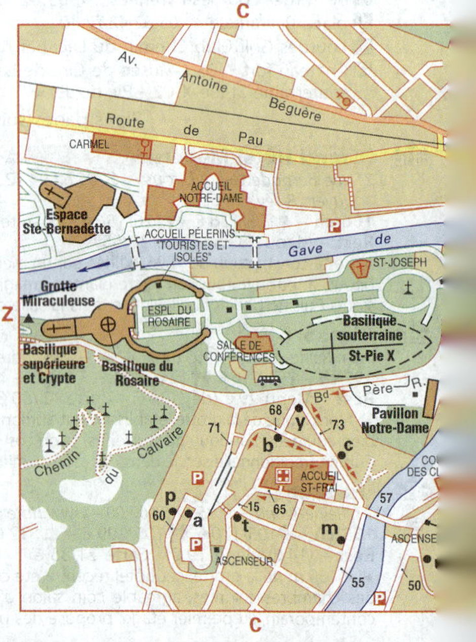

Grand Hôtel de la Grotte

66 r. de la Grotte – ✆ 05 62 94 58 87
– www.hoteldelagrotte.com – Ouvert 9 avril-23 oct. DZy
75 ch – 85/169 € 97/186 € – 5 suites – 16 € – ½ P 79/121 €
Rest – *(dîner seult hors saison)* (22 €) Menu 32/39 €
– Carte 35/79 €
Rest *Brasserie* – ✆ 05 62 42 39 34 – (16 €) Menu 20/26 €
– Carte 29/50 €
◆ Hôtel de tradition situé au pied du château fort. Trois types de chambres : très contemporaines, de style Louis XVI (tournées pour certaines vers la basilique) ou "Master suites". Cuisine traditionnelle dans les salles à manger, feutrées. La Brasserie arbore un décor moderne ; grande terrasse sous les marronniers.

Gallia et Londres

26 av. B. Soubirous – ✆ 05 62 94 35 44 – www.hotelgallialondres.com
– Ouvert 10 avril-19 oct. CZc
91 ch – 108/122 € 150/178 € – 3 suites – ½ P 82/92 €
Rest – Menu 24/35 € – Carte 44/65 €
◆ Séduisante atmosphère vieille France dans ce bel hôtel à deux pas des sanctuaires. Chambres confortables, meublées dans le style Louis XVI. Salle à manger ornée de boiseries, de lustres en cristal et d'une tapisserie représentant Venise. Menu unique.

Miramont

40 av. Peyramale – ✆ 05 62 94 70 00 – www.hotelmiramontlourdes.fr
– Ouvert 3 avril-3 nov. AYg
92 ch – 53/69 € 80/108 € – 10 € – ½ P 67/81 €
Rest – Menu 15/20 € – Carte 28/41 €
◆ Hôtel récent entièrement rénové en 2008. Hall contemporain lumineux, bar et salon confortable, chambres dans le même esprit et dotées d'un mobilier design. Au restaurant ouvert sur le gave, belle décoration actuelle et cuisine traditionnelle.

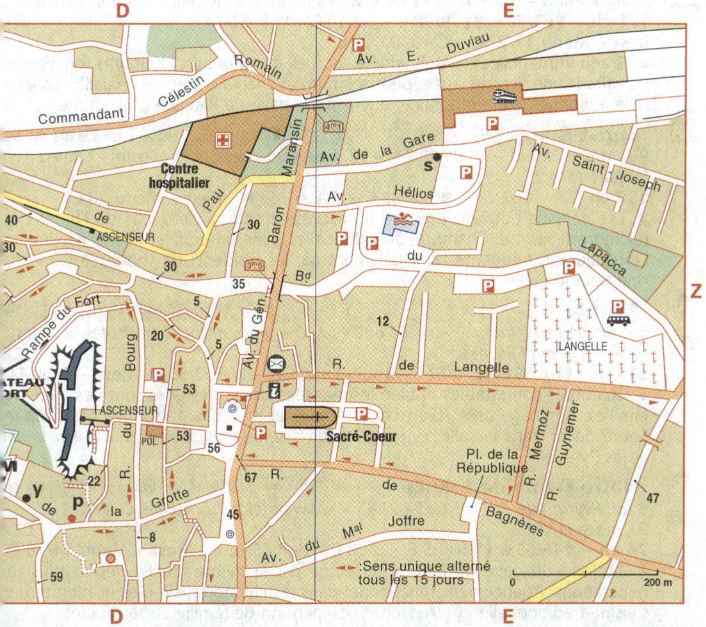

Mercure Impérial

3 av. Paradis – ✆ 05 62 94 06 30 – www.mercure.com – Fermé 15 déc.-31 janv.
93 ch – †96/140 € ††98/153 € – 2 suites – ☐ 13 € – ½ P 133/176 € CZ**u**
Rest – (12 € bc) Carte 39/48 €
◆ Établi au pied du château et dominant le gave, hôtel des années 1930 dont on a conservé le bel escalier central et les vitraux. Chambres fonctionnelles ; terrasse panoramique sur le toit. Salle à manger contemporaine et carte de tradition.

Beauséjour

16 av. de la Gare – ✆ 05 62 94 38 18 – www.hotel-beausejour.com
45 ch – †75/98 € ††82/195 € – ☐ 11 € – ½ P 68/125 € EZ**s**
Rest – (15 €) Menu 18 € – Carte 28/44 €
◆ Façade 1900, jardin avec jolie vue sur le château et les toits de la ville, intérieur cossu et chambres avenantes caractérisent ce petit hôtel jouxtant la gare. Cuisine traditionnelle sans prétention servie dans la véranda ou sur la terrasse.

St-Sauveur

9 r. Ste-Marie – ✆ 05 62 94 25 03 – www.hotelsaintsauveur.com – Fermé 10 déc.-5 fév.
174 ch – †70/76 € ††86/98 € – ☐ 10 € CZ**b**
Rest – (13 €) Menu 18/27 € – Carte 19/33 €
◆ Hôtel contemporain proche du lieu de pèlerinage. Vaste hall baigné par un puits de lumière ; chambres confortables. À l'heure du repas, répertoire culinaire traditionnel dans l'élégante salle à manger ou sous la verrière.

Paradis

15 av. Paradis – ✆ 05 62 42 14 14 – www.hotelparadislourdes.com
– Ouvert 15 avril-1er nov. AY**n**
300 ch – †110 € ††120 € – ☐ 15 € – ½ P 90 €
Rest – *(résidents seult)* Menu 29 €
◆ Établissement situé sur la rive du gave, idéal pour les groupes. Son décor est chargé : marbre, dorures, tapis fleuris... Chambres spacieuses ; boutiques d'objets liturgiques et de souvenirs. Vaste restaurant ; salons et bar dotés de Chesterfield colorés.

Méditerranée

23 av. Paradis – ✆ 05 62 94 72 15 – www.lourdeshotelmed.com – Ouvert avril-oct.
171 ch – †63/79 € ††79/98 € – ☐ 10 € – ½ P 62/74 € AY**s**
Rest – Menu 17/27 € – Carte 21/37 €
◆ Grand immeuble excentré, voué à l'accueil des groupes. Chambres fonctionnelles offrant une vue dégagée, petit solarium et chapelle pour se recueillir. La vaste salle à manger, contemporaine, ouvre sur le gave de Pau. Bar plus intime.

Christ-Roi

9 r. Mgr Rodhain – ✆ 05 62 94 24 98 – www.lourdes-christroi.com – Ouvert Pâques-15 oct. AY**t**
180 ch ☐ – †62/64 € ††78/82 € – ½ P 61/63 € **Rest** – Menu 20 €
◆ Les pèlerins peuvent prendre un ascenseur situé à deux pas de l'hôtel pour rejoindre la grotte. Chambres fonctionnelles dans un édifice récent. Bar anglais. Le restaurant, fréquenté principalement par les résidents de l'hôtel, sert une cuisine traditionnelle.

Florida

3 r. Carrières Peyramale – ✆ 05 62 94 51 15 – www.ifrance.com/hotels-lourdes
– Ouvert 3 avril-30 oct. CZ**t**
115 ch – †61/66 € ††76/81 € – 2 suites – ☐ 7 € – ½ P 52/56 € **Rest** – Menu 14 €
◆ Chambres confortables et bien insonorisées ; quelques-unes sont destinées aux familles. Aménagements bien conçus pour l'accueil des personnes handicapées. Sobre décor dans la salle à manger ; sur la terrasse, vue imprenable sur la ville et les Pyrénées.

Notre Dame de France

8 av. Peyramale – ✆ 05 62 94 91 45 – www.hotelnd-france.fr – Ouvert 21 mars-31 oct. CZ**n**
74 ch – †45/65 € ††60/85 € – ☐ 8 € – ½ P 45/65 € **Rest** – Menu 14/18 €
◆ Le long du gave de Pau, hôtel dirigé par la même famille depuis plusieurs générations. Agencement fonctionnel dans les chambres, simples et bien tenues. Cuisine traditionnelle et atmosphère de pension de famille au restaurant.

Alexandra
3 r. du Fort – 05 62 94 31 43 – Fermé 1er-10 juil. et 8-17 nov., dim. et lundi
Rest – (12 €) Menu 14 € – Carte 30/45 € DZ**p**
◆ Cette discrète maison à la façade rouge est un vrai petit miracle ! Cuisine goûteuse servie dans deux univers singuliers : l'un intime et cosy ; l'autre contemporain et décalé.

LOURMARIN – 84 Vaucluse – 332 F11 – 1 024 h. – alt. 224 m 42 E1
– 84160 Provence

Paris 732 – Apt 19 – Aix-en-Provence 37 – Cavaillon 32
avenue Philippe de Girard 04 90 68 10 77
Château★.

Le Moulin de Lourmarin sans rest
r. du Temple – 04 90 68 06 69 – www.moulindelourmarin.com – Fermé début janv.-mi fév.
18 ch – 110/340 € 110/340 € – 2 suites
◆ Un hôtel de charme dans un moulin à huile du 18e s., au cœur de ce ravissant village. Chambres confortables, habillées de tonalités douces, décorées dans le style provençal.

Mas de Guilles
ch, rest,
rte Vaugines : 2 km – 04 90 68 30 55 – www.guilles.com – Ouvert de début avril à fin oct.
28 ch – 76/90 € 76/230 € – 15 € – ½ P 100/177 €
Rest – *(dîner seult)* (36 €) Menu 52 €
◆ Au milieu des vignes, ce mas de caractère, calme et romantique à souhait, abrite des chambres lumineuses d'inspiration provençale et d'autres plus contemporaines. Belle cuisine traditionnelle servie dans une jolie salle voûtée ou sur une vaste terrasse.

La Bastide de Lourmarin ch,
rte de Cucuron – 04 90 07 00 70 – www.hotelbastide.com – Fermé 2 janv.-11 fév.
19 ch – 85/305 € 85/305 € – 15 €
Rest – *(fermé dim. soir, mardi midi et lundi sauf juil.-août)* Menu 25 € (déj. en sem.)/34 € – Carte 34/43 €
◆ Bastide récente dissimulant de belles suites et des chambres thématiques. Mobilier contemporain, objets chinés, touches ethniques et équipements de pointe pour un style très tendance. Cuisine méridionale servie en terrasse l'été, au bord de la piscine.

Auberge La Fenière (Reine Sammut) avec ch ch,
2 km par rte de Cadenet – 04 90 68 11 79 – www.reinesammut.com
16 ch – 150/320 € 180/350 € – ½ P 175/255 €
Rest – *(ouvert 1er avril-15 nov. et fermé mardi midi et lundi)* Menu 65/120 € – Carte 100/134 €
Spéc. Ravioli d'araignée de mer en velouté mousseux et tartine de rouille au corail d'oursin (été). Bouillabaisse de chapon de mer, bulbes de fenouil et pommes de terre safranées (été). Sablé au chocolat crémeux et framboises fraîches, sorbet au yaourt et coulis de fruits (été). **Vins** Côtes du Luberon.
Rest *Bistrot La Cour de Ferme* – *(fermé mardi et merc. en hiver)* Menu 35 € – Carte environ 33 €
◆ Dans un parc verdoyant face au Grand Luberon, pour un moment de grâce... culinaire : une cuisine fine signée par une "reine" des saveurs. Au Bistrot, ambiance chaleureuse sous le préau autour des recettes de campagne. Les chambres, stylées et agréables à vivre, se répartissent dans plusieurs bâtiments du domaine.

LOUVIERS – 27 Eure – 304 H6 – 18 259 h. – alt. 15 m – 27400 33 D2
Normandie Vallée de la Seine

Paris 104 – Les Andelys 22 – Lisieux 75 – Mantes-la-Jolie 51
10, rue du Maréchal Foch 02 32 40 04 41
du Vaudreuil à Le Vaudreuil, par rte de Rouen : 6 km, 02 32 59 02 60
Église N.-Dame★ : oeuvres d'art★, porche★.
Vironvay ★.

Le Pré St-Germain

7 r. St-Germain – ☎ 02 32 40 48 48 – www.le-pre-saint-germain.com – Fermé 23 déc.-3 janv.

34 ch – †79/96 € ††79/96 € – ☐ 13 €

Rest – *(fermé 1er-22 août, sam. et dim.)* (16 € bc) Menu 30/36 € – Carte 25/56 €

♦ Au centre de Louviers, une longue bâtisse blanche dans un environnement calme. Sobriété et fraîcheur dans les chambres, très bien tenues. Saveurs traditionnelles au restaurant ; le chef concocte un menu différent chaque jour.

LE LUC – 83 Var – **340** M5 – **8 711 h. – alt. 160 m** – ✉ 83340 Côte d'Azur **41** C3

Paris 836 – Cannes 75 – Draguignan 29 – Fréjus 41

3, place de la Liberté ☎ 04 94 60 74 51

Le Gourmandin

pl. L. Brunet – ☎ 04 94 60 85 92 – www.legourmandin.com – Fermé 25 août-25 sept., 25 fév.-10 mars, dim. soir, jeudi soir et lundi

Rest – *(prévenir le week-end)* Menu 26/46 € – Carte environ 43 €

♦ Cette auberge de village vous convie aux plaisirs d'un repas traditionnel aux accents méridionaux. Le tout dans un cadre rustico-provençal des plus chaleureux.

LUCELLE – 68 Haut-Rhin – **315** H12 – **42 h. – alt. 640 m** – ✉ 68480 **1** A3

Alsace Lorraine

Paris 472 – Altkirch 29 – Basel 41 – Belfort 56

au Nord-Est : 4,5 km par D 41 et rte secondaire – ✉ 68480 Lucelle

Le Petit Kohlberg

– ☎ 03 89 40 85 30 – www.petitkohlberg.com

30 ch – †58/64 € ††58/64 € – ☐ 10 € – ½ P 65/99 €

Rest – (15 €) Menu 23/54 € – Carte 20/50 €

♦ Cette auberge familiale profite d'un environnement champêtre. Chambres confortables, décorées dans le style régional. Des maillots d'équipes cyclistes ornent la salle de petit-déjeuner. Cuisine traditionnelle servie au restaurant ; terrasse avec vue sur le jardin.

LA LUCERNE-D'OUTREMER – 50 Manche – **303** D7 – **790 h. – alt. 70 m** – ✉ 50320 **32** A2

Paris 332 – Caen 100 – Saint-Lô 65 – Saint-Malo 84

Le Courtil de la Lucerne

17 r. de la Libération, (Le Bourg) – ☎ 02 33 61 22 02 – Fermé 15 nov.-1er déc., dim. et lundi

Rest – (13 €) Menu 15 € (sem.), 27/35 € – Carte 36/47 €

♦ Installé dans l'ancien presbytère d'un petit village normand, ce restaurant, sobrement décoré, propose une cuisine dans l'air du temps et soignée.

LUCEY – 54 Meurthe-et-Moselle – **307** G6 – **rattaché à Toul**

LUCHÉ-PRINGÉ – 72 Sarthe – **310** J8 – **1 621 h. – alt. 34 m** – ✉ 72800 **35** C2

Châteaux de la Loire

Paris 242 – Angers 68 – La Flèche 14 – Le Lude 10

4, rue Paul Doumer ☎ 02 43 45 44 50

Auberge du Port des Roches avec ch

au port des roches, 2,5 km à l'Est par D 13 et D 214 – ☎ 02 43 45 44 48 – fermé 30 janv.-12 mars, 22-26 août, 24 oct.-4 nov., dim. soir, mardi midi et lundi

12 ch – †49/59 € ††49/59 € – ☐ 8 € – ½ P 54/60 €

Rest – Menu 24/50 € – Carte 39/57 €

♦ Jardin-terrasse au fil de l'eau, plaisante salle à manger bourgeoise, chambres fraîches et colorées : faites fi de la morosité dans cette auberge cosy des bords du Loir ! Cuisine traditionnelle soignée et servie en terrasse l'été.

LUCHON – 31 H.-Gar. – **343** B8 – voir Bagnères-de-Luchon

LUCINGES – 74 Haute-Savoie – 328 k3 – 1 433 h. – alt. 700 m – ✉ 74380 — 46 F1

Paris 559 – Annecy 49 – Thonon-les-Bains 33 – Bonneville 18

Le Bonheur dans Le Pré

2011 rte Bellevue, 2,5km au NE par D 183 – ☎ 04 50 43 37 77 – www.lebonheurdanslepre.com – Fermé 24-30 août, vacances de la Toussaint et 1er-10 janv.

7 ch – †60/100 € ††60/100 € – ☐ 9 € – ½ P 65 €

Rest – *(fermé dim. et lundi) (dîner seult) (prévenir)* Menu 30 €

◆ Enseigne-vérité pour cette ancienne ferme perchée au-dessus du village, en pleine nature : jardin, tranquillité et confort. Côté restaurant, salle rustique et menu unique, composé selon le marché et les produits du terroir ; bon rapport qualité-prix.

LUÇON – 85 Vendée – 316 I9 – 9 682 h. – alt. 8 m – ✉ 85400 — 34 B3

Poitou Vendée Charentes

Paris 438 – Cholet 89 – Fontenay-le-Comte 30 – La Rochelle 43

square Édouard Herriot ☎ 02 51 56 36 52

Cathédrale Notre-Dame★ - Jardin Dumaine★.

La Mirabelle

89 bis r. de Gaulle, rte des Sables-d' Olonne – ☎ 02 51 56 93 02 – www.restaurant-lamirabelle.com – Fermé dim. soir, lundi soir et mardi sauf fériés

Rest – (17 €) Menu 25/65 € – Carte 45/85 €

◆ Avenante maison non loin de la cathédrale où Richelieu fut nommé évêque en 1608. Salle à manger lumineuse aux tons pastel, terrasse fleurie et sympathique cuisine régionale.

Au Fil des Saisons avec ch

55 rte de la Roche-sur-Yon – ☎ 02 51 56 11 32 – www.aufildessaisons-vendee.com – Fermé 28 août-12 sept. et 20 fév.-7 mars

6 ch – †49/62 € ††57/70 € – ☐ 7 € – ½ P 52 €

Rest – *(Fermé sam. midi, dim. soir et lundi)* (14 €) Menu 25/40 €

◆ Cette auberge vendéenne vous laisse le choix entre une salle agrémentée d'expositions de tableaux et la véranda côté jardin. Cuisine actuelle. Chambres simples et fraîches.

à Moreilles 11 km au Sud-Est par D 949 et D 137 – 299 h. – alt. 5 m – ✉ 85450

Château de l'Abbaye

– ☎ 02 51 56 17 56 – www.chateau-moreilles.com

5 ch – †79/119 € ††89/159 € – ☐ 14 € **Table d'hôte** – Menu 36 €

◆ Un château romantique bâti sur les vestiges d'une abbaye où Richelieu officia. Chambres élégantes (mobilier ancien, objets de famille), beaux salons et accueil aux petits soins. Cuisine familiale servie à la table d'hôte (salle dotée d'une imposante cheminée).

LUC-SUR-MER – 14 Calvados – 303 J4 – 3 186 h. – Casino – ✉ 14530 — 32 B2

Normandie Cotentin

Paris 249 – Arromanches-les-Bains 23 – Bayeux 29 – Cabourg 28

rue du Docteur Charcot ☎ 02 31 97 33 25

Parc municipal★.

Des Thermes et du Casino

5 r. Guyemer – ☎ 02 31 97 32 37 – www.hotelresto-lesthermes.com – Ouvert 26 mars-31 oct.

48 ch – †83/119 € ††83/119 € – ☐ 12 € – ½ P 76/94 €

Rest – (19 €) Menu 26/49 € – Carte 42/62 €

◆ Adresse tonique postée sur la digue-promenade, à proximité des thermes et du casino. Les chambres avec balcon offrent la vue sur la mer. Le restaurant est tourné vers la Manche d'un côté et sur le jardin fleuri et planté de pommiers de l'autre.

LE LUDE – 72 Sarthe – 310 J9 – 4 088 h. – alt. 48 m – ✉ 72800 35 D2

Châteaux de la Loire

Paris 244 – Angers 63 – Chinon 63 – La Flèche 20

place François de Nicolay ☎ 02 43 94 62 20

Château★★.

L'Auberge Alsacienne rest, VISA AE

14 r. de la Boule-d'Or – ☎ 02 43 48 20 45 – www.auberge-alsacienne-le-lude.com

7 ch – †52/65 € ††52/65 € – ☐ 8,50 € – ½ P 48/58 €

Rest – (10 €) Menu 13 € (déj. en sem.), 18/28 € – Carte 18/40 €

◆ Cet ancien couvent abrite des chambres spacieuses, entièrement rénovées et bien insonorisées. Au restaurant, une discrète décoration alsacienne annonce la couleur de la carte : choucroute, tarte flambée... et quelques plats plus régionaux. Terrasse d'été fleurie.

La Renaissance avec ch ch, rest, P VISA AE

2 av. Libération – ☎ 02 43 94 63 10 – www.renaissancelelude.com – Fermé 24 oct.-6 nov., 12-27 fév.

8 ch – †48/58 € ††48/58 € – ☐ 10 €

Rest – (11 € bc) Menu 17 € bc (sem.), 26/39 € – Carte 45/56 €

◆ Faites une halte à deux pas du château, dans la salle actuelle de ce restaurant proposant des recettes au goût du jour. Terrasse dressée dans la cour intérieure en saison.

LUDES – 51 Marne – 306 G8 – 628 h. – alt. 140 m – ✉ 51500 13 B2

Paris 157 – Châlons-en-Champagne 52 – Reims 15 – Épernay 22

Domaine Ployez-Jacquemart sans rest P VISA AE

8 r. Astoin – ☎ 03 26 61 11 87 – www.ployez-jacquemart.fr – Fermé 5-19 août et 17 déc.-15 janv.

5 ch ☐ – †98/118 € ††110/130 €

◆ Au cœur d'un domaine champenois, cette demeure cultive l'art de vivre à la française. Chambres confortables et raffinées déclinées sur différents thèmes : baroque, savane...

LUMBRES – 62 Pas-de-Calais – 301 F3 – 3 763 h. – alt. 45 m – ✉ 62380 30 A2

Paris 261 – Arras 81 – Boulogne-sur-Mer 43 – Calais 44

rue François Cousin ☎ 03 21 93 45 46

Du Golf P VISA AE

chemin des Bois, 2 km au Nord-Ouest par D 225, au golf de l'A – ☎ 03 21 11 42 42 – www.stomer-hoteldugolf.com

54 ch – †90/125 € ††90/215 € – ☐ 15 €

Rest – (21 €) Menu 28/49 € – Carte 34/55 €

◆ Au départ du golf de l'Aa, cet hôtel évoque les lodges nord-américains. Les confortables chambres donnent sur le green ou sur la forêt. Décoration originale (bois d'antilope, lambris, cuir blanc) ou grande terrasse pour une cuisine classique.

Moulin de Mombreux ch, rest, P VISA AE

2 km à l'Ouest par rte de Boulogne, D 225 et rte secondaire – ☎ 03 21 39 13 13 – www.moulindemombreux.com – Fermé dim. soir de mi-nov. à début avril

24 ch – †124 € ††124 € – ☐ 15 €

Rest – *(fermé lundi midi et sam. midi)* (16 € bc) Menu 40/45 € – Carte 43/70 €

◆ Un ravissant moulin du 18e s. au bord du Bléquin, pour se reposer en pleine nature. Chambres confortables décorées avec un élégant classicisme. Beaucoup de charme pour le restaurant situé à l'étage (poutres, cheminée en brique). Cuisine de saison.

LUNAS – 34 Hérault – 339 E6 – 647 h. – alt. 281 m – ✉ 34650 22 B2

Paris 710 – Montpellier 68 – Béziers 76 – Millau 73

Le Presbitère ☎ 04 67 23 76 67

Château de Lunas VISA

promenade des Platanettes – ☎ 04 67 23 87 99 – www.chateaudelunas.fr – Fermé 15 janv.-1er mars, mardi et merc. sauf juil.-août

Rest – Menu 23/63 € bc – Carte 32/61 €

◆ Château du 17e s. dressé au bord du Gravezon. Des tableaux contemporains s'intègrent au décor historique des salles à manger. Jolie terrasse. Cuisine du marché.

LUNEL – 34 Hérault – **339** J6 – 23 914 h. – alt. 6 m – ✉ 34400 **23** C2
Languedoc Roussillon

Paris 733 – Aigues-Mortes 16 – Alès 58 – Arles 56
16, cours Gabriel Péri ✆ 04 67 71 01 37

XX **Chodoreille**
140 r. Lakanal – ✆ 04 67 71 55 77 – www.chodoreille.fr – Fermé 13 août-1er sept., 2-16 janv., dim. et lundi
Rest – Menu 22 € (sem.), 28/53 € – Carte 44/78 €
◆ Une maison agréable pour déguster une cuisine généreuse : la spécialité est le taureau camarguais ! Bons chariots de fromages et de desserts. Terrasse sous le pamplemoussier.

LUNÉVILLE – 54 Meurthe-et-Moselle – **307** J7 – 19 881 h. – alt. 224 m – ✉ 54300 Alsace Lorraine **27** C2

Paris 347 – Épinal 69 – Metz 95 – Nancy 36
aile sud du Château ✆ 03 83 74 06 55
Château★ - Parc des Bosquets★ - Boiseries★ de l'église St-Jacques

Les Pages
5 quai des Petits-Bosquets – ✆ 03 83 74 11 42 – http://hotel-les-pages.fr
37 ch – 60 € 75/98 € – 9 € – ½ P 58/70 €
Rest *Le Petit Comptoir* – ✆ 03 83 73 14 55 *(fermé 22-24 déc., 29 déc.-1er janv., sam. midi et dim. soir)* Menu 17 € (sem.), 22/32 € bc – Carte 27/48 €
◆ Importants corps de bâtiments faisant face au château. Les chambres offrent une décoration moderne assez originale, compensant un certain manque d'ampleur. Le restaurant, aménagé dans un esprit bistrot, sert une cuisine simple et appétissante.

à Moncel-lès-Lunéville 3 km à l'Est par rte de St-Dié (D 590) – 450 h. – alt. 234 m – ✉ 54300

XX **Relais St-Jean**
22 av. de l'Europe, sur N 59 – ✆ 03 83 74 08 65 – Fermé 3 sem. en août, une sem. en fév., dim soir, merc. soir et lundi
Rest – (11 €) Menu 14 € (sem.), 23/35 € – Carte 22/46 €
◆ La salle à manger principale de ce restaurant de la vallée de la Meurthe est chaleureuse et équipée d'un mobilier en fer forgé. Cuisine classique.

au Sud 5 km par rte de Rambervillers, puis av. G. Pompidou et cités Ste-Anne – ✉ 54300 Lunéville :

Château d'Adoménil (Cyril Leclerc) rest,
✆ 03 83 74 04 81 – www.adomenil.com
– Fermé 2-27 janv., 15-24 fév., dim. soir du 15 oct. au 30 avril, mardi du 1er nov. au 1er mars et lundi
9 ch – 180/260 € 180/260 € – 5 suites – 22 € – ½ P 205/240 €
Rest – *(fermé dim. soir de mi-oct. à fin avril, mardi sauf le soir de mars à oct., merc. midi, jeudi midi, vend. midi et lundi)* Menu 55/105 € – Carte 80/130 €
Spéc. Pigeonneau et foie gras poêlés, réduction au sucre de coriandre. Cabillaud et œuf poché dans un bouillon de crevettes grises. Variation d'un dessert autour de la mirabelle de Lorraine (20 Août-15 Sept.). **Vins** Côtes de Toul gris et rouge.
Rest *Version A* – *(ouvert merc. midi, jeudi midi et vend. midi)* Menu 35 € Carte 35/70 €
◆ Belle demeure du 18e s. au cœur d'un parc. Chambres bourgeoises dans le château ou d'inspiration provençale dans les dépendances. Cuisine actuelle au restaurant : quatre pièces baroques et contemporaines, mariant avec goût tons sombres et touches vives. À la Version A, on déjeune face au jardin à l'anglaise.

LURE – 70 Haute-Saône – **314** G6 – 8 352 h. – alt. 290 m – ✉ 70200 **17** C1
Franche-Comté Jura

Paris 387 – Belfort 37 – Besançon 77 – Épinal 77
35, avenue Carnot ✆ 03 84 62 80 52

à Roye Est : 2 km par rte de Belfort – 1 236 h. – alt. 301 m – ✉ 70200

XX **Le Saisonnier**

56 r. de la Verrerie, N 19 – ✆ 03 84 30 46 00 – Fermé dim. soir, lundi soir et merc.
Rest – *(nombre de couverts limité, prévenir)* Menu 24/60 €
◆ Derrière les épais murs de cette ancienne ferme, un bar en pierre et deux salles à manger, l'une rustique et l'autre plus moderne. Sympathique cuisine du marché.

à Froideterre Nord-Est : 3 km par D 486 et D 99 – 366 h. – alt. 306 m – ✉ 70200

XX **Hostellerie des Sources et H. San Val'Eau** avec ch

4 r. du Grand-Bois – ✆ 03 84 30 34 72
– www.hostellerie-des-sources.com
5 ch – 72/125 € 72/125 € – 10 € **Rest** – *(Fermé 3 sem. en janv., dim. soir, lundi et mardi) (nombre de couverts limité, prévenir)* (27 €) Carte 25/52 €
◆ De la ferme familiale, Sandrine et Valéry, un charmant jeune couple, ont fait un agréable petit restaurant. Cadre rustique, alléchante carte et beau choix de vins à prix doux. Hébergement dans cinq pavillons en bois tournés vers la campagne. Sauna et jacuzzi.

LUSSAC-LES-CHÂTEAUX – 86 Vienne – 322 K6 – 2 381 h. – alt. 104 m – ✉ 86320 Poitou Vendée Charentes — 39 D2

Paris 355 – Bellac 42 – Châtellerault 52 – Montmorillon 12
place du 11 novembre 1918 ✆ 05 49 84 57 73
Nécropole mérovingienne★ de Civaux NO : 6 km sur D 749.

Les Orangeries

12 av. du Dr Dupont – ✆ 05 49 84 07 07 – www.lesorangeries.fr – Fermé trois sem. en fév.
12 ch – 70/135 € 75/135 € – 3 suites – 14 € – ½ P 77/105 €
Rest – (20 €) Menu 22/33 €
◆ Intérieur de caractère, chambres cosy, piscine, parc paysager, verger, etc. : cette maison du 18e s. vous reçoit dans une ambiance guesthouse. Restaurant installé dans l'ancien chai proposant une cuisine orientée terroir (menu de saison, produits bio).

LUTTER – 68 Haut-Rhin – 315 I12 – rattaché à Ferrette

LUTZELBOURG – 57 Moselle – 307 O6 – 650 h. – alt. 212 m – ✉ 57820 Alsace Lorraine — 27 D2

Paris 438 – Metz 113 – Obernai 49 – Sarrebourg 20
147, rue A.J. Konzett ✆ 03 87 25 30 19
Plan-incliné★ de St-Louis-Arzviller SO : 3,5 km.

XX **Des Vosges** avec ch

2 r. Ackermann – ✆ 03 87 25 30 09 – www.hotelvosges.com
10 ch – 61/81 € 61/81 € – 8 € – ½ P 68 €
Rest – *(fermé dim. soir et merc.)* Menu 11 € (déj. en sem.), 20/35 € – Carte 12/35 €
◆ Auberge traditionnelle dont la terrasse domine le canal Rhin-Marne. Boiseries et beau parquet ancien composent le décor de la salle. Spécialités régionales et truite au bleu.

LUXÉ – 16 Charente – 324 K4 – rattaché à Mansle

LUXEUIL-LES-BAINS – 70 Haute-Saône – 314 G6 – 7 575 h. – alt. 305 m – Stat. therm. : fin mars-fin oct. – Casino – ✉ 70300 Franche-Comté Jura — 17 C1

Paris 379 – Épinal 58 – Vesoul 32 – Vittel 72
rue Victor Genoux ✆ 03 84 40 06 41
18 de Luxeuil Bellevue à Genevrey RN 57, par rte de Vesoul : 11 km, ✆ 03 84 95 82 00
Hôtel du Cardinal Jouffroy★ - Musée de la tour des Échevins : stèle★ - Anc. Abbaye St-Colomban★ - Maison François 1er★.

Les Sources sans rest

2 av. Jean-Moulin, (face au parc thermal) – ✆ 03 84 93 70 04
– www.70lessources.fr – Fermé 16 déc.-3 janv.
41 ch – 55/99 € 65/109 € – 10 €
◆ À quelques pas des thermes, cette bâtisse de 1860, entièrement rénovée, propose 41 studios de style contemporain (avec kitchenette) donnant sur le parc ou la ville.

LUYNES – 37 Indre-et-Loire – **317** M4 – 5 002 h. – alt. 60 m – ✉ 37230 **11** B2
Châteaux de la Loire

Paris 247 – Angers 115 – Chinon 41 – Langeais 15
9, rue Alfred Baugé ☎ 02 47 55 77 14
Église★ au Vieux-Bourg de St-Etienne de Chigny O : 3 km.

Domaine de Beauvois
4 km au Nord-Ouest par D 49 – ☎ 02 47 55 50 11 – www.beauvois.com
36 ch – 185/345 € 185/345 € – 22 €
Rest – *(fermé dim. soir, mardi midi et lundi de nov. à mars)* (22 €) Menu 39/69 € – Carte 55/95 € le soir
◆ Vaste manoir des 16e et 17e s. au cœur d'un parc arboré avec un étang. Les chambres et leurs belles tentures murales confirment une impression d'élégant classicisme. Belle salle à manger et salons intimes pour une cuisine gastronomique de saison.

Le XII de Luynes avec ch
12 r. de la République – ☎ 02 47 26 07 41 – www.le-xii.com – Fermé 25 juil.-15 août, dim. soir, mardi soir et merc.
10 ch – 80 € 80/120 € – 7 €
Rest – (20 €) Menu 23 € (déj. en sem.), 29/37 € – Carte 44/53 €
◆ Pleine vue sur les cuisines, salle troglodyte et terrasse donnant sur le château : du cachet et une cuisine personnelle qui fait la part belle au poisson et aux spécialités tourangelles. Jolies chambres à l'étage.

LUZ-ST-SAUVEUR – 65 Hautes-Pyrénées – **342** L7 – 1 070 h. – alt. 710 m **28** A3
– Sports d'hiver : 1 800/2 450 m 14 – Stat. therm. : mi avril-fin oct. – ✉ 65120
Midi-Toulousain

Paris 882 – Argelès-Gazost 19 – Cauterets 24 – Lourdes 32
20, place du 8 mai ☎ 05 62 92 30 30
Église fortifiée★.

à Esquièze-Sère au Nord – 418 h. – alt. 710 m – ✉ 65120

Le Montaigu
rte de Vizos – ☎ 05 62 92 81 71 – www.hotelmontaigu.com – Fermé 15 avril-2 mai, 30 sept.-1er déc.
42 ch – 60/70 € 70/85 € – 9 € – ½ P 63/68 €
Rest – *(fermé lundi et mardi sauf vacances scolaires et le midi)* Menu 17/26 € – Carte 32/55 €
◆ Bâtiment situé au pied d'un château en ruine (15e s.). Grandes chambres fonctionnelles, dont quelques-unes plus récentes ; certaines disposent d'un balcon donnant sur les montagnes. Restaurant cultivant la tradition ; lumineux salon tourné vers le jardin.

Terminus sans rest
r. Marcadaou – ☎ 05 62 92 80 17 – www.luz-terminus.fr – Fermé mai et nov.
16 ch – 42/48 € 48 € – 7 €
◆ Grande maison de village disposant de chambres fonctionnelles, dont certaines colorées et actuelles (rouge, gris souris...). Aux beaux jours, petit-déjeuner dans le jardin.

LUZY – 58 Nièvre – **319** G11 – 2 054 h. – alt. 275 m – ✉ 58170 Luzy **7** B3

Paris 319 – Dijon 122 – Nevers 81 – Le Creusot 47
place Chanzy ☎ 03 86 30 02 65

Le Morvan
73 av. Dr-Dollet – ☎ 03 86 30 00 66 – www.hotelrestaurantdumorvan.fr – Fermé 1er-7 mars, 24 août-1er sept., sam. midi, dim. soir et merc.
Rest – Menu 15 € (déj. en sem.), 25/72 € – Carte 37/69 €
◆ Joliesse des assiettes, harmonie des textures et des bons produits... Un véritable ballet de saveurs et d'inventivité dans une atmosphère rustique et champêtre.

Bruno Herold/Fotolia.com

Notre-Dame de Fourvière

LYON

Département : P 69 Rhône
Carte Michelin LOCAL : 327 I5
Paris 458 – Genève 151 – Grenoble 106 – Marseille 314
Population : 472 305 h.
Pop. agglomération : 1 348 832 h.

Altitude : 175 m
Code Postal : ✉ 69000
Lyon Drôme Ardèche
Carte régionale : 43 E1

RENSEIGNEMENTS PRATIQUES

OFFICE DE TOURISME

place Bellecour ✆ 04 72 77 69 69

TRANSPORTS

Auto-train ✆ 3635 (dîtes auto-train - 0,34 €/mn)

AÉROPORT

Lyon Saint-Exupéry ✆ 0 826 800 826 (0,15 €/mn), 25 km par ④

CASINO

à la Tour de Salvagny

le Pharaon (quai Charles-de-Gaulle à Lyon) GV

QUELQUES GOLFS

18 de Lyon Chassieu à Chassieu Route de Lyon, ✆ 04 78 90 84 77

18 de Salvagny à La Tour-de-Salvagny 100 rue des Granges, par rte de Roanne : 20 km, ✆ 04 78 48 88 48

9 public de Miribel Jonage à Vaulx-en-Velin Chemin de la Bletta, NE : 9 km, ✆ 04 78 80 56 20

18 de Mionnay-la-Dombes à Mionnay Domaine de Beau Logis, N : 23 km par D 1083, ✆ 04 78 91 84 84

36 de Lyon à Villette-d'Anthon, E : 25 km par D 517, D6 et D 55, ✆ 04 78 31 11 33

A VOIR

LE SITE

⩽★★★ de la basilique Notre-Dame de Fourvière **EX**
Montée du Garillan★ **EX**
⩽★ sur la Saône et la presqu'île depuis la place Rouville **EV**

LYON ROMAIN ET GALLO-ROMAIN

Théâtres romains et l'Odéon **EY** - Aqueducs romains **EY** - Musée de la civilisation gallo-romaine★★ : table claudienne★★★ **EY** **M^{10}**

LE VIEUX LYON

Quartiers St-Jean, St-Paul et St-Georges★★★ **EFXY** - Rue St-Jean : Cour★★ au n° 28 et cour★de l'hôtel du Gouvernement au n° 2 - Couloir voûté★ au n° 18 rue Lainerie - Galerie★★ de l'hôtel Bullioud au n° 8 rue Juiverie - Hôtel Gadagne★ **FX** **M^{4}** : musée historique de Lyon★, musée lapidaire★, musée international de la Marionnette★ - Primitiale St-Jean★ (Choeur★★) **EFY** - Maison du Crible★ au n° 16 rue du Boeuf - Théâtre "le Guignol de Lyon" **FX** T

LA PRESQU'ÎLE

Place Bellecour **FY** - Fontaine★ de la place des Terreaux **FX** - Palais St-Pierre ★ **FX** **M^{9}** Musée des Beaux-Arts★★★ **FX** **M^{9}** - Musée historique des tissus★★★ **FY** **M^{17}** - Musée de l'imprimerie★★ **FX** **M^{16}** - Musée des Arts décoratifs★★ **FY** **M^{7}**

LA CROIX ROUSSE

Aux origines de la soierie lyonnaise
Mur des Canuts **FV** R - Maison des Canuts **FV** **M^{5}** - Ateliers de Soierie vivante★ **FV** E

RIVE GAUCHE DU RHÔNE

Quartiers : les Brotteaux, la Guillotière, Gerland, la Part-Dieu
Parc de la Tête d'Or★ : Roseraie★ **GHV** - Musée d'Histoire naturelle★★ **GV** **M^{20}** - Centre d'Histoire de la Résistance et de la Déportation★ **FZ** M^{1}
Musée d'Art contemporain★ **GU** - Musée urbain Tony-Garnier **CQ** - Halle Tony-Garnier **BQR** - Château Lumière **CQ** M^{2}

ENVIRONS

Musée de l'automobile Henri-Malartre★★ à Rochetaillée-sur-Saône : 12 km par ⑪

RÉPERTOIRE DES RUES DE LYON

BRON

Bonnevay (Bd L.) . . . . **DQ**
Brossolette (Av. P.). . . . . **DQ**
Droits de l'Homme (Bd des) . . **DQ**
Genas (Rte de). . . . . **CDQ**
Mendès-France (Av. P.) . . . . . . **DR** 103
Pinel (Bd) . . . . **CQ**
Roosevelt (Av. F.). . . . . **DQR** 143
8 Mai 1945 (R. du) . . . . **DQ** 188

CALUIRE ET CUIRE

Boutary (Ch. de) . . . . **HU**
Briand (Cours A.) . . . . **GUV**
Brunier (R. P.). . . . . **FU**
Canuts (Bd des) . . . . **FU**
Chevalier (R. H.) . . . . **EFU**
Clemenceau (Quai G.) . . . . **EU**
Coste (R.). . . . . **FU**
Église (Montée de l'). . . . . **FU**
Margnolles (R. de) . . . . **FGU**
Monnet (Av. J.) . . . . **FU**
Pasteur (R.). . . . . **FGU**
Peissel (R. F.). . . . . **FU** 117
Saint Clair (Grande R. de) . . . . **GHU**
Soldats (Montée des) . . . . **HU** 163
Strasbourg (Rte de). . . . . **CP**
Vignal (Av. E.) . . . . **GU**

CHAMPAGNE-AU-MONT-D'OR

Lanessan (Av. de) . . . . **AP**

CHAPONOST

Aqueducs (Rte des) . . . . **AR**
Brignais (Rte de) . . . . **AR**

CHASSIEU

Gaulle (Bd Ch.-de) . . . . **DQ**

ÉCULLY

Champagne (Rte de) . . . . **AP** 25
Dr-Terver (Av. du). . . . . **AP** 38
Marietton (R.) . . . . **AP** 99
Roosevelt (Av. F.). . . . . **AP** 142
Vianney (Ch. J.-M.) . . . . **AP**

FRANCHEVILLE

Châter (Av. du) . . . . **AQ**
Table de Pierre (Av.). . . . . **AQ**

LA MULATIÈRE

Déchant (R. S.) . . . . **BR**
J.-J. Rousseau (Quai) . . . . **BQ**
Mulatière (Pont de la). . . . . **BQ** 111
Sémard (Quai P.). . . . . **BR**

LYON

Annonciade (R. de l'). . . . . **FV** 5
Antiquaille (R. de l') . . . . **EY** 7
Aubigny (R. d') . . . . **HX**
Barret (R. Croix). . . . . **GZ**
Basses Verchères (R. des). . . . **EY** 10
Bataille de Stalingrad
(Bd de la) . . . . **HUV**

Béchevelin (R.) GY
Belfort (R. de) FV
Belges (Bd des) GHV
Bellecour (Pl.) FY
Bellevue (Quai) GU
Berliet (R. M.) HZ
Berthelot (Av.) GHZ
Bert (R. P.) GHY
Bloch (R. M.) GZ
Bonaparte (Pt) FY 12
Bonnel (R. de) GX
Bony (R.) EV
Boucle (Montée de la) FU
Bourgogne (R. de) BP 14
Brotteaux (Bd des) HVX
Bugeaud (R.) HX
Burdeau (R.) FV 16
Buyer (Av. B.) AQ
Canuts (Bd des) FUV
Carmélites (Mtée des) FV 21
Carnot (Pl.) FY
Chambaud-de-la-Bruyère (Bd) BR 23
Charcot (R. Cdt) ABQ
Charlemagne (Cours) EZ
Charmettes (R. des) HVX
Chartreux (Pl. des) EV
Chartreux (R. des) EV
Chazière (R.) EV
Chevreul (R.) GYZ
Choulans (Ch. de) EY
Churchill (Pt W.) GV 31
Claude-Bernard (Q.) FY
Condé (R. de) FY
Courmont (Q. J.) FX 33
Crepet (R.) FZ
Créqui (R. de) GVY
Croix-Rousse (Bd de la) EFV
Croix-Rousse (Gde-R. de la) FV 35
Debrousse (Av.) EY
Deleuvre (R.) EUV
Dr-Gailleton (Q. du) FY
Duguesclin (R.) GVY
Duquesne (R.) GV
Duvivier (R. P.) GZ 180
Épargne (R. de l') HZ 41
États-Unis (Bd des) CQR
Étroits (Quai des) EY
Farges (R. des) EY 46
Farge (Bd Y.) FZ
Faure (Av. F.) GHY
Favre (Bd J.) HX 48
La-Fayette (Cours) GHX
La-Fayette (Pont) GX 88
Ferry (Pl. J.) HX 51
Flandin (R. M.) HXY
France (Bd A.) HV 57
Frères-Lumière (Av. des) HZ
Fulchiron (Q.) EY
Gallieni (Pt) FY 65
Gambetta (Cours) GHY
Garibaldi (R.) GVZ
Garillan (Montée du) EFX
Garnier (Av. T.) BR
Gaulle (Q. Ch.-de) GHU
Genas (Rte de) CDQ
Gerland (R. de) GZ
Gerlier (R. du Cardinal) EY 69
Gillet (Quai J.) EUV
Giraud (Cours du Gén.) EV
Grande-Bretagne (Av. de) GV
Grenette (R.) FX 71
Guillotière (Grande-R. de la) GYZ
Guillotière (Pt de la) FY 73
Hénon (R.) EFV
Herbouville (Cours d') FV 75
Jayr (Q.) BP
Jean-Jaurès (Av.) GY
Joffre (Quai du Mar.) EY 82
Joliot-Curie (R.) AQ
Juin (Pont Alphonse) FX 84
Jutard (Pl. A.) GY
Kitchener Marchand (Pt) EY 85
Koenig (Pt du Gén.) EV 86
Lacassagne (Av.) CQ
Lassagne (Quai A.) FV 93
Lassalle (R. Ph. de) EUV
Lattre-de-Tassigny (Pt de) FV 94
Leclerc (Av.) EFZ
Leclerc (Pl. du Gén.) GV
Liberté (Cours de la) GXY
Lortet (R.) FZ
Lyautey (Pl. du Mar.) GVX
Marius-Vivier-Merle (Bd) HY 101
Marseille (R. de) GY
Mermoz (Av. J.) CQ
Montrochet (R. P.) EZ 105
Morand (Pont) FVX 107
Moulin (Quai J.) FX 109
Mulatière (Pont de la) BQ 111
Nadaud (R. G.) FZ
La Part Dieu HXY
Pasteur (Pt) BQ 115
Perrache (Quai) EZ
Pinel (Bd) CQ
Point du Jour (Av. du) ABQ
Pompidou (Av. G.) HY
Pradel (Pl. L.) FX 123
Prés.-Édouard-Herriot (R. du) FX 127
Pré Gaudry (R.) FZ 125
Radisson (R. Roger) EY
Rambaud (Quai) EYZ
Repos (R. du) GZ 131
République (R. de la) FXY 136
Rockefeller (Av.) CQ 138
Rolland (Quai Romain) FX 140
Roosevelt (Cours F.) GVX
St-Antoine (Q.) FX 147
St-Barthélémy (Montée) EX 149
St-Jean (R.) FX
St-Simon (R.) APB 153
St-Vincent (Quai) EFX
Santy (Av. Paul) CQR
Sarrail (Quai du Gén.) GX 157
Saxe (Av. du Mar. de) GXY
Scize (Quai P.) EX
Sédallian (Quai P.) EU
Serbie (Quai de) GV
Servient (R.) GY
Stalingrad (Pl. de) GHY
Suchet (Cours) EFZ
Sully (R.) GV
Tchécoslovaques (Bd des) HZ
Terme (R.) FV 166
Terreaux (Pl. des) FX
Tête d'Or (R. de la) GVX
Thiers (Av.) HVX
Thomas (Crs A.) CQ 168
Tilsitt (Q.) FY
Trion (Pl. de) EY
Trion (R. de) EY
Université (Pont de l') FY 171
Université (R. de l') GY 172
Vauban (R.) GHX
Verguin (Av.) HV
Viabert (R. de la) HX
Victor-Hugo (R.) FY 176
Vienne (Rte de) GZ
Villette (R. de la) HY 178
Villon (R.) HZ
Vitton (Cours) HV
Wilson (Pont) FY 182
1re Div.-Fr.-Libre (Av. de la) EY 186
25e Régt de Tirailleurs Sénégalais (Av. du) ABP

OULLINS

Jean-Jaurès (Av.) BR
Jomard (R. F.) AR
Perron (R. du) BR 119

PIERRE-BÉNITE

Ampère (R.) BR
Europe (Bd de l') BR 43
Voltaire (R.) BR

STE-FOY-LÈS-LYON

Charcot (R. du Cdt) ABQ
Châtelain (R.) AQ
Fonts (Ch. des) AQ 55
Franche-Comté (R. de) BQ 59
Provinces (Bd des) BQ

ST-DIDIER-AU-MONT-D'OR

St-Cyr (R. de) BP

ST-FONS

Farge (Bd Y.) CR
Jean-Jaurès (Av.) CR 79
Semard (Bd P.) BR 159
Sembat (R. M.) BR 161

ST-GÉNIS-LAVAL

Beauversant (Ch. de) AR
Clemenceau (Av. Georges) AR
Darcieux (R. François) ABR
Gadagne (Av. de) AR

ST-PRIEST

Aviation (R. de l') DR
Briand (R. A.) DR
Dauphiné (R. du) DR
Gambetta (R.) DR
Grande-Rue DR
Herriot (Bd E.) DR 77
Lyonnais (R. du) DR
Maréchal (R. H.) DR 97
Parilly (Bd de) DR
Rostand (R. E.) DR 145
Urbain Est (Bd) DR

TASSIN-LA-DEMI-LUNE

Foch (Av. du Mar.) AQ 53
Gaulle (Av. Ch.-de) AQ
République (Av. de la) AQ 134
Vauboin (Pl. P.) AQ
Victor Hugo (Av.) APQ 175

VAULX-EN-VELIN

Allende (Av. S.) DP 3
Bohlen (Av. de) DQ
Cachin (Av. M.) DP
Dumas (R. A.) DQ
Gaulle (Av. Ch.-de) DP 67
Grandclément (Av.) DP
Marcellin (Av. P.) DP
Péri (Av. G.) DP
Roosevelt (Av. F.) DQ
Salengro (Av. R.) DQ
Soie (Pont de la) DP
8 Mai 1945 (Av. du) DP

VÉNISSIEUX

Bonnevay (Bd L.) CR
Cachin (Av. M.) CR 18
Cagne (Av. J.) CR
Charbonnier (Ch. du) CDR
Croizat (Bd A.) CR
Farge (Bd Y.) CR
Frères L. et É. Bertrand (R. des) CR 61
Gaulle (Av. Ch.-de) CR
Gérin (Bd L.) CR
Grandclément (Pl. J.) CR
Guesde (Av. J.) CR
Joliot Curie (Bd I.) CR
Péri (R. G.) CR
République (Av. de la) CR
Thorez (Av. M.) CR
Vienne (Rte de) CQR

VILLEURBANNE

Bataille de Stalingrad (Bd de la) HUV
Blum (R. L.) CDQ
Bonnevay (Bd L.) CP
Charmettes (R. des) HVX
Chirat (R. F.) CQ 29
Croix Luizet (Pont de) CDP
Dutriévoz (Av. A.) HV 39
Galline (Av.) HV
Genas (Rte de) CDQ
Jean-Jaurès (R.) CQ 80
Philip (Cours A.) HV
Poincaré (Pt R.) HU
Poudrette (R. de la) DQ
Rossellini (Av. R.) HV 144
Salengro (Av. R.) CP
Tolstoï (Cours) CQ
Tonkin (R. du) HV
Zola (Cours Émile) CP
4 Août 1789 (R. du) CQ
11 Novembre 1918 (Bd du) HV

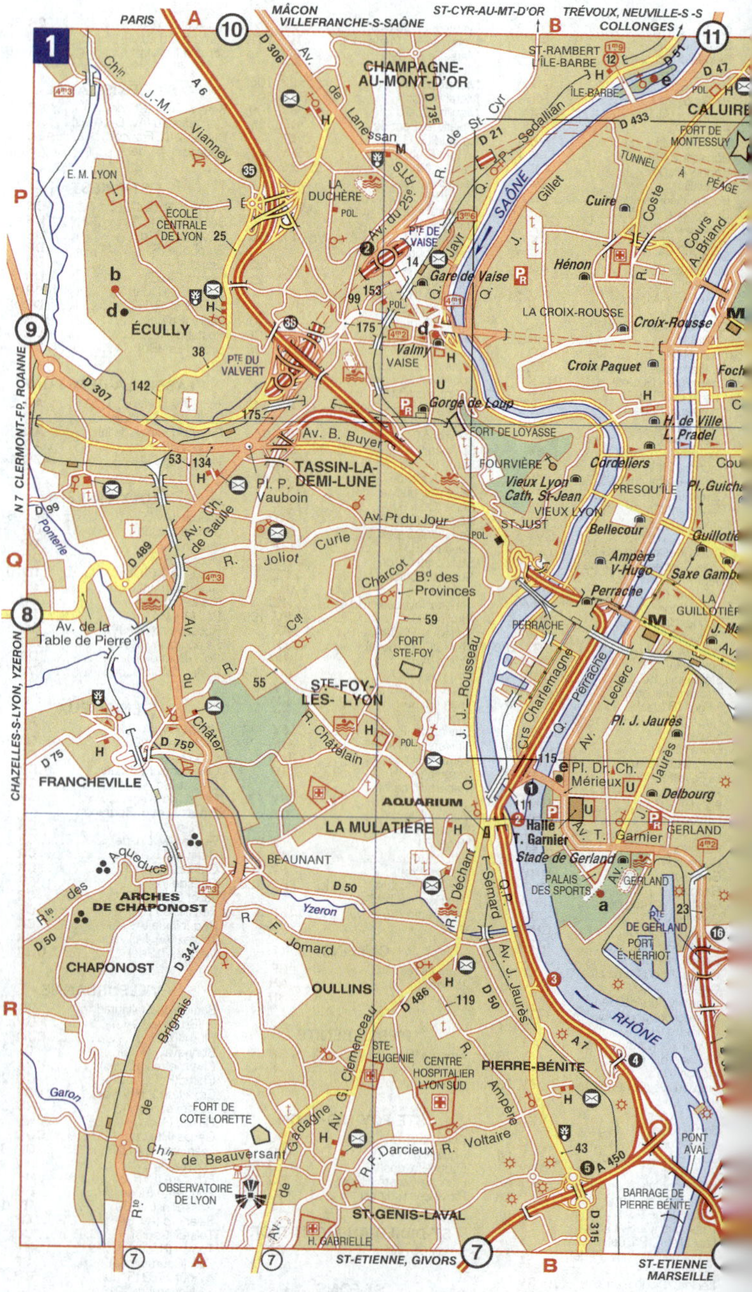
PARIS
A
MÂCON
VILLEFRANCHE-S-SAÔNE
ST-CYR-AU-MT-D'OR
B
TRÉVOUX, NEUVILLE-S-S
COLLONGES
1
CHAMPAGNE-
AU-MONT-D'OR
ST-RAMBERT
L'ÎLE-BARBE
ÎLE-BARBE
CALUIRE
FORT DE
MONTESSUY
TUNNEL
À
PÉAGE
P
E. M. LYON
ÉCOLE
CENTRALE
DE LYON
LA
DUCHÈRE
SAÔNE
Cuire
Hénon
Gare de Vaise
LA CROIX-ROUSSE
Croix-Rousse
ÉCULLY
PTE DU
VALVERT
Valmy
VAISE
Croix Paquet
Gorge de Loup
FORT DE LOYASSE
FOURVIÈRE
H. de Ville
L. Pradel
Cordeliers
Av. B. Buyer
TASSIN-LA-
DEMI-LUNE
Pl. P.
Vauboin
Vieux Lyon
Cath. St-Jean
VIEUX LYON
PRESQU'ÎLE
ST-JUST
Bellecour
Ampère
V-Hugo
Perrache
Q
N 7 CLERMONT-FD, ROANNE
Ponterie
Av. Ch.
de Gaulle
R. Joliot Curie
Av. Pt du Jour
Charcot
Bd des
Provinces
FORT
STE-FOY
Av. de la
Table de Pierre
PERRACHE
Crs Charlemagne
Q. Perrache
STE-FOY-
LÈS-LYON
R. Châtelain
Pl. J. Jaurès
CHAZELLES-S-LYON, YZERON
FRANCHEVILLE
J. J. Rousseau
Pl. Dr. Ch.
Mérieux
Delbourg
AQUARIUM
LA MULATIÈRE
Halle
T. Garnier
Av. T. Garnier
GERLAND
Stade de Gerland
PALAIS
DES SPORTS
Aqueducs
ARCHES
DE CHAPONOST
BEAUNANT
Yzeron
R. F. Jomard
PTE
DE GERLAND
PORT
E. HERRIOT
CHAPONOST
OULLINS
Av. J. Jaurès
RHÔNE
R
Brignais
STE-
EUGÉNIE
CENTRE
HOSPITALIER
LYON SUD
PIERRE-BÉNITE
R. Ampère
Garon
FORT DE
COTE LORETTE
Chin de Beauversant
R. F. Darcieux
R. Voltaire
PONT
AVAL
OBSERVATOIRE
DE LYON
BARRAGE DE
PIERRE BÉNITE
ST-GENIS-LAVAL
H. GABRIELLE
A
ST-ETIENNE, GIVORS
B
ST-ETIENNE
MARSEILLE

LYON
2
0
1 km
C
D
D 1083 BOURG-EN-B.
A 46 MÂCON
A 42 BOURG, GENÈVE
GRAND PARC MIRIBEL JONAGE
N 346
ÎLE DE LA PAPE
CUIRE
Pte DE ST-CLAIRE
Rte de Strasbourg
D 483
Pte DE LA DOUA
RHÔNE
Pte DE LA PAPE
PORTE DE CROIX-LUIZET
A 42
Av. 8 Mai 1945
Av. M. Cachin
P. de Croix Luizet
VAULX-EN-VELIN
ST-JEAN
Canal de Jonage
Bonnevay
Av. G. Péri
Av. P. Marcellin
Av. Grandclément
Pl de la Soie
Av. R. Salengro
République-Villeurbanne
Charpennes Charles Hernu
Gratte-Ciel
Masséna
Vitton
Brotteaux
Flachet
L. Bonnevay
Astroballe
D 317
MORESTEL CRÉMIEU
Crs Émile Zola
GRATTE-CIEL
T.N.P.
R. du 4 Août 1789
Cusset
Av. de Bohlen
Lafayette
Crs Tolstoï
VILLEURBANNE
Blum
La Soie
LA PART DIEU
Part Dieu
Rue Léon
Av. R. Salengro
Av. F. Roosevelt
D 112
A. Dumas
F. Faure
Rte de Genas
D 29
MONCHAT
PARC DES EXPOSITIONS
Av. Lacassagne
D 383
Sans-Souci
Monplaisir Lumière
Pinel
Bonnevay
Av. P. Brossolette
BRON
Bd Ch. de Gaulle
É-HERRIOT
Grange-Blanche
CENTRE INTAL DE RECHERCHE SUR LE CANCER
VINATIER
CHASSIEU
Berthelot
MONPLAISIR
Laënnec
J. MERMOZ
FORT DE BRON
Bd des Droits de l'Homme
Bd des États-Unis
Av. Mermoz
Travaux en cours
D 506
AÉRODROME DE LYON BRON
Av. Paul Santy
Mermoz Pinel
A 43
ST-JEAN-DE-DIEU
ÉTATS-UNIS
D 383
Parilly
PARC DÉPARTEMENTAL DE PARILLY
LYON II
Pte DES ALPES
D 306
Bonnevay
Pl. J. Grandclément
UNIVERSITÉS EUROPÉENNES
Bd de Parilly
Bd Urbain Est
R. de l'Aviation
A 43
Av. Ch. de Gaulle
Av. J. Guesde
Bd J. Joliot-Curie
D 95
D 102
R. du Dauphiné
VÉNISSIEUX
RENAULT
VÉHICULES
INDUSTRIELS
CHAMBÉRY, GRENOBLE BOURGOIN-J.
Av. de la République
Gare de Vénissieux
ST-PRIEST
R. G. Péri
D 318
Bd L. Guérin
R. E. Zola
Bd A. Croizat
Ch. du Charbonnier
R. du Lyonnais
R. Gambetta
Gde Rue
Av. Thorez
Av. J. Cagne
R. A. Briand
D 307
Farge
MÉDIATHÈQUE
CORBAS
A 46 HEYRIEUX
P
Q
R

3
0
300 m
E
F
U
V
X
BOULEVARD
PÉRIPHÉRIQUE
117
Montée de l'Église
Sédallian
Paul
Quai
Joseph
Gillet
SAÔNE
Q. G. Clemenceau
ST-CÔME
ST-DAMIEN
ST-ROMAIN
ST-CAMILLE
CALUIRE
ET
Coste
Av. J. Monn
Rue
Pasteur
Brunier
Pierre
Cuire
Rue de Margnoll
Canuts
Secteur en trx
des
Mtée de la
CENTRE LIVET ENFANTS
R. H. Chevalier
R. Deleuvre
Rue Ph. de Lassalle
Quai
CROIX ROUSSE
ST-DENIS
Hénon
ST-EUCHE
Rue Hénon
Rue Hénon
STE-ÉLISABETH
Rue de Belfort
35
Bd des Canuts
LA CROIX ROUSSE
75
Rue
Rue Ph.
ST-AUGUSTIN
Chazière
Bony
de Lassalle
ST-CHARLES
Croix Rousse
Rousse
Croix
la
m
ST-BERNARD
R. des Chartreux
Bd de la
BON PASTEUR
ÉCOLE NATLE DES BEAUX-ARTS
Croix Paqu
ST-BRUNO
FORT ST-JEAN
Cours du Gal Giraud
Pl. des Chartreux
Pl. Rouville
21
16
ST-POLYCARPE
86
Quai
166
CONSERVATOIRE NATL DE MUSIQUE
Pl. des Terreaux
123
OPÉRA NAT
Vincent
Saint
N.-D. ST-VINCENT
Hôtel de Ville L. Pradel
Scize
ST-PAUL
Quai Pierre
ST-PAUL
127
136
ST-PAUL
ST-NIZIER
TOUR MÉTALLIQUE
Mtée de Garillan
140
FOURVIÈRE
VIEUX LYON
84
40
Cordeliers
N.-D. DE FOURVIÈRE
St-Jean
147
ST-BONAVENTURE
PRESQU'ÎLE
FOURVIÈRE
149
127

G
H
4
163
Pasteur
FORT DE MONTESSUY
PARC J. CORBEL
Vignal
Chin de Boutary
Rte de Strasbourg
St-Clair
Pte DE ST-CLAIR
STE-BERNADETTE
TUNNEL
DE
CALUIRE-
ET
CUIRE
A
PÉAGE
CUIRE
Margnolles
de
rue
PÉAGE
Pont R. Poincaré
Grande
Gaulle
PARC DE LA FEYSSINE
Bd L. Bonnevay
U
ST-CLAIR
Bellevue
CITÉ INTERNATIONALE
RHÔNE
de
PALAIS DES CONGRÈS
Pl. de la Cité
SALLE 3000
Briand
Quai
Aristide
Charles
MUSÉE D'ART CONTEMPORAIN
VÉLODROME
UNIVERSITÉ CLAUDE BERNARD LYON I
GRANDE ROSERAIE
INTERPOL
Stalingrad
PARC
Île du Souvenir
Quai
Bd du 11 Novembre 1918
DE
LA
Pl. du Gal Leclerc
JARDIN ZOOLOGIQUE
144
R. du Tonkin
Av. Galline
de
la Bataille
TÊTE
D'OR
Boulevard
des
VILLEURBANNE
V
SERRES
Cours
STE-MADELEINE
A. Philip
Av. Verguin
Duquesne
Rue
Rue
Rue
M.al
Foch
CHARPENNES
Belges
57
ST-JOSEPH
R.
RÉDEMPTION
Sully
Rue
de
39
R. G. Péri
Cours
É. Zola
Sully
Rue
Vitton
Charpennes Charles Hernu
Charmettes
Foch
Cours
Masséna
du Mal
Roosevelt
la
F.
Cours
yautey
ST-NICOLAS
Av.
LES BROTTEAUX
Créqui
Garibaldi
Tête
Bugeaud
des
Brotteaux
51
Brotteaux
CHARMETTES
R. de la Viabert
R.
N.-D. DE BELLECOMBE
ST-POTHIN
Duguesclin
ST-NOM-DE-JÉSUS
Vauban
48
Thiers
R.
des
157
Rue
d'Or
X
Cours
Lafayette
Cours
Lafayette
Mal
Rue
Bonnel
Cours
Rue
de
TOUR PART DIEU
TOUR OXYGÈNE
LA PART DIEU
Part Dieu
Rue
R. d'Aubigny
HÔTEL DU DÉPT
POL.
G
H

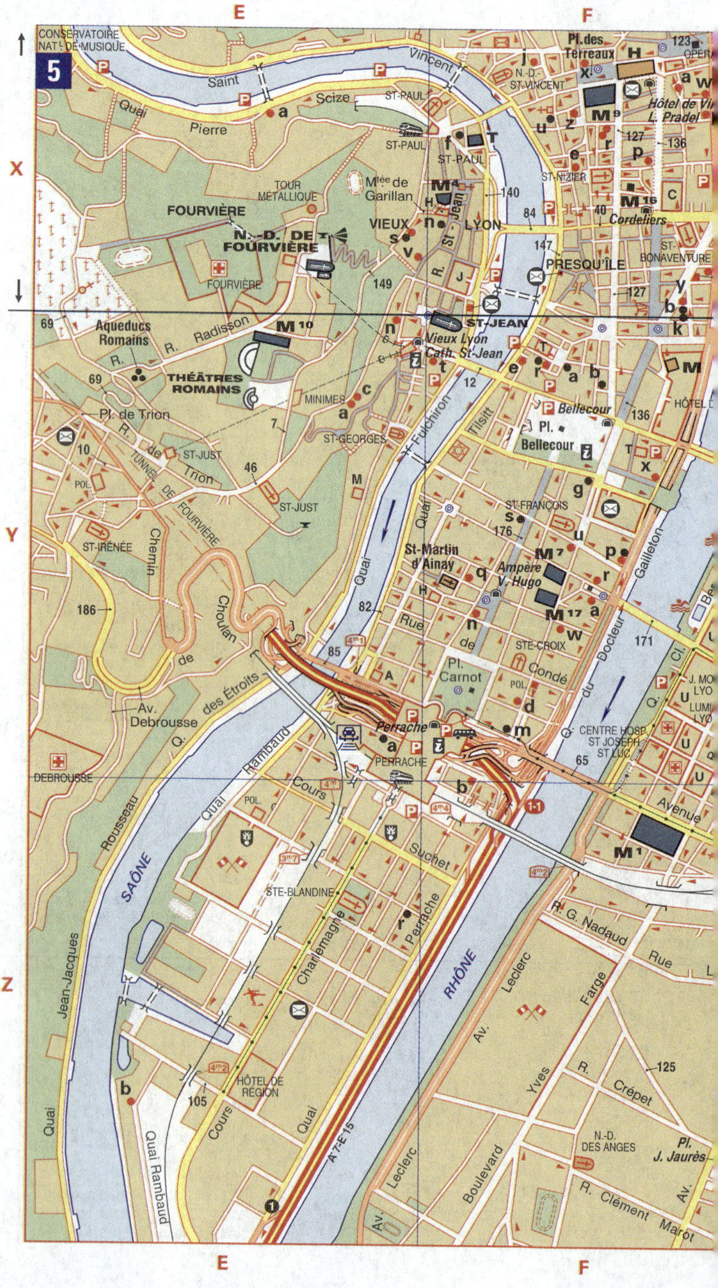
E
F
X
Y
Z
5
CONSERVATOIRE NATL DE MUSIQUE
Quai
Saint
Vincent
Pierre
Scize
ST-PAUL
Pl. des Terreaux
N.-D. ST-VINCENT
Hôtel de Vi
L. Pradel
OPÉRA
TOUR MÉTALLIQUE
FOURVIÈRE
N.-D. DE FOURVIÈRE
Mtée de Garillan
VIEUX LYON
ST-NIZIER
Cordeliers
PRESQU'ÎLE
ST-BONAVENTURE
St-Jean
Aqueducs Romains
R. Radisson
THÉÂTRES ROMAINS
ST-JEAN
Vieux Lyon Cath. St-Jean
MINIMES
ST-GEORGES
Pl. de Trion
R. de Trion
ST-JUST
TUNNEL DE FOURVIÈRE
Fulchiron
Tilsitt
Bellecour
Pl. Bellecour
HÔTEL D
ST-FRANÇOIS
ST-IRÉNÉE
Chemin de Choulan
Quai
St-Martin d'Ainay
Ampère V. Hugo
Gailleton
Rue de Condé
STE-CROIX
Pl. Carnot
Av. Debrousse
Q. des Étroits
Perrache
PERRACHE
CENTRE HOSP. ST JOSEPH ST LUC
Avenue
du Docteur
DEBROUSSE
Rousseau
Quai Rambaud
Cours Suchet
SAÔNE
STE-BLANDINE
Charlemagne
Perrache
RHÔNE
R. G. Nadaud
Rue
Av. Leclerc
Farge
Yves
R. Crépet
Jean-Jacques
HÔTEL DE RÉGION
Cours
Quai
A7-E15
N.-D. DES ANGES
Pl. J. Jaurès
Leclerc
Boulevard
R. Clément Marot
Av.
Quai Rambaud
Quai
E
F

G
H
6
X
Y
Z
LES BROTTEAUX
Cours Lyautey
ST-POTHIN
157
Duguesclin
Créqui
Garibaldi
Tête d'Or
Bugeaud
ST-NOM-DE-JÉSUS
Vauban
Brotteaux
Brotteaux
51
48
ST-NICOLAS
CHARMETTES
R. de la Viabert
N.-D. DE BELLECOMBE
Thiers
Lafayette
Cours Lafayette
Cours
Rue Bonnel
Rue de
HÔTEL DU DÉPT
POL.
TOUR PART DIEU
TOUR OXYGÈNE
LA PART DIEU
Part Dieu
R. d'Aubigny
IMMACULÉE CONCEPTION
Servient
CITÉ ADMVE D'ÉTAT
Pl. Guichard
PART DIEU
178
G. Pompidou
Av.
M.
ST-SACREMENT
101
Paul Bert
Flandin
Av. Lacassagne
Liberté
Cours
Saxe
Créqui
Duguesclin
Garibaldi
ST-JACQUES
Faure
Av. F. Faure
Guillotière
Marseille
Saxe Gambetta
Grande Rue
ST-ANDRÉ
Jaurès
Félix
Garibaldi
M
Gambetta
POL.
PRISON MONTLUC
N.-D. ST-LOUIS
Pl. de Stalingrad
172
Jean
LA GUILLOTIÈRE
STE-MARIE DE LA GUILLOTIÈRE
Cours
J. MOULIN LYON III
Sans Souci
A. Thomas
Guillotière
Chevreul
Bloch
Garibaldi
Av. des Frères Lumière
Villon
Tchécoslovaques
Pl. J. Macé
J. Macé
131
41
Berthelot
Route
Rue
des
Rue
Bd
Secteur en trx
Avenue
Gerland
180
de
CIMETIÈRE ISRAÉLITE
M. Berliet
Villon
Berthelot
Bd des États-Unis
Vienne
Barret
Croix
Rue
Rue
Musée urbain Tony-Garnier

LISTE ALPHABÉTIQUE DES HÔTELS
INDEX OF HOTELS

LISTE ALPHABETIQUE DES RESTAURANTS
INDEX OF RESTAURANTS

Centre-ville (Bellecour-Terreaux)

Sofitel
20 quai Gailleton ✉ *69002* Ⓜ *Bellecour* – ✆ *04 72 41 20 20* – *www.sofitel.com*
164 ch – †230/380 € ††230/380 € – 26 suites – ☕ 26 € **5FYp**
Rest *Les Trois Dômes* – voir ci-après
Rest *Silk Brasserie* – ✆ 04 72 41 20 80 – (17 €) Menu 23 € – Carte 35/55 €
◆ L'architecture cubique contraste avec l'intérieur luxueusement agencé : hall relooké très contemporain, chambres modernes de bon goût, boutiques chic, salon de coiffure... Ambiance branchée à la Silk Brasserie ; à la carte, recettes internationales et spécialités lyonnaises.

Le Royal Lyon
20 pl. Bellecour ✉ *69002* Ⓜ *Bellecour* – ✆ *04 78 37 57 31*
– *www.lyonhotel-leroyal.com* **5FYg**
69 ch – †260/390 € ††340/390 € – 5 suites – ☕ 20 €
Rest – *(fermé 1er-21 août)* Menu 27 € – Carte 39/48 €
◆ Depuis sa rénovation, cet hôtel du 19e s. géré par l'Institut Paul Bocuse a retrouvé son faste d'antan. Très belles chambres. Salle des petits-déjeuners décorée comme une cuisine. Recettes au goût du jour au restaurant.

Carlton sans rest
4 r. Jussieu ✉ *69002* Ⓜ *Cordeliers* – ✆ *04 78 42 56 51* – *www.mercure.com*
83 ch – †99/219 € ††109/229 € – ☕ 17 € **5FXb**
◆ Pourpre et or : deux couleurs qui habillent cet hôtel de tradition aménagé à la façon d'un petit palace rétro. La cage d'ascenseur d'époque a de l'allure. Chambres confortables.

Globe et Cécil sans rest
21 r. Gasparin ✉ *69002* Ⓜ *Bellecour* – ✆ *04 78 42 58 95*
– *www.globeetcecilhotel.com* **5FYb**
60 ch ☕ – †140/145 € ††175/180 €
◆ Un des derniers soyeux de la ville a décoré la salle de réunions de cet hôtel de caractère. Chambres mariant avec goût meubles chinés et modernes. Accueil des plus charmants.

Mercure Plaza République sans rest
5 r. Stella ✉ *69002* Ⓜ *Cordeliers* – ✆ *04 78 37 50 50* – *www.mercure.com*
78 ch – †99/209 € ††109/219 € – ☕ 17 € **5FYk**
◆ Architecture du 19e s., situation centrale, intérieur moderne rénové, confort complet et salles de réunion : un hôtel apprécié, entre autres, par la clientèle d'affaires.

Grand Hôtel des Terreaux sans rest
16 r. Lanterne ✉ *69001* Ⓜ *Hôtel de ville* – ✆ *04 78 27 04 10* – *www.hotel-lyon.fr*
53 ch – †85/90 € ††115/160 € – ☕ 12 € **3FXu**
◆ Chambres personnalisées et décorées avec goût, petite piscine intérieure et service attentif font de cet ancien relais de poste (19e s.) un établissement propice à la détente.

Des Artistes sans rest
8 r. Gaspard André ✉ *69002* Ⓜ *Cordeliers* – ✆ *04 78 42 04 88* – *www.hoteldesartistes.fr*
45 ch – †90/140 € ††100/160 € – ☕ 12 € **5FYr**
◆ Impossible de manquer les trois coups depuis cet hôtel voisin du théâtre des Célestins ! Chambres coquettes et salle des petits-déjeuners ornée d'une fresque à la Cocteau.

La Résidence sans rest
18 r. V. Hugo ✉ *69002* Ⓜ *Bellecour* – ✆ *04 78 42 63 28*
– *www.hotel-la-residence.com* **5FYs**
67 ch – †88 € ††88 € – ☕ 8 €
◆ Décor sobrement "seventies" pour cet hôtel bordant une rue piétonne proche de la place Bellecour. Quelques chambres plus élégantes, agrémentées de boiseries.

Célestins sans rest
4 r. des Archers ✉ *69002* Ⓜ *Guillotière* – ✆ *04 72 56 08 98* – *www.hotelcelestins.com*
25 ch – †73/123 € ††79/129 € – ☕ 9 € **5FYa**
◆ Hôtel occupant plusieurs étages d'un immeuble d'habitation. Chambres claires peu à peu rafraîchies ; celles de la façade offrent une échappée sur la colline de Fourvière.

Perrache

Grand Hôtel Mercure Château Perrache

12 cours Verdun ✉ 69002 Ⓜ Perrache – ✆ 04 72 77 15 00 – www.mercure.com **5EYa**

111 ch – †90/250 € ††110/270 € – 2 suites – ☕ 17 €

Rest *Les Belles Saisons* – *(fermé 25 juil.-25 août, week-ends et fériés)* Carte 22/35 €

♦ L'hôtel bâti en 1900 a conservé une partie de son cadre Art nouveau : délicates boiseries sculptées du hall, mobilier authentique dans certaines chambres et les suites. Au restaurant, décor de style Majorelle et ambiance contemporaine ; carte traditionnelle.

Axotel

12 r. Marc-Antoine Petit ✉ 69002 Ⓜ Perrache – ✆ 04 72 77 70 70 – www.hotel-axotel-perrache.fr **5EZr**

126 ch – †71/95 € ††76/95 € – ☕ 9 €

Rest *Le Chalut* – *(fermé 25 juil.-21 août, vend. soir, sam. midi et dim.)* (18 € bc) Menu 22 € – Carte 20/50 €

♦ La clientèle d'affaires apprécie cet établissement dont les salles et équipements sont propices à l'organisation de séminaires. Coquettes chambres rénovées, aux teintes chaleureuses. Dans les filets du Chalut, du poisson bien sûr, avec un menu-carte saisonnier.

Verdun sans rest

82 r. de la Charité ✉ 69002 Ⓜ Perrache – ✆ 04 78 37 34 71 – www.bestwestern-hoteldeverdun.com – Fermé 30 juil.-14 août **5FYm**

26 ch – †65/140 € ††65/140 € – ☕ 12 €

♦ Cet hôtel, bien tenu et proche de la gare, a entrepris une profonde rénovation de ses espaces et chambres, qui préserve le charme du décor d'origine. Copieux petit-déjeuner.

Vieux-Lyon

Villa Florentine

25 montée St-Barthélémy ✉ 69005 Ⓜ Fourvière – ✆ 04 72 56 56 56 – www.villaflorentine.com **3EXs**

21 ch – †255/465 € ††255/465 € – 7 suites – ☕ 25 €

Rest *Les Terrasses de Lyon* – voir ci-après

♦ Sur la colline de Fourvière, cette demeure d'inspiration Renaissance jouit d'une vue incomparable sur la ville. L'intérieur marie avec une rare élégance l'ancien et le moderne.

Cour des Loges

6 r. Boeuf ✉ 69005 Ⓜ Vieux Lyon Cathédrale Saint-Jean – ✆ 04 72 77 44 44 – www.courdesloges.com **3FXn**

57 ch – †204/240 € ††255/505 € – 4 suites – ☕ 25 €

Rest *Café-Épicerie* – (15 €) Carte 29/49 €

Rest *Les Loges* – *(fermé juil., août, dim., lundi et le midi)* Menu 60/85 € Carte 75/89 €

♦ Designers et artistes contemporains ont signé le décor étonnant de cet ensemble de maisons du 14e au 18e s. groupées autour d'une splendide cour à galeries. Attrayante formule et ambiance bistrot branché au Café-Épicerie. Cuisine inventive et cadre personnalisé aux Loges.

Collège sans rest

5 pl. St Paul ✉ 69005 Ⓜ Vieux Lyon Cathédrale St -Jean – ✆ 04 72 10 05 05 – www.college-hotel.com **3FXf**

39 ch – †125/155 € ††125/155 € – ☕ 12 €

♦ Bureaux d'écoliers, cheval d'arçon, cartes de géographie... : tout évoque l'univers scolaire d'autrefois. Chambres toutes blanches, résolument modernes, avec balcon ou terrasse.

Une bonne table sans se ruiner ? Repérez les Bib Gourmand.

La Croix-Rousse (bord de Saône)

Lyon Métropole
85 quai J. Gillet ✉ *69004* – ☎ *04 72 10 44 44* – *www.lyonmetropole.com* **3EUk**
118 ch – 149/220 € 149/220 € – 18 €
Rest *Le Lyon Plage* – ☎ 04 72 10 44 30 – Menu 23 € – Carte 25/42 €
◆ Hôtel apprécié pour sa piscine olympique et ses équipements sportifs : superbe spa, fitness, courts de tennis et de squash, practices, etc. Préférez les chambres rénovées, plus actuelles. La carte de la Brasserie Lyon Plage met l'accent sur les produits de la mer.

Cité Internationale

Hilton
70 quai Ch.-de-Gaulle ✉ *69006* – ☎ *04 78 17 50 50* – *www.hilton.com*
199 ch – 150/365 € 150/365 € – 5 suites – 24 € **4GUa**
Rest *Blue Elephant* – ☎ 04 78 17 50 00 *(fermé 15 juil.-15 août, sam. midi et dim.)* Menu 28/55 € – Carte 35/55 €
Rest *Brasserie* – ☎ 04 78 17 51 00 – Menu 24 € (déj. en sem.) – Carte 38/55 €
◆ Imposant hôtel moderne en brique et verre, doté d'un véritable "business center". Chambres et suites parfaitement équipées, donnant sur le parc de la Tête d'Or ou le Rhône. Spécialités et cadre thaïlandais au Blue Elephant. Décor rétro, agréable terrasse et cuisine traditionnelle à la Brasserie.

De la Cité
22 quai Ch.-de-Gaulle ✉ *69006* – ☎ *04 78 17 86 86* – *www.lyon.concorde-hotels.com* **4HUg**
164 ch – 99/355 € 99/355 € – 5 suites – 22 €
Rest – (17 €) Menu 22 € – Carte 28/44 €
◆ Architecture moderne signée Renzo Piano, située entre le parc de la Tête-d'Or et le Rhône. Chambres claires affichant une décoration actuelle. Cuisine traditionnelle au restaurant ; terrasse ouverte sur le patio de la Cité Internationale. Nombreux cocktails au bar.

Les Brotteaux

Du Parc sans rest
16 bd des Brotteaux ✉ *69006* Ⓜ *Brotteaux* – ☎ *04 72 83 12 20* – *www.hotelduparc-lyon.com* **4HVb**
23 ch – 69/139 € 97/149 € – 11 €
◆ Hôtel situé entre la gare des Brotteaux et le parc de la Tête d'Or. Les chambres, plus tranquilles sur l'arrière, bénéficient d'un décor chaleureux et d'aménagements modernes.

La Part-Dieu

Radisson Blu
129 r. Servient, (32ème étage) ✉ *69003* Ⓜ *Part Dieu* – ☎ *04 78 63 55 00* – *www.radissonblu.com/hotel-lyon* **4HXu**
245 ch – 135/165 € 135/320 € – 20 €
Rest *L'Arc-en-Ciel* – *(fermé de mi- juil. à fin août, sam. midi et dim.)* Menu 46/146 € bc – Carte 64/103 €
Rest *Bistrot de la Tour* – *(fermé 25 juil.-16 août, sam. et dim.) (déj. seult)* Menu 18 € – Carte 20/40 €
◆ Au sommet du "crayon", agencement inspiré des maisons du Vieux Lyon : cour intérieure et galeries superposées. Panorama exceptionnel depuis certaines chambres. L'Arc-en-Ciel, perché au 32e étage de la tour, propose une carte actuelle saisonnière. Bistrot très prisé à midi.

Créqui Part-Dieu
37 r. Bonnel ✉ *69003* Ⓜ *Place Guichard* – ☎ *04 78 60 20 47* – *www.bestwestern-lyonpartdieu.com* **4GXs**
46 ch – 77/175 € 77/185 € – 3 suites – 15 €
Rest *La Cantine du Palais* – ☎ 04 78 60 83 96 *(fermé août, sam. et dim.)* (16 €) Menu 18 € (déj.)/23 €
◆ Hôtel situé face à la cité judiciaire. Les chambres, réparties entre deux bâtiments, arborent des teintes chaleureuses (celles de l'aile neuve offrent un cadre résolument moderne). Cuisine familiale et ambiance "écolière" au restaurant bien rénové.

Gerland

Novotel Gerland

70 av. Leclerc ✉ 69007 – ✆ 04 72 71 11 11 – www.novotel.com **1BQe**
186 ch – †99/189 € ††99/189 € – 6 suites – ☕ 14 €
Rest – Menu 16/35 € – Carte 25/45 €
◆ Près de la halle Tony-Garnier et du stade de Gerland, un Novotel relooké de pied en cap : jolies chambres contemporaines, bar-salon design et vastes salles de séminaire. À table, plaisant cadre "dernière génération" et carte traditionnelle.

à Villeurbanne – 136 473 h. – alt. 168 m – ✉ 69100

Congrès

pl. Cdt Rivière – ✆ *04 72 69 16 16 – www.hoteldescongres.com*
– Fermé 25 déc.-2 janv. **4HVm**
134 ch – †59/139 € ††59/139 € – ☕ 15 €
Rest – *(fermé vend. soir, sam. et dim.)* Menu 11 € bc (déj.)/29 € – Carte environ 20 €
◆ Architecture de béton proche du parc de la Tête d'Or. Décor conforme au standard des années 1980. Préférez les chambres "prestige", plus spacieuses et soignées. Au Mix City, très contemporain, restauration rapide "haut de gamme" pour hommes d'affaires pressés.

Restaurants

Paul Bocuse

40 r. de la Plage, au pont de Collonges, 12 km au Nord par bords Saône (D 433, D 51) ✉ *69660* – ✆ *04 72 42 90 90 – www.bocuse.fr* **1BP**
Rest – Menu 130/215 € – Carte 115/205 €
Spéc. Rouget barbet en écailles de pommes de terre. Volaille de Bresse en vessie "Mère Fillioux". Gâteau Président "Maurice Bernachon". **Vins** Pouilly-Fuissé, Moulin-à-Vent.
◆ Temple de la tradition, institution du service à l'ancienne... Les modes glissent sur le restaurant-monument de "maître Paul", imperturbable au temps qui passe. Toujours la même soupe présidentielle et... trois étoiles depuis 1965 !

Pierre Orsi

3 pl. Kléber ✉ *69006* Ⓜ *Masséna* – ✆ *04 78 89 57 68 – www.pierreorsi.com*
– Fermé dim. et lundi sauf fériés **4GVe**
Rest – Menu 45 € (déj. en sem.), 60/115 € – Carte 61/153 €
Spéc. Ravioles de foie gras de canard au jus de porto et truffes. Pigeonneau en cocotte aux gousses d'ail confites en chemise. Crêpes suzette au beurre d'orange. **Vins** Mâcon Viré-Clessé, Saint-Joseph.
◆ Une maison ancienne, des salons élégants et feutrés, et une jolie terrasse-roseraie : le tout pour une cuisine dans l'air du temps réalisée avec finesse. Belle carte des vins.

Les Terrasses de Lyon – Hôtel Villa Florentine

25 montée St-Barthélémy ✉ *69005* Ⓜ *Fourvière*
– ✆ *04 72 56 56 02 – www.villaflorentine.com – Fermé dim. et lundi*
Rest – Menu 38 € (déj.), 48/95 € – Carte 72/120 € **3EXs**
Spéc. Foie gras de canard frais, chutney de mangue (été). Dos de bar poêlé sur peau, pointes d'asperges rôties et girolles. Soufflé au citron, madeleines et tuiles craquantes. **Vins** Côte Rôtie, Morgon.
◆ En terrasse, la vue sur Lyon est à couper le souffle. La salle intérieure et la verrière ont beaucoup de cachet et la cuisine, actuelle, valorise subtilement les produits.

Takao Takano

14 r. Grolée ✉ *69002* Ⓜ *Cordeliers* – ✆ *04 78 42 15 35*
– Fermé août, dim. et lundi **3FXy**
Rest – Menu 45 € (déj. en sem.)/85 € – Carte 60/100 €
Spéc. Foie gras de canard grillé. Aiguillette de rumsteack cuite au barbecue, jus de paleron. Fine tartelette au caramel mou et beurre salé.
◆ L'adresse était connue comme celle de Nicolas Le Bec ; elle a été reprise en 2010 par le chef japonais Takao Takano, qui impose sa marque : une cuisine inventive et sans frontière, fine et sapide. Décor feutré, tout en tons gris perle.

Les Trois Dômes – Hôtel Sofitel
20 quai Gailleton, (8ème étage) ✉ 69002 Ⓜ Bellecour – ✆ 04 72 41 20 97 – www.les-3-domes.com – fermé 24 juil.-23 août, 27 fév.-7 mars, dim. et lundi
Rest – Menu 79 € (déj. en sem.), 125/135 € – Carte 105/160 € **5FYp**
Spéc. Millefeuille de crabe et avocat. Bœuf Angus d'Écosse en miroir de porto, parmentier de joue de bœuf français. Trois "grands crus" de chocolat. **Vins** Condrieu.
◆ Au dernier étage du Sofitel, vue incomparable sur la ville et décor très contemporain millésimé 2009, en blanc et argent (motifs rappelant le travail de la soie). Cuisine savoureuse et inventive jouant sur les accords mets et vins.

Mère Brazier (Mathieu Viannay)
12 r. Royale ✉ 69001 Ⓜ Hôtel de Ville – ✆ 04 78 23 17 20 – www.lamerebrazier.fr – Fermé 30 juil.-29 août, 18-26 fév., sam. et dim.
Rest – (33 €) Menu 37 € (déj.), 58/118 € – Carte 82/139 € **3FVa**
Spéc. Araignée de mer aux condiments, fine gelée acidulée, émulsion de crustacés (mai à oct.). Volaille de Bresse demi-deuil, petits légumes et cerises au vinaigre. Paris-brest, glace aux noisettes caramélisées, pralin. **Vins** Viré Clessé, Côte Rôtie.
◆ Maison emblématique reprise par un Meilleur Ouvrier de France. Le décor, moderne, a su préserver l'âme historique du lieu. Carte séduisante mariant harmonieusement classique et contemporain.

Auberge de Fond Rose (Gérard Vignat)
23 quai G. Clemenceau ✉ 69300 Caluire-et-Cuire – ✆ 04 78 29 34 61 – www.aubergedefondrose.com – Fermé vacances de fév., dim. soir, lundi et mardi
Rest – (29 €) Menu 38 € bc (déj. en sem.), 55/85 € – Carte 66/95 € **3EUv**
Spéc. Carpaccio de pétoncles, royale de jus de coquillages (sept. à avril). Veau cuit en cocotte aux morilles et Côtes du Jura. Fondant au chocolat manjari, crème glacée à la vanille. **Vins** Saint-Joseph, Bandol.
◆ Cette maison bourgeoise des années 1920 dispose d'une idyllique terrasse s'ouvrant sur les arbres centenaires du jardin. Belle cuisine actuelle et intéressante carte des vins.

Têtedoie (Christian Têtedoie)
soir,
montée du Chemin-Neuf ✉ 69005 Ⓜ Minimes – ✆ 04 78 29 40 10 – www.tetedoie.com – Fermé 2 sem. en août **5EYn**
Rest – Menu 40 € bc (déj. en sem.), 65/96 € – Carte environ 80 €
Spéc. Salade de homard rôti au beurre d'orange. Quenelles de brochet aux trois saveurs. Chaud-froid de poire. **Vins** Pouilly-Fuissé, Saint-Joseph.
Rest *La Terrasse de l'Antiquaille* – *(ouvert de mi-avril à mi-oct.)*
Menu 40/50 € bc
◆ Sur la colline de Fourvière, ce restaurant élégant et contemporain domine la ville. Le chef revisite la tradition française en la sublimant ; la cave recèle plus de 700 appellations ! Côté Terrasse, ambiance plus décontractée pour déguster de belles saveurs méditerranéennes et une cuisine à la plancha.

Léon de Lyon
1 r. Pleney, angle r. du Plâtre ✉ 69001 Ⓜ Hôtel de ville – ✆ 04 72 10 11 12 – www.leondelyon.com **5FXr**
Rest – (20 €) Menu 23 € (sem.), 30/34 € – Carte 38/48 €
◆ Modernisée en une brasserie de luxe, cette institution lyonnaise a conservé son cadre cossu et convivial. Excellents produits au service de plats canailles et gourmands.

Auberge de l'Ile (Jean-Christophe Ansanay-Alex)
soir,
sur l'Ile Barbe ✉ 69009 – ✆ 04 78 83 99 49 – www.aubergedelile.com – Fermé dim. soir et lundi **1BPe**
Rest – Menu 110 € – Carte 95/136 €
Spéc. Foie gras de canard cuit au torchon servi froid, brioche mousseline tiède. Agneau de pré salé en croûte de sel et thym, tomate cœur de pigeon (juil. à sept.). Soufflé pêche blanche (juil. à sept.). **Vins** Condrieu.
◆ Presque à la campagne... au cœur de la verdoyante île Barbe, posée sur la Saône. Des murs datés de 1601, un cadre intimiste (bois, terre cuite) et une cuisine très fine, avec des associations de saveurs saisissantes et de belles envolées dans la création.

XX **La Rémanence**

31 r. du Bât-d'Argent ✉ 69001 Ⓜ Hôtel de Ville – ✆ 04 72 00 08 08 – www.laremanence.fr – Fermé 2-24 août, dim. et lundi **5FXh**

Rest – (27 €) Menu 37/71 € – Carte 50/60 €

◆ Dans un ancien réfectoire jésuite (18ᵉ s.), restaurant aux salles voûtées, en pierres dorées, tenu par un sympathique jeune couple ; cuisine inventive qui a la vie devant soi.

XX **L'Alexandrin** (Laurent Rigal)

✿ *83 r. Moncey ✉ 69003 Ⓜ Place Guichard – ✆ 04 72 61 15 69 – www.lalexandrin.com – Fermé 1er-23 août, 24-29 déc., dim. et lundi*

Rest – Menu 38 € (déj. en sem.), 60/150 € **4GXh**

Spéc. Cappuccino de cèpes à la fève tonka et châtaignes éclatées (oct. à janv.). Véritable mousseline de brochet et son crémeux d'écrevisse. Madeleines au chocolat guanaja et marmelade d'orange confite au Grand Marnier. **Vins** Saint-Joseph, Condrieu moelleux.

◆ Ce restaurant au décor coloré et chaleureux attire le Tout-Lyon. Agréable terrasse, belle carte de côtes-du-rhône et cuisine revisitant le terroir avec originalité.

XX **Le Gourmet de Sèze** (Bernard Mariller)

✿ *129 r. Sèze ✉ 69006 Ⓜ Masséna – ✆ 04 78 24 23 42 – www.le-gourmet-de-seze.com – Fermé 2-6 juin, 23 juil.-23 août, 27 fév.-3 mars, dim., lundi et fériés* **4HVz**

Rest – *(nombre de couverts limité, prévenir)* (30 €) Menu 35 € (déj. en sem.), 47/95 €

Spéc. Croustillants de pieds de cochon compotés à la moutarde en grains. Saint-Jacques de la baie de Saint-Brieuc (oct. à mars). Grand dessert du gourmet en quatre assiettes. **Vins** Saint-Aubin, Saint-Joseph.

◆ Accord parfait entre la coquette salle (tons jaune pâle et chocolat, miroirs, tableaux, tables rondes espacées) et l'assiette, classique actualisée, préparée tout en finesse.

XX **Cazenove**

75 r. Boileau ✉ 69006 Ⓜ Masséna – ✆ 04 78 89 82 92 – www.le-cazenove.com – Fermé août, sam. et dim. **4GVk**

Rest – Menu 35/45 € – Carte 30/107 €

◆ La Belle Époque, telle qu'on se l'imagine : ambiance feutrée, banquettes capitonnées, glaces murales, appliques rétro et bronzes d'art. Plats traditionnels, parfois inventifs.

XX **Le Passage**

8 r. Plâtre ✉ 69001 Ⓜ Hôtel de ville – ✆ 04 78 28 11 16 – www.le-passage.com – Fermé août, dim., lundi et fériés **5FXr**

Rest – Menu 38/54 € – Carte 45/75 €

◆ Sièges de théâtre et trompe-l'œil façon rideau de scène au Bistrot, décor feutré au Restaurant et cour-terrasse aux murs couverts de fresques. Cuisine classique revisitée.

XX **Alex**

44 bd des Brotteaux ✉ 69006 Ⓜ Brotteaux – ✆ 04 78 52 30 11 – Fermé août, dim. et lundi **5HXe**

Rest – (19 €) Menu 22 € (déj. en sem.), 28/59 € – Carte 52/60 €

◆ Restaurant au cadre chic et épuré – mariage audacieux de coloris, meubles design et tableaux contemporains – valorisant la carte concoctée au gré du marché par le chef-patron.

XX **La Tassée**

20 r. Charité ✉ 69002 Ⓜ Bellecour – ✆ 04 72 77 79 00 – www.latassee.fr – Fermé dim.

Rest – (24 €) Menu 28/78 € – Carte 43/83 € **5FYu**

◆ Aplats de couleurs sobres, banquettes en cuir beige : un nouveau look contemporain pour cette institution appréciée des Lyonnais. La cuisine mixe tradition et modernité.

XX **Brasserie Georges**

30 cours Verdun ✉ 69002 Ⓜ Perrache – ✆ 04 72 56 54 54 – www.brasseriegeorges.com **5FZb**

Rest – Menu 19/24 € – Carte 25/40 €

◆ "Bonne bière et bonne chère depuis 1836", cadre Art déco jalousement entretenu et ambiance ad hoc : cette brasserie classée est un incontournable de la ville.

XX **Cuisine & Dépendances Acte II**

68 r. de la Charité ✉ 69002 Ⓜ Perrache – ✆ 04 78 37 45 02 – www.cuisineetdependances.com – Fermé 3-18 août, dim. et lundi

Rest – (16 €) Menu 29/70 € – Carte 46/68 € **5FYd**

◆ Cet acte II se joue dans un décor très tendance, chic et cosy. Un bel écrin pour apprécier une fine cuisine axée sur les produits de la mer.

XX **Le Potiquet**

27 r. de l'Arbre Sec ✉ 69001 Ⓜ Hotel de ville – ✆ 04 78 30 65 44 – www.lepotiquet.com – Fermé août, sam. midi, dim. et lundi **3FXw**

Rest – (18 €) Menu 29/49 € – Carte 35/55 €

◆ Salle chaleureuse, belles arches en pierre : un agréable restaurant où l'on déguste une cuisine actuelle, parfois originale, souvent ensoleillée et toujours soignée.

XX **La Voûte - Chez Léa**

11 pl. A. Gourju ✉ 69002 Ⓜ Bellecour – ✆ 04 78 42 01 33 – Fermé dim. et fériés

Rest – Menu 18 € (déj. en sem.), 28/39 € – Carte 35/55 € **5FYe**

◆ L'un des plus vieux restaurants de Lyon qui perpétue avec brio la tradition gastronomique de la région. Ambiance et décor chaleureux. Belle carte de gibier en automne.

XX **Le Vivarais**

1 pl. Gailleton ✉ 69002 Ⓜ Bellecour – ✆ 04 78 37 85 15 – Fermé dim.

Rest – (18 €) Menu 25/35 € – Carte 35/45 € **5FYr**

◆ Ici, un Meilleur Ouvrier de France et sa fille, fraîchement sortie de l'école hôtelière, cuisinent à quatre mains ! Quenelles, rognons, bœuf à la ficelle... et joli décor rétro.

X **Maison Clovis** (Clovis Khoury)

19 bd Brotteaux ✉ 69006 Ⓜ Brotteaux – ✆ 04 72 74 44 61 – www.maisonclovis.com – Fermé 1er-22 août, 2-10 janv., dim. et lundi

Rest – (22 €) Menu 26 € (déj. en sem.), 42/70 € – Carte 50/80 € **4HXm**

Spéc. Oursin dans sa coque, risotto aux supions, cuisses de grenouille et raviolis aux champignons (sept. à avril). Homard cuit à l'étouffée, champignons, artichauts, légumes fanes, jus de carapace. Harmonie gourmande au chocolat grand cru. **Vins** Morgon, Saint-Joseph.

◆ Sympathique bistrot contemporain, tendance design. Le chef prépare une cuisine au goût du jour sobre et très savoureuse, à base de beaux produits. L'art de la simplicité.

X **Le Nord**

18 r. Neuve ✉ 69002 Ⓜ Hôtel de ville – ✆ 04 72 10 69 69 – www.nordsudbrasseries.com **5FXp**

Rest – Menu 23 € (sem.)/29 € – Carte 30/56 €

◆ Banquettes rouges, sol en mosaïque, boiseries, lampes boule : un vrai décor 1900 dans cette brasserie – la première ouverte par Bocuse. Choix de plats ancrés dans la tradition.

X **L'Ouest**

1 quai du Commerce, Nord par bords de Saône (D 51) ✉ 69009 – ✆ 04 37 64 64 64 – www.nordsudbrasseries.com **3EUb**

Rest – Menu 23 € (sem.)/29 € – Carte 35/50 €

◆ Immense restaurant au décor design (bois, béton, métal, écrans géants, cuisine visible de tous), jolie terrasse côté Saône et recettes des îles : Bocuse met le cap à l'ouest !

X **Le Sud**

11 pl. Antonin-Poncet ✉ 69002 Ⓜ Bellecour – ✆ 04 72 77 80 00 – www.nordsudbrasseries.com **5FYx**

Rest – Menu 23 € (sem.)/29 € – Carte 33/52 €

◆ Point cardinal de la géographie bocusienne, cette brasserie évoque le bassin méditerranéen par son décor coloré et par sa cuisine du soleil. Agréable terrasse d'été.

33 Cité

33 quai Charles-de-Gaulle ✉ 69006 – ✆ 04 37 45 45 45 – www.33cite.com – Fermé 8-21 août **4HUt**

Rest – (19 €) Menu 23/27 € – Carte 33/55 €

◆ À la Cité internationale, face à la Salle 3000, cadre contemporain design pour déguster des plats classiques ou actuels. Grandes baies donnant sur le parc de la Tête d'Or.

L'Est

14 pl. J. Ferry, (gare des Brotteaux) ✉ 69006 Ⓜ Brotteaux – ✆ 04 37 24 25 26 – www.nordsudbrasseries.com **4HXv**

Rest – Menu 23 € (sem.)/29 € – Carte 32/55 €

◆ Ex-gare SNCF devenue une brasserie tendance animée. Cuisine ouverte sur la salle, rondes de trains miniatures au-desssus des têtes et saveurs des cinq continents dans l'assiette.

Au 14 Février

6 r. Mourguet Ⓜ Vieux Lyon – ✆ 04 78 92 91 39 – www.au14fevrier.com – Fermé dim. soir, lundi et le midi sauf dim. **5EFYt**

Rest – *(nombre de couverts limité, prévenir)* Menu 38/52 €

Spéc. Menu du marché

◆ Idéale pour la St-Valentin... et tous les dîners à deux, une table intime et romantique ! Le jeune chef, d'origine japonaise, revisite avec grande sensibilité la gastronomie française.

Thomas

6 r. Laurencin ✉ 69002 Ⓜ Bellecour – ✆ 04 72 56 04 76 – www.restaurant-thomas.com – Fermé 22 avril-2 mai, 7-30 août, 24 déc.-2 janv., sam. et dim. **5FYw**

Rest – Menu 18 € (déj.), 41/55 €

Rest *Comptoir Thomas* – ✆ 04 72 41 92 99 – Carte 31/57 €

◆ Sous l'égide d'un jeune chef à la passion communicative, une cuisine fine et savoureuse (carte renouvelée chaque mois), dans une salle moderne et cosy. Trois annexes dans la rue, avec d'aussi bons produits, dont les recettes à la plancha du trendy Comptoir.

Le Contretête

55 quai Pierre Scize ✉ 69005 – ✆ 04 78 29 41 29 – Fermé 2-25 août, sam. midi et dim. **3EXa**

Rest – (17 €) Carte 25/35 €

◆ Couvé par Christian Têtedoie, ce bistrot cultive l'authenticité et propose des recettes de grand-mère mitonnées comme autrefois. Décor à l'ancienne envahi de vieux objets.

Rue Le Bec

43 quai Rambaud, (nouveau quartier Confluence) ✉ 69002 Ⓜ Perrache – ✆ 04 78 92 87 87 – www.nicolaslebec.com **5EZb**

Rest – (20 € bc) Carte 31/69 €

◆ Dans le nouveau quartier Confluence, vaste halle gourmande (2 000 m²) regroupant tous les métiers de bouche, sous la houlette de Nicolas Le Bec. Entre marché et restaurant, on consomme et on emporte. Unique.

Argenson Gerland

40 allée P.-de-Coubertin, à Gerland ✉ 69007 Ⓜ Stade de Gerland – ✆ 04 72 73 72 73 – www.nordsudbrasseries.com **1BRa**

Rest – (20 €) Menu 23 € (sem.)/29 € – Carte 35/60 €

◆ L'une des brasseries de Paul Bocuse, voisine du stade de Gerland. Intérieur chaleureux et agréable terrasse ombragée pour une carte traditionnelle où pointe l'accent du Sud.

Le Gabion

13 bd E. Deruelle ✉ 69003 Ⓜ Part Dieu – ✆ 04 72 60 81 57 – www.legabion.fr – Fermé 1er-21 août, dim. et fériés **4HXb**

Rest – (16 €) Menu 19 € (déj.), 25/35 € bc – Carte 30/45 €

◆ Cadre contemporain, sobre et original (murs de galets pris dans un treillis d'acier), imaginé par l'architecte Chaduc. Produits de la mer, parfois relevés d'épices orientales.

Les Oliviers

20 r. Sully ✉ 69006 Ⓜ Foch – ✆ 04 78 89 07 09 – www.lesolivierslyon.fr – Fermé 1er-8 mai, août, sam., dim. et fériés **4GVf**

Rest – (16 €) Menu 24/45 € – Carte 24/45 €

◆ Un petit coin de Provence caché dans le 6e arrondissement : salle à manger contemporaine, épurée et intime, et appétissante cuisine du soleil.

M

47 av. Foch ✉ 69006 Ⓜ Foch – ✆ 04 78 89 55 19 – www.mrestaurant.fr – Fermé 30 juil.-22 août, 26 fév.-7 mars, sam. et dim. **4GVs**

Rest – (18 €) Menu 24/38 €

◆ Une cuisine actuelle débordante de saveurs, un espace fluide, un design épuré un brin psychédélique ponctué d'arabesques orange. Autant de raisons de découvrir cette adresse.

Le Verre et l'Assiette

20 Grande-Rue-de-Vaise ✉ 69009 Ⓜ Valmy – ✆ 04 78 83 32 25 – www.leverreetlassiette.com – Fermé 22 juil.-16 août, 25 fév.-6 mars, lundi soir, mardi soir, merc. soir, sam. et dim. **1BPd**

Rest – (19 € bc) Menu 24 € (déj.), 28/44 €

◆ Le chef revisite, avec talent et originalité, les plats "canailles" et quelques classiques de la cuisine française. Agréable décor moderne (pierre et bois) et service souriant.

La Terrasse St-Clair

2 Grande Rue St-Clair ✉ 69300 Caluire-et-Cuire – ✆ 04 72 27 37 37 – www.terrasse-saint-clair.com – Fermé 5-22 août, 23 déc.-15 janv., dim. et lundi

Rest – Menu 25 € **4GUs**

◆ Hommage à la Fanny – tant redoutée des boulistes ! – dans ce restaurant aux allures de guinguette. Bonne cuisine de tradition. Terrasse sous les platanes et terrain de pétanque.

Bernachon Passion

42 cours Franklin-Roosevelt ✉ 69006 Ⓜ Foch – ✆ 04 78 52 23 65 – www.bernachon.com – Fermé 24 juil.-25 août, dim., lundi et fériés

Rest – *(déj. seult) (nombre de couverts limité, prévenir)* Menu 25 € **4GVr** – Carte environ 35 €

◆ Un restaurant tenu par la fille et les petits-enfants de Paul Bocuse, propriétaires de la célèbre chocolaterie attenante. Recettes traditionnelles ou plat du jour à midi ; salon de thé.

Mon Bistrot à Moi

84 cours Vitton ✉ 69006 Ⓜ Brotteaux – ✆ 04 78 52 47 28 – Fermé 1 sem. en fév., 1er-22 août, sam. et dim. **4HVa**

Rest – *(nombre de couverts limité, prévenir)* Menu 21 €

◆ Nouvelle adresse dans le quartier des Brotteaux : casseroles en cuivre aux murs, cuisine canaille dans l'assiette, ardoise pour les vins et excellent rapport qualité-prix.

Le Splendid

3 pl. Jules-Ferry ✉ 69006 Ⓜ Brotteaux – ✆ 04 37 24 85 85 – www.georgesblanc.com – Fermé 1er-15 août **4HVz**

Rest – (18 € bc) Menu 20 € (déj.), 24/45 € – Carte 35/58 €

◆ Restaurant de la dynastie Georges Blanc. Cadre de brasserie chic et confortable au service d'une cuisine du terroir généreuse et bien ficelée. Bon rapport qualité-prix.

Balthaz'art

7 r. des Pierres Plantées ✉ 69001 Ⓜ Croix Rousse – ✆ 04 72 07 08 88 – www.restaurantbalthazart.fr – Fermé 23-30 avril, 1er-23 août, mardi midi, merc. midi, dim. et lundi **3FVm**

Rest – (14 €) Menu 25 € – Carte 30/35 €

◆ Dans une rue en pente en haut de la Croix-Rousse, ce restaurant très cosy propose une cuisine actuelle et créative à base de bons produits frais. Belle carte des vins.

L'Étage

4 pl. Terreaux, (2ème étage) ✉ 69001 Ⓜ Hôtel de ville – ✆ 04 78 28 19 59 – Fermé 20 juil.-20 août, dim. et lundi **5FXx**

Rest – *(prévenir)* (16 €) Menu 32/44 € – Carte 43/66 €

◆ Du charme dans cet ancien atelier de canut perché au 2e étage d'un immeuble. La salle habillée de boiseries évoque un appartement privé. Savoureuse cuisine au goût du jour.

Cuisine & Dépendances

46 r. Ferrandière ✉ 69002 Ⓜ Cordeliers – ✆ 04 78 37 44 84 – www.cuisineetdependances.com – Fermé une sem. en août, dim. et lundi **5FXs**

Rest – (16 €) Menu 27 € (dîner), 39/70 € – Carte 42/57 €

◆ Petite salle tout en longueur, design et très chaleureuse, ambiance lounge et cuisine inventive célébrant le poisson : les Lyonnais sont déjà dépendants de ce restaurant.

Maison Villemanzy

25 montée St-Sébastien ✉ 69001 Ⓜ Croix Paquet – ✆ 04 72 98 21 21 – www.maison-villemanzy.com – Fermé 31 juil.-22 août, 24 déc.-9 janv., lundi midi et dim. **3FVh**

Rest – *(prévenir)* (19 €) Menu 24 €

◆ Perchée sur les pentes de la Croix-Rousse, cette maison offre en terrasse une vue splendide sur la ville. Intérieur façon bistrot rétro, recettes familiales et plats canailles.

Eskis

11 r. Chavanne ✉ 69001 Ⓜ Cordeliers – ✆ 04 78 27 86 93 – www.eskis-restaurant.com – Fermé 2-25 août et 1er-16 janv. **4FXe**

Rest – Menu 25/69 €

◆ L'originalité a toute sa place dans ce restaurant misant sur une cuisine sagement créative et moléculaire, tout en finesse. Le cadre est au diapason : moderne et zen.

La Machonnerie

36 r. Tramassac ✉ 69005 Ⓜ Vieux Lyon – ✆ 04 78 42 24 62 – www.lamachonnerie.com – Fermé 15-30 juil., 2 sem. en janv., dim. et le midi sauf sam. **5EYn**

Rest – *(prévenir)* Menu 28/45 € bc – Carte 35/45 €

◆ Cette institution du quartier perpétue la tradition du mâchon lyonnais : bonne franquette, convivialité et authentiques recettes régionales. Beau salon dédié au jazz.

Magali et Martin

11 r. des Augustins ✉ 69001 Ⓜ Place des Terreaux – ✆ 04 72 00 88 01 – Fermé 13-25 août, 23-27 déc., 31 déc.-9 janv., sam. et dim. **3FXj**

Rest – (18 €) Menu 21 € (déj.), 30/55 € – Carte 34/45 €

◆ La maison est dirigée par un tandem qui fonctionne en toute complémentarité : Martin s'exprime en cuisine, au gré du marché, et Magali sur le choix des vins, l'accueil et le service.

Les Adrets

30 r. Boeuf ✉ 69005 Ⓜ Vieux Lyon Cathédrale Saint Jean – ✆ 04 78 38 24 30 – Fermé 28 fév.-12 mars, août, 26 déc.-4 janv., sam. et dim. **3EXv**

Rest – (16 € bc) Menu 23 € (dîner), 30/45 € – Carte 35/61 € le soir

◆ Une vraie bonne adresse du Vieux Lyon. Intérieur avec poutres apparentes, sol en tomettes et cuisines en partie visibles depuis la salle. Généreuses recettes traditionnelles.

Jofé

3 r. des Remparts-d'Ainay ✉ 69002 Ⓜ Ampère Victor Hugo – ✆ 04 78 37 40 37 – www.jofe.fr – Fermé 1er-22 août, sam. et dim. **5FYq**

Rest – *(nombre de couverts limité, prévenir)* Menu 19 € (déj.), 28/39 € – Carte 39/57 €

◆ Ce bistrot relooké dans l'air du temps (grandes baies vitrées, tons clairs) respire la convivialité. Cuisine méditerranéenne et bon choix de vins, parfaitement conseillés.

Le 126

126 r. de Seze ✉ 69006 Ⓜ Masséna – ✆ 04 78 52 74 34 – Fermé 3 sem. en août, sam. midi, dim. et lundi **4HVn**

Rest – (16 €) Menu 20 € (déj.), 30/35 €

◆ Table chic et tendance créée par un jeune chef au beau parcours. Cuisine fine et goûteuse, avec une pointe d'invention. Sa devise : "une carte courte axée sur le produit".

Ponts et Passerelles

5 pl. Dr.-Gailleton ✉ 69002 Ⓜ Bellecour – ✆ 04 78 38 70 70 – www.pontsetpasserelles.com – Fermé 9-29 août, 25 déc.-9 janv., dim. et lundi

Rest – *(nombre de couverts limité, prévenir)* Menu 19/45 € bc – Carte 33/39 € **5FYa**

◆ Un néobistrot convivial. Côté look : un décor contemporain mâtiné de touches nostalgiques ; côté cook : une fine et goûteuse cuisine du marché, où les produits locaux sont rois.

Testa d' Oca

1 r. de l'Antiquaille ✉ 69005 Ⓜ Minimes – ✆ 04 74 26 95 73 – Fermé 2 sem. en août **5EYa**

Rest – (18 €) Menu 26 € – Carte 28/35 €

◆ Testa d'oca ? Cela veut dire "tête d'oie" en italien. Logique : c'est le restaurant italien de Christian Têtedoie ! Pour déguster risottos et osso-buco à prix modéré.

LES BOUCHONS : *dégustation de vins régionaux et cuisine locale dans une ambiance typiquement lyonnaise*

Daniel et Denise

156 r. Créqui ✉ 69003 Ⓜ Place Guichard – ✆ 04 78 60 66 53 – www.daniel-et-denise.fr – Fermé 23 juil.-23 août, 23 déc.-4 janv., sam., dim. et fériés **4GXb**

Rest – Menu 26 € (déj.) – Carte 29/45 €

◆ Joli cadre patiné, ambiance décontractée, goûteuse cuisine et plats typiques à base d'excellents produits : un bistrot pur jus dirigé par un Meilleur Ouvrier de France.

Le Garet

7 r. Garet ✉ 69001 Ⓜ Hôtel de ville – ✆ 04 78 28 16 94 – Fermé 23 juil.-24 août, sam. et dim. **3FXa**

Rest – *(prévenir)* Menu 18 € (déj.)/23 € – Carte environ 28 €

◆ Une véritable institution bien connue des amateurs de cuisine lyonnaise : tête de veau, tripes, quenelles ou andouillettes se dégustent en toute convivialité dans un cadre typique.

Café des Fédérations

8 r. Major Martin ✉ 69001 Ⓜ Hôtel de ville – ✆ 04 78 28 26 00 – www.lesfedeslyon.com – Fermé 24 déc.-3 janv. et dim. **3FXz**

Rest – *(prévenir)* Menu 19 € (déj.)/24 €

◆ Cadre immuable (tables accolées, nappes à carreaux, saucissons suspendus) et ambiance bon enfant dans ce vrai bouchon, incontestable conservatoire de la cuisine lyonnaise.

Environs

à Rillieux-la-Pape 7 km par ① D 483 et D 484 – 29 562 h. – alt. 269 m – ✉ 69140

Larivoire (Bernard Constantin)

chemin des Iles – ✆ 04 78 88 50 92 – www.larivoire.com – Fermé 16-28 août, dim. soir, lundi soir et mardi

Rest – (35 €) Menu 49/89 € – Carte 70/100 €

Spéc. Œufs en cocotte aux langoustines et morilles. Volaille de Bresse au vinaigre de vieux vin. Soufflé au Grand Marnier. **Vins** Saint-Véran, Saint-Joseph.

◆ Trois générations se sont succédé à la tête de cette jolie maison bourgeoise datant du début du 20e s. Intérieur feutré, terrasse d'été prisée et fine cuisine classique.

à Meyzieu **14 km par ③ et D 517 – 28 738 h. – alt. 201 m – ✉ 69330**

36 de Lyon à Villette-d'Anthon, NE : 12 km par D 6, ✆ 04 78 31 11 33

XX **La Petite Auberge du Pont d'Herbens**

32 r. Victor Hugo – ✆ 04 78 31 41 09 – www.petite-auberge-pont-dherbens.com – Fermé mars, lundi et mardi sauf midi fériés

Rest – Menu 20 € (sem.), 29/59 € – Carte 27/62 €

◆ Près du lac du Grand Large, cette sympathique auberge comprend une salle à manger cossue et un espace VIP (terrasse et salon). Cuisine traditionnelle et belle carte des vins.

à Genas **12 km à l'Est par rte de Genas (D 29) - DQ – 11 562 h. – alt. 218 m – ✉ 69740**

55, rue de la République ✆ 04 72 79 05 31

Ambassadeur

36 r. Antoine Pinay – ✆ 04 78 40 02 02 – www.ambassadeur-hotel.fr

78 ch – †90/145 € ††90/145 € – 6 suites – ☕ 12 €

Rest – *(fermé 2-22 août, sam. et dim.)* (17 €) Menu 21/46 € – Carte environ 44 €

◆ Cet hôtel récent, pratique pour la clientèle d'affaires, dispose de chambres d'ampleur correcte. Équipement fonctionnel complet et style contemporain reposant (mobilier en wengé). Restaurant au cadre minimaliste – jardin japonais – servant une cuisine actuelle.

à Ecully **7 km à l'Ouest (A6, sortie n° 36) - AP - – 18 249 h. – alt. 240 m – ✉ 69130**

Les Hautes Bruyères sans rest

5 chemin des Hautes Bruyères – ✆ 06 08 48 69 50 – www.lhb-hote.fr

5 ch ☕ – †140/190 € ††150/200 € **1APd**

◆ Dans un parc, cette ancienne maison de jardinier (19e s.) autrefois rattachée au château voisin offre une heureuse combinaison d'authenticité et de raffinement.

XXX **Saisons**

Château du Vivier, 8 chemin Trouillat – ✆ 04 72 18 02 20 – www.institutpaulbocuse.com – Fermé 29 juil.-22 août, 16 déc.-3 janv., merc. soir, sam. et dim. **1APb**

Rest – Menu 25 € (déj.), 32/48 €

◆ Dans un parc, château du 19e s. abritant une école hôtelière internationale fondée en 1990 sous la houlette de Paul Bocuse. Les étudiants assurent cuisine et service.

à Charbonnières-les-Bains **8 km par ⑨ et N 7 – 4 835 h. – alt. 233 m – ✉ 69260**

Parc Lacroix Laval : château de la Poupée★.

Le Pavillon de la Rotonde

3 av. du Casino – ✆ 04 78 87 79 79 – www.pavillon-rotonde.com – Fermé août

16 ch – †325 € ††355 € – ☕ 33 €

Rest *Philippe Gauvreau* – voir ci-après

◆ À deux pas du casino, luxueux pavillon offrant un décor contemporain aux discrètes touches Art déco. Chambres spacieuses avec terrasse donnant sur le parc. Piscine couverte chauffée et spa.

Le Beaulieu sans rest

19 av. Gén. de Gaulle – ✆ 04 78 87 12 04 – www.hotel-le-beaulieu.fr

44 ch – †65/74 € ††65/74 € – ☕ 9 €

◆ Voilà plus de trente ans que la même famille vous accueille dans cet hôtel installé au centre de la petite cité prisée des Lyonnais. Chambres pratiques, récemment refaites.

Philippe Gauvreau – Hôtel Le Pavillon de la Rotonde

3 av. du Casino – ✆ 04 78 87 79 79 – www.pavillon-rotonde.com – Fermé août, 2-11 janv., sam. midi, dim. et lundi

Rest – Menu 58 € bc (déj.), 115/148 € – Carte 115/180 €

Spéc. Il était une fois... quatre foies pressés. Homard breton entier cuit en tajine, petits farcis. Cannellonis de chocolat amer à la glace de crème brûlée, sauce chocolat guanaja. **Vins** Condrieu, Côte Rôtie.

◆ Très élégante salle en demi-lune moderne et chaleureuse ouverte sur les frondaisons du parc. La cuisine, qui marie parfaitement produits et saveurs, émerveille les papilles.

Porte de Lyon 10 km par ⑩ (échangeur A 6-N 6) – ✉ 69570 Dardilly

Novotel Lyon Nord

– ✆ 04 72 17 29 29 – www.novotel.com

107 ch – †79/165 € ††79/165 € – ☕ 14 €

Rest – (16 €) Menu 18 € – Carte 16/50 €

◆ Dans le parc d'affaires de Dardilly. Novotel des années 1970 entièrement relooké selon les derniers standards de la chaîne : décor et confort contemporains. Prestation culinaire traditionnelle dans une salle tournée vers le jardin paysagé.

à Limonest 13 km par ⑩, A 6 et D 42 – 3 007 h. – alt. 390 m – ✉ 69760

Laurent Bouvier

25 rte du Puy d'Or, carrefour D 306 et D 42 – ✆ 04 78 35 12 20 – www.restaurant-puydor.com – Fermé 8-24 août, 26 déc.-2 janv., dim. et lundi

Rest – (19 €) Menu 35/78 € – Carte 46/74 €

◆ Cette auberge familiale a été redécorée avec goût par Alain Vavro, dans un esprit contemporain. La cuisine traditionnelle, relevée d'une pointe de créativité, suit les saisons.

à St-Cyr-au-Mont-d'Or 10 km au Nord par rte de St-Cyr - BP – 5 388 h. – alt. 320 m – ✉ 69450

L'Ermitage

chemin de l'Ermitage, 2,5 km au sommet du Mont Cindre – ✆ 04 72 19 69 69 – www.ermitage-college-hotel.com

28 ch – †145/195 € ††145/195 € – 1 suite – ☕ 12 €

Rest – (27 €) Menu 33 €

◆ L'atout de cet hôtel récent : une vue extraordinaire sur Lyon et les Monts-d'Or alliée à un cadre contemporain – baies vitrées, style design épuré – pour un maximum de sérénité. Spécialités lyonnaises servies dans une "cuisine à manger" ; terrasse suspendue.

à Collonges-au-Mont-d'Or 12 km au Nord par bords de Saône (D 433, D 51) - BP – 3 775 h. – alt. 176 m – ✉ 69660

voir XXXXX ✿✿✿ Paul Bocuse à Lyon

à l'aéroport de Lyon St-Exupéry : 27 km par A 43 – ✉ 69125

NH Lyon Aéroport

Aéroport Lyon St-Exupéry, terminal 1 – ✆ 04 72 23 05 50 – www.nh-hotels.com

245 ch – †99/275 € ††99/275 € – ☕ 23 €

Rest – (22 € bc) Menu 28 € (sem.) – Carte 32/42 €

◆ Ce grand bâtiment neuf situé face à l'aérogare bénéficie de chambres modernes (3 catégories), alliant éléments de confort et service personnalisé. Accès libre au fitness. Salle à manger lumineuse ouverte sur la terrasse, cuisine traditionnelle.

Espace Le Bec

aéroport Lyon St-Exupéry, (2ème niveau) – ✆ 04 72 22 71 86 – www.restaurantlebec.com – Fermé dim.

Rest – (21 €) Menu 28 € – Carte 31/52 €

◆ Atmosphère contemporaine et branchée dans cette grande brasserie qui domine les pistes de l'aéroport. Recoins intimes, bar lounge... un espace vaste mais chaleureux.

LYONS-LA-FORÊT – 27 Eure – 304 I5 – 764 h. – alt. 88 m – ✉ 27480 33 D2

Normandie Vallée de la Seine

Paris 104 – Beauvais 57 – Mantes-la-Jolie 66 – Rouen 35

20, rue de l'Hôtel de Ville ☎ 02 32 49 31 65

La Licorne

pl. de la Halle – ☎ 02 32 48 24 24 – www.hotel-licorne.com

15 ch – 🚹125/290 € 🚹🚹125/290 € – 6 suites – ☕ 18 €

Rest – *(fermé le midi sauf sam. et dim. et merc.)* Menu 28/109 € bc – Carte 60/80 €

◆ Situé dans l'un des "plus beaux villages de France", relais de poste (1610) cerné par une hêtraie. Belles chambres rénovées dans un esprit tendance, élégantes et soignées. Salle à manger avec cheminée monumentale, terrasse, jardin ; sobre cuisine au goût du jour.

Les Lions de Beauclerc

7 r. Hôtel de ville – ☎ 02 32 49 18 90 – www.lionsdebeauclerc.com

5 ch – 🚹64/69 € 🚹🚹69/84 € – ☕ 9 € – ½ P 70/75 €

Rest – *(fermé mardi)* (12 €) Menu 15/28 € – Carte 17/33 €

◆ Cette grande maison en briques, au cœur d'un ravissant village, abrite des chambres décorées de meubles et bibelots chinés. Petit-déjeuner en terrasse aux beaux jours. Le restaurant offre le choix de deux salles classiques pour déguster des mets traditionnels.

Le Grand Cerf

20 pl. de la Halle-Benserade – ☎ 02 32 49 50 50 – www.grandcerf.fr

13 ch – 🚹105/285 € 🚹🚹105/285 € – ☕ 15 € **Rest** – (19 €) Menu 24/45 €

◆ Derrière les façades de ces deux maisons mitoyennes du 17e s., se cachent des chambres "forestières" : meubles en bois, parquet, étonnantes chaises en branchage et... bois de cerf. Au restaurant, sobre cuisine de bistrot.

LYS-ST-GEORGES – 36 Indre – 323 G7 – 220 h. – alt. 200 m – ✉ 36230 12 C3

Paris 287 – Argenton-sur-Creuse 29 – Bourges 80 – Châteauroux 29

Auberge La Forge

7 r. du Château – ☎ 02 54 30 81 68 – www.restaurantlaforge.com – Fermé 5-10 juil., 21 sept.-7 oct., 2-24 janv., dim. soir, lundi et mardi

Rest – Menu 17 € (déj. en sem.), 29/49 € – Carte 45/105 €

◆ Le décor rustique (poutres, tomettes, cheminée) de cette accueillante auberge villageoise est en parfaite harmonie avec la cuisine du terroir. Jolie terrasse verdoyante.

MACÉ – 61 Orne – 310 J3 – rattaché à Sées

MACHÉZAL – 42 Loire – 327 E4 – 402 h. – alt. 623 m – ✉ 42114 44 A1

Paris 428 – Lyon 59 – Saint-Étienne 93 – Clermont-Ferrand 133

Le Myrrhis

– ☎ 04 77 62 47 25 – www.lemyrrhis.eu – Fermé 1er-8 sept., 2-26 janv., dim. soir, lundi et mardi

Rest – (16 €) Menu 20/36 € – Carte 48/63 €

◆ Au pied de l'église, cette maison est tenue par un jeune couple plein d'allant. Aux fourneaux, monsieur élabore une cuisine élégante. Salle raffinée, aux tons pastel.

MACHILLY – 74 Haute-Savoie – 328 K3 – 973 h. – alt. 525 m – ✉ 74140 46 F1

Paris 548 – Annemasse 11 – Genève 21 – Thonon-les-Bains 20

Le Refuge des Gourmets

90 rte des Framboises – ☎ 04 50 43 53 87 – www.refugedesgourmets.com – Fermé 22 août-7 sept., 20 fév.-2 mars, dim. soir et lundi

Rest – Menu 25 € (déj. en sem.), 32/62 € – Carte 60/80 €

◆ Hall d'accueil égayé d'une vinothèque et élégante salle d'inspiration Belle Époque dans ce "refuge" où les gourmets apprécient la cuisine créative évoluant au gré des saisons.

LA MACHINE (COL DE) – 26 Drôme – 332 F4 – rattaché à St-Jean-en-Royans

MACINAGGIO – 2B Haute-Corse – **345** F2 – voir à Corse

MÂCON P – 71 Saône-et-Loire – **320** I12 – 34 171 h. – alt. 175 m **8** C3
– ✉ 71000 Bourgogne

Paris 391 – Bourg-en-Bresse 38 – Chalon-sur-Saône 59 – Lyon 71
1 place Saint Pierre ☎ 03 85 21 07 07
de la Commanderie à Crottet L'Aumusse, par rte de Bourg-en-Bresse : 7 km, ☎ 03 85 30 44 12
de Mâcon La Salle à La Salle, par rte de Tournus : 14 km, ☎ 03 85 36 09 71
Musée des Ursulines★ BY **M¹** - Musée Lamartine BZ **M²** - Apothicairerie★ de l'Hôtel-Dieu BY - ≤★ du Pont St-Laurent.
Roche de Solutré★★ O : 9 km - Clocher★ de l'église de St-André de Bagé E : 8,5 km.

Park Inn
26 r. Pierre de Coubertin, 0,5 km par ① – ☎ 03 85 21 93 93 – www.macon.parkinn.fr
64 ch – †94/116 € ††105/131 € – ☕ 14 €
Rest – *(fermé dim. et lundi) (dîner seult)* Menu 26 € – Carte 28/50 €
◆ Proche du port de plaisance, cet hôtel, de type chaîne, a rajeuni ses chambres (la moitié avec une vue sur la Saône). Clientèle d'affaires. Salle à manger et bar contemporains ; aux beaux jours, on dresse la terrasse au bord de la piscine.

Du Nord sans rest
313 quai Jean-Jaurès – ☎ 03 85 38 08 68 – www.hotel-dunord.com – Fermé 17 déc.-3 janv. et week-ends d'hiver BY**g**
15 ch – †67/73 € ††77/83 € – ☕ 8 €
◆ Sur les quais, à quelques pas du centre, une façade rose qui cache le meilleur petit hôtel de la ville : prix raisonnables, chambres en partie rénovées, bons petits-déjeuners.

Pierre (Christian Gaulin)
7 r. Dufour – ☎ 03 85 38 14 23 – www.restaurant-pierre.com – Fermé 3 sem. en juil., vacances de fév., dim. soir, mardi midi et lundi BZ**k**
Rest – (22 €) Menu 29/75 € – Carte 56/80 €
Spéc. Escalope de foie gras poêlée. Tournedos charolais. Soufflé au griottines et kirsch. **Vins** Mâcon-Uchizy, Saint-Véran.
◆ Pierres, poutres apparentes et cheminée composent le cadre élégant et l'ambiance chaleureuse de ce restaurant. La cuisine marie habilement classicisme, terroir et modernité.

Le Poisson d'Or
allée du Parc, par ① et bords de Saône – ☎ 03 85 38 00 88 – www.lepoissondor.com – Fermé 4-28 oct., dim. soir, mardi soir et merc.
Rest – Menu 24 € (sem.), 33/60 € – Carte 51/67 €
◆ Cuisine du terroir revisitée et fritures de poissons (en été) dans ce restaurant au bord de la Saône, près du port de plaisance. Salle surplombant la rivière, terrasse face à l'eau.

L'Ethym'Sel
10 r. Gambetta – ☎ 03 85 39 48 84 – Fermé 24 juil.-16 août, 2-6 janv., dim. sauf le midi de sept. à juin, lundi en juil.-août, mardi soir et merc. sauf en juil.-août
Rest – Menu 16 € (sem.), 26/33 € – Carte 33/45 € BZ**t**
◆ À nouvelle enseigne, nouveau décor pour ce restaurant proche des quais de Saône. Cadre contemporain élégant et cuisine traditionnelle de bonne tenue. Prix raisonnables.

L'Ambroisie
103 r. Marcel-Paul par ③ – ☎ 03 85 38 12 21 – www.lambroisie.fr – Fermé 30 mai-5 juin, 1er-15 août, 28 fév.-6 mars, lundi soir, mardi soir et dim.
Rest – (12 €) Menu 20 € (déj.)/44 € – Carte 27/47 €
◆ Ce sympathique petit bistrot (vieilles pierres, fresque) agrandie d'une véranda mérite le détour pour ses plats dans l'air du temps et son service professionnel.

MÂCON

Barre (Pl. de la)	AYZ	2
Barre (R. de la)	BZ	3
Dombey (R.)	BZ	5
Dufour (R.)	BZ	6
Gaulle (Av. Gén.-de)	BY	7
Laguiche (R. Ph.)	BZ	8
Lamartine (R.)	BYZ	9
Paix (Square de la)	BY	10
Perrier (R.)	AY	12
Poissonnière (Pl.)	BZ	13
Pont (R. du)	BZ	14
Préfecture (R. de la)	BY	15
St-Étienne (Pl.)	BY	17
St-Nizier (R.)	BZ	18
Sigorgne (R.)	BZ	19
Strasbourg (R. de)	BY	20
Ursulines (R. des)	BY	21
11-Nov.-1918 (R. du)	ABY	22
28-Juin-1944 (R.)	BY	24

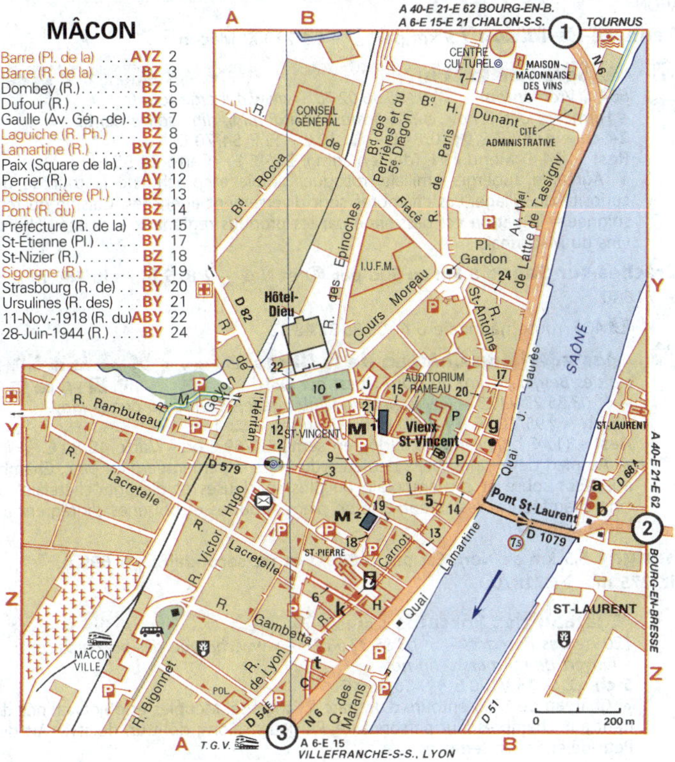

à St-Laurent-sur-Saône (01Ain) – 1 718 h. – alt. 176 m – ✉ 01750

L'Autre Rive

143 quai Bouchacourt – ✆ 03 85 39 01 02 – www.lautrerive.fr – Fermé 24-27 déc., dim. soir, lundi de sept. à juin et mardi midi en juil. août

Rest – (19 €) Menu 35/38 € – Carte 29/51 € BZa

◆ Rien ne manque dans ce restaurant situé sur "l'autre rive" : salle-véranda chaleureuse, agréable terrasse face à la Saône et carte associant poulet de Bresse et saveurs iodées.

Le Saint-Laurent

1 quai Bouchacourt – ✆ 03 85 39 29 19 – www.georgesblanc.com BZb

Rest – Menu 18 € (déj.), 20/46 € – Carte 32/55 €

◆ Terrasse avec vue sur Mâcon et plats mijotés : franchissez le pont St-Laurent pour rejoindre cette brasserie rétro rendue célèbre par la visite de Mitterrand et Gorbatchev.

au Nord 3 km par ① sur N 6 – ✉ 71000 Mâcon

La Vieille Ferme

Bd Gén. de Gaulle – ✆ 03 85 21 95 15 – www.hotel-restaurant-lavieilleferme.com – Fermé 20 déc. -10 janv.

24 ch – †52 € ††52 € – ☕ 7 € **Rest** – (12 €) Menu 17/29 € – Carte 24/38 €

◆ Halte champêtre dans un parc au bord de la Saône. Chambres fonctionnelles et sobres, aménagées dans une construction d'allure motel. La "vieille ferme" abrite le restaurant rustique (pierres et poutres apparentes, cheminée) ouvert sur une jolie terrasse.

à Sennecé-lès-Mâcon 7,5 km par ① – ✉ 71000 Mâcon

Auberge de la Tour rest,

604 r. Vrémontoise – ✆ 03 85 36 02 70 – www.auberge-tour.fr – Fermé 18 oct.-3 nov., 8 fév.-3 mars, mardi midi, dim. soir et lundi

24 ch – †44/57 € ††50/81 € – ☕ 10 € – ½ P 54/70 €

Rest – (14 €) Menu 19 € (déj. en sem.), 24/46 € – Carte 26/55 €

◆ Agréable auberge familiale, rustique, simple et proche de la tour de guet, curiosité du village. Les chambres sont diversement agencées. Cuisine du terroir soignée – le patron est passionné par les produits régionaux – et beau choix de vins du Mâconnais.

à Crèches-sur-Saône 8 km au Sud par ③ et N 6 – 2 825 h. – alt. 180 m – ✉ 71680

466, route nationale 6 ✆ 03 85 37 48 32

Hostellerie du Château de la Barge

rte des Bergers, 1 km au Nord-Ouest par D89 – ✆ 03 85 23 93 23 – www.chateaudelabarge.fr – Fermé 16 déc.-3 janv.

25 ch – †95/100 € ††105/115 € – 3 suites – ☕ 14 €

Rest – (17 € bc) Menu 20 € (déj. en sem.), 30/69 € bc – Carte 48/82 €

◆ Au pied des vignes, belle demeure du 17e s. agrémentée d'un parc. Chambres au décor sobre et contemporain ou plus spacieuses et d'esprit "châtelain". Piscine chauffée. Au restaurant, âtre en pierre, poutres et boiseries s'intègrent à un cadre actualisé.

à Hurigny 5,5 km au Nord-Est par D 82 AY et rte secondaire – 1 699 h. – alt. 275 m – ✉ 71870

Château des Poccards sans rest

120 rte des Poccards – ✆ 03 85 32 08 27 – www.chateau-des-poccards.com – Ouvert de mi-mars à fin nov.

5 ch ☕ – †80/120 € ††110/150 €

◆ Château de 1805 entouré d'un parc à l'anglaise. Meubles et objets chinés donnent aux chambres leur personnalité. Plusieurs salons, dont un de style Art déco. Petit-déjeuner en terrasse.

LA MADELAINE-SOUS-MONTREUIL – 62 Pas-de-Calais – 301 D5 – rattaché à Montreuil

---

MADIRAN – 65 Hautes-Pyrénées – 342 L1 – 467 h. – alt. 125 m – ✉ 65700 · 28 A2

Paris 753 – Pau 51 – Tarbes 41 – Toulouse 154

Le Prieuré

4 r. de l'Église – ✆ 05 62 31 44 52 – www.leprieure-madiran.com – Fermé dim. soir, lundi et mardi

Rest – (13 €) Menu 18 € (sem.)/32 € – Carte 30/42 €

◆ Ce monastère du 11e s. abrite un restaurant au décor élégant, mais aussi la maison des vins de Madiran. Terrasse sous la tonnelle et cuisine régionale.

MAFFLIERS – 95 Val-d'Oise – 305 E6 – 1 614 h. – alt. 145 m – ✉ 95560 · 18 B1

Paris 29 – Beaumont-sur-Oise 10 – Beauvais 53 – Compiègne 73

Novotel ch, rest,

allée des Marronniers – ✆ 01 34 08 35 35 – www.novotel.com

99 ch – †90/190 € ††90/190 € – ☕ 14 € **Rest** – (12 €) Carte 22/40 €

◆ Un ensemble au grand calme avec, à l'entrée du parc, une annexe moderne. Chambres refaites selon le dernier concept de la chaîne. Sauna, piscine intérieure. Le restaurant occupe une demeure fin 18e s. et propose des plats actuels. Terrasse face à la nature.

MAGAGNOSC – 06 Alpes-Maritimes – 341 C5 – rattaché à Grasse

MAGALAS – 34 Hérault – **339** E8 – 2 489 h. – alt. 115 m – ✉ 34480 **22** B2

Paris 755 – Montpellier 82 – Béziers 17 – Narbonne 54

Ô. Bontemps

pl. de l'Église – ☎ 04 67 36 20 82 – www.o-bontemps.com – Fermé 7-14 mars, 8-16 mai, 4-19 sept., 31 déc.-16 janv., dim., lundi et fériés

Rest – (22 €) Menu 28 € (déj. en sem.), 32/67 € – Carte 44/60 €

◆ Sympathique bistrot tenu par un jeune chef qui a autant l'instinct du produit que le sens du spectacle (admirez sa découpe des viandes en salle !). Réservation nécessaire...

LA MAGDELEINE – 16 Charente – **324** K3 – rattaché à Barbézieux-St-Hilaire

MAGESCQ – 40 Landes – **335** D12 – 1 619 h. – alt. 28 m – ✉ 40140 **3** B2

Paris 722 – Bayonne 45 – Biarritz 52 – Castets 13

1, place de l'Église ☎ 05 58 47 76 24

Relais de la Poste (Jean Coussau)

24 av. de Maremne – ☎ 05 58 47 70 25 – www.relaisposte.com – Fermé 15 nov.-15 déc., 2-14 janv., lundi soir et mardi soir du 15 janv. au 30 mars

14 ch – †220/240 € ††220/240 € – 2 suites – ☕ 22 € – ½ P 195/250 €

Rest – *(fermé mardi midi, jeudi midi en juil.-août, mardi de sept. à juin et lundi) (prévenir le week-end)* Menu 58 € (sem.), 82/115 € – Carte 85/130 €

Spéc. Sole aux cèpes. Foie gras de canard aux raisins. Variation autour de la pêche rousanne (été). **Vins** Jurançon, Madiran.

◆ Ce castel landais entouré d'un grand parc magnifiquement fleuri vous réserve un excellent accueil. Les chambres, avec balcon, sont jolies et spacieuses. Sauna, hammam, jacuzzi... L'élégant restaurant et la terrasse donnent sur la pinède. Superbe cuisine classique inspirée par la qualité des produits régionaux.

Côté Quillier

26 av. de Maremne – ☎ 05 58 47 79 50 – www.relaisposte.com – Fermé 15 nov.-15 déc. et 2-14 janv.

Rest – (17 €) Menu 28 € – Carte 40/46 €

◆ Bistrot à l'allure élégante, dont les couleurs tendance s'harmonisent au mobilier design. Terrasse et magnifique jardin où vous attend un jeu... de quilles. Cuisine du marché.

MAGNAC-BOURG – 87 Haute-Vienne – **325** F7 – 935 h. – alt. 444 m – ✉ 87380 **24** B2

Paris 419 – Limoges 31 – St-Yrieix-la-Perche 28 – Uzerche 28

2, place de la Bascule ☎ 05 55 00 89 91

Auberge de l'Étang

9 rte de la Gare – ☎ 05 55 00 81 37 – www.aubergedeletang.com – Fermé 6 nov.-7 déc., 27 fév.-13 mars, dim. soir et lundi sauf juil.-août

14 ch – †49/60 € ††49/60 € – ☕ 9 €

Rest – *(fermé dim. soir, lundi de sept. à juin et merc. midi en juil.-août)* Menu 15/45 € – Carte 35/70 €

◆ À l'entrée du bourg, dominant un étang, auberge familiale vous réservant un bon accueil. Chambres fonctionnelles récentes ; certaines ont vue sur la piscine et le plan d'eau. Cuisine traditionnelle servie dans un cadre bistrot élégant ou sur l'agréable terrasse.

MAGNY-COURS – 58 Nièvre – **319** B10 – rattaché à Nevers

MAGNY-LE-HONGRE – 77 Seine-et-Marne – **312** F2 – **106** 22 – voir à Paris, Environs (Marne-la-Vallée)

MAÎCHE – 25 Doubs – **321** K3 – 3 959 h. – alt. 777 m – ✉ 25120 **17** C2

Franche-Comté Jura

Paris 498 – Besançon 75 – Belfort 60 – Montbéliard 42

place de la Mairie ☎ 03 81 64 11 88

à Mancenans Lizerne 2,5 km à l'Est par D 464 et D 272 – 162 h. – alt. 720 m – ✉ 25120

Au Coin du Bois
4 r. sous le rang, La Lizerne – ☎ 03 81 64 00 55 – www.restaurant-aucoindubois.com – Fermé 1er-11 août, 17-28 janv., dim. soir, merc. soir et lundi
Rest – (10 €) Menu 24 € (déj. en sem.)/48 € – Carte 31/73 €
◆ Joli chalet entouré de sapins. L'agréable terrasse et la sobre salle à manger d'esprit rustique servent de cadre à une cuisine soignée, réalisée à base de produits frais.

MAILLANE – 13 Bouches-du-Rhône – **340** D3 – rattaché à St-Rémy-de-Provence

MAINTENON – 28 Eure-et-Loir – **311** F4 – 4 427 h. – alt. 109 m – ✉ 28130 **12** C1

Paris 90 – Chartres 19 – Évry 77 – Orléans 104
place Aristide Briand ☎ 02 37 23 05 04

Le Petit Marché
2 bis pl. Sadorge – ☎ 02 37 23 17 38 – Fermé 24 fév.-15 mars, dim. soir de nov. à fin mars et merc.
Rest – (14 €) Menu 18/26 € – Carte 27/46 €
◆ Une salle spacieuse, un bar en bois de belle taille, des plats tendance bistrotière (la viande en vedette) et une ambiance conviviale : un franc succès.

MAISONS-ALFORT – 94 Val-de-Marne – **312** D3 – **101** 27 – voir à Paris, Environs

MAISONS-DU-BOIS – 25 Doubs – **321** I5 – rattaché à Montbenoit

MAISONS-LAFFITTE – 78 Yvelines – **311** I2 – **101** 13 – voir à Paris, Environs

MAISONS-LÈS-CHAOURCE – 10 Aube – **313** F5 – rattaché à Chaource

MALAUCÈNE – 84 Vaucluse – **332** D8 – 2 691 h. – alt. 333 m – ✉ 84340 Provence **40** B2

Paris 673 – Avignon 45 – Carpentras 18 – Vaison-la-Romaine 10
place de la Mairie ☎ 04 90 65 22 59

Le Domaine des Tilleuls sans rest
rte du Mont-Ventoux – ☎ 04 90 65 22 31 – www.hotel-domainedestilleuls.com – Ouvert de mars à oct.
20 ch – †82 € ††82/99 € – ☐ 13 €
◆ Une magnanerie du 18e s. décorée dans le style provençal et très appréciée des randonneurs. Préférez les chambres donnant sur le parc planté de platanes et de... tilleuls !

La Chevalerie
53 pl. de l'Église, (Les Remparts) – ☎ 04 90 65 11 19 – www.la-chevalerie.net – Fermé 20-30 janv., 20-28 fév., dim. soir et lundi
Rest – *(nombre de couverts limité, prévenir)* Menu 20 € (déj. en sem.), 30/36 € – Carte 35/50 €
◆ Cette belle et imposante bâtisse fut jadis la demeure des princes d'Orange. On y accède désormais les "armes déposées" pour apprécier une cuisine traditionnelle et généreuse.

MALBUISSON – 25 Doubs – **321** H6 – 498 h. – alt. 900 m – ✉ 25160 **17** C3
Franche-Comté Jura

Paris 456 – Besançon 74 – Champagnole 42 – Pontarlier 16
69, Grande Rue ☎ 03 81 69 31 21
Lac de St-Point★.

Le Lac

65 Grande Rue – ✆ 03 81 69 34 80 – www.hotel-le-lac.fr – Fermé 14 nov.-9 déc.
53 ch – 46/64 € 56/121 € – 3 suites – 11 € – ½ P 59/91 €
Rest *Le Lac* – Menu 17 € (déj.), 27/45 € – Carte 40/76 €
Rest *du Fromage* – (11 €) Menu 17/22 € – Carte 24/42 €
◆ Maison ancienne sur la rue principale, orientée vers le lac côté jardin. Intérieur cossu et rétro ; quelques chambres modernisées. Copieux petits-déjeuners, pâtisseries maison au salon de thé. Cuisine classique à la table du Lac. Tartes, fondues et raclettes au Restaurant du Fromage.

Beau Site

– ✆ 03 81 69 70 70 – www.hotel-le-lac.fr – Fermé 14 nov.-9 déc.
17 ch – 33/40 € 40 € – 11 € – ½ P 50 €
◆ Ce bâtiment d'architecture italienne abrite des chambres simples et fonctionnelles. Accueil à l'hôtel du Lac.

De la Poste

61 Gd Rue – ✆ 03 81 69 79 34 – www.hotel-le-lac.fr – Fermé 14 nov.-17 déc.
10 ch – 40 € 44/51 € – 11 € – ½ P 50/54 €
Rest *À la Ferme* – *(fermé dim. soir, mardi soir et lundi sauf juil.-août)*
Menu 10 € (déj. en sem.)/17 € – Carte 14/42 €
◆ Dans ce sympathique petit hôtel, les chambres sont colorées ; préférez celles donnant sur le lac, plus au calme. Trois plaisantes salles (rustique, classique ou "À la Ferme") pour savourer une cuisine axée terroir.

Le Bon Accueil (Marc Faivre) avec ch — rest,

Grande Rue – ✆ 03 81 69 30 58 – www.le-bon-accueil.fr – Fermé 21 mars-1er avril, 24 oct.-3 nov., 12 déc.-11 janv., mardi midi et lundi
12 ch – 74/87 € 74/115 € – 11 € – ½ P 71/90 €
Rest – (24 € bc) Menu 35/62 € – Carte 50/93 €
Spéc. Tarte fine à la morteau, étuvée de poireaux, œuf poché. Féra du lac Léman à l'absinthe de Pontarlier (été). Cannelloni croustillant sur une poêlée de fruits (juil. à déc.). **Vins** Côtes du Jura, Arbois rouge.
◆ Bon accueil et art de recevoir depuis quatre générations ! Dans un décor contemporain, Marc Faivre propose une brillante cuisine actuelle, tout en finesse et en saveur, avec de subtils rappels au terroir. Chambres confortables et spacieuses.

aux Granges-Ste-Marie 2 km au Sud-Ouest – ✉25160 Labergement Ste Marie

Auberge du Coude

1 r. du Coude – ✆ 03 81 69 31 57 – www.aubergeducoude.com – Fermé 7 nov.-20 déc.
11 ch – 58 € 58 € – 8,50 € – ½ P 58 €
Rest – *(fermé dim. soir)* Menu 19 € (déj. en sem.), 29/55 € – Carte 40/60 €
◆ Entre les lacs de St-Point et de Remoray-Boujeons, cette chaleureuse maison de pays (1826) dispose de chambres colorées, simples et bien tenues. Étang dans le jardin. Au restaurant, atmosphère champêtre (lambris, poutres) et généreuse cuisine régionale.

LA MALÈNE – 48 Lozère – 330 H9 – 165 h. – alt. 450 m – ✉ 48210 — 23 C1

Languedoc Roussillon

Paris 609 – Florac 41 – Mende 41 – Millau 44
Village ✆ 04 66 48 50 77
O : les Détroits★★ et cirque des Baumes★★ (en barque).

Manoir de Montesquiou

– ✆ 04 66 48 51 12 – www.manoir-montesquiou.com – Ouvert de fin mars à fin oct.
10 ch – 72/77 € 105/115 € – 2 suites – 14 € – ½ P 102/124 €
Rest – (15 € bc) Menu 28/50 € – Carte 45/51 €
◆ Accueil familial, chambres agréables (lits à baldaquin, mobilier de style), beau jardin où fleurissent de magnifiques rosiers : cette demeure du 15e s. a bien des atouts. Repas à base de produits locaux servis au coin du feu ou sur la jolie terrasse.

au Nord-Est 5,5 km sur D 907bis – ✉ 48210 Ste Énimie

Château de la Caze

– ☎ 04 66 48 51 01 – *www.chateaudelacaze.com*
– *Ouvert 8 avril-11 nov. et fermé jeudi en oct.*
9 suites – 170/280 € – 7 ch – 15 € – ½ P 111/141 €
Rest – *(fermé jeudi midi et merc. midi sauf août)* (29 €) Menu 38/65 €
– Carte 53/70 €
◆ Majestueux château (15e s.) posé sur les rives du Tarn, avec mobilier ancien et quelques salles de bains logées dans les tours. Chambres plus récentes à l'annexe. L'ex-chapelle sert de cadre à une cuisine pleine de saveurs, actuelle et respectueuse du terroir.

MALESHERBES – 45 Loiret – **318** L2 – 6 044 h. – alt. 108 m – ✉ 45330 Châteaux de la Loire **12** C1

Paris 75 – Étampes 26 – Fontainebleau 27 – Montargis 62
19-21, place du Martroy ☎ 02 38 34 81 94
du Château d'Augerville à Augerville-la-Rivière Place du Château, S : 8 km par D 410, ☎ 02 38 32 12 07

Écu de France

10 pl. Martroi – ☎ *02 38 34 87 25* – *www.hotel-ecudefrance.fr*
16 ch – 58/70 € 58/70 € – 8 € – ½ P 61/67 €
Rest – *(fermé 1er-15 août, jeudi soir et dim. soir)* Menu 25 € (sem.)/35 €
– Carte 25/54 €
Rest *Brasserie de l'Écu* – *(fermé 1er-15 août, jeudi soir et dim. soir)* Carte 22/48 €
◆ Cet ancien relais de poste situé à deux pas du château de Malesherbes dispose de chambres spacieuses. Certaines – les plus agréables – sont décorées dans un style contemporain. Spécialités de Saint-Jacques et de foie gras dans un cadre classique ; terrasse fleurie en été. Repas express à l'espace brasserie.

La Lilandière sans rest

7 chemin de la Messe, (hameau de Trézan) – ☎ *02 38 34 84 51* – *www.lalilandiere.com*
5 ch – 58 € 65 €
◆ Pierres, poutres et couleurs tendres se mêlent avec goût dans cette ancienne ferme. Les amateurs de pêche et de canoë apprécient la rivière qui longe le jardin. Piscine d'été.

MALICORNE-SUR-SARTHE – 72 Sarthe – **310** I8 – 1 933 h. – alt. 39 m – ✉ 72270 Châteaux de la Loire **35** C2

Paris 236 – Château-Gontier 52 – La Flèche 16 – Le Mans 32
5, place Duguesclin ☎ 02 43 94 74 45

La Petite Auberge

5 pl. Duguesclin – ☎ *02 43 94 80 52* – *www.petite-auberge-malicorne.fr* – *Fermé 22 déc.-28 fév., le soir sauf sam. de sept. à avril, dim. soir et mardi soir de mai à août et lundi*
Rest – (18 €) Menu 25 € (sem.), 28/49 € – Carte 37/48 €
◆ L'été, on s'attable en terrasse, au ras de l'eau, et en hiver, on se réfugie auprès de la belle cheminée du 13e s. pour déguster les plats traditionnels mitonnés par le chef.

MALLING – 57 Moselle – **307** I2 – 504 h. – alt. 158 m – ✉ 57480 **26** B1

Paris 352 – Luxembourg 35 – Metz 43 – Trier 63

à Petite Hettange 1 km à l'Est sur D 654 – ✉ 57480

Olmi

11 rte Nationale – ☎ *03 82 50 10 65* – *www.olmi-restaurant.fr*
– *Fermé 5-15 juil., 15-22 fév., mardi soir, merc. soir et lundi*
Rest – Menu 33/65 € – Carte 45/70 €
◆ Dans une région transfrontalière, cet ancien relais routier affiche un décor contemporain. Cuisine classique influencée par des touches italiennes. Agréable terrasse arborée.

MALO-LES-BAINS – 59 Nord – **302** C1 – rattaché à Dunkerque

MANCENANS LIZERNE – 25 Doubs – **321** K3 – rattaché à Maîche

MANCEY – 71 Saône-et-Loire – **320** I10 – 374 h. – alt. 280 m – ✉ 71240 8 C3

Paris 373 – Chalon-sur-Saône 34 – Dijon 102 – Mâcon 43

Auberge du Col des Chèvres

Dulphey – ☎ 03 85 51 06 38 – www.aubergeducoldeschevres.fr – Fermé une sem. en fév., 2-7 juil., dim. soir de nov. à mars, mardi et merc.

Rest – Menu 18 € (déj. en sem.), 26/32 € – Carte 21/37 €

◆ Cette petite auberge familiale située aux avant-postes du village plaît pour son aimable accueil, sa cuisine traditionnelle actualisée et son cadre rustico-champêtre sans façon.

MANCIET – 32 Gers – **336** C7 – rattaché à Nogaro

MANDELIEU – 06 Alpes-Maritimes – **341** C6 – 20 850 h. – alt. 4 m 42 E2 – Casino : Royal Hôtel Z – ✉ 06210 Côte d'Azur

Paris 890 – Brignoles 86 – Cannes 9 – Draguignan 53

avenue H. Clews ☎ 04 92 97 99 27

de Mandelieu Route du Golf, SO : 2 km, ☎ 04 92 97 32 00

Riviera Golf Club Avenue des Amazones, SO : 2 km, ☎ 04 92 97 49 49

≤★ de la colline de San Peyré - Site★ du château-musée.

Plan page suivante

Hostellerie du Golf

780 av. de la Mer – ☎ 04 93 49 11 66 – www.hostelleriedugolf.com

55 ch – 77/107 € 100/180 € – 16 suites – 9 € Yn

Rest – (11 €) Menu 24 € – Carte 30/40 €

◆ L'établissement est construit au bord de la rivière face au célèbre golf "Old Course" fondé par le grand duc de Russie en 1891. Chambres pratiques, avec terrasse ou balcon. Salle à manger claire tournée vers le jardin ; cuisine sans prétention.

Les Bruyères sans rest

1400 av. Fréjus – ☎ 04 93 49 92 01 – www.hotellesbruyeres.net – Fermé 5-30 janv.

14 ch – 69/99 € 69/99 € – 11 € Yh

◆ Non loin de la plage et du golf, des studios ou des chambres fonctionnelles, bien insonorisées et propres, s'abritent derrière une longue façade moderne ponctuée d'une rotonde.

Acadia sans rest

681 av. de la Mer – ☎ 04 93 49 28 23 – http://acadia-hotel.com Yv

35 ch – 61/90 € 71/90 € – 6 suites – 9 €

◆ Les pontons privés de cet hôtel au bord d'un méandre de la Siagne, face à l'île de Robinson, vous convient à des balades nautiques. Chambres simples, refaites progressivement.

Azur hôtel sans rest

192 av. du Mar.-Juin – ☎ 04 93 49 24 24 – www.azur-hotel-mandelieu.com – Fermé 1er nov.-31 janv. Yk

48 ch – 57/91 € 70/109 € – 9 €

◆ Cet hôtel moderne bénéficie de chambres rénovées, fonctionnelles, aux couleurs pimpantes et dotées d'agréables salles de bains. Salon-véranda, jardin et piscine avec petit bar.

La Napoule – ✉ 06210

Site★ du château-musée.

Pullman Royal Casino

605 av. Gén.-de-Gaulle, D 6098 – ☎ 04 92 97 70 00 – www.pullmanhotels.com Za

213 ch – 119/659 € 119/659 € – 2 suites – 22 €

Rest *Royal Bay* – ☎ 04 92 97 70 20 – Menu 21/28 € – Carte 40/75 €

◆ Véritable cure de jouvence dans un style contemporain et épuré pour ce complexe moderne édifié en bord de mer. Chambres douillettes à dominante blanche, orientées côté mer ou golf. Cadre design et carte dans l'air du temps au restaurant.

LA NAPOULE

- Abaguiers (R. des) . . . . Z 2
- Argentière (Rue de l') . . . . . . Z 3
- Aulas (R. Jean) . . . . Z 4
- Balcon d'Azur (Rd-Pt) . . . . . . Z 5
- Carle (R. J.-H) . . . . Z 10
- Chantier Naval (R. du) . . . . . . Z 12
- Clews (Av. H.) . . . . Z
- Fanfarigoule (Bd) . . . . Z
- Gaulle (Av. Gén.-de) . . . . Z
- Hautes Roches (R. des) . . . . Z 20
- Mancha (Av. de la) . . . . Z 22
- Petit Port (R. du) . . . . Z
- Pierrugues (R. Charles) . . . . . Z 24
- Plage (R. de la) . . . . Z
- Riou (Av. du) . . . . Z
- San-Peyré (Bd du) . . . . Z
- Soustelle (Bd J.) . . . . Z
- 23-Août (Av. du) . . . . Z

MANDELIEU-LA-NAPOULE

- Bon Puits (Bd du) . . . . Y 6
- Cannes (Av. de) . . . . Y 8
- Ecureuils (Bd des) . . . . Y 13
- Esterel Parc (Bd) . . . . Y 14
- Europe (Av. de l') . . . . Y 16
- Fontmichel (Av. G.-de) . . . . . . Y 17
- Fréjus (Av. de) . . . . Y
- Gaulle (Av. Gén.-de) . . . . Y 19
- Juin (Av. Mar.) . . . . Y
- Marine-Royale (Allée de la) . . Y 23
- Mer (Av. de la) . . . . Y
- Princes (Bd des) . . . . Y 25
- République (Av. de la) . . . . . . Y 27
- Ricard (Av. P.) . . . . Y
- Siagne (R. de la) . . . . Y
- Tavernière (Bd de la) . . . . Y 28

L'Ermitage du Riou

av. H. Clews, réouverture prévue en mai après rénovation – ✆ 04 93 49 95 56 – www.ermitage-du-riou.fr **Ze**

37 ch – †126/331 € ††126/331 € – 4 suites – ☕ 18 € – ½ P 116/219 €

Rest – Menu 27/100 € – Carte 61/121 €

◆ Cette demeure d'inspiration italienne à la façade ocre et brique propose des chambres de bon confort ouvertes sur le large ou sur le golf. Plats traditionnels, produits de la mer et vins de la propriété à déguster dans une salle à manger-véranda.

Villa Parisiana sans rest

5 r. Argentière – ✆ 04 93 49 93 02 – www.villaparisiana.com – Fermé 28 nov.-28 déc. et 7-16 janv. **Zd**

13 ch – †42/73 € ††42/73 € – ☕ 7 €

◆ Chambres pratiques, quelques balcons ensoleillés et une jolie terrasse d'été sous une treille. Cette villa 1900 située dans le quartier résidentiel du château a son charme.

L'Oasis (Stéphane, Antoine et François Raimbault) soir,

r. J.-H.-Carle – ✆ 04 93 49 95 52 – www.oasis-raimbault.com – Fermé 28 nov.-14 janv., dimanche et lundi

Rest – (41 €) Menu 58 € (déj.), 70/180 € – Carte 93/195 € **Zr**

Spéc. Soleil levant de poisson cru "souvenir d'Osaka". Poissons de pêche locale, au gré du marché Forville et des saisons. Caravane de nos tartes, gâteaux et entremets. **Vins** Bellet, Les Baux-de-Provence.

Rest ***Le Bistrot de l'Etage*** – voir ci-après

◆ Luxuriant patio, cadre élégant, délicieuses recettes méridionales aux accents orientaux, caravane des desserts, ateliers gourmands (cuisine, pâtisserie, œnologie) : cette oasis n'a rien d'un mirage !

La Pomme d'Amour

209 av. du 23 Août – ✆ 04 93 49 95 19 – Fermé 15 nov.-7 déc., mardi midi et lundi

Rest – (26 €) Menu 32/55 € – Carte 43/70 € **Zu**

◆ Adresse du centre de La Napoule, tout près de la gare. Derrière une façade fleurie, salle à manger cosy dans les tons pastel pour se régaler d'une cuisine traditionnelle soignée.

Les Bartavelles

1 pl. du Château – ✆ 04 93 49 95 15 – Fermé 24 oct.-4 nov., 15-30 déc., mardi et merc. hors saison **Zf**

Rest – (20 €) Menu 27/42 € – Carte 38/59 €

◆ Cette maison accueillante se consacre à une cuisine de tradition tout en générosité. Salle-véranda ornée de tableaux colorés ou délicieuse terrasse dressée sous les platanes.

La Voile Bleue du Bistrot du Port

au port – ✆ 04 93 49 80 60 – www.lavoilebleue-bistrotduport.fr – Fermé 25 nov.-15 déc., merc. hors saison **Zb**

Rest – (19 € bc) Menu 26/32 € – Carte 35/58 €

◆ Pour avoir une vue unique sur les bateaux, jetez l'ancre dans ce restaurant à l'ambiance marine et chaleureux. La véranda s'ouvre en terrasse l'été. Bonne cuisine iodée.

La Palméa

198 av. Henri-Clews – ✆ 04 92 19 22 50 – www.lapalmea.com – Fermé de mi-nov. à mi-déc. **Zs**

Rest – (26 €) Carte 50/76 €

◆ Place au poisson (issu de la pêche locale) et aux saveurs du Sud dans ce restaurant qui vient de changer de propriétaire. Cadre moderne, tableaux contemporains aux murs.

Le Bistrot L'Etage – Rest. L'Oasis

r. J.-H.-Carle – ✆ 04 93 49 95 52 – www.oasis-raimbault.com – Fermé 28 nov.-14 janv., dimanche et lundi

Rest – Menu 29/36 € – Carte 29/38 €

◆ À l'Étage, le bien nommé, plats bistrotiers soignés et parfois oubliés : blanquette de veau, bœuf en daube...

MANDEREN – 57 Moselle – **307** J2 – rattaché à Sierck-les-Bains

MANE – 04 Alpes-de-Haute-Provence – **334** C9 – rattaché à Forcalquier

MANIGOD – 74 Haute-Savoie – **328** L5 – 924 h. – alt. 950 m – ✉ 74230 **46** F1

Paris 558 – Albertville 39 – Annecy 25 – Chamonix-Mont-Blanc 67

Col de la Crois-Fry ✆ 04 50 44 92 44

Vallée de Manigod★★ Alpes du Nord.

rte du col de la Croix-Fry : 5 ,5 km - ✉ 74230 Manigod

Chalet Hôtel Croix-Fry

– *✆ 04 50 44 90 16 – www.hotelchaletcroixfry.com – Ouvert de mi-juin à mi-sept. et mi-déc. à mi-avril*

9 ch – 150/180 € 160/480 € – 20 € – ½ P 145/215 €

Rest – *(fermé mardi midi, merc. midi et lundi)* Menu 26 € (déj.), 50/78 € – Carte 60/88 €

◆ Dans un cadre idyllique, au milieu des alpages, un beau chalet tenu par la même famille depuis des décennies. Intérieur montagnard très cosy et ravissantes chambres cocons. Ambiance table d'hôte au restaurant et terrasse panoramique face aux Aravis.

MANOSQUE – 04 Alpes-de-Haute-Provence – **334** C10 – 21 162 h. **40** B2 – alt. 387 m – ✉ 04100 Provence

Paris 758 – Aix-en-Provence 57 – Avignon 91 – Digne-les-Bains 61

place du Docteur Joubert ✆ 04 92 72 16 00

du Lubéron à Pierrevert La Grande Gardette, par rte de la Bastide-des-Jourdans : 7 km, ✆ 04 92 72 17 19

Le vieux Manosque★ : Porte Saunerie★, façade★ de l'hôtel de ville - Sarcophage★ et Vierge noire★ dans l'église N.-D. de Romigier - Fondation Carzou★ **M** - ★ du Mont d'Or NE : 1,5 km.

Pré St-Michel sans rest

435 montée de la Mort d'Imbert , 1,5 km au Nord par bd M. Bret et rte Dauphin – ✆ 04 92 72 14 27 – www.presaintmichel.com

24 ch – 65/120 € 65/120 € – 10 €

◆ Récente bâtisse régionale aux chambres spacieuses, décorées avec goût dans le style provençal ; quelques-unes profitent d'une terrasse privative. Vue sur les toits de Manosque.

MANOSQUE

Arthur-Robert (R.)	2
Aubette (R. d')	3
Bret (Bd M.)	5
Chacundier (R.)	6
Cougourdelles (Bd des)	7
Dauphine (R.)	8
Giono (Av. J.)	9
Grande (R.)	10
Guilhempierre (R.)	12
Hôtel-de-Ville (Pl. de l')	13
Jean-Jacques-Rousseau (R.)	14
Marchands (R. des)	15
Mirabeau (Bd)	16
Mont-d'Or (R. du)	17
Observantins (Pl. des)	19
Ormeaux (Pl. des)	20
Paul-Martin Nalin (Bd)	21
Pelloutier (Bd C.)	22
Plaine (Bd de la)	23
République (R. de la)	26
St-Lazare (Av.)	28
Saunerie (R. de la)	30
Soubeyran (R.)	32
Tanneurs (R. des)	33
Tourelles (R. des)	34
Voland (R.)	35
Vraies-Richesses (Montée des)	36

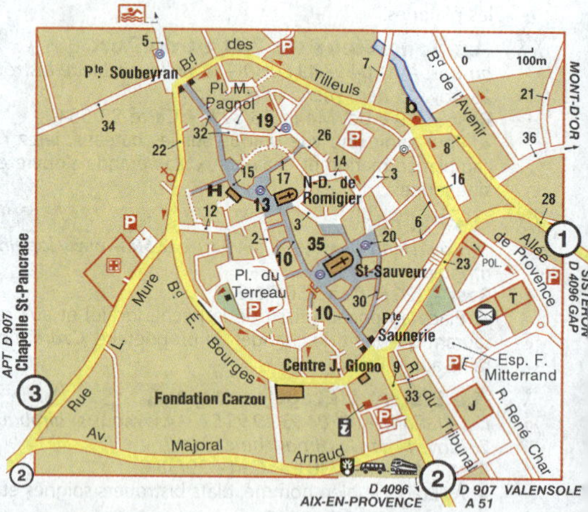

Le Sud
80 bd Charles de Gaulle par ① – 04 92 87 78 58 – www.hotel-lesud.com
36 ch – 70/100 € 80/110 € – 12 € – ½ P 65/85 €
Rest – (17 €) Menu 20/32 € – Carte 25/55 €
♦ Hôtel d'affaires, idéal pour les séminaires, situé aux portes du vieux Manosque. Les chambres, toutes identiques, et les salons arborent un décor aux accents provençaux. L'esprit du Sud souffle sur le restaurant (couleurs ensoleillées et plats régionaux).

Les Monges sans rest
rte d'Apt, 4 km au Nord-Ouest par D 907 et rte secondaire – 04 92 72 68 41 – www.lesmonges.com – Ouvert 15 avril-31 oct.
5 ch – 60/75 € 60/75 €
♦ Une imposante bergerie en pierre sur les hauteurs, au grand calme. Accueil sympathique, chambres fraîches et fonctionnelles. Le matin, confiture maison et œufs de la ferme.

Sens et Saveurs
43 bd des Tilleuls – 04 92 75 00 00 – www.restaurantsensetsaveur.over-blog.fr – Fermé 15-21 août, 1 sem. en janv. Y**b**
Rest – (15 €) Menu 27/49 € – Carte 32/42 €
♦ Monastère, filature, entrepôt, théâtre : la grande salle voûtée a traversé les époques. Un lieu de caractère et de charme pour une cuisine méridionale empreinte de personnalité.

à La Fuste **6,5 km au Sud-Est par rte de Valensole – 04210 VALENSOLE**

Hostellerie de la Fuste avec ch
lieu-dit la Fuste – 04 92 72 05 95 – www.lafuste.com
14 ch – 189 € 189 € – 18 €
Rest – *(fermé mardi midi, dim. soir et lundi)* Menu 28/36 € – Carte 40/53 €
♦ Nouveau départ pour cette élégante hostellerie située au cœur d'un parc. La cuisine, foisonnante de saveurs, est servie dans de belles salles à manger, dont une panoramique, ou en terrasse, sous les platanes.

LE MANS P – 72 Sarthe – 310 K6 – 144 016 h. – Agglo. 194 825 h. 35 D1 – alt. 80 m – 72000 Châteaux de la Loire

Paris 206 – Angers 97 – Le Havre 213 – Nantes 184
rue de l'Étoile Hôtel des Ursulines 02 43 28 17 22
de Sargé-lès-le-Mans à Sargé-lès-le-Mans Rue du Golf, par rte de Bonnétable : 6 km, 02 43 76 25 07
des 24 Heures-Le Mans à Mulsanne Route de Tours, par rte de Tours : 11 km, 02 43 42 00 36
Circuit des 24 heures et circuit Bugatti 02 43 40 24 24 : 5 km par ④.
Cathédrale St-Julien★★ : chevet★★★ - Le Vieux Mans★★ : maison de la Reine Bérengère★, enceinte gallo-romaine★ DV **M²** - Église de la Couture★ : Vierge★★ - Église Ste-Jeanne-d'Arc★ - Musée de Tessé★ - Abbaye de l'Épau★ BZ , 4 km par D 152 - Musée de l'Automobile★★ : 5 km par ④.

Plans pages suivantes

Mercure Centre sans rest
19 r. Chanzy – 02 43 40 22 40 – www.mercure.com DX**p**
73 ch – 75/150 € 85/165 € – 2 suites – 14 €
♦ Cet hôtel, logé dans un bâtiment classé, abritait autrefois le siège des Mutuelles du Mans. Chambres au mobilier contemporain, fonctionnelles et bien insonorisées.

Chantecler sans rest
50 r. Pelouse – 02 43 14 40 00 – www.hotelchantecler.fr CY**f**
32 ch – 75 € 84/87 € – 3 suites – 9 €
♦ Situé dans un quartier calme, hôtel où l'on petit-déjeune sous la verrière, véritable jardin d'hiver. Tons pastel reposants dans les chambres bien insonorisées.

LE MANS

Ambroise Paré (R.) . . . . AZ 4
Ballon (R. de) . . . . AZ 6
Bertinière (R. de la) . . . . BZ 10
Brosselette (Bd P.) . . . . AZ 15
Carnot (Bd) . . . . AZ 16
Churchill (Bd W.) . . . . BZ 17
Clemenceau (Bd G.) . . . . BZ 18
Douce-Amie (R. de) . . . . BZ 22
Durand (Av. G.) . . . . BZ 26
Esterel (R. de l') . . . . BZ 30
Flore (R. de) . . . . BZ 31
Gaulle (R. du Gén.-de) . . . . ABZ 36
Géneslay (Av. F.) . . . . ABZ 37
Grande-Maison (R. de la) . . . . AZ 39
Heuzé (Av. O.) . . . . AZ 42
Jean-Jaurès (Av.) . . . . BZ 43
Lefeuvre (Av. H.) . . . . AZ 44
Maillets (R. des) . . . . BZ 46
Mare (CH. de la) . . . . BZ 49
Mariette (R. de la) . . . . BZ 51
Monthéard (Av. de) . . . . BZ 55
Moulin (Av. J.) . . . . BZ 57
Négrier (Bd du Gén.) . . . . BZ 58
Néruda (R. Pablo) . . . . BZ 60
Pied-Sec (R. de) . . . . AZ 63
Pointe (R. de la) . . . . AZ 64
Prémartine (Rte de) . . . . BZ 67
Riffaudières (Bd des) . . . . AZ 73
Rondeau (R. J.) . . . . AZ 74
Rubillard (Av.) . . . . AZ 78
Schuman (Bd R.) . . . . BZ 80
Victimes du Nazisme (R. des) . . . . BZ 82
Yvré-Levêque (Ch. d') . . . . BZ 87

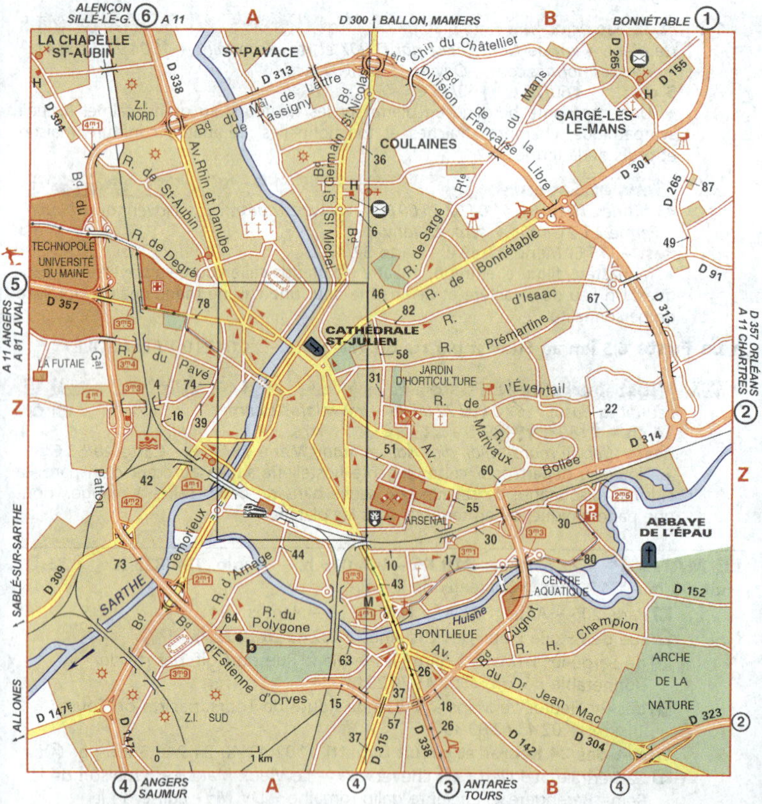

Mercure Batignolles

17 r. de la Pointe – ✆ 02 43 72 27 20 – www.mercure.com AZ**b**

68 ch – †60/95 € ††70/105 € – ☕ 12 €

Rest – *(fermé sam., dim. et le midi)* Menu 23/28 €

◆ Établissement abritant des chambres actuelles, pratiques, bien tenues et plus calmes sur l'arrière. Jardin arboré. Restaurant décoré de photographies évoquant la mythique course des 24 Heures du Mans. Cuisine traditionnelle.

Emeraude sans rest

18 r. Gastelier – ✆ 02 43 24 87 46 – www.hotel-emeraude-le-mans.com

33 ch – †52/68 € ††68/75 € – ☕ 8 € CY**z**

◆ On vous réserve un accueil chaleureux dans cet hôtel proche de la gare. Chambres aux tons pastel. L'été, les petits-déjeuners sont servis dans la cour intérieure fleurie.

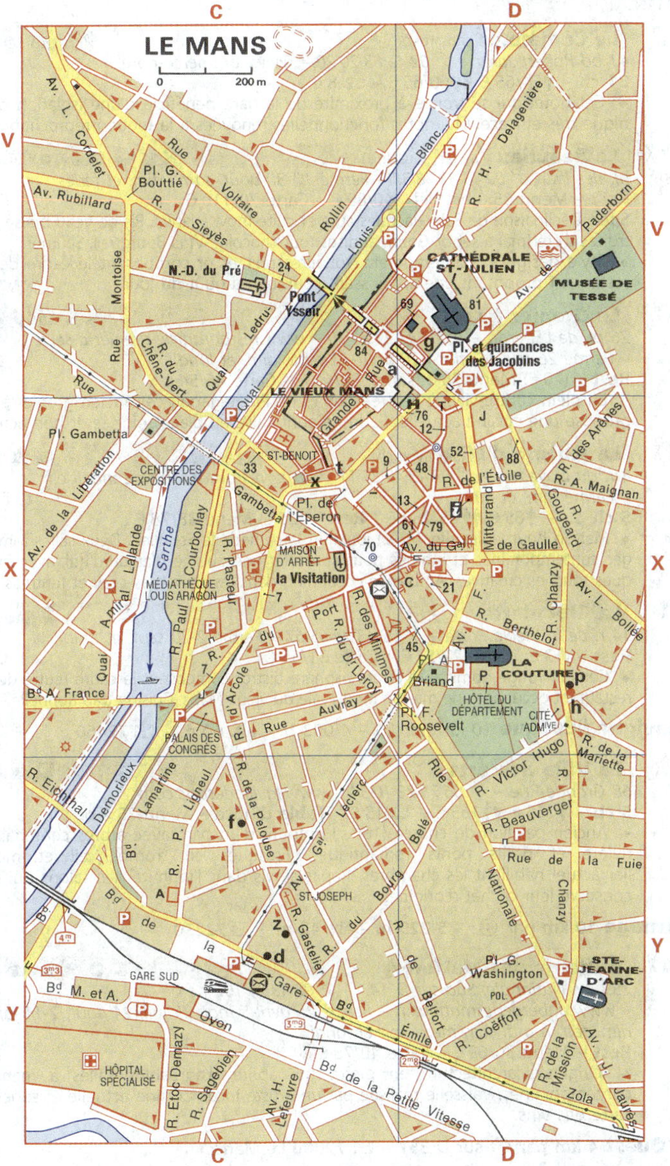
LE MANS
0
200 m
C
D
V
X
Y
Av. L. Cordelet
Pl. G. Bouttié
Av. Rubillard
Rue Voltaire
R. Sieyès
Montoise
N.-D. du Pré
24
Pont Yssoir
Rollin
Louis Blanc
R. H. Delagenière
CATHÉDRALE ST-JULIEN
Av. de Paderborn
MUSÉE DE TESSÉ
81
69
Pl. et quinconces des Jacobins
84
Grande Rue
LE VIEUX MANS
R. du Chêne-Vert
Quai Ledru
Rue
Pl. Gambetta
Av. de la Libération
CENTRE DES EXPOSITIONS
33
ST-BENOIT
Gambetta
Pl. de l'Eperon
76
12
52
88
9
48
R. de l'Étoile
R. des Arènes
R. A. Maignan
R. Gougeard
13
61
79
70
Av. du Gal de Gaulle
Mitterrand
MAISON D'ARRÊT
la Visitation
Sarthe
Courboulay
R. Pasteur
Lalande
MÉDIATHÈQUE LOUIS ARAGON
Amiral
7
Port
du
21
R. Chanzy
Av. L. Bollée
R. Berthelot
R. des Minimes
R. du Dr Leroy
45
Pl. A. Briand
LA COUTURE
HÔTEL DU DÉPARTEMENT
CITÉ ADMVE
Pl. F. Roosevelt
Quai
R. Paul
Bd A. France
R. d'Arcole
Rue Auvray
PALAIS DES CONGRÈS
R. Eichthal
Demorieux
Lamartine
Ligneul
R. de la Pelouse
Leclerc
Rue
R. Victor Hugo
R. de la Mariette
R. Beauverger
Rue de la Fuie
Belé
Bd P.
R.
Av. Gal
ST-JOSEPH
R. Gastelier
du Bourg
R. de Belfort
Nationale
Chanzy
Bd de la Gare
GARE SUD
Bd M. et A.
Oyon
Pl. G. Washington
POL.
STE-JEANNE-D'ARC
Bd Émile Zola
R. Coëffort
R. de la Mission
Av. J. Jaurès
HÔPITAL SPÉCIALISÉ
R. Etoc Demazy
R. Sagebien
Av. H. Lefeuvre
Bd de la Petite Vitesse
4m
3m3
3m9
2m8

Le Commerce sans rest
41 bd Robert Jarry – ✆ 02 43 83 20 20 – www.commerce-hotel.fr CY**d**
31 ch – †54/65 € ††60/65 € – ☕ 8 €
◆ Cet hôtel qui se trouve à proximité de la gare bénéficie d'une isolation phonique très efficace. Chambres fonctionnelles rénovées à la tenue irréprochable.

Le Beaulieu (Olivier Boussard)
pl. des Ifs – ✆ 02 43 87 78 37 – Fermé 1er-30 août, sam., dim. et fériés
Rest – Menu 35 € bc (déj.), 40/89 € – Carte 70/110 € DX**h**
Spéc. Déclinaison de Saint-Jacques crue et cuite (nov. à janv.). Ris de veau braisé aux truffes d'été (mai à sept.). Gourmandises tout chocolat. **Vins** Bourgueil, Saumur.
◆ Style design et contemporain, tonalités noir et or composent le cadre de ce restaurant proposant une appétissante cuisine au goût du jour.

Le Grenier à sel
26 pl. de l'Eperon – ✆ 02 43 23 26 30 – www.restaurant-le-grenier-a-sel.fr
– Fermé 26 fév.-15 mars, 20 août-13 sept., dim. et lundi CX**t**
Rest – (20 €) Menu 25 € (sem.), 38/60 € – Carte 46/54 €
◆ En plein centre-ville, à l'entrée de la Cité Plantagenêt, cet ancien grenier à sel propose une cuisine actuelle. Cadre rajeuni, mise en place soignée et bon acueil.

La Maison d'Élise avec ch
8 r. du Doyenné – ✆ 02 43 47 85 11 – http://restaurant-lamaisondelise.fr
– Fermé dim. et lundi DV**g**
5 ch ☕ – †85 € ††85/250 € **Rest** – (26 €) Menu 38/78 €
◆ Maison bourgeoise (fin 18e s.) jouxtant la cathédrale St-Julien. Deux salles à manger contemporaines et intimes pour apprécier une cuisine d'aujourd'hui, avec quelques touches créatives. Ambiance cocooning dans les chambres cosy et feutrées.

La Ciboulette
14 r. de la Vieille Porte – ✆ 02 43 24 65 67 – Fermé 2-20 sept. et lundi
Rest – (13 €) Menu 22/52 € – Carte 31/55 € CX**x**
◆ Couleur rouge dominante et atmosphère bistrot composent le cadre feutré de ce restaurant occupant une maison médiévale du vieux Mans. Cuisine traditionnelle.

à Savigné-l'Évêque 10 km par ① – 4 003 h. – alt. 60 m – ✉ 72460

La Villa des Arts
68 Grande-Rue – ✆ 06 78 78 10 34 – www.lavilladesarts.com
5 ch – †165 € ††165 € – ☕ 15 € **Table d'hôte** – Menu 75 € bc
◆ Ancien pavillon de chasse (18e s.) entouré d'un parc avec arbres centenaires, rivière et petits ponts romantiques. Fresques en trompe-l'œil et mobilier actuel habillent les chambres. Repas servis dans l'intimité des salons qui ont conservé leur cachet d'origine.

à Arnage 10 km par ④ – 5 229 h. – alt. 42 m – ✉ 72230

Auberge des Matfeux
289 av. Nationale, Sud sur D 147 – ✆ 02 43 21 10 71
– www.aubergedesmatfeux.fr – Fermé 25 avril-5 mai, 25 juil.-24 août, 2-11 janv., dim. soir, mardi soir, merc. soir et lundi
Rest – Menu 36/69 € – Carte 40/78 €
◆ Originale architecture en pierre qui abrite d'agréables salles à manger contemporaines. Vaisselle réalisée par un artiste local. Cuisine actuelle et superbe carte des vins.

à l'Ouest 4 km par ⑤ sur D 357 – ✉ 72000 Le Mans

Auberge de la Foresterie ch, rest,
rte de Laval – ✆ 02 43 51 25 12
– www.aubergedelaforesterie.com
41 ch – †78/95 € ††88/110 € – ☕ 11 €
Rest – *(fermé sam. midi et dim. soir)* (16 €) Menu 22 € (sem.)/30 € – Carte 30/40 €
◆ Spacieuses chambres fonctionnelles, salons de réception, salles de séminaires et grand jardin avec piscine pour la détente. Le restaurant aménagé en véranda propose une cuisine traditionnelle.

à St-Saturnin 8 km par ⑥ – 2 236 h. – alt. 80 m – ✉ 72650

Domaine de Chatenay sans rest
sur D 304 rte de la Chapelle St-Aubin – ✆ 02 43 25 44 60 – www.domainedechatenay.com
8 ch – 115/130 € 125/145 €
◆ Superbe maison de maître du 18e s. entourée d'un domaine de 40 ha. Chambres très raffinées avec leurs meubles anciens et leurs tissus choisis. Petit-déjeuner dans la salle Empire.

MANSLE – 16 Charente – **324** L4 – 1 527 h. – alt. 65 m – ✉ 16230 **39** C2

Paris 421 – Angoulême 26 – Cognac 53 – Limoges 93

place du Gardoire ✆ 05 45 20 39 91

Beau Rivage
pl. Gardoire – ✆ 05 45 20 31 26 – www.hotel-beau-rivage-charente.com – Fermé 14 fév.-6 mars, 5-25 déc., dim. soir d'oct. à avril
29 ch – 62 € 62 € – 9 € – ½ P 55 €
Rest – Menu 14 € (sem.)/35 € – Carte 24/57 €
◆ Situation agréable pour cet hôtel dont les jardins descendent vers les rives de la Charente. Chambres en majorité rénovées dans un esprit cosy et actuel. Vaste salle à manger et terrasse avec vue sur la rivière ; carte traditionnelle.

à Luxé 6 km à l'Ouest par D 739 – 783 h. – alt. 70 m – ✉ 16230

Auberge du Cheval Blanc
à la gare – ✆ 05 45 22 23 62 – Fermé 1er-10 sept., fév., dim. soir, mardi et lundi
Rest – (17 € bc) Menu 29/44 € – Carte 31/46 €
◆ À l'avenante façade de cette maison centenaire répond une salle tout aussi plaisante avec son décor rustique et ses tables fleuries. Cuisine régionale soignée.

MANTES-LA-JOLIE – 78 Yvelines – **311** G2 – 41 930 h. – alt. 34 m – ✉ 78200 Île de France **18** A1

Paris 56 – Beauvais 69 – Chartres 78 – Évreux 46

1, rue Thiers ✆ 01 34 77 10 30

de Guerville à Guerville La Plagne, par rte de Houdan : 6 km, ✆ 01 30 92 45 45

de Moisson-Mousseaux à Moisson Base de Loisir de Moisson, par rte de Vernon et rte secondaire : 14 km, ✆ 01 34 79 39 00

de Villarceaux à Chaussy Château du Couvent, N : 20 km par D 147, ✆ 01 34 67 73 83

Collégiale Notre-Dame★★ BB.

Plan page suivante

Rive Gauche
1 r. du Fort – ✆ 01 30 92 30 16 – Fermé 3 août-1er sept., sam. midi, dim. et lundi
Rest – (22 € bc) Carte environ 44 € Ba
◆ Près de la Seine, derrière la porte aux Prêtres, un restaurant sympathique au décor métissé. La cuisine brasse également les influences, de l'Asie en passant par l'Italie.

à Mantes-la-Ville 2 km par ③ – 18 506 h. – alt. 36 m – ✉ 78711

Le Moulin de la Reillère
171 rte de Houdan – ✆ 01 30 92 22 00 – www.lemoulindelareillere.fr – Fermé 10 août-1er sept., sam. midi, dim. soir et lundi
Rest – (24 €) Menu 33/50 € – Carte 40/55 €
◆ Belle auberge aménagée dans un ancien moulin du 18e s. Un cadre bourgeois, avec sa terrasse et son ravissant jardin fleuri ; une cuisine classique bien réalisée.

à Rosay 10 km par ③ – 362 h. – alt. 98 m – ✉ 78790

Auberge de la Truite
1 r. Boinvilliers – ✆ 01 34 76 30 52 – Fermé 1er-15 janv., mardi midi, dim. soir et lundi
Rest – Menu 53/60 €
◆ Dans cette ancienne épicerie de village, on vient pour la cuisine – classique et variant au gré des saisons –, mais on peut aussi s'offrir l'un des tableaux en exposition !

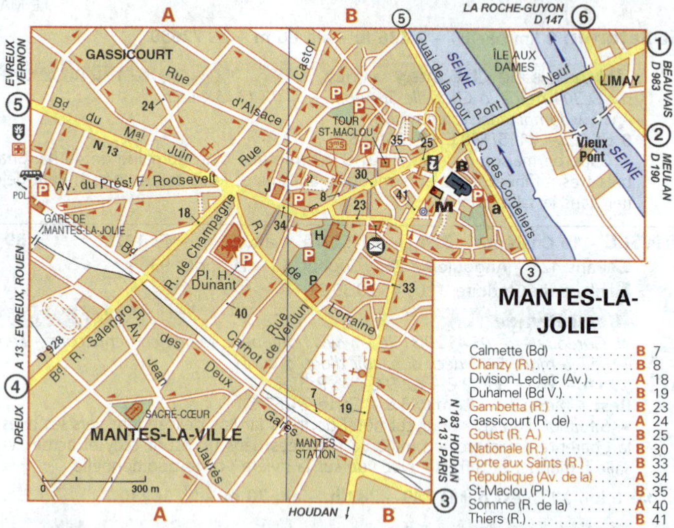

MANTES-LA-JOLIE

Calmette (Bd)	B	7
Chanzy (R.)	B	8
Division-Leclerc (Av.)	A	18
Duhamel (Bd V.)	B	19
Gambetta (R.)	B	23
Gassicourt (R. de)	A	24
Goust (R. A.)	B	25
Nationale (R.)	B	30
Porte aux Saints (R.)	B	33
République (Av. de la)	A	34
St-Maclou (Pl.)	B	35
Somme (R. de la)	A	40
Thiers (R.)	B	41

MANTES-LA-VILLE – 78 Yvelines – **311** G2 – rattaché à Mantes-la-Jolie

MANVIEUX – 14 Calvados – **303** I3 – rattaché à Arromanches-les-Bains

MANZAC-SUR-VERN – 24 Dordogne – **329** E5 – 509 h. – alt. 80 m – ✉ 24110 **4** C1

▶ Paris 502 – Bergerac 34 – Bordeaux 112 – Périgueux 20

XX **Le Lion d'Or** avec ch

pl. de l'Église – ☎ 05 53 54 28 09 – www.lion-dor-manzac.com – Fermé 15-30 nov., 9 fév.-3 mars, dim. soir sauf juil.-août, mardi midi en juil.-août et lundi

8 ch – †57 € ††61/63 € – ☕ 8,50 € – ½ P 53 €

Rest – (14 €) Menu 19/43 € – Carte 35/50 €

◆ On s'installe dans une salle lumineuse, agrémentée de bibelots, et on savoure une copieuse cuisine au goût du jour prenant souvent l'accent du terroir.

MARAIS-VERNIER – 27 Eure – **304** C5 – rattaché à Conteville

MARAUSSAN – 34 Hérault – **339** D8 – rattaché à Béziers

MARÇAY – 37 Indre-et-Loire – **317** K6 – rattaché à Chinon

MARCIAC – 32 Gers – **336** C8 – 1 233 h. – alt. 150 m – ✉ 32230 **28** A2

Midi-Toulousain

▶ Paris 801 – Auch 50 – Bordeaux 189 – Toulouse 129

ℹ 21 place de l'Hôtel de Ville ☎ 05 62 08 26 60

La Baguenaude sans rest

9 r. de Juillac – ☎ 05 62 09 57 03 – www.labaguenaude.fr

4 ch ☕ – †85/120 € ††85/120 €

◆ Les amoureux du jazz pourront baguenauder vers cette jolie maison du 19e s., ils ne seront pas déçus ! Décoration éclectique et élégante, cour intérieure, fontaine : lénifiant.

La Petite Auberge

pl. de l'Hôtel-de-ville – ✆ 05 62 09 31 33 – Fermé 1 sem. en août, vacances de la Toussaint, merc. soir et jeudi

Rest – (10 €) Menu 13 € bc (déj. en sem.), 20/28 € – Carte 37/47 €

◆ Au centre de la bastide, une jolie maison à colombages sous les arcades. Près de la cheminée, on apprécie la soupe de saison et une cuisine régionale fraîche et bien réalisée.

MARCILLAC-LA-CROISILLE – 19 Corrèze – 329 N4 – 827 h. – alt. 550 m – ✉ 19320 Limousin Berry 25 C3

Paris 498 – Argentat 26 – Aurillac 80 – Égletons 17

au Pont-du-Chambon **15 km au Sud-Est, par D 978 (dir. Mauriac), D 60 et D 13**
✉ 19320 St-Merd-de-Lapleau

Fabry (Au Rendez-vous des Pêcheurs) avec ch

– ✆ 05 55 27 88 39 – www.rest-fabry.com
– Ouvert 14 fév.-12 nov. et fermé dim. soir et lundi hors saison

8 ch – †47 € ††47/51 € – ☕ 8 €

Rest – Menu 15 € (sem.), 26/41 € – Carte 30/50 €

◆ Calme garanti dans cette maison familiale isolée sur une rive de la Dordogne. Ses atouts ? Une cuisine du terroir assortie de quelques plats actuels et des chambres claires.

MARCILLY-EN-VILLETTE – 45 Loiret – 318 J5 – 1 980 h. – alt. 124 m – ✉ 45240 12 C2

Paris 153 – Blois 83 – Orléans 23 – Romorantin-Lanthenay 55

La Ferme des Foucault sans rest

6 km au Sud-Est par D 64 rte de Sennely – ✆ 02 38 76 94 41
– www.ferme-des-foucault.com – Fermé de début janv. à mi-fév.

3 ch ☕ – †80 € ††85 €

◆ Ancienne ferme à colombages nichée au cœur de la forêt. Ses chambres, coquettes et très spacieuses, s'agrémentent de meubles rustiques ; l'une d'elles dispose d'une terrasse.

MARCQ-EN-BAROEUL – 59 Nord – 302 G3 – rattaché à Lille

MAREUIL-CAUBERT – 80 Somme – 301 D7 – rattaché à Abbeville

MARGAUX – 33 Gironde – 335 G4 – 1 391 h. – alt. 16 m – ✉ 33460 3 B1

Paris 599 – Bordeaux 29 – Lesparre-Médoc 42

de Margaux 5 route de l 'Ile Vincent, N : 1 km, ✆ 05 57 88 87 40

Relais de Margaux

5 route de l'Ile Vincent , 2,5 km au Nord-Est
– ✆ 05 57 88 38 30 – www.relais-margaux.fr

92 ch – †199/329 € ††199/329 € – 8 suites – ☕ 21 €

Rest *Brasserie du Lac* – (16 €) Menu 19 € (déj.) – Carte 35/55 €

◆ Ancien domaine viticole entre estuaire et vignoble. Parc avec golf, spa complet et chambres spacieuses. Brasserie décontractée ouverte sur le green, recettes revisitant le terroir et grillades.

à Arcins **6 km au Nord-Ouest sur D 2 – 366 h. – alt. 10 m – ✉ 33460**

Le Lion d'Or

11 rte de Pauillac – ✆ 05 56 58 96 79 – Fermé juil., 24 déc.-2 janv., dim., lundi et fériés

Rest – *(nombre de couverts limité, prévenir)* Menu 14 € bc (sem.) – Carte 30/50 €

◆ Sympathique bistrot campagnard avec boiseries claires et décor de casiers à bouteilles. Plats du terroir mitonnés et copieux. Convivialité de rigueur !

MARGÈS – 26 Drôme – **332** D3 – **844 h.** – **alt. 282 m** – ✉ **26260** **43** E2

Paris 551 – Grenoble 92 – Hauterives 14 – Romans-sur-Isère 13

Auberge Le Pont du Chalon

2 km au Sud par D 538 – ✆ 04 75 45 62 13 – www.pontduchalon.com – Fermé 17 août-1er sept., 23-30 déc., 15 fév.-1er mars, dim. soir, merc. soir, lundi et mardi

9 ch – 42/47 € 47/57 € – 8 € – ½ P 53/61 €

Rest – (12 €) Menu 18/32 € – Carte 25/41 €

◆ Ambiance chaleureuse et raffinée dans cette auberge 1900, nichée derrière un rideau de platanes. Les chambres sont assez joliment meublées. Salle à manger à la fois rustique et cossue, belle terrasse sous la pergola et cuisine traditionnelle.

MARGUERITTES – 30 Gard – **339** L5 – **rattaché à Nîmes**

MARIENTHAL – 67 Bas-Rhin – **315** K4 – ✉ **67500** **1** B1

Paris 479 – Haguenau 5 – Saverne 42 – Strasbourg 30

Le Relais Princesse Maria Leczinska

1 r. Rothbach – ✆ 03 88 93 43 48 – Fermé sam. midi, dim. soir et merc.

Rest – *(nombre de couverts limité, prévenir)* (15 €) Menu 40/54 €

◆ Aux commandes : un couple japonais amoureux de la cuisine française ! Un relais entre tradition et épure (poutres, vitrail, tons clairs) ; une carte actuelle, riche de saveurs.

MARIGNANE – 13 Bouches-du-Rhône – **340** G5 – **32 921 h.** – **alt. 10 m** – ✉ **13700** Provence **40** B3

Paris 753 – Aix-en-Provence 24 – Marseille 26 – Martigues 16

de Marseille-Provence : ✆ 04 42 14 14 14.

4, boulevard Frédéric Mistral ✆ 04 42 31 12 97

Canal souterrain du Rove★ SE : 3 km.

à l'aéroport de Marseille-Provence au Nord – ✉ 13700

Pullman

rest,

– ✆ 04 42 78 42 78 – www.pullman-marseille-provence.com

177 ch – 109/310 € 119/310 € – 1 suite – 22 €

Rest – (27 €) Menu 30 € (déj.) – Carte 45/75 €

◆ À quelques minutes de l'aéroport, ce bâtiment des années 1970 a su composer avec le design actuel. Chambres contemporaines ou "provençal chic", belle piscine et espace fitness. Cuisine méditerranéenne servie à toute heure dans une ambiance lounge ; vinothèque.

Best Western Marseille Aéroport

ch,

(face à l'aéroport) ✉ 13127 Vitrolles – ✆ 04 42 15 54 00 – www.bwmrs.com

120 ch – 104/189 € 104/189 € – 13 € – ½ P 90/132 €

Rest – (22 € bc) Carte 23/42 €

◆ Pour une escale ou un séminaire, un hôtel moderne qui se donne une allure classique par son mobilier. La grande piscine entourée de teck confirme cette intention. Pour se restaurer, carte brasserie ou cuisine traditionnelle. Salon privé sur demande.

Z.I. Les Estroublans 4 km au Nord-Est par D 9 (rte Vitrolles) – ✉ 13127 Vitrolles

Novotel

24 r. de Madrid – ✆ 04 42 89 90 44 – www.novotel.com

117 ch – 80/160 € 80/160 € – 15 €

Rest – (16 € bc) Carte 23/38 €

◆ Entre la gare TGV et l'aéroport de Marseille, hôtel doté de chambres spacieuses et bien insonorisées, selon le concept Novation. Belle roseraie dans le jardin. Cuisine traditionnelle au restaurant et Novotel Café pour manger sur le pouce.

MARIGNY-ST-MARCEL – 74 Haute-Savoie – 328 I6 – 621 h. – alt. 404 m – ✉ 74150 46 F1

Paris 536 – Aix-les-Bains 22 – Annecy 19 – Bellegarde-sur-Valserine 43

XX **Blanc** avec ch & ch, rest, P VISA AE

– 04 50 01 09 50 – *www.blanc-hotel-restaurant.fr*
– *Fermé 26 déc.-2 janv.*
16 ch – 65/140 € 65/140 € – 12 € – ½ P 56/85 €
Rest – *(fermé dim. soir et sam. sauf juil.-août)* (16 €) Menu 25/90 € – Carte 42/90 €

◆ Auberge familiale avec deux salles à manger pimpantes (une pour l'été, une pour l'hiver) ; carte traditionnelle et spécialités régionales. Terrasse ombragée face au jardin et la piscine. Chambres spacieuses.

MARINGUES – 63 Puy-de-Dôme – 326 G7 – 2 610 h. – alt. 315 m – ✉ 63350 Auvergne 6 C2

Paris 409 – Clermont-Ferrand 32 – Lezoux 16 – Riom 22

XX **Le Clos Fleuri** avec ch & ch, ch, P VISA AE

rte de Clermont – 04 73 68 70 46 – *www.leclosfleuri.net*
– *Fermé 16 fév.-14 mars, lundi sauf le soir en juil.-août, vend. soir et dim. soir de sept. à juin*
15 ch – 46 € 58 € – 8 € – ½ P 54 €
Rest – (13 € bc) Menu 24/42 € – Carte 25/45 €

◆ Virage à 180° avec un décor résolument moderne pour cette maison tenue par la même famille depuis trois générations. Beau jardin visible de la salle ; cuisine traditionnelle.

XX **Le Carrousel** P VISA

14 r. du Pont de Morge – 04 73 68 70 24 – *www.restaurant-lecarrousel.com*
– *Fermé 18 juil.-4 août et 3-20 janv., mardi et merc.*
Rest – Menu 24/55 € – Carte 44/65 €

◆ Un décor sobre et contemporain (tons chauds, poutres immaculées) pour un beau moment de convivialité autour de recettes actuelles et délicates, réalisées par un chef très pro.

MARLENHEIM – 67 Bas-Rhin – 315 I5 – 3 477 h. – alt. 195 m – ✉ 67520 Alsace Lorraine 1 A1

Paris 468 – Haguenau 50 – Molsheim 13 – Saverne 18

11, place du Kaufhus 03 88 87 75 80

Le Cerf (Michel Husser) Spa & P VISA AE

30 r. Gén.-de-Gaulle – 03 88 87 73 73 – *www.lecerf.com*
16 ch – 130/297 € 130/297 € – 2 suites – ½ P 104/263 €
Rest – *(fermé mardi et merc.)* Menu 39 € (déj. en sem.), 63/79 € – Carte 75/112 €

Spéc. Pastilla de foie gras de canard d'Alsace poêlé aux fruits de saison, caramel aux épices. Choucroute au cochon de lait sous toutes ses formes et foie gras fumé. Partition de sorbets et glace aux six parfums comme un vacherin. **Vins** Crémant d'Alsace rosé, Riesling.

◆ Un cerf doux comme un agneau ! Cet ancien relais de poste ne manque pas d'élégance. Chambres raffinées, d'esprit régional ou contemporain. Jolie cour fleurie et espace bien-être. Au restaurant, l'Alsace est à l'honneur : belles boiseries et cuisine axée terroir.

Hostellerie Reeb rest, ch, P VISA AE

2 r. Albert Schweitzer – 03 88 87 52 70 – *www.hostellerie-reeb.fr*
– *Fermé 3-15 janv.*
26 ch – 60 € 60/65 € – 9 € – ½ P 60 €
Rest ***La Crémaillère*** – *(fermé dim. soir et lundi)* (10 €) Menu 20 € (sem.), 30/37 € – Carte 25/49 €

◆ Aux portes du village où débute la route des Vins, grande maison à colombages dotée de chambres spacieuses et classiques. À la Crémaillère, cuisine régionale servie dans un décor bourgeois de style alsacien "tout bois".

MARLY-LE-ROI – 78 Yvelines – **312** B2 – **101** 12 – voir à Paris, Environs

MARMANDE – 47 Lot-et-Garonne – **336** C2 – 17 317 h. – alt. 30 m 4 C2
– ✉ 47200 Aquitaine

Paris 666 – Agen 67 – Bergerac 57 – Bordeaux 90

boulevard Gambetta ☎ 05 53 64 44 44

Le Capricorne sans rest
av. Hubert Ruffe, rte d'Agen, 2 km par D 813 – ☎ 05 53 64 16 14 – www.lecapricorne-hotel.com – Fermé 17 déc.-1er janv.
34 ch – †64 € ††74 € – ☕ 8 €
◆ L'hôtel date des années 1970 mais l'entretien est suivi : chambres fonctionnelles bien tenues et insonorisées, salles de bains refaites... Un bon rapport qualité-prix.

à l'échangeur A 62 9 km au Sud par D 933 – ✉ 47430 Ste-Marthe

Les Rives de l'Avance sans rest
Moulin de Trivail – ☎ 05 53 20 60 22 – www.hotel-marmande.fr
16 ch – †40 € ††45 € – ☕ 6 €
◆ Calme et verdure font de cet hôtel jouxtant un moulin à eau une halte inespérée à proximité de l'autoroute. Chambres fonctionnelles. Salon de musique et bibliothèque.

à Pont-des-Sables 5 km au Sud par D 933 – ✉ 47200

Val de Garonne-Pont des Sables ☎ 05 53 89 25 59

Auberge de l' Escale
Pont des Sables – ☎ 05 53 93 60 11 – Fermé 3-12 sept., 14-21 nov., 2-9 janv., sam. midi, dim. soir et lundi
Rest – Menu 15 € (déj. en sem.)/23 € – Carte 39/69 €
◆ Cette maison landaise est le rendez-vous des plaisanciers qui naviguent sur le canal. Intérieur coquet avec cheminée (grillades) et terrasse d'été. Plats traditionnels et de saison.

MARMANHAC – 15 Cantal – **330** C4 – 723 h. – alt. 650 m – ✉ 15250 5 B3

Paris 566 – Aurillac 17 – Clermont-Ferrand 154 – Saint-Flour 69

Château de Sédaiges sans rest
– ☎ 04 71 47 30 01 – www.chateausedaiges.com – Ouvert 1er mai-30 sept.
5 ch ☕ – †110 € ††110 €
◆ Château de famille, d'architecture Troubadour (12e-19e s.), dans un parc planté de spectaculaires essences. Chambres au charme ancien, monumental escalier en bois et superbes tapisseries.

MARNANS – 38 Isère – **333** E6 – 129 h. – alt. 410 m – ✉ 38980 43 E2
Lyon Drôme Ardèche

Paris 558 – Grenoble 62 – Lyon 96 – Valence 89

Auberge de Marnans "Atelier Nicolas Grandclaude" avec ch
2 pl. du Prieuré – ☎ 04 76 36 28 71 rest,
– www.ateliergrandclaude.com – Fermé dim. soir, lundi et mardi sauf le soir en juil.-août
4 ch – †55/63 € ††68/76 € – ☕ 8 €
Rest – *(prévenir)* Menu 18 € (déj. en sem.), 26/50 € – Carte 44/56 €
◆ Maison de pays engageante donnant sur la place du prieuré (11e s.). Cuisine personnalisée et franche, servie avec le sourire. Succès oblige, réservation conseillée. Les chambres sont spacieuses, claires et décorées avec goût (vieux meubles).

MARNE-LA-VALLÉE – Île-de-France – **312** E2 – **101** 19 – voir à Paris, Environs

MARQUAY – 24 Dordogne – **329** H6 – 548 h. – alt. 175 m – ✉ 24620 4 D3
Périgord Quercy

Paris 530 – Brive-la-Gaillarde 55 – Périgueux 60 – Sarlat-la-Canéda 12

La Condamine

1 km rte de Meyrals – 05 53 29 64 08 – www.hotel-lacondamine.com – Ouvert 2 avril-13 nov.
22 ch – 45/70 € 48/75 € – 8,50 € – ½ P 55/65 €
Rest – (12 € bc) Menu 15/35 € bc – Carte 18/35 €
◆ Bâtisse d'allure traditionnelle dominant la campagne périgourdine. Quelques chambres avec balcon et vue sur la nature. Sage décor d'esprit agreste. Minigolf, boulodrome. Restaurant de style "pension de famille" ; la terrasse ouvre sur le jardin et la piscine.

Maison de Marquay

Le Bourg – 05 53 59 53 59 – www.maisondemarquay.fr
5 ch – 75/99 € 75/99 € **Table d'hôte** – Menu 28 €
◆ Un havre de paix au cœur du bourg... Derrière les murs en pierre du jardin, on se prélasse au bord de la piscine et on profite du grand confort des lieux, où dialoguent joliment l'ancien et le moderne. Accueil très agréable ! Monsieur, ancien chef cuisinier, œuvre rien que pour vous à la table d'hôte.

MARSANNAY-LA-CÔTE – 21 Côte-d'Or – 320 J6 – rattaché à Dijon

MARSANNE – 26 Drôme – 332 C6 – 1 213 h. – alt. 250 m – ✉ 26740 44 B3

Lyon Drôme Ardèche

Paris 611 – Lyon 149 – Romans-sur-Isère 69 – Valence 48
Place Emile Loubet 04 75 90 31 59

Domaine de la Vivande

rte de Cléon d'Andran, 2,5 km au Sud-Est par D57 – 04 75 00 56 64 – www.domainedelavivande.com – Fermé 23 oct.-5 nov., 1er-22 janv., 28 fév.-13 mars, dim. soir et lundi
9 ch – 79/120 € 79/120 € – 10 €
Rest – *(fermé mardi midi, merc. midi et jeudi midi)* Menu 28/39 € – Carte 33/55 €
◆ En pleine campagne, cette belle maison du 18e s. propose des chambres spacieuses (mezzanine) et confortables, à la décoration contemporaine. Environnement arboré, piscine. Cuisine au goût du jour servie dans une belle salle voûtée.

MARSEILLAN – 34 Hérault – 339 G8 – 7 392 h. – alt. 3 m – ✉ 34340 23 C2

Languedoc Roussillon

Paris 754 – Agde 7 – Béziers 31 – Montpellier 49
avenue de la Méditerranée 04 67 21 82 43

La Table d'Emilie

8 pl. Carnot – 04 67 77 63 59 – Fermé 3-24 nov., 3-15 janv., lundi midi et jeudi midi du 1er juil.-30 sept., dim. soir, lundi et merc. du 1er oct.-30 juin
Rest – Menu 19 € (déj. en sem.), 28/50 € – Carte 47/56 €
◆ Une table d'Émilie... jolie ! Maisonnette du 12e s. au charme romantique (pierres apparentes, voûte d'ogives, patio verdoyant). Cuisine au goût du jour sagement inventive.

Le Château du Port

9 quai de la Résistance – 04 67 77 31 67 – www.chateauduport.com
Rest – (17 € bc) Menu 29 € – Carte 35/60 €
◆ Bistrot chic contemporain installé dans une belle maison bourgeoise du 19e s. Produits de la mer, recettes régionales revisitées et agréable terrasse au bord du canal.

Chez Philippe

20 r. Suffren – 04 67 01 70 62 – Fermé janv., mardi du 15 juin au 30 sept. et lundi
Rest – *(prévenir)* (15 €) Menu 19 € (déj.)/28 € – Carte environ 34 €
◆ Sympathique ambiance méridionale à proximité du bassin de Thau : cuisine ensoleillée, salle aux couleurs du Sud et terrasse dressée sous les pins parasols...

Didier-p. Bernard/Fotolia.com

Le Vieux Port

MARSEILLE

Département : P 13 Bouches-du-Rhône
Carte Michelin LOCAL : 340 H6
114 28
▶ Paris 769 – Lyon 314 – Nice 189 – Torino 373

Population : 839 043 h.
Pop. agglomération : 1 349 772 h.
Code Postal : ✉ 13000
Provence
Carte régionale : 40 B3

RENSEIGNEMENTS PRATIQUES

OFFICE DE TOURISME

4 la Canebière ✆0826 500 500 (0.15 € mn)

TRANSPORTS

Auto-train ✆ 3635 (dîtes auto-train - 0,34 €/mn)

Tunnel Prado-Carénage : péage 2010, tarif normal : 2,60 €

TRANSPORTS MARITIMES

Pour le Château d'If : Navettes Frioul If Express ✆ 04 91 46 54 65

Pour la Corse : SNCM 61 bd des Dames (2e) ✆ 0 825 888 088 (0,15 €/mn) - CMN 4 quai d'Arenc (2e) ✆ 0 810 201 320

AÉROPORT

Marseille-Provence ✆ 04 42 14 14 14, 28 km par ①

QUELQUES GOLFS

18 de Marseille-La Salette 65, impasse des Vaudrans, E : 10 km à la Valentine, ✆04 91 27 12 16

9 d'Allauch à Allauch Domaine de Fontvieille, NE : 14 km par rte d'Allauch, ✆04 91 07 28 22

A VOIR

AUTOUR DU VIEUX PORT

Le Vieux Port★★ - Quai des Belges (marché aux poissons) ET **5** - Musée d'Histoire de Marseille★ ET **M**[3] - Musée du Vieux Marseille DET **M**[7] - Musée des Docks romains★ DT **M**[6] - ⩤★ depuis le belvédère St-Laurent DT **D** - Musée Cantini★ FU **M**[2]

QUARTIER DU PANIER

Centre de la Vieille Charité★★ : Musée d'archéologie méditerranéenne, Musée d'Arts africains, océaniens, amérindiens MAAOA★★ DS **E** - Ancienne cathédrale de la Major★ DS **B**

NOTRE-DAME-DE-LA-GARDE

⩤★★★ du parvis de la basilique de N.-D.-de -la-Garde★★ EV
Basilique St-Victor★ (crypte★★) DU

LA CANEBIÈRE

De la rue Longue-des-Capucins au cours Julien : place du Marché-des-Capucins, rue du Musée, rue Rodolph-Pollack, rue d'Aubagne, rue St-Ferréol.

QUARTIER LONGCHAMP

Musée Grobet-Labadié★★ GS **M**[8] - Palais Longchamp★ GS : musée des Beaux-Arts★ et musée d'Histoire naturelle★

QUARTIERS SUD

Corniche Président-J.-F.-Kennedy★★ AYZ - Parc du Pharo DU - Vallon des Auffes★ AY.

AUTOUR DE MARSEILLE

Visite du port★ - Château d'If★★ : ☼★★★ sur le site de Marseille - Massif des Calanques★★★ - Musée de la faïence★

Sofitel Vieux Port

36 bd Ch.-Livon ✉ 13007 – ✆ 04 91 15 59 00 – www.sofitel-marseille-vieuxport.com
134 ch – 🚹195/550 € 🚹🚹195/550 € – 3 suites – ☕ 25 € **3DUn**
Rest *Les Trois Forts* – ✆ 04 91 15 59 56 – Menu 59/99 €
◆ Luxueux hôtel dominant la passe du Vieux Port. Le décor intérieur s'inspire évidemment de la mer... Belles chambres contemporaines, certaines avec terrasse tournée vers les flots. Au 7e étage, le restaurant jouit d'un panorama sublime ; fine cuisine actuelle.

Radisson Blu

38 quai Rive-Neuve ✉ 13007 – ✆ 04 88 92 19 50 – www.radissonblu.com/hotel-marseille **3DUd**
183 ch – 🚹150/395 € 🚹🚹150/395 € – 6 suites – ☕ 25 €
Rest – *(fermé sam. midi et dim.)* (18 €) Menu 23 € (déj.), 32/38 € – Carte 31/48 €
◆ Imposant et moderne : tel est le Radisson, ancré sur le Vieux port. Toutes les prestations d'un grand hôtel international : chambres spacieuses et confortables, équipements dernier cri, petite piscine chauffée sur le toit. Cuisine méditerranéenne au restaurant.

Pullman Palm Beach

200 Corniche J.-F.-Kennedy ✉ 13007 – ✆ 04 91 16 19 00 – www.pullmanhotels.com
160 ch – 🚹150/325 € 🚹🚹160/350 € – 10 suites – ☕ 22 € **1AZb**
Rest *La Réserve* – ✆ 04 91 16 19 21 *(déj. seult)* (34 €) Menu 38 € (sem.) Carte 38/80 €
◆ Architecture contemporaine, sous la corniche, ouverte sur la mer et l'île du château d'If. Chambres tout confort (style à la fois design et marin), espace détente et équipement complet pour séminaires. À La Réserve, cadre tendance, terrasse et saveurs du Sud.

Le Petit Nice

anse de Maldormé, (hauteur 160 Corniche J.-F.-Kennedy) ✉ 13007 – ✆ 04 91 59 25 92 – www.passedat.fr – Fermé 1er-20 janv., vacances de fév. et vacances de la Toussaint **1AZd**
13 ch – 🚹190/750 € 🚹🚹190/750 € – 3 suites – ☕ 30 €
Rest *Le Petit Nice* – voir ci-après
◆ Sur la Corniche, ces architectures néoclassiques des années 1910 semblent lancer des œillades à la mer et à ses îles immaculées ! Toute la lumière du Sud, toute la magie du site de Marseille, que l'on admire à loisir dans le plus grand confort...

Résidence du Vieux Port

18 quai du Port ✉ 13002 – ✆ 04 91 91 91 22 – www.hotelmarseille.com
50 ch – 🚹185 € 🚹🚹185 € – ☕ 16 € **3ETa**
Rest *Le Relais 50* – ✆ 04 91 52 52 50 *(fermé août, dim. et lundi)* (21 €) Menu 45 € – Carte 35/55 €
◆ Une décoration fort inspirée, en hommage aux années 1950. Les amateurs de Prouvé, Perriand ou Lurçat seront aux anges. Vue superbe sur le port. Le restaurant – banquettes rouges et boiseries claires – propose une carte "locavore" (traduisez "produits régionaux").

New Hôtel of Marseille

71 bd Ch.-Livon ✉ 13007 – ✆ 04 91 31 53 15 – www.newhotelofmarseille.com
100 ch – 🚹135/195 € 🚹🚹150/210 € – 8 suites – ☕ 16 € **3DUv**
Rest – ✆ 04 88 00 46 00 – (16 €) Menu 25/35 € – Carte 25/45 €
◆ Hôtel récent incluant un bâtiment du 19e s. Style sobre et moderne égayé d'œuvres d'artistes locaux, équipements très complets dans les chambres qui profitent, pour certaines, d'une vue sur le Vieux Port. La carte du restaurant s'inspire du Sud et d'ailleurs.

New Hôtel Bompard

2 r. Flots-Bleus ✉ 13007 – ✆ 04 91 99 22 22 – www.new-hotel.com
51 ch – 🚹80/129 € 🚹🚹95/149 € – ☕ 12 € **1AZe**
Rest – *(fermé le midi et week-ends de déc. à mars) (résidents seult)* (22 €) Menu 26 € – Carte 26/33 €
◆ Attention, ça grimpe ! Cet hôtel près de la corniche propose des chambres classiques et confortables dans un jardin fleuri (suites d'esprit provençal dans un mas séparé). Menu du marché et formule du jour servis en terrasse ou dans la salle à manger du Lautrec.

MARSEILLE

Aix (R. d') . . . . BY
Anthoine (R. d') . . . . AX
Baille (Bd) . . . . BCY
Belsunce (Cours) . . . . BY
Blancarde (Bd de la) . . . . CY
Bompard (Bd) . . . . AYZ
Briançon (Bd de) . . . . BX 13
Canebière (La) . . . . BY
Cantini (Av. Jules) . . . . BCZ
Capelette (Av. de la) . . . . . . CYZ
Castellane (Pl.) . . . . BY
Catalans (R. des) . . . . AY 16
Chartreux (Av. des) . . . . CY 17
Chave (Bd) . . . . BCY
Chutes Lavie (Av.) CX
Dunkerque (Bd de) . . . . AX
Duparc (Bd Françoise) . . . . CXY
Endoume (R. d') . . . . AY
Estrangin (Bd G.) . . . . ABZ
Fleming (Bd Alexander) CX
Foch (Av. Mar.) . . . . CY
Guesde (Pl. Jules) . . . . BY 35
Guibal (R.) . . . . BX
Guigou (Bd) . . . . BX 36
Jeanne-d'Arc (Bd) . . . . CY
Jean-Jaurès (Pl.) . . . . BY
Lazaret (Quai du) . . . . AX
Leclerc (Av. Gén.) . . . . BY
Lesseps (Bd Ferdinand de) . AX 40
Lieutaud (Cours) . . . . BY
Livon (Bd Charles) . . . . AY
Mazargues (Av. de) . . . . BZ
Mermoz (R. Jean) . . . . BZ
Michelet (Bd) . . . . BCZ
Moulin (Bd Jean) . . . . CY 47
National (Bd) . . . . BX
Notre-Dame (Bd) . . . . BY
Paradis (R.) . . . . BYZ
Paris (Bd de) . . . . ABX
Pelletan (Av. C.) . . . . BXY
Périer (Bd) . . . . BZ
Plombières (Bd de) . . . . BX
Pologne (Pl. de) . . . . CY 51
Pompidou (Prom. Georges) . BZ 52
Prado (Av. du) . . . . BYZ
Président-J.-F.-Kennedy (Corniche) . . . . AYZ
Pyat (R. Félix) . . . . BX
Rabatau (Bd) . . . . BCZ
République (R. de la) . . . . . ABY
Roches (Av. des) . . . . AZ
Rolland (Bd Romain) . . . . CZ
Rolland (R. du Cdt) . . . . BZ
Rome (R. de) . . . . BY
Roucas Blanc (Chemin du) . . AZ
Rouet (R. du) . . . . BYZ
Ste-Marguerite (Bd) . . . . CZ
Ste-Marthe (Ch. de) . . . . BX
St-Just (Av. de) CX
St-Pierre (R.) . . . . BCY
Sakakini (Bd) . . . . CY
Salengro (Av. Roger) . . . . BX
Sartre (Av. Jean-Paul) . . . . . . CX 59
Schlœsing (Bd) . . . . CZ
Sébastopol (Pl.) . . . . CY
Strasbourg (Bd) . . . . BX 61
Teisseire (Bd R.) . . . . CZ
Tellène (Bd) . . . . AY
Timone (Av. de la) . . . . CY
Toulon (Av. de) . . . . BCY
Vallon l'Oriol (Chemin) . . . . . AZ
Vauban (Bd) . . . . BY
Verdun (R. de) . . . . CY 70

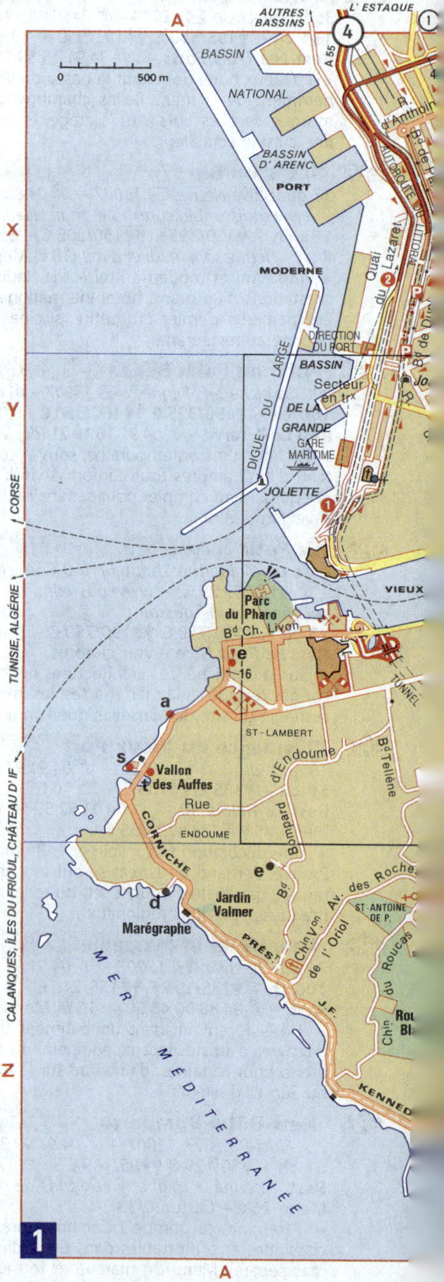

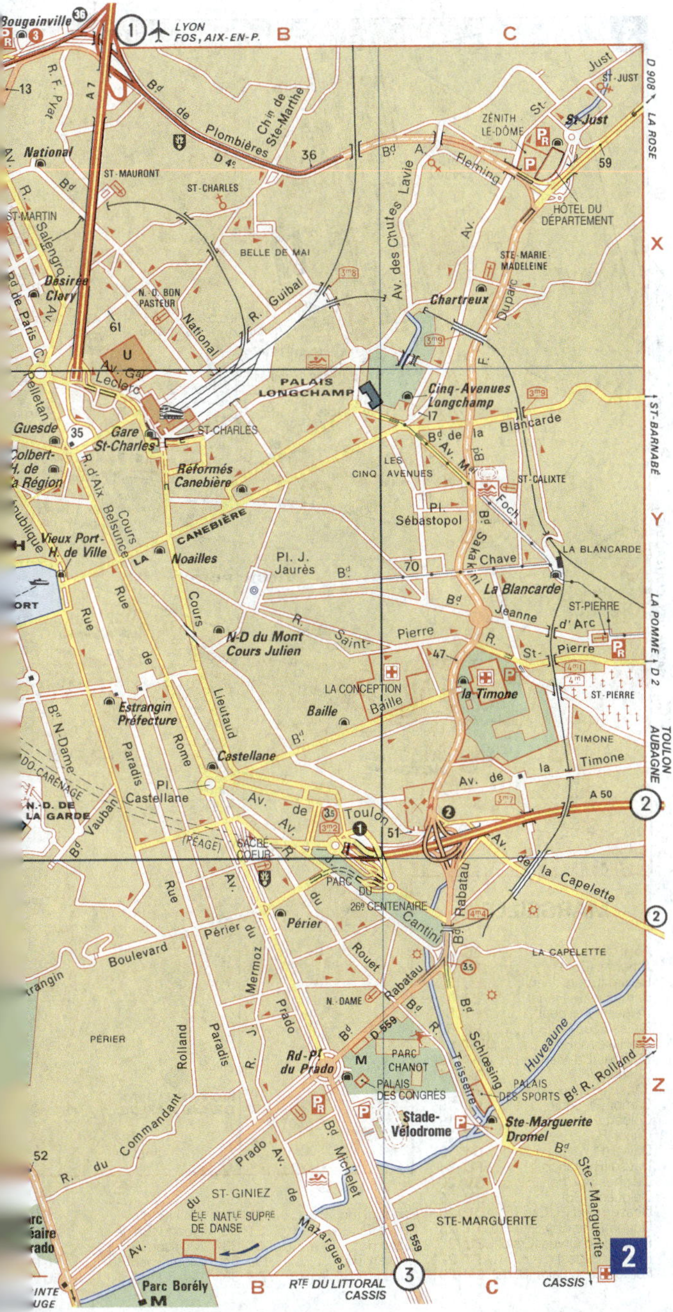
LYON
FOS, AIX-EN-P.
B
C
Bougainville
Bd de Plombières
Chin de Ste-Marthe
D 4c
36
ST-MAURONT
ST-CHARLES
National
ST-MARTIN
BELLE DE MAI
Désirée Clary
N.D. BON PASTEUR
R. Guibal
National
61
Bd de Paris
R. Salengro
R. F. Pyat
A 7
13
ZÉNITH LE-DÔME
St-Just
ST-JUST
Just
Fleming
59
HÔTEL DU DÉPARTEMENT
STE-MARIE MADELEINE
Av. des Chutes Lavie
Chartreux
Duparc
D 908
LA ROSE
X
PALAIS LONGCHAMP
Cinq-Avenues Longchamp
Av. Gal Leclerc
U
Gare St-Charles
ST-CHARLES
Guesde
35
Colbert-H. de la Région
Réformés Canebière
LES CINQ AVENUES
Bd de la Blancarde
ST-CALIXTE
Av. Mal Foch
ST-BARNABÉ
Y
LA CANEBIÈRE
Pl. Sébastopol
Vieux Port-H. de Ville
Noailles
Cours Belsunce
R. d'Aix
PORT
Pl. J. Jaurès
Bd Chave
70
Bd Sakakini
La Blancarde
LA BLANCARDE
Bd Jeanne d'Arc
ST-PIERRE
R. Saint-Pierre
47
N-D du Mont Cours Julien
Cours Lieutaud
Rue de Rome
LA CONCEPTION
Baille
Bd Baille
la Timone
ST-PIERRE
LA POMME
D 2
Estrangin Préfecture
Bd N-Dame
Paradis
Castellane
Pl. Castellane
TIMONE
Av. de la Timone
TOULON AUBAGNE
A 50
N.-D. DE LA GARDE
Bd Vauban
(PÉAGE)
SACRÉ COEUR
Av. de Toulon
51
PARC DU 26e CENTENAIRE
Av. de la Capelette
Bd Rabatau
Cantini
Périer
Boulevard Périer
Estrangin
R. du Rouet
LA CAPELETTE
N.-DAME
Mermoz
R. J. Mermoz
Prado
Bd Rabatau
D 559
Rolland
Paradis
PÉRIER
Rd-Pt du Prado
M
PARC CHANOT
PALAIS DES CONGRÈS
R. Teisseire
Bd Schloesing
Huveaune
PALAIS DES SPORTS
Bd R. Rolland
Z
Stade-Vélodrome
Ste-Marguerite Dromel
Bd Ste-Marguerite
R. du Commandant Rolland
52
Av. du Prado
Bd Michelet
Av. de Mazargues
ST-GINIEZ
ÉLE NATLE SUPRE DE DANSE
STE-MARGUERITE
D 559
Parc Borély
M
RTE DU LITTORAL CASSIS
CASSIS
2

3
D
E
S
T
U
V
0
200 m
BASSIN
DE LA
GRANDE
JOLIETTE
DIGUE
DU
LARGE
Secteur en travaux
GARE MARITIME
Secteur en travaux
CORSE
TUNISIE, ALGÉRIE
CALANQUES, CHÂTEAU D'IF
CHÂTEAU
Parc du Pharo
Fort St-Jean
Fort St-Nicolas
BASILIQUE ST-VICTOR
Pl. St-Victor
VIEUX PORT
Théâtre de la Criée
Quai de Rive Neuve
Quai du Port
Ferry Boat
TUNNEL ST-LAURENT
Vieux Port Hôtel de Ville
St-Ferréol
Pl. de la Joliette
Joliette
Pl. Marceau
ST LAZARE
Secteur en travaux
Quai de la Joliette
Bd de Dunkerque
R. Schuman
S.N.C.M.
R. de l'Évêché
Rue de la République
R. des Dames
J. Guesde
HÔTEL DE LA RÉGION
LES CARMES
Colbert
H. de la Région
CITÉ DE LA MUSIQUE
Cath. de la Major
POL.
R. du Panier
LE PANIER
Hôtel-Dieu
les Accoules
Pl. de Lenche
R. Caisserie
Espl. de la Tourette
Av. St-Jean
ST-LAURENT
ST-CANNAT
CENTRE BOURSE
Opéra
les Arcenaulx
ST-CHARLES
Catherine
Rue Sainte
Fort N.-Dame
R. Neuve Ste-
R. Puget
Crs P. Puget
Bd de la Corderie
Jardin Puget
Corse
Av. de la
Bd C. Livon
Av. Pasteur
R. d'Endoume
Bd Tellene
Chin du Roucas Blanc
TUNNEL PRADO
Bd A. Aune
Bd Notre Dame
N.-D. DE LOURDES ST-PHILIPPE
NOTRE-DAME DE LA GARDE
ST-FRANÇOIS D'ASSISE
Fauchier
Av. C. Pelletan
R. Leblanc
45
15
18
6
33
19
4
8
5
24
52
25
34
35
57
64
65
55
2
22
29
M⁷
M⁶

MARSEILLE

F
G
4
S
T
U
V
Pl. Victor-Hugo
Gal Leclerc
ST-CHARLES
Gare St-Charles
Bd Ch. Nedelec
R. P. Sémard
Voltaire
R. des Héros
Bd National
Camille
Flammarion
PALAIS LONGCHAMP
Longchamp
M8
ST-PIERRE ST-PAUL
Bd de la Libération
R. Chape
Réformés Canebière
Crs F. Roosevelt
THÉODORE
Alcazar
R. Nationale
Allées Gambetta
R. Tapis Vert
Crs Belsunce
CANEBIÈRE
Noailles
St-Vincent de Paul
R. St-Savournin
Bd Eugène Pierre
R. du Camas
Terrusse
ST-MICHEL
Chave
PL. DU MARCHÉ DES CAPUCINS
Rue d'Aubagne
Crs Lieutaud
CRS JULIEN
Pl. J. Jaurès
Rue St-Pierre
Ferrari
R. Nau
N.-D. du Mont Cours Julien
N.-D. du Mont
R. de la Loubière
R. Tilsit
R. des Vertus
R. ST-FÉRRÉOL
STE-TRINITÉ
CALVAIRE
M2
Paradis
Bd L. Salvator
ST-SACREMENT
Cours Lieutaud
Baille
Ste-Cécile
Estrangin Préfecture
ST-JOSEPH
R. Dragon
Rue d'Italie
R. de Rome
R. de Lodi
Bd Baille
ST-JEAN-BAPTISTE
Castellane
Pl. Castellane
Paradis
CARÉNAGE
Breteuil
Rue Escat
Av. du Prado
R. de Gènes
Crs Gouffé
R. Brun
Av. de Toulon
Av. de Corinthe
R. Jules Cantini
R. Menpenti
Rue du Rouet
PÉAGE
PARC DU 26e CENTENAIRE

Grand Tonic Hôtel
43 quai des Belges ✉ 13001 – ☏ 04 91 55 67 46 – www.tonic-hotel.com
56 ch – †90/395 € ††110/425 € – ☕ 16 € **3EUt**
Rest – (15 €) Menu 21/27 € – Carte 28/75 €
♦ Hôtel de style contemporain, en plein cœur de Marseille. Les chambres, agrémentées de baignoires à remous, sont plus grandes côté Vieux Port. À table, appétissante cuisine traditionnelle aux accents du Sud et ambiance chic "tout en blanc".

New Hôtel Vieux Port sans rest
3 bis r. Reine-Élisabeth ✉ 13001 – ☏ 04 91 99 23 23 – www.new-hotel.com
42 ch – †90/220 € ††90/240 € – ☕ 11 € **3ETu**
♦ Pondichéry, Soleil Levant, Mille et une nuits ou Afrique noire : de jolies chambres thématiques empreintes d'exotisme, qui invitent au voyage et à la détente, à côté du Vieux Port.

Escale Océania sans rest
5 La Canebière ✉ 13001 – ☏ 04 91 90 61 61 – www.oceaniahotels.com
45 ch – †90/160 € ††90/160 € – ☕ 10 € **3ETf**
♦ En bas de la Canebière – parfait pour visiter la ville –, cette bâtisse ancienne entièrement rénovée en 2009 profite de chambres bien conçues, lumineuses et assez spacieuses.

Alizé sans rest
35 quai des Belges ✉ 13001 – ☏ 04 91 33 66 97 – www.alize-hotel.com
39 ch – †63/91 € ††68/96 € – ☕ 8,50 € **3ETUb**
♦ Devant le célèbre marché aux poissons, hôtel fonctionnel très bien tenu. Préférez les 16 chambres en façade, entièrement rénovées, qui profitent du spectacle du port...

Hermès sans rest
2 r. Bonneterie ✉ 13002 – ☏ 04 96 11 63 63 – www.hotelmarseille.com
28 ch – †50 € ††110 € – ☕ 8,50 € **3ETe**
♦ Un hôtel central très simple, proposant de petites chambres commodes. La "nuptiale", d'esprit bateau et perchée sur le toit, offre un magnifique panorama.

Le Petit Nice (Gérald Passédat) – Hôtel Le Petit Nice
anse de Maldormé, (hauteur 160 Corniche J.-F.-Kennedy)
✉ 13007 – ☏ 04 91 59 25 92 – Fermé 1er-10 nov., 1er-15 janv., 21-29 fév., dim. et lundi sauf le soir de fin juin à début sept. **1AZd**
Rest – Menu 85 € (déj. en sem.), 145/270 € – Carte 160/250 €
Spéc. Anémones de mer en beignets légers et onctueux iodé. Bouille-Abaisse en trois paliers. Menu découverte de la mer. **Vins** Bandol, Vin de pays des Alpilles.
♦ "Ma cuisine est d'ici, du Sud, définitivement." Le style Passédat, c'est la Provence et le mistral, la vie du port et le goût du voyage, la liberté dans l'ancrage ! Et plus encore la Méditerranée, "mon potager"... On redécouvre les richesses de cette mer rêvée, ainsi qu'un magnifique symbole : la bouillabaisse.

L'Épuisette
Vallon des Auffes ✉ 13007 – ☏ 04 91 52 17 82 – www.l-epuisette.com
– Fermé 7-31 août, 1 sem. en fév., dim. et lundi **1AYs**
Rest – Menu 60/145 € bc – Carte 90/140 €
Spéc. Cannelloni d'artichaut et foie gras, émulsion d'ail doux et king crabe étuvé. Petite lotte de Méditerranée persillée, flan d'ail et pomme de terre farcie fondante. Quelques "chupas" façon norvégienne, un verre "high tech". **Vins** Coteaux Varois en Provence, Vin de pays des Alpilles.
♦ Sur les rochers de l'enchanteur vallon des Auffes, cette nef vitrée vous convie à un agréable voyage culinaire, dans un espace lumineux et raffiné. Service attentionné.

Une Table au Sud (Lionel Lévy)
2 quai du Port, (1er étage) ✉ 13002 – ☏ 04 91 90 63 53
– www.unetableausud.com – Fermé 2 sem. en août, 3-11 janv., dim. et lundi
Rest – Menu 33 € (déj. en sem.), 68/125 € bc – Carte 60/80 € **3ETc**
Spéc. Milkshake de bouillabaisse. Suprême de pigeonneau, fricassée de cèpes (saison). Crousti-fondant choco zan (hiver). **Vins** Coteaux d'Aix en Provence.
♦ Ce restaurant vous invite aux plaisirs de l'œil et du goût : cuisine inventive où pointent les délicieux parfums du Sud et vue plongeante sur le Vieux Port dominé par la "Bonne Mère"...

XXX **Miramar**

12 quai du Port ✉ 13002 – ✆ 04 91 91 10 40 – www.bouillabaisse.com – Fermé dim. et lundi **3ETv**

Rest – Menu 70 € – Carte 60/120 €

◆ Luxueuse brasserie au décor rétro (banquettes, velours rouge, boiseries). Magnifique bouillabaisse et autres spécialités de poisson à déguster face au Vieux Port (terrasse).

XX **Péron**

56 Corniche J.-F.-Kennedy ✉ 13007 – ✆ 04 91 52 15 22 – www.restaurant-peron.com – Fermé 2 sem. en hiver **1AYa**

Rest – Menu 64/78 € – Carte 64/78 €

◆ Cette bâtisse accrochée à la roche offre une vue d'exception sur les îles du Frioul. Décor contemporain aux notes marines, ambiance décontractée et cuisine inspirée du grand Sud.

XX **Chez Fonfon**

140 Vallon des Auffes ✉ 13007 – ✆ 04 91 52 14 38 – www.chez-fonfon.com – Fermé 2-17 janv., lundi sauf le soir de mai à oct. et dim. **1AYt**

Rest – Menu 42/55 € – Carte 46/63 €

◆ Une maison familiale (1952) agréable pour son cadre contemporain et pour ses produits de la mer, tout droit sortis des "pointus" en bois que l'on aperçoit dans le petit port.

XX **Le Moment Christian Ernst**

5 pl. Sadi Carnot ✉ 13002 – ✆ 04 91 52 47 49 – www.lemoment-marseille.com – Fermé 7-21 août, lundi soir et dim. **3ESa**

Rest – (17 €) Menu 25 € (déj. en sem.), 48/74 € – Carte 56/72 €

◆ Près du Vieux Port, table tendance aux multiples facettes : cadre très moderne (prix du design de la ville en 2009), ateliers, vinothèque, vente à emporter. Cuisine actuelle.

XX **Michel-Brasserie des Catalans**

6 r. des Catalans ✉ 13007 – ✆ 04 91 52 30 63 – www.restaurant-michel.com

Rest – (40 €) Carte 40/80 € **1AYe**

◆ Ambiance 100 % marseillaise dans cette institution située face à la plage des Catalans, et où la bouillabaisse est... une religion ! Pêche du jour exposée dans un "pointu".

XX **Cyprien**

56 av. de Toulon ✉ 13006 – ✆ 04 91 25 50 00 – www.restaurant-cyprien.com – Fermé 2 août-1er sept., 24 déc.-5 janv., lundi soir, sam. midi, dim. et fériés

Rest – Menu 23/53 € – Carte 29/69 € **4GVr**

◆ Non loin de la place Castellane, une table traditionnelle : décor aux notes bourgeoises (nappes blanches, chaises capitonnées) et cuisine classique.

X **Le Ventre de l'Architecte - Le Corbusier**

280 bd Michelet, (Cité Radieuse, 3ème étage), par ③ ✉ 13008 – ✆ 04 91 16 78 00 – www.hotellecorbusier.com – Fermé 5-20 août, 5-15 janv., dim. et lundi

Rest – (26 €) Menu 30 € (déj.), 39/59 €

◆ Fascinante expérience culturelle et gustative que ce restaurant situé dans la Cité radieuse de Le Corbusier. Mobilier années 1950 (Prouvé, Jacobsen) et fine cuisine inventive.

X **Axis**

8 r. Sainte Victoire ✉ 13006 – ✆ 04 91 57 14 70 – www.restaurant-axis.com – Fermé août, 24-30 déc., sam. midi, lundi soir et dim. **4FVf**

Rest – (15 €) Menu 28/35 € – Carte 28/36 €

◆ Agréable restaurant d'esprit loft (sol en béton ciré, éclairage tamisé, mobilier Starck), où déguster une cuisine bien dans notre époque (produits de saison).

X **La Table du Fort**

8 r. Fort-Notre-Dame ✉ 13007 – ✆ 04 91 33 97 65 – www.latabledufort.fr – Fermé sam. midi, lundi midi et dim. **3EUn**

Rest – (16 €) Menu 19 € (déj.), 32/49 € – Carte 35/57 €

◆ Adresse au cadre coloré et feutré, tenue par un jeune couple dynamique. Lui, en cuisine, pour des plats au goût du jour ; elle, en salle, pour un service tout sourire.

Charles Livon
89 bd Charles-Livon ✉ 13007 – ✆ 04 91 52 22 41 – www.charleslivon.fr – Fermé 3 sem. en août, dim. soir, mardi midi et lundi **3DUf**
Rest – *(nombre de couverts limité, prévenir)* (19 €) Menu 28 € (déj. en sem.), 39/55 €
◆ Face au palais du Pharo, établissement au sobre décor contemporain. La cuisine, actuelle dans l'esprit, a l'accent de la région, à l'image de la carte des vins.

Lauracée
96 r. Grignan ✉ 13001 – ✆ 04 91 33 63 36 – www.lelauracee.com – fermé août, lundi soir du 1er juin au 15 sept., sam. midi et dim. **3EUt**
Rest – (21 €) Menu 36 € (déj. en sem.), 43/58 € – Carte 43/60 €
◆ C'est bien clair, le patron ne sert que des produits frais : "je ne sais pas faire autre chose !" Sa cuisine a l'accent du Sud... Décor tout simple, en retrait du Vieux Port.

Le Café des Épices
4 r. Lacydon ✉ 13002 – ✆ 04 91 91 22 69 – www.cafedesepices.com – Fermé sam. soir, dim., lundi et fériés **3DTd**
Rest – *(nombre de couverts limité, prévenir)* (21 €) Menu 25 € (déj.)/40 €
◆ Un restaurant de poche, ouvrant sur la place Bargemon, réaménagée avec originalité. Cuisine créative, signée par un chef amoureux de son métier, des produits locaux et des voyages.

à Plan-de-Cuques 10 km au Nord-Est par La Rose et D 908 – 10 536 h. – alt. 70 m – ✉ 13380

Le César
av. G. Pompidou – ✆ 04 91 07 25 25 – www.lecesar.fr
30 ch – †98 € ††110 € – ☕ 10 € – ½ P 95 €
Rest – *(fermé dim. soir)* Menu 28/50 € bc – Carte 28/40 €
◆ Un hôtel où l'on pratique le farniente autant que les affaires : chambres fonctionnelles, espace remise en forme, belle piscine à péristyle et grandes salles de séminaire. Cuisine régionale (uniquement à la carte durant la période estivale). Agréable terrasse.

MARSOLAN – 32 Gers – 336 F6 – 425 h. – alt. 171 m – ✉ 32700 28 B2

Paris 721 – Agen 49 – Auch 43 – Toulouse 115

Lous Grits
au village – ✆ 05 62 28 37 10 – www.hotel-lousgrits.com
5 ch – †190 € ††190 € – ☕ 20 €
Rest – *(dîner seult) (résidents seult)* Menu 40 €
◆ On se sent comme chez soi dans cette maison qui cultive l'art de vivre à la gasconne (meubles de famille, bibelots, faïences et mosaïques, peintures). Goût, raffinement et... entretien impeccable ! Cuisine traditionnelle au restaurant (menu dédié au canard).

MARTAINVILLE-ÉPREVILLE – 76 Seine-Maritime – 304 H5 – rattaché à Rouen

MARTEL – 46 Lot – 337 F2 – 1 519 h. – alt. 225 m – ✉ 46600 29 C1

Périgord Quercy

Paris 510 – Brive-la-Gaillarde 33 – Cahors 79 – Figeac 59
place des Consuls ✆ 05 65 37 43 44
Place des Consuls★ - Façade★ de l'Hotel de la Raymondie★.

Relais Ste-Anne
r. Pourtanel – ✆ 05 65 37 40 56 – www.relais-sainte-anne.com – Ouvert 15 mars-15 nov.
14 ch – †45/175 € ††75/175 € – 2 suites – ☕ 15 € – ½ P 74/169 €
Rest – *(fermé le midi du lundi au jeudi)* Menu 14 € (déj.)/24 € – Carte 20/41 €
◆ Ce charmant relais, ceint d'un beau parc fleuri où se dresse une chapelle, est un ancien pensionnat de jeunes filles. Élégant salon et chambres au décor raffiné. Restaurant coiffé d'une belle charpente ; cheminée monumentale d'esprit romantique. Plats actuels.

Auberge des Sept Tours avec ch

av. de Turenne – ✆ 05 65 37 30 16 – www.auberge7tours.com – Ouvert 16 mars-29 nov.

7 ch – 50/55 € 50/55 € – 8 €

Rest – *(fermé sam. midi, dim. soir et lundi sauf en août)* (10 € bc)

Menu 20 € bc/52 € – Carte 31/48 €

◆ Pimpante salle à manger-véranda tournée vers la campagne. Carte traditionnelle, spécialités de canard et sélection de vins axée sur la région. Chambres rustiques.

MARTIEL – 12 Aveyron – 338 D4 – 885 h. – alt. 400 m – ✉ 12200 29 C1

Paris 613 – Cahors 49 – Rodez 63 – Toulouse 134

Les Fontaines sans rest

Pleyjean, par rte de Villeneuve, D 76 – ✆ 05 65 29 46 70 – www.lesfontaines.net – Ouvert 1er avril-31 oct.

3 ch – 50 € 65/85 €

◆ Dans ce hameau proche de la vallée de l'Aveyron, ancienne bâtisse rénovée par un couple d'Anglais. Joli salon, chambres avenantes et salle à manger rustique. Copieux breakfast.

MARTIGNÉ-BRIAND – 49 Maine-et-Loire – 317 G5 – 1 847 h. – alt. 75 m – ✉ 49540 35 C2

Paris 324 – Angers 33 – Cholet 46 – Nantes 113

Château des Noyers ch,

5 km à l'Ouest par D 208 – ✆ 02 41 54 09 60 – www.chateaudesnoyers.com – Ouvert 1er avril-15 nov.

5 ch – 160/280 € 160/280 € **Table d'hôte** – Menu 45 € bc

◆ Pour une balade au temps jadis : un château classé des 16e-17e s., entouré de vignobles. Gentillesse de l'accueil, mobilier d'époque, piscine, tennis : tout un poème ! Le rêve continue avec les dégustations dans l'ancienne prison reconvertie en chai.

MARTIGNÉ-SUR-MAYENNE – 53 Mayenne – 310 F5 – 1 507 h. – alt. 138 m – ✉ 53470 35 C1

Paris 278 – Alençon 75 – Laval 19 – Nantes 171

Château de Mythème sans rest

rte de la Bazouge-des-Alleux, 0,5 km à l'Est par D 12 – ✆ 02 43 90 29 57 – www.chateaudemytheme.com

5 ch – 70 € 85/130 €

◆ Au cœur d'un parc arboré, ce château du 19e s. – agrémenté de deux belles tours – ne manque pas de romantisme. Chambres raffinées : parquet, mobilier chiné, belles étoffes...

MARTIGUES – 13 Bouches-du-Rhône – 340 F5 – 46 318 h. – alt. 1 m – ✉ 13500 Provence 40 B3

Paris 769 – Aix-en-Provence 45 – Arles 53 – Marseille 40

Maison du tourisme -rond point de l'Hôtel de Ville ✆ 04 42 42 31 10

Miroir aux oiseaux★ - Étang de Berre★ Z.

★ de la chapelle N.D.-des-Marins, 3,5 km par ④.

Plan page suivante

St-Roch ch,

av. G. Braque – ✆ 04 42 42 36 36 – www.hotelsaintroch.com Yx

63 ch – 98 € 116 € – ½ P 115 €

Rest – *(fermé 25 déc.-1er janv.)* Menu 21 € (sem.)/50 € – Carte 34/51 €

◆ Sur les hauteurs de la "Venise provençale", cet hôtel des années 1970 se modernise progressivement ; préférez les chambres rénovées. La terrasse du restaurant donne sur les vestiges pittoresques d'un moulin de 1527. Cuisine traditionnelle provençale.

MARTIGUES

Allende (Bd S.) . . . . Y 2
Belges (Esplanade des) . . . . . . Z 3
Brescon (Quai) . . . . Z 4
Cachin (Bd Marcel) . . . . Z 5
Combes (R. L.) . . . . Z 7
Denfert-Rochereau (R. Colonel P.) . . . . Y 8
Dr-Flemming (Av. du) . . . . Y 9
Gambetta (R. L.) . . . . Z 12
Girondins (Quai des) . . . . Y 13
Lamartine (Pl.) . . . . Z 15
Libération (Pl. de la) . . . . Z 16
Lorto (Av. P.-di) . . . . Z 17
Marceau (Quai F.) . . . . Z 18
Martyrs (Pl. des) . . . . Z 19
Richaud (Bd) . . . . Z 22
Roques (R. Jean) . . . . Y 24
Tessé (Quai Maurice) . . . . Y 25
4-Septembre (Cours du) . . . . Z 27

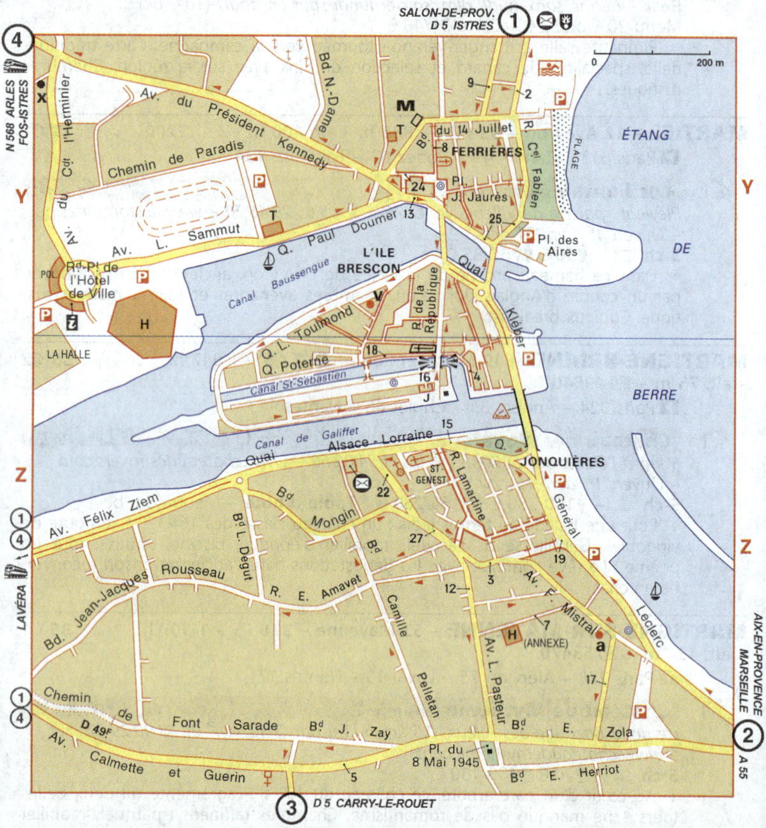

Le Bouchon à la Mer

19 quai L.-Toulmond – ✆ 04 42 49 41 41 – www.lebouchonalamer.fr – Fermé vacances de fév., mardi midi, dim. soir et lundi **Yv**

Rest – Menu 25/50 € – Carte 50/60 €

◆ À deux pas quai Brescon ou "Miroir aux Oiseaux", le charme d'une vieille maison martégale avec vue sur le canal. La cuisine est goûteuse et inspirée par la Méditerranée...

Le Garage

20 av. Frédéric-Mistral – ✆ 04 42 44 09 51 – www.restaurantmartigues.com – Fermé 1er-21 août, 1er-15 janv., sam. midi, dim. soir et lundi **Za**

Rest – Menu 28 € (déj. en sem.), 36/49 € – Carte 38/45 €

◆ Le jeune chef passionné à l'origine du concept ne roule pas des mécaniques ! Il concocte devant les clients une cuisine fusion soignée, dans cet ancien garage très design.

MARTILLAC – 33 Gironde – **335** H6 – **rattaché à Bordeaux**

MARTIN-ÉGLISE – 76 Seine-Maritime – 304 G2 – rattaché à Dieppe

LA MARTRE – 83 Var – 340 O3 – 160 h. – alt. 984 m – ✉ 83840 41 C2

Paris 808 – Castellane 19 – Digne-les-Bains 73 – Draguignan 50

Château de Taulane

Le Logis du Pin, au golf, 4 km au Nord-Est par D 6085 – ✆ 04 93 40 60 80 – www.chateau-taulane.com – Ouvert d'avril à fin oct.

43 ch – †135/198 € ††167/240 € – 2 suites – ☕ 20 €

Rest – Menu 32 € (déj.) – Carte 55/72 € le soir

◆ Château du 18e s. situé en pleine nature, au cœur d'un superbe golf : un lieu chic, hors du temps. Grandes chambres bien équipées, piscine couverte, salle de fitness, soins esthétiques. Gastronomie ensoleillée (buffet le midi) et espace snack face aux greens.

MARTRES-TOLOSANE – 31 Haute-Garonne – 343 E5 – 2 054 h. – alt. 268 m – ✉ 31220 Midi-Toulousain 28 B3

Paris 737 – Auch 133 – Tarbes 94 – Toulouse 62

place Henri Dulion ✆ 05 61 98 66 41

Le Castet

44 av. de la Gare – ✆ 05 61 98 80 20 – www.hotelcastet.fr – Fermé dim. soir et lundi

Rest – Menu 18 € (déj. en sem.), 29/33 € – Carte 45/75 €

◆ Ancien café de la gare transformé en sympathique restaurant contemporain (tons gris, parquet, éclairage design). On y sert une cuisine du marché dans l'air du temps.

MARVEJOLS – 48 Lozère – 330 H7 – 5 132 h. – alt. 650 m – ✉ 48100 23 C1

Languedoc Roussillon

Paris 580 – Espalion 83 – Mende 28 – Montpellier 178

Place du Soubeyran ✆ 04 66 32 02 14

L'Auberge Domaine de Carrière

av. Montplaisir, 2 km Est par D1 – ✆ 04 66 32 47 05 – www.domainedecarriere.com – Fermé vacances de la Toussaint, 20 déc.-1er fév., merc. soir, dim. soir et lundi

Rest – Menu 18/38 €

◆ Ex-écuries domaniales converties en table au goût du jour et au cadre bourgeois. Poutres blanchies, sièges modernes en cuir noir et cheminée en salle. Jolis vins du Languedoc.

MARVILLE – 55 Meuse – 307 D2 – 597 h. – alt. 216 m – ✉ 55600 26 A1

Paris 302 – Bar-le-Duc 96 – Longuyon 13 – Metz 92

Auberge de Marville

rest, ch,

1 Grand Place, (près de l'église) – ✆ 03 29 88 10 10 – www.aubergedemarville.com – Fermé 22-27 déc. et 2-8 janv.

11 ch – †42 € ††47 € – ☕ 7 € – ½ P 62 €

Rest – *(fermé dim. soir et vend. d'oct. à mars)* Menu 19/35 € – Carte 22/44 €

◆ Au pied de l'église Saint-Nicolas (balustrade de la tribune d'orgue datant du 16e s.), ancienne grange réhabilitée abritant des chambres fonctionnelles. Dans un cadre rustique ou dans une jolie véranda, les convives dégustent des menus traditionnels et lorrains.

MASEVAUX – 68 Haut-Rhin – 315 F10 – 3 232 h. – alt. 425 m – ✉ 68290 Alsace Lorraine 1 A3

Paris 440 – Altkirch 32 – Belfort 24 – Colmar 57

1, place Gayardon ✆ 03 89 82 41 99

Descente du col du Hundsrück ★★ NE : 13 km.

L'Hostellerie Alsacienne avec ch

16 r. Mar. Foch – ✆ 03 89 82 45 25 – http://pagesperso-orange.fr/hostellerie.alsacienne – Fermé 18 oct.-8 nov. et 24 déc.-2 janv.

8 ch – †45 € ††55 € – ☕ 14 € – ½ P 45 €

Rest – *(fermé dim. soir et lundi)* (11 €) Menu 13 € (déj. en sem.), 26/45 € – Carte 30/50 € le soir

◆ Le chef privilégie les petits exploitants locaux et les produits bio pour réaliser des recettes inspirées de la tradition locale. Décor alsacien et chambres en partie rénovées.

MASSANGIS – 89 Yonne – **319** G6 – 404 h. – alt. 265 m – ✉ 89440 **7** B2

Paris 213 – Auxerre 48 – Dijon 132 – Nevers 169

Carpe Diem

53 Grande-Rue – ☎ 03 86 33 89 32 – www.acarpediem.com

5 ch – 57 € 60 € **Table d'hôte** – Menu 30 € bc

◆ De ce corps de ferme (18e-19e s.) situé dans un paisible village, les propriétaires ont fait un lieu charmant, cosy et élégant : mobilier de famille, boiseries et parquet, jardin fleuri... À la table d'hôte, cuisine traditionnelle et classicisme de bon aloi.

MASSERET – 19 Corrèze – **329** K2 – 659 h. – alt. 380 m – ✉ 19510 **24** B2

Paris 432 – Guéret 132 – Limoges 45 – Tulle 48

le Bourg ☎ 05 55 98 24 79

De la Tour ch, rest, VISA

7 pl. Marcel Champeix – ☎ 05 55 73 40 12 – www.hoteldelatourmasseret.com – Fermé dim. soir sauf juil.-août

25 ch – 47 € 47 € – 8 € **Rest** – (14 €) Menu 20/40 € – Carte 32/55 €

◆ Sur les hauteurs de ce bourg limousin – gage de tranquillité –, un hôtel familial proposant des chambres simples et bien tenues (mobilier rustique) ou plus contemporaines. Au restaurant, on déguste une cuisine traditionnelle qui valorise les produits locaux.

MASSIAC – 15 Cantal – **330** H3 – 1 822 h. – alt. 534 m – ✉ 15500 **5** B3

Auvergne

Paris 484 – Aurillac 84 – Brioude 23 – Issoire 38

24, rue du Dr Mallet ☎ 04 71 23 07 76

N : Gorges de l'Alagnon★ - Site de la chapelle Ste-Madeleine★ N : 2 km.

Grand Hôtel de la Poste rest, VISA

26 av. Ch. de Gaulle – ☎ 04 71 23 02 01 – www.hotel-massiac.com – Fermé 15 nov.-22 déc., mardi soir et merc. de janv. à Pâques

33 ch – 50 € 50 € – 7 € – ½ P 52 €

Rest – Menu 15/37 € – Carte 25/51 €

◆ Maison imposante au seuil du bourg, à proximité de la sortie de l'A 75. Chambres d'assez bon confort et nombreux équipements de loisirs (fitness, jacuzzi, squash, etc.). Salle à manger agrémentée d'une cheminée et cuisine à tendance auvergnate.

La Colombière sans rest VISA

rte de Grenier Montgon, 1 km au Nord par D 909 – ☎ 04 71 23 18 50 – www.hotel-lacolombiere.com – Fermé 15 janv.-1er mars

30 ch – 42/44 € 50/52 € – 6,50 €

◆ Les grandes chambres fonctionnelles (mobilier neuf, sanitaires bien équipés, tenue exemplaire) font de cet hôtel récent une étape pratique sur la route des gorges de l'Alagnon.

MASSIGNAC – 16 Charente – **324** N5 – 410 h. – alt. 240 m – ✉ 16310 **39** C3

Paris 445 – Angoulême 46 – Nontron 36 – Rochechouart 17

Maison des Lacs ☎ 05 45 65 26 69

Le Domaine des Étangs VISA

– ☎ 05 45 61 85 00 – www.domainedesetangs.com – Fermé 19-29 déc. et 3-27 janv.

16 ch – 130/410 € 130/410 € – 5 suites – 20 €

Rest – *(fermé lundi et mardi sauf juil.-août et le midi sauf dim.)* Menu 32/45 €

◆ En pleine campagne. Chambres au luxe discret, tout de bois, de cuivre et de verre, aménagées dans d'anciennes métairies disséminées dans un parc (étangs). Cuisine suivant le rythme des saisons servie dans les écuries (cheminées, pierres, poutres...).

MASSY – 91 Essonne – **312** C3 – **101** 25 – voir à Paris, Environs

MATOUGUES – 51 Marne – **306** I9 – rattaché à Châlons-en-Champagne

MAUBEC – Vaucluse – 332 D10 – 1 763 h. – alt. 120 m – ✉ 84660 42 E1
Maubec

Paris 717 – Avignon 36 – Marseille 84 – Valence 156

La Bastide du Bois Bréant
501 chemin du Puits de Grandaou – ✆ 04 90 05 86 78 – *www.hotel-bastide-bois-breant.com – Ouvert 12 mars-7 nov.*
12 ch – 128/220 € 128/220 € – 1 suite
Rest – *(fermé dim. soir et mardi soir) (dîner seult) (résidents seult)* Menu 28 €
◆ Au milieu d'une chênaie, cette bastide a préservé son âme provençale. Meubles chinés et atmosphère cosy dans les chambres, ou trip écolo au sommet d'une cabane dans un arbre ! Menu unique réservé aux résidents (cuisine régionale).

MAUBEUGE – 59 Nord – 302 L6 – 32 699 h. – Agglo. 117 470 h. 31 D2
– alt. 134 m – ✉ 59600 Nord Pas-de-Calais Picardie

Paris 242 – Mons 21 – St-Quentin 114 – Valenciennes 39
place Vauban ✆ 03 27 62 11 93

au Sud par rte d'Avesnes-sur-Helpe – ✉ 59330 Beaufort

Auberge de l'Hermitage
51 rte Nationale, à 6 km par N 2 – ✆ 03 27 67 89 59 – Fermé 28 juil.-13 août, 26-31 déc., dim. soir, mardi soir, jeudi soir et lundi
Rest – (22 €) Menu 28 €, 48/78 € – Carte 60/90 €
◆ Avenant pavillon en briques proche de la nationale, à l'orée du Parc naturel régional de l'Avesnois. Intérieur soigné et cuisine de tradition au pays des fameux maroilles.

Le Relais de Beaufort
à 8 km par N 2 – ✆ 03 27 63 50 36 – www.lerelaisdebeaufort.fr – Fermé 16 août-3 sept., dim. soir et lundi
Rest – (19 €) Menu 25/43 € – Carte 27/55 €
◆ Deux grandes salles récemment rafraîchies : l'une au décor simple et lumineuse, l'autre plus contemporaine et feutrée. Terrasse face au jardin. Belle carte traditionnelle.

MAULÉVRIER – 49 Maine-et-Loire – 317 E6 – rattaché à Cholet

MAUREILLAS-LAS-ILLAS – 66 Pyrénées-Orientales – 344 H8 22 B3
– 2 546 h. – alt. 130 m – ✉ 66480 Languedoc Roussillon

Paris 873 – Gerona 71 – Perpignan 31 – Port-Vendres 31
avenue Mal Joffre ✆ 04 68 83 48 00

à Las Illas 11 km au Sud-Ouest par D 13 – ✉ 66480

Hostal dels Trabucayres avec ch
– ✆ 04 68 83 07 56 – Hôtel : ouvert 15 avril-20 oct., rest. fermé 25-30 oct., 6 janv.-15 mars, mardi et merc. hors saison
5 ch – 33 € 37 € – 6 € – ½ P 38 €
Rest – Menu 14 € bc (sem.), 15 € bc/53 € bc – Carte 24/38 €
◆ Authentique auberge (1840) postée sur le GR 10 au cœur d'une forêt de chênes-lièges. Cadre rustique originel, plats du terroir catalan et calme absolu. Chambres très simples et deux gîtes récents pour l'étape.

MAURIAC – 15 Cantal – 330 B3 – 3 887 h. – alt. 722 m – ✉ 15200 5 A3
Auvergne

Paris 490 – Aurillac 53 – Clermont-Ferrand 113 – Le Mont-Dore 77
1, rue Chappe d'Auteroche ✆ 04 71 67 30 26
Val-Saint-Jean, O : 2 km, ✆ 06 07 74 22 29
Basilique Notre-Dame-des-Miracles★ - Le Vigean : châsse★ dans l'église NE : 2 km.
Barrage de l'Aigle★★ : 11 km par D 678 et D105 Limousin Berry

Auv'Hôtel sans rest

4 r. du 11 Novembre – ✆ 04 71 68 19 10 – www.auv-hotel.fr – Fermé 14-26 mars et 3-10 oct.

13 ch – ♦40/47 € ♦♦48/50 € – ☕ 7 €

◆ Située à côté de la basilique romane Notre-Dame-des-Miracles, une sympathique petite adresse aux fenêtres fleuries. Chambres fonctionnelles, simples et mignonnes.

MAUROUX – 46 Lot – 337 C5 – rattaché à Puy-l'Évêque

MAURY – 66 Pyrénées-Orientales – 344 G6 – 901 h. – alt. 200 m – ✉ 66460 22 B3

Paris 876 – Carcassonne 142 – Montpellier 179 – Perpignan 35

Avenue Jean Jaurès, Maison du Terroir ✆ 04 68 50 08 54

Pascal Borrell

la Maison du Terroir, av. Jean Jaurès – ✆ 04 68 86 28 28 – www.maison-du-terroir.com

Rest – (17 €) Menu 25 € (sem.)/65 € – Carte 75/85 €

Spéc. Gambas de Rosas rafraîchies en sashimi et à la plancha. Ris de veau au beurre mousseux citronné. Choco-pistache, beignet au chocolat noir et biscuit léger à la pistache. **Vins** Maury rouge, Maury blanc.

◆ Ce restaurant, contemporain et coloré à la catalane, propose une belle cuisine du terroir revisitée. À l'entrée, la boutique de vins et produits régionaux met d'emblée en appétit.

MAUSSAC – 19 Corrèze – 329 N3 – rattaché à Meymac

MAUSSANE-LES-ALPILLES – 13 Bouches-du-Rhône – 340 D3 42 E1 – 2 153 h. – alt. 32 m – ✉ 13520

Paris 712 – Arles 20 – Avignon 30 – Marseille 81

place Laugier de Monblan ✆ 04 90 54 52 04

Le Pré des Baux sans rest

r. Vieux Moulin – ✆ 04 90 54 40 40 – www.lepredesbaux.com – Ouvert 2 avril-31 oct.

10 ch – ♦95/105 € ♦♦110/135 € – ☕ 13 €

◆ Les chambres de plain-pied entourent la piscine et le jardin méridional, au calme. Petit-déjeuner (fruits frais, confitures artisanales) servi sur les terrasses privatives.

Castillon des Baux sans rest

10 bis av. de la Vallée des Baux – ✆ 04 90 54 31 93 – www.castillondesbaux.com – Fermé janv.

18 ch – ♦80/125 € ♦♦82/132 € – ☕ 12 €

◆ Bâtisse ocre rouge façon mas, entourée d'un jardin d'oliviers (belle piscine). Les chambres aux tons pastel, spacieuses et sobres, ont presque toutes un balcon ou une terrasse.

Aurelia sans rest

124 av. de la Vallée des Baux – ✆ 04 90 54 22 54 – www.bestwestern-aurelia.com – Fermé 1er-11 janv.

39 ch – ♦95/125 € ♦♦95/125 € – ☕ 10 €

◆ Un établissement récent d'allure régionale, près de la voie Aurélia. La décoration des chambres (plus agréables côté piscine) est sobre avec quelques touches provençales.

Val Baussenc

rest,

122 av. de la Vallée des Baux – ✆ 04 90 54 38 90 – www.valbaussenc.com – Ouvert 1er mars-31 oct.

21 ch – ♦71/120 € ♦♦82/120 € – 1 suite – ☕ 11 € – ½ P 76/95 €

Rest – *(fermé merc.) (dîner seult)* Menu 27/36 € – Carte 42/49 €

◆ Une maison au décor provençal qui magnifie avec originalité la pierre calcaire des Baux. Les chambres, presque toutes avec terrasse ou balcon, profitent du calme de la campagne environnante. Petite salle à manger, treille et cuisine aux couleurs du Sud.

XX **Ou Ravi Provençau**

34 av. de la Vallée des Baux – ✆ 04 90 54 31 11 – www.ouravi.net – Fermé 22-30 juin, 15 janv.-10 fév., 15 nov.-15 déc., mardi et merc.
Rest – (13 €) Menu 37/64 € – Carte 42/80 €
◆ Authentique, goûteuse et généreuse... la cuisine servie dans cette jolie maison méridionale semble sortir du "Reboul" : daube, escargots à la suçarelle, lapin au thym, etc.

X **La Place**

65 av. de la Vallée des Baux – ✆ 04 90 54 23 31 – www.restaurant-laplace.fr – Fermé mardi de nov. à mars et merc. d'oct. à mai
Rest – (22 €) Menu 33/42 € – Carte 36/44 €
◆ Cette "Place", d'un style rétro revisité (lustres en cristal, tons anis et prune), et sa terrasse servent d'écrin à une cuisine d'aujourd'hui, aux accents du Sud.

au Paradou **2 km à l'Ouest par D 17, rte d'Arles – 1 263 h. – alt. 21 m – ✉ 13520**

Le Hameau des Baux

chemin de Bourgeac – ✆ 04 90 54 10 30 – www.hameaudesbaux.com – Ouvert d'avril à oct.
15 ch – †195/230 € ††195/315 € – 5 suites – ☕ 21 €
Rest – *(fermé dim. soir et lundi) (nombre de couverts limité, prévenir)* Menu 35 € (déj.)/52 € – Carte 50/58 €
◆ Cette reconstitution d'un hameau provençal entouré de cyprès et d'oliviers est un enchantement. La décoration raffinée des salons, les jardins fleuris, les chambres... et la chapelle sont superbes. "Au potager", on revisite avec classe la cuisine provençale.

Du Côté des Olivades

lieu-dit de Bourgeac – ✆ 04 90 54 56 78 – www.ducotedesolivades.com
10 ch – †102/198 € ††102/295 € – ☕ 17 € – ½ P 123/171 €
Rest – *(nombre de couverts limité, prévenir)* Menu 58/65 € – Carte 48/80 €
◆ Une bastide contemporaine nichée au milieu des oliviers : chambres de style provençal ou magnifiques suites très design dans l'annexe. Cuisine fine et subtile à base de produits frais (légumes primeurs provençaux, poissons de ligne).

B design & Spa

lieu dit de Bourgeac
14 ch – †290/450 € ††290/480 € – 1 suite – ☕ 17 € – ½ P 215/295 €
◆ La modernité au service du confort et du bien-être résume l'esprit de cet hôtel, à l'entrée de la propriété. Vastes suites, décoration confiée à un designer, terrasses.

La Maison du Paradou

2 rte de St-Roch – ✆ 04 90 54 65 46 – www.maisonduparadou.com
5 ch ☕ – †250/285 € ††250/285 € **Table d'hôte** – Menu 25 € (déj.)/75 €
◆ Relais de poste (1699) couvert de glycine, tenu par des Britanniques et doté de chambres hyperconfortables. Très beau salon voûté, jardin provençal et piscine... Table d'hôtes (sur réservation) sous la pergola avec, en toile de fond, les Alpilles.

X **Le Bistrot du Paradou**

57 av. de la Vallée des Baux – ✆ 04 90 54 32 70 – Fermé vacances de Noël, de fév., dim. et lundi
Rest – *(prévenir)* Menu 43 € bc (déj.)/49 € bc
◆ Cette maison aux volets bleus conviviale est une institution locale. Elle fleure bon l'aïoli, la volaille de Bresse à la broche et les tartes maison. Attention, menu unique!

MAUVEZIN – 32 Gers – 336 H7 – 1 804 h. – alt. 153 m – ✉ 32120 — 28 B2

Paris 685 – Auch 32 – Montauban 57 – Toulouse 73
place de la Libération ✆ 05 62 06 79 47

X **Engalin**

4 km au Nord par D 654 et rte secondaire – ✆ 05 62 05 62 05 – www.engalin.fr – Fermé 3 sem. en janv., lundi et mardi
Rest – (20 €) Menu 26 € – Carte 30/45 €
◆ C'est LE restaurant de Mauvezin, un vrai lieu tendance niché au fond du Gers, dans une dépendance de château. Cuisine de produits locaux, bien frais, et vins de Gascogne.

MAUZAC-ET-ST-MEYME-DE-ROZENS – 24 Dordogne – 329 F6 — 4 C3
– 842 h. – alt. 49 m – ✉ 24150

Paris 596 – Agen 116 – Bordeaux 151 – Périgueux 64

La Métairie

– ✆ 05 53 22 50 47 – www.la-metairie.com – *Ouvert d'avril à oct.*
9 ch – †125/150 € ††135/170 € – 1 suite – ☕ 18 €
Rest – (29 €) Menu 38/54 € – Carte 41/65 €

♦ Un hôtel charmant et romantique, installé dans une maison du 19e s., au cœur d'un superbe parc de 3 ha. Les chambres ont beaucoup de classe et, le plus souvent, une terrasse privative. Restaurant au cadre rustique pour une cuisine s'inspirant du terroir.

MAYENNE – 53 Mayenne – 310 F5 – 13 742 h. – alt. 124 m — 35 C1
– ✉ 53100 Normandie Cotentin

Paris 283 – Alençon 61 – Flers 56 – Fougères 47
quai de Waiblingen ✆ 02 43 04 19 37
Ancien château ≤★.

Le Grand Hôtel

2 r. Ambroise de Loré – ✆ 02 43 00 96 00 – www.grandhotelmayenne.com
– *Fermé 1er-15 août, 23 déc.-8 janv. et sam. soir de nov. à avril*
22 ch – †72/97 € ††85/115 € – ☕ 12 €
Rest – *(fermé sam. midi)* (13 €) Menu 16 € (déj. en sem.), 33/45 €
– Carte 47/66 €

♦ Cet hôtel central, créé en 1850, dispose de chambres très bien tenues. Salon confortable et bar à whiskies. Deux salles de restaurant, dont une véranda avec vue sur la Mayenne. Carte classique.

L'Éveil des Sens (Nicolas Nobis)

429 bd Paul-Lintier – ✆ 02 43 30 42 17 – *Fermé 16 août-1er sept., 2-20 janv., mardi midi, dim. soir et lundi*
Rest – *(nombre de couverts limité, prévenir)* (16 €) Menu 28/43 €
Spéc. Foie gras de canard autour du fenouil et de la badiane. Médaillon de veau, légumes bio et girolles au beurre noisette. Chocolat à la mûre et son sorbet.

♦ Des cuissons et assaisonnements précis, une créativité bien maîtrisée, des produits de qualité : cette table réveille les papilles et y laisse une empreinte durable ! Décor sobre et moderne.

à Fontaine-Daniel 6 km au Sud-Ouest par D 104 – ✉ 53100

La Forge

au bourg – ✆ 02 43 00 34 85 – www.restaurantlaforge.fr – *Fermé 22 août-6 sept., 20 déc.-4 janv., dim. soir, mardi soir et lundi*
Rest – Menu 14/45 €

♦ Dans un charmant village, cette ancienne forge s'est muée en un lieu résolument contemporain. Préparations inventives jouant sur les textures, les herbes et plantes aromatiques.

rte de Laval au Sud par N 162 – ✉ 53100 Mayenne

La Marjolaine

au domaine du Bas-Mont, à 6,5 km – ✆ 02 43 00 48 42 – www.lamarjolaine.fr
– *Fermé vacances de fév., dim. soir d' oct. à Pâques et vend. soir de janv. à Pâques*
33 ch – †53/122 € ††53/122 € – ☕ 9 € – ½ P 69/89 €
Rest – *(fermé sam. midi de janv. à Pâques)* Menu 19 € (sem.)/26 €
– Carte 48/59 €
Rest *Le Bistrot de La Marjolaine* – *(fermé vend. soir, sam., dim. et fériés) (déj. seult)* (14 €) Menu 17 €

♦ Près de Mayenne, mais en pleine nature : dans le parc coule une rivière... Chambres de facture classique au château (17e s.) ou à la ferme ; plus actuelles dans la dépendance. Espace détente. Au restaurant, élégant et raffiné, on savoure une cuisine classique. Au bistrot, bons petits plats et service rapide.

XX **Beau Rivage** avec ch

rte de St-Baudelle, à 4 km – ✆ 02 43 00 49 13 – www.restaurantbeaurivage.com – Fermé dim. soir, fériés le soir et lundi

8 ch – †58 € ††72 € – ☕ 8 € – ½ P 58/68 €

Rest – (14 €) Menu 18 € (sem.), 29/37 € – Carte 28/56 €

◆ Un délicieux air de guinguette règne dans cette maison au bord de la Mayenne. Terrasse ombragée, cuisine classique et mets cuits à la rôtissoire. Chambres fraîches et colorées.

MAZAMET – **81 Tarn** – **338** G10 – **10 158 h.** – **alt. 241 m** – ✉ **81200** **29** C2

Midi-Toulousain

Paris 739 – Albi 64 – Carcassonne 50 – Castres 21

de Castres-Mazamet : ✆ 05 63 70 34 77, 14 km à l'Ouest

rue des Casernes ✆ 05 63 61 27 07

de Mazamet-la-Barouge Pont de l'Arn, N : 3 km, ✆ 05 63 61 06 72

<★ des gorges de l'Arnette S : 4 km.

Mets et Plaisirs AC rest,

7 av. Albert Rouvière – ✆ 05 63 61 56 93 – www.metsetplaisirs.com – Fermé 2-23 août, 3-18 janv., dim. soir et lundi

11 ch – †45 € ††55 € – ☕ 7 €

Rest – Menu 17 € (sem.), 28/55 € – Carte 44/74 €

◆ Maison de maître du début du 20e s. située en plein centre-ville, face à la poste. Chambres simples, rénovées et correctement équipées. La salle de restaurant a conservé de son passé de demeure patricienne une distinction certaine ; cuisine au goût du jour.

MAZAN – **84 Vaucluse** – **332** D9 – **rattaché à Carpentras**

MAZAYE – **63 Puy-de-Dôme** – **326** E8 – **613 h.** – **alt. 760 m** – ✉ **63230** **5** B2

Paris 441 – Clermont-Fd 23 – Le Mont-Dore 32 – Pontaumur 27

Auberge de Mazayes ch,

à Mazayes-Basses – ✆ 04 73 88 93 30 – www.auberge-mazayes.com – Fermé 5-13 sept., 15 déc.-25 janv., dim. soir et lundi de sept. à avril et mardi midi

15 ch – †53 € ††67/77 € – ☕ 10 € – ½ P 64/68 €

Rest – (14 €) Menu 23 € (sem.), 30/33 € – Carte 30/38 €

◆ Cette belle ferme rustique est le pied-à-terre parfait pour sillonner la campagne auvergnate. Un joli restaurant champêtre, idéal pour découvrir une belle cuisine régionale, copieuse à souhait. Belle sélection de bordeaux et de vins locaux.

MAZEROLLES – **40 Landes** – **335** I11 – **rattaché à Mont-de-Marsan**

MÉAUDRE – **38 Isère** – **333** G7 – **rattaché à Autrans**

MEAULNE – **03 Allier** – **326** C3 – **771 h.** – **alt. 185 m** – ✉ **03360** **5** B1

Auvergne

Paris 307 – Clermont-Ferrand 126 – Moulins 96 – Montluçon 31

Au Cœur de Meaulne rest,

20 pl. de l'Eglise – ✆ 04 70 06 20 30 – www.aucoeurdemeaulne.com – Fermé 22 oct.-6 nov., 2-9 janv. et 26 fév.-15 mars

6 ch – †51 € ††61 € – ☕ 10 € – ½ P 60 €

Rest – *(fermé lundi midi, merc. midi, jeudi midi, vend. midi et mardi) (nombre de couverts limité, prévenir)* Menu 15 €, 23/50 € bc – Carte 33/60 €

◆ Cette auberge vous héberge dans des chambres fraîches et nettes, où des tronçons de bois de la forêt du Tronçais tiennent lieu de tables de nuit ! Cuisine actuelle servie dans une salle pimpante ou, en été, sous les feuilles d'un vieux marronnier.

Manoir du Mortier

Le Mortier – ✆ 06 62 21 08 82 – www.manoirdumortier.com
– Ouvert avril-oct.

4 ch – 80 € 140 € **Table d'hôte** – Menu 32 € bc/42 € bc

◆ En pleine nature, à l'orée d'une forêt, manoir familial du 18e s. joliment restauré. Ciels de lit, tentures, objets anciens : les chambres sont très romantiques. Repas sur réservation, servis devant la cheminée ou en terrasse. Idéal pour se ressourcer.

MEAUX – 77 Seine-et-Marne – 312 G2 – 48 842 h. – alt. 51 m — 19 C1

– ✉ 77100 Île de France

Paris 54 – Compiègne 68 – Melun 56 – Reims 98

1, place Doumer ✆ 01 64 33 02 26

de Meaux Boutigny à Boutigny, par A 140 et D 228 : 11km, ✆ 01 60 25 63 98

Crécy Golf Club à Crécy-la-Chapelle route de Guérard, par A 140 et rte de Melun : 16 km, ✆ 01 64 75 34 44

Disneyland Paris à Magny-le-Hongre Allée de la Mare Houleuse, S : 16 km par D5, ✆ 01 60 45 68 90

Centre épiscopal★ ABY : cathédrale★ **B**, ★ de la terrasse des remparts.

La Grignotière

36 r. de la Sablonnière – ✆ 01 64 34 21 48 – Fermé août, sam. midi, mardi et merc. CZ**d**

Rest – Menu 32 € (déj. en sem.), 35/45 € – Carte 58/72 €

◆ On apprécie ce restaurant rustique bien agréable avec sa cheminée en état de marche. Sympathique cuisine de tradition et beaux plateaux de fruits de mer servis toute l'année.

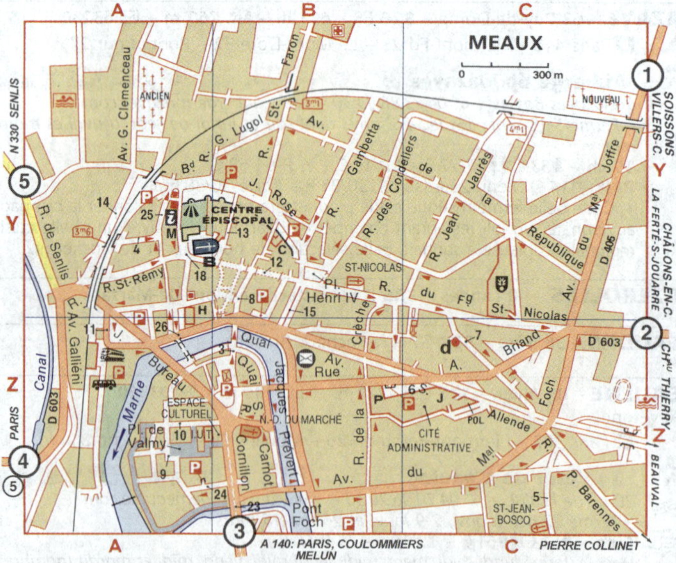

Berge (R. Cdt) . . . BZ 3	Grand Cerf (R. du) . . . BY 8	St-Étienne (Pl.) . . . AY 18
Courteline (R. G.) . . . AY 4	Jablinot (R.) . . . ABZ 10	St-Nicolas (R. du Fg) . . . CY
Dunant (Av. H.) . . . CZ 5	Leclerc-et-de-la-2e-Div.-Blindée (R. Gén.) . . . BY 12	St-Rémy (R.) . . . AY
Europe (Pl. de l') . . . BCZ 6	Notre-Dame (R.) . . . BY 13	Tessan (R. F.-de) . . . BZ 23
La-Fayette (Pl.) . . . AZ 11	Pinteville (Cours) . . . AY 14	Tronchet (R.) . . . ABZ 24
Fublaines (R. de) . . . CZ 7	Raoult (Cours) . . . BY 15	Ursulines (R. des) . . . AY 25
Grande Ile (R. de la) . . . AZ 9		Victor-Hugo (Quai) . . . AZ 26

à Germigny-l'Évêque 8 km par ①, D 405 et D 97 – 1 280 h. – alt. 49 m – ✉ 77910

XX **Hostellerie Le Gonfalon** avec ch

2 r. de l'Église – ✆ 01 64 33 16 05 – www.hotelgonfalon.com – Fermé 2 janv.-2 fév.

8 ch – 75/150 € 75/150 € – 12 €

Rest – (28 €) Menu 39/68 € – Carte 60/90 €

◆ Fraîcheur et charme inondent la terrasse romantique de cette auberge en bord de Marne. Cuisine actuelle et du marché, servie l'hiver au coin du feu, dans la salle Louis XIII. Chambres très calmes, parfois dotées d'une grande terrasse privative côté rivière.

à Poincy 5 km par ② et D 17ᴬ – 701 h. – alt. 53 m – ✉ 77470

XX **Le Moulin de Poincy**

r. du Moulin – ✆ 01 60 23 06 80 – Fermé 1er-22 sept., 20 déc.-4 janv., lundi soir, mardi et merc.

Rest – Menu 32/62 € – Carte 50/80 €

◆ Ce moulin du 17e s. et son jardin bordé par la Marne invitent à la douceur de vivre. Déco rétro (objets chinés, collection de cafetières) et séduisante cuisine traditionnelle.

à Trilbardou 7 km par ④ et D 27 – 592 h. – alt. 47 m – ✉ 77450

M. et Mme. Cantin sans rest

2 r. de l'Église – ✆ 01 60 61 08 75

3 ch – 50 € 60 €

◆ Le canal de l'Ourcq longe le jardin de cette demeure du 19e s. Chambres à la décoration raffinée. Pour les sportifs, une piste cyclable depuis Paris permet d'y accéder en vélo !

MEAUZAC – 82 Tarn-et-Garonne – 337 D7 – 1 006 h. – alt. 76 m – ✉ 82290 28 B2

Paris 628 – Cahors 57 – Montauban 16 – Toulouse 67

Manoir des Chanterelles

à Bernon-Boutounelle, 2170 rte de Castelsarrasin, 2 km au Nord par D 45 – ✆ 05 63 24 60 70 – www.manoirdeschanterelles.com – Fermé dim. soir hors saison

4 ch – 90/100 € 90/130 € **Table d'hôte** – Menu 25 € bc

◆ Un verger de pommiers et un agréable parc bordent ce manoir flanqué de jolies tourelles. Les étages accueillent des chambres aux styles très contrastés : Savane, Louis XVI, Orientale, Romantique et Zen. Au rez-de-chaussée, salle à manger où vous sera servie une cuisine traditionnelle.

LES MÉES – 04 Alpes-de-Haute-Provence – 334 D8 – 3 352 h. – alt. 410 m – ✉ 04190 40 B2

Paris 733 – Avignon 155 – Digne-les-Bains 22 – Marseille 115

21, boulevard de la République ✆ 04 92 34 36 38

XX **La Marmite du Pêcheur**

bd des Tilleuls – ✆ 04 92 34 35 56 – Fermé 2-12 janv., mardi et merc.

Rest – Menu 20 € (déj. en sem.), 34/50 € – Carte 41/71 €

◆ Au pied des célèbres rochers pointus du village, on se régale de spécialités de poisson et de produits de la mer (bouillabaisse sur commande). Cadre contemporain.

MEGÈVE – 74 Haute-Savoie – 328 M5 – 3 960 h. – alt. 1 113 m – Sports d'hiver : 1 113/2 350 m 9 70 – Casino AY – ✉ 74120 Alpes du Nord 46 F1

Paris 598 – Albertville 32 – Annecy 60 – Chamonix-Mont-Blanc 33

Altiport de Megève ✆ 04 50 21 33 67, SE : 7 km BZ

Maison des Frères ✆ 04 50 21 27 28

18 du Mont-d'Arbois 3001 route Edmond de Rothschild, E : 2 km, ✆ 04 50 21 29 79

Mont d'Arbois★★.

Plan page suivante

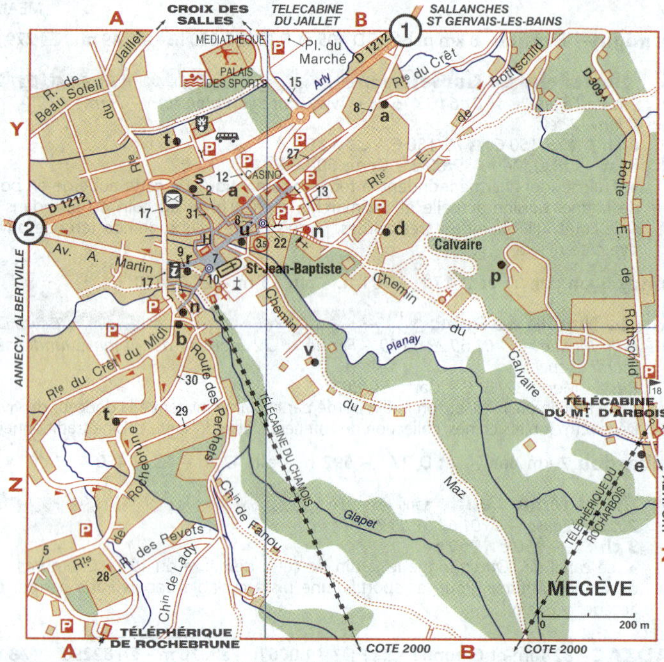

Arly (R. d') .... AY 2
Bouchet (Rte du) .... AZ 5
Église (Pl. de l') .... AY 7
Feige (R. Ch.) .... ABY 8
Martin (R. A.) .... AY 9
Monseigneur-Conseil (R.) ...... AY 10
Muffat-de-St-Amour (R. du Gén.) ... AY 12
Oberstdorf (R.) .... BY 13
Palais des Sports (Rte du) .... ABY 15
Poste (R. de la) .... AY 17
Résistance (Pl. de la) .... AY 22
St-François (R.) .... ABY 27
Téléphérique (Rte du) .... AZ 28
Torrents (R. des) .... AZ 29
Verte (Allée) .... AZ 30
5-Rues (Passage des) .... AY 31

Les Fermes de Marie

ch,

163 chemin de la Riante Colline, par ②
– ✆ 04 50 93 03 10 – www.fermesdemarie.com
– Ouvert 8 juil.-31 août et 4 déc.-10 avril
49 ch – 515/870 € 515/870 € – 21 suites – 25 €
Rest – Menu 80 € (dîner)/98 € – Carte 63/93 €
Rest *Restaurant Alpin* – *(dîner seult)* Carte 54/95 €

◆ Ce hameau d'authentiques fermes savoyardes a été merveilleusement reconstitué. Chambres-cocons, confortable bar cosy, superbe spa... Luxueux et unique. Belle table montagnarde et carte au goût du jour. Décor contemporain, rôtisserie et recettes régionales au restaurant Alpin.

Le Fer à Cheval

rest, rest,

36 rte Crêt d'Arbois – ✆ 04 50 21 30 39
– www.feracheval-megeve.com
– Ouvert de mi-juin à mi-sept. et de mi-déc. à mi-avril BY**a**
42 ch (½ P seult) – 14 suites – ½ P 185/534 €
Rest – *(fermé le midi)* Menu 65 € – Carte 68/77 €
Rest *L'Alpage* – *(ouvert de mi-déc. à début avril et fermé le midi)* Carte 45/65 €

◆ Le chalet bâti en 1938 par le forgeron du village renferme un superbe intérieur montagnard. Salons et chambres très cosy (mobilier régional), salles de bains luxueuses, magnifique spa. Dîner aux chandelles, près de la cheminée, dans une intime salle à manger. Plats du terroir à L'Alpage.

Lodge Park

100 r. Arly – ☎ 04 50 93 05 03 – www.lodgepark.com – Ouvert 16 déc.-3 avril
49 ch – 260/650 € 260/650 € – 11 suites – 25 € AYs
Rest – Carte 53/145 €
◆ Décoration très réussie des chambres sur le thème des lacs canadiens et des chercheurs d'or : trophées de chasse, cheminée en pierre, tissus choisis, etc. Soins aux plantes au spa. Au restaurant, cuisine du monde dans un cadre authentique où le bois prédomine.

Chalet du Mont d'Arbois

447 chemin de la Rocaille, par rte Edmond de Rothschild – ☎ 04 50 21 25 03 – www.domainedumontdarbois.com – Ouvert de juil. à mi-sept. et de mi-déc. à mi-avril BYp
23 ch – 322/829 € 344/1044 € – 1 suite – 28 €
Rest *1920* – Menu 45 € (dîner)/90 € – Carte 70/130 €
◆ Vue sublime sur les sommets depuis ces chalets isolés sur le plateau du mont d'Arbois. Trophées de chasse, boiseries et beau mobilier y créent un cadre chaleureux et raffiné. Spa très complet. Élégant restaurant, terrasse d'été prisée, cuisine soignée et superbe carte des vins.

Chalet de Noémie

– Ouvert mi-juil. à mi sept. et mi déc. à mi avril
5 suites – 1050/4200 € – 28 €
◆ Les cinq luxueux appartements du Chalet de Noémie constituent une délicieuse annexe merveilleusement équipée.

Chalet d'Alice

– Ouvert mi-juil. à mi sept. et mi déc. à mi avril
7 ch – 509/1600 € 509/1600 € – 1 suite – 28 €
◆ Des chambres ravissantes, un salon cosy et une rare collection de cannes et pipes appartenant aux Rothschild vous attendent en ce joli chalet à l'ancienne.

Mont-Blanc

29 r. Ambroise-Martin, (pl. de l'Église) – ☎ 04 50 21 20 02 – www.hotelmontblanc.com – Fermé 17 avril-3 juin AYr
29 ch – 265/485 € 265/585 € – 11 suites – 28 €
Rest *Les Enfants Terribles* – ☎ 04 50 58 76 69 *(fermé le soir du dim. au jeudi en juin, sept., oct. et nov. sauf vacances scolaires, et le midi en juil.-août et du 15 fév. au 20 avril)* Carte 60/100 €
◆ Mythique doyen des hôtels mégevans : le "21e arrondissement de Paris" selon Cocteau, qui y a laissé son empreinte. Salons distingués et jolies chambres personnalisées. Bar à champagne. Cuisine de brasserie aux Enfants Terribles, arborant un somptueux décor théâtral.

Chalet St-Georges

159 r. Mgr Conseil – ☎ 04 50 93 07 15 – www.hotel-chaletstgeorges.com – Ouvert de fin juin à mi-sept. et de mi-déc. à mi-avril AYn
19 ch (½ P seult) – 5 suites – – ½ P 229/247 €
Rest *La Table du Pêcheur* – *(ouvert de mi-déc. à fin mars) (dîner seult)* Menu 20 € – Carte 35/50 €
Rest *La Table du Trappeur* – ☎ 04 50 21 15 73 – (20 €) Carte 35/50 €
◆ Véritable chalet cosy dont les petites chambres et les salons douillettement habillés de bois s'agrémentent de bibelots, meubles savoyards et tissus colorés. Cuisine iodée et spécialités régionales à la Table du Pêcheur. Viandes rôties, plats du terroir et belle carte des vins à la Table du Trappeur.

Alpaga

74 allée des Marmoussets , 1,5 km par ② et rte secondaire – ☎ 04 50 91 48 70 – www.lodgemontagnard.com – Ouvert 19 déc.-14 avril et juil.-août
22 ch – 290/610 € 290/610 € **Rest** – *(dîner seult)* Carte 40/60 €
◆ Trois chalets d'esprit contemporain, à l'écart de la station. Les chambres, habillées de bois, disposent toutes d'une loggia. Fitness et petit spa. Le restaurant conjugue confort et terrasse panoramique ; cuisine actuelle.

Le Manège

15 rte Crêt du Midi, (rd-pt de Rochebrune) – ☎ 04 50 21 41 09 – www.hotel-le-manege.com – Ouvert 20 juin-31 août et 15 déc.-31 mars

18 suites – 240/650 € – 15 ch – ☕ 20 € AYZ**b**

Rest – Menu 25 € – Carte 30/46 €

◆ Hôtel récent à deux pas du centre de la station. Intérieur cosy (bois, tons rouge et vert dominants) et agréables chambres avec balcons ; certaines sont en duplex. Le restaurant propose une cuisine au goût du jour dans un cadre actuel.

L'Arboisie

483 rte du Gollet – ☎ 04 50 55 35 90 – www.hmc-hotels.com – Ouvert 1er juil.-4 sept. et 10 déc.-10 avril BY**d**

62 suites – 240/570 € – 7 ch – ☕ 23 €

Rest – *(ouvert 10 déc.-10 avril et 1er juil.-31 août)* (20 €) Menu 26 € (dîner)/33 € – Carte 25/50 €

◆ Cet établissement compte parmi les plus récents de la station. Décor tendance, suites avec coin cuisine – la plupart tournées vers la vallée –, bel espace détente et grande salle de réunion. Au restaurant, ambiance feutrée autour de plats traditionnels.

Au Coin du Feu

252 rte de Rochebrune – ☎ 04 50 21 04 94 – www.coindufeu.com – Ouvert 16 déc.-27 mars

23 ch – 190/390 € 190/390 € – ☕ 17 € – ½ P 150/220 € AZ**t**

Rest *Le St-Nicolas* – *(fermé le midi)* Menu 48/55 €

◆ Les flambées dans la belle cheminée ne démentent pas l'enseigne... Intérieur chaleureux, deux générations de chambres (coin-salon pour certaines) et petit espace bien-être. Spécialités traditionnelles et fromagères servies dans une ambiance de taverne montagnarde.

Ferme du Golf sans rest

3048 rte Edmond-de-Rothschild – ☎ 04 50 21 14 62 – www.domainedumontdarbois.com – Ouvert de mi-juin à mi-sept. et de mi-déc. à fin avril BZ**e**

19 ch ☕ – 140/200 € 200/300 €

◆ Au pied de la télécabine du mont d'Arbois, ancienne ferme de montagne aux chambres joliment rénovées, plus calmes côté vallée. Accueillant salon (cheminée, billard) ; jacuzzi.

Au Cœur de Megève

44 av. Charles Feige – ☎ 04 50 21 25 30 – www.hotel-megeve.com AY**u**

36 ch – 92/208 € 92/417 € – 7 suites – ☕ 13 €

Rest – ☎ 04 50 21 25 98 *(fermé merc. et jeudi hors saison)* (18 €) Menu 28/55 € – Carte 31/74 €

Rest *St-Jean* – *(ouvert de mi-déc. à mars et fermé lundi hors vacances scolaires) (dîner seult)* Menu 40/85 € – Carte 52/80 €

◆ Coquettes chambres dans le style savoyard (vieux bois et tissus chauds coordonnés) ; certaines ont vue sur les sommets, d'autres sur un torrent. Au restaurant, recettes traditionnelles et régionales, salon de thé et terrasse estivale. Spécialités fromagères au Saint-Jean.

La Grange d'Arly

10 r. des Allobroges – ☎ 04 50 58 77 88 – www.grange-darly.com – Ouvert de fin juin à mi-sept. et de mi-déc. à fin mars AY**t**

22 ch ☕ – 145/190 € 168/230 € – ½ P 118/149 €

Rest – *(fermé le midi)* Menu 19/34 €

◆ Hôtel familial à la tenue impeccable. Décor à dominance de bois naturel, chambres assez spacieuses et fonctionnelles ; quelques-unes mansardées ou en duplex. Restaurant chaleureux (tons jaune et bleu) où l'on sert une cuisine traditionnelle.

La Chaumine sans rest

36 chemin des Bouleaux, par chemin du Maz – ☎ 04 50 21 37 05 – www.hotel-lachaumine-megeve.com – Ouvert 25 juin-4 sept. et 18 déc.-17 avril

11 ch – 79/117 € 92/117 € – ☕ 10 € BZ**v**

◆ À 300 m du village et de la télécabine du Chamois, une ferme du 19e s. joliment restaurée à la mode montagnarde. Chambres douillettes et service snack le soir (plats locaux).

XX **Flocons Village**

75 r. St-François – ✆ 04 50 78 35 01 – www.floconsdesel.com AYa

Rest – (24 €) Menu 29 €

◆ Au cœur du vieux village, l'annexe d'Emmanuel Renaut (Flocons de Sel) propose une cuisine actuelle soignée et des plats du terroir interprétés avec finesse. Cadre à l'âme montagnarde.

X **Le Vieux Megève**

58 pl. de la Résistance – ✆ 04 50 21 16 44 – www.py-internet.com/vieux-megeve/ – Ouvert 11 juil.-31 août et 11 déc.-30 mars et fermé lundi en hiver, mardi midi en janv. et mars BYn

Rest – Carte 25/55 €

◆ Ce chalet (1880) cultive la nostalgie du Megève des origines : qualité de l'accueil, boiseries patinées, grande cheminée, linge à l'ancienne et spécialités régionales.

X **Le Crystobald**

489 rte Nationale, par ① – ✆ 04 50 21 26 82 – Fermé 20 juin-6 juil., 14 nov.-7 déc., dim. soir, lundi et mardi hors saison

Rest – (19 €) Menu 27/48 € – Carte 40/60 €

◆ Une agréable ambiance règne dans ce chalet familial, qui propose une cuisine actuelle bien maîtrisée. Salle à manger relookée dans les tons bordeaux et écru. Service charmant.

au sommet du Mont d'Arbois par télécabine du Mt d'Arbois ou télécabine de la Princesse – ✉ 74170 St-Gervais

X **L'idéal**

– ✆ 04 50 21 31 26 – www.domainedumontdarbois.com – Ouvert mi-déc. à mi-avril

Rest – *(déj. seult)* Carte 35/70 €

◆ Une ancienne ferme d'alpage devenue le restaurant d'altitude le plus chic de la station. Paysage remarquable, vaste terrasse et plats montagnards sont au rendez-vous.

à la Côte 2000 8 km au Sud-Est par rte Edmond de Rothschild - BZ – ✉ 74120 Megève

X **Côte 2000** soir,

3461 rte de la Côte 2000 – ✆ 04 50 21 31 84 – Ouvert 2 juil.-9 sept. et 16 déc.-30 avril et fermé le soir en été

Rest – Carte 45/80 €

◆ Près des remontées mécaniques, ce beau chalet autrichien (propriété des Rothschild) fut démonté puis reconstruit ici dans les années 1960. Terrasse panoramique et carte régionale.

à Leutaz 4 km au Sud-Ouest par rte du Bouchet AZ – ✉ 74120 Megève

XXX **Flocons de Sel** (Emmanuel Renaut) avec ch

1775 rte du Leutaz, 4 km au Sud-Ouest par rte du Bouchet - ZA – ✆ 04 50 21 49 99 – www.floconsdesel.com – Fermé 1er mai-5 juin et 14 nov.-8 déc.

9 ch – 🛉180/700 € 🛉🛉180/700 € – ☕ 30 €

Rest – *(fermé merc. hors saison, lundi midi et mardi midi)* Menu 35 € (déj.), 70/128 € – Carte 98/140 €

Spéc. Brochet et écrevisses du lac, jus d'étrilles parfumé aux amandes. Pomme de ris de veau dorée, jus réduit "rue Angustura", trait de polenta. Sabayon glacé et herbes. **Vins** Roussette de Savoie, Chignin-Bergeron.

◆ Dans un ensemble de chalets isolés en pleine nature, Emmanuel Renaut réalise une cuisine créative centrée sur le produit. Lumineuse salle à manger de style montagnard contemporain. Chambres sobres de bon goût : bois brut, grand lit, poêle ou cheminée.

XX **La Sauvageonne - Chez Nano**

04 50 91 90 81 – www.sauvageonne-megeve.com – Ouvert juil.-sept., déc.-avril et fermé lundi midi et mardi midi hors vacances scolaires
Rest – Menu 30 € (déj.) – Carte 80/110 €
◆ Cette ferme de 1907 abrite une surprenante salle à manger (charpente apparente, lustres en cristal, grande cheminée). Cuisine traditionnelle, ambiance lounge et clientèle showbiz.

X **Le Refuge**

2615 rte du Leutaz – 04 50 21 23 04 – www.refuge-megeve.com – Fermé 10 juin-10 juil., 15 oct.-15 nov., mardi hors saison, lundi et merc.
Rest – (22 €) Menu 27 € (déj.)/35 € – Carte 40/60 €
◆ Un bien charmant "refuge" perché sur les hauteurs de la station. Influences montagnardes tant pour le décor que dans l'assiette, simple et goûteuse. Grande terrasse panoramique.

MEILLARD – 03 Allier – 326 G4 – 249 h. – alt. 340 m – ✉ 03500 5 B1

Paris 319 – Clermont-Fd 86 – Mâcon 149 – Montluçon 68

X **L'Auberge Gourmande**

au bourg – 04 70 42 06 09 – Fermé merc.
Rest – (18 €) Menu 22/42 € – Carte environ 37 €
◆ L'ancienne école du village abrite cette jolie auberge entièrement rafraîchie : style néorustique et teintes sobres. Cuisine traditionnelle.

MEILLONNAS – 01 Ain – 328 F3 – 1 305 h. – alt. 271 m – ✉ 01370 44 B1

Paris 432 – Bourg-en-Bresse 12 – Mâcon 47 – Nantua 37

X **Auberge Au Vieux Meillonnas**

Le Mollard – 04 74 51 34 46 – www.auvieuxmeillonnas.fr – Fermé 22 août-5 sept., mardi soir, dim. soir et merc.
Rest – Menu 16 € (sem.), 23/35 € – Carte 25/60 €
◆ Cette ferme bressane plutôt simple offre un chaleureux accueil. Cuisine régionale et salle à manger rustique ouverte sur une terrasse ombragée et un jardin.

MEISENTHAL – 57 Moselle – 307 P5 – 772 h. – alt. 380 m – ✉ 57960 27 D2

Paris 440 – Haguenau 47 – Sarreguemines 38 – Saverne 40

Auberge des Mésanges

r. des Vergers – 03 87 96 92 28 – www.aubergedesmesanges.com – Fermé 24 déc.-4 janv.
20 ch – †45/50 € ††52/64 € – ☕ 8,50 € – ½ P 53/58 €
Rest – *(fermé mardi midi, dim. soir et lundi)* Menu 10 € bc (déj. en sem.), 20/30 €
◆ Au cœur du Parc naturel des Vosges du Nord, auberge familiale sans prétention, occupant une maison centenaire à la lisière de la forêt. Petites chambres fonctionnelles. Grande salle rustique pour une cuisine traditionnelle (tartes flambées le soir).

MÉJANNES-LÈS-ALÈS – 30 Gard – 339 J4 – rattaché à Alès

MÉLISEY – 70 Haute-Saône – 314 H6 – 1 740 h. – alt. 330 m – ✉ 70270 17 C1

Franche-Comté Jura

Paris 397 – Belfort 33 – Besançon 92 – Épinal 63
place de la Gare 03 84 63 22 80

XX **La Bergeraine**

27 rte des Vosges – 03 84 20 82 52 – www.labergeraine.fr – Fermé dim. soir, mardi soir et merc. sauf fériés
Rest – *(prévenir)* (18 €) Menu 25/90 € – Carte 47/90 €
◆ Cette coquette maison située à la sortie du bourg dégage une atmosphère contemporaine et chaleureuse (parquet, tons pastel...). Intéressante cuisine, sophistiquée et classique.

MELLE - 79 Deux-Sèvres - **322** F7 - **3 659 h.** - **alt. 138 m** - ✉ **79500** **39** C2

▶ Paris 394 – Niort 30 – Poitiers 60 – St-Jean-d'Angély 45

ℹ 3, rue Émilien Traver ✆ 05 49 29 15 10

XX **Les Glycines** avec ch ♿ rest, AC, Wi-Fi, VISA, MC, AE

5 pl. R.-Groussard – ✆ 05 49 27 01 11 – www.hotel-lesglycines.com
– Fermé 9-24 janv. et dim. soir sauf en juil.-août

7 ch – †47/60 € ††54/68 € – ☕ 8 € – ½ P 53/62 €

Rest – (18 €) Menu 23/43 € – Carte 38/60 €

◆ La jolie véranda de ce restaurant couvert de glycines dissimule un décor contemporain et cossu. On y revisite les plats régionaux – tel ce lapin farci à la tapenade et au fromage de chèvre – et il y a un menu du jour à la brasserie. Chambres coquettes.

MELUN Ⓟ - 77 Seine-et-Marne - **312** E4 - **37 663 h.** **19** C2
- **Agglo. 107 705 h.** - **alt. 43 m** - ✉ **77000** Île de France

▶ Paris 47 – Fontainebleau 18 – Orléans 104 – Troyes 128

ℹ 18, rue Paul Doumer ✆ 01 64 52 64 52

⛳9 U.C.P.A. Bois-le-Roi à Bois-le-Roi Base de loisirs, par rte de Fontainebleau : 8 km, ✆ 01 64 81 33 31

⛳18 de Greenparc à Saint-Pierre-du-Perray Route de Villepècle, par rte de Cesson : 15 km, ✆ 01 60 75 40 60

⛳18 Blue Green Golf de Villeray à Saint-Pierre-du-Perray, par rte de Corbeil : 21 km, ✆ 01 60 75 17 47

◉ Portail★ de l'église St-Aspais.

◉ Vaux-le-Vicomte : château★★ et jardins★★★ 6 km par ②.

Plan page suivante

XX **La Melunoise** VISA, MC, AE

5 r. Gâtinais – ✆ 01 64 39 68 27 – www.lamelunoise.fr – Fermé août, vacances de fév., dim. soir, lundi, mardi et merc. X**b**

Rest – Menu 32 € – Carte 48/60 €

◆ Discrète maison en retrait de la circulation. Deux salles à manger sobrement rustiques – séparées par un petit hall rehaussé de vieilles pierres – et carte traditionnelle.

XX **Le Mariette** ♿ AC, VISA, MC

31 r. St-Ambroise – ✆ 01 64 37 06 06 – www.lemariette.fr – Fermé 1er-25 août, 18-28 fév., lundi soir, sam. midi et dim. AZ**a**

Rest – Menu 29 € bc (déj. en sem.), 38/60 € – Carte 63/74 €

◆ Les tons chauds dominent dans le décor plutôt moderne de ce restaurant où la cuisine fait la part belle aux produits de saison. Suggestions du marché et bon choix de vins au verre.

X **La Bodega** VISA, MC, AE

18 quai Hippolyte Rossignol – ✆ 01 64 37 10 57 – www.bodega-melun.fr – Fermé 3 sem. en août, 24 déc.-3 janv., lundi soir, sam. midi et dim. AZ**d**

Rest – (15 €) Carte 30/50 €

◆ On vient ici pour retrouver l'esprit de l'Espagne et sa savoureuse cuisine, principalement des Asturies. Produits de belle qualité, délicieuse charcuterie parfumée.

à Crisenoy 10 km par ② - **644 h.** - **alt. 89 m** - ✉ **77390**

XXX **Auberge de Crisenoy** VISA, MC

23 r. Grande – ✆ 01 64 38 83 06 – Fermé 25 juil.-15 août, 23 déc.-4 janv., dim. soir, merc. soir et lundi

Rest – Menu 22 € (déj. en sem.), 32/49 € – Carte 42/52 €

◆ Cette auberge au cœur d'un petit village a gardé l'âme de son passé de guinguette : pierre brute, poutres, cheminée et mobilier campagnard. Sympathique cuisine du marché.

LE MÉE-SUR-SEINE

Courtilleraies (Av. des)	X	10
Dauvergne (Av. M.)	X	12

MELUN

Alsace-Lorraine (Q.)	BZ	2
Carnot (R.)	AY	3
Chartrettes (Rte de)	X	6
Chasse (R. de la)	X	7
Corbeil (Av. de)	X	8
Courtille (R. de la)	BZ	9
Doumer (R. Paul)	BY	13
Europe (Rd-Pt de l')	X	14
Gallieni (Pl.)	X	17
Gaulle (Av. du Gén. de)	X	18
Godin (Av. E.)	AZ	19
Jean-Jaurès (Av.)	X	20
Leclerc (Av. Gén.)	X	22
Libération (Av. de la)	X	23
Miroir (R. du)	AY	25
Montagne-du-Mée (R. de la)	AY	26
Pompidou (Av. G.)	X	33
Pouteau (R. René)	BY	34
Prés.-Despatys (R.)	AY	35
Rossignol (Q. H.)	X	39
St-Ambroise (R.)	AZ	
St-Aspais (R.)	BY	41
St-Étienne (R.)	AZ	43
Thiers (Av.)	AZ, X	46
Vaux (R. de)	X	49
Voisenon (Rte de)	X	53
13e-Dragons (Av.)	X	60
31e-d'Inf. (Av. du)	X	65

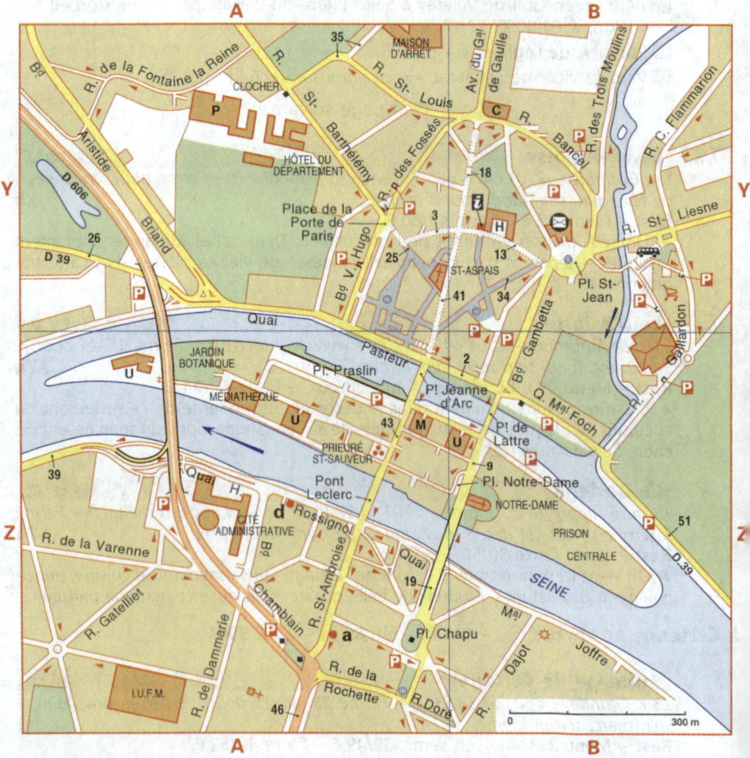

à Vaux-le-Pénil 3 km au Sud-Est – 11 327 h. – alt. 60 m – ✉ 77000

XXX **La Table St-Just** (Fabrice Vitu)
✿ *r. de la Libération, (près du château)*
– ✆ 01 64 52 09 09 – www.restaurant-latablesaintjust.com
– Fermé 17-27 avril, 1er-24 août, 23 déc.-5 janv., dim., lundi et fériés
Rest – Menu 47/100 € – Carte 70/95 € **Xs**
Spéc. Salade de homard à l'orange. Ris de veau aux morilles (saison). Soufflé chaud au Grand Marnier.
◆ Ancienne ferme dépendant du château de Vaux-le-Pénil. C'est aujourd'hui un restaurant aménagé avec goût sous une haute charpente en chêne. Belle cuisine actualisée.

MENDE Ⓟ – 48 Lozère – **330** J7 – 12 378 h. – alt. 731 m – ✉ 48000 **23** C1
Languedoc Roussillon
Paris 584 – Alès 102 – Aurillac 150 – Gap 305
Place du Foirail ✆ 04 66 94 00 23
Cathédrale★ - Pont N.-Dame★.

De France
9 bd. L. Arnault
– ✆ 04 66 65 00 04
– www.hoteldefrance-mende.com
– Fermé 26 déc.-12 janv. **v**
22 ch – †75/97 € ††78/98 € – 5 suites – ☕ 12 € – ½ P 75/88 €
Rest – *(fermé lundi midi hors saison et sam. midi)* (24 €) Menu 28/35 €
– Carte environ 38 €
◆ Un beau portail dessert cet ex-relais de poste (1856) entièrement redécoré avec goût : fer forgé, bois wengé, tommettes... Salon moderne et chambres aux lignes épurées. Cuisine actuelle dans une salle aux tons clairs égayée de tableaux ou, en été, dans la cour.

MENDE

Aigues-Passes (R. d') 2
Ange (R. de l') 3
Angiran (R. d') 4
Arjal (R. de l') 5
Beurre (Pl. au) 6
Blé (Pl. au) 7
Britexte (Bd) 8
Capucins (Bd des) 9
Carmes (R. des) 10
Chanteronne (R. de) 12
Chaptal (R.) 13
Chastel (R. du) 14
Collège (R. du) 18
Droite (R.) 19
Écoles (R. des) 20
Épine (R. de l') 21
Estoup (Pl. René) 22
Gaulle (Pl. Ch.-de) 23
Montbel (R. du Fg) 24
Piencourt (Allée) 25
Planche (Pont de la) 26
Pont N.-Dame (R. du) 27
République (Pl. et R.) 30
Roussel (Pl. Th.) 32
Soubeyran (Bd du) 33
Soubeyran (R.) 34
Soupirs (Allée des) 36
Urbain V (Pl.) 37

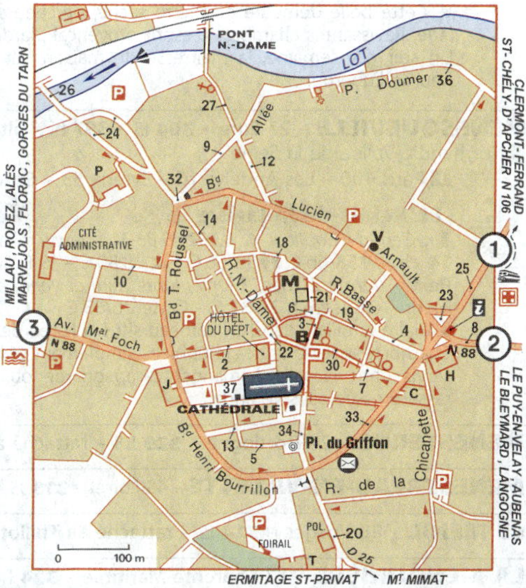

Du Pont Roupt

av. 11-Novembre, par ③ – ✆ 04 66 65 01 43 – www.hotel-pont-roupt.com – Fermé 23-29 déc.
25 ch – 🚹75/85 € 🚹🚹75/125 € – ☕ 12 € – ½ P 75/105 €
Rest – *(fermé dim. soir hors saison, sam. midi et dim. midi)* (20 €)
Menu 24/59 € bc – Carte 32/51 €
◆ Établissement familial en bordure du Lot. Cheminée moderne et sièges de style au salon, chambres fonctionnelles, belle piscine intérieure et puits illuminé au sous-sol. Cuisine traditionnelle au restaurant.

à Chabrits **5 km au Nord-Ouest par ③ et D 42 – ✉ 48000 Mende**

La Safranière

hameau de Chabrits – ✆ 04 66 49 31 54 – Fermé 1er-15 mars, 5-11 sept., 13-29 fév., merc. midi sauf juil.-août, dim. soir et lundi
Rest – *(prévenir)* (19 €) Menu 23 € (sem.), 28/47 €
◆ Sur les premières marches du Gévaudan, anciennes étables où l'on goûte de la cuisine actuelle dans un joli décor contemporain. Bon petit choix de vins et fromages régionaux.

MÉNERBES – 84 Vaucluse – **332** E11 – 1 157 h. – alt. 224 m – ✉ 84560 **42** E1
Provence

▶ Paris 713 – Aix-en-Provence 59 – Apt 23 – Avignon 40
◉ <★ de la terrasse de l'église.

La Bastide de Marie

rte de Bonnieux – ✆ 04 90 72 30 20 – www.c-h-m.com – Ouvert 20 avril-3 nov.
10 ch – 🚹220/350 € 🚹🚹220/350 € – 5 suites – ☕ 20 € – ½ P 225/380 €
Rest – Menu 89 € bc (dîner) – Carte 34/64 € le midi
◆ Cette superbe bastide au cœur des vignes incarne l'esprit de la Provence. Pierres apparentes, meubles anciens, nobles tissus apportent à chaque chambre sa personnalité. Restaurant romantique et élégant, qui sied à merveille à cette cuisine aux accents du Sud...

La Bastide de Soubeyras

rte des Beaumettes, à 3 km – ✆ 04 90 72 94 14 – www.bastidesoubeyras.com
5 ch ☕ – 🚹95/165 € 🚹🚹95/165 €
Table d'hôte – *(ouvert de mai à oct.)* Menu 35 € bc
◆ Cette belle demeure en pierre sèche, perchée sur une colline, domine le village. Ravissantes chambres d'esprit provençal ; jardin et piscine pour le farniente. Un soir par semaine, la maîtresse de maison fait table d'hôte et met à l'honneur le Luberon.

MÉNESQUEVILLE – 27 Eure – **304** I5 – 397 h. – alt. 65 m – ✉ 27850 **33** D2
Normandie Vallée de la Seine

▶ Paris 100 – Les Andelys 16 – Évreux 53 – Gournay-en-Bray 33

Le Relais de la Lieure

1 r. Gén. de Gaulle – ✆ 02 32 49 06 21 – www.relaisdelalieure.com
14 ch – 🚹58/66 € 🚹🚹58/66 € – ☕ 8,50 € – ½ P 60 €
Rest – *(fermé 21 déc.-3 janv., lundi midi et vend. du 15 oct. au 1er avril)*
Menu 16 € (sem.), 24/37 € – Carte 28/53 €
◆ Halte familiale dans un hameau situé à l'orée de la magnifique forêt de Lyons. Chambres assez grandes, meublées simplement et bien tenues. Plats traditionnels servis dans la salle à manger campagnarde ou, aux beaux jours, sur la terrasse dressée sous véranda.

MENESTEROL – 24 Dordogne – **329** B5 – rattaché à Montpon-Ménestérol

---

MENESTREAU-EN-VILLETTE – 45 Loiret – **318** J5 – rattaché à La Ferté-St-Aubin

---

LE MÉNIL – 88 Vosges – **314** I5 – rattaché au Thillot

LA MÉNOUNIÈRE – 17 Charente-Maritime – **324** B4 – voir à île d'Oléron

MENNECY – 91 Essonne – 312 D4 – 13 325 h. – alt. 52 m – ✉ 91540 18 B2

Paris 43 – Bobigny 53 – Créteil 37 – Évry 10

65, boulevard Général-de-Gaulle ✆ 01 64 57 11 36

À Vos Papilles

47 bd Charles-de-Gaulle – ✆ 01 60 77 25 44 – Fermé 3 sem. en août, mardi et merc.

Rest – (20 €) Menu 34 € – Carte 43/55 €

◆ En retrait du centre-ville, ce restaurant réalise une cuisine actuelle avec des produits de qualité et de saison. Une adresse engageante parfaitement tenue.

MENTHON-ST-BERNARD – 74 Haute-Savoie – 328 K5 – 1 818 h. – alt. 482 m – ✉ 74290 Alpes du Nord 46 F1

Paris 548 – Albertville 37 – Annecy 10 – Bonneville 50

Rive plein soleil ✆ 04 50 60 14 30

Château de Menthon★ : ≤★ E : 2 km.

Palace de Menthon

ch, rest,

665 rte des Bains – ✆ 04 50 64 83 00 – www.palacedementhon.com

63 ch – †99/140 € ††130/170 € – 2 suites – ☐ 15 € – ½ P 115/135 €

Rest *Le Viù* – (25 € bc) Menu 40 €

Rest *Palace Beach* – *(ouvert 15 mai-31 août)* Menu 33/38 €

◆ Imposante bâtisse (1911) à la vue imprenable sur le lac et le château. On profite d'un grand parc et de chambres confortables garnies de mobilier de style ou Art déco. Le Viù sert une carte actuelle dans une salle à manger contemporaine et feutrée. Décor mauresque et terrasse donnant sur l'eau au Palace Beach.

Beau Séjour sans rest

161 allée des Tennis – ✆ 04 50 60 12 04 – www.hotelbeausejour-menthon.com – Ouvert 15 avril-fin sept.

18 ch – †70/82 € ††70/82 € – ☐ 8 €

◆ À 100 m du lac, cette paisible villa entourée d'un magnifique jardin fleuri possède un charme rétro. Chambres campagnardes, mobilier varié et quelques balcons.

La Vallombreuse

ch,

534 rte Moulins, 700 m. à l'Est par rte du Col de Bluffy – ✆ 04 50 60 16 33 – www.la-vallombreuse.com

5 ch ☐ – †75/97 € ††75/130 € **Table d'hôte** – Menu 28 € bc

◆ Au calme d'un jardin, belle maison forte du 15e s. abritant de vastes chambres garnies de meubles d'antiquaires, savoyards ou de style. Expositions de tableaux dans les salons. Bons repas copieux à la table d'hôte.

Le Confidentiel

24 rte des Moulins – ✆ 04 50 44 00 68 – Fermé 23 mai-6 juin et lundi sauf le soir en juil.-août

Rest – *(nombre de couverts limité, prévenir)* (23 €) Menu 28 €

◆ Une belle petite adresse dans une maison de village, juste en dessous du château. La cuisine est bien présentée, délicate et subtile : velouté de courge, cabillaud cocos champignons...

MENTON – 06 Alpes-Maritimes – 341 F5 – 27 655 h. – Casino : du Soleil AZ – ✉ 06500 Côte d'Azur 42 E2

Paris 956 – Cannes 63 – Cuneo 102 – Monaco 11

8, avenue Boyer ✆ 04 92 41 76 76

Site★★ - Vieille ville★★ : Parvis St-Michel★★, Façade★ de la Chapelle de la Conception BY **B** - ≤★ du cimetière Anglais BX **D** - Promenade du Soleil★★, ≤★ de la jetée Impératrice-Eugénie BV - Jardin de Menton★ : le Val Rameh★ BV **E** - Salle des mariages★ de l'hôtel de Ville BY **H** - Musée des Beaux-Arts★ (palais Carnolès) AX **M**[1].

Jardin Hanbury★★ à Vintimille, O : 2 km.

Plans pages suivantes

MENTON

Alliés (Av. des) . . . . AU 3
Briand (Av. A.). . . . . BU 7
Coty (Cours René) . . . . AU 14
France (Av. Porte de) . . . . BU 17
Madone (Av. de la). . . . . AV 25
Mansfield (Av. K.). . . . . BU 26
Morillot (R. Paul) . . . . AV 28
St-Jacques (Av.) . . . . BU 34

ROQUEBRUNE-CAP-MARTIN

Briand (Av. A.). . . . . AV 9
Centrale (Av.). . . . . AV 13
Churchill (Av. W.) . . . . AV 15
Monléon (Av. F. de) . . . . AV 20
Pasteur (Av. L..). . . . . AV 31

Riva sans rest
600 promenade du Soleil – ✆ 04 92 10 92 10 – www.rivahotel.com CZn
40 ch – 93/131 € 93/131 € – 11 €
◆ Sur le front de mer, hôtel balnéaire récent avec solarium, jacuzzi et restaurant d'été sur le toit. Chambres très confortables ; balcons face à la grande bleue ou la montagne.

Napoléon
29 Porte de France – ✆ 04 93 35 89 50 – www.napoleon-menton.com
43 ch – 79/174 € 104/179 € – 1 suite – 12 € BUa
Rest *Napoléon* – *(ouvert d'avril à sept.)* Carte 36/66 €
◆ L'élégant décor contemporain des chambres rend hommage à des artistes ayant séjourné à Menton (Cocteau, Sutherland...). Celles qui ont vue sur mer possèdent une belle terrasse en teck. Le restaurant de plage propose poissons grillés, barbecues et une riche carte de glaces.

Princess et Richmond
617 promenade du Soleil – ✆ 04 93 35 80 20 – www.princess-richmond.com – Fermé 6 nov.-16 déc. CZs
44 ch – 89/137 € 90/138 € – 2 suites – 11 € – ½ P 81/105 €
Rest *Le Galet* – ✆ 04 93 35 24 75 *(fermé lundi midi, merc. midi et mardi)* (15 € bc) Menu 29 €
◆ Plage de galets au pied de l'hôtel, toit-solarium et jacuzzi panoramiques, confortables chambres dont certaines avec vue : la grande bleue à l'honneur ! Au restaurant, cadre actuel et cuisine traditionnelle revisitée valorisant des recettes régionales oubliées.

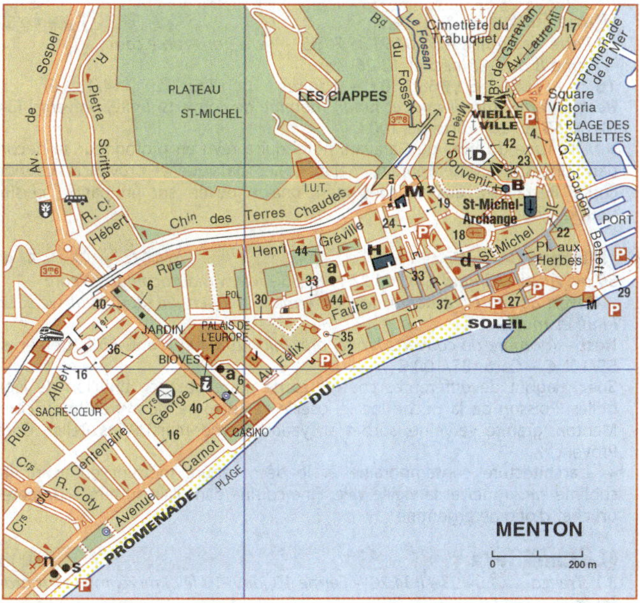

Adémar de Lantagnac (R. d') . . . . . DY 2
Bonaparte (Quai) . . . . . DX 4
Bosano (R. Lt) . . . . . DY 5
Boyer (Av.) . . . . . CYZ 6
Édouard-VII (Av.) . . . . . CYZ 16
Félix-Faure (Av.) . . . . . CDY
Gallieni (R. Gén.) . . . . . DY 18
Guyau (R.) . . . . . DY 19
Logettes (R. des) . . . . . DY 22
Longue (R.) . . . . . DX 23
Lorédan-Larchey (R.) . . . . . DY 24
Monléon (Quai de) . . . . . DY 27
Napoléon-III (Quai) . . . . . DY 29
Partouneaux (R.) . . . . . DY 30
République (R. de la) . . . . . DY 33
St-Michel (R.) . . . . . DY
St-Roch (Pl.) . . . . . DY 35
Thiers (Av.) . . . . . CY 36
Trenca (R.) . . . . . DY 37
Verdun (Av. de) . . . . . CYZ 40
Vieux-Château (R.) . . . . . DX 42
Villarey (R.) . . . . . DY 44

Prince de Galles ch,

4 av. Gén. de Gaulle – 04 93 28 21 21 – www.princedegalles.com
64 ch – 69/138 € 74/138 € – 12 € AV**e**
Rest *Petit Prince* – 04 93 41 66 05 *(fermé 17 nov.-12 déc.)* (17 €)
Menu 23/40 € – Carte 32/53 €

◆ Claude Monet aurait séjourné en cet hôtel occupant les murs d'une caserne de carabiniers des princes de Monaco (1860). Chambres fonctionnelles, à choisir face à la mer. L'été, agréable terrasse ombragée par deux majestueux palmiers. Plats traditionnels.

Chambord sans rest

6 av. Boyer – 04 93 35 94 19 – www.hotel-chambord.com CYZ**a**
40 ch – 70/100 € 80/120 € – 8 €

◆ Hôtel fonctionnel situé près du palais de l'Europe. Petits-déjeuners exclusivement servis dans les chambres. Elles sont insonorisées et presque toutes dotées d'un balcon.

Méditerranée ch, rest,

5 r. de la République – 04 92 41 81 81 – www.hotel-med-menton.com
89 ch – 69/159 € 82/159 € – 14 € – ½ P 59/96 € DY**a**
Rest – (19 €) Menu 26 € – Carte 25/31 €

◆ Ce grand bâtiment moderne proche de la vieille ville dispose de chambres confortables, dotées d'un mobilier en bois blond. Salon-bar panoramique. Ambiance contemporaine, avec le cinéma pour thème, au restaurant décoré de photos de stars. Plats traditionnels.

Paris Rome
79 Porte de France – ✆ 04 93 35 70 35 – www.paris-rome.com – Fermé 8 nov.-28 déc. et 12-26 janv. BU**n**
16 ch – †68/78 € ††68/130 € – 2 suites – ☕ 13 € – ½ P 114/132 €
Rest – *(fermé mardi midi et lundi) (nombre de couverts limité, prévenir)* (34 €) Menu 55/88 € – Carte 65/100 €
◆ À l'entrée du port de Garavan, hôtel qui a revu en profondeur sa décoration dans un esprit contemporain, mêlant styles classique et provençal. Lounge bar cossu. Restaurant aux touches méridionales, ouvert sur un patio ; cuisine au goût du jour.

Mirazur (Mauro Colagreco)
30 av. Aristide Briand – ✆ 04 92 41 86 86 – www.maurocolagreco.com – Ouvert de mi-fév. à début nov. et fermé le midi en juil.-août sauf week ends, lundi et mardi BU**m**
Rest – *(nombre de couverts limité, prévenir)* (29 € bc) Menu 33 € (déj. en sem.), 55/105 € – Carte 85/100 €
Spéc. Ragoût de différentes courgettes de notre potager, bouillon de légumes grillés. Poisson de la pêche locale, oseille et jus fumé. Semi freddo au citron de Menton, granité verveine, sorbet au yaourt (février-mars). **Vins** Bellet, Côtes de Provence.
◆ L'architecture contemporaine et le décor épuré mettent en avant la vue sublime sur la mer et la vieille ville. Fine cuisine dans l'air du temps préparée par un chef d'origine argentine.

La Cantinella
8 r. Trenca – ✆ 04 93 41 34 20 – Fermé 10 janv.-10 fév., merc. midi et mardi sauf fériés DY**d**
Rest – *(nombre de couverts limité, prévenir)* Menu 20 € (sem.) – Carte 20/50 €
◆ Le patron, sicilien, aime faire plaisir à ses clients et leur mitonne de savoureux plats du Sud (entre Nice et Italie) valorisant les produits du marché. Convivialité garantie.

à Monti 5 km au Nord par rte de Sospel – CX ✉ 06500 Menton

Pierrot-Pierrette avec ch
pl. de l'Église – ✆ 04 93 35 79 76 – www.pierrotpierrette.fr – Fermé 6 déc.-14 janv. et lundi sauf fériés
7 ch – †67 € ††77 € – ☕ 8 €
Rest – Menu 28/40 € – Carte 34/52 €
◆ Auberge familiale perchée sur les hauteurs de Menton, généreuse par son accueil et sa goûteuse cuisine régionale. La fidélité de la clientèle en témoigne. Coquet intérieur et chambres rénovées.

LES MENUIRES – 73 Savoie – 333 M6 – alt. 1 400 m – Sports d'hiver : 1 400/3 200 m 8 36 – ✉ 73440 St Martin de Belleville 46 F2

Alpes du Nord

Paris 632 – Albertville 51 – Chambéry 101 – Moûtiers 27

immeuble Belledonne ✆ 04 79 00 73 00

Chalet Hôtel Kaya
à Reberty – ✆ 04 79 41 42 00 – www.hotel-kaya.com – Ouvert de mi-déc. à mi-avril
50 ch – †184/646 € ††184/646 € – 4 suites – ☕ 24 €
Rest *Le K* – Menu 60 € (dîner)/70 € – Carte 35/56 € le midi
◆ Paisibles salons (billard, cheminée), chambres confortables, dans un style épuré et contemporain joliment rehaussé par la chaleur du bois. Sauna, hammam piscine. Cuisine actuelle (avec des accents terroir) et, à l'heure du goûter, gourmandises pour tout le monde !

L'Ours Blanc
à Reberty 2000 – ✆ 04 79 00 61 66 – www.hotel-ours-blanc.com – Ouvert 5 déc.-16 avril
53 ch (½ P seult) – ½ P 82/108 € **Rest** – Menu 26/95 € – Carte 40/95 €
◆ Sur les pistes des Trois-Vallées, grand chalet au décor montagnard. Chambres claires avec balcon ; salon douillet (cheminée) et beau fitness. Chaleureux restaurant "tout bois" tourné vers le massif de la Masse ; recettes régionales.

MERCATEL – 62 Pas-de-Calais – 301 J6 – rattaché à Arras

MERCUÈS – 46 Lot – 337 E5 – rattaché à Cahors

MERCUREY – 71 Saône-et-Loire – 320 I8 – 1 310 h. – alt. 269 m – ✉ 71640 8 C3

Paris 344 – Autun 39 – Beaune 26 – Chagny 11

Hôtellerie du Val d'Or
140 Grande-Rue – ✆ 03 85 45 13 70 – www.le-valdor.com – Fermé 18 déc.-17 janv., mardi midi et lundi
12 ch – †77/98 € ††77/98 € – ☕ 11 € – ½ P 87 €
Rest – Menu 29 € (dîner), 39/76 € – Carte 45/105 €
◆ Dans ce village vigneron de la Côte chalonnaise, l'ancien relais de poste offre désormais une douzaine de chambres. Agréable jardin. Salle à manger rustique avec cheminée et poutres apparentes.

MÉREAU – 18 Cher – 323 I4 – rattaché à Vierzon

MÉRIBEL – 73 Savoie – 333 M5 – Sports d'hiver : 1 450/2 950 m 16 45 – ✉ 73550 Alpes du Nord 46 F2

Paris 621 – Albertville 41 – Annecy 85 – Chambéry 90
Le Bourg ✆ 04 79 08 60 01
Méribel B.P. 54, NE : 4 km, ✆ 04 79 00 52 67
☀★★★ la Saulire, ☀★★ Mont du Vallon, ☀★★ Roc des Trois marches, ☀★★ Tougnète.

Plan page suivante

L'Hélios
rte de la Renarde – ✆ 04 79 24 22 42 – www.lhelios.com – Ouvert déc.-avril et juil.-août **m**
18 ch (½ P seult) – ½ P 240/500 € **Rest** – Menu 55 € – Carte 45/90 €
◆ Sur les hauteurs de Méribel, un superbe chalet en pierre et mélèze de Sibérie. Chambres au décor raffiné, dans un style contemporain, nordique ou savoyard. Accueil attentionné. Au restaurant, produits frais (poissons, petits légumes) et vue panoramique sur les cimes.

Le Grand Cœur & Spa
– ✆ 04 79 08 60 03 – www.legrandcoeur.com – Ouvert 17 déc.-3 avril **a**
35 ch ☕ – †260/705 € ††285/880 € – 4 suites
Rest – Menu 80 € (dîner)/95 € – Carte 60/180 €
◆ Romantisme et luxe se sont donné rendez-vous dans ce majestueux hôtel – l'un des plus anciens de la station. Bois blond et belles étoffes ornent les chambres. Piano-bar cosy et spa. Arcades et boiseries claires au restaurant ; cuisine soignée.

Allodis
au Belvédère – ✆ 04 79 00 56 00 – www.hotelallodis.com – Ouvert début juil. à fin août et de mi-déc. à fin avril **d**
44 ch ☕ – †145/386 € ††226/552 € – 6 suites – ½ P 133/351 €
Rest – (40 €) Menu 49 € (déj.)/80 € – Carte 70/95 €
◆ Ce joli chalet domine la station, donnant directement sur les pistes. Chambres spacieuses (balcon), douillettes et décorées dans un esprit montagne. Piscine, sauna, hammam. Cuisine traditionnelle servie dans un cadre cossu ; terrasse panoramique face à la vallée.

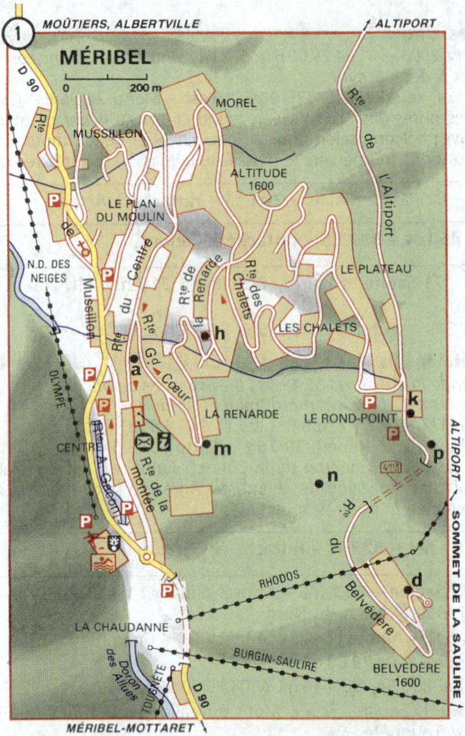

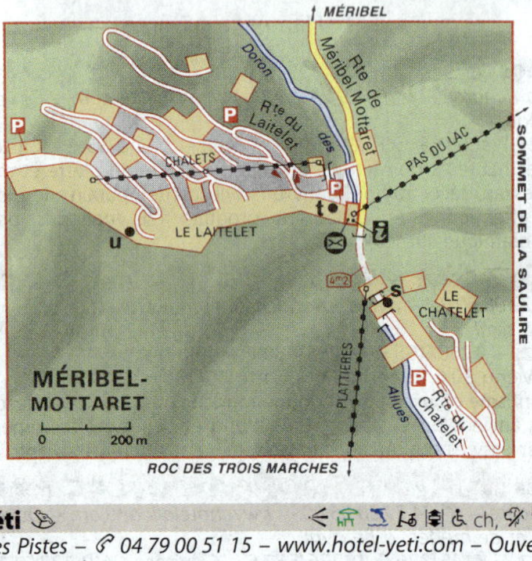

Le Yéti

rd-pt des Pistes – ✆ 04 79 00 51 15 – www.hotel-yeti.com – Ouvert 2 juil.-28 aoû et 9 déc.-24 avril

31 ch – 278 € 278/342 € – ½ P 209/229 €

Rest – Menu 29 € (déj.), 35/49 €

◆ Un chaleureux "home" des neiges : décoration raffinée – boiseries cirées, jolie têtes de lit –, bar et salon au coin du feu, sauna et hammam. Tables jolimen dressées au restaurant (le soir) et terrasse plein sud, idéale à l'heure du déjeune

Marie-Blanche
rte de la Renarde – 04 79 08 65 55 – www.marie-blanche.com – Ouvert 5 juil.-27 août et 13 déc.-20 avril **h**
21 ch – 85/203 € 95/276 € – ½ P 80/188 €
Rest – *(fermé le midi du 5 juil. au 27 août)* Menu 43 € (dîner) – Carte 48/75 €
◆ Ce chalet familial vous accueille dans de coquettes chambres savoyardes dotées d'un balcon. Salon-bar avec cheminée centrale et vue sur la montagne. Jolie terrasse, salle à manger éclairée par de grandes baies vitrées et cuisine régionale.

L'Orée du Bois
rte du Belvédère, au rd-pt des Pistes – 04 79 00 50 30 – www.meribel-oree.com – Ouvert 15 déc.-24 avril **k**
35 ch (½ P seult) – ½ P 156/178 €
Rest – (32 €) Menu 39 € (déj.), 48/52 € – Carte 32/53 € le midi
◆ Une adresse sympathique qui cultive la tradition savoyarde. Chambres lambrissées dotées d'un balcon. En hiver, belles flambées dans la cheminée du salon. Carte brasserie le midi et plus traditionnelle le soir ; sushis sur commande. Terrasse panoramique

Adray Télébar
sur les pistes (accès piétonnier) – 04 79 08 60 26 – www.telebar-hotel.com – Ouvert 15 déc.-15 avril **n**
29 ch (½ P seult) – ½ P 145/220 € **Rest** – (25 €) Menu 31 € – Carte 39/59 €
◆ L'accueil courtois – on vient vous chercher en chenillette – et la situation, atypique et dépaysante, font oublier un intérieur simple. Chambres bien tenues. À table, cuisine familiale et terrasse panoramique avec vue imprenable sur le domaine skiable.

Le Plantin
3,5 km par ① – 04 79 04 12 11 – www.leplantin.com – Ouvert 16 déc.-24 avril et 1er juil.-31 août
Rest – (30 €) Menu 68 € – Carte 60/90 €
◆ Très beau chalet, tout en lambris, pierres, objets agrestes et touches contemporaines. Cuisine savoureuse réalisée avec de bons produits ; cave recélant de grands crus.

Le Blanchot
3,5 km par rte de l'Altiport – 04 79 00 55 78 – Ouvert juil.-août et 15 déc.-20 avril
Rest – Carte 45/70 €
◆ Ce chalet, bordé par les pistes et le golf, dispose d'une salle cosy et d'une terrasse tournée vers la forêt de sapins. Recettes savoyardes, plats actuels et belle cave.

à l'altiport Nord-Est : 4,5 km – ✉ 73550 Méribel-les-Allues

Altiport Hôtel
– 04 79 00 52 32 – www.altiporthotel.com – Ouvert de déc. à mi-avril et de mi-juin à mi-sept.
40 ch – 240/290 € 240/290 € – 1 suite – 20 € – ½ P 180/205 €
Rest – (35 €) Menu 55 € (dîner) – Carte environ 75 € le soir
◆ Grand chalet jouxtant l'altiport (survol du mont Blanc) et proche du golf. Coquettes chambres bien insonorisées ; confortable salon (cheminée). Cuisine traditionnelle servie dans une élégante salle montagnarde ; terrasse ensoleillée offrant un beau panorama.

à Méribel-Mottaret 6 km – ✉ 73550 Méribel les Allues

Mont Vallon
– 04 79 00 44 00 – www.hotel-montvallon.com – Ouvert de mi-déc. à mi-avril
90 ch (½ P seult) – 2 suites – ½ P 205/325 € **s**
Rest *Le Chalet* – *(fermé le midi) (résidents seult)*
Rest *Brasserie Le Schuss* – (37 €) Menu 49 € – Carte 50/70 €
◆ Atmosphère douillette (boiseries, tissus coordonnés...) dans les chambres de ce grand hôtel situé au pied des pistes. Sauna, hammam, squash, jacuzzi. Décor chaleureux et chic au Chalet. Côté Brasserie, petite restauration le midi et plats savoyards le soir.

Alpen Ruitor rest, VISA AE
– 04 79 00 48 48 – *www.alpenruitor.com* – *Ouvert de mi-déc. à mi-avril*
44 ch – 215/335 € 300/420 € – 1 suite – ½ P 165/340 € **t**
Rest – Menu 35 € (dîner) – Carte 21/47 €
◆ Les chambres disposent d'un balcon avec vue sur les pistes (sud) ou la vallée (nord). Ambiance et décor aux couleurs du Tyrol. Agréable salon-bar (cheminée). Accueil attentionné. Jolies fresques dans la salle à manger, où l'on sert des spécialités régionales.

Les Arolles rest, VISA
– 04 79 00 40 40 – *www.arolles.com* – *Ouvert 17 déc.-17 avril* **u**
54 ch – 150/180 € 220/280 € – ½ P 130/185 €
Rest – (22 €) Menu 27/45 € – Carte 27/40 €
◆ Imposant chalet ménageant un accès direct aux pistes et aux arolles – l'autre nom des pins cembro de la région. Chambres bien tenues, avec balcon ; espaces détente et loisirs. Cuisine régionale (raclettes, fondues) et grande terrasse, bien agréable au déjeuner.

aux Allues **Nord : 7 km par D 915A – 1 893 h. – alt. 1 125 m – ✉ 73550**

La Croix Jean-Claude VISA AE
– 04 79 08 61 05 – *www.croixjeanclaude.com* – *Fermé 1er mai-1er juin*
15 ch – 88/130 € 88/130 € – 9 € – ½ P 83/112 €
Rest – *(fermé sam. midi et dim. midi hors saison)* Carte 35/75 €
◆ Cette bâtisse de la fin des années 1940 compte parmi les plus anciens hôtels des Trois-Vallées. Douillettes chambres montagnardes ; salon et bar chaleureux. Au restaurant, cadre savoyard et cuisine traditionnelle.

MÉRIGNAC – 33 Gironde – 335 H5 – rattaché à Bordeaux

MERKWILLER-PECHELBRONN – 67 Bas-Rhin – 315 K3 – 867 h. – alt. 160 m – ✉ 67250 Alsace Lorraine 1 B1

Paris 496 – Haguenau 17 – Strasbourg 51 – Wissembourg 18
1, route de Lobsann 03 88 80 72 36

XX **Auberge Baechel-Brunn** avec ch A/C VISA
3 rte de Soultz – 03 88 80 78 61 – *www.baechel-brunn.com*
– *Fermé 10-30 août, 2 sem. en janv., dim. soir, lundi soir et mardi*
5 ch – 40 € 75 € **Rest** – (20 €) Menu 38/50 € – Carte 35/53 €
◆ Poutres et murs clairs, pierres apparentes : le charme d'une vieille grange, l'épure contemporaine. Fine cuisine aux notes actuelles, réalisée avec d'excellents produits. Chambres coquettes dans une résidence située à quelques pas du restaurant ; jardin arboré.

MERLETTE – 05 Hautes-Alpes – 334 F4 – rattaché à Orcières

MERRY-SUR-YONNE – 89 Yonne – 319 E6 – 216 h. – alt. 150 m – ✉ 89660 7 B2

Paris 203 – Auxerre 44 – Avallon 32 – Dijon 139

Le Charme Merry A/C ch, P VISA
30 rte de Compostelle – 03 86 81 08 46 – *www.lecharmemerry.com*
– *Fermé 2 janv.-11 mars*
4 ch – 135 € 135 € **Table d'hôte** – Menu 45 € bc
◆ Dans cette maison de vigneron (1647), il fait bon flâner près de la piscine ou musarder dans les superbes chambres contemporaines (pierre de pays, grandes photos prises par le patron, salles d'eau design).

MÉRU – 60 Oise – 305 D5 – 12 651 h. – alt. 110 m – ✉ 60110 36 B1
Nord Pas-de-Calais Picardie

Paris 60 – Beauvais 27 – Compiègne 74 – Mantes-la-Jolie 62
18 des Templiers à Ivry-le-Temple, O : 9 km par D 121 et D 105, 03 44 08 73 72

Les Trois Toques

21 r. P. Curie – ✆ 03 44 52 01 15 – www.lestroistoques.fr – Fermé 1er-15 août, dim. soir, mardi soir et merc.

Rest – (18 €) Menu 30/48 €

◆ Cuisine au goût du jour concoctée par le chef-patron et servie dans une salle au cadre moderne, rehaussée d'un mobilier rustique. Un agréable moment en perspective.

MERVILLE FRANCEVILLE-PLAGE – 14 Calvados – 303 K4 – 1 740 h. – alt. 2 m – ✉ 14810 — 32 B2

Paris 225 – Beuvron-en-Auge 20 – Cabourg 7 – Caen 20

place de la Plage ✆ 02 31 24 23 57

Le Vauban sans rest

8 rte de Cabourg – ✆ 02 31 24 23 37 – www.hotel-vauban-franceville.com – Fermé 28 nov.-16 déc.

15 ch – 50/63 € 50/63 € – ☕ 10 €

◆ En bord de route et non loin de la plage, un établissement familial aux chambres simples et bien tenues, plus calmes dans l'annexe. Petit-déjeuner buffet. Accueil sympathique.

MÉRY-SUR-OISE – 95 Val-d'Oise – 305 E6 – 101 4 – voir à Paris, Environs (Cergy-Pontoise)

LE MESNIL-AMELOT – 77 Seine-et-Marne – 312 E1 – voir à Paris, Environs

---

MESNIL-ST-PÈRE – 10 Aube – 313 G4 – 386 h. – alt. 131 m – ✉ 10140 Champagne Ardenne — 13 B3

Paris 200 – Bar-sur-Aube 32 – Châtillon-sur-Seine 55 – St-Dizier 74

Parc naturel régional de la forêt d'Orient★★.

Auberge du Lac - Au Vieux Pressoir avec ch

5 r. du 28 août – ✆ 03 25 41 27 16 – www.au-vieux-pressoir.com – Fermé 13 déc.-20 janv., dim. soir du 4 nov. au 11 mars, lundi midi et mardi midi

21 ch – 69/115 € 75/127 € – ☕ 14 €

Rest – Menu 25 € (déj.), 40/78 € – Carte 62/118 €

◆ Cette jolie maison à colombages typique de la Champagne humide abrite un lumineux intérieur néorustique. Cuisine au goût du jour avec quelques touches d'originalité. Chambres bien tenues.

LE MESNIL-SUR-OGER – 51 Marne – 306 G9 – 1 077 h. – alt. 119 m – ✉ 51190 Champagne Ardenne — 13 B2

Paris 158 – Châlons-en-Champagne 31 – Épernay 16 – Reims 43

Musée de la vigne et du vin (maison Launois).

Le Mesnil

2 r. Pasteur – ✆ 03 26 57 95 57 – www.restaurantlemesnil.com – Fermé dim. soir et merc.

Rest – (18 €) Menu 24 € – Carte 45/58 €

◆ Tête de veau à la lyonnaise, pied de cochon grillé, tartare de rumsteak... Une bonne cuisine bistrotière dans ce restaurant situé au cœur d'un village viticole. Carte de champagnes.

MESNIL-VAL – 76 Seine-Maritime – 304 H1 – ✉ 76910 — 33 D1

Paris 184 – Amiens 96 – Dieppe 28 – Le Tréport 6

Royal Albion sans rest

1 r. de la Mer – ✆ 02 35 86 21 42 – www.treport-hotels.com – Fermé 20-28 déc.

25 ch – 65/76 € 69/136 € – ☕ 10 €

◆ Perchée sur une falaise, ex-caserne de douaniers du 19e s. à l'allure coloniale et au décor intérieur soigné. Chambres de styles très variés : Louis XVI, victorien, Art nouveau...

MESQUER – 44 Loire-Atlantique – **316** B3 – **1 658 h.** – **alt. 6 m** – ✉ **44420** **34** A2

Paris 460 – La Baule 16 – Nantes 86 – St-Nazaire 29

place du Marché - Quimiac ✆ 02 40 42 64 37

La Vieille Forge

32 r. d'Aha – ✆ 02 40 42 62 68 – Fermé 15 janv.-7 fév., lundi soir, mardi et merc.

Rest – Menu 13 € (déj. en sem.), 25/50 € – Carte 30/45 €

◆ Cette ancienne forge (1711) abrite deux salles dont l'une donne sur le jardin et la terrasse. Un jeune chef y prépare désormais une cuisine traditionnelle bien tournée.

MESSANGES – 40 Landes – **335** C12 – **885 h.** – **alt. 8 m** – ✉ **40660** **3** A2

Paris 717 – Bayonne 46 – Bordeaux 157 – Mont-de-Marsan 92

route des Lacs ✆ 05 58 48 93 10

La Maison de la Prade sans rest

av. de la Plage – ✆ 05 58 48 38 96 – www.lamaisondelaprade.com – Ouvert de mars à nov.

16 ch – 90/120 € 90/178 € – 12 €

◆ Près d'une plage sauvage et cerné par une forêt de pins, un bâtiment Art déco réaménagé en hôtel contemporain. Chambres spacieuses et claires ; terrasse au bord de la piscine.

MESSERY – 74 Haute-Savoie – **328** K2 – **1 951 h.** – **alt. 428 m** – ✉ **74140** **46** F1

Paris 560 – Annecy 68 – Annemasse 23 – Thonon-les-Bains 17

5, rue des Écoles ✆ 04 50 94 75 55

L'Atelier des Saveurs

7 chemin sous les Prés – ✆ 04 50 94 73 40 – Fermé 26 oct.-5 nov., 15-30 mars, dim. et lundi

Rest – Menu 26/60 € – Carte 43/64 €

◆ Sympathique adresse associant un restaurant au décor contemporain et une vinothèque. Une belle carte des vins escorte la goûteuse cuisine traditionnelle du chef.

MÉTABIEF – 25 Doubs – **321** I6 – **897 h.** – **alt. 960 m** – **Sports d'hiver : 1000/1423 m** 20 – ✉ **25370** Franche-Comté Jura **17** C3

Paris 466 – Besançon 78 – Champagnole 45 – Morez 49

Étoile des Neiges

4 r. du Village – ✆ 03 81 49 11 21 – www.hoteletoiledesneiges.fr

23 ch – 54 € 54 € – 6 € – ½ P 48/50 €

Rest – *(fermé jeudi soir et dim. soir hors saison)* (10 €) Menu 17/26 € – Carte 23/50 €

◆ Hôtel familial très bien tenu dans une station prisée, été comme hiver, des "vététistes", randonneurs et skieurs. Jolies chambres lambrissées avec balcon fleuri. Cuisine régionale soignée à déguster dans une sobre salle habillée de bois.

METZ P – 57 Moselle – **307** I4 – **124 435 h.** – **Agglo. 322 526 h.** – **alt. 173 m** – ✉ **57000** Alsace Lorraine **26** B1

Paris 330 – Luxembourg 62 – Nancy 57 – Saarbrücken 69

de Metz-Nancy-Lorraine : ✆ 03 87 56 70 00, 35 km par ③.

✆ 3635 et tapez 42 (0,34 €/mn)

place d'Armes ✆ 03 87 55 53 76

de la Grange-aux-Ormes à Marly Rue de la Grange aux Ormes, S : 3 km par D 5, ✆ 03 87 63 10 62

du Technopôle Metz 1 rue Félix Savart, par D 955 : 5 km, ✆ 03 87 78 71 04

de Metz Chérisey à Verny Château de Cherisey, par D 913 et D 67 : 14 km ✆ 03 87 52 70 18

Cathédrale St-Etienne★★★ CDV - Porte des Allemands★ DV - Esplanade★ CV : église St-Pierre-aux-Nonnains★ CX **V** - Place St-Louis★ DVX - Église St-Maximin★ DVX - Narthex★ de l'église St-Martin DX - ≤★ du Moyen Pont CV - Musée de la Cour d'Or★★ (section archéologique★★★) **M**[1] - Place du Général de Gaulle★.

Plans pages suivantes

La Citadelle (Christophe Dufossé)

5 av. Ney – ✆ 03 87 17 17 17 – www.citadelle-metz.com CXy

79 ch – †185/430 € ††205/450 € – ☕ 22 €

Rest *Le Magasin aux Vivres* – *(fermé 1er-15 août, 13-27 fév., sam. midi, dim. et lundi)* Menu 45 € (déj.), 68/120 € – Carte 93/120 €

Spéc. Cassolettes gourmandes. Bar en croûte de sel, algues naturelles. Parfait glacé caramel, espuma carambar. **Vins** Vins de Moselle.

◆ Ce luxueux hôtel du centre-ville a su marier les contraires : ses spacieuses chambres contemporaines prennent leur aise dans un bâtiment militaire du 16e s. Au Magasin aux Vivres, cuisine inventive servie dans un décor épuré rehaussé de touches de couleurs.

Novotel Centre

pl. Paraiges – ✆ 03 87 37 38 39 – www.accorhotels.com DVt

120 ch – †85/175 € ††85/175 € – ☕ 14 €

Rest – (14 €) Menu 17 € – Carte 17/39 €

◆ Entre la cathédrale et un centre commercial, hôtel relooké selon le concept "Novation". Vastes chambres confortables et bon équipement fitness. Agréable pause au Novotel Café avec sa terrasse d'été bordant la piscine.

Mercure Centre

29 pl. St-Thiébault – ✆ 03 85 46 51 89 – www.mercure.com DXd

112 ch – †99/115 € ††99/125 € – ☕ 15 € – ½ P 84/99 €

Rest – ✆ 03 87 38 50 50 *(fermé dim. et fériés)* Menu 18/29 € bc – Carte 23/54 €

◆ Un important programme de rénovation est en cours dans cet hôtel datant des années 1970. Les chambres adoptent progressivement un style contemporain de bon ton. Décor dans l'air du temps, rehaussé de couleurs vives, au bar à vins et au restaurant.

Du Théâtre sans rest

3 r. du Pont St-Marcel – ✆ 03 87 31 10 10 – www.hoteldutheatre-metz.com

65 ch – †89/108 € ††95/155 € – 1 suite – ☕ 13 € CVb

◆ Un emplacement de choix, en plein quartier historique, pour cet hôtel récent et pratique. Beau mobilier lorrain dans le hall.

De la Cathédrale sans rest

25 pl. Chambre – ✆ 03 87 75 00 02 – www.hotelcathedrale-metz.fr CVv

30 ch – †75/110 € ††75/110 € – ☕ 11 €

◆ Cette maison du 17e s. a reçu de belles plumes dont Madame de Staël et Chateaubriand. Les chambres sont toutes élégantes et celles de l'annexe, récentes, encore plus soignées.

Escurial sans rest

18 r. Pasteur – ✆ 03 87 66 40 96 – www.escurial-hotel.com – Fermé 29 déc.-1er janv. CXd

36 ch – †59/77 € ††73/85 € – ☕ 10 €

◆ Situé non loin de la gare, un établissement entièrement rénové : intérieur chaleureux aux couleurs vives et chambres bien tenues (plus grandes dans la rotonde).

Maire

1 r. Pont des Morts – ✆ 03 87 32 43 12 – www.restaurant-maire.com – Fermé merc. midi et mardi CVf

Rest – (23 €) Menu 37/61 € – Carte 50/66 €

◆ La vue panoramique sur Metz et sa cathédrale, la terrasse au bord de l'eau et la carte d'inspiration classique : voilà déjà trois bonnes raisons de venir à cette table.

Georges- À la Ville de Lyon

7 r. des Piques – ✆ 03 87 36 07 01 – www.alavilledelyon.com – Fermé 11-18 juil., 3-10 janv., lundi sauf midi fériés et dim. soir DVe

Rest – Menu 26 € (sem.)/65 € – Carte 41/60 €

◆ Restaurant traditionnel aménagé dans les dépendances de la cathédrale (la chapelle du 14e s. abrite l'une des salles) et dans un ex-relais de diligences. Cadre cossu ou rustique.

Bénédictins (R. des)	**AY** 9	Henri II (Av.)	**AY** 42	St-Pierre (R.)	**AZ** 79
Chambière (R.)	**BY** 10	Jean XXIII (Av.)	**BZ** 43	St-Symphorien (Bd)	**AZ** 81
Charles Abel (R.)	**AZ** 7	Joffre (Av.)	**AZ** 45	Salis (R. de)	**AZ** 86
Clovis (R.)	**AZ** 20	Lagneau (R. Jules)	**AZ** 48	Trois-Évêchés (R. des)	**BZ** 94
Garde (R. de la)	**AYZ** 30	Lattre-de-T. (Av. de)	**AZ** 51	Vauban (R.)	**BZ** 95
Goethe (R.)	**AZ** 32	Maginot (Bd André)	**BZ** 54	Verdun (R. de)	**AZ** 96
Grange-aux-Dames (R.)	**BY** 36	Nancy (Av. de)	**AZ** 60	Verlaine (R.)	**AZ** 97
Grilles (Pont des)	**BY** 37	Pont-à-Mousson (R. de)	**AZ** 69	20e-Corps-Américain (R. du)	**AZ** 99
Hegly (Allée V.)	**AZ** 40	Pont-Rouge (R. du)	**BZ** 72		

XX **Le Chat Noir** VISA AE

30 r. Pasteur – ✆ 03 87 56 99 19
– Fermé 24 déc.-5 janv., dim. soir et lundi soir **AZe**

Rest – (25 € bc) Menu 30/50 € – Carte 45/70 €

◆ Chaises léopard, masques africains et tons chocolat composent le décor exotique de cette adresse mi-brasserie, mi-bistrot. Banc d'écailler, jardin d'hiver, carte traditionnelle.

METZ

Allemands (R. des) . . . . DV 2
Ambroise-Thomas (R.) . . . . CV 3
Armes (Pl. d') . . . . DV 5
Augustins (R. des) . . . . DX 6
Chambière (R.) . . . . DV 10
Chambre (Pl. de) . . . . CV 12
Champé (R. du) . . . . DV 13
Chanoine-Collin (R. du) . . . . DV 15
Charlemagne (R.) . . . . CX 17
Chèvre (R. de la) . . . . DX 19
Clercs (R. des) CV
Coëtlosquet (R. du) . . . . . . CX 22
Coislin (R.) . . . . DX 23
Enfer (R. d') . . . . DV 25
En Fournirue . . . . DV
Fabert (R.) . . . . CV 26
Faisan (R. du) . . . . CV 27
La-Fayette (R.) . . . . CX 47
Fontaine (R. de la) . . . . DX 29
Gaulle (Pl. du Gén.-de) . . . . . DX 31
Grande-Armée (R. de la) . . . DV 34
Hache (R. de la) . . . . DV 39
Jardins (R. des) . . . . DV
Juge-Pierre-Michel (R. du) . . CV 46
Lasalle (R.) . . . . DX 49
Lattre-de-T. (Av. de) . . . . CX 51
Leclerc-de-H. (Av.) . . . . CX 52
Mondon (Pl. R.) . . . . CX 57
Paix (R. de la) . . . . CV 61
Palais (R. du) . . . . CV 62
Paraiges (Pl. des) . . . . DV 63
Parmentiers (R. des) . . . . . . DX 64
Petit-Paris (R. du) . . . . CV 65
Pierre-Hardie (R. de la) . . . . . CV 66
Pont-Moreau (R. du) . . . . . CDV 70
Prés.-Kennedy (Av. J.-F.) . . . CX 73
République (Pl. de la) . . . . . . CX 75
Ste-Croix (Pl.) . . . . DV 83
Ste-Marie (R.) . . . . CV 84
St-Eucaire (R.) . . . . DV 76
St-Gengoulf (R.) . . . . CX 77
St-Georges (R.) . . . . CV 78
St-Louis (Pl.) . . . . DVX
St-Simplice (Pl.) . . . . DV 80
St-Thiébault (Pl.) . . . . DX 82
Salis (R. de) . . . . CX 86
Schuman (Av. R.) CX
Sérot (Bd Robert) . . . . CV 87
Serpenoise (R.) CV
Taison (R.) . . . . DV 88
Tanneurs (R. des) . . . . DV 90
Tête d'Or (R. de la) . . . . DV
Trinitaires (R. des) . . . . DV 93
Verlaine (R.) . . . . CX 97

✗ **Thierry "Saveurs et Cuisine"**

5 r. des Piques, "Maison de la Fleure de Ly"
– ✆ 03 87 74 01 23 – www.restaurant-thierry.fr
– Fermé 1er-16 août, 9-13 nov., 19 fév.-4 mars, merc. et dim. DV**a**

Rest – (18 €) Menu 24/34 € – Carte 33/45 €

◆ Cuisine inventive volontiers rehaussée d'herbes et d'épices, joli cadre mêlant la brique et le bois, terrasse d'été : les clés du succès de ce bistrot chic.

Le Bistrot des Sommeliers

10 r. Pasteur – ✆ 03 87 63 40 20 – Fermé 23 déc.-4 janv., sam. midi, dim. et fériés
Rest – Menu 15 € (sem.) – Carte 26/39 € **CXa**
◆ La façade de ce bistrot proche de la gare célèbre la dive bouteille. Belle sélection de vins au verre et suggestions du marché à l'ardoise.

À côté

43 pl. de Chambre – ✆ 03 87 66 38 84 – www.restaurant-acote.fr – Fermé 15-23 juil., dim. et lundi **CVh**
Rest – (15 €) Menu 30 € – Carte 25/35 €
◆ Cette adresse tendance a adopté le concept d'une restauration conviviale et décontractée, autour de plats actuels à la mode tapas. Cuisines ouvertes, service au comptoir.

au Nord par ① et A 31 sortie Maizières-lès-Metz : 10 km – ✉ 57280 Maizières-lès-Metz

Novotel-Hauconcourt

– ✆ 03 87 80 18 18 – www.novotel.com
132 ch – 66/136 € 66/136 € – ☕ 14 €
Rest – (12 €) Menu 16 € – Carte 25/39 €
◆ Cet établissement de 1970 a fait peau neuve en adoptant la ligne "Novation" propre à la chaîne : chambres vastes et douillettes, tonalités douces, belles salles de bains. Restaurant agrémenté d'une terrasse au bord de la piscine.

rte de Saarlouis 13 km par ② , N 233 et D 954 - ✉ 57640 Ste-Barbe

Mazagran

1 rte de Boulay – ✆ 03 87 76 62 47 – www.restaurant-mazagran.com – Fermé 28 fév.-8 mars, 21 août-8 sept., 1er-11 janv., dim. soir, lundi et mardi
Rest – (22 €) Menu 38/58 € – Carte 53/68 €
◆ Ferme bâtie pour l'un des soldats qui défendit en 1840 le fortin de Mazagran (Algérie). Cadre soigné et cossu ; terrasse côté jardin. Cuisine dans l'air du temps.

à Borny par ③ et rte Strasbourg : 3 km – ✉ 57070 Metz

Le Jardin de Bellevue

58 r. Claude Bernard, (près du Technopole Metz 2000) – ✆ 03 87 37 10 27 – www.jardindebellevue.com – Fermé 26 avril-5 mai, 16 août-2 sept., 27 déc.-4 janv., sam. midi, dim. soir, mardi soir et lundi
Rest – Menu 24 € (déj. en sem.), 41/64 € – Carte 57/77 €
◆ Façade chic pour cette maison centenaire d'un quartier résidentiel. Tables bien dressées dans la salle à manger et terrasse ombragée en saison. Recettes actuelles.

à Plappeville par av. Henri II - AY : 7 km – 2 271 h. – alt. 280 m – ✉ 57050

La Vigne d' Adam

50 r. Gén. de Gaulle – ✆ 03 87 30 36 68 – www.lavignedadam.com – Fermé 15-31 août, vacances de Noël, dim. et lundi
Rest – Menu 28 € (sem.), 35/90 € bc – Carte 33/66 €
◆ Au cœur du village, ancienne maison de vigneron transformée en restaurant-bar à vins contemporain et tendance. Cuisine dans l'air du temps et beau livre de cave.

METZERAL – 68 Haut-Rhin – 315 G8 – 1 092 h. – alt. 480 m – ✉ 68380 1 A2

Paris 464 – Colmar 25 – Gérardmer 39 – Guebwiller 41

Aux Deux Clefs

12 r. Altenhof – ✆ 03 89 77 61 48 – www.aux-deux-clefs.com
15 ch – 48/68 € 55/75 € – ☕ 12 € – ½ P 55/85 €
Rest – *(fermé lundi)* (13 €) Menu 24/75 € – Carte 38/79 €
◆ Perché sur les hauteurs du village, cet hôtel bordant un étang bénéficie d'une tranquillité appréciable. Chambres sobrement montagnardes où règne une ambiance de maison d'hôtes. Cuisine traditionnelle servie dans l'élégante salle à manger rustique.

MEUCON – 56 Morbihan – 308 O8 – rattaché à Vannes

MEUDON – 92 Hauts-de-Seine – **311** J3 – **101** 24 – voir à Paris, Environs

MEUNG-SUR-LOIRE – 45 Loiret – **318** H5 – 6 152 h. – alt. 90 m – ✉ 45130 Châteaux de la Loire **12** C2

Paris 149 – Blois 43 – Fleury-les-Aubrais 31 – Orléans 25

7, rue des Mauves ✆ 02 38 44 32 28

Le Relais Louis XI ch, VISA

2 r. St-Pierre – ✆ 02 38 44 27 71 – www.lerelaislouisxi.com – Fermé 1er-15 janv.

12 ch – †70/130 € ††70/180 € – ☕ 16 €

Rest – *(fermé mardi et merc.)* (24 €) Menu 30/40 €

◆ Dans un esprit maison d'hôtes, cette demeure historique propose des chambres thématiques fort plaisantes (baroque, chinoise, lys, etc.), la plupart avec vue sur la Loire. Dans une salle voûtée, restaurant intime qui mise sur les produits bio.

MEURSAULT – 21 Côte-d'Or – **320** I8 – rattaché à Beaune

LE MEUX – 60 Oise – **305** H4 – rattaché à Compiègne

MEXIMIEUX – 01 Ain – **328** E5 – 7 384 h. – alt. 245 m – ✉ 01800 **44** B1

Paris 458 – Bourg-en-Bresse 37 – Chambéry 120 – Genève 118

1, rue de Genève ✆ 04 74 61 11 11

XXX **La Cour des Lys** avec ch AC P VISA

17 r. de Lyon – ✆ 04 74 61 06 78 – www.la-cour-des-lys.com – Fermé 7-13 mars, 15-31 août, 7-13 nov., 4-9 janv., dim. soir, merc. midi et lundi

16 ch – †55 € ††65 € – ☕ 8 € **Rest** – (20 €) Menu 27/47 € – Carte 34/78 €

◆ Alléchante carte axée sur la tradition locale avec des touches actuelles, à déguster dans un décor suranné. Chambres classiques rafraîchies.

au Pont de Chazey-Villieu 3 km à l'Est par D 1084 – ✉ 01800 Villieu-Loyes-Mollon

XX **La Mère Jacquet** avec ch ch, P VISA AE

Pont de Chazey – ✆ 04 74 61 94 80 – www.lamerejacquet.com – Fermé 4-24 août, 19 déc.-2 janv.

19 ch – †57/67 € ††67/77 € – ☕ 8 € – ½ P 75 €

Rest – *(fermé sam. midi, dim. soir et vend.)* Menu 23 € (sem.), 36/45 € – Carte 42/54 €

◆ Mignonne salle à manger-véranda ouverte sur le jardin et carte classique ancrée dans le terroir : la tradition initiée par la Mère Jacquet se perpétue au fil des générations.

MÉXY – 54 Meurthe-et-Moselle – **307** F2 – rattaché à Longwy

MEYLAN – 38 Isère – **333** H6 – rattaché à Grenoble

MEYMAC – 19 Corrèze – **329** N2 – 2 661 h. – alt. 702 m – ✉ 19250 **25** C2 Limousin Berry

Paris 443 – Aubusson 57 – Limoges 96 – Neuvic 30

1, place de l'Hôtel de Ville ✆ 05 55 95 18 43

Vierge noire★ dans l'église abbatiale.

X **Chez Françoise** avec ch ch, VISA AE

24 r. Fontaine du Rat – ✆ 05 55 95 10 63 – Fermé 24 déc.-1er fév., dim. soir et lundi

4 ch – †60/70 € ††60/70 € – ☕ 9 €

Rest – Menu 14 € (déj. en sem.), 29/35 € – Carte 17/62 €

◆ Goûtez aux spécialités corréziennes tels la farce dure et les tourtous dans cette maison rustique du 16e s. flanquée d'une tour. Bons bordeaux ; vente de produits régionaux. Chambres spacieuses et bien équipées, idéales pour l'étape.

à Maussac 9 km au Sud par D 36 et D 1089 – 391 h. – alt. 615 m – ✉ 19250

Europa — rest, rest, VISA

sur D 1089 – ☎ 05 55 94 25 21 – www.hoteleuropa1.fr – Fermé 23 déc.-2 janv.
24 ch – †42 € ††45 € – ☕ 8 € – ½ P 59 €
Rest – *(fermé dim. hors saison)* Menu 18/33 €
◆ Cet établissement proche de la route est une adresse bien pratique abritant des chambres entièrement rénovées, fonctionnelles et correctement équipées. Le grill propose un buffet de hors-d'œuvres et des grillades de veau et de bœuf de race limousine.

MEYRONNE – 46 Lot – **337** F2 – 295 h. – alt. 130 m – ✉ 46200 **29** C1

Paris 524 – Brive-la-Gaillarde 47 – Cahors 76 – Figeac 54

La Terrasse — ch, rest, VISA AE

pl. de l'Église – ☎ 05 65 32 21 60 – www.hotel-la-terrasse.com – Ouvert 21 mars-1er nov.
11 ch – †80/140 € ††80/140 € – 4 suites – ☕ 12 € – ½ P 95/140 €
Rest – *(fermé mardi midi)* Menu 20 € (déj. en sem.), 29/50 € – Carte 60/80 €
◆ Ce château édifié au 11e s. se dresse fièrement au-dessus de la Dordogne. Chambres douillettes, où se reflètent les splendeurs du passé. Au restaurant, on savoure une cuisine du terroir aux parfums bien marqués, avec quelques clins d'œil aux saveurs du Sud.

MEYRUEIS – 48 Lozère – **330** I9 – 904 h. – alt. 698 m – ✉ 48150 **23** C1

Languedoc Roussillon

Paris 643 – Florac 36 – Mende 57 – Millau 43

Tour de l'Horloge ☎ 04 66 45 60 33

NO : Gorges de la Jonte★★.

Aven Armand★★★ NO : 11 km - Grotte de Dargilan★★ NO : 8,5 km.

Château d'Ayres — rest, VISA AE

rte d'Ayres, 1,5 km à l'Est par D 57 – ☎ 04 66 45 60 10 – www.chateau-d-ayres.com – Fermé 3 janv.-15 fév.
22 ch – †98/129 € ††98/169 € – 7 suites – ☕ 15 € – ½ P 85/134 €
Rest – *(fermé 4 janv.-14 fév.)* Menu 22/50 € – Carte 43/60 €
◆ Raffinement de l'ancien, confort moderne, parc de 6 ha : beaucoup de charme et de calme dans ce prieuré bénédictin du 12e s. marqué par l'histoire cévenole. Recettes régionales servies dans l'ancien réfectoire des moines.

Du Mont Aigoual — VISA AE

34 quai Barrière – ☎ 04 66 45 65 61 – www.hotel-mont-aigoual.com – Ouvert 1er avril-2 nov.
30 ch – †59 € ††59/76 € – ☕ 8 € – ½ P 58/65 €
Rest – *(fermé mardi midi sauf juil.-août)* Menu 20/32 €
◆ Le village, au pied du massif de l'Aigoual, est le lieu idéal pour partir à la découverte des Grands Causses et des Cévennes. Chambres en partie rénovées, piscine, jardin. Cuisine traditionnelle servie dans une coquette salle de style provençal.

Family Hôtel — rest, VISA

4 r. Barrière – ☎ 04 66 45 60 02 – www.hotel-family.com – Ouvert 1er avril-6 nov.
6 ch – †40/53 € ††50/53 € – ☕ 8 € – ½ P 51/53 €
Rest – Menu 13 € (déj.), 18/32 € – Carte 16/35 €
◆ Hôtel familial bordant le Bétuzon, un affluent de la Jonte. Chambres pratiques bien tenues. Jardin et piscine avec jacuzzi, accessibles par une passerelle. Au restaurant, plats traditionnels et régionaux ; terrasse sur le ruisseau.

Grand Hôtel de France — ch, VISA

pl. J. Séquier – ☎ 04 66 45 60 07 – www.hotel-lozere-meyrueis.fr – Ouvert 25 avril-30 sept.
45 ch – †43 € ††43/52 € – ☕ 7 € – ½ P 45/50 €
Rest – Menu 13 € (déj.)/30 € – Carte 25/35 €
◆ Ex-relais de poste (1790) en pierre du pays, où vous serez hébergés dans de petites chambres colorées. Sur l'arrière de l'hôtel, piscine à débordement entourée de verdure. Cadre campagnard (cheminée, meubles rustiques) au restaurant et agréable terrasse en façade.

MEYZIEU – 69 Rhône – **327** J5 – rattaché à Lyon

MÈZE – 34 Hérault – **339** G8 – 9 998 h. – alt. 20 m – ✉ 34140 **23** C2

Languedoc Roussillon

Paris 746 – Agde 21 – Béziers 43 – Lodève 52

Château Girard ✆ 04 67 43 93 08

Villa gallo-romaine★ de Loupian N : 1,5 km.

De la Pyramide sans rest

8 promenade Sergent Jl.-Navarro – ✆ 04 67 46 61 50 – www.hoteldelapyramide.fr – Fermé janv.

22 ch – 65/95 € 65/95 € – 8 €

◆ Belle demeure provençale au cœur d'un petit parc. Chambres très confortables au décor épuré (murs blancs, mobilier en fer forgé), avec des balcons ouverts sur l'étang de Thau.

à Bouzigues 4 km au Nord-Est par D 613 et rte secondaire – 1 483 h. – alt. 3 m – ✉ 34140

La Côte Bleue

av Louis Tudesq – ✆ 04 67 78 31 42 – www.la-cote-bleue.fr

31 ch – 75/100 € 75/100 € – 14 €

Rest – *(fermé 15-22 nov., 20 fév.-5 mars et merc. hors saison)* Menu 29 € (sem.), 34/44 € – Carte 40/55 €

◆ L'étang de Thau baigne ce bâtiment moderne qui abrite des chambres assez spacieuses, toutes avec balcon ; certaines, rénovées, sont plus contemporaines. Cuisine de la mer (dont les fameuses huîtres de Bouzigues) à déguster sous les pins de la terrasse.

À La Voile Blanche

1 av. Louis Tudesq – ✆ 04 67 78 35 77 – www.alavoileblanche.com – Fermé 15-30 nov. et merc. d'oct. à mars

8 ch – 65/190 € 65/190 € – 8 € – ½ P 63/125 €

Rest – Menu 13 € bc (déj. en sem.)/18 € bc – Carte 30/60 €

◆ Au bord de l'étang, ses parcs à huîtres et son petit port, une maison au décor ultracontemporain, étudié et raffiné. Certaines chambres ont une terrasse. Côté restaurant, ambiance décontractée et cuisine méridionale privilégiant poissons et coquillages à la plancha.

MÉZOS – 40 Landes – **335** E10 – 845 h. – alt. 23 m – ✉ 40170 **3** B2

Paris 684 – Bordeaux 124 – Dax 58 – Mont-de-Marsan 107

Avenue de la Gare ✆ 05 58 42 64 37

La Maison de Mézos sans rest

av. de l' Océan – ✆ 05 58 42 61 38 – www.hotel-mezos.fr – Ouvert 16 avril-30 sept.

14 ch – 65/79 € 73/87 €

◆ Dans un petit village landais, coquette maison à l'ambiance familiale, entre hôtel et chambre d'hôtes (mobilier chiné). Pavillon et roulottes dans le grand jardin. Piscine.

MÉZY-MOULINS – 02 Aisne – **306** D8 – 500 h. – alt. 81 m – ✉ 02650 **37** C3

Paris 103 – Amiens 221 – Laon 92 – Reims 55

Le Moulin Babet avec ch

8 r. du Moulin Babet à Moulins (N3) – ✆ 03 23 71 44 72 – www.hotel-moulinbabet.com – Fermé 24 déc.-11 janv., dim. soir (sauf hôtel), mardi et merc.

1 ch – 70/90 € 70/90 € – 9 €

Rest – (18 €) Menu 32/65 € – Carte 48/58 €

◆ En pleine campagne, un moulin qui a conservé sa roue, visible depuis le hall. Salle à manger d'esprit rustique où l'on sert une cuisine actuelle. Belles chambres contemporaines.

MILLAU – 12 Aveyron – 338 K6 – 22 133 h. – alt. 372 m 29 D2
– ✉ 12100 Languedoc Roussillon

Paris 636 – Albi 106 – Mende 95 – Montpellier 114

Viaduc de Millau : péage en 2010, aller simple : autos (saison) 7,70 €, (hors saison) 6,00 €, autos et caravanne (saison) 11,60 €, (hors saison) 9,00 €, camions 21,30 à 28,90 €, motos 3,90 €.

1, place du Beffroi ✆ 05 65 60 02 42

Musée de Millau★ : poteries★, maison de la Peau et du Gant ★ (1er étage) **M** - Viaduc ★★★.

Canyon de la Dourbie★★ 8 km par ②.

Mercure

1 pl. de la Tine – ✆ 05 65 59 29 00 – www.mercure.com BY**m**

57 ch – †99/136 € ††109/146 € – ☕ 16 €

Rest – (12 € bc) Menu 18/25 € – Carte 22/42 €

◆ En plein centre-ville, hôtel décoré dans un esprit contemporain chaleureux. Grandes chambres claires dont certaines avec balcon, la moitié offrant une vue sur le viaduc. Le restaurant de style bouchon aveyronnais sert une cuisine régionale aux accents du Sud.

Domaine de St-Estève

rte de Millau Plage, au Nord-Est par D 187 -BY- – ✆ 05 65 69 12 12 – www.domaine-saint-esteve.fr – Fermé 1er janv.-5 fév.

36 ch – †89/115 € ††89/115 € – ☕ 11 € – ½ P 69/79 €

Rest – *(fermé sam. midi, dim. soir et lundi de nov. à mars)* (13 €) Menu 16/32 € – Carte 24/57 €

◆ Découvrez cet ensemble de chalets intégrés dans une végétation méditerranéenne, avec en toile de fond le viaduc de Millau. Spacieuses chambres, piscine à débordement. Salles à manger modernes ouvertes sur une terrasse ; cuisine de tradition.

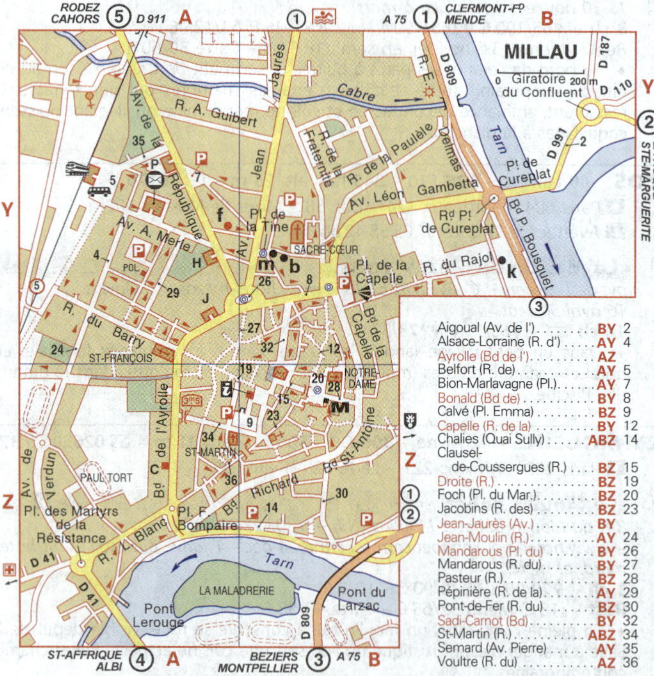

Aigoual (Av. de l')	BY	2
Alsace-Lorraine (R. d')	AY	4
Ayrolle (Bd de l')	AZ	
Belfort (R. de)	AY	5
Bion-Marlavagne (Pl.)	AY	7
Bonald (Bd de)	BY	8
Calvé (Pl. Emma)	BZ	9
Capelle (R. de la)	BY	12
Chalies (Quai Sully)	ABZ	14
Clausel-de-Coussergues (R.)	BZ	15
Droite (R.)	BZ	19
Foch (Pl. du Mar.)	BZ	20
Jacobins (R. des)	BZ	23
Jean-Jaurès (Av.)	BY	
Jean-Moulin (R.)	AY	24
Mandarous (Pl. du)	BY	26
Mandarous (R. du)	BY	27
Pasteur (R.)	BZ	28
Pépinière (R. de la)	AY	29
Pont-de-Fer (R. du)	BZ	30
Sadi-Carnot (Bd)	BY	32
St-Martin (R.)	ABZ	34
Semard (Av. Pierre)	AY	35
Voultre (R. du)	AZ	36

Cévenol Hôtel
115 r. Rajol – ✆ 05 65 60 74 44 – www.cevenol-hotel.fr BYk
42 ch – †48/59 € ††48/59 € – ☕ 8 € – ½ P 52/58 €
Rest – (12 €) Menu 18/30 € – Carte 27/49 €
◆ Ce bâtiment construit dans les années 1980 et séparé du Tarn par la route nationale abrite des chambres fonctionnelles assez spacieuses. Espace bar contemporain. Salle à manger égayée de tableaux colorés, terrasse dotée d'un petit gril et plats régionaux.

Ibis sans rest
r. du Sacré Cœur – ✆ 05 65 59 29 09 – www.ibishotel.com BYb
46 ch – †67/99 € ††67/99 € – ☕ 10 €
◆ Hôtel du centre-ville, bien situé pour aller admirer le fameux viaduc. Vastes chambres, lumineuses et fonctionnelles, offrant un bon niveau de confort.

Capion
3 r. J.-F.-Alméras – ✆ 05 65 60 00 91 – www.restaurant-capion.com – Fermé 1er-14 juil., 1er-7 janv., mardi soir et merc. AYf
Rest – (15 € bc) Menu 20/39 € – Carte 29/59 €
◆ Cet établissement du centre-ville affiche souvent complet. On y déguste une copieuse cuisine traditionnelle valorisant le terroir ainsi qu'un "menu d'ailleurs" mâtiné d'épices.

au Sud 2 km par ④ rte St-Affrique – ✉ 12100 Millau

Château de Creissels
pl. du Prieur – ✆ 05 65 60 16 59 – www.chateau-de-creissels.com – Fermé janv., fév. et dim. soir de nov. à mars
26 ch – †66/120 € ††71/126 € – ☕ 10 € – ½ P 65/92 €
Rest – ✆ 05 65 60 31 79 *(fermé dim. soir et lundi midi sauf de juin à sept.)* (16 € bc) Menu 23/55 € – Carte 42/60 €
◆ Un château du 12e s. sur un piton rocheux... Quelques chambres sont de style gothique ; celles de l'extension (1971) doivent être rénovées début 2011. Mets régionaux au restaurant ; voûtes en pierre et terrasse panoramique sur l'ancien chemin de ronde.

MILLY-LA-FORÊT – 91 Essonne – 312 D5 – 4 728 h. – alt. 68 m 18 B3

– ✉ 91490 Île de France

Paris 58 – Étampes 25 – Évry 31 – Fontainebleau 19
47, rue Langlois ✆ 01 64 98 83 17
Parc★★ du chateau de Courances★★ N : 5 km.

à Auvers (S.-et-M.) 4 km au Sud par D 948 – ✉ 77123 Noisy sur Ecole

Auberge d'Auvers Galant
7 r. d'Auvers – ✆ 01 64 24 51 02 – http://perso.wanadoo.fr/auvers-galant – Fermé 22 août-7 sept., 18 janv.-9 fév., dim. soir, lundi et mardi
Rest – (20 €) Menu 25 € (sem.)/50 € – Carte 45/80 €
◆ Rien à redouter de ce Galant-là : c'est en tout bien tout honneur qu'il vous propose une halte dans un intérieur rustique coloré. Recettes traditionnelles (dont la tête de veau).

MIMIZAN – 40 Landes – 335 D9 – 6 707 h. – alt. 13 m – Casino 3 B2

– ✉ 40200 Aquitaine

Paris 692 – Arcachon 67 – Bayonne 109 – Bordeaux 109
38, avenue Maurice Martin ✆ 05 58 09 11 20

Plage Sud

De France sans rest
18 av. de la Côte d'Argent – ✆ 05 58 09 09 01 – www.hoteldefrance-mimizan.com – Ouvert 1er mars-20 oct.
21 ch ☕ – †57/80 € ††68/88 €
◆ Le premier hôtel de la station, construit en bois en 1870, puis en dur en 1920. Rénovées plus ou moins récemment, les chambres offrent des niveaux de confort variés.

L'Airial sans rest
6 r. Papeterie – ✆ 05 58 09 46 54 – www.hotel-airial.com – Fermé dim. soir et lundi
18 ch – 43/60 € 45/75 € – 8 €
◆ Un bâtiment des années 1970 dans un quartier résidentiel. Ambiance familiale confort simple, jardin pour le petit-déjeuner et décor tout bleu et blanc ambiance balnéaire garantie.

MIOMO – **2B Haute-Corse** – **345** F3 – **voir à Corse (Bastia)**

MIONNAY – **01 Ain** – **328** C5 – **2 155 h.** – **alt. 276 m** – ✉ **01390** **43** E
Paris 457 – Bourg-en-Bresse 44 – Lyon 23 – Meximieux 26
de Mionnay-la-Dombes Domaine de Beau Logis, E : 3 km, ✆ 04 78 91 84 8

Alain Chapel avec ch
60 rte de Bourg – ✆ 04 78 91 82 02 – www.alainchapel.fr – Fermé janv., vend. midi, lundi et mardi sauf fériés
12 ch – 130/150 € 130/150 € – 21 €
Rest – Menu 60 € (déj. en sem.), 110/155 € – Carte 110/140 €
Spéc. Belle langoustine rôtie, endive, jus crémé safran cardamome (hiver). Pigeo rôti, jus de la presse aux herbettes, jeunes côtes de blettes, une purée (prin temps). Marinade de fraises, glace au thym-citron et croustillant de betterav rouge (été). **Vins** Mâcon Viré Clessé, Cerdon.
◆ Trois salles à manger bourgeoises en enfilade : ambiance bressane chaleureus et romantique. Belle cuisine fine et classique. Chambres coquettes et jardin fleur

---

MIRAMAR – **06 Alpes-Maritimes** – **341** C7 – **rattaché à Théoule-sur-Mer**

MIRAMBEAU – **17 Charente-Maritime** – **324** G7 – **1 454 h.** – **alt. 59 m** – ✉ **17150** **38** B
Paris 515 – Bordeaux 72 – Angoulême 73 – Cognac 48
90, avenue de la République ✆ 05 46 49 62 85

Château de Mirambeau
1 av. des Comtes Duchatel – ✆ 05 46 04 91 20 – www.chateaumirambeau.com – Ouvert 2 avril-1er nov.
14 ch – 230/555 € 230/555 € – 9 suites – 22 €
Rest – (40 €) Menu 65/95 € – Carte 73/109 €
◆ Fastueux salons, meubles chinés, chambres raffinées, luxueuses salles de bains vaste parc et belle piscine couverte : ce superbe château du 19e s. n'est que charme et élégance. Trois petites salles de restaurant intimes et une terrasse ouverte sur le domaine.

MIRANDE – **71 Saône-et-Loire** – **320** J11 – **rattaché à Fleurville**

MIRANDOL-BOURGNOUNAC – **81 Tarn** – **338** E6 – **1 060 h.** – **alt. 393 m** – ✉ **81190** **29** C
Paris 653 – Albi 29 – Rodez 51 – St-Affrique 79
2, place de la Liberté ✆ 05 63 76 97 65

Hostellerie des Voyageurs avec ch
pl. du Foirail – ✆ 05 63 76 90 10 – Fermé 20-30 avril, 22 août-8 sept. et le soir du 15 oct. au 1er avril
8 ch – 31 € 40 € – 6 € – ½ P 48/54 €
Rest – (11 €) Menu 14 € (sem.), 18 € bc/32 € – Carte 24/44 €
◆ Cette maison à la façade discrète héberge également le café du village. Grande salle à manger rustique et cuisine familiale généreuse à base de plats mijotés Terrasse fleurie.

MIREBEL – 39 Jura – 321 E6 – 227 h. – alt. 580 m – ✉ 39570 16 B3

Paris 419 – Champagnole 17 – Lons-le-Saunier 17

Mirabilis

41 Grande-Rue – ✆ 03 84 48 24 36 – www.lemirabilis.com – Fermé 3-14 janv., mardi et merc. de sept. à juin et lundi

Rest – (12 €) Menu 20/50 € – Carte 26/48 €

◆ Demeure familiale (1760) très chaleureuse : décor de bois et de pierre, jeux pour les enfants, terrasse et jardin... Cuisine actuelle bien goûteuse, sur des bases régionales.

MIREPOIX – 09 Ariège – 343 J6 – 3 077 h. – alt. 308 m – ✉ 09500 29 C3

Midi-Toulousain

Paris 753 – Carcassonne 52 – Castelnaudary 34 – Foix 37

place Maréchal Leclerc ✆ 05 61 68 83 76

Place principale ★★.

Relais Royal

8 r. Mar. Clauzel – ✆ 05 61 60 19 19 – www.relaisroyal.com – Fermé 1er nov.-18 avril

5 ch – 150/300 € 150/300 € – 4 suites – 20 € – ½ P 125/200 €

Rest – *(fermé mardi midi, merc. midi, jeudi midi, sam. midi et lundi)* (20 € bc) Menu 30/90 € – Carte 65/85 €

◆ Au cœur du pays cathare, une belle demeure de maître (1742) où histoire et modernité se côtoient subtilement. Un grand escalier dessert des chambres spacieuses garnies de meubles de style. Recettes actuelles à découvrir dans une salle à manger intime et bourgeoise.

Les Minotiers

av. Mar. Foch – ✆ 05 61 69 37 36 – www.lesminotiers.com

40 ch – 47 € 51 € – 7 €

Rest – *(fermé sam. midi sauf juil.-août)* (12 €) Menu 16 € bc/37 € bc – Carte 31/60 €

◆ Hôtel neuf installé dans les murs d'une ancienne minoterie. Teintes douces et équipements modernes dans des chambres récentes et fonctionnelles. Cuisine traditionnelle sans prétention proposée à prix tout doux.

Les Remparts avec ch

6 cours L.-Pons-Cande – ✆ 05 61 68 12 15 – www.hotelremparts.com – Fermé 1er-7 mars, 1er-7 juin et 23-30 nov.

7 ch – 54/110 € 60/120 € **Rest** – (15 €) Menu 26/49 € – Carte 34/59 €

◆ Une table appréciée pour sa cuisine actuelle, élaborée par un jeune chef, et pour l'ambiance chaleureuse du cadre (maison construite sur les anciens remparts de la ville). Les chambres, confortables et bien équipées, sont plus calmes sur l'arrière.

MIRMANDE – 26 Drôme – 332 C5 – 507 h. – alt. 204 m – ✉ 26270 44 B3

Lyon Drôme Ardèche

Paris 603 – Lyon 141 – Valence 42 – Romans-sur-Isère 61

place du Champ de Mars ✆ 04 75 63 10 88

De Mirmande sans rest

Le Village – ✆ 04 75 63 13 18 – www.hoteldemirmande.com

9 ch – 70/80 € 70/140 € – 11 €

◆ Ce charmant hôtel est logé dans l'ancienne épicerie du village. Vous y découvrirez de spacieuses chambres à la déco chic et sobre, avec un équipement de qualité.

La Capitelle

Le Rempart – ✆ 04 75 63 02 72 – www.lacapitelle.com – Fermé 15 déc.-15 fév. et mardi sauf juil.-août

12 ch – 85/140 € 85/150 € – 12 € – ½ P 84/125 €

Rest – *(fermé merc. midi sauf juil.-août)* (19 €) Menu 25 € (déj. en sem.), 39/53 € – Carte environ 58 € le soir

◆ Cette ancienne magnanerie, située au cœur du vieux village, fut la résidence du cubiste André Lhote. Beaux meubles d'antiquaire dans les chambres. La cheminée monumentale en pierre est l'âme de la salle à manger voûtée. Terrasse avec vue sur vergers et collines.

MISSILLAC – 44 Loire-Atlantique – 316 D3 – 4 474 h. – alt. 44 m – ✉ 44780 Bretagne — 34 A2

Paris 436 – Nantes 62 – Redon 24 – St-Nazaire 37

la Chinoise ☎ 02 40 88 35 14

Retable★ dans l'église - Site★ du château de la Bretesche O : 1 km.

La Bretesche

Domaine de la Bretesche, rte de la Baule – ☎ 02 51 76 86 96 – www.bretesche.fr

32 ch – †155/595 € ††155/595 € – ☕ 29 €

Rest – *(fermé 14 fév.-4 mars et le midi sauf dim.)* Menu 56/106 € – Carte 70/106 €

Rest *Le Club* – *(fermé le soir d'oct. au 14 fév.)* (19 €) Menu 24 € (déj.)/35 € – Carte 33/64 €

◆ Dans les dépendances du château de Missillac, dont les tours se reflètent sur le lac contigu. Mobilier de style et détails tendance, salon dans les anciennes écuries, espace bien-être... à deux pas du golf 18-trous. Deux restaurants : l'un gastronomique ; l'autre façon brasserie contemporaine, apprécié des golfeurs.

MITTELBERGHEIM – 67 Bas-Rhin – 315 I6 – 665 h. – alt. 220 m – ✉ 67140 Alsace Lorraine — 2 C1

Paris 499 – Barr 2 – Erstein 24 – Molsheim 23

2, rue Principale ☎ 03 88 08 01 66

Gilg avec ch

1 r. Rotland – ☎ 03 88 08 91 37 – www.hotel-gilg.com – Fermé 27 juin-13 juil., 9 janv.-1er fév., mardi et merc.

19 ch – †55/75 € ††60/89 € – ☕ 8 €

Rest – Menu 27 € (sem.), 30/70 € – Carte 40/55 €

◆ La winstub d'origine, où fut créé, dit-on, le pâté vigneron, s'est muée en un restaurant sympathique et convivial. Généreux plats traditionnels, inspirés du répertoire alsacien.

Am Lindeplatzel

71 r. Principale – ☎ 03 88 08 10 69 – Fermé 23 août-2 sept., 22 nov.-2 déc., 8-25 fév., lundi midi, merc. soir et jeudi

Rest – Menu 23/58 € – Carte 28/42 €

◆ Joli village et agréable maison alsacienne, où il fait bon savourer des plats faisant honneur à la tradition, mais aussi aux tendances culinaires actuelles. Cadre contemporain.

MITTELHAUSEN – 67 Bas-Rhin – 315 J4 – 550 h. – alt. 185 m – ✉ 67170 — 1 B1

Paris 478 – Haguenau 21 – Saverne 22 – Strasbourg 24

À l'Étoile ch, rest,

12 r. La Hey – ☎ 03 88 51 28 44 – www.hotel-etoile.net – Fermé 1er-17 janv.

31 ch – †58/63 € ††63/83 € – ☕ 8,50 € – ½ P 68/78 €

Rest – *(fermé 10 juil.-4 août, 1er-17 janv., dim. soir et lundi)* (12 €) Menu 19/44 € – Carte 22/50 €

◆ En retrait de la rue principale, une maison de pays (1888) et son annexe récente. Chambres alsaciennes dans la première ; spacieuses et contemporaines dans la seconde. Beau spa. Plats traditionnels servis dans de chaleureuses salles décorées de boiseries.

MITTELWIHR – 68 Haut-Rhin – 315 H8 – 785 h. – alt. 210 m – ✉ 68630 — 2 C2

Paris 445 – Colmar 10 – Kaysersberg 6 – Sélestat 20

Le Mandelberg sans rest

chemin du Mandelberg – ☎ 03 89 49 09 49 – www.hotelmandelberg.fr – Fermé 3-30 janv.

18 ch – †72/120 € ††85/120 € – ☕ 12 € – ½ P 81/103 €

◆ Savourez le microclimat du "Midi de l'Alsace" depuis cette grande bâtisse de style néo-alsacien dont les chambres, modernes et confortables, donnent parfois sur le vignoble.

Le Mittelwihr sans rest

19 rte du Vin – ✆ 03 89 49 09 90 – http://monsite.wanadoo.fr/hotelmittelwihr.fr – Fermé fév.

15 ch – 67/115 € 67/115 € – 10 €

◆ Sur la route des Vins, cette maison régionale haute en couleurs propose des chambres de bon confort avec des salles de bains plaisantes. Copieux petit-déjeuner typiquement local.

La Table de Mittelwihr

rte du Vin – ✆ 03 89 78 61 40 – www.la-table-de-mittelwihr.com – Fermé 1er-15 nov., 2-10 janv., dim. soir de janv. à mars, mardi midi et lundi

Rest – Menu 16 € (déj.), 25/47 € – Carte 33/51 €

◆ Architecture intérieure contemporaine assez originale (poutres en bois courbées) et agréable terrasse d'été pour déguster une cuisine actuelle assortie de recettes du terroir.

MIZOËN – 38 Isère – **333** J7 – rattaché au Freney-d'Oisans

MOËLAN-SUR-MER – 29 Finistère – **308** J8 – 6 841 h. – alt. 58 m **9** B2
– ✉ 29350 Bretagne

Paris 523 – Carhaix-Plouguer 66 – Concarneau 27 – Lorient 27

20, place de l'Église ✆ 02 98 39 67 28

Manoir de Kertalg sans rest

rte de Riec-sur-Belon, 3 km à l'Ouest par D 24 et chemin privé – ✆ 02 98 39 77 77 – www.manoirdekertalg.com – Ouvert 15 avril-12 nov.

9 ch – 125/225 € 135/280 € – 15 €

◆ Altière demeure du 19e s. dans un superbe parc forestier. Les chambres sont raffinées et confortables, dans une veine très classique. Brann, propriétaire des lieux, y expose ses œuvres.

MOIRAX – 47 Lot-et-Garonne – **336** F5 – rattaché à Agen

MOISSAC – 82 Tarn-et-Garonne – **337** C7 – 12 354 h. – alt. 76 m **28** B2
– ✉ 82200 Midi-Toulousain

Paris 632 – Agen 57 – Auch 87 – Cahors 63

6, place Durand de Bredon ✆ 05 63 04 01 85

d'Espalais à Valence-d'Agen L'Ilôt, par rte d'Agen : 20 km, ✆ 05 63 29 04 56

Église St-Pierre★ : portail méridional★★★, cloître★★★, christ★.

Boudou ☀★ 7 km par ③.

Plan page suivante

Le Moulin de Moissac — b

Esplanade du Moulin – ✆ 05 63 32 88 88 – www.lemoulindemoissac.com

36 ch – 82/155 € 82/155 € – 10 €

Rest – *(fermé sam. midi et dim.)* (18 €) Menu 23 € (déj.)/55 € – Carte 65/85 €

◆ Souvent remanié, ce moulin fondé au 15e s. dispose désormais d'un bel aménagement intérieur, de jolies chambres à thèmes (mer, campagne et montagne) et d'un spa complet. Restaurant au décor de bistrot, simple et élégant, tourné vers le Tarn. Choix traditionnel.

Le Chapon Fin sans rest — a

3 pl. des Récollets – ✆ 05 63 04 04 22 – www.lechaponfin-moissac.com

22 ch – 50/60 € 50/60 € – 8 €

◆ Sur la place du marché et à deux pas de l'abbaye romane, vous serez traité ici comme des "coqs en pâte" et logé dans des chambres classiques et fonctionnelles.

MOISSAC

Alsace-Lorraine (Bd d') . 2
Cayrou (Av. H.) 3
Gascogne (Av. de) 4
Guilerand (R.) 5
Lakanal (Bd) 6
Récollets (Pl. des) 8
République (R. de la) . . 9

Le Pont Napoléon-La Table de Nos Fils avec ch
2 allées Montebello – ✆ 05 63 04 01 55
– www.le-pont-napoleon.com
14 ch – 🚹45/50 € 🚹🚹54/56 € – ☕ 8 €
Rest – (28 €) Menu 35/42 € – Carte 35/45 €
◆ Restaurant face au pont Napoléon, en bordure du Tarn. Décoration agréablement tendance, mettant en valeur tableaux, objets et meubles anciens. Plats dans l'air du temps.

au Nord **9 km par D 7 - ✉ 82400 St-Paul-Espis**

Le Manoir St-Jean rest,
à St-Jean-de-Cornac – ✆ 05 63 05 02 34 – www.manoirsaintjean.com – Fermé 2-29 nov.
9 suites – 🚹🚹150/180 € – 1 ch – ☕ 13 € – ½ P 110/135 €
Rest – *(fermé dim. soir et lundi du 15 sept. au 15 juin) (prévenir)* (25 €) Menu 38/70 €
◆ Maison de maître (19e s.) personnalisée par de nombreux objets chinés. Chambres-suites décorées selon différents thèmes : Art déco, marine, etc. Agréable jardin avec piscine. Confortable salle de restaurant pour une cuisine faisant la part belle au terroir.

MOISSAC-BELLEVUE – 83 Var – 340 M4 – rattaché à Aups

MOISSIEU-SUR-DOLON – 38 Isère – 333 C5 – 675 h. – alt. 350 m – ✉ 38270 44 B2

Paris 511 – Grenoble 78 – Lyon 55 – La Tour-du-Pin 53

Domaine de la Colombière ch,
Château de Moissieu – ✆ 04 74 79 50 23
– www.lacolombiere.com – Ouvert 1er mars-15 nov.
21 ch – 🚹79/99 € 🚹🚹79/99 € – 1 suite – ☕ 16 €
Rest – (19 €) Menu 24/65 € – Carte 25/89 €
◆ Demeure bourgeoise de 1820 entourée d'un parc de 4 ha. Vastes chambres bien équipées, décorées sur le thème des peintres célèbres. Au restaurant, cuisine actuelle réalisée avec de bons produits. Salles de réception.

MOLINEUF – 41 Loir-et-Cher – **318** E6 – rattaché à Blois

MOLITG-LES-BAINS – 66 Pyrénées-Orientales – **344** F7 – 211 h. **22** B3
– alt. 607 m – Stat. therm. : début avril-fin nov. – ✉ 66500 Languedoc Roussillon

Paris 896 – Perpignan 50 – Prades 7 – Quillan 56

route des Bains ✆ 04 68 05 03 28

Château de Riell ch, rest,

– ✆ *04 68 05 04 40 – www.chateauderiell.com*
– Ouvert 8 avril-2 nov.
16 ch – 147/318 € 147/318 € – 3 suites – 19 € – ½ P 143/273 €
Rest – *(fermé lundi et le midi sauf week-ends et juil.-août)* Menu 49/70 € bc
– Carte 78/107 €
◆ D'esprit baroque, cette "folie" catalane du 19e s. érigée au sein d'un parc arboré abrite de douillettes chambres personnalisées ; sept autres occupent des maisonnettes. Petit air de bodega chic au restaurant ; terrasse entourée d'une végétation exubérante.

Grand Hôtel Thermal rest,

✆ *04 68 05 00 50 – www.grandhotelmolitg.com – Ouvert 4 avril-4 déc.*
38 ch – 115/210 € 115/210 € – 5 suites – 18 € – ½ P 83/133 €
Rest – *(fermé dim.)* Menu 35/45 € – Carte 40/58 €
◆ Cette grande bâtisse abrite les thermes et un institut de beauté. Beau parc ; chambres décorées dans l'esprit catalan (quelques suites spacieuses et agréables). Salle à manger classique, véranda dans un ancien atelier de chocolat et terrasse ; plats traditionnels.

MOLLANS-SUR-OUVÈZE – 26 Drôme – **332** E8 – 968 h. – alt. 280 m **44** B3
– ✉ 26170 Alpes du Sud

Paris 676 – Carpentras 30 – Nyons 21 – Vaison-la-Romaine 13

Le St-Marc rest,

av. de l'Ancienne Gare – ✆ 04 75 28 70 01 – www.saintmarc.com
– Ouvert 8 avril-1er nov.
21 ch – 63/92 € 63/92 € – 10 € – ½ P 65/79 €
Rest – *(fermé dim. soir en avril et de mi-sept. à fin oct. et le midi)* (24 €)
Menu 30/34 € – Carte environ 32 €
◆ Au pied du mont Ventoux, cette maison provençale dispose de chambres fonctionnelles. Grand jardin avec piscine et tennis. Cuisine du Sud servie dans une salle rustique ou sur la terrasse fleurie.

MOLLÉGÈS – 13 Bouches-du-Rhône – **340** E3 – 2 390 h. – alt. 55 m **42** E1
– ✉ 13940

Paris 704 – Avignon 24 – Cavaillon 9 – Marseille 80

Mas du Capoun avec ch ch, ch,

27 av. des Paluds – ✆ 04 90 26 07 12 – www.masducapoun.fr – Rest : fermé 25 oct.-10 nov. et de mi-fév. à mi-mars ; hôtel : ouvert de Pâques à oct.
6 ch – 75/85 € 85/95 €
Rest – *(fermé mardi soir, sam. midi et merc.)* Menu 16/33 €
◆ Mas raffiné où l'on mange dans une salle lumineuse et épurée ou, en été, sous la charpente d'une superbe grange restaurée. Belle cuisine actuelle à partir de produits frais. Jolies chambres confortables à l'arrière du bâtiment, avec terrasse privative.

MOLLKIRCH – 67 Bas-Rhin – **315** I5 – 933 h. – alt. 320 m – ✉ 67190 **1** A2

Paris 485 – Molsheim 11 – Saverne 35 – Strasbourg 40

Fischhutte

30 rte de la Fischhutte, rte Grendelbruch : 3,5 km – ✆ 03 88 97 42 03
– www.fischhutte.com – Fermé 6-28 avril et 19 juil.-3 août
18 ch – 65/95 € 75/150 € – 12 € – ½ P 74/111 €
Rest – *(fermé lundi et mardi)* (14 €) Menu 32 € (sem.), 40/75 € bc
◆ Adresse champêtre de la vallée de la Magel. Confortables chambres au décor contemporain ; certaines offrent une vue sur la forêt vosgienne. Espace brasserie flanqué d'une coquette salle à manger. Carte régionale ; gibier en saison.

MOLSHEIM – 67 Bas-Rhin – **315** I5 – 9 382 h. – alt. 180 m – ✉ 67120 Alsace Lorraine **1** A1

Paris 477 – Lunéville 94 – St-Dié 79 – Saverne 28

19, place de l'Hôtel Ville ✆ 03 88 38 11 61

La Metzig★ - Église des Jésuites★.

Fresques★ de la chapelle St-Ulrich N : 3,5 km.

Diana ch, VISA AE

pont de la Bruche – ✆ 03 88 38 51 59 – www.hotel-diana.com

63 ch – 95/135 € 95/150 € – 1 suite – 13 €

Rest – *(fermé 24-31 déc. et dim. soir)* Menu 28/49 € – Carte 32/41 €

◆ Construction des années 1970 agrémentée de nombreuses œuvres d'art. Chambres actuelles avec mobilier et déco design. Pour le bien-être : spa, superbe fitness, jardin. Au restaurant, carte dans l'air du temps et belle cave.

Le Bugatti sans rest VISA AE

r. de la Commanderie – ✆ 03 88 49 89 00 – www.hotel-le-bugatti.com – Fermé 24 déc.-1er janv.

48 ch – 60/75 € 60/75 € – 1 suite – 7 €

◆ Une construction de facture contemporaine, tout près des légendaires usines Bugatti. Les chambres, rénovées en 2007, sont fonctionnelles et actuelles.

LES MOLUNES – 39 Jura – **321** F8 – 129 h. – alt. 1 274 m – ✉ 39310 **16** B3

Paris 485 – Genève 49 – Gex 30 – Lons-le-Saunier 74

Le Pré Fillet ch, VISA

rte des Moussières – ✆ 03 84 41 62 89 – www.hotel-leprefillet.com – Fermé 26 avril-3 mai, 24 oct.-13 déc., dim. soir et lundi

15 ch – 56 € 56 € – 8 € – ½ P 57 €

Rest – (14 € bc) Menu 21/40 € – Carte 15/50 €

◆ Pour un séjour très "nature", une hôtellerie de moyenne montagne, simple et sympathique. Chambres bien tenues. Sauna et jacuzzi avec vue sur la campagne. Cuisine du terroir accompagnée d'une belle carte de vins locaux et bourguignons.

MONACO (PRINCIPAUTE DE) – **341** F5 – **115** 27 – voir en fin de guide

MONCEL-LÈS-LUNÉVILLE – 54 Meurthe-et-Moselle – **307** K7 – rattaché à Lunéville

MONDEMENT-MONTGIVROUX – 51 Marne – **306** E10 – rattaché à Sézanne

MONDRAGON – 84 Vaucluse – **332** B8 – 3 523 h. – alt. 40 m – ✉ 84430 **40** A2

Paris 640 – Avignon 45 – Montélimar 40 – Nyons 41

La Beaugravière avec ch VISA

N 7 – ✆ 04 90 40 82 54 – www.beaugraviere.com – Fermé 15-30 sept., dim. soir et lundi

4 ch – 75 € 75 € – 9 €

Rest – (18 €) Menu 29/98 € – Carte 50/150 €

◆ Maison provençale mettant le classicisme et la truffe à l'honneur ; superbe carte des vins. Installez-vous près de la cheminée monumentale ou sur la terrasse ombragée. Chambres pratiques pour l'étape.

MONEIN – 64 Pyrénées-Atlantiques – **342** I3 – 4 367 h. – alt. 154 m – ✉ 64360 **3** B3

Paris 799 – Navarrenx 20 – Oloron-Ste-Marie 21 – Pau 23

L'Auberge des Roses VISA

quartier Loupien , 3 km au Nord par D 9 puis D 2 et rte secondaire – ✆ 05 59 21 45 63 – Fermé 3 sem. en sept., 2 sem. en fév., lundi et merc.

Rest – Menu 25/35 € – Carte 27/45 €

◆ Monsieur et Madame Rose vous accueillent dans un beau cadre ancien (pierres et poutres) rénové, au pied des vignes de Jurançon. Cuisine appétissante à base de produits frais.

MONESTIER – 24 Dordogne – 329 C7 – 365 h. – alt. 100 m – ✉ 24240

Paris 612 – Agen 109 – Bordeaux 117 – Périgueux 71

Château des Baudry

3 km au Nord par D 4, rte de Saussignac et rte secondaire – ✆ 05 53 23 46 42 – www.chateaudesbaudry.fr

4 ch – 105 € 120/150 € – 12 € **Table d'hôte** – Menu 34 €

◆ En plein vignoble d'AOC Saussignac, célèbre pour son vin liquoreux, cette ancienne ferme propose des chambres spacieuses avec cheminées et plafonds à la française. Jolie salle à manger où l'on sert le repas le soir (apéritif offert) et patio pour les beaux jours.

MONESTIER-DE-CLERMONT – 38 Isère – 333 G8 – 1 104 h. – alt. 825 m – ✉ 38650 Alpes du Nord 45 C2

Paris 598 – Grenoble 36 – La Mure 29 – Serres 72

103 bis, Grand Rue ✆ 04 76 34 15 99

Au Sans Souci

Le Bourg, à St-Paul-lès-Monestier, 2 km au Nord-Ouest par D 8 – ✆ 04 76 34 03 60 – www.au-sans-souci.com – Fermé dim. soir et lundi

12 ch – 45 € 68/75 € – 8 €

Rest – Menu 19 € (sem.), 25/52 € – Carte 32/52 €

◆ Contrairement à "La passante", vous aimerez vous attarder dans cette ancienne scierie tapissée de vigne vierge. Chambres campagnardes. Les patrons, restaurateurs de père en fils depuis 1934, régalent les convives d'une goûteuse cuisine du marché.

Piot

7 chemin des Chambons – ✆ 04 76 34 07 35 – www.hotel-piot.fr – Ouvert 15 mars-15 nov. et fermé mardi soir et lundi sauf juil.-août et mardi midi

14 ch – 52 € 52/60 € – 9 € – ½ P 65 €

Rest – (14 €) Menu 20 € (sem.), 25/35 € – Carte 30/45 €

◆ Imposante villa bourgeoise de 1912 dans un petit parc planté de sapins centenaires. Chambres simples et bien tenues, atmosphère conviviale. Spacieuse salle à manger fraîchement rénovée, agréable terrasse ombragée de conifères et cuisine traditionnelle.

LE MONÊTIER-LES-BAINS – 05 Hautes-Alpes – 334 H3 – rattaché à Serre-Chevalier

LA MONGIE – 65 Hautes-Pyrénées – 342 N5 – Sports d'hiver : 1 800/2 500 m 3 41 – ✉ 65200 Bagneres de Bigorre Midi-Toulousain 28 A3

Paris 853 – Bagnères-de-Bigorre 25 – Bagnères-de-Luchon 72 – Tarbes 48

rue Pic d'Espade ✆ 05 62 91 94 15

Le Taoulet ★★ N par téléphérique - Col du Tourmalet★★ O : 4 km.

Pic du Midi de Bigorre★★★.

au Nord-Est 8 km par D 918 – ✉ 65710 Campan

La Maison d'Hoursentut

– ✆ 05 62 91 89 42 – www.maison-hoursentut.com

13 ch – 60/65 € 60/65 € – 8 €

Rest – *(fermé le midi) (nombre de couverts limité, prévenir)* Menu 20 €

◆ Décoration contemporaine et minimaliste dans cet hôtel familial. Chambres douillettes et cosy (parquet, rondins de bois en guise de chevet...), salon-cheminée et joli jardin avec bain norvégien. Menu annoncé de vive voix ; terrasse dressée au bord de l'Adour.

MONHOUDOU – 72 Sarthe – 310 K5 – 198 h. – alt. 130 m – ✉ 72260 35 D1

Paris 199 – Alençon 30 – Le Mans 42 – Nantes 223

Château de Monhoudou

2 km au Sud par D 117 et rte secondaire – 06 83 35 39 12 – www.monhoudou.com

5 ch – 110/180 € 110/180 € **Table d'hôte** – Menu 44 € bc/72 € bc

◆ Au milieu d'un parc à l'anglaise (animaux en liberté), beau château Renaissance (16e-18es.) habité par la même famille depuis 19 générations. Vastes et élégantes chambres aux meubles anciens. Salon avec cheminée, bibliothèque. Repas préparés par la châtelaine en personne.

MONNAIE – 37 Indre-et-Loire – 317 N4 – 3 768 h. – alt. 113 m – ✉ 37380 11 B2

Paris 227 – Château-Renault 15 – Tours 16 – Vouvray 10

L'Épicurien

53 r. Nationale – 02 47 56 10 34 – www.restaurant-lepicurien.com – Fermé jeudi soir, dim. soir et lundi

Rest – (18 €) Menu 25/42 € – Carte 38/50 €

◆ Sur l'axe principal du bourg, ce restaurant semble plutôt rétro mais il n'en n'est rien. La cuisine est actuelle, presque sophistiquée, et réalisée avec de bons produits.

MONPAZIER – 24 Dordogne – 329 G7 – 533 h. – alt. 180 m – ✉ 24540 4 C2

Périgord Quercy

Paris 575 – Bergerac 47 – Périgueux 75 – Sarlat-la-Canéda 50

place des Cornières 05 53 22 68 59

Place des Cornières★.

Edward 1er

5 r. St-Pierre – 05 53 22 44 00 – www.hoteledward1er.com – Ouvert 18 mars-13 nov.

10 ch – 56/86 € 68/166 € – 2 suites – 12 €

Rest – *(ouvert 1er avril-31 oct. et fermé merc. sauf juil.-août et le midi) (prévenir)* Menu 30/45 €

◆ Dans cette gentilhommière du 19e s., on profite de la vie de château : belle hauteur sous plafond, moulures, meubles de style, tissu mural. Chambres spacieuses avec vue. Un menu actuel composé chaque jour, à base des produits du Périgord.

Bistrot 2

Foirail Nord – 05 53 22 60 64 – www.bistrot2.fr – Fermé 21 nov.-13 déc., sam. midi, lundi soir et vend. de mi-sept. à juin

Rest – (16 € bc) Menu 20 € (déj. en sem.), 24/30 € – Carte 26/38 €

◆ Une partie de l'équipe de l'Edward Ier a investi ce nouveau bistrot contemporain et revisite des plats régionaux de manière très séduisante. Terrasse ombragée de glycines.

MONTAGNAC – 04 Alpes-de-Haute-Provence – 334 E10 – 399 h. – alt. 614 m – ✉ 04500 41 C2

Paris 799 – Avignon 151 – Digne-les-Bains 51 – Marseille 105

La Maison du Bois Doré sans rest

Lieu-dit Plan-de-Croix, 2 km au Nord-Ouest par D 11, rte de Riez et chemin secondaire – 06 86 97 01 86 – www.provenceguesthouse.com – Fermé 5 janv.-15 mars

4 ch – 82 € 87 €

◆ Pour vivre loin de tout... Cette ancienne ferme apicole est entourée de champs de lavande et de chênes truffiers. Décor zen et moderne dans les chambres, avec terrasse.

MONTAGNAT – 01 Ain – 328 E3 – 1 549 h. – alt. 262 m – ✉ 01250 44 B1

Paris 447 – Bourg-en-Bresse 8 – Lyon 84 – Mâcon 55

Au Pot de Grès

2013 rte du Village – 04 74 51 67 05 – Fermé vacances de Pâques, 22 août-7 sept., dim. soir, lundi soir et mardi soir

Rest – (15 € bc) Menu 26/46 € – Carte 35/55 €

◆ Cette jolie maison de campagne vous accueille dans une salle à manger réchauffée par une cheminée. Côté carte, le chef revisite habilement les plats du terroir (produits choisis).

MONTAGNE – 33 Gironde – 335 K5 – 1 704 h. – alt. 80 m – ✉ 33570 4 C1

▶ Paris 541 – Agen 129 – Bordeaux 41 – Bergerac 61

XX **Le Vieux Presbytère**

pl. de l'Église – ☎ 05 57 74 65 33 – www.restaurant-montagne-st-emilion.com – Fermé vacances de la Toussaint, de Noël, de fév., mardi sauf juil.-août et merc.

Rest – (16 € bc) Menu 32/55 € bc – Carte 41/48 €

◆ Cette table sympathique occupe un ancien presbytère. Salle cosy rustiquement meublée, terrasse sur cour, cuisine du moment et vins du cru (soirées œnologiques en fin de semaine).

MONTAGNE-DU-SEMNOZ – 74 Haute-Savoie – 328 J6 – ✉ 74000 46 F1

▶ Paris 552 – Aix-les-Bains 43 – Albertville 60 – Annecy 17

Crêt de Châtillon ✳★★★ (**accès** par D 41 : d'Annecy 20 km ou du col de Leschaux 14 km, puis 15 mn).

par D 41 – ✉ 74000 Annecy

Les Rochers Blancs

près du sommet, alt. 1 650 – ☎ 04 50 01 23 60 – www.lesrochersblancs.com – Ouvert 10 juin-15 sept. et 15 déc.-15 avril

15 ch – †47/50 € ††66/72 € – ☕ 9 € – ½ P 65/70 €

Rest – Menu 19/36 € – Carte 27/40 €

◆ Culminant à 1 650 m, ce chalet bénéficie d'un panorama exceptionnel et d'une tranquillité absolue. Chambres dans le style local. Restaurant décoré dans la pure tradition montagnarde et cuisine de terroir. Terrasse.

MONTAGNIEU – 38 Isère – 333 F4 – rattaché à La Tour-du-Pin

MONTAGNY – 42 Loire – 327 E3 – 1 105 h. – alt. 530 m – ✉ 42840 44 A1

▶ Paris 408 – Lyon 70 – Montbrison 78 – Roanne 15

XX **L'Air du Temps**

1 r. de la République – ☎ 04 77 66 11 31 – www.lairdutemps42.fr – Fermé 15-31 août, dim. soir, lundi et merc.

Rest – (16 €) Menu 20/49 € – Carte 35/61 €

◆ Un restaurant bien agréable, aménagé à l'étage d'un ancien café. La cuisine est... dans l'air du temps et suit les saisons !

MONTAGNY-LÈS-BEAUNE – 21 Côte-d'Or – 320 J8 – rattaché à Beaune

MONTAIGU – 85 Vendée – 316 I6 – 4 822 h. – alt. 40 m – ✉ 85600 34 B3

▶ Paris 389 – Cholet 36 – Fontenay-le-Comte 88 – Nantes 37

ℹ 6, rue Georges Clemenceau ☎ 02 51 06 39 17

Mémorial de vendée ★★ : le logis de la Chabotterie★ (salles historiques★★) SO : 14 km, le chemin de la Mémoire des Lucs★ SO : 24 km Poitou Charentes Vendée

au Pont de Sénard 7 km au Nord par N 137 et D 77 – ✉ 85600 St-Hilaire-de-Loulay

Le Pont de Sénard

– ☎ 02 51 46 49 50 – www.hotel-pontdesenard.fr – Fermé 1er-19 août, 31 oct.-6 nov. et 26-30 déc.

25 ch – †54 € ††72 € – ☕ 8,50 € – ½ P 77 €

Rest – *(fermé vend. soir d'oct. à mai et dim. soir)* Menu 19/46 € – Carte 28/36 €

◆ Une clientèle fidèle apprécie cet hôtel bordant la Maine pour son environnement délicieusement bucolique, son bel équipement de séminaires et ses chambres peu à peu rénovées. Salle à manger-véranda et plaisante terrasse champêtre dominant la rivière.

MONTAIGUT-LE-BLANC – 63 Puy-de-Dôme – 326 F9 – rattaché à Champeix

MONTARCHER – 42 Loire – 327 C7 – 65 h. – alt. 1 160 m – ✉ 42380 44 A2

Lyon Drôme Ardèche

▶ Paris 491 – Clermont-Ferrand 154 – Lyon 109 – Le Puy-en-Velay 68

Le Clos Perché avec ch

le bourg – ☎ 04 77 50 00 08 – Fermé 1er-7 sept., janv., lundi et mardi

5 ch – 🚹50 € 🚹🚹50 € **Rest** – Menu 15 € (déj. en sem.), 23/28 €

◆ Sympathique auberge discrètement transformée en bistrot chic et perchée à quelque 1 000 m d'altitude. Goûteuse cuisine réalisée avec des produits choisis. Pour l'étape, chambres d'esprit actuel.

MONTAREN-ET-ST-MÉDIERS – 30 Gard – 339 L4 – rattaché à Uzès

MONTARGIS – 45 Loiret – 318 N4 – 15 794 h. – alt. 95 m – ✉ 45200 12 D2

Châteaux de la Loire

Paris 109 – Auxerre 81 – Bourges 117 – Orléans 73

10 rue Renée de France ☎ 02 38 98 00 87

de Vaugouard à Fontenay-sur-Loing Chemin des Bois, par rte de Fontainebleau : 9 km, ☎ 02 38 89 79 09

Collection Girodet★ du musée M[1].

MONTARGIS

Anatole-France (Bd). . . . . . Y 2
Ancien Palais (R.). . . . . . Z 3
Baudin (Bd Paul) . . . . . . YZ 4
Belles Manières (Bd). . . . . . Z 5
Bon-Guillaume (R. du) . . . . . . Z 6
Carnot (R. Lazare) . . . . . . Y 8
Cormenin (R.). . . . . . Z 12
Decourt (R. E.). . . . . . Y 13
Dr-Roux (R. du) . . . . . . Y 15
Dr-Szigeti (Av. du) . . . . . . Y 16
Dorée (R.). . . . . . Z
Ferry (Pl. Jules). . . . . . Z 20
Fg de la Chaussée (R. du) . . YZ 17
Fg d'Orléans (R. du) . . . . . . YZ 18
Jean-Jaurès (R.). . . . . . Y 21
Kléber (R.) . . . . . . Y 22
Laforge (R. R.) . . . . . . Z 23
Lamy (R. Jean). . . . . . Y 24
Longeard (R. du) . . . . . . Y 26
Moulin à Tan (R.du) . . . . . . Z 28
Pêcherie (R. de la) . . . . . . Z 30
Poterne (R. de la). . . . . . Z 32
Pougin-de-la-Maisonneuve (R.) . . . . . . Z 33
Prés.-Roosevelt (R.) . . . . . . Y 34
République (Pl. de la). . . . . . Z 36
Sédillot (R.). . . . . . Y 37
Tellier (R. R.). . . . . . Z 39
Vaublanc (R. de). . . . . . Z 41
Verdun (Av. de) . . . . . . Y 42
18-Juin-1940 (Pl. du) . . . . . . Z 45

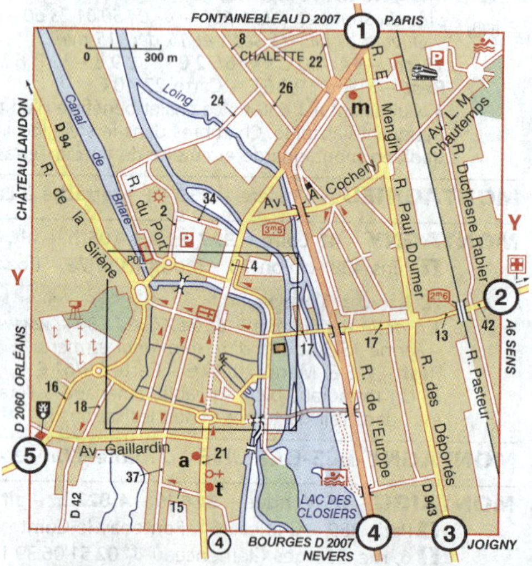

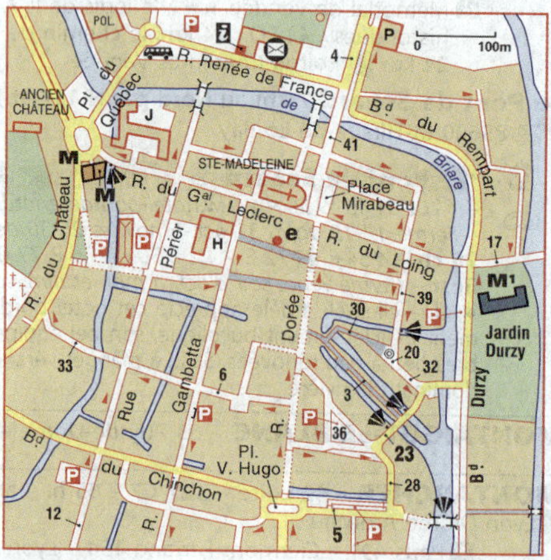

XXX **La Gloire** (Jean-Claude Martin) avec ch — rest, rest, VISA MC AE

74 av. Gén.-de-Gaulle – ☎ 02 38 85 04 69 – www.lagloire-montargis.com – Fermé 15 août-3 sept., 16 fév.-10 mars, mardi et merc. **Ym**

12 ch – †55 € ††65/80 € – ☕ 9 €

Rest – Menu 30 € (sem.), 42/55 € – Carte 68/117 €

Spéc. Bouquets rôtis au corail de homard. Navarin d'agneau primeur. Caravane des douceurs. **Vins** Menetou Salon, Sancerre rouge.

◆ Cette Gloire n'a rien de pompeux ; dans ce restaurant clair et fleuri, l'accueil est charmant. La tradition gastronomique y est revisitée de manière subtile et généreuse, en témoigne la savoureuse caravane des desserts ! Chambres confortables.

XX **L'Orangerie** — VISA MC

57 r. Jean-Jaurès – ☎ 02 38 93 33 83 – www.restaurant-orangerie-montargis.com – Fermé lundi soir, mardi et merc. **Yt**

Rest – Menu 23 € (sem.)/42 € – Carte 35/55 €

◆ Adresse familiale avec de chaleureuses petites salles à manger (poutres apparentes, tons clairs) et une véranda aux allures de jardin d'hiver. Cuisine traditionnelle et gourmande.

XX **L'Agrappe Coeur** — P VISA MC AE

22 r. Jean-Jaurès – ☎ 02 38 85 22 65 – www.restaurant-agrappecoeur.com – Fermé 10-30 août, dim. soir, mardi soir et lundi **Ya**

Rest – Menu 23 € (sem.), 31/42 € – Carte 38/65 €

◆ Derrière la jolie façade blanche, un comptoir des années 1930, puis des salles contemporaines ou d'esprit bistrot chic. Cuisine traditionnelle utilisant de bons produits.

XX **Les Dominicaines** — VISA MC AE

6 r. du Dévidet – ☎ 02 38 98 10 22 – www.restaurant-lesdominicaines.com – Fermé deux sem. en août, sam. midi et dim. **Ze**

Rest – *(prévenir)* (18 €) Menu 22/33 € bc – Carte 36/64 €

◆ Ces Dominicaines-là n'invitent pas à faire maigre, bien que l'on fasse ici la part belle aux produits de la mer. Parmi les incontournables de la chef, le homard bleu rôti.

à Amilly 5 km par ③ – 11 667 h. – alt. 110 m – ✉ 45200

Le Belvédère sans rest — P VISA MC

192 r. Jules-Ferry – ☎ 02 38 85 41 09 – http://hbelvedere.pagesperso-orange.fr/ – Fermé 7-26 août et 18 déc.-2 janv.

24 ch – †56/65 € ††65/73 € – ☕ 8 €

◆ Une grande maison avec un jardin fleuri, face à l'école du village. On se croirait dans une pension de famille : l'accueil est charmant et la décoration un peu désuète.

rte de Ferrières par ①, N 7 et rte secondaire – ✉ 45210 Fontenay-sur-Loing

Domaine de Vaugouard — rest, P VISA MC AE

chemin des Bois – ☎ 02 38 89 79 00 – www.vaugouard.com – Fermé 1er janv.-31 mars

49 ch – †165/245 € ††165/245 € – ☕ 18 € – ½ P 145/185 €

Rest – *(fermé le midi)* Menu 32 € – Carte 45/96 €

◆ Joli château du 18e s. situé au cœur d'un parcours de golf et d'un très beau parc. Chambres confortables au charme bourgeois, plus grandes dans les dépendances. Petites salles à manger cossues, terrasse tournée vers les greens et cuisine classique.

MONTAUBAN P – 82 Tarn-et-Garonne – 337 E7 – 53 941 h. – alt. 98 m – ✉ 82000 Midi-Toulousain 28 B2

Paris 627 – Agen 86 – Albi 73 – Auch 86

Esplanade des Fontaines ☎ 05 63 63 60 60

des Aiguillons Route de Loubejac, N : 8 km par D 959, ☎ 05 63 31 35 40

Le vieux Montauban★ : portail★ de l'hôtel Lefranc-de-Pompignan Z E - Musée Ingres★ - Place Nationale★ - Dernier Centaure mourant★ (bronze de Bourdelle) B.

Pente d'eau de Montech★ : 15 km par ③ et D 928.

Plan page suivante

MONTAUBAN

Abbaye (R. de l') Z
Alsace-Lorraine (Bd) X 3
Arago (R.) Z
Banque (R. de la) Z
Barbazan (R.) Z
Bourdelle (Pl.) Z 4
Bourjade (Pl. L.) Z 6
Briand (Av. A.) Y 7
Cambon (R.) Z 9
Carmes (R. des) Z 10
Chamier (Av.) Y 12
Cladel (R. L.) X
Comédie (R. de la) Z 13
Consul-Dupuy (Allée du) Z 14
Coq (Pl. du) Z 16
Dr-Alibert (R.) X
Dr-Lacaze (R. du) Z 19
Doumerc (Bd B.) X
Foch (Pl. du Mar.) Z
Fort (R. du) Z
Gambetta (Av.) YZ
Garrisson (Bd G.) YZ
Gaulle (Av. Ch.-de) Y 25
Grand'Rue Sapiac Z
Grand'Rue Villenouvelle X 28
Guibert (Pl.) Z 29
Herriot (Av. É.) Y 30
Hôtel-de-Ville (R. de l') Z 31
Ingres (R. D.) X
Jourdain (R. A.) Z
Lacapelle (Fg) YZ
Lafon (R. du Pasteur L.) Y 34
Lafon (R. Mary) Z 32
Lagrange (R. L.) YZ 35
Leclerc (Pl. du Gén.) Z
Libération (Pl. de la) X
Lycée (R. du) Z
Malcousinat (R.) Z 36
Mandoune (R. de la) Z
Marceau-Hamecher (Av.) Y 37
Marre (R. H.) Z
Martyrs (Carrefour des) Z 46
Marty (Pl. A.) XY
Mayenne (Av.) Y 50
Michelet (R.) Z 51
Midi-Pyrénées (Bd) Z 52
Monet (R. J.) Z 53
Montauriol (Bd) Y
Montmurat (Q. de) Z 54
Mortarieu (Allées de) Z 56
Moustier (Fg du) Z
Nationale (Pl.) Z
Notre-Dame (R.) Z 60
Piquard (Sq Gén.) Z 62
Pouvillon (R. E.) Z
Prax-Paris (Pl.) Z
République (R. de la) Z 63
Résistance (R. de la) Z 64
Roosevelt (Pl. F.) Z 66
Ste-Claire (R.) Z
St-Jean (R.) X 67
Sapiac (Pont de) YZ 68
Sarrail (R. Gén.) Y 70
Verdun (Q. de) Z 71
10e-Dragons (Av. du) X
11e-Rég.-d'Infanterie (Av. du) X 73
19-Août-1944 (Av. du) X 75
22-Septembre (Pl. du) Z 76

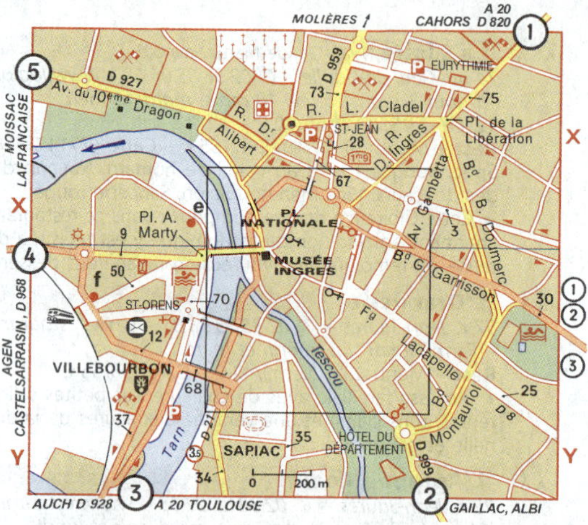

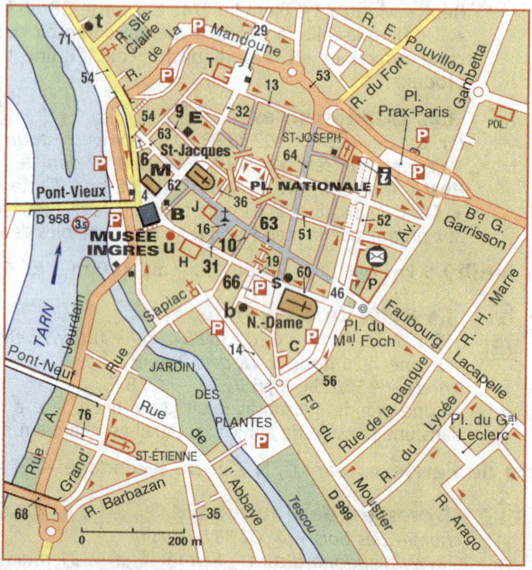

Abbaye des Capucins Spa & Resort

6-8 quai de Verdun – 05 63 22 00 00
– *www.crowneplaza-montauban.com*

Zt

85 ch – 91/159 € 91/159 € – 4 suites – 20 €

Rest *La Table des Capucins* – *(fermé 1er-9 mai, 2-16 janv., dim. soir, merc. midi, sam. midi et lundi)* Menu 30 € (déj.), 42/79 € – Carte 57/102 €

Spéc. Cromesquis de pieds d'agneau, piment d'Espelette et basilic. Canard colvert laqué aux épices d'Orient. Soufflé caramel, gelée à l'orange, glace citron gingembre.

Rest *Le Bistrot* – (18 €) Carte 25/56 €

◆ Pour apaiser corps et esprit... Ce couvent classé (1630) reste empreint de quiétude ! Décor et confort très contemporains, spa complet. La chère est reine à la Table des Capucins : le chef concocte une cuisine-plaisir tout en goût et subtilité. Au Bistrot, espace moderne et savoureuse bistronomie.

Mercure rest,
12 r. Notre-Dame – ✆ 05 63 63 17 23– www.mercure.com **Zs**
44 ch – 🚹95/105 € 🚹🚹95/105 € – ☕ 12 €
Rest – (10 € bc) Menu 14/35 € – Carte 25/42 €
◆ Cet hôtel particulier du 18e s. a bénéficié en 1999 d'une complète cure de jouvence. Les chambres, spacieuses et contemporaines, profitent d'une bonne isolation phonique. La salle à manger, meublée en style Louis XVI, est coiffée d'une vaste verrière.

Du Commerce sans rest
9 pl. Roosevelt – ✆ 05 63 66 31 32 – www.hotel-commerce-montauban.com – Fermé 19 déc.-2 janv. **Zb**
27 ch – 🚹58/84 € 🚹🚹59/84 € – ☕ 9 €
◆ Vaste bâtisse du 18e s. à deux pas de la cathédrale. Hall et salon garnis de beaux meubles anciens, chambres sobres, bien entretenues, et salles de bains colorées.

Les Saveurs d'Ingres
13 r. Hôtel-de-Ville – ✆ 05 63 91 26 42 – www.lessaveursdingres.com – Fermé 10-31 juil., 18 déc.-3 janv., dim. et lundi **Zu**
Rest – Menu 25 € (déj.), 35/70 € – Carte 61/77 €
◆ L'enseigne rend hommage au peintre-dessinateur montalbanais (musée Ingres à deux pas). Plaisante salle voûtée au mobilier moderne. Cuisine personnalisée, inspirée du terroir.

La Cuisine d'Alain
29 r. Roger-Salengro, (face à la gare) – ✆ 05 63 66 06 66 – www.hotel-restaurant-orsay.com – Fermé 1er-9 mai, 2-21 août, 22 déc.-7 janv., lundi midi, sam. midi et dim. **Yf**
Rest – (24 € bc) Menu 36 € (sem.)/58 € – Carte 50/60 €
◆ Natures mortes, faïences et compositions florales ornent la salle à manger et le salon. Belle terrasse fleurie. Cuisine traditionnelle et grand choix de desserts.

Au Fil de l'Eau
14 quai Dr Lafforgue – ✆ 05 63 66 11 85 – www.aufildeleau82.com – Fermé 12-19 juil., 1 sem. en fév., merc. soir sauf juil.-août, dim. sauf le midi de sept. à juin et lundi **Xe**
Rest – (18 €) Menu 35/50 € – Carte 45/70 €
◆ Cette maison ancienne située dans une rue tranquille abrite une spacieuse salle à manger, contemporaine et chaleureuse. Préparations traditionnelles, bon choix de vins régionaux.

MONTAUBAN-SUR-L'OUVÈZE – 26 Drôme – 332 G8 – 114 h. – alt. 719 m – ✉ 26170 45 C3

▶ Paris 705 – Apt 68 – Carpentras 64 – Lyon 243

La Badiane
Hameau de Ruissas, 3 km au Nord-Est – ✆ 04 75 27 17 74 – www.la-badiane-sejours.com – Ouvert de Pâques à la Toussaint
7 ch – 🚹48/50 € 🚹🚹95/100 € – ☕ 13 €
Rest – *(fermé merc., dim. et le midi)* Menu 29/35 €
◆ Cette bergerie, restaurée avec originalité, est blottie dans la montagne drômoise. Chacune des chambres cultive joliment sa différence ; sauna, hammam et soins de relaxation. Au restaurant, cuisine actuelle à base de produits bio, rehaussée d'épices.

MONTAULIEU – 26 Drôme – 332 E7 – rattaché à Nyons

MONTAUROUX – 83 Var – 340 P4 – 4 743 h. – alt. 364 m – ✉ 83440 41 C3
Côte d'Azur

▶ Paris 890 – Cannes 36 – Draguignan 37 – Fréjus 30
ℹ place du Clos ✆ 04 94 47 75 90

Auberge Eric Maio

quartier Narbonne, 2169 par CD 37, 2 km au Sud-Est du village – ✆ 04 94 47 71 65 – www.fontaines-daragon.com – Fermé 1er-16 nov., 3 janv.-1er fév., mardi et merc.

Rest – (28 €) Menu 55/100 €

Spéc. Saint-Jacques dorées au beurre doux, cappuccino de chou-fleur à la truffe blanche d'Alba (15 nov.-15 déc). Pigeon en croûte farci de blettes, truffe et foie gras. Boule au chocolat noir grand cru, mousseux réglisse givré à la menthe fraîche. **Vins** Coteaux Varois, Vin de pays des Alpilles.

◆ Délicieuse cuisine au goût du jour servie dans une élégante salle provençale ou sur la terrasse ombragée et fleurie : une halte gourmande sur la route du lac de St-Cassien.

MONTBARD – 21 Côte-d'Or – 320 G4 – 5 597 h. – alt. 221 m — 8 C2

– ✉ 21500 Bourgogne

Paris 240 – Autun 87 – Auxerre 81 – Dijon 81

place Henri Vincenot ✆ 03 80 92 53 81

Parc Buffon★.

Abbaye de Fontenay★★★ E : 6 km par D 905.

L'Écu

7 r. A. Carré – ✆ 03 80 92 11 66 – www.hotel-de-l-ecu.fr – Fermé 19-28 fév., vend. soir, dim. soir et sam. du 11 nov. au 30 mars

25 ch – 68/75 € 80/90 € – 12 € – ½ P 78/85 €

Rest – Menu 22/50 € – Carte 40/53 €

◆ Relais de poste du 16e s. dont on apprécie l'accueil, l'ambiance provinciale et les chambres, classiquement aménagées à l'image des espaces communs. Repas traditionnel dans la salle où les voûtes des ex-écuries ont été conservées.

à St-Rémy 3 km à l'Ouest par D 905 – 811 h. – alt. 207 m – ✉ 21500

La Mirabelle

1 r. de la Brenne – ✆ 03 80 92 40 69 – Fermé 20 août-3 sept., 23 déc.-6 janv., dim. soir, mardi soir et merc.

Rest – *(nombre de couverts limité, prévenir)* Menu 19 € (déj. en sem.), 28/40 € – Carte 40/65 €

◆ À proximité du canal, cette ancienne grange à sel cache une belle salle à manger en pierre sous une voûte. Ambiance chaleureuse et cuisine traditionnelle goûteuse et soignée.

MONTBAZON – 37 Indre-et-Loire – 317 N5 – 3 953 h. – alt. 59 m — 11 B2

– ✉ 37250 Châteaux de la Loire

Paris 247 – Châtellerault 59 – Chinon 41 – Loches 33

esplanade du Val de l'Indre ✆ 02 47 26 97 87

Château d'Artigny

2 km au Sud-Ouest par D 17 – ✆ 02 47 34 30 30 – www.artigny.com

65 ch – 136/485 € 136/485 € – 2 suites – 22 €

Rest – Menu 35 € (déj.), 52/80 € – Carte 35/80 €

◆ Ce château dont le parc boisé et les jardins à la française surplombent l'Indre fut conçu dans les années 1920 par le parfumeur Coty. Pur style classique et faste omniprésent. Cuisine classique, somptueuse carte des vins et collection de vieux armagnacs.

Moulin d' Artigny

7 ch – 95 € 95 € – 22 €

◆ À 800 m, l'annexe du château occupe un joli pavillon, rustique et moins luxueux, au bord de la rivière. Très bucolique.

Domaine de la Tortinière ch, rest,

rte de Ballan-Veigné, 2 km au Nord par D 910 et D 287 – ✆ 02 47 34 35 00 – www.tortiniere.com – Fermé 20 déc.-28 fév.

25 ch – †140/175 € ††140/270 € – 5 suites – ☐ 18 € – ½ P 133/198 €

Rest – *(fermé dim. soir de nov. à mars) (prévenir)* (30 € bc) Menu 40 € bc (déj.), 45/76 € – Carte 45/55 €

◆ Ce château du Second Empire se dresse au cœur d'un parc dominant l'Indre. Les chambres ont beaucoup de charme, certaines dans un style contemporain. Agréable piscine. La salle à manger donne sur une terrasse avec la vallée en toile de fond : cuisine actuelle.

Chancelière "Jeu de Cartes"

1 pl. des Marronniers – ✆ 02 47 26 00 67 – www.lachanceliere.fr – Fermé 1er-13 sept., 3-18 janv., dim. et lundi sauf fériés

Rest – Menu 27 € (sem.)/47 €

Spéc. Tartare de lieu jaune et homard à l'huile d'olive vanillée (juin à oct.). Croustillant aux figues, pied de cochon et ris de veau (sept. à mars). Barre de chocolat aux framboises, glace cardamome (juil. à sept.). **Vins** Vouvray, Chinon.

◆ Cette élégante maison tourangelle superpose les styles avec audace : même sa cuisine, du marché, est vive, colorée et contrastée. Ici, on joue cartes sur table !

Ouest 5 km par D 910, D 287 et D 87 – ✉ 37250 Montbazon

Le Moulin Fleuri avec ch

rte du Ripault – ✆ 02 47 26 01 12 – www.moulin-fleuri.com – Fermé 17-25 déc., de mi-janv. à fin fév., dim. soir du 11 nov. au 30 mars, jeudi midi et lundi

10 ch – †81/116 € ††81/116 € – ☐ 13 €

Rest – (22 €) Menu 30/51 €

◆ Un bras de l'Indre actionnait jadis la roue de ce moulin à grains (16e s.). Recettes traditionnelles, beaux fromages et plus de 800 références sur la carte des vins... à déguster au bord de l'eau ! Les chambres, côté rivière ou jardin, sont sobrement décorées.

MONTBÉLIARD – 25 Doubs – 321 K1 – 26 535 h. – Aggl. 113 059 h. – alt. 325 m – ✉ 25200 Franche-Comté Jura

17 C1

Paris 477 – Belfort 22 – Besançon 76 – Mulhouse 60

1, rue Henri-Mouhot ✆ 03 81 94 45 60

18 de Prunevelle à Dampierre-sur-le-Doubs Ferme des Petits Bans, par rte de Besançon : 8 km, ✆ 03 81 98 11 77

Le Vieux Montbéliard★ : hôtel Beurnier-Rossel★ - Sochaux : Musée de l'aventure Peugeot★★.

Plan page suivante

Bristol sans rest

2 r. de Velotte – ✆ 03 81 94 43 17 – www.hotel-bristol-montbeliard.com

50 ch – †59/89 € ††65/95 € – ☐ 8 € Zb

◆ Au cœur du centre historique, hôtel des années 1930 dont les chambres les plus récentes, d'esprit contemporain, sont les plus agréables. Piscine intérieure et sauna.

Aux Relais Verts

le Pied des Gouttes – ✆ 03 81 90 10 69 – www.hotelrelaisvert.net – Fermé 23 déc.-1er janv. Xv

64 ch – †72/93 € ††72/93 € – ☐ 8 € – ½ P 55/70 €

Rest *Le Tire Bouchon* – Menu 29 € – Carte 30/50 €

◆ Dans une zone commerciale, cet hôtel actuel dispose de petites chambres fonctionnelles distribuées autour du patio, ou plus spacieuses et chaleureuses dans l'aile récente. Cuisine traditionnelle avec spécialités franc-comtoises.

MONTBÉLIARD

Albert-Thomas (Pl.) .... Z 2
Audincourt (R. d') .... XY 4
Belchamp (R. de) .... Y 5
Besançon (Fg de) .... X 7
Blancheries (R.des) .... Z 8
Chabaud-Latour (Av.) .... X 9
Cuvier (R.) .... Z
Denfert-Rochereau (Pl.) .... Z 10
Dorian (Pl.) .... Z 12
Épinal (R. d') .... Z 13
Febvres (R. des) .... Z 14
Gambetta (Av.) .... X 15
Helvétie (Av. d') .... X 18
Jean-Jaurès (Av.) .... Y 20
Joffre (Av. du Mar.) .... X 22
Lattre-de-Tassigny (Av. du Mar. de) .... Z 23
Leclerc (R. Gén.) .... Z 24
Ludwigsburg (Av. de) .... X 26
Petite-Hollande (R.) .... XY 28
St-Georges (Pl.) .... Z 29
Schiffre (R. de) .... Z 32
Toussain (R. P.) .... X 36
Valentigney (R. de) .... Y 40

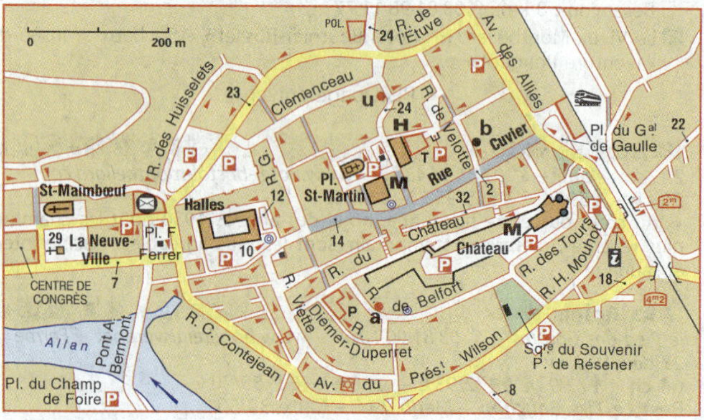

Le St-Martin (Olivier Prevot-Carme)

1 r. Gén. Leclerc – ✆ 03 81 91 18 37 – www.le-saint-martin.fr – Fermé 1er-24 août, 1er-5 janv., 3-10 mars, sam. midi, lundi midi et dim. **Zu**

Rest – Menu 29 € (sem.)/62 € – Carte 49/79 €

Spéc. Pressé de féra et asperges vinaigrette aux truffes (saison). Poularde aux morilles et vin jaune (saison). Pannacotta aux griottes de Fougerolles, crème brûlée à l'absinthe. **Vins** Côtes du Jura, Pinot gris d'Alsace.

◆ Dans un cadre contemporain, raffiné et cossu, le chef concocte une cuisine personnelle, évoluant au gré du marché et mêlant savamment les saveurs et les produits régionaux.

Joseph

17 r. de Belfort – ✆ 03 81 91 20 02 – Fermé 11-17 juil., 15-21 août, dim. et lundi **Za**

Rest – Menu 70 € – Carte 50/75 €

◆ Plaisante salle dans l'air du temps, épurée et soignée. Avec de bons produits de saison, le chef concocte une cuisine traditionnelle revue et corrigée. L'été, petite terrasse.

MONTBENOÎT – 25 Doubs – 321 I5 – 329 h. – alt. 804 m – ✉ 25650 **17 C2**

Franche-Comté Jura

Paris 464 – Besançon 61 – Morteau 17 – Pontarlier 15

8, rue du Val Saugeais ✆ 03 81 38 10 32

Ancienne abbaye★ : église abbatiale★, stalles★★, niche abbatiale★★.

à La Longeville 5,5 km au Nord par D 131 – 591 h. – alt. 900 m – ✉ 25650

Le Crêt l'Agneau

Les Auberges – ✆ 03 81 38 12 51 – www.lecret-lagneau.com

5 ch – †90 € ††108 €

Table d'hôte – Menu 28 €

◆ Au milieu des pâturages, cette ferme du 17e s. est tenue par un couple dynamique et distille le charme douillet des maisons de la région. Chambres très soignées. Au petit-déjeuner, on se régale des fameuses confitures de Lili ! Cuisine du terroir et pain maison.

à Maisons-du-Bois 4 km au Sud-Ouest sur D 437 – 576 h. – alt. 810 m – ✉ 25650

Le Saugeais

– ✆ 03 81 38 14 65 – www.hotel-du-saugeais.com – Fermé 15 janv.-1er fév., dim. soir et lundi

Rest – Menu 15 € (sem.)/38 € – Carte 25/45 €

◆ Une sympathique auberge de bord de route, simple et champêtre. Les voyageurs s'y attablent autour de spécialités régionales.

MONTBOUCHER-SUR-JABRON – 26 Drôme – 332 B6 – rattaché à Montélimar

---

MONTBRAS – 55 Meuse – 307 F7 – 26 h. – alt. 315 m – ✉ 55140 **26 B2**

Paris 290 – Bar-le-Duc 61 – Châlons-en-Champagne 140 – Metz 117

Hostellerie de l'Isle en Bray sans rest

3 r. des Erables – ✆ 03 29 90 86 36 – www.chateau-montbras.com – Ouvert de Pâques à la Toussaint

5 ch – †70/130 € ††90/130 € – 2 suites

◆ Splendide château Renaissance classé (parc, cour d'honneur, chapelle) aux chambres pleines de cachet, spacieuses et confortables, très calmes. Vue à l'infini sur la campagne.

MONTBRISON – 42 Loire – 327 D6 – 15 127 h. – alt. 391 m – ✉ 42600 Lyon Drôme Ardèche 44 A2

Paris 444 – Lyon 103 – Le Puy-en-Velay 99 – Roanne 68

Cloître de Cordeliers ✆ 04 77 96 08 69

de Savigneux-les-Étangs à Savigneux Gaia Concept Savigneux, E : 4 km par D 496, ✆ 04 77 58 70 74

Superflu Golf Club à Saint-Romain-le-Puy Domaine des Sucs, SE : 8 km par D 8, ✆ 04 77 76 93 41

Intérieur★ de la Collégiale N.-D.-d'Espérance.

La Roseraie

61 av. Alsace-Lorraine, (face à la gare) – ✆ 04 77 58 15 33 – www.restaurantlaroseraie.com – Fermé 24 avril-7 mai, 16 août-3 sept., dim. soir, mardi soir et merc.

Rest – (16 €) Menu 19 € (sem.), 26/58 € bc – Carte 19/70 €

◆ Un restaurant gai et coloré ! Ici, le chef ne travaille que des produits frais et concocte une cuisine inspirée du terroir, avec une touche d'inventivité.

à Savigneux 2 km à l'Est par D 496 – 3 004 h. – alt. 382 m – ✉ 42600

Marytel sans rest

95 rte de Lyon – ✆ 04 77 58 72 00 – www.hotel-marytel.com

45 ch – 63/85 € 71/95 € – 8 €

◆ Dans ce vaste hôtel au sortir de la ville, les chambres sont agréables : décor contemporain tout en sobriété, douche à l'italienne, équipements dernier cri, double vitrage...

Yves Thollot

93 rte de Lyon – ✆ 04 77 96 10 40 – www.yves-thollot.com – Fermé 1er-22 août, vacances de fév., dim. soir, mardi soir et lundi

Rest – Menu 23/59 € – Carte 37/77 €

◆ Une maison récente noyée dans la verdure, avec une agréable terrasse ombragée. La cuisine, traditionnelle, est généreuse et sans ostentation.

à St-Romain-le-Puy 8 km au Sud-Est par D 8 et D 107 – 3 342 h. – alt. 405 m – ✉ 42610

Sous le Pic-La Pérolière sans rest

20 r. Jean-Moulin – ✆ 04 77 76 97 10 – www.laperoliere.com – Fermé 3 janv.-1er mars

3 ch – 52 € 65 €

◆ Un havre de paix au pied d'un prieuré du 11e s. : ferme forézienne (fin 19e s.) où mobilier chiné et fer forgé se mêlent. L'été, on prend son petit-déjeuner dans l'orangeraie.

MONTCEAU-LES-MINES – 71 Saône-et-Loire – 320 G9 – 19 538 h. – Agglo. 92 000 h. – alt. 285 m – ✉ 71300 Bourgogne 8 C3

Paris 333 – Autun 47 – Chalon-sur-Saône 46 – Mâcon 69

16, rue Carnot ✆ 03 85 69 00 00

du Château d'Avoise à Montchanin 9 rue de Mâcon, par rte de Chalon-sur-Saône : 14 km, ✆ 03 85 78 19 19

Mont-St-Vincent : tour ※★★ 12 km par ②.

Nota Bene

70 quai Jules Chagot – ✆ 03 85 69 10 15 – www.notabene.fr AZb

46 ch – 39/65 € 70/80 € – 7 € – ½ P 55/87 €

Rest – (10 €) Menu 13/27 € – Carte 23/42 €

◆ Face au pont levant du canal, cet hôtel arbore une devanture habillée de bois blond. Chambres confortables, plus spacieuses dans l'annexe. Salles de squash et de musculation. Le restaurant propose un grand choix de plats traditionnels.

MONTCEAU-LES-MINES

André-Malraux (R.) . . . . **AY** 3
Barbès (R.) . . . . **ABZ**
Bel Air (R. de) . . . . **BY** 4
Carnot (R.) . . . . **AZ** 6
Champ du Moulin (R. du) . **BYZ** 7
Chausson (R. Henri) . . . . **BZ** 9
Emorine (R. Antoine) . . . . . . **BZ** 10
Gauthey (Quai) . . . . **AZ** 12
Génelard (R. de) . . . . **BZ** 13
Guesde (Quai Jules) . . . . **AY** 14
Hospice (R. de l') . . . . **AZ** 15
Jean-Jacques-Rousseau (R.) . . . . **BZ** 16
Jean-Jaurès (R.) . . . . **AZ**
Lamartine (R.) . . . . **AZ** 19
Merzet (R. Étienne) . . . . **BY** 21
Palinges (R. de) . . . . **BZ** 22
Paul-Bert (R.) . . . . **AZ** 24
Pépinière (R. de la) . . . . **AY** 25
République (R. de la) . . . . . . **AY** 26
Sablière (R. de la) . . . . **ABY** 27
St-Vallier (R. de) . . . . **BZ** 28
Semard (R. de) . . . . **BZ** 30
Strasbourg (R. de) . . . . **BZ** 31
Tournus (R. de) . . . . **BZ** 33
8-Mai-1945 (R. du) . . . . **BY** 34
11-Nov.-1918 (R. du) . . . . **AY** 36

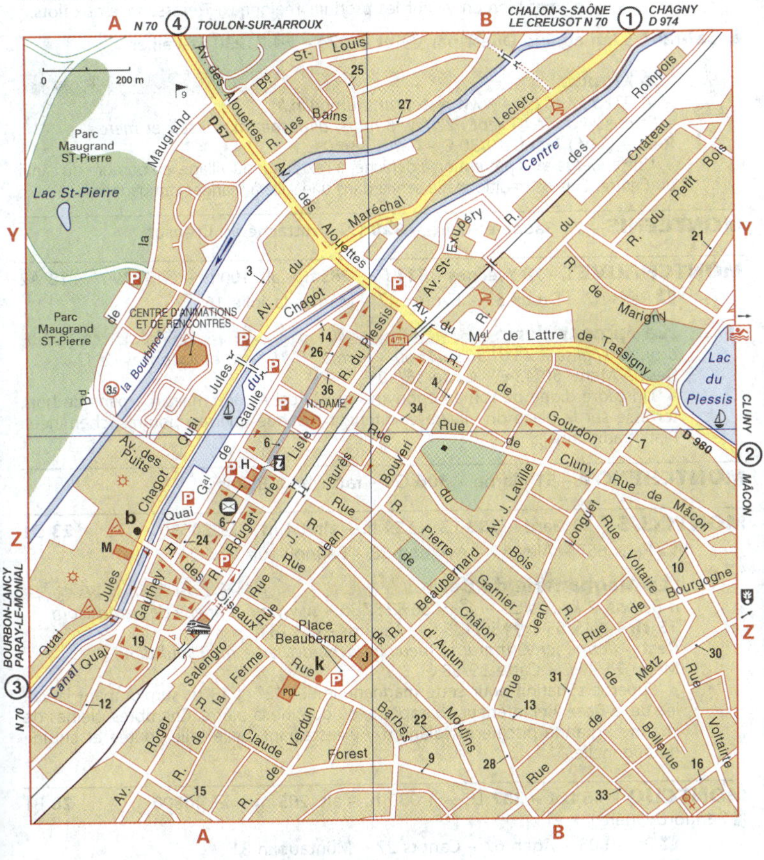

XXX **Le France** (Jérôme Brochot) ♿ A/C VISA

7 pl. Beaubernard
– ✆ 03 85 67 95 30 – www.jeromebrochot.com
– Fermé 3-24 août, 2-16 janv., sam. midi, dim. soir et lundi **AZk**

Rest – (22 €) Menu 40/105 € – Carte 50/85 €

Spéc. Confit de bœuf charolais aux aromates et fines tranches de comté à la presse. Pigeon fermier farci au foie gras et champignons du moment. Variation autour de la tomate version sucrée (juin à sept.). **Vins** Montagny, Givry.

◆ Ce restaurant de la partie haute de la ville cache une élégante salle à manger contemporaine tout en beige et blanc. Cuisine inventive sur des bases classiques.

à Blanzy 2 km au Sud-Est par ② et D 980 – 6 809 h. – alt. 288 m – ✉ 71450

XX **Le Plessis**

33 rte de Mâcon – ✆ 03 85 57 46 08 – www.restaurant-le-plessis.com – Fermé 1 sem. en avril, 1 sem. en sept., 2 sem. en janv., sam. midi, dim. soir et lundi
Rest – Menu 21 € (sem.), 26/45 € – Carte 33/52 €
◆ Sur les rives du lac du Plessis, cuisine traditionnelle et gourmande qui respecte les saisons et met bien en valeur les produits régionaux. Terrasse face aux flots.

à Galuzot 5 km au Sud-Ouest par ③ et D 974 – ✉ 71230 St-Vallier

X **Le Moulin**

– ✆ 03 85 57 18 85 – www.restaurantdumoulin.fr – Fermé 24 août-1er sept., 22 fév.-8 mars, dim. soir, mardi soir et merc.
Rest – (11 €) Menu 19/30 € – Carte 38/60 €
◆ Une auberge sans prétention à dénicher à l'extérieur du village, en bordure du canal du Centre. Cuisine traditionnelle servie dans une salle à manger campagnarde.

MONTCENIS – 71 Saône-et-Loire – **320** G9 – rattaché au Creusot

---

MONTCHAUVET – 78 Yvelines – **311** F2 – 285 h. – alt. 100 m – ✉ 78790 **18** A2

Paris 67 – Dreux 33 – Évreux 47 – Mantes-la-Jolie 16

XX **La Jument Verte**

6 pl. de l'Église – ✆ 01 30 93 43 60 – Fermé 1er-15 sept. et vacances de fév.
Rest – Menu 30/43 € – Carte 35/50 €
◆ Un cadre digne du roman éponyme de Marcel Aymé : maison à pans de bois, terrasse sur la place du village et intérieur rustique (pierres, poutres, cheminée). Plats traditionnels.

MONTCHENOT – 51 Marne – **306** G8 – rattaché à Reims

MONTCLUS – 30 Gard – **339** L3 – 159 h. – alt. 94 m – ✉ 30630 **23** D1

Paris 657 – Alès 46 – Avignon 58 – Bagnols-sur-Cèze 24

La Magnanerie de Bernas

à Bernas, 2 km à l'Est – ✆ 04 66 82 37 36 – www.magnanerie-de-bernas.com
15 ch – †45/65 € ††50/135 € – 2 suites – ☕ 13 €
Rest – *(fermé janv., mardi et merc. en avril, oct. et le midi sauf dim.)*
Menu 24/46 € – Carte 39/58 €
◆ Superbe situation pour cette magnanerie des 12e et 13e s. surplombant la vallée de la Cèze. Bel intérieur champêtre, où domine la pierre. Chambres pleines de charme ; grande piscine et solarium. Au restaurant, belle salle voûtée et cuisine traditionnelle.

MONTCUQ – 46 Lot – **337** D5 – 1 339 h. – alt. 205 m – ✉ 46800 **28** B1
Périgord Quercy

Paris 605 – Agen 67 – Cahors 27 – Montauban 81

8, rue de la Promenade ✆ 05 65 22 94 04

Four

AC ch, ch,

4 r. Montmartre – ✆ 05 65 21 23 08 – www.4ruemontmartre.com
3 ch ☕ – †110/155 € ††120/165 € **Table d'hôte** – Menu 35/45 €
◆ Au cœur du village médiéval, cette superbe maison du 15e s. est décorée de manière contemporaine et c'est tout simplement réussi ! Un escalier à vis conduit à la salle à manger (cheminée monumentale). Cuisine familiale.

MONTCY-NOTRE-DAME – 08 Ardennes – **306** K4 – rattaché à Charleville-Mézières

---

MONT-DAUPHIN-GARE – 05 Hautes-Alpes – **334** H4 – rattaché à Guillestre

---

MONT-DAUPHIN – 05 Hautes-Alpes – **334** H4 – rattaché à Guillestre

MONT-DE-MARSAN [P] – 40 Landes – **335** H11 – 30 230 h. – alt. 43 m **3** B2

– ✉ 40000 Aquitaine

Paris 706 – Agen 120 – Bayonne 106 – Bordeaux 131

6, place du Général Leclerc ✆ 05 58 05 87 37

Stade Montois à Saint-Avit Pessourdat, par rte de Langon : 10 km, ✆ 05 58 75 63 05

Musée Despiau-Wlérick★.

Le Renaissance

ch, AC ch, P VISA MC AE

225 av de Villeneuve, 2 km par ② – ✆ 05 58 51 51 51 – www.le-renaissance.com

30 ch – †69/119 € ††76/119 € – ☕ 8 €

Rest – *(fermé dim., sam. et fériés)* (19 € bc) Menu 29/51 € – Carte 40/60 €

◆ Hôtel légèrement excentré, d'atmosphère contemporaine (tons chocolat, parquet, jardin intérieur exotique...). Les chambres sont confortables et fonctionnelles. Restaurant clair et sobre ménageant une belle vue sur un étang. Cuisine régionale actualisée.

Abor

ch, AC P VISA MC

112 chemin de Lubet, rte Grenade, 3 km par ④ ✉ 40280 – ✆ 05 58 51 58 00 – www.aborhotel.com – Fermé 23 déc.-2 janv.

68 ch – †64/72 € ††71/85 € – ☕ 8,50 € – ½ P 57/74 €

Rest – *(fermé sam. midi et dim. midi)* (13 €) Menu 16 € (sem.)/39 € – Carte 21/52 €

◆ Construction des années 1990 à la périphérie de la "capitale" du pays de Marsan. Petites chambres propres, fonctionnelles et bien insonorisées, sans fioriture. Salle à manger claire ; recettes traditionnelles et buffets.

Richelieu

AC rest, VISA MC AE

3 r. Wlérick – ✆ 05 58 06 10 20 – www.hotel-richelieu-montdemarsan.com

29 ch – †47/67 € ††62/82 € – ☕ 9 € – ½ P 56/70 € BY**h**

Rest – *(fermé 1er-9 janv., vend. soir du 22 juil. au 30 sept., dim. soir et sam.)* (16 €) Menu 18/45 € – Carte environ 45 €

◆ Hôtel situé au cœur de la vieille ville, voisin du musée Despiau-Wlérick (sculptures). Chambres simples et bien tenues (style plus lumineux et contemporain pour certaines). Salle de style brasserie, où l'on sert une cuisine traditionnelle.

MONT-DE-MARSAN

Alsace-Lorraine (R. d') .... AZ 2
Auribeau (Bd d') .... AZ 3
Bastiat (R. F.) .... ABZ
Bosquet (R. Mar.) .... AZ 4
Briand (R. A.) .... BY 5
Brouchet (Allées) .... BZ 6
Carnot (Av. Sadi) .... BZ 7
Delamarre (Bd) .... BZ 8
Despiau (R. Ch.) .... AZ 9
Farbos (Allées Raymond) .... BZ 10
Gambetta (R. L.) .... BZ 12
Gaulle (Pl. Ch.-de) .... BY 13
Gourgues (R. D.-de) .... BY 14
Landes (R. L.-des) .... BZ 15
Lasserre (R. Gén.) .... AZ 16
Lattre-de-Tassigny (Bd de) BY 17
Leclerc (Pl. du Gén.) .... BZ 18
Lesbazeilles (R. A.) .... BZ 19
Martinon (R.) .... BZ 20
Pancaut (Pl. J.) .... AZ 21
Poincaré (Pl. R.) .... AY 22
Président-Kennedy (Av. du) .... BZ 23
Ruisseau (R. du) .... AZ 24
St-Jean-d'Août (R.) .... AY 25
St-Roch (Pl.) .... BZ 26
Victor-Hugo (R.) .... BY 27
8-Mai-1945 (R. du) .... BY 28
34e-d'Inf. (Av. du) .... BZ 29

Les Clefs d'Argent (Christophe Dupouy)
333 av. des Martyrs de la Résistance, par ⑥ – ✆ 05 58 06 16 45 – www.clefs-dargent.com – Fermé vacances de Noël, août, dim. soir et lundi
Rest – Menu 20 € bc (déj. en sem.), 40/90 € bc – Carte 57/64 €
Spéc. Langoustines tapées, ratatouille revisitée, signature d'une vinaigrette au caviar (hiver). Ris de veau doré, fettucini carbonara et truffes (hiver). Religieuse gourmande, poire william, pistache (automne). **Vins** Jurançon, Bergerac.
◆ Derrière cette discrète façade se cache un restaurant où décoration et cuisine rivalisent de goût. Épure contemporaine pour l'une ; couleurs et inventivité pour l'autre.

à Mazerolles 6,5 km à l'Est par D 1 et rte secondaire – 648 h. – alt. 84 m – ✉ 40090

Auberge de la Pouillique
656 chemin de la Pouillique – ✆ 05 58 75 22 97 – Fermé 20 août-10 sept., dim. soir, mardi soir, merc. soir et lundi
Rest – Menu 18/33 €
◆ Une auberge bien cachée, en prenant un petit chemin... Cuivres, cheminée, vieilles assiettes : voilà pour le décor. Et dans l'assiette, tradition et invention... avec finesse !

MONTDIDIER – 80 Somme – 301 I10 – 6 006 h. – alt. 82 m 36 B2
– ✉ 80500 Nord Pas-de-Calais Picardie

Paris 108 – Amiens 39 – Beauvais 49 – Compiègne 36
5, place du Général-de-Gaulle ✆ 03 22 78 92 00

Dijon
1 pl. 10 Août 1918, (rte de Breteuil) – ✆ 03 22 78 01 35 – Fermé 10 août-1er sept., 18 déc.-2 janv. et dim. soir
19 ch – 46 € 65 € – 8 € – ½ P 66 €
Rest – *(fermé sam.)* (15 €) Menu 18 € (sem.)/30 € – Carte 28/48 €
◆ À deux pas de la gare, cet hôtel dispose de chambres simples, mais d'une tenue irréprochable et bien insonorisées (double-vitrage en façade). Prenez un verre autour du joli bar en zinc et mosaïque ! Table traditionnelle dans la ville natale de Parmentier.

MONT-DOL – 35 Ille-et-Vilaine – 309 L3 – rattaché à Dol-de-Bretagne

LE MONT-DORE – 63 Puy-de-Dôme – 326 D9 – 1 464 h. – alt. 1 050 m 5 B2
– Sports d'hiver : 1 050/1 850 m 2 18 – Stat. therm. : fin avril-mi oct.
– Casino Z – ✉ 63240 Auvergne

Paris 462 – Aubusson 87 – Clermont-Ferrand 43 – Issoire 49
avenue de la Libération ✆ 04 73 65 20 21
du Mont-Dore, par rte de la Tour d'Auvergne : 2 km, ✆ 04 73 65 00 79
Etablissement thermal : galerie César★, salle des pas perdus ★ - Puy de Sancy ✵★★★ 5 km par ② puis 1 h. AR de téléphérique et de marche - Funiculaire du capucin★.
Col de la Croix-St-Robert ✵★★ 6,5 km par ②.

Gran Carlina
6 r. René-Cassin – ✆ 04 73 21 67 14 – www.hotel-gran-carlina.com Zb
56 ch – 85/110 € 125 € – 6 suites – 12 € – ½ P 85/95 €
Rest – Menu 19/29 €
◆ Beaucoup de calme et une vue superbe sur le massif du Sancy : des atouts de choix pour cet hôtel construit au cours des années 1970 et récemment réhabilité. Cuisine classique au restaurant.

Panorama
27 av. de la Libération – ✆ 04 73 65 11 12 – www.hotel-le-panorama.com – Ouvert 1er mai-20 sept. et 20 déc.-30 mars Zu
39 ch – 70/130 € 70/130 € – 12 € – ½ P 66/96 €
Rest – *(fermé le midi en hiver)* Menu 22 € (dîner)/29 € – Carte 33/44 € le soir
◆ Construction des années 1960 surplombant la station, non loin du "chemin des Artistes". Chambres dans l'air du temps. Belle piscine panoramique. Détente au coin du feu au bar. Atmosphère chaleureuse et cuisine traditionnelle au restaurant.

LE MONT-DORE

Apollinaire (R. S.)	Y	2
Artistes (Chemin des)	Z	
Banc (R. Jean)	Y	3
Belges (Av. des)	Y	
Bertrand (Av. M.)	Y	
Chazotte (R. Capitaine)	Y	4
Clemenceau (Av.)	Z	5
Clermont (Av. de)	Y	7
Crouzets (Av. des)	Y	
Déportés (R. des)	Z	8
Dr-Claude (R.)	Y	
Duchâtel (R.)	Z	9
Favart (R.)	Y	12
Ferry (Av. J.)	YZ	
Gaulle (Pl. Ch.-de)	Y	14
Guyot-Dessaigne (Av.)	Y	15
Latru (R.)	Y	
Lavialle (R.)	Y	
Leclerc (Av. du Gén.)	Y	
Libération (Av. de la)	YZ	
Melchi-Roze (Chemin)	Y	
Meynadier (R.)	YZ	
Mirabeau (Bd)	Y	
Montlosier (R.)	Y	19
Moulin (R. Jean)	Z	20
Panthéon (Pl. du)	Z	22
Pasteur (R.)	Y	
Ramond (R.)	Z	24
République (Pl. de la)	Z	26
Rigny (R.)	Z	28
Sand (Allée G.)	YZ	29
Sanistas (R. F.)	Y	
Verrier (R. P.)	Y	
Wilson (Av.)	Y	
19-Mars-1962 (R. du)	Y	32

Le Castelet
rest,

av. M. Bertrand – ✆ *04 73 65 05 29* – *www.lecastelet-montdore.com* – *Ouvert 13 mai-25 sept. et 20 déc.-21 mars* Yt

35 ch – 62/71 € 62/85 € – 10 € – ½ P 54/72 € **Rest** – Menu 22/27 €

◆ Au cœur de paysages verdoyants, cette maison des années 1920 dégage une atmosphère chaleureuse. Les chambres sont rénovées dans un style sobre et contemporain. Au restaurant, la carte marie les saveurs du terroir et la cuisine traditionnelle.

De Russie

3 r. Favart – ✆ *04 73 65 05 97* – *www.lerussie.com* Ya

32 ch – 60/75 € 60/75 € – 1 suite – 10 € **Rest** – Menu 18 € – Carte 26/40 €

◆ Ambiance sympathique dans cet hôtel né en 1902, à la grande époque du thermalisme. Chambres modernes (tons blancs) et douillettes. Prestations pour les skieurs (navette vers les pistes). Savoureuse cuisine du terroir servie dans une chaleureuse salle lambrissée.

Parc
rest,

r. Meynadier – ✆ *04 73 65 02 92* – *www.hotelduparc-montdore.com* – *Ouvert 17 avril-10 oct. et 26 déc.-29 mars* Zk

37 ch – 51/55 € 55/60 € – 8 € – ½ P 50/53 €

Rest – *(résidents seult)* Menu 16 €

◆ Bel immeuble centenaire au centre de la célèbre station thermale où, déjà, les Gaulois venaient "prendre les eaux". Chambres confortables et bien tenues. Boiseries, moulures, haut plafond et cheminée distinguent la salle à manger ; cuisine traditionnelle.

Les Charmettes sans rest

30 av. G. Clemenceau, par ② – ✆ *04 73 65 05 49* – *www.hotellescharmettes.com* – *Fermé 6 nov.-16 déc.*

19 ch – 45/54 € 47/66 € – 6,50 €

◆ Au cœur de la station, une petite maison où vous apprécierez des chambres douillettes et confortables, décorées dans un esprit montagne. Agréable coin salon-bibliothèque.

La Closerie de Manou sans rest
Le Genestoux, 3 km par ⑤ et D 996 – ✆ 04 73 65 26 81 – www.lacloseriedemanou.com – Ouvert d'avril à mi-oct.
5 ch – 55/65 € 85/88 €
◆ Cette maison auvergnate du 18e s. entourée de verdure est une petite merveille. Ses chambres cosy, assez vastes, ont du caractère, et l'accueil est tout à fait charmant !

Le Pitsounet
Le Genestoux, 3 km par ⑤ sur D 996 – ✆ 04 73 65 00 67 – www.lepitsounet.com – Fermé 1er nov.-15 déc., dim. soir et lundi sauf juil.-août et fév.
Rest – Menu 17/33 € – Carte 20/35 €
◆ Atmosphère agreste dans ce chalet posté en bordure d'une route départementale, abritant deux salles à manger rustiques. Copieuse cuisine régionale à prix doux.

La Golmotte
Le Barbier, 2,5 km par ② – ✆ 04 73 65 05 77 – www.aubergelagolmotte.com – Fermé 8 nov.-15 déc.
Rest – Menu 15/35 € – Carte 29/45 €
◆ Cuisine traditionnelle revisitée avec goût et subtilité par un chef amoureux des produits et de sa région. Salle rustique installée dans l'ancienne étable de la ferme.

au Lac de Guéry 8,5 km par ① sur D 983 – ✉ 63240 Auvergne
Lac★.

Auberge du Lac de Guéry avec ch
– ✆ 04 73 65 02 76 – www.auberge-lac-guery.fr – Ouvert 22 janv.-28 mars et 8 avril-16 oct.
10 ch – 55 € 62 € – 9 € – ½ P 62 €
Rest – *(fermé merc. midi sauf vacances scolaires)* Menu 21/42 € – Carte 26/49 €
◆ Auberge au bord d'un lac de l'enchanteur parc régional des Volcans d'Auvergne. Cuisine régionale, simple et goûteuse, servie dans une salle à manger au décor rustique.

au pied du Puy de Sancy 3 km par ② – ✉ 63240 Le Mont-Dore

Puy Ferrand rest,
– ✆ 04 73 65 18 99 – www.hotel-puy-ferrand.com – Fermé 3 oct.-18 déc.
36 ch – 65/75 € 68/85 € – 10 € – ½ P 60/78 €
Rest – (15 €) Menu 17/33 € – Carte 27/42 €
◆ Bouffée d'air pur en ce majestueux chalet, au pied des pistes de ski. Bar panoramique, salon cosy, fitness, belle piscine et agréables chambres, assez spacieuses. Au restaurant, sympathique atmosphère montagnarde (lambris et cheminée) et cuisine traditionnelle.

MONTEAUX – 41 Loir-et-Cher – 318 D7 – 727 h. – alt. 62 m – ✉ 41150 — 11 A1

Paris 210 – Blois 25 – Orléans 85 – Tours 40

Le Château du Portail sans rest
La Besnerie, 1 km par rte de Mesland – ✆ 02 54 70 22 88 – www.chateauduportail.com – Fermé 3-15 janv.
5 ch – 150/180 € 150/180 €
◆ Sa situation entre Blois et Amboise est idéale pour visiter les châteaux de la Loire. Luxueuse demeure (17e-18e s.) avec jardin à la française et chambres aux meubles anciens.

MONTECH – 82 Tarn-et-Garonne – 337 D8 – 4 863 h. – alt. 100 m – ✉ 82700 — 28 B2

Paris 643 – Colomiers 56 – Montauban 14 – Toulouse 50

La Maison de l'Éclusier
Le Port – ✆ 05 63 65 37 61 – www.lamaisondeleclusier.com – Fermé 28 juin-2 juil., 30 août-5 sept., 4-17 janv., mardi midi en juil.-août, dim. soir de sept. à juin, sam. midi et lundi
Rest – (17 €) Menu 24 € (déj. en sem.), 27/35 € – Carte environ 33 € le soir
◆ Une ancienne maison d'éclusier et sa jolie terrasse au bord du canal. Goûteux plats traditionnels proposés à l'ardoise ; petite cave bien composée et bon choix de vins au verre.

MONTEILS – 82 Tarn-et-Garonne – **337** F6 – rattaché à Caussade

MONTÉLIER – 26 Drôme – **332** D4 – 3 268 h. – alt. 219 m – ✉ 26120 **43** E2

▶ Paris 567 – Crest 27 – Romans-sur-Isère 13 – Valence 12

La Martinière VISA MC AE

ZA La Pimpie, rte de Chabeuil – ✆ 04 75 59 60 65 – www.a-lamartiniere.com

30 ch – 🚹51 € 🚹🚹58 € – ☕ 8 € – ½ P 57 €

Rest – Menu 15 € (déj. en sem.), 22/65 € – Carte 25/75 €

◆ Dans cette maison récente, les chambres sont petites mais confortables. Agréable piscine dans le jardin. Au restaurant, atmosphère néoprovençale, cuisine traditionnelle assez simple et très beau choix de bordeaux.

MONTÉLIMAR – 26 Drôme – **332** B6 – 33 924 h. – alt. 90 m – ✉ 26200 Lyon Drôme Ardèche **44** B3

▶ Paris 602 – Avignon 83 – Nîmes 108 – Le Puy-en-Velay 132

ℹ Allées Provençales ✆ 04 75 01 00 20

18 de La Valdaine à Montboucher-sur-Jabron Château du Monard, E : 4 km par D 540, ✆ 04 75 00 71 33

9 de la Drôme provencale à Clansayes, par N 7 et rte de Nyons : 21 km, ✆ 04 75 98 57 03

Allées provençales★ - Musée de la Miniature★ **M.**

Site★★ du Château de Rochemaure★, 7 km par ④.

Du Parc sans rest VISA MC AE

27 av. Ch. de Gaulle – ✆ 04 75 01 00 73 – www.hotelduparc-montelimar.com

16 ch – 🚹54/124 € 🚹🚹62/124 € – ☕ 8 € Ya

◆ Hôtel accueillant, construit en même temps que la gare toute proche, dans les années 1860. Petites chambres très propres (bonne literie). Breakfast en terrasse l'été.

MONTÉLIMAR

Adhémar (R.) Z 2
Aygu (Av.) Z 4
Baudina (R.) Y 5
Blanc (Pl. L.) Z 6
Bourgneuf (R.) Y 8
Carmes (Pl. des) Y 9
Chemin Neuf (R. du) Z 10
Clercs (Pl. des) Y 12
Corneroche (R.) Y 14
Cuiraterie (R.) Z 15
Desmarais (Bd Marre) Y 17
Dormoy (Pl. M.) Z 18
Espoulette (Av. d') Z 19
Europe (Pl. de l') Z 21
Fust (Pl. du) Y 23
Gaulle (Bd Gén.-de) Z 25
Juiverie (R.) Y 28
Julien (R. Pierre) YZ
Loubet (Pl. Émile) Z 29
Loubet (R. Émile) Z 30
Meyer (R. M.) Y 32
Monnaie-Vieille (R.) Y 34
Montant-au-Château (R.) Y 35
Planel (Pl. A.) Z 37
Poitiers (R. Diane de) Z 38
Porte Neuve (R.) Z 39
Prado (Pl. du) Y 41
Puits Neuf (R. du) Y 42
Rochemaure (Av. de) Y 47
St-Martin (Montée) Y 50
St-Pierre (R.) Y 51
Villeneuve (Av. de) Y 54

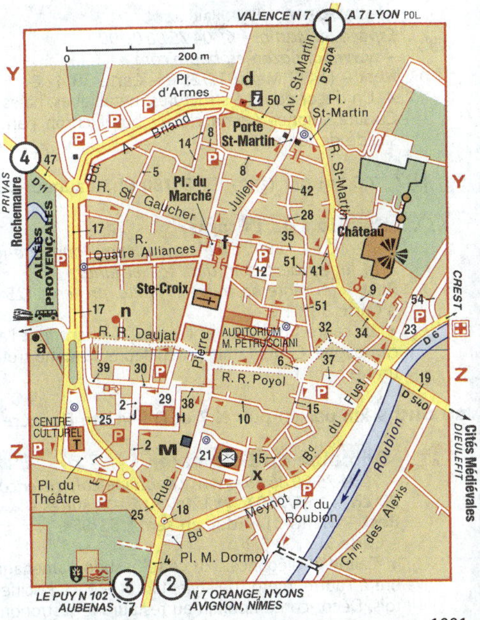

XX **Balthazar**

Espace St-Martin – ✆ 04 75 00 09 00 – www.balthazar-jeroboam.com Yd

Rest – (40 €) Menu 53/65 € – Carte 75/103 €

Rest *Jéroboam* – voir ci-après

◆ Beaucoup de modernité chez ce Balthazar créé sur le site d'une ancienne caserne militaire. Grands volumes, mobilier très sobre, tons blanc et brun : on déguste, avec une certaine décontraction, une cuisine centrée sur le produit, entre Drôme et Provence.

X **Aux Gourmands**

8 pl. du Marché – ✆ 04 75 01 16 21 – www.aux-gourmands.fr – Fermé 28 août-5 sept., 25 déc.-7 janv., dim. et lundi Yf

Rest – Menu 25/38 € – Carte 38/60 €

◆ Une adresse canaille et gourmande, sur la place du Marché... Lui est passionné par le vin (600 références !), elle – en cuisine – par les bons produits et la bistronomie.

X **Petite France**

34 imp. Raymond Daujat – ✆ 04 75 46 07 94 – Fermé 20 juil.-16 août, 21-25 déc., dim. et lundi Yn

Rest – (13 €) Menu 20/30 € – Carte 26/40 €

◆ Il faut aller dénicher cette petite adresse dans une impasse, au cœur de la vieille ville... Décor jaune citron et cuisine traditionnelle à base de produits frais.

X **Le Grillon**

33 bd Meynot – ✆ 04 75 01 79 02 – Fermé dim. soir et lundi Zx

Rest – Menu 13 € (déj. en sem.), 15/32 € – Carte 25/42 €

◆ Ce Grillon chante la tradition, avec le petit accent du terroir provençal... Terrasse sous les platanes, salle classique.

X **Jéroboam** – Rest. Balthazar

Espace St-Martin – ✆ 04 75 00 09 00 – www.balthazar-jeroboam.com Yd

Rest – (14 €) Menu 17/28 € – Carte 30/42 €

◆ Un décor épuré – structures métalliques, baies vitrées – et une grande terrasse. Cuisine soignée (carpaccio de bœuf citron parmesan, cabillaud à la plancha et salade de fenouil).

sur N 7 7,5 km par ② – ✉ 26780 Châteauneuf-du-Rhône

XXX **Pavillon de l'Étang**

N 7 – ✆ 04 75 90 76 82 – www.lepavillondeletang.fr – Fermé 24 oct.-10 nov., 2-14 janv., merc. soir, dim. soir et lundi

Rest – *(nombre de couverts limité, prévenir)* (25 € bc) Menu 36/70 € bc – Carte 38/61 €

◆ Le cadre bucolique et l'accueil avenant font l'attrait de cette maison en pleine campagne. Cadre raffiné et chaleureux. Menu truffe en saison et spécialité de gratin de homard.

au Sud 9 km par ② puis N 7 et D 844, rte Donzère – ✉ 26780 Malataverne

Domaine du Colombier

– ✆ 04 75 90 86 86 – www.domaine-colombier.com

23 ch – †85/250 € ††120/250 € – 3 suites – ☕ 18 €

Rest – Menu 31 € (déj. en sem.), 53/85 € – Carte 70/100 €

◆ Calme et élégance... En cette bastide, l'aménagement, subtil, varie d'une chambre à l'autre, tantôt de style, tantôt actuel. Piscine et parc fleuri, accueil très courtois. Décor contemporain au restaurant gastronomique, agréable terrasse.

à St-Marcel-lès-Sauzet 7 km au Nord-Est par D 6 - Y – 1 116 h. – alt. 110 m – ✉ 26740

Le Prieuré

au village – ✆ 04 75 46 78 68 – www.restau-le-prieure.com – Fermé 10-26 oct., dim. soir, merc. soir, jeudi soir et lundi

Rest – (13 € bc) Menu 17 € bc (déj. en sem.), 34 € bc/44 € bc – Carte 35/59 €

◆ Joie du gallinacé... une impressionnante collection de coqs décore la salle de cette belle maison colorée ! On y apprécie une cuisine de tradition à l'accent provençal.

MONTENACH – 57 Moselle – 307 J2 – rattaché à Sierck-les-Bains

---

MONTESQUIOU – 32 Gers – 336 D8 – 586 h. – alt. 214 m – ✉ 32320 28 A2

Paris 783 – Auch 33 – Tarbes 60 – Toulouse 112

Mairie ✆ 05 62 70 91 18

Maison de la Porte Fortifiée

au village, près de la porte fortifiée – ✆ 05 62 70 97 06 – www.porte-fortifiee.eu – Fermé 3 janv.-31 mars

4 ch – 75/110 € 90/130 € **Table d'hôte** – Menu 34 €

◆ Deux belles maisons anciennes situées près de la porte fortifiée (13e s.) du village. Les chambres, décorées de mobilier chiné, ont beaucoup de charme, et la journée commence avec l'odeur des croissants frais. Table d'hôte aux saveurs d'ici et d'ailleurs.

MONTEUX – 84 Vaucluse – 332 C9 – rattaché à Carpentras

MONTFAUCON – 25 Doubs – 321 G3 – rattaché à Besançon

MONTFAVET – 84 Vaucluse – 332 C10 – rattaché à Avignon

MONTFORT-EN-CHALOSSE – 40 Landes – 335 F12 – 1 159 h. – alt. 110 m – ✉ 40380 Aquitaine 3 B3

Paris 744 – Aire-sur-l'Adour 57 – Dax 19 – Hagetmau 27

55, place Foch ✆ 05 58 98 58 50

Musée de la Chalosse★.

Aux Tauzins

rte d'Hagetmau – ✆ 05 58 98 60 22 – www.auxtauzins.com – Fermé 30 sept.-17 oct., 13 fév.-12 mars, dim. soir et lundi sauf juil.-août

16 ch – 69 € 91 € – 8 € – ½ P 92 €

Rest – *(fermé lundi midi en juil.-août)* (20 € bc) Menu 23/42 € – Carte 40/60 €

◆ Adresse familiale proposant des chambres simples et bien tenues ; certaines sont dotées d'un balcon donnant sur les vallons de la Chalosse. Jardin avec minigolf et piscine. Restaurant panoramique de style champêtre, terrasse sous la glycine et spécialités régionales.

MONTFORT-L'AMAURY – 78 Yvelines – 311 G3 – 3 076 h. – alt. 185 m – ✉ 78490 Île de France 18 A2

Paris 46 – Dreux 36 – Houdan 18 – Mantes-la-Jolie 31

3, rue Amaury ✆ 01 34 86 87 96

du Domaine du Tremblay à Le Tremblay-sur-Mauldre Place de l'Eglise, E : 8 km, ✆ 01 34 94 25 70

Église★ - Ancien cimetière★ - Ruines du château ≤★.

St-Laurent sans rest

2 pl. Lebreton – ✆ 01 34 57 06 66 – www.hotelsaint-laurent.com – Fermé 1er-23 août et 26 déc.-3 janv.

15 ch – 100/200 € 100/200 € – 12 €

◆ À vous de choisir votre décor : le superbe hôtel particulier du 17e s., les récentes chambres du pavillon situé dans le jardin ou le grand luxe de la Résidence.

MONTGENEVRE – 05 Hautes-Alpes – 334 I3 – 471 h. – alt. 1 850 m – ✉ 05100 41 C1

Paris 757 – Briançon 13 – Gap 99 – Marseille 274

route d'Italie ☏ 04 92 21 52 52

Le Chalet Blanc

Hameau de l'Obélisque – ☏ 04 92 44 27 02 – www.hotellechaletblanc.com – Ouvert fin juin à mi-sept. et mi-déc. à mi-avril

32 ch – 110/325 € 140/400 €

Rest – *(fermé le midi)* Menu 30 € – Carte 40/60 €

◆ Cet hôtel cossu, dernier-né de la station, affiche d'emblée son standing. Confort au top et décoration associant les matériaux alpins (pierre, bois) et le style contemporain. Espace bien-être. Le restaurant occupe un chalet indépendant, accessible par l'extérieur.

MONTGIBAUD – 19 Corrèze – 329 J2 – 232 h. – alt. 460 m – ✉ 19210 24 B2

Paris 434 – Arnac-Pompadour 15 – Limoges 47 – St-Yrieix-la-Perche 23

Le Tilleul de Sully

– ☏ 05 55 98 01 96 – Fermé 19 déc.-9 janv., mardi soir hors saison, dim. soir et lundi sauf fériés

Rest – *(nombre de couverts limité, prévenir)* (13 €) Menu 18 € (sem.), 26/38 € – Carte 31/41 €

◆ Auberge de campagne située près d'un vieux tilleul, point de repère des pèlerins en route pour St-Jacques. Cadre rustique et cuisine traditionnelle à base de légumes du potager.

MONTGRÉSIN – 60 Oise – 305 G6 – rattaché à Chantilly

LES MONTHAIRONS – 55 Meuse – 307 D4 – rattaché à Verdun

MONTHIEUX – 01 Ain – 328 C5 – 591 h. – alt. 295 m – ✉ 01390 43 E1

Paris 443 – Bourg-en-Bresse 38 – Lyon 31 – Meximieux 26

Le Gouverneur

D 6 – ☏ 04 72 26 42 00 – www.golfgouverneur.fr – Fermé 22 déc.-4 janv.

53 ch – 110/130 € 110/130 € – 11 €

Rest – *(fermé dim. d' oct. à mars et le midi)* (18 €) Menu 30/42 € – Carte 37/59 €

◆ En pleine campagne, ancien domaine du gouverneur de la Dombes (14e s.). D'élégantes chambres contemporaines occupent une extension récente. Golfs (9 et 18 trous), étangs pour la pêche. Menus traditionnels dans des salles au décor moderne (l'une des deux donne sur les greens).

MONTHION – 73 Savoie – 333 L4 – rattaché à Albertville

MONTI – 06 Alpes-Maritimes – 341 F5 – rattaché à Menton

MONTIGNAC – 24 Dordogne – 329 H5 – 2 888 h. – alt. 77 m – ✉ 24290 Périgord Quercy 4 D1

Paris 513 – Brive-la-Gaillarde 39 – Limoges 126 – Périgueux 54

place Bertran-de-Born ☏ 05 53 51 82 60

Grottes de Lascaux★★ SE : 2 km.

Le Thot, espace cro-magnon★ S : 7 km - Église★★ de St-Amand de Coly E : 7 km.

Relais du Soleil d'Or

16 r. du 4 Septembre – ☏ 05 53 51 80 22 – www.le-soleil-dor.com

32 ch – 68/101 € 68/101 € – 13 € – ½ P 72/93 €

Rest – *(fermé 3 janv.-28 fév., dim. soir et lundi de nov. à mars)* (23 €) Menu 27/53 € – Carte 25/60 €

Rest *Le Bistrot* – *(fermé 3 janv.-28 fév., dim. soir et lundi de nov. à mars)* Menu 12 € (déj. en sem.)/17 € – Carte environ 27 €

◆ Un ancien relais de poste avec un grand parc, au centre de la petite cité périgourdine. Les chambres de l'annexe sont confortables et plus contemporaines ; la plupart donnent sur la verdure. Le restaurant avec véranda propose une carte traditionnelle. Repas simples au Bistrot.

Hostellerie la Roseraie

11 pl. d'Armes – 05 53 50 53 92 – www.laroseraie-hotel.com – Ouvert 9 avril-30 oct.

14 ch – 75/95 € 85/180 € – 13 € – ½ P 85/165 €

Rest – *(fermé le midi en sem. hors saison)* Menu 25/50 € – Carte environ 42 €

◆ Au cœur du village médiéval, une demeure du 19e s. sur les bords de la Vézère. Les chambres sont coquettes et portent des noms de roses. Dans le jardin : une roseraie... Coquette salle à manger bourgeoise, agréable terrasse ombragée et cuisine classique.

MONTIGNY-LA-RESLE – **89 Yonne** – **319** F4 – **612 h.** – **alt. 155 m** – **89230** 7 B1

Paris 170 – Auxerre 14 – St-Florentin 19 – Tonnerre 32

Le Soleil d'Or

N 77 – 03 86 41 81 21 – www.lesoleil-dor.com – Fermé dim. soir d'oct. à fév.

16 ch – 57 € 69 € – 10 € – ½ P 65 €

Rest – (12 €) Menu 26/51 € – Carte 44/87 €

◆ Ancien relais de poste situé en bordure de route nationale. Les chambres, pratiques et climatisées, ont été aménagées sur l'arrière (dans les granges), comme dans un motel. Au restaurant, cuisine traditionnelle ; beau petit salon orné de boiseries.

MONTIGNY-LE-BRETONNEUX – **78 Yvelines** – **311** I3 – **101** 22 – **voir à Paris, Environs (St-Quentin-en-Yvelines)**

MONTIGNY-LE-ROI – **52 Haute-Marne** – **313** M6 – **2 179 h.** – **alt. 404 m** – **52140** 14 C3

Paris 296 – Bourbonne-les-Bains 21 – Chaumont 35 – Langres 23

L'Arcombelle

rest,

25 av. de Lierneux – 03 25 90 30 18 – www.hotel-arcombelle.com – Fermé vend., sam. et dim. d'oct. à mi-mars

24 ch – 64 € 88 € – 9 € **Rest** – Menu 20/38 € – Carte 37/47 €

◆ Sur un carrefour à l'entrée du village, un hôtel pratique pour le tourisme ou les affaires, proposant des chambres conviviales et bien insonorisées. Salle à manger typique des années 1980. Parmi les spécialités : foie gras, saumon fumé et fondue champennoise.

MONTIGNY-LÈS-ARSURES – **39 Jura** – **321** E5 – **271 h.** – **alt. 400 m** – **39600** 16 B2

Paris 417 – Besançon 46 – Lons-le-Saunier 42 – Pontarlier 55

Château de Chavanes sans rest

r. St-Laurent – 03 84 37 47 95 – www.chateau-de-chavanes.com – Ouvert avril-nov.

5 ch – 125/145 € 125/145 €

◆ Située dans un domaine vinicole, cette charmante gentilhommière de 1708 marie avec goût le moderne et l'ancien. Meubles chinés, caveau, terrasse face au jardin et aux vignes.

MONTIPOURET – **36 Indre** – **323** H7 – **569 h.** – **alt. 200 m** – **36230** 12 C3

Paris 295 – Châteauroux 28 – Issoudun 37 – Orléans 169

à La Brande 5 km au Nord-Est par D49 et rte secondaire - 36230 Montipouret

Maison Voilà

La Brande – 02 54 31 17 91 – www.maisonvoila.com

4 ch – 60 € 80 € **Table d'hôte** – Menu 10/25 €

◆ Cette ferme du 19e s. retirée en pleine campagne dispose d'un ravissant jardin planté d'arbres fruitiers. L'intérieur est chaleureux, à l'image des chambres cosy souvent meublées d'ancien. Repas (cuisine internationale) servis en compagnie des propriétaires, près de la cheminée ou sur la terrasse d'été.

MONTJEAN-SUR-LOIRE – 49 Maine-et-Loire – **317** D4 – 2 687 h. **34** B2
– alt. 44 m – ✉ 49570 Châteaux de la Loire

Paris 324 – Angers 28 – Ancenis 30 – Châteaubriant 64

rue d'Anjou ✆ 02 41 39 07 10

Le Fief des Cordeliers sans rest

lieu-dit Bellevue – ✆ *02 41 43 96 09* – *http://logis.lefiefdescordeliers.com*

4 ch – 59/72 € 72/85 €

◆ Toute la douceur angevine imprègne cet ancien couvent du 15e s., qui domine la Loire et la vallée (belvédère dans le parc). Chambres de bon confort, au mobilier classique.

Auberge de la Loire avec ch

rest,

2 quai des Mariniers – ✆ *02 41 39 80 20* – *www.aubergedelaloire.com*
– Fermé 21 déc.-15 janv.

8 ch – 52 € 60 € – 8 € – ½ P 62 € **Rest** – *(fermé merc. soir et dim. soir de mars à oct. et merc. midi)* (14 €) Menu 20 € (sem.), 29/46 € – Carte 30/50 €

◆ Accueillante auberge familiale des bords de Loire. On y déguste une délicieuse cuisine traditionnelle à base de produits frais, provenant notamment de la pêche locale. Chambres simples et bien tenues, dont la moitié regardent le fleuve.

MONTLIARD – 45 Loiret – **318** L3 – rattaché à Bellegarde

MONTLIVAULT – 41 Loir-et-Cher – **318** F6 – 1 329 h. – alt. 77 m – ✉ 41350 **11** B2

Paris 180 – Blois 13 – Olivet 58 – Orléans 56

La Maison d'à Côté (Ludovic Laurenty) avec ch

25 rte de Chambord – ✆ *02 54 20 62 30* – *www.lamaisondacote.fr*
– Fermé 26 avril-5 mai, 15 nov.-2 déc., 27-31 déc., mardi et merc.

8 ch – 75/90 € 75/90 € – 10 € – ½ P 80/86 €

Rest – (22 € bc) Menu 38/60 €

Spéc. Cannelloni de saumon mariné, brocciu frais, légumes d'ici et d'ailleurs (été). Porcelet cuit au poêlon, polenta et artichauts "poivrade", béarnaise revisitée. Fraîcheur d'abricot et de verveine (été). **Vins** Cheverny, Saumur.

◆ Dans cette auberge de village, l'atmosphère est feutrée et contemporaine... Le chef concocte une belle cuisine du marché, respectueuse des produits et des saisons. Pour prolonger l'étape, des chambres tout en sobriété et raffinement (bois sombre, couleurs chaudes).

MONT-LOUIS – 66 Pyrénées-Orientales – **344** D7 – 292 h. **22** A3
– alt. 1 565 m – ✉ 66210 Languedoc Roussillon

Paris 867 – Andorra-la-Vella 90 – Font-Romeu-Odeillo-Via 10 – Perpignan 81

3, rue Lieutenant Pruneta ✆ 04 68 04 21 97

Remparts★ - Lacs des Bouillouses★.

à la Llagonne 3 km au Nord par D 118 – 288 h. – alt. 1 600 m – ✉ 66210

Corrieu

rest,

– ✆ *04 68 04 22 04* – *www.hotel-corrieu.com*
– Ouvert 17 juin-17 sept., 17 déc.-3 janv. et 7 janv.-27 mars

19 ch – 58/92 € 67/98 € – 11 € – ½ P 59/85 €

Rest – (16 €) Menu 24 € (sem.)/34 € – Carte 28/46 €

◆ La cinquième génération vous accueille dans cet ancien relais de diligences (1882). Chambres calmes rénovées peu à peu, avec les Pyrénées en toile de fond. Salle à manger agrémentée de baies vitrées ouvertes sur la nature et cuisine traditionnelle.

MONTLOUIS – 18 Cher – **323** K4 – 114 h. – alt. 180 m – ✉ 18160 **12** C3

Paris 277 – Bourges 39 – Châteauroux 56 – Orléans 152

Domaine de Varennes sans rest

– ✆ *02 48 60 11 86* – *www.domaine-de-varennes.com* – *Fermé 5 janv.-20 mars*

5 ch – 70/95 € 75/105 €

◆ Une ferme médiévale, un manoir du 18e s. et une annexe. Les chambres – douillettes et un brin romantiques – invitent au rêve et, dans le parc, on profite de la piscine et du golf.

MONTLOUIS-SUR-LOIRE – 37 Indre-et-Loire – 317 N4 – 10 282 h. 11 B2
– alt. 60 m – ✉ 37270 Châteaux de la Loire

Paris 235 – Amboise 14 – Blois 49 – Château-Renault 32

4, place Abraham Courtemanche ☎ 02 47 45 85 10

Château de la Bourdaisière sans rest

– ☎ *02 47 45 16 31 – www.chateaulabourdaisiere.com*

– *Ouvert* 1er avril-15 nov.

26 ch – 150/280 € 150/280 € – 15 €

◆ Un séjour royal ! En son temps, ce château accueillit Gabrielle d'Estrées. Tomates et dalhias sont désormais les favoris... du potager ; découvrez-les au salon de thé.

Le Montloire

4 bis pl F.-Mitterrand – ☎ 02 47 50 84 84 – www.montloire.fr

23 ch – 65 € 65 € – 7 € – ½ P 60 €

Rest – *(fermé sam. midi et dim. soir)* Menu 18 € (déj. en sem.), 22/28 €
– Carte environ 30 €

◆ Montloire était autrefois le nom du village ; c'est désormais un hôtel bien pratique, aux chambres simples et agréables. Avant une nuit de repos, on peut se laisser tenter par cette cuisine traditionnelle à prix raisonnable.

Toque et Vins

47 Quai A.-Baillet – ☎ 02 47 52 34 58 – www.restaurant-toque-et-vins.fr – Fermé 1er-10 août, vacances de la Toussaint, vacances de fév., merc. sauf le soir en saison, dim. soir et lundi.

Rest – (20 €) Menu 33/62 € – Carte 43/60 €

◆ Sur la route longeant la Loire, faites une pause gourmande dans cette maison régionale et savourez un pressé de foie gras et ris de veau à la gelée de Montlouis, par exemple...

MONTLUÇON – 03 Allier – 326 C4 – 39 889 h. – alt. 220 m 5 B1
– ✉ 03100 Auvergne

Paris 327 – Bourges 97 – Clermont-Ferrand 112 – Limoges 155

67 ter, boulevard de Courtais ☎ 04 70 05 11 44

du Val de Cher à Nassigny 1 route du Vallon, N : 20 km par D 2144, ☎ 04 70 06 71 15

Intérieur★ de l'église St-Pierre (Sainte Madeleine★★) CYZ - Esplanade du château ★.

Plan page suivante

Des Bourbons

rest,

47 av. Marx Dormoy – ☎ 04 70 05 28 93
– www.hotel-des-bourbons.com BZa

44 ch – 56 € 59/63 € – 8,50 € – ½ P 54/59 €

Rest – *(fermé 26 juil.-23 août, dim. soir et lundi)* Menu 22/42 €
– Carte 35/50 €

Rest *Brasserie Pub 47* – ☎ 04 70 05 22 79 *(fermé 24 juil.-23 août)*
Menu 16/19 € – Carte environ 22 €

◆ Face à la gare, bel immeuble de la fin du 19e s. abritant des chambres fonctionnelles équipées de mobilier hôtelier. Au restaurant, décor 1990 et carte traditionnelle. Plats simples à la Brasserie-Pub 47.

Grenier à Sel avec ch

pl. des Toiles – ☎ 04 70 05 53 79 – www.legrenierasel.com – Fermé vacances de la Toussaint, 15 fév.-3 mars, sam. midi en hiver, dim. soir de sept. à juin et lundi sauf le soir en juil.-août CZn

7 ch – 80/100 € 100/130 € – 11 €

Rest – Menu 20/67 € – Carte 51/75 €

◆ Demeure de charme du 15e s. au cœur de la cité médiévale. Cuisine actuelle servie dans un cadre raffiné. Profitez de la terrasse, c'est un petit coin de paradis. Chambres confortables et plaisantes (douches hydromassantes dans certaines).

MONTLUÇON

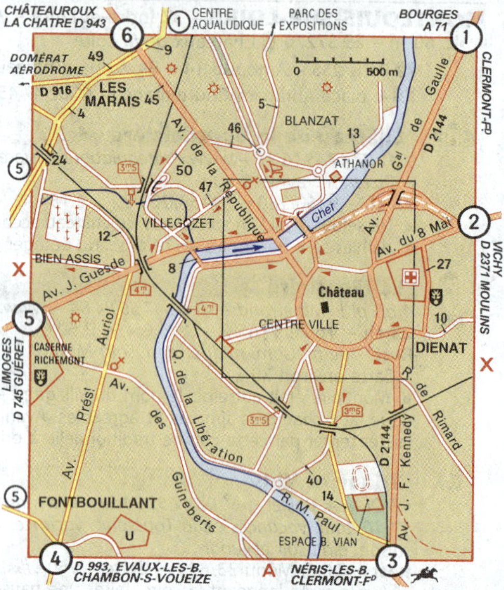

B C

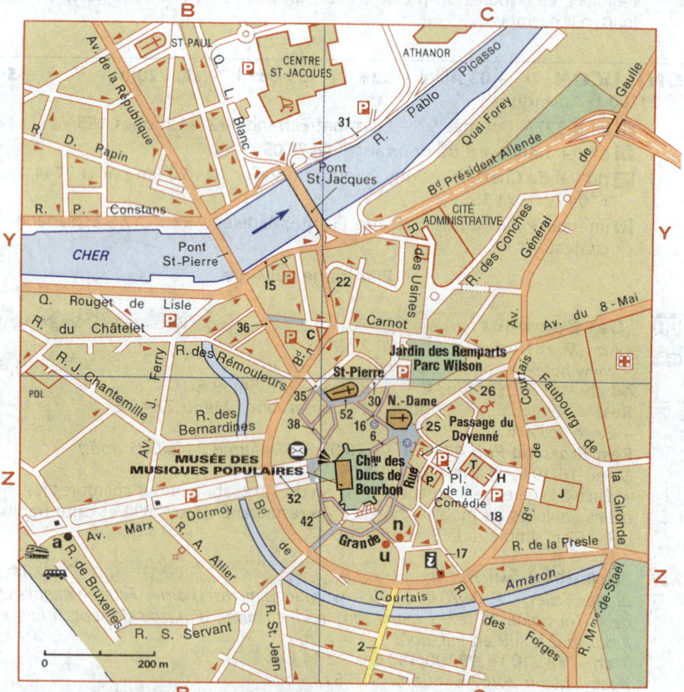

B C

XX **Safran d'Or**
12 pl. des Toiles – ✆ 04 70 05 09 18 – Fermé 14-21 mars, 1er-8 mai, 4-18 sept., dim. soir, mardi soir et lundi CZu
Rest – (16 €) Menu 21/28 € – Carte 37/53 €
◆ Une maison fort engageante à deux pas de la cité médiévale. Le chef y concocte à sa façon une agréable cuisine traditionnelle. Cadre contemporain et terrasse aux beaux jours.

à St-Victor 7 km par ① – 2 010 h. – alt. 212 m – ✉ 03410

Le Jardin Délice
6 rte de Paris – ✆ 04 70 28 80 64 – www.jardindelice.fr – Fermé vacances de la Toussaint et de fév.
25 ch – 50 € 50 € – 7 € – ½ P 65 €
Rest – *(fermé merc.)* Menu 18 € bc/47 € – Carte 47/67 €
◆ Un hôtel de plain-pied en bordure de route, dont les chambres, fonctionnelles, ouvrent sur la campagne ou le jardin. Tenue irréprochable. Au restaurant, cuisine traditionnelle actualisée servie dans un décor agréablement moderne. Belle terrasse d'été.

MONTLUEL – 01 Ain – 328 D5 – 6 478 h. – alt. 190 m – ✉ 01120 43 E1

Paris 472 – Bourg-en-Bresse 59 – Chalamont 20 – Lyon 26
28 place Carnot ✆ 08 75 28 27 72
de Lyon à Villette-d'Anthon, S : 12 km par D 61, ✆ 04 78 31 11 33

Petit Casset sans rest
96 imp. du Petit Casset, à La Boisse, 2 km au Sud-Ouest – ✆ 04 78 06 21 33 – www.lepetitcasset.fr
17 ch – 69 € 73 € – 8 €
◆ Hôtel rénové, au calme dans un quartier résidentiel. L'atmosphère y est accueillante et les chambres, toutes personnalisées, donnent sur le jardin fleuri et arboré.

à Ste-Croix 5 km au Nord par D 61 – 517 h. – alt. 263 m – ✉ 01120

XX **Chez Nous**
– ✆ 04 78 06 61 20 – www.hotel-restaurant-chez-nous.com – Fermé 23-30 août, 23-29 nov., 3-19 janv., mardi midi, dim. soir et lundi
Rest – Menu 22 € (sem.), 29/50 € – Carte 35/68 €
◆ Plaisantes salles à manger coquettes et grande terrasse ombragée de platanes où l'on sert une cuisine régionale de produits frais.

Hôtel Chez Nous
– ✆ 04 78 06 60 60
30 ch – 50 € 54 € – 8 € – ½ P 44 €
◆ Un édifice récent situé en face du restaurant abrite des petites chambres au mobilier Louis XVI et cinq autres rénovées en annexe.

MONTMARAULT – 03 Allier – 326 E5 – 1 572 h. – alt. 480 m – ✉ 03390 5 B1

Paris 346 – Gannat 41 – Montluçon 31 – Moulins 47

XX **France** avec ch
rest,
1 r. Marx Dormoy – ✆ 04 70 07 60 26 – www.hoteldefrance-montmarault.com – Fermé 27 mars-4 avril, 16 nov.-6 déc., dim. soir et lundi sauf fériés
8 ch – 48 € 48/51 € – 8 €
Rest – Menu 18 € (sem.)/50 € – Carte 30/50 €
◆ Un France où père et fils œuvrent à quatre mains, concoctant une agréable cuisine traditionnelle. Chambres coquettes et bien tenues, plus calmes sur l'arrière.

MONTMÉLARD – 71 Saône-et-Loire – 320 G12 – 318 h. – alt. 522 m – ✉ 71520 8 C3

Paris 393 – Mâcon 43 – Montceau-les-Mines 56 – Paray-le-Monial 34

Le St-Cyr avec ch — rest, VISA

– ☎ 03 85 50 20 76 – *www.lesaintcyr.fr* – *Fermé 1er-9 mars et 2-12 janv.*
7 ch – †48/56 € ††56/66 € – ☐ 8 €
Rest – Menu 15 € (sem.), 22/38 € – Carte 17/26 €
◆ De ce sympathique restaurant familial, la vue plonge sur la campagne vallonnée. Cuisine traditionnelle sans prétention ; dîners exotiques en hiver. L'hôtel dispose de chambres sobres et reposantes ; il sert de bons petits-déjeuners à des prix attractifs.

MONTMÉLIAN – 73 Savoie – **333** J4 – 3 933 h. – alt. 307 m – ✉ 73800 **46** F2
Alpes du Nord

Paris 574 – Albertville 35 – Allevard 22 – Chambéry 14
46, rue du Docteur Veyrat ☎ 04 79 84 42 23
du Granier Apremont à Apremont Chemin de Fontaine Rouge, O : 8 km par D 201, ☎ 04 79 28 21 26
☼★★ du rocher.

George — VISA AE

11 quai de l'Isère, (D 1006) – ☎ *04 79 84 05 87* – *www.hotelgeorge.fr*
11 ch – †41 € ††48 € – ☐ 6,50 € – ½ P 59 €
Rest – *(fermé 1er-15 juil., vacances de la Toussaint et le midi) (résidents seult)* (12 €) Menu 17 €
◆ Ancien grenier à sel du 18e s. situé en bordure de route, idéal pour l'étape. Collection de vieux outils ; chambres simples et bien tenues (plus calmes à l'arrière). Petite restauration traditionnelle et menu du jour.

MONTMERLE-SUR-SAÔNE – 01 Ain – **328** B4 – 3 697 h. – alt. 170 m – ✉ 01090 **43** E1

Paris 419 – Bourg-en-Bresse 44 – Lyon 48 – Mâcon 34

Emile Job — VISA AE

12 r. du Pont – ☎ *04 74 69 33 92* – *www.hotelemilejob.com* – *Fermé 28 fév.-15 mars, 24 oct.-15 nov., dim. soir d'oct. à mai, mardi midi et lundi*
22 ch – †65/73 € ††75/83 € – ☐ 8 € **Rest** – Menu 20/57 € – Carte 39/75 €
◆ Sur les bords de Saône, cette maison régionale a su préserver son atmosphère familiale et propose des chambres traditionnelles ou plus actuelles (rénovées et colorées). La carte alterne entre grands classiques et spécialités locales. Cadre bourgeois ; terrasse ombragée.

MONTMIRAIL – 84 Vaucluse – **332** D9 – rattaché à Vacqueyras

---

MONTMORENCY – 95 Val-d'Oise – **305** E7 – **101** 5 – voir Paris, Environs

---

MONTMORILLON – 86 Vienne – **322** L6 – 6 584 h. – alt. 100 m – ✉ 86500 **39** D2
Poitou Vendée Charentes

Paris 354 – Bellac 43 – Châtellerault 56 – Limoges 88
2, place du Maréchal Leclerc ☎ 05 49 91 11 96
Église Notre-Dame : fresques★ dans la crypte Ste-Catherine.

Hôtel de France et Lucullus — VISA AE

4 bd de Strasbourg – ☎ *05 49 84 09 09* – *www.le-lucullus.com*
35 ch – †47/65 € ††50/71 € – ☐ 8 € – ½ P 44/56 €
Rest – *(fermé 12 nov.-6 déc., dim. soir, lundi, mardi et merc.)* (14 €) Menu 21/55 € – Carte 19/51 €
Rest *Bistrot de Lucullus* – *(fermé dim. soir du 11 nov. à fin mars, sam. soir et dim. midi)* (11 €) Menu 15 € (déj. en sem.), 25/55 € – Carte environ 19 €
◆ Près du pont sur la Gartempe, construction de pays aux chambres spacieuses, fonctionnelles et vivement colorées. Au Bistrot de Lucullus, repas adaptés pour une clientèle pressée. Au restaurant, décor ensoleillé et goûteuse cuisine traditionnelle sans esbroufe.

MONTNER – 66 Pyrénées-Orientales – **344** H6 – 299 h. – alt. 127 m **22** B3
– ✉ 66720

▶ Paris 860 – Amélie-les-Bains-Palalda 60 – Font-Romeu-Odeillo-Via 82 – Perpignan 28

XX **Auberge du Cellier** avec ch — rest, A/C, VISA, MC, AE

1 r. Ste Eugénie – ✆ 04 68 29 09 78 – www.aubergeducellier.com – Fermé 2 nov.-15 déc., lundi de nov. à mars, mardi et merc.

6 ch – 🛉54 € 🛉🛉61 € – ☕ 9 €

Rest – Menu 19 € (déj. en sem.), 37/69 € – Carte 53/75 €

◆ Restaurant intimiste et actuel, aménagé dans un ancien cellier. La salle, où trône une fontaine en marbre, est parfaite pour apprécier une fine cuisine régionale revisitée. Petites chambres dont trois plus coquettes et personnalisées.

MONTOIRE-SUR-LE-LOIR – 41 Loir-et-Cher – **318** C5 – 4 127 h. **11** B2
– alt. 65 m – ✉ 41800 Châteaux de la Loire

▶ Paris 186 – Blois 52 – La Flèche 81 – Le Mans 70

ℹ 16, place Clemenceau ✆ 02 54 85 23 30

◉ Chapelle St-Gilles★ : fresques★★ - Pont ≤★.

à Lavardin 2 km au Sud-Est par D 108 – 223 h. – alt. 78 m – ✉ 41800

XX **Relais d'Antan** — VISA, MC

6 pl. du Capt.-du-Vigneau – ✆ 02 54 86 61 33 – www.relaisdantan.fr – Fermé en oct., en fév., dim. soir d'oct. à mai, lundi et mardi

Rest – Menu 28/40 € – Carte 33/45 €

◆ Dans un pittoresque village, auberge rustique dont l'une des salles à manger est ornée de fresques d'inspiration médiévale. Agréable terrasse bordant la rive du Loir.

MONTPELLIER P – 34 Hérault – **339** I7 – 260 000 h. **23** C2
– Agglo. 450 000 h. – alt. 27 m – ✉ 34000 Languedoc Roussillon

▶ Paris 758 – Marseille 173 – Nice 330 – Nîmes 55

✈ de Montpellier-Méditerranée ✆ 04 67 20 85 00, 7 km au SE par ③.

ℹ 30, allée Jean de Latrre de Tassigny ✆ 04 67 60 60 60

18 de Fontcaude à Juvignac Route de Lodève, par rte de Lodève : 8 km, ✆ 04 67 45 90 10

18 de Coulondres à Saint-Gély-du-Fesc 72 rue des Erables, par rte de Ganges : 12 km, ✆ 04 67 84 13 75

18 Montpellier Massane à Baillargues Domaine de Massane, par rte de Nîmes : 13 km, ✆ 04 67 87 87 89

◉ Vieux Montpellier★★ : hôtel de Varennes★ FY **M²**, hôtel des Trésoriers de la Bourse★ FY **Q**, rue de l'Ancien Courrier★ EFY **4** - Promenade du Peyrou★★ : ≤★ de la terrasse supérieure - Quartier Antigone★ - Musée Fabre★★ FY - Musée Atger★ (dans la faculté de médecine) EX - Musée languedocien★ (dans l'hôtel des trésoriers de France) FY **M¹**.

☉ Château de Flaugergues★ E : 3 km - Château de la Mogère★ E : 5 km par D 24 DU.

Plans pages suivantes

Mercure Antigone — ch, A/C, VISA, MC, AE

285 bd Aéroport International – ✆ 04 67 20 63 63 – www.mercure.com

114 ch – 🛉95/145 € 🛉🛉95/165 € – ☕ 15 € DU**f**

Rest – *(fermé sam. midi et dim.)* (23 €) Carte 36/45 €

◆ Ce Mercure jouit d'une situation avantageuse, face au quartier Antigone et près du passage du tramway. Nombreuses salles de séminaires, parking fermé. Spécialités régionales et buffets au restaurant.

D'Aragon sans rest — A/C, VISA, MC, AE

10 r. Baudin – ✆ 04 67 10 70 00 – www.hotel-aragon.fr – Fermé 1er-23 janv.

12 ch – 🛉75/144 € 🛉🛉89/144 € – ☕ 11 € FY**a**

◆ Dans une rue calme, un petit hôtel confortable, avec des détails charmants : meubles de style, cheminées, fenêtres à espagnolette... Le petit-déjeuner sous la verrière est agréable.

MONTPELLIER

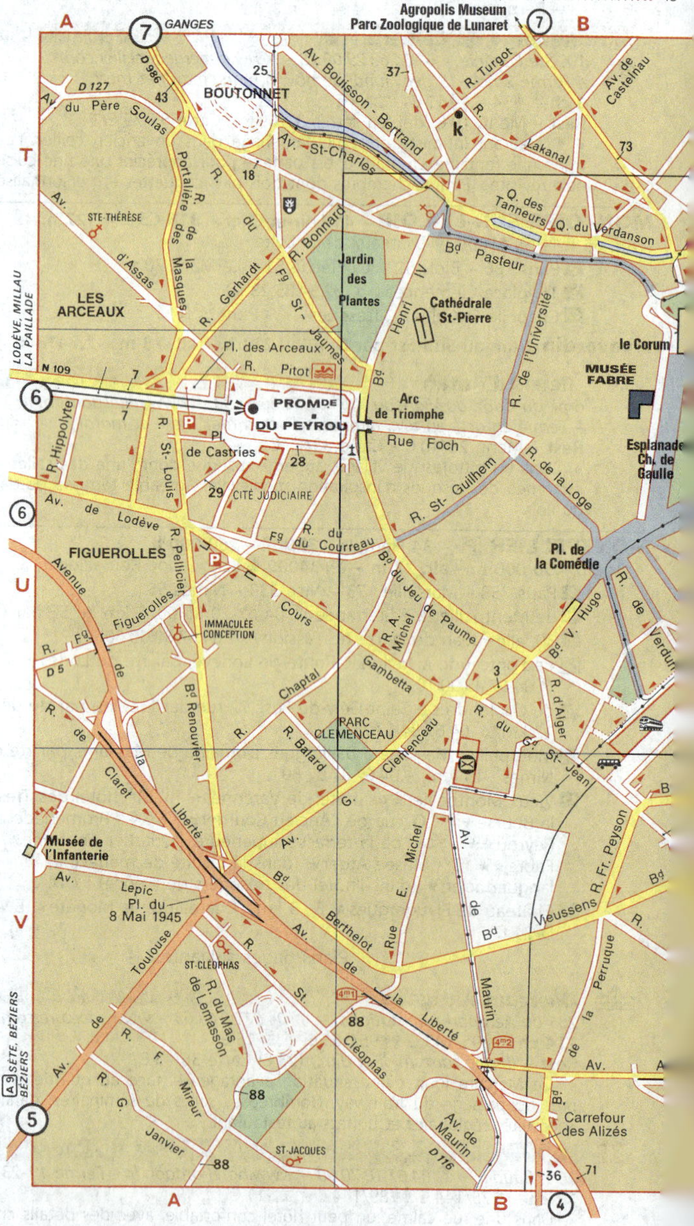

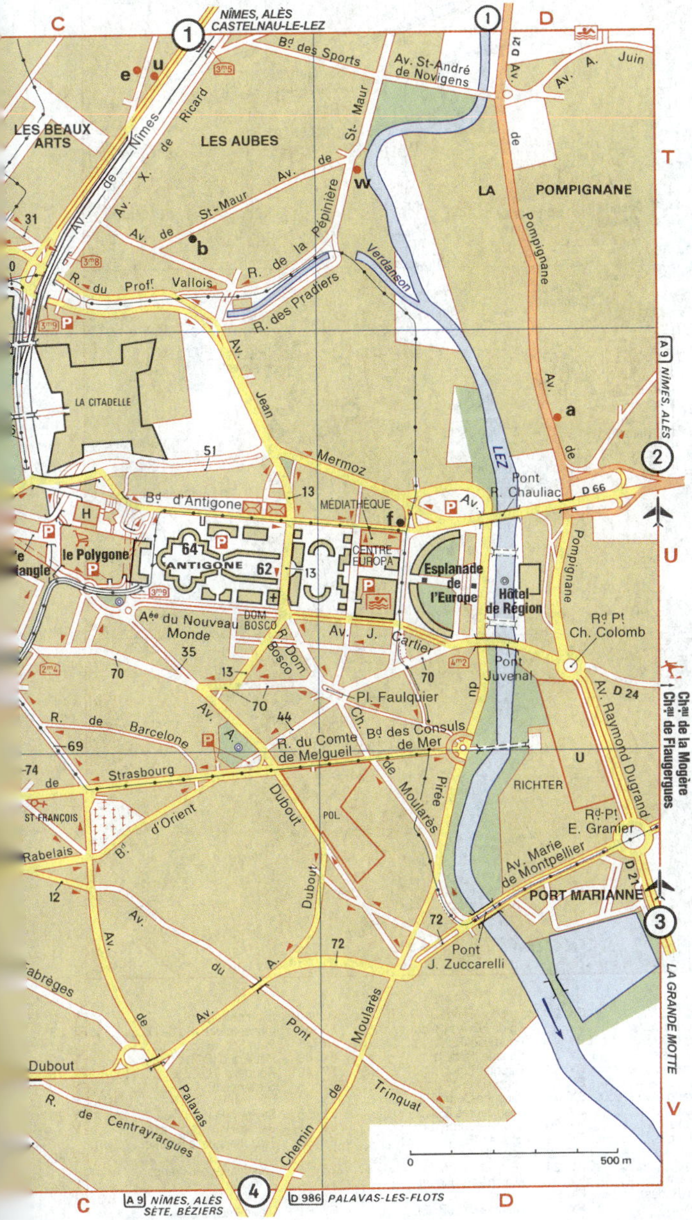

NÎMES, ALÈS
CASTELNAU-LE-LEZ
C
D
T
U
V
LES BEAUX ARTS
LES AUBES
LA POMPIGNANE
LA CITADELLE
MÉDIATHÈQUE
CENTRE EUROPA
le Polygone
ANTIGONE
Esplanade de l'Europe
Hôtel de Région
Bd des Sports
Av. St-André de Novigens
Av. A. Juin
Av. de Nîmes
Av. X. de Ricard
Av. de St-Maur
R. de la Pépinière
R. du Profr Vallois
R. des Pradiers
Verdanson
LEZ
Av. Jean Mermoz
Av. de Pompignane
Bd d'Antigone
Pont R. Chauliac
D 66
D 21
A 9 NÎMES, ALÈS
Ae du Nouveau Monde
DOM BOSCO
R. Dom Bosco
Av. J. Cartier
Pont Juvénal
Rd Pt Ch. Colomb
D 24
Av. Raymond Dugrand
Chau de la Mogère
Chau de Flaugergues
Pl. Faulquier
R. de Barcelone
R. du Comte de Melgueil
Bd des Consuls de Mer
Ch. de Moularès
R. de Strasbourg
Bd d'Orient
ST-FRANÇOIS
Rabelais
R. Dubout
Pirée
RICHTER
POL
Rd-Pt E. Granier
Av. Marie de Montpellier
PORT MARIANNE
LA GRANDE MOTTE
Pont J. Zuccarelli
Av. de Palavas
Av. du Pont Trinquat
Chemin de Moularès
Dubout
Fabrègas
R. de Centrayrargues
0
500 m
A 9 NÎMES, ALÈS SÈTE, BÉZIERS
D 986 PALAVAS-LES-FLOTS

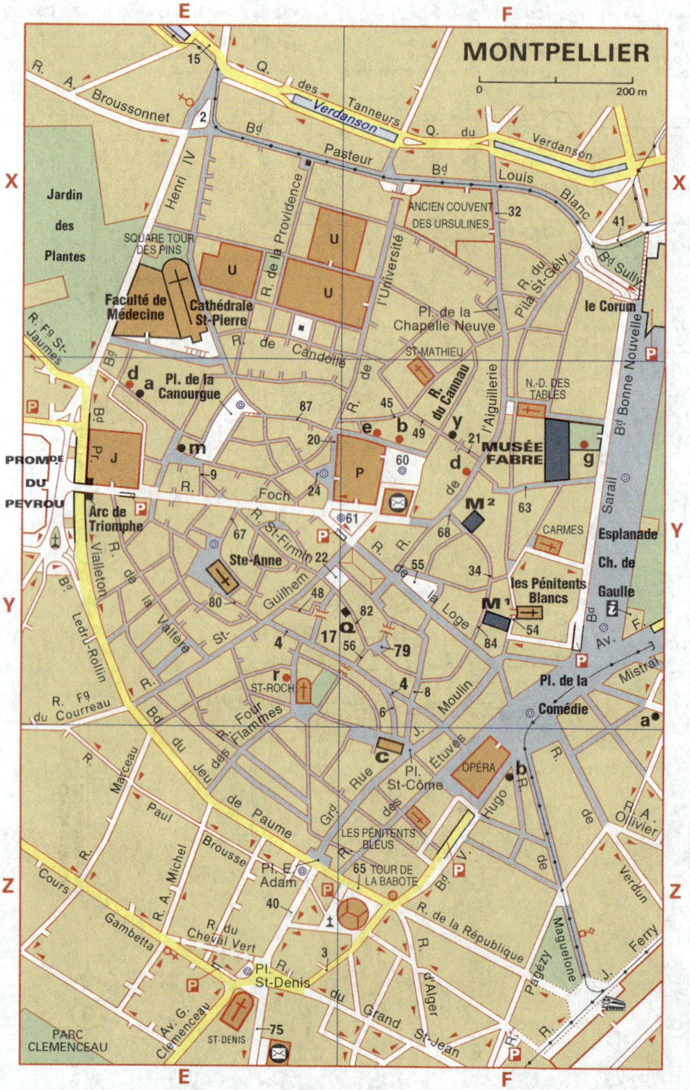

Albert-1er (Pl.)	EX	2
Anatole-France (R.)	EZ	3
Ancien-Courrier (R.)	EFY	4
Aragon (R. Jacques d')	FY	6
Argenterie (R. de l')	FY	8
Astruc (R.)	EY	9
Bouisson-Bertrand (Av.)	EX	15
Bras-de-Fer (R. du)	EY	17
Cambacérès (R.)	EY	20
Carbonnerie (R. de la)	FY	21
Castellane (Pl.)	EFY	22
Chabaneau (Pl.)	EY	24
Comédie (Pl. de la)	FY	
Écoles-Laïques (R. des)	FX	32
Embouque-d'Or (R.)	FY	34
Fg-de-la-Saunerie (R.)	EZ	40
Fg-de-Nîmes (R. du)	FX	41
Fournarié (R.)	FY	45
Friperie (R. de la)	EY	48
Girone (R. de)	FY	49
Grand-Rue-J.-Moulin	FYZ	
Jacques-Cœur (R.)	FY	54
Jean-Jaurès (Pl.)	FY	55
Jeu-de-Paume (Bd du)	EZ	
Joubert (R.)	FY	56
Loge (R. de la)	FY	
Maguelone (R. de)	FZ	
Marché-aux-Fleurs (Pl.)	FY	60
Martyrs-de-la-R. (Pl.)	FY	61
Montpellieret (R.)	FY	63
Observatoire (Bd de l')	FZ	65
Petit-Scel (R. du)	EY	67
Pétrarque (Pl.)	FY	68
Rondelet (R.)	EZ	75
Ste-Anne (R.)	EY	80
St-Guilhem (R.)	BU, EY	
St-Ravy (Pl.)	FY	79
Sarrail (Bd)	FY	
Trésoriers-de-la-Bourse (R.)	FY	82
Trésoriers-de-la-France (R. des)	FY	84
Verdun (R. de)	BU, FZ	
Vieille-Intendance (R.)	EY	87

New Hôtel du Midi sans rest
22 bd Victor Hugo – ✆ 04 67 92 69 61 – www.new-hotel.com FZb
44 ch – 🚹135 € 🚹🚹155/180 € – ☕ 10 €
◆ À un entrechat de la place de la Comédie, face au théâtre, un bel immeuble du début du 20e s. (vitraux, mosaïques), aux chambres spacieuses et classiques, ornées de photos d'opéra.

Du Parc sans rest
8 r. A. Bège – ✆ 04 67 41 16 49 – www.hotelduparc-montpellier.com BTk
19 ch – 🚹50/80 € 🚹🚹57/95 € – ☕ 10 €
◆ Une bonne adresse, assez centrale : cette maison du 18e s., tenue par deux associées, a l'allure d'une demeure particulière (meubles et objets chinés, tapis, cour fleurie...).

Le Guilhem sans rest
18 r. J.-J. Rousseau – ✆ 04 67 52 90 90 – www.leguilhem.com EYa
35 ch – 🚹96/190 € 🚹🚹96/190 € – ☕ 12 €
◆ Près du Peyrou, trois maisons des 16e et 17e s. mêlant caractère et esprit cosy : portes anciennes, alcôves, jolis imprimés... Certaines chambres toisent les tours de la cathédrale !

Du Palais sans rest
3 r. Palais – ✆ 04 67 60 47 38 – www.hoteldupalais-montpellier.fr EYm
26 ch – 🚹68/80 € 🚹🚹75/90 € – ☕ 12 €
◆ Immeuble centenaire proche du palais de justice. Les chambres, petites et classiques, ont de délicates attentions (fleurs fraîches, chocolats, etc.). Ambiance familiale.

Ulysse sans rest
338 av. de St-Maur – ✆ 04 67 02 02 30 – www.hotel-ulysse.fr CTb
25 ch – 🚹65/90 € 🚹🚹70/95 € – ☕ 11 €
◆ Heureux qui comme Ulysse... Dans un quartier pavillonnaire, cet hôtel sympathique et fort bien tenu propose des chambres simples et coquettes. Copieux petit-déjeuner.

Les Troënes sans rest
17 av. É. Bertin-Sans, par av. Charles Flahaut et rte de Ganges, dir. Hôpitaux-Faculté - AT ✉ 34090 – ✆ 04 67 04 07 76 – www.hotel-les-troenes.fr
14 ch – 🚹52/54 € 🚹🚹60/62 € – ☕ 8 €
◆ Excentré mais relié au cœur de la ville par le tramway. L'accueil est familial et les chambres, sobres et fonctionnelles, sont d'une tenue irréprochable. Tarifs attractifs.

Baudon de Mauny sans rest
1 r. de la Carbonnerie – ✆ 04 67 02 21 77 – www.baudondemauny.com FYd
5 ch – 🚹140/190 € 🚹🚹160/250 € – ☕ 15 €
◆ Beautés d'hier et d'aujourd'hui... Dallage ancien, portes sculptées, hauts plafonds, mais aussi mobilier design et aménagement très contemporain : au cœur de la ville, cet hôtel particulier du 18e s. arbore une mine superbe !

Clos de l'Herminier sans rest
201 r. du Mas-de-Nègre, (face au stade Yves du Manoir), 3 km par ⑤ – ✆ 04 67 07 98 88 – www.closdelherminier.com EYd
4 ch ☕ – 🚹90/100 € 🚹🚹100/130 €
◆ Cultivez les charmes d'antan dans cette ancienne propriété vinicole du 19e s., isolée dans un quartier en construction. On oublie la ville dans le joli parc arboré (avec piscine), les chambres aux notes champêtres et autour du petit-déjeuner, avec confitures maison...

Le Jardin des Sens (Jacques et Laurent Pourcel) avec ch
11 av. St-Lazare – ✆ 04 99 58 38 38 – www.jardindessens.com CTe
15 ch – 🚹170/480 € 🚹🚹170/480 € – ☕ 22 €
Rest – *(fermé 2-15 janv., lundi midi, merc. midi et dim.) (nombre de couverts limité, prévenir)* Menu 45 € bc (déj. en sem.), 80 € bc/170 € – Carte 110/178 €
Spéc. Pressé de homard, légumes au jambon de canard et mangue. Filet de turbot rôti et encornet à la plancha, risotto de riz noir vénéré. "Le Pavillon Français".
Vins Pic Saint-Loup, Vin de pays de l'Aude.
◆ Un grand parallélépipède de verre, ouvert sur un jardin aux essences méditerranéennes : la table des jumeaux Pourcel cultive l'esprit du Sud autant que la création. Saveurs ensoleillées, notes ethniques, contrastes, légèreté... les sens sont bien à la fête en ce jardin terrestre. Chambres contemporaines, très luxueuses.

XXX **Cellier Morel**

27 r. Aiguillerie, (Maison de la Lozère) – ✆ 04 67 66 46 36 – www.celliermorel.com – Fermé 1er-15 août, lundi midi, merc. midi, sam. midi, dim. et fériés FY**d**

Rest – (30 €) Menu 52/120 € bc – Carte 77/98 €

◆ Dans la Maison de la Lozère, sous de superbes voûtes du 13e s., une cuisine qui honore ce département, avec invention (faux-filet de veau et aubergines au miso). Une valeur sûre.

XXX **La Réserve Rimbaud** (Charles Fontes)

820 av. St-Maur – ✆ 04 67 72 52 53 – www.reserve-rimbaud.com – Fermé 3-18 janv., sam. midi, dim. soir et lundi DT**w**

Rest – (24 €) Menu 30 € (déj. en sem.)/53 € – Carte 30/53 €

Spéc. Carpaccio de veau et cèpes, parmesan et huile d'argan (15 août-30 sept.). Turbot sauvage, tian de légumes, panisses et jus de tomate (mai à sept.). Baba au rhum.

◆ Des compositions judicieuses, centrées sur le produit et pleines de fraîcheur : cette table rend hommage au soleil et à la terre du Sud. Belle terrasse sous les platanes, au bord du Lez.

XX **Castel Ronceray**

130 r. Castel Ronceray, par ⑤ – ✆ 04 67 42 46 30 – www.lecastelronceray.fr – Fermé 16 août-6 sept, 27 fév.-7 mars, dim. et lundi

Rest – (29 € bc) Menu 46/68 € – Carte 50/70 €

◆ Dans un parc ombragé, une maison de maître d'esprit Napoléon III. Cuisine gastronomique (produits régionaux) ; l'épouse du chef est une sommelière passionnée.

XX **Les Vignes**

2 r. Bonnier d'Alco – ✆ 04 67 60 48 42 – www.lesvignesrestaurant.com – Fermé 1er-7 janv., mardi soir et dim. FY**e**

Rest – (22 €) Menu 28/52 € bc – Carte 45/68 €

◆ Il vous faudra descendre quelques marches pour rejoindre l'élégante salle voûtée de ce restaurant. Terrasse côté patio. Cuisine régionale (suggestions du marché à l'ardoise).

XX **Prouhèze Saveurs**

728 av. de la Pompignane – ✆ 04 67 79 43 34 – www.prouheze-saveurs.com – Fermé 25 juil.-25 août, lundi, merc. soir, sam. midi et dim. DU**a**

Rest – (18 €) Menu 28/35 € – Carte environ 41 €

◆ Saucisse-aligot, poulet aux écrevisses de mon grand-père, agneau... les Prouhèze sont originaires de l'Aubrac ! Décor très frais (tons gris et vert anis), patio pour l'été.

X **Tamarillos**

2 pl. Marché aux Fleurs – ✆ 04 67 60 06 00 – www.tamarillos.biz – Fermé 1er-4 nov., vacances de fév. et dim. midi en juil.-août FY**b**

Rest – *(nombre de couverts limité, prévenir)* (27 €) Menu 38/90 € – Carte 54/80 €

◆ Les fruits et les fleurs inspirent la cuisine et le décor haut en couleurs de cette adresse originale, tenue par un chef sacré par deux fois champion de France des desserts.

X **Insensé**

39 bd Bonne-Nouvelle – ✆ 04 67 58 97 78 – www.jardindessens.com – Fermé dim. soir et lundi FY**g**

Rest – (20 €) Menu 29 € – Carte environ 30 €

◆ Insensé... ce restaurant dans l'enceinte du musée Fabre ! Imaginée par les frères Pourcel, cette "œuvre" moderne et design bouscule les habitudes, entre terroir et snacking.

X **La Compagnie des Comptoirs**

51 av. Frédéric Delmas – ✆ 04 99 58 39 29 – www.lacompagniedescomptoirs.com – Fermé sam. midi et lundi CT**u**

Rest – (22 €) Menu 28 € – Carte environ 60 €

◆ Autre création des frères Pourcel, inspirée par les comptoirs français des Indes : saveurs du Sud et d'Orient, décor ad hoc et terrasse en partie dressée sous une tente bédouine !

Kinoa
6 r. des Sœurs Noires – ✆ 04 67 15 34 38 – Fermé dim. et lundi EYr
Rest – (18 € bc) Menu 27/38 € – Carte 40/48 €
◆ On se souviendra de la terrasse, sur une placette à l'ombre d'une église, au cœur du vieux Montpellier... Cuisine actuelle, dont un menu allégé (ni crème, ni alcool, ni sucre !).

Le Petit Jardin
20 r. J.-J. Rousseau – ✆ 04 67 60 78 78 – www.petit-jardin.com – Fermé lundi du 15 oct. au 15 mai EYd
Rest – Menu 22/45 € – Carte 33/66 €
◆ Un décor contemporain (mobilier design, lithographies) pour une cuisine dans l'air du temps : le jeune chef ne travaille que des produits frais ! Bar à vin et tapas, belle terrasse.

à Castries 8 km par ① et D 112e – 5 423 h. – alt. 70 m – ✉ 34160

19, rue Sainte Catherine ✆ 04 99 74 01 77

Disini
1 r. des Carrières – ✆ 04 67 41 97 86 – www.disini-hotel.com
15 ch – †125/185 € ††125/185 € – 1 suite – ☕ 15 €
Rest – (19 €) Menu 32/69 € – Carte 47/59 €
◆ Disini ou "ici" en balinais... Dans une calme forêt de chênes verts, cet hôtel récent mêle touches ethniques (Asie et Afrique) et confort high-tech, dans une ambiance feutrée. Le restaurant, également exotique, propose une cuisine de qualité (produits régionaux).

à Castelnau-le-Lez 7 km par ① et N 113 – 15 229 h. – alt. 60 m – ✉ 34170

Domaine de Verchant
ch,
1 bd Philippe-Lamour – ✆ 04 67 07 26 00 – www.domainedeverchant.com
15 ch – †230/500 € ††230/500 € – 7 suites – ☕ 25 €
Rest – *(nombre de couverts limité, prévenir)* (22 €) Menu 28 € (déj. en sem.) – Carte 46/79 €
◆ Une allée de platanes mène à cette belle propriété viticole du 16e s., cernée par les vignes... Les chambres sont superbes (design italien, équipements high-tech, charpentes et vieilles pierres) ; le spa exquis. On sert les vins du domaine au restaurant.

à Baillargues 8 km par ① et D 112e, D 613 puis N 113 – 5 968 h. – alt. 23 m – ✉ 34670

Golf Hôtel de Massane
rest,
au golf de Massane – ✆ 04 67 87 87 87 – www.massane.com
32 ch – †105/118 € ††124/141 € – ☕ 14 €
Rest – *(fermé dim. soir de nov. à fév.)* (19 € bc) Menu 25/48 €
◆ Vaste complexe hôtelier doté de nombreux équipements pour les loisirs et la détente. Les chambres, spacieuses et colorées, regardent pour certaines la piscine. Salle à manger contemporaine tournée vers le golf ; cuisine actuelle et vins régionaux.

près échangeur A9-Montpellier-Sud 2 km par ④ – ✉ 34000 Montpellier

Novotel
125 bis av. Palavas – ✆ 04 99 52 34 34 – www.novotel.com
163 ch – †90/170 € ††90/170 € – ☕ 14 € **Rest** – (12 €) Carte 20/40 €
◆ Situation utile à proximité d'un échangeur sur l'A9. Le restaurant ouvre sur la piscine.

à Lattes 5 km par ④ – 16 824 h. – alt. 3 m – ✉ 34970

679, avenue de Montpellier ✆ 04 67 22 52 91

Domaine de Soriech
chemin de Soriech, face Z.A.C. Soriech – ✆ 04 67 15 19 15 – www.domaine-de-soriech.fr – Fermé 1 sem. vacances de fév., dim. soir et lundi
Rest – (23 €) Menu 30 € (déj. en sem.), 40/76 € – Carte 45/70 €
◆ Dans son parc avec palmiers et pins géants, cette belle villa évoque les modèles californiens des années 1970. Décor design et œuvres contemporaines. Cuisine régionale.

Le Mazerand

Mas De Causse CD 172 – 04 67 64 82 10 – www.le-mazerand.com – Fermé 2 sem. en mars, sam. midi, dim. soir et lundi

Rest – (22 €) Menu 28/63 € – Carte 41/80 €

◆ Cette propriété, dont l'origine remonte au 17e s., marie avantageusement vieilles pierres et décor moderne. Jolies terrasses. Cuisine du terroir (produits frais).

Le Bistrot d'Ariane

5 r. des Chevaliers de Malte, à Port Ariane – 04 67 20 01 27 – www.bistrot-ariane.fr – Fermé 18 déc.-3 janv. et dim. sauf fériés

Rest – Menu 20/40 € – Carte 32/51 €

◆ Sur le port, un grand et chaleureux bistrot (comptoir en bois, luminaires anciens). Le patron annote lui-même – avec pertinence – la carte des vins, où dominent les crus régionaux.

Sensation

2 r. des Consuls, à Port Ariane – 04 67 50 39 31 – www.restaurantsensation.fr – Fermé 4-18 sept., dim. et lundi sauf fériés

Rest – (14 €) Menu 18 € (déj. en sem.), 27/49 € – Carte 50/85 €

◆ Sensation, impression, émotion... Tout ce que recherche ce jeune chef très créatif (pâtissier de formation – on le ressent), qui s'est lancé ici avec sa compagne. Décor simple.

à Juvignac 6 km par ⑥, rte de Millau – 6 258 h. – alt. 32 m – ✉ 34990

Montpellier Resort

rte de Lodève, au golf international – 04 67 45 90 00 – www.montpellierresort.com

46 ch – †84/112 € ††112/154 € – 40 suites

Rest – (16 € bc) Menu 28 € (dîner) – Carte 29/49 €

◆ Hôtel estimé des golfeurs qui testent leur swing à Juvignac. La majorité des chambres (certaines avec terrasse) ouvrent sur les greens. Pour les longs séjours, des suites avec cuisinette. Salle de restaurant contemporaine ; formule rapide au club-house.

MONTPEZAT-DE-QUERCY – 82 Tarn-et-Garonne – 337 E6 – 1 413 h. – alt. 275 m – ✉ 82270 Midi-Toulousain 28 B1

Paris 600 – Cahors 29 – Montauban 39 – Toulouse 91

boulevard des Fossés 05 63 02 05 55

Domaine de Lafon

Pech de Lafon, 4 km au Sud par rte de Mirabel, D 20 et D 69 – 05 63 02 05 09 – www.domainedelafon.com – Fermé 15 fév.-15 mars et 15-30 nov.

3 ch – †63/68 € ††78/87 € **Table d'hôte** – Menu 26 € bc

◆ Cette maison du 19e s. jouit d'une perspective à 360° sur la campagne vallonnée. Ses chambres, agrémentées d'œuvres du propriétaire et de tissus choisis, promettent un sommeil paisible. Belle bibliothèque aménagée dans le pigeonnier. Cuisine traditionnelle.

MONTPON-MÉNESTÉROL – 24 Dordogne – 329 B5 – 5 625 h. – alt. 93 m – ✉ 24700 4 C1

Paris 532 – Bergerac 40 – Libourne 43 – Périgueux 56

place Clemenceau 05 53 82 23 77

à Ménestérol 1 km au Nord – ✉ 24700 Montpon-Ménestérol

Auberge de l'Eclade

rte de Coutras – 05 53 80 28 64 – www.auberge-de-leclade.com – Fermé vacances de la Toussaint, dim. soir, lundi soir, mardi soir et merc.

Rest – (20 €) Menu 28/58 € – Carte 35/45 €

◆ Au calme près de la chapelle romane du village, une table bien appréciée dans la région : décor soigné (tout en tons clairs), terrasse verdoyante et bon choix de vins et de whiskys.

MONTRÉAL – 32 Gers – 336 D6 – 1 263 h. – alt. 131 m – ✉ 32250 28 A2

Midi-Toulousain

Paris 725 – Agen 57 – Auch 59 – Condom 16

place de l'hôtel de ville ✆ 05 62 29 42 85

de Guinlet à Eauze, S : 12 km par D 29, ✆ 05 62 09 80 84

La Bombance

lieu-dit Bidon – ✆ 05 62 29 28 80 – www.labombance.fr

Rest – Menu 24/50 € – Carte 42/48 €

◆ Une grande et belle maison dans la campagne. Beaucoup de goût et de saveurs ici, principalement à base de poisson... Plutôt original dans une région où le canard est roi !

Daubin

(face à l'église) – ✆ 05 62 29 44 40 – Fermé vacances de fév., dim. soir, lundi et mardi

Rest – Menu 16 € (déj.), 26/58 € – Carte 43/72 €

◆ Terrasse sous les platanes, goûteuse cuisine du terroir, dégustation de vins régionaux... Côté bar, on mange à la bonne franquette, bien calé sur des tonneaux.

MONTREDON – 11 Aude – 344 F3 – rattaché à Carcassonne

MONTREUIL – 62 Pas-de-Calais – 301 D5 – 2 331 h. – alt. 54 m – ✉ 62170 30 A2

Nord Pas-de-Calais Picardie

Paris 232 – Abbeville 49 – Arras 86 – Boulogne-sur-Mer 38

21, rue Carnot ✆ 03 21 06 04 27

Site★ - Citadelle★ : ≤★★ - Remparts★ - Église St-Saulve★.

Château de Montreuil (Christian Germain)

4 chaussée des Capucins – ✆ 03 21 81 53 04 – www.chateaudemontreuil.com – Fermé 12 déc.-3 fév. et lundi sauf juil.-août et fériés

12 ch – †150/235 € ††150/235 € – 4 suites – ☕ 18 €

Rest – Menu 35 € (déj.), 75/90 € – Carte 75/95 €

Spéc. Tartare d'huître en écume de mer. Pigeonneau de Licques dans l'esprit d'un hochepot flamand. Tarte tatin aux pêches plates, à l'estragon et glace Chartreuse verte (été).

◆ Élégante demeure à l'intérieur des remparts. Chambres raffinées, garnies de meubles de style et donnant sur un jardin à l'anglaise. La cuisine au goût du jour, mâtinée de touches exotiques et méditerranéennes, est rehaussée par une belle carte des vins.

Hermitage

rest,

pl. Gambetta – ✆ 03 21 06 74 74 – www.hermitage-montreuil.com

57 ch – †85/265 € ††85/265 € – ☕ 15 €

Rest *Le Jéroboam* – 1 r. des Juifs, cours de l'hermitage, ✆ 03 21 86 65 80 *(fermé janv., lundi sauf le soir en juil.-août et dim.)* Menu 17 € (déj.), 25/32 € – Carte 35/72 €

◆ Cette belle bâtisse, construite sous Napoléon III, a été restaurée. Bar feutré et amples chambres au sobre mobilier contemporain. Carte dans le vent escortée de vins de petits producteurs pour le restaurant très design et conçu dans un esprit "wine bar".

Coq Hôtel

ch,

2 pl. de la Poissonnerie – ✆ 03 21 81 05 61 – www.coqhotel.fr – Fermé 19 déc.-4 fév.

19 ch – †98/125 € ††98/125 € – ☕ 15 € – ½ P 90/110 €

Rest – *(fermé vend. midi, sam. midi et jeudi)* (16 €) Menu 30/49 € – Carte 48/135 €

◆ Cette maison bourgeoise dresse sa belle façade en brique rouge sur une petite place du centre. Chambres douillettes d'esprit actuel. Parquet, cheminée, meubles de famille et objets à l'effigie du coq agrémentent les deux salles à manger. Cuisine de tradition.

Le Darnétal avec ch
pl. Darnétal – ✆ 03 21 06 04 87 – Fermé 21 juin-12 juil., 13 déc.-1er janv., lundi et mardi
4 ch – 🛉40 € 🛉🛉40/50 € – ☕ 6 €
Rest – (16 €) Menu 22 € (sem.), 26/38 € – Carte 24/51 €
◆ Sur l'une des places de la ville haute, auberge rustique décorée d'une profusion de tableaux, bibelots anciens et cuivres. Ambiance conviviale et cuisine traditionnelle.

à La Madelaine-sous-Montreuil 3 km à l'Ouest par D 139 et rte secondaire – 166 h. – alt. 7 m – ✉ 62170

Auberge de la Grenouillère (Alexandre Gauthier) avec ch
✆ 03 21 06 07 22 – www.lagrenouillere.fr
– Fermé mars, 20 déc.-4 fév., mardi et merc. sauf juil.-août
12 ch – 🛉120/150 € 🛉🛉150/190 € – ☕ 16 €
Rest – Menu 45 € (sem.)/110 € – Carte 80/95 €
Spéc. Tasse d'eau de mer. Homard au genièvre. Bulle d'oseille.
◆ En bordure de la Canche, une ferme picarde où l'on apprécie une cuisine actuelle, un brin créative. Belle sélection de vins, notamment de bourgognes. Côté hôtel, rénovation des chambres prévue pour début 2011, avec création de petites huttes dans le jardin.

à Inxent 9 km au Nord sur D 127 – 158 h. – alt. 28 m – ✉ 62170

Auberge d'Inxent avec ch
318 r. de la Vallée de la Course – ✆ 03 21 90 71 19 – Fermé 27 juin-8 juil., 14 nov.-3 fév., mardi et merc.
5 ch – 🛉70/76 € 🛉🛉70/76 € – ☕ 10 € – ½ P 60/86 €
Rest – Menu 17/40 € – Carte 21/61 €
◆ Beaux meubles et chaleureuse atmosphère familiale en ce restaurant aménagé dans un ancien presbytère (18e s). Cuisine régionale assortie d'un grand choix de vins bien choisis. Pour l'étape, chambres feutrées au mobilier de style Louis Philippe.

MONTREUIL – 93 Seine-Saint-Denis – 311 k2 – 101 17 – voir à Paris, Environs

MONTREVEL-EN-BRESSE – 01 Ain – 328 D2 – 2 271 h. – alt. 215 m – ✉ 01340 44 B1

Paris 395 – Bourg-en-Bresse 18 – Mâcon 25 – Pont-de-Vaux 22
place de la Grenette ✆ 04 74 25 48 74

Léa (Louis Monnier)
10 rte d'Etrez – ✆ 04 74 30 80 84 – www.restaurant-lea.com
– Fermé 30 juin-16 juil., 22 déc.-15 janv., lundi sauf juil.-août, dim. soir et merc.
Rest – *(nombre de couverts limité, prévenir)* Menu 36 € (déj.), 53/75 € – Carte 65/92 €
Spéc. Gâteau de foies blonds de poularde de Bresse. Poularde de Bresse à la crème et aux morilles. Soufflé glacé au café, crème arabica. **Vins** Pouilly-Loché, Bugey Manicle.
◆ Fine cuisine classique dans cette très accueillante maison bourgeoise. Plantes, tableaux et bibelots (sur le thème de la volaille de Bresse) donnent des airs de bonbonnière à la salle à manger.

Le Comptoir
9 Grande-Rue – ✆ 04 74 25 45 53 – www.restaurant-lea.com – Fermé 30 juin-15 juil., 22 déc.-13 janv., dim. soir, mardi soir et merc.
Rest – Menu 18/31 € – Carte 23/44 €
◆ Toute l'authenticité d'un café de village : vieux comptoir, banquettes, affiches, miroirs et... cuisine de bistrot bien alléchante (avec quelques plats régionaux).

rte de Bourg-en-Bresse 2 km au Sud sur D 975 – ✉ 01340 Montrevel-en-Bresse

Pillebois
– ✆ 04 74 25 48 44 – www.hotellepillebois.com – Fermé dim. soir de nov. à mars
31 ch – 🛉80 € 🛉🛉85 € – 1 suite – ☕ 9 € – ½ P 70 €
Rest *L'Aventure* – *(fermé sam. midi et dim. soir)* (15 €) Menu 19 € (sem.)/47 € – Carte 43/58 €
◆ Cette bâtisse moderne de style bressan (briques rouges et bois) abrite des chambres fonctionnelles et bien tenues. Piscine découverte et terrasse propice au farniente. Salle de restaurant aux tons chauds, où l'on déguste des plats du terroir revisités.

MONTRICHARD – 41 Loir-et-Cher – **318** E7 – 3 423 h. – alt. 62 m **11** A1
– ✉ 41400 Châteaux de la Loire

Paris 220 – Blois 37 – Châteauroux 85 – Châtellerault 95

1, rue du Pont ✆ 02 54 32 05 10

Donjon★ : ✳★★.

Le Bellevue

24 quai de la République – ✆ 02 54 32 06 17 – www.hotel-le-bellevue41.com – Fermé vend., sam. et dim. du 25 nov. au 3 déc.

29 ch – †75/110 € ††85/180 € – 6 suites – ☕ 13 € – ½ P 63/78 €

Rest – *(fermé 21 nov.-11 déc. et vend. de nov. à Pâques)* (15 € bc) Menu 20 € (sem.)/52 € – Carte 44/57 €

◆ Enseigne-vérité : la plupart des chambres offrent une vue panoramique sur le Cher. Quelques suites dans une villa toute proche. Au restaurant, baies vitrées sur la vallée et carte traditionnelle.

à Chissay-en-Touraine 4 km à l'Ouest par D 176 – 1 020 h. – alt. 63 m – ✉ 41400

Château de Chissay rest,

– ✆ 02 54 32 32 01 – www.chateaudechissay.com – Ouvert 19 mars-13 nov.

23 ch – †135/240 € ††135/240 € – 9 suites – ☕ 14 € – ½ P 125/180 €

Rest – (25 €) Menu 42/58 € – Carte 48/85 €

◆ Louis XI, le général de Gaulle : ce château du 15e s. a accueilli d'illustres personnages ! Chambres classiques ; la troglodytique et le duplex du donjon ne manquent pas d'originalité... Au restaurant : voûtes, boiseries, mobilier Louis XIII et... cuisine actuelle.

MONTRICOUX – 82 Tarn-et-Garonne – **337** F7 – 1 021 h. – alt. 113 m **29** C2
– ✉ 82800

Paris 618 – Cahors 51 – Gaillac 39 – Montauban 25

Les Gorges de l'Aveyron avec ch rest,

Le Bugarel – ✆ 05 63 24 50 50 – www.gorges-aveyron.com – Fermé mars, 4-31 janv., mardi sauf du 15 juin au 15 sept. et lundi

5 ch – †60/75 € ††75/100 € – ☕ 13 € **Rest** – Menu 17 € (sem.), 34/65 €

◆ Grande villa cossue dans un parc verdoyant baigné par l'Aveyron. Salle à manger confortable et lumineuse, prolongée d'une ample terrasse, où savourer une cuisine au goût du jour. Chambres créées en 2009 à l'étage : beaux matériaux et ambiance feutrée.

MONTROND-LES-BAINS – 42 Loire – **327** E6 – 4 608 h. – alt. 356 m **44** A2
– Stat. therm. : fin mars-fin nov. – Casino – ✉ 42210 Lyon Drôme Ardèche

Paris 447 – Lyon 69 – Montbrison 15 – Roanne 58

avenue des Sources ✆ 04 77 94 64 74

du Forez Domaine de Presles, S : 12 km par D 1082 et D 16, ✆ 04 77 30 86 85

Hostellerie La Poularde avec ch ch,

2 r. de St-Étienne – ✆ 04 77 54 40 06 – www.la-poularde.com – Fermé 8-29 août, 2-22 janv., mardi midi, dim. soir et lundi

16 ch – †95 € ††130 € – ☕ 22 €

Rest – *(prévenir le week-end)* Menu 37/125 € – Carte 90/150 €

◆ Dans ce joli relais de poste (1732), la cuisine – traditionnelle et un brin créative – est savoureuse ; elle s'accompagne de bons vins... Dégustation dans un cadre élégant. Pour l'étape, chambres cosy ou, côté piscine, appartements et duplex.

Carré Sud

4 rte de Lyon – ✆ 04 77 54 42 71 – www.carre-sud.com – Fermé 25 août-8 sept., dim. soir et merc.

Rest – Menu 17 € (déj. en sem.), 25/57 € – Carte 45/75 € le soir

◆ Carrément Sud ! Après les palaces de la Côte d'Azur, le chef est revenu dans sa région pour partager son amour du Midi. Assiettes ensoleillées, comme le décor (terrasse verte).

MONTROUGE – 92 Hauts-de-Seine – **311** J3 – **101** 25 – voir à Paris, Environs

LE MONT-ST-MICHEL – 50 Manche – 303 C8 – 41 h. – alt. 10 m 32 A3
– ✉ 50170 Normandie Cotentin, Bretagne

Paris 359 – Alençon 135 – Avranches 23 – Dinan 58

Corps de Garde des Bourgeois ✆ 02 33 60 14 30

Abbaye★★★ : La Merveille★★★, Cloître★★★ - Remparts★★ - Grande-Rue★ - Jardins de l'abbaye★ - Baie du Mont-St-Michel★★.

à la Digue 2 km au Sud sur D 976 – ✉ 50170 Le Mont-St-Michel

Relais St-Michel
– ✆ 02 33 89 32 00 – www.lemontsaintmichel.info
32 ch – 180/290 € 180/290 € – 7 suites – 18 €
Rest – Menu 15 € (déj.), 25/65 € – Carte 55/70 €
◆ L'abbaye en toile de fond et l'élégant mobilier de style anglais contribuent au charme de ce relais. Les chambres sont grandes et dotées d'un balcon ou d'une terrasse. Salle de restaurant actuelle offrant la vue sur le Mont. Cuisine traditionnelle.

Mercure
– ✆ 02 33 60 14 18 – www.le-mont-saint-michel.com – Ouvert 6 fév.-13 nov.
100 ch – 75/122 € 83/133 € – 14 €
Rest *Le Pré Salé* – Menu 20/50 € – Carte 28/74 €
◆ Bordant le Couesnon à l'amorce de la digue, hôtel aux chambres claires et fonctionnelles, en grande partie rénovées. Lumineuse et grande salle à manger où vous dégusterez le fameux agneau des prés-salés.

Le Relais du Roy
rte du Mont St-Michel – ✆ 02 33 60 14 25 – www.le-relais-du-roy.com – Fermé 12 fév.-19 mars
27 ch – 72/103 € 77/103 € – 10 €
Rest – (14 €) Menu 19/38 € – Carte 32/56 €
◆ À l'entrée de la digue, hôtel aménagé dans une ancienne ferme (fin du 18e s.) et ses annexes récentes. Chambres fonctionnelles, plus calmes sur l'arrière et le Couesnon. Carte traditionnelle (agneau de pré salé et fruits de mer à l'honneur). Cheminées bretonnes des 14e-15e s.

MONTSALVY – 15 Cantal – 330 C6 – 892 h. – alt. 800 m – ✉ 15120 5 B3
Auvergne

Paris 586 – Aurillac 31 – Entraygues-sur-Truyère 14 – Figeac 57

rue du Tour-de-Ville ✆ 04 71 46 94 82

Puy-de-l'Arbre ★ NE : 1,5 km.

L'Auberge Fleurie avec ch
pl. du Barry – ✆ 04 71 49 20 02 – www.auberge-fleurie.com – Fermé 20-27 juin, 26 sept.-3 oct., 3 janv.-11 fév., dim. soir et lundi sauf juil.-août
7 ch – 43/68 € 43/61 € – 8 € – ½ P 50/61 €
Rest – (14 €) Menu 24 € (déj. en sem.), 28/45 € – Carte 33/57 €
◆ Charme de l'ancien et élégance du contemporain en cette coquette auberge où le chef mitonne une goûteuse cuisine du terroir actualisée. Superbe cave. Jolies chambres aux accents champêtres (bois, fer forgé) ; bon petit-déjeuner.

MONT-SAXONNEX – 74 Haute-Savoie – 328 L4 – 1 486 h. 46 F1
– alt. 1 000 m – ✉ 74130

Paris 572 – Annecy 57 – Genève 38 – Lyon 189

294 route de l'Eglise ✆ 04 50 96 97 27

Jalouvre
45 rte Gorge-du-Cé – ✆ 04 50 96 90 67 – www.iletait3fois.com – Fermé 2 sem. en janv.
14 ch – 65 € 80 € – 9 € – ½ P 61 €
Rest – (15 €) Menu 20 € (sem.)/37 € – Carte 35/60 €
◆ Cet hôtel rénové en 2006, bien au calme dans un village de montagne, propose des chambres confortables, décorées dans un esprit de chalet contemporain. Cuisine au goût du jour à déguster dans un cadre tout bois. Vue panoramique et terrasse à l'ombre d'un tilleul.

MONTSÉGUR – 09 Ariège – 343 I7 – rattaché à Lavelanet

MONTSOREAU – 49 Maine-et-Loire – **317** J5 – 501 h. – alt. 77 m – ✉ 49730 Châteaux de la Loire **35** C2

Paris 292 – Angers 75 – Châtellerault 65 – Chinon 18

15, avenue de la Loire ✆ 02 41 51 70 22

※★★ du belvédère.

Candes St-Martin★ : Collégiales★.

La Marine de Loire sans rest

9 av. de la Loire – ✆ 02 41 50 18 21 – www.hotel-lamarinedeloire.com – Fermé 22-27 déc.

8 ch – †98/140 € ††140/250 € – 3 suites – ☕ 13 €

◆ Un hôtel de charme décoré avec goût : les chambres, aux noms poétiques, sont délicieuses et le jardin d'agrément idéal pour se reposer. Grand jacuzzi et brunch le dimanche.

Le Bussy sans rest

4 r. Jeanne d'Arc – ✆ 02 41 38 11 11 – www.hotel-lebussy.fr – Ouvert de mi-fév. à mi-nov.

12 ch – †70/100 € ††70/100 € – ☕ 10 €

◆ La plupart des chambres de cette maison du 18e s. regardent le joli château de la Dame de Monsoreau, dont Bussy était l'amant. Salle des petits-déjeuners troglodytique.

Diane de Méridor

12 quai Ph.-de-Commines – ✆ 02 41 51 71 76 – www.restaurant-dianedemeridor.com – Fermé 4-28 janv., mardi et merc. sauf le soir en saison

Rest – (16 €) Menu 28/70 € bc – Carte 53/65 €

◆ Une grande salle avec vue sur la Loire, des murs en tuffeau : un cadre à l'unisson de la cuisine, classique et inspirée par les produits régionaux.

MOOSCH – 68 Haut-Rhin – **315** G9 – 1 785 h. – alt. 390 m – ✉ 68690 **1** A3

Paris 469 – Colmar 53 – Mulhouse 29 – Strasbourg 128

Aux Trois Rois

35 r. du Gén.-de-Gaulle – ✆ 03 89 82 34 66 – www.aux-trois-rois.com – Fermé 27 juin-10 juil., 27 déc.-12 janv., lundi et mardi

Rest – (13 €) Menu 33/50 € – Carte 45/60 €

◆ Ce restaurant se distingue par son ardoise de produits de la mer. Salle typiquement alsacienne (boiseries, vitraux) ou plus actuelle à l'étage. Terrasse ombragée sous une glycine.

MORANGIS – 91 Essonne – **312** D3 – **101** 35 – voir à Paris, Environs

MOREILLES – 85 Vendée – **316** J9 – rattaché à Luçon

MORESTEL – 38 Isère – **333** F3 – 3 034 h. – alt. 220 m – ✉ 38510 **45** C2

Paris 506 – Lyon 65 – Vénissieux 63 – Villeurbanne 64

100, place des Halles ✆ 04 74 80 19 59

Auberge du Fouron

254 chemin de Malissole, RN 75, rte de Bourg – ✆ 04 74 80 28 69 – www.aubergedufouron.com – Fermé 1er-15 mai, 2 sem. en oct., sam. midi de sept. à mai, dim. soir et lundi

Rest – Menu 18 € (déj. en sem.), 26/52 € – Carte environ 32 €

◆ Couleurs chaudes, poutres apparentes : une ambiance conviviale dans cette auberge et une goûteuse cuisine du marché (légumes et herbes du potager).

MORET-SUR-LOING – 77 Seine-et-Marne – **312** F5 – 4 478 h. – alt. 50 m – ✉ 77250 Île de France **19** C3

Paris 74 – Fontainebleau 11 – Melun 28 – Nemours 17

4 bis, place de Samois ✆ 01 60 70 41 66

18 de la Forteresse à Thoury-Férottes Domaine de la Forteresse, SO : 15 km par D 218 et D 22, ✆ 01 60 96 95 10

Site★.

Auberge de la Terrasse
40 r. Pêcherie – 01 60 70 51 03 – www.auberge-terrasse.com – Fermé 19 oct.-10 nov.
17 ch – 47 € 81 € – 10 € – ½ P 67/89 €
Rest – *(fermé vend. soir, dim. soir et lundi sauf feriés)* (18 €) Menu 22/50 € – Carte 45/62 €
◆ Bâtisse ancienne longeant le Loing. Les petites chambres, insonorisées, sont simples mais très bien tenues. Salle à manger rustique et terrasse regardent la rivière plusieurs fois peinte par Alfred Sisley ; cuisine traditionnelle calée sur les saisons.

Le Relais de Pont-Loup
14 r. Peintre Sisley – 01 60 70 43 05 – www.lerelaispontloup.com – Fermé 1 sem. en août, 2-8 janv., mardi soir, merc. soir d'oct. à avril, dim. soir et lundi
Rest – *(prévenir le week-end)* (18 €) Menu 28/60 € – Carte 45/65 €
◆ Ici, on accède à la salle par la cuisine. Cadre rustique à souhait : briques, poutres, cheminée et rôtissoire. Terrasse tournée vers le jardin s'étendant jusqu'au Loing.

Hostellerie du Cheval Noir avec ch
47 av. Jean Jaurès – 01 60 70 80 20 – www.chevalnoir.fr – Fermé 17-31 janv., lundi midi et mardi midi
11 ch – 75/175 € 75/175 € – 12 € – ½ P 92/127 €
Rest – *(fermé lundi midi et mardi midi)* (18 €) Menu 28/90 € – Carte 45/80 €
◆ Cet ex-relais postal du 18e s., bâti face à l'une des portes de l'ancienne place forte, propose une cuisine inventive jouant sur les saveurs douces et épicées.

MOREY-ST-DENIS – 21 Côte-d'Or – 320 J6 – 693 h. – alt. 275 m – 21220 — 8 D1

Paris 318 – Beaune 30 – Dijon 16

Castel de Très Girard
7 r. de Très Girard – 03 80 34 33 09 – www.castel-tres-girard.com
8 ch – 91/170 € 91/240 € – 17 €
Rest – *(fermé dim. soir et lundi du 15 nov. à fin mars)* Menu 20 € (déj.), 29/55 € – Carte 57/80 € le soir
◆ Cette belle maison de maître (18e s.), jadis pressoir, propose des chambres spacieuses et confortables. Elle profite aussi d'un agréable jardin agrémenté d'une piscine. Saveurs dans l'air du temps. Cadre rustique et décor tendance ; belle terrasse d'été.

MORGAT – 29 Finistère – 308 E5 – 7 535 h. – 29160 Crozon — 9 A2
Bretagne

Paris 590 – Brest 62 – Châteaulin 38 – Douarnenez 42
Grandes Grottes★.

Le Grand Hôtel de la Mer
av. de la Plage – 02 98 27 02 09 – Ouvert 10 avril-3 oct.
78 ch – 49/91 € 58/125 € – 9 €
Rest – *(fermé le midi sauf dim. et lundi)* Menu 23/40 €
◆ Hôtel Belle Époque les pieds dans l'eau où l'on profite d'un agréable salon-bar et d'une terrasse panoramique. Chambres fonctionnelles tournées vers l'océan ou le parc planté de palmiers. Grande salle à manger pour les demi-pensionnaires et cadre plus intime au restaurant.

Julia
43 r. de Tréflez – 02 98 27 05 89 – www.hoteljulia.fr – Ouvert d'avril à déc.
15 ch – 53/114 € 53/114 € – 1 suite – 10 € – ½ P 60/105 €
Rest – *(ouvert avril-sept. et fermé le midi sauf juil.-août)* Menu 23/26 € – Carte 26/58 €
◆ Avantageusement situé dans un quartier calme, à deux minutes de la mer, cet hôtel de tradition évolue progressivement et se dote de confortables installations contemporaines. Ambiance "pension de famille" dans la salle à manger en rotonde. Recettes régionales.

De la Baie sans rest

46 bd Plage – ✆ 02 98 27 07 51 – www.presquile-crozon.com
26 ch – 50/75 € 50/75 € – ☕ 8 €

◆ Au cœur de Morgat, hôtel alangui au bord de la plage proposant de petites chambres actuelles, gaies et soignées. Plaisant salon de thé avec vue où l'on sert les petits-déjeuners.

MORILLON – 74 Haute-Savoie – 328 N4 – rattaché à Samoëns

MORLAIX – 29 Finistère – 308 H3 – 15 695 h. – alt. 7 m – ✉ 29600 9 B1

Bretagne

Paris 538 – Brest 61 – Quimper 78 – St-Brieuc 86

place des Otages ✆ 02 98 62 14 94

de Carantec à Carantec Rue de Kergrist, N : 13 km par D73, ✆ 02 98 67 09 14

Vieux Morlaix★ : Viaduc★ - Grand'Rue★ - Intérieur★ de la maison de "la Reine Anne" - Vierge★ dans l'église St-Mathieu - Rosace★ dans le musée des Jacobins★.

Calvaire★★ de Plougonven★ 12 km par D 9.

Du Port sans rest

3 quai de Léon – ✆ 02 98 88 07 54 – www.lhotelduport.com
– Fermé 23 déc.-2 janv. AY**r**
25 ch – 52/74 € 60/84 € – ☕ 8 €

◆ Maison bretonne du 19e s. face au port de plaisance. Chambres pratiques, toutes rénovées et bien insonorisées ; certaines ont vue sur les quais. Une bonne petite adresse.

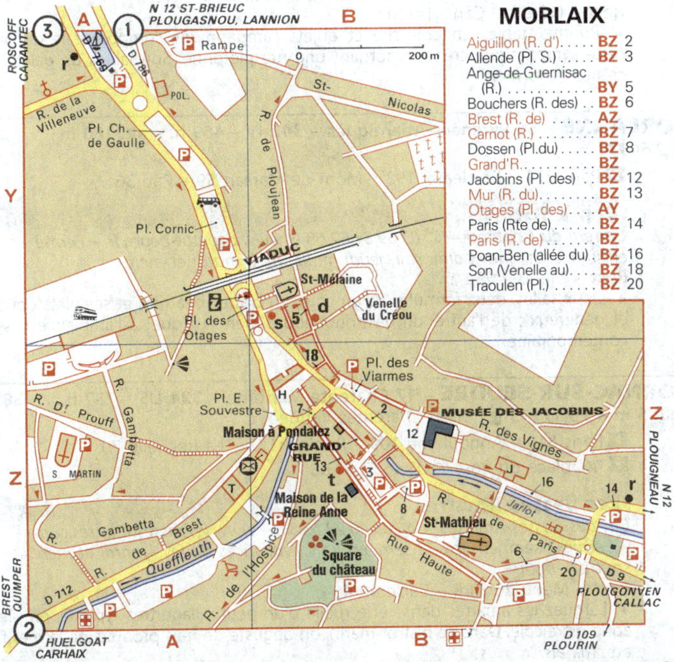

Les Bruyères sans rest
3 km par rte de Plouigneau Est sur D 712 - BZ – ✆ 02 98 88 08 68 – www.hotel-morlaix.com
32 ch – †51/71 € ††51/74 € – ☕ 8 €
◆ En léger retrait de la route, construction des années 1970. Chambres fonctionnelles (mobilier pratique et couleurs gaies) et acueillante salle des petits-déjeuners.

Manoir de Coat Amour
rte de Paris – ✆ 02 98 88 57 02 – Fermé janv.-fév. BZ**r**
5 ch ☕ – †70/115 € ††75/120 € **Table d'hôte** – Menu 35 € bc/55 € bc
◆ Sur les hauteurs de la ville, manoir du 19e s. aux airs de malouinière, entouré d'un parc arboré et fleuri. Meubles d'antiquaires dans les chambres et accueil charmant. La maîtresse des lieux propose une table d'hôte certains soirs de la semaine.

Le Viaduc
3 rampe St-Mélaine – ✆ 02 98 63 24 21 – www.le-viaduc.com – Fermé 12-28 mars, 1er-18 oct., dim. soir et lundi sauf juil.-août BY**s**
Rest – (15 €) Menu 27 € – Carte 23/52 €
◆ Cette maison compte parmi les plus vieilles du secteur de l'église St-Mélaine. Cadre mariant vieilles pierres, mobilier actuel et œuvres d'artistes locaux. Cuisine traditionnelle.

L'Estaminet
23 r. du Mur – ✆ 02 98 88 00 17 – www.restaurantmorlaix.com BZ**t**
Rest – (15 €) Menu 26/35 € bc – Carte 25/45 €
◆ Dans une rue piétonne sympathique du vieux Morlaix, restaurant à deux visages : bistrot-bar à vins en façade, esprit lounge sur l'arrière. Bon accueil et cuisine traditionnelle.

L'Hermine
35 r. Ange-de-Guernisac – ✆ 02 98 88 10 91 – www.restaurantmorlaix.com – Fermé 23 oct.-3 nov., 20 déc.-3 janv., dim. midi et merc. BY**d**
Rest – (12 € bc) Carte 14/20 €
◆ Poutres, tables en bois ciré et objets campagnards composent le décor de cette sympathique crêperie bordant une rue piétonne. Spécialités de galettes et crêpes de la mer.

MORLANNE – 64 Pyrénées-Atlantiques – 342 I1 – 469 h. – alt. 180 m – ✉ 64370 3 B3

Paris 771 – Bordeaux 193 – Mont-de-Marsan 59 – Pau 36

Cap e Tot
Carrère du Château – ✆ 05 59 81 62 68 – www.capetot-bearn.fr – Fermé en juin, sept., janv., dim. soir, jeudi midi, lundi, mardi et merc.
Rest – Menu 24/54 €
◆ Deux salles, deux formules : d'un côté, un bistrot béarnais et ses plats goûteux et généreux ; de l'autre, un gastronomique (menu unique) à l'ambiance cosy et contemporaine.

MORNAC-SUR-SEUDRE – 17 Charente-Maritime – 324 D5 – 737 h. – alt. 5 m – ✉ 17113 Poitou Charentes Vendée 38 A3

Paris 510 – Angoulême 109 – Poitiers 177 – La Rochelle 70
46, place du Port ✆ 05 46 22 61 68

Les Basses Amarres
5 r. des Basses-Amarres – ✆ 05 46 22 63 31 – www.lesbassesamarres.com – Fermé 2 sem. en nov., 2 sem. en janv., vacances de fév., mardi et merc. sauf juil.-août
Rest – Menu 26/31 € – Carte 40/45 €
◆ Larguez les amarres dans cette ruelle d'un petit village très typique, en pleine zone ostréicole. Dans ce bistrot marin, on déguste de frais produits de la mer face aux marais.

MORSBRONN-LES-BAINS – 67 Bas-Rhin – **315** K3 – 567 h. – alt. 200 m – ✉ 67360 **1** B1

Paris 489 – Haguenau 11 – Sarreguemines 68 – Strasbourg 44

1, route de Haguenau ☎ 03 88 05 82 40

La Source des Sens

19 rte d'Haguenau – ☎ 03 88 09 30 53 – www.lasourcedessens.fr – Fermé 18 juil.-1er août, janv., dim. soir, mardi midi et lundi

14 ch – 90/160 € 120/190 € – 15 € – ½ P 95/105 €

Rest – (15 €) Menu 25 € (déj.), 35/65 € – Carte 48/68 €

◆ Un établissement agréable : chambres tendance très confortables, certaines avec terrasse ; espace bien-être complet (superbe spa). Au restaurant, carte créative et cadre résolument contemporain : mobilier design, "vue" sur les cuisines via un écran plasma.

MORTAGNE-AU-PERCHE – 61 Orne – **310** M3 – 4 210 h. – alt. 260 m – ✉ 61400 Normandie Vallée de la Seine **33** C3

Paris 153 – Alençon 39 – Chartres 80 – Lisieux 89

Halle aux Grains ☎ 02 33 85 11 18

De Bellême Saint-Martin à Bellême Les Sablons, S : 17 km par D 938, ☎ 02 33 73 12 79

Boiseries★ de l'église N.-Dame.

Du Tribunal

4 pl. Palais – ☎ 02 33 25 04 77 – www.hotel-tribunal.fr

21 ch – 60/70 € 70/115 € – 10 € – ½ P 75 €

Rest – (15 € bc) Menu 28/55 € bc – Carte 60/85 €

◆ Cette ravissante maison fleurie (13e - 18e s.) abrite des chambres confortables, en majorité rénovées dans un esprit plus actuel. Élégante salle à manger mariant tradition et modernité ; cuisine d'aujourd'hui valorisant les produits du terroir.

au Pin-la-Garenne 9 km au Sud par rte Bellême sur D 938 – 619 h. – alt. 158 m – ✉ 61400

La Croix d'Or

6 r. de la Herse – ☎ 02 33 83 80 33 – http://lacroixdor.free.fr – Fermé 1 sem. en nov., fév., mardi et merc.

Rest – (9 €) Menu 13 € (sem.), 20/45 € – Carte 26/53 €

◆ Auberge accueillante située à la sortie du village. Agréable et chaleureuse salle à manger rustique, réchauffée l'hiver par la cheminée. Cuisine traditionnelle.

MORTAGNE-SUR-GIRONDE – 17 Charente-Maritime – **324** F7 – 1 022 h. – alt. 51 m – ✉ 17120 Poitou Vendée Charentes **38** B3

Paris 509 – Blaye 59 – Jonzac 30 – Pons 26

1, place des Halles ☎ 05 46 90 52 90

Chapelle★ de l'Ermitage St-Martial S : 1,5 km.

La Maison du Meunier sans rest

36 quai de l'Estuaire, (au port) – ☎ 05 46 97 75 10 – www.maisondumeunier.com

5 ch – 70 € 70 €

◆ Tableaux modernes, photos anciennes et même une vieille moto décorent cette maison ayant appartenu à un meunier. Jolies chambres pleines d'objets chinés et accueil charmant.

MORTEAU – 25 Doubs – **321** J4 – 6 293 h. – alt. 780 m – ✉ 25500 Franche-Comté Jura **17** C2

Paris 468 – Basel 121 – Belfort 88 – Besançon 65

Espace Christian Genevard place de la Halle ☎ 03 81 67 18 53

La Guimbarde sans rest

10 pl. Carnot – ✆ 03 81 67 14 12 – www.la-guimbarde.com

25 ch – 53 € 58 € – 8 €

◆ Un imposant édifice du 19e s. en plein centre-ville. Les chambres, de style contemporain, sont spacieuses et bien tenues. Le week-end, piano-bar au salon... sans guimbarde !

Auberge de la Roche (Philippe Feuvrier)

9 r. du Pont-de-la-Roche , 3 km au Sud-Ouest par D 437 ✉ 25570 – ✆ 03 81 68 80 05 – www.aubergedelaroche.com – Fermé 5-14 juil., mardi soir, dim. soir et lundi

Rest – Menu 27 € (sem.), 43/78 € – Carte 68/91 €

Spéc. Foie gras d'oie préparé en terrine. Rouelles de volaille de Bresse désossées farcies, crème de vin jaune et morilles noires. Chariots de desserts. **Vins** Arbois, Château-Châlon.

◆ Accueil chaleureux et cuisine franc-comtoise revisitée ont fait la renommée de ce restaurant situé dans la verte campagne du Haut-Doubs. Apéritif et café servis en terrasse.

Jacques Alexandre

34 Grande-Rue – ✆ 03 81 43 14 19 – Fermé 24 déc.-16 janv.

Rest – (16 €) Carte 22/35 €

◆ Un sympathique néobistrot dans une maison de pays. Vue alléchante sur les cuisines depuis la salle "Comptoir" ; carte faisant honneur à la tradition et à la cuisine de brasserie.

à Grand'Combe-Châteleu 5 km au Sud-Ouest par D 437 et D 47 – 1 341 h. – alt. 760 m – ✉ 25570

Fermes anciennes★.

Faivre

2, bas de Grand'Combe – ✆ 03 81 68 84 63 – Fermé dim. soir et lundi

Rest – (18 €) Menu 25/55 € – Carte 29/60 €

◆ Un hameau pittoresque, de belles fermes anciennes alentour, une maison au charme rustique : le décor est planté. Ici, on déguste des plats régionaux, dont le célèbre "jésus".

MORTEMART – 87 Haute-Vienne – 325 C4 – 131 h. – alt. 300 m – ✉ 87330 Limousin Berry 24 A1

Paris 388 – Bellac 14 – Confolens 31 – Limoges 41

Château des Ducs ✆ 05 55 68 98 98

Le Relais avec ch

1 pl. Royale – ✆ 05 55 68 12 09 – www.le-relais-mortemart.fr – Fermé fév., mardi sauf du 15 juil. au 31 août et lundi

5 ch – ½ P 65 € **Rest** – Menu 19 € (sem.), 29/47 € – Carte 35/52 €

◆ Pierres apparentes, cheminée et poutres dans ce sympathique restaurant situé face aux jolies halles en bois. Cuisine traditionnelle réalisée avec de bons produits. À l'hôtel, chambres simples mais coquettes.

MORTHEMER – 86 Vienne – 322 J6 – ✉ 86300 Poitou Vendée Charentes 39 C2

Paris 370 – Buxerolles 35 – Châtellerault 70 – Poitiers 33

La Passerelle

2 r. du Baron de Soubeyran – ✆ 05 49 01 13 33 – Fermé 6-20 sept., 20 fév.-1er mars, merc. soir, dim. et lundi

Rest – Menu 12 € bc (déj. en sem.), 25/35 € – Carte 36/45 €

◆ Le majestueux château de Morthemer domine cette petite maison de pays accessible par une passerelle (d'où l'enseigne). Intérieur rustique, plats traditionnels et produits frais.

MORZINE – 74 Haute-Savoie – **328** N3 – **2 940 h.** – **alt. 960 m** – **Sports d'hiver : 1 000/2 100 m** 6 61 – 74110 Alpes du Nord **46** F1

Paris 586 – Annecy 84 – Cluses 26 – Genève 58

23, Place du Baraty 04 50 74 72 72

Avoriaz à Avoriaz Office du Tourisme Avoriaz, E : 12 km par D 338, 04 50 74 11 07

le Pléney★ par téléphérique, pointe du Nyon★ par téléphérique - Télésiège de Chamoissière★★.

Le Samoyède

– *04 50 79 00 79 – www.hotel-lesamoyede.com – Ouvert de mi-juin à fin oct. et de déc. à fin avril* B**g**

30 ch – 60/107 € 110/268 € – 12 € – ½ P 101/197 €

Rest *L'Atelier* – *(ouvert début juil. à mi-sept. et 15 déc.-15 avril et fermé le midi)* Menu 39/99 € bc – Carte 50/69 €

◆ Grand chalet doté de vastes chambres à la décoration soignée et souvent orientées plein ouest, face aux pentes enneigées. Mobilier de qualité. Savoureuse cuisine au goût du jour servie dans une élégante salle tout en bois ou en terrasse. Riche carte des vins.

Le Dahu

– *04 50 75 92 92 – www.dahu.com – Ouvert 3 juil.-10 sept. et 20 déc.-15 avril* B**z**

39 ch – 60/140 € 75/260 € – 8 suites – 15 € – ½ P 75/175 €

Rest – *(fermé le midi en hiver sauf vacances scolaires et mardi soir du 20 déc.-15 avril)* Menu 30 € (dîner)/60 €

◆ Au calme sur la rive droite de la Dranse, hôtel familial dominant la vallée. Chambres montagnardes, souvent dotées d'un balcon ; bel espace de remise en forme. Restaurant panoramique (menu unique). En été, soirées pierrade ; l'hiver, soirées savoyardes.

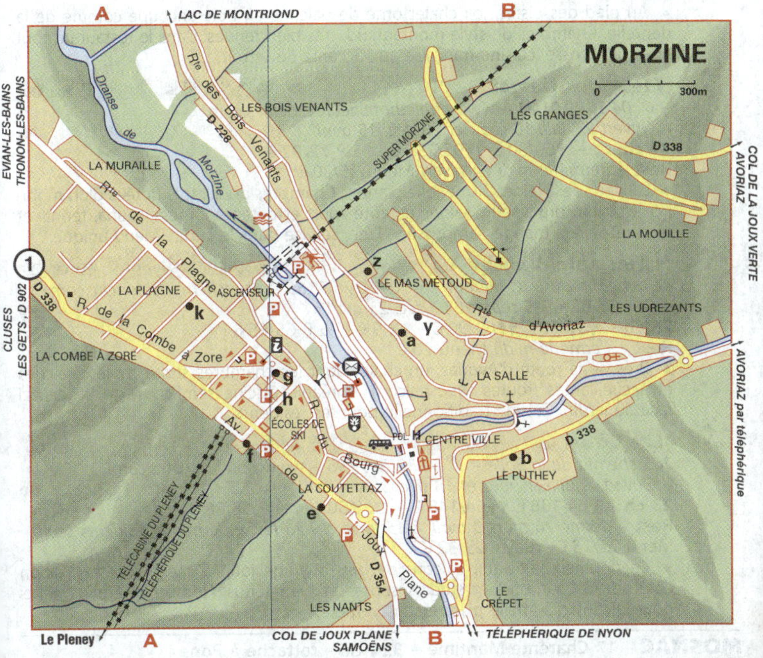

Champs Fleuris
rest,

Pl. du Téléphérique – ✆ 04 50 79 14 44 – www.hotel-champs-fleuris.com – Ouvert 25 juin-10 sept. et 15 déc.-18 avril Af

47 ch – 83/240 € 95/250 € – 6 suites – 13 € – ½ P 89/192 €

Rest – Menu 24 € (déj.)/30 €

◆ Hôtel idéalement situé au pied du téléphérique du Pléney ; chambres cosy et spacieuses, rénovées dans le style alpin. Salon-cheminée tourné vers les pistes. Cuisine traditionnelle servie dans deux salles d'inspiration montagnarde.

La Bergerie sans rest

103 rte du Téléphérique – ✆ 04 50 79 13 69 – www.hotel-bergerie.com – Ouvert 27 juin-13 sept. et 17 déc.-22 avril Bh

27 ch – 70/240 € 110/330 € – 12 €

◆ Un chalet engageant où règne une ambiance jeune et familiale : intérieur cosy, chambres douillettes – habillées de bois – et table d'hôtes pour les enfants. Piscine chauffée.

Chalet Philibert
rest,

480 rte des Putheys – ✆ 04 50 79 25 18 – www.chalet-philibert.com – Ouvert 15 juin-15 sept. et 1er déc.-20 avril Bb

26 ch (½ P seult en hiver) – 48/96 € 48/102 € – 12 € – ½ P 98/175 €

Rest *Le Restaurant du Chalet* – *(ouvert 15 déc.-20 avril et fermé le midi)* Carte 42/68 €

◆ Chalet rénové dans le respect de l'authenticité savoyarde avec de beaux matériaux anciens (bois, pierre) glanés dans les fermes voisines. Chambres confortables et chaleureuses. Atmosphère typique dans les deux salles du restaurant. Cuisine inventive.

La Clef des Champs
ch, rest,

av. Joux-Plane – ✆ 04 50 79 10 13 – www.clefdeschamps.com – Ouvert 30 juin-2 sept. et 19 déc.-11 avril Be

30 ch – 80/150 € 80/150 € – 11 € – ½ P 74/95 €

Rest – (19 €) Menu 24 €

◆ Au pied des pistes, joli chalet orné de balcons en bois découpé comme de la dentelle. Chambres de style montagnard, très bien tenues. Dans le restaurant tout en sapin brossé, cuisine française aux accents du terroir.

Fleur des Neiges
rest,

– ✆ 04 50 79 01 23 – www.chalethotelfleurdesneiges.com – Ouvert 1er juil.-10 sept. et 20 déc.-15 avril Ak

31 ch – 60/80 € 95/135 € – ½ P 72/92 €

Rest – *(fermé le midi en hiver)* Menu 25/30 €

◆ La Fleur des Neiges ? Une jolie plante... Chambres douillettes dotées d'un mobilier en sapin brut, petits salons et, côté sport et détente, fitness, sauna, tennis et piscine. Salle à manger lambrissée ; l'été, service dans le jardin. Menu unique.

L'Hermine Blanche
rest,

414 chemin du Mas Metout – ✆ 04 50 75 76 55 – www.hermineblanche.com – Ouvert 1er juil.-5 sept. et 19 déc.-23 avril By

25 ch – 52/70 € 62/90 € – 9 € – ½ P 65/85 €

Rest – *(fermé le midi)* Menu 26 €

◆ Près de la route d'Avoriaz, un chalet dont les chambres sont simples, fraîches et accueillantes (toutes avec balcon). Agréable piscine semi-couverte et jacuzzi face au jardin. Cuisine traditionnelle pour les résidents.

Les Côtes

265 chemin de la Salle – ✆ 04 50 79 09 96 – www.hotel-lescotes.com – Ouvert 2 juil.-31 août et 18 déc.-3 avril Ba

23 ch – 64/136 € 64/148 € – 8,50 € – ½ P 58/88 €

Rest – *(fermé 26 mars-3 avril, 8-15 janv., 19-26 fév. et le midi) (résidents seult)* Menu 22/25 € – Carte 25/32 €

◆ Ce double chalet aux balcons de bois ouvragé jouit d'une bonne exposition côté adret. Chambres et studios sobres et bien tenus. Nombreux équipements pour les enfants ; belle piscine sous verrière.

MOSNAC – 17 Charente-Maritime – 324 G6 – rattaché à Pons

MOSNES – 37 Indre-et-Loire – **317** P4 – **757 h.** – **alt. 70 m** – ✉ **37530** **11** A1

▶ Paris 211 – Blois 26 – Orléans 86 – Tours 37

Domaine des Thômeaux

12 r. des Thômeaux – ✆ 02 47 30 40 14 – www.domainedesthomeaux.fr

35 ch – †82/130 € ††82/130 € – ☕ 11 €

Rest – *(fermé dim. soir, mardi midi et lundi de nov. à mars)* Menu 20/36 € – Carte environ 36 €

◆ Ce château tourangeau en brique et tuffeau abrite des chambres thématiques sur les villes du monde. Détente et loisirs garantis avec le spa et le parc Fantasy Forest. La salle à manger est vraiment grande ! On y sert une cuisine traditionnelle, un brin fusion.

LA MOTHE-ACHARD – 85 Vendée – **316** G8 – **2 340 h.** – **alt. 20 m** – ✉ **85150** **34** B3

▶ Paris 446 – Challans 40 – Nantes 90 – La Roche-sur-Yon 25

ℹ 56, rue G. Clémenceau ✆ 02 51 05 90 49

Domaine de Brandois

La Forêt, proche du jardin extraordinaire – ✆ 02 51 06 24 24 – www.domainedebrandois.com

38 ch – †95/190 € ††95/190 € – ☕ 11 €

Rest – *(fermé sam. midi et dim. soir)* (25 €) Menu 35 €

◆ Mariage réussi de l'ancien et du moderne dans ce château de 1868. Spacieuses chambres design ; celles du Verger, ouvertes sur la nature, sont plus petites et simples. Salle à manger bourgeoise avec ses moulures et boiseries peintes d'origine et carte actuelle.

LA MOTTE – 83 Var – **340** O5 – **2 772 h.** – **alt. 79 m** – ✉ **83920** **41** C3

▶ Paris 864 – Cannes 54 – Fréjus 25 – Marseille 118

ℹ 25, boulevard André Bouis ✆ 04 94 84 33 76

Le Mas du Père sans rest

280 chemin du Péré – ✆ 04 94 84 33 52 – www.lemasdupere.com

3 ch ☕ – †82/105 € ††82/108 €

◆ Dans un village perché, ce mas provençal entouré de verdure abrite des chambres cosy, pourvues de terrasses privatives. Jolie vue sur le massif des Maures de la piscine.

LA MOTTE-AU-BOIS – 59 Nord – **302** D3 – **rattaché à Hazebrouck**

LA MOTTE-D'AIGUES – 84 Vaucluse – **332** G11 – **1 253 h.** – **alt. 375 m** – ✉ **84240** **40** B2

▶ Paris 758 – Avignon 80 – Digne-les-Bains 104 – Marseille 63

Du Lac avec ch

lieu-dit Pied-Bernard, (Étang de la Bonde), 2 km au Sud-Ouest par D 27 – ✆ 04 90 09 14 10 – www.restaurantdulac.eu – Fermé vacances de la Toussaint, 1 sem. à Noël, 2 sem. en fév., merc. midi d'oct. à mai, mardi sauf le soir de juin à sept. et lundi

3 ch ☕ – †100/150 € ††100/150 €

Rest – Menu 25 € (déj. en sem.), 28/74 € bc

◆ Cadre d'une élégante sobriété, quasi british, pour une cuisine utilisant les produits du terroir et influencée par le raffinement des produits asiatiques. Terrasse au bord du lac. Pour prolonger la magie, quelques chambres à l'étage, dans le même esprit.

MOTTEVILLE – 76 Seine-Maritime – **304** F4 – **rattaché à Yvetot**

MOUDEYRES – 43 Haute-Loire – **331** G4 – **105 h.** – **alt. 1 177 m** – ✉ **43150** **6** C3

▶ Paris 565 – Aubenas 64 – Langogne 58 – Le Puy-en-Velay 26

Le Pré Bossu

– 04 71 05 10 70 – *www.auberge-pre-bossu.com – Ouvert 1er mai-30 oct. et fermé lundi en mai, sept. et oct.*
6 ch – 105/155 € 105/155 € – 15 €
Rest – *(fermé le midi)* Menu 40/62 €
◆ Postée à l'entrée d'un village montagnard, ravissante chaumière à l'atmosphère cosy. Salon dans la plupart des chambres ; petit-déjeuner près d'une belle cheminée. Au dîner, menu unique dans un cadre campagnard intime. Produits du terroir et légumes du potager.

MOUGINS – 06 Alpes-Maritimes – **341** C6 – 19 361 h. – alt. 260 m – ✉ 06250 Côte d'Azur **42** E2

Paris 902 – Antibes 13 – Cannes 8 – Grasse 12
15, avenue Jean Charles Mallet 04 93 75 87 67
Royal Mougins Golf Club 424 avenue du Roi, par D 35 : 3,5 km, 04 92 92 49 69
de Cannes Mougins 175 avenue du Golf, SO : 8 km, 04 93 75 79 13
Site★ - Ermitage N.-D. de Vie : site★, ★ SE : 3,5 km - Musée de l'Automobiliste★ NO : 5 km.

Le Mas Candille

ch, rest, VISA AE

bd C. Rebuffel – 04 92 28 43 43 – *www.lemascandille.com*
39 ch – 295/895 € 295/895 € – 7 suites – 28 € – ½ P 390/590 €
Rest *Le Candille* – *(fermé janv., lundi midi et mardi midi de mai à sept.)* Menu 54 € bc (déj.)/120 € – Carte 97/115 €
Spéc. Tatin de foie gras à notre façon. Poissons de pêche locale. Gourmandise Candille. **Vins** Vin de pays des Alpes Maritimes, Vin de l'Île de Lérins.
Rest *Pergola* – *(ouvert mai-sept. et fermé le soir sauf juil.-août)* (40 € bc) Menu 55 € (dîner)/70 € – Carte 55/75 €
◆ Superbe mas du 18e s. et sa bastide récente au cœur d'un ravissant parc (4 ha) aux essences méridionales. Chambres raffinées, calme garanti. Spa "japonisant". Délicieuse terrasse panoramique et belle cuisine au goût du jour à la table du Candille.

Royal Mougins Golf Resort

ch, VISA AE

424 av. du Roi Mougins – 04 92 92 49 69 – *www.royalmougins.fr*
29 suites – 210/550 € **Rest** – (30 €) Menu 40 € – Carte 40/57 €
◆ Le luxe contemporain règne en maître dans cet hôtel. Technologie dernier cri, somptueux lits et grandes terrasses agrémentent les suites. Spa haut de gamme ; fitness avec coach. Cuisine actuelle au restaurant design ou sur la terrasse dominant le golf.

De Mougins

VISA AE

205 av. du Golf, 2,5 km par rte d'Antibes – 04 92 92 17 07 – *www.hotel-de-mougins.com*
50 ch – 195/275 € 195/275 € – 1 suite – 23 €
Rest – *(fermé lundi d'oct. à fév., sam. midi et dim. soir)* Menu 20 € (déj. en sem.), 35/60 € – Carte 41/68 €
◆ Les chambres, spacieuses, cossues et provençales, occupent des mas dispersés dans un jardin fleurant bon l'oranger, la lavande et le romarin. Plaisante salle à manger et terrasse ombragée d'un vieux frêne pour savourer une belle cuisine créative.

Le Manoir de l'Étang

ch, ch, VISA AE

66 allée du Manoir, 3 km par rte d'Antibes – 04 92 28 36 00 – *www.manoir-de-letang.com – Ouvert d'avril à oct.*
16 ch – 200/350 € 200/500 € – 2 suites – 17 €
Rest – (19 €) Menu 24 € (déj. en sem.) – Carte 54/76 € le soir
◆ Cette demeure du 19e s. domine un étang couvert de nénuphars en été, visible de la plupart des chambres, dans un parc de 4 ha. Bel intérieur mêlant l'ancien et le contemporain. Cuisine italienne au restaurant : antipasti, pâtes et poissons de Méditerranée.

XXXX **Le Moulin de Mougins** avec ch

à Notre-Dame-de-Vie, 2,5 km au Sud-Est par D 3 – ☎ 04 93 75 78 24 – www.moulindemougins.com – Fermé lundi et mardi

9 ch – †150/350 € ††150/350 € – ☕ 25 €

Rest – (39 €) Menu 49 € (déj.), 90/160 € – Carte 110/160 €

Spéc. Poupeton de fleur de courgette et duxelles truffée (saison). Pigeon en double peau de chlorophylle et wasabi, foie gras poché au dashi (saison). Finger chocolat-caramel aux arachides salées.

◆ Le chef de ce vénérable moulin à huile du 16e s. démontre une grande technique (cuisson, fumets, présentation...), au service de mets subtils qui mêlent saveurs du Sud et notes exotiques. Cours de cuisine et boutique (pâtisserie-traiteur). Chambres qui feront le bonheur des amateurs d'art contemporain.

XX **Le Clos St-Basile**

351 av. St-Basile – ☎ 04 92 92 93 03 – Fermé 2 sem. en mars, le midi en juil.-août, mardi sauf en juil. et merc. sauf en août

Rest – (19 €) Menu 24 € (déj.), 37/49 € – Carte 59/100 €

◆ Maison traditionnelle au charmant décor provençal : salle à manger fraîche et lumineuse, et agréable terrasse ombragée de cyprès. Cuisine centrée sur le produit.

XX **L'Amandier de Mougins**

pl. des Patriotes, (au vieux village), Réouverture prévue fin avril après travaux – ☎ 04 93 90 00 91 – www.amandier.fr – Fermé merc. hors saison

Rest – Menu 26 € (déj.), 29/50 € – Carte 45/65 €

◆ Dans cette charmante maison (moulin et pressoir des 14-18e s.), aux portes de ce village cher à Picasso, on déguste une appétissante cuisine niçoise. Superbe panorama en terrasse !

XX **La Place de Mougins**

41 pl. du Commandant Lamy, (au vieux village) – ☎ 04 93 90 15 78 – www.laplacedemougins.com – Fermé 14-29 nov., dim. soir et lundi de sept. à avril

Rest – (25 €) Menu 35 € (déj.), 45/65 € – Carte 60/83 €

◆ Sur la place du village, vous ne pouvez manquer sa façade avec une immense fresque représentant un cheval. Joli décor de maison bourgeoise et cuisine inspirée par la Provence.

X **Brasserie de la Méditerranée**

32 pl. du Commandant Lamy, (au vieux village) – ☎ 04 93 90 03 47 – www.brasserie-la-mediterranee.com – Fermé 10 janv.-9 fév.

Rest – *(prévenir)* (17 €) Menu 24 € (déj.)/58 € – Carte 35/100 €

◆ Sur la pittoresque place centrale, sympathique restaurant au décor de style bistrot. Vous y dégusterez une cuisine au goût du jour d'inspiration méditerranéenne.

X **Le Bistrot de Mougins**

pl. du village – ☎ 04 93 75 78 34 – Fermé 27 nov.-27 déc., merc. et le midi

Rest – *(prévenir)* Menu 35/49 € – Carte environ 55 €

◆ Fraîche alternative aux incontournables terrasses mouginoises que ce petit restaurant-bistrot aménagé dans une agréable cave voûtée. Décor "rustique chic" et cuisine provençale.

MOUILLERON-EN-PAREDS – 85 Vendée – 316 K7 – 1 232 h. – alt. 101 m – ✉ 85390 Poitou Vendée Charentes 34 B3

Paris 426 – Cholet 70 – Nantes 95 – La Roche-sur-Yon 53

13, place de Lattre de Tassigny ☎ 02 51 00 32 32

La Boisnière sans rest

– ☎ 02 51 51 36 39 – www.laboisniere.com

5 ch ☕ – †65/75 € ††90/95 €

◆ Priorité au confort dans cette ferme restaurée dominant le Chemin de la colline des Moulins : chambres fraîches, récentes et bien équipées, tenue méticuleuse et belle piscine.

MOULICENT – 61 Orne – 310 N3 – 284 h. – alt. 335 m – ✉ 61290 33 C3

Paris 148 – Caen 134 – La Ferté-Bernard 51 – Nogent-le-Rotrou 35

Château de la Grande Noë sans rest

500 m à l'Ouest par D 289 – ✆ 02 33 73 63 30
– www.chateaudelagrandenoe.com – Ouvert d'avril à nov.

3 ch – 90/110 € 110/130 €

◆ Dans un domaine de 135 ha, cette demeure familiale vous réserve un accueil soigné : chambres au charme désuet (objets anciens), belle salle à manger habillée de boiseries du 18e s.

MOULIN-DE-MALFOURAT – 24 Dordogne – 329 D7 – rattaché à Bergerac

MOULINS P – 03 Allier – 326 H3 – 20 599 h. – alt. 240 m – ✉ 03000 6 C1

Auvergne

Paris 294 – Bourges 101 – Clermont-Ferrand 105 – Nevers 56

11, rue François Péron ✆ 04 70 44 14 14

de Moulins-Les Avenelles à Toulon-sur-Allier Les Avenelles, par rte de Vichy : 7 km, ✆ 04 70 44 02 39

Cathédrale Notre-Dame★ : triptyque★★★, vitraux★★ - Statue Jacquemart★ - Mausolée du duc de Montmorency★ (chapelle de la visitation) - Musée d'Art et d'Archéologie★★.

Le Parc rest,

31 av. du Gén.-Leclerc – ✆ 04 70 44 12 25 – www.hotel-moulins.com
– Fermé 23 déc.-4 janv. BXa

26 ch – 52/76 € 52/76 € – 8 € – ½ P 58/62 €

Rest – *(fermé 30 juil.-21 août, 23 déc.-4 janv., dim. soir et sam.)* Menu 23 € (sem.), 33/47 € – Carte 35/55 €

◆ Tout près de la gare et d'un petit parc verdoyant, un établissement familial, sobre et bien tenu. Chambres claires et fonctionnelles, salles de bain bien équipées. Salle à manger au décor soigné où l'on sert une cuisine traditionnelle "aux petits oignons".

Le Clos de Bourgogne avec ch ch, ch,

83 r. de Bourgogne – ✆ 04 70 44 03 00
– www.clos-de-bourgogne.com – Fermé 14 août-5 sept., 2-10 janv. et dim. d'oct. à avril DYn

11 ch – 80/170 € 80/170 € – 13 €

Rest – *(fermé sam. midi, dim. soir et lundi)* (16 €) Menu 22 € (déj. en sem.), 39/60 € – Carte 55/72 €

◆ Bel établissement bourgeois dans un havre de verdure. Les chambres déclinent les ambiances propres à cette gentilhommière du 18e s. (boudoir, toile de Jouy). Cuisine gastronomique.

Des Cours

36 cours J. Jaurès – ✆ 04 70 44 25 66 – www.restaurant-des-cours.com
– Fermé 26 août-8 sept., vacances de fév., dim. soir, mardi soir sauf juil.-août et merc. DYx

Rest – Menu 21/50 € – Carte 40/75 €

◆ Maison verdoyante située non loin de la vieille ville. Les produits sont frais, souvent d'origine locale. Une belle table bourgeoise et élégante. Terrasse aux beaux jours.

Le Trait d'Union

16 r. Gambetta – ✆ 04 70 34 24 61
– Fermé 15-31 juil., 15-23 fév., dim. et lundi DZt

Rest – Menu 21 € (déj. en sem.)/38 € bc – Carte 40/68 €

◆ Trait d'union entre l'agréable cadre contemporain (tableaux modernes, compositions florales) et la cuisine de ce jeune chef-patron : fraîche, sérieuse et bien présentée.

MOULINS

Allier (Pl. d')	CDZ	
Allier (R. d')	DYZ	
Alsace-Lorraine (Av. d')	BX	3
Ancien Palais (R.)	DY	4
Bourgogne (R. de)	BV, DY	6
Bréchimbault (R.)	DZ	7
Cerf-Volant (R. du)	BV	8
Clermont-Ferrand (Rte de)	AX	10
Desboutins (R. M.)	BX	16
Fausses Braies (R. des)	DY	19
Flèche (R. de la)	DZ	20
Grenier (R.)	DY	25
Horloge (R. de l')	DZ	26
Hôtel de Ville (Pl. de l')	DY	27
Jeu de Paume (R. du)	BV	28
Leclerc (Av. Général)	BX	30
Libération (Av. de la)	AX	31
Montilly (Rte de)	AX	32
Orfèvres (R. des)	DY	33
Pascal (R. Blaise-)	CZ	34
Péron (R. F.)	DY	35
République (Av. de la)	BX	36
Tanneries (R. des)	BV, DV	38
Tinland (R. M.)	CY	39
Vert Galant (R. du)	CDY	40
4 Septembre (R. du)	DZ	42

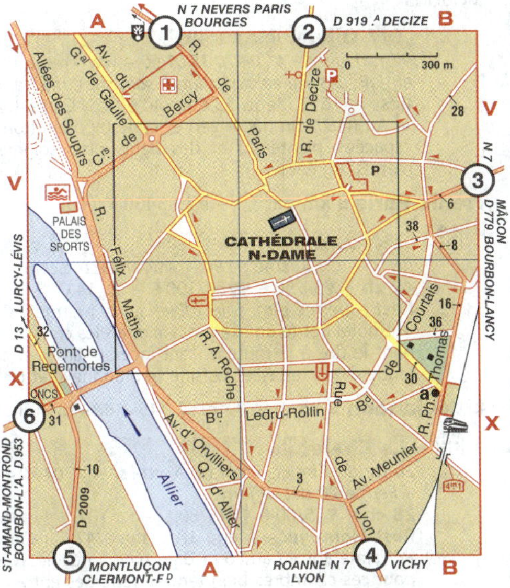

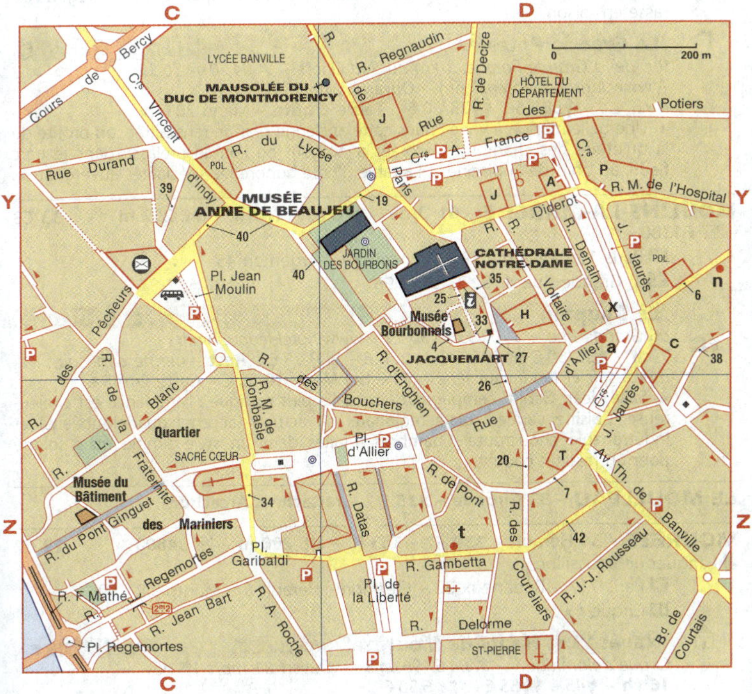

9/7 Olivier Mazuelle

97 r. d'Allier – ☎ 04 70 35 01 60 – www.restaurant-9-7.com – Fermé 1 sem. en juil., 2 sem. en août, lundi soir, sam. midi et dim. DYa

Rest – (16 €) Menu 23 € bc/40 € bc – Carte 40/50 €

◆ Au n° 97, un décor zen et contemporain (tons vert pastel, tables en bois bien espacées, plantes...) et des petits plats soignés, à la mode des bistrots gourmands. Agréable.

rte de Paris 8 km par ① – ✉ 03460 Trevol

Mercure

RN 7 – ☎ 04 70 46 84 84 – www.mercure.com

42 ch – 54/90 € 64/100 € – 14 €

Rest – *(fermé dim. soir) (dîner seult)* Menu 23 € – Carte 14/35 €

◆ L'hôtel borde un axe passant, mais les chambres – de style contemporain – tournent le dos à la route et font face au jardin et à la piscine. Le restaurant se prolonge d'une terrasse ; cuisine traditionnelle et carte de "grands vins à petits prix".

à Coulandon 8 km par ⑥ et D 945 – 689 h. – alt. 250 m – ✉ 03000

Le Chalet rest,

26 rte du Chalet, 2 km au Nord-Est – ☎ 04 70 46 00 66 – www.hotel-lechalet.fr – Fermé 20 déc.-9 janv.

28 ch – 55/60 € 75/80 € – 10 € – ½ P 65 €

Rest *Montégut* – Menu 18 € (sem.)/47 € – Carte 34/50 €

◆ Calme absolu au cœur d'un parc agréable avec étang. Un petit côté provincial pour ces chambres bien tenues, réparties entre le chalet et les communs. Cuisine à base de produits régionaux dans un cadre plus contemporain au Montégut. Terrasse en saison.

La Grande Poterie ch,

9 r. de la Grande-Poterie, 3 km au Sud-Ouest – ☎ 04 70 44 30 39 – www.lagrandepoterie.com – Ouvert 15 mars-31 oct.

4 ch – 58/65 € 73/80 € **Table d'hôte** – Menu 28 € bc

◆ Une belle maison à vivre : dans cette ancienne grange réhabilitée, on profite de la quiétude des chambres décorées avec goût ou l'on se prélasse dans le parc fleuri, au bord de la piscine... La table d'hôte honore les spécialités auvergnates.

MOULINS-LA-MARCHE – 61 Orne – **310** L3 – 782 h. – alt. 257 m – ✉ 61380 **33** C3

Paris 156 – L'Aigle 19 – Alençon 50 – Argentan 45

1, Grande Rue ☎ 02 33 34 45 98

Le Dauphin

66 Grande Rue – ☎ 02 33 34 50 55 – www.hotel-ledauphin.fr

7 ch – 55/60 € 60/75 € – 8 € – ½ P 75 € **Rest** – *(fermé dim. soir, mardi soir et lundi sauf fériés)* (11 € bc) Menu 19/55 € – Carte 24/45 €

◆ Salle "Jean Gabin" campagnarde ou salle plus rustique : l'ambiance est chaleureuse. Cuisine variée : plats régionaux ou actuels (accents guadeloupéens) et indétrônable choucroute. Chambres refaites dans un style simple mais soigné pour un résultat coquet.

LE MOULLEAU – 33 Gironde – **335** D7 – rattaché à Arcachon

MOURÈZE – 34 Hérault – **339** F7 – 163 h. – alt. 200 m – ✉ 34800 **23** C2

Languedoc Roussillon

Paris 717 – Bédarieux 22 – Clermont-l'Hérault 8 – Montpellier 50

Cirque★★.

Navas "Les Hauts de Mourèze" sans rest

Cirque dolomitique – ☎ 04 67 96 04 84 – Ouvert 31 mars-1er nov.

16 ch – 45 € 55 € – 6,50 €

◆ Une bâtisse des années 1970, d'inspiration régionale. Les chambres sont simples (ni téléphone ni TV), à deux pas du superbe cirque de Mourèze. Calme et nature, à bon prix...

MOURIÈS – 13 Bouches-du-Rhône – **340** E3 – 3 012 h. – alt. 13 m – ✉ 13890 **42** E1

Paris 713 – Avignon 36 – Arles 29 – Marseille 75

2, rue du Temple ✆ 04 90 47 56 58

Terriciaë sans rest

rte de Maussane (D 17) – ✆ 04 90 97 06 70 – www.hotel-terriciae.fr

31 ch – 82/170 € 98/195 € – 12 €

◆ Cet hôtel né en 2004 propose des chambres provençales calmes et bien tenues, dont 2 duplex et 2 junior suites, donnant parfois sur la grande piscine. Jardin d'oliviers et terrasse.

Le Vallon du Gayet

rte de Servannes – ✆ 04 90 47 50 63 – www.levallondegayet.com – Fermé 15 déc.-15 janv.

24 ch – 89/99 € 99/115 € – 12 €

Rest – *(fermé 2 sem. en nov., 2 sem. en janv., mardi midi, merc. midi et lundi hors saison)* (15 €) Menu 25 € – Carte 27/55 €

◆ Agréable auberge familiale dans un mas au pied des Alpilles. Chambres confortables, rustiques ou plus contemporaines, toutes de plain-pied et donnant sur le parc. Cuisine régionale, grillades et pizzas à déguster en terrasse à l'ombre des pins et des mûriers.

MOUSSEY – 10 Aube – **313** E4 – rattaché à Troyes

MOUSTIERS-STE-MARIE – 04 Alpes-de-Haute-Provence – **334** F9 – 696 h. – alt. 631 m – ✉ 04360 Alpes du Sud **41** C2

Paris 783 – Aix-en-Provence 90 – Digne-les-Bains 47 – Draguignan 61

place de l'Église ✆ 04 92 74 67 84

Site★★ - Église★ - Musée de la Faïence★.

Grand Canyon du Verdon★★★ -Lac de Ste-Croix★★.

La Bastide de Moustiers

Chemin de Quinson, au Sud du village, par D 952 et rte secondaire – ✆ 04 92 70 47 47 – www.bastide-moustiers.com – Fermé 3 janv.-2 mars, mardi et merc. de nov. à mars

11 ch – 195/375 € 195/375 € – 1 suite – 20 €

Rest – *(nombre de couverts limité, prévenir)* Menu 58/72 € – Carte 69/84 € le midi seulement

Spéc. Légumes de notre potager cuisinés en barigoule (juil. à sept.). Pigeonneau fermier rôti, polenta gratinée, cerises et jus aux abats (juin à juil.). Tarte aux mendiants, sorbet citron. **Vins** Coteaux Varois en Provence, Côtes de Provence.

◆ Cette bastide du 17e s., convertie en auberge, propose des chambres romantiques... équipées high-tech. Dans le parc s'ébattent poney, daims, âne, etc. ! Dans une ambiance de maison de famille, la cuisine méditerranéenne, aidée du potager, se fait fine et délicate.

Les Restanques de Moustiers sans rest

rte des Gorges du Verdon, à 500 m par rte de Castellane – ✆ 04 92 74 93 93 – www.hotel-les-restanques.com – Ouvert 19 mars-12 nov.

20 ch – 64/95 € 64/95 € – 2 suites – 8,50 €

◆ Cette bâtisse neuve domine la vallée. Les chambres, toutes fraîches, ont des terrasses au rez-de-chaussée. La salle des petits-déjeuners, ornée de faïences locales, est charmante.

La Ferme Rose sans rest

chemin de Peyrengue, au Sud du village, par rte Ste-Croix-du-Verdon – ✆ 04 92 75 75 75 – www.lafermerose.com – Ouvert 20 mars-15 nov.

12 ch – 80/150 € 80/150 € – 10 €

◆ Sympathique ambiance guesthouse dans cette ancienne ferme située au pied du village. Meubles chinés, bibelots et collections diverses en font un petit musée vivant au charme fou !

Le Colombier sans rest

à 500 m par rte de Castellane – 04 92 74 66 02 – www.le-colombier.com – Ouvert de fin mars à début nov.

22 ch – 66/98 € 72/98 € – 2 suites – 10 €

◆ Hôtel situé à 300 m du charmant village, aux chambres coquettes et colorées, la plupart avec terrasse. Beau jardin avec petite piscine et jacuzzi.

Le Clos des Iris sans rest

Chemin de Quinson, au Sud du village, par D 952 et rte secondaire – 04 92 74 63 46 – www.closdesiris.fr – Fermé déc. et janv.

9 ch – 65/75 € 65/75 € – 10 €

◆ Coquettes chambres provençales (sans TV !), terrasses privatives, accueil charmant : cette paisible maison nichée dans la verdure et les fleurs ne manque pas d'attraits.

La Bonne Auberge

rte de Castellane, (au village) – 04 92 74 66 18 – www.bonne-auberge-moustiers.com – Ouvert 1er avril-31 oct.

19 ch – 50/57 € 57/81 € – 8 € – ½ P 61/66 €

Rest – *(fermé dim. soir et lundi hors saison, sam. midi, mardi midi et jeudi midi du 15 juin au 15 sept.)* Menu 20/49 € – Carte 38/58 €

◆ À l'entrée du village, cet hôtel familial, rafraîchi dans des tons colorés, dispose de chambres claires et pratiques. Agréable terrasse avec piscine à débordement. Le restaurant est chaleureux et de style rustique ; plats traditionnels et régionaux.

La Bouscatière

chemin Marcel Provence – 04 92 74 67 67 – www.labouscatiere.com

4 ch – 110/210 € 110/210 € – 16 €

Table d'hôte – Menu 35/90 €

◆ Superbe demeure du 18e s. accrochée à la falaise. Chambres délicieusement décorées, jardin clos, produits régionaux à la table d'hôte. Luxe, calme et sobriété...

La Ferme Ste-Cécile

1,5 km par rte de Castellane – 04 92 74 64 18 – www.ferme-ste-cecile.com – Fermé 15 nov.-10 mars, dim. soir sauf juil.-août et lundi

Rest – (26 €) Menu 35 €

◆ Ce restaurant de charme prend ses aises dans une ancienne ferme. Le chef concocte avec délicatesse et subtilité une savoureuse cuisine du Sud ; belle carte des vins.

La Treille Muscate

pl. de l'Église – 04 92 74 64 31 – www.restaurant-latreillemuscate.com – Ouvert 5 fév.-30 nov. et fermé merc. sauf le midi hors saison et jeudi sauf juil.-août

Rest – Menu 29/47 € – Carte 51/75 €

◆ Sympathique bistrot provençal : salle au charme simple, terrasse imparable (sous un platane centenaire de la place de l'église) et cuisine savoureuse.

MOUTHIER-HAUTE-PIERRE – 25 Doubs – 321 H4 – 318 h. – alt. 450 m – 25920 Franche-Comté Jura
17 C2

Paris 442 – Baume-les-Dames 55 – Besançon 39 – Pontarlier 23

Belvédère de Mouthier ★★ SE : 2,5 km - Gorges de Nouailles★ SE : 3,5 km - Belvédère du moine de la vallée★★- Source de la Loue★★.

La Cascade

4 rte des Gorges de Noailles – 03 81 60 95 30 – www.hotel-lacascade.fr – Fermé 7-23 nov., 19-30 déc. et 2-20 janv.

16 ch – 55/65 € 55/70 € – 9 € – ½ P 61 €

Rest – Menu 15 € (déj.), 22/40 € – Carte 29/40 €

◆ Un hôtel agréable : jolie vue sur la vallée de la Loue ; chambres actuelles et bien tenues (la plupart avec balcon ou loggia). Au restaurant, on déguste une cuisine traditionnelle en admirant les gorges de Nouailles.

MOÛTIERS – 73 Savoie – 333 M5 – 3 936 h. – alt. 480 m – ✉ 73600 46 F2
Alpes du Nord

Paris 607 – Albertville 26 – Chambéry 76 – St-Jean-de-Maurienne 85

place Saint-Pierre ✆ 04 79 24 04 23

Le Coq Rouge
115 pl. A. Briand – ✆ 04 79 24 11 33 – www.lecoqrouge.com – Fermé 26 juin-20 juil., dim. et lundi

Rest – (20 €) Menu 29/47 € – Carte 35/60 €

◆ Maison de 1735 au décor plein de fantaisie : ici, les coqs et la nature sont à l'honneur. Cuisine de saison de facture classique ; quelques notes créatives.

La Voûte
172 Grande rue – ✆ 04 79 24 23 23 – www.restaurantlavoute.com – Fermé 26 avril-9 mai, 19 sept.-3 oct., 4-11 janv., dim. soir, merc. soir et lundi

Rest – (14 €) Menu 18 € (déj. en sem.), 28/50 € bc – Carte 30/58 €

◆ Dans une rue piétonne proche de la cathédrale, ambiance montagnarde (poutres, boiseries) et cuisine de saison mettant le poisson à l'honneur.

MOUZON – 08 Ardennes – 306 M5 – 2 516 h. – alt. 160 m – ✉ 08210 14 C1
Champagne Ardenne

Paris 261 – Carignan 8 – Charleville-Mézières 41 – Longwy 62

place du Colombier ✆ 03 24 26 56 11

Église Notre-Dame★.

Les Échevins
33 r. Charles-de-Gaulle – ✆ 03 24 26 10 90 – www.restaurant-lesechevins.fr – Fermé dim. soir, lundi soir et merc. soir

Rest – Menu 20 € (déj. en sem.), 24/69 € bc – Carte 24/41 €

◆ Accueillant restaurant aménagé dans une maison à colombages du 17e s. Menus du jour aux saveurs franches, cuissons précises, service impeccable et prix tout doux.

MUHLBACH-SUR-MUNSTER – 68 Haut-Rhin – 315 G8 – 760 h. – alt. 460 m – ✉ 68380 Alsace Lorraine 1 A2

Paris 462 – Colmar 24 – Gérardmer 37 – Guebwiller 45

Perle des Vosges
ch, rest, rest,

22 rte Gaschney – ✆ 03 89 77 61 34 – www.perledesvosges.net – Fermé 2 janv.-1er fév.

45 ch – †48/126 € ††48/126 € – 9 € – ½ P 52/89 €

Rest – (12 €) Menu 19/65 € bc – Carte 42/58 €

◆ Au pied du Hohneck, hôtel doté d'un fitness panoramique. Chambres actuelles ou de style alsacien offrant, pour la plupart, une jolie vue sur les Vosges. Un petit air solennel flotte dans la salle à manger agrandie d'une terrasse d'été ; cuisine traditionnelle.

MUIDES-SUR-LOIRE – 41 Loir-et-Cher – 318 G5 – 1 298 h. – alt. 82 m – ✉ 41500 11 B2

Paris 169 – Blois 20 – Châteauroux 109 – Orléans 48

place de la Libération ✆ 02 54 87 58 36

Château de Colliers sans rest
rte de Blois, RD 951 – ✆ 02 54 87 50 75 – www.chateau-colliers.com

5 ch – †129 € ††140/180 €

◆ Au bout de l'allée bordée de tilleuls, de frênes et de marronniers... ce beau château de la Loire (18e s.). Peintures classées, mobilier de style dans les chambres : du cachet !

Auberge du Bon Terroir
20 r. 8-Mai – ✆ 02 54 87 59 24 – Fermé 23 nov.-8 déc., 4-26 janv., lundi et mardi

Rest – Menu 29/50 € – Carte environ 37 €

◆ Dans cette auberge de village, la patronne concocte une agréable cuisine traditionnelle, tandis que son mari vous accueille, tout sourire... Terrasse à l'ombre des tilleuls.

MULHOUSE – 68 Haut-Rhin – **315** I10 – **110 514 h.** – **1** A3
Agglo. 234 445 h. – alt. 240 m – ✉ **68100** Alsace Lorraine

Paris 465 – Basel 34 – Belfort 43 – Freiburg-im-Breisgau 59

de Basel Mulhouse Freiburg (Euro-Airport) 27 km par ③,
✆ 03 89 90 31 11,
✆ 061 325 3111 de Suisse,
✆ 0761 1200 3111 d'Allemagne.

✆ 3635 et tapez 42 (0,34 €/mn)

9, avenue du Maréchal Foch ✆ 03 89 35 48 48

Parc zoologique et botanique★★ - Hôtel de Ville★★ FY **H¹**, musée historique★★ - Vitraux★ du temple St-Étienne - Musée de l'automobile-collection Schlumpf★★★ BU - Musée français du chemin de fer★★★ AV - Musée de l'Impression sur étoffes★ FZ **M⁶** - Electropolis : musée de l'énergie électrique★ AV **M²**.

Musée du Papier peint★ : collection★★ à Rixheim E : 6 km DV **M⁷**.

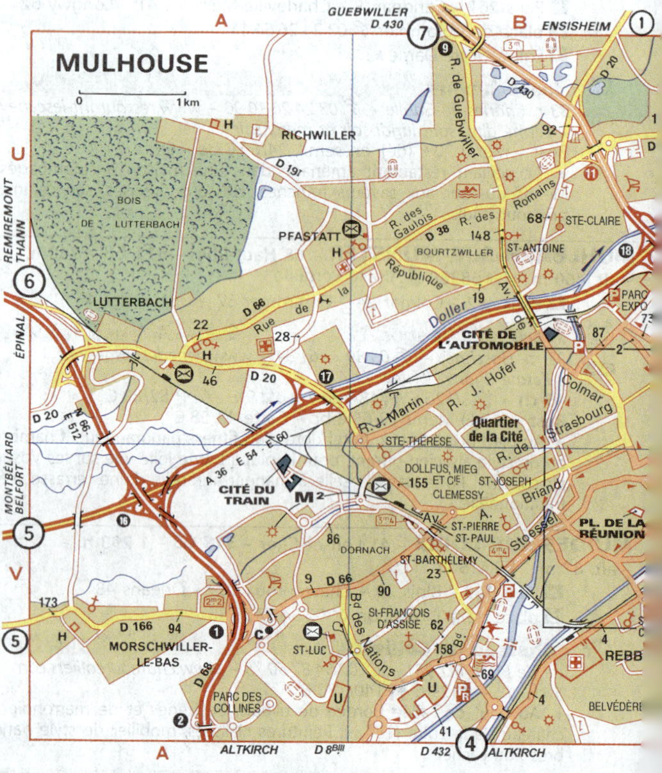

Agen (R. d')	BU	2	Briand (R. Aristide)	AU	22	Hardt (R. de la)	CV	5
Altkrich (Av.)	BV	4	Brunstatt (R. de)	BV	23	Hollande (Av. de)	CU	5
Bâle (Rte de)	CU	7	Dollfus (Av. Gustave)	CV	27	Ile Napoléon (R. de l')	CU	5
Bartholdi (R.)	CV	8	Dornach (R. de)	AU	28	Illberg (R. de l')	BV	6
Belfort (R. de)	AV	9	Fabrique (R. de la)	CU	36	Ilot (R. de l')	DU	6
Belgique (Av. de)	CU	12	Frères-Lumière (R. des)	BV	41	Kingersheim (R. de)	BU	6
Bourtz (R. Sébastien)	BU	19	Gaulle (R. du Gén.-de)	AU	46	Lagrange (R. Léo)	BV	6

Du Parc

26 r. Sinne – ☎ 03 89 66 12 22 – www.hotelduparc-mulhouse.com **FZp**
76 ch – †100/210 € ††100/210 € – 2 suites – ☕ 19 €
Rest – *(fermé 14 juil.-15 août)* (21 €) Menu 24/55 € – Carte 30/60 €
◆ Luxueux palace dans les années 1930, cet hôtel a gardé son charme ancien (piano-bar en hommage à Charlot). Toutes les chambres sont raffinées, rafraîchies et confortables. Le restaurant de style Art déco (mobilier, tableaux) propose une carte traditionnelle.

Holiday Inn

34 r. P.-Cézanne – ☎ 03 89 60 44 44 – www.holidayinn-mulhouse.com **AVc**
75 ch – †79/207 € ††94/222 € – 5 suites – ☕ 15 €
Rest *Brasserie Flo* – Menu 25 € – Carte 27/60 €
◆ Hôtel neuf assez éloigné du centre. Une agréable atmosphère contemporaine se retrouve au lounge-bar, dans des chambres au confort complet et à l'espace bien-être. Brasserie typique avec banc d'écailler et belle terrasse lorsque le soleil darde ses rayons.

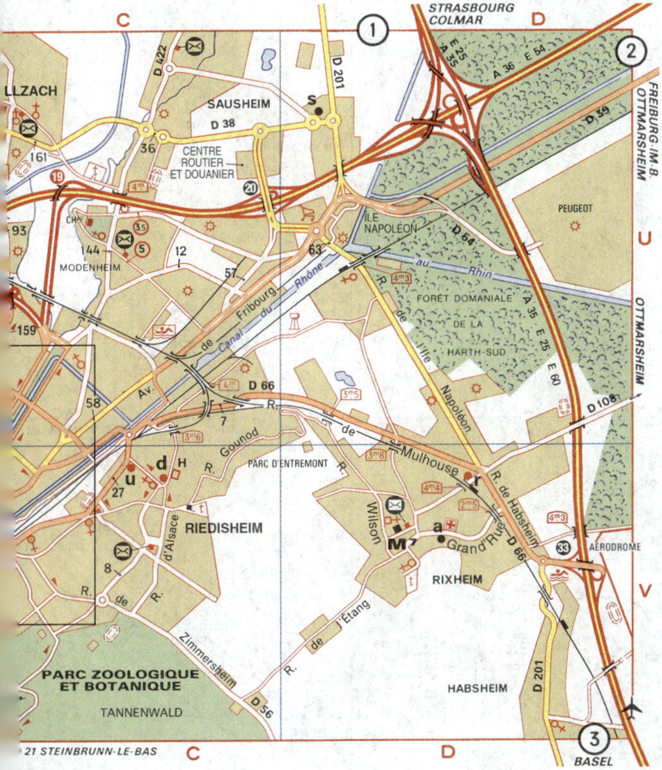

ɛfèbvre (R.) . . . . **BU** 73
ıstig (R. Auguste). . . . . . . **BV** 81
ertzau (R. de la) . . . . **BU** 87
er-Rouge
(R. de la) . . . . **AV** 86
itterrand (Av. F.). . . . . **BV** 90
ılhouse (Fg de) . . . . **BU** 92
Mulhouse (ILLZACH)
(R. de) . . . . **CU** 93
Mulhouse
(MORSCHWILLER-
LE-BAS) (R. de) . . . . **AV** 94
Nordfeld (R. du) . . . . **CV** 98
Soultz (R. de) . . . . **BU** 148
Thann (R. de) . . . . **BV** 155
Université (Rue de l') . . . . . **BV** 158
Vosges (R. des) . . . . **BCU** 161
1ère-Armée-Française
(R.) . . . . **AV** 173
9e-Div.-d'Infanterie-Col.
(R.) . . . . **CV** 175

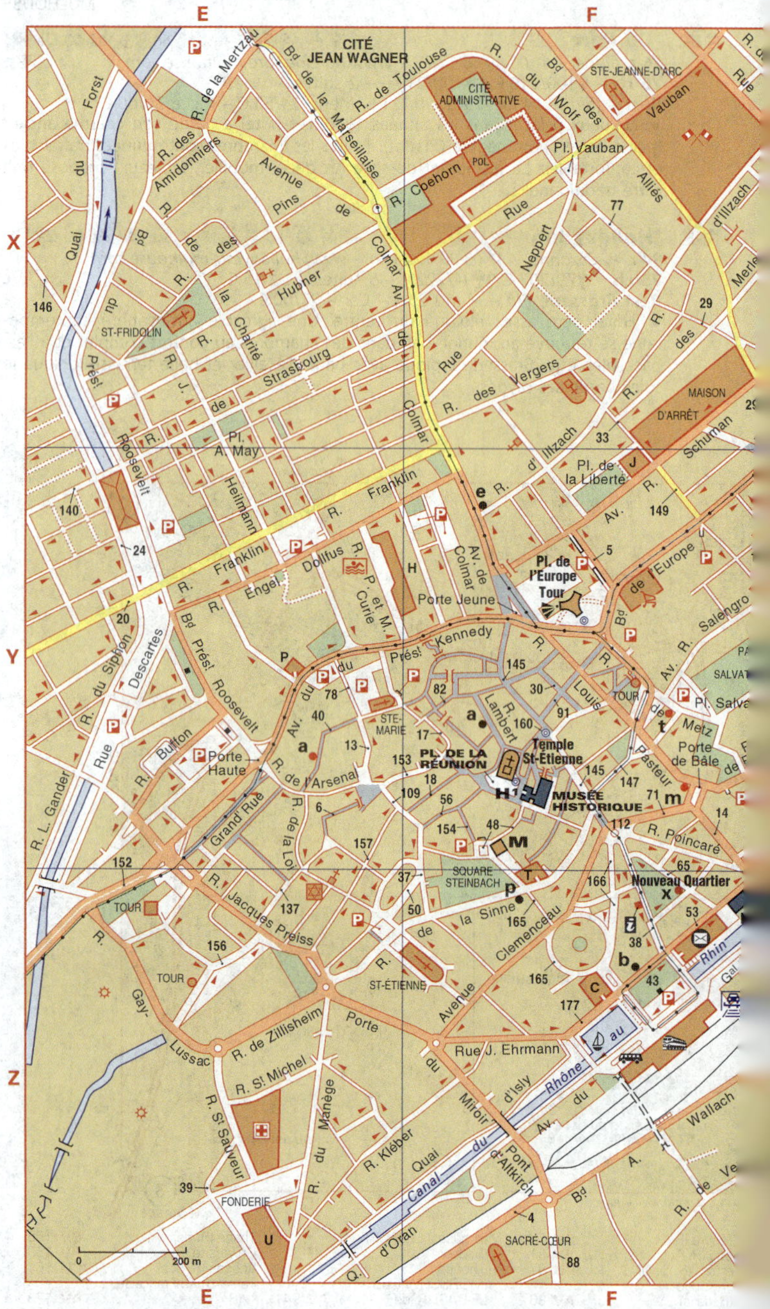

E
F
X
Y
Z
CITÉ JEAN WAGNER
CITÉ ADMINISTRATIVE
POL
STE-JEANNE-D'ARC
Vauban
Pl. Vauban
Bd de la Marseillaise
R. de Toulouse
R. de la Mertzau
R. des Amidonniers
Avenue de Colmar
Av. de Colmar
R. Coehorn
Rue Neppert
Bd du Wolf
R. des Alliés
R. d'Illzach
R. des Merles
Quai du Forst
ILL
Bd de la Charité
R. des Pins
R. Hubner
ST-FRIDOLIN
Prést Roosevelt
R. J. de Strasbourg
Pl. A. May
R. Heilmann
Rue des Vergers
MAISON D'ARRÊT
Pl. de la Liberté
R. Schuman
R. Franklin
R. Dollfus
R. Engel
R. P. et M. Curie
Av. de Colmar
Porte Jeune
Pl. de l'Europe
Tour
Bd de l'Europe
Av. R. Salengro
Pl. Salvator
SALVATOR
R. du Siphon
Descartes
Bd Prést Roosevelt
Rue Buffon
Porte Haute
Grand Rue
Av. du Prést Kennedy
R. de l'Arsenal
R. de la Loi
STE-MARIE
R. Lambert
R. Louis Pasteur
TOUR
Porte de Bâle
R. de Metz
PL. DE LA RÉUNION
Temple St-Étienne
MUSÉE HISTORIQUE
R. Poincaré
SQUARE STEINBACH
Nouveau Quartier
R. de la Sinne
Clemenceau
R. L. Gander
R. Jacques Preiss
R. Gay-Lussac
TOUR
R. de Zillisheim
R. St Michel
R. St Sauveur
R. du Manège
ST-ÉTIENNE
Porte du Miroir
Avenue
Rue J. Ehrmann
R. Kléber
Quai d'Isly
Canal du Rhône au Rhin
Pont d'Altkirch
Av. du Général
R. Wallach
Bd de Verdun
FONDERIE
SACRÉ-CŒUR
Q. d'Oran
0
200 m

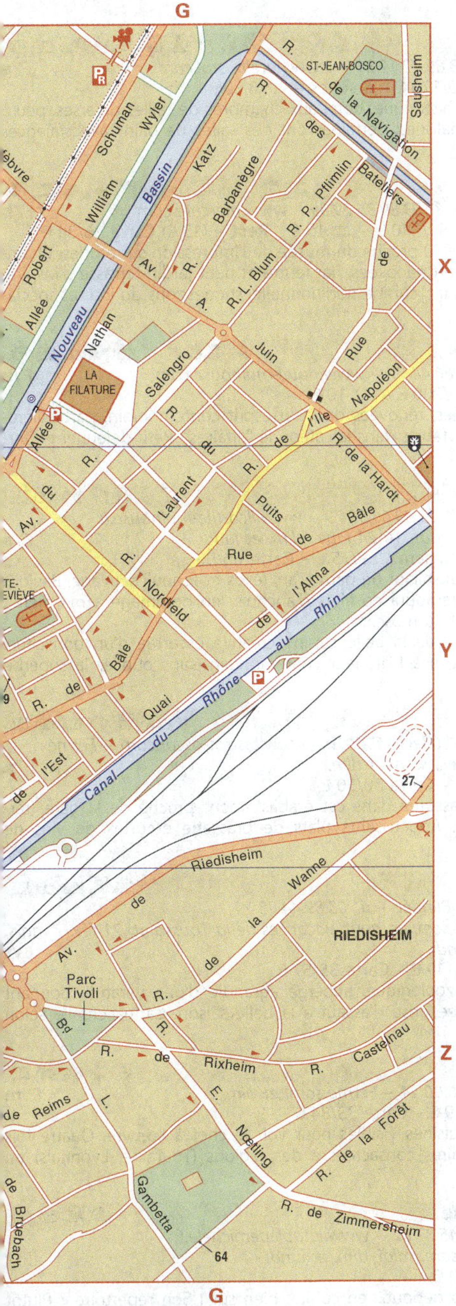

MULHOUSE

Altkrich (Av. d') . . . . FZ 4
Anvers (R. d') . . . . FY 5
Augustins (Passage des) . . EY 6
Bonbonnière (R.) . . . . EY 13
Bonnes-Gens (R. des) . . . . . FY 14
Bons-Enfants (R. des) . . . . . FY 17
Boulangers (R. des) . . . . FY 18
Briand (Av. Aristide) . . . . . . EY 20
Cloche (Quai de la) . . . . EY 24
Colmar (Av. de) . . . . EFXY
Dollfus (Av. Gustave) . . . . . GY 27
Dreyfus (R. du Capit.) . . . . . FX 29
Engelmann (R.) . . . . FY 30
Ensisheim (R. d') . . . . FX 33
Fleurs (R. des) . . . . FYZ 37
Foch (Av. du Mar.) . . . . FZ 38
Fonderie (R. de la) . . . . EZ 39
Franciscains (R. des) . . . . . . EY 40
Gaulle (Pl. du Gén.-de) . . . . FZ 43
Guillaume-Tell (Pl. et R.) . . . FY 48
Halles (R. des) . . . . FZ 50
Henner (R. J.-J.) . . . . FZ 53
Henriette (R.) . . . . FY 56
Jardin-Zoologique (R. du) . . GZ 64
Joffre (Av. du Mar.) . . . . . FYZ 65
Lambert (R.) . . . . FY
Lattre-de-Tassigny (Av. Mar.-de) . . . . FY 71
Loisy (R. du Lt de) . . . . FX 77
Lorraine (R. de la) . . . . EY 78
Maréchaux (R. des) . . . . FY 82
Montagne (R. de la) . . . . FZ 88
Moselle (R. de la) . . . . FY 91
Président-Kennedy (Av. du) . . . . EFY
Raisin (R. du) . . . . EFY 109
République (Pl. de la) . . . . . FY 112
Riedisheim (Pont de) . . . . . FZ 119
Ste-Claire (R.) . . . . EZ 137
Ste-Thérèse (R.) . . . . EY 140
Sauvage (R. du) . . . . FY 145
Schoen (R. Anna) . . . . EX 146
Somme (R. de la) . . . . FY 147
Stalingrad (R. de) . . . . FY 149
Stoessel (Bd Charles) . . . . EYZ 152
Tanneurs (R. des) . . . . EFY 153
Teutonique (Passage) . . . . . FY 154
Tour-du-Diable (R.) . . . . EZ 156
Trois-Rois (R. des) . . . . EY 157
Victoires (Pl. des) . . . . FY 160
Wicky (Av. Auguste) . . . . . . FZ 165
Wilson (R.) . . . . FYZ 166
Zuber (R.) . . . . FY 172
17-Novembre (R. du) . . . . . FZ 177

Bristol sans rest
18 av. de Colmar – ☎ 03 89 42 12 31 – www.hotelbristol.com FYe
85 ch – †60/125 € ††70/170 € – 6 suites – ☕ 8,50 €
◆ À deux pas du centre historique, hôtel aux chambres de tailles diverses, peu à peu rénovées et personnalisées. Certaines ont des salles de bains avec faïences signées Versace.

Mercure Centre
4 pl. du Gén.-de-Gaulle – ☎ 03 89 36 29 39 – www.mercure.com FZb
92 ch – †139/229 € ††149/240 € – ☕ 15 € **Rest** – (13 €) Carte 26/34 €
◆ Bâtiment des années 1970 proche du musée de l'Impression sur étoffes. Chambres confortables, la plupart relookées, bar feutré et petit jardin-terrasse d'inspiration japonaise. Au restaurant, cuisine traditionnelle, suggestions du jour et spécialités alsaciennes.

Kyriad Centre sans rest
15 r. Lambert – ☎ 03 89 66 44 77 – www.hotel-mulhouse.com FYa
60 ch – †49/200 € ††49/200 € – ☕ 10 €
◆ Chambres fonctionnelles, rénovées dans un esprit contemporain, particulièrement spacieuses et confortables dans la catégorie "affaires". Petit-déjeuner en terrasse l'été.

Il Cortile (Stefano D'Onghia)
11 r. des Franciscains – ☎ 03 89 66 39 79 – www.ilcortile-mulhouse.fr
– Fermé 9-16 mai, 15-29 août, 10-24 janv., dim. et lundi EYa
Rest – Menu 29 € (déj. en sem.), 59/75 € – Carte 66/96 €
Spéc. Homard breton, croustillant de parmesan, fèves et fenouil sauvage. Raviolis aux brocolis et anchois, tempura de filets d'anchois "en hommage à ma mère". Tiramisu au melon, sorbet au moscato.
◆ Tout ici respire l'Italie : de la belle cuisine créative escortée d'un bon choix de vins (proposés au verre) à l'intérieur contemporain, sans oublier la superbe cour-terrasse.

Oscar
1 av. Maréchal-Joffre – ☎ 03 89 45 25 09 – www.bistrot-oscar.com – Fermé 1er-16 août, 20 déc.-4 janv., sam. et dim. FZx
Rest – (20 €) Menu 35 € – Carte 30/50 €
◆ Ambiance conviviale assurée dans cet établissement proche de la gare (terrasse arborée et fleurie). Appétissants plats de brasserie escortés de vins de petits producteurs.

L'Estérel
83 av. de la 1ère Division Blindée – ☎ 03 89 44 23 24
– Fermé 25 avril-3 mai, 2 sem. en août, vacances de la Toussaint, 21 fév.-7 mars, dim. soir, merc. soir et lundi BVt
Rest – Menu 13 € (sem.)/49 € – Carte 35/57 €
◆ À proximité du parc zoologique, auberge agrandie d'une véranda donnant sur une terrasse ombragée prise d'assaut à la belle saison. Carte actuelle selon le marché.

Poincaré II
6 porte Bâle – ☎ 03 89 46 00 24 – Fermé sam. et dim. FYm
Rest – (19 €) Menu 22/49 € – Carte 33/84 €
◆ Joli restaurant avec cuisines visibles pour voir le chef à l'œuvre. Quatre fois par an, quinzaines culinaires consacrées à des régions (Touraine, Lyonnais) ou des produits.

La Table de Michèle
16 r. de Metz – ☎ 03 89 45 37 82 – www.latabledemichele.fr
– Fermé 23 déc.-3 janv., sam. midi, dim. et lundi FYt
Rest – (17 €) Carte 30/40 €
◆ Michèle joue du piano debout... en cuisine bien sûr ! Son répertoire ? Plutôt traditionnel, mais sensible aux quatre saisons. Côté décor : chaleur du bois et ode à la nature.

à Sausheim 3 km au Nord par D 38 – 5 299 h. – alt. 238 m – ✉ 68390

Novotel ch, rest,
r. Ile Napoléon – ✆ 03 89 61 84 84 – www.novotel.com DUs
77 ch – †73/195 € ††73/195 € – ☕ 14 € **Rest** – Menu 16 € – Carte 18/39 €
◆ Étape intéressante par sa situation et sa vocation pratique, cet hôtel dispose de chambres rénovées selon les derniers standards de la chaîne. Lounge-bar et piscine au vert. Restaurant adoptant le nouveau concept "Novotel Café". Terrasse côté jardin et bassin.

à Baldersheim 8 km par ① – 2 514 h. – alt. 226 m – ✉ 68390

Au Cheval Blanc ch,
27 r. Principale – ✆ 03 89 45 45 44 – www.hotel-cheval-blanc.com
82 ch – †66/107 € ††77/121 € – ☕ 12 € – ½ P 68/79 €
Rest – *(fermé dim. soir)* (11 €) Menu 18 € (sem.), 21/50 € – Carte 22/60 €
◆ Hôtel d'allure alsacienne exploité de père en fils depuis plus d'un siècle. Les chambres, garnies de meubles rustiques, offrent un confort homogène et de qualité. Salle à manger rénovée, accessible par le café du village. Nombreux menus, belle carte régionale et gibier en saison.

Au Vieux Marronnier
à 300 m – ✆ 03 89 36 87 60 – www.hotel-cheval-blanc.com
8 ch – †88 € ††88 € – 6 suites – ☕ 11 €
◆ Construction récente abritant studios et appartements pratiques pour de longs séjours ou des familles de passage : espace, cuisinettes bien équipées et décor contemporain.

à Rixheim 3 km au Sud-Est par D 66 – 13 061 h. – alt. 240 m – ✉ 68170

La Grange à Élise sans rest
68 Grand-Rue – ✆ 03 89 54 20 71 – www.grange-elise.com DVa
5 ch ☕ – †74 € ††97 €
◆ Au cœur du village, cette ancienne grange aménagée avec goût a su conserver son charme ancien (poêle en faïence, objets chinés). Chambres cosy aux noms de fleurs. Bon accueil.

à Riedisheim 2 km au Sud-Est par D 56 et D 432 – 11 925 h. – alt. 225 m – ✉ 68400

La Poste (Jean-Marc Kieny)
7 r. Gén. de Gaulle – ✆ 03 89 44 07 71 – www.restaurant-kieny.com – Fermé 3 sem. en août, dim. soir, mardi midi et lundi CVd
Rest – (25 €) Menu 39/85 € – Carte 65/75 €
Spéc. Tapas alsaciens en hommage à notre région. Pièce de veau de lait en bolognaise de homard. Le chocolat en 3D. **Vins** Riesling, Pinot noir.
◆ Dans ce chaleureux relais de diligences (1850) se transmettent depuis six générations les secrets d'une cuisine au goût du jour mâtinée de tradition alsacienne. Bon choix de vins.

Auberge de la Tonnelle
61 r. Mar.-Joffre – ✆ 03 89 54 25 77 – Fermé dim. soir et fériés le soir
Rest – Menu 30 € (sem.), 45/65 € – Carte 45/65 € CVu
◆ Grande maison régionale profitant d'une terrasse. Cuisine actuelle sous forme de menu-carte changé au gré du marché ; carte des vins étoffée (Bourgogne et petits producteurs).

à Zimmersheim 5 km par D 56 - CV – 1 006 h. – alt. 290 m – ✉ 68440

Jules
5 r. de Mulhouse – ✆ 03 89 64 37 80 – www.restojules.fr – Fermé dim. et lundi
Rest – *(prévenir)* (12 €) Carte 35/45 €
◆ Spécialités d'abats et de produits de la mer, pâtisseries maison, nombreux vins proposés au verre font la renommée de ce bistrot. Salle d'été au look actuel face au jardin.

à Hochstatt 7 km au Sud-Ouest par D 8[III] - **BV** – 2 053 h. – alt. 286 m – ✉ 68720

Au Cheval Blanc

55 Grande Rue – ✆ 03 89 06 27 77 – www.auchevalblanc-hochstatt.fr – Fermé 1er-15 août, 24 déc.-3 janv., dim. soir, lundi soir, mardi soir et merc.

Rest – (20 €) Menu 30/70 € – Carte 43/69 €

◆ Cette maison de 1870, fraîche et colorée, révèle un intérieur contemporain au décor épuré. Goûteuse cuisine actuelle évoluant avec les saisons et belle carte des vins.

à Froeningen 9 km au Sud-Ouest par D 8[BIII] - **BV** – 601 h. – alt. 256 m – ✉ 68720

Auberge de Froeningen

2 rte Illfurth – ✆ 03 89 25 48 48 – www.aubergedefroeningen.com – Fermé 18-31 août, 12 -31 janv., mardi de nov. à avril, dim. soir et lundi

7 ch – †60 € ††70 € – ☕ 8,50 € – ½ P 65 €

Rest – (13 €) Menu 16 € (déj. en sem.), 25/56 € – Carte 25/60 €

◆ Séduisante auberge typiquement régionale. Mobilier ancien, bonne insonorisation et tenue parfaite dans les chambres dépourvues de TV... Idéal pour se ressourcer ! Salles à manger de caractère, cuisine locale et "journée alsacienne" le jeudi.

MUNSTER – 68 Haut-Rhin – **315** G8 – 5 041 h. – alt. 400 m – ✉ 68140 **1** A2

Alsace Lorraine

Paris 458 – Colmar 19 – Guebwiller 40 – Mulhouse 60

1, rue du Couvent ✆ 03 89 77 31 80

Soultzbach-les-Bains : autels★★ dans l'église E : 7 km.

Verte Vallée

10 r. A. Hartmann, (parc de la Fecht) – ✆ 03 89 77 15 15 – www.vertevallee.com – Fermé 3-27 janv.

111 ch – †87/106 € ††87/106 € – 4 suites – ☕ 15 €

Rest – (16 €) Menu 27/50 € – Carte 27/50 €

◆ Grand hôtel moderne avec spa et équipements de loisirs. Confortables chambres de style alsacien ou contemporain pour les plus récentes. Agréable jardin bordé par la Fecht. Le restaurant propose une cuisine classique et une séduisante carte des vins.

Deybach sans rest

4 r. du Badischhof, 1 km par rte de Colmar (D 417) – ✆ 03 89 77 32 71 – www.hotel-deybach.com

16 ch – †45 € ††50/60 € – ☕ 8 €

◆ L'accueil souriant et l'ambiance chaleureuse distinguent cet hôtel familial qui borde la route. Chambres fonctionnelles à la tenue scrupuleuse, agréable salon-bar et jardin.

A l'Agneau d'Or

2 r. St-Grégoire – ✆ 03 89 77 34 08 – www.martinfache.com – Fermé lundi et mardi

Rest – *(nombre de couverts limité, prévenir)* Menu 28 € (déj. en sem.), 36/46 € – Carte 43/54 €

◆ Cadre aux tons pastel et ambiance chaleureuse dans cette maison régionale où le chef revisite à sa façon une cuisine oscillant entre tradition et terroir. Gibier en saison.

à Wihr-au-Val 6 km à l'Est par D 417 – 1 184 h. – alt. 330 m – ✉ 68230

Nouvelle Auberge (Bernard Leray)

rte de Colmar – ✆ 03 89 71 07 70 – www.nauberge.com – Fermé 1er-15 juil., 24-26 déc., dim. soir, lundi et mardi

Rest – Menu 32/70 € – Carte 55/70 €

Spéc. Soupe d'escargots, jus de persil aillé, consommé de bœuf en tasse et tartine. Chevreuil d'Alsace, betteraves nouvelles et roïgabrageldi (saison). Meringue et mousse au chocolat, craquant de pralin et glace chicorée. **Vins** Riesling, Sylvaner.

Rest *Brasserie (rez-de-chaussée)* – *(fermé le soir)* Menu 11/17 € – Carte 22/30 €

◆ Dans ce relais de poste, les propriétaires jouent un "double jeu" culinaire. Gastronomie à l'étage, avec une carte où les recettes au goût du jour frayent avec quelques plats classiques. Brasserie alsacienne au rez-de-chaussée.

MURAT – 15 Cantal – **330** F4 – **2 077 h.** – **alt. 930 m** – ✉ **15300** Auvergne **5** B3

Paris 520 – Aurillac 48 – Brioude 59 – Issoire 74

2, rue du faubourg Notre-Dame ✆ 04 71 20 09 47

Site★★ - Église★ d'Albepierre-Bredons S : 2 km.

à l'Est **4 km par N 122, rte de Clermont-Ferrand** – ✉ **15300 Murat**

XXX **Le Jarrousset** VISA

– ✆ 04 71 20 10 69 – www.restaurant-le-jarrousset.com – Fermé janv., lundi et mardi sauf juil.-août

Rest – (16 €) Menu 22/73 € bc – Carte environ 43 €

◆ Cette coquette auberge propose une goûteuse cuisine actuelle privilégiant les produits régionaux. Une salle agrémentée de toiles, une autre plus intime ouverte sur la campagne.

LA MURAZ – 74 Haute-Savoie – **328** K4 – **804 h.** – **alt. 630 m** **46** F1
– ✉ **74560**

Paris 545 – Annecy 33 – Annemasse 11 – Thonon-les-Bains 41

XX **L'Angélick** VISA

– ✆ 04 50 94 51 97 – www.angelick.fr – Fermé 7-23 août, 23-30 déc., dim. soir, lundi, mardi et le midi en sem.

Rest – (22 €) Menu 32/71 € – Carte 60/80 €

Rest *La Brasserie* – *(déj. seult)* Menu 13 € (sem.)/22 € – Carte 22/30 €

◆ Salles intimes et chaleureuses, chaises en fer forgé ou en cuir, belle mise de table moderne et mets inventifs. Côté Brasserie, petits plats sympathiques servis à midi en semaine dans un cadre actuel.

MURBACH – 68 Haut-Rhin – **315** G9 – **rattaché à Guebwiller**

MUR-DE-BARREZ – 12 Aveyron – **338** H1 – **822 h.** – **alt. 790 m** **29** D1
– ✉ **12600** Midi-Toulousain

Paris 567 – Aurillac 38 – Rodez 73 – St-Flour 56

12, Grand' Rue ✆ 05 65 66 10 16

Auberge du Barrez VISA AE

av. du Carladez – ✆ 05 65 66 00 76 – www.aubergedubarrez.com – Fermé 3 janv.-13 fév.

18 ch – †46/61 € ††62/88 € – ☐ 9 € – ½ P 59/74 €

Rest – *(fermé lundi)* Menu 15 € (sem.), 25/41 € – Carte 36/50 €

◆ Dans un jardin fleuri, grande maison aux chambres bien tenues (une dizaine rénovées en 2010), certaines avec terrasse. Agréable salle à manger très colorée ; quelques tables ont vue sur la campagne. Cuisine traditionnelle, copieuse et bien tournée.

MÛR-DE-BRETAGNE – 22 Côtes-d'Armor – **309** E5 – **2 096 h.** **10** C2
– **alt. 225 m** – ✉ **22530** Bretagne

Paris 457 – Carhaix-Plouguer 50 – Guingamp 47 – Loudéac 20

place de l'Église ✆ 02 96 28 51 41

Rond-Point du lac ≤★ - Lac de Guerlédan★★ O : 2 km.

XXX **Auberge Grand'Maison** (Christophe Le Fur) avec ch VISA AE

1 r. Léon-le-Cerf – ✆ 02 96 28 51 10 – www.auberge-grand-maison.com – Fermé 27 fév.-15 mars, 2 sem. en oct., 1er-10 janv., mardi hors saison, dim. soir et lundi

9 ch – †48/98 € ††48/98 € – ☐ 12 € – ½ P 77/98 €

Rest – Menu 25 € (déj. en sem.), 48/78 € – Carte 50/90 €

Spéc. Ormeau sauvage de Perros-Guirec en civet de bigorneaux, champignons sauvages (oct. à mars). Club sandwich de pigeon et foie gras en tartine gourmande. "Gwen Ha Du", pomme caramélisée, chantilly caramel au beurre salé et glace fleur de caramel.

◆ Cette maison a préservé son caractère d'ancienne auberge bretonne tout en modernisant un rien sa salle à manger. Excellents produits au service d'une cuisine actuelle et créative. Chambres spacieuses et cosy.

MURO – 2B Haute-Corse – **345** C4 – voir à Corse

MUS – 30 Gard – **339** K6 – 1 176 h. – alt. 53 m – ✉ 30121 Provence **23** C2

Paris 737 – Arles 52 – Montpellier 37 – Nîmes 26

La Paillère

26 av. du Puits Vieux – ✆ 04 66 35 55 93 – www.paillere.com

5 ch – 70 € 80 € **Table d'hôte** – Menu 25 € bc

◆ Cette maison du 17e s., discrète et patinée par le temps, cultive un certain art de vivre : patio verdoyant, chambres originales (Provence, Mongolie, etc.). Pour l'anecdote, elle fut la propriété de Régine et Delon y a séjourné ! Recettes du Sud à la table d'hôte.

MUSSIDAN – 24 Dordogne – **329** D5 – 2 829 h. – alt. 50 m – ✉ 24400 **4** C1
Périgord Quercy

Paris 526 – Angoulême 84 – Bergerac 26 – Libourne 59

place de la République ✆ 05 53 81 73 87

Relais de Gabillou

à 1,5 km sur rte de Périgueux – ✆ 05 53 81 01 42 – www.relaisgabillou.com – Fermé 14-27 juin, 14 nov.-13 déc., le soir du 3 janv. au 13 fév., dim. soir et lundi

Rest – (12 €) Menu 15 € (sem.), 25/43 € – Carte 34/62 €

◆ Atmosphère rustique à souhait dans cette auberge de bord de route : vaste cheminée en pierre, cuisine traditionnelle et plats régionaux... Terrasse ombragée, au calme.

à Sourzac 4 km à l'Est par D 6089 – 1 078 h. – alt. 50 m – ✉ 24400

Le Chaufourg en Périgord sans rest

– ✆ 05 53 81 01 56 – www.lechaufourg.com – Ouvert 16 avril-14 nov.

5 ch – 175/340 € 175/340 € – 4 suites – 16 €

◆ Le propriétaire a su préserver tout le charme romantique de la maison de campagne de son enfance : ambiance guesthouse, grandes chambres au luxe discret, jardin hors du temps...

MUTIGNY – 51 Marne – **306** G8 – 217 h. – alt. 221 m – ✉ 51160 **13** B2
Champagne Ardenne

Paris 150 – Châlons-en-Champagne 33 – Épernay 9 – Reims 32

Au Nord 2 km par D 271 – ✉ 51160 Mutigny

Manoir de Montflambert sans rest

– ✆ 03 26 52 33 21 – www.manoirdemontflambert.fr

5 ch – 100/110 € 115/130 €

◆ Les chambres de ce manoir du 17e s., personnalisées et garnies de meubles patinés, ouvrent sur la cour, sur les vignes ou sur la forêt. Grand parc agrémenté d'une pièce d'eau.

MUTZIG – 67 Bas-Rhin – **315** I5 – 5 898 h. – alt. 190 m – ✉ 67190 **1** A1
Alsace Lorraine

Paris 479 – Obernai 11 – Saverne 30 – Sélestat 38

L'Ours de Mutzig ch,

pl. Fontaine – ✆ 03 88 47 85 55 – www.loursdemutzig.com

47 ch – 69/79 € 69/79 € – 11 €

Rest – *(fermé jeudi)* (13 €) Menu 16/34 € – Carte 30/40 €

◆ Dans cette maison à la jolie façade bleue (1900), les chambres sont plaisantes, décorées dans un style contemporain ou plus classique (bois) dans les mansardes du 3e étage. Carte traditionnelle ; çà et là, des ours en peluche peuplent la salle.

LE MUY – 83 Var – **340** O5 – 8 604 h. – alt. 27 m – ✉ 83490 **41** C3

Paris 861 – Antibes 59 – Marseille 132 – Toulon 77

6, route de la Bourgade ✆ 04 94 45 12 79

L'Orée du Bois

rond-point Sainte-Roseline, rte de Draguignan, RD 1555 – ✆ 04 98 11 12 40 – www.oreedubois83.com
31 ch – 87/104 € 95/120 € – 12 €
Rest – *(fermé dim. soir hors saison et sam. midi)* (18 €) Menu 22 € (déj. en sem.), 28/57 € – Carte 42/63 €
◆ Bâtiment moderne de style provençal (crépis ocre), alignant comme dans un motel de petites chambres pratiques, toutes avec terrasses face au jardin et à la piscine. Sauna, hammam, jacuzzi. Cuisine traditionnelle servie dans une salle rustique (vieux four, poutres).

au Nord **3 km par rte de Callas**

Château des Demoiselles

2040 rte de Callas – ✆ 06 15 83 48 95 – www.chateaudesdemoiselles.com – Ouvert 1er avril-13 nov.
5 ch – 100/160 € 120/180 € **Table d'hôte** – Menu 35 € bc/45 € bc
◆ Une majestueuse allée de platanes mène à cette bastide provençale (1830), au cœur d'un vignoble. Décor d'esprit 18e s. revisité. Vins du domaine et table d'hôte sur réservation.

NACONNE – 42 Loire – 327 E5 – rattaché à Feurs

NAINVILLE-LES-ROCHES – 91 Essonne – 312 D4 – 498 h. – alt. 77 m – ✉ 91750 19 C2

Paris 49 – Boulogne-Billancourt 49 – Montreuil 50 – Saint-Denis 62

Le Clos des Fontaines sans rest

3 r. de l'Église – ✆ 01 64 98 40 56 – www.closdesfontaines.com
5 ch – 66/78 € 74/92 € – 10 €
◆ Un havre de paix non loin d'une zone d'activité. Cet ancien presbytère dans un jardin arboré bénéficie de chambres très calmes, toutes personnalisées. Petit-déjeuner gourmand.

NAJAC – 12 Aveyron – 338 D5 – 751 h. – alt. 315 m – ✉ 12270 29 C1

Midi-Toulousain

Paris 629 – Albi 51 – Cahors 85 – Gaillac 51
place du Faubourg ✆ 05 65 29 72 05
La Forteresse★ : ≤★.

L' Oustal del Barry

pl. du Bourg – ✆ 05 65 29 74 32 – www.oustaldelbarry.com – Ouvert 26 mars-1er nov.
17 ch – 47/50 € 56/74 € – 10 € – ½ P 61/75 €
Rest – *(fermé lundi midi et mardi midi sauf du 20 juin au 1er sept.)* (17 €) Menu 20 € (déj. en sem.), 26/50 € bc – Carte 40/73 €
◆ Nichée au cœur du magnifique village médiéval dominé par sa forteresse du 11e s., cette maison accueillante propose des chambres de tailles variées, fraîches et colorées. Cuisine au goût du jour servie dans la salle à manger rustique.

Le Belle Rive

Au Roc du Pont, 3 km au Nord-Ouest par D 39 – ✆ 05 65 29 73 90 – www.lebellerive.com – Ouvert 1er avril-31 oct. et fermé dim. soir en oct.
22 ch – 56/60 € 56/60 € – 9 €
Rest – *(fermé dim. soir et lundi midi en oct.)* (10 €) Menu 20/37 € – Carte 40/50 €
◆ La même famille dirige depuis cinq générations cet hôtel agréablement situé au bord de l'Aveyron. Cadre rustique à dominante de bois dans les chambres (une d'esprit actuel). Le restaurant sert une cuisine à l'accent régional. Grande terrasse fleurie et ombragée.

NALZEN – 09 Ariège – 343 I7 – rattaché à Lavelanet

NANCY P – 54 Meurthe-et-Moselle – **307** I6 – **105 468 h.** **26** B2
– **Agglo. 331 363 h. – alt. 206 m** – ✉ **54000** Alsace Lorraine

Paris 314 – Dijon 216 – Metz 57 – Reims 209

de Metz-Nancy-Lorraine : ✆ 03 87 56 70 00, 43 km par ⑥.

✆ 3635 et tapez 42 (0,34 €/mn)

place Stanislas ✆ 03 83 35 22 41

de Nancy Pulnoy à Pulnoy 10 rue du Golf, par rte de Château-Salins et D 83 : 7 km, ✆ 03 83 18 10 18

de Nancy à Aingeray 1 chemin du golf, NO : 17 km par D 90, ✆ 03 83 24 53 87

Place Stanislas★★★, Arc de Triomphe★ BY **B** - Place de la Carrière★ et Palais du Gouverneur★ BX **R** - Palais ducal★★ : musée historique lorrain★★★ - Église et Couvent des Cordeliers★ : gisant de Philippe de Gueldre★★ - Porte de la Craffe★ - Église N.-D.-de-Bon-Secours★ EX - Façade★ de l'église St-Sébastien - Musées : Beaux-Arts★★ BY **M³**, Ecole de Nancy★★ DX **M⁴**, aquarium tropical★ du muséum-aquarium CY **M⁸** - Jardin botanique du Montet★ DY.

Basilique★★ de St-Nicolas-de-Port par ② : 12 km.

Plans pages suivantes

Park Inn

11 r. Raymond Poincaré – ✆ 03 83 39 75 75 – www.nancy-parkinn.fr AY**r**
192 ch – †92/130 € ††92/130 € – ☕ 15 €
Rest – *(fermé 6-21 août, 17-31 déc., sam., dim. et fériés)* (17 €) Menu 21 € (déj.)/32 € – Carte 23/41 €
♦ Cet hôtel bénéficie d'un emplacement privilégié, au cœur du quartier des affaires et à proximité du centre historique. Chambres spacieuses, fonctionnelles et bien équipées. Salle à manger baignée de lumière où l'on sert des plats entre tradition et brasserie.

D'Haussonville sans rest

9 r. Mgr Trouillet – ✆ 03 83 35 85 84 – www.hotel-haussonville.fr – Fermé 2 sem. en janv. AX**g**
4 suites – ††190/230 € – 3 ch – ☕ 16 €
♦ Ce splendide hôtel particulier du 16ᵉ s. est un véritable concentré de raffinement : chambres cossues avec cheminée et parquet d'époque, beau salon avec piano à queue.

Des Prélats sans rest

56 pl. Mgr Ruch – ✆ 03 83 30 20 20 – www.hoteldesprelats.com – Fermé 24 déc.-4 janv. CY**r**
42 ch – †89/119 € ††109/139 € – ☕ 12 €
♦ Superbe hôtel particulier du 17ᵉ s. adossé à la cathédrale. Les chambres, toutes spacieuses, rivalisent de caractère et de raffinement (mobilier d'antiquaires et objets chinés).

Mercure Centre Stanislas sans rest

5 r. des Carmes – ✆ 03 83 30 92 60 – www.mercure.com BY**m**
80 ch – †99/159 € ††114/174 € – ☕ 16 €
♦ Au cœur du Nancy commerçant, cet établissement dispose de chambres confortables et contemporaines, personnalisées par un mobilier d'inspiration Art nouveau. Petit bar à vins.

Crystal sans rest

5 r. Chanzy – ✆ 03 83 17 54 00 – www.bestwestern-hotel-crystal.com – Fermé 24 déc.-4 janv. AY**a**
58 ch – †70/135 € ††70/135 € – ☕ 12 €
♦ Les chambres de cet établissement familial sont toutes agréables et rigoureusement tenues ; les plus récentes affichent cependant un style actuel plus séduisant. Salon-bar.

Maison de Myon

7 r. Mably – 03 83 46 56 56 – www.maisondemyon.com – Fermé 11-25 fév.
5 ch – 110 € 130 € **Table d'hôte** – Menu 30 € bc/100 € CYs
◆ Belle demeure 18e s. convertie en maison d'hôte. Déco de très bon goût mariant meubles anciens et design, objets rares et tissus élégants. Bibliothèque dans l'ancienne écurie. Cours de cuisine, dégustation de vin...

Le Capucin Gourmand

31 r. Gambetta – 03 83 35 26 98 – www.lecapu.com – Fermé 12-25 août, vacances de fév. et dim. BYm
Rest – (19 €) Menu 29 € (sem.), 43/76 € – Carte 66/92 €
◆ Une institution à Nancy. La salle à manger a fière d'allure (camaïeu de beige, boiseries, moulures ouvragées...) et la cuisine, dans l'air du temps, change avec les saisons.

Le Grenier à Sel (Patrick Frechin)

28 r. Gustave-Simon – 03 83 32 31 98 – www.legrenierasel.eu – Fermé 25 juil.-16 août, dim. et lundi BYx
Rest – Menu 25 € (déj. en sem.), 45/65 € – Carte 80/95 €
Spéc. Millefeuille de foie gras de canard et confit de melon à l'huile de vanille (été). Tournedos de pigeonneau poché, jus réduit et girolles boutons acidulées (hiver). Sablé breton aux fraises et à l'huile d'olive, sorbet huile d'olive (été). **Vins** Côtes de Toul, Vin de Moselle.
◆ Le restaurant est installé à l'étage d'une des plus vieilles maisons nancéiennes. Le cadre contemporain, sobre et cosy, sied à la cuisine du chef, inventive et personnelle.

La Maison dans le Parc

3 r. Ste-Catherine – 03 83 19 03 57 – www.lamaisondansleparc.com – Fermé 1er-10 mai, 7-16 août, 1er-17 janv., dim. soir , lundi et mardi BYn
Rest – Menu 29 € (déj.) – Carte 57/83 €
◆ Une demeure 19e s. relookée dans un style contemporain chic (tons gris, mobilier signé John Hutton). Table d'hôte et terrasse face à un superbe parc. Accords mets et vins.

La Toq'

1 r. Mgr Trouillet – 03 83 30 17 20 – www.latoqueblanche.fr – Fermé vacances de fevrier, de printemps, 25 juil.-17 août, dim. soir et lundi ABYz
Rest – Menu 20 € (déj.), 28/70 € – Carte 60/80 €
◆ La pierre apparente et les vieilles voûtes se marient harmonieusement avec les meubles contemporains et les tons parme. Ambiance intime et recettes au goût du jour.

Les Agaves

2 r. Carmes – 03 83 32 14 14 – www.les-agaves-nancy.com – Fermé 1er-15 août, lundi soir, merc. soir et dim. BYu
Rest – Menu 23/35 € – Carte 35/45 €
◆ Le chef propose une cuisine très orientée au Sud, mêlant influences méditerranéennes et italiennes. Beau choix de vins transalpins. Une salle cossue et une d'esprit bistrot.

Les Petits Gobelins

18 r. Primatiale – 03 83 35 49 03 – www.lespetitsgobelins.fr – Fermé 1er-23 août, 2-6 janv., dim. et lundi CYz
Rest – (17 €) Menu 25 € (sem.)/60 € – Carte 40/60 €
◆ Une table chaleureuse installée dans les murs d'une demeure 18e s. Plaisant cadre contemporain, cuisine dans l'air du temps (glaces et pain faits maison) et riche carte des vins.

V Four

10 r. St-Michel – 03 83 32 49 48 – www.levfour.fr – Fermé 29 août-13 sept., 30 janv.-10 fév., dim. soir et lundi BXr
Rest – *(nombre de couverts limité, prévenir)* (19 €) Menu 27/40 € – Carte 50/70 €
◆ Minuscule salle de style bistrot contemporain et cuisine au goût du jour soignée : cette adresse conviviale, située dans une petite rue piétonne, connaît un franc succès.

JARVILLE-LA-MALGRANGE

République (R. de la) . . . . . . EX 76

LAXOU

Europe (Av. de l') . . . . DX 32
Poincaré (R. R.) . . . . DX 71
Résistance (Av. de la) . . . . . CV 78
Rhin (Av. du) . . . . CV 79

NANCY

Adam (R. Sigisbert) . . . . BX 2
Albert-1er (Bd) . . . . DV 3
Anatole-France (Av.) . . . . . . DV 6
Armée-Patton (R.) . . . . DV 7
Auxonne (R. d') . . . . DV 8
Barrès (R. Maurice) . . . . CY 10
Bazin (R. H.) . . . . CY 13
Benit (R.) . . . . BY 14
Blandan (R. du Sergent) . . . . DX 15
Braconnot (R.) . . . . BX 19
Carmes (R. des) . . . . BY 20
Chanoine-Jacob (R.) . . . . AX 23
Chanzy (R.) . . . . AY 24
Cheval-Blanc (R. du) . . . . . . BY 25
Clemenceau (Bd G.) . . . . EX 26
Craffe (R. de la) . . . . AX 27
Croix de Bourgogne (Espl.) . . AZ 28
Dominicains (R. des) . . . . . . BY 29
Erignac (R. C.) . . . . BY 31
La-Fayette (Pl. de) . . . . BY 47
Foch (Av.) . . . . DV 34
Gambetta (R.) . . . . BY 36
Gaulle (Pl. Gén.-de) . . . . BX 37
Grande-Rue . . . . BXY
Haussonville (Bd d') . . . . DX 38
Haut-Bourgeois (R.) . . . . AX 39
Héré (R.) . . . . BY 40
Ile de Corse (R. de l') . . . . . . CY 41
Jeanne-d'Arc (R.) . . . . DEX 44
Jean-Jaurès (Bd) . . . . EX 43
Keller (R. Ch.) . . . . AX 46
Linnois (R.) . . . . EX 49
Louis (R. Baron) . . . . AXY 50
Loups (R. des) . . . . AX 51
Majorelle (R. Louis) . . . . DX 52
Mazagran (R.) . . . . AY 54
Mengin (Pl. Henri) . . . . BY 55
Mgr-Ruch (Pl.) . . . . CY 63
Molitor (R.) . . . . CZ 60
Monnaie (R. de la) . . . . BY 62
Mon-Désert (R. de) . . . . ABZ 61
Mouja (R. du Pont) . . . . BY 64
Nabécor (R. de) . . . . EX 65
Oudinot (R. Maréchal) . . . . . . EX 68
Poincaré (R. H.) . . . . AY 69
Poincaré (R. R.) . . . . AY 70
Point-Central . . . . BY 72
Ponts (R. des) . . . . BYZ 73
Primatiale (R. de la) . . . . CY 74

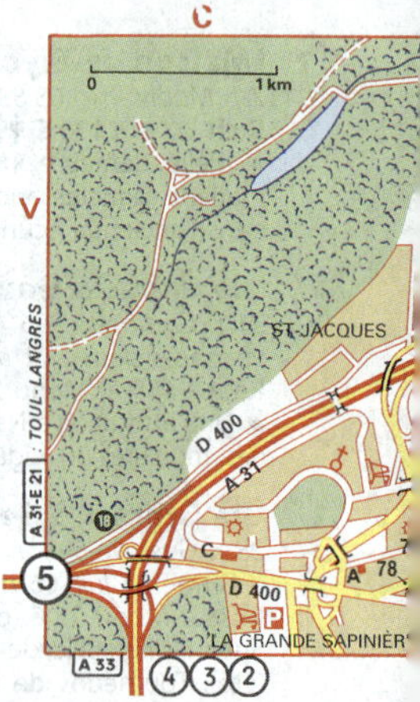

graff (R.)	BY	75
izier (R.)	BCYZ	
ovre (Pl.)	BY	82
eorges (R.)	CY	
ean (R.)	BY	
ambert (R.)	DV	84
éon (R.)	AY	85
ce (R. de la)	AY	99
slas (R.)	BY	100
Strasbourg (Av. de)	EX	102
Tomblaine (R. de)	EV	103
Trois-Maisons (R. du Fg des)	AX	104
Trouillet (R.)	AXY	105
Verdun (R. de)	DV	106
Victor-Hugo (R.)	DV	107
Visitation (R. de la)	BY	109
XXe-Corps (Av. du)	EV	110

VANDŒUVRE-LÈS-NANCY

Barthou (Bd L.)	EX	12
Doumer (Av. P.)	EX	30
Europe (Bd de l')	DEY	33
Frère (R. Gén.)	DY	35
Jeanne-d'Arc (Av.)	DEY	45
Jean-Jaurès (Av.)	DXY	42
Leclerc (Av. Gén.)	DY	48

Chez Tanésy "Le Gastrolâtre"

23 Grande Rue – ✆ 03 83 35 51 94 – Fermé 14-30 juil. , vacances de la Toussaint, 1er-7 janv., mardi midi, dim. et lundi BY**v**

Rest – *(nombre de couverts limité, prévenir)* Menu 27 € (déj. en sem.)/44 € – Carte 47/70 €

◆ Atmosphère et décor bistrot dans ce petit restaurant de la vieille ville. L'assiette se veut authentique et gourmande : plats canailles, truffe (en saison), glaces maison, etc.

Les Pissenlits

25 bis r. des Ponts – ✆ 03 83 37 43 97 – www.les-pissenlits.com – Fermé 1er-15 août, dim. et lundi BY**e**

Rest – Menu 20/39 € bc – Carte 26/55 €

Rest *Vins et Tartines* – ✆ 03 83 35 17 25 – Carte 23/39 €

◆ Salle de style École de Nancy, copieuse cuisine régionale énoncée sur tableau noir et ambiance décontractée sont les atouts de ce restaurant familial. L'annexe Vins et Tartines – bien nommée – prend ses aises dans une ancienne chapelle.

Chez Lize

52 r. H. Déglin – ✆ 03 83 30 36 26 – Fermé 14 juil.-11 août, 26 déc.-2 janv., sam. midi, dim. soir et lundi AX**v**

Rest – Menu 20/25 € – Carte 25/35 €

◆ Dans le quartier des Trois-Maisons, ce sympathique petit restaurant aux allures de bistrot propose des spécialités lorraines et alsaciennes.

à Dommartemont – 654 h. – alt. 299 m – ✉ 54130

La Ferme Sainte Geneviève - L'Ermitage

2 chemin Pain de Sucre – ✆ 03 83 29 99 81 – www.lafermesaintegenevieve.com – Fermé janv., dim. soir, mardi soir, merc. soir, jeudi soir et lundi

Rest – *(nombre de couverts limité, prévenir)* Menu 45/85 €

Rest *Le Bistrot* – ✆ 03 83 29 13 49 – Menu 16 € (sem.)/28 €

◆ Sur les hauteurs de la ville, cette maison en pierre sert une cuisine actuelle dans un cadre feutré, résolument contemporain. Plats régionaux, traditionnels et ardoise du jour vous attendent au Bistrot, dont la terrasse animée fleure bon l'esprit de guinguette.

à Jarville-la-Malgrange – 9 444 h. – alt. 210 m – ✉ 54140

Les Chanterelles

27 av. Malgrange – ✆ 03 83 51 43 17 – Fermé dim. et lundi EX**n**

Rest – Menu 18 € (sem.), 25/33 € – Carte 40/56 €

◆ Après la visite du musée de l'Histoire du fer, poussez la porte de ce restaurant de quartier. Son cadre est simple, voire rustique, et l'assiette ne déroge pas à la tradition.

à Houdemont – 2 477 h. – alt. 270 m – ✉ 54180

Novotel Nancy Sud

8 Allée de la Geneliere, (près du centre commercial) – ✆ 03 83 56 10 25 – www.novotel.com EY**s**

86 ch – †84/155 € ††84/155 € – ☕ 14 € **Rest** – (17 €) Carte 23/42 €

◆ À la croisée des autoroutes Nancy-Paris-Strasbourg, vous ferez facilement une halte dans cet hôtel. Chambres spacieuses au design contemporain. Salle de restaurant actuelle prolongée d'une terrasse au bord de la piscine.

à Flavigny-sur-Moselle 16 km par ③ et A 330 – 1 787 h. – alt. 240 m – ✉ 54630

Le Prieuré avec ch

3 r. du Prieuré – ✆ 03 83 26 70 45 – Fermé 1er-8 mai, 16 août-2 sept., 28 déc.-3 janv., 16-28 fév., dim. soir, merc. soir et lundi

4 ch – †122 € ††122 € – ☕ 13 €

Rest – *(nombre de couverts limité, prévenir)* Menu 46 € – Carte 70/90 €

◆ Façade modeste dissimulant trois salons où meubles lorrains, étains et cheminée créent l'intimité. Cuisine classique. Chambres spacieuses.

à Vandoeuvre-lès-Nancy – 31 447 h. – alt. 300 m – ✉ 54500

Cottage-Hôtel AC rest, ((ı)) P VISA MC AE
4 allée de Bourgogne – ☎ 03 83 44 69 00 – www.groupe-mengin.com – Fermé 1er-15 août et 24-31 déc.
64 ch – †48/90 € ††48/90 € – ☕ 9 € – ½ P 45/62 €
Rest – *(fermé dim.)* Menu 17/35 € bc – Carte 25/58 €
◆ Petites chambres fonctionnelles réparties dans deux bâtiments récents, près de l'hippodrome et du technopole. Salle à manger-véranda baignée de lumière et assiette traditionnelle.

à Neuves-Maisons 14 km par ④ – 6 941 h. – alt. 230 m – ✉ 54230

L'Union VISA MC AE
1 r. A. Briand – ☎ 03 83 47 30 46
– Fermé 1er-15 août, lundi et le soir sauf vend. et sam.
Rest – (12 €) Menu 26/36 € – Carte 42/54 €
◆ Cette jolie petite maison colorée, autrefois café du village, propose une cuisine traditionnelle servie dans deux salles à manger d'une agréable simplicité. Terrasse ombragée.

NANS-LES-PINS – 83 Var – 340 J5 – 3 891 h. – alt. 380 m – ✉ 83860 40 B3

Paris 794 – Aix-en-Provence 44 – Brignoles 26 – Marseille 42
2, cours Général-de-Gaulle ☎ 04 94 78 95 91
de la Sainte-Baume Domaine de Châteauneuf, N : 4 km par D 80, ☎ 04 94 78 60 12

Domaine de Châteauneuf AC ch, ((ı)) P VISA MC AE
3 km au Nord par D 560 – ☎ 04 94 78 90 06
– www.domaine-de-chateauneuf.fr – Ouvert 30 mars-15 oct.
29 ch – †144/276 € ††169/495 € – 1 suite – ☕ 19 €
Rest – Menu 40/86 € – Carte 50/80 €
◆ Pas de luxe opulent, mais un raffinement discret et une certaine authenticité dans cette belle bastide du 18e s., au cœur du golf de la Ste-Baume. Goût de Provence au restaurant, dans un décor classique en camaïeu de gris ou sous les platanes centenaires...

Château de Nans avec ch P VISA MC AE
quartier du Logis, 3 km par D 560 (rte d'Auriol) – ☎ 04 94 78 92 06
– www.chateau-de-nans.com
– Hôtel : ouvert 1er avril-14 oct., Rest : fermé 25 nov.-3 déc., 15 fév.-15 mars, lundi et mardi sauf le soir en juil.-août
5 ch – †106 € ††122 € – ☕ 10 €
Rest – (25 €) Menu 48/59 € – Carte 49/60 €
◆ Un charmant castel du 19e s., à la fois chic et cosy – malgré la proximité de la route. Il est agréable de s'attabler dans la véranda façon jardin d'hiver... Cuisine fine, aux accents du Sud. Décor soigné dans les chambres ; mention spéciale à celles de la tour !

L'Éveil des Sens AC P VISA MC AE
42 rte de Marseille – ☎ 04 94 04 41 65 – www.leveildessensrestaurant.fr – fermé dim. soir et merc. soir d'oct. à mars et lundi
Rest – (16 €) Menu 19 € (déj. en sem.), 29/70 € – Carte 40/68 €
◆ Une maison particulière devenue restaurant, à la sortie de Nans. Seiches à la plancha, tatin de fenouil confit, crème de spéculos... des associations de saveurs qui flattent les sens.

NANTERRE – 92 Hauts-de-Seine – 311 J2 – 101 14 – voir Paris, Environs

S. Sauvignier/MICHELIN
Le passage Pommeraye

NANTES

Département : 🅿 44 Loire-Atlantique
Carte Michelin LOCAL : 316 G4
▶ Paris 381 – Angers 88
– Bordeaux 325 – Quimper 233
Altitude : 8 m
Population : 282 853 h.

Pop. agglomération : 544 932 h.
Code Postal : ✉ 44000
Bretagne
Carte régionale : 34 B2

RENSEIGNEMENTS PRATIQUES

OFFICE DE TOURISME

3, cours Olivier de Clisson ✆ 08 92 46 40 44

2, place Saint Pierre ✆ 08 92 46 40 44

TRANSPORTS

Auto-train ✆ 3635 (dîtes auto-train - 0,34 €/mn)

AÉROPORT

International Nantes-Atlantique ✆02 40 84 80 00, 10 km par D 85 **BX**

QUELQUES GOLFS

de Nantes Erdre Chemin du Bout des Landes, N : 6 km par D 69, ✆02 40 59 21 21

de Carquefou à Carquefou Boulevard de l'Epinay, N : 9 km par D 337, ✆02 40 52 73 74

de Nantes à Vigneux-de-Bretagne RD 81, NO : par D965 et D 81 : 16 km, ✆02 40 63 25 82

A VOIR

SOUVENIRS DES DUCS DE BRETAGNE

Château★★ : tour de la Couronne d'Or★★, puits★★ **HY** - Intérieur★★ de la Cathédrale St-Pierre-et-St-Paul : tombeau de François II★★ , cénotaphe de Lamoricière★ **HY**

NANTES DU 18e S.

Ancienne île Feydeau★ **GZ**

LA VILLE DU 19e S.

Passage Pommeraye★ **GZ** 150 - Quartier Graslin★ **FZ** - Cours Cambronne★ **FZ** - Jardin des Plantes★ **HY**

MUSÉES

Musée des Beaux-Arts★★ **HY** - Muséum d'histoire naturelle★★ **FZ** M4 - Musée Dobrée★ **FZ** - Musée archéologique★ **M3** - Musée Jules-Verne★ **BX** **M1**

NANTES
1
0
1 km
A
B
V
X
REDON
RENNES
NOZAY
7
6
5
ORVAULT
SAUTRON
LA BUGALLIÈRE
LE CROISY
BRIMBERNE
PORTE DE SAUTRON
L'ANGEVINIÈRE
LAËNNEC
PORTE DE CHÉZINE
ZENITH
PORTE D'ARMOR
PARC TECHNOLOGIQUE
ATLANTIS
PORTE D'ATLANTIS
PORTE DE ST-HERBLAIN
ST-HERBLAIN
L'ORVASSERIE
BELLEVUE
PORTE DE L'ESTUAIRE
LA JANVRAIE
HAUTE-INDRE
LOIRE
Pont de Cheviré
CHEVIRÉ
LE PORT LAVIGNE
BOUGUENAIS
Rte de Paimbœuf
CENTRE CULTUREL PIANO' CKTAIL
NANTES-ATLANTIQUE
AÉROGARE
EADS
PORTE DE RETZ
PORTE DE GRAND LIEU
PORTE DE BOUGUENAIS
LES COUËTS
CITÉ RADIEUSE LE CORBUSIER
TRENTEMOULT
CHANTENAY
Sq. M. Schwob
LES DERVALLIÈRES
VÉLODROME
TILLAY
LA GAUDINIÈRE
LE PONT DU CENS
LA MORLIÈRE
LA BOISSIERE
LES BASSES-LANDES
LE BOIS-RAGUENET
PORTE DE RENNES
PORTE D'ORVAULT
MAISON D'ARRÊT
EPM
Route de Vannes
Av. F. Vincent
Bd Schuman
Bd du Massacre
Rte d'Armor
Bd Salvador Allende
Bd Ch. de Gaulle
Bd F. Mitterrand
Bd J. Moulin
Rte de Paimbœuf
Cens
Chézine
A 844
N 165-E 60
N 165
N 844
N 137 E 3
N 444
D 42
D 75
D 965
D 17
D 107
D 417
D 58
D 723
D 751A
D 85
D 823
D 69
D 101
VANNES, LA BAULE ST-NAZAIRE
ST-ETIENNE-DE-MONTLUC
COUËRON
LE PELLERIN
NOIRMOUTIER PORNIC
PONT-DE-ST-NAZAIRE PAIMBŒUF
CAPE
PORTE GESVR

LA CHAPELLE-S-ERDRE
LE MANS ANGERS
CHÂTEAUBRIAND CARQUEFOU
A 11
ANGERS, ANCENIS
2
A 11-E 60
ST-JOSEPH DE PORTERIE
LA MADELEINE
GESVRINE
PARC FLORAL
PORTE DE LA CHAPELLE
LA BEAUJOIRE
PARC DES EXPOSITIONS
PORTE DE LA BEAUJOIRE
LOUIS FONTENEAU
THOUARÉ-S-L.
STE LUCE-SUR-LOIRE
ÉCOLE CENTRALE
FACULTÉ DES LETTRES ET DE DROIT
LA PILOTIÈRE
PORTE DE CARQUEFOU
PORTE DE STE-LUCE
FACULTÉ DES SCIENCES
VIEUX-DOULON
BELLEVUE
CHAMPTOCEAUX
PORTE D'ANJOU
PARC DU GRAND BLOTTEREAU
Pont de Bellevue
PORTE DU VIGNOBLE
DOULON
LOIRE
ÎLE HÉRON
BASSE-GOULAINE
MALAKOFF
ÎLE PINETTE
HÔTEL DE RÉGION
BEAULIEU
PORTE DE GOULAINE
LE LOROUX-BOTTEREAU
LA FONTAINE
ST SÉBASTIEN-S-LOIRE
LA PROFONDINE
LE DOUET
PONT ROUSSEAU
PORTE DE ST-SÉBASTIEN
LA GARE
SÈVRES
BEAUTOUR
LA VERTONNE
LA BLORDIÈRE
PORTE DE VERTOU
Rte du Vignoble
PORTE DES SORINIÈRES
Sèvre Nantaise
VERTOU
LE CHÊNE
PORTE DE REZÉ
LA ROCHE-S-YON LA ROCHELLE
A 83 N 137
LE LOROUX-BOTTEREAU CH. DE GOULAINE
POITIERS CLISSON
CLISSON

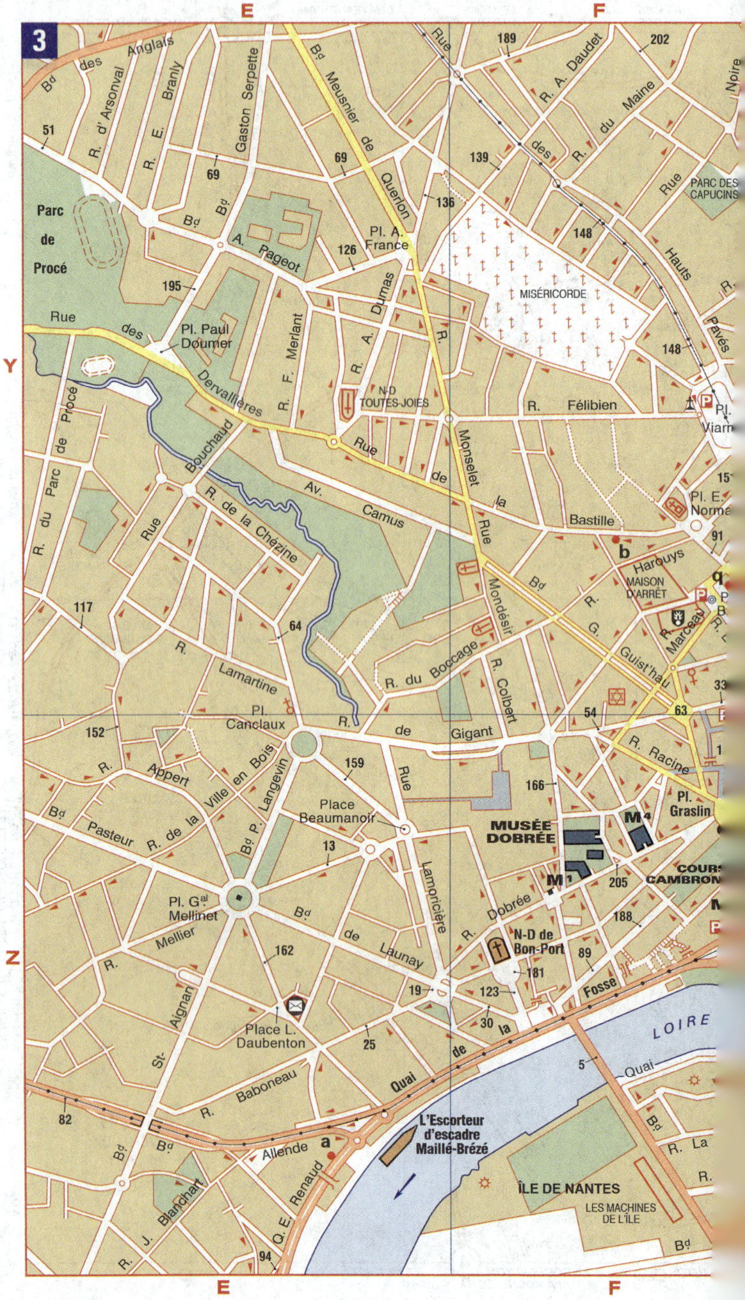

3
E
F
Y
Z
Bd des Anglais
R. d'Arsonval
R. E. Branly
Gaston Serpette
Bd Meusnier de Querlon
Rue
R. A. Daudet
R. du Maine
des
Noire
Parc de Procé
Bd A. Pageot
Pl. A. France
MISÉRICORDE
PARC DES CAPUCINS
Hauts Pavés
Rue des Dervallières
Pl. Paul Doumer
R. F. Merlant
R. A. Dumas
R.
N-D TOUTES-JOIES
R. Félibien
Pl. Viarme
R. du Parc de Procé
Bouchaud
Rue de la Bastille
Av. Camus
Monselet
Rue
R. de la Chézine
Pl. E. Norma
b
Harouys
MAISON D'ARRÊT
q
Bd R. G. Guist'hau
R. Marceau
Mondésir
R. Lamartine
R. du Boccage
R. Colbert
Pl. Canclaux
R. de Gigant
R. Racine
Pl. Graslin
R. Appert
R. de la Ville en Bois
Bd P. Langevin
Rue
Place Beaumanoir
Bd Pasteur
MUSÉE DOBRÉE
M4
M1
COURS CAMBRONNE
Pl. Gal Mellinet
Bd de Launay
Lamoricière
R. Dobrée
N-D de Bon-Port
R. Mellier
R. St-Aignan
Fosse
Place L. Daubenton
Quai de la
LOIRE
Quai
R. Baboneau
L'Escorteur d'escadre Maillé-Brézé
Bd Allende
a
Renaud
Q. E.
Bd
Bd Blanchart
R. J.
ÎLE DE NANTES
LES MACHINES DE L'ÎLE
R. La
Bd
51
69
69
139
189
202
136
126
148
148
195
117
64
152
159
54
63
33
166
13
205
188
162
89
181
19
123
30
25
5
82
94

G
H
4
Y
Z
GARE FLUVIALE
CENTRE CAMBRONNE
Île de Versailles
Maison de l'Erdre
Jardin japonais
Quai H. Barbusse
R. Pitre-Chevalier
Av. Chanzy
Bonnefoy
R. du Général Buat
Desaix
Turpin
I.U.T.
Gaston
Gambetta
BOUTEILLERIE
ST-CLÉMENT
Pl. de Chateaubriand
Erdre
HÔTEL DU DÉPARTEMENT
Pl. Mal Foch
JARDIN DES PLANTES
MUSÉE DES BEAUX-ARTS
CHAPELLE DE L'ORATOIRE
CATHÉDRALE ST-PIERRE ET ST-PAUL
l'Immaculée
Pte St-Pierre
la Psalette
CHÂTEAU
GARE-NORD
GARE-SUD
Le Lieu Unique
Canal St Felix
Quai de Malakoff
Pl. du Pt Morand
Musée de la Poste
TOUR BRETAGNE
ST-NICOLAS
Pl. Royale
Ste-Croix
Strasbourg
SQ. ELISA MERCŒUR
Allée Baco
Av. Carnot
CITÉ DES CONGRÈS
Pl. de Tbilissi
ANCNE ÎLE FEYDEAU
FACULTÉ DE MÉDECINE ET DE PHARMACIE
C.H.U. HÔTEL DIEU
Chée de la Madeleine
Bd Jean Monnet
Rue des Olivettes
Q. de Tourville
Q. Moncousu
Bras de la Madeleine
Q. André Rhuys
Q. Hoche
Q. Magellan
Gaston Doumergue
Bd Vincent Gâche
JARDIN EXOTIQUE DES FONDERIES
ÉCOLE D'ARCHITECTURE
Pl. François II
R. L. Blanc
Bd Babin-Chevaye
STE-MADELEINE
Prairie au Duc
NANTES
300 m

RÉPERTOIRE DES RUES DE NANTES

BOUGUENAIS

Paimbœuf (Rte de) ... BX

NANTES

Aiguillon (Q. d') ... BX 2
Albert (R. du Roi) ... GY 3
Alexandre-Dumas (R.) ... EY
Allende (Bd S.) ... EZ
Anglais (Bd des) ... BV 4
Anne-de-Bretagne (Pont) ... FZ 5
Appert (R.) ... EZ
Arsonval (R. d') ... EY
Audibert (Pont Gén.) ... HZ 7
Babin-Chevaye (Bd) ... GHZ
Baboneau (R.) ... EZ
Bâclerie (R. de la) ... GY 8
Baco (Allée) ... HYZ
Barbusse (Quai H.) ... GY
Barillerie (R. de la) ... GY 9
Bastille (R. de la) ... EFY
Baudry (R. S.) ... HY
Beaujoire (Bd de la) ... CV 10
Beaujoire (Pont de la) ... CV
Beaumanoir (Pl.) ... EZ
Belges (Bd des) ... CV 12
Bellamy (R. P.) ... GY
Belleville (R. de) ... EZ 13
Bel-Air (R. de) ... GY
Blanchart (R. J.) ... EZ
Boccage (R. du) ... EFY
Bocquerel (Bd H.) ... CV 14
Boileau (R.) ... GZ 15
Bonduel (Av. J. C.) ... HZ
Bossuet (R.) ... GY 16
Bouchaud (R.) ... EY
Boucherie (R. de la) ... GY 18
Bouhier (Pl. R.) ... EZ 19
Bouille (R. de) ... GY 21
Bouley Paty (Bd) ... BV 22
Bourcy (Bd Joseph) ... CDV
Bourse (Pl. de la) ... GZ 24
Branly (R. É.) ... EY
Brasserie (R. de la) ... EZ 25
Bretagne (Pl. de la) ... GY 27
Briand (Pl. A.) ... FY
Briand (Pont A.) ... HZ 28
Brunellière (R. Ch.) ... FZ 30
Buat (R. du Gén.) ... HY
Budapest (R. de) ... GY 31
Bureau (Bd L.) ... FZ
Calvaire (R. du) ... FY 33
Cambronne (Cours) ... FZ
Camus (Av.) ... EY
Canclaux (Pl.) ... EZ
Carnot (Av.) ... HYZ
Carquefou (Rte de) ... CV
Cassegrain (R. L.) ... GY
Cassin (Bd R.) ... BV 34
Ceineray (Quai) ... GY 36
Change (Pl. du) ... GY 37
Chanzy (Av.) ... HY
Chapelle-sur-Erdre (Rte) ... BV 39
Chateaubriand (Pl. de) ... GY
Châteaulin (R. de) ... GY
Château (R. du) ... GY 40
Cheviré (Pont de) ... ABX
Chézine (R. de la) ... EY
Cholet (Bd Bâtonnier) ... BX 42
Churchill (Bd W.) ... BX 43
Clemenceau (Pont G.) ... CX 45
Clemenceau (R. G.) ... HY 46
Clisson (Crs Olivier de) ... GZ 48
Colbert (R.) ... FYZ
Commerce (Pl. du) ... GZ 49
Constant (Bd Clovis) ... EY 51
Contrescarpe (R. de la) ... GY 52
Copernic (R.) ... FZ 54
Coty (Bd R.) ... BX 55
Coulmiers (R. de) ... HY 57
Courbet (Bd Amiral) ... CV 58
Crébillon (R.) ... FGZ 60
Dalby (Bd E.) ... CV 61
Daubenton (Pl. L.) ... EZ
Daudet (R. A.) ... FY
Delorme (Pl.) ... FY 63
Dervallières (R. des) ... EY
Desaix (R.) ... HY
Desgrées-du-Lou
(R. du Col.) ... EY 64
Distillerie (R. de la) ... GY 66
Dobrée (R.) ... FZ
Dos-d'Ane (R.) ... CX 68
Douet Garnier (R. du) ... EY 69
Doulon (Bd de) ... CV 70
Doumergue (Bd G.) ... HZ
Doumer (Pl. P.) ... EY
Dreyfus
(R. Commandant A.) ... CV 71
Duchesse-Anne (Pl.) ... HY 72
Duguay-Trouin (Allée) ... GZ 73
Einstein (Bd A.) ... BV 75
Estienne-d'Orves (Crs d') ... HZ 76
Farineau (R. F.) ... HY
Favre (Quai F.) ... HYZ 78
La-Fayette (R.) ... FY
Félibien (R.) ... FY
Feltre (R. de) ... GY 79
Foch (Pl. Mar.) ... HY
Fosse (Quai de la) ... EFZ
Fosse (R. de la) ... GZ 81
Fouré (R.) ... HZ
Frachon (Bd B.) ... EZ 82
France (Pl. A.) ... EY
Fraternité (Bd de la) ... BX 84
Gabory (Bd E.) ... CX 85
Gâche (Bd V.) ... HZ
Gambetta (R.) ... HY
Gaulle (Bd Gén.-de) ... CX 87
Gigant (R. de) ... EFZ
Graslin (Pl.) ... FZ
Guinaudeau (R.) ... FZ 89
Guist'hau (Bd G.) ... FY
Hameçon (Voie de l') ... CDX
Harouys (R.) ... FY
Haudaudine (Pont) ... GZ 90
Hauts-Pavés (R. des) ... FY
Hélie (R. F.) ... FY 91
Henri IV (R.) ... HY 93
Hermitage (R. de l') ... EZ 94
Herriot (R. E.) ... GY 95
Hoche (Q.) ... HZ
Hôtel-de-Ville (R. de l') ... GY 96
Ile Gloriette (Allée de l') ... GZ 97
Ingres (Bd J.) ... BX 98
Jeanne-d'Arc (R.) ... GY
Jean-Jaurès (R.) ... FGY
Jean XXIII (Bd) ... BV 100
Joffre (R. Mar.) ... HY
Jouhaux (Bd L.) ... BX 102
Juin (Bd Mar.) ... BX 103
Juiverie (R. de la) ... GY 104
Jules-Verne (Bd) ... CV
J.-J. Rousseau (R.) ... FGZ 99
Kennedy (Cours J.-F.) ... HY 105
Kervégan (R.) ... GZ 106
Koenig (Bd Gén.) ... BX 107
Lamartine (R.) ... EY
Lamoricière (R.) ... EZ
Landreau (R. du) ... CV 108
Langevin (Bd P.) ... EZ
Lanoue Bras-de-Fer (R.) ... FGZ
Le Lasseur (Bd) ... BV 112
Lattre-de-Tassigny
(R. Mar.-de) ... FGZ 109
Launay (Bd de) ... EZ
Lauriol (Bd G.) ... BV 110
Leclerc (R. Mar.) ... GY 114
Liberté (Bd de la) ... BX 115
Littré (R.) ... EY 117
Louis-Blanc (R.) ... GZ
Luther-King (Bd M.) ... CV 118
Madeleine (Chée de la) ... GHZ
Magellan (Quai) ... HZ
Maine (R. du) ... FY
Malakoff (Quai de) ... HZ
Marceau (R.) ... FY
Marne (R. de la) ... GY 120
Martyrs-Nantais-
de-la-Résist. (Bd) ... HZ 121
Mathelin-Rodier (R.) ... HY 122
Mazagran (R.) ... FZ 123
Mellier (R.) ... EZ
Mellinet (Pl. Gén.) ... EZ
Mercœur (R.) ... FGY 125
Merlant (R. F.) ... EY
Merson (Bd L.-O.) ... EY 126
Meusnier-de-Querlon
(Bd) ... EY
Michelet (Bd) ... CV 127
Mitterrand (Q. F.) ... FGZ
Mollet (Bd G.) ... CV 128
Moncousu (Quai) ... GZ
Mondésir (R.) ... FY
Monnet (Bd Jean) ... GZ
Monod (Bd du Prof.-J.) ... CV 130
Monselet (R. Ch.) ... EFY
Motte Rouge (Q. de la) ... GY 13
Moulin (Bd J.) ... BX
Nations-Unies (Bd des) ... GZ 13
Normand (Pl. E.) ... FY
Olivettes (R. des) ... HZ
Orieux (Bd E.) ... CV 13
Orléans (R. d') ... GZ 13
Pageot (Bd A.) ... EY
Painlevé (R. Paul) ... EY 13
Paix (R. de la) ... GZ 13
Parc de Procé (R. du) ... EY
Paris (Rte de) ... DV
Pasteur (Bd) ... EZ
Péhant (R. E.) ... HY
Pelleterie (R. de la) ... EFY 13
Petite Baratte (R.) ... CV 14
Petite-Hollande (Pl.) ... GZ 14
Pilori (Pl. du) ... GY 14
Pirmil (Pont de) ... CX 14
Pitre-Chevalier (R.) ... GHY
Poilus (Bd des) ... CV 1
Poitou (R. du) ... FY 1
Pommeraye (Pas.) ... GZ
Pont-Morand (Pl. du) ... GY
Porte-Neuve (R.) ... FGY 1
Prairie-au-Duc (Bd) ... FGZ
Prairie de Mauves
(Bd de la) ... DV
Préfet Bonnefoy (R. du) ... HY
Racine (R.) ... FZ
Raspail (R.) ... EYZ 1
Refoulais (R. L. de la) ... HY 1
Reine Margot
(Allée de la) ... HY 1
Renaud (Quai E.) ... EZ
République (Pl. de la) ... GZ 1
Rhuys (Quai A.) ... GZ
Rieux (R. de) ... HZ
Riom (R. Alfred) ... EZ 1
Roch (Bd Gustave) ... CX
Rollin (R.) ... EZ
Romanet (Bd E.) ... BX
Ronar'ch (R. Amiral) ... HY
Roosevelt (Crs F.) ... GZ
Rosière d'Artois (R.) ... FZ
Royale (Pl.) ... GZ
Rue Noire (R.) ... FY
Russeil (R.) ... FGY
Ste-Croix (R.) ... GY
Ste-Luce (Rte de) ... CV
St-Aignan (Bd) ... EZ
St-André (Cours) ... HY
St-Jacques (R.) ... CX
St-Joseph (Rte de) ... CV
St-Mihiel (Pont) ... GY

Novotel Cité des Congrès

ch, ch, VISA AE

3 r. Valmy – ✆ 02 51 82 00 00 – www.novotel.fr **4HZt**

103 ch – †80/185 € ††80/185 € – 2 suites – ☕ 14 €

Rest – Menu 13/19 € – Carte environ 23 €

◆ L'hôtel jouxte la Cité des Congrès. Grandes chambres contemporaines ; certaines offrant un joli coup d'œil sur le canal St-Félix. Coin jeux pour les enfants. Au Novotel Café, carte simple avec plats à la plancha et salades.

Novotel Centre Bord de Loire

ch, VISA AE

1 bd Martyrs Nantais ✉ 44200 – ✆ 02 40 47 77 77 – www.novotel.com

108 ch – †75/225 € ††75/225 € – ☕ 14 € – ½ P 91/241 € **4HZv**

Rest – (12 €) Menu 16 € (sem.) – Carte 16/37 €

◆ Sur les rives de l'île de Nantes, face au tramway : une situation privilégiée pour cet hôtel entièrement rénové. Chambres spacieuses et climatisées. Restauration simple à la brasserie.

L'Hôtel sans rest

VISA AE

6 r. Henri-IV – ✆ 02 40 29 30 31 – www.nanteshotel.com
– Fermé 24 déc.-2 janv. **4HYz**

31 ch – †79/140 € ††79/160 € – ☕ 11 €

◆ Malgré une façade banale, un vrai hôtel de charme, au décor contemporain chaleureux. Les chambres donnent sur le joli jardin ou le château des Ducs de Bretagne. Tenue soignée.

La Pérouse sans rest

VISA AE

3 allée Duquesne – ✆ 02 40 89 75 00 – www.hotel-laperouse.fr **4GYb**

46 ch – †89/190 € ††89/190 € – ☕ 14 €

◆ Un objet architectural d'avant-garde (1993) devenu familier au cœur de Nantes : la façade graphique annonce l'esprit des chambres, originales et minimalistes. Avis aux amateurs !

Mercure Gare Sud

50 quai Malakoff – ✆ 02 40 35 30 30 – www.mercure.com **4HYm**

91 ch – †71/175 € ††71/175 € – ☕ 13 €

Rest – (15 €) Menu 19/23 €

◆ À la sortie de la gare (accès sud) et à deux pas du Lieu Unique. Chambres aux lignes épurées et aux couleurs naturelles, propices au repos ; quelques-unes ont vue sur le canal St-Félix. Au restaurant, cuisine de brasserie et plats du jour.

Graslin sans rest
1 r. Piron – ✆ 02 40 69 72 91 – www.hotel-graslin.com 3FZv
47 ch – †59/105 € ††69/105 € – ☕ 10 €
◆ Près de l'Opéra, cet hôtel entièrement rénové en juin 2009 propose deux catégories de chambres, décorées dans un esprit contemporain alliant fonctionnalité et notes Art déco.

All Seasons Centre sans rest
3 r. Couëdic – ✆ 02 40 35 74 50 – www.accorhotels.com 4GZh
65 ch ☕ – †80/175 € ††90/185 €
◆ À deux pas de la place Royale, bâtiment moderne abritant de plaisantes chambres contemporaines (bois sombre, écrans plats). Du dernier étage, belle vue sur les toits de la ville.

Pommeraye sans rest
2 r. Boileau – ✆ 02 40 48 78 79 – www.hotel-pommeraye.com 4GZt
50 ch – †59/134 € ††59/134 € – ☕ 10 €
◆ À côté du célèbre passage Pommeraye et des boutiques de la rue Crébillon, hôtel contemporain décoré avec goût (bel accord de tons safran et parme). Artistes en résidence.

Belfort sans rest
1 r. de Belfort – ✆ 02 40 47 05 57 – www.brithotel.fr 4HZc
50 ch – †61/94 € ††61/100 € – ☕ 8 €
◆ Hôtel récent parfaitement pensé : décor sobre et élégant, insonorisation, couettes, douches à l'italienne... Au dernier étage, chambres avec balcon dominant toute la ville.

L'Atlantide (Jean-Yves Guého)
16 quai E. Renaud ✉ 44100 – ✆ 02 40 73 23 23 – www.restaurant-atlantide.net – Fermé 30 juil.-29 août, 24 déc.-2 janv., sam. midi, dim. et fériés 3EZa
Rest – Menu 32 € (déj.), 60/95 € – Carte 70/100 €
Spéc. Homard de pays façon "sandwich", tomates confites et oignons nouveaux (avril à sept.). Lièvre à la royale désossé et farci, macaronis et champignons au gratin (sept. à déc.). Traditionnel kouign amann, poire rôtie, glace caramel au beurre salé. **Vins** Muscadet, Savennières.
◆ Vue panoramique sur le fleuve et la ville depuis ce restaurant contemporain situé au sommet d'un immeuble moderne. Cuisine inventive et attrayante carte de vins de Loire.

L'Abélia
125 bd des Poilus – ✆ 02 40 35 40 00 – www.restaurantlabelia.com – Fermé 26 avril-7 mai, 2-25 août, 24 déc.-1er janv., dim. et lundi 2CVt
Rest – (23 €) Menu 31/65 €
◆ Décor élégant et chaleureux d'une demeure bourgeoise du début du 20e s. restaurée avec goût (parquet, tommettes, pierres apparentes). Cuisine actuelle.

Le Rive Gauche
10 côte St-Sébastien – ✆ 02 40 34 38 52 – www.lerivegauche-restaurant.com – Fermé 13-19 avril, 26 juil.-18 août, 24 déc.-2 janv., sam. midi, dim. soir et lundi 2CXe
Rest – (18 €) Menu 22 € (déj.), 33/112 € bc – Carte 55/65 €
◆ Cette maison à l'écart du centre-ville offre, de sa véranda, une jolie vue sur les quais, la Loire et l'île Beaulieu ; terrasse ensoleillée sur l'arrière. Cuisine au goût du jour.

L'Océanide
2 r. P.-Bellamy – ✆ 02 40 20 32 28 – www.restaurant-oceanide.com – Fermé 25 juil.-15 août, lundi soir et dim. 4GYn
Rest – Menu 19 € (sem.), 28/68 € – Carte 45/65 €
◆ C'est en voisin que le chef fait ses achats au célèbre marché de Talensac, et la fraîcheur du poisson, parfaitement mis en valeur, ne trompe pas ! Agréable cadre au charme désuet.

La Poissonnerie

4 r. Léon Maître – ✆ 02 40 47 79 50 – Fermé 7-23 août, 24 déc.-4 janv., sam. midi, lundi midi et dim. **4GZe**

Rest – (14 €) Menu 26/46 €

◆ L'enseigne donne le ton : ici, on exalte les bienfaits de l'océan, dans les assiettes, simples et précises, et dans le décor, résolument marin. Bon choix de muscadets.

Félix

1 r. Lefèvre Utile – ✆ 02 40 34 15 93 – www.brasseriefelix.com **4HZa**

Rest – (15 €) Menu 20 € – Carte 30/52 €

◆ Grande brasserie contemporaine proposant toutes les spécialités du genre : tartare, huîtres... Attablez-vous près des baies vitrées ou en terrasse pour admirer le canal St-Félix.

La Cigale

4 pl. Graslin – ✆ 02 51 84 94 94 – www.lacigale.com **3FZd**

Rest – Menu 15 € (déj.), 17/28 € – Carte 27/56 €

◆ Véritable institution que cette brasserie née en 1895, face à l'opéra : son décor classé (céramiques, miroirs) illustre toute l'ivresse ornementale du Modern Style. Superbe !

Le 1

1 r. Olympe-de-Gouges, (à l'angle du quai F. Mitterrand) – ✆ 02 40 08 28 00 – www.leun.fr **4GZc**

Rest – Menu 14 € (déj. en sem.)/28 € – Carte 31/59 €

◆ Unique et précurseur : vaste salle cernée de baies, cuisines rutilantes offertes à la vue, mobilier design et ludique. À la carte, plats de tradition ou plus voyageurs...

Maison Baron Lefèvre

33 r. de Rieux – ✆ 02 40 89 20 20 – Fermé 7-22 août, dim. et lundi

Rest – (15 €) Menu 25 € – Carte 30/50 € **4HZn**

◆ Néobrasserie installée dans un ancien entrepôt de maraîchers (bois, brique, métal) : belle ambiance autour de cocottes en fonte et autres plats de tradition... Épicerie fine.

Les Temps Changent

1 pl. A. Briand – ✆ 02 51 72 18 01 – www.restaurant-lestempschangent.fr – Fermé 1er-21 août, sam., dim. et fériés **3FYq**

Rest – (16 €) Menu 26/42 € – Carte environ 52 € le soir

◆ Dans ce bistrot chic, le temps est un allié : le chef renouvelle ses menus tous les mois, selon son inspiration, et chaque soir, l'ambiance se fait plus cosy. Belle carte des vins.

Le Square

14 r. Jemmapes – ✆ 02 40 35 98 09 – www.squarenantes.com – Fermé dim.

Rest – (14 €) Menu 20 € – Carte 30/40 € **4HZm**

◆ Une brasserie appréciée en ville : décor moderne (cuisines ouvertes), agréable terrasse sous les érables et cuisine créative mêlant produits régionaux et épices variées.

L'Atelier d'Alain

24 r. des Olivettes – ✆ 02 40 84 38 66 – www.atelieralain.fr – Fermé août et 13-20 fév., merc. soir, sam. midi et dim. **4HZd**

Rest – *(réservation conseillée)* Carte 23/62 €

◆ Un atelier très en vue, à la fois chic et décontracté. Assis au comptoir, on peut admirer le chef composant ses assiettes de saison. Belle carte des vins, liqueurs et whiskys.

Le Paludier

2 r. Santeuil – ✆ 02 40 69 44 06 – Fermé 3 sem. en août, lundi midi, sam. midi et dim.

Rest – (17 €) Menu 20 € (sem.), 27/34 € **4GZs**

◆ Produits frais et de saison, inspiration régionale (escargots de Vendée, produits de la mer, sablés bretons), décor aux notes océanes ; le tout à deux pas de la place Graslin !

Le Gressin

40 bis r. Fouré – ✆ 02 40 48 26 24 – Fermé 3 sem. en août, 1 sem. en mai, lundi soir, sam. midi et dim. **4HZf**

Rest – Menu 15 € (déj.), 29/33 €

◆ Petit restaurant de quartier : pierres apparentes, mobilier rustique, jonc de mer, expositions de tableaux, etc. Les menus, traditionnels, évoluent avec les saisons.

Les Bouteilles

22 r. Armand-Brossard – ✆ 02 40 12 10 38 – Fermé 3 sem. en août, 1 sem. en fév., sam. midi, dim. et lundi **4GYf**

Rest – *(nombre de couverts limité, prévenir)* Carte 20/40 €

◆ Un bistrot à vin épatant : décor simple honorant Bacchus, belle cuisine de produits (charcuteries corses, plats canailles, poisson de la marée...) et mémorable carte des vins.

Les Capucines

11 bis r. Bastille – ✆ 02 40 20 41 58 – www.restaurant-capucines.com – Fermé 1er-24 août, vacances de fév., dim. et lundi **3FYb**

Rest – Menu 13 € (déj. en sem.), 16/31 € – Carte 30/40 €

◆ Table sans chichi au cadre de bistrot rétro. En bon professionnel, le chef concocte des plats traditionnels selon le marché et des recettes du Sud-Ouest... à prix mitonnés.

Environs

à Sucé-sur-Erdre 16 km au Nord, sortie n° 23 et D 37 – CV – 5 868 h. – alt. 14 m – ✉ 44240

quai de Cricklade ✆ 02 40 77 70 66

Les Arbres Rouges

570 rte de Carquefou – ✆ 02 51 81 15 00 – www.lesarbresrouges.com

5 ch – 97/107 € 107/117 € **Table d'hôte** – Menu 37 € bc

◆ Dans un quartier résidentiel, une grande maison d'architecte à la déco pointue : un véritable précis de savoir-vivre contemporain... Piscines intérieur-extérieur, équipements high-tech.

au Bord de l'Erdre 11 km par D 178 ou sortie n° 24 autoroute A 11 et rte de la Chantrerie – CV

De la Régate

155 rte de Gachet ✉ 44300 Nantes – ✆ 02 40 50 22 22 – www.hotel-nantes-laregate.com

42 ch – 80/170 € 80/170 € – 12 €

Rest *Manoir de la Régate* – voir ci-après

◆ Près de l'Erdre, bâtiment contemporain de plain-pied construit selon des normes environnementales (toit végétal, panneaux solaires). Chambres fonctionnelles de bonne facture.

Manoir de la Régate – Hôtel de la Régate

155 rte de Gachet ✉ 44300 Nantes – ✆ 02 40 18 02 97 – www.manoir-regate.com – Fermé fériés

Rest – Menu 20 € (déj. en sem.), 40/68 € – Carte 56/91 €

◆ Belle demeure blanche nantie de vigne vierge, dans un environnement verdoyant. Agréable terrasse ; intérieurs élégants. Carte dans l'air du temps, évoluant avec les saisons.

Auberge du Vieux Gachet

rte de Gachet – ✆ 02 40 25 10 92 – www.aubergeduvieuxgachet.com – Fermé 15-28 août, dim. soir et lundi

Rest – (17 €) Menu 20 € (déj. en sem.), 33/53 € – Carte 45/93 €

◆ Cette ancienne ferme rappelle la campagne d'antan, à deux pas de la ville. Poutres, ambiance rustique et terrasse sous les tilleuls au bord de l'Erdre. Cuisine actuelle.

rte des Bords de Loire par D 751 DV, sortie 44 Porte du Vignoble

XX **Clémence**

à 15 km, à la Chebuette – ✆ 02 40 36 03 18 – www.restaurantclemence.fr
– Fermé 1er-6 mars, 8-31 août, dim. soir et lundi
Rest – (15 € bc) Menu 19 € bc (déj.), 26/82 € bc
◆ C'est en cette auberge bordant la Loire que Clémence Lefeuvre (1860-1932) créa le beurre blanc. Le chef lui rend un savoureux hommage, mêlant tradition, produits frais et invention.

XX **La Divate**

28 Levée de la Divate , à 11 km, à Boire-Courant – ✆ 02 40 54 19 66
– Fermé 5-20 juil., vacances de fév., dim. soir, mardi et merc.
Rest – (15 €) Menu 19/40 € – Carte environ 52 €
◆ Pimpante maison de pêcheur postée sur une digue, où déguster de copieuses spécialités des bords de Loire. Pierre et bois composent un joli décor champêtre.

à Haute-Goulaine 14 km par ③ et D 119 – 5 439 h. – alt. 41 m – ✉ 44115

XXX **Manoir de la Boulaie** (Laurent Saudeau)

33 r. Chapelle St-Martin – ✆ 02 40 06 15 91 – www.manoir-de-la-boulaie.fr
– Fermé 25 juil.-18 août, 19 déc.-12 janv., dim. soir, lundi et merc.
Rest – (38 €) Menu 74/135 € – Carte 95/130 €
Spéc. Spirale de langoustines, ris de veau et cocos de Paimpol (automne-hiver). Tronçon de rouget aux huîtres, compoté de chorizo. Cassis-fenouil-olives taggiasche (été-automne). **Vins** Muscadet de Sèvre-et-Maine, Saumur.
◆ Beau domaine parmi les vignobles : la vaste demeure (années 1920) se dresse dans un parc aux accents de liberté… Laurent Saudeau cuisine en toute invention, entre produits d'ici et épices d'ailleurs. Spacieuses salles, mise de table raffinée.

à Vertou 10 km par D 59 sortie porte de Vertou – 21 091 h. – alt. 32 m – ✉ 44120

place du Beau Verger ✆ 02 40 34 94 36

XX **Monte-Cristo**

Chaussée des Moines – ✆ 02 40 34 40 36 – www.monte-cristo.fr
– Fermé 1 sem. à la Toussaint, 1 sem. à Noël, 1 sem. en fév., merc. soir, dim. soir et lundi **2DXa**
Rest – (16 €) Menu 18 € (déj. en sem.), 27/47 € – Carte 29/48 €
◆ Dumas débuta ici l'écriture du Comte de Monte-Cristo ! Point de tragique vengeance en ce lieu agréable : décor contemporain, véranda et terrasse face à la Sèvre, cuisine actuelle.

à Château-Thébaud 18 km par ③ , D 149, D74 et D63 – 2 731 h. – alt. 58 m – ✉ 44690

X **Auberge la Gaillotière**

La Gaillotière – ✆ 02 28 21 31 16 – www.auberge-la-gaillotiere.fr
– Fermé 24 juil.-15 août, 15 fév.-16 mars, mardi soir et merc.
Rest – (11 € bc) Menu 13 € (déj. en sem.), 18/27 €
◆ Tête-à-tête avec le vignoble nantais : les ceps viennent presque caresser les murs de pierre de cet ancien chai... Plats régionaux goûteux et généreux, et vins du Val de Loire !

à St-Fiacre-sur-Maine 10 km au Sud-Est par D 59 – 1 141 h. – alt. 46 m – ✉ 44690

La Demeure de Saint Fiacre sans rest

Les Gras Mouton – ✆ 02 40 43 46 33 – www.lademeure.fr
3 ch – †115 € ††115 €
◆ Une demeure en pierre au cœur des vignes du muscadet sur lie. Agréable accord d'un aménagement très contemporain et de grands volumes anciens (murs en moellons, charpente...).

à l'aéroport international Nantes-Atlantique sortie 51 porte de Grandlieu - Bouguenais – ✉ 44340 Bouguenais

Océania

– ✆ 02 40 05 05 66 – www.oceaniahotels.com **1BXe**
85 ch – 110/175 € 110/175 € – 2 suites – ☕ 15 €
Rest – *(fermé sam. midi et dim. midi)* (15 €) Menu 22/28 € bc – Carte 25/50 €
♦ Imposante façade contemporaine rythmée par des pilastres. Chambres pratiques dans un style actuel épuré (panneaux de bois, fauteuils design). Une navette relie l'hôtel à l'aéroport. Grande salle à manger (formules, carte traditionnelle) et terrasse au bord de la piscine.

à Coueron 15 km par D 107, sortie porte de l'Estuaire – 18 657 h. – alt. 13 m – ✉ 44220

Le François II

5 pl. Aristide-Briand – ✆ 02 40 38 32 32 – www.francois2.com
– Fermé 1er-7 mars, 25 avril-2 mai, 26 juil.-18 août, 1er-6 janv., merc. sauf le soir en juilet et août, dim. soir, mardi soir, jeudi soir et lundi
Rest – (11 €) Menu 13 € (déj.), 21/50 € – Carte 33/44 €
♦ L'enseigne honore le duc de Bretagne, père d'Anne, mort à Couëron. Ici, la tradition est reine : décor rustique (pierres apparentes) et généreuses spécialités (produits locaux).

à St-Herblain 8 km à l'Ouest – 43 901 h. – alt. 8 m – ✉ 44800

La Marine

esplanade de la Bégraisière – ✆ 02 40 95 26 66 – www.hotel-marine.fr
24 ch – 55/85 € 61/91 € – ☕ 8 € – ½ P 66/74 € **1BVm**
Rest – *(fermé sam. midi et dim.)* (14 €) Menu 16/32 € – Carte 20/32 €
♦ Accueil charmant en cette demeure des années 1990, nichée au cœur d'un grand et paisible jardin. Vastes chambres, décorées dans une veine très classique. Salle à manger-véranda ouverte sur la verdure ; cuisine traditionnelle.

Les Caudalies

229 rte de Vannes – ✆ 02 40 94 35 35 – www.restaurant-lescaudalies.com
– Fermé 26 juil.-26 août, 13-23 fév., dim. et lundi **1BVv**
Rest – Menu 19 € (sem.), 28/65 € bc – Carte 30/45 €
♦ En bord de route, villa des années 1980 relookée dans un style très actuel. Le chef propose une cuisine inventive, mêlant inspirations régionales et épices du monde.

à Orvault 6 km par N 137 sortie porte de Rennes – 24 218 h. – alt. 45 m – ✉ 44700

Le Domaine d'Orvault

rest,
24 chemin des Marais-du-Cens – ✆ 02 40 76 84 02
– www.domaine-orvault.com **1BVe**
40 ch – 88/132 € 104/132 € – ☕ 20 €
Rest – *(fermé dim. du 15 oct. au 1er avril)* (28 € bc) Menu 34/56 € – Carte 34/56 €
♦ Dans un quartier résidentiel entouré de verdure, un hôtel qui a fait peau neuve ces dernières années : chambres contemporaines (balcons au dernier étage), grand centre de balnéothérapie offrant de nombreux soins. Restaurant actuel, belle terrasse sous les tilleuls.

Du Parc sans rest

92 r. de la Garenne – ✆ 02 40 63 04 79 – www.hotel-du-parc-nantes.com
– Fermé 2-22 août et 25 déc.-3 janv. **1AVq**
30 ch – 68 € 68 € – ☕ 8 €
♦ Ceint d'un parc boisé invitant à la flânerie (ou au jogging...), cet hôtel familial dispose de chambres aux tons pastel, propres et bien insonorisées. Petite restauration le soir.

à Sautron 12 km au Nord-Ouest, sortie n° 35 – 6 809 h. – alt. 64 m – ✉ 44880

Au Retour du Marché

11 r. de Bretagne – ✆ 02 40 63 64 66 – www.auretourdumarche.fr
– Fermé 3 sem. en août, merc. soir, dim. et lundi
Rest – *(nombre de couverts limité, prévenir)* Menu 17/29 €
◆ Comme le nom l'indique, le chef concocte ses menus en fonction du marché : c'est simple, bon et plein de fraîcheur ! L'adresse rencontre le goût de l'époque, réservez à l'avance...

NANTILLY – 70 Haute-Saône – 314 B8 – rattaché à Gray

NANTOUX – 21 Côte-d'Or – 320 I7 – 186 h. – alt. 295 m – ✉ 21190 7 A3

Paris 326 – Chalon-sur-Saône 37 – Le Creusot 48 – Dijon 55

Domaine de la Combotte sans rest

r. de Pichot – ✆ 03 80 26 02 66 – www.lacombotte.com
5 ch – 85/90 € 113/120 €
◆ Au cœur d'un village viticole, cet ensemble de maisons récentes propose de grandes chambres décorées sur le thème de la vigne. En saison, forfait-découverte de la truffe.

NANTUA – 01 Ain – 328 G4 – 3 693 h. – alt. 479 m – ✉ 01130 45 C1

Franche-Comté Jura

Paris 476 – Aix-les-Bains 79 – Annecy 67 – Bourg-en-Bresse 52
place de la Déportation ✆ 04 74 75 00 05
Église St-Michel★ : Martyre de St-Sébastien★★ par E. Delacroix - Lac★.
La cuivrerie★ de Cerdon.

L'Embarcadère

av. Lac – ✆ 04 74 75 22 88 – www.hotelembarcadere.com – Fermé 19 déc.-5 janv.
47 ch – 61/76 € 61/76 € – 10 € – ½ P 77/84 €
Rest – Menu 23 € (sem.), 44/67 € – Carte 71/85 €
◆ La moitié des chambres offrent une échappée sur le lac, et toutes bénéficient d'un rajeunissement dans des tons chauds. La vue panoramique sur l'eau et la goûteuse cuisine régionale sont les atouts maîtres du restaurant, auquel on accède par une passerelle couverte.

à Brion Nord-Ouest : 5 km par D 1084 et D 979 – 511 h. – alt. 475 m – ✉ 01460

Bernard Charpy

1 r. la Croix-Chalon – ✆ 04 74 76 24 15 – Fermé 30 mai-5 juin, 1er août- 29 sept., 26 déc.-3 janv., sam. midi, dim. soir et lundi
Rest – (21 €) Menu 25/41 € – Carte 44/52 €
◆ Sous la charpente apparente de la salle à manger relookée version contemporaine, vous dégusterez une attrayante cuisine traditionnelle (très beau choix de poissons frais).

LA NAPOULE – 06 Alpes-Maritimes – 341 C6 – rattaché à Mandelieu

---

NARBONNE – 11 Aude – 344 J3 – 50 776 h. – alt. 13 m – ✉ 11100 22 B3

Languedoc Roussillon

Paris 787 – Béziers 28 – Carcassonne 61 – Montpellier 96
✆ 3635 et tapez 42 (0,34 €/mn)
31, rue Jean Jaurès ✆ 04 68 65 15 60
Cathédrale St-Just-et-St-Pasteur★★ (Trésor : tapisserie représentant la Création★★) - Donjon Gilles Aycelin★ ☼★ H - Choeur★ de la basilique St-Paul - Palais des Archevêques★ BY : musée d'Art et d'Histoire★ - Musée archéologique★ - Musée lapidaire★ BZ - Pont des marchands★.

Plan page suivante

NARBONNE

Anatole-France (Av.) . . . . . AYZ 2
Ancienne Porte de Béziers (R. de l') . . . . BY 4
Ancien Courrier (R. de l') . . . BY 3
Blum (Sq. Th.-Léon) . . . . BY 6
Cabirol (R.) . . . . AZ 7
Chennebier (R.) . . . . AY 9
Concorde (Pont de la) . . . . . AY 10
Condorcet (Bd) . . . . BY 12
Courier (R. P.-L.) . . . . BZ 13
Crémieux (R. B.) . . . . BZ 15
Deymes (R. du Lt.-Col.) . . . . BY 16
Droite (R.) . . . . BY
Escoute (Pont de l') . . . . AY 17
Fabre (R. Gustave) . . . . AY 18
Foch (Av. Mar.) . . . . BY 19
Garibaldi (R.) . . . . BY 20
Gaulle (Bd Gén.-de) . . . . BY 21
Gauthier (R. Armand) . . . . . . BY 22
Hôtel de Ville (Pl. de l') . . . . BYZ
Jacobins (R. des) . . . . BZ 23
Jean-Jaurès (R.) . . . . AY 24
Joffre (Bd Mar.) . . . . AYZ 25
Liberté (Pont de la) . . . . BZ 27
Lion d'Or (R. du) . . . . AY 28
Louis-Blanc (R.) . . . . BY 29
Luxembourg (R. du) . . . . AZ 30
Major (R. de la) . . . . BZ 31
Maraussan (R.) . . . . AZ 32
Marchands (Pont des) . . . . . BZ 36
Michelet (R.) . . . . BY 33
Mirabeau (Cours) . . . . BZ 35
Pyrénées (Av. des) . . . . AY 37
Pyrénées (Pl. des) . . . . AZ 39
Rabelais (R.) . . . . AZ 40
République (Crs de la) . . . . . BZ 41
Salengro (Pl. R.) . . . . BY 43
Sermet (Av. E.) . . . . BY 44
Toulouse (Av. de) . . . . AZ 45
Voltaire (Pont) . . . . AY 47

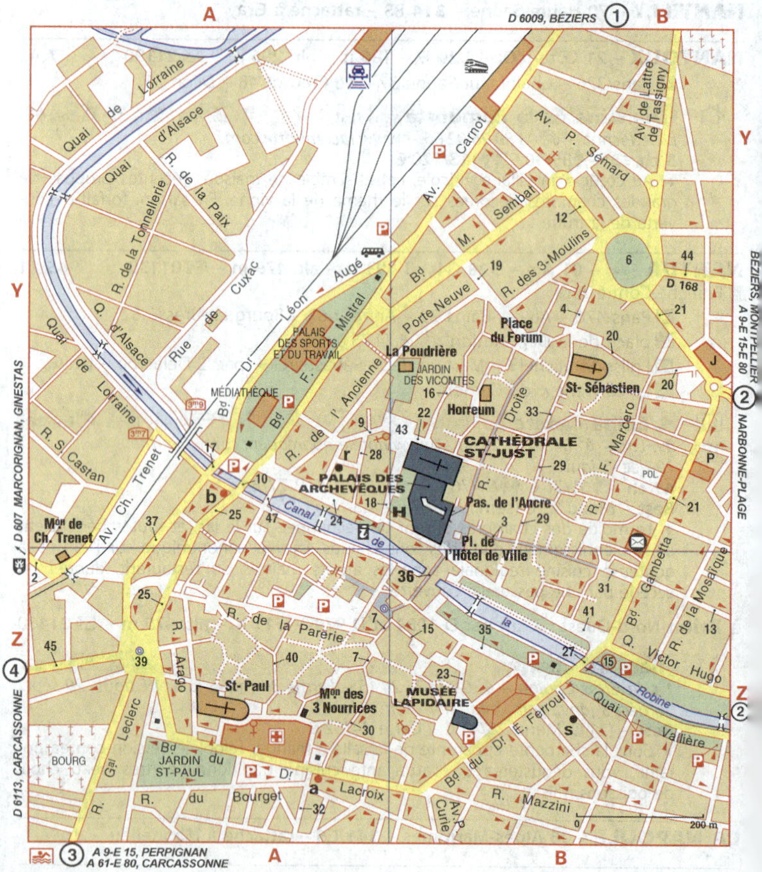

La Résidence sans rest

6 r. du 1er Mai – ✆ 04 68 32 19 41
– www.hotelresidence.fr
– Fermé 1er janv.-1er mars AYr

26 ch – 80/145 € 86/145 € – 10 €

◆ Jean Marais, Louis de Funès, Georges Brassens, Michel Serrault : prestigieux livre d'or pour cet hôtel logé dans une demeure du 19e s. Salons aux notes baroques ; vente de vin.

De France sans rest
6 r. Rossini – ✆ 04 68 32 09 75 – www.hotelnarbonne.com – Fermé janv.
15 ch – †55/75 € ††57/75 € – ☕ 7 € BZs
◆ Dans une petite rue calme non loin du centre-ville, voici un hôtel familial tout en sobriété, aux chambres bien tenues réparties autour d'une courette intérieure.

Le Clos des Chevaliers sans rest
21 imp. Hélène Boucher, Les Hauts de Narbonne par ③ – ✆ 04 68 41 50 79 – www.leclosdeschevaliers.com
4 ch ☕ – †110/125 € ††110/140 €
◆ Belle surprise que cet îlot de calme en retrait de la ville. La maîtresse de maison a laissé faire son inspiration côté déco dans des chambres ouvrant sur le jardin et la piscine.

La Table St-Crescent (Lionel Giraud)
68 av. Gén. Leclerc, au Palais du Vin par ③ – ✆ 04 68 41 37 37 – www.la-table-saint-crescent.com – Fermé sam. midi, dim. soir et lundi
Rest – (25 € bc) Menu 47/89 € bc – Carte 58/102 €
Spéc. Raviole d'huître de nos côtes au jambon de la Montagne Noire. Carotte de homard, carpaccio de légumes et jus au banyuls blanc. Compression d'un vacherin à la fraise des bois, vanille de Madagascar et basilic. **Vins** Côtes du Roussillon, Vin de pays d'Oc.
◆ Élégant décor design à l'intérieur de ce vieil oratoire du Moyen Âge. Terrasse entourée de vignes. Séduisante cuisine inventive et vins du Languedoc-Roussillon.

Le Petit Comptoir
4 bd Mar. Joffre – ✆ 04 68 42 30 35 – www.petitcomptoir.com – Fermé 12-31 juil., 1er-7 janv., dim. et lundi de mai à sept. AYb
Rest – (15 €) Menu 18 € (déj. en sem.), 26/46 € – Carte 35/61 €
◆ On savoure de bonnes recettes traditionnelles aux accents du Sud dans ce sympathique restaurant aux allures de bistrot des années 1930. Cave à vins attenante honorant la région.

Le 26
8 bd Dr-Lacroix – ✆ 04 68 41 46 69 – www.restaurantle26.fr – Fermé 15-31 août, sam. midi, lundi soir et dim. AZa
Rest – (15 €) Menu 20 € (déj.), 25/37 € – Carte 40/54 €
◆ Le patron mitonne de bons plats traditionnels qui mettent en appétit et embaument la salle du restaurant, sobre et tout en longueur (parquet, murs en pierre). Accueil aimable.

à l'Hospitalet 10 km par ② rte de Narbonne-Plage (D 168) – ✉ 11100 – ✉ 11100

Château l'Hospitalet rest, rest,
rte de Narbonne Plage – ✆ 04 68 45 28 50 – www.gerard-bertrand.com
38 ch ☕ – †90/200 € ††100/300 €
Rest – *(fermé dim. soir et lundi de nov. à mars)* Menu 26 € bc (déj.), 60 € bc/120 € bc – Carte 35/90 €
◆ Cette hôtellerie liée à un domaine vinicole comprend des ateliers de métiers d'art. Chambres fonctionnelles affichant une décoration intérieure contemporaine. Carte régionale et vins de la propriété au restaurant, une ancienne bergerie façon bistrot gourmand.

à Bages 8 km par ③, D 6009 et D 105 – 817 h. – alt. 30 m – ✉ 11100

Maison des arts - 8, rue des Remparts ✆ 04 68 42 81 76

Les Palombières d'Estarac
Estarac, au Sud-Ouest – ✆ 04 68 42 45 56 – www.palombieres-estarac.com
4 ch ☕ – †62/116 € ††72/126 €
Table d'hôte – Menu 27 € bc
◆ "Océane", "Soleillad", "Olivine" : des chambres fraîches et gaies, joliment personnalisées, habitent ce mas restauré entouré de garrigue. Plats méridionaux servis dans une salle à manger ouverte sur le parc et réchauffée l'hiver par de belles flambées.

Le Portanel

la Placette – ✆ 04 68 42 81 66 – Fermé dim. soir et lundi
Rest – Menu 18 € bc (déj. en sem.), 27/50 € – Carte 36/82 €
◆ La Méditerranée s'invite à table dans cette ancienne maison de pêcheur que l'on rejoint à pied depuis le centre du village. Cadre néorustique et véranda surplombant le port.

à Ornaisons **14 km par ④, D 6113 et D 24 – 1 157 h. – alt. 34 m – ✉ 11200**

Le Relais du Val d'Orbieu

par D 24 – ✆ 04 68 27 10 27 – www.relaisduvaldorbieu.com – Fermé 30 nov.-1er fév. et dim. en nov. et fév.
18 ch – †65/140 € ††70/165 € – 2 suites – ☐ 17 € – ½ P 90/145 €
Rest – *(dîner seult)* Menu 29/49 € – Carte 55/67 €
◆ Au milieu du vignoble des Corbières, gage de calme absolu, ex-moulin à plâtre dont les plaisantes chambres s'ordonnent autour d'un beau patio. Équipements de loisirs. Cuisine traditionnelle et sélection de vins régionaux servis sous une jolie pergola en été.

à Canet **14 km par ④, D 6 113, D 11 puis rte secondaire – 1 203 h. – alt. 30 m – ✉ 11200**

Château des Fontaines sans rest

2 av. de la Distillerie – ✆ 04 68 49 72 48 – www.chateau-des-fontaines.com – Ouvert Pâques-sept.
5 ch ☐ – †90/130 € ††95/140 €
◆ Maison de maître et de prestige : mobilier de style, tentures et objets d'art dans les salons et chambres (certaines avec jacuzzi). Bassin dans le parc paysagé. Le luxe à la française.

LA NARTELLE – 83 Var – 340 O6 – rattaché à Ste-Maxime

NATZWILLER – 67 Bas-Rhin – 315 H6 – 599 h. – alt. 500 m – ✉ 67130 2 C1

Paris 422 – Barr 25 – Molsheim 31 – St-Dié 43

Auberge Metzger

55 r. Principale – ✆ 03 88 97 02 42 – www.hotel-aubergemetzger.com – Fermé 28 juin-6 juil., 20-25 déc., 6-26 janv., dim. soir sauf juil.-août et lundi
15 ch – †70/80 € ††70/80 € – ☐ 11 € – ½ P 76/86 €
Rest – (13 €) Menu 22/59 € – Carte 30/48 €
◆ Cette jolie maison fleurie vous réserve un charmant accueil. Chambres spacieuses et cossues, mariant le rustique et le contemporain. Agréable jardin. Le restaurant, plébiscité pour sa goûteuse cuisine régionale, bénéficie d'une terrasse dans la cour pavée.

NAVARRENX – 64 Pyrénées-Atlantiques – 342 H5 – 1 155 h. – alt. 125 m – ✉ 64190 3 B3

Paris 787 – Pau 43 – Mourenx 15 – Oloron-Ste-Marie 23
place des Casernes ✆ 05 59 66 54 80

Du Commerce

pl. des Casernes – ✆ 05 59 66 50 16 – www.hotel-commerce.fr – Fermé 1er-10 janv., 22-31 déc.
23 ch – †45/60 € ††55/70 € – ☐ 8 € – ½ P 47/52 €
Rest – *(fermé dim. soir et lundi d'oct. à déc. et en mars)* (12 €) Menu 19/36 € – Carte 27/44 €
◆ Bâtisses béarnaises situées dans une bastide fondée en 1316. Chambres confortables, actuelles et cosy dans la demeure principale ; celles de l'annexe sont simples et rustiques. Salle à manger au décor campagnard, où l'on sert une cuisine régionale.

NEAUPHLE-LE-CHÂTEAU – 78 Yvelines – 311 H3 – 2 948 h. – alt. 185 m – ✉ 78640 Île de France 18 A2

Paris 38 – Dreux 42 – Mantes-la-Jolie 32 – Rambouillet 24
14, place du Marché ✆ 01 34 89 78 00

Domaine du Verbois

38 av. de la République – ✆ 01 34 89 11 78 – www.hotelverbois.com
– Fermé 2 sem. en août et vacances de Noël
22 ch – †105/180 € ††115/180 € – ☕ 12 €
Rest – *(fermé dim. soir)* Menu 39/49 € – Carte 44/51 €
◆ Entourée d'un parc, cette belle demeure bourgeoise fin 19e s. domine la vallée de la Mauldre. Chambres cosy agrémentées de meubles classiques. Cuisine traditionnelle servie dans plusieurs salles raffinées ou sur la terrasse ombragée, face à la nature.

Le Clos St-Nicolas sans rest

33 r. St-Nicolas – ✆ 01 34 89 76 10 – www.clos-saint-nicolas.com
5 ch ☕ – †90 € ††96 €
◆ Atmosphère familiale dans cette belle et noble maison de 1830. Chambres d'esprit classique, aux teintes variées (jaune, vert, rouge). Agréable véranda pour le petit-déjeuner.

NÉGREVILLE – **50 Manche** – **303 C3** – **813 h.** – **alt. 70 m** – ✉ **50260** **32 A1**

Paris 342 – Caen 108 – Saint-Lô 72 – Cherbourg 22

au Nord-Est 5 km par D 146 et D 62 - ✉ **50260 Négreville**

Château de Pont Rilly sans rest

– ✆ 02 33 40 47 50 – www.chateau-pont-rilly.com
5 ch ☕ – †140 € ††150 €
◆ Château du 18e s. en parfait état, mis en valeur par son vaste parc à la française. Mobilier de style et cadre rustique font le charme du lieu. Belles chambres avec cheminée.

NÉRIS-LES-BAINS – **03 Allier** – **326 C5** – **2 726 h.** – **alt. 364 m** – **Stat. therm. : début avril-fin oct.** – **Casino** – ✉ **03310** Auvergne **5 B1**

Paris 336 – Clermont-Ferrand 86 – Montluçon 9 – Moulins 73

carrefour des Arènes ✆ 04 70 03 11 03

de Sainte-Agathe Villebret, par rte de Montluçon : 4 km, ✆ 04 70 03 21 77

Le Garden

ch,

12 av. Marx-Dormoy – ✆ 04 70 03 21 16
– http://monsite.wanadoo.fr/hotellegarden – Fermé 20 nov.-7 janv.
19 ch – †51/68 € ††51/68 € – ☕ 9 € – ½ P 51/58 €
Rest – *(fermé dim. soir et lundi de nov. à mars)* Menu 16 € (sem.)/62 € – Carte 26/37 €
◆ Tout près du centre de cette station thermale, cette grande villa dispose d'un agréable jardin. Les chambres, simples et sobres, sont bien tenues. Cuisine traditionnelle servie dans un restaurant ouvert sur un agréable jardin.

NÉRONDES – **18 Cher** – **323 M5** – **1 515 h.** – **alt. 200 m** – ✉ **18350** **12 D3**

Paris 240 – Bourges 37 – Montluçon 84 – Nevers 33

la Vallée de Germigny à Saint-Hilaire-de-Gondilly Domaine de Villefranche, NE: 9 km par D 6, ✆ 02 48 80 23 43

Le Lion d'Or avec ch

rest,

pl. de la Mairie – ✆ 02 48 74 87 81 – Fermé 10-23 oct., fév., dim. soir, lundi midi, soirs fériés et merc.
10 ch – †54 € ††58 € – ☕ 8 € – ½ P 58 €
Rest – (13 €) Menu 19 € (sem.), 26/40 € – Carte 41/60 €
◆ Dans cette auberge familiale au cœur du bourg, on déguste une savoureuse cuisine traditionnelle. C'est coquet et chaleureux ! Chambres petites mais agréables, à prix doux.

NESTIER – **65 Hautes-Pyrénées** – **342 O6** – **171 h.** – **alt. 500 m** – ✉ **65150** **28 A3**

Paris 789 – Auch 74 – Bagnères-de-Luchon 45 – Lannemezan 14

XX **Relais du Castéra** avec ch — rest, VISA

pl. du calvaire – ✆ 05 62 39 77 37 – www.hotel-castera.com – Fermé 2-10 juin, 13-20 oct., 2-31 janv., dim. soir, mardi soir et lundi
6 ch – †58/75 € ††58/75 € – ☕ 10 € – ½ P 55/75 €
Rest – Menu 20 € (déj.), 26/50 € – Carte 54/60 €
◆ Une auberge rustique, où l'on déguste une cuisine du terroir dans un cadre agréable. Chambres simples (la moitié rafraîchies dans un style actuel).

NEUF-BRISACH – 68 Haut-Rhin – 315 J8 – 2 185 h. – alt. 197 m — 2 C2
– ✉ 68600 Alsace Lorraine

Paris 475 – Basel 63 – Belfort 80 – Colmar 17
6, place d'Armes ✆ 03 89 72 56 66

à Biesheim Nord : 3 km par D 468 – 2 303 h. – alt. 189 m – ✉ 68600

Aux Deux Clefs — rest, rest, P VISA AE

50 Grand Rue – ✆ 03 89 30 30 60 – www.deux-clefs.com
28 ch – †48/68 € ††55/85 € – ☕ 12 € – ½ P 65/70 €
Rest – *(fermé 26 déc.-4 janv.)* (11 €) Menu 22/42 € – Carte 24/50 €
◆ Belle maison régionale donnant sur un accueillant jardin. Les chambres, assez spacieuses, sont fonctionnelles et bien tenues. Deux cadres pour vos repas : restaurant cossu (plafond en marqueterie), ou brasserie proposant une carte traditionnelle simplifiée.

NEUFCHÂTEAU – 88 Vosges – 314 C2 – 7 123 h. – alt. 300 m — 26 B3
– ✉ 88300 Alsace Lorraine

Paris 321 – Belfort 158 – Chaumont 57 – Épinal 75
3, Parking des Grandes Ecuries ✆ 03 29 94 10 95
Escalier★ de l'hôtel de ville - Groupe en pierre★ dans l'église St-Nicolas.

L'Eden — ch, ch, ch, VISA AE

r. 1ère Armée Française – ✆ 03 29 95 61 30 – www.leden.fr
27 ch – †60/90 € ††70/120 € – ☕ 9 €
Rest – *(fermé 2-15 janv., dim. soir et lundi midi)* (16 €) Menu 26/46 € – Carte 25/50 €
◆ Ce grand bâtiment propose des chambres actuelles et confortables de taille variable, aux couleurs chaleureuses. Celles du dernier étage sont équipées d'un bain à remous. Salle à manger d'inspiration Louis XVI. Les menus oscillent entre classicisme et terroir.

XX **Le Romain et H. Le Richevaux** avec ch — rest, P VISA

74 av. Kennedy – ✆ 03 29 06 18 80 – www.hotelmotel-lerichevaux.fr
12 ch – †49 € ††54 € – 1 suite – ☕ 6 €
Rest – (12 €) Menu 16/31 € – Carte 23/45 €
◆ Désormais, on peut choisir ici entre une salle classique et un espace brasserie. Au menu, cuisine régionale rustique (lapin, boudin, escargots) et fruits de mer. Dans une construction de style motel, chambres tout confort, certaines avec mezzanine.

NEUFCHÂTEL-EN-BRAY – 76 Seine-Maritime – 304 I3 – 4 946 h. — 33 D1
– alt. 99 m – ✉ 76270 Normandie Vallée de la Seine

Paris 133 – Abbeville 57 – Amiens 72 – Rouen 50
6, place Notre-Dame ✆ 02 35 93 22 96
18 de Saint-Saëns à Saint-Saëns Domaine du Vaudichon, SO : 17 km par D 6028 et D 929, ✆ 02 35 34 25 24
Forêt d'Eawy★★ 10 km au SO.

XX **Les Airelles** avec ch — VISA AE

2 passage Michu, (près de l'église) – ✆ 02 35 93 14 60 – www.les-airelles-neufchatel.com – Fermé vacances de la Toussaint, de fév., dim. soir de sept. à juin, mardi midi et lundi sauf juil.-août et sauf hôtel
14 ch – †50/68 € ††50/68 € – ☕ 8 € – ½ P 55/64 €
Rest – Menu 17/42 € – Carte 45/68 €
◆ Avenante demeure traditionnelle du centre-ville. Au choix : deux salles sobrement modernes, terrasse d'été dressée dans l'agréable jardin, pour déguster une cuisine actuelle.

NEUFCHÂTEL-EN-SAOSNOIS – 72 Sarthe – 310 K4 – 909 h. 35 D1
– alt. 190 m – ✉ 72600

Paris 200 – Alençon 15 – Le Mans 56 – Nantes 228

Les Étangs de Guibert ch, VISA

2 km à l'Est par rte secondaire – ✆ 02 43 97 15 38
– www.lesetangsdeguibert.com – Fermé dim. soir et lundi

15 ch – 60/100 € 60/100 € – 10 €

Rest – Menu 20 € (sem.), 30/70 € – Carte 40/60 €

◆ En pleine campagne, on apprécie la quiétude de cette ancienne ferme et son étang privé (pêche possible). Chambres coquettes et calmes. Découvrez une cuisine actuelle, rehaussée d'épices et d'exotisme, dans une vaste salle rustique ou en terrasse face au plan d'eau.

NEUFCHÂTEL-SUR-AISNE – 02 Aisne – 306 G6 – 452 h. – alt. 59 m 37 D2
– ✉ 02190

Paris 163 – Laon 46 – Reims 22 – Rethel 33

de Menneville à Menneville La Haie Migaut, SO : 3 km, ✆ 03 23 79 79 88

Le Jardin VISA

22 r. Principale – ✆ 03 23 23 82 00 – www.restaurant-le-jardin.com
– Fermé 2 sem. en sept., 3 sem. en janv., dim. soir, lundi et mardi

Rest – (18 €) Menu 26/55 € – Carte 44/69 €

◆ Du vert et des fleurs partout ! Sol façon "gazon", murs fleuris, véranda... une atmosphère bucolique. Menus composés selon le marché.

NEUILLÉ-LE-LIERRE – 37 Indre-et-Loire – 317 O3 – 695 h. – alt. 92 m 11 B2
– ✉ 37380

Paris 217 – Amboise 16 – Château-Renault 10 – Montrichard 34

Auberge de la Brenne avec ch VISA AE

19 r. de la République – ✆ 02 47 52 95 05 – www.auberge-brenne.com
– Fermé 29 nov.-8 déc., 15 janv.-10 fév.,1 sem. en mars, dim. soir du 15 sept. au 15 juin, mardi et merc.

5 ch – 65/95 € 65/95 € – 12 €

Rest – *(prévenir le week-end)* (18 € bc) Menu 29/51 € – Carte 45/60 €

◆ Andouillette et sa tarte à l'échalote, lapin délicatement mijoté dans une sauce au sauvignon : la tradition et les bons produits ont trouvé leur repaire tourangeau. Accueil charmant. À 50 m du restaurant, maison des années 1900 disposant de chambres confortables.

NEUILLY-LE-REAL – 03 Allier – 326 H4 – 1 343 h. – alt. 260 m – ✉ 03340 6 C1

Paris 313 – Mâcon 128 – Moulins 16 – Roanne 82

Logis Henri IV VISA

13 r. du 14 Juillet – ✆ 04 70 43 87 64 – Fermé 1 sem. en sept., 2 sem. en fév., dim. soir et lundi

Rest – (14 €) Menu 19 € (déj. en sem.), 29/50 €

◆ Charme assuré pour cette demeure historique à colombages du 16e s. dans un village tranquille de la Sologne bourbonnaise. Au menu, recettes traditionnelles et viande de pays.

NEUVÉGLISE – 15 Cantal – 330 F5 – 1 133 h. – alt. 938 m – ✉ 15260 5 B3

Paris 528 – Aurillac 78 – Espalion 66 – St-Chély-d'Apcher 42

le Bourg ✆ 04 71 23 85 43

à Cordesse Est : 1,5 km sur D 921 – ✉ 15260 Neuvéglise

Relais de la Poste avec ch rest, VISA AE

– ✆ 04 71 23 82 32 – www.relaisdelaposte.com – Ouvert 16 avril-16 oct.

9 ch – 55/75 € 60/75 € – 11 € – ½ P 60/70 €

Rest – *(fermé lundi midi)* (16 €) Menu 19 € (déj.), 29/50 € – Carte 23/56 €

◆ Le nouveau décor de cette maison des années 1980 marie rustique et contemporain. À la carte, plats du terroir et viandes à la plancha. Petit kiosque détente dans le jardin. Les chambres ont été rénovées en 2010.

NEUVES-MAISONS – 54 Meurthe-et-Moselle – 307 H7 – rattaché à Nancy

NEUVILLE-DE-POITOU – 86 Vienne – 322 H4 – 4 706 h. – alt. 116 m – ✉ 86170 39 C1

Paris 335 – Châtellerault 36 – Parthenay 41 – Poitiers 16

28, place Joffre ✆ 05 49 54 47 80

La Roseraie

78 r. A. Caillard – ✆ 05 49 54 16 72 – www.laroseraiefrance.fr

5 ch – †64/84 € ††68/88 € **Table d'hôte** – Menu 28 € bc

◆ Profitez de la roseraie odorante et de la piscine de cette demeure du 19e s. où vous dormirez dans des chambres adoptant un décor très frais. Cuisine internationale (les patrons viennent du Zimbabwe et d'Angleterre) servie en terrasse ou dans une salle élégante.

St-Fortunat

4 r. Bangoura-Moridé – ✆ 05 49 54 56 74 – www.saintfortunat.com – Fermé dim. soir, lundi et fériés

Rest – (15 €) Menu 22 € (déj.), 40/60 € – Carte 44/60 €

◆ Une salle au cadre contemporain épuré et une véranda donnant sur une cour-terrasse annoncent l'ambiance charmante de la maison. Plats actuels aux présentations soignées.

NEUVILLE-ST-AMAND – 02 Aisne – 306 B4 – rattaché à St-Quentin

NÉVACHE – 05 Hautes-Alpes – 334 H2 – 321 h. – alt. 1 640 m – ✉ 05100 41 C1

Paris 693 – Briançon 21 – Le Monêtier-les-Bains 35 – Montgenèvre 25

Le Chalet d'En Hô

ch, rest,

hameau des Chazals – ✆ 04 92 20 12 29 – www.chaletdenho.com – Ouvert 4 juin-17 sept., vacances de la Toussaint et 17 déc.-1er avril

14 ch – †100/110 € ††130/147 € – 12 € – ½ P 87/97 €

Rest – *(dîner seult)* Menu 26 €

◆ Là-haut dans la montagne... Environnement naturel privilégié pour ce chalet cossu où domine le mélèze. Chambres à l'ambiance cocooning, sauna, jacuzzi et massages. La coquette salle à manger évoque les activités montagnardes d'antan. Cuisine de tradition.

NEVERS P – 58 Nièvre – 319 B10 – 38 496 h. – Agglo. 100 556 h. – alt. 194 m – Pèlerinage de Ste-Bernadette d'Avril à Octobre : couvent St-Gildard – ✉ 58000 Bourgogne 7 A2

Paris 236 – Bourges 70 – Clermont-Ferrand 161 – Orléans 167

du Nivernais à Magny-Cours Le Bardonnay, E : 2 km par D 200, ✆ 03 86 58 18 30

Circuit automobile permanent à Magny-Cours ✆ 03 86 21 80 00, 12 km par ④.

Cathédrale St-Cyr-et-Ste-Julitte★★ - Palais ducal★ - Église St-Étienne★ - Façade★ de la Chapelle Ste-Marie - Porte du Croux★ - Faïences de Nevers★ du musée municipal Frédéric Blandin **M1**.

Circuit de Nevers-Magny-Cours : musée Ligier F1★.

Mercure Pont de Loire

ch,

quai Médine – ✆ 03 86 93 93 86 – www.alpha-hotellerie.com **Za**

59 ch – †98 € ††108 € – 14 € **Rest** – Menu 20/31 € – Carte 28/43 €

◆ Hôtel bien situé au bord de la Loire. Chambres agréables, certaines offrant une belle perspective sur le fleuve ; confortable bar avec un piano. Repas dans la salle panoramique ou sur la vaste terrasse ; carte des vins inspirée par la région.

De Diane

38 r. du Midi – ✆ 03 86 57 28 10 – www.bestwesterndiane-nevers.com – Fermé 20 déc.-4 janv. **Zb**

30 ch – †82/125 € ††96/140 € – 12 €

Rest – *(fermé vend. midi et dim.)* (14 €) Menu 19/29 € – Carte 22/47 €

◆ Dans cette demeure ancienne, tout près de la gare, les chambres sont vastes, bien entretenues et meublées avec soin. La salle des petits-déjeuners occupe une tour du 14e s. Au restaurant, décor tout en sobriété et cuisine classique.

NEVERS

Ardilliers (R. des)	Y	2
Banlay (R. du)	V	3
Barre (R. de la)	Y	4
Bourgeois (R. Mlle)	V	5
Champ-de-Foire (R. du)	Z	6
Charnier (R. du)	Y	7
Chauvelles (R. des)	V	8
Cloître-St-Cyr (R. du)	Z	9
Colbert (Av.)	Y	10
Coquille (Pl. G.)	Y	12
Docks (R. des)	V	13
Fer (R. du)	Y	47
Fonmorigny (R.)	Y	48
Francs-Bourgeois (R. des)	Y	14
Jacobins (R. des)	Z	16
Lattre-de-Tassigny (Bd Mar.-de)	V	17
Mancini (Pl.)	Y	50
Mantoue (Quai de)	Z	18
Marceau (Av.)	Y	19
Midi (R. du)	Z	20
Mirangron (R.)	Y	49
Nièvre (R. de)	Y	21
Ouches (R. des)	YZ	22
Passière (Rue de la)	Y	23
Pelleterie (R. de la)	Y	24
Petit-Mouësse (R. du)	X	26
Porte-du-Croux (R. de la)	Z	51
Préfecture (R. de la)	Y	27
Récollets (R. des)	Z	52
Remigny (R. de)	Y	28
Renardats (R. des)	V	30
République (Bd de la)	VX	32
République (Pl. de la)	Z	34
Roy (R. Ch.)	Y	36
St-Martin (R.)	Y	38
St-Sébastien (Pl.)	Y	39
Tillier (R. C.)	Z	40
Vaillant-Couturier (R. Paul)	V	42
14-Juillet (R. du)	Z	45

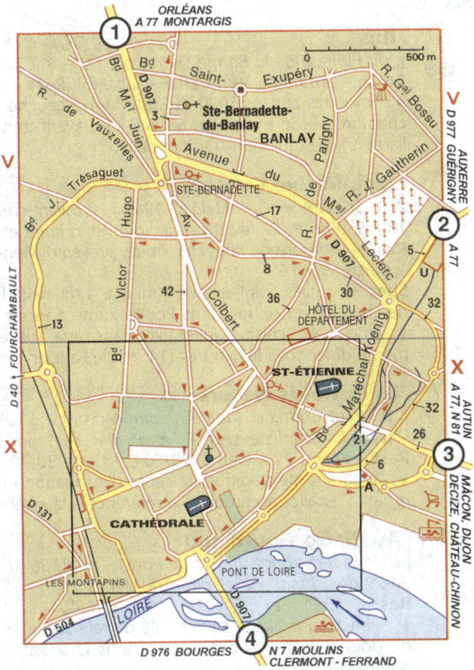

Ibis

r. du Plateau de la Bonne Dame, par ④ – ✆ 03 86 37 56 00 – www.ibishotel.com
56 ch – 63/80 € 63/80 € – ☕ 8 € **Rest** – *(dîner seult)* Menu 10/17 €
◆ Hôtel des années 1980 situé sur la rive gauche, tout près du pont de Loire. Les chambres, propres et bien tenues, sont avant tout fonctionnelles (plus calmes sur l'arrière). Restauration traditionnelle.

Jean-Michel Couron

21 r. St-Étienne – ✆ 03 86 61 19 28 – www.jm-couron.com – Fermé 18 juil.-9 août, 27 fév.-13 mars, dim. soir, lundi et mardi Yr
Rest – *(nombre de couverts limité, prévenir)* Menu 22 € (sem.)/56 € – Carte 59/79 €
Spéc. Coquilles Saint-Jacques (mi-oct. à mi-avril). Pièce de bœuf charolais. Soupe de chocolat au siphon. **Vins** Pouilly-Fumé, Sancerre.
◆ Une belle cuisine inventive dans une ruelle du vieux Nevers... On peut même dîner sous les voûtes (14e s.) de l'ancien cloître de l'église St-Étienne !

La Botte de Nevers

r. du Petit Château, (angle r. Saint Martin) – ✆ 03 86 61 16 93 – www.labottedenevers.fr – Fermé dim. soir, mardi midi et lundi Yn
Rest – Menu 22 € (sem.), 29/50 € – Carte 30/70 €
◆ La cuisine de tradition, le cadre d'inspiration médiévale et les quelques épées ornant l'escalier accentuent la référence à la célèbre estocade du duc de Nevers.

Au Bistro Gourmand

pl. de la Résistance, (Porte de Paris) – ✆ 03 86 61 45 09 – Fermé 22 août-4 sept., 24-29 déc., lundi soir et dim. sauf fériés Yt
Rest – (12 €) Menu 21/31 € – Carte 36/45 €
◆ Saint-Jacques juste saisies, aile de raie servie en cocotte, soupe de cerise... Pas de doute : dans ce bistro cosy (tons chocolat, tableaux zen), le chef ravit les gourmands !

rte d'Orléans par ① – ✉ 58640 Varennes-Vauzelles

Le Bengy

25 rte de Paris, à 4,5 km par D 907 – ✆ 03 86 38 02 84 – www.le-bengy-restaurant.com – Fermé 31 juil.-23 août, 1er-5 janv., 26 fév.-13 mars, dim. et lundi
Rest – Menu 18 € (sem.), 22/32 € – Carte 30/44 €
◆ Tons beige et chocolat, lignes contemporaines, cuir, fer forgé et plantes vertes : un restaurant un brin japonisant, qui affiche souvent complet. Cuisine actuelle et soignée.

à Sauvigny-les-Bois 10 km par ③D 978 et D 18 – 1 515 h. – alt. 210 m – ✉ 58160

Moulin de l'Étang

64 rte de l'Étang – ✆ 03 86 37 10 17 – www.moulindeletang.fr – Fermé 1er-20 août, 26-30 déc., vacances de fév., dim. soir, merc. soir et lundi
Rest – Menu 19/43 € – Carte 36/48 €
◆ Dans cette ancienne ferme, tout près d'un étang cerné par les bois, le chef travaille de bons produits frais et réalise une cuisine traditionnelle de belle facture.

rte de Moulins 3 km par ④, sur N 7 – ✉ 58000 Challuy

La Gabare

171 rte de Lyon – ✆ 03 86 37 54 23 – www.restaurant-lagabare.fr – Fermé 17 juil.-10 août, dim. et merc.
Rest – Menu 19/26 € – Carte 32/59 €
◆ Cette vieille ferme joliment restaurée abrite deux salles rustiques : poutres apparentes, grande cheminée... Le lieu idéal pour savourer une cuisine traditionnelle généreuse.

à Magny-Cours 12 km par ④, rte Moulins – 1 455 h. – alt. 205 m – ✉ 58470

Holiday Inn

Ferme du domaine de Bardonnay – ✆ 03 86 21 22 33 – www.holidayinn-nevers.com
68 ch – 100/180 € 100/200 € – 2 suites – 18 €
Rest – *(fermé sam. et dim. du 15 nov. au 15 déc.)* (14 €) Menu 17 €
– Carte 20/40 €
◆ La ferme d'origine, qui appartenait à l'agriculteur concepteur du circuit automobile tout proche, est complétée par une aile moderne abritant les chambres ; certaines ont vue sur la piscine ou le golf. Au restaurant, cuisine traditionnelle.

NÉVEZ – 29 Finistère – 308 I8 – 2 605 h. – alt. 40 m – ✉ 29920 9 B2

Paris 547 – Lorient 51 – Quimper 40 – Rennes 196
18 place de l' Église ✆ 02 98 06 87 90

Le Bistrot de l'Écailler

au port de Kerdruc, 3 km à l'Est par D 77 et rte secondaire – ✆ 02 98 06 78 60 – Ouvert mi-avril à fin sept. et fermé mardi et merc. sauf le soir en juil.-août
Rest – Menu 43 €
◆ Un joli bistrot marin et sa petite terrasse sur le port, au bord de l'Aven. Superbes plateaux de fruits de mer, ardoise du jour, homard-frites et carte des vins judicieuse.

à Raguenès-Plage 4 km au Sud par rte secondaire – ✉ 29920

Ar Men Du rest,

– ✆ 02 98 06 84 22 – www.men-du.com – Fermé 2 nov.-15 déc. et 2 janv.-9 mars
14 ch – 85/99 € 99/165 € – 1 suite – 13 €
Rest – *(fermé mardi midi et merc. midi) (prévenir)* (28 € bc) Menu 39/78 €
– Carte 58/85 €
Spéc. Tartare de bar de ligne et son carpaccio de langoustine. Turbot rôti dans sa croûte de pomme de terre. Salade de fraises (mai à oct.). **Vins** Muscadet, Savennières.
◆ Sur une lande sauvage cernée par l'océan (site classé), cette maison néobretonne vibre avec les éléments : décor des chambres façon clipper, isolement, vue sur les flots et l'île Raguénès. La cuisine iodée est au diapason, et certaines associations de saveurs sont décoiffantes.

NEXON – 87 Haute-Vienne – 325 E6 – 2 390 h. – alt. 359 m – ✉ 87800 24 B2

Paris 416 – Limoges 27 – Panazol 27 – St-Junien 56
Conciergerie du Château ✆ 05 55 58 28 44

Les Chaumières avec ch

Domaine des Landes, à 2 km par D 11 – ✆ 05 55 58 25 26 – www.les-chaumieres.com – Fermé 22 août-6 sept. et 1er-16 janv.
3 ch – 80 € 80 € – 10 €
Rest – *(fermé dim. soir, lundi et mardi) (prévenir)* Menu 38 €
◆ Joli cottage à toit de chaume dans un parc peuplé d'arbres centenaires. Chaleureux intérieur bourgeois, accueil avenant et carte dans l'air du temps, inspirée par les saisons. Chambres d'hôtes dans une dépendance, pour prolonger tranquillement l'étape.

NEYRAC-LES-BAINS – 07 Ardèche – 331 H5 – ✉ 07380 44 A3

Paris 606 – Alès 92 – Aubenas 16 – Montélimar 56

Du Levant

Meyras – ✆ 04 75 36 41 07 – www.hotel-levant.com – Ouvert 29 mars-21 nov. et fermé mardi sauf le soir en juil.-août, dim. soir et lundi
Rest – Menu 25/55 €
◆ Près des thermes, cette auberge familiale vous régale depuis 1887 d'une cuisine soignée à base de produits locaux : châtaigne, volaille, agneau... Terrasse sous les platanes.

NÉZIGNAN-L'ÉVÈQUE – 34 Hérault – 339 F8 – rattaché à Pézenas

H. Le Gac/MICHELIN

Le vieux Nice

NICE

Département : P 06 Alpes-Maritimes
Carte Michelin LOCAL : 341 E5 **115**]26]27
Paris 927 – Cannes 33 – Genova 192 – Lyon 471
Population : 347 060 h.
Pop. agglomération : 888 784 h.
Altitude : 6 m
Code Postal : ✉ 06000
Côte d'Azur
Carte régionale : 42 E2

RENSEIGNEMENTS PRATIQUES

OFFICE DE TOURISME

5 promenade des Anglais ✆08 92 70 74 07 (0,34 €/mn) commun à tous les bureaux
Aéroport Nice Côte d'Azur - Terminal 1
Av. Thiers (Gare SNCF)

TRANSPORTS

Auto-train ✆ 3635 (dîtes auto-train - 0,34 €/mn)

TRANSPORTS MARITIMES

Pour la Corse : SNCM - Ferryterranée quai du Commerce ✆ 0 825 888 088 (0,15 €/mn) JZ
CORSICA FERRIES Port de Commerce ✆ 04 92 00 42 93

AÉROPORT

Nice-Côte-d'Azur ✆ 0820 423 333 (0,12 €/mn), 6 km AU

CASINO

Ruhl, 1 promenade des Anglais FZ
Le Palais de la Méditerannée, 15 promenade des Anglais FZ

A VOIR

LE FRONT DE MER ET LE VIEUX NICE

Site★★ - Promenade des Anglais★★ - ≤★★ du château - Intérieur★ de l'église St-Martin - St-Augustin HY - Église St-Jacques★ HZ - Escalier monumental★ du palais Lascaris HZ **V** - Intérieur★ de la cathédrale Ste-Réparate HZ - Décors★ de la chapelle de l'Annonciation HZ **B** - Retables★ de la chapelle de la Miséricorde★ HZ **D**

CIMIEZ

Musée Marc-Chagall★★ GX - Musée Matisse★★ HV **M**[4] - Monastère franciscain★ : primitifs niçois★★ dans l'église HV **K** - Site archéologique gallo-romain★

LES QUARTIERS OUEST

Musée des beaux-Arts (Jules Chéret)★★ DZ - Musée d'Art naïf A.Jakovsky★ AU **M**[10] - Serre géante★ du Parc Phoenix★ AU - Musée des Arts asiatiques★★

PROMENADE DU PAILLON

Musée d'Art moderne et d'Art contemporain★★ HY **M**[2] - Palais des Arts, du Tourisme et des Congrès (Acropolis)★ HJX

AUTRES CURIOSITÉS

Cathédrale orthodoxe russe St-Nicolas★ EXY - Mosaique★ de Chagall dans la faculté de droit DZ **U** - Musée Masséna★ FZ **M**[3]

RÉPERTOIRE DES RUES DE NICE

Alberti (R.) . . . . GHY 2
Alphonse-Karr (R.) . . . . . . FYZ
Alsace-Lorraine (Jardin d') EZ 3
Anglais (Promenade des) EFZ
Arènes-de-Cimiez
(Av. des) . . . . HVX
Arène (Av. P.) . . . . DXY
Armée-des-Alpes
(Bd de l') . . . . CT 4
Armée-du-Rhin (Pl. de l') . . JX 5
Arson (Pl. et R.) . . . . JY
Auber (Av.) . . . . FY
Auriol (Pont Vincent) . . . . . JV 7
Barberis (R.) . . . . JXY
Barel (Bd. V.) . . . . CT
Barel (Pl. Max) . . . . JY
Barla (R.) . . . . JY
Baumettes (Av. des) . . . . . DZ
Bellanda (Av.) . . . . HV 10
Berlioz (R.) . . . . FY 12
Besset (Av. Cyrille) . . . . . EFV
Bieckert (Av. Émile) . . . . . HX
Binet (R. A.) . . . . FX
Bischoffsheim (Bd) . . . . . . CT
Bonaparte (R.) . . . . JY 13
Borriglione (Av.) . . . . FV
Bounin (R.P.) . . . . FV
Boyer (Square R.) . . . . EV
Brancolar (Av.) . . . . FV
Carabacel (Bd) . . . . HXY
Carlone (Bd) . . . . AT 14
Carnot (Bd) . . . . CT 15
Cassini (R.) . . . . JY
Cassin (Bd R.) . . . . AU 16
Cavell (Av. E.) . . . . GV
Cessole (Bd de) . . . . EV
Châteauneuf (R. de) . . . . DEY
Cimiez (Bd de) . . . . GVX
Clemenceau (Av. G.) . . . . . FY
Comboul (Av. R.) . . . . FX
Congrès (R. du) . . . . FZ
Cyrnos (Av. de) . . . . EV
Dante (R.) . . . . EZ
Delfino (Bd Gén. L.) . . . . . JX
Desambrois (Av.) . . . . . . GHY 18
Diables-Bleus (Av. des) . . . JX 19

Dubouchage (Bd) . . . . . GHY
Durante (Av.) . . . . FY
Estienne-d'Orves (Av. d') DEY
Estienne (Av. Gén.) . . . . . . HV
États-Unis (Quai) . . . . . . GHZ
Europe (Parvis de l') . . . . . JX 21
Félix-Faure (Av.) . . . . GZ 22
Fleurie (Corniche) . . . . AU 23
Fleurs (Av. des) . . . . DEZ
Flirey (Av. de) . . . . HV
Flora (Av.) . . . . GVX
Foch (Av. Mar.) . . . . GY
France (R. de) . . . . DFZ
Gallieni (Av.) . . . . HJX 24
Gal (R. Auguste) . . . . JXY
Gambetta (Bd) . . . . EXZ
Garibaldi (Pl.) . . . . HJY
Garnier (Bd Joseph) . . . . . EFX
Gaulle (Av. Gén.-de) . . . . . . AU
Gaulle (Pl. Ch.-de) . . . . FX
Gautier (Pl. P.) . . . . HZ 25
George-V (Av.) . . . . GVX
Gioffredo (R.) . . . . HY
Gorbella (Bd de) . . . . EV
Gounod (R.) . . . . FY
Grenoble (Rte de) . . . . AU 27
Grosso (Bd François) . . . DYZ
Guisol (R. F.) . . . . JY
Guynemer (Pl.) . . . . JZ
Hôtel-des-Postes (R. de l') HY 30
Ile-de-Beauté (Pl. de l') . . . JZ 31
Jean-Jaurès (Bd) . . . . HYZ 32
Joffre (R. du Mar.) . . . . . . EFZ
Joly (Corniche A.-de-) . . . . CT
Liberté (R. de la) . . . . GZ 35
Lunel (Quai) . . . . JZ 37
Lyautey (Quai Mar.) . . . . . JVX
Madeleine (Bd) . . . . AT
Maeterlinck (Bd) . . . . CU 39
Malausséna (Av.) . . . . FX
Malraux (Tunnel et voie) . . HX
Marceau (R.) . . . . FX
Masséna (Pl. et Espace) . . GZ
Masséna (R.) . . . . FGZ 43
Médecin (Av. J.) . . . . FGY 44
Meyerbeer (R.) . . . . FZ 45

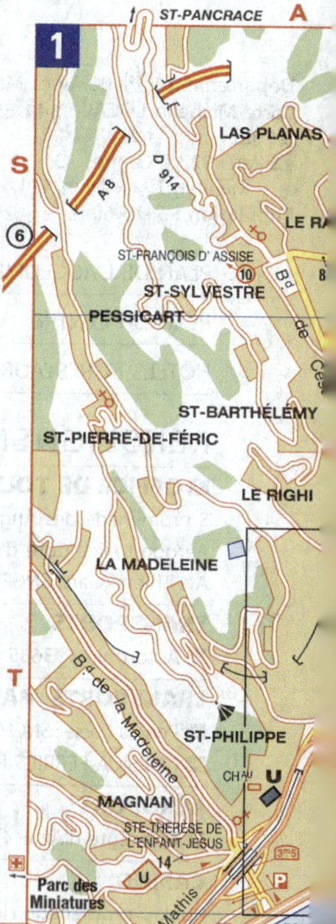

D 114
B
LEVENS
8
D 19
POL. SOSPEL
9
C
SAN-REMO
MENTON
1
2
L' ARIANE
D 2204
A 8
GAIRAUT
D 14
BON VOYAGE
GRANDE
OBSERVATOIRE
N.-D. DU VALLON DES FLEURS
N.-D. BON VOYAGE
Bd de l'Observatoire
MONT GROS
CORNICHE
S
ST-JEAN L'EVANGELISTE
ST-PONS
Av. J. Raybaud
Paillon
63
90
ST-MAURICE
SITE GALLO-ROMAIN
Bd P. Sémard
Bd V. Barel
D 2564
2
D 33
MENTON MONTE-CARLO
Col des 4 Chemins
MONT VINAIGRIER
CIMIEZ
ST-ROCH
Bischoffsheim
Bd St-Roch
93
LA CORNE D' OR
3
MUSÉE CHAGALL
N.-D. DU BON CONSEIL
Col de Villefranche
D 6007
4
MONTE-CARLO BEAULIEU
CARABACEL
ACROPOLIS
VILLEFRANCHE-SUR-MER
FORT
D 6098
Corniche
A. de Joly
MT-ALBAN
Bd de Monaco
Citadelle
T
15
Bd du Mt-Boron
Château
PORT
LAZARET
N.-D. DU PERPETUEL SECOURS
Av. Princesse Grace
MT-BORON
FORT
INFÉRIEURE
ANGLAIS
b
CORNICHE
39
Cap de Nice
U
BAIE DES ANGES
NICE
0
500 m
CORSE
B
C

NICE

Alberti (R.) . . . . GHY 2
Alsace-Lorraine (Jardin d') . . . . EZ 3
Armée-du-Rhin (Pl. de l') JX 5
Auriol (Pont V.) . . . . JV 7
Bellanda (Av.) . . . . HV 10
Berlioz (R.) . . . . FY 12
Bonaparte (R.) . . . . JY 13
Carnot (Bd) . . . . JZ 15
Desambrois (Av.) . . . . GHX 18
Diables-Bleus (Av. des) . JX 19
Europe (Parvis de l') . . . JX 21
Félix-Faure (Av.) . . . . GZ 22
France (R. de) . . . . DFZ
Gallieni (Av.) . . . . HJX 24
Gambetta (Bd) . . . . EXZ
Gautier (Pl. P.) . . . . HZ 25
Gioffredo (R.) . . . . HY
Hôtel-des-Postes (R. de l') . . . . HY 30
Ile-de-Beauté (Pl.) . . . . . JZ 31
Jean-Jaurès (Bd) . . . . HYZ 32
Liberté (R. de la) . . . . . . GZ 35
Lunel (Quai) . . . . JZ 37
Masséna (Pl. et Espace) GZ
Masséna (R.) . . . . FGZ 43
Médecin (Av. J.) . . . . . FGY 44
Meyerbeer (R.) . . . . FZ 45
Monastère (Av. Pl.) . . . . HV 46
Moulin (Pl. J.) . . . . HY 47
Paradis (R.) . . . . GZ 55
Passy (R. F.) . . . . EY 57
Pastorelli (R.) . . . . GY 58
Phocéens (Av. des) . . . . GZ 59

Ray (Av. du) . . . . FV 63
République (Av. de la). . . . . JXY 64
Rivoli (R. de) . . . . FZ 65
St-François-de-Paule (R.) . . . . GHZ 72
St-Jean-Baptiste (Av.) . . HY 73
Saleya (Cours) . . . . HZ 82
Sauvan (R. H.) . . . . EZ 84
Verdun (Av. de) . . . . . . FGZ 89
Walesa (Bd Lech) . . . . JYZ 91
Wilson (Pl.) . . . . HY 92

Negresco

37 promenade des Anglais – ✆ 04 93 16 64 00 – www.hotel-negresco-nice.com
119 ch – 🚹245/615 € 🚻245/615 € – 6 suites – ☕ 30 € **3FZk**
Rest *Chantecler* – voir ci-après
Rest *La Rotonde* – Menu 32/48 € – Carte 40/90 €
◆ Bâti en 1912 par Henri Negresco, cet "hôtel-musée" mythique et majestueux regorge d'œuvres d'art exceptionnelles et cultive la démesure (somptueuse verrière). Dans les chambres, les styles se mélangent avec emphase. La brasserie La Rotonde est installée dans un décor de carrousel, chevaux de bois et automates.

Palais de la Méditerranée

13 promenade des Anglais – ✆ 04 92 14 77 00
– http://palais.concorde-hotels.fr **3FZg**
188 ch – 🚹180/995 € 🚻180/995 € – 12 suites – ☕ 27 € – ½ P 300/1115 €
Rest *Le Padouk* – ✆ 04 92 14 76 00 – (25 €) Menu 39 € (dîner) – Carte 40/83 €
Rest *Pingala Bar* – ✆ 04 92 14 76 01 – Menu 25 € (déj.)/39 € – Carte 40/83 €
◆ Ce légendaire bâtiment doté d'une façade Art déco classée abrite un hôtel-casino aux chambres spacieuses, contemporaines et luxueuses. Carte aux inspirations méridionales et du monde proposée dans une ambiance lounge-bar au Padouk. Cuisine niçoise dans le cadre trendy du Pingala Bar.

Exedra

12 bd Victor Hugo – ✆ 04 97 03 89 89 – www.boscolohotels.com **3FYd**
107 ch – 🚹180/650 € 🚻230/700 € – 3 suites – ☕ 25 €
Rest *La Pescheria* – (18 €) Carte 50/65 €
◆ Derrière sa fringante façade Belle Époque, ce magnifique hôtel entièrement refait à neuf vous fait basculer dans un univers ultra-design. Chambres tout en harmonie de blanc. À la Pescheria, ambiance rétro chic avec cuisines visibles et engageantes saveurs actuelles.

Le Méridien

1 promenade des Anglais – ✆ 04 97 03 44 44 – www.lemeridiennice.fr
316 ch – 🚹160/525 € 🚻160/525 € – 2 suites – ☕ 23 € **3FZd**
Rest *Le Colonial Café* – ✆ 04 97 03 40 36 – Carte 55/75 €
Rest *La Terrasse du Colonial* – ✆ 04 97 03 40 37 – Carte 46/72 €
◆ Au programme de cet hôtel : piscine chauffée sur le toit, face à la baie des Anges, chambres majoritairement redécorées dans un esprit tendance et institut de beauté. Au Colonial Café, mobilier épuré, teintes chaudes et lumière tamisée. Superbe vue sur la mer à la Terrasse.

Radisson Blu

223 promenade des Anglais – ✆ 04 97 17 71 77 – www.radissonblu.com/hotel-nice
331 ch – 🚹135/160 € 🚻135/160 € – 13 suites – ☕ 23 € **1AUn**
Rest – Carte 48/66 €
◆ Architecture moderne abritant un hôtel dans l'air du temps : grandes chambres thématiques soignées (Urban, Chili, Océan), bar design, beau fitness et terrasse-piscine sur le toit. Confortable restaurant égayé de tons azur et citron ; cuisine à l'accent local.

Élysée Palace

59 promenade des Anglais – ✆ 04 93 97 90 90 – www.elyseepalace.com
143 ch – 🚹125/490 € 🚻125/490 € – 2 suites – ☕ 21 € **3EZd**
Rest *Le Caprice* – (23 €) Menu 29 € – Carte 32/45 €
◆ Une immense Vénus de bronze prise entre deux blocs signe l'originalité architecturale de l'hôtel. Bel intérieur contemporain, grand confort, insonorisation exemplaire, piscine sur le toit. En été, l'attrayante carte régionale s'allège et se déguste en terrasse.

Boscolo Hôtel Plaza

12 av. de Verdun – ✆ 04 93 16 75 75 – www.boscolohotels.com **4GZu**
172 ch – 🚹138/528 € 🚻138/528 € – 5 suites – ☕ 20 €
Rest – *(fermé sam. midi et dim.)* (19 € bc) Menu 24 € bc (déj. en sem.), 29/40 € – Carte 34/78 €
◆ Imposant hôtel jouxtant le jardin Albert-1er. Chambres spacieuses, équipements complets pour séminaires et belle perspective sur la grande bleue depuis le toit. Salle à manger aux tons chaleureux et large terrasse panoramique embrassant la ville.

La Pérouse

11 quai Rauba-Capéu ✉ 06300 – ✆ 04 93 62 34 63 – www.hotel-la-perouse.com **4HZk**
58 ch – 🚹195/1100 € 🚹🚹195/1100 € – 2 suites – ☕ 21 €
Rest – *(fermé 1er déc.-31 janv.)* Menu 39 € – Carte 45/55 €
◆ Dans cet hôtel de caractère, arrimé au rocher du château, des chambres provençales très raffinées côtoient un coquet jardin méditerranéen. Le point de vue inspira Raoul Dufy. Au restaurant, tables dressées à l'ombre des citronniers et cuisine provençale.

Nice Riviera sans rest

45 r. Pastorelli – ✆ 04 93 92 69 60 – www.nr.com.fr **4GYb**
122 ch – 🚹81/265 € 🚹🚹81/265 € – ☕ 18 €
◆ Cet hôtel confortable et bien entretenu propose des chambres colorées (rouge et jaune), disposant parfois d'une terrasse ensoleillée. Petite piscine intérieure, sauna et jacuzzi.

Hi Hôtel

3 av. des Fleurs – ✆ 04 97 07 26 26 – www.hi-hotel.net **3EZa**
37 ch ☕ – 🚹189/469 € 🚹🚹189/469 € – 1 suite **Rest** – Carte 24/40 €
◆ Attention les yeux ! Cet hôtel conçu par Matali Crasset a adopté un style urbain hors normes. Déco chic, art de vivre résolument contemporain et affiliation Green Globe. "Cantine bio" et carte de sushis (sans thon rouge) pour manger sain, équilibré et écolo.

Goldstar Resort

45 r. Maréchal Joffre – ✆ 04 93 16 92 77 – www.goldstar-resort.com
52 suites – 🚹🚹140/700 € – ☕ 20 € **Rest** – Menu 18/38 € **3FZe**
◆ Décor contemporain raffiné et technologie de pointe caractérisent les chambres de cet hôtel tout neuf et sobrement luxueux. Espace fitness, piscine et solarium sur le toit. Restaurant panoramique au dernier étage ; cadre tendance et cuisine au goût du jour.

Masséna sans rest

58 r. Gioffredo – ✆ 04 92 47 88 88 – www.hotel-massena-nice.com **4GZk**
110 ch – 🚹159/339 € 🚹🚹159/339 € – 1 suite – ☕ 20 €
◆ Jolie façade Belle Époque bien située. Rajeuni, le décor de l'hôtel offre plus de confort et de modernité (tons chauds). Chambres personnalisées, romantiques ou méridionales.

Splendid

rest,

50 bd V. Hugo – ✆ 04 93 16 41 00 – www.splendid-nice.com **3FZu**
128 ch – 🚹129/270 € 🚹🚹129/270 € – 15 suites – ☕ 16 €
Rest – (22 €) Menu 24/35 € – Carte 32/57 €
◆ La minipiscine et le solarium qui coiffent cet hôtel offrent une vue sur "Nissa la bella". Chambres de tailles diverses, refaites et souvent dotées de balcons. Spa. Restaurant et terrasse panoramiques perchés sur le toit.

Mercure Centre Notre-Dame sans rest

28 av. Notre-Dame – ✆ 04 93 13 36 36
– www.mercure.com **3FXYq**
198 ch – 🚹124/324 € 🚹🚹134/334 € – 3 suites – ☕ 18 €
◆ Hôtel plaisamment rénové s'ordonnant sur deux bâtiments, dont un au cœur d'un jardin. Confortables chambres de style contemporain, institut de beauté et piscine sur le toit.

Le Grimaldi sans rest

15 r. Grimaldi – ✆ 04 93 16 00 24 – www.le-grimaldi.com **3FYs**
46 ch – 🚹85/160 € 🚹🚹95/205 € – ☕ 15 €
◆ Mobilier provençal, fer forgé et beaux tissus Pierre Frey personnalisent joliment les chambres ; petites terrasses au dernier étage. Espace hall-bar-salon très cosy.

Villa Victoria sans rest

33 bd V. Hugo – ✆ 04 93 88 39 60 – www.villa-victoria.com – Fermé 13-27 déc.
38 ch – 🚹75/200 € 🚹🚹75/200 € – ☕ 15 € **3FZs**
◆ Bel immeuble ancien aménagé dans un esprit méridional. Préférez les chambres avec balcon donnant sur le très beau jardin méditerranéen ; celles côté rue sont bien insonorisées.

Windsor rest,
11 r. Dalpozzo – ✆ 04 93 88 59 35 – www.hotelwindsornice.com **3FZf**
57 ch – ♦90/175 € ♦♦90/175 € – ☕ 12 € – ½ P 77/120 €
Rest – *(fermé dim.) (dîner seult)* Menu 26 € – Carte 30/47 €
♦ Cet hôtel séduit par ses 27 chambres d'artistes imaginées par Ben, Morellet, Honegger, Hains, Viallat... Beau jardin avec volière et espace détente complet (hammam, massages). Cuisine du Sud actualisée, servie en été entre palmiers et bougainvillées.

Mercure Promenade des Anglais sans rest
2 r. Halévy – ✆ 04 93 82 30 88 – www.mercure.com
122 ch – ♦89/289 € ♦♦99/299 € – ☕ 16 € **3FZv**
♦ Dans cet hôtel jouxtant le casino Ruhl, choisissez une des chambres du 3e étage, relookées dans un style actuel. Salle des petits-déjeuners regardant la Promenade des Anglais.

Petit Palais sans rest
17 av. Emile Bieckert – ✆ 04 93 62 19 11 – www.petitpalaisnice.fr **4HXp**
25 ch – ♦130/160 € ♦♦130/180 € – ☕ 15 €
♦ Ce "Petit Palais" où vécut Sacha Guitry se dresse sur la colline de Cimiez. Charme bourgeois et vue plongeante sur la Baie des Anges depuis la plupart des chambres. Agréable terrasse.

Brice sans rest
44 r. Mar. Joffre – ✆ 04 93 88 14 44 – www.nice-hotel-brice.com **3FZx**
58 ch – ♦60/120 € ♦♦80/160 € – ☕ 13 €
♦ Les chambres, protégées des bruits de la circulation par un jardin-terrasse fleuri, sont fonctionnelles et bien tenues. Décor asiatique au bar et borne Internet à disposition.

Aria sans rest
15 av. Auber – ✆ 04 93 88 30 69 – www.hotel-aria-nice.cote.azur.fr **3FYu**
26 ch – ♦65/84 € ♦♦70/124 € – 4 suites – ☕ 10 €
♦ Hôtel du quartier des musiciens tenu par un passionné de littérature. Chambres de bonne ampleur, au mobilier de style classique ou provençal ; certaines donnent sur un square.

De Flore sans rest
2 r. Maccarani – ✆ 04 92 14 40 20 – www.hoteldeflore-nice.fr **3FZz**
63 ch – ♦94/155 € ♦♦105/170 € – 2 suites – ☕ 13 €
♦ Meubles en fer forgé, sièges en osier et couleurs du Midi dans des chambres gaies et fonctionnelles. Patio pour prendre le petit-déjeuner dans un cadre azuréen.

Anis Hôtel
50 av. Lanterne ✉ 06200 – ✆ 04 93 18 29 00 – www.hotel-anis.com
42 ch – ♦68/85 € ♦♦90/120 € – ☕ 12 € **2AUa**
Rest – *(fermé dim. soir et lundi)* (14 €) Menu 17/55 € bc – Carte 25/38 €
♦ Non loin de la mer et de l'aéroport tout en profitant du calme, cette adresse cumule les atouts : chambres contemporaines teintées d'exotisme, jardin, piscine et prix corrects. Cuisine régionale servie en terrasse ou dans une salle aux teintes méridionales.

Durante sans rest
16 av. Durante – ✆ 04 93 88 84 40 – www.hotel-durante.com – Fermé janv.
28 ch – ♦70/200 € ♦♦70/200 € – ☕ 10 € **3FYb**
♦ Paisible maison colorée dans une impasse proche de la gare : dormez fenêtres ouvertes dans de coquettes chambres tournées vers un jardin embaumant l'oranger.

Les Cigales sans rest
16 r. Dalpozzo – ✆ 04 97 03 10 70 – www.hotel-lescigales.com **3FZb**
19 ch – ♦70/120 € ♦♦125/150 € – ☕ 11 €
♦ Cet ancien hôtel particulier à la jolie façade ouvragée dispose d'une agréable petite terrasse. Chambres fonctionnelles et colorées, mansardées au dernier étage.

Armenonville sans rest
20 av. Fleurs – ✆ 04 93 96 86 00 – www.hotel-armenonville.com **3EZb**
12 ch – †40/106 € ††50/106 € – ☕ 11 €
◆ Dans l'ex-quartier des émigrés russes, charmante villa 1900 et son jardin méridional. Quelques meubles provenant du Negresco personnalisent les chambres peu à peu rajeunies.

De la Fontaine sans rest
49 r. France – ✆ 04 93 88 30 38 – www.hotel-fontaine.com – Fermé 10-26 janv.
29 ch – †79/95 € ††90/137 € – ☕ 10 € **3FZt**
◆ Hôtel bordant une rue commerçante et animée. Pour plus de calme, préférez les chambres donnant sur le minipatio (petit-déjeuner en saison) où murmure une fontaine.

All Seasons Nice Aeroport sans rest
127 bd René Cassin – ✆ 04 92 29 44 30 – www.all-seasons-hotels.com
91 ch ☕ – †78/155 € ††88/165 € **1AUb**
◆ Dans un immeuble neuf face à l'aéroport, un hôtel jouant la carte "design tendance". Ses avantages ? Des chambres colorées, des produits de bain bio et des prix attractifs.

Chantecler – Hôtel Negresco
37 promenade des Anglais – ✆ 04 93 16 64 00 – www.hotel-negresco-nice.com – Fermé 2 janv.-8 fév., le midi sauf dim., lundi et mardi **3FZk**
Rest – Menu 90/130 € – Carte 100/160 €
Spéc. Cannellonis en mousseline de cuisses de grenouille. Ris de veau clouté au chorizo, fricassée de girolles et macaronis dorés. Pétillant de framboise, fine gelée de poivron rouge. **Vins** Bellet, Vin de pays des Alpes-Maritimes.
◆ Somptueuses boiseries, tapisserie d'Aubusson, tableaux de maîtres et rideaux en damas ou en lampas de soie magnifient ce décor Régence. Fine et délicate cuisine créative.

L'Ane Rouge
7 quai Deux-Emmanuel ✉ 06300 – ✆ 04 93 89 49 63 – www.anerougenice.com – Fermé vacances de fév., jeudi midi et merc. **4JZm**
Rest – (23 €) Menu 35/68 € – Carte 62/92 €
◆ Table plaisamment installée face au bassin portuaire vous recevant dans un cadre moderne agrémenté de marines colorées. Mets classiques et belle carte des vins.

Les Viviers
22 r. A. Karr – ✆ 04 93 16 00 48 – www.les-viviers-nice.com – Fermé 18 juil.-21 août, sam. midi, dim. et feriés **3FYk**
Rest – (29 €) Menu 50/78 € – Carte 37/80 €
Rest *Le Bistrot* – *(fermé 23 juil.-15 août et fériés)* (15 €) Menu 32 € (dîner) – Carte 36/80 €
◆ D'un côté, le restaurant vous accueille dans une atmosphère cosy – tableaux contemporains, fleurs et miroirs – pour déguster une belle cuisine de la mer. Au bistrot, autre ambiance, avec un décor de brasserie 1900, et toujours des recettes de poisson.

La Réserve de Nice
60 bd Franck-Pilatte – ✆ 04 97 08 14 80 – www.lareservedenice.com – Fermé 2-25 nov.
Rest – (25 €) Menu 45/95 € – Carte 60/93 € **2CTb**
◆ Décor élégant pour cette Réserve aux airs de paquebot Art déco. On savoure une cuisine raffinée en goûtant une vue superbe sur la baie des Anges et l'Esterel.

Aphrodite (David Faure)
10 bd Dubouchage – ✆ 04 93 85 63 53 – www.restaurant-aphrodite.com – Fermé 1er-26 janv., dim. et lundi **4HYs**
Rest – Menu 25 € (déj.), 38/95 € – Carte 55/75 €
Spéc. Makis de foie gras rafraîchis aux sardines fumées, graines germées de radis pourpre. Saint-pierre rôti au four, violets sautés à cru, salade d'herbes et huile de réglisse. Le "Frisson" d'Aphrodite. **Vins** Côtes de Provence, Vin de pays des Alpes Maritimes.
◆ Cuisine moderne de belle tenue, où la technique et l'invention servent à dessein l'émotion gustative. Mobilier design épuré, cuir rouge, tables blotties dans des alcôves, murs d'eau ou végétal : le décor est original et cosy.

XX **Flaveur** (Gaël et Mickaël Tourteaux)

25 r. Gubernatis – ✆ 04 93 62 53 95 – www.flaveur.net **4GYx**

Rest – *(nombre de couverts limité, prévenir)* (23 € bc) Menu 32 € (dîner)/55 €

Spéc. Risotto vénitien, seiche et palourdes. Cabillaud demi-sel, mousseline de brocoletti, bouillon de coquillages et livèche. Croustillant rose-litchi, mousse ivoire et glace chocolat blanc.

◆ Passion, fraîcheur et personnalité résument cette adresse créée par trois compères – deux frères en cuisine, un ami en salle. Jeux sur les textures, plats d'esprit canaille (le midi), notes d'exotisme... De belles flaveurs, dans un décor très original.

XX **L'Univers-Christian Plumail**

54 bd J. Jaurès ✉ 06300 – ✆ 04 93 62 32 22 – www.christian-plumail.com – Fermé sam. midi, lundi midi et dim. **4HZu**

Rest – *(prévenir)* (20 €) Menu 44/70 € – Carte 51/71 €

Spéc. Pistou glacé au homard, écume au basilic et tuile au parmesan (été). Loup de ligne cuit à l'écaille, millefeuille de céleri et de tomate cœur de bœuf. Soufflé au citron du pays, compote de fruits à la badiane. **Vins** Bellet, Vin de pays de l'Île Saint-Honorat.

◆ Tableaux et sculptures modernes agrémentent l'intérieur de ce restaurant chaleureux, où l'on vient savourer une authentique et goûteuse cuisine niçoise. Accueil très aimable.

XX **Keisuke Matsushima**

22 ter r. de France – ✆ 04 93 82 26 06 – www.keisukematsushima.com – Fermé sam. midi, lundi midi et dim. **3FZe**

Rest – (18 €) Menu 35/78 € – Carte 51/73 €

Spéc. Foie gras de canard grillé, haricots verts, pêche blanche et amandes fraîches. Pigeonneau rôti, cuisse en farci et ses abats. Chocolat noir manjari fondant, nougat au miel des Alpes Maritimes, glace pistache. **Vins** Bellet, Côtes de Provence.

◆ Décor minimaliste, à la japonaise, tout en bois brut et tons sobres. Mets délicats et inventifs, à base d'excellents produits. Également table d'hôte sur réservation.

XX **Les Pêcheurs**

18 quai des Docks – ✆ 04 93 89 59 61 – www.lespecheurs.com – Fermé janv., mardi sauf le soir de juin à sept. et lundi **4JZv**

Rest – Menu 28/38 € – Carte 39/70 €

◆ Cuisine de la mer gourmande, servie sur la terrasse d'été braquée vers le port ou dans une salle à la décoration un brin exotique, avec vue sur les cuisines.

XX **L'Aromate** (Mickaël Gracieux)

20 av. Mar. Foch – ✆ 04 93 62 98 24 – www.laromate.fr – Fermé 1 sem. en août, 2 sem. en nov., 2 sem. en janv., dim. et lundi **4GYv**

Rest – *(dîner seult)* Menu 50/70 € – Carte 60/80 €

Spéc. Tourteau en fine gelée de crustacé, crémeux curry-fenouil. Loup de ligne aux feuilles de citronnier, sabayon léger mélisse-citron vert (juin à août). Fraise charlotte rôtie en feuillet, glace mascarpone et crème vanillée (mai à août). **Vins** Côtes de Provence.

Rest *Le Grain de Riz de l'Aromate* – *(déj. seult)* Carte 35/45 €

◆ Jeune table lancée par un couple amoureux de gastronomie, avec un minimum de moyens. Pari réussi ! Préparations délicates, assiettes graphiques : le chef-patron confirme son talent, mûri dans de grandes maisons. Au déjeuner, plats du marché plus simples autour de l'équation risotto-viande-poisson.

XX **Luc Salsedo**

14 r. Maccarani – ✆ 04 93 82 24 12 – www.restaurant-salsedo.com – Fermé le midi et merc. **3FYh**

Rest – *(dîner seult)* (26 € bc) Menu 44/65 € – Carte 44/68 €

◆ Authentique bonbonnière empreinte de quiétude, la salle à manger habillée de tableaux offre une vue sur l'église réformée et son jardin. Recettes actuelles à l'accent du Sud.

XX **L'Allegro**

6 pl. Guynemer – ✆ 04 93 56 62 06 – Fermé 1er-6 janv., le midi en août, sam. midi et dim. **4JZu**

Rest – Menu 19 € (déj.), 23/54 € – Carte 34/65 €

◆ Pâtes et raviolis préparés à la minute, sous vos yeux, dans un étonnant décor de trompe-l'œil et de fresques évoquant la "commedia dell'arte". Beau livre de cave.

Kamogawa
18 r. de la Buffa – ✆ 04 93 88 75 88 **3FZm**
Rest – (15 € bc) Menu 45/65 € – Carte 40/70 €
◆ Cette adresse typiquement nippone (tout le personnel est japonais) connaît un franc succès grâce à ses recettes traditionnelles et simples, servies dans un cadre sobre.

Lou Pistou
4 r. Raoul-Bosio – ✆ 04 93 62 21 82 – www.loupistou.fr – Fermé 8-15 mars, 1er-15 nov., sam. et dim. **4HZe**
Rest – Carte 24/45 €
◆ Officiant à côté du palais de Justice, ce petit bistrot sert une cuisine niçoise dans une salle à manger rustique égayée de lithographies anciennes. Accueil tout sourire.

Saison
17 r. Gubernatis – ✆ 04 93 85 69 04 – www.saison-nice.com – Fermé dim. et lundi **4HYx**
Rest – Menu 35/45 € – Carte 33/47 €
◆ Restaurant japonais ouvert en 2009, sous la gérance de Keisuke Matsushima (étoilé au restaurant éponyme). Cadre sobre et simple. Bon choix de vins et sakés.

La Merenda
4 r. Raoul-Bosio – Fermé 1er-6 mars, 25 juil.-7 août, sam. et dim. **4HZa**
Rest – *(nombre de couverts limité, prévenir)* Carte 26/39 €
◆ Tabourets inconfortables, pas de téléphone et cartes de crédit bannies... Que dire de plus ? Que l'on fait salle comble tous les jours avec une authentique cuisine niçoise !

La Casbah
3 r. Dr Balestre – ✆ 04 93 85 58 81 – Fermé juil., août, dim. soir et lundi **4GYa**
Rest – Carte 17/26 €
◆ Restaurant familial proposant un choix de couscous, principalement à base d'agneau, de légumes frais et de semoule travaillée dans les règles de l'art. Pâtisseries orientales.

à l'Aire St-Michel Nord : 9 km par bd. de Cimiez – BS ✉ 06100 Nice

Au Rendez-vous des Amis
176 av. Rimiez ✉ 06100 – ✆ 04 93 84 49 66 – www.rdvdesamis.fr – Fermé 25 oct.-17 nov., 20 fév.-9 mars, mardi sauf juil.-août et merc.
Rest – (19 €) Menu 24/33 € – Carte 24/40 €
◆ La chaleur de l'accueil et de l'ambiance ne font pas mentir l'enseigne ! Savoureux plats niçois (choix volontairement restreint), coquette salle colorée et terrasse ombragée.

à l'aéroport de Nice-Côte-d'Azur 7 km – ✉ 06200 Nice

Park Inn Nice
179 bd René Cassin – ✆ 04 93 18 34 00 – www.parkinn.com/airporthotel-nice
152 ch – †99/280 € ††99/280 € – 1 suite – ☕ 17 € **1AUd**
Rest – (17 € bc) Menu 25 € (sem.)/50 € – Carte 25/40 €
◆ Vous logerez à deux pas de l'aéroport, dans des chambres agréables, bien contemporaines et personnalisées par une couleur dominante différente selon les étages. Restaurant moderne (carte traditionnelle) et service snack en été au bord de la piscine.

Novotel Arenas
455 promenade des Anglais – ✆ 04 93 21 22 50 – www.novotel.com
131 ch – †94/174 € ††94/174 € – ☕ 14 € **1AUe**
Rest – (16 €) Carte 20/50 €
◆ Les chambres ont toutes été rénovées dans un style tendance : mobilier moderne assorti de teintes gris et chocolat. Bonne insonorisation et multiples salles de conférences. Salle de restaurant plus intime qu'à l'ordinaire et cuisine traditionnelle.

à St-Isidore par ⑦ : 13 km – ✉ 06200

Servotel
30 av. A. Verola – ✆ 04 93 29 99 00 – www.servotel-nice.fr
84 ch – †74/103 € ††84/113 € – 2 suites – ☕ 13 € – ½ P 69/88 €
Rest – *(fermé dim. sauf le midi en saison et sam. midi)* Menu 22/47 € bc – Carte 45/65 €
♦ Un établissement neuf proche d'un centre commercial. Chambres fonctionnelles bien pensées pour la clientèle d'affaires. Salon-cheminée et équipements pour séminaires. Salle à manger contemporaine aux couleurs du Sud et cuisine traditionnelle simple.

NIEDERBRONN-LES-BAINS – 67 Bas-Rhin – **315** J3 – 4 387 h. – alt. 190 m – Stat. therm. : début avril-fin nov. – Casino – ✉ 67110 Alsace Lorraine 1 B1
Paris 460 – Haguenau 23 – Sarreguemines 55 – Saverne 40
6, place de l'Hôtel de Ville ✆ 03 88 80 89 70

Mercure sans rest
14 av. Foch – ✆ 03 88 80 84 48 – www.mercure.com
54 ch – †69 € ††77 € – 5 suites – ☕ 12 €
♦ Non loin du casino, l'ancien Grand Hôtel, mué en Mercure, a conservé un peu de son esprit Belle Époque. Chambres spacieuses (trois niveaux de confort) ; agréable salon.

Le Bristol
4 pl. de l'Hôtel-de-Ville – ✆ 03 88 09 61 44 – www.lebristol.com
29 ch – †50/55 € ††60/70 € – ☕ 8,50 € – ½ P 60/65 €
Rest – Menu 15/22 € – Carte 20/50 €
♦ Hôtel situé au cœur de la station thermale. Élégante réception de bois vêtue ; chambres colorées et coquettes, très chaleureuses (mobilier en bois clair). Cuisine traditionnelle à déguster dans une salle classique et cossue ou à la winstub.

Du Parc
r. de la République – ✆ 03 88 09 01 42 – www.parchotel.net
42 ch ☕ – †50/70 € ††70/85 € – ½ P 49/63 €
Rest – (10 €) Menu 25/35 € – Carte 25/45 €
♦ Un hôtel plaisant à deux pas du centre-ville. Classiques (boiseries alsaciennes) ou plus actuelles, les chambres y sont coquettes et bien tenues. Charme traditionnel dans l'assiette comme en salle (bel esprit winstub, plafonds peints...).

L'Atelier du Sommelier
35 r. des Acacias, à 2 km vers complexe sportif – ✆ 03 88 09 06 25 – www.atelierdusommelier.com – Fermé 16 août-1er sept., 15 fév.-1er mars, sam. midi, lundi et mardi
Rest – Menu 28/51 € – Carte 36/68 €
♦ Sur les hauteurs de la ville, à l'orée de la forêt, ce restaurant au charme rustique est dédié à Bacchus : caisses de vin et crus exposés (en vente). Cuisine épurée.

NIEDERSCHAEFFOLSHEIM – 67 Bas-Rhin – **315** K4 – 1 248 h. – alt. 185 m – ✉ 67500 1 B1
Paris 473 – Haguenau 7 – Saverne 35 – Strasbourg 28

Au Bœuf Rouge avec ch
39 r. du Gén. de Gaulle – ✆ 03 88 73 81 00 – www.boeufrouge.com – Fermé 11 juil.-4 août et 27 fév.-15 mars
13 ch – †75 € ††78 € – ☕ 11 € – ½ P 68/74 €
Rest – *(fermé dim. soir, mardi midi et lundi)* Menu 31 € (sem.), 40/75 € – Carte 66/80 €
♦ Une institution tenue par la même famille depuis 1880. Accueil chaleureux, décor élégant et cuisine soignée, sur des bases classiques (selle de veau de lait, girolles et cosses truffées). Confortables chambres traditionnelles.

NIEDERSTEINBACH – 67 Bas-Rhin – **315** K2 – 134 h. – alt. 225 m – ✉ 67510 Alsace Lorraine 1 B1
Paris 460 – Bitche 24 – Haguenau 33 – Lembach 8

Cheval Blanc

11 r. Principale – 03 88 09 55 31 – www.hotel-cheval-blanc.fr
– Fermé 27 juin-7 juil., 21 nov.-1er déc., 31 janv.-9 mars
28 ch – 51/65 € 68/77 € – 1 suite – 12 € – ½ P 61/68 €
Rest – *(fermé jeudi)* Menu 27/57 € – Carte 19/63 €
◆ Sur l'axe principal d'un paisible village, maison à colombages disposant de chambres coquettes et thématiques ("Chasseur", "Cardinal"...). Accueil sympathique. À table, généreuse cuisine régionale servie dans des "stubes" typiques, tout en boiseries.

à Wengelsbach **Nord-Ouest : 5 km par D 190 – 67510**

Au Wasigenstein

32 r. Principale – 03 88 09 50 54 – www.wasigenstein-wengelsbach.com
– Fermé merc. et jeudi de nov. à fév., lundi et mardi
Rest – Menu 12 € (sem.), 21/30 € – Carte 18/35 €
◆ Une auberge de montagne toute simple, située dans un vallon de la forêt vosgienne. Gibier, atmosphère rustique (trophées de chasse), terrasse... un lieu prisé des randonneurs.

NIEUIL – 16 Charente – 324 N4 – 927 h. – alt. 150 m – 16270 **39 C2**

Paris 434 – Angoulême 42 – Confolens 24 – Limoges 66

à l'Est **2 km par D 739 et rte secondaire – 16270 Nieuil**

Château de Nieuil sans rest

– 05 45 71 36 38 – www.chateaunieuilhotel.com – Ouvert d'avril à oct.
12 ch – 120/198 € 135/290 € – 2 suites – 15 €
◆ Ce château Renaissance, ancien rendez-vous de chasse de François Ier, se dresse fièrement dans un vaste parc arboré. Belles chambres de style Empire, Art déco, classique, etc.

La Grange aux Oies

dans le parc du château – 05 45 71 81 24 – www.grange-aux-oies.com
– Fermé 28 mars-8 avril et 2 nov.-3 déc.
Rest – (26 € bc) Menu 48 € bc – Carte 46/70 €
◆ Installé dans les écuries du château de Nieuil, ce restaurant associe avec bonheur décoration tendance et vieilles pierres. Cuisine dans l'air du temps, à l'image des lieux.

NIEULLE-SUR-SEUDRE – 17 Charente-Maritime – 324 D5 – 733 h. – alt. 3 m – 17600 **38 A2**

Paris 503 – Poitiers 170 – La Rochelle 60 – Rochefort 30

Le Logis de Port Paradis

12 r. de Port-Paradis – 05 46 85 37 38 – www.portparadis.com
5 ch – 67 € 72 € **Table d'hôte** – Menu 29 € bc
◆ À voir dans les jolies chambres de cette demeure typiquement charentaise : les têtes de lit fabriquées à partir de bois ou d'ardoise récupérés dans des cabanes ostréicoles. Dîner avec les propriétaires, plats du terroir et copieux petit-déjeuner 100 % maison.

NÎMES P – 30 Gard – 339 L5 – 144 092 h. – Agglo. 148 889 h. – alt. 39 m – 30000 Languedoc Roussillon **23 C3**

Paris 706 – Lyon 251 – Marseille 123 – Montpellier 58
de Nîmes-Alès-Camargue-Cévennes : 04 66 70 49 49, 12 km par ⑤.
6, rue Auguste 04 66 58 38 00
de Nimes Vacquerolles 1075 chemin du Golf, par D 999 : 6 km, 04 66 23 33 33
de Nimes Campagne Route de Saint Gilles, par rte de l'Aéroport : 11 km, 04 66 70 17 37
Arènes★★★ - Maison Carrée★★★ - Jardin de la Fontaine★★ : Tour Magne★, ★ - Intérieur★ de la chapelle des Jésuites DU **B** - Carré d'Art★ - Musée d'Archéologie★ **M1** - Musée du Vieux Nîmes **M3** - Musée des Beaux-Arts★ **M2**.

Plans pages suivantes

NÎMES

Briçonnet (R.) . . . . **BY** 8
Cirque Romain (R. du) . . . . **AY** 13
Fontaine (Quai de la) . . . . **AX** 20
Gambetta (Bd) . . . . **ABX**
Gamel (Av. P.) . . . . **BZ** 22
Générac (R. de) . . . . **AYZ** 23
Mallarmé (R. Stéphane) . . . . . **AX** 34
Martyrs de la Résistance (Pl. des) . . . . **AZ** 36
Mendès-France (Av. Pierre) . . . **BZ** 39
République (R. de la) . . . . **AYZ**
Ste-Anne (R.) . . . . **AY** 46
Verdun (R. de) . . . . **AY** 47

Jardins Secrets sans rest

3 r. Gaston-Maruejols – ✆ *04 66 84 82 64* – *www.jardinssecrets.net* **BYm**
10 ch – 🚹195/480 € 🚹🚹195/480 € – 4 suites – ☕ 25 €
◆ Exquis et confidentiel... Au cœur de la ville, cet hôtel est une parenthèse : au sein d'un jardin semé de milles essences, le décor, œuvre d'un décorateur de talent, puise dans tous les raffinements du 18e s. Le spa est très beau.

Vatel

rest,

140 r. Vatel par av. Kennedy AY – ✆ *04 66 62 57 57* – *www.hotelvatel.com*
46 ch – 🚹125/230 € 🚹🚹135/230 € – ☕ 13 €
Rest *Les Palmiers* – *(fermé août, dim. soir, lundi et le midi)* Menu 29/54 € – Carte 50/69 €
Rest *Le Provençal* – (18 €) Menu 23/58 €
◆ Rien ne l'indique, mais c'est ici que les élèves de l'école hôtelière voisine se forment ! Ce grand immeuble contemporain est très agréable pour jouer au client : ambiance feutrée, chambres avec balcon, espace bien-être... Deux restaurants d'application : l'un gastronomique, l'autre bistrot ; deux bonnes notes.

Novotel Atria Nîmes Centre

5 bd de Prague – ✆ *04 66 76 56 56* – *www.accor-hotels.com* **DVf**
112 ch – 🚹99/190 € 🚹🚹99/190 € – 7 suites – ☕ 15 €
Rest – (17 €) Carte 25/40 €
◆ Pour la clientèle d'affaires, au cœur de la ville (garage privé) et disposant d'un centre de congrès. Au dernier étage, la vue sur Nîmes vaut le coup d'œil. Carte Novotel Café au restaurant.

NÎMES

Arènes (Bd des) . . . . CV 2
Aspic (R. de l') . . . . CUV
Auguste (R.) . . . . CU 4
Bernis (R. de) . . . . CV 6
Chapitre (R. du) . . . . CU 12
Courbet (Bd Amiral) . . . . . DUV 14
Crémieux (R.) . . . . DU 16
Curaterie (R.) . . . . DU 17
Daudet (Bd Alphonse) . . . . . CU 18
Fontaine (Quai de la) . . . . . CU 20
Gambetta (Bd) . . . . CDU
Grand'Rue . . . . DU 24
Guizot (R.) . . . . CU 26
Halles (R. des) . . . . CU 27
Horloge (R. de l') . . . . CU 28
Libération (Bd de la) . . . . . . DV 30
Madeleine (R. de la) . . . . . . CU 32
Maison Carrée (Pl. de la) . . . . CU 33
Marchands (R. des) . . . . CU 35
Nationale (R.) . . . . CDU
Perrier (R. Gén.) . . . . CU
Prague (Bd de) . . . . DV 42
République (R. de la) . . . . . CV 43
Saintenac (Bd E.) . . . . DU 45
Victor-Hugo (Bd) . . . . CUV
Violettes (R.) . . . . CV 49

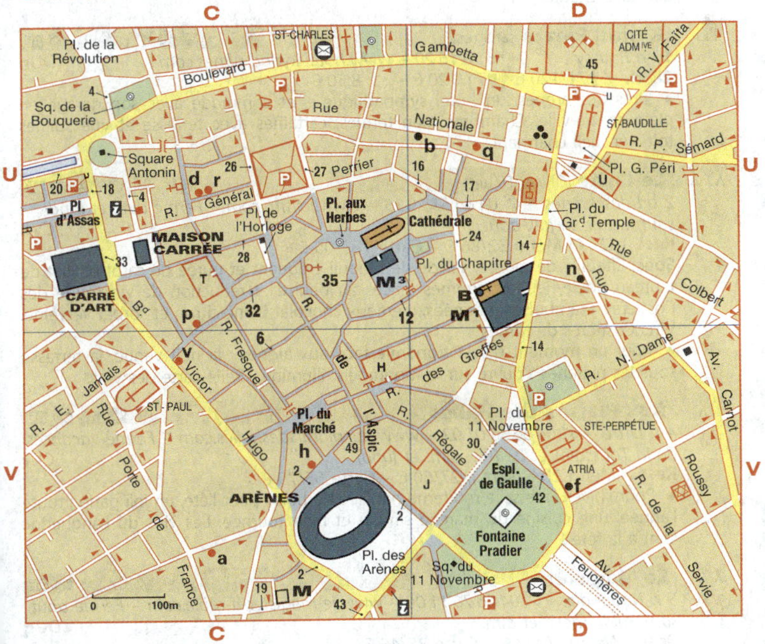

La Maison de Sophie sans rest

31 av. Carnot – ☎ 04 66 70 96 10 – www.hotel-lamaisondesophie.com BYt

8 ch – †140/290 € ††160/290 € – ☕ 16 €

◆ Hall en marbre, bel escalier, vitraux d'époque, salons cosy, bibliothèques... Sophie vous accueille dans sa maison, une demeure bourgeoise imprégnée par l'esprit des années 1900 !

L'Orangerie

755 r. Tour-de-l'Évêque – ☎ 04 66 84 50 57 – www.orangerie.fr BZk

37 ch – †79/159 € ††79/159 € – ☕ 12 €

Rest – Menu 24/39 €

◆ En bordure de ville, une maison du 19e s. aux allures de vieux mas... Au choix : décor provençal ou classique, terrasse face à la piscine, bain bouillonnant, chambres familiales. Côté restaurant, notes colorées et carte traditionnelle (produits régionaux).

Le Pré Galoffre sans rest

rte de Générac, 6 km au Sud par D 13 - BZ – ☎ 04 66 29 65 41 – www.lepregaloffre.com

27 ch – †65/100 € ††65/100 € – ☕ 10 €

◆ Pour séjourner à l'orée de la ville, dans la campagne nîmoise. Une belle allée de platanes mène à cette demeure du 17e s., assez coquette. L'été, petit-déjeuner près de la piscine.

New Hôtel La Baume sans rest

21 r. Nationale – ☎ 04 66 76 28 42 – www.new-hotel.com DU**b**

34 ch – †110 € ††140 € – 7 suites – ☕ 10 €

◆ Amateur de vieilles pierres ? Vous admirerez la cour intérieure de cet hôtel particulier du 17e s., flanquée d'un superbe escalier à balustre. Chambres modernes, aux tons chauds.

Kyriad Plazza sans rest

10 r. Roussy – ☎ 04 66 76 16 20 – www.hotel-kyriad-nimes.com DU**n**

28 ch – †71/120 € ††71/120 € – ☕ 8,50 €

◆ Près des arènes, un hôtel sympathique – et commode avec son garage en plein centre-ville. Chambres bien tenues, certaines avec terrasse et vue sur les toits. Accueil charmant.

Le Lisita (Olivier Douet)

2 bd des Arènes – ☎ 04 66 67 29 15 – www.lelisita.com – Fermé dim. et lundi sauf le soir en juil.-août CV**h**

Rest – (24 €) Menu 32/86 € – Carte 78/105 €

Spéc. Effeuillé de morue, salade de fenouil croquant et purée de carotte. Filet de taureau poêlé, jeunes légumes glacés au beurre et réduction de vin rouge des Costières. Framboises marinées, crémeux chocolat blanc-citron et sorbet verveine.
Vins Costières de Nîmes.

◆ Pour un moment de gastronomie face aux arènes : la nuit venue, la terrasse sous les platanes s'ouvre sur le monument illuminé... Belle carte des vins.

Aux Plaisirs des Halles

4 r. Littré – ☎ 04 66 36 01 02 – www.auxplaisirsdeshalles.com – Fermé vacances de la Toussaint et de fév., dim. et lundi CU**r**

Rest – Menu 20 € (sem.), 27/60 € – Carte 55/79 €

◆ Pour l'hiver, une salle moderne habillée de bois ; pour l'été, un joli patio ; toute l'année, une cuisine du marché simple et bien tournée. Les vins du Languedoc sont à la fête !

Le Magister

5 r. Nationale – ☎ 04 66 76 11 00 – www.le-magister-a-table.com – Fermé août, sam. midi, merc. et dim. DU**q**

Rest – Menu 26/43 € – Carte 35/45 €

◆ Pour déguster une appétissante cuisine traditionnelle, dont une incontournable brandade de morue. Loin de Nîmes, la grande salle habillée de pin évoque un chalet de montagne !

Le Darling

40 r. Madeleine – ☎ 04 66 67 04 99 – www.ledarling.com – Fermé 1er-15 juil., 31 déc.-7 janv., le midi sauf dim. d'oct. à mai et merc. CU**p**

Rest – *(dîner seult) (nombre de couverts limité, prévenir)* Menu 45/58 € – Carte 55/75 €

◆ Ambiance chic et contemporaine pour cette adresse en vue : voûtes en pierre, fresque incrustée de feuilles d'or et cuisine créative osant avec succès des mélanges inédits.

Shogun

38 bd Victor-Hugo – ☎ 04 66 27 59 88 – www.shogun-nimes.com – Fermé 13-21 mai, 1er-22 août, 15-30 sept., dim. et lundi CV**v**

Rest – Menu 14 € bc (déj.), 18 € bc/45 € – Carte 40/60 €

◆ On vient de loin pour découvrir les créations du chef et du "maître sushis", l'inimitable art de recevoir ainsi que l'atmosphère zen de cette table japonaise. Spécialités de Tokyo.

L'Exaequo

11 r. Bigot – ☎ 04 66 21 71 96 – Fermé 15 août-2 sept., sam. midi et dim.

Rest – (14 €) Menu 18 € (déj. en sem.), 22/28 € – Carte 22/34 € CV**a**

◆ Tons blancs, musique d'ambiance, mobilier design, patio avec brumisateur... Un cadre résolument lounge, non loin des arènes romaines. Cuisine actuelle.

Le Marché sur la Table VISA
10 r. Littré – 04 66 67 22 50 – Fermé lundi et mardi CU**d**
Rest – Carte 33/48 €
◆ Une petite adresse sympathique, où l'on déguste une cuisine de bistrot qui respire la fraîcheur : chaque matin, le patron fait son marché aux halles voisines !

L'Annexe A/C P VISA AE
166 av. de la Bouvine, (face au stade des Costières), 2 km au Sud par ⑤ – 04 66 64 85 31 – www.brasserielannexe.com
Rest – (19 €) Menu 24 € – Carte 35/60 €
◆ Face au stade des Costières, une grande brasserie très contemporaine – mais où les banquettes conservent toute leur place. Plats classiques (bœuf grillé, huîtres) et vins locaux.

Le Bois Mangé A/C P VISA AE
168 allée de l'Amérique-Latine – 04 66 64 65 65 – www.le-boismange.com – Fermé dim. BZ**a**
Rest – (19 €) Menu 22 € – Carte environ 25 €
◆ On y mange et on y boit... En périphérie de la ville, une adresse tendance qui cultive le goût des produits frais. Chaque plat peut être accompagné de la garniture de son choix.

à Marguerittes par ② et D 981 : 8 km – 8 692 h. – alt. 60 m – ✉ 30320

L'Hacienda A/C ch, rest, P VISA
Le Mas de Brignon, 2 km au Sud-Est par rte secondaire – 04 66 75 02 25 – www.hotel-hacienda-nimes.fr – Ouvert de mi-mars à fin nov.
12 ch – †82/142 € ††92/162 € – ☕ 16 € – ½ P 96/136 €
Rest – *(fermé le midi)* Menu 34/44 € – Carte 52/65 €
◆ En pleine campagne, ce grand mas provençal (de construction récente) a les oliviers et les amandiers pour voisins... La plupart des chambres ont terrasse ou balcon. Au restaurant, on apprécie une cuisine traditionnelle, servie l'été au bord de la piscine.

à Garons par ⑤, D 42 et D 442 : 9 km – 4 219 h. – alt. 90 m – ✉ 30128

Alexandre (Michel Kayser) A/C P VISA AE
2 r. X.-Tronc – 04 66 70 08 99 – www.michelkayser.com – Fermé 21 août-6 sept., vacances de fév., mardi de sept. à juin, dim. sauf le midi de sept. à juin et lundi
Rest – (46 € bc) Menu 64 € (sem.)/134 € – Carte 90/140 €
Spéc. Îles flottantes aux truffes sur velouté de cèpes (sept. à avril). Filet de rouget de petit bateau, ravioles de picholine. Écrin des desserts. **Vins** Costières de Nîmes, Vin de pays du Gard.
◆ Dès le printemps, le jardin dévoile tous ses charmes, sous la lumière filtrée par des cèdres du Liban centenaires... Diaphane et émouvante : telle est aussi la cuisine de Michel Kayser, qui signe des assiettes à la fois créatives et très maîtrisées.

NIORT P – 79 Deux-Sèvres – 322 D7 – 58 066 h. – alt. 24 m 38 B2
– ✉ 79000 Poitou Vendée Charentes

Paris 408 – Bordeaux 184 – Nantes 142 – Poitiers 76
16, rue du Petit Saint-Jean 05 49 24 18 79
18 de Niort Chemin du Grand Ormeau, S : 3 km près de l 'hippodrome, 05 49 09 01 41
Donjon★ : salle de la chamoiserie et de la ganterie★ - Le Pilori★.
Le Marais Poitevin★★.

Plan page suivante

La Chamoiserie sans rest A/C P VISA AE
10 r. de l'Espingole – 05 49 78 07 07 – www.hotelparticulierniort.com AZ**f**
16 ch – †92 € ††92 € – ☕ 12 €
◆ Une très belle demeure de famille de la fin du 19e s. Joli parquet, moulures pleines de charme et ravissant jardin ; les chambres sont décorées dans le style contemporain en vogue.

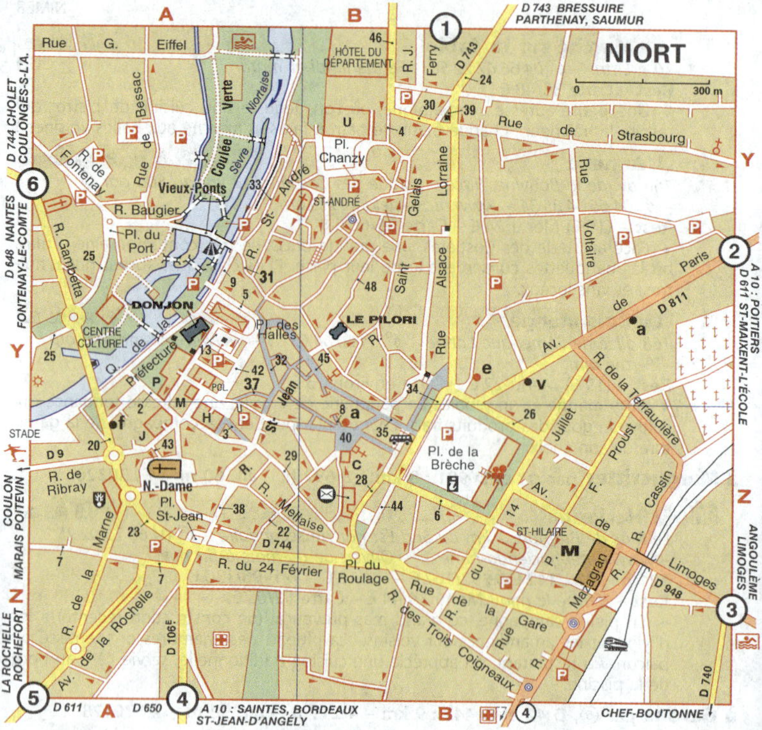

Mercure – ch, VISA AE

80 bis av. de Paris – ✆ 05 49 24 29 29 – www.mercure.com **BYa**

97 ch – †77/129 € ††95/150 € – 2 suites – ☕ 14 €

Rest – (20 €) Menu 24 € – Carte 33/52 €

◆ Des chambres soignées et de bonne ampleur dans cet hôtel contemporain à deux pas du centre-ville. Jardin avec piscine. Restaurant sous une verrière, chaleureux et moderne. En été, on peut dîner à l'ombre des arbres.

Le Grand Hôtel sans rest – VISA AE

32 av. de Paris – ✆ 05 49 24 22 21 – www.grandhotelniort.com **BYv**

39 ch – †70/97 € ††70/104 € – ☕ 9 €

◆ Un établissement central, pratique pour sillonner la ville. Les chambres sur rue sont spacieuses et cosy, d'autres donnent sur le petit jardin. Buffet au petit-déjeuner.

Sandrina sans rest – VISA

43 av. St-Jean d'Angély, par ④: 200 m – ✆ 05 49 79 28 42 – www.hotel-sandrina.com – Fermé 26 déc.-2 janv.

18 ch – †57 € ††57 € – ☕ 7 €

◆ Adresse familiale du centre proposant des chambres fonctionnelles, colorées et d'une tenue irréprochable. Parking fermé à disposition.

XXX **La Belle Étoile**

115 quai M. Métayer, près périph. Ouest -AY : 2,5 km – ✆ 05 49 73 31 29 – www.la-belle-etoile.fr – Fermé 8-22 août, dim. soir, merc. soir et lundi

Rest – (19 €) Menu 30/67 €

◆ Au bord de la Sèvre, une élégante maison bourgeoise avec une terrasse ombragée. Cuisine plutôt classique, accompagnée d'une jolie collection de vieux millésimes.

XX **L'Adress...**

247 av. de La Rochelle – ✆ 05 49 79 41 06 – Fermé 9-15 mai, 1er-21 août, 2-8 janv., dim. et lundi

Rest – (14 €) Menu 26/48 € – Carte 34/56 €

◆ C'est l'adresse qui monte à Niort. Le décor est tonique, et l'on afflue pour goûter une cuisine inventive qui ne lésine pas sur les effets de style et les associations de saveurs.

X **Mélane**

1 pl. du Temple – ✆ 05 49 04 00 40 – www.lemelane.com – Fermé dim. et lundi

Rest – (16 €) Menu 20 € (déj.), 26/37 € – Carte 32/50 € BZ**a**

◆ Cette adresse, bien connue des Niortais, propose une carte mêlant la tradition aux tendances du moment. Beaucoup de vert dans la décoration, comme une invitation au zen.

X **La Tartine**

2 bis r. de la Boule-d'Or – ✆ 05 49 28 20 15 – www.la-tartine.fr – Fermé sam. midi et dim. BY**e**

Rest – (17 €) Menu 23/30 € – Carte 29/47 €

◆ Cinq salles aux atmosphères différentes : bistrot, cosy ou tendance. C'est branché et convivial, et il y en a pour tous les goûts : carpaccios, tartines, salades et tapas.

X **Le Dîner aux Chandelles**

74 quai M. Métayer, (près du périphérique Ouest), : 2,5 km - AY – ✆ 05 49 73 33 33 – Fermé 24 avril-8 mai, 4-12 sept., 24 déc.-10 janv., sam. midi, dim. soir et lundi

Rest – (12 €) Menu 24/40 € – Carte 36/52 €

◆ Sur les bords de la Sèvre niortaise, un ancien bistrot de pêcheur converti en resto jeune et tendance. Dans l'assiette : des épices et des clins d'œil à la cuisine du monde.

à St-Liguaire 4,5 km à l'Ouest par D9 et rte secondaire – ✉ 79000 Niort

XX **Auberge de la Roussille**

imp. de la Roussille – ✆ 05 49 06 98 38 – www.laroussille.com – Fermé 7-18 mars, 3-14 oct., 30 déc.-13 janv., merc. soir d'oct. à mars, dim. soir, lundi et mardi

Rest – Menu 22/59 € – Carte 35/62 €

◆ Cette ancienne maison d'éclusier, au bord de la Sèvre, est prisée pour son charme bucolique et sa cuisine traditionnelle aux accents régionaux. La terrasse est ravissante !

à St-Symphorien 7 km par ④ rte de St-Jean-d'Angély, D 650 et D 174 – 1 721 h. – alt. 28 m – ✉ 79270

X **Auberge de Crespé** avec ch

99 rte d'Aiffres – ✆ 05 49 32 97 61 – Fermé 14 juil.-6 août, dim. et lundi

5 ch – †65 € ††70 € **Rest** – (16 €) Menu 20/38 €

◆ Cuisine traditionnelle confectionnée selon le marché et les saisons ; on grille la côte de bœuf à la cheminée dans la salle à manger rustique. Chambres confortables et meublées d'ancien, dans le ton de cette maison bourgeoise du 18e s. sise dans un parc arboré.

NISSAN-LEZ-ENSERUNE – **34 Hérault** – **339** D9 – **3 278 h.** – **alt. 21 m** – ✉ **34440** Languedoc Roussillon **22** B2

Paris 774 – Béziers 12 – Capestang 9 – Montpellier 82

square Rene Dez ✆ 04 67 37 14 12

Oppidum d'Ensérune★ : musée★, ≤★ NO : 5 km.

Résidence

35 av. Cave – ✆ 04 67 37 00 63 – www.hotel-residence.com – Fermé 19 déc.-10 janv.
18 ch – †65/75 € ††65/89 € – ☕ 11 € – ½ P 67/74 €
Rest – (15 €) Menu 20 € (déj.), 28/48 € – Carte 39/60 €
◆ Une demeure bourgeoise au cœur du village. Les chambres mêlent mobilier ancien et style contemporain ; elles sont plus petites dans l'annexe, une maison de vigneron du 19e s. Aux beaux jours, cuisine régionale servie sur la jolie terrasse ombragée, face à la piscine.

NITRY – 89 Yonne – **319** G5 – 403 h. – alt. 240 m – ✉ 89310 **7** B1

Paris 195 – Auxerre 36 – Avallon 23 – Vézelay 31

Auberge La Beursaudière

9 chemin de Ronde – ✆ 03 86 33 69 69 – www.beursaudiere.com – Fermé 3-29 janv.
11 ch – †75 € ††115 € – ☕ 10 € **Rest** – Menu 20/43 € – Carte 36/57 €
◆ Les dépendances de ce prieuré du 12e s. ne manquent pas de caractère : pierres apparentes, tomettes et poutres dans les chambres, pigeonnier médiéval... Authentique ! Cuisine du terroir servie en costume régional, dans un cadre joliment rustique. Belle cave.

NOAILHAC – 81 Tarn – **338** G9 – 796 h. – alt. 222 m – ✉ 81490 **29** C2

Paris 730 – Albi 55 – Béziers 99 – Toulouse 90

Hostellerie d'Oc

av. Charles-Tailhades – ✆ 05 63 50 50 37 – Fermé 5-21 sept., 3-26 janv., merc. soir et lundi
Rest – Menu 11 € (sem.), 16/33 € – Carte 25/50 €
◆ Ancien relais de poste aménagé en restaurant, abritant deux salles à manger rustiques. Cuisine régionale réservant une place de choix aux produits du terroir.

NOAILLY – 42 Loire – **327** D3 – 735 h. – alt. 240 m – ✉ 42640 **44** A1

Paris 395 – Lyon 98 – Roanne 13 – Vichy 68

Château de la Motte

La Motte Nord, à 1,5 km – ✆ 04 77 66 64 60 – www.chateaudelamotte.net – Ouvert 14 fév.-12 nov.
5 ch ☕ – †80/110 € ††88/118 € **Table d'hôte** – Menu 28 € bc
◆ Niché dans un magnifique parc, ce château (18e-19e s.) abrite des chambres dédiées à des écrivains (mobilier d'époque). La "Lamartine", très originale, a une baignoire ronde dans la tour. Table traditionnelle, privilégiant les légumes du potager. Séjours à thèmes.

NOCÉ – 61 Orne – **310** N4 – rattaché à Bellême

NOEUX-LES-MINES – 62 Pas-de-Calais – **301** I5 – 12 111 h. – alt. 29 m – ✉ 62290 Nord Pas-de-Calais Picardie **30** B2

Paris 208 – Arras 28 – Béthune 5 – Bully-les-Mines 8

d'Olhain à Houdain Parc départemental de Nature, S : 11 km par D 65 et D 301, ✆ 03 21 02 17 03

La Maison Rouge

374 r. Nationale – ✆ 03 21 61 65 65 – www.hotel-lamaisonrouge.com
40 ch – †105 € ††105/160 € – ☕ 12 €
Rest – (20 €) Menu 27 € (sem.)/38 € – Carte 38/55 €
◆ Maison typiquement régionale en brique rouge, dévoilant d'agréables chambres contemporaines. Le restaurant décline avec élégance... le rouge par petites touches, et une cuisine bien dans son époque.

L'Atelier des Saveurs

94 rte Nationale – ✆ 03 21 26 74 74 – www.latelier-des-saveurs.fr – Fermé 1er-15 août, dim. soir et lundi
Rest – (15 €) Menu 26 € (sem.)/60 €
◆ Ce restaurant a été repris par un jeune couple de la région. Il fait bon s'attabler devant son appétissante cuisine et la salle est conviviale, avec ses murs en brique.

NOGARO – 32 Gers – 336 B7 – 1 969 h. – alt. 98 m – ✉ 32110 28 A2

Paris 729 – Agen 88 – Auch 63 – Mont-de-Marsan 45

81, rue Nationale ☎ 05 62 09 13 30

Solenca

rte d'Auch – ☎ 05 62 09 09 08 – www.solenca.com

48 ch – †52/67 € ††65/72 € – ☐ 9 € – ½ P 57/60 €

Rest – Menu 11 € (déj. en sem.), 16/41 € – Carte 29/56 €

◆ Une étape simple mais conviviale au cœur du pays gersois. Les chambres, toutes identiques, sont bien tenues et pratiques. Agréable piscine entourée d'un jardin arboré. Restaurant et terrasse champêtres pour une cuisine de terroir.

à Manciet Nord-Est : 9 km par N 124 – 788 h. – alt. 131 m – ✉ 32370

La Bonne Auberge avec ch

pl. du Pesquerot – ☎ 05 62 08 50 04 – Fermé 23 déc.-3 janv., dim. soir et lundi

14 ch – †42 € ††68 € – ☐ 8 € – ½ P 58 €

Rest – (13 €) Menu 25/50 € – Carte 37/67 €

◆ Maison centenaire chaleureuse avec ses deux salles à manger : l'une, en véranda, ouverte sur la terrasse ; l'autre décorée de boiseries. Belle collection d'armagnacs, idéale pour terminer un repas de tradition.

NOGENT – 52 Haute-Marne – 313 M5 – 4 075 h. – alt. 410 m – ✉ 52800 Champagne Ardenne 14 C3

Paris 289 – Bourbonne-les-Bains 35 – Chaumont 24 – Langres 25

place du Général de Gaulle ☎ 03 25 03 69 18

Musée de la coutellerie de l'espace Pelletier - Musée du patrimoine coutelier.

Du Commerce

pl. Gén. de Gaulle – ☎ 03 25 31 81 14 – www.relais-sud-champagne.com – Fermé 16 déc.-2 janv., sam. de sept. à juin, dim. et fériés

18 ch – †68 € ††68 € – ☐ 9 € – ½ P 60 €

Rest – (16 €) Menu 21/30 € – Carte 33/51 €

◆ Bonne étape sur la coquette place de la mairie, près du musée de la Coutellerie. Chambres fraîches, meublées simplement. Ambiance un brin bourgeoise au restaurant ou atmosphère plus décontractée à la brasserie... pour une cuisine régionale.

NOGENT-LE-ROI – 28 Eure-et-Loir – 311 F4 – 3 998 h. – alt. 93 m – ✉ 28210 Île de France 11 B1

Paris 77 – Ablis 35 – Chartres 28 – Dreux 19

Mairie ☎ 02 37 51 23 20

18 du Château de Maintenon à Maintenon 1 route de Gallardon, SE : 8 km par D 983, ☎ 02 37 27 18 09

Relais des Remparts

2 r.du Marché-aux-Légumes – ☎ 02 37 51 40 47 – www.relais-des-remparts.com – Fermé 8-22 août, 28 fév.-15 mars, dim. soir et lundi

Rest – (17 €) Menu 20 € (sem.), 28/35 € – Carte 26/46 €

◆ Les clés du succès de ce restaurant ? Une cuisine traditionnelle et goûteuse, un service aimable et efficace, et une confortable salle à manger harmonieusement décorée.

NOGENT-LE-ROTROU – 28 Eure-et-Loir – 311 A6 – 11 488 h. – alt. 116 m – ✉ 28400 Normandie Vallée de la Seine 11 B1

Paris 146 – Alençon 65 – Chartres 54 – Châteaudun 55

44, rue Villette-Gaté ☎ 02 37 29 68 86

Plan page suivante

Brit Hôtel du Perche sans rest

r. de la Bruyère par ⑤ – ☎ 02 37 53 43 60 – www.hotel-du-perche.com

40 ch – †52/60 € ††60/68 € – ☐ 8 €

◆ Aux avant-postes de la ville, bâtisse moderne aux chambres claires et douillettes, dont le mobilier patiné rappelle la Provence. Petit-déjeuner sous forme de buffet.

NOGENT-LE-ROTROU

Bouchers (R. des) . . . . Z 2
Bourg-le-Comte (R.) . . . . Z 3
Bretonnerie (R.) . . . . Z
Château-St-Jean (R.) . . . . Z
Croix-la-Comtesse (R.) . . . . . . Y
Deschanel (R.) . . . . YZ
Dr-Desplantes (R.) . . . . Z 8
Foch (Av. Mar.) . . . . Y 9
Fuye (R. de la) . . . . YZ 10
Giroust (R.) . . . . Y 12
Gouverneur (R.) . . . . YZ 13
Marches-St-Jean (R. des) . . . . Z 14
Paty (R. du) . . . . Z 15
Poupardières (R. des) . . . . Z 16
Prés (Av. des) . . . . Y
République (Pl. de la) . . . . Z 17
Rhône (R. de) . . . . Z 18
St-Hilaire (R.) . . . . Y
St-Laurent (R.) . . . . Z 20
St-Martin (R.) . . . . Y
Sully (R. de) . . . . YZ 23
Villette-Gaté (R.) . . . . Y 25

Sully sans rest
51 r. des Viennes – ✆ 02 37 52 15 14 – www.hotelsullynogent.fr – Fermé une sem. en août Ys
42 ch – 59 € 69 € – 7 €
◆ Établissement situé dans un quartier paisible, aux prix raisonnables. L'enseigne se réfère au duc éponyme, dont le cénotaphe est visible dans l'hôtel-Dieu.

Au Lion d'Or sans rest
28 pl. St-Pol – ✆ 02 37 52 01 60 – www.hotel-chartres-le-mans.com – Fermé 25 oct.-2 nov. Yr
18 ch – 47/56 € 56/67 € – 6,50 €
◆ Place de l'Hôtel de Ville, cet ancien relais de poste dispose de chambres rafraîchies, pratiques et bien tenues (petites salles de bains).

L' Alambic
20 av. de Paris, à Margon 1,5 km par ① – ✆ 02 37 52 19 03 – Fermé 4-24 août, 17 fév.-2 mars, mardi soir, merc. soir, dim. soir et lundi
Rest – Menu 15 € (sem.), 24/46 € – Carte 45/77 €
◆ Cet ancien routier est devenu un restaurant soigné paré de teintes acidulées. Cuisine traditionnelle avec pour spécialités la tête de veau et le foie gras.

NOGENT-SUR-MARNE – 94 Val-de-Marne – 312 D2 – 101 27 – voir Paris, Environs

NOGENT-SUR-SEINE – 10 Aube – 313 B3 – 5 983 h. – alt. 67 m 13 A2
– ✉ 10400 Champagne Ardenne

Paris 105 – Épernay 83 – Fontainebleau 66 – Provins 19
53 rue des Fossés ✆ 03 25 39 42 07

Domaine des Graviers
30 r. des Graviers – ✆ 03 25 21 81 90 – www.domaine-des-graviers.com – Fermé 1er-15 août et 20 déc.-9 janv.
26 ch – 73/119 € 79/129 € – 13 €
Rest – *(fermé dim.) (dîner seult)* (24 €) Menu 27/39 €
◆ Dans un parc de 17 ha, belle demeure de 1899 et ses dépendances abritant un salon bourgeois et des chambres plaisantes, diversement aménagées. Minigolf. Jolie vue sur les arbres centenaires du domaine et cuisine traditionnelle au restaurant.

Beau Rivage avec ch
20 r. Villiers-aux-Choux, (près de la piscine) – ✆ 03 25 39 84 22 – Fermé 16-31 août, 20 fév.-15 mars, dim. soir et lundi
10 ch – 64 € 74 € – 10 € – ½ P 75 €
Rest – Menu 23/43 € – Carte 42/62 €
◆ Salle à manger contemporaine, terrasse bucolique dressée sur une berge de la Seine, cuisine de saison (avec les herbes du jardin), chambres fraîches : tels sont les atouts de ce Beau Rivage.

NOIRLAC – **18 Cher** – **323** K6 – **rattaché à St-Amand-Montrond**

NOIRMOUTIER (ÎLE DE) – **85 Vendée** – **316** C6 – **voir à Île de Noirmoutier**

NOISY-LE-GRAND – **93 Seine-Saint-Denis** – **305** G7 – **101** 18 – **voir à Paris, Environs**

NOIZAY – 37 Indre-et-Loire – 317 O4 – 1 091 h. – alt. 56 m – ✉ 37210 — 11 B2

Paris 230 – Amboise 11 – Blois 44 – Tours 21

Château de Noizay
Promenade de Waulsort – ✆ 02 47 52 11 01 – www.chateaudenoizay.com – Fermé 23 janv.-18 mars
19 ch – 160/305 € 160/305 € – 22 € – ½ P 173/243 €
Rest – *(fermé mardi midi, merc. midi et jeudi midi)* (25 €) Menu 32 €, 53/78 € – Carte 67/90 €
◆ Ce château du 16e s., niché dans un parc, domine le village et son vignoble. Les chambres sont grandes et joliment meublées, plus actuelles dans le Pavillon de l'Horloge. Au restaurant, charmants salons bourgeois, cuisine d'aujourd'hui et vins de Loire.

NOLAY – 21 Côte-d'Or – 320 H8 – 1 468 h. – alt. 299 m – ✉ 21340 — 7 A3

Bourgogne

Paris 316 – Autun 30 – Beaune 20 – Chalon-sur-Saône 34

24, rue de la République ✆ 03 80 21 80 73

site★ du Château de la Rochepot E : 5 km - Site★ du Cirque du Bout-du-Monde NE : 5 km.

De la Halle sans rest
pl. des Halles – ✆ 03 80 21 76 37 – www.terroirs-b.com/lahalle
13 ch – 58/62 € 60/64 € – 7 €
◆ Face aux halles du 14e s., deux corps de bâtiments de part et d'autre d'une cour intérieure fleurie. Chambres assez modestes mais bien tenues, plus spacieuses sur l'arrière.

NONANCOURT – 27 Eure – 304 H9 – 2 154 h. – alt. 117 m – ✉ 27320 — 33 D2

Paris 97 – Alençon 97 – Chartres 51 – Évreux 35

Place Aristide Briand ✆ 02 32 58 28 74

Relais du Vieux Chateau
39 av. Victor Hugo – ✆ 02 32 58 00 74 – www.lerelaisduvieuxchateau.com – fermé deux sem. en sept., une sem. en hiver, dim soir et lundi
Rest – (20 €) Menu 30/35 €
◆ Le chef, passé par de belles maisons, prépare une cuisine dans l'air du temps. Lumineuse salle à manger dont les poutres blanches se marient à un mobilier moderne en cuir brun.

LES NONIÈRES – 26 Drôme – **332** G5 – alt. 282 m – ✉ 26410 **45** C3

Paris 648 – Die 25 – Gap 84 – Grenoble 73

Le Mont-Barral

– ✆ 04 75 21 12 21 – *www.hotelmontbarral-vercors.com – Ouvert 6 mars-12 nov. et fermé mardi soir et merc. hors vacances scolaires*

19 ch – †54/64 € ††54/64 € – ☐ 8 € – ½ P 56/68 €

Rest – (16 €) Menu 19 € (déj.), 26/35 € – Carte 26/42 €

◆ Établissement entièrement rénové qui propose des chambres modernes et tout confort. Beau mobilier en fer forgé, tennis, piscine, sauna... Équipe dynamique. Au restaurant, cuisine régionale et menu consacré au terroir qui peuvent se déguster sur la terrasse.

NONTRON – 24 Dordogne – **329** E2 – 3 465 h. – alt. 260 m **4** C1

– ✉ 24300 Limousin Berry

Paris 454 – Angoulême 45 – Libourne 135 – Limoges 68

3, avenue du Général Leclerc ✆ 05 53 56 25 50

Grand Hôtel rest,

3 pl. A. Agard – ✆ 05 53 56 11 22 – www.hotel-pelisson-nontron.com – Fermé dim. soir d'oct. à juin

22 ch – †54 € ††66 € – ☐ 8 € – ½ P 64 €

Rest – (16 €) Menu 24 € (sem.), 27/55 € – Carte 30/75 €

◆ On cultive l'art de recevoir à l'ancienne dans cet ex-relais de poste à l'atmosphère vieille France. Entretien suivi et tenue sans reproche. Plats régionaux servis dans un cadre rustique (poutres, cuivres, cheminée) ou sur une terrasse face à la piscine.

NONZA – 2B Haute-Corse – **345** F3 – voir à Corse

NOTRE-DAME-DE-BELLECOMBE – 73 Savoie – **333** M3 – 498 h. **46** F1

– alt. 1 150 m – Sports d'hiver : 1 150/2 070 19 – ✉ 73590 Alpes du Nord

Paris 585 – Albertville 25 – Annecy 54 – Chambéry 76

Chef Lieu ✆ 04 79 31 61 40

La Ferme de Victorine

Le Planay, 3 km à l'Est par rte des Saisies – ✆ 04 79 31 63 46 – www.la-ferme-de-victorine.com – Fermé 25 avril-26 mai, 13 nov.-16 déc., dim. soir et lundi sauf juil.-août

Rest – (21 €) Menu 26/50 € – Carte 38/60 €

◆ Une ferme plus vraie que nature ! Dans la jolie salle rustique, on aperçoit les vaches de l'étable. Goûteuse cuisine régionale actualisée, fidèle aux saisons (poisson, gibier).

NOTRE-DAME-DE-BONDEVILLE – 76 Seine-Maritime – **304** G5 – rattaché à Rouen

NOTRE-DAME-DE-GRAVENCHON – 76 Seine-Maritime – **304** D5 **33** C2

– 8 300 h. – alt. 35 m – ✉ 76330 Normandie Vallée de la Seine

Paris 176 – Bolbec 14 – Le Havre 40 – Rouen 51

Pascal Saunier

1 av. Amiral Grasset – ✆ 02 35 38 60 67 – www.hotelpascalsaunier.com

2 ch – †75/110 € ††77/115 € – ☐ 11 € – ½ P 90 €

Rest – *(fermé août, vend. soir, sam. et dim.)* (22 €) Carte 33/40 €

◆ Entourée d'un paisible jardin, vaste demeure à colombages (1930) dotée de chambres aux tons pastel, fonctionnelles et claires. La salle à manger de style actuel est prolongée d'une terrasse. Cuisine traditionnelle proposée à l'ardoise et changée chaque jour.

NOTRE-DAME-DE-LIVAYE – 14 Calvados – **303** M5 – 132 h. **33** C2

– alt. 27 m – ✉ 14340

Paris 185 – Caen 36 – Le Havre 86 – Lisieux 16

Aux Pommiers de Livaye
– *02 31 63 01 28 – http://bandb.normandy.free.fr – Ouvert de début fév. à mi-nov.*
5 ch – 75 € 92 € **Table d'hôte** – Menu 28/35 €
◆ Une allée de pommiers conduit à cette paisible ferme normande de 1720. Chambres personnalisées et dotées de mobilier dépareillé, ancien ou de style. Bon petit-déjeuner maison. Cuisine régionale servie dans une salle rustique authentique ; petite production de cidre.

NOTRE-DAME-DE-MONTS – 85 Vendée – 316 D6 – 1 772 h. – alt. 6 m – 85690 34 A3

Paris 457 – Challans 22 – Nantes 72 – Noirmoutier-en-l'Ile 26
6, rue de la Barre 02 51 58 84 97
La Barre-de-Monts : Centre de découverte du Marais breton-vendéen N : 6 km Poitou Charentes Vendée

L'Orée du Bois
14 r. Frisot – 02 51 58 84 04 – www.oree-du-bois.com – Ouvert de Pâques à oct.
30 ch – 55/75 € 55/75 € – 7 € – ½ P 50/62 €
Rest – *(dîner seult) (résidents seult)* Menu 20 €
◆ Les chambres, claires et pratiques, sont logées dans trois bâtiments d'un quartier résidentiel, ordonnés autour d'une piscine. Celles du rez-de-chaussée possèdent une terrasse.

NOTRE-DAME D'ORSAN – 18 Cher – 323 J6 – rattaché au Châtelet

NOTRE-DAME-DU-GUILDO – 22 Côtes-d'Armor – 309 I3 – 3 187 h. – alt. 52 m – 22380 10 C1

Paris 427 – Rennes 94 – Saint-Brieuc 49 – Saint-Malo 32

Château du Val d'Arguenon sans rest
1 km à l'Est par D 786 22380 St-Cast – 02 96 41 07 03 – www.chateauduval.com – Ouvert de Pâques à fin sept.
5 ch – 90/130 € 95/160 €
◆ Cette belle demeure de famille (16e-18e s.) se niche dans un parc qui descend jusqu'à la mer. Intérieur plein de cachet, avec meubles d'époque. À découvrir : les cabanes dans les arbres !

NOTRE-DAME-DU-HAMEL – 27 Eure – 304 D8 – 197 h. – alt. 200 m – 27390 33 C2

Paris 158 – L'Aigle 21 – Argentan 48 – Bernay 28

Le Moulin de la Marigotière
D 45 – 02 32 44 58 11 – www.moulin-marigotiere.com – Fermé 21 fév.-10 mars, lundi soir sauf juil.-août, dim. soir, mardi soir et merc.
Rest – Menu 30 € (déj. en sem.), 40/70 € – Carte 58/78 €
◆ Ancien moulin, ce restaurant prête son atmosphère bourgeoise à des repas classiques et jouit d'un agréable environnement : un joli parc traversé par la Charentonne.

NOTRE-DAME-DU-PÉ – 72 Sarthe – 310 H8 – 483 h. – alt. 73 m – 72300 35 C2

Paris 262 – Angers 51 – La Flèche 28 – Nantes 140

La Reboursière
1 km au Sud par D 134 et rte secondaire – 02 43 92 92 41 – www.lareboursiere.fr.st
4 ch – 70 € 82 € **Table d'hôte** – Menu 28 € bc
◆ Ancienne ferme (milieu 19e s.) restaurée, entourée d'un parc, gage de calme pour les hôtes séjournant dans l'une de ses grandes chambres garnies de meubles anciens. Cuisine traditionnelle servie avec le sourire dans un cadre rustique de bon aloi.

NOUAN-LE-FUZELIER – 41 Loir-et-Cher – **318** J6 – **2 513 h.** – **alt. 113 m** – ✉ **41600** **12** C2

Paris 177 – Blois 59 – Cosne-Cours-sur-Loire 74 – Gien 56

place de la Gare ✆ 02 54 88 76 75

Domaine des Fontaines sans rest

rte de Lamotte-Beuvron, 2 km au Nord par N 20 – ✆ 02 54 83 78 87 – www.hotel-domaine-des-fontaines.com

11 ch – †80 € ††100/200 € – ☕ 12 €

◆ Belle maison bourgeoise en brique rouge, au charme typiquement solognot... Chambres confortables, sobres et élégantes, mansardées au dernier étage. Petit-déjeuner sous la véranda.

Le Dahu

14 r. H. Chapron – ✆ 02 54 88 72 88 – www.restaurantledahu.com – Fermé 23 mars-14 avril, 16 nov.-9 déc., 4 janv.-4 fév., mardi soir du 1er oct. au 15 avril, merc. et jeudi

Rest – Menu 33/41 € – Carte 47/55 €

◆ On se sent vraiment à la campagne dans cette ancienne bergerie ! On déguste une cuisine traditionnelle dans une salle rustique ou, aux beaux jours, dans l'agréable jardin.

NOUILHAN – 65 Hautes-Pyrénées – **342** M4 – **181 h.** – **alt. 196 m** – ✉ **65500** **28** A2

Paris 771 – Pau 47 – Tarbes 24 – Toulouse 144

Les 3B

8 rte des Pyrénées, D 935 – ✆ 05 62 96 79 78 – www.hoteldes3b.com

7 ch – †45/50 € ††45/50 € – ☕ 6,50 € – ½ P 45 €

Rest – *(fermé merc.)* (12 €) Menu 18 € (sem.)/31 € – Carte 31/43 €

◆ Corps de ferme typiquement bigourdan situé en bord de route ; les chambres y sont propres, jolies et bien équipées (plus calmes à l'arrière et disposant d'une terrasse). Recettes traditionnelles à base de produits frais dans la salle rustique du restaurant.

LE NOUVION-EN-THIÉRACHE – 02 Aisne – **306** E2 – **2 850 h.** – **alt. 185 m** – ✉ **02170** **37** D1

Paris 198 – Avesnes-sur-Helpe 20 – Guise 21 – Hirson 25

Place du général De Gaulle ✆ 03 23 97 98 06

Paix

37 r. J. Vimont-Vicary – ✆ 03 23 97 04 55 – www.hotel-la-paix.fr – Fermé 15 août-1er sept., 24 déc.-3 janv., 14-28 fév. et dim. soir

16 ch – †62/72 € ††62/82 € – ☕ 10 € – ½ P 59/78 €

Rest – *(fermé sam. midi, dim. soir et lundi)* (16 €) Menu 19 € (sem.)/34 € – Carte 31/55 €

◆ Hôtel parfaitement tenu dont les chambres sont diversement aménagées (meubles rustiques, en bois peint ou contemporains). Autre plus : l'accueil familial. Briques, miroirs, tons pastel et bibelots composent le plaisant décor du restaurant ; carte traditionnelle.

NOUZERINES – 23 Creuse – **325** J2 – **rattaché à Boussac**

NOVALAISE – 73 Savoie – **333** H4 – **rattaché à Aiguebelette-le-Lac**

NOVES – 13 Bouches-du-Rhône – **340** E2 – **4 906 h.** – **alt. 42 m** – ✉ **13550** Provence **42** E1

Paris 688 – Arles 38 – Avignon 14 – Carpentras 33

place Jean Jaurès ✆ 04 90 24 43 00

Auberge de Noves

rte de Châteaurenard, 2 km par D 28 – ✆ 04 90 24 28 28 – www.aubergedenoves.com – Fermé 3 janv.-10 fév.

21 ch – 150/325 € 150/325 € – 2 suites – 22 €

Rest – *(fermé lundi et mardi d'oct. à mai)* Menu 35 € bc (déj. en sem.), 52/115 € – Carte 65/110 €

◆ Cette noble demeure du 19ᵉ s. entourée d'un vaste parc abrite des chambres spacieuses et diversement décorées (certaines dans l'ancienne chapelle). Élégante salle à manger et terrasse abritée de grands arbres ; la cuisine est classique, à l'image du lieu.

NOYAL-MUZILLAC – 56 Morbihan – 308 Q9 – 2 225 h. – alt. 52 m – ✉ 56190 — 10 C3

Paris 456 – La Baule 44 – St-Nazaire 52 – Vannes 30

Manoir de Bodrevan

rest,

2 km au Nord-Est par D 153 et rte secondaire – ✆ 02 97 45 62 26 – www.manoir-bodrevan.com – Fermé 24-26 déc.

6 ch – 81/149 € 81/149 € – 14 € – ½ P 124/192 €

Rest – *(prévenir)* Menu 37 €

◆ Ce pavillon de chasse du 16ᵉ s. en pierre est envahi de verdure. Les chambres tirent leur cachet de ce cadre rustique et élégant. Accueil cordial et calme assuré. Menu du jour, poissons et produits de la mer préparés par le maître des lieux selon le marché.

NOYALO – 56 Morbihan – 308 O9 – 698 h. – ✉ 56450 — 9 A3

Paris 468 – La Baule 75 – Rennes 116 – Vannes 15

L'Hortensia avec ch

rest,

18 r. Ste-Brigitte – ✆ 02 97 43 02 00 – www.restaurantlhortensia.com – Fermé lundi sauf du 18 juil. au 22 août

5 ch – 66 € 66 € – 9 € – ½ P 63/70 €

Rest – Menu 21 € (déj. en sem.), 29/100 € bc – Carte 45/85 €

◆ Ancienne ferme en pierre du 19ᵉ s., habillée de toiles et de mobilier contemporains. Cuisine tendance, goûteuse et généreuse, faisant la part belle aux produits de la mer et au terroir breton. Chambres coquettes, décorées sur le thème de l'hortensia.

NOYAL-SUR-VILAINE – 35 Ille-et-Vilaine – 309 M6 – rattaché à Rennes

NOYANT-DE-TOURAINE – 37 Indre-et-Loire – 317 M6 – rattaché à Ste-Maure-de-Touraine

NOYERS – 89 Yonne – 319 G5 – 733 h. – alt. 175 m – ✉ 89310 — 7 B1

Paris 211 – Auxerre 46 – Dijon 129 – Troyes 82

22, place de l'Hôtel de ville ✆ 03 86 82 66 06

Les Millésimes

14 pl. de l'Hôtel-de-Ville – ✆ 03 86 82 82 16 – www.maison-paillot.com – Fermé mi-janv. à début mars, dim. soir et lundi

Rest – Menu 18 € (déj. en sem.)/35 € – Carte 42/50 € le soir

◆ Ce restaurant champêtre et élégant se tient derrière la boucherie-charcuterie familiale. Le terroir et les vins bourguignons sont à l'honneur... ainsi que les produits maison !

NOYON – 60 Oise – 305 J3 – 14 260 h. – alt. 52 m – ✉ 60400 — 37 C2

Nord Pas-de-Calais Picardie

Paris 108 – Amiens 67 – Compiègne 29 – Laon 53

place de l'Hôtel de Ville ✆ 03 44 44 21 88

Cathédrale Notre-Dame★★ - Abbaye d'Ourscamps★ 5 km par N 32.

Saint Eloi ch,
81 bd Carnot – 03 44 44 01 49 – www.hotelsainteloi.fr
30 ch – 62/75 € 80/110 € – 9 €
Rest – Menu 38/110 € bc – Carte 58/70 €
◆ Un élégant castel tout en briques, tourelles et colombages (1870), abritant des chambres classiques et confortables – plus simples dans l'annexe. Stucs, mobilier de style et lustres en cristal au restaurant ; cuisine de tradition.

Le Cèdre sans rest
8 r. de l'Évêché – 03 44 44 23 24 – www.hotel-lecedre.com
35 ch – 79 € 90 € – 8,50 €
◆ Construction récente en briques rouges, en harmonie avec la cité. Les chambres, chaleureuses et bien équipées, offrent pour la plupart une vue sur la cathédrale.

Dame Journe
2 bd Mony – 03 44 44 01 33 – www.damejourne.fr – Fermé 7-20 sept., 5-12 janv., dim. soir, mardi soir, merc. soir, jeudi soir et lundi
Rest – Menu 22 € (déj.), 29/40 € – Carte 40/75 €
◆ Fréquenté par des habitués, un établissement au cadre chaleureux et soigné : fauteuils de style Louis XVI et boiseries. Cuisine traditionnelle, avec un bon choix de menus.

NUAILLÉ – 49 Maine-et-Loire – 317 E6 – rattaché à Cholet

NUEIL-LES-AUBIERS – 79 Deux-Sèvres – 316 M6 – 5 327 h. – alt. 120 m – 79250 38 B1

Paris 364 – Bressuire 15 – Cholet 29 – Poitiers 100

Le Moulin de la Sorinière rest,
2 km au Sud-Ouest par D 33, rte de Cerizay et C 3 – 05 49 72 39 20 – www.hotel-moulin-soriniere.com – Fermé 18 avril-2 mai et 24 oct.-8 nov.
8 ch – 53/58 € 60/65 € – 8 € – ½ P 77/82 €
Rest – *(fermé dim. soir et lundi)* (13 €) Menu 26 € (sem.)/32 € – Carte environ 33 €
◆ Ce vieux moulin du 19e s. a conservé son charme bucolique ; la rivière traverse le jardin et le potager. Chambres sur le thème des fleurs. Les grandes baies vitrées de l'ancienne grange donnent sur la verdure. On y déguste une cuisine qui revisite la tradition.

NUITS-ST-GEORGES – 21 Côte-d'Or – 320 J7 – 5 320 h. – alt. 243 m – 21700 Bourgogne 8 D1

Paris 320 – Beaune 22 – Chalon-sur-Saône 45 – Dijon 22
3, rue Sonoys 03 80 62 11 17

La Gentilhommière
13 vallée de la Serrée, rte Meuilley, 1,5 km à l'Ouest – 03 80 61 12 06 – www.lagentilhommiere.fr – Fermé de mi-déc. à fin janv.
31 ch – 110 € 110 € – 18 €
Rest *Le Chef Coq* – *(fermé merc. midi, sam. midi et mardi)* (24 €) Menu 49 € (dîner), 57/62 € – Carte 65/84 € le soir
◆ Un pavillon de chasse (16e s.) et une aile récemment aménagée. Chambres confortables, rehaussées de notes ethniques ou contemporaines ; certaines donnent sur le parc traversé par la rivière. Table actuelle accompagnée de beaux bourgognes (vieux millésimes).

Hostellerie St-Vincent ch,
r. Gén. de Gaulle – 03 80 61 14 91 – www.hostellerie-st-vincent.com – Fermé 19-26 déc. et dim. soir de nov. à mars
23 ch – 76/101 € 84/111 € – 11 € – ½ P 155/160 €
Rest *L'Alambic* – 03 80 61 35 00 – (16 €) Menu 23/41 € – Carte 25/50 €
◆ Maison récente abritant des chambres pratiques et bien insonorisées. Boutique de produits régionaux. Le restaurant, où trône un superbe alambic, occupe un caveau bâti avec des pierres de l'ancienne prison de Beaune ! Cuisine régionale, belle sélection de vins locaux.

La Cabotte VISA MC

24 Grande-Rue – ✆ 03 80 61 20 77 – Fermé une sem. en avril, 4-19 janv., lundi midi, sam. midi et dim.

Rest – *(nombre de couverts limité, prévenir)* Menu 29/50 € – Carte 42/62 €

♦ La salle à manger – poutres et pierres apparentes, éclairage moderne et mobilier sombre – donne sur le spectacle des cuisines. Plats au goût du jour et belle cave.

à Curtil-Vergy **Nord-Ouest : 7 km par D 25, D 35 et rte secondaire – 102 h. – alt. 350 m – ✉ 21220**

Manassès sans rest AC P VISA MC AE

r. Guillaume de Tavanes – ✆ 03 80 61 43 81 – www.ifrance.com/hotelmanasses – Ouvert de mars à nov.

12 ch – †75/100 € ††75/100 € – ☕ 13 €

♦ Cette maison régionale abrite une collection de meubles rustiques ainsi qu'un musée de la vigne. Le prince de Galles en personne y a séjourné ! Copieux petit-déjeuner bourguignon.

NYONS – **26 Drôme – 332 D7 – 7 065 h. – alt. 271 m – ✉ 26110** **44 B3**

Lyon Drôme Ardèche

Paris 653 – Alès 109 – Gap 106 – Orange 43

pavillon du tourisme - place de la Libération ✆ 04 75 26 10 35

Vieux Nyons ★ : Rue des Grands Forts ★ - Pont Roman (vieux Pont) ★.

La Caravelle sans rest P VISA MC

8 r. Antignans, par prom. Digue – ✆ 04 75 26 07 44 – www.lacaravelle-nyons.com – Ouvert 1er avril-31 oct.

11 ch – †79/89 € ††79/119 € – ☕ 10 €

♦ Une belle villa 1930 et son jardin planté de catalpas, des arbres fleuris en été. Chambres soignées, parfois décorées de hublots provenant d'un ancien navire de guerre.

NYONS

Autiero (Pl.) 2
Chapelle (R. de la) 3
Digue (Promenade de la) 4
Liberté (R. de la) 6
Maupas (R.) 8
Petits Forts (R. des) 10
Randonne (R.) 12
Résistance (R.de la) 14

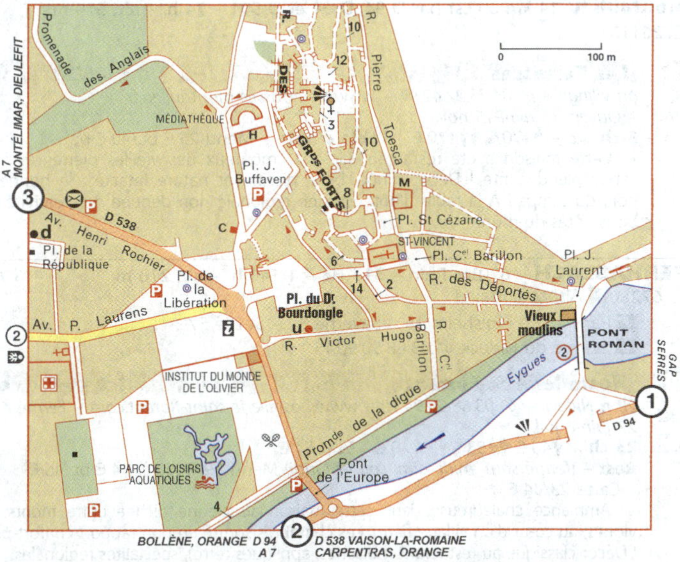

Une Autre Maison

pl. de la République – 04 75 26 43 09 – www.uneautremaison.com – Fermé de mi-déc. à mi-janv. **d**

10 ch – 75/140 € 75/140 € – 15 € **Rest** – *(dîner seult)* Menu 38 €

◆ Confort, bien-être et élégance : une Autre Maison de la fin du 19e s., vraiment charmante ! Les chambres sont ravissantes et toutes différentes ; la piscine et le jardin tout bonnement délicieux. Le soir, le chef concocte une bonne cuisine du marché...

Le Petit Caveau

9 r. V.-Hugo – 04 75 26 20 21 – www.petit-caveau.com – Fermé 31 déc.-26 janv., mardi midi et jeudi soir d'oct. à mai, dim. soir et lundi

Rest – *(nombre de couverts limité, prévenir)* (20 €) Menu 25/65 € – Carte 48/56 € **u**

◆ À deux pas de la place principale, charmante salle voûtée où règne une atmosphère raffinée. Cuisine actuelle aux accents méridionaux. Bon choix de côtes-du-rhône (vins au verre).

rte de Gap par ① 7 km sur D 94 – 26110 Nyons

La Charrette Bleue

– 04 75 27 72 33 – www.lacharrettebleue.net – Fermé 15 déc.-31 janv., dim. soir d'oct. à mars, mardi de sept. à juin et merc.

Rest – (19 €) Menu 28/42 € – Carte 34/56 €

◆ Impossible de rater ce relais de poste du 18e s. en pierre calcaire, avec sa charette bleue posée sur le toit ! Joli cadre rustique, cuisine traditionnelle et vins choisis.

rte d'Orange par ③ sur D 94 – 26110 Nyons

La Bastide des Monges sans rest

à 4 km – 04 75 26 99 69 – www.bastidedesmonges.com – Fermé 11-30 nov. et 1er janv.-28 fév.

9 ch – 74/115 € 74/115 € – 10 €

◆ Couvent du 18e s. transformé en hôtel agréable. Les chambres, provençales, sont avenantes et donnent sur le jardin ou les vignes. Accueil charmant ; belle terrasse.

à Montaulieu 14 km à l'Est par D 94, D 64 et D 501 – 74 h. – alt. 510 m – 26110

Les Terrasses

ch,

au village – 04 75 27 42 91 – www.lesterrasses-montaulieu.fr – Ouvert 15 avril-15 nov.

3 ch – 170 € 170 € **Table d'hôte** – Menu 25 € bc/40 € bc

◆ Cette maison a été restaurée par des amoureux des vieilles pierres et elle est resplendissante ! Déco chinée, belle piscine et nature intacte : le bonheur hors du temps ! À la table d'hôte, cuisine régionale non dénuée de créativité et bons côtes-du-rhône.

OBERHASLACH – 67 Bas-Rhin – 315 H5 – 1 740 h. – alt. 270 m **1 A1**

– 67280 Alsace Lorraine

Paris 482 – Molsheim 16 – Saverne 32 – St-Dié 57

22, rue du Nideck 03 88 50 90 15

Hostellerie St-Florent

28 r. Nideck – 03 88 50 94 10 – www.hostellerie-saint-florent.com – Fermé 27 juin-6 juil.

23 ch – 46 € 53 € – 9 € – ½ P 51 €

Rest – *(fermé sam. midi, dim. soir et lundi)* Menu 19 € (déj.), 34 € bc/45 € – Carte 23/34 €

◆ Ambiance chaleureuse dans cette maison alsacienne nichée entre monts et vignes, au cœur d'un village fleuri. Les chambres sont d'un bon rapport confort-prix ! Décor classique au restaurant (boiseries, appliques rétro), spécialités régionales.

OBERNAI – 67 Bas-Rhin – **315** I6 – **11 009 h.** – **alt. 185 m** – ✉ **67210** **1** A2

Alsace Lorraine

Paris 488 – Colmar 50 – Molsheim 12 – Sélestat 27

place du Beffroi ✆ 03 88 95 64 13

Place du Marché★★ - Hôtel de ville★ **H** - Tour de la Chapelle★ **L** - Ancienne halle aux blés★ **D** - Maisons anciennes★.

Le Parc ch, rest, VISA AE

169 rte d'Ottrott, à l'Ouest par D 426 – ✆ 03 88 95 50 08 – www.hotel-du-parc.com – Fermé 1er-13 juil. et 20 déc.-20 janv.

54 ch – †130/161 € ††130/267 € – 8 suites – ☕ 18 €

Rest *La Table* – *(fermé dim., lundi et le midi)* Menu 45/73 € – Carte 60/90 €

Rest *Stub* – *(fermé dim., lundi et le soir)* (25 €) Menu 32 € bc – Carte 32/50 €

◆ Dans cette grande demeure alsacienne à pans de bois, les chambres et suites, très douillettes, sont parées de beaux atours rustiques ou contemporains. Fitness, spa, massages latino, indien et... alsacien. À la Table, atmosphère raffinée et cuisine classique. Spécialités régionales et cadre chaleureux à la Stub.

À la Cour d'Alsace ch, rest, VISA AE

3 r. Gail – ✆ 03 88 95 07 00 – www.cour-alsace.com – Fermé 24 déc.-26 janv. **Aa**

48 ch – †115/199 € ††147/239 € – 5 suites – ☕ 19 €

Rest *Jardin des Remparts* – *(fermé 31 juil.-2 sept., 24 déc.-2 mars, jeudi midi, vend. midi, sam. midi, dim. soir, lundi, mardi et merc.)* Menu 49/89 € – Carte 45/119 €

Rest *Caveau de Gail* – *(fermé sam. midi)* (27 €) Menu 31 € – Carte 35/48 €

◆ Confort, douceur de vivre et luxe dans cette ancienne propriété des barons de Gail, avec ses maisons regroupées autour d'une cour dîmière. Superbe piscine. Au Jardin des Remparts, ambiance feutrée et carte au goût du jour (tartare de gambas, foie gras et sa guimauve...). Terroir à l'honneur au Caveau de Gail.

Le Colombier sans rest VISA AE

6 r. Dietrich – ✆ 03 88 47 63 33 – www.hotel-colombier.com **An**

44 ch – †89/130 € ††89/130 € – 8 suites – ☕ 12 €

◆ Au cœur de la vieille ville, cette bâtisse régionale s'est parée de modernité. Spacieuses chambres avec vue sur les toits au 4e étage. Espace détente "zen".

OBERNAI

Chanoine Gyss (R. du) . . . . . . **A** 2
Chapelle (R. de la) . . . . **A** 3
Dietrich (R.) . . . . **A** 4
Étoile (Pl. de l') . . . . **A** 5
Fines Herbes (Pl. des) . . . . **AB** 6
Juifs (Ruelle des) . . . . **A** 8
Marché (R. du) . . . . **B** 12
Sainte-Odile (R.) . . . . **A** 16

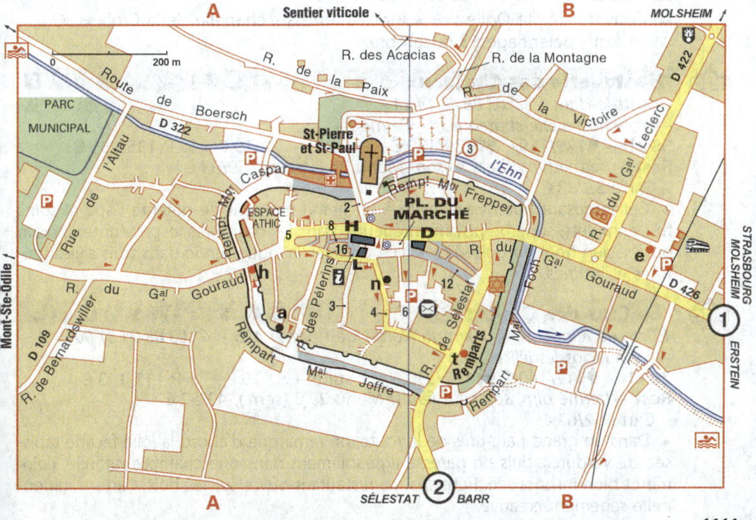

Les Jardins d'Adalric sans rest
19 r. du Mar.-Koenig, par ① – 03 88 47 64 47 – www.jardins-adalric.com
44 ch – †75/120 € ††75/120 € – 2 suites – 11 €
◆ Dans cet hôtel récent, légèrement excentré, les chambres sont sobres et contemporaines. L'été, on prend son petit-déjeuner sur la terrasse et on profite du jardin.

La Fourchette des Ducs (Nicolas Stamm)
6 r. de la Gare – 03 88 48 33 38
– Fermé 1er-8 mars, 1er-15 août, 1er-8 janv., dim. soir, lundi et le midi sauf dim.
Rest – *(nombre de couverts limité, prévenir)* Menu 90/125 € **Be**
– Carte 115/170 €
Spéc. Jambonnettes de cuisse de grenouille, bonbon de foie gras de canard. Suprême de pigeonneau d'Alsace, macaronis aux truffes. Crème au moka, ganache moelleuse aux épices et chocolat. **Vins** Riesling, Pinot Gris.
◆ L'hiver, atmosphère cosy (boiseries et poutres apparentes) ; l'été, fraîcheur contemporaine dans une salle ouverte sur la cour intérieure... Et en toute saison, une assiette classique – avec une pointe de créativité – pour de succulents coups de fourchette.

Le Bistro des Saveurs (Thierry Schwartz)
35 r. de Sélestat – 03 88 49 90 41
– Fermé 18 juil.-12 août, 21 fév.-11 mars, dim. soir sauf déc., lundi et mardi **Bt**
Rest – Menu 32 € (déj. en sem.), 46/79 € – Carte 58/75 €
Spéc. Comme un ravioli, œuf dans l'œuf à la truffe (sauf printemps). Raie bouclée cuite sur l'arête au safran d'ici. Tarte mirabelle "Pépé Oscar", miel et glace vanille (juil. à sept.). **Vins** Pinot blanc, Pinot noir.
◆ Poutres apparentes, bouteilles en vitrine, cheminée : le cadre est raffiné... La cuisine allie produits bruts, invention et finesse d'exécution. Accueil chaleureux.

À l'Agneau d'Or
99 r. Gén.-Gouraud – 03 88 95 28 22 **Ah**
Rest – (10 €) Menu 22/32 € – Carte 24/35 €
◆ Accueil familial dans cette maison à colombages située près des remparts. Sympathique petite salle alsacienne (banquettes en bois, plafond peint) et cuisine typique de la région.

à Ottrott **4 km à l'Ouest par D 426 – 1 622 h. – alt. 268 m – ✉ 67530**

46, rue Principale 03 88 95 83 84
Couvent de Ste-Odile : ✻★★ de la terrasse, chapelle de la Croix★ SO : 11 km - pèlerinage 13 décembre.

Hostellerie des Châteaux
Ottrott-le-Haut – 03 88 48 14 14
– www.hostellerie-chateaux.fr – Fermé fév.
58 ch – †129/159 € ††139/159 € – 9 suites – 19 € – ½ P 135/235 €
Rest – *(fermé lundi hors saison)* Menu 34 € (sem.), 59/93 €
– Carte 53/88 €
◆ Cet imposant hôtel vous invite à un grand moment de détente : spa et soins très complets, superbe piscine intérieure. Dans les chambres, esprit contemporain ou alsacien (tout en boiseries). Chic ! Cuisine classique servie dans trois salles feutrées et intimes.

Le Clos des Délices
17 rte de Klingenthal, 1 km au Nord-Ouest par D 426 – 03 88 95 81 00
– www.leclosdesdelices.com
20 ch – †112/140 € ††112/350 € – 1 suite – 19 € – ½ P 111/143 €
Rest – *(fermé dim. soir sauf fériés)* Menu 29 € (sem.), 42/52 €
– Carte 52/62 €
◆ Dans un grand parc près de la route, on remarque d'abord la jolie façade tapissée de verdure... puis on paresse agréablement dans une chambre raffinée, colorée et bien insonorisée. Petit spa. Le restaurant ouvre sur les bois. Carte traditionnelle sagement créative.

À l'Ami Fritz
Ottrott-le-Haut – ☎ 03 88 95 80 81 – www.amifritz.com – Fermé 9-23 janv.
21 ch – †87/118 € ††87/145 € – 1 suite – ☕ 14 € – ½ P 85/122 €
Rest – (21 €) Menu 28/65 € – Carte 33/60 €
♦ Maison régionale aux chambres confortables et dans l'air du temps. L'enseigne est un clin d'œil au roman d'Erckmann et Chatrian (1854), mais c'est aussi le nom des propriétaires. Restaurant élégant et chaleureux, de style alsacien ; goûteux plats du pays.

Beau Site
Ottrott-le-Haut – ☎ 03 88 48 14 30 – www.hotel-beau-site.fr – Fermé fév.
18 ch – †79/109 € ††79/169 € – ☕ 15 € – ½ P 90/135 €
Rest – *(fermé dim. soir, lundi et mardi)* (19 €) Menu 34 € (sem.) – Carte 30/53 €
♦ Cette grande maison à oriels et colombages abrite des chambres confortables (certaines avec balcon). Le must : celles du dernier étage, spacieuses et contemporaines. Au restaurant – une luxueuse winstub ornée d'œuvres de Spindler –, carte axée terroir.

Aux Chants des Oiseaux sans rest
Ottrott-le-Haut – ☎ 03 88 95 87 39 – www.chantsdesoiseaux.com – Fermé 28 juin-8 juil. et 11 janv.-4 fév.
14 ch – †80/95 € ††80/115 € – 2 suites – ☕ 14 €
♦ Dans un quartier résidentiel, cette maison des années 1980 dispose de chambres agréables et cosy. Sur la terrasse (côté piscine), chant des oiseaux et vue sur le mont Ste-Odile.

Domaine Le Moulin
32 rte de Klingenthal, 1 km au Nord-Ouest par D 426 – ☎ 03 88 95 87 33 – www.domaine-le-moulin.com – Fermé 20 déc.-20 janv.
21 ch – †60 € ††71/80 € – 2 suites – ☕ 11 € – ½ P 67/76 €
Rest – *(fermé sam. midi, dim. soir et lundi midi)* Menu 16 € (déj.), 28 € bc/57 € – Carte 30/60 €
♦ Ce vaste hôtel entouré d'un parc (rivière, étang) impose sa présence sur la route des Vins. Chambres douillettes et, dans l'annexe, grands appartements (duplex) plus modernes. Au restaurant, carte régionale et terrasse face à la forêt.

OBERSTEIGEN – 67 Bas-Rhin – 315 H5 – ✉ 67710 Alsace Lorraine — 1 A1

Paris 466 – Molsheim 27 – Sarrebourg 32 – Saverne 16
Vallée de la Mossig★ E : 2 km.

Hostellerie Belle Vue
16 rte de Dabo – ☎ 03 88 87 32 39 – www.hostellerie-belle-vue.com – Ouvert 1er avril-4 janv. et fermé dim. soir et lundi hors saison sauf fériés
24 ch – †70/95 € ††80/95 € – 2 suites – ☕ 10 € – ½ P 75/85 €
Rest – (16 €) Menu 25/40 € – Carte 30/50 €
♦ Au cœur d'une "station climatique" de la forêt vosgienne, une auberge accueillante et confortable : chambres spacieuses (aménagement classique), salon avec billard et cheminée, spa, jacuzzi, fitness... Esprit alsacien au restaurant, dans le décor et dans l'assiette.

OBERSTEINBACH – 67 Bas-Rhin – 315 K2 – 225 h. – alt. 239 m – ✉ 67510 Alsace Lorraine — 1 B1

Paris 458 – Bitche 22 – Haguenau 35 – Strasbourg 68

Anthon avec ch
40 r. Principale – ☎ 03 88 09 55 01 – www.restaurant-anthon.fr – Fermé janv., mardi et merc.
10 ch – †48 € ††68 € – ☕ 10 € – ½ P 75 €
Rest – Menu 25/48 € – Carte 35/58 €
♦ Une élégante salle en rotonde dans une maison à colombages (1860) : l'endroit est idéal pour savourer une cuisine classique et de terroir. Chambres spacieuses, dont deux conservent des lits traditionnels en alcôve.

OBJAT – 19 Corrèze – **329** J4 – 3 400 h. – alt. 131 m – ✉ 19130 **24** B3

▶ Paris 467 – Brive-la-Gaillarde 21 – Limoges 79 – Tulle 45

ℹ place Charles de Gaulle ✆ 05 55 25 96 73

La Tête de L'Art

53 av. J. Lascaux – ✆ 05 55 25 50 42 – Fermé mardi soir et merc.

Rest – (14 €) Menu 17 € (déj. en sem.), 22/39 € – Carte 27/35 €

◆ Histoire de marier l'art et le goût, ce restaurant familial, plutôt sobre, expose des peintures d'artistes locaux. Cuisine traditionnelle rehaussée d'un brin d'originalité.

OFFRANVILLE – 76 Seine-Maritime – **304** G2 – rattaché à Dieppe

OGNES – 02 Aisne – **306** B5 – rattaché à Chauny

L'OIE – 85 Vendée – **316** J7 – 1 018 h. – alt. 102 m – ✉ 85140 **34** B3

▶ Paris 394 – Cholet 40 – Nantes 62 – Niort 94

Le Grand Turc rest,

33 r. Nationale – ✆ 02 51 66 08 74 – www.hotel-legrandturc.fr – Fermé 20 déc.-10 janv.

29 ch – †55/67 € ††68/100 € – ☕ 10 €

Rest – *(fermé sam. soir hors saison et dim.)* Menu 12 € (déj.)/39 € – Carte 37/66 €

◆ L'enseigne évoque le mamelouk Amakuc, chef de la garde de Napoléon Ier lors du passage de l'Empereur à l'auberge. À l'arrière, chambres fonctionnelles et bien tenues. Une salle dédiée à la cuisine traditionnelle, une autre à la formule buffet et au plat du jour.

OINVILLE-SOUS-AUNEAU – 28 Eure-et-Loir – **311** G5 – 309 h. – alt. 150 m – ✉ 28700 **12** C1

▶ Paris 77 – Chartres 20 – Montigny-le-Bretonneux 50 – Orléans 88

Caroline Lethuillier sans rest

1 r. des harres, à Cherville, 2 km à l'Ouest – ✆ 02 37 31 72 80 – www.cherville.com

4 ch ☕ – †49/53 € ††60/64 €

◆ Poutres, décoration à thèmes et mobilier familial font tout le cachet de ces chambres aménagées dans les anciens greniers de la ferme, datant de 1800. Petit-déjeuner maison.

OISLY – 41 Loir-et-Cher – **318** F7 – 330 h. – alt. 120 m – ✉ 41700 **11** A1

▶ Paris 208 – Blois 27 – Châteauroux 80 – Tours 61

St-Vincent

Le Bourg – ✆ 02 54 79 50 04 – Fermé 2-26 janv., mardi et merc.

Rest – Menu 25 € (déj. en sem.), 28/65 € – Carte 47/89 €

◆ La cuisine actuelle attire les gourmets en ce restaurant rustique dont l'enseigne célèbre le patron des vignerons. Dégustations de vins du pays. Terrasses aux beaux jours.

OIZON – 18 Cher – **323** L2 – 734 h. – alt. 230 m – ✉ 18700 **12** C2

▶ Paris 179 – Bourges 54 – Cosne-sur-Loire 35 – Gien 29

Les Rives de l'Oizenotte

à l'étang de Nohant, 1 km à l'Est – ✆ 02 48 58 06 20 – www.lesrivesdeloizenotte.fr – Fermé 20 déc.-17 janv., lundi et mardi

Rest – *(nombre de couverts limité, prévenir)* (20 € bc) Menu 32 € bc

◆ Cuisine régionale au bord de l'eau ! Sur la jolie terrasse ou dans la salle décorée sur le thème de la pêche, qu'il est agréable de contempler l'étang...

OLEMPS – 12 Aveyron – **338** H4 – rattaché à Rodez

OLÉRON (ÎLE D') – 17 Charente-Maritime – **324** C4 – voir à Île d'Oléron

OLIVET – 45 Loiret – **318** I4 – rattaché à Orléans

OLLIOULES – 83 Var – **340** K7 – 12 198 h. – alt. 52 m – ✉ 83190 **40** B3

Côte d'Azur

▶ Paris 829 – Aix-en-Provence 80 – Marseille 59 – Toulon 8

ℹ 116, avenue Philippe de Hauteclocque ☎ 04 94 63 11 74

◉ Gorges d'Ollioules★.

XX **La Table du Vigneron**

724 chemin de la Tourelle, (Domaine de Terrebrune), par rte de Gros-Cerveau – ☎ 04 94 88 36 19 – fermé 15 fév.-8 mars, dim. soir hors saison et lundi

Rest – *(nombre de couverts limité, prévenir)* Menu 25/40 € – Carte 38/55 €

◆ Beaucoup de raffinement dans ce domaine viticole aux allures de bonbonnière chic. Près de la cheminée ou sur la terrasse, la cuisine et les fromages sont goûteux – et le bandol...

OLMETO – 2A Corse-du-Sud – **345** C9 – voir à Corse

OLMETO PLAGE – 2A Corse-du-Sud – **345** C9 – voir à Corse, Olmeto

OLORON-STE-MARIE – 64 Pyrénées-Atlantiques – **342** I5 **3** B3

– 10 947 h. – alt. 224 m – ✉ 64400 Aquitaine

▶ Paris 809 – Bayonne 105 – Mont-de-Marsan 101 – Pau 34

ℹ allée du Comte de Tréville ☎ 05 59 39 98 00

◉ Portail★★ de l'église Ste-Marie.

Alysson

bd des Pyrénées – ☎ 05 59 39 70 70 – www.alysson-hotel.fr **Ar**

46 ch – †72/85 € ††90/111 € – 1 suite – ☕ 11 € – ½ P 68/88 €

Rest – *(fermé 19 déc.-4 janv., 20-28 fév., vend. soir d'oct. à avril, sam. sauf le soir de mai à sept.)* Menu 22 € (déj. en sem.), 28/55 € – Carte 45/75 €

◆ En bordure d'un axe passant, hôtel récent abritant des chambres spacieuses et fonctionnelles (certaines avec baignoire balnéo), rénovées de pied en cap ces dernières années. Boiseries et baies vitrées ouvertes sur le jardin dans la vaste salle à manger.

La Paix sans rest

24 av. Sadi-Carnot – ☎ 05 59 39 02 63 – www.hotel-oloron.com **An**

24 ch – †50/65 € ††50/69 € – ☕ 8 €

◆ Hôtel familial bien entretenu, situé dans le quartier de la gare. Chambres simples et claires, pratiques pour l'étape. Accueil convivial.

OLORON-STE-MARIE

Barthou (R. Louis) . . . . B
Bellevue (Promenade) . . . . B 2
Biscondau (R. du) . . . . B 3
Bordelongue (R. A.) . . . . B 4
Camou (R.) . . . . B
Casamayor-Dufaur (R.) . . . . A 5
Cathédrale (R. de la) . . . . . . A 6
Dalmais (R.) . . . . B 7
Derême (Av. Tristan) . . . . . . A 8
Despourrins (R.) . . . . A 9
Gabe (Pl. Amédée) . . . . B 10
Gambetta (Pl.) . . . . B 12
Jaca (Pl.) . . . . A 13
Jeliote (R.) . . . . B 14
Lattre-de-Tassigny (Av. du Mar.de) . . . . A 23
Mendiondou (Pl. Léon) . . . . B 15
Moureu (Av. Charles et Henri) . . . A 16
Oustalots (Pl. des) . . . . A 18
Pyrénées (Bd des) . . . . A 19
Résistance (Pl. de la) . . . . . . B 20
St-Grat (R.) . . . . A 22
Toulet (R. Paul-Jean) . . . . . . A 24
Vigny (Av. Alfred de) . . . . . . A 26
4-Septembre (Av. du) . . . . . . A 28
14-Juillet (Av. du) . . . . A 30

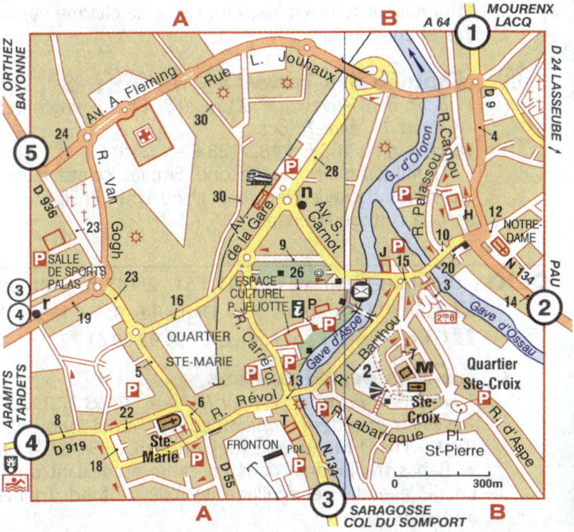

OMIÉCOURT – 80 Somme – **301** K9 – 235 h. – alt. 85 m – ✉ 80320 **37** B2

Paris 128 – Amiens 64 – Saint-Quentin 39 – Compiègne 53

Château d'Omiécourt sans rest

4 r. du Bosquet – ☎ 03 22 83 01 75 – www.chateau-omiecourt.com

5 ch – 70/80 € 105/145 €

◆ Château de famille où l'on est accueilli par la 6e génération. Chambres "Médicis", "1900"... au beau mobilier chiné. Practice de golf dans le parc ; piscines intérieure et d'été.

OMONVILLE-LA-PETITE – 50 Manche – **303** A1 – 125 h. – alt. 33 m **32** A1 – ✉ 50440

Paris 380 – Barneville-Carteret 45 – Cherbourg 25 – Nez de Jobourg 7

La Fossardière sans rest

au hameau de la Fosse – ☎ 02 33 52 19 83 – www.lafossardiere.fr – Ouvert 15 mars-15 nov.

8 ch – 66/79 € 66/79 € – 10 €

◆ Chambres réparties dans plusieurs maisons constituant un paisible hameau. Tout ici est fait pour le repos des hôtes. Petit-déjeuner servi dans l'ex-boulangerie.

ONZAIN – 41 Loir-et-Cher – **318** E6 – 3 377 h. – alt. 69 m – ✉ 41150 **11** A1

Paris 201 – Amboise 21 – Blois 19 – Château-Renault 24

3, rue Gustave Marc ☎ 02 54 20 78 52

de la Carte à Chouzy-sur-Cisse Domaine de la Carte, SO : 6 km par D 952, ☎ 02 54 20 49 00

Domaine des Hauts de Loire ch,

rte de Mesland, 3 km au Nord-Ouest par D 1 et voie privée – ☎ 02 54 20 72 57 – www.domainehautsloire.com – Fermé 1er déc.-20 fév.

19 ch – 130/300 € 130/300 € – 12 suites – 23 € – ½ P 210/550 €

Rest – *(fermé lundi et mardi sauf fériés) (nombre de couverts limité, prévenir)* (55 €) Menu 75/155 € – Carte 104/160 €

Spéc. Salade d'anguille à la vinaigrette d'échalote. Poitrine et merguez de pigeonneau au jus de presse. Soufflé au citron vert et marmelade de mangue au rhum roux. **Vins** Touraine, Touraine Mesland.

◆ Castel et ravissant pavillon de chasse du 19e s. dans un vaste parc arboré (étang). Chambres de grand caractère, vol en montgolfière, pêche... Séduisante cuisine actuelle servie dans un cadre de charme : tentures, meubles de style, poutres et cheminée.

Château des Tertres sans rest

11 bis r. de Meuves – ☎ 02 54 20 83 88 – www.chateau-tertres.com – Ouvert 1er avril-18 oct.

18 ch – 70/108 € 82/128 € – 10 €

◆ Gentilhommière du Second Empire ceinte d'un magnifique parc de 5 ha. Chambres de style Napoléon III ou Louis-Philippe, originales et contemporaines dans le cottage attenant.

OPIO – 06 Alpes-Maritimes – **341** C5 – 2 143 h. – alt. 300 m – ✉ 06650 **42** E2

Paris 911 – Cannes 17 – Digne-les-Bains 125 – Draguignan 74

Carrefour La Font-Neuve ☎ 04 93 60 61 72

Le Mas des Géraniums

1 km à San Peyre, à l'Est sur D 7 – ☎ 04 93 77 23 23 – www.le-mas-des-geraniums.com – Fermé 2 nov.-18 déc., mardi et merc.

Rest – (18 €) Menu 24 € (déj. en sem.), 35/48 € – Carte 50/70 €

◆ Repas traditionnel dans un cadre accueillant ou sur la terrasse ombragée et fleurie, avec le vieux village en toile de fond. Tonnelle, haut palmier et oliviers au jardin.

ORADOUR-SUR-GLANE – 87 Haute-Vienne – 325 D5 – 2 188 h. – alt. 275 m – ✉ 87520 Limousin Berry 24 B2

Paris 408 – Angoulême 85 – Bellac 26 – Confolens 33

place du Champ de Foire ✆ 05 55 03 13 73

"Village martyr" dont la population a été massacrée en juin 1944.

La Glane

8 pl. du Gén.-de-Gaulle – ✆ 05 55 03 10 43 – www.hotel-de-la-glane.oradoursurglane.com

10 ch – 49 € 50 € – 8 € – ½ P 46 €

Rest – *(fermé 15 déc.-28 fév. et sam.)* (11 €) Menu 13/25 € – Carte 20/50 €

◆ Sur la place centrale animée du village reconstruit, hôtel abritant des petites chambres simples et sobres mais bien tenues. Restaurant rustique où l'on mange au coude à coude des mets traditionnels.

Le Milord

10 av. du 10-Juin – ✆ 05 55 03 10 35 – www.hotel-le-milord-oradoursurglane.fr – Fermé dim. soir

Rest – Menu 14/45 € – Carte 19/108 €

◆ Salle à manger de type brasserie avec banquettes en velours beige, tables simplement dressées et assez serrées. Cuisine traditionnelle sans fioriture mais généreuse.

ORADOUR-SUR-VAYRES – 87 Haute-Vienne – 325 C6 – 1 530 h. – alt. 322 m – ✉ 87150 24 A2

Paris 433 – Limoges 40 – Panazol 45 – St-Junien 23

3, avenue du 8 Mai 1945 ✆ 05 55 78 22 21

La Bergerie des Chapelles

chemin de la Côte, 1 km au Sud par rte de Cussac – ✆ 05 55 78 29 91 – www.domainedeschapelles.com – Fermé nov. et janv.

7 ch – 70/80 € 75/140 € – 13 €

Rest – *(fermé le midi, dim. et lundi) (résidents seult)* Menu 25/28 €

◆ En pleine campagne, ancienne bergerie au calme ; cadre d'esprit mi-rustique, mi-contemporain. Belles salles de bains et terrasses ouvrant sur le parc. Petit institut de beauté et mini spa. Cuisine au goût du jour au restaurant.

ORANGE – 84 Vaucluse – 332 B9 – 29 859 h. – alt. 97 m – ✉ 84100 42 E1
Provence

Paris 655 – Alès 84 – Avignon 31 – Carpentras 24

5, cours Aristide Briand ✆ 04 90 34 70 88

d'Orange Route de Camaret, par rte du Mt-Ventoux : 4 km, ✆ 04 90 34 34 04

Théâtre antique★★★ - Arc de Triomphe★★ - Colline St-Eutrope ≤★.

Plan page suivante

Arène Kulm

pl. Langes – ✆ 04 90 11 40 40 – www.hotel-arene.fr AYa

40 ch – 85/190 € 85/290 € – 8 € – ½ P 71/173 €

Rest – *(fermé le soir sauf merc. et dim.)* (12 €) Menu 17 € – Carte 20/30 €

◆ Sur une place piétonne, imposante demeure des années 1800 proposant de belles chambres aux tons pastel, sobres et confortables (lits king size, écran plat, grande douche). Petits plats italiens servis à midi dans un cadre de café contemporain.

Le Glacier sans rest

46 cours A. Briand – ✆ 04 90 34 02 01 – www.le-glacier.com – Fermé 16 déc.-9 janv., vend., sam. et dim. de nov. à fév. AYr

28 ch – 50/90 € 50/130 € – 8 €

◆ Accueil très aimable et ambiance familiale dans cette maison tenue de mère en fille depuis trois générations. Coquettes chambres au décor soigné.

ORANGE

Arc de Triomphe (Av. de l') AY
Artaud (Av. A.) ABY
Blanc (R. A.) BZ
Briand (Crs A.) AYZ
Caristie (R.) BY 2
Châteauneuf (R. de) BZ 3
Clemenceau (Pl. G.) BY 4
Concorde (R. de la) BY
Contrescarpe (R. de la) BY
Daladier (Bd E.) ABY
Fabre (Av. H.) BY
Frères-Mounet (Pl. des) BY 5
Guillaume-le-Taciturne (Av.) BY
Herbes (Pl. aux) BY 7
Lacour (R.) AY
Leclerc (Av. Gén.) BZ
Levade (R. de la) BY
Mistral (Av. F.) BY 9
Noble (R. du) ABY
Pourtoules (Cours) BZ
Pourtoules (R.) BZ 12
Princes d'Orange-Nassau (Mtée des) AZ
République (Pl. de la) BY 14
République (R. de la) BY 16
Roch (R. Madeleine) BZ 18
St-Clement (R.) AZ
St-Florent (R.) BY 20
St-Jean (R.) AY
St-Martin (R.) AY 22
Tanneurs (R. des) AY 24
Thermes (Av. des) AZ
Tourre (R. de) AZ 26
Victor-Hugo (R.) AY

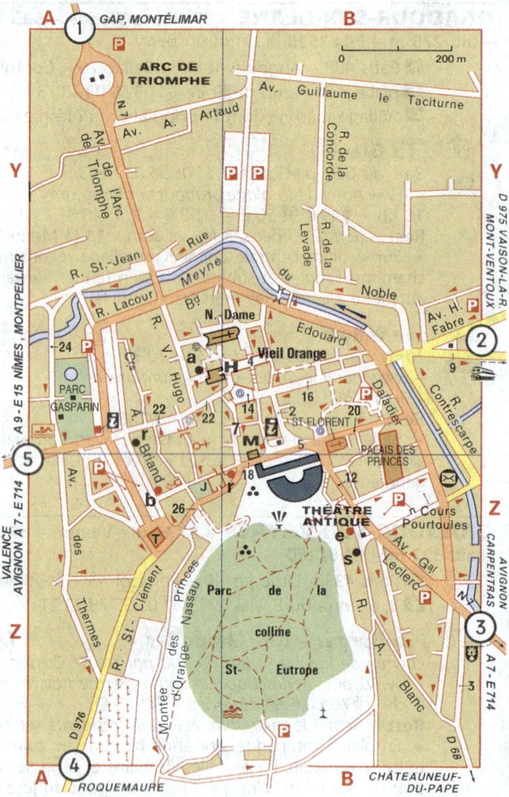

St-Jean sans rest

1 cours Pourtoules – ✆ 04 90 51 15 16 – www.hotelsaint-jean.com – Fermé 20 déc.-4 janv. BZs

22 ch – †60/70 € ††70/85 € – ☕ 8 €

◆ Hôtel familial dans un relais de poste du 17e s. adossé à la colline St-Eutrope. Chambres mignonnes et fonctionnelles ; l'une d'elle est très insolite (mur taillé dans la roche).

Justin de Provence sans rest

chemin Mercadier, 2 km par ② – ✆ 04 90 69 57 94 – www.justin-de-provence.com

5 ch ☕ – †100/185 € ††130/195 €

◆ Le mas du grand-père Jules mué en une superbe maison de famille... Chambres rétro, bistrot à la Pagnol, piscine intérieure, oliviers et lauriers : un pur concentré de Provence !

Le Parvis

55 cours Pourtoules – ✆ 04 90 34 82 00 – Fermé 25 sept.-10 oct., 20 nov.-5 déc., 17-30 janv., dim. et lundi BZe

Rest – (18 €) Menu 28/48 €

◆ Tradition ! Ici, la cuisine marie terroir, épices et légumes régionaux. Confortable salle à manger aux couleurs du Sud (plafond à la française).

X **Au Petit Patio**

58 cours Aristide-Briand – ✆ 04 90 29 69 27 – Fermé 1er-8 sept., 19 déc.-2 janv., 15 fév.-1er mars, jeudi soir de nov. à mars, merc. soir et dim. AZ**b**

Rest – (18 € bc) Menu 25/35 € – Carte 35/55 €

◆ Un bistrot coloré, d'inspiration provençale, où poisson et plats dans l'air du temps sont à l'honneur (pissaladière aux anchois, pannacotta...). Agréable terrasse.

X **La Rom'Antique**

5 pl. Silvain – ✆ 04 90 51 67 06 – www.la-romantique.com – Fermé 17 oct.-3 nov., 2-26 janv., dim. soir d'oct. à mai, sam. midi et lundi

Rest – (12 € bc) Menu 20/38 € – Carte 30/40 € BZ**r**

◆ L'été, on s'installe sur la terrasse en se délectant de la vue sur le théâtre antique et de saveurs ensoleillées... Belle carte de desserts et ardoise du jour le midi.

au Nord **4 km par ①, N 7 et rte secondaire - ✉ 84100 Orange**

XX **Le Mas des Aigras - Table du Verger** avec ch

chemin des Aigras, (Russamp Est) ch, ch, VISA

– ✆ 04 90 34 81 01 – www.masdesaigras.com

– fermé 17 oct.-3 nov., 15-29 déc., 28 fév.-16 mars, lundi, mardi et merc. d'oct. à mars

9 ch – †75/160 € ††75/160 € – ☐ 13 € – ½ P 81/103 €

Rest – *(fermé lundi (sauf le soir en juil.-août), merc. midi et sam. midi d'avril à sept.)* (20 €) Menu 30/55 € – Carte 45/75 €

◆ Joli mas en pierre au milieu des vignes et des champs. Le chef réalise, en partie devant ses hôtes, une goûteuse cuisine à base de produits bio. Cadre soigné et agréable terrasse. Pour l'étape, chambres égayées de couleurs provençales.

à Sérignan-du-Comtat **par ① N 7 et D 976 : 8 km – 2 425 h. – alt. 80 m – ✉ 84830**

XXX **Le Pré du Moulin** (Pascal Alonso) avec ch rest,

✿ *rte de Ste-Cécile-les-Vignes – ✆ 04 90 70 14 55* VISA

– www.predumoulin.com – Fermé dim. soir de sept. à juin, mardi midi et lundi.

11 ch – †90/210 € ††90/210 € – ☐ 15 € – ½ P 115/170 €

Rest – Menu 59 € (dîner)/79 € – Carte 74/110 €

Spéc. Raviole ouverte aux truffes du Tricastin et artichauts sautés à cru (déc. à mars). Pigeon farci au chou et foie gras. Soufflé chaud au Grand Marnier. **Vins** Côtes du Rhône, Cairanne.

Rest *Les Tables de Campagne* – *(fermé dim. et lundi) (déj. seult)* Carte 26/47 €

◆ D'abord moulin, puis école communale, cette maison de village séduit par son atmosphère bucolique. Savoureuse cuisine du marché fleurant bon la Provence. Terrasse ombragée. Chambres pratiques pour l'étape. Aux Tables de Campagne, ambiance plus contemporaine et feutrée.

à Caderousse **6 km au Sud-Ouest par ④ et D 17 – 2 683 h. – alt. 40 m – ✉ 84860**

La Bastide des Princes

chemin de Bigonnet – ✆ 04 90 51 04 59 – www.bastide-princes.com – Ouvert 10 avril-15 nov. ch, VISA

5 ch ☐ – †110/130 € ††125/150 €

Table d'hôte – Menu 50 € bc/80 € bc

◆ Belle demeure du 17e s. entourée d'un parc où abondent figuiers et oliviers. Chambres cosy et espace détente original côté grange (bar, cheminée, piscine intérieure). Cuisine régionale préparée par le patron avec les herbes et les légumes du potager.

ORBEC – 14 Calvados – 303 O5 – 2 422 h. – alt. 110 m – ✉ 14290 33 C2

Normandie Vallée de la Seine

Paris 173 – L'Aigle 38 – Alençon 80 – Argentan 53

6, rue Grande ✆ 02 31 32 56 68

Vieux manoir★.

Au Caneton

32 r. Grande – ✆ 02 31 32 73 32 – Fermé 1er-15 sept., 2-16 janv., dim. soir et lundi

Rest – *(nombre de couverts limité, prévenir)* (23 €) Menu 25/75 € – Carte 60/85 €

◆ Au centre du village, maison du 17e s. abritant deux salles à manger feutrées, décorées de cuivres et d'une collection d'assiettes anciennes. Cuisine classique.

L'Orbecquoise

60 r. Grande – ✆ 02 31 62 44 99 – Fermé 30 juin-13 juil., merc. soir et jeudi

Rest – (10 €) Menu 17/45 € – Carte 35/45 €

◆ Auberge rustique aménagée dans une demeure du 17e s. Une exposition de photos et de cartes postales anciennes de la ville égaie la salle à manger. Cuisine régionale.

ORBEY – 68 Haut-Rhin – 315 G8 – 3 608 h. – alt. 550 m – Sports d'hiver : voir "Le Bonhomme" – ✉ 68370 Alsace Lorraine — 1 A2

Paris 434 – Colmar 23 – Gérardmer 42 – Munster 21

48, rue du Général-de-Gaulle ✆ 03 89 71 30 11

Bois Le Sire et son Motel

20 r. Ch.-de-Gaulle – ✆ 03 89 71 25 25 – www.bois-le-sire.fr – Fermé 2 janv.-4 fév.

36 ch – †59/88 € ††59/88 € – 1 suite – ☕ 10 € – ½ P 62/76 €

Rest – *(fermé lundi sauf juil.-août)* (9 €) Menu 16/50 € – Carte 23/64 €

◆ Deux bâtiments abritant des chambres fonctionnelles ; choisissez de préférence celles du motel, plus grandes et plus calmes. Espace forme, sauna et jacuzzi. Boiseries et mobilier de style au restaurant, où l'on sert une cuisine traditionnelle toute simple.

Aux Bruyères

35 r. Ch.-de-Gaulle – ✆ 03 89 71 20 36 – www.auxbruyeres.com – Ouvert 6 avril-23 oct. et 16-31 déc.

29 ch – †42 € ††42 € – ☕ 8,50 € – ½ P 42/65 €

Rest – *(fermé merc. midi et jeudi en saison)* (10 €) Menu 14/29 € – Carte 19/34 €

◆ Cette maison familiale, qui fait aussi salon de thé, propose des chambres pratiques (trois appartements familiaux). Celles du pavillon offrent une vue sur le jardin. Sobre salle à manger et terrasse d'été où l'on apprécie une cuisine aux accents régionaux.

à Basses-Huttes 4 km au Sud par D 48 – ✉ 68370 Orbey

Wetterer

– ✆ 03 89 71 20 28 – www.hotel-wetterer.com – Fermé 13 mars-7 avril, 2-24 nov. et 4 janv.-9 fév.

15 ch – †42/44 € ††54/56 € – ☕ 8 € – ½ P 46/55 €

Rest – *(fermé mardi midi et merc.)* Menu 17/35 € – Carte 18/36 €

◆ Au cœur d'un superbe paysage de montagnes et de forêts – quiétude garantie ! –, cet hôtel des années 1960 dispose de chambres fonctionnelles et bien tenues. Restaurant au cadre rustico-bourgeois (poutres, cheminée et argenterie) et carte traditionnelle.

à Pairis 3 km au Sud-Ouest par D 48II – ✉ 68370 Orbey

Lac Noir★ : ≤★ 30 mn O : 5 km.

Le Domaine de Pairis

233 lieu-dit Pairis – ✆ 03 89 71 20 15 – www.pairis.fr – Fermé 1er-26 nov. et en janv.

14 ch – †59/69 € ††69/99 € – ☕ 10 € – ½ P 69/84 €

Rest – *(fermé lundi soir et mardi soir et le midi sauf dim. et feriés)* Menu 25/43 € – Carte 20/50 €

◆ Chambres décorées avec goût et simplicité : mobilier aux lignes épurées dans les tons écrus ; tableaux et plaids pour les notes colorées. Produits bio et fermiers, confitures maison. Carte régionale accompagnée notamment de vins d'Alsace, Bourgogne, Bordeaux.

ORCHIES – 59 Nord – **302** H5 – **8 263 h.** – **alt. 40 m** – ✉ **59310** **31** C2

Paris 219 – Denain 28 – Douai 20 – Lille 29

42, rue Jules Roch ✆ 03 20 64 86 32

Le Manoir ch, VISA AE

Hameau de Manneville, D 549 : Ouest par route Seclin
– ✆ 03 20 64 68 68 – www.manoir.net
– Fermé 1er-28 août

34 ch – †65/135 € ††65/135 € – ☕ 9 € – ½ P 65/95 €

Rest – *(fermé 26-31 déc., sam. midi, dim. soir et soirs fériés)* (17 €) Menu 23/43 € – Carte 26/59 €

◆ Cet établissement pris entre l'A 23 et une route passante propose des chambres actuelles bénéficiant d'une bonne insonorisation. Relié à l'hôtel par un passage couvert, le restaurant du Manoir abrite un bar feutré et trois intimes salles à manger rustiques.

La Chaumière VISA

685 r. Henri Fiévet, 3 km au Sud par D 957, rte Marchiennes
– ✆ 03 20 71 86 38 – www.restaurant-lachaumiere.com
– Fermé 1er-15 sept., fév., dim. soir et lundi

Rest – (13 €) Menu 30/82 € bc – Carte 40/67 €

◆ Des bibelots animaliers (nombreux chevaux) agrémentent le cadre agreste de ce restaurant. Cuisine traditionnelle, beau plateau de fromages et joli choix de bordeaux.

ORCIÈRES – 05 Hautes-Alpes – **334** F4 – **725 h.** – **alt. 1 446 m** – **Sports d'hiver : à Orcières-Merlette 1 850/2 650 m** 2 26 – ✉ **05170** **41** C1

Alpes du Sud

Paris 676 – Briançon 109 – Gap 32 – Grenoble 113

Maison du Tourisme ✆ 04 92 55 89 89

Vallée du Drac Blanc★★ NO : 14 km.

à Merlette 5 km au Nord par D 76 Orcieres

Les Gardettes avec ch ch, VISA

– ✆ 04 92 55 71 11 – www.gardettes.com – Ouvert 15 déc.-24 avril et 26 juin-5 sept.

14 ch – †55/100 € ††55/100 € – ☕ 8 € – ½ P 49/73 €

Rest – Menu 25/34 € – Carte 24/44 €

◆ Restaurant familial abrité dans une ancienne étable : joli décor typiquement montagnard. Cuisine du terroir et spécialités fromagères (fondues, raclettes). Chambres modestes et bonnes confitures maison au petit-déjeuner.

ORCINES – 63 Puy-de-Dôme – **326** F8 – **rattaché à Clermont-Ferrand**

ORCIVAL – 63 Puy-de-Dôme – **326** E8 – **255 h.** – **alt. 840 m** – ✉ **63210** **5** B2

Auvergne

Paris 441 – Aubusson 82 – Clermont-Ferrand 27 – Le Mont-Dore 17

le Bourg ✆ 04 73 65 89 77

Basilique Notre-Dame★★.

Notre Dame VISA AE

– ✆ 04 73 65 82 02 – Fermé 10 nov.-31 janv.

7 ch – †40 € ††45 € – ☕ 7 € – ½ P 46/48 €

Rest – (11 €) Menu 13/26 € – Carte 23/37 €

◆ Vent de fraîcheur dans cette jolie maison : tout a été refait à neuf en 2009 ! Les chambres sont pimpantes et colorées (l'une d'elles avec terrasse donnant sur la basilique). Le restaurant, de style bistrot auvergnat, propose une cuisine régionale et familiale.

Ne confondez pas les couverts ✗ et les étoiles ✿ ! Les couverts définissent une catégorie de confort et de service. L'étoile couronne uniquement la qualité de la cuisine, quel que soit le standing de la maison.

ORGELET – 39 Jura – **321** D7 – **1 733 h.** – **alt. 500 m** – ✉ **39270** **16** B3

▶ Paris 434 – Besançon 104 – Bourg-en-Bresse 68 – Lons-le-Saunier 20

La Valouse

12 r. des Fossés, (face à l'église) – ✆ 03 84 25 54 80 – www.hotel-restaurant-jura.com – Fermé 20 déc.-20 janv. et dim. soir

14 ch – †60 € ††78 € – ☕ 8 €

Rest – Menu 19/74 € – Carte 35/44 €

◆ Situé face à l'église classée (14e s.), cet hôtel familial propose des chambres simples, pratiques et bien insonorisées. Cuisine du terroir actualisée et plat du jour sont servis dans la salle à manger du café attenant ou sur la terrasse ombragée.

ORGEVAL – 78 Yvelines – **311** H2 – **101** 11 – **voir à Paris, Environs**

ORGON – 13 Bouches-du-Rhône – **340** F3 – **2 976 h.** – **alt. 90 m** – ✉ **13660** Provence **42** E1

▶ Paris 712 – Aix-en-Provence 58 – Avignon 29 – Marseille 72

ℹ place de la Liberté ✆ 04 90 73 09 54

Le Mas de la Rose

rte d'Eygalières, 4 km au Sud-Ouest par D 24b – ✆ 04 90 73 08 91 – www.mas-rose.com – Fermé 4 janv.-26 fév.

8 ch – †190/390 € ††190/390 € – 1 suite – ☕ 23 €

Rest – *(ouvert 13 mai-30 sept. sauf dim. soir et lundi et fermé le midi) (résidents seult)* Menu 52/58 €

◆ Dans un site bucolique, d'anciennes bergeries (17e s.) joliment réaménagées en maison de charme. Chambres provençales personnalisées. Superbe jardin paysager avec piscine. Le soir en saison, le restaurant propose un menu du marché dans un cadre néorustique raffiné.

ORLÉANS P – 45 Loiret – **318** I4 – **113 130 h.** – **Agglo. 263 292 h.** – **alt. 100 m** – ✉ **45000** Châteaux de la Loire **12** C2

▶ Paris 132 – Caen 311 – Clermont-Ferrand 295 – Le Mans 143

ℹ 2, place de l'Étape ✆ 02 38 24 05 05

18 de Limère à Ardon 1411 allée de la Pomme de Pin, S : 9 km par D 326, ✆ 02 38 63 89 40

18 d'Orléans Donnery à Donnery Domaine de la Touche, E :17 km par N 460, ✆ 02 38 59 25 15

18 de Sologne à La Ferté-Saint-Aubin Route de Jouy-le-Potier, S : 24 km par N 20 et D 18, ✆ 02 38 76 57 33

18 de Marcilly à Marcilly-en-Villette Domaine de la Plaine, SE par D 14 et D 108 : 18 km, ✆ 02 38 76 11 73

◉ Cathédrale Ste-Croix★★ : boiseries★★ - Maison de Jeanne d'Arc★ **V** - Quai Fort-des-Tourelles ≤★ EZ **60** - Musée des Beaux-Arts★★ **M¹** - Musée Historique et Archéologique★ **M²** - Muséum★.

◉ Olivet : parc floral de la Source★★ SE : 8 km CZ.

Plans pages suivantes

Mercure

44 quai Barentin – ✆ 02 38 62 17 39 – www.mercure.com DZt

110 ch – †79/149 € ††94/164 € – 1 suite – ☕ 15 €

Rest – *(fermé sam. midi, dim. midi et fériés le midi)* (16 €) Menu 20 € (sem.) – Carte 26/42 €

◆ À deux pas du centre-ville, des chambres fonctionnelles, spacieuses et confortables. Vue sur la Loire ou les toits depuis les étages supérieurs. Au restaurant Le Chaland, décor marin sur le thème de la batellerie.

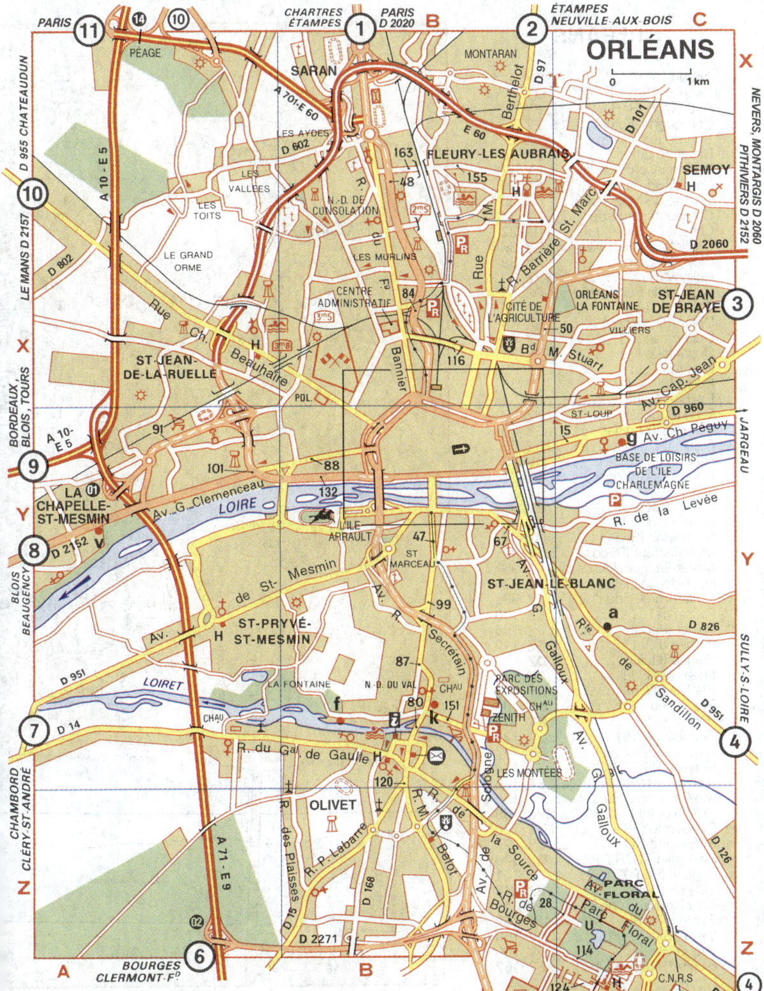

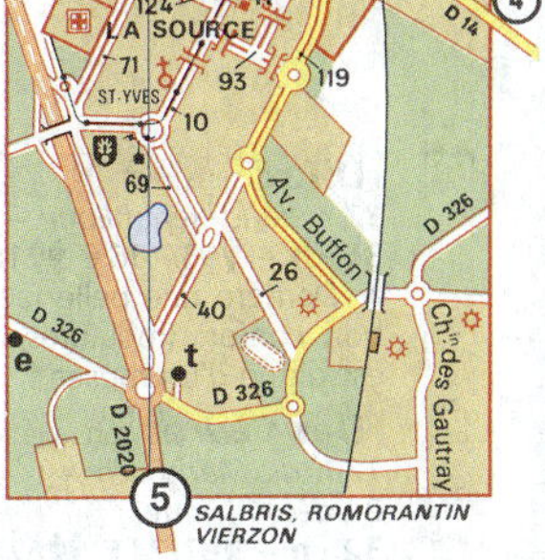

FLEURY-LES-AUBRAIS

Dessaux (R. André) . . . . BX 48
Verdun (R. de) . . . . BX 155
11-Octobre (R. du) . . . . BX 163

LA SOURCE

Bolière (Av. de la) . . . . CZ 10
Chateaubriand (R.) . . . . CZ 26
Châteauroux (R. de) . . . . BCZ 28
Concyr (Av. de) . . . . CZ 40
George-Sand (R.) . . . . CZ 69
Hôpital (Av. de l') . . . . BZ 71
Montesquieu (Av.) . . . . CZ 93
Prés.-Kennedy (Av.) . . . . CZ 114
Recherche Scientifique (Av. de la) . . . . CZ 119
Romain-Rolland (R.) . . . . CZ 124

OLIVET

Leclerc (Pont Mar.) . . . . BY 80
Loiret (Av. du) . . . . BY 87
République (Pl.) . . . . BY 120
Verdun (Av. de) . . . . BY 151

ORLÉANS

Bourgogne (R. Fg-de) . . . . CY 15
Dauphine (Av.) . . . . BY 47
Droits-de-l'Homme (Av. des) . BCX 50
Libération (Av. de la) . . . . BX 84
Madeleine (R. fg) . . . . BY 88
Olivet (Rte d') . . . . BY 99
Québec (Bd de) . . . . BX 116
St-Laurent (Quai) . . . . ABY 132

ST-JEAN-DE-LA-RUELLE

Mendès-France (Av. P.) . . . . AY 91
Paul-Bert (Pl.) . . . . AY 101

ST-JEAN-LE-BLANC

Gaulle (R. du Gén.-de) . . . . BY 67

ORLÉANS

Antigna (R.) . . . . DY 4
Bannier (R.) . . . . DY
Bothereau (R. R.) . . . . FY 14
Bourgogne (Fg de) . . . . . . FZ 15
Bourgogne (R. de) . . . . . . EFZ
Brésil (R. du) . . . . FY 16
Bretonnerie (R. de la) . . . DEY 17
Briand (Bd A.) . . . . FY 19
Champ-de-Mars (Av.) . . . . DZ 25
Charpenterie (R. de la) . . . EZ 34
Châtelet (Square du) . . . . . EZ 32
Chollet (R. Théophile) . . . . EY 36
Claye (R. de la) . . . . FY 38
Coligny (R.) . . . . FZ 39
Croix-de-la-Pucelle (R.) . . . EZ 43
Dauphine (Av.) . . . . EZ 47
Dolet (R. Étienne) . . . . EZ 49
Ducerceau (R.) . . . . EZ 51
Dupanloup (R.) . . . . EFY 53
Escures (R. d') . . . . EY 55
Étape (Pl. de l') . . . . EY 56
Ételon (R. de l') . . . . FY 57
Folie (R. de la) . . . . FZ 58
Fort-des-Tourelles (Q.) . . . . EZ 60
Gaulle (Pl. du Gén.-de) . . . DZ 65
Hallebarde (R. de la) . . . . . DY 70
Hôtelleries (R. des) . . . . . . EZ 71
Jeanne d'Arc (R.) . . . . EY
Lin (R. au) . . . . EZ 81
Loire (Pl. de la) . . . . EZ 85
Madeleine (R. Fg) . . . . . . DZ 88
Manufacture (R. de la) . . . FY 89
Motte-Sanguin (Bd de la) . FZ 95
N.-D.-de-Recouvrance (R.) DZ 97
Oriflamme (R. de l') . . . . . . FZ 98
Parisie (R.) . . . . EZ 100
Poirier (R. du) . . . . EZ 106
Pothier (R.) . . . . EZ 112
Prague (Quai) . . . . DZ 113
Pressoir (R. du) . . . . FY 115
Pte-Madeleine (R.) . . . . . . DY 108
Pte-St-Jean (R.) . . . . DY 109
Rabier (R. F.) . . . . EY 117
République (Pl.) . . . . EZ 121
République (R. de la) . . . . . EY
Roquet (R.) . . . . EZ 124
Royale (R.) . . . . EZ 125
Ste-Catherine (R.) . . . . EZ 135
Ste-Croix (Pl.) . . . . EYZ 139
St-Euverte (Bd) . . . . FYZ 126
St-Euverte (R.) . . . . FY 127
Secrétain (Av. R.) . . . . DZ 140
Segellé (Bd P.) . . . . FY 141
Tabour (R. du) . . . . EZ 145
Tour Neuve (R. de la) . . . . . FZ 147
Verdun (Bd de) . . . . DY 152
Vieux-Marché (Pl.) . . . . DZ 159
Weiss (R. L.) . . . . FY 160
6-Juin 1944 (Pl. du) . . . . . . FY 162

D'Arc sans rest
37 r. de la République – ✆ 02 38 53 10 94 – www.hoteldarc.fr EYg
35 ch – †93/136 € ††106/176 € – ☕ 14 €
◆ Derrière une belle façade Art nouveau, au cœur de la ville, des chambres de bon confort (moulures, mobilier de style Louis-Philippe). L'ascenseur d'époque est digne d'un musée !

Des Cèdres sans rest
17 r. du Mar.-Foch – ✆ 02 38 62 22 92 – www.hotelcedresorleans.com – Fermé 24 déc.-11 janv. DYb
32 ch – †67/74 € ††67/88 € – ☕ 8,50 €
◆ À l'écart du centre, une maison de maître au calme, avec des chambres sobres et bien tenues. On peut prendre son petit-déjeuner face au jardin planté de... cèdres.

■ **Marguerite** sans rest

14 pl. du Vieux Marché – ✆ 02 38 53 74 32 – www.hotel-orleans.fr – Fermé 24 déc.-2 janv. DZ**f**

25 ch – †59/85 € ††69/95 € – ☕ 7 €

◆ On améliore de jour en jour le confort de cet hôtel : communs et chambres joliment relookés (mobilier contemporain, TV écran plat, wi-fi, etc.), insonorisation sans faille.

■ **De l'Abeille** sans rest

64 r. d'Alsace-Lorraine – ✆ 02 38 53 54 87 – www.hoteldelabeille.com

27 ch – †66/98 € ††69/98 € – ☕ 10 € EY**k**

◆ En centre-ville, cet hôtel tenu par la même famille depuis quatre générations a joliment traversé les époques : papiers peints anglais, meubles chinés, petit-déjeuner bio...

Le Lièvre Gourmand (William Page)
28 quai du Chatelet – 02 38 53 66 14 – www.lelievregourmand.com – Fermé vacances de Noël EZq

Rest – *(prévenir)* Menu 35 € (déj.)/55 €

Spéc. Saint-Jacques grillées à la plancha (saison). Bar, huître, cumbawa, en tartare citron salé. Carré d'agneau grillé, langue en brochette.

◆ Des canapés blancs, des nappes blanches ; tout est blanc – ou presque – dans cette jolie maison de 1854. Le style est contemporain et la cuisine originale : le chef, d'origine australienne, signe de belles assiettes, bien pensées et très savoureuses.

Eugène
24 r. Ste-Anne – 02 38 53 82 64 – Fermé 1er-8 mai, 1er-15 août, 25 déc.-2 janv., sam. et dim. EYu

Rest – Menu 24/49 € – Carte 32/68 €

◆ Cette petite adresse est bien connue des Orléanais, qui s'y pressent pour déguster une belle cuisine aux saveurs méridionales dans un cadre aussi plaisant que chaleureux.

La Parenthèse
26 pl. du Châtelet – 02 38 62 07 50 – Fermé 1er août-1er sept., dim. et lundi EZa

Rest – (14 €) Menu 17 € (déj. en sem.), 28/35 €

◆ Chartreuse de tourteau et saumon fumé ; canon d'agneau farci à la tapenade... Fraîcheur, harmonie et modernité en cette table nichée entre des murs de 1597.

La Dariole
25 r. Étienne-Dolet – 02 38 77 26 67 – Fermé 8-29 août, sam., dim. et le soir sauf mardi et vend. EZv

Rest – *(nombre de couverts limité, prévenir)* (19 €) Menu 24 €

◆ Une véritable bonbonnière que cette maison à colombages (15e s.) proche de la cathédrale. Le chef fait mouche à chaque plat : soin et tradition, alliés à une pointe d'originalité.

à St-Jean-de-Braye Est : 4 km - CXY – 18 692 h. – alt. 108 m – 45800

Novotel Orléans St-Jean-de-Braye
145 av. de Verdun, N 152 – 02 38 84 65 65 – www.novotel.com

107 ch – 79/160 € 79/160 € – 14 €

Rest – (16 €) Carte 25/40 €

◆ Bien situé – près de l'autoroute et en lisière de forêt –, avec des chambres dernière génération et un jardin (piscine et jeux pour enfants).

Les Toqués
71 chemin du Halage – 02 38 86 50 20 – Fermé 1 sem. à Paques, 6-31 août, dim. et lundi CYg

Rest – Menu 20 € (déj. en sem.), 30/40 €

◆ Au bord de la Loire, une auberge en prise sur notre époque : intérieur moderne et convivial, délicieuse terrasse, appétissante carte actuelle... Chapeau les Toqués !

à St-Jean-le-Blanc 3 km au Sud – 8 229 h. – alt. 95 m – 45650

Villa Marjane sans rest
121 rte de Sandillon, D 951 – 02 38 66 35 13 – www.villamarjane.com – Fermé 24 fév.-11 mars CYa

19 ch – 60/70 € 60/85 € – 9 €

◆ Cette maison bourgeoise du 18e s. ne manque pas de charme : vieux parquet, mobilier chiné, chambres soigneusement décorées et ambiance familiale. Une halte agréable.

à La Source 11 km au Sud-Est - BCZ – ✉ 45100 Orleans

Novotel Orléans La Source ch, ch,
2 r. H. de Balzac, (carrefour N20-D326, rte de Concyr)
– 02 38 63 04 28 – www.novotel.com CZ**t**
119 ch – 79/160 € 79/160 € – 14 €
Rest – (12 €) Menu 16 € – Carte 25/35 €
◆ Dans un parc de 3 ha, un Novotel aux chambres vastes et actuelles (mobilier modulable), rénovées selon le dernier concept de la chaîne. Aire de jeux pour enfants. Carte "Novotel Café" au restaurant, ouvert sur la piscine et la verdure.

au parc de Limère Sud-Est : 13 km par N 20 et D 326 – ✉ 45160 Ardon

Domaine des Portes de Sologne
200 allée des 4 vents – 02 38 49 99 99 ch,
– www.portes-de-sologne.com BZ**e**
117 ch – 126 € 140 € – 11 €
Rest – (21 €) Menu 28/52 € – Carte 46/84 €
◆ En pleine campagne, complexe hôtelier proche d'un golf et d'un centre de balnéothérapie. Chambres sobres, charmants cottages (duplex familiaux) et équipements pour séminaires. Restaurant moderne et cossu où l'on sert une cuisine dans l'air du temps.

à Olivet 5 km au Sud par av. du Loiret et bords du Loiret – 21 032 h. – alt. 100 m – ✉ 45160 Châteaux de la Loire

236, rue Paul Genain 02 38 63 49 68

Le Rivage
635 r. Reine-Blanche – 02 38 66 02 93
– www.lerivage-olivet.com
– Fermé 25 déc.-21 janv., dim. soir de nov. à mars et sam. midi BY**f**
Rest – Menu 28/63 € – Carte 52/90 €
◆ Belles villas, vieux moulins... Profitez pleinement du spectacle bucolique des rives du Loiret depuis la véranda ou la terrasse à fleur d'eau. Cuisine traditionnelle.

La Laurendière
68 av. du Loiret – 02 38 51 06 78
– www.lalaurendiere.new.fr
– Fermé 4-20 juil., 27 fév.-15 mars, lundi soir, mardi soir et merc. BY**k**
Rest – Menu 23/49 € – Carte 38/70 €
◆ Nappe blanche, argenterie, vaisselle en faïence de Gien : le décor se prête à la dégustation de spécialités de toujours, accompagnées de crus de Loire.

à la Chapelle-St-Mesmin 4 km à l'Ouest- AY – 9 282 h. – alt. 101 m – ✉ 45380

Côté Saveurs
55 rte d'Orléans – 02 38 72 29 51
– www.cotesaveurs.com
– Fermé 19 fév.-7 mars, 1er-15 août et 24 déc.-3 janv. AY**v**
Rest – (19 €) Menu 29/37 € – Carte 44/58 €
◆ Lustre d'une maison bourgeoise et peps de notre époque ! On déguste ici une cuisine de saison, franche et savoureuse (foie gras à la réglisse, bouillon de petits pois…).

ORLY (Aéroports de Paris) – 91 Essonne – **312** D3 – **101** 26 – voir à Paris, Environs

---

ORMOY-LA-RIVIÈRE – 91 Essonne – **312** B5 – rattaché à Étampes

---

ORNAISONS – 11 Aude – **344** I3 – rattaché à Narbonne

ORNANS – 25 Doubs – **321** G4 – 4 098 h. – alt. 355 m – ✉ 25290 **16** B2
Franche-Comté Jura

Paris 428 – Baume-les-Dames 42 – Besançon 26 – Morteau 48
7, rue Pierre Vernier ✆ 03 81 62 21 50
Grand Pont ≤★ - O : Vallée de la Loue★★ - Le Château ≤★ N : 2,5 km.

De France
r. P. Vernier – ✆ 03 81 62 24 44 – www.hoteldefrance-ornans.com – Fermé 21 oct.-7 nov., 18 déc.-25 janv., sam. et dim. de nov. à avril
25 ch – †65/70 € ††85/90 € – 1 suite – ☕ 10 € – ½ P 80/85 €
Rest – *(fermé lundi midi d'avril à nov.)* (14 €) Menu 19 € (sem.), 27/34 €
◆ Hôtel traditionnel au cœur de la "perle de la Loue". Chambres agréables et très belle suite contemporaine. Parcours privé de pêche à la mouche mondialement réputé. Cuisine du terroir à déguster dans une belle salle à manger bourgeoise.

Le Jardin de Gustave
28 r. Édouard-Bastide – ✆ 03 81 62 21 47 – www.lejardindegustave.fr
4 ch ☕ – †50/90 € ††70/90 €
Table d'hôte – Menu 28 € bc
◆ Charme et authenticité ! Dans cette plaisante maison bordant la Loue, les chambres portent des noms qui annoncent la couleur et... le décor (Avec Vue, Champêtre, Gustavienne, etc.). Confiture maison au petit-déjeuner et agréable cuisine aux accents régionaux.

Le Courbet
34 r. P. Vernier – ✆ 03 81 62 10 15 – www.restaurantlecourbet.com – Fermé vacances de Noël, de mi-fév. à mi-mars, dim. soir, mardi midi et lundi
Rest – Menu 20/40 € – Carte environ 34 €
◆ Sobre et bistrotière, ou bien classique, raffinée et cosy ? Selon votre humeur, optez pour l'une des deux salles... Délicieuse cuisine du marché et terrasses surplombant la Loue.

à Saules 6 km au Nord-Est par D 492 – 195 h. – alt. 585 m – ✉ 25580

La Griotte
3 r. des Cerisiers – ✆ 03 81 57 17 71 – www.lagriotte.fr – Fermé 22 août-7 sept., 20 fév.-21 mars, mardi soir d'oct. à avril, dim. soir, merc. soir et lundi
Rest – *(nombre de couverts limité, prévenir)* Menu 14/29 € – Carte 24/45 €
◆ Tradition, saveurs de saison et spécialités régionales : une belle Griotte, tendre et goûteuse. Cerise sur le gâteau : l'accueil souriant et l'addition sans acidité.

OROUET – 85 Vendée – **316** E7 – rattaché à St-Jean-de-Monts

ORPIERRE – 05 Hautes-Alpes – **334** C7 – 318 h. – alt. 682 m – ✉ 05700 **40** B2
Alpes du Sud

Paris 689 – Château-Arnoux 47 – Digne-les-Bains 72 – Gap 55
le Village ✆ 04 92 66 30 45

aux Bégües 4,5 km au Sud-Ouest – ✉05700 Orpierre

Le Céans
rte des Princes d'Orange – ✆ 04 92 66 24 22 – www.le-ceans.fr.st – Ouvert 15 mars-1er nov. et fermé merc. d'oct. au 15 avril
21 ch – †47/96 € ††47/96 € – ☕ 10 € – ½ P 46/64 €
Rest – (12 €) Menu 16/39 € – Carte 24/42 €
◆ Au sein d'un hameau du massif des Baronnies, des petites chambres et des pavillons familiaux dispersés dans un parc agreste descendant jusqu'à la rivière, le Céans. À table, cuisine traditionnelle généreuse : veau juteux, soupe au pistou, fromages locaux, etc.

ORTHEVIELLE – 40 Landes – **335** E13 – 841 h. – alt. 20 m – ✉ 40300 **3** B3

Paris 764 – Bordeaux 185 – Mont-de-Marsan 90 – Pau 82

La Ferme d'Orthe

9 r. de la Fontaine – ✆ 05 58 73 01 03 – Fermé 2 sem. en avril, 26 déc.-8 janv., dim. soir et lundi du 15 sept. au 15 juin

Rest – (10 €) Menu 23 € – Carte 21/42 €

◆ Une grande cheminée pour griller la côte de bœuf, des poutres solides : un vrai restaurant de campagne. Plats simples et réjouissants : confit maison, parillada, foie gras...

ORTHEZ – 64 Pyrénées-Atlantiques – **342** H4 – 10 329 h. – alt. 55 m **3** B3 – ✉ 64300 Aquitaine

Paris 765 – Bayonne 74 – Dax 39 – Mont-de-Marsan 57

rue Bourg-Vieux ✆ 05 59 38 32 84

de Salies-de-Béarn à Salies-de-Béarn Quartier Hélios, par rte de Bayonne : 17 km, ✆ 05 59 38 37 59

Pont Vieux★.

Au Temps de la Reine Jeanne ch,

44 r. Bourg-Vieux – ✆ 05 59 67 00 76 – www.reine-jeanne.fr

30 ch – †58/68 € ††68/75 € – ☕ 9 € – ½ P 88/94 €

Rest – *(fermé dim. soir du 18 oct. au 4 avril)* (12 €) Menu 23/33 € – Carte 30/51 €

◆ Maisons du 14ᵉ s. organisées autour d'un joli patio. Chambres modestes (plus modernes, amples et confortables dans l'un des bâtiments). Petit fitness. Recettes traditionnelles et du terroir servies au restaurant, rustique à souhait.

ORVAULT – 44 Loire-Atlantique – **316** G4 – rattaché à Nantes

OSNY – 95 Val-d'Oise – **305** D6 – **106** 5 – **101** 2 – voir à Paris, Environs (Cergy-Pontoise)

OSSÈS – 64 Pyrénées-Atlantiques – **342** E3 – 812 h. – alt. 102 m **3** B3 – ✉ 64780 Aquitaine

Paris 811 – Bordeaux 233 – Pamplona 89 – Pau 151

La Ferme Gourmande

3 km à l'Est par D 8 et rte secondaire – ✆ 05 59 37 77 32 – www.restaurant-fermegourmande.com

Rest – Menu 29/37 € – Carte 32/50 €

◆ Verts pâturages et grelot chantant des vaches : cette ancienne ferme ressuscite le mythe paysan ! Le chef affectionne les produits régionaux et sait les mettre en valeur...

OSTHOUSE – 67 Bas-Rhin – **315** J6 – 955 h. – alt. 155 m – ✉ 67150 **1** B2

Paris 502 – Obernai 17 – Offenburg 35 – Sélestat 23

À la Ferme sans rest

10 r. du Château – ✆ 03 90 29 92 50 – www.hotelalaferme.com

15 ch – †87/200 € ††92/200 € – ☕ 15 €

◆ Calme et sérénité, dans cette ferme du 18ᵉ s. et ses séchoirs. Les chambres – vastes – arborent un décor rustique ou contemporain (dont une à la japonaise). Service soigné.

À l'Aigle d'Or

14 r. de Gerstheim – ✆ 03 88 98 06 82 – www.hotelalaferme.com – Fermé 3 sem. en août, vacances de Noël, vacances de fév., lundi et mardi

Rest – Menu 33 € (sem.), 39/88 € – Carte 50/74 €

Rest *Winstub* – Carte 30/45 €

◆ Jolie maison de village arborant une magnifique enseigne en fer forgé. Cuisine classique servie dans un cadre alsacien bourgeois et chaleureux. À la Winstub, plats traditionnels, ambiance détendue et décor assez cossu.

OSTWALD – 67 Bas-Rhin – **315** K5 – **rattaché à Strasbourg**

OTTROTT – 67 Bas-Rhin – **315** I6 – **rattaché à Obernai**

OUCHAMPS – 41 Loir-et-Cher – **318** E7 – **808 h. – alt. 92 m** – ✉ **41120** **11** A1

Paris 199 – Blois 18 – Montrichard 19 – Romorantin-Lanthenay 40

Château de Fougères-sur-Bièvre★ NO : 5 km Châteaux de la Loire

Relais des Landes

1,5 km au Nord sur D 7 – ✆ 02 54 44 40 40 – www.relaisdeslandes.com – Ouvert 6 mars-30 nov.

28 ch – 108/158 € 108/158 € – 15 € – ½ P 108/132 €

Rest – *(fermé mardi et le midi sauf week-ends et fériés)* Menu 38/42 €

◆ Belle gentilhommière du 17e s. et son vaste parc (plan d'eau). Chambres spacieuses, de style traditionnel ; duplex avec terrasse privative... On est au calme ! Dîner dans la salle champêtre (cheminée, fresque) ou la véranda donnant sur le jardin.

OUCQUES – 41 Loir-et-Cher – **318** E5 – **1 420 h. – alt. 127 m** – ✉ **41290** **11** B2

Paris 160 – Beaugency 30 – Blois 27 – Châteaudun 30

Mairie ✆ 02 54 23 11 00

Du Commerce avec ch

AC rest, VISA MC AE

9 r. de Beaugency – ✆ 02 54 23 20 41 – www.hotel-commerce-oucques.com – Fermé 22 déc.-5 janv., 1 sem. en mars, dim. soir, lundi soir sauf juil.-août et fériés et lundi midi

10 ch – 69 € 75/79 € – 11 € – ½ P 67 €

Rest – *(prévenir le week-end)* (15 €) Menu 22/62 € – Carte 51/72 €

◆ Accueil attentionné dans cette salle à manger tendance seventies où l'on déguste une cuisine au goût du jour bien tournée. Chambres très colorées et bien tenues.

OUESSANT (ÎLE D') – 29 Finistère – **308** A4 – **voir à Île d'Ouessant**

OUILLY-DU-HOULEY – 14 Calvados – **303** N4 – **rattaché à Lisieux**

OUISTREHAM – 14 Calvados – **303** K4 – **9 252 h. – Casino : Riva Bella** – ✉ **14150** Normandie Cotentin **32** B2

Paris 234 – Arromanches-les-Bains 33 – Bayeux 44 – Cabourg 20

esplanade Lofi ✆ 02 31 97 18 63

Église St-Samson★.

La Mare Ô Poissons

AC ch, VISA MC AE

68 r. Emile Herbline – ✆ 02 31 37 53 05 – www.lamareopoissons.fr

30 ch – 95/105 € 105/135 € – 13 €

Rest – *(fermé dim. soir et lundi midi d'oct. à mi-mars)* (17 €) Menu 22 € (déj. en sem.), 27/35 € – Carte 45/62 €

◆ La Mare, bien connue à l'entrée de Ouistreham, a fait des petits, avec 30 chambres inaugurées en 2010. Ensemble flambant neuf et contemporain ! Au restaurant, le poisson – et l'invention – sont toujours à l'honneur : le chef a travaillé avec Éric Guérin, à St-Joachim.

Du Phare

VISA MC AE

10 pl. Gén.-de-Gaulle – ✆ 02 31 97 13 13 – www.hotelduphare.fr – Fermé 23 déc.-1er janv.

19 ch – 55 € 55/84 € – 8,50 €

Rest – *(fermé le soir d'oct. à mai et le merc. de mi-sept. à mai)* (14 €) Menu 17/20 € – Carte 11/38 €

◆ Tenu par la même famille depuis six générations, cet hôtel jouit d'un emplacement stratégique, face au terminal du ferry et près des écluses. Chambres simples et bien tenues. Carte de brasserie servie dans une salle à manger réaménagée (véranda) et modernisée.

Le Normandie

71 av. M. Cabieu, (au port d'Ouistreham) – ✆ 02 31 97 19 57 – www.lenormandie.com – Fermé 1er janv.-10 fév.

22 ch – †68/75 € ††68/75 € – ☕ 10 € – ½ P 70 €

Rest – (18 €) Menu 23/35 € – Carte 24/40 €

◆ En léger retrait du terminal Ferry, maison aux chambres pratiques de taille plutôt modeste. Petit-déjeuner buffet servi dans un cadre classique. Repensé dans un esprit plus actuel, le restaurant propose des plats au goût du jour mettant à l'honneur les produits de la mer.

La Table d'Hôtes

10 av. du Gén.-Leclerc – ✆ 02 31 97 18 44 – Fermé 20 juin-3 juil., mardi et merc.

Rest – (19 €) Menu 26 € (déj. en sem.)/31 €

◆ Ce restaurant familial et chaleureux reçoit comme à la maison, dans un cadre simple. Le chef conçoit chaque jour un menu unique traditionnel, selon la criée et son inspiration.

à Riva-Bella – ✉ **14150 Ouistreham**

Mercure

37 r. des Dunes – ✆ 02 31 96 20 20 – www.mercure.com

50 ch – †76/81 € ††86/91 € – ☕ 11 €

Rest – (11 €) Menu 16/22 € – Carte 18/36 €

◆ À quelques pas du port, un bâtiment moderne dédié à la mer. Du nom des couloirs menant aux chambres au décor "cabine de paquebot", sans oublier les tableaux, tout évoque le large. Le restaurant, relooké, arbore des tons vifs ; cuisine traditionnelle.

De la Plage sans rest

39 av. Pasteur – ✆ 02 31 96 85 16 – www.hotel-ouistreham.com – Fermé 27 fév.-11 mars

16 ch – †50/55 € ††64/77 € – ☕ 9 €

◆ Accueillante villa anglo-normande (fin 19e s.) située dans une rue calme près de la plage. Chambres coquettes ; quelques-unes plus spacieuses et familiales. Agréable jardin.

St-Georges

rest,

51 av. Andry – ✆ 02 31 97 18 79 – www.hotel-le-saint-georges.com – Fermé 3-24 janv., dim. soir et lundi midi d'oct. à mars

18 ch – †63/70 € ††70/80 € – ☕ 9 € – ½ P 65/75 €

Rest – (15 €) Menu 24/42 € – Carte 26/71 €

◆ Bâtisse de 1894 dont les chambres, plutôt petites mais bien tenues, donnent soit sur le front de mer et le casino, soit sur le jardin. Petit-déjeuner buffet. Restaurant panoramique proposant une cuisine traditionnelle orientée sur les produits de l'océan.

LES OURSINIÈRES – 83 Var – 340 L7 – rattaché au Pradet

OUSSON-SUR-LOIRE – 45 Loiret – 318 N6 – 752 h. – alt. 158 m – ✉ 45250 12 D2

Paris 165 – Gien 19 – Montargis 51 – Orléans 96

Le Clos du Vigneron

ch, ch,

18 rte Nationale 7 – ✆ 02 38 31 43 11 – www.hotel-clos-du-vigneron.com – Fermé 12 sept.-7 oct., 22 déc.-14 janv., dim. soir, mardi soir et merc.

8 ch – †59 € ††59 € – ☕ 8 € – ½ P 70 €

Rest – (16 €) Menu 21 € (déj.)/49 € – Carte 35/55 €

◆ Maison régionale (briques et colombages) pimpante et fleurie. Chambres de plain-pied dans l'annexe récente au fond du jardin. Cuisine gastronomique privilégiant le poisson, servie dans une salle à manger claire et élégante.

OUZOUER-SUR-LOIRE – 45 Loiret – **318** L5 – 2 638 h. – alt. 140 m **12** C2
– ✉ 45570

▶ Paris 151 – Gien 16 – Montargis 45 – Orléans 54

XX **L'Abricotier**

106 r. Gien – ✆ 02 38 35 07 11 – Fermé 1er-15 août, dim. soir, merc. soir et lundi
Rest – *(nombre de couverts limité, prévenir)* (17 € bc) Menu 24/40 € – Carte 39/49 €
◆ À la sortie du village, une auberge avec son agréable terrasse où l'on dîne à l'ombre d'un sapin, et non d'un abricotier ! Goûteuse cuisine traditionnelle.

OYONNAX – 01 Ain – **328** G3 – 23 618 h. – alt. 540 m – ✉ 01100 **45** C1
Franche-Comté Jura

▶ Paris 484 – Bourg-en-Bresse 60 – Nantua 19

ℹ 1, rue Bichat ✆ 04 74 77 94 46

XX **La Toque Blanche**

11 pl. Émile Zola – ✆ 04 74 73 42 63 – www.latoqueblanche-oyonnax.com
– Fermé 22 juil.-20 août, 2-10 janv., sam. midi, dim. soir et lundi
Rest – Menu 20/70 € – Carte 43/62 €
◆ Salle de restaurant au décor soigné, égayé de chaudes tonalités. Confluences géographiques obligent, la table marie la Bresse, le Jura et le Lyonnais.

au Lac Genin Sud-Est : 10 km par D 13 – ✉ 01130 Charix

Site★ du lac.

X **Auberge du Lac Genin** avec ch

– ✆ 04 74 75 52 50 – www.lac-genin.fr – Fermé 17 oct.-2 déc., dim. soir et lundi
3 ch – †50/60 € ††50/60 € – ☕ 6 €
Rest – Menu 11 € (déj.)/19 € – Carte 19/37 €
◆ Auberge au grand calme, au bord d'un lac : salle à manger coquette avec cheminée et terrasse prisée. Chambres refaites dans un style actuel qui ne renie pas l'esprit montagnard.

OZENAY – 71 Saône-et-Loire – rattaché à Tournus

OZOIR-LA-FERRIÈRE – 77 Seine-et-Marne – **312** F3 – **106** 33 – **101** 30 – voir à Paris, Environs

PACY-SUR-EURE – 27 Eure – **304** I7 – 4 884 h. – alt. 40 m – ✉ 27120 **33** D2
Normandie Vallée de la Seine

▶ Paris 81 – Dreux 38 – Évreux 20 – Louviers 33

ℹ place Dufay ✆ 02 32 26 18 21

Altina des Deux Fontaines

rte de Paris – ✆ 02 32 36 13 18 – www.hotelaltina.com
29 ch – †35/68 € ††68 € – ☕ 8 € – ½ P 53 €
Rest – Menu 10 €, 14/26 € – Carte 23/46 €
◆ Construit dans une zone commerciale, cet établissement propose de grandes chambres sobrement actuelles. Le plus : musique jazz live au piano-bar le vendredi soir. Menus traditionnels à prix doux et accueil charmant vous attendent au restaurant.

L'Étape de la Valllée

1 r. Edouard Isambard – ✆ 02 32 36 12 77 – www.etapedelavallee.com
15 ch – †59/85 € ††69/94 € – ☕ 10 € – ½ P 91/114 €
Rest – *(fermé jeudi soir, dim. soir et lundi)* Menu 19 € (déj.), 29/49 €
– Carte 30/75 €
◆ Grande villa bourgeoise à fière allure bâtie au bord de la rivière. Deux types de chambres : douillettes et personnalisées en façade ; fonctionnelles mais rénovées sur l'arrière. Restaurant traditionnel au cadre chaleureux ; vue sur l'Eure par les baies vitrées.

PAILHEROLS – 15 Cantal – 330 E5 – 165 h. – alt. 1 000 m – ✉ 15800 5 B3

Paris 558 – Aurillac 32 – Entraygues-sur-Truyère 45 – Murat 39

Auberge des Montagnes

– ✆ 04 71 47 57 01 – www.auberge-des-montagnes.com – Fermé 6 nov.-20 déc.
23 ch – †53/98 € ††53/98 € – ☕ 12 € – ½ P 49/76 €
Rest – *(fermé 6 nov.-20 déc. et mardi)* Menu 23 € (sem.), 28/39 € – Carte 23/37 €
◆ De nombreux loisirs (hammam, sauna, mur d'escalade, etc.) sont proposés dans cette ferme restaurée. Jolies chambres d'esprit montagnard. Chaleureuses salles à manger dont une en véranda ; généreuse cuisine du terroir.

Clos des Gentianes

10 ch – †65/80 € ††65/94 € – ☕ 10 € – ½ P 58/70 €
◆ Chambres plus spacieuses et actuelles dans cette annexe. Cuisine soignée pour les résidents.

PAIMPOL – 22 Côtes-d'Armor – 309 D2 – 7 788 h. – alt. 15 m 10 C1

– ✉ 22500 Bretagne

Paris 494 – Guingamp 29 – Lannion 33 – St-Brieuc 46
19, rue du Général Leclerc ✆ 02 96 20 83 16
Abbaye de Beauport★ 2 km par D 786 - Tour de Kerroc'h ★ 3 km par D 789 puis 15 mn.
Pointe de Minard★★ 11 km par D 786.

K'Loys

21 quai Morand – ✆ 02 96 20 40 01 – www.k-loys.com
17 ch – †65/150 € ††85/180 € – ☕ 8 €
Rest – Menu 19/30 € – Carte 25/50 €
◆ Cette ancienne demeure d'armateur, face au port, est devenue un charmant hôtel de caractère : chambres dotées de mobilier ancien, salon bourgeois et petit-déjeuner en véranda. Bistrot marin servant galettes et fruits de mer, en terrasse sur les quais.

Goëlo sans rest

quai Duguay-Trouin – ✆ 02 96 20 82 74 – www.legoelo.com
32 ch – †50/55 € ††55/85 € – ☕ 8 €
◆ Ce bâtiment récent, amarré sur le port de plaisance, offre une jolie vue sur les mâts. Chambres petites mais pratiques et bien tenues. Petit-déjeuner buffet. Bon accueil.

La Vieille Tour

13 r. de l'Église – ✆ 02 96 20 83 18 – Fermé 20 juin-3 juil., 21 nov.-3 déc., dim. soir et merc. soir sauf juil.-août et lundi
Rest – (18 €) Menu 30/60 € – Carte 44/80 €
◆ Charmante auberge du 16e s. au cœur du vieux Paimpol. Un bel escalier en bois mène à la salle principale, rustique et soignée. Cuisine traditionnelle, formule bistrot à midi.

La Cotriade

16 quai Armand Dayot – ✆ 02 96 20 81 08 – www.la-cotriade.com – Fermé 19-26 déc., 20-27 fév., dim. soir hors saison, sam. midi en saison et lundi
Rest – (19 €) Menu 25 € (déj.)/39 €
◆ Jetez l'ancre dans ce petit bistrot modernisé et zen, ou en terrasse sur le port. L'ardoise, plutôt courte, affiche des plats actuels, rythmés par les marées et les saisons.

à Ploubazlanec 3,5 km au Nord par D 789 – 309 D2 – 3 261 h. – alt. 60 m

– ✉ 22620

Les Agapanthes sans rest

1 r. Adrien Rebours – ✆ 02 96 55 89 06 – www.hotel-les-agapanthes.com – Fermé 2-31 janv.
21 ch – †44/80 € ††44/80 € – ☕ 8 €
◆ Dans cette maison régionale de 1768, les chambres sont jolies et bien tenues, certaines avec balcon ou terrasse ; les plus spacieuses se trouvent dans l'annexe récente.

PAIMPONT – 35 Ille-et-Vilaine – **309** I6 – 1 614 h. – alt. 159 m – ✉ 35380 Bretagne **10** C2

Paris 393 – Bruz 37 – Cesson-Sévigné 54 – Rennes 42

5, esplanade de Brocéliande ☎ 02 99 07 84 23

La Corne de Cerf sans rest

Le Cannée, 2 km au Sud par D 71 – ☎ 02 99 07 84 19 – http://corneducerf.bcld.net – Fermé janv. et fév.

3 ch – 50 € 57 €

◆ Longère décorée dans l'esprit maison d'artistes à deux pas de la forêt de Brocéliande. Chambres lumineuses et printanières. Pains, brioches et confitures maison, le tout bio...

PAIRIS – 68 Haut-Rhin – **315** G8 – rattaché à Orbey

LE PALAIS – 56 Morbihan – **308** M10 – voir à Belle-Ile-en-Mer

PALAVAS-LES-FLOTS – 34 Hérault – **339** I7 – 5 974 h. – alt. 1 m – Casino – ✉ 34250 Languedoc Roussillon **23** C2

Paris 763 – Aigues-Mortes 26 – Montpellier 17 – Nîmes 60

Phare de la Méditerranée ☎ 04 67 07 73 34

Ancienne cathédrale★ de Maguelone SO : 4 km.

Brasilia sans rest

9 bd Joffre – ☎ 04 67 68 00 68 – www.brasilia-palavas.com – Fermé mi-déc. à mi-janv.

22 ch – 53/112 € 53/112 € – 9 €

◆ Ambiance contemporaine pour cet hôtel à la jolie façade de mosaïque bleue, situé sur le front de mer. Chambres fonctionnelles, toutes avec balcon ou terrasse.

Amérique Hôtel sans rest

av. F. Fabrège – ☎ 04 67 68 04 39 – www.hotelamerique.com

47 ch – 64/87 € 64/87 € – 8 €

◆ Cet hôtel se compose de deux bâtiments séparés par une avenue conduisant droit à la mer : la partie principale abrite des chambres rénovées, plus confortables ; l'autre la piscine.

L'Escale

5 bd Sarrail, (rive gauche) – ☎ 04 67 68 24 17 – Fermé 2-8 janv., merc. de sept. à juin sauf fériés, merc. midi et jeudi midi en juil.-août

Rest – (18 €) Menu 22/65 € – Carte 46/75 €

◆ L'élégante salle à manger et la véranda offrent une belle perspective sur la plage. Proximité de la mer oblige, la généreuse cuisine au goût du jour s'en inspire largement.

Le St-Georges

4 bd Maréchal-Foch, (à côté du casino) – ☎ 04 67 68 31 38 – Fermé sam. midi, dim. soir et lundi de sept. à juin et le midi en juil.-août

Rest – (19 €) Menu 25/35 € – Carte 36/53 €

◆ Accueil convivial, joli cadre contemporain et cuisine de produits frais (ardoise le midi) : trois bonnes raisons pour franchir la porte de ce petit bistrot !

PALEYRAC – 24 Dordogne – **329** G7 – rattaché au Buisson-de-Cadouin

LA PALUD-SUR-VERDON – 04 Alpes-de-Haute-Provence – **334** G10 – 312 h. – alt. 930 m – ✉ 04120 Alpes du Sud **41** C2

Paris 796 – Castellane 25 – Digne-les-Bains 65 – Draguignan 60

le Château ☎ 04 92 77 32 02

Belvédères : Trescaïre★★, 5 km, l'Escalès★★★, 7 km par D952 puis D 23 - Point Sublime★★★, ≤ sur le Grand Canyon du Verdon NE : 7,5 km puis 15 mn.

Des Gorges du Verdon

1 km par rte de la Maline Sud – ✆ 04 92 77 38 26 – www.hotel-des-gorges-du-verdon.fr – Ouvert 15 avril-16 oct.

27 ch – 150/310 € 160/310 € – 3 suites – ½ P 95/170 €

Rest – Menu 25 € (déj.)/35 € – Carte 35/45 €

♦ Un rêve pour les randonneurs fatigués que cet hôtel de charme dominant les vallées... Chambres colorées (duplex, suites) et bons équipements pour les loisirs : hamman, jacuzzi, piscine. Au restaurant, cuisine régionale et ambiance chaleureuse.

PAMIERS – **09 Ariège** – **343** H6 – **14 830 h.** – **alt. 280 m** – ✉ **09100** **29** C3

Midi-Toulousain

Paris 745 – Auch 147 – Carcassonne 76 – Castres 106

boulevard Delcassé ✆ 05 61 67 52 52

De France

ch, rest,

5 cours Joseph-Rambaud – ✆ 05 61 60 20 88 – www.hotel-de-france-pamiers.com

31 ch – 55/65 € 65/80 € – 10 € – ½ P 54/61 €

Rest – *(fermé sam. et dim.)* (15 €) Menu 18/56 € – Carte 57/95 €

♦ Hôtel proche du centre-ville proposant des chambres aux lignes contemporaines et dotées de mobilier exotique. Au restaurant, nouveau cadre épuré (tableaux et photos) et goûteuse cuisine personnalisée mettant en avant quelques produits bio.

De la Paix

rest,

4 pl. A. Tournier – ✆ 05 61 67 12 71 – www.hoteldelapaix-pamiers.com

15 ch – 45/50 € 52/59 € – 8 € – ½ P 49/54 €

Rest – *(fermé 24 déc.-4 janv., sam. midi et dim.)* (13 €) Menu 18 € (sem.)/35 € – Carte 23/44 €

♦ Sur une petite place proche du centre, cet ancien relais de poste dispose de sobres chambres, équipées de meubles rustiques ou fonctionnels. Chaleureuse atmosphère d'antan dans la salle à manger ornée de remarquables plafonds moulurés d'origine (1760).

LE PARADOU – **13 Bouches-du-Rhône** – **340** D3 – **rattaché à Maussane-les-Alpilles**

PARAMÉ – **35 Ille-et-Vilaine** – **309** J3 – **voir à St-Malo**

PARAY-LE-MONIAL – **71 Saône-et-Loire** – **320** E11 – **9 042 h.** – **alt. 245 m** – ✉ **71600** **7** B3

Bourgogne

Paris 360 – Mâcon 67 – Montceau-les-Mines 37 – Moulins 67

25, avenue Jean-Paul II ✆ 03 85 81 10 92

Basilique du Sacré-Coeur★★ - Hôtel de ville★ **H.**

Plan page suivante

Terminus

ch,

27 av. de la Gare – ✆ 03 85 81 59 31 – www.terminus-paray.fr – Fermé vacances de la Toussaint et dim. **s**

16 ch – 53 € 66 € – 8,50 € – ½ P 53 €

Rest – *(fermé le midi)* Menu 12 € bc/28 € – Carte 29/49 €

♦ Typique hôtel de gare 1900, bien rénové et facilement repérable à sa façade rose bonbon. Hall d'époque et confortables chambres avec belles salles de bains. Cuisine traditionnelle servie aux beaux jours en terrasse, le soir à l'ombre des tilleuls.

Grand Hôtel de la Basilique

rest,

18 r. de la Visitation – ✆ 03 85 81 11 13 – www.hotelbasilique.com – Ouvert 15 mars-30 oct. **a**

55 ch – 36/51 € 47/58 € – 7 € – ½ P 44/50 €

Rest – (12 € bc) Menu 16/45 € – Carte 20/40 €

♦ Depuis quatre générations, la même famille tient cet hôtel dont les chambres, refaites par étapes, sont tournées en partie vers la basilique. Repas servis dans une salle à manger lumineuse fleurant bon la campagne et la tradition.

PARAY-LE-MONIAL

Alsace-Lorraine (Pl.) 2
Billet (R.) 3
Chapelains (Allée des) 5
Charolles (Av. de) 6
Commerce (Quai du) 7
Dauphin-Louis (Bd) 8
Desrichard (R. Louis) 9
Deux ponts (R.) 12
Dr-Griveaud (R.) 13
Four (R. du) 14
Gaulle (Av. Ch.-de) 15
Guignault (Pl.) 17
Industrie (Quai de l') 18
Jean-Jaurès (Cours) 20
Lamartine (Pl.) 21
Paix (R. de la) 23
Regnier (Bd H.-de) 26
République (R.) 27
St-Vincent (R.) 28
Victor-Hugo (R.) 29
Visitation (R.) 30

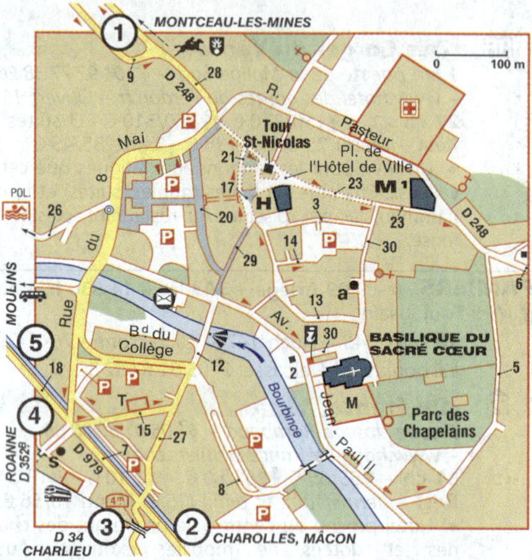

à Sermaize-du-Bas 12,5 km par ③ par D 34 puis D 458 à Poisson dir. St -Julien-de-Civry – ✉ 71600 Poisson

M. Mathieu sans rest
– ✆ *03 85 81 06 10 – Ouvert 15 mars-11 nov.*
3 ch – 47 € 52/62 €
◆ Cet ancien relais de chasse, en pierres dorées, dispose de chambres nettes, personnalisées avec des meubles de famille et desservies par une tour ronde. Accueil sympathique.

à Poisson 8 km par ③ sur D 34 – 576 h. – alt. 300 m – ✉ 71600

La Poste et Hôtel La Reconce avec ch — ch, rest, VISA AE
✆ *03 85 81 10 72 – www.hotel-lareconce.com*
– Fermé 7 nov.-7 déc., mardi sauf le soir de juil. à sept. et lundi
7 ch – 58 € 70/97 € – 12 € **Rest** – (16 €) Menu 26/80 € – Carte 52/67 €
◆ Cette belle bâtisse charolaise propose une cuisine traditionnelle actualisée, valorisant le terroir. Terrasse sous les platanes. Chambres joliment aménagées, au calme.

au Sud-Ouest 4 km par ⑤ sur N 79 – ✉ 71600 Paray-le-Monial

Le Charollais — VISA
– ✆ *03 85 81 03 35 – www.lecharollais.fr*
20 ch – 53 € 59/70 € – 7 € **Rest** – (16 €) Menu 20 € – Carte 19/45 €
◆ Établissement de type motel doté de chambres fraîches bien tenues, diversement aménagées et tournées vers un parc avec des jeux pour les enfants. Bœuf charolais et pizzas au feu de bois. Agréable véranda et terrasse.

PARC du FUTUROSCOPE – 86 Vienne – **322** I4 – rattaché à Poitiers

PARCEY – 39 Jura – **321** C4 – rattaché à Dole

PARENTIS-EN-BORN – 40 Landes – **335** E8 – 4 429 h. – alt. 32 m — 3 B2
– ✉ 40160 Aquitaine
Paris 658 – Arcachon 43 – Bordeaux 76 – Mimizan 25
place du Général-de-Gaulle ✆ 05 58 78 43 60

Chez Flo avec ch — VISA
9 r. St-Barthélémy – ✆ 05 58 78 40 21 – Fermé dim. sauf le midi en juil.-août et lundi
6 ch – 35 € 46 € **Rest** – (11 € bc) Menu 20 €
◆ Un restaurant convivial, avec des photos, des dessins, des objets personnels du patron... Dans l'esprit du lieu, la cuisine est épatante : sous la houlette d'un jeune chef passionné, tout est fait maison, avec des produits frais. Quelques chambres pour l'étape.

WONDERBOX
Réalisateur de rêves
Plus de 50 coffrets cadeaux pour s'émerveiller, s'évader, aller au bout de ses rêves.
Nuit insolite
Bonnes petites tables
Séjour table d'hô
Turbo
Coffrets cadeaux
wonderbox.fr

S. Sauvignier/MICHELIN

Métro aérien

PARIS et ENVIRONS

Département : 75 Ville-de-Paris
Population : 2 182 000 h.
Pop. agglomération : 11 533 000 h.
Altitude : 30 m
Code Postal : ✉ 75000
Carte régionale : **21** D2

RENSEIGNEMENTS PRATIQUES

OFFICES DE TOURISME

www.parisinfo.com

Bureaux permanents :

Anvers - 72 bd de Rochechouard (18e)

Gare de l'Est - Place du 11-Novembre-1918 (10e)

Gare de Lyon - 20 bd Diderot (12e)

Gare du Nord - 18 rue de Dunkerque (10e)

Montmartre - place du Tertre-Montmartre (18e)

Porte de Versailles - 1 place de la Porte-de-Versailles (15e)

Pyramides - 25 rue des Pyramides (1er)

Kiosques estivaux : Bastille, Champs-Élysées Clemenceau, Hôtel de Ville, Notre-Dame et Trocadéro.

TRANSPORTS

Liaison Paris - aéroport de Roissy-Charles-de-Gaulle

En taxi, compter entre 30 mn et 1 h de trajet.

En RER B (Châtelet) : 30 mn

Avec Roissybus (départ de l'Opéra - angle de la rue Scribe et de la rue Auber) : de 45 à 60 mn. **www.ratp.fr**

Cars Air France : n° 2 (Étoile, Porte Maillot) : 45 mn et n° 4 (Gare Montparnasse, Gare de Lyon) : 50 mn. **www.cars-airfrance.com**

Liaison Paris - aéroport d'Orly

En taxi, 20 à 30 mn de trajet.

Orlybus (Denfert-Rochereau) : 30 mn de trajet. **www.ratp.fr**

En RER B (Châtelet) et OrlyVal (changement à Antony) : 25 mn. **www.orlyval.com**

Cars Air France : n°1 (Étoile, Invalides, Gare Montparnasse) : 35 mn à 45 mn

Taxi

On peut prendre un taxi soit directement à l'une des nombreuses stations, soit les héler dans la rue.

Les tarifs varient en fonction de l'heure et du jour de la course (plus cher la nuit et le dimanche), mais aussi de la zone géographique. Le détail des tarifs A, B et C sont affichés clairement dans les véhicules.

En cas de litige, exigez une fiche auprès du conducteur ou relevez le numéro d'immatriculation du taxi, puis contactez La Préfecture de Police de Paris - 36 rue des Morillons - 75015 Paris ✆ 01 55 76 20 11.

Métro et bus

Le métro reste le meilleur moyen de se déplacer dans Paris pour être à l'heure à ses rendez-vous. Les 14 lignes de métro fonctionnent entre 5h30 et 00h45 (01h45 vendredi, samedi et veille de fêtes). Les touristes préféreront le réseau de bus pour profiter de l'animation urbaine et de la vue sur les monuments. La nuit, les bus Noctiliens prennent le relais. Horaires, titres de transport et itinéraires sur **www.ratp.fr** et **www.transilien.com**

Vélib'

Créé en juillet 2007, Vélib' est un système de location de vélo en libre service. Pour une somme modique, vous pouvez emprunter un vélo dans l'une des nombreuses stations et le redéposer dans une autre. Utilisez la carte Michelin n°61 Paris Velib' ou rendez-vous sur **www.velib.paris.fr** (✆01 30 79 79 30).

MICHELIN à Paris

Michelin édite une gamme complète de **plans de Paris** : plan de poche, transports, tourisme, plan et répertoire des rues, par arrondissements, etc.

Le **guide Vert Michelin** est le compagnon idéal pour visiter musées, monuments et autres curiosités de la capitale.

Plans, cartes et guides sont en vente en librairies, grands magasins et sur **www.michelin-boutique.com**

A VOIR

PERSPECTIVES CÉLÈBRES ET PARIS VU D'EN HAUT

⩽★★★ depuis l'Obélisque de la place de la Concorde : Champs-Élysées, Arc-de-Triomphe, Grande Arche de la Défense. - ⩽★★ depuis l'Obélisque de la place de la Concorde : La Madeleine, Assemblée Nationale. - ⩽★★★ depuis la terrasse du Palais de Chaillot : Tour Eiffel, École Militaire, Trocadéro. - ⩽★★ depuis le pont Alexandre III : Invalides, Grand et Petit Palais - Tour Eiffel★★★ - Tour Montparnasse★★★ - Tour Notre-Dame★★★ - Dôme du Sacré-Cœur★★★ - Plate-forme de l'Arc-de-Triomphe★★★

QUELQUES MONUMENTS HISTORIQUES

Le Louvre★★★ (cour carrée, colonnade de Perrault, la pyramide) - Tour Eiffel★★★ - Notre-Dame★★★ - Sainte-Chapelle★★★ - Arc de Triomphe★★★ - Invalides★★★ (Tombeau de Napoléon) - Palais-Royal★★ - Opéra★★ - Conciergerie★★ - Panthéon★★ - Luxembourg★★ (Palais et Jardins)

Églises :
Notre-Dame★★★ - La Madeleine★★ - Sacré-Cœur★★ - St-Germain-des-Prés★★ - St-Étienne-du-Mont★★ - St-Germain-l'Auxerrois★★

Dans le Marais :
Places des Vosges★★★ - Hôtel Lamoignon★★ - Hôtel Guénégaud★★ - Palais Soubise★★

QUELQUES MUSÉES

Le Louvre★★★ - Orsay★★★ (milieu du 19e s. jusqu'au début du 20e s.) - Art moderne★★★ (au Centre Pompidou) - Armée★★★ (aux Invalides) - Arts décoratifs★★ (107 r. de Rivoli) - Musée National du Moyen Âge et Thermes de Cluny★★ - Rodin★★ (Hôtel de Biron) - Carnavalet★★ (Histoire de Paris) - Picasso★★ - Cité des Sciences et de l'Industrie★★ (La Vilette) - Marmottan★★ (collection de peintres impressionnistes) - Orangerie★★ (des impressionnistes à 1930) - Jacquemart-André★★ - Musée des Arts et Métiers ★★- Musée national des Arts asiatiques - Guimet - Musée du quai Branly

MONUMENTS CONTEMPORAINS

La Défense★★ (C.N.I.T., la Grande Arche) - Centre Georges-Pompidou★★★ - Forum des Halles - Institut du Monde Arabe★ - Opéra Bastille - Bercy★ (palais Omnisports, Ministère des Finances) - Bibliothèque Nationale de France - Site François Mitterrand★

QUARTIERS PITTORESQUES

Montmartre★★★ - Le Marais★★★ - Île St-Louis★★ - Les Quais★★★ (entre le Pont des Arts et le Pont de Sully) - St-Germain-des-Prés★★ - Quartier St-Séverin★★

LE SHOPPING

Grands magasins :
Printemps, Galeries Lafayette (bd Haussmann), B.H.V. (r. de Rivoli), Bon Marché (r. de Sèvres).

Commerces de luxe :
Au Faubourg St-Honoré (mode), Rue de la Paix et place Vendôme (joaillerie), Rue Royale (faïencerie et cristallerie), Avenue Montaigne (mode).

Occasions et antiquités :
Marché aux Puces★ (Porte de Clignancourt), Village Suisse (av. de la Motte-Picquet), Louvre des Antiquaires.

ARGENTEUIL
le Stade
Colombes
ASNIÈRES-GENNEVILLIERS-Les Courtilles
Bois-Colombes
13
Les Agnettes
C1
C3
PONTOISE - VALMONDOIS
PERSAN-B. - LUZARCHES
Gennevilliers
D1
SAINT-DENIS
les Grésillons
T1
Gabriel-Péri
Mairie de St-Ouen
BÉCON-LES-BRUYÈRES
la Garenne-Colombes
les Vallées
ASNIÈRES
Saint-Ouen
Garibaldi
Mairie de Clichy
Porte de St-Ouen
CERGY
POISSY
MANTES
3
Clichy-Levallois
PORTE DE CLICHY
PONT DE LEVALLOIS BÉCON
2
Guy Môquet
Brochant
NANTERRE UNIVERSITÉ
Courbevoie
Anatole France
A3
A5
LA FOURCHE
Nanterre Préfecture
T2
1
LA DÉFENSE Grande Arche
Louise Michel
PEREIRE - LEVALLOIS
Pont-Cardinet
PLACE DE CLICHY
Blanche
Porte de Champerret
Rome
Wagram
Trinité d'Estienne d'Orves
A1
Esplanade de la Défense
PEREIRE
VILLIERS
Liège
Malesherbes
14
Pont de Neuilly
PORTE MAILLOT
Monceau
Europe
HAUSSMANN ST-LAZARE
Puteaux
les Sablons
Courcelles
SAINT-LAZARE
E1
Argentine
6
Ternes
St-Augustin
HAVRE CAUMARTIN
ST-GERMAIN-EN-LAYE
NEUILLY PORTE MAILLOT
MIROMESNIL
Suresnes Mont Valérien
Belvédère
CHARLES DE GAULLE ÉTOILE
St-Philippe du Roule
CHAUSSÉE D'ANTIN la Fayette
PORTE DAUPHINE
Victor Hugo
AUBER
George V
MADELEINE
OPÉRA
Suresnes Longchamp
Avenue Foch
Kléber
FRANKLIN D. ROOSEVELT
le Val d'Or
2
Boissière
Alma Marceau
CHAMPS-ÉLYSÉES Clemenceau
CONCORDE
PYRAMIDES
ST NOM-LA-BRETÈCHE
VERSAILLES-R.D.
LA VERRIÈRE
Avenue Henri Martin
Rue de la Pompe
Iéna
Tuileries
TROCADÉRO
INVALIDES
PALAIS ROYAL Musée du Louvre
LA MUETTE
les Côteaux
BOULAINVILLIERS
Pont de l'Alma
Assemblée Nationale
la Tour Maubourg
Musée d'Orsay
Ranelagh
Solférino
Passy
Champ de Mars Tour Eiffel
École Militaire
Varenne
Rue du Bac
Kennedy Radio France
St-Germain des Prés
Jasmin
Bir-Hakeim
LA MOTTE PICQUET GRENELLE
St-François Xavier
SÈVRES BABYLONE
les Milons
MICHEL ANGE AUTEUIL
Église d'Auteuil
Dupleix
Vaneau
Mabillon
Javel
Charles Michels
Avenue Émile Zola
Ségur
Porte d'Auteuil
DUROC
Rennes
St-Sulpice
Mirabeau
Javel-André Citroën
Cambronne
St-Placide
Notre-Dame des Champs
MICHEL ANGE MOLITOR
Chardon Lagache
Boulogne Jean Jaurès
Commerce
Sèvres Lecourbe
Falguière
Parc de Saint-Cloud
Exelmans
MONTPARNASSE BIENVENUE
Bd Victor
Félix Faure
PASTEUR
Porte de St-Cloud
PONT DU GARIGLIANO
T3
8
Boucicaut
Vavin
10
BOULOGNE PONT DE ST-CLOUD
Lourmel
BALARD
Volontaires
Gaîté
Edgar Quinet
RASPAIL
Desnouettes
Vaugirard
Marcel Sembat
PORTE DE VERSAILLES
Convention
Henri Farman
T2
Pernety
DENFERT ROCHEREAU
Suzanne Lenglen
Georges Brassens
Plaisance
ISSY-VAL DE SEINE
Porte d'Issy
TRAMWAY
Musée de Sèvres
9
Corentin Celton
Brancion
Porte de Vanves
Alésia
Billancourt
Didot
Jean Moulin
Mouton Duvernet
12
MAIRIE D'ISSY
PONT DE SÈVRES
Vanves-Malakoff
TRAM VAL DE SEINE
Jacques-Henri Lartigue
Malakoff-Plateau de Vanves
4
PORTE D'ORLÉANS
Montsouris
les Moulineaux
Issy
PLAISIR-GRIGNON
RAMBOUILLET
Brimborion
Malakoff-Rue Etienne Dolet
Gentilly
Meudon-sur-Seine
Clamart
2
Laplace
Meudon-Val Fleury
CHÂTILLON-MONTROUGE
13
3
Arcueil-Cachan
C7
C5
Fontenay-aux-Roses
Bagneux
Métro
7
RER
A1
Tramway
T2
SNCF
ROBINSON
Sceaux
B2
ST-REMY-LES-CHEVREUSE
AEROPORT D'ORLY
Correspondance
Coincidenza
Interchange station
Correspondencia
Umsteigestation
Overstapstation

ST-DENIS UNIVERSITÉ
Marché de St-Denis
Basilique de St-Denis
Cimetière de St-Denis
la Courneuve - 6 Routes
Hôtel de Ville de la Courneuve
le Bourget
Drancy
Stade Géo André
LA COURNEUVE-8 MAI 1945
AEROPORT CHARLES DE GAULLE MITRY-CLAYE
Basilique de St-Denis
TRAMWAY
Cosmonautes
la Courneuve-Aubervilliers
Danton
Maurice Lachâtre
Drancy-Avenir
Hôpital Avicenne
St-Denis Porte de Paris
Hôpital Delafontaine
Fort d'Aubervilliers
Gaston Roulaud
Escadrille Normandie-Niemen
Stade de France St-Denis
la Plaine Stade de France
Aubervilliers-Pantin Quatre Chemins
la Ferme
Libération
Jean Rostand
Pleyel
PORTE DE LA CHAPELLE
Hôtel de Ville de Bobigny
Auguste Delaune
Simplon
BOBIGNY Pablo Picasso
Pont de Bondy
Jules Joffrin
MARCADET POISSONNIERS
Porte de la Villette
Pantin
Petit Noisy
Lamarck
Marx Dormoy
Corentin Cariou
Bobigny-Pantin Raymond Queneau
Château Rouge
Crimée
NOISY-LE-SEC
Riquet
Porte de Pantin
Église de Pantin
BARBÈS ROCHECHOUART
LA CHAPELLE
Hoche
STALINGRAD
Ourcq
Anvers
LOUIS BLANC
Laumière
BONDY-MEAUX, AULNAY-S/S-BOIS CHELLES-GOURNAY, VILLIERS-S-MARNE
St Georges
JAURÈS
2
N.-D. de Lorette
GARE DU NORD
MAGENTA
Danube
PRÉ-ST-GERVAIS
Poissonnière
Buttes Chaumont
Bolivar
Château Landon
Botzaris
MAIRIE DES LILAS
Cadet
Peletier
GARE DE L'EST
Colonel Fabien
Télégraphe
Château d'Eau
Jourdain
PORTE DES LILAS
Grands Boulevards
Pyrénées
PLACE DES FÊTES
Jacques Bonsergent
Bonne Nouvelle
BELLEVILLE
St-Fargeau
STRASBOURG ST-DENIS
Septembre
Goncourt
Pelleport
3
RÉAUMUR SÉBASTOPOL
RÉPUBLIQUE
Temple
Couronnes
Sentier
Parmentier
Ménilmontant
1
GAMBETTA
Étienne Marcel
ARTS ET MÉTIERS
GALLIENI
Filles du Calvaire
OBERKAMPF
Porte de Bagnolet
LES HALLES
Rue St-Maur
PÈRE LACHAISE
Rambuteau
CHÂTELET LES HALLES
Richard Lenoir
St-Ambroise
MAIRIE DE MONTREUIL
St-Sébastien Froissart
Philippe Auguste
HÔTEL DE VILLE
CHÂTELET
Voltaire
Alexandre Dumas
(Parcs Disneyland)
Chemin Vert
Robespierre
Croix de Chavaux
Bréguet Sabin
Charonne
Avron
Cité
St-Paul
Porte de Montreuil
Pont Marie
BASTILLE
Ledru-Rollin
Rue des Boulets
Maraîchers
Buzenval
ST-MICHEL-Notre-Dame
Sully Morland
Porte de Vincennes
Faidherbe Chaligny
NATION
VINCENNES
Maubert Mutualité
St-Mandé
REUILLY DIDEROT
Fontenay-sous-Bois
Picpus
Bérault
Cardinal Lemoine
JUSSIEU
Quai de la Rapée
CHÂTEAU DE VINCENNES
GARE DE LYON
Montgallet
BOISSY-ST-LEGER
Place Monge
GARE D'AUSTERLITZ
DAUMESNIL
Bel Air
Censier Daubenton
BERCY
Michel Bizot
Dugommier
Campo-Formio
St-Marcel
les Gobelins
Porte Dorée
Quai de la Gare
PLACE D'ITALIE
Chevaleret
MÉTÉOR
Cour St-Émilion
Porte de Charenton
Nationale
Corvisart
BIBLIOTHÈQUE FRANÇOIS MITTERRAND
OLYMPIADES
Liberté
Tolbiac
PORTE D'IVRY
Porte de Choisy
MAISON BLANCHE
Charenton-Écoles
Ivry-s-Seine
École Vétérinaire de Maisons-Alfort
Poterne des Peupliers
TRAMWAY
MAIRIE D'IVRY
Pierre et Marie Curie
Porte d'Italie
Maisons-Alfort Stade
le Kremlin-Bicêtre
Vitry-s-Seine
Maisons-Alfort Alfortville
Maisons-Alfort les Juilliottes
Villejuif-Léo Lagrange
Créteil-l'Echat
Villejuif-Paul Vaillant-Couturier
le Vert-de-Maisons
Créteil-Université
VILLEJUIF Louis Aragon
les Ardoines
CRÉTEIL PRÉFECTURE
PARIS

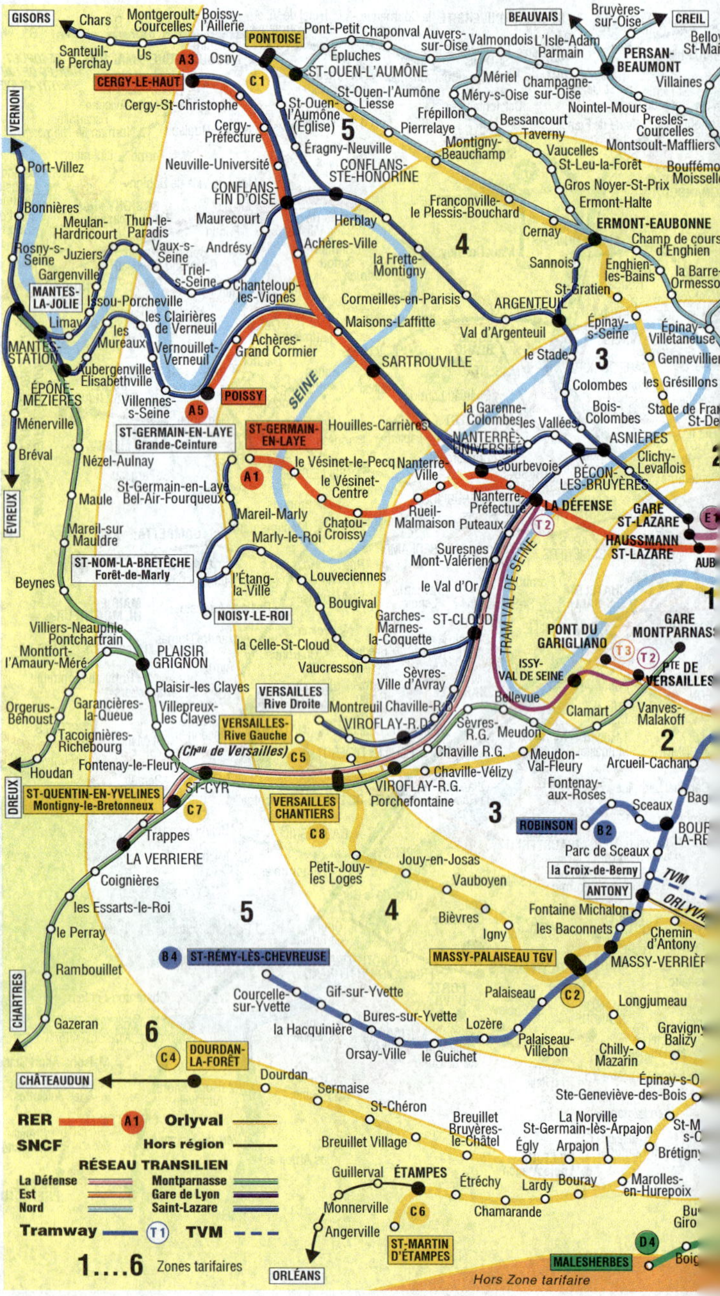
GISORS
Chars
Montgeroult-Courcelles
Boissy-l'Aillerie
Santeuil-le Perchay
Us
Osny
A3
PONTOISE
CERGY-LE-HAUT
C1
Cergy-St-Christophe
Cergy-Préfecture
Neuville-Université
CONFLANS-FIN D'OISE
Maurecourt
Andrésy
Herblay
Achères-Ville
La Frette-Montigny
Cormeilles-en-Parisis
Maisons-Laffitte
SARTROUVILLE
Houilles-Carrières
Pont-Petit
Chaponval
Auvers-sur-Oise
Valmondois
L'Isle-Adam Parmain
BEAUVAIS
Bruyères-sur-Oise
CREIL
Belloy-St-Martin
PERSAN-BEAUMONT
Villaines
Épluches
ST-OUEN-L'AUMÔNE
St-Ouen-l'Aumône Liesse
St-Ouen-l'Aumône (Église)
5
Éragny-Neuville
CONFLANS-STE-HONORINE
Frépillon
Pierrelaye
Mériel
Méry-s-Oise
Champagne-sur-Oise
Nointel-Mours
Presles-Courcelles
Bessancourt
Taverny
Montigny-Beauchamp
Vaucelles
Montsoult-Maffliers
St-Leu-la-Forêt
Bouffémont Moisselle
Gros Noyer-St-Prix
Ermont-Halte
Franconville-le Plessis-Bouchard
ERMONT-EAUBONNE
Cernay
Champ de cours d'Enghien
4
Sannois
Enghien-les-Bains
La Barre-Ormesson
St-Gratien
ARGENTEUIL
Val d'Argenteuil
Épinay-s-Seine
Épinay-Villetaneuse
Gennevilliers
le Stade
3
Colombes
les Grésillons
Bois-Colombes
Stade de France St-Denis
la Garenne-Colombes
les Vallées
ASNIÈRES
Clichy-Levallois
NANTERRE-UNIVERSITÉ
Courbevoie
BÉCON-LES-BRUYÈRES
Nanterre-Ville
Nanterre-Préfecture
LA DÉFENSE
GARE ST-LAZARE
HAUSSMANN ST-LAZARE
E1
AUB
T2
VERNON
Port-Villez
Bonnières
Meulan-Hardricourt
Thun-le-Paradis
Rosny-s-Seine
Juziers
Vaux-s-Seine
Triel-s-Seine
Gargenville
Chanteloup-les-Vignes
MANTES-LA-JOLIE
Issou-Porcheville
Limay
les Mureaux
les Clairières de Verneuil
Vernouillet-Verneuil
Achères-Grand Cormier
MANTES-STATION
Aubergenville-Élisabethville
ÉPÔNE-MÉZIÈRES
Villennes-s-Seine
POISSY
A5
SEINE
Ménerville
ST-GERMAIN-EN-LAYE Grande-Ceinture
ST-GERMAIN-EN-LAYE
Bréval
Nézel-Aulnay
A1
le Vésinet-le-Pecq
le Vésinet-Centre
ÉVREUX
Maule
St-Germain-en-Laye Bel-Air-Fourqueux
Mareil-Marly
Chatou-Croissy
Rueil-Malmaison
Puteaux
Mareil-sur Mauldre
Marly-le-Roi
Suresnes Mont-Valérien
ST-NOM-LA-BRETÈCHE Forêt-de-Marly
l'Étang-la-Ville
Louveciennes
Beynes
Bougival
le Val d'Or
TRAM VAL DE SEINE
NOISY-LE-ROI
Garches-Marnes-la-Coquette
ST-CLOUD
Villiers-Neauphle Pontchartrain
la Celle-St-Cloud
PONT DU GARIGLIANO
GARE MONTPARNASSE
1
Montfort-l'Amaury-Méré
PLAISIR GRIGNON
Vaucresson
ISSY-VAL DE SEINE
T3
PTE DE VERSAILLES
Sèvres-Ville d'Avray
Plaisir-les Clayes
VERSAILLES Rive Droite
Bellevue
Orgerus-Béhoust
Garancières-la-Queue
Villepreux-les Clayes
Montreuil
Chaville-R.D.
Clamart
Vanves-Malakoff
VERSAILLES-Rive Gauche
VIROFLAY-R.D.
Sèvres-R.G.
Meudon
Tacoignières-Richebourg
(Chau de Versailles)
C5
Chaville R.G.
Meudon-Val-Fleury
2
DREUX
Houdan
Fontenay-le-Fleury
Chaville-Vélizy
Arcueil-Cachan
ST-QUENTIN-EN-YVELINES Montigny-le-Bretonneux
ST-CYR
VIROFLAY-R.G.
Fontenay-aux-Roses
Bagneux
C7
VERSAILLES CHANTIERS
Porchefontaine
Sceaux
Trappes
C8
3
ROBINSON
B2
BOURG-LA-REINE
LA VERRIERE
Jouy-en-Josas
Parc de Sceaux
Petit-Jouy-les Loges
Vauboyen
la Croix-de-Berny
TVM
Coignières
ANTONY
ORLYVAL
5
4
Fontaine Michalon
les Essarts-le-Roi
Bièvres
les Baconnets
Chemin d'Antony
le Perray
Igny
B4
ST-RÉMY-LÈS-CHEVREUSE
MASSY-PALAISEAU TGV
MASSY-VERRIÈRES
Rambouillet
Courcelle-sur-Yvette
Gif-sur-Yvette
Palaiseau
C2
Longjumeau
CHARTRES
Bures-sur-Yvette
Lozère
Gazeran
la Hacquinière
Palaiseau-Villebon
Gravigny-Balizy
6
Orsay-Ville
le Guichet
Chilly-Mazarin
C4
DOURDAN-LA-FORÊT
CHÂTEAUDUN
Dourdan
Épinay-s-Orge
Sermaise
Ste-Geneviève-des-Bois
St-Chéron
Breuillet Bruyères-le-Châtel
La Norville St-Germain-lès-Arpajon
St-Michel-s-Orge
Breuillet Village
Égly
Arpajon
Brétigny
Guillerval
ÉTAMPES
Étréchy
Lardy
Bouray
Marolles-en-Hurepoix
Monnerville
C6
Chamarande
Buno-Gironville
Angerville
ST-MARTIN D'ÉTAMPES
D4
MALESHERBES
Boigneville
ORLÉANS
Hors Zone tarifaire
RER
A1
Orlyval
SNCF
Hors région
RÉSEAU TRANSILIEN
La Défense
Est
Nord
Montparnasse
Gare de Lyon
Saint-Lazare
Tramway
T1
TVM
1....6 Zones tarifaires

PARIS

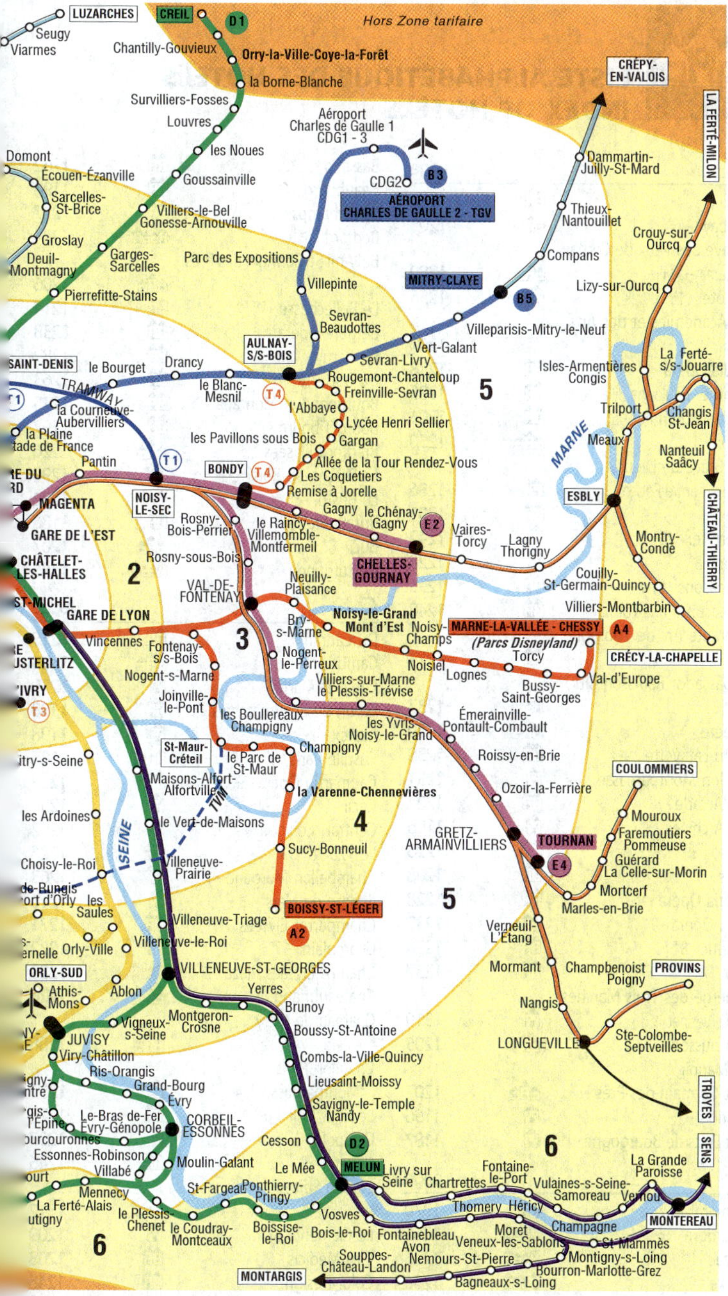
Hors Zone tarifaire
LUZARCHES
Seugy
Viarmes
CREIL
D 1
Chantilly-Gouvieux
Orry-la-Ville-Coye-la-Forêt
la Borne-Blanche
Survilliers-Fosses
Louvres
les Noues
Goussainville
Villiers-le-Bel
Gonesse-Arnouville
Garges-Sarcelles
Pierrefitte-Stains
Domont
Écouen-Ézanville
Sarcelles-St-Brice
Groslay
Deuil-Montmagny
Aéroport Charles de Gaulle 1 CDG1 - 3
CDG2
B 3
AÉROPORT CHARLES DE GAULLE 2 - TGV
Parc des Expositions
Villepinte
Sevran-Beaudottes
MITRY-CLAYE
B 5
Villeparisis-Mitry-le-Neuf
Vert-Galant
Sevran-Livry
CRÉPY-EN-VALOIS
Dammartin-Juilly-St-Mard
Thieux-Nantouillet
Compans
LA FERTÉ-MILON
Crouy-sur-Ourcq
Lizy-sur-Ourcq
AULNAY-S/S-BOIS
SAINT-DENIS
le Bourget
Drancy
le Blanc-Mesnil
TRAMWAY
T 1
la Courneuve-Aubervilliers
la Plaine Stade de France
Pantin
T 4
Rougemont-Chanteloup
Freinville-Sevran
l'Abbaye
Lycée Henri Sellier
Gargan
Allée de la Tour Rendez-Vous
Les Coquetiers
Remise à Jorelle
les Pavillons sous Bois
BONDY
NOISY-LE-SEC
MAGENTA
GARE DE L'EST
CHÂTELET-LES-HALLES
ST-MICHEL
GARE DE LYON
Rosny-Bois-Perrier
Rosny-sous-Bois
le Raincy Villemomble-Montfermeil
Gagny
le Chénay-Gagny
E 2
Vaires-Torcy
Lagny Thorigny
CHELLES-GOURNAY
Isles-Armentières Congis
La Ferté-s/s-Jouarre
Trilport
Changis St-Jean
Meaux
MARNE
Nanteuil Saâcy
CHÂTEAU-THIERRY
ESBLY
Montry-Condé
Couilly-St-Germain-Quincy
Villiers-Montbarbin
CRÉCY-LA-CHAPELLE
5
2
VAL-DE-FONTENAY
Neuilly-Plaisance
Bry-s-Marne
Noisy-le-Grand Mont d'Est
Noisy-Champs
MARNE-LA-VALLÉE - CHESSY
A 4
(Parcs Disneyland)
Torcy
Noisiel
Lognes
Bussy-Saint-Georges
Val-d'Europe
3
Vincennes
Fontenay-s/s-Bois
Nogent-s-Marne
Nogent-le-Perreux
Villiers-sur-Marne le Plessis-Trévise
Joinville-le-Pont
T 3
les Boullereaux Champigny
les Yvris Noisy-le-Grand
Émerainville-Pontault-Combault
Roissy-en-Brie
Ozoir-la-Ferrière
St-Maur-Créteil
le Parc de St-Maur
Champigny
Maisons-Alfort-Alfortville
la Varenne-Chennevières
les Ardoines
le Vert-de-Maisons
TVM
SEINE
4
GRETZ-ARMAINVILLIERS
TOURNAN
E 4
COULOMMIERS
Mouroux
Faremoutiers Pommeuse
Guérard
La Celle-sur-Morin
Mortcerf
Marles-en-Brie
Sucy-Bonneuil
Choisy-le-Roi
Villeneuve-Prairie
les Saules
BOISSY-ST-LÉGER
A 2
5
Villeneuve-Triage
Villeneuve-le-Roi
Orly-Ville
ORLY-SUD
Athis-Mons
Ablon
VILLENEUVE-ST-GEORGES
Yerres
Brunoy
Montgeron-Crosne
Vigneux-s-Seine
JUVISY
Viry-Châtillon
Ris-Orangis
Grand-Bourg
Évry
Le-Bras de-Fer
Évry-Génopole
CORBEIL-ESSONNES
Essonnes-Robinson
Villabé
Moulin-Galant
Mennecy
La Ferté-Alais
le Plessis-Chenet
le Coudray-Montceaux
St-Fargeau
Ponthierry-Pringy
Boissise-le-Roi
Boussy-St-Antoine
Combs-la-Ville-Quincy
Lieusaint-Moissy
Savigny-le-Temple Nandy
Cesson
Le Mée
D 2
MELUN
Livry sur Seine
Vosves
Bois-le-Roi
Chartrettes
Fontaine-le-Port
Thomery
Héricy
Vulaines-s-Seine-Samoreau
Vernou
La Grande Paroisse
MONTEREAU
Champagne
Fontainebleau Avon
Moret Veneux-les-Sablons
St-Mammès
Montigny-s-Loing
Bourron-Marlotte-Grez
Nemours-St-Pierre
Souppes-Château-Landon
Bagneaux-s-Loing
MONTARGIS
SENS
TROYES
6
6
Verneuil-L'Étang
Mormant
Champbenoist Poigny
PROVINS
Nangis
LONGUEVILLE
Ste-Colombe-Septveilles

PARIS

LISTE ALPHABÉTIQUE DES HÔTELS
INDEX OF HOTELS

PARIS

PARIS

S

page

T

page

V

page

W

page

LISTE ALPHABÉTIQUE DES RESTAURANTS
INDEX OF RESTAURANTS

PARIS

D

E

F

G

PARIS

PARIS

LES TABLES ÉTOILÉES
STARRED RESTAURANTS

BIB GOURMAND

Repas soignés à prix modérés

Good food at moderate prices

Environs

HÉBERGEMENTS AGRÉABLES
PLEASANT ACCOMMODATION

Environs

RESTAURANTS AGRÉABLES
PLEASANT RESTAURANTS

Environs

MENUS À MOINS DE 30 €
MENUS FOR LESS THAN 30 €

PARIS

Environs

PARIS

RESTAURANTS PAR TYPE DE CUISINE
RESTAURANTS BY CUISINE TYPE

Au goût du jour

Bistrot page

PARIS

Brasserie

Chinoise

Chinoise et thaïlandaise

Classique

Japonaise

Libanaise

Lyonnaise

Marocaine

Portugaise

Produits de la mer

Russe

Seychelloise

Soufflés

Sud-Ouest

Terroir

Thaïlandaise

Tibétaine

Traditionnelle

Turque

PARIS

Viandes

		page
L'A.O.C. - 5e	X	1203
Au Bœuf Couronné - 19e	XX	1279
Le Grand Pan - 15e	X Bib	1258
Meating - 17e	XX Bib	1274

Vietnamienne

		page
Bambou - 13e	X	1249
Lao Lane Xang 2 - 13e	X Bib	1249
Le Palanquin - 17e	X	1276

LE PLAT QUE VOUS RECHERCHEZ...
TRADITIONAL DISHES

Andouillette

		page
L'Atelier d'Antan - 14e	X	1253
Auberge Pyrénées Cévennes - 11e	X Bib	1244
Au Moulin à Vent - 5e	X	1203
Au Petit Riche - 9e	XX	1239
Le Ballon des Ternes - 17e	XX	1274
La Biche au Bois - 12e	X	1247
Bistrot de Paris - 7e	X	1220
Le Bistrot du 7ème - 7e	X	1221
Bistrot St-Honoré - 1er	X	1190
Chez Fred - 17e	X	1275
Le Congrès - 17e	XX	1274
Fontaine de Mars - 7e	X	1221
Gallopin - 2e	XX	1193
Georgette - 9e	X	1240
La Marlotte - 6e	X	1212
Moissonnier - 5e	X	1203
Pharamond - 1er	X	1189
Le Pré Cadet - 9e	X Bib	1240
Les Trois Marmites - Courbevoie	X	1292
Variations - 13e	X Bib	1249
Vaudeville - 2e	XX	1193

Boudin

		page
L'A.O.C. - 5e	X	1203
L'Auberge Aveyronnaise - 12e	X Bib	1247
Au Pouilly Reuilly - Le Pré-Saint-Gervais	X	1305
D'Chez Eux - 7e	XX	1219
Fontaine de Mars - 7e	X	1221
Lescure - 1er	X	1191
La Marlotte - 6e	X	1212
Moissonnier - 5e	X	1203
Les Trois Marmites - Courbevoie	X	1292

Bouillabaisse

		page
Antoine - 16e	XXX ✿	1265
Le Dôme - 14e	XXX	1251
Marius - 16e	XX	1266
Méditerranée - 6e	XX	1210

Cassoulet

		page
Auberge Pyrénées Cévennes - 11e	X Bib	1244
Benoit - 4e	XX ✿	1198
Le Bistro T - 14e	X	1252
D'Chez Eux - 7e	XX	1219
Le Gastroquet - 15e	X	1259
Lescure - 1er	X	1191
Quincy - 12e	X	1247
St-Pierre - Longjumeau	XX	1298
La Table d'Antan - Sainte-Geneviève-des-Bois	XX Bib	1312
Le Violon d'Ingres - 7e	XX ✿	1217

Choucroute

		page
Le Ballon des Ternes - 17e	XX	1274
Bofinger - 4e	XX	1199

Confit

		page
L'A.O.C. - 5e	X	1203
Auberge Pyrénées Cévennes - 11e	X Bib	1244
Le Bistrot du 7ème - 7e	X	1221
Le Canal - Evry	X	1295
Cazaudehore - Saint-Germain-en-Laye	XXX	1309
Chez René - 5e	X	1203
D'Chez Eux - 7e	XX	1219
Fontaine de Mars - 7e	X	1221
Lescure - 1er	X	1191
Pierrot - 2e	X	1194
St-Pierre - Longjumeau	XX	1298
La Table d'Antan - Sainte-Geneviève-des-Bois	XX Bib	1312

Coq au vin

Escargots

Fromages

Grillade

Tête de veau

Tripes

TABLES EN EXTÉRIEUR
OUTSIDE DINING

Environs

PARIS

RESTAURANTS AVEC SALONS PARTICULIERS
PRIVATE DINING ROOMS

Environs

PARIS

RESTAURANTS OUVERTS SAMEDI ET DIMANCHE
RESTAURANTS OPEN ON SATURDAY AND SUNDAY

Environs

PARIS

RESTAURANTS OUVERTS EN AOÛT
RESTAURANTS OPEN IN AUGUST

Environs

RESTAURANTS OUVERTS TARD LE SOIR
RESTAURANTS OPEN LATE

Heure de la dernière commande signalée entre parenthèses

Time of last orders in brackets

0
1 km
SEINE
COURBEVOIE
LEVALLOIS-PERRET
CLICHY
D 909
D 911
D 19
D 912
Pte de Clichy
Pte de St-Ouen
D 908
Pte d'Asnières
LA DEFENSE
A 14
NEUILLY-S-SEINE
Pte de Champerret
D 913
Bd Bessières
Berthier
Av. de Clichy
Av. de St-Ouen
17E ARR.
BATIGNOLLES
Pl. de Clichy
Bd Wagram
Av. de Villiers
Bd Gouvion St-Cyr
WAGRAM
PALAIS DES CONGRÈS DE PARIS
Av. de Wagram
Bd de Courcelles
R. d'Amsterdam
PARC MONCEAU
Malesherbes
GARE ST-LAZARE
Pte Maillot
Av. de la Gde Armée
ARC DE TRIOMPHE
Bd Haussmann
Allée de Longchamp
Pte Dauphine
Avenue Foch
ÉTOILE
Av. Marceau
CHAMPS-ÉLYSÉES
8E ARR.
MADELEINE
OPÉRA GARNIER
Bd Lannes
BOIS DE BOULOGNE
Pte de la Muette
TROCADÉRO
Av. Mandel
Av. de New-York
CONCORDE
Rue
Quai des Tuileries
Bd Suchet
PALAIS DE CHAILLOT
Quai d'Orsay
MUSÉE D'ORSAY
PASSY
TOUR EIFFEL
Av. Bosquet
INVALIDES
16E ARR.
MAISON DE RADIO-FRANCE
ÉCOLE MILITAIRE
7E ARR.
A 13
Pte d'Auteuil
SEINE
Q. de Grenelle
Bd de Grenelle
Bd des Invalides
Sèvres
St-
Bd Murat
AUTEUIL
Versailles
Citroën
15E ARR.
Bd Garibaldi
Av. de Breteuil
R. de Vaugirard
Bd du Montparnasse
6E ARR.
Rennes
PARC DES PRINCES
BEAUGRENELLE
R. de la Convention
Lecourbe
D 907
Av. de Versailles
Quai
GARE MONTPARNASSE
Av. du
D 910
Pte de St-Cloud
Quai d'Issy
Rue
VAUGIRARD
PORTE DE VERSAILLES
DENFERT ROCHEREAU
BOULOGNE-BILLANCOURT
Pte de Sèvres
Bd Victor
PARIS EXPO
Bd Lefèbvre
R. d'Alésia
Maine
D 1
14E ARR.
Boulevard Brune
Av. Jean Moulin
D 7
VANVES
Périphérique
D 989
Pte de Châtillon
MALAKOFF
ISSY-LES-MOULINEAUX
D 906
MONTROUGE
D 920

A 1
N 2
Pte de la Villette
Pte de Clignancourt
Pte de la Chapelle
Boulevard
Périphérique
PANTIN
Bd Macdonald
Bd Ney
Bd Ornano
R. de la Chapelle
Flandre
18E ARR.
PARC DE LA VILLETTE
N 3
MONTMARTRE
Bd Barbès
R. Marx Dormoy
Av. de
Jaurès
Jean
Pte de Pantin
SACRÉ-CŒUR
LE PRÉ-ST-GERVAIS
Bd de la Chapelle
Bd
Bd d'Indochine
PIGALLE
Bd de Rochechouart
GARE DU NORD
Pl. de la Bataille de Stalingrad
19E ARR.
Clichy
Fayette
9E ARR.
R. de Maubeuge
La
GARE DE L'EST
BUTTES CHAUMONT
Bd Sérurier
D 117
R.
Av. de la Villette
Pte des Lilas
LES LILAS
GRDS BOULEVARDS
10E ARR.
Belleville
Rue de
Haussmann
BELLEVILLE
Bd Mortier
BOURSE
R. du Fg du Temple
Av. de l'Opéra
2E ARR.
Sébastopol
RÉPUBLIQUE
20E ARR.
Pte de Bagnolet
Av. de la République
R. Belgrand
A 3
1ER ARR.
Bd du Temple
Av. Gambetta
3E ARR.
de
HALLES
Bd de
11E ARR.
PÈRE LACHAISE
BAGNOLET
LOUVRE
BEAUBOURG
Bd Beaumarchais
Bd
CHÂTELET
Rivoli
HÔTEL DE VILLE
Voltaire
Av. Ph. Auguste
Davout
ST-GERMAIN-DES-PRÉS
4E ARR.
NOTRE DAME
Bd Henri IV
BASTILLE
R. du Fg St-Antoine
MONTREUIL
Germain
OPÉRA DE PARIS BASTILLE
QUARTIER LATIN
Cours de Vincennes
Diderot
N 34
Michel
PANTHÉON
Bd
NATION
Pte de Vincennes
LUXEMBOURG
JARDIN DES PLANTES
Av.
GARE DE LYON
12E ARR.
Bd St-
5E ARR.
l'Hôpital
Q. de la Rapée
Soult
Bd de
GARE D'AUSTERLITZ
Bd de Port Royal
Bercy
Bd de Reuilly
Daumesnil
BERCY
Bd
Bd de
Q. de
ST-MANDÉ
Av. des Gobelins
Auriol
Pte Dorée
Bd
Vincent
BIBLIOTHEQUE NATIONALE DE FRANCE F. MITTERRAND
Bercy
St-Jacques
Bd Auguste Blanqui
PLACE D'ITALIE
Pte de Bercy
BOIS DE VINCENNES
13E ARR.
Tolbiac
d'Alésia
Av.
de
Quai d'Ivry
Rue
Masséna
CHARENTON-LE-PONT
Choisy
Jourdan
Bd Kellermann
Pte de Choisy
A 4
d'Italie
SEINE
Pte d'Italie
Pte de Gentilly
IVRY-S-SEINE
MARNE
N 19
D 52
A6b

PARIS

S. Sauvignier/MICHELIN

Palais-Royal · Louvre · Tuileries · Les Halles

1er arrondissement

✉ 75001

PARIS

Le Meurice

228 r. Rivoli Ⓜ *Tuileries – ✆ 01 44 58 10 55 – www.lemeurice.com*
137 ch – 🚹540/665 € 🚹🚹620/810 € – 23 suites – ☕ 48 €
Rest *le Meurice* – voir ci-après
Rest *Le Dali* – ✆ 01 44 58 10 44 – Carte 50/130 €
◆ Face aux Tuileries, l'un des premiers hôtels de luxe parisiens, né au début du 19e s. Chambres somptueuses et superbe suite au dernier étage, avec un panorama époustouflant ! Philippe Starck a apporté sa touche contemporaine et le Meurice brille de mille feux. Au Dali, de l'ocre, du doré et... une cuisine subtile !

Ritz

15 pl. Vendôme Ⓜ *Opéra*
– ✆ 01 43 16 30 30 – www.ritzparis.com
123 ch – 🚹850/9600 € 🚹🚹850/9600 € – 36 suites – ☕ 67 €
Rest *L'Espadon* – voir ci-après
Rest *Bar Vendôme* – ✆ 01 43 16 33 63 – Carte 75/125 €
◆ En 1898, César Ritz inaugura "l'hôtel parfait" dont il rêvait, dans l'écrin légendaire de la place Vendôme. Proust, Hemingway, Coco Chanel en furent les hôtes, séduits par son raffinement incomparable... Intérieur chic ou délicieuse terrasse au Bar Vendôme, qui devient salon de thé l'après-midi.

The Westin Paris

3 r. Castiglione Ⓜ *Tuileries – ✆ 01 44 77 11 11 – www.westin.com/paris*
440 ch – 🚹200/800 € 🚹🚹200/800 € – 29 suites – ☕ 39 €
Rest *Le First* – ✆ 01 44 77 10 40 – (29 €) Menu 35 € (sem.)/85 € bc – Carte environ 53 €
Rest *La Terrasse* – *(ouvert 1er avril-30 sept.)* (29 €) Menu 35 € (sem.)/68 € bc – Carte environ 53 €
◆ Un hôtel édifié en 1878, qui mêle charme historique (salons Napoléon III) et élégantes touches contemporaines... Et pour ne rien gâter, certaines chambres ont vue sur les Tuileries ! Au First, le décorateur Jacques Garcia a imprimé son style chic et feutré, façon boudoir moderne. Quiétude côté cour, à La Terrasse.

Costes

239 r. St-Honoré Ⓜ *Concorde – ✆ 01 42 44 50 00*
– www.hotelcostes.com
82 ch – 🚹400/850 € 🚹🚹550/850 € – 3 suites – ☕ 32 €
Rest – Carte 44/108 €
◆ Style Napoléon III revisité dans des chambres pourpre et or, ravissante cour à l'italienne et bel espace de remise en forme : un palace extravagant, adulé par la jet-set. Le restaurant de l'hôtel Costes est le temple de la tendance lounge.

De Vendôme

1 pl. Vendôme Ⓜ *Opéra – ✆ 01 55 04 55 00 – www.hoteldevendome.com*
24 ch – 🚹450/550 € 🚹🚹520/620 € – 5 suites – ☕ 35 €
Rest *1 Place Vendôme* – *(fermé août)* Menu 72 € (dîner) – Carte environ 70 €
◆ L'autre hôtel de la place Vendôme ! Dans ce beau bâtiment du 18e s., les meubles anciens et le marbre côtoient les équipements dernier cri avec le plus grand naturel, et l'élégance se niche dans les moindres détails. À l'étage, confortable restaurant aux allures de boudoir contemporain ; cuisine de saison.

Le Burgundy

6-8 r. Duphot Ⓜ *Madeleine – ✆ 01 42 60 34 12 – www.leburgundy.com*
51 ch – †380/530 € ††400/950 € – 8 suites – ☕ 44 €
Rest ***Le Baudelaire*** – voir ci-après
◆ Luxueux, feutré et arty... Dans ce palace, les boiseries se confondent à merveille avec les tissus colorés, les meubles design et les œuvres d'art contemporain.

Renaissance Paris Vendôme

4 r. du Mont-Thabor Ⓜ *Tuileries – ✆ 01 40 20 20 00 – www.renaissanceparisvendome.com*
97 ch – †319/659 € ††319/659 € – 15 suites – ☕ 29 €
Rest ***Pinxo*** – voir ci-après
◆ Immeuble du 19e s. métamorphosé en boutique hôtel contemporain. Bois, tons miel et chocolat : les chambres sont élégantes et vraiment douillettes ! Et l'on paresse avec ravissement dans le joli bar chinois.

Castille Paris

33 r. Cambon Ⓜ *Madeleine – ✆ 01 44 58 44 58 – www.castille.com*
91 ch – †500/1700 € ††500/1700 € – 17 suites – ☕ 28 €
Rest ***L'Assaggio*** – 37 r. Cambon, ✆ 01 44 58 45 67 *(fermé août, 24-30 déc., sam. et dim.)* (38 €) Menu 45 € (déj. en sem.) – Carte 60/200 €
◆ Côté "Opéra", précieux décor contemporain d'inspiration vénitienne ; côté "Rivoli", cadre noir et blanc graphique, tel un écho à la maison Chanel voisine. L'Assaggio sert une cuisine italienne traditionnelle dans une salle qui évoque la villa d'Este ; joli patio.

Regina

2 pl. des Pyramides Ⓜ *Tuileries – ✆ 01 42 60 31 10 – www.regina-hotel.com*
120 ch – †230/380 € ††230/380 € – 10 suites – ☕ 32 €
Rest – (28 €) Carte 37/59 €
◆ Cet hôtel 1900 a conservé son atmosphère et son décor Art nouveau. Superbe hall, mobilier ancien dans les chambres (plus calmes côté patio et certaines avec vue sur la tour Eiffel). Cuisine traditionnelle près de la jolie cheminée Majorelle ou dans la cour fleurie.

Cambon sans rest

3 r. Cambon Ⓜ *Concorde – ✆ 01 44 58 93 93 – www.hotelcambon.com*
40 ch – †280/380 € ††390/490 € – 6 suites – ☕ 22 €
◆ Entre le jardin des Tuileries et la rue St-Honoré, cet hôtel compte de nombreux fidèles : accueil charmant, plaisantes chambres mêlant mobilier contemporain et tableaux anciens...

Royal St-Honoré sans rest

221 r. St-Honoré Ⓜ *Tuileries – ✆ 01 42 60 32 79 – www.hotel-royal-st-honore.com*
72 ch – †220/390 € ††270/440 € – ☕ 22 €
◆ Sur le site de l'ancien hôtel de Noailles, immeuble cossu du 19e s. aux chambres raffinées. On prend son petit-déjeuner dans un décor Louis XVI et, le soir venu, on profite du bar, très cosy.

Meliá Vendôme sans rest

8 r. Cambon Ⓜ *Concorde – ✆ 01 44 77 54 00 – www.solmelia.com*
83 ch – †241/389 € ††241/409 € – 4 suites – ☕ 28 €
◆ Un hôtel élégant, tout en rouge et or, où règne une atmosphère feutrée. Esprit romantique dans les chambres, salon sous une verrière Belle Époque et bel espace petit-déjeuner...

Washington Opéra sans rest

50 r. Richelieu Ⓜ *Palais Royal – ✆ 01 42 96 68 06 – www.washingtonopera.com*
36 ch – †195/215 € ††215/245 € – ☕ 15 €
◆ La marquise de Pompadour vécut dans ce bel hôtel particulier ! Aujourd'hui, à votre tour d'occuper les chambres, décorées dans un style Directoire ou gustavien. Au 6e étage, terrasse offrant une belle vue sur les jardins du Palais-Royal.

PARIS

Mayfair sans rest
3 r. Rouget-de-Lisle Ⓜ *Concorde – ✆ 01 42 60 38 14 – www.hotelmayfairparis.com*
41 ch – †175/500 € ††198/500 € – 6 suites – ☕ 20 €
◆ Idéalement situé entre deux places royales – Concorde et Vendôme –, élégant hôtel au charme très classique : mobilier de style, tentures à médaillons, lampes sur pied... Parfaite tenue.

Mansart sans rest
5 r. des Capucines Ⓜ *Opéra – ✆ 01 42 61 50 28 – www.espritdefrance.com*
57 ch – †170/380 € ††180/380 € – ☕ 15 €
◆ Jouxtant la place Vendôme due à Mansart, cet hôtel rend un bel hommage à l'architecte de Louis XIV. Chambres classiques, mobilier de style Empire ou Directoire et hall plus contemporain.

Opéra Richepanse sans rest
14 r. Chevalier de St-George Ⓜ *Madeleine – ✆ 01 42 60 36 00 – www.richepanse.com*
35 ch – †250/440 € ††250/440 € – 3 suites – ☕ 18 €
◆ Bel hôtel Art déco où Tchaïkovski avait ses habitudes : pour l'anecdote, quelques lettres du compositeur y sont exposées ! Chambres confortables, donnant parfois sur la Madeleine.

Novotel Paris Les Halles
8 pl. M.-de-Navarre Ⓜ *Châtelet – ✆ 01 42 21 31 31 – www.novotelparisleshalles.com*
285 ch – †159/369 € ††179/389 € – 5 suites – ☕ 18 €
Rest – *(fermé dim. midi et sam.)* (16 €) Menu 38/70 € – Carte 24/50 €
◆ Face au forum des Halles, cet hôtel de chaîne jouit d'une situation centrale ! Autres bons points : chambres zen tout confort et salles de séminaire très bien équipées. Cuisine traditionnelle et à la plancha ; bar ouvert jusqu'à 2 h.

Louvre St-Honoré sans rest
141 r. St-Honoré Ⓜ *Louvre Rivoli – ✆ 01 42 96 23 23 – www.paris-hotel-louvresainthonore.com*
37 ch – †175/320 € ††185/350 € – ☕ 19 €
◆ À deux pas du Louvre, voici une jolie façade du 18e s. (classée) qui cache un hôtel rénové en 2008-2009 dans une veine contemporaine colorée. Grand calme dans le bâtiment sur cour.

Britannique sans rest
20 av. Victoria Ⓜ *Châtelet – ✆ 01 42 33 74 59 – www.hotel-britannique.fr*
39 ch – †168/198 € ††215/230 € – ☕ 13 €
◆ Créé par une famille anglaise sous le règne de Victoria, cet hôtel superpose les influences impériales. Chambres cossues à l'exotisme raffiné ; charmant salon. So british !

Thérèse sans rest
5 r. Thérèse Ⓜ *Pyramides – ✆ 01 42 96 10 01 – www.hoteltherese.com*
43 ch – †160/320 € ††160/320 € – ☕ 13 €
◆ Une adresse charmante : décor cosy et contemporain mêlant tons pastel et boiseries... Les chambres sont douillettes et le salon vraiment chaleureux !

Relais St-Honoré sans rest
308 r. St Honoré Ⓜ *Tuileries – ✆ 01 42 96 06 06 – www.relaissainthonore.com*
15 ch – †213 € ††213 € – ☕ 13 €
◆ Dans cet hôtel (17e s.), le petit-déjeuner n'est servi que dans les chambres ! Le matin, on peut donc musarder tout à son aise, entre poutres (sauf au 1er étage) et meubles anciens.

Relais du Louvre sans rest

19 r. Prêtres-St-Germain-l'Auxerrois Louvre Rivoli – 01 40 41 96 42 – www.relaisdulouvre.com

20 ch – 90/135 € 150/175 € – 1 suite – 13 €

◆ Derrière cette étroite façade du 18e s., un hôtel de caractère, paisible et bien tenu. Chambres raffinées et confortables ; belle suite au dernier étage, idéale en famille.

Place du Louvre sans rest

21 r. Prêtres-St-Germain-L'Auxerrois Louvre Rivoli – 01 42 33 78 68 – www.espritdefrance.com

20 ch – 130/230 € 160/230 € – 14 €

◆ À l'ombre de l'église St-Germain-l'Auxerrois, chambres coquettes portant des noms de peintres. Le petit-déjeuner est servi dans une cave voûtée du 14e s. jadis reliée au Louvre !

Aux Ducs de Bourgogne sans rest

19 r. du Pont-Neuf Châtelet – 01 42 33 95 64 – www.paris-hotel-bourgogne.com

50 ch – 145/215 € 165/295 € – 15 €

◆ Cet immeuble du 19e s. dispose de petites chambres très bien tenues et mansardées au dernier étage. Mobilier en bois massif, tissus tendus... Une ambiance résolument feutrée.

Louvre Ste-Anne sans rest

32 r. Ste-Anne Pyramides – 01 40 20 02 35 – www.louvre-ste-anne.fr

20 ch – 130/140 € 145/210 € – 12 €

◆ Un hôtel bien sympathique dans la rue des restaurants japonais. Les chambres sont petites, mais agréables et bien agencées (deux avec terrasse et vue sur le Sacré-Cœur).

Le Meurice – Hôtel Le Meurice

228 r. de Rivoli Tuileries – 01 44 58 10 55 – www.lemeurice.com – Fermé 29 juil.-29 août, 11-28 fév., sam., dim. et fériés

Rest – Menu 90 € (déj.), 240/400 € bc – Carte 165/250 €

Spéc. Chair de tourteau en feuilles de calamar (printemps). Blanc de turbot étuvé en écailles de gros champignons de Paris (sept. à nov.). Palet fondant au chocolat, mikado de meringues au yuzu (hiver).

◆ Le décor mirifique ressuscite le Grand Siècle, dans l'esprit des appartements royaux de Versailles. En chef Roi-Soleil, Yannick Alléno règne sur une carte qui révèle un brillant alliage de classicisme et d'inventivité. Même la saveur du produit le plus simple devient extravagance... Service impérial.

L'Espadon – Hôtel Ritz

15 pl. Vendôme Opéra – 01 43 16 30 80 – www.ritzparis.com

Rest – Menu 70 € (déj. en sem.), 105/340 € bc – Carte 170/240 €

Spéc. Rafraîchi de tourteau et langoustine, légumes à la verveine citron. Ris de veau cuit au sautoir, petits pois à la française et girolles crémées. Millefeuille "Tradition Ritz".

◆ La salle, submergée d'ors et de drapés, est éblouissante. Dans ce cadre magique, la cuisine de Michel Roth, d'un classicisme sans faille, atteint sa meilleure expression. Service irréprochable.

Le Grand Véfour (Guy Martin)

17 r. Beaujolais Palais Royal – 01 42 96 56 27 – www.grand-vefour.com – Fermé 18-22 avril, 1er-29 août, 24 déc.-1er janv., vend. soir, sam. et dim.

Rest – Menu 88 € (déj.)/268 € – Carte 185/269 €

Spéc. Ravioles de foie gras, crème foisonnée truffée. Parmentier de queue de bœuf aux truffes. Palet noisette et chocolat au lait, glace au caramel et prise de sel de Guérande.

◆ Dans les jardins du Palais-Royal, cette luxueuse maison de style Directoire – haut lieu de la gastronomie depuis plus de 200 ans – est chargée d'histoire(s) ! Cuisine inventive signée Guy Martin.

PARIS

XXXX Carré des Feuillants (Alain Dutournier)

✿✿ *14 r. Castiglione Ⓜ Tuileries – ✆ 01 42 86 82 82 – www.carredesfeuillants.fr – Fermé août, sam. et dim.*

Rest – Menu 58 € (déj.), 150/190 € – Carte 135/175 €

Spéc. Bar de ligne émincé, amandes fraîches, copeaux de poutargue, tomate ancienne (été). Tronçon de turbot sauvage étuvé dans son jus de cuisson, caviar ébène, semoule de brocoli (été). Envie de vacherin, grosses framboises, chiboust au yuzu, crème fermière et mascavo (printemps-été).

◆ Atmosphère élégante, contemporaine et zen sur le site du couvent des Feuillants. On savoure une cuisine bien dans son époque, aux jolis accents gascons. Superbes vins et armagnacs.

XXX Le Baudelaire – Hôtel Le Burgundy

✿ *6-8 r Duphot Ⓜ Madeleine – ✆ 01 42 60 34 12 – www.leburgundy.com*

Rest – *(fermé dim.)* (55 €) Carte 57/109 €

Spéc. Escabèche de rouget. Suprême de volaille en croûte d'amande. Mousse de datte, ananas rôti, croustillant chocolat.

◆ Une table toute jeune – le luxueux hôtel qui l'abrite est né en 2010 – et déjà une valeur sûre : un chef au beau parcours y propose une cuisine délicate, aux associations de saveurs élégantes.

XXX Macéo

15 r. Petits-Champs Ⓜ Bourse – ✆ 01 42 97 53 85 – www.maceorestaurant.com – Fermé 30 juil.-22 août, sam. midi, dim. et fériés

Rest – (29 €) Menu 33/48 € – Carte 49/65 €

◆ Moulures, parquet, beaux miroirs : un cadre Second Empire pour une cuisine... de notre époque, autour des produits de saison. Menu végétarien et carte de vins du monde.

XX Goumard

9 r. Duphot Ⓜ Madeleine – ✆ 01 42 60 36 07 – www.goumard.com

Rest – (29 €) Menu 39/49 € – Carte 50/75 €

◆ Cette maison plus que centenaire a pris un tournant : décor contemporain, choix de viandes en plus des spécialités de la mer (dégustation d'huîtres au bar). Ouvert de midi à minuit.

XX Pinxo – Hôtel Renaissance Paris Vendôme

9 r. d'Alger Ⓜ Tuileries – ✆ 01 40 20 72 00 – www.pinxo.fr – Fermé août

Rest – (24 €) Menu 32 € (déj.) – Carte 42/60 €

◆ Mobilier épuré, tons noir et blanc, vue sur les cuisines : un décor sobre et chic pour "pinxer" (prendre avec les doigts) des petits plats à la mode Dutournier.

XX Palais Royal

110 Galerie de Valois - Jardin du Palais Royal Ⓜ Bourse – ✆ 01 40 20 00 27 – www.restaurantdupalaisroyal.com – Fermé dim.

Rest – Carte 50/75 €

◆ Sous les fenêtres de l'appartement de Colette, on déguste une belle cuisine traditionnelle dans une salle aux accents Art déco... La terrasse ouvre sur les jardins du Palais-Royal.

XX Pierre au Palais Royal

10 r. Richelieu Ⓜ Palais Royal – ✆ 01 42 96 09 17 – www.pierreaupalaisroyal.com – Fermé 3 sem. en août, sam. midi et dim.

Rest – (33 €) Menu 39/80 € bc – Carte 45/55 €

◆ Cette institution a évolué avec son époque : salle en noir et blanc, d'un effet chic et sobre, et plats inspirés par le Sud-Ouest, présentés avec passion par le patron.

XX Le Soufflé

36 r. Mont-Thabor Ⓜ Tuileries – ✆ 01 42 60 27 19 – www.lesouffle.fr – Fermé 1er-15 août, dim. et fériés

Rest – Menu 31/35 € – Carte 30/50 €

◆ Quel souffle ! Cela fait plus de 40 ans que cette maison bourgeoise, proche des Tuileries, se consacre à son péché mignon, le soufflé – salé ou sucré –, lui dédiant même un menu !

PARIS

XX **Saudade**

34 r. des Bourdonnais Ⓜ Pont Neuf – ✆ 01 42 36 03 65 – www.restaurantsaudade.com – Fermé août et dim.

Rest – Menu 23 € bc (déj. en sem.) – Carte 34/59 €

◆ Pour un repas au Portugal... en plein Paris, rendez-vous dans ce restaurant décoré d'azulejos. Plats typiques et vins lusitaniens à déguster au son du fado.

XX **Kinugawa**

soir,

9 r. Mont Thabor Ⓜ Tuileries – ✆ 01 42 60 65 07 – http://kinugawa.free.fr – Fermé 24 déc.-6 janv. et dim.

Rest – Menu 35 € (déj.), 75/125 € – Carte 55/125 €

◆ Soyons zen ! À l'étage, belle cuisine japonaise servie dans une salle très nippone : lignes épurées et sobres tonalités. Bar à sushis au rez-de-chaussée.

XX **L'Atelier Berger**

49 r. Berger Ⓜ Louvre Rivoli – ✆ 01 40 28 00 00 – Fermé sam. midi et dim.

Rest – Menu 33/68 € – Carte 33/47 €

◆ Esprit bistrot chic face au jardin des Halles. Ambiance feutrée et cuisine bien dans son époque : la fraise rencontre le vinaigre balsamique, le rouget est juste poêlé...

PARIS

X **Yam'Tcha** (Adeline Grattard)

4 r. Sauval Ⓜ Louvre Rivoli – ✆ 01 40 26 08 07 – www.yamtcha.com – Fermé août, vacances de Noël, dim. soir, lundi et mardi

Rest – *(nombre de couverts limité, prévenir)* Menu 50 € (déj. en sem.)/85 €

Spéc. Homard, jaune d'œuf, maïs. Cochon de lait noir de Bigorre, aubergines à la séchuanaise. Cheese cake, gingembre confit, shiso.

◆ La table étonnante d'une jeune chef formée à l'Astrance et à Hong Kong. Sens du produit remarquable, associations simples et saisissantes – entre France et Asie – pensées en accord avec une sélection d'excellents thés : tout est limpide. Vingt couverts seulement !

X **Spring**

6 r. Bailleul Ⓜ Louvre Rivoli – ✆ 01 45 96 05 72 – www.springparis.fr – Fermé août, vacances scolaires de fév., dim. et lundi

Rest – (30 €) Menu 38 € (déj. en sem.)/64 €

◆ Le chef, autodidacte, est originaire de Chicago. Dans cette maison décontractée, à son image, il réalise sous vos yeux une belle cuisine de produits. Jolie cave voûtée pour prendre un verre, apéritifs dînatoires au "bar à manger"... Un lieu inspiré !

X **Au Gourmand**

17 r. Molière Ⓜ Pyramides – ✆ 01 42 96 22 19 – www.augourmand.fr – Fermé 2 sem. en août, sam. midi, lundi midi et dim.

Rest – Menu 30/37 € – Carte 54/60 €

◆ Près de l'avenue de l'Opéra, un lieu éclectique, rococo et théâtral avec sa bibliothèque en trompe-l'œil. Cuisine de tradition, dont un menu "tout légumes" ; service accort.

X **La Régalade St-Honoré**

123 r. St-Honoré Ⓜ Louvre Rivoli – ✆ 01 42 21 92 40 – Fermé août, 24 déc.-4 janv., sam. et dim.

Rest – Menu 33 €

◆ Après le succès de la mythique Régalade du 14e arrondissement, Bruno Doucet récidive dans le quartier des Halles. La formule est la même et... l'on se régale toujours autant.

X **Pharamond**

24 r. de la Grande-Truanderie Ⓜ Châtelet-Les Halles – ✆ 01 40 28 45 18 – www.pharamond.fr – Fermé dim. et lundi

Rest – (19 €) Menu 31 € – Carte 50/100 €

◆ Institution des Halles à la Belle Époque, cette adresse a conservé son beau décor 1900 et place la tradition bistrotière au-dessus de tout (spécialités de tripes et abats).

PARIS

L'Absinthe

24 pl. Marché-St-Honoré Ⓜ *Pyramides – ✆ 01 49 26 90 04 – www.restaurantabsinthe.com*

Rest – Menu 39 €

◆ Un bistrot néorétro plein d'allure, qui rappelle l'époque où la "fée verte" était en vogue (zinc, carrelage ancien, horloge monumentale). Plats traditionnels de saison.

Bistrot St-Honoré

10 r. Gomboust Ⓜ *Pyramides – ✆ 01 42 61 77 78 – Fermé 24 déc.-2 janv. et dim.*

Rest – Menu 35 € – Carte 50/75 €

◆ Typiquement parisien, ce petit bistrot rustique célèbre la Bourgogne à travers une cuisine généreuse et des vins du terroir. Cadre chaleureux et ambiance décontractée.

Kaï

18 r. du Louvre Ⓜ *Louvre Rivoli – ✆ 01 40 15 01 99 – Fermé 1 sem. en avril, 3 sem. en août, 1 sem. à Noël, dim. midi et lundi*

Rest – Menu 69 € (dîner)/135 € – Carte 60/85 €

◆ Une table nippone réjouissante et authentique ! Décor épuré, spécialités tokyoïtes (sushis, grillades sur charbon) et petites douceurs françaises... de chez Pierre Hermé.

Nodaïwa

272 r. St-Honoré Ⓜ *Palais Royal – ✆ 01 42 86 03 42 – www.nodaiwa.com – Fermé 1er-20 août et 30 déc.-10 janv.*

Rest – Menu 18/65 € – Carte 30/50 €

◆ Table japonaise dont la grande spécialité est l'anguille, préparée avec un soin méticuleux. Salle tout en longueur et minimaliste, bien à l'image d'une… anguille.

Bistrot Mavrommatis

18 r. Duphot, (1er étage) Ⓜ *Madeleine – ✆ 01 42 97 53 04 – www.mavrommatis.com – Fermé en août, dim. et fériés*

Rest – *(déj. seult)* Menu 26 € – Carte 30/40 €

◆ Un petit temple grec à deux pas de l'église de la Madeleine : épicerie au rez-de-chaussée, taverne à l'étage (photos du pays), nombreuses spécialités pour se restaurer à bon compte.

Les Cartes Postales

7 r. Gomboust Ⓜ *Pyramides – ✆ 01 42 61 02 93 – Fermé 2 sem. en août, 25 déc.-2 janv., lundi soir, sam. midi et dim.*

Rest – (25 €) Menu 70 € – Carte 45/75 €

◆ Savoureuse cuisine française relevée de notes nippones, signée par un chef japonais. Intéressante formule et demi-portions à la carte, pour deux fois plus de plaisir.

Kunitoraya

5 r. Villedo Ⓜ *Pyramides – ✆ 01 47 03 07 74 – www.kunitoraya.com – Fermé 2 sem. en août, vacances de fév. et merc.*

Rest – (28 €) Menu 37/90 € – Carte 38/58 €

◆ Vieux zinc, miroirs et faïence métro : le Paris des soupers 1900... pour une cuisine nippone soignée à base d'udon, pâtes maison réalisées avec une farine de blé importée du Japon !

Zen

8 r. de L'Échelle Ⓜ *Palais Royal – ✆ 01 42 61 93 99 – www.restaurant-zen.fr.cc – Fermé 10-20 août*

Rest – Menu 20/45 € bc – Carte 20/34 €

◆ Table japonaise traditionnelle par sa carte (étoffée), et contemporaine par son décor : lignes épurées tout en rondeur, omniprésence du blanc et du vert acidulé.

Crudus

21 r. St-Roch Ⓜ *Pyramides – ✆ 01 42 60 90 29 – Fermé août, 20-27 déc., sam. et dim.*

Rest – *(nombre de couverts limité, prévenir)* (25 €) Carte 42/56 €

◆ Dans ce petit restaurant italien, priorité aux produits bio... Des saveurs naturelles à déguster dans un décor simple et avenant (parquet, murs blancs, tables en plexiglas).

Baan Boran

43 r. Montpensier Ⓜ Palais Royal – ✆ 01 40 15 90 45 – www.baan-boran.com – Fermé sam. midi et dim.

Rest – Menu 14 € (déj. en sem.)/40 € – Carte 30/50 €

◆ Escale asiatique face au théâtre du Palais-Royal : spécialités thaïlandaises préparées au wok et servies dans un cadre contemporain épuré (bois exotique, cuir, tons beige et gris).

Cibus

5 r. Molière Ⓜ Palais Royal – ✆ 01 42 61 50 19 – Fermé août, 19-27 déc., lundi midi, sam. midi et dim.

Rest – *(nombre de couverts limité, prévenir)* (30 €) Menu 38 € (déj.) – Carte 52/65 €

◆ Cibus : "nourriture", en latin. Auspices millénaires pour ce restaurant italien qui porte haut la gastronomie transalpine (produits bio). Décor très simple et accueil convivial.

Chez La Vieille "Adrienne"

1 r. Bailleul Ⓜ Louvre Rivoli – ✆ 01 42 60 15 78 – Fermé 1er-25 août, sam. et dim.

Rest – *(prévenir)* Carte 39/55 €

◆ Terrine de canard, navarin d'agneau, mousse au chocolat : une cuisine de bistrot immuable, dans une atmosphère patinée, d'un autre temps...

Lescure

7 r. Mondovi Ⓜ Concorde – ✆ 01 42 60 18 91 – Fermé août, vacances de Noël, sam. et dim.

Rest – Menu 24 € bc – Carte 23/45 €

◆ Auberge rustique tout près de la place de la Concorde. On y déguste au coude-à-coude, à la table commune, de copieuses spécialités du Sud-Ouest.

Gwadar

39 r. St-Roch Ⓜ Pyramides – ✆ 01 42 96 28 24 – www.restaurantgwadar.com – Fermé 2 sem. en août et dim.

Rest – (15 €) Menu 20/25 € – Carte environ 30 €

◆ Niché sur une banquette en velours, dans un cadre cosy et sobre, on voit défiler de beaux petits plats indo-pakistanais... Et l'on salive en attendant son poulet tandoori...

PARIS

S. Sauvignier/MICHELIN

Bourse · Sentier

2e arrondissement ✉ 75002

Park Hyatt

5 r. de la Paix Ⓜ Opéra – ✆ 01 58 71 12 34 – www.paris.vendome.hyatt.fr

124 ch – †560/800 € ††560/800 € – 38 suites – ☕ 42 €

Rest *Pur'* – voir ci-après

Rest *Les Orchidées* – ✆ 01 58 71 10 60 *(déj. seult)* Carte 70/135 €

◆ Ed Tuttle a conçu un hôtel conforme à ses rêves, sur la célèbre rue de la Paix : collection d'art contemporain et classicisme à la française, mobilier mêlant avec subtilité le style Louis XVI et les années 1930, spa et équipements high tech... Carte au goût du jour à déguster sous la verrière des Orchidées.

Westminster

13 r. de la Paix Ⓜ *Opéra – ✆ 01 42 61 57 46 – www.hotelwestminster.com*
85 ch – 🚹220/590 € 🚹🚹220/590 € – 17 suites – ☕ 30 €
Rest ***Le Céladon*** – voir ci-après
Rest ***Le Petit Céladon*** – ✆ 01 47 03 40 42 *(ouvert le week-end)* Menu 55 € bc
◆ Né en 1809 – il a fêté ses 200 ans ! –, c'est en 1846 qu'il prit le nom de son plus fidèle client, le duc de Westminster... Ce dernier avait le goût du raffinement à la française ! Le week-end, Céladon (voir ci-après) devient Petit Céladon : carte plus simple et service décontracté.

Édouard VII

39 av. de l'Opéra Ⓜ *Opéra – ✆ 01 42 61 56 90 – www.edouard7hotel.com*
62 ch – 🚹195/570 € 🚹🚹200/570 € – 8 suites – ☕ 25 €
Rest ***Cuisine L'E 7*** – Carte 30/40 €
◆ Chatoiement des tissus et raffinement dans les chambres "Couture", tandis que les "Edouard VII" se veulent plus sobres... Partout règne une véritable élégance et les suites sont superbes. Bar cosy et petite restauration dans un cadre contemporain très plaisant.

L'Horset Opéra sans rest

18 r. d'Antin Ⓜ *Opéra – ✆ 01 44 71 87 00 – www.hotelhorsetopera.com*
54 ch ☕ – 🚹180/265 € 🚹🚹195/295 €
◆ Dans cet hôtel à deux pas du palais Garnier, l'atmosphère est très feutrée ; dans les chambres, classicisme de bon goût (tentures et tissus assortis, boiseries chaleureuses).

De Noailles sans rest

9 r. de la Michodière Ⓜ *Quatre Septembre – ✆ 01 47 42 92 90 – www.hoteldenoailles.com*
52 ch – 🚹200/375 € 🚹🚹210/535 € – 5 suites – ☕ 18 €
◆ Élégance très contemporaine et design derrière une jolie façade 1900. Chambres zen et épurées, ouvertes pour la plupart sur le patio (avec balcon aux 5e et 6e étages).

Malte Opéra sans rest

63 r. de Richelieu Ⓜ *Quatre Septembre – ✆ 01 44 58 94 94 – www.astotel.com*
64 ch – 🚹179/459 € 🚹🚹179/459 € – ☕ 19 €
◆ Une bâtisse du 17e s. face à la Bibliothèque nationale. Chambres de facture classique – plus calmes côté cour – et petit-déjeuner servi dans un joli patio, près d'un olivier !

Victoires Opéra sans rest

56 r. Montorgueil Ⓜ *Etienne Marcel – ✆ 01 42 36 41 08 – www.victoiresopera.com*
24 ch – 🚹215/335 € 🚹🚹215/335 € – ☕ 15 €
◆ Montorgueil : un quartier piéton et animé... C'est ici que se trouve cet hôtel contemporain, dans un immeuble du 17e s. Tons chauds, mobilier actuel : les chambres ont du style !

Gramont Opéra sans rest

22 r. Gramont Ⓜ *Richelieu Drouot – ✆ 01 42 96 85 90 – www.parishotelgramont.com*
25 ch – 🚹120/160 € 🚹🚹150/230 € – ☕ 12 €
◆ Un charmant hôtel près de l'Opéra-Comique... Imprimés floraux, teintes mauve et chocolat : frais, harmonieux et vraiment joli. Duplex avec terrasse donnant sur les toits.

Pur' – Hôtel Park Hyatt

5 r. de la Paix Ⓜ *Opéra – ✆ 01 58 71 10 61 – www.paris.vendome.hyatt.fr – Fermé août et le midi*
Rest – Menu 85/135 € – Carte 85/170 €
Spéc. Coquillages en marinière, fine gelée de concombre, fleur de bourrache et neige de raifort. Filet de rouget, aubergines fumées et fines céréales. Biscuits gaufrette au chocolat noir grand cru et miel de romarin.
◆ Pure réjouissance à l'heure du dîner : cuisines théâtralement ouvertes sur la salle – contemporaine et chic – et plats créatifs concoctés par le chef avec d'excellents produits. Beau, bon et raffiné !

XXX **Le Céladon** – Hôtel Westminster
15 r. Daunou Ⓜ *Opéra – ✆ 01 42 61 77 42 – www.leceladon.com – Fermé août, sam. et dim.*
Rest – Menu 49/55 € – Carte 90/120 €
Spéc. Saint-Jacques bretonnes mi-cuites au poivre long, bisque glacée de homard et perles du Japon. Turbot de petit bateau rôti sur l'arête, tellines en croûte de moutarde torréfiée. Pomme cuite au beurre salé, glace caramel et pain perdu.
◆ Décor très raffiné au Céladon, entre style Régence, tableaux anciens et notes orientales (vases en céladon : porcelaine chinoise vert pâle). Sur de belles bases classiques, le chef concocte une cuisine dans l'air du temps.

XXX **Drouant**
16 pl. Gaillon Ⓜ *Quatre Septembre – ✆ 01 42 65 15 16 – www.drouant.com*
Rest – Menu 43 € (déj.) – Carte 68/89 €
◆ Un lieu mythique : on y décerne le prix Goncourt depuis 1914 ! Sous la houlette d'Antoine Westermann, les plats de tradition se parent de modernité. Élégant décor cossu.

XXX **Le Versance**
16 r. Feydeau Ⓜ *Bourse – ✆ 01 45 08 00 08 – www.leversance.fr – Fermé août, 24 déc.-5 janv., sam. midi, dim. et lundi*
Rest – (32 € bc) Menu 38 € bc (déj.) – Carte 57/86 €
◆ Un cadre épuré où poutres, vitraux et mobilier design font des étincelles. La cuisine du chef globe-trotter n'est pas en reste : homard au curry, ris de veau et poires aux épices...

XX **Mori Venice Bar**
2 r. du Quatre-Septembre Ⓜ *Bourse – ✆ 01 44 55 51 55 – www.mori-venicebar.com – Fermé fériés*
Rest – Menu 40 € (déj.) – Carte 55/108 €
◆ La gastronomie vénitienne est méconnue, et le chef, passionné, la défend avec goût ! Starck a signé le décor, évoquant le raffinement et le secret propres à Venise... Véranda face à la Bourse et comptoir pour prendre un verre autour de quelques antipasti.

XX **La Fontaine Gaillon**
pl. Gaillon Ⓜ *Quatre Septembre – ✆ 01 47 42 63 22 – www.la-fontaine-gaillon.com – Fermé 6-20 août, sam. et dim.*
Rest – Menu 45 € (déj. en sem.) – Carte 60/90 €
◆ Bel hôtel particulier du 17e s., supervisé par Gérard Depardieu : cadre feutré, terrasse au pied de la fontaine, cuisine valorisant la mer et plaisante sélection de vins.

XX **Passage 53**
53 passage des Panoramas Ⓜ *Grand Boulevards – ✆ 01 42 33 04 35 – www.passage53.com – Fermé août, vacances de fév., dim. et lundi*
Rest – *(nombre de couverts limité, prévenir)* Menu 53 € (déj.)/95 €
Spéc. Menu dégustation surprise.
◆ Dans un passage couvert resté dans son jus, un décor minimal et un très beau panorama de cuisine contemporaine : au gré du marché, le jeune chef japonais – formé à l'Astrance – délivre des compositions d'une netteté imparable (bons produits, cuissons millimétrées).

XX **Gallopin**
40 r. N.-D.-des-Victoires Ⓜ *Bourse – ✆ 01 42 36 45 38 – www.brasseriegallopin.com*
Rest – (23 €) Menu 31/36 € bc – Carte 30/63 €
◆ Juste en face du palais Brongniart, une brasserie au précieux décor victorien fondée en 1876 par un certain... Gallopin. Grands classiques de la brasserie et plats bistrotiers.

XX **Vaudeville**
29 r. Vivienne Ⓜ *Bourse – ✆ 01 40 20 04 62 – www.vaudevilleparis.com*
Rest – (24 €) Menu 30 € – Carte 40/85 €
◆ Grande brasserie Art déco, dans la pure tradition parisienne. Le jour, "cantine" de nombreux journalistes et le soir, "relâche" des sorties de théâtres !

PARIS

Saturne

VISA MC

17 r. N.-D.-des-Victoires Ⓜ *Bourse – ☎ 01 42 60 31 90 – www.saturne-paris.fr – Fermé août, vacances de Noël, sam. et dim.*

Rest – Menu 35 € (déj.), 39/59 €

◆ Saturne : dieu de l'agriculture et anagramme de "natures". Le credo du jeune chef : de très bons produits, des vins naturels et un menu unique... dans une ambiance loft très parisienne. Et pour l'anecdote, le pain est tout bonnement... divin !

Café Moderne

A/C VISA MC AE

40 r. N.-D.-des-Victoires Ⓜ *Bourse – ☎ 01 53 40 84 10 – fermé 1er-24 août, sam. midi et dim.*

Rest – (28 €) Menu 35/45 €

◆ Près de la Bourse, élégante table moderne, bondée à midi, intime le soir. Décor et carte honorent les crus français. Fiez-vous à l'instinct du chef, épris des produits de saison !

Bistrot Volnay

A/C VISA MC AE

8 r. Volney Ⓜ *Opéra – ☎ 01 42 61 06 65 – www.bistrovolnay.fr – Fermé 5-25 août, sam. et dim.*

Rest – Menu 36/55 €

◆ On y redécouvre avec plaisir les classiques bistrotiers, aux délicats parfums. Décor élégant revisitant tout l'esprit des années 1930 (miroirs, banquettes…).

Liza

A/C VISA MC AE

14 r. de la Banque Ⓜ *Bourse – ☎ 01 55 35 00 66 – www.restaurant-liza.com – Fermé sam. midi et dim. soir*

Rest – (16 €) Menu 42 € (dîner)/49 € – Carte 35/50 €

◆ Loin des clichés, cette table libanaise, mise en scène par des designers du pays (ambiance lounge et orientale), réinterprète les recettes traditionnelles ; c'est fin et parfumé !

Chez Georges

A/C VISA MC AE

1 r. du Mail Ⓜ *Bourse – ☎ 01 42 60 07 11 – Fermé août, vacances de Noël, sam. et dim.*

Rest – Carte 40/70 €

◆ Une nouvelle équipe en 2010, mais toujours le même esprit : un vrai bistrot parisien dans son jus rétro ! Cuisine traditionnelle et vins bien choisis, à savourer au coude-à-coude.

Aux Lyonnais

A/C VISA MC AE

32 r. St-Marc Ⓜ *Richelieu Drouot – ☎ 01 42 96 65 04 – www.alain-ducasse.com – Fermé août, sam. midi, dim. et lundi*

Rest – *(prévenir)* Menu 26 € (déj. en sem.)/34 € – Carte 39/57 €

◆ Dans ce bistrot fondé en 1890, on se régale d'une savoureuse cuisine qui explore la gastronomie lyonnaise. Cadre délicieusement rétro : zinc, banquettes, miroirs biseautés, moulures...

Silk & Spice

A/C VISA MC AE

6 r. Mandar Ⓜ *Sentier – ☎ 01 44 88 21 91 – www.silkandspice.fr*

Rest – (16 €) Menu 25/52 € – Carte 28/55 €

◆ Atmosphère feutrée et belles saveurs d'inspiration thaïe. Gambas et crevettes dans une réduction à la citronnelle, bœuf mijoté au curry vert : les grands classiques de la maison !

Pierrot

A/C soir, VISA MC AE

18 r. Étienne Marcel Ⓜ *Etienne Marcel – ☎ 01 45 08 00 10 – Fermé dim.*

Rest – Carte 37/50 €

◆ Dans ce bistrot convivial, tenu par deux jeunes Aveyronnais, viandes de l'Aubrac, foie gras maison et carré d'agneau aux herbes réjouissent les habitués... et les autres !

Comment choisir, dans une localité, entre deux adresses de même catégorie (nombre de 🏠 ou de ✕) ? Sachez que les établissements sont classés par ordre de préférence au sein de chaque catégorie : les meilleures adresses d'abord.

Bi Zan

56 r. Ste-Anne Ⓜ *Quatre Septembre – ✆ 01 42 96 67 76 – Fermé 2 sem. en août et dim.*

Rest – Menu 45 € (déj.)/85 €

◆ Bi Zan désigne une région montagneuse du Japon. L'adresse – zen, voire minimaliste – est connue des amateurs de cuisine nippone. Comptoir et salle à l'étage ; belle carte de sakés.

Frenchie

5 r. du Nil Ⓜ *Sentier – ✆ 01 40 39 96 19 – www.frenchie-restaurant.com – Fermé 2 sem. en août, vacances de Noël, sam., dim. et lundi midi*

Rest – *(nombre de couverts limité, prévenir)* (24 €) Menu 35 €

◆ Près du Sentier, petite salle d'esprit loft (briques, poutres, pierres) et cuisine contemporaine signée par un jeune chef au parcours international. Drôlement *savoury*.

Osteria Ruggera

35 r. Tiquetonne Ⓜ *Étienne Marcel – ✆ 01 40 26 13 91 – www.restaurant-osteriaruggera-paris.com – Fermé 14 au 28 août, sam. midi et dim. midi*

Rest – *(nombre de couverts limité, prévenir)* (19 €) Menu 23 € (déj.) – Carte 30/50 €

◆ Dans ce quartier Montorgueil si branché, une petite adresse italienne qui cultive le goût de la simplicité : décor rustique et spécialités siciliennes aux parfums authentiques.

Koetsu

42 r. Ste-Anne Ⓜ *Quatre Septembre – ✆ 01 40 15 99 90 – Fermé dim.*

Rest – Menu 14 € (déj.), 24/55 € – Carte 20/58 €

◆ Au milieu de ses consœurs, cette table japonaise ne déroge pas à la tradition : décor sobre et cuisine qui va à l'essentiel, avec ses sushis, sashimis et autres yakitoris.

S. Sauvignier/MICHELIN

Le Haut Marais · Temple

3e arrondissement

✉ 75003

Pavillon de la Reine sans rest

28 pl. des Vosges Ⓜ *Bastille – ✆ 01 40 29 19 19 – www.pavillon-de-la-reine.com*

38 ch – †330/900 € ††330/900 € – 16 suites – ☕ 34 €

◆ Élégance et luxe du Paris historique, tout en noble discrétion. Passé les voûtes de la place des Vosges, première illumination à la vision de la belle cour verdoyante. Et le ravissement ne cesse pas : les chambres sont raffinées et feutrées ; le petit spa couronne le tout !

Murano Resort

13 bd du Temple Ⓜ *Filles du Calvaire – ✆ 01 42 71 20 00 – www.muranoresort.com*

49 ch – †440/950 € ††440/950 € – 2 suites – ☕ 26 €

Rest – (25 €) Menu 30 € – Carte 45/150 €

◆ Unique en son genre – design immaculé ponctué de couleurs vives –, cet hôtel séduit les "beautiful people" avides de branchitude. Équipements high-tech, bar pop art, etc. Au restaurant, cadre contemporain, cuisine fusion et musique... branchée, of course.

Du Petit Moulin sans rest

29 r. du Poitou Ⓜ St-Sébastien Froissart – ✆ 01 42 74 10 10 – www.hoteldupetitmoulin.com

17 ch – 🚹190/350 € 🚹🚹190/350 € – ☕ 15 €

◆ Christian Lacroix a imaginé le décor de cet hôtel du Marais. C'est inédit, raffiné... entre tradition et modernité. Baignoire à pieds, tons flashy : chaque chambre est un bijou !

Little Palace sans rest

4 r. Salomon de Caus Ⓜ Réaumur Sébastopol – ✆ 01 42 72 08 15 – www.littlepalacehotel.com

49 ch – 🚹178/230 € 🚹🚹198/265 € – 4 suites – ☕ 15 €

◆ Un Little Palace "so charming", mêlant avec bonheur styles Belle Époque et contemporain. Chambres chaleureuses, à choisir de préférence aux 6e et 7e étages (balcon et vue sur Paris).

Austin's sans rest

6 r. Montgolfier Ⓜ Arts et Métiers – ✆ 01 42 77 17 61 – www.hotelaustins.com

29 ch – 🚹99/114 € 🚹🚹130/158 € – ☕ 10 €

◆ Pas de mystère dans les chambres jaunes, rouges ou bleues de ce petit hôtel faisant face au musée des Arts et Métiers : elles sont sobres, chaleureuses et bien tenues.

Jacques de Molay sans rest

94 r. des Archives Ⓜ République – ✆ 01 42 72 68 22 – www.hotelmolay.fr

23 ch – 🚹120/164 € 🚹🚹130/176 € – ☕ 12 €

◆ Du rose, du jaune... dans cet hôtel particulier, chaque étage arbore fièrement sa couleur. Chambres propres et bien tenues, gentiment kitsch ; petit-déjeuner sous une jolie verrière.

Des Archives sans rest

87 r. des Archives Ⓜ Temple – ✆ 01 44 78 08 00 – www.hoteldesarchives.com

19 ch – 🚹150/210 € 🚹🚹150/210 € – 4 suites – ☕ 12 €

◆ Proche de la mairie du 3e arrondissement. Les chambres sont sobres ; les quatre suites – de véritables petits appartements – se révèlent idéales pour un séjour en famille.

Ambassade d'Auvergne

22 r. du Grenier-St-Lazare Ⓜ Rambuteau – ✆ 01 42 72 31 22 – www.ambassade-auvergne.com

Rest – (20 € bc) Menu 28 € – Carte 30/50 €

◆ Les classiques d'une province riche de traditions et de saveurs : saucisse sèche, lentilles vertes du Puy et l'incontournable aligot... le tout arrosé de vins d'Auvergne.

Pamphlet

38 r. Debelleyme Ⓜ Filles du Calvaire – ✆ 01 42 72 39 24 – Fermé 1er-8 mai, 10-25 août, 1er-15 janv., sam. midi, lundi midi et dim.

Rest – Menu 38/70 € – Carte 55/70 €

◆ Poutres, pierres apparentes, gravures de pamphlets et affiches tauromachiques : un endroit sympathique. On y savoure une cuisine du marché renouvelée chaque semaine.

Le Carré des Vosges

15 r. St-Gilles Ⓜ Chemin Vert – ✆ 01 42 71 22 21 – www.lecarredesvosges.fr – Fermé 1er-15 août, 14-21 fév., sam. midi, lundi midi et dim.

Rest – (25 €) Menu 32 € (déj.)/45 € – Carte 45/75 €

◆ Dans ce joli restaurant, le chef, jeune et passionné, réalise une savoureuse cuisine du marché. Le menu du déjeuner change tous les jours et ravit les habitués du quartier !

PARIS

Pramil VISA

9 r. Vertbois Ⓜ Temple – ✆ 01 42 72 03 60 – Fermé 3-9 mai, 15-29 août, dim. midi et lundi

Rest – (20 €) Menu 30/38 € – Carte 30/47 €

◆ Le décor sobre et coquet (tableaux et orchidées blanches) met en valeur la belle générosité de la cuisine du marché d'Alain Pramil, aux notes contemporaines.

Glou VISA

101 r. Vieille-du-Temple Ⓜ St-Sébastien Froissart – ✆ 01 42 74 44 32 – www.glou-resto.com

Rest – (15 €) Carte 32/60 €

◆ Près du musée Picasso, un bistrot d'esprit loft – décontraction comprise –, où la cuisine du marché se pense avec un joli cru. Beau choix de vins au verre et ardoise du jour très intéressante !

Café des Musées A/C VISA AE

49 r. de Turenne Ⓜ Chemin Vert – ✆ 01 42 72 96 17 – Fermé 1er-7 janv. et 7-27 août

Rest – (13 €) Menu 19 € (dîner) – Carte 29/48 €

◆ Entre les musées Picasso et Carnavalet, un bistrot typiquement parisien : convivialité, cuisine maison dans l'esprit du lieu, plats canailles et du marché.

L'Olivier VISA

15 bd du Temple Ⓜ Filles du Calvaire – ✆ 01 42 77 12 51 – www.olivier-restau.com – Fermé 10-30 août, 20-28 déc., sam. midi et dim.

Rest – Menu 14 € (déj.)/45 € – Carte 34/40 €

◆ À deux pas de la place de la République, un tout petit restaurant grec tenu en famille... La cuisine, soignée et réalisée avec de bons produits, est authentique !

S. Sauvignier/MICHELIN

Île de la Cité · Île St-Louis · Le Marais · Beaubourg

4e arrondissement ✉ 75004

Jeu de Paume sans rest A/C VISA AE

54 r. St-Louis-en-l'Ile Ⓜ Pont Marie – ✆ 01 43 26 14 18 – www.jeudepaumehotel.com

28 ch – 🚹145/255 € 🚹🚹205/350 € – 2 suites – ☕ 20 €

◆ Au cœur de l'île St-Louis, cette halle du 17e s., jadis vouée au jeu de paume, s'est muée en hôtel de caractère. Poutres apparentes, belle hauteur sous plafond : une sobre élégance contemporaine dans des chambres entièrement rénovées en 2010.

Bourg Tibourg sans rest A/C VISA AE

19 r. Bourg Tibourg Ⓜ Hôtel de Ville – ✆ 01 42 78 47 39 – www.hotelbourgtibourg.com

30 ch – 🚹180 € 🚹🚹230/260 € – ☕ 16 €

◆ Un hôtel entièrement décoré par Jacques Garcia. Néogothique, baroque, oriental... chaque chambre a son propre univers, tout en luxe et raffinement. Une petite perle en plein Marais.

Duo sans rest A/C VISA AE

11 r. Temple Ⓜ Hôtel de Ville – ✆ 01 42 72 72 22 – www.duoparis.com

56 ch – 🚹160/200 € 🚹🚹210/380 € – 2 suites – ☕ 15 €

◆ Un passé préservé (escalier classé, cave voûtée du 16e s.) et une atmosphère résolument contemporaine, douce et design : un beau Duo gagnant tenu par la même famille depuis 1918.

PARIS

Villa Mazarin sans rest
6 r. des Archives Ⓜ *Hôtel de Ville – ✆ 01 53 01 90 90 – www.villamazarin.com*
29 ch – 190/350 € 190/350 € – 12 €
◆ Parfait pour rejoindre Notre-Dame, la place des Vosges ou Beaubourg. Un hôtel central qui revisite le style Second Empire sous l'angle contemporain. Quelques duplex.

Deux Îles sans rest
59 r. St-Louis-en-l'Ile Ⓜ *Pont Marie – ✆ 01 43 26 13 35 – www.hoteldesdeuxiles.com*
17 ch – 159 € 195 € – 13 €
◆ Cet hôtel a été entièrement rénové : du beige et du brun, du rotin, des poutres apparentes... Certes les chambres sont petites, mais elles offrent beaucoup de confort.

Beaubourg sans rest
11 r. Simon Le Franc Ⓜ *Rambuteau – ✆ 01 42 74 34 24 – www.hotelbeaubourg.com*
28 ch – 130/150 € 140/150 € – 10 €
◆ Juste derrière le Centre Pompidou ! Cet hôtel dispose de chambres accueillantes et bien insonorisées, plus grandes et souvent dotées de poutres dans le bâtiment donnant sur la rue.

Caron de Beaumarchais sans rest
12 r. Vieille-du-Temple Ⓜ *Hôtel de Ville – ✆ 01 42 72 34 12 – www.carondebeaumarchais.com*
19 ch – 95/185 € 110/185 € – 13 €
◆ Un voyage qui vous transporte au 18e s. Les chambres révèlent un univers raffiné : jolis imprimés, gravures évoquant Le Mariage de Figaro, antiquités...

Lutèce sans rest
65 r. St-Louis-en-l'Ile Ⓜ *Pont Marie – ✆ 01 43 26 23 52 – www.hoteldelutece.com*
23 ch – 155 € 195 € – 13 €
◆ Un emplacement idéal sur l'île St-Louis, pour les amoureux du Paris historique. Boiseries, poutres et tomettes au salon ; petites chambres fonctionnelles, tout en sobriété.

Castex sans rest
5 r. Castex Ⓜ *Bastille – ✆ 01 42 72 31 52 – www.castexhotel.com*
30 ch – 130 € 160 € – 10 €
◆ La clientèle américaine, entre autres, apprécie la mise en scène Grand Siècle de cette demeure. Petites chambres soignées (tomettes, mobilier Louis XIII et rustique).

L'Ambroisie (Bernard Pacaud)
9 pl. des Vosges Ⓜ *St-Paul – ✆ 01 42 78 51 45 – Fermé août, vacances de fév., dim. et lundi*
Rest – Carte 200/310 €
Spéc. Foie gras de canard landais en croûte de poivre gris, chutney de cerises noires. Noix de ris de veau braisée à la financière, timbale de macaronis. Boule nacrée à la pêche blanche et cassis, glace verveine.
◆ Sous les arcades de la place des Vosges, un décor royal et une cuisine subtile touchant à la perfection : l'ambroisie n'est-elle pas la nourriture des dieux de l'Olympe ?

Benoit
20 r. St-Martin Ⓜ *Châtelet-Les Halles – ✆ 01 42 72 25 76 – www.alain-ducasse.com – Fermé août*
Rest – Menu 34 € (déj.) – Carte 55/84 €
Spéc. Escargots en coquille, beurre d'ail, fines herbes. Tête de veau sauce ravigote. Profiteroles sauce chocolat chaud.
◆ Alain Ducasse supervise ce bistrot chic et animé, l'un des plus anciens de Paris. Cuisine classique, respectueuse de l'âme de cette authentique et belle maison.

Le Dôme du Marais
VISA MC AE

53 bis r. Francs-Bourgeois Ⓜ *Rambuteau – ✆ 01 42 74 54 17 – www.ledomedumarais.fr – Fermé 7-31 août, mardi midi et lundi*

Rest – (19 €) Menu 25 € (déj.), 32/48 €

◆ Sous le joli dôme de l'ancienne salle des ventes du Crédit municipal ou dans le jardin d'hiver, on savoure une cuisine de saison. Le soir, bougies et atmosphère romantique.

Bofinger
soir, VISA MC AE

5 r. Bastille Ⓜ *Bastille – ✆ 01 42 72 87 82 – www.bofingerparis.com*

Rest – (25 €) Menu 31 € – Carte 40/70 €

◆ Institution de la vie parisienne au remarquable décor alsacien : coupole, marqueteries, miroirs, peintures signées Hansi. Le charme de cette brasserie créée en 1864 opère toujours.

Mon Vieil Ami
VISA MC AE

69 r. St-Louis-en-l'Île Ⓜ *Pont Marie – ✆ 01 40 46 01 35 – www.mon-vieil-ami.com – Fermé 1er-20 août, 1er-20 janv., lundi et mardi*

Rest – Menu 43 €

◆ Vieilles poutres et décor contemporain... Une auberge tendance, où savourer de goûteuses recettes traditionnelles, joliment modernisées et ponctuées de clins d'œil à l'Alsace.

Le Gaigne
VISA MC AE

12 r. Pecquay Ⓜ *Rambuteau – ✆ 01 44 59 86 72 – www.restaurantlegaigne.fr – Fermé août, dim. et lundi*

Rest – (17 €) Menu 23 € (déj. en sem.), 42/59 € bc – Carte 45/55 €

◆ Le jeune chef est passé par de grandes maisons et concocte une bien jolie cuisine de saison (menu renouvelé chaque mois). L'endroit est tout petit ; mieux vaut donc réserver !

Le Dôme Bastille
A/C VISA MC AE

2 r. de la Bastille Ⓜ *Bastille – ✆ 01 48 04 88 44 – Fermé 1er-21 août*

Rest – Carte 37/50 €

◆ Ce bistrot met à l'honneur des produits de la mer en arrivage direct. Décor signé Slavik ; le rez-de-chaussée est joliment éclairé par les grappes de raisin d'une simili-treille.

L'Osteria
VISA MC AE

10 r. Sévigné Ⓜ *St-Paul – ✆ 01 42 71 37 08 – Fermé dim.*

Rest – *(prévenir)* Menu 23 € (déj.) – Carte 35/90 €

◆ Une discrète trattoria appréciée par une clientèle fidèle et quelques vedettes (autographes et dessins aux murs)... Gnocchis, risotto : de belles spécialités maison.

Claude Colliot
A/C VISA MC

40 r. des Blancs Manteaux Ⓜ *Rambuteau – ✆ 01 42 71 55 45 – www.claudecolliot.com – Fermé août, dim. et lundi*

Rest – (24 €) Menu 29 € (déj. en sem.), 44/54 €

◆ Chez Claude Colliot, point d'énoncés pompeux, mais une cuisine de saison qui traite les excellents produits avec tous les égards... Léger, sain et savoureux. Le soir, réservez !

Les Fous de l'Île
A/C VISA MC AE

33 r. des Deux-Ponts Ⓜ *Pont Marie – ✆ 01 43 25 76 67 – www.lesfousdelile.com*

Rest – Menu 23 € (déj. en sem.)/39 € – Carte 23/39 €

◆ Au cœur de l'île St-Louis, un néobistrot qui fait rimer saveurs et bonne humeur. Chapeau aussi à la déco, entre casiers en bois et collection de poules. Régalé, mais pas plumé !

Isami
A/C VISA MC

4 quai d'Orléans Ⓜ *Pont Marie – ✆ 01 40 46 06 97 – Fermé août, vacances de Noël, dim. et lundi*

Rest – *(nombre de couverts limité, prévenir)* Carte 60/150 €

◆ Quelques tables, un comptoir... une sobriété toute nippone. Sushis, sashimis et autres makis : la maison fait la part belle au poisson extrafrais, livré quotidiennement.

PARIS

Suan Thaï
41 r. Ste-Croix-de-la-Bretonnerie Ⓜ *Rambuteau – ☏ 01 42 77 10 20*
Rest – (14 €) Menu 17 € (déj. en sem.), 28/38 € – Carte 35/60 €
◆ Ici, les cuisiniers sont tout droit venus de Thaïlande ! Saveurs authentiques et délicates, cadre sobrement exotique et prix sages : le lieu est prisé, pensez à réserver.

Ph. Gajic/MICHELIN

Quartier Latin · Jardin des Plantes · Mouffetard

5e arrondissement ✉ 75005

PARIS

Des Grands Hommes sans rest
17 pl. Panthéon Ⓜ *Luxembourg – ☏ 01 46 34 19 60 – www.hoteldesgrandshommes.com*
31 ch – †150/320 € ††160/320 € – ☕ 10 €
◆ Hôtel parfaitement entretenu et aménagé dans le style Directoire (meubles chinés). Nombreuses chambres avec vue sur le Panthéon ; balcons et terrasses aux 5e et 6e étages.

Select sans rest
1 pl. de la Sorbonne Ⓜ *Cluny la Sorbonne – ☏ 01 46 34 14 80 – www.selecthotel.fr*
66 ch ☕ – †165/390 € ††235/390 €
◆ Cet hôtel contemporain propose des chambres qui mélangent avec succès poutres apparentes et mobilier moderne. Bar et salons répartis autour d'un patio. Collection de cactus.

Panthéon sans rest
19 pl. Panthéon Ⓜ *Luxembourg – ☏ 01 43 54 32 95 – www.hoteldupantheon.com*
36 ch – †160/320 € ††160/320 € – ☕ 13 €
◆ Chambres de style cosy ou d'inspiration Louis XVI avec vue sur le dôme du "temple de la Renommée". Plaisant salon et salle des petits-déjeuners voûtée.

Relais St-Jacques sans rest
3 r. Abbé-de-l'Épée Ⓜ *Luxembourg – ☏ 01 53 73 26 00 – www.relais-saint-jacques.com*
22 ch – †169/349 € ††169/349 € – ☕ 17 €
◆ Chambres de styles variés (Directoire, Louis-Philippe, etc.), salle des petits-déjeuners sous verrière, salon Louis XV et bar 1925... Un inventaire (chic) à la Prévert !

Grand Hôtel St-Michel sans rest
19 r. Cujas Ⓜ *Luxembourg – ☏ 01 46 33 33 02 – www.grand-hotel-st-michel.com*
45 ch – †215/350 € ††215/350 € – 2 suites – ☕ 20 €
◆ Rénové en 2008, cet hôtel a fait le pari – réussi – du design et des harmonies de couleurs dans ses chambres confortables. Fitness, hammam et salles voûtées pour le petit-déjeuner.

Villa Panthéon sans rest
41 r. des Écoles Ⓜ Maubert Mutualité – ☏ 01 53 10 95 95 – www.leshotelsdeparis.com
59 ch – 🚹160/480 € 🚹🚹195/580 € – ☕ 15 €
◆ Parquet, tentures colorées et lampes d'inspiration Liberty... Cet hôtel est décoré dans un esprit écossais. Choix de whiskys au bar. Espace détente au patio.

Henri IV sans rest
9 r. St-Jacques Ⓜ St-Michel – ☏ 01 46 33 20 20 – www.henri4hotel.com
23 ch – 🚹159 € 🚹🚹185 € – ☕ 13 €
◆ Les sobres chambres de cet hôtel bien tenu donnent presque toutes sur le chevet de l'église St-Séverin. Tommettes, meubles anciens et cheminée font le charme du salon.

Jardin de Cluny sans rest
9 r. du Sommerard Ⓜ Maubert Mutualité – ☏ 01 43 54 22 66 – www.hoteljardindecluny.com
40 ch – 🚹139/199 € 🚹🚹139/239 € – ☕ 15 €
◆ Hôtel certifié Écolabel abritant des chambres joliment aménagées. Petits-déjeuners sous forme de buffet, servis dans une grande salle voûtée aux pierres apparentes.

Du Levant sans rest
18 r. de la Harpe Ⓜ St-Michel – ☏ 01 46 34 11 00 – www.hoteldulevant.com
47 ch ☕ – 🚹76/138 € 🚹🚹120/170 €
◆ Les chambres de cet hôtel bâti en 1875 sont hautes en couleurs : rouge, jaune, rose vifs aux murs. Emplacement idéal pour partir à la découverte de la capitale. Prix sages.

Royal St-Michel sans rest
3 bd St-Michel Ⓜ St-Michel – ☏ 01 44 07 06 06 – www.hotelroyalsaintmichel.com
39 ch – 🚹149/260 € 🚹🚹159/320 € – ☕ 15 €
◆ Face à la fontaine St-Michel : toute l'ambiance du Quartier latin est aux portes de cet hôtel chaleureux. Chambres au décor contemporain assez sobre.

Grandes Écoles sans rest
75 r. Cardinal-Lemoine Ⓜ Cardinal Lemoine – ☏ 01 43 26 79 23 – www.hotel-grandes-ecoles.com
51 ch – 🚹118/138 € 🚹🚹118/143 € – ☕ 9 €
◆ Ces trois maisons au charme bourgeois désuet (chambres sans TV) sont prisées pour leur tranquillité, en plein Quartier latin. L'été, petit-déjeuner servi au jardin.

Albe sans rest
1 r. Harpe Ⓜ St-Michel – ☏ 01 46 34 09 70 – www.albehotel.fr
43 ch – 🚹210/220 € 🚹🚹220/300 € – ☕ 12 €
◆ Plaisante décoration moderne dans cet hôtel proposant des chambres un peu petites, mais bien agencées et gaies. Quartier latin, île de la Cité... Paris est à vos pieds !

Agora St-Germain sans rest
42 r. Bernardins Ⓜ Maubert Mutualité – ☏ 01 46 34 13 00 – www.hotelagorasaintgermain.com
39 ch – 🚹175 € 🚹🚹195/225 € – ☕ 11 €
◆ Voisin de l'église St-Nicolas-du-Chardonnet, cet hôtel propose des chambres fonctionnelles, plus calmes côté cour. Charmante salle des petits-déjeuners (murs en pierre).

Minerve sans rest
13 r. des Écoles Ⓜ Maubert Mutualité – ☏ 01 43 26 26 04 – www.parishotelminerve.com
54 ch – 🚹99/145 € 🚹🚹129/185 € – ☕ 9 €
◆ Cet immeuble bâti en 1864 recèle un plaisant salon d'accueil (pierres apparentes et mobilier de style) et de petites chambres de caractère fort bien tenues.

PARIS

Le Petit Paris sans rest
214 r. St-Jacques Ⓜ Luxembourg – ✆ 01 53 10 29 29 – www.hotelpetitparis.com
20 ch – †240/360 € ††240/360 € – ☕ 12 €
◆ Design et ludique, pop et noble à la fois... Les chambres épousent avec raffinement l'époque médiévale, les seventies, les années 1920, les styles Louis XV ou Napoléon III, le tout en technicolor !

Sorbonne sans rest
6 r. Victor-Cousin Ⓜ Cluny La Sorbonne – ✆ 01 43 54 58 08 – www.hotelsorbonne.com
38 ch – †120/340 € ††130/350 € – ☕ 13 €
◆ Couleurs très vives ou aplats de noir profond, mobilier design ou fauteuils Louis XVI habillés d'imprimés flashy, hall gris brillant : le Sorbonne est entré dans le 21e s.

The Five sans rest
3 r. Flatters Ⓜ Gobelins – ✆ 01 43 31 74 21 – www.thefivehotel.com
23 ch – †168/202 € ††198/232 € – 1 suite – ☕ 15 €
◆ Five, comme le 5e et les cinq sens, d'où est né le concept de ce petit hôtel résolument design. Chambres calmes et très dépaysantes (couleur thématique, ambiance olfactive...).

St-Jacques sans rest
35 r. des Écoles Ⓜ Maubert Mutualité – ✆ 01 44 07 45 45 – www.paris-hotel-stjacques.com
36 ch – †89/121 € ††137/184 € – ☕ 13 €
◆ Ce petit hôtel familial propose des chambres traditionnelles, avec moulures au plafond et fresques originales. Les "deluxe" ont été joliment rénovées dans un style plus cossu.

Tour Notre-Dame sans rest
20 r. Sommerard Ⓜ Cluny la Sorbonne – ✆ 01 43 54 47 60 – www.tour-notre-dame.com
48 ch – †120/230 € ††130/250 € – ☕ 13 €
◆ Très bel emplacement pour cet hôtel qui jouxte le musée de Cluny. Petites chambres sobrement décorées ; celles sur l'arrière sont plus calmes.

St-Christophe sans rest
17 r. Lacépède Ⓜ Place Monge – ✆ 01 43 31 81 54 – www.saint-christophe-hotel.com
31 ch – †105/130 € ††115/150 € – ☕ 9 €
◆ Le naturaliste Lacépède a donné son nom à la rue, rappelant la proximité du Jardin des Plantes. Petites chambres d'esprit rustique.

Pierre Nicole sans rest
39 r. Pierre Nicole Ⓜ Port Royal – ✆ 01 43 54 76 86 – www.hotel-pierre-nicole.com – Fermé 1er-20 août
33 ch – †90 € ††115 € – ☕ 8 €
◆ L'enseigne rend hommage au moraliste de Port-Royal. Proche du Val-de-Grâce et du jardin du Luxembourg, cet hôtel simple propose des chambres fonctionnelles à prix sages.

La Tour d'Argent
15 quai de la Tournelle Ⓜ Maubert Mutualité – ✆ 01 43 54 23 31 – www.latourdargent.com – Fermé août, 13-28 fév., dim. et lundi
Rest – Menu 65 € (déj.)/160 € – Carte 250/300 €
Spéc. Quenelles de brochet André Terrail. Caneton "Tour d'Argent". Crêpes Belle Époque.
◆ Un panorama inoubliable – le chevet de Notre-Dame serti dans Paris ! – et une table de grande tradition, dont les classiques valent un musée de la gastronomie ; ainsi le mythique caneton de Challans... Service formel et élégant, à l'ancienne. Cave exceptionnelle !

XX **La Truffière**

4 r. Blainville Ⓜ Place Monge – ✆ 01 46 33 29 82 – www.latruffiere.com – Fermé 18-26 déc., dim. et lundi

Rest – (24 €) Menu 28 € (déj. en sem.), 38/115 € – Carte 60/140 €

◆ En plus de bons plats traditionnels, le chef propose une cuisine au goût du jour et quelques créations japonisantes. Cadre intime et rustique. Superbe carte des vins.

XX **Atelier Maître Albert**

1 r. Maître Albert Ⓜ Maubert Mutualité – ✆ 01 56 81 30 01 – www.ateliermaitrealbert.com – Fermé 1er-15 août, vacances de Noël, sam. midi et dim. midi

Rest – (23 €) Menu 32 € (dîner) – Carte 40/59 € le soir

◆ Une jolie cheminée médiévale et des rôtissoires (viandes à la broche) trônent dans ce bel intérieur design signé J.-M. Wilmotte. Alléchante carte pensée par Guy Savoy.

XX **Mavrommatis**

42 r. Daubenton Ⓜ Censier Daubenton – ✆ 01 43 31 17 17 – www.mavrommatis.fr – Fermé dim. soir, mardi midi, merc. midi, jeudi midi et lundi

Rest – (22 €) Menu 35 € bc/48 € – Carte 41/53 €

◆ L'ambassade de la cuisine grecque à Paris. Pas de folklore mais un cadre sobre, élégant et confortable où l'accueil se montre attentionné. Terrasse d'été bordée d'oliviers.

XX **Marty**

20 av. des Gobelins Ⓜ Les Gobelins – ✆ 01 43 31 39 51 – www.marty-restaurant.com – Fermé août

Rest – Menu 36 € – Carte 40/90 €

◆ Une institution des Gobelins que cette brasserie au décor années 1930. À la carte, on retrouve les plats traditionnels et les incontournables produits de la mer.

X **Moissonnier**

28 r. des Fossés-St-Bernard Ⓜ Jussieu – ✆ 01 43 29 87 65 – Fermé août, dim. et lundi

Rest – Carte 29/57 €

◆ Le décor de ce bistrot a résisté à toutes les modes : zinc rutilant, murs patinés, banquettes... Cuisine lyonnaise qui s'aventure parfois jusqu'au terroir franc-comtois.

X **L'A.O.C.**

14 r. des Fossés St-Bernard Ⓜ Maubert Mutualité – ✆ 01 43 54 22 52 – www.restoaoc.com – Fermé 31 juil. -16 août

Rest – (21 €) Menu 29 € – Carte 30/52 €

◆ Une adresse pour les amateurs de viandes, toutes d'origine contrôlée et portées à maturation par le propriétaire lui-même. Rôtissoire à l'entrée et ambiance bistrot sans chichi.

X **Chez René**

soir,

14 bd St-Germain Ⓜ Maubert Mutualité – ✆ 01 43 54 30 23 – Fermé août, 24 déc.-1er janv., dim. et lundi

Rest – Carte 30/65 €

◆ Dans le décor comme sur la carte, tout fleure bon le bistrot. Cette institution sert depuis longtemps une goûteuse cuisine traditionnelle. L'équipe est fidèle, la clientèle aussi.

X **Au Moulin à Vent**

20 r. des Fossés-St-Bernard Ⓜ Jussieu – ✆ 01 43 54 99 37 – www.au-moulinavent.com – Fermé août, 24 déc.-4 janv., sam. midi, dim. et lundi

Rest – (29 €) Carte 45/75 €

◆ Depuis 1946, rien n'a changé dans ce bistrot parisien : le joli décor rétro s'est patiné avec les ans et la cuisine traditionnelle s'est enrichie de spécialités de viandes.

PARIS

Les Papilles

30 r. Gay-Lussac Ⓜ Luxembourg – ✆ 01 43 25 20 79 – www.lespapillesparis.com – Fermé 20-30 mars, 20 juil.-20 août, vacances de Noël, dim. et lundi

Rest – (26 €) Menu 31 € – Carte 35/50 € le midi

◆ Bistrot, cave et épicerie : dans cette sympathique adresse, on déguste une cuisine bistrotière entre casiers à vins et étagères garnies de conserves. Menu unique le soir.

Ribouldingue

10 r. St-Julien-le-Pauvre Ⓜ Maubert Mutualité – ✆ 01 46 33 98 80 – Fermé 1 sem. au printemps, 8-31 août, 27 déc.-4 janv., dim. et lundi

Rest – (26 €) Menu 32 €

◆ Osé, ce sympathique bistrot d'abats ravit les amateurs de "canailleries" (groins, tétines, cervelles, langues...), mais pense aussi aux autres (nombreux plats classiques).

Les Délices d'Aphrodite

4 r. Candolle Ⓜ Censier Daubenton – ✆ 01 43 31 40 39 – www.mavrommatis.fr

Rest – (20 €) Carte 31/45 €

◆ Cette taverne conviviale régale de spécialités grecques aux parfums ensoleillés. Photos de paysages locaux, lierre dégringolant du plafond... Un avant-goût de vacances !

Coco de Mer

34 bd St-Marcel Ⓜ St-Marcel – ✆ 01 47 07 06 64 – www.cocodemer.fr – Fermé 2 sem. en août, lundi midi et dim.

Rest – Menu 30 € – Carte 23/36 €

◆ Lassé par la grisaille ? Direction les Seychelles : ti-punch pieds nus dans le sable fin de la véranda et recettes des îles d'où l'on fait venir du poisson chaque semaine.

Petit Pontoise

9 r. Pontoise Ⓜ Maubert Mutualité – ✆ 01 43 29 25 20

Rest – Carte 35/53 €

◆ À deux pas des quais de la Seine et de Notre-Dame, bistrot de quartier décoré dans le style des années 1950. Tables serrées et plats classiques proposés à l'ardoise.

L'Agrume

15 r. des Fossés-St-Marcel Ⓜ St-Marcel – ✆ 01 43 31 86 48 – Fermé août, dim. et lundi

Rest – (17 €) Menu 37 € (dîner) – Carte 40/50 €

◆ Ici, on mise sur les saisons, la fraîcheur (le poisson vient de Bretagne et les primeurs des meilleures adresses) et une exécution simple et précise. Un bon bistrot de chef !

Lhassa

13 r. Montagne-Ste-Geneviève Ⓜ Maubert Mutualité – ✆ 01 43 26 22 19 – Fermé lundi

Rest – (10 €) Menu 15/21 € – Carte 18/28 €

◆ Ce petit restaurant est entièrement dédié au Tibet : tissus colorés, objets artisanaux, photos du dalaï-lama et bons plats parfumés des hauts plateaux tibétains. Accueil tout sourire.

Bibimbap

32 bd de l'Hôpital Ⓜ Gare d'Austerlitz – ✆ 01 43 31 27 42 – www.bibimbap.fr

Rest – (12 €) Menu 26/39 €

◆ Une adresse coréenne simple, sur la forme comme sur le fond. Cuisine typique servie dans un décor qui n'a rien d'exotique mais repose sur la sobriété et l'effet d'espace.

S. Sauvignier/MICHELIN

St-Germain-des-Prés · Odéon · Jardin du Luxembourg

6e arrondissement

✉ 75006

Lutetia

rest,

45 bd Raspail Ⓜ *Sèvres Babylone* – ✆ *01 49 54 46 46* – *www.lutetia-paris.com*

231 ch – 600/850 € 600/850 € – 11 suites – 26 €

Rest ***Paris*** – voir ci-après

Rest ***Brasserie Lutetia*** – ✆ 01 49 54 46 76 – Menu 35 € (déj.), 42/50 € bc – Carte 54/73 €

◆ Témoin de l'histoire et des arts, ce palace de la rive gauche édifié en 1910 conjugue style Art déco et éléments contemporains (sculptures de César, Arman…). Chambres plus ou moins récentes. Le Tout-Paris se retrouve à la Brasserie dans une ambiance traditionnelle. Soirées jazz.

PARIS

Victoria Palace sans rest

6 r. Blaise-Desgoffe Ⓜ *St-Placide* – ✆ *01 45 49 70 00* – *www.victoriapalace.com*

58 ch – 284/378 € 284/378 € – 4 suites

◆ Petit palace au charme indéniable : tissus choisis, mobilier Louis XVI et salles de bains en marbre dans les chambres ; tableaux, velours rouge et porcelaines dans les salons.

L'Hôtel

13 r. des Beaux-Arts Ⓜ *St-Germain des Prés* – ✆ *01 44 41 99 00* – *www.l-hotel.com*

20 ch – 280/740 € 280/740 € – 4 suites – 16 €

Rest ***Le Restaurant*** – voir ci-après

◆ "L'Hôtel", où s'éteignit Oscar Wilde laissant une facture impayée, arbore un vertigineux puits de lumière et un décor exubérant signé Garcia (baroque, Empire, Orient).

Le Six sans rest

14 r. Stanislas Ⓜ *Notre-Dame des Champs* – ✆ *01 42 22 00 75* – *www.hotel-le-six.com*

37 ch – 199/450 € 209/450 € – 4 suites – 22 €

◆ Hôtel contemporain entre Luxembourg, St-Germain-des-Prés et Montparnasse. Spacieuses chambres, tons chauds et photos des légendes du quartier ; petit spa bien aménagé.

D'Aubusson sans rest

33 r. Dauphine Ⓜ *Odéon* – ✆ *01 43 29 43 43* – *www.hoteldaubusson.com*

49 ch – 255/625 € 275/625 € – 25 €

◆ Hôtel particulier (17e s.) de caractère : élégantes chambres rénovées, parquets Versailles, tapisseries d'Aubusson... et, en fin de semaine, soirées jazz au Café Laurent.

Esprit St-Germain sans rest

22 r. St-Sulpice Ⓜ *Mabillon* – ✆ *01 53 10 55 55* – *www.espritsaintgermain.com*

28 ch – 330/810 € 330/810 € – 5 suites – 28 €

◆ Chambres élégantes et contemporaines mariant coloris sobres et motifs léopard, tableaux et meubles modernes, murs en ardoise, poutres anciennes... Très actuel et intime.

L'Abbaye sans rest

10 r. Cassette Ⓜ *St-Sulpice* – ✆ *01 45 44 38 11* – *www.hotel-abbaye.com*

40 ch – 260/270 € 380/395 € – 4 suites

◆ Un hôtel d'un charme rare... Ancien couvent du 18e s., il abrite des chambres très raffinées, lumineuses et classiques, au grand calme sur la cour-jardin. Service méticuleux.

Relais Christine sans rest

3 r. Christine Ⓜ *St-Michel* – *01 40 51 60 80*
– *www.relais-christine.com*
51 ch – 310/930 € 310/930 € – 30 €
◆ On prend son petit-déjeuner sous des voûtes du 13e s. dans cet hôtel particulier bâti sur des vestiges médiévaux. Belle cour pavée, espace fitness et chambres de caractère.

Relais St-Germain

9 carr. de l'Odéon Ⓜ *Odéon* – *01 44 27 07 97*
– *www.hotelrsg.com*
22 ch – 180/220 € 230/440 €
Rest *Le Comptoir du Relais* – voir ci-après
◆ Trois immeubles du 17e s. constituent cet hôtel raffiné. Poutres patinées, étoffes chatoyantes et meubles anciens participent au plaisant cachet des chambres.

Bel Ami St-Germain des Prés sans rest

7 r. St-Benoit Ⓜ *St-Germain des Prés* – *01 42 61 53 53*
– *www.hotel-bel-ami.com*
106 ch – 260/550 € 260/550 € – 4 suites – 25 €
◆ Rien à voir avec le roman de Maupassant. On est bien dans un immeuble 19e s., mais résolument ancré dans notre temps : luxe minimaliste contemporain et high-tech. Espace détente.

Pas de Calais sans rest

59 r. des Saints-Pères Ⓜ *St-Germain des Prés* – *01 45 48 78 74*
– *www.hotelpasdecalais.com*
38 ch – 150/165 € 165/320 € – 15 €
◆ Le hall de l'hôtel surprend avec sa verrière zénithale et son mur végétal (orchidées). Jolies chambres personnalisées ; poutres apparentes au dernier étage. Tenue sérieuse.

Madison sans rest

143 bd St-Germain Ⓜ *St-Germain des Prés* – *01 40 51 60 00*
– *www.hotel-madison.com*
50 ch – 220/550 € 220/550 €
◆ Camus aimait fréquenter cet établissement. Chambres élégantes, classiques aux premiers étages, revues dans un style actuel et cosy aux derniers ; certaines ont vue sur l'église.

Left Bank St-Germain sans rest

9 r. de l'Ancienne Comédie Ⓜ *Odéon* – *01 43 54 01 70*
– *www.paris-hotels-charm.com*
31 ch – 130/280 € 140/290 €
◆ Aux amateurs de bel ancien, cet hôtel offre meubles massifs de style Louis XIII, tapisseries d'Aubusson, damas et colombages... Quelques chambres ouvrent une échappée sur Notre-Dame.

La Villa d'Estrées et Résidence des Arts sans rest

17 r. Gît le Coeur Ⓜ *St-Michel* – *01 55 42 71 11*
– *www.villadestrees.com*
21 ch – 155/275 € 155/295 € – 12 €
◆ Le style Napoléon III, revisité par un disciple de Jacques Garcia, imprègne chaque détail du décor de ces deux bâtiments. Chambres ou appartements, cosy et bien équipés.

La Villa St-Germain sans rest

29 r. Jacob Ⓜ *St-Germain des Prés* – *01 43 26 60 00*
– *www.villa-saintgermain.com*
31 ch – 195/470 € 195/470 € – 22 €
◆ Derrière une façade 19e s., son décor épuré ravit les amateurs de chic contemporain : mobilier en wengé, étoffes précieuses et lumières douces au programme.

PARIS

Le Sénat sans rest
10 r. de Vaugirard Ⓜ Luxembourg – ✆ 01 43 54 54 54 – www.hotelsenat.com
35 ch – †170/300 € ††170/300 € – 6 suites – ☕ 17 €
◆ De cet hôtel, la devanture noire annonce le style : chic, discret et dans l'air du temps. Les chambres, élégantes, sont bien agréables. Petit-déjeuner buffet de qualité.

Ste-Beuve sans rest
9 r. Ste-Beuve Ⓜ Notre-Dame des Champs – ✆ 01 45 48 20 07 – www.parishotelcharme.com
22 ch – †159/255 € ††159/365 € – ☕ 15 €
◆ L'endroit, par son atmosphère intime, ressemble à une maison particulière. Chambres harmonieusement rénovées, ponctuées de touches raffinées ; salles de bain en noir et blanc.

Millésime sans rest
15 r. Jacob Ⓜ St-Germain des Prés – ✆ 01 44 07 97 97 – www.millesimehotel.com
21 ch – †195/225 € ††195/225 € – ☕ 16 €
◆ Tons ensoleillés, mobilier et tissus choisis apportent une note chaleureuse aux ravissantes chambres proposées ici. Bel escalier du 17e s., patio et jolie salle voûtée.

Au Manoir St-Germain-des-Prés sans rest
153 bd St-Germain Ⓜ St-Germain des Prés – ✆ 01 42 22 21 65 – www.paris-hotels-charm.com
28 ch ☕ – †170/330 € ††170/330 €
◆ Face au Flore et à l'église millénaire, cet hôtel rénové en 2008 a conservé tout son charme : boiseries, mobilier ancien, confort bourgeois. Optez pour une chambre avec vue !

Buci sans rest
22 r. Buci Ⓜ Mabillon – ✆ 01 55 42 74 74 – www.buci-hotel.com
24 ch ☕ – †207/385 € ††207/570 €
◆ Situation idéale au cœur de St-Germain-des-Prés pour cet hôtel intimiste. Chambres stylées (ciels de lit, meubles anglais), quelques-unes rénovées de façon plus contemporaine.

Récamier sans rest
3 bis r. St-Sulpice Ⓜ St-Sulpice – ✆ 01 43 26 04 89 – www.hotelrecamier.com
24 ch – †255/430 € ††255/430 € – ☕ 18 €
◆ Une rénovation remarquable a transmué cette ancienne pension de famille : décors soignés (différents styles 20e s.), équipements high-tech… Chic et exclusif, place St-Sulpice.

Des Académies et des Arts sans rest
15 r. de la Grande-Chaumière Ⓜ Vavin – ✆ 01 43 26 66 44 – www.hoteldesacademies.com
20 ch – †189/314 € ††189/314 € – ☕ 16 €
◆ Corps blancs peints de Jérôme Mesnager et sculptures de Sophie de Watrigant investissent les murs de cet hôtel dédié à la création. Chambres dans l'air du temps très soignées.

Relais Médicis sans rest
23 r. Racine Ⓜ Odéon – ✆ 01 43 26 00 60 – www.relaismedicis.com
16 ch ☕ – †142/172 € ††172/258 €
◆ Des touches provençales et féminines égayent les chambres de cet hôtel proche de l'Odéon ; celles situées côté patio offrent plus de calme. Meubles chinés chez les antiquaires.

PARIS

Artus sans rest

34 r. de Buci Mabillon – 01 43 29 07 20 – www.artushotel.com

27 ch – 199/285 € 199/415 €

◆ Captant l'air du temps, cet hôtel apporte sa touche intimiste : chambres modernes ornées d'antiquités, bar design, œuvres des galeries voisines exposées. Généreux petit-déjeuner.

De Fleurie sans rest

32 r. Grégoire-de-Tours Odéon – 01 53 73 70 00 – www.hotel-de-fleurie.fr

29 ch – 135/215 € 155/320 € – 13 €

◆ Pimpante façade du 18e s. ornée de statues. Chambres bourgeoises aux tonalités douces (boiseries chaleureuses), calmes sur la cour comme sur la rue, peu passante.

Prince de Conti sans rest

8 r. Guénégaud Odéon – 01 44 07 30 40 – www.prince-de-conti.com

26 ch – 160/336 € 160/336 € – 13 €

◆ Immeuble du 18e s. jouxtant l'hôtel de la Monnaie : charmant salon transformé en cabinet de curiosités, chambres raffinées et duplex lumineux décorés d'objets précieux.

PARIS

Clos Médicis sans rest

56 r. Monsieur-Le-Prince Odéon – 01 43 29 10 80 – www.hotelclosmedicisparis.com

37 ch – 150/300 € 185/300 € – 1 suite – 13 €

◆ À quelques pas du jardin du Luxembourg, cet hôtel de 1773 invite à la détente dans un intérieur élégant et sobre, mêlant tons chauds, lumières douces et détails soignés.

De Sèvres sans rest

22 r. Abbé-Grégoire St-Placide – 01 45 48 84 07 – www.hoteldesevres.com

31 ch – 99/139 € 115/195 € – 13 €

◆ Hôtel au décor contemporain, voisin du Bon Marché. La salle des petits-déjeuners donne sur une courette fleurie. Expositions temporaires au salon. Espace détente "La Bulle".

Odéon St-Germain sans rest

13 r. St-Sulpice Odéon – 01 43 25 70 11 – www.hotelosg.com

27 ch – 137/480 € 149/480 € – 14 €

◆ Murs du 16e s. mais décor intemporel signé Jacques Garcia : tentures de soie sauvage, mobilier opulent, ciels de lit damassés, ambiances feutrées... Confort et charme indéniables.

Prince de Condé sans rest

39 r. de Seine Mabillon – 01 43 26 71 56 – www.prince-de-conde.com

11 ch – 165/336 € 165/336 € – 13 €

◆ Dans le périmètre des galeries de peintures, un hôtel intime : chambres cosy au cachet renforcé par la présence de murs en pierre, belle cave voûtée, salon-bibliothèque.

Régent sans rest

61 r. Dauphine Odéon – 01 46 34 59 80 – www.hotelleregent.com

24 ch – 175/250 € 175/250 € – 18 €

◆ Façade longiligne datant de 1769. Les chambres sont feutrées et bien équipées. La salle des petits-déjeuners, en sous-sol, ne manque pas de charme avec ses pierres apparentes.

Mayet sans rest

3 r. Mayet Duroc – 01 47 83 21 35 – www.mayet.com – Fermé août et vacances de Noël

23 ch – 100/170 € 130/170 €

◆ Petit hôtel avenant proche du métro Duroc : chambres simples à la déco d'aujourd'hui (murs bordeaux et gris), salle des petits-déjeuners très colorée et accueil tout sourire.

Le Clément sans rest

6 r. Clément Mabillon – 01 43 26 53 60 – www.hotel-clement.fr

28 ch – 129/170 € 129/170 € – 11 €

◆ Face au marché St-Germain, une élégante façade grise marque l'entrée de cet hôtel, dans la même famille depuis trois générations. Chambres bien tenues, à prix raisonnables.

Paris – Hôtel Lutetia

45 bd Raspail Sèvres Babylone – 01 49 54 46 90 – www.lutetia-paris.com – Fermé août, sam., dim. et fériés

Rest – Menu 60 € bc (déj.), 80/130 € – Carte 60/160 €

Spéc. Foie gras en cannelloni à la truffe noire, artichaut aux noisettes (déc. à mars). Turbot de Bretagne cuit sur l'os, jeunes légumes à la dulce marine et à la laitue de mer. Le "Tout Chocolat" d'un gourmand de cacao.

◆ Fidèle au style de l'hôtel, la salle de restaurant Art déco, signée Sonia Rykiel, reproduit l'un des salons du paquebot Normandie. Talentueuse cuisine au goût du jour.

Relais Louis XIII (Manuel Martinez)

8 r. des Grands-Augustins Odéon – 01 43 26 75 96 – www.relaislouis13.com – Fermé août, dim. et lundi

Rest – Menu 50 € (déj.), 80/125 € – Carte 100/130 €

Spéc. Ravioli de homard breton, foie gras et crème de cèpes. Caneton challandais arrosé d'un jus d'orange au vieux vinaigre, cuisse en salade. Millefeuille, crème légère à la vanille Bourbon.

◆ Dans une maison du 16e s., trois intimes salles à manger de style Louis XIII où règnent balustres, tissus à rayures et pierres apparentes. Subtile cuisine classique.

Jacques Cagna

soir,

14 r. des Grands-Augustins St-Michel – 01 43 26 49 39 – www.jacques-cagna.com – Fermé 1er-26 août, lundi midi, sam. midi et dim.

Rest – Menu 45 € (déj.)/95 € – Carte 84/153 €

Spéc. Langoustines de l'Atlantique en croustillant, salade, purée d'avocat, chips d'artichaut. Noix de ris de veau cuite en croûte de pâte à sel au romarin, pomme Anna, épinards. Paris-brest au praliné à l'ancienne.

◆ Voici l'une des plus anciennes maisons de Paris. Belle salle à manger (poutres massives, boiseries du 16e s., tableaux flamands) propice à la dégustation de plats de tradition raffinés.

Hélène Darroze

4 r. d'Assas Sèvres Babylone – 01 42 22 00 11 – www.helenedarroze.com

Rest – *(1er étage) (fermé le midi du 20 juil. au 30 août, dim. et lundi)* Menu 52 € (déj.), 125/175 € bc

Spéc. Chipiron sauté au chorizo, riz carnaroli acquarello, noir et crémeux. Pigeonneau de Racan cuit au feu de bois, foie gras de canard des Landes grillé. Chocolat Caraïbes, tarte parfumée à la framboise (été).

Rest *Le Salon* – *(fermé 20 juil.-30 août, dim. et lundi)* (28 €) Menu 85/105 € bc

◆ Décor contemporain, feutré et tamisé (tons aubergine-orange) où l'on savoure une belle cuisine et des vins du Sud-Ouest. Au rez-de-chaussée, Hélène Darroze tient Salon, proposant tapas et petits plats au rustique accent des Landes.

Le Restaurant – Hôtel L'Hôtel

13 r. des Beaux-Arts St-Germain des Prés – 01 44 41 99 01 – www.l-hotel.com – Fermé août, 21-28 déc., dim. et lundi

Rest – (42 €) Menu 95/155 € bc – Carte 77/111 €

Spéc. Ravioles de cèpes (automne). Ris de veau. Le chocolat.

◆ À l'intérieur de "L'Hôtel", table baptisée "Le Restaurant" : décor signé Jacques Garcia et petite cour intérieure. Cuisine dans l'air du temps, démontrant un beau savoir-faire.

La Société

4 pl. St-Germain-des-Prés St-Germain des Prés – 01 53 63 60 60

Rest – Carte 50/100 €

◆ Les Costes ont ouvert en 2009 cet antre germanopratin stylé et glamour. Un vrai précis d'architecture intérieure et... un manuel de savoir-vivre en société. Cuisine actuelle.

XX **Sensing** ♿ A/C VISA MC AE

✿ *19 r. Bréa* Ⓜ *Vavin – ✆ 01 43 27 08 80 – www.restaurant-sensing.com – Fermé août, lundi midi et dim.*

Rest – Menu 55 € bc (déj.)/95 € – Carte 60/93 €

Spéc. Tourteau en carapace et écume, brioche noire au beurre d'algues. Saint-pierre snacké, jeunes légumes et cœur de salade. Fruits de saison poêlés, financier et sorbet du moment.

◆ Une cuisine fine et légère, très soignée, valorisant d'excellents produits ; un cadre dépouillé ultradesign : ce restaurant piloté par Guy Martin respire l'époque avec style.

XX **Bastide Odéon** A/C soir, VISA MC AE

7 r. Corneille Ⓜ *Odéon – ✆ 01 43 26 03 65 – www.bastide-odeon.com – Fermé 3-25 août, dim. et lundi*

Rest – (23 € bc) Menu 33/47 €

◆ Proche du Luxembourg, agréable et confortable salle à manger rappelant l'intérieur d'une bastide provençale. Salon à l'étage. Spécialités méditerranéennes.

XX **Fogón** (Juan Alberto Herráiz) A/C soir, VISA MC

✿ *45 quai des Grands Augustins* Ⓜ *St-Michel – ✆ 01 43 54 31 33 – www.fogon.fr – Fermé 15 août-7 sept., 23 déc.-7 janv., lundi et le midi sauf sam. et dim.*

Rest – Menu 48/55 € – Carte 40/55 €

Spéc. Tapas selon le marché. Riz en paella. Tapas sucrées.

◆ Cuisine espagnole (tapas, paellas) revisitée avec éclat et créativité, servie par une belle qualité des produits, et mise en scène dans un cadre design chic des plus tendance.

XX **Méditerranée** A/C VISA MC AE

2 pl. Odéon Ⓜ *Odéon – ✆ 01 43 26 02 30 – www.la-mediterranee.com – Fermé 24-31 déc.*

Rest – Menu 26/30 € – Carte 52/65 €

◆ Rendez-vous avec la grande bleue face au théâtre de l'Odéon : salles à manger agrémentées de fresques évoquant la Méditerranée et cuisine de la mer à la mode du Sud.

XX **Alcazar** ♿ A/C VISA MC AE

62 r. Mazarine Ⓜ *Odéon – ✆ 01 53 10 19 99 – www.alcazar.fr - www.blogalcazar.fr*

Rest – (20 € bc) Menu 40 € (dîner) – Carte 40/60 €

◆ L'adresse de Sir Conran attire les adeptes d'ambiance électro-chic et de goûts dans l'air du temps. Verrière, mezzanine et vue sur les cuisines créent la personnalité du lieu.

XX **Caméléon d'Arabian** VISA MC AE

6 r. Chevreuse Ⓜ *Vavin – ✆ 01 43 27 43 27 – www.cameleonjeanpaularabianparis.com – Fermé dim.*

Rest – (22 €) Menu 26 € (déj.)/45 € – Carte 46/74 €

◆ Bistrot moderne au cadre sobre et confortable (banquettes en velours, tables en bois verni, vue sur les fourneaux) ; cuisine de tradition avec, en vedette, le foie de veau.

XX **Les Bouquinistes** A/C VISA MC AE

53 quai des Grands-Augustins Ⓜ *St-Michel – ✆ 01 43 25 45 94 – www.guysavoy.com – Fermé 5-23 août, 23 déc.-5 janv., sam. midi et dim.*

Rest – (26 € bc) Menu 29 € (déj.)/75 € – Carte 45/70 €

◆ Face aux bouquinistes des quais, une cuisine originale dans un cadre moderniste conçu par le jazzman D. Humair : mobilier design, lampes colorées et peintures abstraites.

XX **Yugaraj** A/C VISA MC AE

14 r. Dauphine Ⓜ *Odéon – ✆ 01 43 26 44 91 – Fermé août, lundi midi et jeudi midi*

Rest – (19 €) Menu 28/66 € – Carte 40/60 €

◆ Dépaysement assuré dans ce haut lieu de la gastronomie indienne (boiseries, soieries, objets anciens, etc.). Large choix de spécialités à la carte.

Emporio Armani Caffé

149 bd St-Germain Ⓜ *St-Germain des Prés – ✆ 01 45 48 62 15*

Rest – (35 €) Carte 38/87 €

◆ Au premier étage de la boutique de mode, un "caffé" à l'italienne chic et confortable. Clientèle "rive gauche" et cuisine transalpine à base de beaux produits frais.

Ze Kitchen Galerie (William Ledeuil)

4 r. des Grands-Augustins Ⓜ *St-Michel – ✆ 01 44 32 00 32 – www.zekitchengalerie.fr – Fermé sam. midi et dim.*

Rest – (27 € bc) Menu 39 € bc (déj.)/76 € – Carte environ 68 € le soir

Spéc. Crabe d'Alaska aux herbes thaïes, gaspacho de tomate cœur de bœuf (été). Plats à la plancha. Glace chocolat blanc, wasabi, condiment pistache et fraise.

◆ Séduisante carte fusion influencée par l'Asie, cadre épuré aux airs de loft, tableaux contemporains, vue sur les cuisines : Ze Kitchen est "Ze" adresse trendy de la rive gauche.

Allard

1 r. de l'Éperon Ⓜ *St-Michel – ✆ 01 43 26 48 23 – Fermé dim. et lundi en août*

Rest – (22 €) Menu 30/34 € – Carte 35/70 €

◆ On pénètre par la cuisine dans cette institution bistrotière : décor 1900 dans son jus (zinc, gravures, banquettes) et menus généreux, ponctués de spécialités régionales.

La Rotonde

105 bd Montparnasse Ⓜ *Vavin – ✆ 01 43 26 68 84*

Rest – (19 € bc) Menu 38 € – Carte 35/68 €

◆ Lisez au verso de la carte l'histoire de cette brasserie parisienne typique qui a reçu, depuis 1903, tant d'hôtes célèbres... Adresse idéale pour souper après le théâtre.

Toyo

17 r. Jules Chaplain Ⓜ *Vavin – ✆ 01 43 54 28 03 – Fermé août, dim. et lundi*

Rest – Menu 35 € (déj.), 55/75 €

◆ Dans une autre vie, Toyo Nakanama occupait un poste à responsabilité dans une célèbre maison de haute couture japonaise ; aujourd'hui, il excelle dans l'art d'assembler les saveurs et les textures, entre France et Asie. Frais et fin.

KGB

25 r. des Grands-Augustins Ⓜ *St-Michel – ✆ 01 46 33 00 85 – Fermé 1er-23 août, dim. et lundi*

Rest – Menu 27 € bc (déj. en sem.), 34/60 € – Carte 52/61 € le soir

◆ KGB pour Kitchen Gallery Bis : même esprit galerie d'art qu'à la maison mère, et même manière d'assaisonner la cuisine française aux herbes et racines asiatiques. Un bébé bien né.

L'Épi Dupin

11 r. Dupin Ⓜ *Sèvres Babylone – ✆ 01 42 22 64 56 – www.epidupin.com – Fermé 1er-24 août, lundi midi, sam. et dim.*

Rest – *(nombre de couverts limité, prévenir)* (22 €) Menu 33 €

◆ Pierres, colombages et poutres : un cadre convivial, pour une délicieuse cuisine qui revisite la tradition. Ce restaurant de poche a conquis le quartier du Bon Marché !

Yen

22 r. St-Benoît Ⓜ *St-Germain-des-Prés – ✆ 01 45 44 11 18 – Fermé 2 sem. en août et dim.*

Rest – (38 €) Menu 68 € (dîner) – Carte 35/70 €

◆ Deux salles à manger au décor japonais très épuré, un peu plus chaleureux à l'étage. La carte fait la part belle à la spécialité du chef : le soba (nouilles de sarrasin).

Le Carré de Marguerite

87 r. d'Assas Ⓜ Port Royal – ✆ 01 43 26 33 61 – www.lecarredemarguerite.fr – Fermé sam. midi, dim. et lundi

Rest – (19 €) Menu 22 € (déj.)/36 €

◆ Il y flotte un air de maison de famille qui met tout de suite à l'aise (meubles chinés, étagères garnies façon épicerie, bibelots). Menu du marché évoluant chaque jour.

La Maison du Jardin

27 r. Vaugirard Ⓜ Rennes – ✆ 01 45 48 22 31 – Fermé 1er-24 août, sam. midi, dim. et fériés

Rest – *(prévenir)* (26 €) Menu 31 €

◆ À deux pas du Luxembourg, ce bistrot explore la tradition avec bonté et simplicité : terrine maison, soupe de saison, mousse au chocolat... Bouteilles à prix sages.

Wadja

10 r. Grande-Chaumière Ⓜ Vavin – ✆ 01 46 33 02 02 – Fermé 6-25 août, sam. midi et dim.

Rest – (15 €) Menu 18 € – Carte 38/46 €

◆ Décor bistrot affirmé (tables serrées, zinc, miroirs, banquettes, lithographies dans l'esprit montparnassien des années 1930, etc.) et appétissante cuisine de saison.

Fish La Boissonnerie

69 r. de Seine Ⓜ Odéon – ✆ 01 43 54 34 69 – Fermé 1 sem. en août, 21 déc.-2 janv. et lundi

Rest – (13 €) Menu 26 € (déj.)/35 €

◆ D'un P devenu B sur sa façade mosaïquée, cette ex-poissonnerie est devenue un chaleureux gastropub. Cuisine de bistrot évoluant au gré du marché. Pas de réservation après 20h30.

Shu

8 r. Suger Ⓜ St-Michel – ✆ 01 46 34 25 88 – www.restaurant-shu.com – Fermé 2 sem. en août, vacances de Pâques et dim.

Rest – *(dîner seult) (nombre de couverts limité, prévenir)* Menu 38/56 €

◆ Table nippone dans une cave ancienne du quartier St-Michel. Qualité des produits et maîtrise technique distinguent le chef japonais, maître ès kushiage (petites brochettes frites).

Rôtisserie d'en Face

2 r. Christine Ⓜ Odéon – ✆ 01 43 26 40 98 – www.jacques-cagna.com – Fermé sam. midi et dim.

Rest – (23 €) Menu 37 € (déj.)/40 € – Carte 37/63 €

◆ En face de quoi ? Du restaurant de Jacques Cagna qui a créé ici un sympathique bistrot de chef (rôtisserie). Cadre aux tons ocre, sobrement élégant. Atmosphère décontractée.

La Marlotte

55 r. du Cherche-Midi Ⓜ St-Placide – ✆ 01 45 48 86 79 – www.lamarlotte.com – Fermé 15-21 août

Rest – (22 € bc) Menu 32 € – Carte 31/51 €

◆ Près du Bon Marché, sympathique bistrot de quartier où l'on croise éditeurs et politiciens. Salle des repas tout en longueur, décor rustique et cuisine traditionnelle.

Le Cherche Midi

22 r. du Cherche-Midi Ⓜ Sèvres Babylone – ✆ 01 45 48 27 44 – www.lecherchemidi.fr

Rest – *(nombre de couverts limité, prévenir)* Carte 35/55 €

◆ Un authentique bistrot italien ! Pâtes fraîches maison et superbes charcuteries : jambon de Parme (affiné plus de 30 mois), mortadelle, bresaola... Quant à la mozzarella, bien crémeuse, elle arrive par avion deux à trois fois par semaine !

Le Comptoir du Relais – Hôtel Relais St-Germain

5 carr. de l'Odéon Ⓜ Odéon – ✆ 01 44 27 07 97 – www.hotelrsg.com

Rest – *(nombre de couverts limité, prévenir)* Menu 50 € (dîner en sem.) – Carte 40/70 €

◆ Dans ce sympathique bistrot de poche, Yves Camdeborde régale ses clients d'une généreuse cuisine traditionnelle (produits du Sud-Ouest). Authentique décor des années 1930.

PARIS

Azabu
3 r. A. Mazet Ⓜ Odéon – ✆ 01 46 33 72 05 – www.azabu-paris.com – Fermé 1er-16 août, dim. midi et lundi
Rest – (19 €) Menu 39/59 € – Carte 39/62 €
◆ Bonne cuisine japonaise actuelle servie dans un décor sobre et contemporain, à table ou au comptoir, face au teppanyaki (table de cuisson).

Le Bistrot de L'Alycastre
2 r. Clément Ⓜ Mabillon – ✆ 01 43 25 77 66 – Fermé 10-30 août, vacances de fév., dim. midi, lundi midi et mardi midi
Rest – Carte 40/60 €
◆ Face au marché St-Germain, un bistrot chic repris par un chef passionné. Pour preuve, sa cuisine actuelle, simple et savoureuse, et la qualité du service. Terrasse prisée.

L'Altro
16 r. du Dragon Ⓜ St-Germain des Prés – ✆ 01 45 48 49 49 – www.laltro.fr – Fermé 14-23 août, 21-27 déc., dim. et lundi
Rest – (17 €) Menu 22 € (déj. en sem.) – Carte 30/60 €
◆ L'Italie sur une assiette, dans un décor mi-bistrot, mi-loft new-yorkais (banquettes noires, carrelage blanc aux murs, cuisines vitrées). Ambiance décontractée et branchée.

PARIS

Le Timbre
3 r. Ste-Beuve Ⓜ Notre-Dame des Champs – ✆ 01 45 49 10 40 – www.restaurantletimbre.com – Fermé 1er-7 mai, 23 juil.-24 août, vacances de Noël, dim. et lundi
Rest – *(nombre de couverts limité, prévenir)* (22 €) Menu 26 € (déj.)/30 € – Carte 32/45 € le soir
◆ On se bouscule dans ce sympathique petit bistrot, grand comme un timbre-poste. L'ardoise affiche les propositions du jour, réalisées sous vos yeux par un jeune chef britannique.

Tsukizi
2bis r. des Ciseaux Ⓜ St-Germain des Prés – ✆ 01 43 54 65 19 – Fermé 1er-22 août, 26 déc.-9 janv., dim. midi et lundi
Rest – (17 €) Carte 20/50 €
◆ Comme au Japon, installez-vous au comptoir de la petite salle, plutôt modeste, de ce restaurant traditionnel. Le chef prépare sous vos yeux sushis et autres spécialités nippones.

S. Sauvignier/MICHELIN

Tour Eiffel · École Militaire · Invalides

7e arrondissement ✉ 75007

Duc de St-Simon sans rest
14 r. St-Simon Ⓜ Rue du Bac – ✆ 01 44 39 20 20 – www.hotelducdesaintsimon.com
29 ch – †250/290 € ††250/290 € – 5 suites – ☕ 15 €
◆ Tentures, boiseries, objets et meubles anciens : l'atmosphère est celle d'une belle demeure bourgeoise d'autrefois. Accueil courtois et quiétude ajoutent à la qualité du lieu.

K+K Hotel Cayré sans rest
4 bd Raspail Ⓜ Rue du Bac – ✆ 01 45 44 38 88 – www.kkhotels.com/cayre
125 ch – 250/435 € 290/465 € – 27 €
◆ La façade haussmannienne contraste avec les salons et les élégantes chambres d'esprit contemporain. Au sous-sol, espace remise en forme avec sauna et salle de massage.

Montalembert
3 r. Montalembert Ⓜ Rue du Bac – ✆ 01 45 49 68 68 – www.montalembert.com
52 ch – 240/650 € 240/650 € – 4 suites – 24 € **Rest** – Carte 45/75 €
◆ Bois sombres, objets design, coloris taupe, prune, brun, etc. : les chambres réunissent tous les ingrédients de la contemporanéité (une douzaine demeure de style Louis-Philippe). Restaurant au cadre moderne, avec terrasse sur la rue.

Pont Royal sans rest
7 r. Montalembert Ⓜ Rue du Bac – ✆ 01 42 84 70 00
– www.hotel-pont-royal.com
65 ch – 420/560 € 420/560 € – 10 suites – 27 €
◆ Tout l'esprit rive gauche... Un décor chic et plaisant, sans ostentation, pour vivre la bohème germanopratine tout en appréciant le confort d'un "Hôtel littéraire" historique.

PARIS

Le Bellechasse sans rest
8 r. de Bellechasse Ⓜ Musée d'Orsay – ✆ 01 45 50 22 31
– www.lebellechasse.com
34 ch – 220/390 € 220/390 € – 21 €
◆ Hôtel griffé Christian Lacroix. Le créateur a signé des chambres design aux touches colorées, anciennes ou contemporaines, souvent oniriques : un "voyage dans le voyage"... très mode !

D'Orsay sans rest
93 r. de Lille Ⓜ Solférino – ✆ 01 47 05 85 54 – www.espritdefrance.com
40 ch – 145/180 € 165/380 € – 1 suite – 15 €
◆ L'hôtel occupe deux immeubles de la fin du 18e s. Jolies chambres assez spacieuses, avec mobilier de style. Chaleureux salon avec vue sur un petit patio verdoyant.

St-Vincent sans rest
5 r. Pré aux Clercs Ⓜ Rue du Bac – ✆ 01 42 61 01 51 – www.hotel-st-vincent.com
22 ch – 160/260 € 260 € – 14 €
◆ Établissement charmant et calme au cœur du Carré Rive gauche. Cet hôtel particulier du 18e s. abrite des chambres soignées et chaleureuses, qui revisitent l'esprit Napoléon III.

Le Walt sans rest
37 av. de la Motte-Picquet Ⓜ École Militaire – ✆ 01 45 51 55 83
– www.lewaltparis.com
25 ch – 169/350 € 169/350 € – 19 €
◆ L'originalité de ces chambres confortables et contemporaines ? D'imposantes copies de chefs-d'œuvre de l'art classique en guise de têtes de lit. Agréable patio.

Duquesne Eiffel sans rest
23 av. Duquesne Ⓜ École Militaire – ✆ 01 44 42 09 09 – www.hde.fr
40 ch – 133/250 € 133/250 € – 12 €
◆ Entièrement rénové en 2008, cet hôtel propose des chambres bien apprêtées et confortables. De celles du 5e étage, vue superbe sur la tour Eiffel et l'École militaire.

De L'Empereur sans rest
2 r. Chevet Ⓜ La Tour Maubourg – ✆ 01 45 55 88 02 – www.hotelempereur.com
31 ch – 105/135 € 135/185 € – 11 €
◆ Un hôtel avec une âme. Mobilier d'inspiration Empire et, côté façade (avec balcon au 5e étage), vue parfaite sur les ors du dôme des Invalides... où dort pour toujours l'Empereur.

De Suède St-Germain sans rest

31 r. Vaneau Ⓜ Rue du Bac – ✆ 01 47 05 00 08 – www.hoteldesuede.com

38 ch – †115/245 € ††115/245 € – 1 suite – ☕ 14 €

◆ Les amateurs d'atmosphères traditionnelle et familiale apprécieront cet hôtel aux chambres de style Louis XVI. Sept d'entre elles offrent une vue sur les jardins de Matignon.

Le Tourville sans rest

16 av. de Tourville Ⓜ École Militaire – ✆ 01 47 05 62 62 – www.hoteltourville.com

30 ch – †150/300 € ††150/300 € – ☕ 15 €

◆ L'union de tons doux et vifs, de mobilier ancien et moderne insuffle un air british à cet hôtel cosy. Quatre chambres avec terrasses. Petit-déjeuner dans une salle voûtée.

Muguet sans rest

11 r. Chevert Ⓜ École Militaire – ✆ 01 47 05 05 93 – www.hotelmuguet.com

43 ch – †100/115 € ††140/205 € – ☕ 12 €

◆ Dans une rue peu passante à deux pas des Invalides, hôtel rafraîchi dans un esprit classique. Chambres parfaitement tenues ; celles donnant sur le jardinet fleuri sont calmes.

7 Eiffel sans rest

17 bis r. Amélie Ⓜ La Tour Maubourg – ✆ 01 45 55 10 01 – www.7eiffel.com

32 ch – †240/370 € ††240/370 € – ☕ 19 €

◆ Un certain esprit d'avant-garde pour cet hôtel entièrement rénové en 2010. Mobilier design, effets de matière et de transparence, ambiance feutrée... au service du confort.

Bourgogne et Montana sans rest

3 r. de Bourgogne Ⓜ Assemblée Nationale – ✆ 01 45 51 20 22 – www.bourgogne-montana.com

28 ch ☕ – †230/305 € ††230/305 € – 4 suites

◆ Raffinement et esthétisme imprègnent cet hôtel du 18e s., qui mêle l'ancien et le contemporain. Les chambres du dernier étage ménagent une belle vue sur le Palais-Bourbon.

De Varenne sans rest

44 r. de Bourgogne Ⓜ Varenne – ✆ 01 45 51 45 55 – www.hoteldevarenne.com

25 ch – †139/169 € ††139/239 € – ☕ 11 €

◆ Situation plutôt calme pour cet hôtel bien tenu, garni de meubles de style Louis XVI ou Empire. En été, petits-déjeuners servis dans une courette verdoyante.

Relais Bosquet sans rest

19 r. du Champ-de-Mars Ⓜ École Militaire – ✆ 01 47 05 25 45 – www.hotelrelaisbosquet.com

40 ch – †145/250 € ††145/250 € – ☕ 17 €

◆ Cet hôtel discret dissimule un intérieur joliment décoré et des chambres classiques aux tons chatoyants. Préférez les chambres sur l'arrière, côté courette, plus calmes.

Lenox St-Germain sans rest

9 r. de l'Université Ⓜ St-Germain des Prés – ✆ 01 42 96 10 95 – www.lenoxsaintgermain.com

34 ch – †140/290 € ††140/290 € – ☕ 15 €

◆ Un luxe discret habite cet hôtel : esprit Art déco dans le hall, baroque ou plus classique dans les chambres, toutes rénovées en 2009. Duplex au dernier étage.

Du Cadran sans rest

10 r. du Champ-de-Mars Ⓜ École Militaire – ✆ 01 40 62 67 00 – www.hotelducadran.com

41 ch – †150/270 € ††165/270 € – ☕ 13 €

◆ Entrée par une boutique de chocolats pour cet hôtel entièrement refait dans un esprit très contemporain : minimalisme étudié dans ses petites chambres aménagées au millimètre.

PARIS

Londres Eiffel sans rest

1 r. Augereau Ⓜ École Militaire - ✆ 01 45 51 63 02 - www.londres-eiffel.com

30 ch - †120/165 € ††150/250 € - ☕ 14 €

◆ Tons chaleureux et ambiance intimiste dans ses petites chambres bien tenues (la moitié ont été rénovées en 2009). La rue est peu passante et le bâtiment sur cour bien calme.

St-Germain sans rest

88 r. du Bac Ⓜ Rue du Bac - ✆ 01 49 54 70 00 - www.hotel-saint-germain.fr

29 ch ☕ - †200/220 € ††200/220 €

◆ Petites chambres sobrement décorées dans cet hôtel bordant une rue propice au shopping, proche du Bon Marché, des ministères et de Saint-Germain-des-Prés.

Champ de Mars sans rest

7 r. du Champ-de-Mars Ⓜ École Militaire - ✆ 01 45 51 52 30 - www.hotelduchampdemars.com

25 ch - †93 € ††100 € - ☕ 8 €

◆ Entre Champ-de-Mars et Invalides, un hôtel familial aux chambres cosy et assez romantiques : joli décor "Liberty", tout frais dans celles qui ont été rénovées. Prix mesurés.

France sans rest

102 bd de la Tour Maubourg Ⓜ École Militaire - ✆ 01 47 05 40 49 - www.hoteldefrance.com

60 ch - †95/170 € ††120/170 € - ☕ 12 €

◆ Chambres fonctionnelles, au décor sobre et bien entretenues. Côté rue, certaines offrent une belle vue sur l'église des Invalides ; côté cour, tranquillité assurée.

St-Thomas d'Aquin sans rest

3 r. Pré-aux-Clercs Ⓜ Rue du Bac - ✆ 01 42 61 01 22 - www.hotel-st-thomas-daquin.com

21 ch - †120/150 € ††130/150 € - ☕ 11 €

◆ Dans un immeuble du 18e s., de petites chambres plaisantes, meublées d'ancien, à mi-chemin entre Saint-Germain-des-Prés et le Carré Rive gauche. Mansardes au dernier étage.

Une bonne table sans se ruiner ? Repérez les Bib Gourmand.

Le Jules Verne

2e étage Tour Eiffel, ascenseur privé pilier sud Ⓜ Bir-Hakeim - ✆ 01 45 55 61 44 - www.lejulesverne-paris.com

Rest - Menu 85 € (déj. en sem.), 165/200 € - Carte 160/210 €

Spéc. Homard de nos côtes, sabayon au fumet de crustacés et caviar gold. Tournedos poêlé, foie gras de canard, sauce Périgueux et pommes soufflées. L'écrou au chocolat et praliné croustillant, glace noisette.

◆ Au 2e étage de la tour Eiffel, son décor design atteint des hauteurs, vue magique en prime ! Patrimoine français à la carte : grands plats et vins d'excellence en forme de symboles.

Le Divellec (Jacques Le Divellec)

107 r. Université Ⓜ Invalides - ✆ 01 45 51 91 96 - Fermé 25 juil.-25 août, 25 déc.-2 janv., sam. et dim.

Rest - Menu 50 € (déj.), 65/160 € - Carte 110/220 €

Spéc. Carpaccio de turbot aux truffes. Homard à la presse avec son corail. Soufflé chaud à l'infusion de truffe.

◆ L'océan (ou presque) à deux pas des Invalides. Un restaurant au décor un brin suranné, voué aux beaux produits de la mer. Prix élevés à la carte mais menus déjeuner plus abordables.

Arpège (Alain Passard)
84 r. de Varenne Ⓜ *Varenne – ✆ 01 45 51 47 33 – www.alain-passard.com – Fermé sam. et dim.*
Rest – Menu 120 € (déj.)/320 € – Carte 190/290 €
Spéc. Couleur, saveur, parfum et dessin du jardin. Aiguillettes de homard de l'archipel de Chausey au savagnin. Tarte aux pommes bouquet de roses.
◆ Bois précieux, décor de verre signé Lalique : préférez l'élégante salle contemporaine au caveau, et dégustez l'éblouissante cuisine "légumière" d'un chef-poète du terroir.

Pétrossian
144 r. de l'Université Ⓜ *Invalides – ✆ 01 44 11 32 32 – www.petrossian.fr – Fermé août, dim. et lundi*
Rest – (29 €) Menu 70/90 € – Carte 70/120 €
◆ Les Pétrossian régalent les Parisiens du caviar de la Caspienne depuis 1920. À l'étage de la boutique, élégante salle de restaurant et plaisante cuisine de la mer.

Jean-François Piège – Rest. Thoumieux
79 r. St-Dominique, (1er étage) Ⓜ *La Tour Maubourg – ✆ 01 47 05 79 79 – Fermé août, dim. et lundi*
Rest – *(nombre de couverts limité, prévenir)* (70 €) Menu 90/115 €
Spéc. Sélection des meilleurs produits de saison.
◆ À l'étage de la brasserie Thoumieux, un salon particulier où Jean-François – rendu célèbre au Crillon – vous reçoit... comme à la maison ! On dresse la table, vous choisissez un produit, et un plat surprise vient à se créer dans la cuisine contiguë. D'une sincérité éblouissante.

Les Ombres
27 quai Branly, (musée du Quai Branly - 5ème étage) Ⓜ *Alma Marceau – ✆ 01 47 53 68 00 – www.lesombres-restaurant.com*
Rest – (26 €) Menu 38 € (déj.), 95/145 € bc – Carte 62/103 €
◆ Aérien, design et tout vitré : sur le toit-terrasse du musée du Quai-Branly, ce restaurant fait un clin d'œil à la tour Eiffel et à ses jeux d'ombres et lumières. Carte actuelle.

Il Vino d'Enrico Bernardo
13 bd La Tour-Maubourg Ⓜ *Invalides – ✆ 01 44 11 72 00 – www.ilvinobyenricobernardo.com – Fermé sam. midi*
Rest – (29 €) Menu 70 € bc (déj.), 98 € bc/165 € bc – Carte 105/150 €
Spéc. Saint-pierre en carpaccio, huile de noix, pomme verte, vinaigrette à la moutarde à l'ancienne. Cabillaud rôti, concassé de tomate, olive noire, salade de fenouil. Chocolat blanc, mangue, glace noix de coco.
◆ Choisissez le vin et laissez-vous faire côté cuisine ! Dans son restaurant chic et design, le Meilleur Sommelier du monde 2004 inverse la tendance en associant les mets aux vins.

Le Violon d'Ingres (Christian Constant et Stéphane Schmidt)
135 r. St-Dominique Ⓜ *École Militaire – ✆ 01 45 55 15 05 – www.leviolondingres.com*
Rest – (30 €) Menu 36 € (déj. en sem.), 49/80 € – Carte 57/86 €
Spéc. Œufs pochés frits, jambon croustillant, piperade de poivron doux au vieux vinaigre. Suprême de bar croustillant, ravigote aux câpres. Soufflé chaud à la vanille, sauce caramel au beurre salé.
◆ Cette salle élégante, style bistrot contemporain, réunit les gourmets, comblés par une cuisine de qualité qui valorise les produits et les saisons sans renier la tradition.

Cigale Récamier
4 r. Récamier Ⓜ *Sèvres Babylone – ✆ 01 45 48 86 58 – Fermé dim.*
Rest – Carte 40/55 €
◆ Cuisine traditionnelle et spécialités de soufflés salés et sucrés en cette discrète adresse, rendez-vous des hommes politiques, avocats et éditeurs. Terrasse au calme très prisée.

PARIS

Le Clarisse

29 r. Surcouf Ⓜ *La Tour Maubourg – ✆ 01 45 50 11 10 – www.leclarisse.fr – Fermé sam. midi*

Rest – (29 €) Menu 35 € – Carte 43/64 €

◆ Près des Invalides, un restaurant au cadre épuré, tout de noir, de blanc et d'or. Salon intime à l'étage. La cuisine, actuelle et parfumée, fait la part belle au poisson.

Chez les Anges

54 bd de la Tour-Maubourg Ⓜ *La Tour Maubourg – ✆ 01 47 05 89 86 – www.chezlesanges.com – Fermé sam. et dim.*

Rest – (25 €) Menu 31/40 € – Carte 45/85 €

◆ Un décor contemporain éthéré pour une cuisine goûteuse et sincère, entre tradition et modernité : galette de pied de cochon, filet de merlan, foie de veau au chou rouge braisé...

Auguste (Gaël Orieux)

54 r. Bourgogne Ⓜ *Varenne – ✆ 01 45 51 61 09 – www.restaurantauguste.fr – Fermé 1er-22 août, sam. et dim.*

Rest – Menu 35 € (déj.) – Carte 72/115 €

Spéc. Huîtres creuses "perle noire" en gelée à la diable, mousse de raifort (sept. à déc.). Noix de ris de veau croustillante et cacahuètes caramélisées, pleurotes et vin jaune. Soufflé au chocolat pur caraïbe.

◆ Ce restaurant dans l'air du temps, design, coloré et agréable, vous réserve une cuisine qui ne manque ni de saveurs ni d'inventivité. Prix étudiés à midi, grand jeu le soir.

Tante Marguerite

5 r. Bourgogne Ⓜ *Assemblée Nationale – ✆ 01 45 51 79 42 – www.bernard-loiseau.com – Fermé août, sam., dim. et fériés*

Rest – Menu 47/57 €

◆ À deux pas du Palais Bourbon, une cuisine traditionnelle qui défend notamment de belles racines bourguignonnes, escargots compris. Décor cossu de boiseries et chaises Louis XV.

Café de l'Esplanade

52 r. Fabert Ⓜ *La Tour Maubourg – ✆ 01 47 05 38 80*

Rest – Carte 60/90 €

◆ Belle situation face aux Invalides pour cette adresse des frères Costes. Étonnant décor de boulets et de canons, très Napoléon III, carte de brasserie tendance et prix élevés.

Vin sur Vin

20 r. de Monttessuy Ⓜ *Pont de l'Alma – ✆ 01 47 05 14 20 – Fermé 29 mai-6 juin, août, 24 déc.-4 janv., lundi sauf le soir de sept. à mars, sam. midi et dim.*

Rest – *(nombre de couverts limité, prévenir)* (60 €) Carte 80/120 €

Spéc. Ravioles aux truffes. Ris de veau croustillant. Soufflé chaud.

◆ Accueil aimable, élégant décor, atmosphère de maison particulière, délicieuse cuisine classique et carte des vins très étoffée (600 appellations) : vingt sur vingt !

Thoumieux avec ch

79 r. St-Dominique Ⓜ *La Tour Maubourg – ✆ 01 47 05 79 00 – www.thoumieux.com*

15 ch – †200/380 € ††200/380 € – ☕ 20 €

Rest *Jean-François Piège* – voir ci-dessus

Rest – Carte 38/70 €

◆ Banquettes rouges et miroirs, actrices et hommes du monde : cette brasserie de 1923 marie Belle Époque et actualité ! La carte est originale et fait de jolies œillades à l'esprit des lieux. On accède aux chambres par un escalier confidentiel : atmosphère intime et cosy...

PARIS

La Cuisine

14 bd La Tour-Maubourg Ⓜ Invalides – ✆ 01 44 18 36 32 – http://lacuisine.lesrestos.com – Fermé sam. midi

Rest – (28 €) Menu 33/40 € – Carte 45/70 €

◆ Cuisine fleurant bon la tradition, accompagnée de petits pains maison et d'un bon choix de vins au verre ou en carafe. Salle sobre, aux murs jaunes, avec véranda et terrasse.

Nabuchodonosor

6 av. Bosquet Ⓜ Alma Marceau – ✆ 01 45 56 97 26 – www.nabuchodonosor.net – Fermé 30 juil.-21 août, sam. midi et dim.

Rest – (23 €) Menu 27/60 € bc – Carte 38/74 €

◆ L'enseigne célèbre l'une des plus grosses bouteilles de champagne existantes. Murs terre de Sienne et boiseries, façon bistrot chic. Plats traditionnels, au gré du marché.

Le Bamboche

15 r. Babylone Ⓜ Sèvres Babylone – ✆ 01 45 49 14 40 – www.lebamboche.com – Fermé 23 juil.-8 août et dim. midi

Rest – (25 €) Menu 32 € (sem.)/80 € – Carte 65/78 €

◆ Discrète et séduisante adresse, à côté du Bon Marché. Dans le sobre décor contemporain des deux petites salles à manger, vous attend une cuisine au goût du jour.

D'Chez Eux

2 av. Lowendal Ⓜ École Militaire – ✆ 01 47 05 52 55 – www.chezeux.com – Fermé août

Rest – (29 €) Menu 34 € (déj.) – Carte 50/100 €

◆ Copieuses assiettes inspirées du Sud-Ouest, ambiance d'auberge provinciale et serveurs en tablier de bougnat : la recette séduit depuis plus de 40 ans sans prendre une ride !

L'Atelier de Joël Robuchon - St-Germain

5 r. de Montalembert Ⓜ Rue du Bac – ✆ 01 42 22 56 56 – www.joel-robuchon.com – Accueil de 11h30 à 15h30 et de 18h30 à minuit. Réservations uniquement pour certains services : se renseigner

Rest – Menu 150 € – Carte 59/128 €

Spéc. Tomates anciennes, relevées de sumac à l'huile vierge (15 juin au 30 sept.). Agneau de lait en côtelettes à la fleur de thym. "Chocolat tendance", ganache onctueuse au chocolat araguani, glace au grué de cacao.

◆ Concept original dans un décor chic signé Rochon : pas de tables, mais de hauts tabourets alignés face au comptoir où l'on savoure une belle cuisine actuelle, déclinable en assiettes de dégustation façon tapas.

Gaya Rive Gauche par Pierre Gagnaire

44 r. du Bac Ⓜ Rue du Bac – ✆ 01 45 44 73 73 – www.pierre-gagnaire.com – Fermé 23 déc.-3 janv. et dim.

Rest – Carte 60/100 €

Spéc. Pressé de tourteau. Escalope de bar sauvage. Biscuit chocolat gayas.

◆ Dans ce beau bistrot contemporain et décontracté, au décor gris-bleu conçu par Christian Ghion, on se régale de recettes plus créatives les unes que les autres, sublimant les produits de la mer.

Le Clos des Gourmets

16 av. Rapp Ⓜ Alma Marceau – ✆ 01 45 51 75 61 – www.closdesgourmets.com – Fermé 1er-25 août, dim. et lundi

Rest – Menu 30 € (déj.)/35 € – Carte 35/60 € le midi

◆ Boiseries, panneaux bruns ou gris : un Clos simple, élégant, chaleureux et... tout en jolies saveurs (crème brûlée aux asperges, wok au Pata Negra, fenouil confit aux épices douces).

Au Bon Accueil

14 r. Monttessuy Ⓜ Pont de l'Alma – ✆ 01 47 05 46 11 – www.aubonaccueilparis.com – Fermé 1er-15 août, sam. midi et dim.

Rest – (23 €) Menu 27 € (déj.)/31 € – Carte 45/65 €

◆ À l'ombre de la tour Eiffel, un bistrot au chic discret où l'on sert une appétissante cuisine du marché, sensible au rythme des saisons. Très bon rapport qualité-prix.

Les Fables de La Fontaine (Sébastien Gravé)

131 r. Saint-Dominique Ⓜ École Militaire – ✆ 01 44 18 37 55 – www.lesfablesdelafontaine.net – Fermé 23-28 déc.

Rest – *(nombre de couverts limité, prévenir)* Menu 35 € bc (déj. en sem.)/90 € – Carte 62/85 €

Spéc. Tartare de bar au citron confit, mousse parmesan et sablé craquant. Saint-Jacques à la plancha, gratin de macaronis à la truffe noire et jambon Ibaïona (15 nov. au 31 mars). Gâteau basque.

◆ Savoureux hommage à la mer dans ce bistrot de poche (tons bruns, banquettes, carrelage) et sur sa terrasse d'été. Courte carte bien pensée et belle sélection de vins au verre.

Les Cocottes

135 r. St-Dominique Ⓜ École Militaire – www.lesrestaurantsdeconstant.com – Fermé dim.

Rest – (24 €) Carte 27/50 €

◆ Le concept ? Une cuisine de bistrot joliment revisitée et servie dans des cocottes : terrine de campagne, côte de veau rôtie... Très convivial, mais l'on ne peut pas réserver !

Aida (Koji Aida)

1 r. Pierre Leroux Ⓜ Vaneau – ✆ 01 43 06 14 18 – www.aidaparis.com – Fermé 1 sem. en mars, 3 sem. en août, le midi et lundi

Rest – *(nombre de couverts limité, prévenir)* Menu 140/160 €

Spéc. Sashimi. Teppanyaki de chateaubriand de bœuf limousin. Sorbet au sencha.

◆ Ambiance zen dans ce discret restaurant japonais avec comptoir et salon privé. Cuisine nipponne et menus teppanyaki ; cave riche en bourgognes composée par un chef passionné.

35 ° Ouest

35 r. de Verneuil Ⓜ Rue du Bac – ✆ 01 42 86 98 88 – Fermé 1er-29 août, 24 déc.-2 janv., dim. et lundi

Rest – *(nombre de couverts limité, prévenir)* (32 € bc) Carte 45/107 €

Spéc. Rémoulade de tourteau et granny-smith. Turbot rôti en tronçon, champignons du moment. Tarte chocolat-cannelle.

◆ Petite salle à manger à la fois simple et moderne, s'effaçant presque devant une cuisine de la mer qui privilégie fraîcheur et saveur des produits. Cap à l'Ouest !

Bistrot de Paris

soir,

33 r. Lille Ⓜ Musée d'Orsay – ✆ 01 42 61 16 83 – Fermé août, 24 déc.-1er janv., dim. et lundi

Rest – Carte 30/75 €

◆ Bistrot de tradition dans lequel les antiquaires voisins viennent en habitués. Atmosphère rétro à souhait dans un décor 1900. Une institution dans l'arrondissement.

Kinnari

8 r. Malar Ⓜ La Tour Maubourg – ✆ 01 47 05 18 18 – Fermé dim.

Rest – (19 €) Menu 22 € (déj.)/25 € – Carte 30/45 €

◆ Tenu par le frère du patron du Suan Thaï (4e), Kinnari s'inspire avec bonheur de son décor et de ses recettes : salade de papaye verte aux crevettes, magret de canard sauce tamarin...

Le 122

122 r. de Grenelle Ⓜ Solférino – ✆ 01 45 56 07 42 – www.le122.fr – Fermé 23 juil.-17 août, sam. et dim.

Rest – (17 €) Menu 23 € (déj.)/35 € – Carte 30/38 €

◆ Globes lumineux, chaises Starck, aplats de gris et de mauve : le cadre design rehausse des plats inventifs et parfumés, d'un bon rapport qualité-prix (formule du jour).

Fontaine de Mars
129 r. St-Dominique Ⓜ *École Militaire – ✆ 01 47 05 46 44 – www.fontainedemars.com*
Rest – Carte 35/50 €
◆ L'enseigne de ce parfait bistrot des années 1930 (restauré à l'identique) évoque la fontaine voisine dédiée au dieu guerrier. Barack Obama y a dîné en juin 2009.

Firmin Le Barbier
20 r. de Montessuy Ⓜ *Pont de l'Alma – ✆ 01 45 51 21 55 – www.firminlebarbier.fr – Fermé 1 sem. en avril, 5-25 août, 26 déc.-3 janv., sam. midi, mardi midi et lundi*
Rest – *(nombre de couverts limité, prévenir)* Menu 33 € – Carte 30/50 €
◆ À deux pas de la tour Eiffel, un petit bistrot de quartier au décor rétro et aux recettes de toujours, à base de produits frais et de qualité. Bon et sympathique.

L'Affriolé
17 r. Malar Ⓜ *Invalides – ✆ 01 44 18 31 33 – Fermé 3 sem. en août, dim. et lundi*
Rest – (18 €) Menu 29 € (déj.)/34 €
◆ Ardoise du jour et menu du mois : le chef suit de près les arrivages du marché. Le décor du bistrot a fait sa révolution en 2009 : place au contemporain et au design !

P'tit Troquet
28 r. de l'Exposition Ⓜ *École Militaire – ✆ 01 47 05 80 39 – Fermé août, sam. midi, lundi midi et dim.*
Rest – *(nombre de couverts limité, prévenir)* (20 €) Menu 32/40 €
◆ Pour sûr, il est p'tit, ce bistrot ! Son charme nostalgique (vieilles réclames et zinc d'époque) sied à sa cuisine : veau en cocotte, bœuf bourguignon, tarte chocolat caramel...

Les Botanistes
11 bis r. Chomel Ⓜ *Sèvres-Babylone – ✆ 01 45 49 04 54 – Fermé 3 sem. en août, dim. et fériés*
Rest – (18 €) Carte 31/50 €
◆ Harengs marinés, volaille fermière, sablé à la pomme... De beaux spécimens de cuisine bistrotière, dans leur environnement naturel : banquettes, tables en bois, vieux carrelage, etc.

Veramente
2 r. Sedillot Ⓜ *Pont de l'Alma – ✆ 01 45 51 95 82 – www.veramente.fr – Fermé 2 sem. en août et dim.*
Rest – (19 €) Menu 21 € (déj.) – Carte 35/61 €
◆ Restaurant italien dans l'air du temps : décor de lounge chic, tout en noir et gris perle, et cuisine pleine de saveurs méditerranéennes, exécutée par un chef napolitain.

Les Olivades
41 av. Ségur Ⓜ *Ségur – ✆ 01 47 83 70 09 – Fermé août, sam. midi, lundi midi, dim. et fériés*
Rest – (22 €) Menu 26 € (déj.), 35/79 € – Carte 45/70 €
◆ Ce lieu fleure bon l'huile d'olive avec sa cuisine à l'accent du Midi, rehaussée de touches actuelles. De belles photos thématiques relèvent le décor d'inspiration provençale.

Dar Lyakout
94 bd de la Tour-Maubourg Ⓜ *École Militaire – ✆ 01 45 50 16 16 – www.darlyakout.com – Fermé 5-25 août*
Rest – (19 €) Menu 34 € – Carte 36/48 €
◆ Couscous, tajines, pâtisseries orientales... Née en 2010, une table marocaine bien gourmande, dans un décor qui réconcilie le style lounge et l'artisanat marocain !

Le Bistrot du 7ème
56 bd de La Tour-Maubourg Ⓜ *La Tour Maubourg – ✆ 01 45 51 93 08 – Fermé sam. midi et dim. midi*
Rest – (14 €) Menu 16 € (déj.)/25 € – Carte 29/44 €
◆ Zinc, vieilles affiches et nappes en papier : cet authentique bistrot de quartier égrène avec soin toutes les spécialités du genre, de la terrine de lapin au confit de canard.

Café Constant

139 r. St-Dominique Ⓜ École Militaire – ✆ 01 47 53 73 34 – www.lesrestaurantsdeconstant.com – Fermé lundi

Rest – (16 €) Menu 23 € – Carte 34/51 €

◆ Une annexe de Christian Constant simple et conviviale. Cuisine de bistrot gourmande à prix doux : œufs mimosa, tartare d'huîtres, agneau rôti, riz au lait... Sans réservation.

Florimond

19 av. de La Motte-Picquet Ⓜ Ecole Militaire – ✆ 01 45 55 40 38 – Fermé 26 juil.-17 août, 24-27 déc., vacances de fév., lundi midi, sam. midi et dim.

Rest – Menu 21 € (déj.)/35 € – Carte 45/65 €

◆ Restaurant de poche qui emprunte son nom au jardinier de Monet à Giverny. Cadre de bistrot rafraîchi où la clientèle du quartier se presse pour goûter des plats traditionnels.

Laiterie Sainte Clotilde

64 r. de Bellechasse Ⓜ Solférino – ✆ 01 45 51 74 61 – Fermé 1er-23 août, vacances de Noël, sam. midi et dim.

Rest – (20 €) Menu 24 € (déj.) – Carte 30/35 €

◆ Une ancienne laiterie (fin du 19e s.) bobo-nostalgique : chaises en formica, grande banquette rouge et... cuisine tendance ménagère, soupe du jour comprise. Informel et convivial.

Oudino

17 r. Oudinot Ⓜ Vaneau – ✆ 01 45 66 05 09 – www.oudino.fr – Fermé 14-21 août, 24 déc.-1er janv., sam. midi et dim.

Rest – (18 €) Carte 29/40 €

◆ Agréable pause gourmande au voisinage des ministères : salle à manger aux discrètes touches Art déco et cuisine bistrotière modernisée. Attractive formule à midi, très courue.

S. Sauvignier/MICHELIN

Champs-Élysées · Concorde · Madeleine

8e arrondissement

✉ 75008

Plaza Athénée

25 av. Montaigne Ⓜ Alma Marceau – ✆ 01 53 67 66 65 – www.plaza-athenee-paris.com

146 ch – †590/935 € ††700/935 € – 45 suites – ☕ 50 €

Rest *Alain Ducasse au Plaza Athénée et Le Relais Plaza* – voir ci-après

Rest *La Cour Jardin* – ✆ 01 53 67 66 02 *(ouvert de mi-mai à mi-sept.)*

Carte 78/136 €

◆ Le palace parisien par excellence, ouvert en 1911 ! Styles classique ou Art déco dans les chambres, luxueux institut de beauté Dior, dorures, marbre... Le confort absolu ! À la belle saison, mets classiques à savourer sur la charmante terrasse de la Cour Jardin.

Le Bristol

112 r. Fg St-Honoré Ⓜ Miromesnil – ✆ 01 53 43 43 00 – www.lebristolparis.com

148 ch – †650 € ††770/1600 € – 39 suites – ☕ 39 €

Rest *Le Bristol et 114, Faubourg* – voir ci-après

◆ Palace de 1925, agrandi en 2009 d'une nouvelle aile et agencé autour d'un magnifique jardin. Luxueuses chambres de style Louis XV ou Louis XVI ; exceptionnelle piscine "bateau" au dernier étage !

Four Seasons George V

31 av. George-V Ⓜ *George V* – ✆ *01 49 52 70 00*
– *www.fourseasons.com/paris*
197 ch – †750/1095 € ††750/1095 € – 48 suites – ☕ 50 €
Rest ***Le Cinq*** – voir ci-après
Rest ***La Galerie*** – ✆ 01 49 52 70 06 – Carte 115/180 €
◆ Ce palace mythique, né en 1928, s'est paré des splendeurs et raffinements du 18e s. Chambres luxueuses et spacieuses, belles collections d'œuvres d'art et spa superbe. Mets de tradition à la Galerie ; l'été, les tables sont dressées dans la belle cour intérieure.

Le Royal Monceau

37 av. Hoche Ⓜ *Charles de Gaulle-Etoile* – ✆ *01 42 99 88 00*
– *www.leroyalmonceau.com*
117 ch – †780/1800 € ††780/1800 € – 32 suites – ☕ 49 €
Rest ***La Cuisine*** – Carte 62/95 €
Rest ***Il Carpaccio*** *(fermé dim. et lundi)* – Carte 70/92 €
Rest ***Le Grand Salon*** – Carte 49/85 €
◆ L'hôtel a fait peau neuve en 2010 pour se transformer en palace du 21e s. Décoré par Philippe Starck, il se joue des codes en vigueur : galerie d'art, librairie, salle de cinéma high-tech. Décor arty à La Cuisine. Recettes italiennes soignées au Carpaccio. Cadre lounge et grignotage de luxe au Grand Salon.

Crillon

10 pl. de la Concorde Ⓜ *Concorde* – ✆ *01 44 71 15 00*
– *www.crillon.com*
119 ch – †770/950 € ††770/950 € – 28 suites – ☕ 62 €
Rest ***Les Ambassadeurs*** – voir ci-après
Rest ***L'Obé*** – ✆ 01 44 71 15 15 – Menu 35 € (déj. en sem.), 55/75 € bc
– Carte 56/96 €
◆ Ce chef-d'œuvre de l'architecture du 18e s., dont la façade magnifie la place de la Concorde, a conservé sa fastueuse ornementation. Sonia Rykiel et Sybille de Margerie ont repensé, sans trahir, la décoration des chambres. Un palace mythique !

Fouquet's Barrière

46 av. George-V Ⓜ *George V* – ✆ *01 40 69 60 00*
– *www.fouquets-barriere.com*
81 ch – †750/960 € ††750/960 € – 31 suites – ☕ 46 €
Rest ***Le Diane*** – ✆ 01 40 69 60 60 *(fermé 31 juil.-22 août, 2-10 janv., sam. midi, dim. et lundi)* (60 € bc) Menu 78/125 € bc – Carte 83/136 €
◆ Cet hôtel du groupe Barrière a fait appel à Jacques Garcia pour signer son décor mêlant les styles Art déco et Empire. Chambres élégantes, superbes spa et patio. Au Diane, la sobriété feutrée est rehaussée de niches lumineuses garnies de fleurs ; agréable terrasse.

Champs-Élysées Plaza sans rest

35 r. de Berri Ⓜ *George V* – ✆ *01 53 53 20 20*
– *www.champselyseesplaza.com*
25 ch – †350/1100 € ††350/1100 € – 10 suites – ☕ 30 €
◆ Élégance et espace, harmonie des couleurs, mélange des styles, service attentionné, fitness... Cet hôtel est un concentré de luxe feutré et cossu.

Napoléon

40 av. Friedland Ⓜ *Charles de Gaulle-Etoile* – ✆ *01 56 68 43 21*
– *www.hotelnapoleonparis.com*
65 ch – †217/690 € ††217/690 € – 37 suites – ☕ 26 €
Rest – *(fermé le soir, sam. et dim.)* Carte 45/75 €
◆ À deux pas de l'Étoile chère à Napoléon, un hôtel rendant hommage à cette figure de l'Histoire (autographes, figurines, tableaux d'époque). Chambres feutrées de style Directoire ou Empire. Carte traditionnelle au restaurant dans un décor de boiseries.

Lancaster

7 r. Berri Ⓜ *George V – ✆ 01 40 76 40 76 – www.hotel-lancaster.fr*
46 ch – 320/670 € 390/670 € – 11 suites – 35 €
Rest *La Table du Lancaster* – voir ci-après
◆ Marlène Dietrich appréciait le luxe discret de cet hôtel particulier, construit en 1889 à deux pas des Champs-Élysées. Hall et salons sont plaisants avec leur mobilier d'antiquaire.

Marriott

70 av. des Champs-Élysées Ⓜ *Franklin D. Roosevelt – ✆ 01 53 93 55 00 – www.marriottchampselysees.com*
173 ch – 359/789 € 359/789 € – 19 suites – 29 €
Rest *Le Restaurant* – ✆ 01 53 93 55 44 *(Fermé sam. midi et dim. midi)* (33 €) Menu 45 € – Carte 45/75 €
◆ Un bel immeuble hausmannien sur les Champs-Élysées... Les chambres, spacieuses et rénovées en 2009, sont d'une sobre élégance contemporaine ; certaines donnent sur la mythique avenue, d'autres sur l'atrium ou la cour intérieure. Plats traditionnels et grillades au Restaurant ; terrasse paisible.

Hyatt Regency

24 bd Malhesherbes Ⓜ *Madeleine – ✆ 01 55 27 12 34 – www.paris.madeleine.hyatt.com*
82 ch – 330/520 € 330/520 € – 4 suites – 32 €
Rest *Café M* – (42 €) Menu 48 €
◆ Une belle verrière réalisée par Eiffel, d'agréables chambres contemporaines : un hôtel sobre et chaleureux tout à la fois. Sauna, hammam... Cuisine actuelle au Café M et, le soir, bar à champagne.

Bedford

17 r. de l'Arcade Ⓜ *Madeleine – ✆ 01 44 94 77 77 – www.hotel-bedford.com*
135 ch – 174/214 € 214/276 € – 10 suites – 20 €
Rest *Le Victoria* – *(fermé août, sam., dim. et fériés) (déj. seult)* (33 €) Menu 43/48 € – Carte 60/80 €
◆ Cet hôtel fondé en 1848 perpétue avec élégance une certaine idée de la tradition hôtelière. Les chambres, agréables, sont d'un raffinement discret. Cadre 1900 avec profusion de motifs décoratifs en stuc et belle coupole : la salle de restaurant est le joyau du Bedford.

Hilton Arc de Triomphe

51 r. de Courcelles Ⓜ *Courcelles – ✆ 01 58 36 67 00 – www.hilton.com*
383 ch – 295/730 € 295/730 € – 80 suites – 35 €
Rest *Safran* – ✆ 01 58 36 67 96 – (28 €) Menu 40 € (déj.) – Carte 39/77 €
◆ Inspiré des paquebots des années 1930, cet hôtel en restitue tout l'esprit, luxueux et raffiné : élégantes chambres Art déco signées Jacques Garcia – très calmes côté patio –, fitness... Au Safran, carte brasserie adaptée à la clientèle internationale.

Vernet

25 r. Vernet Ⓜ *Charles de Gaulle-Etoile – ✆ 01 44 31 98 00 – www.hotelvernet.com*
41 ch – 280/550 € 280/550 € – 9 suites – 30 €
Rest – *(dejeuner seult)* (30 €) Carte 40/56 €
◆ Bel immeuble des Années folles dans une petite rue près des Champs-Élysées. Les chambres sont raffinées, dans la grande tradition, certaines décorées dans un style plus contemporain. Superbe verrière au restaurant ; courte carte honorant les produits de saison.

La Trémoille

14 r. Trémoille Ⓜ *Alma Marceau – ✆ 01 56 52 14 00 – www.hotel-tremoille.com*
88 ch – 305/765 € 305/765 € – 5 suites – 35 €
Rest *Louis²* – *(fermé sam. midi, dim. et fériés)* (33 €) Menu 50 € (dîner en sem.)/ 68 € – Carte 42/69 €
◆ Moulures, jolis tissus tendus, marbre noir et blanc dans les salles de bains : un bel esprit néo-rétro règne dans les chambres ! Atmosphère lounge au Louis² et... cuisine actuelle.

PARIS

Sofitel le Faubourg

15 r. Boissy-d'Anglas Ⓜ *Concorde – ✆ 01 44 94 14 14 – www.sofitel.com*
122 ch – †450/950 € ††450/950 € – 25 suites – ☐ 42 €
Rest *Café Faubourg* – ✆ 01 44 94 14 24 *(fermé sam. midi et dim. midi)* (33 €) Menu 35 € – Carte 60/88 €
◆ Élégant hôtel dans deux demeures des 18e et 19e s. Belles suites rénovées en 2010 dans un style contemporain ; chambres joliment feutrées, salon sous verrière, fitness et hammam. Au Café Faubourg, carte actuelle dans un décor tendance (jardin intérieur).

San Régis

12 r. J. Goujon Ⓜ *Champs-Elysées Clemenceau – ✆ 01 44 95 16 16 – www.hotel-sanregis.fr*
41 ch – †360/650 € ††485/650 € – 3 suites – ☐ 36 €
Rest – *(fermé août et dim.)* (28 €) Menu 40 € (déj. en sem.) – Carte 50/65 €
◆ Hôtel particulier de 1857 remanié avec goût : un bel escalier (vitraux et statues) conduit aux chambres, ravissantes : certaines sont très classiques, d'autres plus contemporaines. Le restaurant occupe un luxueux salon feutré – une vraie bonbonnière – et cultive la tradition.

Balzac sans rest

6 r. Balzac Ⓜ *George V – ✆ 01 44 35 18 00 – www.hotelbalzac.com*
57 ch – †420/600 € ††470/600 € – 13 suites – ☐ 38 €
◆ À quelques pas des Champs-Élysées, cet hôtel arbore un décor néoclassique, tout en opulence et chatoiement (mobilier de style Louis XVI, dorures, marbre).

De Vigny

ch,

9 r. Balzac Ⓜ *George V – ✆ 01 42 99 80 80 – www.hoteldevigny.com*
26 ch – †235/520 € ††250/520 € – 11 suites – ☐ 37 €
Rest *Baretto* – *(fermé 15-21 août)* (35 €) Menu 45 € (déj. en sem.) – Carte 49/68 €
◆ Hôtel discret et raffiné près des Champs-Élysées ; les chambres sont sobres, décorées dans un esprit classique, british, Louis XV... Dans le salon, un feu crépite... Au Baretto, carte méditerranéenne (plus simple le soir) dans une jolie salle Art déco.

Intercontinental Avenue Marceau

rest,

64 av. Marceau Ⓜ *George V – ✆ 01 44 43 36 36 – www.ic-marceau.com*
55 ch – †450/1600 € ††550/1600 € – ☐ 30 €
Rest *M64* – ✆ 01 44 43 36 50 *(fermé dim. soir)* (37 €) Menu 44/49 € – Carte 56/98 €
◆ Luxueux hôtel design à deux pas de la place de l'Étoile. Le décor marie haute technologie, meubles contemporains et répliques de fresques et de croquis de la Renaissance italienne. Au M64, esprit lounge et cuisine du marché contemporaine et spontanée.

Daniel

ch,

8 r. Frédéric Bastiat Ⓜ *St-Philippe du Roule – ✆ 01 42 56 17 00 – www.hoteldanielparis.com*
23 ch – †290/350 € ††390/570 € – 3 suites – ☐ 24 €
Rest – *(fermé 31 juil.-31 août, sam. et dim.)* Menu 40 € (sem.) – Carte 45/76 €
◆ Cet hôtel a le goût du voyage ! Toiles de Jouy, meubles et objets du monde entier campent un décor raffiné et chaleureux... pour globe-trotters parisiens. Cuisine influencée par la Méditerranée et suggestions du marché.

De Sers

ch,

41 av. Pierre 1er de Serbie Ⓜ *George V – ✆ 01 53 23 75 75 – www.hoteldesers.com*
45 ch – †450/680 € ††480/680 € – 7 suites – ☐ 35 €
Rest – *(fermé août)* (32 €) Menu 49/99 € – Carte 50/80 €
◆ Cet hôtel particulier de la fin du 19e s. mélange les styles avec succès : si le hall a gardé son caractère d'origine, les chambres, elles, sont résolument contemporaines. Produits bio et carte actuelle dans un cadre design ; agréable terrasse.

PARIS

François 1er sans rest

7 r. Magellan Ⓜ *George V – ✆ 01 47 23 44 04 – www.hotelfrancoispremier.com*
40 ch – †250/480 € ††270/490 € – 2 suites – ☕ 22 €
◆ Marbre de Carrare, moulures, objets chinés, meubles anciens et tableaux à foison : Pierre-Yves Rochon a créé un cadre luxueux et raffiné. Copieux petit-déjeuner (buffet).

Chateaubriand sans rest

6 r. Chateaubriand Ⓜ *George V – ✆ 01 40 76 00 50*
– www.hotelchateaubriand.com
28 ch – †240/1040 € ††250/1040 € – ☕ 22 €
◆ Des peintures, des bibelots et de beaux meubles d'antiquaire dans les chambres : le charme d'une maison particulière ! On prend son petit-déjeuner face au petit patio.

Bradford Élysées sans rest

10 r. St-Philippe-du-Roule Ⓜ *St-Philippe du Roule – ✆ 01 45 63 20 20*
– www.astotel.com
50 ch – †199/569 € ††199/569 € – ☕ 21 €
◆ Cheminées en marbre, moulures, parquet, petit-déjeuner sous une jolie verrière, décor rétro et ascenseur d'époque : un conservatoire du charme parisien... la modernité en plus.

PARIS

Opéra Diamond sans rest

4 r. de la Pépinière Ⓜ *St-Lazare – ✆ 01 44 70 02 00*
– www.paris-hotel-diamond.com
30 ch – †169/510 € ††169/510 € – ☕ 23 €
◆ Hôtel ouvert en 2009, tout de noir et de cristal vêtu. Le concept : rendre hommage à la féminité et aux diamants. Esprit baroque dans les chambres ; patio avec fontaine et brin de verdure.

Royal sans rest

33 av.de Friedland Ⓜ *Charles de Gaulle-Etoile – ✆ 01 43 59 08 14*
– www.royal-hotel.com
58 ch – †250/700 € ††250/700 € – ☕ 16 €
◆ Atmosphère feutrée dans les chambres : décor sobre, bonne insonorisation et, pour certaines, vue sur l'Arc de Triomphe ! Après une journée de balade, le salon est très reposant.

Le Mathurin sans rest

43 r. des Mathurins Ⓜ *Havre Caumartin – ✆ 01 44 94 20 94*
– www.le-mathurin.com
52 ch – †280/360 € ††320/450 € – 2 suites – ☕ 30 €
◆ La devise de la maison : "Le luxe d'être chez soi." Et l'on aimerait faire de cet hôtel, garni de livres, feutré, élégant et apaisant, son home sweet home !

Pershing Hall

49 r. Pierre Charron Ⓜ *George V – ✆ 01 58 36 58 00 – www.pershinghall.com*
20 ch ☕ – †282/780 € ††282/780 € – 6 suites
Rest – ✆ 01 58 36 58 36 – Carte 53/110 €
◆ Demeure du général Pershing, club de vétérans et enfin hôtel tendance scénographié par la designer Andrée Putman. Le décor est apaisant : voyez l'étonnant jardin vertical... Au restaurant, atmosphère contemporaine et cuisine "in" sur des bases classiques ; beau choix de champagnes.

Le 123 sans rest

123 r. du Faubourg St-Honoré Ⓜ *St-Philippe-du-Roule – ✆ 01 53 89 01 23*
– www.astotel.com
41 ch – †199/529 € ††199/529 € – ☕ 22 €
◆ Mélange des genres, des couleurs et des matières, croquis de stylistes : les chambres de cet hôtel sont vraiment "haute couture". Parfait pour un séjour shopping dans un faubourg très... mode.

Le A sans rest
4 r. d' Artois Ⓜ St-Philippe du Roule – ✆ 01 42 56 99 99 – www.hotel-le-a-paris.com
25 ch – †205/499 € ††205/499 € – 1 suite – ☕ 23 €
◆ Le plasticien Hyber et l'architecte Méchiche ont imaginé cet hôtel design en noir et blanc. Les chambres, comme les salons, jouent l'épure... avec un "e" majuscule !

Cristal sans rest
9 r. Washington Ⓜ George V – ✆ 01 45 63 27 33 – www.hotel-le-cristal.com
25 ch – †169/260 € ††169/450 € – 1 suite – ☕ 18 €
◆ Un hôtel minéral, une explosion de couleurs, et pour cause... Toute la déco se décline autour du cristal de roche ! Effets d'optique, mobilier de designer : urbain et chic.

Opal sans rest
19 r. Tronchet Ⓜ Havre Caumartin – ✆ 01 42 65 77 97 – www.paris-hotel-opal.com
33 ch – †195/410 € ††225/410 € – 1 suite – ☕ 19 €
◆ Entre les grands magasins et la Madeleine, cet hôtel, rénové en 2008, propose des chambres chaleureuses (tissus rayés, couleurs vives). Esprit design au salon et... cheminée !

Relais Monceau sans rest
85 r. Rocher Ⓜ Villiers – ✆ 01 45 22 75 11 – www.relais-monceau.com
51 ch – †130/264 € ††130/264 € – ☕ 12 €
◆ Entre le parc Monceau et la gare St-Lazare, cet établissement dispose de chambres confortables et accueillantes. Pour se détendre, un joli salon et un agréable bar.

Élysées Mermoz sans rest
30 r. J. Mermoz Ⓜ Franklin D. Roosevelt – ✆ 01 42 25 75 30 – www.hotel-elyseesmermoz.com
22 ch – †150/250 € ††150/250 € – 5 suites – ☕ 12 €
◆ Rénové en 2010, cet hôtel affiche un style contemporain très cosy. Expos d'art, chambres raffinées – les vertes sont charmantes ! – et salle des petits-déjeuners vraiment plaisante.

West-End sans rest
7 r. Clément-Marot Ⓜ Alma Marceau – ✆ 01 47 20 30 78 – www.hotel-west-end.com
49 ch ☕ – †199/499 € ††199/499 €
◆ Lithographies anciennes, copies de tableaux de maîtres et équipements dernier cri vous attendent dans ces chambres classiques, souvent très colorées. Agréable salon.

De l'Arcade sans rest
9 r. de l'Arcade Ⓜ Madeleine – ✆ 01 53 30 60 00 – www.hotel-arcade.com
44 ch – †153/194 € ††174/330 € – 4 suites – ☕ 15 €
◆ Depuis quatre générations, la même famille dirige cet hôtel situé tout près de la Madeleine. Chambres sobrement décorées, égayées de gravures et de tableaux.

Beauchamps
ch,
24 r. Ponthieu Ⓜ Franklin D. Roosevelt – ✆ 01 53 89 58 58 – www.hotelbeauchamps.com
83 ch – †157/520 € ††220/600 € – 6 suites – ☕ 22 €
Rest *Velvet* – (26 €) Menu 34 € – Carte environ 40 €
◆ Un lieu, deux atmosphères. Le grand hall contemporain dessert deux ailes très différentes : côté "Ponthieu" règne un esprit parisien élégant (mobilier design original) ; côté "Colisée", place au confort sobre et fonctionnel d'un ancien hôtel Mercure. Cuisine franco-italienne au Velvet (tapas le soir).

Le Vignon sans rest
23 r. Vignon Ⓜ Madeleine – ✆ 01 47 42 93 00 – www.levignon.com
28 ch – †180/330 € ††180/390 € – ☕ 20 €
◆ Hôtel chaleureux à deux pas de la Madeleine. Dans les chambres, le mobilier, très coloré et presque pop, contraste avec les murs blancs. Au 6e étage, charme des mansardes !

PARIS

Arioso sans rest
7 r. d'Argenson Ⓜ *Miromesnil – ✆ 01 53 05 95 00 – www.arioso-hotel.com*
28 ch – †145/255 € ††145/275 € – ☕ 15 €
◆ Bien situé, ce bel immeuble haussmannien dispose de chambres décorées avec goût, certaines avec de charmants balcons. Les salons sont agréables, de même le patio fleuri !

Atlantic sans rest
44 r. de Londres Ⓜ *St-Lazare – ✆ 01 43 87 45 40 – www.atlanticparis.fr*
82 ch – †110/165 € ††165/220 € – ☕ 16 €
◆ Aquarelles, maquettes de bateaux... Quelques notes marines évoquent le voyage dans cet hôtel voisin de la gare St-Lazare, y compris dans les chambres rénovées, plus séduisantes.

Le Lavoisier sans rest
21 r. Lavoisier Ⓜ *St-Augustin – ✆ 01 53 30 06 06 – www.hotellavoisier.com*
27 ch – †164/315 € ††178/315 € – 3 suites – ☕ 15 €
◆ Chambres cosy, petit salon-bibliothèque intime faisant office de bar et salle voûtée pour les petits-déjeuners, tout près de l'église St-Augustin.

PARIS

St-Augustin Élysées sans rest
9 r. Roy Ⓜ *St-Augustin – ✆ 01 42 93 32 17 – www.astotel.com*
63 ch – †165/259 € ††165/329 € – ☕ 17 €
◆ Situé dans une rue assez calme, un hôtel rénové en 2006, à la décoration harmonieuse et plutôt moderne. Chambres contemporaines, parées de bois sombre et de couleurs gaies.

Astoria Opéra sans rest
42 r. de Moscou Ⓜ *Rome – ✆ 01 42 93 63 53 – www.astotel.com*
86 ch – †139/249 € ††139/284 € – ☕ 15 €
◆ La clientèle d'affaires apprécie ces chambres sobres et actuelles dans le quartier de l'Europe. Fauteuils en cuir dans le coin salon, petits-déjeuners servis sous une verrière.

Mercure Opéra Garnier sans rest
4 r. de l'Isly Ⓜ *St-Lazare – ✆ 01 43 87 35 50 – www.mercure.com*
140 ch – †160/350 € ††180/350 € – ☕ 18 €
◆ Un hôtel de chaîne pratique, entre la gare St-Lazare et les grands magasins. Les chambres sont fonctionnelles et, l'été, on prend son petit-déjeuner (buffet) dans un jardinet.

Cordélia sans rest
11 r. Greffulhe Ⓜ *Madeleine – ✆ 01 42 65 42 40 – www.cordelia-paris-hotel.com*
30 ch ☕ – †160/190 € ††190/210 €
◆ Une façade engageante, des petites chambres bien tenues, une sympathique salle voûtée pour les petits-déjeuners et un confortable salon : tous les atouts d'un hôtel familial.

Alison sans rest
21 r. de Surène Ⓜ *Madeleine – ✆ 01 42 65 54 00 – www.hotelalison.com*
34 ch – †99/177 € ††122/197 € – ☕ 10 €
◆ Dans une rue calme près de la Madeleine, ce petit hôtel offre un bon rapport qualité-prix. Chambres fonctionnelles et de bon confort.

Le Cinq – Hôtel Four Seasons George V
31 av. George V Ⓜ *George V – ✆ 01 49 52 71 54 – www.fourseasons.com/paris*
Rest – Menu 78 € (déj.), 170/230 € – Carte 200/350 €
Spéc. Ormeaux, Saint-Jacques et couteaux au beurre d'algues, soupe crémeuse au cresson. Dos de cabillaud nacré, soleil de courgette-fleur à la marjolaine, beurre à la prune salée (printemps-été). Fraises, croustillant au fenouil, sorbet marbré fromage blanc-fraise (printemps-été).
◆ Dans un décor majestueux – à la gloire du Grand Trianon –, les serveurs en costume jouent un ballet parfaitement orchestré et la succession des mets étourdit les sens. Une prestation de haute volée, sous l'égide du chef Éric Briffard. Superbe carte des vins.

Le Bristol – Hôtel Bristol
112 r. Fg St-Honoré Ⓜ Miromesnil – ✆ 01 53 43 43 00 – www.lebristolparis.com
Rest – Menu 85 € (déj.)/260 € – Carte 135/280 €
Spéc. Macaronis farcis, truffe noire, artichaut et foie gras de canard. Poularde de Bresse cuite en vessie au vin jaune, royale d'abats. Précieux chocolat "nyangbo", cacao liquide, fine tuile croustillante.
◆ Un lieu exceptionnel ! Une salle habillée de boiseries et de tapisseries ; l'autre ouverte sur un jardin rare. De beaux échos à la cuisine d'Éric Fréchon, toute de classicisme et de fraîcheur. Technicien virtuose, il fait preuve d'une liberté exigeante à l'égard de la grande tradition et des plus belles saveurs.

Ledoyen
8 av. Dutuit (carré Champs-Élysées) Ⓜ Champs Elysées Clemenceau – ✆ 01 53 05 10 01 – Fermé 1er-21 août, lundi midi, sam. et dim.
Rest – Menu 88 € (déj.), 199/299 € bc – Carte 160/220 €
Spéc. Grosses langoustines à l'émulsion d'agrumes. Blanc de turbot braisé, pommes rattes truffées. Croquant de pamplemousse cru et cuit.
◆ Un pavillon néoclassique posé dans les jardins des Champs-Élysées... Le site est privilégié, le décor luxueux, la table remarquable ! Christian Le Squer revendique "une cuisine sans mise en scène, mais vraiment cuisinée". Le plaisir est tout simplement... imparable et intense.

Les Ambassadeurs – Hôtel Crillon
10 pl. de la Concorde Ⓜ Concorde – ✆ 01 44 71 16 16 – www.crillon.com – Fermé août, dim. et lundi
Rest – Menu 68 € (déj. en sem.)/140 € – Carte 98/160 €
Spéc. Foie gras de canard des Landes, mousse parfumée à l'Irish coffee. Sole aux langues d'oursin, pommes de terre ratte et poireaux. Poire Belle Hélène, crème glacée à la vanille Bourbon, sauce aux deux chocolats.
◆ Dans l'ancienne salle de bal du célèbre hôtel de Crillon (18e s.) : la majesté faite décor ! Une jeune équipe a repris en 2010 les rênes de cette ambassade de la grande cuisine ; la carte, tout en harmonie et saveurs, est digne des lieux.

Alain Ducasse au Plaza Athénée – Hôtel Plaza Athénée
25 av. Montaigne Ⓜ Alma Marceau – ✆ 01 53 67 65 00 – www.alain-ducasse.com – Fermé 23 juil.-29 août, 17-30 déc., lundi midi, mardi midi, merc. midi, sam., dim. et fériés
Rest – Menu 360 € – Carte 160/240 €
Spéc. Langoustines rafraîchies, caviar. Volaille Albufera, tartufi di Alba (15 oct au 31déc.). Caillé de brebis, caramel-poivre.
◆ Au cœur du célèbre palace, la griffe Ducasse dans sa quintessence : le geste brut, où les cuisiniers ignorent le superflu ; le produit, rendu dans sa vérité ; et l'harmonie des saveurs, cristallines ! Patrick Jouin, qui a repensé le décor Régence, en a lui aussi révélé la beauté...

Taillevent
15 r. Lamennais Ⓜ Charles de Gaulle-Etoile – ✆ 01 44 95 15 01 – www.taillevent.com – Fermé 30 juil.-29 août, sam., dim. et fériés
Rest – *(nombre de couverts limité, prévenir)* Menu 80 € (déj.)/190 € – Carte 130/225 €
Spéc. Rémoulade de tourteau à l'aneth, sauce fleurette citronnée. Selle et côte d'agneau de Lozère frottées à la sarriette, saveurs orientales. Tarte renversée au chocolat et au café grillé.
◆ Son nom évoque l'élégance, la discrétion, l'exigence, le style... Depuis 1946, Taillevent est incontournable dans le paysage de la haute gastronomie française, cultivant un classicisme brillant – et nullement figé.

Lasserre

17 av. F.-D.-Roosevelt Ⓜ Franklin D. Roosevelt
– 01 43 59 53 43 – www.restaurant-lasserre.com
– Fermé août, mardi midi, merc. midi, sam. midi, dim. et lundi

Rest – Menu 85 € (déj.)/185 € – Carte 150/200 €

Spéc. Macaroni aux truffes noires et foie gras. Rouget croustillant à la marjolaine et courgette-fleur (mai-déc.). Fraises des bois à l'eau de rose, granité à la chartreuse.

♦ L'un des temples de la gastronomie parisienne... Colonnes, tentures, cristal : le décor ignore résolument l'époque et, sous l'égide d'une nouvelle équipe, l'assiette relève le défi d'exalter le classicisme dans la fraîcheur ! Ce qui est bien cuisiné semble indémodable...

Laurent

41 av. Gabriel Ⓜ Champs Elysées Clemenceau
– 01 42 25 00 39 – www.le-laurent.com
– Fermé 23 déc.-5 janv., sam. midi, dim. et fériés

Rest – Menu 80/141 € – Carte 136/225 €

Spéc. Araignée de mer dans ses sucs en gelée, crème de fenouil. Flanchet de veau braisé, blettes à la moelle (avril à oct.). Glace vanille minute.

♦ Classique, la carte cultive les codes de la tradition bleu blanc rouge et séduit une clientèle d'habitués – et de célébrités – de longue date ! Décor néoclassique : pilastres, colonnes, frontons, chapiteaux antiques...

PARIS

Apicius (Jean-Pierre Vigato)

20 r. d'Artois Ⓜ St-Philippe du Roule
– 01 43 80 19 66 – www.restaurant-apicius.com
– Fermé août, sam., dim. et fériés

Rest – Menu 160/180 € – Carte 120/210 €

Spéc. Variation de langoustines, à la plancha, mi-cuite et en tempura. Milieu de très gros turbot rôti, jus tranché aux épices. Soufflé à la vanille et fondue de framboises, glace vanille (saison).

♦ Dans un hôtel particulier classé (18e s.), un cadre élégant – à la fois contemporain, baroque et rococo – sans être guindé... Jean-Pierre Vigato y signe une "cuisine vérité" guidée par le beau produit. Superbe cave.

Pierre Gagnaire

6 r. Balzac Ⓜ George V
– 01 58 36 12 50 – www.pierre-gagnaire.com
– Fermé 30 juil.-15 août, vacances de Noël, dim. midi et sam.

Rest – Menu 105 € (déj.)/265 € – Carte 300/350 €

Spéc. Les langoustines. L'agneau de Lozère. Le grand dessert Pierre Gagnaire.

♦ Le cadre contemporain, chic et feutré, s'efface devant l'avalanche de mets, d'inventivité, de curiosité, d'ouverture d'esprit... Grand amateur de jazz et d'art, Pierre Gagnaire fait chanter saveurs, couleurs et textures ! Une fête pour les sens.

Senderens

9 pl. de la Madeleine Ⓜ Madeleine
– 01 42 65 22 90 – www.senderens.fr
– Fermé 2-22 août et fériés

Rest – Menu 90/150 € bc – Carte 100/150 €

Spéc. Encornets à la plancha, brunoise de tomates confites et dés de chorizo. Cochon de lait de Burgos, rougail de poireaux et mangue. Figues en impression d'épices, glace aux spéculos (saison).

Rest *Bar le Passage* – 01 42 65 56 66 – Menu 34 € – Carte 34/52 €

♦ Hier Lucas-Carton, aujourd'hui Senderens. Les boiseries Art nouveau cohabitent avec un mobilier futuriste, l'ambiance est plus décontractée... et l'essentiel demeure : le plaisir du palais, à travers une cuisine excellente, créative et épurée ! Au Passage, ambiance lounge et cuisine du marché.

La Table du Lancaster – Hôtel Lancaster

7 r. de Berri Ⓜ George V – ✆ 01 40 76 40 18 – www.hotel-lancaster.fr – Fermé sam. midi

Rest – Menu 52 € bc (déj. en sem.), 115/145 € – Carte 82/149 €

Spéc. Poêlée de grenouilles meunière, satay de tamarin. Sole à la ciboulette selon la recette historique des frères Troisgros. Soufflé à la noix de coco et à l'ananas (été).

◆ Un cadre élégant avec chinoiseries et jardin zen... Cette table au nom légendaire ne pouvait qu'en appeler à un chef tel que Michel Troisgros (Roanne) pour superviser la carte. On y retrouve tout son goût de l'ailleurs, décliné par thèmes : produits, saveurs et sens.

Les Enfants Terribles

8 r. Lord-Byron Ⓜ Charles de Gaulle-Etoile – ✆ 01 53 89 90 91 – www.enfantsterribles-paris.com – Fermé 1er-23 août, sam. midi et dim.

Rest – Menu 45 € (déj.) – Carte 55/98 €

◆ Terriblement chic : moulures classiques, verrière métallique, mobilier moderne et stylé... La carte est riche, mêlant de multiples influences (tradition, Asie, etc.).

1728

8 r. d'Anjou Ⓜ Madeleine – ✆ 01 40 17 04 77 – www.restaurant-1728.com – Fermé 5-25 août, dim. et fériés

Rest – (35 €) Menu 55 € (dîner) – Carte 52/122 €

◆ Ambiance romantique dans les salons de cet hôtel particulier du 18e s. La cuisine marie volontiers les saveurs de l'Orient et de l'Occident. Voyage dans le temps et par le monde...

Fouquet's

99 av. Champs Élysées Ⓜ George V – ✆ 01 40 69 60 50 – www.lucienbarriere.com

Rest – Menu 78 € – Carte 60/150 €

◆ Le rendez-vous du Tout-Paris depuis 1899... On va au Fouquet's comme on visite la tour Eiffel, pour son décor classé et sa terrasse sur les Champs. Mets classiques et plats de brasserie.

Copenhague

142 av. des Champs-Élysées, (Maison du Danemark - 1er étage) Ⓜ George V – ✆ 01 44 13 86 26 – www.copenhague-paris.com – Fermé 7-21 août, sam. midi et dim.

Rest – Menu 50 € (déj.), 72/110 € – Carte 70/130 €

◆ Dans la Maison du Danemark, avec le portrait de la reine ! Les saveurs danoises ne font pas vitrine : blinis, aquavit, saumon, renne fumé... Vue sur les Champs, terrasse à l'arrière.

Stella Maris (Tateru Yoshino)

4 r. Arsène Houssaye Ⓜ Charles de Gaulle-Etoile – ✆ 01 42 89 16 22 – Fermé sam. midi, dim. et fériés

Rest – Menu 49 € (déj.), 70/130 € – Carte 114/182 €

Spéc. Millefeuille de thon mariné et aubergine, tapenade et caviar français. Lièvre à la royale (oct à déc). Kouign aman façon penthièvre, sorbet cidre.

◆ Un chef japonais brillant, épris de gastronomie française, signe la carte classique de ce restaurant raffiné, proche de l'Arc de Triomphe. Décor épuré, touches Art déco.

Maison Blanche

15 av. Montaigne Ⓜ Alma Marceau – ✆ 01 47 23 55 99 – www.maison-blanche.fr – Fermé 5-25 août, sam. midi et dim. midi

Rest – (40 €) Menu 55 € (déj.), 69/110 € – Carte 80/150 €

◆ Prenez vos quartiers sur le toit du théâtre des Champs-Élysées, dans ce loft design qui domine Paris ! Cuisine contemporaine : saveurs méditerranéennes, d'Asie...

PARIS

PARIS

XXX **Le Chiberta**

3 r. Arsène-Houssaye Ⓜ Charles de Gaulle-Etoile – ✆ 01 53 53 42 00 – www.lechiberta.com – Fermé 2 sem. en août, sam. midi et dim.

Rest – Menu 49/155 € bc – Carte 80/100 €

Spéc. Crème de petits pois rafraîchis à l'huile d'amande. Bar de petit bateau à la plancha, aubergines et jus de citron confit. Terrine de pamplemousse, thé earl grey.

◆ Lumière tamisée, décor feutré et dépouillé conçu par J.-M. Wilmotte (tons sombres, insolites "murs à bouteilles") : l'écrin chic d'une cuisine inventive supervisée par Guy Savoy.

XXX **Citrus Étoile**

6 r. Arsène-Houssaye Ⓜ Charles de Gaulle-Étoile – ✆ 01 42 89 15 51 – www.citrusetoile.com – Fermé 23 déc.-4 janv., sam., dim. et fériés

Rest – Menu 39 € (déj.), 69 € bc/85 € – Carte 66/93 €

◆ Gilles Épié signe une cuisine originale, à la croisée d'une solide formation classique et de belles expériences à l'étranger (Californie). Déco élégante, accueil délicieux.

XXX **Oth Sombath**

184 r. du Fg-St-Honoré Ⓜ St-Philippe-du-Roule – ✆ 01 42 56 55 55 – www.othsombath.com – fermé août et dim.

Rest – (26 €) Menu 32 €, 40/70 € – Carte 55/75 €

◆ Un décor résolument moderne et élégant pour ce thaï qui n'a rien de traditionnel : nem au foie gras, bar au citron vert, crevettes au curry jaune, émincé de bœuf au basilic thaï...

XX **Le Relais Plaza** – Hôtel Plaza Athénée

25 av. Montaigne Ⓜ Alma Marceau – ✆ 01 53 67 64 00 – www.plaza-athenee-paris.com – Fermé 24 juil.-29 août

Rest – Menu 48 € – Carte 68/138 €

◆ La cantine chic et feutrée des maisons de couture voisines. Très beau décor des années 1930 inspiré du paquebot Normandie ; cuisine actuelle sur de sérieuses bases classiques.

XX **114, Faubourg** – Hôtel Bristol

114 r. Fg St-Honoré Ⓜ Miromesnil – ✆ 01 53 43 44 44 – www.lebristolparis.com

Rest – *(fermé sam. midi et dim. midi)* (46 €) Carte 59/99 €

◆ Une brasserie so chic – colonnes dorées, motifs floraux, grand escalier – créée en 2009 dans la nouvelle aile du Bristol. Un décor chatoyant pour une cuisine éclectique et pétillante !

XX **Mini Palais**

Au Grand Palais - 3 av. Winston Churchill Ⓜ Champs Elysées Clemenceau – ✆ 01 42 56 42 42 – www.minipalais.com

Rest – (28 €) Carte 30/62 €

◆ Au Grand Palais se cache ce Mini Palais, dédié aux plaisirs... du palais ! Honneur aux beaux produits, à la générosité et à la simplicité ; en complément, carte d'en-cas pour grignoter de midi à minuit et salon de thé. La terrasse est exquise.

XX **Nolita**

1 av. Matignon, (Motor Village - 2ème étage) Ⓜ Franklin D. Roosevelt – ✆ 01 53 75 78 78 – www.motorvillage.fr

Rest – Carte 45/90 €

◆ Un restaurant chic, au sein du MotorVillage (showroom d'un grand groupe auto italien). La cuisine joue la carte de l'authenticité transalpine et les saveurs démarrent au quart de tour !

L'Arôme

3 r. St-Philippe-du-Roule Ⓜ St-Philippe-du-Roule – ✆ 01 42 25 55 98 – www.larome.fr – Fermé 3 sem. en août, 1 sem. en déc., sam. et dim.

Rest – (37 €) Menu 79/175 € bc

Spéc. Fleur de courgette farcie au tourteau breton (mai à sept.). Lièvre à la royale, airelles au sirop de poivre de Tasmanie (15 sept.-15 déc.). Millefeuille destructuré aux fraises des bois (15 avril- 30 sept.).

◆ En salle, Éric Martins vous conseille des vins en parfaite harmonie avec les plats de Thomas Boullault. Ce dernier réalise une cuisine française raffinée et inventive, accordant la toute première place aux produits de saison. Chic, chaleureux et... plein d'arômes !

Le 39V

soir,

39 av. George V, (6ème étage), entrée par le 17 r. Quentin Bauchart Ⓜ George V – ✆ 01 56 62 39 05 – www.le39v.com – Fermé 3 sem. en août, sam. et dim.

Rest – (40 €) Menu 50 € (déj. en sem.)/85 € – Carte 55/80 €

◆ Température ? 39V ! Il faut dire que ce restaurant est perché sur les toits d'un bel immeuble hausmannien, tout près du soleil. Le chef revisite la tradition avec brio et concocte des plats séduisants.

L'Angle du Faubourg

195 r. Fg St-Honoré Ⓜ Ternes – ✆ 01 40 74 20 20 – www.taillevent.com – Fermé août, sam., dim. et fériés

Rest – Menu 40 € (déj.), 82 € bc/132 € bc – Carte 66/75 €

Spéc. Rémoulade de chair de crabe et d'avocat, gelée de tomate (juin à sept.). Risotto crémeux de bouche à oreille. Délice au chocolat manjari, glace à la fraise (juin à sept.).

◆ L'annexe de la maison Taillevent, à l'angle des rues du Faubourg-St-Honoré et Balzac : ambiance feutrée et contemporaine... La carte est courte et bien dans son époque : saveur, douceur et harmonie.

Marius et Janette

4 av. George V Ⓜ Alma Marceau – ✆ 01 47 23 41 88

Rest – Menu 48 € – Carte 71/117 €

◆ Un élégant décor façon yacht, des filets de pêche, etc. Ici, les produits de la mer sont évidemment à l'honneur ; la carte est renouvelée chaque jour, au gré des arrivages...

Market

15 av. Matignon Ⓜ Franklin D. Roosevelt – ✆ 01 56 43 40 90 – www.jean-georges.com

Rest – (36 €) Carte 47/80 € le soir

◆ Béton ciré, lin, bois et touches ethniques : un bistrot chic et "in" au service d'une belle cuisine fusion placée sous les auspices new-yorkais de Jean-Georges Vongerichten.

Maxan

37 r. Miromesnil Ⓜ Miromesnil – ✆ 01 42 65 78 60 – www.rest-maxan.com – Fermé 1er-23 août, 24 déc.-3 janv., lundi soir, sam. midi et dim.

Rest – Menu 36/45 € – Carte 50/65 €

◆ Le décor contemporain signé Pierre Pozzi est vraiment original avec ses sculptures de papier. La cuisine est à l'avenant, plutôt créative et bien ficelée. Séduisant menu du jour.

Spoon

12 r. Marignan Ⓜ Franklin D. Roosevelt – ✆ 01 40 76 34 44 – www.spoon-restaurants.com – Fermé août, sam. et dim.

Rest – Menu 33 € (déj. en sem.)/76 € – Carte 36/62 €

◆ Une table signée Alain Ducasse dans l'hôtel Marignan. Le concept : "Nature, simple, sain et bon." Le lieu est lumineux et épuré, ouvert sur les cuisines, très nouveau chic.

PARIS

Indra

10 r. Cdt-Rivière Ⓜ St-Philippe-du-Roule – ✆ 01 43 59 46 40 – www.restaurant-indra.com

Rest – Menu 40 € (déj.), 44/65 € – Carte 40/60 €

◆ L'un des premiers restaurants indiens de France (1976), dont le cadre – ravissant – invite à un voyage culinaire au nord du pays des Maharadjas. Beau choix de plats végétariens.

Diep

55 r. Pierre-Charon Ⓜ George V – ✆ 01 45 63 52 76 – www.diep.fr

Rest – Carte 30/65 €

◆ Du rouge, du noir, des alcôves et des panneaux sculptés : l'Asie dans le décor, tout comme dans l'assiette. Plats chinois et thaïlandais ; poissons et crustacés à l'honneur.

Le Stresa

7 r. Chambiges Ⓜ Alma Marceau – ✆ 01 47 23 51 62 – www.lestresa.com – Fermé août, 20 déc.-4 janv., 1er-8 mai, sam. et dim.

Rest – *(prévenir)* Carte 80/130 €

◆ Trattoria du Triangle d'or fréquentée par une clientèle très jet-set. Compressions de César, œuvres d'Arman... Les artistes aussi apprécient la cuisine italienne.

PARIS

Bistrot du Sommelier

97 bd Haussmann Ⓜ St-Augustin – ✆ 01 42 65 24 85 – www.bistrotdusommelier.com – Fermé 1er-28 août, 24 déc.-1er janv., sam. et dim.

Rest – (33 €) Menu 39 € (déj.), 43 € bc/110 € bc – Carte 53/75 €

◆ On vient dans ce bistrot de Philippe Faure-Brac, meilleur sommelier du monde en 1992, pour sa cuisine du marché, son joli caveau de dégustation et ses "vendredis du vigneron".

Al Ajami

58 r. François 1er Ⓜ George V – ✆ 01 42 25 38 44 – www.ajami.com

Rest – (16 €) Menu 25 € (déj. en sem.)/48 € – Carte 31/60 €

◆ L'ambassade parisienne d'une enseigne créée à Beyrouth en 1920. La clientèle internationale apprécie ce lieu très oriental ; au déjeuner, sympathique menu beyrouthin à prix sage.

Hanawa

26 r. Bayard Ⓜ Franklin D. Roosevelt – ✆ 01 56 62 70 70 – www.hanawa.fr – Fermé dim.

Rest – Menu 35 € (déj.), 64/115 € – Carte 60/125 €

◆ Grand restaurant japonais raffiné et zen (bois, fleurs) sur 1 100 m^2. Sushi-bar à l'étage et, au sous-sol, teppanyaki aux influences françaises.

Café Lenôtre - Pavillon Elysée

10 av. des Champs-Elysées Ⓜ Champs Elysées Clemenceau – ✆ 01 42 65 85 10 – www.lenotre.fr – Fermé 3 sem. en août, 12-28 fév., dim. sauf le midi d'avril à oct. et lundi de nov. à mars

Rest – (35 €) Carte 45/78 €

◆ Ce pavillon, bâti pour l'Exposition universelle de 1900, distille une sobre élégance. Au déjeuner, le menu est attractif et, sous le soleil, la terrasse est exquise... Boutique dédiée aux arts de la table et école de cuisine.

L'Atelier de Joël Robuchon - Étoile

133 av. des Champs-Élysées, (Publicis Drugstore, niveau -1) Ⓜ Charles de Gaulle-Étoile – ✆ 01 47 23 75 75 – www.joel-robuchon.com – Accueil de 11h30 à 15h30 et de 18h30 à minuit. Réservations uniquement pour certains services : se renseigner

Rest – 150 € - Carte 60/130 €

Spéc. Caviar en gelée de crustacés, crème de chou-fleur. Saint-pierre avec fondue de tomate à la coriandre et citron vert. Clafoutis tradition.

◆ Le dernier né des "ateliers" du grand chef, à deux pas de l'Arc de Triomphe. Un concept éprouvé : long comptoir avec tabourets, tons rouge et noir… et recettes alliant finesse et simplicité, entre France, Espagne et Asie.

Dominique Bouchet

11 r. Treilhard Ⓜ Miromesnil – ✆ 01 45 61 09 46 – www.dominique-bouchet.com – Fermé 1er-22 août, sam., dim. et fériés

Rest – *(prévenir)* (46 €) Menu 98 € (dîner) – Carte 60/85 €

Spéc. Charlotte de tomate et crabe, avocat, pomme verte, mangue et basilic (mai à sept.). Bar sur pomme ratte façon carbonara, huile d'olive à la vanille, câpres et citron (mai à sept.). Tarte au chocolat, sorbet de saison.

◆ C'est le genre d'adresse que l'on a envie de recommander à tous ses proches : atmosphère contemporaine et intime, service alerte, cuisine du marché savoureuse et bien troussée...

Royal Madeleine

11 r. Chevalier-St-George Ⓜ Madeleine – ✆ 01 42 60 14 36 – www.royalmadeleine.com – Fermé 1er-16 janv. et week-end en juil.-août

Rest – Carte 39/72 €

◆ Un bistrot des années 1940 (ancien café-charbon) avec ses miroirs d'époque et ses gravures rétro. Cuisine bistrotière et beau choix de vins à prix raisonnable.

Café Prunier

15 pl. de la Madeleine Ⓜ Madeleine – ✆ 01 47 42 98 91 – www.prunier.com

Rest – (30 €) Menu 36/95 € – Carte 45/120 €

◆ "Faire sympa, léger et goûteux" : mission accomplie pour ce café chic inspiré de la maison mère, institution du caviar et du saumon dans le 16e. Boutique au rez-de-chaussée.

Le Petit Marius

6 av. George V Ⓜ Alma Marceau – ✆ 01 40 70 11 76

Rest – Carte 45/69 €

◆ Le digne fils de la maison mère Marius et Janette : petites tables serrées et simplement dressées, décoration provençale colorée et cuisine de la mer bien iodée.

Aoki Makoto

19 r. Jean Mermoz Ⓜ Mirosmenil – ✆ 01 43 59 29 24 – Fermé 1er-21 août, 24 déc.-6 janv., sam. midi, dim. et fériés

Rest – (22 €) Menu 45 € (dîner)/65 € – Carte 50/93 €

◆ Aoki Makoto, chef japonais, réalise une cuisine on ne peut plus française ! Parmi ses spécialités : assiette aux treize légumes, pigeon rôti au foie gras, baba au rhum...

Chez Cécile - La Ferme des Mathurins

17 r. Vignon Ⓜ Madeleine – ✆ 01 42 66 46 39 – www.chezcecile.com – Fermé sam. midi et dim.

Rest – Menu 33/59 € – Carte 33/55 €

◆ Simenon avait ses habitudes dans cette petite institution de la Madeleine, aujourd'hui tenue par une jeune femme dynamique. Vent de fraîcheur sur le décor et sur la cuisine, toute de saison.

Café Sud

12 r. de Castellane Ⓜ Madeleine – ✆ 01 42 65 90 52 – www.cafesud.com – Fermé 13-18 août, sam. midi et dim.

Rest – (24 €) Menu 48 € – Carte 45/60 €

◆ On se sent bien dans sa petite salle simple et chic. Une atmosphère reposante... La carte marie tradition, épices et influences du Sud.

Daru

soir,

19 r. Daru Ⓜ Courcelles – ✆ 01 42 27 23 60 – www.daru.fr – Fermé août et dim.

Rest – (28 €) Carte 60/100 €

◆ Fondée en 1918, la maison Daru fut la première épicerie russe de Paris. Elle perpétue la tradition slave et retrouve la Russie d'autrefois : taramas, bœuf Stroganov, blinis...

Le Percolateur

20 r. de Turin Ⓜ Rome – ✆ 01 43 87 97 59 – www.lepercolateur.fr – Fermé 3 sem. en août, sam. midi et dim.

Rest – (15 €) Menu 20 € (déj.)/28 € – Carte 30/46 €

◆ Cette ancienne gargote s'est muée en bistrot où brille une collection de... percolateurs. Cuisine à l'image du lieu : terrine maison, macaronis aux olives, poulet saté, etc.

PARIS

Le Bouco

10 r. de Constantinople Ⓜ *Europe – ✆ 01 42 93 73 33 – www.lebouco.com – Fermé août, sam., dim. et fériés*

Rest – *(nombre de couverts limité, prévenir)* (24 €) Menu 29 € (déj.)/35 € – Carte 33/49 €

◆ Ce minuscule néobistrot revisite avec simplicité la cuisine du Sud-Ouest : jambon basque, terrine de foies de volaille, tartare de bœuf et frites maison, camembert à la truffe...

Shin Jung

7 r. Clapeyron Ⓜ *Rome – ✆ 01 45 22 21 06 – www.shinjung.fr – Fermé dim. midi et fériés le midi*

Rest – (14 €) Menu 37/45 € bc – Carte 25/35 €

◆ Une modeste adresse de quartier, simple, moderne et conviviale. Spécialités sud-coréennes : bibimbap, kimchi, barbecue, poissons crus...

PARIS

S. Sauvignier/MICHELIN

Opéra · Grands Boulevards

9e arrondissement

✉ 75009

Intercontinental Le Grand

2 r. Scribe Ⓜ *Opéra – ✆ 01 40 07 32 32 – www.paris.intercontinental.com*

442 ch – †250/920 € ††250/920 € – 28 suites – ☕ 39 €

Rest *Café de la Paix* – voir ci-après

◆ Le célèbre palace de la place de l'Opéra, inauguré en 1862 et rénové en 2003, arbore un parfait décor Second Empire, hautement élégant et avec tout le confort d'aujourd'hui.

Scribe

1 r. Scribe Ⓜ *Opéra – ✆ 01 44 71 24 24 – www.hotel-scribe-paris.com*

204 ch – †260/780 € ††260/780 € – 9 suites – ☕ 35 €

Rest *Café Lumière* – Carte 45/95 €

◆ Dans un bel immeuble haussmannien, hôtel parfaitement tenu, apprécié pour son luxe discret. En 1895, le public y découvrait en première mondiale le cinématographe des frères Lumière. Carte actuelle au Café Lumière, éclairé par une verrière. Atmosphère feutrée et cosy.

Millennium Paris Opéra

ch, ch,

12 bd Haussmann Ⓜ *Richelieu Drouot – ✆ 01 49 49 16 00 – www.millenniumhotels.com*

163 ch – †500/1000 € ††500/1000 € – 21 suites – ☕ 25 €

Rest *Brasserie Haussmann* – ✆ 01 49 49 16 64 – (20 € bc) Carte 39/70 €

◆ Cet hôtel est né en 1927, pendant les années folles. Chambres garnies de meubles de style ou anciens, et aménagées avec un goût sûr. Équipements modernes. À la Brasserie Haussmann, cadre judicieusement revisité et plats typiques du genre.

Banke

ch,

20 r. Lafayette Ⓜ *Chaussée d'Antin – ✆ 01 55 33 22 22 – www.derbyhotels.com*

94 ch – †190/475 € ††190/580 € – ☕ 28 €

Rest – Menu 29 € (déj. en sem.)/54 € – Carte 32/68 €

◆ Reconversion originale : cet ancien siège bancaire du début du 20e s. est devenu hôtel de luxe en 2009. Le hall opulent (tons or et cramoisi, immense verrière) mérite le coup d'œil. Le restaurant sert une cuisine actuelle relevée de quelques touches ibériques.

Ambassador Radisson Blu

16 bd Haussmann Ⓜ *Richelieu Drouot* – ✆ *01 44 83 40 40 – www.radissonblu.com/ambassadorhotel-paris*
297 ch – †260/2000 € ††260/2000 € – 8 suites – ☕ 28 €
Rest *16 Haussmann* – ✆ 01 48 00 06 38 *(fermé 4-25 août, sam. midi et dim.)*
Menu 37 € (dîner), 39/44 €

◆ Panneaux de bois peint, lustres en cristal et objets anciens ornent cet élégant hôtel Art déco (années 1920). Certaines chambres rénovées sont plus contemporaines. Au 16 Haussmann, cuisine au goût du jour évoluant avec le marché et les saisons, à savourer en admirant l'animation sur le boulevard.

Opéra Pavillon sans rest

7 r. de Parme Ⓜ *Liège* – ✆ *01 55 31 60 00 – www.pavillonparis.com*
30 ch ☕ – †210/270 € ††270/310 €

◆ Dans une rue tranquille, hôtel contemporain aux chambres peu spacieuses, d'un luxe sobre mais dégageant une atmosphère plaisamment intimiste. Jardin japonais dans la minicour.

Jules sans rest

49 r. La Fayette Ⓜ *Le Peletier* – ✆ *01 42 85 05 44 – www.hoteljules.com*
101 ch – †170/320 € ††190/650 € – ☕ 18 €

◆ Cet hôtel a pris le tournant de la modernité sans rien perdre de son élégance. Au sous-sol, salle des petits-déjeuners lumineuse et vitaminée (tons orange, motif floral). Fitness.

Astra Opéra sans rest

29 r. Caumartin Ⓜ *Havre Caumartin* – ✆ *01 42 66 15 15 – www.astotel.com*
82 ch – †199/489 € ††199/489 € – ☕ 21 €

◆ Immeuble haussmannien aux chambres assez amples et confortables, rénovées dans un esprit actuel. Lumineux salon sous verrière, décoré de tableaux contemporains.

St-Pétersbourg sans rest

33 r. Caumartin Ⓜ *Havre Caumartin* – ✆ *01 42 66 60 38 – www.hotelsaintpetersbourg.com*
98 ch ☕ – †153/179 € ††190/249 €

◆ Grand hôtel traditionnel au fonctionnement familial. Élégante entrée – sol en marbre et lustres –, nombreux salons et salles de réunion. Chambres spacieuses.

Secret de Paris sans rest

2 r. de Parme Ⓜ *Place de Clichy* – ✆ *01 53 16 33 33 – www.hotelsecretdeparis.com*
29 ch – †186/380 € ††186/380 € – ☕ 17 €

◆ Son concept ? Placer chaque client au cœur d'un monument parisien. Du Moulin Rouge à l'Opéra Garnier. Le maître-mot est : "Chut" ! Un secret confort et high-tech à divulguer sans tarder.

Joyce sans rest

29 r. La Bruyère Ⓜ *St-Georges* – ✆ *01 55 07 00 01 – www.astotel.com*
44 ch – †149/299 € ††149/299 € – ☕ 17 €

◆ Têtes de lit, bibliothèques et boiseries sont dessinées sur les murs, tel un croquis d'architecte. Du style dans ce boutique-hôtel flambant neuf. Jolie verrière pour le petit-déjeuner.

Lorette Opéra sans rest

36 r. Notre-Dame-de-Lorette Ⓜ *St-Georges* – ✆ *01 42 85 18 81 – www.astotel.com*
84 ch – †139/269 € ††139/269 € – ☕ 17 €

◆ Dans cet hôtel rénové, style contemporain et pierres de taille se mêlent harmonieusement. Agréables chambres actuelles, petit-déjeuner servi dans une salle voûtée.

ATN sans rest

21 r. d'Athènes Ⓜ *St-Lazare* – ✆ *01 48 74 00 55 – www.atn-hotel-paris-opera.com*
36 ch – †137/320 € ††137/320 € – ☕ 12 €

◆ À deux pas de la gare St-Lazare. Design tendance, matériaux de qualité et aménagements réfléchis résument l'esprit de cet hôtel contemporain.

PARIS

Triangle d'Or sans rest
6 r. Godot-de-Mauroy Ⓜ Havre Caumartin – ✆ 01 47 42 25 05 – www.hoteldutriangledor.com
45 ch – †169/219 € ††229/330 € – ☕ 15 €
◆ Derrière l'Olympia, son décor ne pouvait qu'être musical ! Pour repenser les chambres, ses propriétaires ont fait appel à Rickie Lee Jones, Archie Shepp, Higelin, Mc Solar... Textes de chanson et photos, djembés en guise de têtes de lit, etc. De bonnes vibes !

9 Hotel sans rest
14 r. Papillon Ⓜ Cadet – ✆ 01 47 70 78 34 – www.le9hotel.com
35 ch – †120/220 € ††130/230 € – ☕ 15 €
◆ Établissement au style épuré. Agréable salon avec livres à disposition, chambres peu spacieuses mais fonctionnelles (mobilier contemporain, éclairage modulable).

Caumartin Opéra sans rest
27 r. Caumartin Ⓜ Havre Caumartin – ✆ 01 47 42 95 95 – www.astotel.com
40 ch – †165/259 € ††165/259 € – ☕ 17 €
◆ Ce petit hôtel, proche des grands magasins, propose des chambres au décor dans l'air du temps et aux salles de bains d'une blancheur immaculée.

Grand Hôtel Haussmann sans rest
6 r. Helder Ⓜ Opéra – ✆ 01 48 24 76 10 – www.hotelhaussmann.com
59 ch – †154 € ††170/235 € – ☕ 15 €
◆ Cette discrète façade dissimule des chambres de tailles variées, douillettes, personnalisées et rénovées par étapes. Presque toutes donnent sur l'arrière.

Anjou Lafayette sans rest
4 r. Riboutté Ⓜ Cadet – ✆ 01 42 46 83 44 – www.hotelanjoulafayette.com
39 ch – †109/170 € ††129/190 € – ☕ 12 €
◆ Près du square Montholon orné de grilles du Second Empire, chambres de bon confort, insonorisées et décorées dans des tons chaleureux.

Les Trois Poussins sans rest
15 r. Clauzel Ⓜ St-Georges – ✆ 01 53 32 81 81 – www.les3poussins.com
40 ch – †150/165 € ††150/250 € – ☕ 13 €
◆ Élégantes chambres offrant plusieurs niveaux de confort. Vue sur Paris depuis les derniers étages. Salle des petits-déjeuners joliment voûtée. Petite cour-terrasse.

Opéra d'Antin sans rest
75 r. de Provence Ⓜ Chaussée d'Antin – ✆ 01 48 74 12 99 – www.operadantin.com
30 ch – †105/195 € ††115/230 € – ☕ 13 €
◆ Hôtel proche des célèbres Galeries Lafayette. Salle des petits-déjeuners aménagée sous une verrière et plaisantes chambres optant pour le style Art déco.

Langlois sans rest
63 r. St-Lazare Ⓜ Trinité – ✆ 01 48 74 78 24 – www.hotel-langlois.com
24 ch – †99/120 € ††126/150 € – 3 suites – ☕ 13 €
◆ Bâti en 1870, l'immeuble abrita une banque, puis un hôtel à partir de 1896. Art nouveau, Art déco ou années 1950, toutes les chambres ont un caractère bien marqué.

Bergère Opéra sans rest
34 r. Bergère Ⓜ Grands Boulevards – ✆ 01 47 70 34 34 – www.astotel.com
134 ch – †139/249 € ††139/249 € – ☕ 15 €
◆ Entre Grands Boulevards, Opéra et la salle des ventes Drouot. Chambres fraîches, accessibles par un ascenseur panoramique ; certaines donnent sur un jardin d'hiver. Salon spacieux.

Acadia Opéra sans rest
4 r. Geoffroy-Marie Ⓜ Grands Boulevards – ✆ 01 40 22 99 99 – www.astotel.com
36 ch – †139/249 € ††139/249 € – ☕ 15 €
◆ Dans un quartier animé, près des Folies Bergère, ce petit immeuble abrite des chambres décorées avec goût dans un esprit contemporain, minimal et zen. Tenue sans reproche.

Relais Madeleine sans rest
11 bis r. Godot-de-Mauroy Ⓜ *Havre Caumartin – 01 47 42 22 40 – www.relaismadeleine.fr*
23 ch – 180/210 € 210/460 € – 13 €
◆ Hôtel récemment rénové de pied en cap : décor soigné d'une maison de famille (mobilier stylé, portraits) dans le goût d'aujourd'hui (bons équipements). Service attentif.

Monterosa sans rest
30 r. La Bruyère Ⓜ *St-Georges – 01 48 74 87 90 – www.astotel.com*
36 ch – 139/249 € 139/249 € – 15 €
◆ Urbain, sobre et fonctionnel, avec une pointe d'élégance : toute l'actualité de cet hôtel rénové en 2010, au cœur de la Nouvelle Athènes.

Du Pré sans rest
10 r. Pierre-Sémard Ⓜ *Poissonnière – 01 42 81 37 11 – www.leshotelsdupre.com*
40 ch – 105 € 130/140 € – 12 €
◆ Chambres fonctionnelles et joliment colorées, salon garni de canapés Chesterfield, salle des petits-déjeuners et bar de style bistrot.

Café de la Paix – Intercontinental Le Grand
12 bd des Capucines Ⓜ *Opéra – 01 40 07 36 36 – www.cafedelapaix.fr*
Rest – (36 €) Menu 46 € (déj.)/83 € – Carte 60/130 €
◆ Fresques, lambris dorés et mobilier inspiré du style Napoléon III : ce luxueux et légendaire restaurant, ouvert de 7h à minuit, reste le rendez-vous du Tout-Paris.

Jean
8 r. St-Lazare Ⓜ *Notre-Dame de Lorette – 01 48 78 62 73 – www.restaurantjean.fr – Fermé 8-22 août, sam. et dim.*
Rest – Menu 46/95 € – Carte 66/85 €
Spéc. Escargots, crémeux de risotto, herbes hachées, beaufort, épices. Lotte, navets longs, pois gourmands, radis roses, coquillages, algues, sauce au pinot gris. Sablé coeur caramel coulant, quinoa soufflé caramélisé, framboises au citron vert.
◆ Séduisante cuisine actuelle dans ce restaurant à l'atmosphère chaleureuse (tons blanc-rosé, tissus à rayures, motifs fleuris, mosaïque au sol). Salon cosy à l'étage.

Romain
40 r. St-Georges Ⓜ *St-Georges – 01 48 24 58 94 – Fermé août, sam. et dim.*
Rest – (26 €) Menu 34 € – Carte 40/65 €
◆ La carte de ce restaurant, niché derrière l'église Notre-Dame-de-Lorette, propose d'excellents produits transalpins dans un cadre soigné. Livre de cave dans le même esprit.

Au Petit Riche
25 r. Le Peletier Ⓜ *Richelieu Drouot – 01 47 70 68 68 – www.aupetitriche.com – Fermé week-ends de mi-juil. à fin août et fériés*
Rest – (22 €) Menu 28/34 € bc – Carte 32/50 €
◆ Banquettes en velours rouge, miroirs gravés, tables élégantes : voici intact le charme d'un bistrot à la mode du 19e s. Cuisine d'inspiration tourangelle et beau choix de vins de Loire.

Hotaru
18 r. Rodier Ⓜ *Notre-Dame de Lorette – 01 48 78 33 74 – Fermé 2 sem. en août, 24 déc.-3 janv., dim. et lundi*
Rest – (18 €) Menu 37/72 € – Carte 29/65 €
◆ Décor discret pour cette table nippone installée dans un ancien restaurant de quartier, enrichi à présent de touches japonisantes. Cuisine traditionnelle axée sur le poisson.

Casa Olympe
48 r. St-Georges Ⓜ *St-Georges – 01 42 85 26 01 – www.casaolympe.com – Fermé 29 avril-16 mai, 1er-26 août, 23 déc.-3 janv., sam. et dim.*
Rest – *(nombre de couverts limité, prévenir)* Menu 43 € – Carte 47/65 €
◆ Deux petites salles ocre où l'on déguste à touche-touche les plats traditionnels qu'Olympe – Dominique Versini, égérie culinaire des années 1980 – interprète à sa façon.

La Petite Sirène de Copenhague

47 r. N.-D.-de-Lorette Ⓜ *St-Georges – ☎ 01 45 26 66 66 – Fermé août, 23 déc.-2 janv., sam. midi, dim. et lundi*
Rest – *(prévenir)* Menu 29 € (déj.)/34 € – Carte 42/60 €
◆ Une salle à manger tout en sobriété – murs chaulés, éclairage tamisé à la mode danoise – pour des recettes originaires de la patrie d'Andersen. Accueil aux petits soins.

Carte Blanche

6 r. Lamartine Ⓜ *Cadet – ☎ 01 48 78 12 20 – www.restaurantcarteblanche.com – Fermé 1er-24 août, sam. midi, dim. et fériés*
Rest – (28 €) Menu 35/42 €
◆ Les patrons ont voyagé et cela se voit : objets et photos ramenés des quatre coins du globe, vaisselle exotique et bonne cuisine métissant influences françaises et étrangères.

Villa Victoria

52 r. Lamartine Ⓜ *Notre-Dame de Lorette – ☎ 01 48 78 60 05 – www.la-villa-victoria.com – Fermé août, sam. midi et dim.*
Rest – (25 €) Menu 35 € – Carte 40/50 €
◆ Ce néobistrot au cadre chaleureux (pierres apparentes, petites tables serrées, menus et vins sur de grandes ardoises) propose une bonne cuisine traditionnelle.

I Golosi

6 r. Grange-Batelière Ⓜ *Richelieu Drouot – ☎ 01 48 24 18 63 – Fermé 6-22 août, sam. soir et dim.*
Rest – Carte 26/50 €
◆ Au 1er étage, design italien dont le "minimalisme" est compensé par la jovialité du service. Au rez-de-chaussée, café, boutique et coin dégustation. Cuisine transalpine.

Le Pré Cadet

10 r. Saulnier Ⓜ *Cadet – ☎ 01 48 24 99 64 – Fermé 1er-8 mai, 3-21 août, 24 déc.-1er janv., sam. midi et dim.*
Rest – *(nombre de couverts limité, prévenir)* Menu 30 € – Carte 30/50 €
◆ Sympathie, convivialité et plats canailles dont la tête de veau, orgueil de la maison, font le succès de cette petite adresse voisine des Folies Bergère. Belle carte des cafés.

Sizin

47 r. St-Georges Ⓜ *St-Georges – ☎ 01 44 63 02 28 – www.sizin-restaurant.com – Fermé août et dim.*
Rest – Menu 15 € (déj. en sem.) – Carte 20/33 €
◆ Gravures anciennes et faïences d'Iznik donnent le ton : c'est du côté de la Turquie et de ses richesses gastronomiques que vous emmène cet accueillant restaurant.

Georgette

29 r. St-Georges Ⓜ *Notre-Dame de Lorette – ☎ 01 42 80 39 13 – Fermé vacances de Pâques, août, vacances de la Toussaint, sam., dim. et lundi*
Rest – Menu 35 € – Carte 27/47 €
◆ Avec ses tables multicolores en formica et ses chaises en skaï, ce restaurant cultive un cachet rétro des plus sympathiques. Cuisine de bistrot réalisée avec de bons produits.

L'Oriental

47 av. Trudaine Ⓜ *Pigalle – ☎ 01 42 64 39 80 – www.loriental-restaurant.com*
Rest – Menu 34 € – Carte 31/50 €
◆ Sur l'avenue Trudaine, où s'étend une agréable terrasse aux beaux jours, chaleureux et confortable restaurant au décor oriental. Plats marocains parfumés, couscous en tête.

L'Office

3 r. Richer Ⓜ Poissonnière – ☎ 01 47 70 67 31 – Fermé 8-22 août, 24 déc.-4 janv., dim., lundi et le midi sauf jeudi et vend.

Rest – *(nombre de couverts limité, prévenir)* (17 €) Carte 30/42 €

◆ Adresse au cadre sobre, qui s'inscrit dans la lignée des tables tendance. Le chef, autodidacte passionné, propose une cuisine du marché bien pensée, à prix serrés.

Les Diables au Thym

35 r. Bergère Ⓜ Grands Boulevards – ☎ 01 47 70 77 09 – www.lesdiablesauthym.com – Fermé 3 sem. en août, sam. midi et dim.

Rest – (24 €) Menu 30 € – Carte 40/49 €

◆ Près des Grands Boulevards, une salle toute simple d'esprit bistrot (quelques tableaux contemporains). Cuisine actuelle rythmée par les saisons et suggestions de vins bio à l'ardoise.

Kiku

56 r. Richer Ⓜ Cadet – ☎ 01 44 83 02 30 – Fermé sam. midi et dim.

Rest – Menu 25 € (déj.)/35 €

◆ Restaurant japonais contemporain façon izakaya (bar à saké servant des petits plats), où l'on savoure une cuisine nippone actuelle, hors des sentiers battus (pas de sushis).

Momoka

5 r. Jean-Baptiste Pigalle Ⓜ Trinité d'Estienne d'Orves – ☎ 01 40 16 19 09 – Fermé août, sam. midi, dim. et lundi

Rest – (25 €) Menu 29 € (déj.), 39/68 €

◆ Pensez à réserver dans ce minirestaurant tenu par un couple franco-japonais. Masayo y cuisine de délicieuses recettes nippones, renouvelées chaque jour. Authentique et familial.

PARIS

Ph. Gajic/MICHELIN

Gare de l'Est · Gare du Nord · Canal St-Martin

10e arrondissement

Mercure Terminus Nord sans rest

12 bd Denain Ⓜ Gare du Nord – ☎ 01 42 80 20 00 – www.mercure.com

236 ch – †120/340 € ††140/360 € – ☕ 15 €

◆ Une habile rénovation a redonné à cet hôtel de 1865 son éclat d'antan. Vitraux Art nouveau, décor british et atmosphère cosy lui donnent un air de belle demeure victorienne.

Windsor Opéra sans rest

10 r. G.-Laumain Ⓜ Bonne Nouvelle – ☎ 01 48 00 98 98 – www.hotelwindsor.com

24 ch – †145/296 € ††150/296 € – ☕ 14 €

◆ Parquet massif, mobilier en bois blond, matériaux de qualité : des chambres très bien tenues, assez spacieuses et au calme d'une rue peu passante.

Eurostars Panorama sans rest

9 r. des Messageries Ⓜ Poissonnière – ☎ 01 47 70 44 02 – www.eurostarshotels.com

43 ch – †95/545 € ††100/550 € – ☕ 14 €

◆ Cet hôtel tout neuf, qui se veut une vitrine du Paris moderne, dénote pour le quartier par son allure très contemporaine. Décor design soigné, références à la culture française.

Paris-Est sans rest

4 r. du 8-Mai-1945 Ⓜ Gare de l'Est – ✆ 01 44 89 27 00 – www.kyriad.com

45 ch – 79/145 € 79/145 € – 11 €

◆ Bien que jouxtant la gare, cet établissement propose des chambres calmes, car tournées vers une arrière-cour ; elles sont refaites et insonorisées.

Albert 1er sans rest

162 r. Lafayette Ⓜ Gare du Nord – ✆ 01 40 36 82 40 – www.albert1erhotel.com

55 ch – 115/139 € 136/159 € – 16 €

◆ Hôtel dont les chambres, modernes et bien aménagées, sont équipées d'un double vitrage et bénéficient d'efforts constants de rénovation. Atmosphère conviviale.

Du Nord sans rest

47 r. Albert Thomas Ⓜ Jacques Bonsergent – ✆ 01 42 01 66 00 – www.hoteldunord-leparivelo.com

24 ch – 69/82 € 69/82 € – 8 €

◆ Dans une rue tranquille, le lieu se distingue par son cachet rustique et le charme de ses petites chambres personnalisées. Salle voûtée pour le petit-déjeuner. Vélo à disposition.

PARIS

Café Panique

12 r. des Messageries Ⓜ Poissonnière – ✆ 01 47 70 06 84 – www.cafepanique.com – Fermé août, 1 sem. en fév., sam., dim. et fériés

Rest – (20 €) Menu 35 €

◆ Pas de panique, cet ancien atelier textile a désormais l'allure d'un loft contemporain ! Cuisine d'auteur : ravioles de foie gras, capuccino de verveine, gâteau de veau, etc.

Chez Michel

10 r. Belzunce Ⓜ Gare du Nord – ✆ 01 44 53 06 20 – Fermé 2 sem. en août, lundi midi, sam. et dim.

Rest – Menu 32/45 €

◆ Breizh ! Ce bistrot au look rétro, un rien rustique, propose de succulents plats du terroir breton – origines du chef obligent – et du gibier en saison.

Chez Casimir

6 r. Belzunce Ⓜ Gare du Nord – ✆ 01 48 78 28 80

Rest – (22 €) Menu 26/50 €

◆ Esprit cent pour cent bistrot dans la cuisine – simple mais franche – et dans le décor (boiseries, cuivres, serviettes à carreaux, etc.) de cette sympathique adresse.

H. Le Gac/MICHELIN

Nation · Voltaire · République

11e arrondissement

✉ 75011

Les Jardins du Marais

74 r. Amelot Ⓜ St-Sébastien Froissart – ✆ 01 40 21 22 23 – www.lesjardinsdumarais.com

263 ch – 350/750 € 350/750 € – 8 suites – 20 €

Rest – *(fermé dim.)* Menu 22/30 €

◆ Un quartier au sein du quartier : des bâtiments tous différents et des chambres réparties dans une belle ruelle pavée. Hall et bar très design (velours rouge, lustres à pendeloques, mobilier Starck) ; touches Art déco dans les chambres.

Gabriel sans rest
25 r. du Grand-Prieuré Ⓜ Oberkampf – ✆ 01 47 00 13 38 – www.hotel-gabriel-paris.com
41 ch – †119/160 € ††139/280 € – ☕ 17 €
◆ Cet hôtel ultramoderne joue la carte du haut de gamme dans une atmosphère zen. Chambres blanches, certaines équipées d'un système "NightCove" (jeux de lumière avec musique).

Le Général sans rest
5 r. Rampon Ⓜ République – ✆ 01 47 00 41 57 – www.legeneralhotel.com
43 ch – †157/177 € ††192/252 € – 3 suites – ☕ 18 €
◆ Agréable hôtel proche de la place de la République : les chambres sont décorées dans un style contemporain très sobre et épuré. Petit business center ; fitness et sauna.

Le Standard Design sans rest
29 r. des Taillandiers Ⓜ Bastille – ✆ 01 48 05 30 97 – www.standard-design-hotel-paris.com
36 ch – †115/250 € ††115/280 € – ☕ 15 €
◆ Design en effet, mais pas standard : du style, des tissus aux motifs osés, aussi bien dans les chambres que dans le hall. Même la salle de petit-déjeuner est sous les toits...

Le Patio St-Antoine sans rest
289bis r. du Faubourg-St-Antoine Ⓜ Nation – ✆ 01 40 09 40 00 – www.homeplazza.com
89 ch – †115/465 € ††115/465 € – ☕ 18 €
◆ Le point fort de cet hôtel aux chambres fonctionnelles (équipées d'une cuisinette) : le calme et la verdure de ses patios fleuris. Petit-déjeuner servi dans une salle agréable.

Le 20 Prieuré Hôtel sans rest
20 r. Grand Prieuré Ⓜ Oberkampf – ✆ 01 47 00 74 14 – www.20ph-paris.com
32 ch – †105/150 € ††115/170 € – ☕ 12 €
◆ Rénové en 2007, cet hôtel s'aligne sur le style citadin contemporain et propose de petites chambres agréables : nuances de blancs, mobilier design, immenses photos évoquant Paris...

Grand Hôtel Français sans rest
223 bd Voltaire Ⓜ Nation – ✆ 01 43 71 27 57 – www.grand-hotel-francais.fr
36 ch ☕ – †130 € ††130/175 €
◆ Cet hôtel a été entièrement rénové avec de beaux matériaux et le résultat est vraiment plaisant. Ses atouts : bonne situation, literie de qualité et chambres joliment meublées.

Nord et Est sans rest
49 r. Malte Ⓜ Oberkampf – ✆ 01 47 00 71 70 – www.paris-hotel-nordest.com
45 ch – †95/145 € ††95/145 € – ☕ 10 €
◆ Proche de la République, cet hôtel a su fidéliser ses clients grâce à son ambiance familiale et ses tarifs raisonnables. Préférez les chambres rénovées, plus contemporaines.

Mansouria
11 r. Faidherbe Ⓜ Faidherbe Chaligny – ✆ 01 43 71 00 16 – www.mansouria.fr – Fermé lundi midi et dim.
Rest – *(prévenir)* Menu 28/36 € – Carte 32/50 €
◆ Tajines, couscous, crème à la fleur d'oranger... Des spécialités très parfumées, préparées par d'habiles cuisinières marocaines, sous la houlette de Fatema Hal, ethnologue, écrivain et véritable figure de la gastronomie nord-africaine.

Chardenoux
1 r. Jules-Vallès Ⓜ Charonne – ✆ 01 43 71 49 52 – www.restaurantlechardenoux.com
Rest – Menu 25 € (déj. en sem.) – Carte 40/47 €
◆ Rouvert pour ses 100 ans (en 2008) sous l'impulsion de Cyril Lignac, ce charmant bistrot remet à la mode la tradition : pâté en croûte, œuf cocotte aux cèpes, bœuf aux olives...

PARIS

Astier

44 r. J.-P.-Timbaud Ⓜ *Parmentier – ✆ 01 43 57 16 35 – www.restaurant-astier.com*

Rest – *(prévenir)* (20 €) Menu 26 € (déj.)/34 € – Carte 34/58 €

♦ Une ambiance décontractée règne dans ce bistrot traditionnel très animé. Suggestions à l'ardoise et grand choix de vins au classement original : vins de soif, de méditation...

Villaret

13 r. Ternaux Ⓜ *Parmentier – ✆ 01 43 57 75 56 – Fermé août, 24 déc.-4 janv., sam. midi et dim.*

soir,

Rest – (20 €) Menu 25 € (déj.)/32 € – Carte 40/50 €

♦ Dès la porte d'entrée, cela sent bon ! Ce bistrot convivial propose des plats de saison attrayants : œuf cocotte au foie gras, lotte au petit salé, croustillant chocolat... Beau choix de vins.

Auberge Pyrénées Cévennes

106 r. Folie-Méricourt Ⓜ *République – ✆ 01 43 57 33 78 – Fermé 30 juil.-20 août, sam. midi, dim. et fériés*

Rest – Menu 30 € – Carte 30/82 €

♦ Les plaisanteries fusent, la patronne prodigue un accueil inégalable et les assiettes – un véritable tour de France gourmand – débordent de générosité... L'adresse pour bons vivants !

Bistrot Paul Bert

18 r. Paul-Bert Ⓜ *Faidherbe Chaligny – ✆ 01 43 72 24 01 – Fermé août, dim. et lundi*

Rest – *(prévenir)* (15 €) Menu 17 € (déj. en sem.), 34/49 €

♦ Sur la façade de ce sympathique bistrot s'affiche "Cuisine familiale". Traduisez : entrecôte, parmentier de joue de bœuf, etc. Gardez de la place pour le baba au rhum !

Le Chateaubriand

129 av. Parmentier Ⓜ *Goncourt – ✆ 01 43 57 45 95 – Fermé 25 déc.-1er janv., dim. et lundi*

Rest – *(dîner seult)* Menu 50 €

♦ Le chef très médiatique de ce bistrot branché propose un menu unique qui change au gré de son inspiration et des saisons. Les assiettes, très graphiques, valent le coup d'œil.

Au Vieux Chêne

7 r. du Dahomey Ⓜ *Faidherbe Chaligny – ✆ 01 43 71 67 69 – www.vieux-chene.fr – Fermé 9-17 avril, 23 juil.-15 août, 24 déc.-2 janv., sam. et dim.*

Rest – (14 €) Menu 18 € (déj.), 28/33 € – Carte 38/55 €

♦ Ce bistrot de quartier ne désemplit pas. Sa cuisine bistrotière et son cadre authentique y sont pour beaucoup, de même sa carte des vins qui propose des crus à prix très sages.

L'Écailler du Bistrot

22 r. Paul-Bert Ⓜ *Faidherbe Chaligny – ✆ 01 43 72 76 77 – Fermé août, dim. et lundi*

Rest – Menu 17 € (déj. en sem.)/50 € – Carte 40/60 €

♦ Le point fort de la maison ? Des produits de la mer très frais, et des huîtres ! Ambiance 100 % marine, ardoise du jour iodée, menu homard toute l'année et belle carte des vins.

Le Temps au Temps

13 r. Paul-Bert Ⓜ *Faidherbe Chaligny – ✆ 01 43 79 63 40 – Fermé 2-25 août, 20-29 déc., dim. et lundi*

Rest – (18 €) Menu 30 €

♦ Prenez donc le temps de découvrir cette charmante petite adresse. L'ardoise énumère de belles suggestions bistrotières : veau Stroganov, crème de topinambours, tarte aux fruits, etc.

Caffé dei Cioppi

159 r. du Faubourg-St-Antoine Ⓜ Ledru Rollin – ✆ 01 43 46 10 14 – Fermé août, 24 déc.-2 janv., lundi soir, mardi soir, sam. et dim.
Rest – *(nombre de couverts limité, prévenir)* Carte 22/34 €
◆ Un restaurant minuscule et spartiate, mais épatant. Elle vient de Milan, lui de Sicile, leurs assiettes ont le charme de l'Italie : charcuteries, risottos, linguini aux palourdes...

S. Sauvignier/MICHELIN

Bastille · Bercy · Gare de Lyon

12e arrondissement

✉ 75012

Pullman Paris Bercy

1 r. de Libourne Ⓜ Cour St-Émilion – ✆ 01 44 67 34 00 – www.pullmanhotels.com
385 ch – †180/350 € ††180/350 € – 11 suites – ☕ 22 €
Rest *Café Ké* – ✆ 01 44 67 34 71 – Menu 33 € (sem.) – Carte 52/73 €
◆ Un immeuble reconnaissable à son imposante façade en verre. Les chambres, dont certaines offrent une belle vue sur Paris, sont de style contemporain. Au Café Ké, règne l'ambiance sympathique du "village" de Bercy ; brunch le dimanche.

Novotel Gare de Lyon

2 r. Hector-Malot Ⓜ Gare de Lyon – ✆ 01 44 67 60 00 – www.accorhotels.com
253 ch – †119/299 € ††119/299 € – ☕ 16 €
Rest – (16 €) Carte environ 25 €
◆ Bâtiment récent donnant sur une place calme. Chambres conformes aux dernières normes de la chaîne, avec des terrasses au 6e étage. Piscine, fitness et espace enfant bien aménagé. Décor contemporain au Novotel Café.

Novotel Bercy

85 r. de Bercy Ⓜ Bercy – ✆ 01 43 42 30 00
151 ch – †115/260 € ††115/260 € – ☕ 15 €
Rest – (12 €) Carte 18/49 €
◆ Des chambres contemporaines et lumineuses avec balcon, près du parc de Bercy, pour un bon rapport qualité-prix. À la belle saison, la terrasse du restaurant est prisée pour son calme. Carte traditionnelle et recettes à la plancha.

Mercure Gare de Lyon sans rest

2 pl. Louis-Armand Ⓜ Gare de Lyon – ✆ 01 43 44 84 84 – www.mercure.com
315 ch – †140/300 € ††155/315 € – ☕ 17 €
◆ L'architecture récente de cet hôtel contraste avec le beffroi de la gare de Lyon tout proche. Les chambres sont de taille moyenne, résolument tendance et bien équipées.

Paris Bastille sans rest

67 r. de Lyon Ⓜ Bastille – ✆ 01 40 01 07 17 – www.hotelparisbastille.com
37 ch – †181/278 € ††195/278 € – ☕ 13 €
◆ Beaux tissus, bois exotique et teintes choisies caractérisent les chambres et la salle des petits-déjeuners de cet hôtel moderne et confortable, situé face à l'Opéra Bastille.

Claret

44 bd de Bercy Ⓜ *Bercy – ✆ 01 46 28 41 31 – www.hotel-claret.com*
52 ch – 🚹115/165 € 🚹🚹135/235 € – ☕ 12 €
Rest – *(fermé sam. et dim.)* (15 €) Menu 19 € – Carte 30/37 €
◆ Cet ancien relais de poste est l'un des derniers vestiges du Bercy d'antan. Les chambres ont du caractère grâce à un savant mélange d'ancien et de moderne. Cadre et carte façon bistrot, avec quelques recettes lyonnaises.

Color Design sans rest

35 r. de Citeaux Ⓜ *Faidherbe Chaligny – ✆ 01 43 07 77 28 – www.colordesign-hotel-paris.com*
46 ch – 🚹154/250 € 🚹🚹154/250 € – ☕ 15 €
◆ L'enseigne dit tout ! Chaque chambre arbore un mobilier en plexiglas de couleur différente (jaune, vert, bleu, violet...). Belle salle voûtée pour les petits-déjeuners.

Terminus Lyon sans rest

19 bd Diderot Ⓜ *Gare de Lyon – ✆ 01 56 95 00 00 – www.hotelterminuslyon.com*
60 ch – 🚹88/134 € 🚹🚹124/134 € – ☕ 11 €
◆ Face à la gare de Lyon, une adresse familiale bien tenue. Les chambres sont sobres, plus grandes côté boulevard et plus calmes côté cour. Plateau-repas sur demande.

PARIS

Quartier Hotel Bercy Square sans rest

33 bd de Reuilly Ⓜ *Daumesnil – ✆ 01 44 87 09 09 – www.lequartierhotelbs.com*
57 ch – 🚹110/135 € 🚹🚹125/195 € – ☕ 13 €
◆ Atout majeur de cet hôtel : son emplacement au calme et sa courette typiquement parisienne. Les chambres et les parties communes sont décorées dans un esprit design.

L'Oulette

15 pl. Lachambeaudie Ⓜ *Cour St-Émilion – ✆ 01 40 02 02 12 – www.l-oulette.com – Fermé 7-23 août, sam. et dim.*
Rest – Menu 39/95 € bc – Carte 68/105 €
◆ Dans le quartier de Bercy, derrière une élégante façade, un restaurant contemporain... sous la houlette d'un chef amoureux du Sud-Ouest. Bon choix de bourgognes et de côtes-du-rhône.

Au Trou Gascon

40 r. Taine Ⓜ *Daumesnil – ✆ 01 43 44 34 26 – www.autrougascon.fr – Fermé août, 25 déc.-3 janv., sam. et dim.*
Rest – Menu 38 € (déj.)/49 € – Carte 53/73 €
Spéc. Crabe royal, fraîcheurs du jardin et tomate de "plein champ" en gaspacho (été). Filet de colvert, épices et coing confit (hiver). Crumble rhubarbe, fraises mara des bois en gelée, sorbet au caillé de brebis (été).
◆ Cet ancien bistrot 1900 marie moulures d'époque, mobilier design et tons gris. Cuisine généreuse et savoureuse à base de produits des Landes, de la Chalosse et de l'océan.

Jodhpur Palace

42 allée Vivaldi Ⓜ *Daumesnil – ✆ 01 43 40 72 46 – www.jodhpurpalace.com*
Rest – (13 €) Menu 25/29 € – Carte 27/45 €
◆ L'Inde du Nord et ses saveurs parfumées s'invitent à la table de ce "palace" oriental au décor exotique (fresques, bois ouvragé). Calme terrasse ; accueil aimable et prix sages.

Le Janissaire

22 allée Vivaldi Ⓜ *Daumesnil – ✆ 01 43 40 37 37 – www.lejanissaire.fr – Fermé sam. midi et dim.*
Rest – Menu 13 € (déj.), 25/45 € – Carte 25/43 €
◆ Ambiance et cuisine sous le signe de la Turquie, comme l'indique l'enseigne Profitez de la terrasse ou franchissez la "Sublime Porte" pour déguster mezze, aubergines farcies, köfte...

L'Auberge Aveyronnaise

40 r. Gabriel-Lamé Ⓜ Cour St-Émilion – 01 43 40 12 24 – Fermé 1er-15 août

Rest – (19 €) Menu 25 € (déj.)/31 €

◆ Nappes à carreaux, décoration un peu rustique : on célèbre ici, à deux pas du Bercy Village, le terroir rouergat et les spécialités aveyronnaises, tripoux et aligot compris.

Quincy

28 av. Ledru-Rollin Ⓜ Gare de Lyon – 01 46 28 46 76 – www.lequincy.fr – Fermé 15 août-15 sept., sam., dim. et lundi

Rest – Carte 55/70 €

◆ Une ambiance chaleureuse règne dans ce lieu où l'on sert une des dernières vraies cuisines de bistrot parisien qui, comme "Bobosse", le patron, ne manque pas de caractère !

Ô Rebelle

24 r. Traversière Ⓜ Gare de Lyon – 01 43 40 88 98 – www.o-rebelle.fr – Fermé 4-26 août, 24 déc.-1er janv., sam. midi et dim.

Rest – (24 €) Menu 36 € – Carte 39/60 €

◆ Une cuisine actuelle qui respecte les saisons et s'inspire des produits frais dénichés au marché d'Aligre tout proche. Vins du Nouveau Monde et d'ailleurs ; cadre cosy.

La Biche au Bois

45 av. Ledru-Rollin Ⓜ Gare de Lyon – 01 43 43 34 38 – Fermé 24 juil.-23 août, 23 déc.-2 janv., lundi midi, sam. et dim.

Rest – (20 € bc) Menu 27/40 € – Carte environ 29 €

◆ On mange au coude-à-coude dans ce discret restaurant car les habitués sont nombreux et l'ambiance animée. Cuisine traditionnelle et gibier en saison... de la biche bien entendu.

La Gazzetta

29 r. de Cotte Ⓜ Ledru Rollin – 01 43 47 47 05 – www.lagazzetta.fr – Fermé août, dim. et lundi

Rest – (17 €) Menu 39/52 €

◆ Adresse dédiée à la Méditerranée. Son concept "tout en un" – restaurant, bar à vins, café (presse étrangère à disposition) – en fait un repaire branché. Belle cuisine du Sud.

Jean-Pierre Frelet

25 r. Montgallet Ⓜ Montgallet – 01 43 43 76 65 – Fermé 16-24 mai, 30 juil.-30 août, sam. midi et dim.

Rest – (21 €) Menu 29 € (dîner) – Carte 44/55 €

◆ Un décor volontairement dépouillé, des tables serrées qui invitent à la convivialité et une généreuse cuisine du marché... Pleins feux sur les produits !

Le Lys d'Or

5 pl. Col-Bourgoin Ⓜ Reuilly Diderot – 01 44 68 98 88 – www.lysdorming.com

Rest – (14 € bc) Menu 24/34 € – Carte environ 28 €

◆ Beaucoup de plantes vertes, des fontaines... comme en Asie ! Le propriétaire cultive l'art culinaire chinois à travers ses régions phare : Sichuan, Shanghai, Canton, Pékin.

Assaporare

7 r. St-Nicolas Ⓜ Ledru-Rollin – 01 44 67 75 77 – Fermé août, vacances de Noël, mardi soir, merc. soir, dim. et lundi

Rest – *(nombre de couverts limité, prévenir)* (14 €) Carte 35/45 €

◆ Dans un cadre charmant tout en poutres et pierres apparentes, on vient "assaporare" (savourer) des spécialités napolitaines ; carte de vins français et italiens.

PARIS

S. Sauvignier/MICHELIN

Place d'Italie · Gare d'Austerlitz · Bibliothèque nationale de France

13e arrondissement

✉ 75013

All Seasons Paris Tolbiac sans rest

21 r. Tolbiac Ⓜ *Bibliothèque F. Mitterrand – ✆ 01 45 84 61 61 – www.all-seasons-hotels.com*

71 ch ☕ – †95/145 € ††105/155 €

♦ Nouvelle enseigne et cure de jouvence pour cet établissement situé à quelques pas des berges de la Seine. Les chambres et le bar ont été redécorés avec goût et sobriété.

Mercure Place d'Italie sans rest

25 bd Auguste-Blanqui Ⓜ *Place d'Italie – ✆ 01 45 80 82 23 – www.mercure.com*

50 ch – †160/280 € ††160/280 € – ☕ 16 €

♦ À proximité de la place d'Italie, un hôtel plutôt intime, décoré de photos du vieux Paris. Les chambres sont fonctionnelles, chaleureuses et bien insonorisées.

La Demeure sans rest

51 bd St-Marcel Ⓜ *Les Gobelins – ✆ 01 43 37 81 25 – www.hotel-paris-lademeure.com*

37 ch – †125/175 € ††145/225 € – 6 suites – ☕ 10 €

♦ Un bel immeuble haussmannien où l'on saura faciliter votre séjour ! Chambres pratiques et colorées, salon cosy, petit-déjeuner buffet. Belle collection de photos du Paris d'autrefois.

La Manufacture sans rest

8 r. Philippe-de-Champagne Ⓜ *Place d'Italie – ✆ 01 45 35 45 25 – www.hotel-la-manufacture.com*

56 ch – †90/165 € ††95/195 € – ☕ 12 €

♦ À deux pas de la place d'Italie, un hôtel chaleureux décoré avec élégance, où l'on cultive le sens de l'accueil. Les chambres sont plutôt petites mais impeccablement tenues.

Le Vert Galant sans rest

43 r. Croulebarbe Ⓜ *Les Gobelins – ✆ 01 44 08 83 50 – www.vertgalant.com*

15 ch – †90/100 € ††95/130 € – ☕ 10 €

♦ Un luxe à Paris : un hôtel familial aux chambres coquettes et calmes, qui donnent presque toutes sur un jardin privé bordé de ceps de vigne.

Au Petit Marguery

9 bd Port-Royal Ⓜ *Les Gobelins – ✆ 01 43 31 58 59 – www.petitmarguery.fr*

Rest – (23 €) Menu 26 € bc (déj. en sem.), 30/35 €

♦ Un décor Belle Époque authentique, plaisant et convivial. La carte est dans la grande tradition, avec de belles spécialités de gibier. Une adresse qui a une âme !

Anacréon

53 bd St-Marcel Ⓜ *Les Gobelins – ✆ 01 43 31 71 18 – www.anacreon.fr – fermé 3 sem. en août, dim. et lundi*

Rest – (20 €) Carte 30/45 €

♦ Malgré l'allusion au poète grec, il s'agit bien d'un restaurant dédié aux produits de la mer. La carte, fort attractive, se marie à merveille au charmant décor contemporain.

L'Avant Goût

26 r. Bobillot Ⓜ *Place d'Italie – ✆ 01 53 80 24 00 – www.lavangout.com – Fermé 8-30 août, dim. et lundi*
Rest – *(nombre de couverts limité, prévenir)* (14 € bc) Menu 31 € – Carte 31/48 €
◆ Non loin de la place d'Italie, on déguste au coude-à-coude une cuisine du marché assez originale (le pot-au-feu de cochon aux épices !), dans une ambiance décontractée.

Les Cailloux

58 r. des Cinq-Diamants Ⓜ *Corvisart – ✆ 01 45 80 15 08 – www.lescailloux.fr – Fermé 1 sem. en août et à Noël*
Rest – (14 € bc) Menu 17 € bc (déj.) – Carte 22/60 €
◆ Parmi les nombreuses tables de la Butte-aux-Cailles, il y a ce bistrot italien à l'ambiance décontractée, où l'on se régale sans se ruiner d'une belle cuisine ensoleillée.

L'Ourcine

92 r. Broca Ⓜ *Les Gobelins – ✆ 01 47 07 13 65 – Fermé 3 sem. en août, dim. et lundi*
Rest – (26 €) Menu 34/54 €
◆ Ce petit bistrot, reconnaissable à sa façade grenat, reste simple tout en proposant une cuisine inspirée et liée aux saisons. Menu du jour et ardoise "coups de cœur".

Variations

18 r. des Wallons Ⓜ *Saint-Marcel – ✆ 01 43 31 36 04 – www.restaurantvariations.com – Fermé 8-30 août, sam. midi et dim.*
Rest – (17 €) Menu 35/40 € – Carte 40/55 €
◆ Cuisine traditionnelle généreuse et goûteuse, osant les variations au gré du marché et des saisons. Le chef, un ancien pilote de chasse, est amoureux du beau produit.

Impérial Choisy

32 av. de Choisy Ⓜ *Porte de Choisy – ✆ 01 45 86 42 40*
Rest – Carte 25/50 €
◆ Authentique restaurant chinois apprécié par de nombreux Asiatiques qui en ont fait leur cantine. Logique, à en juger par les délicieuses spécialités cantonaises qu'on y sert !

Lao Lane Xang 2

102 av. d'Ivry Ⓜ *Tolbiac – ✆ 01 58 89 00 00 – www.restolaolanexang.com*
Rest – (11 € bc) Carte 20/30 €
◆ Ce restaurant familial du Chinatown parisien exalte les saveurs du Laos, du Vietnam et de la Thaïlande. Le cadre, sobre et contemporain, change des "cantines" du quartier.

Mer de Chine

159 r. Château-des-Rentiers Ⓜ *Place d'Italie – ✆ 01 45 84 22 49 – Fermé juil.*
Rest – Menu 15 € (déj.)/25 € – Carte 25/45 €
◆ Dans ce restaurant près de la place d'Italie, on prépare de la cuisine teochew, traduisez : du sud de Canton. Goûteux et accueillant, le tout sur une bande-son bien chinoise !

Sukhothaï

12 r. Père-Guérin Ⓜ *Place d'Italie – ✆ 01 45 81 55 88 – Fermé 1er-21 août, lundi midi et dim.*
Rest – (12 € bc) Menu 21/23 € – Carte 20/34 €
◆ Dans une ruelle calme à deux pas de la place d'Italie, une savoureuse cuisine thaïe servie dans un décor adéquat... où l'on joue des coudes. Accueil tout sourire.

Bambou

70 r. Baudricourt Ⓜ *Les Olympiades – ✆ 01 45 70 91 75 – Fermé 1er-15 oct. et lundi*
Rest – Carte 15/30 €
◆ On se presse pour déguster cette cuisine vietnamienne bien parfumée (large choix de soupes). Attention, le succès est tel que l'on ne reste pas attablé bien longtemps !

J.-P. Clapham/MICHELIN

Montparnasse · Denfert Rochereau · Parc Montsouris

14e arrondissement ✉ 75014

Pullman Montparnasse
ch, rest,

19 r. du Cdt Mouchotte Ⓜ *Montparnasse Bienvenüe – ✆ 01 44 36 44 36 – www.pullmanhotels.com*

918 ch – 🚹179/449 € 🚹🚹179/449 € – 35 suites – ☕ 27 €

Rest – Menu 35 € – Carte 45/70 €

♦ Repris par la chaîne Pullman début 2011, l'ancien Méridien du quartier Montparnasse abrite des chambres spacieuses et très modernes. Belle vue sur la capitale des derniers étages.

Concorde Montparnasse
ch,

40 r. du Cdt Mouchotte Ⓜ *Gaîté – ✆ 01 56 54 84 00 – www.concorde-montparnasse.com*

354 ch – 🚹150/450 € 🚹🚹150/450 € – ☕ 23 €

Rest – (21 €) Menu 31 € (sem.) – Carte 31/52 €

♦ Sur la place de Catalogne, cet hôtel propose des chambres de bonne taille, calmes et d'esprit contemporain. Jardin intérieur, bar au cadre tendance. Le restaurant sobre et moderne – bois exotiques, touches colorées – propose une cuisine internationale.

Aiglon sans rest

232 bd Raspail Ⓜ *Raspail – ✆ 01 43 20 82 42 – www.aiglon.com*

36 ch – 🚹140/175 € 🚹🚹140/212 € – 10 suites – ☕ 12 €

♦ L'Aiglon où vécurent Giacometti et Buñuel se modernise par étapes. Couleurs gaies et détails soignés (mosaïques dans les salles de bains, photos...) signent le nouveau décor.

Villa Royale Montsouris sans rest

144 r. de la Tombe-Issoire Ⓜ *Porte d'Orléans – ✆ 01 56 53 89 89 – www.villa-montsouris.com*

36 ch – 🚹109/230 € 🚹🚹119/290 € – ☕ 15 €

♦ Dépaysement garanti dans ce bel hôtel... arabo-andalou. Les chambres, un peu petites mais très cosy, arborent 1 001 détails : tons chatoyants, mobilier et objets du Maroc, bougies.

Lenox Montparnasse sans rest

15 r. Delambre Ⓜ *Vavin – ✆ 01 43 35 34 50 – www.hotellenox.com*

52 ch – 🚹200/350 € 🚹🚹200/350 € – ☕ 16 €

♦ Cet établissement soigne son élégance : bar et salons intimistes, chambres aux décors variés (mobilier de style, objets anciens), agréables suites au 6e étage.

Nouvel Orléans sans rest

25 av. du Gén.-Leclerc Ⓜ *Mouton Duvernet – ✆ 01 43 27 80 20 – www.hotelnouvelorleans.com*

46 ch – 🚹90/145 € 🚹🚹145 € – ☕ 12 €

♦ Cet hôtel proche de la porte d'Orléans jouit d'une tenue parfaite. Mobilier contemporain et chaleureux tissus colorés dans les chambres, plus calmes sur l'arrière.

Mercure Raspail Montparnasse sans rest

207 bd Raspail Ⓜ *Vavin – ✆ 01 43 20 62 94 – www.mercure.com*

63 ch – 🚹130/220 € 🚹🚹140/230 € – ☕ 15 €

♦ Immeuble haussmannien proche des célèbres brasseries du quartier Montparnasse. Chambres bien tenues, sobres et actuelles (meubles en bois verni, rideaux colorés).

Delambre sans rest
35 r. Delambre Ⓜ Edgar Quinet – ✆ 01 43 20 66 31 – www.hoteldelambreparis.com
30 ch – †85/160 € ††99/160 € – ☕ 11 €
◆ André Breton séjourna dans ces murs, à l'abri d'une rue tranquille proche de la gare Montparnasse. Cadre d'esprit contemporain ; chambres simples et gaies, souvent spacieuses.

Du Midi sans rest
4 av. René Coty Ⓜ Denfert Rochereau – ✆ 01 43 27 23 25 – www.midi-hotel-paris.com
45 ch – †85/125 € ††98/180 € – ☕ 12 €
◆ Proximité de la place Denfert-Rochereau, chambres insonorisées, parfois dotées de baignoires balnéo, et petit-déjeuner biologique : ne cherchez plus Midi... à quatorze heures !

Elysée Montparnasse sans rest
11 bis r. de la Gaité Ⓜ Edgar Quinet – ✆ 01 43 20 95 12 – www.elyseemontparnasse.com
48 ch – †129/159 € ††189/219 € – ☕ 9 €
◆ Près de nombreux théâtres, restaurants, cabarets... Idéal pour profiter de la vie parisienne ! Décor classique, avec de grandes reproductions d'œuvres de Klimt, Monet, etc.

PARIS

Chatillon Paris Montparnasse sans rest
11 square Châtillon Ⓜ Porte d'Orléans – ✆ 01 45 42 31 17 – www.hotelchatillon.fr
31 ch – †85/140 € ††85/140 € – ☕ 8 €
◆ Hôtel fréquenté par des habitués, sensibles à son calme : les chambres donnent sur un square au fond d'une impasse. La propriétaire, qui aime la déco, refait peu à peu les chambres.

De la Paix sans rest
225 bd Raspail Ⓜ Raspail – ✆ 01 43 20 35 82 – www.hoteldelapaix.com
39 ch – †95/150 € ††99/220 € – ☕ 12 €
◆ Ne vous fiez pas à sa façade des années 1970 : cet hôtel rénové en 2009 propose des chambres simples, claires et actuelles, assez avenantes.

Apollon Montparnasse sans rest
91 r. Ouest Ⓜ Pernety – ✆ 01 43 95 62 00 – www.apollon-montparnasse.com
33 ch – †90/115 € ††99/139 € – ☕ 12 €
◆ Cet hôtel familial se rénove en douceur. Dans les chambres, bien tenues, les rayures et les rideaux fleuris dominent. Accueil courtois.

Cécil sans rest
47 r. Beaunier Ⓜ Porte d'Orléans – ✆ 01 45 40 93 53 – www.cecil-hotel-paris.com
25 ch – †98 € ††98 € – ☕ 9 €
◆ Dans une rue paisible près du parc Montsouris. Meubles et objets chinés confèrent à chaque chambre sa personnalité ("Cuba", "Provence", etc.). Petit-déjeuner dans le jardinet l'été.

Le Dôme
108 bd Montparnasse Ⓜ Vavin – ✆ 01 43 35 25 81 – Fermé dim. et lundi en août
Rest – Carte 75/160 €
◆ L'un des temples de la bohème littéraire et artistique des années folles : son cadre Art déco est plein d'allure, de même que le service fait à l'ancienne. Produits de la mer.

Le Duc
243 bd Raspail Ⓜ Raspail – ✆ 01 43 20 96 30 – Fermé 31 juil.-23 août, 24 déc.-3 janv., sam. midi, dim. et lundi
Rest – Menu 50 € (déj.) – Carte 90/120 €
◆ Cuisine de la mer servie dans un décor de confortable cabine de yacht, avec lambris en acajou, appliques illustrant des thèmes marins et cuivres rutilants. Un classique.

XX **Pavillon Montsouris**

20 r. Gazan Ⓜ *Cité Universitaire – ✆ 01 43 13 29 00 – www.pavillon-montsouris.fr – Fermé vacances de fév. et dim. soir de mi-sept. à Pâques*

Rest – Menu 49/67 € – Carte 57/89 €

◆ Ce pavillon créé à la Belle Époque dans le parc Montsouris offre le calme de la campagne en plein Paris : la terrasse est très prisée en saison. Cuisine au goût du jour.

XX **Maison Courtine**

157 av. du Maine Ⓜ *Mouton Duvernet – ✆ 01 45 43 08 04 – www.lamaisoncourtine.com – Fermé 3 sem. en août, 1 sem. en fév., lundi midi, sam. midi et dim.*

Rest – Menu 24 € (déj.), 30/35 € – Carte environ 33 €

◆ Révolution en 2009 : cet ancien bastion de la cuisine du Sud-Ouest a cédé la place à un restaurant contemporain (tons rose et anis) qui propose une cuisine méridionale du marché.

XX **Monsieur Lapin - Chez Franck Enée**

11 r. R. Losserand Ⓜ *Gaîté – ✆ 01 43 20 21 39 – www.monsieur-lapin.fr – Fermé août, dim. et lundi*

Rest – *(nombre de couverts limité, prévenir)* (25 €) Menu 35/45 € – Carte 46/86 €

◆ Dans le décor de la salle comme dans l'assiette où il est accommodé à moult sauces, Monsieur Lapin – du Gâtinais – joue les stars, mais le poisson occupe aussi la scène.

X **Millésimes 62**

13 pl. de Catalogne Ⓜ *Gaîté – ✆ 01 43 35 34 35 – www.millesimes62.com – Fermé sam. midi et dim.*

Rest – (20 €) Menu 23 € (déj.), 26/29 € – Carte 28/38 €

◆ En plein sur la place de Catalogne, on y apprécie une cuisine du marché à prix serrés. En vedette : pavé de bœuf au poivre du Sichuan et crème brûlée à la bergamote.

X **La Régalade**

49 av. Jean-Moulin Ⓜ *Porte d'Orléans – ✆ 01 45 45 68 58 – Fermé 25 juil.-20 août, 1er-10 janv., lundi midi, sam. et dim.*

Rest – *(prévenir)* Menu 32 €

◆ Le cadre est informel, la cuisine du marché bien ficelée et généreuse, et la sélection de vins judicieuse. Une adresse sympathique qui ne désemplit pas ; mieux vaut réserver.

X **L'Assiette**

181 r. du Château Ⓜ *Mouton Duvernet – ✆ 01 43 22 64 86 – www.restaurant-lassiette.com – Fermé août, lundi et mardi*

Rest – *(prévenir)* (23 €) Carte 45/60 €

◆ Goût d'autrefois dans ce bistrot patiné par les années... Carte courte et belle cuisine classique, un brin bourgeoise, à base de bons produits.

X **Le Bistro T**

17 bis r. Campagne-Première Ⓜ *Raspail – ✆ 01 43 20 79 27 – www.bistro-t.fr – Fermé 30 juil.-23 août, dim. et lundi*

Rest – (18 €) Menu 24 € (déj.) – Carte 32/40 €

◆ Pot-au-feu, poêlée d'asperges, parmentier de queue de bœuf, crème brûlée... La carte joue à fond le registre bistrotier, comme le décor : miroir, luminaires Art déco, banquettes rouges !

X **La Cerisaie**

70 bd E.-Quinet Ⓜ *Edgar Quinet – ✆ 01 43 20 98 98 – www.restaurantlacerisaie.com – Fermé 14 juil.-15 août, 19 déc.-4 janv., sam. et dim.*

Rest – *(prévenir)* Menu 32/39 € – Carte 32/46 €

◆ Restaurant de poche situé en plein quartier breton. Le patron écrit sur l'ardoise chaque jour et à la craie, les plats du Sud-Ouest qu'il a consciencieusement mitonnés.

PARIS

Bistrot du Dôme

1 r. Delambre Ⓜ Vavin – ✆ 01 43 35 32 00

Rest – Carte 45/50 €

◆ L'annexe du Dôme, spécialisée elle aussi dans les produits de la mer. Ambiance décontractée dans la grande salle à manger au plafond orné de feuilles de vignes.

La Cagouille

10 pl. Constantin-Brancusi Ⓜ Gaîté – ✆ 01 43 22 09 01 – www.la-cagouille.fr

Rest – (23 €) Menu 38 € bc – Carte 36/70 €

◆ Accord parfait entre le cadre feutré (boiseries, poulies, cordages de vieux navires) et les beaux produits de la mer préparés simplement. Terrasse au calme d'une placette.

L'Ordonnance

51 r. Hallé Ⓜ Mouton Duvernet – ✆ 01 43 27 55 85 – Fermé 1er-15 août, sam. sauf le soir en hiver et dim.

Rest – (25 €) Menu 32 €

◆ À quelques pas de la place Michel-Audiard, un bistrot nouvelle vague mené par un patron chaleureux. Carré d'agneau rôti au thym, œuf poché, foie gras poêlé, etc. : franc et précis.

La Grande Ourse

9 r. Georges Saché Ⓜ Mouton Duvernet – ✆ 01 40 44 67 85 – www.restaurantlagrandeourse.fr – Fermé août, dim. et lundi

Rest – Menu 18 € (déj.)/37 € – Carte 37/48 € le soir

◆ Nouvelle constellation dans la galaxie des bistrots du 14e. Cadre chatoyant (orange et prune) et cuisine actuelle, à base de produits frais travaillés avec soin.

L'Atelier d'Antan

9 r. L.-Robert Ⓜ Raspail – ✆ 01 43 21 36 19 – Fermé sam. midi et dim.

Rest – (15 €) Menu 17 € (déj.)/33 € – Carte 20/35 € le midi

◆ Un atelier gourmand et sympathique, tendance sépia et douce France... Allure de bistrot et cuisine traditionnelle simple et bonne, où le produit frais est la règle.

La Cantine du Troquet

101 r. de l'Ouest Ⓜ Pernety

Rest – (23 €) Menu 30 € – Carte 29/39 €

◆ Petite sœur du Troquet (15e) en version simplifiée – ni réservation ni téléphone –, cette cantine respire la convivialité : banquettes rouges, tables en bois, ardoise du jour.

L'Entêtée

4 r. Danville Ⓜ Denfert Rochereau – ✆ 01 40 47 56 81 – www.wix.com/lentetee – Fermé août, dim., lundi et fériés

Rest – *(dîner seult) (nombre de couverts limité, prévenir)* Menu 32/30 € – Carte environ 39 €

◆ L'Entêtée ou le pari réussi de la chef qui a repris ce discret bistrot, à deux pas de la rue Daguerre. Elle signe une cuisine du marché teintée d'herbes et d'épices.

Les Fils de la Ferme

5 r. Mouton-Duvernet Ⓜ Mouton Duvernet – ✆ 01 45 39 39 61 – www.filsdelaferme.com – Fermé 3 sem. en août, 1er-10 janv., dim. et lundi

Rest – (21 €) Menu 30 €

◆ Deux frères tiennent ce restaurant et travaillent à quatre mains de bons produits de saison, dans un style bistrot légèrement modernisé. Cadre rustique, façon auberge.

Les Petits Plats

39 r. des Plantes Ⓜ Alésia – ✆ 01 45 42 50 52 – fermé 1er- 22 août, vacances de Noël et dim.

Rest – *(nombre de couverts limité, prévenir)* (15 €) Menu 32 € – Carte 25/56 €

◆ Moulures, miroirs, comptoir en bois, grande ardoise présentant les mets du moment : un petit bistrot élégant, dans son jus 1910, pour une cuisine canaille et familiale à prix doux.

PARIS

PARIS

Le Jeu de Quilles

45 r. Boulard Ⓜ Mouton Duvernet – ✆ 01 53 90 76 22 – Fermé 3 sem. en août, 24 déc.-2 janv., dim., lundi et mardi

Rest – *(prévenir)* Menu 21 € (déj.) – Carte 35/60 €

◆ Avec le coin épicerie à l'entrée et la cuisine au fond de la minisalle, ce bistrot "brut", plein de vie, éveille l'appétit. Ardoise courte, bons produits et convivialité sans égal.

L'Amuse Bouche

186 r. du Château Ⓜ Mouton Duvernet – ✆ 01 43 35 31 61 – Fermé 1er-20 août, dim. et lundi

Rest – (19 €) Carte 33/40 €

◆ Tables serrées et murs aux couleurs vives... Ce petit restaurant simple et familial sert des plats traditionnels, parmi lesquels se distinguent des spécialités de soufflés.

Le Bis du Severo

16 r. des Plantes Ⓜ Mouton Duvernet – ✆ 01 40 44 73 09 – Fermé 1 sem. en avril, août, 24 déc.-3 janv., vacances de fév., sam. soir, lundi midi et dim.

Rest – (21 €) Menu 25 € (déj. en sem.) – Carte 30/45 €

◆ Annexe du Severo (au n° 8) : même allure de bistroquet, même passion de la viande, mais avec des infidélités, vite pardonnées, côté poisson. Excellents produits.

Severo

8 r. des Plantes Ⓜ Mouton Duvernet – ✆ 01 45 40 40 91 – Fermé 23 juil.-21 août, 24 déc.-2 janv., sam., dim. et fériés

Rest – Carte 25/54 €

◆ La qualité de la viande – rassise sur place – et de la charcuterie est l'atout majeur de ce chaleureux bistrot, tenu par un ancien boucher. Spécialités d'Auvergne et du Limousin.

H. Le Gac/MICHELIN

Porte de Versailles · Vaugirard · Beaugrenelle

15e arrondissement ✉ 75015

Pullman Rive Gauche

8 r. L.-Armand Ⓜ Balard – ✆ 01 40 60 30 30 – www.pullmanhotels.com

612 ch – †129/440 € ††129/440 € – 15 suites – ☕ 22 €

Rest *Brasserie* – ✆ 01 40 60 33 77 – (34 €) Carte 38/80 €

◆ Face à l'héliport, hôtel pensé pour la clientèle d'affaires. Chambres contemporaines bien insonorisées. Fitness, points Internet et espaces séminaires. Cuisine simple à la brasserie, bar de style anglais et salle des petits-déjeuners panoramique.

Novotel Tour Eiffel

61 quai de Grenelle Ⓜ Charles Michels – ✆ 01 40 58 20 00 – www.novotel-paris-convention.com

758 ch – †179/400 € ††179/400 € – 6 suites – ☕ 22 €

Rest *Benkay* – voir ci-après

Rest *L'Envie* – ✆ 01 40 58 20 75 – Carte 31/45 €

◆ L'hôtel, situé en bord de Seine, dispose de confortables chambres actuelle (bois, teintes claires), majoritairement tournées vers le fleuve. Centre de conférences high-tech. Carte aux accents méditerranéens au restaurant L'Envie.

Mercure Suffren Tour Eiffel
20 r. Jean-Rey Ⓜ Bir-Hakeim – ✆ 01 45 78 50 00 – www.mercure.com
405 ch – 180/315 € 195/315 € – 20 € **Rest** – (25 €) Carte 32/45 €
◆ Cet hôtel moderne rénove petit à petit ses chambres ; quelques unes regardent la tour Eiffel. Salle de fitness ouverte 24h/24. Restaurant d'esprit lounge, associé à un bar et une cave à vins.

Le Marquis sans rest
15 r. Dupleix Ⓜ Dupleix – ✆ 01 43 06 31 50 – www.lemarquisparis.com
36 ch – 149/350 € 149/350 € – 19 €
◆ Bonne adresse à proximité du Champ de Mars. Chambres confortables, aménagées avec un certain sens du détail, dans des tons contemporains assez chauds (brun, crème, chocolat).

Océania sans rest
52 r. Oradour-sur-Glane Ⓜ Porte de Versailles – ✆ 01 56 09 09 09 – www.oceaniahotels.com
232 ch – 270 € 287 € – 18 suites – 17 €
◆ Cet hôtel né en 2005 a tout prévu pour offrir un confort moderne dans un cadre élégant et actuel. Chambres bien équipées, espace détente complet, terrasse-jardin exotique.

Novotel Gare Montparnasse
17 r. Cotentin Ⓜ Montparnasse Bienvenüe – ✆ 01 53 91 23 75
197 ch – 139/350 € 149/350 € – 2 suites – 16 €
Rest – (12 €) Carte 15/35 €
◆ Cet hôtel proche de la gare propose des chambres zen d'esprit contemporain (équipements dernier cri, bonne insonorisation). Copieux buffet au petit-déjeuner.

Holiday Inn Montparnasse sans rest
10 r. Gager-Gabillot Ⓜ Vaugirard – ✆ 01 44 19 29 29 – www.holidayinn.fr/paris-mountain
60 ch – 90/310 € 90/310 € – 14 €
◆ Bâtisse moderne située dans une rue calme. Hall spacieux et salon contemporain sous une pyramide de verre. Chambres fonctionnelles, quelques unes avec balcon.

Eiffel Cambronne sans rest
46 r. Croix-Nivert Ⓜ Av. Emile Zola – ✆ 01 56 58 56 78 – www.eiffel-cambronne.fr
31 ch – 109/189 € 109/189 € – 13 €
◆ Hall-salon aux fauteuils moelleux (feu de cheminée en hiver) ; chambres simples et bien entretenues, plus calmes sur l'arrière. Copieux petit-déjeuner servi sous une verrière.

Mercure Paris XV sans rest
6 r. St-Lambert Ⓜ Boucicaut – ✆ 01 45 58 61 00 – www.mercure.com
54 ch – 115/171 € 120/177 € – 14 €
◆ Adresse située à 800 m de la porte de Versailles. Accueil et salons sont aménagés dans le style contemporain, de même que les chambres, rénovées en 2009.

Aberotel sans rest
24 r. Blomet Ⓜ Volontaires – ✆ 01 40 61 70 50 – www.aberotel.com
28 ch – 80/130 € 90/150 € – 8 €
◆ Tout l'hôtel est décoré d'objets rapportés de Bali par la directrice ; petites chambres coquettes et cour intérieure où l'on prend le petit-déjeuner en été. Une adresse prisée.

Le Quinzième - Cyril Lignac
14 r. Cauchy Ⓜ Javel – ✆ 01 45 54 43 43 – www.restaurantlequinzieme.com – Fermé 10-20 août, sam. midi, dim. et lundi
Rest – (49 €) Menu 120/160 € bc – Carte 90/100 €
◆ Élégant décor contemporain, table d'hôte avec vue sur les fourneaux et goûteuse cuisine actuelle : le restaurant du très médiatique Cyril Lignac s'avère séduisant.

PARIS

XXX **Benkay** – Novotel Tour Eiffel

61 quai de Grenelle Ⓜ Bir-Hakeim – ✆ 01 40 58 21 26 – www.restaurant-benkay.com – Fermé août

Rest – Menu 32 € (déj.), 38/150 € – Carte 55/150 €

◆ Élégant cadre japonisant au dernier étage d'un hôtel dominant la Seine. Cuisine teppanyaki au comptoir (exécutée devant vous sur plaque chauffante) ou washoku (service à table).

XX **Le Quinze - Lionel Flury**

8 r. Nicolas-Charlet Ⓜ Pasteur – ✆ 01 42 19 08 59 – www.lequinzelionelflury.fr – Fermé 25 juil.-21 août, 20-27 déc., lundi soir et dim.

Rest – Menu 42 € (déj.), 55/80 € – Carte 54/80 €

◆ Lotte en tarte fine et son fondant de tomates, ris de veau et macaronis lard parmesan, orange en millefeuille... Des mets séduisants pour ce Quinze repris en 2010 par un chef d'expérience.

XX **Chen Soleil d'Est**

15 r. du Théâtre Ⓜ Dupleix – ✆ 01 45 79 34 34 – Fermé août et dim.

Rest – Menu 40 € (déj.)/75 € – Carte 65/95 €

◆ Dans le quartier Beaugrenelle, ce restaurant concocte une fine cuisine chinoise avec de bons produits. Salle dans le plus pur style asiatique. Intéressante sélection de vins.

XX **La Gauloise**

59 av. La Motte-Picquet Ⓜ La Motte Picquet Grenelle – ✆ 01 47 34 11 64

Rest – Menu 22/28 € – Carte 31/50 €

◆ Cette brasserie des années 1900 a dû voir passer bon nombre de personnalités, à en juger par les photos dédicacées tapissant les murs. Plaisante terrasse sur le trottoir.

XX **L'Atelier du Parc**

35 bd Lefèbvre Ⓜ Porte de Versailles – ✆ 01 42 50 68 85 – www.atelierduparc.fr – Fermé 2 sem. en août, lundi midi et dim.

Rest – (20 € bc) Menu 35/75 €

◆ Cet atelier séduit avec une savoureuse cuisine qui s'échappe des chemins "bistrotiers". Présentations soignées, à l'image de la salle (couleurs vives, beaux matériaux).

XX **Le Caroubier**

82 bd Lefèbvre Ⓜ Porte de Vanves – ✆ 01 40 43 16 12 – www.restaurant-lecaroubier.com – Fermé 24 juil.-25 août et lundi

Rest – Menu 18 € (déj. en sem.)/28 € – Carte 30/45 €

◆ Couscous délicats, tajines aux saveurs subtiles et franches, pastillas gorgées du soleil de l'Atlas... Une véritable oasis de douceur, tout près de la porte de Versailles !

XX **Fontanarosa**

28 bd Garibaldi Ⓜ Cambronne – ✆ 01 45 66 97 84 – www.restaurantfontanarosa.com

Rest – (19 €) Menu 26/30 € – Carte 44/74 €

◆ Oubliés le métro aérien et l'agitation urbaine, cap sur l'Italie ! Ici, le soleil s'invite dans l'assiette : honneur aux plats transalpins et aux spécialités sardes. Terrasse d'été.

XX **La Dînée**

85 r. Leblanc Ⓜ Balard – ✆ 01 45 54 20 49 – www.restaurant-ladinee.com – Fermé sam. et dim.

Rest – (39 €) Menu 47 €

◆ Cadre actuel, agrémenté de tableaux contemporains, où déguster des recettes au diapason. Cuisine à la plancha servie dans le bistrot attenant.

XX **Erawan**

76 r. Fédération Ⓜ La Motte Picquet Grenelle – ✆ 01 47 83 55 67 – Fermé 3 sem. en août, lundi midi et dim.

Rest – (12 € bc) Menu 20/29 € – Carte 20/50 €

◆ Bois sculptés, tons pastel et objets asiatiques composent le cadre feutré de ce restaurant. Goûteux plats thaïlandais, service assuré en costume du pays et accueil charmant.

L'Épopée

89 av. Émile-Zola Ⓜ Charles Michels – ✆ 01 45 77 71 37 – www.lepopee.fr – Fermé 9-17 août, 24 déc.-3 janv. et dim. soir

Rest – (29 €) Menu 35 €

◆ Cuisine traditionnelle – sagement actualisée – et bons vins de propriétaires ravissent les habitués qui trouvent toujours leur bonheur sur la carte ramassée de ce restaurant.

Le Court-Bouillon

51 r. du Théâtre Ⓜ Av. Émile Zola – ✆ 01 45 77 08 18 – www.lecourtbouillon.com – Fermé août, vacances de Noël, dim. et lundi

Rest – Menu 32/45 €

◆ Un couple de bons professionnels a lancé cette table en 2009 : salle élégante tout en camaïeu de beiges, cuisine actuelle à base de produits choisis, accueil charmant.

Stéphane Martin

67 r. des Entrepreneurs Ⓜ Charles Michels – ✆ 01 45 79 03 31 – www.stephanemartin.com – Fermé 17-25 avril, 31 juil.-22 août, 24 déc.-3 janv., dim. et lundi

Rest – (17 €) Menu 21 € (déj. en sem.)/35 € – Carte 38/55 €

◆ Chaleureux restaurant décoré dans l'esprit d'une bibliothèque (fresque figurant des rayonnages de livres), où l'on propose une cuisine au goût du jour inspirée par le marché.

Bernard du 15

62 r. des Entrepreneurs Ⓜ Charles Michels – ✆ 01 40 59 09 27 – Fermé août et dim. soir

Rest – Menu 17/33 € – Carte 35/52 €

◆ Le chef de ce restaurant apporte une touche actuelle à des plats traditionnels, principalement orientés "mer" (bons produits). Prix doux et service agréable.

Bistro d'Hubert

41 bd Pasteur Ⓜ Pasteur – ✆ 01 47 34 15 50 – www.bistrodhubert.com – Fermé lundi midi, sam. midi, dim. et fériés

Rest – (28 €) Menu 32 € – Carte 40/70 €

◆ Bocaux et bonnes bouteilles sur les étagères, nappes à carreaux, vue directe sur les fourneaux et les cuivres rutilants : le cadre de ce bistrot évoque une ferme landaise.

Yanasé

75 r. Vasco-de-Gama Ⓜ Lourmel – ✆ 01 42 50 07 20 – www.yanase.fr – Fermé 1er-15 août, lundi midi et dim.

Rest – (18 €) Menu 40/60 € – Carte 38/60 € le soir

◆ Décor épuré au Yanasé (cèdre du Japon) qui propose des sushis et des grillades nippones cuites, sous vos yeux autour du comptoir, au "robata", un barbecue au charbon de bois.

Afaria

15 r. Desnouettes Ⓜ Convention – ✆ 01 48 56 15 36 – Fermé 31 juil.-22 août, dim. et lundi

Rest – (21 €) Menu 24 € (déj. en sem.)/45 € – Carte 33/61 €

◆ Gros succès pour cette adresse qui met à l'honneur le terroir basque, revisité par quelques apports culinaires "des" cuisines du monde. C'est peu dire qu'il faut réserver.

Beurre Noisette

68 r. Vasco-de-Gama Ⓜ Lourmel – ✆ 01 48 56 82 49 – Fermé 1er-24 août, dim. et lundi

Rest – (22 €) Menu 30 € (déj. en sem.), 32/48 € – Carte 32/45 €

◆ Une adresse chaleureuse. Le chef a fréquenté les fourneaux de grandes maisons parisiennes et concocte, au gré du marché, de jolis mets, simples ou plus ambitieux. Bon choix de vins.

PARIS

Le Grand Pan

20 r. Rosenwald Ⓜ Plaisance – ✆ 01 42 50 02 50 – Fermé 1 sem. en mai, 10-30 août, vacances de Noël, sam. et dim.

Rest – (20 €) Menu 28 € (déj.) – Carte 30/50 €

◆ Un bistrot de quartier qu'aurait pu fréquenter Georges Brassens, qui habita tout près. Des soupes en entrée, de bons desserts à l'ancienne et surtout, de superbes viandes !

Le Troquet

21 r. François-Bonvin Ⓜ Cambronne – ✆ 01 45 66 89 00 – Fermé 1 sem. en mai, 3 sem. en août, 1 sem. en déc., dim. et lundi

Rest – (26 €) Menu 32 € (déj.)/41 €

◆ "Le" troquet parisien : décor rétro et belle cuisine du marché, sous la houlette de Christian Etchebest, célèbre représentant du Sud-Ouest. Pour les titis... et les autres !

Le Cristal de Sel

13 r. Mademoiselle Ⓜ Commerce – ✆ 01 42 50 35 29 – www.lecristaldesel.fr – Fermé 26 avril-2 mai, 3 sem. en août, vacances de Noël, dim. et lundi

Rest – (18 €) Menu 27 € (déj.) – Carte 36/58 €

◆ Dans ce restaurant au cadre simple et convivial, l'ardoise propose de belles recettes au goût du jour réalisées avec des produits frais. Service très attentif.

La Villa Corse

164 bd Grenelle Ⓜ La Motte Picquet Grenelle – ✆ 01 53 86 70 81 – www.lavillacorse.com

Rest – (25 € bc) Menu 35 € bc (déj. en sem.)/38 € – Carte 50/60 €

◆ La cuisine corse s'exprime avec cœur dans cette attractive Villa parisienne. Les trois salles offrent une atmosphère différente : bibliothèque, bar-salon et "terrasse".

Le Mûrier

42 r. Olivier-de-Serres Ⓜ Convention – ✆ 01 45 32 81 88 – Fermé 9-22 août, sam. et dim.

Rest – (19 €) Menu 21/25 €

◆ Sympathique pause-repas dans ce restaurant proche des boutiques de la rue de la Convention. Salle à manger ornée de vieilles affiches et recettes traditionnelles.

Le Bélisaire

2 r. Marmontel Ⓜ Vaugirard – ✆ 01 48 28 62 24 – Fermé 30 juil.-21 août, 24 déc.-1er janv., sam. midi et dim.

Rest – Menu 24 € (déj.), 33/35 € – Carte 22/32 €

◆ Ce bistrot au cadre soigné s'est bâti une solide réputation dans le quartier Convention grâce à la qualité de son accueil et de sa cuisine bien dans notre époque.

Le Dirigeable

37 r. d'Alleray Ⓜ Vaugirard – ✆ 01 45 32 01 54 – Fermé 1er-24 août, 24 déc.-1er janv., dim. et lundi

Rest – (19 €) Menu 22 € (déj.) – Carte 30/40 €

◆ Restaurant de quartier à l'ambiance décontractée et au cadre simple : banquettes, mobilier en bois et murs clairs avec miroirs. Cuisine traditionnelle, menu du midi à prix doux.

Jadis

208 r. de la Croix-Nivert Ⓜ Convention – ✆ 01 45 57 73 20 – Fermé 3 sem. en août, sam. et dim.

Rest – (25 €) Menu 34/65 € – Carte 42/60 €

◆ "Jadis" et pourtant si nouveau ! Ce restaurant d'esprit bistrot est à l'image de son jeune chef-patron, sympathique et prometteur. Menu-carte actuel renouvelé au fil des saisons.

L'Os à Moelle

3 r. Vasco-de-Gama Ⓜ Lourmel – ✆ 01 45 57 27 27 – Fermé 2-25 août, sam. midi, dim. et lundi

Rest – (21 €) Menu 28 € (déj.)/35 €

◆ Un refuge pour gourmands. Dans une petite salle aux murs ensoleillés, on choisit ses plats sur l'ardoise du jour : une belle cuisine du marché tendance bistrot.

Le Concert de Cuisine

14 r. Nélaton Ⓜ Bir-Hakeim – ✆ 01 40 58 10 15 – Fermé 7-28 août, lundi midi, sam. midi et dim.

Rest – *(nombre de couverts limité, prévenir)* (24 €) Menu 29 € (déj.), 40/57 €

◆ En homme-orchestre, le chef, d'origine japonaise, s'exécute devant vous sur son teppanyaki. Le foie gras rencontre l'anguille teriyaki et les épices sansho : une belle fusion !

Du Marché

59 r. Dantzig Ⓜ Porte de Versailles – ✆ 01 48 28 31 55 – Fermé août, dim. et lundi

Rest – (26 €) Menu 36 €

◆ Près du parc Georges-Brassens, cette adresse ne manque pas d'atouts : une goûteuse cuisine de bistrot, une terrasse cachée derrière un rideau de verdure et des prix serrés.

Le Gastroquet

10 r. Desnouettes Ⓜ Convention – ✆ 01 48 28 60 91 – Fermé août et dim.

Rest – Menu 22 € (déj. en sem.), 29/59 € – Carte environ 48 €

◆ La cuisine traditionnelle mijotée avec soin en ce "gastronomique troquet" familial séduit gourmands du quartier et visiteurs du parc des expositions de la Porte de Versailles.

Gwon's Dining

51 r. Cambronne Ⓜ Cambronne – ✆ 01 47 34 53 17 – Fermé le midi

Rest – Menu 55 € – Carte 40/50 €

◆ Décor contemporain de bon goût, avec ici et là des touches asiatiques : une ambiance douce (malgré l'affluence) propice à la dégustation d'une cuisine coréenne typique.

Kaiseki

7 r. André-Lefebvre Ⓜ Javel André Citroën – ✆ 01 45 54 48 60 – www.kaiseki.com – Fermé dim.

Rest – *(nombre de couverts limité, prévenir)* (20 €) Menu 40 € (déj.), 70/220 € – Carte 50/70 €

◆ Resto-labo atypique, parfois déroutant, tant la cuisine japonaise du chef étonne. Décor minimaliste et tables à partager. Expérience insolite pour initiés. Salon de thé.

Le Pétel

4 r. Pétel Ⓜ Vaugirard – ✆ 01 45 32 58 76 – www.lepetel.com – Fermé 1er-24 août, dim. et lundi

Rest – (17 €) Menu 32 € – Carte 36/43 €

◆ Une adresse de quartier où l'on se presse le soir, dans une chaleureuse atmosphère de bistrot. Cuisine traditionnelle du marché proposée sous forme d'un menu-carte à l'ardoise.

L'Inattendu

99 r. Blomet Ⓜ Vaugirard – ✆ 01 55 76 93 12 – www.restaurant-inattendu.fr – Fermé en août, sam. midi et dim.

Rest – (24 €) Menu 30/37 €

◆ Table créée par deux professionnels expérimentés, Loïc en salle et Patrick aux fourneaux. Beaucoup de saveurs dans l'assiette, avec des associations... inattendues, à prix d'amis.

Banyan

24 pl. E. Pernet Ⓜ Félix Faure – ✆ 01 40 60 09 31 – www.lebanyan.com – Fermé dim. en juil.-août

Rest – (14 €) Menu 25 € (déj. en sem.), 35/55 € – Carte 36/56 €

◆ Dépaysement des papilles assuré en ce petit restaurant thaïlandais qui concocte une cuisine subtilement parfumée. Plaisant cadre actuel épuré ; accueil familial.

PARIS

G. Targat/MICHELIN

Trocadéro · Étoile · Passy · Bois de Boulogne

16e arrondissement

✉ 75016

PARIS

Shangri-La

10 av. d'Iéna ✉ 75116 Ⓜ Iéna – ✆ 01 53 67 19 98 – www.shangri-la.com
54 ch – †750/1675 € ††750/1675 € – 27 suites – ☕ 48 €
Rest *L'Abeille* – *(fermé août, dim., lundi et le midi)* Menu 180 € – Carte 110/150 €
Rest *Shang Palace* – *(ouverture prévue en avril) (fermé mardi et merc.)* Carte 50/200 €
Rest *La Bauhinia* – Carte 75/120 €
◆ L'Empire mâtiné d'Asie... La signature du dernier né des palaces parisiens, créé dans l'ancien hôtel du prince Roland Bonaparte (1896). Luxe opulent, sentiment d'exclusivité ! L'Abeille est dédiée à la gastronomie française. Spécialités cantonaises au Shang Palace. "All day dining" à la Bauhinia.

Raphael

ch,

17 av. Kléber ✉ 75116 Ⓜ Kléber – ✆ 01 53 64 32 00 – www.raphael-hotel.com
83 ch – †375/535 € ††375/535 € – 37 suites – ☕ 39 €
Rest *La Salle à Manger* – *(fermé août, sam. et dim.)* Menu 55 € bc (déj.)/ 65 € bc – Carte 80/120 €
Rest *Les Jardins Plein Ciel* – ✆ 01 53 64 32 30 *(ouvert de mai à sept. et fermé sam. midi et dim.)* Menu 55 € bc (déj.)/65 € bc – Carte 80/150 €
◆ Superbe galerie habillée de boiseries, chambres raffinées, toit-terrasse panoramique et bar anglais "mondain" sont les trésors du Raphael (1925). Registre traditionnel à la belle Salle à Manger d'esprit "palace". Exceptionnelle vue sur Paris et cuisine saisonnière aux Jardins Plein Ciel (7e étage).

St-James Paris

43 av. Bugeaud ✉ 75116 Ⓜ Porte Dauphine – ✆ 01 44 05 81 81 – www.saint-james-paris.com
30 suites – ††500/920 € – 18 ch – ☕ 32 €
Rest – *(fermé sam., dim. et fériés) (résidents seult)* Menu 60 € – Carte 64/220 €
◆ Bel hôtel particulier élevé en 1892 au cœur d'un jardin arboré. Escalier majestueux, spacieuses chambres contemporaines et bar-bibliothèque à l'atmosphère de club anglais.

Costes K.

ch, ch,

81 av. Kléber ✉ 75116 Ⓜ Trocadéro – ✆ 01 44 05 75 75 – www.costes.com
83 ch – †250/550 € ††300/550 € – ☕ 20 €
Rest *Costes K.* – Carte 50/60 €
◆ Signé Ricardo Bofill, cet hôtel dans l'air du temps est une invite discrète à la sérénité. Vastes chambres aux lignes épurées ordonnées autour d'un joli patio japonisant. Cadre lumineux dans la petite salle à manger contemporaine où l'on sert des plats actuels.

Renaissance Parc-Trocadéro

55 av. R. Poincaré ✉ 75116 Ⓜ Victor Hugo – ✆ 01 44 05 66 66 – www.renaissanceleparctrocadero.com – Ré-ouverture prévue fin mars après rénovation
122 ch – †219/569 € ††269/599 € – 4 suites – ☕ 27 €
Rest *Le Relais du Parc* – ✆ 01 44 05 66 10 *(fermé 1er-22 août, vacances de Noël, sam. midi et dim.)* (33 €) Menu 37 € (déj.), 47/95 € bc – Carte 35/55 €
◆ Une enseigne de circonstance, car l'hôtel renaît en ce printemps 2011 après une fermeture pour travaux. Beaucoup de confort, avec une belle situation au nord de l'arrondissement. Décor cosy au restaurant, façon "bistrot chic" ; cuisine actuelle.

Baltimore
88 bis av. Kléber ✉ 75116 Ⓜ Boissière – ✆ 01 44 34 54 54 – www.hotel-baltimore-paris.com
102 ch – 195/580 € 195/580 € – 1 suite – 26 €
Rest *La Table du Baltimore* – voir ci-après
◆ Mobilier épuré, tissus tendance, photos : le décor contemporain des chambres contraste avec l'architecture de cet immeuble du 19e s. Salon-bar cosy et chaleureux.

Villa Majestic
rest,
30 r. Lapérouse ✉ 75016 Ⓜ Kléber – ✆ 01 45 00 83 70 – www.majestic-hotel.com
29 ch – 300/800 € 300/800 € – 23 suites – 34 € **Rest** – Carte 42/52 €
◆ Luxueuse sans ostentation, très confortable et pleine de style, cette Villa (19e s.) s'avère... majestic. De l'espace dans les chambres, de belles prestations au spa : bien-être à deux pas des Champs-Élysées. Cuisine actuelle au restaurant.

Square
ch,
3 r. Boulainvilliers ✉ 75016 Ⓜ Mirabeau – ✆ 01 44 14 91 90 – www.hotelsquare.com
20 ch – 300/650 € 300/650 € – 4 suites – 25 €
Rest *Zébra Square* – ✆ 01 44 14 91 91 – Menu 38 € (déj. en sem.) – Carte 50/60 €
◆ Architecture récente face à la Maison de la Radio abritant des chambres modernes aux tons gris ou rouges. Équipements high-tech et collection d'art contemporain. Couleurs apaisantes et cadre très actuel au restaurant ; cuisine dans l'air du temps.

Keppler sans rest
10 r. Keppler ✉ 75116 Ⓜ George V – ✆ 01 47 20 65 05 – www.keppler.fr
34 ch – 220/370 € 240/400 € – 5 suites – 22 €
◆ Cet établissement offre un décor tout en luxe et raffinement signé Pierre-Yves Rochon. Espaces d'accueil et chambres allient styles, matières et lumière : la magie opère...

Dokhan's Radisson Blu sans rest
117 r. Lauriston ✉ 75116 Ⓜ Trocadéro – ✆ 01 53 65 66 99 – www.radissonblu.com/dokhanhotel-paristrocadero
41 ch – 230/720 € 230/720 € – 4 suites – 28 €
◆ Bel hôtel particulier (1910) à l'architecture palladienne et au décor intérieur néoclassique. Boiseries céladon (18e s.) dans les salons "cocooning". Bar à champagne très intimiste.

Sezz sans rest
6 av. Frémiet ✉ 75016 Ⓜ Passy – ✆ 01 56 75 26 26 – www.hotelsezz.com
35 ch – 400/600 € 600/800 € – 1 suite – 32 €
◆ Jolie bâtisse de 1913 entièrement relookée dans un style très contemporain (pierre grise, mobilier original et équipements high-tech). Service personnalisé, hammam, jacuzzi.

La Villa Maillot sans rest
143 av. Malakoff ✉ 75116 Ⓜ Porte Maillot – ✆ 01 53 64 52 52 – www.lavillamaillot.fr
39 ch – 150/430 € 150/430 € – 3 suites – 25 €
◆ À proximité de la porte Maillot. Chambres aux couleurs douces bénéficiant d'une bonne isolation phonique. Petits-déjeuners servis sous une verrière. Sauna et hammam.

Pergolèse sans rest
3 r. Pergolèse ✉ 75116 Ⓜ Argentine – ✆ 01 53 64 04 04 – www.parishotelpergolese.com
40 ch – 130/276 € 140/348 € – 17 €
◆ Derrière une sage façade du beau 16e, un intérieur design et apaisant (murs blancs, mobilier en bois clair). Plaisante salle des petits-déjeuners face à un patio ; bar cosy.

PARIS

Élysées Régencia sans rest

41 av. Marceau ✉ *75116* Ⓜ *George V* – ✆ *01 47 20 42 65* – *www.regencia.com*

43 ch – 🚹175/355 € 🚹🚹195/375 € – ☕ 19 €

◆ Hôtel décoré dans un style design : chambres modernes et raffinées (bleu, fuschia ou anis) ; deux juniors suites provençales dépaysantes. Élégants salon, bar et bibliothèque.

Waldorf Trocadero sans rest

97 r. Lauriston ✉ *75116* Ⓜ *Boissière* – ✆ *01 45 53 83 30* – *www.hotelswaldorfparis.com*

44 ch – 🚹300/410 € 🚹🚹320/410 € – ☕ 20 €

◆ Entre l'Arc de Triomphe et le Trocadéro, ce bel immeuble haussmannien abrite d'agréables chambres d'ampleurs variées et au sobre décor contemporain (mobilier en bois blond).

Le Metropolitan Radisson Blu

10 pl. de Mexico ✉ *75116* Ⓜ *Trocadéro* – ✆ *01 56 90 40 04* – *www.radissonblu.com/hotel-pariseiffel*

48 ch – 🚹240/630 € 🚹🚹270/740 € – 10 suites – ☕ 24 €

Rest – *(fermé 3 sem. en août, dim. et lundi)* (26 €) Carte 48/59 €

◆ Cet hôtel ouvert en 2009 propose des chambres au décor contemporain épuré : murs blancs, parquet brut, mobilier en teck. Certaines offrent une petite vue sur la tour Eiffel. Salle à manger moderne tout en longueur et cuisine aux accents méditerranéens.

Garden Élysée sans rest

12 r. St-Didier ✉ *75116* Ⓜ *Boissière* – ✆ *01 47 55 01 11* – *www.paris-hotel-gardenelysee.com*

46 ch – 🚹190/515 € 🚹🚹200/650 € – ☕ 22 €

◆ Situé en retrait de la rue dans une cour, hôtel idéal pour les amateurs de calme, à deux pas du Trocadéro. Chambres sobrement contemporaines et plaisant salon-bar.

Mon Hôtel

1 r. d'Argentine Ⓜ *Argentine* – ✆ *01 45 02 76 76* – *www.monhotel.fr*

37 ch – 🚹242/690 € 🚹🚹242/690 € – ☕ 22 €

Rest – *(fermé août, sam. midi, lundi midi et dim.)* Carte 34/60 €

◆ Un hôtel rien que pour soi ? Un rêve... Pourtant cette adresse dégage un je-ne-sais-quoi de confidentiel très appréciable à deux pas des Champs ! Chambres très design et confortables. Selon les heures, le lounge se fait Mon Bar ou Mon resto.

Bassano sans rest

15 r. Bassano ✉ *75116* Ⓜ *George V* – ✆ *01 47 23 78 23* – *www.hotel-bassano.com* – *Fermé août*

33 ch – 🚹175/325 € 🚹🚹195/345 € – 1 suite – ☕ 19 €

◆ Entièrement rénové en 2008, cet hôtel situé en retrait des avenues passantes arbore un décor ancré dans le 21e s. : chambres élégantes et fonctionnelles, aux tons bleu et gris.

Duret sans rest

30 r. Duret ✉ *75116* Ⓜ *Argentine* – ✆ *01 45 00 42 60* – *www.hotelduret.com*

25 ch – 🚹200/330 € 🚹🚹200/330 € – 2 suites – ☕ 16 €

◆ Atmosphère lounge dans le hall, bar cosy et chambres contemporaines colorées – moulures au plafond – font toute l'ambiance chaleureuse de cet hôtel proche de la porte Maillot.

Passy Eiffel sans rest

10 r. de Passy ✉ *75016* Ⓜ *Passy* – ✆ *01 45 25 55 66* – *www.passyeiffel.com*

49 ch – 🚹96/160 € 🚹🚹111/185 € – ☕ 14 €

◆ Dans une rue animée, hôtel familial disposant de chambres fonctionnelles, aux styles très différents, mais bien tenues. Certaines regardent la tour Eiffel. Petit patio zen.

PARIS

Trocadéro La Tour sans rest
5 bis r. Massenet Ⓜ Passy – ☎ 01 45 24 43 03 – www.trocaderolatour.com
41 ch – 169/260 € 199/310 € – 19 €
◆ Les chambres offrent un décor plaisant avec murs blancs, mobilier de style Louis XVI et gravures anciennes. Atmosphère de club anglais au salon-bar lambrissé d'acajou.

Étoile Résidence Impériale sans rest
155 av. de Malakoff ✉ 75116 Ⓜ Porte Maillot – ☎ 01 45 00 23 45 – www.residenceimperiale.com
37 ch – 150/240 € 150/240 € – 14 €
◆ À deux pas du Palais des Congrès, chambres soit contemporaines (agréable décor aux tons brun et beige), soit fonctionnelles (1er et 2e étages). Toutes sont bien insonorisées.

Résidence Foch sans rest
10 r. Marbeau ✉ 75116 Ⓜ Porte Maillot – ☎ 01 45 00 46 50 – www.residencefoch.com
25 ch – 120/200 € 140/200 € – 13 €
◆ Entre la porte Maillot et l'avenue Foch, ce petit hôtel familial héberge des chambres joliment décorées dans un style classique. Agréable salle des petits-déjeuners.

Nicolo sans rest
3 r. Nicolo ✉ 75116 Ⓜ Passy – ☎ 01 42 88 83 40 – www.hotel-nicolo.fr
28 ch – 135/141 € 145/205 €
◆ Nuits calmes dans cet hôtel, auquel on accède par une arrière-cour. Meubles chinés (indonésiens, africains...) et bibelots asiatiques décorent les jolies chambres de caractère.

Du Bois sans rest
11 r. du Dôme ✉ 75116 Ⓜ Charles De Gaulle-Etoile – ☎ 01 45 00 31 96 – www.hoteldubois.com
39 ch – 130/210 € 145/235 € – 15 €
◆ À l'angle de l'avenue Victor-Hugo et d'une rue piétonne, hôtel entièrement rénové proposant des chambres qui marient charme parisien et décor contemporain soigné.

Marceau Champs Élysées sans rest
37 av. Marceau ✉ 75016 Ⓜ George V – ☎ 01 47 20 43 37 – www.hotelmarceau.com
35 ch – 148/234 € 158/254 € – 12 €
◆ Sur une avenue passante, cet immeuble haussmannien rénové en 2009 abrite des chambres sobres et lumineuses, équipées de salles de bains en marbre. Coin salon moderne.

Victor Hugo sans rest
19 r. Copernic ✉ 75116 Ⓜ Victor Hugo – ☎ 01 45 53 76 01 – www.victorhugohotel.com
75 ch – 167/268 € 187/412 € – 19 €
◆ Hôtel situé dans un quartier calme, face aux réservoirs de Passy. Chambres décorées de mobilier traditionnel et aux derniers étages, balcons offrant une vue dégagée.

Floride Étoile sans rest
14 r. St-Didier ✉ 75116 Ⓜ Boissière – ☎ 01 47 27 23 36 – www.floride-paris-hotel.com
63 ch – 125/250 € 145/250 € – 16 €
◆ Une adresse pratique pour son emplacement proche du Trocadéro, de la tour Eiffel et de nombreux musées. Chambres fonctionnelles et sobres, plus calmes côté cour.

Chambellan Morgane sans rest
6 r. Keppler ✉ 75116 Ⓜ George V – ☎ 01 47 20 35 72 – www.hotel-paris-morgane.com
20 ch – 90/200 € 110/220 € – 13 €
◆ Petit hôtel situé dans une rue calme, à deux pas des Champs-Élysées. Les chambres, intimes et confortables, ont toutes été rénovées en 2010.

Windsor Home sans rest
3 r. Vital ✉ 75016 Ⓜ La Muette – ✆ 01 45 04 49 49 – www.windsorhomeparis.com
8 ch – †90/170 € ††105/195 € – ☕ 15 €
◆ Cette charmante demeure centenaire ressemble davantage à une maison d'hôtes qu'à un hôtel : meubles anciens, moulures, coloris lumineux et touches contemporaines.

Queen's sans rest
4 r. Bastien Lepage ✉ 75016 Ⓜ Michel Ange Auteuil – ✆ 01 42 88 89 85 – www.hotel-queens-hotel.com
20 ch – †102/109 € ††130/155 € – ☕ 12 €
◆ Des tableaux d'artistes contemporains égayent le joli hall ainsi que la plupart des chambres ; leur coquet aménagement fait vite oublier la petitesse des surfaces.

Le Hameau de Passy sans rest
48 r. de Passy ✉ 75016 Ⓜ La Muette – ✆ 01 42 88 47 55 – www.hameaudepassy.com
32 ch ☕ – †69/140 € ††74/156 €
◆ Une impasse mène à ce discret hameau et à sa charmante cour intérieure envahie de verdure. Nuits calmes assurées dans des chambres petites, mais actuelles et bien tenues.

PARIS

Gavarni sans rest
5 r. Gavarni ✉ 75116 Ⓜ Passy – ✆ 01 45 24 52 82 – www.gavarni.com
25 ch – †110/170 € ††160/300 € – ☕ 15 €
◆ Compensation carbone, énergies renouvelables, etc. : cet hôtel a reçu l'Ecolabel européen. Chambres petites, mais au joli décor classique. Produits bio au petit-déjeuner.

XXXX ✿ **Hiramatsu**
soir, VISA
52 r. Longchamp ✉ 75116 Ⓜ Trocadéro – ✆ 01 56 81 08 80 – www.hiramatsu.co.jp – Fermé août, 24 déc.-3 janv., sam. et dim.
Rest – *(nombre de couverts limité, prévenir)* Menu 48 € (déj.), 95/130 € – Carte 164/212 €
Spéc. Gourmandise de homard et pigeon fumé, œuf poché, crème de noix. Fines lamelles d'agneau, compotée d'oignons blancs, jus de truffe au thym. Gâteau au chocolat "Hiramatsu".
◆ Sous son enseigne japonaise, Hiramatsu honore la cuisine française avec inventivité et talent. La haute gastronomie dans un cadre très élégant orné de fleurs. Superbes vins.

XXX **Prunier**
16 av. Victor-Hugo Ⓜ Charles de Gaulle-Etoile – ✆ 01 44 17 35 85 – www.prunier.com – Fermé août, dim. et fériés
Rest – Menu 45 € (déj. en sem.), 65/150 € – Carte 70/180 €
◆ Institution créée en 1925 par l'architecte Boileau, au superbe décor Art déco classé (marbre noir, mosaïques, vitraux). Excellents produits de la mer (caviars, saumons).

XXX ✿ **Relais d'Auteuil** (Patrick Pignol)
31 bd Murat ✉ 75016 Ⓜ Michel Ange Molitor – ✆ 01 46 51 09 54 – www.relaisdauteuil-pignol.com – Fermé août, vacances de Noël, sam. midi, dim. et lundi
Rest – Menu 75 € (déj.), 125/145 € – Carte 105/170 €
Spéc. Crevettes "Cristal Bay" à l'huile de crustacés. Pigeon rôti, béatilles farcies au parfum de bergamote. Beignets de chocolat bitter.
◆ Cadre intimiste aux tons neutres mettant en valeur peintures et sculptures modernes. Belle cuisine au goût du jour (gibier en saison). Superbe livre de cave et beau choix de champagnes.

XXX ✿ **La Table du Baltimore** – Hôtel Baltimore

1 r. Léo Delibes ✉ 75016 Ⓜ Boissière – ✆ 01 44 34 54 34 – www.hotel-baltimore-paris.com – Fermé août, sam. et dim.

Rest – Menu 51 € bc (déj.), 59/78 € – Carte 60/98 €

Spéc. Le foie gras (automne-hiver). Le bœuf. Le chocolat.

◆ Le cadre du restaurant associe boiseries anciennes, mobilier contemporain, couleurs chaleureuses et collection de dessins. Belle cuisine dans l'air du temps.

XXX ✿✿✿ **Astrance** (Pascal Barbot)

4 r. Beethoven ✉ 75016 Ⓜ Passy – ✆ 01 40 50 84 40 – Fermé 28 juil.-30 août, 29 oct.-7 nov., 19 fév.-1er mars, sam., dim., lundi et fériés

Rest – *(nombre de couverts limité, prévenir)* Menu 70 € (déj.), 120/190 €

Spéc. Homard poché, nectarine en salade, herbes et fleurs sauvages. Ris de veau grillé, girolles cuisinées aux abricots et amandes. Tartelette aux fruits de la passion et thé vert.

◆ La dira-t-on "à la Barbot", cette formule qu'il a consacrée et qui fait tant d'émules ? À chaque service, le chef-artiste réinvente la cuisine pour une représentation unique : sans carte ni menu, on se laisse surprendre par des créations qui subjuguent les sens, et les produits livrent leurs plus belles confidences.

XXX **Tsé Yang**

25 av. Pierre-1er-de-Serbie Ⓜ Iéna – ✆ 01 47 20 70 22 – www.tse-yang.fr

Rest – Menu 39/49 € – Carte 34/90 €

◆ D'élégantes salles à manger (noir dominant, plafond à caissons doré) servent d'écrin à une cuisine traditionnelle chinoise de Pékin, de Shanghai et du Sechuan.

XXX **Les Tablettes de JL Nomicos**

16 av. Bugeaud ✉ 75116 Ⓜ Victor Hugo – ✆ 01 56 28 16 16 – www.restaurant-les tablettes.com – Fermé 1er-16 août

Rest – Menu 55 € bc (déj.), 60/120 € – Carte 70/105 €

◆ Après avoir servi la tradition et l'excellence chez Lasserre, Jean-Louis Nomicos œuvre aujourd'hui en solo, en lieu et place de Joël Robuchon qui avait ici sa Table. De jolis auspices pour une cuisine soignée, rehaussée de touches de modernité. Décor élégant.

XXX ✿ **Antoine**

10 av. de New-York ✉ 75116 Ⓜ Alma Marceau – ✆ 01 40 70 19 28 – www.antoine-paris.fr – Fermé août

Rest – Menu 48 € (déj.) – Carte 76/128 €

Spéc. Tartare de saint-pierre. Sole de l'Île d'Yeu meunière, purée de rattes. Déclinaison de chocolat noir grands crus en chaud-froid.

◆ En lien direct avec les ports bretons, basques, méditerranéens... presque au gré des vagues ! Le meilleur de la marée, travaillé avec grande finesse et originalité. Décor contemporain.

XXX ✿ **Le Pergolèse** (Stéphane Gaborieau)

40 r. Pergolèse ✉ 75116 Ⓜ Porte Maillot – ✆ 01 45 00 21 40 – www.lepergolese.com – Fermé 3 sem. en août, sam. midi et dim.

Rest – Menu 48 € bc (déj.)/95 € – Carte 80/100 €

Spéc. Moelleux de sardines marinées, sorbet tomate. Volaille de Bresse en ballottine, truffe et foie gras. Baba au rhum au carpaccio de figue.

◆ Une cuisine d'inspiration classique joliment revisitée par un chef Meilleur Ouvrier de France. À découvrir dans un cadre élégant et agréable (bois, tons taupe et bordeaux).

XXX **Les Arts**

Maison des Arts et Métiers - 9 bis av. d'Iéna ✉ 75116 Ⓜ Iéna – ✆ 01 40 69 27 53 – www.sodexo-prestige.fr – Fermé 25 juil.-22 août, 24 déc.-2 janv., sam., dim. et fériés

Rest – Menu 40 € – Carte 55/71 €

◆ Salle à manger intimiste nichée dans un hôtel particulier (1892), siège de la Maison des Arts et Métiers. Aux beaux jours, ravissante terrasse. Cuisine traditionnelle.

PARIS

Cristal Room Baccarat

11 pl. des Etats-Unis - Maison Baccarat, (1er étage) ✉ 75116
Ⓜ Boissière – ✆ 01 40 22 11 10 – www.baccarat.fr
– Fermé dim. et fériés

Rest – (29 €) Menu 55 € (déj.), 99/149 € bc – Carte 79/100 €

◆ L'ancien hôtel particulier de Mme de Noailles sert d'écrin à la célèbre maison Baccarat. Magnifique salle (fresque peinte, lustres en cristal) relookée par Philippe Starck. Cuisine actuelle.

Bon

25 r. de la Pompe ✉ 75116 Ⓜ La Muette – ✆ 01 40 72 70 00
– www.restaurantbon.fr

Rest – (25 € bc) Menu 30 € bc (déj.) – Carte 40/59 €

◆ Trois salles à manger originales aux ambiances très différentes, imaginées par Philippe Starck : la vinothèque, la cheminée et la bibliothèque. Cuisine fusion axée sur l'Asie.

Passiflore (Roland Durand)

33 r. de Longchamp ✉ 75116 Ⓜ Trocadéro – ✆ 01 47 04 96 81
– www.restaurantpassiflore.com – Fermé 14 juil.-15 août, sam. midi, dim. et lundi

Rest – Menu 49/75 € – Carte 72/90 € le soir

Spéc. Ravioles de homard en nage aux herbes d'Orient. Caille de Vendée en forestière gourmande aux girolles. Gâteau chaud au chocolat grand cru, sorbet cacao.

◆ Vous pourrez apprécier une cuisine au goût du jour, parfumée et soignée, dans un cadre contemporain millésimé an 2009 (tons gris et violet, appliques en forme de champignon).

Marius

82 bd Murat ✉ 75016 Ⓜ Porte de St-Cloud – ✆ 01 46 51 67 80 – Fermé août, sam. midi et dim.

Rest – Carte 40/77 €

◆ Près du Parc des Princes, une charmante adresse dédiée aux produits de la mer agrémentés de quelques notes provençales. Salle-véranda claire ornée de photos en noir et blanc.

6 New York

6 av. de New York ✉ 75016 Ⓜ Alma Marceau
– ✆ 01 40 70 03 30 – www.6newyork.fr
– Fermé août, sam. midi et dim.

Rest – (30 €) Menu 35 € (déj.), 63/78 € bc – Carte 49/66 €

◆ L'enseigne vous dit tout sur l'adresse... postale, loin d'une table nord-américaine ! Cuisine en parfaite harmonie avec le cadre : résolument contemporaine et joliment présentée.

A et M Restaurant

136 bd Murat ✉ 75016 Ⓜ Porte de St-Cloud – ✆ 01 45 27 39 60
– www.am-restaurant.com – Fermé août, sam. midi et dim.

Rest – Menu 30 € – Carte 37/45 €

◆ Parmentier de joue de bœuf, mousse glacée au fenouil confit... Un vrai "bistrot de chef", au décor chic et chaleureux. Le menu offre un excellent rapport qualité-prix à Paris !

Tang

soir,

125 r. de la Tour ✉ 75116 Ⓜ Rue de la Pompe
– ✆ 01 45 04 35 35 – www.restaurant-tang.fr
– Fermé 14 juil.-15 août, lundi midi et dim. midi

Rest – Menu 39 € (déj.), 65/108 € – Carte 62/136 €

◆ Cuisine chinoise "made in France" : la carte annonce la couleur pour cette table mariant saveurs asiatiques et touches créatives. Agréable salle à manger au sobre décor.

Terrasse Mirabeau

5 pl. de Barcelone ✉ 75016 Ⓜ Mirabeau – ✆ 01 42 24 41 51 – www.terrasse-mirabeau.com – Fermé 30 juil.-22 août, 23 déc.-1er janv., sam. et dim.

Rest – (25 €) Menu 31/65 € – Carte 45/83 €

◆ Sa terrasse sur la place de Barcelone est fort séduisante, autant que sa cuisine simple et parfumée, appuyée sur de solides bases classiques. Décor moderne dans la salle.

Chez Géraud

31 r. Vital ✉ 75016 Ⓜ La Muette – ✆ 01 45 20 33 00 – Fermé 29 juil.-29 août, sam. et dim.

Rest – Menu 30 € – Carte 50/70 €

◆ Dans ce bistrot, on cultive la discrétion autant que la tradition, avec de beaux classiques et du gibier en saison. Le menu du jour (non servi le vendredi soir) est très intéressant !

etc...

2 r. La Pérouse ✉ 75016 Ⓜ Kléber – ✆ 01 49 52 10 10 – Fermé 1er-22 août, sam. midi et dim.

Rest – Menu 45 € (déj.)/62 € – Carte 68/80 €

Spéc. Fantaisie voyageuse "terre et mer". Boudin maison, jus de fruit passion. Caramel au goût de carambar glacé.

◆ Cette table menée par Christian Le Squer a été conçue sous la forme d'un bistrot chic épuré, en noir et gris. Cuisine actuelle de qualité, courte carte misant sur la saisonnalité.

Le Vinci

23 r. P. Valéry ✉ 75116 Ⓜ Victor Hugo – ✆ 01 45 01 68 18 – Fermé août, sam. et dim.

Rest – Menu 35 € (dîner) – Carte 55/65 €

◆ Goûteuse cuisine italienne, sympathique intérieur coloré et service aimable : un établissement très prisé à deux pas de la commerçante et huppée avenue Victor-Hugo.

Conti

72 r. Lauriston Ⓜ Boissière – ✆ 01 47 27 74 67 – Fermé 1er-21 août, 26 déc.-2 janv., sam. et dim.

Rest – Menu 34 € (déj.) – Carte 49/75 €

◆ Les deux couleurs fétiches de Stendhal se retrouvent dans le décor de ce restaurant où brillent miroirs et lustres de cristal. Cuisine italienne et belle carte des vins.

Bistro de la Muette

10 chaussée de la Muette ✉ 75016 Ⓜ La Muette – ✆ 01 45 03 14 84 – www.bistrocie.fr

Rest – (25 €) Menu 38 € bc – Carte 37/65 € le midi

◆ La formule tout compris très attractive est l'un des atouts de cet élégant bistrot prisé par la clientèle du quartier. Décor moderne et chaleureux aux tons bruns. Véranda.

Chaumette

7 r. Gros ✉ 75016 Ⓜ Mirabeau – ✆ 01 42 88 29 27 – www.restaurant-chaumette.com – Fermé 6-22 août, 23 déc.-2 janv., sam. midi et dim.

Rest – (19 €) Carte 29/52 €

◆ Un beau bistrot à l'ancienne, tel qu'on se l'imagine : boiseries sombres, tables alignées, comptoir. La clientèle chic du quartier apprécie sa cuisine traditionnelle soignée.

Le Petit Pergolèse

38 r. Pergolèse ✉ 75016 Ⓜ Porte Maillot – ✆ 01 45 00 23 66 – Fermé août, sam. et dim.

Rest – Carte 38/55 €

◆ Le cadre moderne, à la fois bistrot chic et galerie d'art contemporain, crée une atmosphère très conviviale. Cuisine visible de tous et plats traditionnels revisités.

Mets Gusto

79 r. de la Tour ✉ 75116 Ⓜ Rue de la Pompe – ✆ 01 40 72 84 46 – www.metsgusto.com – Fermé 1er-23 août, vacances de Noël, sam. midi, dim. et lundi

Rest – Carte 39/54 €

◆ Savoureuse table méditerranéenne, entre Provence, Espagne et Italie : plats limpides, centrés sur des produits choisis, au juste prix. Décor sobre, dans une ancienne boulangerie.

La Villa Corse

141 av. Malakoff Ⓜ Porte Maillot – ✆ 01 40 67 18 44 – www.lavillacorse.com – Fermé dim.

Rest – (25 € bc) Menu 35 € bc (déj.) – Carte 50/60 €

◆ Cette villa de la rive droite, petite sœur de celle du 15e, mixe terroir corse et esprit lounge dans une grande salle à manger surmontée d'une mezzanine. Décontracté et branché.

Il Gusto Sardo

18 r. Chaillot ✉ 75016 Ⓜ Alma Marceau – ✆ 01 47 20 08 90 – www.restaurant-ilgustosardo.com – Fermé vacances de Printemps, août, vacances de Noël, sam. midi, dim. et fériés

Rest – Carte 39/65 €

◆ Ici, tout le goût de la Sardaigne rayonne dans les assiettes et dans les verres à vin ! Suggestions du jour à l'ardoise. Ambiance familiale et conviviale.

L 'Acajou

35 bis r. Jean-de-la-Fontaine ✉ 75016 Ⓜ Jasmin – ✆ 01 42 88 04 47 – www.l-acajou.com – Fermé août, sam. midi et dim.

Rest – (12 €) Carte 35/60 €

◆ Recettes contemporaines, grande table d'hôte dans un décor noir laqué et petite salle blanche immaculée : ici, on joue la carte des contrastes et de l'originalité.

Juan

144 r. de la Pompe Ⓜ Rue de la Pompe – ✆ 01 47 27 43 51 – Fermé août, dim., lundi et fériés

Rest – *(nombre de couverts limité, prévenir)* Menu 34 € (déj.), 63/70 €

◆ Une devanture noire, des vitres fumées et une salle minuscule, typiquement nippone. Ambiance très feutrée, où la cuisine concentre tout : authenticité, épure, saveur... le Japon.

La Table Lauriston

129 r. Lauriston Ⓜ Trocadéro – ✆ 01 47 27 00 07 – Fermé août, 24 déc.-2 janv., sam. midi et dim.

Rest – (25 €) Carte 42/70 €

◆ Cette table des beaux quartiers mise sur la simplicité et la qualité : une cuisine de bistrot à déguster avec bonne humeur dans un décor sans chichi, mais joliment coloré.

La Marée Passy

71 av. P. Doumer ✉ 75016 Ⓜ La Muette – ✆ 01 45 04 12 81 – www.lamareepassy.com

Rest – Carte 39/50 €

◆ Boiseries, tons rouges et objets liés à la navigation : le décor sied parfaitement aux repas iodés de cette adresse vouée à la mer. Atmosphère conviviale.

Tokyo Eat

Palais de Tokyo - 13 av. du Président Wilson ✉ 75016 Ⓜ Iéna – ✆ 01 47 20 00 29 – Fermé lundi

Rest – Carte 25/65 €

◆ Espace industriel, mezzanine avec DJ, vaste terrasse en été, cuisine fusion, brunch le dimanche... Bienvenue au restaurant du Palais de Tokyo, très branché (service décontracté).

Rosimar

26 r. Poussin ✉ 75016 Ⓜ Michel Ange Auteuil – ✆ 01 45 27 74 91 – Fermé août, 24-31 déc., mardi soir, sam., dim., lundi et fériés

Rest – Menu 38 € bc – Carte 35/65 €

◆ Généreuse cuisine espagnole traditionnelle servie dans une salle à manger au décor un brin kitsch (multiples miroirs, nappes roses). Une sympathique petite affaire familiale !

au Bois de Boulogne – ✉ 75016

Le Pré Catelan

rte de Suresnes ✉ 75016 – ✆ 01 44 14 41 14 – www.precatelanparis.com – Fermé 31 juil.-22 août, 23-31 oct., 19 fév.-5 mars, dim. et lundi

Rest – Menu 85 € (déj. en sem.), 180/230 € – Carte 180/250 €

Spéc. Crabe préparé en coque, fine gelée de corail et caviar de France, soupe de fenouil. Cabillaud cuit meunière, fondue d'aubergine, crème légère d'avocat. Pomme soufflée croustillante, crème glacée caramel, cidre et sucre pétillant.

◆ Œil vif, geste sûr : impossible de distinguer, dans les créations de Frédéric Anton, la technique exigeante de l'intuition fulgurante. Si chaque assiette est un chef-d'œuvre, toutes s'érigent en monuments de plaisir – plaisir sensible et communicatif – à déguster, au cœur du bois, dans un décor de fête blanc et argent.

PARIS

La Grande Cascade

allée de Longchamp ✉ 75016 – ✆ 01 45 27 33 51 – www.grandecascade.com

Rest – Menu 65/185 € – Carte 140/190 €

Spéc. Macaronis farcis au céleri rave, foie gras et truffe noire. Pomme de ris de veau, olives, câpres et croûtons. Dégustation d'un chocolat pure origine "Baïano" du Brésil.

◆ Charmant pavillon 1850 situé à quelques pas de la Grande Cascade du bois de Boulogne. Cuisine raffinée, servie dans la rotonde ou sur la ravissante terrasse.

S. Sauvignier/MICHELIN

Palais des Congrès · Wagram · Ternes · Batignolles

17e arrondissement ✉ 75017

Renaissance Arc de Triomphe

39 av. Wagram Ⓜ Ternes – ✆ 01 55 37 55 37 – www.renaissancearcdetriomphe.fr

118 ch – †279/649 € ††279/649 € – 5 suites – ☕ 28 €

Rest *Makassar* – (17 €) Menu 39 € (déj.) – Carte 40/56 €

◆ En 2009, le théâtre de l'Empire a laissé place à cet hôtel dessiné par Christian de Portzamparc. Les chambres revisitent la décoration des années 1970 ! Équipements high-tech. Ambiance lounge au restaurant ; plats d'ici et spécialités indonésiennes.

Le Méridien Étoile

ch, ch,

81 bd Gouvion St-Cyr Ⓜ Neuilly-Porte Maillot – ✆ 01 40 68 34 34 – www.lemeridienetoile.fr

1004 ch – †169/559 € ††169/559 € – 21 suites – ☕ 23 €

Rest *L'Orénoc* – ✆ 01 40 68 30 40 *(fermé 26 juil.-30 août, 1 sem. à Noël, sam. midi et dim. soir)* (30 €) Menu 38/75 € – Carte 48/75 €

Rest *Le Jazz Club Lounge* – ✆ 01 40 68 30 42 – Carte 35/68 €

◆ Luminaires acier, couleurs tranchées, équipements design : ce gigantesque hôtel cultive un certain esprit futuriste et seventies ! Cuisine actuelle et décor colonial à L'Orénoc. Les amateurs de sushis et de musique live apprécient le Jazz Club Lounge.

Concorde La Fayette
3 pl. Gén. Koenig Ⓜ *Porte Maillot – ✆ 01 40 68 50 68 – www.concorde-lafayette.com*
950 ch – 165/600 € 165/600 € – 21 suites – 30 €
Rest *La Fayette* – ✆ 01 40 68 51 19 – (28 €) Menu 35 € – Carte 51/72 €
◆ Intégrée au Palais des Congrès, cette tour de 33 étages offre une vue imprenable sur Paris, surtout du bar panoramique. Préférez les chambres rénovées, très contemporaines. Repas servis sous forme de buffets à volonté au restaurant La Fayette.

Regent's Garden sans rest
6 r. P.-Demours Ⓜ *Ternes – ✆ 01 45 74 07 30 – www.hotel-regents-paris.com*
40 ch – 290/490 € 290/490 € – 1 suite – 20 €
◆ Savant mélange d'ancien (cheminée, mobilier de style) et de moderne (teintes sombres, motifs originaux) dans cet hôtel particulier. Avec un délicieux petit jardin japonisant...

PARIS

Splendid Étoile
1bis av. Carnot Ⓜ *Charles de Gaulle-Etoile – ✆ 01 45 72 72 00 – www.hsplendid.com*
54 ch – 330/370 € 330/370 € – 3 suites – 25 €
Rest *Le Pré Carré* – ✆ 01 46 22 57 35 *(fermé 1er-21 août, sam. midi et dim.)* Menu 36 € (dîner) – Carte 45/65 €
◆ On reconnaît cette belle façade à ses balcons ouvragés. Grandes chambres de caractère meublées Louis XV, certaines avec vue sur l'Arc de Triomphe. Deux miroirs reflètent à l'infini l'élégant décor du restaurant, où le chef propose une cuisine au goût du jour.

Ampère
rest,
102 av. de Villiers Ⓜ *Pereire – ✆ 01 44 29 17 17 – www.hotel-ampere-paris.com*
95 ch – 280/360 € 280/360 € – 1 suite – 17 €
Rest *Le Jardin d'Ampère* – ✆ 01 44 29 16 54 *(fermé août et dim. soir)* (24 €) Menu 28 € (déj. en sem.)/80 € – Carte 38/74 € le soir
◆ Les chambres, décorées dans un style contemporain, donnent sur la cour intérieure. Avec son bar feutré et son patio fleuri, voici un hôtel bien agréable. Cuisine traditionnelle sur la jolie terrasse du Jardin d'Ampère (dîners-concerts aux beaux jours).

Balmoral sans rest
6 r. Gén. Lanrezac Ⓜ *Charles de Gaulle-Etoile – ✆ 01 43 80 30 50 – www.hotel-balmoral.com*
57 ch – 100/245 € 100/245 € – 11 €
◆ Ambiance feutrée et raffinement des décors intérieurs (mobilier de style, boiseries) caractérisent cet hôtel. Chambres au confort douillet, rénovées dans un esprit moderne.

Les Jardins de la Villa sans rest
5 r. Bélidor Ⓜ *Porte Maillot – ✆ 01 53 81 01 10 – www.jardinsdelavilla.com*
33 ch – 290/480 € 290/480 € – 27 €
◆ Les fashion addicts vont raffoler de ce petit hôtel très couture. Noir, rose shocking, les références à l'univers de la mode sont nombreuses. Original, chic et confortable !

Banville sans rest
166 bd Berthier Ⓜ *Porte de Champerret – ✆ 01 42 67 70 16 – www.hotelbanville.fr*
38 ch – 250/320 € 250/500 € – 20 €
◆ Un véritable hôtel de charme, décoré avec goût. Les chambres (bois patiné, détails précieux) sont séduisantes, certaines avec une vue magique ! Le mardi, soirées jazz au piano-bar.

Hidden sans rest
28 r. de l'Arc-de-Triomphe Ⓜ *Charles de Gaulle-Etoile – 01 40 55 03 57 – www.hidden-hotel.com*
23 ch – 205/465 € 215/465 € – 15 €
◆ Ambiance "nature" revendiquée pour cet hôtel ouvert en 2009 : matériaux nobles comme le bois et l'ardoise ; literie en fibres de coco. Un lieu apaisant et très dépaysant.

Waldorf Arc de Triomphe sans rest
36 r. Pierre-Demours Ⓜ *Ternes – 01 47 64 67 67 – www.hotelswaldorfparis.com*
44 ch – 330/460 € 340/460 € – 20 €
◆ Façade élégante, atmosphère raffinée, chambres reposantes et contemporaines, espace de relaxation avec petite piscine : détente assurée dès que l'on franchit la porte.

Villa Alessandra sans rest
9 pl. Boulnois Ⓜ *Ternes – 01 56 33 24 24 – www.villa-alessandra.com*
49 ch – 129/280 € 189/380 € – 15 €
◆ Un hôtel des Ternes charmant et tranquille, sur une ravissante petite place. Les chambres, avec leurs lits en fer forgé et leur mobilier en bois peint, évoquent la Provence.

Amarante Arc de Triomphe sans rest
25 r. Th.-de-Banville Ⓜ *Pereire – 01 47 63 76 69 – www.amarantearcdetriomphe.com*
50 ch – 150/250 € 180/300 € – 20 €
◆ Cet hôtel bien situé, dont les chambres coquettes s'inspirent du style Directoire (certaines donnant sur le patio), est plébiscité par les touristes et la clientèle d'affaires.

Princesse Caroline sans rest
1bis r. Troyon Ⓜ *Charles de Gaulle-Etoile – 01 58 05 30 00 – www.hotelprincessecaroline.fr*
53 ch – 162/218 € 162/218 € – 16 €
◆ Dans une ruelle voisine de l'Étoile, cet établissement rend hommage à Caroline Murat, sœur de Napoléon Ier. Chambres bourgeoises, lumineuses et cosy, très calmes côté cour.

Champerret Élysées sans rest
129 av. Villiers Ⓜ *Porte de Champerret – 01 47 64 44 00 – www.champerret-elysees.fr*
45 ch – 150 € 150 € – 15 €
◆ Cet hôtel de la porte de Champerret propose des chambres confortables, plus tranquilles sur cour. Avant de visiter la capitale, un petit-déjeuner buffet vous attend.

Tilsitt Étoile sans rest
23 r. Brey Ⓜ *Charles de Gaulle-Etoile – 01 43 80 39 71 – www.tilsitt.com*
38 ch – 140/165 € 160/225 € – 13 €
◆ Une adresse avec un certain cachet, des chambres cosy bien mignonnes, un bar design et un jardinet japonisant... Le tout dans une rue calme du quartier de l'Étoile.

Magellan sans rest
17 r. J.-B. Dumas Ⓜ *Porte de Champerret – 01 45 72 44 51 – www.hotelmagellan.com*
72 ch – 90/149 € 131/164 € – 16 €
◆ Cet hôtel aux chambres coquettes, peu à peu rénové, est aménagé dans un bel immeuble 1900. Toujours appréciable à Paris, son beau jardin où l'on prend le petit-déjeuner en été.

PARIS

Mercure Wagram Arc de Triomphe sans rest
3 r. Brey Ⓜ Charles de Gaulle-Etoile – ✆ 01 56 68 00 01 – www.mercure.com
43 ch – †205/270 € ††215/280 € – ☕ 16 €
◆ Entre l'Étoile et les Ternes, cet hôtel de chaîne propose de petites chambres aux boiseries claires. Cela leur donne, comme au reste de l'établissement, un petit air nautique.

Champlain sans rest
99 bis r. de Rome Ⓜ Rome – ✆ 01 42 27 49 52 – www.hotelchamplainparis.com
51 ch – †170/220 € ††220/330 € – ☕ 14 €
◆ Hôtel récemment rénové, proche de la gare St-Lazare. Bar et salon chaleureux ; chambres raffinées d'esprit contemporain. Des deux derniers étages, vue imprenable sur Montmartre.

Monceau Élysées sans rest
108 r. Courcelles Ⓜ Courcelles – ✆ 01 47 63 33 08 – www.monceau-elysees.com
29 ch – †110/220 € ††125/250 € – ☕ 11 €
◆ Près du parc Monceau, cet hôtel propose des chambres toutes différentes, où dominent les coloris chaleureux et le bois cérusé. Petits-déjeuners dans une jolie salle voûtée.

PARIS

Guy Savoy
18 r. Troyon Ⓜ Charles de Gaulle-Etoile – ✆ 01 43 80 40 61 – www.guysavoy.com – Fermé 3 sem. en août, 24 déc.-2 janv., sam. midi, dim. et lundi
Rest – Menu 285/360 € – Carte 168/324 €
Spéc. "Colors of caviar". Bar en écailles grillées aux épices douces. Chariot des glaces, sorbets, les bocaux et biscuits d'autrefois.
◆ Verre, cuir et wengé, œuvres signées de grands noms de l'art contemporain, sculptures africaines, cuisine raffinée et inventive : "l'auberge du 21e s." par excellence.

Michel Rostang
20 r. Rennequin Ⓜ Ternes – ✆ 01 47 63 40 77 – www.michelrostang.com – Fermé lundi sauf le soir de sept. à juin, sam. midi et dim.
Rest – Menu 76 € (déj.), 169/198 € – Carte 125/182 €
Spéc. Salade de homard bleu cuit au moment, servi entier. Canette au sang en deux services. Tarte moelleuse au chocolat amer.
◆ Boiseries, figurines de Robj, œuvres de Lalique et vitrail Art déco composent le décor, à la fois luxueux et insolite. La cuisine est fine, superbement classique, embellie d'une magnifique carte des vins.

Sormani
4 r. Gén. Lanrezac Ⓜ Charles de Gaulle-Etoile – ✆ 01 43 80 13 91 – Fermé 1er-21 août, sam., dim. et fériés
Rest – Menu 60 € – Carte 64/135 €
◆ Près de la place de l'Étoile, un joli restaurant habillé de rouge, un peu baroque avec ses lustres en Murano. Charme latin, ambiance "dolce vita" et cuisine italienne.

Dessirier par Rostang Père et Filles
9 pl. Mar.-Juin Ⓜ Pereire – ✆ 01 42 27 82 14 – www.restaurantdessirier.com – Fermé sam. et dim. en juil.-août
Rest – (37 €) Menu 45 € – Carte 51/94 €
◆ Contemporain, arty et chic : le nouveau Dessirier, par Michel Rostang... et ses filles Caroline et Sophie. On y fait toujours la part belle aux produits de la mer, avec finesse.

Pétrus
12 pl. du Mar.-Juin Ⓜ Pereire – ✆ 01 43 80 15 95 – Fermé 6-24 août
Rest – Carte 45/90 €
◆ L'élégance de la façade se retrouve tant dans le cadre, contemporain, que dans l'assiette : on se régale ici d'une cuisine actuelle et soignée. Une belle halte gourmande.

Frédéric Simonin

25 r. Bayen Ⓜ Ternes – ✆ 01 45 74 74 74 – www.fredericsimonin.com – Fermé 30 juil.-22 août, dim. et lundi

Rest – Menu 38 € (déj.), 120/170 € bc – Carte 60/110 €

Spéc. Tourteau dans une gelée acidulée à l'avocat. Pomme de ris de veau dorée aux girolles. Soufflé chaud au yuzu et sa glace.

◆ Dans ce restaurant né en 2010 non loin de la place des Ternes, le décor est très chic, tout de noir et de blanc. Il sied à la cuisine fine et délicate d'un chef au beau parcours...

La Braisière (Jacques Faussat)

54 r. Cardinet Ⓜ Malesherbes – ✆ 01 47 63 40 37 – Fermé août, 24 déc.-2 janv., sam. sauf le soir d'oct. à avril et dim.

Rest – Menu 38 € (déj.) – Carte 59/83 €

Spéc. Esturgeon de l'Adour mariné au citron vert et piquillos. Croustillant de pigeon fermier du Gers (fév. à sept.). Soufflé chaud aux fruits de saison.

◆ Dans un quartier tranquille, un restaurant chaleureux et confortable. La carte, qui évolue au gré du marché et selon l'inspiration du chef, a les délicieuses inflexions du Sud-Ouest.

Rech

62 av. des Ternes Ⓜ Ternes – ✆ 01 45 72 29 47 – www.alain-ducasse.com – Fermé août, 24-31 déc., dim. et lundi

Rest – Menu 30/54 € – Carte 52/79 €

◆ Un vénérable restaurant d'esprit Art déco aux alléchantes spécialités : les coquillages, les poissons entiers pour deux, le camembert de Rech, les éclairs XXL...

Timgad

21 r. Brunel Ⓜ Argentine – ✆ 01 45 74 23 70 – www.timgad.fr

Rest – Carte 65/115 €

◆ Retrouvez la splendeur passée de la cité de Timgad dans ce cadre mauresque raffiné (stucs sculptés). Côté assiette, les parfums des couscous et autres tajines sont envoûtants.

La Maison de Charly

97 bd Gouvion-St-Cyr Ⓜ Porte Maillot – ✆ 01 45 74 34 62 – www.lamaisondecharly.fr – Fermé 1er-23 août et lundi

Rest – Menu 34 € – Carte environ 37 €

◆ L'entrée est encadrée d'oliviers ! Élégant décor mauresque, palmier sous verrière et trio couscous-tajines-pastillas sérieusement exécuté : une sympathique parenthèse orientale.

Agapé

51 r. Jouffroy-d'Abbans Ⓜ Wagram – ✆ 01 42 27 20 18 – www.agape-paris.fr – Fermé août, sam. et dim.

Rest – Menu 35 € (déj.), 90/120 € – Carte 80/100 €

Spéc. Noix de veau fumée au bois de hêtre, citron-vanille. Pêche côtière de l'Île d'Yeu, légumes de saison. Chocolat grand cru, passion, vanille.

◆ Un nom grec célébrant l'amour, un lieu chic au décor minimaliste en teintes douces, une carte courte et alléchante. Cette table contemporaine ravit les gourmets.

Graindorge

15 r. Arc-de-Triomphe Ⓜ Charles de Gaulle-Étoile – ✆ 01 47 54 00 28 – Fermé 1er-15 août, sam. midi et dim.

Rest – (24 €) Menu 28 € (déj.), 35/55 € – Carte 44/70 €

◆ Potjevlesch, bintje farcie, waterzoï aux crevettes grises d'Ostende, kippers de Boulogne... Une cuisine du "Ch'Nord" généreuse, avec de belles bières artisanales ! Joli cadre Art déco.

PARIS

XX **Les Fougères**

10 r.Villebois-Mareuil Ⓜ *Ternes – ✆ 01 40 68 78 66 – www.restaurant-les-fougeres.fr – Fermé 24 avril-2 mai, 1er-21 août, 25 déc.-2 janv., sam. et dim.*

Rest – (22 €) Menu 38/60 € – Carte 65/85 €

◆ De délicates fougères poussent sur les banquettes et les rideaux. La carte varie au gré des saisons : gibier et champignons en automne, truffe en hiver, légumes au printemps...

XX **Le Congrès**

80 av. de la Grande-Armée Ⓜ *Porte Maillot – ✆ 01 45 74 17 24 – www.gerard-joulie.com*

Rest – Menu 35 € bc/58 € – Carte 31/76 €

◆ À deux pas du Palais des Congrès, goûteuse cuisine de brasserie dans un cadre qui répond aux canons du genre : nappes blanches, fauteuils Empire, banc d'écailler, etc.

PARIS

XX **Meating**

122 av. de Villiers Ⓜ *Péreire – ✆ 01 43 80 10 10 – www.restaurantmeating.com – Fermé sam. midi et dim.*

Rest – (29 € bc) Menu 35 € bc – Carte 40/75 €

◆ Sous la houlette d'un jeune chef plein d'allant, un décor chic et tendance, et une cuisine très soignée, en particulier de belles viandes "cuites au degré près" !

XX **Samesa**

13 r. Brey Ⓜ *Charles De Gaulle-Etoile – ✆ 01 43 80 69 34 – www.samesa.fr – Fermé dim.*

Rest – Menu 19 € (déj.)/30 € – Carte 38/50 €

◆ La cuisine transalpine se porte bien dans ce restaurant proche de la place de l'Étoile. Belle sélection de vins italiens et service tout sourire : la vita è bella !

XX **Le Ballon des Ternes**

103 av. Ternes Ⓜ *Porte Maillot – ✆ 01 45 74 17 98 – www.leballondesternes.fr*

Rest – Carte 38/65 €

◆ Non, vous n'avez pas bu trop de ballons ! La table dressée à l'envers au plafond fait partie du plaisant décor 1900 de cette brasserie voisine du Palais des Congrès.

X **Caïus**

6 r. d'Armaillé Ⓜ *Charles de Gaulle-Etoile – ✆ 01 42 27 19 20 – Fermé 10-25 août, 22 déc.-2 janv., sam. et dim.*

Rest – (23 €) Menu 39 € – Carte 39/51 €

◆ Chaque saison, le chef particulièrement inventif de ce restaurant chic et feutré concocte une cuisine ludique et parfumée, rehaussée d'épices et de produits "oubliés".

X **Bigarrade** (Christophe Pelé)

✿✿ *106 r. Nollet* Ⓜ *Brochant – ✆ 01 42 26 01 02 – www.bigarrade.fr – Fermé août, vacances de Noël, sam., dim. et lundi*

Rest – *(nombre de couverts limité, prévenir)* Menu 35 € (déj.), 45/85 €

Spéc. Menu du marché.

◆ Petit restaurant épuré (blanc et vert pomme), grand ouvert sur les cuisines où l'on admire le ballet de la brigade menée par Christophe Pelé. Prestation de haute tenue, où la simplicité le dispute à l'invention, pour le plaisir du produit. Pas de carte ni de menu, on se fie à l'inspiration du chef.

X **Chez Léon**

32 r. Legendre Ⓜ *Villiers – ✆ 01 42 27 06 82 – Fermé 26 juil.-24 août, 24 déc.-4 janv., sam., dim. et fériés*

Rest – (22 €) Menu 32/42 € – Carte 40/50 €

◆ Un vieux zinc, un mobilier moderne et coloré... ce restaurant a pris le meilleur de la tradition et de la modernité. Résultat : une ambiance sympathique et une cuisine gourmande.

Le Bistrot d'À Côté Flaubert

10 r. Gustave-Flaubert Ⓜ *Ternes – ✆ 01 42 67 05 81 – www.bistrotflaubert.com – Fermé 2 sem. en août, sam. midi, dim. et lundi*

Rest – (29 €) Menu 35 € (déj.) – Carte 40/55 €

◆ Un bistrot sympathique, sous l'égide de Michel Rostang dont le restaurant gastronomique se trouve juste à côté. Cuisine bistrotière valorisant de beaux produits.

Chez Fred

190 bis bd Pereire Ⓜ *Porte Maillot – ✆ 01 45 74 20 48 – Fermé 24 déc.-1er janv., sam. et dim. en juin, juil. et août*

Rest – Menu 30 € – Carte 40/65 €

◆ Un bouchon lyonnais à la décoration chaleureuse et rétro. À l'ardoise, des plats canailles bien ficelés, réalisés à partir de produits de qualité.

MBC - Gilles Choukroun

4 r. du Débarcadère Ⓜ *Porte Maillot – ✆ 01 45 72 22 55 – www.gilleschoukroun.com – Fermé août, sam. midi et dim.*

Rest – (19 €) Menu 29 € (déj.) – Carte environ 55 € le soir

◆ M pour menthe, B pour basilic et C pour coriandre : trois produits pris comme symbole d'une cuisine créative et métissée. Cadre contemporain, bien dans l'air du temps.

Karl & Erick

20 r. de Tocqueville Ⓜ *Villiers – ✆ 01 42 27 03 71 – Fermé août, sam. midi et dim.*

Rest – Menu 26 € (déj.) – Carte 40/60 €

◆ Des jumeaux, l'un en salle, l'autre en cuisine, dirigent ce bistrot aux airs de loft contemporain. À l'ardoise : foie gras chaud aux raisins, millefeuille de boudin noir...

Le Café d'Angel

16 r. Brey Ⓜ *Charles de Gaulle-Etoile – ✆ 01 47 54 03 33 – Fermé août, 24 déc.-2 janv., sam., dim. et fériés*

Rest – (24 €) Menu 28 € (déj.)/30 € – Carte 42/50 €

◆ Cette petite adresse a la nostalgie des bistrots parisiens d'antan : banquettes en skaï, faïences aux murs, plats traditionnels à l'ardoise et cuisine visible derrière le comptoir.

Hier et Aujourd'hui

145 r. Saussure Ⓜ *Péreire – ✆ 01 42 27 35 55 – Fermé août, 1 sem. fin déc., sam., dim. et jours fériés*

Rest – *(nombre de couverts limité, prévenir)* (20 €) Menu 30 € – Carte environ 33 €

◆ Une bonne raison de rejoindre la porte d'Asnières : dans ce néobistrot (murs en brique, zinc), on déguste de belles recettes... d'hier et d'aujourd'hui, soignées et généreuses.

L'Accolade

23 r. Guillaume-Tell Ⓜ *Péreire – ✆ 01 42 67 12 67 – www.laccolade.com – Fermé août, 1 sem. à Noël, dim. et lundi*

Rest – (20 €) Menu 34 €

◆ Bistrot mariant l'ancien et le contemporain (murs d'un vert éclatant). Le résultat dans l'assiette : oreille de cochon croustillante, rognons, risotto de langoustines...

Le Clou de Fourchette

121 r. de Rome Ⓜ *Rome – ✆ 01 48 88 09 97 – Fermé 13-22 août et dim.*

Rest – (16 €) Carte 28/40 €

◆ Le clou du spectacle se joue autour du cochon, de la plancha, des brochettes (tapas)... Bons produits, large choix de vins au verre et convivialité sont les atouts du lieu.

Les prix indiqués devant le symbole 🚹 correspondent au prix le plus bas en basse saison puis au prix le plus élevé en haute saison, pour une chambre single. Même principe avec le symbole 🚹🚹 cette fois pour une chambre double.

PARIS

Kifuné
44 r. St-Ferdinand Ⓜ Porte Maillot – ✆ 01 45 72 11 19 – Fermé dim. et lundi
Rest – Menu 30 € (déj.) – Carte 50/90 €
◆ Sushi, sashimi, tempura, yakimono (grillades) et agemono (fritures) sont à la carte de ce restaurant japonais où règne une ambiance familiale. Cuisine ouverte sur la salle.

L'Huîtrier
16 r. Saussier-Leroy Ⓜ Ternes – ✆ 01 40 54 83 44 – www.huitrier.fr – Fermé août et lundi
Rest – Carte 40/80 €
◆ À l'entrée, le banc d'écailler vous mettra l'eau à la bouche. Vous dégusterez huîtres et fruits de mer, au coude à coude, dans une salle à manger sagement contemporaine.

La Fourchette du Printemps (Nicolas Mouton)
30 r. du Printemps Ⓜ Wagram – ✆ 01 42 27 26 97 – Fermé août, vacances de Noël, sam. midi et dim.
Rest – *(nombre de couverts limité, prévenir)* Menu 26 € (déj.), 42 €
Spéc. Crème d'artichaut aux langoustines. Lotte et Saint-pierre en bouillabaisse. Paris-brest.
◆ Le printemps en toute saison ! Ce bistrot contemporain sort du lot : deux jeunes chefs, passés par de belles maisons, y cultivent le goût du produit. Même la simplicité se fait finesse...

L'Entredgeu
83 r. Laugier Ⓜ Porte de Champerret – ✆ 01 40 54 97 24 – Fermé 1 sem. fin avril-début mai, 3 sem. en août, 1 sem. à Noël, dim. et lundi
Rest – (23 €) Menu 33 €
◆ Accueil souriant, décor aux accents du Sud-Ouest, ambiance animée et savoureuse cuisine du marché : entraînez-vous à prononcer son nom, l'Entredgeu en vaut la peine !

Caves Petrissans
30 bis av. Niel Ⓜ Pereire – ✆ 01 42 27 52 03 – Fermé 23-30 avril, août, sam., dim. et fériés
Rest – *(prévenir)* Menu 36 € – Carte 42/59 €
◆ Céline, Abel Gance, Roland Dorgelès aimaient fréquenter ces caves plus que centenaires, à la fois boutique de vins et restaurant. Cuisine bistrotière bien ficelée.

Zinc Caïus
11 r. d'Armaillé Ⓜ Charles De Gaulle-Étoile – ✆ 01 44 09 05 10 – Fermé 1er-20 août, dim. et lundi
Rest – *(nombre de couverts limité, prévenir)* (15 € bc) Menu 35 € – Carte 29/45 €
◆ À deux pas de la maison mère (Caïus), ce bistrot de poche – une dizaine de tables hautes – sert surtout des plats canailles : boudin béarnais, tartare, mousse au chocolat...

Le Palanquin
4 pl. Boulnois Ⓜ Ternes – ✆ 01 43 80 46 90 – Fermé août, sam. et dim.
Rest – *(nombre de couverts limité, prévenir)* Carte 31/46 €
◆ Un petit restaurant – à peine 20 couverts – très convivial, tenu par toute une famille. On y déguste une authentique cuisine vietnamienne. Beaucoup de parfums !

Le P'tit Musset
132 r. Cardinet Ⓜ Malesherbes – ✆ 01 42 27 36 78 – Fermé 1er-21 août, 23 déc.-2 janv., sam. midi et dim.
Rest – (20 €) Menu 24/33 €
◆ Musset ? C'est le nom du propriétaire de ce bistrot convivial ! L'équipe, jeune et dynamique, concocte une cuisine canaille bien présentée, aux suggestions délicates et goûteuses.

S. Sauvignier/MICHELIN

Montmartre · Pigalle

18e arrondissement ✉ 75018

Terrass' Hôtel

12 r. J.-de-Maistre Ⓜ Place de Clichy – ✆ 01 46 06 72 85 – www.terrass-hotel.com

98 ch – †285/550 € ††285/550 € – ☕ 17 €

Rest *Le Diapason* – *✆ 01 44 92 34 00 (fermé dim. soir et lundi)* (23 €)

Menu 29/38 € – Carte 45/70 €

♦ Au pied de Montmartre, hôtel au luxe discret, doté de chambres spacieuses meublées sobrement et parfaitement tenues. Beaux salon et piano-bar ; cheminée en hiver. Cuisine actuelle servie dans une salle contemporaine ou sur la terrasse du toit, dominant Paris...

Kube

1-5 passage Ruelle Ⓜ La Chapelle – ✆ 01 42 05 20 00 – www.kubehotel.com

41 ch – †250 € ††300/900 € – ☕ 25 €

Rest – (19 €) Menu 41 € – Carte 37/55 €

♦ La façade du 19e s. cache un hôtel du 21e s., design et high-tech. Chambres d'esprit loft, matériaux bruts. Deux bars, dont le glacial Ice Kube (- 10°C, tenue fournie) à l'étage. Restaurant lounge : carte actuelle et "finger food".

Mercure Montmartre sans rest

3 r. Caulaincourt Ⓜ Place de Clichy – ✆ 01 44 69 70 70 – www.mercure.com

305 ch – †89/320 € ††104/335 € – ☕ 17 €

♦ Bien situé (près de la place Clichy, du Moulin Rouge et du cimetière Montmartre), cet hôtel totalement rénové propose de confortables chambres actuelles. Personnel accueillant.

L'Hôtel Particulier Montmartre sans rest

23 av. Junot Ⓜ Lamarck Caulaincourt – ✆ 01 53 41 81 40 – www.hotel-particulier-montmartre.com

5 ch – †290/590 € ††290/590 € – 3 suites – ☕ 20 €

♦ Étonnante, cette demeure Directoire forme un havre de paix au cœur de Montmartre. Entrée discrète par un passage pavé, jardin luxuriant, atmosphère intime, décors d'artistes.

Relais Montmartre sans rest

6 r. Constance Ⓜ Abbesses – ✆ 01 70 64 25 25 – www.relaismontmartre.fr

26 ch – †130/205 € ††130/205 € – ☕ 13 €

♦ À proximité de Pigalle, retrouvez le charme – inattendu dans ce quartier très vivant – d'une demeure villageoise et paisible. Coquet décor classique et équipements modernes.

Holiday Inn Paris Montmartre sans rest

23 r. Damrémont Ⓜ Lamarck Caulaincourt – ✆ 01 44 92 33 40 – www.holiday-inn.com

54 ch – †145/300 € ††145/300 € – ☕ 13 €

♦ Dans une rue calme, entre la butte Montmartre et la place Clichy. Chambres spacieuses et fonctionnelles, salle des petits-déjeuners ouverte sur une petite terrasse.

Le Chat Noir sans rest

68 bd de Clichy Ⓜ Blanche – ✆ 01 42 64 15 26 – www.hotel-chatnoir-paris.com

39 ch – †120/280 € ††120/280 € – ☕ 12 €

♦ L'enseigne fait référence au célèbre cabaret du bas de la Butte. On retrouve partout le félin dessiné par Steinlen. Décor sans nostalgie : très moderne, avec des notes d'humour.

Timhotel sans rest

11 r. Ravignan Ⓜ Abbesses – ✆ 01 42 55 74 79 – www.timhotel.com
59 ch – †75/170 € ††85/180 € – ☐ 10 €
◆ Sur l'une des plus charmantes places du quartier, hôtel coquet et fonctionnel. Les chambres des 4e et 5e étages, rénovées, offrent une vue imprenable sur la capitale.

Chamarré Montmartre

52 r. Lamarck Ⓜ Lamarck Caulaincourt – ✆ 01 42 55 05 42 – www.chamarre-montmartre.com
Rest – (23 €) Menu 37 € (déj.), 49/95 € – Carte 62/73 €
◆ Sur la butte Montmartre, côté Lamarck, confortable salle moderne avec (petite) vue sur les cuisines, bar avec tables mange-debout et agréable terrasse. Cuisine franco-mauricienne.

Bistro Poulbot

39 r. Lamarck Ⓜ Lamarck Caulaincourt – ✆ 01 46 06 86 00 – www.bistropoulbot.com – Fermé août, vacances de Noël, dim. et lundi
Rest – (14 €) Menu 35 € – Carte 35/60 €
◆ L'enseigne de ce bistrot évoque les gamins de Montmartre immortalisés par Poulbot. Recettes simples et traditionnelles le midi, cuisine au goût du jour plus élaborée le soir.

Chéri bibi

15 r. André-del-Sarte Ⓜ Barbès Rochechouart – ✆ 01 42 54 88 96 – Fermé 2 sem. en août , dim. et le midi
Rest – (22 €) Menu 26 €
◆ Lieu branché, animé, un brin bobo. Mobilier chiné des années 1950, vieux zinc. La cuisine marie classiques de bistrot, recettes de grand-mère et touches plus personnelles.

Miroir

94 r. des Martyrs Ⓜ Abbesses – ✆ 01 46 06 50 73 – Fermé 3 sem. en août, 23-31 déc., dim., lundi et fériés
Rest – (18 €) Menu 25/32 € – Carte 32/45 €
◆ Un bistrot parisien typique, avec une salle sous verrière. Ardoise inspirée par le marché, cuisine franche et juste, joli choix de vins : l'aubaine des Abbesses.

La Table d'Eugène

18 r. Eugène-Sue Ⓜ Jules Joffrin – ✆ 01 42 55 61 64 – Fermé 1er-25 août, 24 déc.-3 janv., dim. et lundi
Rest – *(nombre de couverts limité, prévenir)* (18 € bc) Menu 35 €
◆ Agneau de sept heures au ras el hanout, crumble d'abricots rôtis... Un cocktail réussi, près de la mairie du 18e : un peu de nostalgie (tables bistrot, moulures) et beaucoup de saveurs !

L'Oxalis

14 r. Ferdinand-Flocon Ⓜ Jules Joffrin – ✆ 01 42 51 11 98 – www.restaurantoxalis.com – Fermé 8-23 août, dim. et lundi
Rest – (15 €) Menu 18 € (déj. en sem.)/28 € – Carte environ 38 €
◆ Oxalis, le nom savant de l'oseille sauvage... Saveurs traditionnelles très joliment apprivoisées dans ce petit restaurant proche de la mairie, tenu par un couple fort aimable.

Le Café qui Parle

24 r. Caulaincourt Ⓜ Lamarck Caulaincourt – ✆ 01 46 06 06 88 – www.lecafequiparle.com – Fermé 1er-14 août, 3-9 janv. et dim. soir
Rest – (13 €) Menu 17 € (déj. en sem.) – Carte 27/48 €
◆ Après avoir travaillé dans de grandes maisons parisiennes, à New York et au Québec, le jeune chef creuse son propre sillon : explorer la tradition. Ambiance conviviale.

Ph. Gajic/MICHELIN

Parc de la Villette · Parc des Buttes Chaumont

19e arrondissement

✉ 75019

Holiday Inn La Villette

216 av. J. Jaurès Ⓜ *Porte de Pantin – ✆ 01 44 84 18 18 – www.holidayinn-parisvillette.com*

182 ch – 🚹120/250 € 🚹🚹120/250 € – ☕ 18 €

Rest – *(fermé sam. et dim.)* Menu 18 € – Carte 29/51 €

◆ Construction moderne face à la Cité de la Musique. Les chambres, spacieuses et insonorisées, allient sobriété et confort actuels. Salons pour séminaire, auditorium, fitness. Cuisine traditionnelle servie dans un décor de brasserie moderne.

Canal St-Martin sans rest

5 av. Secrétan Ⓜ *Jaurès – ✆ 01 42 06 62 00 – www.hotel-canal-saint-martin.com*

69 ch – 🚹130/160 € 🚹🚹130/160 € – ☕ 8 €

◆ Entre le canal St-Martin et le bassin de la Villette, chambres récentes pour les "Confort" et "Privilège", traditionnelles pour les "Classiques". Cours fleuries, accueil aimable.

Laumière sans rest

4 r. Petit Ⓜ *Laumière – ✆ 01 42 06 10 77 – www.hotel-lelaumiere.com*

54 ch – 🚹64 € 🚹🚹79 € – ☕ 9 €

◆ En manque d'espaces verts ? Cet hôtel, simple et bien tenu, vous invite à profiter de son agréable jardinet (petit-déjeuner) et du parc des Buttes-Chaumont tout proche.

Crimée sans rest

188 r. de Crimée Ⓜ *Crimée – ✆ 01 40 36 75 29 – www.hotelcrimee.com*

31 ch – 🚹60/75 € 🚹🚹65/80 € – ☕ 8 €

◆ À 300 m du canal de l'Ourcq. Les chambres, fonctionnelles, sont bien insonorisées et climatisées, avec vue sur jardinet pour certaines. Service de qualité.

Au Bœuf Couronné

188 av. Jean-Jaurès Ⓜ *Porte de Pantin – ✆ 01 42 39 44 44 – www.rest-gj.com*

Rest – Menu 32 € bc – Carte 27/75 €

◆ Succès indéfectible pour cette institution face aux anciennes halles de la Villette. Cuisine copieuse (les amateurs de viande sont à la fête), service aimable et décor rétro.

Au Relais des Buttes-Chaumont

86 r. Compans Ⓜ *Botzaris – ✆ 01 42 08 24 70 – www.aurelaisdesbutteschaumont.com – Fermé août, sam. midi et dim.*

Rest – Menu 34 € – Carte 50/75 €

◆ Ce restaurant à l'allure d'auberge provinciale joue la carte du classicisme, tant par sa cuisine que par son décor. Cour intérieure avec terrasse fleurie ou salle avec cheminée.

Vincent Cozzoli

r. Botzaris, Parc des Buttes-Chaumont, entrée : av. Bolivar Ⓜ *Buttes Chaumont – ✆ 01 42 02 22 45 – www.vincentcozzoli.com – Fermé dim.*

Rest – *(dîner seult)* Menu 35/50 € – Carte 40/50 €

◆ Ancien violoniste, cuisinier autodidacte, Vincent Cozzoli n'a jamais oublié les saveurs de son enfance italienne ("on n'avait rien, on avait tout"). Sa cuisine, simple et authentique, ravit ! Jolie situation dans un pavillon des Buttes-Chaumont...

La Table de Botzaris

10 r. du Gén.-Brunet Ⓜ *Botzaris – ✆ 01 40 40 03 30 – www.latabledebotzaris.fr – Fermé 3 sem. en août, 1 sem. en fév., sam. midi et dim.*

Rest – (29 € bc) Menu 39 €

◆ Une carte bien ficelée, des intitulés limpides, une vraie cuisine de cuisinier : cette Table cultive l'art de la bistronomie avec tact et générosité ! Sobre décor contemporain.

La Violette

11 av. Corentin Cariou Ⓜ *Corentin Cariou – ✆ 01 40 35 20 45 – www.restaurant-laviolette.com – Fermé 8-16 mai, vacances de Noël, sam., dim. et fériés*

Rest – *(nombre de couverts limité, prévenir)* (20 €) Carte 38/60 €

◆ Accueil très chaleureux, décor tendance (teintes noir et blanc, banquette violette, murs couverts de casiers à bouteilles) et goûteux petits plats dans l'air du temps.

PARIS

Que du bon

22 r. du Plateau Ⓜ *Buttes-Chaumont – ✆ 01 42 38 18 65 – Fermé 24 déc.-2 janv., sam. midi et dim.*

Rest – (14 €) Menu 17 € (déj.), 26/37 € – Carte 31/42 € le soir

◆ Des assiettes toutes bonnes en effet, proposées dans un chaleureux décor de bistrot contemporain, alliant tons gris et collection de tire-bouchons. Vins de petits producteurs.

L'Hermès

23 r. Mélingue Ⓜ *Pyrénées – ✆ 01 42 39 94 70 – Fermé vacances de Pâques, août, vacances de fév., merc. midi, dim. et lundi*

Rest – Menu 17 € (déj.)/33 € – Carte 34/45 €

◆ Délicieuse atmosphère provinciale (tons ocre, bois, nappes fleuries) et généreuse cuisine bistrotière proposée à l'ardoise : une bonne petite adresse aux allures de guinguette.

S. Sauvignier/MICHELIN

Cimetière du Père Lachaise · Gambetta · Belleville

20e arrondissement

✉ 75020

Mama Shelter

109 r. de Bagnolet Ⓜ *Gambetta – ✆ 01 43 48 48 48 – www.mamashelter.com*

169 ch – †79/299 € ††89/309 € – 1 suite – ☕ 15 €

Rest – (19 €) Menu 29 € (dîner) – Carte 29/79 €

◆ L'imaginaire de Starck insuffle une originalité au décor, à la fois épuré, design et fantaisiste, de ce nouvel et vaste hôtel, à la pointe de la modernité. Grand bar lounge. Restaurant éclairé par de larges baies vitrées, longue terrasse surplombant la petite ceinture.

Palma sans rest

77 av. Gambetta Ⓜ *Gambetta – ✆ 01 46 36 13 65 – www.palmahotel.com*

32 ch – †74/78 € ††84/93 € – ☕ 8 €

◆ Voisin de la place Gambetta et du cimetière du Père-Lachaise, cet hôtel, rénové en 2009, dispose de petites chambres fraîches, parfaitement insonorisées et très bien tenues.

Les Allobroges

71 r. des Grands-Champs Ⓜ *Maraîchers – ✆ 01 43 73 40 00 – Fermé 2 sem. en août, dim. soir et lundi*

Rest – Menu 19 € (sem.), 33/44 €

◆ Sortez des "quartiers battus" pour découvrir ce restaurant proche de la porte de Montreuil. Fine cuisine traditionnelle à l'excellent rapport qualité-prix. Service attentionné.

La Boulangerie

15 r. des Panoyaux Ⓜ *Ménilmontant – ✆ 01 43 58 45 45 – Fermé août, 24 déc.-2 janv., sam. midi, dim. et lundi*

Rest – (14 €) Menu 17 € (déj.)/32 € – Carte 32/42 €

◆ L'adresse séduit les habitués et les touristes par son décor de bistrot patiné. Plats généreux et jolie carte des vins. Impressionnant choix de cognacs, whiskys et bourbons.

Le Baratin

3 r. Jouye-Rouve Ⓜ *Pyrénées – ✆ 01 43 49 39 70 – Fermé 1er-8 mai, août, 10-16 janv., sam. midi, dim. et lundi*

Rest – *(prévenir)* (16 €) Menu 30/42 € – Carte 31/40 €

◆ Une ardoise alléchante, des prix sages, un choix de beaux vins. On comprend le succès de ce petit bistrot de quartier qui semble hors du temps...

PARIS

Ph. Gajic/MICHELIN

Environs de Paris

40 km autour de Paris

cartes 18 à 21

ANTONY - 92 Hauts-de-Seine – **311** J3 – **101** 25 – 60 552 h. **20** B3
– alt. 80 m – ✉ 92160

Paris 13 – Bagneux 6 – Corbeil-Essonnes 28 – Nanterre 23

place Auguste Mounié ✆ 01 42 37 57 77

Sceaux : parc★★ et musée de l'Île-de-France★ N : 4 km - Châtenay-Malabry : église St-Germain-l'Auxerrois★, Maison de Chateaubriand★ NO : 4 km, Île-de-France

De Berny sans rest

129 av. A.-Briand – ✆ 01 46 11 43 90 – www.hotel-berny.com

40 ch – 🛉150 € 🛉🛉160 € – 4 suites – 12 €

◆ À proximité de la Croix de Berny, hôtel récent doté d'un salon feutré, de chambres bien équipées et de quelques suites. Esprit contemporain pour la déco et le mobilier.

L 'Amandier

8 r. de l'Église – ✆ 01 46 66 22 02 – www.restaurant-lamandier.fr – Fermé en août, 25 déc.-1er janv., sam. midi, dim. soir et lundi

Rest – Menu 38/70 € – Carte 42/60 €

◆ Ce restaurant du vieil Antony abrite une spacieuse et confortable salle à manger mi-classique, mi-actuelle. La carte, inventive, est renouvelée régulièrement.

La Tour de Marrakech

72 av. Division Leclerc – ✆ 01 46 66 00 54 – www.latourdemarrakech.com – Fermé août et lundi

Rest – Menu 22 € (déj. en sem.) – Carte 25/45 €

◆ Un voyage bien moins cher qu'un Paris-Marrakech ! Décor délicieusement mauresque, plats du pays mitonnés avec doigté, sans oublier l'accueil et le service prévenants.

ARGENTEUIL - 95 Val-d'Oise – **305** E7 – **101** 14 – 102 683 h. **20** B1
– alt. 33 m – ✉ 95100 Île de France

Paris 16 – Chantilly 38 – Pontoise 20 – St-Germain-en-Laye 19

La Ferme d'Argenteuil

2 bis r. Verte – ✆ 01 39 61 00 62 – www.lafermedargenteuil.com – Fermé 1er-8 mai, 1er-22 août, lundi soir, mardi soir, merc. soir et dim.

Rest – Menu 37/72 € – Carte 55/65 €

◆ Un restaurant légèrement excentré, tenu par deux sœurs : Amélia s'occupe de l'accueil dans la salle totalement redécorée, tandis que Marie, en cuisine, prépare des plats actuels.

ASNIÈRES-SUR-SEINE – 92 Hauts-de-Seine – **311** J2 – **101** 15 – 82 351 h. **20** B1
– alt. 37 m – ✉ 92600 Île de France

Paris 10 – Argenteuil 6 – Nanterre 8 – Pontoise 26

Van Gogh

2 quai Aulagnier, (accès par cimetière des chiens) – ✆ 01 47 91 05 10 – www.levangogh.com – Fermé dim. soir

Rest – Menu 39 € – Carte 48/90 €

◆ Van Gogh immortalisa dans ses tableaux ce bord de Seine. Intérieur façon bateau de plaisance, terrasse d'été face à l'eau et cuisine actuelle (poissons de l'Atlantique).

La Petite Auberge

118 r. Colombes – ✆ 01 47 93 33 94 – Fermé 6-24 août, dim. soir, merc. soir et lundi

Rest – Menu 30/39 €

◆ Petite auberge de bord de route à l'ambiance sympathique. Objets anciens, tableaux et collection d'assiettes décorent la salle à manger rustique. Cuisine traditionnelle.

AULNAY-SOUS-BOIS – 93 Seine-Saint-Denis – 305 F7 – 101 18 — 21 D1

– 81 600 h. – alt. 46 m – ✉ 93600

Paris 19 – Bobigny 9 – Lagny-sur-Marne 23 – Meaux 30

Auberge des Saints Pères (Jean-Claude Cahagnet)

212 av. Nonneville – ✆ 01 48 66 62 11 – www.auberge-des-saints-peres.fr – Fermé 3 sem. en août, merc. soir, sam. et dim.

Rest – Menu 41/85 € – Carte 60/92 €

Spéc. Courgette en velouté glacé, faux caviar et vieux comté. Bouchée de veau aux gambas, chapelure de chips de crevettes et balsamique. Soufflé amande, fraises et crème glacée agastache-mélisse.

◆ Cette maison offre un cadre épuré d'inspiration zen (matières naturelles). Le chef réalise une cuisine inventive, bien présentée et relevée par les herbes de son jardin aromatique.

AUVERS-SUR-OISE – 95 Val-d'Oise – 305 E6 – 106 6 – 101 3 – 6 956 h. — 18 B1

– alt. 30 m – ✉ 95430 Île de France

Paris 36 – Beauvais 52 – Chantilly 35 – Compiègne 84

rue de la Sansonne ✆ 01 30 36 10 06

Maison de Van Gogh★ - Parcours-spectacle "voyage au temps des Impressionnistes"★ au château de Léry.

Hostellerie du Nord avec ch

6 r. Gén.-de-Gaulle – ✆ 01 30 36 70 74 – www.hostelleriedunord.fr – Fermé dim. soir

8 ch – †99/129 € ††99/189 € – ☕ 13 €

Rest – (49 € bc) Menu 59/69 € – Carte 59/69 €

◆ Ancien relais de poste (17e s.), proche de la célèbre église. Salle à manger sobre, aux tons clairs ; même classicisme dans la cuisine du chef, qui démontre un savoir-faire certain. Chambres traditionnelles, arborant le nom de grands peintres ayant fréquenté la région.

Auberge Ravoux

52 r. du Gén.-de-Gaulle , (face à la mairie) – ✆ 01 30 36 60 60 – www.maisondevangogh.fr – Ouvert début mars à nov. et fermé dim. soir, merc. soir, jeudi soir, lundi et mardi

Rest – *(nombre de couverts limité, prévenir)* (27 €) Menu 32/75 € bc – Carte 51/69 €

◆ Ambiance attachante et généreuse cuisine des cafés d'artistes du 19e s. dans l'auberge où Van Gogh logea au crépuscule de sa vie. La petite chambre du peintre se visite (6 €).

BAGNOLET – 93 Seine-Saint-Denis – 305 F7 – 101 17 – 34 069 h. — 21 C2

– alt. 96 m – ✉ 93170

Paris 8 – Bobigny 6 – Lagny-sur-Marne 32 – Meaux 39

Novotel Paris Est

1 av. de la République, (échangeur porte de Bagnolet) – ✆ 01 49 93 63 00 – www.novotel.com

602 ch – †108/186 € ††108/186 € – 7 suites – ☕ 14 € **Rest** – Carte 17/35 €

◆ En bordure du périphérique, l'un des premiers hôtels de la chaîne (construit en 1973), entièrement rénové dans un style contemporain. Tenue impeccable. Hommes d'affaires, groupes et touristes du monde entier se croisent au restaurant, ouvert assez tard le soir.

Bois-Colombes – 92 Hauts-de-Seine – 311 J2 – 101 15 – 27 151 h. – alt. 37 m – ✉ 92270 — 20 B1

Paris 12 – Nanterre 6 – Pontoise 25 – St-Denis 11

Le Chefson

17 r. Ch.-Chefson – ✆ 01 42 42 12 05 – Fermé août, vacances de fév., lundi soir, sam. et dim.

Rest – *(nombre de couverts limité, prévenir)* (21 €) Menu 26/35 €

◆ L'ambiance bistrot et la cuisine traditionnelle, simple et généreuse, font le charme du lieu, apprécié de la clientèle locale. Suggestions sur ardoise au gré du marché.

Bougival – 78 Yvelines – 311 I2 – 101 13 – 8 418 h. – alt. 40 m – ✉ 78380 Île de France — 20 A2

Paris 21 – Rueil-Malmaison 5 – St-Germain-en-Laye 6 – Versailles 8

10, rue du Général Leclerc ✆ 01 39 69 21 23

Holiday Inn

10-12 r. Yvan Tourgueneff, (D 113) – ✆ 01 30 08 18 28 – www.holiday-inn.com

181 ch – †89/265 € ††89/265 € – ☕ 18 € **Rest** – (27 €) Carte 27/45 €

◆ Hôtel des années 1970 entièrement rénové, restructuré autour d'un patio. Chambres spacieuses, dont une dizaine au mobilier de style tournées vers la Seine. Côté restaurant, tons ensoleillés, grande terrasse et cuisine traditionnelle aux accents du Sud.

Villa des Impressionnistes sans rest

15 quai Rennequin Sualem, (D 113) – ✆ 01 30 08 40 00 – www.villa-impressionnistes.fr

50 ch – †120/170 € ††140/190 € – 1 suite – ☕ 16 €

◆ Le charmant décor de cet hôtel – bibelots, mobilier choisi, couleurs vives – évoque les peintres impressionnistes. Chambres spacieuses, bien insonorisées et agréable parc.

La Vasconia sans rest

7 r. de la Butte-de-la-Celle, (allée St-Michel) – ✆ 01 39 69 03 93 – www.la-vasconia.com

3 ch ☕ – †70/80 € ††80/90 €

◆ Au cœur d'un paisible quartier pavillonnaire, on pénètre dans cette maison par un grand jardin arboré et fleuri. Chambres personnalisées et soignées (meubles anciens ou chinés).

Le Camélia (Thierry Conte)

7 quai Georges Clemenceau – ✆ 01 39 18 36 06 – www.lecamelia.com – Fermé 1 sem. vacances de Pâques, août, 1 sem. vacances de Noël, dim. et lundi

Rest – (37 € bc) Menu 45/75 € – Carte 90/105 €

Spéc. Salade de homard. Sole française. Fondant au chocolat.

◆ L'enseigne évoque le passé artistique de cette charmante auberge. Dans l'élégante salle colorée, vous appréciez l'œuvre du chef : une cuisine inventive réalisée au gré du marché.

Boulogne-Billancourt – 92 Hauts-de-Seine – 311 J2 – 101 24 – 110 251 h. – alt. 35 m – ✉ 92100 Île de France — 20 B2

Paris 10 – Nanterre 9 – Versailles 11

Musée départemental Albert-Kahn★ : jardins★ - Musée Paul Landowski★.

Radisson Blu

33 av. E.-Vaillant – ✆ 01 46 08 85 00 – www.boulogne.radissonblu.com

170 ch – †175/395 € ††175/395 € – ☕ 24 €

Rest A O C – 33 av. E. Vaillant *(fermé août et vacances de Noël)* Menu 22 € (sem.)/28 € – Carte 32/50 €

◆ Respect de l'environnement est le leitmotiv de cet "hôtel vert" : depuis le choix des matériaux (bois exotique) et des équipements jusqu'à la très forte implication du personnel. Cuisine actuelle à l'A.O.C., ouvert sur un patio-terrasse planté de vignes.

Mercure Porte de St-Cloud
37 pl. René-Clair – ✆ 01 49 10 49 10 – www.mercure.com
180 ch – 99/300 € 99/300 € – 19 €
Rest *Croisette Café* – ✆ 01 49 10 49 50 *(fermé le soir en août et fériés)* (21 €) Menu 27 € (sem.) – Carte 26/40 €
◆ Immeuble moderne en verre dont les chambres, toutes rénovées, offrent un bon confort. Business-center complet et lounge bar orné de photos de stars par le studio Harcourt. Des fresques figurant quelque 400 personnalités du monde du spectacle égayent le Croisette Café.

Acanthe sans rest
9 rd-pt Rhin-et-Danube – ✆ 01 46 99 10 40 – www.quality-acanthe-paris.com
69 ch – 195/215 € 195/215 € – 1 suite – 15 €
◆ Voisin des studios de Boulogne et des insolites jardins du musée Albert-Kahn, hôtel insonorisé disposant de chambres rénovées dans un style actuel. Agréable patio fleuri.

Sélect Hôtel sans rest
66 av. du Gén.-Leclerc – ✆ 01 46 04 70 47 – www.select-hotel.fr
61 ch – 130 € 150 € – 12 €
◆ Établissement confortable situé sur la nationale conduisant de Paris à Versailles. Chambres bien insonorisées, de style Art nouveau dans l'aile principale ou Art déco à l'annexe.

Paris sans rest
104 bis r. de Paris – ✆ 01 46 05 13 82 – www.hotel-paris-boulogne.com
31 ch – 81 € 90 € – 9 €
◆ Dans un secteur calme, hôtel familial simple à la tenue irréprochable. Les petites chambres sont fonctionnelles et bien insonorisées. Accueil sympathique des propriétaires.

Au Comte (Henri et Benoit Charvet)
89 av. J.-B.-Clément – ✆ 01 46 03 47 27 – www.au-comte.fr – Fermé août et dim.
Rest – Menu 90 € – Carte 79/120 €
Spéc. Grande assiette de foies gras, chutney de tamarin aux pommes. Ragoût de homard aux pommes de terre safranées, pinces grillées sur salade d'herbes. Glace vanille Bourbon, madeleines chaudes.
Rest *Le Bistrot* – (28 €) Menu 35 € – Carte 35/60 €
◆ Une table élégante, sous la lumière d'une belle verrière... Saveur, fraîcheur, simplicité : le sens du produit est un héritage chez les Charvet et, dorénavant, le fils réinterprète joliment les classiques de la maison. Autre déclinaison du côté du Bistrot, chic et moderne.

L'Auberge
86 av. J.-B.-Clément – ✆ 01 46 05 67 19 – www.restaurant-boulogne-billancourt.com – Fermé 1er-25 août, sam. midi, dim. soir et lundi
Rest – Menu 38 € – Carte 44/78 €
◆ Teintes rouille, chocolat ou taupe et poutres apparentes caractérisent cette charmante auberge. Le chef revisite les recettes classiques et élabore ses menus au gré des saisons.

Ducoté Cuisine (Julien Ducoté)
112 av. Victor-Hugo – ✆ 01 48 25 49 20 – www.ducotecuisine.com – Fermé 3 sem. en août, sam. midi, dim. et lundi
Rest – (35 €) Menu 48/105 € – Carte 80/100 €
Spéc. Tourteau décortiqué. Homard rôti au beurre salé. Soufflé chaud coulant au chocolat.
◆ De discrètes notes modernes ponctuent la cuisine traditionnelle, savoureuse et soignée de ce sympathique restaurant à l'allure contemporaine et dirigé par une jeune équipe.

Chez Michel

4 r. Henri Martin – ✆ 01 46 09 08 10 – Fermé août, 24 déc.-2 janv., sam. midi, dim. et fériés

Rest – (13 €) Menu 30 €

◆ Fricassée de bar aux légumes de saison ; millefeuille de mirabelle et glace vanille... Dans le sympathique bistrot de Michel, les plats dépendent du marché. Fraîcheur et simplicité.

BRIE-COMTE-ROBERT – 77 Seine-et-Marne – **312** E3 – **101** 39 – 14 943 h. – alt. 90 m – ✉ 77170 Île de France **19** C2

- Paris 30 – Brunoy 10 – Évry 20 – Melun 18
- rue Gambetta ✆ 01 64 05 30 09
- Clément Ader à Gretz-Armainvilliers Domaine du Château Péreire, NE : 12 km par D 216, ✆ 01 64 07 34 10
- de Marolles en Brie à Marolles-en-Brie Mail de la Justice, NO : 6 km, ✆ 01 45 95 18 18
- ASPTT Paris Golf des Corbuches à Lésigny Ferme des Hyverneaux, N : 6 km par N 104, ✆ 01 60 02 07 26
- du Réveillon à Lésigny Ferme des Hyverneaux, N : 6 km par N 104, ✆ 01 60 02 17 33
- Verrière ★ du chevet de l'église.

À la Grâce de Dieu

79 r. du Gén.-Leclerc, (D 619) – ✆ 01 64 05 00 76 – www.gracededieu.com

16 ch – 45 € 52/70 € – 12 € – ½ P 54 €

Rest – *(fermé vend. soir et dim. soir)* (12 €) Menu 28/35 € – Carte 26/42 €

◆ Ce relais postal du 17e s. était l'ultime halte avant de possibles rencontres avec les bandits de grands chemins. Enseigne restée certes fataliste, mais confort actuel. Restaurant aux allures d'auberge provinciale (mobilier de style Louis XIII) et cuisine traditionnelle.

Un important déjeuner d'affaires ou un dîner entre amis ? Le symbole vous signale les salles à manger privées.

BRY-SUR-MARNE – 94 Val-de-Marne – **312** E2 – **101** 18 – 14 985 h. – alt. 40 m – ✉ 94360 **21** D2

- Paris 16 – Créteil 12 – Joinville-le-Pont 5 – Nogent-sur-Marne 3
- 2, grande rue ✆ 01 48 82 30 30

Auberge du Pont de Bry "La Grapille" (François Le Quillec)

3 av. du Gén.-Leclerc – ✆ 01 48 82 27 70 – Fermé 25 juil.-16 août, lundi et mardi

Rest – Menu 30/50 € – Carte 40/60 €

Spéc. Tartare de Saint-Jacques et saumon, crème de wasabi yuzu. Parmentier de homard. Nougat glacé, cake à la noix de coco.

◆ Une très bonne auberge ! Des produits bien choisis et cuisinés avec soin, de jolies assiettes, beaucoup de saveurs... sous l'égide d'un couple franco-japonais. Cadre moderne.

CERGY-PONTOISE P – 95 Val-d'Oise – **305** D6 – **106** 5 – **101** 2 – 178 656 h. – ✉ 95 Île de France **18** B1

- Paris 35 – Mantes-la-Jolie 40 – Pontoise 3 – Rambouillet 60
- de Cergy-Pontoise à Vauréal 2 allée de l'Obstacle d'Eau, O : 7 km par D 922, ✆ 01 34 21 03 48
- d'Ableiges à Ableiges Chaussée Jules César, NO : 14 km par rte d'Ableiges, ✆ 01 30 27 97 00
- de Gadancourt à Gadancourt, par rte de Rouen : 20 km, ✆ 01 34 66 12 97

Plans pages suivantes

CERGY-PONTOISE

Bougara (Av. Rédouane)	BV	4
Bouticourt (Bd Ch.)	BV	6
Constellation (Av. de la)	AV	13
Delarue (Av. du Gén.-G.)	BV	15
Genottes (Av. des)	AV	28
Lavoye (R. Pierre)	BV	40
Mendès-France (Mail)	AX	44
Mitterrand (Av. Fr.)	BVX	45
Moulin à Vent (Bd du)	AV	47
Petit Albi (R. du)	AV	55
Verdun (Av. de)	BX	76
Viosne (Bd de la)	BVX	83

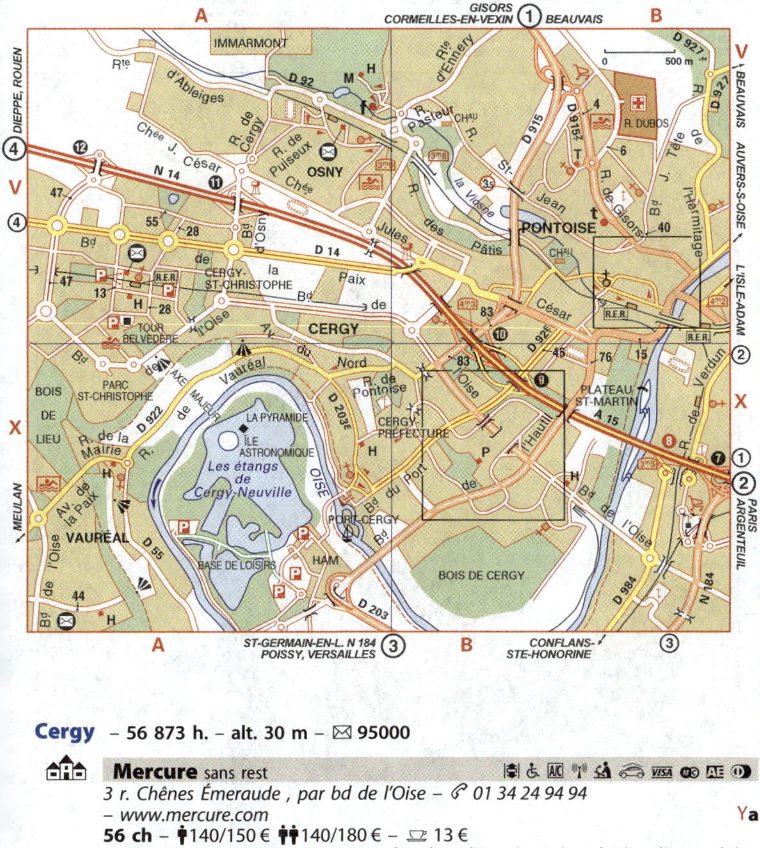

Cergy – 56 873 h. – alt. 30 m – ✉ 95000

Mercure sans rest
3 r. Chênes Émeraude , par bd de l'Oise – ✆ 01 34 24 94 94 – www.mercure.com Ya
56 ch – †140/150 € ††140/180 € – ☕ 13 €
◆ Construction récente aux vastes chambres bien équipées, dotées d'un mobilier de style anglais. Celles sur l'arrière profitent d'un plus grand calme. Salon-bar contemporain.

Hérouville au Nord-Est par D 927 : 8 km – 568 h. – alt. 120 m – ✉ 95300

Les Vignes Rouges
3 pl. de l'Église – ✆ 01 34 66 54 73 – www.vignesrouges.fr – Fermé 1er-10 mai, 1er-23 août, 3-15 janv., dim. soir, lundi et mardi
Rest – Menu 38 € – Carte 46/65 €
◆ L'enseigne de cette maison francilienne évoque une œuvre de Van Gogh. Véranda tournée vers l'église, exposition de tableaux d'un peintre local et plats traditionnels.

Un nom d'établissement passé en rouge désigne un « espoir ».
Le restaurant est susceptible d'accéder à une distinction supérieure : première étoile ou étoile supplémentaire. Vous les retrouverez dans la liste des tables étoilées en début de guide.

CERGY-PRÉFECTURE

Arts (Pl. des) . . . . Z 2
Boucle (R. de la) . . . . Y 3
Bourgognes (R. des) . . . . Z 5
Chênes Émeraude . . . . Y 13
Columbia (Square) . . . . Y 14
Diapason (Square du) . . . . Y 17
Écureuil (R. de l') . . . . Y 19
Étoile (Allée de l') . . . . Y 21
Galeries (R. des) . . . . Y 24
Gare (R. de la) . . . . Z 25
Grouettes (Av. des) . . . . Z 33
Herbes (R. aux) . . . . Y 34
Italiens (R. des) . . . . Y 39
Marché Neuf (R. du) . . . . Y 43
Pays de France (R. des) . . . . Y 52
Pergola (Pl. de la) . . . . Z 53
Platanes (Allée des) . . . . Z 59
Préfecture (Parvis de la) . . . . Z 63
Préfecture (R. de la) . . . . Z 64
Prieuré (R. du) . . . . Z 66
Théâtre (Allée du) . . . . Z 71
Traversière (R.) . . . . Y 74
Verger (R. du) . . . . Z 77
Villarceaux (R. de) . . . . Z 81

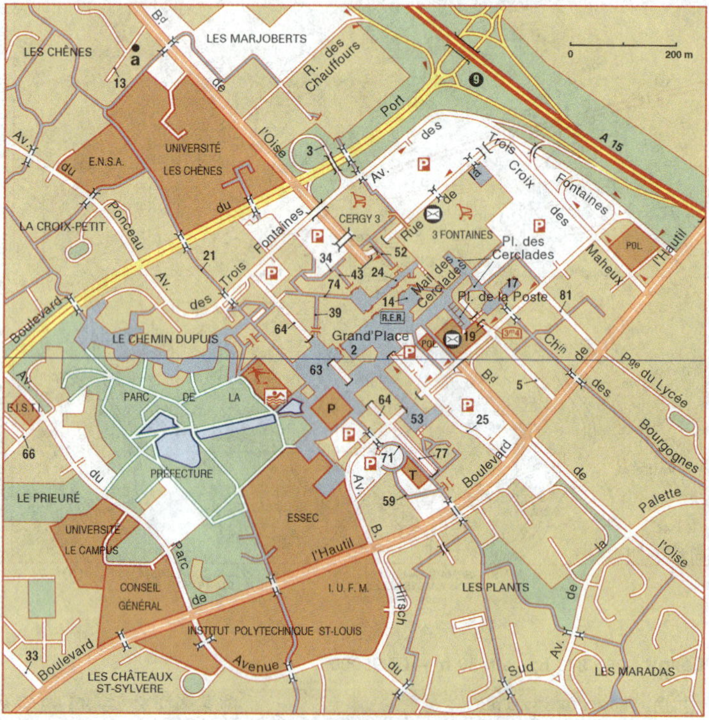

Méry-sur-Oise – 9 178 h. – alt. 29 m – ✉ 95540

ℹ 30, avenue Marcel Perrin ✆ 01 34 64 85 15

Château de Méry
rest, VISA AE

9 bis r. de L'Isle-Adam – ✆ 01 30 36 00 82 – www.chateaudemery.fr
68 ch – †180/270 € ††180/270 € – 2 suites – ☕ 18 €
Rest – *(fermé 1er-15 août)* Carte 42/65 €

◆ Construction moderne bien intégrée dans le superbe parc de 23 ha du château (18e s.). Grandes chambres contemporaines avec balcon. Au restaurant, belle cheminée ouverte, immense terrasse tournée vers la nature et cuisine du marché privilégiant herbes et épices.

Le Chiquito (Alain Mihura)
VISA AE

93 r. de l'Oise, La Bonneville, 1,5 km par D 922, rte de Pontoise – ✆ 01 30 36 40 23 – www.lechiquito.fr – Fermé 2-9 janv., sam. midi, dim. soir et lundi
Rest – Menu 56/73 €
Spéc. Terrine de foie gras aux poires caramélisées. Coeur de pomme de ris de veau au beurre mousseux de cacahuète, champignons du moment. Paris-brest.

◆ Une maison francilienne du 17e s., cachant un joli jardin. Le chef concocte une cuisine classique tout en finesse et simplicité, avec des produits de belle qualité. Agréable véranda.

PONTOISE

Bretonnerie (R. de la) . . . . . . D 7
Butin (R. Pierre). . . . . DE 8
Canrobert (Av. du Mar.). . . . . D 10
Château (R. du) . . . . E 12
Delacour (R.). 14
Écluse (Quai de l') . . . . E 18
Flamel (Pl. Nicolas) . . . . E 22
Gisors (R. de). . . . . D 30
Grand Martroy (Pl. du) . . . . . D 32
Hôtel de Ville (R. de l') . . . . . . E 36
Hôtel Dieu (R. de l') . . . . E 37
Lavoye (R. Pierre) . . . . D 40
Leclerc (R. du Gén.). . . . . E 41
Lecomte (R. A.) . . . . E 42
Parc aux Charrettes (Pl. du) . D 50
Petit Martroy (Pl. du). . . . . . . D 56
Pierre aux Poissons (R. de la) D 57
Pothuis (Quai du) . . . . E 62
Roche (R. de la) . . . . E 67
Rouen (R. de) . . . . D 69
Souvenir (Pl. du) . . . . D 70
Thiers (R.). . . . . D 72
Vert Buisson (R. du). . . . . E 80

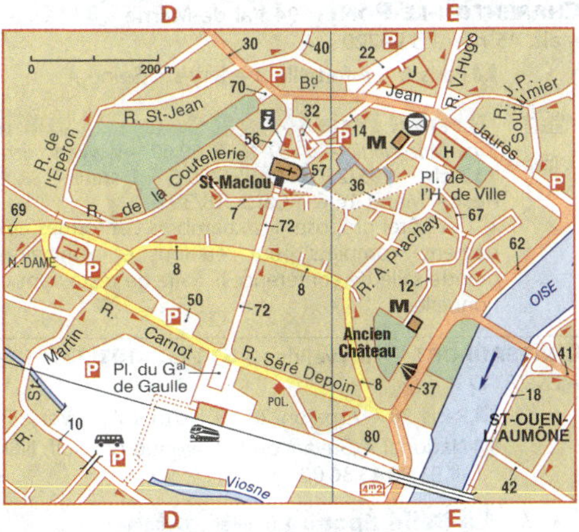

Osny – 15 996 h. – alt. 37 m – ✉ 95520

Moulin de la Renardière

r. Gd Moulin – ✆ 01 30 30 21 13 – www.moulinrenardiere.fr – Fermé dim. soir et lundi
Rest – (28 € bc) Menu 36/38 € bc – Carte environ 39 € AVf
◆ Moulin du 18e s. niché dans un parc. Deux salles au choix : l'une avec belle cheminée, l'autre égayée de peintures. Terrasse ombragée au bord de la rivière. Carte classique.

Pontoise – 28 674 h. – alt. 48 m – ✉ 95000

6, place du Petit Martroy ✆ 01 30 38 24 45

Auberge du Cheval Blanc

47 r. Gisors – ✆ 01 30 32 25 05 – www.chevalblanc95.com – Fermé 1er-25 août, sam. midi, dim. et lundi BVt
Rest – (35 €) Menu 43/58 €
◆ Restaurant au cadre actuel où sont exposées des peintures d'artistes régionaux (terrasse d'été). Cuisine au goût du jour ; belle sélection de vins de petits viticulteurs.

CERNAY-LA-VILLE – 78 Yvelines – **311** H3 – **106** 29 – **101** 31 – 1 652 h. – alt. 170 m – ✉ 78720 **18** B2

Paris 45 – Chartres 52 – Longjumeau 31 – Rambouillet 12
Abbaye★ des Vaux-de-Cernay O : 2 km, Île-de-France

Abbaye des Vaux de Cernay

ch, rest,
2,5 km à l'Ouest par D 24 – ✆ 01 34 85 23 00 – www.abbayedecernay.com
54 ch – †125/320 € ††125/320 € – 3 suites – ☕ 16 € – ½ P 130/250 €
Rest – (28 €) Menu 50/88 € – Carte 60/120 €
◆ On accède par un grand parc à cette abbaye cistercienne, magnifique ensemble architectural du 12e s. Salons gothiques, vastes chambres au mobilier ancien ou plus actuel. Cuisine traditionnelle servie dans l'étonnante salle à manger coiffée de superbes voûtes.

à La Celle-les-Bordes Sud : 4 km par D 72 – 914 h. – alt. 125 m – ✉ 78720

L'Auberge de l'Élan

5 r. du Village (Les Bordes) – ✆ 01 34 85 15 55 – www.laubergedelelan-78.com – Fermé 10-31 août, 19-26 déc., 20-26 fév., dim. soir, mardi et merc.
Rest – (28 €) Menu 38/60 €
◆ Maison de village où se mêlent déco rustique et vaisselle moderne. Bon accueil ; cuisine du marché et de passion concoctée par le chef-patron. Vente de produits régionaux.

CHARENTON-LE-PONT – 94 Val-de-Marne – **312** D3 – **101** 26 – 28 395 h. **21** C2 – alt. 45 m – ✉ 94220

Paris 8 – Alfortville 3 – Ivry-sur-Seine 4

Novotel Atria

5 pl. Marseillais – ☎ 01 46 76 60 60 – www.accorhotels.com

132 ch – 95/250 € 95/250 € – 1 suite – 14 €

Rest – Menu 16 € – Carte 18/39 €

◆ Cet hôtel propose des chambres conformes au style de la chaîne et des équipements complets pour réunions et séminaires (du bureau individuel à la grande salle de conférences). Salle de restaurant contemporaine et cuisine traditionnelle.

CHÂTEAUFORT – 78 Yvelines – **311** I3 – **101** 22 – 1 409 h. – alt. 153 m **20** A3 – ✉ 78117

Paris 28 – Arpajon 28 – Chartres 75 – Versailles 15

National à Guyancourt 2 avenue du Golf, NO : 7 km par D 36, ☎ 01 30 43 36 00

La Belle Époque (Philippe Delaune)

10 pl. de la Mairie – ☎ 01 39 56 95 48 – www.labelleepoque78.fr – Fermé 1er-25 août, 21-28 déc., dim. et lundi

Rest – Menu 36 € (sem.), 58/98 € bc – Carte 65/80 €

Spéc. Langoustines rôties au beurre demi-sel citronné à l'ail doux caramélisé. Escalopes de foie gras de canard poêlées aux topinambours. Soufflé chaud de pommes calville au Grand Marnier.

◆ L'enseigne évoque le style du décor : zinc, poutres, cuivres. On apprécie la cuisine mitonnée au gré des saisons et la terrasse ombragée avec vue sur la vallée de Chevreuse.

CHÂTILLON – 92 Hauts-de-Seine – **311** J3 – **101** 25 – 32 077 h. **20** B2 – alt. 115 m – ✉ 92320

Paris 10 – Bobigny 25 – Créteil 19 – Nanterre 23

21, rue Gabriel Péri ☎ 01 46 57 93 32

Barbezingue

14 bd de la Liberté – ☎ 01 49 85 83 50 – www.barbezingue.com – Fermé 3 sem. en août, dim. soir et lundi

Rest – Menu 19/30 €

◆ Généreuse cuisine canaille dans ce bistrot qui fait aussi table d'hôte (à l'étage) et barbier. Terrasse idéale pour l'apéro et terrain de pétanque. Un concept, un lieu de vie.

CLAMART – 92 Hauts-de-Seine – **311** J3 – **101** 25 – 50 655 h. – alt. 102 m **20** B2 – ✉ 92140

Paris 10 – Boulogne-Billancourt 7 – Issy-les-Moulineaux 4 – Nanterre 15

22, rue Paul Vaillant Couturier ☎ 01 46 42 17 95

La Brèche du Bois sans rest

7 pl. J. Hunebelle – ☎ 01 46 42 29 06 – www.hotel-brechedubois.com

30 ch – 63/66 € 70/76 € – 8 €

◆ Dans un quartier verdoyant, cet hôtel propose des chambres pratiques, plus tranquilles sur l'arrière. À deux pas, les sentiers du bois de Clamart vous attendent.

Trosy sans rest

41 r. P. Vaillant-Couturier – ☎ 01 47 36 37 37 – www.hoteldutrosy.com

40 ch – 60 € 65 € – 8 €

◆ Il règne une ambiance familiale dans cette bâtisse moderne. Les chambres sont fonctionnelles et bien tenues ; préférez celles côté cour pour bénéficier du calme.

CLICHY – 92 Hauts-de-Seine – **311** J2 – **101** 15 – **57 162 h. – alt. 30 m** **20** B1
– ✉ **92110**

Paris 9 – Argenteuil 8 – Nanterre 9 – Pontoise 26

61, rue Martre ✆ 01 47 15 31 61

Holiday Inn

2 r. 8 mai 1945 – ✆ 01 76 68 77 00 – www.holidayinn.com/parisclichy

270 ch – 180/350 € 200/370 € – 20 €

Rest – (17 €) Menu 20 € (déj. en sem.)/29 € – Carte 20/42 €

◆ Malgré la proximité du périphérique, l'excellente insonorisation préserve l'hôtel de tout bruit. L'architecture moderne abrite des espaces harmonieux aux équipements de pointe.

Europe sans rest

52 bd Gén.-Leclerc – ✆ 01 47 37 13 10 – www.hotel-residence-europe.com

83 ch – 150/170 € 160/180 € – 10 €

◆ Cet immeuble en briques (1920) a bénéficié d'une cure de jouvence. Les chambres, confortables, arborent un décor reposant et tendance. Espace détente complet et de qualité.

Résidence Europe sans rest

15 r. Pierre-Curie – ✆ 01 47 37 13 10 – www.hotel-residence-europe.com

28 ch – 130/150 € 140/160 € – 10 €

◆ Dans une rue tranquille, établissement proposant des chambres rénovées et meublées en bois cérusé. Salle des petits-déjeuners feutrée (buffet).

La Romantica

73 bd J.-Jaurès – ✆ 01 47 37 29 71 – www.laromantica.fr – Fermé sam. midi et dim.

Rest – Menu 45 € (déj. en sem.)/80 € – Carte 60/90 €

◆ La clientèle d'affaire apprécie la fine cuisine italienne et la superbe cave de cette adresse soignée, mêlant classique, détails romains et rustiques. Terrasse fleurie sur cour.

La Barrière de Clichy

1 r. de Paris – ✆ 01 47 37 05 18 – Fermé août, sam., dim. et fériés

Rest – Menu 34/43 € – Carte 60/72 €

◆ Restaurant qui séduit par son cadre élégant, lumineux et épuré. Plats saisonniers et dans l'air du temps ; le menu du marché change chaque jour.

COLOMBES – 92 Hauts-de-Seine – **312** C2 – **101** 14 – **82 026 h.** **20** B1
– **alt. 38 m** – ✉ **92700**

Paris 19 – Boulogne-Billancourt 19 – Montreuil 23 – Nanterre 9

Courtyard by Marriott

91 bd Charles-de-Gaulle – ✆ 01 47 69 59 49 – www.courtyardcolombes.com

150 ch – 99/159 € 169/289 € – 18 €

Rest – *(fermé sam. midi et dim. midi)* (15 €) Menu 27 € (dîner)
– Carte 28/39 € le soir

◆ Ce bâtiment neuf est doté de chambres fonctionnelles. Hall-salon moderne, réchauffé par une cheminée, accueillant un "market" (boutique self-service). Salle de musculation. Cuisine méditerranéenne servie au restaurant contemporain. Formule buffet à midi.

CONFLANS-STE-HONORINE – 78 Yvelines – **311** I2 – **101** 3 – **33 671 h.** **18** B1
– **alt. 25 m** – ✉ **78700** Île de France

Paris 38 – Mantes-la-Jolie 39 – Poissy 10 – Pontoise 8

1, rue René Albert ✆ 01 34 90 99 09

≤★ de la terrasse du parc du château - Musée de la Batellerie.

Au Bord de l'Eau

15 quai Martyrs-de-la-Résistance – ✆ 01 39 72 86 51 – Fermé 8-26 août, lundi et le soir sauf sam.

Rest – Menu 31 € (déj. en sem.), 45/62 €

◆ Cet ancien bistrot de bateliers du bord de l'Oise abrite un restaurant familial. L'intérieur rend hommage à la batellerie conflanaise. Sympathique cuisine traditionnelle.

CORBEIL-ESSONNES – 91 Essonne – **312** D4 – **101** 37 – **40 929 h.** **18** B2 – alt. 37 m – ✉ 91100

Paris 36 – Créteil 27 – Évry 6 – Fontainebleau 37

36, rue Saint-Spire ✆ 01 64 96 23 97

Blue Green Golf de Villeray à Saint-Pierre-du-Perray, E : 6 km, ✆ 01 60 75 17 47

de Greenparc à Saint-Pierre-du-Perray Route de Villepècle, NE : 6 km par D 947, ✆ 01 60 75 40 60

au Coudray-Montceaux Sud-Est : 6 km par N 7 – 4 070 h. – alt. 81 m – ✉ 91830

Mercure

rte de Milly-la-Forêt – ✆ *01 64 99 00 00*

125 ch – 79/229 € 89/239 € – 16 €

Rest – (17 €) Carte environ 30 €

◆ Au cœur d'un parc, cet hôtel dispose d'un complexe sportif (tennis, golf, piscine...) apprécié des hommes d'affaires et des familles, et de chambres décorées avec soin. Le restaurant-véranda s'ouvre sur la forêt et la campagne et sert des plats traditionnels.

COURBEVOIE – 92 Hauts-de-Seine – **311** J2 – **101** 15 – **84 415 h.** **20** B1 – alt. 28 m – ✉ 92400 Île de France

Paris 10 – Asnières-sur-Seine 4 – Levallois-Perret 4 – Nanterre 5

George Sand sans rest

18 av. Marceau – ✆ *01 43 33 57 04*
– www.georgesandhotel.com

32 ch – 80/145 € 90/145 € – 12 €

◆ Adoptez cet hôtel à jolie façade Art déco pour son intérieur raffiné évoquant l'univers de George Sand, son mobilier du 19e s. et son salon romantique où l'on écoute du Chopin.

Central sans rest

99 r. du Cap.-Guynemer – ✆ *01 47 89 25 25*
– www.central-courbevoie-hotel.com

55 ch – 107/124 € 107/124 € – 7 €

◆ Près de la Défense, cet hôtel familial a repris des couleurs. Des espaces communs aux chambres (insonorisées), il a été relooké dans un esprit actuel agréable.

Quartier Charras

Mercure La Défense 5

18 r. Baudin – ✆ *01 49 04 75 00* – *www.mercure.com*

502 ch – 75/250 € 75/250 € – 5 suites – 17 €

Rest ***Le Bistrot de l'Echanson*** – ✆ 01 49 04 75 85 *(fermé août, vend. soir, dim. midi et sam.)* Menu 22 € – Carte 25/45 €

◆ Originale façade en arc de cercle dissimulant des chambres fonctionnelles récemment rajeunies ; vue sur Paris ou la Défense pour certaines, à partir du 8e étage. Fitness, hammam et solarium. Décor design et ambiance chaleureuse au Bistrot de l'Échanson.

au Parc de Bécon

Les Trois Marmites

215 bd St-Denis – ✆ *01 43 33 25 35*
– Fermé août, le soir, sam., dim. et fériés

Rest – (34 €) Menu 39 €

◆ La clientèle d'affaires apprécie ce petit restaurant de quartier proche des quais, face au parc de Bécon et au musée Roybet-Fould (œuvres de Carpeaux). Carte traditionnelle.

CRÉTEIL P – 94 Val-de-Marne – **312** D3 – **101** 27 – 88 939 h. – alt. 48 m **21** C2
– ✉ 94000 Île de France

Paris 14 – Bobigny 22 – Évry 32 – Lagny-sur-Marne 29

de Marolles-en-Brie à Marolles-en-Brie Mail de la Justice, SE : 10 km, ✆ 01 45 95 18 18

d'Ormesson à Ormesson-sur-Marne Chemin du Belvédère, E : 15 km, ✆ 01 45 76 20 71

Hôtel de ville★ : parvis★.

Novotel

VISA AE

r. Jean Gabin, (au lac) – ✆ 01 56 72 56 72 – www.novotel.com
110 ch – †99/179 € ††99/179 € – ☕ 14 €
Rest – (17 €) Carte 18/40 €
♦ L'atout majeur de cet hôtel est son emplacement face au lac (base de loisirs et parcours de jogging). Chambres agréables, agencées selon le concept de la chaîne. Restaurant au cadre design, animé par des écrans plasma ; cuisine traditionnelle.

DAMPIERRE-EN-YVELINES – 78 Yvelines – **311** H3 – **101** 31 – 1 162 h. **18** B2
– alt. 100 m – ✉ 78720

Paris 38 – Chartres 57 – Longjumeau 32 – Rambouillet 16

9, Grande Rue ✆ 01 30 52 57 30

de Forges-les-Bains à Forges-les-Bains Route du Général Leclerc, SE : 14 km, ✆ 01 64 91 48 18

Château de Dampierre★★ Île de France

Auberge du Château "Table des Blot" (Christophe Blot) avec ch

1 Grande Rue – ✆ 01 30 47 56 56 rest, VISA
– www.latabledesblot.com – Fermé 20-31 août, 20-30 déc., 20-28 fév., dim. soir, lundi et mardi
10 ch – †80/90 € ††80/90 € – ☕ 8 €
Rest – Menu 30 € (sem.), 45/70 € – Carte environ 60 €
Spéc. Homard poêlé, décortiqué et fumé minute à la livèche. Pigeon étuvé, finement émincé, servi très rosé au jus de viande dissocié. Chocolat en soufflé, l'autre mi-cuit et le dernier en mousse.
♦ La décoration soignée de cette belle auberge du 17e s. marie l'ancien et le moderne. Le talent du chef et les saisons rythment la créativité des recettes. Accueil chaleureux. Jolies chambres façon maison de campagne.

Les Écuries du Château

VISA AE

2 Grande Rue, (au château) – ✆ 01 30 52 52 99 – www.lesecuriesduchateau.com – Fermé 17 fév.-2 mars, 1er-26 août, mardi et merc.
Rest – (30 €) Menu 45/55 € – Carte 42/49 €
♦ Lieu magique pour ce restaurant installé dans la sellerie du Château de Dampierre. Vous apprécierez une cuisine traditionnelle dans un décor rustique et cosy avec vue sur le parc.

LA DÉFENSE – 92 Hauts-de-Seine – **311** J2 – **101** 14 – ✉ 92400 Paris **20** B1

Paris 10 – Courbevoie 1 – Nanterre 4 – Puteaux 2

Quartier★★ : perspective★ du parvis.

Pullman La Défense

ch, rest,

11 av. Arche, sortie Défense 6 ✉ 92081 VISA AE
– ✆ 01 47 17 50 00 – www.pullmanhotels.com
368 ch – †175/470 € ††175/470 € – 16 suites – ☕ 22 €
Rest *Avant Seine* – ✆ 01 47 17 50 99 *(fermé 29 juil. -21 août, 17 déc.-2 janv., vend. soir, sam., dim. et fériés)* (29 €) Carte environ 54 €
♦ Belle architecture en proue de navire, toute de verre et de pierre ocre. Chambres spacieuses et élégantes, salons et auditorium très bien équipés (avec cabines de traduction). Décor design de qualité et cuisine à la broche au restaurant l'Avant Seine.

Renaissance rest,

60 Jardin de Valmy, par bd circulaire, sortie La Défense 7 ✉ 92918 – ✆ 01 41 97 50 50 – www.renaissanceladefense.fr

324 ch – 169/450 € 169/450 € – 3 suites – 25 €

Rest – *(fermé fériés le midi, dim. midi et sam.)* (25 €) Menu 34 € (déj.)/45 € bc – Carte 51/68 €

◆ Luxe et raffinement caractérisent cet immeuble contemporain posé au pied de la Grande Arche : matériaux nobles, confort absolu, chambres chaleureuses parfaitement équipées. Vue sur les jardins de Valmy, plats classiques et suggestions saisonnières à la brasserie.

Hilton La Défense ch, rest,

2 pl. de la Défense ✉ 92053 – ✆ 01 46 92 10 10 – www.hilton.com

148 ch – 195/550 € 195/550 € – 9 suites – 26 €

Rest *Côté Parvis* – *(fermé vend. soir, dim. midi et sam.)* (45 € bc) Menu 55 € bc (déj. en sem.) – Carte 39/72 €

◆ Hôtel situé dans l'enceinte du CNIT. Certaines chambres ont été pensées pour le bien-être de la clientèle d'affaires : espaces travail, repos, relaxation et salle de bains-jacuzzi. Côté Parvis, cuisine dans l'air du temps et jolie vue sur l'Arche.

Sofitel Paris La Défense

34 cours Michelet, par bd circulaire sortie La Défense 4 ✉ 92060 Puteaux – ✆ 01 47 76 44 43 – www.sofitel-paris-ladefense.com

150 ch – 150/535 € 150/535 € – 1 suite – 26 €

Rest *L'Italian Lounge* – ✆ 01 47 76 72 40 – Menu 37 € (sem.), 60/115 € – Carte 55/85 €

◆ Architecture en arc de cercle intégrée au paysage des tours de la Défense. Chambres spacieuses et bien équipées, joliment contemporaines. Cadre tendance, table méditerranéenne et beau choix de vins à l'Italian Lounge.

Novotel La Défense ch,

2 bd Neuilly, sortie Défense 1 – ✆ 01 41 45 23 23 – www.novotel.com

280 ch – 79/390 € 79/490 € – 16 € **Rest** – Carte 25/40 €

◆ Cet hôtel se dresse aux pieds de La Défense, véritable musée de plein air. Chambres rénovées, en partie tournées vers Paris, et bar relooké dans l'esprit Novotel Café. Décor contemporain et cuisine élaborée selon les saisons au restaurant.

ENGHIEN-LES-BAINS – 95 Val-d'Oise – 305 E7 – 101 5 – 12 121 h. – alt. 45 m – Stat. therm. : toute l'année – Casino – ✉ 95880 Île de France — 20 B1

Paris 17 – Argenteuil 7 – Chantilly 34 – Pontoise 22

81, rue du Général-de-Gaulle ✆ 01 34 12 41 15

de Domont Montmorency à Domont Route de Montmorency, N : 8 km, ✆ 01 39 91 07 50

Lac★ - Deuil-la-Barre : chapiteaux historiés★ de l'église Notre-Dame NE : 2 km.

Grand Hôtel Barrière sans rest

85 r. du Gén.-de-Gaulle – ✆ 01 39 34 10 00 – www.grand-hotel-enghien.fr

43 ch – 234/326 € 234/326 € – 6 suites – 19 €

◆ Décor classique pour cet établissement doté de l'un des plus grands spas et fitness de France, face au lac d'Enghien. Chambres élégantes, garnies d'un beau mobilier de style.

Du Lac ch,

89 r. du Gén.-de-Gaulle – ✆ 01 39 34 11 00 – www.hotel-du-lac-enghien.com

137 ch – 119/379 € 119/379 € – 4 suites – 17 €

Rest – *(fermé sam. midi)* (22 €) Menu 26 € – Carte 34/59 €

◆ Hôtel moderne aux airs de villégiature. Chambres confortables, avec vue sur le lac (plus calmes côté jardin). Possibilité d'accès au spa et au fitness. La salle à manger contemporaine préserve l'intimité ; terrasse face au plan d'eau, cuisine traditionnelle.

Aux Saveurs d'Alice

32 bd d'Ormesson – ✆ 01 34 12 78 36 – www.auxsaveursdalice.fr – Fermé dim. soir, merc. soir et lundi

Rest – (21 €) Menu 28 € – Carte 29/45 €

◆ On apprécie ce restaurant du centre-ville pour sa cuisine traditionnelle simple, calée sur les saisons et le marché. Décor sagement rustique dans les trois salles à manger.

ÉVRY P – 91 Essonne – 312 D4 – 101 37 – ✉ 91000 Île de France 18 B2

Paris 32 – Chartres 80 – Créteil 30 – Étampes 36

Cathédrale de la Résurrection ★ - 5 mai-janv. Epiphanies (Exposition).

All Seasons

ch,

52 bd Coquibus, (face à la cathédrale) – ✆ 01 69 47 30 00 – www.all-seasons-hotels.com – Fermé 29 juil.-21 août et 22 déc.-1er janv.

110 ch – †78/102 € ††88/112 €

Rest – *(fermé vend. soir, sam., dim. et fériés)* (18 €) Carte 25/32 €

◆ Face à la cathédrale de la Résurrection, voici un hôtel contemporain mis en scène avec des couleurs gaies. Chambres à la décoration dans l'air du temps et prix raisonnables. Le restaurant, très mode, propose une cuisine au goût du jour.

à Courcouronnes – 14 409 h. – alt. 80 m – ✉ 91080

de Bondoufle à Bondoufle Départementale 31, O : 3 km, ✆ 01 60 86 41 71

Le Canal

31 r. du Pont Amar, (près de l'hôpital) – ✆ 01 60 78 34 72 – www.restaurant-lecanal.fr – Fermé août, 24-31 déc., sam. et dim.

Rest – Menu 23/32 €

◆ Une adresse d'esprit brasserie un brin rétro. On y sert une cuisine du marché, franche et simple, dont l'incontournable spécialité du patron : le pied de cochon farci.

à Lisses – 6 911 h. – alt. 86 m – ✉ 91090

Mercure

rest,

8 r. du Bois Chaland, ZAC du Bois Chaland – ✆ 01 60 86 90 00 – www.mercure.com

53 ch – †65/99 € ††65/109 € – 12 €

Rest – *(fermé vend. soir, sam. et dim.)* (19 €) Menu 23 € – Carte environ 27 €

◆ Rénovation réussie pour cet hôtel au calme, préservé de l'activité environnante par un écran de verdure. Les chambres, confortables et chaleureuses, affichent une décoration actuelle. Salle à manger ouverte sur une terrasse-véranda et cuisine traditionnelle.

GAGNY – 93 Seine-Saint-Denis – 305 G7 – 101 18 – 37 729 h. – alt. 70 m – ✉ 93220 21 D1

Paris 17 – Bobigny 11 – Raincy 3 – St-Denis 18

1, avenue Jean-Jaurès ✆ 01 43 81 49 09

Le Vilgacy

45 av. H. Barbusse – ✆ 01 43 81 23 33 – www.vilgacy.com – Fermé 25 juil.-19 août, 15-25 fév., dim. soir, mardi soir et lundi sauf fériés

Rest – (26 €) Menu 36 € – Carte 50/65 €

◆ Vous serez accueilli dans le décor contemporain et coloré des deux salles (tableaux en exposition-vente) ou dans le jardin-terrasse en été. Recettes traditionnelles.

Les prix indiqués devant le symbole † correspondent au prix le plus bas en basse saison puis au prix le plus élevé en haute saison, pour une chambre single. Même principe avec le symbole †† cette fois pour une chambre double.

La Garenne-Colombes – 92 Hauts-de-Seine – **311** J2 – **101** 14 **20** B1
– 27 188 h. – alt. 40 m – ✉ 92250

▶ Paris 13 – Argenteuil 7 – Asnières-sur-Seine 5 – Courbevoie 2

ℹ 24, rue d'Estienne-d'Orves ✆ 01 47 85 09 90

L 'Instinct

1 r. Voltaire – ✆ 01 56 83 82 82 – www.restaurant-linstinct.com – Fermé 7-22 août, lundi soir, sam. midi et dim.

Rest – *(prévenir)* (25 €) Menu 34 € – Carte 39/45 €

◆ Face au marché couvert, restaurant au cadre résolument moderne et coloré. Salle claire et lumineuse et très beau bar en bois pour l'apéritif. Cuisine au goût du jour.

Gressy – 77 Seine-et-Marne – **312** F2 – **101** 10 – 896 h. – alt. 98 m **19** C1
– ✉ 77410

▶ Paris 32 – Meaux 20 – Melun 56 – Senlis 35

Le Manoir de Gressy

– ✆ 01 60 26 68 00 – www.manoirdegressy.com – Fermé 23 déc.-3 janv.

85 ch – †115/230 € ††130/260 € **Rest** – Menu 46 €

◆ Ce manoir, dressé sur le site d'une ferme fortifiée du 18e s., marie joliment les styles. Les chambres, personnalisées, ouvrent sur le jardin et la piscine. Murs patinés et parquets habillent la grande salle de restaurant où buffets et carte évoluent au gré des saisons.

Issy-les-Moulineaux – 92 Hauts-de-Seine – **311** J3 – **101** 25 **20** B2
– 61 471 h. – alt. 37 m – ✉ 92130 Île de France

▶ Paris 8 – Boulogne-Billancourt 3 – Clamart 4 – Nanterre 11

ℹ Esplanade de l'Hôtel de Ville ✆ 01 41 23 87 00

◉ Musée de la Carte à jouer★.

La Table des Montquartiers

5 chemin Montquartiers – ✆ 01 46 44 05 45 – www.latabledesmontquartiers.com – Fermé août, sam., dim., fériés et le soir

Rest – (26 €) Menu 35 € – Carte 43/52 €

◆ Pénétrez dans ce cadre insolite – les galeries d'une ancienne carrière de craie – et découvrez un choix exceptionnel de vins pour accompagner la carte réalisée au fil des saisons.

River Café

Pont d'Issy, 146 quai Stalingrad – ✆ 01 40 93 50 20 – www.lerivercafe.net

Rest – (27 €) Menu 32/36 € – Carte 36/56 €

◆ Voyage gourmand ! Embarquement immédiat à bord de cette ex-barge pétrolière, amarrée face à l'île St-Germain. Cuisine du marché dans un décor colonial ; voiturier.

L'Ile

Parc Ile St-Germain, 170 quai Stalingrad – ✆ 01 41 09 99 99 – www.restaurant-lile.com

Rest – (21 €) Menu 44/60 € – Carte 28/62 €

◆ Cette caserne postée sur une île de la Seine invite aujourd'hui au "repos", sans discussion... Un lieu tendance et convivial, où la carte met à l'honneur les produits de saison.

Manufacture

20 espl. Manufacture, (face au 30 r. E. Renan) – ✆ 01 40 93 08 98 – www.restaurantmanufacture.com – Fermé 5-20 août, 25 déc.-1er janv., sam. et dim.

Rest – (29 €) Menu 36 €

◆ Reconversion réussie : cette ancienne manufacture de tabac (1904) abrite un restaurant design et sa belle terrasse. Recettes de bistrot revues et corrigées à la mode d'aujourd'hui.

Coquibus
16 av. de la République – ✆ 01 46 38 75 80 – www.coquibus.com
– Fermé dim.
Rest – (18 €) Menu 22 € – Carte 30/60 €
◆ Adresse sympathique où boiseries, tableaux colorés et coqs en terre cuite reconstituent parfaitement un décor brasserie des années 1930. Cuisine traditionnelle au gré du marché.

Janvry – **91 Essonne** – **312** B4 – **101** 33 – **626 h.** – **alt. 160 m** – ✉ **91640** **18** B2

Paris 35 – Briis s/s Forges 4 – Dourdan 20 – Palaiseau 19

Bonne Franquette
1 r. du Marchais – ✆ 01 64 90 72 06 – www.bonnefranquette.fr
– Fermé 25 avril-16 mai, 29 août-26 sept., 19 déc.-9 janv., sam. midi, dim. soir et lundi
Rest – Menu 35 €
◆ Ex-relais de poste situé face au château (17e s.) d'un joli village francilien. Deux grandes ardoises annoncent la cuisine du jour servie dans un cadre de bistrot chaleureux.

Joinville-le-Pont – **94 Val-de-Marne** – **312** D3 – **101** 27 – **17 177 h.** **21** D2
– **alt. 49 m** – ✉ **94340**

Paris 12 – Créteil 7 – Lagny-sur-Marne 22 – Maisons-Alfort 5
23, rue de Paris ✆ 01 42 83 41 16

Cinépole sans rest
8 av. Platanes – ✆ 01 48 89 99 77 – www.cinepole.com
34 ch – 64/66 € 64/66 € – 8 €
◆ L'enseigne de cet hôtel familial évoque les anciens studios de cinéma de Joinville. Chambres pratiques et bien tenues ; belle terrasse où l'on sert le petit-déjeuner l'été.

Le Kremlin-Bicêtre – **94 Val-de-Marne** – **312** D3 – **101** 26 – **25 567 h.** **21** C2
– **alt. 60 m** – ✉ **94270**

Paris 5 – Boulogne-Billancourt 11 – Évry 28 – Versailles 23

Novotel Porte d'Italie
22 r. Voltaire – ✆ 01 45 21 19 09 – www.novotel.com
168 ch – 95/220 € 95/220 € – 15 €
Rest – (12 €) Menu 16 € – Carte 19/38 €
◆ Tout proche de la porte d'Italie, bâtiment moderne arborant une façade en granit poli. Chambres aménagées selon le dernier concept de la chaîne. Mobilier contemporain au restaurant, carte Novotel Café.

Express by Holiday Inn sans rest
1-3 r. Elisée Reclus – ✆ 01 47 26 26 26
89 ch – 70/180 € 70/180 €
◆ À proximité immédiate des quartiers sud de la capitale, hôtel apprécié de la clientèle d'affaires. Petites chambres habillées de bois clair et de tissus chamarrés.

Levallois-Perret – **92 Hauts-de-Seine** – **311** J2 – **101** 15 – **62 851 h.** **20** B1
– **alt. 30 m** – ✉ **92300**

Paris 9 – Argenteuil 8 – Nanterre 8 – Pontoise 27

Evergreen Laurel
8 pl. Georges Pompidou – ✆ 01 47 58 88 99
– www.evergreenhotel-paris.com
337 ch – 350 € 350 € – 1 suite – 19 €
Rest *Omega* – (18 €) Menu 22 € (sem.)/58 € – Carte 35/72 €
◆ Luxe, élégance et luminosité : un hôtel pensé pour la clientèle d'affaires. Les chambres, dotées d'un plaisant mobilier en bois de rose, sont spacieuses. Rencontre de l'Asie et de la cuisine française au restaurant Omega.

Espace Champerret sans rest
26 r. Louise Michel – ✆ 01 47 57 20 71 – www.hotel-espace-champerret.com
39 ch – †64/99 € ††70/109 € – ☕ 8,50 €
◆ Une cour, où l'on sert le petit-déjeuner en été, sépare les deux bâtiments de cet hôtel ; celui sur l'arrière est plus calme. Chambres rénovées, insonorisées et bien tenues.

L'Audacieux
51 r. Danton – ✆ 01 47 59 94 17 – Fermé août
Rest – Menu 17 € (déj. en sem.) – Carte 32/45 €
◆ Accueil tout sourire par une équipe très pro dans ce restaurant de poche à la déco minimaliste égayée de touches colorées. Table actuelle soignée cultivant le goût du produit.

ENVIRONS DE PARIS

LIVRY-GARGAN – 93 Seine-Saint-Denis – **305** G7 – **101** 18 – 41 556 h. – alt. 60 m – ✉ 93190 — **21** D1

Paris 19 – Aubervilliers 14 – Aulnay-sous-Bois 4 – Bobigny 8
5, place François Mitterrand ✆ 01 43 30 61 60

La Petite Marmite
8 bd de la République – ✆ 01 43 81 29 15 – Fermé 5 août-1er sept., dim. soir et merc.
Rest – Menu 35/60 € – Carte 40/65 €
◆ Derrière une façade arborant un auvent couvert de chaume, salle confortable avec boiseries. Monsieur fait le marché et madame cuisine (plats traditionnels). Bon choix de bordeaux.

LONGJUMEAU – 91 Essonne – **312** C3 – **101** 35 – 21 048 h. – alt. 78 m – ✉ 91160 — **20** B3

Paris 20 – Chartres 70 – Dreux 84 – Évry 15

St-Pierre
42 r. F. Mitterrand – ✆ 01 64 48 81 99 – www.lesaintpierre.com – Fermé 25 juil.-18 août, lundi soir, merc. soir, sam. midi et dim.
Rest – Menu 25 € bc (déj.), 33/46 € – Carte 44/60 €
◆ Les patrons aiment à faire partager leur amour des produits du Gers : canard et foie gras en tête, les plats du Sud-Ouest défilent dans un chaleureux cadre d'esprit rustique.

MAISONS-ALFORT – 94 Val-de-Marne – **312** D3 – **101** 27 – 53 233 h. – alt. 37 m – ✉ 94700 Île de France — **21** C2

Paris 10 – Créteil 4 – Évry 34 – Melun 39

La Bourgogne
164 r. J.-Jaurès – ✆ 01 43 75 12 75 – www.restaurant94labourgogne.com – Fermé 9-21 août, 24 déc.-1er janv., sam. midi et dim.
Rest – Menu 30/46 € bc – Carte 49/65 €
◆ Cette maison fleure bon la province. On y sert une savoureuse cuisine de produits, soucieuse des saisons, et de belles spécialités bourguignonnes. Accueil chaleureux.

MAISONS-LAFFITTE – 78 Yvelines – **311** I2 – **101** 13 – 22 566 h. – alt. 38 m – ✉ 78600 Île de France — **20** A1

Paris 21 – Mantes-la-Jolie 38 – Poissy 9 – Pontoise 17
41, avenue de Longueil ✆ 01 39 62 63 64
Château★.

Tastevin (Michel Blanchet)
9 av. Eglé – ✆ 01 39 62 11 67 – www.letastevin-restaurant.fr – Fermé 3-26 août, 22 fév.-8 mars, lundi et mardi
Rest – (36 €) Menu 45 € (sem.)/95 € – Carte 80/105 €
Spéc. Foie gras chaud au vinaigre de banyuls, frite de polenta. Noix de ris de veau rôtie au bouton de marguerite, charlotte de macaroni aux champignons. Assiette du maître chocolatier.
◆ À l'orée du parc, une maison de maître à l'intérieur cossu. On y cultive une certaine idée de l'art de vivre à la française et l'amour des beaux produits. Jolie carte des vins.

La Plancha

5 av. de St-Germain – ✆ 01 39 12 03 75 – Fermé 15 juil.-20 août, 17-27 fév., dim. soir, mardi soir et merc.

Rest – Menu 33/60 € – Carte 53/72 €

◆ Ambiance "voyage" dans ce restaurant proche de la gare. La carte, assez originale, propose des recettes combinant avec succès les produits français, espagnols et japonais.

MARLY-LE-ROI – 78 Yvelines – 312 B2 – 101 12 – 16 655 h. – alt. 90 m – ✉ 78160 — 20 A2

▶ Paris 24 – Bougival 5 – St-Germain-en-Laye 5 – Versailles 9

ℹ 2, avenue des Combattants ✆ 01 39 16 16 35

Le Village (Uido Tomohiro)

3 Grande-Rue – ✆ 01 39 16 28 14 – www.restaurant-levillage.fr – Fermé 3 sem. en août, sam. midi, dim. soir et lundi

Rest – *(nombre de couverts limité, prévenir)* (31 €) Menu 39/78 € – Carte 95/113 €

Spéc. Duo de foie gras de canard et sa brioche aux truffes. Nems de belles langoustines et huîtres. Gourmandise de patates douces.

◆ Une jolie auberge du vieux Marly. Le chef, né au Japon, signe une cuisine très maîtrisée, avec de jolis accords de textures et de saveurs. La France inspire l'Asie, et réciproquement...

MARNE-LA-VALLÉE – Île-de-France – 312 E2 – 101 19 – 246 607 h. – ✉ 77206 Île de France — 19 C2

▶ Paris 27 – Meaux 29 – Melun 40

⛳27 de Bussy-Saint-Georges à Bussy-Saint-Georges Promenade des Golfeurs, ✆ 01 64 66 00 00

⛳9 de Torcy à Torcy Base Régionale de loisirs, N : 5 km, ✆ 01 64 80 80 90

⛳18 Disneyland Paris à Magny-le-Hongre Allée de la Mare Houleuse, ✆ 01 60 45 68 90

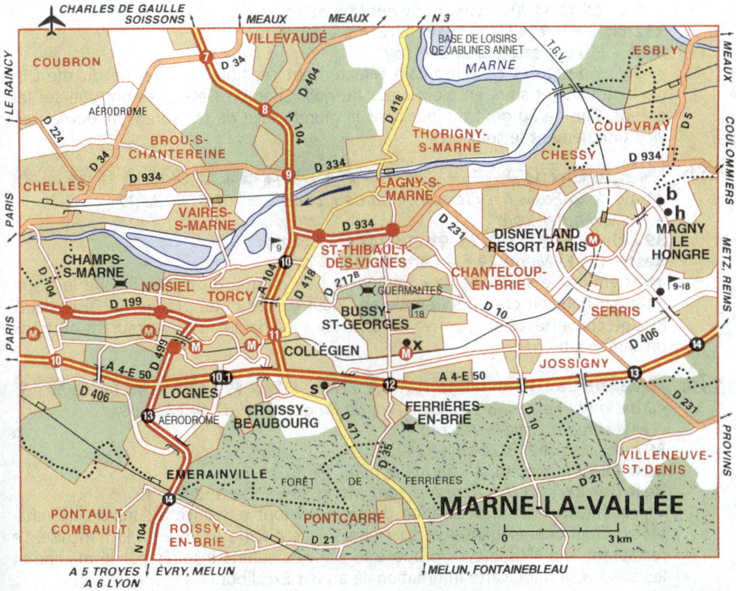

à Bussy-St-Georges – 18 772 h. – alt. 105 m – ✉ 77600

Tulip Inn Marne la Vallée

44 bd A. Giroust – ✆ 01 64 66 11 11 – www.tulipinnmarnelavallee.com
87 ch – †129 € ††129 € – ☕ 12 € **x**
Rest – *(fermé sam. midi et dim.)* (17 €) Menu 20 €
◆ Intégré à un grand ensemble immobilier, face à la station RER, hôtel doté de chambres fonctionnelles, bien insonorisées, et d'un bar décoré façon "Louisiane". Carte traditionnelle rehaussée de notes italiennes, dans la salle à manger aux tons pastel.

à Collégien – 3 191 h. – alt. 105 m – ✉ 77090

Novotel

2 allée du Clos des charmes , (sortie 12) – ✆ 01 64 80 53 53 – www.novotel.com
195 ch – †90/135 € ††90/148 € – ☕ 14 € **s**
Rest – (12 €) Carte 18/41 €
◆ Hôtel adapté à la clientèle d'affaires et aux séminaires. Chambres au décor actuel (mobilier en bois, belles teintes). Hall et bar "tendance". Restauration traditionnelle dans un cadre design ou en terrasse, autour de la piscine. Plats simples au Novotel Café.

à Disneyland Resort Paris accès par autoroute A 4 et bretelle Disneyland – ✉ 77777

Disneyland Paris ★★★ (voir Guide Vert Île-de-France)-Centrale de réservations hôtels : ✆ (00 33) 08 25 30 60 30 (0,15 €/mn) - Les hôtels du Parc Disneyland Resort Paris pratiquent des forfaits journaliers comprenant le prix de la chambre et l'entrée aux parcs à thèmes - Ces prix variant selon la saison, nous vous suggérons de prendre contact avec la centrale de réservation.

à Magny-le-Hongre – 4 954 h. – alt. 117 m – ✉ 77700

Radisson Blu at Disneyland

allée de la Mare-Houleuse , (près du golf)
– ✆ 01 60 43 64 00 – www.radissonblu.com/golfresort-paris **r**
232 ch ☕ – †143/200 € ††157/214 € – 18 suites
Rest – (16 €) Carte 35/55 € le soir
◆ Styles design et contemporain caractérisent cet hôtel, dernier né du site Disneyland Paris et situé en plein cœur du golf. Chambres et suites ont vue sur les greens. Cuisine au goût du jour dans la grande salle de restaurant moderne (service uniquement le soir).

Magic Circus

20 av. de la Fosse-des-Pressoirs, (Val de France) – ✆ 01 64 63 38 00
– www.vi-hotels.com **h**
396 ch ☕ – †218/242 € ††218/242 € – 5 suites
Rest – (25 €) Menu 29 € – Carte 25/35 €
◆ Attention, le spectacle va commencer ! Le monde du cirque inspire le décor intérieur haut en couleurs (rénové en 2009) de cet hôtel proche de Disneyland. Piscine couverte. Le soir, entrez en piste sous le chapiteau du restaurant où trône un buffet à thème.

Dream Castle

40 av. de la Fosse-des-Pressoirs, (Val de France) – ✆ 01 64 17 90 00
– www.dreamcastle-hotel.com **b**
397 ch ☕ – †218/228 € ††242/252 € – 10 suites
Rest *The Musketeer's* – *(fermé le midi)* Menu 29 €
Rest *Bar Excalibur* – *(fermé le soir)* Menu 25 € – Carte 20/35 €
◆ L'architecture et la décoration de cet hôtel font référence à l'univers des châteaux. Chambres élégantes et spacieuses, jolie piscine et jardin à la française. Le restaurant The Musketeer's propose le soir des buffets inspirés par le marché et les saisons. À midi, carte internationale au bar Excalibur.

MASSY – 91 Essonne – **312** C3 – **101** 25 – **40 183 h.** – **alt. 78 m** – ✉ **91300** **20** B3

▶ Paris 19 – Arpajon 19 – Évry 20 – Palaiseau 4

Mercure

21 av. Carnot, (gare T.G.V) – ✆ 01 69 32 80 20 – www.mercure.com

116 ch – 🯅89/214 € 🯅🯅99/224 € – ☕ 16 € **Rest** – (19 €) Menu 22 € Carte 22/33 €

◆ Adresse face à la gare TGV disposant de chambres fonctionnelles et pratiques, les "privilège" ont adopté un style contemporain plaisant. Salon-bar design. Le restaurant propose la grande carte des vins Mercure autour d'une cuisine traditionnelle.

LE MESNIL-AMELOT – 77 Seine-et-Marne – **312** E1 – **101** 9 – **682 h.** **19** C1
– **alt. 80 m** – ✉ **77990**

▶ Paris 34 – Bobigny 25 – Goussainville 15 – Meaux 28

Radisson Blu Charles de Gaulle Airport

r. de la Chapelle ch, rest,
– ✆ 01 60 03 63 00 – www.radissonblu.com/hotel-parisairport

240 ch – 🯅95/350 € 🯅🯅95/350 € – ☕ 20 € – ½ P 165/263 €

Rest – ✆ 01 60 03 63 55 – Menu 27 € – Carte 33/57 €

◆ Ce bâtiment en verre, proche de l'aéroport de Roissy, multiplie les atouts : équipements de loisirs, espaces séminaires, salon-bar et chambres actuelles. Grande brasserie au décor moderne, ouverte sur la terrasse ; formule buffet pour les entrées.

MEUDON – 92 Hauts-de-Seine – **311** J3 – **101** 24 – **44 745 h.** – **alt. 100 m** **20** B2
– ✉ **92190** Île de France

▶ Paris 11 – Boulogne-Billancourt 4 – Clamart 4 – Nanterre 12

◉ Terrasse★ : ✻★ - Forêt de Meudon★.

L'Escarbille (Régis Douysset)

8 r. Vélizy – ✆ 01 45 34 12 03 – www.lescarbille.fr – Fermé 7-23 août, 24 déc.-3 janv., 20 fév.-8 mars, dim. et lundi

Rest – Menu 46 €, 61/98 € bc

Spéc. Cuisses de grenouille sautées minute, purée de cresson, crème légère à l'ail doux. Suprême de pigeon, petits pois et girolles, jus au foie gras. Truffes fondantes au chocolat, crème glacée aux pignons de pin.

◆ Cure de jouvence pour cette maison centenaire jouxtant la gare. Façade rafraîchie, intérieur soigné et belle cuisine dans l'air du temps variant au gré du marché et des saisons.

MONTMORENCY – 95 Val-d'Oise – **305** E7 – **101** 5 – **21 416 h.** **18** B1
– **alt. 82 m** – ✉ **95160** Île de France

▶ Paris 19 – Enghien-les-Bains 4 – Pontoise 24 – St-Denis 9

ℹ 1, avenue Foch ✆ 01 39 64 42 94

◉ Collégiale St-Martin★.

◎ Château d'Écouen★★ : musée de la Renaissance★★ (tenture de David et de Bethsabée★★★).

Au Cœur de la Forêt

av. Repos de Diane, et accès par chemin forestier – ✆ 01 39 64 99 19 – www.aucoeurdelaforet.com – Fermé août, 15-25 fév., jeudi soir, dim. soir et lundi

Rest – Menu 46/54 €

◆ Intérieur chaleureux : deux salles rustiques, dont une grande avec poutres au plafond et cheminée. Terrasse d'été ombragée. Carte traditionnelle simple rythmée par les saisons.

MONTREUIL – 93 Seine-Saint-Denis – **311** K2 – **101** 17 – **101 587 h.** **21** C2
– **alt. 70 m** – ✉ **93100** Île de France

▶ Paris 11 – Argenteuil 28 – Bobigny 10 – Boulogne-Billancourt 18

ℹ 1, rue Kléber ✆ 01 41 58 14 09

Franklin sans rest

15 r. Franklin – ✆ 01 48 59 00 03 – www.hotel-franklin.fr

96 ch ☕ – 🯅125/135 € 🯅🯅155/160 €

◆ Hôtel contemporain, ouvrant au rez-de-chaussée sur un jardin d'esprit zen. Chambres agréables, avec mobilier en bois exotique. Bons équipements, accueil sympathique.

XX **Villa9Trois**

28 r. Colbert – ✆ 01 48 58 17 37 – www.villa9trois.com – Fermé dim. soir
Rest – Menu 39/44 € – Carte 50/60 €
◆ Havre de verdure en pleine banlieue, cette villa à l'intérieur design vous reçoit pour un repas chic et décontracté, bien dans l'air du temps. Grande terrasse dans le jardin.

MONTROUGE – **92 Hauts-de-Seine** – **311** J3 – **101** 25 – **45 178 h.** **20** B2
– **alt. 75 m** – ✉ **92120**

Paris 5 – Boulogne-Billancourt 8 – Longjumeau 18 – Nanterre 16

Mercure

13 r. François Ory – ✆ 01 58 07 11 11 – www.accorhotels.com
181 ch – 89/225 € 99/235 € – 7 suites – 18 €
Rest – *(fermé sam. et dim.)* (19 €) Menu 24 € – Carte 31/38 €
◆ En léger retrait du périphérique, vaste construction abritant des chambres modernes de bon goût, climatisées et bien insonorisées. Restaurant rénové dans le style contemporain, égayé de lithographies sur le thème des légumes. Cuisine traditionnelle.

MORANGIS – **91 Essonne** – **312** D3 – **101** 35 – **11 481 h.** – **alt. 85 m** **21** C3
– ✉ **91420**

Paris 21 – Évry 14 – Longjumeau 5 – Versailles 23

XXX **Sabayon**

15 r. Lavoisier – ✆ 01 69 09 43 80 – www.restaurantlesabayon.com
– Fermé 1er-29 août, lundi soir, mardi soir, merc. soir, sam. midi et dim.
Rest – Carte 39/60 €
◆ Ce restaurant est un vrai rayon de soleil dans une ZI un peu grise : tons jaune et rouge, toiles contemporaines et plantes vertes. Cuisine dans l'air du temps.

NANTERRE P – **92 Hauts-de-Seine** – **311** J2 – **101** 14 – **88 316 h.** **20** B1
– **alt. 35 m** – ✉ **92000**

Paris 13 – Beauvais 81 – Rouen 124 – Versailles 15
4, rue du Marché ✆ 01 47 21 58 02

Mercure La Défense Parc

r. des 3 Fontanot – ✆ 01 46 69 68 00 – www.mercure.com
135 ch – 109/230 € 109/230 € – 25 suites – 17 €
Rest – *(fermé 18 juil.-21 août, 24-27 déc., 31 déc.-4 janv., dim. midi, vend. soir et sam.)* (21 €) Menu 27 € – Carte environ 36 €
◆ Immeuble moderne et son annexe situés à côté du parc André Malraux. Meubles design, équipement complet : demandez une chambre rénovée. Cuisine du monde à déguster dans une chaleureuse et confortable salle à manger dotée d'une ligne de mobilier contemporain.

NEUILLY-SUR-SEINE – **92 Hauts-de-Seine** – **311** J2 – **101** 15 – **61 471 h.** **20** B1
– **alt. 34 m** – ✉ **92200** Île de France

Paris 9 – Argenteuil 10 – Nanterre 6 – Pontoise 29

Courtyard by Marriott

58 bd V.-Hugo – ✆ 01 55 63 64 65
– www.courtyardneuilly.com
242 ch – 169/450 € 169/450 € – 69 suites – 22 €
Rest – (24 €) Carte 37/75 €
◆ Près de l'Hôpital américain, imposant hôtel (années 1970) conjuguant confort et modernité. Belles chambres, atmosphère tendance dans le lobby et le bar, terrasses. Cuisine traditionnelle et brunch le dimanche midi, servis dans un plaisant cadre contemporain.

Paris Neuilly sans rest

1 av. Madrid – 01 47 47 14 67 – www.hotel-paris-neuilly.com

80 ch – 92/242 € 108/258 € – 6 suites – 18 €

◆ Chambres disposées autour d'un atrium de huit étages en balcons. Petits-déjeuners dans le patio couvert orné de fresques rappelant le château de Madrid bâti par François 1er.

Jardin de Neuilly sans rest

5 r. P.-Déroulède – 01 46 24 22 77 – www.hoteljardindeneuilly.com

29 ch – 130/173 € 140/285 € – 16 €

◆ Hôtel particulier du 19e s. à 300 m de la Porte Maillot. Chambres personnalisées et rénovées. Certaines donnent côté jardin : la campagne aux portes de Paris !

De la Jatte sans rest

4 bd du Parc – 01 46 24 32 62 – www.hoteldelajatte.com

69 ch – 102/160 € 124/185 € – 2 suites – 12 €

◆ Charme et tranquillité pour cette élégante maison située sur l'île de la Jatte, aujourd'hui très prisée des Parisiens. Décor original, chambres design et plaisante véranda.

Neuilly Park sans rest

23 r. M.-Michelis – 01 46 40 11 15 – www.hotelneuillypark.com

30 ch – 155/175 € 155/175 € – 12 €

◆ Sympathique hôtel du quartier des Sablons, entièrement rénové : mobilier 1900 de style Art nouveau et tissus tendus personnalisent les menues chambres.

Foc Ly

79 av. Ch.-de-Gaulle – 01 46 24 43 36 – www.focly.com – Fermé 1er-23 août et dim.

Rest – (21 €) Carte 36/75 €

◆ Deux lions encadrent l'entrée de ce restaurant qui dévoile un intérieur contemporain orné de bois clair et de lithographies. Cuisine goûteuse thaï et chinoise.

La Truffe Noire (Patrice Hardy)

2 pl. Parmentier – 01 46 24 94 14 – www.truffenoire.net – Fermé 1er-29 août, sam. et dim.

Rest – Menu 36/150 € – Carte 70/150 €

Spéc. Salade de pommes de terre fumées et lamelles de truffe (oct. à mars). Bar cuit en coque d'argile, beurre de truffe noire. Créme glacée et soufflé à la truffe.

◆ Cette jolie maison au décor romantique célèbre le "diamant noir" mais aussi – en hommage à Parmentier qui fit aux "Sablons" ses premiers essais de culture – la pomme de terre.

Jarrasse L'Ecailler de Paris

4 av. de Madrid – 01 46 24 07 56 – www.jarrasse.com – Fermé sam. et dim. en juil. et août

Rest – *(prévenir)* Menu 40 € – Carte 42/82 €

◆ Les salles décorées dans un style actuel aux tons pastel procurent une atmosphère reposante. Produits de la mer en provenance des petits bateaux de pêche bretons, banc d'écailler.

Le Bistrot d'à Côté la Boutarde

4 r. Boutard – 01 47 45 34 55 – www.bistrotboutarde.com – Fermé sam. midi et dim.

Rest – Menu 28 € – Carte 41/53 €

◆ Un vrai bistrot ! Service décontracté, boiseries, collection de moulins à café, vin "à la ficelle" (on paie ce que l'on boit) et ardoise du jour suivant l'inspiration du chef.

À la Coupole

3 r. de Chartres – 01 46 24 82 90 – Fermé août, sam., dim. et fériés

Rest – Carte 33/54 €

◆ Une collection de véhicules miniatures réalisés à Madagascar décore la salle de ce restaurant familial relooké en 2010. Cuisine traditionnelle et huîtres en saison.

NOGENT-SUR-MARNE – 94 Val-de-Marne – **312** D2 – **101** 27 **21** D2
– **30 632 h.** – **alt. 59 m** – ✉ **94130** Île de France

Paris 14 – Créteil 10 – Montreuil 6 – Vincennes 6

5, avenue de Joinville ✆ 01 48 73 73 97

Nogentel

ch,

8 r. du Port – ✆ 01 48 72 70 00 – www.nogentel-hotel.com
60 ch – 120 € 135 € – 15 €
Rest *Le Canotier* – ✆ 01 48 72 72 26 *(fermé 2 sem. en août)* Menu 32 € – Carte 39/46 €

◆ Hôtel des bords de Marne proposant des chambres actuelles. L'esprit de Nogent flotte encore sur la berge, le long de la promenade fleurie. La spacieuse salle à manger du Canotier (décor marin) ouvre sur le port de plaisance ; table traditionnelle.

NOISY-LE-GRAND – 93 Seine-Saint-Denis – **305** G7 – **101** 18 – **61 341 h.** **21** D2
– **alt. 82 m** – ✉ **93160** Île de France

Paris 19 – Bobigny 17 – Lagny-sur-Marne 14 – Meaux 38

167, rue Pierre Brossolette ✆ 01 43 04 51 55

Novotel

rest,

2 allée Bienvenue - quartier Horizon – ✆ 01 48 15 60 60 – www.accorhotels.com
144 ch – 85/185 € 85/215 € – 14 €
Rest – (12 €) Menu 16 € – Carte 22/39 €

◆ Dans un quartier d'affaires, un bâtiment des années 1990 abritant des chambres fonctionnelles et bien tenues. Novotel Café.

L'Amphitryon

56 av. A. Briand – ✆ 01 43 04 68 00 – http://amphitryon.over-blog.com – Fermé 5-26 août, vacances de fév., sam. midi et dim. soir
Rest – Menu 26/43 € – Carte 43/58 €

◆ Murs rouge orangé et vaisselle chamarrée donnent le ton de cette élégante salle de restaurant. Cuisine traditionnelle, à base de produits frais.

ORGEVAL – 78 Yvelines – **311** H2 – **101** 11 – **5 456 h.** – **alt. 100 m** **18** B1
– ✉ 78630

Paris 32 – Mantes-la-Jolie 28 – Pontoise 22 – St-Germain-en-Laye 11

de Villennes à Villennes-sur-Seine Route d'Orgeval, N : 2 km, ✆ 01 39 08 18 18

Moulin d'Orgeval

r. de l'Abbaye, 1,5 km au Sud – ✆ 01 39 75 85 74 – www.moulindorgeval.com
14 ch – 120/130 € 140/150 € – 15 €
Rest – *(fermé 20 déc.-3 janv. et dim. soir)* (32 €) Menu 39 € bc/68 € – Carte 39/84 €

◆ Au cœur d'un parc arboré (4 ha) baigné par un étang, ancien moulin propice au calme et à la détente. Chambres classiques ; bar de style anglais. Cuisine traditionnelle servie dans la grande salle de restaurant, ouvrant sur la terrasse et le plan d'eau.

ORLY (AÉROPORTS DE PARIS) – 91 Essonne – **312** D3 – **101** 26 **21** C3
– 21 646 h. – alt. 89 m – ✉ 94390

Paris 16 – Corbeil-Essonnes 24 – Créteil 14 – Longjumeau 15

Aérogare d'Orly ✆ 39 50 (0,34 €mn)

Hilton Orly

près de l'aérogare, Orly Sud ✉ 94544 – ✆ 01 45 12 45 12 – www.hilton.fr
340 ch – 99/295 € 99/295 € – 25 €
Rest – Menu 30/39 € – Carte 32/61 €

◆ Dans cet hôtel des années 1960 : intérieur design, chambres sobres et élégantes, équipements de pointe pour les réunions et services liés au standing de la clientèle d'affaires. Cadre contemporain au restaurant où l'on sert une cuisine traditionnelle.

Mercure
allée Cdt Mouchotte, sortie Orlytech ✉ 94547 – ✆ 01 49 75 15 50 – www.mercure.com
192 ch – †80/215 € ††90/225 € – ☕ 15 €
Rest – *(fermé sam. et dim.)* (21 €) Carte 27/40 €
◆ Ce Mercure s'avère être une adresse très pratique entre deux vols : accueil souriant, cadre agréable (îlot de verdure), et chambres relookées dans les tons actuels. Restauration de bar ou cuisine plus traditionnelle adaptées aux horaires des voyageurs en transit.

OZOIR-LA-FERRIÈRE – **77 Seine-et-Marne** – **312** F3 – **106** 33 – **101** 30 **19** C2
– **20 152 h.** – **alt. 110 m** – ✉ **77330**

Paris 34 – Coulommiers 42 – Lagny-sur-Marne 22 – Melun 29
43, avenue du Général-de-Gaulle ✆ 01 64 40 10 20

La Gueulardière
66 av. Gén. de Gaulle – ✆ 01 60 02 94 56 – www.la-gueuladiere.com – Fermé dim. soir
Rest – Menu 25 € (sem.), 35/78 € – Carte 58/127 €
◆ Cette ancienne maison de village, dotée de salles élégantes et feutrées aux tons pastel, propose une cuisine actuelle soignée. Belle terrasse d'été, dressée sous une pergola.

LE PERREUX-SUR-MARNE – **94 Val-de-Marne** – **312** E2 – **101** 18 **21** D2
– **32 067 h.** – **alt. 50 m** – ✉ **94170**

Paris 16 – Créteil 12 – Lagny-sur-Marne 23 – Villemomble 6
75, avenue Ledru Rollin ✆ 01 43 24 26 58

Les Magnolias (Jean Chauvel)
48 av. de Bry – ✆ 01 48 72 47 43 – www.lesmagnolias.com – Fermé 3 sem. en août, sam. midi, dim. et lundi
Rest – (41 €) Menu 58/92 €
Spéc. Foie gras de canard poêlé envoûté de "shiso-rhubarbe", croquants spaghettis de légumes. Cabillaud des côtes bretonnes cuit lentement au four, courgettes au safran du Quercy. Mystère d'un "chocolat-pralin", glace à l'hibiscus.
◆ Une invitation à la découverte d'une cuisine inventive et ludique. Cadre élégant (boiseries blondes) et lumineux, égayé de tableaux contemporains et de fauteuils amusants.

LE PRÉ ST-GERVAIS – **93 Seine-Saint-Denis** – **305** F7 – **101** 16 **21** C1
– **17 240 h.** – **alt. 82 m** – ✉ **93310**

Paris 8 – Bobigny 6 – Lagny-sur-Marne 33 – Meaux 38

Au Pouilly Reuilly
68 r. A. Joineau – ✆ 01 48 45 14 59 – Fermé sam. midi, lundi soir et dim.
Rest – (23 €) Menu 29 € – Carte 40/65 €
◆ Décor de bistrot au charme rétro d'avant-guerre, joyeuse ambiance et cuisine roborative, où les abats sont à l'honneur (mais le poisson trône aussi à la carte).

PUTEAUX – **92 Hauts-de-Seine** – **311** J2 – **101** 14 – **42 981 h.** – **alt. 36 m** **20** B1
– ✉ **92800**

Paris 11 – Nanterre 4 – Pontoise 30 – St-Germain-en-Laye 17

Vivaldi sans rest
5 r. Roque de Fillol – ✆ 01 47 76 36 01 – www.hotelvivaldi.com
27 ch ☕ – †64/164 € ††76/196 €
◆ Dans une rue tranquille proche de l'hôtel de ville, cet immeuble abrite des chambres rénovées, équipées d'un mobilier fonctionnel. L'été, petit-déjeuner servi dans le patio.

ROISSY-EN-FRANCE (AÉROPORTS DE PARIS) – **95 Val-d'Oise** – **305** G6 **19** C1
– **101** 8 – **2 564 h.** – **alt. 85 m** – ✉ **95700**

Paris 26 – Chantilly 28 – Meaux 38 – Pontoise 39
Charles-de-Gaulle ✆ 03 36 68 15 15.
Allée des vergers ✆ 01 34 29 43 14

Z. I. Paris Nord II – ✉ 95912

Hyatt Regency

351 av. Bois de la Pie – ✆ 01 48 17 12 34 – www.paris.charlesdegaulle.hyatt.com
376 ch – 105/420 € 105/420 € – 12 suites
Rest – (39 €) Carte 42/55 €
◆ Architecture contemporaine idéalement située près de l'aéroport. Grandes chambres feutrées aux équipements ultramodernes à l'attention d'une clientèle d'affaires. Buffets ou carte classique au restaurant, coiffé d'une verrière.

à Roissy-Ville

Marriott

allée du Verger – ✆ 01 34 38 53 53 – www.parismarriottcharlesdegaulle.fr
298 ch – 139/459 € 139/459 € – 2 suites – 22 €
Rest – (24 €) Menu 35 € – Carte 31/67 €
◆ Derrière sa façade blanche à colonnades, cet établissement offre des équipements modernes parfaitement adaptés à une clientèle d'affaires transitant par Paris. Carte brasserie autour d'un thème, servie dans la vaste salle à manger au décor soigné.

Millennium

allée du Verger – ✆ 01 34 29 33 33 – www.millenniumhotels.com
239 ch – 350/380 € 350/380 € – 20 € **Rest** – (37 € bc) Carte 25/50 €
◆ Bar, pub irlandais, fitness, belle piscine, salles de séminaires, chambres spacieuses et un étage spécialement aménagé pour la clientèle d'affaires : un hôtel bien équipé. Cuisine internationale et buffets à la brasserie, ou plats rapides servis côté bar.

Novotel Convention et Wellness

allée du Verger – ✆ 01 30 18 20 00 – www.novotel.com
289 ch – 99/350 € 99/350 € – 7 suites – 18 €
Rest – Menu 12 € – Carte 18/41 €
◆ Cet hôtel moderne offre des services performants : vaste espace séminaires avec régie intégrée, coin enfants et wellness center très complet. Au Novotel Café, grande salle actuelle, cuisine de brasserie traditionnelle et carte diététique.

Mercure

allée du Verger – ✆ 01 34 29 40 00 – www.mercure.com
203 ch – 89/320 € 99/330 € – 19 €
Rest – (20 €) Menu 24 € (déj. en sem.) – Carte 30/50 €
◆ Cet hôtel offre un décor soigné : cadre provençal dans le hall, zinc à l'ancienne au bar et spacieuses chambres habillées de bois clair. Plats actualisés évoluant selon les saisons à goûter dans une agréable salle à manger ou sur une terrasse dressée côté jardin.

à Roissypole

Hilton

– ✆ 01 49 19 77 77 – www.hilton.com
385 ch – 159/600 € 159/600 € – 25 €
Rest ***Les Aviateurs*** – ✆ 01 49 19 77 95 – Carte 36/65 €
◆ Architecture audacieuse, espace et lumière caractérisent cet hôtel. Ses équipements de pointe en font un lieu propice au travail comme à la détente. Carte de brasserie aux Aviateurs.

Pullman

Zone centrale Ouest – ✆ 01 49 19 29 29 – www.pullmanhotels.com
339 ch – 145/525 € 145/525 € – 5 suites – 22 €
Rest ***L'Escale*** – (29 €) Menu 40 € (sem.) – Carte 31/54 €
◆ Accueil personnalisé, atmosphère feutrée, salles de séminaires, bar élégant et chambres soignées sont les atouts de cet hôtel bâti entre les deux aérogares. Véritable invitation au voyage au restaurant L'Escale qui célèbre les saveurs du monde.

à l'aérogare n° 2

Sheraton
– *01 49 19 70 70 – www.sheraton.com/parisairport*
252 ch – 199/599 € 199/599 € – 30 €
Rest *Les Étoiles* – 01 41 84 64 54 *(fermé 22 juil.-26 août et 21 déc.-3 janv.)*
Menu 49 € (sem.) – Carte 70/105 €
Rest *Les Saisons* – Menu 31 € (déj. en sem.) – Carte environ 35 €
♦ Descendez de l'avion ou du TGV et montez dans ce "paquebot" à l'architecture futuriste. Décor d'Andrée Putman, vue sur le tarmac, calme absolu et chambres raffinées. Carte au goût du jour et beau cadre contemporain aux Étoiles. Plats de brasserie aux Saisons.

RUEIL-MALMAISON – 92 Hauts-de-Seine – 311 J2 – 101 14 – 77 625 h. – alt. 40 m – 92500 Île de France
20 A1

Paris 16 – Argenteuil 12 – Nanterre 3 – St-Germain-en-Laye 9
160, avenue Paul Doumer 01 47 32 35 75
de Rueil-Malmaison 25 Boulevard Marcel Pourtout, 01 47 49 64 67
Château de Bois-Préau★ - Buffet d'orgues★ de l'église - Malmaison : musée★★ du château.

Le Relais de la Malmaison
93 bd Franklin-Roosevelt – 01 47 32 01 33
– www.relaismalmaison.fr – Fermé 30 juil.-21 août et 24 déc.-1er janv.
60 ch – 140/310 € 140/310 € – 18 €
Rest – (25 €) Menu 28 € bc (déj.)/38 € bc – Carte 25/30 € le soir
♦ Dans un parc paysager clos, cet hôtel créé en 2008 abrite des chambres contemporaines. Mobilier aux lignes épurées en bois massif et équipement technologique de qualité. Atmosphère chaleureuse au restaurant ; cuisine traditionnelle.

Novotel
21 av. Ed. Belin – 01 47 16 60 60 – www.novotel.com
118 ch – 68/225 € 68/225 € – 15 € **Rest** – (12 €) Carte 25/35 €
♦ Immeuble moderne du quartier d'affaires Rueil 2000, à deux pas de la gare RER. Les chambres contemporaines bénéficient d'un bon équipement. Centre de conférences. Au restaurant, cadre actuel et cuisine au goût du jour, soucieuse de votre équilibre.

Les Écuries de Richelieu
21 r. du Dr-Zamenhof – 01 47 08 63 54 – www.ecuries-richelieu.com
– Fermé dim. et lundi
Rest – (19 €) Menu 33 €
♦ Deux amis ont uni leur expérience pour créer cette table après un parcours dans des maisons de renom. Jolie salle voûtée intimiste et cuisine traditionnelle pleine de vérité.

Le Bonheur de Chine
6 allée A. Maillol, (face 35 av. J. Jaurès à Suresnes) – 01 47 49 88 88
– www.bonheurdechine.com – Fermé lundi
Rest – Menu 20 € (déj. en sem.), 38/59 € – Carte 38/50 €
♦ Mobilier et autres éléments de décor en provenance d'Extrême-Orient composent le cadre authentique de ce restaurant où confluent toutes les saveurs de la cuisine chinoise.

RUNGIS – 94 Val-de-Marne – 312 D3 – 101 26 – 5 644 h. – alt. 80 m – 94150
21 C3

Paris 14 – Antony 5 – Corbeil-Essonnes 30 – Créteil 13

La Grange
28 r. Notre-Dame – 01 46 87 08 91 – www.restaurant-lagrange-rungis.com
– Fermé 3 sem. en août, 2 sem. en fév., dim. et lundi
Rest – (32 €) Menu 38/45 €
♦ Dans une rue commerçante, cette Grange propose une cuisine soignée, calée sur les saisons et le marché. Décor simple et, l'été, agréable terrasse fleurie.

à Pondorly **accès : de Paris, A6 et bretelle d'Orly ; de province, A6 et sortie Rungis – ✉ 94150 Rungis**

Holiday Inn

4 av. Charles Lindbergh – ✆ 01 49 78 42 00 – www.holidayinn-parisorly.com
169 ch – †77/270 € ††77/270 € – ☕ 19 €
Rest – *(fermé vacances scolaires, vend. soir , sam., dim. et fériés)* (24 €) Menu 27/60 € – Carte 30/43 €
◆ Au bord de l'autoroute, établissement de bon confort. Ses spacieuses chambres, bien insonorisées, offrent un équipement moderne et des teintes harmonieuses. Salle à manger actuelle rehaussée de discrètes touches Art déco ; plats traditionnels.

SACLAY – 91 Essonne – 312 C3 – 101 24 – 3 003 h. – alt. 147 m – ✉ 91400 20 A3

Paris 27 – Antony 14 – Chevreuse 13 – Montlhéry 16

Novotel

r. Charles Thomassin – ✆ 01 69 35 66 00 – www.novotel.com
138 ch – †59/199 € ††59/199 € – ☕ 14 €
Rest – (16 €) Carte 20/40 €
◆ Cour pavée, maison bourgeoise du 19e s. et ancien corps de ferme : vous êtes au Novotel Saclay ! Chambres conformes aux standards de la chaîne, équipements sportifs complets. Agréable restaurant ouvert sur la piscine et le bois planté d'arbres centenaires.

ST-CLOUD – 92 Hauts-de-Seine – 311 J2 – 101 14 – 29 385 h. – alt. 63 m – ✉ 92210 Île de France 20 B2

Paris 12 – Nanterre 7 – Rueil-Malmaison 6 – St-Germain 16
du Paris Country Club 1 rue du Camp Canadien, (Hippodrome), ✆ 01 47 71 39 22
Parc★★ (Grandes Eaux★★) - Église Stella Matutina★.

Quorum

2 bd République – ✆ 01 47 71 22 33 – www.hotel-quorum-paris.com
58 ch – †90/140 € ††100/150 € – ☕ 10 €
Rest – *(fermé août, sam. et dim.) (dîner seult)* Carte 32/40 €
◆ Le beau parc de Saint-Cloud est à deux pas de cet hôtel où vous logerez dans des chambres relookées en 2007 (mobilier épuré dont quelques pièces signées Starck). Repas traditionnel dans une ample salle à manger contemporaine, dotée de sièges violets.

L'Heureux Père

47 bis bd Semard – ✆ 01 46 02 09 43 – www.lheureuxpere.com – Fermé 3 sem. en août, 24 déc.-1er janv., sam. midi, dim. soir et fériés
Rest – (19 €) Menu 24 € (déj.) – Carte 36/52 €
◆ Les frontières de la cuisine s'effacent, dans la salle et dans l'assiette. Le chef aime surprendre avec les associations de saveurs et d'épices à dominante créole. Terrasse fleurie.

Le Garde-Manger

21 r. d'Orléans – ✆ 01 46 02 03 66 – www.legardemanger.com – Fermé dim., lundi et fériés
Rest – (15 €) Carte 30/38 €
◆ Cet établissement qui avait déménagé a retrouvé son adresse d'origine et offre à présent un cadre flambant neuf. Cuisine généreuse de bistrot et sympathique carte des vins.

ST-DENIS – 93 Seine-Saint-Denis – 305 F7 – 101 16 – 97 875 h. – alt. 33 m – ✉ 93200 Île de France 21 C1

Paris 11 – Argenteuil 12 – Beauvais 70 – Chantilly 31

1, rue de la République ✆ 01 55 87 08 70

Basilique★★★ - Stade de France★.

Courtyard Paris St-Denis

34 bd de la Libération, (ZAC Pleyel) – ✆ 01 58 34 91 10 – www.courtyardsaintdenis.com

150 ch – 99/350 € 99/350 € – ☕ 17 €

Rest – Menu 30 € – Carte 39/59 €

◆ Près du Stade de France, hôtel récent au décor tendance, très coloré. Chambres confortables et bien insonorisées. Au restaurant, cuisine méditerranéenne sans prétention, à dominantes italiennes.

ST-GERMAIN-EN-LAYE – 78 Yvelines – 311 I2 – 101 13 – 41 312 h. – alt. 78 m – ✉ 78100 Île de France 20 A1

Paris 25 – Beauvais 81 – Dreux 66 – Mantes-la-Jolie 36

38, rue au Pain ✆ 01 34 51 05 12

36 de Joyenval à Chambourcy Chemin de la Tuilerie, par rte de Mantes : 6 km par D 160, ✆ 01 39 22 27 50

Terrasse★★ - Jardin anglais★ - Château★ : musée des Antiquités nationales★★ - Musée Maurice Denis★.

Plan page suivante

Pavillon Henri IV

rest,

21 r. Thiers – ✆ 01 39 10 15 15 – www.pavillonhenri4.fr BYZt

42 ch – 100/270 € 100/270 € – ☕ 16 €

Rest – *(sam. midi et dim. soir)* (35 €) Menu 53 € (dîner) – Carte 55/95 €

◆ Achevée en 1604 sous l'impulsion d'Henri IV, à la lisière du parc du château, cette belle demeure vit naître Louis XIV. Chambres au décor très classique, joliment apprêtées. La confortable salle à manger offre un superbe panorama sur la vallée de la Seine et Paris.

Ermitage des Loges

rest, rest,

11 av. des Loges – ✆ 01 39 21 50 90 – www.ermitagedesloges.com AYx

56 ch – 91/138 € 102/155 € – ☕ 13 €

Rest – *(fermé 3 sem. en août, sam. et dim.)* (24 € bc) Menu 35 € (sem.)/50 € bc

◆ En lisière de la forêt de St-Germain, hôtel composé de deux bâtiments dont le principal date du 19e s. Les chambres sont plus actuelles à l'annexe et ont vue sur le jardin. Grande salle de restaurant décorée sur le thème de l'aéronautique.

au Nord par ① et D 284 : 2,5 km – ✉ 78100 St-Germain-en-Laye

La Forestière

1 av. Prés. Kennedy – ✆ 01 39 10 38 38 – www.cazaudehore.fr

27 ch – 205/220 € 205/220 € – 3 suites – ☕ 20 €

Rest *Cazaudehore* – voir ci-après

◆ Charme et confort sont au rendez-vous dans cette séduisante maison entourée de verdure. Beau mobilier contemporain et coloris choisis agrémentent les chambres, toutes uniques.

XXX Cazaudehore – Hôtel La Forestière

1 av. Prés. Kennedy – ✆ 01 30 61 64 64 – www.cazaudehore.fr – Fermé dim. soir en août et de nov. à mars et lundi

Rest – Menu 47 € (déj. en sem.)/59 € – Carte 58/75 €

◆ Ambiance chic et cosy, décor dans l'air du temps, délicieuse terrasse sous les acacias, cuisine soignée et belle carte des vins... Une vraie histoire de famille depuis 1928.

ST-GERMAIN-EN-LAYE

Bonnenfant (R. A.) . . . . AZ 3
Coches (R. des) . . . . AZ 4
Denis (R. M.) . . . . AZ 5
Detaille (Pl. É.) . . . . AY 6
Gde-Fontaine (R. de la) . . . . . AZ 10
Giraud-Teulon (R.) . . . . BZ 9
Loges (Av. des) . . . . AY 14
Malraux (Pl. A.) . . . . BZ 16
Marché-Neuf (Pl. du) . . . . . . AZ
Mareil (Pl.) . . . . AZ 19
Pain (R. au) . . . . AZ 20
Paris (R. de) . . . . AZ
Poissy (R. de) . . . . AZ 22
Pologne (R. de) . . . . AY 23
Surintendance (R. de la) . . . . AY 28
Victoire (Pl. de la) . . . . AY 30
Vieil-Abreuvoir (R. du) . . . . . . AZ 32
Vieux-Marché (R. du) . . . . . . AZ 33

ST-MANDÉ – 94 Val-de-Marne – **312** D2 – **101** 27 – 22 211 h. – alt. 50 m **21** C2 – ✉ 94160

▶ Paris 7 – Créteil 10 – Lagny-sur-Marne 29 – Maisons-Alfort 6

L'Ambassade de Pékin

6 av. Joffre – ✆ 01 43 98 13 82
Rest – Menu 12 € (déj. en sem.), 24/45 € – Carte 25/65 €
◆ Adresse appréciée pour l'originalité de sa cuisine chinoise, vietnamienne et thaïlandaise servie dans une salle revêtue de bois et ornée d'un aquarium à homards et poissons exotiques.

L'Ambre d'Or

44 av. du Gén.-de-Gaulle – ✆ 01 43 28 23 93 – Fermé août, 25-30 déc., dim. et lundi
Rest – (25 €) Menu 32 € – Carte 68/76 €
◆ Face à la mairie, ce discret restaurant sert une savoureuse cuisine au goût du jour rythmée par les saisons. Salle à manger avec poutres anciennes et mobilier contemporain.

ST-MAUR-DES-FOSSÉS – 94 Val-de-Marne – 312 D3 – 101 27 **21 D2**
– 75 214 h. – alt. 38 m – ✉ 94100

Paris 12 – Créteil 6 – Nogent-sur-Marne 6

à La Varenne-St-Hilaire – ✉ 94210

La Bretèche

171 quai Bonneuil – ✆ 01 48 83 38 73 – www.labreteche.fr – Fermé dim. soir et lundi

Rest – Menu 40/60 € – Carte 64/106 €

◆ Cet établissement au décor classique est situé sur les rives de la Marne. À la belle saison, réservez une table en terrasse. Cuisine au goût du jour.

Faim et Soif

28 r. St-Hilaire – ✆ 01 48 86 55 76 – www.faimetsoif.com – Fermé 3 premières sem. d'août, dim. et lundi

Rest – Carte 52/65 €

◆ Adresse résolument tendance : tableaux contemporains, mobilier design et écran plasma en guise d'ardoise du jour. Plats actuels et épurés, évoluant selon le marché.

ST-OUEN – 93 Seine-Saint-Denis – 305 F7 – 101 16 – 42 950 h. **21 C1**
– alt. 36 m – ✉ 93400

Paris 9 – Bobigny 12 – Chantilly 46 – Meaux 49

30, avenue Gabriel Péri ✆ 01 40 11 77 36

Manhattan rest,

115 av. Gabriel Péri – ✆ 01 41 66 40 00 – www.hotel-le-manhattan.com

126 ch – †162/190 € ††174/200 € – ☕ 14 €

Rest – *(fermé août, sam., dim. et fériés)* (22 €) Menu 26/55 € – Carte 40/55 €

◆ Cette architecture moderne en verre et granit abrite des chambres claires et pratiques ; elles sont plus calmes sur l'arrière. Salle à manger-véranda perchée au 8e étage : vue sur les toits et carte traditionnelle.

Le Coq de la Maison Blanche

37 bd Jean Jaurès – ✆ 01 40 11 01 23 – www.lecoqdelamaisonblanche.com – Fermé sam. et dim.

Rest – Menu 29 € – Carte 40/78 €

◆ Cuisine traditionnelle (produits frais, saumon fumé sur place), authentique décor de 1950, service efficace et habitués de longue date : on se croirait dans un film d'Audiard !

ST-PIERRE-DU-PERRAY – 312 E4 – 101 39 – 7 733 h. – alt. 88 m – ✉ 91280 **19 C2**

Paris 39 – Brie-Comte-Robert 16 – Évry 7 – Melun 20

18 de Greenparc route de Villepècle, ✆ 01 60 75 40 60

Novotel

golf de Greenparc – ✆ 01 69 89 75 75 – www.novotel.com/1783

78 ch – †82/125 € ††82/129 € – 2 suites – ☕ 14 €

Rest – (12 €) Menu 17 € (sem.) – Carte 18/41 €

◆ Hôtel moderne assurant repos et détente : golf, piscine, fitness, sauna. Les chambres "Harmonie" donnent pour moitié sur la verdure. Certaines ont un balcon. Salle à manger et salon contemporains, largement ouverts sur le green. Cuisine traditionnelle.

ST-PRIX – 95 Val-d'Oise – 305 E6 – 101 5 – 7 214 h. – alt. 70 m – ✉ 95390 **18 B1**

Paris 26 – Cergy 22

Hostellerie du Prieuré ch,

74 r. A.-Rey – ✆ 01 34 27 51 51 – www.hosteldu prieure.com – Fermé 7-21 août

8 ch – †115 € ††115 € – 1 suite – ☕ 15 € – ½ P 85/100 €

Rest – *(Fermé sam. midi, lundi midi et dim.)* Carte 35/56 €

◆ Ancien café de village dont les murs datent du 17e s. Les chambres, vastes et charmantes, invitent à la rêverie – certaines dédiées à la romance, d'autres aux pays lointains… Petit-déjeuner copieux. Cuisine actuelle servie côté bistrot ou côté salon (plus cosy).

ST-QUENTIN-EN-YVELINES – 78 Yvelines – 311 H3 – 101 21 18 B2
– 116 082 h. Île de France

Paris 33 – Houdan 33 – Palaiseau 28 – Rambouillet 21

Blue Green Golf St-Quentin-en-Yvelines à Trappes Base de loisirs, 01 30 50 86 40

National à Guyancourt 2 avenue du Golf, 01 30 43 36 00

Montigny-le-Bretonneux – 33 968 h. – alt. 162 m – 78180

Mercure rest,

9 pl. Choiseul – 01 39 30 18 00 – www.mercure.com

74 ch – 109/200 € 119/210 € – 17 €

Rest – *(fermé 6-15 août, 24 déc.-1er janv., vend. soir, sam., dim. et fériés)* (20 €) Menu 25/36 € – Carte 30/45 €

◆ En centre-ville (gare RER à proximité), hôtel récent dont les chambres affichent un style épuré. Salon-bar design et feutré avec écran plasma. Le restaurant, contemporain, propose des plats traditionnels ; terrasse ombragée l'été.

Voisins-le-Bretonneux – 12 366 h. – alt. 163 m – 78960

Vestiges de l'abbaye Port-Royal des Champs★ SO : 4 km.

Novotel St-Quentin Golf National

au Golf National, 2 km à l'Est par D 36

78114 – 01 30 57 65 65 – www.novotel.com

130 ch – 60/200 € 60/200 € – 1 suite – 14 €

Rest – (12 €) Menu 17 € – Carte 20/40 €

◆ Idéalement situé sur le golf, au grand calme, hôtel créé en 1990 : chambres "Novation" et équipements de détente (piscine, solarium, tennis). Ambiance branchée au Novotel café. Le Club House propose à midi des formules rapides.

Port Royal sans rest

20 r. Hélène Boucher – 01 30 44 16 27 – www.hotelportroyal.com – Fermé 30 juil.-18 août et 24 déc.-3 janv.

40 ch – 82 € 82 € – 9 €

◆ À l'orée de la vallée de Chevreuse, calme et convivialité sont les maîtres mots de cette maison. Les chambres, sobres, sont d'une tenue irréprochable. Agréable jardin arboré.

STE-GENEVIÈVE-DES-BOIS – 91 Essonne – 312 C4 – 101 35 – 34 024 h. 18 B2
– alt. 78 m – 91700 Île de France

Paris 27 – Arpajon 10 – Corbeil-Essonnes 18 – Étampes 30

La Table d'Antan

38 av. Gde-Charmille-du-Parc, (près de l'hôtel de ville) – 01 60 15 71 53 – www.latabledantan.fr – Fermé 8-24 août, mardi soir, merc. soir, dim. soir et lundi

Rest – Menu 29/47 € – Carte 39/58 €

◆ Vous serez d'abord séduit par un accueil prévenant en ce restaurant d'un quartier résidentiel. On y savoure une cuisine classique et des spécialités du Sud-Ouest de qualité.

SÉNART – 77 Seine-et-Marne – 312 E4 – 101 39 Île de France 19 C2

Lieusaint – 9 355 h. – alt. 89 m – 77127

Clarion Suites

12 allée du Trait-d'Union, Carré Sénart – 01 64 13 72 00 – www.clarionsenart-paris.com

144 ch – 215/265 € 215/265 € – 21 suites – 16 €

Rest – (17 € bc) Carte 25/38 €

◆ Cette solide construction cubique abrite de grandes chambres au style contemporain. Équipements très complets, à l'image du spa et de la salle de fitness. Un bel hôtel. Au restaurant (bistrot moderne), cuisine au goût du jour réalisée avec soin.

le Plessis-Picard – ✉ 77550

La Mare au Diable
– ✆ 01 64 10 20 90 – *www.lamareaudiable.fr* – *Fermé dim. soir et lundi*
Rest – (35 € bc) Menu 45/60 € – Carte 55/75 €
◆ Demeure du 15e s. tapissée de vigne vierge, que fréquenta George Sand. Intérieur de caractère, avec solives patinées et cheminée. Recettes classiques et spécialités italiennes.

Pouilly-le-Fort – ✉ 77240

Le Pouilly
1 r. de la Fontaine – ✆ *01 64 09 56 64* – *www.lepouilly.fr* – *Fermé 10 août-7 sept., 21-27 déc., dim. soir et lundi*
Rest – Menu 25 € (déj. en sem.), 45/78 € – Carte 75/95 €
Spéc. Foie gras aux fruits de saison. Gibier à notre façon (période de chasse). Déclinaison autour du chocolat.
◆ La salle à manger, agencée dans la grange d'une vieille ferme briarde, offre un décor plein de charme : pierres apparentes, tapisseries, cheminée. Savoureuse cuisine actuelle.

SUCY-EN-BRIE – 94 Val-de-Marne – 312 E3 – 101 28 – 26 261 h. – alt. 96 m – ✉ 94370 — 21 D2

Paris 21 – Créteil 6 – Chennevières-sur-Marne 4
Château de Gros Bois★ : mobilier★★ S : 5 km Île-de-France

Le Clos de Sucy
17 r. de la Porte – ✆ *01 45 90 29 29* – *www.leclosdesucy.fr* – *Fermé 1er-23 août, 24-27 déc., 3-10 janv., sam. midi, dim. soir et lundi*
Rest – (20 € bc) Menu 35/45 € – Carte 36/62 €
◆ Cloisons à pans de bois, poutres apparentes et tons lie de vin : la salle à manger se niche à l'étage d'une maison du 16e s. La carte revisite la tradition.

quartier les Bruyères Sud-Est : 3 km – ✉ 94370 Sucy-en-Brie

Le Tartarin
carrefour de la Patte d'Oie – ✆ *01 45 90 42 61* – *www.auberge-tartarin.com* – *Fermé août*
11 ch – †57 € ††67 € – ☕ 8,50 € **Rest** – *(fermé mardi soir, merc. soir, jeudi soir, dim. soir et lundi)* Menu 24/52 € – Carte 36/62 €
◆ Cet ancien rendez-vous de chasse posté à l'orée de la forêt est tenu par la même famille depuis trois générations. Chambres classiques. Salle à manger d'esprit rustique, pour une cuisine traditionnelle.

SURESNES – 92 Hauts-de-Seine – 311 J2 – 101 14 – 44 197 h. – alt. 42 m – ✉ 92150 Île de France — 20 B2

Paris 12 – Nanterre 4 – Pontoise 32 – St-Germain-en-Laye 13
50, boulevard Henri Sellier ✆ 01 41 18 18 76
Fort du Mont Valérien (Mémorial National de la France combattante).

Novotel
7 r. Port aux Vins – ✆ *01 40 99 00 00* – *www.novotel.com*
112 ch – †85/240 € ††85/240 € – 1 suite – ☕ 16 €
Rest – (16 €) Menu 19 € – Carte 16/42 €
◆ Hôtel récemment rénové, situé dans une rue calme proche des quais. L'ensemble arbore un décor contemporain chic ; tons clairs, sobres et reposants côté chambres. Cuisine traditionnelle au restaurant ou formule snack-bar au Novotel Café.

Les Jardins de Camille
70 av. Franklin Roosevelt – ✆ *01 45 06 22 66* – *www.les-jardins-de-camille.fr* – *Fermé dim. soir*
Rest – (29 € bc) Menu 42/80 € bc – Carte 42/63 €
◆ Salle à manger (grandes baies vitrées et jeux de miroirs) et terrasse ménagent une vue magnifique sur Paris et la Défense. Belle carte de bourgognes et de vins du monde.

THIAIS – 94 Val-de-Marne – 312 D3 – 101 26 – 29 315 h. – alt. 60 m – ✉ 94320 — 21 C2

▶ Paris 18 – Créteil 7 – Évry 27 – Melun 37

X **Ophélie - La Cigale Gourmande**

82 av. de Versailles – ✆ 01 48 92 59 59 – Fermé 4-28 août, 22-31 déc., merc. soir, sam. midi, dim. soir et lundi

Rest – Menu 20 € (déj. en sem.), 29/33 € – Carte environ 35 €

♦ Un petit coin de Provence aux portes de Paris ! Salle décorée dans les tons lin et taupe, goûteuse cuisine actuelle aux produits frais, mâtinée de saveurs méditerranéennes.

TREMBLAY-EN-FRANCE – 93 Seine-Saint-Denis – 305 G7 – 101 18 – 35 340 h. – alt. 60 m – ✉ 93290 — 21 D1

▶ Paris 24 – Aulnay-sous-Bois 7 – Bobigny 13 – Villepinte 4

au Tremblay-Vieux-Pays

XX **Le Cénacle**

1 r. de la Mairie – ✆ 01 48 61 32 91 – Fermé 20-27 fév., sam. midi et dim. soir

Rest – Menu 38 € (sem.)/68 € – Carte 55/170 €

♦ Repas traditionnels dans deux salles agréables, dont l'une aux murs tendus de tissu et de cuir. On choisit homards et langoustes dans le vivier, et ils sont sitôt cuisinés.

XX **La Jument Verte**

43 rte de Roissy – ✆ 01 48 60 69 90 – www.aubergelajumentverte.fr – Fermé août, sam., dim. et fériés

Rest – (22 €) Menu 26/50 € – Carte 46/68 €

♦ Près du parc des expositions de Villepinte et de l'aéroport de Roissy, auberge gourmande qui sert une cuisine actuelle à base de bons produits. Décor avenant, terrasse d'été.

TRIEL-SUR-SEINE – 78 Yvelines – 311 I2 – 101 10 – 11 834 h. – alt. 20 m – ✉ 78510 Île de France — 18 B1

▶ Paris 39 – Mantes-la-Jolie 27 – Pontoise 18 – Rambouillet 55

Église St-Martin★.

X **St-Martin**

2 r. Galande, (face à la poste) – ✆ 01 39 70 32 00 www.restaurantsaintmartin.com – Fermé 1er-20 août, vacances de Noël, merc. et dim.

Rest – *(nombre de couverts limité, prévenir)* (16 €) Menu 23 € (déj. en sem.), 33/50 € – Carte 32/63 € le soir

♦ Proche d'une jolie église gothique du 13e s., ce restaurant propose une cuisine traditionnelle actualisée, dans un décor contemporain.

VANVES – 92 Hauts-de-Seine – 311 J3 – 101 25 – 26 878 h. – alt. 61 m – ✉ 92170 — 20 B2

▶ Paris 7 – Boulogne-Billancourt 5 – Nanterre 13

ℹ 2, rue Louis Blanc ✆ 01 47 36 03 26

Mercure Paris Porte de Versailles Expo

36 r. du Moulin – ✆ 01 46 48 55 55 – www.mercure.com

388 ch – †99/289 € ††109/299 € – ☕ 17 € **Rest** – Menu 25 € Carte 25/37 €

♦ Ce bâtiment abrite un hall-patio, clos jusqu'au toit translucide et baigné de verdure, sur lequel s'ouvrent les chambres modernes, décorées dans des tons chauds. Cadre actuel, mobilier contemporain et mise en place simple au restaurant. Carte de style brasserie.

XXX **Pavillon de la Tourelle**

10 r. Larmeroux – ✆ 01 46 42 15 59 – www.lepavillondelatourelle.com – Fermé 11-14 avril, 25 juil.-24 août, 2-7 janv., 14-17 fév., dim. soir et lundi soir

Rest – (27 € bc) Menu 43/96 € bc – Carte 64/77 €

♦ Bordant le parc, pavillon surmonté d'une tourelle abritant un élégant restaurant : tons pastel, lustres, fleurs, tableaux et tables joliment dressées. Cuisine traditionnelle.

VAUCRESSON – 92 Hauts-de-Seine – 311 I2 – 101 23 – 8 547 h. – alt. 160 m – ✉ 92420 — 20 A2

Paris 18 – Mantes-la-Jolie 44 – Nanterre 11 – St-Germain-en-Laye 11

Stade Francais 129 av. de la Celle St Cloud, N : 2 km, ✆ 01 47 01 15 04

Etang de St-Cucufa★ NE : 2,5 km - Institut Pasteur - Musée des Applications de la Recherche★ à Marnes-la-Coquette SO : 4 km

Île-de-France

voir plan de Versailles

Auberge de la Poularde

36 bd Jardy, (près de l'autoroute), D 182 – ✆ 01 47 41 13 47 – Fermé août, vacances de fév., dim. soir, mardi soir et merc. — Ua

Rest – Menu 30 € – Carte 35/68 €

◆ Accueil aimable et service impeccable distinguent cette auberge à la charmante atmosphère provinciale. La carte, classique, met la poularde de Bresse à l'honneur.

VÉLIZY-VILLACOUBLAY – 78 Yvelines – 311 J3 – 101 24 – 20 030 h. – alt. 164 m – ✉ 78140 — 20 B2

Paris 19 – Antony 12 – Chartres 81 – Meudon 8

Holiday Inn

rest,

22 av. de l'Europe, (près du centre commercial Vélizy II) – ✆ 01 39 46 96 98 – www.holidayinn.com/paris-velizy

182 ch – 250/450 € 250/450 € – 20 €

Rest – Menu 27 € – Carte 28/55 €

◆ Les chambres de cet hôtel, pour moitié rénovées dans un style plus moderne, sont spacieuses, confortables et bien insonorisées. Préférez celles tournant le dos à l'autoroute. Salle de restaurant coiffée de poutres apparentes ; cuisine traditionnelle.

VERSAILLES P – 78 Yvelines – 311 I3 – 101 23 – 87 549 h. – alt. 130 m – ✉ 78000 Île de France — 20 A2

Paris 22 – Beauvais 94 – Dreux 59 – Évreux 90

2 bis, avenue de Paris ✆ 01 39 24 88 88

du Stade Français à Vaucresson 129 av. de la Celle St Cloud, par rte de Rueil : 7 km, ✆ 01 47 01 15 04

de Saint-Aubin à Saint-Aubin Route du Golf, par rte de Chevreuse : 17 km, ✆ 01 69 41 25 19

de Feucherolles à Feucherolles Sainte Gemme, par rte de Mantes (D 307) : 17 km, ✆ 01 30 54 94 94

du haras de jardy à Marnes-la-Coquette Boulevard de Jardy, NE : 9 km, ✆ 01 47 01 35 80

Château★★★ - Jardins★★★ (Grandes Eaux★★★ et fêtes de nuit★★★ en été) - Ecuries Royales★ - Trianon★★ - Musée Lambinet★ Y **M.**

Jouy-en-Josas : la "Diège"★ (statue) dans l'église, 7 km par ③.

Plans pages suivantes

Trianon Palace

rest,

1 bd de la Reine – ✆ 01 30 84 50 00 – www.trianonpalace.com — Xr

166 ch – 229/649 € 229/649 € – 23 suites – 34 € – ½ P 278/698 €

Rest *Gordon Ramsay au Trianon* – voir ci-après

Rest *La Véranda* – ✆ 01 30 84 55 56 – Menu 44/65 € – Carte 44/55 €

◆ Un hôtel luxueux, à la lisière du parc du château. Très belles chambres, mariant avec aisance l'élégance du design contemporain et le classicisme du lieu. Bel espace bien-être. Carte actuelle dans le cadre plus simple, mais tout aussi chic, de la Véranda.

VERSAILLES

Bellevue (Av. de) . . . . U 2
Coste (R.) . . . . V 9
Dr-Schweitzer (Av. du) . . . . . . U 12
Franchet-d'Esperey (Av. du Mar.) . . . . U 15
Glatigny (Bd de) . . . . U 19
Leclerc (Av. du Gén.) . . . . V 22
Marly-le-Roi (R. de) . . . . U 26
Mermoz (R. Jean) . . . . V 27
Moxouris (R.) . . . . U 29
Napoléon III (Rte) . . . . U 30
Pelin (R. L.) . . . . U 32
Porchefontaine (Av.) . . . . V 33
Pottier (R.) . . . . U 35
Rocquencourt (Av. de) . . . . . . U 39
St-Antoine (Allée) . . . . V 40
Sports (R. des) . . . . U 43
Vauban (R.) . . . . V 45

Pullman ch,

2 bis av. de Paris – ✆ 01 39 07 46 46 – www.pullmanhotels.com **Ya**
146 ch – †165/295 € ††165/295 € – 6 suites – ☕ 23 €
Rest – (29 €) Menu 36 € – Carte 35/45 €

◆ Protégé par son portail d'époque, cet hôtel dispose d'un hall-salon élégant et design. Décoration versaillaise dans les chambres, plus moderne dans les suites. Esprit lounge au restaurant pour apprécier une cuisine actuelle aux notes méridionales.

VERSAILLES

Carnot (R.) . . . . **Y**
Chancellerie (R. de la) . . . . . **Y** 3
Clemenceau (R. Georges) . **Y** 7
Cotte (R. Robert de) . . . . . . **Y** 10
États-Généraux (R. des) . . . **Z**
Europe (Av. de l') . . . . **Y** 14
Foch (R. du Mar.) . . . . **XY**
Gambetta (Pl.) . . . . **Y** 17
Gaulle (Av. du Gén.-de-) . . **YZ** 18
Hoche (R.) . . . . **Y**
Indép.-Américaine (R. de l') **Y** 20
Leclerc (R. du Gén.) . . . . . . **Z** 24
Mermoz (R. Jean) . . . . **Z** 27
Nolhac (R. Pierre-de-) . . . . . **Y** 31
Orangerie (R. de l') . . . . . . **YZ**
Paroisse (R. de la) . . . . **Y**
Porte-de-Buc (R. de la) . . . . **Z** 34
Rockefeller (Av.) . . . . **Y** 37
Royale (R.) . . . . **Z**
Satory (R. de) . . . . **YZ** 42
Vieux-Versailles (R. du) . . . **YZ** 47

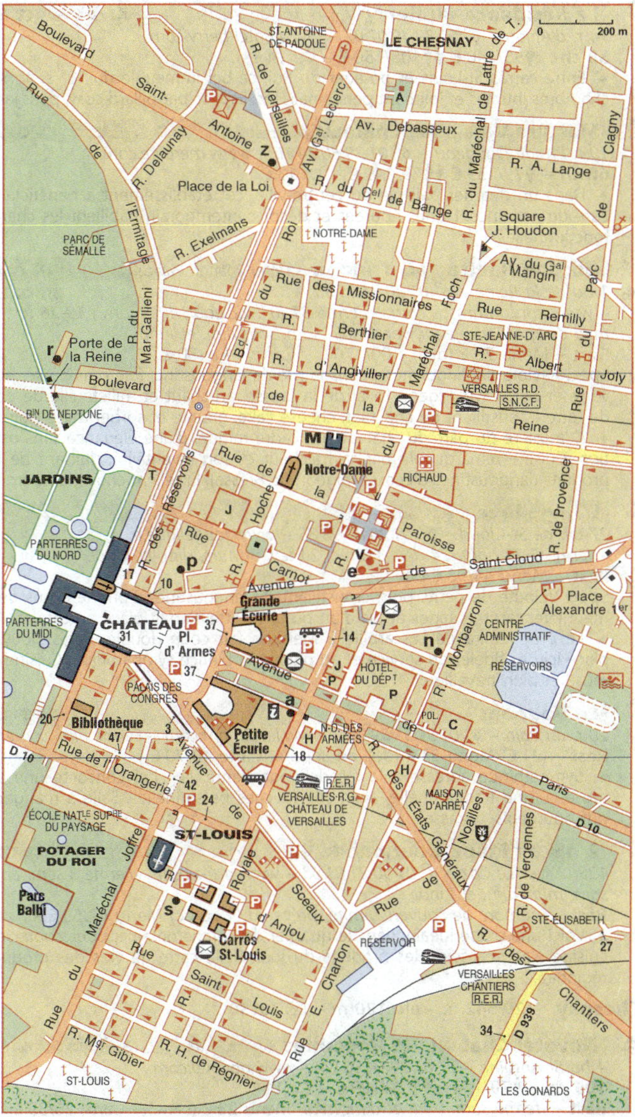

ENVIRONS DE PARIS

ENVIRONS DE PARIS

Le Versailles sans rest
7 r. Ste-Anne – 01 39 50 64 65 – www.hotel-le-versailles.fr – Fermé 22 déc.-7 janv.
45 ch – 135 € 145 € – 14 € **Yp**
◆ Près du château et au calme, établissement entièrement rénové. Chambres de style Art déco ou plus contemporaines, décorées selon une thématique : voyage, rêve, amour...

La Résidence du Berry sans rest
14 r. d'Anjou – 01 39 49 07 07 – www.hotel-berry.com **Zs**
38 ch – 95/140 € 105/150 € – 14 €
◆ Entre carrés St-Louis et potager du Roi, ce bel immeuble du 18e s. abrite des chambres intimes et joliment personnalisées. Espace bar-billard cosy, petit jardinet.

Mercure Versailles Château sans rest
19 r. Ph. de Dangeau – 01 39 50 44 10 – www.mercure.com **Yn**
60 ch – 79/139 € 79/149 € – 13 €
◆ Dans un quartier paisible du centre-ville, cet établissement a bénéficié d'une cure de jouvence. Lignes épurées et décor contemporain habillent les chambres, fonctionnelles.

Gordon Ramsay au Trianon – Hôtel Trianon Palace
1 bd de la Reine – 01 30 84 55 55
– www.gordonramsay.com – Fermé 31 juil.-22 août, 1er-9 janv., 19-26 fév., le midi du mardi au jeudi, vend. soir, sam. soir, dim. et lundi **Xr**
Rest – Menu 75 € (déj.), 100/170 € – Carte 140/180 €
Spéc. Raviolo de langoustine, consommé de langoustine, foie gras poêlé, pomme verte et betterave. Pigeon royal de la Bresse, artichaut et millefeuille de pomme de terre. Croustillant de chocolat, cheese cake, granité et sorbet fraise (saison).
◆ À la lisière du parc du château, un cadre raffiné, d'une élégance sans ostentation. Cuisine remarquable par sa fraîcheur et son inventivité, utilisant de beaux produits (langoustines d'Écosse, pigeon de Bresse). Excellent choix de bourgognes.

L'Angélique (Régis Douysset)
27 av. de St-Cloud – 01 30 84 98 85 – www.langelique.fr
– fermé 7-23 août, 24 déc.-3 janv., 20 fév.-8 mars, dim. et lundi. **Ye**
Rest – Menu 44/98 € bc
Spéc. Velouté de petits pois, croustillant de langoustines. Pomme de ris de veau meunière, carottes fanes et jus d'un bœuf-carotte. Parfait glacé au café.
◆ Le propriétaire de l'Escarbille à Meudon fait coup double. Régis Douysset a placé ici des fidèles au service et au piano. Ambiance sympathique. Cuisine généreuse et bien travaillée.

Le Valmont
20 r. au Pain – 01 39 51 39 00 – www.levalmont.com – Fermé dim. soir et lundi
Rest – (21 €) Menu 33 € (déj. en sem.) – Carte 40/70 € **Yv**
◆ Sympathique adresse à la façade engageante. Le chef concocte une savoureuse cuisine traditionnelle, avec des touches personnelles. Salle à manger d'esprit bourgeois, terrasse.

Zin's à l'Étape Gourmande
125 r. Yves Le Coz – 01 30 21 01 63 – www.arti-zins.fr – Fermé 3 sem. en août, sam. midi, dim. et lundi **Vn**
Rest – *(nombre de couverts limité, prévenir)* (28 € bc) Menu 42/53 €
◆ Voici une étape idéale, dans le quartier de Porchefontaine, pour apprécier une cuisine élaborée selon les produits du jour. Belle carte de vins des producteurs régionaux.

au Chesnay – 29 542 h. – alt. 120 m – ✉ 78150

Novotel Château de Versailles
4 bd St-Antoine – 01 39 54 96 96 – www.novotel.com **Xz**
105 ch – 79/199 € 79/199 € – 14 €
Rest – *(fermé sam. midi et dim. midi)* Menu 23 € (sem.) – Carte 20/39 €
◆ À l'entrée de la ville, établissement situé face à la place de la Loi. Un atrium (aménagé en salon contemporain) dessert des chambres fonctionnelles et bien insonorisées. Salle à manger au décor moderne et épuré ; carte dans l'air du temps.

L' Armoise

41 rte de Rueil – ✆ 01 39 55 63 07 – www.restaurant-larmoise.fr – Fermeture 2-5 juin, août, sam. midi, dim. soir et lundi Uk

Rest – (31 €) Menu 38/48 €

◆ Le jeune chef délivre une cuisine actuelle rythmée par les saisons, mêlant subtilement les bons produits et les saveurs. Décor contemporain épuré, relevé de couleurs vives.

LE VÉSINET – **78 Yvelines** – **311** I2 – **101** 13 – **16 419 h.** – **alt. 44 m** – ✉ **78110** **20** A1

Paris 19 – Maisons-Laffitte 9 – Pontoise 23 – St-Germain-en-Laye 4

60, boulevard Carnot ✆ 01 30 15 47 00

Auberge des Trois Marches

15 r. Jean Laurent, (pl. de l'église) – ✆ 01 39 76 10 30 – www.auberge-des-3-marches.com – Fermé 8-24 août

15 ch – 95 € 105 € – 10 €

Rest – *(fermé dim. soir et lundi midi)* (18 €) Carte 34/55 €

◆ Accueil sympathique dans cette discrète auberge d'un quartier à l'ambiance villageoise (église, marché). Chambres fonctionnelles bien tenues. Cuisine traditionnelle servie dans la salle de restaurant décorée d'une fresque évoquant les années 1930.

VILLE-D'AVRAY – **92 Hauts-de-Seine** – **311** J3 – **101** 24 – **11 255 h.** – **alt. 130 m** – ✉ **92410** **20** B2

Paris 14 – Antony 16 – Boulogne-Billancourt 5 – Neuilly-sur-Seine 10

Les Étangs de Corot

55 r. de Versailles – ✆ 01 41 15 37 00 – www.etangs-corot.com

43 ch – 195/400 € 195/400 € – 20 €

Rest *Le Corot* – *(Fermé août, 21-30 déc., 2-10 janv., dim. soir, merc. midi, lundi et mardi) (prévenir)* Menu 57 € (déj. en sem.)/85 €

Rest *Le Café des Artistes* – (26 €) Menu 32 €

◆ Ce ravissant hameau bâti au bord d'un étang inspira le peintre Camille Corot. Il abrite aujourd'hui un hôtel de charme (élégantes chambres personnalisées). Décor cosy et carte créative au Corot ouvert sur le jardin ; terrasse avec vue sur l'eau aux beaux jours. Recettes de bistrot au Café des Artistes.

VILLENEUVE-LA-GARENNE – **92 Hauts-de-Seine** – **311** J2 – **101** 15 – **24 568 h.** – **alt. 30 m** – ✉ **92390** **21** C1

Paris 13 – Nanterre 14 – Pontoise 23 – St-Denis 3

Les Chanteraines

av. 8 Mai 1945 – ✆ 01 47 99 31 31 – www.leschanteraines.net – Fermé août, sam. et dim.

Rest – Menu 37 € (sem.)/47 € – Carte 45/80 €

◆ Ce restaurant est aménagé dans le complexe contemporain qui jouxte le parc des Chanteraines. Table actuelle dressée dans une salle avec véranda et terrasse d'été, face au lac.

VILLENEUVE-LE-ROI – **94 Val-de-Marne** – **312** D3 – **101** 26 – **18 531 h.** – **alt. 100 m** – ✉ **94290** **21** C3

Paris 20 – Arpajon 29 – Corbeil-Essonnes 21 – Créteil 9

Beau Rivage

17 quai de Halage – ✆ 01 45 97 16 17 – Fermé 15 août-4 sept., mardi soir, merc. soir, dim. soir et lundi

Rest – (26 €) Menu 37/45 €

◆ Comme son nom l'indique, le Beau Rivage borde la rivière ; attablez-vous près des baies vitrées pour jouir de la vue sur la Seine. Cadre actuel et cuisine traditionnelle.

ENVIRONS DE PARIS

VILLEPARISIS – 77 Seine-et-Marne – **312** E2 – **101** 19 – 23 302 h. – alt. 72 m – ✉ 77270 **19** C1

Paris 26 – Bobigny 15 – Chelles 10 – Tremblay-en-France 5

La Bastide

15 av. J. Jaurès – 01 60 21 08 99 – www.labastide-villeparisis.fr – Fermé 3 sem. en août, 1 sem. début mai, dim. et lundi

Rest – (25 €) Menu 30/51 € – Carte 42/75 €

◆ Sympathique auberge du centre-ville : décor rustique et gai (poutres, cheminée, murs jaunes), accueil chaleureux et assiette au diapason des quatre saisons.

VINCENNES – 94 Val-de-Marne – **312** D2 – **101** 17 – 47 488 h. – alt. 51 m – ✉ 94300 **21** C2

Paris 7 – Créteil 11 – Lagny-sur-Marne 26 – Meaux 47

11, avenue de Nogent 01 48 08 13 00

Château★★ - Bois de Vincennes★★ : Zoo★★, Parc floral de Paris★★, Musée des Arts d'Afrique et d'Océanie★ Paris

St-Louis sans rest

2 bis r. R. Giraudineau – 01 43 74 16 78 – www.hotel-paris-saintlouis.com

25 ch – †120/150 € ††136/170 € – ☐ 13 €

◆ Cet immeuble proche du château abrite des chambres élégantes au mobilier de style. Quelques-unes, de plain-pied avec le jardinet, ont leur salle de bains en sous-sol.

Daumesnil Vincennes sans rest

50 av. Paris – 01 48 08 44 10 – www.hotel-daumesnil.com

50 ch – †92/115 € ††109/205 € – ☐ 13 €

◆ Une jolie décoration d'inspiration provençale égaye cet hôtel situé sur une avenue commerçante. Salle des petits-déjeuners aménagée dans une véranda ouverte sur un minipatio.

La Rigadelle

23 r. de Montreuil – 01 43 28 04 23 – Fermé 27 juil.-25 août, 24 déc.-1er janv., dim. et lundi

Rest – *(nombre de couverts limité, prévenir)* (24 €) Menu 32/51 € – Carte environ 58 €

◆ Dans une salle à manger actuelle, ensoleillée et aux notes marines, dégustez des plats au goût du jour privilégiant poissons et produits de la mer (arrivages de Bretagne).

VIRY-CHÂTILLON – 91 Essonne – **312** D3 – **101** 36 – 31 252 h. – ✉ 91170 **21** C3

Paris 26 – Corbeil-Essonnes 15 – Évry 8 – Longjumeau 10

Dariole de Viry

21 r. Pasteur – 01 69 44 22 40 – www.ladarioledeviry.com – Fermé 3 sem. en août, sam. midi, dim. soir et lundi

Rest – (25 €) Menu 35 €

◆ On réalise ici une cuisine du marché sensible au rythme des saisons. Le décor, contemporain, est plaisant. Voilà la bonne adresse du secteur.

Marcigny

27 r. D. Casanova – 01 69 44 04 09 – www.lemarcigny.fr – Fermé sam. midi, dim. soir et lundi

Rest – Menu 25 € (sem.)/35 €

◆ La Bourgogne mise à l'honneur ! Ce petit restaurant à succès porte le nom du village dont est originaire l'épouse du chef. Plats traditionnels, pain maison et vins régionaux.

YERRES – 91 Essonne – **312** D3 – **101** 38 – 28 572 h. – alt. 45 m – ✉ 91330 **21** D3

Paris 25 – Bobigny 31 – Créteil 12 – Évry 20

Chalet du Parc

2 r. de Concy – 01 69 06 86 29 – www.chaletduparc.fr

Rest – (27 €) Menu 32 € (sem.), 39/64 € – Carte 53/66 €

◆ Ce parc qui fut la propriété du peintre Gustave Caillebotte (musée) accueille depuis 2009 un agréable restaurant au décor design. Cuisine actuelle à base de bons produits.

PARTHENAY – 79 Deux-Sèvres – **322** E5 – **10 494 h.** – **alt. 175 m** **38** B1
– ✉ **79200** Poitou Vendée Charentes

Paris 377 – Bressuire 32 – Niort 42 – Poitiers 50
8, rue de la Vau Saint-Jacques ✆ 05 49 64 24 24
Château des Forges à Les Forges Domaine des Forges, SE : 23 km par D 59 et D 121, ✆ 05 49 69 91 77
≤★ du Pont-Neuf - ≤★ de la terrasse de l'hôtel de ville - Pont et porte St-Jacques★ - Rue de la Vau-St-Jacques★ - Église St-Pierre★ de Parthenay-le-Vieux.

St-Jacques sans rest
13 av. du 114ᵉ R.I. – ✆ 05 49 64 33 33 – www.hotel-parthenay.com
46 ch – ♦49/92 € ♦♦49/92 € – ☕ 8,50 €
♦ En contrebas de la citadelle, un immeuble des années 1980 de bonne tenue. Chambres très sobres, à préférer sur l'arrière pour plus d'espace.

au Nord **8 km par N 149 et D 127**

Château de Tennessus sans rest
– ✆ 05 49 95 50 60 – www.tennessus.com
3 ch ☕ – ♦115/140 € ♦♦120/145 €
♦ Ce château médiéval, une forteresse du 14ᵉ s. bien rénovée, est un vrai rêve de princesse et de chevalier : pont-levis, machicoulis et douves ! Du caractère, beaucoup d'âme.

PARVILLE – 27 Eure – **304** G7 – **rattaché à Évreux**

PASSENANS – 39 Jura – **321** D6 – **rattaché à Poligny**

PATRIMONIO – 2B Haute-Corse – **345** F3 – **voir à Corse**

PAU P – 64 Pyrénées-Atlantiques – **342** J5 – **83 903 h.** – **3** B3
Agglo. 181 413 h. – **alt. 207 m** – **Casino** – ✉ **64000** Aquitaine

Paris 773 – Bayonne 112 – Bordeaux 198 – Toulouse 198
de Pau-Pyrénées : ✆ 05 59 33 33 00, 12 km par ①.
place Royale ✆ 05 59 27 27 08
Pau Golf Club à Billère Rue du Golf, ✆ 05 59 13 18 56
de Pau-Artiguelouve à Artiguelouve Domaine de Saint-Michel, par rte de Lourdes : 11 km, ✆ 05 59 83 09 29
Circuit automobile de Pau-Arnos ✆ 05 59 77 11 36, 20 km par ⑦.
Boulevard des Pyrénées ✻★★★ DEZ - Château★★ : tapisseries★★★ - Musée des Beaux-Arts★ EZ **M.**

Plans pages suivantes

Parc Beaumont
1 av. Edouard VII – ✆ 05 59 11 84 00 – www.hotel-parc-beaumont.com
69 ch – ♦220/310 € ♦♦220/310 € – 11 suites – ☕ 22 € FZ**b**
Rest *Le Jeu de Paume* – (28 €) Menu 38/80 € – Carte 65/90 €
♦ Côté parc Beaumont ou côté ville, ces chambres sont confortables, élégantes et design (certaines familiales). Équipements pour séminaires ; piscine, jacuzzi et spa pour la détente. Décor chaleureux au restaurant et jolie vue sur la verdure. Terrasse plein sud.

Villa Navarre
59 av. Trespoey – ✆ 05 59 14 65 65 – www.accorhotels.com BX**a**
30 ch – ♦159/219 € ♦♦179/239 € – 4 suites – ☕ 19 €
Rest – *(fermé dim. soir et fériés le soir)* (18 €) Menu 25 € (sem.)/50 € – Carte 35/75 €
♦ Atmosphère délicieusement british dans cette belle maison de maître de 1865 et son aile récente nichées au cœur d'un parc de 2 ha. Chambres vastes et claires. Salle à manger raffinée, largement ouverte sur la nature ; registre culinaire actuel.

BILLÈRE

Baron Séguier (Av. du) . . . . AX 7
Château d'Este (Av. du) . . . AX 23
Claverie (R.) . . . . AX 24
Entrepreneurs (R. des). . . . AX 57
Galas (R. de) . . . . BV 70
Golf (R. du) . . . . AX 81
J.J. Rousseau (R.) . . . . AX 145
Lalanne (Av.). . . . . AVX 91
Lavoir (R. du). . . . . AX 95
Lons (Av. de) . . . . ABV 100
Piedmont (R.) . . . . AX 129
Pilar (R.). . . . . BV 130
Plaine (R. de la). . . . . AX 132

BIZANOS

Albert 1er (Av.). . . . . BCX 2
Clemenceau (R. G.) . . . . . . BX 27
Foch (R. Maréchal) . . . . . . BX 64
Larribau (Chemin). . . . . CX 93
Pic du Midi (R. du) . . . . . . CX 127
République (Av. de la). . . . CX 138

GELOS

Barthou (R. L.). . . . . BX 9
Gélos (Av. de) . . . . BX 80
Leclerc (Av. du Maréchal) . BX 96
Vallée Heureuse (Av. de la) BX 162

JURANÇON

Cambot (Av. G.) . . . . AX 17
Corps Franc Pommiès
(Av. du) . . . . AX 36
Espagne (Pont d'). . . . . AX 58
Gaulle (R. Ch.-de) . . . . AX 77
Ollé-Laprune . . . . AX 115

LESCAR

Carrérot (Av.). . . . . AV 19
Coustettes (Chemin des). . AV 42
Lacau (R.) . . . . AV 89
Santos-Dumont (Av.). . . . . . AV 147
Vigné (Côte du). . . . . AV 168

LONS

Ampère (Av. André-Marie). AV 3
Ariste (R.) . . . . AV 6
Château (R. du) . . . . AV 22
Dassault (Av. Marcel). . . . . AX 45
Écoles (R. des) . . . . AV 51
Église (R. de l') . . . . AV 53
Frères Farman (Bd des) . . . AV 67
Frères Mongolfier (Av. des) AX 68
Mairie (R. de la) . . . . AV 103
Moulin (Av. du) . . . . AV 110
Pau (Av. de). . . . . AV 125
Souvenir
(R. du) . . . . AV 152

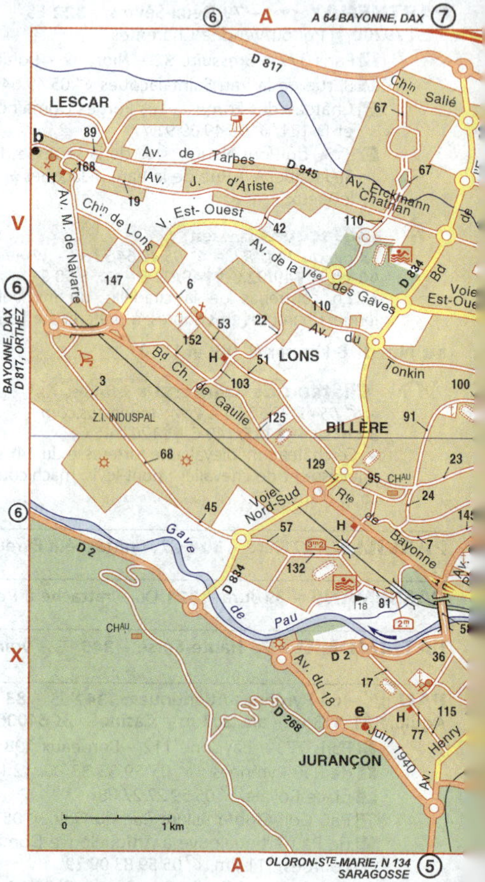

PAU

Bérard (Cours Léon). . . . . . BV 1

La Palmeraie

1 passage de l'Europe – ✆ 05 59 14 14 14
– www.paupalmeraie.com BVf

36 ch – †84/99 € ††91/138 € – ☕ 15 €

Rest – *(fermé dim.)* (13 €) Menu 18 € (déj.) – Carte 24/38 €

♦ Hôtel récent dans un environnement verdoyant, à deux tours de roue du Zénith. Chambres fonctionnelles, aux tons pastel. La salle de restaurant, lumineuse et moderne, ouvre sur une terrasse ombragée. Cuisine traditionnelle.

De Gramont sans rest

3 pl. Gramont – ✆ 05 59 27 84 04
– www.hotelgramont.com
– Fermé 19 déc.-2 janv. DZt

35 ch – †77/96 € ††86/126 € – 2 suites – ☕ 10,50 €

♦ Ce relais de poste du 18e s. abriterait le plus vieil hôtel de Pau. Chambres peu à peu rénovées et quelques suites contemporaines. Copieux buffet au petit-déjeuner, billard.

Condorcet (Allée) . . . . **BV** 31
Corps Franc Pommiès et du 49e R.I. (Bd) . . . . . **CX** 37
Dufau (Av.) . . . . **BVX** 50
Gaulle (Av. Gén.-de) . . . . . . **BV** 75
Lyautey (Cours) . . . . **BVX** 101
14 Juillet (R. du) . . . . **BX** 170

Bosquet sans rest

11 r. Valéry Meunier – ✆ 05 59 11 50 11 – www.hotel-bosquet.com EZe

30 ch – 65 € 70 € – 8 €

◆ À proximité du centre-ville, cet établissement arbore un décor frais et gai (tons orangé, mobilier en bois clair). Chambres de bon confort.

Le Bourbon sans rest

12 pl. Clemenceau – ✆ 05 59 27 53 12 – www.hotel-lebourbon.com EZd

33 ch – 63 € 70 € – 8 €

◆ Hôtel situé dans un quartier animé (nombreux cafés). Les chambres, joliment contemporaines, donnent en majorité sur la place, tout comme la salle des petits-déjeuners.

Central sans rest

15 r. L. Daran – ✆ 05 59 27 72 75 – www.hotelcentralpau.com – Fermé 30 déc.-2 janv. EZt

26 ch – 52/74 € 58/84 € – 8 €

◆ Central, cet hôtel l'est en effet ! Chaque chambre, simple et fonctionnelle, décline une thématique qui lui est propre (mer, montagne, etc.).

PAU

Barthou (R. Louis)	EFZ	
Bernadotte (R.)	DZ	14
Bordenave-d'Abère (R.)	DZ	15
Cassin (R. René)	EY	20
Clemenceau (Pl. Georges)	EZ	25
Clemenceau (R. Georges)	FZ	28
Cordeliers (R. des)	EZ	33
Despourrins (R.)	EY	47
Ducasse (R. Amiral)	DY	48
Espalungue (R. d')	DZ	59
Gambetta (R.)	EZ	72
Gassion (R.)	DZ	73
Gaulle (Av. Gén.-de)	FY	75
Gramont (Pl.)	DZ	84
Henri-IV (R.)	DZ	87
Jeanne-d'Arc (R.)	DY	88
Lalanne (R. Mathieu)	EZ	92
Lespy (R.)	EFY	98
Mermoz (Av. Jean)	DY	105
Monnaie (Pl. de la)	DZ	106
Monnet (R. J.)	EYZ	108
Nogue (R.)	EY	113
Ossau (Av. d')	EZ	121
Palassou (R.)	EY	123
Reine-Marguerite (Pl.)	EZ	135
Réveil (R. Jean)	EY	140
St-Louis (R.)	EZ	146
Say (Av. L.)	EFZ	149
Serviez (R.)	EZ	
Tran (R.)	EZ	158
218e-R.I. (R. du)	DY	172

Au Fin Gourmet

24 av. G. Lacoste, (face à la gare) – ✆ 05 59 27 47 71 – www.restaurant-aufingourmet.com – Fermé 25 juil.-10 août, vacances de fév., dim. soir, merc. midi et lundi EZ**v**

Rest – Menu 27 € (sem.), 38/74 € bc – Carte 52/67 €

◆ Un lieu très agréable au pied du funiculaire : on s'attable dans un joli kiosque aux allures de jardin d'hiver, ou au salon, raffiné et charmant. Cuisine au goût du jour.

Les Papilles Insolites

5 r A.-Taylor – ✆ 05 59 71 43 79 – http://lespapillesinsolites.blogspot.com – Fermé 1 sem. en mai, 3 sem. en août, vacances de fév., dim., lundi et mardi

Rest – *(prévenir)* (13 €) Carte 28/40 € EZ**z**

◆ Objets insolites et rétro, petites tables en bois : voilà un néobistrot-cave atypique et raffiné ! Courte carte du marché, japonisante, et belle sélection de vins naturels.

Marc Destrade

30 r. Pasteur – ✆ 05 59 27 62 60
– Fermé août, dim. soir, merc. soir et lundi EYs
Rest – Menu 14 € (déj. en sem.), 26/34 € – Carte 30/50 €
◆ Poussez la porte de cette avenante maison ancienne ! Accueil tout sourire, cuisine du marché et quelques tables au coin du feu, très appréciées l'hiver venu.

Ô Bons Bouchons

3 r. Viard – ✆ 05 59 62 40 34 – www.obonsbouchons.fr
– Fermé dim. et lundi DYx
Rest – (15 € bc) Menu 25/30 €
◆ Le chef a une véritable passion pour les bouchons de liège et les cannes à pêche ! Sa cuisine du marché est relevée de notes originales et épicées.

La Michodière

34 r. Pasteur – ✆ 05 59 27 53 85 – Fermé 23 juil.-20 août, dim. et fériés
Rest – Menu 14 € (déj.)/27 € – Carte 36/70 € DY**b**
◆ Derrière cette façade ornée de galets, deux salles à manger, dont une avec vue sur les cuisines. Au menu, suggestions du marché faisant la part belle aux poissons et coquillages.

La Table d'Hôte

1 r. du Hédas – ✆ 05 59 27 56 06 – Fermé vacances de Noël, lundi sauf le soir en juil.-août et dim. EZ**k**
Rest – (18 €) Menu 23/30 €
◆ Briques, poutres et galets donnent un petit air champêtre à cette ancienne tannerie du 17e s. nichée dans une ruelle médiévale. Ambiance sympathique, cuisine actuelle.

à Bizanos 2 km à l'Est – 4 612 h. – alt. 186 m – ✉ 64320

Eden Park sans rest

2 r. de l'Aubisque – ✆ 05 59 40 64 64 – www.hotel-edenpark-pau.com
26 ch – 79/169 € 89/179 € – ☕ 10 €
◆ En périphérie de Pau (zone commerciale), bâtiments blancs aux lignes épurées, dans un esprit californien. Chambres spacieuses et agréables : coin salon, cuisinette et terrasse.

à Jurançon 2 km au Sud-Ouest – 6 937 h. – alt. 177 m – ✉ 64110

Chez Ruffet

3 av. Ch. Touzet – ✆ 05 59 06 25 13 – www.restaurant-chezruffet.com – Fermé dim. et lundi AX**e**
Rest – *(prévenir)* Menu 26 € (déj. en sem.), 45/80 €
Spéc. Raie braisée, artichauts barigoule, beurre au Jurançon et gingembre (été). Pluma ibérique au sautoir, purée de céleri à la cannelle (automne). Abricots pochés à la vanille, sorbet framboise (été). **Vins** Jurançon, Madiran.
◆ Délicieuse atmosphère en cette ancienne ferme béarnaise, savant mélange d'authenticité (poutres, bois ciré), d'élégance et de décontraction. Belle cuisine régionale actualisée.

PAUILLAC – 33 Gironde – 335 G3 – 5 291 h. – alt. 20 m – ✉ 33250 3 B1

Aquitaine

Paris 625 – Arcachon 113 – Blaye 16 – Bordeaux 54
La Verrerie ✆ 05 56 59 03 08
château Mouton Rothschild★ : musée★★ NO : 2 km.

Château Cordeillan Bages

61 r. des Vignerons, 1 km au Sud par D 2 – ✆ 05 56 59 24 24 – www.cordeillanbages.com – Fermé 12 déc.-12 fév.
28 ch – 199/517 € 199/517 € – ☕ 28 € – ½ P 251/382 €
Rest – *(fermé sam. midi, lundi et mardi)* Menu 60 € (déj. en sem.), 90/175 € – Carte 120/140 €
Spéc. Foie gras confit dans sa graisse, moelleux de maïs et pomme verte. Agneau de lait. Coeur coulant chocolat, café irlandais. **Vins** Pauillac, Graves.
◆ Une chartreuse du 17e s. alanguie au cœur du vignoble, avec de belles chambres et une atmosphère cosy... Le restaurant se distingue par son goût de l'inédit, hier sous l'égide du célèbre Thierry Marx, aujourd'hui de Jean-Luc Rocha qui fut son second. La continuité dans l'invention !

Café Lavinal

à Bages, pl. Desquet – ✆ 05 57 75 00 09 – www.villagedebages.com – Fermé 24 déc.-29 janv. et dim. soir
Rest – (13 €) Menu 25/35 € – Carte 23/57 €
◆ Joli bistrot néo-rétro créé en 2006 au centre de Pauillac. Savoureuse cuisine de tradition ancrée dans le Médoc ; ardoise du jour et vins locaux de propriété.

PAVILLON (COL DU) – 69 Rhône – 327 F3 – rattaché à Cours

PÉGOMAS – 06 Alpes-Maritimes – **341** C6 – **6 235 h.** – **alt. 18 m** **42** E2
– ✉ **06580**

Paris 896 – Cannes 12 – Draguignan 59 – Grasse 9

287, avenue de Grasse ✆ 04 92 60 20 70

Le Bosquet sans rest

chemin des Périssols, rte de Mouans-Sartoux – ✆ 04 92 60 21 20
– www.hoteldubosquet.com – Fermé 15 janv.-1er fév.

23 ch – 65 € 70/82 € – 7 €

◆ Accueil tout sourire, agréable parc planté d'oliviers, tenue méticuleuse et confitures maison : un hôtel où l'on se sent bien. Chambres et studios rénovés (style contemporain).

L'Écluse

chemin de l'Écluse, au bord de la Siagne – ✆ 04 93 42 22 55
– www.restaurant-lecluse.com – Fermé nov., du mardi au vend. d' oct. à mi-avril et lundi

Rest – (18 €) Menu 26/34 € – Carte 29/40 €

◆ Restaurant apprécié pour son ambiance décontractée et sa grande terrasse au bord de l'eau, lui donnant un petit air de guinguette. Cuisine traditionnelle et soignée.

De Felice

1 prom. des Prés Vergers – ✆ 04 93 36 08 27
– Fermé dim. et lundi sauf fériés

Rest – Menu 29 € (sem.) – Carte 50/80 €

◆ Ici, tout respire l'Italie ! On déguste d'excellentes pâtes dans une jolie salle aux tons chatoyants avec vue sur les cuisines. Suivez les conseils avisés et enjoués du chef.

PEILLON – 06 Alpes-Maritimes – **341** F5 – **1 322 h.** – **alt. 200 m** **42** E2
– ✉ **06440** Côte d'Azur

Paris 947 – Contes 14 – L'Escarène 14 – Menton 38

620, avenue de l'Hôtel de Ville ✆ 04 93 79 91 04

Village★ - Fresques★ dans la chapelle des Pénitents Blancs.

Auberge de la Madone (Christian et Thomas Millo)

3 place Auguste Arnulf – ✆ 04 93 79 91 17
– www.auberge-madone-peillon.com – Fermé 8 nov.-22 déc. et merc.

14 ch – 98/230 € 98/230 € – 1 suite – 20 € – ½ P 115/190 €

Rest – (30 € bc) Menu 52/62 € – Carte 50/80 €

Spéc. Feuilleté de blette et herbes fines, escalope de foie gras poêlée, jus de veau. Agneau rôti au four en deux cuissons, parfumé aux aromates de notre garrigue. Macaron à la blette, confit de pomme-poire, glace à la fleur. **Vins** Côtes de Provence.

◆ Cette auberge de caractère entourée d'un jardin fleuri abrite des chambres soignées et calmes. Belle cuisine régionale servie dans une coquette salle à manger provençale ou sur une agréable terrasse tournée vers le village médiéval perché sur son piton rocheux.

Lou Pourtail sans rest

3 pl. A. Arnulf, accueil à l'Auberge de la Madone – ✆ 04 93 79 91 17
– Fermé 8 nov.-25 déc., 14-31 janv. et merc.

6 ch – 44 € 78 € – 13 €

◆ Le charme d'une maison ancienne – murs chaulés, voûtes ou hauts plafonds, mobilier campagnard – à l'entrée du village-crèche. Chambres simples, sans TV.

PEISEY-NANCROIX – 73 Savoie – **333** N4 – **642 h.** – **alt. 1 320 m** **45** D2
– ✉ **73210** Alpes du Nord

Paris 635 – Albertville 55 – Bourg-St-Maurice 13

Le Chalet T 9 ✆ 04 79 07 94 28

à Plan-Peisey 4 km à l'Est – ✉ 73210

La Vanoise ch, VISA

– ✆ 04 79 07 92 19 – www.hotel-la-vanoise.com
– Ouvert 1er juil.-31 août et 16 déc.-28 avril
32 ch (½ P seult) – ½ P 63/109 €
Rest – Menu 19 € (déj.)/32 € – Carte 30/38 €
♦ Châlet au bord des pistes ménageant une jolie vue sur le dôme de Bellecôte. Agréables chambres au décor alpin, avec balcon pour celles orientées sud. Espace bien-être. Au restaurant, plats savoyards ; le midi, restauration rapide de type brasserie côté bar.

PENHORS – **29 Finistère** – **308 E7** – **rattaché à Pouldreuzic**

PENNEDEPIE – **14 Calvados** – **303 N3** – **rattaché à Honfleur**

PENVÉNAN – **22 Côtes-d'Armor** – **309 C2** – **2 562 h.** – **alt. 70 m** – ✉ **22710** 9 B1

Paris 521 – Guingamp 34 – Lannion 16 – St-Brieuc 70
12, place de l'Église ✆ 02 96 92 81 09

Le Crustacé VISA

2 r.de la Poste – ✆ 02 96 92 67 46
– Fermé mardi soir de sept. à juin, dim. soir et merc.
Rest – Menu 17/37 € – Carte 27/64 €
♦ En face de l'église, petit restaurant familial où l'on cultive le sens de l'accueil dans une salle rustique, simple et bien tenue. Cuisine traditionnelle et produits de la mer.

Ne confondez pas les couverts ✕ et les étoiles ✿ ! Les couverts définissent une catégorie de confort et de service. L'étoile couronne uniquement la qualité de la cuisine, quel que soit le standing de la maison.

PENVINS – **56 Morbihan** – **308 O9** – **rattaché à Sarzeau**

PERI – **2A Corse-du-Sud** – **345 C7** – **voir à Corse**

PÉRIGNAC – **17 Charente-Maritime** – **324 H6** – **rattaché à Pons**

PÉRIGNAT-LÈS-SARLIÈVE – **63 Puy-de-Dôme** – **326 F8** – **rattaché à Clermont-Ferrand**

PÉRIGNY – **86 Vienne** – **322 H5** – **rattaché à Poitiers**

PÉRIGUEUX P – **24 Dordogne** – **329 F4** – **29 558 h.** – **alt. 86 m** – ✉ **24000** Périgord Quercy 4 C1

Paris 482 – Agen 138 – Bordeaux 128 – Limoges 96
26, place Francheville ✆ 05 53 53 10 63
de Périgueux à Marsac-sur-l'Isle Domaine de Saltgourde, par rte d'Angoulème : 5 km, ✆ 05 53 53 02 35
Cathédrale St-Front★★, église Saint-Étienne de la Cité★ - Quartier St-Front★★★: rue Limogeanne★ BY , escalier★ Renaissance de l'hôtel de Lestrade (rue de la sagesse) BY - Galerie Daumesnil★ face au n° 3 de la rue Limogeanne - Musée du Périgord★★ CY **M²**.

Plans pages suivantes

Mercure sans rest
7 pl. Francheville – ✆ 05 53 06 65 00 – www.mercure.com BZ**e**
66 ch – †89/99 € ††101/111 € – ☕ 15 €
◆ Adossé à une façade en pierre de taille classée, cet hôtel flambant neuf bénéficie d'une situation idéale, près d'un jardin et d'un multiplex. Agréables chambres contemporaines.

Bristol sans rest
37 r. A. Gadaud – ✆ 05 53 08 75 90 – www.bristolfrance.com
– Fermé 19 déc.-2 janv. BY**u**
29 ch – †61/69 € ††68/79 € – ☕ 8 €
◆ Hôtel familial à deux pas du centre et des curiosités touristiques. Les chambres, impeccablement tenues, sont assez bien insonorisées et, pour la plupart, de bonne dimension.

Le Rocher de l'Arsault
15 r. L'Arsault – ✆ 05 53 53 54 06 – www.rocher-arsault.com
– Fermé 15 août-4 sept., dim. soir et lundi CY**s**
Rest – (21 €) Menu 31/48 € – Carte 37/55 €
◆ L'élégance contemporaine nichée au creux d'un rocher... Les tons anis, pistache et orange, tout en douceur feutrée, s'harmonisent ici à la bonne cuisine de saison.

Le Clos St-Front
5-7 r. de la Vertu – ✆ 05 53 46 78 58 – www.leclossaintfront.com
– Fermé vacances de fév., dim. soir et lundi sauf de juin à sept. CY**r**
Rest – (20 €) Menu 25 € (sem.), 37/62 € bc – Carte 37/52 €
◆ Deux cheminées monumentales, des œuvres d'art contemporain, une terrasse sous les tilleuls... un restaurant agréable, dont la carte mêle exotisme et saveurs du terroir.

Hercule Poireau
2 r. Nation – ✆ 05 53 08 90 76
– Fermé 15-25 janv., mardi soir en hiver et merc. CZ**r**
Rest – (21 €) Menu 25/39 € – Carte 40/61 €
◆ On s'attable dans une salle rustique (poutres, pierres) ou dans une cave voûtée du 16e s. pour déguster une agréable cuisine traditionnelle et du terroir revue par le chef.

La Taula
3 r. Denfert-Rochereau – ✆ 05 53 35 40 02 – Fermé 7-13 mars, 4-10 juil. et lundi hors saison BZ**k**
Rest – (18 €) Menu 30/37 € – Carte 40/48 €
◆ Produits frais au service d'une appétissante cuisine régionale, pâtés, terrines et cous farcis maison : cette Taula ("table" en patois local) a bien des atouts.

Le Grain de Sel
7 r. des Farges – ✆ 05 53 53 45 22 – Fermé 28 juin-20 juil., 20 déc.-4 janv., dim. et lundi BZ**t**
Rest – (20 €) Menu 29/55 € – Carte 45/60 €
◆ Une ruelle du vieux Périgueux, près de la cathédrale. Le cadre serait rustique sans le mobilier, contemporain. On découvre des saveurs subtiles, souvent inspirées par la mer.

L'Essentiel (Éric Vidal)
8 r. de la Clarté – ✆ 05 53 35 15 15 – www.restaurant-lessentiel.fr
– Fermé 2-19 juil., vacances de la Toussaint, 31 déc.-16 janv., dim. et lundi
Rest – *(nombre de couverts limité, prévenir)* (27 €) Menu 39/74 € BZ**n**
– Carte 39/84 €
Spéc. Lasagne de jeunes poireaux aux truffes noires du Périgord, foie gras de canard rôti (15 déc. au 15 mars). Lièvre à la royale (15 déc. au 1er mars). Fines feuilles croustillantes de pistache aux fraises du Périgord et crème mousseline (15 mars au 15 sept.). **Vins** Pécharmant, Vin de pays du Périgord.
◆ Essentiel et... fondamental ! Derrière cette discrète façade, une excellente surprise : une cuisine tout en finesse et une cave recelant les meilleures signatures régionales.

PÉRIGUEUX

Abreuvoir (R. de l') . . . . CY 2
Amphithéâtre (R. de l') . . . . AZ 3
Arènes (Bd des) . . . . AZ 6
Aubergerie (R.) . . . . BZ 9
Barbecane (R.) . . . . CY 12
Barbusse (Av. Henri) . . . . . . AY 13
Bride (R. de la) . . . . BZ 15
Bugeaud (Pl.) . . . . BZ
Calvaire (R. du) . . . . BZ 16
Cavaignac (Av.) . . . . AZ 18
Cité (R. de la) . . . . ABZ 23
Clarté (R. de la) . . . . BZ 24
Claütre (Pl. de la) . . . . BZ 26
Clos-Chassaing . . . . BY 27
Coderc (Pl. du) . . . . BYZ 28
Condé (R.) . . . . BZ 29
Constitution (R. de la) . . . . . CY 30
Daumesnil (Av. et Pl.) . . . . BCZ 32
Daumesnil (Galerie) . . . . . . BYZ 31
Durand (Rd-Pt Charles) . . . . AZ 34
Eguillerie (R.) . . . . BY 35
Fénelon (Cours) . . . . BZ
Goudeau (Pl. Émile) . . . . . . CY 36
Hôtel de Ville (Pl. de l') . . . . BZ 37
Lammary (R.) . . . . BY 38
Limogeanne (R.) . . . . BY
Maurois (Pl. André) . . . . BY 39
Miséricorde (R. de la) . . . . . BY 40
Mobiles-de-Coulmiers (R.) . AY 41
Montaigne (Bd M.) . . . . BYZ
Montaigne (Cours et Pl. M.) . . . . . . BYZ
Notre-Dame (R.) . . . . CY 42
Port-de-Graule (R. du) . . . CYZ 44
Port (Allée du) . . . . AY 43
Président-Wilson (R. du) . . . . AY
République (R. de la) . . . . BYZ 45
Sagesse (R. de la) . . . . BY 46
Ste-Marthe (R.) . . . . CZ 50
St-Pierre-ès-Liens (R.) . . . ABZ 47
St-Roch (R.) . . . . BZ 48
St-Silain (Pl.) . . . . BY 49
Sully (R.) . . . . BZ 53
Taillefer (R.) . . . . BZ
Talleyrand-Périgord (R.) . . . . CZ 54
Théâtre (Espl. du) . . . . BY 55
Turenne (R. de) . . . . AZ 60
15e-Régt-de-Tirailleurs-Algériens (R. du) . . . . AZ 61
50e-Régt-d'Infanterie (Av. du) . . . . AZ 62

à Chancelade par ⑤, D 710 et D 1 : 5,5 km – 4 126 h. – alt. 88 m – ✉ 24650

Abbaye★.

Château des Reynats

15 av. des Reynats – ✆ 05 53 03 53 59 – www.chateau-hotel-perigord.com

45 ch – 🚹92/104 € 🚹🚹92/104 € – 5 suites – ☕ 14 € – ½ P 84/90 €

Rest – *(fermé 2-26 janv., lundi midi, sam. midi et dim.)* Menu 28/75 € – Carte 63/111 €

Spéc. Foie gras de canard poêlé griotte-pistache. Sole laquée, pomme de terr éclatée aux algues kombu et pamplemousse confit. Chocolat noir, croustillant pra liné et glace au persil plat.

◆ Dans un parc arboré, beau château du 19e s. aux accents médiévaux. Cham bres au décor soigné, plus petites et sobres à l'annexe. Dans la salle à mange typiquement "châtelaine", on déguste une belle cuisine créative, à laquelle l chef sait insuffler une âme...

PERNAND-VERGELESSES – 21 Côte-d'Or – 320 J7 – rattaché à Beaune

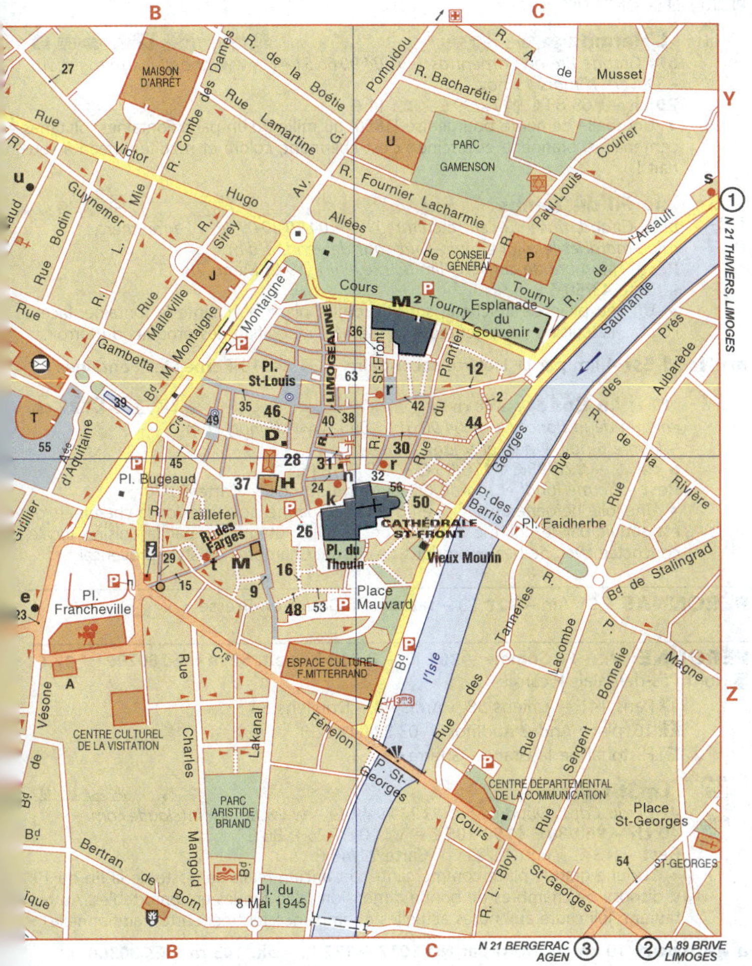

PERNAY – 37 Indre-et-Loire – **317** L4 – **997 h.** – **alt. 76 m** – ✉ **37230** **11** B2

▶ Paris 256 – Orléans 132 – Tours 21 – Joué-lès-Tours 26

Domaine de l'Hérissaudière sans rest

3 km au Nord-Est par D 48 – ✆ 06 03 22 34 45 – www.herissaudiere.com – Ouvert 15 avril-15 nov.

5 ch – 110/120 € 130/150 €

◆ Maison de maître bâtie en 1640, blottie dans un parc aux essences rares. Mobilier d'époque et chambres aux noms gouleyants (Vouvray, Chinon...). Bon petit-déjeuner maison.

PERNES-LES-FONTAINES – 84 Vaucluse – **332** D10 – **10 410 h.** – **alt. 75 m** – ✉ **84210** Provence **42** E1

▶ Paris 685 – Apt 43 – Avignon 23 – Carpentras 6

ℹ place Gabriel Moutte ✆ 04 90 61 31 04

Porte Notre-Dame★.

L'Hermitage sans rest

614 Grande Rte de Carpentras – ☎ 04 90 66 51 41 – www.hotel-lhermitage.com – Ouvert 1er mars-15 nov.

20 ch – †68/83 € ††72/99 € – ☕ 11 €

◆ Une belle demeure bourgeoise (1890) au milieu d'un parc. Fontaines, platanes centenaires, orangerie et piscine : c'est charmant, coloré et méditerranéen à souhait !

Au Fil du Temps

pl. L.-Giraud, (face au centre culturel) – ☎ 04 90 30 09 48 – Fermé merc. midi, mardi et le midi en juil.-août sauf de vend. à dim.

Rest – *(nombre de couverts limité, prévenir)* (19 €) Menu 28/35 € – Carte 43/50 €

◆ Un lieu plein de fraîcheur, sur une petite place où chante la fontaine, face à l'église. La cuisine y est goûteuse et raffinée, magnifiant les produits du terroir.

au Nord-Est **4 km par D 1 et rte secondaire – ✉ 84210 Pernes-les-Fontaines**

Mas La Bonoty avec ch

chemin de la Bonoty – ☎ 04 90 61 61 09 – www.bonoty.com – Fermé 6 nov.-9 déc. et 9 janv.-11 fév.

8 ch ☕ – †70/95 € ††70/95 € – ½ P 71/84 €

Rest – *(fermé lundi et mardi)* (22 €) Menu 30/68 € – Carte 50/70 €

◆ Une jolie bergerie du 17e s., en pleine campagne. Lové près de la cheminée, on est séduit par le charme rustique de la salle autant que par la cuisine locale, concoctée avec de beaux produits de saison. Chambres de style provençal.

PÉRONNAS – 01 Ain – 328 E3 – rattaché à Bourg-en-Bresse

PÉRONNE – 80 Somme – 301 K8 – 8 218 h. – alt. 52 m – ✉ 80200 37 C1

Nord Pas-de-Calais Picardie

Paris 141 – Amiens 58 – Arras 48 – Doullens 54

16, place André Audinot ☎ 03 22 84 42 38

Historial de la Grande Guerre★★.

Le St-Claude

42 pl. du Cdt-L.-Daudré – ☎ 03 22 79 49 49 – www.hotelsaintclaude.com

40 ch – †60/80 € ††90/105 € – ☕ 10 € – ½ P 86 €

Rest – (13 €) Menu 15/29 € – Carte 21/48 €

◆ Sur une grande place commerçante, cet ancien relais de poste de la fin du 19e s. dispose de chambres de bonne dimension, bien tenues et confortables. Au restaurant, joli cadre aux notes actuelles et ambiance feutrée. Carte traditionnelle.

à Rancourt **10 km au Nord par ND 1017 – 172 h. – alt. 143 m – ✉ 80360**

Le Prieuré

24 rte nationale – ☎ 03 22 85 04 43 – www.hotel-le-prieure.fr

27 ch – †65 € ††68 € – ☕ 8 €

Rest – Menu 15 € (sem.), 29/43 € – Carte 24/57 €

◆ Architecture d'inspiration mauresque abritant des chambres de bon confort, plus spacieuses sur l'arrière. Au détour d'une arche, découvrez le bar écossais. Cuisine traditionnelle et régionale, à apprécier dans une élégante salle habillée de pierres et de briques.

PÉROUGES – 01 Ain – 328 E5 – 1 189 h. – alt. 290 m – ✉ 01800 44 B1

Lyon Drôme Ardèche

Paris 460 – Bourg-en-Bresse 39 – Lyon 37 – Villefranche-sur-Saône 58

entrée de la Cité ☎ 04 74 46 70 84

de la Sorelle à Villette-sur-Ain Domaine de Gravagneux, N : 12 km par D 984, ☎ 04 74 35 47 27

Cité★★ : place de la Halle★★★.

Ostellerie du Vieux Pérouges

pl. du Tilleul – ✆ 04 74 61 00 88 – www.hostelleriedeperouges.com – Fermé 28 fév.-13 mars

13 ch – ♦130 € ♦♦230 € – 2 suites – ☐ 17 € – ½ P 155/180 €

Rest – Menu 38/65 € – Carte 45/70 €

◆ Admirables bâtisses de style médiéval réparties dans tout le village. Chambres alliant mobilier ancien (quelques lits à baldaquin) et confort moderne. Au restaurant, plusieurs salles et ambiances ; plats du terroir, dont la fameuse galette. Service en costume.

Le Pavillon

13 ch – ♦89/95 € ♦♦124/156 € – ☐ 16 € – ½ P 115/138 €

◆ Chambres plus simplement meublées qu'à l'Ostellerie, et avant tout pratiques ; celles de l'annexe contiguë offrent un meilleur niveau de confort.

PERPIGNAN P – 66 Pyrénées-Orientales – **344** I6 – **115 326 h.** **22** B3
– **Agglo. 162 678 h.** – **alt. 60 m** – **Casino : à Port-Barcarès** – ✉ **66000**

Languedoc Roussillon

- Paris 848 – Andorra-la-Vella 170 – Béziers 94 – Montpellier 156
- de Perpignan-Rivesaltes : ✆ 04 68 52 60 70, 3 km par ①.
- place Armand Lanoux ✆ 04 68 66 30 30
- Le Castillet★ - Loge de mer★ BY **K** - Hôtel de ville★ BY **H** - Cathédrale St-Jean★ - Palais des rois de Majorque★ - Musée numismatique Joseph-Puig★ - Place Arago : maison Julia★.

Plans pages suivantes

Villa Duflot

rd-pt Albert Donnezan, 3 km par ④, dir.autoroute – ✆ 04 68 56 67 67 – www.villa-duflot.com

24 ch – ♦150/210 € ♦♦150/210 € – ☐ 17 € – ½ P 110/137 €

Rest – (20 €) Menu 23 € (déj. en sem.)/27 € – Carte 39/48 €

◆ Cadre lumineux et élégant (statues contemporaines), grandes chambres au mobilier Art déco côté patio ou côté parc : un petit havre de verdure... en pleine zone commerciale ! Charme méridional de la cuisine et du restaurant ouvert sur la piscine.

Park Hôtel

18 bd J. Bourrat – ✆ 04 68 35 14 14 – www.parkhotel-fr.com CY**y**

69 ch – ♦70/140 € ♦♦70/140 € – ☐ 12 €

Rest *Le Chap'* – ✆ 04 68 35 31 16 *(Fermé 23 juil.-9 août, 2-24 janv., sam. midi, dim. et lundi)* (30 € bc) Menu 32/55 € – Carte 40/69 €

◆ L'Espagne s'invite dans cet hôtel proche du square Bir-Hakeim. Différentes catégories de chambres colorées et bien tenues (certaines avec un lit majorquin). Cuisine au goût du jour, servie dans un décor très contemporain (harmonie du minéral et du végétal, tons beige et gris, écrans plats...).

La Fauceille

860 chemin de la Fauceille, par ③, (rocade Sud - CZ) – ✆ 04 68 21 09 10 – www.lafauceille.com

35 ch – ♦120/240 € ♦♦120/240 € – ☐ 15 € – ½ P 98/158 €

Rest – (20 €) Menu 29/75 € – Carte 52/121 €

◆ Un ensemble moderne et élégant, dont les chambres bien équipées et joliment décorées (mobilier en bois clair, penderie en forme de malle) bénéficient de balcon ou terrasse. Restaurant lumineux avec cave vitrée et cuisine actuelle à base de produits frais.

Le Mas des Arcades

840 av. d'Espagne, par ④ : 2 km sur N 9 ✉ 66100 – ✆ 04 68 85 11 11 – www.mas-arcades.com

60 ch – ♦88/128 € ♦♦88/128 € – 3 suites – ☐ 12 €

Rest – *(fermé sam. et dim. de nov. à mars)* (20 €) Menu 28/48 € – Carte 45/52 €

◆ Établissement récemment rénové : réception et salons tendance. Chambres pimpantes, pour moitié dotées d'un balcon et agréablement tournées côté piscine. Au restaurant, jardin d'hiver, choix traditionnel ou plus actuel et grillades l'été en plein air.

PERPIGNAN

Alsace-Lorraine (R.) . . . . . BY 2
Anciens-Combattants-d'Indochine (Pl. des) . . BY 3
Ange (R. de l') . . . . BZ 4
Arago (Pl.) . . . . BZ 5
Argenterie (R. de l') . . . . . BY 6
Barre (R. de la) . . . . BY 7
Bartissol (R. E.) . . . . BY 8
Batllo (Quai F.) . . . . BY 9
Castillet (R. du) . . . . BY 21
Clemenceau (Bd G.) . . . . . BY
Cloche d'Or (R. de la) . . BYZ 22
Côte des Carmes (R.) . . . CZ 23
Fabriques d'En Nabot (R. des) . . . . BY 24
Fabriques d'En Nadal (R. des) . . . . BY 25
Fontaine-Neuve (R.) . . . . CZ 26
Fontfroide (R.) . . . . BY 27
Gambetta (Pl.) . . . . BY 28
Grande la Monnaie (R.) . . BZ 31
Lattre-de-Tassigny (Quai de) . . . . BZ 32
Loge (R. et Pl. de la) . . . . BY 33
Louis-Blanc (R.) . . . . ABY 34
Marchands (R. des) . . . . . BY 35
Mermoz (Av. J.) . . . . CZ 36
Mirabeau (R.) . . . . BY 37
Payra (R. J.) . . . . BY 38
Péri (Pl. Gabriel) . . . . BZ 39
Petite la Monnaie (R.) . . . BZ 40
Porte d'Assaut (R.) . . . . . BZ 41
Porte de Canet (R.) . . . . . CZ 42
Remparts la Réal (R. des) BZ 43
République (Pl. de la) . . . . BZ 44
Résistance (Pl. de la) . . . BY 45
Révolution Française (R. de la) . . . . CY 46
Rigaud (Pl.) . . . . BZ 47
Sadi-Carnot (Quai) . . . . . . BY 50
St-Jean (R.) . . . . BY 52
Théâtre (R. du) . . . . BZ 55
Trois-Journées (R. des) . . BY 58
Vauban (Quai) . . . . BY 60
Verdun (Pl. de) . . . . BY 64
Victoire (Pl. de la) . . . . . . BY 67
Vielledent (R. J.) . . . . CZ 69
Waldeck-Rousseau (R.) . CZ 72

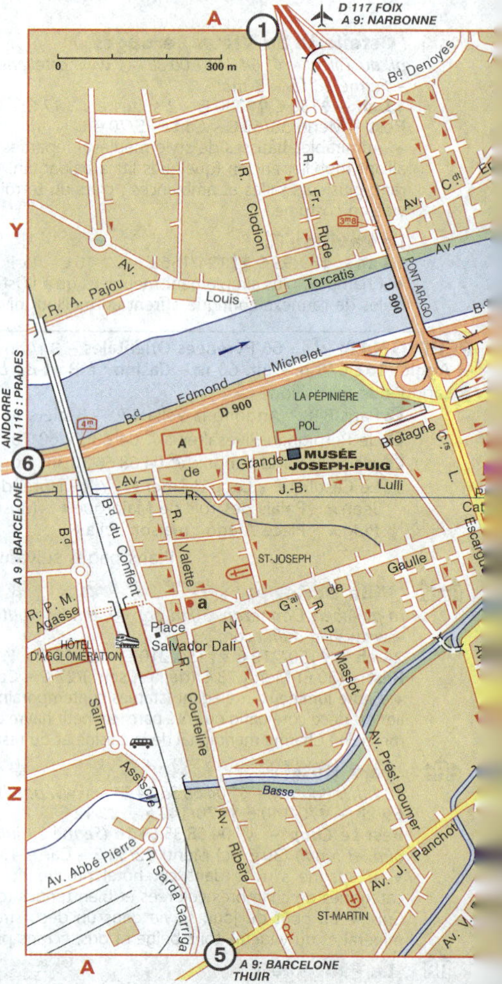

New Christina

51 cours Lassus – ✆ *04 68 35 12 21* – *www.hotel-newchristina.com* – *Fermé 17 déc.-2 janv.* CY

25 ch – 78/93 € 78/93 € – 10 €

Rest – *(fermé 16 juil.-1er sept., vend., sam., dim. et le midi)* Menu 22/36 € bc – Carte environ 25 €

♦ Chambres fonctionnelles d'allure simple (mobilier en bois cérusé) mais régulièrement rafraîchies. Pour la détente : petite piscine sur le toit, jacuzzi, hammam et bar. Salle à manger façon bistrot moderne et recettes traditionnelles présentées sur ardoise.

Kyriad sans rest

8 bd Wilson – ✆ *04 68 59 25 94* – *www.kyriad-perpignan-centre.fr* BY

38 ch – 79/160 € 79/160 € – 11 suites – 12 €

♦ Hôtel actuel bénéficiant d'un mobilier fonctionnel en bois roux dans les chambres et d'une suite décorée à la catalane. Salon-bar cosy et cour intérieure ornée d'une fontaine.

La Galinette (Christophe Comes)

23 r. Jean Payra – ✆ 04 68 35 00 90 – Fermé 15 juil.-15 août, 22 déc.-5 janv., dim. et lundi BY**e**

Rest – Menu 19 € (déj. en sem.)/58 € – Carte 55/72 €

Spéc. Déclinaison de tomates "anciennes" (juil. à oct.). Rouget de roche et ravioles de cèpes au foie gras (sept. à nov.). Dégustation de fraises gariguette (mars à juin). **Vins** Côtes du Roussillon, Vin de pays des Côtes Catalanes.

◆ Mobilier actuel, moulures : un décor soigné où l'on se régale de belles spécialités de poisson accompagnées de légumes et herbes du jardin. Choix complet de vins régionaux.

La Passerelle

1 cours Palmarole – ✆ 04 68 51 30 65 – www.restaurant-perpignan-lapasserelle.com – Fermé 1er-9 mai, 14-22 août, 18 déc.-2 janv., lundi midi et dim. BY**z**

Rest – Menu 22 € (déj. en sem.) – Carte 42/55 €

◆ Agréable restaurant familial au bord de la Basse. Atmosphère marine raffinée (lustre de Murano), spécialités de poisson (quelques plats régionaux) et service souriant.

Les Antiquaires

pl. Desprès, (r. Michel Torrent) – ✆ 04 68 34 06 58
– www.lesantiquairesperpignan.fr.gd – Fermé 22 juin-14 juil.,17 janv.-3 fév., dim. soir et lundi BZ**u**
Rest – Menu 25/44 € – Carte 31/57 €
◆ Sympathique adresse du vieux Perpignan décorée d'objets anciens chinés chez les antiquaires voisins. Dans l'assiette, cuisine d'inspiration catalane.

Le Garriane

15 r. Valette – ✆ 04 68 67 07 44
– Fermé sam. midi, dim., lundi et mardi AZ**a**
Rest – *(nombre de couverts limité, prévenir)* (13 €) Menu 16 € (déj.)/29 €
◆ Salle rustique aux touches colorées, musique d'ambiance jazzy, fine cuisine actuelle et belle sélection de vins régionaux : une bonne petite adresse près de la gare.

au Nord par ① près échangeur Perpignan-Nord 10 km – ✉ 66600 Rivesaltes

Novotel

7 r. Alfred Sauvy – ✆ 04 68 64 02 22 – www.accor.com
56 ch – †85/145 € ††85/145 € – ☕ 13 € **Rest** – (16 €) Carte 30/50 €
◆ À deux pas de l'autoroute, hôtel entouré de verdure. Chambres en partie relookées dans un esprit contemporain zen ; bar à la mode catalane. Restaurant face à la piscine, avec terrasse et grillades en été.

à Cabestany 5 km par ③ et D22ᶜ – 8 360 h. – alt. 35 m – ✉ 66330

Les Deux Mas

1 r. Madeleine Brès, face Médipôle – ✆ 04 68 50 08 08 – www.les2mas.com
32 ch – †69/75 € ††89/95 € – 1 suite – ☕ 9 € – ½ P 75/78 €
Rest – *(fermé sam. midi et dim.)* Menu 20 € (déj.)/29 € – Carte 30/50 €
◆ Hôtel orné d'une peinture originale en façade (le visage stylisé d'une femme endormie). Petites chambres colorées et relevées de touches mauresques, entourant un patio andalou. Piscine-jacuzzi. Cuisine catalane simple dans un cadre ensoleillé.

LE PERREUX-SUR-MARNE – **94 Val-de-Marne** – **312** E2 – **106** 20 – **101** 18 – **voir à Paris, Environs**

PERRIER – **63 Puy-de-Dôme** – **326** G9 – **rattaché à Issoire**

PERROS-GUIREC – **22 Côtes-d'Armor** – **309** B2 – **7 369 h.** – **alt. 60 m** **9** B1
– **Casino** A – ✉ **22700** Bretagne

Paris 527 – Lannion 12 – St-Brieuc 76 – Tréguier 19

21, place de l'Hôtel de Ville ✆ 02 96 23 21 15

Nef romane★ de l'église B - Pointe du château ≤★ - Table d'orientation ≤★ B E - Sentier des douaniers★★ - Chapelle N.-D. de la Clarté★ 3 km par ② - Sémaphore ≤★ 3,5 km par ②.

Les Sept-Iles★★ - Ploumanach★★ : parc municipal★★, rochers★★ - Sentier des Douaniers★★.

L' Agapa

12 r. des Bons-Enfants – ✆ 02 96 49 01 10 – www.lagapa.com A**y**
47 ch – †160/450 € ††160/450 € – 1 suite – ☕ 18 €
Rest *Le Belouga* – *(fermé 3-27 déc. et 7-31 janv.)* (25 € bc) Menu 48/78 € – Carte 58/106 €
Spéc. Huîtres bretonnes sur caillé au citron vert, tagliatelles de concombre au litchi (nov. à mai). Pavé de turbot sauvage cuit vapeur, galette de blé noir aux palourdes et pommes (mars à juin). Croquant de chocolat et arabica, crème glacée au miel de bruyère.
◆ Surplombant la mer, cet hôtel tout de verre, granit et acier, propose des chambres au design épuré : confort zen et high-tech propice à la détente (spa Nuxe). Cuisine actuelle aux saveurs flatteuses et à l'inspiration aboutie, où domine la pêche bretonne. Salle panoramique sobre et confortable ; service agréable.

Le Manoir du Sphinx

67 chemin de la Messe
– ✆ 02 96 23 25 42 – www.lemanoirdusphinx.com
– Fermé 14 nov.-2 déc. et 16 janv.-24 fév. **Be**
20 ch – 🛉110/114 € 🛉🛉110/128 € – ☕ 10 € – ½ P 104/121 €
Rest – *(fermé dim. soir d'oct. à mars sauf vacances scolaires, lundi midi et vend. midi sauf fériés)* Menu 29/49 € – Carte 45/65 €
◆ Ravissante villa 1900 surplombant la mer. Ses chambres, d'esprit british, contemplent à loisir la baie et les îles, et son charmant jardin dégringole jusqu'aux rochers. Salle à manger-véranda panoramique au cadre bourgeois ; recettes au goût du jour et marines.

Les Feux des Îles

53 bd Clemenceau
– ✆ 02 96 23 22 94 – www.feux-des-iles.com
– Fermé 10-20 oct. et 20 déc.-15 janv. **Bn**
18 ch – 🛉75/85 € 🛉🛉100/140 € – ☕ 12 € – ½ P 100/125 €
Rest – *(fermé dim. soir et vend. soir d'oct. à mai et le midi sauf dim.)* Menu 29/63 € – Carte 35/42 €
◆ Hôtel familial composé d'une maison en pierre et d'une aile récente dont les chambres, plus amples et actuelles, ont vue sur mer et parfois accès direct au jardin. Salle à manger tournée vers les "feux" (phares) îliens ; repas traditionnels et notes marines.

Mercure sans rest

100 av. du Casino – ✆ 02 96 91 22 11
– www.accorhotels.com **Ax**
49 ch – 🛉95/116 € 🛉🛉100/121 € – ☕ 14 €
◆ Cet hôtel fonctionnel, tout près de la plage, a conçu chaque étage selon une thématique (oiseaux marins) et une teinte différentes. Les chambres répondent aux normes de la chaîne.

Petit déjeuner compris ? La tasse ☕ suit directement le nombre de chambres.

Hermitage rest,
20 r. Frères Le Montréer – ✆ 02 96 23 21 22 – www.hotelhermitage-22.com – Ouvert 9 avril-30 sept. Bf
20 ch – †48/56 € ††56/66 € – ☐ 7 € – ½ P 58/64 €
Rest – *(ouvert 8 mai-15 sept. et fermé sam. et le midi) (résidents seult)* Menu 23 €
◆ Un grand hôtel du centre-ville, dans un jardin arboré. Chambres assez petites mais de bonne tenue. Les habitués viennent ici autant pour le cadre que pour l'ambiance familiale.

Le Levant
91 r. E. Renan, (sur le port) – ✆ 02 96 23 20 15 – www.le-levant.fr Bm
19 ch – †56/76 € ††56/76 € – ☐ 6 € – ½ P 62/72 €
Rest – *(fermé sam. midi, dim. soir et vend. d'oct. à avril)* (15 € bc) Menu 19/38 € – Carte 28/52 €
◆ Cet hôtel récent convient à une clientèle d'affaires. Les chambres petites, fonctionnelles, toutes dotées de balcon ou terrasse, regardent le port de plaisance. La salle à manger au décor marin jouit d'une jolie vue sur les mâts. Carte traditionnelle de la mer.

La Clarté (Daniel Jaguin)
24 r. Gabriel Vicaire, à La Clarté par ② – ✆ 02 96 49 05 96 – www.la-clarte.com – Fermé 17 déc.-4 fév., dim. soir, lundi et merc.
Rest – Menu 27 € (déj. en sem.), 43/75 € – Carte 63/80 €
Spéc. Huîtres tièdes, velouté de poule aux champignons (sept. à avril). Homard breton rôti au four au beurre salé, ses pinces en ragoût (avril à oct.). Fraises et tomates du pays en tartare, sorbet poivron rouge-framboise (juin à sept.).
◆ Cette jolie maison de granit rose, prisée par la clientèle locale, affiche fièrement son nouveau décor élégant et actuel, dans des tons lumineux. Appétissants menus de la mer.

Au Bon Accueil
11 r. Landerval – ✆ 02 96 23 24 11 – www.aubonaccueil-perros.com – Fermé 15 fév.-2 mars, dim. soir et lundi sauf juil.-août Bv
Rest – (18 €) Menu 27/40 € – Carte 30/52 €
◆ Ce restaurant panoramique, au cadre contemporain, occupe un pavillon moderne dominant le port de plaisance. Table traditionnelle.

à Ploumanach 6 km par ② – ✉ 22700 Perros-Guirec
Rochers★★ - Parc municipal★★.

Castel Beau Site
plage St-Guirec – ✆ 02 96 91 40 87 – www.castelbeausite.com
33 ch – †120/270 € ††120/270 € – ☐ 13 € – ½ P 105/180 €
Rest – (20 €) Menu 32/65 € – Carte 41/86 €
◆ Grande bâtisse en granit rose des années 1930 en bord de plage et presque les pieds dans l'eau. Les chambres, rénovées, offrent un bon confort et une vue sur la mer. Cuisine actuelle. L'été, carte brasserie et fruits de mer servis en terrasse à midi.

Du Parc rest,
174 pl. St-Guirec – ✆ 02 96 91 40 80 – www.hotelduparc.com – Ouvert 9 fév.-10 nov.
10 ch – †64/80 € ††64/80 € – ☐ 10 €
Rest – *(fermé sam. midi et mardi)* (13 €) Menu 15 € (sem.), 20/45 € – Carte 25/65 €
◆ Au centre du village, avec la plage et les célèbres rochers tout proches, une maison familiale en granit rose dotée d'un beau jardin. Chambres petites, mais bien tenues. Produits de la mer servis sur les grandes terrasses ou dans un cadre marin. Coin crêperie.

PERTUIS – **84 Vaucluse** – **332** G11 – **18 611 h.** – **alt. 246 m** – ✉ **84120** **40** B2
Provence
Paris 747 – Aix-en-Provence 23 – Apt 36 – Avignon 76
place Mirabeau ✆ 04 90 79 15 56

Sévan Parc Hôtel
rte de la Bastidonne, 1,5 km à l'Est – ✆ 04 90 79 19 30 – www.sevanparchotel.com
46 ch – 82/117 € 102/163 € – 11 €
Rest *L'Olivier* – ✆ 04 90 79 08 19 *(fermé dim. soir et lundi soir sauf juil.-août, merc. midi en juil.-août et lundi midi)* (19 €) Menu 31/52 € – Carte 37/48 €
Rest *La Paillote* – ✆ 04 90 09 63 67 *(fermé de mi-déc. à mi-janv. et mardi)* (13 €) Carte 26/47 €
◆ Au pied du Luberon, dans un parc fleuri, cet hôtel profite d'un environnement calme et verdoyant. Chambres ensoleillées d'inspiration provençale. Cuisine régionale à L'Olivier (agréable salle contemporaine). Ambiance décontractée à La Paillote, terrasse au bord de la piscine, grillades et plats tex-mex.

Château Grand Callamand sans rest
rte de la Loubière, 2 km par r. Léon-Arnoux – ✆ 04 90 09 61 00 – www.chateaugrandcallamand.fr
4 ch – 130/160 € 130/160 €
◆ Superbe bastide du 16e s. posée au cœur d'un domaine viticole. Accueil charmant, quiétude, piscine, terrasse face à la montagne Ste-Victoire et déco de bon goût dans les chambres.

Le Boulevard
50 bd Pecout – ✆ 04 90 09 69 31 – www.restaurant-le-boulevard.com – Fermé 1er-10 juil., vacances de fév., dim. soir, mardi soir et merc.
Rest – *(nombre de couverts limité, prévenir)* Menu 19/38 € – Carte 35/44 €
◆ Aménagé à l'étage d'une maison ancienne, ce restaurant du centre-ville vous reçoit dans une jolie salle rustique. Cuisine traditionnelle évoluant au gré des saisons.

PETIT-BERSAC – 24 Dordogne – 329 C4 – 177 h. – alt. 90 m – ✉ 24600 39 C3

Paris 501 – Bordeaux 121 – Périgueux 50 – Angoulême 49

Château Le Mas de Montet
– ✆ 05 53 90 08 71 – www.lemasdemontet.com
10 ch – 180/350 € 180/350 €
Rest – *(fermé le midi)* Menu 30/45 € – Carte 36/52 €
◆ Abords très soignés pour ce superbe château Renaissance : parc fleuri, piscine, potager, terrasse. L'intérieur, romantique et raffiné, séduit tout autant. Cuisine traditionnelle servie dans la salle à manger grandiose et terriblement "châtelaine"...

PETITE-HETTANGE – 57 Moselle – 307 I2 – rattaché à Malling

LA PETITE-PIERRE – 67 Bas-Rhin – 315 H3 – 605 h. – alt. 340 m 1 A1 – ✉ 67290 Alsace Lorraine

Paris 433 – Haguenau 41 – Sarreguemines 48 – Sarre-Union 24
2a, rue du Château ✆ 03 88 70 42 30

La Clairière
63 rte d'Ingwiller, 1,5 km par D 7 – ✆ 03 88 71 75 00 – www.laclairiere.com – Fermé 2 sem. en janv.
50 ch – 103/175 € 129/249 € – 4 suites – 25 € – ½ P 119/179 €
Rest – Menu 37 € (dîner), 49/54 € – Carte 40/54 €
◆ Lové au cœur de la forêt, cet hôtel moderne est dédié au bien-être : spa de 1 200 m², piscine ouverte sur la terrasse en teck, salles de séminaire avec possibilité d'épreuves sportives... Chambres spacieuses. Un restaurant feutré ; une cuisine saine et des vins bio.

Au Lion d'Or
15 r. Principale – ✆ 03 88 01 47 57 – www.liondor.com
38 ch – 80/190 € 80/190 € – 15 € – ½ P 85/140 €
Rest – (17 €) Menu 31/61 € – Carte 38/68 €
◆ Parfaite adresse pour se ressourcer ! En pleine nature, cet établissement dispose d'un centre d'arbrothérapie. Les chambres de la maison ancienne, actuelles et épurées, sont plaisantes. Au restaurant, vue sur la cité et sur la forêt ; cuisine régionale.

Des Vosges ch, rest, ch, VISA AE

30 r. Principale – ✆ 03 88 70 45 05 – www.hotel-des-vosges.com – Fermé 18-29 juil. et 17 fév.-5 mars

30 ch – †61 € ††71/87 € – ☕ 10 € – ½ P 66/75 €

Rest – *(fermé mardi hors saison)* Menu 27 € (sem.), 30/58 € – Carte 27/50 €

◆ Chambres douillettes et bien tenues, à la décoration soignée (certaines typiquement alsaciennes) ; agréable espace bien-être. Salle à manger bourgeoise ouverte sur la vallée, spécialités régionales (truite au bleu) et vins choisis (vieux millésimes).

à Graufthal **11 km au Sud-Ouest par D 178 et D 122 – ✉ 67320 Eschbourg**

Au Vieux Moulin ch, VISA AE

7 r. du Vieux-Moulin – ✆ 03 88 70 17 28 – www.auvieuxmoulin.eu – Fermé 26 juin-8 juil. et 26 fév.-12 mars

14 ch – †55/72 € ††55/72 € – ☕ 8,50 € – ½ P 52/62 €

Rest – *(fermé lundi sauf résidents)* Menu 13 € (déj.), 19/35 € – Carte 30/50 €

◆ Dans ce hameau dont Erckmann et Chatrian ont vanté la sérénité, cette maison vous réserve un accueil chaleureux. Chambres de style actuel, simples et fraîches. Au restaurant, on déguste une cuisine familiale aux accents alsaciens.

XX **Au Cheval Blanc** VISA AE

19 r. Principale – ✆ 03 88 70 17 11 – www.auchevalblanc.net – Fermé 25 août-10 sept., 1er-21 janv., lundi soir, merc. soir et mardi

Rest – (24 €) Menu 27/58 € – Carte environ 36 €

◆ Une auberge engageante ! Le décor, rustique et hétéroclite (poêle en faïence, bibelots...), sert à merveille une cuisine de tradition pleine de finesse.

LE PETIT-PRESSIGNY – **37 Indre-et-Loire** – **317** O7 – **326 h.** – **alt. 80 m** – ✉ **37350** **11** B3

Paris 290 – Le Blanc 38 – Châtellerault 36 – Châteauroux 68

XXX **La Promenade** (Fabrice et Jacky Dallais) VISA

11 r. du Savoureulx – ✆ 02 47 94 93 52 – Fermé 19 sept.-5 oct., 2 janv.-2 fév., mardi sauf le soir en juil.-août, dim. soir et lundi

Rest – Menu 40/85 € – Carte 55/95 €

Spéc. Bouillon de carotte. Lièvre à la royale (mi-oct. à fin déc.). Sorbet cacao. **Vins** Touraine, Cheverny.

◆ Le rétro est à la mode : une salle aux airs de vieille halle ; l'autre plus rustique. Sur des bases classiques, le chef crée des accords originaux et des saveurs bien marquées.

LE PETIT QUEVILLY – **76 Seine-Maritime** – **304** G5 – **rattaché à Rouen**

PETRETO-BICCHISANO – **2A Corse-du-Sud** – **345** C9 – **voir à Corse**

PEYRAT-LE-CHÂTEAU – **87 Haute-Vienne** – **325** H6 – **1 019 h.** – **alt. 426 m** – ✉ **87470** Limousin Berry **25** C2

Paris 409 – Aubusson 45 – Guéret 52 – Limoges 53

1, rue du Lac ✆ 05 55 69 48 75

au Lac de Vassivière – ✉ **23460 Royère-de-Vassivière**

Centre international d'art et du paysage★.

Au Golf du Limousin rest, VISA

à Auphelle, (Lac de Vassivière) – ✆ 05 55 69 41 34 – www.hotel-golfdulimousin.fr – Fermé 15 nov.-31 janv.

18 ch – †45/55 € ††45/55 € – ☕ 8 € – ½ P 46/54 €

Rest – Menu 16/28 €

◆ Idéal pour les familles, hôtel perché à 650 m d'altitude avec vue sur le lac. Les chambres, simples et bien tenues, offrent suffisamment d'ampleur et sont mansardées au 2e étage. Cuisine traditionnelle servie dans une salle néo-rustique ou sur la terrasse d'été.

PEYREHORADE – 40 Landes – **335** E13 – **3 477 h.** – **alt. 19 m** – ✉ **40300** Aquitaine **3** B3

Paris 808 – Bordeaux 229 – Mont-de-Marsan 96 – Pau 80

147, avenue des évadés ☎ 05 58 73 00 52

Le Central rest, VISA

pl. Aristide-Briand – ☎ 05 58 73 01 44 – www.hotel-le-central.fr – Fermé 20 déc.-10 janv., 15-28 fév.

17 ch – †55 € ††69 € – 1 suite – ☐ 8,50 € – ½ P 75 €

Rest – *(fermé vend. soir, dim. soir et lundi)* (11 €) Menu 15/37 € – Carte 38/66 €

◆ Cet ancien relais de poste du 18e s. est vraiment... central ! Les chambres sont simples et spacieuses, et l'accueil prévenant. Cuisine traditionnelle réalisée à partir de produits frais : poulet des Landes rôti, terrine de foie gras maison, poêlée de cèpes...

PÉZENAS – 34 Hérault – **339** F8 – **8 484 h.** – **alt. 15 m** – ✉ **34120** **23** C2

Languedoc Roussillon

Paris 734 – Agde 22 – Béziers 24 – Lodève 39

place des Etats duLlanguedoc ☎ 04 67 98 36 40

Vieux Pézenas★★ : Hôtels de Lacoste★, d'Alfonce★, de Malibran★.

Villa Juliette sans rest

6 Chemin de la Faissine – ☎ 04 67 35 25 38 – www.villajuliette.com

4 ch ☐ – †64/99 € ††64/99 €

◆ Face au parc Sans-Souci... Une villa propice à la détente, avec un jardin de mimosas et de palmiers, une belle piscine et un bon petit-déjeuner (confitures maison, produits frais).

L'Entre Pots VISA

8 av. Louis-Montagne – ☎ 04 67 90 00 00 – www.restaurantentrepots.fr – Fermé dim. et lundi

Rest – (21 €) Menu 26 € (déj.)/29 € – Carte 21/40 €

◆ Un ancien entrepôt dédié à tous les plaisirs du palais... Cuisine mêlant saveurs du terroir et touches créatives, belle sélection de vins régionaux et petite épicerie fine.

Le Pré St-Jean VISA

18 av. Mar. Leclerc – ☎ 04 67 98 15 31 – http://restaurant-leprestjean.fr – Fermé jeudi soir sauf juil. août, dim. soir et lundi

Rest – (18 €) Menu 25/45 € – Carte 40/60 €

◆ Sur le boulevard circulaire, un bon restaurant traditionnel : classiques bistrotiers (tête de veau sauce gribiche, pâté de Pézenas) et belle sélection de vins languedociens.

à Nézignan-l'Évêque Sud 5 km par D 609 et D 13 – 1 259 h. – alt. 40 m – ✉ 34120

Hostellerie de St-Alban ch, rest,

31 rte Agde – ☎ 04 67 98 11 38 – www.saintalban.com – Ouvert 14 fév.-14 nov. VISA

13 ch – †82/160 € ††98/160 € – ☐ 15 € – ½ P 96/125 €

Rest – (24 €) Menu 32/42 € – Carte 41/54 €

◆ Jolie maison de maître du 19e s., nichée dans un coquet jardin fleuri. Espace, couleur et mobilier en fer forgé caractérisent les chambres, parfois très originales. Au restaurant, murs immaculés, œuvres contemporaines et cuisine actuelle (un menu du terroir).

PEZENS – 11 Aude – **344** F3 – rattaché à Carcassonne

PÉZILLA-LA-RIVIÈRE – 66 Pyrénées-Orientales – **344** H6 – **3 052 h.** – **alt. 75 m** – ✉ **66370** **22** B3

Paris 857 – Argelès-sur-Mer 35 – Le Boulou 25 – Perpignan 12

L'Aramon Gourmand VISA

127 av. du Canigou, rte Baho, D 614 – ☎ 04 68 92 43 59 – www.aramongourmand.fr – Fermé 1 sem. fin oct., 1 sem. fin fév., dim. soir, mardi soir et merc.

Rest – (14 €) Menu 29/39 € – Carte environ 33 €

◆ Mets traditionnels et saveurs du Roussillon à apprécier dans une salle aux couleurs catalanes (rouge et or) ou à l'ombre de mûriers-platanes. Cave visible.

PFAFFENHOFFEN – 67 Bas-Rhin – **315** J3 – **2 663 h.** – **alt. 170 m** **1** B1
– ✉ **67350** Alsace Lorraine

Paris 457 – Haguenau 16 – Sarrebourg 55 – Sarre-Union 50

Musée de l'Imagerie peinte et populaire alsacienne★.

XX **De l'Agneau** avec ch rest, ch,

3 r. de Saverne – ✆ 03 88 07 72 38 – www.hotel-restaurant-delagneau.com – Fermé 8-13 mars, 14-19 juin, 7-23 sept., lundi et mardi
12 ch – †55/61 € ††61/73 € – ☕ 13 € – ½ P 60/89 €
Rest – (12 €) Menu 27/75 € bc – Carte 42/62 €
◆ Cuisine traditionnelle et belle carte des vins dans cette auberge de 1769 tenue par deux sœurs (7e génération). Jolie salle alsacienne et terrasse dans la cour intérieure fleurie. Chambres coquettes pour l'étape.

PFULGRIESHEIM – 67 Bas-Rhin – **315** K5 – rattaché à Strasbourg

PHALSBOURG – 57 Moselle – **307** O6 – **4 608 h.** – **alt. 365 m** **27** D2
– ✉ **57370** Alsace Lorraine

Paris 435 – Metz 110 – Sarrebourg 17 – Sarreguemines 50

30, place d'Armes ✆ 03 87 24 42 42

Erckmann-Chatrian ch, rest,

pl. d'Armes – ✆ 03 87 24 31 33
16 ch – †68/70 € ††82 € – ☕ 9 € – ½ P 75 €
Rest – *(fermé mardi midi et lundi)* (13 €) Menu 23/47 € – Carte 30/60 €
◆ Maison ancienne dont la façade fleurie ne manque pas de cachet. Les chambres, de bonnes dimensions, sont pourvues de meubles de style et parfois d'un coin-salon. Repas traditionnel à apprécier dans une salle aux boiseries sombres ou dans une ambiance brasserie.

XXX **Au Soldat de l'An II** (Georges Schmitt) avec ch ch,

1 rte Saverne – ✆ 03 87 24 16 16 – www.soldatan2.com – Fermé 1er-11 mars, 30 oct.-18 nov., 2-19 janv., dim. soir, mardi midi et lundi
7 ch – †150/175 € ††150/175 € – ☕ 26 € – ½ P 176 €
Rest – Menu 45 € bc (sem.), 88 € bc/148 € – Carte 95/140 €
Spéc. Le célèbre foie gras de l'An II. Assiette de la Saint-Hubert (nov. à fév.). Un monde de chocolat. **Vins** Vins de Moselle blanc et rouge.
◆ Les bibelots et le "soldat" gardant l'entrée de cette ex-grange évoquent l'épopée des patriotes au pantalon tricolore. Plats au goût du jour et belle carte de vins. Des chambres tout confort au décor raffiné vous attendent dans la maison voisine.

à Bonne-Fontaine Est : 4 km par D 604 et rte secondaire
– ✉ 57370 Danne-et-Quatre-Vents

Notre-Dame de Bonne Fontaine

212 rte Bonne-Fontaine – ✆ 03 87 24 34 33 – www.notredamebonnefontaine.com – Fermé 1 sem. en fév., vend. soir, dim. soir et sam. en janv.-fév.
33 ch – †57/67 € ††69/82 € – ☕ 10 € – ½ P 130/146 €
Rest – *(fermé dim. soir en janv., fév., mars et nov.)* (11 €) Menu 20/49 € bc – Carte 20/47 €
◆ La même famille tient depuis plusieurs générations cet hôtel niché dans un site forestier proche d'un centre de pèlerinage. Chambres sobres ; jolies balades sylvestres au programme. Restaurant-véranda et terrasse ombragée ; table traditionnelle régionale.

PHILIPPSBOURG – 57 Moselle – **307** Q5 – **539 h.** – **alt. 215 m** – ✉ **57230** **27** D1

Paris 450 – Haguenau 29 – Strasbourg 58 – Wissembourg 42

186, rue de Baerenthal ✆ 03 87 06 56 12

XX **Au Tilleul**

24 rte de Niederbronn – ✆ 03 87 06 50 10 – www.resto.fr/autilleul – Fermé janv., lundi soir, mardi soir et merc.
Rest – Menu 12 € (déj. en sem.), 17/51 € – Carte 25/50 €
◆ L'entrée de cette auberge familiale abrite un bar qui sert des plats du jour, tandis que l'agréable salle à manger propose une cuisine traditionnelle.

à l'étang de Hanau Nord-Ouest : 5 km parD 662 et rte secondaire – ✉ 57230 Philippsbourg

Étang★ Alsace Lorraine

Beau Rivage sans rest

– ✆ 03 87 06 50 32 – *www.hotel-beau-rivage-fr.com* – *Fermé nov. et fév.*

22 ch – †41/45 € ††61/75 € – ☕ 8,50 €

◆ Les chambres de cet hôtel isolé dans la campagne ouvrent sur la forêt ou un étang. Mobilier alsacien dans certaines ; celles tournées vers le "beau rivage" ont souvent un balcon.

PIANA – 2A Corse-du-Sud – 345 A6 – voir à Corse

LE PIAN-MÉDOC – 33 Gironde – 335 H5 – 5 268 h. – alt. 36 m – ✉ 33290 3 B1

Paris 578 – Bordeaux 20 – Mérignac 18 – Pessac 24

Golf du Médoc Hôtel & Spa

chemin de Courmanteau, à Louens – ✆ *05 56 70 31 31*

– *www.hotelgolfdumedoc.com*

79 ch – †99/185 € ††110/205 € – ☕ 17 €

Rest – Menu 26 € (déj.)/39 € – Carte 35/50 €

◆ Ensemble hôtelier bâti sur le site renommé du golf du Médoc, abritant des chambres modernes, spacieuses et fonctionnelles. Agréable spa (soins esthétiques et massages). Déjeuner sportif au Club House et dîner à La Table du Médoc. Terrasse face au green.

PIERRE-BUFFIÈRE – 87 Haute-Vienne – 325 F6 – 1 128 h. – alt. 330 m – ✉ 87260 24 B2

Paris 415 – Limoges 22 – Brantôme 84 – Guéret 107

place du 8 Mai 1945 ✆ 05 55 00 94 33

La Providence

pl. Adeline – ✆ *05 55 00 60 16* – *www.hotel-limoges.net* – *Fermé janv., dim. soir et lundi midi du 15 nov. au 15 mars*

14 ch – †59 € ††66/120 € – ☕ 10 € – ½ P 72 €

Rest – Menu 18/75 € – Carte 65/72 €

◆ Cet établissement familial borde la place centrale d'un village limousin. Les chambres, confortables et actuelles, sont tenues avec soin. Le restaurant propose une cuisine traditionnelle élaborée avec des produits régionaux, dans une salle aux notes rustiques.

PIERREFITTE-EN-AUGE – 14 Calvados – 303 N4 – rattaché à Pont-L'Évêque

---

PIERREFITTE-SUR-SAULDRE – 41 Loir-et-Cher – 318 J6 – 863 h. – alt. 125 m – ✉ 41300 12 C2

Paris 185 – Orléans 52 – Aubigny-sur-Nère 23 – Blois 73

10, place de l'Église ✆ 02 54 88 67 15

Le Lion d'Or

1 pl. de l'Église – ✆ *02 54 88 62 14* – *Fermé 29 août-21 sept., 2-16 janv., merc. soir et jeudi soir hors saison, lundi et mardi sauf fériés*

Rest – Menu 32/40 € – Carte 45/58 €

◆ Solognote dans l'âme, cette maison ne badine pas avec la tradition : cadre rustique (murs à pans de bois, poutres, faïences anciennes), cuisine régionale et gibier en saison.

PIERREFONDS – 60 Oise – 305 I4 – 2 039 h. – alt. 81 m – ✉ 60350 37 C2

Nord Pas-de-Calais Picardie

Paris 82 – Beauvais 78 – Compiègne 15 – Soissons 31

place de l'Hôtel de Ville ✆ 03 44 42 81 44

Château★★ - St-Jean-aux-Bois : église★ O : 6 km.

à Chelles 4,5 km à l'Est par D 85 – 422 h. – alt. 75 m – ✉ 60350

XX **Relais Brunehaut** avec ch
3 r. de l'Église – ✆ 03 44 42 85 05 – www.lerelaisbrunehaut.fr
11 ch (½ P seult) – ½ P 69/72 €
Rest – *(fermé 15 janv.-15 fév., mardi midi et lundi du 15 avril au 15 nov., merc. midi et jeudi midi du 16 nov. au 15 avril)* Menu 25/40 € – Carte 30/60 €
◆ Ordonnés autour d'une cour fleurie, le moulin – avec sa roue à aubes – abrite des chambres agréables, et l'auberge, une plaisante salle à manger rustique. Carte traditionnelle.

à St-Jean-aux-Bois : 6 km par D 85 – 321 h. – alt. 71 m – ✉ 60350

XXX **Auberge à la Bonne Idée** avec ch
3 r. des Meuniers – ✆ 03 44 42 84 09 – www.a-la-bonne-idee.fr – Fermé 3 janv.-3 fév., dim. soir et lundi d'oct. à avril
21 ch – †87/160 € ††87/160 € – ☐ 13 € – ½ P 85/125 €
Rest – Menu 33 € (sem.), 49/77 € – Carte 70/85 €
Spéc. Raviole de foie gras de canard. Turbot à la plancha aux cocos, émulsion chorizo. Barre chocolat-noisette, glace pralin.
◆ Plus qu'une bonne, une excellente idée qu'un repas en cette jolie auberge (pierres, poutres, cheminée…). La cuisine est raffinée et harmonieuse, portée par une équipe animée par le désir de bien faire. Chambres agréables, au charme suranné ou plus contemporaines.

PIERREFORT – 15 Cantal – 330 F5 – 932 h. – alt. 950 m – ✉ 15230 5 B3

▶ Paris 540 – Aurillac 64 – Entraygues-sur-Truyère 55 – Espalion 62
ℹ 29, avenue Georges Pompidou ✆ 04 71 23 38 04

Du Midi
5 av. G. Pompidou – ✆ 04 71 23 30 20 – www.hoteldumidi-pierrefort.com – Fermé 23 déc.-15 janv.
13 ch – †50/52 € ††52/54 € – ☐ 7 € – ½ P 56/59 €
Rest – (11 €) Menu 14 € (sem.), 27/40 € – Carte 28/57 €
◆ Chambres fonctionnelles, espace réunions, jeux pour enfants, salle à langer : cette adresse centrale convient à la clientèle d'affaires comme aux familles. Salle à manger de caractère dans une ancienne maison de vigneron adjacente, cuisine de terroir actualisé.

PIERRELATTE – 26 Drôme – 332 B7 – 12 315 h. – alt. 50 m – ✉ 26700 44 B3

Lyon Drôme Ardèche

▶ Paris 624 – Bollène 17 – Montélimar 23 – Nyons 45
ℹ place du Champ de Mars ✆ 04 75 04 07 98
◉ Ferme aux crocodiles★, S : 4 km par N 7 jusqu'à l'échangeur avec la D 59.

Du Tricastin sans rest
r. Caprais-Favier – ✆ 04 75 04 05 82 – www.hoteldutricastin.com
13 ch – †46/54 € ††49/57 € – ☐ 7 €
◆ Dans une rue calme, ce petit hôtel abrite des chambres bien équipées (climatisées côté jardin). Tenue sérieuse et service attentionné. Parking clos.

PIERRELONGUE – 26 Drôme – 332 E8 – 169 h. – alt. 285 m – ✉ 26170 44 B3

▶ Paris 690 – Avignon 62 – Lyon 227 – Valence 129

X **Bio Tee Full**
Les Grès, par D5 – ✆ 04 75 27 73 82 – www.bioteefull.net – Fermé mardi
Rest – (16 €) Menu 20 € (déj. en sem.), 30/35 € – Carte 40/60 €
◆ Une maison bioclimatique en bois, avec une belle terrasse ombragée, une piscine et un jardin. Cuisine volontiers créative, concoctée avec des produits frais. C'est savoureux !

PIERRE-PERTHUIS – 89 Yonne – 319 F7 – rattaché à Vézelay

PIETRANERA – 2B Haute-Corse – 345 F3 – voir à Corse (Bastia)

PIGNA – 2B Haute-Corse – **345** C4 – voir à Corse (Ile-Rousse)

LE PIN-AU-HARAS – 61 Orne – **310** J2 – 360 h. – alt. 202 m – ✉ 61310 **33** C2

Paris 183 – Alençon 47 – Caen 78 – Lisieux 68

La Tête au Loup

– ✆ 02 33 35 57 69 – *www.lateteauloup.fr – Fermé 4-10 juil., 18 déc.-3 janv. et 26 fév.-14 mars*

Rest – Menu 28/46 € – Carte 37/52 €

◆ Cadre moderne et lumineux dans la véranda, plus chic dans la salle située à l'arrière. En terrasse, vue imprenable sur la vallée. Cuisine traditionnelle et recettes des îles.

LE PIN-LA-GARENNE – 61 Orne – **310** M4 – rattaché à Mortagne-au-Perche

PINSOT – 38 Isère – **333** J5 – rattaché à Allevard

PIOGGIOLA – 2B Haute-Corse – **345** C4 – voir à Corse

PIRIAC-SUR-MER – 44 Loire-Atlantique – **316** A3 – 2 254 h. – alt. 7 m **34** A2
– ✉ 44420 Bretagne

Paris 462 – La Baule 17 – Nantes 88 – La Roche-Bernard 33

7, rue des Cap-Horniers ✆ 02 40 23 51 42

Pointe du Castelli ←★ SO : 1 km.

De la Poste

26 r. de la Plage – ✆ 02 40 23 50 90 – www.piriac-hoteldelaposte.com – Fermé 15 nov.-19 déc., 4-6 fév., dim. soir et merc. d'oct. à mars

10 ch – †65/78 € ††65/78 € – ☕ 9 € – ½ P 62/70 €

Rest – *(fermé de lundi à jeudi en mars, dim. soir et lundi midi de mi-sept. à avril et merc. d'oct. à mi-nov.)* (13 €) Menu 25/42 € – Carte 20/67 €

◆ Une grande villa des années 1930 où les familles sont bienvenues : certaines chambres peuvent accueillir de 4 à 6 personnes. Une bonne base pour découvrir ce charmant petit port de pêche et ses maisons de granit. Cuisine traditionnelle toute simple.

PISCIATELLO – 2A Corse-du-Sud – **345** C8 – voir à Corse (Ajaccio)

PITHIVIERS – 45 Loiret – **318** K2 – 8 839 h. – alt. 115 m **12** C1
– ✉ 45300 Châteaux de la Loire

Paris 82 – Chartres 74 – Fontainebleau 46 – Montargis 46

1, mail Ouest ✆ 02 38 30 50 02

Le Relais de la Poste

10 Mail Ouest – ✆ 02 38 30 40 30 – www.le-relais-de-la-poste.com

41 ch – †54 € ††59 € – ☕ 8 € – ½ P 71 €

Rest – *(fermé dim. soir)* (12 €) Menu 17/32 € – Carte 12/54 €

◆ Dans une grande bâtisse du centre-ville, autrefois relais de poste. Les chambres sont grandes et rustiques. Il faut aimer les lambris car tous les murs en sont garnis ! La carte semble traditionnelle, mais on y trouve aussi de l'antilope, de l'autruche ou du hoki...

Aux Saveurs Lointaines

1 pl. Martroi – ✆ 02 38 30 18 18 – www.auxsaveurslointaines.com – Fermé dim. soir et lundi

Rest – Menu 12 € (déj. en sem.) – Carte environ 24 €

◆ Rideaux en bambou, paille tressée, mobilier en teck et fer forgé ; ces détails évoquent les contrées et saveurs lointaines. Cuisine traditionnelle vietnamienne et fruits exotiques.

PIZAY – 69 Rhône – **327** H3 – rattaché à Belleville

PLAGE DE CALALONGA – 2A Corse-du-Sud – **345** E11 – voir à Corse (Bonifacio)

LA PLAGNE – 73 Savoie – 333 N4 – ✉ 73210 Alpes du Nord 45 D2

Paris 678 – Bourg-St-Maurice 32 – Grenoble 140 – Lyon 219

à Plagne-Bellecôte 4 km à l'Est – ✉ 73210

Carlina rest, VISA AE

– ✆ 04 79 09 78 46 – www.carlina-belleplagne.com – Ouvert 12 juil.-21 août et 12 déc.-25 avril

47 ch (½ P seult) – ½ P 125/260 €

Rest – *(dîner pour résidents seult)* Carte 31/45 €

Rest *Le C* – *(fermé le midi et lundi)* Carte 44/61 €

◆ Situé sur les hauteurs, ce grand chalet tout en pierre et bois bénéficie d'un accès direct aux pistes. Chambres douillettes d'esprit montagnard classique ou contemporain. Belle vue sur les sommets depuis la terrasse du Carlina ; plats régionaux et salle rustique. Le soir, ambiance moderne et plats actuels au "C".

PLAGNE-BELLECÔTE – 73 Savoie – 333 N4 – rattaché à la Plagne

PLAILLY – 60 Oise – 305 G6 – 1 646 h. – alt. 100 m – ✉ 60128 19 C2

Paris 40 – Beauvais 69 – Chantilly 16 – Compiègne 46

La Gentilhommière VISA AE

25 r. Georges Bouchard, (derrière l'église) – ✆ 03 44 54 30 20 – http://lagentilhommiere-plailly.perso.neuf.fr – Fermé 7-31 août, 20 fév.-6 mars, sam. midi, dim. soir, mardi midi et lundi

Rest – Menu 24 € (déj. en sem.), 34/44 € – Carte 55/64 €

◆ Cette table prend ses aises dans l'ancienne étable d'un relais de poste du 17e s. : cheminée, poutres et cuivres ! Carte traditionnelle et suggestions du jour selon le marché.

PLAIMPIED-GIVAUDINS – 18 Cher – 323 K5 – 1 672 h. – alt. 165 m 12 C3 – ✉ 18340

Paris 254 – Bourges 14 – Châteauroux 74 – Orléans 128

Aux Marais VISA

12 r. des Marais – ✆ 02 48 25 54 45 – Fermé 2-23 janv., 20 juil.-10 août, lundi et mardi

Rest – (19 €) Menu 26/35 €

◆ Une cuisine réalisée à quatre mains… à Plaimpied ! La carte, fraîche et un brin audacieuse, est revue tous les deux mois : mariage terre-mer, sucré-salé... Décor rustique.

LA PLAINE-SUR-MER – 44 Loire-Atlantique – 316 C5 – 3 474 h. 34 A2 – alt. 26 m – ✉ 44770

Paris 438 – Nantes 58 – Pornic 9 – St-Michel-Chef-Chef 7

square du Fort Gentil ✆ 02 40 21 52 52

Pointe de St-Gildas★ O : 5 km Poitou Charentes Vendée

Anne de Bretagne (Philippe Vételé) VISA AE

au Port de la Gravette, 3 km au Nord-Ouest – ✆ 02 40 21 54 72 – www.annedebretagne.com – Fermé de début janv. à mi-fév.

20 ch – 125/250 € 140/290 € – 19 € – ½ P 146/230 €

Rest – *(fermé mardi sauf le soir d'avril à sept., dim. soir d'oct. à juin et lundi)* (29 €) Menu 36 € (dîner en sem.), 60/118 € – Carte 75/120 €

Spéc. Palourdes et couteaux, poireaux, sorbet vinaigrette balsamique blanc. Bar de petit bateau en cuisson lente, concassé de sardines, huîtres et aromates. Carottes "nantaise", dacquoise réglisse, crème brûlée, glace cumin, pain d'épice. **Vins** Vin de pays du Jardin de la France, Muscadet de Sèvre et Maine.

◆ Cette maison blanche posée sur une dune abrite des chambres au design épuré (très beaux meubles et tableaux contemporains). Au restaurant, ouvert sur la mer, Philippe Vételé témoigne d'une grande adresse en s'appropriant recettes classiques et meilleurs produits ; accord mets-vin remarquable.

PLAISIANS – 26 Drôme – **332** E8 – 192 h. – alt. 612 m – ✉ 26170 **44** B3

Paris 690 – Carpentras 44 – Nyons 33 – Vaison-la-Romaine 27

Auberge de la Clue

pl. de l'Église – ☎ 04 75 28 01 17 – Ouvert 1er avril-17 oct., week-ends et fériés de nov. à mars sauf fév. et fermé dim. soir et lundi

Rest – Menu 27/33 € – Carte 31/51 €

◆ On vient parfois de loin pour savourer ici une alléchante cuisine face au mont Ventoux : caillette aux herbes, blanquette de chevreau, lapin à la tapenade... Sympathique !

PLANCOËT – 22 Côtes-d'Armor – **309** I3 – 2 934 h. – alt. 41 m – ✉ 22130 **10** C2

Paris 417 – Dinan 17 – Dinard 20 – St-Brieuc 46

1, rue des Venelles ☎ 02 96 84 00 57

Maxime et Jean-Pierre Crouzil et Hôtel L'Ecrin avec ch

20 les quais – ☎ 02 96 84 10 24 – www.crouzil.com – Fermé 1er-15 oct., 3 sem. en janv., dim. soir et mardi soir sauf juil.-août et lundi

A/C rest, P VISA MC AE

7 ch – 75/120 € 120 € – 23 € – ½ P 85/145 €

Rest – *(prévenir le week-end)* Menu 35 € (déj.), 65/130 € – Carte 55/99 €

Spéc. Saint-Jacques dorées au sautoir, verjus et pétales de tomates confites au basilic. Homard breton rôti et brûlé au lambic. Moelleux tiède au chocolat noir, crème glacée à la vanille.

◆ Plancoët, une ville connue pour son eau minérale et… son hostellerie du siècle dernier. Cuisine bretonne servie dans une salle à manger élégante. Boutique de produits maison. Côté hôtel, des chambres classiques, cossues et d'une tenue excellente.

PLAN-DE-CUQUES – 13 Bouches-du-Rhône – **340** H5 – rattaché à Marseille

PLAN-DE-LA-TOUR – 83 Var – **340** O5 – 2 700 h. – alt. 69 m – ✉ 83120 **41** C3

Paris 859 – Cannes 68 – Draguignan 36 – Fréjus 28

1, rue du 19 mars 1962 ☎ 04 94 43 01 50

Mas des Brugassières sans rest

1,5 km au Sud par rte de Grimaud – ☎ 04 94 55 50 55 – www.mas-des-brugassieres.com – Ouvert de Pâques à mi-oct.

12 ch – 78/90 € 85/99 € – 10 €

◆ Joli mas au cœur des Maures. Chambres coquettes, bien rénovées dans un esprit zen et nature. Certaines disposent d'une terrasse ; d'autres ouvrent sur le jardin.

PLAN-DU-VAR – 06 Alpes-Maritimes – **341** E4 – ✉ 06670 Levens **41** D2

Paris 941 – Antibes 38 – Cannes 48 – Nice 32

Gorges de la Vésubie★★★ NE - Défilé du Chaudan★★ N : 2 km.

Bonson : site★, ★★ de la terrasse de l'église Côte d'Azur

Cassini

231 av. Porte des Alpes, D 6202 – ☎ 04 93 08 91 03 – www.restaurantcassini.com – Fermé 7-14 mars, 1er-20 août, 26-30 déc., mardi soir, merc. soir et jeudi soir du 15 sept. au 15 juin, dim. soir et lundi

Rest – (19 €) Menu 29/55 € – Carte 35/63 €

◆ Sur la rue principale du village, cette auberge est tenue par les Cassini depuis 80 ans, soit quatre générations ! Cuisine traditionnelle et, pour les amateurs, cours de cuisine.

PLANGUENOUAL – 22 Côtes-d'Armor – **309** G3 – 1 736 h. – alt. 76 m – ✉ 22400 **10** C2

Paris 449 – Rennes 96 – Saint-Brieuc 19 – Saint-Malo 89

Manoir de la Hazaie

2,5 km au Sud-Est par D 59 – ☎ 02 96 32 73 71 – www.manoir-hazaie.com

6 ch – 130/145 € 145/260 € – 14 € **Table d'hôte** – Menu 47 € bc

◆ Une bonne adresse pour se mettre au vert que ce manoir en granit du 16e s. dans son parc arboré. Chambres aux meubles de style où chaque détail est soigné (baignoires balnéo).

PLAN-PEISEY – 73 Savoie – **333** N4 – rattaché à Peisey-Nancroix

PLAPPEVILLE – 57 Moselle – **307** H4 – rattaché à Metz

PLAZAC – 24 Dordogne – **329** H5 – 686 h. – alt. 110 m – ✉ 24580 **4** D1

Paris 530 – Bordeaux 170 – Périgueux 38 – Brive-la-Gaillarde 60

Béchanou

4 km au Nord par D 6 et rte secondaire – ✆ 05 53 50 39 52 – www.bechanou.com

5 ch – 85 € 95 € **Table d'hôte** – Menu 28 € bc

◆ Vieille demeure en pierre située au bout d'un chemin pentu, qui offre tranquillité et panorama de choix sur la vallée. Chambres sobres, préservant le cadre du lieu. Piscine. Alléchante cuisine familiale servie dans une salle à manger rustique ou en terrasse.

PLÉLO – 22 Côtes-d'Armor – **309** E3 – 3 103 h. – alt. 110 m – ✉ 22170 **10** C1

Paris 470 – Lannion 54 – Rennes 118 – Saint-Brieuc 22

Au Char à Bancs avec ch

Moulin de la ville Geffroy, 1 km au Nord par D 84 – ✆ 02 96 74 13 63 – www.aucharabanc.com – Fermé janv.

5 ch – 65/95 € 70/105 €

Rest – *(fermé en sem. hors saison et mardi en juil.-août)* Carte 15/30 €

◆ L'auberge vous réserve un accueil familial autour de sa table en bois massif. On y sert une cuisine concoctée avec les produits de la ferme (potée mijotée dans la cheminée...). Chambres cosy, logées sous des poutres séculaires, et jolies salles de bain rétro.

PLÉNEUF-VAL-ANDRÉ – 22 Côtes-d'Armor – **309** G3 – 3 965 h. **10** C1
– alt. 52 m – Casino : la Rotonde au Val-André – ✉ 22370

Paris 446 – Dinan 43 – Erquy 9 – Lamballe 16

1, rue Winston Churchill ✆ 02 96 72 20 55

de Pleneuf-Val-André Rue de la plage des Vallées, E : 1 km par D 515, ✆ 02 96 63 01 12

au Val-André 2 km à l'Ouest – ✉ 22370 Pléneuf-Val-André Bretagne

Pointe de Pléneuf★ N 15 mn - Le tour de la Pointe de Pléneuf ★★ N 30 mn.

Georges sans rest

131 r. Clemenceau – ✆ 02 96 72 23 70 – www.hotelvalandre.com – Ouvert 1er mai-30 sept.

24 ch – 75/107 € 85/107 € – 10 €

◆ Cet hôtel, situé au centre de la station balnéaire, dispose de chambres simples, claires et fonctionnelles. L'ensemble est décoré dans un style actuel.

Grand Hôtel du Val André

80 r. Amiral Charner – ✆ 02 96 72 20 56 – www.grand-hotel-val-andre.fr – Fermé 3-28 janv.

39 ch – 74/85 € 90/110 € – 11 € – ½ P 95/106 €

Rest – *(fermé mardi midi, dim. soir et lundi sauf juil.-août)* (17 €) Menu 28/52 € – Carte 35/55 €

◆ Créé en 1895, cet hôtel face à la mer respire la tradition. Mobilier en rotin dans les chambres, régulièrement rajeunies. Lumineux restaurant et terrasse où vous aurez presque les pieds dans l'eau... Longue carte mettant à l'honneur les spécialités marines.

Au Biniou

121 r. Clemenceau – ✆ 02 96 72 24 35 – Fermé vacances de fév., mardi et merc. sauf juil.-août

Rest – (17 €) Menu 27/35 € – Carte 47/54 €

◆ Un décor contemporain vaguement marin, mais une cuisine personnelle tout en saveurs iodées, réalisée à partir des meilleurs poissons et coquillages. Ce Biniou-là sonne juste !

LE PLESSIS-PICARD – 77 Seine-et-Marne – **312** E4 – voir à Paris, Environs (Sénart

PLESTIN-LES-GRÈVES – 22 Côtes-d'Armor – **309** A3 – 3 615 h. – alt. 45 m – ✉ 22310 Bretagne **9** B1

Paris 528 – Brest 79 – Guingamp 46 – Lannion 18

place de la Mairie ✆ 02 96 35 61 93

Lieue de Grève★ - Corniche de l'Armorique★ N : 2 km.

Les Panoramas sans rest

rte Corniche Nord : 5,5 km par D 42 – ✆ 02 96 35 63 76 – www.lespanoramas.fr – Ouvert 15 mars-15 nov.

13 ch – 42/60 € 42/60 € – 6 €

◆ Hôtel fonctionnel face au port de Beg Douar. Presque toutes les chambres sont dotées de bow-windows pour jouir du panorama sur la plage de St-Effalm et la côte des Bruyères.

PLEUDIHEN-SUR-RANCE – 22 Côtes-d'Armor – **309** K3 – 2 717 h. – alt. 62 m – ✉ 22690 **10** D2

Paris 395 – Rennes 59 – Saint-Brieuc 71 – Saint-Malo 22

Manoir de Saint-Meleuc sans rest

St-Meleuc – ✆ 02 96 83 34 26 – www.manoir-de-saint-meleuc.com

4 ch – 95 € 135/190 € – 10 €

◆ Petit manoir du 15e s. bien rénové, au cœur d'un parc de 2,5 ha. Petit-déjeuner servi dans une grande salle avec pierres et poutres apparentes et chambres de style ancien.

PLÉVEN – 22 Côtes-d'Armor – **309** I4 – 619 h. – alt. 80 m – ✉ 22130 **10** C2

Paris 431 – Dinan 24 – Dinard 28 – St-Brieuc 38

Ruines du château de la Hunaudaie★ SO : 4 km Bretagne

Manoir de Vaumadeuc sans rest

– ✆ 02 96 84 46 17 – www.vaumadeuc.com – Ouvert de Pâques à la Toussaint

13 ch – 85/195 € 95/220 € – 12 €

◆ Manoir du 15e s. niché dans un parc. Boiseries, cheminée et meubles de style composent un majestueux décor de caractère ; les chambres du 2e étage sont cosy et mansardées.

PLEYBER-CHRIST – 29 Finistère – **308** H3 – 3 061 h. – alt. 131 m – ✉ 29410 Bretagne **9** B1

Paris 548 – Brest 55 – Châteaulin 47 – Morlaix 12

De la Gare ch,

2 r. Parmentier – ✆ 02 98 78 43 76 – www.hotel-pleyber.com – Fermé 22 déc.-14 janv. et dim. sauf juil.-août

8 ch – 53/58 € 56/61 € – 8 € – ½ P 53/61 €

Rest – *(fermé sam. midi et dim.)* Menu 14 € (déj.), 20/37 € – Carte 19/40 €

◆ Étape familiale commode située face à la gare. Chambres fonctionnelles, peu spacieuses mais très bien tenues, et sympathique petit salon donnant sur jardin. Cuisine traditionnelle simple et généreuse servie dans une salle sans chichi. Prix serrés.

PLOBSHEIM – 67 Bas-Rhin – **315** K6 – rattaché à Strasbourg

PLOEMEUR – 56 Morbihan – **308** K8 – 18 455 h. – alt. 45 m – ✉ 56270 **9** B2

Paris 509 – Concarneau 51 – Lorient 6 – Quimper 68

25, place de l'Église ✆ 02 97 85 27 88

de Ploemeur-Océan Saint Jude Kerham, O : 8 km par D 162, ✆ 02 97 32 81 82

Le Haut du Panier

20 bd de l'Atlantique, Le Courégant, 3 km au Sud par D 152 – ✆ 02 97 82 88 60 – www.lehautdupanier.net – Fermé 15-30 nov., mardi d'oct. à avril et lundi

Rest – Carte 30/45 €

◆ Ce panier-là contient de beaux produits de saison, proposés à l'ardoise, que l'on déguste dans un décor épuré ou sur une délicieuse terrasse offrant une échappée sur l'océan.

à Lomener 4 km au Sud par D 163 – ✉ 56270 Ploemeur

Le Vivier < & rest, P VISA MC AE

9 r. de Beg-Er-Vir – ℘ 02 97 82 99 60 – www.levivier-lomener.com – Fermé 23 déc.-4 janv.

14 ch – †85/110 € ††95/120 € – ☕ 12 € – ½ P 95/110 €

Rest – Menu 28 € (sem.), 30/75 € – Carte 45/75 €

◆ Cette maison ancrée sur un rocher semble vouée à Neptune : superbe vue sur l'océan et l'île de Groix depuis les chambres modernes et accueillantes. Le restaurant, contemporain, a presque les pieds dans l'eau ; belle carte privilégiant les produits de la mer.

PLOËRMEL – 56 Morbihan – 308 Q7 – 8 538 h. – alt. 93 m – ✉ 56800 10 C2

Paris 417 – Lorient 88 – Loudéac 47 – Rennes 68

5, rue du Val ℘ 02 97 74 02 70

du Lac-au-Duc Le Clos Hazel, N : 2 km par D 8, ℘ 02 97 73 64 64

Le Roi Arthur < & AC rest, P VISA MC AE

au lac au Duc : 1,5 km par D 8 – ℘ 02 97 73 64 64 – www.hotelroiarthur.com – Fermé 26 fév.-14 mars

46 ch – †83/164 € ††96/204 € – ☕ 15 € – ½ P 88/141 €

Rest – Menu 21 € (déj. en sem.), 36/47 € – Carte 46/64 €

◆ En quête du Graal ? Il se cache peut-être ici, entre le lac et le golf. Les chambres sont confortables et d'esprit actuel (quelques-unes plus anciennes). Lumineuse salle à manger, véranda tournée vers les flots, cuisine classique et service sans fausse note.

Le Cobh rest, P VISA MC AE

10 r.des Forges – ℘ 02 97 74 00 49 – www.hotel-lecobh.com – Fermé 19 déc.-11 janv.

12 ch – †65/108 € ††65/108 € – ☕ 9 €

Rest – *(fermé lundi midi, sam. midi et dim.)* (20 €) Menu 28/70 € – Carte 56/68 €

◆ Ancien relais de poste (1845) proposant des chambres fonctionnelles, décorées sur le thème des légendes de Brocéliande. Agréable salon-bar. Au restaurant, classique et intime (tons bordeaux et jaune), on sert une cuisine au goût du jour, un brin inventive.

PLOGOFF – 29 Finistère – 308 D6 – 1 410 h. – alt. 70 m – ✉ 29770 9 A2

Paris 610 – Audierne 11 – Douarnenez 32 – Pont-l'Abbé 43

Ker-Moor < P VISA MC

plage du Loch, 2,5 km rte d'Audierne – ℘ 02 98 70 62 06 – www.kermoor-audierne.com – Fermé 5 janv.-8 fév.

12 ch – †55/85 € ††55/90 € – ☕ 10 € – ½ P 67/72 €

Rest – *(fermé 1er-21 déc., dim. soir et lundi sauf le soir de mi-avril à fin sept.)* (15 €) Menu 19 € (sem.), 27/36 € – Carte 21/78 €

◆ Seule la route sépare cette maison néobretonne de l'océan. Le mobilier et la vue varient selon les chambres ; certaines ont même une terrasse orientée vers les flots. Goûtez le ragoût de homard au cidre, spécialité maison (sur commande), tout en admirant la baie d'Audierne.

PLOMBIÈRES-LES-BAINS – 88 Vosges – 314 G5 – 1 936 h. – alt. 429 m – Stat. therm. : mi mars-mi nov. – Casino – ✉ 88370 Alsace Lorraine 27 C3

Paris 378 – Belfort 79 – Épinal 38 – Gérardmer 43

1, place Maurice Janot ℘ 03 29 66 01 30

La Feuillée Nouvelle <★ - Vallée de la Semousse★.

Le Prestige Impérial & ch, P VISA MC AE

av. des Etats-Unis – ℘ 03 29 30 07 07 – www.plombieres-les-bains.com

78 ch – †80 € ††136 € – 2 suites – ☕ 12 € – ½ P 104 € **Rest** – Menu 24/35 €

◆ On entre dans cet hôtel Napoléon III – relié aux thermes de la ville – par un hall lumineux, sous une verrière. Vastes chambres d'esprit Art déco. Au restaurant immense salle à manger Belle Époque et cuisine au goût du jour.

PLOMEUR – 29 Finistère – 308 F7 – 3 420 h. – alt. 33 m – ✉ 29120 9 A2
Bretagne

Paris 579 – Douarnenez 39 – Pont-l'Abbé 6 – Quimper 26

1, place Mairie ✆ 02 98 82 09 05

La Ferme du Relais Bigouden sans rest

à Pendreff, rte Guilvinec : 2,5 km – ✆ 02 98 58 01 32 – www.hotel-bigouden.com – Fermé 1er déc.-15 janv.

16 ch – 56/60 € 56/60 € – 8 €

◆ Entourée d'un grand jardin ombragé, ancienne ferme du pays bigouden abritant des chambres sobres et confortables. La salle des petits-déjeuners a conservé son cachet d'origine.

PLOMODIERN – 29 Finistère – 308 F5 – 2 122 h. – alt. 60 m – ✉ 29550 9 A2

Paris 559 – Brest 60 – Châteaulin 12 – Crozon 25

place de l'Église ✆ 02 98 81 27 37

Retables★ de la chapelle Ste-Marie-du-Ménez-Hom N : 3,5 km - Charpente★ de la chapelle St-Côme NO : 4,5 km.

Ménez-Hom ✳★★★ N : 7 km par D 47 Bretagne

Auberge des Glazicks (Olivier Bellin)

7 r. de la Plage – ✆ 02 98 81 52 32 – www.aubergedesglazick.com – Fermé en mars, en nov., lundi et mardi

Rest – Menu 49 € (déj. en sem.), 65/135 € – Carte 150/200 €

Spéc. Langoustine "rouge" en involtini, ananas et coriandre. Turbot rôti, deux ou trois tomates, lait ribot émulsionné. Abricot rafraîchi, nage glacée au basilic.

◆ Cette ancienne maréchalerie offre une vue plongeante sur la baie de Douarnenez. Tout en mariages osés mais raisonnés, la cuisine d'Olivier Bellin ne sacrifie ni l'équilibre des saveurs à l'invention, ni la terre à la mer.

PLOUBALAY – 22 Côtes-d'Armor – 309 J3 – 2 488 h. – alt. 32 m – ✉ 22650 Bretagne 10 C1

Paris 412 – Dinan 18 – Dol-de-Bretagne 35 – Lamballe 36

Château d'eau ✳★★ : 1 km NE.

De la Gare

4 r. Ormelets – ✆ 02 96 27 25 16 – www.restaurant-la-gare-ploubalay.com – Fermé 25 juin-5 juil., 1er-10 oct., 22 fév.-10 mars, lundi soir et mardi soir de sept. à juin, mardi midi et lundi en juil.-août et merc.

Rest – (15 €) Menu 25/53 € – Carte 38/60 €

◆ Cuisine actuelle "terre-mer", servie dans deux salles : esprit rustique pour l'une et vue sur le jardinet pour l'autre. Accueil et service avenants.

PLOUBAZLANEC – 22 Côtes-d'Armor – 309 D2 – rattaché à Paimpol

PLOUER-SUR-RANCE – 22 Côtes-d'Armor – 309 J3 – 3 058 h. – alt. 62 m – ✉ 22490 Bretagne 10 D2

Paris 397 – Dinan 13 – Dol-de-Bretagne 20 – Lamballe 53

Manoir de Rigourdaine sans rest

(à Rigourdaine), 3 km par rte de Langrolay puis rte secondaire – ✆ 02 96 86 89 96 – www.hotel-rigourdaine.fr – Ouvert de début avril à mi-nov.

19 ch – 75/89 € 75/89 € – 8,50 €

◆ Dominant l'estuaire de la Rance, ancienne ferme joliment restaurée où poutres ancestrales, cheminée et mobilier campagnard composent un décor de caractère. Calme garanti !

PLOUGASNOU – 29 Finistère – 308 I2 – 3 240 h. – alt. 55 m – ✉ 29630 9 B1

Paris 550 – Rennes 198 – Quimper 100 – Lannion 34

place du Général Leclerc ✆ 02 98 67 31 88

Ar Velin Avel

4 rte de Kerlevenez – ✆ 02 98 67 81 35 – www.arvelinavel.com

5 ch – 121/350 € 121/370 € – 27 € **Table d'hôte** – Menu 35/80 €

◆ Lieu d'exception réservant à ses hôtes un séjour de luxe : salon cossu, chambres thématiques (Asie, mer, romantisme), espace sauna-massage, environnement bucolique. À table, le client est roi : carte "terre et mer" étoffée ; petit-déjeuner haut de gamme (caviar parfois).

PLOUGASTEL-DAOULAS – 29 Finistère – **308** E4 – 12 880 h. – alt. 113 m – ✉ 29470 Bretagne **9** A2

Paris 596 – Brest 12 – Morlaix 60 – Quimper 64

4 bis, place du Calvaire ✆ 02 98 40 34 98

Calvaire★★ - Site★ de la chapelle St-Jean NE : 5 km - Kernisi ☼★ SO : 4,5 km.

Pointe de Kerdéniel ☼★★ SO : 8,5 km puis 15 mn.

Le Chevalier de l'Auberlac'h

5 r. Mathurin-Thomas – ✆ 02 98 40 54 56 – www.chevalier-auberlach.com – Fermé 1er-10 janv., lundi sauf le midi en juil.-août et dim. soir

Rest – Menu 18 € (déj. en sem.), 26 € bc/43 € – Carte 33/54 €

◆ Vitraux, poutres, cheminée soulignent l'orientation rustique du cadre. Terrasse d'été dans un jardin planté de camélias et de rhododendrons. Cuisine traditionnelle et terroir.

PLOUGONVEN – 29 Finistère – **308** I3 – 3 202 h. – alt. 176 m – ✉ 29640 Bretagne **9** B1

Paris 535 – Lannion 38 – Morlaix 12 – Rennes 183

La Grange de Coatélan

Coatélan, 4 km à l'Ouest par D 109 – ✆ 02 98 72 60 16 – www.lagrangedecoatelan.com – Fermé vacances de Noël

5 ch – 50 € 70 € **Table d'hôte** – Menu 22 €

◆ Située en pleine campagne, cette ferme bretonne du 16e s. offre un calme absolu. Chambres lambrissées, de tailles variables, aménagées dans les dépendances. À table, menu unique tourné vers le terroir servi dans une ancienne grange (réservé aux résidents).

PLOUGRESCANT – 22 Côtes-d'Armor – **309** C1 – 1 359 h. – alt. 53 m – ✉ 22820 Bretagne **9** B1

Paris 514 – Guingamp 38 – Lannion 23 – Rennes 162

Manoir de Kergrec'h sans rest

– ✆ 02 96 92 59 13 – www.manoirdekergrech.com

5 ch – 100 € 110 €

◆ Ancien manoir épiscopal (17e s.) au milieu d'un parc majestueux dégringolant jusqu'à la mer. Salon cossu, chambres dotées de meubles familiaux. Petit-déjeuner soigné (cheminée).

PLOUHARNEL – 56 Morbihan – **308** M9 – 1 883 h. – alt. 21 m – ✉ 56340 Bretagne **9** B3

Paris 492 – Lorient 50 – Rennes 141 – Vannes 32

Rond-Point de l'Océan ✆ 02 97 52 32 93

Carnac Lodge sans rest

Kerhueno – ✆ 02 97 58 30 30 – www.carnaclodge.com – Fermé 3 janv.-12 fév.

20 ch – 83/110 € 93/150 € – 9 €

◆ Entre Carnac et Plouharnel, cet hôtel dispose de chambres au décor soigné, un brin branché (plexiglas, touches néobaroques, etc.). Agréable piscine ; jardin calme et verdoyant.

PLOUIDER – 29 Finistère – **308** F3 – 1 899 h. – alt. 74 m – ✉ 29260 **9** A1

Paris 582 – Brest 36 – Landerneau 21 – Morlaix 46

La Butte

10 r. de la Mer – ✆ 02 98 25 40 54 – www.labutte.fr – Fermé 3 sem. en janv.

24 ch – 60/116 € 65/125 € – 14 € – ½ P 75/125 €

Rest – *(fermé dim. soir et lundi midi)* (18 €) Menu 29 € (dîner), 39/80 € – Carte 36/110 €

◆ Établissement familial sympathique (deux générations vous accueillent). Belles chambres claires d'esprit contemporain, bénéficiant pour la plupart de la vue sur la baie de Goulven. À table, la cuisine traditionnelle valorise les produits de la mer et du terroir.

PLOUIGNEAU – 29 Finistère – **308** I3 – 4 367 h. – alt. 156 m – ✉ 29610 **9** B1

Paris 530 – Lannion 32 – Quimper 96 – Rennes 177

Manoir de Lanleya sans rest

4 km au Nord par D 64 et rte secondaire – ☎ 02 98 79 94 15 – www.manoir-lanleya.com

5 ch – 71 € 76 €

◆ Sis dans un pittoresque hameau, ce manoir du 16e s. magnifiquement restauré propose de jolies chambres meublées d'ancien. Délicieux jardin, lavoir, rivière. Accueil exemplaire.

PLOUMANACH – 22 Côtes-d'Armor – **309** B2 – rattaché à Perros-Guirec

PLUVIGNER – 56 Morbihan – **308** M8 – 6 315 h. – alt. 87 m – ✉ 56330 **10** C2

Paris 482 – Lorient 38 – Rennes 131 – Vannes 36

place Saint-Michel ☎ 02 97 24 79 18

Domaine de Kerbarh

r. de Kerbarh, par rte de Ste-Anne – ☎ 02 97 59 40 15 – www.domaine-dekerbarh.com

5 ch – 100/150 € 100/150 €

Table d'hôte – Menu 28 €

◆ Cette ferme rénovée propose des chambres personnalisées (tons vifs, mobilier oriental, équipements high-tech, poêle à bois). Pour la détente : sauna, hammam, jacuzzi, piscine. Petit-déjeuner copieux à la manière d'un brunch et table d'hôte traditionnelle le soir.

LE POËT-LAVAL – 26 Drôme – **332** D6 – rattaché à Dieulefit

POGGIO-MEZZANA – 2B Haute-Corse – **345** F5 – voir à Corse

POINCY – 77 Seine-et-Marne – **312** G2 – rattaché à Meaux

POINTE DE MOUSTERLIN – 29 Finistère – **308** G7 – rattaché à Fouesnant

POINTE DE ST-MATHIEU – 29 Finistère – **308** C5 – rattaché au Conquet

POINTE DU GROUIN – 35 Ille-et-Vilaine – **309** K2 – rattaché à Cancale

POINTE-DU-RAZ ★★★ – 29 Finistère – **308** C6 – ✉ 29770 Plogoff **9** A2

Bretagne

Paris 614 – Douarnenez 37 – Pont-l'Abbé 48 – Quimper 53

☼★★.

à La Baie des Trépassés par D 784 et rte secondaire : 3,5 km – ✉ Cleden Cap Sizun

De La Baie des Trépassés

– ☎ 02 98 70 61 34 – www.baiedestrepasses.com – Ouvert 12 fév.-13 nov.

25 ch – 45/140 € 45/140 € – 11 € – ½ P 64/112 €

Rest – *(fermé lundi midi du 1er oct. au 1er mai sauf vacances scolaires)* (19 €) Menu 25/59 € – Carte 33/60 €

◆ Hôtel situé dans un site sauvage très touristique en journée, mais déserté le soir. Préférez les chambres tournées vers les flots ou celles mansardées du 2e étage. Les tables du restaurant contemplent la pointe du Raz. Cuisine traditionnelle inspirée par la mer.

POINT-SUBLIME – 04 Alpes-de-Haute-Provence – **334** G10 **41** C2
– ✉ 04120 Rougon Alpes du Sud

Paris 803 – Castellane 18 – Digne-les-Bains 71 – Draguignan 53

≤★★★ sur Grand Canyon du Verdon 15 mn - Couloir Samson★★ S : 1,5 km - Rougon ≤★ N : 2,5 km - Clue de Carejuan★ E : 4 km.

Belvédères SO : de l'Escalès★★★ 9 km, de Trescaïre★★ 8 km, du Tilleul★★ 10 km, des Glacières★★ 11 km, de l'Imbut★★ 13 km.

Auberge du Point Sublime avec ch
D 952 – ✆ 04 92 83 60 35 – Ouvert 23 avril-2 nov.
13 ch – 65 € 65 € – 8 € – ½ P 63 €
Rest – *(fermé jeudi midi sauf 14 juil.-31 août et merc.)* (15 €) Menu 25/35 € – Carte environ 33 €
◆ Un point de vue... sublime, au cœur des gorges du Verdon ! Cette sympathique auberge familiale propose une cuisine qui fleure bon le terroir (bonne viande et frites maison), dans un cadre à l'ancienne. Pratique : les petites chambres pour l'étape.

POISSON – 71 Saône-et-Loire – **320** E11 – rattaché à Paray-le-Monial

---

POITIERS – 86 Vienne – **322** H5 – 88 776 h. – Agglo. 119 371 h. **39** C1 – alt. 116 m – ✉ 86000 Poitou Vendée Charentes

Paris 335 – Angers 134 – Limoges 126 – Nantes 215
de Poitiers-Biard-Futuroscope : ✆ 05 49 30 04 40 AV.
45, place Charles-de-Gaulle ✆ 05 49 41 21 24
de Poitiers à Mignaloux-Beauvoir 635 route de Beauvoir, par rte de Lussac-les-Châteaux : 8 km, ✆ 05 49 55 10 50
du Haut-Poitou à Saint-Cyr Parc des Loisirs de Saint Cyr, par rte de Châtellerault : 22 km, ✆ 05 49 62 53 62
Église N.-D.-la-Grande★★ : façade★★★ - Église St-Hilaire-le-Grand★★ - Cathédrale St-Pierre★ - Église Ste-Radegonde★ **D** - Baptistère St-Jean★ - Grande salle★ du Palais de Justice **J** - Boulevard Coligny ≤★ - Musée Ste-Croix★★ - Statue N-D-des-Dunes : ≤★.
Parc du Futuroscope★★★ : 12 km par ①.

Plans pages suivantes

Le Grand Hôtel sans rest
28 r. Carnot – ✆ 05 49 60 90 60 – www.grandhotelpoitiers.fr CZ**k**
41 ch – 68/72 € 72/89 € – 6 suites – 12 €
◆ Central mais bénéficiant du calme d'une cour, l'hôtel présente un chaleureux cadre d'esprit Art déco. Chambres confortables et grande terrasse où l'on petit-déjeune en été.

De l'Europe sans rest
39 r. Carnot – ✆ 05 49 88 12 00 – www.hotel-europe-poitiers.com – Fermé 24 déc.-3 janv. CZ**n**
88 ch – 56/92 € 62/98 € – 8 €
◆ Cet hôtel du centre-ville a installé ses chambres, rénovées en 2009, dans trois bâtiments (dont un ancien relais de poste de 1810). Décoration de divers styles.

De France rest,
215 av. de Paris – ✆ 05 49 01 74 74 – www.hotel-poitiers.fr BV**b**
58 ch – 60/102 € 85/156 € – 11 €
Rest – *(fermé dim. soir)* (17 €) Menu 22/26 € – Carte 22/32 €
◆ Une localisation à proximité des axes routiers (notamment en direction du Futuroscope) fait l'attrait de cet hôtel des années 1970 aux chambres bien tenues. Restaurant à l'atmosphère design où l'on savoure un menu-carte traditionnel complété à l'ardoise.

Le Poitevin
76 r. Carnot – ✆ 05 49 88 35 04 – www.le-poitevin.fr – Fermé 28 mars-10 avril, 3-25 juil. et dim. soir CZ**r**
Rest – Menu 23/35 € – Carte 30/45 €
◆ Restaurant du centre-ville composé de trois salles : deux sont rustiques, la troisième contemporaine, toutes sont parées de peintures murales. Plats traditionnels et régionaux.

POITIERS

Aérospatiale (R. de l') . . . . . . **AV** 3
Allende (R. Salvador) . . . . . . **BX** 7
Blaiserie (R. de la) . . . . **AV** 9
Ceuille-Mirebalaise (R.) . . . . **AV** 19
Coligny (Bd) . . . . **BX** 23
Demi-Lune (Carr. de la) . . . . **AV** 27
Fg-Ceuille-Mirebalaise (R. du) . . . . **AV** 29
Fg-du-Pont-Neuf (R. du) . . . . **BX** 30
Fg-St-Cyprien (R. du) . . . . . . **AX** 31
Fief-de-Grimoire (R.) . . . . **AX** 33
Gibauderie (R. de la) . . . . **BX** 39
Guynemer (R.) . . . . **AX** 43
Maillochon (R. de) . . . . **AX** 54
Miletrie (R. de la) . . . . **BX** 57
Montbernage (R. de) . . . . . . **BV** 58
Montmidi (R. de) . . . . **AX** 62
Pierre-Levée (R.) . . . . **BX** 69
Rataudes (R. des) . . . . **AX** 70
Schuman (Av. R.) . . . . **BV** 88
Vasles (Rte de) . . . . **AX** 93

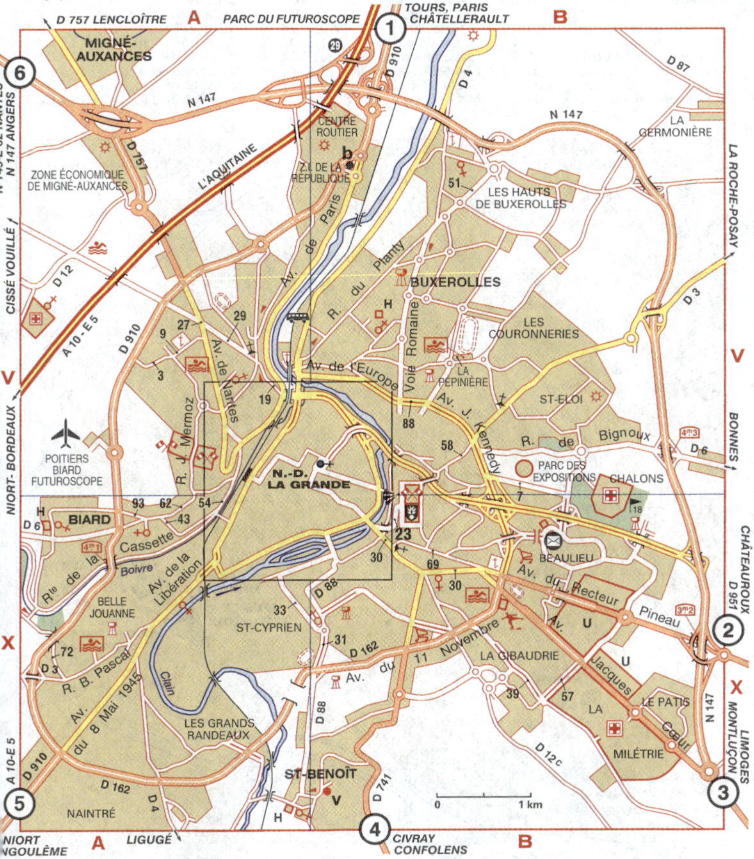

à Chasseneuil-du-Poitou 9 km par ① – ✉ 86360 Chasseneuil-du-Poitou – 4 425 h. – alt. 75 m

place du Centre ☎ 05 49 52 83 64

Mercure Alisée

D 910, 14 r. du Commerce – ☎ 05 49 52 90 41 – www.mercure.com

77 ch – 90 € 105 € – 15 €

Rest *Les 3 Garçons* – ☎ 05 49 37 86 09 *(fermé lundi soir, sam. midi et dim.)* (10 €) Menu 13 € (déj.)/24 € – Carte 24/31 €

◆ Les couloirs, décorés à la façon d'une rue pavée, vous conduisent à des chambres fonctionnelles et bien tenues, dont une partie bénéficie du calme du jardin. Aux 3 Garçons, carte traditionnelle et suggestions proposées à l'ardoise, salon cosy et belle bibliothèque.

POITIERS

Abbé-Frémont (Bd)	DY	2
Alexandre (R. J.)	DZ	4
Blossac (R. de)	CZ	10
Boncenne (R.)	CDY	12
Bouchet (R. Jean)	DY	14
Bretonnerie (R. de la)	DY	16
Carnot (R.)	CZ	17
Chaine (R. de la)	DY	20
Champagne (R. de)	DY	21
Clos-des-Carmes (Pl. du)	DY	22
Coligny (Bd)	DZ	23
Cordeliers (R. des)	DY	25
Descartes (R. René)	DY	28
Fg-du-Pont-Neuf	DZ	30
Gabillet (R. H.)	DY	34
Gambetta (R.)	DY	35
Gaulle (Pl. Ch.-de)	DY	36
Grand-Rue	DY	
Grignon-de-Montfort (R.)	DY	40
Hôtel-Dieu (R. de l')	DY	45
Intendant-le-Nain (R. de l')	DY	46
Jeanne-d'Arc (Bd)	DY	48
Jean-de-Berry (Pl.)	DY	47
Leclerc (Pl. du Mar.)	DZ	49
Libération (Av. de la)	CZ	50
Liberté (Av. de la)	BV	51
Liberté (Pl. de la)	DY	52
Macé (R. Jean)	DY	53
Marché-Notre-Dame (R. du)	DYZ	55
Marne (R. de la)	CY	56
Mouton (R. du)	DY	63
Oudin (R. H.)	DY	67
Puygarreau (R. du)	DZ	70
Rat (R. Pierre)	DY	71
Riffault (R.)	DY	74
St-Cyprien (R.)	DZ	76
St-Germain (R.)	DY	77
Solférino (Bd)	CY	89
Thezard (R. Léopold)	CZ	90
Tison (Bd de)	CZ	92
Verdun (Bd de)	CY	94
3-Rois (R. des)	DY	95
125e-R.-I. (R. du)	CZ	97

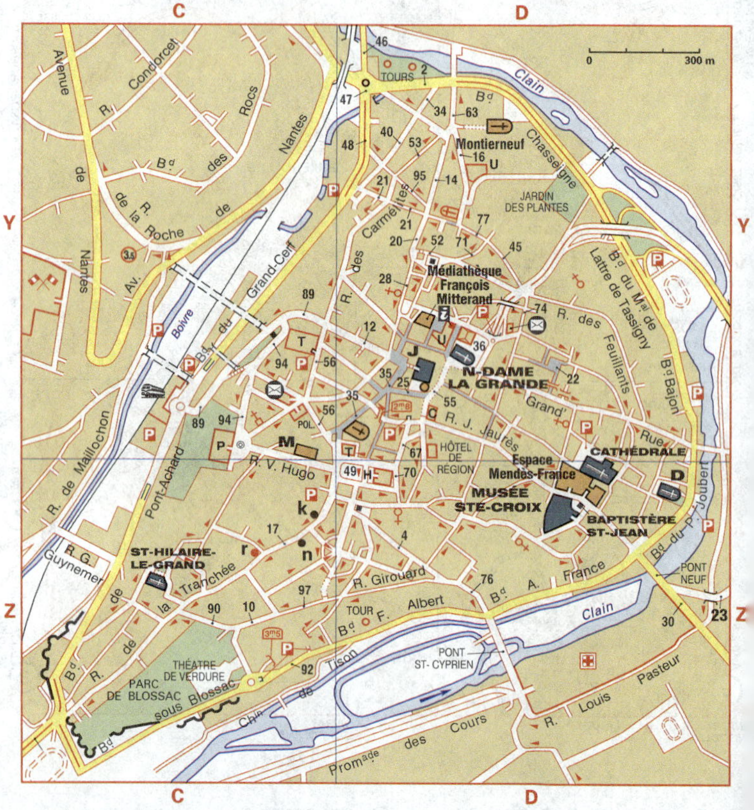

Parc du Futuroscope 12 km par ① – ✉ 86360 Chasseneuil du Poitou

Plaza Futuroscope

av. du Futuroscope Téléport 1 – ☎ 05 49 49 07 07
– www.hotel-plaza-futuroscope.com

274 ch – †118 € ††118 € – ☕ 13 €

Rest *Relais Plaza* – *(fermé sam. midi et dim. midi hors vacances scolaires)* (11 €) Menu 20 € (déj. en sem.), 23/31 € – Carte 36/46 €

◆ L'établissement jouxte le palais des congrès. Il dispose de chambres spacieuses dont le décor a évolué vers un style résolument contemporain, et d'une belle piscine intérieure. Le restaurant, un lieu épuré, propose une cuisine traditionnelle légèrement revisitée.

Novotel Futuroscope
Téléport 4 – ✆ 05 49 49 91 91 – www.novotel.com
110 ch – 95/120 € 108/139 € – 14 €
Rest – Menu 13/17 € – Carte 25/36 €
◆ Sa façade de verre et d'acier s'accorde avec l'architecture futuriste du parc. Entièrement rénové, l'hôtel abrite des chambres dans la dernière tendance Novotel. Restaurant ouvrant ses baies vitrées sur la piscine : cadre design et cuisine fidèle à la tradition.

Mercure Aquatis Futuroscope
av. Jean Monnet, Téléport 3 ✉ 86962 – ✆ 05 49 49 55 00 – www.mercure.com
84 ch – 91 € 91/96 € – 14 €
Rest – (15 €) Menu 18 € – Carte environ 25 €
◆ Une silhouette épurée contrastant avec les singulières architectures du Futuroscope. Chambres pratiques, rénovées en 2009 dans un style actuel et contemporain. Vaste restaurant orné de colonnes, arcades et statues ; plats traditionnels et petite carte "assiettes et rôtisserie".

Ibis Futuroscope
av. Thomas Edison – ✆ 05 49 49 90 00 – www.ibishotel.com
140 ch – 59/81 € 59/81 € – 8 € **Rest** – (15 €) Menu 19 €
◆ Chambres fonctionnelles, bar-salon confortable, salles de conférences... Cet Ibis séduira autant la clientèle d'affaires que les amoureux de la quatrième dimension. Côté table, décor marin (grand aquarium) et buffets privilégiant les produits de l'océan.

rte de Limoges 10 km par ③, N 147 et rte secondaire – ✉ 86550 Mignaloux

Manoir de Beauvoir
635 rte de Beauvoir, au golf – ✆ 05 49 55 47 47 – www.manoirdebeauvoir.com
45 ch – 69/99 € 69/99 € – 11 €
Rest – (18 €) Menu 23/29 € – Carte 25/55 €
◆ Les chambres se trouvent dans la maison bourgeoise datant du 19e s., les appartements avec kitchenette dans la "résidence". Parc de 90 ha et golf de 18 trous. La table du Manoir vous donne le choix entre la salle habillée de boiseries et celle plus british du club-house.

à St-Benoît 4 km au Sud du plan par D 88 – 6 859 h. – alt. 77 m – ✉ 86280

18, rue Paul Gauvin ✆ 05 49 88 42 12

Passions et Gourmandises (Richard Toix)
6 r. du Square – ✆ 05 49 61 03 99 – www.passionsetgourmandises.com – Fermé 23-27 déc., 2-8 janv., dim. soir, merc. midi et lundi BX**v**
Rest – (20 €) Menu 29 € (déj. en sem.), 39/85 €
Spéc. Version 2010 d'un vol au vent d'écrevisses. Pavé de bar en croûte de noisette. Gourmandises du pâtissier. **Vins** Vin blanc de pays Charentais, Sauvignon du Poitou.
◆ Séduisante cuisine actuelle dans ce restaurant tout en longueur dont l'espace, la clarté et la blancheur résument l'esprit contemporain. Belle terrasse au bord du ruisseau.

rte d'Angoulême 6 km par ⑤, sortie Hauts-de-Croutelle – ✉ 86240 Croutelle

La Chênaie
Les Hauts de Croutelle, lieu dit La Berlanderie, r. du Lejat – ✆ 05 49 57 11 52 – www.la-chenaie.com – Fermé 20 juil.-9 août, vacances de fév., dim. soir et lundi
Rest – Menu 20/46 €
◆ Ancienne ferme joliment restaurée, située en léger retrait de la route. Salle à manger assez cossue ouvrant sur un jardin planté de chênes séculaires. Cuisine au goût du jour.

à Aslonnes par ⑤ : 11 km , D 910, N 10 et route secondaire – 936 h. – alt. 121 m – ✉ 86340

Le Moulin de Port Laverré sans rest

17 Le Port Laverré, rte de Vaintray – ✆ 05 49 61 08 38 – www.moulinlaverre.com

5 ch – †65 € ††80 €

◆ Chambres d'hôtes au décor moderne aménagées dans de vieux murs en pierre, idéales pour se détendre. Au programme : billard, piscine, pêche et balades en barque sur le Clain.

POLIGNY – 05 Hautes-Alpes – **334** E4 – 285 h. – alt. 1 062 m – ✉ 05500 **41** C1

Paris 658 – Gap 19 – Marseille 199 – Vizille 71

Le Chalet des Alpages

Les Forestons, 1,5 km à l'Ouest – ✆ 04 92 23 08 95 – www.lechaletdesalpages.com – Fermé 28 mars-21 avril et 14 nov.-8 déc.

5 ch – †95/130 € ††95/130 € **Table d'hôte** – Menu 25 € bc

◆ Belle propriété de 6 000 m² d'où l'on admire le col du Noyer, la barrière de Faraud et le Vieux Chaillol. Chambres douillettes d'esprit montagnard ; bain norvégien à l'extérieur. La table d'hôte propose une cuisine mêlant saveurs locales et provençales.

POLIGNY – 39 Jura – **321** E5 – 4 318 h. – alt. 373 m – ✉ 39800 **16** B3

Franche-Comté Jura

Paris 397 – Besançon 57 – Dole 45 – Lons-le-Saunier 30

20, place des Déportés ✆ 03 84 37 24 21

Collégiale★ - Culée de Vaux★ S : 2 km - Cirque de Ladoye ≤★★ S : 2 km.

à Passenans Sud-Ouest : 11 km par D 1083 et D 57 – 292 h. – alt. 320 m – ✉ 39230

Domaine du Revermont

600 rte de Revermont – ✆ 03 84 44 61 02 – www.domaine-du-revermont.fr – Fermé 19 déc.-1er mars

28 ch – †73/112 € ††73/112 € – ☕ 13 € – ½ P 73/93 €

Rest – (15 €) Menu 24/48 € – Carte 28/55 €

◆ Dans un environnement privilégié (champs et vignes), cette demeure rénove progressivement ses chambres dans un agréable style actuel. Bon équipement, accueil attentionné. Salle à manger rustique (poutres, pierres, cheminée) et cuisine franc-comtoise actualisée.

POLLIAT – 01 Ain – **328** D3 – 2 296 h. – alt. 260 m – ✉ 01310 **44** B1

Paris 415 – Bourg-en-Bresse 12 – Lyon 74 – Mâcon 26

De la Place avec ch

51 pl. de la Mairie – ✆ 04 74 30 40 19 – Fermé 24 juil.-14 août, 2-15 janv., jeudi soir, dim. soir et lundi

7 ch – †49 € ††53 € – ☕ 8 € – ½ P 52 €

Rest – Menu 18 € (déj. en sem.), 25/54 € – Carte 26/48 €

◆ Un décor aux tons lumineux (mobilier rustique ou en fer forgé) où l'on sert, avec le sourire, une goûteuse et généreuse cuisine du terroir. Chambres rénovées.

POLMINHAC – 15 Cantal – **330** D5 – 1 118 h. – alt. 650 m – ✉ 15800 **5** B3

Paris 553 – Aurillac 15 – Murat 34 – Vic-sur-Cère 5

rue de la Gare ✆ 04 71 47 50 68

Au Bon Accueil

9 allée des Monts d'Auvergne – ✆ 04 71 47 40 21 – www.hotel-bon-accueil.com – Fermé 15 oct.-1er déc., dim. soir et lundi

23 ch – †44/51 € ††46/56 € – ☕ 7 € – ½ P 43/47 €

Rest – Menu 11 € (sem.), 17/25 €

◆ Grande bâtisse blanche plantée au milieu des champs. Les chambres sont simples et fonctionnelles ; celles situées à l'arrière profitent d'une vue sur la vallée de la Cère. Au menu, cuisine familiale qui met à l'honneur les légumes du potager.

LA POMARÈDE – 11 Aude – 344 C2 – 169 h. – alt. 304 m – ✉ 11400 22 A2

Paris 728 – Auterive 49 – Carcassonne 49 – Castres 38

XXX ✿ **Hostellerie du Château de la Pomarède** (Gérald Garcia) avec ch

Château de la Pomarède – ✆ 04 68 60 49 69 – www.hostellerie-lapomarede.fr – Fermé 15 fév.-14 mars

7 ch – †90/110 € ††150/195 € – ☕ 18 €

Rest – *(fermé dim. soir d' oct. à mai, merc. midi de juin à sept., mardi midi et lundi)* (20 €) Menu 43/89 € – Carte 70/90 €

Spéc. Bonbon au foie et ormeaux du Cotentin sauce aigre douce. Côte de bœuf fumée comme au barbecue, raviole du Royans. Crumble citron meringué. **Vins** Vin de pays du Languedoc. Vin de pays de l'Aude.

◆ Dans la dépendance d'un château "cathare" du 11ᵉ s. Cuisine personnalisée et inventive servie dans une salle à manger mariant avec élégance classique et contemporain, ou sur une terrasse panoramique. Vins régionaux. Chambres modernes.

Le Presbytère

– Fermé 15 fév.-14 mars, dim. soir et lundi soir du 15 sept. au 15 juin

7 ch – †150/200 € ††200/250 € – 1 suite – ☕ 18 € – ½ P 160/185 €

◆ Nouvelles chambres résolument contemporaines dans le presbytère. Beaux matériaux.

POMMARD – 21 Côte-d'Or – 320 I7 – rattaché à Beaune

POMMEUSE – 77 Seine-et-Marne – 312 H3 – rattaché à Coulommiers

POMMIERS – 69 Rhône – 327 H4 – 2 109 h. – alt. 315 m – ✉ 69480 43 E1

Paris 442 – Lyon 32 – Villeurbanne 45 – Vénissieux 45

XX **Les Terrasses de Pommiers**

La Buisante – ✆ 04 74 65 05 27 – www.terrasses-de-pommiers.com – Fermé vacances de la Toussaint et de fév., mardi et merc.

Rest – (19 € bc) Menu 29/48 € – Carte 42/62 €

◆ Coquette salle à manger-véranda pour déguster une fine cuisine. Belle vue sur la vallée de la Saone et les monts du Lyonnais depuis la terrasse abritée où l'on s'attable en été.

PONS – 17 Charente-Maritime – 324 G6 – 4 454 h. – alt. 39 m 38 B3
– ✉ 17800 Poitou Vendée Charentes

Paris 493 – Blaye 64 – Bordeaux 97 – Cognac 24

place de la République ✆ 05 46 96 13 31

Donjon★ de l'ancien château - Hospice des Pèlerins★ SO par D 732 - Boiseries★ du château d'Usson 1 km par D 249.

De Bordeaux

1 av. Gambetta – ✆ 05 46 91 31 12 – www.hotel-de-bordeaux.com – Fermé vacances de Noël, sam. midi et dim. d'oct. à avril

16 ch – †63 € ††68 € – ☕ 9 € – ½ P 61 €

Rest – (12 €) Menu 16/49 € – Carte 28/43 €

◆ Dans une rue du centre-ville, hôtel centenaire remis au goût du jour proposant de coquettes chambres contemporaines et un bar d'esprit anglais. Le décor du restaurant, ouvert sur un charmant patio-terrasse, s'accorde avec la créativité de la cuisine. Vaste choix de cognacs.

à Pérignac Nord-Est : 8 km par rte de Cognac – 972 h. – alt. 41 m – ✉ 17800

XX **La Gourmandière**

42 av. de Cognac – ✆ 05 46 96 36 01 – Fermé 4-14 juin, 25 janv.-3 fév., mardi et merc. d'oct. à mi-juin sauf fériés et dim. soir de mi-juin à sept.

Rest – Menu 19/68 € bc – Carte 34/52 €

◆ Une charmante maison de village redécorée par ses propriétaires dans un style actuel et chaleureux. Agréable terrasse dressée côté jardin et cuisine au goût du jour.

à Mosnac Sud : 11 km par rte de Bordeaux et D 134 – 465 h. – alt. 23 m – ✉ 17240

Moulin du Val de Seugne rest, AC ch,

– ✆ 05 46 70 46 16 – www.valdeseugne.com – Fermé 2 janv.-12 fév. VISA MC AE

14 ch – †109/169 € ††109/169 € – ☕ 14 € – ½ P 90/120 €

Rest – (21 €) Menu 29/79 € – Carte 47/96 €

◆ Élégante hostellerie au bord de la Seugne. Chambres raffinées décorées de meubles anciens ; luxueuses salles de bains. Salon ouvert sur la roue du moulin. Au restaurant, terrasse tournée vers la rivière et cuisine actuelle à base de produits du terroir.

PONT (LAC DE) – 21 Côte-d'Or – 320 G5 – rattaché à Semur-en-Auxois

---

PONTAILLAC – 17 Charente-Maritime – 324 D6 – rattaché à Royan

---

PONT-A-MOUSSON – 54 Meurthe-et-Moselle – 307 H5 – 13 879 h. – alt. 180 m – ✉ 54700 Alsace Lorraine 26 B2

Paris 325 – Metz 31 – Nancy 30 – Toul 48

52, place Duroc ✆ 03 83 81 06 90

Place Duroc★ - Anc. abbaye des Prémontrés★.

Le Fourneau d'Alain AC VISA MC

64 pl. Duroc, (1er étage)

– ✆ 03 83 82 95 09 – www.lefourneaudalain.com

– Fermé 1er-7 mai, 1er-15 août, merc. soir, dim. soir et lundi

Rest – Menu 28/53 € – Carte 31/48 €

◆ Restaurant sagement contemporain installé sur la place principale, à l'étage d'une des maisons à arcades du 16e s. Tables bien dressées et service sans tralala.

PONTARLIER – 25 Doubs – 321 I5 – 18 778 h. – alt. 838 m – ✉ 25300 Franche-Comté Jura 17 C2

Paris 462 – Besançon 60 – Dole 88 – Lausanne 67

14 bis, rue de la Gare ✆ 03 81 46 48 33

Pontarlier Les Étraches La Grange des Pauvres, E : 8 km par D 47, ✆ 03 81 39 14 44

Portail★ de l'ancienne chapelle des Annonciades.

Grand Taureau ※★★ par ② : 11 km.

L' Alchimie VISA MC AE

1 av. Armée de l'Est – ✆ 03 81 46 65 89 – www.l-alchimie.com

– Fermé 17 avril-2 mai, 17 juil.-7 août, 2-14 janv., dim. soir, mardi soir et merc. Be

Rest – Menu 18 € (déj.), 40/70 € – Carte environ 59 €

◆ Le chef-alchimiste prépare des plats inventifs bien pensés en "transmutant" produits régionaux, épices et saveurs exotiques. Cadre tendance, en adéquation avec la cuisine.

à Doubs par ④ : 2 km – 2 405 h. – alt. 813 m – ✉ 25300

Le Doubs Passage P VISA MC

11 Gde Rue, D 130 – ✆ 03 81 39 72 71

– http://ledoubspassage.monsite-orange.fr

– Fermé 20 août-1er sept., dim. soir, merc. soir et lundi

Rest – Menu 17/30 € – Carte 20/42 €

◆ Cuisine traditionnelle dans une accueillante maison de pays située près du pont enjambant le Doubs. Salle claire et épurée précédée d'une petite galerie agrémentée de volières.

PONTARLIER

Arçon (Pl. d') . . . . **A** 2
Augustins (R. des) . . . . **B** 3
Bernardines (Pl. des) . . . . . . **AB** 4
Capucins (R. des) . . . . **A** 7
Crétin (Pl.) . . . . **B** 8
Écorces (R. des) . . . . **A** 12
Gambetta (R.) . . . . **B** 13
Halle (R. de la) . . . . **B** 15
Industrie (R. de l') . . . . **B** 16
Latttre-de-Tassigny (Pl. Mar.-de) . . . . **B** 19
Mathez (R. Jules) . . . . **B** 26
Mirabeau (R.) . . . . **B** 27
Moulin Parnet (R. du) . . . . **A** 29
Pagnier (Pl. J.) . . . . **B** 30
République (R. de la) . . . . . . **AB**
Ste-Anne (R.) . . . . **AB** 35
St-Étienne (R. du Fg) . . . . **B**
St-Pierre (Pl.) . . . . **A**
Salengro (Pl. R.) . . . . **A** 36
Tissot (R.) . . . . **AB** 37
Vannolles (R. de) . . . . **B** 38
Vieux-Château (R. du) . . . . **A** 39
Villingen-Schwenningen (Pl. de) . . . . **A** 40

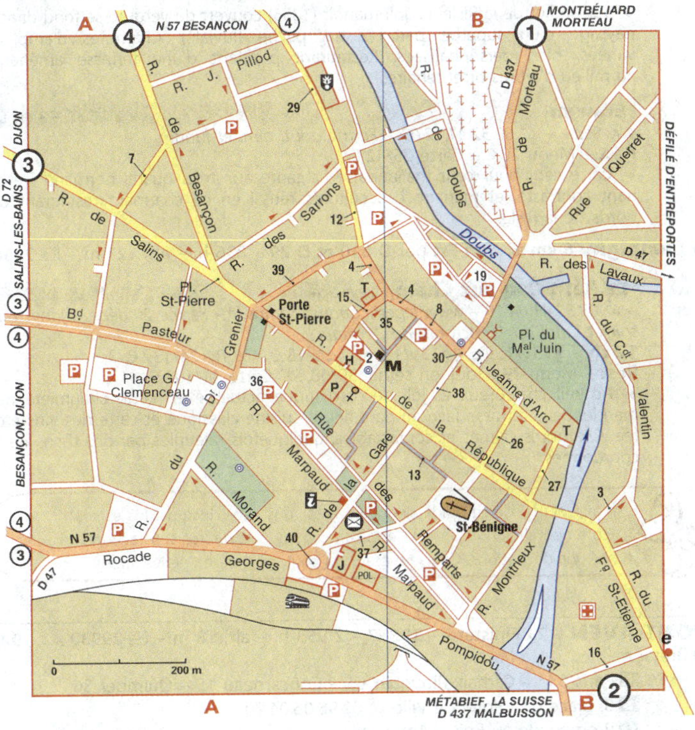

PONTAUBAULT – 50 Manche – 303 D8 – 469 h. – alt. 25 m **32** A3

– ✉ 50220

▶ Paris 345 – Avranches 9 – Dol-de-Bretagne 35 – Fougères 38

Les 13 Assiettes

rest.

6 rte de la Quintine, 1 km au Nord sur D 43^E (ancienne rte d'Avranches) – ✆ 02 33 89 03 03 – www.hotel-le-mont-saint-michel.com

39 ch – 🚹55/75 € 🚹🚹65/85 € – ☕ 10 € – ½ P 57/67 €

Rest – Menu 16/63 € – Carte 23/48 €

◆ Petites chambres dans les bungalows, un peu plus spacieuses dans le bâtiment d'origine (quelques familiales). Lumineuse salle à manger classique, ouverte sur un jardin-terrasse ; plats traditionnels et fruits de mer.

PONTAUBERT – 89 Yonne – 319 G7 – rattaché à Avallon

PONT-AUDEMER – 27 Eure – 304 D5 – 8 761 h. – alt. 15 m **32** B3

– ✉ 27500 Normandie Vallée de la Seine

▶ Paris 164 – Caen 74 – Évreux 68 – Le Havre 44

ℹ place Maubert ✆ 02 32 41 08 21

◉ Vitraux★ de l'église St-Ouen.

Belle Isle sur Risle

112 rte de Rouen, à l'Est par D 810 – ✆ 02 32 56 96 22 – www.bellile.com – Ouvert 18 mars-15 nov. et 30 déc.-3 janv.
24 ch – †109/175 € ††120/264 € – ☕ 17 € – ½ P 130/216 €
Rest – *(fermé lundi midi, mardi midi et merc. midi)* Menu 38/63 € – Carte 45/65 €

♦ Sur un îlot de la Risle, ce joli manoir (1856) couvert de verdure se fond dans le paysage d'un superbe parc (2 ha, pêche fluviale). Chambres d'ampleurs variées, bien personnalisées. Restaurant profitant d'une terrasse aménagée au milieu d'arbres bicentenaires.

Erawan

4 r. Sëule – ✆ 02 32 41 12 03 – Fermé août, dim. et lundi
Rest – Menu 20 € – Carte 25/42 €

♦ Carte cent pour cent thaïlandaise et cadre aux trois quarts normand : étonnant contraste, et mariage des cultures réussi en ce charmant restaurant des bords de la Risle.

à Campigny 6 km au Sud-Est par D 810 et D 29 – 836 h. – alt. 121 m – ✉ 27500

Le Petit Coq aux Champs avec ch

– ✆ 02 32 41 04 19 – www.lepetitcoqauxchamps.fr – Fermé 20 déc.-20 janv., dim. soir et lundi du 1er octobre au 31 mars
12 ch – †139/159 € ††139/159 € – ☕ 13 € – ½ P 124/132 €
Rest – Menu 29 € (déj. en sem.), 39/68 € – Carte 41/101 €

♦ Accueil chaleureux et joli décor rustique actualisé en cette chaumière normande. Belle terrasse face au parc fleuri. Cuisine classique et carte des vins étoffée. Chambres calmes et confortables, quelquefois rajeunies par des tissus de lin coordonnés.

La sélection de ce guide s'enrichit avec vous : vos découvertes et vos commentaires nous intéressent. Faites-nous part de vos satisfactions ou de vos déceptions. Coup de cœur ou coup de colère : écrivez-nous !

PONT-AVEN – 29 Finistère – 308 I7 – 2 953 h. – alt. 18 m – ✉ 29930 — 9 B2

Bretagne

Paris 536 – Carhaix-Plouguer 65 – Concarneau 15 – Quimper 36
5, place de l'Hôtel de Ville ✆ 02 98 06 04 70
Promenade au Bois d'Amour★.

Les Ajoncs d'Or

1 pl. Hôtel de Ville – ✆ 02 98 06 02 06 – www.ajoncsdor-pontaven.com – Fermé 14-21 oct., vacances de fév., dim. soir et lundi hors saison
20 ch – †59 € ††59/75 € – ☕ 8,50 € – ½ P 59 €
Rest – *(fermé lundi d'oct. à mai et dim. soir)* (18 €) Menu 25/46 € – Carte 32/59 €

♦ Gauguin aurait logé dans cette maison bretonne (1892) située sur la place du village. Calmes et coquettes, les chambres portent des noms de peintres. Repas traditionnel dans une salle claire égayée de tableaux (expo-vente) ou en terrasse. Accueil charmant.

Mimosas

22 square Théodore-Botrel – ✆ 02 98 06 00 30 – www.hotels-pont-aven.com – Fermé de mi-nov. à mi-déc.
10 ch – †55/80 € ††55/80 € – ☕ 8 €
Rest – *(fermé mardi et merc. sauf vacances scolaires)* (14 €) Menu 21/40 € – Carte 18/47 €

♦ Maison bretonne sur le port de Pont-Aven. Les chambres, classiques et bien tenues, profitent d'une vue imprenable sur les bateaux. La salle de restaurant se prolonge en une véranda ouverte sur les quais, en adéquation avec la cuisine traditionnelle et marine.

Le Moulin de Rosmadec (Frédéric Sebilleau) avec ch
près du pont, centre ville – 02 98 06 00 22 – www.moulinderosmadec.com – Fermé 12 nov.-10 déc. et vacances de fév.
5 ch – 85/98 € 85/98 € – 14 €
Rest – *(fermé lundi midi d'oct. à mai, dim. soir et jeudi)* (28 €) Menu 38 € bc (sem.), 55/76 € – Carte 50/70 €
Spéc. Parmentier de homard, légumes tièdes en vinaigrette de truffe, ravioles de chèvre. Blanc de Saint-pierre grillé aux artichauts poivrade et tomates confites. Crêpes soufflées au citron, coulis muroise.
◆ Ce moulin du 15e s. cache une salle rustique soignée (nouveaux luminaires), et une terrasse ombragée au bord de l'eau. Séduisante cuisine, entre tradition et modernité. Belles chambres au décor épuré (tons blancs), avec vue sur le bief.

Sur le Pont ...
11 pl. Paul-Gauguin – 02 98 06 16 16 – www.surlepont.fr – Fermé mardi soir hors saison, dim. soir sauf juil.-août et merc.
Rest – (18 €) Menu 22 € (déj. en sem.)/28 € – Carte 40/50 €
◆ Un bistrot branché proposant une attrayante cuisine au goût du jour. Ce fut aussi le lieu de tournage du célèbre film "Les Galettes de Pont-Aven" avec J.-P. Marielle.

rte de Concarneau Ouest : 4 km par D 783 – ✉ 29930 Pont-Aven

La Taupinière
Croissant St-André – 02 98 06 03 12 – www.la-taupiniere.com – Fermé 16-22 mars, 19 sept.-13 oct., lundi et mardi
Rest – Menu 53/88 € – Carte 65/100 €
◆ Une jolie chaumière dans la campagne, cachant un décor rustique animé par le spectacle des fourneaux... Cuisine de la mer traditionnelle, faisant la part belle aux langoustines.

PONTCHARTRAIN – 78 Yvelines – 311 H3 – ✉ 78760 — 18 A2

Paris 37 – Dreux 42 – Mantes-la-Jolie 32 – Montfort-l'Amaury 10
Isabella à Plaisir Sainte Appoline, E : 3 km, 01 30 54 10 62
Domaine de Thoiry★★ NO : 12 km **Ile de France.**

Bistro Gourmand
7 rte du Pontel, (N 12) – 01 34 89 25 36 – www.bistrogourmand.fr – Fermé dim. soir, merc. soir et lundi
Rest – (32 €) Menu 38/46 €
◆ Au menu, cuisine traditionnelle teintée de touches actuelles et suggestions à l'ardoise. Salle classique (bordeaux et grise) et terrasse au calme pour les beaux jours.

à Ste-Apolline Est : 3 km par N 12 et D 134 – ✉ 78370 Plaisir

La Maison des Bois
av. d'Armorique – 01 30 54 23 17 – www.lamaisondesbois.fr – Fermé 4-25 août, dim. soir, merc. soir et jeudi
Rest – Menu 45 € – Carte 45/72 €
◆ Dans la même famille depuis 1926, cette auberge typique abrite deux salles cossues, l'une ouverte sur le jardin et la terrasse. Carte traditionnelle et suggestions du marché.

PONT-CROIX – 29 Finistère – 308 E6 – 1 695 h. – alt. 25 m – ✉ 29790 — 9 A2

Bretagne

Paris 602 – Brest 105 – Quimper 40 – Rennes 251
rue Laënnec 02 98 70 40 38

L'Orée du Cap sans rest
29 r. du Goyen – 02 98 70 47 10 – www.oreeducapsizun.com – Fermé 30 déc.-1er mars
4 ch – 50/53 € 53/65 €
◆ Chambres personnalisées et cosy dans cette maison parfaitement tenue. Paisible jardin fleuri et petits-déjeuners soignés (produits maison). Un charme indéniable.

Villa les Hortensias
rte de Lochrist – ✆ 02 98 70 56 85 – www.villa-leshortensias.com
5 ch – 🚹55 € 🚹🚹55/70 € **Table d'hôte** – Menu 22 € bc
◆ Dans son grand jardin, cette villa bretonne entourée d'hortensias abrite cinq chambres à thème (Louis XV, chinois, romantique, charme ou familial). Décoration soignée ; bon accueil et calme garantis. Table d'hôte sur demande hors saison.

PONT-DE-BRIQUES – 62 Pas-de-Calais – **301** C3 – rattaché à Boulogne-sur-Mer

PONT-DE-CHAZEY-VILLIEU – 01 Ain – **328** E5 – rattaché à Meximieux

PONT-DE-CHERUY – 38 Isère – **333** E3 – 4 778 h. – alt. 220 m – ✉ 38230 **44** B1
Paris 486 – Belley 57 – Bourgoin-Jallieu 22 – Grenoble 89

Bergeron
3 r. Giffard, (près de l'église) – ✆ 04 78 32 10 08 – www.hotelbergeron.com – Fermé 1 sem. en août
17 ch – 🚹32/53 € 🚹🚹45/67 € – 6 € – ½ P 57 €
Rest – *(fermé le midi, sam. et dim.)* Menu 13/25 €
◆ Adresse modeste mais bien tenue. Chambres rustiques (avec écrans plats), plus spacieuses dans la maison principale et plus calmes côté jardin. Annexe simplement aménagée. Cuisine traditionnelle servie dans la salle à manger campagnarde ou sur la terrasse provençale.

PONT-DE-DORE – 63 Puy-de-Dôme – **326** H7 – rattaché à Thiers

PONT-DE-FILLINGES – 74 Haute-Savoie – **328** L4 – rattaché à Bonne

PONT-DE-L'ARCHE – 27 Eure – **304** G6 – 3 898 h. – alt. 20 m **33** D2
– ✉ 27340 Normandie Vallée de la Seine
Paris 114 – Les Andelys 30 – Elbeuf 15 – Évreux 36

De la Tour sans rest
41 quai Foch – ✆ 02 35 23 00 99 – www.hoteldelatour.org – Fermé 8-27 août et 24 déc.-2 janv.
18 ch – 🚹68 € 🚹🚹72 € – 9 €
◆ Deux pimpantes maisons mitoyennes adossées aux remparts. Dans les chambres personnalisées, couleurs vives, mobilier de style et tenue sans reproche. Accueil familial.

La Pomme
aux Damps 1,5 km au bord de l'Eure – ✆ 02 35 23 00 46 – www.laubergedelapomme.com
Rest – (29 €) Menu 42/84 € bc – Carte 65/87 €
◆ Aménagé dans une belle demeure normande à colombages située sur les bords de l'Eure, ce restaurant au cadre douillet et gentiment champêtre propose une cuisine au goût du jour.

PONT-DE-L'ISÈRE – 26 Drôme – **332** C3 – rattaché à Valence

LE PONT-DE-PACÉ – 35 Ille-et-Vilaine – **309** L6 – rattaché à Rennes

PONT-DE-ROIDE – 25 Doubs – **321** K2 – 4 639 h. – alt. 351 m **17** C2
– ✉ 25150 Franche-Comté Jura
Paris 478 – Belfort 36 – Besançon 77 – La Chaux-de-Fonds 55

La Tannerie
1 pl. Gén. de Gaulle – ✆ 03 81 92 48 21 – Fermé dim. soir, jeudi soir et merc.
Rest – Menu 12 € (déj. en sem.)/26 € – Carte 22/50 €
◆ Au pied du pont, une maison ancienne avec sa salle chaleureuse et sa terrasse surplombant le Doubs. Plats traditionnels et truites du vivier ; suggestions à l'ardoise.

PONT-DES-SABLES – 47 Lot-et-Garonne – **336** C3 – rattaché à Marmande

PONT-DE-VAUX – 01 Ain – 328 C2 – 2 102 h. – alt. 177 m – ✉ 01190 44 B1

Paris 380 – Bourg-en-Bresse 40 – Lons-le-Saunier 69 – Mâcon 24

Place de Dornhan ✆ 03 85 30 30 02

Le Raisin avec ch

2 pl. M.-Poisat – ✆ 03 85 30 30 97 – www.leraisin.com – Fermé 9 janv.-11 fév., dim. soir sauf juil.-août, mardi midi et lundi

18 ch – 65 € 70 € – 9 € **Rest** – Menu 25/65 € – Carte 47/64 €

◆ Dès l'entrée de cette maison bressane, le vieux fourneau et les ustensiles de cuivre donnent le ton : ici, le terroir et la tradition sont à l'honneur. Chambres d'esprit "auberge" dans la bâtisse d'origine ; fonctionnelles et actuelles dans l'extension.

Les Platanes avec ch

aux Quatre-Vents – ✆ 03 85 30 32 84 – www.hotelplatanes.com – Fermé 20 fév.-20 mars, vend. midi et jeudi

8 ch – 60 € 60/72 € – 9 € – ½ P 52/56 €

Rest – (17 € bc) Menu 26/65 € – Carte 32/47 €

◆ Coquette salle à manger rustique, belle terrasse sous les platanes, cuisine bressane généreuse et chambres simples (demandez l'une de celles qui ont été rénovées) font de cette auberge une sympathique étape.

à St-Bénigne Nord-Est : 2 km sur D 2 – 1 072 h. – alt. 208 m – ✉ 01190

St-Bénigne

– ✆ 03 85 30 96 48 – Fermé 19 déc.-10 janv., 15-28 fév., lundi et le soir sauf sam.

Rest – Menu 13 € (déj. en sem.), 21/36 € – Carte 23/42 € le midi

◆ On vient ici pour... les grenouilles, la spécialité maison. Le chef mitonne des plats régionaux servis dans une salle à manger rustique ou dans une autre plus coquette.

PONT-D'OUILLY – 14 Calvados – 303 J6 – 1 040 h. – alt. 65 m – ✉ 14690 Normandie Cotentin 32 B2

Paris 230 – Briouze 24 – Caen 41 – Falaise 20

boulevard de la Noë ✆ 02 31 69 29 86

Roche d'Oëtre★★ S : 6,5 km.

Du Commerce

8 r. de la Vème République – ✆ 02 31 69 80 16 – www.relaisducommerce.fr – Fermé 3-27 janv., dim. soir et lundi

12 ch – 60 € 74 € – 8 € – ½ P 75 €

Rest – (14 €) Menu 16 € (sem.), 25/53 € – Carte 35/85 €

◆ Dans un charmant village de la Suisse normande, cet hôtel totalement renové a pris un nouveau départ. Vous disposerez de chambres fraîches et bien tenues. Fruits de mer et plats traditionnels, comme la tête de veau, à déguster dans une ambiance classique ou en terrasse.

PONT-DU-BOUCHET – 63 Puy-de-Dôme – 326 D7 – ✉ 63770 Les Ancizes Comps 5 B2

Paris 390 – Clermont-Ferrand 39 – Pontaumur 13 – Riom 36

Méandre de Queuille★★ NE : 11,5 km puis 15 mn Auvergne

La Crémaillère

– ✆ 04 73 86 80 07 – www.hotel-restaurant-cremaillere.com – Fermé 29 août-3 sept., 16 déc.-15 janv., vend. soir, dim. soir et sam. hors saison

16 ch – 45/47 € 47/49 € – 8 € – ½ P 44/49 €

Rest – Menu 15 € (sem.), 20/42 € – Carte 22/59 €

◆ Une vraie bouffée d'oxygène ! Un établissement familial, dans la plus pure tradition des auberges de village, au-dessus du lac. Côté restaurant, décor campagnard et plats régionaux.

PONT-DU-CHAMBON – 19 Corrèze – 329 N4 – rattaché à Marcillac-la-Croisille

PONT-DU-CHÂTEAU – 63 Puy-de-Dôme – 326 G8 – 10 102 h. – alt. 365 m – ✉ 63430 Auvergne 5 B2

Paris 418 – Billom 13 – Clermont-Ferrand 16 – Riom 21

rond-point de Montboissier ✆ 04 73 83 37 42

L'Estredelle

24 r. du Pont – ✆ 04 73 83 28 18 – www.hotel-estredelle.com – Fermé 24 déc.-3 janv., dim. soir et soirs fériés
44 ch – 46 € 49 € – 7 € – ½ P 46 €
Rest – (12 € bc) Menu 19/31 € – Carte 19/41 €
◆ Dans l'ancien quartier de la batellerie, trois pavillons modernes dominant l'Allier. Chambres fonctionnelles, parfaitement tenues, certaines avec vue sur la rivière. Grande salle de restaurant (style contemporain) et terrasse panoramiques ; carte traditionnelle.

Auberge du Pont

70 av. Dr.-Besserve – ✆ 04 73 83 00 36 – www.auberge-du-pont.com – Fermé 19-25 avril, 15 août-6 sept., 1er-15 janv., dim. soir, lundi soir, mardi soir et merc.
Rest – Menu 20 € (déj. en sem.), 29/95 € bc – Carte 48/80 €
◆ La terrasse verdoyante de ce relais de batellerie du 19e s. borde l'Allier. La cuisine du jeune chef s'inspire de ses origines bretonnes et de son Auvergne d'adoption.

Le Calliope

6 r. de la Poste – ✆ 04 73 83 50 03 – www.restaurant-calliope.com – Fermé 1er-16 août, 4-18 janv., dim. soir, lundi et merc.
Rest – (12 €) Menu 17 € (déj. en sem.), 27/46 € – Carte environ 43 €
◆ Au centre du bourg, on reconnaît ce restaurant grâce à son élégante façade. Côté fourneaux, le chef propose une cuisine mariant tradition et saveurs actuelles.

PONT-DU-GARD – 30 Gard – 339 M5 – ✉ 30210 Vers Pont du Gard 23 D2

Languedoc Roussillon

Paris 688 – Alès 48 – Arles 40 – Avignon 26
Pont-aqueduc romain★★★.

à Castillon-du-Gard Nord-Est : 4 km par D 19 et D 228 – 1 152 h. – ✉ 30210

Le Vieux Castillon

r. Turion-Sabatier – ✆ 04 66 37 61 61 – www.vieuxcastillon.com – Fermé 2 janv.-14 fév.
30 ch – 205/390 € 205/390 € – 3 suites – 20 € – ½ P 206/310 €
Rest – *(fermé lundi midi et mardi midi)* Menu 55/120 € – Carte 55/125 € le soir
Spéc. Sphère de foie gras de canard confit. Filet de rouget barbet "aller et retour". Pêche de vigne en mousse légère et dés de brugnon rôtis au miel (été). **Vins** Costières de Nîmes, Lirac.
◆ Au cœur de ce beau village médiéval qui domine la région, un hôtel au luxe discret : vieilles pierres, patios et terrasses, décor provençal, grand confort... Au restaurant, poutres apparentes, couleurs du Sud et cuisine gastronomique gorgée de soleil.

L'Amphitryon

pl. 8 Mai 1945 – ✆ 04 66 37 05 04 – Fermé mardi sauf juil.-août et merc.
Rest – Menu 48/57 € – Carte 60/85 €
◆ Voûtes, pierre brute et touches modernes composent le cadre de cette demeure ancienne. Joli patio pour l'été. Cuisine régionale actualisée, ambiance à la fois chic et conviviale.

à Collias Ouest : 7 km par D 981, D 112 et D 3 – 953 h. – alt. 45 m – ✉ 30210

Hostellerie Le Castellas

Grand'rue – ✆ 04 66 22 88 88 – www.lecastellas.com – Fermé 24 janv.-3 mars
15 ch – 70/210 € 90/210 € – 2 suites – 18 € – ½ P 150/200 €
Rest – *(fermé 14 nov.-16 déc., 24 janv.-3 mars, mardi d'oct. à mai et merc.)* (32 €) Menu 42 € (déj. en sem.), 60/160 € – Carte 100/160 €
Spéc. Bouillon léger aux cocos de Paimpol et Saint-Jacques justes raidies (oct. à mars). Bœuf de race Aubrac en trois versions. Gelée tremblotante de pêche infusée à la verveine citron, espuma champagne (juin à sept.). **Vins** Costières de Nîmes, Côtes du Rhône-Villages.
◆ Parenthèse de plaisir dans cette hostellerie en pierre du pays (17e s.), qui ouvre sur un jardin verdoyant... Les chambres sont confortables, aux styles variés : provençal, ethnique, moderne, etc. La table est excellente, sublimant les saisons et défendant – fait remarquable – la simplicité dans la sophistication...

Le Gardon

Campchestève – ✆ 04 66 22 80 54 – www.hotel-le-gardon.com – Ouvert 27 fév.-4 nov.
14 ch – 69/79 € 69/79 € – 10 € – ½ P 65/71 €
Rest – *(fermé le midi du lundi au vend. et lundi soir sauf juil.-août)*
Menu 22/44 € – Carte 34/45 €
◆ Agréable refuge dans la garrigue, cet hôtel récent bordé par une oliveraie respire la sérénité. Jardin, piscine et chambres confortables (mobilier en fer forgé). Cuisine du Sud teintée d'épices à déguster sous la véranda ou en terrasse ; tout est maison !

à Vers-Pont-du-Gard 3,5 km au Nord par D 19 et D 112 – 1 566 h. – alt. 40 m – ✉ 30210

Lisa M avec ch

3 pl. de la Madone – ✆ 04 66 22 92 12 – www.lisam.fr – Fermé 20 janv.-14 fév.
4 ch – 120/140 € 120/140 €
Rest – *(fermé lundi et mardi) (dîner seult) (nombre de couverts limité, prévenir)*
Menu 52/59 €
◆ Cette maison ancienne est un petit bijou : décor romantique, tons gris perle et ivoire, tomettes blondes, salons voûtés, patio... Lisa Muncan concocte chaque jour un joli menu unique, actuel et créatif. Quelques chambres au charme d'antan.

PONT-EN-ROYANS – 38 Isère – 333 F7 – 878 h. – alt. 197 m – ✉ 38680 Alpes du Nord

43 E2

Paris 604 – Grenoble 63 – Lyon 143 – Valence 45
Grande rue ✆ 04 76 36 09 10

Du Musée de l'Eau

pl. Breuil – ✆ 04 76 36 15 53 – www.musee-eau.com – Fermé 3-16 janv.
31 ch – 40 € 52/60 € – 7 € – ½ P 47/52 €
Rest – *(fermé dim. soir de nov. à mars)* (13 €) Menu 16/36 € – Carte 20/37 €
◆ Grand bâtiment rénové surplombant la Bourne. Petites chambres dotées de mobilier design ; certaines ouvrent sur la montagne et le village suspendu. Salle à manger aux lignes épurées, prolongée d'une terrasse avec brumisateurs. Bar à eaux.

LE PONTET – 84 Vaucluse – 332 C10 – rattaché à Avignon

PONTGIBAUD – 63 Puy-de-Dôme – 326 E8 – 768 h. – alt. 735 m – ✉ 63230 Auvergne

5 B2

Paris 432 – Aubusson 68 – Clermont-Ferrand 23 – Le Mont-Dore 37
rue du Commerce ✆ 04 73 88 90 99

Poste avec ch

rest,

pl. de la République – ✆ 04 73 88 70 02 – www.hoteldelaposte-pontgibaud.com – Fermé 26 fév.-14 mars, dim. soir et lundi d'oct. à mai
10 ch – 41/49 € 41/49 € – 6,50 € – ½ P 45 €
Rest – (13 €) Menu 20/48 € – Carte 32/65 €
◆ Maison de pays séculaire au cœur d'un bourg tranquille. Parquet peint de Hongrie bien ciré, lustres et tables bourgeoises agrémentent la salle à manger ; recettes régionales. Chambres simples et bien tenues.

à La Courteix Est : 4 km sur D 941B – ✉ 63230 St-Ours

L'Ours des Roches

– ✆ 04 73 88 92 80 – www.oursdesroches.com – Fermé 2-22 janv., 1 sem. en sept., mardi d'oct. à juin, dim. soir et lundi sauf fériés
Rest – (19 € bc) Menu 26/68 € – Carte 43/75 €
◆ Non loin de Vulcania, sous les voûtes d'une ancienne bergerie : un cadre de pierre pour une cuisine de douceur, signée par un chef amoureux du produit (inspiration régionale).

PONTHIERRY – 77 Seine-et-Marne – **312** E4 – ✉ 77310 St Fargeau **19** C2
Ponthierry

▶ Paris 44 – Corbeil-Essonnes 12 – Étampes 35 – Fontainebleau 20

XXX **L'Inédit**

20 av. de Fontainebleau, à Pringy - D 607 – ✆ 01 60 65 57 75 – www.linedit.fr – Fermé août, dim. soir, mardi et merc.

Rest – (25 €) Menu 38 € – Carte 61/82 €

◆ Souhaitons que cet Inédit ne cesse de surprendre ! La cuisine, créative, privilégie notamment la truffe, les champignons et le gibier en saison. Élégant décor tout de blanc et de brun.

PONTIVY – 56 Morbihan – **308** N6 – 13 518 h. – alt. 99 m **10** C2
– ✉ 56300 Bretagne

▶ Paris 460 – Lorient 59 – Rennes 110 – St-Brieuc 58

61, rue du Général de Gaulle ✆ 02 97 25 04 10

de Rimaison à Bieuzy, S : 15 km par D 768, ✆ 02 97 27 74 03

Maisons anciennes★.

Le Rohan sans rest

90 r. Nationale – ✆ 02 97 25 02 01 – www.hotelpontivy.com – Fermé 25 déc.-2 janv.

16 ch – 62/72 € 72/82 € – 12 € **Zu**

◆ Belle demeure fin 19e sur la rue principale de Pontivy. Orientale, marine, romantique, BD ou cinéma : chaque chambre est unique ; toutes sont douillettes...

L'Europe sans rest

12 r. François Mitterrand – ✆ 02 97 25 11 14 – www.hotellerieurope.com – Fermé 27 déc.-2 janv. **Zt**

18 ch – 65/120 € 75/140 € – 10 € – ½ P 73/105 €

◆ Dans cette maison Napoléon III, les chambres sont classiques, et l'on prend son petit-déjeuner dans un salon à l'élégance bourgeoise (parquet et boiseries) ou sous une jolie véranda.

PONTIVY

Anne-de-Bretagne (Pl.) . . . . . . Y 2
Caïnain (R.) . . . . Z 3
Couvent (Q. du) . . . . Y 4
Dr-Guépin (R. du) . . . . Y 5
Fil (R. du) . . . . Y 6
Friedland (R. de) . . . . Y 8
Gaulle (R. du Gén.-de) . . . . . . Y 9
Le Goff (R.) . . . . Z 16
Jean-Jaurès (R.) . . . . Z 10
Lamennais (R. J.-M. de) . . . . . Z 13
Lorois (R.) . . . . Y 17
Marengo (R.) . . . . Z 19
Martray (Pl. du) . . . . Y 20
Mitterrand (R. François) . . . . . Z 24
Nationale (R.) . . . . YZ
Niémen (Q.) . . . . Y 27
Plessis (Q. du) . . . . YZ 29
Pont (R. du) . . . . Y 28
Presbourg (Q.) . . . . Y 32
Récollets (Q. des) . . . . Y 33
Viollard (Bd) . . . . Z 38

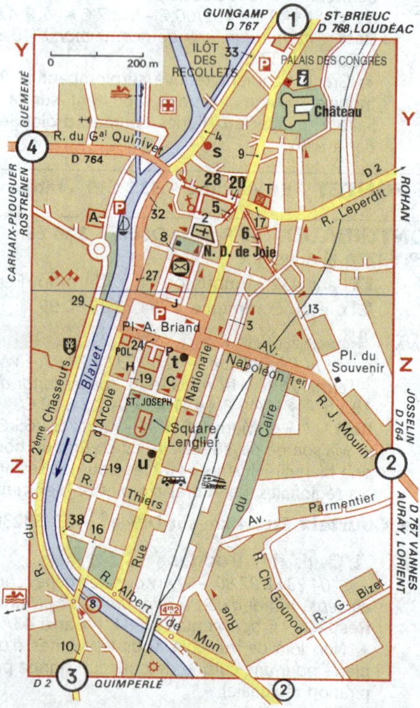

XX **La Pommeraie**

17 quai du Couvent – ✆ 02 97 25 60 09 – Fermé 30 avril-9 mai, 19 août-5 sept., 26 déc.-3 janv., dim. et lundi Ys

Rest – (18 €) Menu 27/56 € – Carte 39/46 €

◆ Des plats tout en simplicité et finement cuisinés, de bons produits du terroir... Cette Pommeraie à la façade framboise et citron ne manque pas de piquant !

PONT-L'ABBÉ – 29 Finistère – 308 F7 – 8 132 h. – alt. 5 m – ✉ 29120 9 A2

Bretagne

Paris 573 – Douarnenez 33 – Quimper 20

11 place Gambetta ✆ 02 98 82 37 99

Manoir de Kerazan★ 3 km par ② - Calvaire★★ de la chapelle N.-D.-de-Tronoën O : 8 km.

De Bretagne

24 pl. de la République – ✆ 02 98 87 17 22 – www.hoteldebretagne29.com

18 ch – †46/62 € ††51/67 € – ☕ 8 € – ½ P 66/70 €

Rest – *(fermé lundi midi)* (13 €) Menu 16 € (déj. en sem.), 26/41 € – Carte 28/78 €

◆ Sans prétention, les petites chambres de cet hôtel familial du centre-ville, sobrement meublées mais bien tenues, offrent une étape calme et pratique. Cuisine de la mer dans une salle à manger rustique régionale ou sur la terrasse dressée dans la cour intérieure.

PONT-L'ÉVÊQUE – 14 Calvados – 303 N4 – 4 158 h. – alt. 12 m 32 A3 – ✉ 14130

Normandie Vallée de la Seine

Paris 190 – Caen 49 – Le Havre 43 – Rouen 78

16 bis, Place Jean Bureau ✆ 02 31 64 12 77

de Saint-Julien, SE : 3 km par D 579, ✆ 02 31 64 30 30

La belle époque de l'automobile★ au Sud par D 48.

Le Lion d'Or sans rest

8 pl. Calvaire – ✆ 02 31 65 01 55 – www.leliondorhotel.com

25 ch – †69/120 € ††69/160 € – ☕ 12 €

◆ Cet ancien relais de poste du 17e s. propose des chambres sobres (mobilier en fer forgé), la plupart en duplex. Petit-déjeuner servi dans le salon-bar décoré d'objets chinés.

à St-Martin-aux-Chartrains 3 km par D 677, direction Deauville – 382 h. – alt. 13 m – ✉ 14130

Mercure rest,

– ✆ 02 31 64 40 40 – www.hoteldeauville.fr

63 ch – †87/122 € ††97/155 € – ☕ 13 €

Rest – *(fermé sam. midi et dim. midi sauf en juil.-août)* (18 €) Menu 21 € – Carte 28/41 € le soir

◆ Au calme d'un parc avec un plan d'eau, un hôtel contemporain aux chambres confortables (certaines plus vastes), meublées classiquement et bien tenues. Nombreux espaces séminaires. Salle à manger aux grandes baies vitrées, où l'on sert des plats de type brasserie. Terrasse.

Manoir le Mesnil sans rest

rte de Trouville – ✆ 02 31 64 71 01 – www.manoirlemesnil.com – Fermé en mars et en nov.

5 ch ☕ – †70 € ††75 €

◆ Demeure (fin 19e s.) ouverte sur un petit domaine. Chambres personnalisées et deux studios. L'accueillante maîtresse de maison prépare des petits-déjeuners gourmands servis au salon-bibliothèque.

à Pierrefitte-en-Auge 5 km au Sud-Est par D 48 et D 280A – 143 h. – alt. 59 m – ✉ 14130

X **Auberge des Deux Tonneaux**
– ✆ 02 31 64 09 31 – *www.aubergedesdeuxtonneaux.com – Fermé lundi soir et mardi*
Rest – Carte 26/50 €
◆ Ravissante chaumière avec sa terrasse ombragée face à la vallée. L'intérieur rustique rappelle l'esprit d'un pub anglais. Copieuse cuisine de terroir (boudin, tripes, teurgoule).

PONTLEVOY – 41 Loir-et-Cher – **318** E7 – 1 540 h. – alt. 99 m **11** A1
– ✉ 41400 Châteaux de la Loire

Paris 211 – Amboise 25 – Blois 27 – Montrichard 9

5, rue du Collège ✆ 02 54 71 60 77

Ancienne abbaye★.

XX **De l'École** avec ch
12 rte Montrichard – ✆ 02 54 32 50 30 – *www.hotelrestaurantdelecole.com*
– Fermé deux sem. en déc., deux sem. en janv. et une sem. en fév.
10 ch – †60/85 € ††60/85 € – ☕ 10 € – ½ P 67 €
Rest – *(fermé dim. soir, lundi et merc. sauf juil.-août et fériés) (prévenir le week-end)* (19 €) Menu 24/56 € – Carte 29/62 €
◆ Cuisine traditionnelle dans une jolie maison ligérienne abritant deux salles rustiques, dont l'une avec cheminée. En été, on s'installe dans le jardin fleuri où murmure une fontaine... Chambres peu à peu rénovées dans un style contemporain ; copieux petit-déjeuner.

PONTOISE – 95 Val-d'Oise – **305** D6 – **106** 5 – **101** 3 – voir à Paris, Environs (Cergy-Pontoise)

PONT-RÉAN – 35 Ille-et-Vilaine – **309** L6 – ✉ 35580 Guichen **10** D2

Paris 361 – Châteaubriant 57 – Fougères 67 – Nozay 60

XX **Auberge de Réan**
86 rte de Redon – ✆ 02 99 42 24 80 – *www.auberge-de-rean.com – Fermé dim. soir et lundi*
Rest – (15 € bc) Menu 20 € (déj. en sem.), 28/55 € – Carte 36/69 €
◆ Maison bretonne postée face au pont de pierre (18e s.) qui enjambe la Vilaine. Salle à manger aux couleurs ensoleillées, jolie terrasse tournée vers la rivière et carte actuelle.

PONT-ST-PIERRE – 27 Eure – **304** H5 – 1 111 h. – alt. 15 m **33** D2
– ✉ 27360 Normandie Vallée de la Seine

Paris 106 – Les Andelys 20 – Évreux 47 – Louviers 23

Boiseries★ de l'église - Côte des Deux-Amants ≤★★ SO : 4,5 km puis 15 mn - Ruines de l'abbaye de Fontaine-Guérard★ NE : 3 km.

XX **Auberge de l'Andelle**
27 Grande Rue – ✆ 02 32 49 70 18 – *www.aubergedelandelle.fr*
Rest – (18 €) Menu 22 € (sem.), 25/65 € – Carte 42/94 €
◆ Le cadre rustique égayé d'une cheminée en pierre et un espace recélant de multiples recoins font le charme de cette auberge normande. Sympathique carte traditionnelle.

PONT-STE-MARIE – 10 Aube – **313** E4 – rattaché à Troyes

PONT-SCORFF – 56 Morbihan – **308** K8 – 3 037 h. – alt. 42 m **9** B2
– ✉ 56620 Bretagne

Paris 503 – Lanester 13 – Lorient 13 – Rennes 152

route de Lorient ✆ 02 97 32 50 27

Laurent Le Berrigaud

Le Moulin des Princes – ✆ 02 97 32 42 07 – www.laurentleberrigaud.com – Fermé dim. soir et lundi

Rest – (20 €) Menu 47 € (dîner)/57 €

◆ Un moulin alliant pierres, poutres et tomettes, une terrasse sur pilotis donnant sur un riant cours d'eau... ce lieu est charmant ; on y savoure une cuisine inventive et ludique.

L'Art Gourmand

14 pl. de la Maison-des-Princes – ✆ 02 97 32 65 08 – Fermé 1 sem. en fév., 1 sem. en juil. et le merc.

Rest – *(nombre de couverts limité, prévenir)* (12 €) Menu 18/30 € – Carte 31/43 €

◆ Merlu rôti et sauce aux épices douces ; poire pochée, vin chaud et financier… Ce petit restaurant allie simplicité et sens du détail, ce qui est loin d'être l'enfance de l'art !

LES PONTS-NEUFS – 22 Côtes-d'Armor – 309 G3 – ✉ 22400 — 10 C2

Morieux

Paris 441 – Dinan 51 – Dinard 52 – Lamballe 9

La Cascade

4 r. des Ponts Neufs, sur D 786 – ✆ 02 96 32 82 20 – www.restaurantlacascade.com – Fermé mardi soir, merc. soir et jeudi soir du 16 sept. au 14 juin, dim. soir et lundi

Rest – Menu 23 € (déj.), 32/50 € – Carte 38/69 €

◆ De la salle à manger, vous profiterez de la vue sur l'étang. Le cadre est contemporain, associé à une séduisante cuisine traditionnelle.

PORNIC – 44 Loire-Atlantique – 316 D5 – 13 681 h. – alt. 20 m – Casino : le Môle – ✉ 44210 Bretagne — 34 A2

Paris 429 – Nantes 49 – La Roche-s-Yon 89 – Les Sables-d'Olonne 93

place de la Gare ✆ 02 40 82 04 40

de Pornic Avenue Scalby Newby, O : 1km, ✆ 02 40 82 06 69

Alliance

rest,

plage de la Source, 1 km au Sud – ✆ 02 40 82 21 21 – www.thalassopornic.com – Fermé 3-16 janv.

120 ch – 129/255 € 149/275 € – 8 suites – 16 €

Rest *La Source* – (22 €) Menu 32 € – Carte 34/40 €

Rest *La Terrasse* – Menu 32 € – Carte 34/40 €

◆ Dans une crique hérissée de rochers et de pins, vaste complexe hôtelier avec centre de thalasso. Chambres spacieuses, dotées d'une terrasse. À La Source, décor contemporain (large rotonde face au large) et plats classiques ou du terroir à base de produits bio. À La Terrasse, menu détox minceur dans un cadre épuré.

Auberge La Fontaine aux Bretons

chemin des Noëlles, 3 km au Sud-Est par rte de la Bernerie – ✆ 02 51 74 07 07 – www.auberge-la-fontaine.com – Fermé 3 janv.-11 fév.

12 suites – 166/227 € – 11 ch – 12 €

Rest – *(fermé dim. soir et lundi hors saison sauf fériés et vacances scolaires)* (15 €) Menu 20 € (sem.), 29/49 € – Carte 30/53 €

◆ Entre mer et campagne, cette ancienne ferme (1867) conserve un grand potager et des enclos avec animaux. Avis aux enfants ! Chambres rustiques et cosy, excellent petit-déjeuner. Superbe salle à manger d'autrefois ; cuisine du terroir, avec les légumes bio du jardin.

Beau Soleil sans rest

70 quai Leray – ✆ 02 40 82 34 58 – www.hotel-beausoleil-pornic.com

17 ch – 60/120 € 60/120 € – 10 €

◆ Bâtiment récent face au port et au château : la plupart des chambres offrent une jolie vue. Décor contemporain, simple et avenant. Faïence de Pornic pour le petit-déjeuner.

Maison Solveig ch, VISA
4 r. Charles-Babin – 02 40 82 53 62 – www.solveig-pornic.com – Fermé oct.
4 ch – 90 € 100 € **Table d'hôte** – Menu 25 € bc/50 €
◆ Non loin du chemin des Douaniers, maison récente cernée de coursives de bois, d'esprit colonial. Chambres à thème : "Val d'Isère" façon chalet, "Victorine" d'esprit Louis XV, etc. Cuisine régionale servie dans une belle porcelaine de Gien.

Beau Rivage A/C VISA AE
plage Birochère, 2,5 km au Sud-Est – 02 40 82 03 08 – www.restaurant-beaurivage.com – Fermé 15 déc.-31 janv., mardi sauf juil.-août et lundi
Rest – (23 €) Menu 37/80 € – Carte 50/70 €
◆ Sur le chemin des douaniers, derrière une façade marquée par les embruns, une salle charmante, évoquant la cabine d'un bateau. Produits de la pêche et belle sélection de muscadets.

L'Ana'Gram VISA
pl. du Petit-Nice – 02 40 82 51 25 – Fermé 12 nov.-10 déc., 14-24 mars, dim. soir et lundi
Rest – (14 €) Menu 19 € (sem.)/29 € – Carte 25/45 €
◆ À l'intérieur, décor de bistrot d'esprit marin ; à l'extérieur, terrasse dressée face au château. Dans l'assiette, recettes iodées et plats traditionnels.

à Ste-Marie Ouest : 3 km – ✉ 44210 Pornic

Les Sablons P VISA
13 r. des Sablons – 02 40 82 09 14 – www.hotelesablons.com
28 ch – 56/90 € 56/90 € – 9 € – ½ P 58/76 €
Rest – *(fermé 20 déc.-15 janv., dim. soir, mardi midi et lundi sauf du 15 juin au 15 sept.)* (15 €) Menu 18/41 € – Carte 28/58 €
◆ Il règne une ambiance familiale dans cet hôtel construit dans les années 1970, entre le village et la plage. Chambres simples et propres, certaines avec vue sur la mer. Salle à manger colorée et, en été, tables dressées côté jardin ; cuisine traditionnelle.

PORNICHET – 44 Loire-Atlantique – 316 B4 – 10 423 h. – alt. 12 m – Casino – ✉ 44380 Bretagne 34 A2

Paris 444 – La Baule 6 – Nantes 70 – St-Nazaire 11
3, boulevard de la République 02 40 61 33 33

Sud Bretagne P VISA AE
42 bd de la République – 02 40 11 65 00 – www.hotelsudbretagne.com
30 ch – 100/170 € 120/200 € – 15 €
Rest – *(fermé dim. hors saison)* Menu 38/75 € – Carte 50/75 €
◆ Entre port, commerces et plages, hôtel d'un certain cachet : chaque chambre a une vraie personnalité (design, classique, baroque, etc.) ; la moitié ouvre sur le grand jardin avec piscine. Salle à manger soignée, coquette terrasse et cuisine iodée.

Villa Flornoy ch, rest, VISA AE
7 av. Flornoy, (près de l'hôtel de ville) – 02 40 11 60 00 – www.villa-flornoy.com – Fermé déc. et janv.
30 ch – 50/112 € 60/124 € – 10 € – ½ P 58/86 €
Rest – *(ouvert 1er avril-30 sept. et fermé le midi)* Carte 27/54 €
◆ Dans un quartier résidentiel proche de l'hôtel de ville, grande villa de style anglo-normand. Chambres assez spacieuses, colorées ou plus classiques (toile de Jouy), d'un bon rapport confort-prix. Salle à manger claire et confortable ; cuisine actuelle (poisson).

Escale Océanide sans rest A/C VISA AE
50 av. de la plage – 02 40 11 26 26 – www.oceaniahotels.com
52 ch – 100/160 € 100/160 € – 10 €
◆ Un hôtel flambant neuf, très bien situé, entre le port et la plage des Libraires. Des chambres ou des appartements, bien équipés et confortables (bois wengé, parquet).

Le Régent

150 bd Océanides – ✆ 02 40 61 04 04 – www.le-regent.fr
23 ch – †89/113 € ††89/113 € – ☕ 11 € – ½ P 80/105 €
Rest *Grain de Folie* – (15 €) Menu 25/40 € – Carte 30/48 €
♦ Hôtel-restaurant centenaire tenu en famille : un lieu plein de vie ! Chambres chaleureuses, assez modernes, certaines avec terrasse embrassant l'Atlantique... Un Grain de Folie souffle côté cuisines : large véranda face à la mer, tons vifs et cuisine inventive.

PORQUEROLLES (ÎLE DE) – 83 Var – **340** M7 – voir à Île de Porquerolles

---

PORT-CAMARGUE – 30 Gard – **339** J7 – rattaché au Grau-du-Roi

---

PORT-CROS (ÎLE DE) – 83 Var – **340** N7 – voir à Île de Port-Cros

---

PORT-DE-CARHAIX – 29 Finistère – **308** J5 – rattaché à Carhaix

---

PORT-DE-GAGNAC – 46 Lot – **337** H2 – rattaché à Bretenoux

PORT-DE-SALLES – 86 Vienne – **322** J7 – rattaché à l'Isle-Jourdain

---

PORT-DE-SECHEX – 74 Haute-Savoie – **328** L2 – rattaché à Thonon-les-Bains

---

PORT-EN-BESSIN – 14 Calvados – **303** H3 – 1 958 h. – alt. 10 m **32** B2
– ✉ 14520 Port en Bessin Huppain Normandie Cotentin

Paris 275 – Bayeux 10 – Caen 41 – Cherbourg 92

2, rue du Croiseur Montcalm ✆ 02 31 22 45 80

La Chenevière

1,5 km au Sud par D 6 – ✆ 02 31 51 25 25 – www.lacheneviere.com – Ouvert mars à nov.
26 ch – †202/372 € ††202/372 € – 3 suites – ☕ 24 € – ½ P 172/262 €
Rest – *(Fermé le midi)* Menu 35 € (sem.), 50/90 € – Carte 55/110 €
♦ Cette noble demeure (19e s.) et ses dépendances entourées d'un beau parc abritent des chambres soignées aux tons pastel. Salons cossus, bar-caveau à l'insolite décor exotique. La salle à manger bourgeoise possède l'âme de ces belles maisons qui savent recevoir.

Mercure

chemin du Colombier, sur le golf, 2 km à l'Ouest par D 514 – ✆ 02 31 22 44 44 – www.mercure.com – Fermé 17 déc.-15 janv.
70 ch – †80/185 € ††90/185 € – ☕ 13 € – ½ P 75/95 €
Rest – (15 €) Menu 25/35 € – Carte 29/43 €
♦ Complexe hôtelier idéalement situé à l'orée du golf. Nuits calmes dans des chambres rénovées, pratiques et actuelles. Salle à manger-véranda proposant une cuisine traditionnelle et club-house où l'on sert une petite carte de type brasserie.

Fleur de Sel

6 quai Félix Faure – ✆ 02 31 21 73 01 – Fermé 20 déc.-14 fév., mardi d'oct. à Pâques et merc.
Rest – Menu 17/87 € – Carte 24/48 €
♦ Ce restaurant face au port concocte des plats simples à partir des produits de la pêche. Suggestions à l'ardoise ; décor rustique en bas, marin à l'étage (vue sur la Tour Vauban).

PORT-GOULPHAR – 56 Morbihan – **308** L11 – voir à Belle-Ile-en-Mer

---

PORT-GRIMAUD – 83 Var – **340** O6 – ✉ 83310 Cogolin Côte d'Azur **41** C3

Paris 867 – Brignoles 63 – Fréjus 27 – Hyères 47

<★ de la tour de l'Église oecuménique.

Giraglia
pl. du 14 Juin – ✆ 04 94 56 31 33 – www.hotelgiraglia.com – Ouvert fin mai à fin sept.
48 ch – 300/490 € 300/490 € – 1 suite – 23 €
Rest – Menu 60 € (dîner) – Carte 50/115 €
◆ Un bâtiment imposant, en bout de jetée, face à St-Tropez. Chambres confortables et lumineuses (teintes du Sud), la plupart donnant sur les flots. Plage privée. Le restaurant et ses terrasses fleuries ouvrent sur la grande bleue ; cuisine méditerranéenne.

Suffren sans rest
16 pl. du Marché – ✆ 04 94 55 15 05 – www.hotelleriedusoleil.com – Ouvert 9 avril-30 oct.
19 ch – 115/165 € 115/255 € – 12 €
◆ Un hôtel moderne au cœur de la "Venise provençale", dans un secteur semi-piéton. Patines à l'ancienne et couleurs vives égayent les chambres, la plupart avec balcon.

PORTICCIO – 2A Corse-du-Sud – 345 B8 – voir à Corse

PORTIRAGNES – 34 Hérault – 339 F9 – 2 992 h. – alt. 10 m – ✉ 34420 23 C2

Paris 762 – Agde 13 – Béziers 13 – Montpellier 72
place du Bicentenaire ✆ 04 67 90 92 51

Mirador
4 bd Front-de-Mer, à Portiragnes-Plage – ✆ 04 67 90 91 33 – www.hotel-le-mirador.com – Fermé 13 nov.-15 déc. et 3 janv.-2 fév.
16 ch – 49/135 € 49/135 € – 8 € – ½ P 52/95 €
Rest *Saveurs du Sud* – ✆ 04 67 90 97 67 *(fermé merc. midi hors saison)* (15 €) Menu 20/48 € – Carte 32/55 €
◆ Près du rivage, un hôtel familial aux chambres fonctionnelles et bien tenues. Certaines disposent de terrasses orientées vers les flots. Cuisine traditionnelle aux... Saveurs du Sud ; salle à manger avec véranda.

PORTIVY – 56 Morbihan – 308 M9 – rattaché à Quiberon

PORT-JOINVILLE – 85 Vendée – 316 B7 – voir à Île d'Yeu

PORT-LA-NOUVELLE – 11 Aude – 344 J4 – 5 553 h. – alt. 2 m – Casino – ✉ 11210 Languedoc Roussillon 22 B3

Paris 813 – Carcassonne 81 – Montpellier 120 – Perpignan 49
place Paul Valéry ✆ 04 68 48 00 51

Méditerranée
bd Front-de-Mer – ✆ 04 68 48 03 08 – www.hotelmediterranee.com – Fermé 7-16 nov. et 3 janv.-8 fév.
30 ch – 78/90 € 78/98 € – 9 € – ½ P 62/78 €
Rest – *(fermé dim. soir et lundi midi du 21 nov. au 1er avril)* Menu 13/45 € – Carte 28/64 €
◆ Construction balnéaire bâtie le long de la promenade, face à la plage. Chambres de bonne ampleur et correctement équipées, à choisir avec balcon côté mer pour profiter de la vue. Cuisine axée sur les produits de la pêche au restaurant. Terrasse-trottoir.

PORT-LESNEY – 39 Jura – 321 E4 – 506 h. – alt. 251 m – ✉ 39600 16 B2
Franche-Comté Jura

Paris 401 – Arbois 12 – Besançon 36 – Dole 39

Château de Germigney

r. Edgar-Faure – ✆ 03 84 73 85 85 – www.chateaudegermigney.com – Fermé vacances de fév. et de la Toussaint
20 ch – †130 € ††220/350 € – ☕ 17 €
Rest – *(fermé lundi midi et mardi midi)* Menu 39 € (déj.), 66/99 € – Carte 58/108 €
Spéc. Raviole de langoustine, beurre au vin jaune et caramel salé. Volaille de Bresse cuite en terrine lutée. Saint-honoré aux figues noires confites, parfumé au citron, sorbet cassis-framboise (saison). **Vins** Arbois, Côtes du Jura.
◆ Manoir blotti dans un superbe parc doté d'une piscine écologique (eau venant d'un étang et filtrée naturellement). Grandes chambres personnalisées et salon feutré. Cuisine unissant pour le meilleur la Provence au Jura, servie dans une salle voûtée, à l'orangerie ou sur la terrasse.

Le Bistrot Pontarlier

pl. du 8 Mai-1945 – ✆ 03 84 37 83 27 – www.bistrotdeportlesney.com – Fermé 2 sem. en fév. et nov., lundi soir, mardi soir, merc. et jeudi sauf en juil.-août
Rest – (18 €) Menu 25 € – Carte 26/38 €
◆ Au bord de la Loue, un grand bistrot avec nappes à carreaux et objets chinés, et sa terrasse d'esprit guinguette à l'ombre d'un tulipier de Virginie. Goûteuse cuisine du terroir.

PORT-LEUCATE – 11 Aude – 344 J5 – rattaché à Leucate

PORT-LOUIS – 56 Morbihan – 308 K8 – 2 980 h. – alt. 5 m – ✉ 56290 9 B2

Paris 505 – Lorient 19 – Pontivy 61 – Vannes 50
1, rue de la Citadelle ✆ 02 97 82 14 75

Avel Vor (Patrice Gahinet)

25 r. de Locmalo – ✆ 02 97 82 47 59 – www.restaurant-avel-vor.com – Fermé 28 juin-6 juil., 27 sept.-13 oct., mardi sauf juil.-août, dim. soir et lundi
Rest – Menu 28 € (sem.), 47/87 € – Carte 69/135 €
Spéc. Escalope de foie gras poêlé, langoustines rôties, écume de lait de coco aux épices (mai à sept.). Filets de sole rôtis meunière, pommes de terre écrasées, coque de langoustines (mai à sept.). Nectarine caramélisée, sablé breton, caramel salé, glace fromage blanc (mai à sept.).
◆ Un Avel Vor ("vent de mer" en breton) souffle sur cette table au cadre contemporain raffiné. Cuisine pleine de finesse qui sublime, entre autres, les poissons fraîchement pêchés.

PORT-MANECH – 29 Finistère – 308 I8 – ✉ 29920 Nevez Bretagne 9 B2

Paris 545 – Carhaix-Plouguer 73 – Concarneau 18 – Quimper 44

Du Port et de l'Aven

30 r. Aven – ✆ 02 98 06 82 17 – www.hotelduport.com – Ouvert 1er avril-30 sept.
31 ch – †45/60 € ††48/70 € – ☕ 8 € – ½ P 51/62 €
Rest – *(fermé le midi hors saison, sam. midi et merc. en juil.-août)* Menu 20/42 € – Carte 29/48 €
◆ Près du port, une adresse familiale sympathique et bien tenue. Chambres rénovées dans un esprit contemporain, calmes et avec une vue plus dégagée dans l'annexe. Cuisine traditionnelle servie dans une véranda ou en terrasse, face au port. Spécialités de homard.

PORT-MORT – 27 Eure – 304 I6 – 1 008 h. – alt. 19 m – ✉ 27940 33 D2

Paris 89 – Les Andelys 11 – Évreux 33 – Rouen 55

Auberge des Pêcheurs

– ✆ 02 32 52 60 43 – Fermé 25 juil.-19 août, 2-20 janv., dim. soir, mardi soir et merc.
Rest – Menu 15 € (déj. en sem.), 25/35 € – Carte 35/55 €
◆ La Seine serpente à quelques encablures de cette auberge. Grande salle à manger de style rustique, prolongée par une véranda tournée vers le jardin. Registre traditionnel.

PORT-NAVALO – 56 Morbihan – 308 N9 – rattaché à Arzon

PORTO – 2A Corse-du-Sud – **345** B6 – voir à Corse

PORTO-POLLO – 2A Corse-du-Sud – **345** B9 – voir à Corse

PORTO-VECCHIO – 2A Corse-du-Sud – **345** E10 – voir à Corse

PORTSALL – 29 Finistère – **308** C3 – ✉ 29830 Bretagne **9** A1

Paris 616 – Brest 29 – Quimper 98 – Rennes 263

La Demeure Océane sans rest

20 r. Bar Al Lan – ✆ 02 98 48 77 42 – www.demeure-oceane.fr – Ouvert 16 fév.-14 oct.

5 ch – 62/68 € 68/72 €

◆ Agréable maison bourgeoise du début 20e s., située au-dessus du port. Chambres avec vue océane, joli salon-véranda côté jardin et salle à manger d'esprit anglais.

Les Littorines

8 square de l'Aberic – ✆ 02 98 48 61 85 – www.les-littorines.fr – Ouvert de fév. à oct.

Rest – (14 €) Menu 22/32 € – Carte 30/48 €

◆ Dans une maison néobretonne située sur le port, agréable cuisine au goût du jour servie dans une salle avec tables et chaises en bois. Fonctionnement familial et souriant.

PORT-SUR-SAÔNE – 70 Haute-Saône – **314** E6 – 2 927 h. – alt. 228 m – ✉ 70170 **16** B1

Paris 347 – Besançon 61 – Bourbonne-les-Bains 46 – Épinal 75

rue de la Rézelle ✆ 03 84 78 10 66

à Vauchoux Sud : 3 km par D 6 – 123 h. – alt. 210 m – ✉ 70170

Château de Vauchoux (Jean-Michel Turin)

rte de la vallée de la Saône – ✆ 03 84 91 53 55 – Fermé 21-28 fév., lundi et mardi

Rest – *(prévenir)* Menu 75/125 €

Spéc. Saint-Jacques façon "Mère Jeanne". Dos d'oie rôti au caramel d'épices, cranberry et pollen de fleurs. Magie du chocolat noir "fête du miel", sorbet menthe fraîche. **Vins** Charcenne, Champlitte.

◆ Une adresse pleine de charme que cet ancien pavillon de chasse : parc fleuri, belle salle de style Louis XV, cuisine classique généreuse et cave riche, notamment en bordeaux.

PORT-VENDRES – 66 Pyrénées-Orientales – **344** J7 – 4 478 h. – alt. 3 m – ✉ 66660 Languedoc Roussillon **22** B3

Paris 881 – Montpellier 192 – Perpignan 32

1, quai François Joly ✆ 04 68 82 07 54

Tour Madeloc ✻★★ SO : 8 km puis 15 mn.

Les Jardins du Cèdre

29 rte Banyuls – ✆ 04 68 82 01 05 – www.lesjardinsducedre.com – Fermé 15 nov.-20 déc. et 7 janv.-1er fév.

19 ch – 66/110 € 66/110 € – 1 suite – 10 € – ½ P 71/100 €

Rest – *(fermé le midi en sem. et mardi soir)* Menu 35/46 € – Carte 44/80 €

◆ Vue étendue sur le port et la mer, jolie piscine, palmiers et... vieux cèdre du Liban caractérisent cet hôtel très séduisant. Chambres colorées progressivement rénovées. Coquet restaurant et terrasse ombragée où l'on apprécie une fine cuisine de terroir actualisée.

Côte Vermeille

quai du Fanal, direction la criée – ✆ 04 68 82 05 71 – Fermé 5 janv.-5 fév., dim. et lundi sauf juil.-août

Rest – Menu 29 € bc (déj. en sem.), 36/82 € – Carte 48/65 €

◆ Table ancrée sur le port : le chef n'a que deux pas à faire pour trouver à la criée le meilleur de la Méditerranée ! Restauration plus simple côté terrasse (grill).

LA POTERIE – 22 Côtes-d'Armor – **309** H4 – rattaché à Lamballe

POUANÇAY – 86 Vienne – **322** F2 – 243 h. – alt. 73 m **39** C1

Paris 348 – Bressuire 56 – Poitiers 75 – Saumur 29

XX **Trésor Belge**

1 allée du Jardin Secret – ✆ 05 49 98 72 25 – www.tresorbelge.com – Fermé 1er-7 juil., 1er-7 sept., janv., lundi et mardi

Rest – *(nombre de couverts limité, prévenir)* Menu 35/59 € – Carte 38/75 €

◆ Une "ambassade" de la cuisine flamande où l'on déguste en toute convivialité de belles spécialités belges arrosées d'incontournables bières (plus de 40 sortes différentes !).

POUGUES-LES-EAUX – 58 Nièvre – **319** B9 – 2 510 h. – alt. 198 m **7** A2 – Casino – ✉ 58320 Bourgogne

Paris 225 – Auxerre 123 – Bourges 65 – Nevers 12

44, avenue de Paris ✆ 03 86 37 32 91

Hôtel des Sources sans rest

r. Mignarderie – ✆ 03 86 90 11 90 – www.hoteldessources.fr

29 ch – †62 € ††62 € – ☐ 9 €

◆ Un hôtel familial entouré de verdure. Chambres fonctionnelles et impeccablement tenues, atmosphère conviviale et bons petits-déjeuners... non loin du casino.

POUILLON – 40 Landes – **335** F13 – 2 746 h. – alt. 28 m – ✉ 40350 **3** B3

Paris 742 – Dax 16 – Mont-de-Marsan 69 – Orthez 28

chemin de Lahitte ✆ 05 58 98 38 93

XX **L'Auberge du Pas de Vent**

281 av. du Pas-de-Vent – ✆ 05 58 98 34 65 – www.auberge-dupasdevent.com – Fermé 23 oct.-4 nov., 12-28 fév., dim. soir, lundi soir, mardi soir et merc.

Rest – (12 €) Menu 21/30 € – Carte 40/65 €

◆ Le chef de cette sympathique auberge champêtre réalise une cuisine régionale qui remet à l'honneur de vieilles recettes de grand-mère. Terrain de "quilles de Neuf" attenant.

POUILLY-EN-AUXOIS – 21 Côte-d'Or – **320** H6 – 1 447 h. – alt. 390 m **8** C2 – ✉ 21320 Bourgogne

Paris 270 – Avallon 66 – Beaune 42 – Dijon 44

le Colombier ✆ 03 80 90 74 24

18 du Château de Chailly Chailly s/Armançon, O : 6 km par D 977, ✆ 03 80 90 30 40

X **De La Poste** avec ch

pl. de la Libération – ✆ 03 80 90 86 44 – www.hoteldelapostepouilly.fr – Fermé 14 nov.-5 déc., dim. soir et lundi

7 ch – †49/55 € ††55/61 € – ☐ 7 €

Rest – (13 € bc) Menu 19/45 € – Carte 26/44 €

◆ Auberge en pierre sur la place centrale de cette petite localité bourguignonne. Salle à manger-véranda de style campagnard et choix traditionnel aux accents régionaux. Chambres spacieuses et modestes.

à Chailly-sur-Armançon 6,5 km à l'Ouest par D 977bis – 270 h. – alt. 387 m – ✉ 21320

Château de Chailly

✆ 03 80 90 30 30 – www.chailly.com – Ouvert 1er mars-19 déc.

42 ch – †219/549 € ††219/549 € – 3 suites – ☐ 15 €

Rest *L'Armançon* – *(fermé mardi de nov. à mars, dim., lundi et le midi)* Menu 50/100 € – Carte 50/80 €

Rest *Le Rubillon* – *(fermé dim. soir, lundi et mardi de nov. à mars et le soir sauf dim. et lundi)* (21 €) Menu 29 € (déj.), 34/42 € – Carte 35/55 € le soir

◆ Une riche façade Renaissance, une autre rappelant son rôle défensif au Moyen-Âge : ce château agrémenté d'un vaste parc et d'un superbe golf offre à ses hôtes un cadre fastueux. Table classique et décor au diapason à L'Armançon. Terrasse tournée vers la piscine, buffets et plats traditionnels au Rubillon.

POUILLY-LE-FORT – 77 Seine-et-Marne – **312** E4 – voir à Paris, Environs (Sénart)

POUILLY-SOUS-CHARLIEU – 42 Loire – 327 D3 – 2 659 h. – alt. 264 m – ✉ 42720 44 A1

Paris 393 – Charlieu 5 – Digoin 43 – Roanne 15

Loire

r. de la Berge – ☎ 04 77 60 81 36 – www.restaurant-loire.fr – Fermé 26 sept.-7 oct., 2-28 janv., dim. soir, lundi et mardi sauf juil.-août

Rest – (16 €) Menu 21/70 € – Carte 31/82 €

◆ Cette auberge servait jadis de la friture. Aujourd'hui, c'est un élégant restaurant, avec une terrasse côté jardin où l'on déguste foie gras, grenouilles, homard et turbot.

POUILLY-SUR-LOIRE – 58 Nièvre – 319 A8 – 1 767 h. – alt. 168 m – ✉ 58150 Bourgogne 7 A2

Paris 200 – Bourges 58 – Clamecy 54 – Cosne-Cours-sur-Loire 18

17, quai Jules Pabiot ☎ 03 86 39 54 54

Relais de Pouilly ch, ch,

rte de Mesves-sur-Loire, 3 km au Sud par D 28^{A} – ☎ 03 86 39 03 00 – www.relaisdepouilly.com

24 ch – 56/72 € 75/84 € – 10 € – ½ P 75/80 €

Rest – (14 €) Menu 19/35 € – Carte 25/45 €

◆ Pour l'étape, un hôtel proche de la cité vigneronne et d'une aire d'autoroute (accès piétonnier). Chambres insonorisées tournées vers la réserve naturelle de la Loire ; jardin et aire de jeux. Cuisine traditionnelle, buffets, grillades et sélection de pouillys.

Le Coq Hardi-Relais Fleuri avec ch ch, rest,

42 av. de la Tuilerie – ☎ 03 86 39 12 99 – www.lecoqhardi.fr – Fermé 20-29 déc., 15 fév.-13 mars, dim. soir, mardi midi et lundi d'oct. à avril

9 ch – 75 € 75 € – 11 €

Rest – (19 €) Menu 24 € (sem.), 37/59 € – Carte 50/75 €

◆ Dans cette vénérable hostellerie, on s'installe dans une salle donnant sur le jardin qui borde la Loire... Le chef concocte une cuisine traditionnelle pleine de saveur. Certaines des chambres ouvrent sur la verdure.

POULDREUZIC – 29 Finistère – 308 E7 – 1 814 h. – alt. 51 m – ✉ 29710 9 A2

Paris 587 – Audierne 17 – Douarnenez 17 – Pont-l'Abbé 15

rue de la Mer ☎ 02 98 54 49 90

à Penhors Ouest: 4 km par D 40 – ✉ 29710 Pouldreuzic

Breiz Armor

à la plage – ☎ 02 98 51 52 53 – www.breiz-armor.fr – Ouvert 2 avril-16 oct. et 26-31 déc.

36 ch – 79/90 € 79/90 € – 10 € – ½ P 77/86 €

Rest – *(fermé lundi sauf le soir en juil.-août)* Menu 15 € (déj. en sem.), 23/56 € – Carte 23/58 €

◆ Ensemble moderne tourné vers l'océan. Plaisantes chambres rénovées en 2009 dans un style actuel. Nombreux "plus" : billard, solarium, fitness, sauna, vélos, buanderie, etc. À table, belle vue sur le large, saveurs marines et spécialités du pays bigouden.

LE POULDU – 29 Finistère – 308 J8 – ✉ 29360 Clohars Carnoet 9 B2

Bretagne

Paris 521 – Concarneau 37 – Lorient 25 – Moëlan-sur-Mer 10

St-Maurice : site★ et ★ du pont NE : 7 km.

Le Panoramique sans rest

au Kérou-plage – ☎ 02 98 39 93 49 – www.hotel-panoramique.fr – Ouvert 1^{er}avril-2 nov.

25 ch – 51/67 € 51/67 € – 8,50 €

◆ Accueil très souriant dans cet hôtel bien tenu et aux installations de qualité. Petit-déjeuner dans une salle lumineuse avec vue sur mer, salons de lecture. Bar et TV.

POURVILLE-SUR-MER – 76 Seine-Maritime – **304** G2 – rattaché à Dieppe

POUZAY – 37 Indre-et-Loire – **317** M6 – rattaché à Ste-Maure-de-Touraine

LE POUZIN – 07 Ardèche – **331** K5 – 2 668 h. – alt. 90 m – ✉ 07250 **44** B3

Paris 590 – Lyon 127 – Privas 16 – Valence 28

La Cardinale
Quartier Serre Petou – ✆ 04 75 41 20 39 – www.hotellacardinale.com
– Fermé 9 oct.-9 nov. et 17 déc.-1er mars
10 ch – 90/175 € 140/245 € – 15 €
Rest – *(fermé lundi, mardi et merc. d'oct. à mai) (dîner seult) (prévenir)* Menu 25/38 €
◆ Un beau mas, un parc aux essences choisies, une jolie piscine, des kiosques... C'est charmant !Chambres raffinées (salles de bains rétro, bois massif), certaines de plain-pied dans l'annexe récente (avec terrasse). Cuisine actuelle de saison.

PRADES – 66 Pyrénées-Orientales – **344** F7 – 6 221 h. – alt. 360 m **22** B3
– ✉ 66500 Languedoc Roussillon

Paris 892 – Mont-Louis 36 – Olette 16 – Perpignan 46
10, place de la République ✆ 04 68 05 41 02
de Marcevol à Arboussols Le Hameau de Marcevol, NE : 10 km par D 35, ✆ 04 68 96 18 08
Abbaye St-Michel-de-Cuxa★★ S : 3 km - Village d'Eus★ NE : 7 km.

Pradotel sans rest
av. Festival, sur la rocade – ✆ 04 68 05 22 66
39 ch – 50/62 € 54/72 € – 8,50 €
◆ Bâtiment contemporain et fonctionnel. À l'arrière, belle perspective sur le Canigou depuis les balcons ; terrasses pour les chambres de plain-pied côté piscine.

à Clara au Sud 5 km par D 35 – ✉ 66500

Les Loges du Jardin d'Aymeric avec ch
7 r. du Canigou – ✆ 04 68 96 08 72 – www.logesaymeric.com
– Fermé janv.
3 ch – 55/75 € 65/85 € **Rest** – *(fermé mardi soir et merc. d'oct. à mai) (nombre de couverts limité, prévenir)* Menu 34/50 €
◆ Dans un village au pied du Canigou, jolie bâtisse en pierre où vous serez accueillis comme à la maison. Fine cuisine à base de beaux produits sélectionnés par le chef passionné. Chambres spacieuses à la fois sobres et colorées. Agréable piscine et jardin fleuri.

LE PRADET – 83 Var – **340** L7 – 10 603 h. – alt. 1 m – ✉ 83220 **41** C3
Côte d'Azur

Paris 842 – Draguignan 76 – Hyères 11 – Toulon 10
place Général-de-Gaulle ✆ 04 94 21 71 69
Musée de la mine de Cap Garonne : grande salle★, 3 km au Sud par D 86.

aux Oursinières Sud : 3 km par D 86 – ✉ 83320 Le Pradet

L'Escapade sans rest
1 r. de la Tartane – ✆ 04 94 08 39 39 – www.hotel-escapade.com
– Ouvert 12 mars-4 nov.
9 ch – 115/215 € 125/250 € – 1 suite – 13 €
◆ À 100 m de la mer, un petit nid au calme, idéal pour une escapade sous le soleil... Atmosphère douillette dans les chambres, disséminées à travers le beau jardin.

La Chanterelle
50 r. de la Tartane – ✆ 04 94 08 52 60 – www.hotel-escapade.com
– Fermé 6 nov.-2 déc., 3 janv.-6 mars, lundi et mardi de sept. à avril
Rest – Menu 39/49 € – Carte 54/65 €
◆ Une cuisine provençale délicate et pleine d'arômes, que l'on déguste avec plaisir dans une jolie maison en pierre (plafond en bois sculpté, vitraux colorés, jardin fleuri).

PRALOGNAN-LA-VANOISE – 73 Savoie – 333 N5 – 738 h. 45 D2
– alt. 1 425 m – Sports d'hiver : 1 410/2 360 m 1 13 – ✉ 73710 Alpes du Nord

Paris 634 – Albertville 53 – Chambéry 103 – Moûtiers 28

avenue de Chasseforêt ☎ 04 79 08 79 08

Site★ - Parc national de la Vanoise★★ - La Chollière★ SO : 1,5 km puis 30 mn - Mont Bochor ★ par téléphérique.

Les Airelles
rest,

les Darbelays, 1 km au Nord – ☎ 04 79 08 70 32 – www.hotel-les-airelles.fr – Ouvert 4 juin-16 sept. et 17 déc.-20 avril

21 ch (½ P seult) – ½ P 54/78 € **Rest** – Menu 23 € – Carte 23/29 €

◆ Cet avenant chalet des années 1980 se situe à l'orée de la forêt des Granges. Chambres coquettes et soignées, prédominance du bois et belle vue sur les montagnes. Table régionale chaleureuse et spécialités fromagères (tartiflettes, fondues, gratins...).

De la Vanoise
ch,

– ☎ 04 79 08 70 34 – www.hoteldelavanoise.fr – Ouvert de mi-juin à mi-sept. et 20 déc.-20 avril

32 ch – 50/65 € 70/140 € – 9 € – ½ P 55/95 €

Rest – (15 €) Menu 18/38 € – Carte 22/39 €

◆ Au cœur de la station, près des remontées mécaniques. Chambres simples et lambrissées (dont quelques duplex), toutes dotées d'un balcon. Sauna. Plats savoyards ou végétariens dans un cadre alpin (bois blond et tissus fleuris).

Du Grand Bec
rest,

– ☎ 04 79 08 71 10 – www.hoteldugrandbec.fr – Ouvert 1er juin-18 sept. et 17 déc.-13 avril

39 ch – 55/80 € 60/130 € – 12 € – ½ P 54/84 €

Rest – Menu 22/50 € – Carte 25/58 €

◆ La crête du Grand Bec veille sur cette bâtisse postée à l'entrée de la station. Chambres montagnardes avec balcon (certaines disposant d'un salon). Restaurant rustique et terrasse tournée vers le village et les sommets. Carte traditionnelle (produits régionaux).

PRA-LOUP – 04 Alpes-de-Haute-Provence – 334 H6 – rattaché à Barcelonnette

LE PRARION – 74 Haute-Savoie – 328 N5 – rattaché aux Houches

PRATS-DE-MOLLO-LA-PRESTE – 66 Pyrénées-Orientales – 344 F8 22 B3
– 1 141 h. – alt. 740 m – ✉ 66230 Languedoc Roussillon

Paris 905 – Céret 32 – Perpignan 64

place du Foiral ☎ 04 68 39 70 83

Ville haute★.

Bellevue
rest,

pl. du Foiral – ☎ 04 68 39 72 48 – www.hotel-le-bellevue.fr – Fermé 1er déc.-17 fév., mardi et merc. du 6 nov. au 1er avril

17 ch – 42/57 € 51/70 € – 10 € – ½ P 45/62 €

Rest – (17 €) Menu 22/50 € – Carte 36/51 €

◆ Bâtisse régionale dominant la place du foirail avec vue sur les remparts de la cité médiévale et la montagne. La moitié des chambres a été rénovée dans un esprit contemporain. Charmante salle à manger aux tons pastel ; fine cuisine catalane actualisée.

à La Preste : 8 km – ✉ 66230 Prats-de-Mollo-la-Preste – Stat. therm. : début avril-mi nov.

Ribes
rest,

– ☎ 04 68 39 71 04 – www.hotel-ribes.com – Ouvert 1er mai -16 oct.

16 ch – 48/51 € 48/57 € – 9 € – ½ P 42/48 €

Rest – (11 €) Menu 18/30 € – Carte 28/42 €

◆ La ferme, isolée au milieu des prés, est devenue une sympathique hôtellerie familiale. Chambres refaites par étapes, modestes mais bien tenues. Restaurant campagnard tourné vers la vallée ; cuisine catalane en partie élaborée avec des produits d'élevage maison.

PRATZ – 39 Jura – **321** E8 – 569 h. – alt. 682 m – ✉ 39170 **16** B3

Paris 460 – Besançon 130 – Genève 113 – Lons-le-Saunier 47

Les Louvières

– ✆ 03 84 42 09 24 – www.leslouvieres.com – Fermé 6-21 sept., 19 déc.-3 fév., dim. soir, lundi et mardi

Rest – Menu 38 €

◆ Isolée, cette ferme de pays parfaitement rénovée offre un décor très contemporain sans rien renier de son style montagnard. Cuisine actuelle proposée sur ardoise, vins du monde.

LE PRAZ – 73 Savoie – **333** M5 – rattaché à Courchevel

LES PRAZ-DE-CHAMONIX – 74 Haute-Savoie – **328** O5 – rattaché à Chamonix-Mont-Blanc

PRAZ-SUR-ARLY – 74 Haute-Savoie – **328** M5 – 1 315 h. – alt. 1 036 m – Sports d'hiver : 1 036/2 070 m 12 – ✉ 74120 **46** F1

Paris 602 – Albertville 28 – Chambéry 79 – Chamonix-Mont-Blanc 37

Mairie ✆ 04 50 21 90 57

La Griyotire

rte La Tonnaz – ✆ 04 50 21 86 36 – www.griyotire.com – Ouvert 18 juin-18 sept. et 17 déc.-15 avril

16 ch – †80/124 € ††80/124 € – ☐ 11 € – ½ P 80/102 €

Rest – *(dîner seult)* Menu 20/35 € – Carte 28/52 €

◆ Cet élégant chalet savoyard, à la fois central et paisible, dispose de très belles chambres cosy et d'un salon-cheminée cossu. Hammam, sauna et massages. Au restaurant : chaleureux cadre montagnard, spécialités savoyardes et plats classiques.

PREIGNAC – 33 Gironde – **335** J7 – rattaché à Langon

PRÉNERON – 32 Gers – **336** D7 – rattaché à Vic-Fezensac

PRENOIS – 21 Côte-d'Or – **320** J5 – rattaché à Dijon

LE PRÉ-ST-GERVAIS – 93 Seine-Saint-Denis – **305** F7 – **101** 16 – voir à Paris, Environs

LA PRESTE – 66 Pyrénées-Orientales – **344** F8 – rattaché à Prats-de-Mollo

PRINGY – 74 Haute-Savoie – **328** J5 – rattaché à Annecy

PRIVAS – 07 Ardèche – **331** J5 – 8 624 h. – alt. 300 m – ✉ 07000 **44** B3

Lyon Drôme Ardèche

Paris 596 – Montélimar 34 – Le Puy-en-Velay 91 – Valence 41

3, place du Général-de-Gaulle ✆ 04 75 64 33 35

Site★.

La Chaumette

av. du Vanel – ✆ 04 75 64 30 66 – www.hotelchaumette.fr – Fermé vacances de la Toussaint et 2-15 janv.

36 ch – †60/79 € ††77/96 € – ☐ 15 € – ½ P 70/85 €

Rest – *(fermé sam. et dim. sauf le soir de juin à mi-oct.)* (18 €) Menu 35 € (déj. en sem.), 39/65 € – Carte 60/78 €

◆ Cet hôtel moderne a l'âme voyageuse : les chambres évoquent le Midi, l'Afrique, la Chine... Moins loin, il fait bon lézarder au bord de la piscine ou au Bar des Suds. Agréable terrasse au restaurant, où le chef s'inpire du terroir.

à Rochessauve 11km au Sud-Est par D2 et D 299 – 368 h. – alt. 300 m – ✉ 07210

Château de Rochessauve
– ✆ 04 75 65 07 06 – www.chateau-de-rochessauve.com
– *Fermé 1er janv. à Pâques et nov.*
5 ch – 110/120 € 110/130 €
Table d'hôte – *(fermé jeudi)* Menu 25 € bc/40 € bc
◆ Un château du 13e s. perché sur un piton rocheux... Protégé du mistral par la falaise, on contemple la chaîne des Alpes dans un calme absolu. Les propriétaires sont d'anciens antiquaires (que de beaux objets !) et... de bons cuisiniers (volailles et légumes maison).

PROJAN – 32 Gers – 336 A8 – 146 h. – alt. 157 m – ✉ 32400 28 A2

Paris 742 – Pau 42 – Tarbes 60 – Toulouse 169

Le Château de Projan
– ✆ 05 62 09 46 21 – www.chateau-de-projan.com
– *Fermé vacances de la Toussaint, 19-26 déc., 6 fév.-10 mars et dim. soir*
7 ch – 100/120 € 120/200 € – 17 € – ½ P 90/120 €
Rest – *(dîner seult)* Menu 36/70 €
◆ Ambiance de maison d'hôtes dans ce château blotti dans un parc au sommet d'une colline. Beau mobilier ancien et tableaux contemporains ornent chambres et salons. Lumineuse salle à manger prolongée d'une terrasse où l'on sert des plats régionaux. Cours de cuisine.

PROPRIANO – 2A Corse-du-Sud – 345 C9 – voir à Corse

Une bonne table sans se ruiner ? Repérez les Bib Gourmand.

PROVINS – 77 Seine-et-Marne – 312 I4 – 11 871 h. – alt. 91 m 19 D2
– ✉ 77160 Champagne Ardenne

Paris 88 – Châlons-en-Champagne 98 – Fontainebleau 55 – Sens 47
chemin de Villecran ✆ 01 64 60 26 26
Ville Haute★★ AV : remparts★★ AY, Tour César★★ : ★ , Grange aux Dîmes★ AV **E** - Place du Chatel★ - Portail central★ et groupe de statues★★ dans l'église St-Ayoul BV - Choeur★ de la collégiale St-Quiriace AV - Musée de Povins et du Provinois : collections de sculptures et de céramiques★ **M.**
St-Loup-de-Naud : portail★★ de l'église★ 7 km par ④.

Aux Vieux Remparts
3 r. Couverte - ville haute, Cité Médiévale
– ✆ *01 64 08 94 00* – *www.auxvieuxremparts.com* AV**b**
40 ch – 90/265 € 115/275 € – 18 € – ½ P 125/200 €
Rest – (21 €) Menu 28 € (sem.), 38/90 €
– Carte 60/90 €
Rest *Le Petit Ecu* – ✆ 01 64 08 95 00 – (15 €) Menu 18 € (sem.)/29 €
– Carte 25/33 €
◆ Au cœur de la cité médiévale, cet ensemble de trois maisons propose des chambres au style actuel. Nouvel espace détente (piscine intérieure, sauna...). Cuisine classique servie dans des salles à la décoration moyenâgeuse, rustique ou contemporaine ; belle terrasse d'été. Au Petit Écu, carte traditionnelle.

Demeure des Vieux Bains sans rest
7 r. du Moulin-de-la-Ruelle, au pied de la cité médiévale – ✆ *06 74 64 54 00*
– *www.demeure-des-vieux-bains.com* BV**d**
5 ch – 100 € 160/290 €
◆ Une belle demeure seigneuriale (12e-17e s.) à flanc de colline. Le nom de chaque chambre évoque son élégant décor : Hortensia, Pleyel (avec hammam), Flamande (avec balnéo)...

PROVINS

Rue	Carré	N°
Alips (R. Guy)	AX	
Anatole-France (Av.)	AV	2
Arnoul (R. Victor)	BX	3
Balzac (Pl. Honoré-de)	BVX	4
Bellevue (Rampe de)	BX	
Bordes (R. des)	BX	7
Bourquelot (R. Félix)	BV	8
Bray (Rte de)	AX	
Briand (R. Aristide)	BX	
Canal (R. du)	AX	
Carnot (Bd)	BX	
Champbenoist (Rte de)	BX	13
Changis (R. de)	BX	14
Châtel (Pl. du)	AV	18
Chomton (Bd Gilbert)	AX	19
Collège (R. du)	ABV	23
Cordonnerie (R. de la)	BV	24
Courloison (R.)	BV	27
Couverte (R.)	AV	28
Delort (Rue du Gén.)	BVX	29
Desmarets (R. Jean)	AV	30
Dromigny (R. Georges)	AX	
Esternay (R. d')	BX	
Ferté (Av. de la)	BV	33
Fourtier-Masson (R.)	BX	35
Friperie (R. de la)	BV	37
Garnier (R. Victor)	BX	39
Gd-Quartier-Gén. (Bd du)	BX	42
Hugues-le-Grand (R.)	BX	43
Jacobins (R. des)	BV	44
Jean-Jaurès (Av.)	BX	
Leclerc (Pl. du Mar.)	BV	47
Malraux (Av. André)	AVY	
Michelin (R. Maximilien)	AX	
Nanteuil (Rte de)	BV	
Nocard (R. Edmond)	BVX	54
Opoix (R. Christophe)	BV	57
Palais (R. du)	AV	59
Pasteur (Bd)	BV	
Plessier (Bd du Gén.)	BVX	64
Pompidou (Av. G.)	BV	67
Pont-Pigy (R. du)	BV	68
Prés (R. des)	BV	69
Rebais (R.)	BV	
Remparts (Allée des)	AV	72
Ste-Croix (R.)	BV	
St-Ayoul (Pl.)	BV	73
St-Jean (R.)	AV	74
St-Quiriace (Pl.)	AV	77
St-Syllas (Rampe)	BV	
Val (R. du)	BV	79
Voulzie (Av. de la)	BX	85
29e-Dragons (Pl. du)	BV	84

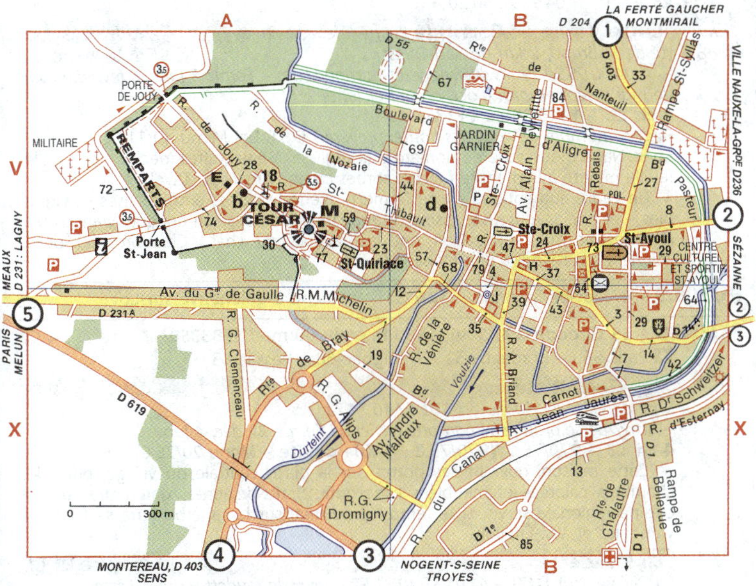

PRUNETE – 2B Haute-Corse – **345** F6 – voir à Corse (Cervione)

PUGET-SUR-ARGENS – 83 Var – **340** P5 – **6 977 h.** – **alt. 17 m** **41** C3 – ✉ **83480**

Paris 871 – Marseille 143 – Monaco 88 – Toulon 86

Le Clos des Escapades

2323 bd Gén.-Leclerc – ✆ 04 94 45 89 88 – www.leclosdesescapades.com – Fermé nov.

5 ch – 90/155 € 90/155 € **Table d'hôte** – Menu 16/29 €

◆ En pleine nature, imposant mas en pierre avec jardin paysagé (mimosas, palmiers, oliviers) et belle piscine. Les chambres, aux tons pastel, sont toutes différentes et confortables. Pour se détendre, il y a un espace bien-être. Cuisine de saison à la table d'hôte.

PUGIEU – 01 Ain – **328** G6 – rattaché à Belley

PUIMICHEL – 04 Alpes-de-Haute-Provence – **334** E9 – **252 h.** **41** C2 – **alt. 723 m** – ✉ **04700**

Paris 744 – Avignon 159 – Digne-les-Bains 31 – Marseille 113

Chez Jules

pl. du Village – 04 92 74 98 10 – www.bistrotdepays.com – Fermé 22 oct.-3 nov., 25 fév.-12 mars, mardi soir en juil.-août, merc. et le soir sauf vend. et sam.
Rest – (14 €) Menu 15/24 €
◆ Épicerie, café, resto... dans la tradition des bistrots de pays, ce Jules reste l'un des poumons du village. On y savoure une cuisine 100 % terroir ! Excellent rapport qualité-prix.

PUJAUDRAN – 32 Gers – **336** I8 – rattaché à L'Isle-Jourdain

PUJAUT – 30 Gard – **339** N4 – 3 881 h. – alt. 70 m – ✉ 30131 **23** D2
Paris 683 – Marseille 117 – Montpellier 95 – Orange 23
Mairie 04 90 26 40 20

Entre Vigne et Garrigue (Serge Chenet) avec ch rest,
rte de St-Bruno, 2 km au Sud-Ouest
– 04 90 95 20 29 – www.vigne-et-garrigue.com – Fermé 3 janv.-6 fév., dim. soir de mai à sept., mardi d'oct. à avril et lundi
4 ch – 115/145 € 135/145 €
Rest – *(nombre de couverts limité, prévenir)* (28 € bc) Menu 40/115 €
Spéc. Nage mousseuse de homard à la réglisse. Menu truffes (déc. à mars). Mille-feuille minute à la menthe fraîche, sorbet cacao. **Vins** Lirac, Tavel.
◆ Un cadre authentique – une ferme provençale isolée, entre falaises et vignobles – et une savoureuse cuisine du marché, bien dans son époque. Viandes bio, légumes et fruits de saison ont les faveurs du chef... Chambres au décor soigné, dans l'esprit d'une maison d'hôtes.

PUJOLS – 47 Lot-et-Garonne – **336** G3 – rattaché à Villeneuve-sur-Lot

PUJOLS – 33 Gironde – **335** K6 – 580 h. – alt. 60 m – ✉ 33350 **4** C2
Paris 560 – Bordeaux 51 – Mérignac 68 – Pessac 63

Les Gués Rivières rest,
5 pl. du Gén. de Gaulle – 05 57 40 74 73
– http://perso.orange.fr/margotte.olivier/ – Fermé 22 déc.-4 janv.
4 ch – 70/75 € 70/75 € **Table d'hôte** – Menu 20/25 €
◆ Cette maison, ouvrant ses portes sur la place centrale du village, offre des chambres colorées et meublées avec goût. Petits-déjeuners gargantuesques et cuisine régionale servis, si le temps le permet, sur la superbe terrasse face aux vignobles et à St-Émilion.

La Poudette
La Rivière, (sur D17) – 05 57 40 71 52 – www.lapoudette.com – Fermé mi fév.-mi mars, dim. soir et mardi sauf le soir de juil. à sept., et lundi
Rest – (29 €) Menu 34/38 € – Carte environ 49 €
◆ Malgré son accès difficile, sa deventure anodine et son intérieur sobre, cette maison entourée d'un jardin sauvage vous réserve une belle cuisine actuelle et de saison.

PULIGNY-MONTRACHET – 21 Côte-d'Or – **320** I8 – rattaché à Beaune

PUPILLIN – 39 Jura – **321** E5 – rattaché à Arbois

PUTEAUX – 92 Hauts-de-Seine – **311** J2 – **101** 14 – voir à Paris, Environs

PUYCELCI – 81 Tarn – **338** C7 – 493 h. – alt. 258 m – ✉ 81140 **29** C2
Paris 637 – Albi 44 – Gaillac 25 – Montauban 40
chapelle Saint-Roch 05 63 33 20 47

L'Ancienne Auberge ch,
pl. de l'Eglise – 05 63 33 65 90 – www.ancienne-auberge.com – Fermé fév.
8 ch – 75 € 150 € – 15 € – ½ P 75 €
Rest – *(fermé dim. soir et lundi)* Menu 24/36 € – Carte 38/64 €
◆ Auberge de caractère installée dans les murs d'une demeure du 13e s., au cœur d'un village fortifié. Chambres personnalisées et magnifique cheminée dans le salon. Arcades en pierre et vitraux (fin 19e s.) font le cachet du restaurant.

LE PUY-DE-DÔME – 63 Puy-de-Dôme – **326** E8 – voir à Clermont-Ferrand

LE PUY-EN-VELAY P – 43 Haute-Loire – 331 F3 – 19 321 h. 6 C3
– alt. 629 m – ✉ 43000 Lyon Drôme Ardèche

Paris 539 – Clermont-Ferrand 129 – Mende 87 – St-Étienne 76

2, place du Clauzel ☎ 04 71 09 38 41

du Puy-en-Velay à Ceyssac Sénilhac, O : 7 km par D 590, ☎ 04 71 09 17 77

Site ★★★ - L'île aux trésors ★★★ BY : cathédrale Notre-Dame ★★★ , cloître ★★ - Trésor d'art religieux ★★ dans la salle des États du Velay - St-Michel d'Aiguilhe ★★ AY - Peinture des arts libéraux ★ de la chapelle des Sacrements - Ancienne cité ★ - Musée Crozatier : collection lapidaire ★, dentelles ★

Polignac★ : ※★ 5 km par ③.

Plan page suivante

Du Parc
4 av. C. Charbonnier – ☎ 04 71 02 40 40 – www.hotel-du-parc-le-puy.com
15 ch – †77/198 € ††77/198 € – ☕ 12 € AZ**s**
Rest *François Gagnaire* – voir ci-après
◆ Tout près du beau jardin Vinay, cet hôtel moderne joliment rénové propose des chambres séduisantes et fonctionnelles, dans un esprit design. Espace bar cosy.

Regina
34 bd Mar. Fayolle – ☎ 04 71 09 14 71 – www.hotelrestregina.com BZ**d**
25 ch – †55/91 € ††65/91 € – 3 suites – ☕ 10 € – ½ P 66 €
Rest – *(fermé dim. soir du 15 nov. au 15 mars)* (17 €) Menu 23/47 € – Carte 43/52 €
◆ Ce bel immeuble (1905) possède un vrai cachet architectural. Chambres contemporaines récemment rénovées, chaleureuses et très souvent spacieuses. Salle à manger colorée ; cuisine traditionnelle avec quelques touches italiennes.

Le Brivas
2 av. Charles Massot, à Vals-près-le-Puy par D 31- AZ ✉ 43750 – ☎ 04 71 05 68 66 – www.hotel-le-brivas.com – Fermé 17 déc.-10 janv., dim. soir du 15 oct. au 15 avril, vend. soir et sam. midi
48 ch – †55/90 € ††55/90 € – ☕ 8,50 € – ½ P 52/65 €
Rest – (15 €) Menu 21/43 € – Carte 22/45 €
◆ Ce hôtel moderne d'un quartier résidentiel au sud du Puy propose des chambres fonctionnelles. Agréable jardin-terrasse au bord d'une rivière ; espace bien-être. Restaurant relooké dans un esprit actuel pour une cuisine traditionnelle de produits régionaux.

Le Val Vert
6 av. Baptiste Marcet, 1,5 km par N 88 et rte Mende par ② – ☎ 04 71 09 09 30 – www.hotelvalvert.com – Fermé 25 déc.-9 janv.
23 ch – †55 € ††60 € – ☕ 9 € – ½ P 57 €
Rest – *(fermé sam. midi de nov. à juin)* (12 €) Menu 20/40 € – Carte 55/85 €
◆ Chambres colorées et chaleureuses avec, pour certaines, douche à jets, écran plat et décoration à l'italienne. Bonne insonorisation qui permet d'oublier la rue très passante. Cuisine traditionnelle servie dans une salle à manger coquette, ouverte sur le village.

François Gagnaire – Hôtel Du Parc
4 av. C. Charbonnier – ☎ 04 71 02 75 55 – www.francoisgagnaire.com – Fermé fin fév.-début mars, 27 juin-7 juil., 2-11 nov., dim. midi et lundi midi en juil.-août, dim. soir et lundi de sept. à juin et mardi midi AZ**a**
Rest – Menu 25 € (déj.), 55/92 € – Carte 73/80 €
Spéc. Caviar du Velay en gelée de crustacés, gaspacho de lentilles, coquillages et condiments. Souris d'agneau "Noire du Velay" confite aux écorces d'orange et coriandre (automne-hiver). Perles rouges du Velay et crémeux à la verveine verte (été). **Vins** Côtes d'Auvergne blanc, Saint Pourçain rouge.
◆ Ce restaurant au cadre contemporain et raffiné, égayé de lithographies de Raoul Dufy, séduit par sa belle cuisine personnalisée, mariant le terroir et les saveurs d'ailleurs.

LE PUY-EN-VELAY

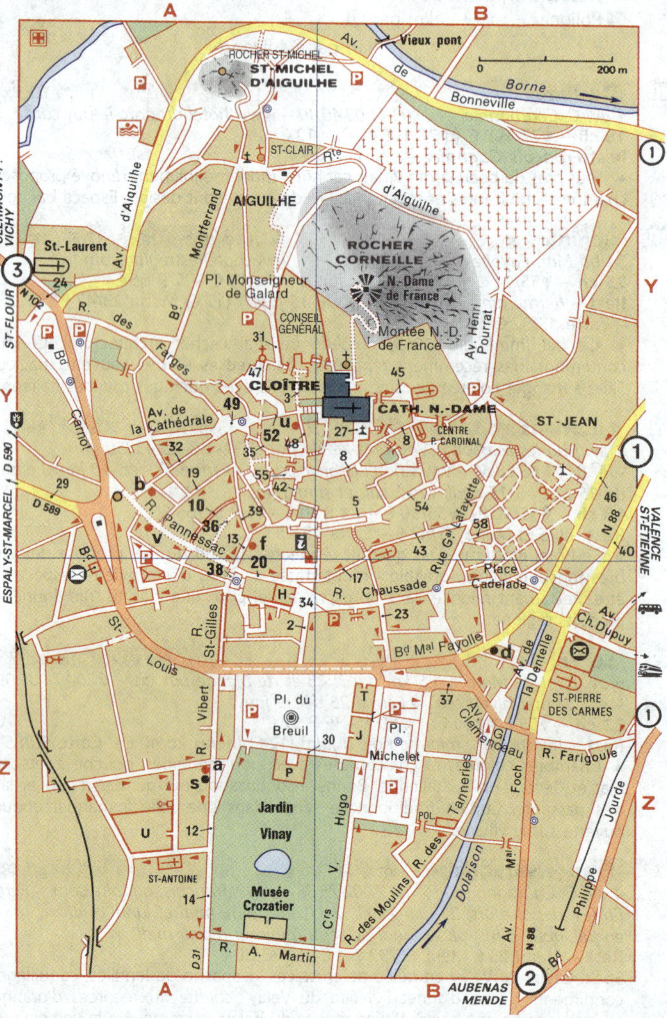

XXX **Tournayre** A/C VISA MC AE

12 r. Chênebouterie – ✆ 04 71 09 58 94 – www.restaurant-tournayre.com – Fermé 1er-7 sept., 18 déc.-31 janv., merc. soir, dim. soir et lundi AYf

Rest – Menu 24/68 € – Carte 60/80 €

◆ Croisées d'ogives, pierres apparentes, boiseries et fresques composent le décor de cette ancienne chapelle (16e s.) où l'on goûte une cuisine auvergnate généreuse et bien faite.

X **Le Poivrier** A/C VISA MC AE

69 r. Pannessac – ✆ 04 71 02 41 30 – www.lepoivrier.fr – Fermé lundi sauf le soir en août et dim. AYv

Rest – Menu 16 € (sem.), 25/38 € – Carte 36/45 €

◆ Restaurant au style design épuré, assez tendance et non dénué de convivialité. Exposition de photographies. Spécialités de viande de bœuf de Haute-Loire.

X **Comme à la Maison** VISA MC

7 r. Séguret – ✆ 04 71 02 94 73 – www.restaurant-43.com – Fermé 2-16 janv., 19-26 avril, 20-30 sept., sam. midi, dim. soir et lundi sauf en saison AYu

Rest – (18 €) Menu 23/53 € – Carte 33/50 €

◆ Caché dans la vieille ville, ce bistrot "gourmand" sert une bonne cuisine au goût du jour dans un cadre mi-contemporain, mi-rustique. Agréable patio-terrasse au grand calme.

X **Bambou et Basilic** VISA MC AE

18 r. Grangevieille – ✆ 04 71 09 25 59 – www.bambou-basilic.com – Fermé dim. et lundi AYb

Rest – (17 €) Menu 24/45 €

◆ La jeune chef s'inspire des quatre coins du monde pour réaliser une cuisine du marché personnelle et inventive, aidée de son époux pâtissier. Salle intimiste d'esprit bistrot.

à Espaly-St-Marcel 3 km par ③ – 3 586 h. – alt. 650 m – ✉ 43000

L'Ermitage sans rest P VISA MC AE

75 av. de l'Ermitage, rte de Clermont-Ferrand – ✆ 04 71 07 05 05 – www.hotelermitage.com – Fermé janv. et fév.

20 ch – †50/78 € ††55/80 € – ☕ 10 €

◆ Un hôtel dont la terrasse offre une vue panoramique sur le site du Puy. Chambres fonctionnelles et calmes ; celles côté sud regardent la campagne.

XX **L'Ermitage** P VISA MC

73 av. de l'Ermitage, rte de Clermont-Ferrand – ✆ 04 71 04 08 99 – Fermé 30 août-6 sept., 17-22 oct., 11-30 janv., dim. soir et lundi

Rest – (19 €) Menu 24/54 € – Carte 34/53 €

◆ Cette ferme joliment restaurée a conservé son cachet rustique et dégage une atmosphère cosy. Cuisine traditionnelle, servie sur la terrasse ombragée en été.

PUY-GUILLAUME – 63 Puy-de-Dôme – 326 H7 – 2 668 h. – alt. 285 m – ✉ 63290 6 C2

Paris 374 – Clermont-Ferrand 53 – Lezoux 27 – Riom 35

Relais Hôtel de Marie ch, rest, P VISA MC AE

13 av. Edouard Vaillant – ✆ 04 73 94 18 88 – www.hotel-marie.com

12 ch – †48/62 € ††48/62 € – ☕ 6 € – ½ P 59/65 €

Rest – *(fermé vend. soir hors saison, dim. soir et lundi)* (10 €) Menu 12 € (déj. en sem.), 18/29 € – Carte 21/38 €

◆ Immeuble d'allure moderne situé en bord de route, pratique pour l'étape. Petites chambres actuelles et fonctionnelles, plus calmes côté parking. Salle de restaurant aux couleurs chaleureuses, où l'on sert des plats traditionnels et régionaux.

PUY-L'ÉVÊQUE – 46 Lot – 337 C4 – 2 178 h. – alt. 130 m – ✉ 46700 28 B1

Périgord Quercy

Paris 601 – Agen 71 – Cahors 31 – Gourdon 41

12, Grande rue ✆ 05 65 21 37 63

Bellevue ← ch, AC rest, VISA MC

pl. Truffière – ✆ 05 65 36 06 60 – www.hotelbellevue-puyleveque.com – Fermé 15 nov.-2 déc. et 5 janv.-4 fév.

11 ch – †68/96 € ††68/96 € – ☕ 12 € – ½ P 72/86 €

Rest *Côté Lot* – *(fermé dim. et lundi)* Menu 14 € (déj. en sem.), 20/38 € – Carte 25/40 €

Rest *L'Aganit* – *(fermé dim. soir et lundi)* Menu 14 € (déj. en sem.)/20 € – Carte 23/33 €

◆ L'hôtel, bâti sur un éperon dominant le Lot, mérite bien son nom. Les chambres, claires et spacieuses, sont de style contemporain. Au restaurant Côté Lot, cuisine légère et épurée et... vue splendide sur la vallée. Plats du terroir et esprit brasserie sous la véranda de l'Aganit.

à Mauroux 12 km au Sud-Ouest par D 8 et D 5 – 500 h. – alt. 213 m – ✉ 46700

le Bourg ✆ 05 65 30 66 70

Hostellerie le Vert ← AC ch, ch, P VISA MC

Lieu dit "Le Vert" – ✆ 05 65 36 51 36 – www.hotellevert.com – Ouvert 1er avril-31 oct.

6 ch – †85/130 € ††85/130 € – ☕ 10 € – ½ P 83/105 €

Rest – *(fermé le midi sauf dim.)* Menu 28/45 € – Carte 38/45 €

◆ Ambiance chaleureuse dans cette ferme quercinoise du 14e s. perdue en pleine nature. Dans les chambres, le mobilier de style cohabite avec les meubles campagnards. Cuisine réalisée à quatre mains à partir de produits frais et bio, au gré de l'inspiration.

à Anglars-Juillac 8 km à l'Est par D 811 et D 67 – 334 h. – alt. 98 m – ✉ 46140

Clau del Loup avec ch P VISA MC

Métairie Haute, D 8 – ✆ 05 65 36 76 20 – www.claudelloup.com

4 ch – †60/120 € ††60/120 € – ☕ 12 € – ½ P 96/107 €

Rest – (14 € bc) Menu 29/48 € – Carte 29/55 €

◆ Un belle demeure en pierre (1818), un univers feutré et une cuisine gastronomique aux accents du Sud, juste et savoureuse, signée par un enfant du pays. Terrasse sous les platanes. Chambres agréables et soignées, avec du joli mobilier.

PUYLOUBIER – 13 Bouches-du-Rhône – 340 J4 – 1 671 h. – alt. 380 m – ✉ 13114 40 B3

Paris 783 – Avignon 110 – Digne-les-Bains 133 – Marseille 55

square Jean Casanova ✆ 04 42 66 36 87

Les Sarments AC VISA MC

4 r. Qui Monte – ✆ 04 42 66 31 58 – Fermé 19 déc.-10 fév., mardi sauf le soir de juin à sept. et lundi

Rest – Menu 33/45 €

◆ Une ancienne bergerie, une terrasse, des figuiers : voilà le cadre idéal pour se régaler d'une cuisine goûteuse et inventive, et des produits du soleil. Choix à l'ardoise.

PUYMIROL – 47 Lot-et-Garonne – 336 G4 – 923 h. – alt. 153 m – ✉ 47270 Aquitaine 4 C2

Paris 649 – Agen 17 – Moissac 35 – Villeneuve-sur-Lot 30

7, place Maréchal Leclerc ✆ 05 53 67 80 40

Michel Trama AC rest, VISA MC AE

52 r. Royale – ✆ 05 53 95 31 46 – www.aubergade.com – Fermé 2 sem. en nov., dim. soir et lundi hors saison, lundi midi en saison et mardi midi

9 ch – †200/620 € ††200/620 € – 1 suite – ☕ 30 €

Rest – (60 € bc) Menu 76/225 € – Carte 120/300 €

Spéc. Papillote de pomme de terre en robe de truffe. Hamburger de foie gras aux cèpes. Cristalline de pomme verte. **Vins** Buzet, Côtes de Duras.

◆ Murs des 13e et 17e s. (ancienne résidence des comtes de Toulouse), décor opulent et baroque signé Jacques Garcia, équipements luxueux : un établissement d'un confort suprême. Au restaurant, le hamburger de foie gras – un classique – résume l'esprit du style Trama, entre terroir et invention. Superbe carte des vins.

PUY-ST-PIERRE – 05 Hautes-Alpes – **334** H3 – rattaché à Briançon

PUY-ST-VINCENT – 05 Hautes-Alpes – **334** G4 – 285 h. – alt. 1 325 m **41** C1
– Sports d'hiver : 1 400/2 700 m 16 – ✉ 05290 Alpes du Sud

Paris 700 – L'Argentière-la-Bessée 10 – Briançon 21 – Gap 83

les Alberts ✆ 08 10 00 11 12

Les Prés ≤★ SE : 2 km - Église★ de Vallouise N : 4 km.

La Pendine

aux Prés, 1 km à l'Est par D 404 – ✆ 04 92 23 32 62 – www.lapendine.com – Ouvert 26 juin-31 août et 16 déc.-9 avril

25 ch – †57/75 € ††73/108 € – ½ P 63/78 €

Rest – (15 €) Menu 20 € (déj. en sem.), 26/36 € – Carte 29/50 €

◆ Perché sur les hauteurs, cet hôtel habillé de bois abrite des chambres plaisantes au décor montagnard, certaines avec balcon. Espace détente (sauna, jacuzzi). Au restaurant, plats traditionnels et magnifique panorama sur la Vallouise et les Écrins.

PYLA-SUR-MER – 33 Gironde – **335** D7 – ✉ 33115 **3** B2
Pays Basque et Navarre

Paris 648 – Arcachon 8 – Biscarrosse 34 – Bordeaux 66

2 , avenue Ermitage ✆ 05 56 54 02 22

Dune du Pilat★★.

Voir plan d'Arcachon agglomération.

L'Authentic d'Éric Thore

35 bd de l'Océan – ✆ 05 56 54 07 94 – Fermé dim. soir et merc. sauf juil.-août

Rest – (18 €) Menu 29/65 € – Carte 53/97 € AY**e**

◆ Une table rénovée dans un esprit chaleureux et contemporain (tons brun et sable). Pergola appréciable aux beaux jours. La cuisine, créative, privilégie les produits du terroir.

QUARRÉ-LES-TOMBES – 89 Yonne – **319** G7 – 716 h. – alt. 457 m **7** B2
– ✉ 89630 Bourgogne

Paris 233 – Auxerre 73 – Avallon 18 – Château-Chinon 49

rue des Ecoles ✆ 03 86 32 22 20

Du Nord

25 pl. de l'Église – ✆ 03 86 32 29 30 – www.hoteldunord-morvan.com – Fermé 4 nov.-15 fév., lundi et jeudi

8 ch – †45/60 € ††55/75 € – 9 € – ½ P 55/65 €

Rest – (16 €) Menu 23 € (sem.), 30/34 € – Carte 30/45 €

◆ Face à la célèbre église St-Georges, cet ancien relais de poste a été restauré avec goût. Les chambres y sont pratiques et bien tenues. Cuisine traditionnelle à déguster dans salle d'esprit bistrot rustique.

Le Morvan avec ch

6 r. des Écoles, face au Parc Municipal – ✆ 03 86 32 29 29 – www.le-morvan.fr – Fermé 5 déc.-4 mars, merc. midi sauf juil.-août, lundi et mardi

8 ch – †51/71 € ††57/77 € – 10 € – ½ P 60/70 €

Rest – Menu 23/51 € – Carte 35/66 €

◆ Un petit salon feutré et une salle cosy, des poutres apparentes, une belle horloge comtoise... tout ici invite à la découverte du terroir, joliment revisité par le chef. L'été, attablez-vous au jardin ! Chambres confortables.

aux Lavaults 5 km au Sud-Est par D 10 – ✉ 89630 Quarré-les-Tombes

Auberge de l'Âtre avec ch

– ✆ 03 86 32 20 79 – www.auberge-de-latre.com – Fermé 18 juin-2 juil., 16 fév.-10 mars, mardi et merc.

7 ch – †58/65 € ††75/95 € – 10 €

Rest – *(prévenir)* Menu 30 € (sem.), 50/60 € – Carte 45/85 €

◆ Au bord d'une route de campagne, cette ferme distille un charme rustique et authentique... Pour ne rien gâter, la carte célèbre le terroir (spécialité de champignons) et les bons vins. Chambres très bien tenues, agréables pour l'étape.

QUÉDILLAC – 35 Ille-et-Vilaine – **309** J5 – 1 036 h. – alt. 85 m – ✉ 35290 **10** C2

Paris 389 – Dinan 30 – Lamballe 45 – Loudéac 57

Le Relais de la Rance avec ch

6 r. de Rennes – ☎ 02 99 06 20 20 – Fermé 20 déc.-20 janv., vend. soir et dim. soir

13 ch – †55/75 € ††55/75 € – ☕ 10 € – ½ P 68/78 €

Rest – (17 €) Menu 20/68 € – Carte 40/66 €

◆ Cette maison de granit clair révèle un intérieur classique. La cuisine, goûteuse, l'est elle-aussi, et l'on savoure aussi bien une terrine de lapereau que du homard ou du poisson frais. Chambres bien tenues à prix raisonnable.

LES QUELLES – 67 Bas-Rhin – **315** G6 – rattaché à Schirmeck

QUEND – 80 Somme – **301** C6 – 1 376 h. – alt. 5 m – ✉ 80120 **36** A1

Paris 209 – Amiens 91 – Boulogne-sur-Mer 58 – Abbeville 35

8 bis, avenue Vasseur ☎ 09.63.40.47.15

Les Augustines sans rest

18 rte de la plage Monchaux – ☎ 03 22 23 54 26 – www.hotel-augustines.com

15 ch – †68/82 € ††68/82 € – ☕ 10 €

◆ Ces Augustines-là disposent de chambres confortables, fonctionnelles et de plain-pied. Une adresse bien sympathique pour un séjour dans ce beau coin de nature.

QUESTEMBERT – 56 Morbihan – **308** Q9 – 6 585 h. – alt. 100 m – ✉ 56230 Bretagne **10** C3

Paris 445 – Ploërmel 32 – Redon 34 – Rennes 96

15, rue des Halles ☎ 02 97 26 56 00

Le Bretagne et sa Résidence (Alain Orillac) avec ch

r. St-Michel – ☎ 02 97 26 11 12 – www.residence-le-bretagne.com – Fermé 3-31 janv.

9 ch – †70/90 € ††90/150 € – ☕ 15 € – ½ P 125/145 €

Rest – *(fermé dim. soir et mardi midi d'oct. à avril et lundi) (prévenir)* (32 €) Menu 55/105 € – Carte 68/131 €

Spéc. Grenouilles à l'ail doux et vieux parmesan, sorbet roquette. Bar basse température à l'huile florale, émulsion de sureau, royale de moule de bouchot (été). Yuzu et praliné, sablé gianduja, crémeux et émulsion yuzu, glace nougat (été).

◆ Une élégante salle habillée de boiseries et un jardin d'hiver dans un ancien relais de poste de 1875. On y savoure une cuisine inventive qui joue avec l'originalité des saveurs. À l'annexe, chambres confortables et un brin rétro.

QUETTEHOU – 50 Manche – **303** E2 – 1 544 h. – alt. 14 m – ✉ 50630 **32** A1 Normandie Cotentin

Paris 345 – Barfleur 10 – Cherbourg 29 – St-Lô 66

place de la Mairie ☎ 02 33 43 63 21

Demeure du Perron sans rest

rte de St-Vaast – ☎ 02 33 54 56 09 – www.demeureduperron.com – Fermé dim. soir du 15 nov. au 31 mars

20 ch ☕ – †60/80 € ††66/86 €

◆ Pavillons disséminés dans un agréable jardin où l'on petit-déjeune en été. Chambres parfaitement tenues, mais diverses en taille et en styles (récentes ou plus rustiques).

Auberge de Ket Hou

17 r. du Général-de-Gaulle – ☎ 02 33 54 40 23 – Fermé dim. soir et lundi

Rest – (15 €) Menu 19/44 € – Carte 29/45 €

◆ Cette auberge de village située au bord de la route départementale propose une cuisine traditionnelle dans un cadre champêtre où dominent les vieilles pierres et le bois.

LA QUEUE-EN-BRIE – 94 Val-de-Marne – **312** E3 – **101** 29 – voir à Paris, Environs

QUEYRIÈRES – 43 Haute-Loire – 331 G3 – 312 h. – alt. 1 110 m – ✉ 43260 6 C3

Paris 563 – Clermont-Ferrand 149 – Le Puy-en-Velay 22 – Saint-Étienne 67

La Boria delh Castel

Le bourg – ✆ 04 71 57 70 81 – www.laboria-queyrieres.com

4 ch – 46 € 54 € **Table d'hôte** – Menu 18 € bc

◆ Décoration rustique de qualité dans cette ancienne ferme du 18e s., au cœur du Meygal et sur le chemin de St-Jacques-de-Compostelle. Idéal pour se ressourcer au calme. À la table d'hôte, la propriétaire revisite la cuisine classique.

QUIBERON – 56 Morbihan – 308 M10 – 5 056 h. – alt. 10 m – Casino – ✉ 56170 Bretagne 9 B3

Paris 505 – Auray 28 – Concarneau 98 – Lorient 47

14, rue de Verdun ✆ 08 25 13 56 00

Côte sauvage★★ NO : 2,5 km.

Sofitel Thalassa

rest,

pointe de Goulvars, (réouverture prévue en mai après rénovation) – ✆ 02 97 50 20 00 – www.thalassa.com VISA AE Ba

123 ch – 165/582 € 188/582 € – 6 suites – 25 €

Rest – Menu 55 € – Carte 30/70 €

◆ Cet impeccable complexe hôtelier face à la plage, directement relié à l'institut de thalassothérapie, est parfait pour un séjour iodé. Chambres plus spacieuses côté océan. Après des soins aux algues : cuisine diététique et produits de la mer, en toute logique.

Corsaires (R. des) . . . . B 2	Hoëdic (Bd d') . . . . A 8	Peupliers (R. des) . . . . B 19
France (Bd A.) . . . . B 3	Houat (Quai de) . . . . A 9	Port Maria (R. de) . . . . A 20
Gare (R. de la) . . . . AB 4	Korrigans (R. des) . . . . B 10	Repos (Pl. du) . . . . B 23
Genêts (R. des) . . . . A 5	Mané (R. du) . . . . B 15	Sirènes (R. des) . . . . B 25
Golvan (R. V.) . . . . A 6	Marronniers (Av. des) . . . . . . B 16	Verdun (R. de) . . . . A 28
Goviro (Bd du) . . . . B 7	Petit Pont d'Eau (R. du) . . . . A 18	

Sofitel Diététique

ch, rest,

pointe de Goulvars,
(réouverture prévue en mai après rénovation) – 02 97 50 20 00
– www.thalassa.com **Bv**
74 ch – 2 suites – P 335/355 €
Rest – Menu 55 €
◆ C'est l'hôtel parfait pour retrouver la ligne. Les chambres sont toutes dotées de loggias tournées vers la mer. On accède directement au centre de thalassothérapie et le restaurant propose des menus diététiques. Attention, pas une goutte d'alcool, même au bar !

Bellevue

rest,

r. de Tiviec – 02 97 50 16 28 – www.bellevuequiberon.com – Ouvert d'avril à sept. **Bd**
38 ch – †55/103 € ††61/121 € – 10 € – ½ P 64/93 €
Rest – *(résidents seult)* Menu 27/31 € – Carte 33/44 €
◆ L'architecture est passe-partout, mais les chambres sont accueillantes ; certaines ouvrent sur l'océan, tandis que d'autres ont un accès direct sur la piscine. Cuisine traditionnelle mettant en valeur les produits de la mer et servie dans un cadre lumineux.

La Petite Sirène sans rest

15 bd René Cassin – 02 97 50 17 34 – www.hotel-lapetitesirene.fr
– Ouvert 1er mars-20 nov. **Bb**
21 ch – †47/101 € ††47/101 € – 11 €
◆ On vient dans cet hôtel, ancré à la pointe de Beg er Vil, avant tout pour sa situation. Les chambres sont fonctionnelles et bien tenues, pour moitié tournées vers l'océan.

Ker Noyal sans rest

43 chemin des Dunes – 02 97 50 33 31 – www.ker-noyal.com – Ouvert 15 mars-15 nov. **Bp**
17 ch – †68/126 € ††68/126 € – 10 €
◆ Un hôtel tout blanc, typique du bord de mer, au calme dans un quartier résidentiel situé près du casino. Les chambres sont décorées avec goût dans un style contemporain.

Ibis

av. des Marronniers, (pointe de Goulvars) – 02 97 30 47 72
– www.hotelibis-quiberon.com **Br**
95 ch – †69/121 € ††69/121 € – 10 € – ½ P 64/90 €
Rest – Menu 23 € – Carte 25/43 €
◆ Non loin de la côte sauvage, cet hôtel de chaîne propose des chambres fonctionnelles et bien tenues ; certaines sont en duplex... Idéal pour les familles. Agréable espace bien-être. Cuisine traditionnelle sans prétention, également servie en terrasse.

Villa Margot

7 r. de Port Maria – 02 97 50 33 89 – www.villamargot.fr
– Fermé 4 nov.-16 déc., 3 janv.-1er avril, mardi et merc. sauf juil.-août et vacances scolaires **An**
Rest – (18 €) Menu 30/38 € – Carte 40/70 €
◆ Totalement restaurée, cette villa en pierre blonde a retrouvé de jolies couleurs. Cuisine de la mer servie en terrasse, face à la plage, ou dans l'une des salles contemporaines.

La Chaumine

79 r. de Port-Haliguen – 02 97 50 17 67 – www.restaurant-lachaumine.com
– Ouvert mi-mars à mi-nov. et fermé dim. soir sauf juil.-août et lundi
Rest – *(prévenir)* Menu 18 € (sem.), 28/38 € – Carte 25/45 € **Bq**
◆ Vive la nouvelle Chaumine ! Après un déménagement en 2010, une maison à l'esprit large (mouettes en bois, coque de bateau) et des petits plats toujours aussi iodés...

XX **Le Verger de la Mer**

bd Goulvars – ✆ 02 97 50 29 12 – www.le-verger-de-la-mer.com – Fermé janv., fév., mardi soir, merc. sauf juil.-août et merc. midi en juil.-août
Rest – (18 €) Menu 23/36 € – Carte 28/48 € **Bx**
◆ En face du centre de thalassothérapie se cache ce restaurant aux allures de cabine de bateau. Spécialités de pied de porc aux langoustines, terrine de foie gras au homard...

à St-Pierre-Quiberon **5 km au Nord par D 768 – 2 204 h. – alt. 12 m – ✉ 56510**

Pointe du Percho ≤ ★ au NO : 2,5 km.

De la Plage

25 quai d'Orange – ✆ 02 97 30 92 10 – www.hotel-plage-quiberon.com – Ouvert début avril-fin sept.
31 ch – †55/125 € ††55/125 € – 6 suites – ☕ 11 € – ½ P 60/95 €
Rest – *(fermé le midi sauf dim.)* (24 €) Menu 33 € – Carte 35/55 €
◆ L'enseigne de cet hôtel familial dit la vérité : la plage est à vos pieds ! Chambres fonctionnelles et bien tenues, avec balcon côté baie. Cartes et menus typiques de la région ; saveurs iodées et vue superbe sur le large.

à Portivy **6 km au Nord par D 768 et rte secondaire – ✉56150 St-Pierre-Quiberon**

X **Le Petit Hôtel du Grand Large** (Hervé Bourdon) avec ch

11 quai St-Ivy – ✆ 02 97 30 91 61 – www.lepetithoteldugrandlarge.fr – Fermé mi-nov. à fin déc.
6 ch – †90/130 € ††90/130 € – ☕ 9 €
Rest – *(fermé mardi et merc. sauf le soir en saison)* (25 €) Menu 40 €
Spéc. Tube de maquereau au sumac, gaspacho aéré de tomates fraîches. Bar de ligne et coques dans un bouillon dashi au sarrasin. Ananas "des îles à la presqu'île".
◆ Un étonnant bistrot marin, tenu par un chef autodidacte amoureux de la mer et approvisionné chaque jour par un ami pêcheur ! Le poisson est remarquable de qualité et de fraîcheur ; et il est parfaitement cuisiné, non sans originalité. Les chambres, joliment décorées, donnent sur le petit port...

QUIÉVRECHAIN – 59 Nord – 302 K5 – rattaché à Valenciennes

QUILINEN – 29 Finistère – 308 G6 – rattaché à Quimper

QUILLAN – 11 Aude – 344 E5 – 3 445 h. – alt. 291 m – ✉ 11500 22 A3

Languedoc Roussillon

Paris 797 – Andorra la Vella 113 – Carcassonne 52 – Foix 64
square André Tricoire ✆ 04 68 20 07 78
Défilé de Pierre Lys★ S : 5 km.

La Chaumière

25 bd Ch. de Gaulle – ✆ 04 68 20 02 00 – www.pyren.fr
26 ch – †65/80 € ††75/90 € – ☕ 11 €
Rest – *(fermé lundi midi)* (20 € bc) Menu 24/53 € – Carte 55/70 €
◆ Cette vaste et engageante bâtisse en rotonde abrite des chambres spacieuses et contemporaines (style actuel et équipements modernes). L'ample restaurant a gardé son atmosphère rustique (cheminée, poutres). Cuisine mi-classique, mi-traditionnelle.

Cartier

31 bd Ch. de Gaulle – ✆ 04 68 20 05 14 – www.hotelcartier.com – Fermé 15 janv.-28 fév.
27 ch – †55/70 € ††55/70 € – ☕ 9 € – ½ P 55/70 €
Rest – *(fermé 15 déc.-15 mars)* (17 €) Menu 18/27 € – Carte environ 28 €
◆ Cette adresse familiale attire avec sa façade années 1950 de style "paquebot". Chambres sobres et bien tenues, plus grandes et plus calmes sur l'arrière. Salle de restaurant rustique, plats traditionnels et audois : lapin à l'ail, cassoulet, rouzolle.

Canal avec ch

36 bd Ch. de Gaulle – ✆ 04 68 20 08 62
– www.hotel-canal.com
– Fermé janv., dim. soir et lundi sauf juil.-août

12 ch – 🚹32/36 € 🚹🚹42/44 € – ☕ 7 € – ½ P 43/46 €

Rest – Menu 13 € bc (déj. en sem.), 17/32 € – Carte 25/39 €

◆ Sur l'artère principale de la ville, maison régionale où l'on déguste, en toute convivialité et dans un cadre sobre, une cuisine traditionnelle et locale. Chambres modestes.

Une bonne table sans se ruiner ? Repérez les Bib Gourmand.

QUIMPER Ⓟ – 29 Finistère – **308** G7 – **64 902 h.** – **Agglo. 120 441 h.** **9** B2 – **alt. 41 m** – ✉ **29000** Bretagne

Paris 564 – Brest 73 – Lorient 67 – Rennes 215

de Quimper-Cornouaille : ✆ 02 98 94 30 30, 8 km par ⑥ AX.

place de la Résistance ✆ 02 98 53 04 05

Cathédrale St-Corentin★★ - Le vieux Quimper★ : Rue Kéréon★ ABY - Jardin de l'Évêché ≤★ BZ **K** - Mont-Frugy ≤★ ABZ - Musée des Beaux-Arts★★ BY **M¹** - Musée départemental breton★ BZ **M²** - Musée de la faïence★ AX **M³** - Descente de l'Odet★★ en bateau 1 h 30 - Festival de Cornouaille★ (fin juillet).

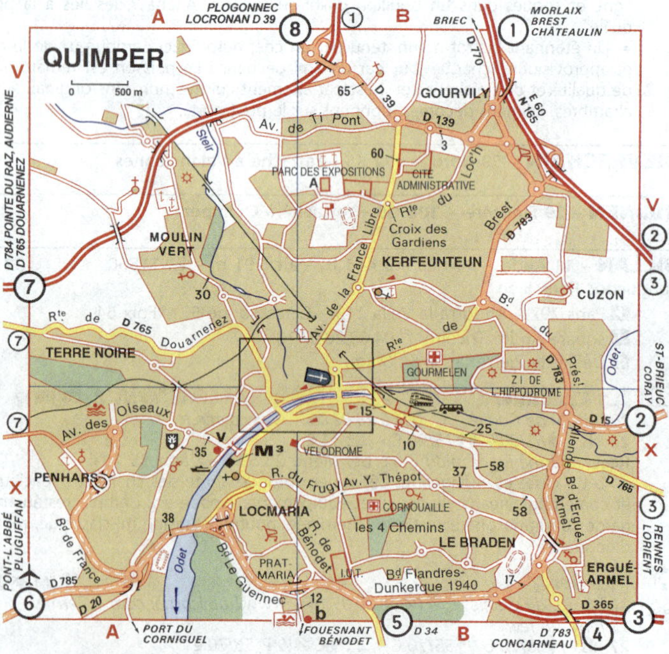

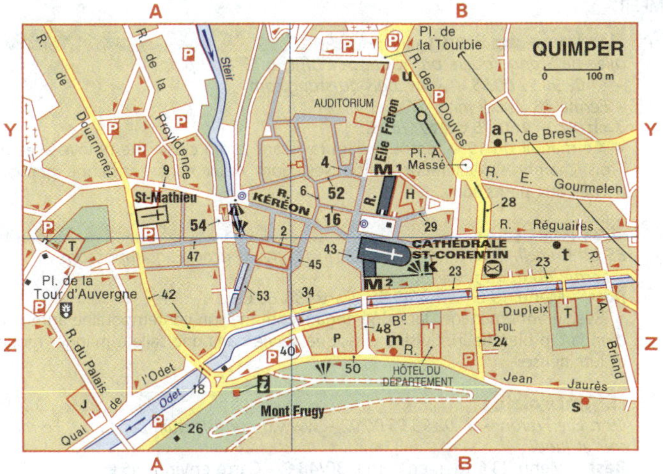

Astor (R.) . . . . AYZ 2
Beurre (Pl. au) . . . . BY 4
Boucheries (R. des) . . . . BY 6
Chapeau-Rouge (R. du) . . . . AY 9
Guéodet (R. du) . . . . BY 16
Le Hars (R. Th.) . . . . BZ 24
Jacob (Pont Max) . . . . . . AZ 18
Kéréon (R.) . . . . ABY
Kerguélen (Bd Amiral de) . . . . BZ 23
Locmaria (Allées) . . . . AZ 26
Luzel (R.) . . . . BY 28
Mairie (R. de la) . . . . BY 29
Parc (R. du) . . . . ABZ 34
Résistance-et-du-Gén.-de-Gaulle (Pl. de la) . . . . AZ 40
Ronarc'h (R. Amiral) . . . . AZ 42
Ste-Catherine (R.) . . . . . . BZ 48
Ste-Thérèse (R.) . . . . BZ 50
St-Corentin (Pl.) . . . . BZ 43
St-François (R.) . . . . BZ 45
St-Mathieu (R.) . . . . AZ 47
Sallé (R. du) . . . . BY 52
Steir (Quai du) . . . . AZ 53
Terre-au-Duc (Pl.) . . . . AY 54

Océania

17 r. Poher, zone de Kerdrézec par rte de Bénodet ⑤ – *02 98 90 46 26 – www.oceaniahotels.com*

92 ch – 79/135 € 79/135 € – 13 €

Rest – *(fermé vacances de Noël)* Menu 22/25 € – Carte 25/42 €

◆ Hôtel de chaîne dans un secteur commercial, judicieusement entouré d'un îlot de verdure. Grandes chambres rénovées ; les "Océane" sont joliment design et très bien équipées. Salle à manger contemporaine aux tables un peu serrées. Terrasse près de la piscine.

Manoir-Hôtel des Indes sans rest

1 allée de Prad ar C'hras, par ⑦ *et D 765 – 02 98 55 48 40 – www.manoir-hoteldesindes.com*

14 ch – 95/135 € 126/266 € – 13 € – ½ P 122/192 €

◆ Cet hôtel rend hommage à son ancien propriétaire, navigateur de la route des Indes. Belles chambres sur le thème de l'exotisme. Parc, piscine, sauna.

Kregenn sans rest

13 r. des Réguaires – 02 98 95 08 70 – www.hotel-kregenn.fr BZ**t**

31 ch – 80/150 € 95/180 € – 2 suites – 13 €

◆ Cet hôtel totalement refait proche du centre de Quimper vous réserve le meilleur accueil. Chambres cossues à la décoration actuelle, certaines disposant de baignoire balnéo.

Gradlon sans rest

30 r. de Brest – 02 98 95 04 39 – www.hotel-gradlon.com – Fermé 18 déc.-10 janv. BY**a**

20 ch – 80/160 € 89/160 € – 12 €

◆ Chambres personnalisées cosy et raffinées donnant en majorité sur un patio fleuri, tout comme la véranda qui sert au petit-déjeuner. Accueil charmant.

Le Logis du Stang sans rest
allée de Stang-Youen, par r. Ch. Le Goffic, à l'Est du plan – 02 98 52 00 55 – www.logis-du-stang.com – Fermé 18 déc.-5 janv.
3 ch – 60/75 € 71/82 €
◆ Ce manoir du 19e s. entouré d'un ravissant jardin clos a été rénové avec goût. Trois chambres réellement délicieuses, dont deux dans l'ancienne grange, et accueil aux petits soins.

Les Acacias
85 bd Creac'h Gwen – 02 98 52 15 20 – www.acacias-quimper.com – Fermé août, dim. soir et sam. BX**b**
Rest – Menu 19 € (sem.)/45 € – Carte 30/60 €
◆ Restaurant aménagé dans une engageante maison contemporaine agrémentée d'un jardin bien fleuri. Cuisine classique servie dans une salle à manger moderne et lumineuse.

L'Ambroisie
49 r. Elie Fréron – 02 98 95 00 02 – www.ambroisie-quimper.com – Fermé dim. soir et lundi BY**u**
Rest – Menu 23 € (déj. en sem.), 30/48 € – Carte environ 45 €
◆ Coquette salle à manger contemporaine décorée d'originales peintures sur bois ; on y savoure une cuisine régionale actualisée privilégiant les produits locaux.

Fleur de Sel
1 quai Neuf – 02 98 55 04 71 – www.fleur-de-sel-quimper.com – Fermé 24 déc.-2 janv., lundi sauf le soir en juil.-août, sam. midi et dim. AX**v**
Rest – Menu 28/40 € – Carte 33/50 €
◆ Sur un quai réservé aux piétons, adresse proposant des plats traditionnels dans une salle largement ouverte sur le cours de l'Odet, ou en plein air, au bord de l'eau.

L'Assiette
5 bis r. Jean Jaurès – 02 98 53 03 65 – Fermé 9-29 août, lundi soir, jeudi soir et dim. BZ**s**
Rest – (15 €) Menu 19 € (déj. en sem.)/24 €
◆ Sympathique adresse familiale entre gare et centre-ville. Décor mi-bistrot, mi-brasserie et tables gentiment dressées. Recettes traditionnelles simples et fraîches.

La VIIe Vague
72 r. Jean Jaurès – 02 98 53 33 10 – Fermé sam. et dim. BZ**m**
Rest – (17 €) Menu 20 € (déj. en sem.)/23 € – Carte 28/43 €
◆ Décor tendance boisé sobre et reposant, paisible terrasse à l'étage, menus-cartes présentés à l'ardoise et cuisine du terroir : cette table a le vent en poupe.

à Ty-Sanquer 7 km au Nord par D 770 – 29000 Quimper

Auberge de Ti-Coz
4 Hent-Coz – 02 98 94 50 02 – www.restaurantticoz.com – Fermé dim. soir et lundi sauf fériés
Rest – Menu 21 € (déj. en sem.), 29/60 € – Carte 42/62 €
◆ Charmante petite auberge locale au cadre actuel où le chef concocte une cuisine traditionnelle actualisée (épices, produits du Sud, légumes d'antan, etc.). Vins de propriétaires.

Les maisons d'hôtes ne proposent pas les mêmes services qu'un hôtel. Elles se distinguent généralement par leur accueil et leur décor, qui reflètent souvent la personnalité de leurs propriétaires. Celles classées en rouge sont les plus agréables.

à Quilinen 11 km par ① et D 770 – ✉ 29510 Landrevarzec

Auberge de Quilinen

– ✆ 02 98 57 93 63 – *http://auberge.de.quilinen.monsite.orange.fr*
– *Fermé 15-28 août, mardi soir, merc. soir, dim. soir et lundi*
Rest – Menu 18 € (déj. en sem.), 26/36 € – Carte 28/49 €
◆ Coquette maison bretonne située dans un hameau connu pour sa chapelle du 15e s. Plaisante salle rustique au mobilier campagnard et appétissantes recettes du terroir.

au Sud-Ouest 5 km par bd Poulguinan - AX - et D 20 – ✉ 29700 Pluguffan

La Roseraie de Bel Air (Lionel Hénaff)

r. Boissière – ✆ *02 98 53 50 80* – *www.roseraie-quimper.fr*
– *Fermé en mai, en oct., dim. et lundi*
Rest – Menu 32 € (déj.), 50/95 €
Spéc. Ormeaux de l'Île Vierge, navet, yuzu, kombu et air de bonite séchée. Poisson de pêche côtière. Bonbon croustillant cœur de guanaja, café et cardamome.
◆ Belle maison bretonne du 19e s. La salle à manger en longueur, avec ses murs en pierre et ses deux cheminées monumentales, offre un cadre chaleureux. Cuisine régionale revisitée.

QUIMPERLÉ – 29 Finistère – **308** J7 – 10 725 h. – alt. 30 m – ✉ 29300 **9** B2
Bretagne

Paris 517 – Carhaix-Plouguer 57 – Concarneau 32 – Pontivy 76
45, place Saint-Michel ✆ 02 98 96 04 32
Église Ste-Croix★★ - Rue Dom-Morice★.

Le Vintage sans rest

20 r. Bremond d'Ars – ✆ *02 98 35 09 10* – *www.hotelvintage.com* – *Fermé 26 juin-3 juil.*
10 ch – 60/122 € 89/122 € – 12 €
◆ Au cœur de la vieille ville, une maison de maître du 19e s. à la façade ouvragée. Les chambres sont vastes, bien équipées et ornées de fresques d'artistes contemporains.

Le Bistro de la Tour

2 r. Dom Morice – ✆ *02 98 39 29 58* – *www.hotelvintage.com*
– *Fermé 28 juin-11 juil., dim. midi en juil.-août, lundi sauf le soir en juil.-août et sam. midi*
Rest – (22 €) Menu 29/61 € bc – Carte 38/55 €
◆ Ce bistrot rétro et cossu (bibelots, tableaux, bouteilles) sert de généreux petits plats oscillant entre tradition et terroir. Belle carte des vins. Épicerie fine attenante.

La Cigale Egarée

Villeneuve-Braouic par rte de Lorient
– ✆ *02 98 39 15 53* – *www.lacigaleegaree.com*
– *Fermé 2 sem. en sept. et en fév., dim. et lundi*
Rest – *(nombre de couverts limité, prévenir)* (17 €) Menu 21 € (déj.), 35/78 € – Carte 40/60 €
◆ Derrière une zone d'activité, une maison colorée dans un grand jardin planté de pommiers et d'oliviers. Cuisine inventive servie dans un original décor néo-provençal.

au Nord-Est 6 km par rte d'Arzano et D 22 – ✉ 29300 Arzano

Château de Kerlarec

rte d'Arzano – ✆ *02 98 71 75 06* – *www.chateau-de-kerlarec.com* – *Fermé 23-27 déc.*
5 ch – 110/150 € 115/160 €
Table d'hôte – Menu 30/50 €
◆ Ce petit château de 1834 est blotti dans un parc ombragé et fleuri, nanti d'une belle piscine. Les chambres comptent de nombreuses antiquités. On propose des dîners aux chandelles (sur demande). Accueil charmant.

QUINCIÉ-EN-BEAUJOLAIS – 69 Rhône – **327** G3 – **1 164 h.** – **alt. 325 m** – ✉ **69430** **43** E1

Paris 428 – Beaujeu 6 – Bourg-en-Bresse 55 – Lyon 57

Le Mont-Brouilly ch, rest, VISA AE

Le Pont des Samsons, 2,5 km à l'Est par D 37 – ✆ 04 74 04 33 73 – www.hotelbrouilly.com – Fermé 24-30 déc., 1er fév.-2 mars, dim. soir et lundi d'oct. à mai

28 ch – 65 € 70/73 € – 8,50 € – ½ P 66/68 €

Rest – *(fermé dim. soir, lundi sauf le soir de juin à sept. et mardi midi)* (17 €) Menu 22/48 € – Carte 40/60 €

◆ Au pied du mont Brouilly, entouré de vignes, hôtel des années 1980 où l'on s'endort dans des chambres fonctionnelles toutes identiques. Vaste salle à manger offrant une vue sympathique sur le jardin ; à table, recettes traditionnelles.

QUINÉVILLE – 50 Manche – **303** E2 – **302 h.** – **alt. 29 m** – ✉ **50310** **32** A1

Normandie Cotentin

Paris 338 – Barfleur 21 – Carentan 31 – Cherbourg 37

17, avenue de la Plage ✆ 02 33 21 40 29

Château de Quinéville ch, VISA AE

18 r. de l'Église – ✆ 02 33 21 42 67 – www.chateau-de-quineville.com – Ouvert 1er avril-5 nov.

30 ch – 70/170 € 70/170 € – 11 € – ½ P 65/105 €

Rest – *(fermé le midi)* Menu 33 € – Carte 33/56 €

◆ Les chambres du château (18e s.) arborent un petit côté "Vieille France", celles des anciennes écuries sont plus récentes et plus grandes. Parc et jardin à la française. Cuisine traditionnelle servie dans deux salles avec boiseries d'origine ; vue sur la verdure.

QUINGEY – 25 Doubs – **321** F4 – **1 217 h.** – **alt. 275 m** – ✉ **25440** **16** B2

Paris 397 – Besançon 23 – Dijon 84 – Dole 36

La Truite de la Loue VISA

2 rte de Lyon – ✆ 03 81 63 60 14 – www.latruitedelaloue.com – Fermé 1er-8 mars, 3-23 janv. et 20-29 fév.

10 ch – 49 € 49 € – 7 € – ½ P 50/52 €

Rest – *(fermé mardi soir et merc. d'oct. à mai)* Menu 19/49 € – Carte 23/59 €

◆ À proximité du pont enjambant la Loue, cette maison propose des chambres fonctionnelles très bien tenues, claires et colorées. Salle rustique et terrasse au bord de la rivière ; cuisine traditionnelle et truites du vivier.

QUINSON – 04 Alpes-de-Haute-Provence – **334** E10 – **420 h.** – **alt. 370 m** – ✉ **04500** Alpes du Sud **41** C2

Paris 804 – Aix-en-Provence 76 – Brignoles 44 – Castellane 72

rue Saint-Esprit ✆ 04 92 74 01 12

Relais Notre-Dame ch, VISA

– ✆ 04 92 74 40 01 – www.relaisnotredame-04.com – Hôtel : ouvert 30 mars-15 nov. et fermé lundi et mardi sauf haute saison - rest : fermé 15 déc.-15 fév., lundi soir et mardi

14 ch – 55/57 € 65/80 € – 10 € – ½ P 68/72 € **Rest** – Menu 17/43 €

◆ Sur la route des gorges du Verdon, près du musée de la Préhistoire, un hôtel familial avec jardin et piscine. Les chambres sont décorées dans un style provençal actuel. Beaucoup de générosité à la table (cuisine régionale) ; on se régale de truffe en saison.

QUINTIN – 22 Côtes-d'Armor – **309** E4 – **2 797 h.** – **alt. 180 m** – ✉ **22800** Bretagne **10** C2

Paris 463 – Lamballe 35 – Loudéac 31 – St-Brieuc 18

6, place 1830 ✆ 02 96 74 01 51

Du Commerce

2 r. Rochonen – ✆ 02 96 74 94 67 – www.hotelducommerce-quintin.com – Fermé 20 déc.-5 janv.

11 ch – 57/62 € 69/80 € – ½ P 56/61 €

Rest – *(fermé sam. et dim.)* Menu 15/46 € – Carte 45/70 €

♦ Cette maison en granit qui daterait du 18e s. était autrefois un relais de diligence. Les chambres, traditionnelles et bien tenues, portent toutes un nom d'épice exotique. La salle à manger est décorée de belles boiseries et d'une cheminée aux armoiries bretonnes.

RABAT-LES-TROIS-SEIGNEURS – 09 Ariège – **343** H7 – rattaché à Tarascon-sur-Ariège

---

RAGUENÈS-PLAGE – 29 Finistère – **308** I8 – rattaché à Névez

---

RAMATUELLE – 83 Var – **340** O6 – 2 271 h. – alt. 136 m – ✉ 83350 **41** C3

Côte d'Azur

Paris 873 – Fréjus 35 – Le Lavandou 34 – St-Tropez 10

place de l'Ormeau ✆ 04 98 12 64 00

Col de Collebasse ★ S : 4 km.

La Réserve Ramatuelle

chemin de la Quessine, au Sud-Est, direction Plage de l'Escalet et rte secondaire – ✆ 04 94 44 94 44 – www.lareserve.ch – Ouvert avril-oct.

16 suites – 1000/3500 € – 7 ch

Rest – Carte 67/142 €

♦ Un superbe ensemble tout en transparence, suspendu au-dessus de la mer, où l'eau et la végétation méditerranéenne sont reines. Chambres design avec terrasse ou jardin privatif. Salles et grande terrasse d'esprit lounge pour une fine cuisine du Sud privilégiant le bio.

Le Baou

av. Gustave Etienne – ✆ 04 98 12 94 20 – www.hostellerielebaou.com – Ouvert fin mai-fin sept.

39 ch – 215/390 € 215/390 € – 2 suites – 23 €

Rest *La Terrasse* – *(dîner seult)* Menu 60 € – Carte 65/105 €

♦ Le Baou ("sommet" en provençal) porte bien son nom : il domine l'anse de Pampelonne. Les grandes chambres contemporaines avec balcon permettent de profiter du paysage. Le restaurant, avec terrasse panoramique face à la mer, propose une cuisine d'inspiration locale.

La Vigne de Ramatuelle sans rest

rte de La Croix-Valmer, à 3 km – ✆ 04 94 79 12 50 – www.lavignederamatuelle.com – Ouvert 22 avril-1er nov.

14 ch – 170/380 € 170/380 € – 15 €

♦ Presque une maison d'amis, au milieu des vignes... Cette villa concilie charme, atmosphère contemporaine et tranquillité. Chambres raffinées, avec terrasse. Piscine dans la verdure.

L'Écurie du Castellas avec ch

rte du Moulins-de-Paillas – ✆ 04 94 79 11 59 – www.lecurieducastellas.com – Fermé 15 nov.-20 déc.

16 ch – 76/220 € 76/220 € – 15 €

Rest – Menu 28/65 € – Carte 30/60 €

♦ Belle adresse, où l'on se régale d'une fine cuisine régionale, en profitant d'un superbe panorama : la terrasse domine le village, les pinèdes et, au loin, la grande bleue. Décor chic et contemporain. Côté hôtel, chambres apprêtées avec soin.

à la Bonne Terrasse **5 km à l'Est par D 93 et rte de Camarat – ✉ 83350 Ramatuelle**

Chez Camille

quartier de Bonne Terrasse – ✆ 04 98 12 68 98 – www.chezcamille.fr – Ouvert 14 avril-2 oct. et fermé vend. midi et mardi

Rest – *(prévenir en saison et le week-end)* Menu 43/78 €

◆ Depuis 1913, pères et fils se succèdent en cuisine. On vient ici pour déguster la "vraie" bouillabaisse et la pêche locale, les pieds dans l'eau... Authentique !

RAMBERVILLERS – 88 Vosges – 314 H2 – 5 714 h. – alt. 287 m – ✉ 88700 — 27 C3

Paris 407 – Epinal 27 – Lunéville 36 – Nancy 68

2, place du 30 Septembre ✆ 03 29 65 49 10

Mirabelle

6 r. de l'Église – ✆ 03 29 65 37 37 – Fermé 15 août-15 sept., janv. et merc.

Rest – (16 €) Menu 38/50 € – Carte 32/73 €

◆ Chaleureux accueil familial dans ce restaurant intimiste aux couleurs de la Lorraine. Vous aurez droit aux grands classiques, comme la tête de veau qui fait la fierté du chef.

RAMBOUILLET – 78 Yvelines – 311 G4 – 25 661 h. – alt. 160 m – ✉ 78120 Île de France — 18 A2

Paris 53 – Chartres 42 – Mantes-la-Jolie 50 – Orléans 93

place de la Libération ✆ 01 34 83 21 21

de Forges-les-Bains à Forges-les-Bains Route du Général Leclerc, E : 22 km par D 906 et D 24, ✆ 01 64 91 48 18

Boiseries★ du château - Parc★★ : laiterie de la Reine★ Z B - chaumière aux coquillages★ Z E - Bergerie nationale★ Z - Forêt de Rambouillet★.

RAMBOUILLET

Angiviller (R. d') Z 2
Chasles (R.) Z 3
Commune (R. de la) Y 4
Doumer (R. P.) Z 5
Félix-Faure (Pl.) Z 6
Gaulle (R. du Gén.-de) Z 8
Humbert (R. Gén.) Z 9
Libération (Pl. de la) Z 10
Louvière (R. de la) Z 15
Motte (R. de la) Y 12
Poincaré (R. Raymond) Y 13
Providence (R. de la) Y 14

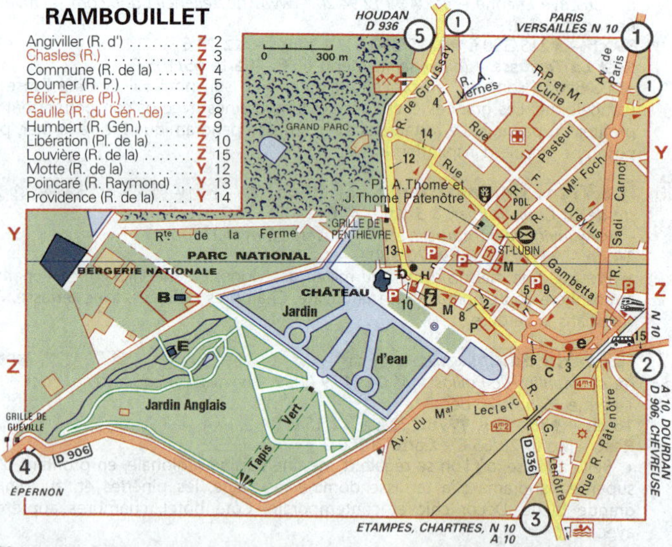

Mercure Relays du Château sans rest
1 pl. de la Libération – ☎ 01 34 57 30 00 – www.mercure-rambouillet.com
83 ch – 🯅80/165 € 🯅🯅90/185 € – ☕ 14 € **Zb**
◆ Face au château, ancien relais de poste du 17e s. superbement rénové : l'intérieur mêle avec raffinement l'ancien et le moderne. Chambres bien équipées et d'un grand confort.

L'Huître sur le Zinc
15 r. Chasles – ☎ 01 30 46 22 58 – www.lhuitresurlezinc.fr – Fermé 6-30 août, 17 déc.-3 janv., dim. et lundi **Ze**
Rest – Menu 30/39 € – Carte 37/92 €
◆ Spécialités exclusivement marines en provenance de... la poissonnerie adjacente tenue par le frère du chef-patron. Décor original aux couleurs de la mer et beau jardin-terrasse.

à Gazeran 5 km par ④ – 1 162 h. – alt. 162 m – ✉ 78125

Villa Marinette
20 av. du Gén.-de-Gaulle – ☎ 01 34 83 19 01 – www.villamarinette.fr – Fermé dim. soir, mardi midi et lundi
Rest – Menu 29 € bc (déj. en sem.)/60 € – Carte 54/61 €
◆ Auberge nantie de vigne vierge, cachant un intérieur cossu, au décor soigné ; l'été, terrasse dressée dans le joli jardin clos. Cuisine inventive par un jeune chef qui sait faire simple, sans faire simpliste. Accueil souriant.

RANCÉ – 01 Ain – **328** C5 – 640 h. – alt. 282 m – ✉ 01390 **43** E1
Paris 437 – Bourg-en-Bresse 44 – Lyon 32 – Villefranche-sur-Saône 13

De Rancé
☎ 04 74 00 81 83 – www.restaurantderance.com – Fermé 1 sem. en juil. et en oct., 2 sem. en janv., jeudi soir et merc. de sept. à avril, dim. soir, mardi soir et lundi
Rest – Menu 17/60 € – Carte 28/70 €
◆ Face à la petite église du village, maison colorée où l'on propose une généreuse cuisine dombiste (grenouilles...) dans une salle rustique insensible aux effets de mode.

RANCOURT – 80 Somme – **301** K7 – rattaché à Péronne

RÂNES – 61 Orne – **310** H3 – 1 026 h. – alt. 237 m – ✉ 61150 **32** B3
Normandie Cotentin
Paris 212 – Alençon 40 – Argentan 20 – Bagnoles-de-l'Orne 20
Mairie ☎ 02 33 39 73 87

St-Pierre
6 r. de la Libération – ☎ 02 33 39 75 14 – www.hotelsaintpierreranes.com
12 ch – 🯅55 € 🯅🯅58 € – ☕ 8 € – ½ P 65 €
Rest – *(fermé mardi soir)* (10 €) Menu 12 € (déj. en sem.), 20/46 € – Carte 34/41 €
◆ Belle maison régionale dont les petites chambres rustiques soignées sont personnalisées et chaleureusement colorées. La cuisine, inspirée du terroir, met à l'honneur les tripes et les cuisses de grenouilles. Accueil charmant.

RANGUEIL – 31 Haute-Garonne – **343** G3 – rattaché à Toulouse

RASTEAU – 84 Vaucluse – **332** C8 – rattaché à Vaison-la-Romaine

RATTE – 71 Saône-et-Loire – **320** L10 – 371 h. – alt. 201 m – ✉ 71500 **8** D3
Paris 386 – Chalon-sur-Saône 47 – Dijon 111 – Mâcon 97

Le Chaudron
au bourg – ☎ 03 85 75 57 81 – www.restaurant-lechaudron-louhans.com – Fermé 1 sem. en sept., 2-21 janv., lundi soir en hiver, mardi et merc.
Rest – (13 € bc) Menu 16 € bc (déj. en sem.), 27/46 € – Carte 35/42 €
◆ Une bonne étape sur une route très fréquentée : accueil aimable, service attentionné et cuisine traditionnelle caractérisent cette auberge au décor sobre et rustique.

RAULHAC – 15 Cantal – **330** D5 – 346 h. – alt. 740 m – ✉ 15800 **5** B3

Paris 571 – Aurillac 31 – Clermont-Ferrand 156 – St-Flour 73

Château de Courbelimagne

4 km au Sud par rte de Mur-de-Barrez (D 600) – ✆ 04 71 49 58 25 – http://perso.wanadoo.fr/courbelimagne – Ouvert 2 avril-30 oct.

5 ch – 75 € 75/105 € **Table d'hôte** – Menu 27 €

◆ Dans son parc romantique, ce beau manoir de famille (16e-19e s.) cultive les bienfaits de la nature : collection de plantes de la région (1850) – certaines disparues –, soins de naturothérapie, etc. Champignons de la forêt, mûres des haies alentour, herbes et fleurs... la table d'hôte puise dans le terroir local !

LE RAULY – 24 Dordogne – **329** D7 – rattaché à Bergerac

RAYOL-CANADEL-SUR-MER – 83 Var – **340** N7 – 583 h. – alt. 100 m – ✉ 83820 **41** C3

Paris 886 – Fréjus 49 – Hyères 35 – Le Lavandou 13

place Michel Goy ✆ 04 94 05 65 69

Domaine du Rayol Jardin des Méditerranées ★★

Le Bailli de Suffren

– ✆ 04 98 04 47 00 – www.lebaillidesuffren.com – Ouvert de mi-avril à mi-oct.

55 ch – 189/443 € 189/443 € – 24 €

Rest *La Praya* – *(fermé le midi en juil.-août)* (42 €) Menu 58/80 € – Carte 70/90 €

Rest *L'escale* – *(ouvert de mai à sept.)* Carte 34/74 €

◆ Superbe vue sur les îles d'Hyères depuis ce bel hôtel qui embrasse la mer. Chambres spacieuses et raffinées, dotées de balcons ou de terrasses. Plage privée. Salle à manger feutrée et provençale, terrasse panoramique à la Praya. Cuisine traditionnelle revisitée à L'Escale, dans un cadre actuel et lounge.

Le Relais des Maures avec ch rest,

av. Ch.-Koeklin, Le Canadel – ✆ 04 94 05 61 27 – www.lerelaisdesmaures.fr – Fermé 7 nov.-31 janv., le midi en juil.-août, dim. soir, lundi et mardi hors saison

10 ch – 65/95 € 65/95 € – 8 € **Rest** – Menu 29/49 € – Carte 38/55 €

◆ Cette grande auberge, décorée dans un style rétro plutôt chic, cultive le goût du Sud. Le chef y réalise une cuisine fine et délicate, calée sur le marché. Les petites chambres sont sobres et rustiques ; vue sur la mer au deuxième étage.

RÉ (ÎLE DE) – 17 Charente-Maritime – **324** B2 – voir à Île de Ré

RÉALMONT – 81 Tarn – **338** F8 – 3 179 h. – alt. 212 m – ✉ 81120 **29** C2

Paris 704 – Albi 21 – Castres 24 – Graulhet 18

8, place de la République ✆ 05 63 79 05 45

Les Secrets Gourmands

72 av. Général-de-Gaulle, (D 612) – ✆ 05 63 79 07 67 – www.les-secrets-gourmands.fr – Fermé 25-31 août, 10-31 janv., dim. soir et mardi

Rest – Menu 22 € (sem.), 29/52 € – Carte 37/59 €

◆ Trois petites salles à manger raffinées, rehaussées de tableaux contemporains et ouvertes sur une agréable terrasse d'été. Cuisine actuelle gourmande.

REDON – 35 Ille-et-Vilaine – **309** J9 – 9 601 h. – alt. 10 m – ✉ 35600 Bretagne **10** C3

Paris 410 – Nantes 78 – Rennes 65 – St-Nazaire 53

place de la République ✆ 02 99 71 06 04

Tour★ de l'église St-Sauveur.

La Bogue

3 r. des Etats – ✆ 02 99 71 12 95 – Fermé dim. soir et lundi

Rest – Menu 23/62 € – Carte 32/54 €

◆ Maison ancienne du centre-ville, au cadre classique (boiseries moulurées, chaises Louis XIII). Cuisine traditionnelle et simple, évoluant au fil des saisons.

rte de La Gacilly 3 km au Nord par D 873 – ✉ 35600 Redon

XX **Moulin de Via**

– ✆ 02 99 71 05 16 – www.lemoulindevia.fr – *Fermé 5-22 mars, sept., merc. d'oct. à juin, dim. soir, mardi soir et lundi*

Rest – (15 €) Menu 20/65 €

♦ Mobilier champêtre, poutres et cheminée ajoutent au charme de cet ancien moulin à eau (16ᵉ s.) blotti dans la verdure. Terrasse ombragée ouverte sur le jardin. Plats régionaux.

REHAUPAL – 88 Vosges – 314 I4 – 183 h. – alt. 510 m – ✉ 88640 — 27 C3

Paris 424 – Épinal 27 – Metz 151 – Strasbourg 132

Auberge du Haut-Jardin

43 bis Le Village – ✆ 03 29 66 37 06 – www.hautjardin.com – *Fermé une sem. en mars, une sem. en nov. et une sem. en janv.*

9 ch – †55/87 € ††55/87 € – ☕ 13 € – ½ P 52/75 €

Rest – Menu 18/25 € – Carte 25/45 €

♦ Dans un village paisible, maison de pays engageante tenue par un couple accueillant. Les chambres, d'esprit rustique, déclinent différents thèmes créés par la déco et le mobilier. Au restaurant avec cheminée, cuisine du terroir privilégiant les produits locaux.

REICHSTETT – 67 Bas-Rhin – 315 K5 – rattaché à Strasbourg

REILHAC – 43 Haute-Loire – 331 C3 – rattaché à Langeac

REILHANETTE – 26 Drôme – 332 J8 – 144 h. – alt. 579 m – ✉ 26570 — 45 C3

Paris 710 – Avignon 78 – Lyon 247 – Valence 149

X **L'Oustau de la Font** avec ch

Le Village – ✆ 04 75 28 83 77 – www.oustaudelafont.com – *Ouvert 14 fév.-11 nov.*

6 ch ☕ – †73/100 € ††85/115 €

Rest – *(fermé merc. midi et jeudi midi de mi-sept. au 11 nov., merc. et jeudi de mi-fév. à Pâques)* (14 €) Menu 32/49 € – Carte 37/47 €

♦ Cuisine de bistrot bien présentée et réalisée avec des produits locaux. Belle sélection de vins de la vallée du Rhône. La terrasse offre une jolie vue sur le village de Montbrun. L'établissement propose cinq chambres et une maisonnette de bonne tenue. Jacuzzi.

REIMS – 51 Marne – 306 G7 – 183 837 h. – Agglo. 215 581 h. – alt. 85 m – ✉ 51100 Champagne Ardenne — 13 B2

Paris 144 – Bruxelles 218 – Châlons-en-Champagne 48 – Lille 208

Reims-Champagne : ✆ 03 26 07 15 15, 7 km par D 74 U.

2, rue Guillaume de Machault ✆ 03 26 77 45 00

18 de Reims-Champagne à Gueux Château des Dames de France, par rte de Paris : 9 km, ✆ 03 26 05 46 10

Cathédrale Notre-Dame★★★ - Basilique St-Rémi★★ : intérieur★★★ - Palais du Tau★★ BY V - Caves de Champagne★★ BCX, CZ - Place Royale★ - Porte Mars★ - Hôtel de la Salle★ BY R - Chapelle Foujita★ - Bibliothèque★ de l'ancien Collège des Jésuites BZ C - Musée St-Rémi★★ CZ M⁴ - Musée-hôtel Le Vergeur★ BX M³ - Musée des Beaux-Arts★ BY M².

Fort de la Pompelle (casques allemands★) 9 km par ③.

Plans pages 1405, 1406, 1407

Château les Crayères

64 bd Henry-Vasnier – ✆ 03 26 24 90 00 – www.lescrayeres.com – Fermé 3 sem. en janv. CZa

20 ch – 330/680 € 330/680 € – 28 €

Rest *Le Parc les Crayères* – *(Fermé lundi et mardi) (nombre de couverts limité, prévenir)* (65 €) Menu 185/305 € bc – Carte 120/170 €

Spéc. Écrevisses rôties au beurre d'abricot. Tronçon de turbot piqué aux olives noires. Sphère tout chocolat. **Vins** Champagne.

◆ Dans un grand parc, demeure altière dont les luxueux intérieurs dessinent un univers doré comme… un champagne. Somptueuse carte dudit vin au restaurant, où l'on déguste des mets originaux et légers, très bien exécutés – dans un décor magnifique (boiseries, stucs, tapisseries, etc.).

L'Assiette Champenoise (Arnaud Lallement) ch, rest,

à Tinqueux,

40 av. Paul Vaillant-Couturier ✉ 51430 – ✆ 03 26 84 64 64 – www.assiettechampenoise.com – Fermé 15 fév.-3 mars Ve

39 ch – 165 € 165 € – 23 suites – 19 €

Rest – *(fermé merc. midi et mardi)* (59 €) Menu 130/155 € – Carte 115/185 €

Spéc. Langoustines royales de Bretagne, pomme et gingembre. Turbot breton au vin jaune. Enfance et gourmandises. **Vins** Champagne, Coteaux Champenois.

◆ Belle maison de maître de la fin 19e s. dans un grand parc clos. Les chambres, récemment refaites, adoptent un style actuel de bon ton (teintes taupe, rouge, blanc). Élégant restaurant, ouvert sur une terrasse, et délicieuse cuisine créative.

De la Paix

9 r. Buirette – ✆ 03 26 40 04 08 – www.hotel-lapaix.fr AYq

168 ch – 125/225 € 125/225 € – 1 suite – 14 €

Rest *Café la Paix* – ✆ 03 26 47 00 45 – (13 €) Menu 33 € bc/34 € bc Carte 27/65 €

◆ Cet hôtel, tenu par la même famille depuis 1912, vit avec son temps : jolies chambres contemporaines (tableaux d'artistes rémois, meubles Starck) et bar pop, très tendance. Cadre design et carte de brasserie (fruits de mer, grillades...) au Café de la Paix.

Mercure-Cathédrale

31 bd Paul Doumer – ✆ 03 26 84 49 49 – www.mercure.com AYv

126 ch – 70/159 € 74/164 € – 16 €

Rest – *(fermé le midi du 18 juil. au 21 août et du 19 déc. au 1er janv., sam. midi, dim. midi et fériés le midi)* (22 €) Menu 28/30 € – Carte environ 29 €

◆ Bordant un boulevard, ce grand bâtiment des années 1970, totalement insonorisé, vous assure des nuits calmes dans des chambres fonctionnelles bien équipées. À l'étage, le restaurant, contemporain, profite d'une vue panoramique sur le canal et les péniches. Cuisine actuelle.

Grand Hôtel des Templiers sans rest

22 r. des Templiers – ✆ 03 26 88 55 08 – www.grandhoteldestempliers-reims.com BXa

18 ch – 190/280 € 190/280 € – 25 €

◆ Luxe et raffinement sont au rendez-vous dans cette belle demeure du 19e s. : mobilier de style, opulence des tissus, salon-bar bourgeois et chambres feutrées.

Grand Hôtel Continental sans rest

93 pl. Drouet d'Erlon – ✆ 03 26 40 39 35 – www.grandhotelcontinental.com

61 ch – 66/189 € 79/189 € – 14 € AXYr

◆ La belle façade de 1862 abrite des chambres confortables, insonorisées et décorées dans des styles variés (classique, ancien, actuel, etc.), et un salon bourgeois.

Grand Hôtel de l'Univers

41 bd Foch – ✆ 03 26 88 68 08 – www.hotel-univers-reims.com AXa

42 ch – 65/105 € 70/115 € – 13 €

Rest *Au Congrès* – *(fermé sam. midi et dim. midi sauf fériés)* Menu 15 € (sem.)/ 30 € – Carte 27/40 €

◆ À 150 m de la cathédrale du 13e s., un établissement (1932) d'inspiration Art déco, doté de chambres confortables et bien insonorisées. Salon-bar cosy. Le restaurant est habillé d'élégantes boiseries sombres. Recettes classiques.

REIMS

Berthelot (Bd M.) . . . . U 5
Brébant (Av.) . . . . U 8
Brimontel (R. de) . . . . U 10
Carré (R. du Gén.) . . . . UV 20
Champagne (Av. de) . . . . V 22
Cognacq-Jay (R.) . . . . V 25
Danton (R.) . . . . U 30
Dr-Lemoine (R.) . . . . U 35
Europe (Av. de l') . . . . V 42
Farman (Av. Henri) . . . . V 43
Maison-Blanche (R.) . . . . V 64
Paris (Av. de) . . . . V 69
Pompidou (Av. G.) . . . . V 71
Robespierre (Bd) . . . . U 74
Tinqueux (R. de) . . . . V 87
Vaillant-Couturier (Av.) . . . . . . V 89
Witry (Rte de) . . . . U 91
Zola (R. Émile) . . . . U 92

Suite Novotel sans rest
1 r. Édouard Mignot – ☎ 03 26 89 52 00 – www.suitehotel.com AX**b**
80 ch – 130/140 € 130/140 € – 12 €
♦ Hôtel situé dans un nouveau quartier d'affaires, juste derrière la gare. Chambres modernes et spacieuses, bien insonorisées et équipées.

Crystal sans rest
86 pl. Drouet d'Erlon – ☎ 03 26 88 44 44 – www.hotel-crystal.fr – Fermé 24 déc.-3 janv. AXY**n**
31 ch – 62/70 € 68/80 € – 9 €
♦ La maison, située en centre-ville, se trouve au bout d'un passage garantissant calme et tranquillité. Chambres rajeunies et bien tenues, jardinet où l'on petit-déjeune l'été.

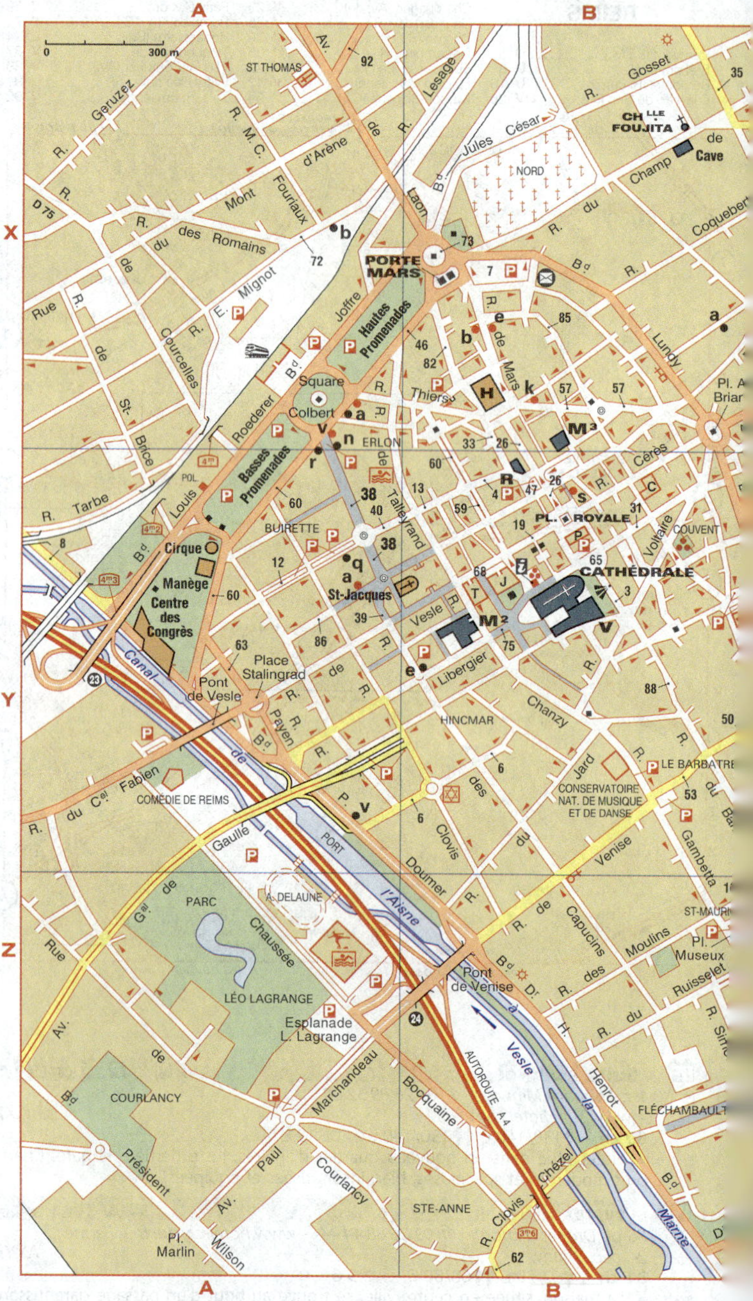
A
B
X
Y
Z
0
300 m
ST THOMAS
R. Geruzez
R. M. C. Fouriaux
R. de Mont d'Arène
Av. de Laon
R. Lesage
Bd Jules César
NORD
R. Gosset
CHLLE FOUJITA
R. du Champ de Cave
R. Coquebert
D 75
R. des Romains
Rue de Courcelles
R. E. Mignot
Bd Joffre
PORTE MARS
Hautes Promenades
Square Colbert
R. Thiers
R. de Mars
Bd Lundy
Pl. A. Briand
R. de St-Brice
Bd Roederer
Basses Promenades
ERLON
R. de Talleyrand
R. Cérès
R. Louis
POL.
R. Tarbe
Cirque
Manège
Centre des Congrès
BUIRETTE
St-Jacques
PL. ROYALE
CATHÉDRALE
COUVENT
R. Voltaire
R. de Vesle
R. Libergier
M3
M2
Place Stalingrad
Pont de Vesle
Canal de l'Aisne
R. Payen
HINCMAR
R. Chanzy
R. du Jard
CONSERVATOIRE NAT. DE MUSIQUE ET DE DANSE
LE BARBATRE
R. du Barbâtre
R. Gambetta
R. du Cel Fabien
COMÉDIE DE REIMS
Bd P. Doumer
PORT
R. Clovis
R. des Capucins
R. de Venise
Av. de Gal de Gaulle
PARC
A. DELAUNE
Chaussée
LÉO LAGRANGE
Esplanade L. Lagrange
Pont de Venise
Bd Dr H. Henrot
R. des Moulins
Pl. Museux
R. du Ruisselet
ST-MAURICE
R. Simon
la Vesle
AUTOROUTE A4
FLÉCHAMBAULT
COURLANCY
Bd Président Wilson
Av. Paul Marchandeau
R. Bocquaine
R. Courlancy
STE-ANNE
R. Clovis Chézel
Bd de la Marne
Pl. Marlin
Av. Wilson

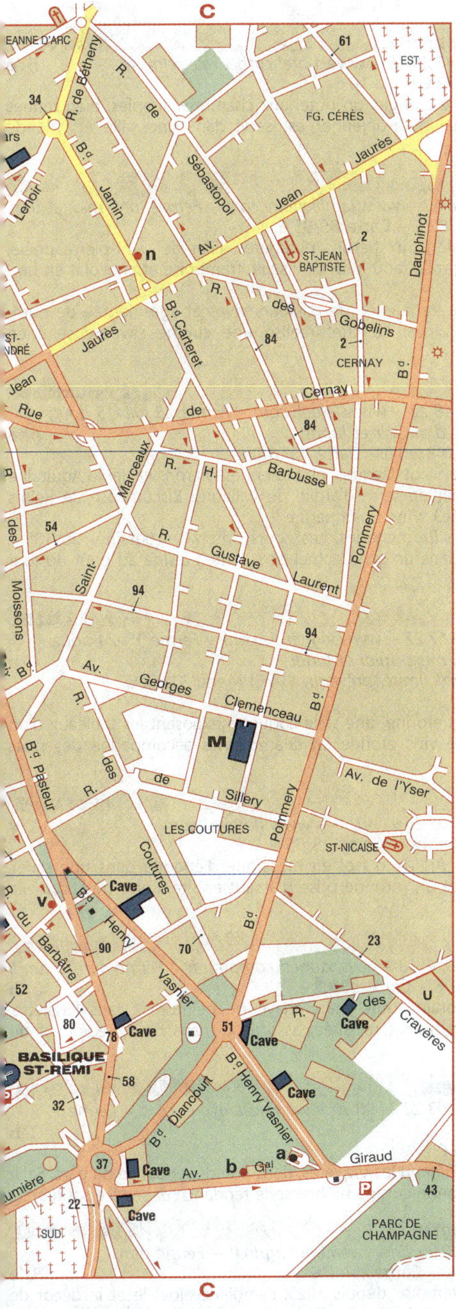

REIMS

Alsace-Lorraine (R. d')	CX	2
Anatole-France (Cours)	BY	3
Arbalète (R. de l')	BY	4
Boulard (R.)	BY	6
Boulingrin (Pl. du)	BX	7
Brébant (Av.)	AY	8
Buirette (R.)	AY	12
Cadran St-Pierre (R.)	BY	13
Carmes (R. des)	BZ	16
Carnégie (Pl.)	BY	17
Carnot (R.)	BY	19
Champagne (Av. de)	CZ	22
Chemin Vert (R. du)	CZ	23
Colbert (R.)	BXY	26
Desteuque (R. E.)	BY	31
Dieu-Lumière (R.)	CZ	32
Dr-Jacquin (R.)	BXY	33
Dr-Knoéri (Pl. du)	CX	34
Dr-Lemoine (R.)	BX	35
Droits-de-l'Homme (Pl. des)	CZ	37
Drouet d'Erlon (Pl.)	AY	38
Dubois (R. Th.)	AY	39
Étape (R. de l')	AY	40
Farman (Av. H.)	CZ	43
Foch (Bd)	ABX	46
Forum (Pl.)	BY	47
Gerbert (R.)	BCY	50
Gouraud (Pl. Gén.)	CZ	51
Grand-Cerf (R. du)	CZ	52
Herduin (R. Lt)	BY	53
Houzeau-Muiron (R.)	CY	54
Jamot (R. Paul)	BY	56
Jean-Jaurès (Av.)	BCX	
J.-J.-Rousseau (R.)	BX	57
Lambert (Bd Victor)	CZ	58
Langlet (Crs J.-B.)	BY	59
Laon (Av. de)	ABX	
Leclerc (Bd Général)	AX	60
Lefèbvre (R. E.)	CX	61
Louvois (R. de)	BZ	62
Magdeleine (R.)	AY	63
Martyrs-de-la-Résistance (Pl. des)	BY	65
Montlaurent (R.)	CY	67
Myron-Herrick (Pl.)	BY	68
Philipe (R. Gérard)	CZ	70
Prés.-F.-Roosevelt (R.)	AX	72
République (Pl. de la)	BX	73
Rockefeller (R.)	BY	75
St-Nicaise (Pl.)	CZ	78
Salines (R. des)	CZ	80
Sarrail (R. Gén.)	BX	82
Strasbourg (R. de)	CX	84
Talleyrand (R. de)	ABY	
Temple (R. du)	BX	85
Thillois (R. de)	AY	86
Université (R. de l')	BY	88
Vesle (R. de)	ABY	
Victor-Hugo (Bd)	CZ	90
Zola (R. Émile)	AX	92
16e-et-22e-Dragons (R. des)	CY	94

De la Cathédrale sans rest
20 r. Libergier – ✆ 03 26 47 28 46 – www.hotel-cathedrale-reims.fr BY**e**
17 ch – 56/64 € 64/73 € – 10 €
◆ Situé dans un immeuble d'angle, un hôtel aux chambres simples, bien tenues et rénovées par étape. Le petit-déjeuner est servi dans une salle égayée de tableaux d'artistes locaux.

Le Millénaire (Laurent Laplaige)
4 r. Bertin – ✆ 03 26 08 26 62 – www.lemillenaire.com – Fermé sam. midi et dim.
Rest – Menu 32 € (sem.)/82 € – Carte 85/95 € BY**s**
Spéc. Langoustines, bouillon aux herbes potagères. Filet de saint-pierre poêlé, déclinaison autour de la girolle (août à oct.). Biscuit, framboise et chocolat en harmonie. **Vins** Champagne.
◆ Salle à manger actuelle, rehaussée de couleurs vives et agrémentée de nombreuses toiles contemporaines. Le chef réalise une cuisine savoureuse, bien ancrée dans son époque.

Le Foch (Jacky Louazé)
37 bd Foch – ✆ 03 26 47 48 22 – www.lefoch.com – Fermé 25 juil.-15 août, 20 fév.-7 mars, sam. midi, dim. soir et lundi AX**a**
Rest – Menu 31 € (sem.), 48/80 € – Carte 75/100 €
Spéc. Raviole virtuelle de Saint-Jacques et Marennes-Oléron, caviar d'Aquitaine (oct. à avril). Bar cuit entier en terre d'argile de Vallauris. Biscuit rose de Reims "vu autrement" (sept. à déc.). **Vins** Champagne.
◆ Le restaurant borde les Promenades, ces cours ombragés dessinés au 18e s. Salle à manger relookée dans un style actuel et soigné. Cuisine au goût du jour sur une base classique.

La Vigneraie
14 r. Thillois – ✆ 03 26 88 67 27 – www.vigneraie.com – Fermé 1er-24 août, 27 fév.-13 mars, dim. soir, merc. midi et lundi AY**a**
Rest – *(nombre de couverts limité, prévenir)* (16 €) Menu 31/66 € – Carte 52/74 €
◆ Derrière une façade vigneronne, une salle coquette exposant les tableaux d'un artiste local. Une carte de vins étoffée en champagnes accompagne des plats actuels et de saison.

Flo
96 pl. Drouet d'Erlon – ✆ 03 26 91 40 50 – www.floreims.com AX**v**
Rest – (23 €) Menu 29/36 € bc – Carte 28/55 €
◆ Joli cadre d'inspiration Art déco (sol en mosaïque d'époque dans une salle), boiseries, lustres et terrasse en rotonde prise d'assaut en été. Carte traditionnelle de brasserie.

Au Petit Comptoir
17 r. de Mars – ✆ 03 26 40 58 58 – www.aupetitcomptoir.fr – Fermé dim. et lundi
Rest – (18 € bc) Menu 31 € – Carte 32/62 € BX**b**
◆ Un intérieur contemporain sobre mais égayé de peintures. Dans l'assiette, une généreuse cuisine de bistrot revisitée, assortie de vins de la région et du monde.

Le Jardin les Crayères
7 av. du Gén.-Giraud – ✆ 03 26 24 90 90 – www.lescrayeres.com – Fermé en janv. CZ**b**
Rest – (28 €) Carte 40/65 €
◆ La "petite adresse" du Château les Crayères, dans une dépendance du parc. Salle au cadre contemporain, bonne cuisine de brasserie tendance et service souriant.

Brasserie Le Boulingrin
48 r. de Mars – ✆ 03 26 40 96 22 – www.boulingrin.fr – Fermé dim.
Rest – Menu 18 € bc/23 € – Carte 25/40 € BX**e**
◆ Dans cette institution rémoise depuis 1925, l'ambiance joviale et le décor de brasserie Art déco s'accordent à merveille avec une cuisine de produits frais sans chichi.

Le Jamin

18 bd Jamin – ✆ 03 26 07 37 30 – www.lejamin.com – Fermé 18-22 avril, 15-31 août, 17 janv.-1er fév., dim. soir et lundi CX**n**

Rest – (14 € bc) Menu 21 € bc (déj. en sem.)/32 € – Carte 24/48 €

◆ Un petit restaurant de quartier simple et généreux, au cadre sobre et actuel. Cuisine traditionnelle et suggestions du jour à l'ardoise, à prix doux. Service aimable et efficace.

Les Charmes

11 r. Brûlart – ✆ 03 26 85 37 63 – www.restaurantlescharmes.fr – Fermé 29 juil.-22 août, janv., lundi soir, sam. midi et dim. CZ**v**

Rest – (13 €) Menu 22/34 €

◆ Proche des grandes caves de champagne et de la basilique St-Remi, sympathique salle de restaurant familiale agrémentée de peintures sur bois. Bon choix de whiskies.

Le Pré Carré

1 r. Jean-Jacques-Rousseau – ✆ 03 26 24 27 15 – Fermé 1er-15 août, dim. et lundi

Rest – (16 €) Carte 39/50 € BX**k**

◆ Pré carré des gourmets, ce restaurant créé en 2010 est vraiment sympathique. On s'y sent bien – ambiance feutrée – et les plats de toujours s'habillent d'une belle modernité.

rte de Châlons-en-Champagne 3 km vers ③ – ✉ 51100 Reims

Mercure-Parc des Expositions ch,

2 r. G. Voisin – ✆ 03 26 05 00 08 – www.accorhotels.com

100 ch – †87/140 € ††95/150 € – ☕ 16 € V**s**

Rest – *(fermé sam. midi, dim. midi et fériés le midi)* (20 €) Carte 20/60 €

◆ Cette construction des années 1970, relookée peu à peu, abrite des chambres lumineuses et bien tenues. Véranda, terrasse et piscine agrémentent le restaurant, où l'on propose une carte traditionnelle et l'ardoise du jour.

à Sillery 11 km par ③ et D 8E – 1 575 h. – alt. 90 m – ✉ 51500

Le Relais de Sillery

3 r. de la Gare – ✆ 03 26 49 10 11 – www.relaisdesillery.fr – Fermé 14 août-7 sept., 2-8 janv., 25 fév.-12 mars, mardi soir, dim. soir et lundi

Rest – Menu 19 €, 39/65 € – Carte 45/60 €

◆ Une auberge élégante (boiseries, tableaux) dont la terrasse domine la Vesle. Beaux produits au service de recettes classiques ; cave impressionnante.

à Montchenot 11 km par ⑤ – ✉ 51500 Villers-Allerand

Le Grand Cerf (Dominique Giraudeau et Pascal Champion)

50 rte Nationale – ✆ 03 26 97 60 07 – www.le-grand-cerf.fr – Fermé 10-31 août, vacances de fév., dim. soir, mardi soir et merc.

Rest – Menu 35 € (déj. en sem.), 70/86 € – Carte 70/100 €

Spéc. Homard-melon (été) ou homard-poire (hiver). Pigeonneau fermier à l'huile de noisette. Fine tarte chaude aux pommes, glace bergamote. **Vins** Champagne, Cumières rouge.

◆ Située au pied de la Montagne de Reims, auberge composée de deux salles élégantes (boiseries), dont une aménagée en véranda, côté jardin. Belle cuisine classique.

à l'Ouest 6 km par ⑦, autoroute A 4 sortie Tinqueux – ✉ 51430 Tinqueux

Novotel ch,

– ✆ 03 26 08 11 61 – www.novotel.com V**u**

127 ch – †115/150 € ††115/150 € – ☕ 14 €

Rest – Menu 12/16 € – Carte 22/35 €

◆ Dans une zone commerciale et d'affaires, cet hôtel des années 1970 a retrouvé une seconde jeunesse : style épuré et concept Novation dans toutes les chambres, impeccables. Grande salle à manger façon bistrot, tournée vers la piscine. Préparations à la plancha.

Tip Top sans rest
1 av. d'A.F.N. – ✆ 03 26 83 84 85 – www.tiptop-hotel.com **Vt**
66 ch – 🚹67/92 € 🚹🚹72/97 € – ☕ 8 €
◆ Proche de l'autoroute, un hôtel récent aux chambres fonctionnelles bien tenues. Salon-bibliothèque et espace petits-déjeuners (buffet) au cadre contemporain.

REIPERTSWILLER – **67 Bas-Rhin** – **315** I3 – **960 h.** – **alt. 230 m** **1** A1
– ✉ **67340** Alsace Lorraine
▶ Paris 450 – Bitche 19 – Haguenau 33 – Sarreguemines 48

La Couronne rest,
13 r. Wimmenau – ✆ 03 88 89 96 21 – www.hotel-la-couronne.com
– Fermé 20 juin-7 juil., 2-10 novembre et 31 janv.-11 fév.
16 ch – 🚹48/55 € 🚹🚹50/64 € – ☕ 13 € – ½ P 56/62 €
Rest – *(fermé merc. midi et jeudi en janv.-fév., merc. soir, dim. soir, lundi et mardi)* Menu 20 € (déj. en sem.), 25/48 € – Carte 30/60 €
◆ Dans un paisible village du parc naturel des Vosges du Nord, hôtel confortable aménagé dans un esprit contemporain. Chambres spacieuses ; accueil familial. Au restaurant, le patron concocte une savoureuse cuisine classique ; décor cossu (boiseries) ouvert sur la nature.

LA REMIGEASSE – **17 Charente-Maritime** – **324** C4 – **voir à Île d'Oléron**

REMIREMONT – **88 Vosges** – **314** H4 – **8 182 h.** – **alt. 400 m** **27** C3
– ✉ **88200** Alsace Lorraine
▶ Paris 413 – Belfort 70 – Colmar 80 – Épinal 28
ℹ 2, rue Charles-de-Gaulle ✆ 03 29 62 23 70
◉ Rue Ch.-de-Gaulle★ - Crypte★ de l'abbatiale St-Pierre.

Du Cheval de Bronze sans rest
59 r. Ch. de Gaulle – ✆ 03 29 62 52 24 – www.hotechevalbronze.com
35 ch – 🚹33/60 € 🚹🚹39/66 € – ☕ 8 € **Bs**
◆ Hôtel aménagé dans un ancien relais de poste, sous les jolies arcades du centre-ville. Chambres un brin désuètes mais en cours de rénovation et bien tenues. Accueil chaleureux.

REMIREMONT

Abbaye (Pl. de l') . . . . **A** 2
Calvaire (Av. du). . . . . **A** 3
Courtine (R. de la) . . . . **A**
Écoles (R. des) . . . . **A** 5
États-Unis (R. des) . . . . **A** 6
Franche-Pierre (R.) . . . . **A** 7
Gaulle (R. Ch.-de) . . . . **AB**
Prêtres (R. des) . . . . **B** 14
Utard (Pl. H.) . . . . **A** 15
Xavée (R. de la) . . . . **A** 16
5e-et-15e-B.C.P. (R. des) . . . . **B** 18

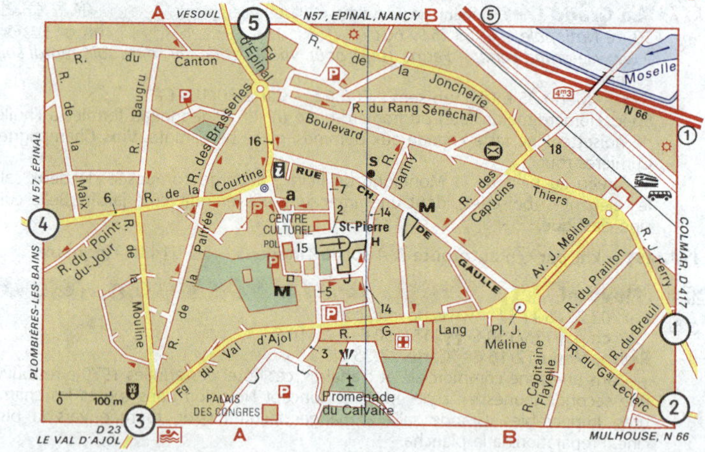

Le Clos Heurtebise

13 chemin des Capucins, par r. Capit. Flayelle B – 03 29 62 08 04 – www.leclosheurtebise.com – Fermé 1er-15 sept., 4-12 janv., jeudi soir sauf juil.-août, dim. soir et lundi
Rest – Menu 17 € (sem.), 26/60 € – Carte 44/59 €
◆ Sur les hauteurs de la ville, cette engageante maison bourgeoise propose une bonne cuisine classique. De l'agréable terrasse, on aperçoit les Vosges.

La Quarterelle

3 r. de la Carterelle – 03 29 23 98 69 – fermé fin mars-début avril, fin juin-début juil., fin sept.-début oct., fin déc.-début janv., dim. soir, lundi soir, mardi soir et merc. Aa
Rest – *(nombre de couverts limité, prévenir)* (19 €) Menu 24/27 €
◆ C'est en couple qu'on préside à la destinée de cette Quarterelle. Monsieur concocte une cuisine mâtinée d'épices et madame vous accueille avec le sourire. Pensez à réserver !

à Girmont-Val-d'Ajol 9 km au Sud-Est par D 23, D 57 et rte secondaire – 245 h. – alt. 650 m – ✉ 88340

La Vigotte

rest,

131 lieu-dit la Vigotte – 03 29 24 01 82 – www.vigotte.com – Fermé 10-28 janv. et lundi midi
24 ch – †36/88 € ††45/110 € – ☕ 8 € – ½ P 50/69 €
Rest – (17 €) Menu 19/23 €
◆ Entourée de forêt vosgienne, de prairies et d'étangs, cette ferme de 1750 ravira les amoureux de la nature. Chambres simples et sympathiques. Cuisine de tradition et de terroir servie dans la grande salle rustique ; chaleureuse ambiance montagnarde.

RENAISON – 42 Loire – 327 C3 – 2 834 h. – alt. 387 m – ✉ 42370 44 A1

Lyon Drôme Ardèche

Paris 385 – Chauffailles 43 – Lapalisse 39 – Roanne 11

50, route de Roanne 04 77 62 17 07

Bourg★ de St-Haon-le-Châtel N : 2 km - Barrage de la Tache : rocher-belvédère★ O : 5 km.

La Ferme d'Irène sans rest

Platelin – 04 77 64 29 12 – www.lafermedirene.fr
3 ch ☕ – †60/85 € ††60/90 €
◆ Calme assuré dans cette ferme du 19e s. au style cosy (piano à queue, fourneau en faïence). Original : des chambres raffinées installées dans les étables et le poulailler.

Jacques Cœur

15 r. Roanne – 04 77 64 25 34 – www.helloresto.fr – Fermé 13-29 nov., dim. soir, lundi et mardi
Rest – Menu 20 € bc (sem.), 26/42 € – Carte 37/44 €
◆ "À cœur vaillant, rien d'impossible"... La devise de Jacques Cœur accompagne le chef, qui ne manque pas d'allant lorsqu'il s'agit de mitonner de bons petits plats de tradition !

St-Haon-le-Vieux 3 km au Nord par D 8 – 860 h. – alt. 424 m – ✉ 42370

Auberge du Bon Accueil

La Croix Lucas – 04 77 64 40 72 – Fermé 6-13 avril, 22 août-4 sept., 10-23 janv., lundi soir, mardi soir,merc. soir et sam. midi
Rest – (12 € bc) Menu 26/46 € – Carte 37/50 €
◆ En bordure de route, une agréable auberge avec un petit jardin et une terrasse ombragée. Déco actuelle pour une cuisine traditionnelle bien faite.

RENNES 🅿 – 35 Ille-et-Vilaine – **309** L6 – **209 613 h.** **10** D2
– **Agglo. 272 263 h. – alt. 40 m – ✉ 35000** Bretagne

- Paris 349 – Angers 129 – Brest 246 – Caen 185
- de Rennes-St-Jacques : ✆ 02 99 29 60 00, 8 km par ⑦.
- 11, rue Saint-Yves ✆ 02 99 67 11 11
- 18 de la Freslonnière à Le Rheu, par rte de Ploërmel : 7 km, ✆ 02 99 14 84 09
- 18 de Cicé Blossac à Bruz Domaine de Cicé-Blossac, par rte de Redon : 10 km, ✆ 02 99 52 79 79
- 9 de Cesson-Sévigné à Cesson-Sévigné Ile de Tizé, E : 11 km par D 96, ✆ 02 99 83 26 74
- 27 de Rennes Saint-Jacques à Saint-Jacques-de-la-Lande Le Temple du Cerisier, par rte de Redon : 11 km, ✆ 02 99 30 18 18
- Le Vieux Rennes★★ - Jardin du Thabor★★ - Palais de justice★★ - Retable★★ à l'intérieur★ de la cathédrale St-Pierre AY - Musées : de Bretagne★, des Beaux-Arts★ BY **M.**

RENNES

- Bourgeois (Bd L.) . . . . DV 3
- Canada (Av. du) . . . . CV 6
- Churchill (Av. Sir W.) . . . . . . CU 13
- Combes (Bd E.) . . . . DV 14
- Duchesse-Anne (Bd de la) . DU 15
- Guilloux (R. L.) . . . . CU 23
- Laennec (Bd) . . . . DU 31
- Leroux (Bd Oscar) . . . . DV 36
- Lorient (R. de) . . . . CU 38
- Maginot (Av. du Sergent) . . DU 39
- Mitterrand (Mail Fr.) . . . . . . CU 43
- Pompidou (Bd G.) . . . . CV 55
- St-Brieuc (R. du) . . . . CU 64
- St-Jean-Baptiste de la Salle (Bd) . . . . CU 70
- Strasbourg (Bd de) . . . . DU 83
- Ukraine (Allée d') . . . . CV 84
- Vitré (Bd de) . . . . DU 87
- Yser (Bd de l') . . . . CV 88
- 3-Croix (Bd des) . . . . CU 89

Le-Bastard (R.)	AY	35	Joffre (R. Mar.)	BZ	30	Poullain-Duparc (R.)	AZ	58
Bretagne (Pl. de)	AY	4	Lamartine (Quai)	ABY	33	Psalette (R. de la)	AY	60
Cavell (R. Édith)	BY	7	Lamennais (Quai)	AY	34	Rallier-du-Baty (R.)	AY	61
Champ-Jacquet (R. du)	AY	8	Liberté (Bd de la)	ABZ		République (Pl. de la)	AY	62
Chapitre (R. du)	AY	9	Martenot (R.)	BY	42	Richemont (Q. de)	BY	63
Chateaubriant (Quai)	BY	10	Mitterrand (Mail F.)	AY	43	St-Cast (Quai)	AY	66
Dames (R. des)	AY	14	Monnaie (R. de la)	AY	44	St-Georges (R.)	BY	67
Duguay-Trouin (Quai)	AY	16	Motte-Fablet (R.)	AY	46	St-Guillaume (R.)	AY	68
Du-Guesclin (R.)	AY	17	Motte (Cont. de la)	BY	45	St-Michel (R.)	AY	74
Estrées (R. d')	AY	19	Nationale (R.)	ABY	47	St-Sauveur (R.)	AY	75
La-Fayette (R.)	AY	32	Nemours (R. de)	AZ	49	St-Yves (R.)	AY	77
Hôtel-de-Ville (Pl. de l')	AY	24	Orléans (R. d')	AY	52	Solférino (Bd)	BZ	82
Ille-et-Rance (Quai)	AY	27	Palais (Pl. du)	BY	53	Vasselot (R.)	AZ	85
Jean-Jaurès (R.)	BY	28	Pont-aux-Foulons (R. du)	AY	56	41e-d'Infanterie (R.)	AX	90

Mercure Centre Gare sans rest

1 r. du Cap.-Maignan – ✆ 02 99 29 73 73 – www.mercure.com ABZ**m**

142 ch – 60/240 € 60/240 € – 16 €

◆ Bien situé entre gare et centre-ville, ce Mercure de 1970 révèle des chambres actuelles et fonctionnelles. Au bar à vin, restauration de type "snacking" pour les résidents.

Le Coq-Gadby

156 r. d'Antrain – ✆ 02 99 38 05 55 – www.lecoq-gadby.com DU**x**

24 ch – 119/280 € 139/330 € – 2 suites – 18 € – ½ P 55/75 €

Rest *La Coquerie* – *(1er-29 août, 23-31 oct., 26 déc.-3 janv., 19-27 fév., merc. midi, dim. et lundi)* (28 €) Menu 35 € (déj.), 49/65 € – Carte 65/80 €

Spéc. Langoustines du Guilvinec rôties, risotto vert de quinoa (printemps-été). Pigeon cuit en cocotte. Tarte tiède au chocolat de fèves criollo, crème glacée à l'estragon.

◆ Dans un jardin, maison du 17e s. doublée d'une bâtisse en bois conçue selon les dernières normes environnementales. Au choix, chambres cosy et feutrées, ou plus spacieuses et contemporaines. Spa écologique et soins bio. À La Coquerie, belle cuisine classique teintée de touches actuelles, dans un cadre dédié… au coq.

Anne de Bretagne sans rest

12 r. Tronjolly – ✆ 02 99 31 49 49 – www.hotel-rennes.com – Fermé 23 déc.-3 janv. AZ**q**

42 ch – 88/110 € 99/130 € – 10 €

◆ Hôtel construit au milieu des années 1970, sur un boulevard entre le centre historique et la gare. Les chambres, assez spacieuses, sont bien équipées et parfaitement tenues.

Britannia sans rest

bd de la Robiquette, Z. I. St Grégoire par ⑩ ✉ 35760 St-Grégoire – ✆ 02 99 54 03 03 – www.hotelbritannia.fr

29 ch – 69/85 € 69/85 € – 9 €

◆ Bâtiment moderne impersonnel (2003), situé dans une zone commerciale sur la route de St-Malo. Chambres fonctionnelles et spacieuses, appréciées par la clientèle d'affaires.

Des Lices sans rest

7 pl. des Lices – ✆ 02 99 79 14 81 – www.hotel-des-lices.com AY**b**

48 ch – 67 € 71/88 € – 8 €

◆ La place des Lices, avec ses maisons à colombages et son marché, est à vos pieds. Chambres simples, toutes dotées d'un petit balcon. Sur l'arrière, vue sur les vieux remparts.

De Nemours sans rest

5 r. de Nemours – ✆ 02 99 78 26 26 – www.hotelnemours.com AZ**f**

29 ch – 69/92 € 69/140 € – 10 €

◆ Hôtel central rénové avec goût en 2005. Façade noire, camaïeu de tons taupe, camel et ivoire à l'intérieur. Chambres confortables plus ou moins grandes, sobres et épurées.

La Fontaine aux Perles

96 r. de la Poterie, (quartier de la Poterie), par ④ – ✆ 02 99 53 90 90 – www.lafontaineauxperles.com – Fermé dim. soir et lundi

Rest – (20 €) Menu 25 € (déj.), 38/78 € – Carte 60/95 €

◆ Au calme dans un jardin arboré, petit manoir au décor soigné et original. Trois salles, trois thèmes : champagne, vin et Stade Rennais ! Cuisine personnalisée. Agréable terrasse.

Le Guehennec

33 r. Nantaise – ✆ 02 99 65 51 30 – www.leguehennec.com – Fermé sam. midi, lundi soir et dim. AY**m**

Rest – Menu 18 € (déj.), 38/48 €

◆ Non loin de la place des Lices, petit restaurant intime proposant une cuisine soignée, rythmée par le retour du marché. Décor contemporain.

XX **Le Galopin**

21 av. Janvier – ✆ 02 99 31 55 96 – www.legalopin.fr – Fermé sam. midi et dim. BZ**v**

Rest – Menu 18/46 € – Carte 28/49 €

◆ Jolie brasserie à la façade rétro. En salle : banquettes, vivier, tables serrées et toiles contemporaines. Carte à l'unisson, entre terre et mer (menu homard). Service voiturier.

X **Le Quatre B**

4 pl. de Bretagne – ✆ 02 99 30 42 01 – www.quatreb.fr – Fermé lundi midi, sam. midi et dim. AYZ**r**

Rest – (12 €) Menu 16 € (déj. en sem.), 21/27 € – Carte 31/58 €

◆ Agréable véranda, salle épurée, banquettes rouge sombre, chaises design, grandes toiles à thème floral... Gourmand, le Quatre B impose son style moderne avec succès.

X **Le Cours des Lices**

18 pl. des Lices – ✆ 02 99 30 25 25 – www.lecoursdeslices.fr – Fermé 1er-15 août, dim. et lundi AY**g**

Rest – (16 €) Menu 19 € (déj. en sem.), 27/38 € – Carte 46/59 €

◆ Sur la place des Lices, maison de 1659 (anciennement L'Ouvrée) au décor contemporain, sur le thème des quatre saisons. Plats bistrotiers à midi, plus élaborés le soir.

X **Les Carmes**

2 r. des Carmes – ✆ 02 99 79 28 95 – Fermé dim. et lundi BZ**r**

Rest – *(nombre de couverts limité, prévenir)* (15 €) Menu 19 € (déj.), 32/70 € bc – Carte 36/59 €

◆ Derrière une façade de bistrot, une salle très contemporaine. Le chef travaille avec les petits producteurs locaux et propose une cuisine d'aujourd'hui, attentive aux saisons.

X **Autre Sens**

11 r. Armand Rebillon – ✆ 02 99 14 25 14 – www.autre-sens.fr – Fermé 25 avril-1er mai, 24 juil.-15 août, 1er-9 janv., sam. midi et dim. CU**b**

Rest – (19 €) Menu 27/32 € – Carte 27/45 €

◆ Sur le pittoresque canal d'Ille-et-Rance, un bâtiment original, tout en verre, avec terrasse sur les deux niveaux. Déco épurée, aux tons pastel. Alléchant menu-carte contemporain.

X **Léon le Cochon**

1 r. du Mar.-Joffre – ✆ 02 99 79 37 54 – www.leonlecochon.com – Fermé dim. en juil.-août BY**x**

Rest – (11 €) Menu 15 € (déj.)/25 € – Carte 23/53 €

◆ Ambiance conviviale et animée dans ce bistrot du centre-ville. Décor décalé (arbre lumineux, colombages vert pomme) ; cochonnailles, poisson à la plancha et menu du marché.

X **Le Petit Sabayon**

16 r. des Trente – ✆ 02 99 35 02 04 – Fermé 21-31 août, 15 fév.-2 mars, dim. et lundi CU**a**

Rest – *(nombre de couverts limité, prévenir)* (14 €) Menu 17 € (déj. en sem.), 25/45 € – Carte 35/45 € le soir

◆ Restaurant quasi confidentiel, à dénicher dans un quartier calme. Les habitués s'y régalent d'une appétissante cuisine du marché. Petite salle aux tons gris et orange.

à St-Grégoire 3 km au Nord par D82 - CU – 8 178 h. – alt. 45 m – ✉ 35760

XXX **Le Saison** (David Etcheverry)

1 imp. du Vieux-Bourg, (près de l'église) – ✆ 02 99 68 79 35 – www.le-saison.com – Fermé 1er-5 janv., dim. soir et lundi

Rest – (27 €) Menu 40/80 € – Carte 66/104 €

Spéc. Lait d'amande acidulé, homard breton mariné au vinaigre de sureau (automne). Bar de ligne, purée de cives et risotto d'encornet au shiso (automne). Coque de chocolat Caraïbes, crémeux d'hibiscus et trait de cherry (automne-hiver).

◆ Cette longère a été reconstruite à l'identique, mais ses deux salles sont résolument contemporaines, à la fois sobres et élégantes. Cuisine de saison très soignée, centrée sur le produit et subtile dans ses effets. Agréable terrasse sur le jardin.

à Cesson-Sévigné 6 km par ③ – 15 627 h. – alt. 28 m – ✉ 35510

Le Germinal rest,

9 cours de la Vilaine, au bourg – ✆ 02 99 83 11 01 – www.legerminal.com
18 ch – †82/110 € ††98/160 € – ☕ 12 €
Rest – (18 €) Menu 22 € (déj. en sem.), 32/60 € – Carte 48/70 €
◆ Empruntez le pont ! Cet ancien moulin est posé sur un îlot de la Vilaine. Chambres cosy, d'une tenue parfaite, bénéficiant du calme environnant. Côté restaurant, décor contemporain, avec véranda et terrasse tournées vers la rivière ; cuisine actuelle.

L'Adresse

32 cours de la Vilaine – ✆ 02 99 83 82 06 – www.restaurant-ladresse.com – Fermé 1er-18 août, 1 sem. en fév., sam. midi, dim. soir et lundi
Rest – (13 €) Menu 16 € (déj. en sem.), 21/45 € – Carte 26/47 €
◆ Maison en pierre du pays bordant la Vilaine. Deux salles au cadre épuré (l'une assez intime) ; agréable terrasse au bord de l'eau, sous une glycine. Cuisine qui suit la tendance.

à Noyal-sur-Vilaine 12 km par ③ – 4 899 h. – alt. 75 m – ✉ 35530

Auberge du Pont d'Acigné (Sylvain Guillemot)

3 km au Nord par rte d'Acigné – ✆ 02 99 62 52 55 – www.auberge-du-pont-dacigne.com – Fermé 1er-9 mai, 31 juil.-17 août, 2-7 janv., sam. midi, dim. soir et lundi
Rest – Menu 27 € (déj. en sem.), 40/130 € – Carte 69/114 €
Spéc. Craquant tiède de homard, betterave rouge et estragon (mai à oct.). Ravioles de légumes au bouillon de truffe (déc. à mars). Millefeuille de fraise et mousse de fenouil confit (mai à août).
◆ Belle cuisine régionale revisitée à déguster dans une jolie salle ou sur la terrasse, au bord de la Vilaine ; vue sur le village. Excellentes propositions de vin au verre.

Les Forges avec ch rest,

22 av. du Gén.-de-Gaulle – ✆ 02 99 00 51 08 – Fermé 3 sem. en août, vacances de fév., vend. soir, dim. soir et soirs fériés
12 ch – †43/50 € ††47/60 € – ☕ 7 €
Rest – Menu 15 € (déj. en sem.), 19/35 € – Carte 30/45 €
◆ Engageante auberge en bord de route, sur le site d'anciennes forges. Deux salles à manger, l'une contemporaine et épurée, l'autre plus classique. Cuisine traditionnelle teintée d'une touche de modernité. Chambres sobres et bien tenues.

rte de St-Nazaire 8 km par ⑦ – ✉35170 Bruz

Kerlann rest,

– ✆ 02 99 05 95 80 – www.hotel-kerlann.fr
52 ch – †75/82 € ††84/107 € – 3 suites – ☕ 13 € – ½ P 108/118 €
Rest – *(fermé août, 24 déc.-3 janv., sam. et dim.)* (15 €) Menu 26 € (sem.)/31 € – Carte 29/45 €
◆ Bâtiment récent situé entre l'aéroport et le golf de Cicé. Les chambres, réparties autour d'un patio, sont confortables et bien tenues. Piscine couverte. Restauration d'esprit brasserie, adaptée à la clientèle d'affaires.

Le Rheu 8 km par ⑧ et D 129 – 6 920 h. – alt. 30 m – ✉ 35650

Château d'Apigné

rte de Chavagne – ✆ 02 99 14 80 66 – www.chateau-apigne.fr
16 ch – †100/150 € ††120/175 € – ☕ 22 €
Rest – *(fermé sam. midi, dim. soir et lundi)* (19 €) Carte 50/90 €
◆ Au milieu d'un parc, cet élégant château néo-Renaissance (1833) abrite de vastes chambres classiques et raffinées (boiseries, tentures), avec salles de bains logées dans les tourelles. Restaurant au cadre raffiné et romantique ; cuisine créative teintée d'exotisme.

rte de Lorient 6 km par ⑧, N 24 – ✉ 35650 Le Rheu

XXX **Manoir du Plessis** avec ch
– ✆ 02 99 14 79 79 – www.manoirduplessis.fr – Fermé 8-15 août, 26 déc.-2 janv. et 13-27 fév.
5 ch – †95 € ††100 € – ☕ 12 €
Rest – *(fermé sam. midi, dim. soir et lundi)* Menu 17 € (déj. en sem.), 23/39 € – Carte 44/58 €
◆ Charmante demeure du 18e s., au décor préservé, entourée d'un parc. Dans ses salles en enfilade, on savoure une cuisine classique, avec quelques incursions sur le terrain de l'invention. Profitez des jolies chambres, dignes d'une maison de famille.

LA RÉOLE – 33 Gironde – **335** K7 – 4 212 h. – alt. 44 m – ✉ 33190 **4** C2
Paris 649 – Bordeaux 74 – Casteljaloux 42 – Duras 25
15, rue Armand Caduc ✆ 05 56 61 13 55

XX **Aux Fontaines**
8 r. de Verdun – ✆ 05 56 61 15 25 – Fermé 15 nov.-1er déc., vacances de fév., merc. soir hors saison, dim. soir et lundi
Rest – *(nombre de couverts limité, prévenir)* Menu 22/38 € – Carte 50/60 €
◆ Adossée à une colline, cette grande demeure du centre-ville abrite un restaurant où l'on déjeune l'été sur la terrasse, dressée dans un joli jardin. Cuisine traditionnelle.

LA RÉPARA-AURIPLES – 26 Drôme – **332** D6 – rattaché à Crest

---

RESTIGNÉ – 37 Indre-et-Loire – **317** K5 – rattaché à Bourgueil

---

RESTONICA (GORGES DE LA) – 2B Haute-Corse – **345** D6 – voir à Corse (Corte)

RETHONDES – 60 Oise – **305** I4 – rattaché à Compiègne

REUGNY – 03 Allier – **326** C4 – 268 h. – alt. 204 m – ✉ 03190 **5** B1
Paris 312 – Bourbon-l'Archambault 43 – Montluçon 15 – Montmarault 45

XX **La Table de Reugny**
25 rte de Paris – ✆ 04 70 06 70 06 – www.restaurant-reugny.com – Fermé 16 août-7 sept., 2-18 janv., dim. soir, lundi et mardi
Rest – (15 €) Menu 20 € (sem.), 29/48 € – Carte environ 32 €
◆ C'est une maison rose, en bordure de route... Le chef, attaché aux bons produits du terroir, y élabore une cuisine généreuse et savoureuse. Terrasse et aire de jeux.

REUILLY-SAUVIGNY – 02 Aisne – **306** D8 – 231 h. – alt. 78 m – ✉ 02850 **37** C3
Paris 109 – Épernay 34 – Château-Thierry 16 – Reims 50

XXX **Auberge Le Relais** (Martial Berthuit) avec ch
2 r. de Paris – ✆ 03 23 70 35 36 – www.relaisreuilly.com – Fermé 15 août-2 sept., 31 janv.-4 mars, mardi et merc.
7 ch – †79/97 € ††84/102 € – ☕ 16 €
Rest – Menu 32 € (sem.), 52/85 € – Carte 88/115 €
Spéc. Tartine croustillante de champignons, langoustines, artichaut poivrade sauce gribiche. Turbot rôti, avocat, risotto au chorizo. Millefeuille aux perles de pommes caramélisées, glace caramel au beurre salé. **Vins** Champagne, Coteaux Champenois.
◆ Cette coquette auberge cumule de nombreux atouts : intérieur actuel et élégant, belle véranda entourée de verdure et fine cuisine mariant habilement tradition et modernité. Décor contemporain et tendance dans les chambres.

REVEL – 31 Haute-Garonne – **343** K4 – 8 856 h. – alt. 210 m – ✉ 31250 **29** C2
Midi-Toulousain
Paris 727 – Carcassonne 46 – Castelnaudary 21 – Castres 28
place Philippe VI de Valois ✆ 05 34 66 67 68

Du Midi

34 bd Gambetta – ✆ 05 61 83 50 50 – www.hotelrestaurantdumidi.com – Fermé 22-30 nov.

17 ch – †50/56 € ††56/72 € – ☕ 9 € – ½ P 60 €

Rest – *(fermé 23-30 mars, 12 nov.-6 déc., dim. soir et lundi midi d'oct. à juin sauf fériés)* (14 €) Menu 25 €, 30/48 € bc – Carte 32/48 €

◆ Situé en centre-ville, ce relais de poste du 19e s. propose des chambres diversement meublées, plus calmes sur l'arrière. Lumineuse salle à manger où l'on déploie une table alliant terroir et tradition.

à St-Ferréol 3 km au Sud-Est par D 629 – ✉ 31250

Bassin de St-Ferréol★.

La Comtadine

Lieu dit l'Hermitage – ✆ 05 61 81 73 03 – www.hotel-lacomtadine.com

9 ch – †55/80 € ††55/80 € – ☕ 9 € – ½ P 55/65 €

Rest – (12 €) Menu 18 € (déj. en sem.)/25 €

◆ À quelques pas du lac, tranquille petite adresse entre hôtel et maison d'hôtes. Lumineuses chambres contemporaines agrémentées de meubles chinés. Au restaurant, ambiance familiale et cuisine du terroir.

REVENTIN-VAUGRIS – 38 Isère – 333 C5 – rattaché à Vienne

REVIGNY-SUR-ORNAIN – 55 Meuse – 307 A6 – 3 261 h. – alt. 144 m – ✉ 55800 **26 A2**

Paris 239 – Bar-le-Duc 18 – St-Dizier 30 – Vitry-le-François 36

rue du Stade ✆ 03 29 78 73 34

La Maison Forte sans rest

6 pl. Henriot-du-Coudray – ✆ 03 29 70 78 94 – www.lamaisonforte.fr – Fermé 15-30 mars et 15 déc.-15 janv.

5 ch ☕ – †75 € ††120 €

◆ Cette demeure du 18e s. appartint jadis au Duc de Bar puis au Duc de Lorraine. Chambres de caractère et petit-déjeuner fait maison (confitures, tartes aux fruits du jardin).

RÉVILLE – 50 Manche – 303 E2 – 1 198 h. – alt. 12 m – ✉ 50760 **32 A1**

Paris 351 – Carentan 44 – Cherbourg 30 – St-Lô 72

La Pernelle ✳★★ du blockhaus O : 3 km - Pointe de Saire : blockhaus ←★ SE : 2,5 km Normandie Cotentin

La Villa Gervaiserie sans rest

17 rte des Monts – ✆ 02 33 54 54 64 – www.lagervaiserie.com – Ouvert avril à mi-nov.

10 ch – †85/116 € ††85/116 € – ☕ 9 €

◆ Toutes les chambres bénéficient d'un balcon ou d'une terrasse regardant la mer et l'île de Tatihou. Plaisant décor actuel et accueil aux petits soins. Beau jardin arboré.

Au Moyne de Saire

15 r. Général de Gaulle – ✆ 02 33 54 46 06 – www.au-moyne-de-saire.com

11 ch – †52/62 € ††52/83 € – ☕ 8 € – ½ P 49/57 €

Rest – (11 €) Menu 17 € (sem.), 22/33 € – Carte 24/52 €

◆ Auberge située au cœur du village proposant de petites chambres simples et bien tenues ; agréable véranda pour le petit-déjeuner. Cuisine normande servie au restaurant.

REY – 30 Gard – 339 G4 – rattaché au Vigan

REZÉ – 44 Loire-Atlantique – 316 G4 – rattaché à Nantes

LE RHEU – 35 Ille-et-Vilaine – 309 L6 – rattaché à Rennes

LE RHIEN – 70 Haute-Saône – 314 H6 – rattaché à Ronchamp

RHINAU – 67 Bas-Rhin – 315 K7 – 2 580 h. – alt. 158 m – ✉ 67860 1 B2

Paris 525 – Marckolsheim 26 – Molsheim 38 – Obernai 28

35, rue du Rhin ✆ 03 88 74 68 96

Au Vieux Couvent (Alexis Albrecht)

6 r. des Chanoines – ✆ 03 88 74 61 15 – www.vieuxcouvent.fr – Fermé 4-22 juil., une sem. en oct., deux sem. en fév.-mars, lundi soir, mardi et merc.

Rest – Menu 35 € (sem.)/92 € – Carte 68/95 €

Spéc. Rouelle d'anguille au vinaigre de miel et huile de noisette. Filet et cuisse de pigeon fermier farcis, polenta. Festival de desserts de Jean et Alexis. **Vins** Riesling, Pinot gris.

◆ Dans cette engageante maison à colombages, le chef utilise les herbes et les fleurs qu'il cultive avec son père ; sa cuisine, pleine d'inventivité, honore la gastronomie !

RIANS – 83 Var – 340 J4 – 4 194 h. – alt. 406 m – ✉ 83560 40 B3

Paris 770 – Aix-en-Provence 40 – Avignon 100 – Manosque 33

place du Posteuil ✆ 04 94 80 33 37

La Roquette

1 km par rte de Manosque – ✆ 04 94 80 32 58 – Fermé 29 juin-5 juil., 2-24 janv., le soir en hiver sauf vend. et sam., dim. soir et merc.

Rest – Menu 25/49 €

◆ Demeure familiale où l'on déguste une cuisine régionale évoluant au fil des saisons. Trois salles en enfilade, discrètement provençales, et une agréable terrasse ombragée.

RIANTEC – 56 Morbihan – 308 L8 – 4 898 h. – alt. 4 m – ✉ 56670 9 B2

Paris 503 – Rennes 152 – Vannes 59 – Lorient 16

La Chaumière de Kervassal sans rest

3 km au Nord rte de Kervassal – ✆ 02 97 33 58 66 – www.tymaya.com – Ouvert d'avril à mi-oct.

3 ch – †75 € ††75/100 €

◆ Cette "chaumière du vassal" date du 17e s. ; elle n'a rien perdu de sa rusticité (pierre, poutres) et cultive un style champêtre et cosy, ainsi qu'un joli jardin !

RIBEAUVILLÉ – 68 Haut-Rhin – 315 H7 – 4 973 h. – alt. 240 m – Casino – ✉ 68150 Alsace Lorraine 2 C2

Paris 439 – Colmar 16 – Mulhouse 60 – St-Dié 42

Grand'Rue★★ : tour des Bouchers★.

Riquewihr★★★ - Château du Haut-Ribeaupierre : ✳★★ - Château de St-Ullrich★ : ✳★★.

Plan page suivante

Le Clos St-Vincent

r. Osterbergweg, 1,5 km au Nord-Est par rte secondaire – ✆ 03 89 73 67 65 – www.leclossaintvincent.com – Ouvert 18 mars-18 déc. Bu

20 ch – †99/225 € ††110/225 € – 4 suites – ☕ 18 €

Rest – *(fermé le midi et mardi soir)* Menu 40/60 €

◆ Admirez en toute quiétude la superbe vue sur la plaine d'Alsace de cette maison (1960) cernée par les vignes. Vastes chambres confortables. Espace fitness avec sauna et jacuzzi. Salle à manger et terrasse offrent un splendide panorama. Cuisine traditionnelle.

Le Ménestrel sans rest

27 av. Gén. de Gaulle, par ④ – ✆ 03 89 73 80 52 – www.menestrel.com

29 ch – †63/73 € ††73/99 € – ☕ 15 €

◆ Chambres agréablement actuelles, parfois dotées d'un balcon. Le patron, chef-pâtissier, prépare lui-même les viennoiseries et confitures du petit-déjeuner.

RIBEAUVILLÉ

Abbé-Kremp (R. de l') . . . . A 2	Frères-Mertian (R. des) . . . . . . A 7	Hôtel de Ville (Pl. de l') . . . . A 13
Château (R. du) . . . . A 3	Gaulle (Av. du Gén.-de) . . . . . . B 9	Ortlieb (R.) . . . . B 14
Flesch (R.) . . . . B 5	Gouraud (Pl.) . . . . B 10	Ste-Marie-aux-Mines (Rte) . . . A 15
Fontaine (R. de la) . . . . A 6	Grand'Rue . . . . AB	Sinne (Pl. de la) . . . . A 16
	Grand'Rue de l' Eglise . . . . . . A 21	Synagogue (R. de la) . . . . B 17
	Halle aux Blés (R. de la) . . . . . B 12	Tanneurs (R. des) . . . . B 18

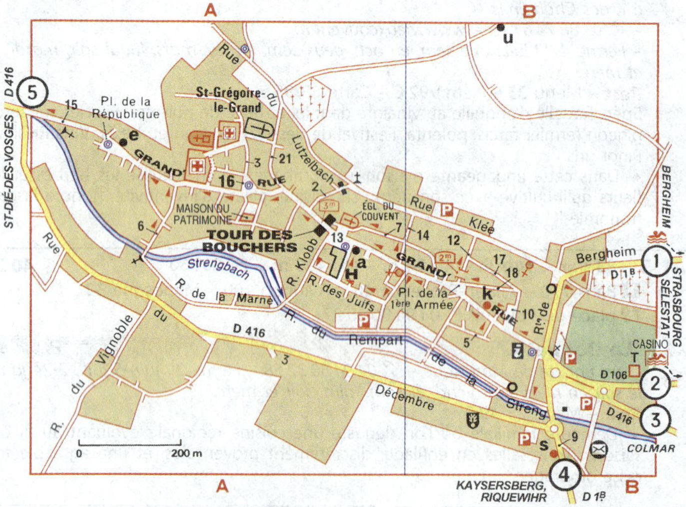

La Tour sans rest

1 r. de la Mairie – ✆ 03 89 73 72 73 – www.hotel-la-tour.com
– Fermé 2 janv.-11 mars **Aa**
31 ch – 71/95 € 77/103 € – 10 €
◆ Ex-propriété viticole au décor néo-alsacien. Chambres de tailles diverses et, pour celles du troisième étage, mansardées. Salon feutré au cadre rustique, grand espace fitness.

Cheval Blanc

122 Grand'Rue – ✆ 03 89 73 61 38 – www.cheval-blanc-alsace.fr
– Fermé 12-22 nov. et 6 janv.-12 fév. **Ae**
18 ch – 58 € 58 € – 8 € – ½ P 56 €
Rest – *(fermé mardi midi et merc.)* (11 €) Menu 19/40 € – Carte 28/48 €
◆ La façade de cette bâtisse régionale se couvre de fleurs en saison. Intérieur de style rustique. Petites chambres offrant un confort fonctionnel ; salon-cheminée. Au restaurant, cadre alsacien un rien original et cuisine régionale au goût du jour.

Au Relais des Ménétriers

10 av. Gén. de Gaulle – ✆ 03 89 73 64 52
– http://restaurant-menetriers.com
– Fermé 12-26 juil., 6-26 fév., jeudi soir, dim. soir et lundi **Bs**
Rest – Menu 11 € (déj. en sem.), 26/38 € – Carte 38/54 €
◆ Vaisselle alsacienne et légumes achetés chez le paysan : le chef concocte une vraie cuisine du pays. À déguster dans une salle rustique ou moderne (mobilier contemporain).

Wistub Zum Pfifferhüs

14 Grand'Rue – ✆ 03 89 73 62 28
– Fermé 30 juin-14 juil., fév., merc. et jeudi **Bk**
Rest – *(prévenir)* Menu 22 € – Carte 30/50 €
◆ Un charmant wistub qui conjugue convivialité, en particulier lors du Pfifferdaj (jour des fifres), et authenticité. Cadre rétro et appétissantes recettes locales.

rte de Ste-Marie-aux-Mines 4 km par ⑤ sur D 416 – ✉ 68150

XX **Au Valet de Coeur et Hostel de la Pépinière** avec ch
– ✆ *03 89 73 64 14 – www.valetdecoeur.fr* ♿ ch, VISA MC AE
16 ch – †55/99 € ††55/99 € – ☕ 10 € – ½ P 85/105 €
Rest – *(fermé mardi midi, dim. soir et lundi)* Menu 30 € (déj. en sem.), 45/85 € – Carte 70/84 €
◆ À la carte de cette bâtisse régionale, située en lisière de forêt : terrine de filet de lièvre en baeckeofe, filet de bar rôti sur la peau, tartelette tiède de potimarron... Joli choix de pinots. Chambres coquettes.

RIBÉRAC – 24 Dordogne – **329** D4 – 4 107 h. – alt. 68 m – ✉ 24600 **4** C1
Périgord Quercy
▶ Paris 505 – Angoulême 58 – Barbezieux 58 – Bergerac 52
ℹ place Charles-de-Gaulle ✆ 05 53 90 03 10

Rêv'Hôtel sans rest ♿ P VISA MC
rte de Périgueux, à 1,5 km – ✆ 05 53 91 62 62 – www.rev-hotel.fr
29 ch – †42 € ††47 € – ☕ 6 €
◆ À la sortie de la ville, dans une petite zone d'activité, cet hôtel récent dispose de chambres fonctionnelles et bien tenues, toutes en rez-de-jardin.

LES RICEYS – 10 Aube – **313** G6 – 1 367 h. – alt. 180 m – ✉ 10340 **13** B3
Champagne Ardenne
▶ Paris 210 – Bar-sur-Aube 48 – St-Florentin 58 – Tonnerre 37
ℹ 14, place des Héros de la Résistance ✆ 03 25 29 15 38

Le Marius P VISA MC AE
2 pl. de l'Église, Ricey-Bas – ✆ 03 25 29 31 65 – www.hotel-le-marius.com – Fermé 21 oct.-14 nov., 17-27 déc. et 2-21 janv.
11 ch – †60/160 € ††60/160 € – ☕ 10 € – ½ P 69/109 €
Rest – *(fermé dim. soir et lundi)* (13 € bc) Menu 26/50 € – Carte 27/59 €
◆ À Ricey-Bas, très bel ensemble de quatre maisons du 16e s. : poutres, cheminées et pierres apparentes donnent un charme fou aux onze chambres parfaitement tenues. Cuisine au goût du jour servie dans de belles caves champenoises.

XX **Le Magny** avec ch ♿ P VISA MC
rte de Tonnerre, (D 452) – ✆ 03 25 29 38 39 – www.hotel-lemagny.com – Fermé 30 août-2 sept., 24 janv.-5 mars, mardi sauf de mai à sept. et merc.
12 ch – †65/80 € ††65/80 € – ☕ 9 € – ½ P 65/72 €
Rest – Menu 15/42 € – Carte 30/50 €
◆ Dans une belle maison de pierre, le chef propose une cuisine traditionnelle actualisée dont on profite dans une agréable salle rustique. Chambres spacieuses et bien tenues (certaines ont été rénovées en 2009), équipements modernes et piscine chauffée.

RIEC-SUR-BELON – 29 Finistère – **308** I7 – 4 129 h. – alt. 65 m – ✉ 29340 **9** B2
▶ Paris 529 – Carhaix-Plouguer 61 – Concarneau 20 – Quimper 43
ℹ 2, rue des Gentilshommes ✆ 02 98 06 97 65

au Port de Belon 4 km au Sud par C 3 et C 5 – ✉ 29340 Riec-sur-Belon

X **Chez Jacky** VISA MC
port du Belon – ✆ 02 98 06 90 32 – www.chez-jacky.com – Ouvert Pâques à fin sept. et fermé dim. soir et lundi sauf fériés
Rest – *(prévenir en saison)* Menu 25 € (déj.), 36/85 € – Carte 26/86 €
◆ Avenante maison d'ostréiculteur au bord du Belon, où l'on ne sert que des produits de la mer. Terrasse au-dessus des flots. Bassin d'affinage d'huîtres.

RIEDISHEIM – 68 Haut-Rhin – **315** I10 – rattaché à Mulhouse

RIEUMES – 31 Haute-Garonne – **343** E4 – 3 159 h. – alt. 270 m **28** B2
– ✉ 31370
▶ Paris 712 – Auch 56 – Foix 75 – Toulouse 39

Auberge les Palmiers

13 pl. du Foirail – ✆ 05 61 91 81 01 – www.auberge-lespalmiers.com – Fermé 20 août-5 sept., vacances de la Toussaint et 24 déc.-3 janv.
12 ch – †56 € ††65 € – ☕ 8 € – ½ P 65 €
Rest – *(fermé dim. soir et lundi)* (11 €) Menu 15 € (déj. en sem.), 24/32 € – Carte 31/49 €
◆ Mobilier rustique et touches contemporaines se marient avec bonheur dans cette accueillante maison du 19e s. Agréables chambres au décor personnalisé. Cuisine traditionnelle et plats régionaux proposés dans un cadre plutôt coquet.

RIEUPEYROUX – 12 Aveyron – **338** F5 – 2 066 h. – alt. 750 m – ✉ 12240 **29** C1
Paris 632 – Albi 54 – Carmaux 38 – Millau 94
3, place Gitat ✆ 05 65 65 60 00

Du Commerce

60 r. l'Hom – ✆ 05 65 65 53 06 – www.hotel-commerce-aveyron.com – Fermé 27 sept.-6 oct., 27 déc.-2 fév., vend. soir (sauf hôtel), dim. soir sauf du 15 juin au 15 sept.
22 ch – †50/62 € ††50/80 € – ☕ 9 € – ½ P 55 €
Rest – (13 €) Menu 19/35 € – Carte 25/35 €
◆ Hôtel familial proposant des chambres fonctionnelles et bien tenues, pour la plupart rénovées dans un esprit contemporain. Cuisine traditionnelle au restaurant.

RIGNY – 70 Haute-Saône – **314** B8 – rattaché à Gray

RILLIEUX-LA-PAPE – 69 Rhône – **327** I5 – rattaché à Lyon

RIMBACH-PRÈS-GUEBWILLER – 68 Haut-Rhin – **315** G9 – rattaché à Guebwiller

---

RIMONT – 09 Ariège – **343** F7 – 502 h. – alt. 525 m – ✉ 09420 **28** B3
Paris 765 – Auch 136 – Foix 32 – St-Gaudens 56

Domaine de Terrac

4 km à l'Est par D 117 et rte secondaire – ✆ 05 61 96 39 60
5 ch ☕ – †80/90 € ††85/95 € **Table d'hôte** – Menu 30 € bc
◆ Cette ferme merveilleusement restaurée n'aura aucun mal à vous séduire. Ses chambres concilient charme et tranquillité ; deux d'entre elles ont une terrasse dominant la vallée. À la table d'hôte, plats régionaux, végétariens et exotiques.

RIOM – 63 Puy-de-Dôme – **326** F7 – 18 118 h. – alt. 363 m **5** B2
– ✉ 63200 Auvergne
Paris 407 – Clermont-Ferrand 15 – Montluçon 102 – Thiers 45
27 place de la Fédération ✆ 04 73 38 59 45
Église N.-D.-du-Marthuret★ : Vierge à l'Oiseau★★★ - Maison des Consuls★ **K** - Cour★ de l'hôtel Guimeneau **B** - Ste-Chapelle★ du palais de justice **N** - Cour★ de l'hôtel de ville **H** - Tour de l'Horloge★ **R** - Musées : Régional d'Auvergne★ **M1**, Mandet★ **M2**.
Mozac : chapiteaux★★, trésor★★ de l'église★ 2 km par ④ - Marsat : Vierge noire★★ dans l'église SO : 3 km par D 83.

Le Pacifique sans rest

52 av. de Paris, par ③ – ✆ 04 73 38 15 65 – www.hotel-lepacifique-riom.com – Fermé 20 déc.-10 janv.
16 ch – †59 € ††65 € – ☕ 8 €
◆ Cette adresse de style motel présente plusieurs atouts : accueil tout sourire, chambres très confortables et parking bien pratique pour l'étape.

Le Moulin de Villeroze

144 rte de Marsat, Sud-Ouest du plan par D 83 – ✆ 04 73 38 62 23 www.le-moulin-de-villeroze.fr – Fermé 18 août-8 sept., merc. soir, dim. soir et lundi
Rest – Menu 25/51 € – Carte 44/64 €
◆ Ce moulin bâti à la fin du 19e s. abrite de chaleureuses salles à manger aux poutres apparentes. En été, on s'installe en terrasse pour un repas... dans l'air du temps.

RIOM

Bade (Fg de la) 2
Chabrol (R.) 3
Châtelguyon (Av. de) 4
Commerce (R. du) . . . .
Croisier (R.) 6
Daurat (R.) 7
Delille (R.) 8
Fédération (Pl. de la) 9
Hellénie (R.) 10
Horloge (R. de l') . . . .
Hôtel des Monnaies (R. de l') 12
Hôtel de Ville (R. de l') 13
Laurent (Pl. J.-B.) 14
Layat (Fg) 15
Libération (Av. de la) 16
Madeline (Av. du Cdt) 17
Marthuret (R. du) 18
Martyrs de la Résistance (Pl. des) 19
Menut (Pl. Marinette) 20
Pré Madame (Promenade du) . . . 21
République (Bd de la) 22
Reynouard (Av. J.) 23
Romme (R. G.) 26
St-Amable (R.) 27
St-Louis (R.) 29
Soanen (Pl. Jean) 32
Soubrany (R.) 34
Taules (Coin des) 36

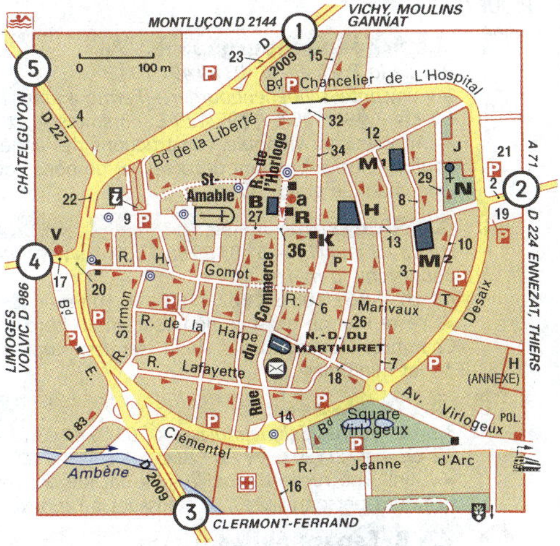

XX **Le Flamboyant**

21 bis r. de l'Horloge – ✆ 04 73 63 07 97 – www.restaurant-le-flamboyant.com – Fermé dim. soir, merc. midi et lundi **a**

Rest – (21 €) Menu 25 € (sem.), 30/62 € bc – Carte 45/52 €

◆ Admirez les cours intérieures des hôtels particuliers qui bordent la rue avant d'entrer dans ce restaurant au décor contemporain, sobre et coloré. Cuisine au goût du jour.

XX **Le Magnolia**

11 av. Cdt Madeline – ✆ 04 73 38 08 25 – www.lemagnolia.fr – Fermé 1er-15 mars, 2-16 août, dim. soir, sam. midi et lundi **v**

Rest – (16 € bc) Menu 23 € (sem.), 30/40 € – Carte 40/50 €

◆ Ce restaurant affiche un style résolument moderne : ciment brossé, boiseries exotiques, murs bordeaux et mise en place originale. Cuisine actuelle soignée.

RIOM-ÈS-MONTAGNES – **15 Cantal** – **330** D3 – **2 727 h.** – **alt. 840 m** – ✉ **15400** **5** B3

Paris 506 – Aurillac 80 – Clermont-Ferrand 91 – Ussel 46

1, avenue Fernand Brun ✆ 04 71 78 07 37

St-Georges ch, ch, VISA

5 r. Cap. Chevalier – ✆ 04 71 78 00 15 – www.hotel-saint-georges.com – Fermé 10-31 janv.

14 ch – †32/35 € ††44/52 € – ☕ 8,50 € – ½ P 38/42 €

Rest – *(fermé vend. soir du 15 oct. au 15 mars, dim. soir et lundi midi sauf juil.-août)* (10 €) Menu 14 € (sem.)/26 € – Carte 23/32 €

◆ Au centre du village, maison en pierre de la fin du 19e s. disposant de petites chambres fraîches, très bien équipées et tenues. Côté restaurant, plats traditionnels et terroir cantalien dans un décor coloré.

RIORGES – **42 Loire** – **327** D3 – **rattaché à Roanne**

RIQUEWIHR – **68 Haut-Rhin** – **315** H8 – **1 273 h.** – **alt. 300 m** – ✉ **68340** **2** C2

Alsace Lorraine

Paris 442 – Colmar 15 – Gérardmer 52 – Ribeauvillé 5

✆ 08 20 36 09 22

Village★★★.

Plan page 1425

Le Schoenenbourg sans rest
2 r. de la Piscine – ✆ 03 89 49 01 11
– www.hotel-schoenenbourg.fr – Fermé 4 janv.-15 fév. **Br**
58 ch – †90/120 € ††95/125 € – 3 suites – ☕ 13 €
◆ Adossées au vignoble, constructions des années 1980 disposant de chambres confortables, sobrement décorées, et de bons équipements dont une grande piscine chauffée et au calme.

Le Riquewihr sans rest
rte de Ribeauvillé – ✆ 03 89 86 03 00 – www.hotel-riquewihr.fr – Fermé de début janv. à mi-fév.
43 ch – †62/108 € ††62/118 € – 6 suites – ☕ 11 €
◆ Vaste maison de style néo-alsacien au bord d'une route traversant les vignes. Chambres fonctionnelles bien tenues, copieux buffet pour le petit-déjeuner et minifitness.

À l'Oriel sans rest
3 r. des Ecuries Seigneuriales – ✆ 03 89 49 03 13 – www.hotel-oriel.com
22 ch – †72/120 € ††72/120 € – 1 suite – ☕ 13 € **Ba**
◆ Dans une ruelle tranquille, jolie façade du 16e s. ornée d'un oriel. Chambres rustiques personnalisées, plus cossues à l'annexe.

Le B. Espace Suites sans rest
48 r. Gén.-de-Gaulle – ✆ 03 89 86 54 55 – www.jlbrendel.com **At**
5 ch – †115/295 € ††115/295 € – ☕ 17 €
◆ Au B. Espace Suites, chambres à la déco contemporaine raffinée – tout en préservant l'ancien. Au B. Cottage, cadre bucolique (petite piscine) et confort complet pour une famille.

Table du Gourmet (Jean-Luc Brendel)
5 r. 1ère Armée – ✆ 03 89 49 09 09 – www.jlbrendel.com – Fermé 4 janv.-13 fév., merc. sauf le soir d'avril à mi-nov., jeudi midi et mardi **Au**
Rest – Menu 39 € (déj.), 66/95 €
Spéc. Asperges vertes, chantilly au wasabi et givre d'olive noire (printemps). Chevreuil d'Alsace, jus rouge intense et polenta bio à l'abricot (été-automne). Air de marc de gewurztraminer sur glace lime et spiruline, filaments de cacahuète. **Vins** Riesling, Pinot gris.
◆ La touche décorative contemporaine, en rouge et noir, joue sur la présence de colombages. Mets créatifs réalisés avec de beaux produits bio issus en partie du potager du chef.

Auberge du Schoenenbourg
r. de la Piscine – ✆ 03 89 47 92 28 – www.auberge-schoenenbourg.com – Fermé 17-24 août, 2 janv.-3 fév., merc. soir et le midi sauf dim. et lundi **Bm**
Rest – Menu 30 € (sem.), 40/75 € – Carte 58/72 €
◆ Restaurant chaleureux (tableaux figuratifs, vaisselier et meubles anciens), idéal pour savourer une belle cuisine d'aujourd'hui. Étonnant jardin d'herbes aromatiques rares.

Le Sarment d'Or avec ch — AC rest, ch,
4 r. du Cerf – ✆ 03 89 86 02 86 – www.riquewihr-sarment-dor.com – Fermé 1 sem. en nov. et 2 sem. en mars **Af**
9 ch – †70/80 € ††70/80 € – ☕ 8,50 €
Rest – *(fermé mardi midi, dim. soir et lundi)* (18 €) Menu 26/36 € – Carte 40/65 €
◆ Dans cette demeure du 17e s. (poutres apparentes, cheminée, mobilier choisi), cuisine classique que l'on accompagne de vin de la région (belle sélection). Chambres douillettes.

La Grappe d'Or
1 r. des Ecuries Seigneuriales – ✆ 03 89 47 89 52 – www.restaurant-grappedor.com – Fermé 25 juin-10 juil., 10-31 janv., merc. sauf le soir d'avril à sept. et jeudi **Ba**
Rest – Menu 20/36 € – Carte 25/45 €
◆ Maison de 1554 au cadre personnalisé d'une foule d'objets agrestes, de poteries, de toiles contemporaines et d'un magnifique poêle en faïence. Carte actuelle et du terroir.

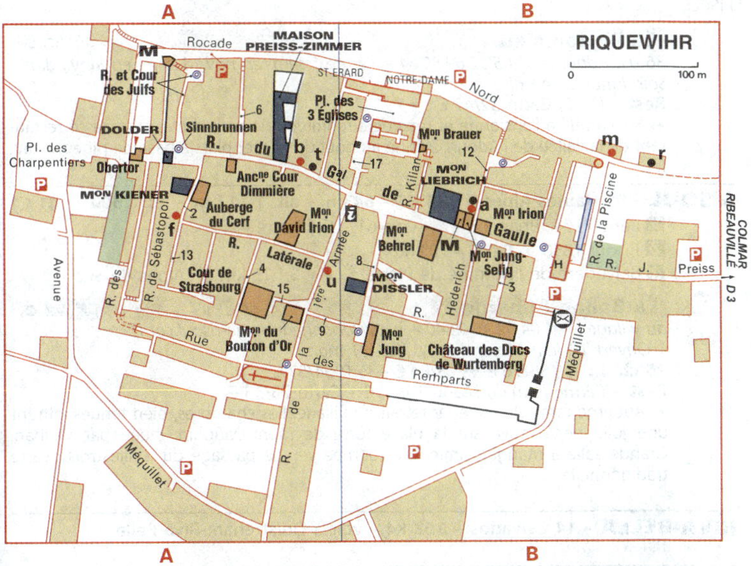

d'Brendelstub

48 r. Gén. de Gaulle – ✆ 03 89 86 54 54 – www.jlbrendel.com – Fermé en janv. **Ab**

Rest – Menu 18/37 € – Carte 18/46 €

◆ Ancienne maison vigneronne à la façade lie-de-vin cachant un cadre tendance déployé sur deux niveaux. Vue sur les cuisines ; carte à la fois régionale et ouverte sur le monde.

à Zellenberg 1 km à l'Est par D 3 – 394 h. – alt. 300 m – ✉ 68340

Maximilien (Jean-Michel Eblin)

19a rte Ostheim – ✆ 03 89 47 99 69 – www.le-maximilien.com – Fermé 23 août-6 sept., 24 déc.-11 janv., vend. midi, dim. soir et lundi

Rest – Menu 32 € (déj. en sem.), 46/92 € – Carte 72/89 €

Spéc. Goujonnettes de grenouille en tempura, fricassée de cèpes et escargots au pesto. Noisettes de chevreuil, jus aux épices et betterave rouge (sept. à fév.). Millefeuille rhubarbe et fraise, sorbet fraise au poivre de Sechuan (mai à août). **Vins** Muscat, Riesling.

◆ Adossée à la colline, cette demeure offre un cadre élégant avec vue sur le vignoble. Délicieux repas en perspective avec une fine cuisine actuelle et un beau choix de vins.

Auberge du Froehn

5 rte Ostheim – ✆ 03 89 47 81 57 – Fermé 28 juin-7 juil., 15-24 nov., 1er-15 janv., mardi et merc.

Rest – (12 €) Menu 23/40 € bc – Carte 30/40 €

◆ Le nom de cet ancien caveau évoque le vignoble – et le grand cru éponyme – que surplombe le village. Tons contemporains (chocolat, sable) et carte mariant cuisines régionale et actuelle.

RISCLE – 32 Gers – 336 B8 – 1 700 h. – alt. 105 m – ✉ 32400 — 28 A2

Paris 739 – Aire-sur-l'Adour 17 – Auch 71 – Mont-de-Marsan 49

6, place du foirail ✆ 05 62 69 74 01

XX **Le Pigeonneau**

36 av. Adour – ☎ 05 62 69 85 64 – Fermé 1 sem. en nov., 1 sem. en janv., dim. soir, lundi et mardi

Rest – (15 €) Carte 32/47 €

◆ Sol carrelé à l'ancienne et tons ocre renforcent le côté chaleureux de ce restaurant de la vallée de l'Adour. Cuisine au goût du jour et plats à base de pigeonneau.

RISOUL – 05 Hautes-Alpes – 334 H5 – 643 h. – alt. 1 117 m – ✉ 05600 41 C1

Paris 716 – Briançon 37 – Gap 61 – Guillestre 4

Risoul 1850 ☎ 04 92 46 02 60

Belvédère de l'Homme de Pierre ✻★★ S : 15 km Alpes du Sud

La Bonne Auberge rest, rest,

au village – ☎ 04 92 45 02 40 – www.labonneauberge-risoul.com – Ouvert 1er juin-15 sept. et 26 déc.-31 mars

25 ch – †58/76 € ††78/84 € – ½ P 54/57 €

Rest – *(fermé le midi)* Menu 15/24 € – Carte 25/35 €

◆ Auberge familiale en léger retrait du village. Les chambres, bien tenues, offrent une jolie perspective sur la place forte de Mont-Dauphin, créée par Vauban. Grande salle à manger lumineuse tournée vers le paysage du Guillestrois ; carte traditionnelle.

RIVA-BELLA – 14 Calvados – 303 K4 – voir à Ouistreham-Riva-Bella

---

RIVE-DE-GIER – 42 Loire – 327 G6 – 14 678 h. – alt. 225 m – ✉ 42800 44 B2

Lyon Drôme Ardèche

Paris 494 – Lyon 38 – Montbrison 65 – Roanne 105

XXX **Hostellerie La Renaissance** avec ch

41 r. Antoine Marrel – ☎ 04 77 75 04 31 – www.hotellerie-la-renaissance.com – Fermé 2 sem. en août, 2-10 janv., dim. soir, merc. soir et lundi

5 ch – †48/56 € ††48/56 € – 15 €

Rest – Menu 29/72 € – Carte 55/80 €

◆ Dans cette demeure bourgeoise couverte de lierre, la grande salle à manger et le bar coloré sont d'une grande gaieté. On s'y installe donc avec plaisir pour faire un bon repas. À l'étage, des chambres accueillent ceux qui voudraient s'attarder.

RIVEDOUX-PLAGE – 17 Charente-Maritime – 324 C3 – voir à Île de Ré

RIVESALTES – 66 Pyrénées-Orientales – 344 I6 – 8 610 h. – alt. 13 m – ✉ 66600 22 B3

Languedoc Roussillon

Paris 842 – Carcassonne 108 – Montpellier 146 – Perpignan 11

avenue Ledru-Rollin ☎ 04 68 64 04 04

X **La Table d'Aimé**

4 r. Fransisco-Ferrer – ☎ 04 68 34 35 77 – www.cazes-rivesaltes.com – Fermé 20 déc.-31 janv., dim. et lundi d'oct. à avril

Rest – (16 €) Menu 19 € (déj. en sem.)/50 € bc

◆ Au domaine Cazes, ce nouveau restaurant sert une cuisine du marché actuelle réalisée avec de bons produits bio. Terrasse fleurie donnant sur les caves aux beaux foudres de chêne.

LA RIVIÈRE – 33 Gironde – 335 J5 – rattaché à Libourne

LA RIVIÈRE-ST-SAUVEUR – 14 Calvados – 303 N3 – rattaché à Honfleur

---

LA RIVIÈRE-THIBOUVILLE – 27 Eure – 304 E7 – alt. 72 m – ✉ 27550 Nassandres 33 C2

Paris 140 – Bernay 15 – Évreux 34 – Lisieux 39

XX **Le Manoir du Soleil d'Or**

23 Côte de Paris – ✆ 02 32 44 90 31 – www.manoirdusoleildor.com – Fermé dim. soir et merc.

Rest – (22 € bc) Menu 26/53 € – Carte 38/61 €

◆ Ce petit castel normand offre une vue imprenable sur la vallée de la Risle depuis sa terrasse et son élégante salle à manger. Cuisine actuelle.

X **L'Auberge de la Vallée**

7 rte Brionne-Nassandres – ✆ 02 32 44 21 73 – Fermé merc. soir, dim. et lundi

Rest – Menu 14/26 €

◆ Ce restaurant installé dans une belle maison à colombages abrite deux salles à manger champêtres, agrémentées d'une collection de paniers en osier. Cuisine au goût du jour.

RIXHEIM – **68 Haut-Rhin** – **315** I10 – **rattaché à Mulhouse**

ROAIX – **84 Vaucluse** – **332** D8 – **rattaché à Vaison-la-Romaine**

ROANNE – **42 Loire** – **327** D3 – **36 126 h.** – **Agglo. 104 892 h.** **44** A1 – **alt. 265 m** – ✉ **42300** Lyon Drôme Ardèche

Paris 395 – Clermont-Ferrand 115 – Lyon 84 – St-Étienne 85

Roanne-Renaison : ✆ 04 77 66 83 55, 5 km par D 9 AV.

8, place de Lattre de Tassigny ✆ 04 77 71 51 77

du Roannais à Villerest, par rte de Thiers : 7 km, ✆ 04 77 69 70 60

Musée Joseph-Déchelette : Faïences révolutionnaires★.

Belvédère de Commelle-Vernay ≤★ : 7 km au S par quai Sémard BV.

Plan page suivante

Troisgros

pl. Jean-Troisgros – ✆ 04 77 71 66 97 – www.troisgros.com – Fermé 2-17 août, 22 fév.-9 mars, mardi et merc. CX**r**

11 ch – †195/390 € ††195/390 € – 5 suites – ☕ 27 €

Rest ***Troisgros*** – voir ci-après

◆ Un hôtel de gare... façon 21e s. ! De grandes signatures du design, des œuvres d'art contemporain, un confort pensé dans ses moindres détails, etc. Bref, un modèle pour la nouvelle hôtellerie française, tout au service de ses hôtes.

Le Grand Hôtel sans rest

54 cours de la République, (face à la gare) – ✆ 04 77 71 48 82 – www.grand-hotel-roanne.com – Fermé 31 juil.-15 août CX**f**

31 ch – †62/78 € ††72/92 € – ☕ 12 €

◆ Ce bâtiment du début du 20e s. abrite des chambres climatisées et correctement tenues (quelques-unes fraîchement rénovées). Salon feutré.

XXXX ✿✿✿ **Troisgros** (Michel Troisgros) – Hôtel Troisgros

pl. Jean-Troisgros – ✆ 04 77 71 66 97 – www.troisgros.com – Fermé 2-17 août, 22 fév.-9 mars, lundi midi d'oct. à fév., mardi et merc. CX**r**

Rest – *(nombre de couverts limité, prévenir)* Menu 95 € (déj. en sem.), 165/200 € – Carte 170/280 €

Spéc. Langoustine "rivière de janvier" (printemps). Côte de veau "sur l'amer" (printemps-été). Petit pot de thé au jasmin (printemps-été). **Vins** Condrieu, Côte-Rôtie.

◆ Petit-fils... et grand chef ! Michel Troisgros aura résolument mis Roanne du centre de la France au centre du monde. Dans ce village dialoguent la canette de Challans, le wasabi, la ricotta, le jasmin... tous les terroirs sublimés par l'amour du goût. L'héritage Troisgros – trois étoiles en 1968 – porté avec audace !

XXX **L'Astrée**

17 bis cours de la République, (face à la gare) – ✆ 04 77 72 74 22 – Fermé 26 fév.-14 mars, 27 juil.-16 août, sam. et dim. CX**f**

Rest – (25 €) Menu 35/75 € – Carte 55/75 €

◆ Rable de lapin à l'abricot, galette de polenta et ris d'agneau... Ici, le chef revisite la tradition à sa façon et tout cela sent bon : Astrée et Céladon adorent !

ROANNE

Alsace-Lor. (R.) . . . . **CY** 2
Anatole-France (R.) . . . . **CY** 3
Benoît (Bd C.) . . . . **AV** 5
Cadore (R. de) . . . . **CX** 7
Carnot (Av.) . . . . **BV** 8
Clemenceau (Pl. G.) . . . . **DX** 10
Clermont (R. de) . . . . **CY** 12
Dourdein (R. A.) . . . . **AV** 14
Edgar-Quinet (Bd) . . . . **BV** 15
Foch (R. Mar.) . . . . **CDY**
Gaulle (Av. Ch.-de) . . . . **AV** 16
Gaulle (R. Ch.-de) . . . . **CY** 18
Hoche (R.) . . . . **AV** 19
Hôtel de Ville (Pl.) . . . . **DY** 20
Jean-Jaurès (R.) . . . . **CDY**
Joffre (Bd Mar.) . . . . **BV** 21
Lattre-de-T. (Pl. de) . . . . **CX** 22
Leclerc (Quai Mar.) . . . . **DY** 24
Libération (Av. de la) . . . . **DY** 23
Marne (Av. de la) . . . . **BV** 26
Renaison (Levée du) . . . . **DY** 28
République (Cours de la) . . . . **CXY** 32
Roche (R. A.) . . . . **DX** 34
Semard (Q. P.) . . . . **BV** 35
Thiers (Bd de) . . . . **AV** 36
Thomas (R. A.) . . . . **AV** 38
Vachet (R. J.) . . . . **AV** 40
Villemontais (R. de) . . . . **AV** 42

Le Relais Fleuri

allée Claude Barge – ✆ 04 77 67 18 52 – http://lerelaisfleuri.pagesperso-orange.fr – Fermé dim. soir, mardi soir et merc. BV**v**

Rest – Menu 19/46 € – Carte 32/49 €

◆ Original : ici, on peut s'attabler sous un dôme vitré ! L'été, on profite du beau jardin ombragé en savourant une cuisine bien dans son époque.

Le Central

58 cours de la République, (face à la gare) – ✆ 04 77 67 72 72 – www.troisgros.com – Fermé 2-22 août, dim. et lundi CX**r**

Rest – *(prévenir)* (22 €) Menu 26 € (déj.)/29 € – Carte 47/65 €

◆ Dans ce "bistrot-épicerie", on savoure une cuisine simple et goûteuse au milieu de longs rayonnages garnis de gourmandises... Originalité et convivialité assurées !

au Coteau (rive droite de la Loire) – 7 065 h. – alt. 350 m – ✉ 42120

Des Lys

133 av. de la Libération – ✆ 04 77 68 46 44 – www.hotel-des-lys.com – Fermé 30 juil.-24 août, 22 déc.-3 janv., sam. midi et dim. BV**e**

17 ch – †71 € ††91 € – ☕ 10 €

Rest – *(fermé vend., sam. et dim.) (dîner seult)* Menu 17 € (sem.), 22/27 € – Carte 23/36 €

◆ Situé en face de la gare du Coteau, cet hôtel à la façade avenante propose des chambres propres et bien tenues. Cuisine traditionnelle au restaurant.

Ibis

53 bd Ch. de Gaulle, (ZI Le Coteau - BV) – ✆ 04 77 68 36 22 – www.ibishotel.com

74 ch – †59/77 € ††59/77 € – ☕ 8 € **Rest** – (15 €) Menu 18/25 €

◆ Pratique pour l'étape, un hôtel mettant à votre disposition des chambres conformes aux standards de la chaîne. Les petites nouvelles sont plus spacieuses. Restaurant égayé de couleurs vives ; terrasse dressée face à la piscine.

L'Auberge Costelloise

2 av. de la Libération – ✆ 04 77 68 12 71 – www.auberge-costelloise.fr – Fermé 18 juil.-18 août, 2-12 janv., dim. soir, lundi et mardi DY**a**

Rest – (20 €) Menu 27/56 €

◆ Dans ce restaurant des bords de Loire, le chef renouvelle sa carte et ses menus – classiques – toutes les trois semaines ! Salle moderne et petite véranda.

à Commelle-Vernay 6 km au Sud par D 43 – 2 849 h. – alt. 340 m – ✉ 42120

Château de Bachelard sans rest

440 rte de Commelle – ✆ 04 77 71 93 67 – www.chateaubachelard.com

5 ch ☕ – †90/100 € ††100/110 €

◆ Ce superbe manoir est niché dans une propriété de 18 ha... Élégance classique, mobilier de style, touches contemporaines et étang de pêche : la vie de château !

à Riorges 3 km à l'Ouest par D 31 - AV – 10 255 h. – alt. 295 m – ✉ 42153

Le Marcassin avec ch

rte de St-Alban-les-Eaux – ✆ 04 77 71 30 18 – Fermé vacances de fév., dim. soir et sam.

9 ch – †55/63 € ††55/63 € – ☕ 8 € – ½ P 72 €

Rest – (21 €) Menu 25/53 € – Carte 45/65 €

◆ Quel sympathique Marcassin ! On y accède par une terrasse ombragée, on s'installe confortablement dans une salle plaisante, puis on savoure une agréable cuisine traditionnelle. Chambres simples et pratiques.

à Villerest 6 km par ③ – 4 392 h. – alt. 363 m – ✉ 42300

plage du Plan d'Eau ✆ 04 77 69 67 21

Domaine de Champlong sans rest

1218 chemin de Champlong – ✆ 04 77 69 78 78 – www.hotel-champlong.com – Fermé en fév. et dim. hors saison

20 ch – †58/63 € ††63/67 € – ☕ 9 €

◆ Calme champêtre ! Cet hôtel est situé dans un parc à proximité du golf ; on peut y faire un tennis ou quelques brasses... Chambres spacieuses et pratiques, avec balcon ou terrasse.

XXX **Château de Champlong** avec ch

100 chemin de la Chapelle, (près du golf) – ✆ 04 77 69 69 69 – www.chateau-de-champlong.com – Fermé 20 fév.-15 mars, dim. soir, mardi midi et lundi

12 ch – †115/175 € ††115/175 € – ☕ 12 €

Rest – Menu 25 € (sem.), 36/64 € – Carte 65/80 €

◆ Une belle demeure du 18e s. en pleine verdure, pour déguster une cuisine originale. Jetez un œil à la "salle des peintures" : tableaux d'époque, joli parquet et grande cheminée vous raviront. Chambres pimpantes, au-dessus du restaurant.

ROBION – 84 Vaucluse – 332 D10 – 3 941 h. – alt. 140 m – ✉ 84440 — 42 E1

Paris 713 – Aix-en-Provence 69 – Avignon 31 – Marseille 82

485 rue oscar Roulet ✆ 04 90 05 84 31

X **L'Escanson**

450 av. Aristide-Briand – ✆ 04 90 76 59 61 – www.lescanson.fr – Fermé 21 déc.-12 janv., le midi en juil., merc. sauf le soir de mars à oct. et mardi

Rest – *(nombre de couverts limité, prévenir)* (20 €) Menu 27/39 € – Carte 43/52 €

◆ Cette maison respire la fraîcheur et la simplicité : tons pastel, mobilier en fer forgé... Ici, le chef ne travaille que des produits frais, mêlant tradition et inventivité.

Une bonne table sans se ruiner ? Repérez les Bib Gourmand.

ROCAMADOUR – 46 Lot – 337 F3 – 630 h. – alt. 279 m – ✉ 46500 — 29 C1

Périgord Quercy

Paris 531 – Brive-la-Gaillarde 54 – Cahors 60 – Figeac 47

L'Hospitalet ✆ 05 65 33 22 00

Site★★★ - Remparts ✻★★★ - Tapisseries★ dans l'hôtel de ville - Vierge noire★ dans la chapelle Notre-Dame - Musée d'Art sacré★ **M1** - Musée du Jouet ancien automobile : voitures à pédales - L'Hospitalet✻★★ : Féerie du rail : maquette★ par ②.

au château

Château

rte du Château – ✆ 05 65 33 62 22 – www.hotelchateaurocamadour.com – Ouvert 2 avril-6 nov. AZr

58 ch – †83/110 € ††83/110 € – ☕ 10 € – ½ P 81/95 €

Rest – (16 €) Menu 26/53 € – Carte 36/80 € le soir

◆ Loin de l'agitation touristique, un hôtel disposant de chambres spacieuses et fonctionnelles, avec piscine, tennis et jardin. Au restaurant, plats régionaux et terrasse sous les chênes truffiers.

Relais Amadourien

– ✆ 05 65 33 62 22 – www.hotelchateaurocamadour.com – Ouvert 2 avril-6 nov.

19 ch – †54/56 € ††54/56 € – ☕ 8 € – ½ P 63 € AZr

◆ L'annexe de l'Hôtel du Château, de style motel, abrite de belles chambres modernes, rénovées avec goût.

dans la cité

Beau Site

– ✆ 05 65 33 63 08 – www.bestwestern-beausite.com – Ouvert 12 fév.-13 nov.

38 ch – †60/135 € ††70/145 € – ☕ 13 € – ½ P 74/84 € BZa

Rest *Jehan de Valon* – Menu 19 € (déj.), 25/58 € – Carte 36/130 €

◆ Au cœur de la cité, maison du 15e s. abritant un joli hall d'inspiration médiévale et des chambres de caractère. À l'annexe, le décor est plus actuel. Au restaurant, plats traditionnels arrosés de vins du Sud-Ouest ou du monde ; jolie vue sur la vallée de l'Alzou.

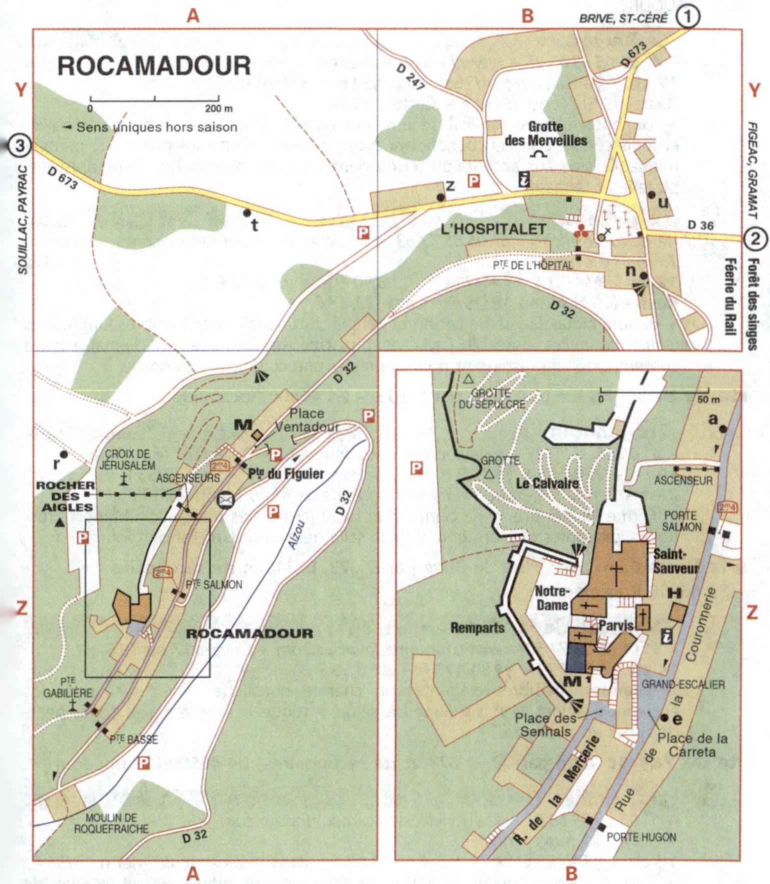

Le Terminus des Pélerins

– ✆ 05 65 33 62 14 – *www.terminus-des-pelerins.com*
– *Ouvert 4 avril-1er nov.* BZe

12 ch – 46/58 € 53/71 € – 8 € – ½ P 58/66 €

Rest – (14 €) Menu 17/35 € – Carte 31/78 €

◆ Au pied de la falaise escarpée, terminus dans ce petit hôtel, familial et chaleureux. Chambres sobres et classiques, bien équipées. De la terrasse, la vallée se donne en spectacle. Dans la salle à manger rustique, on s'attable autour de plats du terroir.

à l'Hospitalet

Les Esclargies sans rest

rte de Payrac – ✆ 05 65 38 73 23 – *www.esclargies.com* – *Fermé 20 déc.-15 janv. et 27 fév.-8 mars* AYt

16 ch – 72/113 € 74/142 € – 11 €

◆ Dans une "esclargie" (petite clairière en occitan), bel édifice récent, mêlant bois et pierre. Chambres soignées et chaleureuses, d'esprit nature (jonc de mer, tons crème).

Le Belvédère
– 05 65 33 63 25 – *www.hotel-le-belvedere.fr* – *Fermé janv.* BY**n**
17 ch – 44/76 € 44/76 € – 8,50 € – ½ P 50/65 €
Rest – (9 €) Menu 15/34 € – Carte 24/51 €
◆ Un hôtel d'esprit familial, récemment rajeuni. Chambres plaisantes (mobilier en bois cérusé, parquet) bénéficiant presque toutes d'une splendide vue panoramique. Cuisine aux accents du terroir dans un cadre bistrot chic ; l'été, brasserie, pizzeria et terrasse.

Le Bellaroc ch,
rte de la Corniche – 05 65 33 63 06 – *www.hotelrocamadour.com* – *Ouvert 15 mars-15 nov.* BY**z**
12 ch – 44/71 € 44/71 € – 8,50 € – ½ P 50/63 €
Rest – (10 €) Menu 18/25 € – Carte 22/38 €
◆ Panoramique, la vue de cet hôtel perché sur une falaise ! Chambres lumineuses et fonctionnelles, agréable jardin avec piscine, bar (réservé aux clients). Espace contemporain au restaurant pour apprécier une cuisine traditionnelle.

rte de Brive 2,5 km par ① et par D 673 – ✉ 46500 Rocamadour

Troubadour rest,
– 05 65 33 70 27 – *www.hotel-troubadour.com* – *Ouvert 13 fév.-15 nov.*
10 ch – 70/105 € 70/110 € – 2 suites – 12 € – ½ P 72/85 €
Rest – *(fermé juil.-août) (dîner seult) (résidents seult)* Menu 26/38 €
◆ Ferme joliment rénovée ceinte d'un beau jardin, très tranquille. Chambres rustiques, plaisantes et bien tenues. Belle salle de billard dans l'ancien fournil.

à la Rhue 6 km par ① rte de Brive par D 673, D 840 et rte secondaire – ✉ 46500 Rocamadour

Domaine de la Rhue sans rest
– 05 65 33 71 50 – *www.domainedelarhue.com* – *Ouvert 17 avril-16 oct.*
14 ch – 80/175 € 80/175 € – 8,50 €
◆ Grandes chambres élégantes au charme bucolique, aménagées dans les anciennes écuries (19ᵉ s.). Superbe salon rustique avec cheminée. L'été, petit-déjeuner en terrasse.

rte de Payrac 4 km par ③, D 673 et rte secondaire – ✉ 46500 Rocamadour

Les Vieilles Tours
– 05 65 33 68 01 – *www.vieillestours-rocamadour.com*
– *Ouvert 29 mars-5 nov.*
16 ch – 73/155 € 73/155 € – 12 € **Rest** – *(dîner seult)* Menu 25/35 €
◆ Accueil avenant, quiétude, ambiance champêtre et raffinée en cet ex-relais de chasse dont le fauconnier (13ᵉ s.) abrite la plus belle chambre. Parc avec vue sur la vallée. Cuisine riche en saveurs, à déguster dans un cadre feutré et intimiste.

ROCBARON – 83 Var – 340 L6 – 3 264 h. – alt. 376 m – ✉ 83136 41 C3

Paris 832 – Marseille 79 – Toulon 35 – La Seyne-sur-Mer 43

La Maison de Rocbaron
3 r. St-Sauveur, (face à la mairie) – 04 94 04 24 03
– *www.maisonderocbaron.com*
5 ch – 80/115 € 80/115 € **Table d'hôte** – Menu 39 € bc
◆ Atmosphère chaleureuse dans cette ancienne bergerie entourée de verdure. Boutis fleuris, mobilier chiné, parquet... Ici on cultive l'esprit "maison de famille" ; piscine et calme jardin. Cuisine du marché à la table d'hôte.

LA ROCHE-BERNARD – 56 Morbihan – 308 R9 – 761 h. – alt. 38 m – ✉ 56130 Bretagne 10 C3

Paris 444 – Nantes 70 – Ploërmel 55 – Redon 28
14, rue du Docteur Cornudet 02 99 90 67 98
de la Bretesche à Missillac Domaine de la Bretesche, SE : 11 km, 02 51 76 86 86
Pont du Morbihan★.

Le Manoir du Rodoir rest,

rte de Nantes – 02 99 90 82 68 – www.lemanoirdurodoir.com
– Fermé 15 déc.-30 janv.
24 ch – 75/130 € 75/130 € – 12 € – ½ P 80/100 €
Rest – *(fermé le midi et dim.)* Menu 26/39 € – Carte 24/45 €
◆ Cette ancienne fonderie de 1870 est entourée d'un parc aux chênes centenaires. Les chambres sont spacieuses et confortables, décorées dans un style cosy. Cuisine privilégiant les produits régionaux, servie dans un cadre rustique égayé de mobilier contemporain.

Le Domaine de Bodeuc ch,

rte de St-Dolay, 6 km au Nord-Est par D 34 et rte secondaire – 02 99 90 89 63 – www.hotel-bodeuc.com – Fermé 13 nov.-22 déc. et 9 janv.-17 mars
13 ch – 70/96 € 82/196 € – 2 suites – 12 € – ½ P 77/142 €
Rest – *(fermé le midi)* Menu 30/40 €
◆ Près de La Roche-Bernard, ce petit manoir du 19e s. niche dans un parc aux arbres centenaires, avec piscine ! Piano et cheminée confèrent aux salons un charme intime. Chambres plus spacieuses à l'annexe. Cuisine traditionnelle au restaurant.

L'Auberge Bretonne avec ch

2 pl. Duguesclin – 02 99 90 60 28 – Fermé dim. soir, mardi midi et lundi
11 ch – 76/164 € 76/164 € – 15 € – ½ P 98/142 €
Rest – (17 € bc) Menu 25 € bc/75 € – Carte 40/80 €
◆ Une maison ancienne en pierre, dressée sur une petite place, au cœur d'un bourg charmant. Cette table gastronomique bien connue dans la région a été reprise en 2010 par un jeune couple.

ROCHECORBON – 37 Indre-et-Loire – 317 N4 – rattaché à Tours

ROCHEFORT – 17 Charente-Maritime – 324 E4 – 26 299 h. 38 B2
– alt. 12 m – Stat. therm. : mi mars-début déc. – 17300
Poitou Vendée Charentes

Paris 475 – Limoges 221 – Niort 62 – La Rochelle 38
Accès Pont de Martrou : passage gratuit.
10, rue du Docteur Peltier 05 46 99 08 60
du pays Rochefortais à Saint-Laurent-de-la-Prée 1608 route Impériale, NO : 7 km par D 137, 05 46 84 56 36
Quartier de l'Arsenal★ - Corderie royale★★ - Maison de Pierre Loti★ AZ - Musée d'Art et d'Histoire★ AZ **M²** - Les Métiers de Mercure★ (musée) BZ **D.**

Plan page suivante

La Corderie Royale

r. Audebert – 05 46 99 35 35 – www.corderieroyale.com
– Fermé 18 déc.-20 janv. et dim. soir de nov. à mars BY**h**
44 ch – 80/255 € 80/255 € – 3 suites – 11 € – ½ P 79/158 €
Rest – *(fermé sam. midi, dim. soir et lundi de nov. à mars)* (17 €) Menu 36/66 € – Carte 47/78 €
◆ Une étape chargée d'histoire : dans les murs de l'ex-artillerie royale (17e s.), à deux pas du port, profitez de grandes chambres actuelles, calmes et bien équipées. La salle à manger et sa terrasse regardent la Charente ; plats actuels bien cuisinés.

Ibis sans rest

1 r. Bégon – 05 46 99 31 31 – www.accorhotels.com BY**a**
66 ch – 64/78 € 64/78 € – 7,50 €
◆ Installé dans une vieille maison à la façade crépie, établissement moderne aux chambres en partie rénovées, toutes climatisées, assez spacieuses et bien entretenues.

ROCHEFORT

Roca Fortis sans rest

14 r. de la République – ✆ 05 46 99 26 32 – www.hotel-rocafortis.com – Ouvert de début avril à mi-nov. BY

16 ch – †49 € ††70 € – ☕ 6,50 €

◆ Deux maisons régionales autour d'une cour carrelée et fleurie où peut être servi le petit-déjeuner. Les chambres côté rue sont plus grandes et confortables. Accueil très aimable.

Palmier sur Cour sans rest

55 r. de la République – ✆ 05 46 99 55 54 – www.palmiersurcour.com – Fermé 20 déc.-10 janv. BYu

3 ch – 57 € 64 €

◆ Les hôtes n'hésitent pas à revenir dans cette demeure du 19e s., emballés par le calme et le raffinement des chambres, les goûteux petits-déjeuners et l'accueil attentif.

par ② **3 km rte de Royan avant pont de Martrou – ✉ 17300 Rochefort**

La Belle Poule

102 av. du 11-nov.-1918 – ✆ 05 46 99 71 87 – www.hotel-labellepoule.com – Fermé 1er-22 nov. et 1er-5 janv.

21 ch – 55/67 € 60/75 € – 8 € – ½ P 57/62 €

Rest – *(fermé vend. et dim. soir sauf juil.-août)* (15 €) Menu 25/45 € – Carte 45/60 €

◆ À proximité du pont transbordeur de Martrou, bâtisse des années 1980 aux chambres confortables et bien tenues. De belles maquettes navales (dont La Belle Poule) ornent le restaurant ; la cuisine navigue entre tradition et modernité, maniant épices et condiments.

ROCHEFORT-EN-TERRE – 56 Morbihan – 308 Q8 – 733 h. – alt. 40 m – ✉ 56220 Bretagne 10 C2

Paris 431 – Ploërmel 34 – Redon 26 – Rennes 82

7, place du Puits ✆ 02 97 43 33 57

Site★ - Maisons anciennes★.

L'Ancolie

12 r. St-Michel – ✆ 02 97 43 33 09 – Fermé 2 sem. en oct., 16 janv.-8 fév. et mardi hors saison

Rest – *(prévenir)* Menu 23 € (déj. en sem.), 28/46 €

◆ Une maison à l'âme musicale : accord de vieilles pierres (tour du 14e s.) et de mobilier moderne ; cuisine actuelle bien interprétée ; concerts réguliers par le patron-pianiste.

Le Pélican avec ch

pl. des Halles – ✆ 02 97 43 38 48 – www.hotel-pelican-rochefort.com – Fermé 26 janv.-17 fév., dim. soir et lundi

7 ch (½ P seult) – ½ P 51 € **Rest** – Menu 19/38 €

◆ Poutres apparentes, cheminée monumentale et meubles en bois sculpté confèrent à cette demeure des 16e et 18e s. une élégance rustique. Cuisine de région flirtant avec les tendances actuelles. Chambres coquettes parfaitement entretenues.

ROCHEFORT-EN-YVELINES – Yvelines – 311 H4 – 913 h. – alt. 140 m – ✉ 78730 Ile de France 18 B2

Paris 50 – Chartres 43 – Dourdan 9 – Étampes 26

Site★ - Vaisseau★ de l'église de St-Arnoult-en-Yvelines SO : 3,5 km.

L'Escu de Rohan

15 r. Guy-le-Rouge – ✆ 01 30 41 31 33 – www.lescuderohan.com – Fermé août, vacances de fév., merc. soir, dim. soir et lundi

Rest – (27 €) Menu 35/41 €

◆ Dans les murs d'un relais de poste du 16e s., charmant restaurant d'esprit rustique : charpente apparente, cheminée monumentale... Cuisine traditionnelle et gibier en saison.

ROCHEFORT-SUR-LOIRE – 49 Maine-et-Loire – 317 F4 – 2 128 h. – alt. 25 m – ✉ 49190 35 C2

Paris 315 – Angers 24 – Cholet 48 – Nantes 95

Place de l'Hôtel de Ville ✆ 02 41 78 70 24

Château Piegüe sans rest

Piegüe, 2 km à l'Est par D 751 et rte secondaire – ✆ 06 14 62 30 84 – www.chateaupiegue.com – Fermé du 15 déc. à début fév.

5 ch – 96 € 106 €

◆ Cette demeure bourgeoise (1840) au cœur de 27 ha de vignes plaira aux amoureux du vin (dégustations de la production). Chambres sobres, presque zen ; petit-déjeuner maison.

ROCHEFORT-SUR-NENON – 39 Jura – 321 D4 – rattaché à Dôle

ROCHEGUDE – 26 Drôme – 332 B8 – 1 372 h. – alt. 121 m – ✉ 26790 44 B3

Paris 641 – Avignon 46 – Bollène 8 – Carpentras 34

Château de Rochegude

– ✆ 04 75 97 21 10 – www.chateauderochegude.com – Fermé dim. soir, mardi midi et lundi de nov. à mars

25 ch – 170/490 € 170/490 € – 20 € – ½ P 280/600 €

Rest – (26 € bc) Menu 39/89 € – Carte 76/101 € le soir

◆ Pierre blonde et verdure... Ce château du 11e s. – remanié au 18e – domine les vignobles des Côtes-du-Rhône. Daims et biches vagabondent dans le parc de 10 ha. Chambres de caractère, parfaitement tenues. Au restaurant, cuisine gastronomique et belle sélection de vins.

LA ROCHE-L'ABEILLE – 87 Haute-Vienne – 325 E7 – 588 h. – alt. 400 m – ✉ 87800 24 B2

Paris 423 – Limoges 34 – Panazol 34 – St-Junien 63

Le Moulin de la Gorce (Pierre Bertranet) avec ch

– ✆ 05 55 00 70 66 – www.moulindelagorce.com – Ouvert de mi-mars à mi-nov. et fermé merc. midi, lundi et mardi

10 ch – 100/185 € 100/185 € – 19 €

Rest – (50 €) Menu 75/140 €

Spéc. Œufs brouillés aux truffes. Côte de cochon cul noir limousin de Saint-Yrieix. Savarin au rhum ambré aux fruits frais, crème chantilly vanillée. **Vins** Bergerac blanc et rouge.

◆ Joli moulin du 16e s. et ses dépendances en bordure d'étang, dans un agréable parc champêtre. Intérieur de caractère et belle cuisine classique. Chambres personnalisées.

ROCHE-LEZ-BEAUPRÉ – 25 Doubs – 321 G3 – rattaché à Besançon

LA ROCHELLE Ⓟ – 17 Charente-Maritime – 324 D3 – 77 196 h. – Agglo. 116 157 h. – alt. 1 m – Casino AX – ✉ 17000 Poitou Vendée Charentes 38 A2

Paris 472 – Angoulême 150 – Bordeaux 183 – Nantes 141

Accès à l'Île de Ré par le pont par ③. **Péage** en 2010 : auto (AR) 16,50 (saison) 9,00 (hors saison), auto et caravane 27,00 (saison), 15,00 (hors saison), camion 18,00 à 45,00, moto 2,00, gratuit pour piétons et vélos. Renseignements par Régie d'Exploitation des Ponts : ✆ 05 46 00 51 10, Fax 05 46 43 04 71.

de la Rochelle-Île-de-Ré : ✆ 05 46 42 30 26, NO : 4,5 km AV.

2 Quai Georges Simenon ✆ 05 46 41 14 68

de La Prée La Rochelle à Marsilly, N : 11 km par D 105, ✆ 05 46 01 24 42

Vieux Port★★ : tour St-Nicolas★, ※★★ de la tour de la Lanterne★ - Le quartier ancien★★ : hôtel de ville★ Z **H**, Hôtel de la Bourse★ Z **C**, Porte de la Grosse Horloge★ Z **N**, Grande-rue des Merciers★ - Maison Henry II★, arcades★ de la rue du Minage, rue Chaudrier★, rue du Palais★, rue de l'Escale★ - Aquarium★★ CDZ - Musées : Nouveau Monde★ CDY**M7**, Beaux-Arts★ CDY **M2** - d'Orbigny-Bernon★ (histoire rochelaise et céramique) Y **M8**, Automates★ (place de Montmartre★★) Z **M1**, maritime★ : Neptunéa C **M5** - Muséum d'Histoire naturelle★★ Y.

Plans pages suivantes

Champlain-France Angleterre sans rest
30 r. Rambaud – ✆ *05 46 41 34 66*
– *www.hotelchamplain.com* VISA AE CYb
36 ch – †75/140 € ††75/165 € – 4 suites – ☕ 11 €
◆ Cet ancien hôtel particulier est doté d'un romantique jardin de roses. Salons superbes ornés de très belles toiles d'artistes locaux et chambres spacieuses au mobilier de style.

Masqhôtel sans rest VISA AE
17 r. Ouvrage à Cornes – ✆ *05 46 41 83 83*
– *www.masqhotel.com* DZt
76 ch – †99/170 € ††99/170 € – ☕ 12 €
◆ Un masque africain symbole de fertilité trône dans le hall. Atmosphère minimaliste chic et high-tech, mobilier design et toiles contemporaines indonésiennes dans les chambres.

Novotel P VISA AE
av. Porte Neuve – ✆ *05 46 34 24 24*
– *www.novotel.com* CYt
94 ch – †120/180 € ††120/180 € – ☕ 15 €
Rest – *(fermé sam. midi et dim. midi hors saison)* (17 €) Carte 23/38 €
◆ Rénovation complète et réussie pour cet imposant immeuble en verre entouré d'un parc : chambres contemporaines et zen, pourvues d'équipements dernier cri. Salle à manger largement ouverte sur la piscine (plats traditionnels) et petite restauration non-stop au bar.

LA ROCHELLE

Briand (Av. Aristide) . . . . AV 13
Cognehors (Bd de) . . . . BV 23
Coligny (Av.) . . . . AVX 25
Crépeau (Av. Michel) . . . . . ABX 29
Denfert-Rochereau (Av.) . . . AV 33
Fétilly (Av. de) . . . . BV 47
Joffre (Bd du Mar.) . . . . BV 61
Juin (Av. Mar.) . . . . AV 62
Lysiack (Av. Cdt.) . . . . BX 63
Mail (Allées du) . . . . AX 64
Marillac (Av.) . . . . AX 65
Moulin (Av. Jean) . . . . BX 74
République (Bd de la) . . . . . BX 90
Robinet (Av. L.) . . . . BV 92
Saintonge (R. A.-de) . . . . AV 103
Salengro (Av. Roger) . . . . . . BX 106
Sartre (Av. Jean-Paul) . . . . . . BX 109
8-Mai-1945 (Av. du) . . . . BV 118
11-Novembre-1918 (Av. du) . . . . BV 121

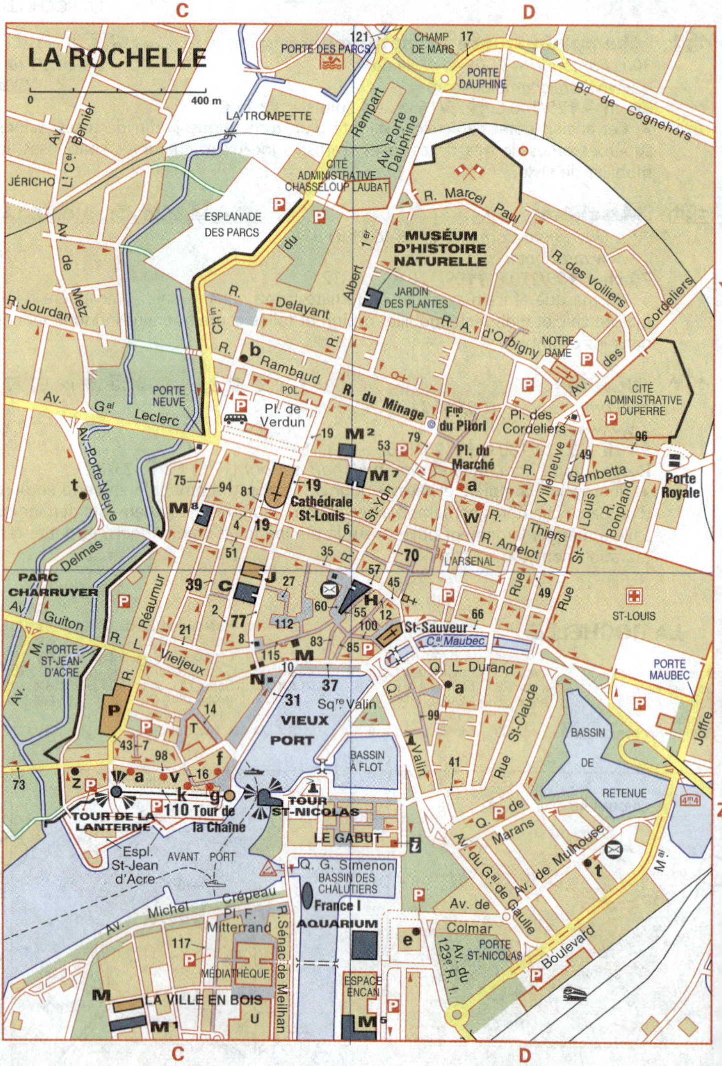

Admyrault (R. G.) ..... CYZ 2
Aufrédy (R.) ..... CY 4
Augustins (R. des) ..... CDY 6
Balangerie (R.) ..... CZ 7
Bancs (Pl. des Petits) ..... CZ 8
Barentin (Pl.) ..... CZ 10
Bletterie (R.) ..... DZ 12
Carmes (R. des) ..... CZ 14
Chaîne (R. de la) ..... CZ 16
Champ-de-Mars (Av. du) ..... DY 17
Chaudrier (R.) ..... CY 19
Chef-de-Ville (R.) ..... CZ 21
Commanderie (Cour de la) ..... CZ 27
Dames (Cours des) ..... CZ 31
Dupaty (R.) ..... CY 35
Duperré (Quai) ..... CZ 37
Escale (R. de l') ..... CZ 39
Fabrique (R. de la) ..... DZ 41
Fagots (R. des) ..... CZ 43
Ferté (R. de la) ..... DZ 45
Fonderies (R. des) ..... DYZ 49
Fromentin (R. E.) ..... CY 51
Gargoulleau (R.) ..... DY 53
Gentilshommes (R. des) ..... CDZ 55
Grille (R. de la) ..... DYZ 57
Hôtel-de-Ville (R. de l') ..... CDZ 60
Marché (Pl. du) ..... DY
Maubec (Quai) ..... DZ 66
Merciers (Gde R. des) ..... DY 70
Minage (R. du) ..... DY
Monnaie (Av. de la) ..... CZ 73
Noue (R. de la) ..... CY 75
Palais (R. du) ..... CZ 77
Pas-du-Minage (R. du) ..... DY 79
Pernelle (R.) ..... CY 81
Port (Petite R. du) ..... CZ 83
Port (R. du) ..... CDZ 85
St-Côme (R.) ..... CY 94
St-François (R.) ..... DY 96
St-Jean-du-Pérot (R.) ..... CZ 98
St-Nicolas (R.) ..... DZ 99
St-Sauveur (R.) ..... DZ 100
St-Yon (R.) ..... DY
Sur-les-Murs (R.) ..... CZ 110
Temple (Cour du) ..... CZ 112
Temple (R. du) ..... CZ 115
Vespucci (Av. Amerigo) ..... CZ 117
11-Novembre-1918 (Av. du) ..... DY 121

Mercure Océanide
quai L. Prunier – ✆ 05 46 50 61 50 – www.mercure.com DZe
123 ch – 119/143 € 138/158 € – 14 €
Rest – *(fermé sam. et dim. du 3 déc. au 10 mars)* (20 €) Menu 23/52 € bc – Carte 20/55 €
◆ Cet hôtel posté sur le bassin externe du vieux port jouxte l'Aquarium et le musée maritime. Chambres à la déco actuelle façon cabine de bateau ; belle structure pour séminaires. Au restaurant, vue panoramique sur le port et carte traditionnelle.

St-Nicolas sans rest
13 r. Sardinerie – ✆ 05 46 41 71 55 – www.hotel-saint-nicolas.com DZa
86 ch – 85/120 € 85/120 € – 10 €
◆ On apprécie son hall design, ses chambres pour la plupart fraîchement rénovées et un petit-déjeuner gourmand. Autres points forts : emplacement central et parking privé.

Les Brises sans rest
r. Philippe Vincent, (chemin de la digue Richelieu) – ✆ 05 46 43 89 37 – www.hotellesbrises.com AXq
48 ch – 70/134 € 70/210 € – 13 €
◆ La terrasse au bord de la mer – où on prend le petit-déjeuner en été – et la vue sur le port sont très agréables. Chambres de style "cabine de bateau" à préférer côté océan.

De la Monnaie sans rest
3 r. de la Monnaie – ✆ 05 46 50 65 65 – www.hotel-monnaie.com CZz
31 ch – 119 € 139/169 € – 4 suites – 14 €
◆ Près de la tour de la Lanterne, hôtel particulier du 17e s. Chambres de bonne ampleur, tournées sur la jolie cour intérieure pavée où l'on petit-déjeune aux beaux jours.

Richard et Christopher Coutanceau
plage de la Concurrence – ✆ 05 46 41 48 19 – www.coutanceaularochelle.com – Fermé dim. AXr
Rest – Menu 55/95 € – Carte 82/130 €
Spéc. Saint-Jacques rochelaises (oct. à avril). Civet gourmand de homard breton et légumes de saison. Superposition à la framboise et pistache déclinaison (juin à août). **Vins** Vin de pays Charentais, Fiefs Vendéens.
◆ Salle à manger en rotonde, élégante et contemporaine, grande ouverte sur le port et l'océan : cet écrin feutré et raffiné sublime une savoureuse cuisine de la mer.

Les Flots
1 r. de la Chaîne – ✆ 05 46 41 32 51 – www.les-flots.com CZg
Rest – Menu 27 € (déj.), 39/69 € – Carte 54/72 €
◆ Estaminet du 18e s. au pied de la tour de la Chaîne. Décor mêlant rustique, moderne et esprit marin. Cuisine de l'océan personnalisée et beau livre de cave (900 références).

Les Quatre Sergents
49 r. St-Jean-du-Pérot – ✆ 05 46 41 35 80 – www.lesquatresergents.fr
Rest – Menu 18/44 € – Carte 32/68 € CZa
◆ Salle à manger façon jardin d'hiver profitant de la lumière d'une impressionnante verrière 1900, pour déguster une cuisine au goût du jour escortée de vins bien sélectionnés.

L'Entracte
35 r. St-Jean-du-Pérot – ✆ 05 46 52 26 69 – www.lentracte.net CZv
Rest – Menu 20 € bc/28 € – Carte 33/61 €
◆ Cette enseigne Coutanceau offre une ambiance de bistrot contemporain, avec cuisines visibles depuis la salle à manger principale, et des plats traditionnels aux accents régionaux.

André
pl. Chaîne – ✆ 05 46 41 28 24 – www.barandre.com CZ**f**
Rest – (18 €) Menu 34/36 € – Carte 24/77 €
◆ Cette institution locale vous accueille dans pas moins de sept salles avec des décors (tous différents) inspirés du nautisme. Cuisine iodée et beaux plateaux de fruits de mer.

La Cuisine de Jules
5 r. Thiers – ✆ 05 46 41 50 91 – www.lacuisinedejules.com – fermé dim. et lundi DY**a**
Rest – (14 €) Menu 27 € – Carte 31/56 €
◆ À deux pas des halles, restaurant dont la façade discrète tranche avec un intérieur mariant murs en pierre et décoration tendance. Cuisine actuelle largement dédiée au poisson.

Les Orchidées
24 r. Thiers – ✆ 05 46 41 07 63 – www.restaurant-les-orchidees.com – Fermé 29 juil.-10 août DY**w**
Rest – (19 €) Menu 28 € – Carte 46/75 €
◆ Dans ce bistrot familial, le chef réalise des recettes modernes faisant quelques clins d'œil à l'Asie. Menu-carte et suggestions de poisson frais ; orchidées sur chaque table.

LA ROCHE-POSAY – 86 Vienne – 322 K4 – 1 522 h. – alt. 112 m — 39 D1
– Stat. therm. : fin janv.-mi déc. – Casino – ✉ 86270 Poitou Vendée Charentes

Paris 325 – Le Blanc 29 – Châteauroux 76 – Loches 49
14, boulevard Victor Hugo ✆ 05 49 19 13 00
du Connetable Parc Thermal, S : 2 km par D 3, ✆ 05 49 86 25 10

Les Loges du Parc sans rest
10 pl. de la République – ✆ 05 49 19 40 50 – www.la-roche-posay.info – Ouvert 1er avril-31 oct.
42 ch – 🛉88/180 € 🛉🛉106/198 € – 2 suites – ☕ 13 €
◆ Vaste ensemble Belle Époque proposant une prestation hôtelière classique ou des séjours en résidence. Deux belles suites sur les thèmes du jazz et de l'Égypte ; nombreux loisirs.

St-Roch
4 cours Pasteur – ✆ 05 49 19 49 00 – www.resorthotel-larocheposay.fr – Fermé 11 déc.-22 janv.
37 ch – 🛉51/82 € 🛉🛉70/98 € – ☕ 11 €
Rest – (22 €) Menu 30/40 € – Carte 40/82 €
◆ Cet établissement central est apprécié pour son accès direct aux thermes St-Roch. Chambres fonctionnelles ; certaines regardent le jardin. Cuisine au goût du jour (plats adaptés aux curistes) servie dans une salle fraîche et actuelle, ou en terrasse.

LE ROCHER – 07 Ardèche – 331 H6 – rattaché à Largentière

ROCHESERVIÈRE – 85 Vendée – 316 G6 – 2 691 h. – alt. 58 m — 34 B3
– ✉ 85620

Paris 415 – La Roche-sur-Yon 34 – Nantes 34 – Saint-Herblain 42
21, rue du Péplu ✆ 02 51 94 94 05

Le Château du Pavillon sans rest
r. Gué-Baron – ✆ 06 72 92 37 23 – www.le-chateau-du-pavillon.com – Ouvert 29 avril-17 sept.
4 ch – 🛉90/230 € 🛉🛉90/230 € – ☕ 10 €
◆ Charme, élégance et confort se conjuguent en ce château de 1885, dressé au sein d'un parc avec étang. Chambres romantiques à souhait et détente assurée au bord de la piscine.

ROCHESSAUVE – 07 Ardèche – 331 J5 – rattaché à Privas

LA ROCHE-SUR-FORON – 74 Haute-Savoie – **328** K4 **46** F1
– 9 763 h. – alt. 548 m – ✉ 74800
Alpes du Nord

Paris 553 – Annecy 34 – Bonneville 8 – Genève 26
place Andrevetan ✆ 04 50 03 36 68
Vieille ville★★.

Le Foron sans rest
imp. de l'Étang, (Z.I. du Dragiez), D 1203
– ✆ 04 50 25 82 76 – www.hotel-le-foron.com
– Fermé 26 déc.-3 janv. et dim.
26 ch – †58/68 € ††63/78 € – ☕ 9 €
◆ Petit hôtel situé dans la zone industrielle de la Roche-sur-Foron, pour une étape avant tout pratique. Chambres fonctionnelles, insonorisées et bien tenues. Terrasse et piscine.

Si vous recherchez un hébergement particulièrement agréable pour un séjour de charme, réservez dans un établissement classé en rouge : ...

LA ROCHE-SUR-YON P – 85 Vendée – **316** H7 – 50 717 h. **34** B3
– alt. 75 m – ✉ 85000 Poitou Vendée Charentes

Paris 418 – Cholet 69 – Nantes 68 – Niort 91
rue Clemenceau ✆ 02 51 36 00 85
de La Domangère à Nesmy La Roche sur Yon, S : 8 km par D 746 et D 85, ✆ 02 51 07 65 90

Plan page suivante

Mercure
117 bd A. Briand – ✆ 02 51 46 28 00
– www.mercure.com AZ**u**
67 ch – †79/110 € ††85/115 € – ☕ 15 €
Rest – ✆ 02 51 06 94 26 – (13 €) Carte 20/35 €
◆ À mi-chemin entre gare et place Napoléon, cet hôtel abrite des chambres spacieuses, fonctionnelles et bien insonorisées. Petits-déjeuners servis sous la verrière. Recettes traditionnelles à déguster dans une salle d'esprit bistrot ou en terrasse aux beaux jours.

Napoléon sans rest
50 bd A. Briand
– ✆ 02 51 05 33 56 – www.hotel-le-napoleon.fr
– Fermé 23 déc.-1er janv. AY**r**
29 ch – †80/100 € ††90/120 € – ☕ 10 €
◆ La proximité d'un boulevard ne gêne en rien la tranquillité des chambres, cosy et feutrées, de cet hôtel rénové. Dans la salle des petits-déjeuners : cadre Empire et mobilier contemporain.

De la Vendée sans rest
4 r. Malesherbes – ✆ 02 51 37 28 67
– www.hotel-vendee.com BZ**a**
32 ch – †60/65 € ††64/69 € – ☕ 8 €
◆ Au cœur du quartier des Halles, hôtel relooké dans un esprit tendance, proposant des chambres assez petites, mais bien équipées et adaptées à la clientèle d'affaires.

Le Rivoli
31 bd A. Briand – ✆ 02 51 37 43 41 – www.le-rivoli.com – Fermé 1er-15 août, lundi soir, sam. midi et dim. AY**v**
Rest – (21 € bc) Menu 30/39 €
◆ Couleurs vives, tête de rhinocéros, banquettes et nappes aux motifs psychédéliques : le décor joue la carte de l'originalité. Et la cuisine reste sage et traditionnelle.

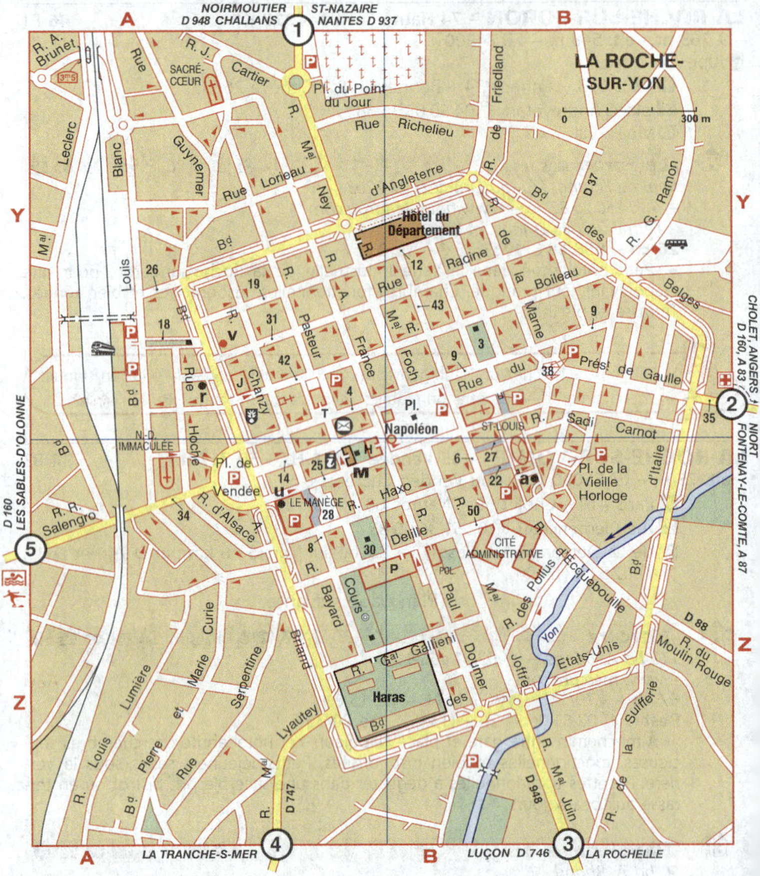

Albert-1er (Pl.)	BY	3	La-Fayette (R.)	AZ	25	Molière (R.)	AY	31
Allende (R. Salv.)	AY	4	Gambetta (Av.)	AY	18	Poincaré (R. Raymond)	AZ	34
Baudry (R. Paul)	BZ	6	Gén.-de-Castelnau (R.)	AY	19	Pompidou (R. G.)	BY	35
Bérégovoy (R. P.)	AZ	8	Halles (R. des)	BZ	22	Résistance (Pl. de la)	BY	38
Berthelot (R. M.)	BY	9	Manuel (R.)	AY	26	Verdun (R. de)	AY	42
Bossuet (R.)	BY	12	Marché (R. du)	BYZ	27	Victor-Hugo (R.)	BY	43
Carnot (R. Sadi)	BY		Mazurelle (Esplanade J.)	AZ	28	93e-R.I. (R. du)	BZ	50
Clemenceau (R. G.)	AZ	14	Mitterrand (Pl. F.)	AZ	30			

ROCHETAILLÉE – 42 Loire – 327 F7 – rattaché à St-Étienne

LA ROCHETTE – 73 Savoie – 333 J5 – 3 221 h. – alt. 360 m – ✉ 73110 46 F2

Alpes du Nord

Paris 588 – Albertville 41 – Allevard 9 – Chambéry 28

Maison des Carmes ☎ 04 79 25 53 12

Vallée des Huiles★ NE.

Du Parc

64 r. de la Neuve – ☎ 04 79 25 53 37 – www.hotelduparcrochette.com

10 ch – †66 € ††77/83 € – ☕ 10 € – ½ P 80 €

Rest – *(fermé sam. hors saison et dim. soir)* (14 €) Menu 20 € (déj.), 29/39 € – Carte 30/61 €

◆ Près des parcs naturels et du château, accueillante maison pourvue de chambres simples et bien tenues. À table, cuisine traditionnelle, terrasse et vue magnifique sur la chaîne des Belledonnes.

RODEZ 🅿 - 12 Aveyron - 338 H4 - 24 028 h. - alt. 635 m - ✉ 12000 29 C1

Midi-Toulousain

- Paris 623 - Albi 76 - Aurillac 87 - Clermont-Ferrand 213
- de Rodez-Marcillac : ✆ 05 65 76 02 00, 12 km par ③.
- place Foch ✆ 05 65 75 76 77
- du Grand Rodez à Onet-le-Château Route de Marcillac, N : 4 km par D 901, ✆ 05 65 78 38 00
- Clocher★★★ de la cathédrale N.-Dame★★ - Musée Fenaille★★ BZ M¹ - Tribunes en bois★ de la chapelle des Jésuites.

La Ferme de Bourran sans rest

r. de Berlin, à Bourran 1,5 km par ③ – ✆ 05 65 73 62 62 – www.fermedebourran.com

7 ch – †79/159 € ††79/159 € – ☕ 20 €

◆ Sept chambres confortables occupent cette ancienne ferme perchée sur une colline. Décoration contemporaine et équipements dernier cri. Copieux petit-déjeuner régional.

Mercure Cathédrale sans rest

1 av. Victor-Hugo – ✆ 05 65 68 55 19 – www.mercure.com ABY**p**

34 ch – †69/94 € ††79/104 € – ☕ 12 €

◆ Hôtel 1930 dont on a conservé les parties classées : mosaïques Art déco en façade et sur le sol de l'entrée, grand escalier en bois massif, peintures de Maurice Bompard. Agréables chambres modernes.

Biney sans rest

r. Victoire-Massol – ✆ 05 65 68 01 24 – www.hotel-biney.com BY**k**

27 ch – †73 € ††83/141 € – 1 suite – ☕ 12 €

◆ Meubles en bois peint, jolis tissus colorés, literie confortable... : les chambres, certes parfois un peu petites, sont personnalisées et plutôt coquettes. Sauna.

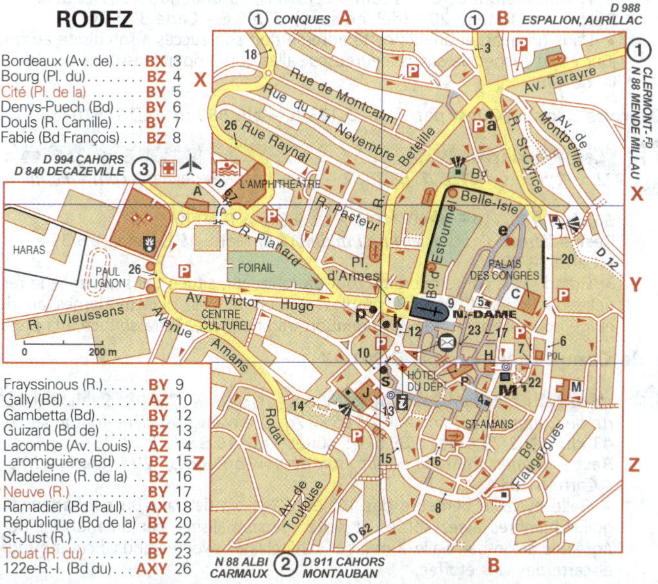

Bordeaux (Av. de)	BX	3
Bourg (Pl. du)	BZ	4
Cité (Pl. de la)	BY	5
Denys-Puech (Bd)	BY	6
Douls (R. Camille)	BY	7
Fabié (Bd François)	BZ	8
Frayssinous (R.)	BY	9
Gally (Bd)	AZ	10
Gambetta (Bd)	BY	12
Guizard (Bd de)	BZ	13
Lacombe (Av. Louis)	AZ	14
Laromiguière (Bd)	BZ	15
Madeleine (R. de la)	BZ	16
Neuve (R.)	BY	17
Ramadier (Bd Paul)	AX	18
République (Bd de la)	BY	20
St-Just (R.)	BZ	22
Touat (R. du)	BY	23
122e-R.-I. (Bd du)	AXY	26

La Tour Maje sans rest

bd Gally – ✆ 05 65 68 34 68 – www.hotel-tour-maje.fr – Fermé vacances de Noël

37 ch – ♦60/90 € ♦♦70/100 € – 3 suites – ☕ 13 € BZ**s**

♦ Hôtel des années 1970 adossé à une tour du 15e s. où sont aménagées des suites de style rustique (murs en pierres apparentes). Chambres sobres, sagement provençales au 5e étage.

Ibis sans rest

46 r. St-Cyrice – ✆ 05 65 76 10 30 – www.ibishotel.com BX**a**

45 ch – ♦52/69 € ♦♦52/69 € – ☕ 8 €

♦ À proximité de la cathédrale et du palais des congrès, cet hôtel dispose de petites chambres fonctionnelles, parfois dotées d'un balcon. Salle de réunion et salon-bar.

Deltour sans rest

6 r. de Bruxelles, à Bourran, 1,5 km par ③ – ✆ 05 65 73 03 03 – www.deltourhotel.com – Fermé 24 déc.-3 janv.

39 ch – ♦52/55 € ♦♦55/60 € – ☕ 8,50 €

♦ Ce récent hôtel répond aux attentes d'une clientèle d'affaires : les chambres, fonctionnelles et claires, concilient confort, insonorisation et décoration sobre.

Goûts et Couleurs (Jean-Luc Fau)

38 r. Bonald – ✆ 05 65 42 75 10 – www.goutsetcouleurs.com – Fermé 13 mars-7 avril, 4-21 sept., mardi midi , dim. et lundi hors saison BY**e**

Rest – Menu 36/77 € – Carte 48/65 €

Spéc. Escargots "gros gris" aux herbes, fleurs et graines germées. Lièvre à la royale en raviole de châtaignes, mousserons et gelée de café (oct. à déc.). Pastilla de fruits rouges à la fleur de sureau (juin à sept.). **Vins** Marcillac, Entraygues et du Fel.

♦ L'enseigne traduit bien l'assiette, goûteuse et colorée – et mâtinée d'épices. Salle décorée de tableaux du patron, artiste, et terrasse prisée. Belle carte de vins du Sud.

Les Jardins de l'Acropolis

r. d'Athènes à Bourran, 1,5 km par ③ – ✆ 05 65 68 40 07 – www.restaurant-acropolis.com – Fermé 1er-15 août, lundi soir et dim.

Rest – (16 €) Menu 20 € (déj. en sem.), 27/48 € – Carte 36/50 €

♦ Dans un quartier affairé, cette adresse doit son succès à sa cuisine au goût du jour et au cachet de ses chaleureuses salles contemporaines (bois exotique, tons lie de vin).

à Olemps 3 km à l'Ouest par ② – 3 133 h. – alt. 580 m – ✉ 12510

Les Peyrières

22 r. Peyrières – ✆ 05 65 68 20 52 – www.hotel-les-peyrieres.com – Fermé dim. soir

60 ch – ♦60/110 € ♦♦60/110 € – ☕ 9 € – ½ P 60/87 €

Rest – *(fermé dim. soir et lundi midi)* (14 €) Menu 19 € (sem.), 28/39 € – Carte 38/62 €

♦ Grande villa contemporaine tout en longueur, située dans la banlieue résidentielle de Rodez. Chambres simples et bien tenues, plus modernes au dernier étage nouvellement créé. Restauration traditionnelle. Terrasse face à la piscine.

rte de Conques au Nord par D 901 AX

Hostellerie de Fontanges

rte de Conques, à 4 km – ✆ 05 65 77 76 00 – www.hostellerie-fontanges.com

43 ch – ♦62/79 € ♦♦72/89 € – 5 suites – ☕ 10 € – ½ P 81/83 €

Rest – *(fermé sam. midi et dim. soir de nov. à Pâques)* (20 €) Menu 22/45 € – Carte 61/85 €

♦ Belle et vaste demeure des 16e et 17e s. blottie dans un parc attenant à un golf. Chambres assez sobres et suites personnalisées par un mobilier de style. Agréable salon-bar. Salle à manger "châtelaine" avec véranda ; cuisine régionale et carte des vins étoffée.

Château de Labro sans rest

Onet Village, à 7 km par D 901 et D 568 – ✆ 05 65 67 90 62 – www.chateaulabro.fr

15 ch – 110 € 130/150 €

◆ Chambres romantiques (beaux meubles chinés), salles de bains modernes, petit-déjeuner servi parmi des objets de brocante, piscine dans l'ancien verger... Ce château et son parc sont délicieux.

ROISSY-EN-FRANCE – 95 Val-d'Oise – 305 G6 – 101 – voir à Paris, Environs

ROLLEBOISE – 78 Yvelines – 311 F1 – 407 h. – alt. 20 m – ✉ 78270 18 A1

Paris 65 – Dreux 45 – Mantes-la-Jolie 9 – Rouen 72

Le Domaine de la Corniche

ch,

5 rte de la Corniche – ✆ 01 30 93 20 00 – www.domainedelacorniche.com

34 ch – 70/170 € 70/170 € – 15 € – ½ P 115/155 €

Rest *Le Panoramique* – *(fermé 19-31 déc. et 19 fév.-5 mars)* (32 € bc) Menu 37 € (déj. en sem.), 47/57 € bc – Carte 56/93 €

◆ Dominant la Seine, une "folie" de Léopold II de Belgique pour son dernier amour. Chambres modernes et feutrées dans le manoir et les deux extensions. Piscine panoramique. Restaurant contemporain et terrasse-belvédère côté fleuve ; cuisine dans l'air du temps.

Les prix indiqués devant le symbole correspondent au prix le plus bas en basse saison puis au prix le plus élevé en haute saison, pour une chambre single. Même principe avec le symbole cette fois pour une chambre double.

ROMAGNIEU – 38 Isère – 333 G4 – 1 374 h. – alt. 298 m – ✉ 38480 45 C2

Paris 539 – Grenoble 57 – Chambéry 35 – Lyon 109

Auberge les Forges de la Massotte

655 chemin des Forges, 2 km à l'Ouest, sortie ⑩ sur l'A 43 – ✆ 04 76 31 53 00 – www.aubergemassotte.com – Fermé vacances de la Toussaint

5 ch – 57 € 65 € – 9 € – ½ P 65 €

Rest – *(fermé dim. soir) (dîner seult) (résidents seult)* Menu 29 €

◆ Dans les murs d'une ancienne forge, coquettes chambres ornées de mobilier savoyard ou dauphinois en bois massif. Grand calme, accueil charmant, petit-déjeuner copieux. Menu unique, mi-traditionnel, mi-régional, servi dans une salle à manger campagnarde.

ROMANS-SUR-ISÈRE – 26 Drôme – 332 D3 – 33 138 h. – alt. 162 m – ✉ 26100 Lyon Drôme Ardèche 43 E2

Paris 558 – Die 78 – Grenoble 81 – St-Étienne 121

place Jean Jaurès ✆ 04 75 02 28 72

18 de Valence Saint-Didier à Saint-Didier-de-Charpey, par rte de Crest : 15 km, ✆ 04 75 59 67 01

Tentures★★ de la collégiale St-Barnard - Collection de chaussures★ du musée international de la chaussure - Musée diocésain d'Art sacré★ à Mours-St-Eusèbe, 4 km par ①.

Plan page suivante

L'Orée du Parc sans rest

6 av. Gambetta, par ② – ✆ 04 75 70 26 12 – www.hotel-oreeparc.com – Fermé 9-16 oct., 26 déc.-2 janv. et 10 fév.-4 mars

10 ch – 83 € 101 € – 11 €

◆ À l'entrée de la ville, une ancienne maison bourgeoise (début 20e s.) dressée dans un jardin avec piscine. Les chambres ont été décorées avec soin, dans des tons très chauds.

ROMANS-SUR-ISÈRE

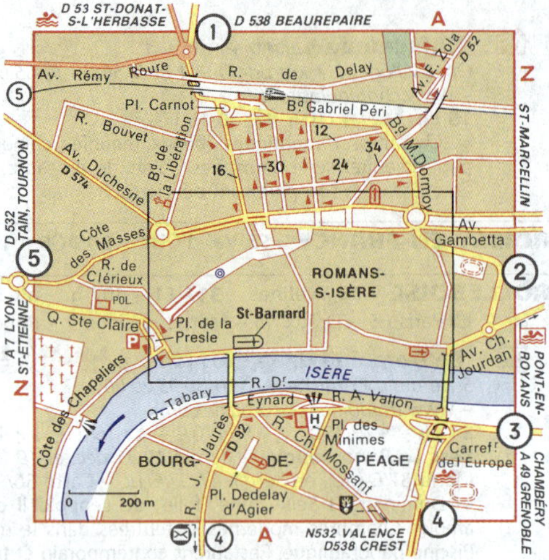

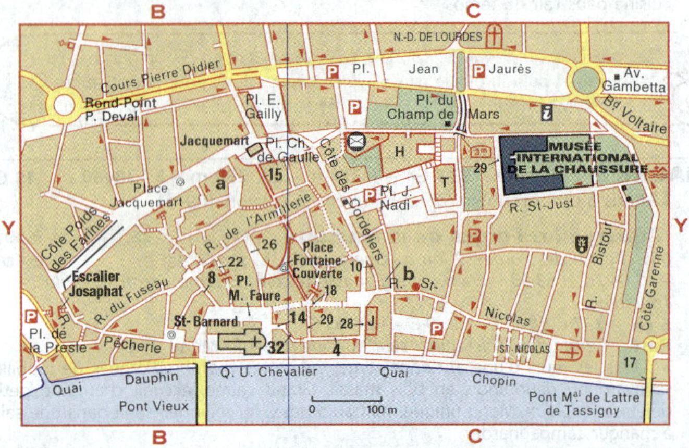

X **Mandrin** A/C VISA MC AE

70 r. St-Nicolas – ✆ 04 75 02 93 55
– Fermé 2-22 août, 24 déc.-2 janv., dim. et lundi CYb

Rest – (17 €) Menu 22/39 € – Carte 25/40 €

◆ Du nom du célèbre contrebandier qui y aurait séjourné, une maison classée (16e s.), au charme ancien : murs à colombages, tomettes... Cuisine traditionnelle.

à Châtillon-St-Jean **11 km par ② – 1 179 h. – alt. 198 m – ✉ 26750**

Maison Forte de Clérivaux sans rest

2,5 km au Nord par D 123 direction Parnans et D 184 direction St-Michel -sur-Savasse – ✆ 04 75 45 32 53 – www.clerivaux.fr – Fermé 3 janv.-3 mars

4 ch – †60/70 € ††65/75 €

◆ Au milieu des champs, une maison forte du 13e s. Les chambres se trouvent dans les jolies dépendances (16e-17e s.). Tout le cachet, simple et évocateur des vieilles pierres...

à Granges-lès-Beaumont 6 km par ⑤ – 951 h. – alt. 155 m – ✉ 26600

XXXX ✿✿ **Les Cèdres** (Jacques Bertrand)
Le Village – ✆ 04 75 71 50 67 – www.restaurantlescedres.fr
– Fermé 26 avril-5 mai, 16 août-1er sept., 24 déc.-4 janv., dim. soir sauf de juin à août, lundi et mardi
Rest – *(nombre de couverts limité, prévenir)* Menu 38 € (déj. en sem.), 80/120 € – Carte 70/90 €
Spéc. Feuilleté minute, langoustines royales poêlées, asperges du village, sauce hollandaise (printemps). Trilogie de chasse (saison). Moelleux aux abricots, biscuit aux amandes, crème glacée à la menthe poivrée (été). **Vins** Hermitage, Crozes Hermitage.
◆ Les cèdres dressent leurs ramures aériennes au-dessus de cette demeure éminemment bourgeoise. On y déguste une cuisine pleine de classicisme, à base de très beaux produits travaillés sans fausse note. La carte des vins honore les Côtes du Rhône.

X **Les Vieilles Granges** avec ch
rte de Romans et chemin secondaire
– ✆ 04 75 71 62 83 – www.vieilles-granges.com
– Fermé 28 fév.-12 mars, 1er-9 août, 24 oct.-9 nov.
10 ch – †48 € ††48 € – ☕ 7 €
Rest – *(fermé dim. soir, lundi midi et mardi)* (16 €) Menu 25/40 € – Carte 28/55 €
◆ Postée entre vergers et Isère, cette maison en pierre du pays vous réserve un accueil sympathique. Salle intimiste avec cheminée et cuisine au goût du jour. Chambres simples à la déco minimaliste (à choisir côté fleuve pour la vue).

à St-Paul-lès-Romans 8 km par ② – 1 626 h. – alt. 171 m – ✉ 26750

XXX **La Malle Poste**
Le Village – ✆ 04 75 45 35 43 – www.lamalleposte.com
– Fermé 7-31 août, 2-17 janv., dim. soir, mardi soir et lundi
Rest – Menu 34/65 €
◆ Une cuisine classique, qui respecte le terroir et les saisons, accompagnée d'une très belle carte des vins (plus de 350 références). La salle à manger est chaleureuse.

ROMILLY-SUR-SEINE – 10 Aube – 313 C2 – 14 059 h. – alt. 76 m – ✉ 10100 — 13 B2

Paris 124 – Châlons-en-Champagne 76 – Nogent-sur-Seine 18 – Sens 65
27, rue Saint-Laurent ✆ 03 25 24 87 80

Auberge de Nicey
24 r. Carnot – ✆ 03 25 24 10 07 – www.denicey.com – Fermé 17 déc.-4 janv.
23 ch – †86/101 € ††111/126 € – ☕ 13 € – ½ P 98/113 €
Rest – *(fermé sam. midi, dim. midi et lundi midi en août, et dim. soir)*
Menu 24/45 € – Carte 40/88 €
◆ À deux pas de la gare, établissement de bon confort abritant des chambres fonctionnelles et bien insonorisées. Celles du bâtiment principal sont plus cosy. Espace détente (piscine, fitness). Au restaurant, cuisine traditionnelle mise au goût du jour.

ROMORANTIN-LANTHENAY – 41 Loir-et-Cher – 318 H7 – 17 572 h. – alt. 93 m – ✉ 41200 Châteaux de la Loire — 12 C2

Paris 202 – Blois 42 – Bourges 74 – Orléans 67
place de la Paix ✆ 02 54 76 43 89
Maisons anciennes★ **B** - Vues des ponts★ - Musée de Sologne★ **M²**.

Plan page suivante

ROMORANTIN-LANTHENAY

Brault (R. Porte) 2
Capucins (R. des) 4
Clemenceau (R. Georges) 6
Four-à-Chaux (R. du) 8
Gaulle (Pl. Gén.-de) 10
Hôtel Dieu (Mail de l') 18
Ile-Marin (Quai de l') 13
Jouanettes (R. des) 14
Lattre-de-Tassigny
(Av. du Mar. de) 15
Limousins (R. des) 17
Milieu (R. du) 20
Orléans (Fg d') 22
Paix (Pl. de la) 23
Pierre (R. de la) 24
Prés.-Wilson (R. du) 26
Résistance (R. de la) 28
St-Roch (Fg) 30
Sirène (R. de la) 33
Tour (R. de la) 34
Trois-Rois (R. des) 36
Verdun (R. de) 37

Grand Hôtel du Lion d'Or (Didier Clément)

69 r. Clemenceau – ✆ 02 54 94 15 15
– www.hotel-liondor.fr
– Fermé 19 fév.-30 mars **a**

13 ch – †150/490 € ††150/490 € – 3 suites – ☕ 24 €

Rest – *(fermé mardi midi) (nombre de couverts limité, prévenir)* (48 €) Menu 63 € (déj. en sem.), 98/130 € – Carte 110/165 €

Spéc. Variation d'asperges blanches ou de girolles. Pigeon farci façon babylonienne. Fraises mara des bois comme une confiture, lait glacé (printemps-été).
Vins Cour-Cheverny, Touraine.

♦ Une façade Renaissance, une autre Napoléon III pour cet établissement fondé en 1774. Dans les chambres, boiseries et balcons ; importante rénovation programmée pour le printemps 2011. Cuisine actuelle, bons vins de la Loire et, au déjeuner, menu à prix étudié.

Pyramide

r. Pyramide, par ① – ✆ 02 54 76 26 34 – www.hotellapyramide.com

66 ch – †50 € ††60 € – ☕ 10 € – ½ P 46 €

Rest – *(fermé 20 déc.-9 janv.)* (14 €) Menu 17 € (sem.), 25/34 € – Carte 24/40 €

♦ Pour l'étape, un hôtel moderne voisin d'un complexe culturel. Chambres fonctionnelles et bien tenues ; grand parking. Cuisine traditionnelle sans prétention.

RONCE-LES-BAINS – 17 Charente-Maritime – 324 D5 – ✉ 17390 — 38 A2

La Tremblade ▌Poitou Vendée Charentes

Paris 505 – Marennes 9 – Rochefort 31 – La Rochelle 68

50, avenue Gabrielle Ronce les Bains ✆ 05 46 36 06 02

Le Grand Chalet

2 av. La Cèpe – ✆ 05 46 36 06 41 – www.legrandchalet.net
– Fermé 6 nov.-10 fév.

26 ch – †50/90 € ††50/90 € – ☕ 9 € – ½ P 60/80 €

Rest – *(fermé lundi midi et mardi)* Menu 27/50 €

♦ Hôtel de 1850 surplombant la mer ; accès direct à la plage. Chambres meublées simplement, à choisir avec vue panoramique sur l'île d'Oléron ou tournées sur le jardin. Au restaurant, quelques tables offrent une belle échappée sur le large. Carte traditionnelle.

RONCHAMP – 70 Haute-Saône – 314 H6 – 2 924 h. – alt. 380 m – ✉ 70250 Franche-Comté Jura 17 C1

Paris 399 – Belfort 22 – Besançon 88 – Lure 12

14, place du 14 Juillet ✆ 03 84 63 50 82

Chapelle Notre-Dame-du-Haut★★.

au Rhien 3 km au Nord – ✉ 70250 Ronchamp

Rhien Carrer

14 r. d'Orière – ✆ 03 84 20 62 32 – www.ronchamp.com

19 ch – 46/48 € 58/60 € – 8 € – ½ P 62 €

Rest – *(fermé dim. soir d'oct. à mars)* (8 €) Menu 12 € (sem.), 20/42 € Carte 25/55 €

◆ En pleine nature ! Dans cet agréable hôtel familial, préférez les chambres récemment rénovées dans un plaisant esprit contemporain. À table, le terroir et les spécialités franc-comtoises sont à l'honneur. Terrasse dans la verdure.

à Champagney 4,5 km à l'Est par D 4 – 3 552 h. – alt. 370 m – ✉ 70290

Le Pré Serroux

4 av. Gén. Brosset – ✆ 03 84 23 13 24 – www.lepreserroux.com – Fermé 22 déc.-9 janv. et dim.

25 ch – 75 € 80 € – 12 € – ½ P 68 € **Rest** – *(fermé sam. midi, le midi en août et dim.)* Menu 15 € (déj. en sem.), 23/55 € – Carte 30/53 €

◆ Hôtel au décor original (collection de motos, mobylettes et machines à coudre). Chambres confortables, en partie meublées dans le style régional. Piscine couverte. Salle d'inspiration Art nouveau pour une cuisine de tradition ; belle sélection de vins.

LE ROND-D'ORLÉANS – 02 Aisne – 306 B5 – rattaché à Chauny

ROOST-WARENDIN – 59 Nord – 302 G5 – rattaché à Douai

ROPPENHEIM – 67 Bas-Rhin – 315 M3 – 941 h. – alt. 117 m – ✉ 67480 1 B1

Paris 503 – Haguenau 25 – Karlsruhe 41 – Strasbourg 48

A l'Agneau

11 r. Principale – ✆ 03 88 86 40 08 – Fermé 18 juil.-12 août, 23 déc.-7 janv., dim. et lundi

Rest – *(dîner seult sauf sam.)* Carte 29/63 €

◆ Une maison typiquement alsacienne dont on apprécie la table généreuse (cuisine du pays et spécialités de viandes) et l'ambiance très conviviale. Simple et authentique !

ROQUEBILLIÈRE – 06 Alpes-Maritimes – 341 E3 – 1 614 h. – alt. 650 m – ✉ 06450 41 D2

Paris 889 – Barcelonnette 151 – Marseille 245 – Nice 56

26, Av. Corniglion Molinier ✆ 04.93.03.51.60

Le Provençal

5 r. des Héros-de-14-18, (face à l'église) – ✆ 04 93 05 13 13 – www.restaurant-le-provencal.com – Fermé 12 nov.-12 déc., mardi et merc. sauf juil.-août

Rest – Menu 24 € (déj. en sem.)/30 € – Carte 30/45 €

◆ Ce restaurant joue la carte provençale côté décor et prône la tradition côté papilles. Le chef privilégie les produits du jardin et du marché, dans le respect des saisons.

ROQUEBRUNE-CAP-MARTIN – 06 Alpes-Maritimes – 341 F5 – 11 692 h. – alt. 257 m – ✉ 06190 Côte d'Azur 42 E2

Paris 953 – Menton 3 – Monaco 9 – Monte-Carlo 7

218, avenue Aristide Briand ✆ 04 93 35 62 87

Village perché★★ : rue Moncollet★, ※★★ du donjon★ - Cap Martin ←★★ X - ←★★ du belvédère du Vistaëro SO : 4 km.

Site★ de Gorbio N : 8 km par D 50.

Plans : voir à Menton.

Victoria sans rest

7 promenade Cap-Martin – ✆ 04 93 35 65 90 – www.hotel-victoria.fr

32 ch – 🚹84/169 € 🚹🚹109/174 € – ☕ 12 € **AVk**

◆ Hôtel entièrement rénové en 2010, dans un immeuble résidentiel. Cure de jouvence design pour les chambres (bleu et blanc), avec de grands balcons côté mer, au calme côté jardin.

Le Roquebrune

100 av. J. Jaurès, par ③ et rte de Monaco (D 6098) par basse corniche – ✆ 04 93 35 00 16 – www.le-roquebrune.com – Fermé 20 nov.-20 déc.

6 ch – 🚹105/125 € 🚹🚹105/125 € – ☕ 10 €

Rest – *(dîner seult) (prévenir)* Menu 45/125 € – Carte 55/135 €

◆ Cette coquette maison surplombant les flots vous reçoit comme des amis. Les chambres, à dominante blanche, sont raffinées et reposantes (certaines avec terrasse-jardinet). Sur réservation, cuisine traditionnelle servie dans la petite salle à manger.

Les Deux Frères avec ch

pl. des Deux Frères, au village, 3,5 km par ③ – ✆ 04 93 28 99 00 – www.lesdeuxfreres.com – Fermé 1 sem. en mars, 15 nov.-15 déc., dim. soir, mardi midi et lundi

9 ch – 🚹75/110 € 🚹🚹75/110 € – ☕ 9 € – ½ P 98 €

Rest – Menu 28 € bc (déj.), 48/65 €

◆ Restaurant aménagé dans l'ex-école communale, sur une placette-belvédère en surplomb de la mer ; plats au goût du jour. Jolies chambres thématiques ("Afrique", "Mariage", etc.).

L'Hippocampe

44 av. W.-Churchill – ✆ 04 93 35 81 91 – http://l-hippocampe.org – Fermé 8 nov.-28 déc. et le soir de nov. à avril **AVh**

Rest – *(prévenir)* (23 € bc) Menu 34/42 € – Carte 29/76 €

◆ Cet établissement familial les pieds dans l'eau réserve, à midi, l'une de ses terrasses aux baigneurs. Spécialité de filet de sole en brioche (bouillabaisse et coq au vin sur commande).

LA ROQUE-D'ANTHÉRON – 13 Bouches-du-Rhône – 340 G3 — 42 E1

– **4 945 h.** – **alt. 183 m** – ✉ **13640** Provence

Paris 726 – Aix-en-Provence 29 – Cavaillon 34 – Manosque 60

3, cours Foch ✆ 04 42 50 70 74

Abbaye de Silvacane★★ E : 2 km.

Mas de Jossyl

av. du Parc – ✆ 04 42 50 71 00 – www.masdejossyl.com – Fermé 22 août-5 sept.

28 ch – 🚹76/147 € 🚹🚹78/157 € – ☕ 12 € – ½ P 62/110 €

Rest – *(fermé dim. soir, lundi midi et mardi midi hors saison)* Menu 14 € (déj. en sem.), 20/27 € – Carte 27/50 €

◆ Face au parc du château de Florans (17e s.), hôtel familial dans un mas récent aux chambres sobres et bien tenues, parfait pour assister au Festival international de piano. Cuisine régionale servie dans une grande salle lumineuse ou sur la terrasse ombragée.

ROQUEFORT – 40 Landes – 335 J10 – 1 903 h. – alt. 69 m – ✉ 40120 — 3 B2

Aquitaine

Paris 667 – Bordeaux 107 – Mont-de-Marsan 23 – Saint-Pierre-du-Mont 31

140 rue Alphonse Castaing ✆ 05 58 45 50 46

Le Logis de St-Vincent

76 r. Laubaner – ✆ 05 58 45 75 36 – www.logis-saint-vincent.com – Fermé 17-25 avril, 26 juin-3 juil., 23 oct.-2 nov., 20-27 fév.

6 ch – 🚹67/115 € 🚹🚹67/125 € – 1 suite – ☕ 11 € – ½ P 73/114 €

Rest – *(fermé dim.) (prévenir)* Menu 30/50 €

◆ Cette maison de maître du 19e s. a du cachet : parquet d'origine, murs en pierre, mobilier de style... Le propriétaire, un Hollandais très accueillant, aime à décrire les objets que son père a rapportés de voyages lointains. Dans la salle à manger, une petite table est réservée aux amoureux ; cuisine traditionnelle.

ROQUEFORT-LES-PINS – 06 Alpes-Maritimes – 341 D6 – 6 058 h. – alt. 184 m – ✉ 06330 42 E2

Paris 912 – Cannes 18 – Grasse 14 – Nice 25

Centre Culturel R D 2085 ✆ 04 93 09 67 54

Auberge du Colombier

au Colombier, rte de Nice, sur D 2085 – ✆ 04 92 60 33 00 – www.auberge-du-colombier.com – Fermé 1er nov.-31 mars

19 ch – †60/100 € ††70/110 € – 2 suites – ☕ 10 €

Rest – *(fermé merc. midi et mardi d'oct. à mars)* (23 €) Menu 30/39 € – Carte 50/75 €

◆ Maison nichée dans un parc arboré dominant la vallée. Les chambres, progressivement refaites, sont garnies de meubles en bois patiné. La salle à manger rustique et l'agréable terrasse tournée vers la végétation servent de cadre à une cuisine traditionnelle.

LA ROQUE-GAGEAC – 24 Dordogne – 329 I7 – 420 h. – alt. 85 m – ✉ 24250 Périgord Quercy 4 D3

Paris 535 – Brive-la-Gaillarde 71 – Cahors 53 – Périgueux 71

le Bourg ✆ 05 53 29 17 01

Site★★.

La Belle Étoile avec ch

Le Bourg – ✆ 05 53 29 51 44 – www.belleetoile.fr – Ouvert 10 avril-1er nov. et fermé merc. midi et lundi

15 ch – †55/65 € ††55/75 € – ☕ 10 € – ½ P 78 €

Rest – (25 €) Menu 29/50 €

◆ Plats de tradition gourmands et généreux à savourer dans une atmosphère rustique ou sous la treille, face à la Dordogne. Chambres confortables pour l'étape.

Auberge La Plume d'Oie avec ch

Le Bourg – ✆ 05 53 29 57 05 – www.aubergelaplumedoie.com – Fermé 15 nov.-20 déc., 10 janv. à début mars, mardi midi hors saison et lundi sauf le soir en juil.-août

4 ch – †75/90 € ††75/90 € – ☕ 13 €

Rest – *(nombre de couverts limité, prévenir)* Menu 29/45 € – Carte 50/81 €

◆ Cette demeure ancienne abrite un restaurant coquet et rustique : pierres, poutres et vue sur les gabares. En cuisine, on revisite la tradition avec des produits frais. Petites chambres bien tenues, pour une étape dans ce village magnifique.

rte de Vitrac au Sud-Est par D 703 – ✉ 24250 La-Roque-Gageac

Le Périgord

à 3 km – ✆ 05 53 28 36 55 – www.hotelleperigord.eu – Fermé 1er janv.-28 fév.

39 ch – †61/71 € ††61/71 € – ☕ 9 € – ½ P 60/65 €

Rest – *(fermé lundi et mardi sauf de mai à mi-oct.)* Menu 23/40 € – Carte 42/55 €

◆ Au pied de la bastide de Domme, maison d'allure régionale entourée d'un grand jardin. Chambres d'esprit rustique, simples et bien tenues. Recettes actuelles qui – enseigne oblige – reposent sur des bases périgourdines. Repas en terrasse ou sous la véranda.

Les Prés Gaillardou

rte D46 – ✆ 05 53 59 67 89 – www.les-pres-gaillardou.com – Fermé 15 déc.-13 fév., mardi soir hors saison, merc. sauf le soir de juin à sept. et sam. midi

Rest – Menu 15 € (déj. en sem.), 23/30 €

◆ Murs en pierre, belle cheminée et poutres font le charme de cette ancienne ferme tenue en famille. L'ambiance est bucolique, et les menus du terroir vraiment intéressants.

LA ROQUE-SUR-PERNES – 84 Vaucluse – 332 D10 – 411 h. – alt. 250 m – ✉ 84210 42 E1

Paris 697 – Avignon 34 – Marseille 99 – Salon-de-Provence 49

Château la Roque
263 chemin du Château – ✆ 04 90 61 68 77 – www.chateaularoque.com – Fermé 4 janv.-10 fév.
5 ch – †150/280 € ††150/280 € – ☕ 20 € – ½ P 133/198 €
Rest – *(fermé dim.) (dîner seult) (résidents seult)* Menu 40 €
◆ Ce château du 11e s. a été magnifiquement restauré. Chambres raffinées et spacieuses ; terrasses en restanques et belle piscine dans la roche. Vue provençale époustouflante ! Repas concoctés par le maître des lieux et pris dans la salle templière ou le jardin.

ROQUETTE-SUR-SIAGNE – **06 Alpes-Maritimes** – **341** C6 – **4 865 h.** – **alt. 12 m** – ✉ **06550** **42** E2
Paris 912 – Antibes 20 – Marseille 165 – Nice 44

La Terrasse
484 av. de la République, (quartier Saint-Jean) – ✆ 04 92 19 04 88 – www.restaurantlaterrasse-06.com – Fermé 24-30 déc., sam. midi, dim. et fériés
Rest – (21 € bc) Menu 29/45 € – Carte 42/60 €
◆ Bois exotiques, plantes vertes et palmiers : dans une lumineuse salle à l'esprit vacances, découvrez une cuisine actuelle et créative très soignée, à prix doux.

ROSAY – **78 Yvelines** – **311** G2 – **rattaché à Mantes-la-Jolie**

ROSBRUCK – **57 Moselle** – **307** M4 – **rattaché à Forbach**

ROSCOFF – **29 Finistère** – **308** H2 – **3 705 h.** – **alt. 7 m** – **Casino** – ✉ **29680** Bretagne **9** B1
Paris 563 – Brest 66 – Landivisiau 27 – Morlaix 27
Quai d'Auxerre ✆ 02 98 61 12 13
Église N.-D.-de-Croaz-Batz★ - Jardin exotique★.

Le Brittany
bd Ste-Barbe – ✆ 02 98 69 70 78 – www.hotel-brittany.com – Ouvert 18 mars-12 nov. Za
24 ch – †140/265 € ††140/265 € – 2 suites – ☕ 19 € – ½ P 295/325 €
Rest ***Le Yachtman*** – bd Ste Barbe *(fermé lundi et le midi) (nombre de couverts limité, prévenir)* Menu 59/99 € – Carte 80/145 €
Spéc. Médaillons de homard bleu et ravioles de poireaux (mi-avril à mi-oct.). Lotte rôtie sur l'arête, girolles, salade de pieds de couteaux et carottes (mi-juin à mi-sept.). Paris-brest revisité au blé noir (mi-avril à mi-oct.).
◆ Beau manoir du 17e s. entièrement démonté puis reconstruit à l'identique sur le port de Roscoff. Très jolies chambres (mobilier ancien ou contemporain) et accueil aux petits soins. Vue sur l'île de Batz et belle cuisine de la mer dans l'élégante salle du Yachtman.

Le Temps de Vivre
pl. de l'Église – ✆ 02 98 19 33 19 – www.letempsdevivre.net – Fermé 1 sem. en oct., 1 sem. en janv., dim. et lundi en hiver Ye
15 ch – †95/268 € ††95/268 € – ☕ 14 €
Rest ***Le Temps de Vivre*** – voir ci-après
◆ Grandes chambres très épurées et raffinées (pierre, wengé, chêne), logées dans des maisons de corsaires réparties autour d'un patio fleuri ; certaines regardent la mer.

Talabardon
27 pl. Lacaze Duthiers, (près de l'église) – ✆ 02 98 61 24 95 – www.hotel-talabardon.com – Ouvert de mi-fév. à mi-nov. Yb
37 ch – †83/172 € ††95/195 € – ☕ 13 € – ½ P 78/130 €
Rest – *(fermé dim. soir et jeudi)* (20 € bc) Menu 25 € (déj.)/35 € – Carte 40/90 €
◆ Cet hôtel, tenu par la même famille depuis 1890, a adopté un style tout en sobriété contemporaine. Les chambres les plus prisées jouissent d'une vue sur la mer. Au restaurant, poissons et crustacés se dégustent dans un cadre agrémenté de tableaux colorés.

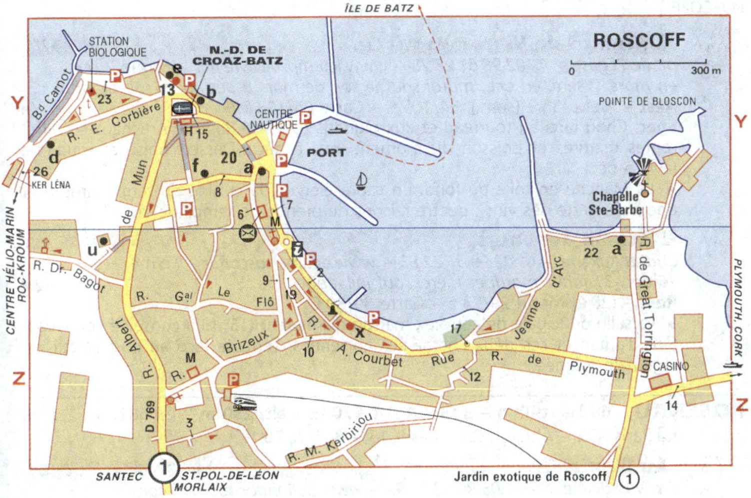

Auxerre (Quai d')	Z	2	Keranveyer (R. de)	Z	10	République (Pl. de la)	Z	19
Capucins (R. des)	Z	3	Kléber (R.)	Z	12	Reveillère (R. Amiral)	Y	20
Gambetta (R.)	Y	6	Lacaze-Duthiers (Pl.)	Y	13	Ste-Barbe (Bd)	Z	22
Gaulle (Q. Ch.-de)	Y	7	Lannurien (R. G.-de)	Z	14	Tessier (Pl. G.)	Y	23
Johnies (R. des)	Y	8	Pasteur (R. L.)	Y	15	Victor-Hugo (R.)	Y	26
Jules-Ferry (R.)	Z	9	Pen al Leur (Pl. de)	Z	17			

La Résidence sans rest

14 r. des Johnnies – ✆ 02 98 69 74 85 – www.hotelroscoff-laresidence.fr – Ouvert 1er mars-30 nov. **Yf**

30 ch – †55/69 € ††55/69 € – ☕ 8 €

◆ Dans un quartier calme proche du port et de l'église, maison aux chambres classiques bien tenues, pourvues de balcons au Sud. Accueil aimable.

Armen Le Triton sans rest

r. du Dr. Bagot – ✆ 02 98 61 24 44 – www.hotel-le-triton.com **Zu**

44 ch – †44/59 € ††44/79 € – ☕ 8 €

◆ Repos garanti dans cet établissement situé à deux pas du centre-ville et des plages. Chambres de divers styles, peu à peu rénovées. Petits-déjeuners face au jardin.

Aux Tamaris sans rest

49 r. Edouard Corbière – ✆ 02 98 61 22 99 – www.hotel-aux-tamaris.com – Ouvert 12 fév.-31 déc. **Yd**

26 ch – †55/95 € ††55/95 € – ☕ 9 €

◆ Maison bretonne de 1935 abritant des chambres décorées sur différents thèmes marins ; certaines ont vue sur les flots. Salle des petits-déjeuners avec vue sur l'île de Batz.

Du Centre

le Port – ✆ 02 98 61 24 25 – www.chezjanie.com – Ouvert de mi-fév. à mi-nov. **Ya**

16 ch – †59/124 € ††59/124 € – ☕ 10 €

Rest – *(fermé dim. soir et mardi sauf juil.-août)* (14 € bc) Menu 22 € – Carte 22/30 €

◆ Hôtel voisin de l'embarcadère pour l'île de Batz. Les chambres offrent deux expositions – côté port ou côté ville – et un décor actuel, avec des extraits de poèmes aux murs. Fruits de mer, grillades et salades composent la carte du bar-restaurant tourné vers la Manche.

XXX **Le Temps de Vivre** (Jean-Yves Crenn)
pl. de l'Église – ✆ 02 98 61 27 28 – www.letempsdevivre.net – Fermé 2 sem. en mars, 2 sem. en oct., mardi sauf le soir de mars à déc., dim. soir et lundi
Rest – Menu 35 € (sem.), 54/105 € – Carte 64/108 € Ye
Spéc. Chou farci au tourteau et aux oignons rosés de Roscoff. Artichaut en différentes textures et poisson du moment (mai à déc.). Dessert fraise et rhubarbe (avril à oct.).
◆ La Manche en toile de fond, un cadre élégant, la cuisine du terroir breton et une belle carte des vins : quatre raisons de prendre le temps de vivre !

XX **L'Écume des Jours**
quai d'Auxerre – ✆ 02 98 61 22 83 – www.ecume-roscoff.fr – Fermé 15 déc.-31 janv., mardi et merc. sauf juil.-août Zx
Rest – (20 €) Menu 29/53 € – Carte 39/80 €
◆ La salle principale de cette ex-maison d'armateur (16e s.) a conservé son caractère d'antan et ses deux cheminées anciennes. Terrasse face au port et cuisine régionale soignée.

ROSENAU – 68 Haut-Rhin – 315 J11 – 1 970 h. – alt. 230 m – ✉ 68128 1 B3

Paris 492 – Altkirch 25 – Basel 15 – Belfort 70

XX **Au Lion d'Or**
5 r. Village Neuf – ✆ 03 89 68 21 97 – www.auliondor-rosenau.com – Fermé 25 juil.-14 août, vacances de la Toussaint et de fév., lundi et mardi
Rest – Menu 12 € (déj. en sem.), 25/38 € – Carte 25/48 €
◆ Salle à manger boisée et agréable jardin-terrasse dans cette sympathique auberge tenue par la même famille depuis 1928. Cuisine classique et belle sélection de vins au verre.

ROSHEIM – 67 Bas-Rhin – 315 I6 – 4 708 h. – alt. 190 m – ✉ 67560 1 A2

Alsace Lorraine

Paris 485 – Erstein 20 – Molsheim 9 – Obernai 6
94, rue du Général-de-Gaulle ✆ 03 88 50 75 38
Église St-Pierre et St-Paul★.

Hostellerie du Rosenmeer (Hubert Maetz) rest,
45 av. de la Gare, 2 km au Nord-Est sur D 35
✆ 03 88 50 43 29 – www.le-rosenmeer.com – Fermé 25 juil.-9 août et 15 fév.-8 mars
20 ch – †45/50 € ††61/98 € – ☕ 10 € – ½ P 79/98 €
Rest – *(fermé dim. soir, lundi et merc.)* Menu 33 € bc (déj. en sem.), 76 € bc/110 € bc – Carte 40/69 €
Spéc. Cappuccino, foie de canard poêlé et jus aux fleurs. Omble chevalier, kaasknepfles et purée de chénopode. Crémeux au chocolat-myrtille, parfait à la tanaisie (juil. à sept.). **Vins** Sylvaner.
Rest *Winstub d'Rosemer* – *(fermé dim. et lundi)* (10 €) Menu 32 € – Carte 20/43 €
◆ Cet hôtel d'inspiration alsacienne borde le ruisseau qui lui a donné son nom. Chambres fonctionnelles, de facture classique, rustique ou plus contemporaine. Au restaurant, bois blond, grandes baies vitrées et cuisine inventive inspirée du terroir. Petite winstub typiquement régionale.

XX **Auberge du Cerf**
120 r. Gén.-de-Gaulle – ✆ 03 88 50 40 14 – www.aubergeducerf-rosheim.com – Fermé 17-29 janv., dim. soir et lundi
Rest – Menu 15/40 € – Carte 26/54 €
◆ Au cœur de la cité vigneronne, dégustez une cuisine traditionnelle et régionale dans une auberge à colombages, joliment fleurie.

X **La Petite Auberge**
41 r. du Gén.-de-Gaulle – ✆ 03 88 50 40 60 – www.petiteauberge.fr – Fermé 1er-21 fév., jeudi soir et merc.
Rest – Menu 22/38 € – Carte 26/47 €
◆ Dans la rue principale, maison alsacienne typique abritant un restaurant habillé de boiseries. Nombreux menus traditionnels et, chaque jour, suggestions du marché.

LA ROSIÈRE – 14 Calvados – **303** I4 – rattaché à Arromanches-les-Bains

LA ROSIÈRE 1850 – 73 Savoie – **333** O4 – alt. 1 850 m – Sports d'hiver : 1 100/2 600 m 20 – ✉ 73700 Montvalezan Alpes du Nord **45** D2

Paris 657 – Albertville 76 – Bourg-St-Maurice 22 – Chambéry 125

Relais du Petit St-Bernard VISA

– *☎ 04 79 06 80 48 – www.petit-saint-bernard.com – Ouvert 26 juin-10 sept. et 11 déc.-24 avril*

20 ch – †52/62 € ††70/86 € – ☐ 9 € – ½ P 64/72 €

Rest – (17 €) Menu 21/29 € – Carte 18/39 €

♦ Ce petit St-Bernard propose le gîte et le couvert au pied des pistes : chambres rustiques, bien tenues (certaines dotées d'un balcon panoramique) et taverne. Cuisine simple et rapide le midi, traditionnelle (dont spécialités savoyardes) le soir.

LES ROSIERS-SUR-LOIRE – 49 Maine-et-Loire – **317** H4 – 2 281 h. – alt. 22 m – ✉ 49350 Châteaux de la Loire **35** C2

Paris 304 – Angers 32 – Baugé 27 – Bressuire 66

place du Mail ☎ 02 41 51 90 22

La Toque Blanche AC P VISA

2 r. Quarte, (rte d'Angers) – ☎ 02 41 51 80 75 – Fermé 13-30 nov., 3-25 janv., mardi et merc.

Rest – Menu 27 € bc (sem.), 42/53 €

♦ De larges fenêtres s'ouvrent sur le fleuve : idéal pour déguster un sandre au beurre blanc, de l'anguille ou d'autres recettes régionales arrosées de vin de Loire.

Au Val de Loire avec ch AC rest, VISA

pl. de l'Église – ☎ 02 41 51 80 30 – www.au-val-de-loire.com – Fermé 15 fév.-15 mars, jeudi soir, dim. soir et lundi

8 ch – †55/65 € ††55/65 € – ☐ 8 €

Rest – Menu 14 € (sem.), 25/42 € – Carte 41/55 €

♦ Plantes aromatiques et fleurs apportent un zeste d'originalité à la cuisine traditionnelle, souvent à base de poisson, de cette hostellerie familiale. Les chambres, elles aussi, portent des noms de fleurs et méritent que l'on s'y arrête pour la nuit.

ROSPEZ – 22 Côtes-d'Armor – **309** B2 – rattaché à Lannion

ROSTRENEN – 22 Côtes-d'Armor – **309** C5 – 3 397 h. – alt. 216 m – ✉ 22110 **9** B2

Paris 485 – Carhaix-Plouguer 22 – Quimper 71 – St-Brieuc 58

6, rue Abbé Gilbert ☎ 02 96 29 02 72

L'Éventail des Saveurs VISA

3 pl. Bourg-Coz – ☎ 02 96 29 10 71 – www.restaurant-eventail-des-saveurs.com – Fermé mardi soir de sept. à mai, dim. soir, merc. soir et lundi

Rest – Menu 14 € (déj. en sem.), 18/53 € – Carte 34/56 €

♦ Découvrez un éventail de saveurs bretonnes revisitées par un chef autodidacte passionné. Au choix, élégante salle épurée (tons beige, chocolat) ou cadre d'esprit brasserie.

ROUBAIX – 59 Nord – **302** H3 – 97 952 h. – alt. 27 m – ✉ 59100 Nord Pas-de-Calais Picardie **31** C2

Paris 232 – Kortrijk 23 – Lille 15 – Tournai 20

12, place de la Liberté ☎ 03 20 65 31 90

18 du Sart à Villeneuve-d'Ascq 5 rue Jean Jaurès, S : 5 km, ☎ 03 20 72 02 51

18 de Brigode à Villeneuve-d'Ascq 36 avenue du Golf, S : 6 km, ☎ 03 20 91 17 86

36 de Bondues à Bondues Château de la Vigne, par D 9 : 8 km, ☎ 03 20 23 20 62

Centre des archives du monde du travail - La Piscine★★, Musée d'Art et d'Industrie★ - Chapelle d'Hem★ (murs-vitraux★★ de Manessier) 5 km, voir plan de Lille.

Accès et sorties : voir plan de Lille

Le Beau Jardin "Saveurs"
av. Le Nôtre, (Le Parc Barbieux) – 03 20 20 61 85 – www.lebeaujardin.fr
Rest – (22 €) Menu 27 € – Carte 48/57 € **3AYe**
♦ Environnement unique pour ce restaurant niché au cœur du parc de Barbieux. Jolie salle contemporaine face à un plan d'eau et festival de saveurs dans l'assiette (herbes et épices).

ROUEN P – **76 Seine-Maritime** – **304** G5 – **107 904 h.** **33** D2
– **Agglo. 389 862 h.** – **alt. 12 m** – ✉ **76000** Normandie Vallée de la Seine

Paris 134 – Amiens 122 – Caen 124 – Le Havre 87
Bac : de Dieppedalle 02 35 36 20 81 ; du Petit-Couronne 02 35 32 40 21.
de Rouen-Vallée de Seine : 02 35 79 41 00, par ③ : 10 km.
25, place de la Cathédrale 02 32 08 32 40
de Rouen Mont-St-Aignan à Mont-Saint-Aignan Rue Francis Poulenc, 02 35 76 38 65
De Léry Poses à Poses Base de Loisirs & de Plein Air, 02 32 59 47 42
de la Forêt-Verte à Bosc-Guérard-Saint-Adrien, N : 15 km par D 121 et D 3, 02 35 33 62 94
Cathédrale Notre-Dame★★★ - Le Vieux Rouen★★★ : Église St-Ouen★★, Église St-Maclou★★ Aître St-Maclou★★, palais de justice★★, rue du Gros-Horloge★★, rue St-Romain★★ BZ, place du Vieux-Marché★ AY, - Verrière★★ de l'église Ste-Jeanne-d'Arc AY **D**, rue Ganterie★, rue Damiette★ CZ - 35, rue Martainville★ CZ - Église St-Godard★ BY - Demeure★ (musée national de l'Éducation) CZ **M15** - Vitraux★ de l'église St-Patrice - Musées : Beaux-Arts★★★, Le Secq des Tournelles★★ BY **M13**, Céramique★★ BY **M3**, départemental des Antiquités de la Seine-Maritime★★ CY **M1** - Musée national de l'Éducation★ - Jardin des Plantes★ EX - Corniche★★★ de la Côte Ste-Catherine★★★ - Bonsecours★★ FX, 3 km - Centre Universitaire ✳★★ EV.
St-Martin de Boscherville : anc. abbatiale St-Georges★★, 11 km par ⑦.

Plans pages suivantes

De Bourgtheroulde rest,
15 pl. de la Pucelle – 02 35 14 50 50 – www.hotelsparouen.com AY**m**
78 ch – 195/380 € 215/480 € – 18 € – ½ P 125/210 €
Rest *L'Aumale* – *(fermé dim. et lundi)* Menu 42 € (déj. en sem.) – Carte 52/82 €
Rest *La Brasserie des 2 Rois* – (19 €) Menu 24/40 € – Carte 28/41 €
♦ En plein cœur du vieux Rouen, cet hôtel particulier du 16e s. est un joyau ! Le bar impressionne, avec une verrière Art déco et un plancher en verre dominant la piscine. Chambres contemporaines dans un cadre historique. Cuisine actuelle à l'Aumale. Décor contemporain à la Brasserie des 2 Rois.

Mercure Champ de Mars ch,
12 av. A. Briand – 02 35 52 42 32 – www.rouen-hotel.fr CZ**j**
121 ch – 85/160 € 100/175 € – 16 €
Rest – *(fermé le midi du 14 juil. au 21 août et du 24 déc. au 1er janv., dim. midi et sam.)* (23 €) Menu 27 € – Carte 25/41 €
♦ En bord de Seine, sur un boulevard au trafic dense, hôtel moderne aux chambres tout confort, fréquenté notamment par une clientèle d'affaires. Restaurant rénové tourné vers le Champ-de-Mars et proposant des plats traditionnels.

Mercure Centre sans rest
7 r. de la Croix de Fer – 02 35 52 69 52 – www.mercure.com BZ**f**
125 ch – 101/145 € 116/161 € – 1 suite – 16 €
♦ Situé dans le quartier piétonnier du vieux Rouen, ce bâtiment à colombages dédie sa décoration à la littérature. Certaines chambres donnent sur la célèbre cathédrale.

Du Vieux Marché sans rest
15 r. Pie – 02 35 71 00 88 – www.bestwestern-hotel-vieuxmarche.com
48 ch – 111/180 € 127/180 € – 14 € AY**h**
♦ À deux pas de la place, ensemble de maisons en retrait de la rue ; les chambres chaleureuses, rénovées en 2009, sont décorées à l'anglaise. Salon cosy. Terrasse-solarium.

De Dieppe rest,

pl. B. Tissot, (face à la gare) – 02 35 71 96 00 – www.hotel-dieppe.fr

41 ch – 95/105 € 105/150 € – 15 € **BYz**

Rest *Le Quatre Saisons* – *(fermé 24 juil.-17 août, sam. midi et dim. soir)* (17 €) Menu 23/52 € – Carte 38/80 €

◆ Cinq générations se sont succédé depuis 1880 dans cet hôtel situé face à la gare. Chambres diversement meublées, dotées d'équipements complets. Célèbre pour sa recette de canard à la rouennaise, le Quatre Saisons fait honneur à la tradition.

Suite Novotel sans rest

10 quai de Boisguibert – 02 32 10 58 68 – www.suitehotel.com **EVt**

80 ch – 99/145 € 99/145 € – 12 €

◆ Cet hôtel récent abrite d'agréables chambres d'esprit contemporain, vastes et claires, conçues aussi bien pour les hommes d'affaires que pour les familles (cuisinettes).

Dandy sans rest

93 bis r. Cauchoise – 02 35 07 32 00 – www.hotels-rouen.net **AYp**

18 ch – 80/105 € 92/125 € – 11 €

◆ Dans une rue piétonne menant à la place du Vieux-Marché, un hôtel aux chambres classiques, meublées en style Louis XV ou Louis XVI. Agréable salle pour le petit-déjeuner.

De l'Europe ch,

87 r. aux Ours – 02 32 76 17 76 – www.h-europe.fr – Fermé 24 déc.-3 janv.

26 ch – 95 € 120 € – 11 € – ½ P 77 € **AZe**

Rest – *(fermé 24 déc.-3 janv. et 13 juil.-23 août)* (13 €) Menu 24 € (sem.)/29 € – Carte environ 30 €

◆ Dans le Rouen historique, bâtiment moderne dont les chambres, pratiques, offrent, au dernier étage, une belle perspective sur la ville. Au restaurant, tables sobrement dressées et cuisine traditionnelle.

Le Cardinal sans rest

1 pl. Cathédrale – 02 35 70 24 42 – www.cardinal-hotel.fr – Fermé mars

16 ch – 75/120 € 85/130 € – 10 € **BZr**

◆ Voisin de la cathédrale Notre-Dame, chef-d'œuvre de l'art gothique, établissement familial aux petites chambres bien tenues, colorées en pastel. L'été, petit-déjeuner en terrasse.

Le Clos Jouvenet sans rest

42 r. Hyacinthe Langlois – 02 35 89 80 66 – www.leclosjouvenet.com – Fermé 15 déc.-15 janv. **EVa**

4 ch – 85/100 € 100/120 €

◆ Belle demeure bourgeoise du 19e s. sur les hauteurs de la ville, au calme d'un grand jardin. Chambres cosy et impeccables, avec vue sur le verger ou les clochers.

Gill (Gilles Tournadre)

9 quai Bourse – 02 35 71 16 14 – www.gill.fr – Fermé 17 avril-3 mai, 31 juil.-23 août, dim., lundi et fériés **BZa**

Rest – Menu 35 € (déj. en sem.), 65/92 € – Carte 80/110 €

Spéc. Queues de langoustines poêlées en chutney de poivron et tomate. Pigeon à la rouennaise. Millefeuille "minute".

◆ Sur les quais de la Seine, élégante salle à manger confortable et épurée. La cuisine inventive, dans l'air du temps, met en scène les produits normands. Belle carte des vins.

Les Nymphéas

9 r. de la Pie – 02 35 89 26 69 – www.lesnympheas-rouen.com – Fermé 21 août-12 sept., vacances de fév., dim. et lundi sauf fériés **AYh**

Rest – Menu 30 € (déj. en sem.), 42/52 € – Carte 60/91 €

◆ Plats traditionnels servis dans une maison à colombages située au fond d'une courette pavée. Décor soigné mêlant rustique et moderne, agréable terrasse fleurie.

ROUEN

Alliés (Av. des) .... DX 4
Ango (R. Jean) .... EV 7
Béthencourt (Quai de) .... EV 14
Bicheray (Av. du Cdt) .... DV 15
Boisguilbert (Quai de) .... EV 18
Bois-des-Dames (Av. du) .... EV 17
Bonsecours (Rte de) .... EV 21
Briand (R. Aristide) .... DX 33
Brossolette (Bd) .... DX 34
Bruyères (Rond-Point des) .... EX 36
Caen (Av. de) .... EV 37
Canteleu (Rte de) .... DV 39
Carnot (Av.) .... DV 40
Chasselièvre (R.) .... EV 52
Clères (Chemin de) .... EV 54
Coquelicots (R. des) .... EX 55
Corneille (R. Pierre) .... EX 58
Corniche (Rte de la) .... FV 60
Darnétal (Rte de) .... FV 64
Duclair (R. de) .... DV 69
Elbeuf (R. d') .... EX 75
Europe (Av. de l') .... EV 78
Europe (Bd de l') .... EVX 79
La-Fayette (R.) .... EV 103
Felling (Av. de) .... EX 82
Flaubert (Pt) .... EV 83
Fond-du-Val (Allée du) .... EV 85
France (Quai de) .... DV 87
Gaulle (Bd Charles-de) .... DX 88
Grand'Mare (Av. de la) .... FV 92
Grand-Cours (Av. du) .... EX 91
Jean-Jaurès (Av.) .... DX 97
Jean-Jaurès (Bd) .... DV 99
Leclerc-de-Hauteclocque (Av. du Gén.) .... DX 106
Leclerc (Av. Général) .... DV 105
Lesseps (Bd Ferdinand-de) .... EV 107
Maréchal-Juin (Av. du) .... FV 109
Martyrs-de-la-Résistance (R. des) .... DV 110
Mont-Riboudet (Av. du) .... EV 112
Nansen (R.) .... DV 114
Paris (Rte de) .... FX 158
Pène (R. Annie-de) .... FV 118
Quatre-Mares (Grande R. de) .... EX 122
Renard (R. du) .... EV 125
République (R. de la) .... FV 126
République (R. de la BONSECOURS) .... EX 160
Rondeaux (Av. Jean) .... EV 131
Roosevelt (Bd Franklin) .... DX 132
Ste-Lucie (Rond-Point) .... DX 135
Siegfried (Bd André) .... EV 142
Sotteville (R. de) .... EX 145
Verdun (Bd de) .... EV 150
Verdun (Bd de GRAND-QUEVILLY) .... DX 165
11-Novembre (Bd du) .... EX 157

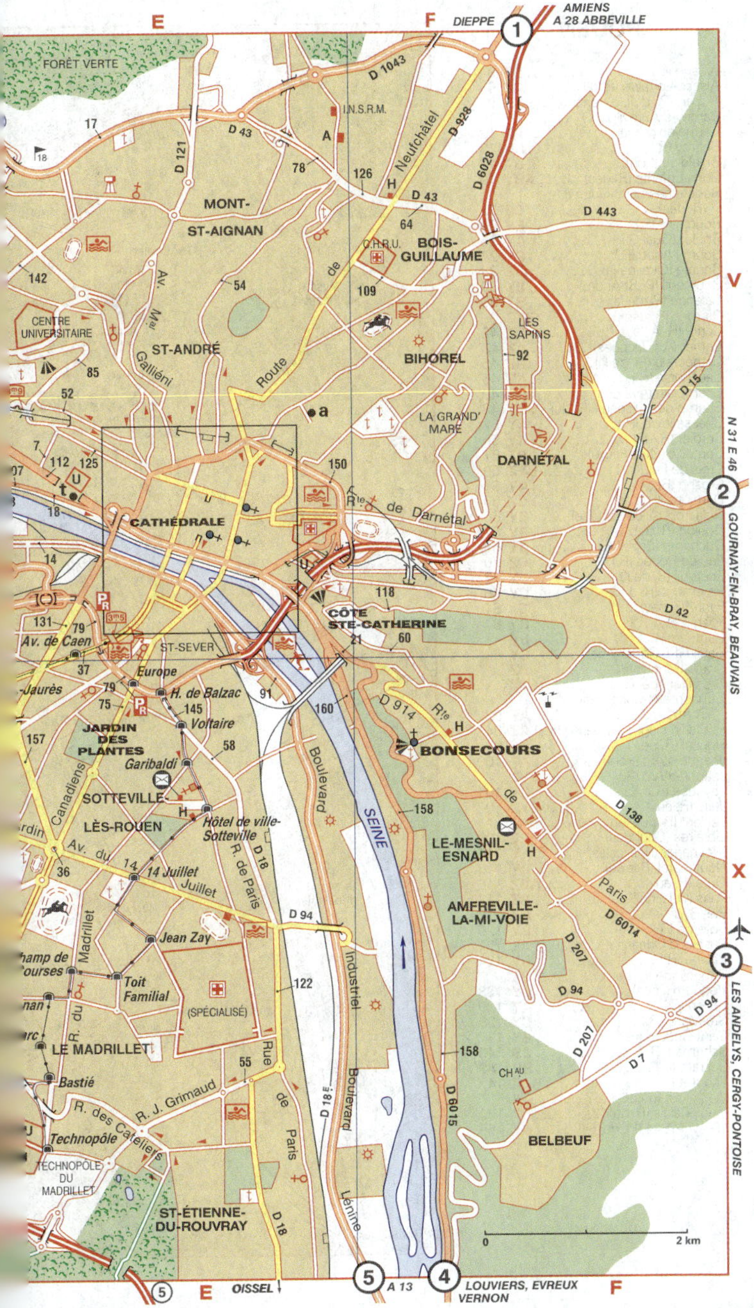
E
F
DIEPPE
AMIENS
A 28 ABBEVILLE
FORÊT VERTE
D 1043
I.N.S.R.M.
D 928
Neufchâtel
D 6028
D 43
D 121
MONT-
ST-AIGNAN
78
126
64
D 443
C.H.R.U.
BOIS-
GUILLAUME
109
Route
de
Av.
Mal
Galliéni
ST-ANDRÉ
54
142
CENTRE
UNIVERSITAIRE
85
52
LES
SAPINS
92
BIHOREL
LA GRAND'
MARE
DARNÉTAL
D 15
N 31 E 46
150
Rte de Darnétal
CATHÉDRALE
7
112
125
18
14
118
D 42
GOURNAY-EN-BRAY, BEAUVAIS
CÔTE
STE-CATHERINE
21
60
131
79
Av. de Caen
ST-SEVER
37
Europe
H. de Balzac
Voltaire
75
145
91
160
D 914
Rte
de
BONSECOURS
JARDIN
DES
PLANTES
157
58
Garibaldi
Canadiens
SOTTEVILLE-
LÈS-ROUEN
Hôtel de ville-
Sotteville
Boulevard
SEINE
158
D 138
LE-MESNIL-
ESNARD
Av. du
14 Juillet
14
36
R. de Paris
D 18
Paris
D 6014
X
V
AMFREVILLE-
LA-MI-VOIE
Jean Zay
D 94
Madrillet
Champ de
Courses
Toit
Familial
(SPÉCIALISÉ)
122
Industriel
D 207
D 94
3
LES ANDELYS, CERGY-PONTOISE
LE MADRILLET
Bastié
55
R. J. Grimaud
Rue
de
Paris
D 18 E
Boulevard
158
D 6015
CH AU
D 7
R. des Cateliers
Technopôle
TECHNOPÔLE
DU
MADRILLET
BELBEUF
ST-ÉTIENNE-
DU-ROUVRAY
D 18
Lénine
0
2 km
1
2
4
5
OISSEL
A 13
LOUVIERS, EVREUX
VERNON

ROUEN

Albane (Cour d') . . . . BZ 3
Alsace-Lorraine (R. d') . . . . CZ 6
Aubert (Pl. du Lieutenant) . . . . CZ 9
Barbey-d'Aurevilly (R.) . . . . AZ 10
Barthélemy (Pl.) . . . . BZ 12
Belfroy (R.) . . . . BY 13
Boieldieu (Pont) . . . . BZ 16
Bons-Enfants (R. des) . . . . . . ABY 19
Boucheries-Saint-Ouen
(R. des) . . . . CZ 22
Boudin (R. E.) . . . . BY 24
Boulet (Quai G.) . . . . AY 25
Bourg-l'Abbé (R.) . . . . CY 27
Bourse (Quai de la) . . . . BZ 28
Bouvreuil (R. St-André) . . . . . . BY 30
Calende (Pl. de la) . . . . BZ 35
Carmes (R. des) . . . . BYZ
Carrel (R. A.) . . . . CZ 42
Cartier (Av. Jacques) . . . . AZ 43
Cathédrale (Pl. de la) . . . . BZ 45
Cauchoise (R.) . . . . AY 46
Champlain (Av.) . . . . BZ 49
Champ-des-Oiseaux (R. du) . . . BY 48
Chasselièvre (R.) . . . . AY 52
Cordier (R. du) . . . . BY 56
Corneille (Quai Pierre) . . . . BZ 57
Croix-de-Fer (R.) . . . . BYZ 59
Crosne (R. de) . . . . AY 61
Damiette (R.) . . . . CZ 63
Delacroix (Allée Eugène) . . . . . BY 66
Donjon (R. du) . . . . BY 67
Duchamp (Espl. M.) . . . . BY 68
Eau-de-Robec (R.) . . . . CZ 70
Écureuil (R. de l') . . . . BY 72
Ernemont (R. d') . . . . CY 76
Faulx (R. des) . . . . CZ 81
Foch (Pl.) . . . . BY 84
Ganterie (R.) . . . . BY
Gaulle (Pl. Général-de) . . . . CY 89
Grand-Pont (R.) . . . . BZ
Gros-Horloge (R. du) . . . . . . ABYZ
Guillaume-le-Conquérant
(Pont) . . . . AZ 93
Hauts-Mariages (Impasse des) CZ 94
Hôpital (R. de l') . . . . BY 96
Jeanne-d'Arc (Pont) . . . . AZ 100
Jeanne-d'Arc (R.) . . . . BYZ
Joyeuse (R.) . . . . CY 101
Juifs (R. aux) . . . . BYZ 102
Leclerc (R. du Gén.) . . . . BZ
Libraires (Cour des) . . . . BZ 108
Mesnager (R. Nicolas) . . . . AY 111
Neufchatel (Rte de) . . . . CY 115
Ours (R. aux) . . . . ABZ 116
Paris (Quai de) . . . . BZ 117
Pie (R. de la) . . . . AY 119
Poterne (R. de la) . . . . BY 120
Pucelle-d'Orléans (Pl. de la) . . . AZ 121
Racine (R.) . . . . AY 124
République (R. de la) . . . . BZ
Requis (R. des) . . . . CY 128
Rollon (R.) . . . . AY 129
Ste-Marie (R.) . . . . CY 138
Saint-Godard (Pl.) . . . . BY 137
Schuman (R. Robert) . . . . CS 140
Socrate (R.) . . . . BY 143
Thouret (R.) . . . . BYZ 147
Vieux-Marché (Pl. du) . . . . AY
Vieux-Palais (R. du) . . . . AY 152
19-Avril-1944 (Pl. du) . . . . BY 155

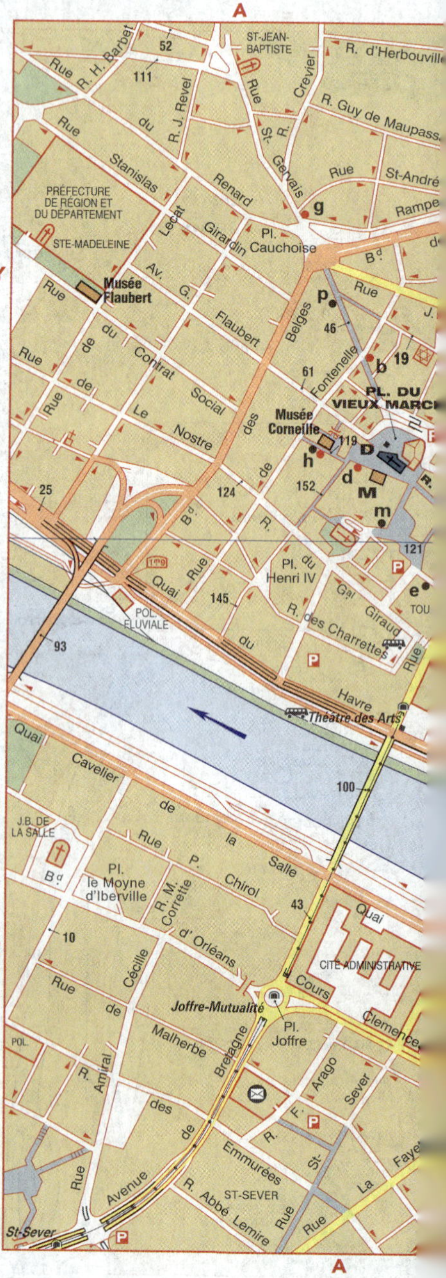

B
C
Y
Z
0
200 m
ROUEN-R.D.
Gare-Rue Verte
St-Romain
Rue Bouquet
Bouvreuil
Marne
Tour Jeanne d'Arc
St-Patrice
St-Patrice
Rue Jeanne d'Arc
MUSÉE DES BEAUX-ARTS
SQUARE VERDREL
ST-GODARD
R. d'Écosse
Rue de l'Avalasse
Rue de Beauvoisine
l'Yser
Beauvoisine
Rampe Beauvoisine
R. de Bihorel
R. du Nord
Bd de l'Yser
Boulingrin
Ricard
Louis
R. Poussin
R. des Minimes
R. de la Cage
Champs des
Porte de la
ST-NICAISE
Rue
R. Ganterie
Rue J. Lecanuet
Palais de Justice
PALAIS DE JUSTICE
R. St-Lô
Rue des Carmes
Pl. des Carmes
République
ST-OUEN
Av. de la Porte des
Orbe
R. St-Vivien
ST-VIVIEN
R. du Ruissel
Rue d'Amiens
Horloge
Beffroi
Bureau des Finances
R. des
R. St. Romain
CATHÉDRALE
AÎTRE ST-MACLOU
ST-MACLOU
R. Martainville
Pl. St-Marc
Rue Gd Pont
Gal Leclerc
Rue de la
du
Halle aux Toiles
HÔTEL DE RÉGION
SEINE
Gambetta
Bd
ESPLANADE DU CHAMP-DE-MARS
Av. A. Briand
Pl. St-Paul
ST-PAUL
Pont Corneille
BUREAUX DU PORT FLUVIAL
Av.
R. de l'Industrie
HALTE DE PLAISANCE
R. E. Flamand
ÎLE LACROIX
Jacques
Rue Stendhal
Chastellain
Pont Mathilde
Moulin
Quai J. Anquetil
Place Carnot
ROUEN-R.-G.
M
M1
M3
M13
M15
P
e
f
j
m
r
v
z
a
2m6
2m7
3m5
19
13
24
27
30
35
42
45
48
49
57
58
59
63
66
67
68
70
72
76
81
84
89
94
96
101
102
108
115
116
117
120
128
137
138
140
143
147
155
3
6
9
12
21
22
H

XXX **L'Écaille**

26 rampe Cauchoise – 02 35 70 95 52 – www.restaurant-lecaille.fr – Fermé 11-19 juil., 22 août-6 sept., dim. et lundi AY**g**

Rest – Menu 30 € (déj. en sem.), 45/79 € – Carte 60/93 €

◆ Restaurant dédié au monde marin, dans le décor comme dans les assiettes : teintes bleu-vert, tableaux modernes, cuisine au goût du jour centrée sur les produits de la mer.

XXX **Les P'tits Parapluies**

pl. Rougemare – 02 35 88 55 26 – www.lesptits-parapluies.com – Fermé 3-23 août, sam. midi, dim. soir et lundi CY**e**

Rest – Menu 30 € (sem.), 42/52 € – Carte 42/57 €

◆ Cette bâtisse du 16e s. n'abrite plus une fabrique de parapluies mais un chaleureux restaurant au mobilier Art nouveau. Plats actuels et cave axée sur les bordeaux et bourgognes.

XXX **La Couronne**

31 pl. Vieux Marché – 02 35 71 40 90 – www.lacouronne.com.fr AY**d**

Rest – (25 €) Menu 33/48 € – Carte 50/100 €

◆ Superbement préservée, cette demeure familiale de 1345 est la plus vieille auberge de France. Cadre rustique et terrasse fleurie, l'été. Le livre d'or reste sans comparaison.

XX **Le Reverbère**

5 pl. de la République – 02 35 07 03 14 – Fermé 3-24 août et dim. BZ**e**

Rest – Menu 41 € bc/57 € – Carte 29/70 €

◆ Sur les quais, la façade de ce restaurant donne le ton de sa décoration intérieure : design, en rouge et noir avec des meubles de Starck. Recettes selon le marché et bons bordeaux.

X **Minute et Mijoté**

58 r. de Fontenelle – 02 32 08 40 00 – Fermé dim. AY**b**

Rest – (16 €) Menu 20/30 € – Carte 37/51 €

◆ Derrière sa devanture colorée, cette ex-brasserie du 19e s. arbore un décor simple, composé de vieux objets, façon bistrot. Menu-carte inspiré par les saisons et le marché.

X **Le 37**

37 r. St-Étienne-des-Tonneliers – 02 35 70 56 65 – www.le37.fr – Fermé 24 avril-3 mai, 31 juil.-23 août, dim., lundi et feriés BZ**v**

Rest – (18 €) Menu 24 € – Carte environ 33 €

◆ Bistrot tendance, ambiance décontractée et, au piano, un chef qui prépare une cuisine actuelle et des suggestions à l'ardoise changées chaque jour. Le 37 ? Un numéro gagnant !

à Martainville-Épreville 13 km à l'Est par D 13, D 43 et rte secondaire – 681 h. – alt. 152 m – ✉ 76116

Sweet Home

534 r. des Marronniers, accès par imp. Coquetier – 02 35 23 76 05 – http://jy.aucreterre.free.fr

4 ch – †51 € ††55/92 € **Table d'hôte** – Menu 25/53 €

◆ Au fond d'une impasse, dans un jardin fleuri, imposante maison aux chambres douillettes et romantiques, personnalisées par une couleur. Bon petit-déjeuner et accueil chaleureux.

au Petit -Quevilly 3 km au Sud-Ouest – 22 132 h. – alt. 5 m – ✉ 76140

XXX **Les Capucines**

16 r. J. Macé – 02 35 72 62 34 – www.les-capucines.fr – Fermé 3 sem. en août, sam. midi, dim. soir et lundi DX**s**

Rest – Menu 27/48 € – Carte 40/70 €

◆ Tenue par la même famille depuis 1957, cette maison rouennaise cultive l'art de recevoir. Cadre soigné et terrasse prisés par une clientèle d'affaires. Cuisine actuelle.

à Notre-Dame-de-Bondeville 8 km au Nord-Ouest – 7 239 h. – ✉ 76960

Les Elfes

303 r. Longs Vallons – ✆ 02 35 74 36 21 – Fermé 15 juil.-17 août, 26 déc.-2 janv., dim. soir, lundi soir, mardi soir et merc. soir DVn

Rest – (17 €) Menu 22/42 € – Carte 33/58 €

◆ Un mobilier rustique et des nappes colorées participent au cadre chaleureux de cette auberge régionale, située en contrebas d'une ligne de chemin de fer. Carte traditionnelle.

ROUFFACH – 68 Haut-Rhin – 315 H9 – 4 620 h. – alt. 204 m – ✉ 68250 1 A3

Alsace Lorraine

Paris 479 – Basel 61 – Belfort 57 – Colmar 16

place de la République ✆ 03 89 78 53 15

Alsace Golf Club Moulin de Biltzheim, E : 2 km par D 8, ✆ 03 89 78 52 12

Château d'Isenbourg

rte de Plaffenheim – ✆ 03 89 78 58 50 – www.isenbourg.com

40 ch – 112/425 € 112/425 € – 1 suite – 24 €

Rest – (25 €) Menu 54 € (déj. en sem.)/68 € – Carte 62/81 €

◆ Ce château du 18e s., bordé de vignes, domine la vieille ville. Grandes chambres cossues un peu anciennes ; équipement sportif (tennis) complété par un spa (hammam, sauna...). Deux ambiances pour les repas : cave voûtée du 14e s. ou salle à manger classique.

Philippe Bohrer

r. Poincaré – ✆ 03 89 49 62 49 – www.philippe-bohrer.fr – Fermé 7-20 mars et 25 juil.-7 août

Rest – *(fermé lundi midi, merc. midi et dim.)* Menu 29/89 € – Carte 53/78 €

Spéc. Gaufrette de langoustine nacrée à l'encre de seiche, artichaut barigoule et jus biscaïn. Chateaubriand de veau rôti sur fumet de cèpes, macaronis fourrés aux oignons nouveaux. Millefeuille au chocolat noir, saveurs arabica. **Vins** Riesling, Pinot noir.

Rest *Brasserie Chez Julien* – ✆ 03 89 49 69 80 – (10 €) Menu 15 € (sem.), 22/27 € – Carte 28/54 €

◆ Dans un beau décor de bois blond, façon rustique chic, vous dégusterez une cuisine inventive au goût du jour associée à une cave bien composée (nombreux vins d'Alsace). Ambiance élégante et conviviale à la Brasserie Chez Julien, aménagée dans un ancien cinéma.

à Bollenberg 6 km au Sud-Ouest par D 83 et rte secondaire – ✉ 68250 Westhalten

Auberge au Vieux Pressoir

– ✆ 03 89 49 60 04 – www.bollenberg.com – Fermé 24-27 déc. et dim. soir de mi-nov. à mi-mars

Rest – Menu 28 € bc (déj. en sem.)/76 € bc – Carte 25/97 €

◆ Belles armoires et collection d'armes anciennes président au décor alsacien de cette maison de vignerons. Cuisine régionale soignée et dégustations de vins de la propriété.

ROUFFIAC-TOLOSAN – 31 Haute-Garonne – 343 H3 – rattaché à Toulouse

LE ROUGET – 15 Cantal – 330 B5 – 957 h. – alt. 614 m – ✉ 15290 5 A3

Paris 549 – Aurillac 25 – Figeac 41 – Laroquebrou 15

Des Voyageurs rest,

– ✆ 04 71 46 10 14 – www.hotel-des-voyageurs.com – Fermé 14 fév.-14mars

23 ch – 59/64 € 59/64 € – 8,50 € – ½ P 58/61 €

Rest – *(fermé dim. soir du 15 sept. au 1er mai)* Menu 13 € (déj.), 20/32 € – Carte 22/48 €

◆ Cette maison proche de la voie ferrée cultive depuis un demi-siècle la tradition de l'hospitalité. Chambres actuelles décorées suivant trois styles : campagne, moderne ou british. Restaurant avec petite terrasse ouverte sur la piscine et cuisine du terroir.

ROULLET – 16 Charente – **324** K6 – rattaché à Angoulême

ROURE – 06 Alpes-Maritimes – **341** D3 – 198 h. – alt. 1 130 m – ✉ 06420 — 41 D2

Paris 892 – Digne-les-Bains 145 – Marseille 260 – Nice 70

Auberge le Robur avec ch
(accès piétonnier) – ✆ 04 93 02 03 57 – www.aubergelerobur.fr – Fermé mars et janv.
7 ch – 64 € 64 € – 7 € – ½ P 61/69 €
Rest – *(fermé merc. sauf juil.-août)* Menu 27/35 €
◆ Cette auberge nichée dans un charmant village vaut bien l'ascension à 1 100 m ! Superbe vue panoramique sur la vallée de la Tinée et cuisine mariant tradition et touches actuelles. Pour l'étape, des chambres confortables et accueillantes.

LE ROURET – 06 Alpes-Maritimes – **341** D5 – 3 763 h. – alt. 350 m – ✉ 06650 — 42 E2

Paris 913 – Cannes 19 – Grasse 10 – Nice 28

Du Clos sans rest
3 chemin des Écoles – ✆ 04 93 40 78 85 – www.hotel-du-clos.com – Fermé 20-26 déc.
11 ch – 123/253 € 123/253 € – 15 €
◆ Dans le haut du village, bastide provençale et son ex-bergerie entourées d'un parc planté d'oliviers. Chambres personnalisées façon auberge. Piscine nichée dans une restanque.

Le Clos St-Pierre (Daniel Ettlinger)
5 pl. de l'Église – ✆ 04 93 77 39 18 – www.le-clos-saint-pierre.com – Fermé 5-29 déc., 21 fév.-8 mars, mardi et merc.
Rest – *(nombre de couverts limité, prévenir)* Menu 33 € (déj. en sem.), 48/57 €
Spéc. Risotto piémontais à la truffe blanche d'Alba (automne). Carré d'agneau des Alpilles rôti au four, légumes de saison, pommes boulangères, jus corsé au thym. Tarte aux figues de pays à la frangipane, glace au yaourt (automne). **Vins** Côtes de Provence, Bellet.
◆ Sur la place de l'église, cette conviviale auberge sert une goûteuse cuisine méditerranéenne (menu unique, différent chaque jour). Bel intérieur provençal et jolie terrasse.

LES ROUSSES – 39 Jura – **321** G8 – 3 018 h. – alt. 1 110 m – Sports d'hiver : 1 100/1 680 m 40 – ✉ 39220 Franche-Comté Jura — 16 B3

Paris 461 – Genève 45 – Gex 29 – Lons-le-Saunier 64
Fort des Rousses ✆ 03 84 60 02 55
des Rousses Route du Noirmont, E : 1 km par D 29, ✆ 03 84 60 06 25
du Mont Saint-Jean, E : 1 km par D 29, ✆ 03 84 60 09 71
Gorges de la Bienne★ O : 3 km.

Le Lodge sans rest
309 r. Pasteur – ✆ 03 84 60 50 64 – www.hotellelodge.com
11 ch – 78/94 € 78/94 € – 10 €
◆ En plein centre-ville, hôtel de charme au décor de chalet. Chambres petites mais bien aménagées : mobilier en bois clair, excellente literie et couettes de qualité.

Chamois
230 montée du Noirmont – ✆ 03 84 60 01 48 – www.lechamois.org – Fermé 6 avril-2 mai
12 ch – 62/130 € 62/130 € – 10 € – ½ P 57/98 €
Rest – (18 €) Menu 19 € (déj. en sem.), 23/56 € – Carte 36/63 €
◆ Ce chalet, isolé de la station et proche des téléskis, dissimule de grandes chambres modernes (pour la moitié qui sont rénovées), chaleureuses et bien équipées. Calme assuré. À table, jolie vue sur la nature, mise en place soignée et cuisine créative.

La Redoute
357 rte Blanche – ✆ 03 84 60 00 40 – www.hotellaredoute.com – Fermé 3 avril-5 mai et 10 oct.-3 déc.
25 ch – †52/72 € ††52/72 € – ☕ 8 € – ½ P 52/63 €
Rest – Menu 16/35 € – Carte 23/50 €
◆ Situation intéressante dans le village, malgré la proximité de la route, pour cet hôtel familial. Décor sans fioriture dans les chambres lumineuses, bien insonorisées et rénovées en 2010. Grande salle à manger rustique avec poutres et lustres en fer forgé ; plats du terroir.

Du Village sans rest
344 r. Pasteur – ✆ 03 84 34 12 75 – www.hotelvillage.fr
10 ch – †47/53 € ††49/58 € – ☕ 6,50 €
◆ Dans la rue principale du village, petit hôtel fonctionnel et bien tenu, disposant de chambres simples. Possibilité d'accueillir les familles.

ROUSSILLON – 84 Vaucluse – 332 E10 – 1 265 h. – alt. 360 m – ✉ 84220 Provence — 42 E1

Paris 720 – Apt 11 – Avignon 46 – Bonnieux 12
place de la poste ✆ 04 90 05 60 25
Site★★ - Sentier des ocres★★.

Le Clos de la Glycine
pl. de la Poste – ✆ 04 90 05 60 13 – www.luberon-hotel.com
9 ch – †105/175 € ††105/175 € – 1 suite – ☕ 13 €
Rest *David* – *(fermé merc. du 15 oct. au 15 avril) (prévenir le week-end)*
Menu 33/65 € – Carte 45/80 €
◆ Un hôtel plein de charme, des chambres confortables et une vue magnifique sur la chaussée des Géants et le Ventoux. Très bon petit-déjeuner (fruits frais, yaourt fermier). Au restaurant David, appétissante cuisine provençale sous les glycines.

Les Sables d'Ocre sans rest
rte d'Apt – ✆ 04 90 05 55 55 – www.sablesdocre.com – Ouvert de mars à nov.
22 ch – †65/88 € ††65/88 € – ☕ 10 €
◆ Au cœur du pays de l'Ocre, ce mas récent à l'aspect engageant allie confort moderne et décoration d'inspiration provençale. Petite restauration prévue pour les résidents.

ROUSSILLON – 38 Isère – 333 B5 – 7 806 h. – alt. 200 m – ✉ 38150 — 44 B2

Paris 505 – Annonay 24 – Grenoble 92 – St-Étienne 68
place de l'Edit ✆ 04 74 86 72 07

Médicis sans rest
r. Fernand Léger – ✆ 04 74 86 22 47 – www.hotelmedicis.fr
15 ch – †54 € ††63 € – ☕ 9 €
◆ Dans un quartier pavillonnaire calme, hôtel récent aux chambres spacieuses et fonctionnelles ; bonne isolation phonique. Salon équipé d'une TV grand écran.

ROUTOT – 27 Eure – 304 E5 – 1 314 h. – alt. 140 m – ✉ 27350 — 33 C2

Normandie Vallée de la Seine
Paris 148 – Bernay 45 – Évreux 68 – Le Havre 57
La Haye-de-Routot : ifs millénaires★ N : 4 km.

Auberge de l'Écurie
pl. de la Mairie – ✆ 02 32 57 30 30 – Fermé 20 juil.-5 août, dim. soir, mardi soir, merc. soir et lundi
Rest – Menu 14 € (déj. en sem.), 20/40 € – Carte 43/61 €
◆ Cet ancien relais de poste situé face aux halles abrite un salon réchauffé par une belle cheminée en pierre et deux salles (rustique ou actuelle). Cuisine traditionnelle.

ROUVRES-EN-XAINTOIS – 88 Vosges – 314 E3 – 298 h. – alt. 330 m – ✉ 88500 26 B3

▶ Paris 357 – Épinal 42 – Lunéville 58 – Mirecourt 9

Burnel ch, VISA AE

22 r. Jeanne-d'Arc – ✆ 03 29 65 64 10 – www.burnel.fr – *Fermé 20-31 déc. et dim. soir sauf du 12 juil. au 20 sept.*

21 ch – †58 € ††72 € – 2 suites – ☕ 10 € – ½ P 63 €

Rest – (fermé sam. midi et lundi midi) (10 €) Menu 15 € (sem.), 28/48 € – Carte 42/74 €

◆ Certaines chambres, façon chalet, donnent sur le jardin. Les autres, plus contemporaines, adoptent l'esprit "savane" ; enfin, le salon est paré de tissus originaux. Fine cuisine du terroir (civets, poissons de lac, andouillette) au bonheur du marché.

ROUVROIS-SUR-OTHAIN – 55 Meuse – 307 E2 – rattaché à Longuyon (M.-et-M.)

ROYAN – 17 Charente-Maritime – 324 D6 – 18 202 h. – alt. 20 m – Casino : Royan Pontaillac A – ✉ 17200 ▮ Poitou Vendée Charentes 38 A3

▶ Paris 504 – Bordeaux 121 – Périgueux 183 – Rochefort 40

ℹ rond-point de la Poste ✆ 05 46 05 04 71

18 de Royan à Saint-Palais-sur-Mer Maine Gaudin, par rte de St-Palais-sur-Mer : 7 km, ✆ 05 46 23 16 24

◉ Front de mer★ - Église Notre-Dame★ **E** - Corniche★ et Conche★ de Pontaillac.

ROYAN

Alsace-Lorraine (R.) . . . . . . B 3
Briand (Bd A.) . . . . B 5
Conche-du-Chay (Av. de la). A 6
Desplats (R. du Colonel) . . . B 7
Dr-Audouin (Bd du) . . . . . . B 8
Dr-Gantier (Pl. du) . . . . C 9
Dugua (R. P.) . . . . B 10
Europe (Cours de l') C
Façade de Foncillon . . . . . B 12
Foch (Pl. Mar.) . . . . C 15
Foncillon (R. de) . . . . B 16
Font-de-Cherves (R.) . . . . . B 17
Gambetta (R.) . . . . B
Gaulle (Pl. Ch.-de) . . . . B 19
Germaine-de-la-Falaise (Bd) . . . . AB 20
Grandière (Bd de la). . . . . . C 21
Leclerc (Av. Mar.). . . . . C 26
Libération (Av. de la) . . . . . C 28
Loti (R. Pierre) . . . . B
Notre-Dame (R.) . . . . B 32
Parc (Av. du). . . . . C 35
République (Bd de la) . . . . . B 40
Rochefort (Av. de) . . . . B 42
Schuman (Pl. R.) . . . . B 45
Semis (Av. des) . . . . C 46
Thibeaudeau (Rd-Pt du Cdt.) B 48
5-Janvier-1945 (Bd du) . . . . B 52

Novotel

6 Allée des Rochers, (Conche du Chay) – ✆ 05 46 39 46 39 – www.novotel.com
83 ch – †136/205 € ††165/205 € – ☕ 17 € – ½ P 130/150 € **Ab**
Rest – (18 €) Menu 23/30 € – Carte 36/52 €
◆ Parmi les atouts de cet hôtel : une belle situation en surplomb de la plage, un centre de thalassothérapie et des chambres agréables (avec balcons) au style contemporain. Carte traditionnelle de qualité et vue sur la mer singularisent cette table Novotel.

Family Golf Hôtel sans rest

28 bd Garnier – ✆ 05 46 05 14 66 – www.hotel-family-golf.com – Ouvert 16 mars-29 nov. **Cm**
30 ch – †72/114 € ††85/114 € – ☕ 11 €
◆ Cette adresse du front de mer bénéficie de rénovations régulières. Chambres de bonne ampleur pour moitié tournées vers l'océan ; terrasse pour les petits-déjeuners estivaux.

Rêve de Sable sans rest

10 pl. Foch – ✆ 05 46 06 52 25 – www.revedesable.com – Fermé 1er-18 oct.
11 ch – †53/82 € ††53/82 € – ☕ 8 € **Cz**
◆ Hôtel familial près de la plage et du centre-ville. Chambres claires, bien équipées, donnant en partie sur la mer. Décor aux accents marins. Patio (petit-déjeuner).

Les Filets Bleus

14 r. Notre-Dame – ✆ 05 46 05 74 00 – Fermé 15 juin-5 juil., vacances de Toussaint, 2-10 janv., dim. et lundi **Bs**
Rest – (15 €) Menu 18 € (déj. en sem.), 26/58 € – Carte 45/60 €
◆ Restaurant dédié aux produits de la pêche et décoré à la façon d'un bateau : tons bleu et blanc, bois, hublots, lampes tempête, etc. Menu spécial homard en saison.

à Pontaillac – ✉ 17640

Miramar sans rest
173 av. Pontaillac – ✆ 05 46 39 03 64 – www.miramar-pontaillac.com **An**
27 ch – †68/95 € ††75/130 € – ☕ 12 €
◆ Bâtiment des années 1950 que seule une route sépare de la plage. Chambres de bonne taille, bien tenues et rénovées peu à peu (décor moderne assez sobre), à choisir côté mer.

Belle-Vue sans rest
122 av. Pontaillac – ✆ 05 46 39 06 75 – www.bellevue-pontaillac.com – Ouvert d'avril à nov. **Af**
22 ch – †51/82 € ††51/82 € – ☕ 8 €
◆ Vaste bâtisse des années 1950 bordant l'avenue du front de mer. Les chambres, très bien tenues, offrent une belle vue pour celles tournées côté plage.

La Jabotière
espl. Pontaillac – ✆ 05 46 39 91 29 – Fermé 1 sem. en oct., 20-27 déc., janv., merc. soir, dim. soir et lundi
Rest – (16 €) Menu 19/59 € – Carte 48/72 € **Ax**
◆ Sur la plage, un restaurant au décor désuet mais grand ouvert sur l'Atlantique (terrasse). Cuisine traditionnelle à base de produits frais. Formule bistrot.

rte de St-Palais 3,5 km par ④ – ✉ 17640 Vaux-sur-Mer

Résidence de Rohan sans rest
7 av. de Rohan – ✆ 05 46 39 00 75 – www.residence-rohan.com – Ouvert 25 mars-14 nov.
45 ch – †79/149 € ††79/149 € – ☕ 12 €
◆ Jadis salon littéraire de la duchesse de Rohan, jolie demeure du 19e s. complétée de deux pavillons dans un parc dominant la plage. Ambiance feutrée, chambres cosy, mobilier de style.

à St-Georges-de-Didonne 2 km au Sud-Est du plan par Bd F. Garnier - C – 5 059 h. – alt. 7 m – ✉ 17110

ℹ 7, boulevard Michelet ✆ 05 46 05 09 73

Colinette
16 av. de la Grande Plage – ✆ 05 46 05 15 75 – www.colinette.fr – Fermé 10 nov.-10 fév.
14 ch – †45/110 € ††45/110 € – ☕ 8 € – ½ P 50/80 €
Rest – *(fermé le midi de fév. à juin et d'oct. à nov. et dim. soir hors saison)* (17 €) Menu 24 € – Carte 20/35 €
◆ Entre pinède et plage, maison des années 1930 aux allures de pension de famille. Chambres lumineuses et fonctionnelles. Cuisine régionale sans prétention servie dans un cadre marin.

ROYAT – 63 Puy-de-Dôme – 326 F8 – 4 709 h. – alt. 450 m – Stat. therm. : début avril-mi oct. – Casino B – ✉ 63130 Auvergne 5 B2

Paris 423 – Aubusson 89 – La Bourboule 47 – Clermont-Ferrand 5
ℹ 1, avenue Auguste Rouzaud ✆ 04 73 29 74 70
Nouveau Golf de Charade Village de Charade, SO : 6 km, ✆ 04 73 35 73 09
des Volcans à Orcines La Bruyère des Moines, N : 9 km, ✆ 04 73 62 15 51
Circuit automobile de Charade, St Genès-Champanelle ✆ 04 73 29 52 95.
Église St-Léger★.

Accès et sorties : voir plan de Clermont-Ferrand agglomération.

ROYAT

Agid (Av. J.) . . . . **B** 3
Allard (Pl.) . . . . **B** 4
Cohendy (Pl. Jean) . **A** 6
Jean-Jaurès (Av.) . **AB**
Nationale (R.) . . . . . . **A** 8
Paulet (R. P.) . . . . . . **A** 9
Rouzaud (Av.) . . . . . **B** 10
Souvenir (R. du) . . . **A** 12
Taillerie (Bd de la) . . **A** 14
Vaquez (Bd) . . . . **B** 15
Victoria (R.) . . . . **A** 16

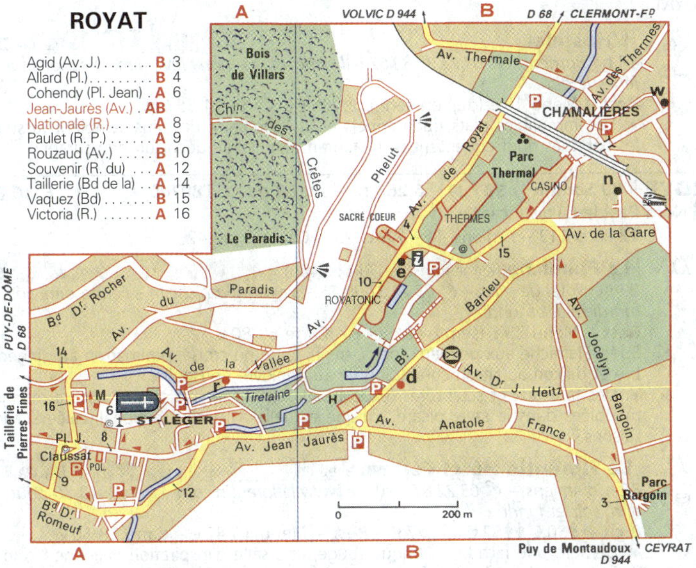

Princesse Flore

5 pl. Allard – ☎ 04 73 35 63 63 – www.princesse-flore-hotel.com **Be**
40 ch – †160 € ††200 € – 3 suites – ☕ 20 € – ½ P 146 €
Rest *La Table d' Isidore* – 5 pl Allard – (20 €) Menu 35/60 € – Carte 39/60 €
Rest *Le Panoramique* – *(ouvert juin-sept.)* (20 €) Menu 39 € – Carte 39/60 €
◆ Dans cet hôtel de prestige, le marbre Belle Époque côtoie désormais le design contemporain. Chambres tout confort et prestations haut de gamme, accès direct au centre thermoludique "Royatonic". À la Table d'Isidore, belle cuisine actuelle, servie dans une salle Art déco. Au Panoramique, vue remarquable sur la région.

Royal St-Mart

av. de la Gare – ☎ 04 73 35 80 01 – www.hotel-auvergne.com **Bn**
55 ch – †65/130 € ††70/135 € – ☕ 12 € – ½ P 61/98 €
Rest – Menu 29/33 € – Carte 26/60 €
◆ Depuis 1853, la même famille vous accueille dans cette demeure bourgeoise ombragée de cèdres. Chambres de style composite ; préférez celles côté jardin. Le registre culinaire est classique, voire traditionnel, et la terrasse donne sur le jardin.

Château de Charade sans rest

5 km au Sud-Ouest par D 941 et D 5 – ☎ 04 73 35 91 67 – www.chateau-de-charade.com – Ouvert 15 avril-3 nov.
5 ch – †74/82 € ††74/82 € – ☕ 6 €
◆ Mon premier est un château du 17e s. Mon second est à la lisière du golf de Royat, avec des chambres face au parc et un beau billard dans le salon. Mon tout est cette Charade !

La Belle Meunière avec ch

25 av. Vallée – ☎ 04 73 35 80 17 – www.la-belle-meuniere.com – Fermé 16-31 août, 15-28 fév., sam. midi, dim. soir et lundi **Ar**
8 ch – †75 € ††95 € – ☕ 18 € – ½ P 75/95 €
Rest – (19 €) Menu 39/75 € – Carte 50/95 €
◆ En bord de Tiretaine, table inventive où fusionnent l'Auvergne et l'Asie, dans un cadre d'esprit Napoléon III embelli de vitraux Art nouveau et de chinoiseries. L'idylle entre la Belle Meunière et le général Boulanger inspire le décor (19e s.) des chambres.

L'Hostalet

47 bd Barrieu – 04 73 35 82 67 – Fermé 1er-15 mars, fév., dim. et lundi sauf fériés le dim. **Bd**

Rest – Menu 18 € (déj. en sem.), 25/36 € – Carte 24/35 €

◆ Les immuables plats traditionnels et la riche carte des vins semblent rassurer les habitués qui fréquentent ce restaurant familial au décor un brin suranné.

ROYE – **80 Somme** – **301** J9 – **6 268 h.** – **alt. 88 m** – ✉ **80700** **36** B2

Nord Pas-de-Calais Picardie

Paris 113 – Amiens 44 – Arras 75 – Compiègne 42

La Flamiche (Marie-Christine Borck-Klopp)

20 pl. Hôtel de Ville – 03 22 87 00 56 – www.laflamiche.fr – Fermé dim. soir, mardi midi et lundi

Rest – Menu 35 € (sem.), 48/134 € – Carte 60/80 €

Spéc. Flamiche aux poireaux (oct. à avril). Caneton croisé, potimarron au gingembre et daïkon au citron confit. Soufflé au genièvre de Houlle.

◆ Des tableaux et sculptures (expositions) ornent les plaisantes salles à manger meublées dans le style picard. Cuisine actuelle à l'accent régional, calée sur les saisons.

Le Florentin Hôtel Central avec ch rest, ch,

36 r. d'Amiens – 03 22 87 11 05 – www.leflorentin.com – Fermé 13-30 août, dim. soir et lundi

8 ch – 50 € 52 € – 7 € **Rest** – Menu 16/42 € – Carte 38/50 €

◆ Derrière une façade en brique rouge, une salle d'inspiration italienne : colonnes, moulures, marbres et fresques. Cuisine de tradition. Chambres fonctionnelles pour l'étape.

Le Roye Gourmet

1 pl. de la République – 03 22 87 10 87 – http://leroyegourmet.com – Fermé 2 sem. en août, merc. soir, dim. soir et lundi

Rest – Menu 18 € (sem.), 23/37 €

◆ Sur une place sympathique, cette enseigne célèbre le terroir par une cuisine au goût du jour. Deux salles, deux atmosphère : tendance ou plus rustique.

Hostellerie La Croix d'Or

123 r. St-Gilles – 03 22 87 11 57 – www.lacroixdor80.fr – Fermé le soir sauf vend. et sam.

Rest – (12 €) Menu 16 € (déj.), 22/38 € – Carte 34/47 €

◆ Une plaisante atmosphère campagnarde règne dans cette auberge située à l'entrée de la ville. On y déguste une savoureuse cuisine traditionnelle et régionale.

ROYE – **70 Haute-Saône** – **314** H6 – **rattaché à Lure**

LE ROZIER – **48 Lozère** – **330** H9 – **150 h.** – **alt. 400 m** – ✉ **48150** **22** B1

Languedoc Roussillon

Paris 632 – Florac 57 – Mende 63 – Millau 23

Le Bourg 05 65 62 60 89

Terrasses du Truel ★ E : 3,5 km - Gorges du Tarn★★★.

Chaos de Montpellier-le-Vieux★★★ S : 11,5 km - Corniche du Causse Noir ★★ SE : 13 km puis 15 mn.

Grand Hôtel de la Muse et du Rozier

rte des Gorges, à La Muse (D 907) rive droite du Tarn ✉ 12720 Peyreleau (Aveyron) – 05 65 62 60 01 – www.hotel-delamuse.fr – Ouvert 2 avril-11 nov. et fermé mardi et merc. en avril, oct. et nov. rest,

38 ch – 85/165 € 85/165 € – 13 €

Rest – *(fermé le midi sauf dim.)* Menu 33/65 € – Carte 49/69 €

◆ Une plage privée au bord du Tarn est aménagée dans le jardin de ce grand hôtel centenaire. Intérieur contemporain très zen, en harmonie avec les sublimes paysages environnants. Table créative respectueuse du terroir avec, en terrasse, la rivière pour décor.

Doussière sans rest
– ✆ 05 65 62 60 25 – www.hotel-doussiere.com – Ouvert Pâques-11 nov.
20 ch – †40/58 € ††40/62 € – ☕ 8 €
◆ Dans le village, deux bâtiments situés de part et d'autre de la Jonte. Les chambres de l'annexe sont plus rustiques. Vue plaisante au petit-déjeuner ; espace de remise en forme.

RUE – 80 Somme – **301** D6 – 3 104 h. – alt. 9 m – ✉ 80120 **36** A1
Nord Pas-de-Calais Picardie

Paris 212 – Abbeville 28 – Amiens 77 – Berck-Plage 22
10, place Anatole Gosselin ✆ 03 22 25 69 94
Chapelle du St-Esprit★ : intérieur★★.

à St-Firmin 3 km à l'Ouest par D 4 – ✉ 80550 Le Crotoy

Auberge de la Dune
1352 r. de la Dune – ✆ 03 22 25 01 88 – www.auberge-de-la-dune.com – Fermé janv.
11 ch – †70 € ††70 € – ☕ 10 € – ½ P 60 €
Rest – (13 €) Menu 18 € (sem.)/40 € – Carte 20/52 €
◆ Cette petite auberge, isolée au milieu des champs, se trouve à deux tours de roue du parc ornithologique. Chambres sobres, pratiques et très bien tenues. Spécialités picardes et intéressants produits locaux : salicornes, vitelottes, aster maritime, turbotin...

RUEIL-MALMAISON – 92 Hauts-de-Seine – **311** J2 – **101** 14 – voir à Paris, Environs

---

RUMILLY – 74 Haute-Savoie – **328** I5 – 12 781 h. – alt. 334 m **45** C1
– ✉ 74150 Alpes du Nord

Paris 530 – Aix-les-Bains 21 – Annecy 19 – Bellegarde-sur-Valserine 37
4, place de l'Hôtel de Ville ✆ 04 50 64 58 32

Boîte à Sel
27 r. Pont-Neuf – ✆ 04 50 01 02 52 – Fermé 1er-15 août, 1er-15 janv., jeudi soir, dim. soir et lundi
Rest – (11 €) Menu 25/32 € – Carte 26/39 €
◆ Modeste restaurant d'une rue commerçante proposant une cuisine traditionnelle façon bistrot. Trompe-l'œil paysager en toile de fond et aimable accueil.

RUNGIS – 94 Val-de-Marne – **312** D3 – **101** 26 – voir à Paris, Environs

---

RUPT-SUR-MOSELLE – 88 Vosges – **314** H5 – 3 571 h. – alt. 424 m **27** C3
– ✉ 88360

Paris 423 – Belfort 58 – Colmar 80 – Épinal 38

Centre rest, rest,
30 r. de l'Église – ✆ 03 29 24 34 73 – www.hotelrestaurantducentre.com – Fermé 1er-8 mai, 2-9 juin, 6-13 oct., vacances de Noël, sam. midi, dim. soir et lundi
8 ch – †48/58 € ††58/74 € – ☕ 8 € – ½ P 55/72 €
Rest – (14 €) Menu 26/50 € – Carte 35/65 €
◆ Aux portes du Parc régional des ballons des Vosges, cette maison mosellane, proche de l'église du village, abrite des chambres bien entretenues et confortables. Carte traditionnelle de saison et salle à manger toute simple, où trône une rôtissoire décorative.

Relais Benelux-Bâle
69 r. de Lorraine – ✆ 03 29 24 35 40 – www.benelux-bale.com – Fermé 1 sem. en août, 23 déc.-10 janv. et dim. soir
10 ch – †42/54 € ††47/65 € – ☕ 8 € – ½ P 42/46 €
Rest – (12 €) Menu 23/35 € – Carte 25/39 €
◆ À l'entrée du village, chalet assez avenant, tenu par la même famille depuis 1921. Chambres sobres, lumineuses et bien équipées. Salon bourgeois. Au restaurant, cuisine traditionnelle et régionale servie dans un cadre moderne ou sur l'agréable terrasse.

LES SABLES-D'OLONNE – 85 Vendée – 316 F8 – 15 596 h. 34 A3

– alt. 4 m – Casinos : des Pins CY, des Atlantes AZ – ✉ 85100

Poitou Vendée Charentes

Paris 456 – Cholet 107 – Nantes 102 – Niort 115

1, promenade Joffre ✆ 02 51 96 85 85

des Olonnes à Olonne-sur-Mer, par rte de la Roche-sur-Yon : 6 km, ✆ 02 51 33 16 16

de Port-Bourgenay à Talmont-Saint-Hilaire, S : 17 km, ✆ 02 51 23 35 45

Le Remblai★.

Plans pages suivantes

Mercure Thalassa ch, rest,

au Lac de Tanchet, 2,5 km par la corniche – ✆ 02 51 21 77 77 – www.thalassa.com – Fermé 9-30 janv. CYf

100 ch – 95/250 € 115/250 € – 15 € – ½ P 100/145 €

Rest – Menu 24/30 € – Carte 34/49 €

◆ Dans un bâtiment intégré au centre de thalassothérapie, chambres fonctionnelles et contemporaines, décorées aux couleurs du Vendée Globe. Vue sur la pinède ou sur le lac. Restaurant et terrasse panoramiques ; plats traditionnels, diététiques ou allégés.

Atlantic Hôtel

5 prom. Godet – ✆ 02 51 95 37 71 – www.atlantichotel.fr BYe

30 ch – 71/160 € 81/180 € – 14 €

Rest *Le Sloop* – *(fermé 19 déc.-3 janv., vend. et dim. d'oct. à mars et le midi)* Menu 35/60 € – Carte 36/78 €

◆ Hôtel des années 1970 aux chambres pratiques très bien tenues ; certaines donnent sur les flots. Salon aménagé autour de la piscine couverte d'un toit vitré amovible. Au restaurant, belle cuisine marine que l'on déguste dans un décor façon cabine de bateau.

Les Roches Noires sans rest

12 promenade G. Clemenceau – ✆ 02 51 32 01 71 – www.hotel-lesrochesnoires.com – Fermé janv. BYs

36 ch – 66/150 € 76/160 € – 11 €

◆ Au cœur de la baie, chambres claires, pratiques, insonorisées et bien tenues (quelques balcons). La salle des petits-déjeuners offre un joli panorama iodé.

Arundel sans rest

8 bd F. Roosevelt – ✆ 02 51 32 03 77 – www.arundel-hotel.fr AZk

42 ch – 75/120 € 75/120 € – 11 €

◆ Belle situation face au casino pour cet établissement dont le nom évoque celui d'un donjon devenu phare. Chambres fonctionnelles et confortables, pourvues d'un balcon côté mer.

Admiral's sans rest

pl. Jean-David Nau, à Port Olona – ✆ 02 51 21 41 41 – www.admiralhotel.fr AYq

33 ch – 59/96 € 59/96 € – 10 €

◆ Construction proche des salines. Chambres bien entretenues, spacieuses et dotées de loggias. Certaines ont vue sur le port de plaisance d'où s'élance le Vendée Globe.

Le Calme des Pins sans rest

43 av. A. Briand – ✆ 02 51 21 03 18 – www.calmedespins.com – Ouvert 15 mars-15 oct. CYv

45 ch – 60/68 € 65/88 € – 8 €

◆ Dans un secteur résidentiel, en retrait du littoral, jolie villa 1900 encadrée par deux imposantes extensions datant de l'après-guerre. Chambres fonctionnelles bien entretenues.

Antoine

60 r. Napoléon – ✆ 02 51 95 08 36 – www.antoinehotel.com – Ouvert de mi-mars à mi-oct. AZa

20 ch – 60/75 € 60/75 € – 8 € – ½ P 55/60 €

Rest – *(fermé le midi) (résidents seult)* Menu 23 €

◆ Une ancienne propriété d'armateur (18e s.) située à mi-chemin du port et de la plage. Chambres simples et de bonne ampleur, parfaitement tenues. Atmosphère familiale.

LES SABLES D'OLONNE

Arago (Bd) . . . . **BY** 4
Baudry (R. P.). . . . . **BY** 5
Beauséjour (R.) . . . . **BY** 7
Briand (Av. A.) . . . . **CY** 9
Castelnau (Bd de) . . . . **BY** 12
Château-d'Olonne (Rte du) . . . . **CY** 13
Dr-Canteteau (R. du) . . . . **AY** 19
Dr-Schweitzer (R. du) . . . . **CY** 22
Doumer (Av. P.). . . . . **CY** 23
Estienne-d'Orves (Rd-Pt H. d')**AY** 25
Fricaud (R. D.) . . . . **BY** 26
Gabaret (Av. A.). . . . . **BY** 27
Godet (Prom. G.) . . . . **BY** 29
Ile Vertine (Bd de l'). . . . . **AY** 32
Nouch (Corniche du). . . . . **AY** 43
Président-Kennedy (Prom.). . . . . **CY** 48
Rhin-et-Danube (Av.) . . . . **CY** 50
St-Nicolas (R.) . . . . **AY** 55
Sauniers (R. des). . . . . **AY** 57
Souvenir Français (Bd du) . . . **AY** 58

Les Hirondelles sans rest
44 r. Corderie – ☎ 02 51 95 10 50 – www.hotelhirondelles.com – Ouvert 8 avril-9 oct. BZ**p**
31 ch – 🚹59/65 € 🚹🚹64/74 € – ☕ 8 €
♦ Hôtel situé au pied d'une longue plage de sable fin. Chambres fonctionnelles et claires, récemment rénovées. Agréable petit patio fleuri ; copieux petit-déjeuner buffet.

Les Embruns sans rest
33 r. Lt Anger – ☎ 02 51 95 25 99 – www.hotel-lesembruns.com – Ouvert 1er mars-3 nov. AY**n**
20 ch – 🚹51/65 € 🚹🚹51/74 € – ☕ 8 €
♦ Adresse de qualité dans le quartier pittoresque de la Chaume : belles chambres personnalisées avec goût et bien équipées. Accueil tout sourire et prix raisonnables.

Arc en Ciel sans rest
13 r. Chanzy – ☎ 02 51 96 92 50 – www.arcencielhotel.com – Ouvert 16 avril-18 sept. BZ**t**
37 ch – 🚹50/89 € 🚹🚹57/89 € – ☕ 10 €
♦ À deux pas de la plage, cet hôtel propose des chambres pratiques aux tons pastel et une salle de petit-déjeuner (copieux buffet) au cadre Belle Époque parfaitement préservé.

Maison Richet sans rest
25 r. de la Patrie – ☎ 02 51 32 04 12 – www.maison-richet.fr – Fermé 1er déc.-31 janv.
17 ch – 🚹48/74 € 🚹🚹58/74 € – ☕ 8,50 € AZ**d**
♦ Charmante adresse familiale à l'atmosphère de maison d'hôtes. Petites chambres coquettes et reposantes, joli patio et salon douillet avec collections de guides et de globes.

LES SABLES D'OLONNE

Bauduère (R. de la) . . . . BZ 6
Bisson (R.) . . . . AZ 8
Caisse-d'Épargne (R. de la) . . AZ 10
Collineau (Pl. du Gén.) . . . . . . BZ 14
Commerce (Pl. du) . . . . AZ 15
Digue (Pl. de la) . . . . BZ 17
Dingler (Quai) . . . . AZ 18
Église (Pl. de l') . . . . AZ 24
Gabaret (Av. A.) . . . . BZ 27
Gaulle (Av. Gén.-de) . . . . BZ
Guynemer (R.) . . . . BZ
Halles (R. des) . . . . AZ 30
Hôtel-de-Ville (R. de l') . . . . . . AZ
Leclerc (R. Mar.) . . . . ABZ 33
Liberté (Pl. de la) . . . . BZ 35
Louis-XI (Pl.) . . . . BZ 36
Nationale (R.) . . . . BZ
Navarin (Pl.) . . . . AZ 40
Palais-de-Justice (Pl.) . . . . AZ 46
Roosevelt (Bd F.) . . . . AZ 53
Travot (R.) . . . . BZ 60

A B

A B

Loulou Côte Sauvage

19 rte Bleue, à La Chaume AY
– ✆ 02 51 21 32 32 – www.louloucotesauvage.com
– Fermé 23 nov.-16 déc., vacances de fév., dim. soir, lundi et merc.

Rest – Menu 23 € (sem.), 34/64 € – Carte 41/70 €

◆ Ces anciens viviers accrochés au rocher abritent aujourd'hui un restaurant au décor modernisé, largement ouvert sur l'océan et la côte sauvage. Spécialités littorales.

Le Clipper

19 bis quai Guiné
– ✆ 02 51 32 03 61 – www.leclipper85.com
– Fermé 20 nov.-17 déc., 17-25 janv., 28 fév.-16 mars, mardi midi et jeudi midi du 15 juin au 15 sept., mardi et merc. de mi-sept. à mi-juin AZ**b**

Rest – Menu 18 € (sem.)/36 € – Carte 36/76 €

◆ Parmi les nombreux restaurants du port, cette maison se distingue par son décor marin : parquet acajou et chaises Louis XVI. Plats traditionnels et produits de la mer.

La Flambée

81 r. des Halles – ✆ 02 51 96 92 35
– Fermé dim. et lundi AZ**e**

Rest – (20 € bc) Menu 38/46 € – Carte 44/59 €

◆ Dans une rue excentrée du quartier des Halles, restaurant au cadre intime, contemporain et épuré. Menu-carte mettant en valeur les produits de saison. Accueil attentionné.

La Pilotine

7 et 8 promenade Clemenceau – ✆ 02 51 22 25 25 – Fermé lundi et mardi sauf juil.-août BYa

Rest – *(nombre de couverts limité, prévenir)* Menu 16 € (sem.), 25/55 € – Carte 42/80 €

◆ Dans ce restaurant situé sur le front de mer, on déguste une cuisine soignée et axée sur les produits de la pêche. L'accueil est charmant et les prix doux.

à l'anse de Cayola 7 km au Sud-Est par la Corniche – CY – ✉ 85180 Château-d'Olonne

Cayola

76 promenade Cayola – ✆ 02 51 22 01 01 – www.le-cayola.com – Fermé janv., dim. soir et lundi sauf fériés

Rest – (25 €) Menu 39/95 € – Carte 64/85 €

Spéc. Homard bleu aux jeunes légumes et vinaigre d'agrumes (avril à oct.). Turbot cuit à basse température, légumes provençaux, écume de romarin. Mousse au chocolat java lactée, macaron et glace carambar. **Vins** Fiefs Vendéens.

◆ Dans une villa contemporaine sur la côte, une cuisine dans l'air du temps à déguster près des baies vitrées ou en terrasse, d'où l'on contemple l'Atlantique...

SABLES-D'OR-LES-PINS – 22 Côtes-d'Armor – 309 H3 – ✉ 22240 10 C1

Frehel Bretagne

Paris 437 – Dinan 42 – Dol-de-Bretagne 60 – Lamballe 26

18 des Sables-d'Or à Fréhel Sables d'Or les Pins, S : 1 km, ✆ 02 96 41 42 57

La Voile d'Or - La Lagune

allée des Acacias – ✆ 02 96 41 42 49 – www.la-voile-dor.fr – Fermé 1er janv.-13 fév.

20 ch – 75/180 € 75/180 € – 15 €

Rest – *(fermé merc. hors saison, mardi midi et lundi)* Menu 49/65 € – Carte 75/85 €

◆ Aux portes de la station, des chambres spacieuses décorées dans un plaisant style actuel ; certaines regardent l'aber. Le restaurant gastronomique, noyé de lumière, offre le spectacle de la lagune – et aussi des cuisines, ouvertes. Le chef valorise les produits locaux.

Diane

allée des Acacias – ✆ 02 96 41 42 07 – www.hoteldiane.fr

47 ch – 84/110 € 84/110 € – 11 € – ½ P 80/94 €

Rest – (14 €) Menu 27/45 € – Carte 35/65 €

◆ Sur l'axe principal de la localité et à deux pas de la mer, grande bâtisse dans le style du pays abritant des chambres fonctionnelles. Plats au goût du jour parfumés aux herbes du jardin, servis dans une salle à manger rustique et sous une véranda.

Le Manoir St-Michel sans rest

38 r. de la Carquois, 1,5 km à l'Est par D 34 – ✆ 02 96 41 48 87 – www.hotel-bretagne.de – Ouvert 1er avril-2 nov.

20 ch – 47/118 € 47/118 € – 7 €

◆ Dominant la plage, beau manoir du 16e s. entouré d'un vaste parc avec plan d'eau (pêche autorisée). Les chambres, spacieuses et douillettes, gardent leur charme d'antan.

SABLÉ-SUR-SARTHE – 72 Sarthe – 310 G7 – 12 602 h. – alt. 29 m 35 C1

– ✉ 72300 Châteaux de la Loire

Paris 252 – Angers 64 – La Flèche 27 – Laval 44

place Raphaël-Elizé ✆ 02 43 95 00 60

27 de Sablé Solesmes Domaine de l'Outinière, S : 6 km par D 159, ✆ 02 43 95 28 78

Parfum d'Epices

1 r. Plaisance, rte de Laval – 02 43 92 94 14 – www.parfumdepices.com – Fermé 3-18 avril, 28 août-5 sept. et lundi sauf fériés

Rest – Menu 16 € (déj. en sem.), 19/42 € – Carte 32/48 €

♦ Le nom évocateur de ce restaurant vous emmène déjà sur des terres lointaines. Cuisine régionale rehaussée d'épices et saveurs créoles dans un décor coloré, sur le thème du jazz.

à Solesmes 3 km au Nord-Est par D 22 – 1 338 h. – alt. 28 m – ✉ 72300

Statues des "Saints de Solesmes"★★ dans l'église abbatiale★ (chant grégorien) - Pont ≤★.

Grand Hôtel

16 pl. Dom Guéranger – 02 43 95 45 10 – www.grandhotelsolesmes.com – Fermé 26 déc.-4 janv.

30 ch – †86/108 € ††95/140 € – 2 suites – ☕ 12 € – ½ P 96/108 €

Rest – *(fermé sam. midi et dim. soir d'oct. à mars)* (20 €) Menu 26/65 € – Carte 46/80 €

♦ Hôtel confortable, face à l'abbaye St-Pierre où vous pourrez entendre des chants grégoriens. Jolis salons rénovés, chambres spacieuses et gaies, parfois dotées d'un balcon. Au restaurant, salle lumineuse et fraîche pour une cuisine classique modernisée.

SABLET – 84 Vaucluse – 332 D8 – 1 267 h. – alt. 147 m – ✉ 84110 — 40 A2

Paris 670 – Avignon 41 – Marseille 127 – Montélimar 67

8, rue du Levant 04 90 46 82 46

Les Abeilles avec ch — rest,

4 rte de Vaison – 04 90 12 38 96 – www.abeilles-sablet.com – Fermé 1er nov.-27 déc., dim. sauf le midi d' avril à sept. et lundi

5 ch – †43/93 € ††60/138 € – ☕ 19 €

Rest – (31 €) Menu 34 € (déj. en sem.)/65 € – Carte 67/81 €

♦ Une façade ocre, des volets verts et une charmante terrasse sous les platanes... de jolies Abeilles, piquantes et savoureuses ! Carte traditionnelle privilégiant les produits frais du marché (truffe en saison). Chambres coquettes et bien équipées.

SABRES – 40 Landes – 335 G10 – 1 189 h. – alt. 78 m – ✉ 40630 — 3 B2

Aquitaine

Paris 676 – Arcachon 92 – Bayonne 111 – Bordeaux 94

Ecomusée★ de la grande Lande NO : 4 km.

Auberge des Pins

r. de la piscine – 05 58 08 30 00 – www.aubergedespins.fr – Fermé 3 sem. en janv., 1 sem. en oct.

25 ch – †60/85 € ††73/150 € – ☕ 11 €

Rest – *(fermé lundi sauf le soir en juil.-août et dim. soir)* Menu 19 € (déj.), 25/68 € – Carte 44/80 €

♦ Un bel esprit maison de famille dans cette grande demeure landaise à colombages : joli parc arboré, chambres au décor soigné (meubles rustiques, bois peint...) et salon cosy. Au restaurant, boiseries, poutres, cheminée et cuisine du pays.

SACHÉ – 37 Indre-et-Loire – 317 M5 – rattaché à Azay-le-Rideau

SACLAY – 91 Essonne – 312 C3 – 101 24 – voir à Paris, Environs

SAGELAT – 24 Dordogne – 329 H7 – rattaché à Belves

SAIGNON – 84 Vaucluse – 332 F10 – rattaché à Apt

SAILLAGOUSE – 66 Pyrénées-Orientales – 344 D8 – 984 h. 22 A3
– alt. 1 309 m – ✉ 66800 Languedoc Roussillon

Paris 855 – Bourg-Madame 10 – Font-Romeu-Odeillo-Via 12 – Mont-Louis 12

Mairie ✆ 04 68 04 72 89

Gorges du Sègre★ E : 2 km.

Planes (La Vieille Maison Cerdane)

6 pl. Cerdagne – ✆ 04 68 04 72 08 – www.planotel.fr – Fermé 20-31 mars et 7 nov.-16 déc.

19 ch – 48/63 € 58/73 € – 7 € – ½ P 55/66 €

Rest – *(fermé dim. soir et lundi hors saison)* (12 €) Menu 24/45 € – Carte 30/48 €

◆ Cet ex-relais de diligences est une institution. Chambres en grande partie rénovées dans un style actuel. Charmant restaurant rustique (poutres, cheminée) où apprécier une goûteuse cuisine du pays.

Planotel

5 r. Torrent – ✆ 04 68 04 72 08 – www.planotel.fr – Ouvert juin-sept. et vacances scolaires

20 ch – 50/64 € 55/75 € – 8 € – ½ P 59/69 €

◆ Bâtisse des années 1980 idéale pour se détendre au calme. Chambres avec balcon, sauna et piscine avec toit coulissant.

à Llo 3 km à l'Est par D 33 – 148 h. – alt. 1 424 m – ✉ 66800

Site★.

L'Atalaya

– ✆ 04 68 04 70 04 – www.atalaya66.com – Ouvert Pâques-15 oct.

13 ch – 98/130 € 98/160 € – 14 € – ½ P 100/160 €

Rest – *(fermé le midi sauf sam. et dim.)* Menu 26/38 € – Carte 61/67 €

◆ Perchée sur la montagne cerdane, jolie auberge restituant le charme raffiné et personnalisé des maisons d'hôtes. Piscine panoramique. Carte classique et du terroir ; cadre romantique (mobilier catalan, piano, jarres de fruits) et magnifique vue jusqu'à l'Espagne.

ST-AARON – 22 Côtes-d'Armor – 309 H3 – rattaché à Lamballe

ST-ADJUTORY – 16 Charente – 324 M5 – 317 h. – alt. 192 m 39 C3
– ✉ 16310

Paris 472 – Poitiers 134 – Angoulême 33 – Saint-Junien 48

Château du Mesnieux

Le Mesnieux – ✆ 05 45 70 40 18 – www.chateaudumesnieux.com

4 ch – 80 € 90 €

Table d'hôte – Menu 30 € bc

◆ Ce petit château bénéficie d'un domaine vallonné propice à la promenade, d'un beau salon rustique et de chambres spacieuses très cosy au mobilier ancien chiné. Plats traditionnels servis en table d'hôte dans une salle à manger familiale avec grande cheminée.

ST-AFFRIQUE – 12 Aveyron – 338 J7 – 8 022 h. – alt. 325 m 29 D2
– ✉ 12400 Languedoc Roussillon

Paris 662 – Albi 81 – Castres 92 – Lodève 66

boulevard de Verdun ✆ 05 65 98 12 40

Roquefort-sur-Soulzon : caves de Roquefort★, rocher St-Pierre ≤★.

Le Moderne

54 av. Alphonse Pezet – ✆ 05 65 49 20 44 – www.lemoderne.com – Fermé 17-23 oct. et 17 déc.-23 janv.

Rest – (15 €) Menu 20/57 € – Carte 31/69 €

◆ Les amateurs de fromage aimeront cette maison qui propose un plateau d'une douzaine de roqueforts de différentes caves. Salle rustique et colorée, cuisine régionale authentique.

ST-AFFRIQUE-LES-MONTAGNES – 81 Tarn – 338 F9 – 706 h. 29 C2
– alt. 244 m – ✉ 81290

Paris 741 – Albi 55 – Carcassonne 53 – Castres 12

Domaine de Rasigous

2 km au Sud par D 85
– ☎ 05 63 73 30 50 – www.domainederasigous.com
– Ouvert 15 mars-15 nov.

6 ch – †80/200 € ††130/200 € – 2 suites – ☕ 12 €

Rest – *(fermé merc. et le midi) (résidents seult)* Menu 29 €

◆ La situation isolée, le cadre verdoyant et le nombre limité des chambres font de cette demeure du 19e s. un havre de paix. Peintures et sculptures témoignent de la passion du propriétaire pour l'art.

ST-AGNAN – 58 Nièvre – 319 H8 – 159 h. – alt. 525 m – ✉ 58230 7 B2

Paris 242 – Autun 53 – Avallon 33 – Clamecy 63

La Vieille Auberge

– ☎ 03 86 78 71 36 – www.vieilleauberge.com – Ouvert 15 fév.-10 nov.

8 ch – †45 € ††47/52 € – ☕ 8,50 € – ½ P 50/60 €

Rest – Menu 25/44 €

◆ Cette vieille auberge de campagne, autrefois café-épicerie, est située près d'un lac. Les chambres, mignonnes et colorées, sont parfaitement tenues, et quel calme ! On revisite ici la tradition culinaire bourguignonne, dans une ambiance champêtre.

ST-AGRÈVE – 07 Ardèche – 331 I3 – 2 588 h. – alt. 1 050 m – ✉ 07320 44 A2

Lyon Drôme Ardèche

Paris 582 – Aubenas 68 – Lamastre 21 – Privas 64

Grand'Rue ☎ 04 75 30 15 06

Mont Chiniac ≤★★.

Domaine de Rilhac avec ch

2 km au Sud-Est par D 120, D 21 et rte secondaire – ☎ 04 75 30 20 20
– www.domaine-de-rilhac.com – Fermé 20 déc. à mi-mars, mardi soir, jeudi midi et merc.

7 ch – †95/125 € ††95/125 € – ☕ 14 € – ½ P 115/121 €

Rest – (24 €) Menu 39/65 € – Carte 48/63 €

◆ Calme assuré dans cette ferme ardéchoise perdue dans la campagne, où l'on savoure une cuisine de saison face au mont Gerbier-de-Jonc. Quelques chambres, dont certaines mansardées.

Faurie (Philippe Bouissou) avec ch

36 av. des Cévennes – ☎ 04 75 30 11 45 – www.hotelfaurie.fr – Ouvert mi-mars à mi-déc.

7 ch – †90/120 € ††90/120 € – ☕ 25 €

Rest – *(nombre de couverts limité, prévenir)* Menu 85 €

Spéc. Le petit pois et l'asperge (printemps). Le rouget et l'oignon. Feuilleté framboise-marron (été). **Vins** Crozes Hermitage, Saint-Joseph.

◆ Philippe Bouissou cuisine au gré du marché et de son potager… Une véritable gastronomie de l'instant, très fine et créative, où les produits sont rendus avec pureté ! Menu unique. Le décor des chambres est aussi chic et joli que celui du restaurant.

Les Cévennes avec ch

10 pl. de la République – ☎ 04 75 30 10 22 – Fermé 12-25 nov. et vend. d'oct. à mai

6 ch – †50 € ††55 € – ☕ 9,50 € – ½ P 58/68 €

Rest – (12 €) Menu 14 € (déj. en sem.), 18/36 € – Carte 30/39 €

◆ Ambiance conviviale dans ce petit hôtel-restaurant familial. Copieux plats du terroir dans la salle "tout bois" ou repas rapides au café. Chambres fonctionnelles et bien tenues.

ST-AIGNAN – 41 Loir-et-Cher – **318** F8 – 3 257 h. – alt. 115 m **11** A2
– ✉ 41110 Châteaux de la Loire

Paris 221 – Blois 41 – Châteauroux 65 – Romorantin-Lanthenay 36

60, rue Constant Ragot ✆ 02 54 75 22 85

Crypte★★ de l'église★ - Zoo Parc de Beauval★ S : 4 km.

Les Jardins de Beauval

(au zoo), parc de Beauval, 4 km par D 675 – ✆ 02 54 75 60 00 – www.lesjardinsdebeauval.com – Fermé janv.

92 ch – 98/128 € 98/196 € – 12 €

Rest – (30 €) Menu 37/56 € – Carte 36/54 €

◆ Cinq pavillons dans un jardin paysagé, au pied du magnifique parc animalier de Beauval. Source d'inspiration affichée : l'Indonésie... et les chambres – classiques – s'habillent de mobilier en bois exotique. Au restaurant, cuisine traditionnelle sous forme de buffet.

ST-ALBAN-DE-MONTBEL – 73 Savoie – **333** H4 – rattaché à Aiguebelette-le-Lac

ST-ALBAN-LES-EAUX – 42 Loire – **327** C3 – 933 h. – alt. 410 m **44** A1
– ✉ 42370

Paris 390 – Lapalisse 45 – Montbrison 56 – Roanne 12

Le Petit Prince

Le bourg – ✆ 04 77 65 87 13 – www.restaurant-lepetitprince.fr – Fermé 17 août-1er sept., dim. soir, lundi et mardi

Rest – (20 €) Menu 28/54 €

◆ Ce charmant restaurant fut fondé en 1805 par les arrière-grands-tantes du patron actuel ! On y accède par une terrasse ombragée de tilleuls. Cuisine inventive et goûteuse.

ST-ALBAN-LEYSSE – 73 Savoie – **333** I4 – rattaché à Chambéry

ST-ALBAN-SUR-LIMAGNOLE – 48 Lozère – **330** I6 – 1 519 h. **23** C1
– alt. 950 m – ✉ 48120

Paris 552 – Espalion 72 – Mende 40 – Le Puy-en-Velay 75

Rue de l'hôpital ✆ 04 66 31 57 01

Relais St-Roch

chemin du Carreirou – ✆ 04 66 31 55 48 – www.relais-saint-roch.fr – Ouvert 15 avril-1er nov.

9 ch – 128/208 € 128/208 € – 15 € – ½ P 128/168 €

Rest *La Petite Maison* – voir ci-après

◆ Cette gentilhommière du 19e s. en granit rose vous accueille dans de coquettes chambres personnalisées et bien équipées. Confortable salon ; belle piscine chauffée au jardin.

La Petite Maison – Hôtel St-Roch

av. de Mende – ✆ 04 66 31 56 00 – www.la-petite-maison.fr – Ouvert 15 avril-1er nov. et fermé lundi sauf le soir en juil.-août, mardi midi et merc. midi

Rest – (22 €) Menu 28/74 € – Carte 50/133 €

◆ Table régionale à l'ambiance chaleureuse et romantique. Spécialités de viande de bison et de friture de truitelles ; superbe choix de whiskys et de vins du Languedoc-Roussillon.

Les maisons d'hôtes ne proposent pas les mêmes services qu'un hôtel. Elles se distinguent généralement par leur accueil et leur décor, qui reflètent souvent la personnalité de leurs propriétaires. Celles classées en rouge sont les plus agréables.

ST-AMAND-MONTROND – 18 Cher – 323 L6 – 11 642 h. – alt. 160 m – ✉ 18200 Limousin Berry 12 C3

Paris 282 – Bourges 52 – Châteauroux 65 – Montluçon 56

place de la République ✆ 0248961686, Fax 0248964664

Abbaye de Noirlac★★ 4 km par ⑥.

Château de Meillant★★ 8 km par ①.

Mercure L'Amandois

ch, rest, VISA

7 r. H. Barbusse, (face pl. de la République) – ✆ 02 48 63 72 00 – www.mercure.com

43 ch – 49/65 € 59/75 € – 10 €

Rest – (13 €) Menu 18/28 € – Carte 25/45 €

◆ Une adresse fonctionnelle et pratique, avec seize chambres récentes, modernes et fort bien équipées, réparties dans deux bâtiments. Restauration traditionnelle dans une salle donnant sur la rue.

à Noirlac 4 km au Nord-Ouest par D 2144 (rte de Bourges) et D 35 – ✉ 18200 Bruere Allichamps

Auberge de l'Abbaye de Noirlac

VISA

– ✆ 02 48 96 22 58 – www.aubergeabbayenoirlac.free.fr – Ouvert 25 fév.-30 nov. et fermé mardi soir et merc. sauf juil.-août .

Rest – Menu 22 € (sem.), 27/35 € – Carte 38/45 €

◆ Petite auberge sise dans une chapelle des voyageurs du 12e s. Salle à manger avec poutres et tomettes ; terrasse tournée vers l'abbaye cistercienne. Cuisine du terroir.

à Bruère-Allichamps 8,5 km au Nord-Ouest par rte de Bourges (D 2144) – 576 h. – alt. 170 m – ✉ 18200

Les Tilleuls avec ch

P VISA

rte de Noirlac – ✆ 02 48 61 02 75 – www.hotel-restaurant-tilleuls.com – Fermé 1er-8 mars, 23 oct.-8 nov., 18-27 déc., dim. du 15 sept. au 15 juin et lundi

11 ch – 56/58 € 56/58 € – 9 € – ½ P 57/59 €

Rest – *(fermé mardi midi et merc. midi du 15 juin au 15 sept.)* (18 € bc) Menu 25/90 € bc – Carte 45/60 €

◆ Une belle halte gourmande sur la route touristique longeant le Cher ! De bons produits frais et une cuisine fine et bien réalisée, à prix doux... Chambres petites, mais bien tenues et au calme... face à la campagne.

ST-AMARIN – 68 Haut-Rhin – 315 G9 – 2 486 h. – alt. 410 m – ✉ 68550 1 A3

Paris 461 – Belfort 52 – Colmar 53 – Épinal 76

81, rue Charles-de-Gaulle ✆ 03 89 82 13 90

Auberge du Mehrbächel

rest, ch, P VISA

4 km à l'Est par rte du Mehrbächel – ✆ 03 89 82 60 68 – www.auberge-mehrbachel.com – Fermé 28 oct.-9 nov.

23 ch – 50 € 62/70 € – 10 € – ½ P 57/65 €

Rest – *(fermé lundi soir, jeudi soir et vend.)* (11 €) Menu 18/38 € – Carte 18/46 €

◆ Ambiance "refuge" et confort actuel pour cette ancienne ferme tenue par la même famille depuis 1886 et bénéficiant d'une situation privilégiée sur le passage d'un GR. Le restaurant propose quelques spécialités alsaciennes à partager avec les randonneurs.

ST-AMBROIX – 30 Gard – 339 K3 – 3 559 h. – alt. 142 m – ✉ 30500 23 C1

Paris 686 – Alès 20 – Aubenas 56 – Mende 111

place de l'Ancien Temple ✆ 04 66 24 33 36

à St-Victor-de-Malcap 2 km au Sud-Est par D 51 – 629 h. – alt. 140 m – ✉ 30500

La Bastide des Senteurs avec ch

5 r. de la Traverse – ☎ 04 66 60 24 45 – www.bastide-senteurs.com – Ouvert 7 mars-30 oct.

14 ch – †75 € ††75 € – ☐ 10 € – ½ P 86/96 €

Rest – *(fermé sam. midi)* (18 € bc) Menu 35/72 € – Carte 55/90 €

◆ Dans cette magnanerie, quel plaisir de s'installer sur la terrasse dominant le vallon et de savourer une agréable cuisine méditerranéenne. Spécialité : la poularde de Bresse en vessie. Boutique de vin et cave. Chambres aux noms de cépages, confortables et soignées.

à Larnac 3,5 km au Sud-Ouest par rte d'Alès – ✉ 30960 Les Mages

Le Clos des Arts sans rest

Domaine Villaret – ☎ 04 66 25 40 91 – www.closdesarts.com

15 ch – †55/79 € ††55/79 € – ☐ 8 €

◆ Dans une ancienne filature de soie du 17e s., des chambres spacieuses, dont deux thématiques (Inde et design). De nombreuses œuvres d'art donnent du charme au domaine.

ST-AMOUR-BELLEVUE – 71 Saône-et-Loire – 320 I12 – 524 h. – alt. 306 m – ✉ 71570 — 8 C3

Paris 402 – Bourg-en-Bresse 48 – Lyon 63 – Mâcon 13

Auberge du Paradis

Le Plâtre Durand – ☎ 03 85 37 10 26 – www.aubergeduparadis.fr – Fermé janv.

8 ch – †120/155 € ††120/230 € – ☐ 20 €

Rest – *(fermé lundi, mardi et le midi sauf dim.)* Menu 55 €

◆ Un paradis bien sympathique : chambres originales et contemporaines, décorées avec goût et caractère. Couloir de nage, salon de lecture et excellent petit-déjeuner. Cuisine inspirée des quatre coins du monde (menu unique), servie dans un cadre romantique.

Chez Jean Pierre

Le Plâtre Durand – ☎ 03 85 37 41 26 – www.restaurant-jeanpierre.fr – Fermé 22 déc.-11 janv., dim. soir, merc. soir et jeudi

Rest – Menu 21 € (déj. en sem.), 31/48 € – Carte 44/59 €

◆ Salle champêtre (cheminée en faïence bleue, gros billot de boucher) et terrasse fleurie, où profiter de plats traditionnels accompagnés de vins du cru.

ST-ANDRÉ-DE-ROQUELONGUE – 11 Aude – 344 I4 – 1 003 h. – alt. 72 m – ✉ 11200 — 22 B3

Paris 821 – Béziers 53 – Montpellier 112 – Perpignan 71

Demeure de Roquelongue

53 av. de Narbonne – ☎ 04 68 45 63 57 – www.demeure-de-roquelongue.com – Ouvert 15 mars-15 nov.

5 ch ☐ – †95/135 € ††95/135 €

Table d'hôte – Menu 25 €

◆ Cette belle maison de vignerons (1885) possède un ravissant patio verdoyant. Chambres décorées avec un goût sûr, mobilier chiné, salles de bains à l'ancienne et salon cosy.

ST-ANDRÉ-LEZ-LILLE – 59 Nord – 302 G4 – rattaché à Lille

ST-ANDRÉ-LES-VERGERS – 10 Aube – 313 E4 – rattaché à Troyes

ST-ANTOINE-L'ABBAYE – 38 Isère – 333 E6 – 959 h. – alt. 339 m 43 E2
– ✉ 38160 Lyon Drôme Ardèche

Paris 553 – Grenoble 66 – Romans-sur-Isère 26 – St-Marcellin 12
place Ferdinand Gilibert ✆ 04 76 36 44 46
Abbatiale★.

Auberge de l'Abbaye
Mail de l'Abbaye – ✆ 04 76 36 42 83 – www.auberge-abbaye.com – Fermé 10 janv.-9 fév., lundi et mardi sauf le midi de juil. à sept. et dim. soir d'oct. à juin
Rest – (18 €) Menu 23 € (sem.)/56 € – Carte 35/80 €
◆ Jolie maison (14e s.) au cœur du village médiéval. Chaleureux intérieur de style Louis XIII et terrasse donnant sur l'abbatiale. Cuisine utilisant les produis du terroir.

ST-ARCONS-D'ALLIER – 43 Haute-Loire – 331 D3 – 180 h. 6 C3
– alt. 560 m – ✉ 43300

Paris 515 – Brioude 37 – Mende 87 – Le Puy-en-Velay 34

Les Deux Abbesses
– ✆ 04 71 74 03 08 – www.lesdeuxabbesses.com – Ouvert 26 avril-2 oct.
6 ch (½ P seult) – 6 suites – ½ P 240/340 €
Rest – *(fermé lundi et mardi sauf juil.-août et le midi) (nombre de couverts limité, prévenir)* Menu 70 €
◆ Chambres personnalisées réparties dans plusieurs maisons d'un magnifique village médiéval perché. Ambiance romantique, jardin soigné, salle de massage, piscine-belvédère. Menu du marché servi le soir au château. Mets classiques revisités ou teintés d'exotisme.

ST-AUBIN – 22 Côtes-d'Armor – 309 H3 – rattaché à Erquy

ST-AUBIN-DE-LANQUAIS – 24 Dordogne – 329 E7 – 264 h. 4 C1
– alt. 110 m – ✉ 24560

Paris 548 – Bergerac 13 – Bordeaux 101 – Périgueux 56

L'Agrybella sans rest
pl. de l'Église – ✆ 05 53 58 10 76 – www.agrybella.fr.st – Fermé janv. et fév.
5 ch – 🚹90 € 🚹🚹90 €
◆ Au cœur d'un village tranquille, une belle demeure (18e s.) dans un jardin clos de murs... Choisissez votre chambre : Coloniale, Rétro, Marine, Périgourdine ou Cirque ! Une réussite, sous l'égide d'un couple charmant.

ST-AUBIN-DE-MÉDOC – 33 Gironde – 335 G5 – 5 550 h. – alt. 29 m 3 B1
– ✉ 33160

Paris 592 – Angoulême 132 – Bayonne 193 – Bordeaux 19

Le Pavillon de St-Aubin-Thierry Arbeau avec ch
Le Hiou, rte de Picot – ✆ 05 56 95 98 68 – www.thierry-arbeau.com
12 ch – 🚹75/85 € 🚹🚹80/90 € – 12 €
Rest – *(fermé 15-29 août)* (26 €) Menu 35/63 €
◆ Cuisine au goût du jour, alliée à une très belle sélection de Bordeaux. Le cadre est plaisant : tons ensoleillés, cheminée et tables bien dressées. Les chambres de ce bâtiment moderne qui évoque une demeure coloniale sont fonctionnelles et bien tenues.

ST-AVÉ – 56 Morbihan – 308 O8 – rattaché à Vannes

ST-AVIT-DE-TARDES – 23 Creuse – 325 K5 – 194 h. – alt. 560 m 25 C2
– ✉ 23200

Paris 415 – Limoges 151 – Guéret 55 – Ussel 67

Le Moulin de Teiteix
– ✆ 05 55 67 34 18 – http://moulin-de-teiteix.pagesperso-orange.fr/
5 ch – 🚹59 € 🚹🚹79 € **Table d'hôte** – Menu 27 € bc
◆ Au grand calme au pied d'une petite rivière poissonneuse, ce moulin du 19e s. vous accueille dans un cadre rustique. Chambres spacieuses, toutes décorées différemment. La table d'hôte propose une cuisine traditionnelle élaborée à base de produits de la région.

ST-AVOLD – 57 Moselle – **307** L4 – 16 915 h. – alt. 260 m – ✉ 57500 **27** C1
Alsace Lorraine

Paris 372 – Metz 46 – Saarbrücken 33 – Sarreguemines 29

28, rue des Américains ✆ 03 87 91 30 19

de Faulquemont à Faulquemont Avenue Jean Monnet, SO : 16 km par D 20, ✆ 03 87 81 30 52

Groupe sculpté★ dans l'église St-Nabor.

Mine-image★ de Freyming-Merlebach NE : 10 km.

au Nord 2,5 km sur D 633 (près échangeur A 4) – ✉ 57500 St-Avold

Novotel
RN 33 – ✆ 03 87 92 25 93 – www.novotel.com
61 ch – †64/125 € ††64/125 € – ☕ 15 € **Rest** – (18 €) Carte 20/50 €
◆ Grandes chambres à choisir de préférence face à la piscine, dans cet hôtel de chaîne établi à l'orée de la forêt. Côté restaurant, l'étape est sans surprise. Terrasse face à la lisière des arbres.

ST-AY – 45 Loiret – **318** H4 – 2 986 h. – alt. 100 m – ✉ 45130 **12** C2

Paris 140 – Orléans 13 – Blois 48 – Châteaudun 52

Mairie ✆ 02 38 88 44 44

La Grande Tour
21 rte Nationale – ✆ 02 38 88 83 70 – www.lagrandetour.com
– Fermé 10-25 août, merc. soir, dim. soir et lundi
Rest – (16 €) Menu 25/66 € – Carte 47/66 €
◆ La "Pompadour" séjourna dans cet ancien relais de poste ! Cuisine traditionnelle (tête de veau, canette rôtie, sandre au beurre blanc), servie en terrasse l'été venu.

ST-AYGULF – 83 Var – **340** P5 – ✉ 83370 Côte d'Azur **41** C3

Paris 872 – Brignoles 69 – Draguignan 35 – Fréjus 6

place de la Poste ✆ 04 94 81 22 09

Cap Riviera sans rest
21 r. de Claviers, (Plage du Grand Boucharel) – ✆ 04 94 81 21 42
– www.frejus-hotel.com – Ouvert 18 mars-17 oct.
18 ch – †54/138 € ††54/138 € – ☕ 8 €
◆ Petit hôtel familial, sur la route côtière, face à la mer. Chambres coquettes et colorées, plus calmes côté patio ; accueil aimable (petite restauration en saison).

ST-BAZILE-DE-MEYSSAC – 19 Corrèze – **329** L5 – 156 h. **25** C3
– alt. 230 m – ✉ 19500

Paris 514 – Limoges 125 – Tulle 37 – Brive-la-Gaillarde 28

Le Manoir de la Brunie sans rest
La Brunie – ✆ 05 55 84 23 07 – www.manoirlabrunie.com
3 ch ☕ – †90/110 € ††90/110 €
◆ Manoir du 18e s. au cœur d'un jardin propice à la détente. Salon avec cantou et salle des petits-déjeuners agrémentés d'un beau mobilier de style. Chambres dans le même esprit.

ST-BEAUZEIL – 82 Tarn-et-Garonne – **337** B5 – 122 h. – alt. 181 m **28** B1
– ✉ 82150

Paris 631 – Agen 32 – Cahors 55 – Montauban 64

Château de l'Hoste
rte d'Agen, (D 656) – ✆ 05 63 95 25 61 – www.chateaudelhoste.com
26 ch ☕ – †87/106 € ††106/209 €
Rest – *(fermé le midi sauf dim.)* Menu 25/57 € – Carte 37/57 €
◆ Jolie gentilhommière du 17e s. au cœur d'un parc boisé perdu dans la campagne quercynoise. Chambres plaisantes et confortables. La salle à manger mêle ambiances champêtre et aristocratique ; terrasse dressée dans le parc.

ST-BÉNIGNE – 01 Ain – **328** C2 – rattaché à Pont-de-Vaux

ST-BENOIT – 86 Vienne – **322** I5 – rattaché à Poitiers

ST-BENOÎT-SUR-LOIRE – 45 Loiret – 318 K5 – 1 972 h. – alt. 126 m – ✉ 45730 Châteaux de la Loire 12 C2

Paris 166 – Bourges 92 – Châteauneuf-sur-Loire 10 – Gien 32

44, rue Orléanaise ✆ 02 38 35 79 00

Basilique★★.

Germigny-des-Prés : mosaïque★★ de l'église★ NO : 6 km.

Grand St-Benoît

7 pl. St-André – ✆ 02 38 35 11 92 – www.hoteldulabrador.fr – Fermé 16 août-1er sept., 17 déc.-3 janv., sam. midi, dim. soir et lundi

Rest – *(nombre de couverts limité, prévenir)* (16 €) Menu 27/57 € bc – Carte 57/67 €

♦ Dans une maison régionale, avec sa terrasse dressée sur une place piétonne du village où repose le poète Max Jacob. Bonne cuisine classique avec des touches d'inventivité.

ST-BERNARD – 01 Ain – 328 B5 – 1 358 h. – alt. 250 m – ✉ 01600 43 E1

Paris 443 – Lyon 29 – Bourg-en-Bresse 57 – Villeurbanne 37

Le Clos du Chêne

370 chemin du Carré – ✆ 04 74 00 45 39 – www.leclosduchene.com – Fermé 24 déc.-2 janv. et 27 janv.-26 mars

7 ch – 150/170 € 150/170 € – 13 €

Rest – *(fermé mardi, sam. et le midi) (résidents seult)* Menu 31 €

♦ En bordure de la Saône, superbes chambres romantiques et cosy dans une vaste propriété, alliant esprit de maison de famille, équipements modernes et thématique équestre.

ST-BONNET-LE-CHÂTEAU – 42 Loire – 327 D7 – 1 492 h. – alt. 870 m – ✉ 42380 Lyon Drôme Ardèche 44 A2

Paris 484 – Ambert 48 – Montbrison 31 – Le Puy-en-Velay 66

7, place de la République ✆ 04 77 50 52 48

Chevet de la collégiale ≤★ - Chemin des Murailles★.

Le Béfranc

7 rte d'Augel – ✆ 04 77 50 54 54 – www.hotel-lebefranc.com – Fermé 24-31 oct., 13 fév.-14 mars, dim. soir et lundi sauf juil.-août

17 ch – 45 € 55 € – 7 € – ½ P 51 €

Rest – (13 € bc) Menu 19/37 € – Carte 22/39 €

♦ Aux portes de cette localité surnommée "la perle du Forez", une adresse familiale, simple et sympathique, qui met à profit les anciens locaux de la gendarmerie ! Cuisine traditionnelle au restaurant.

La Calèche

2 pl. Cdt Marey – ✆ 04 77 50 15 58 – www.restaurantlacaleche.fr – Fermé 1er-7 juin , 23-31 août, 2-16 janv., dim. soir, lundi soir, mardi soir et merc.

Rest – Menu 22/55 € – Carte 45/60 €

♦ Un restaurant aménagé dans une maison classée (17e s.), où les produits sont bien choisis : escargots, ris de veau, asperges... La carte des vins fait la part belle aux côtes-du-rhône.

ST-BONNET-LE-FROID – 43 Haute-Loire – 331 I3 – 239 h. – alt. 1 126 m – ✉ 43290 6 D3

Paris 555 – Annonay 27 – Le Puy-en-Velay 58 – St-Étienne 51

place de la Mairie ✆ 04 71 65 64 41

Le Clos des Cimes

le village – ✆ 04 71 59 93 72 – www.regismarcon.fr – Fermé 23 déc.-13 fév., lundi de nov. à juin et mardi

12 ch – 175/240 € 175/240 € – 22 €

Rest *Bistrot la Coulemelle* – ✆ 04 71 65 63 62 – Menu 27/40 €

♦ Le Clos abrite des chambres personnalisées et confortables, tournées vers la vallée. De goûteux plats du terroir vous attendent dans le décor rustique et soigné du Bistrot la Coulemelle, annexe du restaurant Régis et Jacques Marcon.

Le Fort du Pré

rte du Puy – ✆ 04 71 59 91 83 – www.le-fort-du-pre.fr
– Fermé 27 août-3 sept., 1er déc.-5 mars, dim. soir et lundi sauf juil.-août
34 ch – 75/85 € 75/85 € – 10 € – ½ P 70/93 €
Rest – (18 €) Menu 26/65 € – Carte 35/56 €
◆ Imposante maison de maître en pierre, aux chambres simples et fonctionnelles. Nombreuses activités de loisirs (piscine couverte, fitness...), création d'une école de cuisine. Salle à manger-véranda ouverte sur la nature ; table de qualité valorisant le terroir.

Régis et Jacques Marcon avec ch

Larsiallas, sur les hauteurs du village
– ✆ 04 71 59 93 72 – www.regismarcon.fr
– Ouvert 2 avril-18 déc. et fermé lundi soir de nov. à juin, mardi et merc.
10 ch – 355 € 355 € – 25 €
Rest – *(prévenir)* Menu 115/175 € – Carte 130/190 €
Spéc. Omble chevalier "association amande-artichaut". Cassoulet de homard aux lentilles vertes du Puy. Croustillant chocolat et praliné de cèpes. **Vins** Saint-Joseph, Vin de pays des Coteaux de l'Ardèche.
◆ Le restaurant, associant merveilleusement la pierre, le bois et le verre, a vue sur les massifs alentour, écrin idéal d'une cuisine envoûtante inspirée par les produits de la terre auvergnate (champignons). Élégantes chambres ouvertes sur la nature.

André Chatelard

pl. aux Champignons – ✆ 04 71 59 96 09 – www.restaurant-chatelard.com
– Fermé 2 janv.-2 mars, mardi sauf août, dim. soir et lundi
Rest – Menu 20 € (sem.), 30/72 € – Carte 29/66 €
◆ Solide maison de pays estimée pour sa cuisine régionale goûteuse et soignée. Salles néo-rustiques, salon-cheminée et jardinet avec terrasse. Tentant chariot de desserts.

au Nord-Ouest 6 km par D 44

La Maison d'en Haut sans rest

Malatray – ✆ 04 71 61 96 20 – www.maison-den-haut.com – Ouvert avril-déc.
3 ch – 75/85 € 75/85 €
◆ Dans un petit hameau au grand calme, ancienne ferme en pierres de taille du 18e s. abritant des chambres chaleureuses avec leur mobilier de style. Ambiance familiale.

Une bonne table sans se ruiner ? Repérez les Bib Gourmand.

ST-BONNET-TRONÇAIS – 03 Allier – 326 D3 – 760 h. – alt. 224 m – 5 B1
– ✉ 03360 Auvergne

Paris 313 – Clermont-Ferrand 137 – Moulins 60 – Montluçon 44

à Tronçais 2 km au Sud-Est par D 250 – ✉ 03360

Le Tronçais

12 av. Nicolas-Rambourg, par D 978 – ✆ 04 70 06 11 95 – www.letroncais.com
– Ouvert 15 mars-15 nov. et fermé dim. soir, mardi midi et lundi en mars-avril et oct.-nov.
12 ch – 49 € 57 € – 9 € – ½ P 55 €
Rest – Menu 26/39 € – Carte 28/41 €
◆ Un parc, un étang et la magnifique forêt de Tronçais à proximité. Cette demeure et son annexe possèdent des chambres d'ampleurs variées, au grand calme. Côté restaurant, on s'installe dans une grande salle à manger pimpante pour déguster des plats traditionnels.

ST-BRANCHS – 37 Indre-et-Loire – 317 N5 – 2 324 h. – alt. 97 m – 11 B2
– ✉ 37320

Paris 259 – Orléans 135 – Tours 24 – Joué-lès-Tours 19

Le Diable des Plaisirs

2 av. des Marronniers – ✆ 02 47 26 33 44 – www.restaurant-lediabledesplaisirs.com – Fermé dim. soir et merc.
Rest – (15 €) Menu 20/38 € – Carte 41/51 €
◆ Ce restaurant en retrait du centre du village vous reçoit dans le cadre très coloré, ludique et nostalgique d'une ancienne salle de classe. Accueil souriant et cuisine actuelle.

ST-BREVIN-LES-PINS – 44 Loire-Atlantique – 316 C4 – 11 750 h. – alt. 9 m – Casino – ✉ 44250 Poitou Vendée Charentes 34 A2

Paris 442 – Nantes 57 – Saint-Herblain 62 – Saint-Nazaire 15
10, rue de l'Église ✆ 02 40 27 24 32

Du Beryl

55 bd de l'Océan – ✆ 02 28 53 20 00 – www.groupe-emeraude.com
94 ch – 79/169 € 79/169 € – 15 € – ½ P 71/116 €
Rest – (17 €) Menu 19/32 € – Carte 30/41 €
◆ Vue sur la mer ou, à l'arrière, sur les pins qui recouvrent la station : dans cet hôtel moderne, les chambres, lumineuses et spacieuses, sont en prise sur la côte Atlantique. Casino. Restaurant assez confortable (terrasse face à l'océan) ; carte traditionnelle.

ST-BRICE – 53 Mayenne – 310 G7 – 514 h. – alt. 71 m – ✉ 53290 35 C1

Paris 271 – Laval 43 – Le Mans 70 – Nantes 147

Au Manoir des Forges

0,5 km à l'Est par D 212 – ✆ 02 43 70 84 40 – www.manoirdesforges.fr – Ouvert 12 mars-29 nov.
5 ch – 95/135 € 95/135 €
Table d'hôte – Menu 32 € bc
◆ Sur les hauteurs du village, petit manoir de 1850 au charme authentique : parc, plan d'eau où nagent des cygnes noirs. Chambres rustiques et cosy (tomettes, poutres, cheminée). Cuisine provençale et spécialités corses au coin du feu ou sous la tonnelle.

ST-BRICE-EN-COGLÈS – 35 Ille-et-Vilaine – 309 N4 – 2 655 h. – alt. 105 m – ✉ 35460 10 D2

Paris 343 – Avranches 34 – Fougères 17 – Rennes 57
7, place Charles-de-Gaulle ✆ 02 99 97 85 44

Le Lion d'Or

ch, rest,

6-8 r. Chateaubriand – ✆ 02 99 98 61 44 – www.hotel-leliondor.fr
28 ch – 60/75 € 60/75 € – 8,50 € – ½ P 60/85 €
Rest – *(fermé dim. soir de sept. à avril)* (12 € bc) Menu 18/32 € – Carte 27/50 €
◆ Dans la rue principale du village, cet ex-relais de diligence à la façade de granit abrite des chambres de confort simple, régulièrement rénovées. Confortable restaurant et sa véranda servant des plats traditionnels et du terroir. À midi, espace brasserie.

Manoir de la Branche sans rest

lieu-dit la Branche, 1 km au Nord par D 102 – ✆ 02 99 97 77 95 – www.manoirdelabranche.com – Fermé 20 déc.-6 janv.
5 ch – 120/180 € 120/180 €
◆ Robuste manoir daté de 1412, en bordure de forêt. Vieilles pierres, poutres de chêne, tomettes, murs à la chaux, mobilier de style : le décor fait remonter le temps !

ST-BRIEUC P – 22 Côtes-d'Armor – 309 F3 – 46 437 h. – Agglo. 121 237 h. – alt. 78 m – ✉ 22000 Bretagne 10 C2

Paris 451 – Brest 144 – Quimper 127 – Rennes 101
de St-Brieuc-Armor : ✆ 02 96 94 95 00, 10 km par ①.
Bureau central 7, rue Saint-Gouéno ✆ 08 25 00 22 22
Club la Crinière à Lamballe Manoir de la Ville Gourio, par rte de Lamballe et D 786 : 15 km, ✆ 02 96 32 72 60
Cathédrale St-Étienne★ - Tertre Aubé ≤★ BV.

Plan page suivante

De Clisson sans rest

36 r. Gouët – ✆ 02 96 62 19 29 – www.hoteldeclisson.com AYe
25 ch – 58/120 € 76/120 € – 8 €
◆ Cette bâtisse blanche, à l'écart du centre, vous réserve un accueil charmant. Chambres diversement meublées ; celles avec baignoire balnéo sont plus spacieuses. Joli jardin.

Ker Izel sans rest

20 r. Gouët – ✆ 02 96 33 46 29 – www.hotel-kerizel.com – Fermé 24 déc.-2 janv. AYa
22 ch – 45/49 € 47/65 € – 8 €
◆ Au cœur historique de la ville, c'est vraisemblablement le plus vieil hôtel de St-Brieuc. Chambres plutôt petites, mansardées au 2e étage, et bien tenues. Jardinet, piscine.

Champ de Mars sans rest

13 r. Gén. Leclerc – ✆ 02 96 33 60 99 – www.hotel-saint-brieuc.fr – Fermé vacances de Noël BZs
21 ch – 49/55 € 56/62 € – 8 €
◆ Emplacement pratique, près d'un grand parking public, pour ces chambres sobres et fonctionnelles, conçues à l'identique. Ici et là, quelques détails personnalisent cet hôtel simple.

Aux Pesked (Mathieu Aumont)

59 r. Légué – ✆ 02 96 33 34 65 – www.auxpesked.com – Fermé 29 avril-4 mai, 23 août-13 sept., 3-18 janv., sam. midi, dim. soir et lundi AVa
Rest – (22 €) Menu 26 € (déj. en sem.), 42/68 € – Carte 70/87 €
Spéc. Homard et maquereau, salade d'agrumes, sorbet lait ribot (printemps-été). Filet de saint-pierre, lard colonnata, émulsion fenouil sauvage, fleur de sel cuisinée (printemps-été). Fraises au poivre de Sechuan vert, mélisse du jardin, sorbet fraise et poivron rouge, sablé breton (printemps-été).
◆ Avec la vallée du Gouët pour paysage, ce chaleureux restaurant contemporain propose une fine carte actuelle, du marché, et mettant à l'honneur les Pesked (poissons en breton).

Amadeus

22 r. Gouët – ✆ 02 96 33 92 44 – Fermé merc. soir et dim. AYb
Rest – (12 €) Menu 16 € (sem.)/55 € – Carte 30/56 €
◆ Ce restaurant familial a préservé son charme ancien (murs de pierre, beau plafond à solives), tout en modernisant et en épurant son décor. Cuisine dans l'air du temps.

Ô Saveurs

10 r. J.-Ferry – ✆ 02 96 94 05 34 – www.osaveurs-restaurant.com – Fermé 2 sem. en août, janv., dim. et lundi AXn
Rest – (15 €) Menu 27/70 € bc – Carte 33/51 €
◆ Derrière la gare, ce restaurant affiche un cadre sobre, tout de noir et blanc, en parfait accord avec les mets proposés. Carte de saison. Accueil et service charmants.

ST-BRIEUC

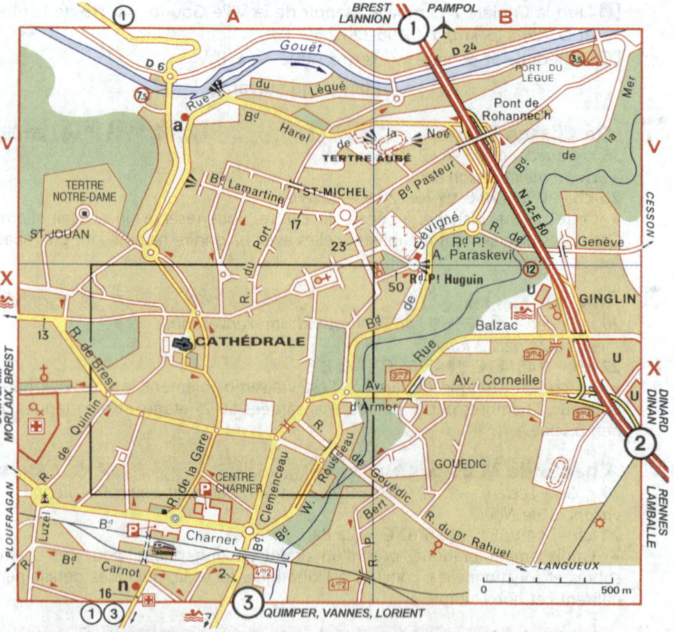

BREST LANNION
PAIMPOL
Gouët
PORT DU LÉGUE
Pont de Rohannec'h
TERTRE AUBÉ
TERTRE NOTRE-DAME
ST-JOUAN
ST-MICHEL
CATHÉDRALE
CENTRE CHARNER
GINGLIN
GOUEDIC
CESSON
Genève
Balzac
Av. Corneille
GUINGAMP MORLAIX, BREST
PLOUFRAGAN
DINARD DINAN
RENNES LAMBALLE
LANGUEUX
QUIMPER, VANNES, LORIENT
0 500 m

Fontaine de St-Brieuc
PARC DE LA PRÉFECTURE
Tour du St-Esprit
CATHÉDRALE ST-ETIENNE
Place au Lin
Place St-Michel
ST MICHEL
Grandes Promenades
Pl. Du Guesclin
Pl. du 8 Mai 1945
Espl. R. Poupard
Pl. S. Allende
R. du Vieux Séminaire
R. du Combat des Trente
0 100 m

X **Youpala Bistrot** (Jean-Marie Baudic)
5 r. Palasne de Champeaux, Sud-Ouest par bd Charner – ✆ 02 96 94 50 74 – www.youpala-bistrot.com – Fermé 1er-15 juin, 1er-15 sept., 1er-25 janv., dim. et lundi
Rest – *(nombre de couverts limité, prévenir)* (20 €) Menu 26 € (déj. en sem.), 50/62 € bc
Spéc. Produits de saison autour de la mer et des légumes.
◆ Le chef créatif de ce bistrot rustique, contemporain et coloré, conçoit un menu unique surprise, en fonction des produits du marché, et met à l'honneur la marée bretonne.

X **L'Air du Temps**
4 r. Gouët – ✆ 02 96 68 58 40 – www.airdutemps.fr – Fermé 3-20 juil., 22 oct.-7 nov., 26 fév.-14 mars, dim. et lundi AYz
Rest – (12 €) Menu 16 € – Carte 28/56 €
◆ Optez pour l'agréable cadre rustico-contemporain du rez-de-chaussée ou l'atmosphère très épurée de l'étage. Côté cuisine, saveurs ensoleillées relevées d'herbes et d'épices.

à Sous-la-Tour 3 km au Nord-Est par Port Légué et D 24 BV – ✉ 22190 Plérin

La Maison du Phare sans rest
93 r. de la Tour – ✆ 02 96 33 34 65 – www.maisonphare.com – Fermé 1er-14 sept. et 1er-14 janv.
5 ch – †75 € ††80/110 € – ☕ 8 €
◆ Adossée à la falaise, près du port, cette maison du 19e s. au cadre cosy, raffiné et actuel invite à la douceur de vivre. Chambres personnalisées (terrasse, balcon, patio).

XX **La Vieille Tour** (Nicolas Adam)
75 r. de la Tour – ✆ 02 96 33 10 30 – www.la-vieille-tour.com – Fermé 16 août-6 sept., vacances de fév., sam. midi, dim. et lundi
Rest – *(nombre de couverts limité, prévenir)* (18 €) Menu 27 € (sem.)/67 € – Carte 59/112 €
Spéc. Mac'Adam de foie gras chaud aux Saint-Jacques et cèpes, ketchup de framboises (sept. à déc.). Turbot sauvage au thym et laurier. Tarte coulante au chocolat manjari, menthe poivrée, glace carambar.
◆ Cadre très contemporain jouant sur la lumière et les matières (verre, wengé...), en totale adéquation avec les saveurs fines et iodées de cette maison de pays, face au chenal.

à Cesson 3 km à l'Est par r. Genève BV – ✉ 22000

XXX **La Croix Blanche**
61 r. de Genève – ✆ 02 96 33 16 97 – www.restaurant-lacroixblanche.fr – Fermé 3-24 août, vacances de fév., dim. soir et lundi
Rest – Menu 21/86 € – Carte 40/50 €
◆ Ce restaurant situé dans un quartier résidentiel abrite plusieurs salles à manger confortables et personnalisées, ouvrant sur le jardin. Menu-carte où le poisson joue la vedette.

XX **Manoir le Quatre Saisons**
61 chemin Courses – ✆ 02 96 33 20 38 – www.manoirquatresaisons.fr – Fermé 1er-15 mars, 3-17 oct., dim. soir et lundi
Rest – Menu 25 € (déj. en sem.), 35/70 € – Carte 55/75 €
◆ Auberge de pays tapie dans un vallon rejoignant la mer. Cuisine traditionnelle servie dans deux pimpantes salles à manger aux jolis détails Art nouveau.

ST-CALAIS – 72 Sarthe – 310 N7 – 3 589 h. – alt. 155 m – ✉ 72120 35 D1

Châteaux de la Loire

▶ Paris 188 – La Ferté-Bernard 33 – Le Mans 47 – Tours 66
ℹ place de l'Hôtel de ville ✆ 02 43 35 82 95
👁 Façade★ de l'église Notre-Dame.

Rte de la Ferté-Bernard 3 km au Nord par D 1

Château de la Barre

– *02 43 35 00 17 – www.chateaudelabarre.com – Fermé 10 janv.-10 fév.*
5 ch – 130/150 € 180/330 € – 15 €
Table d'hôte – *(fermé dim. soir, lundi soir, merc. soir et vend. soir)*
Menu 95 € bc

◆ Ce beau château entouré d'un parc de 40 ha appartient à la même famille depuis le 15e s. Les chambres, raffinées et personnalisées, possèdent d'authentiques meubles anciens. Cuisine bourgeoise servie dans une salle à manger agrémentée d'un superbe vaisselier.

ST-CANADET – 13 Bouches-du-Rhône – **340** H4 – 13610 **40** B3

Paris 765 – Marseille 46 – Aix-en-Provence 18 – Avignon 93

Campagne le Bec sans rest

– *04 42 61 97 05 – www.campagnelebec.com*
4 ch – 120/160 € 120/160 €

◆ En pleine campagne, cette ancienne bergerie mêle avec brio profusion baroque et élégance contemporaine. "Lin", tout en jaune, "Portugaise"... chaque chambre revêt un charme tout particulier. Table d'hôtes sur demande. Bassin de nage.

ST-CANNAT – 13 Bouches-du-Rhône – **340** G4 – 5 183 h. – alt. 216 m **40** B3
– 13760 Provence

Paris 731 – Aix-en-Provence 17 – Cavaillon 39 – Manosque 65
avenue Pasteur 04 42 57 34 65

au Sud 2 km par rte d'Éguilles et rte secondaire – 13760 St-Cannat

Mas de Fauchon

1666 chemin de Berre – 04 42 50 61 77 – www.mas-de-fauchon.fr
15 ch – 125/180 € 125/240 € – 1 suite – 15 €
Rest – (17 €) Menu 34/56 € – Carte 50/80 €

◆ Le calme à l'état pur avec pour seule musique le chant des cigales. Cette bergerie du 17e s. propose des chambres d'un élégant style provençal. Agréable piscine. Cuisine classique (petits farcis, poisson au fenouil, tatin de pêches) et restaurant coquet.

ST-CAPRAISE-DE-LALINDE – 24 Dordogne – **329** E6 – rattaché à Lalinde

---

ST-CAST-LE-GUILDO – 22 Côtes-d'Armor – **309** I3 – 3 394 h. **10** C1
– alt. 52 m – 22380 Bretagne

Paris 427 – Avranches 91 – Dinan 32 – St-Brieuc 50
place Charles-de-Gaulle 02 96 41 81 52
de Saint-Cast Pen-Guen Chemin du Golf, S : 4 km, 02 96 41 91 20
Pointe de St-Cast ★★ - Pointe de la Garde ★★ - Pointe de Bay ★ S : 5 km.

Ker Flore

40 r. Rioust des Villes Audrains, au bourg, près de l'église – 02 96 81 03 79 – Fermé 21 déc.-2 fév., dim. soir, mardi soir et merc. soir sauf juil.-août et lundi
Rest – (14 €) Menu 21/27 € – Carte 26/40 €

◆ Cadre champêtre égayé de murs ensoleillés et d'objets chinés pour ce restaurant où l'on déguste des plats traditionnels, réalisés en fonction du marché.

ST-CÉRÉ – 46 Lot – **337** H2 – 3 540 h. – alt. 152 m – 46400 **29** C1
Périgord Quercy

Paris 531 – Aurillac 62 – Brive-la-Gaillarde 51 – Cahors 80
13, avenue Francois de Maynard 05 65 38 11 85
de Montal à Saint-Jean-Lespinasse, O : 3 km par D 807, 05 65 10 83 09
Site★ - Tapisseries de Jean Lurçat★ au casino - Atelier-musée Jean Lurçat★ - Château de Montal★★ O : 3 km.
Cirque d'Autoire★ : ★★ par Autoire (site★) O : 8 km.

Les Trois Soleils de Montal (Frédérik Bizat)

rte de Gramat, 2 km par D 673 ch, rest,
– 05 65 10 16 16 – www.3soleils.fr
– Fermé 1er déc.-31 janv.
25 ch – 86/119 € 86/119 € – 4 suites – 14 € – ½ P 95/124 €
Rest – *(fermé dim. soir et mardi midi d'oct. à mars, lundi sauf le soir d'avril à sept.)* Menu 27 € (déj. en sem.), 40/74 € – Carte 62/88 €
Spéc. Lasagne d'escargots "gros gris" à la crème d'oseille. Lobe de foie gras rôti, poires et épices douces. Dacquois à la noix de pécan, chocolat et coulis de griottes. **Vins** Cahors, Côtes du Marmandais.
◆ Cette grande maison située à proximité du château de Montal profite du calme d'un parc en pleine campagne. Chambres contemporaines, assez spacieuses. Savoureuse cuisine au goût du jour servie dans un décor élégant (toiles du 19e s.) ; le rapport qualité-plaisir est excellent !

De France

av. François de Maynard, rte d'Aurillac
– 05 65 38 02 16 – www.lefrance-hotel.com
– Fermé 18 déc.-20 janv. et vend. soir de sept. à mars
20 ch – 45/47 € 58/60 € – 9 €
Rest – *(fermé le midi sauf mardi, merc. et jeudi)* (21 €) Menu 25/40 €
– Carte 32/53 €
◆ À l'entrée de St-Céré, un hôtel aux chambres fonctionnelles, sobres et rustiques ; préférez celles donnant sur le jardin. Terrasse ombragée au restaurant, d'esprit contemporain ; plats traditionnels et saveurs du Quercy.

Villa Ric

ch,
rte Leyme, 2,5 km par D 48 – 05 65 38 04 08 – www.villaric.com
– Ouvert 8 avril-13 nov.
5 ch – 79/109 € 79/109 € – 10 € – ½ P 75/105 €
Rest – *(fermé le midi) (résidents seult)* Menu 36/52 €
◆ Maison accrochée à flanc de colline proposant des chambres d'esprit cosy aux tons pastel. On apprécie son cadre reposant et son ambiance guesthouse. Cuisine actuelle et salle à manger lumineuse au restaurant ; terrasse avec vue panoramique sur la vallée.

À la réservation, faites-vous bien préciser le prix et la catégorie de la chambre.

ST-CHAMAS – 13 Bouches-du-Rhône – 340 F4 – 7 268 h. – alt. 15 m 40 A3

– 13250 Provence

Paris 738 – Arles 43 – Marseille 50 – Martigues 26
Place Saint Pierre 04 90 50 90 54

Le Rabelais avec ch

ch,
8 r. Auguste Fabre, (centre ville)
– 04 90 50 84 40 – www.restaurant-le-rabelais.com
– Fermé dim. soir, merc. soir et lundi
3 ch – 70 € 70 € – 8 €
Rest – Menu 26 € (déj.), 39/60 € – Carte environ 42 €
◆ Installé dans la jolie salle voûtée du 17e s. d'un vieux moulin à blé, ce restaurant n'a rien de gargantuesque. On y sert plutôt une cuisine du moment, osant parfois des associations originales. Pour l'étape, deux jolies chambres à l'étage, simples et spacieuses.

ST-CHAMOND – 42 Loire – 327 G7 – 35 608 h. – alt. 388 m 44 B2

– 42400 Lyon Drôme Ardèche

Paris 505 – Feurs 55 – Lyon 50 – Montbrison 53
23, avenue de la Libération 04 77 22 04 34

Les Ambassadeurs (Julien Thomasson) A/C rest, VISA MC AE
28 av. de la Libération, (près de la gare) – ✆ 04 77 22 85 80 – www.hotel-ambassadeurs.fr
16 ch – 56/60 € 56/70 € – ☕ 8 €
Rest – *(fermé 25 juil.-21 août, 1er-5 janv., sam. midi, dim. soir et lundi)* Menu 24 € (déj. en sem.), 29/54 € – Carte 55/65 €
Spéc. Foie gras de canard, pressé au rave, mousseline de céleri à l'huile de noisette. Agneau fermier du Bourbonnais, pulpe de pois chiche, roulé de blettes aux noisettes. Chocolat du Vénézuela en soufflé chaud, banane caramélisée, sorbet fromage blanc et verveine.
♦ Cet hôtel-restaurant propose des chambres fonctionnelles, claires et joliment agencées, parfaites pour prolonger la soirée. Aux fourneaux, le chef concocte une cuisine sans fioriture et pleine de finesse, où les arômes s'épanouissent avec justesse.

ST-CHARTIER – 36 Indre – 323 H7 – rattaché à La Châtre

ST-CHÉLY-D'APCHER – 48 Lozère – 330 H6 – 4 484 h. – alt. 1 000 m 22 B1 – ✉ 48200

Paris 540 – Aurillac 106 – Mende 45 – Le Puy-en-Velay 85
place du 19 mars 1962 ✆ 04 66 31 03 67

Les Portes d'Apcher rest, rest, P VISA MC AE
rte de St Flour, 1,5 km au Nord sur D 809 – ✆ 04 66 31 00 46 – Fermé 2 sem. en janv. et dim. soir
17 ch – 54/58 € 54/58 € – ☕ 8 € – ½ P 55 € **Rest** – *(fermé lundi midi sauf juil.-août)* Menu 14 € (déj. en sem.), 21/35 € – Carte 25/45 €
♦ Cette construction proche de l'autoroute a été reprise par de nouveaux propriétaires. Chambres fonctionnelles, dont la rénovation est programmée. Vue dégagée depuis la salle à manger, relookée sur le thème de la nature, telle un jardin ; cuisine au goût du jour.

à La Garde 9 km au Nord par D 809 – ✉ 48200 Albaret-Ste-Marie

Le Rocher Blanc A/C rest, P VISA MC AE
– ✆ 04 66 31 90 09 – www.lerocherblanc.com
19 ch – 55/75 € 55/75 € – ☕ 8,50 € – ½ P 53/67 €
Rest – (12 €) Menu 17 € (déj. en sem.), 23/63 € – Carte 25/40 €
♦ Étape de charme où tout incite au repos : chambres à thèmes ("Mille et une Nuits", "Temps modernes", etc.), jardin, piscine, espace détente... À table, douces tonalités méridionales, saisonnalité, goût du terroir et zestes d'audace.

ST-CHÉLY-D'AUBRAC – 12 Aveyron – 338 J3 – 546 h. – alt. 700 m 29 D1 – Sports d'hiver : à Brameloup 1 200/1 390 m 9 – ✉ 12470

Paris 589 – Espalion 20 – Mende 74 – Rodez 50
route d'Espalion ✆ 05 65 44 21 15

Voyageurs avec ch ch, VISA MC
av. d'Aubrac – ✆ 05 65 44 27 05 – www.hotel-conserverie-aubrac.com – Ouvert 10 avril-15 oct. et fermé merc. sauf le soir en juil.-août
7 ch – 46 € 46/51 € – ☕ 8 € – ½ P 47/50 €
Rest – Menu 17/24 € – Carte 22/44 €
♦ Les villages perdus dans la campagne réservent de belles surprises ! Ici, on déguste une bonne cuisine familiale à l'accent aveyronnais (tripoux, aligot...). Conserverie artisanale. Pour l'étape, quelques chambres impeccables, simples et coquettes.

ST-CHRISTOPHE-LA-GROTTE – 73 Savoie – 333 H5 – rattaché aux Échelles

ST-CIERS-DE-CANESSE – 33 Gironde – 335 H4 – 767 h. – alt. 40 m 3 B1 – ✉ 33710

Paris 548 – Blaye 10 – Bordeaux 45 – Jonzac 54
Citadelle de Blaye★ NO : 8 km Pyrénées Aquitaine

La Closerie des Vignes
village Les Arnauds, 2 km au Nord par D 250 et D 135 – 05 57 64 81 90 – www.hotel-restaurant-gironde.com – Ouvert 4 avril-31 oct.
7 ch – 90/96 € 90/96 € – 10 € – ½ P 85 €
Rest – *(fermé mardi et le midi)* Menu 33/39 €
◆ Pavillon au milieu des vignes de Blaye, idéal pour les amoureux de la nature. Chambres de bonne ampleur, dotées d'un mobilier contemporain. Salle à manger lambrissée avec vue sur les ceps et le jardin. La cuisine, traditionnelle, joue la carte de la simplicité.

ST-CIRQ-LAPOPIE – 46 Lot – 337 G5 – 215 h. – alt. 320 m – 46330 — 29 C1
Périgord Quercy

Paris 574 – Cahors 26 – Figeac 44 – Villefranche-de-Rouergue 37
place du Sombral 05 65 31 29 06
Site★★ - Vestiges de l'ancien château ★★ - Le Bancourel ★ - Bouziès : chemin de halage du Lot★ NO : 6,5 km.

Auberge du Sombral "Les Bonnes Choses"
– 05 65 31 26 08 – www.lesombral.com – Ouvert 1er avril-28 nov. et fermé jeudi d'oct. à juin
8 ch – 52/80 € 52/80 € – 8,50 € **Rest** – *(fermé jeudi d'oct. à juin et le soir sauf vend. et sam.)* (16 €) Menu 20 € (déj.)/39 € – Carte 24/50 €
◆ Dans un superbe village médiéval dominant le Lot, cette auberge familiale abrite de petites chambres joliment relookées. Décor rustique (tomettes, cheminée) pour les petits-déjeuners. Au restaurant, on apprécie une sympathique cuisine du terroir.

Le Gourmet Quercynois
r. de la Peyrolerie – 05 65 31 21 20 – www.restaurant-legourmetquercynois.com – Fermé mi-nov. à mi-déc. et janv.
Rest – (15 €) Menu 20/27 € – Carte 28/53 €
◆ Ce restaurant convivial aménagé dans une maison du 17e s. propose une cuisine du terroir mettant à l'honneur le canard. Petit musée du vin et boutique de produits régionaux.

à Tour-de-Faure 2 km à l'Est par D 8 – 365 h. – alt. 137 m – 46330

Le Saint Cirq sans rest
05 65 30 30 30 – www.hotel-lesaintcirq.com – Fermé de mi-nov. à mi-déc. et janv.
25 ch – 68/140 € 78/160 € – 12 €
◆ Face au cirque de Lapopie, cet hôtel flambant neuf s'inspire d'un hameau quercinois : accueil dans un ancien séchoir à tabac, matériaux nobles et parc planté d'arbres fruitiers.

Les Gabarres sans rest
– 05 65 30 24 57 – www.hotel-les-gabarres.com – Ouvert 4 avril-30 oct.
28 ch – 58 € 58 € – 8,50 €
◆ Cet édifice récent niché près du Lot, au pied du magnifique village perché, invite à une halte touristique. Chambres fonctionnelles et pratiques. Le "petit plus" : la piscine.

ST-CLAIR – 83 Var – 340 N7 – rattaché au Lavandou

ST-CLAR – 32 Gers – 336 G6 – 980 h. – alt. 150 m – 32380 — 28 B2
Midi-Toulousain

Paris 706 – Agen 49 – Auch 37 – Toulouse 79
2, place de la Mairie 05 62 66 34 45

La Garlande sans rest
12 pl. de la Mairie – 05 62 66 47 31 – www.lagarlande.com – Ouvert 25 mars-2 nov.
3 ch – 52/63 € 61/69 €
◆ Maison du 18e s. pleine de cachet : on accède aux chambres cosy par un escalier ouvert sur un puits de lumière. Moulures, parquet et cheminée ajoutent au charme des lieux.

ST -CLAUD – 16 Charente – **324** M4 – 1 094 h. – alt. 144 m – ✉ 16450 **39** C2

Paris 437 – Poitiers 111 – Angoulême 44 – Saint-Junien 38

Logis de la Broue

r. Abbé-Rousselot – ☎ 05 45 71 43 96 – www.logisdelabroue.com

3 ch – ♦80 € ♦♦95 € **Table d'hôte** – Menu 18 € bc/28 € bc

◆ Ex-propriété viticole, remontant en partie au 15e s., très bien restaurée. Salon bourgeois orné d'authentiques tapisseries d'Aubusson. Chambres au charme ancien. Parc, piscine. Cuisine qui revisite le terroir, servie dans une salle à manger rustique.

ST-CLAUDE – 39 Jura – **321** F8 – 11 950 h. – alt. 450 m **16** B3 – ✉ 39200 Franche-Comté Jura

Paris 465 – Annecy 88 – Genève 60 – Lons-le-Saunier 59

1, avenue de Belfort ☎ 03 84 45 34 24

de la Valserine à Mijoux La Pellagrue, par rte de Genève : 24 km, ☎ 04 50 41 31 56

Site★★ - Cathédrale St-Pierre★ : stalles★★ - Musée de l'Abbaye★ - Exposition de pipes, de diamants et de pierres fine.

Georges du Flumen★ - Route de Morez ≤★★ 7 km.

Jura

A/C rest, VISA MC AE

40 av. de la Gare – ☎ 03 84 45 24 04 – www.jurahotel.com

35 ch – ♦48/60 € ♦♦48/66 € – 8 € – ½ P 53/69 €

Rest – *(fermé 23 déc.-10 janv. et dim. soir)* (13 €) Menu 16/29 €

◆ Hôtel surplombant la rivière. Deux catégories de chambres : les meilleures, plus calmes, ont vue sur la montagne (une avec terrasse). Au restaurant, cuisine traditionnelle bien réalisée, servie dans une salle spacieuse ; beau panorama sur la ville et la Bienne.

ST-CLÉMENT-DES-BALEINES – 17 Charente-Maritime – **324** A2 – voir à Île de Ré

ST-CLÉMENT-LES-PLACES – 69 Rhône – **327** F5 – 630 h. **44** A1 – alt. 625 m – ✉ 69930

Paris 458 – Lyon 54 – Saint-Étienne 69 – Villeurbanne 63

L'Auberge de Saint-Clément

P VISA MC

Le bourg – ☎ 04 74 26 03 83 – Fermé 1er-18 août, 25-31 déc., merc. et le soir sauf vend. et sam.

Rest – Menu 18 € (déj. en sem.)/23 €

◆ Dans les Monts du Lyonnais, paisible auberge avec vue sur la campagne (belle terrasse). Cuisine de bistrot tout en simplicité, réalisée avec la complicité des producteurs locaux.

ST-CLOUD – 92 Hauts-de-Seine – **311** J2 – **101** 14 – voir à Paris, Environs

ST-CRÉPIN – 05 Hautes-Alpes – **334** H4 – 583 h. – alt. 910 m **41** C1 – ✉ 05600

Paris 759 – Briançon 26 – Digne-les-Bains 140 – Gap 60

Les Tables de Gaspard avec ch

VISA MC

r. Principale – ☎ 04 92 24 85 28 – www.lestablesdegaspard.com – Fermé mardi hors saison et merc.

3 ch – ♦44/50 € ♦♦44/50 €

Rest – *(prévenir)* (17 €) Menu 24 € (sem.), 29 € – Carte 45/68 € le soir

◆ Dans le décor suggestif d'une salle voûtée du 16e s., avec dallage en pierre et mobilier de fer forgé, goûteuse cuisine actuelle mettant en valeur les produits du terroir local. À l'étage, chambres d'hôtes agréables pour l'étape.

ST-CRÉPIN-ET-CARLUCET – 24 Dordogne – **329** I6 – 463 h. **4** D3 – alt. 262 m – ✉ 24590 Périgord Quercy

Paris 519 – Bordeaux 196 – Brive-la-Gaillarde 40 – Sarlat-la-Canéda 12

Les Charmes de Carlucet sans rest
Carlucet – ✆ 05 53 31 22 60 – www.carlucet.com – Ouvert 1er mars-12 nov.
4 ch – 84/99 € 89/119 €
◆ Cette tranquille propriété périgourdine dispose de chambres coquettes et spacieuses, dont deux mansardées. Belle véranda pour le petit-déjeuner ; accueil attentionné.

ST-CYPRIEN – 66 Pyrénées-Orientales – 344 J7 – 10 140 h. – alt. 5 m – Casino – ✉ 66750 Languedoc Roussillon
22 B3

Paris 859 – Céret 31 – Perpignan 17 – Port-Vendres 20
quai A. Rimbaud ✆ 04 68 21 01 33
de Saint-Cyprien à Saint-Cyprien-Plage Mas d'Huston, N : 1 km, ✆ 04 68 37 63 63

à St-Cyprien-Plage 3 km au Nord-Est par D 22 – ✉ 66750 St-Cyprien

Mas d'Huston
r. Jouy d'Arnaud, au golf – ✆ 04 68 37 63 63 – www.saintcyprien-golfresort.com – Fermé 29 nov.-16 déc.
50 ch – 125/190 € 125/190 € – 2 suites – 16 € – ½ P 105/135 €
Rest *Le Mas* – *(fermé le midi)* Menu 37/45 € – Carte 45/53 €
Rest *L'Eagle* – *(fermé le soir)* Carte 22/35 €
◆ Cet hôtel, dont la rénovation a été confiée à Henri Quinta, bénéficie de chambres modernes (avec balcon ou terrasse) décorées de ses fameuses "Toiles du Soleil", rayées et très colorées. Espace bien-être. Carte classique, belle vue sur le golf et décor trendy au Mas. Cuisine simple et cadre contemporain à L'Eagle.

à St-Cyprien-Sud 3 km – ✉ 66750 St-Cyprien

L'Ile de la Lagune
bd de l'Almandin, (par av. Armand Lanoux) – ✆ 04 68 21 01 02 – www.hotel-ile-lagune.com – Fermé 7-30 nov.
18 ch – 130/240 € 130/240 € – 4 suites – 18 € – ½ P 125/180 €
Rest *L'Almandin* – Menu 30 € bc (déj.), 49/105 € – Carte 79/99 €
Spéc. Demi-homard rôti, escalavada d'aubergine, huile à l'orange et vanille. Filet de bœuf au poivre de Penja, rigatonis fourrés de crème d'artichaut. Soufflé chaud au Grand Marnier. **Vins** Côtes du Roussillon, Collioure.
◆ Architecture récente de style régional posée sur un îlot-marina. Chambres fonctionnelles avec balcon. En été, une petite navette vous emmène à la plage. Au restaurant, goûteuse cuisine de saison revisitant à sa manière le terroir ; terrasse-véranda.

La Lagune
28 av. Armand Lanoux – ✆ 04 68 21 24 24 – www.hotel-lalagune.com – Ouvert 7 avril-13 nov.
49 ch – 94/155 € 94/155 € – 13 € – ½ P 85/115 €
Rest – Menu 28/33 € bc
◆ Directement sur la plage, hôtel dans un complexe résidentiel conçu pour une clientèle "club". Chambres pratiques avec vue sur la piscine ou la lagune. En saison, animations musicales et repas servis en terrasse. Cuisine actuelle (formules buffet à volonté).

ST-CYR-AU-MONT-D'OR – 69 Rhône – 327 I5 – rattaché à Lyon

ST-CYR-EN-TALMONDAIS – 85 Vendée – 316 H9 – 386 h. – alt. 31 m – ✉ 85540
34 B3

Paris 444 – La Rochelle 57 – Luçon 14 – La Roche-sur-Yon 30
Mairie ✆ 02 51 30 82 82

Auberge de la Court d'Aron
1 allée des Tilleuls – ✆ 02 51 30 81 80 – www.court-d-aron.com – Fermé 22 nov.-8 déc., 17 janv.-31 janv., dim. soir hors saison et lundi
Rest – (15 €) Menu 17/43 € – Carte 25/51 €
◆ Auberge installée dans les anciennes écuries du château de la Court d'Aron. Selon la saison, profitez de la chaleureuse salle à manger rustique, de la terrasse ou du jardin.

ST-CYR-SUR-MER – 83 Var – 340 J6 – 11 797 h. – alt. 10 m 40 B3

– ✉ 83270 Côte d'Azur

Paris 810 – Bandol 8 – Le Beausset 10 – Brignoles 70

place de l'Appel du 18 Juin, les Lecques ✆ 04 94 26 73 73

de Frégate Route de Bandol, S : 3 km par D 559, ✆ 04 94 29 38 00

Les Lecques – ✉ 83270 St Cyr sur Mer

Grand Hôtel Les Lecques rest,

24 av. du Port – ✆ *04 94 26 23 01* VISA AE

– www.grand-hotel-les-lecques.com

60 ch – 73/207 € 98/242 € **Rest** – (18 €) Menu 30 € – Carte 41/47 €

◆ Élégante demeure Belle Époque au milieu d'un luxuriant parc fleuri. Préférez les chambres situées côté pinède, plus actuelles. Cuisine traditionnelle servie dans une salle aux airs de jardin d'hiver ou sur la belle terrasse.

rte de Bandol 4 km par D 559 – ✉ 83270 St-Cyr-sur-Mer

Dolce Frégate rest,

– ✆ *04 94 29 39 39* – *www.dolcefregate.com* VISA AE

100 ch – 250/299 € 250/299 € – 33 suites – 22 €

Rest ***Le Mas des Vignes*** – ✆ 04 94 29 39 47 *(fermé le midi)* Menu 49 € – Carte 58/69 €

Rest ***La Restanque*** – ✆ 04 94 29 38 18 *(fermé le soir)* Menu 36 € – Carte 25/40 €

◆ Calme et verdure dans cet établissement d'esprit resort. Superbe vue sur la mer, chambres de style provençal et espace séminaires. Au Mas des Vignes, cuisine gastronomique et cadre cosy. Repas plus décontracté à la Restanque. Agréable terrasse.

ST-DALMAS-DE-TENDE – 06 Alpes-Maritimes – 341 G3 – rattaché à Tende

ST-DIDIER – 35 Ille-et-Vilaine – 309 N6 – rattaché à Châteaubourg

ST-DIDIER – 84 Vaucluse – 332 D9 – rattaché à Carpentras

ST-DIDIER-DE-LA-TOUR – 38 Isère – 333 F4 – rattaché à La Tour-du-Pin

ST-DIDIER-EN-VELAY – 43 Haute-Loire – 331 H2 – 3 254 h. 6 D3

– alt. 830 m – ✉ 43140

Paris 538 – Le Puy-en-Velay 55 – St-Étienne 25 – St-Agrève 45

11, rue de l'ancien Hôtel de Ville ✆ 04 71 66 25 72

Auberge du Velay VISA

Grand'place – ✆ *04 71 61 01 54 – Fermé 1 sem. en sept., 1 sem. en janv., mardi soir, merc. soir, jeudi soir en hiver, dim. soir et lundi*

Rest – Menu 15 € bc (sem.), 17 € bc/47 € – Carte 30/50 €

◆ Auberge rustique du centre-ville, connue depuis 300 ans pour sa cuisine du terroir, aujourd'hui teintée de créativité. Cheminées et poutres, mise de table originale (étains).

ST-DIÉ-DES-VOSGES – 88 Vosges – 314 J3 – 21 642 h. 27 C3

– alt. 350 m – ✉ 88100 Alsace Lorraine

Paris 397 – Colmar 53 – Épinal 53 – Mulhouse 108

8, quai du Mal de L. de Tassigny ✆ 03 29 42 22 22

Cathédrale St-Dié★ - Cloître gothique★.

Ibis rest, VISA AE

5 quai Jeanne d'Arc – ✆ *03 29 42 24 22* – *www.ibishotel.com* **Ba**

58 ch – 59/85 € 59/85 € – 8 € **Rest** – *(fermé le midi)* Carte 20/35 €

◆ Une adresse utile en centre-ville, sur un boulevard bordant la Meurthe.

Alsace (R. d') . . . . B
Gambetta (R.) . . . . A 2
Leclerc (Quai du Mar.) . . . . . B 4
St-Martin (Pl.) . . . . A 5
Stanislas (R.) . . . . A 6
Thiers (R.) . . . . AB
11-Novembre (R. du) . . . . . . A 9

XX **Voyageurs** A/C VISA MC AE

22 r. Hellieule – ✆ 03 29 56 21 56 – Fermé 26 juil.-9 août, dim. soir et lundi

Rest – (17 €) Menu 21/32 € – Carte 27/49 € **Au**

◆ On y apprécie une cuisine traditionnelle concoctée avec des produits frais scrupuleusement choisis. Sur la carte des vins, l'Alsace figure en tête.

ST-DISDIER – **05 Hautes-Alpes** – **334** D4 – **135 h.** – **alt. 1 024 m** **40** B1
– ✉ **05250** Alpes du Nord

Paris 643 – Gap 46 – Grenoble 81 – La Mure 41

Défilé de la Souloise ★ N.

La Neyrette VISA MC AE

– ✆ 04 92 58 81 17 – www.la-neyrette.com – Ouvert 5 fév.-31 mars et 17 avril-15 oct.

12 ch – †61/73 € ††74/87 € – ☕ 9 € – ½ P 68/75 €

Rest – *(prévenir)* (23 €) Menu 26/32 € – Carte 26/32 €

◆ Sympathique petite auberge dans un jardin avec plan d'eau où l'on peut ferrer sa truite pour le dîner ! Les chambres, proprettes, ont un petit côté désuet. Copieuse cuisine du terroir entre les murs de l'ancien moulin : foie gras, agneau, légumes du jardin...

ST-DIZIER – **52 Haute-Marne** – **313** J2 – **26 972 h.** – **alt. 147 m** **14** C2
– ✉ **52100** Champagne Ardenne

Paris 212 – Bar-le-Duc 26 – Chaumont 74 – Nancy 99

4, avenue de Belle-Forêt-sur-Marne ✆ 03 25 05 31 84

Plan page suivante

X **La Gentilhommière** VISA MC

29 r. J. Jaurès – ✆ 03 25 56 32 97 – Fermé sam. midi, dim. soir et lundi

Rest – (22 €) Menu 30 € – Carte environ 43 € **Au**

◆ Cette maison avec jardin cache une salle à manger bourgeoise, simple et sympathique. On se sent presque en famille ; idéal pour déguster une agréable cuisine traditionnelle.

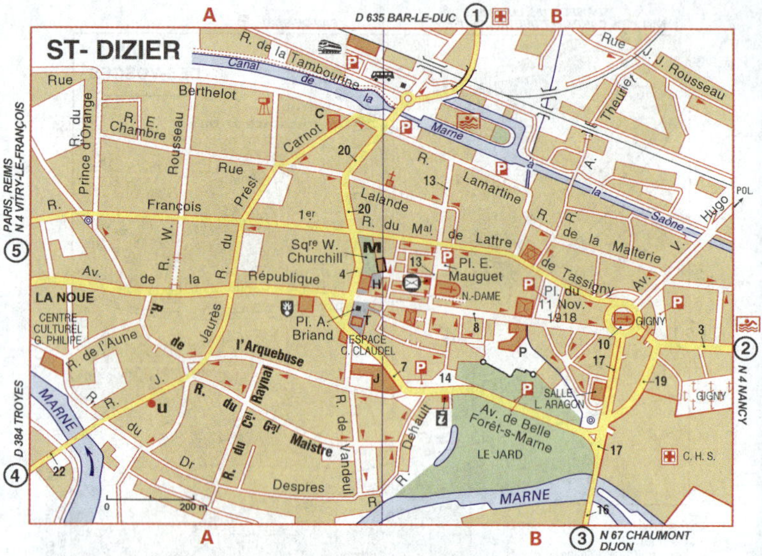

Alsace-Lorraine (Av. d') . . . . . . B 3		Gaulle (Pl. du Gén.-de) . . . . . . B 10		République (Av. de la) . . . . A	
Cartier (Av. M.) . . . . A 4		Giros (R. E.) . . . . B 13		Tanneurs (R. des) . . . . B 19	
Commune de Paris (R. de la) . . . . AB 7		Liberté (Pl. de la) . . . . B 14		Verdun (Av. de) . . . . A 20	
Gambetta (R.) . . . . B 8		Pasteur (Av.) . . . . B 17		Vergy (R. de) . . . . A 22	
		Paul Bert (R.) . . . . B 16			

Se régaler sans se ruiner ? Repérez les Bib Gourmand ☺. Ils vous aideront à dénicher les bonnes tables sachant marier cuisine de qualité et prix ajustés !

ST-DONAT-SUR-L'HERBASSE – 26 Drôme – 332 C3 – 3 451 h. – alt. 202 m – ✉ 26260 Lyon Drôme Ardèche — 43 E2

▶ Paris 545 – Grenoble 92 – Hauterives 20 – Romans-sur-Isère 13

ℹ 32, avenue Georges Bert ✆ 04 75 45 15 32

XXX **Chartron** avec ch — ch, A/C, VISA, MC

av. Gambetta – ✆ 04 75 45 11 82 – www.restaurant-chartron.com – Fermé 26 avril-5 mai, 5-21 sept., 2-8 janv., merc. sauf le soir en juil.-août et mardi

8 ch – †75/95 € ††95/125 € – ☕ 12 € – ½ P 95 €

Rest – (25 €) Menu 35/85 €

◆ Une institution locale totalement rénovée en 2010 ! Élégante salle (tons pastel, tableaux colorés) et cuisine actuelle, goûteuse et soignée. Chambres à l'étage, contemporaines et confortables.

X ☺ **La Mousse de Brochet** — A/C, VISA, MC

pl. de la Marne – ✆ 04 75 45 10 47 – Fermé 21 juin-13 juil., 31 janv.-13 fév., le soir en sem. de sept. à juin, dim. soir et lundi

Rest – Menu 18/55 € – Carte 28/53 €

◆ Après avoir admiré les orgues de la collégiale, faites halte dans ce petit restaurant aux airs de bistrot de campagne et dégustez la mousse de brochet, spécialité de la maison.

ST-DYÉ-SUR-LOIRE – 41 Loir-et-Cher – 318 F6 – 1 075 h. – alt. 96 m – ✉ 41500 Châteaux de la Loire — 11 B2

▶ Paris 173 – Beaugency 21 – Blois 17 – Orléans 52

ℹ 73, rue Nationale ✆ 02 54 81 65 45

Manoir Bel Air

1 rte d'Orléans – 02 54 81 60 10 – www.manoirbelair.com – Fermé 24 janv.-6 mars

43 ch – 68/88 € 78/98 € – 10 € – ½ P 76/85 €

Rest – Menu 28 € (déj. en sem.), 34/54 € – Carte 38/66 €

◆ Cette maison de maître (17e s.) et son jardin sont agréablement posés sur les bords de Loire. Les chambres, de facture classique, sont spacieuses. Au restaurant, on savoure des plats traditionnels et de vieux bordeaux millésimés en regardant couler le fleuve...

SAINTE voir après la nomenclature des Saints

ST-ÉMILION – 33 Gironde – 335 K5 – 2 124 h. – alt. 30 m – 33330 4 C1

Aquitaine

Paris 584 – Bergerac 58 – Bordeaux 40 – Langon 49

place des Créneaux 05 57 55 28 28

Site★★ - Église monolithe★ - Cloître des Cordeliers★ - ★ de la tour du château du Roi.

Hostellerie de Plaisance

5 pl. du Clocher – 05 57 55 07 55 – www.hostellerie-plaisance.com – Fermé 18 déc.-7 fév.

21 ch – 350/650 € 350/650 € – 4 suites – 28 €

Rest – *(fermé dim., lundi et le midi sauf sam.)* Menu 95/135 €

Spéc. Caviar d'Aquitaine primeur, tomate, pomme verte, flan de bruccio, amande et huile d'olive de Crète. Cochon de lait, le gigot rôti, aubergine, aromates, œufs d'escargot, jus de cochon épicé. Le Chocolat, crème carambar, écume chocolat, glace vanille Bourbon, craquant choco-pistache. **Vins** Saint-Émilion, Côtes de Castillon.

◆ Au cœur de la cité, luxe et calme en ces deux maisons en pierre blonde du 14e s., reliées par des jardins et abritant de confortables chambres personnalisées. Au restaurant, le menu unique change chaque jour ; cuisine pleine de saveurs et belle carte de saint-émilion.

Palais Cardinal

pl. 11-novembre-1918 – 05 57 24 72 39 – www.palais-cardinal.com – Ouvert mars-nov.

27 ch – 71/180 € 88/216 € – 15 € – ½ P 83 €

Rest – *(ouvert mai-nov. et fermé mardi et merc.)* (19 €) Menu 28/45 €

◆ L'hôtel occupe une partie de la résidence d'un cardinal du 14e s. Les chambres de l'aile récente sont grandes et décorées avec goût. Joli jardinet et agréable piscine. Au restaurant, mobilier de style, cuisine traditionnelle et saint-émilion de la propriété familiale.

Au Logis des Remparts sans rest

18 r. Guadet – 05 57 24 70 43 – www.logisdesremparts.com – Fermé 15 déc.-31 janv.

20 ch – 78/185 € 78/185 € – 14 €

◆ Chambres actuelles au décor soigné, dans deux maisons des 14e et 17e s. Véranda pour les petits-déjeuners, terrasses, jardin fleuri et jolie piscine en lisière des vignes.

Auberge de la Commanderie sans rest

r. des Cordeliers – 05 57 24 70 19 – www.aubergedelacommanderie.com – Fermé 20 déc.-20 fév.

17 ch – 76/110 € 76/110 € – 11 €

◆ Ancienne commanderie du 17e s. vous logeant dans de pimpantes petites chambres remises en phase avec l'époque ; celles de l'annexe, plus grandes, conviennent aux familles.

XX **Le Tertre**

5 r. Tertre de la Tente – ✆ 05 57 74 46 33 – www.restaurant-le-tertre.com – Fermé 12 nov.-10 fév., jeudi en fév.-mars et merc.

Rest – (23 €) Menu 31/70 € – Carte 52/92 €

◆ Accolé à l'église, restaurant champêtre agrémenté d'un vivier à crustacés et, au fond, d'un petit caveau creusé dans la roche. Table régionale et belle carte de saint-émilion.

XX **Le Clos du Roy**

12 r. de la Petite Fontaine – ✆ 05 57 74 41 55 – www.leclosduroy.fr – Fermé 1er janv.-13 fév., lundi et mardi

Rest – (25 €) Menu 29/80 € – Carte 80/100 €

◆ Maison en pierre blonde située à l'écart du circuit touristique. Cuisine au goût du jour servie dans d'agréables salles ou en terrasse. Beau choix de saint-émilion.

rte de Libourne 4 km par D 243 – ✉ 33330 St-Émilion

Château Grand Barrail

ch, rest,

– ✆ 05 57 55 37 00 – www.grand-barrail.com – Fermé 15 déc.-1er Mars

43 ch – †290/420 € ††290/420 € – 3 suites – ☐ 24 € **Rest** – *(fermé lundi midi et mardi midi)* Menu 28 € (déj. en sem.), 50/85 € – Carte 61/85 €

◆ Château du 19e s. restauré avec goût, au milieu d'un parc perdu parmi la vigne. Chambres récentes cosy et raffinées, beau spa, fitness et piscine d'été. Décor mauresque dans l'une des trois superbes salles à manger ; cuisine actuelle et riche choix de vins.

ST-ÉTIENNE P – 42 Loire – 327 F7 – 177 480 h. – Agglo. 291 960 h. 44 A2

– alt. 520 m – ✉ 42000 Lyon Drôme Ardèche

Paris 517 – Clermont-Ferrand 147 – Grenoble 154 – Lyon 61

de St-Étienne-Bouthéon : ✆ 04 77 55 71 71, 15 km par ⑤.

16, avenue de la Libération ✆ 04 77 49 39 00

de St-Étienne 62 rue Saint Simon, par rte d'Annonay et D 501 : 18 km, ✆ 04 77 32 14 63

Le Vieux St-Etienne★ - Musée d'Art moderne★★ T M² - Puits Couriot, musée de la mine★ AY - Musée d'Art et d'Industrie★★ - Site de la Manufacture des Armes et Cycles de St-Étienne : planétarium★.

Plans pages suivantes

Du Golf

ch,

67 r. St-Simon, (face au golf par r. Revollier T) – ✆ 04 77 41 41 00 – www.hoteldugolf42.com

48 ch ☐ – †135 € ††165 € – 4 suites

Rest – (17 €) Menu 22/36 € – Carte 30/45 €

◆ Couleurs flashy, mobilier design, piscine et... chambres de grand confort : un hôtel au look très contemporain, en face du golf municipal et de la plaine du Forez. Au restaurant, cuisine traditionnelle et vue sur les greens.

Du Midi sans rest

19 bd. Pasteur – ✆ 04 77 57 32 55 – www.hotelmidi.fr – Fermé 26 juil.-24 août et 27 déc.-5 janv. Ve

33 ch – †75/83 € ††84/92 € – ☐ 11 €

◆ Le charme des années 1930 saupoudré d'originalité et de design : voilà un hôtel aussi joli dedans que dehors... Chambres raffinées (tissus fleuris très tendance) et confortables.

Mercure Parc de l'Europe

r. Wuppertal, Sud-Est du plan, par cours Fauriel – ✆ 04 77 42 81 81 – www.mercure.com Va

120 ch – †109/159 € ††119/159 € – ☐ 17 €

Rest *La Ribandière* – *(fermé 1er-24 août, 24 déc.-4 janv.)* Menu 21 € bc (déj. en sem.) – Carte 30/50 €

◆ En bordure de parc, cet hôtel dont le décor s'inspire de l'art théâtral propose des chambres fonctionnelles. Joli salon et ambiance feutrée au bar. Au restaurant, cuisine traditionnelle.

ST-ÉTIENNE

Aciéries (R. des) . . . . T 2
Barrouin (R.) . . . . T 13
Crozet-Boussingault (R.) . . . . . V 22
Daguerre (Bd) . . . . UV 24
Déchaud (R. H.) . . . . V 25
Dr-F.-Merlin (R. du) . . . . T 30
Drs-Charcot (R. des) . . . . V 31
Drs-H.-et-B.-Muller (R. des) . . . T 32
Dunkerque (R. de) . . . . V 36
Fraissinette (Bd A.-de) . . . . . . V 45
Franchet-d'Esperey (Bd Mar.) U 46
Gauthier-Dumont (R.) . . . . U 48
Grignard (R. V.) . . . . T 55
Marx (Bd Karl) . . . . UV 67
Oddé (R. C.) . . . . T 78
Ogier (R. J.-B.) . . . . U 79
Paré (R. A.) . . . . V 131
Passementiers (R. des) . . . . . V 82
Pasteur (Bd) . . . . V 83
Péri (R. G.) . . . . V 84
Pompidou (Bd G.) . . . . T 88
Revollier (R. J.-F.) . . . . T 92
Robespierre (R.) . . . . V 95
Rochetaillée (Av. de) . . . . V 98
Scheurer-Kestner (R.) . . . . T 104
Terrenoire (R. de) . . . . U 110
Valbenoite (Bd) . . . . UV 119
Verdun (Av. de) . . . . T 120
Vivaraize (R. de la) . . . . V 125
8-Mai-1945 (Bd du) . . . . T 127
11-Novembre (R. du) . . . . V 128
38e-R.-I. (Bd du) . . . . U 130

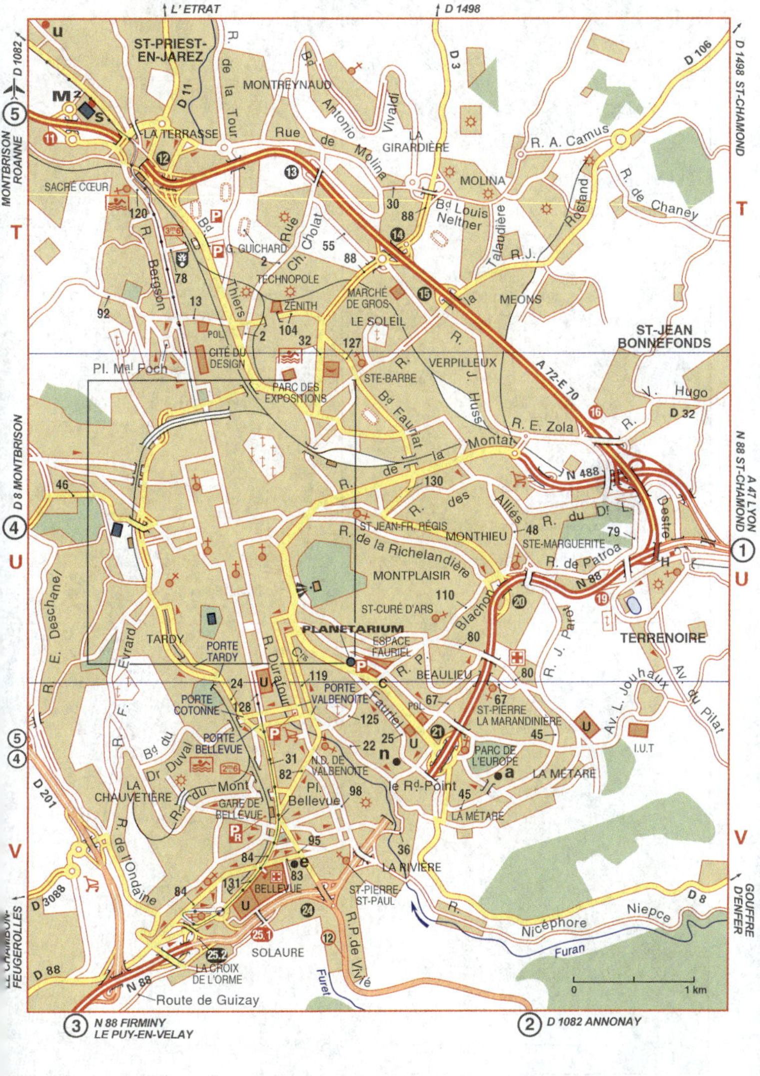

A
B
X
Y
Z
R. Ampère
J. R.
100
PORTE CARNOT
GARE CARNOT
ST-JEAN-BAPTISTE
Rue de la Harpe
PORTE MONTAUD
Bd A. Thierry
R. Lavoisier
Avenue
R. Bourgneuf
R. Marengo
R. E. Boisson
Ch. de Gaulle
R. Rouget de Lisle
R. Roger Salengro
LA NATIVITÉ
R. Royet
R. P. Maussier
B. Charvet
R. Palluat de Besset
P. Maussier
R. J. Ledin
Gd Gonnet
R. B. Malon
Bd A. de Musset
PORTE JACQUARD
R. St-Joseph
R. Dumarest
R. Buisson
Pl. Jacquard
R. Balay
R. Praire
Pl. J. Jaurès
ST-CHARLES
d'Arcole
Rue Ch. Dupuy
R. St-Just
R. E. Dolet
R. du Coin
R. de l'Alma
Pl. J. Ploton
R. Braille
Blanqui
Bd Mal Franchet d'Esperey
D 8
R. Calixte Plotton
PORTE ALMA
PUITS COURIOT MUSÉE DE LA MINE
GARE DU CLAPIER
PORTE CLAPIER
R. A. Briand et de la Paix
R. Reclus
R. M. Rondet
R. G. Teissier
R. L.
Av. A. Dupré
H (ANNEXE)
R. Tarentaize
Bd P. Mendès-France
BIBLIOTHÈQUE CINÉMATHÈQUE
Grand' Église
Pl. J. Merlat
ST-ENNEMOND
PORTE BEAUBRUN
R. de l'Apprentissage
Crs V. Hugo
ST-LOUIS
Pl. W. Rousseau
Pl. des Pères
R. H. Gonnard
R. Beaubrun
Chemin des Villes
R. P. Sémard
R. Paillon
R. Martin Bernard
Pl. Raspail
BEAUBRUN
R. de la Sabliere
R. Franklin
MUSÉE D'ART ET DE L'INDUSTRIE
R. Gambetta
Cl. Delaroa
R. C. Bernard
R. de la Croix de la Mission
R. F. Evrard
R. de Tardy
D 88
TARDY
R. D. Claude
0
200 m

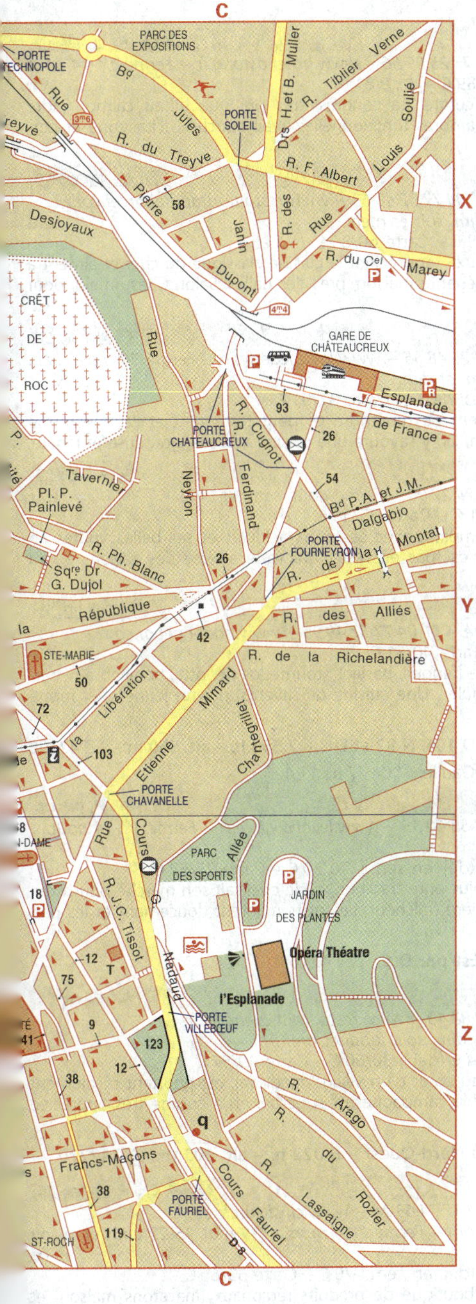

ST-ÉTIENNE

Albert-1er (Bd)	ABX	3
Anatole-France (Pl.)	BZ	7
Badouillère (R. de la)	CZ	9
Barbusse (R. H.)	CZ	12
Bérard (R. P.)	BCY	14
Bergson (R.)	BX	16
Boivin (Pl.)	BY	17
Chavanelle (Pl.)	CZ	18
Clovis-Hugues (R.)	BX	20
Comte (Pl. Louis)	BZ	21
Denfert-Rochereau (Av.)	CY	26
Descours (R.)	AZ	27
Dorian (Pl.)	BY	33
Dormoy (R. M.)	BXY	34
Dupré (R. G.)	BY	37
Durafour (R. A.)	CZ	38
Escoffier (R. D.)	BY	39
Fougerolle (R.)	CZ	41
Fourneyron (Pl.)	CY	42
Foy (R. Gén.)	BY	44
Frappa (R. J.)	BZ	47
Gambetta (R.)	BZ	
Gaulle (R. Ch.-de)	BXY	
Gérentet (R.)	BY	49
Gervais (R. E.)	CY	50
Gillet (R. F.)	BY	52
Grand Moulin (R. du)	BY	53
Gris de lin (R. du)	CY	54
Guesde (Pl. J.)	BY	56
Hôtel-de-Ville (Pl. de l')	BY	57
Jacob (R.)	CX	58
Krumnoy (Bd F.)	AY	61
Leclerc (R. du Gén.)	BZ	62
Libération (Av. de la)	BCY	
Loubet (Av. du Président E.)	BZ	63
Martyrs-de-Vingré (R. des)	BYZ	66
Michelet (R.)	BYZ	
Moine (Pl. Antonin)	CYZ	68
Moulin (Pl. J.)	CY	72
Mulatière (R. de la)	CZ	75
Neuve (Pl.)	BZ	77
Peuple (Pl. du)	BZ	86
Pointe-Cadet (R.)	BCZ	87
Président-Wilson (R.)	BY	89
République (R. de la)	BCY	
Résistance (R. de la)	BY	91
Rivière (R. du Sergent)	CX	93
Robert (R.)	BY	94
Ruel (R. A.)	AX	99
Sadi-Carnot (Pl.)	BX	100
St-Jean (R.)	BY	102
Sauzéa (Cours H.)	CY	103
Servet (R. M.)	BY	106
Stalingrad (Square de)	CY	109
Théâtre (R. du)	BYZ	112
Thomas (Pl. A.)	BZ	113
Tilleuls (R. des)	AX	116
Ursules (Pl. des)	BZ	117
Valbenoite (Bd)	CZ	119
Villeboeuf (Pl.)	CZ	123
Ville (R. de la)	BY	122
11-Novembre (R. du)	BZ	128

Astoria sans rest

r. Henri Déchaud – ✆ 04 77 25 09 56 – www.hotel-astoria.fr – Fermé 1er-14 août
33 ch – †69/89 € ††79/89 € – ☕ 9 € **Vn**
◆ Un hôtel proche du centre de congrès, très pratique et au calme. Cadre moderne et lumineux, chambres fonctionnelles avec douche à l'italienne et parking privé.

André Barcet

19 bis cours V. Hugo – ✆ 04 77 32 43 63 – www.restaurantandrebarcet.com – Fermé 10 juil.-7 août, dim. soir et merc. **BZu**
Rest – (22 €) Menu 36/68 € – Carte 60/85 €
◆ Les habitués – nombreux – apprécient la cuisine classique du chef et aiment à se retrouver dans cette élégante maison, près des halles. Salon Chesterfield, pour patienter...

A la Table des Lys

5 cours Fauriel – ✆ 04 77 25 48 55 – www.latabledeslys.fr – Fermé 30 mai-5 juin, 1er-21 août, 2-8 janv., sam. et dim. **CZq**
Rest – Menu 24 € (déj.), 35/80 € – Carte 37/91 €
◆ Le patron (et chef) vient de reprendre ce petit restaurant et l'a transformé en beau Lys contemporain. On y savoure une cuisine actuelle, goûteuse et légère.

Régency

17 bd J. Janin – ✆ 04 77 74 27 06 – Fermé août, sam. et dim. **BXr**
Rest – (18 €) Menu 32/41 € – Carte 35/50 €
◆ Un Régency frais et pimpant, avec ses murs acidulés et ses belles voûtes en brique rouge. L'assiette n'est pas en reste, qui varie au gré des saisons et du marché.

Nado

38 r. des Martyrs-de-Vingré – ✆ 04 77 37 49 95 – www.nadoapebar.com
Rest – Menu 20/40 € – Carte 40/51 € **BYe**
◆ Demi-homard en salade (fenouil, basilic) ; tournedos de lotte, bouillon aux herbes et légumes en barigoule... Une cuisine de saveurs, par un jeune chef formé dans de belles maisons.

à Sorbiers **10 km au Nord par D 106, N 82 et D 3 – 7 556 h. – alt. 560 m – ✉ 42290**

2, avenue Charles-de-Gaulle ✆ 04 77 01 11 42

Le Valjoly

9 r. de l'Onzon – ✆ 04 77 53 60 35 – www.levaljoly.free.fr – Fermé 1er-14 août, dim. soir et lundi
Rest – (13 €) Menu 16 € (déj. en sem.), 20/50 € – Carte 27/52 €
◆ Un restaurant dans la plus pure tradition, où le chef fait son marché pour trouver des produits de première fraîcheur. Les plats mijotent doucement et les parfums sont divins !

à Rochetaillée **8 km au Sud-Est par D 8 – ✉ 42100**

Yves Genaille

3 r. du Parc – ✆ 04 77 32 88 48 – www.restaurant-grenaille.fr – Fermé 19-27 avril, août, dim. soir, lundi et mardi
Rest – *(prévenir)* Menu 24 € (déj.), 30/60 € – Carte 49/57 €
◆ Ce restaurant, installé au cœur d'un village médiéval, est pourtant résolument contemporain. La vue sur la campagne est superbe, et la cuisine très appréciée des Stéphanois.

à St-Priest-en-Jarez **4 km au Nord-Ouest – 6 022 h. – alt. 605 m – ✉ 42270**

Clos Fleuri

76 av. A. Raimond – ✆ 04 77 74 63 24 – www.closfleuri.fr et www.createur-macarons.com – Fermé 7-14 mars, 1er-9 mai, 15-22 août et le soir sauf sam. **Tu**
Rest – (15 €) Menu 27 € (déj. en sem.)/70 € – Carte 53/66 €
◆ Un salon de thé, une boutique de produits régionaux (macarons maison) et une salle élégante pour déguster une belle cuisine, un brin créative... Un Clos Fleuri et... parfumé !

Du Musée
musée d'Art moderne la Terrasse – ✆ 04 77 79 24 52 – www.nouvelle.fr – Fermé 25-30 déc., lundi en juil.-août et dim. sauf le midi de sept. à juin
Rest – (11 €) Menu 18/26 € Ts
◆ De belles nourritures terrestres au musée d'Art moderne : les plats actuels du chef se dégustent sur des nappes à carreaux, sur fond d'art contemporain. Design et convivial.

ST-ÉTIENNE-DE-BAÏGORRY – 64 Pyrénées-Atlantiques – 342 D5 – 3 A3
– 1 602 h. – alt. 163 m – ✉ 64430 Pays Basque et Navarre

Paris 813 – Biarritz 51 – Cambo-les-Bains 31 – Pau 116
place de l'Église ✆ 05 59 37 47 28
Église St-Etienne★.

Arcé
rte du col d'Ispéguy – ✆ 05 59 37 40 14 – www.hotel-arce.com – Ouvert du 2 avril à mi-nov.
20 ch – †70/75 € ††125/145 € – 3 suites – ☕ 12 € – ½ P 100/105 €
Rest – *(fermé merc. midi et lundi midi du 15 sept. au 15 juil. sauf fériés) (prévenir le week-end)* Menu 30/45 € – Carte 45/56 €
◆ Authentique maison basque au pied du col d'Ispéguy et de la Nive. Atout charme : la passerelle métallique au-dessus de la rivière, permettant d'accéder à la piscine. Au restaurant – un ancien trinquet (salle de pelote basque) –, on savoure une cuisine du marché bien ancrée dans sa région. Terrasse sous les platanes.

ST-ÉTIENNE-DE-FURSAC – 23 Creuse – 325 G4 – rattaché à La Souterraine

ST-ÉTIENNE-DU-VAUVRAY – 27 Eure – 304 H6 – 704 h. – alt. 13 m – 33 D2
– ✉ 27430

Paris 105 – Rouen 28 – Évreux 35 – Sotteville-lès-Rouen 29

La Ferme de la Haute Crémonville
rte de Crémonville, 2,5 km au Sud-Ouest par D 77 et rte secondaire – ✆ 02 32 59 14 22 – www.restaurant-ferme-haute-cremonville.com – Fermé 2-11 avril, 8-22 août et 24 déc.-3 janv.
Rest – *(nombre de couverts limité, prévenir)* (19 €) Menu 28 € – Carte 28/45 €
◆ Une belle ferme normande (18e s.) rénovée à découvrir. Plongez dans l'ambiance campagnarde de ce restaurant. Registre traditionnel rythmé par les saisons et menus à l'ardoise.

ST-ÉTIENNE-LA-THILLAYE – 14 Calvados – 303 M4 – 480 h. – 32 A3
– alt. 20 m – ✉ 14950

Paris 198 – Caen 45 – Le Havre 47 – Lisieux 28

La Maison de Sophie
Lieu-dit Goguet – ✆ 02 31 65 69 97 – www.lamaisondesophie.com – Fermé janv., dim. et lundi sauf vacances scolaires
5 ch ☕ – †170 € ††170 € **Table d'hôte** – Menu 45 € bc/60 € bc
◆ Ancien presbytère (1789) en parfait état, parc et petit jardin à la française. Décor très étudié : chambres dépaysantes conçues sur divers thèmes associés à des musiques et senteurs. La médiatique Sophie vous proposera ses fameux cakes. Cours de cuisine.

ST-ÉTIENNE-LÈS-REMIREMONT – 88 Vosges – 314 H4 – rattaché à Remiremont

ST-EUTROPE-DE-BORN – 47 Lot-et-Garonne – 336 G2 – rattaché à Cancon

ST-EVROULT-NOTRE-DAME-DU-BOIS – 61 Orne – 310 L2 – 33 C2
– 432 h. – alt. 355 m – ✉ 61550 Normandie Vallée de la Seine

Paris 155 – Argentan 42 – Caen 91 – Lisieux 52

Le Relais de l'Abbaye ch,
r. Principale – 02 33 84 19 00
11 ch – 40/45 € 50/60 € – 8 €
Rest – *(fermé dim. soir et vend.)* (13 €) Menu 23/37 € – Carte 25/45 €
◆ Dans la rue principale d'un village connu pour son ancienne abbatiale normande, hôtel entièrement rénové. Chambres fonctionnelles et bien insonorisées. Restaurant logé sous une originale verrière pyramidale. Cuisine traditionnelle.

ST-FARGEAU – 89 Yonne – 319 B6 – 1 660 h. – alt. 175 m – 89170 7 A2

Bourgogne

Paris 180 – Auxerre 45 – Clamecy 48 – Gien 41
3, place de la République 03 86 74 10 07
Château★.

Les Grands Chênes sans rest
Les Berthes-Bailly, 4,5 km au Sud par D 18 – 03 86 74 04 05 – www.hotellesgrandschenes.com – Fermé 15 déc.-4 janv. et 15 fév.-7 mars
13 ch – 76/89 € 76/89 € – 8 €
◆ En pleine Puisaye, cet jolie demeure bourgeoise est en fait un hôtel, niché dans un grand parc. Le salon avec cheminée et les chambres colorées ont beaucoup de charme.

ST-FÉLIX-LAURAGAIS – 31 Haute-Garonne – 343 J4 – 1 348 h. – alt. 332 m – 31540 29 C2

Midi-Toulousain

Paris 716 – Auterive 46 – Carcassonne 58 – Castres 38
place Guillaume de Nogaret 05 62 18 96 99
Site★.

Auberge du Poids Public avec ch
rte de Toulouse, fg. St Roch – 05 62 18 85 00 – www.auberge-du-poids-public.fr – Fermé 3-31 janv., vacances de la Toussaint et dim. soir sauf juil.-août
12 ch – 70/142 € 72/145 € – 11 € – ½ P 82/95 €
Rest – (25 €) Menu 32/72 € – Carte 62/90 €
◆ Vous serez accueillis dans un cadre agréable ouvrant sur la plaine du Lauragais (terrasse panoramique) ; décor mi-rustique, mi-contemporain et cuisine de terroir revisitée. Chambres confortables et fraîches.

ST-FERRÉOL – 31 Haute-Garonne – 343 K4 – rattaché à Revel

ST-FIACRE-SUR-MAINE – 44 Loire-Atlantique – 316 H5 – rattaché à Nantes

ST-FIRMIN – 80 Somme – 301 C6 – rattaché à Rue

ST-FLORENT – 2B Haute-Corse – 345 E3 – voir à Corse

ST-FLORENTIN – 89 Yonne – 319 F3 – 5 076 h. – alt. 120 m – 89600 7 B1

Bourgogne

Paris 169 – Auxerre 32 – Chaumont 145 – Dijon 172
8, rue de la Terrasse 03 86 35 11 86
Vitraux★ de l'église **E.**

Les Tilleuls rest, ch,
3 r. Descourtive – 03 86 35 09 09 – www.hotel-les-tilleuls.com – Fermé 1er-20 mars, 13-20 nov., 24 déc.-4 janv., 19-29 fév.
9 ch – 54/58 € 61/71 € – 10 €
Rest – (16 €) Menu 28/43 € – Carte 44/62 €
◆ Hôtel familial aménagé dans un couvent des Capucins datant de 1635. Petites chambres bien tenues donnant parfois sur le jardin ombragé de tilleuls. Cuisine traditionnelle servie sous les poutres du restaurant ou sur la terrasse verdoyante.

ST-FLOUR - 15 Cantal - **330** G4 - **6 663 h.** - **alt. 783 m** - ✉ **15100** **5** B3

Auvergne

Paris 513 – Aurillac 70 – Issoire 67 – Le Puy-en-Velay 94

17 bis, place d'Armes ✆ 04 71 60 22 50

Site★★ - Cathédrale★ - Brassard★ dans le musée de la Haute Auvergne H.
Château d'Alleuze★★ : site★★ S : 12 km

Ville basse

Grand Hôtel de l'Étape

18 av. de la République, par ②
– ✆ 04 71 60 13 03 – www.hotel-etape.com
– Fermé dim. soir sauf juil.-août
23 ch – †55/75 € ††65/80 € – ☕ 9 € – ½ P 62/66 €
Rest – *(fermé dim. soir et lundi sauf juil.-août)* (16 € bc) Menu 24/31 €
– Carte 30/50 €

◆ Immeuble des années 1970 au fonctionnement familial. Chambres assez grandes et pratiques ; préférez celles avec vue sur la montagne. L'allure "seventies" du restaurant cache une authentique table régionale où la majorité des légumes viennent du potager maison.

L'Ander

6 av. du Cdt Delorme – ✆ 04 71 60 21 63
– www.hotel-ander.com
– Fermé 20 janv.-10 mars **Ba**
23 ch – †49/79 € ††49/79 € – ☕ 9 € – ½ P 49/60 €
Rest – *(fermé dim. soir hors saison)* (12 €) Menu 17/41 € – Carte 20/44 €

◆ Au pied de la ville haute juchée sur sa colline, cet hôtel a retrouvé une nouvelle jeunesse. Cadre intérieur coloré et douillet ; les chambres affichent une déco personnalisée. Cuisine traditionnelle axée terroir, servie dans une coquette salle à manger.

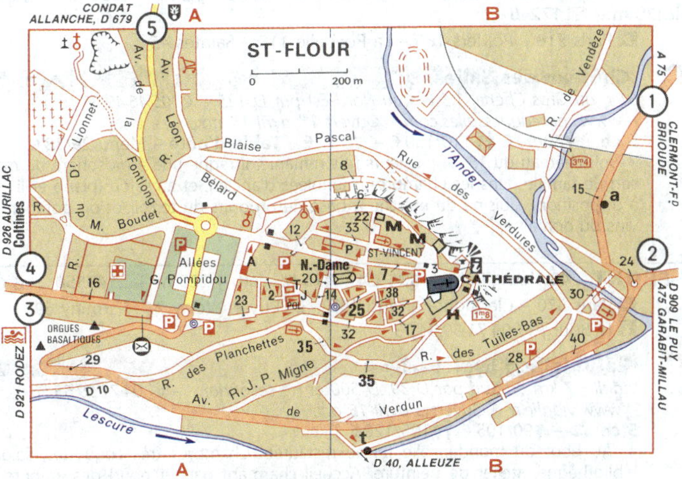

Agials (R. des) . . . . A 2
Armes (Pl. d') . . . . B 3
Belloy (R. de) . . . . B 6
Breuil (R. du) . . . . B 7
Cardinal Bernet (R. du) . . . . B 8
Collège (R. du) . . . . A 12
Collégiale (R. de la) . . . . . A 14
Delorme (Av. du Cdt) . . . . . B 15
Dr-Mallet (Av. du) . . . . . . A 16
Frauze (R. de la) . . . . B 17
Halle aux Bleds (Pl. de la) . . AB 20
Jacobins (R. des) . . . . B 22
Lacs (R. des) . . . . A 23
Liberté (Pl. de la) . . . . . . B 24
Marchande (R.) . . . . B 25
Odilon-de-Mercoeur (Pl.) . . . B 28
Orgues (Av. des) . . . . A 29
Pont Vieux (R. du) . . . . . . B 30
Rollandie (R. de la) . . . . . . B 32
Sorel (R.) . . . . B 33
Traversière (R.) . . . . B 38
Tuiles Haut (R. des) . . . . . AB 35
11-Novembre (Av. du) . . . . . B 40

Auberge de La Providence

1 r. Château d'Alleuze, par D 40 (sud du plan) – ✆ 04 71 60 12 05 – www.auberge-providence.com – Fermé 15 nov.-5 janv. Bt

12 ch – †62 € ††65 € – ☕ 9 € – ½ P 55/58 €

Rest – *(fermé le midi) (résidents seult)* Menu 28 €

◆ Accueil sympathique en cette auberge familiale légèrement excentrée. Chambres modestes mais très bien tenues et insonorisées (deux avec terrasse). L'imposant buffet en bois patiné donne du cachet au restaurant campagnard ; recettes simples à l'accent régional.

à St-Georges 5 km par ②, D 909 et rte secondaire – 1 128 h. – alt. 860 m – ✉ 15100

Le Château de Varillettes

rest,

– ✆ 04 71 60 45 05 – www.chateaudevarillettes.com – Ouvert 22 avril-2 oct.

12 ch – †135/210 € ††135/210 € – 1 suite – ☕ 14 € – ½ P 115/152 €

Rest – (20 €) Menu 35/50 € – Carte 40/65 €

◆ Château du 15e s., ex-résidence des évêques de St-Flour. Chambres confortables, avec mobilier de style ; l'une d'elles domine le jardin médiéval. Deux salles à manger, l'une voûtée et avec cantou, l'autre ouverte sur la terrasse l'été. Plats traditionnels.

à La Barge 12 km par ③ et D 921, D 116 puis D 10 – 205 h. – alt. 870 m – ✉ 15100

Auberge d'Alleuze

– ✆ 04 71 60 96 91 – Fermé sam. sauf juil.-août

Rest – Menu 18/34 € – Carte 22/42 €

◆ En pleine campagne, sympathique auberge située au cœur d'un hameau. On y sert une appétissante cuisine traditionnelle, cent pour cent maison, à partir de produits frais.

ST-FORT-SUR-GIRONDE – 17 Charente-Maritime – 324 F7 – 932 h. – alt. 28 m – ✉ 17240 38 B3

Paris 518 – Poitiers 186 – La Rochelle 115 – Saintes 45

Château des Salles

ch,

61 r. du Gros Chêne, 1,5 km au Nord-Est par D 125 – ✆ 05 46 49 95 10 – www.chateaudessalles.com – Ouvert 1er avril-1er nov.

5 ch – †80/90 € ††110/150 € – ☕ 12 € **Table d'hôte** – Menu 29/38 €

◆ Joli château du 15e s. plusieurs fois remanié. Il règne une atmosphère de maison de famille dans les chambres, meublées d'ancien, et au salon (piano et livres à disposition). Cuisine du marché à base de produits du terroir et du potager, et vins du domaine.

ST-FRONT – 43 Haute-Loire – 331 G4 – 475 h. – alt. 1 223 m – ✉ 43550 6 C3

Paris 570 – Clermont-Ferrand 156 – Le Puy-en-Velay 27 – Firminy 69

le Bourg ✆ 04 71 59 54 93

La Vidalle d'Eyglet sans rest

Vidalle, 7 km au Sud par D 39, D 500 et rte secondaire – ✆ 04 71 59 55 58 – www.vidalle.fr – Ouvert 3 avril-15 oct.

5 ch ☕ – †90/105 € ††105/120 €

◆ Au bout du monde, jolie ferme restaurée. Chambres très coquettes, salon-bibliothèque, atelier de peinture. Accueil charmant par (et pour) des amoureux de la nature.

ST-FRONT-DE-PRADOUX – 24 Dordogne – 329 D5 – 1 032 h. – alt. 40 m – ✉ 24400 4 C1

Paris 582 – Angoulême 83 – Bordeaux 104 – Périgueux 40

Château la Thuilière
La Thuilière – 06 45 35 36 82 – www.lathuiliere.net
5 ch – 70 € 115 € **Table d'hôte** – Menu 35/48 €
◆ Dans son parc arboré, cet élégant châtelet dévoile de belles ambiances : très 19e s. (boiseries, stucs) ou résolument contemporaines (lignes épurées, grand confort) – tout en grâce et équilibre. Un chef argentin œuvre à la table d'hôte, où il réinvente le terroir !

ST-GALMIER – 42 Loire – 327 E6 – 5 705 h. – alt. 400 m – Casino 44 A2
– 42330 Lyon Drôme Ardèche

Paris 457 – Lyon 82 – Montbrison 25 – Montrond-les-Bains 11
Le Cloître, 15, boulevard Cousin 04 77 54 06 08
Vierge du Pilier★ et triptyque★ dans l'église.

La Charpinière ch, rest,
– 04 77 52 75 00 – www.lacharpiniere.com
– Fermé 27 déc.-2 janv. et dim. soir
49 ch – 75/118 € 75/118 € – 13 € – ½ P 73/87 €
Rest *La Closerie de la Tour* – Menu 24/48 € – Carte 31/61 €
◆ Quel havre de paix que cette gentilhommière tapissée de vigne vierge dans un grand parc, avec piscine, tennis... Les chambres sont avant tout pratiques et bien tenues. Repas servis dans un agréable jardin d'hiver : cuisine traditionnelle bien tournée.

Hostellerie du Forez
6 r. Didier Guetton – 04 77 54 00 23 – www.hostelleriedurorez.com
16 ch – 56 € 66 € – 9 € – ½ P 73 €
Rest – *(fermé 8-28 août, 23 déc.-2 janv., dim. soir et lundi midi)* (16 € bc) Menu 20/35 € – Carte 31/41 €
◆ Dans cet ancien relais de poste du 19e s., les chambres sont avenantes et bien tenues... Au restaurant, tons chaleureux et cuisine actuelle. Caves voûtées pour les réceptions.

Le Bougainvillier avec ch ch,
Pré Château – 04 77 54 03 31 – www.restaurant-bougainvillier.com – Fermé 31 juil.-22 août, 26-30 déc., merc. soir, dim. et lundi
4 ch – 85/95 € 90/100 € – 12 €
Rest – *(prévenir)* (25 €) Menu 40/62 € – Carte 57/66 €
◆ Tout près de cette maison coule une rivière. La décoration est contemporaine et élégante – tout en sobriété –, la cuisine joliment exécutée. Un endroit plaisant ! Même esprit design dans les chambres, où les matériaux nobles sont rois (béton ciré, acier, bois...).

ST-GATIEN-DES-BOIS – 14 Calvados – 303 N3 – 1 312 h. 32 A3
– alt. 149 m – 14130

Paris 195 – Caen 58 – Le Havre 36 – Deauville 10

Le Clos Deauville St-Gatien rest,
4 r. des Brioleurs – 02 31 65 16 08
– www.clos-st-gatien.fr
58 ch – 81/194 € 81/194 € – 13 € – ½ P 85/141 €
Rest *Le Michels* – (19 €) Menu 31/75 € – Carte 36/83 €
◆ A cœur d'un jardin arboré, cette ancienne ferme et ses dépendances disposent de chambres rafraîchies et de nombreux équipements de loisirs et de séminaires. Le Michels, qui a préservé son cachet (poutres, colombages), propose une cuisine traditionnelle.

ST-GAUDENS – 31 Haute-Garonne – 343 C6 – 11 000 h. 28 B3
– alt. 405 m – 31800 Midi-Toulousain

Paris 766 – Bagnères-de-Luchon 48 – Tarbes 68 – Toulouse 94
2, rue Thiers 05 61 94 77 61
Boulevard des Pyrénées ★ - Belvédères★.

Du Commerce

2 av. de Boulogne – ✆ 05 62 00 97 00 – www.commerce31.com – Fermé 17 déc.-10 janv.

48 ch – 59/76 € 59/76 € – 9 € – ½ P 55/65 €

Rest – Menu 22/38 € – Carte 27/53 €

◆ Construction moderne à deux pas du centre-ville, avec garage. Les chambres, fonctionnelles, sont diversement meublées et toutes climatisées. Au restaurant, couleurs ensoleillées, mélange d'ancien et de contemporain et carte où le cassoulet figure en bonne place.

ST-GENIÈS – 24 Dordogne – 329 I6 – 971 h. – alt. 232 m – ✉ 24590 4 D1

Paris 527 – Bordeaux 200 – Cahors 94 – Périgueux 71

Le Château avec ch

Le Bourg – ✆ 05 53 28 36 77 – www.restaurantduchateau.com – Ouvert de mi-avril à fin déc.

3 ch – 80/110 € 90/110 € – 10 €

Rest – Menu 18/69 € – Carte 23/50 €

◆ Beau monument historique (13e-16e s.) hérissé de tours robustes, couvertes de lauzes. Au restaurant, cheminée monumentale, tables en bois brut et cuisine gourmande aux accents du Sud. Quelques chambres pleines de cachet pour prolonger le plaisir...

ST-GENIS-POUILLY – 01 Ain – 328 J3 – 7 865 h. – alt. 445 m – ✉ 01630 46 F1

Paris 524 – Bellegarde-sur-Valserine 28 – Bourg-en-Bresse 100 – Genève 12

11 rue de Gex ✆ 04 50 42 29 37

des Serves Route de Meyrin, E : 2 km par D 984, ✆ 04 50 42 16 48

L'Amphitryon

– ✆ 04 50 20 64 64 – www.saint-genis-pouilly.com/amphitryon – Fermé 1er-20 août, 26 déc.-15 janv., mardi soir, dim. soir et lundi

Rest – (20 € bc) Menu 32/53 € – Carte 35/54 €

◆ Derrière la sage façade de ce pavillon récent se cache une surprenante salle à manger : fresques, voûtes et statuettes de style antique. Cuisine classique et cave fournie.

ST-GENIX-SUR-GUIERS – 73 Savoie – 333 G4 – 2 094 h. – alt. 235 m – ✉ 73240 45 C2

Paris 513 – Belley 22 – Chambéry 34 – Grenoble 58

rue du Faubourg ✆ 04 76 31 63 16

à Champagneux 4 km au Nord-Ouest par D 1516 – 471 h. – alt. 214 m – ✉ 73240

Les Bergeronnettes

Le Bourg, près de l'église – ✆ 04 76 31 50 30 – Fermé 26 déc.-1er janv.

18 ch – 75 € 75/125 € – 15 € – ½ P 70 €

Rest – *(fermé dim. soir)* Menu 14/36 € – Carte 18/35 €

◆ Un cadre verdoyant et champêtre pour cet hôtel alangui abritant des chambres spacieuses et fonctionnelles. Petits-déjeuners sous forme de buffet. Au restaurant, cuisine régionale simple (spécialités de cuisses de grenouille) et terrasse sous un chapiteau.

ST-GEOIRE-EN-VALDAINE – 38 Isère – 333 G5 – 2 271 h. – alt. 410 m – ✉ 38620 45 C2

Paris 549 – Chambéry 42 – Grenoble 42 – Lyon 90

XX **Sylvain Devaux-Auberge du Val d'Ainan** avec ch — rest,
pl. André-Bonin – ✆ 04 76 06 54 14 — rest, VISA MC
– www.sylvain-devaux.com – Fermé vacances de la Toussaint, 2 sem. en janv., dim. soir, lundi et merc.
5 ch – †40 € ††65 € – ☕ 6 €
Rest – (11 €) Menu 16 € (déj. en sem.), 25/50 € – Carte 36/60 €
◆ Dans ce village à deux pas du Parc naturel de Chartreuse, plaisante cuisine soignée qui fait la part belle aux épices. Salle à manger à l'esprit "brocante". Terrasse aux beaux jours. La maison compte cinq chambres fraîches et bien tenues, proposées à prix doux.

ST-GEORGES – 15 Cantal – 330 G4 – rattaché à St-Flour

ST-GEORGES-DE-DIDONNE – 17 Charente-Maritime – 324 D6 – rattaché à Royan

ST-GEORGES-D'ESPÉRANCHE – 38 Isère – 333 D4 – 2 976 h. – alt. 400 m – ✉ 38790 — 44 B2

▶ Paris 496 – Bourgoin-Jallieu 25 – Grenoble 92 – Lyon 40

XX **Castel d'Espéranche** — P VISA MC AE
15 rte Lafayette – ✆ 04 74 59 18 45 – www.castel-esperanche.com – Fermé 25 janv.-10 fév., lundi, mardi et merc.
Rest – (17 €) Menu 24/54 € – Carte 47/57 €
◆ Restaurant installé en partie dans une tour de garde du 13e s. dont quelques vestiges agrémentent les salles à manger. Cuisine régionale et menu "du Moyen Âge".

ST-GEORGES-DES-SEPT-VOIES – 49 Maine-et-Loire – 317 H4 – 638 h. – alt. 83 m – ✉ 49350 — 35 C2

▶ Paris 314 – Angers 30 – Nantes 127 – Saumur 27

X **Auberge de la Sansonnière** avec ch — ch, AC rest, rest,
(près de la mairie) – ✆ 02 41 57 57 70 — VISA MC AE
– www.auberge-sansonniere.com – Fermé 10-25 mars, 5-30 nov., 1 sem. en janv., dim. soir et lundi
7 ch – †65/85 € ††75/90 € – ☕ 10 € – ½ P 53/61 €
Rest – (12 €) Menu 17/38 € – Carte 31/67 €
◆ On peut s'arrêter lors d'une étape dans ce prieuré (17e s.) joliment restauré, dans un esprit bistrot moderne. Cuisine de saison et joli jardin fleuri. Pour dormir, l'auberge dispose de chambres claires et toutes simples.

ST-GEORGES-SUR-CHER – 41 Loir-et-Cher – 318 D8 – 2 268 h. – alt. 70 m – ✉ 41400 — 11 A1

▶ Paris 225 – Blois 40 – Orléans 102 – Tours 40

Prieuré de la Chaise sans rest — AC P VISA MC
8 r. Prieuré – ✆ 02 54 32 59 77 – www.prieuredelachaise.com
5 ch ☕ – †70/130 € ††70/130 €
◆ Un charmant prieuré du 16e s. niché dans un parc... au calme. Tomettes et meubles anciens dans les chambres. L'hiver venu, belles flambées dans la cheminée de la salle à manger.

ST-GERMAIN-DE-BELVÈS – 24 Dordogne – 329 H7 – 137 h. – alt. 230 m – ✉ 24170 — 4 D1

▶ Paris 598 – Bordeaux 197 – Cahors 71 – Périgueux 66

Les Boudines sans rest — P
Les Boudines – ✆ 05 53 29 15 03 – www.lesboudines.com – Fermé de mi-fév. à mi-mars et déc.
5 ch ☕ – †65/105 € ††69/105 €
◆ Ancienne ferme périgourdine en pierres sèches. Les chambres, décorées dans des matières naturelles, ont toutes une terrasse. Piscine à débordement avec vue imprenable sur la campagne.

ST-GERMAIN-DE-JOUX – 01 Ain – **328** H3 – 496 h. – alt. 507 m **45** C1
– ✉ 01130

Paris 487 – Bellegarde-sur-Valserine 13 – Belley 61 – Bourg-en-Bresse 63

Reygrobellet avec ch
D 1084 – ✆ 04 50 59 81 13 – www.hotel-reygrobellet.com – Fermé 1er-8 mars, 5-20 juil., 24 oct.-8 nov., 11-27 fév., dim. soir et lundi
10 ch – †57/68 € ††57/68 € – ☕ 9 €
Rest – (17 €) Menu 22/61 € – Carte 36/82 €
◆ Outre son confortable intérieur campagnard, cette maison a pour elle une généreuse cuisine traditionnelle (beau chariot de desserts). Chambres simples en partie rénovées.

ST-GERMAIN-DES-VAUX – 50 Manche – **303** A1 – 428 h. **32** A1
– alt. 59 m – ✉ 50440

Paris 383 – Barneville-Carteret 48 – Cherbourg 28 – Nez de Jobourg 7
Baie d'Ecalgrain★★ S : 3 km - Port de Goury★ NO : 2 km.
Nez de Jobourg★★ S : 7,5 km puis 30 mn - ≤★★ sur anse de Vauville SE : 9,5 km par Herqueville, **Normandie Cotentin.**

L'Erguillère sans rest
Port Racine, 1,8 km à l'Est par D 45 – ✆ 02 33 52 75 31 – www.hotel-lerguillere.com – Fermé 23 fév.-12 mars
10 ch – †75/140 € ††75/140 € – ☕ 13 €
◆ Direction le bout du monde... À la pointe de la Hague, au-dessus de la mer et de Port Racine, hôtel très cosy où se réfugier à la suite de Jacques Prévert, qui le fréquenta.

Le Moulin à Vent
10 rte de Port Racine, (Hameau Danneville), 1,5 km à l'Est par D 45 – ✆ 02 33 52 75 20 – www.le-moulin-a-vent.fr – Fermé 14-30 déc., 8-27 fév., merc. et jeudi sauf en juil.-août
Rest – *(prévenir)* Menu 23/43 € – Carte 35/45 €
◆ Cette auberge, isolée au bout de la presqu'île du Cotentin, sert une cuisine actuelle privilégiant les produits de la mer. Cadre épuré et lumineux, ouvert sur un beau panorama.

ST-GERMAIN-DU-BOIS – 71 Saône-et-Loire – **320** L9 – 1 874 h. **8** D3
– alt. 210 m – ✉ 71330 Bourgogne

Paris 367 – Chalon-sur-Saône 33 – Dole 58 – Lons-le-Saunier 29

Hostellerie Bressane
2 rte de Sens – ✆ 03 85 72 04 69 – www.giot-hostelleriebressane.fr – Fermé dim. soir sauf juil.-août et lundi
9 ch – †48 € ††53 € – ☕ 6 € – ½ P 54 €
Rest – Menu 14 € (déj. en sem.), 21/40 € – Carte 39/55 €
◆ Hôtel particulier du 18e s. dont l'intérieur régional et pittoresque a été rénové avec soin. Chambres de caractère, plus calmes côté cour. Généreuse cuisine traditionnelle, préparée sans fioritures et proposée à des prix raisonnables.

ST-GERMAIN-EN-LAYE – 78 Yvelines – **311** I2 – **101** 13 – voir à Paris, Environs

ST-GERMAIN-LÈS-ARLAY – 39 Jura – **321** D6 – 521 h. – alt. 255 m **16** B3
– ✉ 39210

Paris 398 – Besançon 74 – Chalon-sur-Saône 58 – Dole 46

Hostellerie St-Germain avec ch
635 Grande rue – ✆ 03 84 44 60 91 – www.hostelleriesaintgermain.com
7 ch – †65/75 € ††65/75 € – ☕ 9 € – ½ P 64 €
Rest – *(fermé mardi sauf en saison et lundi)* (18 €) Menu 23/69 € – Carte 42/66 €
◆ Face à l'église, cet ancien relais de poste du 17e s. propose une cuisine actuelle raffinée, dans un cadre rustico-bourgeois. Belle carte de vins du Jura. Chambres bien tenues, plus calmes côté terrasse.

ST-GERVAIS – 33 Gironde – 335 I4 – 1 398 h. – alt. 39 m – ✉ 33240 3 B1

▶ Paris 543 – Bordeaux 29 – Mérignac 38 – Pessac 44

XX **Au Sarment**

50 r. la Lande – ✆ 05 57 43 44 73 – www.au-sarment.com – Fermé vacances de fév., 2 sem. fin août, sam. midi, dim. soir et lundi

Rest – (20 € bc) Menu 39/59 € – Carte 55/78 €

◆ Le chef, d'origine martiniquaise, rehausse ses bons petits plats de saveurs créoles. L'intérieur de cette belle maison de pays, clair et sobre, donne sur une terrasse ombragée.

ST-GERVAIS-D'AUVERGNE – 63 Puy-de-Dôme – 326 D6 – 1 341 h. – alt. 725 m – ✉ 63390 Auvergne 5 B2

▶ Paris 377 – Aubusson 72 – Clermont-Ferrand 55 – Gannat 41

ℹ rue du Général Desaix ✆ 04 73 85 80 94

Castel Hôtel 1904

r. du Castel – ✆ 04 73 85 70 42 – www.castel-hotel-1904.com – Ouvert 1ᵉʳ avril-11 nov.

15 ch – †55/70 € ††59/75 € – ☕ 9 € – ½ P 55/62 €

Rest – *(fermé lundi)* Menu 32/53 €

Rest *Le Comptoir à Moustaches* – (13 €) Menu 17 € – Carte 29/45 €

◆ Cette demeure de charme du 17ᵉ s. dispose de chambres décorées de mobilier de style. La même famille tient la maison depuis 1904, toujours avec le sourire. Repas tout simples au Comptoir à Moustaches. L'autre restaurant propose des mets traditionnels dans une salle au décor délicieusement suranné.

Le Relais d'Auvergne

rte de Châteauneuf – ✆ 04 73 85 70 10 – www.relais-auvergne.com – Ouvert de mars à nov. et fermé dim. soir et lundi en oct. et mars

12 ch – †54/58 € ††55/70 € – ☕ 7 € – ½ P 55/58 €

Rest – *(fermé lundi midi)* (13 €) Menu 20 € (déj. en sem.)/38 € – Carte 20/49 €

◆ Les meubles et les bibelots chinés confèrent à cet hôtel un certain charme d'antan, et les clients peuvent même les acheter ! Les chambres sont chaleureuses et bien équipées. Contraste entre la salle à manger tendance et la cuisine traditionnelle qu'on y sert.

ST-GERVAIS-EN-VALLIÈRE – 71 Saône-et-Loire – 320 J8 – 356 h. – alt. 203 m – ✉ 71350 7 A3

▶ Paris 324 – Beaune 16 – Chalon-sur-Saône 24 – Dijon 57

à Chaublanc 3 km au Nord-Est par D 94 et D 183 – ✉ 71350 St-Gervais-en-Vallière

Le Moulin d'Hauterive

ch, rest, VISA AE

8 r. du Moulin – ✆ 03 85 91 55 56 – www.moulinhauterive.com – Fermé 3 janv.-11 fév., merc. soir, mardi d'oct. à mai et merc. en juin et sept.

20 ch – †70/139 € ††70/239 € – 7 suites – ☕ 16 € – ½ P 114/144 €

Rest – *(fermé lundi midi, merc. midi, jeudi midi, mardi sauf fériés et juil.-août)* Menu 29 €, 39/62 € – Carte 55/70 €

◆ Isolé en pleine nature, ce vieux moulin à farine bordant la Dheune fut bâti au 12ᵉ s. par les moines de l'abbaye de Cîteaux. Chambres personnalisées ; beaux meubles anciens. Deux salles à manger cossues et terrasse au bord de l'eau ; belle carte de bourgognes.

ST-GERVAIS-LES-BAINS – 74 Haute-Savoie – 328 N5 – 5 594 h. – alt. 820 m – Sports d'hiver : 1 400/2 000 m 2 25 – Stat. therm. : toute l'année – Casino – ✉ 74170 Alpes du Nord 46 F1

▶ Paris 597 – Annecy 84 – Bonneville 42 – Chamonix-Mont-Blanc 25

✆ 3635 et tapez 42 (0,34 €/mn)

ℹ 43, rue du Mont-Blanc ✆ 04 50 47 76 08

Route du Bettex★★★ 8 km par ③ puis D 43.

Plan page suivante

ST-GERVAIS-LES-BAINS LE FAYET

Comtesse (R.) 2
Gontard (Allée) 4
Miage (Av. de) 5
Mont-Blanc (R. et jardin du)... 6
Mont-Lachat (R. du) 7

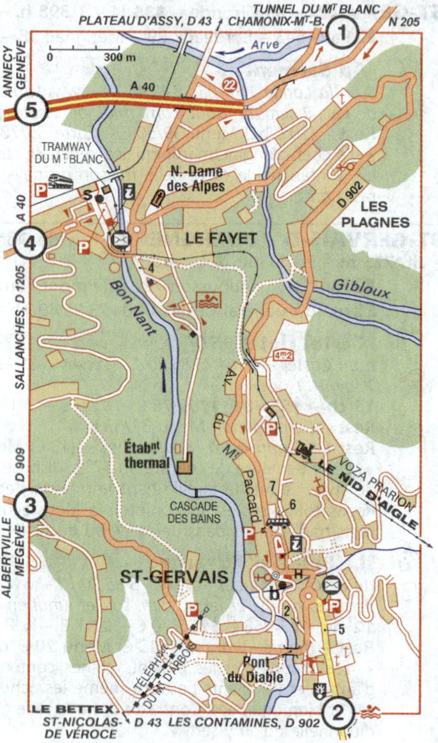

Val d'Este sans rest

pl. de l'Église – ✆ 04 50 93 65 91 – www.hotel-valdeste.com
– Fermé 5 nov.-5 déc. **b**
14 ch – 🛉59/87 € 🛉🛉59/87 € – ☕ 8,50 €
♦ Au cœur de la station, petit hôtel familial à l'accueil chaleureux. Les chambres qui donnent sur les montagnes, plus calmes, sont équipées d'une baignoire.

Le Sérac

pl. de l'Église – ✆ 04 50 93 80 50 – www.serac-restaurant.com
– Fermé 20 avril-8 mai, 15-30 nov., merc. sauf le soir en été, jeudi midi et lundi midi **b**
Rest – (20 €) Menu 28/56 € – Carte 39/55 €
♦ Cuisine mariant habilement saveurs régionales et méditerranéennes, avec les sommets en toile de fond. Les amateurs de chocolat seront séduits par la carte des desserts !

au Fayet **4 km au Nord-Ouest par D 902 – ✉ 74190**

ℹ 104, avenue de la gare ✆ 04 50 93 64 64

Deux Gares

50 impasse des Deux Gares – ✆ 04 50 78 24 75 – www.hotel2gares.com
– Fermé 1er-14 mai, 24 sept.-1er oct. et 1er nov.-18 déc. **s**
29 ch (½ P seult) – ½ P 44/50 €
Rest – *(dîner seult) (résidents seult)* Menu 16 €
♦ Face à la gare de départ du fameux tramway du mont Blanc. Petites chambres récemment rénovées ; bon équipement de loisirs. Belle piscine couverte. Excellent rapport qualité-prix.

au Bettex 8 km au Sud-Ouest par D 43 ou par télécabine, station intermédiaire – ✉ 74170 St-Gervais-les-Bains

Arbois-Bettex

– ✆ 04 50 93 12 22 – www.hotel-arboisbettex.com – Ouvert 28 mai-26 sept. et 20 déc.-19 avril

33 ch – 85/175 € 110/310 € – 14 €

Rest – Menu 25/55 € – Carte 33/85 €

◆ Superbe vue sur le massif du Mont-Blanc depuis ce chalet voisin des télécabines. Chambres fonctionnelles. Piscine couverte, spa et massage. Cuisine traditionnelle et plats savoyards ; terrasse exposée plein sud.

*Autres ressources hôtelières voir **Les Houches** (au Prarion) et **Megève** (sommet du Mont d'Arbois)*

ST-GILLES – 30 Gard – 339 L6 – 13 234 h. – alt. 10 m – ✉ 30800 — 23 D2

Languedoc Roussillon

Paris 724 – Arles 18 – Beaucaire 27 – Lunel 31

1, place Frédéric Mistral ✆ 04 66 87 33 75

Façade★★ et crypte★ de l'église - Vis de St-Gilles★.

Domaine de la Fosse

rte de Sylvéréal, 7 km au Sud par D 179, croisement D 202 – ✆ 04 66 87 05 05 – www.domainedelafosse.com

5 ch – 95/120 € 115/145 € **Table d'hôte** – Menu 20/35 €

◆ Camargue ! Au cœur d'un immense domaine rizicole, cette ancienne commanderie des Templiers (17e s.) abrite des chambres de caractère (mansardes, mobilier chiné). Sauna, hammam, jacuzzi.

ST-GILLES-CROIX-DE-VIE – 85 Vendée – 316 E7 – 7 281 h. – alt. 12 m – Casino : Le Royal Concorde – ✉ 85800 — 34 A3

Poitou Vendée Charentes

Paris 462 – Cholet 112 – Nantes 79 – La Roche-sur-Yon 44

boulevard de l'Égalité ✆ 02 51 55 03 66

18 des Fontenelles à L'Aiguillon-sur-Vie Route de Coëx, E : 11 km par D 6, ✆ 02 51 54 13 94

Le Casier

pl. du Vieux Port – ✆ 02 51 55 01 08 – www.lecasier.com – Fermé 20 déc.-2 mars, lundi en mars, nov. et déc.

Rest – Menu 15 € (déj. en sem.), 19/28 € – Carte 19/42 €

◆ Décor de bistrot marin très convivial, cuisine iodée simple et bien faite : le patron de cette ex-charcuterie proche des quais a troqué le tablier pour la toque, avec succès !

La Cotriade

8 r. Louis Cristau – ✆ 02 51 55 09 62 – Fermé 20 déc.-31 janv., mardi soir, merc. soir, jeudi soir hors saison, dim. soir soir sauf du 11 juil. au 23 août et lundi

Rest – (14 €) Menu 20/37 € – Carte 28/52 €

◆ Dans ce restaurant en retrait de l'agitation touristique, on déguste une séduisante cuisine au goût du jour et quelques spécialités plus traditionnelles. Cadre rustique rafraîchi.

à Coëx 14 km à l' Est par D 6 – 2 684 h. – ✉ 85220

place de l'Église ✆ 02 51 54 28 80

Le Balata

Golf des Fontenelles, 2 km à l'Ouest par D 6 – ✆ 02 28 10 63 96 – www.lebalata.com – Fermé 2 sem. en janv., dim. soir, lundi soir, mardi soir en hiver et merc.

Rest – (14 €) Menu 18 € (déj. en sem.), 25/29 € – Carte 35/45 €

◆ La tomate se décline en gaspacho, tartare ou sorbet ; la fraise s'allie au romarin... Une cuisine raffinée dans une atmosphère contemporaine feutrée, avec vue sur les greens.

à Sion-sur-l'Océan 5 km à l'Ouest par la Corniche Vendéenne – ✉ 85270

Frédéric sans rest

25 r. des Estivants – ✆ 02 51 54 30 20 – www.hotel-frederic.com

13 ch – †68/124 € ††68/124 € – ☕ 12 €

◆ Cette jolie villa des années 1930 a été modernisée tout en conservant son cachet d'antan. Choisir une chambre avec vue sur l'océan. Bar à huîtres au délicieux cadre rétro.

ST-GINGOLPH – 74 Haute-Savoie – **328** N2 – 651 h. – alt. 385 m **46** F1
– ✉ 74500 Alpes du Nord

Paris 560 – Annecy 102 – Évian-les-Bains 19 – Montreux 21

Aux Ducs de Savoie

r. du 23 Juillet 44 – ✆ 04 50 76 73 09 – www.ducsdesavoie.net – Fermé 22 oct.-4 nov., 12-27 janv., mardi sauf juil.-août et lundi

Rest – (20 €) Menu 40/70 € – Carte 36/72 €

◆ Agréable chalet situé en aplomb du village. Cadre bourgeois, terrasse d'été ombragée face au lac et côté cuisine, goûteuses recettes classiques (appétissant chariot de desserts).

ST-GIRONS – 09 Ariège – **343** E7 – 6 533 h. – alt. 398 m **28** B3
– ✉ 09200 Midi-Toulousain

Paris 774 – Auch 123 – Foix 45 – St-Gaudens 43

place Alphonse Sentein ✆ 05.61.96.26.60

Château de Beauregard rest, rest,

av. de la Résistance – ✆ 05 61 66 66 64 – www.chateaubeauregard.net – Fermé nov.

10 ch – †60/220 € ††60/220 € – 3 suites – ☕ 15 € – ½ P 82/102 €

Rest ***Auberge d'Antan*** – *(fermé merc. et jeudi)* Menu 15 € (déj. en sem.), 29/38 € – Carte 33/55 €

◆ Petit château et ses dépendances (19e s.), au calme d'un parc. Chambres confortables d'esprit bourgeois (mobilier chiné), suites de caractère et spa original dans une ancienne écurie. À l'auberge, décor rustique et plats de grand-mère préparés au feu de bois.

La Clairière rest, rest,

av. de la Résistance – ✆ 05 61 66 66 66 – www.hotel-clairiere.com

19 ch – †60/70 € ††60/70 € – ☕ 9 € – ½ P 64/69 €

Rest – (23 €) Menu 29/64 € – Carte 40/51 €

◆ Dans un parc, insolite construction moderne dotée d'un toit de bardeaux tombant jusqu'au sol. Chambres fonctionnelles, certaines aménagées pour les familles. Au restaurant, cuisine traditionnelle et salle actuelle ouverte sur une terrasse, face à la piscine.

à Lorp-Sentaraille 4 km au Nord-Ouest par D 117 – 1 242 h. – alt. 361 m
– ✉ 09190

La Petite Maison

rte de Toulouse – ✆ 05 61 66 54 49 – www.lapetitemaison-magnypao.com – Fermé janv., lundi et mardi

Rest – (16 €) Menu 26/100 € bc – Carte 40/60 €

◆ Bien dans l'air du temps, la cuisine de cette maison discrète, située en léger retrait de la route, vous réservera d'agréables surprises. Cadre frais aux teintes ensoleillées.

ST-GRÉGOIRE – 35 Ille-et-Vilaine – **309** L6 – rattaché à Rennes

---

ST-GUÉNOLÉ – 29 Finistère – **308** E8 – ✉ 29760 Penmarch Bretagne **9** A2

Paris 587 – Douarnenez 47 – Guilvinec 8 – Pont-l'Abbé 14

Pl. du Mar. Davout ✆ 02 98 58 81 44

Musée préhistorique★ - ★★ du phare d'Eckmühl★ S : 2,5 km
- Église★ de Penmarch SE : 3 km - Pointe de la Torche ★ NE : 4 km.

Sterenn rest, VISA
plage de la Joie – 02 98 58 60 36 – www.hotel-sterenn.com – Fermé 3 sem. en janv. et de mi-nov. à mi-déc.
16 ch – 60/88 € 60/88 € – 11 € – ½ P 72/98 €
Rest – *(fermé lundi)* (15 €) Menu 22/45 € – Carte 26/60 €
◆ Face à la plage, cette construction néobretonne (1978) a changé de propriétaires sans rien perdre de son charme. Fonctionnement familial ; chambres sobres et nettes. Dans la salle ouverte sur la côte, agréable cuisine de la mer au bon rapport qualité-prix.

Les Ondines VISA
90 r. Pasteur, rte du phare d'Eckmühl – 02 98 58 74 95 – www.lesondines.com – Ouvert 8 avril-13 nov. et fermé mardi sauf juil.-août
14 ch – 55/69 € 55/69 € – 8 € – ½ P 53/63 €
Rest – Menu 16/39 € – Carte 25/60 €
◆ A l'extrême pointe du pays bigouden et à deux pas de la mer, ambiance marine dans cet hôtel parfaitement tenu. Plaisantes chambres avec mobilier en bois. Coin salon-billard. Salle à manger-véranda où l'océan règne sur les repas : même la choucroute n'y échappe pas !

ST-GUILHEM-LE-DESERT – 34 Hérault – 339 G6 – 243 h. – alt. 89 m – 34150 23 C2

Paris 726 – Montpellier 41 – Lodève 31 – Millau 90
2 rue Font de Portal 04 67 57 44 33

Le Guilhaume d'Orange ch, VISA
2 av. Guillaume d'Orange – 04 67 57 24 53 – www.guilhaumedorange.com – Fermé 15 déc.-8 janv. et merc. hors saison
10 ch – 68/98 € 68/98 € – 8 € – ½ P 58/74 €
Rest – Menu 20/28 € – Carte 22/35 €
◆ Face aux gorges de l'Hérault, cette bâtisse restaurée avec goût a su conserver son cachet d'origine. Les chambres sont coquettes et romantiques à souhait. En salle ou sur la belle terrasse, vous apprécierez une cuisine simple et familiale.

ST-HAON – 43 Haute-Loire – 331 E4 – 385 h. – alt. 1 000 m – 43340 6 C3

Auvergne

Paris 559 – Langogne 25 – Mende 68 – Le Puy-en-Velay 29

Auberge de la Vallée avec ch VISA
– 04 71 08 20 73 – www.auberge-de-la-vallee.fr – Fermé 1er janv.-30 mars, dim. soir et lundi d'oct. à avril
10 ch – 40 € 46 € – 8 € – ½ P 46 €
Rest – Menu 17/40 € – Carte 24/47 €
◆ Auberge familiale modeste établie dans un village d'altitude. Grande salle aux tables simplement dressées pour des repas traditionnels connotés terroir. Chambres proprettes.

ST-HAON-LE-VIEUX – 42 Loire – 327 C3 – rattaché à Renaison

ST-HERBLAIN – 44 Loire-Atlantique – 316 G4 – rattaché à Nantes

ST-HILAIRE-DE-BRETHMAS – 30 Gard – 339 J4 – rattaché à Alès

ST-HILAIRE-DES-LOGES – 85 Vendée – 316 L9 – rattaché à Fontenay-le-Comte

ST-HILAIRE-DU-HARCOUËT – 50 Manche – 303 F8 – 4 232 h. – alt. 70 m – 50600 32 A3

Normandie Cotentin

Paris 339 – Alençon 100 – Avranches 27 – Caen 102
avenue, Maréchal Leclerc 02 33 79 38 88
Centre d'Art Sacré★.

Le Cygne et Résidence

99 r. Waldeck Rousseau, rte de Fougères – ✆ 02 33 49 11 84 – www.hotel-le-cygne.fr – Fermé 26 fév.-14 mars

28 ch – 🚹58/60 € 🚹🚹72/74 € – ☕ 9 € – ½ P 68/100 €

Rest – *(fermé dim. soir et vend. d'oct. a Pâques)* (13 €) Menu 19/72 € bc – Carte 30/58 €

♦ Hébergement familial partagé entre une plaisante résidence bourgeoise et une construction récente. Chambres sobrement agencées, plus calmes sur l'arrière. À table, produits de la mer, recettes normandes et belle carte des vins. Terrasse côté jardin.

ST-HILAIRE-LE-CHÂTEAU – 23 Creuse – 325 I5 – 273 h. – alt. 453 m – ✉ 23250 — 25 C1

Paris 385 – Guéret 27 – Le Palais-sur-Vienne 56 – Limoges 64

à l'Est 3 km par D 941 (rte Aubenas), D10 et rte secondaire – ✉ 23250 St-Hilaire-le-Château

Château de la Chassagne

La Chassagne – ✆ 05 55 64 55 75 – www.chateau-lachassagne.com – Fermé 20 déc.-15 mars

4 ch ☕ – 🚹95/120 € 🚹🚹100/140 € **Table d'hôte** – Menu 30 € bc

♦ Robuste château des 15e et 17e s. isolé dans un parc où paissent des chevaux. Un escalier à vis dessert des chambres raffinées, dont une nichée sous une superbe charpente. Table d'hôte. Accueil avenant.

ST-HILAIRE-ST-FLORENT – 49 Maine-et-Loire – 317 I5 – rattaché à Saumur

---

ST-HIPPOLYTE – 25 Doubs – 321 K3 – 936 h. – alt. 380 m – ✉ 25190 — 17 C2

Franche-Comté Jura

Paris 490 – Basel 93 – Belfort 48 – Besançon 89

place de l'Hôtel de Ville ✆ 03 81 96 58 00

Site★ - Vallée du Dessoubre★ S.

Le Bellevue

rte de Maîche – ✆ 03 81 96 51 53 – http://hotel.bellevue.free.fr – Fermé 2 sem. en janv., dim. soir et vend. soir de sept. à avril

16 ch – 🚹57/68 € 🚹🚹60/77 € – ☕ 11 € – ½ P 62/70 €

Rest – *(fermé lundi midi)* (12 €) Menu 26/36 € – Carte 32/56 €

♦ À la sortie du village, sympathique hostellerie dominant le Dessoubre. Chambres classiques ou plus actuelles (préférez ces dernières). Cuisine traditionnelle à déguster dans une salle rustique ou sur la terrasse panoramique.

ST-HIPPOLYTE – 68 Haut-Rhin – 315 I7 – 1 050 h. – alt. 234 m – ✉ 68590 — 2 C1

Alsace Lorraine

Paris 439 – Colmar 21 – Ribeauvillé 8 – St-Dié 42

Château du Haut-Koenigsbourg★★ : ✳★★ NO : 8 km.

Le Parc

6 r. du Parc – ✆ 03 89 73 00 06 – www.le-parc.com – Fermé 8 janv.-3 fév.

32 ch – 🚹80 € 🚹🚹90/175 € – 3 suites – ☕ 14 €

Rest *Joséphine* – *(fermé lundi et mardi)* Menu 38/70 € – Carte 52/71 €

Rest *Winstub Rabseppi-Stebel* – *(fermé lundi midi et mardi midi)* (10 €) Menu 20/27 € – Carte 28/55 €

♦ Profusion de couleurs, à l'intérieur comme à l'extérieur, dans cet hôtel situé face à un parc. Chambres raffinées, progressivement rénovées, et bons équipements de loisirs. Cuisine dans l'air du temps au restaurant. Spécialités et vins du cru à la Winstub.

Hostellerie Munsch Aux Ducs de Lorraine ch, rest, ch,
– ✆ *03 89 73 00 09*
– *www.hotel-munsch.com – Fermé 10 janv.-10 mars*
40 ch – †50/90 € ††80/154 € – ☕ 12 € – ½ P 82/132 €
Rest – *(fermé 4-14 juil., mardi soir et merc.)* (16 €) Menu 23/56 €
– Carte 26/65 €
◆ Dans cette imposante auberge d'allure régionale, les chambres personnalisées (parfois avec balcon) donnent sur le château du Haut-Koenigsbourg ou sur les vignes. Boiseries sculptées, terrasse fleurie, plats traditionnels et carte de vins régionaux au restaurant.

ST-HUBERT – **57 Moselle** – **307** I3 – **233 h.** – **alt. 220 m** – ✉ **57640** **27** C1
Paris 336 – Luxembourg 63 – Metz 21 – Saarbrücken 69

La Ferme de Godchure sans rest
r. Principale – ✆ *03 87 77 03 96* – *www.lafermedegodchure.fr*
4 ch ☕ – †85/110 € ††85/110 €
◆ Aux portes d'un village agreste, maison d'hôtes logée dans la grange d'une ex-ferme cistercienne. Chambres personnalisées, bon accueil et service aux petits soins. Minispa.

ST-ISIDORE – **06 Alpes-Maritimes** – **341** E5 – **rattaché à Nice**

ST-JACQUES-DES-BLATS – **15 Cantal** – **330** E4 – **316 h.** – **alt. 990 m** **5** B3
– ✉ **15800**
Paris 536 – Aurillac 32 – Brioude 76 – Issoire 91

L'Escoundillou rest,
rte de la gare – ✆ *04 71 47 06 42* – *www.hotel-escoundillou.com*
– *Fermé 15 nov.-20 déc., vend. soir et sam. du 15 oct. au 15 nov.*
12 ch – †45 € ††48 € – ☕ 8 € – ½ P 47/50 € **Rest** – (12 € bc) Menu 14/23 €
◆ Au bord d'une pittoresque route de campagne, petite cachette ("escoundillou" en patois) idéale pour ceux qui aiment la verdure. Chambres fraîches et nettes. Cuisine cantalienne servie dans une salle claire et sobre.

ST-JEAN – **06 Alpes-Maritimes** – **341** C6 – **rattaché à Pégomas**

ST-JEAN-AUX-AMOGNES – **58 Nièvre** – **319** D9 – **463 h.** – **alt. 230 m** **7** B2
– ✉ **58270**
Paris 252 – Bourges 81 – Château-Chinon 51 – Clamecy 61

Le Relais de Bourgogne
– ✆ *03 86 58 61 44 – Fermé 2 sem. en janv., dim. soir et merc. sauf juil.-août*
Rest – Menu 23/40 € – Carte 38/54 €
◆ Dans cette maison de village, le décor est champêtre et chaleureux, la véranda ouvre sur un sympathique jardin et les plats respirent la générosité et la tradition.

ST-JEAN-AUX-BOIS – **60 Oise** – **305** I4 – **rattaché à Pierrefonds**

ST-JEAN-CAP-FERRAT – **06 Alpes-Maritimes** – **341** E5 – **2 172 h.** **42** E2
– **alt. 12 m** – ✉ **06230** Côte d'Azur
Paris 935 – Menton 25 – Nice 8
59, avenue Denis Semeria ✆ 04 93 76 08 90
Site de la Villa Ephrussi-de-Rothschild★★ **M** : musée Île de France★★, jardins★★ - Phare ★★ - Pointe de St-Hospice : ★ de la chapelle, sentier★ - Promenade Maurice-Rouvier★.

Plan page suivante

ST-JEAN-CAP-FERRAT

Albert-1er (Av.) 2
Gaulle (Bd Gén.-de) 6
Grasseuil (Av.). 7
Libération (Bd) 9
Mermoz (Av. J.) 12
Passable (Ch. de) 13
Phare (Av. du) 14
Prince-Rainier III de Monaco (Av.) 3
Puncia (Av. de la) 15
Sabatier (Av. Marie-Louise) . . 5
St-Jean (Pont) 16
Sauvan (Bd H.) 17
Semeria (Av. D.) 18
Verdun (Av. de) 20
Vignon (Av. C.) 21

Les flèches noires indiquent les sens uniques supplémentaires l'été

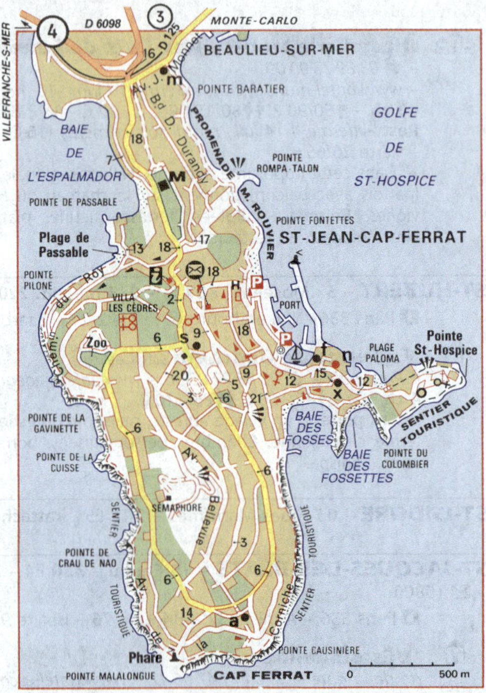

Grand Hôtel du Cap Ferrat

71 bd Gén.de Gaulle, au Cap-Ferrat – ✆ 04 93 76 50 50 – www.ghcf.fr **a**

49 ch – 265/1550 € 265/1550 € – 24 suites – 45 €

Rest *Le Cap* – *(ouvert 2 avril-30 oct. et fermé le midi)* Menu 138/158 € – Carte 147/250 €

Spéc. Fine lasagne au caviar d'Aquitaine. Agneau allaiton de l'Aveyron rôti en croûte d'olive noire. Soufflé au citron flambé au limoncello, choco-banane au gingembre. **Vins** Côtes de Provence, Vin de Pays du Var.

Rest *Club Dauphin* – ✆ 04 93 76 50 21 *(ouvert 2 avril-30 oct. et fermé le soir)* Menu 59 € – Carte 77/135 €

Rest *La Véranda* – (58 € bc) Menu 68 € – Carte 66/100 €

◆ Le luxe à l'état pur émane de cette magnifique demeure (1908) entièrement redécorée. Suites remarquables, funiculaire privé pour rejoindre le bassin à débordement, vue sur la mer. Restaurant raffiné (murs à l'effigie de Jean Cocteau), superbe terrasse et belle cuisine classique. Repas face à la piscine au Club Dauphin. La Véranda propose des plats méditerranéens.

Royal Riviera

ch, rest,

3 av. Jean Monnet – ✆ 04 93 76 31 00 – www.royal-riveria.com – Fermé 27 nov.-16 janv. **m**

94 ch – 255/1645 € 255/1645 € – 3 suites – 31 €

Rest *Le Panorama* – *(fermé le midi en juil.-août)* Menu 54 € – Carte 54/140 €

Rest *La Pergola* – *(ouvert de mi-avril à mi-oct. et fermé le soir)* (44 €) Carte 47/82 €

◆ Palace bâti en 1904 et son beau jardin au bord de l'eau. Chambres raffinées, tournées pour la plupart vers le large (décor provençal contemporain à l'Orangerie). Élégantes salles à manger feutrées au Panorama. Buffets et grillades à la Pergola (brunch le dimanche).

La Voile d'Or

7 av. Jean Mermoz, au port – 04 93 01 13 13 – www.lavoiledor.fr – Ouvert de début avril à début oct. **f**

45 ch – 372/890 € 372/890 €

Rest – (48 € bc) Menu 85/150 € – Carte 110/190 €

◆ Idéalement situé face au port de plaisance, avec piscines en bord de mer et décor soigné : l'hôtel, ancré sur un rocher, est la promesse d'un agréable séjour. Salle à manger panoramique, belle terrasse d'été et table classique. Petite restauration sur la plage.

Brise Marine sans rest

58 av. J. Mermoz – 04 93 76 04 36 – www.hotel-brisemarine.com – Ouvert de mars à oct. **x**

16 ch – 150/185 € 150/185 € – 15 €

◆ En surplomb d'une rue calme, jolie villa de style italien (1878) recevant ses clients dans de coquettes chambres. La terrasse des petits-déjeuners domine le jardin en espaliers.

Le Panoramic sans rest

3 av. Albert 1er – 04 93 76 00 37 – www.hotel-lepanoramic.com – Fermé 15 nov.-25 déc. **s**

20 ch – 98/145 € 145/175 € – 11 €

◆ Enseigne-vérité pour cet hôtel familial des années 1950 : vue exceptionnelle sur le village et la pointe St-Hospice. Chambres au mobilier rustique bien tenues, avec balcons.

Capitaine Cook

11 av. J. Mermoz – 04 93 76 02 66 – Fermé 7 nov.-26 déc., jeudi midi et merc.

Rest – Menu 27/32 € – Carte 37/66 € **n**

◆ Adresse discrète à dénicher au-delà du port de St-Jean. On y mange des saveurs traditionnelles iodées au coude à coude dans une salle rustique, ou bien sur la petite terrasse.

ST-JEAN-D'ALCAS – 12 Aveyron – 338 K7 – ✉ 12250 — 29 D2

Languedoc Roussillon

Paris 677 – Toulouse 170 – Rodez 118 – Millau 35

Le Moulin de Gauty sans rest

– 05 65 97 51 90 – www.moulindegauty.com

4 ch – 70/115 € 80/125 €

◆ En pleine nature, ancien moulin propice au repos. Chambres de style contemporain épuré et beau jardin traversé par une rivière. Piscine, salle commune avec coin repas, barbecue.

ST-JEAN-DE-BLAIGNAC – 33 Gironde – 335 K6 – 374 h. – alt. 50 m – ✉ 33420 — 4 C1

Paris 592 – Bergerac 56 – Bordeaux 40 – Libourne 17

Auberge St-Jean

8 r. du Pont – 05 57 74 95 50 – Fermé dim. soir et merc.

Rest – (16 € bc) Menu 38/48 € – Carte 55/70 €

◆ Ex-relais de poste tourné vers la Dordogne. Un salon feutré orné de vieux cuivres donne accès à deux salles de bon goût, dont une terrasse fermée. Repas classique actualisé.

ST-JEAN-DE-BRAYE – 45 Loiret – 318 I4 – rattaché à Orléans

ST-JEAN-DE-LINIERES – 49 Maine-et-Loire – 317 F4 – rattaché à Angers

ST-JEAN-DE-LUZ – 64 Pyrénées-Atlantiques – **342** C4 – 13 579 h. **3** A3
– alt. 3 m – Casino ABY – ✉ 64500 Aquitaine

Paris 785 – Bayonne 24 – Biarritz 18 – Pau 129

place du Maréchal Foch ✆ 05 59 26 03 16

de Chantaco Route d'Ascain, par rte d'Ascain : 2 km, ✆ 05 59 26 14 22

de la Nivelle à Ciboure Place William Sharp, S : 3 km par D 704, ✆ 05 59 47 18 99

Port★ – Église St-Jean-Baptiste★★ – Maison Louis-XIV★ **N** – Corniche basque★★ par ④ – Sémaphore de Socoa ≤★★ 5 km par ④.

Grand Hôtel Loreamar Thalasso & Spa

43 bd Thiers – ✆ 05 59 26 35 36
– www.luzgrandhotel.fr BY**d**
49 ch – †175/590 € ††175/590 € – 3 suites – ☕ 26 €
Rest *Le Rosewood* – (28 €) Menu 39 € (déj.), 55/85 € – Carte 58/74 €
◆ Élevé en 1909, face à la baie, cet hôtel balnéaire de la Belle Époque séduit par son mobilier de style, ses équipements modernes et ses chambres raffinées. Spa haut de gamme. Au Rosewood, superbe panorama sur l'Océan depuis la salle en rotonde ; cuisine actuelle.

Bibal (R. F.) . . . . **BZ** 3
Chauvin-Dragon (R.) . . . . **BZ** 4
Elizaga (Sq.) . . . . **BY** 9
Gambetta (R.) . . . . **AZ, BY** 6
Garat (R.) . . . . **AYZ** 7
Infante (Quai de l') . . . . **AZ** 10
Jaurréguiberry (Av.) . . . . **BZ** 12
Labrouche (Av.) . . . . **BZ** 13
Louis-XIV (Pl.) . . . . **AZ** 15
Pyrénées (Av. des) . . . . **BZ** 16
République (R. de la) . . . . . . **AZ** 17
Salagoity (R. de) . . . . **BZ** 18
Verdun (Av. de) . . . . **AZ** 19
Victor-Hugo (Bd) . . . . **BYZ**

Parc Victoria ch, rest,

5 r. Cépé, par bd Thiers et rte Quartier du Lac BY *– ☎ 05 59 26 78 78 – www.parcvictoria.com – Ouvert 15 mars -14 nov.*
14 ch – †170/340 € ††185/380 € – 6 suites – ☕ 21 € – ½ P 147/229 €
Rest *Les Lierres* – Menu 45/90 € – Carte 80/117 €
♦ Villa fin 19e s. et ses annexes au cœur d'un parc très fleuri, avec piscine et jacuzzi. Atmosphère cossue, où domine le mobilier Art déco. Suites dotées d'un jardinet privé. Salles-vérandas logées dans un pavillon verdoyant : ambiance jardin d'hiver ou style 1930.

Zazpi sans rest

21 bd Thiers – ☎ 05 59 26 07 77 – www.zazpihotel.com – Fermé 2 nov.-2 déc. et 2 janv.-11 fév. BY**a**
7 ch – †150/450 € ††150/450 € – 1 suite – ☕ 16 €
♦ Dans les chambres et suites de cet hôtel particulier (1900) du centre-ville, le blanc, le design et les équipements high-tech dominent. Salon de thé en terrasse ; solarium.

Hélianthal rest,

pl. M. Ravel – ☎ 05 59 51 51 51 – www.helianthal.fr – Fermé 28 nov.-17 déc.
100 ch – †83/263 € ††118/298 € – ☕ 15 € BY**v**
Rest – (24 €) Menu 38 € – Carte 42/53 €
♦ Hôtel associé à un beau centre de thalassothérapie. L'esprit des années 1930 imprègne les chambres, fonctionnelles et conçues à l'identique. Cuisine au goût du jour dans une salle à manger ornée de fresques représentant un paquebot. Terrasse donnant sur le large.

La Devinière sans rest

5 r. Loquin – ☎ 05 59 26 05 51 – www.hotel-la-deviniere.com BY**f**
10 ch – †120/160 € ††120/180 € – ☕ 12 €
♦ Tableaux, bibelots, photos et livres anciens participent au charme de cette maison basque. Chambres coquettes, avec balcons côté jardinet (très fleuri). Salon de thé à l'anglaise.

La Marisa sans rest

16 r. Sopite – ☎ 05 59 26 95 46 – www.hotel-lamarisa.com – Fermé 2 janv.-10 fév.
16 ch – †75/105 € ††95/160 € – ☕ 11 € BY**b**
♦ Invitation au voyage dans cet hôtel à la décoration soignée : meubles chinés ou rapportés d'Asie. Délicieux petit-déjeuner, pris dans le patio à la belle saison.

La Réserve

1 av Gaëtan de Bernoville, (rd-pt Ste-Barbe), 2 km au Nord par bd Thiers BY *– ☎ 05 59 51 32 00 – www.hotel-lareserve.com – Fermé 15 nov.-4 mars*
35 ch – †95/265 € ††95/265 € – 6 suites – ☕ 15 €
Rest – (18 €) Menu 39/65 € – Carte environ 45 €
♦ Au sommet des falaises, le site de cette Réserve est idyllique : parc, jardin fleuri ponctué de sculptures, piscine à débordement face à l'Océan... Chambres pimpantes et fonctionnelles. Restaurant panoramique avec terrasse ; recettes basques actualisées.

De la Plage ch, ch,

48 promenade J.-Thibaud – ☎ 05 59 51 03 44 – www.hoteldelaplage.com – Fermé 13 nov.-22 déc. et 2 janv.-17 fév. AY**a**
22 ch – †78/168 € ††78/168 € – ☕ 9 €
Rest *Le Brouillarta* – ☎ 05 59 51 29 51 *(fermé dim. soir et lundi)* Carte 35/42 €
♦ Comme son nom l'indique, cette grande bâtisse de style régional borde l'Océan. Cadre actuel et fonctionnel dans les chambres ouvrant en majorité sur la plage. Restaurant avec accès indépendant. Cuisine traditionnelle et jolie vue sur la baie de St-Jean-de-Luz.

Les Almadies sans rest

58 r. Gambetta – ☎ 05 59 85 34 48 – www.hotel-les-almadies.com – Fermé 13 nov.-11 déc. BY**x**
7 ch – †80/130 € ††80/130 € – ☕ 12 €
♦ Décor soigné dans ce charmant petit hôtel mêlant touches design et mobilier rustique. Chambres impeccables, terrasse fleurie.

Colbert sans rest

3 bd du Cdt Passicot – ✆ 05 59 26 31 99 – www.hotelcolbertsaintjeandeluz.com – Fermé 28 nov.-7 janv. BZ**u**

34 ch – †80/160 € ††80/160 € – ☕ 14 €

◆ Hôtel face à la gare. Côté décoration, la sobriété est de mise (bois clair et camaïeux de marron) ; côté repos, chambres confortables et douillettes. Buffet au petit-déjeuner.

Villa Bel Air sans rest

60 promenade J.-Thibaud – ✆ 05 59 26 04 86 – www.hotel-bel-air.com – Ouvert 8 avril-13 nov. BY**h**

21 ch – †75/160 € ††75/180 € – ☕ 11 €

◆ Villa basque (1875) située au cœur du centre piétonnier, face à la baie de St-Jean-de-Luz. Petit salon cossu et chambres bien tenues, la plupart tournées vers la plage.

Le Kaïku

17 r. de la République – ✆ 05 59 26 13 20 – Fermé 23 nov.-8 déc., mardi et merc. sauf juil.-août AZ**x**

Rest – (20 €) Menu 30 € – Carte 30/45 €

◆ Deux maisons réunies (dont une du 16e s., la plus vieille de la ville), des pierres apparentes, un éclairage doux et une cuisine de bistrot axée poisson... Un lieu sobre et cosy.

Zoko Moko

6 r. Mazarin – ✆ 05 59 08 01 23 – www.zokomoko.com – Fermé 1er-14 mars et lundi AZ**a**

Rest – (19 €) Menu 24 € (déj. en sem.), 41/65 € – Carte 41/65 €

◆ Un "coin tranquille" (zoko moko en basque), qui n'en est pas moins très couru... Élégant décor contemporain dans une maison du 18e s. et cuisine du marché aux teintes basques.

Petit Grill Basque "Chez Maya"

2 r. St-Jacques – ✆ 05 59 26 80 76 – Fermé 20 déc.-25 janv., jeudi midi, lundi midi et merc. AY**u**

Rest – Menu 22/30 € – Carte 25/35 €

◆ Incontournable, cette auberge basque ! Fresques et assiettes de Louis Floutier, cuivres, amusant système de ventilation manuelle et... plats régionaux dans toute leur authenticité.

Olatua

30 bd Thiers – ✆ 05 59 51 05 22 – www.olatua.fr BY**m**

Rest – (18 €) Menu 28/35 € – Carte 28/35 €

◆ Institution locale revisitant le répertoire culinaire basque ; intérieur aux tons beiges habillé de bois exotique, terrasse abritée et fumoir dans un jardinet.

à Urrugne 4 km par ③ – 7 668 h. – alt. 34 m – ✉ 64122

ℹ place René Soubelet ✆ 05 59 54 60 80

Château d'Urtubie sans rest

1 r. B. de Coral – ✆ 05 59 54 31 15 – www.chateaudurtubie.fr – Ouvert avril-oct.

10 ch – †70/160 € ††80/160 € – ☕ 11 €

◆ Sur la route de l'Espagne, château fort du 14e s. remanié au fil du temps. Aujourd'hui musée et hôtel, il abrite des chambres de caractère, garnies de mobilier de famille.

Ferme Lizarraga

chemin de Lizarraga – ✆ 05 59 47 03 76 – www.lizarraga.fr – Fermé 18-29 juin

Rest – (17 €) Carte 35/42 €

◆ Dans un environnement champêtre, ferme du 17e s. joliment restaurée. Sans esbroufe, le chef réalise une cuisine du marché qui honore la tradition et le terroir.

à Ciboure 1 km par ④ – 6 282 h. – alt. 3 m – ✉ 64500

27, quai Maurice Ravel ✆ 05 59 47 64 56

Chapelle N.-D. de Socorri : site★ 5 km par ③.

voir plan de St-Jean-de-Luz

XX **L'Ephémère**

15 quai M.-Ravel – ✆ 05 59 47 29 16 – www.lephemere-ciboure.fr – Fermé 1er-8 juin, 15-30 nov., 15-30 janv., mardi et merc.

Rest – (32 €) Menu 60/90 € – Carte 47/75 €

◆ Voiles d'acier, murs gris métallisé, vaisselle design : la version moderniste du style nautique. La cuisine est tendance, foisonnante de saveurs et de contrastes.

X **Chez Mattin**

63 r. E. Baignol – ✆ 05 59 47 19 52 – Fermé 1 sem. en juin, 1 sem. en oct., 20 janv.-début mars, dim. sauf du 14 juil. au 31 août et lundi AZ**v**

Rest – Carte 28/45 €

◆ Ambiance très familiale dans cette maison de pays rustique à souhait (poutres, cuivres...). Spécialités basques et suggestions au gré du marché ; le poisson est à l'honneur.

à Socoa 3 km par ④ – ✉ 64122

XX **Pantxua**

au port de Socoa – ✆ 05 59 47 13 73 – Fermé janv. et mardi de nov. à fév.

Rest – Menu 25 € (sem.) – Carte 30/80 €

◆ Tableaux basques et tresses de piments dans la salle ; agréable vue sur la baie dans la véranda ou sur la terrasse. Dans l'assiette, les poissons frais ont le beau rôle.

ST-JEAN-DE-MAURIENNE – 73 Savoie – 333 L6 – 8 685 h. – alt. 556 m – ✉ 73300 Alpes du Nord 46 F2

Paris 635 – Albertville 62 – Chambéry 75 – Grenoble 105

place de la Cathédrale ✆ 04 79 83 51 51

Ciborium★ et stalles★★ de la cathédrale St-Jean-Baptiste.

St-Georges sans rest

334 r. de la République – ✆ 04 79 64 01 06 – www.hotel-saintgeorges.com

30 ch – †57/60 € ††67/70 € – ☕ 10 €

◆ Au calme, cet ancien relais de poste (1866) proche du centre-ville abrite des chambres simples et fonctionnelles. Adresse idéale pour une halte.

Nord rest,

pl. Champ de Foire – ✆ 04 79 64 02 08 – www.hoteldunord.net – Fermé 23 avril-9 mai, 22 oct.-6 nov., dim. soir sauf juil.-août et lundi midi

19 ch – †43/47 € ††60/62 € – ☕ 9 € – ½ P 50 €

Rest – (14 €) Menu 25/46 € – Carte 30/78 €

◆ A proximité de la cathédrale et du musée Opinel, ancien relais de poste dont les chambres sont simples et bien tenues. Dans la salle voûtée, cuisine traditionnelle à base de bons produits et sympathique carte de vins (sélection régionale). Service souriant.

ST-JEAN-DE-MONTS – 85 Vendée – 316 D7 – 7 650 h. – alt. 16 m – Casino : La Pastourelle – ✉ 85160 Poitou Vendée Charentes 34 A3

Paris 451 – Cholet 123 – Nantes 73 – La Roche-sur-Yon 61

67, esplanade de la Mer ✆ 08 26 88 78 87

18 de Saint-Jean-de-Monts Av. des Pays de la Loire, O : 2 km, ✆ 02 51 58 82 73

Mercure

16 av. Pays de Monts – ✆ 02 51 59 15 15 – www.mercure-st-jean.com – Fermé 1er-28 janv.

44 ch – †98/173 € ††104/184 € – ☕ 15 € – ½ P 92/130 €

Rest – *(fermé dim. midi d'oct. à avril et lundi midi de nov. à mars)* (16 €) Menu 29/34 € – Carte 32/45 €

◆ Curistes et vacanciers apprécieront la proximité de la plage, du golf et du centre de thalassothérapie. Chambres de bon confort possédant toutes un balcon. Au choix, cuisine traditionnelle ou allégée. La vue sur les pins est comprise dans l'addition !

Le Robinson

28 bd Gén. Leclerc – ✆ 02 51 59 20 20 – www.hotel-lerobinson.com – Fermé 20 nov.-31 déc., 1er janv.-12 fév.
58 ch – †60/85 € ††60/85 € – ☕ 8,50 € – ½ P 60/75 €
Rest – (13 €) Menu 16 € (sem.), 25/47 € – Carte 29/53 €
◆ Distribuées autour du patio-terrasse, les chambres, rénovées par étape, offrent différents niveaux de confort. Belle piscine intérieure et petite salle de musculation. Trois salles à manger accueillent les convives autour de produits de la mer.

De la Forêt sans rest

13 r. Pouvreau – ✆ 02 51 58 00 36 – www.hotel-de-la-foret.fr – Fermé 3 janv.-15 mars
16 ch – †56/105 € ††77/105 € – ☕ 10 €
◆ Paisible hôtel de style "maison de vacances" situé en lisière de forêt. Les chambres, plaisantes et insonorisées, se répartissent dans divers bâtiments autour d'une minipiscine.

L'Espadon

ch,

8 av. de la forêt – ✆ 02 51 58 03 18 – www.hotel-espadon.com
27 ch – †55/92 € ††55/92 € – ☕ 9 € – ½ P 60/75 €
Rest – *(fermé de mi-nov. à début fév., dim. soir et lundi sauf de juin à sept.)* Menu 20/45 €
◆ Sur une large avenue menant à la plage, cette construction des années 1970 abrite des chambres pour la plupart rénovées et climatisées, presque toutes dotées d'un balcon. Cuisine iodée servie dans deux salles à manger lumineuses, et brasserie le midi.

Le Petit St-Jean

128 rte Notre-Dame-de-Monts – ✆ 02 51 59 78 50 – Fermé vacances de fév., merc. soir de sept. à juin, dim. soir et lundi soir
Rest – (16 €) Menu 24/34 € – Carte 26/42 €
◆ Sympathique décor mêlant pierres, poutres, bibelots et meubles anciens dans cette auberge où l'on déguste une cuisine traditionnelle influencée par les produits de la région.

à Orouët 7 km au Sud-Est sur D 38 – ✉ 85160

La Chaumière

rest, rest,

103 av. Orouët – ✆ 02 51 58 67 44 – www.chaumierehotel.fr – Fermé 15 nov.-1er fév.
32 ch – †49/59 € ††59/69 € – ☕ 8 € – ½ P 48/58 €
Rest – *(fermé dim. soir et lundi d'oct. à mars)* (11 €) Menu 18/33 € – Carte 20/49 €
◆ Longue bâtisse aux auvents couverts de chaume, appréciée pour son jardin et sa piscine découvrable. Chambres assez petites, mais fraîches et bien tenues (la moitié avec balcons). Salle à manger d'esprit rustique sous charpente et cuisine traditionnelle.

ST-JEAN-DU-BRUEL – 12 Aveyron – 338 M6 – 683 h. – alt. 520 m – ✉ 12230 Languedoc Roussillon 29 D2

Paris 676 – Lodève 43 – Millau 40 – Montpellier 97
32, Grand'Rue ✆ 05 65 62 23 64
Gorges de la Dourbie★★ NE : 10 km.

Du Midi-Papillon – Hôtel du Midi Papillon

pl. du Manège – ✆ 05 65 62 26 04 – Ouvert 16 avril-13 nov.
18 ch – †19/42 € ††38/68 € – ☕ 6 € – ½ P 44/60 €
Rest – Menu 15 € (sem.), 24/42 € – Carte 21/50 €
◆ Au bord de la Dourbie, maison ancienne romantique et douillette, alliant le charme du bien recevoir au confort de chambres joliment personnalisées. Savoureuse cuisine du terroir à base de produits maison ; belle vue sur la rivière et le pont médiéval.

ST-JEAN-EN-ROYANS – 26 Drôme – 332 E3 – 2 999 h. – alt. 250 m – ✉ 26190 Alpes du Nord

43 E2

Paris 584 – Die 62 – Romans-sur-Isère 28 – Grenoble 71

13, place de l'Église ✆ 04 75 48 61 39

au col de la Machine 11 km au Sud-Est par D 76 – alt. 1 011 m – ✉ 26190

Combe Laval★★★.

Du Col de la Machine – rest,

– ✆ 04 75 48 26 36 – www.hotel-coldelamachine.com VISA MC AE

– Fermé 14 mars-3 avril, 21-31 oct., 28 nov.-27 déc., mardi soir et merc. sauf vacances scolaires

11 ch – 55/58 € 61/63 € – 10 € – ½ P 64/68 €

Rest – Menu 18/43 € – Carte 26/53 €

◆ Grande bâtisse tenue par la même famille depuis 1848. Esprit chalet et confort douillet dans les chambres (mobilier en bois brut, lambris...) ; jardin en lisière de forêt. Au restaurant, bonne cuisine traditionnelle dans un cadre montagnard.

ST-JEAN-LE-BLANC – 45 Loiret – 318 I4 – rattaché à Orléans

ST-JEAN-LE-CENTENIER – 07 Ardèche – 331 J6 – 634 h. – alt. 350 m – ✉ 07580

44 B3

Paris 632 – Lyon 169 – Le Puy-en-Velay 109 – Valence 71

Le Mas de Mon Père AC P VISA MC

quartier Argence, RN 102 – ✆ 04 75 36 71 23 – www.lemasdemonpere.com – Fermé 15 déc.-15 janv.

13 ch – 60/90 € 69/105 € – 9 € – ½ P 59/81 €

Rest – (15 € bc) Menu 17 € bc (déj. en sem.), 26/46 € – Carte 36/59 €

◆ En bord de route, une bâtisse en pierre idéale pour faire étape : parking, chambres sobres et bien équipées (plus calmes côté jardin), balançoire et piscine. Au restaurant, cuisine traditionnelle sous une belle charpente en bois.

ST-JEAN-LE-COMTAL – 32 Gers – 336 F8 – rattaché à Auch

ST-JEAN-PIED-DE-PORT – 64 Pyrénées-Atlantiques – 342 E6 – 1 513 h. – alt. 159 m – ✉ 64220 Pays Basque et Navarre

3 B3

Paris 817 – Bayonne 54 – Biarritz 55 – Pau 106

14, place Charles-de-Gaulle ✆ 05 59 37 03 57

Trajet des pèlerins★ de St-Jacques.

Plan page suivante

Les Pyrénées (Philippe Arrambide) AC ch,

19 pl. Ch. de Gaulle – ✆ 05 59 37 01 01 VISA MC AE

– www.hotel-les-pyrenees.com – Fermé 20 nov.-22 déc., 5-28 janv., lundi soir de nov. à mars et mardi du 20 sept. au 30 juin sauf fériés **a**

14 ch – 105 € 160/250 € – 4 suites – 17 € – ½ P 160/230 €

Rest – *(prévenir en saison et le week-end)* Menu 42/105 € – Carte 64/95 €

Spéc. Petits poivrons farcis à la morue. Assiette de langoustine sous toutes ses formes. Soufflé chaud aux fruits de la passion. **Vins** Irouléguy.

◆ Cet ancien relais de poste abrite des chambres vastes et raffinées (belles salles de bains). Agréable piscine au milieu de la végétation luxuriante. Le restaurant cultive le classicisme et le goût du Pays basque.

Central ch, VISA MC

1 pl. Ch. de Gaulle – ✆ 05 59 37 00 22 – Ouvert 15 mars-1er déc. et fermé mardi de mars à juin **s**

12 ch – 60/75 € 64/80 € – 9 € – ½ P 61/69 €

Rest – Menu 21/47 € – Carte 28/72 €

◆ Un hôtel... central, à deux pas de la citadelle. Escalier bicentenaire en bois ciré desservant de grandes chambres, simples et fonctionnelles. Plats régionaux servis dans la salle à manger ou sur la terrasse au bord de la Nive.

ST-JEAN-PIED-DE-PORT

Çaro (Rte de) 2
Citadelle (R. de la) 4
Église (R. de l') 6
Espagne (R. d') ....
France (R.) 12
Fronton (Av. du) 15
Gaulle (Pl. Ch.-de) 16
Liberté (R. de la) 17
St-Jacques (Ch. de) 18
St-Michel (Rte de) 21
Trinquet (Pl. du) 24
Uhart (R. d') 27
Zuharpeta (R.) 30

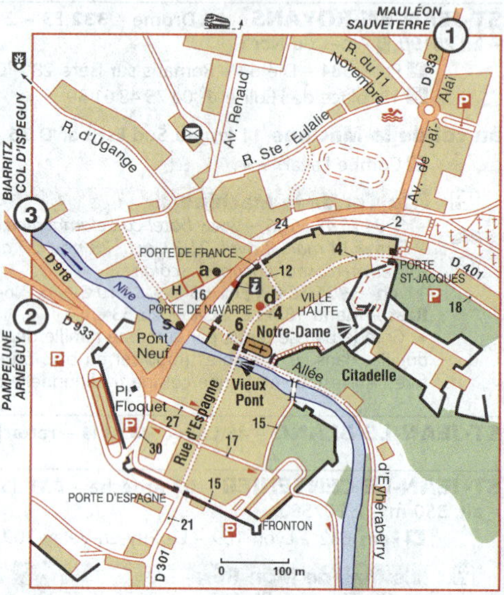

Iratze Ostatua

11 r. de la Citadelle – ✆ 05 59 49 17 09 – Fermé 2 janv.-10 fév. et mardi
Rest – Menu 24 € – Carte 32/50 € **d**
♦ "L'auberge des fougères" en basque ! Pour retrouver les saveurs d'antan et la belle simplicité de la cuisine paysanne : gazpatxo, axoa, chipirons à l'encre, koka, etc.

ST-JEAN-ST-MAURICE-SUR-LOIRE – 42 Loire – **327** D4 **44** A1
– ✉ 42155 Lyon Drôme Ardèche

Paris 406 – Lyon 95 – Roanne 15 – Vichy 79

L'Échauguette

ruelle Guy de la Mure – ✆ 04 77 63 15 89 – www.echauguette-alex.com
4 ch – 58/68 € 68/78 € **Table d'hôte** – Menu 28 € bc
♦ Ces trois maisonnettes ouvrent sur les eaux paisibles du lac de Villerest. Les chambres, décorées dans des styles différents et toujours avec goût, disposent d'une entrée indépendante. Repas servis directement en cuisine ou sur la terrasse si le temps le permet.

ST-JEAN-SUR-VEYLE – 01 Ain – **328** C3 – 1 009 h. – alt. 200 m **44** B1
– ✉ 01290

Paris 402 – Bourg-en-Bresse 32 – Mâcon 12 – Villefranche-sur-Saône 45

La Petite Auberge

Le bourg – ✆ 03 85 31 53 92 – www.chefscuisiniers-ain.com – Fermé 30 août-12 sept., 31 déc.-16 janv., mardi soir, merc. soir, dim. soir et lundi
Rest – (13 € bc) Menu 26/42 € – Carte 33/50 €
♦ La salle à manger coquette de cette maison à colombages (briquettes rouges, poutres, tableaux d'artistes locaux) sert de décor à la dégustation de spécialités régionales.

ST-JOACHIM – 44 Loire-Atlantique – **316** C3 – 3 915 h. – alt. 5 m **34** A2
– ✉ 44720 Bretagne

Paris 435 – Nantes 61 – Redon 40 – St-Nazaire 14

Tour de l'île de Fédrun★ O : 4,5 km - Promenade en chaland★★.

La Mare aux Oiseaux (Eric Guérin) avec ch
Ile de Fedrun – ✆ 02 40 88 53 01 – www.mareauxoiseaux.fr – Fermé lundi midi
15 ch – 145/265 € 145/265 € – 20 €
Rest – (28 €) Menu 40/85 € – Carte 77/87 €
Spéc. Cuisine du marché. **Vins** Muscadet de Sèvre et Maine, Savennières.
◆ Moment de poésie au cœur de la Brière, parmi les oiseaux en liberté... Éric Guérin signe une cuisine ludique et inventive, à base de beaux produits régionaux. Pour prolonger la magie, des chambres luxueuses (certaines dans des bungalows) et un espace détente. Une grue viendra peut-être toquer à votre porte...

ST-JOSSE – 62 Pas-de-Calais – 301 C5 – 1 170 h. – alt. 35 m – ✉ 62170 30 A2

Nord Pas-de-Calais Picardie

Paris 223 – Lille 144 – Arras 94 – Boulogne-sur-Mer 39

Le Relais de St-Josse
17 Grand'Place, (près de l'église) – ✆ 03 21 94 61 75 – www.le-relais-de-st-josse.com – Fermé 3 janv.-10 fév., lundi soir et mardi
Rest – (10 €) Menu 16 € (déj. en sem.), 27/40 € – Carte 30/45 €
◆ Sur la place du village, le taxi anglais garé devant cette auberge colorée ne passe pas inaperçu ! Ici, la cuisine est traditionnelle et la salle vraiment accueillante.

au Moulinel 2 km au Nord-Est par D 145 – ✉ 62170 St-Josse

Auberge du Moulinel
116 chaussée de l'Avant Pays – ✆ 03 21 94 79 03 – www.aubergedumoulinel.com – Fermé 5-25 janv., mardi sauf juil.-août, dim. soir et lundi
Rest – (20 €) Menu 28/49 € – Carte 55/75 €
◆ Un ancien café de village typiquement régional. Poutres, cuivres, cafetières anciennes : le décor est charmant et la carte renouvelée chaque mois.

ST-JOUAN-DES-GUÉRETS – 35 Ille-et-Vilaine – 309 K3 – 2 660 h. – alt. 31 m – ✉ 35430 10 D1

Paris 398 – Rennes 65 – Saint-Malo 10 – Granville 89

La Malouinière des Longchamps sans rest
1,5 km à l'Est par D 204 – ✆ 02 99 82 74 00 – www.malouiniere.com – Fermé 3 janv.-5 fév.
9 ch – 69/198 € 79/198 € – 13 €
◆ Idéal pour un séjour reposant et champêtre ! Cette ancienne ferme et ses dépendances disposent de chambres d'esprit actuel. Jardin fleuri, piscine, espace beauté et bien-être.

ST-JOUIN-BRUNEVAL – 76 Seine-Maritime – 304 A4 – 1 782 h. – alt. 110 m – ✉ 76280 33 C1

Paris 202 – Fécamp 25 – Le Havre 20 – Rouen 92

Le Belvédère
– ✆ 02 35 20 13 76 – www.restaurant-lebelvedere.com – Fermé 10 janv.-10 fév., dim. soir, lundi soir et mardi soir d'oct. à mars, merc. soir et jeudi sauf fériés
Rest – Menu 23 € (sem.), 32/43 € – Carte 40/65 €
◆ Tout en savourant plats traditionnels et spécialités de la mer, vous jouirez d'une vue panoramique impressionnante sur les falaises et le grand large. Décor contemporain soigné.

ST-JULIEN-AUX-BOIS – 19 Corrèze – 329 N5 – 481 h. – alt. 594 m – ✉ 19220 25 C3

Paris 524 – Aurillac 53 – Brive-la-Gaillarde 66 – Mauriac 29

Auberge de St-Julien-aux-Bois avec ch

1 rte des Pierres Blanches – ✆ 05 55 28 41 94 – www.auberge-saint-julien.com – Fermé vacances de fév.

6 ch – 45 € 52/59 € – 8 € – ½ P 47/50 €

Rest – *(fermé dim. soir, merc. hors saison et merc. midi en juil.-août)* (14 €) Menu 18/21 € – Carte 20/42 €

◆ Maison villageoise à l'âme "verte" : cuisine assez originale et saine, à base de produits bio, desserts à la mode allemande, cadre champêtre. Chambres coquettes et fleuries.

ST-JULIEN-CHAPTEUIL – 43 Haute-Loire – 331 G3 – 1 877 h. 6 C3

– alt. 815 m – ✉ 43260 Lyon Drôme Ardèche

Paris 559 – Lamastre 52 – Privas 88 – Le Puy-en-Velay 20

Place Saint-Robert ✆ 04 71 08 77 70

Site★ - Montagne du Meygal★ : Grand Testavoyre ✻★★ NE : 14 km puis 30 mn.

Vidal

18 pl. du Marché – ✆ 04 71 08 70 50 – www.restaurant-vidal.com – Fermé 27-30 juin, 1er-4 sept. et 17 janv.-24 fév.

Rest – *(fermé mardi soir hors saison, dim. soir et lundi)* Menu 28/75 € – Carte 50/70 €

Rest *Bistrot de Justin* – *(fermé dim. et lundi)* Menu 15 € bc – Carte 15/20 €

◆ Dans une ambiance familiale, on profite d'une cuisine tournée vers le terroir local et son célèbre bœuf "fin gras du Mézenc". Salle mi-rustique, mi-contemporaine. Au déjeuner, cuisine plus simple au Bistrot de Justin.

ST-JULIEN-DE-LAMPON – 24 Dordogne – 329 J6 – 590 h. 4 D1

– alt. 120 m – ✉ 24370

Paris 530 – Bordeaux 253 – Limoges 141 – Périgueux 124

La Gabarre

Le Mondou – ✆ 05 53 29 61 43 – www.restaurantlagabarre.com – Fermé de mi-janv. à mi-fév. et merc.

Rest – Menu 13 € (déj. en sem.), 25/34 €

◆ Les deux terrasses de cette jolie maison dominent la Dordogne et ses forêts verdoyantes. Cuisine à l'ardoise utilisant judicieusement le terroir avec une pointe d'inventivité.

ST-JULIEN-DU-SAULT – 89 Yonne – 319 C3 – 2 339 h. – alt. 82 m 7 A1

– ✉ 89330

Paris 137 – Dijon 187 – Auxerre 40 – Sens 25

Les Bons Enfants

4 pl. de la Mairie – ✆ 03 86 91 17 38 – www.bonsenfants.fr – Fermé 19 sept.-2 oct., 2-15 janv., dim. soir, lundi et mardi

Rest – *(nombre de couverts limité, prévenir)* Menu 39 € (déj. en sem.), 55/77 € – Carte 59/66 €

Rest *Le Bistrot* – *(fermé dim. soir)* (16 €) Menu 21 € (déj. en sem.)/29 € – Carte environ 37 €

◆ Ces Enfants-là ont élu domicile dans une auberge de 1823, au pied de la collégiale. La cuisine inventive du chef, japonais d'origine, ose des plats pleins de finesse, tel l'ormeau au foie gras. Au Bistrot, petits plats mijotés dans une ambiance bon enfant.

ST-JULIEN-EN-CHAMPSAUR – 05 Hautes-Alpes – 334 E5 – 296 h. 41 C1

– alt. 1 050 m – ✉ 05500

Paris 658 – Gap 17 – Grenoble 95 – La Mure 55

Les Chenets avec ch — rest.
Le village – 04 92 50 03 15 – www.les-chenets.com – Fermé avril, 11 nov.-27 déc., dim. soir et merc. hors saison
16 ch – 29/33 € 42/48 € – 8 € – ½ P 43/46 €
Rest – Menu 22/38 € – Carte 32/51 €
◆ Au cœur du verdoyant Champsaur, restaurant dont le décor associe bois, pierre et verre. Cuisine soignée, entre plats traditionnels et spécialités du terroir. Chambres modestes, pour l'étape.

ST-JULIEN-EN-GENEVOIS – 74 Haute-Savoie – 328 J4 — 46 F1

– 11 019 h. – alt. 460 m – Casino – 74160

Paris 525 – Annecy 35 – Bonneville 36 – Genève 11
2, place du Crêt 04 50 04 71 63

à Archamps 5 km à l'Est par A 40, sortie 13.1 – 1 636 h. – alt. 535 m – 74160

Porte Sud de Genève
parc d'affaires international, (site d'Archamps) – 04 50 31 16 06 – www.bestwesterngeneve.com
90 ch – 95/120 € 110/135 € – 15 € – ½ P 120/160 €
Rest – *(fermé le sam. midi)* (28 €) Carte 28/40 €
◆ Hôtel moderne installé au cœur d'une technopole franco-suisse. Les chambres, contemporaines, sont à la fois reposantes et idéalement pensées pour la clientèle d'affaires. Salle à manger lumineuse, terrasse dressée dans le jardin et recettes au goût du jour.

à Bossey 7 km à l'Est par D 1206 – 664 h. – alt. 438 m – 74160

La Ferme de l'Hospital (Jean-Jacques Noguier)
rte du golf – 04 50 43 61 43 – www.ferme-hospital.com – Fermé 1er-16 août, vacances de fév., dim. et lundi
Rest – *(prévenir)* (38 €) Menu 52/78 € – Carte 70/95 €
Spéc. Royale de brochet du lac à la légère bisque d'écrevisse. Meunière d'omble du Léman au lait de tanaisie. Tatin de coing confit au jus de sureau (hiver). **Vins** Chignin-Bergeron, Mondeuse.
◆ Ne vous fiez pas à l'aspect extérieur de cette ferme (ex-propriété de l'hôpital de Genève). Intérieur de caractère chaleureux, belle cuisine actuelle et vins judicieusement sélectionnés.

rte d'Annecy 9,5 km au Sud par N 201 – 74350 Cruseilles

Rey sans rest
131 rte d'Annecy, au Col du Mont Sion – 04 50 44 13 29 – www.hotel-rey.com – Fermé 26 déc.-31 janv.
30 ch – 64/87 € 64/87 € – 8 €
◆ Séparé de la route par un cadre de verdure, l'hôtel abrite des chambres fonctionnelles et gaies, plus calmes sur l'arrière. Petit-déjeuner servi dans la véranda côté jardin.

ST-JULIEN-EN-VERCORS – 26 Drôme – 332 F3 – 220 h. – alt. 905 m — 45 C2

– 26420

Paris 623 – Gap 173 – Grenoble 49 – Valence 69

Café Brochier avec ch
pl. du village – 04 75 48 20 84 – www.cafebrochier.com – Fermé janv., mardi et merc. sauf vacances scolaires
3 ch – 62 € 62 €
Rest – Menu 14 € (déj. en sem.), 22/35 € – Carte 26/39 €
◆ Une institution locale qui connaît un nouveau souffle depuis que le jeune chef y a posé ses valises en 2006... Sa cuisine, bien ancrée dans la région, s'aventure habilement côté mer. Du bio et du beau. À l'étage, trois chambres sobres et confortables.

ST-JULIEN-LE-FAUCON – 14 Calvados – 303 M5 – 670 h. – alt. 40 m — 33 C2

– 14140

Paris 192 – Caen 41 – Falaise 32 – Lisieux 14

Auberge de la Levrette

48 r. Lisieux – ☎ 02 31 63 81 20 – Fermé 1er-6 mars, 28 juin-4 juil., 8-14 nov., 22 déc.-3 janv., dim. soir et lundi sauf fériés

Rest – Menu 21/35 €

◆ Jadis relais de poste, cette maison à colombages (1550), typique du Pays d'Auge, abrite un petit musée dédié à la musique mécanique. Table traditionnelle sensible aux saisons.

ST-JULIEN-SUR-CHER – 41 Loir-et-Cher – **318** H8 – 737 h. – alt. 110 m – ✉ 41320 **12** C2

Paris 227 – Blois 51 – Bourges 66 – Châteauroux 62

Les Deux Pierrots

9 r. Nationale – ☎ 02 54 96 40 07 – Fermé août, lundi et mardi

Rest – Menu 28/38 € – Carte 33/42 €

◆ Chaises en paille, tables en bois, jardin potager : cette auberge de village est tellement rustique ! En cuisine, produits frais au service de la tradition, tout simplement...

ST-JULIEN-VOCANCE – 07 Ardèche – **331** J2 – 257 h. – alt. 680 m – ✉ 07690 **44** B2

Paris 553 – Saint-Étienne 56 – Valence 68 – Annonay 18

Julliat

Le Marthouret – ☎ 04 75 34 71 61 – www.restaurant-julliat.com – Fermé 2-9 janv., 14 fév.-13 mars, mardi et merc.

Rest – Menu 20 € (déj. en sem.), 32/64 €

Rest *La Table de Solange* – Menu 12 € bc (déj. en sem.)/25 €

◆ Dans cette belle maison ancienne, le chef réalise une cuisine résolument créative et met en valeur les produits régionaux... Au bistrot-épicerie "La Table de Solange", place aux petits plats du terroir (caillette, truite, charcuterie...).

ST-JUNIEN – 87 Haute-Vienne – **325** C5 – 11 605 h. – alt. 240 m – ✉ 87200 Limousin Berry **24** A2

Paris 416 – Angoulême 73 – Bellac 34 – Confolens 27

place du Champ de Foire ☎ 05 55 02 17 93

de Saint-Junien Les Joubertles, O : 4 km, ☎ 05 55 02 96 96

Collégiale★.

Le Relais de Comodoliac

22 av. Sadi-Carnot – ☎ 05 55 02 27 26 – www.comodoliac.fr – Fermé 24 fév.-4 mars

29 ch – 62/72 € 69/79 € – 10 € – ½ P 70/75 €

Rest – *(fermé dim. soir d'oct. à Pâques)* Menu 18/40 € – Carte 30/54 €

◆ Hôtel logé dans une construction des années 1970 séparée de la route par un joli jardin. Style contemporain dans l'air du temps pour chambres relookées. Agréable salle à manger-véranda ouverte sur une petite terrasse verdoyante. Carte traditionnelle.

au Sud 2 km par rte de Rochechouart, D 675 et rte secondaire – ✉ 87200 St-Junien

Lauryvan

200 allée du Bois au Boeuf – ☎ 05 55 02 26 04 – www.lauryvan.fr – Fermé 2-10 janv., dim. soir, lundi et fériés le soir

Rest – (32 €) Menu 42 € bc (sem.)/57 € bc – Carte 39/67 €

Rest *L' Auberge* – (14 €) Menu 25 € bc – Carte 27/39 €

◆ Dans cette maison récente, deux ambiances et deux types de restauration s'offrent à vous. Cuisine de tradition servie dans une salle à manger lumineuse donnant côté jardin. À L'Auberge, plats bistrotiers plus simples et cadre sobrement actuel.

ST-JUST-ET-VACQUIÈRES – 30 Gard – **339** K4 – 263 h. – alt. 190 m – ✉ 30580 **23** C1

Paris 699 – Montpellier 104 – Nîmes 54 – Alès 18

Mas Vacquières sans rest
hameau de Vacquières – 04 66 83 70 75 – www.masvac.com
5 ch – 80/125 € 85/130 €
◆ Dans une ruelle du hameau, maison typique blottie dans un jardin fleuri bien au calme. Chambres fraîches et impeccablement tenues. Copieux petit-déjeuner servi en terrasse.

ST-JUSTIN – 40 Landes – 335 J11 – 841 h. – alt. 90 m – 40240 3 B2

Paris 694 – Aire-sur-l'Adour 38 – Casteljaloux 49 – Dax 84
place des Tilleuls 05 58 44 86 06

France avec ch
pl. des Tilleuls – 05 58 44 83 61 – Fermé 12 déc.-3 janv. et le dim. soir
8 ch – 40/48 € 40/48 € – 7 €
Rest – (25 €) Menu 32/46 € – Carte 32/46 €
◆ Belle maison gasconne s'ouvrant sous les arcades de la place médiévale, où l'on dresse la terrasse en saison. Deux salles et deux formules : bistrot ou gastronomique, dans un registre traditionnel.

ST-JUST-ST-RAMBERT – 42 Loire – 327 E7 – 14 809 h. – alt. 380 m – 42170 44 A2

Paris 542 – Lyon 81 – Montbrison 18 – St Etienne 17
7, place de la Paix 04 77 52 05 14

Le Neuvième Art (Christophe Roure)
pl. du 19 Mars 1962 – 04 77 55 87 15 – www.leneuviemeart.com – Fermé 7 août-1er sept., 23-29 déc., 11-27 fév., dim. et lundi
Rest – *(nombre de couverts limité, prévenir)* Menu 70/125 € – Carte environ 95 €
Spéc. Tranche de foie gras rôti, duchesse spéculos au kumquat, émulsion d'agrumes. Grosse langoustine bretonne pochée dans un bouillon d'infusion, petit artichaut violet. Pureté géométrique d'un vacherin "minute" fruit de la passion réglisse et inversement. **Vins** Vin de pays d'Urfé, Saint-Joseph.
◆ Concentré de créativité pour une cuisine contemporaine pleine de saveurs. Un cadre moderne et un service aux petits soins en prime, cette ancienne gare réserve de belles surprises !

ST-LARY – 09 Ariège – 343 D7 – 151 h. – alt. 692 m – 09800 28 B3

Paris 786 – Bagnères-de-Luchon 48 – St-Gaudens 36 – St-Girons 24

Auberge de l'Isard
r. des Bains – 05 61 96 72 83 – www.hotel.logis.ariege.com – Fermé fév. et lundi sauf juil.-août
8 ch – 42/45 € 45/50 € – 7 € – ½ P 48/50 €
Rest – *(Ouvert de mi-mars à nov.)* Menu 18/29 € – Carte 24/45 €
◆ Sympathique auberge bien tenue où l'on trouve aussi le bar du village et une boutique de produits du terroir. Décor rustique dans les chambres, fraîches et fonctionnelles. Le restaurant, séparé de l'hôtel par un torrent, sert une carte traditionnelle assez étoffée.

ST-LARY-SOULAN – 65 Hautes-Pyrénées – 342 N8 – 1 073 h. – alt. 820 m – Sports d'hiver : 1 680/2 450 m 2 30 – Stat. therm. : début avril-fin oct. – 65170 Midi-Toulousain 28 A3

Paris 830 – Arreau 12 – Auch 103 – Bagnères-de-Luchon 44
37, rue Vincent Mir 05 62 39 50 81

La Pergola
25 r. Vincent Mir – 05 62 39 40 46 – www.hotellapergola.fr
21 ch – 64/78 € 72/114 € – 11 € – ½ P 69/93 €
Rest – *(fermé 31 oct.-27 nov.)* (11 €) Menu 14 € (déj.), 26/51 € – Carte 44/54 €
◆ Paisible maison dans un jardin, avec de grandes chambres orientées au sud et ouvertes sur les cimes. Décor traditionnel au restaurant. À la carte, magret rôti à la cardamome ; gaspacho de tomates, nems de gambas ; caillé de brebis, parfait au caramel...

Neste de Jade sans rest

lieu-dit Graouès – ✆ 05 62 39 42 79 – www.hotelnestedejade.com – Ouvert 3 déc.-3 avril et 15 juin-15 sept.

20 ch – †70/80 € ††70/80 € – ☕ 8 €

◆ Authentique et chaleureux : lambris, parquet, tissus chatoyants... Certaines chambres sont mansardées. En bordure de rivière et proche de la télécabine.

Les Arches sans rest

15 av. des Thermes, (près de l'église) – ✆ 05 62 49 10 10 – www.hotel-les-arches.com – Fermé 2 sem. en nov.

30 ch – †50/80 € ††50/80 € – ☕ 9 €

◆ Bâtisse moderne (2000) à deux pas de la télécabine, abritant de petites chambres fonctionnelles et bien tenues. Agréable salon avec vue sur la terrasse et la piscine.

Aurélia

à Vielle-Aure, par D 116 et D 19 – ✆ 05 62 39 56 90 – www.hotel-aurelia.com – Fermé 25 sept.-16 déc.

20 ch – †43/47 € ††52/58 € – ☕ 8 € – ½ P 51/60 €

Rest – *(résidents seult)* Menu 21 €

◆ Près des thermes, un hôtel familial prisé pour ses activités de loisirs, sa piscine et son fitness. Chambres simples et bien tenues, mansardées au 3e étage. Au restaurant, cuisine traditionnelle modernisée.

La Grange

rte d'Autun – ✆ 05 62 40 07 14 – http://hotel-angleterre-arreau.com – Fermé 26 avril-5 mai, 27 juin-6 juil., 2 nov.-9 déc., mardi et merc. sauf le soir en saison

Rest – (12 €) Menu 20/45 € – Carte 34/56 €

◆ Cette grange s'est muée en un confortable et coquet restaurant au chaleureux décor de bois. En hiver, belles flambées dans la cheminée. Menus régionaux.

ST-LATTIER – 38 Isère – 333 E7 – 1 192 h. – alt. 170 m – ✉ 38840 — 43 E2

Paris 571 – Grenoble 67 – Romans-sur-Isère 13 – St-Marcellin 15

Le Lièvre Amoureux

La Gare – ✆ 04 76 64 50 67 – www.lelievreamoureux.com – Fermé 12-22 août et 10-20 fév.

5 ch – †65 € ††75 € – ☕ 11 € **Table d'hôte** – Menu 35/55 €

◆ Cet ancien relais de chasse a été habilement rénové pour faire place à trois belles chambres, spacieuses et personnalisées, et deux duplex. Une grande cheminée veille sur la table d'hôte où l'on déguste de savoureux produits du terroir dauphinois.

Auberge du Viaduc avec ch

D 1092 (hameau de la rivière) – ✆ 04 76 64 51 65 – www.auberge-du-viaduc.new.fr – Fermé 29 nov.-12 fév., dim. soir de nov. à avril, merc. midi de juin à sept., lundi et mardi (sauf hôtel)

7 ch – †85 € ††85 € – ☕ 11 €

Rest – *(nombre de couverts limité, prévenir)* Menu 32/62 € – Carte 44/80 €

◆ Demeure familiale ancienne ouverte sur un agréable jardin. Salle à manger intime. Mobilier régional dans les chambres. Piscine de plein air et pool house équipé d'un bar.

Brun avec ch

Les Fauries, D 1092 – ✆ 04 76 64 54 08 – www.hotel-brun.com – Fermé 10-27 oct., 21 fév.-9 mars et dim. soir

11 ch – †49 € ††59 € – ☕ 7 € – ½ P 47 €

Rest – (14 €) Menu 30/44 € – Carte 32/45 €

◆ Restaurant champêtre agrandi d'une belle terrasse sous les tilleuls, au bord de l'Isère. Les chambres se trouvent dans un bâtiment distant de 400 m.

ST-LAURENT-DE-CERDANS – 66 Pyrénées-Orientales – 344 G8 – 1 299 h. – alt. 675 m – ✉ 66260 Languedoc Roussillon — 22 B3

Paris 901 – Céret 28 – Perpignan 60

7, rue Joseph Nivet ✆ 04 68 39 55 75

au Sud-Ouest 6,5 km par D 3 et rte secondaire – ✉ 66260 St-Laurent-de-Cerdans

Domaine de Falgos rest, VISA AE
– *04 68 39 51 42 – www.falgos.com*
– Ouvert 20 mars-14 nov.
25 ch – 84/129 € 119/207 € – 7 suites – 14 € – ½ P 106/149 €
Rest – Menu 29 € – Carte 34/44 €
◆ Isolée sur la frontière espagnole, ancienne ferme d'altitude devenue complexe hôtelier : spacieuses chambres cosy bien équipées, parcours de golf et bel espace remise en forme. Carte brasserie à midi et traditionnelle le soir. Terrasse d'été face aux greens.

ST-LAURENT-DE-LA-SALANQUE – 66 Pyrénées-Orientales 22 B3

344 I6 – 8 440 h. – alt. 2 m – ✉ 66250

Paris 845 – Elne 26 – Narbonne 62 – Perpignan 19
place Gambetta 04 68 28 31 03
Fort de Salses★★ NO : 9 km, Languedoc Roussillon

Le Commerce avec ch rest, VISA
2 bd de la Révolution – 04 68 28 02 21 – www.lecommerce66.com
– Fermé 7-29 nov., 14-29 mars, dim. soir sauf de mi-juil. à fin août et lundi sauf le soir en juil.-août
11 ch – 52 € 52 € – 8,50 € – ½ P 53 €
Rest – (14 €) Menu 17 € (sem.), 28/36 € – Carte 40/67 €
◆ Au centre de la localité, cuisine du terroir servie dans une coquette salle à manger rafraîchie. Petites chambres garnies d'un mobilier catalan.

ST-LAURENT-DE-MURE – 69 Rhône – 327 J5 – 4 855 h. – alt. 252 m 43 E1

– ✉ 69720

Paris 478 – Lyon 19 – Pont-de-Chéruy 16 – La Tour-du-Pin 38

Hostellerie Le St-Laurent ch, VISA AE
8 r. Croix Blanche – 04 78 40 91 44 – www.lesaintlaurent.fr
– Fermé 31 juil.-21 août, 30 oct.-1er nov., 26 déc.-1er janv., vend. soir, fériés le soir, sam. et dim.
30 ch – 75/125 € 75/125 € – 10 €
Rest – (19 €) Menu 22 € (déj. en sem.), 29/61 € – Carte 38/58 €
◆ Belle demeure dauphinoise du 18e s. au cœur d'un parc arboré. Chambres au décor personnalisé (mobilier et couleurs actuels). Une bonne adresse familiale. Salle à manger parée de boiseries et terrasse à l'ombre d'un tilleul tricentenaire.

ST-LAURENT-DES-ARBRES – 30 Gard – 339 N4 – 2 072 h. 23 D2

– alt. 60 m – ✉ 30126

Paris 673 – Alès 70 – Avignon 20 – Nîmes 47
Tour de Ribas 04 66 50 10 10

Le Saint-Laurent sans rest VISA AE
pl. de l'Arbre – 04 66 50 14 14 – www.lesaintlaurent.biz
7 ch – 95/185 € 95/185 € – 3 suites – 19 €
◆ Sur les hauteurs du village, cette ancienne maison de viticulteur est charmante : meubles anciens, chambres-bonbonnières (Liberty, toile de Jouy...), poutres, piscine et solarium.

Felisa sans rest VISA
6 r. Barris – 04 66 39 99 84 – www.maison-felisa.com
– Ouvert 3 avril-3 janv.
5 ch – 125/165 € 125/165 €
◆ Une ancienne maison de vigneron (1830) très zen d'esprit ! Massages, yoga, piscine et chambres épurées... l'ambiance est jeune et branchée. Table d'hôte en fin de semaine.

ST-LAURENT-DU-PONT – 38 Isère – 333 H5 – 4 489 h. – alt. 410 m 45 C2
– ✉ 38380 Alpes du Nord

Paris 560 – Chambéry 29 – Grenoble 34 – La Tour-du-Pin 42

place de la Mairie ✆ 04 76 06 22 55

Gorges du Guiers Mort★★ SE : 2 km - Site★ de la Chartreuse de Curière SE : 4 km.

La Blache

2 pl. du 10ème Groupement – ✆ 04 76 55 29 57 – Fermé 1er-15 sept., 4-26 janv., dim. soir, lundi et mardi

Rest – Menu 30/60 € – Carte 40/70 €

◆ Sobre restaurant meublé de fauteuils en bois originaux dans cette ex-gare située à proximité des gorges du Guiers Mort. Cuisine du marché concoctée à base de produits frais.

ST-LAURENT-DU-VAR – 06 Alpes-Maritimes – 341 E5 – 30 076 h. 42 E2
– alt. 18 m – ✉ 06700 Côte d'Azur

Paris 919 – Antibes 16 – Cagnes-sur-Mer 5 – Cannes 26

1819, route du Bord de Mer ✆ 04 93 31 31 21

Corniche du Var★ N.

Voir plan de NICE Agglomération

au Cap 3000

Novotel

40 av. de Verdun – AU – ✆ 04 93 19 55 55 – www.novotel.com

103 ch – †84/174 € ††84/174 € – ☕ 14 € – ½ P 135/225 €

Rest – (12 €) Menu 16 € – Carte 18/41 €

◆ On choisit cet établissement pour sa situation en bord de mer, dans une zone commerciale proche de l'aéroport de Nice, et pour ses chambres Novation. Restauration de registre traditionnel dans un cadre moderne et lumineux, avec option terrasse côté piscine.

au Port St-Laurent

Holiday Inn Resort

167 promenade Flots Bleus - AU – ✆ 04 93 14 80 00 – www.holidayinn.com

124 ch – †120/750 € ††120/800 € – ☕ 23 €

Rest *Chez Panisse* – ✆ 04 93 14 80 25 – Menu 22/32 € – Carte 31/55 €

◆ Hôtel joignant l'utile à l'agréable : au cœur de la marina, directement sur la plage, confortables chambres côté flots azurés ou arrière-pays. Jardin méditerranéen. Ambiance balnéaire, déco ensoleillée, saveurs provençales et viandes à la broche Chez Panisse.

La Mousson

promenade Flots Bleus - AU – ✆ 04 93 31 13 30 – Fermé 2 sem. en nov., dim. et lundi

Rest – Menu 48 € – Carte 30/45 €

◆ Saveurs thaïlandaises et épices exotiques vous transportent au royaume de Siam le temps d'un repas, agréablement installé dans ce restaurant situé sur le front de mer.

ST-LAURENT-DU-VERDON – 04 Alpes-de-Haute-Provence 41 C2
– 334 E10 – 92 h. – alt. 468 m – ✉ 04500

Paris 806 – Brignoles 49 – Castellane 70 – Digne-les-Bains 59

Le Moulin du Château

– ✆ 04 92 74 02 47 – www.moulin-du-chateau.com – Ouvert 12 mars-6 nov.

10 ch ☕ – †80/112 € ††98/140 € – 1 suite – ½ P 79/100 €

Rest – *(fermé lundi et jeudi) (dîner seult) (résidents seult)* Menu 32 €

◆ Dans ce charmant moulin à huile du 17e s., l'ancienne meule a toujours sa place dans le décor très soigné ! Farniente au jardin et éthique écologique (citerne d'eau de pluie, produits bio...). Table d'hôte à la provençale (menu unique pour les résidents).

ST-LAURENT-EN-GRANDVAUX – 39 Jura – **321** F7 – 1 740 h. **16** B3
– alt. 904 m – ✉ 39150 Franche-Comté Jura

Paris 442 – Champagnole 22 – Lons-le-Saunier 45 – Morez 11

7, place Charles Thevenin ✆ 03 84 60 15 25

Au Moulin des Truites Bleues

4 km au Nord par N5 – ✆ 03 84 60 83 03 – www.truites-bleues.com

17 ch – †61/78 € ††61/82 € – ☕ 10 € – ½ P 63/73 €

Rest – *(fermé dim. soir et lundi midi)* Menu 22 € (déj.)/42 €

◆ Cette grande bâtisse blanche possède des chambres spacieuses et bien tenues, à l'esprit montagnard (murs en bois clair). Confort moderne (wifi, écrans plats). Dans l'élégante salle rustique ou sur la terrasse dominant la Lemme, recettes aux accents franc-comtois.

ST-LAURENT-LA-GÂTINE – 28 Eure-et-Loir – **311** F3 – 446 h. **11** B1
– alt. 134 m – ✉ 28210

Paris 77 – Évreux 66 – Orléans 121 – Versailles 57

Clos St-Laurent sans rest

6 r. de l'Église – ✆ 02 37 38 24 02 – www.clos-saint-laurent.com – Fermé 22 déc.-5 janv.

4 ch ☕ – †73 € ††79 €

◆ Cet ancien corps de ferme abrite quatre grandes chambres décorées avec goût dans un style à la fois rustique et chic. Charmante salle des petits-déjeuners et jardin-terrasse.

ST-LAURENT-SUR-SAÔNE – 01 Ain – **328** C3 – rattaché à Mâcon

ST-LÉON – 47 Lot-et-Garonne – **336** D4 – 289 h. – alt. 80 m – ✉ 47160 **4** C2

Paris 667 – Bordeaux 107 – Agen 43 – Villeneuve-sur-Lot 44

Le Hameau des Coquelicots sans rest

Lieu dit Goutte-d'Or, 2 km au Sud par D 285 – ✆ 05 53 84 06 13 – www.lehameaudescoquelicots.com

5 ch ☕ – †135 € ††145 €

◆ Trois maisons en pleine campagne. Au calme du lieu s'ajoutent un accueil charmant et un décor épuré fait de matériaux naturels et d'œuvres d'art. Potager, piscine "naturelle".

ST-LÉONARD-DE-NOBLAT – 87 Haute-Vienne – **325** F5 – 4 634 h. **24** B2
– alt. 347 m – ✉ 87400 Limousin Berry

Paris 407 – Aubusson 68 – Brive-la-Gaillarde 99 – Guéret 62

place du Champ de Mars ✆ 05 55 56 25 06

Église★ : clocher★★.

XXX **Le Grand St-Léonard** avec ch

23 av. du Champ de Mars – ✆ 05 55 56 18 18 – www.hotel-restaurant-87.fr – Fermé 20 déc.-20 janv., lundi sauf le soir du 15 juin au 15 sept. et mardi midi

14 ch – †57 € ††60 € – ☕ 10 €

Rest – (15 € bc) Menu 22 € (sem.), 41/60 € – Carte 57/68 €

◆ Ex-relais de poste à l'ambiance vieille France. Cuisine classique servie dans un cadre rustique soigné ; collections de moules à gâteaux et de vaisselle en Limoges. Chambres au charme provincial, parfois désuètes.

X **Le Relais St-Jacques** avec ch

6 bd A. Pressemane – ✆ 05 55 56 00 25 – www.lerelaissaintjacques.com – Fermé 23 déc.-2 janv., 20 fév.-11 mars, dim. soir et lundi midi d'oct. à avril

9 ch – †59 € ††59 € – ☕ 9 € – ½ P 52 €

Rest – Menu 19/40 € – Carte 30/45 €

◆ En bordure du boulevard circulaire, une adresse familiale tenue par un jeune couple charmant ; on y déguste une cuisine traditionnelle aux saveurs franches. Chambres classiques, bien tenues.

ST-LIGUAIRE – 79 Deux-Sèvres – **322** C7 – rattaché à Niort

ST-LIZIER – 09 Ariège – 343 E7 – 1 457 h. – alt. 381 m – ✉ 09190 28 B3

▶ Paris 774 – Foix 46 – Ordino 151 – Toulouse 99

ℹ place de l'Église ✆ 05 61 96 77 77

XX **Le Carré de l'Ange**

Palais des Evêques – ✆ 05 61 65 65 65 – www.lecarredelange.com
– Fermé nov., mars, dim. soir, mardi midi de sept. à juin et lundi

Rest – Menu 22 € (déj. en sem.), 35/90 € – Carte 42/59 €

◆ On doit laisser sa voiture pour monter dans les caves voûtées du palais épiscopal. Un cadre exceptionnel pour une cuisine tournée vers de beaux produits, souvent régionaux.

ST-LÔ P – 50 Manche – 303 F5 – 19 643 h. – alt. 20 m – ✉ 50000 32 A2

Normandie Cotentin

▶ Paris 296 – Caen 62 – Cherbourg 80 – Laval 154

ℹ place Général-de-Gaulle ✆ 02 33 77 60 35

⛳ Centre Manche à Saint-Martin-d'Aubigny Le Haut Boscq, par D900 : 20 km, ✆ 02 33 45 24 52

◉ Haras national★ - Tenture des Amours de Gombaut et Macée du musée des Beaux-Arts.

Mercure

1 av. Briovère – ✆ 02 33 05 10 84 – www.mercure.com **Av**

67 ch – †67/105 € ††67/135 € – ☕ 14 € – ½ P 107/177 €

Rest – *(fermé dim.)* (13 €) Menu 23/28 € – Carte 23/39 €

◆ Cet hôtel proche de la gare dispose de chambres de bon confort, certaines sont plus contemporaines que d'autres. Réservez de préférence face aux remparts pour être au calme. Au restaurant, la cuisine, traditionnelle, prend l'accent régional.

XX **Le Péché Mignon**

84 r. Mar. Juin – ✆ 02 33 72 23 77 – http://le-peche-mignon.monsite.wanadoo.fr
– Fermé 14 juil.-1er août, 16-22 fév., dim. soir et lundi **Be**

Rest – (13 €) Menu 18/50 € – Carte 30/50 €

◆ L'adresse se trouve à proximité du haras national. Deux petites salles à manger, simples mais confortables, où l'on sert une cuisine traditionnelle mâtinée de modernité.

ST-LÔ

Alsace-Lorraine (R.) . . . A 2
Baltimore (R. de) . . . A 3
Beaucoudray (R. de) . . . A 5
Belle (R. du) . . . A 7
Briovère (Av. de) . . . A 8
Champ-de-Mars (Pl.) . . . B 9
Feuillet (R. Octave) . . . A 12
Gaulle (Pl. Gén.-de) . . . A 13
Gerhardt (R. Gén.) . . . B 14
Grimouville (R. de) . . . A 16
Havin (R.) . . . A 17
Houssin-Dumanoir (R.) . . . A 18
Lattre-de-T. (R. Mar.-de) . . . B 19
Leclerc (R. Mar.) . . . B
Mesnilcroc (R. du) . . . B 22
Neufbourg (R. du) . . . B 23
Notre-Dame (Parvis) . . . A 24
Noyers (R. des) . . . A 27
Poterne (R. de la) . . . A 28
Ste-Croix (Pl.) . . . B 30
St-Thomas (R.) . . . A
Torteron (R.) . . . A
Vieillard-de-Boismartin (R.) . . . B 31
80e-et-136e-Territorial (R. des) A 33

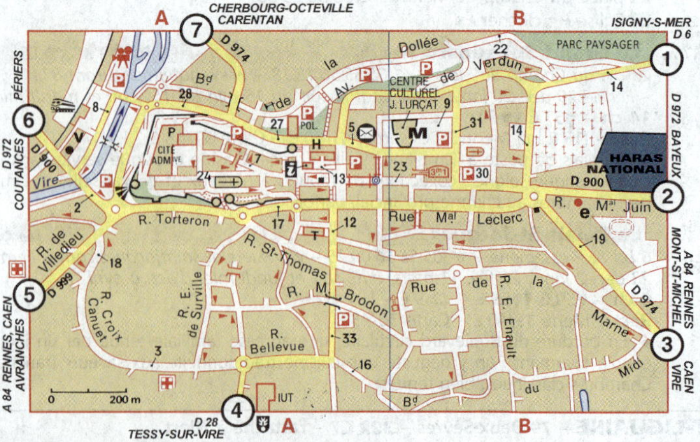

au Calvaire 7 km par ② et D 972 – ✉ 50810 St-Pierre-de-Semilly

XXX **La Fleur de Thym**
– ✆ 02 33 05 02 40 – *www.la-fleur-de-thym.com – Fermé 8-26 août, 2-18 janv., sam. midi, dim. soir et lundi*
Rest – (15 €) Menu 33/65 € – Carte 45/106 €
♦ Cette ancienne ferme possède une terrasse d'été ombragée bien préservée des bruits de la route voisine. Répertoire culinaire classique rehaussé de saveurs du Sud.

à Agneaux 3 km par ⑥ – 4 095 h. – alt. 60 m – ✉ 50180

Château d'Agneaux rest,
av. Ste-Marie – ✆ *02 33 57 65 88 – www.chateau-agneaux.com – Fermé dim. soir d'oct. à mars et 21-26 déc.*
11 ch – 125/156 € 125/156 € – 12 €
Rest ***La Tour Carrée*** – *(fermé dim. soir et lundi midi d'oct. à mars) (prévenir)* Menu 35/55 €
Rest ***La Table de Louis*** – *(fermé le midi du 23 juil. au 13 août, dim. soir, sam. midi et lundi midi d'oct. à avril)* Menu 17/25 € – Carte 25/44 €
♦ En retrait de St-Lô, hôtel logé dans un château du 13ᵉ s. Escalier en pierres de taille et chambres pleines de cachet (parquet ou tomettes, poutres apparentes et mobilier rustique). Atmosphère intimiste et plats actuels à La Tour Carrée. Cuisine du marché à La Table de Louis, dans un cadre mariant ancien et moderne.

ST-LOUBÈS – 33 Gironde – 335 I5 – 7 639 h. – alt. 28 m – ✉ 33450 — 3 B1

Paris 568 – Bordeaux 18 – Créon 20 – Libourne 18

X **Le Coq Sauvage** avec ch rest,
71 av. du Port-Cavernes, à Cavernes, 4 km au Nord-Ouest – ✆ *05 56 20 41 04 – www.hotel-restaurant-coqsauvage.com*
6 ch – 55 € 55 € – 7 € – ½ P 48 €
Rest – *(fermé sam. et dim.)* (15 € bc) Menu 27/48 € – Carte 35/54 €
♦ Maison au charme rustique installée sur le port de plaisance, avec la Dordogne en toile de fond. Plats régionaux servis dans un agréable patio en été. Chambres au calme.

ST-LOUIS – 68 Haut-Rhin – 315 J11 – 19 875 h. – alt. 250 m – ✉ 68300 — 1 B3

Paris 498 – Altkirch 29 – Basel 5 – Belfort 76

Ibis ch,
17 r. Gén. de Gaulle – ✆ *03 89 69 06 58 – www.ibishotels.com*
65 ch – 61/145 € 61/149 € – 8 €
Rest – *(fermé dim.)* (11 € bc) Menu 14 € bc/25 €
♦ Cet hôtel récent à la façade en briques rouges vous mettra à quelques pas des cinémas et du théâtre de la Coupole. Chambres fonctionnelles, spacieuses et bien tenues. Repas simple et rapide au restaurant où vous sélectionnerez votre menu sur un écran tactile.

Berlioz sans rest
r. Henner, (près de la gare) – ✆ *03 89 69 74 44 – www.hotelberlioz.com – Fermé 24 déc.-3 janv.*
20 ch – 63/73 € 63/73 € – 8 €
♦ Petit immeuble des années 1930 proche de la gare, aux chambres pratiques, bien équipées et parfaitement tenues. Copieux petit-déjeuner à déguster dans un agréable salon.

XXX **Le Trianon**
46 r. de Mulhouse – ✆ *03 89 67 03 03 – Fermé dim. soir, merc. soir et lundi*
Rest – Menu 20 € (sem.), 25/62 € – Carte 47/65 €
♦ Face à une placette, un ancien centre des impôts devenu restaurant. Tables soigneusement dressées et cuisine au goût du jour influencée par les saisons. Terrasse d'été fleurie.

à Huningue **2 km à l'Est par D 469 – 6 358 h. – alt. 245 m – ✉ 68330**

Tivoli

15 av. de Bâle – ✆ 03 89 69 73 05 – www.tivoli.fr
39 ch – †62/100 € ††67/120 € – ☕ 11 €
Rest *Philippe Schneider* – *(fermé 15 juil.-11 août et 23 déc.-3 janv.)* (13 €) Menu 24 € (sem.), 37/46 € – Carte 34/62 €
◆ L'hôtel, situé à deux pas des frontières suisse et allemande, propose des chambres actuelles et bien tenues. Celles rénovées adoptent un look contemporain. Restaurant élégant (carte au goût du jour et bon choix de vins) ou salle plus tendance (menu à l'ardoise).

à Village-Neuf **3 km au Nord-Est par D 66 et D 21 – 3 452 h. – alt. 240 m – ✉ 68128**

81, rue Vauban ✆ 03 89 70 04 49

Au Cerf

72 r. Gén. de Gaulle – ✆ 03 89 67 12 89 – Fermé juil., 24 déc.-1er janv., jeudi soir, dim. soir et lundi
Rest – (10 €) Menu 18 € (déj.)/42 € – Carte 22/49 €
◆ Près de la Petite Camargue alsacienne, auberge familiale au cadre rustique orné de trophées de chasse. Plats traditionnels et, en saison, spécialités d'asperges et de gibier.

à Hésingue **4 km à l'Ouest par D 419 – 2 336 h. – alt. 290 m – ✉ 68220**

Au Boeuf Noir

2 r. de Folgensbourg – ✆ 03 89 69 76 40 – www.auboeufnoir.fr – Fermé 18-25 mars, 18-31 août, sam. midi, dim. et lundi
Rest – (27 €) Menu 50/65 € – Carte environ 68 €
◆ Accueillant restaurant décoré de tableaux réalisés par le patron-artiste. Cuisine classique revisitée, suggestions du jour et le jeudi formule avec un classique (pot au feu...).

ST-LOUP-DE-VARENNES – 71 Saône-et-Loire – 320 J9 – rattaché à Chalon-sur-Saône

---

ST-LUNAIRE – 35 Ille-et-Vilaine – 309 J3 – rattaché à Dinard

ST-LUPERCE – 28 Eure-et-Loir – 311 D5 – rattaché à Chartres

ST-LYPHARD – 44 Loire-Atlantique – 316 C3 – 4 030 h. – alt. 12 m – ✉ 44410 Bretagne 34 A2

Paris 447 – La Baule 17 – Nantes 73 – Redon 43
place de l'Eglise ✆ 02 40 91 41 34
Clocher de l'église ✳★★.

Les Chaumières du Lac et Auberge Les Typhas

rte Herbignac – ✆ 02 40 91 32 32 – www.leschaumieresdulac.com – Fermé 23 déc.-17 janv.
20 ch – †66/76 € ††66/118 € – ☕ 10 € – ½ P 70/78 €
Rest – *(fermé dim. soir, mardi midi et merc. d'oct. à mai, merc. midi et mardi de juin à sept.)* (15 €) Menu 20/44 € – Carte 30/64 €
◆ Sur l'une des routes principales de la Brière, plusieurs petits bâtiments construits en 1990 dans un esprit traditionnel (toits de chaume). Chambres simples et classiques. Avis aux courageux : on peut se baigner dans le lac contigu.

rte de St-Nazaire **3 km au Sud par D 47 – ✉ 44410 St-Lyphard**

Auberge le Nézil

– ✆ 02 40 91 41 41 – www.aubergelenezil.com – Fermé 3-10 oct., 24 déc.-16 janv., merc. soir sauf juil.-août, dim. soir et lundi
Rest – (18 €) Menu 27/50 € – Carte 36/69 €
◆ Toit de chaume, porcelaine et fleurs fraîches, feu de cheminée l'hiver, jardin l'été... La tradition est agréable en cette maison centenaire. Joli choix de poissons de la Loire.

à Bréca 6 km au Sud par D 47 et rte secondaire – ✉ 44410 St-Lyphard

XX **Auberge de Bréca**

D 47 – ✆ 02 40 91 41 42 – www.auberge-breca.com – Fermé 2-21 janv., merc. soir de nov. à mars, dim. soir et lundi hors saison

Rest – (19 €) Menu 28/55 € – Carte 48/60 €

◆ Une auberge traditionnelle pleine de chaleur. Comment choisir entre la salle restée dans son jus (cheminée) et la grande véranda sur le jardin ? Anguilles, cuisses de grenouille...

ST-MACAIRE – 33 Gironde – **335** J7 – rattaché à Langon

ST-MACLOU – 27 Eure – **304** C5 – 532 h. – alt. 114 m – ✉ 27210 **32** A3

Paris 179 – Le Grand-Quevilly 67 – Le Havre 35 – Rouen 73

X **La Crémaillère**

– ✆ 02 32 41 17 75 – www.la-cremaillere.fr – Fermé 25 juil.-5 août, 14-24 nov., 21 fév.-2 mars, mardi soir et merc.

Rest – (10 €) Menu 13 € (sem.), 22/40 € – Carte 37/61 €

◆ Charmante petite auberge fleurie située au cœur du village. Boiseries et couleurs gaies dans l'agréable salle à manger ouverte sur la terrasse d'été. Cuisine régionale créative.

ST-MAIXENT-L'ÉCOLE – 79 Deux-Sèvres – **322** E6 – 7 643 h. – alt. 85 m – ✉ 79400 Poitou Vendée Charentes **38** B2

Paris 383 – Angoulême 106 – Niort 24 – Parthenay 30

porte Châlon ✆ 05 49 05 54 05

du Petit Chêne à Mazières-en-Gâtine, O : 20 km par D 6, ✆ 05 49 63 20 95

Église abbatiale★ - Musée du sous-officier (série d'uniformes★).

Le Logis St-Martin

chemin de Pissot – ✆ 05 49 05 58 68 – www.logis-saint-martin.com

11 ch – †115/145 € ††135/170 € – 1 suite – ☕ 16 € – ½ P 125/145 €

Rest – *(fermé sam. midi, mardi midi et lundi sauf le soir en saison)* (27 €) Menu 47/84 € – Carte 47/80 €

◆ Au cœur d'un parc bordé par la Sèvre, cette gentilhommière du 17e s., restaurée avec goût, propose des chambres décorées avec un certain classicisme. Au restaurant, les poutres et l'ancienne cheminée sont agréablement mises en valeur. Cuisine de terroir revisité.

à Soudan 7,5 km à l'Est par N 11 – 407 h. – alt. 155 m – ✉ 79800

Musée des Tumulus de Bougon★★.

X **L'Orangerie**

10 rte de l'Atlantique – ✆ 05 49 06 56 06 – www.lorangerie79.com – Fermé janv., lundi midi en juil.-août, dim. soir et lundi de sept. à juin

Rest – Menu 15 € (sem.), 23/45 € – Carte 41/58 €

◆ Jolie cuisine traditionnelle réalisée par deux frères, respectivement cuisinier et pâtissier. De la salle, on a une jolie vue sur le jardin.

ST-MAIXME-HAUTERIVE – 28 Eure-et-Loir – **311** D4 – 417 h. – alt. 194 m – ✉ 28170 **11** B1

Paris 105 – Chartres 31 – Évreux 61 – Orléans 112

La Rondellière

11 r. de la Mairie – ✆ 02 37 51 68 26 – www.ferme-rondelliere.com

4 ch ☕ – †35 € ††44 € **Table d'hôte** – *(fermé dim. soir)* Menu 15 € bc

◆ Les chambres, spacieuses et bien aménagées, sont logées dans les anciens greniers à foin de cette ferme pratiquant la culture de céréales. Calme garanti et accueil sympathique. Cuisine élaborée avec les produits du potager à la table d'hôte (sur réservation).

ST-MALO – 35 Ille-et-Vilaine – **309** J3 – **49 661 h.** – **alt. 5 m** **10** D1
– Casino AXY – ✉ 35400 Bretagne

- Paris 404 – Avranches 68 – Dinan 32 – Rennes 70
- de Dinard-Pleurtuit-St-Malo : ☎ 02 99 46 18 46, 14 km par ③.
- esplanade Saint-Vincent ☎ 08 25 13 52 00
- Remparts★★★ - Château★★ : musée d'Histoire de la ville et d'Ethnographie du pays malouin★ **M²**, tour Quic-en-Groigne★ DZ **E** - Fort national★ : ≤★★ 15 mn - Vitraux★ de la cathédrale St-Vincent - Mystères de la mer★★ (aquarium) par ③ - Rothéneuf : musée-manoir Jacques-Cartier★, 3 km par ① - St Servan sur Mer : corniche d'Aleth ≤★, tour Solidor★,échapées du parc des Corbières★, belvédère du Rosais★.

Intra muros

Ajoncs d'Or sans rest

10 r. des Forgeurs
– 𝒞 02 99 40 85 03
– *www.st-malo-hotel-ajoncs-dor.com* DZ**a**

22 ch – †69/115 € ††69/150 € – ☕ 13 €

◆ Un hôtel situé dans une rue tranquille de la vieille ville ; les chambres, classiques, distillent une atmosphère feutrée. Touches rétro dans la salle des petits-déjeuners.

En saison: zone piétonne intra-muros.

- Bardelière (R. M. de la) . . . . CZ 2
- Bas-Sablons (R. des) . . . . AZ 3
- Broussais (R.) . . . . DZ
- Cartier (R. J.) . . . . DZ 5
- Chartres (R. de) . . . . DZ 6
- Chateaubriand (Pl.) . . . . DZ 8
- Clemenceau (R. Georges) . . . . . AZ 12
- Cordiers (R. des) . . . . DZ 13
- Dauphine (R.) . . . . AZ 15
- Dinan (R. de) . . . . DZ
- Doutreleau (R.) . . . . BZ 16
- Flaubert (R. G.) . . . . CX 17
- Forgeurs (R. du) . . . . DZ 18
- Fosse (R. de la) . . . . DZ 19
- Herbes (Pl. aux) . . . . DZ 25
- Lamennais (Pl. Fr.) . . . . DZ 28
- Mettrie (R. de la) . . . . DZ 35
- Mgr-Duchesne (Pl.) . . . . AZ 36
- Pilori (Pl. du) . . . . DZ 38
- Poids-du-Rois (Pl. du) . . . . DZ 39
- Poissonnerie (Pl. de la) . . . . DZ 42
- Porcon-de-la-Barbinais (R.) . . . . DZ 43
- République (Bd de la) . . . . BY 50
- Roosevelt (Av. F.) . . . . BY 53
- St-Benoist (R.) . . . . DZ 56
- St-Vincent (R.) . . . . DZ 57
- Schuman (R. du Président-Robert) . . . CX 58
- Tabarly (Chaussée Eric) . . . . AY 63
- Trichet (Q. de) . . . . AY 68
- Umbricht (R. du R. P.) . . . . CX 69
- Vauban (Pl.) . . . . DZ 70
- Ville-Pépin (R.) . . . . ABZ 71

Du Louvre sans rest

2 r. des Marins – ✆ 02 99 40 86 62 – www.hoteldulouvre-saintmalo.com

50 ch – †71/127 € ††80/141 € – ☕ 12 € DZ**b**

◆ Au cœur de la cité corsaire, cet hôtel dispose de chambres sobres et fonctionnelles. Copieux petit-déjeuner proposé dans une salle ornée de toiles d'un artiste local.

Quic en Groigne sans rest

8 r. d'Estrées – ✆ 02 99 20 22 20 – www.quic-en-groigne.com – Fermé 24-26 déc. et 7-28 janv. DZ**u**

15 ch – †57/71 € ††65/92 € – ☕ 9 €

◆ Quic-en-Groigne ? Le nom de la tour accolée au château... et de cet hôtel disposant de chambres actuelles et de bonne tenue. Petit-déjeuner sous la véranda ; accueil souriant.

Le Nautilus sans rest

9 r. de la Corne-de-Cerf – ✆ 02 99 40 42 27 – www.lenautilus.com – Fermé 14 nov.-4 fév. DZ**g**

15 ch – †45/57 € ††59/69 € – ☕ 8 €

◆ Dans une ruelle typique, cette maison érigée en 1692 (classée) abrite de petites chambres colorées, bien tenues et cosy. Décor marin au bar et bon accueil de l'équipage.

San Pedro sans rest

1 r. Ste-Anne – ✆ 02 99 40 88 57 – www.sanpedro-hotel.com – Ouvert 11 mars-30 nov. DZ**f**

12 ch – †51/54 € ††61/74 € – ☕ 9 €

◆ À deux pas de la plage de Bon-Secours, un hôtel de poche dont l'accueil est incomparable. Petites chambres impeccablement tenues et petit-déjeuner très soigné.

Le Chalut (Jean-Philippe Foucat)

8 r. de la Corne de Cerf – ✆ 02 99 56 71 58 – Fermé mardi sauf le soir en juil.-août et lundi DZ**d**

Rest – *(nombre de couverts limité, prévenir)* Menu 25 € (déj. en sem.), 40/70 € – Carte 42/56 €

Spéc. Saint-Jacques et truffe blanche à l'huile de noix. Turbot aux jeunes girolles et cocos à la bretonne. Moelleux chaud au chocolat et sa glace nougatine.

◆ Filets de pêche, bouées, vivier : ici, la mer est à l'honneur... Cuisine raffinée et menu "tout homard" pour les amateurs. Embarquez sur ce chalut !

Delaunay

6 r. Ste-Barbe – ✆ 02 99 40 92 46 – www.restaurant-delaunay.com – Fermé de mi-janv. à mi-fév., lundi hors saison, dim. et le midi DZ**x**

Rest – Menu 32/80 € – Carte 36/64 €

◆ Couleurs et saveurs ! Une devanture lie-de-vin, une petite salle cosy mêlant le jaune et le parme et une cuisine dans l'air du temps.

À la Duchesse Anne (Serge Thirouard)

5 pl. Guy La Chambre – ✆ 02 99 40 85 33 – Fermé déc., janv., dim. soir hors saison, lundi midi et merc. DZ**e**

Rest – Menu 79 € – Carte 36/80 €

Spéc. Filets de maquereau marinés au vin blanc. Homard à l'Armoricaine. Tarte Tatin.

◆ Découvrez cette institution malouine (1945) et son beau décor de mosaïques et de fresques. Un vrai conservatoire de la cuisine bourgeoise d'il y a cent ans.

Gilles

2 r. de la Pie qui boit – ✆ 02 99 40 97 25 – www.restaurant-gilles-saint-malo.com – Fermé jeudi d'oct. à mai et merc. DZ**t**

Rest – *(nombre de couverts limité, prévenir)* (22 €) Menu 25/39 €

◆ La superbe promenade sur les remparts vous a ouvert l'appétit ? Savourez une agréable cuisine de saison près des grandes baies vitrées de ce restaurant.

L'Ancrage
7 r. Jacques-Cartier – ☎ 02 99 40 15 97 – Fermé 3 janv.-5 fév., mardi et merc. hors saison DZr
Rest – Menu 16/36 € – Carte 37/56 €
◆ Dans une agréable atmosphère "cabine de bateau" (boiseries sombres, lampes en laiton) ou dans la salle voûtée, on jette l'ancre en se régalant de bons produits de la mer.

St-Malo Est et Paramé – ✉ 35400 St-Malo

Grand Hôtel des Thermes
100 bd Hébert – ☎ 02 99 40 75 75 – www.thalassotherapie.com – Fermé 2-15 janv. BXn
168 ch – †85/365 € ††120/490 € – 7 suites – ☕ 21 € – ½ P 118/302 €
Rest *Le Cap Horn* – ☎ 02 99 40 75 40 – Menu 31/58 € – Carte 40/77 €
Rest *La Verrière* – (25 €) Menu 34/43 € – Carte 34/46 €
◆ Sur le front de mer, ancien palace du 19ᵉ s. et son centre de thalasso (six piscines à l'eau de mer et soins de qualité). Chambres et suites confortables (classiques ou contemporaines). Jolie vue sur le large et carte classique au Cap Horn. Décor Belle Époque et cuisine diététique à La Verrière.

Océania sans rest
2 r. Joseph-Loth – ☎ 02 99 56 84 84 – www.oceaniahotels.com AYb
78 ch – †99/360 € ††99/360 € – ☕ 15 €
◆ Situé aux portes de la vieille ville, cet hôtel rénové en 2008 jouxte le palais du Grand Large et le casino. Chambres sobres et épurées, certaines avec vue sur la mer.

Alexandra
138 bd Hébert – ☎ 02 99 56 11 12 – www.hotelalexandra.com – Fermé janv.
31 ch – †105/148 € ††120/175 € – ☕ 15 € – ½ P 99/126 € BXh
Rest – (19 €) Menu 24/72 € – Carte 28/52 €
◆ Hôtel situé sur la digue de St-Malo, face à la mer. Les chambres sont fonctionnelles et bien tenues (la plupart avec terrasse ou bow-window). Au restaurant, belle vue sur le large. La carte, traditionnelle, privilégie les poissons et fruits de mer.

La Villefromoy sans rest
7 bd Hébert – ☎ 02 99 40 92 20 – www.villefromoy.fr – Fermé 13 nov.-3 fév.
26 ch – †89/183 € ††89/183 € – ☕ 14 € CXs
◆ Une belle bâtisse Second Empire et une villa balnéaire d'esprit 1900 : deux lieux, une même atmosphère feutrée. Chambres confortables et cosy (mobilier acajou) ; accueil charmant.

Grand Hôtel Courtoisville
69 bd Hébert – ☎ 02 99 40 83 83 – www.courtoisville.com – Fermé 1ᵉʳ-17 déc. et 10-31 janv. BXa
44 ch – †89/179 € ††89/179 € – ☕ 13 € – ½ P 74/115 €
Rest – (18 €) Menu 24/32 € – Carte 29/48 €
◆ Au calme ! Près des thermes marins, belle pension familiale du début du 20ᵉ s. entourée d'un beau jardin. Chambres spacieuses, la plupart équipées de lits à relaxation. Au restaurant, plats traditionnels et produits de la mer.

Mercure sans rest
36 chaussée du Sillon – ☎ 02 23 18 47 47 – www.mercure.com AYz
51 ch – †76/157 € ††83/167 € – ☕ 15 €
◆ Un Mercure idéalement situé sur le Sillon, face à la mer. Aménagements fonctionnels et décoration contemporaine. Buffet pour le petit-déjeuner, servi également en chambre.

Alba sans rest
17 r. des Dunes – ☎ 02 99 40 37 18 – www.hotelalba.com BXt
22 ch – †70/171 € ††79/171 € – ☕ 12 €
◆ Face à la plage ! Cette villa du 19ᵉ s. n'aurait pu rêver plus agréable situation. Les chambres, très claires (tons crème, bois blond), donnent pour moitié sur le large.

Beaufort sans rest

25 chaussée du Sillon – ✆ 02 99 40 99 99 – www.hotel-beaufort.com – Fermé 12-25 déc. BXx

22 ch – †73/243 € ††83/243 € – ☕ 13 €

♦ Belle demeure malouine (1860) aux chambres cosy décorées dans un esprit colonial – la moitié côté mer. On prend son petit-déjeuner les yeux rivés sur le large.

Aubade sans rest

8 pl. Duguesclin – ✆ 02 99 40 47 11 – www.aubade-hotel.com – Fermé 20-27 déc. et 9-31 janv. BXYg

20 ch – †74/113 € ††81/140 € – ☕ 11 €

♦ Ce bâtiment d'après-guerre (pierre de pays) fait face à l'ancien port industriel. Style design épuré ; chambres feutrées. Petite bibliothèque dédiée à St-Malo et au Québec.

à St-Servan-sur-Mer – ✉ 35400 St Malo

Malouinière Le Valmarin sans rest

7 r. Jean XXIII – ✆ 02 99 81 94 76 – www.levalmarin.com AZn

12 ch – †100 € ††100/165 € – ☕ 11 €

♦ Parquet d'origine, trumeaux, moulures : une authentique malouinière de la fin du 17e s., au charme raffiné. Les plus belles chambres s'ouvrent sur le paisible parc arboré.

Manoir du Cunningham sans rest

9 pl. Mgr Duchesne – ✆ 02 99 21 33 33 – www.st-malo-hotel-cunningham.com – Ouvert de mi-mars à mi-nov., week-ends, vacances de Noël et de fév.

13 ch – †90/190 € ††90/190 € – ☕ 8 € AZa

♦ Jolie maison aux allures de manoir anglo-normand, face à l'anse des Sablons. Grandes chambres cosy aux charmants noms d'îles paradisiaques, la plupart donnant sur la mer...

L'Ascott sans rest

35 r. du Chapitre – ✆ 02 99 81 89 93 – www.ascotthotel.com – Fermé 3-30 janv.

10 ch – †70/95 € ††75/155 € – ☕ 12 € BZs

♦ Heureux mariage de meubles contemporains et d'objets chinés (lustres à pendeloques, trumeaux) en cette demeure bourgeoise de 1890. L'été, on prend le petit-déjeuner au jardin.

La Rance sans rest

15 quai Sébastopol, (port Solidor) – ✆ 02 99 81 78 63 – www.larancehotel.com – Ouvert de début fév. à mi-nov. AZk

11 ch – †55/85 € ††60/85 € – ☕ 8 €

♦ Dans cet hôtel donnant sur la mer et la tour Solidor, les propriétaires vous reçoivent en amis. Les chambres sont petites, mais cosy (préférez celles en façade, avec balcon).

Le St-Placide (Luc Mobihan)

6 pl. du Poncel – ✆ 02 99 81 70 73 – www.st-placide.com – Fermé mardi et merc. sauf le soir en juil.-août BZa

Rest – Menu 23 € (déj. en sem.), 42/120 € – Carte 55/85 €

Spéc. Tartare de bœuf et huîtres (automne-hiver). Risotto homard-bacon (printemps-été). Chocolat de la princesse Hoptiwa.

♦ Dans le décor contemporain de son restaurant de poche, le chef laisse voguer son imagination, concoctant une cuisine en prise avec son époque. Accueil prévenant.

La Gourmandise

2 r. des Bas-Sablons – ✆ 02 99 21 93 53 – www.lagourmandise.book.fr – Fermé 1 sem. en oct., 22-28 déc., 1 sem. en janv., mardi soir hors saison, sam. midi et dim. AZg

Rest – (16 €) Menu 27/59 €

♦ Dégustez une agréable cuisine de saison aux accents méditerranéens dans une atmosphère minimaliste, derrière l'anse des Sablons (quartier St-Servan). Accueil souriant.

Le Poncel

3 pl. du Poncel – ✆ 02 99 19 57 26 – Fermé 23 déc.-15 janv., dim. et lundi
Rest – (16 €) Menu 21 € – Carte 33/53 € BZv
◆ Un bon plan que ce bistrot et sa terrasse tranquille pour les beaux jours. Au menu ou à l'ardoise : fraîcheur, simplicité et bons produits aux saveurs respectées.

rte de Rennes 3 km par ③ et av. Gén. de Gaulle – ✉ 35400 St-Malo

La Grassinais

rest, ch,

12 allée de la Grassinais – ✆ 02 99 81 33 00 – www.saint-malo-hebergement.com – Fermé janv.
29 ch – †59/89 € ††59/92 € – ☐ 9 € – ½ P 65/81 €
Rest – *(fermé sam. midi, lundi de sept. à mi-juil. et dim. soir sauf de mi-juil. à fin août)* (17 €) Menu 25 € (déj. en sem.)/39 € – Carte 39/57 €
◆ En périphérie de St-Malo, une ancienne ferme joliment restaurée au cœur d'une zone artisanale et commerciale. Chambres simples et de bonne tenue. Restaurant rustique et carte traditionnelle.

ST-MANDÉ – **94 Val-de-Marne** – **312** D2 – **101** 27 – **voir à Paris, Environs**

ST-MARC – **44 Loire-Atlantique** – **316** C4 – **rattaché à St-Nazaire**

ST-MARC-A-LOUBAUD – **23 Creuse** – **325** I5 – **133 h.** – **alt. 705 m** – **✉ 23460** **25** C2

■ Paris 411 – Aubusson 24 – Guéret 54 – Limoges 78

Les Mille Sources

Le Bourg – ✆ 05 55 66 03 69 – Ouvert 9 avril-3 nov. et fermé dim. soir et lundi sauf vacances scolaires
Rest – *(prévenir)* Menu 39/50 € – Carte 36/53 €
◆ Ancienne ferme au joli cachet, dont le jovial patron vous accueille comme des amis. Canards de Challans et gigots rôtissent dans la cheminée d'époque de la salle rustique.

ST-MARCEL-DU-PÉRIGORD – **24 Dordogne** – **329** F6 – **141 h.** – **alt. 160 m** – **✉ 24510** **4** C1

■ Paris 538 – Bordeaux 144 – Périgueux 58 – Bergerac 26

Auberge Lou Peyrol avec ch

rest,

au bourg – ✆ 05 53 24 09 71 – www.loupeyrol.com – Fermé 2 sem. en mars, de mi-nov. à mi-déc., 1 sem. en janv., merc. en hiver, lundi d'oct. à juin et mardi
3 ch – †70/75 € ††70/90 € – ☐ 16 € **Rest** – Carte 35/52 €
◆ Une auberge périgourdine au charme on ne peut plus rustique, avec une terrasse à l'ombre d'un vénérable tilleul. Cuisine régionale de saison. Sous les toits, les chambres, spacieuses, sont simples et romantiques.

ST-MARCEL-LÈS-ANNONAY – **rattaché à Annonay**

ST-MARCEL-LÈS-SAUZET – **26 Drôme** – **332** B6 – **rattaché à Montélimar**

ST-MARCELLIN – **38 Isère** – **333** E7 – **7 694 h.** – **alt. 282 m** – **✉ 38160** **43** E2
Lyon Drôme Ardèche

■ Paris 570 – Die 76 – Grenoble 55 – Valence 46

ℹ 2, avenue du Collège ✆ 04 76 38 53 85

La Tivollière

Château du Mollard – ✆ 04 76 38 21 17 – www.lativolliere.com – Fermé 3-24 janv., jeudi soir, dim. soir et lundi
Rest – Menu 29/48 € – Carte 30/55 €
Rest *Face B* – (15 €) Menu 20 € (déj. en sem.) – Carte 30/55 €
◆ Restaurant au décor moderne assez inattendu, aménagé dans un château du 15e s. dominant la ville. La terrasse ombragée offre une petite échappée sur le Vercors. Au Face B, plats de bistrot au déjeuner en semaine.

ST-MARTIAL-DE-NABIRAT – 24 Dordogne – 329 I7 – 614 h. – alt. 175 m – ✉ 24250 4 D2

Paris 556 – Bordeaux 213 – Périgueux 82 – Cahors 43

Le St-Martial

au bourg – ☎ 05 53 29 18 34 – www.lesaintmartial.com – Fermé 15-28 mars, 28 juin-6 juil., 24 déc.-2 janv. lundi midi de mi-juil. à fin août, mardi et merc. sauf le soir du 16 juil. au 31 août

Rest – (25 €) Menu 32/60 € – Carte 45/65 €

◆ Cette charmante maison en pierre, située au cœur du village, est une bonne surprise : chips de légumes, millefeuille de Saint-Jacques, pintade en croûte de saté...

ST-MARTIN-AUX-CHARTRAINS – 14 Calvados – 303 N4 – rattaché à Pont-L'Évêque

ST-MARTIN-D'ARDÈCHE – 07 Ardèche – 331 J8 – 834 h. – alt. 46 m – ✉ 07700 Lyon Drôme Ardèche 44 B3

Paris 653 – Avignon 62 – Lyon 190 – Nîmes 86

place de l'Église ☎ 04 75 98 70 91

L'Escarbille

quartier Androlle – ☎ 04 75 04 64 37 – www.hotel-restaurant-lescarbille.com – Ouvert de mars à mi-nov.

11 ch – †52/62 € ††58/68 € – ☕ 8 € – ½ P 58/68 €

Rest – Menu 20/27 € – Carte 26/43 €

◆ Près de la rivière, cette jolie maison en pierre abrite de petites chambres simples. Terrasse sous les acacias et piscine face au village d'Aiguèze. Idéal avant ou après une randonnée. Cuisine traditionnelle et spécialité de caillette maison aux épinards.

ST-MARTIN-DE-BELLEVILLE – 73 Savoie – 333 M5 – 3 079 h. – alt. 1 450 m – Sports d'hiver : 1 450/2 850 m 9 37 – ✉ 73440 Alpes du Nord 46 F2

Paris 624 – Albertville 44 – Chambéry 93 – Moûtiers 20

Immeuble L'Épervière ☎ 04 79 00 20 00

Saint-Martin

ch, ch, ch,

r. des Grangeraies – ☎ 04 79 00 88 00 – www.hotel-stmartin.com – Ouvert 23 avril-17 déc.

27 ch ☕ – †135/380 € ††180/410 € – 4 suites – ½ P 105/220 €

Rest – (19 €) Carte 39/65 €

Rest *Le Grenier* – Menu 19 € (déj.), 30/35 € – Carte 39/65 €

◆ Ce plaisant chalet couvert de lauzes abrite des chambres douillettes à la mode alpine, toutes dotées d'un balcon. Plats traditionnels dans la salle à manger au charme feutré. Au Grenier, cuisine du terroir et suggestions du jour sur de grandes ardoises du pays ; cadre rustique.

L'Edelweiss sans rest

r. St-François – ☎ 04 79 08 96 67 – www.hotel-edelweiss73.com – Ouvert 10 juil.-31 août et 20 déc.-26 avril

16 ch ☕ – †90/110 € ††130/175 €

◆ L'esprit montagnard fleurit à l'Edelweiss : chambres où domine le pin, sauna... Demi-pension proposée à l'Étoile des Neiges et, le matin, navette pour la télécabine.

La Bouitte (René et Maxime Meilleur) avec ch

à St-Marcel, 2 km au Sud-Est – ☎ 04 79 08 96 77 – www.la-bouitte.com – Ouvert 1er juil.-3 sept. et 2 déc.-30 avril

8 ch ☕ – †220/245 € ††276/380 €

Rest – *(fermé lundi en été)* Menu 70/180 € – Carte 100/150 €

Spéc. Perles d'œufs d'escargot, mousse d'aubergine, escargots dorés, chapelure vegétale. Ris de veau caramélisé, pomme de terre agria, "cigarette russe" au raifort, fumée de chêne. Pêche rôtie en coque, jus concentré de groseille (été). **Vins** Roussette de Savoie, Vin de pays d'Allobrogie.

◆ Décor de vieux chalet, cuisine sucrée-salée inventive (herbes alpestres) et raffinée, service attentif : cette "bouitte" offre un délicieux concentré de Savoie aux gourmets avertis. Superbes chambres montagnardes et espace détente.

XX **Étoile des Neiges**

r. St-Martin – 04 79 08 92 80 – www.hotel-edelweiss73.com – Ouvert 10 juil.-30 août, et 20 déc.-25 avril

Rest – Menu 30 € (dîner)/50 € – Carte 45/80 €

◆ Table familiale et traditionnelle dont la spécialité est le foie de veau. Salles au cadre montagnard, réchauffées par une cheminée centrale ; mezzanine à l'étage et jolie terrasse.

X **Le Montagnard**

– 04 79 01 08 40 – www.le-montagnard.com – Ouvert 1er juil.-28 août et 9 déc.-1er mai

Rest – Carte 30/70 €

◆ Murs chaulés, mobilier en pin, vieux skis, bibelots et photos des aïeux composent le sympathique décor de cette ancienne étable. Cuisine régionale et du marché.

ST-MARTIN-DE-LONDRES – 34 Hérault – 339 H6 – 2 126 h. 23 C2

– alt. 194 m – ✉ 34380 Languedoc Roussillon

Paris 744 – Montpellier 25 – Le Vigan 37

Maison de Pays 04 67 55 09 59

XXX **Les Muscardins**

19 rte des Cévennes – 04 67 55 75 90 – www.les-muscardins.fr – Fermé 15 fév.-10 mars, lundi et mardi sauf fériés

Rest – (27 €) Menu 42/72 €

◆ Ravissante salle à manger et son petit salon d'attente décorés dans des tons chaleureux et ornés de tableaux colorés. Cuisine au goût du jour et service traiteur.

au Sud 12 km par D 32, D 127 et D 127E6 – ✉ 34380 Argelliers

XX **Auberge de Saugras** avec ch

Domaine de Saugras – 04 67 55 08 71 – www.aubergedesaugras.fr – Fermé 8-24 août, 19 déc.-11 janv., lundi midi en juil.-août, mardi sauf le soir en juil.-août et merc.

7 ch – †45/85 € ††45/85 € – ☐ 9 € – ½ P 59/79 €

Rest – *(prévenir)* (17 €) Menu 21 € (sem.), 29/65 € – Carte 35/100 €

◆ N'hésitez pas à braver la garrigue sauvage ! Avec à la clé, la découverte de ce mas en pierre du 12e s. Généreuse cuisine du terroir, jolie terrasse et chambres fonctionnelles.

ST-MARTIN-D'ENTRAUNES – 06 Alpes-Maritimes – 341 B3 – 85 h. 41 C2

– alt. 1 050 m – ✉ 06470

Paris 778 – Barcelonnette 50 – Castellane 66 – Digne-les-Bains 104

Hostellerie de la Vallière

le village – 04 93 05 59 59 – www.hotel-lavalliere.com – Ouvert 15 avril-30 oct., vacances de Noël et fév.

10 ch – †40 € ††45 € – ☐ 8 € – ½ P 46/55 €

Rest – Menu 19/45 € bc – Carte environ 26 €

◆ Randonneurs et chasseurs de repos apprécieront cette auberge colorée tournée vers le massif du Mercantour. Décor champêtre et confort simple dans les chambres (sans TV). Repas de tradition à savourer dans une salle rustique prolongée d'une petite terrasse.

ST-MARTIN-DE-LA-PLACE – 49 Maine-et-Loire – 317 I5 – 1 152 h. 35 C2

– alt. 80 m – ✉ 49160

Paris 314 – Nantes 147 – Angers 60 – Saumur 11

Mairie 02 41 38 43 06

Domaine de la Blairie

5 r. de la Mairie – 02 41 38 42 98 – www.hotel-blairie.com – Fermé 15 déc.-1er fév. et dim. soir de nov. à mars

44 ch – †58/84 € ††58/84 € – ☐ 10 € – ½ P 53/66 €

Rest – Menu 16/24 € – Carte 18/30 €

◆ Rien ne vaut le calme de cette demeure du Saumurois et de son grand jardin avec piscine. Parmi les chambres, toutes fonctionnelles, préférez celles qui ont été rénovées. Cuisine traditionnelle à prix attractifs servie dans un cadre chaleureux.

ST-MARTIN-DE-RÉ – 17 Charente-Maritime – **324** B2 – voir à Île de Ré

ST-MARTIN-DE-VALGALGUES – 30 Gard – **339** J3 – rattaché à Alès

ST-MARTIN-DU-FAULT – 87 Haute-Vienne – **325** E5 – rattaché à Limoges

ST-MARTIN-DU-TOUCH – 31 Haute-Garonne – **343** G3 – rattaché à Toulouse

ST-MARTIN-DU-VAR – 06 Alpes-Maritimes – **341** E5 – 2 463 h. – alt. 110 m – ✉ 06670 **41** D2

Paris 938 – Antibes 34 – Cannes 44 – Nice 28

XXX ✿ **Jean-François Issautier** AC P VISA MC AE

3 km rte de Nice (D 6202) – ✆ 04 93 08 10 65 – www.issautier.fr – Fermé 25 oct.-3 nov., début janv. à début fév., dim. soir, lundi et mardi

Rest – (26 €) Menu 39/108 € – Carte 69/100 €

Spéc. Pied de cochon croustillant, salade bistrot, réduction balsamique. Rognon de veau rôti en casserole, confiture d'oignons rouges. Incontournable baba au rhum dans un sirop parfum d'orange. **Vins** Bellet, Côtes de Provence.

♦ Adresse discrète protégée par une haie de conifères. La salle, haute sous plafond et bourgeoisement décorée, offre une vue sur les cuisines. Recettes classiques ou régionales.

ST-MARTIN-EN-BRESSE – 71 Saône-et-Loire – **320** K9 – 1 826 h. – alt. 192 m – ✉ 71620 **8** C3

Paris 353 – Beaune 48 – Chalon-sur-Saône 18 – Dijon 86

XX **Au Puits Enchanté** avec ch P VISA MC

1 pl. René-Cassin – ✆ 03 85 47 71 96 – www.aupuitsenchante.com – Fermé 6-15 mars, 18-27 sept., 20-29 nov., 2-25 janv., dim. soir, lundi sauf le soir en juil.-août et mardi

12 ch – †56/65 € ††56/65 € – ☕ 10 € – ½ P 52/58 €

Rest – (17 €) Menu 21/50 € – Carte 30/50 €

♦ Au centre d'un bourg de la Bresse bourguignonne, maison de pays où l'on se met en quatre pour vous faire passer un délicieux moment. Généreuse cuisine à base des produits du terroir. Chambres pour l'étape.

ST-MARTIN-LA-MÉANNE – 19 Corrèze – **329** M4 – 358 h. – alt. 500 m – ✉ 19320 **25** C3

Paris 510 – Aurillac 67 – Brive-la-Gaillarde 54 – Mauriac 48

Barrage du Chastang★ SE : 5 km, Limousin Berry

X **Des Voyageurs** P VISA MC AE

pl. Mairie – ✆ 05 55 29 11 53 – www.hotellesvoyageurs.com – Ouvert 28 mars-11 nov. et fermé dim. soir et lundi sauf de mai à sept.

Rest – Menu 23/36 € – Carte 40/55 €

♦ Charmante auberge en pierre où le temps s'arrête à la faveur d'une cuisine du terroir servie dans un cadre campagnard ou, en été, dans le jardin prolongé d'un étang (pêche).

ST-MARTIN-LE-BEAU – 37 Indre-et-Loire – **317** O4 – 2 606 h. – alt. 55 m – ✉ 37270 Châteaux de la Loire **11** B2

Paris 231 – Amboise 9 – Blois 45 – Loches 34

X **Auberge de la Treille** avec ch AC VISA MC

2 r. d'Amboise – ✆ 02 47 50 67 17 – www.auberge-de-la-treille.com – Fermé 1 sem. en mars, vacances de Toussaint, de fév., dim. soir et merc. sauf juil.-août

2 ch – †55 € ††55/62 € – ☕ 8 € – ½ P 56 €

Rest – Menu 20/40 € – Carte environ 38 €

♦ À quelques minutes de l'Aquarium de Touraine. La carte propose une cuisine plutôt actuelle dans un cadre rustique, égayé de colombages. Les chambres sont fonctionnelles, lumineuses et colorées.

ST-MARTIN-LE-GAILLARD – 76 Seine-Maritime – **304** I2 – 326 h. **33** D1
– alt. 60 m – ✉ 76260 Normandie Vallée de la Seine

Paris 168 – Amiens 99 – Dieppe 27 – Eu 12

Moulin du Becquerel

2 r. des Moulins , Nord-Ouest : 1,5 km sur D 16 – ☎ 02 35 86 74 94 – www.moulindubecquerel.fr – Fermé fin janv. à début mars, dim. soir, lundi, mardi et merc. sauf fériés

Rest – (20 €) Menu 29/45 € – Carte 32/59 €

◆ Paisible maison normande longée par une rivière. Intérieur rustique et terrasse dressée dans le jardin invitent les hôtes à s'attabler autour de plats traditionnels du marché.

ST-MARTIN-VÉSUBIE – 06 Alpes-Maritimes – **341** E3 – 1 331 h. **41** D2
– alt. 1 000 m – ✉ 06450 Côte d'Azur

Paris 845 – Antibes 73 – Barcelonnette 111 – Cannes 83

place Félix Faure ☎ 04 93 03 21 28

Venanson : ≤★, fresques★ de la chapelle St-Sébastien S : 4,5 km.

Le Boréon★★ (cascade★) N : 8 km - Cirque★★ du vallon de la Madone de Fenestre NE : 12 km.

Le Boréon ch,

hameau du Boéron, (quartier le Boéron la Cascade), 13 km au Nord-Est – ☎ 04 93 03 20 35 – www.hotel-boreon.com – Ouvert avril-oct.

13 ch – †68 € ††68 € – ☕ 9 € – ½ P 64 €

Rest – Menu 23/36 €

◆ Beau chalet situé aux abords d'un petit lac. Les chambres, douillettes et bien équipées, révèlent un décor de style montagnard contemporain. Salle à manger rustique ornée d'une monumentale cheminée, agréable terrasse colorée et plats traditionnels.

ST-MATHURIN – 85 Vendée – **316** F8 – 1 623 h. – alt. 30 m **34** A3
– ✉ 85150

Paris 451 – Challans 66 – Nantes 95 – La Roche-sur-Yon 29

Le Château de la Millière sans rest

La Millière – ☎ 02 51 22 73 29 – www.chateau-la-milliere.com – Ouvert 1er mai-30 sept.

4 ch ☕ – †92 € ††100 €

◆ Un vaste parc – piscine, étangs, allées – renforce l'attrait de ce château (19e s.) qui a préservé son caractère (mobilier d'époque) tout en se dotant d'un confort actuel.

ST-MAUR-DES-FOSSÉS – 94 Val-de-Marne – **312** D3 – **101** 27 – voir à Paris, Environs

ST-MAURICE-DE-SATONNAY – 71 Saône-et-Loire – **320** I11 – 415 h. **8** C3
– alt. 250 m – ✉ 71260

Paris 400 – Dijon 129 – Mâcon 17 – Chalon-sur-Saône 61

Auberge des Grenouillats

Le Bourg – ☎ 03 85 33 40 50 – Fermé 1er-9 mars, 29 août-5 sept., 24 oct.-28 nov., 18 déc.-3 janv., 25-29 fév., mardi soir et merc.

Rest – *(nombre de couverts limité, prévenir)* Menu 21/27 €

◆ Dans l'ancien café du village, petit bistrot proposant, entre autres, des spécialités régionales (grenouilles, bœuf charolais). Terrasse à l'ombre des platanes.

ST-MAXIMIN-LA-STE-BAUME – 83 Var – **340** K5 – 14 183 h. **40** B3
– alt. 289 m – ✉ 83470 Provence

Paris 793 – Aix-en-Provence 44 – Marseille 51 – Toulon 55

Hôtel de Ville ☎ 04 94 59 84 59

Couvent Royal
pl. Jean Salusse – ✆ *04 94 86 55 66* – *www.hotelfp-saintmaximin.com*
67 ch – †90/345 € ††90/345 € – ☕ 13 € – ½ P 169/219 €
Rest – (30 €) Menu 39 € – Carte 40/56 €
◆ Hôtellerie originale, accolée à une basilique du 13e s. Chambres douillettes mettant à profit d'anciennes cellules de moines. Repas traditionnel servi dans la belle salle capitulaire. Aux beaux jours, on profite d'une terrasse donnant sur le cloître.

ST-MÉDARD – 46 Lot – 337 D4 – 163 h. – alt. 170 m – ✉ 46150 28 B1

Paris 571 – Cahors 17 – Gourdon 34 – Villeneuve-sur-Lot 59

Gindreau (Alexis Pélissou)
– ✆ *05 65 36 22 27* – *www.legindreau.com* – *Fermé 26 avril-11 mai, 5-7 août, 17-25 oct., 19 déc.-11 janv., merc. midi de janv. à mars, dim. soir hors saison, lundi et mardi*
Rest – *(prévenir le week-end)* Menu 38 € (sem.), 50/120 € – Carte 60/100 €
Spéc. Œuf truffé en baluchon. Double côte d'agneau fermier du Quercy panée à la truffe. Soufflé à la subtile alliance de truffe et marasquin. **Vins** Cahors, Vins de pays du Lot.
◆ Goûteuse cuisine contemporaine qui met en valeur le terroir, à découvrir dans cette ancienne école de village. Salles aux couleurs pastel et terrasse sous les marronniers.

ST-MICHEL-EN-L'HERM – 85 Vendée – 316 I9 – 1 958 h. – alt. 9 m – ✉ 85580 34 B3

Paris 453 – Luçon 15 – La Rochelle 46 – La Roche sur Yon 47
5, place de l'Abbaye ✆ 02 51 30 21 89

La Rose Trémière
4 r. de l'Église – ✆ *02 51 30 25 69* – *Fermé 4-20 oct., 15 fév.-4 mars, mardi sauf juil.-août, dim. soir et lundi*
Rest – Menu 16 € (déj.), 25/49 € – Carte 31/57 €
◆ Maison ancienne abritant une agréable salle au décor rustique soigné. Plats traditionnels à savourer autour de la cheminée centrale.

ST-MICHEL-ESCALUS – 40 Landes – 335 D11 – 274 h. – alt. 23 m – ✉ 40550 3 B2

Paris 721 – Bayonne 67 – Bordeaux 135 – Dax 30

La Bergerie-St-Michel sans rest
50 chemin du Plomb, à St-Michel le Bourg, par D 142, rte de Castets – ✆ *05 58 48 74 04* – *www.bergeriestmichel.fr*
4 ch ☕ – †75/80 € ††95/130 €
◆ La forêt landaise entoure cette ancienne ferme à colombages magnifiquement restaurée. Chambres de grand confort mariant meubles anciens et contemporains. Copieux petits-déjeuners.

ST-MICHEL-MONT-MERCURE – 85 Vendée – 316 K7 – 1 875 h. – alt. 284 m – ✉ 85700 Poitou Vendée Charentes 34 B3

Paris 383 – Bressuire 36 – Cholet 35 – Nantes 85
※★★ du clocher de l'église.

Château de la Flocellière
La Flocellière, 2 km à l'Est – ✆ *02 51 57 22 03* – *www.chateaudelaflocelliere.com*
5 ch – †105/145 € ††155 € – ☕ 11 €
Table d'hôte – Menu 35 € bc/50 € bc
◆ Ce lieu chargé d'histoire était au Moyen Âge une importante forteresse du bas Poitou. Il abrite aujourd'hui des chambres vastes et tranquilles avec vue sur le parc ; celles du donjon sont splendides. Dîners à thème médiéval ou Renaissance dans une époustouflante salle à manger du 16e s.

Auberge du Mont Mercure
8 r. l'Orbrie, (près de l'église) – ✆ 02 51 57 20 26 – www.aubergemontmercure.com – Fermé vacances de la Toussaint, de fév., lundi soir sauf juil.-août, mardi soir et merc.
Rest – Menu 15 € (sem.), 22/35 € – Carte 21/41 €
◆ De cette auberge familiale perchée, la vue plonge sur le bocage vendéen. Cuisine traditionnelle de saison servie dans un joli cadre rustique. Salle de jeux pour les enfants.

ST-MIHIEL – 55 Meuse – 307 E5 – 4 872 h. – alt. 228 m – ✉ 55300 — 26 B2

Alsace Lorraine

Paris 287 – Metz 63 – Nancy 66 – Bar-le-Duc 35

rue du Palais de Justice ✆ 03 29 89 06 47

de Madine à Nonsard Base de Loisirs, NE : 25 km par D 901 et D 179, ✆ 03 29 89 56 00

Sépulcre★★ dans l'église St-Étienne - Pâmoison de la Vierge★ dans l'église St-Michel.

à Heudicourt-sous-les-Côtes 15 km au Nord-Est par D 901 et D 133 – 184 h. – alt. 240 m – ✉ 55210

Butte de Montsec : ✻★★, monument★ S : 13 km.

Lac de Madine
22 r. Charles de Gaulle – ✆ 03 29 89 34 80 – www.hotel-lac-madine.com – Fermé 20 déc.-10 fév.
41 ch – †58/98 € ††58/98 € – ☕ 10 €
Rest – *(fermé dim. soir du 25 oct. au 25 avril et lundi midi)* Menu 26/37 € – Carte 40/60 €
◆ Près du lac, maison ancienne rénovée, aux chambres fraîches et actuelles dont dix avec une baignoire balnéo. Celles de l'annexe donnent sur le jardin. Table traditionnelle dressée dans une salle à manger lumineuse et coiffée d'une charpente apparente. Terrasse ombragée.

ST-MONT – 32 Gers – 336 B8 – 304 h. – alt. 133 m – ✉ 32400 — 28 A2

Paris 719 – Auch 84 – Bordeaux 160 – Mont-de-Marsan 47

Château Monastère de Saint-Mont sans rest
(près de l'église) – ✆ 05 62 69 62 80 – www.chateau-monastere-de-saint-mont.com – Ouvert 14 mars-11 nov.
5 ch ☕ – †80 € ††80/140 €
◆ Sur les hauteurs du village, cet ancien monastère du 11e s. assure d'un séjour au calme dans ses chambres pleines de charme (cheminée, tommettes). Grand parc, piscine, billard...

ST-NAZAIRE – 44 Loire-Atlantique – 316 C4 – 68 838 h. – Agglo. 136 886 h. – alt. 4 m – ✉ 44600 — 34 A2

Bretagne

Paris 435 – La Baule 19 – Nantes 61 – Vannes 79

Accès Pont de Saint-Nazaire : passage gratuit

boulevard de la Légion d'Honneur ✆ 02 40 22 40 65

de Savenay à Savenay Le Chambeau, par rte de Nantes : 27km, ✆ 02 40 56 88 05

de Guérande à Guérande Ville Blanche, par rte de Guérande : 22 km, ✆ 02 40 60 24 97

Base de sous-marins★ - Forme-écluse "Louis-Joubert"★ - Terrasse panoramique★ **B** - Pont routier de St-Nazaire-St-Brévin★ par ①.

Plan page suivante

Amérique Latine (Pl.de l') . . . BZ 2	Jean-Jaurès (R.) . . . . ABY	Perrin (Bd P.) . . . . AY 20
Auriol (R. Vincent) . . . . BZ 3	Lechat (R. A. B.) . . . . AY 15	Quatre Z'Horloges (Pl. des) . . . . BZ 21
Blancho (Pl. F.) . . . . AZ 5	Légion-d'Honneur (Bd de la) . . . . BZ 16	République (Av. de la) . . . . AYZ
Chêneveaux (R.) . . . . AZ 9	Martyrs-de-la-Résistance (Pl. des) . . . . AY 18	Salengro (R. R.) . . . . AYZ 22
Coty (Bd René) . . . . BZ 10	Mendès-France (R.) . . . . AZ 19	Verdun (Bd de) . . . . BZ 23
Croisic (R. du) . . . . AZ 12	Paix et des Arts (R. de la) . . AYZ	28-Février-1943 (R. du) . . . . BZ 24
Herminier (Av. Cdt-l') . . . . . . AY 13		
Ile-de-France (R. de l') . . . . . . AY 14		

Le Berry

1 pl. Pierre Semard – ✆ 02 40 22 42 61 – www.hotel-du-berry.fr – Fermé 24 déc.-2 janv. AYr

27 ch – 🚹80/135 € 🚹🚹90/145 € – ☕ 12 € – ½ P 77 €

Rest – *(fermé dim. midi et sam.)* Menu 19/30 € – Carte 30/63 €

Rest *Brasserie* – *(fermé dim. midi et sam.)* Menu 16 € – Carte 24/55 €

◆ Bâtiment de l'après-guerre, face à la gare. Chambres d'esprit moderne, bien tenues et insonorisées. Choix de mets traditionnels au restaurant, clair et agréable.

Holiday Inn Express sans rest

1 r. de la Floride – ✆ 02 40 19 01 01 – www.hotelsaintnazaire.com BZa

75 ch ☕ – 🚹97/150 € 🚹🚹97/150 €

◆ Hôtel né en 2008, face à l'ancienne base sous-marine, transformée en centre culturel. Déco moderne, équipements high-tech et bon confort, dans le nouveau cœur de la ville.

Le Sabayon

7 r. de la Paix – 02 40 01 88 21 – Fermé 27 fév.-12 mars, trois sem. en août, dim. et lundi AZb

Rest – Menu 18/52 € – Carte 30/55 €

◆ Sur une rue semi-piétonne, cette petite adresse familiale propose, dans un décor tout simple, une cuisine respectueuse de la tradition (préparations maison, produits frais).

à St-Marc 5 km à l'Ouest par ② – ✉ 44600

Hôtel de la Plage

plage de M.-Hulot – 02 40 91 99 01 – www.hotel-delaplage.fr

30 ch – †89/209 € ††89/209 € – ☕ 12 € **Rest** – Carte 25/40 €

◆ Tati filma Les Vacances de Monsieur Hulot dans cette grande bâtisse blanche qui donne directement sur la plage ! Ravissantes petites chambres (terrasses au 1er étage, mansardes au dernier). Brasserie face aux flots (fruits de mer, poisson et viande à la plancha).

ST-NAZAIRE-EN-ROYANS – 26 Drôme – 332 E3 – 677 h. – alt. 172 m – ✉ 26190 Alpes du Nord

43 E2

Paris 576 – Grenoble 69 – Pont-en-Royans 9 – Romans-sur-Isère 19

Rome rest,

Le Village – 04 75 48 40 69 – www.hotelrestaurantrome.com – Fermé 4-17 janv., vacances de la Toussaint, dim. soir hors saison et lundi

10 ch – †47/56 € ††50/60 € – ☕ 8 € – ½ P 50 €

Rest – (13 €) Menu 19 € (sem.)/46 € – Carte 29/46 €

◆ Imposante maison abritant des chambres propres et insonorisées, les plus agréables avec vue sur l'aqueduc et le lac de la Bourne. Ravioles et caillettes bien connues des gourmets : autant de spécialités de cette table drômoise vouée à la cuisine régionale.

ST-NECTAIRE – 63 Puy-de-Dôme – 326 E9 – 713 h. – alt. 700 m – Stat. therm. – Casino – ✉ 63710 Auvergne

5 B2

Paris 453 – Clermont-Ferrand 43 – Issoire 27 – Le Mont-Dore 24

les Grands Thermes 04 73 88 50 86

Église★★ : trésor★★ - Puy de Mazeyres ✻★ E : 3 km puis 30 mn.

Mercure ch,

Les Bains Romains – 04 73 88 57 00 – www.hotel-bains-romains.com

71 ch – †100/120 € ††120/140 € – ☕ 14 € – ½ P 85/100 €

Rest – Menu 25/29 € – Carte 32/42 €

◆ Belles prestations en cet hôtel installé dans les anciens thermes de la cité. Hall et salon d'un élégant classicisme, chambres contemporaines (parquet, touches colorées). Salle à manger raffinée et terrasse en bord de piscine l'été ; carte traditionnelle.

ST-NEXANS – 24 Dordogne – 329 E7 – rattaché à Bergerac

ST-NIZIER-SOUS-CHARLIEU – Loire – 327 D3 – 1 644 h. – alt. 260 m – ✉ 42190

44 A1

Paris 406 – Clermont-Ferrand 140 – Mâcon 113 – Saint-Étienne 98

Aux Forêt ch, ch,

996 rte de Fleury – 06 22 48 75 95 – www.aux-forets.fr

3 ch ☕ – †78 € ††95 € **Table d'hôte** – Menu 30 € bc

◆ Ancienne maison de vigneron du 18e s. sur une propriété arborée et fleurie. Les chambres sont confortables et raffinées (mobilier de famille et chiné). Jolie bibliothèque.

Un classement passé en rouge met en avant le charme de la maison 🏠 XXX.

ST-OMER (SP) – 62 Pas-de-Calais – **301** G3 – 15 004 h. – alt. 23 m **30** B2
– ✉ 62500 Nord Pas-de-Calais Picardie

Paris 257 – Arras 77 – Boulogne-sur-Mer 52 – Calais 43

4, rue du Lion d'Or ✆ 03 21 98 08 51

Saint-Omer Golf Club à Acquin Chemin des Bois, par rte de Boulogne-sur-Mer : 15 km, ✆ 03 21 38 59 90

Quartier de la cathédrale★★ : cathédrale Notre-Dame★★ - Hôtel Sandelin et musée★ AZ - Anc. chapelle des Jésuites★ AZ **B** - Jardin public★ AZ.

Ascenseur à bateaux des Fontinettes★ SE : 5,5 km - Coupole d'Helfaut-Wizernes★★, S : 5 km.

St-Louis

AC rest, rest, P VISA AE

25 r. d'Arras – ✆ 03 21 38 35 21 – www.hotel-saintlouis.com – Fermé 18 déc.-5 janv.

30 ch – †69 € ††76 € – ☕ 9 € – ½ P 63 € BZ**s**

Rest – *(fermé le midi du 13 juil. au 23 août, sam. midi et dim. midi)* (13 €)
Menu 17/32 € – Carte 19/36 €

◆ À proximité de la cathédrale, dans un ancien relais de poste, un hôtel simple, typique de la région. Chambres propres et bien entretenues, plus récentes dans l'annexe. Cuisine axée terroir au Flaubert, décoré dans un style "brasserie moderne".

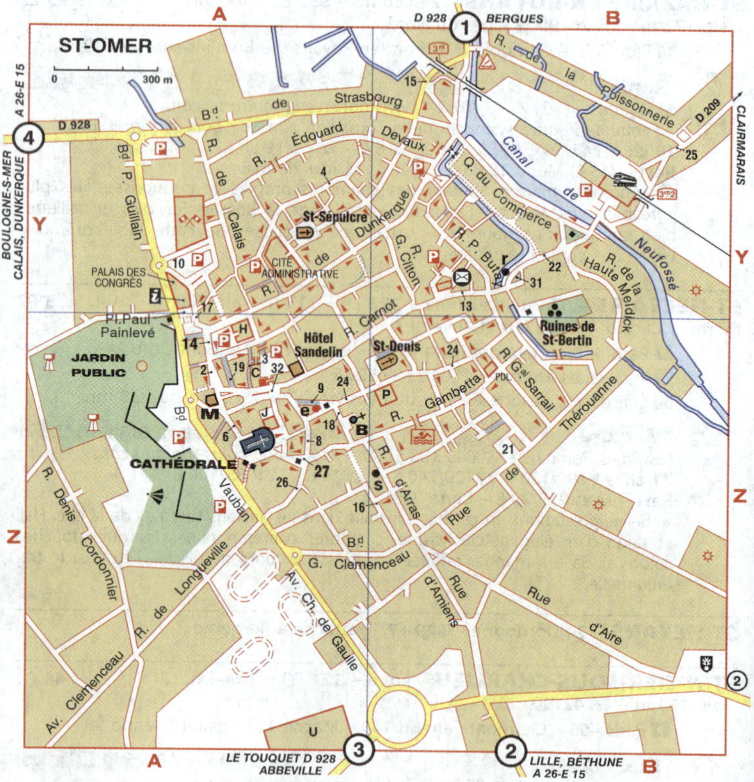

Arras (R. d') . . . . BZ
Bonhomme (Pl. P.) . . . . AZ 2
Calais (R. de) . . . . AY
Clouteries (R. des) . . . . AZ 3
Courteville (R.) . . . . AY 4
Dunkerque (R. de) . . . . ABY
Dupuis (R. Henri) . . . . AZ 6
Écusserie (R. de l') . . . . AZ 8
Epeers (R. des) . . . . AZ 9
Esplanade . . . . AY 10
Faidherbe (R.) . . . . BY 13
Foch (Pl. Mar.) . . . . AZ 14
Gaîté (R. de la) . . . . BY 15
Griffon (R. du) . . . . ABZ 16
Lion-d'Or (R. du) . . . . AYZ 17
Lycée (R. du) . . . . AZ 18
Martel (R. Louis) . . . . AZ 19
Perpignan (Pl. de) . . . . BZ 21
Ringot (R. François) . . . . BY 22
Ste-Croix (R.) . . . . AZ 26
St-Bertin (R.) . . . . BZ 24
St-Martin (R.) . . . . BY 25
Sithieu (Pl.) . . . . AZ 27
Vainquai (Pl. du) . . . . BY 31
Victor-Hugo (Pl.) . . . . AZ 32

Le Bretagne ch,
2 pl. du Vainquai – ✆ 03 21 38 25 78 – www.hotellebretagne.com – Fermé 1er-15 août, 1er-15 janv. BYr
69 ch – †70 € ††70/120 € – ☕ 10 €
Rest – *(fermé sam. midi, dim. et fériés)* (15 €) Menu 28 € – Carte 35/70 €
◆ Une grande maison sur une petite place du centre-ville. Les chambres sont sobres et confortables, décorées de mobilier hôtelier récent. Restaurant de style brasserie moderne (banquettes rouges, miroirs) pour déguster soles, turbot sauce mousseline, etc.

Le Cygne
8 r. Caventou – ✆ 03 21 98 20 52 – www.restaurantlecygne.fr – Fermé 3 sem. en août, 2 sem. en fév., dim. soir et lundi sauf fériés AZe
Rest – (15 €) Menu 18 € (sem.), 28/50 € – Carte 32/64 €
◆ Cadre agréablement bourgeois et menus de saison ; clins d'œil aux différentes régions et au Nord ! Bœuf au maroilles, granité à la Kriek cerise, parfait au speculoos...

à Blendecques **4 km par ② et D 211 – 5 087 h. – alt. 25 m – ✉ 62575**

Le St-Sébastien avec ch
2 pl. de la Libération – ✆ 03 21 38 13 05 – www.lesaintsebastien.fr – Fermé 20-30 déc., dim. soir et fériés le soir
7 ch – †49 € ††59 € – ☕ 8 € **Rest** – (15 €) Menu 16/36 € – Carte 36/46 €
◆ Une sympathique auberge de l'agglomération audomaroise, dans une jolie maison de pays : accueil familial, coquet décor rustique et bonnes recettes traditionnelles. Quelques chambres à l'étage, décorées avec goût et simplicité, parfaites pour se reposer.

à Tilques **6 km par ④, D 943 et rte secondaire – 1 036 h. – alt. 27 m – ✉ 62500**

Château Tilques rest,
– ✆ 03 21 88 99 99 – www.chateautilques.com
53 ch – †125/370 € ††125/370 € – ☕ 19 €
Rest – *(fermé le midi sauf sam. et dim.)* (14 €) Menu 35/50 € – Carte 53/75 €
◆ Cygnes et paons en liberté se promènent dans le parc de ce château en brique de 1891. Tentures fleuries et meubles de style dans les chambres ; atmosphère plus contemporaine dans l'annexe. Restaurant cossu dans les anciennes écuries, pour déguster une cuisine classique.

ST-OUEN – **93 Seine-Saint-Denis – 305 F7 – 101 16 – voir à Paris, Environs**

ST-OUEN – **41 Loir-et-Cher – 318 D5 – rattaché à Vendôme**

ST-OUEN-LES-VIGNES – **37 Indre-et-Loire – 317 O4 – rattaché à Amboise**

ST-PALAIS – **64 Pyrénées-Atlantiques – 342 F5 – 1 874 h. – alt. 50 m** **3 B3**
– ✉ **64120** Pays Basque et Navarre
Paris 788 – Bayonne 52 – Biarritz 63 – Dax 60
14, place Charles-de-Gaulle ✆ 05 59 65 71 78

La Maison d'Arthezenea ch,
42 r. du Palais de Justice – ✆ 05 59 65 85 96 – www.gites64.com/maison-darthezenea
4 ch ☕ – †65/70 € ††70/75 € **Table d'hôte** – Menu 25 € bc
◆ Dans cette demeure en pierre et son jardin verdoyant, on se sent comme chez soi. Élégante atmosphère "maison de famille" : parquet, gravures et mobilier ancien... À la table d'hôte, belles spécialités (foie gras maison, ris d'agneau et palombe flambée en saison).

Trinquet avec ch — rest, rest, VISA

31 r. du Jeu de Paume – ✆ 05 59 65 73 13 – www.le-trinquet-saint-palais.com – Fermé 11 avril-3 mai et 19 sept.-4 oct.

9 ch – †58 € ††59/70 € – ☕ 7 €

Rest – *(fermé dim. soir et lundi)* (12 €) Carte 25/43 €

◆ Sur la place du foirail, derrière une façade rétro, cette maison possède un authentique trinquet, pour jouer à la pelote ! La cuisine, simple et de qualité, privilégie le terroir ; agréable décor de bistrot contemporain. Chambres confortables, d'esprit actuel.

ST-PALAIS-SUR-MER – 17 Charente-Maritime – 324 D6 – 3 769 h. – alt. 5 m – ✉ 17420 Poitou Vendée Charentes — 38 A3

Paris 512 – La Rochelle 82 – Royan 6

1, avenue de la République ✆ 05 46 23 22 58

La Grande Côte★★ NO : 3 km - Zoo de la Palmyre★★ NO : 10 km.

De la Plage — ch, VISA

1 pl. de l'Océan – ✆ 05 46 23 10 32 – www.hoteldelaplage-stpalais.fr – Ouvert 9 fév.-1er nov.

29 ch – †55/73 € ††55/73 € – ☕ 9 € – ½ P 59/65 €

Rest – *(ouvert 8 mars-11 oct. et fermé dim. soir et lundi sauf de mai à sept.)* (16 € bc) Menu 19 € (déj.), 28/33 € – Carte 26/33 €

◆ Dans le centre-ville, cet hôtel-restaurant familial propose des chambres sympathiques, certes petites, mais très bien tenues. Le fils des patrons œuvre aux fourneaux ; cuisine actuelle. Accueil proche du client.

Ma Maison de Mer — ch, VISA

21 av. du Platin – ✆ 05 46 23 64 86 – www.mamaisondemer.com

5 ch ☕ – †70/100 € ††80/155 €

Table d'hôte – *(ouvert juil.-août)* Menu 29 € bc

◆ Au cœur d'un jardin et d'une pinède, à 200 m de la plage. Une famille anglaise tient cette demeure bourgeoise dont le beau décor marin – entre autres – dégage un charme fou. Petits-déjeuners préparés avec des produits frais du marché.

Les Agapes — VISA AE

8 r. M.-Vallet – ✆ 05 46 23 10 23 – www.les-agapes.fr – Fermé vacances de la Toussaint, janv. et lundi

Rest – (15 € bc) Menu 25/48 € – Carte 50/74 €

◆ Intérieur actuel et agréable terrasse dans cette maison voisine du marché. En cuisine, le chef concocte des recettes traditionnelles bien tournées, avec une pointe d'invention.

Le Flandre — P VISA AE

av. Tamaris, rte de la Palmyre – ✆ 05 46 23 36 16 – www.leflandre.com – Fermé 14 nov.-25 déc., 9 janv.-10 fév., dim. soir, mardi et merc. d' oct. à mars

Rest – (17 €) Menu 22/39 € – Carte 28/59 €

◆ Plafond façon coque de bateau renversée, vivier à homards et produits de la mer dans l'assiette : ce restaurant niché dans une forêt de pins affirme un bel ancrage maritime.

ST-PAL-DE-MONS – 43 Haute-Loire – 331 H2 – 1 960 h. – alt. 840 m – ✉ 43620 — 6 D3

Paris 516 – Clermont-Ferrand 177 – Le Puy-en-Velay 57 – Saint-Étienne 35

Les Feuillantines — rest, VISA AE

La Vialatte – ✆ 04 71 75 63 25 – www.lesfeuillantines.com – Fermé 25 avril-2 mai, 8 août-5 sept., 26 déc.-2 janv.

12 ch – †60/63 € ††60/63 € – ☕ 8,50 € – ½ P 59/62 €

Rest – *(fermé dim. soir et vend.)* Menu 19 € (sem.), 27/47 € – Carte 31/54 €

◆ Sur les hauteurs du village, construction contemporaine dotée de chambres spacieuses et confortables, ouvertes sur la vallée et les massifs. Certaines disposent d'un balcon. Les grandes baies vitrées du restaurant ménagent un joli panorama agreste.

ST-PATERNE – 72 Sarthe – 310 J4 – rattaché à Alençon

ST-PATRICE – 37 Indre-et-Loire – **317** K5 – rattaché à Langeais

ST-PAUL – 06 Alpes-Maritimes – **341** D5 – 3 338 h. – alt. 125 m **42** E2
– ✉ 06570 Côte d'Azur

Paris 922 – Antibes 18 – Cagnes-sur-Mer 7 – Cannes 28

2, rue Grande ☎ 04 93 32 86 95

Site★ - Remparts★ - Fondation Maeght★★.

Le Saint-Paul

86 r. Grande, (au village) – ☎ 04 93 32 65 25 – www.lesaintpaul.com – Fermé 15 nov.-1er mars

16 ch – †270/650 € ††290/750 € – 1 suite – ☐ 22 €

Rest – *(fermé mardi et merc. de nov. à mars)* (50 €) Menu 70/110 € – Carte 50/120 €

◆ Belles pierres, fresques champêtres, fontaine et meubles colorés : voilà le décor raffiné de cette demeure du 16e s. perchée dans le village médiéval. Élégante salle à manger et terrasse verdoyante ; cuisine gastronomique rythmée par les saisons.

La Colombe d'Or

pl. Ch. de Gaulle – ☎ 04 93 32 80 02 – www.la-colombe-dor.com – Fermé 26 oct.-18 déc. et 5-15 janv.

14 ch – †200/300 € ††220/300 € – 11 suites – ☐ 15 €

Rest – Menu 30 € – Carte 40/80 €

◆ Prisé des artistes et des célébrités, cet hôtel-musée abrite une superbe collection de peintures et sculptures modernes. Cadre "vieille Provence" et chambres personnalisées. Terrasse délicieusement ombragée et confortable restaurant décoré avec un goût sûr.

Le Mas de Pierre

2320 rte des Serres, 2 km au Sud – ☎ 04 93 59 00 10 – www.lemasdepierre.com

46 ch – †240/780 € ††240/780 € – 2 suites – ☐ 26 €

Rest – Menu 95 € – Carte 65/115 €

◆ Chambres raffinées, réparties dans cinq bastides au cœur d'un beau jardin méridional. Luxe, confort et ressourcement (spa). Agréable cuisine traditionnelle dans un cadre soigné. L'été, restauration légère au bord de la superbe piscine.

La Toile Blanche avec ch rest,

826 chemin Pounchounière – ☎ 04 93 32 74 21 – www.toileblanche.com

6 ch – †175/290 € ††175/290 € – ☐ 15 €

Rest – *(ouvert de mi-juin à mi-sept.) (nombre de couverts limité, prévenir)* Menu 60 € (dîner) – Carte 40/77 €

◆ Sur un chemin en contrebas dans le vallon... Beaucoup de calme pour bien apprécier une cuisine inventive et moderne – en terrasse à la belle saison ! Agréables chambres d'hôtes : mobilier et objets contemporains, tons gris et provençaux, piscine tout en longueur...

Le Tilleul Menthe

pl. du Tilleul – ☎ 04 93 32 80 36 – www.restaurant-letilleul.com

Rest – (25 €) Menu 29 € (déj. en sem.), 39/45 € – Carte 35/55 €

◆ Des saveurs traditionnelles aux parfums de Provence proposées à l'ardoise et servies dans un cadre moderne. Le charme de ce bistrot sur une placette du village opère sans mal.

par rte de La Colle-sur-Loup – ✉ 06570 St-Paul

Mas d'Artigny ch,

chemin des Salettes, 3 km rte des Hauts de St-Paul – ☎ 04 93 32 84 54 – www.mas-artigny.com

55 ch – †165/210 € ††165/1599 € – 30 suites – ☐ 27 €

Rest – (25 €) Menu 65 € (dîner), 75/95 € – Carte 50/80 €

◆ Dans la pinède, dominant la baie des Anges, ce complexe hôtelier voit les choses en grand : appartements avec piscine privée, superbe et immense spa, parc orné de sculptures. Salle à manger et terrasse panoramiques ; registre culinaire à dominante littorale.

La Grande Bastide sans rest
1350 rte de la Colle – ✆ 04 93 32 50 30 – www.la-grande-bastide.com – Fermé 26 nov.-20 déc. et 15 janv.-15 fév.
14 ch – 145/210 € 145/250 € – 2 suites – 25 €
◆ Préservé dans la verdure, ce mas du 18e s. vous reçoit dans un décor de style agrémenté de beaux tissus. Chambres avec balcon (trois en duplex), vue sur le village et la mer.

Les Vergers de St Paul sans rest
940 rte de la Colle – ✆ 04 93 32 94 24 – www.vergersdesaintpaul.com
17 ch – 110/260 € 115/260 € – 15 €
◆ Hôtel niché dans un jardin à l'entrée du village de St-Paul. Autour de la piscine, chambres harmonieuses (murs blancs, tissus rayés, parquet) avec terrasse ou balcon.

Le Hameau sans rest
528 rte de la Colle, à 500 m. – ✆ 04 93 32 80 24 – www.le-hameau.com – Ouvert 12 fév.-13 nov.
15 ch – 105/230 € 120/230 € – 2 suites – 16 €
◆ Cadre rustique, jardin planté d'arbres fruitiers et petites chambres douillettes font le charme de cette ferme entourée de maisonnettes blanches. Confitures maison, boutique.

Hostellerie des Messugues sans rest
allée des Lavandes, 500 m, quartier Gardettes par rte de la Fondation Maeght – ✆ 04 93 32 53 32 – www.hotel-messugues-saintpaul.com – Ouvert 1er avril-30 oct.
15 ch – 95/170 € 95/170 € – 14 €
◆ Au calme d'une pinède, villa provençale, bien rénovée, et son originale piscine. Petite curiosité dans les couloirs : les portes des chambres proviennent d'une prison du 19e s. !

ST-PAUL-DOUEIL – **31 Haute-Garonne** – **343** B8 – **rattaché à Bagnères-de-Luchon**

ST-PAUL-LÈS-DAX – **40 Landes** – **335** E12 – **rattaché à Dax**

ST-PAUL-LÈS-ROMANS – **26 Drôme** – **332** D3 – **rattaché à Romans-sur-Isère**

ST-PAUL-TROIS-CHATEAUX – **26 Drôme** – **332** B7 – **8 214 h.** – **alt. 90 m** – ✉ **26130** Lyon Drôme Ardèche **44** B3

Paris 628 – Montélimar 28 – Nyons 39 – Orange 33
place Chausy ✆ 04 75 96 59 60
Cathédrale St-Paul★ - Barry ≤★★ S : 8 km.

Villa Augusta
14 r. Serre Blanc – ✆ 04 75 97 29 29 – www.villaaugusta.fr – Fermé 2-24 janv.
23 ch – 120/360 € 120/360 € – 1 suite – 18 €
Rest *David Mollicone* – *(fermé dim. soir sauf juil.-août et lundi)* Menu 28 € bc (déj. en sem.), 48/98 € – Carte 72/98 €
◆ Belle maison de maître du 19e s. et son jardin arboré. La décoration, d'esprit méridional, mêle les couleurs vives et le style contemporain. Accueil prévenant. Le restaurant est élégant : décor gris blanc et cuisine gastronomique assez inventive.

Vieille France-Jardin des Saveurs
chemin des Goudessards, 1,2 km rte La Garde Adhémar – ✆ 04 75 96 70 47 – www.restaurant-vieillefrance-jardindessaveurs.com – Fermé 1 sem. en avril, 1 sem. en oct., le midi en juil.-août sauf dim., lundi et mardi
Rest – *(nombre de couverts limité, prévenir)* Menu 25 € (déj. en sem.), 39/60 €
◆ Dans un beau jardin, ce mas – de construction récente – cache un décor provençal soigné. Goûteuse cuisine méridionale (menu truffe en saison), superbe choix de côtes-du-rhône.

L et Lui

2 r. Charles-Chaussy – ✆ 04 75 46 61 14 – www.letlui.com – Fermé 15-23 nov., 3-7 janv., merc. soir en hiver, dim. et lundi

Rest – (22 €) Menu 27 € (déj.), 33/48 €

◆ L jardine et Lui cuisine... les produits de son potager, à travers des menus "Improvisations" ! Chaque mois, la cave met à l'honneur un vigneron. Décor acidulé, comme le concept.

ST-PÉE-SUR-NIVELLE – 64 Pyrénées-Atlantiques – 342 C4 – 5 106 h. – alt. 30 m – ✉ 64310 — 3 A3

Paris 785 – Bayonne 22 – Biarritz 17 – Cambo-les-Bains 17

place du Fronton ✆ 05 59 54 11 69

L' Auberge Basque (Cédric Béchade) avec ch

quartier Helbarron, D 307 (ancienne rte de St-Pée à St-Jean-de-Luz) – ✆ 05 59 51 70 00 – www.aubergebasque.com – Fermé 27-30 juin, 10 janv.-3 fév.

11 ch – †90/190 € ††90/190 € – ☐ 28 €

Rest – *(fermé mardi midi et lundi)* (26 €) Menu 46/106 €

Spéc. Piperade, copeaux d'épaule de cochon ibérique. Merlu de ligne, sauce à l'encre et fricassée de courgette (avril à sept.). Tarte caramel et piment d'Espelette (oct. à mars). **Vins** Irouléguy.

◆ Cette ferme du 17e s. cache une aile très contemporaine, ouverte sur la Rhune et la campagne... Même alliage en cuisine : le chef signe des mets très inventifs, dont les racines plongent dans le terroir. Assiettes pleines de saveurs et de couleurs ! Chambres confortables ; "grand" petit-déjeuner tout en gourmandises...

Le Fronton

quartier Ibarron, rte de St-Jean-de-Luz – ✆ 05 59 54 10 12 – Fermé 1er fév.-12 mars, dim. soir, lundi, mardi, merc. et jeudi

Rest – Menu 39 € – Carte environ 45 €

◆ Ici, cuisine rime avec tradition : les produits du marché et nombreux poissons frais vous mettront en appétit. Décor confortable et compassé, façon jardin d'hiver ; terrasse.

ST-PÉRAY – 07 Ardèche – 331 L4 – 7 091 h. – alt. 124 m – ✉ 07130 — 43 E2

Paris 562 – Lamastre 35 – Privas 39 – Tournon-sur-Rhône 15

1, rue la République ✆ 04 75 40 46 75

Ruines du château de Crussol : site★★★ et ≤★★ SE : 2 km.

Saint-Romain-de-Lerps ✻★★★ NO : 9,5 km par D 287,

Lyon Drôme Ardèche

à Soyons 7 km au Sud par D 86 – 1 952 h. – alt. 106 m – ✉ 07130

Domaine de Soyons

D 86, 670 rte de Nîmes – ✆ 04 75 60 83 55 – www.ledomainedesoyons.com – Fermé 22 oct.-3 nov., 1er-10 janv. et 20-28 fév.

28 ch – †96/151 € ††112/188 € – ☐ 18 € – ½ P 99/139 €

Rest – (21 €) Menu 26 € (déj.), 32/63 € – Carte 60/90 €

◆ Une chaleureuse atmosphère règne dans cette belle demeure du 19e s. entourée d'un parc verdoyant (cèdre tricentenaire). Chambres de style Empire ou d'esprit provençal. Goûteuses recettes actuelles servies dans une salle à manger bourgeoise prolongée d'une véranda.

ST-PÈRE – 89 Yonne – 319 F7 – rattaché à Vézelay

ST-PHILBERT-DE-GRAND-LIEU – 44 Loire-Atlantique – 316 G5 – 7 312 h. – alt. 10 m – ✉ 44310 Poitou Vendée Charentes — 34 B2

Paris 405 – Nantes 27 – Niort 150 – Rennes 138

place de l'Abbatiale ✆ 02 40 78 73 88

La Bosselle
8 r. du Port – 02 40 78 73 47 – www.la-bosselle.fr
14 ch – 60 € 60/63 € – 8 € – ½ P 69 €
Rest – (13 €) Menu 18/35 € – Carte 30/40 €
◆ Près de l'abbatiale, cet établissement familial créé en 2001 propose des chambres simples et fonctionnelles, plus calmes sur l'arrière. Au restaurant, salle lumineuse et spécialités de poissons du lac (pêchés à la bosselle) et de grillades au feu de bois.

ST-PHILIBERT – 56 Morbihan – 308 N9 – 1 442 h. – alt. 15 m – 56470 9 A3

Paris 489 – Lorient 50 – Rennes 137 – Vannes 29

Le Galet sans rest
rte de la Trinité-sur-Mer, 1,2 km au Nord par D 28 et D 781 – 02 97 55 00 56 – www.legalet.fr
21 ch – 75/190 € 75/190 € – 2 suites – 12 €
◆ Pour une escale tranquille à deux minutes de la Trinité-sur-Mer : un hôtel design entouré d'un joli jardin. Espace bien-être parfaitement conçu (soins du corps, sauna, hammam).

ST-PIERRE-CANIVET – 14 Calvados – 303 K6 – rattaché à Falaise

ST-PIERRE-D' ALBIGNY – 73 Savoie – 333 J4 – 3 630 h. – alt. 410 m – 73250 46 F2

Paris 596 – Annecy 77 – Chambéry 29 – Lyon 137
place de l'Europe 04 79 25 19 38

Château des Allues
Lieu-dit les Allues – 06 75 38 61 56 – www.chateaudesallues.com – Fermé 1er nov.-15 déc.
5 ch – 110 € 120/150 € **Table d'hôte** – *(fermé lundi)* Menu 44 € bc
◆ Manoir du 19e s. rénové avec goût, dans un esprit mêlant subtilement ancien et contemporain : superbes boiseries, mobilier chiné, tissus raffinés. Vue sur les montagnes. À la table d'hôte, bons petits plats à base de légumes du jardin.

ST-PIERRE-DE-CHARTREUSE – 38 Isère – 333 H5 – 851 h. – alt. 885 m – Sports d'hiver : 900/1 800 m 1 13 – 38380 46 F2

Alpes du Nord

Paris 571 – Belley 62 – Chambéry 39 – Grenoble 28
place de la Mairie 04 76 88 62 08
Terrasse de la Mairie ★ - Prairie de Valombré ★ O : 4 km - Site★ de Perquelin E : 3 km - La Correrie : musée Cartusien★ du couvent de la Grande Chartreuse NO : 3,5 km - Décoration★ de l'église de St-Hugues-de-Chartreuse S : 4 km.

Beau Site
Le Bourg – 04 76 88 61 34 – www.hotelbeausite.com – Fermé 1er-30 avril et 1er nov.-20 déc.
26 ch – 50/65 € 65/70 € – 9 €
Rest – *(fermé mardi midi, dim. soir et lundi d'oct. a juin)* Menu 15/26 € – Carte environ 28 €
◆ Cette grande maison centenaire recèle une collection d'œuvres du peintre local Peter Rahmsdorf. Chambres sobres et confortables et piscine avec vue sur la vallée. Spacieuse salle à manger, terrasse panoramique et plats traditionnels.

ST-PIERRE-DE-JARDS – 36 Indre – 323 H4 – 128 h. – alt. 148 m – 36260 12 C3

Paris 232 – Bourges 35 – Issoudun 22 – Romorantin-Lanthenay 40

Les Saisons Gourmandes

pl. des Tilleuls – ✆ 02 54 49 37 67 – Fermé 17 oct.-2 nov., 2-30 janv., lundi sauf le midi de sept. à juin, mardi soir et merc. sauf juil.-août, dim. soir

Rest – Menu 20/44 € – Carte 25/48 €

◆ La salle de cette typique maison a conservé ses poutres d'origine, aujourd'hui peintes en "bleu berrichon". Agréable terrasse et carte traditionnelle bien composée.

ST-PIERRE-DE-MANNEVILLE – 76 Seine-Maritime – **304** F5 – **728 h. – alt. 6 m** – ✉ **76113** Normandie Vallée de la Seine — **33** C2

Paris 150 – Évreux 72 – Rouen 18 – Sotteville-lès-Rouen 20

Manoir de Villers sans rest

30 rte de Sahurs – ✆ 02 35 32 07 02 – www.manoirdevillers.com – Fermé 15 déc.-15 janv.

4 ch – †140 € ††140 € – ☕ 10 €

◆ Ce fabuleux manoir des 16e et 19e s. ressemble à un musée. Décor d'époque dans les pièces communes ouvertes à la visite. Chambres parquetées garnies de beaux meubles anciens.

ST-PIERRE-DES-CHAMPS – 11 Aude – **344** G4 – **154 h. – alt. 146 m** – ✉ **11220** — **22** B3

Paris 808 – Carcassonne 41 – Narbonne 41 – Perpignan 84

La Fargo

– ✆ 04 68 43 12 78 – www.lafargo.fr – Ouvert mi-mars-mi-nov.

12 ch – †85/150 € ††85/150 € – ☕ 10 €

Rest – *(fermé le midi sauf week-ends)* Menu 30 € – Carte 39/60 €

◆ Cette ancienne forge isolée dans les Corbières assure un séjour reposant et oxygénant. Chambres joliment meublées et épurées, avec des touches indonésiennes. Plaisante terrasse ombragée et salle à manger d'esprit contemporain, logée dans un bâtiment ancien.

ST-PIERRE-D'OLÉRON – 17 Charente-Maritime – **324** C4 – voir à Île d'Oléron

---

ST-PIERRE-DU-MONT – 14 Calvados – **303** G3 – **78 h. – alt. 25 m** – ✉ **14450** — **32** B2

Paris 291 – Bayeux 29 – Caen 58 – St-Lô 58

Le Château Saint Pierre sans rest

1 km à l'Ouest sur D 514 – ✆ 02 31 22 63 79 – www.chambresdhotes-bayeuxarromanchesgrancamp.com

5 ch ☕ – †58 € ††70 €

◆ Adresse idéale pour visiter les plages du débarquement. Entouré d'un jardin, ce château de 1600 au décor rustique propose des chambres confortables. Petit-déjeuner normand.

ST-PIERRE-DU-PERRAY – 91 Essonne – **312** D4 – **101** 38 – voir à Paris, Environs

---

ST-PIERRE-LA-NOAILLE – 42 Loire – **327** D2 – rattaché à Charlieu

---

ST-PIERREMONT – 88 Vosges – **314** H2 – **159 h. – alt. 251 m** – ✉ **88700** — **27** C2

Paris 366 – Lunéville 24 – Nancy 56 – St-Dié 43

Le Relais Vosgien

9 Grande Rue – ✆ 03 29 65 02 46 – www.relais-vosgien.fr – Fermé 11-22 janv.

19 ch – †68/110 € ††83/120 € – 1 suite – ☕ 12 €

Rest – *(fermé dim. soir)* (18 €) Menu 29/60 € bc – Carte environ 58 €

◆ Une grande maison – ancienne ferme – au cœur du bourg, tenue à ce jour par la 4e génération Thénot, famille d'hôteliers dévoués. Chambres confortables, au décor sobre et soigné. Petit espace bien-être. Cuisine traditionnelle alléchante ; dégustation de vins.

ST-PIERRE-QUIBERON – 56 Morbihan – 308 M9 – rattaché à Quiberon

ST-PIERRE-SUR-DIVES – 14 Calvados – 303 L5 – 3 647 h. – alt. 30 m 33 C2
– ✉ 14170 Normandie Cotentin

Paris 194 – Caen 35 – Hérouville-Saint-Clair 34 – Lisieux 27

23, rue Saint-Benoist ✆ 02 31 20 97 90

Auberge de la Dives avec ch

27 bd Collas – ✆ 02 31 20 50 50
– Fermé 17 nov.-6 déc., 15-27 mars, dim. soir du 15 nov. au 30 mars, lundi soir et mardi

5 ch – †36 € ††40 € – ☕ 6,50 € – ½ P 58 €

Rest – (15 €) Menu 20/32 € – Carte 32/59 €

◆ Cette auberge champêtre, dont la terrasse se trouve au bord de la Dives, propose des plats traditionnels faisant la part belle aux produits normands. Chambres simples à l'étage.

ST-POL-DE-LÉON – 29 Finistère – 308 H2 – 7 068 h. – alt. 60 m 9 B1
– ✉ 29250 Bretagne

Paris 557 – Brest 62 – Brignogan-Plages 31 – Morlaix 21

place Evêché ✆ 02 98 69 05 69

de Carantec à Carantec Rue de Kergrist, S : 10 km par D 58, ✆ 02 98 67 09 14

Clocher★★ de la chapelle du Kreisker★ : ✻★★ de la tour - Ancienne cathédrale★ - Rocher Ste-Anne : ≤★ dans la descente.

France sans rest

29 r. des Minimes – ✆ 02 98 29 14 14 – www.hotel-saint-pol.com – Fermé 5-25 janv.

22 ch – †50/60 € ††60/65 € – ☕ 6,50 €

◆ Dans une rue assez tranquille, élégante demeure régionale des années 1930. Chambres fonctionnelles et bien tenues ; optez pour celles ouvrant sur le Kreisker ou le jardin.

Auberge La Pomme d'Api

49 r. Verderel – ✆ 02 98 69 04 36 – www.aubergelapommedapi.com
– Fermé 3 sem. en mars, 1 sem. en oct. , dim. soir et lundi sauf juil.-août

Rest – (15 €) Menu 25 € bc (déj.), 28/80 € bc – Carte 45/53 €

◆ Maison bretonne de 1562 où trône une superbe cheminée ancienne, en harmonie avec un décor contemporain mariant pierre et bois. Table au goût du jour, mettant en valeur de bons produits.

ST-PONS – 07 Ardèche – 331 J6 – 249 h. – alt. 350 m – ✉ 07580 44 B3

Paris 621 – Aubenas 24 – Montélimar 21 – Privas 24

Hostellerie Gourmande "Mère Biquette"

Les Allignols, 4 km au Nord par rte secondaire
– ✆ 04 75 36 72 61 – www.merebiquette.fr – Fermé 12 nov.-10 fév., dim. soir d'oct. à mars, lundi midi, mardi midi et merc. midi

15 ch – †66/114 € ††66/114 € – ☕ 11 € – ½ P 69/91 €

Rest – Menu 24/45 € – Carte 35/45 €

◆ Les amoureux de nature et de grand calme apprécieront cette ferme ardéchoise nichée entre vignes et châtaigniers. Chambres pratiques, plus spacieuses dans l'aile récente. Au restaurant, plats régionaux et vue sur la vallée.

ST-PONS – 04 Alpes-de-Haute-Provence – 334 H6 – rattaché à Barcelonnette

ST-PORCHAIRE – 17 Charente-Maritime – 324 E5 – 1 543 h. 38 B2
– alt. 16 m – ✉ 17250

Paris 474 – Niort 77 – Rochefort 27 – La Rochelle 56

Le Bruant avec ch — ch,
76 r. Nationale – 05 46 94 65 36 – www.lebruant.com – Fermé dim. soir et lundi
4 ch – 50 € 55 € – 8 €
Rest – (15 €) Menu 20/45 € – Carte 30/45 €
◆ Cette maison charentaise incarne peut-être l'auberge du 21e s. : décor campagnard chic très tendance, cuisine traditionnelle revisitée et beau jardin ombragé de mûriers platanes. Les chambres sont des nids modernes (tons clairs, sculptures d'animaux, fleurs).

ST-PORQUIER – 82 Tarn-et-Garonne – 337 D7 – 1 271 h. – alt. 95 m – 82700 28 B2

Paris 651 – Colomiers 60 – Montauban 18 – Toulouse 55

Les Hortensias sans rest
r. Ste-Catherine – 05 63 31 85 57 – www.chambres-hotes-leshortensias.com
3 ch – 60 € 60 €
◆ Les chambres de cette maison en briques roses s'égayent de jolies couleurs. Vous apprécierez aussi l'ancien chai où est servi le petit-déjeuner et l'agréable jardin fleuri.

ST-PÔTAN – 22 Côtes-d'Armor – 309 I3 – 764 h. – alt. 55 m – 22550 10 C1

Paris 429 – Rennes 79 – Saint-Brieuc 46 – Saint-Malo 35

Auberge du Manoir
31 r. du 19 mars 1962 – 02 96 83 72 58 – www.auberge-du-manoir.pays-de-matignon.net – Fermé 2 sem. en nov., 2 sem. en fév., mardi soir, dim. soir et merc.
Rest – (13 €) Menu 26/46 €
◆ Agréable étape gourmande en cette accueillante maison située sur la traversée du village : attrayants plats du jour le midi côté bar et carte traditionnelle plus élaborée à découvrir dans la salle à manger néo-rustique.

ST-POURÇAIN-SUR-SIOULE – 03 Allier – 326 G5 – 5 046 h. – alt. 234 m – 03500 Auvergne 5 B1

Paris 325 – Montluçon 66 – Moulins 33 – Riom 61
29, rue Marcellin Berthelot 04 70 45 32 73
de Briailles chemin du Château, E : 3 km, 04 70 45 49 49
Église Ste-Croix★ - Musée de la Vigne et du Vin★.

Le Chêne Vert
35 bd Ledru-Rollin – 04 70 47 77 00 – www.hotel-restaurant-chene-vert.com – Fermé 2-23 janv.
29 ch – 55/62 € 64/72 € – 8 €
Rest – *(fermé dim. soir hors saison, mardi midi hors saison et lundi sauf le soir en saison)* (14 €) Menu 18/40 € – Carte 28/42 €
◆ À deux pas du centre historique, un hôtel de tradition, formé de deux maisons séparées par la rue. Préférez les chambres rajeunies. Salles de réunion. Cuisine traditionnelle et vins du cru au restaurant ; agréable terrasse ombragée.

ST-PRIEST-BRAMEFANT – 63 Puy-de-Dôme – 326 H6 – 798 h. – alt. 290 m – 63310 6 C2

Paris 365 – Clermont-Ferrand 49 – Riom 34 – Thiers 26

Château de Maulmont — ch,
1,5 km au Sud sur D 59 – 04 70 59 14 95 – www.chateau-maulmont.com – Ouvert 1er avril-6 nov.
18 ch – 135/220 € 135/220 € – 3 suites – 15 € – ½ P 108/150 €
Rest – *(fermé le midi en sem. , dim. soir et lundi soir)* Menu 30/85 € bc – Carte 54/81 €
◆ On goûte la tranquillité de ce château en faisant un saut dans le 19e s., époque où Mme Adélaïde, sœur de Louis-Philippe, le redécora. Meubles de style, boiseries, jardin à la française...

ST-PRIEST-EN-JAREZ – 42 Loire – 327 F7 – rattaché à St-Étienne

ST-PRIEST-TAURION – 87 Haute-Vienne – 325 F5 – 2 675 h. – alt. 255 m – ✉ 87480 Limousin Berry 24 B2

Paris 387 – Bellac 47 – Bourganeuf 33 – Limoges 15

- ≤★ du parc de Montméry N : 9 km par D 44.

Relais du Taurion

2 chemin des Contamines – ✆ 05 55 39 70 14 – Fermé 3-18 oct., 12-27 déc., 3-11 janv., dim. soir, mardi midi et lundi

Rest – Menu 21 €, 29/39 € – Carte 32/45 €

◆ Un vent nouveau souffle sur ce restaurant tout juste repris par un jeune couple. Vaste maison bourgeoise au cadre sobrement rustique et cuisine de base traditionnelle.

ST-PRIVAT-DES-VIEUX – 30 Gard – 339 J4 – rattaché à Alès

ST-PRIX – 71 Saône-et-Loire – 320 E8 – 228 h. – alt. 464 m – ✉ 71990 7 B2

Paris 308 – Le Creusot 41 – Dijon 107 – Montceau-les-Mines 54

Chez Franck et Francine

Le bourg – ✆ 03 85 82 45 12 – www.chez-franck-et-francine.fr.st – Fermé janv., dim. soir et lundi

Rest – *(nombre de couverts limité, prévenir)* Menu 39/47 €

◆ Restaurant de village à l'ambiance familiale. Salle à manger au sobre décor, feu dans la cheminée en hiver. Cuisine au goût du jour personnalisée.

ST-PRIX – 95 Val-d'Oise – 305 E6 – 101 5 – voir à Paris, Environs

ST-PUY – 32 Gers – 336 E6 – 570 h. – alt. 171 m – ✉ 32310 28 A2

Paris 731 – Agen 52 – Auch 32 – Toulouse 107

La Lumiane

Grande rue – ✆ 05 62 28 95 95 – www.lalumiane.com

5 ch – †42/58 € ††51/67 € **Table d'hôte** – Menu 24 € bc

◆ Cette maison de notable du 17e s., voisine de l'église du 12e s., abrite de belles chambres rustiques (poutres, tomettes), un salon de lecture empreint de sérénité et un agréable jardin fleuri. La table d'hôte fait la part belle aux produits du terroir.

ST-QUAY-PORTRIEUX – 22 Côtes-d'Armor – 309 F3 – 3 091 h. – alt. 25 m – Casino – ✉ 22410 Bretagne 10 C1

Paris 470 – Étables-sur-Mer 3 – Guingamp 29 – Lannion 54

17 bis, rue Jeanne d'Arc ✆ 02 96 70 40 64

des Ajoncs d'Or, O : 7 km, ✆ 02 96 71 90 74

Ker Moor sans rest

13 r. Prés. Le Sénécal – ✆ 02 96 70 52 22 – www.ker-moor.com

27 ch – †85/129 € ††109/157 € – ☕ 13 €

◆ Cette villa centenaire d'inspiration mauresque est perchée au sommet d'une petite falaise. Les chambres disposent de balcons et d'une jolie vue sur le large.

Gerbot d'Avoine rest,

2 bd Littoral – ✆ 02 96 70 40 09 – www.gerbotdavoine.com

18 ch – †62/82 € ††68/98 € – ☕ 10 € – ½ P 72/92 €

Rest – *(fermé 17 oct.-1er avril, dim. soir et lundi hors saison) (dîner seult)* Menu 28/52 € – Carte 42/88 €

◆ Dans la station balnéaire, maison bretonne aux chambres donnant en partie sur la Manche. Deux salles à manger dont une profitant d'une échappée sur la mer... Là où, précisément, la cuisine du chef puise son inspiration.

Le Saint-Quay avec ch

72 bd. Foch – ✆ 02 96 70 40 99 – www.lesaintquay.fr

7 ch – †49 € ††55 € – ☕ 8 €

Rest – (17 €) Menu 25/59 € – Carte 43/69 €

◆ Petit restaurant familial au sobre cadre néorustique où l'on goûte une cuisine au goût du jour. La carte des vins est... sur le tableau. Chambres simples en bon état.

ST-QUENTIN – 02 Aisne – 306 B3 – 56 792 h. – Agglo. 103 781 h. 37 C2 – alt. 74 m – ✉ 02100 Nord Pas-de-Calais Picardie

Paris 165 – Amiens 81 – Charleroi 161 – Lille 113

espace Victor Basch ✆ 03 23 67 05 00

de Saint-Quentin-Mesnil à Mesnil-Saint-Laurent Rue de Chêne de Cambrie, SE : 10 km par D 12, ✆ 03 23 68 19 48

Basilique★ - Hôtel de ville★ - Collection de portraits de Maurice Quentin de La Tour★★ au musée Antoine-Lécuyer.

Plan page suivante

Le Grand Hôtel sans rest

6 r. Dachery – ✆ 03 23 62 69 77 – www.grand-hotel2.cabanova.fr – Fermé 3 sem. en août et 2 sem. en déc. BZ**n**

24 ch – 105/114 € 115/129 € – 9 €

◆ Cette grande bâtisse construite au pied de la colline propose des chambres de tailles variées, fonctionnelles et desservies par un ascenseur panoramique.

Les Canonniers sans rest

15 r. Canonniers – ✆ 03 23 62 87 87 – www.hotel-canonniers.com – Fermé 8-21 août et dim. soir AZ**m**

7 ch – 55/95 € 65/120 € – 14 €

◆ On pénètre dans cette demeure bourgeoise par une belle cour pavée. Chambres calmes et personnalisées (avec cuisinette). Salons habillés de boiseries donnant sur un parc.

Mémorial sans rest

8 r. Comédie – ✆ 03 23 67 90 09 – www.hotel-memorial.com AZ**b**

18 ch – 41/114 € 41/114 € – 8,50 €

◆ Cet ancien hôtel particulier jouit d'une grande cour intérieure arborée. Chaque chambre a été rénovée avec goût : mobilier rustique, de style ou plus actuel.

Ibis sans rest

14 pl. Basilique – ✆ 03 23 67 40 40 – www.ibishotels.com ABZ**r**

76 ch – 58/75 € 58/75 € – 8 €

◆ Des chambres simples et bien tenues, derrière une élégante façade en briques rouges. Situation idéale pour une visite de la ville.

XX **Auberge de l'Ermitage**

331 rte de Paris, 3 km par ⑤ – ✆ 03 23 62 42 80 – Fermé 2 sem. en août, sam. midi, dim. soir et merc.

Rest – (20 €) Menu 27/53 € – Carte 45/60 €

◆ Cette auberge a fière allure avec sa façade, sa terrasse et ses extérieurs joliment rénovés. Plaisante salle à manger mi-classique mi-champêtre, petits plats traditionnels.

XX **Villa d'Isle**

111-113 r. d'Isle – ✆ 03 23 67 08 09 – www.villadisle.com – Fermé 1er-15 août, 1er-5 janv., sam. midi, dim. soir et lundi BZ**h**

Rest – (17 €) Menu 25/46 € – Carte 34/48 €

◆ Belle verrière, objets anciens et décoration moderne et ethnique : cette maison a l'art d'associer évocations du passé et touches actuelles. Cuisine bistrotière très alléchante.

XX **Le Rouget Noir**

19 r. Victor-Basch – ✆ 03 23 62 44 44 – www.lerougetnoir.com – Fermé dim. soir

Rest – (16 € bc) Menu 22 € bc (déj. en sem.), 28/35 € – Carte 37/57 € AYZ**a**

◆ Face aux halles de la ville, un restaurant contemporain tout en... "rouge et noir". Cuisine traditionnelle concoctée avec de bons produits.

à Neuville-St-Amand 3 km par ③ et D 12 – 849 h. – alt. 82 m – ✉ 02100

Château

11 r. de la Fontaine – ✆ 03 23 68 41 82 – www.chateauneuvillestamand.com – Fermé 1er-22 août, 23 déc.-5 janv., sam. midi, dim. soir, lundi et fériés

15 ch – 73 € 84 € – 12 € **Rest** – Menu 29/67 € – Carte 40/70 €

◆ Un parc bien entretenu entoure cette maison de maître restaurée, gage d'une agréable quiétude. Chambres d'esprit rustique avec salles de bains spacieuses. À l'heure des repas, le chef prépare une cuisine traditionnelle de qualité, à base de produits frais.

ST-QUENTIN

Aumale (R. d') . . . . AZ 2
Basch (R. Victor) . . . . AYZ 3
Basilique (Pl. de la) . . . . ABY 4
Campions (Pl. des) . . . . AZ 5
Croix-Belle-Porte (R.) . . . . . . AY 6
Dufour-Denelle (Pl.) . . . . AZ 7
États-Généraux (R. des) . . . . AY 8
Foy (R. du Gén.) . . . . AZ 10
Gaulle (Av. du Gén.-de) . . . . . BZ 13
Gouvernement (R. du) . . . . . BY 15
Héros-du-2-Septembre-1945 (Pl. des) . . . . BZ 16
Herriot (R. Édouard) . . . . BZ 17
Hôtel-de-Ville (Pl. de l') . . . . . AZ 18
Isle (R. d') . . . . BZ
Leclerc (R. Gén.) . . . . BZ 21
Lyon (R. de) . . . . BZ 24
Mulhouse (Pl.) . . . . BY 25
Ovres (R. E.) . . . . BY 26
Paringault (R.) . . . . ABY 27
Pompidou (R. G.) . . . . AY 28
Prés.-J.-F.-Kennedy (R. du) . . AY 29
Raspail (R.) . . . . AY
Rémicourt (Av. de) . . . . BY 31
St-André (R.) . . . . AY 32
Sellerie (R. de la) . . . . BZ 33
Le Sérurier (R.) . . . . AY 23
Sous-Préfecture (R. de la) . . . BZ 34
Thomas (R. A.) . . . . AY 36
Toiles (R. des) . . . . BZ 37
Verdun (Bd) . . . . AZ 38
Zola (R. Émile) . . . . AZ
8-Octobre (Pl. du) . . . . BZ 41

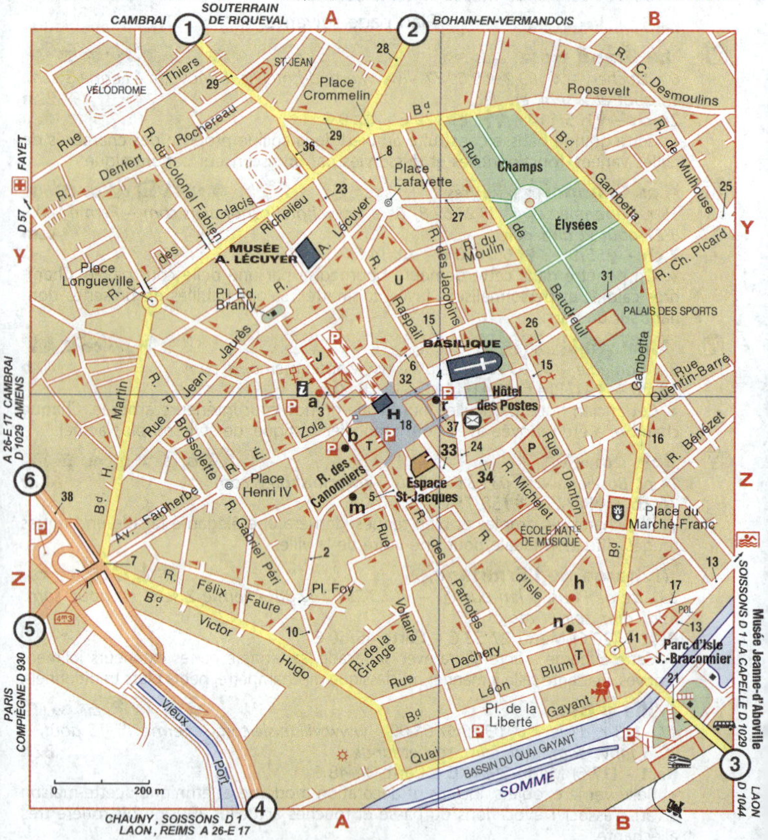

à Holnon 6 km par ⑥ et D 1029 – 1 364 h. – alt. 102 m – ✉ 02760

Le Pot d'Étain

D 1029 – ✆ *03 23 09 34 35* – *www.lepotdetain.fr*
30 ch – †63/72 € ††85/110 € – ☐ 10 € – ½ P 64/84 €
Rest – (18 € bc) Menu 22 € bc/42 € – Carte 40/70 €

◆ À l'entrée du bourg, un pavillon aux allures d'hacienda complété par un motel. Chambres fonctionnelles et bien insonorisées, peu à peu rénovées. Cuisine traditionnelle au restaurant.

ST-QUENTIN-EN-YVELINES – 78 Yvelines – **311** H3 – **106** 29 – **101** 21 – voir à Paris, Environs

ST-QUENTIN-LA-POTERIE – 30 Gard – **339** L4 – rattaché à Uzès

ST-QUIRIN – 57 Moselle – 307 N7 – 821 h. – alt. 305 m – ✉ 57560 27 D2

Alsace Lorraine

▶ Paris 433 – Baccarat 40 – Lunéville 56 – Phalsbourg 34

ℹ Mairie ✆ 03 87 08 60 34

Hostellerie du Prieuré avec ch

163 r. du Gén.-de-Gaulle – ✆ 03 87 08 66 52 – www.saintquirin.com – Fermé vacances de la Toussaint et de fév., sam. midi, mardi soir et merc.

8 ch – †48/50 € ††58/60 € – ☕ 8 €

Rest – (12 €) Menu 28/70 € – Carte 29/53 €

◆ Ancien couvent du 18e s. au cœur de ce village apprécié des randonneurs. Cuisine traditionnelle servie dans des salles à manger colorées. Chambres pratiques pour l'étape, aménagées dans la maison familiale, typique, située à deux pas.

ST-RAMBERT-D'ALBON – 26 Drôme – 332 B2 – 5 086 h. – alt. 142 m – ✉ 26140 43 E2

▶ Paris 522 – Grenoble 93 – Lyon 59 – Valence 53

Domaine de Senaud

au golf d'Albon-Senaud, 4 km au Sud par D 26 et D 122 – ✆ 04 75 03 03 90 – www.golf-albon.com

30 ch ☕ – †104/119 € ††113/129 € – ½ P 78/85 €

Rest – *(fermé le dim. soir)* (15 €) Menu 17/28 €

◆ Modernité et confort résument l'esprit de cet hôtel récent situé en pleine nature. Chambres spacieuses (certaines avec lits king size) en prise avec le jardin. Côté restaurant, agréable salle panoramique, cuisine traditionnelle et formules spéciales "golfeurs".

ST-RAPHAËL – 83 Var – 340 P5 – 33 804 h. – Casino Z – ✉ 83700 41 C3

Côte d'Azur

▶ Paris 870 – Aix-en-Provence 121 – Cannes 42 – Fréjus 4

ℹ rue Waldeck Rousseau ✆ 04 94 19 52 52

27 Esterel Latitudes 745 Boulevard Darby, E : 5 km, ✆ 04 94 52 68 30

9 de Cap Estérel, E : 3 km, ✆ 04 94 82 55 00

◉ Collection d'amphores★ dans le musée archéologique **M.**

Accès et sorties : voir plan de Fréjus.

Plan page suivante

La Marina

port Santa-Lucia (Palais des Congrès), par ① – ✆ 04 94 95 31 31 – www.hotel-lamarina.fr

100 ch – †105/275 € ††105/275 € – ☕ 13 € – ½ P 175/345 €

Rest – Menu 24/48 € – Carte 27/56 €

◆ Les chambres, teintées de bleu ou de rouge, affichent une décoration dans l'air du temps. La plupart ont un balcon et certaines ouvrent sur la piscine ou sur le port de plaisance. Carte simple et traditionnelle à savourer en terrasse en été, au bord du quai.

Continental sans rest

100 promenade René Coty – ✆ 04 94 83 87 87 – www.hotels-continental.com – Ouvert de mars à début nov. et 20 déc.-1er janv. Ze

44 ch – †79/239 € ††79/239 € – ☕ 13 €

◆ Face à la plage, au cœur de l'animation, hôtel occupant le 1er étage d'une vaste bâtisse néoclassique blanche. Chambres claires et confortables à choisir de préférence côté mer.

Excelsior

193 bd Félix Martin, (prom. R. Coty) – ✆ 04 94 95 02 42 – www.excelsior-hotel.com

36 ch ☕ – †62/205 € ††128/205 € Zh

Rest – (23 €) Menu 29 € (déj.), 35/42 € – Carte 39/66 €

◆ Face à la plage, grande bâtisse blanche fin 19e s. Chambres contemporaines et cosy (tons chaleureux, fauteuils club), avec vue sur la baie ou sur la ville. Recettes régionales à déguster en terrasse, aux beaux jours, en admirant la mer. Petit pub à l'anglaise.

ST-RAPHAËL

Aicard (R. J.) . . . . Z 2
Albert-1er (Quai) . . . . Z 3
Allongue (R. Marius) . . . . Y 5
Barbier (R. J.) . . . . Z 6
Basso (R. Léon) . . . . Y 7
Baux (R. Amiral) . . . . Y 9
Carnot (Pl.) . . . . Y 10
Coty (Promenade René) . . . . . Z 13
Doumer (Av. Paul) . . . . Z 14
Gambetta (R.) . . . . Y 15
Gounod (R. Ch.) . . . . Z 17
Guilbaud (Cours Cdt) . . . . Y 18
Karr (R. A.) . . . . Y 21
Libération (Bd de la) . . . . Z 22
Liberté (R. de la) . . . . Y 23
Martin (Bd Félix) . . . . YZ 24
Péri (Pl. Gabriel) . . . . Y 26
Remparts (R. des) . . . . Y 28
Rousseau (R. W.) . . . . Y 30
Vadon (R. H.) . . . . Z 31

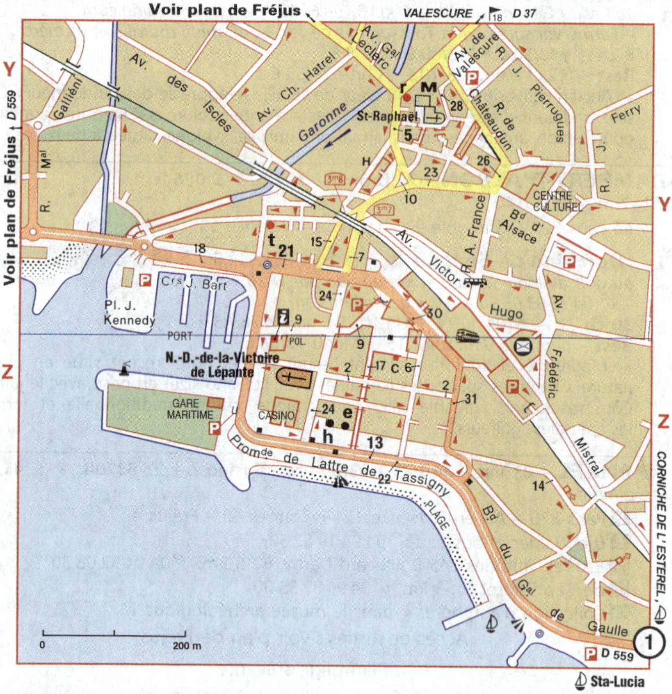

Santa Lucia sans rest

418 Corniche D'Or, par ① – ✆ 04 94 95 23 00 – www.hotelsantalucia.fr – Fermé 23 déc.-13 fév.

12 ch – 70/140 € 85/155 €

◆ Adresse familiale au décor de paquebot où chaque chambre, impeccablement tenue, évoque l'atmosphère d'un pays lointain : Louisiane, Chine, Kenya... À l'arrière, vue sur la mer.

La Brasserie "Tradition & Gourmandise"

6 av. de Valescure – ✆ 04 94 95 25 00 – www.labrasserietg.fr Yr

Rest – (16 €) Menu 19 € (déj.) – Carte 26/48 €

◆ Une brasserie contemporaine avec une terrasse très fleurie – un havre de paix en centre-ville ! Cuisine canaille bien ficelée, dans l'esprit "tradition et gourmandise".

La Cave

23 r. Thiers – ✆ 04 94 95 79 62 – www.la-cave-restaurant.com – Fermé 1er-7 juin, 6-27 janv., le midi en juil.-août, dim. soir et lundi hors saison Yt

Rest – (12 €) Menu 29 € bc (déj. en sem.)/39 € – Carte 24/45 €

◆ Le chef de ce bistrot contemporain propose une cuisine du marché et des plats d'autrefois, comme les mitonnaient nos grands-mères. Belle cave à vins et épicerie fine attenante.

à Valescure 5 km au Nord-Est – ✉ 83700

Golf de Valescure ch, rest,
55 av. Paul L'Hermite, (au golf) – ✆ 04 94 52 85 00
– www.valescure.com
62 ch – †82/275 € ††82/275 € – 8 suites – ☕ 20 € – ½ P 44 €
Rest *Les Pins Parasols* – *(dîner seult)* Menu 35/65 € – Carte 35/70 €
Rest *Club House* – ✆ 04 94 52 85 03 *(déj. seult)* Menu 20 € bc/26 € bc
– Carte 25/36 €
◆ Face aux greens, cet hôtel abrite d'agréables chambres décorées dans un style actuel (bois clair et wengé, tons beige ou chocolat), dotées de terrasses privatives. Aux Pins Parasols, recettes provençales revisitées et atmosphère cosy. Repas façon brasserie au Club House, ex-Pavillon de l'Exposition universelle de 1900.

La Chêneraie sans rest
167 av. des Gondins – ✆ 04 94 44 48 84 – www.lacheneraie.com
– Fermé 14 nov.-11 déc. et 17 janv.-13 fév.
10 ch – †85/125 € ††100/190 € – ☕ 15 €
◆ Cette demeure de 1890 aurait presque des allures de maison d'hôtes. Décorées avec goût, les chambres mêlent ancien, moderne et tons reposants. Piscine et beau jardin au calme.

Le Jardin de Sébastien
599 av. des Golfs – ✆ 04 94 44 66 56 – Fermé vacances de la Toussaint, sam. midi en juil.-août, dim. soir et merc. midi de sept. à juin et lundi
Rest – Menu 28/52 € – Carte 28/60 €
◆ Agréable villa cernée par les pins : la terrasse profite du jardin méditerranéen... Cuisine fine aux saveurs régionales (produits frais).

La Table d' Emi
rte des Golfs, (angle r. Jean Rostand) – ✆ 04 94 44 63 44 – www.latabledemi.fr
– Fermé 31 déc.-24 janv., dim. soir de sept. à juin et lundi
Rest – (22 €) Menu 29/43 €
◆ Carte traditionnelle et du marché, aux accents du Sud, et ardoise du jour. La salle, décorée de toiles contemporaines, s'ouvre sur une charmante terrasse verdoyante.

Le Sud
16 bd Darby, rte des golfs – ✆ 04 94 44 67 86 – Fermé 3-10 juin, 22 déc.-5 janv., mardi et merc. sauf juil.-août, sam. midi, dim. midi et lundi midi
Rest – (18 €) Menu 32/42 €
◆ Une enseigne, une vocation : de ce restaurant voisin du golf, la Provence inspire le décor, coloré et lumineux, comme la cuisine, goûteuse et valorisant de beaux produits.

ST-RÈGLE – 37 Indre-et-Loire – **317** P4 – rattaché à Amboise

---

ST-RÉMY – 71 Saône-et-Loire – **320** J9 – rattaché à Chalon-sur-Saône

---

ST-RÉMY – 21 Côte-d'Or – **320** G4 – rattaché à Montbard

ST-RÉMY-DE-CHARGNAT – 63 Puy-de-Dôme – **326** G9 – rattaché à Issoire

---

ST-RÉMY-DE-PROVENCE – 13 Bouches-du-Rhône – **340** D3 **42** E1
– 10 203 h. – alt. 59 m – ✉ 13210 Provence
Paris 702 – Arles 25 – Avignon 20 – Marseille 89
place Jean Jaurès ✆ 04 90 92 05 22
de Servanes à Mouriès Domaine de Servanes, SE : 17 km, ✆ 04 90 47 59 95
Le plateau des Antiques★★ : Mausolée★★, Arc municipal★, Glanum★ 1km par ③ - Cloître★ de l'ancien monastère de St-Paul-de-Mausole par ③ - Hôtel de Sade : dépôt lapidaire★ **L** - Donation Mario Prassinos★ **S.**
※★★ de la Caume 7 km par ③.

Plan page suivante

ST-RÉMY-DE-PROVENCE

Commune (R.) . . . . Z 2
Estrine (R.) . . . . YZ 3
La-Fayette (R.) . . . . Z 6
Hoche (R.) . . . . Z 4
Libération (Av. de la) . . . . Y 7
Mauron (Av. Ch.) . . . . Y 8
Mirabeau (Bd) . . . . YZ 9
Nostradamus (R.) . . . . Y 10
Parage (R.) . . . . Y 12
Pelletan (R. C.) . . . . YZ 14
Résistance (Av.) . . . . Z 15
Roux (R.) . . . . Z 16
Salengro (R. R.) . . . . Y 18
8 Mai 1945 (R. du) . . . . Z 20

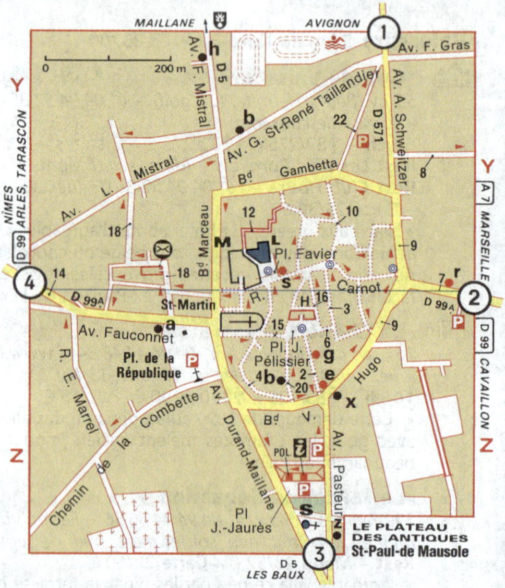

Hostellerie du Vallon de Valrugues

chemin Canto Cigalo, 1 km par ② ch,
– ✆ 04 90 92 04 40 – www.vallondevalrugues.com – Fermé 2-26 janv.
47 ch – 190/1200 € 190/1200 € – 1 suite – 23 €
Rest ***Marc de Passorio*** – voir ci-après
Rest ***Bistrot Gourmand*** – *(fermé le soir)* (26 €) Menu 32 € – Carte 45/77 €
♦ Dans un quartier résidentiel, grande villa entourée d'un beau jardin arboré avec piscine. Le décor luxueux et les chambres contemporaines participent au sentiment de détente. Cuisine méditerranéenne et parfumée au bistrot.

Le Château des Alpilles

ch, ch, rest,
2 km à l'Ouest par D 31 – ✆ 04 90 92 03 33
– www.chateaudesalpilles.com – Fermé 3 janv. au 17 mars
16 ch – 190/210 € 210/290 € – 4 suites – 20 €
Rest – *(fermé merc. hors saison)* (22 €) Menu 43 € (dîner) – Carte 45/69 € le soir
♦ Superbe demeure du 19e s. décorée avec goût, dans un parc aux platanes centenaires. Chambres classiques au château, contemporaines dans les annexes (mas, lavoir, chapelle). Entre chic bourgeois et design seventies, le restaurant mêle les styles ! Cuisine méridionale.

Les Ateliers de l'Image

36 bd V. Hugo – ✆ 04 90 92 51 50 – www.hotelphoto.com
– Ouvert d'avril à oct. Zx
30 ch – 165/450 € 165/450 € – 2 suites – 19 €
Rest – *(fermé mardi et merc. de mi-sept. à mi-juin)* (29 €) Menu 34/59 €
– Carte 59/67 €
♦ Un "hôtel-atelier" dédié à la photo (expositions, stages) au milieu d'un superbe parc. Chambres aux lignes épurées, dont la moitié avec terrasse. Originale suite-cabane dans un arbre. À table, optez pour le sushi bar ou une carte fleurant bon la Provence.

Château de Roussan

ch,
rte de Tarascon – ✆ 04 90 90 79 00 – www.chateauderoussan.com – Fermé 3-28 janv.
16 ch – 180/300 € 180/300 € – 4 suites – 19 €
Rest – *(fermé dim. soir et lundi sauf en saison)* (23 € bc) Menu 38/52 €
– Carte 43/76 €
♦ Les cactus prennent le soleil dans la magnifique serre du 19e s., tandis que les carpes ondoient dans le bassin... Raffinement, élégance et douceur de vivre dans ce beau château des 17e et 18e s. ! Douce intimité dans la salle voûtée et courte carte actuelle.

Domaine de Valmouriane

4,5 km par ④ et D 27 rte des Baux – ✆ 04 90 92 44 62 – www.valmouriane.com – Fermé 17 nov.-15 déc. et 24 janv.-10 fév.

13 ch – 🚹145/320 € 🚹🚹145/320 € – 1 suite – ☕ 18 €

Rest – Menu 30 € (déj. en sem.), 55/80 € – Carte 50/65 €

◆ Au pied des Alpilles, un mas niché dans une forêt de pins... Bar avec piano et cheminée, chambres spacieuses et colorées. Espace détente (massages en plein air). Cuisine provençale et menus thématiques (Saveurs d'antan, Inspirations...).

Gounod sans rest

18 pl. de la République – ✆ 04 90 92 06 14 – www.hotel-gounod.com – Ouvert d'avril à oct. Za

30 ch ☕ – 🚹100/230 € 🚹🚹110/230 €

◆ Charles Gounod composa ici son opéra Mireille. Décor d'inspiration baroque, exubérant et haut en couleurs. Jardin, piscine et bon petit-déjeuner servi dans le salon de thé cosy.

Le Mas des Carassins

1 chemin Gaulois, 1 km par ③ – ✆ 04 90 92 15 48 – www.masdescarassins.com – Fermé 28 nov.-18 déc. et 3 janv.-7 mars

13 ch ☕ – 🚹99/197 € 🚹🚹99/197 € – 3 suites **Rest** – *(dîner seult)* Menu 31 €

◆ Lavandes, citronniers, oliviers, fontaines et bassins, piscine... Dans un beau jardin, se dresse ce mas du 19e s. aménagé avec goût (jolies chambres provençales). Menu unique le soir au restaurant, servi dehors ou dans une salle lumineuse avec poutres et cheminée.

Sous les Figuiers sans rest

3 av. Taillandier – ✆ 04 32 60 15 40 – www.hotel-charme-provence.com – Fermé 16 janv.-18 mars Yb

13 ch – 🚹65/87 € 🚹🚹80/148 € – ☕ 12 €

◆ Petit hôtel de charme aux chambres raffinées (boutis, meubles chinés), certaines avec terrasse... sous les figuiers. Le petit-déjeuner est délicieux ! Cours de peinture.

Canto Cigalo sans rest

8 chemin Canto-Cigalo , 1 km par ② – ✆ 04 90 92 14 28 – www.cantocigalo.com – Fermé 2 sem. en nov. et 2 sem. en janv.

20 ch – 🚹59/87 € 🚹🚹59/87 € – ☕ 8 €

◆ Dans un quartier résidentiel calme, un petit hôtel sympatique et plein de fraîcheur : crépi, bois peint et notes provençales. Piscine et terrasse face aux Alpilles.

L'Amandière sans rest

av. Théodore Aubanel, (dite plaisance du Touch), 1 km par ① puis rte Noves – ✆ 04 90 92 41 00 – www.hotel-amandiere.com

26 ch – 🚹65 € 🚹🚹65 € – ☕ 8 €

◆ Villa moderne de style provençal dans un agréable jardin arboré et fleuri. Chambres paisibles et pimpantes avec balcon ou terrasse. Petit-déjeuner servi dans le jardin d'hiver.

Du Soleil sans rest

35 av. Pasteur – ✆ 04 90 92 00 63 – www.hotelsoleil.com – Ouvert 4 avril-13 nov.

27 ch – 🚹69/88 € 🚹🚹69/88 € – ☕ 8 € Zz

◆ Du soleil... et de la Provence. Cette ancienne fabrique de chardons s'organise autour d'une vaste cour, arborée et avec piscine. Chambres fraîches et paisibles.

Le Chalet Fleuri sans rest

15 av. Frédéric Mistral – ✆ 04 90 92 03 62 – www.hotel-lechaletfleuri.com – Fermé 3 janv.-14 fév. Yh

12 ch – 🚹64/90 € 🚹🚹64/115 € – ☕ 10 €

◆ Dans une petite maison 1900 – bien nommée – à quelques minutes du centre-ville. Chambres lumineuses et bien tenues ; jardin de pins, tilleuls et palmiers.

La Maison du Village sans rest

10 r. du 8 mai 1945 – ✆ 04 32 60 68 20 – www.lamaisonduvillage.com

5 ch – 🚹170/210 € 🚹🚹170/210 € – ☕ 12 € Zb

◆ Jolie maison du 18e s. située en plein centre historique. Chambres au charme rétro, décorées de teintes chaleureuses (écru, parme, pourpre), pour réinventer le passé...

Mas de Figues

Vieux Chemin d'Arles, 3 km par chemin de la Combette – ✆ 04 32 60 00 98 – www.masdesfigues.com – Ouvert avril à oct.

5 ch – 95/150 € 115/250 € – 15 €

Table d'hôte – *(prévenir)* Menu 28/48 €

◆ En guise de ferme-auberge, un vieux mas en pierre dans un parc magnifique, avec oliviers, lavandes, piscine... Profitez de la table d'hôte : produits du potager et de la basse-cour, saveurs du Sud et cadre raffiné (grande table, charpente apparente).

Marc de Passorio – Hostellerie du Vallon de Valrugues

chemin Canto Cigalo, 1 km par ② – ✆ 04 90 92 04 40 – www.restaurant-marcdepassorio.com – Fermé 3-30 janv., dim. soir, mardi midi et lundi hors saison

Rest – *(nombre de couverts limité, prévenir)* Menu 58/98 € – Carte 96/124 €

Spéc. Escargots, endives caramélisées et oignons de Provence. Épaule d'agneau confite aux légumes et carré rôti minute. Comme un "After Height" menthe-chocolat. **Vins** Les Baux de Provence.

◆ Cette cuisine gastronomique valorise le terroir et les meilleurs produits régionaux. Cadre élégant et serein, où classicisme et modernité cohabitent en harmonie ; terrasse fleurie.

La Maison Jaune (François Perraud)

15 r. Carnot – ✆ 04 90 92 56 14 – www.lamaisonjaune.info – Fermé 1er déc.-31 janv., dim. soir en hiver, mardi midi de juin à sept. et lundi

Rest – *(nombre de couverts limité, prévenir)* Menu 38/68 € – Carte 56/82 € Ys

Spéc. Artichauts violets de Provence, huile de persil, poutargue (été). Filet de canette de Challans, mangue poivrée. Nectarine, verveine, citron, sablé aux figues, granité au fruit de la passion (été). **Vins** Les Baux de Provence.

◆ Sur la terrasse de cette belle demeure, à l'ombre d'un toit de tuiles du pays, on domine la vieille ville... Cuisine provençale lumineuse et précise, desserts délicats.

L'Aile ou la Cuisse

5 r. Commune – ✆ 04 32 62 00 25 – Fermé de mi-janv. à fin fév., dim. d'oct. à Paques et lundi Zg

Rest – (18 €) Menu 23 € (déj.), 37 € – Carte 45/55 € le soir

◆ Jadis réfectoire d'un ancien couvent, ce lieu ne laisse pas indifférent : intérieur feutré et chic, ravissant patio-terrasse, savoureuse cuisine bistrotière et vente de pâtisseries.

Le Bistrot Découverte

19 bd Victor Hugo – ✆ 04 90 92 34 49 – www.bistrotdecouverte.com – Fermé 3 sem. en fév., 2 sem. en nov., le soir en hiver et lundi Ze

Rest – (16 €) Menu 30 € – Carte 35/50 €

◆ Ce bistrot de caractère, avec véranda, est remarquable pour sa belle cave voûtée en pierre et ses crus à déguster sur place ou à emporter. Cuisine de tradition provençale.

au Domaine de Bournissac 11 km par ②, D 30 et D 29 – ✉ 13550 Paluds-des-Noves

La Maison de Bournissac (Christian Peyre)

montée d'Eyragues – ✆ 04 90 90 25 25 – www.lamaison-a-bournissac.com – Fermé 3 janv.-10 fév.

10 ch – 145/165 € 145/165 € – 3 suites – 17 € – ½ P 60 €

Rest – *(fermé lundi et mardi d'oct. à avril)* (30 € bc) Menu 45/150 € – Carte 74/117 €

Spéc. Langoustines rôties en vinaigrette de romarin. Pigeon fermier rôti, croustillant de cuisse au massalé et pois chiche. Rhubarbe pochée sur un macaron rose, sorbet framboise. **Vins** Les Baux de Provence, Cairanne.

◆ Un beau et grand mas entouré de vignes et d'oliviers, dominant Luberon, Alpilles et Ventoux. Chambres et salons sont décorés dans un style provençal sobre et raffiné. Cuisine gastronomique méridionale, servie dans une salle chaleureuse ou le patio orné de figuiers.

à Verquières **11 km par ②, D 30 et D 29 – 786 h. – alt. 48 m – ✉ 13670**

Le Croque Chou

pl. de l'Église – ☎ 04 90 95 18 55 – www.le-croque-chou.fr – Fermé mardi midi du 19 juin au 4 sept., dim. soir et merc. soir du 4 sept. au 17 juin et lundi

Rest – *(prévenir)* (18 €) Menu 22/70 € bc – Carte 57/88 €

◆ On vous reçoit en famille, avec le sourire, dans cette ancienne bergerie transformée en auberge. Goûteuse cuisine du Sud, beaux produits bio et carte de vins naturels.

à Maillane **7 km au Nord-Ouest par D 5 – 2 092 h. – alt. 14 m – ✉ 13910**

L'Oustalet Maïanen

16 av. Lamartine – ☎ 04 90 95 74 60 – Fermé 2-5 juil., 23 oct.-3 fév., mardi midi en juil.-août, sam. midi et dim. soir sauf juil.-août et lundi

Rest – (18 €) Menu 27/52 € – Carte 36/52 €

◆ Face à la maison de Frédéric Mistral, un restaurant discret et agréable. Sous la tonnelle de vigne vierge, les Mireille d'aujourd'hui y savourent une goûteuse cuisine provençale...

ST-RÉMY-DU-PLAIN – 35 Ille-et-Vilaine – 309 M4 – 698 h. – alt. 108 m – ✉ 35560 — 10 D2

▶ Paris 383 – Rennes 38 – Saint-Malo 58 – Fougères 40

La Haye d'Irée ch, P VISA

1,5 km au Sud par D 90 puis D 12 – ☎ 02 99 73 62 07 – www.chateaubreton.com – Ouvert d'avril à oct.

4 ch – 65/100 € 90/130 € **Table d'hôte** – Menu 25 €

◆ Dans un grand parc (étang, piscine, roseraie), ce manoir en granit vous plonge dans une atmosphère typique : salon avec cheminée, pierres, poutres, chambres au mobilier ancien. Repas traditionnels (sur réservation) servis dans une salle à manger rustique.

ST-RIQUIER – 80 Somme – 301 E7 – rattaché à Abbeville

ST-ROMAIN – 21 Côte-d'Or – 320 I8 – 243 h. – alt. 350 m – ✉ 21190 — 7 A3

▶ Paris 330 – Dijon 59 – Chalon-sur-Saône 41 – Le Creusot 50

Les Roches avec ch ch, VISA

pl. de la Mairie – ☎ 03 80 21 21 63 – www.les-roches.fr – Fermé 20 déc.-5 janv., vacances de fév., mardi et merc.

8 ch – 68 € 68 € – 10 € – ½ P 85 € **Rest** – Carte 23/46 €

◆ Une sympathique adresse où l'accueil se veut proche du client. Copieuse cuisine de terroir et plats canailles à l'ardoise, soignés et servis dans un cadre de bistrot simple. Quelques chambres sobres et fonctionnelles pour l'étape.

ST-ROMAIN-LE-PUY – 42 Loire – 327 D6 – rattaché à Montbrison

ST-ROME-DE-TARN – 12 Aveyron – 338 J6 – 820 h. – alt. 360 m – ✉ 12490 — 29 D2

▶ Paris 660 – Millau 21 – Rodez 68 – Toulouse 170

ℹ place du Terral ☎ 05 65 62 50 89

Les Raspes ch, VISA

av. Denis Affre – ☎ 05 65 58 11 44 – Fermé vacances de la Toussaint

17 ch – 55/85 € 65/85 € – 10 € – ½ P 72 €

Rest – *(fermé dim. soir d'oct. à mai, lundi midi et merc. midi)* Menu 20/60 € – Carte 35/70 €

◆ Cette maison traditionnelle en pierre, située dans le village perché, était à l'origine un couvent. Les cellules sont aujourd'hui des chambres douillettes, sobres et soignées. Jolie salle à manger et terrasse où l'on goûte une cuisine locale aux accents du Sud.

ST-SATUR – 18 Cher – 323 N2 – rattaché à Sancerre

ST-SATURNIN – 63 Puy-de-Dôme – **326** F9 – 1 120 h. – alt. 520 m – ✉ 63450 Auvergne 5 B2

Paris 438 – Clermont-Ferrand 24 – Cournon-d'Auvergne 18 – Riom 37

Château Royal de Saint-Saturnin

pl. de l'Ormeau – 04 73 39 39 64 – www.chateaudesaintsaturnin.com – Ouvert 25 mars-6 nov.

5 ch – 160/220 € 160/220 € – 14 €

Table d'hôte – *(fermé juil.-août)* Menu 45 € bc

◆ On replonge au temps du Moyen Âge dans ce château du 13e s. dominant le village. Les chambres sont raffinées et, dans la suite Duchesse, il y a même une baignoire balnéo... Sous les voûtes, on sert une bonne cuisine bourgeoise aux résidents (sur réservation).

ST-SATURNIN – 72 Sarthe – **310** J6 – rattaché au Mans

ST-SATURNIN-DE-LUCIAN – 34 Hérault – **339** F6 – rattaché à Clermont-l'Hérault

ST-SATURNIN-LÈS-APT – 84 Vaucluse – **332** F10 – 2 587 h. – alt. 420 m – ✉ 84490 Provence 42 E1

Paris 728 – Apt 9 – Avignon 55 – Carpentras 44

Domaine des Andéols avec ch

D2 – 04 90 75 50 63 – www.domainedesandeols.com – Ouvert 26 mars-14 nov. et fermé lundi midi et mardi

10 ch – 260/1220 € 260/1220 € – 25 €

Rest – Menu 34 € (déj.) – Carte environ 45 € le soir

◆ Un lieu magique au cœur du Luberon : cadre ultrachic et belles saveurs provençales réinventées avec maestria. Appartements-maisons spectaculaires (œuvres d'art et mobilier design), certaines avec piscine privative. Espace détente haut de gamme.

ST-SAUD-LACOUSSIÈRE – 24 Dordogne – **329** F2 – 859 h. – alt. 370 m – ✉ 24470 4 C1

Paris 443 – Brive-la-Gaillarde 105 – Châlus 23 – Limoges 57

Hostellerie St-Jacques

– 05 53 56 97 21 – www.hostellerie-st-jacques.com – Ouvert 2 mars-30 nov. et fermé lundi midi du 16 juin au 14 sept., dim. soir, lundi et mardi du 15 sept. au 30 nov.

12 ch – 70/150 € 70/150 € – 1 suite – 13 €

Rest – (25 € bc) Menu 40/80 € – Carte 60/80 €

◆ Ancienne halte des pèlerins de Compostelle, cette maison tapissée de lierre n'est en rien austère : chambres au décor précieux, piscine et jardin fleuri. Agréables mets (coq au vin, espuma de choux fleurs...) et belle carte des vins. Terrasse ombragée.

ST-SAUVANT – 17 Charente-Maritime – **324** G5 – rattaché à Saintes

ST-SAUVEUR-DE-MONTAGUT – 07 Ardèche – **331** J5 – 1 147 h. – alt. 218 m – ✉ 07190 44 B3

Paris 597 – Le Cheylard 24 – Lamastre 29 – Privas 24

quartier de la Tour 04 75 65 43 13

Le Montagut

pl. de l'Église – 04 75 65 40 31 – www.lemontagut.fr – Fermé 26 fév.-14 mars, mardi soir, dim. soir et lundi sauf juil.-août

Rest – (15 € bc) Menu 28/40 €

◆ Auberge familiale où l'on propose une cuisine traditionnelle et quelques plats actuels. En décor, une salle sobre et une sympathique terrasse avec un salon zen.

ST-SAVIN – 65 Hautes-Pyrénées – **342** L7 – rattaché à Argelès-Gazost

ST-SAVIN – 86 Vienne – 322 L5 – 925 h. – alt. 76 m – ✉ 86310 39 D1
Poitou Vendée Charentes

Paris 344 – Poitiers 44 – Belac 62 – Châtellerault 48

Peintures murales★★★ de l'Abbaye★★.

Christophe Cadieu

15 r. de l'Abbaye – ✆ 05 49 48 17 69 – www.cadieu-86.com – Fermé 25 juin-6 juil., 26 sept.-13 oct., 2-15 janv., merc. sauf le midi de juil. à sept., dim. soir et lundi

Rest – (21 €) Menu 50/75 €

Spéc. Foie gras de canard confit. Agneau du Poitou-Charentes. Tarte chocolat revisitée. **Vins** Vin de pays de la Vienne. Montlouis.

◆ Non loin de l'abbaye, ancienne grange convertie en un confortable restaurant. Appétissante cuisine dans l'air du temps, bien présentée et à base de bons produits locaux.

ST-SEINE-L'ABBAYE – 21 Côte-d'Or – 320 I5 – 365 h. – alt. 451 m – ✉ 21440 Bourgogne 8 C2

Paris 289 – Autun 78 – Dijon 28 – Châtillon-sur-Seine 57

place de l'Église ✆ 03 80 35 07 63

Dolce Chantilly à Salives Larçon, N : 32 km par D 16, ✆ 03 80 75 68 54

La Poste

17 r. Carnot – ✆ 03 80 35 00 35 – www.postesoleildor.fr – Fermé 18 déc.-10 janv. et dim.

15 ch – †60/69 € ††66/90 € – ☐ 10 € – ½ P 68/71 €

Rest – *(fermé sam.)* Menu 22/38 € – Carte 23/55 €

◆ Louis XIV aurait séjourné dans cet ancien relais de poste apprécié pour le calme de son jardin ombragé. Chambres assez spacieuses (en cours de rénovation), piscine. Le restaurant avec sa belle cheminée a conservé son cachet bourguignon. Cuisine traditionnelle.

ST-SERNIN-DU-BOIS – 71 Saône-et-Loire – 320 G8 – rattaché au Creusot

ST-SERNIN-SUR-RANCE – 12 Aveyron – 338 H7 – 652 h. – alt. 300 m – ✉ 12380 Languedoc Roussillon 29 D2

Paris 694 – Albi 50 – Castres 69 – Lacaune 29

avenue d'Albi ✆ 05 65 99 29 13

Carayon

pl. du Fort – ✆ 05 65 98 19 19 – www.hotel-carayon.fr – Fermé dim. soir, lundi sauf juil.-août et fériés

73 ch – †43/74 € ††43/102 € – ☐ 8 € – ½ P 50/79 €

Rest – Menu 14/54 € bc – Carte 20/46 €

◆ Hôtel centré sur les loisirs où divers types de chambres occupent soit le bâtiment principal, soit les annexes du parc (pigeonnier, maison de pêcheur, chalet et pavillon). Copieux repas du terroir servis dans deux salles claires et amples ou en terrasse.

ST-SERVAN-SUR-MER – 35 Ille-et-Vilaine – 309 K3 – rattaché à St-Malo

ST-SEURIN-D'UZET – 17 Charente-Maritime – 324 F6 – 572 h. – alt. 47 m – ✉ 17120 38 B3

Paris 516 – Poitiers 183 – La Rochelle 113 – Rochefort 67

Blue Sturgeon

3 r. de la Cave – ✆ 05 46 74 17 18 – www.bluesturgeon.com – Ouvert de mars à oct.

4 ch ☐ – †120/150 € ††120/150 € **Table d'hôte** – Menu 45/70 €

◆ Le propriétaire, anglais et décorateur, a joliment restauré cette grange viticole du 17e s. Mélange d'ancien et de contemporain (dont des tableaux "maison"), jardin et plan d'eau. Belle hauteur sous plafond et poutres peintes dans la salle à manger.

ST-SIFFRET – 30 Gard – 339 L4 – rattaché à Uzès

ST-SILVAIN-BELLEGARDE – 23 Creuse – 325 K5 – 220 h. – alt. 535 m – ✉ 23190 — 25 D1

▶ Paris 413 – Guéret 53 – Limoges 148 – Montluçon 75

Les Trois Ponts

D 9 – ✆ 05 55 67 12 14 – www.lestroisponts.nl

5 ch – 65 € 85 € **Table d'hôte** – Menu 28 € bc

◆ Un couple d'Hollandais a rénové cet ancien moulin au bord de la Tardes en préservant son authenticité. Douillettes chambres d'esprit provençal, aménagements pour la détente. Ambiance conviviale garantie autour de la superbe table d'hôte (légumes du potager).

ST-SORNIN – 17 Charente-Maritime – 324 E5 – 307 h. – alt. 16 m – ✉ 17600 Poitou Vendée Charentes — 38 B2

▶ Paris 500 – Poitiers 167 – Rochefort 26 – La Rochelle 56

La Caussolière sans rest

10 r. du Petit Moulin – ✆ 05 46 85 44 62 – www.caussoliere.com – Ouvert d'avril à oct.

4 ch – 63/77 € 70/89 €

◆ Cette ex-ferme du 19e s. s'ouvre sur un superbe jardin agrémenté d'un bassin. Les chambres, cosy, disposent toutes d'une entrée indépendante. Accueil convivial.

ST-SULIAC – 35 Ille-et-Vilaine – 309 K3 – 901 h. – alt. 30 m – ✉ 35430 Bretagne — 10 D1

▶ Paris 396 – Rennes 62 – Saint-Malo 14 – Granville 87

La Ferme du Boucanier

2 r. de l'Hôpital – ✆ 02 23 15 06 35 – Fermé fin déc. à début fév., le midi en sem., merc. sauf de mai à sept. et mardi

Rest – *(prévenir)* Menu 29/40 €

◆ Ambiance conviviale dans cette auberge en pierre du pays... On savoure des plats du terroir relevés d'épices en se régalant du spectacle des cuisines, ouvertes sur la salle.

ST-SULPICE – 81 Tarn – 338 C8 – 7 378 h. – alt. 112 m – ✉ 81370 — 29 C2

▶ Paris 666 – Albi 46 – Castres 54 – Montauban 44

ℹ parc Georges Spenale ✆ 05 63 41 89 50

18 de Palmola à Buzet-sur-Tarn Route d'Albi, O : 9km par N 88, ✆ 05 61 84 20 50

Auberge de la Pointe

D 988 – ✆ 05 63 41 80 14 – www.aubergedelapointe.fr – Fermé 5-18 sept., 28 nov.-11 déc., jeudi midi en juil.-août, mardi soir de sept. à juin, dim. soir et merc.

Rest – (15 €) Menu 24/48 € – Carte 32/50 €

◆ Ancien relais de poste à la façade rosée et au bel intérieur rustique. La terrasse ombragée dominant le Tarn vaut qu'on s'y attarde ! Plats traditionnels.

ST-SULPICE-LE-VERDON – 85 Vendée – 316 H6 – 726 h. – alt. 65 m – ✉ 85260 Poitou Vendée Charentes — 34 B3

▶ Paris 430 – Nantes 45 – Angers 130 – Cholet 51

ℹ Logis de la Chabotterie ✆ 02 51 42 81 00

Thierry Drapeau Logis de la Chabotterie

– ✆ 02 51 09 59 31 – www.restaurant-thierrydrapeau.com – Fermé 27 juin-17 juil., 24 oct.-6 nov., dim. soir et lundi

Rest – Menu 38 € bc (déj. en sem.), 63/128 € bc – Carte 76/103 €

Spéc. Aiguillette de homard poêlée au beurre demi-sel (mai à sept.). Suprême de pintade rôti au beurre frais, risotto d'avoine au sang (janv. à avril). Sphère éphémère au chocolat moelleux tiède, émulsion kamok (nov. à fév.). **Vins** Fiefs Vendéens.

◆ La guerre de Vendée prit fin près de cette belle demeure historique (musée). Point de heurts aujourd'hui en ces lieux, qui conjuguent même révolution et aristocratie : Thierry Drapeau met tout son sens de l'invention au service de saveurs… faites reines.

ST-SULPICE-SUR-LÈZE – 31 Haute-Garonne – **343** F5 – 1 785 h. – alt. 200 m – ✉ 31410 **28** B2

Paris 709 – Auterive 14 – Foix 53 – St-Gaudens 66

La Commanderie

pl. Hôtel de Ville – ✆ 05 61 97 33 61 – www.lacommanderie.venez.fr – Fermé dim. soir, lundi,mardi et merc. en janv.-fév. et mardi en juil.-août

Rest – Menu 19 € (déj. en sem.), 35/60 €

◆ Salle de caractère avec quelques touches contemporaines, terrasse ouverte sur le jardin et belle cuisine au goût du jour ; le tout dans une ex-commanderie des Templiers (13e s.).

ST-SYMPHORIEN – 72 Sarthe – **310** I6 – 543 h. – alt. 135 m – ✉ 72240 **35** C1

Paris 231 – Laval 65 – Le Mans 28 – Nantes 201

Relais de la Charnie

4 pl. Louis des Cars – ✆ 02 43 20 72 06 – Fermé 28 fév.-14 mars, 1er-15 août, dim. soir et lundi

Rest – (11 € bc) Menu 15/26 € – Carte 33/49 €

◆ Ambiance un brin vieille France dans cet ancien relais de poste avec sa salle rustique dotée de poutres et d'une grande cheminée. Cuisine traditionnelle.

ST-THÉGONNEC – 29 Finistère – **308** H3 – 2 523 h. – alt. 83 m – ✉ 29410 Bretagne **9** B1

Paris 549 – Brest 50 – Châteaulin 50 – Morlaix 13

Enclos paroissial★★ - Guimiliau : Enclos paroissial★★ , SO : 7,5 km.

Auberge Saint-Thégonnec

6 pl. de la Mairie – ✆ 02 98 79 61 18 – www.aubergesaintthegonnec.com – Fermé 17 déc.-9 janv. et dim. de sept. à mars

19 ch – †68/85 € ††78/100 € – ☕ 11 € – ½ P 74/90 €

Rest – *(Fermé dim. soir et lundi sauf le soir de mai à août et sam. midi)* (18 €) Menu 27/44 € – Carte 34/55 €

◆ Maison bretonne face à l'église et son célèbre enclos. Chambres contemporaines ouvrant, pour la plupart, sur le jardin. Plats traditionnels soignés et décor sobre (tons clairs, tableaux modernes) caractérisent le restaurant.

ST-THIBAULT – 18 Cher – **323** N2 – rattaché à Sancerre

ST-THIERRY – 51 Marne – **306** F7 – 610 h. – alt. 140 m – ✉ 51220 **13** B2

Paris 149 – Châlons-en-Champagne 64 – Reims 18 – Soissons 66

Le Clos du Mont d'Hor sans rest

8 r. du Mont-d' Hor – ✆ 03 26 03 12 42 – www.mhchampagne.com

5 ch – †90 € ††90 € – ☕ 7 €

◆ Partez à la découverte de la vinification du champagne dans cette belle ferme restaurée au sein d'un vignoble clos. Confortables chambres (mezzanine) sur le thème du voyage.

ST-THOMÉ – 07 Ardèche – **331** J6 – 381 h. – alt. 140 m – ✉ 07220 **44** B3

Paris 628 – Lyon 165 – Privas 46 – Montélimar 19

La Bastide Bernard sans rest

à Chasser, 1,5 km au Sud-Est par D 107 – ✆ 06 83 34 60 54 – www.bastidebernard.com – Fermé 20 déc.-20 janv.

4 ch ☕ – †80/90 € ††90/120 €

◆ Maison perchée sur une colline, avec une belle vue sur Saint-Thomé. Chambres claires, spacieuses et bien tenues. Petit-déjeuner en terrasse, piscine avec transats...

ST-TROJAN-LES-BAINS – 17 Charente-Maritime – **324** C4 – voir à Île d'Oléron

ST-TROPEZ – 83 Var – **340** O6 – 5 612 h. – alt. 4 m – ✉ 83990 **41** C3
Côte d'Azur

Paris 872 – Aix-en-Provence 123 – Cannes 73 – Draguignan 47
40, rue Gambetta ✆ 08 92 68 48 28
de Sainte-Maxime à Sainte-Maxime Route du Débarquement, par rte de Ste-Maxime : 16 km, ✆ 04 94 55 02 02
Gassin Golf Country Club à Gassin Route de Ramatuelle, S : 9 km par D 93, ✆ 04 94 55 13 44
Port★★ - Musée de l'Annonciade★★ - Môle Jean Réveille ≤★ - Citadelle★ : ≤★ des remparts, ※★★ du musée de la Citadelle - Chapelle Ste-Anne ≤★ S : 1 km par av. P. Roussel.

Byblos
av. P. Signac – ✆ 04 94 56 68 00 – www.byblos.com – Ouvert 13 avril-23 oct.
68 ch – †325/500 € ††410/1460 € – 23 suites – ☕ 38 € Zd
Rest *Spoon-Byblos* – voir ci-après
Rest *Le B* – ✆ 04 94 56 68 19 *(fermé dim. et lundi sauf juil.-août)* Menu 68 € (dîner) – Carte 50/100 €
◆ Maisons colorées entrelacées de jardins et de patios : un luxueux village dans le village, qui compte parmi les lieux mythiques de St-Tropez. Très beau spa. Le B propose une carte snacking, finger food et byni'z, à apprécier autour de la terrasse intérieure. L'alliance du luxe et de la convivialité.

Résidence de la Pinède
1 km par ①, à la plage de la Bouillabaisse – ✆ 04 94 55 91 00 – www.residencepinede.com – Ouvert début mai à début oct.
35 ch – †385/910 € ††385/910 € – 4 suites – ☕ 30 €
Rest – *(Fermé le midi)* Menu 95 € (sem.), 135/225 € – Carte 120/180 €
Spéc. Sariole de Méditerranée et chair d'esquinado, marinées au limono médica. Volaille jaune élevée au lait en deux services. Autour de la pomme verte ravivée au cumbawa, éphémère d'un soufflé chaud. **Vins** Côtes de Provence.
◆ Des pins bien sûr, mais aussi une vue superbe sur le golfe, une plage privée avec son ponton, des chambres d'un confort imparable... En cuisine, le chef Arnaud Donckele dresse des plats rares, où dialoguent les saveurs et textures des meilleurs produits méditerranéens. Service attentionné ; carte plus simple à midi.

La Bastide de St-Tropez
rte Carles : 1 km par av. P. Roussel - Z – ✆ 04 94 55 82 55 – www.bastidesaint-tropez.com – Fermé 2 janv.-11 fév.
16 ch – †275/1100 € ††275/1100 € – 10 suites – ☕ 28 €
Rest – Menu 50/85 €
◆ Atmosphère chic et feutrée dans cette maison tropézienne et ses quatre mas : mobilier chiné, pointe de baroque et soupçon provençal relevés d'un luxuriant jardin méditerranéen (belle piscine). Au restaurant, cuisine actuelle et véranda ouverte sur la verdure.

Pan Deï Palais
52 r. Gambetta – ✆ 04 94 17 71 71 – www.pandei.com – Fermé nov.
10 ch – †100/260 € ††195/515 € – 2 suites – ☕ 28 € Zv
Rest – *(fermé lundi de janv. à mars et le midi)* Menu 45/65 € – Carte 75/115 €
◆ Une demeure construite en 1835, présent d'un général napoléonien à son épouse indienne. Ici règne un élégant parfum d'exotisme : tissus chamarrés, bois précieux, hammam... Sérénité ! Cuisine inventive par un chef japonais ; petite restauration au déjeuner.

Le Yaca
1 bd Aumale – ✆ 04 94 55 81 00 – www.hotel-le-yaca.fr – Ouvert Pâques-30 oct.
26 ch – †275/795 € ††275/795 € – 2 suites – ☕ 35 € Ye
Rest – *(fermé lundi sauf de juil. à sept.) (dîner seult)* Carte 55/76 €
◆ Cet hôtel de charme (18e s.), le premier de St-Tropez, fut et demeure le refuge des artistes (P. Signac, Colette, B. Bardot, etc.). Chambres soignées : tomettes, meubles anciens... Inventive cuisine italienne servie sur une terrasse intime, autour de la piscine.

Kube

2 km par ① – ✆ 04 94 97 20 00 – www.kubehotel.com

40 ch – ♦250/1700 € ♦♦250/2100 € – 1 suite – ☕ 30 €

Rest – *(fermé nov.)* (25 € bc) Menu 30 € bc (déj.) – Carte 50/80 €

◆ Face au golfe de St-Tropez, un hôtel design (mobilier en forme de cube) réservé à une clientèle ultrabranchée ! Enseigne lumineuse de trois mètres dans le jardin, piscine à débordement, DJ... Deux restaurants et quatre bars, dont le "Ice Kube" à - 7° C.

Villa Cosy sans rest

chemin de la Belle-Isnarde, par r. de la Résistance Z *– ✆ 04 94 97 57 18 – www.villacosy.com*

11 ch – ♦150/490 € ♦♦150/490 € – 1 suite – ☕ 25 €

◆ Sur les hauteurs, un hôtel d'esprit maison d'hôte, dont les chambres, minimalistes (béton ciré, tons beige et chocolat), ouvrent sur la piscine. Petite restauration au bar.

La Ponche

3 r. des Remparts, (pl. Revelin) – ✆ 04 94 97 02 53 – www.laponche.com – Ouvert 15 fév.-1er nov. Y**v**

17 ch – ♦155/240 € ♦♦180/500 € – 1 suite – ☕ 19 €

Rest – Menu 27/40 € – Carte 44/62 €

◆ Ces anciennes maisons de pêcheurs colorées, dans le pittoresque quartier de la Ponche, firent le bonheur de Romy Schneider, entre autres personnalités. Au restaurant, l'esprit provençal s'épanouit dans le décor et dans l'assiette. Terrasse ouverte sur la mer.

Y sans rest

av. Paul Signac – ✆ 04 94 55 55 15 – www.hotel-le-yaca.fr – Ouvert 19 mai-2 oct. Y**z**

11 ch – ♦275/505 € ♦♦275/505 € – 2 suites – ☕ 35 €

◆ Jolie bâtisse ocre postée au pied de la citadelle... Chambres contemporaines très confortables (meubles d'inspiration années 1960 du designer italien Gio Ponti).

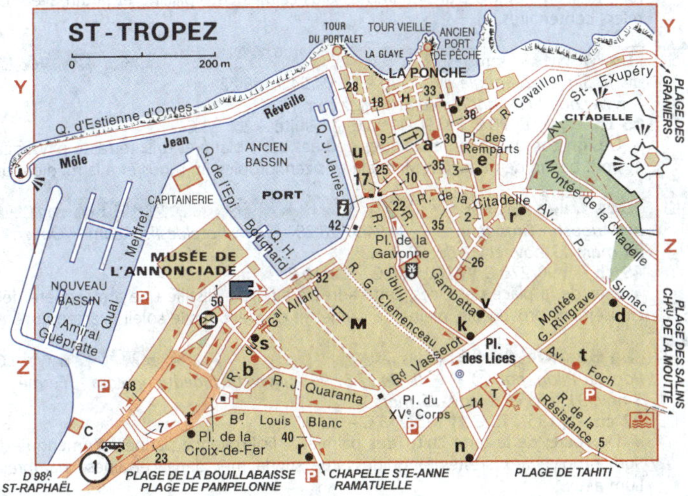

En saison: zone piétonne dans la vieille ville.

Aire du Chemin (R.)	Y	2	Herbes (Pl. aux)	Y	17	Péri (Quai Gabriel)	Z	32
Aumale (Bd d')	Y	3	Hôtel de ville (Pl. de l')	Y	18	Ponche (R. de la)	Y	33
Belle Isnarde (Rte de la)	Z	5	Laugier (R. V.)	Y	22	Portail Neuf (R. du)	YZ	35
Blanqui (Pl. Auguste)	Z	7	Leclerc (Av. Général)	Z	23	Remparts (R. des)	Y	38
Clocher (R. du)	Y	9	Marché (R. du)	Y	25	Roussel (Av. Paul)	Z	40
Commerçants (R. des)	Y	10	Miséricorde (R.)	Z	26	Suffren (Quai)	Y	42
Grangeon (Av.)	Z	14	Mistral (Quai Frédéric)	Y	28	8-Mai-1945 (Av. du)	Z	48
Guichard (R. du Cdt)	Y	15	Ormeau (Pl. de l')	Y	30	11-Novembre (Av. du)	Z	50

Domaine de l'Astragale

ch, rest,

1,5 km par ①, chemin de la Gassine 83580 Gassin – 04 94 97 48 98 – www.lastragale.com – Ouvert 27 mai-30 sept.

34 ch – 320/470 € 320/470 € – 16 suites – 23 €

Rest – Menu 60 € (dîner) – Carte 60/95 €

◆ Dans cette jolie villa colorée et ses annexes, on peut paresser au bord de trois piscines ! Chambres vastes, avec balcon ou terrasse. Agréables suites, certaines avec jacuzzi. Cuisine traditionnelle servie dans une salle bourgeoise ou sous un pavillon ouvert.

La Mistralée

ch,

1 av. Gén. Leclerc – 04 98 12 91 12 – www.hotel-mistralee.com – Fermé 5 nov.-26 déc. **Zt**

8 ch – 190/600 € 190/600 € – 2 suites – 25 €

Rest – *(ouvert 2 avril-29 sept.)* Carte 50/70 €

◆ Jadis pied-à-terre d'Alexandre, coiffeur des stars, cette villa (1850) ceinte d'un jardin plaisant a gardé son empreinte baroque. Chambres "Maroc", "Chanel", "Tarzan"... Barbecue et tapas à savourer autour de la piscine.

La Maison Blanche sans rest

6 pl. des Lices – 04 94 97 52 66 – www.hotellamaisonblanche.com – Fermé fév.

5 ch – 180/460 € 180/460 € – 4 suites – 25 € **Zk**

◆ Tout près et pourtant si loin de l'agitation tropézienne... Ce bel hôtel particulier distille son charme épuré, entre design, blancheur immaculée et romantisme. Bar à champagne.

Pastis sans rest

61 av. Gén. Leclerc , par ① – 04 98 12 56 50 – www.pastis-st-tropez.com – Fermé 30 nov.-27 déc.

9 ch – 150/650 € 175/650 € – 20 €

◆ Chaque pièce de cet hôtel est superbe : mobilier ancien, provençal, contemporain, tableaux, objets d'art. Chambres plus calmes côté piscine et jardin avec palmiers centenaires.

Le Mandala sans rest

av. P. Signac Z, (angle av. Foch) – 04 94 97 68 22 – www.hotel-le-mandala-saint-tropez.com

15 ch – 190/990 € 190/1190 € – 1 suite – 28 €

◆ Design contemporain aux lignes épurées, tons blanc et gris, terrasse paysagère et petit bassin de nage : un Mandala très zen, propice au repos et à la médidation.

Des Lices sans rest

av. Augustin Grangeon – 04 94 97 28 28 – www.hoteldeslices.com – Ouvert 25 mars-13 nov. et 27 déc.-8 janv. **Zn**

45 ch – 90/270 € 260/400 € – 16 €

◆ Près de la place des Lices, cette adresse familiale distille une atmosphère délicieusement provençale, pleine de cachet et de vie. Sous le soleil exactement.

La Bastide du Port sans rest

Port du Pilon, par ① – 04 94 97 87 95 – www.bastideduport.com – Fermé 5 nov.-31 déc. et 5 janv.-25 mars

27 ch – 135/215 € 135/215 € – 15 €

◆ De l'ocre, de la terre cuite, des palmiers : la Provence patinée d'Amérique du Sud, propice aux siestes languides. Vue sur la mer dans certaines chambres... Lumineux !

Le Mouillage sans rest

port du Pilon , par ① – 04 94 97 53 19 – www.hotelmouillage.fr – Fermé mi-nov.-mi-déc. et janv.

14 ch – 100/280 € 130/450 € – 17 €

◆ Jetez l'ancre à une encablure du port du Pilon, dans cet hôtel aux chatoyantes couleurs du Sud. La décoration joue la carte du voyage : Maroc, Asie, etc.

La Villa sans rest
6 av. du Rivalet, 3 km par ① – ✆ 04 94 97 70 14 – www.la-villa-hotel.com – Ouvert avril-oct.
21 ch – †100/310 € ††100/310 € – ☕ 13 €
◆ Contemporaines ou traditionnelles, les chambres cossues de cet hôtel fleurent bon la Provence. La plupart profitent d'une vue sur le golfe de St-Tropez.

Playa sans rest
57 r. Allard – ✆ 04 98 12 94 44 – www.playahotelsttropez.com – Ouvert de mars à oct. **Zs**
16 ch – †95/134 € ††95/134 € – ☕ 10 €
◆ Au cœur de St-Tropez, dans une rue commerçante et pleine de vie. Confort méridional dans les chambres... Pour vous préserver une plage de tranquillité, logez plutôt à l'arrière.

Lou Cagnard sans rest
av. P. Roussel – ✆ 04 94 97 04 24 – www.hotel-lou-cagnard.com – Fermé 1er nov.-27 déc. **Zr**
19 ch – †58/71 € ††58/148 € – ☕ 11 €
◆ Cette maison ancienne s'est dorée sous le cagnard et a pris de belles couleurs provençales. L'été, on prend le petit-déjeuner à l'ombre des mûriers et figuiers, à la fraîche.

Le Girelier
quai Jean-Jaurès – ✆ 04 94 97 03 87 – www.legirelier.fr – Ouvert 15 mars-30 oct. et 18 déc.-2 janv. **Yu**
Rest – (25 €) Menu 29 € (déj.)/39 € – Carte 45/85 €
◆ Sur le port, cette cabane de pêcheur au décor rajeuni a atteint sa vitesse de croisière : poissons et crustacés ultrafrais simplement cuisinés à la plancha, bouillabaisse.

La Table du Polo
rte du Bourrian, Haras de Gassin, 5 km par ① – ✆ 04 94 55 22 14 – www.polo-st-tropez.com – Ouvert 2 avril-14 oct. et fermé lundi sauf juil.-août
Rest – (28 € bc) Menu 45/80 € – Carte 36/135 €
◆ Au vert ! Loin de l'agitation tropézienne, un cadre reposant et chic en bordure des gazons du Polo Club, où savourer une fine cuisine italienne. Charmante terrasse.

Spoon Byblos – Hôtel Byblos
av. du Mar.-Foch – ✆ 04 94 56 68 20 – www.byblos.com – Ouvert 13 avril-23 oct.
Rest – *(dîner seult)* Menu 89 € – Carte 60/125 € **Zt**
◆ Voici la déclinaison méditerranéenne du "Spoon" parisien, le concept ludique de Ducasse. Cadre design et éclairage tamisé pour se régaler d'une cuisine créative. Vins du monde.

L'Auberge des Maures
4 r. du Dr-Boutin – ✆ 04 94 97 01 50 – www.aubergedesmaures.com – Ouvert mars-nov. **Zb**
Rest – *(dîner seult)* Menu 49 € – Carte 49/57 €
◆ On vient ici pour la généreuse et goûteuse cuisine provençale, mais aussi pour les trouvailles décoratives de la patronne, sans cesse renouvelées... Originalité et tradition !

Le Banh Hoï
12 r. Petit St-Jean – ✆ 04 94 97 36 29 – Ouvert 1er avril-4 oct. **Ya**
Rest – *(dîner seult)* Carte 54/74 €
◆ Feutré... Lumière tamisée, murs et plafonds laqués de noir, bouddhas stylisés servent d'écrin à une sympathique cuisine parfumée, vietnamienne et thaïlandaise.

Le symbole vous garantit des nuits au calme. En rouge ? Une délicieuse tranquillité : juste le chant des oiseaux au petit matin...

au Sud-Est par av. Foch - Z - ✉ 83990 St-Tropez

Sezz

rte des Salins, à 2 km – ✆ 04 94 55 31 55 – www.hotelsezz.com – Ouvert 2 avril-16 oct.

35 ch – †400/600 € ††600/800 € – 1 suite – ☕ 32 €

Rest *Colette* – Carte 76/122 €

♦ Le Sezz parisien s'exporte à St-Tropez : ultramoderne, design et ouvert au maximum sur l'extérieur pour profiter de la nature et du climat... Colette, qui vécut dans la région, aurait sans doute aimé la cuisine, aux parfums du Sud, d'épices et d'Asie.

La Tartane Saint-Amour

ch, rest,

rte des Salins – ✆ 04 94 97 21 23 – www.saintamour-hotel.com – Ouvert de mai à début oct.

24 ch – †290/595 € ††290/670 € – 4 suites – ☕ 25 €

Rest – *(fermé le midi)* Carte 50/95 €

♦ Chic, précieux, raffiné : un lieu idéal pour se ressourcer... Tons chauds, chambres thématiques (Afrique, Provence...) et beau hammam en mosaïque. Au restaurant, l'Asie se déguste dans un esprit lounge et baroque. Carte actuelle en terrasse ; bar à sushi le soir.

Benkiraï

ch,

11 chemin du Pinet, à 3 km – ✆ 04 94 97 04 37 – www.hotel-benkirai.com – Ouvert 21 avril-9 oct.

39 ch – †200/800 € ††200/800 € – ☕ 28 €

Rest – (35 €) Menu 45 € (dîner)/75 € – Carte 55/85 €

♦ Le designer Patrick Jouin a signé la déco du Benkiraï, mêlant lignes pures, blancheur immaculée, béton ciré et jeux de lumière... Au restaurant, cuisine thaï signée Oth Sambath et terrasse surplombant la piscine. Brunch le dimanche.

La Bastide des Salins sans rest

chemin des Salins, à 4 km – ✆ 04 94 97 24 57 – www.bastidedessalins.com – Ouvert avril-oct.

14 ch – †200/700 € ††200/750 € – ☕ 27 €

♦ Un jardin et ses senteurs du Sud, le bleu saisissant de la piscine, la fraîcheur reposante du lin quand on regagne sa chambre... Les vacances rêvées dans une bien belle bastide.

Le Pré de la Mer sans rest

rte des salins, à 2 km – ✆ 04 94 97 12 23 – www.lepredelamer.fr – Ouvert de Pâques à mi-oct.

13 ch – †210/410 € ††210/410 € – 1 suite – ☕ 22 €

♦ Il y a le ciel, le soleil et le Pré de la Mer. Un endroit nature et cosy, où se ressourcer. Galets, boiseries, terrasses privatives, jardin fleuri, belle piscine et hammam : zen !

au Sud-Est par av. Paul Roussel et rte de Tahiti

Château de la Messardière

ch,

à 2 km – ✆ 04 94 56 76 00 – www.messardiere.com – Ouvert 15 avril-30 oct.

73 ch ☕ – †260/920 € ††260/920 € – 45 suites

Rest *Les Trois Saisons* – *(fermé lundi soir en avril et oct.) (dîner seult)* Menu 48 € – Carte 84/118 €

Rest *Terra Cotta* – *(déj. seult)* Menu 48 € – Carte 65/75 €

♦ Niché dans un superbe parc de 10 ha dominant la baie, un château de conte de fées (19e s.) aux teintes ensoleillées. Magnifique spa. L'agréable cuisine gastronomique ravit le palais ; terrasse princière surplombant la mer.

La Ferme d'Augustin sans rest

plage de Tahiti, à 4 km ✉ 83350 Ramatuelle – ✆ 04 94 55 97 00 – www.fermeaugustin.com – Ouvert 20 mars-20 oct.

44 ch – †185/680 € ††185/680 € – 2 suites – ☕ 15 €

♦ Bien-être et authenticité provençale à 100 m de la plage de Tahiti. Chambres au décor soigné (boutis, mobilier chiné) et pleines de cachet. Jardin ombragé, petite restauration.

St-Vincent ch, ch,
à 4 km ✉ 83350 Ramatuelle – ✆ 04 94 97 36 90 – www.hotelsaintvincent.com – Ouvert 24 mars-9 oct.
20 ch – 190/290 € 190/290 €
Rest – *(Ouvert mai-sept.)* Carte 30/45 €
◆ Quatre maisons provençales au milieu des vignes et des lauriers-roses ! Quiétude, convivialité et touche de rusticité : un petit paradis bucolique... Saveurs ensoleillées, grillades et salades à déguster au bord de la piscine.

Mas Bellevue ch, ch,
à 2 km – ✆ 04 94 97 07 21 – www.masbellevue.com – Ouvert 24 mai-24 oct.
40 ch – 105/445 € 105/445 € – 7 suites
Rest – (29 € bc) Carte 38/75 €
◆ Mas Bellevue... Peut-on être plus explicite ? Sur les hauteurs de la baie de Pampelonne, quiétude provençale dans de grandes chambres (balcon) ou des roulottes. Minicarte à l'heure du déjeuner et choix plus étoffé le soir. Terrasse au bord de la piscine.

rte de Ramatuelle par ① et D 93le – ✉ 83350 Ramatuelle

Villa Marie ch,
chemin Val Rian – ✆ 04 94 97 40 22 – www.villamarie.fr – Ouvert 29 avril-2 oct.
42 ch – 320/500 € 320/820 € – 31 € **Rest** – Carte 54/140 €
◆ Raffinement, luxe et charme réunis sous le même toit en cette villa enchanteresse nichée dans une pinède dominant la baie de Pampelonne. Au séduisant restaurant : camaïeu de beige, touche baroque, vue sur les cuisines, terrasse ombragée et plats ensoleillés.

Muse ch,
rte des Marres – ✆ 04 94 43 04 40 – www.muse-hotels.com
12 suites – 350/3000 € – 2 ch – 32 € **Rest** – Carte 60/120 €
◆ Les muses ont dû inspirer cet hôtel design, intime et chic. Confort dernier cri et chambres d'esprit zen au milieu d'un luxuriant jardin méditerranéen. Le restaurant, au bord de la piscine, propose une cuisine actuelle (variations autour de la truffe).

Les Bouis ch, ch, rest,
6 km par rte des plage et rte secondaire – ✆ 04 94 79 87 61 – www.hotel-les-bouis.com – Ouvert 1er avril-31 oct.
23 ch – 150/250 € 150/250 € – 15 €
Rest – *(déj. seult) (résidents seult)* Carte 22/30 €
◆ Un décor de carte postal ! La baie de Pampelonne pour tout horizon et l'ombre des pins parasols... Chambres au calme, d'esprit provençal, avec terrasse ou balcon. En saison, plats familiaux et grillades à apprécier près de la piscine.

au Sud-Ouest par ① et rte secondaire – ✉ 83580 Gassin

Villa Belrose ch,
bd des Crêtes, à 3 km – ✆ 04 94 55 97 97 – www.villabelrose.com – Ouvert 22 avril-23 oct.
37 ch – 300/510 € 390/600 € – 3 suites – 32 €
Rest – *(Fermé le midi sauf dim. et fériés)* (42 €) Menu 105/125 € – Carte 105/160 €
Spéc. Langouste royale de Méditerranée, tomates confites, amandes fraîches et courgettes marinées. Bar de ligne et sardine, ratatouille et risotto aux aubergines. Myrtille au coeur d'un soufflé, fort en goût et en couleurs, sur un sablé. **Vins** Côtes de Provence.
◆ Une villa contemporaine qui embrasse la baie de St-Tropez. Chambres cossues et confortables (marbre, moquettes colorées...). Au restaurant, le raffinement florentin se met au service d'une agréable cuisine gastronomique. Déjeuner plus simple au bord de la piscine.

ST-UZE – **26 Drôme** – **332** C2 – **rattaché à St-Vallier**

ST-VAAST-LA-HOUGUE – 50 Manche – 303 E2 – 2 083 h. – alt. 4 m **32 A1**
– ✉ 50550 Normandie Cotentin

Paris 347 – Carentan 41 – Cherbourg 31 – St-Lô 68

1, place Général de Gaulle ✆ 02 33 23 19 32

La Granitière sans rest

74 r. du Mar.-Foch – ✆ 02 33 54 58 99 – www.hotel-la-granitiere.com

9 ch – †61/98 € ††61/123 € – ☕ 10 €

◆ Station balnéaire et port de pêche, "St-Va" abrite cette belle demeure ancienne en granit gris, où l'on se sent comme chez des amis. Chambres personnalisées et salon cosy.

France et Fuchsias

20 r. du Mar.-Foch – ✆ 02 33 54 40 41 – www.france-fuchsias.com – Fermé 28 nov.-7 déc., 3 janv.-12 fév., lundi d'oct. à mai et mardi de nov. à mars

35 ch – †53/135 € ††53/135 € – ☕ 12 € – ½ P 66/104 €

Rest – (19 €) Menu 30/60 € – Carte 52/62 €

◆ Fuchsias, palmiers, mimosas et eucalyptus agrémentent le jardin de cet hôtel familial. Les chambres, au confort simple, sont plus spacieuses et récentes à l'annexe. Salle à manger rustique avec véranda et terrasse ; cuisine au goût du jour.

Le Chasse Marée

8 pl. du Gén.-de-Gaulle – ✆ 02 33 23 14 08 – Fermé janv. à mi-fév., lundi et mardi hors saison

Rest – Menu 17 € (déj. en sem.), 21/35 € – Carte 30/76 €

◆ Photos de bateaux, fanions laissés par les clients navigateurs, terrasse sur le port, produits de la pêche locale : une charmante petite adresse où l'on se sent simplement bien.

ST-VALENTIN – 36 Indre – 323 H5 – rattaché à Issoudun

ST-VALERY-EN-CAUX – 76 Seine-Maritime – 304 E2 – 4 546 h. **33 C1**
– alt. 5 m – Casino – ✉ 76460 Normandie Vallée de la Seine

Paris 190 – Bolbec 46 – Dieppe 35 – Fécamp 33

quai Amont ✆ 02 35 97 00 63

Falaise d'Aval ≤★ O : 15 mn.

Du Casino

14 av. Clemenceau – ✆ 02 35 57 88 00 – www.hotel-casino-saintvalery.com

76 ch – †79/96 € ††87/105 € – ☕ 12 € – ½ P 76/81 €

Rest – *(fermé dim. soir de nov. à mars)* (16 €) Menu 22/31 € – Carte 23/49 €

◆ Face au port de plaisance, cet hôtel récent abrite des chambres contemporaines et fonctionnelles, appréciées par la clientèle d'affaires et touristique. Dans une grande salle claire, on sert une cuisine du terroir actualisée privilégiant les produits locaux et de la mer.

Les Remparts sans rest

4 r. des Bains – ✆ 02 35 97 16 13 – Fermé janv.

15 ch – †45 € ††50/56 € – ☕ 8 €

◆ Sympathique petite adresse proche de la mer et des falaises. Chambres parfaitement tenues, garnies de meubles anciens (style années 1930). Accueil très aimable.

La Maison des Galets

22 cour Le Perrey – ✆ 02 35 97 11 22 – www.lamaisondesgalets.fr

14 ch – †45/50 € ††65/80 € – ☕ 8 €

Rest – *(fermé janv., merc. et jeudi)* (16 €) Menu 19/27 € – Carte 28/43 €

◆ Face à la plage, hôtel familial agréable (meubles anciens, objets chinés, palmiers, cheminée). Chambres actuelles au décor marin. Ouvert en 2009, le restaurant propose une carte privilégiant les produits de la mer ; cadre classique ouvert côté flots.

Du Port

18 quai d'Amont – ✆ 02 35 97 08 93 – Fermé dim. soir, jeudi soir et lundi

Rest – Menu 25/45 € – Carte 45/85 €

◆ Le ballet des bateaux rythme agréablement les repas dans ce restaurant du port. Cuisine de la mer (produits des pêcheurs locaux) ou plus traditionnelle. Cadre classique.

au Sud-Est 7 km par D 20 et D 70 – ✉ 76740 Ermenouville

Château du Mesnil Geoffroy sans rest
2 r. Dame Blanche – ☎ 02 35 57 12 77 – www.chateau-mesnil-geoffroy.com
5 ch – †85/120 € ††85/120 € – ☕ 12 €
◆ Ce château du 18e s. vous replonge au temps de la Pompadour comme si rien n'avait changé ! Authentiques chambres Louis XV, objets d'art d'époque, parc à la française, roseraie.

à Ingouville 3 km au Sud-Ouest par D 925 E2 – 265 h. – alt. 80 m – ✉ 76460 Ingouville

Les Hêtres avec ch
24 r. des Fleurs – ☎ 02 35 57 09 30 – www.leshetres.com – Fermé 2 janv.-10 fév., lundi et mardi sauf juil.-août
4 ch – †60/160 € ††60/160 € – ☕ 12 €
Rest – Menu 39/85 € – Carte 82/99 €
Spéc. Lisette marinée au vin blanc et jus d'agrumes. Rouget rôti en filet, ratatouille de légumes parfumée au romarin. Tarte fine aux pommes, glace vanille de Tahiti, caramel au beurre salé.
◆ Pierres vives, tomettes cirées, colombages, cheminée monumentale... cette longère du 17e s. ne manque ni de caractère ni de charme ! Un cadre élégant pour déguster une cuisine joliment apprêtée, par un jeune chef formé aux quatre coins du monde...

ST-VALERY-SUR-SOMME – 80 Somme – 301 C6 – 2 790 h. – alt. 27 m – ✉ 80230 Nord Pas-de-Calais Picardie — 36 A1

Paris 206 – Abbeville 18 – Amiens 71 – Blangy-sur-Bresle 45
2, place Guillaume-Le-Conquérant ☎ 03 22 60 93 50
Digue-promenade★ - Chapelle des Marins ←★ - Ecomusée Picarvie★ - La baie de Somme★★.

Les Corderies
214 r. des Moulins – ☎ 03 22 61 30 61 – www.lescorderies.com
11 ch – †150/204 € ††150/204 € – ☕ 14 € – ½ P 125/152 €
Rest – Menu 39/52 €
◆ Un hôtel récent, de facture régionale. Sobriété, design et confort : quel plaisir de regagner sa chambre après une balade sur la plage... surtout si on a opté pour la vue sur la baie ! Au restaurant, atmosphère résolument contemporaine et cuisine actuelle.

Du Cap Hornu
Au Cap Hornu au Nord : 2 km – ☎ 03 22 60 24 24
91 ch ☕ – †78/89 € ††88/98 € – ½ P 63/72 € **Rest** – (15 €) Menu 20 €
◆ Dans un immense parc surplombant la baie de Somme, ces maisons régionales respectueuses de l'environnement disposent de chambres récentes (certaines avec mezzanine). Piscine, tennis. Cuisine de tradition axée terroir à déguster dans un cadre classique.

Picardia sans rest
41 quai Romerel – ☎ 03 22 60 32 30 – www.picardia.fr
18 ch – †75 € ††98 € – ☕ 13 €
◆ Sympathique maison de pays à deux pas du petit quartier médiéval. Chambres spacieuses et lumineuses ; certaines, avec mezzanine, accueillent volontiers les familles.

Du Port et des Bains
1 quai Balvet – ☎ 03 22 60 80 09 – www.hotelhpb.com – Fermé 15 nov.-6 déc. et 2-25 janv.
16 ch – †55/80 € ††65/90 € – ☕ 9 €
Rest – (15 €) Menu 20/35 € – Carte 15/35 €
◆ Près du port, cet hôtel offre une jolie vue sur la baie. Chambres classiques et colorées, dont une plus familiale avec baignoire balnéo. Au restaurant, peintures évoquant St-Valery au début du 20e s., plats traditionnels et produits de la mer. C'est frais et bon !

Le Relais Guillaume de Normandy ← rest, P

46 quai Romerel – ☎ 03 22 60 82 36 – www.relais-guillaume-de-normandy.com – Fermé 18 déc.-12 janv. et mardi sauf du 12 juil. au 23 août

14 ch – †57 € ††66/83 € – ☕ 11 € – ½ P 65/73 €

Rest – Menu 18/43 € – Carte 30/68 €

♦ C'est du port valéricain que Guillaume partit conquérir l'Angleterre. Face à la baie, ce joli manoir en brique honore sa mémoire et assure le repos du guerrier avec des chambres pratiques. Cuisine classique, salle panoramique dominant les flots et agréable terrasse.

ST-VALLIER – 26 Drôme – 332 B2 – 4 017 h. – alt. 135 m – ✉ 26240 43 E2

Lyon Drôme Ardèche

Paris 526 – Annonay 21 – St-Étienne 61 – Tournon-sur-Rhône 16

avenue Désiré Valette ☎ 04 75 23 45 33

d'Albon à Saint-Rambert-d'Albon Château de Senaud, N : 9 km par N 7 et D 122, ☎ 04 75 03 03 90

Le Bistrot d'Albert

116 av. J.-Jaurès, (rte de Lyon) – ☎ 04 75 23 01 12 – Fermé 2 sem. en août et 2 sem. en fév.

Rest – Menu 15/28 € – Carte 24/39 €

♦ Belle hauteur sous plafond, lumineuse véranda et goûteuse cuisine du marché vous attendent dans ce bistrot voisin de la gare. Ambiance conviviale garantie.

au Nord-Est 8 km par N 7, D 122 et D 132 – ✉ 26140 Albon

Domaine des Buis ← P

rte de St-Martin-des-Rosiers – ☎ 04 75 03 14 14 – www.domaine-des-buis.com – Fermé 15 déc.-15 fév.

8 ch – †95/110 € ††105/120 € – ☕ 12 € **Table d'hôte** – Menu 30 €

♦ Dans un parc aux senteurs de cèdre et de magnolia, entouré de collines, une demeure du 18e s. disposant de chambres spacieuses et cosy. Billard américain. Plats traditionnels concoctés par la maîtresse de maison et servis dans un cadre raffiné.

à St-Uze 6 km à l'Est par D 51 – 1 783 h. – alt. 189 m – ✉ 26240

Philip Liversain

23 r. P. Sémard – ☎ 04 75 03 52 58 – www.philip-liversain.com – Fermé 13 juillet-4 août, dim. soir et lundi

Rest – (12 €) Menu 16 € (déj. en sem.), 29/36 €

♦ Le soleil et la fraîcheur sont au rendez-vous dans cet ancien relais de poste (19e s.). Tons clairs, fer forgé, nappes colorées et... carte inspirée du marché.

ST-VALLIER-DE-THIEY – 06 Alpes-Maritimes – 341 C5 – 3 030 h. 42 E2
– alt. 730 m – ✉ 06460 Côte d'Azur

Paris 907 – Cannes 29 – Castellane 52 – Draguignan 57

10, place du Tour ☎ 04 93 42 78 00

Pas de la Faye ←★★ NO : 5 km - Grotte de Beaume Obscure★ S : 2 km - Col de la Lèque ←★ SO : 5 km.

Le Relais Impérial

2 et 4 pl. Cavalier Fabre, rte Napoléon – ☎ 04 92 60 36 36 – www.relaisimperial.com

29 ch – †49/69 € ††59/79 € – ☕ 9 € – ½ P 58/68 €

Rest – (16 €) Menu 21 € (sem.)/45 € – Carte 27/52 €

Rest *Le Grill du Relais* – ☎ 04 92 60 36 30 – (14 €) Menu 18 € – Carte 25/45 €

♦ Petites chambres rustiques rénovées par étapes dans ce relais séculaire posté sur la route Napoléon (l'Empereur s'est arrêté ici le 2 mars 1815). Repas traditionnel dans un décor de style Louis XIII ou côté véranda. Pizzas et plats simples au Grill du Relais.

ST-VIANCE – 19 Corrèze – **329** J4 – 1 573 h. – alt. 119 m – ✉ 19240 **24** B3
Périgord Quercy

Paris 479 – Limoges 90 – Tulle 45 – Brive-la-Gaillarde 12

Auberge sur Vézère rest, P VISA

23 r. du Pontel – ✆ 05 55 84 28 23 – www.aubergesurvezere.com – Fermé 24 déc.-26 janv. et dim. sauf juil.-août
10 ch – †68 € ††72 € – ☕ 9 € – ½ P 65 €
Rest – *(fermé sam. midi, dim. soir et lundi) (prévenir)* (22 €) Menu 28/35 €
◆ À l'entrée du village, petite auberge de pays tenue par un sympathique couple franco-britannique. Chambres fonctionnelles et bien équipées. Atmosphère familiale dans la lumineuse salle à manger où l'on propose un menu-carte actuel. Terrasse sous les arbres.

ST-VIATRE – 41 Loir-et-Cher – **318** I6 – 1 188 h. – alt. 107 m – ✉ 41210 **12** C2

Paris 179 – Orléans 53 – Blois 106 – Vierzon 53

Villepalay sans rest P

2 km par rte de Nouan le Fuzelier – ✆ 02 54 88 22 35 – www.villepalay.com – Fermé mars
3 ch ☕ – †60/70 € ††65/75 €
◆ Cette ferme solognote au charme bucolique – étang pour la pêche et le canotage – vous réserve le meilleur accueil. Chambres soignées, petit-déjeuner bio avec confitures maison.

ST-VICTOR – 03 Allier – **326** C4 – rattaché à Montluçon

ST-VICTOR-DE-MALCAP – 30 Gard – **339** K3 – rattaché à St-Ambroix

ST-VICTOR-DES-OULES – 30 Gard – **339** L4 – rattaché à Uzès

ST-VINCENT – 43 Haute-Loire – **331** F3 – 937 h. – alt. 605 m – ✉ 43800 **6** C3

Paris 543 – La Chaise-Dieu 37 – Le Puy-en-Velay 18 – St-Étienne 76

La Renouée AC VISA

à Cheyrac, 2 km au Nord par D 103 – ✆ 04 71 08 55 94 – www.larenouee.fr – Fermé vacances de la Toussaint, 3 janv.-5 mars, mardi soir, merc. soir et jeudi soir du 15 oct. au 31 mars, dim. soir et lundi
Rest – *(nombre de couverts limité, prévenir)* Menu 25/47 € – Carte 23/42 €
◆ Maison centenaire devancée par un jardinet. Grande cheminée en pierre et beau vaisselier rustique en merisier dans la salle redécorée. Carte régionale teintée de créativité.

ST-VINCENT-DE-TYROSSE – 40 Landes – **335** D13 – 6 785 h. – alt. 24 m – ✉ 40230 **3** B3

Paris 743 – Anglet 32 – Bayonne 29 – Bordeaux 157

placette du Midi ✆ 05 58 77 12 00

Le Hittau P VISA AE

1 r. du Nouaou – ✆ 05 58 77 11 85 – Fermé 27 juin-7 juil., 8 fév.-3 mars, mardi sauf du 14 juil. au 30 août et merc.
Rest – (19 €) Menu 36/75 € – Carte environ 50 €
◆ Cette ancienne bergerie ne manque pas de cachet avec sa charpente apparente et sa cheminée monumentale. Agréable terrasse. Cuisine actuelle avec de bons produits de saison.

ST-VINCENT-SUR-JARD – 85 Vendée – **316** G9 – 1 146 h. – alt. 10 m – ✉ 85520 **34** B3
Poitou Vendée Charentes

Paris 454 – Luçon 34 – La Rochelle 70 – La Roche-sur-Yon 35

place de l'Eglise ✆ 02 51 33 62 06

L'Océan ch, rest, VISA
72 r. Georges-Clemenceau, 1 km au Sud (près maison de Clemenceau) – 02 51 33 40 45 – www.hotel-restaurant-ocean.com – Fermé 15 nov.-25 fév. et merc. d'oct. à mars
33 ch – 58/74 € 58/74 € – 8 € – ½ P 55/68 €
Rest – Menu 22/65 € – Carte 25/55 €
◆ Imposante villa balnéaire tenue par la même famille depuis trois générations. Chambres simples esprit "vieille France", jardin ombragé de pins et véranda pour le petit-déjeuner. Au restaurant, carte traditionnelle valorisant les produits de l'océan.

ST-WITZ – 95 Val-d'Oise – 305 G6 – 2 565 h. – alt. 180 m – ✉ 95470 19 C1

Paris 41 – Amiens 123 – Bobigny 28 – Pontoise 48

Villa 1865 VISA
3 r. C.-Peguy – 01 34 68 30 98 – www.villa1865.com
3 ch – 85/105 € 95/140 € **Table d'hôte** – Menu 38 € bc/48 € bc
◆ Au grand calme en lisière de forêt, grande demeure toute blanche (1865), où fit étape Charles Péguy en 1914, avant la bataille de la Marne. Chambres d'une élégance simple, claires et spacieuses. Le patron, d'origine italienne, exprime ses racines à la table d'hôte.

ST-YBARD – 19 Corrèze – 329 K3 – rattaché à Uzerche

STE-ANNE-D'AURAY – 56 Morbihan – 308 N8 – 2 102 h. – alt. 42 m 9 A3
– ✉ 56400 Bretagne

Paris 475 – Auray 7 – Hennebont 33 – Locminé 27
26, rue de Vannes 02 97 57 69 16
Trésor★ de la basilique - Pardon (26 juil.).

L'Auberge VISA
56 r. de Vannes – 02 97 57 61 55 – www.auberge-sainte-anne.com – Fermé 11-19 oct., 28 nov.-7 déc. et 2-19 janv.
16 ch – 85/210 € 105/220 € – 2 suites – ½ P 113/175 €
Rest – *(fermé merc. midi)* (15 €) Menu 22/85 € – Carte 39/99 €
◆ L'hôtel joue la carte Art nouveau : palissandre, loupe d'orme, reproductions de Mucha, pâtes de verre Lalique. C'est douillet et raffiné. Au restaurant, décor plus classique et savoureuse cuisine dans l'air du temps.

STE-ANNE-DU-CASTELLET – 83 Var – 340 J6 – rattaché au Castellet

STE-ANNE-LA-PALUD (Chapelle de) – 29 Finistère – 308 F6 9 A2
– alt. 65 m – ✉ 29550 Bretagne

Paris 584 – Brest 68 – Châteaulin 20 – Crozon 27
Pardon (fin août).

De La Plage rest, VISA
à la plage – 02 98 92 50 12 – www.plage.com – Ouvert 2 avril-3 nov.
24 ch – 187/350 € 187/350 € – 19 € – ½ P 169/251 €
Rest – *(ferme lundi midi, mardi midi, merc. midi et vend. midi)* (40 €) Menu 52/92 € – Carte 71/120 €
◆ Belle demeure isolée en bordure de plage. Les chambres (certaines rénovées en 2009) donnent sur la baie ou sur le jardin fleuri. Beaucoup de charme ; prix en conséquence. Au restaurant, cuisine soignée à déguster face à la mer.

STE-CÉCILE-LES-VIGNES – 84 Vaucluse – 332 C8 – 2 179 h. 40 A2
– alt. 108 m – ✉ 84290

Paris 646 – Avignon 47 – Bollène 13 – Nyons 26

Campagne, Vignes et Gourmandises

rte de Suze-la-Rousse – ✆ 04 90 63 40 11 – www.restaurant-cvg.com – Fermé vacances de la Toussaint et de Noël, 1 sem. en mars, dim. soir hors saison et lundi

Rest – *(nombre de couverts limité, prévenir)* (16 €) Menu 21/53 € – Carte 40/69 €

◆ Dans un paisible quartier résidentiel, ce petit mas respire l'air des vignes. Salle à manger champêtre complétée par une jolie terrasse ; cuisine goûteuse aux accents du Sud.

STE-COLOMBE – 84 Vaucluse – 332 E9 – rattaché à Bédoin

STE-CROIX – 01 Ain – 328 D5 – rattaché à Montluel

STE-CROIX-DE-VERDON – 04 Alpes-de-Haute-Provence – 334 E10 41 C2

– 149 h. – alt. 530 m – ✉ 04500 Alpes du Sud

Paris 780 – Brignoles 59 – Castellane 59 – Digne-les-Bains 51

L'Olivier

Le Cours, (au village) – ✆ 04 92 77 87 95 – www.l-olivier-restaurant.com – Ouvert de mi-fév. à mi-nov. et fermé lundi et mardi sauf juil.-août

Rest – (19 €) Menu 29/46 € – Carte 48/74 €

◆ Dans ce village escarpé, ce petit restaurant jouit d'une vue plongeante sur le lac de Ste-Croix : splendide ! La cuisine, soignée et parfumée, montre un net penchant pour la Provence.

STE-CROIX-EN-PLAINE – 68 Haut-Rhin – 315 I8 – rattaché à Colmar

STE-ÉNIMIE – 48 Lozère – 330 I8 – 517 h. – alt. 470 m – ✉ 48210 23 C1

Languedoc Roussillon

Paris 612 – Florac 27 – Mende 28 – Meyrueis 30

village ✆ 04 66 48 53 44

★★ sur le canyon du Tarn S : 6,5 km par D 986.

Auberge du Moulin

ch,

r. Combe – ✆ 04 66 48 53 08 – www.aubergedumoulin.free.fr – Ouvert de fin mars à début nov. et fermé dim. soir sauf juil.-août et fériés

10 ch – †50/65 € ††55/70 € – ☕ 8 € – ½ P 55/65 €

Rest – *(fermé lundi sauf juil.-août et fériés et du 16 au 29 oct.)* (14 €) Menu 18/36 € – Carte 20/40 €

◆ Belle demeure en pierre dressée au cœur d'un des plus beaux villages de France. Chambres simples, pour moitié avec terrasse tournée vers le Tarn. Salle à manger ornée d'une cheminée ou terrasse ouverte sur les gorges. Plats traditionnels et légumes du potager.

STE-EULALIE – 07 Ardèche – 331 H5 – 235 h. – alt. 1 233 m 44 A3

– ✉ 07510

Paris 587 – Aubenas 47 – Langogne 47 – Privas 51

Mairie ✆ 04 75 38 81 05

Du Nord

rest,

– ✆ 04 75 38 80 09 – www.hoteldunord-ardeche.com – Ouvert 12 mars-11 nov.

15 ch – †55/63 € ††55/63 € – ☕ 8,50 € – ½ P 58/60 €

Rest – *(fermé mardi soir et merc.)* Menu 27/42 € – Carte 30/43 €

◆ Sympathique hostellerie appréciée des pêcheurs qui viennent ferrer le poisson dans la Loire, qui prend sa source à 5 km ! Chambres sobres, régulièrement rénovées. Cuisine du terroir, ambiance familiale et cadre néorustique au restaurant.

STE-EUPHÉMIE – 01 Ain – 328 B5 – 1 332 h. – alt. 247 m – ✉ 01600 43 E1

Paris 435 – Bourg-en-Bresse 49 – Dijon 168 – Lyon 36

Au Petit Moulin

615 rte d'Ars – ✆ 04 74 00 60 10 – www.aupetitmoulin-01.com – Fermé 3-23 janv., jeudi soir, lundi, mardi et merc.

Rest – Menu 23/35 € – Carte 30/40 €

◆ Sur la carte de cette modeste auberge de campagne voisine de la Dombes : grenouilles, poissons d'eau douce et volailles, soigneusement mitonnés et généreusement servis.

STE-FEYRE – 23 Creuse – 325 I4 – rattaché à Guéret

STE-FLORINE – 43 Haute-Loire – 331 B1 – 3 105 h. – alt. 440 m – ✉ 43250 6 C2

Paris 465 – Brioude 16 – Clermont-Fd 55 – Issoire 19

Le Florina

pl. Hôtel de Ville – ✆ 04 73 54 04 45 – www.hotel-leflorina.com – Fermé 19 déc.-10 janv.

14 ch – †45 € ††45 € – ☐ 7 € – ½ P 42 €

Rest – *(fermé dim. soir)* Menu 15/28 € – Carte 19/46 €

◆ Située en plein centre-ville, cette adresse familiale propose des chambres fonctionnelles et pratiques. Celles du premier étage viennent d'être rénovées dans un style actuel. Restaurant au cadre contemporain où l'on sert une sobre cuisine traditionnelle.

STE-FOY-LA-GRANDE – 33 Gironde – 335 M5 – 2 588 h. – alt. 10 m – ✉ 33220 Aquitaine 4 C1

Paris 555 – Bordeaux 71 – Langon 59 – Marmande 44

102, rue de la République ✆ 05 57 46 03 00

Chateau des Vigiers Golf Club à Monestier, SE : 9 km par D 18, ✆ 05 53 61 50 33

Côté Bastide

4 r. de l'Abattoir, (près hôpital) – ✆ 05 57 46 14 02 – fermé dim. et merc.

Rest – (17 € bc) Menu 25/42 € – Carte 37/50 €

◆ Maison au cadre agréable tenue par un couple, madame aux fourneaux et monsieur en salle. Goûteuses recettes modernes allégées, réalisées avec des produits locaux.

Au Fil de l'Eau

3 r. de la Rouquette, à Port-Ste-Foy – ✆ 05 53 24 72 60 – www.restaurantaufildeleau.com – Fermé 11-18 avril, 14 nov.-6 déc., 15-22 fév., merc. soir d'oct. à mars, dim. soir et lundi

Rest – Menu 14 € (déj. en sem.), 21/53 € – Carte 41/69 €

◆ Salle à manger-véranda au décor contemporain (tons gris, photos anciennes du port de Ste-Foy) pour savourer une cuisine actuelle à base de produits du terroir. Vue sur la Dordogne

au Sud-Est 8 km sur D 18 par av. Foch

Château des Vigiers

au golf des Vigiers ✉ 24240 Monestier – ✆ 05 53 61 50 00 – www.vigiers.fr – Fermé 18-25 déc., 13-27 fév.

87 ch – †165/390 € ††165/390 € – ☐ 20 € – ½ P 118/220 €

Rest *Les Fresques* – ✆ 05 53 61 50 39 *(Ouvert 1er mars-31 oct. et fermé mardi et merc.) (dîner seult)* Menu 45/79 € – Carte 51/85 €

Rest *Brasserie Le Chai* – *(fermé le soir de déc. à fév.)* – (22 €) Menu 25 € (déj.)/35 € – Carte 32/46 €

◆ Situé en bordure du golf, ce château du 16e s. abrite de grandes chambres personnalisées et d'autres plus modernes dans une nouvelle aile en bois, façon séchoir à tabac. Cadre chic, carte actuelle et vins de la propriété aux Fresques. Brasserie occupant l'ancien chai.

STE-FOY-TARENTAISE – 73 Savoie – 333 O4 – 849 h. – alt. 1 050 m 45 D2 – ✉ 73640 Alpes du Nord

Paris 647 – Albertville 66 – Chambéry 116 – Moûtiers 40

Maison du Tourisme ☎ 04 79 06 95 19

Le Monal

– ☎ 04 79 06 90 07 – www.le-monal.com

20 ch – 60/90 € 70/110 € – 10 € – ½ P 70/85 €

Rest – Menu 20 € (déj. en sem.)/35 € – Carte 40/60 €

◆ Dans ce relais de poste, appartenant à la même famille depuis 1888, bois brut, chaux, pierre et atrmosphère montagnarde. Chambres confortables, la plupart familiales. Au restaurant, cadre tout bois et carte traditionnelle avec dégustation et vente de vin.

rte de la Station 6 km au SE par rte secondaire – ✉ 73640 Ste-Foy-Tarentaise

La Ferme du Baptieu

Le Baptieu, (D 84) – ☎ 04 79 06 97 52 – www.lafermedubaptieu.com – Ouvert juil.-août et déc.-avril

5 ch – 130/179 € 130/179 € **Table d'hôte** – Menu 39 €

◆ Ce chalet du 18e s., restauré avec goût, mêle traditions savoyardes et touches méditérranéennes. Chaque chambre possède une superbe salle de bains et un balcon ouvert sur la montagne. À la table d'hôtes, cuisine familiale avec les produits de la région.

STE-GEMME-MORONVAL – 28 Eure-et-Loir – 311 E3 – rattaché à Dreux

STE-GENEVIÈVE-DES-BOIS – 91 Essonne – 312 C4 – 101 35 – voir à Paris, Environs

STE-GENEVIÈVE-SUR-ARGENCE – 12 Aveyron – 338 I2 – 1 020 h. 29 D1 – alt. 800 m – ✉ 12420

Paris 571 – Aurillac 56 – Chaudes-Aigues 34 – Espalion 40

Syndicat d'Initiative ☎ 05 65 66 19 75

Barrage de Sarrans★ N : 8 km, Midi-Toulousain

Des Voyageurs avec ch

r. du Riols – ☎ 05 65 66 41 03 – Fermé 20 sept-12 oct., 20 déc.-5 janv., dim. soir et sam. du 15 oct. au 10 juil.

14 ch – 45/48 € 45/48 € – 6 € – ½ P 46 €

Rest – (10 €) Menu 12 € (déj. en sem.), 14/32 € – Carte 20/29 €

◆ Cet ex-relais de diligences accueille les voyageurs depuis 1872. Décor rustique au restaurant, ouvert sur un jardin ; plats régionaux préparés à l'ancienne. Chambres simples et pratiques.

STE-HERMINE – 85 Vendée – 316 J8 – 2 512 h. – alt. 28 m – ✉ 85210 34 B3

Paris 433 – Nantes 93 – La Roche-sur-Yon 35 – La Rochelle 59

35 route de Nantes ☎ 02 51 27 39 32

Clem'otel

parc Atlantique Vendée, 2 km au Sud sur D 137 – ☎ 02 51 28 46 94 – www.clemotel.com – Fermé 24 déc.-3 janv.

49 ch – 52/54 € 64/66 € – 8 € – ½ P 52/54 €

Rest – *(fermé dim. de nov. à fin mars)* (12 €) Menu 15/22 € – Carte 14/35 €

◆ Hôtel récent au cœur d'une zone artisanale, à la sortie de l'autoroute. Chambres d'ampleurs variables, bien insonorisées ; petits-déjeuners servis dans un patio. À table, régalez-vous de grillades ou de plats du terroir dans un décor mi-contemporain, mi-rustique.

STE-LUCIE-DE-PORTO-VECCHIO – 2A Corse-du-Sud – 345 F9 – voir à Corse

STE-LUCIE-DE-TALLANO – 2A Corse-du-Sud – 345 D9 – voir à Corse

STE-MAGNANCE – 89 Yonne – 319 H7 – 373 h. – alt. 310 m — 7 B2
– ✉ 89420 Bourgogne

Paris 224 – Avallon 15 – Auxerre 65 – Dijon 68

Tombeau★ dans l'église.

XX **Auberge des Cordois**

D 606 – ✆ 03 86 33 11 79 – Fermé 26 juin-6 juil., 1er-26 janv., lundi soir, mardi et merc.

Rest – (15 €) Menu 27/42 € – Carte 33/58 €

◆ En bord de route, cette auberge du 18e s. ne passe pas inaperçue avec sa façade jaune. Cuisine régionale servie dans une salle rustique ; formule bistrot dans l'ancien bar.

STE-MARGUERITE (ÎLE) – 06 Alpes-Maritimes – 341 D6 – voir à Île Sainte-Marguerite

STE-MARIE – 44 Loire-Atlantique – 316 D5 – rattaché à Pornic

STE-MARIE-DE-RÉ – 17 Charente-Maritime – 324 C3 – voir à Île de Ré

STE-MARIE-DE-VARS – 05 Hautes-Alpes – 334 I5 – rattaché à Vars

STES-MARIES-DE-LA-MER – voir après Saintes

STE-MARIE-SICCHÉ – 2A Corse-du-Sud – 345 C8 – voir à Corse

STE-MARINE – 29 Finistère – 308 G7 – rattaché à Bénodet

STE-MAURE – 10 Aube – 313 E3 – rattaché à Troyes

STE-MAURE-DE-TOURAINE – 37 Indre-et-Loire – 317 M6 — 11 B3
– 3 995 h. – alt. 85 m – ✉ 37800 Châteaux de la Loire

Paris 273 – Le Blanc 71 – Châtellerault 39 – Chinon 32

rue du Château ✆ 02 47 65 66 20

Hostellerie des Hauts de Ste-Maure

2-4 av. Gén. de Gaulle – ✆ 02 47 65 50 65 – www.hostelleriehautsdestemaure.fr – Fermé janv., lundi (sauf hôtel) et dim. d'oct. à mai

19 ch – †135/265 € ††135/265 € – ☕ 14 €

Rest *La Poste* – *(fermé lundi midi et dim. d'oct. à mai)* Menu 38/80 € – Carte 60/95 €

◆ Ce relais de poste du 16e s. et sa dépendance proposent des chambres confortables, décorées dans un style actuel. Piscine intérieure avec balnéo, jardin, potager. Le restaurant La Poste occupe l'ancien pressoir. On y sert une cuisine classique.

Le Grand Menasson sans rest

lieu dit Le Grand Menasson, 2 km par r. de Loches et rte secondaire – ✆ 06 11 08 51 80 – www.augrandmenasson.fr

5 ch ☕ – †70/95 € ††70/140 €

◆ Pour les amoureux du calme et de la nature, une ferme et sa tour couverte de vigne vierge, avec parc et étang, où l'on vous accueille avec chaleur. Les chambres sont avenantes.

à Pouzay 8 km au Sud-Ouest – 788 h. – alt. 51 m – ✉ 37800

X **Au Gardon Frit**

16 pl. de l'Eglise – ✆ 02 47 65 21 81 – www.au-gardon-frit.com – Fermé 10-20 avril, 15-30 sept., 15-31 janv., mardi et merc. sauf fériés

Rest – (9 €) Menu 14 € (déj. en sem.), 18/40 € – Carte 23/59 €

◆ Point de "gardon frit" sur la carte de ce restaurant familial, mais des produits de la mer en direct de l'océan et un décor ad hoc... Terrasse sous un préau.

rte de Chinon 2,5 km à l'Ouest : par D 760 – ✉ 37800 Noyant-de-Touraine

La Ciboulette

78 rte de Chinon, (face échangeur A 10, sortie n° 25) – ✆ 02 47 65 84 64 – www.laciboulette.fr – Fermé le soir de dim. à jeudi d'oct. à mars sauf vacances scolaires et fériés

Rest – (20 €) Menu 26/56 € – Carte 32/60 €

◆ L'attrait de cette grande maison couverte de vigne vierge ? Ses formules et ses menus à prix plutôt sages, mais aussi son intérieur chaleureux et sa terrasse.

à Noyant-de-Touraine 5 km à l'Ouest – 815 h. – alt. 92 m – ✉ 37800

Château de Brou

rest, VISA AE

2 km au Nord par rte secondaire – ✆ 02 47 65 80 80 – www.chateau-de-brou.fr – Fermé 18-26 déc., 3 janv.-17 fév.

10 ch – †120/175 € ††120/175 € – 2 suites – ☕ 15 € – ½ P 130/158 €

Rest – *(fermé dim. et lundi d'oct. à mars) (dîner seult)* Menu 40/70 € – Carte 56/77 €

◆ Beau château du 15e s. isolé dans un vaste parc, avec un ravissant pigeonnier aménagé en suite et une chapelle du 19e s. : le décor, chargé d'histoire, est remarquable, sans parler du confort ! Cuisine traditionnelle servie dans une pièce élégante (jolie cheminée).

STE-MAXIME – 83 Var – 340 O6 – 13 739 h. – alt. 10 m – Casino 41 C3

– ✉ 83120 Côte d'Azur

Paris 872 – Cannes 59 – Draguignan 34 – Fréjus 20

1, promenade Simon-Loriere BP 107 ✆ 04 94 55 75 55

de Sainte-Maxime Route du Débarquement, N : 2 km, ✆ 04 94 55 02 02

de Beauvallon Boulevard des Collines, par rte de Toulon : 4 km, ✆ 04 94 96 16 98

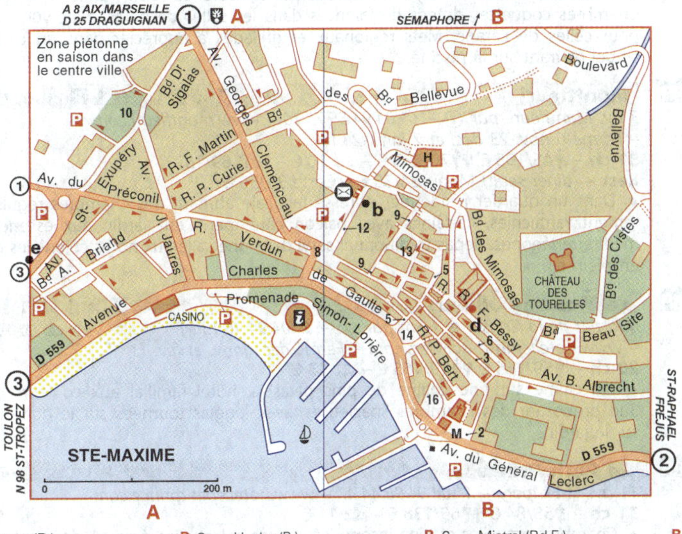

Alsace (R.) . . . . B 3
Bietti (Pl. L.) . . . . B 16
Courbet (R.) . . . . B 5
Germond (Pl. M. de) . . . . B 2
Hoche (R.) . . . . B 6
Louis-Blanc (Pl.) . . . . A 8
Maures (R. des) . . . . B 9
Mermoz (Pl. J.) . . . . A 10
Mistral (Bd F.) . . . . B 12
Pasteur (Pl.) . . . . B 13
Victor-Hugo (Pl.) . . . . B 14

Hostellerie la Belle Aurore

5 bd Jean Moulin, par ③ – ✆ 04 94 96 02 45 – www.belleaurore.com – Ouvert 9 avril-16 oct.
16 ch – 145/440 € 145/440 € – 1 suite – 20 € – ½ P 133/350 €
Rest – *(fermé lundi midi et merc. sauf juil.-août)* (25 €) Menu 40/88 € – Carte 87/120 €
◆ Cet hôtel les pieds dans l'eau est une institution. Les chambres aux teintes chaleureuses, confortables et paisibles, ont toutes une terrasse ou un balcon donnant sur la mer. Salle panoramique pour une table soignée honorant la Provence... et le Gers !

Villa les Rosiers

rest,

4 chemin de Guerrevieille Beauvallon-Grimaud, 5 km par ③ – ✆ 04 94 55 55 20 – www.villa-les-rosiers.com – Ouvert 16 mars-31 oct. et 23 déc.-9 janv.
12 ch – 170/495 € 170/495 € – 22 €
Rest – *(ouvert 1er avril-31 oct.)* Carte 55/79 €
◆ Une villa provençale aux murs roses, dans un jardin fleuri de... rosiers. De quoi embaumer la vue superbe sur le golfe de St-Tropez ! Sculptures et tableaux contemporains, tons clairs : beaucoup de raffinement. Élégant décor immaculé au restaurant ; cuisine actuelle.

Martinengo sans rest

34 bd Jean-Moulin, par ③ – ✆ 04 94 55 09 09 – www.hotel-martinengo.com – Ouvert 2 avril-5 oct.
9 ch – 65/183 € 65/183 € – 1 suite – 18 €
◆ Face à la mer, dans un jardin planté d'imposants pins parasols... Son architecture ne manque pas de cachet ; ses chambres offrent simplicité et chaleur. Accueil familial.

Les Santolines

ch,

la Croisette par ③ – ✆ 04 94 96 31 34 – www.hotel-les-santolines.com
13 ch – 75/152 € 75/152 € – 1 suite – 12 €
Rest *Le Sarment de Vigne* – ✆ 04 94 96 34 99 *(fermé 1er nov.-28 fév.)* (16 €) Menu 27/42 € – Carte 45/90 €
◆ Pimpante maison de style mas provençal en bord de route (double vitrage). Chambres coquettes dotées de faïences dans les salles de bains, avec vue mer pour celles de l'étage. Mets régionaux et grillades à apprécier dans un cadre actuel ouvrant sur la piscine.

Montfleuri

ch,

3 av. Montfleuri, par ② – ✆ 04 94 55 75 10 – www.montfleuri.com – Fermé 6 nov.-23 déc. et 2 janv.-28 fév.
31 ch – 45/105 € 70/235 € – 10 € – ½ P 69/152 €
Rest – *(dîner seult)* Menu 24/35 € – Carte 35/55 €
◆ Dans un quartier résidentiel, adresse familiale abritant des chambres régulièrement rafraîchies, certaines avec balcon côté mer. Petit jardin aux essences méditerranéennes. Repas traditionnel servi dans une salle aux notes coloniales ou en plein air.

Le Mas des Oliviers sans rest

quartier de la Croisette, 1 km par ③ – ✆ 04 94 96 13 31 – www.hotellemasdesoliviers.com – Fermé déc., janv. et fév.
20 ch – 59/165 € 59/165 € – 13 €
◆ Au calme sur une colline de pins parasols, hôtel familial aux couleurs du Sud proposant des chambres spacieuses, avec loggias tournées sur le golfe ou sur le jardin.

Le Petit Prince sans rest

11 av. St-Exupéry – ✆ 04 94 96 44 47 – www.hotellepetitprince.com
31 ch – 55/84 € 65/138 € – 11 € Ae
◆ Chambres actuelles et bien insonorisées, avec balcons (sauf deux), donnant sur une avenue passante proche des plages et du centre. Solarium et terrasse pour les petits-déjeuners.

Croisette sans rest

2 bd Romarins, par ③ – ☎ 04 94 96 17 75 – www.hotel-la-croisette.com – Ouvert 1er avril-15 oct.

11 ch – †80/174 € ††80/174 € – 1 suite – ☕ 12 €

◆ Belle villa au calme sur les hauteurs de la ville, agrémentée d'un jardin-terrasse autour de la piscine. Chambres fraîches et lumineuses, certaines avec vue sur le large.

Hôtellerie de la Poste sans rest

11 bd F. Mistral – ☎ 04 94 96 18 33 – www.hotelleriedusoleil.com – Fermé 6-27 déc. **Bb**

28 ch – †70/140 € ††70/230 € – ☕ 12 €

◆ Face à la poste, cet hôtel bien rénové vous accueille dans un décor d'inspiration cubaine. Chambres aux tons chauds, plus calmes sur l'arrière. Petit patio avec piscine.

La Badiane (Geoffrey Poësson)

6 r. Fernand-Bessy – ☎ 04 94 96 53 93 – Fermé 27 nov.-11 déc., 15 janv.-5 fév., le midi et dim. soir **Bd**

Rest – *(nombre de couverts limité, prévenir)* Menu 38/68 € – Carte 74/108 €

Spéc. Cannellonis d'artichaut truffés, foie gras et magret de canard en copeaux. Tartelette de pagre aux points bleus, texture de fenouil et éclats d'olives. Nougat glacé au safran et fruits exotiques.

◆ Un cadre intime (notes zen, bougies) pour une cuisine soignée et sophistiquée : le jeune chef fait son marché chaque matin, avant d'élaborer "à l'instinct" les mets du soir... Les assiettes sont très graphiques !

au Nord-Est par ①, av. Clemenceau et rte du Débarquement – ✉ 83120 Ste-Maxime

Jas Neuf sans rest

112 av. du Débarquement – ☎ 04 94 55 07 30 – www.hotel-jasneuf.com – Fermé 30 nov.-17 déc. et 4-28 janv.

24 ch – †69/165 € ††69/165 € – ☕ 11 €

◆ Un ensemble de jolies petites maisons méridionales en retrait de la ville. Chambres fraîches et coquettes aux couleurs de la Provence, la plupart avec terrasse et balcon.

à la Nartelle 4 km par ② – ✉ 83120 Ste-Maxime

La Plage sans rest

36 av. Gén.-Touzet-du-Vigier – ☎ 04 94 96 14 01 – www.hotel-la-plage.fr

18 ch – †49/160 € ††69/160 € – ☕ 9 €

◆ Agréable hôtel rénové, bordant la route et la plage. Agréable esprit contemporain, bons équipements. Toutes les chambres offrent un balcon face au large...

à Val d'Esquières 6 km au Nord-Ouest par ② et rte des Issambres – ✉ 83120 Ste-Maxime

La Villa

122 av. Croiseur-Léger-Le-Malin, à la Garonnette, D 559 – ☎ 04 94 49 40 90 – www.hotellavilla.fr – Fermé déc.-fin mars

8 ch – †65/150 € ††65/150 € – 4 suites – ☕ 8 €

Rest – *(dîner seult)* Menu 18/28 € – Carte 25/42 €

◆ Face à la plage (il faut simplement traverser la route), cet établissement familial abrite de charmantes chambres d'esprit provençal ; certaines donnent sur la mer. La table conjugue ambiance chaleureuse (couleurs vives, meubles en rotin) et mets provençaux.

STE-MENÉHOULD – 51 Marne – 306 L8 – 4 662 h. – alt. 137 m **14 C2**

– ✉ 51800 Champagne Ardenne

Paris 221 – Bar-le-Duc 50 – Châlons-en-Champagne 48 – Reims 80

5, place du Général Leclerc ☎ 03 26 60 85 83

<★ de la butte appelée "Le château" - Château de Braux-Ste-Cohière★ O : 5,5 km.

Le Cheval Rouge

1 r. Chanzy – ☎ 03 26 60 81 04 – www.lechevalrouge.com
24 ch – 50/60 € 60/70 € – ☕ 10 € – ½ P 60/65 €
Rest – *(fermé dim. soir et lundi)* Menu 22/65 € – Carte 55/80 €
◆ À deux pas de l'hôtel de ville, cette auberge ancienne, aux chambres impeccablement tenues, assure des nuits paisibles. Dans une salle classique agrémentée de touches rustiques (cheminée, poutres apparentes), on sert un savoureux répertoire traditionnel.

à Futeau 13 km à l'Est par D 603 et D 2 – 152 h. – alt. 190 m – ✉ 55120

L'Orée du Bois avec ch

1 km au Sud – ☎ 03 29 88 28 41 – www.aloreedubois.fr – Fermé 22 nov.-22 déc., 4-26 janv., lundi et mardi sauf le soir de Pâques à fin sept. et dim. soir
14 ch – 93 € 110/170 € – ☕ 14 € – ½ P 98/138 €
Rest – (30 €) Menu 46/72 € – Carte 65/78 €
◆ En lisière de la forêt d'Argonne, cette auberge accueillante abrite deux jolies salles à manger tournées vers la campagne. Carte classique. Confort et bonne tenue des chambres.

STE-MÈRE-ÉGLISE – 50 Manche – 303 E3 – 1 612 h. – alt. 28 m – ✉ 50480 Normandie Cotentin

32 A2

Paris 321 – Bayeux 57 – Cherbourg 39 – St-Lô 42
6, rue Eisenhower ☎ 02 33 21 00 33
Musée Airborne ★

au Sud-Ouest 6 km par D 67 et D 70 - ✉ 50360 Picauville

Château de L'Isle Marie sans rest

– ☎ 02 33 21 37 25 – www.islemarie.com – Ouvert 1er mars-15 nov. et 20 déc.-2 janv.
5 ch ☕ – 130/170 € 160/195 €
◆ Ce somptueux château médiéval qui appartiendrait à la même famille depuis mille ans se dresse dans un immense domaine. Grand confort, romantisme et authenticité : un lieu unique.

STE-NATHALÈNE – 24 Dordogne – 329 I6 – 510 h. – alt. 145 m – ✉ 24200

4 D3

Paris 538 – Bordeaux 205 – Périgueux 74 – Brive-la-Gaillarde 63

La Roche d'Esteil

La Croix d'Esteil – ☎ 05 53 29 14 42 – www.larochedesteil.com
5 ch – 69/90 € 69/90 € – ☕ 6,50 € **Table d'hôte** – Menu 25 € bc
◆ Un domaine restauré avec goût par des propriétaires passionnés, dans le respect de la tradition périgourdine. Chambres soignées au charme rustique, installées dans les anciennes granges. Le soir, décor plus contemporain et ambiance conviviale à la table d'hôte.

STE-PREUVE – 02 Aisne – 306 F5 – 89 h. – alt. 115 m – ✉ 02350

37 D2

Paris 188 – Saint-Quentin 69 – Laon 29 – Reims 49

Domaine du Château de Barive

ch, rest,

3 km au Sud-Ouest – ☎ 03 23 22 15 15 – www.chateau-de-barive.com
18 ch – 90/120 € 120/450 € – 4 suites – ☕ 20 €
Rest *Les Epicuriens* – (30 €) Menu 35/85 € – Carte 66/111 €
◆ Cette superbe bâtisse (19e s.) et son vaste parc profitent du calme de la campagne. Chambres cosy, mansardées au 2e étage, et belles suites. Accueil avenant. Salle à manger ouverte sur la verdure, cuisine actuelle (produits de saison) et bon choix de bourgogne.

SAINTES – 17 Charente-Maritime – **324** G5 – 26 531 h. – alt. 15 m **38** B3
– ✉ 17100 Poitou Vendée Charentes

Paris 469 – Bordeaux 117 – Poitiers 138 – Rochefort 42

place Bassompierre ✆ 05 46 74 23 82

de Saintonge 43, route du Golf, par rte de Niort : 5 km, ✆ 05 46 74 27 61

Abbaye aux Dames : église abbatiale★ - Vieille ville★ - Arc de Germanicus★ **B** - Église St-Eutrope : église inférieure★ **E** - Amphithéâtre gallo-romain★ - Musée des Beaux-Arts★ : Musée Archéologique : char de parade★.

Relais du Bois St-Georges

132 cours Genet, (Parc Atlantique) – ✆ 05 46 93 50 99 VISA AE
– www.relaisdubois.com **Yd**
30 ch – 105/185 € 105/360 € – 19 €
Rest – Menu 68/154 € bc – Carte 49/91 €
Rest *La Table du Bois* – (24 €) Menu 31/35 €

◆ Bâti sur le site d'un ancien chai, cet hôtel propose des chambres personnalisées, parfois très originales : capitaine Némo, Tombouctou, Monte Cristo... Parc avec étangs. Cuisine au goût du jour et salle à manger rustique ouverte sur la nature. À La Table du Bois, ambiance cosy et formule bistrot.

SAINTES

Allende (Av. Salvador) . . . . . . Y 2
Alsace-Lorraine (R.) . . . . . . AZ 3
Arc-de-Triomphe (R.) . . . . . . BZ 4
Bassompierre (Pl.) . . . . . . BZ 5
Berthonnière (R.) . . . . . . AZ 7
Blair (Pl.) . . . . . . AZ 9
Bois d'Amour (R.) . . . . . . AZ 10
Bourignon (R.) . . . . . . Y 12
Brunaud (R. A.) . . . . . . AZ 13
Clemenceau (R.) . . . . . . AZ 15
Denfert-Rochereau (R.) . . . . . . BZ 16
Dufaure (Av. J.) . . . . . . Y 18
Foch (Pl. Mar.) . . . . . . AZ 20
Gambetta (Av.) . . . . . . BZ
Jacobins (R. des) . . . . . . AZ 25
Jean (R. du Dr) . . . . . . Y 27
Kennedy (Av. J.-F.) . . . . . . Y 31
Lacurie (R.) . . . . . . Y 33
Leclerc (Crs Mar.) . . . . . . Y 34
Lemercier (Cours) . . . . . . AZ 35
Marne (Av. de la) . . . . . . BZ 37
Mestreau (R. F.) . . . . . . BZ 38
Monconseil (R.) . . . . . . AZ 39
National (Cours) . . . . . . AZ
République (Quai) . . . . . . AZ 41
St-Eutrope (R.) . . . . . . AZ 42
St-François (R.) . . . . . . AZ 43
St-Macoult (R.) . . . . . . AZ 45
St-Pierre (R.) . . . . . . AZ 46
St-Vivien (Pl.) . . . . . . AZ 47
Victor-Hugo (R.) . . . . . . AZ 49

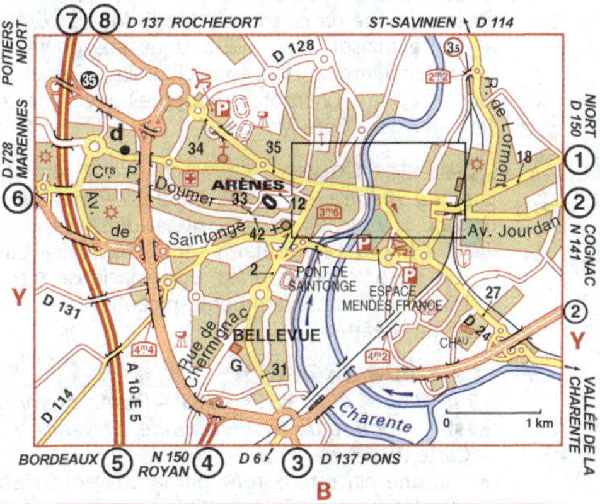

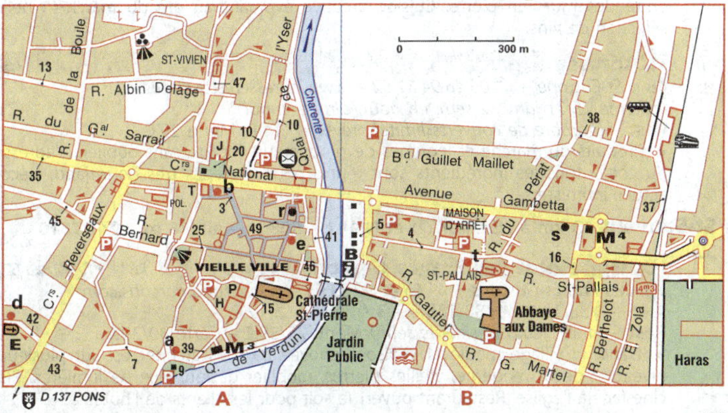

Des Messageries sans rest

r. des Messageries – 05 46 93 64 99 – www.hotel-des-messageries.com – Fermé vacances de Noël AZr

34 ch – 62/88 € 68/88 € – 8,50 €

◆ Ex-relais de diligences (1792) situé dans le quartier historique. Les chambres arborent un style actuel. Produits du terroir au petit-déjeuner. Accueil charmant.

L'Avenue sans rest

114 av. Gambetta – 05 46 74 05 91 – www.hoteldelavenue.com BZs

15 ch – 46/71 € 47/72 € – 8 €

◆ Accueil tout sourire dans cet établissement des années 1970 bordant un axe passant. Les chambres, personnalisées et chaleureuses, donnent sur l'arrière et sont calmes.

Le Bistrot Galant

28 r. St-Michel – 05 46 93 08 51 – www.lebistrotgalant.com – Fermé 1 sem. en mars, 15-31 oct., dim. et lundi AZe

Rest – (13 €) Menu 15/38 € – Carte 35/41 €

◆ Au cœur d'une rue piétonne, la façade vitrée cache deux petites salles à manger dont une relookée dans un style actuel. Cuisine traditionnelle (produits frais du marché).

Saveurs de l'Abbaye avec ch

rest,

1 pl. St Palais – 05 46 94 17 91 – www.saveurs-abbaye.com – Fermé 1 sem. en mai, 19 sept.-5 oct. et vacances de fév. BZt

8 ch – 49 € 52 € – 8 € – ½ P 59 €

Rest – *(fermé dim. et lundi)* (16 €) Menu 26/46 € – Carte 31/39 €

◆ Cette maison familiale, à deux pas de l'Abbaye aux Dames, offre un cadre actuel chaleureux (bois, tons chocolat). Cuisine associant produits régionaux, herbes et épices. Chambres modernes avec une touche de personnalisation ("Couleurs d'Asie", "Côté Mer"...).

Clos des Cours

2 pl. du Théâtre – 05 46 74 62 62 – www.closdescours.com – Fermé 30 oct.-11 nov., 24 déc.-7 janv. et dim. AZb

Rest – Menu 14 € (déj. en sem.), 26/36 € – Carte 30/44 €

◆ Un décor contemporain, une spacieuse terrasse bien agréable en été et une cuisine moderne savamment épicée font le charme de cette table située à proximité du théâtre.

La Table de Marion

10 pl. Blair – 05 46 74 16 38 – Fermé mardi soir et merc. AZa

Rest – *(nombre de couverts limité, prévenir)* Menu 25 € (déj.), 37/47 € – Carte 35/55 €

◆ Sur une placette bordée par la Charente, restaurant actuel où l'on prend place entre des murs en pierre. Cuisine créative évoluant au gré du marché ; belle sélection de vins.

L'Adresse

48 r. St-Eutrope – 05 46 94 51 62 – www.adresserestosaintes.fr – Fermé 15-31 janv., 2 sem. en août, dim. et lundi AZd

Rest – *(nombre de couverts limité, prévenir)* (14 €) Menu 29 €

◆ Produits du marché et légumes de producteurs locaux, sans oublier... l'adresse du chef : tous les ingrédients sont réunis pour un repas très gourmand. Décor actuel, intimiste.

à St-Sauvant **13 km à l'Est par ② et N 141 – 508 h. – alt. 18 m – ✉ 17610**

Design Hôtel des Francs Garçons

1 r. des Francs-Garçons – 05 46 90 33 93 – www.francsgarcons.com

7 ch – 88/138 € 88/138 € – 3 suites – 12 €

Rest – *(dîner seult) (résidents seult)* Menu 25/39 € – Carte 30/39 €

◆ Dans un village médiéval, maison rénovée par des architectes. Sur plusieurs niveaux : décor moderne, vieilles pierres, mobilier design, jeux de lumières. Piscine face à l'église. Restaurant ouvert le soir pour les clients de l'hôtel.

à Thénac 10 km au Sud par ③ et D 6 – 1 582 h. – alt. 62 m – ✉ 17460

Domaine les Chais de Thénac sans rest
41 r. de la République – ✆ 05 46 91 05 74
– www.domainedeschais.com
6 ch – 85 € 95 €
◆ Domaine du 18e s. entièrement restauré, abritant un petit hôtel. Profitez du calme de la campagne, du jardin, de la piscine d'été et des spacieuses chambres décorées avec goût.

L'Atelier Gourmand de Jean-Yves
41 r. de la République – ✆ 05 46 97 84 26 – www.l-ateliergourmand.fr
– Fermé 2 sem. en janv., 1 sem. en oct., dim. soir et lundi
Rest – (21 €) Menu 24 € (déj.), 28/68 € bc – Carte 40/59 €
◆ Ce restaurant installé dans les anciennes écuries d'un chai affiche une belle convivialité. Cuisines ouvertes sur la salle rustique, terrasse face au parc et plats régionaux.

STE-SABINE – 24 Dordogne – **329** F7 – 376 h. – alt. 133 m – ✉ 24440 **4** C2
Paris 565 – Bergerac 32 – Bordeaux 130 – Périgueux 79

Étincelles-La Gentilhommière (Vincent Lucas) avec ch
– ✆ 05 53 74 08 79 – www.gentilhommiere-etincelles.com
– Fermé 21-30 juin, 20-30 sept., vacances de la Toussaint, vacances de fév., mardi sauf le soir en juil.-août, vend. midi et merc. sauf juil.-août, dim. soir, jeudi midi et sam. midi
4 ch – 80 € 85 €
Rest – *(nombre de couverts limité, prévenir)* Menu 31 € (déj. en sem.), 49/99 €
Spéc. Tomate "Riviera", salade façon périgourdine et haricots verts fumés. Agneau du Périgord au poivre de Chiloé, asperges fines au lard, jus de pousses de radis. Meringue de foie gras au poivre de Tasmanie, sorbet mangue. **Vins** Bergerac blanc, Côtes de Bergerac rouge.
◆ Une chaleureuse maison périgourdine, dans un jardin aux arbres majestueux. Le concept : on réserve la veille, car le chef ne travaille que des produits frais. Il propose un menu unique et sa créativité fait des étincelles ! Chambres thématiques (romantique, orientale, montagnarde...).

STE-SAVINE – 10 Aube – **313** E4 – rattaché à Troyes

STES-MARIES-DE-LA-MER – 13 Bouches-du-Rhône – **340** B5 **40** A3
– 2 341 h. – alt. 1 m Provence
Paris 778 – Arles 39 – Marseille 129 – Nîmes 67
5, avenue Van Gogh ✆ 04 90 97 82 55
Plan page suivante

Mas de Cocagne sans rest
rte d'Arles – ✆ 04 90 97 96 17 – www.mas-cocagne.com – Ouvert 26 mars-13 nov.
18 ch – 90/140 € 130/185 € – 13 €
◆ Près du centre-ville, cet hôtel de standing moderne propose des chambres impeccables, au décor contemporain et coloré, et avec terrasses privatives. Agréable piscine.

Le Galoubet sans rest
rte de Cacharel – ✆ 04 90 97 82 17 – www.hotelgaloubet.com – Fermé 15 nov.-26 déc. et 4 janv.-13 fév. Bs
21 ch – 58 € 75/77 € – 7 €
◆ Un petit hôtel familial proposant des chambres rustiques mais bien tenues ; au 1er étage, quatre ont un balcon avec une jolie vue sur l'étang de la réserve des Impériaux.

STES-MARIES -DE-LA-MER

Aubanel (R. Théodore) . . . . . . A 2
Bizet (R. Georges) . . . . A 6
Carrière (R. Marcel) . . . . B 8
Châteaubriand (R.) . . . . A 10
Château d'eau (R. du) . . . . A 12
Crin Blanc (R.) . . . . A 15
Eglise (Pl. de l') . . . . A 17
Espelly (R.) . . . . A 18
Etang (R. de l') . . . . A 20
Ferrade (R. de la) . . . . B 22
Fouque (R. du Capitaine) . . . . A 23
Gambetta (Av. Léon) . . . . . . AB 25
Lamartine (Pl.) . . . . A 27
Marquis-de-Baroncelli (Pl.) . . . . A 28
Médina (R. François) . . . . B 29
Pénitents Blancs (R. des) . . . . A 30
Portalet (Pl.) . . . . A 32
Razeteurs (R. des) . . . . A 34

Le Mas des Salicornes rest,

rte d'Arles – 04 90 97 83 41 – www.hotel-salicornes.com – Ouvert mars- nov. Ay

24 ch – 55/120 € 55/120 € – 8,50 €

Rest – *(fermé dim.)* Menu 24/29 €

◆ Un petit hôtel camarguais typique : plain-pied, murets blancs et lauriers roses. Chambre sobres, toutes avec terrasse privative. Agréable jardin planté d'arbres fruitiers. Produits frais et cuisine à l'huile d'olive dans le cadre rustique du restaurant.

Hostellerie du Pont Blanc sans rest

chemin du Pont-Blanc, par rte d'Arles – 04 90 97 89 11 – www.pont-blanc.camargue.fr – Fermé 20 nov.-27 déc. Az

15 ch – 50/62 € 50/70 € – 6,50 €

◆ Pour les budgets serrés : un petit mas fleuri aux chambres toutes simples, avec terrasse donnant sur la campagne. Belle cabane de gardian au fond du jardin (deux duplex).

Le Fangassier sans rest

12 rte de Cacharel – 04 90 97 85 02 – www.fangassier.camargue.fr – Ouvert 15 fév.-15 nov. Be

22 ch – 44/62 € 44/62 € – 6,50 €

◆ Non loin du centre-ville et de la mer, maison traditionnelle aux volets bleus, sobre et rustique. Certaines chambres disposent d'une petite terrasse, d'autres sont mansardées.

rte du Bac du Sauvage 4 km au Nord-Ouest par D 38 – 13460 Les Stes-Maries-de-la-Mer

Lodge de la Fouque ch, rest,

rte du Petit-Rhône – 04 90 97 81 02 – www.lodgedelafouque.com – Ouvert 15 mars-15 nov.

22 ch – 190/325 € 190/325 € – 6 suites – 20 € – ½ P 184/239 €

Rest – *(fermé lundi midi et dim. soir du 15 mars au 9 avril et du 1er oct. au 15 nov.)* (38 €) Menu 60/65 € – Carte 60/80 €

◆ Un mas ultraluxueux, au milieu d'une nature enchanteresse. Superbes chambres thématiques (baroque, exotique, design, etc.). Spa et héliport. Le soir, on se croirait à Bali : dîner les pieds dans l'eau sous un gazebo. Cuisine fine et inventive.

L'Estelle ch, rest,

rte du Petit-Rhône, D 38 – 04 90 97 89 01 – www.hotelestelle.com – Ouvert 1er avril-13 nov.

19 ch – 160/230 € 190/490 € – 1 suite

Rest – *(fermé lundi midi et mardi midi)* Menu 25 € (déj.), 40/82 € – Carte 57/81 €

◆ Ravissant jardin et chambres provençales avec vue sur la piscine à débordement ou les étangs : un hôtel plein de charme, au bord du Petit-Rhône. Goûteuse cuisine d'inspiration méridionale dans un cadre cossu ou sur une charmante terrasse. Bistrot le midi.

rte d'Arles Nord-Ouest par D 570 – 13460 Les Stes-Maries-de-la-Mer

Le Pont des Bannes ch,

rte d'Arles, à 1 km – 04 90 97 81 09 – www.pontdesbannes.net – Fermé 30 janv.-6 mars

27 ch – 135/175 € 135/175 € **Rest** – (32 €) Carte environ 43 €

◆ Les chambres, installées dans des cabanes de gardians au milieu des marais, ont un charme fou ! Pour les amoureux de la Camargue : centre équestre et arènes privées. Belle cuisine régionale au restaurant (tomettes, poutres, cheminée) et agréable vue sur la piscine (baies vitrées).

Lodge Ste-Hélène

à 800 m. – 04 90 97 83 29 – www.lodge-saintehelene.com – fermé 1er fév.-8 mars

13 ch – 135/175 € 135/175 €

◆ Le Lodge Ste-Hélène, situé sur une presqu'île de l'étang des Launes, propose des chambres au décor épuré (chaux, laine et bois) idéales pour observer la faune et la flore.

Les Rizières sans rest

rte d'Arles, à 2,5 km – ✆ 04 90 97 91 91 – www.lesrizieres-camargue.com – Fermé 12 nov.-1er fév.

27 ch – †78/112 € ††78/112 € – ☕ 9 €

◆ Dans une ancienne manade (élevage camarguais) près d'un étang, au calme. Les chambres, simples et nettes, sont situées autour d'un patio verdoyant. Grande piscine.

Hostellerie du Pont de Gau avec ch

A/C ch, P VISA MC AE

rte d'Arles, à 5 km – ✆ 04 90 97 81 53 – www.hotelpontdegau.com – Fermé 4 janv.-12 fév. et merc. du 15 nov. à Pâques sauf vacances scolaires

9 ch – †54 € ††54 € – ☕ 8,50 € **Rest** – Menu 23/56 € – Carte 48/70 €

◆ À côté du parc ornithologique, salle à manger avec poutres apparentes, cheminée et véranda. Cuisine traditionnelle à prix abordable. Chambres simples et climatisées, pratiques pour une étape impromptue.

STE-VERGE – 79 Deux-Sèvres – 322 E2 – rattaché à Thouars

LES SAISIES – 73 Savoie – 333 M3 – Sports d'hiver : 1 600/1 870 m 45 D1

24 – ✉ 73620

▶ Paris 597 – Albertville 29 – Annecy 61 – Bourg-St-Maurice 53

ℹ avenue des Jeux Olympiques ✆ 04 79 38 90 30

Le Calgary

ch, rest, VISA MC AE

73 r. des Periots – ✆ 04 79 38 98 38 – www.hotelcalgary.com – Ouvert 18 juin-10 sept. et 17 déc.-22 avril

39 ch ☕ – †60/130 € ††65/195 € – 1 suite – ½ P 72/135 €

Rest – *(ouvert 18 déc.-23 avril et fermé le midi)* (17 €) Menu 26/42 € – Carte 31/47 €

◆ Chalet à la tyrolienne dont le nom rappelle les exploits de F. Piccard – enfant du pays – aux JO de 1988. Confort et bois blond dans les chambres, en partie rénovées. Sauna, hammam. Dans la vaste salle à manger, cuisine actuelle et plats savoyards.

SALBRIS – 41 Loir-et-Cher – 318 J7 – 5 777 h. – alt. 104 m – ✉ 41300 12 C2

Châteaux de la Loire

▶ Paris 187 – Blois 65 – Bourges 62 – Montargis 102

ℹ 27, boulevard de la République ✆ 02 54 97 22 27

⛳ de Nançay à nançay Domaine de Samord, SE : 15 km, ✆ 02 48 51 86 55

Le Parc

P VISA MC AE

8 av. d'Orléans – ✆ 02 54 97 18 53 – www.leparcsalbris.com – Fermé 15 déc.-7 janv.

23 ch – †72/105 € ††78/130 € – ☕ 10 €

Rest – *(fermé lundi midi, mardi midi, sam. midi, dim. et le midi de nov. à mars)* (14 €) Menu 23/49 € – Carte 48/60 €

◆ Grande demeure bourgeoise dans un beau jardin arboré. Les chambres, sobres et élégantes, sont bien tenues. Au restaurant, ambiance rustique, cuisine traditionnelle et vaste cheminée pour réchauffer les rudes journées d'hiver de la Sologne...

SALERS – 15 Cantal – 330 C4 – 368 h. – alt. 950 m – ✉ 15140 5 B3

Auvergne

▶ Paris 509 – Aurillac 43 – Brive-la-Gaillarde 100 – Mauriac 20

ℹ Place Tyssandier d'Escous ✆ 04 71 40 70 68

◉ Grande-Place★★ - Église★ - Esplanade de Barrouze ⋞★.

Le Bailliage
r. Notre-Dame – 04 71 40 71 95 – www.salers-hotel-bailliage.com – Fermé 15 nov.-6 fév.
23 ch – 75/80 € 80/110 € – 4 suites – 13 € – ½ P 67/128 €
Rest – *(fermé lundi midi)* (16 €) Menu 23/43 € – Carte 28/60 €
◆ Cette demeure régionale propose de grandes chambres personnalisées avec goût, ouvertes sur le jardin ou la campagne. Celles rénovées arborent un cadre moderne ("Zen", "Marilyn"...). Salle à manger champêtre et jolie terrasse pour une savoureuse cuisine auvergnate.

Demeure de Jarriges
à 300 m – Fermé 15 nov.-6 fév.
26 ch – 49/65 € 65/140 € – 10 € – ½ P 65/120 €
◆ Une atmosphère de maison de famille (mobilier ancien, draps brodés main) règne dans les chambres cosy de cette demeure. Agréable jardin, idéal pour le farniente.

Le Gerfaut sans rest
rte de Puy Mary, 1 km au Nord-Est par D 680 – 04 71 40 75 75 – www.salers-hotel-gerfaut.com – Ouvert de mars à nov. et vacances de fév.
25 ch – 58/85 € 60/88 € – 12 € – ½ P 65/85 €
◆ L'environnement verdoyant et le calme font l'attrait de cet hôtel moderne situé sur les hauteurs du bourg. Chambres fonctionnelles, certaines avec balcon tourné vers la vallée.

Saluces sans rest
r. Martille – 04 71 40 70 82 – www.hotel-salers.fr – Fermé 12 nov.-20 déc.
8 ch – 66/99 € 66/99 € – 10 €
◆ Ex-propriété du marquis de Lur Saluces (16e s.). Les chambres allient matériaux naturels et décor raffiné. Petit-déjeuner servi sous le vieux marronnier avec confitures maison.

à Fontanges 5 km au Sud par D 35 – 223 h. – alt. 692 m – ✉ 15140

Auberge de l'Aspre
– 04 71 40 75 76 – www.auberge-aspre.fr – Fermé 20 nov.-25 mars, dim. soir et lundi d'oct. à mai
8 ch – 55 € 55 € – 8 € – ½ P 59 €
Rest – (15 €) Menu 19/30 € – Carte 28/45 €
◆ En pleine nature, cette ancienne ferme propose des chambres simples et fonctionnelles (salles de bains en mezzanine), dont une avec vue sur la chapelle monolithe. Carte régionale (légumes issus de l'agriculture bio) servie dans un décor rustique ou en terrasse.

Château de la Fromental
par D 35 – 04 71 40 77 20 – www.chateaulafromental.com – Fermé 3-29 janv.
5 ch – 133/167 € 140/170 € **Table d'hôte** – Menu 35 € bc
◆ Château de 1890 restauré avec goût : plafond peint et moulures dans le hall, mobilier original et objets chinés dans les chambres, baptisées de noms de reines. À la table d'hôte, joli service en faïence personnalisé par la propriétaire et plats traditionnels.

au Theil 6 km au Sud-Ouest par D 35 et D 37 – ✉ 15140 St-Martin-Valmeroux

Hostellerie de la Maronne
04 71 69 20 33 – www.maronne.com – Ouvert 9 avril-4 nov.
11 ch – 100/110 € 110/180 € – 5 suites – 14 € – ½ P 102/142 €
Rest – *(Fermé le midi et lundi soir hors saison)* Menu 35/45 €
◆ Ensemble de caractère (19e s.) en pierre et toit de lauzes, où les chambres et les salons offrent un cadre confortable. Chemin de randonnée dans le très beau parc, piscine et tennis. Cuisine actuelle à savourer dans un décor bourgeois.

SALIES-DE-BÉARN – 64 Pyrénées-Atlantiques – 342 G4 – 4 793 h. – alt. 50 m – Stat. therm. : début mars-mi déc. – Casino – ✉ 64270 Aquitaine 3 B3

Paris 762 – Bayonne 60 – Dax 36 – Orthez 17
rue des Bains 05 59 38 00 33
Sauveterre-de-Béarn : site★, ★★ du vieux pont, S : 10 km.

Hôtel du Parc

bd Saint-Guily – 05 59 38 31 27 – www.hotelcasinoduparc.fr
51 ch – 79 € 89 € – 1 suite – 10 €
Rest – (12 €) Menu 17 € (déj. en sem.)/29 € – Carte 22/33 €
◆ L'entrée impressionne, avec ses galeries à l'italienne et sa verrière... et il y a un casino ! Heureusement, l'isolation est parfaite, y compris dans les chambres, modernes et bien agencées. Cuisine traditionnelle au restaurant.

Hôtel du Golf Le Lodge

chemin de Labarthe – 05 59 67 75 23 – www.le-lodge-salies.com
31 ch – 60/70 € 75/85 € – 12 € – ½ P 75 €
Rest – *(fermé 15 déc.-20 janv., sam. midi et dim. soir)* (12 €) Menu 22/29 € – Carte 30/53 €
◆ La construction peut sembler banale mais les propriétaires ont soigné la décoration dans un style lodge : plantes exotiques, bambou, portraits d'animaux africains... Certaines chambres donnent sur le golf. Spécialités régionales, préparées avec simplicité.

Maison Léchémia

quartier du Bois, 3 km au Nord-Ouest par rte de Caresse et rte secondaire – 05 59 38 08 55 – www.chambresdhoteslechemia.com
3 ch – 40 € 55 € **Table d'hôte** – Menu 17 € bc/25 € bc
◆ Cette ferme isolée dans la campagne conjugue accueil chaleureux et confort. Petites chambres décorées avec goût, dont une familiale, disposant d'une mezzanine. À table, produits du potager servis sur la terrasse ou devant la cheminée. Bon petit-déjeuner.

Des Voisins

12 r. des Voisins – 05 59 38 01 79 – www.restaurant-des-voisns.com – Fermé 20 juin-4 juil., 21 nov.-5 déc., mardi midi et lundi
Rest – (22 €) Menu 27/38 € bc – Carte 35/48 €
◆ Vieux piano, béton ciré, œuvres contemporaines : une agréable adresse, dans la plus ancienne maison de la cité. La cuisine ne triche pas avec les produits (cultures locales, bio).

à Castagnède **8 km au Sud-Ouest par D 17, D 27 et D 384 – 206 h. – alt. 38 m – ✉ 64270**

La Belle Auberge

– 05 59 38 15 28 – Fermé 1er-14 juin, 19 déc.-31 janv.
Rest – *(fermé dim. soir et lundi soir sauf juil.-août)* Menu 13/25 € – Carte 17/35 €
◆ Ce paisible hameau du Béarn abrite une auberge rustique, où l'on sert une cuisine traditionnelle et généreuse. Terrasse sous les tilleuls et jardin fleuri.

SALIES-DU-SALAT – 31 Haute-Garonne – 343 D6 – 1 936 h. – alt. 300 m – Stat. therm. : début avril-fin oct. – Casino – ✉ 31260 — 28 B3

Midi-Toulousain

Paris 751 – Bagnères-de-Luchon 73 – St-Gaudens 27 – Toulouse 79

boulevard Jean Jaurès 05 61 90 53 93

Du Parc sans rest

6 r. d'Austerlitz – 05 61 90 51 99 – www.hotelduparcsaliesdusalat.com – Fermé 23 déc.-5 janv.
21 ch – 53/65 € 75/95 € – 7 €
◆ Dans le parc du casino, cet hôtel des années 1920 – bien entretenu – dispose de chambres pratiques et insonorisées. Formule buffet au petit-déjeuner, service en terrasse l'été.

SALINS-LES-BAINS – 39 Jura – 321 F5 – 3 082 h. – alt. 340 m – Stat. therm. : fin fév.-début déc. – Casino – ✉ 39110 Franche-Comté Jura — 16 B2

Paris 419 – Besançon 41 – Dole 43 – Lons-le-Saunier 52

place des Salines 03 84 73 01 34

Fort Belin★★

Grand Hôtel des Bains
pl. des Alliés – ✆ 03 84 37 90 50 – www.hotel-des-bains.fr
31 ch – 🚹71/94 € 🚹🚹71/94 € – ☕ 10 € – ½ P 63/75 €
Rest – (13 €) Menu 22/51 € bc – Carte 36/64 €
◆ Décoration contemporaine pour cet hôtel de 1860 abritant un salon classé. Chambres fonctionnelles, piscine thermale et fitness indépendant. Salle à manger moderne et cuisine à composantes régionales. Espace brasserie pour un repas plus simple.

Charles Sander sans rest
26 r. de la République – ✆ 03 84 73 36 40 – www.residencesander.com – Fermé janv.
14 ch – 🚹63/71 € 🚹🚹71/77 € – ☕ 8,50 €
◆ Ancienne maison vigneronne dotée de chambres chaleureuses (une seule sans cuisinette). Les amateurs de produits régionaux feront une halte à l'épicerie fine du rez-de-chaussée.

SALLANCHES – 74 Haute-Savoie – 328 M5 – 15 469 h. – alt. 550 m – 46 F1
– ✉ 74700 Alpes du Nord

Paris 585 – Annecy 72 – Bonneville 29 – Chamonix-Mont-Blanc 28
32, quai de l'Hôtel de Ville ✆ 04 50 58 04 25
☀★★ sur le Mt-Blanc - Chapelle de Médonnet : ☀★★ - Cascade d'Arpenaz★ N : 5 km.

Les Prés du Rosay ch, rest,
285 rte de Rosay – ✆ 04 50 58 06 15 – www.lespresdurosay.com
15 ch – 🚹79/85 € 🚹🚹90/96 € – ☕ 10 €
Rest – *(fermé sam. et dim. sauf vacances de fév. et saison)* Menu 16 € (déj. en sem.), 20/36 € – Carte 32/41 €
◆ Hôtel traditionnel situé dans un quartier résidentiel ; chambres simples et fonctionnelles (écran plat, wifi) tournées vers les sommets. Espace forme complet. Au restaurant, décor coquet, vue bucolique sur les prés et cuisine aux accents méridionaux.

Auberge de l'Orangerie
carrefour de la Charlotte, 2,5 km par rte Passy (D 13) – ✆ 04 50 58 49 16 – www.orangeriemontblanc.fr – Fermé 27 juin-11 juil.
18 ch – 🚹59/69 € 🚹🚹71/81 € – ☕ 11 €
Rest – *(fermé 27 juin-11 juil., 9-30 janv. et dim. soir) (dîner seult)* Carte 44/66 €
◆ Accueil charmant et chambres douillettes à choisir dans le bâtiment principal ou à la nouvelle annexe, dont les balcons sont tournés vers le mont Blanc. Espace bien-être. À table, convivialité, cuisine traditionnelle et spécialités locales.

Le St-Julien
53 r. Chenal – ✆ 04 50 58 02 24 – Fermé dim. soir, lundi et merc.
Rest – Menu 25/40 € – Carte 36/45 €
◆ Avenante façade fleurie en été. Salle à manger entièrement lambrissée d'épicéa, où l'on sert une cuisine axée sur les produits de saison assortie de quelques plats régionaux.

SALLES-LA-SOURCE – 12 Aveyron – 338 H4 – 1 935 h. – alt. 450 m – 29 C1
– ✉ 12330 Midi-Toulousain

Paris 670 – Rodez 13 – Toulouse 160 – Villefranche-de-Rouergue 71

Gîtes de Cougousse sans rest
r. du Père Colombier, à Cougousse 4 km au Nord Ouest par D 901 – ✆ 05 65 71 85 52 – www.gites.cougousse.free.fr – Ouvert 1er avril-15 oct.
4 ch ☕ – 🚹55 € 🚹🚹60 €
◆ Belle et grande demeure du 15e s. agrémentée d'un jardin avec potager baigné par une rivière. Chambres calmes et personnalisées, salon rustique aménagé dans l'ancienne cuisine.

LES SALLES-SUR-VERDON – 83 Var – 340 M3 – 193 h. – alt. 440 m – ✉ 83630 Alpes du Sud 41 C2

Paris 790 – Brignoles 57 – Draguignan 49 – Digne-les-Bains 60

place Font Freye ✆ 04 94 70 21 84

Lac de Ste-Croix★★.

Auberge des Salles sans rest

18 r. Ste-Catherine – ✆ 04 94 70 20 04 – www.visitvar.fr – Ouvert 3 avril-2 oct.

30 ch – 58/78 € 58/78 € – 8 €

◆ Paisible hôtel surplombant les rives du lac de Ste-Croix. Mobilier rustique dans les chambres, lumineuses et presque toutes avec balcon. Agréable salon avec cheminée.

SALON-DE-PROVENCE – 13 Bouches-du-Rhône – 340 F4 – 40 147 h. – alt. 80 m – ✉ 13300 Provence 40 B3

Paris 720 – Aix-en-Provence 37 – Arles 46 – Avignon 50

56, cours Gimon ✆ 04 90 56 27 60

de Miramas à Miramas Mas de Combe, SO : 10 km, ✆ 04 90 58 56 55

Pont Royal Country Club à Mallemort Domaine de Pont Royal, NE : 16 km par D 538 et D 17, ✆ 04 90 57 40 79

Musée de l'Empéri★★.

Angleterre sans rest

98 cours Carnot – ✆ 04 90 56 01 10 – www.hotel-dangleterre.biz – Fermé 15 déc.-3 janv. AYb

26 ch – 51/56 € 56/65 € – 7,50 €

◆ Une adresse familiale près des musées. Fresques un brin naïves aux murs, salle des petits-déjeuners sous une coupole en verre. Chambres nettes et fonctionnelles.

SALON-DE-PROVENCE

Ancienne Halle (Pl.) . . . . BY 2
Capucins (Bd des) . . . . BZ 3
Carnot (Cours) . . . . AY 4
Centuries (Pl. des) . . . . BY 6
Clemenceau (Bd Georges) . . AY 7
Coren (Bd Léopold) . . . . AY 8
Craponne (Allées de) . . . . . . BZ 10
Crousillat (Pl.) . . . . BY 12
Farreyroux (Pl.) . . . . BZ 13
Ferrage (Pl.) . . . . BZ 14
Fileuses de Soie (R. des) . . . AY 15
Frères J. et R.-Kennedy (R. des) . . . . AY
Gambetta (Pl.) . . . . BZ 18
Gimon (Cours) . . . . BZ
Horloge (R. de l') . . . . BY 20
Ledru-Rollin (Bd) . . . . AY 22
Massenet (R.) . . . . AY 23
Médicis (Pl. C. de) . . . . BZ 24
Mistral (Bd Frédéric) . . . . . . BY 26
Moulin d'Isnard (R.) . . . . BY 27
Nostradamus (Bd) . . . . AY 28
Pasquet (Bd) . . . . BZ 30
Pelletan (Cours Camille) . . . . AY 32
Raynaud-d'Ursule (R.) . . . . . . BZ 34
République (Bd de la) . . . . . . AY 33
St-Laurent (Square) . . . . BY 35
Victor-Hugo (Cours) . . . . BY 38

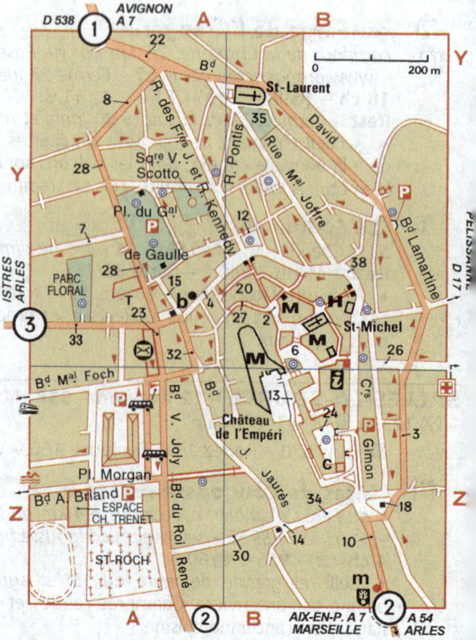

XXX **Le Mas du Soleil** avec ch

38 chemin St-Côme, (Est par D 17 - BY) – ✆ 04 90 56 06 53 – www.lemasdusoleil.com
10 ch – †118/280 € ††155/280 € – ☕ 15 € – ½ P 105/195 €
Rest – *(fermé dim. soir et lundi sauf fériés)* Menu 33/87 € – Carte 55/80 €
◆ Villa méridionale où l'on goûte des plats aux saveurs du Sud dans un cadre lumineux et élégant, face au jardin. Chambres vastes et confortables, donnant parfois sur la piscine.

XX **Le Craponne**

146 allées de Craponne – ✆ 04 90 53 23 92 – Fermé 24 août-15 sept., 23 déc.-5 janv., dim. soir, merc. soir et lundi **BZm**
Rest – (14 €) Menu 23/38 € – Carte 32/58 €
◆ L'enseigne évoque le bienfaiteur de la Crau. Boiseries sombres, murs jaune citron et mobilier campagnard. À la belle saison, repas dans une courette fleurie. Accueil familial.

au Nord-Est 5 km par D 17 BY puis D 16 – ✉ 13300 Salon-de-Provence

Abbaye de Sainte-Croix

rte du Val de Cuech – ✆ 04 90 56 24 55 – www.relaischateaux.com/saintecroix – Ouvert vacances de fév., de mi-avril à fin oct. et week-ends de début nov. à fin déc. et de fin fév. à mi-avril
21 ch – †149/230 € ††149/355 € – 4 suites – ☕ 23 €
Rest – *(fermé le midi en sem. et dim. soir sauf en saison)* (30 € bc) Menu 48 € (déj.), 68/75 € – Carte environ 75 €
◆ Dans un parc isolé, parmi les cyprès et les pieds de lavande, cette abbaye du 12e s. n'a rien d'ascétique ! Chambres confortables, certaines dans d'anciennes cellules. Salle provençale et terrasse panoramique ombragée pour les amateurs de cuisine classique. Formule bistrot également.

à la Barben 8 km au Sud-Est par ②, D 572 et D 22E – 706 h. – alt. 105 m – ✉ 13330

XX **La Touloubre** avec ch

29 chemin Salatier – ✆ 04 90 55 16 85 – www.latouloubre.com – Fermé fév.
12 ch – †68/85 € ††68/85 € – ☕ 9 € – ½ P 64/74 €
Rest – *(fermé dim. soir d'oct. à mars)* (18 €) Menu 21/42 € – Carte 35/71 €
◆ La Touloubre, du fleuve du même nom : un cadre provençal lumineux et une belle terrasse sous les platanes. On y goûte une cuisine régionale, généreuse et gourmande. Chambres simples et nettes, idéales avant d'attaquer une randonnée...

au Sud 5 km par ②, N 538, N 113 et D 19 (direction Grans) – ✉ 13250 Cornillon-Confoux

Devem de Mirapier sans rest

rte de Grans – ✆ 04 90 55 99 22 – www.mirapier.com
15 ch – †82/98 € ††102/128 € – 2 suites – ☕ 10 €
◆ Au milieu des pins et de la garrigue, l'impression d'être chez soi : salon sympathique, piano, billard et chambres douillettes. Le plus : la terrasse autour de la piscine.

SALT-EN-DONZY – 42 Loire – 327 E5 – rattaché à Feurs

SALVAGNAC – 81 Tarn – 338 C7 – 1 001 h. – alt. 231 m 29 C2

Paris 657 – Albi 44 – Montauban 33 – Toulouse 49

les Sourigous ✆ 05 63 33 57 84

Le Relais des Deux Vallées

Grand'rue – ✆ 05 63 33 61 90 – Fermé 29 août-9 sept. et 3-10 janv.
10 ch – †45 € ††48 € – ☕ 7 € – ½ P 70 €
Rest – *(fermé lundi)* Menu 12 € (déj. en sem.), 19/38 € – Carte 21/54 €
◆ Petit hôtel familial situé sur la place du village. Chambres mignonnettes, garnies de meubles en bois ou en fer forgé ; certaines bénéficient d'une terrasse. La salle à manger ouvre ses baies vitrées sur la campagne. Cuisine traditionnelle simple et goûteuse.

SAMATAN – **32 Gers** – **336** H9 – **2 130 h.** – **alt. 170 m** – ✉ **32130** **28** B2

Paris 703 – Auch 37 – Gimont 18 – L'Isle-Jourdain 21

3, rue du chamoine Dieuzaide ☎ 05 62 62 55 40

du Château de Barbet à Lombez Route de Sauveterre, SO : 5 km, ☎ 05 62 66 44 49

XX **Au Canard Gourmand** avec ch — rest, ch, VISA

La Rente, par D 632 – ☎ 05 62 62 49 81 – www.aucanardgourmand.com

6 ch – †65/85 € ††75/95 € – ☐ 10 € – ½ P 82/92 €

Rest – *(fermé merc. midi, lundi soir et mardi) (nombre de couverts limité, prévenir)* (13 € bc) Menu 32/40 € bc – Carte environ 48 €

◆ Le cadre, design et ultravitaminé, accompagne bien la cuisine gasconne – véritable ode au canard – ainsi qu'une carte un peu plus tendance. Les chambres jouent leurs thèmes et variations (Sienne, Lolypop, Voyage...) avec raffinement ; une invitation au cocooning.

X **Côté Sud** — VISA

2 bis pl. Fontaine – ☎ 05 62 62 63 29 – www.restaurant-cote-sud.com – Fermé 1 sem. en mai, vacances de Noël, dim. soir d'oct. à avril, mardi et merc.

Rest – (14 € bc) Menu 29 € (sem.)/33 € – Carte 42/56 €

◆ Les briques rouges, les poutres apparentes et les tables en bois ciré font ici bon ménage. Le chef réconcilie saveurs basques et provençales pour une gastronomie côté Sud.

LE SAMBUC – **13 Bouches-du-Rhône** – **340** D4 – ✉ **13200** **40** A3

Paris 742 – Arles 25 – Marseille 117 – Stes-Marie-de-la-Mer 50

Le Mas de Peint — ch, VISA AE

2,5 km par rte Salins – ☎ 04 90 97 20 62 – www.masdepeint.com – Ouvert 19 mars-14 nov. et 23 déc.-5 janv.

13 ch – †235/410 € ††235/410 € – ☐ 22 €

Rest – *(fermé mardi midi, jeudi midi et merc.) (nombre de couverts limité, prévenir)* (42 €) Menu 48 € (dîner)/59 € – Carte 48/68 € le midi

◆ Dans un vaste domaine, ce superbe mas du 17e s. cultive les traditions camarguaises (promenades à cheval, arènes privées). La décoration est réussie, les chambres raffinées. Cuisine "rétrochic" (gravlax de taureau, gaspacho de tomates anciennes, etc.).

SAMER – **62 Pas-de-Calais** – **301** D4 – **3 377 h.** – **alt. 70 m** – ✉ **62830** **30** A2

Paris 244 – Lille 132 – Arras 112 – Calais 50

rue de Desvres ☎ 03 21 87 10 42

XX **Le Clos des Trois Tonneaux** — VISA

73 r. de Montreuil – ☎ 03 21 92 33 33 – www.leclosdes3tonneaux.com – Fermé sam. midi, dim. soir et lundi

Rest – (15 €) Menu 26/38 € – Carte 35/53 €

◆ L'ancienne distillerie n'a rien perdu de son caractère et l'on y brasse toujours la bière (blanche, blonde, etc.). Salon feutré dans la cave voûtée. Cuisine actuelle, bons vins.

SAMOËNS – **74 Haute-Savoie** – **328** N4 – **2 332 h.** – **alt. 710 m** – **Sports d'hiver : 720/2 480 m** 8 70 – ✉ **74340** Alpes du Nord **46** F1

Paris 581 – Annecy 75 – Chamonix-Mont-Blanc 60 – Genève 53

Gare Routière ☎ 04 50 34 40 28

Place du Gros Tilleul★ - Jardin alpin Jaÿsinia★.

La Rosière ★★ N : 6 km - Cascade du Rouget★★ S : 10 km - Cirque du Fer à Cheval★★ E : 13 km.

Neige et Roc — rest, VISA AE

rte de Taninges – ☎ 04 50 34 40 72 – www.neigeetroc.com – Ouvert 13 juin-20 sept. et 18 déc.-17 avril

50 ch – †70/150 € ††80/160 € – ☐ 15 € – ½ P 76/130 €

Rest – (20 €) Menu 35/55 € – Carte 50/70 €

◆ Chalet de 1969 abritant de spacieuses chambres dotées de balcons. Un autre bâtiment héberge des studios avec cuisinette. Piscines d'été et d'hiver ; espace bien-être. Vaste salle à manger-véranda rustique (poutres, bois blond, pierres) ; carte régionale.

Gai Soleil rest, VISA MC AE

– ✆ 04 50 34 40 74 – *www.hotel-samoens.com – Ouvert 1er juin-18 sept. et 17 déc.-20 avril*

22 ch – †58/109 € ††58/109 € – ☕ 11 € – ½ P 60/94 €

Rest – *(fermé merc.) (dîner seult)* Menu 22/37 € – Carte 17/42 €

◆ À l'entrée du village, ce chalet dispose de chambres sobres, au décor savoyard, et donnant toutes sur un grand balcon. Bar-salon au coin du feu ; activités pour les enfants dans le parc. Le restaurant propose des recettes régionales.

Edelweiss VISA MC AE

La Piaz, 1,5 km au Nord-Ouest par rte de Plampraz – ✆ *04 50 34 41 32 – www.edelweiss-samoens.com – Fermé 23 avril-16 mai, 30 juin-10 juil. et 25 sept.-17 déc.*

20 ch – †60/70 € ††70/85 € – ☕ 8,50 € – ½ P 65/75 €

Rest – *(dîner seult)* Menu 19/46 € – Carte 36/46 €

◆ L'edelweiss figure parmi les 5 000 espèces du jardin alpin créé par Mme Cognacq-Jay et situé à proximité de ce chalet-hôtel simple et familial. Vue panoramique sur le village et la vallée. Salle à manger orientée plein sud et prolongée d'une terrasse. Cuisine traditionnelle.

Le Monde à L'Envers VISA MC AE

pl. Criou – ✆ *04 50 34 19 36 – Fermé 1er juin-1er juil., 1er nov.-15 déc., merc. sauf juil.-août, vacances scolaires d'hiver et mardi*

Rest – (17 € bc) Carte 36/47 €

◆ Ambiance sympathique dans ce restaurant dont le chaleureux décor cultive le goût du voyage (objets du monde entier). Cuisine séduisante au goût du jour.

à Morillon **4,5 km à l'Ouest – 533 h. – alt. 687 m – Sports d'hiver : 700/2 200 m**
5 74 – ✉ 74440

Chef-lieu ✆ 04 50 90 15 76

Le Morillon VISA MC AE

– ✆ *04 50 90 10 32 – www.hotellemorillon.com – Ouvert 5 juin-18 sept. et 18 déc.-15 avril*

22 ch (½ P seult en hiver) – †75/95 € ††75/95 € – ☕ 12 € – ½ P 70/135 €

Rest – *(fermé le midi)* Menu 22/35 € – Carte 28/40 €

◆ Chalet à l'atmosphère familiale situé au centre de la station. Deux catégories de chambres ; les plus récentes bénéficient d'un décor d'esprit montagnard actuel. Agréable espace balnéo. Cuisine traditionnelle servie dans une lumineuse salle tout en bois.

SAMOUSSY – 02 Aisne – 306 E5 – rattaché à Laon

SAMPANS – 39 Jura – 321 C4 – rattaché à Dole

SANARY-SUR-MER – 83 Var – 340 J7 – 18 023 h. – alt. 1 m 40 B3

– ✉ 83110 Côte d'Azur

Paris 824 – Aix-en-Provence 75 – La Ciotat 23 – Marseille 55

1 quai du Levant ✆ 04 94 74 01 04

Chapelle N.-D.-de-Pitié ≤★.

Plan page suivante

Soleil et Jardin Le Parc sans rest VISA MC AE

445 av. Europe-Unie, par ② – ✆ 04 94 25 80 08 – www.sanary-hotel-soleiljardin.com

39 ch – †110/190 € ††130/380 € – 4 suites – ☕ 15 €

◆ Non loin de la plage, bâtiment régional et son extension récente abritant des chambres de qualité et bien équipées. Excellente insonorisation. Accueil tout sourire.

Avenir (Bd de l')	3	Gaulle (Quai Charles-de)	12	Pacha (Pl. Michel)	19
Blanc (R. Louis)	4	Giboin (R.)	13	Péri (R. Gabriel)	20
Clemenceau (Av. G.)	7	Granet (R.)	15	Prudhomie (R. de la)	21
Esménard (Quai M.)	8	Gueirard (R. L.)	16	Sœur-Vincent (Montée)	22
Europe-Unie (Av. de l')	9	Jean-Jaurès (R.)	17	Tour (Pl. de la)	23
Galliéni (Av. du Mar.)	11	Lyautey (Av. Mar.)	18		

De La Tour

quai Gén. de Gaulle – ✆ 04 94 74 10 10 – www.sanary-hoteldelatour.com

24 ch – ♦71/98 € ♦♦80/150 € – ½ P 80/105 € **n**

Rest – *(Fermé 19-27 oct., mardi sauf juil.-août et merc.)* Menu 34/48 € – Carte 35/56 €

◆ Un charmant hôtel familial ! La plupart des chambres ont été rénovées dans un style chaleureux (tons chauds, boutis) et donnent sur le port. De la terrasse du restaurant, on observe les bâteaux de pêche. Carte variant au gré des marées et des saisons.

Synaya sans rest

92 chemin Olive – ✆ 04 94 74 10 50 – www.hotelsynaya.fr – Ouvert 1er avril-3 nov. **r**

11 ch – ♦90/155 € ♦♦90/180 € – 11 €

◆ Dans un quartier résidentiel, ce petit hôtel est agrémenté d'un jardin planté de palmiers. Chambres sobres et fonctionnelles ; belles salles de bains.

SANCERRE – 18 Cher – 323 M3 – 1 789 h. – alt. 342 m – ✉ 18300 — 12 D2

Limousin Berry

Paris 198 – Bourges 46 – La Charité-sur-Loire 30 – Salbris 69

Esplanade Porte César ✆ 02 48 54 08 21

du Sancerrois, 6 km par D 9 et D4, ✆ 02 48 54 11 22

Esplanade de la porte César ≤★★ - Carrefour D 923 et D 7 ≤★★ O : 4 km par D955.

Panoramic sans rest

rempart des Augustins – ✆ 02 48 54 22 44 – www.panoramicotel.com

57 ch – ♦55/195 € ♦♦61/205 € – 12 € **a**

◆ Le Panoramic n'a pas volé son nom ! Il offre un superbe point de vue sur le vignoble. Chambres fonctionnelles, plus agréables côté vignes ; boutique de vins.

SANCERRE

Abreuvoirs (Remp. des) 2
Marché-aux-Porcs (R. du) 5
Nouvelle Place 6
Paix (R. de la) 8
Panneterie (R. de la). 9
Pavé-Noir (R. du) 12
Porte-César (R.) 13
Porte-Serrure (R.) 15
Puits-des-Fins (R. du) 16
St-André (R.) 18
St-Jean (R.) 20
St-Père (R.) 22
Trois-Piliers (R. des) 23

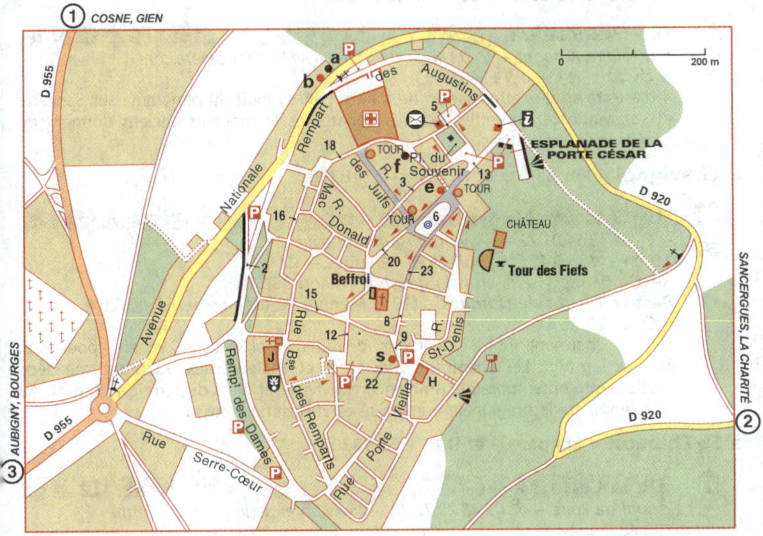

Le Clos Saint-Martin sans rest

10 r. St Martin – ☎ 02 48 54 21 11 – www.leclos-saintmartin.com – Ouvert de fin mars à mi-nov. **f**

41 ch – 🚹53/125 € 🚹🚹59/125 € – ☕ 10 €

◆ Au cœur du village, cet ancien relais de poste (19e s.) dispose de chambres pratiques, sobres et agréables. Petit salon cosy de style napolénien... Un endroit douillet et coquet !

La Tour (Baptiste Fournier)

Nouvelle Place – ☎ 02 48 54 00 81 – www.la-tour-sancerre.fr – Fermé dim. soir et lundi **e**

Rest – Menu 27 € (sem.), 35/80 € bc – Carte 45/65 €

Spéc. Fraîcheur de tourteau en déclinaison, aigre-doux, avocat et tomate concassée. Ris de veau poêlé, moutarde à l'ancienne, légumes de saison. Baba au rhum, banane, crème glacée à la vanille.

◆ Saveurs et fraîcheur, au pied d'une tour du 14e s. ! Un jeune chef œuvre ici et concocte, avec de beaux produits, une cuisine non dénuée de finesse et de caractère… Deux ambiances : chaleur des colombages en bas ; cadre contemporain et vue sur les vignobles en haut.

La Pomme d'Or

r. de la Panneterie – ☎ 02 48 54 13 30 – Fermé vacances de Noël, dim. soir d'oct. à mars, mardi soir et merc. **s**

Rest – *(nombre de couverts limité, prévenir)* Menu 20 € (déj. en sem.), 29/43 €

◆ Bar aux girolles, croustillant aux framboises : ici, le chef joue avec bonheur la carte de la tradition. Plaisant et champêtre (jolie fresque évoquant le vignoble sancerrois) !

Les Augustins

113 rempart des Augustins – ☎ 02 48 54 01 44 – www.restaurant-traiteur-lesaugustins.com – Fermé 1 sem. en janv. et merc. midi

Rest – (18 €) Menu 25/53 € – Carte 30/65 € **b**

◆ Ce restaurant familial jouit d'une vue panoramique sur le vignoble de Sancerre... Trinquez donc à tant de beauté ! Plats traditionnels tout simples.

à St-Satur 3 km par ① et D 955 – 1 712 h. – alt. 155 m – ✉ 18300

25, rue du Commerce ✆ 02 48 54 01 30

La Chancelière sans rest

5 r. Hilaire-Amagat – ✆ 02 48 54 01 57 – www.la-chanceliere.com

5 ch – 110 € 140 €

◆ La terrasse de cette maison de maître (18e s.) jouit du panorama sur Sancerre et son vignoble. Tomettes, poutres apparentes et meubles anciens donnent du caractère aux chambres.

à Chavignol 4 km par ① et D 183 – ✉ 18300

La Côte des Monts Damnés

– ✆ 02 48 54 01 72 – www.montsdamnes.com

10 ch – 75/145 € 90/175 € – 2 suites – 13 €

Rest – *(fermé 1 sem. en juil.) (prévenir)* Menu 33/58 €

Rest *Le Bistrot de Damnés* – (10 €) Menu 13 € (déj. en sem.), 17/26 € – Carte 20/35 €

◆ Un charmant hôtel au cœur de Chavignol, village vénéré pour son fameux "crottin". Les chambres, spacieuses et chaleureuses, adoptent une déco résolument contemporaine. Ambiance conviviale et plats du terroir au Bistrot. Au restaurant, cuisine régionale généreuse et atmosphère cossue...

à St-Thibault 4 km par ① et D 4 – ✉ 18300

De la Loire sans rest

2 quai de Loire – ✆ 02 48 78 22 22 – www.hotel-de-la-loire.fr – Fermé 19 déc.-2 janv.

11 ch – 63/92 € 63/92 € – 10 €

◆ Original et confortable ! Des chambres décorées sur le thème du voyage, en bord de Loire... Ici, Georges Simenon écrivit deux romans. Grand choix de pains et confitures maison.

SANCOINS – 18 Cher – 323 N6 – 3 240 h. – alt. 210 m – ✉ 18600 — 12 D3

Paris 284 – Orléans 172 – Bourges 51 – Nevers 46

13, place du Commerce ✆ 02 48 74 65 85

Le St-Joseph

pl. de la Libération – ✆ 02 48 74 61 21

14 ch – 47 € 47/57 € – 15 € – ½ P 42/52 €

Rest – *(fermé jeudi)* (12 €) Menu 16 € (sem.), 24/31 € – Carte 26/45 €

◆ Sur la place principale du village, cette grande maison propose des chambres pratiques et confortables, aux touches rustiques. Au restaurant, cuisine traditionnelle et crêperie ; c'est simple et sympathique.

SANCY – 77 Seine-et-Marne – 312 G2 – 336 h. – alt. 142 m – ✉ 77580 — 19 C2

Paris 55 – Château-Thierry 48 – Coulommiers 14 – Meaux 13

Château de Sancy ch,

1 pl. de l'Église – ✆ 01 60 25 77 77 – www.chateaudesancy.com

21 ch – 138/190 € 138/270 € – 14 € – ½ P 158/185 €

Rest – (30 €) Menu 42/55 €

◆ Les nombreux équipements de loisirs proposés sur le domaine de cette gentilhommière du 18e s. invitent à la détente. Chambres douillettes, plus fonctionnelles au pavillon. Salle à manger bourgeoise à l'atmosphère intime pour une cuisine sensible aux saisons.

Se régaler sans se ruiner ? Repérez les Bib Gourmand. Ils vous aideront à dénicher les bonnes tables sachant marier cuisine de qualité et prix ajustés !

SAND – 67 Bas-Rhin – **315** J6 – **1 137 h. – alt. 159 m** – ✉ **67230** **1** B2

Paris 501 – Barr 15 – Erstein 7 – Molsheim 26

La Charrue — A/C rest, P VISA MC

4 r. 1er décembre – ☎ 03 88 74 42 66 – www.lacharrue.com – Fermé 15-28 août et 31 oct.-6 nov.

23 ch – †55 € ††65 € – ☐ 9 € – ½ P 58 €

Rest – *(fermé lundi et le midi sauf sam., dim. et fériés)* Menu 21/31 € – Carte 25/42 €

◆ Une auberge familiale et conviviale en lieu et place d'un ancien relais de charretiers. Chambres rustiques à l'hôtel et modernes dans l'aile attenante. Sympathique bar winstub. Au restaurant, plats régionaux dans un décor sobre et chaleureux (belle cheminée).

SANDARVILLE – 28 Eure-et-Loir – **311** E5 – **380 h. – alt. 171 m** – ✉ **28120** **11** B1

Paris 105 – Brou 23 – Chartres 16 – Châteaudun 36

Auberge de Sandarville — VISA MC

14 r. Sente aux Prêtres, (près de l'église) – ☎ 02 37 25 33 18 – Fermé 16-27 août, 2-22 janv., 15-21 fév., mardi soir en hiver, dim. soir et lundi

Rest – Menu 28 € (déj. en sem.), 33/57 € – Carte 49/74 €

◆ Dans une ferme beauceronne de 1850, trois charmantes salles campagnardes avec poutres, cheminée, tomettes, meubles et bibelots chinés. Jolie terrasse dans le jardin fleuri.

SANDILLON – 45 Loiret – **318** J4 – **3 578 h. – alt. 101 m** – ✉ **45640** **12** C2

Paris 148 – Orléans 13 – Châteaudun 65 – Châteauneuf-sur-Loire 16

à l'Est 2 km par D 951 et rte secondaire

Château de Champvallins sans rest — P VISA MC AE

1079 r. de Champvallins – ☎ 02 38 41 16 53 – www.chateaudechampvallins.com

5 ch – †110/190 € ††110/190 € – ☐ 13 €

◆ À 10 km au sud d'Orléans, mais si loin de la ville... et des temps modernes ! Dans son parc de 10 ha, ce château du 18e s. cultive classicisme, raffinement et goût de l'ancien.

SANILHAC – 07 Ardèche – **331** H6 – rattaché à Largentière

SAN-MARTINO-DI-LOTA – 2B – **345** F3 – Voir à Corse (Bastia)

SAN-PEIRE-SUR-MER – 83 Var – **340** P5 – rattaché aux Issambres

SANTA-GIULIA (GOLFE DE) – 2A Corse-du-Sud – **345** E10 – voir à Corse (Porto-Vecchio)

SANT'ANTONINO – 2B Haute-Corse – **345** C4 – voir à Corse

SANTENAY – 21 Côte-d'Or – **320** I8 – **847 h. – alt. 225 m** – Casino – ✉ **21590** Bourgogne **7** A3

Paris 330 – Autun 39 – Beaune 18 – Chalon-sur-Saône 25

gare SNCF ☎ 03 80 20 63 15

Le Terroir — A/C VISA MC

pl. du Jet-d'Eau – ☎ 03 80 20 63 47 – www.restaurantleterroir.com – Fermé 4 déc.-11 janv., merc. soir de nov. à mars, dim. soir et jeudi

Rest – Menu 22/46 € – Carte 35/65 €

◆ Cette maison au centre du village vous régale de ses plats du terroir dans une salle élégante où trône une tapisserie d'Aubusson. Bon choix de crus régionaux.

LE SAPPEY-EN-CHARTREUSE – 38 Isère – 333 H6 – 1 007 h. 45 C2

– alt. 1 014 m – Sports d'hiver : au Sappey et au Col de Porte 1 000/1 700 m 11 – ✉ 38700 Alpes du Nord

Paris 577 – Chambéry 61 – Grenoble 14 – St-Pierre-de-Chartreuse 14

Le Bourg ✆ 04 76 88 84 05

Charmant Som ✳★★★ NO : 9 km puis 1 h.

Les Skieurs avec ch

– ✆ 04 76 88 82 76 – www.lesskieurs.com – Fermé vacances de Pâques, de Noël, mardi midi, dim. soir et lundi

11 ch – 85 € 85 € – 12 € – ½ P 73 €

Rest – (17 €) Menu 28 € (sem.), 35/42 € – Carte 32/66 €

◆ Charmante salle à manger de chalet de montagne – murs lambrissés, cheminée et mobilier rustique – pour déguster une cuisine régionale soignée et généreuse. Belle terrasse. Petites chambres pratiques où le bois s'impose (quelques-unes avec balcon).

SARE – 64 Pyrénées-Atlantiques – 342 C5 – 2 271 h. – alt. 70 m 3 A3

– ✉ 64310 Pays Basque et Navarre

Paris 794 – Biarritz 26 – Cambo-les-Bains 19 – Pau 138

Herriko Etxea ✆ 05 59 54 20 14

Arraya

ch, VISA AE

pl. du village – ✆ 05 59 54 20 46 – www.arraya.com – Ouvert 31 mars-2 nov.

20 ch – 84/94 € 94/135 € – 11 € – ½ P 83/104 €

Rest – *(fermé lundi midi, jeudi midi et dim. soir sauf du 4 juil. au 11 sept.)* (17 €) Menu 23/35 € – Carte 40/50 €

◆ Cet ancien relais de Compostelle, d'architecture traditionnelle, abrite des chambres coquettes (mobilier en bois, tissus cousus main), certaines ouvrant sur le jardin classé. Décor basque au restaurant, avec terrasse ombragée : plats régionaux et boutique gourmande.

Lastiry

ch, AC ch, VISA

pl. du Village – ✆ 05 59 54 20 07 – www.hotel-lastiry.com – Ouvert 15 mars-15 nov.

11 ch – 81/91 € 91/130 €

Rest – *(fermé mardi et merc. sauf de mi-juil. à fin août)* Menu 18/35 € – Carte 40/55 €

◆ Derrière une façade typiquement basque, un hôtel chaleureux et familial. Les chambres sont confortables et soignées, certaines avec un petit cachet ancien. Au restaurant, l'ambiance est plus rustique (pierres, poutres, jambons suspendus) ; cuisine du terroir.

Pikassaria

ch, AC rest, VISA

à Lehenbiscay 2 km au Sud par D 409 – ✆ 05 59 54 21 51 – www.hotel-pikassaria.com – Ouvert 15 mars-11 nov.

18 ch – 55/56 € 60 € – 7 € – ½ P 49/52 €

Rest – *(fermé le midi sauf dim.)* Menu 16/22 € – Carte 30/45 €

◆ Bâtisse d'aspect régional située dans la campagne, sur la route de l'Espagne. Chambres propres et fonctionnelles, mais anciennes pour la plupart. Idéal pour l'étape. Au restaurant, décor rustique et cuisine traditionnelle.

Baratxartea

ch, rest, VISA

quartier Ihalar, 2 km à l'Est par D 4 – ✆ 05 59 54 20 48 – www.hotel-baratxartea.com – Ouvert 15 mars-11 nov.

22 ch – 50/58 € 50/72 € – 8 € – ½ P 45/55 €

Rest – *(fermé mardi soir) (dîner seult)* Menu 20/28 € – Carte 20/35 €

◆ À l'écart du bourg, une maison familiale "entre les jardins" (son nom en basque). Chambres rustiques dans le bâtiment principal, plus fonctionnelles dans l'annexe. Cuisine régionale servie dans une salle à manger agrémentée d'une véranda.

XX **Olhabidea** avec ch

quartier Sainte-Catherine, 2 km à l'Est par D 4 – ✆ 05 59 54 21 85 – www.olhabidea.com – Fermé 5-11 juil., déc., janv.

3 ch – 75 € 75/80 €

Rest – *(fermé le midi sauf dim., dim. soir, mardi de sept. à juin et lundi) (nombre de couverts limité, prévenir)* Menu 39 €

◆ Un charme fou... Cette ferme du 16e s., dans un parc de 4 ha, est une vraie maison de famille, regorgeant d'objets personnels et de souvenirs. Le menu du jour (choix unique) est réalisé selon le marché et le potager. Trois vastes chambres, d'esprit champêtre et douillettes à souhait.

SARLAT-LA-CANÉDA – 24 Dordogne – 329 I6 – 9 432 h. – alt. 145 m – ✉ 24200 Périgord Quercy

4 D3

Paris 526 – Bergerac 74 – Brive-la-Gaillarde 52 – Cahors 60

3, rue Tourny ✆ 05 53 31 45 45

du Domaine de Rochebois Route de Montfort, S : 8 km par D 46, ✆ 05 53 31 52 52

Vieux Sarlat★★★ : place du marché aux trois Oies★ Y, hôtel Plamon★ Y, hôtel de Maleville★ Y - Maison de La Boétie★ Z - Quartier Ouest★.

Décor★ et mobilier★ du château de Puymartin NO : 7 km.

Plan page suivante

Clos La Boëtie sans rest

97 av. de Selves – ✆ 05 53 29 44 18 – www.closlaboetie-sarlat.com – Ouvert 1er avril-15 nov. **Vb**

11 ch – 210/280 € 210/280 € – 3 suites – 20 €

◆ Cette belle demeure bourgeoise superbement conçue associe l'ancien et le contemporain. Chambres très confortables à l'ambiance romantique et raffinée.

De Selves sans rest

93 av. de Selves – ✆ 05 53 31 50 00 – www.selves-sarlat.com – Fermé 3 janv.-12 fév. **Vv**

40 ch – 83/125 € 95/145 € – 12 €

◆ Bâtiment moderne aux chambres fonctionnelles ; certaines avec des loggias plutôt originales donnant sur le jardin. Piscine chauffée, découverte l'été, et sauna.

Plaza Madeleine sans rest

1 pl. Petite-Rigaudie – ✆ 05 53 59 10 41 – www.hoteldelamadeleine-sarlat.com **Ye**

39 ch – 88/153 € 88/153 € – 11 €

◆ Cure de jouvence pour cette belle demeure (19e s.) située aux portes de la vieille ville. Styles contemporain et baroque dans les chambres ; piscine à débordement et espace bien-être.

Le Renoir sans rest

2 r. Abbé-Surgier – ✆ 05 53 59 35 98 – www.hotel-renoir-sarlat.com **Xu**

36 ch – 80/98 € 90/135 € – 13 €

◆ Deux maisons traditionnelles, séparées par la terrasse et la piscine. Les chambres ne sont pas très grandes, mais joliment décorées dans un style soigné.

Compostelle sans rest

66 av. de Selves – ✆ 05 53 59 08 53 – www.hotel-compostelle-sarlat.com – Ouvert 15 mars-15 nov. **Vr**

23 ch – 78/92 € 78/92 € – 10 €

◆ À 400 m du centre historique, un établissement familial progressivement rénové dans un style design. Préférez les chambres récentes, d'esprit plus contemporain.

Le Mas del Pechs sans rest

10 rte des Pechs, 1,5 km à l'Est, par chemin des Monges -VX – ✆ 05 53 31 12 11 – www.sarlat-hotel.com – Fermé 4 janv.-29 fév.

18 ch – 55/72 € 58/78 € – 8,50 €

◆ Sur les hauteurs de Sarlat, au grand calme, une demeure entourée d'un jardin très fleuri. Chambres de plain-pied, refaites pour la plupart dans un style coquet et chaleureux.

SARLAT-LA-CANÉDA

Albusse (R. d') . . . . YZ 2
Allende (Pl. Salvador) . . . . Y 3
Arlet (Bd Henri) . . . . YZ
La Boétie (R. de) . . . . Z 21
Bouquerie (Pl. de la) . . . . Y
Breuil (R. du) X
Brossard (Av.) . . . . V 4
Cahors (R. de) X
Cahuet (R. Alberic) . . . . YZ
Chanoines (Cour des) . . . . Z 6
Consuls (R. des) . . . . Y 7
Cordil (R. du) . . . . Z 8
Delpeyrat (R. J.-Baptiste) . . . . X 10
Desmouret (Chemin de) V
Escande (R. J.-Joseph) . . . . . . Z
Faure (R. Émile) . . . . X, Z 12
Fénelon (R.) . . . . Y
Fontaines (Cour des) . . . . Z 13
Frères Chambon (R. des) . . . . Z 16
Gabin (R. Jean) . . . . V 17
Gallière (R.) X
Gambetta (Av.) . . . . V 18
Gaubert (R.) V
Gaulle (Av. du Gén.-de) . . . . . . Y 20
Grande Rigaudie (Pl. de la) . . . Z
Jean-Jaurès (R.) V
J.-J.-Rousseau (R.) . . . . Y
Lakanal (R.) . . . . Z 22
Landry (R.) . . . . Y 25
Leclerc (Av. du Gén.) . . . . . X, Z 26
Leroy (Bd Eugène) . . . . Y
Libération (Pl. de la) X
Liberté (Pl. de la) . . . . Y 27
Liberté (R. de la) . . . . YZ 30
Marché aux Oies (Pl. du) . . . . . Y
Monges (Chemin des) V
Montaigne (R.) . . . . Z
Montfort (R. Sylvia) . . . . V 31
Moulin (R. Jean) . . . . V 32
Nessmann (Bd Victor) . . . . Y
Papucie (R.) . . . . Y 34
Pasteur (Pl.) X
Peyrou (Pl. du) . . . . Z 35
Plantier (Chemin du) X
Présidial (R. du) . . . . Y 36
République (R. de la) . . . . YZ
Rossignol (R. Pierre) . . . . X 38
Rousset (R.) . . . . Z 39
Salamandre (R. de la) . . . . Y 40
Ségogne (Pass. Henri-de) . . . . . Z 42
Selves (Av. de) . . . . V 43
Siège (R. du) . . . . Z
Thiers (Av.) X
Tourny (R.) . . . . Z 44
Trappe (R. de la) . . . . X 46
Trois Conils (R. des) . . . . Z 47
Troubadour Cayrels (R. du) . . . V 48
Tunnel (R. du) . . . . X 50
Turenne (R. de) . . . . Z 51
Victor-Hugo (R.) . . . . Y 52
Voltaire (Bd) . . . . X, Z
8-Mai-1945 (Square du) . . . . . . Y
11-Novembre (Pl. du) . . . . Y
14-Juillet (Pl. du) . . . . Z
19-Mars-1962 (Pl. du) . . . . V 54
26-Juin-1944 (R. du) . . . . V 55

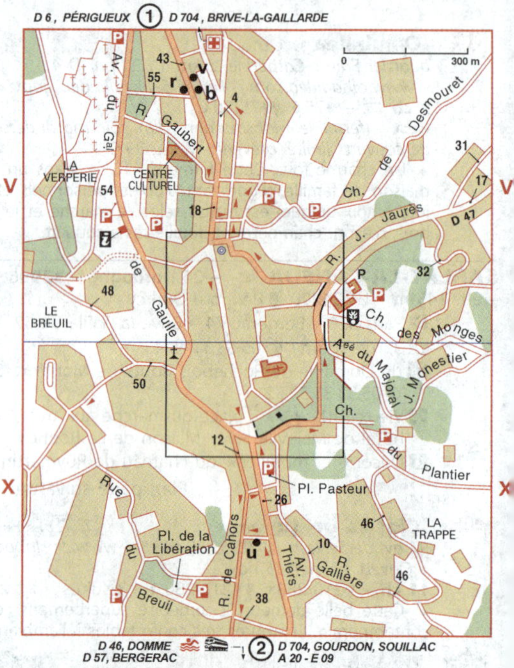

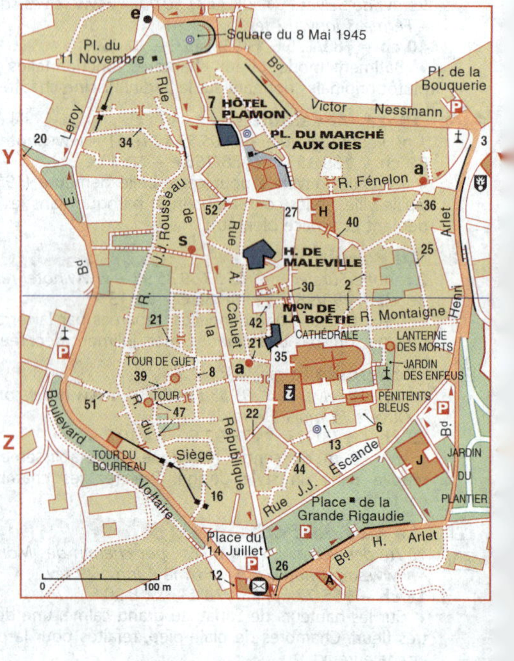

La Maison des Peyrat

Le Lac de la Plane, à l'Est par chemin des Monges-VX – ✆ 05 53 59 00 32 – www.maisondespeyrat.com – Ouvert 1er avril-15 nov.

10 ch – 🚹55/100 € 🚹🚹55/100 € – ☕ 9 € – ½ P 58/81 €

Rest – *(fermé merc. et dim. en saison et la sem. hors saison) (dîner seult) (résidents seult)* Menu 23 €

◆ Belle maison noyée sous la verdure, dont le jardin et la piscine d'eau salée invitent au repos. Les chambres – poutres peintes et murs blancs – ont un charme bucolique. L'accueil est charmant. Bonne cuisine familiale réalisée avec les produits du potager.

Les Peyrouses

ch, ch,

aux Peyrouses, 2 km à l'Ouest - V – ✆ 05 53 28 89 25 – www.lespeyrouses-24.com

5 ch – 🚹60/74 € 🚹🚹60/74 € – ☕ 8 €

Table d'hôte – Menu 26 €

◆ Étape au calme, dans un environnement vallonné à deux pas du centre de Sarlat. Dans l'agréable salon avec cheminée, on se sent comme chez des amis. Chambres de belle taille, joliment rustiques. Sur réservation, table d'hôte le soir.

Le Grand Bleu (Maxime Lebrun)

43 av. de la Gare, par ② – ✆ 05 53 31 08 48 – www.legrandbleu.eu – Fermé janv., mardi midi, merc. midi, dim. soir et lundi

Rest – Menu 33/90 €

Spéc. Roulé de bœuf, langoustines marinées et foie gras poêlé, sauce umami. Homard et son risotto au caviar d'aubergine fumé, écume de truffe. Duo de pomme granny et betterave à la truffe, glace truffe. **Vins** Bergerac.

◆ De son passage dans de grandes maisons, le jeune chef a retenu l'amour du travail bien fait et un vrai sens de la générosité. Une cuisine de l'instant, en phase avec les saisons.

Le Quatre Saisons

2 Côte de Toulouse – ✆ 05 53 29 48 59 – Fermé mardi et merc. sauf juil.-août Ys

Rest – (20 €) Menu 29/38 €

◆ Ancienne maison de pays proche de l'hôtel de Maleville (16e s.). Plats du terroir servis dans une salle à manger contemporaine. Bel escalier à vis et terrasse entre de vieux murs.

Les Jardins d' Harmonie

pl. André-Malraux – ✆ 05 53 31 06 69 – www.lesjardinsdharmonie.com – Fermé 15 fév.-31 mars, mardi midi et vend. midi en juil.-août, mardi et merc.

Rest – Menu 28/45 € – Carte 22/45 € Za

◆ Un restaurant familial situé au cœur de la cité médiévale. Le cadre est cossu, un peu baroque, et les assiettes, réalisées à partir de produits choisis, font plaisir à voir.

Rossignol

15 r. Fénelon – ✆ 05 53 31 02 30 – Fermé lundi Ya

Rest – Menu 22/60 € – Carte 33/55 €

◆ La salle a un petit air champêtre, avec son mobilier en bois et ses cuivres accrochés aux murs. Cuisine familiale et régionale à base de produits frais.

au Sud **5 km rte de Gourdon** puis rte de la Canéda et rte secondaire – ✉ **24200 Sarlat-la-Canéda**

Le Mas de Castel sans rest

Le Sudalissant – ✆ 05 53 59 02 59 – www.hotel-lemasdecastel.com – Ouvert 1er avril-1er nov.

13 ch – 🚹50/75 € 🚹🚹55/100 € – ☕ 8,50 €

◆ À la campagne, cet ancien corps de ferme est aménagé en sympathique hostellerie. Dans ses chambres confortables et pimpantes (certaines en rez-de-jardin), les nuits sont paisibles.

au Sud par ② 3 km rte de Bergerac et rte secondaire – ✉24200 Sarlat-la-Canéda

Relais de Moussidière sans rest
Moussidière Basse – ✆ 05 53 28 28 74 – www.hotel-moussidiere.com – Ouvert d'avril à oct.
35 ch – 133/173 € 146/186 €
◆ Calme absolu pour cette maison de caractère bâtie à flanc de rocher, dans un parc en terrasses descendant jusqu'à un étang. Chambres confortables, décorées d'objets exotiques.

SARPOIL – 63 Puy-de-Dôme – **326** H10 – rattaché à Issoire

SARRAS – 07 Ardèche – **331** K2 – 1 992 h. – alt. 133 m – ✉ 07370 **43** E2

Paris 527 – Annonay 20 – Lyon 72 – St-Étienne 60
De la D 506 coup d'oeil★★ sur le défilé de St-Vallier★ S : 5 km,
Lyon Drôme Ardèche

Le Vivarais avec ch
✆ 04 75 23 01 88 – Fermé 1er-23 août, 24 janv.-13 fév., dim. soir, lundi soir et mardi
6 ch – 50 € 50 € – 7 €
Rest – Menu 18 € (sem.), 28/52 € – Carte 36/52 €
◆ Dans cette auberge familiale, on déguste une généreuse cuisine classique dans une élégante salle à manger aux couleurs vives. Le chariot de desserts est très appétissant ! Chambres pratiques pour une étape sur la route des vacances...

SARREBOURG – 57 Moselle – **307** N6 – 12 722 h. – alt. 282 m **27** D2
– ✉ 57400 Alsace Lorraine

Paris 426 – Épinal 86 – Lunéville 59 – Metz 95
place des Cordeliers ✆ 03 87 03 11 82
du Pays de Sarrebourg Route de Winkelhof, O : 2 km, ✆ 03 87 23 01 02
Vitrail★ dans la chapelle des Cordeliers.

Les Cèdres
à la zone de loisirs, chemin d'Imling, 3 km au Sud-Ouest – ✆ 03 87 03 55 55 – www.hotel-lescedres.fr
44 ch – 68/76 € 75/83 € – 9 €
Rest – *(fermé sam. midi et dim. soir)* Menu 15 € (déj. en sem.), 26/49 €
◆ Étape tranquille au cœur d'une zone de loisirs, près d'une forêt et d'un étang, dans cet hôtel récent aux chambres claires et fonctionnelles. Salle à manger moderne et spacieuse, largement ouverte sur la nature environnante ; table régionale.

Mathis (Ernest Mathis)
7 r. Gambetta – ✆ 03 87 03 21 67 – Fermé 7-11 mars, 25 juil.-5 août, 5-9 sept., 31 oct.-4 nov., 19 déc.-6 janv., dim. soir, lundi et mardi
Rest – Menu 29/78 € – Carte 48/89 €
Spéc. Minute de sandre au mycryo flanquée d'une tranche de ventrêche, croquant d'ostergruss, jus de volaille à l'ail des ours (mars à juin). Baeckeofe d'agneau de lait et copeaux de truffe aux dés de foie gras (fin janv. à début mars). Gratin de framboises et son sorbet. **Vins** Muscat, Pinot blanc.
◆ Décor de table soigné, comme il se doit au pays du cristal et de la faïence, accueil chaleureux et plaisirs d'une assiette inventive : un restaurant aux multiples atouts.

SARREGUEMINES – 57 Moselle – **307** N4 – 21 733 h. **27** D1
– alt. 210 m – ✉ 57200 Alsace Lorraine

Paris 396 – Metz 70 – Nancy 96 – Saarbrücken 18
11, rue rue du Maire Massing ✆ 03 87 98 80 81
de Sarreguemines Chemin Départemental n 81 A, O : 3 km par D 81, ✆ 03 87 27 22 60
Musée : jardin d'hiver★★, collection de céramiques★ BZ **M.**
Parc archéologique européen de Bliesbruck-Reinheim : thermes★, 9,5 km par ①.

SARREGUEMINES

Chamborand (R. du Marquis-de) . . . . . . **BZ** 2
Chapelle (R. de la). . . . . **BZ** 3
Cremer (R. des Généraux) **ABZ** 6
Faïenceries (Bd des) . . . . . . **BZ** 7
France (R. de) . . . . **AZ** 8
Gare (Av. de la) . . . . **BZ** 12
Louvain (Chaussée de) . . . **BYZ** 15
Marché (Pl. du) . . . . **AZ** 17
Nationale (R.) . . . . **ABZ** 20
Or (R. de l') . . . . **AZ** 22
Paix (R. de la). . . . . **AY** 23
Pasteur (R. L.) . . . . **BZ** 24
Ste-Croix (R.) . . . . **BZ** 27
St-Nicolas (R.) . . . . **AZ** 26
Sibille (Pl. du Gén.) . . . . **BZ** 28
Utzschneider (R.) . . . . **BZ** 30
Verdun (R. de). . . . . **AZ** 33

Auberge St-Walfrid (Stephan Schneider) ch, rest, ch,
58 r. de Grosbliederstroff, 2 km par ③ et rte de Grosbliederstroff – ✆ 03 87 98 43 75 – www.stwalfrid.com
– Fermé 23 juil.-8 août et 26 fév.-14 mars
11 ch – †98/158 € ††98/158 € – ☕ 15 € – ½ P 128/158 €
Rest – *(fermé sam. midi, lundi midi et dim.)* Menu 30 € (sem.), 48/82 €
– Carte 58/88 €
Spéc. Foie gras poêlé, cèpes tièdes en vinaigrette, purée froide de coco blanc (sept. à oct.). Lotte rôtie à l'ail nouveau, cœurs d'artichaut et olives vertes (mai à juin). Croustillant à la mirabelle de Lorraine (sept.). **Vins** Moselle blanc et rouge.
◆ Belle maison en pierre où, depuis cinq générations, la même famille cultive l'art de recevoir. Le décor associe plaisamment rustique et contemporain. Chambres soignées. Salle à manger ornée de tableaux colorés et d'objets en faïence. Goûteuse cuisine régionale.

Amadeus sans rest

7 av. de la Gare – ✆ 03 87 98 55 46 – www.amadeus-hotel.fr – Fermé 15-21 août et 23 déc.-3 janv. BZr

39 ch – †56 € ††65 € – ☕ 8,50 €

◆ Cure de jouvence réussie pour cet immeuble des années 1930 situé à côté de la gare. Chambres de tailles diverses, repensées dans un esprit contemporain coloré.

Le Petit Thierry

135 r. France, 1,5 km par ③ – ✆ 03 87 98 22 59 – Fermé merc. soir

Rest – (23 €) Menu 33 €

◆ Discrète auberge abritant une salle de restaurant spacieuse et cossue, habillée de boiseries et de poutres. Cuisine inventive variant avec les saisons et belle sélection de vins.

rte de Bitche 11 km par ① sur D 662 – ✉ 57200 Sarreguemines

Pascal Dimofski

– ✆ 03 87 02 38 21 – www.restaurantdimofski.fr – Fermé 3 sem. en août, 2 sem. en fév., lundi et mardi

Rest – Menu 28/79 € – Carte 48/84 €

◆ À l'orée d'un bois, auberge campagnarde où poutres, cheminée et fauteuils design en cuir composent un décor original. Cuisine personnalisée et carte des vins bien balancée.

SARRE-UNION – 67 Bas-Rhin – 315 G3 – 3 185 h. – alt. 240 m – ✉ 67260 1 A1

▶ Paris 407 – Metz 81 – Nancy 84 – St-Avold 37

rte de Strasbourg 10 km au Sud-Est par N 61 – ✉ 67260 Burbach

Windhof

lieu-dit Windhof – ✆ 03 88 01 72 35 – www.windhof.fr – Fermé 1er-19 août, 2-17 janv., dim. soir, mardi soir et lundi

Rest – (15 € bc) Menu 28 € bc (déj.)/53 € – Carte 37/54 €

◆ Cabillaud au chorizo, agneau en croûte d'herbes, glace maison... Quittez l'autoroute (sortie 43) pour une halte gourmande dans cette sympathique et imposante bâtisse isolée.

SARS-POTERIES – 59 Nord – 302 M6 – 1 490 h. – alt. 181 m – ✉ 59216 Nord Pas-de-Calais Picardie 31 D3

▶ Paris 258 – Avesnes-sur-Helpe 12 – Charleroi 46 – Lille 107

ℹ 20, rue du Gal-de-Gaulle ✆ 03 27 59 35 49

◉ Musée du Verre★.

Marquais sans rest

65 r. du Gén.-de-Gaulle – ✆ 03 27 61 62 72 – www.hoteldumarquais.com – Fermé 15-28 fév.

11 ch – †52 € ††62 € – ☕ 8 €

◆ Deux pétillantes sœurs jumelles – d'environ 70 ans ! – tiennent à la perfection ce petit hôtel. Mobilier ancien et couleurs "bonbon" dans les chambres. Pas de TV : repos garanti.

SARTÈNE – 2A Corse-du-Sud – 345 C10 – voir à Corse

SARZEAU – 56 Morbihan – 308 O9 – 7 155 h. – alt. 30 m – ✉ 56370 Bretagne 9 A3

▶ Paris 478 – Nantes 111 – Redon 62 – Vannes 23

ℹ rue du Père Coudrin ✆ 02 97 41 82 37

⛳ de Rhuys à Saint-Gildas-de-Rhuys, O par D 780 : 7 km, ✆ 02 97 45 30 09

◉ Ruines★ du château de Suscinio SE : 3,5 km - Presqu'île de Rhuys★.

à Penvins 7 km au Sud-Est par D 198 – ✉ 56370 Sarzeau

XX **Le Mur du Roy** avec ch rest,
43 chemin du Mur du Roy Penvins – ✆ 02 97 67 34 08 – www.lemurduroy.com – Fermé 15 déc.-31 janv., lundi sauf hôtel et mardi midi
10 ch – †54/88 € ††54/88 € – ☕ 10 € – ½ P 66/83 €
Rest – Menu 25/45 € – Carte 32/72 €
◆ Cuisine iodée servie dans deux vérandas au décor marin. L'emplacement est idéal ; la terrasse et le jardin donnent sur l'océan. Petites chambres simples pour l'étape.

SASSENAY – 71 Saône-et-Loire – 320 J9 – rattaché à Chalon-sur-Saône

SASSETOT-LE-MAUCONDUIT – 76 Seine-Maritime – 304 D3 33 C1
– 927 h. – alt. 89 m – ✉ 76540

Paris 198 – Bolbec 29 – Fécamp 16 – Le Havre 55
4, rue des Fusillés ✆ 02 35 29 79 88

XX **Le Relais des Dalles** avec ch
6 r. Élisabeth-d'Autriche, près du château – ✆ 02 35 27 41 83 – www.relais-des-dalles.fr – Fermé 18 déc.-27 janv., lundi et mardi sauf le soir du 14 juil. au 17 août, merc. midi et jeudi midi
4 ch – †75/145 € ††75/145 € – ☕ 12 €
Rest – *(prévenir le week-end)* Menu 29/48 € – Carte 43/64 €
◆ Une sympathique auberge normande, rustique à souhait, où l'on se régale de savoureux plats traditionnels. Beau choix de vins de Loire et de bordeaux. Chambres cosy.

SAUBUSSE – 40 Landes – 335 D13 – 767 h. – alt. 10 m – Stat. 3 B3
therm. : début mars-fin nov. – ✉ 40180

Paris 736 – Bayonne 43 – Biarritz 50 – Dax 19
rue Vieille ✆ 05 58 57 76 68

XX **Villa Stings**
9 r. du Port – ✆ 05 58 57 70 18 – Fermé 13-20 juin, 7-14 nov., fév., sam. midi, dim. soir et lundi du 5 sept. au 26 juil. et merc. soir du 7 sept. au 26 avril
Rest – Menu 35/80 €
◆ Grande demeure en pierre (19e s.) posée au bord de l'Adour. Vaste salle à manger, où l'on sert une cuisine mêlant répertoires classique et actuel. Terrasse sur le perron.

SAUGUES – 43 Haute-Loire – 331 D4 – 1 917 h. – alt. 960 m – ✉ 43170 6 C3
Auvergne

Paris 529 – Brioude 51 – Mende 72 – Le Puy-en-Velay 43
Cours Dr Gervais ✆ 04 71 77 71 38

La Terrasse rest,
cours du Dr-Gervais – ✆ 04 71 77 83 10 – www.hotellaterrasse-saugues.com – Fermé 15 nov.-15 fév., dim. soir et lundi hors saison
9 ch – †60 € ††72 € – ☕ 12 € – ½ P 65 € **Rest** – Menu 20 € (sem.), 29/75 €
◆ Au centre du village dominé par la tour des Anglais, maison ancienne tenue par la même famille depuis 1795. Chambres d'esprit contemporain, fraîches et bien équipées. Le restaurant, au cadre classique et soigné (cheminée), propose une goûteuse cuisine traditionnelle.

SAUJON – 17 Charente-Maritime – 324 E5 – 6 281 h. – alt. 7 m 38 B3
– ✉ 17600 Saujon

Paris 499 – Poitiers 165 – La Rochelle 71 – Saintes 28
22, place du Général-de-Gaulle ✆ 05 46 02 83 77

Le Richelieu ♿ ch, AC ch, Wi-Fi, VISA, MC

pl. Richelieu – ✆ 05 46 02 82 43 – www.hotel-lerichelieu-saujon.com – Fermé 5-24 janv.

20 ch – †57/77 € ††57/77 € – ☕ 10 € – ½ P 57/68 €

Rest *Le Ménestrel* – ✆ 05 46 06 92 35 *(fermé 16-26 mai, 3-14 oct., 3-14 janv., mardi midi hors saison, dim. soir et lundi)* (19 €) Menu 27/70 € bc – Carte 30/55 €

◆ Cet édifice ancien (18e s.), doublé d'une extension récente, abrite des chambres fonctionnelles d'esprit contemporain. Décor moderne dans le restaurant, où est servie une cuisine actuelle.

SAULES – 25 Doubs – **321** G4 – rattaché à Ornans

SAULGES – 53 Mayenne – **310** G7 – 341 h. – alt. 97 m – ✉ 53340 **35** C1

Châteaux de la Loire

Paris 249 – Château-Gontier 37 – La Flèche 48 – Laval 33

4, place Jacques Favrot ✆ 02 43 90 49 81

L'Ermitage VISA, MC

3 pl. St-Pierre – ✆ 02 43 64 66 00 – www.hotel-ermitage.fr – Fermé 21 oct.-1er nov., 16 déc.-8 janv., 25 fév.-6 mars et vend. soir et dim. soir d'oct. à avril

35 ch – †75/107 € ††75/107 € – ☕ 10 € – ½ P 78/94 €

Rest – *(fermé sam. midi)* (12 € bc) Menu 24 € (déj. en sem.), 28/60 € – Carte 44/59 €

◆ Cette maison ancienne abrite de coquettes chambres tournées vers la campagne ou le village. Celles du "Relais", bien rénovées, sont plus actuelles. Piscine, minigolf, jardin. Cuisine teintée d'exotisme servie dans une salle ouverte sur la terrasse.

SAULIEU – 21 Côte-d'Or – **320** F6 – 2 643 h. – alt. 535 m – ✉ 21210 **8** C2

Bourgogne

Paris 248 – Autun 40 – Avallon 39 – Beaune 65

24, rue d'Argentine RN6 ✆ 03 80 64 00 21

Basilique St-Andoche★ : chapiteaux★★ .

SAULIEU

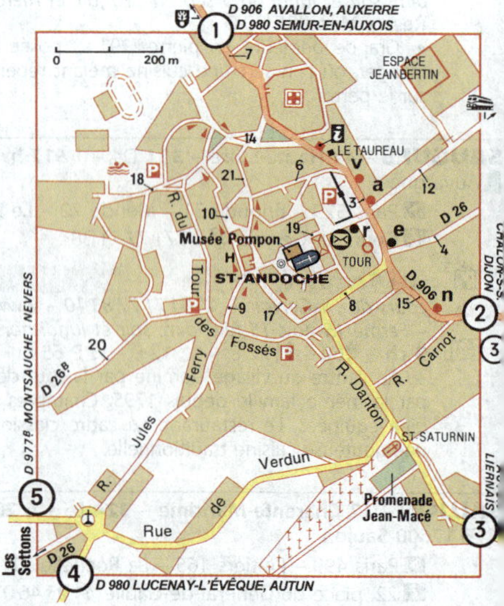

Le Relais Bernard Loiseau
2 r. d'Argentine – ✆ 03 80 90 53 53
– www.bernard-loiseau.com – Fermé 3 janv.-9 fév. e
23 ch – 145/345 € 145/345 € – 9 suites – 30 €
Rest *Le Relais Bernard Loiseau* – voir ci-après
◆ Un Relais dans la grande tradition française, qui fait honneur à l'hospitalité bourguignonne. Murs du 18e s., poutres et colombages patinés par les ans, sols en terre cuite, mobilier ancien... C'est l'esprit de toujours qui règne ici, avec chaque jour le sens de l'accueil et du service.

Hostellerie la Tour d'Auxois rest,
sq. Alexandre Dumaine
– ✆ 03 80 64 36 19 – www.tourdauxois.com
– Fermé 17 janv.-12 fév. r
6 ch – 99 € 99 € – 6 suites
Rest – *(fermé mardi midi d'oct. à mai, dim. soir et lundi)* Menu 23/57 €
– Carte 9/24 €
◆ Hôtel charmant mettant à profit un ancien couvent. Jardin paysager avec piscine, chambres cosy et jolie salle aux allures de bistrot pour le petit-déjeuner. Carte au goût du jour dans la salle en rotonde côté verdure.

Le Relais Bernard Loiseau – Hôtel Le Relais Bernard Loiseau
2 r. d'Argentine – ✆ 03 80 90 53 53
– www.bernard-loiseau.com
– Fermé 3 janv.-9 fév. e
Rest – *(fermé mardi et merc. sauf de mai à sept. et sauf vacances de Noël)*
Menu 66 € (déj.), 120/195 € – Carte 117/179 €
Spéc. Jambonnettes de grenouilles à la purée d'ail et au jus de persil. Filet de bœuf charolais cuit au foin en croûte d'argile. Crémeux, croustillant, coulant de chocolat praïa, fine nougatine de fève de cacao. **Vins** Chassagne-Montrachet, Chambolle-Musigny.
◆ On n'y pénètre pas sans émotion... Intacte la superbe mécanique héritée du "maître de Saulieu", guidée par le souci de l'excellence. Toujours étincelantes ses recettes géniales, portées aujourd'hui – avec une sensibilité propre – par celui qui fut son second pendant vingt ans. Mémorables les sentiments suscités...

La Borne Impériale avec ch
16 r. d'Argentine – ✆ 03 80 64 19 76 – www.borne-imperiale.com
– Fermé 10 janv.-10 fév., lundi soir sauf juil.-août et mardi v
7 ch – 37 € 52/57 € – 10 € – ½ P 60 €
Rest – (18 €) Menu 25/49 € – Carte 40/55 €
◆ Cuisine de tradition régionale, copieuse et soignée, servie dans la salle classique ou sur la belle terrasse ouverte sur un jardin. Hébergement pratique à l'étage.

Auberge du Relais
8 r. d'Argentine – ✆ 03 80 64 13 16 – Fermé 17-30 nov. a
Rest – (19 €) Menu 22/32 € – Carte 30/40 €
◆ En centre ville, cette auberge à la façade rose propose une carte qui privilégie le terroir. Décor intérieur un brin rustique et terrasse au calme.

La Vieille Auberge
15 r. Grillot – ✆ 03 80 64 13 74 – Fermé 1er-8 juil., 14-27 janv., 26 fév.-8 mars, mardi soir et merc. du 1er sept. au 13 juil. n
Rest – Menu 13/39 €
◆ Restaurant familial situé à proximité du centre. Table régionale, salle rajeunie dans les tons jaune et orange, terrasse sur un jardinet bien appréciée en saison.

SAULON-LA-RUE – 21 Côte-d'Or – 320 K6 – 561 h. – alt. 215 m – ✉ 21910 8 D1

Paris 324 – Dijon 12 – Beaune 43 – Gevrey-Chambertin 9

Château de Saulon
rte de Seurre – 03 80 79 25 25 – www.chateau-saulon.com – Fermé 20 fév.-13 mars
32 ch – 85/90 € 100/150 € – 15 €
Rest – *(fermé dim. soir d'oct. à mai)* Menu 21 € (déj. en sem.), 30/55 € – Carte 50/80 €
◆ Joli petit château du 17e s. entouré d'un parc arboré agrémenté d'une piscine et d'un étang privé. Les chambres offrent un cadre contemporain (mobilier fonctionnel). Dans une dépendance, salle à manger où l'on sert une cuisine actuelle. Boutique de vins ; dégustation.

SAULT – **84 Vaucluse** – **332** F9 – **1 285 h. – alt. 765 m** – ✉ **84390** **42** E1
Alpes du Sud

Paris 718 – Aix-en-Provence 86 – Apt 31 – Avignon 69
avenue de la Promenade 04 90 64 01 21
Gorges de la Nesque★★ : belvédère★★ SO : 11 km par D 942 - Mont Ventoux ★★★ NO : 26 km.

Hostellerie du Val de Sault
2 km, rte St-Trinit et rte secondaire – 04 90 64 01 41 – www.valdesault.com – Ouvert 1er avril-13 nov.
14 suites – 245/350 € – 6 ch – 14 € – ½ P 97/198 €
Rest – *(dîner seult sem. sauf juil.-août)* Menu 42 € (déj.), 48/92 €
◆ Parfum de lavande, vue enchanteresse sur le mont Ventoux, chambres avec salon et miniterrasse : un charme qui ne laisse pas de séduire ! Apaisante salle à manger mariant les styles, terrasse bien exposée et menu régional honorant la truffe.

SAULT-DE-NAVAILLES – **64 Pyrénées-Atlantiques** – **342** H1 – **830 h.** – **alt. 65 m** – ✉ **64300** **3** B3

Paris 756 – Bordeaux 177 – Mont-de-Marsan 44 – Pau 58

La Tour Galante
699 r. de France, (à côté de l'église) – 05 59 67 55 29 – www.latourgalante.com – Fermé 14-21 mars, 1er-22 sept., lundi soir, mardi et merc.
Rest – (13 €) Menu 20/27 € – Carte 29/62 €
◆ La façade pimpante de ce restaurant donne sur la tour de Gaston Fébus. Ici, tout est frais et fait maison : garbure, foie gras, salade landaise et volaille basquaise.

SAULXURES – **67 Bas-Rhin** – **315** G6 – **518 h. – alt. 535 m** – ✉ **67420** **1** A2

Paris 407 – Épinal 71 – Strasbourg 67 – Lunéville 65

La Belle Vue
36 r. Principale – 03 88 97 60 23 – www.la-belle-vue.com – Fermé 3 sem. en janv.
9 ch – 94/124 € 94/124 € – 2 suites – 13 € – ½ P 81/103 €
Rest – *(fermé mardi et merc. d'oct. à mai)* Menu 15 € (déj. en sem.), 25/50 € – Carte 35/60 €
◆ La même famille tient cette auberge depuis quatre générations. Suites, duplex et chambres au décor contemporain et au charme douillet. À la table, la simplicité – comme un souvenir de la bonne cuisine d'antan – se marie à une pointe d'exotisme.

SAUMUR – **49 Maine-et-Loire** – **317** I5 – **28 654 h.** – **alt. 30 m** – ✉ **49400** Châteaux de la Loire **35** C2

Paris 300 – Angers 67 – Le Mans 124 – Poitiers 97
place de la Bilange 02 41 40 20 60
de Saumur 2, route des Mortins, O : 5 km par D 751 et D 161, 02 41 50 87 00
Château★★ : musée d'Arts décoratifs★★, musée du Cheval★, tour du Guet ★ - Église N.-D.-de-Nantilly★ : tapisseries★★ - Vieux quartier★ BY : Hôtel de ville★ **H** ,tapisseries★ de l'église St-Pierre - Musée de l'école de Cavalerie★ **M¹** - Musée des Blindés★★ au Sud.

SAUMUR

Château de Verrières sans rest
53 r. d'Alsace – ℰ 02 41 38 05 15
– www.chateau-verrieres.com AY**v**
10 ch – †150/290 € ††150/290 € – ☕ 15 €
◆ Un lieu idéal pour un séjour romantique : un bel édifice Napoléon III, des boiseries aux teintes chaudes, un décor Belle Époque et un grand parc... Accueil amical des châtelains.

St-Pierre sans rest
8 r. Haute-St-Pierre – ℰ 02 41 50 33 00
– www.saintpierresaumur.com BY**b**
15 ch – †80/130 € ††95/200 € – ☕ 13 €
◆ Poutres massives, colombages, hautes cheminées en tuffeau, escalier à vis et meubles de style : un bien charmant hôtel installé dans des maisons du 17e s. joliment restaurées.

Anne d'Anjou sans rest
32 quai Mayaud – ✆ 02 41 67 30 30 – www.hotel-anneanjou.com BY**k**
43 ch – 85/140 € 105/225 € – 12 €
◆ Un bel édifice classé (escalier en pierre), comme un lys dans la vallée... Les chambres, de style Empire ou plus fonctionnelles, donnent sur la Loire ou sur le charmant jardin.

Adagio sans rest
94 av. du Gén.-de-Gaulle – ✆ 02 41 67 45 30 – www.hoteladagio.com – Fermé 23-26 déc. et 29 déc.-2 janv. BX**t**
38 ch – 75/104 € 89/139 € – 12 €
◆ Au cœur de l'île d'Offard, hôtel plutôt agréable proposant cinq catégories de chambres, toutes décorées dans un style contemporain et coloré. Pratique pour découvrir la ville.

Mercure Bord de Loire sans rest
r. du vieux-Pont – ✆ 02 41 67 22 42 – www.mercure.com
45 ch – 76/135 € 92/175 € – 1 suite – 14 € BY**g**
◆ Sur l'île d'Offard, un hôtel moderne aux chambres fonctionnelles bien équipées. Atout de choix : certaines offrent un beau panorama sur la Loire et le centre historique.

Kyriad sans rest
23 r. Daillé – ✆ 02 41 51 05 78 – www.central-kyriad.com BY**d**
27 ch – 50/89 € 69/99 € – 9 €
◆ Situation centrale et calme assuré en cet établissement classique, abritant de petites chambres confortables. Le décor est agréable : meubles de style ancien, teintes claires…

De Londres sans rest
48 r. d'Orléans – ✆ 02 41 51 23 98 – www.lelondres.com BY**t**
26 ch – 45/70 € 56/75 € – 8 €
◆ Depuis quelques années, ses propriétaires ont su donner de la personnalité et un véritable coup de jeune à cet hôtel de 1837. Une belle idée : le salon-bibliothèque dédié à la BD.

Les Ménestrels
11 r. Raspail – ✆ 02 41 67 71 10 – Fermé 15-27 déc., 1 sem. en mars, lundi sauf le soir d'avril à nov. et dim. BZ**u**
Rest – (17 €) Menu 24 € (déj.), 32/68 € – Carte 68/87 €
◆ Près du château, troubadours de passage et autres trouvères goûteront le raffinement de cette demeure ancienne. De beaux vins de Loire accompagnent la carte ou la formule bistrot.

Le Gambetta (Mickael Pihours)
12 r. Gambetta – ✆ 02 41 67 66 66 – www.restaurantlegambetta.com – Fermé 25 juil.-18 août, 16 janv.-2 fév., dim. soir, lundi et merc. AY**w**
Rest – Menu 30/92 € – Carte 65/77 €
Spéc. Gambas et œuf en déclinaison. Saint-pierre côtier et petits gris rôtis (sept. à fév.). Fraise, mascarpone et hibiscus (avril à sept.). **Vins** Saumur blanc, Saumur-Champigny.
◆ Jeux sur les textures, les associations de saveurs et les présentations ; le jeune chef bouscule la tradition. Menu de saison, espumas en petites touches, fleurs et fruits, clins d'œil à l'Asie : les sens sont ravis...

L'Escargot
30 r. Maréchal-Leclerc – ✆ 02 41 51 20 88 – Fermé 16 août-2 sept., 22-29 déc., 2 sem. en fév., mardi et merc. AZ**a**
Rest – *(nombre de couverts limité, prévenir)* (13 €) Menu 17 € (déj. en sem.), 24/32 €
◆ Un joli petit Escargot où prendre le temps de bien manger ! Décor feutré et savoureuse cuisine traditionnelle, élaborée à partir de produits de premier choix. Agréable terrasse.

L'Alchimiste

6 r. de Lorraine – ✆ 02 41 67 65 18 – fermé 1 sem. en juin, vacances de la Toussaint , 1 sem. en fév., dim. soir, mardi soir et merc. AY**b**

Rest – *(nombre de couverts limité, prévenir)* (15 €) Menu 18 € – Carte 22/49 €

◆ On ne sert pas ici de cuisine moléculaire mais des bons petits plats (flan de courgette au chèvre frais, poire pochée...). Mieux vaut réserver car c'est souvent complet !

à St-Hilaire-St-Florent 3 km par av. Foch AXY et D 751 – ✉ 49400 Saumur

École nationale d'Équitation★.

Les Terrasses de Saumur rest,

chemin de l'Alat – ✆ 02 41 67 28 48 – www.lesterrassesdesaumur.fr – Fermé 22 déc.-28 janv.

20 ch – 75/90 € 75/90 € – 12 € – ½ P 83/90 €

Rest – *(fermé lundi midi et mardi midi)* (22 €) Menu 28/60 € – Carte 38/66 €

◆ Tout près du Cadre noir, cet hôtel plaira à une clientèle branchée : couleurs tranchées, lumière travaillée, spa… sans oublier la piscine et la terrasse en bois exotique ! Le restaurant propose une cuisine classique, avec une vue superbe sur la ville...

à Chênehutte-les-Tuffeaux 8 km par av. Foch AXY et D 751 – 1 057 h. – alt. 29 m – ✉ 49350

Le Prieuré rest,

– ✆ 02 41 67 90 14 – www.prieure.com

20 ch – 104/130 € 104/130 € – 1 suite – 21 €

Rest – (24 €) Menu 33 € (dîner)/70 € – Carte 36/68 € le soir

◆ La dévotion reste tentante dans ce prieuré du 12e s. d'un grand charme : les chambres, stylées, ouvrent sur la Loire... Cuisine délicate, rehaussée d'épices, et vins du cru dans la salle à manger panoramique.

Les Résidences du Prieuré

15 ch – 130 € 130 € – 23 €

◆ Chambres avec terrasse et jardinet privé, nichées dans six bungalows disséminés dans un immense parc boisé.

SAUSHEIM – **68 Haut-Rhin** – **315** I10 – **rattaché à Mulhouse**

LA SAUSSAYE – **27 Eure** – **304** F6 – **1 932 h.** – **alt. 137 m** – **✉ 27370** **33** D2

Paris 130 – Évreux 40 – Louviers 20 – Pont-Audemer 49

Manoir des Saules (Jean-Paul Monnaie) ch, rest, rest,

2 pl. St Martin – ✆ 02 35 87 25 65 – www.manoirdessaules.com – Fermé 3 sem. en nov., 15 fév.-3 mars, dim. soir, lundi et mardi

9 ch – 210/315 € 210/315 € – 25 €

Rest – *(nombre de couverts limité, prévenir)* (70 €) Menu 90/110 € – Carte 95/135 €

Spéc. Buisson de homard à l'huile de truffe. Poulette de Bresse aux échalotes confites. Soufflé passion truffé chocolat noir.

◆ Accueil charmant dans cet authentique manoir normand avec jardin. Colombages et tourelles ornent la façade ; un beau mobilier décore les chambres. Originales salles à manger où l'on savoure une cuisine actuelle, privilégiant les produits locaux. Belle cave.

SAUSSET-LES-PINS – **13 Bouches-du-Rhône** – **340** F6 – **7 278 h.** – **alt. 15 m** – **✉ 13960** Provence **40** B3

Paris 768 – Aix-en-Provence 41 – Marseille 37 – Martigues 13

Bureau Municipal de Tourisme - 16, avenue du Port ✆ 04 42 45 60 65

Les Girelles
r. Frédéric-Mistral – ✆ 04 42 45 26 16 – www.restaurant-les-girelles.com – Fermé 2-31 janv., dim. soir de sept. à juin, merc. midi et lundi
Rest – Menu 20 € bc (déj.), 28/65 € – Carte 40/80 €
◆ Un restaurant de bord de mer typique, face à la grande bleue, avec une véranda. Beaucoup de produits de la mer, bien sûr : de la bouillabaisse et du homard rôti au pèbre d'ail...

SAUTERNES – 33 Gironde – 335 I7 – 679 h. – alt. 50 m – ✉ 33210 3 B2

Aquitaine

Paris 624 – Bazas 24 – Bordeaux 49 – Langon 11
11, rue Principale ✆ 05 56 76 69 13

Relais du Château d'Arche sans rest
0,5 km au Nord, rte de Bommes – ✆ 05 56 76 67 67 – www.chateaudarche-sauternes.com
9 ch – †120/160 € ††120/160 € – ☕ 10 €
◆ Chartreuse du 17e s. au cœur du domaine viticole du Château d'Arche, dont on peut déguster les grands crus après une visite. Chambres classiques et cosy, avec vue sur les vignes.

Saprien
14 r. Principale – ✆ 05 56 76 60 87 – www.saprien.free.fr – Fermé 21 déc.-4 janv., 16 fév.-10 mars, dim. soir et merc. soir d'avril à oct., le soir en sem. de nov. à mars et lundi
Rest – (15 €) Menu 25/37 € – Carte 40/63 €
◆ Belle maison de vigneron (cheminée rustique, toiles contemporaines), avec terrasse face aux vignes. Bonne sélection de sauternes et goûteuse cuisine régionale, à prix très doux.

SAUTRON – 44 Loire-Atlantique – 316 F4 – rattaché à Nantes

SAUVE – 30 Gard – 339 I5 – 1 836 h. – alt. 103 m – ✉ 30610 23 C2

Paris 747 – Montpellier 48 – Alès 28 – Nîmes 40
place René Isouard ✆ 04 66 77 57 51

La Magnanerie avec ch
rte de Nîmes – ✆ 04 66 77 57 44 – www.lamagnanerie.fr
8 ch – †49/57 € ††56/65 € – ☕ 7 € – ½ P 67/75 €
Rest – *(fermé 15-30 nov., merc. soir sauf juil.-août, mardi midi et lundi)* (14 €) Menu 26/50 € – Carte 45/53 €
◆ En bord de rivière, une noble bastide du 17e s., entourée d'un jardin luxuriant qui conserve les vestiges d'un ancien aqueduc. On y sert une goûteuse cuisine appuyée sur la tradition (produits frais). Petites chambres bien tenues dans un bâtiment voisin.

SAUVETERRE – 30 Gard – 339 N4 – 1 793 h. – alt. 23 m – ✉ 30150 23 D2

Paris 669 – Alès 77 – Avignon 15 – Nîmes 49

Château de Varenne sans rest
pl. St-Jean – ✆ 04 66 82 59 45 – www.chateaudevarenne.com – Ouvert avril-oct.
13 ch – †98/168 € ††98/268 € – ☕ 19 €
◆ Le parc à la française, où trône un superbe cèdre du Liban, ajoute au charme de cette élégante demeure du 18e s. Chambres raffinées, décorées de riches tissus et objets anciens.

SAUVETERRE-DE-BÉARN – 64 Pyrénées-Atlantiques – 342 G2 – 1 352 h. – alt. 69 m – ✉ 64390 Aquitaine 3 B3

Paris 777 – Pau 64 – Bayonne 60 – Orthez 22
place Royale ✆ 05 59 38 32 86

La Maison de Navarre

– 05 59 38 55 28 – www.lamaisondenavarre.com – Ouvert avril-sept.
7 ch – 58/67 € 60/80 € – 8 €
Rest – *(fermé merc. sauf juil.-août et dim. soir) (dîner seult)* Menu 19 €
– Carte environ 40 €
◆ Près de la route, charmante maison de maître (fin 18e s.) blottie dans un écrin de verdure où paissent des ânes. Chambres coquettes : mobilier chiné, parquet et couleurs gaies. Au restaurant, plats inventifs autour des produits du terroir.

Domaine de Bétouzet sans rest

Andrein, 3 km à l'Est par D 27 – 05 59 38 91 40 – www.betouzet.com
– Ouvert 20 mars-11 nov.
5 ch – 180 € 230 € – 15 €
◆ Arbres centenaires et haies de buis bien taillées parent le parc de cette jolie gentilhommière. Chambres calmes et confortables. Sauna et jacuzzi en bois dans l'orangeraie.

SAUVETERRE-DE-COMMINGES – 31 Haute-Garonne – 343 C6 — 28 B3

– 724 h. – alt. 480 m – ✉ 31510

Paris 777 – Bagnères-de-Luchon 36 – Lannemezan 31 – Tarbes 71

Hostellerie des 7 Molles

à Gesset – 05 61 88 30 87 – www.hotel7molles.com – Fermé 15 fév.-15 mars, mardi et merc. d'oct. à juin
18 ch – 92/128 € 105/158 € – 12 € – ½ P 102/127 €
Rest – *(Fermé mardi et merc. sauf le soir de juil. à sept. et le midi en sem.)* Menu 30/47 € – Carte 45/62 €
◆ Une agréable atmosphère familiale règne dans cette maison. Les chambres, confortables, bénéficient pour certaines d'un balcon ouvert sur le jardin orné de citronniers et d'orangers. Salles à manger bourgeoises (faïence du pays sur les tables) et cuisine classique.

SAUVETERRE-DE-ROUERGUE – 12 Aveyron – 338 F5 – 803 h. — 29 C1

– alt. 460 m – ✉ 12800 Midi-Toulousain

Paris 652 – Albi 52 – Millau 88 – Rodez 30
place des Arcades 05 65 72 02 52
Place centrale★.

Le Sénéchal (Michel Truchon)

Le bourg – 05 65 71 29 00 – www.hotel-senechal.fr – Fermé 1er janv.-15 mars, mardi midi et jeudi midi sauf juil.-août et lundi
8 ch – 140 € 140 € – 3 suites – 16 € – ½ P 150 €
Rest – *(nombre de couverts limité, prévenir)* Menu 27 € (sem.), 55/120 € – Carte 55/120 €
Spéc. Gnocchis de pommes de terre aux truffes noires. Ris et selle d'agneau d'Aveyron. Desserts aux fruits de saison. **Vins** Marcillac, Gaillac.
◆ Une bastide royale du 13e s. sert de cadre à cette auberge reconstruite dans le style du pays. Intérieur mariant le moderne à l'ancien. Cuisine actuelle et décor original : poisson rouge en bocal à chaque table, œuvre d'art contemporain en fer, salon design.

SAUVIAT-SUR-VIGE – 87 Haute-Vienne – 325 G5 – 955 h. — 24 B2

– alt. 450 m – ✉ 87400

Paris 404 – Limoges 34 – Guéret 49 – Panazol 30

Auberge de la Poste

141 r. Emile Dourdet – 05 55 75 30 12 – www.aubergedelaposte.fr – Fermé 13 déc.-13 janv.
10 ch – 45 € 55 € – 6,50 € – ½ P 55 €
Rest – *(fermé dim. soir et lundi)* (13 €) Menu 19/36 € – Carte 24/55 €
◆ Auberge familiale sur l'axe principal du village. Les chambres, fonctionnelles et de style rustique, sont logées dans un bâtiment à l'abri des nuisances de la route. Cuisine traditionnelle servie dans un agréable cadre campagnard (pierres apparentes, poutres, parquet).

SAUVIGNY-LES-BOIS – 58 Nièvre – 319 C10 – rattaché à Nevers

SAUXILLANGES – 63 Puy-de-Dôme – 326 H9 – 1 122 h. – alt. 460 m 6 C2
– ✉ 63490 Auvergne

Paris 455 – Ambert 46 – Clermont-Ferrand 45 – Issoire 14

place de l'Ancienne Poste ✆ 04 73 96 37 63

Pic d'Usson ✻★ SO : 4 km.

Restaurant de la Mairie

11-17 pl. St-Martin – ✆ 04 73 96 80 32 – www.fontbonne.fr
– Fermé 20 juin-1er juil., 26 sept.-7 oct., 2-20 janv., mardi soir et merc. soir de la Toussaint à Pâques, dim. soir et lundi

Rest – (14 €) Menu 18 € (sem.), 28/68 € – Carte 28/71 €

◆ Face à la mairie, une maison de village datant de 1811 au cadre feutré. En cuisine, mère et fille œuvrent avec finesse et imagination et renouvellent la tradition régionale.

LE SAUZE – 04 Alpes-de-Haute-Provence – 334 I6 – rattaché à Barcelonnette

SAUZON – 56 Morbihan – 308 L10 – voir à Belle-Ile-en-Mer

SAVERNE – 67 Bas-Rhin – 315 I4 – 11 907 h. – alt. 200 m 1 A1
– ✉ 67700 Alsace Lorraine

Paris 450 – Lunéville 88 – St-Avold 89 – Sarreguemines 65

37, Grand'Rue ✆ 03 88 91 80 47

Château★ : façade★★ - Maisons anciennes à colombage★ **N.**

SAVERNE

Bouxwiller (R. de) . . . . B 2
Clés (R. des) . . . . B 3
Côte (R. de la) . . . . B 5
Dettwiller (R. de) . . . . B 6
Églises (R. des) . . . . B 8
Foch (R. Mar.) . . . . A 12
Gare (R. de la) . . . . A 13
Gaulle (Pl. Gén.-de) . . . . B 14
Grand'Rue . . . . AB
Joffre (R. Mar.) . . . . B 15
Murs (R. des) . . . . AB 16
Pères (R. des) . . . . B 17
Poincaré (R.) . . . . A 20
Poste (R. de la) . . . . B 22
Tribunal (R. du) . . . . B 24
19-Novembre (R. du) . . . . A 26

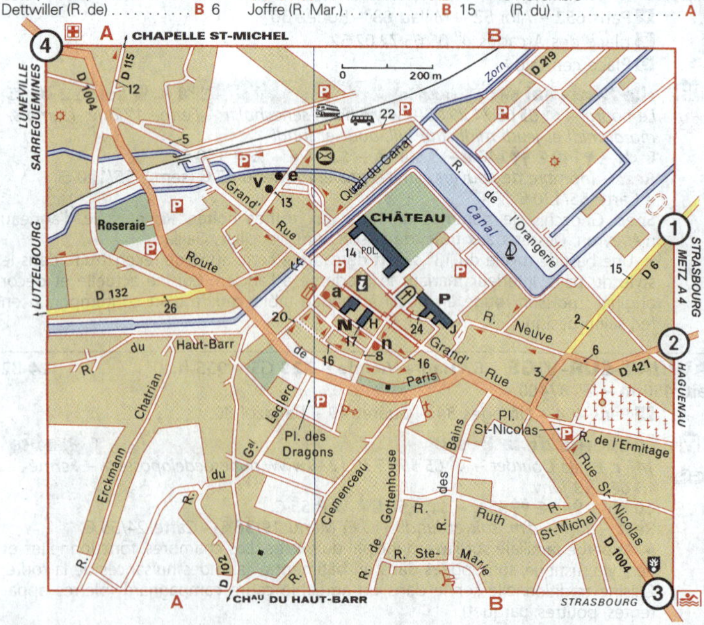

Europe sans rest
7 r. de la Gare – ✆ 03 88 71 12 07 – www.hotel-europe-fr.com – Fermé 19 déc.-2 janv. **Ae**
28 ch – †66/76 € ††72/100 € – ☐ 10 €
◆ L'Europe : une belle façade en brique du début du 20e s., des chambres classiques et confortables, parfaitement tenues. Plaisante salle des petits-déjeuners ; élégant bar anglais.

Chez Jean
3 r. de la Gare – ✆ 03 88 91 10 19 – www.chez-jean.com **Av**
40 ch – †65/90 € ††82/129 € – ☐ 10 € – ½ P 78/90 €
Rest – *(fermé 20 déc.-10 janv., dim. soir et lundi)* (12 €) Menu 15 € (déj. en sem.), 31/48 € – Carte 32/57 €
Rest *Winstub s'Rosestiebel* – *(fermé 20 déc.-10 janv.)* (12 €) Menu 15 € (déj. en sem.), 33/45 € – Carte 32/57 €
◆ À deux pas des rues piétonnes, ce Jean dispose de chambres confortables et bien agencées, d'esprit alsacien (bois patiné, couettes). Cuisine régionale servie dans une salle habillée de boiseries. Il règne une ambiance conviviale dans la Winstub s'Rosestiebel.

Zum Staeffele
1 r. Poincaré – ✆ 03 88 91 63 94 – www.strasnet.com/staeffele.htm – Fermé 27 juil.-17 août, 22 déc.-3 janv., dim. soir, jeudi midi et merc.
Rest – Menu 23 € (déj. en sem.), 31/56 € – Carte 45/53 € **Ba**
◆ Lotte braisée à l'encre de seiche, taboulé de quinoa... Une cuisine dans l'air du temps tout près du château des Rohan. Cadre classique dans une maison ancienne (18e et 19e s.).

Le Clos de la Garenne avec ch
88 rte du Haut-Barr, 1,5 km par rte de Haut-Barr – ✆ 03 88 71 20 41 – www.closgarenne.fr
14 ch – †37/52 € ††52/95 € – ☐ 10 €
Rest – *(fermé merc. midi, sam. midi et dim. soir de janv. à sept.)* Menu 17 € (déj. en sem.), 27/75 € – Carte 31/85 €
◆ Sur les hauteurs de la ville, maison du début du 20e s. entourée de verdure. On savoure une belle cuisine – sagement créative – dans une ambiance rustique et conviviale. Chambres chaleureuses (boiseries anciennes et tissus à carreaux).

Taverne Katz
80 Grand'Rue – ✆ 03 88 71 16 56 – www.tavernekatz.com **Bn**
Rest – Menu 40/54 € – Carte 35/75 €
◆ Belle maison (1605) à la façade en bois sculpté, située dans une rue piétonne. Salles chaleureuses dans l'esprit winstub et cuisine régionale (spécialités alsaciennes).

à l'Est par ② **3 km sur D 421 – ✉ 67700 Monswiller**

Kasbür
8 r. de Dettwiller – ✆ 03 88 02 14 20 – www.restaurant-kasbur.fr – Fermé 25 juil.-17 août, vacances de fév., dim. soir, merc. soir et lundi
Rest – (20 €) Menu 44/78 € – Carte 44/70 €
◆ Dans cette maison en pleine campagne, largement ouverte sur le jardin arboré, on savoure une cuisine inventive (carotte de foie gras, mousse au chocolat et sirop de basilic...).

SAVIGNEUX – 01 Ain – **328** C4 – **1 140 h.** – **alt. 267 m** – ✉ **01480** **43** E1
Paris 444 – Bourg-en-Bresse 44 – Mâcon 51 – Saint-Étienne 102

Domaine de Fontanelle
chemin de la Rose – ✆ 04 74 08 12 15 – www.theclementcollection.com – Hôtel : fermé de nov. à mars Rest. : fermé 1er janv.-15 fév.
6 ch ☐ – †200/500 € ††400/1000 € – 6 suites – ½ P 240/540 €
Rest – *(fermé mardi du 15 mars au 15 sept.)* (27 €) Menu 40/55 € – Carte 50/59 €
◆ C'est le grand jeu dans cette métairie du 17e s. transformée en hôtel de luxe. Suites à thèmes spacieuses (300 m² pour la plus grande) et suréquipées. Piscine avec jacuzzi et parc de 8 ha. Au restaurant "The Eleutheran", cuisine tournée vers les saveurs exotiques.

SAVIGNEUX – 42 Loire – **327** D6 – rattaché à Montbrison

SAVIGNÉ-L'ÉVÊQUE – 72 Sarthe – **310** K6 – rattaché au Mans

SAVIGNY-LÈS-BEAUNE – 21 Côte-d'Or – **320** I7 – rattaché à Beaune

SAVONNIÈRES – 37 Indre-et-Loire – **317** M4 – 2 558 h. – alt. 47 m **11** B2
– ✉ 37510 Châteaux de la Loire

Paris 263 – Blois 88 – Orléans 139 – Tours 17

XX **La Maison Tourangelle**

9 rte des Grottes-Pétrifiantes – ✆ 02 47 50 30 05 – www.lamaisontourangelle.com – Fermé 16 août-2 sept., 24-30 oct., 16 fév.-2 mars, lundi soir de déc. à fév., sam. midi, dim. soir et merc.

Rest – Menu 28/58 € bc

◆ Le rustique marié au moderne, une délicieuse terrasse sur le Cher et une belle cuisine de produits : voilà les atouts de cette maison tourangelle du 18e s.

SAZILLY – 37 Indre-et-Loire – **317** L6 – rattaché à L'Île-Bouchard

SCEAUX-SUR-HUISNE – 72 Sarthe – **310** M6 – 577 h. – alt. 93 m **35** D1
– ✉ 72160

Paris 173 – Châteaudun 75 – La Ferté-Bernard 12 – Mamers 41

XX **Le Panier Fleuri**

1 av. Bretagne – ✆ 02 43 93 40 08 – Fermé 4-21 juil., 3-19 janv., dim. soir, lundi soir, mardi soir et merc.

Rest – (13 €) Menu 22/30 € – Carte 25/55 €

◆ Au cœur de la localité, cette maison du 19e s. abrite un petit salon et une salle tout en longueur, dotée de poutres et de boiseries. Cuisine actuelle revisitant le terroir.

SCHERWILLER – 67 Bas-Rhin – **315** I7 – 2 958 h. – alt. 185 m – ✉ 67750 **2** C1

Paris 439 – Barr 21 – Colmar 27 – St-Dié 42

30, rue de la Mairie ✆ 03 88 92 25 62

Auberge Ramstein ch, rest,

1 r. Riesling, (direction Dambach-la-Ville) – ✆ 03 88 82 17 00 – www.hotelramstein.fr – Fermé 23 déc.-15 janv. et vacances de fév.

21 ch – †54/68 € ††66/76 € – ☕ 10 € – ½ P 69/74 €

Rest – *(fermé dim., merc. et le midi du 15 juil. au 31 août)* (19 €) Menu 29/48 € – Carte 38/48 €

◆ "L'Alsace m'a adoptée !" affirme avec le sourire la patronne autrichienne... Cette demeure régionale, ouverte sur le vignoble, est très accueillante. Chambres spacieuses et soignées. Au restaurant : esprit campagne et belle cuisine de tradition, fraîche et de saison.

SCHIRMECK – 67 Bas-Rhin – **315** H6 – 2 425 h. – alt. 315 m – ✉ 67130 **1** A2
Alsace Lorraine

Paris 412 – Nancy 101 – St-Dié 41 – Saverne 48

114, Grand'Rue ✆ 03 88 47 18 51

Vallée de la Bruche★ N et S.

aux Quelles 7,5 km au Sud-Ouest par D 1420, D 261 et rte forestière – ✉ 67130 La Broque

Neuhauser

– ✆ 03 88 97 06 81 – www.hotel-neuhauser.com – Fermé 14 nov.-2 déc. et 19 fév.-10 mars

17 ch – †78 € ††86 € – ☕ 12 € – ½ P 84 €

Rest – (10 €) Menu 19/45 € – Carte 26/50 €

◆ Calme garanti dans cette auberge tapie dans un vallon de la forêt vosgienne. Chambres confortables (mobilier en bois clair) ; quelques chalets individuels sur le terrain. Au restaurant, cuisine régionale et... eau-de-vie de la distillerie familiale en digestif !

LA SCHLUCHT (COL DE) – 88 Vosges – **314** K4 – voir à Col de la Schlucht

SECLIN – 59 Nord – **302** G4 – 12 276 h. – alt. 30 m – ✉ 59113 **31** C2

Nord Pas-de-Calais Picardie

Paris 212 – Lens 26 – Lille 17 – Tournai 33

70, rue Roger Bouvry ✆ 03 20 90 12 12

Cour★ de l'hôpital.

XXX **Auberge du Forgeron** avec ch VISA MC AE

17 r. Roger Bouvry – ✆ 03 20 90 09 52
– www.aubergeduforgeron.com
– Fermé 25 juil.-23 août et 24-30 déc.

16 ch – †80/95 € ††85/189 € – ☕ 13 € – ½ P 85 €

Rest – *(fermé sam. midi et dim.)* Menu 37/75 €
– Carte 59/99 €

◆ On se laisse prendre par le charme de cette auberge familiale. Cadre actuel dans la salle à manger-véranda (cuisine au goût du jour, belle cave) et rustique à la brasserie (plats traditionnels). Chambres confortables pour l'étape.

SEDAN – 08 Ardennes – **306** L4 – 19 934 h. – alt. 154 m – ✉ 08200 **14** C1

Champagne Ardenne

Paris 246 – Charleville-Mézières 25 – Metz 134 – Reims 101

35 rue du Menil et 7 bis promenoir des prêtres ✆ 03 24 27 73 73

Château fort★★.

SEDAN

Alsace-Lorraine (Pl. d') .... **BZ** 2
Armes (Pl. d') .... **BY** 3
Bayle (R. de) .... **BY** 4
Berchet (R.) .... **BY** 5
Blanpain (R.) .... **BY** 6
Capucins (Rampe) .... **BY** 7
Carnot (R.) .... **BY** 8
Crussy (Pl.) .... **BY** 9
Fleuranges (R. de) .... **AY** 10
Francs-Bourgeois (R. des) .... **BY** 12
Gambetta (R.) .... **BY** 13
Goulden (Pl.) .... **BY** 14
Halle (Pl. de la) .... **BY** 15
Horloge (R. de l') .... **BY** 17
Jardin (Bd du Gd) .... **BY** 18
Lattre-de-Tassigny (Bd Mar.-de) .... **AZ** 21
Leclerc (Av. du Mar.) .... **BY** 24
Margueritte (Av. du G.) .... **ABY** 26
Martyrs-de-la-Résistance (Av. des) .... **AY** 27
Mesnil (R. du) .... **BY**
Nassau (Pl.) .... **BZ** 31
Promenoir-des-Prêtres .... **BY** 33
Rivage (R. du) .... **BY** 34
La Rochefoucauld (R. de) .... **BY** 20
Rochette (Bd de la) .... **BY** 35
Rovigo (R.) .... **BY** 36
Strasbourg (R. de) .... **BZ** 39
Turenne (Pl.) .... **BY** 41
Vesseron-Lejay (R.) .... **AY** 42
Wuildet-Bizot (R.) .... **BZ** 44

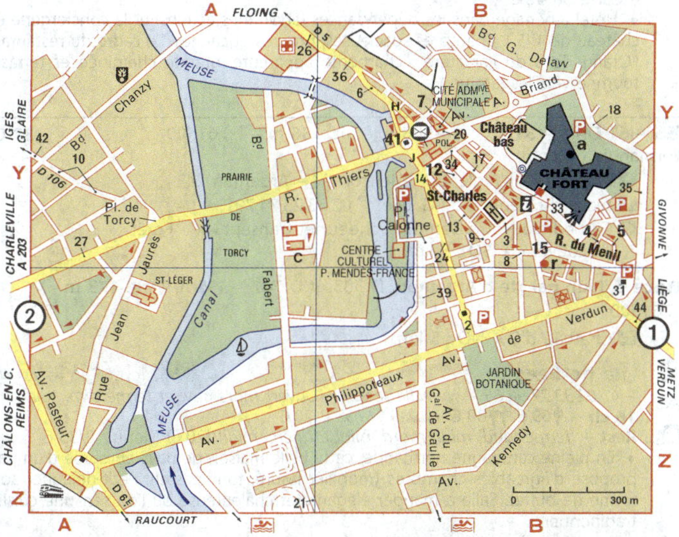

Hôtellerie le Château Fort

dans le château fort : accès Porte des Princes – ✆ 03 24 26 11 00 – www.hotelfp-sedan.com BYa

44 ch – ♦75/134 € ♦♦75/134 € – 10 suites – ☕ 13 € – ½ P 80/100 €

Rest – *(fermé lundi midi)* (16 €) Menu 24/45 € – Carte 24/63 €

♦ Ce château fort du 15e s., aujourd'hui classé, surplombe la ville et abrite un hôtel dans son ancien magasin à poudre. Chambres et suites agrémentées de peintures à thème médiéval. Les repas se déroulent dans l'ex-logis du lieutenant du roi.

Au Bon Vieux Temps

3 pl. de la Halle – ✆ 03 24 29 03 70 – www.restaurant-aubonvieuxtemps.com – Fermé 29 août-5 sept., 26 déc.-1er janv., 15 fév.-7 mars, dim. soir, merc. soir et lundi BYZr

Rest – Menu 26/47 € – Carte 32/62 €

Rest *Marmiton* – Menu 14 € (déj. en sem.)/16 € – Carte 15/27 €

♦ Au rez-de-chaussée d'une maison du 17e s., restaurant orné de fresques murales : vues de Sedan dans les années 1900 et paysages régionaux. Registre culinaire classique. Décor de bistrot et ambiance décontractée au Marmiton (menu, plat du jour et carte simple).

à Bazeilles **3 km par ① – 1 979 h. – alt. 161 m – ✉ 08140**

Auberge du Port

r. de la Gare, 1 km au Sud par rte Remilly-Aillicourt – ✆ 03 24 27 13 89 – www.auberge-du-port.fr – Fermé août, 17 déc.-4 janv.

20 ch – ♦60 € ♦♦70 € – ☕ 8,50 € – ½ P 62 €

Rest – *(fermé vend. sauf le soir du 1er avril au 30 oct., sam. midi et dim. soir)* (17 €) Menu 29/48 € – Carte environ 47 €

♦ Atout de cette auberge familiale : son petit jardin qui longe un bras de la Meuse... Calme garanti dans les chambres, simples et fonctionnelles avant tout. La table séduira particulièrement les amateurs de vin avec sa cave richement fournie (dégustation et vente).

Château de Bazeilles

r. Galliéni – ✆ 03 24 27 09 68 – www.chateau-bazeilles.com

20 ch – ♦74 € ♦♦92 € – ☕ 9 € – ½ P 83/102 €

Rest *L'Orangerie* – *(ouvert le midi uniquement sur réservation et fermé 24-30 déc., dim. soir du 15 nov. au 15 mars et sam. midi)* Menu 20/45 € – Carte 38/48 €

♦ Hôtel aménagé dans les dépendances (anciennes écuries) et la conciergerie du château de 1750. Chambres spacieuses, propres et calmes. Le cadre du restaurant l'Orangerie a du caractère : charpente apparente, grande cheminée et terrasse tournée vers les jardins.

SÉES – 61 Orne – 310 K3 – 4 508 h. – alt. 186 m – ✉ 61500 33 C3

Normandie Cotentin

Paris 183 – L'Aigle 42 – Alençon 22 – Argentan 24

place du Général-de-Gaulle ✆ 02 33 28 74 79

Cathédrale Notre-Dame★ : choeur et transept★★ - Forêt d'Ecouves★★ SO : 5 km.

à Macé **5,5 km par rte d'Argentan, D 303 et D 747 – 495 h. – alt. 173 m – ✉ 61500**

Château d'O★ NO : 5 km.

Île de Sées

– ✆ 02 33 27 98 65 – www.ile-sees.fr – Ouvert mars-nov. et fermé dim. soir

16 ch – ♦69 € ♦♦69 € – ☕ 9 € – ½ P 70 €

Rest – *(fermé lundi midi, mardi midi et merc. midi)* (20 €) Menu 18/35 €

♦ En pleine campagne normande, cette belle maison de pays entourée d'un parc propose d'agréables chambres (mobilier lasuré, tons pastel). Petit-déjeuner sous forme de buffet. Salle à manger élégante et chaleureuse où l'on sert une cuisine traditionnelle.

SEGONZAC – 19 Corrèze – **329** I4 – 232 h. – alt. 345 m – ✉ 19310 **24** B3
Périgord Quercy

Paris 506 – Limoges 117 – Tulle 58 – Brive-la-Gaillarde 31

Pré Laminon ch,

Laurégie – ✆ 05 55 84 17 39 – www.prelaminon.com – Ouvert avril-sept.

3 ch – 40/50 € 52/60 € **Table d'hôte** – Menu 18 € bc

◆ Ancienne grange corrézienne dans un paysage de collines. L'intérieur est aussi chaleureux qu'un chalet savoyard : cadre artisanal tout en bois, chambres douillettes. Piscine. La table d'hôte sert une bonne cuisine du terroir (confits maison).

SÉGOS – 32 Gers – **336** A8 – rattaché à Aire-sur-l'Adour

SEGRÉ – 49 Maine-et-Loire – **317** D2 – 6 671 h. – alt. 40 m – ✉ 49500 **34** B2

Paris 334 – Nantes 83 – Angers 44 – Laval 55

5, rue David d'Angers ✆ 02 41 92 86 83

All Seasons VISA AE

r. Gustave-Eiffel – ✆ 02 41 94 81 81 – www.all-seasons-hotels.com

48 ch – 58/62 € 72/88 € – ½ P 84 €

Rest – *(fermé dim.)* Menu 12 € (déj. en sem.), 15/34 € – Carte 25/37 €

◆ À côté d'une zone artisanale semée d'espaces verts, complexe récent d'esprit régional. Les chambres offrent un bon confort et une décoration sobre et contemporaine. Cuisine traditionnelle au restaurant (formules buffet et grillades).

SÉGURET – 84 Vaucluse – **332** D8 – rattaché à Vaison-la-Romaine

SEIGNOSSE – 40 Landes – **335** C12 – 2 779 h. – alt. 15 m – ✉ 40510 **3** A3

Paris 747 – Biarritz 36 – Dax 32 – Mont-de-Marsan 85

avenue des Lacs ✆ 05 58 43 32 15

18 de Seignosse Avenue du Belvédère, O : 4 km par D 86, ✆ 05 58 41 68 30

Villa de l'Étang Blanc rest, VISA

2265 rte de l'Étang Blanc, 2,5 Km au Nord par D 185 et D 432 – ✆ 05 58 72 80 15 – www.villaetangblanc.fr – Fermé nov. et janv.

8 ch – 70/130 € 70/130 € – 15 €

Rest – *(fermé lundi et mardi)* Menu 28 € – Carte 35/45 €

◆ Des chambres aux tons pastel, agrémentées de jolis tissus et boutis colorés, pour une atmosphère un brin champêtre. Salle à manger ouverte sur l'étang et terrasse en teck ; cuisine actuelle et, les dimanches d'hiver, dîner terroir près de la cheminée.

SEILH – 31 Haute-Garonne – **343** G2 – rattaché à Toulouse

SEILLANS – 83 Var – **340** O4 – 2 489 h. – alt. 350 m – ✉ 83440 **41** C3

Paris 890 – Marseille 142 – Toulon 106 – Antibes 54

1, rue du Valat ✆ 04 94 76 85 91

Des Deux Rocs VISA AE

1 pl. Font d'Amont – ✆ 04 94 76 87 32 – www.hoteldeuxrocs.com – Fermé 2 janv.-13 fév.

13 ch – 73 € 75/135 € – 13 € – ½ P 49 €

Rest – *(fermé dim. soir et mardi midi d'oct. à mai et lundi)* Menu 40/60 € – Carte 58/76 €

◆ Sur les hauteurs du bourg, belle bastide du 18e s. où règnent une atmosphère et un charme dignes des maisons d'antan. Chambres personnalisées de meubles chinés. Au restaurant, goûteuse cuisine traditionnelle revisitée et charmante terrasse ombragée.

Le Relais

1 pl. Thouron – ✆ 04 94 60 18 65 – www.restaurant-seillans.com – Fermé 2 sem. en nov. , 2 sem. en mars, lundi sauf juil.-août et mardi

Rest – Menu 26/45 € – Carte 27/35 €

◆ Dans ce bistrot tendance, Hermance et Quentin œuvrent à quatre mains, célébrant le produit frais avec rigueur et justesse. Sous les platanes, ça fleure bon la Provence !

La Gloire de mon Père

pl. du Thouron – ✆ 04 94 76 98 68 – www.lagloiredemonpere.fr – Fermé 5 janv.-5 fév.

Rest – (21 € bc) Menu 27/37 € – Carte 35/63 €

◆ L'atout de ce restaurant : sa terrasse dressée sur la place du village, entourant la belle fontaine et le lavoir. Au frais sous les vieux platanes, on déguste des plats traditionnels.

SEILLONNAZ – 01 Ain – 328 F6 – 141 h. – alt. 530 m – ✉ 01470 45 C1

Paris 498 – Lyon 87 – Bourg-en-Bresse 66 – Villeurbanne 75

La Cigale d'Or

au village – ✆ 04 74 36 13 61 – www.restaurantlacigaledor.fr – Fermé vacances de la Toussaint, 22-28 déc., lundi soir du 15 oct. au 15 mars, dim. soir, mardi soir et merc.

Rest – (15 € bc) Menu 30/65 € – Carte 39/48 €

◆ Ne manquez pas cette adresse d'un village perché : vous y dégusterez de savoureuses recettes actuelles dans une salle feutrée et voûtée (pierres). Terrasse dominant la vallée.

SEIN (ÎLE DE) – 29 Finistère – 308 B6 – voir à Île de Sein

SÉLESTAT – 67 Bas-Rhin – 315 I7 – 19 459 h. – alt. 170 m – ✉ 67600 Alsace Lorraine 2 C1

Paris 441 – Colmar 24 – Gérardmer 65 – St-Dié 44

boulevard Leclerc ✆ 03 88 58 87 20

Vieille ville★ : église Ste-Foy★ , église St-Georges★ , Bibliothèque humaniste★ M.

Ebermunster : intérieur★★ de l'église abbatiale★, 9 km par ①.

Hostellerie Abbaye de la Pommeraie

8 bd du Mar.-Foch – ✆ 03 88 92 07 84 – www.relaischateaux.com/pommeraie BYa

12 ch – †150 € ††165/250 € – 2 suites – ☕ 18 € – ½ P 84 €

Rest *Le Prieuré* – *(fermé dim. soir et lundi midi)* (28 €) Menu 50 € bc (déj. en sem.)/100 € – Carte 70/94 €

Rest *S'Apfelstuebel* – (28 €) Menu 34 € bc (déj. en sem.)/52 € bc – Carte 35/61 €

◆ Dans la vieille ville, noble demeure du 17e s. : chambres spacieuses, toutes différentes, avec beau mobilier ancien ou de style. Décor élégant au Prieuré, s'accordant à la cuisine au goût du jour. Plats traditionnels et cadre où domine le bois à la winstub S'Apfelstuebel.

Vaillant

7 r. Ignace Spiess – ✆ 03 88 92 09 46 – www.hotel-vaillant.com AZe

47 ch – †67/110 € ††80/110 € – ☕ 9 € – ½ P 62/77 €

Rest – *(fermé 24 déc.-3 janv., sam. midi et dim. soir hors saison)* (12 €) Menu 15 € (sem.)/35 € – Carte 28/58 €

◆ De nombreuses œuvres d'artistes locaux sont exposées dans cet hôtel moderne bordant une placette ombragée. Spacieuses chambres d'esprit actuel, très soignées. Salles design ou classique, proposant plats de brasserie et spécialités régionales.

Armes (Pl. d') . . . . **BY** 2	Lattre-de-Tassigny (Pl. du Mar.de) . . . . . . **BY** 17	Serruriers (R. des) . . . . . . **BY** 28
Babil (R. du) . . . . **BY** 4	Maire-Knol (Allée du) . . . . . . **BY** 19	Strasbourg (Pl. Pte-de) . . . . **BY** 30
Bibliothèque (R. de la) . . . . **BY** 5	Marché-Vert (Pl. du) . . . . . . **BY** 20	Tanneurs (Quai des) . . . . . . **BZ** 33
Charlemagne (Bd) . . . . **BY** 7	Paix (R. de la) . . . . **AY** 22	Victoire (Pl. de la) . . . . **BZ** 35
Chevaliers (R. des) . . . . . . **BYZ** 9	Prés.-Poincaré (R. du) . . . . . . **BZ**	Vieux-Marché aux Vins (R. du) . . . . . . **BY** 36
Clefs (R. des) . . . . **BYZ** 10	Sainte-Barbe (R.) . . . . **BZ** 26	4e-Zouaves (R. du) . . . . **BZ** 38
Église (R. de l') . . . . **BY** 12	Schweisguth (Av.) . . . . **ABY** 27	17-Novembre (R. du) . . . . . . **BZ** 39
Gallieni (R. du Gén.) . . . . . **AZ** 14		
Hôpital (R. de l') . . . . **BZ** 15		

XX **La Vieille Tour**

8 r. de la Jauge
– ☎ 03 88 92 15 02
– www.vieille-tour.com
– Fermé 10 juil.-1er août, 15-28 fév. et lundi BY**s**

Rest – *(prévenir)* Menu 12 € (déj. en sem.), 27/43 €
– Carte 31/55 €

◆ Dans cette chaleureuse maison alsacienne flanquée d'une tour (13e-15e s.), deux frères concoctent une jolie carte alliant tradition et recettes actuelles. Une adresse prisée !

à Rathsamhausen 5 km à l'Est par D 21 et D 209 – ✉ 67600 Baldenheim

Les Prés d'Ondine ch, rest, VISA

5 rte Baldenheim
– ☎ 03 88 58 04 60
– www.presdondine.com
– Fermé 16 janv.-12 fév.

12 ch – †60/139 € ††70/139 € – ☕ 12 €
Rest – *(fermé dim. soir et merc.) (prévenir)* Menu 22 € bc (déj. en sem.)/ 32 € bc

◆ Atmosphère bucolique et cosy dans cette ancienne maison forestière transformée en hôtel de caractère : salon feutré, bibliothèque et chambres raffinées (mobilier chiné). À la table d'hôte, vue sur l'Ill – qui borde le jardin – et plats inspirés du marché.

Le Schnellenbuhl **8 km par ②, D 159 et D 424 – ✉ 67600 Sélestat**

Auberge de l'Illwald ch, ch,

– *✆ 03 90 56 11 40 – www.illwald.fr – Fermé 1er-15 janv.*
10 ch – †75 € ††90 € – 6 suites – ☕ 13 €
Rest – *(fermé 24 déc.-15 janv., mardi et merc.)* (11 €) Menu 32 € (déj.)/45 € – Carte 30/45 €
◆ Authentique ! Ces jolies bâtisses régionales bordent une route de campagne. Les chambres, très confortables, sont décorées avec goût, dans un bel esprit rustique ou un style contemporain épuré. Saveurs traditionnelles dans une atmosphère de pavillon de chasse.

SELONNET – **04 Alpes-de-Haute-Provence** – **334** F6 – **rattaché à Seyne**

SEMBLANÇAY – **37 Indre-et-Loire** – **317** M4 – **1 963 h.** – **alt. 100 m** **11** B2
– ✉ **37360**

Paris 248 – Angers 96 – Blois 77 – Le Mans 70

La Mère Hamard avec ch

pl. de l'Église – ✆ 02 47 56 62 04 – www.lamerehamard.com
– Fermé 2 janv.-10 fév., dim. soir, mardi midi et lundi
11 ch – †75/99 € ††80/105 € – ☕ 13 € – ½ P 79/90 €
Rest – Menu 20 € (sem.), 29/62 € – Carte 55/75 €
◆ Une petite institution née en 1903. Dans un décor un brin rétro, la table cultive le classicisme avec soin : râble de lapin farci, baba au rhum... et vins de Loire. De l'autre côté de la rue, l'ancien presbytère abrite les chambres, coquettes et confortables.

SEMÈNE – **43 Haute-Loire** – **331** H1 – **rattaché à Aurec-sur-Loire**

SEMNOZ (MONTAGNE DU) – **74 Haute-Savoie** – **328** J6 – **Voir à Montagne du Semnoz**

SEMUR-EN-AUXOIS – **21 Côte-d'Or** – **320** G5 – **4 261 h.** – **alt. 286 m** **8** C2
– ✉ **21140** Bourgogne

Paris 246 – Auxerre 87 – Avallon 42 – Beaune 78

2, place Gaveau ✆ 03 80 97 05 96

Pré-Lamy à Précy-sous-Thil Le Brouillard, S : 18 km par D980, ✆ 03 80 64 46 83

Église N.-Dame★ - Pont Joly ≤★.

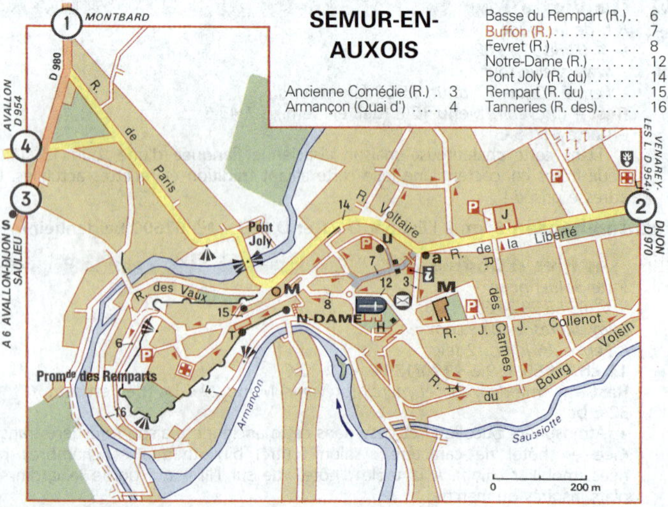

Hostellerie d'Aussois
rte de Saulieu – ✆ 03 80 97 28 28 – www.hostellerie.fr **s**
42 ch – †95/97 € ††110/112 € – ☕ 13 € – ½ P 80/83 €
Rest – *(fermé sam. midi et vend. de nov. à mars)* (20 €) Menu 26/57 € – Carte 40/63 €
◆ Cet hôtel propose des chambres toutes rénovées, fonctionnelles et bien insonorisées, au cadre design. Agréable hall-salon-bar. Le restaurant d'esprit actuel ouvre sur la piscine et sa terrasse, avec les remparts de Semur à l'arrière-plan. Cuisine traditionnelle.

Les Cymaises sans rest
7 r. Renaudot – ✆ 03 80 97 21 44 – www.hotelcymaises.com – Fermé 4-30 nov. et 8 fév.-8 mars **u**
18 ch – †60 € ††65/70 € – ☕ 8,50 €
◆ Demeure cossue (18-19e s.) située au cœur de la cité médiévale. Calmes chambres classiquement aménagées, petit-déjeuner sous véranda, cour et jardin de repos.

La Côte d'Or sans rest
1 r. de la Liberté – ✆ 03 80 97 24 54 – www.auxois.fr **a**
15 ch – †75/115 € ††85/125 € – ☕ 12 € – ½ P 70/85 €
◆ Relais de poste refait à neuf dont les chambres spacieuses et bien insonorisées sont toutes personnalisées. Excellente literie et décoration intérieure soignée.

SÉNART – 312 E4 – 101 39 – voir à Paris, Environs

SENLIS – 60 Oise – 305 G5 – 16 452 h. – alt. 76 m – ✉ 60300 36 B3

Île de France

Paris 52 – Amiens 102 – Beauvais 56 – Compiègne 33
place du Parvis Notre Dame BP 80024 ✆ 03 44 53 06 40
18 d'Apremont à Apremont CD 606, NO : 5 km par D 1330, ✆ 03 44 25 61 11
18 Dolce Chantilly à Vineuil-Saint-Firmin Route d'Apremont, par rte de Chantilly : 8 km, ✆ 03 44 58 47 74
27 Château Raray Paris Golf Club à Raray Domaine de Raray, par rte de Compiègne : 26 km, ✆ 03 44 54 70 61
Cathédrale N.-Dame★★ - Vieilles rues★ ABY - Place du Parvis★ BY - Chapelle royale St-Frambourg★ B - Jardin du Roy ≤★ - Musée d'Art et d'Archéologie★.
Parc Astérix★★ S : 12 km par autoroute A1.

Plan page suivante

Le Scaramouche
4 pl. Notre-Dame – ✆ 03 44 53 01 26 – www.le-scaramouche.fr – Fermé 17 août-2 sept., mardi et merc. BY**e**
Rest – Menu 31 € (sem.), 39/68 € – Carte 53/97 €
◆ Pour un repas classique face à la cathédrale Notre-Dame. Agréable terrasse entre vieilles pierres et pavés ; intérieur feutré, orné de tableaux et tapisseries.

Le Julianon
5 pl. G.-de-Nerval – ✆ 03 44 32 12 05 – Fermé 25 juil.-14 août, 20-27 déc., lundi midi, sam. midi et dim. AY**d**
Rest – *(nombre de couverts limité, prévenir)* (14 € bc) Menu 24 € (déj. en sem.) – Carte 35/45 € le soir
◆ Crème de marron aux coques ; turbot cuit à basse température, câpres et noisettes ; sabayon aux poires... Une cuisine inventive, en prise sur les saisons, en cette maison du 17e s.

SENLIS

Apport-au-Pain (R.)	AY	2
Boutteville (Cours)	BY	5
Bretonnerie (R. de la)	AZ	6
Clemenceau (Av. G.)	BY	7
Cordeliers (R. des)	AZ	9
Halle (Pl. de la)	BY	12
Heaume (R. du)	AZ	13
Leclerc (Av. Gén.)	BY	15
Montagne St-Aignan (R. de la)	AY	17
Montauban (Rempart du)	AY	19
Moulin St-Rieul (R. du)	BY	21
Odent (R.)	BY	24
Parvis (Pl. du)	BY	26
Poterne (R. de la)	BZ	29
Poulaillerie (R. de la)	AY	31
Puits-Tiphaine (R. du)	AY	27
Ste-Geneviève (R.)	BZ	40
St-Vincent (Rempart)	BZ	36
St-Yves-à-l'Argent (R.)	BZ	38
Treille (R. de la)	AY	42
Vernois (Av. F.)	AY	47
Vignes (R. des)	BZ	49
Villevert (R. de)	BY	52

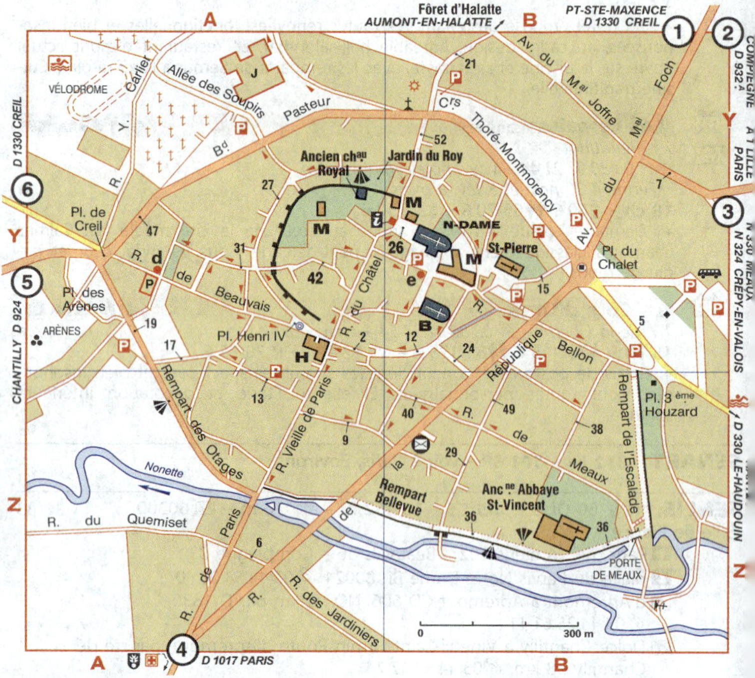

SENNECÉ-LÈS-MÂCON – 71 Saône-et-Loire – 320 J11 – rattaché à Mâcon

SENNECEY-LE-GRAND – 71 Saône-et-Loire – 320 J10 – 2 961 h. – alt. 200 m – ✉ 71240 Bourgogne 8 C3

Paris 359 – Dijon 89 – Mâcon 42 – Chalon-sur-Saône 18

place de l'hôtel de ville ✆ 03 85 44 82 54

à Jugy 4 km au Sud par D 182 – 290 h. – alt. 230 m – ✉ 71240

Crot Foulot ch, P

– ✆ *03 85 94 81 07* – *www.crotfoulot.com*

5 ch – 79/108 € 98/108 €

Table d'hôte – Menu 35 €

◆ Une auguste maison de vignerons ayant pris le tournant "demeure de charme". Entre pierres et poutres anciennes, la décoration des chambres joue avec réussite la carte contemporaine. À la table d'hôte, cuisine de tradition et vins locaux.

SENONCHES – 28 Eure-et-Loir – 311 C4 – 3 232 h. – alt. 223 m – ✉ 28250 11 B1

Paris 115 – Chartres 38 – Dreux 38 – Mortagne-au-Perche 42

2, rue Louis Peuret ✆ 02 37 37 80 11

XX **La Pomme de Pin** avec ch

15 r. M. Cauty – ✆ 02 37 37 76 62
– www.restaurant-pommedepin.com
– Fermé 15-30 juil., 2-18 janv., dim. soir et lundi
10 ch – †50 € ††60/75 € – ☕ 8 €
Rest – (14 €) Menu 28/45 € – Carte 39/53 €
◆ Essayez la spécialité culinaire de cet ancien relais de poste : le pâté de Chartres. Belle façade à colombages, agréable salle à manger, salon de thé, terrasse. Chambres simples.

SENONES – **88 Vosges** – **314** J2 – **2 781 h.** – **alt. 340 m** – ✉ **88210** **27** C2
Alsace Lorraine

Paris 392 – Épinal 57 – Lunéville 50 – St-Dié 23
18, place Dom Calmet ✆ 03 29 57 91 03
Route de Senones au col du Donon★ NE : 20 km.

X **Au Bon Gîte** avec ch

3 pl. Vaultrin
– ✆ 03 29 57 92 46 – www.aubongite.fr
– Fermé 7-27 mars, 5-25 sept., jeudi soir, dim. soir, et lundi
7 ch – †45 € ††55 € – ☕ 7 € – ½ P 58 €
Rest – Menu 12 € (déj. en sem.), 27/35 € – Carte 30/50 €
◆ Une bâtisse rose sur la place centrale de cette bourgade, ancienne capitale de la principauté de Salm. La salle de restaurant est constellée de photographies et de bibelots divers ; cuisine actuelle. Chambres simples.

SENS – **89 Yonne** – **319** C2 – **26 961 h.** – **alt. 70 m** – ✉ **89100** **7** B1
Bourgogne

Paris 116 – Auxerre 59 – Fontainebleau 54 – Montargis 50
place Jean Jaurès ✆ 03 86 65 19 49
du Senonais à Lixy Les Ursules, O : 22 km par D 26, ✆ 03 86 66 58 46
Cathédrale St-Étienne★ - Trésor★★ - Musée et palais synodal★ **M¹**.

SENS

Alsace-Lorraine (R. d') 2
Beaurepaire (R.) 3
Chambonas (Cours) 8
Cornet (Av. Lucien) 9
Cousin (Square J.) 10
Déportés-et-de-la-Résistance (R. des)
Foch (Bd Mar.) 12
Garibaldi (Bd des) 13
Gateau (R. A.) 15
Grande-R. 16
Leclerc (R. du Gén.) 19
Maupéou (Bd de) 21
Moulin (Quai J.) 23
République (Pl. de la) 27
République (R. de la) 28

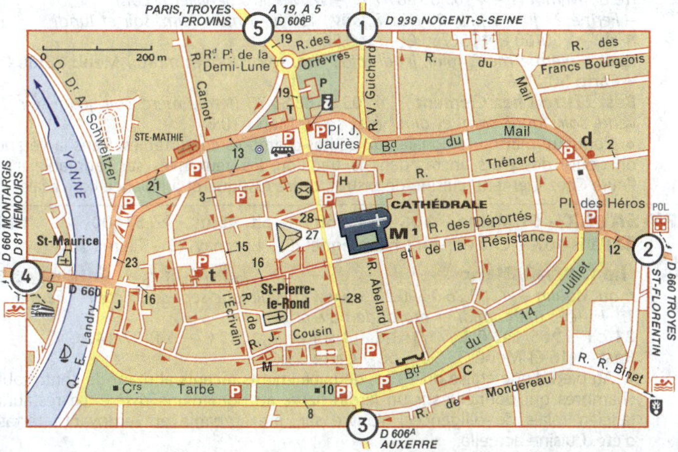

XXX ✿✿ **La Madeleine** (Patrick Gauthier) A/C VISA MC

1 r. Alsace-Lorraine, (1er étage) – ✆ 03 86 65 09 31 – www.restaurant-lamadeleine.fr – Fermé 6-21 juin, 7-22 août, 18 déc.-3 janv., mardi midi, dim. et lundi **d**

Rest – *(nombre de couverts limité, prévenir)* Menu 49 € (déj. en sem.), 62/110 € – Carte 96/128 €

Spéc. Foie gras de canard poêlé au cassis d'Arcenant. Bar de ligne à l'huile de Maussane. Desserts aux fruits de saison. **Vins** Côtes d'Auxerre, Chablis.

◆ Dans le vestibule, un ancien fourneau et des rayonnages d'épicerie plantent un décor... gourmand. Et dans l'assiette s'exprime tout l'amour de Patrick Gauthier pour les beaux produits et les saveurs raffinées. Du grand art dans une atmosphère cossue.

XX **Le Clos des Jacobins** A/C VISA MC AE

49 Gde-Rue – ✆ 03 86 95 29 70 – www.restaurantlesjacobins.com – Fermé 14 juil.-4 août, 22 déc.-4 janv., dim. soir, mardi soir et merc. **t**

Rest – (22 € bc) Menu 29/42 € – Carte 37/68 €

◆ Croustillant de camembert au caramel poivré, joues de porc façon tajine... De bons petits plats à savourer dans un cadre cosy, à deux pas de l'Yonne et de la cathédrale.

X **Miyabi** A/C VISA MC

1 r. Alsace-Lorraine – ✆ 03 86 95 00 70 – www.patrickgauthier.fr – Fermé 9-23 août, 19 déc.-4 janv., dim. soir et lundi **d**

Rest – *(nombre de couverts limité, prévenir)* Menu 24 € (sem.), 36/45 €

◆ Beau mariage des cultures culinaires japonaise et française dans un cadre zen : comptoir occupant une étroite salle tout en épure, musique nippone... Dépaysant.

X **Au Crieur de Vin** A/C VISA MC

1 r. Alsace-Lorraine – ✆ 03 86 65 92 80 – www.patrickgauthier.fr – Fermé 7-22 juin, 9-23 août, 20 déc.-4 janv., mardi midi, dim., lundi et fériés

Rest – Menu 24/38 € – Carte 47/67 € **d**

◆ Un bistrot typique, où tradition et convivialité sont de mise. La carte fait honneur aux viandes à la broche ; petite sélection de vins proposée à l'ardoise.

à Subligny 7 km par ④ et D 660 – 483 h. – alt. 150 m – ✉ 89100

XX **La Haie Fleurie** P VISA MC

30 rte de Coutenay, 2 km au Sud-Ouest – ✆ 03 86 88 84 44 – Fermé dim. soir, merc. soir et jeudi

Rest – (18 €) Menu 24/48 € – Carte 43/70 €

◆ La cuisine traditionnelle s'est invitée dans cette auberge de campagne nichée au cœur du hameau ; on la déguste dans la salle rustique ou sur la terrasse... fleurie.

à Villeroy 7 km par ④ et D 81 – 269 h. – alt. 184 m – ✉ 89100

XXX **Relais de Villeroy** avec ch P VISA MC AE

rte de Nemours – ✆ 03 86 88 81 77 – www.relais-de-villeroy.com – Fermé 27 juin-8 juil., 20 déc.-8 janv., 15 fév.-5 mars, dim. soir et lundi

8 ch – †50/60 € ††50/60 € – ☐ 8,50 €

Rest – *(Fermé merc. midi, jeudi midi, dim. soir, lundi et mardi)* Menu 28/50 € – Carte 50/70 €

Rest ***Bistro Chez Clément*** – ✆ 03 86 88 86 73 *(fermé merc. soir, jeudi soir, vend. soir, lundi, sam. et dim.) (déj. seult)* Menu 18 €

◆ Coquette maison régionale aux petites chambres confortables. Dans la véranda, on goûte des plats ancrés dans la tradition, les yeux rivés sur l'agréable jardin fleuri. Chez Clément, cuisine de bistrot, cadre rustique et ambiance conviviale.

SEPT-SAULX – 51 Marne – 306 H8 – 560 h. – alt. 96 m – ✉ 51400 13 B2

Paris 167 – Châlons-en-Champagne 29 – Épernay 29 – Reims 26

Le Cheval Blanc & ch, P VISA MC AE

r. du Moulin – ✆ 03 26 03 90 27 – www.chevalblanc-sept-saulx.com – Fermé 1er-13 fév., merc. midi et mardi de nov. à fév.

21 ch – †65/143 € ††71/161 € – 3 suites – ☐ 13 € – ½ P 97/142 €

Rest – (16 €) Menu 33/90 € bc – Carte 53/67 €

◆ Au pied d'une église du 13e s., deux bâtiments récents abritant de confortables chambres qui donnent sur un jardin fleuri, au bord d'une rivière. Le restaurant (ancien relais de diligences) s'ouvre sur une agréable et verdoyante terrasse d'été. Cuisine actuelle.

SÉREILHAC – 87 Haute-Vienne – **325** D6 – **1 644 h.** – **alt. 322 m** – ✉ **87620** **24** B2

▶ Paris 405 – Confolens 50 – Limoges 19 – Périgueux 77

Le Relais des Tuileries

aux Betoulles, 2 km au Nord-Est sur N 21 – ☎ 05 55 39 10 27 – www.relais-tuileries.fr – Fermé 15 nov.-2 déc., 15 janv.-5 fév., dim. soir et lundi sauf juil.-août

10 ch – †60 € ††60/65 € – ☕ 10 € – ½ P 70/90 €

Rest – Menu 16 € (sem.), 29/40 € – Carte 30/58 €

◆ En rez-de-jardin, chambres sobres réparties dans deux pavillons. À découvrir dans le parc, les éléments restaurés d'une ancienne tuilerie limousine. Menus du terroir proposés dans une salle à manger rustique agrémentée de poutres apparentes et d'une cheminée.

SÉRIGNAN – 34 Hérault – **339** E9 – **6 522 h.** – **alt. 7 m** – ✉ **34410** **23** C2

▶ Paris 770 – Montpellier 70 – Béziers 12 – Narbonne 39

ℹ 1, avenue Béziers ☎ 04 67 32 42 21

L'Harmonie

chemin de la Barque, parking de la Cigalière – ☎ 04 67 32 39 30 – www.lharmonie.fr – Fermé 24 oct.-7 nov., mardi soir de sept. à juin, jeudi midi en juil.-août, sam. midi et merc.

Rest – (18 € bc) Menu 25/60 € – Carte 50/80 €

◆ Des murs ocre et une terrasse au bord de l'Orb : ce restaurant occupe l'ancienne maison du gardien du pont (1800). Généreuse cuisine méridionale, concoctée avec de bons produits.

SÉRIGNAN-DU-COMTAT – 84 Vaucluse – **332** C8 – **rattaché à Orange**

SERMAIZE-DU-BAS – 71 Saône-et-Loire – **320** F11 – **rattaché à Paray-le-Monial**

SERMERSHEIM – 67 Bas-Rhin – **315** J6 – **802 h.** – **alt. 160 m** – ✉ **67230** **2** C1

▶ Paris 506 – Lahr/Schwarzwald 41 – Obernai 21 – Sélestat 14

Au Relais de l'Ill sans rest

11 r. des Remparts – ☎ 03 88 74 31 28 – www.hotel-au-relais-de-lill.fr – Fermé 20 déc.-5 janv.

22 ch – †55/65 € ††65/75 € – ☕ 6 €

◆ À l'entrée du village et près de la voie rapide (qui se fait vite oublier), cet hôtel familial aux abords fleuris dispose de chambres spacieuses et bien tenues. Accueil chaleureux.

SERRE-CHEVALIER – 05 Hautes-Alpes – **334** H3 – **alt. 2 483 m** – **Sports d'hiver : 1 200/2 800 m** 🚡 **9** ⛷ **67** ⛷ – ✉ **05330** Alpes du Sud **41** C1

▶ Paris 678 – Briançon 7 – Gap 95 – Grenoble 110

ℹ Chantemerle ☎ 04 92 24 98 98

👁 ✳★★.

à Chantemerle – **alt. 1 350 m** – ✉ **05330 St Chaffrey**

👁 Col de Granon ✳★★ N : 12 km.

Les Marmottes

22 r. du Centre – ☎ 04 92 24 11 17 – www.chalet-marmottes.com

5 ch ☕ – †60/101 € ††80/135 €

Table d'hôte – Menu 23 € bc

◆ Il fait bon hiberner dans cette vieille grange convertie en maison d'hôtes : salon au coin du feu et douillettes chambres personnalisées, tournées vers les sommets alentour. Cuisine familiale bien faite (menu unique changé chaque jour) sur la grande table en bois.

à Villeneuve-la-Salle – ✉ 05240 La Salle les Alpes

Eglise St-Marcellin★ de La-Salle-les-Alpes.

Christiania

rest, VISA

23 rte de Briançon – ✆ 04 92 24 76 33 – www.le-christiania.com – Ouvert de mi-juin à mi-sept. et de mi-déc. à mi-avril

26 ch – †90/115 € ††90/115 € – ☕ 10 € – ½ P 82/91 €

Rest – *(ouvert 19 juin-4 sept. et 18 déc.-3 avril) (dîner seult)* Menu 23/34 € – Carte 32/46 €

◆ Au bord d'un torrent, sympathique hôtel familial : aujourd'hui la 3e génération aux commandes, et toujours le même respect des clients. Jolies chambres montagnardes ou plus classiques, espace bien-être. Restaurant au cadre alpin (vieux objets), cuisine du terroir.

Le Mont Thabor sans rest

VISA AE

1 bis chemin Envers – ✆ 04 92 24 74 41 – www.mont-thabor.com – Fermé 26 avril-15 juin et 8 sept.-1er déc.

27 ch ☕ – †89/140 € ††99/170 €

◆ Sur la route principale du village, hôtel récent et fonctionnel, au sobre décor d'inspiration montagnarde, sans le charme de l'ancien, mais très propre. Sauna, hammam et jacuzzi.

au Monêtier-les-Bains – 1 062 h. – alt. 1 480 m – ✉ 05220

L'Auberge du Choucas

VISA

17 r. de la Fruitière – ✆ 04 92 24 42 73 – www.aubergeduchoucas.com – Fermé 2-31 mai et 1er nov.-4 déc.

12 ch – †80/220 € ††100/280 € – ☕ 17 € – ½ P 90/220 €

Rest – *(fermé 17 avril-31 mai, 16 oct.-16 déc., et le midi du lundi au jeudi en avril, juin, sept. et oct.)* (19 €) Menu 29/79 € – Carte 57/100 €

◆ Auberge de caractère voisine de l'église datant du 15e s., recélant un intérieur montagnard à la fois authentique et raffiné (chambres ou duplex). Salle à manger voûtée, feu dans l'âtre et cuisine bien goûteuse : recettes traditionnelles ou plus actuelles.

Alliey

Spa rest, VISA

11 r. Ecole – ✆ 04 92 24 40 02 – www.alliey.com – Ouvert mi juin-début sept. et mi déc.-fin avril

22 ch – †99/149 € ††99/149 € – ☕ 14 € – ½ P 85/115 €

Rest *Maison Alliey* – *(dîner seult)* (26 €) Carte environ 32 €

◆ Cette maison de village propose un hébergement de charme : l'omniprésence du bois y crée une ambiance chaleureuse. Douillettes chambres montagnardes et bel espace balnéo. Cuisine actuelle dans la salle de restaurant où pierre et bois se marient subtilement.

XX La Table du Chazal

VISA

Les Guibertes, 2,5 km au Sud-Est par rte de Briançon – ✆ 04 92 24 45 54 – Fermé 1er-17 mai, 17-20 juin, 13 nov.-13 déc., le midi sauf dim., mardi sauf août et lundi

Rest – *(prévenir)* Menu 29/55 €

◆ Une table chaleureuse dont le décor mêle épure et zen avec élégance. Saint-Jacques et leur réduction de bière, soufflé à l'orange... le chef aime son métier et cela se sent !

SERRIÈRES – 07 Ardèche – 331 K2 – 1 163 h. – alt. 140 m – ✉ 07340 43 E2

Lyon Drôme Ardèche

Paris 514 – Annonay 16 – Privas 91 – St-Étienne 55

quai Jule Roche ✆ 04 75 34 06 01

XXX Schaeffer avec ch

AC ch, VISA

D 86 – ✆ 04 75 34 00 07 – www.hotel-schaeffer.com – Fermé 2-17 août, 1er-9 nov., 2-17 janv., sam. midi, dim. soir et lundi

15 ch – †59/65 € ††70/88 € – ☕ 12 €

Rest – (21 €) Menu 36/95 € – Carte 58/65 €

◆ Face au pont à haubans qui enjambe le Rhône, un restaurant bourgeois qui propose une cuisine très classique. Belle carte de côtes-du-rhône. Chambres fonctionnelles pour l'étape.

SERVON – 50 Manche – 303 D8 – 273 h. – alt. 25 m – ✉ 50170 32 A3

Paris 352 – Avranches 15 – Dol-de-Bretagne 30 – St-Lô 72

XX **Auberge du Terroir** avec ch

Le Bourg – ✆ 02 33 60 17 92 – www.aubergeduterroirservon.fr – Fermé 25-30 juin, 18 nov.-10 déc., 24 fév.-14 mars, jeudi midi, sam. midi et merc.

6 ch – †55 € ††65 € – ☐ 10 € – ½ P 66 €

Rest – *(prévenir)* Menu 19/45 € – Carte 28/48 €

◆ Un bon repas traditionnel vous sera concocté dans cette charmante auberge villageoise occupant l'ex-école de filles et l'ancien presbytère. Salle rafraîchie et terrasse. Coquettes chambres rénovées en 2009, personnalisées avec du mobilier de famille, d'une tenue exemplaire.

SERVOZ – 74 Haute-Savoie – 328 N5 – 895 h. – alt. 816 m – ✉ 74310 46 F1

Alpes du Nord

Paris 598 – Annecy 85 – Bonneville 43 – Chamonix-Mont-Blanc 14

les Houches ✆ 04 50 55 50 62

X **Les Gorges de la Diosaz** avec ch

Le Bouchet – ✆ 04 50 47 20 97 – www.hoteldesgorges.com – Fermé 7-15 juil., 7 nov.-1er déc., dim. soir et lundi sauf vacances scolaires

6 ch – †65/75 € ††65/75 € – ☐ 8,50 €

Rest – (18 €) Menu 28/38 € – Carte 45/55 €

◆ Chalet de village sur la route des gorges. Réception et salle à manger aux typiques boiseries montagnardes ; savoureuse cuisine régionale actualisée. Terrasse avec vue. Chambres pratiques pour l'étape dans l'hôtel entièrement rénové.

SESSENHEIM – 67 Bas-Rhin – 315 L4 – 2 023 h. – alt. 120 m – ✉ 67770 1 B1

Alsace Lorraine

Paris 497 – Haguenau 18 – Strasbourg 39 – Wissembourg 44

XX **Au Boeuf**

1 r. Église – ✆ 03 88 86 97 14 – www.auberge-au-boeuf.com – Fermé 1er-15 janv., lundi et mardi

Rest – (18 € bc) Menu 28 € (sem.), 45/58 € – Carte 39/60 €

◆ Des bancs d'église du 18e s. agrémentent l'une des chaleureuses salles de cette belle maison alsacienne. Petit musée dédié à Goethe et fine cuisine pleine de personnalité.

SÈTE – 34 Hérault – 339 H8 – 43 008 h. – alt. 4 m – Casino – ✉ 34200 23 C2

Languedoc Roussillon

Paris 787 – Béziers 48 – Lodève 63 – Montpellier 35

60, Grand'Rue Mario Roustan ✆ 04 99 04 71 71

Mont St-Clair★ : terrasse du presbytère de la chapelle N.-D. de la Salette ✳★★ AZ - Le Vieux Port★ - Cimetière marin★.

Plan page suivante

Le Grand Hôtel

17 quai Mar. de Lattre de Tassigny – ✆ 04 67 74 71 77 – www.legrandhotelsete.com – Fermé 22 déc.-1er janv. AYt

42 ch – †85/139 € ††85/139 € – 1 suite – ☐ 10 €

Rest *Quai 17* – *✆ 04 67 74 71 91 (fermé 15-31 juil., sam. midi et dim.)* (19 €) Menu 26/47 € – Carte 32/72 €

◆ Près de la maison natale de Brassens et face au canal, un élégant hôtel (1882) de style Belle Époque. Chambres raffinées mêlant ancien et moderne, joli patio sous verrière. Cuisine actuelle au restaurant décoré de jolies fresques retraçant l'histoire maritime sétoise.

Port Marine

Môle St-Louis – ✆ 04 67 74 92 34 – www.hotel-port-marine.com AZd

46 ch – †75/100 € ††75/118 € – 6 suites – ☐ 11 € – ½ P 70/92 €

Rest – (16 €) Menu 27 € – Carte 32/42 €

◆ Architecture moderne face au môle St-Louis d'où L'Exodus prit la mer en 1947. Chambres fonctionnelles au mobilier de style bateau. Solarium sur le toit. Cuisine traditionnelle servie au restaurant ou sur la terrasse avec vue sur la grande bleue.

Alsace-Lorraine (R. d') . . . . AZ 2	Gambetta (R.) . . . . AZ 13	Palais (R. du) . . . . AZ 29
Arabes (Rampe des) . . . . AZ 3	Garenne (R.) . . . . AZ 14	Péri (R. G.) . . . . AY 30
Blum (Pl. Léon) . . . . AZ 4	Gaulle (R. Général-de) . . . . AY 16	Résistance (Quai de la) . . . . . AZ 33
Casanova (Bd D.) . . . . AY 5	Guignon (Quai N.) . . . . AY 18	Rhin-et-Danube (Quai) . . . . BY 34
Consigne (Quai de la) . . . . AZ 6	Jardins (R. des) . . . . AY 22	Roustan (Gd-R.-Mario) . . . . . . AZ 36
Danton (R.) . . . . AY 7	Lattre-de-Tassigny (Quai Mar.-de) . . . . AY 23	Savonnerie (R. de la) . . . . BZ 38
Delille (Pl.) . . . . BY 9	Marty (Prom. J.-B.) . . . . AZ 24	Stalingrad (Pl.) . . . . AY 39
Durand (Quai Gén.) . . . . AZ 10	Mistral (R. F.) . . . . AZ 27	Valéry (Rampe P.) . . . . AZ 40
Euzet (R. H.) . . . . BY		Villaret-Joyeuse (R.) . . . . AZ 43
Franklin (R.) . . . . AZ 12		

Orque Bleue sans rest
10 quai Aspirant-Herber – ✆ 04 67 74 72 13 – www.hotel-orquebleue-sete.com – Fermé janv. BZe
30 ch – 65/125 € 65/125 € – 12 €
◆ Sur les quais, bel immeuble en pierre avec des balcons en fer forgé. Chambres confortables à choisir au calme côté patio ou côté canal pour découvrir les joutes sétoises !

Paris Méditerranée
47 r. Pierre-Semard – ✆ 04 67 74 97 73 – Fermé 1er-15 juil., 1 sem. en fév., sam. midi, dim. et lundi BYp
Rest – Menu 25/45 €
◆ Une enseigne à la Brassens et un décor hors des conventions, dû à la patronne, formée aux Beaux-Arts... Son époux signe une cuisine gourmande et inventive ! Décalé et séduisant.

sur la Promenade du Lido **3 km au Sud du plan par D 2 – ✉ 34200 Sète**

Thierry Alix
621 r. Jean Monnet – ✆ 04 67 74 10 91 – Fermé 3 sem. en janv., mardi hors saison et lundi
Rest – (20 €) Menu 30 € – Carte 38/70 €
◆ Sur la promenade du Lido, face à la mer... Le chef, grand voyageur, concocte une savoureuse cuisine de saison, avec une pointe de créativité. Vue sur cuisines.

SEVENANS – 90 Territoire de Belfort – 315 F11 – rattaché à Belfort

---

SÉVÉRAC-LE-CHÂTEAU – 12 Aveyron – 338 K5 – 2 409 h. – alt. 735 m – ✉ 12150 Languedoc Roussillon 29 D1

Paris 605 – Espalion 46 – Florac 74 – Mende 64
5, rue des Douves ✆ 05 65 47 67 31

Des Causses
38 av. Aristide Briand – ✆ 05 65 70 23 00 – www.hotel-causses.com – Fermé 13-28 mars, 25 sept.-24 oct., dim. soir de sept. à juin et lundi sauf le soir en juil.-août
Rest – Menu 15/39 € – Carte 17/56 €
◆ On apprécie une copieuse cuisine du terroir dans le cadre chaleureux d'une salle à manger pimpante ou, dès les premiers beaux jours, sur une terrasse ombragée.

SÉVRIER – 74 Haute-Savoie – 328 J5 – rattaché à Annecy

SEYNE – 04 Alpes-de-Haute-Provence – 334 G6 – 1 426 h. – alt. 1 200 m – ✉ 04140 Alpes du Sud 41 C2

Paris 719 – Barcelonnette 43 – Digne-les-Bains 43 – Gap 54
place d'Armes ✆ 04 92 35 11 00
Col du Fanget ★ SO : 5 km.

à Selonnet **4 km au Nord-Ouest par D 900 – 424 h. – alt. 1 060 m – Sports d'hiver : 1 500/2 050 m 12 – ✉ 04140**

Relais de la Forge
– ✆ 04 92 35 16 98 – www.relaisdelaforge.fr – Fermé 16-24 avril, 11 nov.-20 déc., dim. soir et lundi hors vacances scolaires
14 ch – 44/58 € 50/64 € – 8,50 € – ½ P 47/56 €
Rest – Menu 16/30 € – Carte 22/43 €
◆ Bâti sur le site d'une ancienne forge, cet hôtel familial, aux chambres simples et bien tenues, comprend un espace sauna et une piscine couverte (toit amovible). Restaurant de style rustique, avec une cheminée ; le chef concocte une généreuse cuisine traditionnelle.

LA SEYNE-SUR-MER – 83 Var – **340** K7 – 56 768 h. – alt. 3 m **40** B3
– ✉ 83500 Côte d'Azur

Paris 830 – Aix-en-Provence 81 – La Ciotat 32 – Marseille 60

corniche Georges Pompidou ☎ 04 98 00 25 70

≤★ de la terrasse du fort Balaguier E : 3 km.

Kyriad Prestige sans rest

1 quai du 19-Mars-1962 – ☎ 04 94 05 34 00 – www.kyriadprestige.fr

93 ch – †75/129 € ††75/129 € – 1 suite – ☐ 13 € AVk

◆ Face au port se dresse cet hôtel tout neuf, ancré dans la modernité. Intérieur chaleureux, décoré sur le thème des bateaux. Chambres très confortables, toutes avec terrasse.

à Fabrégas 4 km au Sud par rte de St-Mandrier et rte secondaire
– ✉ 83500 La Seyne-sur-Mer

Chez Daniel et Julia "rest. du Rivage"

– ☎ 04 94 94 85 13 – Fermé nov., dim. soir et lundi sauf fériés

Rest – Menu 40/52 € – Carte 53/80 €

◆ Au bout du monde... et au cœur du Midi ! Dans une crique isolée, cette table familiale digne de Pagnol propose une savoureuse cuisine axée sur la marée et, en saison, la truffe.

SÉZANNE – 51 Marne – **306** E10 – 5 276 h. – alt. 137 m – ✉ 51120 **13** B2
Champagne Ardenne

Paris 116 – Châlons-en-Champagne 59 – Meaux 78 – Melun 89

place de la République ☎ 03 26 80 51 43

Le Relais Champenois

157 r. Notre-Dame – ☎ 03 26 80 58 03 – www.lerelaischampenois.com – Fermé 15-31 août, 22 déc.-5 janv. et dim. soir

19 ch – †42 € ††50/85 € – ☐ 10 € – ½ P 65/85 €

Rest – (18 €) Menu 23/55 € – Carte 30/65 €

◆ Façade champenoise rénovée, joliment fleurie, abritant des chambres fraîches et bien meublées, plus calmes à l'annexe (deux sont climatisées). Salles à manger champêtres agrémentées de boiseries et de poutres apparentes. Bon choix de menus traditionnels.

à Mondement-Montgivroux 12 km par D 951 et D 439 – 48 h. – alt. 188 m
– ✉ 51120

Domaine de Montgivroux sans rest

rte d'Epernay – ☎ 03 26 42 06 93 – www.audomainedemontgivroux.com

20 ch – †70/100 € ††100/110 € – 1 suite – ☐ 11 €

◆ Au cœur d'un vaste domaine, cette ancienne ferme champenoise (17e s.) magnifiquement rénovée vous invite à séjourner dans des chambres spacieuses à la décoration personnalisée.

SIERCK-LES-BAINS – 57 Moselle – **307** J2 – 1 730 h. – alt. 147 m **27** C1
– ✉ 57480 Alsace Lorraine

Paris 355 – Luxembourg 40 – Metz 46 – Thionville 17

rue du Château ☎ 03 82 83 74 14

≤★ du château fort.

à Montenach 3,5 km au Sud-Est sur D 956 – 445 h. – alt. 200 m – ✉ 57480

Auberge de la Klauss

1 rte de Kirschnaumen – ☎ 03 82 83 72 38 – www.auberge-de-la-klauss.com – Fermé 24 déc.-7 janv. et lundi

Rest – Menu 14/52 € – Carte 28/69 €

◆ Ferme de 1869 où palmipèdes et cochons évoluent en plein air. Côté auberge, joli cadre rustique, produits maison (dont un délicieux foie gras) et beau livre de cave. Vente à emporter.

à Manderen 7 km à l'Est par D 654 et D 64 – 403 h. – alt. 290 m – ✉ 57480

Relais du Château Mensberg
15 r. du Château – ☎ 03 82 83 73 16
– www.relais-mensberg.com – Fermé 26 déc.-24 janv.
13 ch – †36/48 € ††48/60 € – ☕ 8 € – ½ P 52/60 €
Rest – *(fermé lundi midi et mardi)* (12 €) Menu 24/60 € – Carte 19/67 €
◆ Cette ancienne ferme montant la garde au pied du château fort de Malbrouck (15e s.) vous héberge en toute simplicité dans ses petites chambres avant tout pratiques. Table traditionnelle et de terroir ; salle à manger rustique où trône une cheminée.

SIERENTZ – 68 Haut-Rhin – **315** I11 – 2 647 h. – alt. 270 m – ✉ 68510 **1** A3
Paris 487 – Altkirch 19 – Basel 18 – Belfort 65
57, rue Rogg-Haas ☎ 03 89 81 68 58

Auberge St-Laurent (Marco et Laurent Arbeit) avec ch
1 r. Fontaine – ☎ 03 89 81 52 81
– www.auberge-saintlaurent.fr – Fermé 11-28 juil., 12-22 sept., 15 fév.-3 mars, lundi et mardi
10 ch ☕ – †93/133 € ††126/170 € – ½ P 91 €
Rest – (28 €) Menu 36/85 € – Carte 58/90 €
Spéc. Foie gras au confit de choucroute. Homard braisé au jus corsé, crème onctueuse de châtaigne (hiver). Poêlée d'abricots au miel et amandes fraîches, tranche de kougelhopf doré (été). **Vins** Pinot blanc, Sylvaner.
◆ Le chaleureux décor mi-rustique mi-bourgeois de cet ancien relais de poste sert de cadre à une fine cuisine classique misant sur l'équilibre des saveurs. Plaisante terrasse. Jolies chambres personnalisées.

SIGNY-L'ABBAYE – 08 Ardennes – **306** I4 – 1 365 h. – alt. 240 m **13** B1
– ✉ 08460 Champagne Ardenne
Paris 208 – Charleville-Mézières 31 – Hirson 41 – Laon 74
cour Rogelet ☎ 03 24 53 10 10

Auberge de l'Abbaye avec ch
2 pl. A. Briand – ☎ 03 24 52 81 27 – www.auberge-de-labbaye.com
– Fermé 24 janv.-7 mars
7 ch – †46 € ††56/60 € – ☕ 10 € – ½ P 48 €
Rest – *(fermé mardi soir et merc.)* (11 €) Menu 14/30 € – Carte 17/42 €
◆ Cet ex-relais de poste, dans la même famille depuis 1803, cultive la tradition : cadre rustique, cuisine valorisant les produits terroir (ferme et potager). Chambres sobres.

SIGNY-LE-PETIT – 08 Ardennes – **306** H3 – 1 284 h. – alt. 238 m **13** B1
– ✉ 08380
Paris 228 – Châlons-en-Champagne 168 – Charleville-Mézières 37 – Hirson 15
Place de l'Église ☎ 03 24 53 55 44

Au Lion d'Or
pl. de l'Église – ☎ 03 24 53 51 76 – www.lahulotte-auliondor.fr – Fermé 1er-15 juil., 24 déc.-15 janv. et dim.
18 ch – †68/85 € ††68/115 € – ☕ 10 € – ½ P 63/70 €
Rest – *(fermé dim. sauf le midi de mars à fin sept., mardi midi, merc. midi et sam. midi) (prévenir dim.)* (15 €) Menu 20/40 € – Carte 25/52 €
◆ Ancien relais de poste situé face à l'église de Signy. Chambres proprettes, toutes différentes, réparties entre la bâtisse principale et les dépendances. Restaurant rustique, tableaux et bibelots figurant des chouettes (l'emblème de la maison) et cuisine actuelle.

SILLÉ-LE-GUILLAUME – 72 Sarthe – **310** I5 – 2 360 h. – alt. 161 m **35** C1
– ✉ 72140 Normandie Cotentin
Paris 230 – Alençon 39 – Laval 55 – Le Mans 35
place de la Résistance ☎ 02 43 20 10 32

Le Bretagne avec ch — rest, P VISA
pl. Croix-d'Or – 02 43 20 10 10 – *www.hotelsarthe.com* – *Fermé 24 juil.-15 août, vend. soir, sam. midi et dim. soir*
15 ch – 59 € 64 € – 7 € – ½ P 58 €
Rest – Menu 17 € (déj. en sem.), 28/50 € – Carte 52/63 €
◆ Ancien relais de diligences situé à l'orée du Parc Normandie-Maine. Cuisine traditionnelle soignée, servie dans une coquette salle. Chambres fonctionnelles, à choisir côté cour.

SILLERY – 51 Marne – 306 G7 – rattaché à Reims

SIMORRE – 32 Gers – 336 G9 – 660 h. – alt. 200 m – ✉ 32420 28 B2

Midi Toulousain

Paris 749 – Auch 34 – Tarbes 76 – Toulouse 77
rue de la Mairie 05 62 65 36 34

Les Rendez-vous d'Eole — A/C P VISA
lieu-dit Burgelles, 2,5 km à l'Est par D 129 et rte secondaire – 05 62 06 28 24 – *http://rendezvousdeole.canalblog.com* – *Fermé 4-12 avril, 5-13 sept., 14-29 nov., 2-12 janv., dim. soir, merc. et jeudi du 1er nov. au 14 avril, lundi et mardi*
Rest – (15 €) Menu 30/45 € – Carte 42/47 €
◆ Une jolie propriété en pleine nature, sous l'égide des vents. Ambiance champêtre et produits de qualité (canard, foie gras, brebis fermier), mis en valeur avec générosité.

SION-SUR-L'OCÉAN – 85 Vendée – 316 E7 – rattaché à St-Gilles-Croix-de-Vie

SIORAC-EN-PÉRIGORD – 24 Dordogne – 329 G7 – 982 h. – alt. 77 m 4 C3

– ✉ 24170 Périgord Quercy

Paris 548 – Sarlat-la-Canéda 29 – Bergerac 45 – Brive-la-Gaillarde 73
place de Siorac 05 53 31 63 51
de Lolivarie, S : 5km par D 51, 05 53 30 22 69

Relais du Périgord Noir — ch, A/C ch, rest, VISA
pl. de la Poste – 05 53 31 60 02 – *www.relais-perigord-noir.fr* – *Ouvert 20 avril-30 sept.*
43 ch – 78/98 € 78/98 € – 10 € – ½ P 68/75 €
Rest – *(fermé le midi) (résidents seult)* Menu 28/33 €
◆ Une beau relais de poste du 19e s. aux chambres fonctionnelles (adaptés aux handicaps). Pour s'occuper, le dilemme est cornélien : jouer au billard ou aller nager ? Les résidents peuvent découvrir la cuisine périgourdine sous la véranda.

SISTERON – 04 Alpes-de-Haute-Provence – 334 D7 – 7 251 h. 40 B2

– alt. 490 m – ✉ 04200 Alpes du Sud

Paris 704 – Barcelonnette 100 – Digne-les-Bains 40 – Gap 52
1, place de la République 04 92 61 36 50
Vieux Sisteron★ - Site★★ - Citadelle★ : ≤★ - Cathédrale Notre-Dame-des-Pommiers★.

Grand Hôtel du Cours — A/C rest, VISA AE
pl. de l'Église – 04 92 61 04 51 – *www.hotel-lecours.com* – *Ouvert 1er mars-5 nov.*
45 ch – 68/78 € 75/90 € – 5 suites – 11 € – ½ P 65/75 €
Rest – *(ouvert 1er mars-10 déc.)* (15 €) Menu 25/33 € – Carte 31/48 €
◆ Tenu par la même famille depuis 1932, cet hôtel se trouve en plein centre historique, près des tours d'enceinte du 14e s. Chambres plus spacieuses et calmes sur l'arrière. Cuisine traditionnelle copieuse et savoureuse, avec en vedette l'agneau de Sisteron.

SIZUN – 29 Finistère – 308 G4 – 2 129 h. – alt. 112 m – ✉ 29450 Bretagne 9 B2

Paris 572 – Brest 37 – Châteaulin 36 – Landerneau 16
3, rue de l'Argoat 02 98 68 88 40
Enclos paroissial★ - Bannières★ dans l'église de Locmélar N : 5 km.

Les Voyageurs
2 r. Argoat – ☎ 02 98 68 80 35 – www.hotelvoyageur.fr – Fermé 10 sept.-3 oct., vend. soir, dim. soir et sam. d'oct. à juin
22 ch – †53 € ††56 € – ☕ 8 € – ½ P 54 €
Rest – (11 €) Menu 14 € (sem.), 18/37 €
◆ Hôtel familial voisin de l'enclos paroissial du village. Les chambres, simples et bien tenues, bénéficient de plus d'ampleur dans le bâtiment principal. Menus traditionnels à prix sages servis près de la cheminée, dans une salle à manger au décor classique.

SOCHAUX – 25 Doubs – 321 L1 – 4 328 h. – alt. 310 m – ✉ 25600 — 17 C1

Franche-Comté Jura

Paris 478 – Audincourt 5 – Belfort 18 – Besançon 77

Musée de l'Aventure Peugeot★★ AX.

Voir plan de Montbéliard agglomération.

Arianis
11 av. du Gén. Leclerc – ☎ 03 81 32 17 17 – www.hotelrestaurantarianis.com
62 ch – †72 € ††77 € – 3 suites – ☕ 9 € – ½ P 81 € Xu
Rest – *(fermé dim. soir et sam.)* (17 €) Menu 29/42 € – Carte 36/63 €
Rest *Brasserie de l'Arianis* – *(fermé dim. soir et sam.)* Menu 17/42 € – Carte 25/48 €
◆ À côté du musée Peugeot, cet hôtel des années 1990 dispose de chambres confortables, actuelles et bien équipées. Petit-déjeuner sous forme de buffet. Au restaurant, grande salle classique (vivier à homard) et cuisine traditionnelle. Formule brasserie dans la jolie véranda ou sur la terrasse, en toute sérénité.

à Étupes 3 km par ③ et D 463 – 3 284 h. – alt. 337 m – ✉ 25460

Au Fil des Saisons
3 r. de la Libération – ☎ 03 81 94 17 12 – www.aufildessaisons.eu – Fermé 30 juil.-23 août, 25 déc.-6 janv., sam. midi, dim., lundi et fériés
Rest – Menu 26/35 € – Carte 32/62 €
◆ Comme son nom le laisse deviner, ce restaurant familial propose une cuisine évoluant au fil des saisons mais aussi... de l'eau (bon choix de poissons). Plaisante salle épurée.

SOCOA – 64 Pyrénées-Atlantiques – 342 B2 – rattaché à St-Jean-de-Luz

SOCX – 59 Nord – 302 C2 – 972 h. – alt. 24 m – ✉ 59380 — 30 B1

Paris 287 – Lille 64 – Calais 52 – Dunkerque 20

Au Steger
27 rte de St-Omer – ☎ 03 28 68 20 49 – www.restaurant-lesteger.com – Fermé 1er-20 août et le soir sauf sam.
Rest – Menu 16 € (sem.), 24/45 € – Carte 18/50 €
◆ De génération en génération, cette table s'est forgée une belle réputation dans la région. Le chef est passionné par le vin et les terroirs, et il aime partager ses découvertes...

SOISSONS – 02 Aisne – 306 B6 – 28 442 h. – alt. 47 m – ✉ 02200 — 37 C2

Nord Pas-de-Calais Picardie

Paris 102 – Compiègne 39 – Laon 37 – Reims 59

16, place Fernand Marquigny ☎ 03 23 53 17 37

Anc. Abbaye de St-Jean-des-Vignes★★ - Cathédrale St-Gervais-et-St-Protais★★.

Plan page suivante

L'Assiette Gourmande
16 av. de Coucy – ☎ 03 23 93 47 78 – Fermé sam. midi, dim. soir et lundi
Rest – Menu 14 € (déj. en sem.), 30/51 € – Carte 40/55 € BYe
◆ Cette adresse a conquis sans mal le cœur des Soissonais grâce à son décor élégant, son ambiance feutrée et douce, et sa goûteuse cuisine de tradition revisitée.

SOISSONS

Arquebuse (R. de l') .... BZ 2
Château-Thierry (Av.).......... BZ 4
Collège (R. du).......... AY 5
Commerce (R. du) .... BY 6
Compiègne (Av.).......... AY 8
Desmoulins (Bd C.) .... ABZ 12
Gambetta (Bd L.) .... BY 14
Intendance (R. de l') .... BY 15
Leclerc (Av. Gén.) .... BZ 22
Marquigny (Pl. F.) .... BY 23
Paix (R. de la).......... BY 24
Panleu (R. de).......... AY 25
Prés.-Kennedy (Av.) .... AZ 26
Quinquet (R.) .... ABY 28
Racine (R.) .... BZ 29
République (Pl. de la) .... BZ 30
St-Antoine (R.).......... BY 31
St-Christophe (Pl.) .... AY 32
St-Christophe (R.) .... AY 33
St-Jean (R.) .... AZ 34
St-Martin (R.) .... BY 35
St-Quentin (R.) .... BY 36
St-Rémy (R.) .... AY 37
Strasbourg (Bd de) .... BY 38
Villeneuve (R. de) .... BZ 39

à Belleu 3 km au Sud par D 1 et D 690 – 3 969 h. – alt. 55 m – ✉ 02200

Le Grenadin

19 rte de Fère-en-Tardenois – ✆ 03 23 73 20 57 – Fermé 1er-17 janv., dim. soir, lundi et fériés BZf

Rest – (14 €) Menu 23/45 € bc – Carte 28/52 €

◆ Perché sur la façade, un angelot veille sur cette sympathique maison régionale. Cuisine traditionnelle soignée variant avec les saisons. L'été, on se régale au jardin.

SOLAIZE – 69 Rhône – **327** I6 – **2 527 h.** – **alt. 232 m** – ✉ **69360** **44** B2

Paris 472 – Lyon 17 – Rive-de-Gier 25 – La Tour-du-Pin 58

Soleil et Jardin

44 r. de la République – ✆ 04 78 02 44 90 – www.soleiletjardin.fr

22 ch – †110 € ††120 € – ☕ 10 €

Rest – *(fermé 23 déc.-3 janv., sam. et dim.)* (18 €) Menu 26/34 € – Carte 32/48 €

◆ Sur la place centrale du village, cette maison abrite des chambres rénovées en 2008, spacieuses et colorées. Trois d'entre elles possèdent une terrasse. Salon-bar lumineux. Dans la salle à manger, cuisine traditionnelle bien composée. Terrasse fleurie.

SOLENZARA – 2A Corse-du-Sud – **345** F8 – **voir à Corse**

SOLESMES – 72 Sarthe – **310** H7 – **rattaché à Sablé-sur-Sarthe**

SOLIGNAC – 87 Haute-Vienne – **325** E6 – **1 454 h.** – **alt. 251 m** – ✉ **87110** **24** B2

Paris 400 – Bourganeuf 55 – Limoges 10 – Nontron 70

place Georges Dubreuil ✆ 05 55 00 42 31

St-Éloi ch, ch,

66 av. St-Éloi – ✆ 05 55 00 44 52 – www.lesainteloi.fr – Fermé 30 mai-6 juin, 12-26 sept., 24 déc.-18 janv., sam. midi, dim. soir et lundi

15 ch – †60/95 € ††60/95 € – ☕ 11 € – ½ P 70/72 €

Rest – (14 €) Menu 17 € (déj. en sem.), 25/45 € – Carte 37/55 €

◆ La façade en pierre et colombages dissimule un intérieur de caractère, avec des chambres actuelles (mobilier de divers styles, tons ensoleillés). Ambiance familiale. Cuisine personnalisée servie dans une lumineuse salle à manger. Petit patio-terrasse.

SOMMIÈRES – 30 Gard – **339** J6 – **4 505 h.** – **alt. 34 m** – ✉ **30250** **23** C2

Paris 734 – Montpellier 35 – Nîmes 29

5, quai Frédéric Gaussorgues ✆ 04 66 80 99 30

Auberge du Pont Romain rest,

2 r. Emile Jamais – ✆ 04 66 80 00 58 – www.aubergedupontromain.com – Ouvert 15 mars-31 oct. et 1er déc.-15 janv.

18 ch – †69/128 € ††69/128 € – ☕ 14 € – ½ P 58/111 €

Rest – (18 €) Menu 35/52 € – Carte 47/82 €

◆ Cette belle demeure en pierre du Gard abritait au 19e s. une fabrique de draps de laine. Chambres d'esprit provençal, agréables et assez spacieuses. Le restaurant privilégie les produits du terroir et les légumes bio ; décor chic et champêtre, jolie terrasse.

De l'Estelou sans rest

297 av. de la Gare, à 200 m par rte d'Aubais – ✆ 04 66 77 71 08 – www.hoteldelestelou.free.fr – Fermé 20 déc.-10 janv.

24 ch – †50/55 € ††56/80 € – ☕ 8 €

◆ Cet hôtel installé dans l'ancienne gare de Sommières (1870) a du cachet : chambres modernes décorées avec goût, jolie véranda pour les petits-déjeuners et jardin au calme.

SONDERNACH – 68 Haut-Rhin – **315** G9 – **647 h.** – **alt. 540 m** – ✉ **68380** **1** A2

Paris 466 – Colmar 27 – Gérardmer 41 – Guebwiller 39

A l'Orée du Bois avec ch

4 rte du Schnepfenried – ✆ 03 89 77 70 21 – www.oredubois.com – Fermé 27 juin-8 juil. et 2 janv.-2 fév.

7 ch ☕ – †32 € ††64 € – ½ P 47 €

Rest – *(fermé merc. midi et mardi)* (8 €) Menu 11 € (déj. en sem.)/38 €

◆ Chaleureuse salle à manger rustique (boiseries, poêle en faïence) ou grande terrasse tournée vers la vallée pour apprécier une carte régionale avec tartes flambées et fondues. Chambres façon chalet : l'Alsace dans toute sa générosité.

SONNAZ – 73 Savoie – **333** I4 – **rattaché à Chambéry**

SOPHIA-ANTIPOLIS – 06 Alpes-Maritimes – **341** D6 – **rattaché à Valbonne**

SORBIERS – 42 Loire – 327 F7 – rattaché à St-Étienne

SORÈZE – 81 Tarn – 338 E10 – 2 542 h. – alt. 272 m – ✉ 81540 29 C2

Midi-Toulousain

Paris 732 – Toulouse 59 – Carcassonne 44 – Castelnaudary 26

rue Saint-Martin ✆ 05 63 74 16 28

Hôtel Abbaye Ecole Le Logis des Pères

ch,

18 r. Lacordaire – ✆ 05 63 74 44 80 – www.hotelfp-soreze.com

52 ch – 70/159 € 70/159 € – 12 €

Rest – *(fermé dim. soir)* (18 €) Menu 21 € (sem.), 26/42 € – Carte 32/54 €

◆ Hôtel installé dans une aile de la célèbre abbaye-école des bénédictins (17e s.), fondée en 754 par Pépin le Bref. Sobres chambres joliment décorées et parc arboré de 6 ha. Repas traditionnels servis dans l'ancien réfectoire ou à l'ombre des platanes.

Le Pavillon des Hôtes

– ✆ 05 63 74 44 80 – www.hotelfp-soreze.com

20 ch – 55/65 € 55/65 € – 12 € – ½ P 61/66 €

◆ Chambres simples, réparties autour d'une cour intérieure.

SORGES – 24 Dordogne – 329 G4 – 1 166 h. – alt. 178 m – ✉ 24420 4 C1

Périgord Quercy

Paris 463 – Brantôme 24 – Limoges 77 – Nontron 36

écomusée de la Truffe ✆ 05 53 46 71 43

Auberge de la Truffe

rest,

par N 21 – ✆ 05 53 05 02 05 – www.auberge-de-la-truffe.com

21 ch – 52 € 56 € – 7 suites – 11 € – ½ P 63/90 €

Rest – *(fermé dim. soir et merc. midi du 12 nov. au 30 mars)* (11 €) Menu 18 € (sem.), 24/100 € – Carte 30/90 €

◆ À proximité de la Maison de la Truffe, une demeure villageoise accueillante, aux chambres confortables, grandes et bien meublées, parfois en rez-de-jardin. Ici, le chef a du nez : cuisine du terroir, "diamant noir" et foie gras tiennent le haut du pavé.

SORGUES – 84 Vaucluse – 332 C9 – 18 411 h. – alt. 24 m – ✉ 84700 42 E1

Paris 672 – Avignon 12 – Carpentras 20 – Cavaillon 34

Alonso

12 r. 19-Mars-1962, (pl. de l'Hôtel-de-Ville) – ✆ 04 90 39 11 02 – http://restaurant-alonso.fr – Fermé 21 déc.-5 janv., dim. et lundi

Rest – *(nombre de couverts limité, prévenir)* Menu 35 € (déj.)/48 €

◆ Une maison de maître où l'on vient savourer une belle cuisine de saison, concoctée avec d'excellents produits frais (menu du soir variant chaque semaine). Terrasse sous les pins.

SOUDAN – 79 Deux-Sèvres – 322 F6 – rattaché à St-Maixent-l'École

SOUILLAC – 46 Lot – 337 E2 – 3 970 h. – alt. 104 m – ✉ 46200 28 B1

Périgord Quercy

Paris 516 – Brive-la-Gaillarde 39 – Cahors 68 – Figeac 74

boulevard Louis-Jean Malvy ✆ 05 65 37 81 56

18 Souillac Country Club à Lachapelle-Auzac, N : 8 km par D 15, ✆ 05 65 27 56 00

Anc. église abbatiale : bas-relief "Isaïe"★★, revers du portail★ - Musée national de l'Automate et de la Robotique★.

Le Pavillon St-Martin sans rest

5 pl. St-Martin – ✆ 05 65 32 63 45 – www.hotel-saint-martin-souillac.com

11 ch – 49 € 75/99 € – 9 € Zf

◆ Maison de caractère (16e s.) face au beffroi ; dans les chambres, on mêle classique et touches actuelles (moulures, tons taupe...). Belle salle voûtée pour le petit-déjeuner.

SOUILLAC

Abbaye (Pl. de l') . . . . Z 2
Barebaste (R.). . . . . . . Z 4
Barnicou (Pl.) . . . . Z 5
Bénétou (R.). . . . . Y 7
Betz (Pl. Pierre). . . . . . Z
La Borie (Pl. de) . . . . . Y 20
La Borie (R. de) . . . . . Y
Bouchier (Pl. J.-B.) . . . Z 8
Doussot (Pl.). . . . . Z 9
Figuier (Pl. du) . . . . . . Y 12
Forail Marsalès (Pl. du) . . . . YZ
Frégière (R. de la). . . . Z
Gambetta (Av.). . . . . . . Y 14
Gaulle (Av. du Gén.-de) . . . Y 15
Gourgue (R. de) . . . . . Z 16
Granges (R. des) . . . . Z
Grozel (R. de) . . . . Y
Halle (R. de la) . . . . . . Y 17
Juillet (R. de) . . . . Y
Louqsor (R.) . . . . Z 21
Malvarès (R.) . . . . Y 22
Malvy (Av. Martin) . . . Y
Malvy (Bd Louis-Jean) . . YZ
Morlet (R.) . . . . Z 24
Pons (Pl. de l'Abbé) . . Y 25
Pont (R. du). . . . . Z 26
Puits (Pl. du) . . . . Y 28
Rajol (Pl. du) . . . . Y 29
Recège (R. de la) . . . . Y
St-Martin (R.) . . . . Z 32
Sarlat (Av. de). . . . . . . Z
Verlhac (Av. P.). . . . . . Y

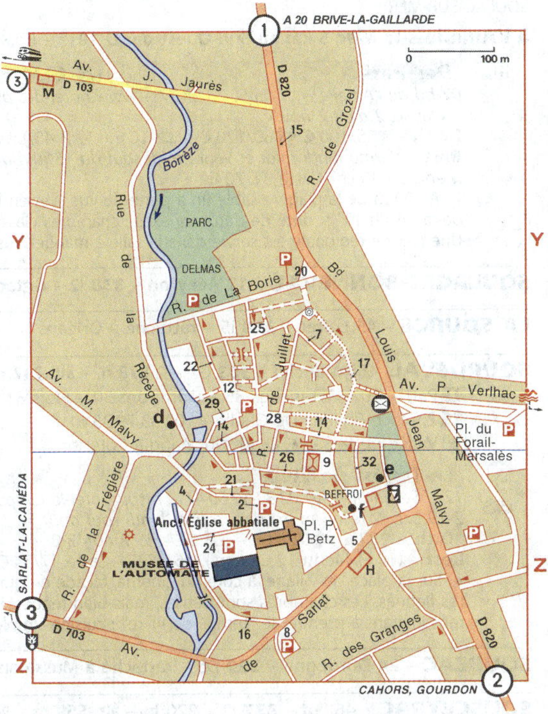

Le Quercy sans rest
1 r. Récège – ✆ 05 65 37 83 56 – www.le-quercy.fr – Ouvert 20 mars-12 nov. Yd
25 ch – †53/57 € ††66/74 € – ☐ 10 €
◆ Accueil familial dans cet hôtel confortable, à l'écart du centre. Des chambres toutes différentes, mêlant classique, moderne et exotisme... la plupart avec balcon.

Belle Vue sans rest
68 av. J. Jaurès, (à la gare) – ✆ 05 65 32 78 23 – www.hotelbellevue-souillac.com – Fermé 3 janv.-3 mars
26 ch – †50/52 € ††50/52 € – ☐ 6,50 € – ½ P 46 €
◆ À deux pas de la gare, cette grande bâtisse des années 1960 dispose de chambres simples, fraîches et bien tenues. Piscine côté jardin et petite boutique de produits régionaux.

Le Redouillé
28 av. de Toulouse , par ② – ✆ 05 65 37 87 25 – www.leredouille.c.la – Fermé 6 mars-1er avril, 7 janv.-4 fév., dim. soir et lundi
Rest – Menu 19/44 € – Carte 40/79 €
◆ Deux salles, deux ambiances : salle à manger bourgeoise et feutrée ou tons chauds, très méridionaux. Cuisine traditionnelle réalisée par les propriétaires, à quatre mains.

SOULAC-SUR-MER – 33 Gironde – **335** E1 – **2 690 h.** – **alt. 7 m** – **Casino : de la Plage** – ✉ 33780 Aquitaine **3** B1
Paris 515 – Bordeaux 99 – Lesparre-Médoc 31 – Royan 12
68, rue de la plage ✆ 05 56 09 86 61

à l'Amélie-sur-Mer 5 km au Sud-Ouest par D 101^E – ✉ 33780 Soulac sur Mer

Des Pins rest, VISA AE

92 bd de l'Amélie – ✆ 05 56 73 27 27 – www.hotel-des-pins.com – Ouvert 2 avril-2 nov.

29 ch – †55/100 € ††60/120 € – ☕ 10 € – ½ P 48/88 €

Rest – *(fermé lundi midi et vend. midi sauf du 15 juin au 15 sept.)* (17 €) Menu 28/40 € – Carte 31/70 €

◆ À 100 m de la plage – sable fin à perte de vue – et en lisière des pins, bâtiment de la fin du 19e s. doté de deux annexes ; chambres classiques ou plus modernes. Une cuisine régionale est servie dans la salle à manger, rustique et lumineuse.

SOULAGES-BONNEVAL – 12 Aveyron – **338** I2 – rattaché à Laguiole

---

LA SOURCE – 45 Loiret – **318** I5 – rattaché à Orléans

SOURDEVAL – 50 Manche – **303** G7 – 2 878 h. – alt. 217 m – ✉ 50150 **32** B2

Paris 310 – Avranches 36 – Domfront 30 – Flers 31

2, place Charles De Gaulle ✆ 02 33 79 35 61

Vallée de la Sée★ O, Normandie Cotentin

Le Temps de Vivre P VISA AE

12 r. St-Martin – ✆ 02 33 59 60 41 – http://hotel-le-temps-de-vivre.com – Fermé 2-19 oct., 2 fév.-6 mars, dim. soir et lundi sauf août

10 ch – †37 € ††42/51 € – ☕ 6 € – ½ P 40/43 €

Rest – (10 €) Menu 12 € (sem.), 16/25 € – Carte 17/34 €

◆ Sur la place du village, à côté du cinéma, façade en granit embellie de jardinières fleuries. Les chambres sont petites, mais bien tenues. Plaisante salle de restaurant invitant à prendre le "temps de vivre" ; cuisine simple à prix sages.

SOURZAC – 24 Dordogne – **329** D5 – rattaché à Mussidan

SOUSCEYRAC – 46 Lot – **337** I2 – 920 h. – alt. 559 m – ✉ 46190 **29** C1

Paris 548 – Aurillac 47 – Cahors 96 – Figeac 41

place de l'Église ✆ 05 65 33 02 20

Au Déjeuner de Sousceyrac (Patrick Lagnès) avec ch ch, VISA

Le Bourg – ✆ 05 65 33 00 56 – www.au-dejeuner-de-sousceyrac.com – Fermé 15 déc.-28 fév., dim. soir et lundi

10 ch – †50 € ††50 € – ☕ 8 € – ½ P 65 €

Rest – *(nombre de couverts limité, prévenir)* Menu 18/50 € – Carte 60/70 €

Spéc. Foie gras de canard poêlé aux coques. Ris de veau fermier, jus d'herbes émulsionné. Vacherin déstructuré à la châtaigne. **Vins** Cahors, Vin de pays du Lot.

◆ Beaucoup de générosité, des produits qui honorent le terroir, des assiettes pleines de saveurs, un excellent rapport qualité-prix... On quitte cette maison avec l'envie d'y revenir bien vite. Quelques chambres agréables pour prolonger l'étape.

SOUS-LA-TOUR – 22 Côtes-d'Armor – **309** F3 – rattaché à St-Brieuc

---

SOUSTONS – 40 Landes – **335** D12 – 6 794 h. – alt. 9 m – ✉ 40140 **3** B2

Aquitaine

Paris 736 – Anglet 51 – Bayonne 47 – Bordeaux 150

Grange de Labouyrie ✆ 05 58 41 52 62

Domaine de Bellegarde ch, P VISA

23 av. Ch. de Gaulle, dir. N 10 – ✆ 05 58 41 24 06 – www.qsun.co.uk – ouvert de Pâques à nov.

5 ch – †95/225 € ††115/295 € – ☕ 15 €

Table d'hôte – Menu 45 € bc (déj. en sem.)/50 € bc

◆ Dans un parc aux arbres centenaires, cette grande villa 1900 propose des chambres décorées avec goût (sol en coco, lit en fer forgé, couettes blanches…). L'une d'elles possède une terrasse, une autre un sauna privatif. Cuisine familiale au gré du marché.

XX **Auberge Batby** avec ch
63 av. Galleben – ✆ 05 58 41 18 80 – www.aubergebatby.fr – Fermé vacances de Noël
6 ch – †75/150 € ††75/150 € – ☐ 16 €
Rest – Menu 25 € (déj.)/55 € – Carte 45/61 €
◆ Cette ancienne pension de famille, située au bord du lac, propose une plaisante cuisine du terroir, telle cette pintade fermière farcie à l'ancienne... Quelques chambres permettent de prolonger l'étape.

LA SOUTERRAINE – 23 Creuse – **325** F3 – 5 273 h. – alt. 390 m – ✉ 23300 Limousin Berry **24** B1

Paris 344 – Bellac 41 – Châteauroux 79 – Guéret 35
place de la Gare ✆ 05 55 63 10 06
Église★.

à St-Étienne-de-Fursac 11 km au Sud par rte de Fursac (D 1) – 842 h. – alt. 322 m – ✉ 23290

XX **Nougier** avec ch
2 pl. de l'Église – ✆ 05 55 63 60 56 – www.hotelnougier.fr – Ouvert de mi-mars à fin déc. et fermé lundi sauf le soir en juil.-août, dim. soir de sept. à juin et mardi midi
12 ch – †55 € ††65/85 € – ☐ 10 € – ½ P 63/70 €
Rest – (13 €) Menu 23/55 € – Carte 40/65 €
◆ Depuis trois générations, on cultive l'art du bon accueil et du bien manger dans cette auberge de village. Cuisine gourmande et soignée ; chambres plaisantes, piscine.

SOUVIGNY – 03 Allier – **326** G3 – 1 958 h. – alt. 242 m – ✉ 03210 Auvergne **5** B1

Paris 301 – Bourbon-l'Archambault 16 – Montluçon 70 – Moulins 13
Prieuré St-Pierre★★ - Calendrier★★ dans l'église-musée St-Marc.

XX **Auberge des Tilleuls**
pl. St-Éloi – ✆ 04 70 43 60 70 – www.auberge-tilleuls.com – Fermé 23 août-6 sept., 27 déc.-5 janv., vacances de fév., mardi soir de sept. à mars, dim. soir et lundi
Rest – (12 €) Menu 18/45 € – Carte 30/59 €
◆ Cette pimpante auberge vous accueille dans deux salles champêtres soignées, dont une agrémentée de colombages en trompe-l'œil. Étroite terrasse ombragée à l'arrière.

SOYAUX – 16 Charente – **324** L6 – rattaché à Angoulême

SOYONS – 07 Ardèche – **331** L4 – rattaché à St-Péray

STEENVOORDE – 59 Nord – **302** D3 – 3 964 h. – alt. 50 m – ✉ 59114 **30** B1

Paris 259 – Calais 73 – Dunkerque 33 – Hazebrouck 12
place Jean-Marie Ryckewaert BP 10 ✆ 03 28 42 97 98

X **Auprès de mon Arbre**
932 rte d'Eecke – ✆ 03 28 49 79 49 – www.aupresdemonarbre.fr – Fermé le soir sauf vend. et sam.
Rest – (16 €) Menu 18 € (déj. en sem.), 29/44 € – Carte 34/63 €
◆ Cette jolie ferme recèle une cheminée et un poêle Godin dont on ne voudra plus s'éloigner... Sauf en été, pour s'attabler dans le délicieux jardin. Cuisine authentique et soignée.

STELLA-PLAGE – 62 Pas-de-Calais – **301** C5 – rattaché au Touquet

---

STIRING-WENDEL – 57 Moselle – **307** M3 – rattaché à Forbach

Yvann K/Fotolia.com

Le Vieux Strasbourg

STRASBOURG

Département : P 67 Bas-Rhin
Carte Michelin LOCAL : **315** K5
Paris 489 – Basel 141 – Karlsruhe 81 – Stuttgart 149
Population : 272 975 h.
Pop. agglomération : 427 245 h.

Altitude : 143 m
Code Postal : ✉ 67000
Alsace Lorraine
Carte régionale : **1** B1

RENSEIGNEMENTS PRATIQUES

OFFICE DE TOURISME

17, place de la Cathédrale ☎03 88 52 28 28
Place de la Gare ☎03 88 32 51 49

TRANSPORTS

Auto-train ☎ 3635 (dîtes auto-train - 0,34 €/mn)

AÉROPORT

Strasbourg-International ☎ 03 88 64 67 67 AT

QUELQUES GOLFS

de La Wantzenau à La Wantzenau C.D. 302, ☎03 88 96 37 73
Le Kempferhof Golf Club à Plobsheim 351 rue du Moulin, S : 15 km par D 468, ☎03 88 98 72 72

A VOIR

QUARTIER DE LA CATHÉDRALE

Cathédrale Notre-Dame ★★★ : horloge astronomique★ ⩽ ★de la flèche - Place de la cathédrale ★ : maison Kammerzell ★ KZ Musée★★ du palais Rohan★- Musée alsacien★★ KZ **M**1 Musée de l'Œuvre Notre-Dame★★ KZ **M**6 - Musée historique★ KZ **M**5

LA PETITE FRANCE

Rue du Bains-aux-Plantes★★ HJZ - Ponts couverts★ HZ - Barrage Vauban⁂★★ HZ - Mausolée du maréchal de Saxe★★ dans l'église St-Thomas JZ - Musée d'Art moderne et contemporain★★ HZ M3 - Promenade en vedette sur l'Ill

AUTOUR DES PLACES KLÉBER ET BROGLIE

Place Kléber★ , la plus célèbre place de Strasbourg, bordée au Nord par l'Aubette JY Place Broglie : hôtel de ville★KY H

L'EUROPE À STRASBOURG

Palais de l'Europe★ FGU - Nouveau palais des Droits de l'Hommes GU - Orangerie★ FGU

BISCHHEIM

Marais (R. du)	CS	121
Périgueux (Av. de)	BS	159
Robertsau (R. de la)	BS	179
Triage (R. du)	BS	219

ECKBOLSHEIM

Gaulle (Av. du Gén.-de)	BS	67
Wasselonne (Rte de)	BS	237

HŒNHEIM

Fontaine (R. de la)	BR	55
République (R. de la)	BR	174

ILLKIRCH-GRAFFENSTADEN

Bürkell (Rte)	BT	24
Ceinture (R. de la)	BT	27
Faisanderie (R. de la)	BT	48
Industrie (R. de l')	BT	97
Kastler (R. Alfred)	BT	99
Lixenbühl (R.)	BT	115
Messmer (Av.)	BT	138
Neuhof (Rte de)	BT	144
Strasbourg (Rte de)	BT	207
Vignes (R. des)	BT	233

LINGOLSHEIM

Eckbolsheim (R. d')	BS	44
Ostwald (R. d')	BT	152
Près (R. des)	BS	168

OBERHAUSBERGEN

Mittelhausbergen (Rte de)	BS	139
Oberhausbergen (Rte de)	BS	149

OSTWALD

Foch (R. du Maréchal)	BT	50
Gelspolsheim (R. de)	BT	73
Leclerc (R. du Gén.)	BT	112
Vosges (R. des)	BT	232
23-Novembre (R. du)	BT	246

SCHILTIGHEIM

Bischwiller (Rte de)	BS	18
Gaulle (Rte du Gén.-de)	BS	70
Hausbergen (Rte de)	BS	81
Mendès-France (Av. P.)	BS	132
Pompiers (R. des)	BS	164

STRASBOURG

Atenheim (Rte d')	CT	8
Austerlitz (Pont d')	BS	9
Bauerngrund (R. de)	CT	15
Ganzau (R. de la)	BT	66
Holtzheim (R. de)	AS	88
Ill (R. de l')	CS	96
Neuhof (Rte de)	CT	144
Plaine des Bouchers (R. de la)	BS	163
Polygone (Rte du)	BS	165
Pont (R. du)	BT	166
Ribeauvillé (R. de)	CS	177
Romains (Rte des)	BS	180
Schirmeck (Rte de)	BS	198

WOLFISHEIM

Oberhausbergen (R. d')	AS	148
Seigneurs (R. des)	AS	204

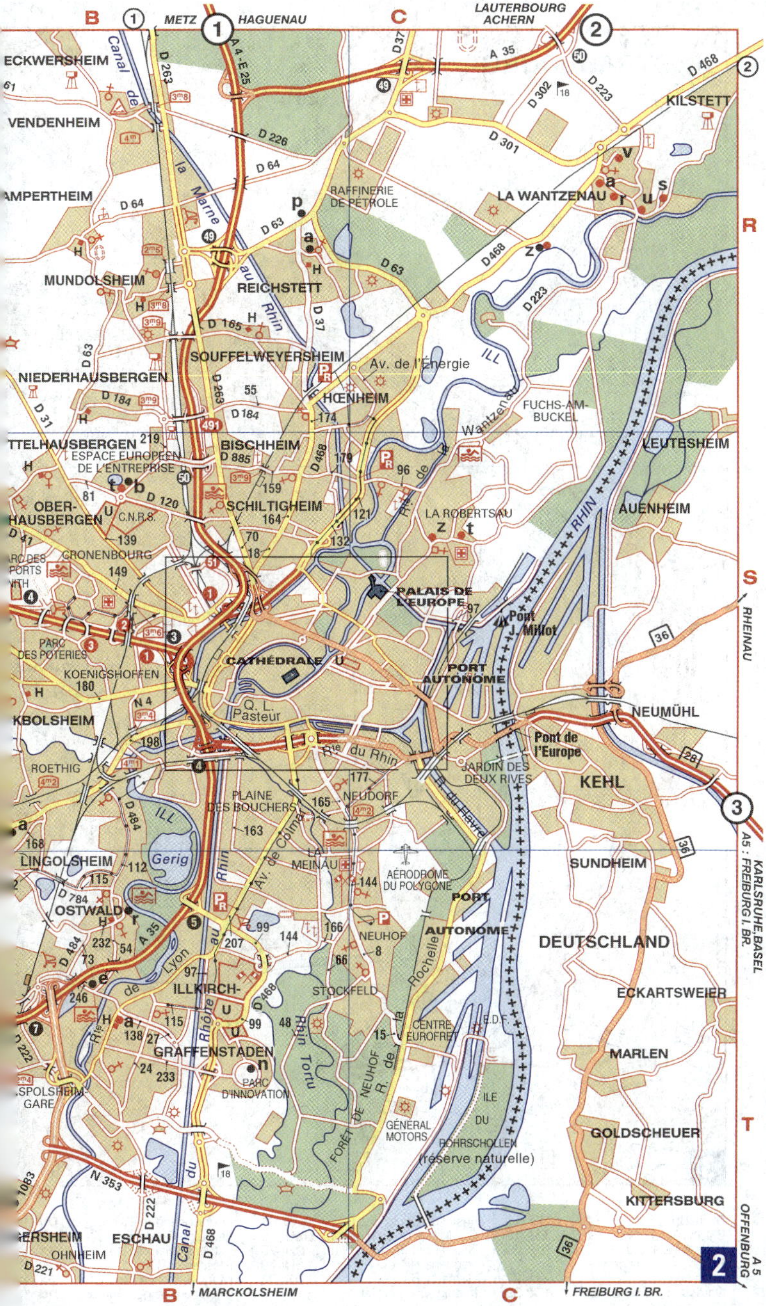
METZ
HAGUENAU
LAUTERBOURG
ACHERN
A 4 - E 25
A 35
ECKWERSHEIM
VENDENHEIM
Canal de la Marne au Rhin
KILSTETT
D 468
D 223
D 301
D 302
D 226
D 64
D 63
D 37
D 263
RAFFINERIE
DE PÉTROLE
LA WANTZENAU
MUNDOLSHEIM
REICHSTETT
D 165
SOUFFELWEYERSHEIM
NIEDERHAUSBERGEN
Av. de l'Énergie
HŒNHEIM
ILL
FUCHS-AM-
BUCKEL
Wantzenau
BISCHHEIM
D 885
D 184
ESPACE EUROPÉEN
DE L'ENTREPRISE
LEUTESHEIM
SCHILTIGHEIM
OBER-
HAUSBERGEN
C.N.R.S.
CRONENBOURG
LA ROBERTSAU
AUENHEIM
RHIN
PALAIS DE
L'EUROPE
Pont
J. Millot
RHEINAU
PARC
DES POTERIES
KOENIGSHOFFEN
CATHÉDRALE
PORT
AUTONOME
N 4
Q. L.
Pasteur
NEUMÜHL
Pont de
l'Europe
Rte du Rhin
JARDIN DES
DEUX RIVES
KEHL
ROETHIG
PLAINE
DES BOUCHERS
NEUDORF
R. du Havre
Gerig
LINGOLSHEIM
LA
MEINAU
Av. de Colmar
AÉRODROME
DU POLYGONE
SUNDHEIM
A5 : FREIBURG I. BR.
KARLSRUHE,BASEL
OSTWALD
PORT
AUTONOME
NEUHOF
DEUTSCHLAND
Rhône au Rhin
de Lyon
ILLKIRCH-
GRAFFENSTADEN
STOCKFELD
R. de la Rochelle
EKCARTSWEIER
CENTRE
EUROFRET
E.D.F.
Rhin Tortu
PARC
D'INNOVATION
FORÊT DE NEUHOF
MARLEN
ILE
DU
ROHRSCHOLLEN
(réserve naturelle)
GÉNÉRAL
MOTORS
GOLDSCHEUER
N 353
KITTERSBURG
ESCHAU
OHNHEIM
Canal du Rhône au Rhin
D 222
D 468
OFFENBURG
A 5
MARCKOLSHEIM
FREIBURG I. BR.
B
C
R
S
T
2

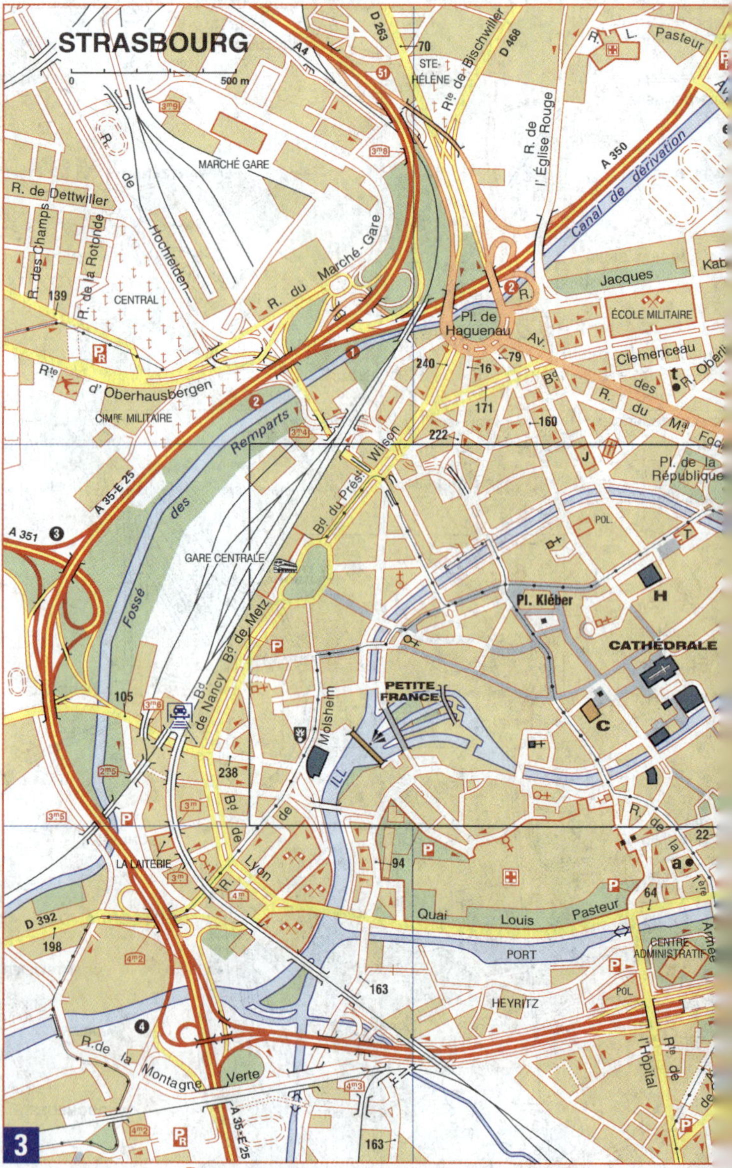
STRASBOURG
0
500 m
D
E
U
V
X
3
MARCHÉ GARE
R. de Dettwiller
R. des Champs
R. de la Rotonde
R. de Hochfelden
CENTRAL
R. du Marché-Gare
Rte d' Oberhausbergen
CIMRE MILITAIRE
Remparts
des
Fossé
A 35-E 25
A 351
GARE CENTRALE
Bd du Présl Wilson
Bd de Metz
Bd de Nancy
Bd de Lyon
Molsheim
ILL
PETITE FRANCE
Pl. Kléber
CATHÉDRALE
H
C
J
a
POL.
Pl. de la République
Pl. de Haguenau
Av. des Vosges
R. de l' Église Rouge
Rte de Bischwiller
STE-HÉLÈNE
D 263
D 468
A 4
A 350
Canal de dérivation
Jacques
ÉCOLE MILITAIRE
Clemenceau
Bd
R. du Mal Foch
R. Oberlin
Pasteur
LA LAITERIE
D 392
Quai Louis Pasteur
PORT
HEYRITZ
CENTRE ADMINISTRATIF
Rte de l'Hôpital
R. de la Montagne Verte
A 35-E 25
70
240
16
79
171
160
222
139
105
238
94
64
22
198
163

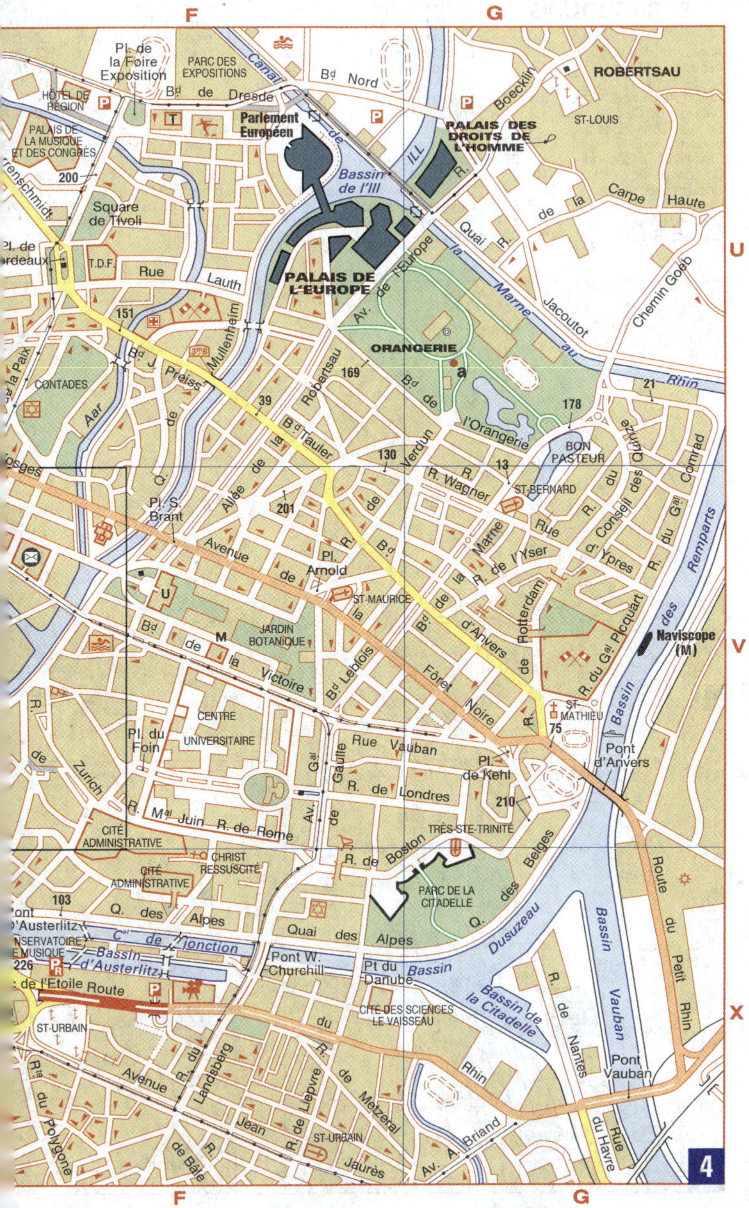
F
G
U
V
X
4
Pl. de la Foire Exposition
PARC DES EXPOSITIONS
Bd Nord
Canal de
Bd de Dresde
HÔTEL DE RÉGION
PALAIS DE LA MUSIQUE ET DES CONGRÈS
Parlement Européen
PALAIS DES DROITS DE L'HOMME
ROBERTSAU
ST-LOUIS
Boecklin
Bassin de l'Ill
ILL
Square de Tivoli
T.D.F.
Rue Lauth
PALAIS DE L'EUROPE
Av. de l'Europe
Quai
la Marne
Jacoutot
Chemin Goeb
Carpe Haute
ORANGERIE
Bd de l'Orangerie
CONTADES
Aar
Bd J. Preiss
Mullenheim
Robertsau
Bd Tauber
Allée de la
Verdun
R. Wagner
ST-BERNARD
BON PASTEUR
Rhin
Remparts
Pl. S. Brant
Avenue de
Pl. Arnold
ST-MAURICE
Bd de la Marne
R. de l'Yser
Rue d'Ypres
Rotterdam
d'Anvers
Naviscope (M)
JARDIN BOTANIQUE
Bd de la Victoire
Bd Leblois
Forêt Noire
ST-MATHIEU
Pont d'Anvers
Bassin
CENTRE UNIVERSITAIRE
Pl. du Foin
R. de Zurich
Rue Vauban
Pl. de Kehl
R. de Londres
Gal de Gaulle
R. Mal Juin
R. de Rome
CITÉ ADMINISTRATIVE
CHRIST RESSUSCITÉ
TRÈS-STE-TRINITÉ
R. de Boston
PARC DE LA CITADELLE
Q. des Belges
Route du Petit Rhin
Q. des Alpes
Quai des Alpes
Pont d'Austerlitz
CONSERVATOIRE DE MUSIQUE
Cal de jonction
Bassin d'Austerlitz
Pont W. Churchill
Pt du Danube
Bassin Dusuzeau
Bassin Vauban
Bassin de la Citadelle
CITÉ DES SCIENCES LE VAISSEAU
R. de Nantes
de l'Etoile Route
ST-URBAIN
Avenue Jean Jaurès
R. du Landsberg
R. de Lièpvre
R. de Metzeral
Rhin
Pont Vauban
Rue du Havre
Av. A. Briand
R. de Bâle
Rte du Polygone
200
151
39
169
130
201
13
178
21
75
210
103
226

STRASBOURG

Abreuvoir (R. de l') . . . . LZ 3
Arc-en-Ciel (R. de l') . . . . . KLY 7
Austerlitz (R. d') . . . . KZ 10
Auvergne (Pont d') . . . . LY 12
Bateliers (R. des) . . . . LZ 14
Bonnes-Gens (R. des) . . . . . JY 19
Bouclier (R. du) . . . . JZ 20
Castelnau (R. Gén.-de) . . . . KY 25
Cathédrale (Pl. de la) . . . . . . KZ 26
Chaudron (R. du) . . . . KY 28
Cheveux (R. des) . . . . JZ 29
Corbeau (Pl. du) . . . . KZ 31
Cordiers (R. des) . . . . KZ 32
Courtine (R. de la) . . . . LY 34
Dentelles (R. des) . . . . JZ 36
Division-Leclerc (R.) . . . . . JKZ
Écarlate (R. de l') . . . . JZ 43
Escarpée (R.) . . . . JZ 45
Étudiants (R. et Pl. des) . . . KY 46
Faisan (Pont du) . . . . JZ 47
Fonderie (Pont de la) . . . . . KY 52
Fossés-des-Treize (R. du) . . KY 58
Fossé-des-Tanneurs (R. du) JZ 57
Francs-Bourgeois (R. des) . JZ 60
Frey (Quai Charles) . . . . JZ 63
Grandes-Arcades (R. des) JKY
Grande-Boucherie (Pl. de la)KZ 76
Gutenberg (R.) . . . . JKZ 78
Hallebardes (R. des) . . . . . . KZ 80
Haute-Montée (R.) . . . . JY 82
Homme de Fer (Pl. de l') . . JY 90
Hôpital-Militaire (R. de l') . . . LZ 91
Humann (R.) . . . . HZ 94
Ill (Quai de l') . . . . HZ 95
Kellermann (Quai) . . . . JY 100
Kléber (Pl.) . . . . JY
Krutenau (R. de la) . . . . LZ 106
Kuss (Pont) . . . . HY 108
Lamey (R. Auguste) . . . . . . LY 109
Lezay-Marnésia (Quai) . . . . LY 114
Luther (R. Martin) . . . . JZ 117
Maire Kuss (R. du) . . . . HY 120
Marché-aux-Cochons-de-Lait (Pl. du) . . . . KZ 124

Marché-aux-Poissons (Pl. du)	KZ	125
Marché-Gayot (Pl. du)	KYZ	126
Marché-Neuf (Pl. du)	KYZ	127
Maroquin (R. du)	KZ	129
Mercière (R.)	KZ	135
Mésange (R. de la)	JKY	136
Monnaie (R. de la)	JZ	141
Munch (R. Ernest)	LZ	142
Noyer (R. du)	JY	147
Nuée-Bleue (R. de la)	KY	
Obernai (R. d')	HZ	150
Outre (R. de l')	KY	153
Paix (Av. de la)	KLY	154
Parchemin (R. du)	KY	156
Pierre (R. du Fg-de)	JY	160
Pontonniers (R. des)	LY	167
Récollets (R. des)	KLY	172
Ste-Madeleine (Pont et R.)	KLZ	192
St-Étienne (Quai)	LY	183
St-Michel (R.)	HZ	187
St-Nicolas (Pont)	KZ	189
St-Pierre-le-Jeune (Pl.)	JKY	190
Salzmann (R.)	JZ	193
Sanglier (R. du)	KY	194
Saverne (Pont de)	HY	195
Schoelcher (Av. Victor)	LY	199
Sébastopol (R. de)	JY	202
Serruriers (R. des)	JKZ	205
Temple-Neuf (Pl. du)	KY	213
Temple-Neuf (R. du)	KY	214
Théâtre (Pont du)	KY	216
Thomann (R. des)	JY	217
Tonneliers (R. des)	KZ	220
Turckheim (Quai)	HZ	225
Vieil-Hôpital (R. du)	KZ	228
Vieux-Marché-aux-Poissons (R. du)	KZ	229
Vieux-Marché-aux-Vins (R. et Pl. du)	JY	230
Vieux-Seigle (R. du)	JZ	231
Wasselonne (R.)	HZ	238
Wodli (R. Georges)	HY	242
22-Novembre (R. du)	HJYZ	

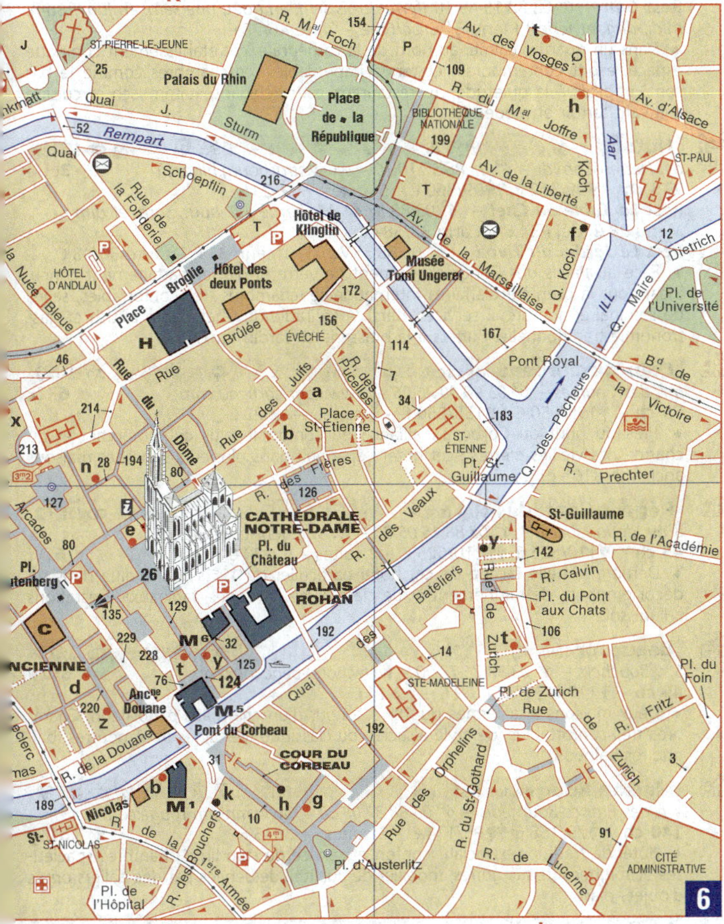

Régent Petite France
5 r. des Moulins – ☎ 03 88 76 43 43 – www.regent-hotels.com 5JZf
63 ch – 155/575 € 155/575 € – 9 suites – 22 €
Rest – *(fermé le midi sauf juil.-août, dim. et lundi)* Carte 42/50 €
◆ Dans la Petite France, une grande et belle adresse, aménagée dans les ex-glacières des bords de l'Ill. Intérieurs confortables, modernes et chic, sans ostentation ; chambres agréablement feutrées. Carte actuelle au restaurant, bar lounge et terrasse sur la rivière.

Sofitel
4 pl. St-Pierre-le-Jeune – ☎ 03 88 15 49 00 – www.sofitel-strasbourg.com 5JYs
151 ch – 105/345 € 105/345 € – 2 suites – 23 €
Rest *Goh* – ☎ 03 88 15 49 10 *(fermé trois sem. en août, une sem. en janv., sam. midi, dim. et fériés)* Menu 31 € bc/65 € – Carte 46/78 €
◆ Dans un quartier calme, au nord de la cathédrale, cet établissement conjugue espace, esprit contemporain et tenue impeccable. Les chambres comme le bar sont propices à la quiétude. Au restaurant, cadre élégant, stammtisch et cuisine cultivant terroir et modernité.

Hilton
av. Herrenschmidt – ☎ 03 88 37 10 10 – www.strasbourg.hilton.fr 3EUe
238 ch – 99/360 € 99/360 € – 5 suites – 23 €
Rest *La Table du Chef* – ☎ 03 88 37 41 42 *(fermé juil.-août, sam. et dim.)* Menu 28 € (déj.)/34 € – Carte 33/58 €
Rest *Le Jardin du Tivoli* – ☎ 03 88 35 72 61 – Menu 31 € – Carte 30/48 €
◆ Face au Palais des Congrès, bâtiment de verre et d'acier parfaitement conçu, idéal pour la clientèle d'affaires internationale (chambres très confortables, salles de séminaire, nombreux services, bars). À La Table du Chef, cadre british et gastronomie traditionnelle. Buffets à la brasserie Le Jardin du Tivoli.

Cour du Corbeau sans rest
6 r. des Couples – ☎ 03 90 00 26 26 – www.cour-corbeau.com 6KZc
55 ch – 155/550 € 155/550 € – 2 suites – 22 €
◆ Près du pont du Corbeau, l'alliance du confort le plus contemporain et du charme des vieilles pierres : cet hôtel s'épanouit dans plusieurs superbes maisons anciennes (16e-19e s.).

Régent Contades sans rest
8 av. de la Liberté – ☎ 03 88 15 05 05 – www.regent-contades.com 6LYf
45 ch – 110/525 € 110/525 € – 2 suites – 20 €
◆ Derrière la belle façade de cet hôtel particulier du 19e s., on évolue dans un décor empreint de raffinement et de classicisme (boiseries, tableaux). Prestations à l'unisson.

Beaucour sans rest
5 r. Bouchers – ☎ 03 88 76 72 00 – www.hotel-beaucour.com 6KZk
49 ch – 110 € 135/169 € – 14 €
◆ Deux maisons alsaciennes du 18e s. autour d'un charmant patio fleuri. Chambres très confortables, de style alsacien ou classique (certaines avec poutres, baignoires balnéo...).

Maison Rouge sans rest
4 r. des Francs-Bourgeois – ☎ 03 88 32 08 60 – www.maison-rouge.com 5JZg
140 ch – 79/158 € 95/174 € – 2 suites – 15 €
◆ Hôtel de tradition associant confort et service de standing. Chambres spacieuses et soignées (tissus griffés, mobilier de qualité), desservies par des paliers ornés d'objets d'art.

Le Grand Hôtel sans rest
12 pl. de la Gare – ☎ 03 88 52 84 84 – www.le-grand-hotel.com 5HYa
83 ch – 177/287 € 177/287 €
◆ Face à la gare TGV, cet hôtel n'a pas raté le train de la modernité : décor design, ambiance zen, mobilier à la fois sobre et cossu, tenue minutieuse. Le centre-ville est à 5mn.

Monopole-Métropole sans rest
16 r. Kuhn – ✆ 03 88 14 39 14 – www.bw-monopole.com **5HYp**
86 ch – ♦85/200 € ♦♦90/220 €
◆ Entre gare et Petite France, immeuble bourgeois dégageant un certain charme : antiquités alsaciennes, tableaux de maîtres régionaux... Chambres classiques ou plus contemporaines.

Novotel Centre Halles
4 quai Kléber – ✆ 03 88 21 50 50 – www.novotel.com **5JYk**
96 ch – ♦107/222 € ♦♦107/222 € – 14 € **Rest** – (12 €) Carte 20/40 €
◆ Dans le centre commercial des Halles, hôtel moderne proposant des chambres claires et spacieuses. Fitness avec vue sur la cathédrale au dernier étage. Bar et restaurant ouvrent sur la galerie marchande ; carte simplifiée et pratique.

Hannong sans rest
15 r. du 22 Novembre – ✆ 03 88 32 16 22 – www.hotel-hannong.com – Fermé 2-9 janv. **5JYa**
72 ch – ♦65/184 € ♦♦75/222 € – 14 €
◆ Sur le site de la faïencerie Hannong (18e s.), un hôtel qui a une âme : objets d'art et agencement contemporain, matériaux de qualité, tenue méticuleuse. Agréable espace terrasse.

Diana-Dauphine sans rest
30 r. de la 1ère Armée – ✆ 03 88 36 26 61 – www.hotel-diana-dauphine.com – Fermé 22 déc.-2 janv. **3EXa**
45 ch – ♦90/150 € ♦♦90/170 € – 11 €
◆ Au pied du tramway menant à la vieille ville. Hall-salon moderne, chambres d'esprit contemporain (et donc sobres), pour la plupart spacieuses. Garage fermé accessible 24h/24.

Du Dragon sans rest
12 r. du Dragon – ✆ 03 88 35 79 80 – www.dragon.fr **5JZd**
32 ch – ♦79/116 € ♦♦89/129 € – 12 €
◆ Dans un quartier calme, deux demeures du 17e s. autour d'un patio fleuri (où le petit-déjeuner est servi l'été). Chambres confortables et actuelles, mansardées au dernier étage.

Royal Lutetia sans rest
2 bis r. du Gén. Rapp – ✆ 03 88 35 20 45 – www.royal-lutetia.fr **3EUt**
39 ch – ♦68/100 € ♦♦68/100 € – 9 €
◆ Cette façade évoquant le style Art déco cache de plaisantes chambres contemporaines, garnies de mobilier clair ou foncé et très bien tenues. Confortable bar-salon anglais.

Mercure St-Jean sans rest
3 r. Maire Kuss – ✆ 03 88 32 80 80 – www.mercure.com **5HYe**
61 ch – ♦79/165 € ♦♦79/175 € – 16 €
◆ Entre gare et vieille ville, hôtel moderne aux chambres agréables (confort actuel). À tenter, la "chambre 2030", avec tous les équipements du futur, parfois très... imaginatifs !

Mercure Centre sans rest
25 r. Thomann – ✆ 03 90 22 70 70 – www.mercure.com **5JYq**
98 ch – ♦87/215 € ♦♦92/225 € – 16 €
◆ Situation centrale pour cet établissement rénové avec des tons vifs et un mobilier design. Au 7e étage, la salle des petits-déjeuners jouit d'une petite vue sur la cathédrale.

Chut - Au Bain aux Plantes
4 r. Bain-aux-Plantes – ✆ 03 88 32 05 06 – www.hote-strasbourg.fr **6HZv**
8 ch – ♦75/95 € ♦♦95/160 € – 1 suite – 12 € – ½ P 180/210 €
Rest – *(fermé 1er-10 mai, 6-16 août, 30 oct.-8 nov., 23-27 déc., 2-6 janv., 20 fév.-1er mars, dim. et lundi)* (15 €) Menu 18 € (déj. en sem.), 35/49 € bc – Carte 32/50 €
◆ Dans une rue pittoresque près de la Petite France, hôtel digne d'une maison d'hôtes, charme compris : objets et mobilier design ou chinés, ambiance zen... La cuisine, mâtinée d'épices, fuit la routine et change chaque jour ; salle intime, avec cour-terrasse.

Le Kléber sans rest
29 pl. Kléber – ✆ 03 88 32 09 53 – www.hotel-kleber.com 5JYp
30 ch – †60/88 € ††67/95 € – ☕ 8,50 €
◆ "Meringue", "Fraise", "Cannelle", etc. : ici, toutes les chambres se prêtent à une thématique sucrée-salée, richement colorée. Situation imparable sur la célèbre place Kléber.

Couvent du Franciscain sans rest
18 r. du Fg de Pierre – ✆ 03 88 32 93 93 – www.hotel-franciscain.com – Fermé 24 juil.-7 août 5JYe
43 ch – †43/74 € ††78/84 € – ☕ 10 €
◆ Au fond d'une impasse, ce "Couvent" propose des chambres simples et nettes, à des tarifs compétitifs. Petits-déjeuners dans un caveau aux faux-airs de winstub (fresque amusante).

Aux Trois Roses sans rest
7 r. Zürich – ✆ 03 88 36 56 95 – www.hotel3roses-strasbourg.com 6LZy
32 ch – †53 € ††69/89 € – ☕ 8,50 €
◆ Immeuble classique engageant, proche de l'Ill : salon bourgeois près de l'accueil, chambres simples (mobilier en pin) et d'une propreté méticuleuse, à prix doux. Sauna.

Au Crocodile
10 r. de l'Outre – ✆ 03 88 32 13 02 – www.au-crocodile.com – Fermé 24 juil.-8 août, dim. et lundi 6KYx
Rest – Menu 35 € (déj. en sem.), 69/138 € – Carte 101/196 €
Spéc. Foie de canard poêlé, choucroute imaginaire. Cabillaud en viennoise, purée légère à la livèche. Forêt noire revisitée à notre façon. **Vins** Riesling, Pinot Gris.
◆ Élégance feutrée et harmonie règnent dans cette institution strasbourgeoise, chantre d'un certain classicisme. La table est à l'unisson : beaux produits de saison, préparations flatteuses et pleines de justesse.

Buerehiesel (Éric Westermann)
dans le parc de l'Orangerie – ✆ 03 88 45 56 65 – www.buerehiesel.com – Fermé 1er-22 août, 1er-23 janv., dim. et lundi 4GUa
Rest – Menu 33 € (déj. en sem.), 65/88 € – Carte 52/85 €
Spéc. Schniederspaetle et cuisses de grenouille poêlées au cerfeuil. Poulette pattes noires cuite entière comme un baeckeofe. Brioche caramélisée à la bière, glace à la bière et poire rôtie. **Vins** Pinot Blanc, Riesling.
◆ Adresse exquise, sise dans une belle ferme à colombages du 17e s., remontée dans le parc de l'Orangerie (vue bucolique de la salle en verrière et de la terrasse). Cuisine très fine et sûre, ancrée dans la région ; superbe choix de vins alsaciens. Service agréable.

Maison des Tanneurs dite "Gerwerstub"
42 r. Bain aux Plantes – ✆ 03 88 32 79 70 – www.maison-des-tanneurs.com – Fermé 26 juil.-8 août, 30 déc.-24 janv., dim. et lundi 5JZt
Rest – Menu 20 € (déj. en sem.)/26 € – Carte 30/50 €
◆ Au bord de l'Ill, dans la Petite France, cette maison alsacienne pleine de caractère (1572) est une institution de la choucroute, parmi d'autres célèbres spécialités régionales.

La Cambuse (Babette Lefebvre)
1 r. des Dentelles – ✆ 03 88 22 10 22 – Fermé 1er-10 mai, 1er-23 août, 24 déc.-12 janv., dim. et lundi 5JZa
Rest – *(nombre de couverts limité, prévenir)* Carte 40/55 €
Spéc. Œuf fermier au crabe et écrevisses. Lotte aux shiitakés et coriandre. Tarte au chocolat amer, crème à la noix de coco.
◆ La salle, intime, évoque une cabine de yacht… On y déguste une cuisine de la mer qui marie avec finesse et simplicité saveurs françaises et notes d'Asie (épices, cuissons courtes).

XX **L'Atable 77**
77 Grand'Rue – ✆ 03 88 32 23 37 – www.latable77.com – Fermé 22 avril-2 mai, 31 juil.-21 août, 1er-10 janv., dim., lundi et fériés le midi **5JZh**
Rest – (26 €) Menu 33/85 € bc
◆ Un séduisant restaurant tendance revendiquant de bout en bout sa modernité : décor épuré égayé de tableaux, vaisselle design et très appétissante cuisine au goût du jour. À table !

XX **La Casserole** (Éric Girardin)
24 r. des Juifs – ✆ 03 88 36 49 68 – www.restaurantlacasserole.fr – Fermé 22 avril-2 mai, 31 juil.-17 août, 24 déc.-2 janv., sam. midi, dim., lundi et fériés le midi **6KYb**
Rest – *(nombre de couverts limité, prévenir)* Menu 39 € (déj.), 60/80 € – Carte 66/83 €
Spéc. Langoustines juste saisies, carpaccio de fenouil, agrume (automne-hiver). Carré d'agneau cuit au four, polenta moelleuse aux olives noires. Vanille de Madagascar en crème légère et onctueuse. **Vins** Riesling, Pinot gris.
◆ Derrière la cathédrale, une Casserole en forme de chaudron magique : Éric Girardin crée des plats nobles et harmonieux, avec une dextérité saisissante. Cadre contemporain feutré, accueil charmant.

XX **Le Violon d'Ingres**
1 r. Chevalier Robert , à La Robertsau – ✆ 03 88 31 39 50 – www.violondingres.com – Fermé 25 avril-5 mai, 15-29 août, 2-10 janv., sam. midi, dim. soir et lundi **2CSz**
Rest – Menu 29/65 € – Carte 52/62 €
◆ Cuisine actuelle fort soignée en cette vieille maison alsacienne du quartier de la Robertsau, par-delà le Parlement Européen. Élégante salle à manger et terrasse ombragée.

XX **Maison Kammerzell et Hôtel Baumann** avec ch
16 pl. de la Cathédrale – ✆ 03 88 32 42 14 – www.maison-kammerzell.com **6KZe**
9 ch – †110 € ††135 € – ☕ 10 € **Rest** – Menu 27/46 € – Carte 28/64 €
◆ À côté de la cathédrale, maison strasbourgeoise du 16e s. dégageant une authentique ambiance moyenâgeuse : vitraux, peintures, bois sculpté, voûtes gothiques. Cuisine du terroir et carte de brasserie, avec en spécialité la choucroute. Chambres sobres.

XX **Gavroche**
4 r. Klein – ✆ 03 88 36 82 89 – www.restaurant-gavroche.com – Fermé 25 juil.-16 août, 24 déc.-3 janv., sam. et dim. **6KZg**
Rest – (28 €) Menu 38/56 € – Carte 59/81 €
◆ Pas de forfanterie à la Gavroche en cette adresse qui réserve un accueil aimable, dans un élégant cadre contemporain. Belle cuisine actuelle et créative, rythmée par le marché.

XX **Umami** (René Fieger)
8 r. des Dentelles – ✆ 03 88 32 80 53 – www.restaurant-umami.com – Fermé 24 avril-1er mai , 28 août-18 sept., 31 déc.-12 janv., dim. et le midi sauf sam. **5JZb**
Rest – *(nombre de couverts limité, prévenir)* Menu 45/60 €
Spéc. Menu du marché.
◆ Sucré, salé, acide, amer… et *umami*, la 5e saveur dans la gastronomie japonaise. Une signature pour une cuisine qui croise les goûts d'ici et d'ailleurs. Séduisant cadre moderne.

XX **Le Pont aux Chats**
42 r. de la Krutenau – ✆ 03 88 24 08 77 – Fermé vacances de Pâques, 9-25 juil., sam. midi et merc. **6LZt**
Rest – (22 €) Menu 38/62 € – Carte 38/62 €
◆ Mariage de colombages anciens et de mobilier contemporain, terrasse sur cour, produits de saison cuisinés dans l'air du temps : une petite adresse qui fait ronronner de plaisir.

XX **Pont des Vosges**

15 quai Koch – ✆ 03 88 36 47 75 – Fermé dim. **6LYh**

Rest – Carte 30/55 €

◆ À l'angle d'un immeuble ancien, cette brasserie, dont la réputation n'est plus à faire, régale de bons plats généreux. Vieilles affiches publicitaires et miroirs en décor.

X **L'Atelier du Goût**

17 r. des Tonneliers – ✆ 03 88 21 01 01 – www.atelier-du-gout.fr – Fermé 1 sem. vacances de fév., 2 sem. en août, dim. et fériés **6KZd**

Rest – (23 €) Menu 29 € (déj. en sem.)/36 € – Carte 40/48 €

◆ Dans un quartier pittoresque, sympathique adresse d'esprit design. Les murs sont ornés d'ardoises pédagogiques (morceaux du bœuf, légumes…). Cuisine créative de saison.

X **La Table de Christophe**

28 r. des Juifs – ✆ 03 88 24 63 27 – www.tabledechristophe.com – Fermé 23 avril-2 mai, 26 juil.-16 août, dim., lundi et fériés **6KYa**

Rest – *(prévenir)* (12 €) Carte 32/41 €

◆ Petit restaurant de quartier au cadre chaleureux et rustique, propice à la convivialité. Le chef mélange les influences terroir et actuelles tout en respectant les saisons.

X **L'Amuse Bouche**

3a r. Turenne – ✆ 03 88 35 72 82 – www.lamuse-bouche.fr – Fermé une sem. en mars, 15-31 août, dim. et lundi **6LYt**

Rest – (19 €) Menu 35/74 € bc – Carte 41/52 €

◆ Restaurant discret hors de l'animation du centre-ville. Salle classique aux tons pastel, pour une cuisine dans l'air du temps, fraîche et sans fausse note.

X **La Vignette**

29 r. Mélanie, à la Robertsau – ✆ 03 88 31 38 10 – www.lavignette-strasbourg-robertsau.com – Fermé 1er-15 août, 23 déc.-4 janv., sam. midi, dim. et fériés **2CSt**

Rest – Carte 25/35 €

◆ Photos en noir et blanc, nappes à carreaux, boiseries : le cadre authentique et convivial évoque une guinguette. Cuisine traditionnelle, proposée sur ardoise.

X **La Vieille Tour**

1 r. A. Seyboth – ✆ 03 88 32 54 30 – Fermé dim. et lundi sauf en déc. hors fériés

Rest – *(nombre de couverts limité, prévenir)* (27 €) Menu 39 € – Carte 40/70 € **5HZe**

◆ Cette adresse, toute proche de la Petite France, cultive le goût de la tradition, au gré du marché (ardoise). Décor simple, relevé d'affiches humoristiques sur l'Alsace.

X **Kobus**

7 r. des Tonneliers – ✆ 03 88 32 59 71 – www.restaurantkobus.com – Fermé 3-17 juil., 7-13 nov., 14-28 janv., dim. et lundi **6KZz**

Rest – Menu 23 € (déj. en sem.)/45 €

◆ Dans une rue piétonne du centre, sympathique restaurant contemporain : la salle, tout en longueur et claire, mêle bois et pierre ; les produits du marché inspirent la cuisine.

LES WINSTUBS : *dégustation de vins et cuisine du pays, ambiance typiquement alsacienne*

X **L'Ami Schutz**

1 Ponts Couverts – ✆ 03 88 32 76 98 – www.ami-schutz.com – Fermé 23 déc.-12 janv. **5HZr**

Rest – (16 € bc) Menu 27/42 € – Carte 28/55 €

◆ Dans le décor intemporel de la Petite France, au bord de l'Ill, une délicieuse terrasse ombragée et deux salles typiques (l'une rustique, l'autre plus raffinée). Carte à l'unisson.

Le Clou

3 r. Chaudron – ✆ 03 88 32 11 67 – www.le-clou.com – Fermé merc. midi, dim. et fériés **6KYn**

Rest – *(prévenir)* (15 €) Menu 19 € (déj. en sem.) – Carte 26/55 €

♦ À deux pas de la cathédrale, une winstub pleine d'authenticité, regorgeant d'objets d'antan et de scènes d'autrefois (belles marqueteries). Cuisine généreuse. L'Alsace éternelle !

Le Tire Bouchon

5 r. des Tailleurs de Pierre – ✆ 03 88 22 16 32 – www.letirebouchon.fr

Rest – (14 €) Menu 23/42 € bc – Carte 22/48 € **6KZt**

♦ Dans une ruelle au cœur de la ville, plusieurs salles de caractère (bois, tableaux) distribuées entre deux maisons anciennes. Cuisine typique, bien appréciée des Strasbourgeois.

Fink'Stuebel avec ch

26 r. Finkwiller – ✆ 03 88 25 07 57 – http://finkstuebel.free.fr – Fermé 9-30 août, dim. et lundi **5JZx**

5 ch – †68 € ††68 € – ☕ 9 € **Rest** – Menu 10 € – Carte 30/55 €

♦ Colombages, parquet brut, bois peints, mobilier régional et nappes fleuries : cet endroit a tout de l'image d'Épinal. Cuisine du terroir évidemment, foie gras à l'honneur. Quelques chambres au-dessus de la winstub (une par étage !), décorées à l'alsacienne.

Au Pont du Corbeau

21 quai St-Nicolas – ✆ 03 88 35 60 68 – Fermé 3 sem. en août, 1 sem. vacances de fév., dim. midi et sam. sauf en déc. **6KZb**

Rest – (13 €) Carte 24/38 €

♦ À côté du Musée Alsacien dédié à l'art populaire, une savoureuse manière de passer à la pratique : spécialités du terroir et décor traditionnel (éléments Renaissance, affiches).

S'Muensterstuewel

8 pl. Marché-aux-Cochons-de-Lait – ✆ 03 88 32 17 63 – Fermé 2 sem. en janv., dim. soir et lundi soir **6KZy**

Rest – Menu 19 € (sem.) – Carte 30/45 €

♦ Dans le vieux Strabourg, avec une terrasse sur la pittoresque place du Marché-aux-Cochons-de-Lait, cette winstub chaleureuse propose une carte attractive, fidèle au genre.

Environs

à Schiltigheim **4 km au Nord par A 4 sortie n° 50 – 31 729 h. – alt. 140 m – ✉ 67300**

Kyriad Prestige sans rest

2 av. de l'Europe, Espace Européen de l'Entreprise – ✆ 03 90 22 60 60 – www.kyriad.fr

66 ch – †73/145 € ††73/145 € – ☕ 13 € **2BSb**

♦ En périphérie, dans l'Espace Européen de l'Entreprise (accès facile de l'autoroute), hôtel né en 2006, associant fonctionnalité et confort. Salle de petit-déjeuner avec terrasse.

Côté Lac

2 pl. de Paris, Espace Européen de l'Entreprise – ✆ 03 88 83 82 81 – www.cote-lac.com – Fermé 23 déc.-3 janv. **2BSt**

Rest – (28 €) Menu 33/52 € – Carte 33/39 €

♦ En dehors du centre, dans une zone d'activité plutôt avenante, une table au cadre tendance, avec de grandes baies vitrées ouvrant côté lac (terrasse). Cuisine actuelle soignée.

à Reichstett **7 km au Nord par D 468 et D 37 ou par A 4 et D 63 – 4 558 h. – alt. 141 m – ✉ 67116**

L'Aigle d'Or sans rest

5 r. de la Wantzenau, (près de l'église) – ✆ 03 88 20 07 87 – www.aigledor.com – Fermé 5-21 août et 24 déc.-8 janv. **2BRa**

17 ch – †59/99 € ††59/99 € – ☕ 10 €

♦ Belle façade à colombages au cœur d'un village pittoresque. Chambres sans ampleur mais assez coquettes, aux tons chaleureux. Salle des petits-déjeuners façon jardin d'hiver.

à La Wantzenau **12 km au Nord-Est par D 468 – 5 809 h. – alt. 130 m – ✉ 67610**

Le Moulin de la Wantzenau

3 impasse du Moulin, 1,5 km au Sud par D 468 – ☎ 03 88 59 22 22 – www.moulin-wantzenau.com – Fermé 24 déc.-3 janv. **2CRz**
20 ch – 72/95 € 85/120 € – 13 € – ½ P 78/85 €
Rest *Au Moulin* – voir ci-après
◆ Ancien moulin isolé dans la campagne, sur une rive de l'Ill. Les lieux distillent un certain charme et les chambres, avec leurs petites fenêtres, sont plaisantes. Expositions.

Relais de la Poste avec ch

21 r. Gén.-de-Gaulle – ☎ 03 88 59 24 80 – www.relais-poste.com – Fermé 1er-15 août **2CRa**
18 ch – 75/95 € 85/155 € – 15 €
Rest – *(fermé sam. midi, dim. soir et lundi)* (25 €) Menu 38/90 € – Carte 60/120 €
Spéc. Asperges vertes poêlées à cru, œuf poché, émincé d'anguille. Noisettes de biche au chou rouge et pommes aux airelles. Sablé aux agrumes, délice au chocolat.
◆ Une partition classique fort bien exécutée, fine et flatteuse : cette maison alsacienne, tout en colombages et toits de tuile, honore la tradition du goût – et aussi de l'accueil. Décor élégant : boiseries, véranda face à la verdure. Chambres cosy, d'esprit rustique.

Zimmer

23 r. Héros – ☎ 03 88 96 62 08 – www.restaurant-zimmer.fr – Fermé 25 juil.-12 août, 19 fév.-8 mars, dim. soir et lundi sauf fériés
Rest – (20 €) Menu 25 € (sem.)/60 € bc – Carte 62/72 € **2CRr**
◆ Trois salons élégants, agrémentés de lambris blanc et de poutres colorées, où l'on sert une cuisine conjuguant terroir et notes actuelles (menus d'un bon rapport qualité-prix).

Les Semailles

10 r. Petit-Magmod – ☎ 03 88 96 38 38 – www.semailles.fr – Fermé 10 août-1er sept., 21 fév.-10 mars, dim. soir, merc. et jeudi
Rest – (28 €) Menu 41/62 € – Carte 41/47 € **2CRs**
◆ Jolie graine que cette maison alsacienne chatoyante, dressée dans une petite rue calme. Aux beaux jours, profitez de la terrasse ombragée sous une glycine centenaire... Au menu : des produits au-dessus de tout soupçon, parfaitement cuisinés, avec personnalité.

Au Moulin – Hôtel Au Moulin

2 impasse du Moulin, 1,5 km au Sud par D 468 – ☎ 03 88 96 20 01 – www.restaurant-moulin-wantzenau.fr – Fermé 8-28 juil., 26 déc.-7 janv., 21-28 fév., dim. soir et fériés le soir **2CRz**
Rest – (18 €) Menu 23 € (sem.), 28/63 € – Carte 38/65 €
◆ Un cadre élégant et lumineux, dans les dépendances d'un ancien moulin posté au bord de l'Ill. La terrasse profite du calme de la campagne environnante. Cuisine classique.

Le Jardin Secret

32 r. de la Gare – ☎ 03 88 96 63 44 – www.restaurant-jardinsecret.fr – Fermé 2-16 août, 27 déc.-10 janv., sam. midi, dim. soir et lundi **2CRv**
Rest – (19 €) Menu 33/75 € bc
◆ Face à la petite gare, accueillant restaurant tenu par une jeune équipe. Le cadre est contemporain (tons blanc et taupe, tableaux) et la cuisine.... bien d'aujourd'hui.

Au Pont de l'Ill

2 r. Gén. Leclerc – ☎ 03 88 96 29 44 – www.aupontdelill.com – Fermé 9-31 août et sam. midi **2CRu**
Rest – (13 €) Menu 22/39 € – Carte 22/45 €
◆ Fruits de mer et poissons jouent les vedettes sur la carte de cette brasserie très fréquentée, abritant pas moins de cinq salles (au choix : style marin, Art nouveau, etc.).

à Illkirch-Graffenstaden **5 km par rte de Colmar BST ou par A 35 (sortie n° 7) – 26 368 h. – alt. 140 m – ✉ 67400**

XXX **À l'Agneau**
185 rte de Lyon – ✆ 03 88 66 06 58 – www.agneau-illkirch.com – Fermé 2-31 août, 27 déc.-9 janv., dim. soir, lundi et mardi **2BTa**
Rest – (17 €) Menu 33 € – Carte 39/55 €
◆ Derrière une jolie façade peinte, deux salles contemporaines (écran diffusant des recettes) et un petit salon baroque, plus intime. Cuisine pour le moins créative.

à Fegersheim **14 km vers ④ par A 35 (sortie n° 7), N 283 et D 1083 – 5 104 h. – alt. 145 m – ✉ 67640**

X **Auberge du Bruchrhein**
24 r. de Lyon – ✆ 03 88 64 17 77 – Fermé dim. soir, lundi soir et jeudi soir
Rest – (12 €) Menu 16 € (déj. en sem.), 24/28 € – Carte 30/48 € **1ATx**
◆ Maison alsacienne colorée, simple et conviviale. Salle classique et sobre, où est servie une cuisine sans chichi, teintée d'influences régionales.

à Entzheim **12 km par A 35 (sortie n° 8), D 400 et D 392 – 1 827 h. – alt. 150 m – ✉ 67960**

Père Benoit ch, rest,
34 rte de Strasbourg – ✆ 03 88 68 98 00 – www.hotel-perebenoit.com – Fermé 24 juil.-15 août et 23 déc.-2 janv. **1ATh**
60 ch – 62 € 68 € – 9 €
Rest *Steinkeller* – ✆ 03 88 68 91 65 *(fermé sam. midi, lundi midi et dim.)* (17 €) Menu 19/21 € – Carte 22/49 €
◆ Ferme à colombages du 18e s., alsacienne dans l'âme. Chambres chaleureuses, d'un bon confort ; délicieux petit-déjeuner. Au restaurant, quatre espaces au choix – caveau, belle winstub, véranda... – et spécialités régionales à prix doux (flammekueches au feu de bois).

à Ostwald **7 km par rte Schirmeck D 392 et D 484 ou par A35 (sortie n° 7) et D 484 – 10 666 h. – alt. 140 m – ✉ 67540**

Château de l'Ile
4 quai Heydt – ✆ 03 88 66 85 00 – www.chateau-ile.com **2BTr**
60 ch – 170/630 € 170/630 € – 2 suites – 23 €
Rest – *(ouvert jeudi soir, vend. soir, sam. soir et dim. midi)* Menu 52/98 € bc – Carte 63/81 €
Rest *Winstub* – *(fermé dim. midi)* (23 €) Menu 29 € (déj.)/42 € bc – Carte 37/60 €
◆ Dans un parc de 4 ha bordant l'Ill, petit château 19e s. entouré de bâtiments récents à colombages, où se répartissent les chambres – spacieuses et garnies de meubles de style. Salle à manger raffinée pour une cuisine classique ; belle terrasse longeant la rivière. L'élégante et chaleureuse winstub honore la tradition.

à Lingolsheim **5 km par rte de Schirmeck (D 392) – 16 784 h. – alt. 140 m – ✉ 67380**

Kyriad sans rest
59 r. Mar. Foch – ✆ 03 88 76 11 00 – www.kyriadstrasbourg.com **2BSa**
37 ch – 59/88 € 59/95 € – 10 €
◆ Hôtel intégré à un ensemble résidentiel et commercial, à mi-chemin de l'aéroport et du centre de Strasbourg. Chambres confortables, fonctionnelles et bien équipées.

à Pfulgriesheim **10 km au Nord-Ouest par D 31 – 1 267 h. – alt. 135 m – ✉ 67370**

X **Bürestubel**
8 r. Lampertheim – ✆ 03 88 20 01 92 – www.restaurantburestubel.com – Fermé 1er-17 août, 20 fév.-7 mars, dim. en juil.-août et en déc., mardi sauf en juil.-août et en déc. et lundi **1ARa**
Rest – Menu 20/30 € – Carte 21/48 €
◆ Cette ferme à colombages respire l'Alsace ! Joli décor régional et spécialités (très) locales : flammekueche, tartes flambées, sirops et sorbets réalisés avec les fruits du verger...

à Plobsheim **17 km par A35 (sortie n° 7) N 283, N 353 et D 468 – 3 651 h. – alt. 150 m – ✉ 67115**

Le Kempferhof rest,
351 r. du Moulin, au golf – ✆ 03 88 98 72 72 – www.golf-kempferhof.com – Fermé nov. et fév.
27 ch – 173 € 195 € – 8 suites – 18 € – ½ P 138/155 €
Rest *Le Bistrot* – *(fermé le soir)* (19 €) Menu 27/35 € – Carte 31/56 €
Rest *K* – *(fermé le midi)* Menu 40/50 € – Carte 54/64 €
◆ Cette demeure du 19e s. jouit d'un domaine boisé de 85 ha, incluant un golf 18 trous. Chambres personnalisées, certaines au décor actuel et épuré. Courte carte au Bistrot dressé sous la véranda, avec terrasse face au green. Le restaurant K propose une cuisine créative (touches japonisantes) et un beau choix de vins.

STURZELBRONN – **57 Moselle** – **307** Q4 – **201 h.** – **alt. 250 m** – ✉ **57230** **27** D1

Paris 449 – Strasbourg 68 – Bitche 13 – Haguenau 39

Au Relais des Bois
13 r. Principale – ✆ 03 87 06 20 30 – www.aurelaisdesbois.fr – Fermé fév., lundi et mardi
Rest – (10 €) Menu 17/24 € – Carte 18/36 €
◆ Modeste adresse familiale à débusquer au cœur d'un village du parc naturel régional des Vosges du Nord. Cadre rustique, cuisine aux accents du terroir (gibier).

SUBLIGNY – **89 Yonne** – **319** C2 – **rattaché à Sens**

SUCÉ-SUR-ERDRE – **44 Loire-Atlantique** – **316** G3 – **rattaché à Nantes**

SUCY-EN-BRIE – **94 Val-de-Marne** – **312** E3 – **101** 28 – **voir à Paris, Environs**

SULLY-SUR-LOIRE – **45 Loiret** – **318** L5 – **5 795 h.** – **alt. 115 m** – ✉ **45600** Châteaux de la Loire **12** C2

Paris 149 – Bourges 84 – Gien 25 – Montargis 40
place de Gaulle ✆ 02 38 36 23 70
de Sully-sur-Loire Domaine de l'Ousseau, par rte de Bourges : 4 km, ✆ 02 38 36 52 08
Château ★ : charpente ★★.

Hostellerie du Château ch, ch,
4 rte de Paris, à St-Père-sur-Loire, Nord 1 km par D 948 – ✆ 02 38 36 24 44 – www.hostellerie-du-chateau.fr
42 ch – 47/69 € 47/69 € – 8 € – ½ P 64 €
Rest – *(fermé dim. soir)* (27 €) Menu 29/50 € – Carte 45/82 €
◆ Grand bâtiment récent abritant des chambres fonctionnelles et très bien tenues, dont la moitié donne sur le château de Sully. Espace loisirs avec bowling, billard, etc. Cuisine traditionnelle au restaurant Le Bellevue.

La Closeraie sans rest
14 r. Porte-Berry – ✆ 02 38 05 10 90 – www.hotel-la-closeraie.com
9 ch – 55/65 € 55/65 € – 8 €
◆ Dans cette maison du 19e s., on peut jouer sur le vieux piano ou paresser dans la bibliothèque en attendant le soir. Chambres décorées avec goût et simplicité.

aux Bordes **Nord-Est 6 km par D 948 et D 961 – 1 678 h. – alt. 132 m – ✉ 45460**

La Bonne Étoile
D 952 – ✆ 02 38 35 52 15 – www.restaurant-labonneetoile.fr – Fermé dim. soir et lundi
Rest – Menu 16/37 €
◆ Votre bonne étoile vous conduira peut-être dans cette engageante petite auberge champêtre en sortie de village. Cuisine traditionnelle se basant sur les produits du marché.

SURESNES – 92 Hauts-de-Seine – **311** J2 – **101** 14 – voir à Paris, Environs

SUZE-LA-ROUSSE – 26 Drôme – **332** C8 – 1 787 h. – alt. 92 m **44** B3

– ✉ 26790 Lyon Drôme Ardèche

Paris 641 – Avignon 59 – Bollène 7 – Nyons 28

le village ✆ 04 75 04 81 41

Les Aiguières

r. Fontaine-d'Argent – ✆ 04 75 98 40 80 – www.les-aiguieres.com – Fermé 15 déc.-31 janv.

5 ch – 75 € 85 € **Table d'hôte** – Menu 28 € bc

◆ À deux pas du château et de son université du vin, une maison du 18e s. avec jardin, piscine, grand salon (feu de cheminée en hiver) et chambres d'esprit provençal. Cuisine familiale ; menu dégustation "alliances de mets et vins" sur réservation.

TAILLECOURT – 25 Doubs – **321** L2 – rattaché à Audincourt

TAIN-L'HERMITAGE – 26 Drôme – **332** C3 – 5 764 h. – alt. 124 m **43** E2

– ✉ 26600

Paris 545 – Grenoble 97 – Le Puy-en-Velay 105 – St-Étienne 76

place du 8 mai 1945 ✆ 04 75 08 06 81

Belvédère de Pierre-Aiguille★ N : 4 km par D 241.

TAIN-L'HERMITAGE

Batie (Quai de la) . . . . **C** 3
Defer (Pl. H.) . . . . **C** 8
Église (Pl. de l') . . . . **C** 12
Gaulle (Q. Gén.-de) . . . . **C** 14
Grande-Rue . . . . **B** 16
Jean-Jaurès (Av.) . . . . **BC**
Michel (R. F.) . . . . **C** 21
Peala (R. J.) . . . . **B** 24
Prés.-Roosevelt (Av.) . . . . **C** 29
Rostaing (Q. A.) . . . . **C** 30
Seguin (Q. M.) . . . . **B** 32
Souvenir-Français (Av. du) . . . **C** 33
Taurobole (Pl. du) . . . . **BC**
8-Mai-1945 (Pl. du) . . . . **BC** 39

TOURNON-SUR-RHÔNE

Dumaine (R. A.) . . . . **B** 9
Faure (R. G.) . . . . **B** 13
Grande-Rue . . . . **B**
Juventon (Av. M.) . . . . **B** 19
Thiers (R.) . . . . **B** 35

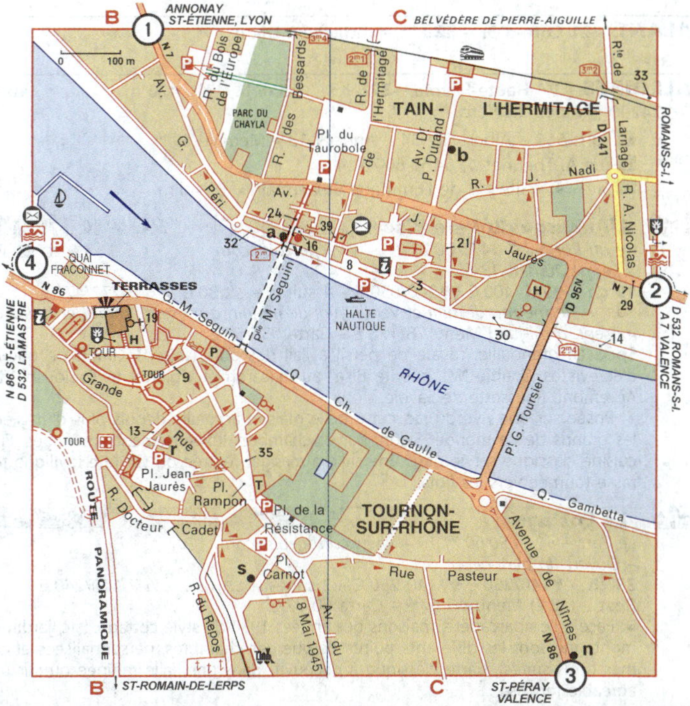

Les 2 Coteaux sans rest
18 r. J. Péala – ✆ 04 75 08 33 01 – www.hotel-les-2-coteaux.com – Fermé 27 déc.-15 janv. **Ba**
18 ch – 54/60 € 65/70 € – 12 €
◆ Un hôtel familial au calme, face à l'ancien pont enjambant le Rhône. Les chambres sont sobres et lumineuses ; quelques-unes avec balcon.

Le Castel sans rest
16 r. Paul Durand – ✆ 04 75 08 04 53 – www.hotel-lecastel.fr **Cb**
10 ch – 60/65 € 65/70 € – 8 €
◆ En centre-ville, près de la gare, un hôtel créé en 2009 dans une ancienne école ! Révisez vos leçons en dormant, dans un décor sobre et très propre (couettes, climatisation).

Le Quai
17 r. J. Péala – ✆ 04 75 07 05 90 – www.michelchabran.fr **Bv**
Rest – (17 €) Menu 21 € (sem.)/29 € – Carte environ 32 €
◆ On pourrait rester à quai pendant des heures, à admirer le Rhône et les vignobles. Terrasse façon paquebot et salle lumineuse. Assiette généreuse et soignée (tradition, brasserie).

Umia
2 r. de la Petite-Pierrelle, rte de Chantemerle-les-Blés – ✆ 04 75 09 19 85 – www.umia.fr – Fermé 21 août-14 sept., 2-8 janv., sam. midi, dim. et lundi
Rest – (24 € bc) Menu 39 € – Carte 40/55 €
◆ Umia ou "délicieux" en japonais... Un couple franco-nippon dirige cette ferme cernée par les vignes. Priorité aux produits frais, cuissons au four à bois et notes d'Asie. Élégant.

TALANT – **21 Côte-d'Or** – **320** J5 – **rattaché à Dijon**

TALLOIRES – **74 Haute-Savoie** – **328** K5 – **1 536 h.** – **alt. 470 m** **46** F1
– ✉ **74290** Alpes du Nord

Paris 551 – Albertville 34 – Annecy 13 – Megève 49
rue A. Theuriet ✆ 04 50 60 70 64
Site★★ - Site★★ de l'Ermitage St-Germain★ E : 4 km.

L'Auberge du Père Bise (Sophie Bise) ch,
rte du Port – ✆ 04 50 60 72 01 – www.perebise.com – Fermé 20 déc.-13 fév.
19 ch – 240/400 € 240/650 € – 4 suites – 30 € – ½ P 272/477 €
Rest – *(fermé mardi midi et vend. midi de mi-juin à mi-sept., mardi et merc. de mi-sept. à mi-juin)* Menu 78/176 € – Carte 93/151 €
Spéc. La grenouille, royale de persil à l'ail des ours (saison). Gratin de queues d'écrevisses. Soufflé "Marguerite Bise" au macaron et violette de Toulouse. **Vins** Apremont, Roussette de Savoie.
◆ Posée sur une rive du lac, cette belle maison accueille depuis plus d'un siècle les grands de ce monde. Salon, bar et chambres luxueusement aménagés. Fine cuisine classique servie dans une salle à manger feutrée ou sur une idyllique terrasse tournée vers les flots.

Le Cottage rest, rest,
Le Port – ✆ 04 50 60 71 10 – www.cottagebise.com – Ouvert fin avril-début oct.
33 ch – 140/250 € 140/250 € – 2 suites – 18 € – ½ P 120/240 €
Rest – (28 €) Menu 46/67 € – Carte 60/72 €
◆ Face à l'embarcadère, maisons des années 1930 de style cottage. Lac, jardin ou montagne sont les différents points de vue des chambres, personnalisées et calmes (trois suites). Carte classique à découvrir dans une salle raffinée ou sur une agréable terrasse.

L'Abbaye

chemin des Moines – ☎ 04 50 60 77 33 – www.abbaye-talloires.com – Ouvert mi-fév. à mi-nov.
30 ch – 175/200 € 175/200 € – 1 suite – 23 € **Rest** – *(fermé jeudi midi et merc. sauf juin-sept., lundi et mardi sauf juil.-août)* Menu 42/80 € Carte 60/70 €
♦ Cette abbaye bénédictine du 17e s. accueillit en son temps Cézanne. Chambres raffinées de style classique ; jardin face au lac (ponton privé). Cuisine actuelle servie dans une salle à manger bourgeoise ou en terrasse. Belle carte des vins de Savoie et d'ailleurs.

La Charpenterie

72 r. A. Theuriet – ☎ 04 50 60 70 47 – www.la-charpenterie.com – Fermé 14 nov.-10 fév.
18 ch – 77/117 € 77/117 € – 11 € – ½ P 76/97 €
Rest – Menu 18 € (déj.)/38 € – Carte 38/54 €
♦ Chalet récent orné de balcons ouvragés. Intérieur chaleureux et confortable où le bois s'impose partout. Nombreuses chambres avec terrasse. Salle de restaurant lambrissée, décorée de photos anciennes ; cuisine ancrée dans la tradition (spécialités fromagères).

Villa des Fleurs avec ch

rte du Port – ☎ 04 50 60 71 14 – www.hotel-lavilladesfleurs74.com – Fermé 30 nov.-1er fév., dim. soir et lundi
8 ch – 80/88 € 103/142 € – 14 € – ½ P 100/109 €
Rest – (27 €) Menu 33/60 € bc – Carte 45/60 €
♦ Dans le bourg mais entourée de verdure, confortable villa savoyarde où l'on déguste une cuisine régionale (poissons du lac d'Annecy). Chambres très calmes et deux appartements dans l'annexe.

à Angon 2 km au Sud par D 909a – ✉ 74290 Talloires

Les Grillons

rest,

– ☎ 04 50 60 70 31 – www.hotel-grillons.com – Ouvert 29 avril-13 oct.
30 ch (½ P seult) – ½ P 56/84 €
Rest – *(ouvert 1er mai-1er oct.)* Menu 25/48 € – Carte 30/55 €
♦ Établissement de style pension qui bénéficie d'une grande piscine, très agréable l'été. Chambres rafraîchies en 2009 ; la plupart ont vue sur le lac. Salle à manger au style actuel : poutres apparentes neuves, plantes vertes, tons rouge et blanc.

TALMONT-SUR-GIRONDE – 17 Charente-Maritime – 324 E6 – 79 h. – alt. 20 m – ✉ 17120 Poitou Vendée Charentes

38 B3

Paris 503 – Blaye 72 – La Rochelle 93 – Royan 18
Site★ de l'église Ste-Radegonde★.

L'Estuaire avec ch

rest, ch,

au Caillaud, 1 av. Estuaire – ☎ 05 46 90 43 85 – www.hotellestuaire.com – Ouvert 16 fév.-15 nov.
7 ch – 58/70 € 58/70 € – 8 €
Rest – *(fermé lundi et mardi sauf juil.-août)* (17 €) Menu 22/45 € – Carte 26/70 €
♦ Belle situation face à la Gironde pour ce restaurant rustique égayé de tons pastel. Plats régionaux et produits de la pêche locale. Chambres rénovées, claires et bien équipées.

LA TAMARISSIÈRE – 34 Hérault – 339 F9 – rattaché à Agde

TAMNIÈS – 24 Dordogne – 329 H6 – 301 h. – alt. 200 m – ✉ 24620

4 D3

Paris 522 – Brive-la-Gaillarde 47 – Périgueux 60 – Sarlat-la-Canéda 14

Laborderie

rest,

Le Bourg – ☎ 05 53 29 68 59 – www.hotel-laborderie.com – Ouvert 9 avril-1er nov.
45 ch – 42/94 € 46/98 € – 10 € – ½ P 50/78 €
Rest – *(fermé lundi midi, mardi midi et merc. midi)* Menu 23/46 € – Carte 29/75 €
♦ Dans cette maison périgourdine, tout est paisible ! Vaste parc tourné vers la vallée et chambres d'esprit rustique ou actuel. Au restaurant, atmosphère campagnarde et cuisine régionale à l'ancienne. À la belle saison, on profite de la terrasse.

TANCARVILLE – 76 Seine-Maritime – **304** C5 – **1 236 h.** – **alt. 10 m** **33** C2
– ✉ **76430** Normandie Vallée de la Seine

▶ Paris 175 – Caen 86 – Le Havre 32 – Pont-Audemer 24

Pont de Tancarville : péage en 2010 : autos 2,30 €, auto et caravane 2,90 €, camions et autocars 3,50 à 6,10 €, gratuit pour motos ✆ 02 35 39 65 60.

◉ ≤★ sur estuaire.

XXX **La Marine** avec ch

10 rte du Havre, au pied du pont (D 982) – ✆ 02 35 39 77 15 – www.lamarine-tancarville.com – Fermé 22 juil.-20 août, sam. midi, dim. soir et lundi

9 ch – †65/85 € ††65/85 € – ☐ 10 € – ½ P 80/95 €

Rest – Menu 13 € (sem.), 20/50 € – Carte 45/78 €

Rest *Le Bistro de la Marine* – Menu 13/19 €

◆ Hôtellerie des bords de Seine officiant au pied du célèbre pont de Tancarville. Traditionnelle, la cuisine du restaurant évolue au gré des arrivages du marché et de la pêche. Chambres récemment rafraîchies. Bistrot au décor boisé.

LA TANIA – 73 Savoie – **333** M5 – **rattaché à Courchevel**

TANNERON – 83 Var – **340** Q4 – **1 453 h.** – **alt. 376 m** – ✉ **83440** **42** E2
Côte d'Azur

▶ Paris 903 – Cannes 20 – Draguignan 53 – Grasse 20

ℹ place de la Mairie ✆ 04 93 60 71 73

XX **Le Champfagou** avec ch

53 pl. du Village – ✆ 04 93 60 68 30 – www.lechampfagou.fr – Fermé 25 oct.-15 nov., mardi soir et merc.

9 ch – †50/55 € ††50/55 € – ☐ 9 € – ½ P 60 €

Rest – (22 €) Menu 28/40 € – Carte 30/60 €

◆ Un restaurant niché au milieu des mimosas... Ici, le chef réinterprète les classiques provençaux. L'été, on s'installe sur la terrasse fleurie. Petites chambres simples.

TANTONVILLE – 54 Meurthe-et-Moselle – **307** H8 – **623 h.** **26** B2
– **alt. 300 m** – ✉ **54116**

▶ Paris 327 – Épinal 48 – Lunéville 35 – Nancy 29

XX **La Commanderie**

1 r. Pasteur – ✆ 03 83 52 49 83 – www.restaurant-la-commanderie.com – Fermé 17 août-2 sept., 2-8 janv., mardi soir, merc. soir, dim. soir et lundi

Rest – Menu 15 € (déj. en sem.), 30/55 € – Carte 36/62 €

◆ Cette maison du début du 20e s., ex-siège social de la brasserie Tourtel, abrite un élégant restaurant décoré dans des tons chauds. Belle terrasse agrémentée d'une fontaine.

TANUS – 81 Tarn – **338** F6 – **547 h.** – **alt. 439 m** – ✉ **81190** **29** C2

▶ Paris 668 – Albi 33 – Rodez 46 – St-Affrique 62

ℹ 24, avenue Paul Bodin ✆ 05 63 76 36 71

◉ Viaduc du Viaur★ NE : 7 km,.

Des Voyageurs rest,

11 av. Paul Bodin – ✆ 05 63 76 30 06 – www.hoteldesvoyageurs-tarn.com – Fermé dim. soir et lundi sauf juil.-août

15 ch – †49/55 € ††49/55 € – ☐ 7 € – ½ P 42/44 €

Rest – Menu 15 € (sem.), 24/38 € – Carte 22/46 €

◆ Près de l'église, hôtel tout simple doté d'un petit jardin ombragé d'un saule pleureur. Chambres toutes rénovées, peu à peu remeublées dans un style plus actuel. Cuisine traditionnelle et courte sélection de vins servis dans une confortable salle à manger.

TARARE – 69 Rhône – **327** F4 – **10 673 h.** – **alt. 383 m** – ✉ **69170** **44** A1
Lyon Drôme Ardèche

▶ Paris 463 – Lyon 45 – Montbrison 60 – Roanne 40

ℹ place Madeleine ✆ 04 74 63 06 65

Burnichon

1,5 km à l'Est par D 307 – ✆ 04 74 63 44 01 – www.hotel-burnichon.com – Fermé 21-27 déc.

34 ch – †44/51 € ††51/59 € – ☕ 9 € – ½ P 49 €

Rest – *(fermé sam. soir et dim.)* Menu 16/37 € – Carte 26/41 €

◆ Bâtisse hôtelière des années 1980 qui propose des chambres fonctionnelles ayant conservé leur mobilier d'origine. À 50 m, piscine entourée de verdure. Restaurant-véranda misant sur un buffet d'entrées et une carte traditionnelle simple. Terrasse d'été.

Jean Brouilly

3 ter r. de Paris – ✆ 04 74 63 24 56 – www.restaurant-brouilly.com – Fermé 1er-11 août, dim. soir et lundi

Rest – (28 €) Menu 38/72 € – Carte 37/73 €

◆ Cette belle demeure (1906) au cœur d'un parc vous convie à une halte gourmande. Salle à manger au décor rajeuni ; cuisine classique et cave honorant les vins de Bourgogne.

TARASCON-SUR-ARIÈGE – 09 Ariège – 343 H7 – 3 489 h. – alt. 474 m – ✉ 09400 Midi-Toulousain

29 C3

Paris 777 – Ax-les-Thermes 27 – Foix 18 – Lavelanet 30

Centre multimédia - Avenue des Pyrénées ✆ 05 61 05 94 94

Parc pyrénéen de l'art préhistorique★★ O : 3 km - Grotte de Niaux★★ (dessins préhistoriques) SO : 4 km - Grotte de Lombrives★ S : 3 km par N 20

à Rabat-les-Trois-Seigneurs 5,5 km au Nord-Ouest par D 618 et D 223 – ✉ 09400

La Table de la Ramade

r. des Écoles – ✆ 05 61 64 94 32 – www.latabledelaramade.com – Fermé 27 sept.-20 oct., mardi et merc.

Rest – Menu 18/35 € – Carte 26/50 €

◆ Restaurant de village dont le jeune chef mitonne une alléchante cuisine actuelle sur base traditionnelle, relevée d'une touche épicée. Salle en étage et terrasse tropézienne.

TARBES P – 65 Hautes-Pyrénées – 342 M5 – 45 433 h. – Agglo. 109 892 h. – alt. 320 m – ✉ 65000 Midi-Toulousain

28 A3

Paris 831 – Bordeaux 218 – Lourdes 19 – Pau 44

de Tarbes-Lourdes-Pyrénées : ✆ 05 62 32 92 22, 9 km par ④.

✆ 3635 et tapez 42 (0,34 €/mn)

3, cours Gambetta ✆ 05 62 51 30 31

18 de Tarbes les Tumulus à Laloubère 1 rue du Bois, par rte de Bagnères-de-Bigorre : 2 km, ✆ 05 62 45 14 50

9 Hippodrome de La Loubère à Laloubère Rue de la Châtaigneraie, par rte de Bagnères-de-Bigorre : 3 km, ✆ 05 62 45 07 10

Jardin Massey★ ABY - Haras★ AZ.

Plan page suivante

Le Rex Hotel

10 cours Gambetta – ✆ 05 62 54 44 44 – www.lerexhotel.com AZb

98 ch – †110/380 € ††150/380 € – ☕ 15 €

Rest – *(fermé dim.)* Menu 22/45 € bc – Carte 43/64 €

◆ Audacieuse architecture en verre et alu dont la façade s'anime de jeux de lumières la nuit. Chambres ultramodernes où cohabitent des créations de Starck et Panton. Lounge-bar et restaurant au cadre design. Cuisine tendance ; fond musical assorti.

Ibis sans rest

61 av. de Lourdes par ④ – ✆ 05 62 93 51 18 – www.ibishotel.com

76 ch – †58/68 € ††58/68 € – ☕ 8 €

◆ Hôtel situé aux portes de la ville. Chambres confortables (avec balcon donnant sur la piscine côté sud) et salon-bar lumineux (mobilier en bois clair).

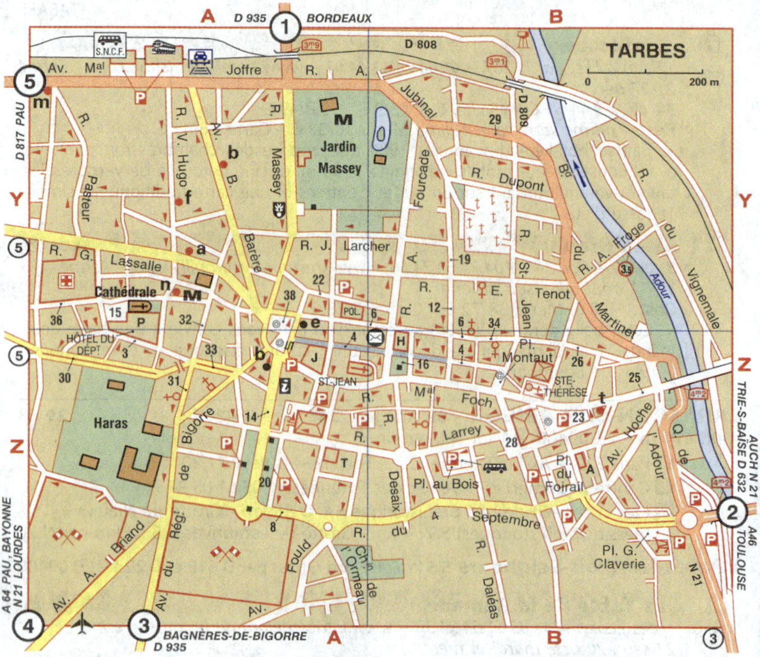

Bigorre (R. de la)	AZ	3	Jean-Jaurès (Pl.)	BZ	16	Péreire (R.)	BY	29
Brauhauban (R.)	ABZ	4	Laporte (R. H.)	BY	19	Pradeau (Prom. du)	AZ	30
Clemenceau (R. G.)	ABY	6	Larcher (R. J)	ABY		Pyrénées (R. des)	AZ	31
Cronstadt (R. de)	AZ	8	Leclerc (Allées Gén.)	AZ	20	Ramond (R.)	AYZ	32
Deville (R.)	BY	12	Magnoac (R. G.)	AY	22	Reffye (Cours)	AZ	33
Foch (R. Maréchal)	ABZ		Marcadieu (Pl.)	BZ	23	St-Frai (R. Marie)	BYZ	34
Fourcade (R. A.)	BY		Marne (Av. de la)	BZ	25	Sède (R. de la)	AY	36
Gambetta (Cours)	AZ	14	Michelet (R.)	BZ	26	Verdun (Pl. de)	AYZ	38
Gaulle (Pl. Gén.-de)	AY	15	Parmentier (Pl.)	BZ	28			

Foch sans rest
18 pl. de Verdun – ✆ 05 62 93 71 58 – www.hotel-foch.eu AYZ**e**
30 ch – 54 € 58 € – 3 suites – 8 €
◆ En plein centre-ville, établissement bordant une place animée. Chambres simples et bien insonorisées, plus spacieuses et dotées d'agréables balcons aux deux derniers étages.

L'Ambroisie
48 r. Abbé Torné – ✆ 05 62 93 09 34 – www.restaurant-lambroisie.com – Fermé 26 avril-12 mai, 21-29 déc., dim. et lundi AY**n**
Rest – Menu 37/80 € – Carte 70/85 €
◆ Cet ancien presbytère de 1882 abrite une coquette salle à manger et un jardin où l'on s'attable aux beaux jours. Cuisine classique et du marché.

Le Petit Gourmand
62 av. B. Barère – ✆ 05 62 34 26 86 – Fermé 2 sem. en août, début janv., sam. midi, dim. soir et lundi AY**b**
Rest – (14 €) Menu 18/32 € – Carte environ 32 €
◆ Ambiance familiale et intérieur chaleureux de style bistrot chic. La cuisine, au goût du jour, privilégie les produits locaux ; jolie sélection de vins du Languedoc-Roussillon.

Le Fil à la Patte
30 r. G. Lassalle – ✆ 05 62 93 39 23 – Fermé 9-29 août, sam. midi, dim. et lundi AY**a**
Rest – Menu 17/26 € – Carte 20/28 €
◆ L'atmosphère est conviviale et sans chichi dans ce restaurant où l'on s'attable coude à coude autour de plats du marché et de saveurs qui fleurent bon le terroir.

Trait Blanc

9 r. Victor-Hugo – ✆ 05 62 38 11 87 – Fermé 1er-20 août, 1er-10 janv., dim. soir et lundi AYf

Rest – (14 €) Menu 18 € (déj. en sem.), 22/34 € – Carte 40/56 €

◆ Une salle immaculée et tout en longueur : un Trait Blanc original et sympathique, signé par deux jeunes amis d'enfance. Cuisine du marché haute en… couleurs et sans ratures !

L'Étoile

1 av. de la Marne – ✆ 05 62 93 09 30 – Fermé 24 juil.-14 août, dim. et lundi

Rest – (15 € bc) Menu 24/34 € – Carte 30/48 € BZt

◆ Quartier animé, intérieur et accueil pleins de simplicité... et pour l'assiette, un chef passionné, qui prépare une cuisine mêlant saveurs du Sud, herbes et épices, sans esbroufe.

L'Isard

70 av. du Mar.-Joffre – ✆ 05 62 93 06 69 – www.lisard.fr – Fermé 1er-15 sept., dim. soir et lundi AYm

Rest – (10 €) Menu 18 € (sem.), 27/32 € – Carte 32/62 €

◆ Le jeune chef, de retour dans sa ville natale, propose de savoureux menus de saison, axés terroir (magret, porc noir de Bigorre). Produits nobles à la carte (truffe, foie gras).

rte de Lourdes par Juillan 4 km par ④ sur D 921A – ✉ 65290 Juillan

L'Aragon avec ch rest, rest,

2 ter rte de Lourdes – ✆ 05 62 32 07 07 – www.hotel-aragon.com – Fermé 1er-17 août, 1er-19 janv. et dim. soir

12 ch – †49 € ††55 € – ☕ 8,50 €

Rest – (20 € bc) Menu 35/61 € – Carte 46/75 €

Rest *Bistrot* – (15 € bc) Menu 20 € bc – Carte 24/55 €

◆ Recettes au goût du jour dans une plaisante salle à manger d'esprit zen (murs d'eau, fleurs...) ou sur la terrasse ombragée. Chambres thématiques (rugby, golf, mer, vin, etc.). Au Bistrot : décor actuel et tables simplement dressées.

TAVEL – 30 Gard – 339 N4 – 1 688 h. – alt. 100 m – ✉ 30126 23 D2

Paris 673 – Avignon 15 – Alès 68 – Nîmes 41

Les Chambres de Vincent ch,

r. Grillons – ✆ 04 66 50 94 76 – www.chambres-de-vincent.com – Ouvert 8 fév.-8 nov.

5 ch ☕ – †65/70 € ††75/80 €

Table d'hôte – *(fermé mardi)* Menu 30/75 € bc

◆ Cette maison se cache dans une ruelle étroite du village... Très joli jardin au parfum de garrigue, petites chambres fonctionnelles et agréable véranda. La patronne, avignonnaise, prépare une bonne cuisine familiale (bouillabaisse sur commande).

Auberge de Tavel avec ch rest,

7 rte Romaine – ✆ 04 66 50 03 41 – www.auberge-de-tavel.com – Fermé 15-25 nov. et 15 fév.-15 mars

10 ch ☕ – †87/122 € ††114/145 €

Rest – *(fermé jeudi midi et merc.)* (20 €) Menu 25/72 € – Carte 40/47 €

◆ Sous les poutres de la jolie salle rustique – ou en terrasse –, on part à la découverte d'une cuisine d'aujourd'hui, qui explore le terroir provençal avec bonheur. Chambres fraîches et pimpantes (mobilier chiné, coloris vert anis, brun, framboise...).

Le Physalis

127 r. Frédéric-Mistral – ✆ 04 66 50 29 53 – www.lephysalisrestaurant.com – Fermé 4-25 janv.

Rest – Menu 20/27 € – Carte 31/42 €

◆ De bons produits frais du marché pour une agréable cuisine provençale... Cette auberge de village est toute simple et l'accueil très sympathique !

TAVERS – 45 Loiret – 318 G5 – rattaché à Beaugency

TENCE – 43 Haute-Loire – **331** H3 – 3 232 h. – alt. 840 m – ✉ 43190 **6** D3
Lyon Drôme Ardèche

Paris 564 – Lamastre 38 – Le Puy-en-Velay 46 – St-Étienne 52
place du Chatiague ☎ 04 71 59 81 99

Hostellerie Placide
av. de la Gare, rte d'Annonay – ☎ 04 71 59 82 76 – www.hostellerie-placide.fr – Ouvert début mars à fin nov. et fermé lundi et mardi de sept. à juin
12 ch – †59/89 € ††59/89 € – ☕ 10 € – ½ P 64/75 €
Rest – *(fermé lundi midi et mardi midi en juil.-août)* (13 €) Menu 29/55 € – Carte 43/62 €
◆ Cette demeure (1902) à la façade végétale servit de relais de diligence. Chambres classiques d'esprit bourgeois ; mobilier de style ou actuel. À table, carte au goût du jour sur base classico-traditionnelle. L'été, apéritif au jardin.

Les Prairies sans rest
1 r. du Prè-Long, (rte de St-Etienne) – ☎ 04 71 56 35 80 – www.lesprairies.com – Ouvert 15 avril-15 nov.
5 ch ☕ – †65 € ††73/115 €
◆ Agréable maison bourgeoise en pierre (1850) dans un beau parc arboré. Grandes chambres fraîches, lumineuses et personnalisées. Tenue impeccable et accueil charmant.

TENCIN – 38 Isère – **333** I6 – 1 150 h. – alt. 257 m – ✉ 38570 **46** F2

Paris 604 – Chambéry 38 – Grenoble 25 – Lyon 137
route du Lac - Grangeneuve ☎ 04 76 13 00 00

La Tour des Sens
La Tour, 1 km rte de Theys – ☎ 04 76 04 79 67 – www.latourdessens.fr – Fermé 24 avril-1er mai, 6-30 août, 24 déc.-11 janv., dim., lundi et fériés
Rest – Menu 23 € (déj. en sem.), 35/63 € – Carte 38/95 €
◆ De la terrasse du restaurant, vous pourrez contempler le massif de la Chartreuse. À l'intérieur, des touches de couleurs chaudes viennent égayer le mobilier contemporain en bois sombre. Recettes inventives.

TENDE – 06 Alpes-Maritimes – **341** G3 – 2 025 h. – alt. 815 m – ✉ 06430 Côte d'Azur **41** D2

Paris 888 – Cuneo 47 – Menton 56 – Nice 78
avenue du 16 septembre 1947 ☎ 04 93 04 73 71
18 de Vievola Hameau de Vievola, N : 5 km par D 6204, ☎ 04 93 04 88 91
Site★ - veille ville★ - Fresques★★★ de la chapelle Notre-Dame des fontaines★★ SE : 11 km.

à St-Dalmas-de-Tende 4 km au Sud par D 6204 – ✉ 06430

Le Prieuré
r. J. Médecin – ☎ 04 93 04 75 70 – www.leprieure.org
24 ch – †47/63 € ††54/71 € – ☕ 8 € – ½ P 50/59 €
Rest – *(fermé 25 déc.-1er janv.)* (10 €) Menu 16/22 €
◆ Le hameau est célèbre pour sa gare monumentale bâtie sur les ordres de Mussolini. Cet ancien prieuré, qui accueille un ESAT, abrite des chambres simples et rustiques. Plats traditionnels servis dans une salle voûtée ou en terrasse, sous la treille.

à la Brigue 6,5 km au Sud-Est par D 6204 et D 43 – 630 h. – alt. 810 m – ✉ 06430

26, avenue du Général de Gaulle ☎ 04 93 79 09 34
Collégiale St-Martin★.

Mirval
3 r. Ferrier – ☎ 04 93 04 63 71 – www.lemirval.com – Ouvert 1er avril-2 nov.
18 ch – †46/79 € ††46/79 € – ☕ 8,50 € – ½ P 46/65 €
Rest – *(fermé le midi sauf week-ends et fériés)* Menu 19/24 €
◆ Un joli pont de pierres enjambant une rivière poissonneuse donne accès à cette accueillante auberge de montagne (19e s.). Chambres fonctionnelles nettes ; patron randonneur. Salle à manger contemporaine et véranda tournées vers les sommets ; cuisine régionale simple.

à Casterino **15 km au Nord-Ouest par D 91 – ✉ 06430 Tende**

Chamois d'Or
– ✆ *04 93 04 66 66 – www.hotelchamoisdor.net*
22 ch – 75/90 € 85/130 € – 13 € – ½ P 80/110 €
Rest – (11 €) Menu 25 € (dîner), 30/45 € – Carte 30/50 €
◆ Au cœur de la vallée des Merveilles, ce chalet fait face à la montagne et au torrent. Intérieur cossu et élégant ; chambres spacieuses et bien équipées (certaines avec terrasse). Salle à manger d'esprit rustique dotée d'une belle cheminée, cuisine créative.

Les Mélèzes avec ch
– ✆ *04 93 04 95 95 – Fermé 15 nov.-27 déc.*
10 ch – 52/54 € 52/54 € – 7 €
Rest – *(fermé mardi soir et merc. hors saison)* Menu 21/25 € – Carte 30/41 €
◆ Une petite adresse sympathique au décor régional, idéalement située pour randonner dans le massif du Mercantour. On y déguste des plats du terroir faits maison. Chambres simples et bien tenues.

TERRASSON-LAVILLEDIEU – 24 Dordogne – 329 I5 – 6 236 h. – alt. 90 m – ✉ 24120 Périgord Quercy — 4 D1

Paris 497 – Brive-la-Gaillarde 22 – Lanouaille 44 – Périgueux 53
Rue Jean Rouby ✆ 05 53 50 37 56
Les jardins de l'imaginaire★.

L'Imaginaire (Éric Samson) avec ch
pl. du Foirail, (direction église St-Sour) – ✆ 05 53 51 37 27 – www.l-imaginaire.com – Fermé 21 fév.-21 mars, 14 nov.-5 déc., lundi midi du 11 juil. au 22 août, dim. soir, mardi midi et lundi de sept. à juin
6 ch – 85 € 120 € – 12 € – ½ P 97/128 €
Rest – (25 €) Menu 31 € (sem.), 43/65 € – Carte 43/55 €
Spéc. Grillade de foie gras de canard au caramel de fruit de la passion, sorbet litchi. Pomme de ris de veau dorée au four, citron, câpres et curry. Fine gelée de verveine du Velay, fraises gariguettes en cappuccino de petit suisse vanillé. **Vins** Bergerac blanc sec, Bergerac rouge.
◆ Plaisirs des yeux et du palais rivalisent dans la salle à manger voûtée de cet ancien hospice du 17e s. Ce cadre élégant rehausse encore la qualité de la cuisine. Les chambres, romantiques et pleines de charme, invitent à la rêverie la plus douce.

TERRAUBE – 32 Gers – 336 F6 – 388 h. – alt. 150 m – ✉ 32700 — 28 B2

Paris 721 – Agen 48 – Auch 43 – Toulouse 114

Maison Ardure
2 km par D 42 rte de Lectoure – ✆ 05 62 68 59 56 – www.ardure.fr – Fermé 2 janv.-1er avril, 2-9 juil., 29 août-2 sept., 2-21 oct., 2 nov.-17 déc.
5 ch – 85 € 90 € **Table d'hôte** – Menu 30 € bc
◆ Superbe manoir gascon du 17e s. entouré d'un joli parc planté d'arbres fruitiers. Chambres décorées avec goût selon des thèmes régionaux ou voyageurs. Beaux espaces de détente. Le soir, découvrez à la table d'hôte une cuisine créative inspirée du terroir.

TERTENOZ – 74 Haute-Savoie – 328 K6 – rattaché à Faverges

TÉTEGHEM – 59 Nord – 302 C1 – rattaché à Dunkerque

TEYSSODE – 81 Tarn – 338 D9 – 345 h. – alt. 270 m – ✉ 81220 — 29 C2

Paris 699 – Albi 54 – Castres 27 – Toulouse 51

Domaine d'En Naudet sans rest
D 43 – ✆ 05 63 70 50 59 – www.domainenaudet.com
5 ch – 82/92 € 92 €
◆ Cette demeure de caractère perchée sur une colline domine la campagne et jouit d'une grande tranquillité. Belles chambres rustiques chic, salle de sport, joli jardin. Accueil charmant.

THANN – 68 Haut-Rhin – 315 G10 – 7 981 h. – alt. 343 m – ✉ 68800 1 A3
Alsace Lorraine

Paris 464 – Belfort 42 – Colmar 44 – Épinal 87

7, rue de la 1ère Armée ✆ 03 89 37 96 20

Collégiale St-Thiébaut★★ - Grand Ballon ✻★★★ N : 19 km.

Le Parc

23 r. Kléber – ✆ 03 89 37 37 47 – www.alsacehotel.com – Fermé 2-29 janv.

21 ch – †69/149 € ††79/199 € – ☕ 16 € – ½ P 75/130 €

Rest – (19 € bc) Menu 28 € (déj. en sem.), 35/45 € – Carte 49/69 €

◆ Dans un parc arboré, une belle maison bourgeoise du 19e s. aux allures de petit palais : salon noble et raffiné, jolies chambres personnalisées et bien tenues. Lumineuse salle à manger, paisible terrasse d'été et cuisine traditionnelle.

Aux Sapins

ch,

3 r. Jeanne d'Arc – ✆ 03 89 37 10 96 – www.auxsapinshotel.fr – Fermé 24 déc.-3 janv.

17 ch ☕ – †44 € ††56 € – ½ P 53/57 €

Rest – *(fermé 1er-16 août, 24 déc.-3 janv. et sam.)* (11 €) Menu 19/35 € – Carte 18/46 €

◆ Quelques sapins ombragent cette bâtisse construite en 1971, légèrement excentrée. Accueil soigné et chambres personnalisées aux tons pastel. Vous goûterez une cuisine traditionnelle dans un cadre contemporain ou dans un coquet bistrot façon winstub.

THANNENKIRCH – 68 Haut-Rhin – 315 H7 – 494 h. – alt. 520 m 2 C2
– ✉ 68590 Alsace Lorraine

Paris 436 – Colmar 25 – St-Dié 40 – Sélestat 17

Route★ de Schaentzel (D 48¹) N : 3 km.

Auberge La Meunière

ch,

30 r. Ste-Anne – ✆ 03 89 73 10 47 – www.aubergelameuniere.com – Ouvert 16 mars-22 déc.

25 ch ☕ – †66 € ††74/116 € – ½ P 53/74 €

Rest – (13 €) Menu 17/39 € – Carte 40/60 €

◆ Les styles rustique et contemporain se marient bien dans cette ravissante auberge. Les chambres, spacieuses et souvent dotées d'un balcon, offrent de belles échappées sur la campagne. Chaleureuse salle à manger, terrasse panoramique et carte saisonnière à l'accent régional.

Touring-Hôtel

rest,

2 rte du Haut Koenigsbourg – ✆ 03 89 73 10 01 – www.touringhotel.com – Fermé 2 janv.-25 mars

43 ch – †62/70 € ††62/138 € – ☕ 10 € – ½ P 61/104 €

Rest – Menu 19/38 € – Carte 21/50 €

◆ Grand hôtel familial blotti dans le village, au pied du massif du Taennchel. Chambres à l'alsacienne, très coquettes. Espace wellness. Buffet campagnard au petit-déjeuner. À table, on privilégie recettes et vins régionaux.

THARON-PLAGE – 44 Loire-Atlantique – 316 C5 – ✉ 44730 34 A2

Paris 437 – Challans 53 – Nantes 57 – St-Nazaire 24

L'Empreinte avec ch

rest,

119 bd de l'Océan – ✆ 02 40 27 82 17 – www.hotel-restaurant-lempreinte.com – Fermé 3 sem. en fév., 2 sem. en oct., dim. soir, merc. soir et lundi

13 ch – †57/88 € ††57/88 € – ☕ 8,50 €

Rest – (14 €) Menu 17 € (déj. en sem.), 27/37 € – Carte 34/56 €

◆ Face à l'Atlantique, maison régionale entièrement rénovée. Sur la terrasse ou près des baies, on dîne en profitant du coucher de soleil sur l'océan et d'une cuisine actuelle très soignée (poisson frais). Chambres ravissantes aux couleurs reposantes.

LE THEIL – 15 Cantal – 330 C4 – rattaché à Salers

LE THEIL – 03 Allier – 326 F4 – 393 h. – alt. 450 m – ✉ 03240 5 B1

Paris 343 – Clermont-Ferrand 92 – Montluçon 46 – Vichy 43

Château du Max

2 km au Nord-Ouest par D 129 – ✆ 04 70 42 35 23 – www.chateaudumax.com

4 ch – 70 € 80/100 € **Table d'hôte** – Menu 20 € bc/28 € bc

◆ Château des 13e et 15e s. entouré de douves. Les chambres et suites ont été aménagées avec goût par la propriétaire, ancienne décoratrice de théâtre. À table, plats du terroir servis dans un cadre médiéval de toute beauté.

THÉNAC – 17 Charente-Maritime – 329 D7 – rattaché à Saintes

THENAY – 36 Indre – 323 E7 – 873 h. – alt. 120 m – ✉ 36800 11 B3

Paris 299 – Le Blanc 30 – Châteauroux 33 – Limoges 104

Auberge de Thenay

23 r. R. d'Helbingue – ✆ 02 54 47 99 00 – www.auberge-de-thenay.fr – Fermé 29 août-12 sept., 17-31 janv., dim. soir et lundi

Rest – *(nombre de couverts limité, prévenir)* (12 € bc) Menu 24 € bc (déj. en sem.), 27/34 €

◆ Menus composés autour d'une viande rôtie à la broche et beau choix de vins. Le propriétaire organise régulièrement des soirées irlandaises et écossaises (carte de whiskies).

THÉOULE-SUR-MER – 06 Alpes-Maritimes – 341 C6 – 1 499 h. – ✉ 06590 Côte d'Azur 42 E2

Paris 895 – Cannes 11 – Draguignan 58 – Nice 42

1, corniche d'Or ✆ 04 93 49 28 28

Massif de l'Estérel★★★.

Chez Philippe

au port – ✆ 04 93 49 87 13 – www.restaurantchezphilippe.com – Fermé lundi de mi-sept. à mi-juin

Rest – Menu 28 € (déj.), 38/48 € – Carte 35/70 €

◆ Les arrivages journaliers de produits de la mer, en grande partie locaux, garantissent la fraîcheur des préparations. Salle élégante et baies vitrées ouvrant sur les flots.

à Miramar 5 km par D 6098 - rte de St-Raphaël – ✉ 06590 Theoule sur Mer

Côte d'Azur

Pointe de l'Esquilon ★★ NE : 1 km puis 15 mn.

Miramar Beach

47 av. Miramar – ✆ 04 93 75 05 05 – www.tiara-hotels.com

56 ch – 135/320 € 135/320 € – 5 suites – 19 €

Rest *L'Étoile des Mers* – (29 €) Menu 39 € – Carte 69/99 €

◆ Le charme de cet établissement tient à sa superbe situation les pieds dans l'eau, au creux d'une calanque de roches rouges. Chambres provençales raffinées et magnifique spa décoré à l'orientale. Cuisine actuelle servie au restaurant panoramique ou en terrasse l'été.

Tiara Yaktsa

6 bd de l'Esquillon – ✆ 04 92 28 60 30 – www.tiara-hotels.com – Ouvert 29 mars-31 oct.

21 ch – 186/560 € 412/2480 € – 29 €

Rest – Menu 35/49 € – Carte environ 60 €

◆ Accrochée à la falaise, cette demeure abrite des chambres luxueuses qui marient l'Orient et la Méditerranée. Un cadre sublime : jardin luxuriant, piscine à débordement... Cuisine inspirée par les saveurs du monde et jolie vue sur l'Esterel de la terrasse.

Jilali B

16 av. du Trayas – ✆ 04 93 75 19 03 – www.jilalib.com – Fermé de mi-nov. à mi-janv., mardi de sept. à mai, dim. soir de juin à août et lundi

Rest – (28 €) Menu 35 €, 45 € – Carte 44/95 €

◆ Face à la mer, avec une grande terrasse envahie par la végétation. La carte propose un joli choix de poissons (pêche locale) – une simplicité appréciable dans la région.

THÉRONDELS – 12 Aveyron – 338 I1 – 486 h. – alt. 965 m – ✉ 12600 29 D1

Paris 561 – Aurillac 44 – Chaudes-Aigues 48 – Murat 43

Miquel

le bourg – ✆ 05 65 66 02 72 – www.hotel-miquel.com – Fermé sam. et dim. du 21 avril au 30 sept.

15 ch – 65/80 € 65/80 € – 8 €

Rest – Menu 18 € bc (déj. en sem.), 28/36 €

◆ Bâtisse du début du 20e s. aux chambres actuelles, donnant sur le jardin (piscine) ou sur la place du village. Restaurant au cadre contemporain (tons chocolat), avec une terrasse sous une tonnelle ; cuisine à l'accent aveyronnais.

THIAIS – 94 Val-de-Marne – 312 D3 – 101 26 – rattaché à Paris, Environs

THIBIVILLERS – 60 Oise – 305 C5 – 201 h. – alt. 110 m – ✉ 60240 36 A3

Paris 78 – Amiens 87 – Beauvais 26 – Rouen 77

Le Puits d'Angle

2 r. des Tilleuls – ✆ 03 44 84 31 10 – www.lepuitsdangle.com

5 ch – 60/70 € 90 € **Table d'hôte** – Menu 30 € bc

◆ Profitez d'un séjour au calme dans cette belle ferme picarde du 18e s. La décoration des chambres marie avec goût mobilier ancien et contemporain. Piscine couverte et hammam. La bibliothèque sert de cadre à la table d'hôte, qui met à l'honneur des recettes du terroir.

THIERS – 63 Puy-de-Dôme – 326 I7 – 12 194 h. – alt. 420 m 6 C2 – ✉ 63300 Auvergne

Paris 388 – Clermont-Ferrand 43 – Lyon 133 – St-Étienne 108

1 place Pirou ✆ 04 73 80 65 65

Site★★ - Le Vieux Thiers★ : Maison du Pirou★ N - Terrasse du Rempart ✳★ - Rocher de Borbes ≤★ S : 3,5 km par D 102.

L'Aigle d'Or

8 r. de Lyon – ✆ 04 73 80 00 50 – www.aigle-dor.com – Fermé 25 oct.-14 nov., 27 fév.-14 mars, lundi midi, sam. midi et dim.

18 ch – 55 € 60/67 € – 8 € – ½ P 54/64 €

Rest – (10 €) Menu 18/27 € – Carte 27/37 €

◆ Au cœur de la ville, établissement fondé en 1836, abritant des chambres rénovées, assez feutrées. Cadre du 19e s., meubles rustiques et couleurs chatoyantes dans la salle de restaurant qui propose une cuisine traditionnelle.

à Pont-de-Dore Sud-Ouest 6 km par D 2089 – ✉ 63920 Peschadoires

Eliotel

rte de Maringues – ✆ 04 73 80 10 14 – www.eliotel.fr – Fermé 8-21 août et 23 déc.-17 janv.

12 ch – 60/76 € 60/76 € – 8 € – ½ P 60/68 €

Rest – (17 €) Menu 19 € bc (sem.), 20/35 € – Carte 32/53 €

◆ Un établissement sympathique tenu par un passionné de coutellerie thiernoise (vitrine de présentation et site Internet). Chambres de bonne ampleur, demandez les plus récentes. Le chef, originaire d'Armorique, mitonne recettes auvergnates et spécialités bretonnes.

THIÉZAC – 15 Cantal – 330 E4 – 602 h. – alt. 805 m – ✉ 15800 Auvergne 5 B3

Paris 542 – Aurillac 26 – Murat 23 – Vic-sur-Cère 7

le Bourg ✆ 04 71 47 50 68

Pas de Compaing★ NE : 3 km.

Le Casteltinet

rest,

Grand-Rue – ✆ 04 71 47 00 60 – www.casteltinet.com – Fermé nov.

21 ch – 50/57 € 50/57 € – 10 € – ½ P 51/56 €

Rest – *(fermé mardi midi, dim. soir et lundi)* Menu 18/55 € – Carte 27/51 €

◆ Cure de jouvence réussie pour cette agréable maison. Chambres variées (styles rural, ethnique...), certaines avec balcon et vue imprenable sur les monts du Cantal. Plats traditionnels mis au goût du jour, servis dans une salle rustique tournée vers la vallée.

LE THILLOT – 88 Vosges – 314 I5 – 3 745 h. – alt. 495 m – ✉ 88160 27 C3

Alsace Lorraine

Paris 434 – Belfort 46 – Colmar 72 – Épinal 49

11, avenue de Verdun ☎ 03 29 25 28 61

au Ménil 3,5 km au Nord-Est par D 486 – 1 180 h. – alt. 524 m – ✉ 88160

Les Sapins

60 Gde Rue – ☎ 03 29 25 02 46 – www.hotel-les-sapins.fr – Fermé 27 juin-11 juil., 22 nov.-12 déc., dim. soir et lundi midi

22 ch – 49 € 59/70 € – 9 € – ½ P 58/67 €

Rest – (12 €) Menu 19/43 € – Carte 30/48 €

◆ L'architecture originale, l'aménagement des chambres – romantiques ou exotiques –, le bon accueil et la vente de confitures artisanales font l'attrait du lieu. Au restaurant, cuisine au goût du jour dans une jolie salle éclairée par des baies vitrées.

THIONNE – 03 Allier – 326 I4 – alt. 275 m – ✉ 03220 6 C1

Paris 333 – Clermont-Ferrand 101 – Moulins 36 – Nevers 89

La Maison du Lac

4 km au Nord par D 161, rte de Chapeau – ☎ 04 70 34 74 23 – www.hotel-maisondulac.com – Fermé 25 déc.-15 fév.

7 ch – 45/53 € 45/53 € – 6,50 € – ½ P 59/65 €

Rest – Menu 18 € (sem.), 26/38 € – Carte 25/50 €

◆ Du calme et de la verdure en cette bien nommée Maison du Lac, une jolie bâtisse aux allures de fermette. Chambres sobres, fonctionnelles et lumineuses. Au restaurant, le patron concocte une sympathique cuisine traditionnelle... Agréable terrasse face à l'étang.

THIONVILLE – 57 Moselle – 307 I2 – 41 127 h. – Agglo. 130 480 h. – alt. 155 m – ✉ 57100 Alsace Lorraine 26 B1

Paris 339 – Luxembourg 32 – Metz 30 – Nancy 84

16, rue du Vieux collège ☎ 03 82 53 33 18

Château de la Grange★.

Plans pages suivantes

Des Oliviers sans rest

1 r. du Four Banal – ☎ 03 82 53 70 27 – www.hoteldesoliviers.com – Fermé 20 déc.-2 janv. DY**n**

26 ch – 57 € 59 € – 8 €

◆ Petit hôtel familial situé dans une rue piétonne du centre. Chambres peu spacieuses mais fonctionnelles, à la tenue irréprochable. L'été, petit-déjeuner en terrasse.

Du Parc sans rest

10 pl. de la République – ☎ 03 82 82 80 80 – www.hoteldu-parc.com

41 ch – 55/62 € 55/62 € – 8,50 € CZ**a**

◆ Proche du centre-ville, immeuble du début du 20e s. tourné vers un petit parc public. Les chambres, pratiques et toutes semblables, se répartissent sur six étages.

Aux Poulbots Gourmets

9 pl. aux Fleurs – ☎ 03 82 88 10 91 – www.poulbotsgourmets.com – Fermé 14-21 avril, 27 juil.-16 août, 1er-15 janv., sam. midi, dim. soir, merc. soir et lundi

Rest – Menu 45/65 € – Carte 50/80 € AV**p**

◆ La réputation de cette table d'inspiration classique n'est plus à faire. Grandes baies vitrées, chaises Lloyd Loom et lustres modernes participent au charme contemporain du lieu.

Au Petit Chez Soi

23 r. du Luxembourg – ☎ 03 82 53 62 96 – Fermé vacances de printemps, 3 sem. en août, vacances de Noël, merc. soir, dim. et lundi DY**t**

Rest – (20 €) Carte 44/61 €

◆ Sympathique petit restaurant d'allure bistrot, installé dans une maison ancienne (18e s.) du centre piétonnier. Cuisine traditionnelle et boutique-traiteur juste en face.

THIONVILLE

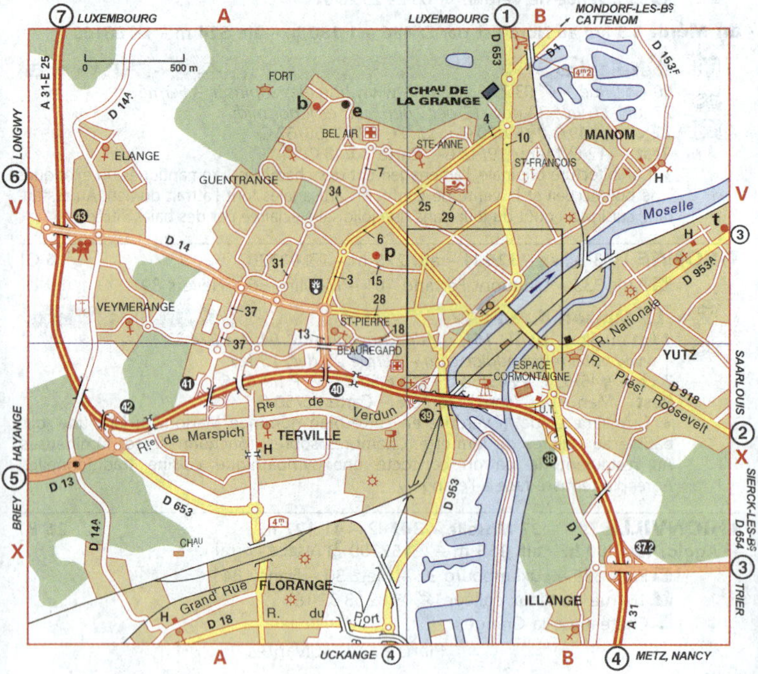

au Crève-Coeur – ✉ 57100 Thionville

L'Horizon
50 rte du Crève-Coeur – ✆ 03 82 88 53 65 – www.lhorizon.fr – Fermé 20 déc.-20 janv. et dim. soir de nov. à mars AV**e**
13 ch – †98/164 € ††98/164 € – ☐ 14 €
Rest – *(fermé lundi midi, mardi midi, vend. midi et sam. midi)* Menu 36/46 € – Carte 52/62 €
◆ Belle demeure tapissée de vigne vierge et entourée de jardins fleuris. Ambiance feutrée, chambres soignées, salons raffinés et bar panoramique. Table classique par sa cuisine et son décor. Tapisserie d'Aubusson en salle ; belle vue dominant la ville.

Auberge du Crève-Cœur
9 Le Crève-Coeur – ✆ 03 82 88 50 52 – www.aubergeducrevecoeur.com – Fermé 24-31 déc., 23 juil.-7 août, dim. soir, lundi soir, mardi soir et merc. soir
Rest – Menu 34/54 € bc – Carte 50/70 € AV**b**
◆ La même famille tient cette auberge depuis 1899. Décor vigneron (tapisseries, tonneaux, pressoir géant du 18e s.), généreuse cuisine du terroir et terrasse dominant Thionville.

THIRON-GARDAIS – 28 Eure-et-Loir – **311** C6 – 1 103 h. – alt. 237 m **11** B1 – ✉ 28480
Paris 148 – Chartres 48 – Lucé 46 – Orléans 95
18 rue de l'Abbaye ✆ 02 37 49 49 01

THIONVILLE

Berthe-au-Grand-Pied (R.) . . DY 8
Ditsch (R. G.) . . . . DZ 12
Hoche (R. Lazare) . . . . DY 16
Luxembourg (R. du) . . . . DY 19
Marchal (Quai P.) . . . . DY 21
Marché (Pl. du) . . . . DY 22
Marie-Louise (Pl.) . . . . CZ 24
Paris (R. de) . . . . DZ 27
République (Pl.) . . . . CZ 30
St-Pierre (R. de) . . . . CZ 33

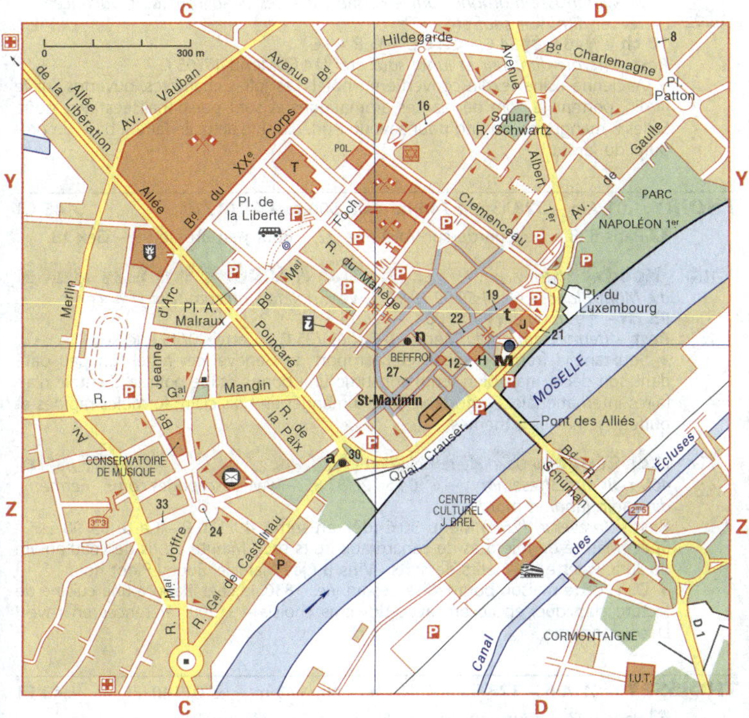

La Forge

1 r. Alfred Chasseriaud – ✆ 02 37 49 42 30 – www.a-la-forge.com – Fermé lundi et le soir sauf vend. et sam.

Rest – Menu 13 € (déj.), 26/32 € – Carte 26/49 €

◆ Le chef, également artiste peintre, expose ses œuvres dans son restaurant occupant les forges d'une abbaye du 16e s. Menu du jour en semaine, choix plus étoffé le week-end.

THIVIERS – 24 Dordogne – 329 G3 – 3 163 h. – alt. 273 m – ✉ 24800 4 C1

Périgord Quercy

Paris 449 – Brive-la-Gaillarde 81 – Limoges 62 – Périgueux 34

place du Marechal Foch ✆ 05 53 55 12 50

De France et de Russie sans rest

51 r. du Gén.-Lamy – ✆ 05 53 55 17 80 – www.thiviers-hotel.com

10 ch – †48/72 € ††48/72 € – ☕ 8 €

◆ Le foie gras de Thiviers faisait jadis la joie des tsars... Aujourd'hui, on cultive ce joli souvenir dans cette maison coquette (tapis fleuris à l'anglaise et jardinet verdoyant).

THIZY – 69 Rhône – 327 E3 – 2 456 h. – alt. 553 m – ✉ 69240 44 A1

Paris 414 – Lyon 65 – Montbrison 74 – Roanne 22

rue Eugène Déchavanne ✆ 04 74 64 35 23

La Terrasse
Le bourg Marnand, 2 km au Nord-Est par D 94 – ✆ 04 74 64 19 22 – www.laterrasse-marnand.com – Fermé vacances de la Toussaint, vacances de fév. et dim. soir sauf été
10 ch – ♦46 € ♦♦54 € – ☐ 6 € – ½ P 49 €
Rest – *(fermé dim. soir et lundi sauf été)* (14 €) Menu 17/65 €
◆ Ancienne usine textile convertie en hôtel. Les jolies chambres, ouvertes sur le jardin, portent le nom de plantes aromatiques et sont personnalisées avec goût. Salles à manger cocooning pour savourer une cuisine actuelle faite à base de produits du jardin.

THOIRY – 01 Ain – 328 I3 – 4 746 h. – alt. 500 m – ✉ 01710 — 45 C1

Paris 523 – Bellegarde-sur-Valserine 27 – Bourg-en-Bresse 99 – Gex 13

Holiday Inn
av. Mont-Blanc – ✆ 04 50 99 19 99 – www.holiday-inn.com/thoiryfrance
95 ch – ♦99/300 € ♦♦99/300 € – ☐ 15 €
Rest – *(fermé sam. midi)* Menu 20 € (déj.)/25 € – Carte 20/35 € le soir
◆ Jouxtant la frontière suisse et l'aéroport de Genève, cet hôtel (un peu daté dans son décor mais bien tenu) constitue une bonne étape pour la clientèle d'affaires internationale. Confortable salle à manger en bois clair ; formules rapides et buffets, semaines à thèmes.

Les Cépages (Jean-Pierre Delesderrier)
465 r. Briand-Stresemann – ✆ 04 50 20 83 85 – www.lescepages.com – Fermé dim. soir, lundi et mardi
Rest – *(prévenir)* (25 €) Menu 30 € (déj. en sem.), 49/110 € – Carte 65/90 €
Spéc. Marbré de foie gras de canard aux fruits secs. Minute de ris de veau au vin du Jura. Palette des petits desserts. **Vins** Bugey Manicle, Bugey Pinot noir.
◆ Dans cette maison bourgeoise des années 1830, le chef élabore une cuisine de facture classique, en accord avec des crus choisis – 1 200 références en cave ! Décor moderne.

THOISSEY – 01 Ain – 328 B3 – 1 465 h. – alt. 175 m – ✉ 01140 — 43 E1

Paris 407 – Bourg-en-Bresse 35 – Lyon 55 – Mâcon 19
37, Grande Rue ✆ 04 74 04 90 17

Côté Saône
au port – ✆ 04 74 06 62 31 – Fermé janv., 24-30 sept., dim. soir et mardi soir d'oct. à avril et lundi
Rest – Menu 14 € (déj. en sem.), 26/38 € – Carte 28/57 €
◆ Belle cuisine traditionnelle qui rend hommage au terroir, servie dans la grande et belle salle moderne à l'étage ou sur la terrasse, ombragée par des platanes centenaires.

THONES – 74 Haute-Savoie – 328 K5 – 5 813 h. – alt. 650 m – ✉ 74230 — 46 F1

Alpes du Nord

Paris 560 – Annecy 21 – Genève 59 – Lyon 171
place Avet ✆ 04 50 02 00 26

Le Clos Zénon
rte de Bellossier – ✆ 04 50 02 10 86 – www.thones-chalet-gite.com – Ouvert 1er avril-1er déc.
5 ch ☐ – ♦50/55 € ♦♦65/95 € – ½ P 60/75 €
Table d'hôte – Menu 30 € bc/40 € bc
◆ Bonne adresse pour les amoureux de la nature : un chalet récent avec piscine. L'accueil sympathique, les chambres douillettes, le cadre montagnard sont les autres atouts du lieu. Repas d'inspiration savoyarde servis dans une salle chaleureuse (belle cheminée).

THONON-LES-BAINS – 74 Haute-Savoie – 328 L2 – 31 213 h. 46 F1

– alt. 431 m – Stat. therm. : début avril-début déc. – ✉ 74200

Alpes du Nord

- Paris 568 – Annecy 75 – Chamonix-Mont-Blanc 99 – Genève 34
- place du Marché ☎ 04 50 71 55 55
- Évian Masters Golf Club à Évian-les-Bains Rive Sud du Lac de Genève, par rte d'Évian : 8 km, ☎ 04 50 75 46 66
- Les Belvédères sur le lac Léman★★ ABY - Voûtes★ de l'église St-Hippolyte - Domaine de Ripaille★ N : 2 km.

Arc en Ciel sans rest

18 pl. Crête – ☎ 04 50 71 90 63 – www.hotelarcencielthonon.com
– Fermé 17 déc.-4 janv. BZk

40 ch – †59/78 € ††64/79 € – ☐ 8 €

◆ Près du centre-ville, hôtel moderne profitant d'un jardin avec piscine. Chambres avec balcon ou terrasse, spacieuses et bien équipées ; certaines disposent d'une kitchenette.

THONON-LES-BAINS

Allobroges (Av. des) .... BZ 2
Arts (R. des) .... BZ 3
Bordeaux (Pl. Henry) .... AY 4
Grande-Rue .... AYZ
Granges (R. des) .... BY 5
Léman (Av. du) .... BY 6
Michaud (R.) .... AY 10
Moulin (Pl. Jean) .... AY 12
Paix (R. de la) .... AY 20
Ratte (Ch.de la) .... BZ 13
Trolliettes (Bd des) .... AZ 15
Ursules (R. des) .... BY 16
Vallées (Av. des) .... BZ 18

À l'Ombre des Marronniers

17 pl. Crête – ✆ 04 50 71 26 18 – www.hotellesmarronniers.com – Fermé 25 avril-6 mai et 20 déc.-5 janv. BZt

17 ch – 49/64 € 50/65 € – 7 € – ½ P 44/54 €

Rest – *(fermé dim. soir du 15 nov. au 21 mai)* Menu 13/33 € – Carte 27/49 €

◆ Les chambres de cet hôtel aux allures de chalet sont quelque peu désuètes, mais fonctionnelles. Salle à manger-véranda et terrasse dressée à l'ombre des marronniers ; cuisine traditionnelle et spécialités montagnardes.

Le Prieuré (Charles Plumex)

68 Gde rue – ✆ 04 50 71 31 89 – Fermé 25 avril-10 mai, 7-23 nov., dim. soir, lundi et mardi AYf

Rest – (38 € bc) Menu 40/80 € – Carte 75/110 €

Spéc. Foie gras en fausse poire, masqué de pistaches, acidulée de mûres et canneberges. Pièce d'agneau fermier cuit au jus vif avec les légumes et l'ail en chemise. Soufflé chaud à l'eau de vie de framboise, coeur coulant au chocolat, sorbet framboise. **Vins** Ripaille, Vin de Savoie Fréterive

◆ À l'entrée d'un ancien hôtel particulier, restaurant voûté, habillé de boiseries et décoré de tableaux contemporains, proposant une cuisine inventive, généreuse et soignée.

Les Alpes du Léman

3 bis r. des Italiens – ✆ 04 50 26 51 24 – www.thononresto.com – Fermé 15 juil.-13 août, dim. soir et merc. AZa

Rest – *(nombre de couverts limité, prévenir)* (18 €) Menu 26/61 € – Carte 42/63 €

◆ Nouveau décor tendance (tons beige et chocolat) pour ce restaurant familial situé dans une rue commerçante de la station thermale. Cuisine du marché soignée ; accueil cordial.

à Armoy **7 km au Sud-Est par ② et D 26 – 1 078 h. – alt. 620 m – ✉ 74200**

À l'Écho des Montagnes

– ✆ 04 50 73 94 55 – www.echo-des-montagnes.com – Fermé 4-8 oct., 1er janv.-7 fév., dim. soir et lundi sauf de juin à août

47 ch – 36/54 € 54/64 € – 9 € – ½ P 53/58 €

Rest – Menu 16/40 € – Carte 25/45 €

◆ Accueil familial dans cette imposante maison de la fin du 19e s. Chambres simples et fonctionnelles, un peu plus grandes à l'annexe. Le restaurant lambrissé est chaleureux et la cuisine régionale copieusement servie. Immense potager et basse-cour.

à Anthy-sur-Léman **6 km par ④ et D 33 – 1 866 h. – alt. 400 m – ✉ 74200**

L'Auberge d'Anthy

2 r. des Écoles – ✆ 04 50 70 35 00 – www.auberge-anthy.com

13 ch – 53/70 € 63/81 € – 8 € – ½ P 63/72 €

Rest – *(fermé 2 sem. en mars, 1 sem. en oct., dim. soir et lundi sauf juil.-août)* (15 €) Menu 32/45 € – Carte 33/60 €

◆ "Ici, on mange, on boit, et on dort !" Telle est la devise de cette auberge de village refusant tout superflu : petites chambres sobres, bistrot campagnard et cuisine du terroir.

aux Cinq Chemins **7 km par ④ – ✉ 74200 Margencel**

Denarié

25 r. de Séchex – ✆ 04 50 72 63 45 – www.hotel-denarie.fr – Fermé 14-21 juin, 12-20 sept., 23 déc.-20 janv. et dim. soir sauf juil.-août

14 ch – 72/98 € 77/98 € – 10 € – ½ P 75/88 €

Rest *Les Cinq Chemins* – *(fermé dim. soir de sept. à juin et lundi sauf le soir en juil.-août)* (17 €) Menu 26/42 € – Carte 28/49 €

◆ Proche de la route mais préservé du bruit, cet hôtel distille un charme savoyard simple et chaleureux. Chambres décorées avec goût et agréable jardin-piscine. Convivialité et authenticité aux Cinq Chemins, autour d'une assiette à l'accent régional.

au Port-de-Séchex 7 km par ④ – ✉ 74200

XX **Le Clos du Lac** avec ch — ch, VISA

Port de Séchex – ✆ 04 50 72 48 81 – www.restaurant-leclosdulac.com – Fermé 27 juin -7 juil., 26 sept.-6 oct., 2-26 janv., mardi sauf le soir en juil.-août, dim. soir et lundi
3 ch – †69 € ††69 € – ☕ 10 € **Rest** – (23 €) Menu 29/62 € – Carte 45/65 €
◆ Dans cette vieille ferme restaurée, les anciennes mangeoires en pierre cohabitent harmonieusement avec un décor et des tableaux modernes. Cuisine dans l'air du temps, soignée. Chambres personnalisées au décor contemporain.

à Bonnatrait 9 km par ④ – ✉ 74140 Sciez

Hôtellerie du Château de Coudrée — P VISA AE

– ✆ 04 50 72 62 33 – www.coudree.fr – Fermé 30 oct.-2 déc.
17 ch – †138/386 € ††138/386 € – ☕ 15 €
Rest – *(fermé mardi et merc. sauf juil.-août)* (32 € bc) Menu 56/92 € – Carte 65/95 €
◆ En bord de lac, ce château est un majestueux témoin du Moyen Âge. Chambres aux meubles anciens ; celle du donjon est particulièrement insolite. Élégante salle à manger – boiseries, tapisseries, cheminée – et carte actuelle (poissons du lac et légumes du potager).

LE THOR – 84 Vaucluse – 332 C10 – 7 675 h. – alt. 50 m – ✉ 84250 42 E1

Paris 696 – Arles 84 – Avignon 21 – Marseille 89

La Bastide Rose — ch, AC ch, rest, P VISA AE

99 chemin des Croupières – ✆ 04 90 02 14 33 – www.bastiderose.com – Fermé 9 janv.-20 mars
5 ch – †120/200 € ††120/200 € – 3 suites – ☕ 16 €
Rest – *(résidents seult)* (20 €) Menu 25 € (déj.)/40 €
◆ Cette belle bastide est un vrai lieu culturel – musée à la mémoire du journaliste Pierre Salinger, expos – avec le charme d'une maison de famille : élégance, confort, vue sur le parc. Sous la verrière ou en terrasse, cuisine provençale inspirée par le terroir.

THORÉ-LA-ROCHETTE – 41 Loir-et-Cher – 318 C5 – 932 h. – alt. 75 m – ✉ 41100 11 B2

Paris 176 – Blois 42 – La Flèche 94 – Le Mans 72

X **Du Pont** — VISA

15 r. du Mar.-de-Rochambeau – ✆ 02 54 72 80 62 – Fermé 16 août-2 sept., 16 janv.-10 fév., mardi soir, dim. soir et lundi
Rest – Menu 22/50 € – Carte 35/59 €
◆ Vins et cuisine du terroir à déguster dans ce petit restaurant tout simple, situé à proximité de l'arrêt du train touristique de la vallée du Loir.

THORENC – 06 Alpes-Maritimes – 341 B5 – alt. 1 250 m – ✉ 06750 Andon 41 C2

Paris 832 – Castellane 35 – Draguignan 64 – Grasse 40
Col de Bleine ★★ N : 4 km Alpes du Sud

X **Auberge Les Merisiers** avec ch — VISA

24 av. Belvédère – ✆ 04 93 60 00 23 – www.aubergelesmerisiers.com – Fermé 8-22 mars, 23 oct.-5 nov., 23-26 déc., mardi soir et merc.
12 ch – †45 € ††50 € – ☕ 12 € – ½ P 55/65 €
Rest – (20 €) Menu 28/35 € – Carte 27/47 €
◆ Pratique pour l'étape dans la montée du col de Bleine, auberge montagnarde proposant des plats régionaux servis dans un cadre simple et rustique. Petites chambres bien tenues.

THORIGNÉ-SUR-DUÉ – 72 Sarthe – 310 M6 – 1 589 h. – alt. 82 m – ✉ 72160 35 D1

Paris 178 – Châteaudun 80 – Mamers 44 – Le Mans 30
Mairie ✆ 02 43 89 05 13

Le St-Jacques

pl. du Monument – ✆ 02 43 89 95 50 – www.hotel-sarthe.fr – Fermé 2 sem. en août et 1 sem. en nov.

15 ch – †68/84 € ††68/98 € – ☕ 10 € – ½ P 68/78 €

Rest – (19 €) Menu 26/52 € – Carte 32/52 €

◆ À l'entrée du village, cet hôtel à la façade jaune dispose de chambres rénovées pour la plupart, claires et bien tenues. Bar-salon cossu ; accueil chaleureux. Au restaurant (salle colorée), cuisine au goût du jour rehaussée d'épices.

LE THORONET – 83 Var – 340 M5 – 2 012 h. – alt. 120 m – ✉ 83340 41 C3

Paris 831 – Brignoles 24 – Draguignan 21 – St-Raphaël 51

boulevard du 17 août 1944 ✆ 04 94 60 10 94

Abbaye du Thoronet★★ O : 4,5 km Côte d'Azur

Hostellerie de l'Abbaye

r. Claudius Camail – ✆ 04 94 73 88 81 – www.hotelthoronet.fr – Fermé 20 déc.-1er fév.

23 ch – †63/79 € ††63/79 € – ☕ 9 € – ½ P 58/70 €

Rest – *(fermé dim. soir de nov. à mars)* (17 €) Menu 28/38 € – Carte 30/45 €

◆ Près de l'une des plus anciennes abbayes de Provence, bâtiment contemporain d'esprit méridional, ordonné autour d'une piscine. Chambres fraîches et fonctionnelles. Restaurant sobre et spacieux, avec une lumineuse véranda ; cuisine traditionnelle aux accents du Sud.

à l'Est 8 km par D 84 et rte secondaire

Bastide des Hautes Moures

Les Moures – ✆ 04 94 60 13 36 – www.bastidedesmoures.com

4 ch ☕ – †75/145 € ††80/150 € **Table d'hôte** – Menu 27 € bc/34 € bc

◆ Isolée en pleine campagne, cette ancienne ferme à l'allure de mas provençal ne manque pas de charme : décoration empreinte de classicisme, chambres au mobilier ancien, faïence colorée de Salerne dans les salles de bains. Cuisine de terroir à la table d'hôte.

THOUARCÉ – 49 Maine-et-Loire – 317 G5 – 1 789 h. – alt. 35 m – ✉ 49380 35 C2

Paris 318 – Angers 29 – Cholet 43 – Saumur 38

Mairie ✆ 02 41 54 14 36

Château★★ de Brissac-Quincé, NE : 12 km Châteaux de la Loire

Le Relais de Bonnezeaux

1 km rte d'Angers – ✆ 02 41 54 08 33 – www.relais-bonnezeaux.fr – Fermé 26 déc.-20 janv., mardi soir, dim. soir et lundi

Rest – (17 €) Menu 27 € (déj. en sem.)/58 € bc – Carte 32/45 €

◆ Sur la route des Vins, restaurant aménagé dans une ex-gare de campagne. Les tables de la véranda profitent de la vue sur les vignes. Cuisine traditionnelle et crus locaux.

THOUARS – 79 Deux-Sèvres – 322 E3 – 10 256 h. – alt. 102 m – ✉ 79100 Poitou Vendée Charentes 38 B1

Paris 336 – Angers 71 – Bressuire 31 – Châtellerault 72

3 bis, boulevard Pierre Curie ✆ 05 49 66 17 65

Façade★★ de l'église St-Médard★ - Site★ - Maisons anciennes★.

Hôtellerie St-Jean

25 rte de Parthenay – ✆ 05 49 96 12 60 – www.hotellerie-st-jean.com – Fermé 21 fév.-6 mars, lundi en juil.-août et dim. soir

18 ch – †46 € ††46 € – ☕ 6,50 € – ½ P 45 €

Rest – (13 €) Menu 17 € (sem.), 25/36 € – Carte 40/62 €

◆ Cette bâtisse des années 1970 n'a rien de remarquable, mais elle a une jolie vue sur la vieille ville. Les chambres, plus calmes sur l'arrière, sont impeccablement tenues. Cuisine traditionnelle servie dans une salle aux larges baies vitrées.

à Ste-Verge 4 km au nord

Le Logis de Pompois
13 r. de la Gosselinière – ✆ 05 49 96 27 84 – www.logis-de-pompois.com – Fermé 27 déc.-18 janv., 26 juil.-9 août, dim. soir, lundi et mardi
Rest – (20 €) Menu 27/48 €
◆ Domaine viticole des 18e-19e s. abritant un centre d'aide par le travail où l'on réalise et sert une sérieuse cuisine traditionnelle. Salle chaleureuse aménagée dans l'ancien chai.

THOURON – 87 Haute-Vienne – **325** E5 – 465 h. – alt. 374 m – ✉ 87140 **24** B1
Paris 380 – Bellac 23 – Guéret 79 – Limoges 28

La Pomme de Pin
Étang de Tricherie, 2,5 km au Nord-Est par D 225 – ✆ 05 55 53 43 43 – Fermé sept., fin janv., mardi midi et lundi
6 ch – 59/69 € 59/69 € – 7 € – ½ P 59 €
Rest – (16 €) Menu 28 € – Carte 31/58 €
◆ Chambres confortables aménagées dans un ensemble en pierre qui abrita un moulin et une filature alimentés par la petite rivière traversant le jardin boisé. Salle rustique réchauffée par une cheminée où le patron grille ses viandes limousines au feu de bois.

THUIR – 66 Pyrénées-Orientales – **344** H7 – 7 399 h. – alt. 99 m **22** B3
– ✉ 66300 Languedoc Roussillon
Paris 897 – Figueres 56 – Montpellier 168 – Perpignan 16
boulevard Violet ✆ 04 68 53 45 86

Le Patio Catalan
4 pl. du Gén.-de-Gaulle – ✆ 04 68 53 57 28 – Fermé vacances de Pâques, de la Toussaint, de Noël, merc. et jeudi
Rest – Menu 13/34 € – Carte 27/44 €
◆ Sur une place face aux caves de Byrrh, restaurant rustique et actuel, doté d'un charmant patio à l'entrée. Cuisine traditionnelle et cave axée sur les Côtes du Roussillon.

La Casa Dalie
21 r. de la République – ✆ 04 68 53 03 92 – www.casadalie.fr – Fermé vacances de la Toussaint, de Noël, mardi sauf le midi de sept. à mai, lundi soir de sept. à mai, sam. midi de juin à août et merc.
Rest – (16 €) Menu 22/46 € – Carte 34/65 €
◆ Une adresse conviviale où les clins d'œil à Salvador Dalí se retrouvent dans l'assiette (belle cuisine de terroir un brin inventive) et dans la déco (reproductions de tableaux).

THURET – 63 Puy-de-Dôme – **326** G7 – 721 h. – alt. 330 m – ✉ 63260 **5** B2
Paris 379 – Clermont-Ferrand 32 – Vichy 24 – Cournon-d'Auvergne 35

Château de la Canière
2 km au Nord par D 212 et D 12 – ✆ 04 73 97 98 44 – www.caniere.com
25 ch – 105/135 € 155/185 € – 1 suite – 18 €
Rest – Menu 28/48 € – Carte 44/82 €
◆ Entouré d'un parc, ce château du 19e s. aux chambres spacieuses ose le mélange des styles et c'est réussi ! Au dernier étage, on profite de l'ambiance raffinée de la bibliothèque. Cuisine soignée, honorant les bons produits, servie dans la salle dédiée à Lavoisier.

THURY – 21 Côte-d'Or – **320** H7 – 283 h. – alt. 382 m – ✉ 21340 **8** C2
Paris 303 – Autun 25 – Avallon 80 – Beaune 33

Manoir Bonpassage
La Grande Pièce, 1 km au Sud par D 36 et rte secondaire – ✆ 03 80 20 26 16 – www.bonpassage.com – Ouvert d'avril à oct.
9 ch – 59/67 € 59/84 € – 9 €
Rest – *(fermé dim., mardi, jeudi et le midi) (résidents seult)* Menu 25 €
◆ Une halte propice au repos : des chambres sobres, d'une tenue excellente et tournées en partie vers la campagne, une piscine d'été, et une ambiance de maison d'hôte.

THURY-HARCOURT – 14 Calvados – 303 J6 – 1 818 h. – alt. 45 m – ✉ 14220 Normandie Cotentin 32 B2

Paris 257 – Caen 28 – Condé-sur-Noireau 20 – Falaise 27

2, place Saint-Sauveur ✆ 02 31 79 70 45

Parc et jardins du château★ - Boucle du Hom★ NO : 3 km.

Le Relais de la Poste avec ch

7 r. de Caen – ✆ 02 31 79 72 12 – www.hotel-relaisdelaposte.com – Fermé mars, déc., vend. sauf le soir de mai à sept., jeudi midi de mai à sept., sam. midi et dim. soir d'oct. à avril

10 ch – †67/142 € ††67/142 € – ☕ 11 €

Rest – (20 €) Menu 28/64 € – Carte 40/60 €

◆ Ancien relais de poste agrémenté d'une cour et d'un jardin fleuris dès les premiers beaux jours. Petites chambres simples mais rénovées avec goût. Cuisine traditionnelle.

TIFFAUGES – 85 Vendée – 316 J5 – 1 460 h. – alt. 77 m – ✉ 85130 Poitou Vendée Charentes 34 B3

Paris 374 – Angers 85 – Cholet 20 – Clisson 19

Manoir de la Barbacane sans rest

pl. de l'Église – ✆ 02 51 65 75 59 – www.hotel-barbacane.com

16 ch – †65/105 € ††65/105 € – ☕ 11 €

◆ À côté du château de Barbe-Bleue, ce manoir du 19e s. vous réserve un accueil familial. Coquettes chambres bien tenues, salon-bibliothèque avec billard, jardin et piscine au calme.

TIGNES – 73 Savoie – 333 O5 – 2 178 h. – alt. 2 100 m – Sports d'hiver : 1 550/3 450 m 4 44 – ✉ 73320 Alpes du Nord 45 D2

Paris 665 – Albertville 85 – Bourg-St-Maurice 31 – Chambéry 134

Tignes Accueil ✆ 04 79 40 04 40

du Lac de Tignes Le Val Claret, S : 2 km, ✆ 04 79 06 37 42

Site★★ - Barrage★★ NE : 5 km - Panorama de la Grande Motte★★ SO.

Les Suites du Montana

Les Almes – ✆ 04 79 40 01 44 – www.vmontana.com – Ouvert mi-déc. à mi-avril

rest,

27 suites – ††400/560 € – ☕ 12 € – ½ P 235/340 €

Rest – *(fermé le midi)* Menu 50 € – Carte 52/61 €

◆ Un "hameau" de chalets abritant de grandes suites raffinées. De style savoyard, autrichien ou provençal, elles sont dotées de saunas privatifs et de balcons orientés au sud. On tourne la broche sous vos yeux dans la rôtisserie "tout bois" ouverte sur les pistes.

Village Montana

rest,

Les Almes – ✆ 04 79 40 01 44 – www.vmontana.com – Ouvert fin juin à mi-sept. et fin nov. à début mai

78 ch ☕ – †108/218 € ††166/416 € – 4 suites – ½ P 100/226 €

Rest – Menu 22 € (déj.)/32 € – Carte 20/40 €

Rest *La Chaumière* – *(ouvert début déc. à début mai)* (22 €) Carte 20/40 €

◆ Ces splendides chalets conjuguent tradition, calme et confort. Les chambres, spacieuses et familiales, disposent d'un balcon ouvert sur les pistes. Mini-club. Carte de brasserie et spécialités savoyardes à la Chaumière (décor façon vieille bergerie).

Les Campanules

– ✆ 04 79 06 34 36 – www.campanules.com – Ouvert 8 juil.-26 août et 11 nov.-2 mai

31 ch ☕ – †100/200 € ††140/340 € – 10 suites – ½ P 105/215 €

Rest – (28 €) Menu 38 € (dîner), 45/50 € – Carte 42/60 €

◆ Au cœur de la station, chalet familial aux chambres spacieuses et douillettes, dont un duplex au dernier étage. Piscine extérieure chauffée et spa panoramiques. Une fresque évoquant le vieux village orne les murs du restaurant. Cuisine traditionnelle (buffets).

Le Paquis rest, VISA

Le Rosset – ✆ 04 79 06 37 33 – www.hotel-lepaquis.fr – Fermé 3 mai-28 juin et 3 sept.-28 oct.

33 ch – †55/152 € ††110/224 € – 1 suite – ½ P 80/137 €

Rest – *(ouvert de déc. à avril)* (18 €) Menu 20/29 € – Carte 33/49 €

◆ Un chalet des années 1960 où domine un esprit savoyard épuré : boiseries, mobilier pastel dans les chambres (certaines avec terrasse), bar cosy en bois et lauze, espace bien-être. Au restaurant, vue panoramique sur les pistes ; carte traditionnelle et régionale.

Le Lévanna ch, VISA AE

Le Rosset – ✆ 04 79 06 32 94 – www.levanna.com – Ouvert d'oct. à mai

40 ch – †100/199 € ††136/284 € – ½ P 93/167 €

Rest – Carte 22/60 €

◆ Ce chalet récent abrite des chambres confortables et cosy. Toutes possèdent un balcon et certaines sont aménagées en duplex. Agréable espace sauna-hammam. Au restaurant, cuisine traditionnelle, spécialités fromagères et grande terrasse côté pistes.

L'Arbina VISA

Le Rosset – ✆ 04 79 06 34 78 – www.hotel-arbina.com – Ouvert 3 juil.-31 août et 25 oct.-10 mai

22 ch – †49/106 € ††61/126 € – 12 € – ½ P 60/104 €

Rest – *(ouvert 20 nov.-10 mai)* (24 €) Menu 30 € – Carte 37/69 €

◆ L'Arbina est aussi le nom de la perdrix des Alpes. À deux pas des télécabines, cet hôtel familial dispose de chambres simples et douillettes, tout en boiserie. Côté carte : poissons et fruits de mer à l'honneur. Terrasse donnant sur le glacier de la Grande Motte.

La Ferme des 3 Capucines P VISA

– ✆ 04 79 06 35 10 – Ouvert 10 déc.-5 mai et 10 juil.-25 août

Rest – *(prévenir)* (20 €) Menu 28 € – Carte 29/39 €

◆ Une ferme-laiterie atypique et sympathique : on peut y déguster une copieuse cuisine de terroir en admirant les vaches de l'étable attenante, puis acheter du fromage.

au Val Claret 2 km au Sud-Ouest – alt. 2 100 m – ✉ 73320 Tignes

Les Suites du Nevada Spa VISA AE

– ✆ 04 79 41 68 30 – www.les-suites-du-nevada.com – Ouvert 15 déc.- 2 mai

25 suites – ††320/2451 € – ½ P 230/601 €

Rest *La Table en Montagne* – (28 €) Menu 38 € (déj.), 50/100 € – Carte 48/120 €

◆ Matériaux nobles, tons bruts et équipements high-tech : atmosphère design et luxueuse. Belles suites et superbe appartement au dernier étage. Décoration épurée sur le thème de la forêt et de la montagne dans la salle à manger. Carte actuelle.

Le Ski d'Or rest, VISA AE

– ✆ 04 79 06 51 60 – www.hotel-skidor.com – Ouvert 24 oct.-1er mai

27 ch – †98/254 € ††150/390 € – ½ P 156/264 €

Rest – *(fermé le midi)* Menu 39 € – Carte 35/70 €

◆ L'hôtel arbore un joli décor contemporain, où dominent le bois et les couleurs crème et taupe. Les chambres sont confortables et raffinées. Salle à manger grande ouverte sur les montagnes et les pistes ; ambiance chaleureuse et cuisine du marché.

TILQUES – 62 Pas-de-Calais – **301** G3 – rattaché à St-Omer

LES TINES – 74 Haute-Savoie – **328** O5 – rattaché à Chamonix-Mont-Blanc

TONNEINS – 47 Lot-et-Garonne – **336** D3 – 9 141 h. – alt. 26 m – ✉ 47400 **4** C2

Paris 683 – Agen 44 – Nérac 38 – Villeneuve-sur-Lot 37

3, avenue Charles-de-Gaulle ✆ 05 53 79 22 79

de Barthe à Tombeboeuf Route de Villeneuve, NE : 20 km par D 120, ✆ 05 53 88 83 31

Quai 36

36 cours de l'Yser – ✆ 05 53 94 36 38 – www.quai36.fr – Fermé 1er-22 août, vacances de Noël, 1er-8 janv., sam. midi, dim. soir, mardi soir, merc. soir et lundi

Rest – (14 €) Menu 16 € (déj. en sem.), 21/45 € – Carte 40/60 €

◆ L'enseigne fait référence à l'adresse, située sur le bord de la Garonne. Cuisine de produits frais, préparée avec soin, et servie par une équipe jeune et dynamique.

TONNERRE – 89 Yonne – **319** G4 – 5 322 h. – alt. 156 m – ✉ 89700 **7** B1

Bourgogne

Paris 199 – Auxerre 38 – Châtillon-sur-Seine 49 – Montbard 45

place Marguerite de Bourgogne ✆ 03 86 55 14 48

de Tanlay à Tanlay Parc du Château, par rte de Châtillon-s-Seine : 9 km, ✆ 03 86 75 72 92

Fosse Dionne★ - Intérieur★ de l'ancien hôpital : mise au tombeau★ - Château de Tanlay★★.

L'Auberge de Bourgogne rest,

D 905, 2 km par rte de Dijon – ✆ 03 86 54 41 41 – www.aubergedebourgogne.com – Fermé 18 déc.-18 janv.

40 ch – †68/72 € ††82 € – ½ P 57 €

Rest – *(fermé lundi midi, sam. midi et dim.)* Menu 19/28 € – Carte 29/38 €

◆ Tout près des vignobles d'Épineuil, un hôtel des années 1990 disposant de chambres simples et mignonnes. Préférez-les sur l'arrière, pour la jolie vue champêtre. Salle de fitness. Au restaurant, cuisine régionale et rangées de ceps en toile de fond.

TORCY – 71 Saône-et-Loire – **320** G9 – rattaché au Creusot

TORNAC – 30 Gard – **339** I4 – rattaché à Anduze

TÔTES – 76 Seine-Maritime – **304** G3 – 1 285 h. – alt. 150 m – ✉ 76890 **33** D1

Paris 168 – Dieppe 34 – Fécamp 60 – Le Havre 80

Auberge du Cygne

5 r. G. de Maupassant – ✆ 02 35 32 92 03 – www.aubergeducygne-totes.com – Fermé 4-17 juil., dim. soir et lundi soir

Rest – Menu 29/49 € – Carte 44/58 €

◆ Cette auberge de 1611 a toujours eu l'art de satisfaire ses hôtes, souvent illustres. Elle propose un répertoire traditionnel dans deux salles, l'une rustique, l'autre chinoise.

TOUL – 54 Meurthe-et-Moselle – **307** G6 – 16 617 h. – alt. 209 m – ✉ 54200 Alsace Lorraine **26** B2

Paris 291 – Bar-le-Duc 62 – Metz 75 – Nancy 23

Parvis de la Cathédrale ✆ 03 83 64 90 60

Cathédrale St-Étienne★★ et cloître★ - Église St-Gengoult : cloître★★ - Façade★ de l'ancien palais épiscopal **H** - Musée municipal★ : salle des malades★ **M.**

L'Europe sans rest

373 av. Victor Hugo, (près de la gare) – ✆ 03 83 43 00 10 – www.hotel-europe54.com – Fermé 6-28 août et vacances de Noël

21 ch – †51/54 € ††51/54 € – ☕ 6 € AY**s**

◆ Adresse pratique pour ceux qui voyagent par le train. Chambres joliment rétro (parquet d'origine et mobilier Art déco). Tenue sérieuse et accueil familial.

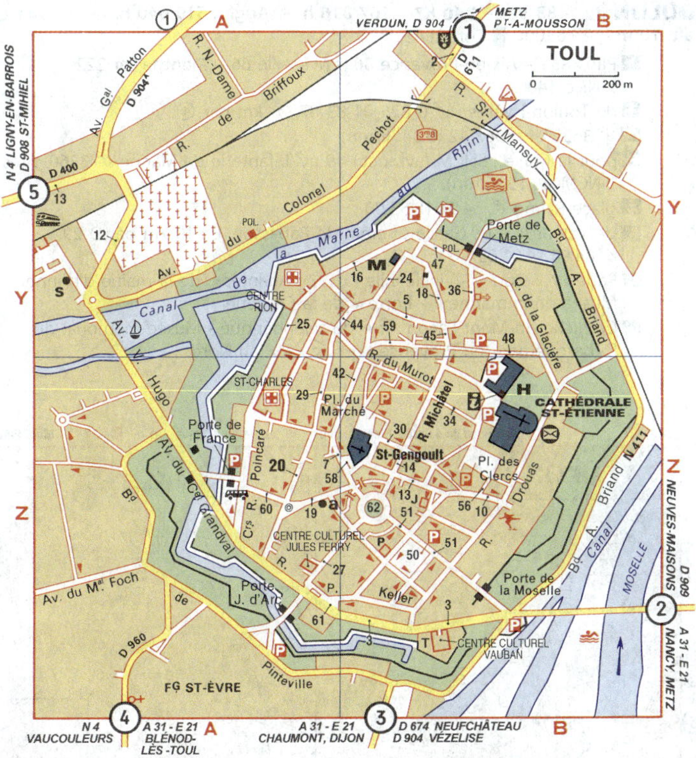

Albert-1er (Av.)	BY	2
Anciens-Combattants d'Afrique-du-Nord (R.)	BZ	3
Baron-Louis (R.)	BY	5
Carnot (R.)	ABZ	7
Châtelet (R. du)	BZ	10
Clemenceau (Av.)	AY	12
Corne-de-Cerf (R.)	BZ	13
Dr-Chapuis (R. du)	BZ	14
Écuries-de-Bourgogne (R. des)	BY	16
La-Fayette (R.)	BZ	30
Foy (R. du Gén.)	BY	18
Gambetta (R.)	AZ	19
Gengoult (R. du Gén.)	AZ	20
Gouvion-St-Cyr (R.)	BY	24
Hôpital-Militaire (R.)	AYZ	25
Jeanne-d'Arc (R.)	ABZ	27
Joly (R.)	AYZ	29
Liouville (R.)	BZ	34
Ménin (R. du)	BY	36
Michâtel (R.)	BZ	
Petite-Boucherie (R.)	ABZ	42
Pont-des-Cordeliers (R.)	BY	45
Pont-de-Bois (R.)	BY	44
Porte-de-Metz (R.)	BY	47
Qui-Qu'en-Grogne (R.)	BY	48
République (Pl. de la)	BZ	50
République (R. de la)	BZ	51
St-Waast (R.)	BZ	56
Schmidt (Pl. P.)	BZ	58
Tanneurs (R. des)	BY	59
Thiers (R.)	AZ	60
Vauban (R.)	AZ	61
3-Évêchés (Pl. des)	BZ	62

La Villa Lorraine sans rest

15 r. Gambetta – ✆ 03 83 43 08 95 – www.hotel-la-villa-lorraine.com – Fermé vacances de fév. AZa

21 ch – †49 € ††55 € – ☕ 8 €

◆ Ancien théâtre, ce petit hôtel du cœur de la cité abrite, derrière sa belle façade, des chambres fonctionnelles et rustiques, ainsi qu'une agréable salle des petits-déjeuners.

à Lucey **5 km par ⑤ et D 908 – 572 h. – alt. 260 m – ✉ 54200**

Auberge du Pressoir

7 r. des Pachenottes – ✆ 03 83 63 81 91 – www.aubergedupressoir.com – Fermé 16-30 août, dim. soir, merc. soir et lundi

Rest – Menu 13 € (déj. en sem.), 17/40 € – Carte 35/45 €

◆ Le cadre de ce restaurant aménagé dans l'ancienne gare du village reste sobre ; quelques objets paysans décorent les murs. Terrasse bien ensoleillée.

TOULON Ⓟ – 83 Var – **340** K7 – 167 816 h. – Agglo. 519 640 h. **41** C3
– alt. 10 m – ✉ 83000 Côte d'Azur

- Paris 835 – Aix-en-Provence 86 – Marseille 66 – Montpellier 222 – Nice 148
- de Toulon-Hyères : ✆ 0 825 01 83 87, 21 km par ①.
- ✆ 3635 et tapez 42 (0,34 €/mn)
- pour la Corse : SNCM (avr.-oct.) 49 av. Infanterie de Marine ✆ 3260 dites "SNCM" (0,15 €/mn).
- place Raimu ✆ 04 94 18 53 00
- 18 de Valgarde à La Garde Chemin de Rabasson, E : 10 km par D 29, ✆ 04 94 14 01 05
- Rade★★ - Port★ - Vieille ville★ GYZ : Atlantes★ de la mairie d'honneur **F**, Musée de la marine★ - Porte★ de la Corderie.
- Corniche du Mont Facon ≤★ du téléphérique - Musée-mémorial du Débarquement en Provence★ et ≤★★★ au Nord.

All Seasons ch, rest,
pl. Besagne – ✆ *04 98 00 81 00* – *www.all-seasons-hotels.com* GZ**r**
139 ch – 80/101 € 90/111 €
Rest – *(fermé le midi)* Menu 14 € – Carte 17/32 €
◆ Face au Palais des Congrès, l'établissement, en grande partie rénové, propose des chambres très "pop" et bien équipées. Carte traditionnelle au restaurant, dont la salle bénéficie d'une verrière.

Grand Hôtel de la Gare sans rest
14 bd Tessé – ✆ *04 94 24 10 00* – *www.grandhotelgare.com* FX**a**
39 ch – 58/83 € 66/83 € – 9 €
◆ En plein centre face à la gare, un hôtel confortable et bien tenu : chambres fonctionnelles, homogènes, parfaitement insonorisées et climatisées.

Dauphiné sans rest
10 r. Berthelot – ✆ *04 94 92 20 28* – *www.grandhoteldauphine.com*
55 ch – 57/72 € 57/76 € – 11 € GY**s**
◆ Adresse familiale idéalement située pour sillonner les ruelles enchevêtrées de la vieille ville. Chambres contemporaines (bois blond ou cérusé) et salles de bains modernes.

E
F
X
Y
Z
TOULON
0
200 m
Rue A. Bonnet
R. Henri Vienne
Av. de St-Roch
R. Dr. Fontan
Av. de Claret
Av. E. Vincent
SQUARE DE BROGLIE
Bd Dr. Ch. Barnier
Pl. L. Armand
Av. Amiral Collet
Av. des Dardanelles
Av. L. de la Touche
Bd P. Toesca
Pl. Albert 1er
Av. Gal Noguès
Av. Mal Lyautey
Av. Mal Foch
MARITIME
Rageot
TUNNEL NORD
Carnot
Chalucet
Jardin Alexandre 1er
R. Peyresc
Av. Vauban
R. du
Bd. du Mar. Leclerc
Pl. G. Péri
Pl. Léon Blum
36
Rue R. Guillemard
Corderie
Rue de la Corderie
POL
Av. J. Moulin
Rue J.
CENTRE MEDITERRANE D'ART
Pl. d'Armes
94
Arsenal Maritime
Porte
MUSÉE DE LA MARINE
108
Av.
DARSE DE CASTIGNEAU
DARSE VAUBAN
PREFECTURE MARITIME
Quai
PORT
DARSE VIEILLE
M
J
C
a
r
f
St-Louis

G
H
X
Y
Z
Victoire
146
Av. de la Victoire
Louvois
Bd du 112e Régt d'Infanterie
P
SALLE OMEGA ZENITH
ESPACE CULTUREL DES LICES
Av. des Lices
CONSEIL GÉNÉRAL
Av. des Siblas
Rue Centrale
Impasse
Rue Rebufat
Fraize
Richard
IMMACULÉE CONCEPTION
R. Grandual
G.
R. Delpech
Bd
22
CENTRAL
Bd Ferdinand de Lesseps
Commandant Nicolas
de Tessé
R. Victor Clappier
Colbert
Bd de la Démocratie
Chin de la Loubière
Pl. du Souvenir français
175
Bd Raynouard
Av. de Strasbourg
28
R. F. Fabié
Av. Cdt Marchand
TUNNEL - NORD
Pl. Noël Blache
Philippe Lebon
R.
Pl. Victor Hugo
T
12
W
S
114
168
R. P. Landrin
R. de Lorgues
CITÉ ADMINISTRATIVE
R. St-Bernard
Av. G. Clemenceau
U
Rond-Point Bir Hakeim
Av. F. Cuzin
SQUARE DU PRÉST KENNEDY
Pl. Puget
R. Hoche
R. Baudin
178
Sémard
ILLE VILLE
72
120
70
Alger
Lafayette
180
Pl. A. Vallée
43
20
142
R. d'
87
Ste-Marie
M
68
Porte d'Italie
I. S. E. M.
Av. A. Juin
ST-PIE X
65
124
25
32
134
152
132
80
Cours
R.
du Murier
Besagne
CENTRE MAYOL
Roosevelt
Poincaré
F
H
la
97
St-François-de-Paule
92
r
Av. de République
PALAIS DES CONGRÈS
STADE MAYOL
Franklin
Av. E.
R. H.
LA RODE
Cronstadt
Q. de la Sinse
Rond-Point de la 9ème D. I. C.
Bd Paul Bert
d'Hyères
Rond-Point Bonaparte
Av.
Place Pasteur
Rue Amiral Jaujard
Le Bellegou
88
82
S. N. C. M.
GARE MARITIME
G
H

RÉPERTOIRE DES RUES DE TOULON

LA SEYNE-SUR-MER

Alsace (R. d') **AV** 4
Corse Résistante (Av. de la) **ABV** 40
Esprit Armando (Av.) **AV** 50
Estienne-d'Orves (Av. d') **AV** 53
Fabre (Quai Saturnin) **AV** 57
Faidherbe (Av.) **AV** 58
Gagarine (Av. Y.) **AV** 64
Garibaldi (Av.) **AV** 66
Giovannini (Corniche Ph.) **ABV**
Juin (Bd Maréchal A.) **AV** 86
Merle (Bd Toussaint) **AV**
1ère Armée Française Rhin et Danube (Av. de la) **AV** 184
8 Mai 1945 (Rond Point du) **AV** 186

LA VALETTE-DU-VAR

Anatole-France (Av.) **DU** 4
Char Verdun (Av. du) **DU** 33
Mirasouleou (Av.) **DU** 104
Nice (R. de) **DU** 116
Terres Rouges (Chemin des) **DU** 160

TOULON

Abel (Bd Jean-Baptiste) **DV**
Albert-1er (Pl.) **FX**
Alger (R. d') **GY**
Amiral Senès (Pl.) **GY**
Anatole-France (R.) **FY**
Armand (Pont L.) **EX**
Armaris (Bd des) **DUV**
Armes (Pl. d') **FY**
Barre (Chemin de la) **DV**
Barthou (Av. Louis) **DV** 7
Baudin (R.) **GY**
Bazeilles (Bd de) **CV** 8
Le Bellegou (Av. E.) **HZ**
Belle Visto (Chemin) **AU**
Berthelot (R.) **GY** 12
Bert (Bd Paul) **HZ**
Besagne (Av. de) **GZ**
Bir-Hakeim (Rond-Point) **HY**
Blache (Pl. Noël) **HY**
Blondel (R. André) **DV** 15
Blum (R. Léon) **EY**
Bois Sacré (Corniche du) **ABV**
Bonaparte (Rond-Point) **GHZ**
Bonnes Herbes (Chemin des) **AU** 18
Bonnet (R. A.) **EX**
Bony (R. A.) **EX**
Boucheries (R. des) **GY** 20
Bozzo (Av. L.) **HX** 22
Brasserie (Bd de la) **DV**
Briand (Av. Aristide) **ABV**
Brunetière (R. F.) **GYZ** 25
Camus (Av. Albert) **AU**
Carnot (Av. L.) **EXY**
Cartier (Av. Jacques) **CV** 28
Cassin (Av. René) **DU** 30
Cathédrale (Traverse) **GYZ** 32
Centrale (R.) **HX**
Chalucet (R.) **FXY**
Le Chatelier (Av. André) **ABU** 90
Churchill (Av. W.) **EY** 36
Clamour (Bd) **DV** 38
Clappier (R. Victor) **GY**
Claret (Av. de) **EX**
Clemenceau (Av. G.) **HY**
Colbert (Av.) **GY**
Collet (Av. Amiral) **EX**
Corderie (R. de la) **EFY**
Cronstadt (Quai) **FGZ**
Cuzin (Av. François) **CV, HY**
Dardanelles (Av. des) **EXY**
Daudet (R. Alphonse) **HY** 43
David (R.) **AU**
Delpech (R.) **HX**
Démocratie (Bd de la) **HY**
Dr. Barnier (R.) **FX**
Dr. Barrois (R.) **CU**
Dr. Bourgarel (Bd) **DV** 46
Dr. Cunéo (Bd) **CV** 47
Dr. Fontan (R. du) **EX**
Escaillon (Bd de l') **AV** 49
Escartefigue (Corniche Marius) **CDU**
Estienne-d'Orves (Av. d') **BV**
Fabié (R. François) **GHY**
Fabre (Corniche Émile) **BU** 56
Faron (Bd du) **BU**
Faron (Rte de) **BCU** 59
Foch (Av. Maréchal) **EY**
Font Pré (Av. de) **DUV** 60
Forgentier (Chemin de) **AU**
Fort Rouge (Bd du) **BU** 62
Fraize (Impasse) **HX**
Gambetta (Pl.) **GYZ** 65
Garibaldi (R.) **GY** 68
Gasquet (Av. Joseph) **DV**
Gaulle (Corniche du Gén.-de) **CDV**
Glacière (R. de la) **GY** 70
Globe (Pl. du) **GY** 72
Gouraud (Av. Général) **BU** 75
Granval (R.) **HX**
Groignard (R. Antoine) **ABU** 78
Guillemard (R. G.) **EY**
Hoche (R.) **GY**
Huile (Pl. à l') **GZ** 80
Infanterie de Marine (Av. de l') **CV, GZ** 82
Italie (Porte d') **HYZ**
Jacquemin (Bd) **BU** 85
Jaujard (R. Amiral) **HZ**
Jean-Jaurès (R.) **FGY**
Joffre (Bd Maréchal) **CV**
Juin (Av. A.) **CV, HY**
Kléber (R.) **CUV**
Lafayette (Cours) **GYZ**
Lambert (Pl. Gustave) **GY** 87
Landrin (Cours) **GY**
Landrin (R. P.) **GY**
Lattre-de-Tassigny (Av. Mar.-de) **CV, HZ** 88
Lebon (R. Philippe) **HY**
Leclerc (Bd. du Mar.) **EFY**
Lesseps (Bd Ferdinand de) **HXY**
Liberté (Pl. de la) **GY**
Lices (Av. des) **GHX**
Lices (Chemin des) **HX**
Lorgues (R. de) **GY**
Loti (Av. Pierre) **CV**
Loubière (Chemin de la) **HY**
Louis-Blanc (Pl.) **GZ** 92
Louvois (Bd) **FGX**
Lyautey (Av. Maréchal) **EXY**
Magnan (Av. Gén.) **FY** 94
Marceau (Av.) **CV**
Marchand (Av. Commandant) **HY**
Méridienne (R.) **GZ** 97
Michelet (Bd Jules) **CV** 100
Micholet (Av. V.) **FY** 102
Mistral (Littoral Frédéric) **CV** 106
Monsenergue (Pl. Ingénieur-Gén.) **FY** 108
Montserrat (R. de) **AU** 110
Mon Paradis (Chemin de) **AU**
Moulins (Av. des) **BU** 112
Moulin (Av. Jean) **FY**
Muraire (R.) **GY** 114
Murier (R. du) **GYZ**
Nardi (Av. François) **CDV**
Nicolas (Bd Commandant) **FGX**
Noguès (Av. Gén.) **EX**
Notre Dame (R.) **GY** 118
Noyer (R. du) **GY** 120
Oliviers (Av. des) **DU** 122
Orfèvres (Pl. des) **GYZ** 124
Ortolan (Av. Joseph-Louis) **CDU**
Pagnol (Quai Marcel) **CV** 126
Pasteur (Pl.) **HZ**
Pastoureau (R. H.) **GY** 128
Péri (Pl. Gabriel) **EY**
Perrichi (R. Edouard) **CU** 129
Peyresc (R.) **FY**
Picon (Bd Louis) **BU** 130
Picot (Av. Colonel) **DU**
Poincaré (R. H.) **HZ**
Poisssonnerie (Pl. de la) **GZ** 132
Pont de Bois (Chemin du) **BU** 133
Pressencé (R. F. de) **GZ** 134
Pruneau (Av. Gén.) **CV** 136
Puget (Pl.) **GY**
Rageot-de-la-Touche (Av.) **EXY**
Raimu (Pl.) **GY** 140
Raynouard (Bd) **HY**
Rebufat (R.) **HX**
République (Av. de la) **FGZ**
Résistance (Av. de la) **DV**
Riaux (R. des) **GY** 142
Richard (Bd G.) **HX**
Rigoumel (R. de) **BU** 144
Rivière (Av. Commandant) **BU**
Roosevelt (Av. Franklin) **HZ**
Routes (Av. des) **BU** 145
Sainte-Anne (Bd) **CU, GX** 146
Sainte-Claire-Deville (R.) **DUV** 150
Saint-Bernard (R.) **HY**
Saint-Roch (Av.) **EX**
Seillon (R. H.) **GZ** 152
Semard (R. Pierre) **GY**
Siblas (Av. des) **HX**
Sinse (Quai de la) **GZ**
Souvenir Français (Pl. du) **HY**
Strasbourg (Bd de) **GY**
Temple (Chemin) **BU** 158
Tessé (Bd de) **GXY**
Thorez (Av. Maurice) **AV** 162
Tirailleurs Sénégalais (Av. des) **CV** 166
Toesca (Bd P.) **EFX**
Trois Dauphins (Pl. des) **GY** 168
Trucy (Bd) **BU** 170
Valbourdin (Av. de) **BU** 172
Vallée (Pl. A.) **HY**
Vauban (Av.) **FXY**
Vert Coteau (Av.) **HY** 175
Vezzani (Pl. César) **GY** 178
Victoire (Av. de la) **FGX**
Victor-Hugo (Pl.) **GY**
Vienne (R. Henri) **EX**
Vincent (Av. E.) **EFX**
Visitation (Pl. de la) **GHY** 180
1er Bataillon de Choc (Av. du) **BU** 182
9e D.I.C. (Rond-Point de la) **HZ** 188
15e Corps (Av. du) **BU** 190
112e Régt d'Infanterie (Bd du) **GXY**

Bonaparte sans rest
16 r. Anatole-France – ✆ 04 94 93 07 51 – www.hotel-bonaparte.com
22 ch – 🚹53/55 € 🚹🚹60/62 € – 3 suites – ☕ 8,50 € FY**f**
◆ Cet immeuble napoléonien arbore une décoration provençale assez chaleureuse. Petit-déjeuner copieux façon table d'hôte. En été, chambres sur l'arrière plus calmes et fraîches.

Le Jardin du Sommelier
20 allée Amiral Courbet – ✆ 04 94 62 03 27 – www.lejardindusommelier.com – Fermé sam. midi et dim. FY**r**
Rest – (19 € bc) Menu 35 € – Carte 40/50 €
◆ Dans sa maison vigneronne, le patron-sommelier vous invite à partager sa passion pour grands et petits crus (de France et d'ailleurs) autour d'une cuisine du marché.

Le Pointilliste
43 r. Picot – ✆ 04 94 71 06 01 – www.lepointilliste.com – Fermé 14 juil.-15 août
Rest – (20 €) Menu 35/55 € – Carte 51/67 € GY**p**
◆ Agréable restaurant contemporain, dont le nom évoque les pointillistes qui peignirent la région (Seurat, Signac). À leur image, le chef compose des assiettes fines et délicates !

Au Sourd
10 r. Molière – ✆ 04 94 92 28 52 – www.ausourd.com – Fermé dim. et lundi
Rest – Menu 27 € – Carte 39/70 € GY**w**
◆ Institution créée par un artilleur de Napoléon III... rendu sourd au combat ! Nouvelle direction et nouvelle fraîcheur : au menu, rien que les beaux poissons de la pêche locale.

au Mourillon – ✉ 83100 Toulon

Tour royale ✳★.

La Corniche sans rest
17 littoral F. Mistral – ✆ 04 94 41 35 12 – www.bestwestern-hotelcorniche.com
28 ch – 🚹95/150 € 🚹🚹110/180 € – ☕ 12 € CV**a**
◆ À deux pas du port St-Louis et des plages du Mourillon, cet hôtel propose des chambres ou des suites élégantes et confortables ; la plupart avec vue panoramique sur la mer.

Le Gros Ventre
279 littoral F. Mistral – ✆ 04 94 42 15 42 – www.legrosventre.net – Fermé vend. midi, merc. et jeudi CV**e**
Rest – Menu 28/82 € – Carte 40/100 €
◆ Le chef réalise de savoureux plats en croûte (bœuf ou poisson issu de la pêche locale) et sa fille, sommelière, saura vous conseiller sur les meilleurs accords mets et vins.

au Cap Brun – ✉ 83100 Toulon

Les Pins Penchés
3182 av. de la Résistance – ✆ 04 94 27 98 98 – www.restaurant-pins-penches.com – Fermé vacances de la Toussaint, de fév., dim. soir, mardi midi et lundi
Rest – (38 €) Menu 58/68 € DV**a**
◆ Ce castel du 19e s., au charme cossu, jouit d'une vue superbe sur le parc arboré, le cap Brun et la Méditerranée. Cuisine traditionnelle ; service soigné.

TOULON-LA-MONTAGNE – 51 Marne – 306 F9 – ✉ 51130 — 13 B2

Paris 128 – Châlons-en-Champagne 40 – Épernay 29 – Reims 58

Les Corettes
chemin du Pâti – ✆ 03 26 59 06 92 – Ouvert 16 mars-14 nov.
5 ch ☕ – 🚹60 € 🚹🚹70 € **Table d'hôte** – Menu 20 € bc/40 € bc
◆ Au milieu du paisible vignoble, demeure dominant le village viticole. Chambres personnalisées, salon-billard et jardin fleuri. Salle à manger rustique où l'on sert une cuisine traditionnelle escortée de belles bouteilles de la cave familiale.

nougaro/Fotolia.com

Bord de Garonne

TOULOUSE

Département : P 31 Haute-Garonne
Carte Michelin LOCAL : 343 G3
Paris 677 – Barcelona 320 – Bordeaux 244 – Lyon 535
Altitude : 146 m
Population : 437 715 h.
Pop. agglomération : 761 090 h.
Code Postal : ✉ 31000
Midi-Toulousain
Carte régionale : 28 B2

RENSEIGNEMENTS PRATIQUES

OFFICE DE TOURISME
Square Charles De Gaulle ✆ 05 61 11 02 22

TRANSPORTS
Auto-train ✆ 3635 (dîtes auto-train - 0,34 €/mn)

AÉROPORT
Toulouse-Blagnac ✆ 0 825 380 000 (0,15 €/mn) AS

QUELQUES GOLFS
- 18 de Toulouse La Ramée à Tournefeuille Ferme du Cousturier, ✆ 05 61 07 09 09
- 18 de Toulouse à Vieille-Toulouse, S : 9 km par D 4, ✆ 05 61 73 45 48
- 9 Saint-Gabriel à Montrabé, par rte de Lavaur : 10 km, ✆ 05 61 84 16 65
- 36 Seilh Toulouse à Seilh Route de Grenade, par rte de Seilh : 12 km, ✆ 05 62 13 14 14
- 9 de Borde-Haute à Drémil-Lafage Borde-Haute, par rte de Castres (N126) : 15 km, ✆ 05 62 18 84 00
- 18 de Teoula à Plaisance-du-Touch 71, av. des Landes, SO : 20 km par D 632, ✆ 05 61 91 98 80
- 18 de Palmola à Buzet-sur-Tarn Rte d'Albi, NE : 22 km par A 68, sortie N°4, ✆ 05 61 84 20 50

CASINO
Du théâtre, 18 chemin de la Loge

HIPPODROME
Hippodrome de la Cépière 1 chemin des Courses ✆ 05 61 49 27 24

A VOIR

TOULOUSE ET L'AÉRONAUTIQUE
Usine Clément-Ader à Colomiers dans la banlieue Ouest par ⑦

QUARTIERS DE LA BASILIQUE ST-SERNIN ET DU CAPITOLE
Basilique St-Sernin★★★ - Musée St-Raymond★★ - Église les Jacobins★★ (vaisseau de l'église★★) - Capitole★ - Tour d'escalier★de l'hôtel de Bernuy EY

DE LA PLACE DE LA DAURADE À LA CATHÉDRALE
Hôtel d'Assézat et fondation Bemberg★★ EY - Cathédrale St-Étienne★ - Musée des Augustins★★ (sculptures★★★) FY

AUTRES CURIOSITÉS
Muséum d'histoire naturelle★★ FZ - Musée Paul-Dupuy★ FZ - Musée Georges-Labit★DV M²

8 GRENADE
A
1
TOULOUSE
0
1 km
GARONNE
S
T
U
7
COLOMIERS, AUCH
LOMBEZ
D 902
D 1
D 2
Rte de Grenade
R. de Bordebasse
Av. C. Gonin
PARC DU RITOURET
BLAGNAC
D 1E
A 621
EADS
TOULOUSE BLAGNAC
ANCELY
Rte de Bl
E.A.D.S.
ST-MARTIN DU TOUCH
D 28
D 901
A 624
PURPAN
Rte de Bayonne
FLEURANCE
D 980
CHAU
Cappelles
MAUBEC
980.1
ÉCOLE VÉTÉRINAIRE
Toec
ZÉNITH
Lardenne
D 82
Touch
Chin des
Av. de Lardenne
LARDENNE
980.2
D 632
T.D.F.
LA CÉPIÈRE
Chin de Ramelet Moundi
D 50
PRATS
136
LE MIRAIL
A 620
980.3
MÉTÉOROLOGIE NATLE
D 23
Mirail-Université
Basso-Cambo
Reynerie
Av. du Mirail
Bellefontaine
BELLEFONTAINE
Av. du Gal Eisenhower
Rte de Seysses
ST-SIMON
LARRIEU
D 63
D 15
A 64
THIBAUD
ST-GAUDENS D 817
TARBES
6
D 820

MONTAUBAN
AGEN A 62
VILLEMUR-S-T.
FRONTON
B
C
2
CORNAUDRIC
L' UNION
D 59
ALBI
GAILLAC
Sausse
MONTREDON
A 68
S
LAVAUR
D112
CHAU
GRAMONT
D 66
Gramont
D 64
D 64D
Hers
LAC DE
SESQUIÈRES
D 820
LALANDE
A 62
LES IZARDS
Borderouge
Trois Cocus
LES 3 COCUS
CROIX-
DAURADE
Route d' Albi
FONDEYRE
M.I.N.
Av. de Fronton
Garonne
GLACIÈRE
LA SALADE
La Vache
D 15
BORDEROUGE
N.D. DE
L'ASSOMPTION
Barrière
de Paris
Argoulets
109
104
148
NEGRENEYS
Minimes
LES MINIMES
Canal latéral à la Garonne
Bd de Suisse
15
BONNEFOY
IMMACULÉE
CONCEPTION
LA ROSERAIE
Route
Brunaud
ST-VINCENT
DE PAUL
BALMA
JEAN BAPTISTE
JOLIMONT
MARENGO
OBSERVATOIRE
Bd des Crêtes
SOUPETARD
Chaubet
D 50
ST-SERNIN
Av. de la Gloire
T
CAPITOLE
MOSCOU
Av. de Castres
A 61
CITÉ
DE
L'HERS
119
121
ST-FR. D'ASSISE
GUILHEMERY
STE-TH.-DE
L'ENFANT-JÉSUS
160
32
MAZAMET
CASTRES
D 826
CÔTE
PAVÉE
LAFILAIRE
ST-FR.-
XAVIER
LES
RECOLLETS
PONT DES
DEMOISELLES
Av. J. Rieux
Parc
Toulousain
St-Michel
123
140
43
LA CX
DE PIERRE
STE-MARIE
DES ANGES
154
84
Ste-Agne
Saouzelong
ST-JOSEPH
Av. Saint-Exupéry
CITÉ DE
L'ESPACE
Empalot-
J. Moulin
ST-ROCH
ST-AGNE
Canal
LA GRANDE
PLAINE
Route
LA POINTE
CASINO
THÉÂTRE
80
Rangueil
ST-MARC
A 620
125
D 2
U
D 16
MONTAUDRAN
RANGUEIL
I.N.S.A
Pharmacie
Rte de Narbonne
C.R.E.P.S.
REVEL
S.N.P.E.
CÔTES DE
PECH DAVID
L'ESPINET
A 620
A 61
HÔPITAL
SPÉCIALISÉ
Route d'Espagne
Paul Sabatier
Bellevue-Université
COMPLEXE
SCIENTIFIQUE
DE RANGUEIL
Canal du Midi
C.N.E.S.
CHU
D 35
A 603
D 4
GARONNE
D 120
LA BOURDETTE
PARC
TECHNOLOGIQUE
D 916
D 813
POUVOURVILLE
RAMONVILLE-
ST-AGNE
PÉAGE
A 61
VIEILLE-TOULOUSE
CARCASSONNE
MONTPELLIER
5

TOULOUSE

Alsace-Lorraine (R. d') . EXY
Arnaud-Bernard (R.) . . . . EX 4
Astorg (R. d') . . . . FY 5
Baronie (R.) . . . . EY 9
Billières (Av. E.). . . . . . . DV 13
Bonrepos (Bd) . . . . DV 16
Boulbonne (R.) . . . . FY 18
Bouquières (R.) . . . . FZ 19
Bourse (Pl. de la). . . . . . . EY 20
Cantegril (R.) . . . . FY 23
Capitole (Pl. du). . . . . EY
Cartailhac (R. E.) . . . . EX 26
Chaîne (R. de la) . . . . EX 31
Cugnaux (R. de) . . . . DV 35
Cujas (R.). . . . . EY 36
Daurade (Quai de la). . . . EY 38
Demoiselles (Allée des). DV 40
Esquirol (Pl.) . . . . EY 54
La-Fayette (R.) . . . . EY
Fonderie (R. de la). . . . . . EZ 60
Frères-Lion (R. des) . . . . FY 62
Griffoul-Dorval (Bd) . . . . DV 72
Henry-de-Gorsse (R.) . . . EZ 76
Jules-Chalande (R.). . . . . EY 79
Lapeyrouse (R.). . . . . FY 85
Leclerc (Bd Mar.) . . . . . . DV 87
Magre (R. Genty) . . . . . . EY 91
Malcousinat (R.) . . . . EY 92
Marchands (R. des) . . . . EY 95
Mercié (R. A.) . . . . EY 103
Metz (R. de) . . . . EFY
Peyras (R.). . . . . EY 113
Pleau (R. de la) . . . . FZ 114
Poids-de-l'Huile (R.) . . . . EY 115
Polinaires (R. des) . . . . . . EZ 116
Pomme (R. de la) . . . . . EFY 117
Pompidou (Allée) . . . . . . DV 118
Rémusat (R. de) . . . . EX
République (R. de la) . . . DV 124
Riguepels (R.) . . . . FY 127
Romiguières (R.). . . . . EY 129
Roosevelt (Allées) . . . . FXY 130
Ste-Ursule (R.). . . . . EY 137
St-Antoine-du-T. (R.) . . . . FY
St-Etienne (Port). . . . . . . DV 133
St-Michel (Gde-R.) . . . . . DV 134
St-Rome (R.) . . . . EY
Sébastopol (R. de) . . . . . DV 139
Semard (Bd P.). . . . . DV 142
Suau (R. J.) . . . . EY 146
Temponières (R.) . . . . . . EY 147
Trinité (R. de la). . . . . EY 149
Vélane (R.). . . . . FZ 158
Wilson (Pl. Prés.). . . . . . . FY
3-Journées (R. des) . . . . FY 162
3-Piliers (R. des) . . . . EX 164

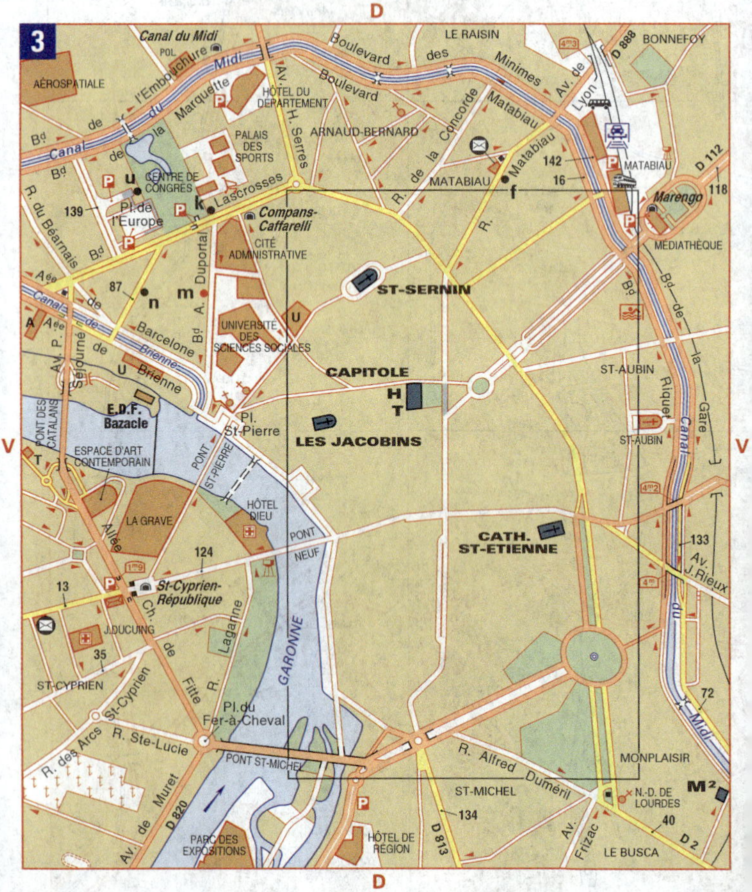

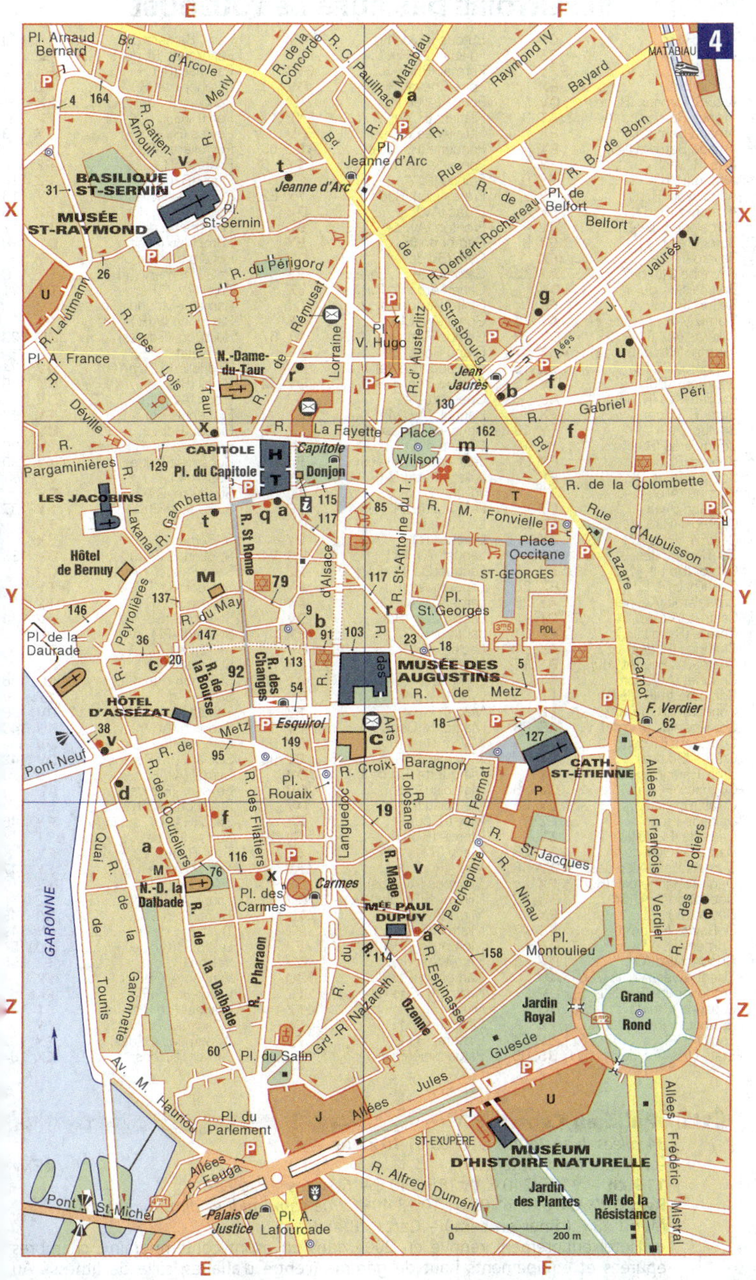

4
E
F
X
Y
Z
Pl. Arnaud Bernard
Bd d'Arcole
Merly
R. de la Concorde
R. C. Pauilhac
Matabiau
Raymond IV
Bayard
MATABIAU
R. Gatien-Arnoult
BASILIQUE ST-SERNIN
MUSÉE ST-RAYMOND
Pl. St-Sernin
Bd
Pl. Jeanne d'Arc
Jeanne d'Arc
Rue
R. de Denfert-Rochereau
R. B. de Born
Pl. de Belfort
Belfort
Jaurès
R. du Périgord
R. Lautmann
R. des Lois
R. du Taur
R. de Rémusat
Lorraine
Pl. V. Hugo
R. d' Austerlitz
Strasbourg
Pl. A. France
N.-Dame-du-Taur
Jean Jaurès
Allées J. Jaurès
R. Déville
R. La Fayette
Place Wilson
Gabriel Péri
Bd
R. Pargaminières
CAPITOLE
Pl. du Capitole
Capitole
Donjon
LES JACOBINS
R. Gambetta
R. Lakanal
R. St Rome
R. d'Alsace
R. St-Antoine du T.
R. M. Fonvielle
R. de la Colombette
Rue d'Aubuisson
Place Occitane
ST-GEORGES
Lazare
Hôtel de Bernuy
R. Peyrollières
R. du May
Pl. St.Georges
Pl. de la Daurade
R. de la Bourse
R. des Changes
MUSÉE DES AUGUSTINS
R. de Metz
Carnot
F. Verdier
HÔTEL D'ASSÉZAT
Metz
Esquirol
Arts
Pont Neuf
R. de
R. des Couteliers
R. des Filatiers
Pl. Rouaix
R. Croix-Baragnon
R. Tolosane
R. Fermat
CATH. ST-ÉTIENNE
Allées François Verdier
R. des Potiers
Languedoc
R. St-Jacques
Quai de la Garonnette
R. de Tounis
GARONNE
N.-D. la Dalbade
Pl. des Carmes
Carmes
R. Mage
Mée PAUL DUPUY
R. Perchepinte
R. Ninau
R. de la Dalbade
R. Pharaon
R. du
R. Espinasse
Pl. Montoulieu
Ozenne
Grd-R. Nazareth
Jardin Royal
Grand Rond
Guesde
Pl. du Salin
Av. M. Haurou
Pl. du Parlement
J
Allées Jules
U
ST-EXUPERE
MUSÉUM D'HISTOIRE NATURELLE
Allées Frédéric Mistral
Allées P. Feuga
Pont St-Michel
Palais de Justice
Pl. A. Lafourcade
R. Alfred Duméril
Jardin des Plantes
Mt de la Résistance
0
200 m
POL.

RÉPERTOIRE DES RUES DE TOULOUSE

Agde (Rte d')	CS	
Albi (Rte d')	CS	
Alsace-Lorraine (R. d')	EXY	
Arcole (Bd)	EX	
Arcs-St-Cyprien (R. des)	DV	
Arènes-Romaines (Av.)	AT	3
Arnaud-Bernard (Pl.)	EX	
Arnaud-Bernard (R.)	EX	4
Arts (R. des)	FY	
Astorg (R. d')	FY	5
Aubuisson (R. d')	FY	
Austerlitz (R. d')	FX	
Barcelone (Allée)	DV	
Baronie (R.)	EY	9
Bayard (R. de)	FX	
Bayonne (Rte de)	AT	
Béarnais (R. du)	DV	
Belfort (R.)	FX	
Biarritz (Av. de)	AT	12
Billières (Av. E.)	DV	13
Blagnac (Rte de)	AST	
Bonnefoy (R. Fg)	CS	15
Bonrepos (Bd)	DV	16
Bordebasse (R. de)	AS	
Born (R. B. de)	FX	
Boulbonne (R.)	FY	18
Bouquières (R.)	FZ	19
Bourse (Pl. de la)	EY	20
Bourse (R. de la)	EY	
Brienne (Allée de)	DV	
Brunaud (Av.)	CT	
Cantegril (R.)	FY	23
Capitole (Pl. du)	EY	
Carmes (Pl. des)	EZ	
Carnot (Bd L.)	FY	
Cartailhac (R. E.)	EX	26
Casselardit (Av. de)	AT	28
Castres (Av. de)	CT	
Chaîne (R. de la)	EX	31
Changes (R. des)	EY	
Château d'Eau (Av. du)	BT	32
Chaubet (Av. Jean)	CT	
Colombette (R. de la)	FZ	
Concorde (R. de la)	FZ	
Cornebarrieu (Av. de)	AS	33
Couteliers (R. des)	EYZ	
Crêtes (Bd des)	CT	
Croix-Baragnon (R.)	FY	
Cugnaux (R. de)	DV	35
Cujas (R.)	EY	36
Dalbade (R. de la)	EZ	
Daurade (Pl. de la)	EY	
Daurade (Quai de la)	EY	38
Demoiselles (Allée des)	DV	40
Denfert-Rochereau (R.)	FX	
Déodat-de-Sév. (Bd)	BU	43
Déville (R.)	EX	
Dr-Baylac (Pl. du)	AT	47
Duméril (R. A.)	DV	
Duportal (Bd A.)	DV	
Eisenhower (Av. du Gén.)	AU	
Embouchure (Bd de l')	DV	
Espagne (Rte d')	BU	
Espinasse (R.)	FZ	
Esquirol (Pl.)	EY	54
Etats-Unis (Av. des)	BS	55
Europe (Pl. de l')	DV	
La-Fayette (R.)	EY	
Fermat (R.)	FYZ	
Fer-à-Cheval (Pl. du)	DV	
Feuga (Allée P.)	EZ	
Filatiers (R. des)	EYZ	
Fitte (Allée Ch.-de)	DV	
Fonderie (R. de la)	EZ	60
Fonvielle (R. M.)	FY	
France (Pl. A.)	EX	
Frères-Lion (R. des)	FY	62
Frizac (Av.)	DV	
Fronton (Av. de)	BS	
Gambetta (R.)	EY	
Gare (Bd de la)	DV	
Garonnette (R. de la)	EZ	
Gatien-Arnoult (R.)	EX	
Gloire (Av. de la)	CT	
Gonin (Av. Cl.)	AS	
Grande-Bretagne (Av. de)	AT	67
Grand-Rond	FZ	
Grenade (Rte de)	AS	
Griffoul-Dorval (Bd)	DV	72
Guesde (Allée J.)	FZ	
Hauriou (Av. M.)	EZ	
Henry-de-Gorsse (R.)	EZ	76
Jeanne-d'Arc (Pl.)	FX	
Jean-Jaurès (Allées)	FX	
Jules-Chalande (R.)	EY	79
Julien (Av. J.)	BU	80
Lafourcade (Pl. A.)	EZ	
Laganne (R.)	DV	
Lakanal (R.)	EY	
Langer (Av. M.)	BU	84
Languedoc (R. du)	EZ	
Lapeyrouse (R.)	FY	85
Lardenne (Av. de)	AT	
Lascrosses (Bd)	DV	
Lautmann (R.)	EX	
Leclerc (Bd Mar.)	DV	87
Lois (R. des)	EX	
Lombez (Av. de)	AT	88
Lyon (Av. de)	DV	
Mage (R.)	FZ	
Magre (R. Genty)	EY	91
Malcousinat (R.)	EY	92
Marchands (R. des)	EY	95
Marquette (Bd de la)	DV	
Matabiau (Bd)	DV	
Matabiau (R.)	DV	
May (R. du)	EY	
Mercié (R. A.)	EY	103
Merly (R.)	FZ	
Metz (R. de)	EFY	
Minimes (Av. des)	BS	104
Minimes (Bd des)	DV	
Mirail (Av. du)	AU	
Mistral (Allées-F.)	FZ	
Montoulieu (Pl.)	FZ	
Muret (Av. de)	DV	
Narbonne (Rte de)	BCU	
Nazareth (Gde-R.)	EFZ	
Ninau (R.)	FZ	
Occitane (Pl.)	FY	
Ozenne (R.)	FZ	
Pargaminières (R.)	EY	
Paris (Barrière de)	BS	109
Parlement (Pl. du)	EZ	
Pauilhac (R. C.)	EFX	
Perchepinte (R.)	FZ	
Périgord (R. du)	EX	
Péri (R. G.)	FX	
Peyras (R.)	EY	113
Peyrolières (R.)	EY	
Pharaon (R.)	EZ	
Pleau (R. de la)	FZ	114
Poids-de-l'Huile (R.)	EY	115
Polinaires (R. des)	EZ	116
Pomme (R. de la)	EFY	117
Pompidou (Allée)	DV	118
Potiers (R. des)	FZ	
Pt-Guilheméry (R.)	CT	119
Pujol (Av. C.)	CT	121
Ramelet-Moundi (Ch. de)	AU	
Raymond IV (R.)	FX	
Récollets (Bd des)	BU	123
Rémusat (R. de)	EX	
République (R. de la)	DV	124
Revel (Rte de)	CU	125
Rieux (Av. J.)	DV	
Riguepels (R.)	FY	127
Riquet (Bd)	DV	
Romiguières (R.)	EY	129
Roosevelt (Allées)	FXY	130
Rouaix (Pl.)	EY	
Ste-Lucie (R.)	DV	
Ste-Ursule (R.)	EY	137
St-Antoine-du-T. (R.)	FY	
St-Bernard (R.)	EX	
St-Etienne (Port)	DV	133
Saint-Exupéry (Av.)	CU	
St-Georges (Pl.)	FY	
St-Jacques (R.)	FZ	
St-Michel (Gde-R.)	DV	134
St-Pierre (Pl.)	DV	
St-Rome (R.)	EY	
St-Sernin (Pl.)	EX	
St-Simon (Rte de)	AU	136
Salin (Pl. du)	EZ	
Sébastopol (R. de)	DV	139
Ségoffin (Av. V.)	BU	140
Séjourné (Av. P.)	DV	
Semard (Bd P.)	DV	142
Serres (Av. H.)	DV	
Seysses (Rte de)	AU	
Strasbourg (Bd de)	FX	
Suau (R. J.)	EY	146
Suisse (Bd de)	BST	
Taur (R. du)	EX	
Temponières (R.)	EY	147
Tolosane (R.)	FYZ	
Tounis (Quai de)	EZ	
Trentin (Bd S.)	BS	148
Trinité (R. de la)	EY	149
U.R.S.S. (Av. de l')	BU	154
Vélane (R.)	FZ	158
Verdier (Allées F.)	FZ	
Victor-Hugo (Pl.)	FX	
Wagner (Bd Richard)	BT	160
Wilson (Pl. Prés.)	FY	
3-Journées (R. des)	FY	162
3-Piliers (R. des)	EX	164

Pullman Centre

rest, VISA AE

84 allées Jean Jaurès – *05 61 10 23 10*
– *www.pullmanhotels.com* **4FXv**

119 ch – 185/240 € 185/240 € – 6 suites – 22 €

Rest *S W Café* – 05 61 10 23 40 *(fermé sam. midi et dim. midi)* (16 €)
Menu 23 € (dîner en sem.) – Carte 28/48 €

◆ Hôtel entièrement rénové en 2009 dans un esprit contemporain : chambres épurées et équipements haut de gamme (centre d'affaires, salle de fitness). Au SW Café, décor minimaliste et recettes panachant produits régionaux et épices du monde.

Crowne Plaza
7 pl. du Capitole – 05 61 61 19 19 – *www.crowne-plaza-toulouse.com*
162 ch – 120/295 € 135/310 € – 3 suites – 23 € **4EYt**
Rest – *(fermé août)* (17 €) Menu 21 € (déj.), 26/45 € – Carte 37/63 €
◆ Situation prestigieuse sur la place du Capitole pour cet établissement doté d'un centre d'affaires. Chambres spacieuses et bien équipées ; certaines regardent l'hôtel de ville. Le restaurant donne sur un agréable patio florentin.

Grand Hôtel de l'Opéra sans rest
1 pl. du Capitole – 05 61 21 82 66 – *www.grand-hotel-opera.com*
49 ch – 120/490 € 150/490 € – 20 € **4EYa**
◆ Chambres cossues habillées de boiseries et de velours, salle de réception confortable et plaisant salon-bar : le charme du passé perdure en cet ancien couvent du 17e s.

Mercure Atria
8 espl. Compans Caffarelli – 05 61 11 09 09 – *www.mercure.com*
136 ch – 80/190 € 90/205 € – 2 suites – 16 € **3DVk**
Rest – *(fermé 1er-21 août)* (15 €) Carte 25/40 €
◆ À proximité du palais des congrès, bâtiment d'allure moderne – vous remarquerez une de ses façades tout en transparence –, disposant de chambres confortables décorées sur le thème de l'opéra. Cuisine actuelle servie dans un restaurant d'esprit bistrot contemporain.

Novotel Centre
5 pl. A. Jourdain – 05 61 21 74 74 – *www.novotel.com* **3DVu**
135 ch – 80/195 € 80/195 € – 2 suites – 14 €
Rest – (17 €) Carte 25/47 €
◆ Dans un quartier résidentiel du centre, établissement proche d'un jardin japonais et d'un parc, abritant des chambres de bonne ampleur aménagées selon les derniers standards de la chaîne. Restaurant de cuisine traditionnelle ouvrant sur la piscine de l'hôtel.

Le Grand Balcon sans rest
10 r. Romiguière – 05 34 25 44 09 – *www.grandbalconhotel.com*
47 ch – 160/190 € 160/390 € – 20 € **4EYx**
◆ L'hôtel des pilotes de l'aéropostale vient de rouvrir, célébrant ses anciens hôtes à travers un design contemporain plein d'imagination. La n° 32 reproduit la chambre de Saint-Exupéry.

Garonne sans rest
22 descente de la Halle-aux-Poissons – 05 34 31 94 80 – *www.hotelgaronne.com*
14 ch – 95/230 € 95/230 € – 19 € **4EYd**
◆ Bâtisse ancienne dans une venelle du vieux Toulouse. Bel intérieur contemporain : parquet en chêne teinté, meubles design, tentures soyeuses et petites touches japonisantes.

Des Beaux Arts sans rest
1 pl. du Pont-Neuf – 05 34 45 42 42 – *www.hoteldesbeauxarts.com*
19 ch – 110/250 € 110/250 € – 14 € **4EYv**
◆ Maison du 18e s. aménagée avec goût aux chambres douillettes et raffinées. La majorité a vue sur la Garonne et la n° 42 possède un atout supplémentaire : une miniterrasse.

Les Capitouls sans rest
29 allées Jean-Jaurès – 05 34 41 31 21 – *www.bestwestern-capitouls.com*
55 ch – 110/181 € 110/181 € – 2 suites – 15 € **4FXg**
◆ Un bel immeuble bourgeois : tel se présente cet hôtel central possédant un hall de caractère (voûtes en briques roses) et des chambres fonctionnelles et confortables.

Citiz sans rest
18 allées Jean Jaurès – 05 61 11 18 18 – *www.citizhotel.com* **4FXb**
56 ch – 100/290 € 115/305 € – 18 €
◆ En plein centre, au croisement des deux lignes de métro de la ville, un hôtel flambant neuf, fonctionnel et très design. Parfait pour la clientèle d'affaires, mais pas seulement.

Mercure Wilson sans rest
7 r. Labéda – ✆ 05 34 45 40 60 – www.mercure.com **4FYm**
95 ch – †74/185 € ††84/195 € – ☕ 15 €
◆ Derrière la façade toulousaine, chambres bien équipées et égayées de teintes ensoleillées. Aux beaux jours, petits-déjeuners servis en terrasse. Garage très pratique.

De Brienne sans rest
20 bd du Mar.-Leclerc – ✆ 05 61 23 60 60 – www.hoteldebrienne.com
70 ch – †75/100 € ††85/110 € – 1 suite – ☕ 11 € **3DVn**
◆ Hôtel proche du centre-ville proposant des chambres fonctionnelles sobrement décorées, à choisir sur l'arrière pour plus de calme. Parking gratuit et agréable salon de détente.

Athénée sans rest
13 bis r. Matabiau – ✆ 05 61 63 10 63 – www.hotel-toulouse-athenee.com
35 ch ☕ – †85/147 € ††85/157 € **4FXa**
◆ Voici un immeuble moderne à deux pas du centre-ville abritant des chambres fonctionnelles, sobres et colorées. Pour le côté pratique : garage et parking à disposition.

Mermoz sans rest
50 r. Matabiau – ✆ 05 61 63 04 04 – www.hotel-mermoz.com **4DVf**
52 ch – †105/145 € ††115/155 € – ☕ 14 €
◆ Cet hôtel est mis en valeur par une nouvelle décoration (2010), où plane toujours le souvenir des pilotes de l'Aéropostale. Salle des petits-déjeuners sous verrière.

Le Clos des Potiers sans rest
12 r. des Potiers – ✆ 05 61 47 15 15 – www.le-clos-des-potiers.com **4FZe**
9 ch – †100/220 € ††100/220 € – ☕ 13 €
◆ Dans une rue calme près du centre-ville, maison de maître pleine de charme. Chambres joliment décorées dans un style classique. Une adresse cosy, entre hôtel et maison d'hôtes.

St-Claire sans rest
29 pl. N.-Bachelier – ✆ 05 34 40 58 88 – www.stclairehotel.fr **4FXu**
16 ch – †50/72 € ††70/129 € – ☕ 10 €
◆ Des petites chambres cosy aux teintes pastel, des aménagements soignés (meubles réalisés par un artisan et sols en jonc de mer) : voici une sympathique adresse du centre-ville.

Albert 1er sans rest
8 r. Rivals – ✆ 05 61 21 17 91 – www.hotel-albert1.com **4EXr**
47 ch – †55/109 € ††65/119 € – ☕ 10 €
◆ Adresse familiale pratique pour sillonner à pied la Ville rose. Les chambres, progressivement relookées, sont fonctionnelles et bien équipées ; plus calmes sur l'arrière.

Castellane sans rest
17 r. Castellane – ✆ 05 61 62 18 82 – www.castellanehotel.com **4FXf**
53 ch – †68/78 € ††68/78 € – ☕ 8,50 €
◆ Hôtel familial situé en centre-ville. Les chambres, décorées sobrement, sont fonctionnelles, plus paisibles côté patio ; certaines conviennent particulièrement aux familles.

Les Loges de St-Sernin sans rest
12 r. St-Bernard – ✆ 05 61 24 44 44 – www.dormiratoulouse.net – Fermé 1 sem. en fév.
4 ch ☕ – †110/125 € ††110/125 € **4EXt**
◆ Au 2e étage de cet immeuble totalement refait se trouvent des chambres raffinées, mariant l'ancien au confort d'aujourd'hui. Une adresse de charme bien sympathique.

Michel Sarran
21 bd A. Duportal – ✆ 05 61 12 32 32 – www.michel-sarran.com
– Fermé août, 20-28 déc., merc. midi, sam. et dim. **3DVm**
Rest – *(prévenir)* Menu 44 € bc (déj.), 98/165 € bc – Carte 95/135 €
Spéc. Foie gras en éclair pâtissier à la feuille d'or et éclats de noisette. Pigeon du Mont Royal, suprêmes frits en kadaïf et jus à l'encre, abattis en croquette. Pommes granny en compote et mousseux, glace blanche à la cannelle, soufflé "pomme d'Amour". **Vins** Fronton, Côtes du Marmandais.
◆ Cette demeure de charme du 19e s., à l'atmosphère conviviale et au décor moderne épuré, sublime une belle cuisine inventive. Plaisante terrasse à l'italienne pour les beaux jours.

XXX **Les Jardins de l'Opéra**

1 pl. du Capitole – ✆ 05 61 23 07 76 – www.lesjardinsdelopera.com – Fermé midi fériés, dim. et lundi **4EYq**

Rest – Menu 29/99 € – Carte 54/88 €

◆ Élégante salle à manger en rotonde coiffée d'une verrière offrant un puits de lumière. La cuisine, actuelle et inventive, valorise de beaux produits. Cour intérieure fleurie.

XX **En Marge** (Frank Renimel)

✿ *8 r. Mage – ✆ 05 61 53 07 24 – www.restaurantenmarge.com – Fermé 4-10 mai, 13 juil.-10 août, dim., lundi et mardi* **4FZv**

Rest – *(nombre de couverts limité, prévenir)* (30 €) Menu 60/120 €

Spéc. Tartare de Saint-Jacques, crème de potimarron, émulsion à la truffe (nov. à mars). Suprême de pigeon rôti, tatin de céleri, jus de viande au caviar citron (mars-avril). Cigare au rhum et à la feuille de tabac.

◆ Accueil attentif, ambiance très conviviale, décor moderne un brin baroque et nombre limité de couverts pour déguster de beaux menus inventifs, renouvelés au gré des saisons.

XX **Metropolitan**

✿ *2 pl. Auguste-Albert – ✆ 05 61 34 63 11 – www.metropolitan-restaurant.fr – Fermé 1er-15 août, sam. midi, dim. et lundi* **2CTa**

Rest – Menu 39 € (sem.), 64/92 € – Carte 76/100 €

Spéc. Canneloni de tourteau et ananas à la coriandre. Volaille fermière et homard au vin jaune, fricassée de légumes d'été (juin-juil.). Barre glacée au chocolat ivoire et violette, cristalline et sirop de violette. **Vins** Gaillac, Côtes de Duras.

◆ Adresse tendance proche de la Cité de l'Espace. Un cadre contemporain, étudié dans ses choix de design, met en valeur la talentueuse cuisine actuelle du chef. Service sympathique.

XX **Le L**

24 pl. de la Bourse – ✆ 05 61 21 69 05 – www.restaurantlel.com – Fermé 5-25 août, dim. et lundi **4EYc**

Rest – Menu 48 € (dîner)/89 € – Carte 25/40 €

◆ Au cœur de la vieille ville, cette table contemporaine propose une carte créative aux influences asiatiques, renouvelée souvent, et plus étoffée au dîner. Terrasse d'été.

XX **Anges et Démons**

1 r. Perchepinte – ✆ 05 61 52 66 69 – www.restaurant-angesetdemons.com – Fermé dim. soir, lundi et le midi sauf dim. **4FZa**

Rest – Menu 40/55 €

◆ Engageant restaurant de la vieille ville misant sur un concept original : le prix du plat principal choisi correspond à celui d'un menu complet. Décor cosy, en partie sous des voûtes du 16e s.

XX **PY-R**

19 r. des Paradoux – ✆ 05 61 25 51 52 – www.py-r.com – Fermé 2 sem. en août, 1 sem. en janv., dim. et lundi **4ZEf**

Rest – (19 €) Menu 34/65 €

◆ De l'inventivité, du goût, beaucoup d'envie, une vitalité débordante – et parfois un brin débordée... Misez sur le meilleur de cette table lancée en 2010 par un tout jeune chef !

XX **Le Fouquet's**

18 chemin de la Loge – ✆ 05 61 33 37 77 – www.lucienbarriere.com

Rest – (21 €) Menu 32 € bc (déj.)/34 € – Carte 33/68 € **2BUa**

◆ Sur une île de la Garonne, voici le dernier-né de la famille Fouquet's. Feuilles d'or, lumière tamisée, collection de photos servent d'écrin à une cuisine dans l'air du temps.

XX **7 Place St-Sernin**

7 pl. St-Sernin – ✆ 05 62 30 05 30 – www.7placesaintsernin.com – Fermé 1er-15 août, 1 sem. en déc., sam. midi et dim. **4EXv**

Rest – Menu 22 € bc (déj.), 28/55 € bc – Carte 53/82 €

◆ Dans les murs d'une toulousaine, restaurant élégant orné de toiles contemporaines. La cuisine est à l'image du lieu : de tradition actualisée. Terrasse face à la basilique.

XX **Brasserie Flo "Les Beaux Arts"**
1 quai Daurade – ✆ 05 61 21 12 12 – www.brasserielesbeauxarts.com
Rest – Menu 23/38 € – Carte 27/56 € **4EYv**
◆ Les Toulousains apprécient l'ambiance et le décor rétro de cette brasserie des bords de la Garonne, jadis fréquentée par Ingres, Matisse et Bourdelle. Carte très variée.

XX **Chez Laurent Orsi "Bouchon Lyonnais"**
13 r. de l'Industrie – ✆ 05 61 62 97 43 – www.le-bouchon-lyonnais.com
Rest – Menu 22/37 € – Carte environ 38 € **4FYf**
◆ Grand bistrot où banquettes en cuir, tables serrées et miroirs recréent une attachante ambiance du passé. Saveurs du Sud-Ouest, du Lyonnais et marée à l'honneur.

XX **Émile**
13 pl. St-Georges – ✆ 05 61 21 05 56 – www.restaurant-emile.com – Fermé 21 déc.-10 janv., lundi sauf le soir de mai à sept. et dim. **4FYr**
Rest – Menu 20 € (déj.), 30/55 € – Carte 39/61 €
◆ Belle carte des vins, cuisine axée sur le terroir (spécialité de cassoulet) et le poisson : cette adresse pourvue d'une agréable terrasse est très prisée.

X **L'Adresse**
4 r. Baronie – ✆ 05 61 22 55 48 – www.adresserestaurant.com – Fermé 7-13 mars, 8-28 août, mardi soir, dim., lundi et fériés **4EYb**
Rest – (15 €) Menu 26/39 € – Carte 42/49 €
◆ Mobilier contemporain, miroirs, bibliothèque, bouteilles, ardoises de suggestions du jour : un décor à la mode pour cette "adresse" servant une cuisine actuelle bien mitonnée.

X **L'Empereur de Huê**
17 r. des Couteliers – ✆ 05 61 53 55 72 – www.empereurdehue.com – Fermé le midi, dim. et lundi **4EZa**
Rest – *(prévenir)* Menu 37 € (sem.) – Carte 47/54 €
◆ Une chef talentueuse, des produits sélectionnés, des herbes aromatiques, ou l'alchimie d'un concentré de Vietnam au service d'une fine cuisine. Cadre résolument contemporain.

X **Brasserie du Stade**
114 r. Troënes ✉ 31200 – ✆ 05 34 42 24 20 – www.stadetoulousain.fr – Fermé 18 juil.-26 août, 20 déc.-1er janv., lundi soir, mardi soir, sam. et dim.
Rest – Menu 26 € (déj.) – Carte 30/45 € **1ASx**
◆ Grande salle de restaurant située dans l'enceinte du temple du rugby toulousain. Entre photos et trophées, on mange des petits plats soignés d'inspiration brasserie.

X **Rôtisserie des Carmes**
38 r. Polinaires – ✆ 05 61 53 34 88 – Fermé 30 juil.-29 août, 23-26 déc., 31 déc.-2 janv., sam., dim. et fériés **4EZx**
Rest – (16 €) Menu 21 € (déj.)/31 € bc – Carte 40/60 € le soir
◆ Voisinage du marché des Carmes oblige, la petite carte et le menu du jour évoluent selon les arrivages. Le truculent patron officie dans une cuisine offerte à la vue de tous.

à Gratentour 15 km au Nord par D 4 et D 14 - BS - 3 491 h. - alt. 174 m – ✉ 31150

Le Barry ch, rest,
47 r. Barry – ✆ 05 61 82 22 10 – www.lebarry.fr – Fermé 16 déc.-3 janv., vend., sam. et dim. d'oct. à mars
22 ch – †53 € ††60 € – ☕ 8 €
Rest – *(fermé 29 juil.-21 août, vend. soir, sam. et dim.)* (10 €) Menu 13 € (déj.)/30 € – Carte 17/41 €
◆ Le calme est au rendez-vous dans cette ancienne ferme de briques roses proche du vignoble du Frontonnais. Chambres fonctionnelles, petit jardin et piscine pour la détente. Salle à manger accueillante et soignée ; répertoire culinaire traditionnel.

à l'Union 7 km au Nord-Est - CS – 12 300 h. – alt. 146 m – ✉ 31240

XX **La Bonne Auberge**

2 bis r. Autan-Blanc, (N 88) – ✆ 05 61 09 32 26 – www.bonneauberge31.fr – Fermé 8-30 août, 24 déc.-3 janv., dim. et lundi

Rest – (20 €) Menu 28/52 € – Carte 37/51 €

◆ Sur la rue principale, restaurant occupant une ancienne grange : mobilier rustique, poutres et cheminée. Carte dans l'air du temps composée par un chef soucieux du produit.

à Rouffiac-Tolosan 12 km par ② – 1 646 h. – alt. 210 m – ✉ 31180

XXX **Ô Saveurs** (Daniel Gonzalez et David Biasibetti)

8 pl. Ormeaux, (au village) – ✆ 05 34 27 10 11 – http://o.saveurs.free.fr – Fermé 2-10 mai, 15 août-7 sept., 15-23 fév., sam. midi, dim. soir et lundi

Rest – (23 €) Menu 39/85 € – Carte 70/100 €

Spéc. Fricassée de langoustines et foie gras de canard aux pleurotes et coulis de corail. Parillade de poissons à la plancha, huile d'olive et petits légumes. Assiette de chocolat grand cru pour amateur de cacao. **Vins** Gaillac, Madiran.

◆ Charmante maison de village sur une petite place pavée. On réalise ici une cuisine à quatre mains avec une bonne dose de tradition relevée d'un zeste de créativité... Savoureux !

à Rangueil 5 km au Sud-Est – ✉ 31400

X **Mas de Dardagna**

1 chemin de Dardagna, près de l'hôpital Rangueil – ✆ 05 61 14 09 80 – www.masdedardagna.com – Fermé août, 26-30 déc., sam., dim. et fériés

Rest – *(prévenir le soir)* Menu 20 € (déj.), 30/58 € **2BUe**

◆ Une cuisine soignée qui oscille entre modernité et tradition, à déguster dans un décor agréable : une ancienne ferme aux murs de briques rouges agrémentée d'un jardin-terrasse.

à Castanet-Tolosan 12 km par ⑤ et N 113 – 10 329 h. – alt. 164 m – ✉ 31320

X **La Table des Merville**

3 pl. Richard – ✆ 05 62 71 24 25 – www.table-des-merville.fr – Fermé 7-16 août, 24 déc.-2 janv., lundi soir et dim.

Rest – (16 €) Menu 28/40 € – Carte 40/70 €

◆ Séduisante petite adresse familiale du centre du village où gastronomie et convivialité font bon ménage. Les gourmets voient le chef réaliser ses plats de bistrot savoureux.

à Vigoulet-Auzil 13 km au Sud par D4 et D35ᵉ - BU – 970 h. – alt. 290 m – ✉ 31320

Château d'Arquier sans rest

17 av. des Pyrénées – ✆ 05 61 75 80 76 – www.arquier.com

3 ch – †90/95 € ††95/100 €

◆ Posée sur un coteau arboré, maison de famille typiquement toulousaine avec une façade percée de nombreuses fenêtres. Intérieur bourgeois ; peintures murales de Marc Saint-Saëns.

à Lacroix-Falgarde 13 km au Sud par D 4 - BU – 1 873 h. – alt. 154 m – ✉ 31120

XX **Le Bellevue**

1 av. des Pyrénées – ✆ 05 61 76 94 97 – http://restolebellevue.free.fr – Fermé 15 oct.-15 nov., 28 fév.-9 mars, merc. de sept. à avril et mardi

Rest – Menu 18 € (déj. en sem.), 28/41 € – Carte 41/64 €

◆ Ancienne guinguette entourée de verdure bordant l'Ariège. Aux beaux jours, la grande terrasse à fleur d'eau a beaucoup de succès. Plats traditionnels et spécialités du Sud-Ouest.

Il fait beau ? Savourez le plaisir de manger en terrasse :

à Tournefeuille 10 km à l'Ouest par D 632 AT – 25 444 h. – alt. 155 m – ✉ 31170

XX **L'Art de Vivre**

279 chemin Ramelet-Moundi – ✆ 05 61 07 52 52 – www.lartdevivre.fr – Fermé vacances de Pâques, 10-31 août, vacances de Noël, dim. soir, lundi soir, mardi soir et merc.
Rest – Menu 25 € (déj. en sem.), 38/60 € – Carte 48/65 €
♦ Maison noyée dans la verdure et terrasse permettant de profiter du charme bucolique du lieu aux beaux jours. Décor dans l'air du temps ; cuisine actuelle sur bases traditionnelles.

à Purpan 6 km à l'Ouest par N 124 - ✉ 31300 Toulouse

Palladia

271 av. de Grande Bretagne – ✆ 05 62 12 01 20 – www.hotelpalladia.com
90 ch – †99/260 € ††99/260 € – 1 suite – ☕ 18 € **1ATe**
Rest – *(fermé dim. et fériés)* (25 € bc) Menu 28/59 € bc – Carte 39/74 €
♦ Cet imposant immeuble à la façade rideau en verre et béton, situé à égale distance de l'aéroport et du centre-ville, est idéal pour les séminaires. Chambres spacieuses, progressivement rénovées. Confortable restaurant profitant d'une terrasse aux beaux jours.

Novotel Aéroport

23 impasse Maubec – ✆ 05 61 15 00 00 – www.novotel.com **1ATa**
123 ch – †77/175 € ††79/175 € – ☕ 14 €
Rest – *(fermé sam. midi et dim. midi sauf juil.-août)* (12 €) Carte 33/50 €
♦ Équipements de loisirs – jeux pour enfants, tennis, piscine – orientent cette adresse pour la détente autant que pour les affaires. Décor revu selon le dernier concept Novotel. Le restaurant contemporain et la terrasse regardent la piscine ; cuisine traditionnelle.

à St-Martin-du-Touch vers ⑦– ✉ 31300 Toulouse

Airport Hôtel sans rest

176 rte de Bayonne – ✆ 05 61 49 68 78 – www.airport-hotel-toulouse.com
45 ch – †74 € ††90 € – 3 suites – ☕ 10 € **1ATs**
♦ À proximité de l'aéroport, hôtel des années 1980 à l'ambiance familiale. Façade colorée en parement de briques ; chambres sobres et fonctionnelles ; garage ; plateaux repas.

XX **Le Cantou**

98 r. Velasquez, (D 2B) – ✆ 05 61 49 20 21 – www.cantou.fr – Fermé 2 sem. en août, vacances de Noël, sam. et dim. **1ATh**
Rest – Menu 31/58 € – Carte 45/56 €
♦ La campagne à la ville ! Découvrez cette coquette ferme et sa terrasse entourée d'un immense jardin. Goûteuse cuisine actuelle et remarquable sélection de vins (1 300 références).

à Colomiers 10 km par ⑦, sortie n° 3 puis direction Cornebarrieu par D 63 – 32 110 h. – alt. 182 m – ✉ 31770

XXX ✿✿ **L'Amphitryon** (Yannick Delpech)

chemin de Gramont – ✆ 05 61 15 55 55 – www.lamphitryon.com
Rest – Menu 30 € (déj. en sem.), 69/120 € – Carte 98/168 €
Spéc. Caviar des Pyrénées et sardine taillée au couteau, crème de morue et condiments. Pigeonneau du Mont-Royal rôti et fumé au bois de hêtre, les cuisses en "vrai faux" sushi. Tajine de clémentines et olives taggiasche, grog au rhum et glace à l'huile d'olive (hiver). **Vins** Vin de pays du Comté Tolosan, Côtes du Frontonnais.
♦ Nouvelles ambiances : air (la verrière), terre (la table d'hôte) et feu (la salle cheminée) pour une brillante cuisine créative, très originale, sublimant les produits du terroir.

à Pibrac 12 km par ⑦, sortie n° 6 – 7 712 h. – alt. 157 m – ✉ 31820

X **Le Pavillon St-Jean**

1 chemin Beauregard – ✆ 05 61 06 71 71 – www.lepavillonst-jean.fr – Fermé 1er-22 août, 25 déc.-2 janv., 28 fév.-6 mars, sam. midi, dim. soir et lundi
Rest – Menu 20 € (déj. en sem.), 32/50 €
♦ En léger retrait du centre, paisible maison régionale proposant une cuisine traditionnelle dans un sobre cadre contemporain, ou en terrasse pour profiter des belles journées.

à Blagnac 7 km au Nord-Ouest – 21 199 h. – alt. 135 m – ✉ 31700

Radisson Blu
2 r. Dieudonné-Costes – ✆ *05 61 16 18 00* – *www.toulouse.radissonblu.com*
200 ch – ✝120/300 € ✝✝120/300 € **1ASx**
Rest – Menu 20 € (déj. en sem.)/27 € – Carte 30/45 €
♦ À deux pas de l'aéroport, hôtel contemporain reconnaissable à sa façade ponctuée de volets multicolores transparents. Une modernité assumée aussi dans le design des chambres. Le restaurant aux larges baies vitrées sert une cuisine surfant sur l'air du temps (terrasse protégée sur patio).

Pullman
2 av. Didier Daurat, dir. aéroport (sortie n° 3) – ✆ *05 34 56 11 11*
– *www.pullmanhotels.com* **1ASe**
100 ch – ✝95/335 € ✝✝95/335 € – 22 €
Rest *Le Corridor* – *(fermé 24 juil.-21 août, vend. soir, sam., dim. et fériés)* (25 €)
Menu 30 € – Carte 42/74 €
♦ Ne vous fiez pas à l'architecture années 1970 de cet hôtel, il cache des espaces communs tendance et une partie des chambres a adopté le même style (aubergine, rouge). Petite restauration façon tapas au bar ou carte plus traditionnelle en salle.

à Seilh 15 km par ⑧ – 2 812 h. – alt. 133 m – ✉ 31840

Latitudes Golf de Seilh
rte de Grenade – ✆ *05 62 13 14 15*
– *www.latitudes-hotels-toulouse.com*
170 ch – ✝96/205 € ✝✝96/205 € – 2 suites – 16 €
Rest – Menu 16 € (déj.)/35 € – Carte 24/59 €
♦ Complexe hôtelier doté de nombreux équipements sportifs (deux parcours de golf 18 trous). Belle capacité pour séminaires ; possibilité de location de studios et d'appartements. Restaurant décoré sur le thème de l'aéropostale ; cuisine aux accents du Sud-Ouest.

TOUQUES – 14 Calvados – 303 M3 – rattaché à Deauville

LE TOUQUET-PARIS-PLAGE – 62 Pas-de-Calais – 301 C4 – 5 438 h. – alt. 5 m – Casino : du Palais BZ, les 4 Saisons AYZ – ✉ 62520 30 A2

Nord Pas-de-Calais Picardie

Paris 242 – Abbeville 58 – Arras 99 – Boulogne-sur-Mer 30
place de l'Hermitage ✆ 03 21 06 72 00
du Touquet Avenue du Golf, S : 2 km, ✆ 03 21 06 28 00

Plan page suivante

Westminster
av. Verger – ✆ *03 21 05 48 48* – *www.opengolfclub.com* **BZa**
114 ch – ✝77/350 € ✝✝120/405 € – 1 suite – 21 € – ½ P 126/252 €
Rest *Le Pavillon* – *(fermé 2 janv.-31 mars, mardi sauf juil.-août et le midi)*
Menu 55/130 € bc – Carte 76/118 €
Spéc. Chèvre frais de Montreuil, coques, homard, carottes des sables, jus d'orange et citron vert. Bar cuit à 53°, amandes, condiment pamplemousse, tilleul yuzu. Ananas Victoria, croquant macaron, sorbet coco-ananas, grain passion.
Rest *Les Cimaises* – ✆ 03 21 06 74 95 – (30 € bc) Menu 35 € – Carte 43/90 €
♦ Séduisant palace d'architecture anglo-normande (1925-1928), posté entre la mer et la pinède. Hall aux superbes ascenseurs ; chambres de style Art déco ou tout simplement rétro. Terrasse prisée en été. Beau spa. Cuisine inventive et remarquable carte des vins au Pavillon. Buffets et plats de brasserie aux Cimaises.

Holiday Inn
av. Mar. Foch – ✆ *03 21 06 85 85* – *www.holidayinnletouquet.com* **BZn**
88 ch – ✝149/245 € ✝✝149/245 € – 2 suites – 17 €
Rest *Le Picardy* – (22 €) Menu 26 € – Carte 36/50 €
♦ Entre mer et forêt, un bâtiment récent dont les chambres, fonctionnelles, sont desservies par une galerie fleurie. Parquet et plantes vertes apportent une petite touche d'originalité à la belle salle à manger en rotonde. Carte traditionnelle.

Aboudaram (Av. L.) .... **BZ** 2	Garet (Av. et R. L.) .... **ABY** 26	Pins (Av. des) .... **BZ** 40
Atlantique (Av. de l') ...... **ABZ** 4	Genets (Av. des) .... **ABZ** 27	Recoussine (Av. F.) .... **BZ** 42
Bardol (R. E.) .... **BY** 6	Hubert (Av. L.) .... **ABY** 29	Reine-May (Av. de la) ...... **ABZ** 43
Bourdonnais (Av. de la) ... **ABY** 10	Londres (R. de) .... **AYZ** 31	St-Amand (R.) .... **AZ** 45
Bruxelles (R. de) .... **AYZ** 12	Metz (R. de) .... **AYZ** 33	St-Jean (Av. et R.) .... **ABZ** 46
Calais (R. de) .... **BY** 15	Monnet (R. J.) .... **AZ** 34	St-Louis (R.) .... **AZ** 47
Desvres (R. de) .... **ABY** 18	Moscou (R. de) .... **AYZ** 35	Tourville (Av. de l'Amiral) .. **ABY** 50
Docteur-J.-Pouget (Bd du) .... **AYZ** 19	Oyats (Av. et R. des) ...... **ABZ** 37	Troènes (Av. des) .... **BZ** 52
Dorothée (R.) .... **AZ** 21	Paix (Av. et R. de la) ...... **ABZ** 38	Verger (Av. du) .... **BZ** 54
Duboc (Av. et R. J.) ...... **ABY** 23	Paris (R. de) .... **AYZ** 39	Whitley (Av. J.) .... **BZ** 56

Le Manoir Hôtel

av. du Golf, 2,5 km par ② – ✆ 03 21 06 28 28 – www.opengolfclub.com
– Fermé 1er-31 janv.

40 ch – 70/240 € 140/290 € – 1 suite – ½ P 103/178 €

Rest – (20 €) Menu 36/55 € – Carte 53/67 €

◆ Beau manoir du début du 20e s. entouré d'un jardin fleuri, à proximité immédiate de la forêt et du golf. Chambres douillettes. Bar de style anglais. Clientèle de golfeurs. Cuisine traditionnelle accordée au cadre classique de la plaisante salle à manger.

Novotel rest,
Front de Mer – ✆ 03 21 09 85 00 – www.thalassa.com – Fermé 2-16 janv.
146 ch – 120/270 € 120/270 € – 3 suites – 17 € AZ**a**
Rest – (23 €) Menu 33 € – Carte 34/58 €
◆ Ce Novotel bénéficie d'un agréable emplacement au bord de la plage et à proximité d'un centre de thalassothérapie. Chambres de norme "Novation". Les baies du restaurant sont tournées vers le rivage ; carte consacrée aux produits de la mer.

Bristol sans rest
17 r. Jean Monnet – ✆ 03 21 05 49 95 – www.hotelbristol.fr AZ**x**
49 ch – 80/180 € 80/180 € – 12 €
◆ Entre plage et centre-ville, une coquette villa des années 1920 aux chambres petit à petit redécorées dans un style contemporain. Bar feutré et agréable patio intérieur.

Red Fox sans rest
60 r. de Metz – ✆ 03 21 05 27 58 – www.hotelredfox.com AY**r**
71 ch – 57/105 € 67/105 € – 13 €
◆ Dans une rue animée, des chambres pratiques, un peu plus "pop" pour les plus récentes et mansardées au dernier étage. Salon confortable et copieux buffet au petit-déjeuner.

Flavio
1 av. Verger – ✆ 03 21 05 10 22 – www.flavio.fr – Fermé 10 janv.-10 fév. et lundi sauf juil.-août BZ**r**
Rest – Menu 26/153 € – Carte 58/138 €
◆ Une institution du Touquet, connue pour ses beaux produits (langoustine royale, foie gras, ail d'Arleux, soupe de truffe). Piano, lustres et meubles de style pour le décor.

Le Village Suisse
52 av. St-Jean – ✆ 03 21 05 69 93 – www.levillagesuisse.fr – Fermé 2-27 janv., dim. soir d'oct. à avril, mardi midi et lundi de sept. à juin BZ**e**
Rest – Menu 25 € (sem.), 37/80 € bc – Carte 42/76 €
◆ Cette jolie villa, construite en 1905, surplombe des boutiques d'antiquités (terrasse sur les toits de ces dernières)... Cuisine classique revisitée, attentive aux saisons.

Le Paris
88 r. de Metz – ✆ 03 21 05 79 33 – Fermé 1 sem. fin juin, 1 sem. mi-nov., 1 sem. mi-mars, dim. soir hors saison, mardi soir et merc. AZ**p**
Rest – (16 €) Menu 19 € (sem.)/40 € – Carte 41/60 €
◆ Situation très centrale et décor contemporain (tons rouge et chocolat) pour ce restaurant où l'on déguste aussi bien des fruits de mer que du foie fras ou de la soupe de poissons.

Côté Sud
187 bd du Dr Pouget – ✆ 03 21 05 41 24 – www.le-touquet-cote-sud.com – Fermé 26 juin-4 juil., 25 fév.-12 mars, dim. soir hors saison, lundi midi et merc.
Rest – (14 €) Menu 18 € (sem.)/53 € – Carte 41/60 € AZ**n**
◆ Accueil sympathique dans ce restaurant situé le long de la digue du Touquet, face à la mer. Cadre minimaliste soigné, tout blanc, et cuisine actuelle honorant le poisson.

à Stella-Plage **7 km par** ② – ✉ **62780 Cucq**
Place Jean Sapin ✆ 03 21 09 04 32

Des Pelouses
bd E. Labrasse – ✆ 03 21 94 60 86 – www.lespelouses.com – Fermé 15 déc.-20 janv.
26 ch – 55/65 € 70/75 € – 8,50 €
Rest – *(fermé dim. soir et lundi du 15 sept. au 15 juin)* Menu 20/27 € – Carte 24/36 €
◆ Construction cubique située à environ 2 km de la plage, à l'écart de l'agitation. Chambres actuelles et nettes, plus spacieuses sur l'arrière. La carte du restaurant fait la part belle aux recettes régionales.

TOURCOING – 59 Nord – 302 G3 – 92 357 h. – alt. 37 m – ✉ 59200 31 C2

Nord Pas-de-Calais Picardie

Paris 234 – Kortrijk 19 – Gent 61 – Lille 17

9, rue de Tournai ✆ 03 20 26 89 03

des Flandres à Marcq-en-Baroeul 159 boulevard Clémenceau, par D 670 : 9 km, ✆ 03 20 72 20 74

Accès et sorties : voir plan de Lille

Altia

r. Vertuquet, au Nord près échangeur de Neuville-en-Ferrain (sortie 18) – ✆ 03 20 28 88 00 – www.altia-hotel.com **plan de Lille 3HRe**

108 ch – 79/135 € 79/145 € – 14 € **Rest** – Carte 22/37 €

◆ Situé proche de la frontière belge (300 m), rénovation complète pour cet hôtel repris récemment. Chambres colorées et partie séminaire lumineuse et bien équipée. Agréable jardin. Au restaurant, salle ouverte sur la terrasse et la piscine ; cuisine traditionnelle.

La Baratte

395 r. Clinquet – ✆ 03 20 94 45 63 – www.la-baratte.com – Fermé 1 sem. en août, sam. midi, dim. soir et lundi **plan de Lille 3HRd**

Rest – Menu 20 € (sem.), 29/60 € – Carte 52/65 €

◆ Un restaurant élégant ouvert sur le jardin, avec des murs gris bleuté et de belles cheminées. La cuisine, généreuse et gourmande, est particulièrement axée sur le produit.

LA TOUR-D'AIGUES – 84 Vaucluse – 332 G11 – 3 912 h. – alt. 250 m 40 B2

– ✉ 84240 Provence

Paris 752 – Aix-en-Provence 29 – Apt 35 – Avignon 81

le Château ✆ 04 90 07 50 29

Le Petit Mas de Marie ch,

quartier Revol – ✆ 04 90 07 48 22 – www.lepetitmasdemarie.com – fermé vacances de la Toussaint et de fév.

15 ch – 50/70 € 65/80 € – 10 € – ½ P 76 € **Rest** – *(résidents seult)*

◆ Cette accueillante maison du pays d'Aigues est ceinte d'un jardin fleuri. Chambres provençales impeccablement tenues. Cuisine aux accents du Sud à savourer dans une salle spacieuse et claire ou sur l'agréable terrasse.

TOUR-DE-FAURE – 46 Lot – 337 G5 – rattaché à St-Cirq-Lapopie

LA TOUR-DU-PIN – 38 Isère – 333 F4 – 7 431 h. – alt. 350 m 45 C2

– ✉ 38110 Lyon Drôme Ardèche

Paris 516 – Aix-les-Bains 57 – Chambéry 51 – Grenoble 67

rue de Châbons ✆ 04 74 97 14 87

du Château de Faverges à Faverges-de-la-Tour, E : 9 km par D 1516, ✆ 04 74 88 89 51

Le Bec Fin

pl. Champs-de-Mars – ✆ 04 74 97 58 79 – Fermé 2-23 août, dim. soir et lundi

Rest – Menu 17 € (déj. en sem.), 28/48 €

◆ Ex-maison de négociant en vins tenue par un jeune couple accueillant. Généreuses recettes régionales proposées sous forme de menus, dans deux salles aux tons vert et jaune.

à St-Didier-de-la-Tour 3 km à l'Est par N 6 – 1 630 h. – alt. 380 m – ✉ 38110

Ambroisie

64 rte du lac, (au bord du lac) – ✆ 04 74 97 25 53 – www.restaurant-ambroisie.com – Fermé 15-30 oct., dim. soir, mardi soir et merc.

Rest – *(nombre de couverts limité, prévenir)* Menu 28/55 € – Carte 58/70 €

◆ Dans ce pavillon bordant un lac, on se restaure dans une salle aux tons grège et chocolat, ou sur la terrasse abritée par beaux platanes. Cuisine actuelle.

à Montagnieu 5 km au Sud par D 17 – 819 h. – alt. 500 m – ✉ 38110

Le Petit Dauphinois
1 rte de Virieu – ✆ 04 74 97 27 23 – www.lepetitdauphinois.com – Fermé 15-30 août et 15-31 déc.
Rest – *(nombre de couverts limité, prévenir)* Menu 18/32 €
◆ Dans cette maison traditionnelle, la cuisine est délicate, féminine, avec un penchant pour les jolis produits. Le cadre, quant à lui, est délicieusement rétro.

à Rochetoirin 4 km au Nord-Ouest par N 6 et D 92 – 980 h. – alt. 449 m – ✉ 38110

Le Rochetoirin
10 rte de la Tour du Pin, (au village) – ✆ 04 74 97 60 38 – www.lerochetoirin.fr – Fermé 22 août-5 sept., 23 déc.-16 janv., mardi soir et merc. soir d'oct. à avril, dim. soir et lundi
Rest – Menu 22/52 € – Carte 38/51 €
◆ Ce restaurant a le mérite de proposer deux styles culinaires : traditionnel ou inventif (renouvelé à chaque saison). Une petite salle conviviale, une autre plus cossue ; terrasse.

TOURNEFEUILLE – 31 Haute-Garonne – 343 G3 – rattaché à Toulouse

---

TOURNON-SUR-RHÔNE – 07 Ardèche – 332 B3 – 10 582 h. – alt. 125 m – ✉ 07300 Lyon Drôme Ardèche 43 E2

Paris 545 – Grenoble 98 – Le Puy-en-Velay 104 – St-Étienne 77
2, place Saint-Julien ✆ 04 75 08 10 23
Terrasses★ du château B - Route panoramique★★★ B.

Plan : voir à Tain-l'Hermitage

Les Amandiers sans rest
13 av. de Nîmes – ✆ 04 75 07 24 10 – www.hotel-amandiers.com – Fermé 17 déc.-3 janv. **Cn**
25 ch – †64 € ††74 € – ☕ 8,50 €
◆ Bâtisse moderne fréquentée par la clientèle d'affaires en semaine. Chambres climatisées et bien insonorisées, avec de grandes salles de bain. Pratique et confortable à prix doux.

Azalées
6 av. Gare – ✆ 04 75 08 05 23 – www.hotel-azalees.com – Fermé 25 oct.-1er nov. et 20 déc.-2 janv. **Bs**
37 ch – †62 € ††62/85 € – ☕ 8,50 € – ½ P 54 €
Rest – *(fermé dim. soir du 15 oct. au 15 mars)* (12 € bc) Menu 21/29 € – Carte 20/33 €
◆ Entre la gare et le centre-ville, deux bâtiments autour d'une cour, avec des petites chambres propres et bien conçues (tons colorés ou pastel, parquet). Au restaurant, le chef concocte des recettes traditionnelles avec les légumes de son potager.

Tournesol
44 av. du Mar.-Foch par ④ – ✆ 04 75 07 08 26 – www.letournesol.net – Fermé vacances de Pâques, de la Toussaint et de fév., dim. soir, mardi et merc.
Rest – Menu 17 € (sem.)/34 € – Carte 27/38 €
◆ Un restaurant chaleureux, aux murs habillés de bois. Comme le tournesol, la carte suit le soleil et les saisons. Belle sélection de côtes-du-rhône exposés dans une cave vitrée.

Le Chaudron
7 r. St-Antoine – ✆ 04 75 08 17 90 – Fermé 8-21 août, 24 déc.-2 janv., mardi soir, jeudi soir et dim. **Br**
Rest – (12 € bc) Menu 27/36 € – Carte 32/52 €
◆ Un petit bistrot sympathique, dans une ruelle du centre-ville. Boiseries, banquettes... et dans le chaudron du chef, les produits du marché. Beau choix de vins du Rhône.

TOURNUS – 71 Saône-et-Loire – 320 J10 – 5 892 h. – alt. 193 m – ✉ 71700 Bourgogne
8 C3

Paris 360 – Bourg-en-Bresse 70 – Chalon-sur-Saône 28 – Mâcon 37
2, place de l'Abbaye ✆ 03 85 27 00 20
Abbaye★★.

Hôtel de Greuze

5 pl. de l'Abbaye – ✆ 03 85 51 77 77 – www.hotelgreuze.com – Fermé une sem. en nov.
19 ch – 120/205 € 140/235 € – 2 suites – 26 € e
Rest ***Greuze*** – voir ci-après
◆ Entre l'abbaye de St-Philibert (10e s.) et le centre-ville, une belle demeure bressane. Spacieuses chambres raffinées de styles variés : Louis XVI, Directoire, Empire...

Le Rempart

2 av. Gambetta – ✆ 03 85 51 10 56 – www.lerempart.com x
33 ch – 100 € 125/265 € – 11 suites – 16 €
Rest – Menu 32/67 € – Carte 48/84 €
Rest ***Le Bistrot*** – Menu 18/27 € – Carte 28/36 €
◆ Sur l'ancien rempart de Tournus, maison du 15e s. aux chambres presque toutes refaites dans un esprit contemporain (matériaux nobles, beaux équipements). Cuisine d'inspiration régionale à déguster dans un restaurant cossu (vestiges romans). Toit ouvrant et petits plats sympathiques au Bistrot.

Rest. Greuze (Yohann Chapuis) – Hôtel de Greuze

1 r. A. Thibaudet – ✆ 03 85 51 13 52 – www.restaurant-greuze.fr – Fermé 21 nov.-8 déc., 23 janv.-9 fév., mardi sauf le soir d'avril à oct., jeudi midi et merc. e
Rest – Menu 36/85 € – Carte 90/110 €
Spéc. Cuisses de grenouille en deux façons. Volaille de Bresse au vinaigre de vin vieux. Soufflé chaud au Grand Marnier. **Vins** Mâcon Viré-Clessé, Rully.
◆ Vénérable maison (vieilles pierres, poutres) rendue célèbre par Jean Ducloux. Fine cuisine actuelle signée par un jeune chef qui jongle entre tradition régionale et modernité.

Aux Terrasses (Jean-Michel Carrette) avec ch

18 av. 23-Janvier – ✆ 03 85 51 01 74 – www.aux-terrasses.com – Fermé 30 mai-6 juin, 31 oct.-14 nov., 2-23 janv., dim. soir, mardi midi et lundi d
18 ch – 68/80 € 68/82 € – 12 €
Rest – Menu 24 € (déj. en sem.), 32/75 € – Carte 52/71 €
Spéc. Goutière d'escargots de Bourgogne à la tomate, émulsion coco-persil, mousseline d'ail. Poitrine de pigeon rôti, les cuisses en stick croustillant. Soufflé chaud à la liqueur épicée, marmelade de fruits rouges. **Vins** Rully, Mâcon-Vinzelles.
◆ Étape de charme : salles à manger alliant touches classiques, baroques et modernes, beau jardin intérieur, cuisine traditionnelle complice du terroir, et chambres insonorisées.

Meulien

1 bis av. Alpes – ✆ 03 85 51 20 86 – www.meulien.com – Fermé dim. soir, mardi midi et lundi t
Rest – Menu 21/56 € – Carte 40/79 €
◆ Ce restaurant de la rive gauche s'agrémente d'une décoration contemporaine aux tons crème et chocolat. Chaleureuse atmosphère familiale et cuisine au goût du jour soignée.

Le Terminus avec ch

21 av. Gambetta – ✆ 03 85 51 05 54 – www.hotel-terminus-tournus.com – Fermé dim. midi, jeudi midi et merc. s
11 ch – 70 € 70 € – 11 €
Rest – Menu 18 € (déj. en sem.), 26/50 € – Carte 32/62 €
◆ Cette maison du début du 20e s., à deux pas de la gare, abrite des chambres au décor contemporain. Salle des petits-déjeuners délicieusement rétro. Cuisine actuelle.

au Villars 4 km au Sud par N 6 et D 210 – 240 h. – alt. 184 m – ✉ 71700

L'Auberge des Gourmets

pl. de l'Église – ✆ 03 85 32 58 80 – www.aubergedesgourmets.fr – Fermé 20-29 juin, 2-13 nov., 22-25 déc., 9 janv.-1er fév., dim. soir, mardi et merc.

Rest – Menu 23 € (sem.), 29/50 € – Carte 38/68 €

◆ Sympathique petite auberge à la façade engageante, dont la salle conviviale accueille des expositions de peintures. On y sert une bonne cuisine traditionnelle.

à Ozenay 6 km au Sud-Ouest par D 14 – 219 h. – alt. 250 m – ✉ 71700

Le Relais d'Ozenay

Le Bourg – ✆ 03 85 32 17 93 – www.le-relais-dozenay.com – Fermé 30 oct.-2 nov., 1er-21 janv., mardi soir hors saison et merc.

Rest – (19 €) Menu 24/47 € – Carte 42/80 €

◆ Bâtisse en pierre d'un village pittoresque. Cuisine actuelle (à prix sages) et vins du Mâconnais servis dans une élégante salle ; espace café ; grande terrasse sur l'arrière.

à Brancion 14 km à l'Ouest par D 14 - ✉71700 Martailly-les-Brancion

Donjon du château ≤★.

La Montagne de Brancion

rest,

au col de Brancion – ✆ 03 85 51 12 40 – www.brancion.com – Fermé 2 janv.-15 mars

19 ch – †95/165 € ††120/195 € – ☕ 18 € – ½ P 132/174 €

Rest – *(fermé mardi midi, merc. midi et jeudi midi)* (25 €) Menu 48/75 € – Carte 50/80 €

◆ Cette charmante demeure perchée sur la colline face au vignoble offre une vue agréable sur les monts du Mâconnais. Chambres calmes. Beau panorama au restaurant où l'on propose une cuisine traditionnelle, généreuse et goûteuse.

TOURRETTES – 83 Var – **340** P4 – 2 551 h. – alt. 350 m – ✉ 83440 **41** C3

Côte d'Azur

Paris 884 – Castellane 56 – Draguignan 31 – Fréjus 35

au Sud 6 km sur D 56 – ✉ 83440 Tourrettes

Four Seasons Resort Provence at Terre Blanche

rest, VISA AE

Domaine de Terre Blanche – *04 94 39 90 00* – *www.fourseasons.com/provence*
114 suites – 380/2125 € – 45 €
Rest *Faventia* – *(Ouvert 14 avril-30 oct. et fermé dim. et lundi) (dîner seult)* Carte 95/135 €
Rest *Gaudina Lounge* – (34 €) Menu 38/48 € – Carte 55/80 €
Rest *Tousco Grill* – *(ouvert 15 juin-15 sept.) (déj. seult)* Carte 45/65 €
Rest *Infusion* – *(déj. seult)* Menu 40 € – Carte 40/68 €
◆ Sur les hauteurs, une imposante demeure provençale et 45 villas (vastes suites), au cœur d'un domaine comprenant deux golfs et un superbe spa… Au Faventia, cuisine soignée dans un décor élégant. Saveurs du Sud au Gaudina Lounge. Buffet côté piscine au Tousco Grill. Cadre zen et carte diététique à l'Infusion.

TOURRETTES-SUR-LOUP – 06 Alpes-Maritimes – 341 D5 – 4 272 h. – alt. 400 m – ✉ 06140 Côte d'Azur
42 E2

Paris 929 – Grasse 18 – Nice 29 – Vence 6
2, place de la Libération 04 93 24 18 93
Vieux village★ - ★ sur le village de la route des Quenières.

Résidence des Chevaliers sans rest

521 rte du Caire – *04 93 59 31 97* – *Ouvert 1er avril-1er oct.* VISA
12 ch – 100 € 130/210 € – 14 €
◆ Cette bâtisse en pierre, joliment fleurie, ménage une vue sur le village médiéval et sur la côte. Chambres de style rustique. Petit-déjeuner servi sur une plaisante terrasse.

Histoires de Bastide sans rest

VISA

chemin du Moulin à Farine – *04 93 58 96 49* – *www.histoiresdebastide.com*
4 ch – 150/210 € 150/210 € – 15 €
◆ Ambiance provençale raffinée dans cette bastide pétrie de charme. Ravissantes chambres nommées d'après l'œuvre de Pagnol. Terrasse, belle piscine et oliviers vénérables au jardin.

Clovis

VISA

21 Grand-Rue – *04 93 58 87 04* – *www.clovis-gourmand.fr* – *Fermé lundi et mardi*
Rest – (22 €) Menu 35/48 €
◆ Cuisine actuelle sensible aux saisons proposée à l'ardoise, avec mise en valeur d'un même produit en entrée et plat principal. Bistrot contemporain dans des murs anciens.

Le Médiéval

VISA

6 Grand-Rue – *04 93 59 31 63* – *Fermé déc., merc. et jeudi*
Rest – Menu 20/35 € – Carte 45/72 €
◆ Restaurant familial situé dans une ruelle du ravissant vieux village investi par artistes et artisans. Longue salle rustique où l'on sert une généreuse cuisine traditionnelle.

TOURS – 37 Indre-et-Loire – 317 N4 – 136 942 h. – Agglo. 297 631 h. – alt. 60 m – ✉ 37000 Châteaux de la Loire
11 B2

Paris 237 – Angers 124 – Bordeaux 346 – Le Mans 84
de Tours-Val de Loire 02 47 49 37 00, 7 km au NE U.
78-82, rue Bernard Palissy 02 47 70 37 37
de Touraine à Ballan-Miré Château de la Touche, SO : 10 km par D 751, 02 47 53 20 28
d'Ardrée à Saint-Antoine-du-Rocher, N : 12 km par D 2, 02 47 56 77 38
Quartier de la cathédrale★★ : cathédrale St-Gatien★★, musée des Beaux-Arts★★ - La Psalette (cloître St-Gratien)★, Place Grégoire-de-Tours★ - Vieux Tours★★★ : place Plumereau★ , hôtel Gouin★, rue Briçonnet★ - Quartier de St-Julien★ : musée du Compagnonnage★★, Jardin de Beaune-Semblançay★ BY K - Musée des Équipages militaires et du Train★ V M5 - Prieuré de St-Cosme★ O : 3 km V.

Plans pages suivantes

CHAMBRAY-LÈS-TOURS

République (Av. de la) . . . . **X** 88

JOUÉ-LÈS-TOURS

Martyrs (R. des) . . . . **X** 64
Verdun (R. de) . . . . **X** 102

ST-AVERTIN

Brulon (R. Léon) . . . . **X** 14
Lac (Av. du) . . . . **X** 58
Larçay (R. de) . . . . **X** 59

ST-CYR-SUR -LOIRE

St-Cyr (Quai de) . . . . **V** 91

ST-PIERRE-DES-CORPS

Jaurès (Boulevard Jean) . . . . **V** 57
Moulin (R. Jean) . . . . **V** 70

TOURS

Alouette (Av. de l') . . . . **X** 2
Bordeaux (Av. de) . . . . **X** 51
Bordiers (R. des) . . . . **U** 9
Boyer (R. Léon) . . . . **V** 10
Chevallier (R.A.) . . . . **V** 19
Churchill (Bd W.) . . . . **V** 20
Compagnons
d'Emmaüs
(Av. des) . . . . **U** 23
Eiffel (Av. Gustave) . . . . **U** 37
Gaulle (Av. Gén.-de) . . . . **V** 44
Giraudeau (R.) . . . . **V** 46
Grammont (Av. de) . . . . **V** 47
Groison (R.) . . . . **U** 54
Marmoutier
(Quai de) . . . . **U** 63
Monnet (Bd J.) . . . . **V** 69
Portillon (Quai de) . . . . **U** 81
Proud'hon (Av.) . . . . **V** 82
République
(Av. de la) . . . . **X** 88
St-Avertin (Rte de) . . . . **X** 89
St-François (R.) . . . . **V** 92
St-Sauveur (Pont) . . . . **V** 94
Sanitas (Pont du) . . . . **VX** 95
Tonnellé (Bd) . . . . **V** 97
Tranchée (Av. de la) . . . . **U** 98
Vaillant (R. E.) . . . . **V** 99
Wagner (Bd R.) . . . . **V** 105

TOURS

Amandiers (R. des) . . . . CY 4
Berthelot (R.) . . . . BCY 7
Bons Enfants (R. des) . . . . BY 8
Bordeaux (R. de) . . . . CZ
Boyer (R. Léon) . . . . AZ 10
Briçonnet (R.) . . . . AY 13
Carmes (Pl. des) . . . . BY 16
Châteauneuf (Pl. de) . . . . . . BY 17
Châteaunuef (R. de) . . . . . . AY 18
Coeur-Navré (Passage du) . CY 21
Commerce (R. du) . . . . BY
Constantine (R. de) . . . . BY 24
Corneille (R.) . . . . CY 25
Courier (R. Paul-Louis) . . . . BY 27
Courteline (R. G.) . . . . AY 28
Cygne (R. du) . . . . CY 29
Descartes (R.) . . . . BZ 33
Dolve (R. de la) . . . . BZ 35
Favre (R. Jules) . . . . BY 38
Fusillés (R. des) . . . . BY 41
Gambetta (R.) . . . . BZ 43
Giraudeau (R.) . . . . AZ 46
Grammont (Av. de) . . . . CZ
Grand-Marché (Pl. du) . . . . . AY 49

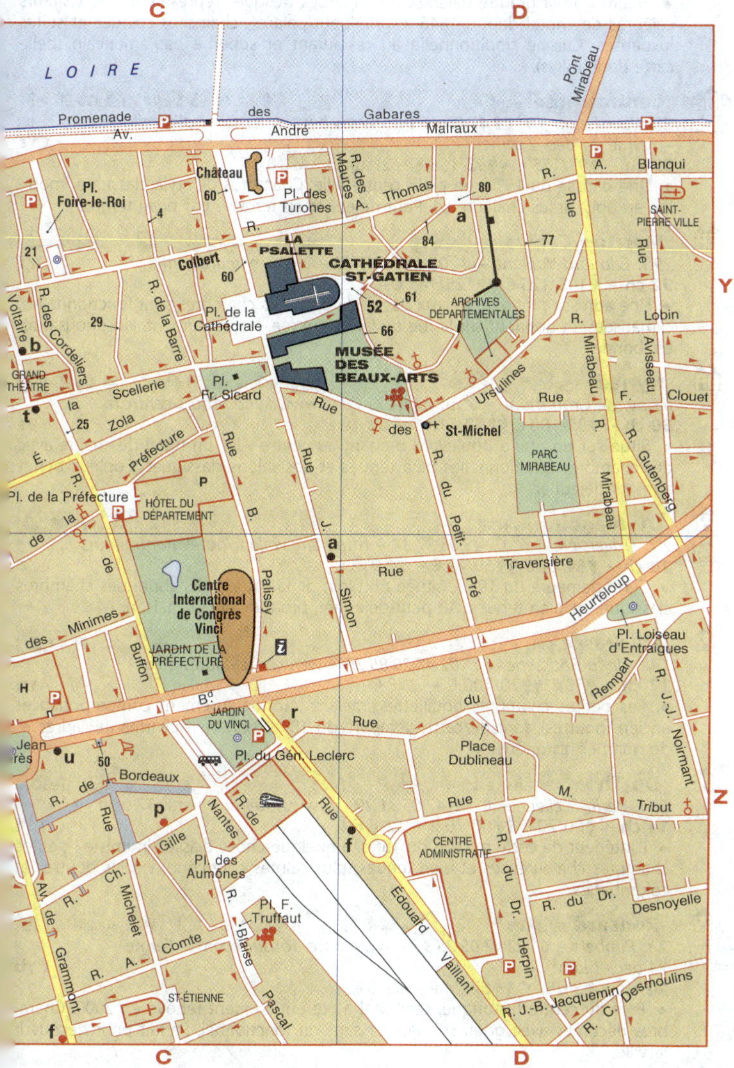
C
D
LOIRE
Pont Mirabeau
Promenade des Gabares
Av. André Malraux
Château
Pl. des Turones
Pl. Foire-le-Roi
R. des Maures
R. Thomas
LA PSALETTE
CATHÉDRALE ST-GATIEN
ARCHIVES DÉPARTEMENTALES
Colbert
Pl. de la Cathédrale
MUSÉE DES BEAUX-ARTS
Voltaire
R. des Cordeliers
R. de la Barre
GRAND THÉÂTRE
Scellerie
Pl. Fr. Sicard
Rue des Ursulines
St-Michel
R. Zola
Préfecture
Pl. de la Préfecture
HÔTEL DU DÉPARTEMENT
PARC MIRABEAU
R. Mirabeau
R. Gutenberg
R. Blanqui
SAINT-PIERRE VILLE
Rue Lobin
Avisseau
F. Clouet
R. du Petit-Pré
Rue J. Simon
Rue B. Palissy
Rue Traversière
Centre International de Congrès Vinci
JARDIN DE LA PRÉFECTURE
R. de Buffon
des Minimes
Bd Heurteloup
Pl. Loiseau d'Entraigues
Rempart
R. J.-J. Noirmant
JARDIN DU VINCI
Pl. du Gén. Leclerc
Place Dublineau
Bordeaux
Rue Édouard Vaillant
R. de Nantes
M. Tribut
CENTRE ADMINISTRATIF
R. du Dr. Herpin
R. du Dr. Desnoyelle
Pl. des Aumônes
Gille
Pl. F. Truffaut
R. Blaise Pascal
Ch. Michelet
R. A. Comte
Av. de Grammont
ST-ÉTIENNE
R. J.-B. Jacquemin
R. C. Desmoulins
Y
Z

De l'Univers

5 bd Heurteloup – ✆ 02 47 05 37 12 – www.oceaniahotels.com CZu

77 ch – 198/270 € 198/270 € – 8 suites – 15 €

Rest – *(fermé sam. et dim. sauf le soir en juil.-août)* (22 €) Menu 28/39 € – Carte 34/52 €

◆ Fleuron de la grande galerie : de superbes fresques représentant les visiteurs célèbres de l'hôtel depuis 1846. Esprit "petit palace", chambres cossues et suites luxueuses. Cuisine traditionnelle au restaurant et superbe bar américain (belle carte de whiskys).

Central Hôtel sans rest

21 r. Berthelot – ✆ 02 47 05 46 44 – www.bestwesterncentralhoteltours.com – Fermé 24 déc.-2 janv. CYr

35 ch – 93/155 € 93/155 € – 2 suites – 14 €

◆ Une bâtisse du 19e s. en plein centre-ville. Chambres de style classique (mobilier en bois, tissus chaleureux). Petit-déjeuner en terrasse par beau temps.

Mercure Centre sans rest

29 r. Edouard-Vaillant – ✆ 02 47 60 40 60 – www.mercure.com DZf

92 ch – 105/125 € 125/145 € – 13 €

◆ Une adresse pratique, à deux pas de la gare. Les chambres sont fonctionnelles, climatisées, et donnent sur la rue ou la voie ferrée. Heureusement, l'insonorisation est bonne !

Kyriad sans rest

65 av. de Grammont – ✆ 02 47 64 71 78 – www.kyriad-tours-centre.fr Vs

50 ch – 85/100 € 90/110 € – 10 €

◆ Situé sur un grand boulevard menant au centre-ville, un hôtel de chaîne avec des chambres fonctionnelles bien tenues et des salons classiques. Copieux buffet au petit-déjeuner.

Du Manoir sans rest

2 r. Traversière – ✆ 02 47 05 37 37 – http://site.voila.fr/hotel.manoir.tours CZa

20 ch – 54/64 € 60/72 € – 9 €

◆ Cette demeure du 19e s., située non loin de la cathédrale, abrite des chambres classiques et bien tenues. Au petit-déjeuner, produits bio et maison.

L'Adresse sans rest

12 r. de la Rôtisserie – ✆ 02 47 20 85 76 – www.hotel-ladresse.com AYu

17 ch – 50 € 70/100 € – 8 €

◆ Ses petites chambres douillettes, mêlant harmonieusement contemporain et ancien (poutres), font de cette demeure du 18e s. une bien charmante "adresse" du quartier historique.

Du Théâtre sans rest

57 r. de la Scellerie – ✆ 02 47 05 31 29 – www.hotel-du-theatre37.com CYt

14 ch – 60/70 € 66/76 € – 8 €

◆ L'intérieur de cette maison du 15e s. a quelque chose d'assez intimiste : petites chambres chaleureuses et bien tenues (plus calmes côté cour), vieilles poutres et colombages.

Ronsard sans rest

2 r. Pimbert – ✆ 02 47 05 25 36 – www.hotel-ronsard.com – Fermé 24 déc.-8 janv. CYb

20 ch – 55/69 € 62/74 € – 8 €

◆ Près du centre historique, cet hôtel a été entièrement rénové en 2009. Chambres décorées avec goût, sobriété et sens du fonctionnel. Parfait pour découvrir la ville.

Châteaux de la Loire sans rest

12 r. Gambetta – ✆ 02 47 05 10 05 – www.hoteldeschateaux.fr – Ouvert de mi-mars à mi-déc. BZx

30 ch – 49/70 € 49/80 € – 8 €

◆ Cet hôtel central, situé entre la gare et le vieux Tours, propose des chambres fonctionnelles et bien tenues. Accueil sympathique et familial.

XXX

La Roche Le Roy (Alain Couturier)

55 rte St-Avertin – ✆ 02 47 27 22 00 – www.rocheleroy.com – Fermé 1er-26 août, 20 fév.-8 mars, dim. et lundi **Xr**

Rest – Menu 31 € (déj. en sem.), 55/75 € – Carte 55/95 €

Spéc. Queues de langoustines snackées au beurre de vanille Bourbon, charlotte de carotte (été). Poitrine de pigeonneau de Racan rôti "Apicius", tartine de foie et pastilla de légumes. Soufflé chaud à l'orange et granité Grand Marnier. **Vins** Vouvray, Saint-Nicolas de Bourgueil.

◆ Dans cette charmante gentilhommière tourangelle, on continue d'apprécier une belle cuisine classique, préparée avec maîtrise et assurance. Accueil et service des plus charmants.

XXX

Charles Barrier (Hervé Lussault)

101 av. de la Tranchée – ✆ 02 47 54 20 39 – www.restaurantcharlesbarrier.fr – Fermé sam. midi et dim. sauf fériés **Ue**

Rest – Menu 32 € (sem.)/95 € – Carte 72/145 €

Spéc. Langoustines croustillantes aux épices douces et légumes confits. Cœur de ris de veau braisé au vin jaune. Soufflé chaud au Grand Marnier. **Vins** Vouvray, Chinon.

◆ En apportant sa touche personnelle à de sérieuses bases classiques, le chef fait revivre l'illustre passé gastronomique de cette belle demeure bourgeoise. Jolie véranda et terrasse fleurie.

XX

Le Thélème

30 r. Charles-Gille – ✆ 02 47 61 28 40 – www.letheleme.com – Fermé 2 sem. en août, sam. midi , dim. et fériés **CZp**

Rest – (18 €) Menu 25/43 € – Carte 31/46 €

◆ Un restaurant facile à trouver, non loin de la gare. Le cadre est original – sur trois niveaux façon mezzanine. Cuisine du moment et produits de belle fraîcheur.

XX

La Chope

25 bis av. de Grammont – ✆ 02 47 20 15 15 – www.lachope.info – Fermé 25 juil.-8 août **CZf**

Rest – (17 €) Menu 19/23 € – Carte 31/57 €

◆ L'écailler de Tours depuis 1902, avec son décor Belle Époque : banquettes en velours rouge, miroirs et lampes tulipe. Grand choix d'huîtres, de poissons et de fruits de mer.

XX

L'Odéon

10 pl. du Gén.-Leclerc – ✆ 02 47 20 12 65 – www.restaurant-lodeon.com – Fermé 1er-16 août, 25 déc.-2 janv., sam. midi et dim. **CZr**

Rest – Menu 24 € (sem.), 32/49 € – Carte 47/55 €

◆ Ce restaurant, ouvert en 1893, est l'un des plus anciens de Tours ! On y retrouve l'esprit d'une brasserie Art déco. Cuisine classique et bien executée.

X

Le St-Honoré

7 pl. des Petites-Boucheries – ✆ 02 47 61 93 82 – Fermé 1er-15 août, 23 déc.-4 janv., vacances de fév., sam. et dim. **DYa**

Rest – *(nombre de couverts limité, prévenir)* Menu 26/42 € – Carte 41/49 €

◆ Une ancienne boulangerie de 1625, près de la cathédrale, avec son four à pain et ses poutres. Cuisine délicate : ris de veau au foin, pâté à la géline, poire tapée au vouvray.

X

Barju

15 r. du Change – ✆ 02 47 64 91 12 – www.barju.fr – Fermé 1 sem. vacances de printemps, de la Toussaint, de Noël, dim. et lundi **ABYt**

Rest – *(prévenir)* Menu 20 € bc (déj.)/48 € – Carte 42/60 €

◆ Dans un quartier animé du vieux Tours, ce restaurant est comme son cadre : "presque" traditionnel et plutôt surprenant. Cuisine savoureuse ; produits de la mer en vedette.

X

La Deuvalière

18 r. de la Monnaie – ✆ 02 47 64 01 57 – www.restaurant-ladeuvaliere.com – Fermé 2 sem. en juil., sam. midi, dim. et lundi **BYe**

Rest – (17 €) Menu 29 €

◆ Heureux mariage entre les vieilles pierres d'une maison tourangelle du 15e s. et le style contemporain. Les produits de saison, cuisinés avec soin, mettent l'eau à la bouche !

La Trattoria des Halles

31 pl. Gaston Pailhou – ✆ 02 47 64 26 64 – Fermé août, dim. et lundi
Rest – Carte 25/50 € AZ**b**
◆ Ambiance brasserie branchée et déco design dans ce restaurant situé face aux Halles. Original : la chef, d'origine russe, prépare une cuisine fusion d'inspiration italienne.

Olivier Arlot

33 r. Colbert – ✆ 02 47 66 33 08 – Fermé 3 sem. en août, sam. et dim.
Rest – *(nombre de couverts limité, prévenir)* (23 €) BY**h**
Menu 29/59 €
◆ Non loin du musée du Compagnonnage, ce restaurant flirte avec le style bistrot contemporain. Cuisine créative inspirée par les saisons. Belle sélection de vins de Touraine.

Le Bistrot de la Tranchée

103 av. de la Tranchée – ✆ 02 47 41 09 08 – www.restaurantcharlesbarrier.fr – Fermé 23 juil.-24 août, dim. et lundi U**s**
Rest – (9 €) Menu 14 € (déj. en sem.), 18/25 € – Carte 26/42 €
◆ Belle façade en bois, décor simple et chaleureux, vue sur les cuisines, plats soignés et ardoise du jour ! Ce sympathique bistrot gourmand fait souvent salle comble.

Casse-Cailloux

26 r. Jehan-Fouquet – ✆ 02 47 61 60 64 – www.casse-cailloux.fr – Fermé 1 sem. à Pâques, 3 sem. en août, 24-31 déc., merc. midi, sam. midi et dim. BZ**d**
Rest – *(nombre de couverts limité, prévenir)* (16 €) Menu 26 €
◆ Ce bistrot de poche, situé près de la place du Palais et du jardin des Prébendes, est aussi un bistrot gourmand ; le chef nous met l'eau à la bouche avec ses menus de saison !

L'Atelier Gourmand

37 r. Étienne Marcel – ✆ 02 47 38 59 87 – www.lateliergourmand.fr – Fermé 20 déc.-15 janv., sam. midi, dim. et lundi AY**z**
Rest – (12 €) Menu 23 € – Carte 31/45 €
◆ Cette maison (15e s.) du vieux Tours ose le mariage d'un cadre rustique à une décoration franchement design. La cuisine reste sage, surtout en hiver : navarin, tête de veau...

Les Linottes

22 r. Georges Courteline – ✆ 02 47 38 34 82 – www.leslinottesgourmandes.com – Fermé 2 sem. en août, dim. et merc. AY**b**
Rest – *(nombre de couverts limité, prévenir)* (16 €) Menu 23 € (déj.)/45 €
◆ Ambiance bistronomie dans le cadre chaleureux de cette maison à colombages du vieux Tours. Réjouissant menu à l'ardoise ; les têtes de linottes – et les autres – apprécieront !

Le Rif

12 av. Maginot – ✆ 02 47 51 12 44 – www.le-rif.fr – Fermé 20 juil.-20 août, merc. soir du 20 sept. au 20 juin, dim. sauf le midi du 20 juin au 20 sept. et lundi. U**f**
Rest – Menu 26 € bc/30 € bc – Carte 20/32 €
◆ Bricks, couscous et tajines (aux pruneaux, aux olives...) sont, avec l'accueil, les vedettes de ce restaurant marocain tenu en famille depuis plus de 20 ans.

au Sud par ② 9 km

L'Arche de Meslay

14 r. des Ailes ✉ 37210 Parçay-Meslay – ✆ 02 47 29 00 07 – www.larchedemeslay.fr – Fermé 3-25 août, dim. et lundi sauf fériés
Rest – (15 €) Menu 25/46 € – Carte 39/69 €
◆ Décor pseudo-antique ! On vient ici pour la gastronomie et la spécialité du chef, la bouillabaisse à la tourangelle : rouget, rascasse, rillons et andouillette !

à Rochecorbon **6 km par ④ – 3 213 h. – alt. 58 m – ✉ 37210**

ℹ place observatoire ✆ 02 47 52 80 22

Les Hautes Roches

86 quai de Loire – ✆ 02 47 52 88 88 – www.leshautesroches.com – Fermé 15 fév.-31 mars

14 ch – †170/295 € ††170/295 € – ☕ 20 € – ½ P 165/233 €

Rest – *(fermé dim. soir et lundi)* Menu 55/75 € – Carte 66/88 €

Spéc. Foie gras de canard cuit au vin du Coteau. Dos de sandre au beurre blanc nantais (saison). Tarte fine aux pommes caramélisées. **Vins** Vouvray, Bourgueil.

◆ Cet insolite castel du 18e s. surplombant la Loire était autrefois un monastère. Belles chambres parfois troglodytiques. Élégante salle de restaurant et sa délicieuse terrasse panoramique tournée vers le fleuve. Recettes dans l'air du temps.

L'Oubliette

34 r. des Clouets – ✆ 02 47 52 50 49 – Fermé 23 août-7 sept., dim. soir, lundi et merc. hors saison

Rest – (19 €) Menu 24/45 € – Carte 38/56 €

◆ Cette maison troglodyte et sa cour fleurie, en retrait des bords de Loire, sont parfaites pour un dîner en amoureux. Cuisine soignée à base de produits frais et de saison.

à Joué-lès-Tours **5 km au Sud-Ouest, par rte de Chinon – 36 233 h. – alt. 65 m – ✉ 37300**

ℹ 39, avenue de la République ✆ 02 47 80 05 97

Château de Beaulieu

67 r. de Beaulieu – ✆ 02 47 53 20 26 – www.chateaudebeaulieu37.com

18 ch – †75/90 € ††90/180 € – ☕ 14 € Xb

Rest – Menu 26/75 € – Carte 40/75 €

◆ Pour ceux qui aiment la vie de château, une gentilhommière du 18e s. (moulures et mobilier de style) située sur les hauteurs de Tours. La moitié des chambres se trouve dans un pavillon indépendant. Élégante salle à manger bourgeoise ; cuisine classique de saison.

Mercure rest,

parc des Bretonnières – ✆ 02 47 53 16 16 – www.mercure.com Xu

75 ch – †98/145 € ††118/165 € – ☕ 14 €

Rest – Menu 19 € (déj.)/25 € – Carte 25/32 €

◆ Cet hôtel, intégré au centre de congrès Malraux, propose des chambres aux normes de la chaîne, idéales pour une clientèle d'affaires. Espace de remise en forme complet. Cuisine traditionnelle servie en salle ou en terrasse.

Chéops ch, rest,

75 bd Jean Jaurès – ✆ 02 47 67 72 72 – www.inter-hotel-cheops.fr Xa

58 ch – †71/92 € ††71/92 € – ½ P 57/68 € **Rest** – *(fermé 23 déc.-2 janv., vend., sam. et dim. d'oct. à avril) (dîner seult)* Menu 15/18 € – Carte 17/37 €

◆ Près du centre de Joué, hôtel intégré à un ensemble résidentiel du début des années 1990. Les chambres, meublées de fer forgé, sont assez fonctionnelles et pour moitié climatisées. Cuisine traditionnelle sans prétention, pratique pour l'étape.

à Vallières **8 km par ⑬, rte de Langeais - ✉ 37230 Fondettes**

Auberge de Port Vallières

D 952 – ✆ 02 47 42 24 04 – www.auberge-de-port-vallieres.fr – Fermé 17-31 août, 2-7 janv., 18-28 fév., dim. soir et lundi

Rest – (16 €) Menu 18 € (déj. en sem.), 26/44 € – Carte 35/65 €

◆ Une cuisine d'inspiration tourangelle vous attend dans cette ancienne guinguette transformée depuis bien longtemps en auberge. Salle à manger intime, décorée d'objets chinés.

TOURTOUR – 83 Var – 340 M4 – 533 h. – alt. 652 m – ✉ 83690 41 C3

Côte d'Azur

▶ Paris 827 – Aups 10 – Draguignan 17 – Salernes 11

ℹ Château communal ✆ 04 94 70 59 47

◉ Église ⁂★.

La Bastide de Tourtour
rte de Flayosc – ✆ 04 98 10 54 20 – www.bastidedetourtour.com
25 ch – †110/350 € ††150/350 € – ☕ 21 €
Rest – *(fermé le midi en sem. sauf juil.-août)* Menu 28/69 € – Carte 54/75 €
◆ Cette belle bastide juchée sur une colline, dans un environnement bucolique, domine toute la région et le massif des Maures ! Chambres bourgeoises, parfois avec loggia. Belle salle à manger voûtée et idyllique terrasse ombragée pour apprécier une cuisine actuelle.

La Petite Auberge
rte de Flayosc, 1,5 km par D 77 – ✆ 04 98 10 26 16 – www.petiteauberge.net – Ouvert 2 avril-13 nov.
11 ch – †80/178 € ††80/218 € – ☕ 13 € – ½ P 84/154 €
Rest – *(fermé le midi et lundi)* Menu 38 €
◆ En retrait du village, face au massif des Maures, un mas entouré de végétation... et ouvert sur l'horizon côté piscine. Les chambres ne sont pas dénuées de romantisme ! On dîne dans un décor élégant d'une savoureuse cuisine traditionnelle.

Auberge St-Pierre
534 chemin de Fonfiguière , 3 km à l'Est par D 51 et rte secondaire – ✆ 04 94 50 00 50 – www.guideprovence.com/hotel/saint-pierre/ – Ouvert 22 avril-16 oct.
16 ch ☕ – †97/114 € ††108/138 € – ½ P 80/95 €
Rest – *(fermé le midi sauf sam., dim. et fériés)* Menu 26/50 €
◆ Passez le bonjour aux chèvres et aux moutons ! Au cœur d'une ferme de 90 ha, cette bâtisse du 16e s. (poutres, pierres, mobilier rural) ne manque pas de cachet. Chambres confortables et piscine assez originale. Cuisine du terroir face à la campagne...

Les Chênes Verts (Paul Bajade) avec ch
rte de Villecroze, 2 km par D 51 – ✆ 04 94 70 55 06 – Fermé 1er juin-15 juil., mardi et merc.
3 ch – †100 € ††110 € – ☕ 20 €
Rest – *(nombre de couverts limité, prévenir)* Menu 56/145 € – Carte 95/150 €
Spéc. Brouillade aux truffes. Agneau de pays. Grand dessert. **Vins** Côtes de Provence, Coteaux Varois en Provence.
◆ Maison provençale isolée dans un joli cadre forestier. Cuisine régionale forte en caractère (spécialités de truffes) servie dans deux confortables salles à manger ou en terrasse.

La Table
1 Traverse du Jas, Les Ribas – ✆ 04 94 70 55 95 – www.latable.fr – Fermé 26 juin-3 juil., lundi de mi-déc. à mi-avril et mardi sauf du 15 juil. au 15 août
Rest – *(nombre de couverts limité, prévenir)* Menu 28/41 € – Carte 50/90 €
◆ Charmant petit restaurant contemporain (tableaux, chaises design) situé à l'étage d'une maison en pierre. Goûteuse cuisine valorisant les produits du marché, notamment les légumes.

LA TOUSSUIRE – 73 Savoie – **333** K6 – **alt. 1 690 m – Sports d'hiver : 1 800/2 400 m** 19 – ✉ 73300 Alpes du Nord **46** F2
Paris 651 – Albertville 78 – Chambéry 91 – St-Jean-de-Maurienne 16

Les Soldanelles
r. des Chasseurs Alpins – ✆ 04 79 56 75 29 – www.hotelsoldanelles.com – Ouvert 28 juin-31 août et 18 déc.-24 avril
38 ch – †55/117 € ††79/206 € – ☕ 10 € – ½ P 80/119 €
Rest – Menu 17/46 € – Carte 33/60 €
◆ Hôtel familial perché sur les hauteurs de la station. Accueil chaleureux, chambres spacieuses avec balcon (jolie vue côté sud), cours d'aquagym, hammam. Plats traditionnels et spécialités fromagères servis dans la salle à manger panoramique.

TRACY-SUR-MER – 14 Calvados – **303** I3 – **rattaché à Arromanches-les-Bains**

TRAENHEIM – 67 Bas-Rhin – **315** I5 – 630 h. – alt. 200 m – ✉ 67310 **1** A1

Paris 471 – Haguenau 54 – Molsheim 8 – Saverne 22

Zum Loejelgucker

17 r. Principale – ✆ 03 88 50 38 19 – www.aubergedetraenheim.com – Fermé 24 déc.-3 janv., 22 fév.-3 mars, lundi soir et mardi

Rest – (12 €) Menu 21/53 € bc – Carte 27/55 €

◆ Dans un village au pied des Vosges, cette ferme alsacienne du 18e s. ne manque pas de charme : bons plats régionaux, boiseries sombres, fresques et cour fleurie l'été.

LA TRANCHE-SUR-MER – 85 Vendée – **316** H9 – 2 644 h. – alt. 4 m **34** B3 – ✉ 85360 Poitou Vendée Charentes

Paris 459 – La Rochelle 64 – La Roche-sur-Yon 40 – Les Sables-d'Olonne 39

place de la Liberté ✆ 02 51 30 33 96

Parc de Californie★ (parc ornithologique) E : 9 km.

Les Dunes rest, ch,

68 av. M. Samson – ✆ 02 51 30 32 27 – www.hotel-les-dunes.com – Ouvert avril-sept.

45 ch – 43/60 € 62/112 € – 9 € – ½ P 58/86 €

Rest – *(ouvert 11 juin-18 sept.) (résidents seult)*

◆ Établissement apprécié pour sa situation calme, sa tenue parfaite et sa superbe piscine sous verrière tournée vers la mer. Certaines chambres avec balcon profitent de la vue.

à la Grière 2 km à l'Est par D 46 - ✉85360 La-Tranche-sur-Mer

Les Cols Verts rest,

48 r. de Verdun – ✆ 02 51 27 49 30 – www.hotelcolsverts.com – Ouvert 1er avril-2 oct.

30 ch – 52/73 € 65/99 € – 10 € – ½ P 66/84 €

Rest – (16 €) Menu 25/34 € – Carte 22/48 €

◆ Près de la plage, hôtel des années 1970 abritant des chambres bien tenues, plus calmes et plus petites à l'annexe de l'autre côté du jardin. Piscine dans un bâtiment voisin. À table, cuisine actuelle avec quelques produits bios et des touches asiatiques.

TRAVEXIN – 88 Vosges – **314** I5 – rattaché à Ventron

TRÉBEURDEN – 22 Côtes-d'Armor – **309** A2 – 3 733 h. – alt. 81 m **9** B1 – ✉ 22560 Bretagne

Paris 525 – Lannion 10 – Perros-Guirec 14 – St-Brieuc 74

place de Crec'h Héry ✆ 02 96 23 51 64

Le Castel ★ 30 mn - Pointe de Bihit ★ SO : 2 km - Pleumeur-Bodou : Radôme et musée des Télécommunications★, Planétarium du Trégor★, NE : 5,5 km.

Manoir de Lan-Kerellec rest,

Allée de Lan-Kerellec – ✆ 02 96 15 00 00 – www.lankerellec.com – Ouvert 19 mars-13 nov.

19 ch – 145/479 € 185/479 € – 20 € – ½ P 162/309 €

Rest – *(fermé le midi du lundi au jeudi)* Menu 40 € (déj.), 50/71 € – Carte 65/110 €

Spéc. Oursin et Saint-Jacques au naturel, crème de chou fleur et caviar (oct. à mars). Homard poêlé au beurre d' algues, fenouil acidulé et crème de courgette (mars à oct.). Sablé breton, fraises au miel et citron vert, glace réglisse (avril à sept.).

◆ Dominant les îles de la côte de granit rose, ce noble manoir breton du 19e s. déborde de charme : vastes chambres aux tissus chatoyants, avec balcons ou terrasse. Une splendide charpente en carène de bateau coiffe le restaurant ; carte de la mer attentive aux saisons.

Ti al Lannec rest,

14 allée de Mezo Guen – 02 96 15 01 01 – www.tiallannec.com – Ouvert de mars à mi-nov.
26 ch – 92/140 € 175/403 € – 7 suites – 17 €
Rest – Menu 20 € (déj. en sem.), 40/81 € – Carte 61/167 €
◆ Paisible maison familiale juchée sur une colline surplombant la mer. Les chambres coquettes regardent en partie le parc descendre jusqu'à la plage. Au restaurant, le spectacle vaut le coup d'œil et les produits de la pêche valent... le coup de fourchette ! Belle cave.

Toëno sans rest

56 corniche de Goas-Treiz, 1,5 km par rte de Trégastel – 02 96 23 68 78 – www.hoteltoeno.com – Fermé 3 janv.-6 fév.
17 ch – 57/108 € 57/108 € – 10 €
◆ Construction récente aux chambres lumineuses et fonctionnelles, sobrement décorées et dotées de balcons ou terrasses face à la Manche. Confortable salon.

Le Quellen avec ch

18 corniche Goas Treiz – 02 96 15 43 18 – www.le-quellen.com – Fermé 7-31 mars, 14 nov.-6 déc., dim. soir, lundi et mardi hors saison
6 ch – 40/65 € 40/65 € – 8 € – ½ P 46/55 €
Rest – (15 €) Menu 25/55 € – Carte 37/53 €
◆ Sur la route principale de Trébeurden, mais non loin de la mer. Cuisine traditionnelle servie dans une grande salle lumineuse. Chambres simples.

TRÉBOUL – 29 Finistère – 308 E6 – rattaché à Douarnenez

TREFFORT – 38 Isère – 333 G8 – 208 h. – alt. 618 m – 38650 45 C2

Paris 598 – Grenoble 36 – Monestier-de-Clermont 9 – La Mure 43

au bord du lac 3 km au Sud par D 110^{E} – 38650 Treffort

Le Château d'Herbelon ch,

– 04 76 34 02 03 – www.chateau-herbelon.fr – Ouvert 1er avril-16 nov. et fermé lundi et mardi sauf juil.-août
10 ch – 82/140 € 82/140 € – 11 € – ½ P 80/110 €
Rest – Menu 24/54 € – Carte 27/70 €
◆ Au bord du lac de Monteynard, demeure du 17e s. à la façade recouverte de vigne vierge et de rosiers grimpants. Chambres spacieuses. L'hiver, une imposante cheminée réchauffe la salle à manger rustique ; aux beaux jours, on dresse des tables sur la pelouse.

TREFFORT – 01 Ain – 328 F3 – 2 000 h. – alt. 280 m – 01370 44 B1

Paris 436 – Bourg-en-Bresse 18 – Lons-le-Saunier 57 – Mâcon 51

L'Embellie rest,

pl. du Champ-de-Foire – 04 74 42 35 64 – Fermé 25 déc.-3 janv.
8 ch – 41 € 53 € – 6 € – ½ P 44 €
Rest – *(fermé dim. soir hors saison)* (12 €) Menu 16/29 € – Carte 19/37 €
◆ Cette jolie maison en pierre se trouve sur la place centrale du village. Accueil sympathique dans de petites chambres toutes simples, peu à peu rafraîchies. Cuisine traditionnnelle et plats bressans servis dans un agréable décor actuel ou sur la terrasse.

TRÉGASTEL – 22 Côtes-d'Armor – 309 B2 – 2 377 h. – alt. 58 m – 22730 Bretagne 9 B1

Paris 526 – Lannion 11 – Perros-Guirec 9 – St-Brieuc 75

place Sainte-Anne 02 96 15 38 38

de Saint-Samson à Pleumeur-Bodou Avenue Jacques Ferronière, S : 3 km, 02 96 23 87 34

Rochers★★ - Ile Renote★★ NE - Table d'Orientation ★.

Park Hotel Bellevue

20 r. Calculots – 02 96 23 88 18 – www.hotelbellevuetregastel.com – Ouvert 15 mars-11 nov.

31 ch – 68/88 € 95/155 € – 14 €

Rest – *(ouvert 1er mai-30 sept.) (dîner seult)* Menu 30/64 € – Carte 38/85 €

◆ Une grosse bâtisse des années 1930, dans un site calme et verdoyant. Les chambres simples et bien tenues sont plus petites dans l'annexe. Billard au salon. Bon accueil. Au restaurant, nappes colorées, sièges exotiques et terrasse face à la mer. Cuisine classique.

Beau Séjour

5 plage du Coz-Pors – 02 96 23 88 02 – www.hotel-beausejour-tregastel.com – Fermé 12 nov.-15 déc. et 5 janv.-5 fév.

16 ch – 40/60 € 50/75 € – 8 € – ½ P 60/75 €

Rest – *(fermé lundi)* Menu 21/34 € – Carte 26/39 €

◆ Situation idéale près du Forum et de la plage, nombreuses chambres avec vue sur la mer, petit-déjeuner buffet : un beau séjour en perspective ! Salle à manger dont le décor, en trompe-l'œil, représente la Côte de Granit rose. Cuisine actuelle.

De la Mer et de la Plage sans rest

plage du Coz-Pors – 02 96 15 60 00 – www.hoteldelamer-tregastel.com – Ouvert 28 mars-15 nov.

19 ch – 45/130 € 45/130 € – 8,50 €

◆ Maison traditionnelle en bordure de la plage, à côté du Forum. Préférez les chambres du troisième étage, modernes et conçues à la façon d'une cabine de bateau.

à la plage de Landrellec 3 km au Sud par D 788 et route secondaire – 22560 Pleumeur-Bodou

Le Macareux

21 r. des Plages – 02 96 23 87 62 – Fermé 1er janv.-13 fév., dim. soir, mardi midi sauf juil.-août et lundi

Rest – Menu 26/57 € – Carte 35/75 €

◆ Rendez-vous dans cette auberge bretonne pour déguster des spécialités (homards, ormeaux) et d'autres produits issus de la pêche locale. Terrasse face à la mer. Ambiance conviviale.

TRÉGUIER – 22 Côtes-d'Armor – 309 C2 – 2 676 h. – alt. 40 m – 22220 Bretagne 9 B1

Paris 509 – Guingamp 28 – Lannion 19 – Paimpol 15

67, rue Ernest Renan 02 96 92 22 33

Cathédrale St-Tugdual★★ : cloître★.

Aigue Marine

5 r. M. Berthelot, (sur le port) – 02 96 92 97 00 – www.aiguemarine-hotel.com – Fermé 13-21 nov., 23-26 déc., 2 janv.-21 fév. et dim. de nov. à mars

33 ch – 75/99 € 91/99 € – 15 suites – 14 € – ½ P 90/96 €

Rest – *(fermé 13 nov.-29 fév., sam. midi, dim. soir et lundi hors saison et le midi sauf dim. de juin à sept.)* (24 € bc) Menu 34/64 € – Carte 49/78 €

◆ Hôtel doté de chambres fonctionnelles côté port ou côté piscine et jardin ; certaines ont un balcon, d'autres sont prévues pour les familles. Buffet soigné au petit-déjeuner. Table au goût du jour dans un cadre actuel, lumineux et fleuri.

rte de Lannion 2 km au Sud-Ouest par D 786 et rte secondaire – 22220 Tréguier

Kastell Dinec'h sans rest

lieu-dit le Castel, rte de Lannion – 02 96 92 92 92 – www.kastelldinech.com – Fermé 18 déc.-26 fév.

15 ch – 60/80 € 60/130 € – 13 €

◆ Ancienne ferme-manoir (17e s.) profitant du calme de la campagne... Petites chambres soignées et cosy, réparties dans la maison principale et ses dépendances. Restauration possible.

TRÉGUNC – 29 Finistère – **308** H7 – 6 704 h. – alt. 45 m – ✉ 29910 **9** B2

Paris 543 – Concarneau 7 – Pont-Aven 9 – Quimper 29

Kérambourg ☎ 02 98 50 22 05

Auberge Les Grandes Roches ch, VISA AE

r. Grandes Roches, 0,6 km au Nord-Est par rte secondaire – ☎ 02 98 97 62 97 – www.hotel-lesgrandesroches.com – Fermé déc. et janv.

17 ch – 95/155 € 95/155 € – 1 suite – 14 €

Rest – *(fermé mardi et merc. en fév.-avril et oct.-nov.)* Menu 26/49 € – Carte environ 60 €

◆ Une ferme et des chaumières réunies dans un parc de 5 ha où se dressent dolmens et menhirs. Rustiques ou actuelles, les chambres sont ravissantes et très bien tenues. Élégante salle de restaurant, avec cheminée en granit, où apprécier une cuisine de notre temps.

TREIGNAC – 19 Corrèze – **329** L2 – 1 376 h. – alt. 500 m – ✉ 19260 **25** C2

Paris 490 – Limoges 102 – Tulle 40 – Brive-la-Gaillarde 74

1, place de la République ☎ 05 55 98 15 04

Maison Grandchamp ch,

9 pl. des Pénitents – ☎ 05 55 98 10 69 – www.hotesgrandchamp.com – Ouvert 1er avril-15 déc.

3 ch – 74/84 € 74/86 € **Table d'hôte** – Menu 27 € bc/32 € bc

◆ Dans cette maison familiale de la fin du 17e s. décorée de meubles anciens, de portraits des aïeux et de souvenirs de voyages, les chambres sont coquettes et fraîches. Menu unique du terroir servi dans une salle à manger ou dans la cuisine devant le cantou.

TRÉLAZÉ – 49 Maine-et-Loire – **317** G4 – rattaché à Angers

TRÉLON – 59 Nord – **302** M7 – 2 965 h. – alt. 188 m – ✉ 59132 **31** D3

Nord Pas-de-Calais Picardie

Paris 218 – Avesnes-sur-Helpe 15 – Charleroi 53 – Lille 115

3, rue Clavon Collignon ☎ 03 27 57 08 18

Le Framboisier VISA

rte Val Joly – ☎ 03 27 59 73 34 – Fermé 15 fév.-1er mars, 16 août-7 sept., dim. soir, mardi soir et lundi

Rest – (14 €) Menu 18 € bc (déj. en sem.), 28/50 € – Carte 38/65 €

◆ Ancien corps de ferme bordant un axe passant. Accueillante façade, salles à manger intimes, meublées dans le style rustique et cuisine renouvelée au fil des saisons.

TREMBLAY-EN-FRANCE – 93 Seine-Saint-Denis – **305** G7 – **101** 18 – voir à Paris, Environs

LE TREMBLAY-SUR-MAULDRE – 78 Yvelines – **311** H3 – 931 h. – alt. 132 m – ✉ 78490 **18** A2

Paris 42 – Houdan 24 – Mantes-la-Jolie 32 – Rambouillet 18

du Domaine du Tremblay Place de l'Eglise, S : par D 34, ☎ 01 34 94 25 70

Laurent Trochain VISA

3 r. du Gén.-de-Gaulle – ☎ 01 34 87 80 96 – www.restaurant-trochain.fr – Fermé août, lundi et mardi

Rest – (29 €) Menu 35 € (déj. en sem.), 60/78 € bc – Carte 50/69 €

Spéc. "L'esprit" d'un lièvre à la royale (saison). Ris de veau rôti au saté, crème de lard et légumes de saison. Chariot des fromages affinés et marinés dans des huiles différentes.

◆ Poutres et cheminée créent une ambiance chaleureuse dans cette coquette maison au décor mi-rustique, mi-bourgeois assez cossu. Belle cuisine au goût du jour personnalisée.

TRÉMOLAT – 24 Dordogne – **329** F6 – 666 h. – alt. 53 m – ⊠ 24510 **4** C3
Périgord Quercy

Paris 532 – Bergerac 34 – Brive-la-Gaillarde 87 – Périgueux 46
Ilot Saint-Nicolas ✆ 05 53 22 89 33
Belvédère de Racamadou★★ N : 2 km.

Le Vieux Logis
Le Bourg – ✆ 05 53 22 80 06 – www.vieux-logis.com
18 ch – 190/400 € 190/400 € – 22 € – ½ P 180/285 €
Rest – *(Fermé merc. et jeudi du 15 oct. au 15 avril)* Menu 42 € (déj. en sem.), 55/95 € – Carte 80/120 €
Spéc. Foie gras cuit au torchon. Sandre rôti sur la peau, fine galette d'oignons et jus soja-noix (mai à sept.). Baba "couleurs Sud-Ouest" à la châtaigne et armagnac (sept. à mars). **Vins** Bergerac, Côtes de Bergerac.
◆ Cet ancien prieuré est le vivant récit de l'histoire de la famille des propriétaires, vieille de presque cinq siècles ! Chambres et jardin sont meublés avec goût et le jardin est superbe. La cuisine, classique et délicieuse, se déguste dans le cadre insolite d'un ancien séchoir à tabac.

Bistrot d'en Face
Le Bourg – ✆ 05 53 22 80 69 – Fermé lundi et mardi
Rest – (14 €) Menu 24 € – Carte 25/37 €
◆ Une adresse pour se régaler dans le village où Chabrol tourna Le Boucher (1970). Vieilles pierres, poutres et goûteuse cuisine du terroir : andouillette, confit de canard...

TRÉMONT-SUR-SAULX – 55 Meuse – **307** B6 – **rattaché à Bar-le-Duc**

LE TRÉPORT – 76 Seine-Maritime – **304** I1 – 5 698 h. – alt. 12 m – Casino – ⊠ 76470 Normandie Vallée de la Seine **33** D1

Paris 180 – Abbeville 37 – Amiens 92 – Blangy-sur-Bresle 26
quai Sadi Carnot ✆ 02 35 86 05 69
Calvaire des Terrasses ≤★.

Golf Hôtel sans rest
102 rte de Dieppe, (D 940) – ✆ 02 27 28 01 52 – www.treport-hotels.com – Fermé 20-28 déc.
17 ch – 46/49 € 79/90 € – 8 €
◆ Demeure de style normand proposant des petites chambres meublées dans un esprit anglais. Coquette salle rustique et sa cheminée pour les petits-déjeuners.

Le St-Louis
43 quai François 1er – ✆ 02 35 86 20 70 – Fermé 20 nov.-20 déc.
Rest – Menu 19 € (sem.), 26/60 € – Carte 35/55 €
◆ La grande baie vitrée donnant sur les quais dévoile une sympathique salle de style brasserie. Carte et menus évoluent au gré de la pêche et du marché. Ambiance conviviale.

TRÉVOU-TRÉGUIGNEC – 22 Côtes-d'Armor – **309** B2 – 1 414 h. – alt. 56 m – ⊠ 22660 **9** B1

Paris 524 – Guingamp 36 – Lannion 14 – Paimpol 27
28, rue de Trestel ✆ 02 96 23 71 92

Kerbugalic
1 Vieille Côte de Trestel – ✆ 02 96 23 72 15 – www.kerbugalic.fr
18 ch – 56/92 € 56/92 € – 9 € – ½ P 64/84 €
Rest – *(fermé 2 nov.-15 mars et le midi en sem.)* Menu 25/29 € – Carte 29/70 €
◆ La situation de cette maison posée sur les hauteurs de la baie de Trestel est plus qu'agréable : on peut profiter du jardin et de la vue sur la mer. Belle salle à manger panoramique dominant la plage ; carte traditionnelle où l'océan est roi.

TRIEL-SUR-SEINE – 78 Yvelines – **311** I2 – **101** 10 – **voir à Paris, Environs**

TRIGANCE – 83 Var – **340** N3 – 158 h. – alt. 800 m – ⊠ 83840 **41** C2

Paris 817 – Castellane 20 – Digne-les-Bains 74 – Draguignan 43
RD 955 - Ferme de la Sagne ✆ 04 94 85 68 40

Château de Trigance
rte du château, accès par voie privée – 04 94 76 91 18 – www.chateau-de-trigance.fr – Ouvert avril-oct.
10 ch – 117 € 127/147 € – 15 € – ½ P 118/153 €
Rest – *(fermé merc. midi sauf fériés)* Menu 27/50 € – Carte 50/65 €
◆ Cet hôtel occupe les murs d'un château fort dominant la vallée, et les chambres ont des lits à baldaquin ! Une adresse originale à l'esprit médiéval. Le restaurant prend ses aises dans une salle sarrasine du 12e s. et propose... une cuisine bien d'aujourd'hui.

Le Vieil Amandier ch,
montée de St-Roch – 04 94 76 92 92 – http://levieilamandier.free.fr – Ouvert 25 avril-31 oct.
12 ch – 63/72 € 69/99 € – 10 € – ½ P 63/87 € **Rest** – *(résidents seult)*
◆ Au pied du village, construction récente entourée d'un jardin méditerranéen. Chambres impeccables, certaines avec terrasse. Sauna et jacuzzi à disposition. Une belle charpente coiffe la salle à manger ; cuisine traditionnelle méridionale (le soir uniquement).

TRILBARDOU – 77 Seine-et-Marne – **312** F2 – **rattaché à Meaux**

LA TRINITÉ-SUR-MER – 56 Morbihan – **308** M9 – **1 531 h.** – **alt. 20 m** **9** B3
– **Casino** – 56470 Bretagne
Paris 488 – Auray 13 – Carnac 4 – Lorient 52
30, cours des Quais 02 97 55 72 21
Pont de Kerisper ★.

Le Lodge Kerisper sans rest
4 r. du Latz – 02 97 52 88 56 – www.lodge-kerisper.com – Fermé 3-23 janv.
18 ch – 95/255 € 95/255 € – 2 suites – 15 €
◆ Ces deux longères du 19e s. ont beaucoup de cachet : intérieur tout en matériaux nobles, meubles chinés et parquets bruts... Un véritable "boutique hôtel"!

Le Petit Hôtel des Hortensias rest,
4 pl. Yvonne Sarcey – 02 97 30 10 30 – www.leshortensias.info – Fermé janv.
6 ch – 99/160 € 99/160 € – 13 €
Rest ***L'Arrosoir*** – 02 97 30 13 58 *(ouvert de mi-mars à mi-nov. et fermé merc. midi et lundi soir hors vacances scolaires, lundi midi et mardi midi)* Carte 25/50 €
◆ La silhouette nordique de cette charmante villa (1880) domine le port. Inspiration nautique, meubles et bibelots anciens, ambiance guesthouse... Le début du voyage ! Coquet décor de bistrot marin, belle terrasse panoramique et cuisine océane à l'Arrosoir.

L'Azimut
1 r. du Men-Dû – 02 97 55 71 88 – www.lazimut-latrinite.com – Fermé 16-27 nov., 16-27 fév., mardi et merc. sauf juil.-août
Rest – (27 €) Menu 35/60 € – Carte 44/67 €
◆ Ambiance maritime tous azimuts dans la salle à manger et agréable terrasse offrant une échappée sur le port... À la carte, alliances terre et mer et recherche esthétique.

TRIZAY – 17 Charente-Maritime – **324** E4 – **1 252 h.** – **alt. 20 m** – **17250** **38** B2
Paris 475 – Rochefort 13 – La Rochelle 52 – Royan 36
48, rue de la République 05 46 82 34 25

au Lac du Bois Fleuri **2,5 km à l'Ouest par D 238, D 123 et rte secondaire** – 17250 Trizay

Les Jardins du Lac avec ch ch, rest,
3 chemin Fontchaude – 05 46 82 03 56 – www.jardins-du-lac.com – Fermé janv., dim. soir, lundi et mardi de nov. à mars
8 ch – 118/124 € 118/124 € – 13 €
Rest – Menu 38/42 € – Carte 55/90 €
◆ Dans un parc au-dessus du lac, deux pavillons reliés par une passerelle enjambant un ruisseau. La cuisine, traditionnelle, fait la part belle aux produits régionaux. Chambres avec terrasse ou balcon offrant une vue sur le plan d'eau.

LES TROIS-ÉPIS – 68 Haut-Rhin – 315 H8 – alt. 658 m – ✉ 68410 2 C2

Alsace Lorraine

Paris 445 – Colmar 11 – Gérardmer 51 – Munster 18

2, Impasse Poincaré ✆ 03 89 49 80 56

Villa Rosa rest,

4 r. Thierry Schoeré – ✆ 03 89 49 81 19 – www.villarosa.fr
– Fermé 3 janv.-10 fév., 3-25 nov.
8 ch – †62/67 € ††62/67 € – ☕ 8,50 € – ½ P 63/83 €
Rest – *(dîner seult)* Menu 26 €
◆ Ambiance guesthouse dans cette maison 1900 entourée d'un jardin fleuri. Chambres coquettes portant des noms de roses ; séjours à thèmes. Au restaurant, Anne-Rose concocte des plats régionaux à partir de produits bio et de son potager.

TRONÇAIS – 03 Allier – 326 D3 – rattaché à St-Bonnet-Tronçais

LE TRONCHET – 35 Ille-et-Vilaine – 309 K4 – 960 h. – alt. 65 m 10 D2
– ✉ 35540 Bretagne

Paris 391 – Saint-Malo 27 – Dinan 19 – Fougères 56

Golf & Country Club rest,

Domaine St-Yvieux – ✆ 02 99 58 98 99 – www.saintmalogolf.com – Ouvert 16 mars-19 nov.
29 ch – †90/149 € ††90/149 € – ☕ 12 €
Rest – *(fermé le midi)* (15 € bc) Menu 20/40 € – Carte 30/54 €
◆ Dans un golf, cet ancien prieuré du 19e s. abrite de grandes chambres aux tons clairs (jolis tissus), disposant d'une loggia ou d'une petite terrasse. Le restaurant donne sur l'étang et offre une vue panoramique sur les greens. Cuisine traditionnelle.

Le Mesnil des Bois sans rest

2 km au Sud-Ouest par D 9 et D 73 – ✆ 02 99 58 97 12
– www.le-mesnil-des-bois.com – Fermé de mi-nov. à fin fév.
5 ch ☕ – †95/120 € ††95/120 €
◆ Ce beau manoir (16e s.) isolé dans la campagne, en lisière de forêt, appartenait aux descendants du corsaire Surcouf. Jolies chambres aux meubles de famille ou chinés.

TROUVILLE-SUR-MER – 14 Calvados – 303 M3 – 4 992 h. – alt. 2 m 32 A3
– Casino AY – ✉ 14360 Normandie Vallée de la Seine

Paris 201 – Caen 51 – Le Havre 43 – Lisieux 30

de Deauville-St-Gatien : ✆ 02 31 65 65 65, 7 km par ② BZ.

32, boulevard Fernand-Moureaux ✆ 02 31 14 60 70

de l'Amirauté à Tourgéville Route Départementale 278, par rte de Pont-L'Évêque et D 278 : 5 km, ✆ 02 31 14 42 00

Corniche ≤★.

Plan page suivante

Hostellerie du Vallon sans rest

12 r. Sylvestre Lasserre – ✆ 02 31 98 35 00 – www.hostellerieduvallon.com
64 ch – †120/220 € ††120/220 € – ☕ 15 € BZv
◆ Cette hostellerie de style normand offre un joli panorama sur les hauteurs de la ville. Chambres spacieuses, la plupart rénovées. Salon-bar cosy, billard, piscine, fitness.

Le Flaubert sans rest

2 r. Gustave Flaubert – ✆ 02 31 88 37 23 – www.flaubert.fr – Ouvert de mi-fév. à mi-nov. AYt
32 ch – †80/140 € ††80/140 € – ☕ 10 €
◆ À deux pas des célèbres "planches", villa à colombages de 1936 très romantique : mobilier chiné, affiches anciennes, tons doux. Chambres souvent rafraîchies (la moitié côté mer).

TROUVILLE-SUR-MER

Bains (R. des) . . . . AY 3
Carnot (R.) . . . . AY 5
Chalet-Cordier (R.) . . . . BY 6
Chapelle (R. de la) . . . . AY 7
Foch (Pl. Mar.) . . . . AY 9
Gaulle (R. Gén.-de) . . . . BZ 10
Lattre-de-Tassigny (Pl. Mar.-de) . . . . AY 12
Maigret (R. A.-de) . . . . AY 20
Moureaux (Bd F.) . . . . BZ
Moureaux (Pl. F.) . . . . BZ 22
Notre-Dame (R.) . . . . BY 23
Plage (R. de la) . . . . AY 26
Verdun (R. de) . . . . BY 29
Victor-Hugo (R.) . . . . AY 31

Le Fer à Cheval sans rest

11 r. Victor Hugo – ✆ 02 31 98 30 20 – www.hotel-trouville.com AYu

34 ch – †53/96 € ††77/102 € – ☕ 11 €

◆ Au cœur de Trouville, dans plusieurs bâtisses mitoyennes, des chambres fonctionnelles et de douillettes suites familiales. Viennoiseries maison au petit-déjeuner.

Le Central
5 et 7 r. des Bains – ✆ 02 31 88 80 84 – www.le-central-trouville.com
22 ch – 🚹87 € 🚹🚹87/131 € – ☕ 9 € – ½ P 78/85 € AY**n**
Rest – ✆ 02 31 88 13 68 – Menu 19/28 € – Carte 21/70 €
◆ Au cœur de Trouville, des chambres feutrées tout en sobriété (tons harmonieux, mobilier en bois blanc patiné). Vues sur le port, les hauteurs de la ville ou la rue piétonne. Le cadre de la brasserie, très touristique, s'inspire des années 1930. Vaste terrasse chauffée l'hiver.

Les Sablettes sans rest
15 r. P.-Besson – ✆ 02 31 88 10 66 – www.trouville-hotel.com – Fermé 15 nov.-7 déc. AY**r**
18 ch – 🚹40/45 € 🚹🚹49/69 € – ☕ 7 €
◆ Une adresse familiale, proche du Casino et de la plage. Chambres simples, plutôt calmes, donnant sur la cour ou la rue ; deux sont aménagées dans l'annexe. Bon accueil.

La Petite Auberge
7 r. Carnot – ✆ 02 31 88 11 07 – www.lapetiteaubergesurmer.fr – Fermé 1er-15 déc., mardi et merc. AY**f**
Rest – *(prévenir)* (23 €) Menu 35/54 € – Carte 55/70 €
◆ Dans une petite rue du centre-ville, à l'écart de la foule, cette auberge conviviale, au cadre simple et avenant, valorise le terroir et les produits régionaux.

Les Mouettes
11 r. Bains – ✆ 02 31 98 06 97 – www.brasserie-les-mouettes.com AY**d**
Rest – Menu 28 € bc – Carte 21/45 €
◆ Ambiance et décor de bistrot, carte typique du genre, joli plafond peint et terrasse-trottoir abritée pour cette table conviviale naguère fréquentée par Marguerite Duras.

TROYES Ⓟ – **10 Aube** – **313** E4 – **61 344 h.** – **Agglo. 128 945 h.** **13** B3
– **alt. 113 m** – ✉ **10000** Champagne Ardenne

Paris 170 – Dijon 185 – Nancy 186

de Troyes-Barberey ✆ 03 25 71 79 00, 5 km au NO AV

16, boulevard Carnot ✆ 03 25 82 62 70

de la Forêt d'Orient à Rouilly-Sacey Route de Geraudot, par rte de Nancy : 11 km, ✆ 03 25 43 80 80

de Troyes à Chaource Château de la Cordelière, par rte de Tonnerre (D 444) : 31 km, ✆ 03 25 40 18 76

Le Vieux Troyes★★ BZ : Ruelle des Chats★ - Cathédrale St-Pierre-et-St-Paul★★ - Jubé★★ de l'église Ste-Madeleine★ - Basilique St-Urbain★ BCY **B** - Église St-Pantaléon★ - Apothicairerie★ de l'Hôtel-Dieu CY **M⁴** - Musée d'Art Moderne★★ CY **M³** - Maison de l'Outil et de la Pensée ouvrière★★ dans l'hôtel de Mauroy★★ BZ **M²** - Musée historique de Troyes et de Champagne★ et musée de la Bonneterie dans l'hôtel de Vauluisant★ BZ **M¹** - Musée des Beaux-Arts et d'Archéologie★ dans l'abbaye St-Loup.

Plans pages suivantes

La Maison de Rhodes
18 r. Linard Gonthier – ✆ 03 25 43 11 11 – www.maisonderhodes.com
8 ch – 🚹165/225 € 🚹🚹165/225 € – 3 suites – ☕ 17 € CY**e**
Rest – *(fermé le midi et dim.)* Carte 49/68 €
◆ Belles demeures du 17e s. nichées dans une ruelle pavée. Poutres, pierres, torchis, tommettes, mobiliers ancien et contemporain se marient avec élégance dans ce délicieux hôtel. Charmante salle à manger rustique ; plats traditionnels à base de poduits bio.

Le Champ des Oiseaux sans rest
20 r. Linard Gonthier – ✆ 03 25 80 58 50 – www.champdesoiseaux.com
12 ch – 🚹140/240 € 🚹🚹140/240 € – 1 suite – ☕ 17 € CY**e**
◆ Ces trois maisons des 15e-16e s., dont le nom viendrait de cigognes ayant niché ici, encadrent une cour pavée verdoyante. Chambres confortables et cosy (boiseries).

TROYES

Anatole-France (Av.)	AX	2
Brossolette (Av. Pierre)	AX	6
Buffard (Av. M.)	AV	8
Chanteloup (R. de)	AX	9
Clemenceau (R. G.)	AV	12
Croix-Blanche (R. de la)	AX	13
Croncels (R. du Faubourg)	AX	14
Jean-Jaurès (Av.)	AV	18
Lattre-de-Tassigny (Av. Mar.-de)	AV	21
Leclerc (Av. Gén.)	AV	22
Marots (R. des)	AV	24
Noës (R. des)	AX	26
Notre-Dame-des-Prés (R.)	AX	27
Pasteur (R.)	AV	32
Salengro (Av. Roger)	AV	36
Salengro (R. Roger)	AV	37
Schuman (Av. Robert)	AV	38
Vouldy (Chaussée du)	AX	42
1er Mai (Av. du)	AV	48

Mercure sans rest

11 r. Bas-Trévois – ✆ 03 25 46 28 28 – www.mercure-troyes.com **CZh**

70 ch – †90/174 € ††99/199 € – ☕ 14 €

◆ Chambres spacieuses, reposantes (moquette, teintes beiges) et modernes (écrans plats et connexions haut-débit) : cet hôtel – une ancienne bonneterie – conserve un certain charme.

Le Relais St-Jean sans rest

51 r. Paillot-de-Montabert – ✆ 03 25 73 89 90 – www.relais-st-jean.com **BZs**

24 ch – †95/195 € ††95/195 € – ☕ 15 €

◆ Décorations personnalisées dans les chambres (objets anciens et actuels), salles de bains spacieuses, salle de fitness avec sauna : ce Relais, bien tenu, ne manque pas de cachet.

TROYES

Boucherat (R.) . . . . CY 4
Champeaux (R.) . . . . BZ 12
Charbonnet (R.). . . . . BZ 13
Clemenceau (R. G.) . . . . . . BCY 15
Comtes-de-Champagne (Q. des) . . . . CY 16
Dampierre (Quai) . . . . BCY 17
Delestraint (Bd Gén.-Ch.) . . . BZ 18
Driant (R. COl.) . . . . BZ 20
Girardon (R.) . . . . CY 22
Hennequin (R.) . . . . CY 23
Huez (R. Claude) . . . . BYZ 27
Israël (Pl. Alexandre) . . . . BZ 28
Jaillant-Deschaînets (R.) . . . . BZ 29
Jean-Jaurès (Pl.) . . . . BZ 31
Joffre (Av. Mar.). . . . . BZ 33
Langevin (Pl. du Prof.) . . . . . BZ 35
Libération (Pl. de la) . . . . CZ 49
Marché aux Noix (R. du). . . . BZ 36
Michelet (R.) . . . . CY 39
Molé (R.) . . . . BZ 44
Monnaie (R. de la). . . . . BZ 45
Paillot-de-Montabert (R.) . . . BZ 47
Palais-de-Justice (R.) . . . . BZ 48
République (R. de la) . . . . . . BZ 51
St-Pierre (Pl.) . . . . CY 52
St-Rémy (Pl.) . . . . BY 53
Siret (R. Nicolas) . . . . CZ 79
Synagogue (R. de la). . . . . . . BZ 54
Tour-Boileau (R. de la). . . . . . BZ 59
Trinité (R. de la) . . . . BZ 60
Turenne (R. de) . . . . BZ 61
Voltaire (R.) . . . . BZ 64
Zola (R. Émile) . . . . BCZ
1er-R.A.M. (Bd du) . . . . BZ 69

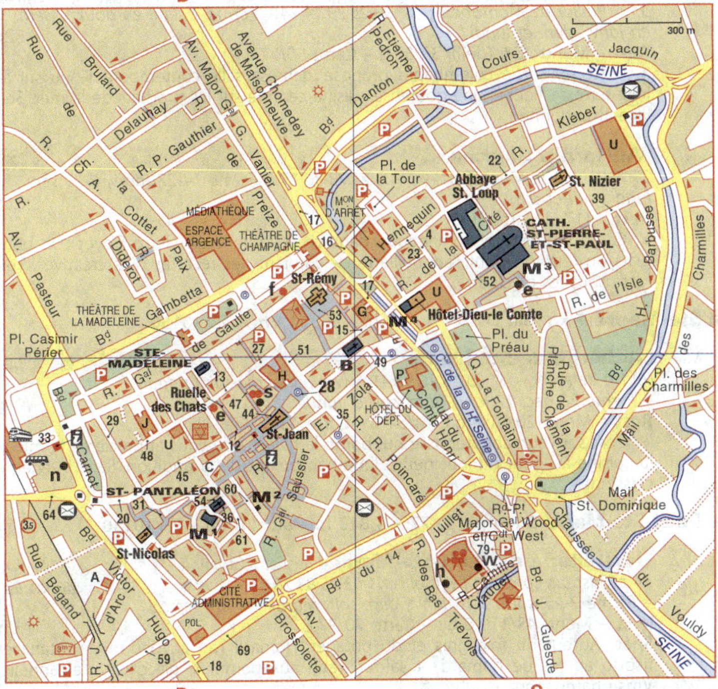

Royal Hôtel ch,
22 bd Carnot – ✆ 03 25 73 19 99 – www.royal-hotel-troyes.com – Fermé 16 déc.-9 janv. BZn
40 ch – 69/80 € 82/120 € – 12 € – ½ P 78/95 €
Rest – *(fermé sam. midi, lundi midi et dim.)* (19 €) Menu 25 € (sem.)/30 € – Carte 49/67 €
◆ Bien situé près de la gare, cet hôtel dispose de chambres simples, fonctionnelles et bien tenues. Celles de la catégorie supérieure (décor classique) sont plus spacieuses. Agréable salon-bar feutré et élégante salle à manger actuelle ; cuisine traditionnelle.

Ibis sans rest
r. Camille Claudel – ✆ 03 25 75 99 99 – www.ibishotel.com CZw
77 ch – 65/79 € 65/79 € – 8 €
◆ Au cœur d'un espace de loisirs (bowling, patinoire, cinéma), cet établissement bénéficie de chambres climatisées de bonne taille. Véranda pour les petits-déjeuners.

La Mignardise

1 ruelle des Chats – ✆ 03 25 73 15 30 – www.lamignardise.net – Fermé dim. soir et lundi BZe

Rest – (23 €) Menu 29 € (déj.)/59 € – Carte 60/90 €

◆ Élégant intérieur (pierres, briques, bois et touches modernes), cuisine au goût du jour et service attentionné : on passe un bon moment dans cette maison à colombages du 16e s.

Valentino

35 r. Paillot-de-Montabert – ✆ 03 25 73 14 14 – Fermé 2 sem. en août, 2 sem. en janv., dim. et lundi BZs

Rest – Menu 25 € (déj.), 33/55 € – Carte 50/77 €

◆ Cette maison à colombages propose, dans sa salle contemporaine ou sur sa jolie terrasse fleurie, une goûteuse cuisine centrée sur les produits de la mer. Service attentionné.

Au Jardin Gourmand

31 r. Paillot-de-Montabert – ✆ 03 25 73 36 13 – Fermé 14-27 mars, 5-25 sept., lundi midi et dim. BZs

Rest – (17 €) Carte 30/50 €

◆ Cadre intimiste et romantique dans ce restaurant du vieux Troyes. De bons plats du terroir – dont l'andouillette ! – côtoient des recettes plus créatives. Terrasse sous les glycines.

à Ste-Maure 7 km par D 78 – 1 472 h. – alt. 111 m – ✉ 10150

Auberge de Ste-Maure

99 rte de Mery – ✆ 03 25 76 90 41 – www.auberge-saintemaure.fr – Fermé 20 déc.-17 janv., dim. soir et lundi AVg

Rest – Menu 20 € (sem.), 44/54 € – Carte 44/66 €

◆ C'est sur l'agréable terrasse qui borde la rivière que vous apprécierez le mieux la cuisine au goût du jour qui se joue habilement de la tradition. Salle intérieure classique.

à Pont-Ste-Marie 3 km par D 77 – 4 813 h. – alt. 110 m – ✉ 10150

Hostellerie de Pont-Ste-Marie (Christian Chavanon)

34 r. Pasteur, (près de l'église) – ✆ 03 25 83 28 61 – Fermé 2-25 août, 3-13 janv., dim. soir, mardi soir et merc. AVn

Rest – Menu 43/119 € bc – Carte 70/97 €

Spéc. Autour du foie gras et du potager. Homard rôti au beurre de ratafia et risotto au jus de homard et safran. Tatin aux pommes, glace carotte-cannelle. **Vins** Champagne.

◆ Dans le village, chaleureuse salle à manger mêlant ancien et contemporain. Le chef signe, à base de bons produits, d'appétissantes recettes actuelles qui marient bien les saveurs.

Bistrot DuPont

5 pl. Ch.-de-Gaulle – ✆ 03 25 80 90 99 – www.bistrotdupont.com – Fermé 1 sem. à Pâques, 2-24 août, 24 déc.-3 janv., jeudi soir, dim. soir et lundi AVs

Rest – *(prévenir)* Menu 19/30 € – Carte 30/50 €

◆ Tout à côté de la Seine, sympathique établissement de type bistrot proposant une cuisine copieuse et soignée. Ne ratez pas la spécialité maison : l'andouillette.

à Moussey 10 km par ④, D 671 et D 444 – 471 h. – alt. 131 m – ✉ 10800

Domaine de la Creuse sans rest

D 444 – ✆ 03 25 41 74 01 – www.domainedelacreuse.com – Fermé 20 déc.-5 janv.

5 ch – 105 € 120/130 €

◆ Demeure champenoise du 18e s. Adorables chambres de plain-pied disposées autour d'une cour intérieure aménagée en jardin. Délicieux petits-déjeuners et accueil parfait.

à St-André-les-Vergers **5 km au Sud-Ouest – 11 264 h. – alt. 112 m – ✉ 10120**

21, avenue Maréchal Leclerc ✆ 03 25 71 91 11

XX **La Gentilhommière**

180 rte d'Auxerre – ✆ 03 25 49 35 64 – www.lagentilhommiere10.fr – Fermé 3 sem. en août, vacances de fév., sam. midi, dim. soir et lundi AX**r**

Rest – (22 €) Menu 25/38 € – Carte 39/66 €

◆ Les salles à manger de ce pavillon moderne ont été agréablement rafraîchies (tissus orangés, murs clairs). Cuisine au goût du jour bien réalisée ; bon rapport qualité-prix.

à Ste-Savine **3 km – 10 442 h. – alt. 116 m – ✉ 10300**

Motel Savinien

87 r. Jean de la Fontaine – ✆ 03 25 79 24 90 – www.motelsavinien.com – Fermé 17 déc.-2 janv. AX**d**

49 ch – 56/78 € 66/82 € – 10 € – ½ P 59/68 €

Rest – *(fermé dim. soir et lundi)* (13 €) Menu 15/32 €

◆ Rénovation de qualité (style contemporain, mobilier en bois foncé) dans la plupart des chambres de ce motel. Confort moderne (écrans plats) et salles de bains parfaitement équipées. Espace détente. Cuisine simple au restaurant.

TRUN – **61 Orne** – **310** J1 – **1 322 h.** – **alt. 90 m** – **✉ 61160** **33** C2

Paris 198 – Caen 63 – Alençon 60 – Lisieux 47

place Charles-de-Gaulle ✆ 02 33 36 93 55

La Villageoise

66 r. de la République – ✆ 09 71 38 56 87 – www.lavillageoise.fr

5 ch – 60/70 € 70/90 € **Table d'hôte** – Menu 25 € bc/30 € bc

◆ Cette maison abrite un beau salon ouvert sur une grande cour fleurie, autour de laquelle sont aménagées la plupart des chambres, agrémentées de bibelots. Bon accueil. Des petits plats du terroir vous sont proposés dans un décor rustique.

TULETTE – **26 Drôme** – **332** C8 – **1 857 h.** – **alt. 147 m** – **✉ 26790** **44** B3

Paris 657 – Lyon 195 – Valence 95 – Avignon 56

place des Tisserands ✆ 04 75 98 34 53

K-Za

rte du Moulin – ✆ 04 75 98 34 88 – www.maison-hotes-k-za.com – Fermé 24-31 août et 9-16 fév.

5 ch – 140/160 € 140/160 €

Table d'hôte – *(fermé dim. soir)* Menu 35/80 €

◆ Che bella casa ! Anne-Élisabeth, maîtresse des lieux, est d'origine italienne. Architecture de galets roulés du Rhône (17e s.) et superbe intérieur design : confort, originalité, sophistication contemporaine... À table, une belle cuisine bourgeoise et des vins locaux.

TULLE P – **19 Corrèze** – **329** L4 – **15 734 h.** – **alt. 210 m** – **✉ 19000** **25** C3

Limousin Berry

Paris 475 – Aurillac 83 – Brive-la-Gaillarde 27 – Clermont-Ferrand 141

45, quai Aristide Briand ✆ 05 55 26 59 61

Maison de Loyac★ Z **B** - Clocher★ de la Cathédrale Notre-Dame.

Plan page suivante

Mercure sans rest

16 quai de la République – ✆ 05 55 26 42 00 – www.mercure.com Z**b**

48 ch – 76 € 87 € – 1 suite – 12 €

◆ Hôtel doté d'un bar confortable et de chambres chaleureuses et insonorisées, plus spacieuses côté quai de la Corrèze. Vue sur la rivière depuis la salle des petits-déjeuners.

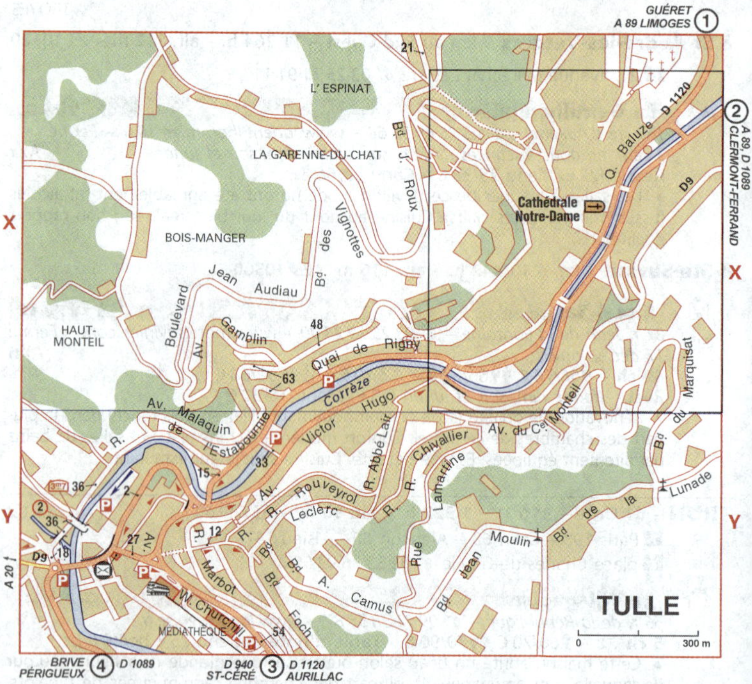
GUÉRET
A 89 LIMOGES
1
2
A 89, D 1089
CLERMONT-FERRAND
L' ESPINAT
LA GARENNE-DU-CHAT
BOIS-MANGER
HAUT-MONTEIL
Cathédrale Notre-Dame
Bd J. Roux
Bd des Vignottes
Boulevard Jean Audiau
Av. Gamblin
Quai de Rigny
Corrèze
Q. Baluze
D 1120
D9
Av. Malaquin
de l'Estabournie
Av. Victor Hugo
R. Abbé Lair
R. Chivallier
Av. du Cel Monteil
Bd du Marquisat
Av. Leclerc
R. Rouveyrol
R. Lamartine
Rue Jean Moulin
Bd de la Lunade
R. Marbot
Bd A. Camus
Bd Foch
W. Churchill
MÉDIATHÈQUE
TULLE
300 m
BRIVE
PÉRIGUEUX
4
D 1089
D 940
ST-CÉRÉ
3
D 1120
AURILLAC
A 20
X
Y

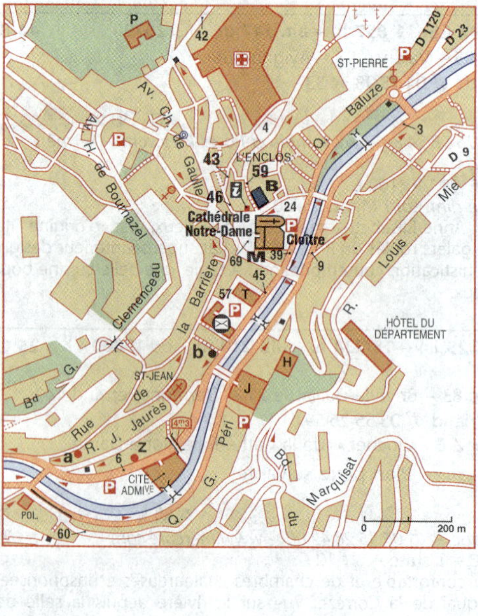
ST-PIERRE
Av. Ch. de Gaulle
Av. H. de Bournazel
L'ENCLOS
Cathédrale Notre-Dame
Cloître
Q. Baluze
D 1120
D 23
D 9
Mie Louis
HÔTEL DU DÉPARTEMENT
Clemenceau
la Barrière
ST-JEAN
Rue R. J. Jaurès
G. Péri
Bd du Marquisat
CITÉ ADMIVE
POL.
200 m
Z

Le Central

12 r. Barrière – ✆ 05 55 26 24 46 – Fermé 1er-15 août, dim. soir et sam.
Rest – Menu 27/60 € – Carte 50/70 € Za
◆ Ce restaurant traditionnel, logé dans une maison à colombages du 18e s, vous sert le tourtou corrézien et les rillettes d'oie en guise de bienvenue. Brasserie au rez-de-chaussée.

La Toque Blanche

pl. M. Brigouleix – ✆ 05 55 26 75 41 – www.hotel-latoqueblanche.com – Fermé 1 sem. en juil., 15-26 fév., dim. soir et lundi Zz
Rest – (19 €) Menu 27/32 € – Carte 55/65 €
◆ Installée au cœur de la ville, cette toque-là vous mijote une copieuse cuisine régionale à base de produits du terroir. À déguster dans la grande salle au décor chaleureux.

TUNNEL DU MONT-BLANC H.-Savoie – 74 H.-Savoie – 328 O5 – voir à Chamonix-Mont-Blanc

TUNNEL SOUS LA MANCHE voir à Calais.

LA TURBALLE – 44 Loire-Atlantique – 316 A3 – 4 341 h. – alt. 6 m – ✉ 44420 Bretagne 34 A2

Paris 457 – La Baule 13 – Guérande 7 – Nantes 84
place du Général-de-Gaulle ✆ 02 40 23 39 87

Les Chants d'Ailes sans rest

11 bd Bellanger – ✆ 02 40 23 47 28 – http://laturballe.free.fr/hotel-chantsdailes/ – Fermé 14 nov.-17 déc. et 17 janv.-6 fév.
19 ch – 40/66 € 55/71 € – 8 €
◆ Au bord de la longue plage de la Turballe, un petit hôtel construit dans les années 1980, aux prix raisonnables. Balcons ou bow-windows côté océan au 1er, mansardes au 2e étage.

Le Terminus

18 quai St-Paul – ✆ 02 40 23 30 29 – Fermé fin nov.-début déc.,dim. soir, mardi soir et merc. hors saison
Rest – (17 €) Menu 26/75 € – Carte 32/80 €
◆ On y descend pour la vue sur le port de La Turballe, dont on jouit depuis toutes les tables ! La cuisine explore évidemment les produits de la mer.

à Pen-Bron 3 km au Sud par D 92 – ✉ 44420 La Turballe

Pen Bron

✆ 02 28 56 77 99 – www.hotels-aptitudes.com – Fermé 6-27 nov., 18 déc.-10 janv.
45 ch – 70/160 € 70/195 € – 10 € – ½ P 72/134 €
Rest – *(fermé lundi et mardi en hiver)* Menu 30 € – Carte 32/48 €
◆ Tout à la pointe de la presqu'île guérandaise, face au Croisic... L'atout de cette maison bretonne : son aménagement moderne, pensé en détail pour les personnes à mobilité réduite. Restauration traditionnelle avec vue sur les flots.

LA TURBIE – 06 Alpes-Maritimes – 341 F5 – 3 155 h. – alt. 495 m – ✉ 06320 42 E2

Paris 943 – Monaco 8 – Menton 13 – Nice 16

Hostellerie Jérôme (Bruno Cirino) avec ch

20 r. Comte de Cessole – ✆ 04 92 41 51 51 – www.hostelleriejerome.com – Fermé 2 nov.-13 fév., lundi et mardi sauf de juil. à sept.
5 ch – 110/160 € 110/160 € – 16 €
Rest – *(dîner seult)* Menu 70/130 € – Carte 110/130 €
Spéc. Spaghettis pilés aux truffes, foie gras et blettes. Scampi en croûte d'amandes à la verveine (été). Galette soufflée au citron à la mentonnaise. **Vins** Bellet, Bandol.
◆ Ancien réfectoire des moines cisterciens (13e s.), la salle à manger est aujourd'hui confortable, illuminée par des teintes pastel et de jolies fresques. Délicieuse cuisine méridionale. Les chambres sont spacieuses, l'une d'elles aurait hébergé Napoléon.

Café de la Fontaine

4 av. Gén.-de-Gaulle – 04 93 28 52 79 – www.hostelleriejerome.com – Fermé lundi de nov. à mars

Rest – (19 €) Menu 25 € – Carte environ 26 €

◆ Une adresse sympathique où l'on passe un agréable moment autant pour l'ambiance que pour l'assiette. Goûteuse cuisine du marché aux nuances provençales, proposée à l'ardoise.

TURCKHEIM – 68 Haut-Rhin – 315 H8 – 3 714 h. – alt. 225 m – 2 C2

– ✉ 68230 Alsace Lorraine

Paris 471 – Colmar 7 – Gérardmer 47 – Munster 14

Corps de Garde 03 89 27 38 44

À l'Homme Sauvage

19 Grand'Rue – 03 89 27 56 15 – www.restaurant-hommesauvage.com – Fermé mardi soir de nov. à avril, dim. soir et merc.

Rest – (13 €) Menu 18 € (déj. en sem.), 28/39 € – Carte 38/45 €

◆ Cette auberge accueille les amateurs de bonne chère depuis 1609. Cuisine actuelle à déguster dans un cadre mi-rustique mi-contemporain, ou l'été, dans la cour pavée ombragée.

TURENNE – 19 Corrèze – 329 K5 – 795 h. – alt. 350 m – ✉ 19500 – 24 B3

Périgord Quercy

Paris 496 – Brive-la-Gaillarde 15 – Cahors 91 – Figeac 76

place du Belvédère 05 55 24 12 95

Site★ du château et ✳★★ de la tour de César.

Collonges-la-Rouge : village★★ E : 10 km.

Maison des Chanoines avec ch – AC rest, ch, VISA

r. Joseph Rouveyrol – 05 55 85 93 43 – www.maison-des-chanoines.com – Ouvert 16 avril-6 nov.

7 ch – †70/75 € ††80/150 € – ☕ 10 € – ½ P 70/86 €

Rest – *(fermé 14-22 oct. et le midi) (nombre de couverts limité, prévenir)* Menu 35/90 €

◆ Charmante maison du 16e s. : porte d'entrée sculptée, escalier à vis, salle à manger voutée (meuble d'esprit Marjorelle), chambres coquettes. Carte traditionnelle et créative.

TURQUANT – 49 Maine-et-Loire – 317 J5 – 516 h. – alt. 68 m – 35 C2

– ✉ 49730

Paris 294 – Angers 76 – Châtellerault 68 – Chinon 21

Demeure de la Vignole sans rest – P VISA AE

imp. Marguerite d'Anjou – 02 41 53 67 00 – www.demeure-vignole.com – Ouvert 15 mars-15 nov.

8 ch – †98/140 € ††98/140 € – 3 suites – ☕ 15 €

◆ Ambiance guesthouse dans cette belle demeure bâtie à flanc de coteau. Chambres bien décorées, dont plusieurs troglodytiques, comme la piscine ! Terrasse face au vignoble.

TUSSON – 16 Charente – 324 K4 – 302 h. – alt. 125 m – ✉ 16140 – 39 C2

Paris 421 – Angoulême 41 – Cognac 49 – Poitiers 83

le bourg 05 45 30 32 87

Le Compostelle – VISA AE

– 05 45 31 15 90 – http://le-compostelle.monsite-orange.fr – Fermé 26 sept.-9 oct., 2-25 janv., dim. soir, lundi et jeudi

Rest – (20 €) Menu 28 € bc (déj. en sem.)/41 € – Carte 42/58 €

◆ Au cœur du village et sur l'antique route des pèlerins, un sympathique restaurant rustique où la carte, variée, revisite avec simplicité la tradition régionale.

TY-SANQUER – 29 Finistère – 308 G6 – rattaché à Quimper

UBERACH – 67 Bas-Rhin – **315** J3 – **1 156 h. – alt. 175 m** – ✉ **67350** **1** B1

Paris 473 – Baden-Baden 59 – Offenburg 64 – Strasbourg 38

De la Forêt

94 Grande Rue – ✆ 03 88 07 73 17 – Fermé 1er-15 août, 15 fév.-5 mars, lundi soir, mardi soir et merc.

Rest – (9 €) Menu 15 € (déj. en sem.), 25/65 € – Carte 38/45 €

◆ Un accueil charmant, une cuisine traditionnelle concoctée avec les légumes et les herbes aromatiques du jardin... une Forêt très chaleureuse !

UCHAUD – 30 Gard – **339** K6 – **3 799 h. – alt. 26 m** – ✉ **30620** **23** C2

Paris 726 – Avignon 57 – Montpellier 42 – Nîmes 13

Le Huit

8 pl. de l'Église – ✆ 06 17 95 49 15 – www.le-huit.com

5 ch – 120/240 € 120/240 € **Table d'hôte** – Menu 38/60 €

◆ Face à l'église, une façade discrète cache ce petit havre de paix et de confort... Murs anciens, chambres spacieuses, décor contemporain, belles salles de bains et invitations à la détente (minispa, piscine). La table d'hôte propose une cuisine assez moderne (cuissons vapeur).

UCHAUX – 84 Vaucluse – **332** B8 – **1 373 h. – alt. 80 m** – ✉ **84100** **40** A2

Paris 645 – Avignon 40 – Montélimar 45 – Nyons 37

Château de Massillan

Hauteville, 3 km au Nord par D 11 et rte secondaire – ✆ 04 90 40 64 51 – www.chateau-de-massillan.com – Ouvert 1er avril-30 oct.

13 ch – 275/655 € 275/655 € – 1 suite – 19 €

Rest – (38 €) Menu 56 € bc/110 €

◆ L'ancien relais de chasse de Diane de Poitiers niché au cœur d'un magnifique parc entouré de vignes... Design contemporain, pierres et poutres d'époque se mêlent : c'est splendide ! Cuisine du marché dans un décor grandiose, entre épure et lustres à pampilles.

Côté Sud

rte d'Orange – ✆ 04 90 40 66 08 – www.restaurantcotesud.com – Fermé 18 oct.-4 nov., 17 déc.-12 janv., lundi soir et mardi sauf juil.-août et merc.

Rest – *(nombre de couverts limité, prévenir)* Menu 24/50 € – Carte 44/62 €

◆ Garrigue, colline... Les noms des menus, tout comme la cuisine, célèbrent la Provence. Ambiance cosy dans cette charmante maison en pierre et son ravissant jardin.

Le Temps de Vivre

Les Farjons, 3,5 km au Nord par D 11 – ✆ 04 90 40 66 00 – Fermé 24 oct.-10 nov., 17 déc.-6 janv., jeudi de sept. à avril et merc.

Rest – Menu 18 € (déj. en sem.), 32/41 € – Carte 40/57 €

◆ Chant des cigales, garrigue et vignes alentour... Une maison en pierre du 18e s. à l'ambiance champêtre, avec terrasse ombragée. Cuisine actuelle qui séduit par sa générosité.

UGINE – 73 Savoie – **333** L3 – **7 004 h. – alt. 484 m** – ✉ **73400** **45** C1

Paris 581 – Annecy 37 – Chambéry 63 – Lyon 162

15, place du Val d'Arly ✆ 04 79 37 56 33

La Châtelle

3 r. P.-Proust – ✆ 04 79 37 30 02 – www.lachatelle.com – Fermé dim. soir et lundi sauf fériés

Rest – Menu 19 € (déj. en sem.), 25/45 € – Carte 40/60 €

◆ Une maison forte du 13e s. : jolie salle voûtée, véranda au décor contemporain et... agréable panorama. Cuisine actuelle assortie d'une belle carte de vins d'ici et d'ailleurs.

L'UNION – 31 Haute-Garonne – **343** G3 – **rattaché à Toulouse**

UNTERMUHLTHAL – 57 Moselle – **307** Q5 – **rattaché à Baerenthal**

URÇAY – 03 Allier – **326** C3 – 288 h. – alt. 169 m – ✉ 03360 **5** B1

Paris 297 – La Châtre 55 – Montluçon 34 – Moulins 66

L'Étoile d'Urçay

42 rte Nationale – ✆ 04 70 06 92 66 – Fermé 22 nov.-6 déc., 15 fév.-7 mars, mardi soir, merc. soir et jeudi soir d'oct. à juin, dim. soir et lundi de juil. à sept.

Rest – (11 €) Menu 26/32 € – Carte 35/67 €

◆ Un restaurant simple, rustique et convivial à proximité de la forêt de Tronçais. Le chef y réalise une cuisine de tradition.

URIAGE-LES-BAINS – 38 Isère – **333** H7 – alt. 414 m – Stat. therm. : fin janv.-début déc. – Casino : Palais de la Source – ✉ 38410 **45** C2

Alpes du Nord

Paris 576 – Grenoble 11 – Vizille 11

5, avenue des Thermes ✆ 04 76 89 10 27

Uriage à Vaulnaveys-le-Haut Les Alberges, au Sud, ✆ 04 76 89 03 47

Forêt de Prémol★ SE : 5 km par D 111.

Grand Hôtel

pl. Déesse Hygie – ✆ 04 76 89 10 80 – www.grand-hotel-uriage.com – Fermé 18 déc.-3 janv.

39 ch – 112/197 € 140/225 € – 3 suites – 25 €

Rest *Les Terrasses* – *(fermé 14-31 août, 18 déc.-19 janv., vend. midi en juil.-août, merc. midi, jeudi midi, dim. soir, lundi et mardi)* Menu 55 € (déj.), 98/179 € – Carte 130/170 €

Spéc. Homard rôti, coriandre, mélisse, amandes et sel fumé (hiver). Féra du Léman au pain, citron, fenouil, poireau et bergamote (automne). Pain perdu, glace au sucre de palme et pêche de vigne (été). **Vins** Saint-Joseph, Mondeuse.

◆ Naguère fréquentée par Coco Chanel ou Sacha Guitry, cette belle hostellerie Napoléon III, reliée au centre thermal, abrite des chambres très élégantes et personnalisées. Au restaurant, cuisine créative valorisant les produits du Vercors et du Dauphiné ; cadre raffiné et délicieuse terrasse.

Le Manoir

62 rte Prémol – ✆ 04 76 89 10 88 – www.hotel-manoir.fr – Ouvert 21 mars-30 sept.

15 ch – 36 € 48/72 € – 8 € – ½ P 51/63 €

Rest – *(fermé dim. soir)* (15 €) Menu 21 € (sem.), 26/45 € – Carte 26/52 €

◆ Une façade colorée signale aux passants cette maison 1900 postée à l'entrée de la station. Grandes chambres au 1er étage, plus petites et rénovées dans un esprit actuel au 2e. Agréables salles à manger, salon chaleureux et véranda ouverte sur une plaisante terrasse.

au Sud 2 km par D 524 - ✉ 38410 Uriage-les-Bains

Le Manoir des Alberges

251 chemin des Alberges – ✆ 04 76 51 92 11 – www.lemanoirdesalberges.com

5 ch – 113/135 € 113/135 € **Table d'hôte** – Menu 32 € bc/45 € bc

◆ Cette maison, dont le corps central date de 1903, surplombe un golf et abrite cinq chambres de styles différents : bavarois, indien, ethnique, Art déco... La patronne concocte une cuisine inventive servie en salle ou en terrasse aux beaux jours.

URMATT – 67 Bas-Rhin – **315** H5 – 1 427 h. – alt. 240 m – ✉ 67280 **1** A2

Paris 487 – Molsheim 15 – Saverne 37 – Sélestat 49

Église★ de Niederhaslach NE : 3 km Alsace Lorraine

Clos du Hahnenberg

65 r. du Gén.-de-Gaulle – ✆ 03 88 97 41 35 – www.closhahnenberg.com

43 ch – 40/65 € 40/65 € – 10 € – ½ P 48/62 €

Rest *Chez Jacques* – (15 €) Menu 20/29 € – Carte 25/46 €

◆ Ce petit immeuble, en retrait de la rue principale du village, abrite des chambres récemment rénovées, sobres, confortables et bien insonorisées. Cuisine traditionnelle, avec des spécialités alsaciennes.

La Poste rest, ch.

74 r du Gén.-de-Gaulle – 03 88 97 40 55 – www.hotel-rest-laposte.fr – Fermé 17 juil.-2 août , 24 déc.-4 janv. et vacances scolaires de fév.
14 ch – 43/51 € 57/63 € – 8 € – ½ P 58/62 €
Rest – *(fermé dim. soir et lundi)* (11 €) Menu 19/40 € – Carte 23/51 €
◆ Ambiance familiale dans cette auberge villageoise centenaire, située face à la mairie. Chambres confortables et bien tenues ; certaines ont été soigneusement rénovées. Vitraux et boiseries rehaussent le décor des salles à manger ; cuisine régionale.

URRUGNE – 64 Pyrénées-Atlantiques – **342** B4 – rattaché à St-Jean-de-Luz

USCLADES-ET-RIEUTORD – 07 Ardèche – **331** G5 – 119 h. – alt. 1 270 m – ✉ 07510 **44** A3
Paris 590 – Aubenas 45 – Langogne 41 – Privas 59

à Rieutord – ✉ 07510 Usclades-et-Rieutord

Ferme de la Besse

– 04 75 38 80 64 – www.aubergedelabesse.com – Ouvert 2 mars-19 déc.
Rest – *(prévenir)* (16 €) Menu 30/40 €
◆ Une authentique ferme du 15e s. au toit de lauzes... Dans son décor rustique superbement préservé (pierres, poutres, cheminée), on apprécie charcuterie, cèpes, viandes locales...

USSEAU – 86 Vienne – **322** J3 – rattaché à Châtellerault

USSEL – 19 Corrèze – **329** O2 – 10 250 h. – alt. 631 m – ✉ 19200 **25** D2
Limousin Berry
Paris 444 – Aurillac 99 – Clermont-Ferrand 83 – Guéret 101
place Voltaire 05 55 72 11 50
de Neuvic à Neuvic Legta Henri Queuille, S : 14 km, 05 55 95 98 89
du Chammet à Peyrelevade Geneyte, NO : 42 km, 05 55 94 77 54

Auberge de l'Empereur

La Goudouneche, (parc d'activité de l'Empereur), 5 km au Sud-Ouest par D 1089 – 05 55 46 04 30 – www.aubergedelempereur.com – Fermé 6-22 fév., dim. soir et lundi
Rest – *(prévenir)* (17 €) Menu 23 € (déj. en sem.), 28/55 € – Carte 31/54 €
◆ Cette auberge, une ancienne grange (vaste hauteur sous plafond, poutres, lambris et décor hétéroclite), bénéficie d'un site calme près de la zone industrielle. Cuisine actuelle.

UTELLE – 06 Alpes-Maritimes – **341** E4 – 660 h. – alt. 800 m – ✉ 06450 **41** D2
Côte d'Azur
Paris 883 – Levens 24 – Nice 51 – Puget-Théniers 53
Retable★ dans l'église St-Véran - Madone d'Utelle ✻★★★ SO : 6 km.

Bellevue

rte de la Madone – 04 93 03 17 19 – Fermé en janv., le soir et merc. sauf juil.-août
Rest – Menu 17/34 € – Carte 20/50 €
◆ Décor agreste, vue sur les montagnes et terrasse à l'ombre des platanes caractérisent cette maison située dans un village d'altitude. Cuisine régionale (potager familial).

UZER – 07 Ardèche – **331** H6 – 385 h. – alt. 165 m – ✉ 07110 **44** A3
Paris 663 – Alès 63 – Lyon 196 – Privas 44

Château d'Uzer

– 04 75 36 89 21 – www.chateau-uzer.com – Fermé 20 déc.-4 fév.
5 ch – 100/125 € 110/135 €
Table d'hôte – *(fermé mardi, jeudi, sam. et dim.)* Menu 32 € bc
◆ La fibre décorative des propriétaires, leur belle hospitalité, le mélange des styles ancien et moderne, le jardin semi-sauvage, la piscine, le petit-déjeuner maison... Ce château médiéval a tout pour plaire. Plats régionaux servis en terrasse aux beaux jours.

UZERCHE – 19 Corrèze – 329 K3 – 3 182 h. – alt. 380 m – ✉ 19140 — 24 B3

Limousin Berry

Paris 444 – Brive-la-Gaillarde 38 – Limoges 57 – Périgueux 106

place de la Libération ✆ 05 55 73 15 71

Ste-Eulalie ≤★ E : 1 km.

Teyssier

r. Pont Turgot – ✆ 05 55 73 10 05 – www.hotel-teyssier.com – Fermé 5-13 mars, 17 déc.-23 janv., mardi et merc. sauf de juil. à sept.

14 ch – †54/59 € ††54/59 € – ☕ 8 € – ½ P 54/60 €

Rest – Menu 20/32 € – Carte 30/44 €

◆ Près de la Vézère, cette auberge du 18e s. à la façade blanche propose des chambres tout confort ; certaines avec vue sur la rivière. Cuisine épurée aux accents du Sud servie dans une salle à manger moderne et panoramique.

à St-Ybard 6 km au Nord-Ouest par D 920 et D 54 – 643 h. – alt. 320 m – ✉ 19140

Auberge Saint-Roch

2 r. du Château – ✆ 05 55 73 09 71 – www.auberge-saint-roch.fr – Fermé 24 juin-11 juil., 10-17 oct., 22 déc.-23 janv., le soir d'oct. à mai (sauf sam. soir), dim. soir et lundi

Rest – (10 €) Menu 13 € (déj. en sem.), 19/40 € – Carte 22/75 €

◆ Au centre du village, auberge campagnarde comprenant deux belles salles et un bar à clientèle locale. Agréable terrasse ombragée avec vue sur l'église. Recettes régionales.

UZÈS – 30 Gard – 339 L4 – 7 935 h. – alt. 138 m – ✉ 30700 Provence — 23 D2

Paris 682 – Montpellier 83 – Alès 34 – Arles 52

place Albert 1er ✆ 04 66 22 68 88

d'Uzès Mas de la Place, par rte d'Avignon : 5 km, ✆ 04 66 22 40 03

Ville ancienne★★ - Duché★ : ✻★★ de la Tour Bermonde - Tour Fenestrelle★★ - Place aux Herbes★ - Orgues★ de la Cathédrale St-Théodorit **V.**

UZÈS

Alliés (Bd des) . . . A 2
Boucairie (R.) . . . B 4
Collège (R. du) . . . B 6
Dampmartin (Pl.) . . . A 7
Dr-Blanchard (R.) . . . B 8
Duché (Pl. du) . . . A 9
Entre les Tours (R.) . . . A 10
Évêché (R. de l') . . . B 12
Foch (Av. Mar.) . . . A 13
Foussat (R. Paul) . . . A 14
Gambetta (Bd) . . . A
Gide (Bd Ch.) . . . AB
Marronniers (Prom. des) . . . B 16
Pascal (Av. M.) . . . B 17
Pelisserie (R.) . . . A 18
Plan de l'Oume (R.) . . . B 19
Port Royal (R.) . . . B 20
Raffin (R.) . . . B 21
République (R.) . . . A 23
St-Étienne (R.) . . . A 25
St-Théodorit (R.) . . . B 27
Uzès (R. J.-d') . . . A 29
Victor-Hugo (Boulevard) . . . A 32
Vincent (Av. Gén.) . . . A
4-Septembre (R.) . . . A 35

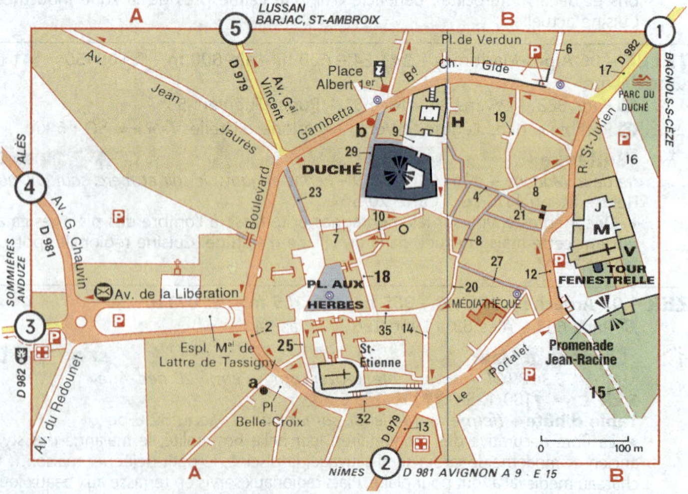

Hostellerie Provençale

1-3 r. Grande-Bourgade – ✆ 04 66 22 11 06 – www.hostellerieprovencale.com
9 ch – 79/89 € 103/142 € – 11 € **Aa**
Rest – *(fermé 15 nov.-15 déc., lundi et mardi)* (21 €) Menu 36 € Carte environ 25 €
◆ À deux pas de la place aux Herbes, une maison ancienne très joliment rénovée : mobilier et tissus provençaux, pierres et poutres apparentes, tomettes, etc., pour une ambiance cosy et chaleureuse. Menu du marché servi dans un cadre coloré, au charme d'antan...

Le Patio de Violette

chemin Trinquelaïgues par ⑤, (lieu dit la Perrine) – ✆ 04 66 01 09 83 – www.patiodeviolette.com
25 ch – 60/80 € 60/80 € – 8,50 € – ½ P 64/72 €
Rest – *(ouvert d'avril à oct.) (dîner seult) (résidents seult)* Menu 23/30 €
◆ À l'écart du centre, une villa contemporaine aux formes géométriques, abritant des chambres très propres, au décor épuré. Dans un cadre minimaliste, le restaurant propose des plats simples, façon bistrot (ardoise), accompagnés de vins locaux.

L'Artemise

chemin de la Fontaine-aux-Bœufs, par r. du Collège – ✆ 04 66 63 94 14 – www.lartemise.com – Fermé nov., vacances de Noël, fév., jeudi en hiver, mardi et merc.
Rest – (35 €) Menu 50/65 €
◆ Dans cet agréable mas du 16e s. embelli d'œuvres d'art et de photographies, la cuisine est inventive et parfumée, très influencée par l'Asie. Par un chef au beau parcours...

Le 80 Jours

2 pl. Albert-1er – ✆ 04 66 22 09 89 – Fermé fév., dim. et lundi de nov. à mars
Rest – (15 €) Menu 21 € (déj. en sem.), 28/36 € – Carte 36/56 € **Ab**
◆ Voûtes et vieilles pierres, décor ethnique, joli patio ombragé : il fait bon s'attabler dans cette brasserie moderne dont l'enseigne évoque Jules Verne et... les voyages du patron.

à St-Victor-des-Oules 7 km par ① , D 982 et rte secondaire – 249 h. – alt. 168 m – ✉ 30700

Villa St-Victor

pl. du Château – ✆ 04 66 81 90 47 – www.villasaintvictor.com – Fermé 2 janv.-7 mars
19 ch – 105/245 € 120/260 €
Rest – *(fermé lundi hors saison et dim. soir)* (18 €) Menu 35 € (déj.)/39 €
◆ Ambiance familiale dans ce petit château du 19e s., entouré d'un parc arboré. Les chambres sont spacieuses et joliment décorées : mobilier chiné, style rétro ou boudoir, toile de Jouy... La table propose une cuisine du marché teintée de terroir.

à St-Quentin-la-Poterie 5 km par ① et D 5 – 2 869 h. – alt. 113 m – ✉ 30700

Clos de Pradines

pl. du Pigeonnier – ✆ 04 66 20 04 89 – www.clos-de-pradines.com – Fermé 14-27 nov. et 9-29 janv.
20 ch – 73/175 € 73/175 € – 13 € – ½ P 76/127 €
Rest – Menu 30/43 € – Carte 34/50 €
◆ Sur les hauteurs du village, un hôtel paisible proposant de ravissantes chambres de style néoprovençal, avec miniterrasse ou balcon orienté plein sud. Au restaurant, belle terrasse dominant la vallée, décor actuel et cuisine traditionnelle.

à St-Siffret 5 km par ① et D982 – 922 h. – alt. 140 m – ✉ 30700

L'Authentic

Ancienne École – ✆ 04 66 22 60 09 – Fermé 15 nov.-15 déc., mardi et merc.
Rest – Menu 29 €
◆ Ce restaurant est installé dans une ancienne école : vous serez accueilli dans la salle de classe où le menu du marché (choix unique) et les vins sont écrits sur le tableau noir !

à St-Maximin 4 km par ② – 630 h. – alt. 110 m – ✉ 30700

Villa Fauve sans rest

1 r. des Templiers – ✆ 04 66 22 62 39 – www.couleursfauves.com – Ouvert 1er avril-30 sept.

3 ch – 90/150 € 100/160 €

◆ Dans un village pittoresque, cette maison en pierre de 1824 cache un joli jardin agrémenté d'une piscine et d'une terrasse ombragée. Chambres sobres et chic, bien équipées.

à Montaren-et-St-Médiers 6 km par ④ et D 337 – 1 351 h. – alt. 115 m – ✉ 30700

Clos du Léthé sans rest

Hameau de St-Médiers – ✆ 04 66 74 58 37 – www.closdulethe.com – Ouvert de début avril à fin oct.

5 ch – 200/300 € 200/300 €

◆ Intimité, confort luxueux, décor design, accueil adorable, calme, superbe piscine à débordement, hammam... Cette belle maison en pierre – un ancien prieuré – a tout pour plaire !

Mas d'Oléandre

Hameau de St-Médiers – ✆ 04 66 22 63 43 – www.masoleandre.com – Ouvert mars à nov.

4 ch – 75/110 € 75/110 € **Table d'hôte** – Menu 30 € bc/33 € bc

◆ Sur les hauteurs du hameau, cette ancienne bergerie abrite des chambres bien tenues, décorées à la provençale. Toutes de plain-pied, elles ouvrent sur un écrin de verdure... Le soir, une terrasse couverte abrite la table d'hôte où l'on sert une cuisine familiale.

VAAS – 72 Sarthe – **310** K8 – 1 635 h. – alt. 41 m – ✉ 72500 **35** D2

Châteaux de la Loire

Paris 237 – Angers 77 – Château-du-Loir 8 – Château-la-Vallière 15

Le Vedaquais ch,

pl. de la Liberté – ✆ 02 43 46 01 41 – www.vedaquais-72.com – Fermé vend. soir, dim. soir et lundi

12 ch – 52/62 € 52/62 € – 8 € – ½ P 66/76 €

Rest – (12 € bc) Menu 16 € (sem.), 19/31 € bc – Carte 45/60 €

◆ Du nom des habitants de Vaas, l'ancienne mairie-école du village abrite des chambres personnalisées, récentes et pratiques (quelques-unes plus rustiques occupent l'annexe).

LA VACHETTE – 05 Hautes-Alpes – **334** I3 – rattaché à Briançon

---

VACQUEYRAS – 84 Vaucluse – **332** C9 – 1 048 h. – alt. 117 m – ✉ 84190 **42** E1

Paris 662 – Avignon 35 – Nyons 34 – Orange 19

place de la Mairie ✆ 04 90 12 39 02

Le Pradet sans rest

rte de Vaison – ✆ 04 90 65 81 00 – www.hotellepradet.fr – Ouvert de mars à nov.

32 ch – 55/61 € 64/85 € – 10 €

◆ À l'entrée du village, une maison disposant de chambres fonctionnelles et bien insonorisées, certaines avec terrasse ou balcon. Jardinet fleuri, salle de jeux et fitness.

L'Éloge

rte de Vaison-la-Romaine – ✆ 04 90 62 64 81 – www.leloge.fr – Fermé 1 sem. en juil., 2 sem. en nov. et 2 sem. en fév., sam. midi, dim. soir et lundi

Rest – *(nombre de couverts limité, prévenir)* (15 €) Menu 27/45 € – Carte 40/52 €

◆ Dans les anciens chais de la coopérative locale, la robe épouse la chère : goûteuse cuisine mariée aux vins de l'appellation et audacieux décor, tout en voilages blancs…

à Montmirail 2 km à l' Est par rte secondaire – ✉ 84190

Montmirail
Château des Eaux – ✆ 04 90 65 84 01 – www.hotelmontmirail.com – Ouvert 10 avril-20 oct.
39 ch – 59/73 € 82/122 € – 13 € – ½ P 85/105 €
Rest – *(fermé jeudi midi et sam. midi)* Menu 23 € (déj. en sem.), 27/39 € Carte 37/56 €
◆ Au pied des célèbres Dentelles de Montmirail, demeure de caractère (19e s.) au milieu d'un plaisant jardin planté de pins et de platanes. Chambres bien tenues. Au restaurant, l'ambiance est cosy... c'est idéal pour déguster une appétissante cuisine traditionnelle.

VACQUIERS – 31 Haute-Garonne – **343** G2 – 1 231 h. – alt. 200 m – ✉ 31340 **28** B2

Paris 658 – Albi 71 – Castres 80 – Montauban 35

La Villa les Pins sans rest
1660 rte de Bouloc , 2 km à l'Ouest par D 30 – ✆ 05 61 84 96 04
10 ch – 59 € 69 € – 7 €
◆ Vaste villa bénéficiant du calme d'un parc arboré. Un escalier en marbre dessert les chambres, bourgeoises et confortables : un décor classique dans l'esprit maison de famille.

VAGNAS – 07 Ardèche – **331** I7 – 515 h. – alt. 200 m – ✉ 07150 **44** A3

Paris 678 – Alès 38 – Aubenas 37 – Mende 112

La Bastide d'Iris sans rest
D 579 – ✆ 04 75 88 44 77 – www.labastidediris.com
12 ch – 70/93 € 70/130 € – 12 €
◆ Murs joliment colorés comme les salles de bains, tissus assortis : les chambres de cette bastide flambant neuve sont agréables, tout comme le jardin.

VAGNEY – 88 Vosges – **314** I4 – 3 940 h. – alt. 412 m – ✉ 88120 **27** C3

Paris 437 – Metz 163 – Épinal 40 – Belfort 99
11, place Caritey ✆ 03 29 24 88 69

Les Lilas
12 r. du Général-de-Gaulle – ✆ 03 29 23 69 47 – www.restaurantleslilas.fr – Fermé 16 août-6 sept., 23 janv.-13 fév., mardi soir et merc.
Rest – *(nombre de couverts limité, prévenir)* (13 €) Menu 18 € (sem.), 21/38 € – Carte 33/50 €
◆ Une décoration tout en douceur, aux tons parme ; une cuisine traditionnelle et créative... Enfin, pour ne rien gâter, une plaisante terrasse. On voit la vie en lilas !

VAIGES – 53 Mayenne – **310** G6 – 1 157 h. – alt. 90 m – ✉ 53480 **35** C1

Paris 255 – Château-Gontier 35 – Laval 24 – Le Mans 61

Du Commerce rest,
r. du Fief-aux-Moines – ✆ 02 43 90 50 07 – www.hotelcommerce.fr – Fermé 1 sem. en oct., 18 déc.-10 janv., dim. soir et vend. soir d'oct. à avril
32 ch – 65/95 € 69/110 € – 11 € – ½ P 66/86 €
Rest – (16 €) Menu 22/50 € – Carte 40/60 €
◆ Dans un village du bocage mayennais, cet hôtel est tenu par la même famille depuis 1883 ; les chambres y sont propres et fonctionnelles. Billard, sauna. Cuisine traditionnelle servie dans un cadre rustique (poutres, cheminée) ou sous la véranda.

VAILHAN – 34 Hérault – **339** E7 – 158 h. – alt. 181 m – ✉ 34320 **23** C2

Paris 740 – Albi 173 – Carcassonne 127 – Montpellier 71

L'Auberge du Presbytère
4 r. de l'Église – ✆ 04 67 24 76 49 – www.aubergedupresbytere.fr – fermé en nov., en janv. mardi et merc.
Rest – *(nombre de couverts limité, prévenir)* (18 €) Menu 24 €
◆ Ancien presbytère offrant une belle vue sur la retenue du barrage des Olivettes. De vieux ustensiles de cuisine décorent la salle ; les plats, actuels, changent au gré du marché.

VAISON-LA-ROMAINE – 84 Vaucluse – 332 D8 – 6 313 h. 40 B2
– alt. 193 m – 84110 Provence

Paris 664 – Avignon 51 – Carpentras 27 – Montélimar 64

place du Chanoine-Sautel 04 90 36 02 11

Les vestiges gallo-romains★★ : théâtre antique★ , musée archéologique Théo-Desplans★ **M** - Haute Ville★ - cloître★ **B.**

Hostellerie le Beffroi
rest,

r. de l'Evêché, (Haute Ville) – 04 90 36 04 71 – www.le-beffroi.com – Fermé 20 janv. à fin mars et 21-26 déc. **Za**

22 ch – 75/150 € 95/150 € – 12 €

Rest – *(ouvert 2 avril à fin oct. et fermé mardi et le midi en sem.)* Menu 26/45 € – Carte 35/50 €

◆ Au pied du château et dominant la cité, deux demeures des 16e et 17e s. au cachet préservé. Chambres joliment décorées (mobilier d'époque) ; jardin ombragé et fleuri. Dans la salle rustique, cuisine classique, mais aussi saladerie et salon de thé.

Les Tilleuls d'Élisée sans rest

1 av. Jules-Mazen, (chemin du Bon-Ange) – 04 90 35 63 04 – www.vaisonchambres.info – Fermé 22 déc.-4 janv. **Yd**

5 ch – 60/65 € 65/70 €

◆ Entre le site antique et la cathédrale, une belle ferme de 1880 entourée d'oliviers et d'arbres fruitiers ; on loge dans des chambres simples et fraîches. Confitures maison.

Le Moulin à Huile (Robert Bardot) avec ch

quai Mar. Foch – 04 90 36 20 67 – www.moulin-huile.com – Fermé dim. soir et lundi sauf fériés et sauf hôtel **Ze**

3 ch – 130/150 € 130/150 € – 25 €

Rest – *(prévenir)* (40 €) Menu 65/120 € – Carte 83/100 €

Spéc. Nage de homard, salpicon dans une crème gelée, crème de chou fleur et caviar de hareng. Suprême de pigeon à la crème de coco, quinoa aux girolles et chorizo. Millefeuille à la crème vanillée. **Vins** Cairanne, Côtes du Ventoux.

◆ Charmant moulin à huile des bords de l'Ouvèze ! Au programme : une généreuse cuisine à l'ancienne, servie dans la véranda ou l'élégante cave voûtée. Chambres décorées avec soin, dans un esprit "maison de famille". Petite piscine.

VAISON-LA-ROMAINE

Aubanel (Pl.) Z 2
Bon Ange (Chemin du) Y 3
Brusquet (Chemin du) Y 4
Burrus (R.) Y 5
Chanoine-Sautel (Pl.) Y 7
Coudray (Av.) Y 8
Daudet (R. A.) Y 9
Église (R. de l') Z 10
Évêché (R. de l') Z 12
Fabre (Cours H.) Y 13
Foch (Quai Maréchal) Z 14
Géoffray (Av. C.) Z 15
Gontard (Quai P.) Z 17
Grande-Rue Y 18
Jean-Jaurès (R.) Y 22
Mazen (Av. J.) Y 23
Meffre (Espl. Y.) Y 6
Mistral (R. Frédéric) Y 24
Montée du Château Z 25
Montfort (Pl.) Y 26
Noël (R. B.) Y 27
Poids (Pl. du) Z 29
République (R.) Y 32
St-Quenin (Av.) Y 33
Sus Auze (Pl.) Y 34
Taulignan (Crs) Y 35
Victor-Hugo (Av.) Y 36
Vieux Marché (Pl. du) Z 38
11 Novembre (Pl. du) Y 40

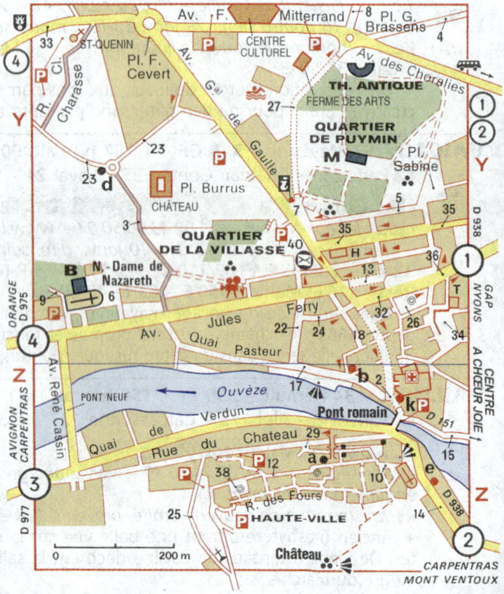

XX **Le Brin d'Olivier**

4 r. du Ventoux – ✆ 04 90 28 74 79 – www.restaurant-lebrindolivier.com – Fermé 4-11 nov., sam. midi et merc. midi de juil. à sept. et merc. d'oct. à juin Zb

Rest – (18 €) Menu 24 € (sem.), 29/39 € – Carte 40/53 €

◆ Estragon, basilic, romarin.... l'assiette fleure bon la Provence et met en appétit ! Décor tout en douceur champêtre (poutres, cheminée) et patio planté d'un bel olivier.

X **Le Bateleur**

1 pl. Théodore-Aubanel – ✆ 04 90 36 28 04 – www.le-bateleur.com – Fermé jeudi soir, dim. soir sauf juil.-août et lundi Zk

Rest – (17 €) Menu 22 € (déj. en sem.), 26/38 € – Carte 39/56 €

◆ Tirez la carte du Bateleur... Au menu, spécialités du Sud relevées d'épices ; herbes et légumes du potager familial. Certaines tables ont vue sur l'Ouvèze.

à Entrechaux **7 km par ②, D 938 et D 54 – 989 h. – alt. 280 m – ✉ 84340**

Alpes du Sud

XX **St-Hubert**

Le Village – ✆ 04 90 46 00 05 – www.restaurantsthubert.free.fr – Fermé 3-15 oct., 30 janv.-10 mars, lundi soir de nov. à fév., mardi et merc.

Rest – Menu 16 € (déj. en sem.), 27/52 € – Carte 30/70 €

◆ Un établissement tenu en famille depuis 1929... Esprit rustique, cuisine généreuse et gibier en saison. L'été, repas sous la treille, où fleurit la glycine.

à Séguret **10 km par ③, D 977 et D 88 – 904 h. – alt. 250 m – ✉ 84110**

Domaine de Cabasse

rte de Sablet – ✆ 04 90 46 91 12 – www.cabasse.fr – Ouvert d'avril à oct.

13 ch – 🛉75/95 € 🛉🛉100/135 € – ☕ 13 €

Rest – *(fermé le midi)* Menu 27 € – Carte 31/53 €

◆ Au pied des Dentelles de Montmirail, un hôtel au cœur d'un domaine viticole qui permet de mieux comprendre la vigne (visite, dégustation). Chambres simples et très calmes. Belle salle à manger, terrasse ombragée, cuisine régionale et vins de la propriété.

XXX **La Table du Comtat** avec ch

Le Village – ✆ 04 90 46 91 49 – www.table-comtat.fr – Hôtel : fermé nov. à début mars, merc. et jeudi sauf juil.-août. Rest. : fermé 2-8 nov., janv., fév., merc. et jeudi sauf juil.-août

8 ch – 🛉70/90 € 🛉🛉70/90 € – ☕ 13 € – ½ P 75/100 €

Rest – (18 €) Menu 20 € (déj. en sem.), 29/48 € – Carte 50/65 €

◆ La vue sur la plaine et les Dentelles de Montmirail est déjà un régal ! La cuisine offre de goûteuses interprétations des classiques régionaux (beignet de fleur de courgette, pintade rôtie, dessert à la figue). Chambres avenantes pour faire une pause.

X **Le Mesclun**

r. Poternes, (accès piétonnier) – ✆ 04 90 46 93 43 – www.lemesclun.com – Fermé janv., mardi sauf juil.-août et lundi

Rest – *(nombre de couverts limité, prévenir)* (19 €) Menu 27/60 € bc

◆ Sympathique adresse nichée au cœur d'un ravissant village. Ambiance provençale et douce terrasse ombragée. Les plats, joliment présentés, ont l'accent du Sud.

à Rasteau **9 km par ④, D 975 et D 69 – 742 h. – alt. 200 m – ✉ 84110**

place du Village ✆ 04 90 46 18 73

Bellerive

rte de Violès – ✆ 04 90 46 10 20 – www.hotel-bellerive.fr – Ouvert 24 avril-2 nov.

20 ch – 🛉85/180 € 🛉🛉85/180 € – ☕ 16 € – ½ P 95/145 €

Rest – *(fermé mardi midi, vend. midi et lundi)* (23 €) Menu 28/55 € – Carte 46/88 €

◆ Au milieu des vignes, cette grande villa vous invite à la détente autour de sa piscine. Chambres avec terrasse ou loggia donnant sur la vallée de l'Ouvèze. Au menu, une cuisine ensoleillée à déguster face au vignoble, accompagnée d'un cru local.

à Roaix 5 km par ④ et D 975 – 606 h. – alt. 168 m – ✉ 84110

Le Grand Pré (Raoul Reichrath)
rte de Vaison-la-Romaine – ✆ 04 90 46 18 12 – www.legrandpre.com – Fermé début déc. à fin janv., merc. midi, sam. midi et mardi
Rest – *(prévenir)* Menu 37 € (déj. en sem.), 59/95 € – Carte 75/115 €
Spéc. Gâteau d'asperge et foie gras, herbes sauvages et chutney de tomate séchée (avril à juil.). Pigeonneau rôti au four, riz rouge de Camargue. Figues écrasées au thym citron et huile d'olive (sept.-oct). **Vins** Côtes du Rhône Roaix, Vin de pays de Vaucluse.
Rest *Bistro Préface* – voir ci-après
◆ Un Grand Pré ? Plutôt une corne d'abondance où s'épanouit une cuisine gorgée de soleil, accompagnée de beaux côtes-du-rhône. Élégante salle immaculée et terrasse verdoyante.

Bistro Préface – Restaurant Le Grand Pré
rte de Vaison-la-Romaine – ✆ 04 90 36 07 95 – www.legrandpre.com – Fermé début déc. à fin janv., merc. midi et mardi
Rest – (21 €) Menu 29 € – Carte 35/53 €
◆ Bistrot contemporain rattaché au Grand Pré. Belles variations autour de produits fétiches de la maison-mère (asperges, figues) et subtiles saveurs méridionales.

VAÏSSAC – 82 Tarn-et-Garonne – **337** F7 – 704 h. – alt. 134 m – ✉ 82800 **29** C2

Paris 620 – Albi 60 – Montauban 23 – Toulouse 76

Terrassier
– ✆ 05 63 30 94 60 – www.chezterrassier.net – Fermé 1 sem. en nov., 1er-15 janv., vend. soir et dim. soir
18 ch – 48/82 € 48/82 € – 8 € – ½ P 50/65 €
Rest – (12 €) Menu 21/43 € – Carte 30/50 €
◆ Cette auberge familiale, pratique pour rayonner dans le Quercy et l'Albigeois, propose des chambres bien tenues. Préférez celles de l'annexe récente. Salle de restaurant lumineuse (teintes jaunes) et actuelle, pour une cuisine régionale.

LE VAL – 83 Var – **340** L5 – 3 867 h. – alt. 242 m – ✉ 83143 **41** C3

Paris 818 – La Seyne-sur-Mer 63 – Marseille 70 – Toulon 55
place de la Mairie ✆ 04 94 37 02 21

La Crémaillère
23 r. Nationale – ✆ 04 94 86 40 00 – Fermé 28 juin-3 juil., 22 nov.-11 déc., vacances de fév., dim. soir d'oct. à Pâques, merc. sauf le soir en juil.-août et lundi
Rest – (18 € bc) Menu 26/34 € – Carte 30/45 €
◆ Dans cet accueillant restaurant familial situé au cœur du village, la Provence est reine : lapereau en gelée, filet de loup, légumes du soleil... et on peut dîner sous les étoiles !

VALADY – 12 Aveyron – **338** G4 – 1 380 h. – alt. 350 m – ✉ 12330 **29** C1

Paris 625 – Decazeville 20 – Rodez 20

Auberge de l'Ady
1 av. du Pont-de-Malakoff, (près de l'église) – ✆ 05 65 72 70 24 – www.auberge-ady.com – Fermé 3 sem. en janv., merc. soir d'oct. à avril, dim. soir, mardi soir et lundi
Rest – Menu 16 € (déj. en sem.), 28/62 € bc – Carte 44/74 €
◆ Au cœur d'un village rural de l'Aveyron, sympathique auberge transformée en table contemporaine. Le chef, de retour au pays, compose de savoureuses recettes dans l'air du temps.

LE VAL-ANDRÉ – 22 Côtes-d'Armor – **309** G3 – voir à Pléneuf-Val-André

VALAURIE – 26 Drôme – 332 B7 – 531 h. – alt. 162 m – ✉ 26230 44 B3

Paris 622 – Montélimar 21 – Nyons 33 – Pierrelatte 14

Le Moulin de Valaurie

Le Foulon – ✆ 04 75 97 21 90 – www.lemoulindevalaurie.com – Fermé vacances de la Toussaint, fév. et dim. soir d'oct. à avril

16 ch – †135/215 € ††135/215 € – ☐ 12 €

Rest – *(fermé dim. soir d'oct. à juin, merc. midi de juin à oct., mardi midi et lundi)* (25 € bc) Menu 36/42 €

◆ Bucolique ! Au bout du petit chemin entouré de vignes... un beau moulin du 19e s. Les chambres, décorées dans un esprit provençal (objets et meubles chinés), sont charmantes. Au restaurant, cuisine traditionnelle et régionale.

Domaine Les Mejeonnes

9 Chemin de la Méjeonne, 2 km rte de Montélimar – ✆ 04 75 98 60 60 – www.mejeonnes.com

25 ch – †75/115 € ††75/115 € – ☐ 10 € **Rest** – (20 €) Menu 25 €

◆ Une charmante ferme en pierre, posée sur un coteau. On y loge dans des chambres d'esprit provençal, ou plus actuelles et épurées... Et quel plaisir de lézarder près de la piscine ! Cuisine du terroir dans un décor chaleureux (objets et affiches anciennes).

VALBERG – 06 Alpes-Maritimes – 341 C3 – alt. 1 669 m – Sports d'hiver : 1 430/2 100 m 26 – ✉ 06470 Peone Alpes du Sud 41 D2

Paris 803 – Barcelonnette 75 – Castellane 67 – Nice 84

Centre Administratif ✆ 04 93 23 24 25

Valberg Golf Club Route de la Colle, ✆ 06 86 69 97 26

Intérieur★ de la chapelle N.-D.-des-Neiges.

Le Chalet Suisse

rest,

4 av. Valberg – ✆ 04 93 03 62 62 – www.chalet-suisse.com – Ouvert de mi-juin à sept. et de mi-déc. à mars

23 ch – †72/89 € ††90/122 € – ☐ 12 € – ½ P 94/110 €

Rest – Menu 25 € (déj.)/45 € – Carte 40/70 €

◆ Confort, détente, chambres agréables, grande terrasse, sauna et hammam agrémentent ce joli chalet d'allure helvétique, situé au centre de la station. Le restaurant propose des recettes traditionnelles sans prétention et des plats montagnards.

L'Adrech de Lagas

63 av. Valberg – ✆ 04 93 02 51 64 – www.adrech-hotel.com – Ouvert juin-sept. et déc.-mars

20 ch ☐ – †84/115 € ††101/147 € – ½ P 76/99 €

Rest – Menu 19 € (déj.)/25 € – Carte 22/43 € le midi

◆ L'enseigne de ce chalet bien rénové, situé au pied des pistes, rappelle l'esprit catalan de son origine. Chambres colorées, avec loggias exposées au sud et peu à peu refaites. Une cuisine traditionnelle et copieuse vous attend dans la lumineuse salle à manger.

Blanche Neige

10 av. Valberg – ✆ 04 93 02 50 04 – www.hotelblancheneige.fr

18 ch – †65/74 € ††70/150 € – ☐ 10 € – ½ P 75/87 €

Rest – *(dîner seult)* Menu 25 €

◆ Coquet chalet bien rénové qui évoque la maison des sept nains avec ses petites chambres douillettes, rehaussées de tissus fleuris. À l'heure des repas, on se restaure d'une cuisine niçoise au coin du feu l'hiver ou en terrasse l'été.

VALBONNE – 06 Alpes-Maritimes – 341 D6 – 12 114 h. – alt. 250 m – ✉ 06560 Côte d'Azur 42 E2

Paris 907 – Antibes 14 – Cannes 13 – Grasse 11

1, place de l'Hôtel de Ville ✆ 04 93 12 34 50

Victoria Golf Club Chemin du Val Martin, S : 4 km, ✆ 04 93 12 23 26

Opio Valbonne à Opio Route de Roquefort les Pins, N : 1 km, ✆ 04 93 12 00 08

La Bastide de Valbonne sans rest
107 rte Cannes – ✆ 04 93 12 33 40 – www.bastidevalbonne.com
34 ch – †95/155 € ††95/155 € – ☕ 15 €
◆ Agréable demeure provençale où vous dormirez dans des chambres pastel cosy, spacieuses et confortables. Mention pour les petits-déjeuners, servis dans une salle tutoyant la piscine.

Les Armoiries sans rest
pl. des Arcades – ✆ 04 93 12 90 90 – www.hotellesarmoiries.com
16 ch – †97/169 € ††97/169 € – ☕ 12 €
◆ Cette bâtisse du 17e s. dotée d'une belle décoration intérieure se trouve dans le secteur piétonnier de ce pittoresque village. Chambres coquettes, progressivement rajeunies.

au golf d'Opio-Valbonne **Nord-Est : 2 km par rte de Biot (D 4 et D 204) – ✉ 06650 Opio**

Château de la Bégude
rte de Roquefort les Pins – ✆ 04 93 12 37 00 – www.opengolfclub.com/begude – Fermé 20 nov.-27 déc.
28 ch – †120/250 € ††190/310 € – 6 suites – ☕ 20 € – ½ P 153/233 €
Rest – *(fermé dim. soir du 1er oct. au 31 mars)* (24 €) Menu 34 € (déj.), 38/65 € – Carte 54/62 €
◆ Bordée d'un rideau de chênes-lièges, sur l'un des golfs les plus réputés de la région, une charmante bastide du 16e s. et sa bergerie. Chambres superbes, romantiques à souhait. Salle à manger-véranda et agréable terrasse dominant le trou n° 9 du parcours.

rte d'Antibes **au Sud par D 3 – ✉ 06560 Valbonne**

Castel Provence sans rest
30 chemin Pinchinade, à 2,5 km – ✆ 04 93 12 11 92 – www.hotelcastelprovence.com
36 ch – †85/130 € ††95/180 € – ☕ 15 €
◆ Cette construction récente de style régional abrite des chambres spacieuses et joliment décorées ; certaines offrent une vue sur la piscine et le jardin.

Daniel Desavie
1360 rte d'Antibes – ✆ 04 93 12 29 68 – www.restaurantdanieldesavie.fr – Fermé 2 sem. en nov., dim. et lundi
Rest – Menu 35 € (déj. en sem.), 40/55 € – Carte 57/84 €
◆ Belle cuisine classique aux accents provençaux à déguster dans une lumineuse salle à manger contemporaine ou sous les arcades d'une galerie tournée vers le jardin fleuri.

à Sophia-Antipolis **7 km au Sud-Est par D 3 et D 103 – ✉ 06560 Valbonne**

Sophia Country Club Grand Mercure
Les Lucioles 2, 3550 rte Dolines – ✆ 04 92 96 68 78 – www.mercure.com – Fermé 21 déc.-3 janv.
155 ch – †110/300 € ††120/350 € – ☕ 19 €
Rest *Le Club* – ✆ 04 92 96 68 98 – (20 €) Carte 25/50 €
◆ Complexe hôtelier doté d'un centre sportif très complet : club de tennis, practice de golf, fitness, piscines. Préférez les nouvelles chambres, spacieuses et soignées. Restaurant-brasserie et terrasse tournée vers la piscine. Cuisine actuelle.

Novotel
Les Lucioles 1, 290 r. Dostoievski – ✆ 04 92 38 72 38 – www.novotel.com
97 ch – †114/174 € ††114/174 € – ☕ 14 €
Rest – (18 €) Menu 25/35 € – Carte 20/35 €
◆ Cet établissement tout juste sorti d'une cure de jouvence propose des chambres refaites selon les derniers canons Novotel. Côté détente : piscine et tennis entourés d'arbres. Restauration au goût du jour servie à toute heure dans un cadre plaisant (terrasse verte).

Mercure
Les Lucioles 2, r. A. Caquot – 04 92 96 04 04 – www.mercure.com
104 ch – 91/164 € 101/174 € – 17 € **Rest** – (19 €) Carte 30/52 €
◆ Ensemble moderne aux couleurs provençales niché sur le plateau boisé du Sophia-Antipolis. Toutes les chambres sont rénovées. Piscine et essences méridionales au jardin. Côté restaurant : menu du marché à l'accent du pays et rafraîchissantes salades estivales.

Relais Omega
Les Lucioles 1, 49 r. L. Van Beethoven – 04 92 96 07 07 – www.hotelomega.com – Fermé 17 déc.-2 janv.
60 ch – 102/112 € 112/122 € – 4 suites – 14 €
Rest – (18 €) Menu 23 € (sem.) – Carte 35/100 €
◆ Une décoration provençale raffinée et des équipements complets (climatisation, wi-fi, salle de séminaires) vous attendent dans ce confortable hôtel entièrement refait. Au restaurant, plats traditionnels simples et tons méridionaux.

VALCEBOLLÈRE – **66 Pyrénées-Orientales** – **344** D8 – **40 h. – alt. 1 470 m** – **66340** **22** A3
Paris 856 – Bourg-Madame 9 – Font-Romeu-Odeillo-Via 27 – Perpignan 107

Auberge Les Ecureuils
Caer de la coma – 04 68 04 52 03 – www.aubergeecureuils.com – Fermé 5 nov.-5 déc.
15 ch – 72/90 € 75/105 € – 12 € – ½ P 68/85 €
Rest – *(fermé lundi et mardi)* (19 €) Menu 25/52 € – Carte 29/56 €
◆ Ex-bergerie convertie en coquette auberge rustique. Agréables chambres personnalisées. Jardin au bord du torrent. Organisation de randonnées ; skis et raquettes à disposition. Restaurant de caractère, carte classique et plats catalans. Petite crêperie.

VAL-CLARET – **73 Savoie** – **333** O5 – **rattaché à Tignes**

VALDAHON – **25 Doubs** – **321** I4 – **4 728 h. – alt. 645 m** – **25800** **17** C2
Paris 436 – Besançon 33 – Morteau 33 – Pontarlier 32

Relais de Franche Comté
1 r. Charles-Schmitt – 03 81 56 23 18 – www.relais-franche-comte.com – Fermé 26 avril-2 mai, 27 août-2 sept., 17 déc.-10 janv., vend. soir, sam. midi sauf du 10 juil. au 27 août et dim. soir de sept. à juin
20 ch – 48/50 € 57/63 € – 8 € – ½ P 57/60 €
Rest – Menu 14 € (déj. en sem.), 17/48 € – Carte 22/50 €
◆ À l'entrée de la ville, un hôtel imposant dont les chambres, actuelles et pratiques, sont égayées de tissus colorés. Au restaurant, produits du terroir et délices de la gastronomie franc-comtoise à portée de bourse... Une bonne surprise !

LE VAL-D'AJOL – **88 Vosges** – **314** G5 – **4 178 h. – alt. 380 m** – **88340** Alsace Lorraine **27** C3
Paris 382 – Épinal 41 – Luxeuil-les-Bains 18 – Plombières-les-Bains 10
17, rue de Plombières 03 29 30 61 55

La Résidence
5 r. des Mousses, par rte de Hamanxard – 03 29 30 68 52 – www.la-residence.com – Fermé 26 nov.-26 déc.
49 ch – 53/68 € 65/95 € – 11 € – ½ P 68/84 €
Rest – *(fermé dim. soir d'oct. à mai sauf vacances scolaires et fériés)* (13 €) Menu 26/60 € – Carte 35/65 €
◆ Adossée à un beau parc arboré et fleuri, cette maison bourgeoise du milieu du 19e s. et ses deux annexes abritent des chambres spacieuses, modernisées pour la plupart. Dans le respect de la tradition et du terroir, le chef sait concocter une cuisine originale.

VAL-D'ESQUIÈRES – **83 Var** – **340** P5 – **rattaché à Ste-Maxime**

VAL-D'ISÈRE – 73 Savoie – **333** O5 – 1 710 h. – alt. 1 850 m – Sports d'hiver : 1 850/2 560 m 6 45 – ✉ 73150 Alpes du Nord **45** D2

Paris 667 – Albertville 86 – Chambéry 135

Le Bourg ✆ 04 79 06 06 60

du Lac de Tignes à Tignes Le Val Claret, par rte de Bourg-St-Maurice : 14km, ✆ 04 79 06 37 42

Rocher de Bellevarde ✳★★★ par téléphérique - Route de l'Iseran★★★.

Les Barmes de l'Ours

chemin des Carats – ✆ 04 79 41 37 00 – www.hotel-les-barmes.com – Ouvert 9 déc.-26 avril **Ab**

56 ch – ☐ – †290/1240 € ††320/1270 € – 20 suites – ½ P 430/1380 €

Rest ***La Table de l'Ours*** – *(fermé dim.) (dîner seult)* Menu 85/175 € – Carte 140/200 €

Spéc. Tartiflette repensée à la poitrine de cochon truffée. Magret de canard, pomme fruit et polenta. "Souvenir de nos alpages". **Vins** Vin de pays d'Allobrogie, Mondeuse.

Rest ***Le Pas de l'Ours*** – (35 €) Menu 55 € (dîner)/75 €

◆ Dans ce vaste chalet, quatre ambiances, quatre décors : scandinave, lodge américain, chalet d'alpage ou contemporain. Salon, bar et spa. Cuisine gastronomique ou rôtisserie, selon le lieu choisi…

Le Savoie

av. Olympique – ✆ 04 79 00 01 15 – www.lesavoie.com – Ouvert de déc. à avril **Ad**

14 ch – ☐ – †320/730 € ††320/730 € – 11 suites

Rest – Menu 70 € (dîner)/90 € – Carte environ 35 € le midi

◆ Ce chalet rivalise de charme et de luxe discret : salons intimes, chambres à l'esprit montagnard épuré (suite "royale" sous une superbe charpente), très beau spa. Agréable restaurant avec terrasse : cuisine de brasserie le midi, plus raffinée le soir.

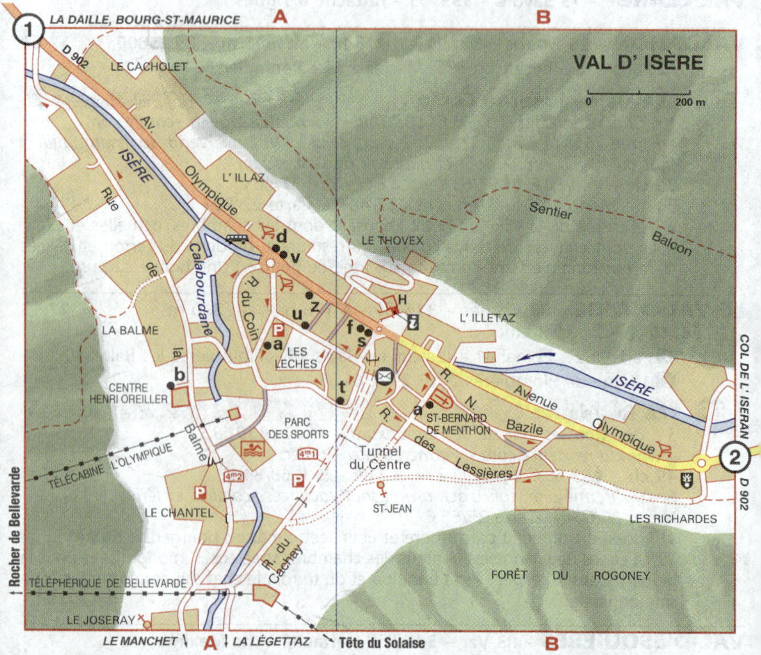

Christiania

– ✆ 04 79 06 08 25 – www.hotel-christiania.com – Ouvert de déc. à avril
68 ch – 302/898 € 316/912 € – 1 suite – ½ P 194/492 € **Aa**
Rest – (35 €) Menu 46 € (déj.)/62 € – Carte 44/142 €
◆ Grand chalet dont les chambres, confortables, sont pour certaines décorées dans un charmant esprit alpin. Espace de remise en forme ; vue sur les pistes. Salle de restaurant montagnarde, terrasse panoramique et plats traditionnels.

Le Blizzard

r. Principale – ✆ 04 79 06 02 07 – www.hotelblizzard.com – Ouvert 11 déc.-2 mai
70 ch – 325/790 € 390/1110 € – ½ P 250/610 € **Bf**
Rest – Menu 58 € (dîner) – Carte 65/96 €
Rest *La Luge* – ✆ 04 79 06 69 39 *(dîner seult)* Carte 44/65 €
◆ Blizzard, vous avez dit Blizzard ? Ici, point de tempête de neige, mais des chambres cosy, en majorité rénovées dans un esprit contemporain (certaines avec cheminée ou poêle). Très beau spa. Au restaurant, carte classique. Viandes rôties à la broche et recettes fromagères à la Luge, dans une ambiance savoyarde.

Avenue Lodge

av. Olympique – ✆ 04 79 00 67 67 – www.hotelavenuelodge.com – Fermé 1er mai-30 nov. **Az**
54 ch – 320/430 € 340/525 € **Rest** – *(fermé le midi)* Carte 46/61 €
◆ Atmosphère design et cosy dans ce beau chalet flambant neuf. Dans les chambres, tonalités brunes, tapisserie peau de bête, bois wengé et petit coin salon. Spécialités bistrotières dans une ambiance rouge et noir.

Le Tsanteleina

av. Olympique – ✆ 04 79 06 12 13 – www.tsanteleina.com – Ouvert 3 déc.-1er mai
71 ch – 145/426 € 208/610 € – ½ P 135/335 € **Bs**
Rest – (24 €) Menu 29 € (déj.)/85 € – Carte 50/83 €
◆ Point culminant de Val-d'Isère, le Tsanteleina est aussi un agréable hôtel, disposant de chambres chaleureuses et spacieuses avec, côté sud, vue sur la piste olympique de Bellevarde. Piscine à débordement. Cuisine actuelle (quelques spécialités fromagères).

Grand Paradis

✆ 04 79 06 11 73 – www.hotelgrandparadis.com – Ouvert début déc. à début mai
40 ch (½ P seult) – ½ P 100/310 € **Bt**
Rest – Menu 25 € (déj.)/80 € bc – Carte 35/55 €
◆ L'hôtel jouxte la spectaculaire face de Bellevarde, "Grand Paradis" des skieurs. Dans les chambres, cadre chaleureux (savoyard ou autrichien) et balcon plein sud. Au restaurant, cuisine de saison sous forme de menu unique ; grande terrasse.

La Savoyarde

r. Noël Machet – ✆ 04 79 06 01 55 – www.la-savoyarde.com – Ouvert 11 déc.-5 mai
50 ch – 150/300 € 165/315 € – ½ P 163/223 € **Au**
Rest – (25 € bc) Menu 35 € (dîner), 40/45 € – Carte 30/45 € le soir
◆ Chambres douillettes, belles boiseries, salon cosy autour de la cheminée, espace forme... Un agréable hôtel à la mode alpine. Au restaurant, buffet traditionnel à midi et cuisine du marché le soir (menu unique).

Kandahar

av. Olympique – ✆ 04 79 06 02 39 – www.hotel-kandahar.com – Ouvert de début déc. à début mai **Av**
41 ch – 138/210 € 170/320 € **Rest** – *(dîner seult)* Carte 31/50 €
◆ Kandahar... un nom qui évoque les splendeurs de l'Orient et la prestigieuse épreuve de ski autrichienne. Les chambres, typiquement montagnardes, sont coquettes et très chaleureuses. À la taverne, toute de bois vêtue, l'Alsace et la Savoie sont à l'honneur.

Les Lauzes sans rest

pl. de l'Église – ✆ 04 79 06 04 20 – www.hotel-lauzes.com
– Ouvert 25 nov.-1er mai **Ba**
23 ch – 112/172 € 132/182 €
◆ Charmant chalet à deux pas de l'église. Chambres propres et confortables (vue sur les toits du village au dernier étage). Beau salon tout en bois.

La Becca (Anthony Tempesta)

Le Laisinant, rte de l'Iseran, 0,8 km par ② – ✆ 04 79 06 09 48 – www.labecca-val.com – Ouvert de mi-juin à mi-sept. et de déc. à avril
11 ch – 155/245 € 210/290 € – ½ P 142/192 €
Rest – (30 €) Menu 34 € (déj.), 70/95 € – Carte 72/107 €
Spéc. Foué d'escargots au vert, anguille fondante, cromesqui à l'ail et émulsion de persil. Filet de bœuf charolais fumé, jus aux échalotes grises, grosses frites, farcette de bette à la queue de bœuf. "Tout au miel" coque crémeuse, madeleine, cannelé et glacé.
◆ Bois blond, pierres, meubles peints, cheminée, etc. Dans son hameau isolé, ce chalet et ses chambres douillettes respirent la Savoie… Le restaurant réserve de beaux moments, sous l'égide d'un jeune chef qui manie les bons produits sans complexe et avec subtilité (carte plus simple le midi).

L'Atelier d'Edmond

au Fornet, rte de l'Iseran, 2 km par ② – ✆ 04 79 00 00 82 – www.atelier-edmond.com – Ouvert 15 déc.-15 avril et fermé dim. soir et lundi soir
Rest – Menu 55 € (dîner)/72 € – Carte 35/56 € le midi
◆ Joyeuse nostalgie dans ce beau chalet (pierre et bois) qui évoque un atelier de menuiserie et rend hommage au grand-père du propriétaire. Cuisine simple, plus élaborée le soir.

à la Daille **2 km par ① – ✉ 73150 Val-d'Isère**

Le Samovar

– ✆ 04 79 06 13 51 – www.lesamovar.com – Ouvert 10 déc.-18 avril
18 ch – 120/230 € 130/330 €
Rest – (14 €) Menu 22 € (déj.)/45 € – Carte 20/48 €
◆ Grand chalet au pied des pistes : chambres douillettes (décor de bois brut tout en épure), dont certaines familiales. Restauration traditionnelle (spécialités savoyardes, pizzas).

VALENÇAY – **36 Indre** – **323** F4 – **2 641 h.** – **alt. 140 m** – ✉ **36600** **11** B3
Châteaux de la Loire

Paris 233 – Blois 59 – Bourges 73 – Châteauroux 42
2, avenue de la Résistance ✆ 02 54 00 04 42
Château★★★.

à Veuil **6 km au Sud par D 15 et rte secondaire – 366 h. – alt. 140 m – ✉ 36600**

Auberge St-Fiacre

5 r. de la Fontaine – ✆ 02 54 40 32 78 – Fermé 31 août-24 sept., janv., mardi de sept. à juin, dim. soir et lundi
Rest – Menu 21 € (sem.), 30/46 € – Carte 32/59 €
◆ Maison du 17e s. et sa terrasse sous les marronniers bercées par le murmure d'un ruisseau. Bel intérieur rustique et cuisine au goût du jour.

VALENCE P – **26 Drôme** – **332** C4 – **65 263 h.** – **Agglo. 117 448 h.** **43** E2
– **alt. 126 m** – ✉ **26000** Lyon Drôme Ardèche

Paris 558 – Avignon 126 – Grenoble 96 – St-Étienne 121
de Valence-Chabeuil : ✆ 04 75 85 26 26, 5 km par ③ AX.
11, boulevard Bancel ✆ 08 92 70 70 99
des Chanalets à Bourg-lès-Valence Route de Châteauneuf sur Isère, par rte de Lyon : 6km, ✆ 04 75 83 16 23
New Golf du Bourget à Montmeyran, S : 17 km par D 538, ✆ 04 75 59 48 18
Maison des Têtes★ CY - Intérieur★ de la cathédrale St-Apollinaire BZ - Champ de Mars ≤★ BZ - Sanguines de Hubert Robert★★ au musée des Beaux-Arts BZ.
Site★★★ de Cruzol 5 km O.

Plans pages suivantes

VALENCE

Pic

285 av. Victor-Hugo – ✆ 04 75 44 15 32 – www.pic-valence.com
– Fermé 2-20 janv. **AXf**
12 ch – 260/290 € 260/410 € – 3 suites – 30 €
Rest ***Pic et Le 7*** – voir ci-après
◆ L'une des grandes maisons nées avec la nationale 7 et qui accueille aujourd'hui... une clientèle internationale, entre New York et Tokyo ! Aura d'une cuisine d'exception (voir ci-après) et d'un art de l'accueil sans cesse renouvelé : les lieux sont d'un chic extrême, valant un précis de style(s) contemporain(s).

Novotel

217 av. Provence – ✆ 04 75 82 09 09 – http://novotelvalence.com **AXa**
107 ch – 100/160 € 100/160 € – 14 €
Rest – (16 €) Menu 25 € – Carte 27/47 €
◆ Entre l'autoroute et un parc boisé. Les chambres bénéficient des dernières normes de la chaîne (bois blond, lits avec couette). Carte Novotel Café au restaurant.

De France sans rest

16 bd du Gén.-de-Gaulle – ✆ 04 75 43 00 87 – www.hotel-valence.com
47 ch – 80/88 € 95/125 € – 12 € **CZw**
◆ Sur un large boulevard du centre-ville, ce joli immeuble cache un agréable intérieur contemporain, aux couleurs douces. Bien dans l'époque et assez élégant.

Clos Syrah

quartier Maninet, bd Pierre-Tézier, (rte de Montéléger)
– ✆ 04 75 55 52 52 **AXb**

38 ch – †79/94 € ††89/105 € – ☕ 10 € – ½ P 99/149 €

Rest – *(fermé 15 déc.-2 janv., sam., dim. d'août à mai et sam. midi en juin-juil.)*
Menu 22 € (sem.)/33 € – Carte 33/40 €

◆ Hôtel apprécié par la clientèle d'affaires : ce bâtiment néoprovençal des années 1980 abrite des chambres modernes et propres. Chacune possède un juke-box ! Au restaurant, plats traditionnels (spécialités de poisson) et bon choix de côtes-du-rhône.

VALENCE

Alsace (Bd d')	DY	
Arménie (R. d')	DY	4
Augier (R. Émile)	CYZ	
Balais (R. des)	BCY	5
Bancel (Bd)	CY	6
Barrault (R. J.-L.)	DY	7
Belle Image (R.)	CY	9
Bonaparte (R. du Lieutenant)	BCY	12
Chambaud (R. Mirabel)	BZ	15
Championnet (Pl.)	BCZ	16
Chapeliers (Côte des)	BY	17
Clercs (Pl. des)	BCZ	23
Clerc (Bd M.)	CYZ	22
Docteur-Schweitzer (R. du)	BY	25
Dragonne (Pl. de la)	DY	26
Dupré-de-Loire (Av.)	DY	27
Farre (R. du Gén.)	CZ	29
Félix-Faure (Av.)	DZ	
Gaulle (Bd du Gén.-de)	CZ	32
Huguenel (Pl. Ch.)	CY	36
Jacquet (R. V.)	BZ	37
Jeu-de-Paume (R. du)	CYZ	39
Lecardonnel (Pl. L.)	CY	42
Leclerc (Pl. Gén.)	DY	43
Liberté (Pl. de la)	CY	45
Madier-de-Montjau (R.)	CY	47
Mistral (Pont Frédéric)	BZ	50
Montalivet (Pl. de)	DY	51
Ormeaux (Pl. des)	BZ	55
Palais (Pl. du)	CZ	56
Paré (R. Ambroise)	BY	57
Pérollerie (R.)	BY	59
Petit Paradis (R.)	BY	60
Pierre (Pl. de la)	BY	62
Repenties (R. des)	BZ	65
République (Pl. de la)	CZ	
Sabaterie (R.)	BY	68
St-Didier (R.)	BCZ	71
St-Estève (Côte)	BY	72
St-Jacques (Faubourg)	DY	75
St-Martin (Côte et R.)	BY	77
St-Nicolas (Q.)	BY	78
Saunière (R.)	CZ	80
Semard (Av.)	CZ	
Sylvante (Côte)	BY	84
Temple (R. du)	BCY	85
Université (Pl. de l')	CZ	88
Vernoux (R.)	CY	90
Victor-Hugo (Av.)	CZ	

Les Négociants

rest, VISA AE

27 av. Pierre-Sémard
– ✆ 04 75 44 01 86
– www.hotel-lesnegociantsvalence.com CZa

37 ch – 🛉49/64 € 🛉🛉49/64 € – ☕ 7 € – ½ P 41/48 €

Rest – *(fermé 11-17 août, 26-31 déc., sam., dim. et fériés)* (12 €) Menu 14 € (sem.) – Carte 27/34 €

◆ Un hôtel sympathique et bien tenu, à deux pas de la gare. Dans une veine contemporaine, les chambres arborent des tons taupe et marron. Copieux petit-déjeuner. Le restaurant sert une cuisine familiale et simple.

Atrium sans rest
20 r. J.-L. Barrault – ✆ 04 75 55 53 62 – www.atrium-hotel.fr DY**c**
63 ch – 🚹64/69 € 🚹🚹72/77 € – ☕ 9 €
◆ Immeuble moderne dans un quartier un peu excentré. À noter : chaque chambre dispose d'un coin cuisine ! Au dernier étage, on trouve des duplex tournés vers le Vercors ou l'Ardèche.

Pic (Anne-Sophie Pic) – Hôtel Pic
285 av. Victor-Hugo – ✆ 04 75 44 15 32 – www.pic-valence.com – Fermé 2-20 janv., dim. et lundi AX**f**
Rest – *(prévenir le week-end)* Menu 90 € (déj. en sem.), 210/320 € – Carte 150/275 €
Spéc. Petits légumes et parmigiano reggiano, truffe d'été, en tarte fine sablée (juin à août). Saint-pierre à la vapeur de menthe poivrée, râpée de truffe noire et asperges vertes (nov. à mars). Profiteroles revisitées selon la saison. **Vins** Condrieu, Hermitage.
◆ 1934, 1973, 2007. Après André et Jacques, Anne-Sophie atteint l'excellence et confirme que l'histoire de la famille Pic est aussi celle de la plus grande cuisine. Toujours le même souci de la perfection, du meilleur produit et de l'assemblage inédit – à la pointe du goût de l'époque. Impeccable et impeccablement servi.

Flaveurs (Baptiste Poinot)
32 Grande Rue – ✆ 04 75 56 08 40 – www.flaveurs-restaurant.com – Fermé 1er-24 août, 1er-7 janv., dim. et lundi CY**b**
Rest – *(nombre de couverts limité, prévenir)* Menu 35 € (sem.), 51/89 €
Spéc. Sucette de foie gras de canard, pistaches pulvérisées, confiote de melon (juin à sept.). Bar de ligne cuit à la vapeur douce, bouillon de coquillages (juil. à sept.). Poire william au sirop d'érable, caramel d'épices et crème glacée "croustillante" (sept. à oct.). **Vins** Crozes-Hermitage blanc, Côtes du Rhône rouge.
◆ Dans un décor sobre et élégant, une belle table gastronomique où chaque assiette atteste une réflexion mûrie, avec des produits excellents et une technique soignée.

L'Épicerie
18 pl. St-Jean, (ex Belat) – ✆ 04 75 42 74 46 – http://pierre.seve.free.fr – Fermé 1er-10 mai, 20 juil.-20 août, 23-31 déc., sam. midi, dim. et fériés CY**v**
Rest – (16 €) Menu 26/68 € – Carte 33/60 €
◆ Au cœur de la vieille ville, une maison du 16e s. avec une agréable terrasse. Décor rustique ou design, selon la salle. Plats traditionnels, formule le midi dans la partie bistrot.

La Cachette (Masashi Ijichi)
16 r. des Cévennes – ✆ 04 75 55 24 13 – www.lacachette-valence.com – Fermé 24 avril-2 mai, 21 août-5 sept., 2-16 janv., dim. et lundi BY**x**
Rest – *(nombre de couverts limité, prévenir)* Menu 28 € (déj.), 35/80 € – Carte 60/90 € le soir
Spéc. Salade de homard breton et gaspacho de tomate cœur de bœuf (juil.-août). Pavé de thon, foie gras poêlé et purée de pomme de terre aux épices douces. Passion chocolat guanaja (hiver). **Vins** Saint-Péray, Cornas.
◆ Dans la ville basse, une Cachette qui gagne à être découverte ! Le chef, d'origine japonaise, prépare une cuisine fine et délicate. Quand le terroir drômois rencontre l'esprit d'Asie...

Le Bistrot des Clercs
48 Grande Rue – ✆ 04 75 55 55 15 – www.michelchabran.fr CY**d**
Rest – Menu 21 € (sem.)/30 € – Carte 33/40 €
◆ Près de la belle maison des Têtes (1532), un bistrot à la parisienne, cuisine copieuse et décor nostalgique compris. Pour l'anecdote, Napoléon Bonaparte séjourna dans ces murs !

L'Origan
58 av. Baumes – ✆ 04 75 41 60 39 – http://squashclubvalence.free.fr/leclub.htm – Fermé 1er-23 août, 24 déc.-3 janv., sam. et dim. AX**c**
Rest – (19 €) Menu 19/40 € – Carte 19/30 €
◆ Ce restaurant s'épanouit dans un club de squash ! Faites le plein de calories avec des plats de saison, centrés sur la région. À voir : la terrasse, traversée par un ruisseau...

Le 7 – Hôtel Pic
285 av. Victor-Hugo – 04 75 44 53 86 – www.anne-sophie-pic.com
Rest – (18 € bc) Menu 29 € – Carte 38/69 € AX**f**
♦ Sur l'historique N 7, nouvelle étape gourmande avec cet excellent bistrot estampillé Pic (terrine de canard maison, ravioles de gambas au gingembre). Chic et canaille.

à Pont de l'Isère **9 km par ① – 2 620 h. – alt. 120 m – ✉ 26600**

Michel Chabran
N 7 – 04 75 84 60 09 – www.michelchabran.fr
11 ch – 150/175 € 175/350 € – 23 € – ½ P 290/395 €
Rest – Menu 35/99 € – Carte 95/160 €
Spéc. Plats à la truffe (nov. à mars). Dos d'agneau de Sisteron. Palet au chocolat manjari, coeur fondant aux fruits de saison. **Vins** Hermitage, Saint Péray.
♦ Depuis plus de 40 ans, sur la nationale 7... La maison, tout ocre, abrite des chambres confortables, au style contemporain agréable. Le classicisme et la tradition sont maîtres au restaurant, ainsi que les vins des côtes du Rhône ; véranda côté jardin.

VALENCIENNES – 59 Nord – 302 J5 – 42 426 h. 31 C2

– Agglo. 357 395 h. – alt. 22 m – ✉ 59300 Nord Pas-de-Calais Picardie

Paris 208 – Arras 68 – Bruxelles 105 – Lille 54
1 r Askièvre 03 27 28 89 10
de Mormal à Preux-au-Sart Bois Saint Pierre, par rte de Maubeuge : 13 km, 03 27 63 07 00
de Valenciennes à Marly Rue du Chemin Vert, E : 1 km, 03 27 46 30 10
Musée des Beaux-Arts★ BY **M** - Bibliothèque des Jésuites★.

Plan page suivante

Le Grand Hôtel
8 pl. de la Gare – 03 27 46 32 01
– www.grand-hotel-de-valenciennes.fr AX**d**
95 ch – 82/115 € 94/127 € – 8 suites – 15 € – ½ P 72/89 €
Rest *Le Hans* – (15 €) Menu 30 €, 39/48 € bc – Carte 24/65 €
♦ La même famille cultive depuis plusieurs générations le sens de l'hospitalité dans ce bel établissement bâti au début du 20e s. Confortables chambres au look actuel. Restaurant traditionnel avec rôtissoire et flambage en salle.

Auberge du Bon Fermier
64 r. Famars – 03 27 46 68 25 – www.bonfermier.com AY**n**
16 ch – 110/115 € 135/140 € – 12 €
Rest – Menu 26/52 € – Carte 24/52 €
♦ Cet authentique relais de poste du 17e s. a préservé son cachet : vieilles pierres et briques en façade, chambres de caractère (beaux meubles chinés) et jolie cour pavée. Restaurant-rôtisserie occupant d'anciennes écuries, terrasse et gibier en saison.

Le Chat Botté sans rest
25 r. Tholozé – 03 27 14 58 59 – www.hotel-lechatbotte.com – Fermé 1er-21 août AX**p**
33 ch – 85 € 95 € – 11 €
♦ Fer forgé, bois, mobilier contemporain et couleurs gaies : décor ludique et ambiance chaleureuse dans une sympathique maison abritant des chambres paisibles et douillettes.

L'Endroit
69 r. du Quesnoy – 03 27 42 99 23 – www.restaurant-lendroit.fr – Fermé sam. midi, dim. soir et lundi BY**f**
Rest – Menu 34 € – Carte 40/50 €
♦ Un écran TV trône dans la salle et retransmet en direct l'activité des brigades en cuisine. Élégant décor contemporain, ambiance branchée, carte réduite et suggestions du marché.

VALENCIENNES

Albert-1er (Av.) . . . . BY 2
Amsterdam (Av. d') . . . . BY 5
Armes (Pl. d') . . . . AY 6
Barbusse (R. H.) . . . . CV 8
Bourgeois (Ch. des) . . . . BV 9
Cairns (Av. Serg.) . . . . ABZ 13
Capucins (R. des) . . . . BY 15
Cardon (Pl.) . . . . BZ 16
Charles-Quint (R.) . . . . CV 17
Clemenceau (Av. G.) . . . . AX 18
Desandrouin (Av.) . . . . BV 20
Digue (R. de la) . . . . AZ 22
Duchesnois (Av.) . . . . CV 23
Dunkerque (Av. de) . . . . AX 25
Faidherbe (Av.) . . . . BV 26
Famars (R. de) . . . . AYZ
Ferrand (R.) . . . . AY 33
Fg de Cambrai (R.) . . . . BV 29
Fg de Paris (R. du) . . . . BV 30
Foch (Av. Mar.) . . . . AX 34
Froissart (Pl. J.) . . . . BY 35
Gaulle (Pl. Gén.-de) . . . . BY 36
Glacis (R. des) . . . . CV 37
Jacob (Pont) . . . . AX 38
Jean-Jaurès (R.) . . . . BV 39
Juin (Av. du Mar.) . . . . AX 40
Lattre-de-Tassigny
(Av. Mar.-de) . . . . AX 42
Leclerc (Av. Mar.) . . . . AX 43
Liège (Av. de) . . . . BX 44
Lille (R. de) . . . . AX 46
Marquis (R. du) . . . . CV 48
Paix (R. de la) . . . . BY 50
Paris (R. de) . . . . AY 52
Perdrix (R. J.) . . . . CV 53
Pompidou (Av. G.) . . . . AZ 54
Reims (Av. de) . . . . BZ 56
St-Amand (Av. de) . . . . BV 58
St-Géry (R.) . . . . BY 59
Sénateur-Girard (Av.) . . . . AX 63
Tholozé (R.) . . . . AX 65
Vaillant-Couturier (R. Paul) . . . . BV 67
Vauban (Av.) . . . . BV 68
Verdun (Av. de) . . . . BZ 69
Vieille-Poissonnerie (R.) . . . . . AY 73
Villars (Av.) . . . . AY 74
Watteau (Square) . . . . AY 76

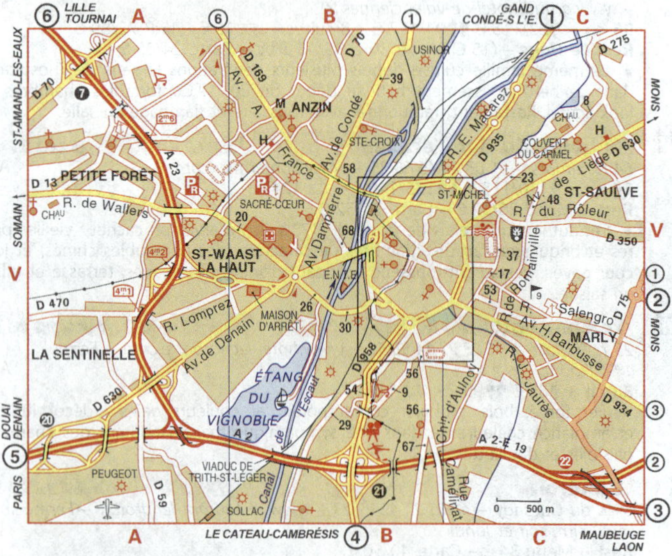

à Quiévrechain 12 km au Nord-Est par D 630 – 5 750 h. – alt. 32 m – ✉ 59920

XX **Le Manoir de Tombelle**
135 av. J. Jaurès – ✆ 03 27 35 12 30 – Fermé 25 juil.-14 août, 26 déc.-2 janv. et le soir sauf sam.
Rest – Menu 25 € (déj. en sem.), 29/54 € – Carte 40/68 €
◆ Villa années 1920 de style anglo-normand, dans un grand jardin avec étang. Cuisine traditionnelle servie dans de confortables salles à manger (cheminées) ou sous la tonnelle.

à Artres 11 km par ④, D 958 et D 400 – 1 059 h. – alt. 65 m – ✉ 59269

La Gentilhommière
2 r. de l'Eglise – ✆ 03 27 28 18 80 – www.hotel-lagentilhommiere.com – Fermé dim. soir et fériés
10 ch – †75/85 € ††85/100 € – ☕ 11 €
Rest – *(fermé 6-27 août)* Menu 25/47 € – Carte 39/50 €
◆ Deux hectares de verdure entourent cette ferme seigneuriale de 1756 joliment restaurée, dont les chambres, spacieuses et calmes, regardent le jardin intérieur. Généreuse cuisine actuelle dans un séduisant restaurant voûté où affleurent les briques rouges.

VALESCURE – 83 Var – 340 P5 – rattaché à St-Raphaël

VALGORGE – 07 Ardèche – 331 G6 – 421 h. – alt. 560 m – ✉ 07110 44 A3

Lyon Drôme Ardèche

Paris 614 – Alès 76 – Aubenas 37 – Langogne 46

Le Tanargue
– ✆ 04 75 88 98 98 – www.hotel-le-tanargue.com – Ouvert 25 mars-20 nov. et fermé dim. soir et lundi sauf du 17 avril au 26 sept.
22 ch – †38/51 € ††49/61 € – ☕ 9 € – ½ P 50/56 €
Rest – (9 €) Menu 16/35 € – Carte 34/52 €
◆ Un hôtel familial au pied du massif du Tanargue. Les chambres sont cossues et scrupuleusement tenues, à des tarifs compétitifs ! Quelques balcons face au jardin ou à la vallée. Salle à manger d'inspiration rustique (vieux objets) ; vente de produits du terroir.

VALIGNAT – 03 Allier – 326 F5 – rattaché à Charroux

VALLAURIS – 06 Alpes-Maritimes – 341 D6 – rattaché à Golfe-Juan

---

VALLERAUGUE – 30 Gard – 339 G4 – 1 072 h. – alt. 346 m – ✉ 30570 23 C2

Languedoc Roussillon

Paris 684 – Mende 100 – Millau 75 – Nîmes 86

quartier des Horts ✆ 04 67 82 25 10

Hostellerie Les Bruyères — rest,
Quai A. Chamson – ✆ 04 67 82 20 06 – Ouvert 1er mai-5 oct.
20 ch – †49/62 € ††49/62 € – ☕ 8 € – ½ P 49/56 €
Rest – Menu 15/35 € – Carte 25/48 €
◆ Ancien relais de poste situé dans un pittoresque village cévenol. Un bel escalier dessert les chambres, rustiques, simples et très propres. Restaurant au décor champêtre, avec une charmante terrasse en surplomb de la rivière. Plats traditionnels.

rte du Mont-Aigoual 4 km sur D 986 – ✉ 30570

Auberge Cévenole
La Pénarié – ✆ 04 67 82 25 17 – Fermé 4-29 janv., lundi soir et mardi sauf juil.-août
6 ch – †42 € ††42 € – ☕ 7 € – ½ P 47 €
Rest – (13 €) Menu 18/29 € – Carte 22/51 €
◆ L'Hérault musarde au pied de cette sympathique auberge de pays, située sur la route du mont Aigoual. Petites chambres fraîches et rustiques. Coquette salle à manger (poutres, cheminée, objets agricoles) et terrasse au-dessus de la rivière ; cuisine régionale.

VALLIÈRES – 37 Indre-et-Loire – **317** M4 – rattaché à Tours

VALLOIRE – 73 Savoie – **333** L7 – 1 287 h. – alt. 1 430 m – Sports d'hiver : 1 430/2 600 m 2 31 – ✉ 73450 Alpes du Nord — **45** D2

Paris 664 – Albertville 91 – Briançon 52 – Chambéry 104

rue des Grandes Alpes ✆ 04 79 59 03 96

Col du Télégraphe ★ N : 5 km.

Christiania

av. de la Vallée d'Or – ✆ 04 79 59 00 57 – www.christiania-hotel.com – Ouvert 15 juin-15 sept. et 15 déc.-15 avril

24 ch – 60/75 € 68/83 € – 2 suites – 10 € – ½ P 62/85 €

Rest – (20 €) Menu 20/37 € – Carte 29/59 €

◆ Chalet situé au pied des pistes, joliment fleuri l'été. Chambres décorées dans un esprit montagnard (lits gigogne) et très bien tenues. Au restaurant, boiseries claires, vaste ouverture sur la terrasse et carte traditionnelle (brasserie au déjeuner).

Grand Hôtel de Valloire et du Galibier

r. des Grandes-Alpes – ✆ 04 79 59 00 95 – www.grand-hotel-valloire.com – Ouvert 13 juin-12 sept. et 19 déc.-10 avril

44 ch – 70/105 € 95/105 € – 15 € – ½ P 80/112 €

Rest *L'Escarnavé* – Menu 23/67 € – Carte 39/70 €

◆ Oubliez la façade un peu défraîchie de cet imposant hôtel. Face aux pistes, il abrite des chambres claires, bien tenues et de bonne dimension. Piscine découverte. Salle rustique, cheminée pour le "feu de joie" (escarnavé en patois) et cuisine traditionnelle.

aux Verneys 2 km au Sud-✉73450 Valloire

Relais du Galibier

Les Verneys – ✆ 04 79 59 00 45 – www.relais-galibier.com – Ouvert 12 juin-5 sept. et 18 déc.-5 avril

26 ch – 53/58 € 59/67 € – 10 € – ½ P 59/81 €

Rest – Menu 16/33 € – Carte 26/35 €

◆ Chalet familial à proximité des pistes de ski. Chambres meublées sobrement ; certaines jouissent d'une vue sur le Grand Galibier. Dans une salle rustique aux larges baies vitrées, plats traditionnels et recettes régionales.

VALLON-EN-SULLY – 03 Allier – **326** C3 – 1 728 h. – alt. 192 m – ✉ 03190 Auvergne — **5** B1

Paris 318 – Bourges 86 – Clermont-Ferrand 119 – Moulins 89

Auberge des Ris

Les Ris, 2 km par D 2144, rte de Bourges – ✆ 04 70 06 51 12 www.aubergedesris.com – Fermé 10 jours en sept., en janv., lundi soir, mardi et merc.

Rest – (16 €) Menu 27/70 € bc – Carte 25/54 €

◆ Adresse tenue par un jeune couple dynamique. Cuisine traditionnelle inventive servie dans une salle aux allures de chai, avec tonneaux et pressoir. Bacchus est bien à l'honneur.

VALLON-PONT-D'ARC – 07 Ardèche – **331** I7 – 2 470 h. – alt. 117 m – ✉ 07150 Lyon Drôme Ardèche — **44** A3

Paris 658 – Alès 47 – Aubenas 32 – Avignon 81

1, place de l'ancienne gare ✆ 04 75 88 04 01

Gorges de l'Ardèche★★★ au SE - Arche★★ de Pont d'Arc SE : 5 km.

Le Clos des Bruyères

rte des Gorges – ✆ 04 75 37 18 85 – www.closdesbruyeres.fr – Ouvert avril-sept.

32 ch – 63/85 € 65/85 € – 8,50 € – ½ P 63/70 €

Rest – *(fermé merc. midi sauf juil.-août)* (12 €) Menu 22/30 € – Carte 32/45 €

◆ Hôtel récent situé à 100 m de l'Ardèche (location de canoës). Les chambres, avec balcon ou terrasse en rez-de-jardin, sont spacieuses et décorées sobrement. Sous la charpente apparente du restaurant, on savoure une cuisine traditionnelle assez simple.

Le Manoir du Raveyron ch, VISA AE
r. Henri Barbusse – ✆ 04 75 88 03 59 – www.manoir-du-raveyron.com – Ouvert de mi-mars à mi-oct.
8 ch – †55/60 € ††70/90 € – ½ P 60/70 €
Rest – *(fermé le midi sauf dim.)* Menu 28/48 € – Carte 38/56 €
◆ Monsieur est italien, madame belge et leur demeure aveyronnaise du 16e s., située dans une rue calme du centre-ville, est vraiment sympathique ! Chambres coquettes et agréable cour ombragée. Cuisine de tradition et du terroir.

VALLOUX – 89 Yonne – 319 G6 – rattaché à Avallon

VALMONT – 76 Seine-Maritime – 304 D3 – 975 h. – alt. 60 m – ✉ 76540 Normandie Vallée de la Seine — 33 C1

Paris 193 – Bolbec 22 – Dieppe 58 – Fécamp 11
Mairie ✆ 02 35 10 08 12
Abbaye★.

Le Bec au Cauchois avec ch rest, P VISA
22 r. A.-Fiquet, 1,5 km à l'Ouest par rte de Fécamp – ✆ 02 35 29 77 56 – www.lebecaucauchois.com – Fermé 5-30 janv., merc. sauf le soir de mai à sept. et mardi
5 ch – †76 € ††76 € – 12 € **Rest** – (21 €) Menu 29/60 € – Carte 49/57 €
◆ Idéale pour une halte gourmande, cette auberge avance de jolis atouts : vue sur l'étang contigu, jardin potager et carte aux saveurs variées, honorant les produits locaux. Chambres simples et colorées, de plain-pied avec le jardin ou le plan d'eau.

VALOGNES – 50 Manche – 303 D2 – 7 274 h. – alt. 35 m – ✉ 50700 — 32 A1

Paris 336 – Caen 103 – Cherbourg 19 – St-Lô 64
place du Château ✆ 02 33 40 11 55
de Fontenay-sur-Mer à Fontenay-sur-Mer, E : 18 km par N 13 et D 42, ✆ 02 33 21 44 27

Agriculture P VISA
18 r. L.-Delisle – ✆ 02 33 95 02 02 – www.hotel-agriculture.com – Fermé 19 déc.-3 janv.
30 ch – †52/55 € ††59/66 € – 8 € – ½ P 52/60 €
Rest – Menu 15 € (déj. en sem.), 18/38 € – Carte 25/48 €
◆ Dans le centre de Valognes, cet hôtel familial à la façade recouverte de vigne vierge propose des chambres simples mais bien tenues. Restaurant au cadre rustique. Sur la carte, les grillades au feu de bois s'associent à la spécialité de la maison : la tête de veau.

Manoir de Savigny sans rest P
lieu-dit Savigny, au Sud-Est – ✆ 02 33 08 37 75 – www.manoir-de-savigny.com
5 ch – †75/95 € ††80/120 €
◆ Une allée de peupliers conduit à ce manoir du 16e s. en pleine campagne, qui abrite des chambres décorées sur divers thèmes. Agréable salle des petits-déjeuners avec cheminée.

VALOJOULX – 24 Dordogne – 329 H5 – 236 h. – alt. 75 m – ✉ 24290 — 4 D1

Paris 523 – Bordeaux 195 – Périgueux 65 – Brive-la-Gaillarde 53

La Licorne P
– ✆ 05 53 50 77 77 – www.licorne-lascaux.com
5 ch – †68/98 € ††68/98 € **Table d'hôte** – Menu 25 €
◆ Cette charmante demeure du 13e s., avec un grand jardin, est parfaite pour un séjour alliant tranquillité, découverte du Périgord et convivialité. Les chambres sont joliment rustiques. La propriétaire, fin cordon bleu, exprime sa créativité à la table d'hôte.

VALRAS-PLAGE – 34 Hérault – 339 E9 – 4 298 h. – alt. 1 m – Casino – ✉ 34350 Languedoc Roussillon — 23 C2

Paris 767 – Agde 25 – Béziers 16 – Montpellier 76
square René Cassin ✆ 04 67 32 36 04

Mira-Mar

bd Front de Mer – 04 67 32 00 31 – www.hotel-miramar.org – Ouvert mars-oct.

27 ch – 61/105 € 61/105 € – 3 suites – 8 € – ½ P 58/85 €

Rest – *(fermé dim. soir sauf juil.-août)* Menu 17 € (déj. en sem.)/28 € – Carte 28/57 €

◆ Les hispanophones auront compris que cet hôtel regarde la mer... Les chambres sont agréables, d'esprit méridional ou plus contemporain, avec balcon côté plage. Trois appartements pour les familles. À table, carte traditionnelle (poisson) et vue sur la grande bleue.

Albizzia sans rest

bd Chemin Creux – 04 67 37 48 48 – www.hotelalbizzia34.com

27 ch – 49/81 € 52/81 € – 7 €

◆ À 200 m de la plage, un hôtel sympathique, d'architecture récente : la façade est scandée d'arceaux et de loggias. Des plantes méditerranéennes s'épanouissent autour de la piscine.

Le Delphinium

av. des Élysées, (face au casino) – 04 67 32 73 10 – Fermé vacances de la Toussaint, dim. soir en hiver et lundi

Rest – (21 € bc) Menu 28/49 € – Carte 45/80 €

◆ À deux pas du casino, un restaurant discret qui cultive le goût et les belles senteurs. Menu du marché et savoureuses spécialités du chef.

La Méditerranée

32 r. Ch. Thomas – 04 67 32 38 60 – fermé 12-30 nov., 5-23 janv., mardi sauf le soir en saison et lundi

Rest – (14 €) Menu 17/42 € – Carte 25/45 €

◆ Petit restaurant familial situé dans une rue piétonne tout près de l'embouchure de l'Orb. Cadre rustique, grande terrasse et cuisine traditionnelle orientée poisson.

VALS-LES-BAINS – 07 Ardèche – 331 I6 – 3 716 h. – alt. 210 m – Stat. therm. : fin fév.-début déc. – Casino – ✉ 07600 Lyon Drôme Ardèche 44 A3

Paris 629 – Aubenas 6 – Langogne 58 – Privas 33

116 bis, avenue Jean Jaurès 04 75 37 49 27

Grand Hôtel de Lyon

11 av. P. Ribeyre – 04 75 37 43 70 – www.grandhoteldelyon.fr – Ouvert 2 avril-8 oct. **s**

34 ch – 60/72 € 70/96 € – 10 € – ½ P 60/73 €

Rest – (22 €) Menu 26/45 € – Carte 30/57 €

◆ Situation très centrale, à 100 m du parc de la source intermittente, pour cet hôtel familial abritant des chambres spacieuses et bien tenues. Piscine et solarium. De grandes baies vitrées éclairent l'agréable salle à manger ornée d'une fresque originale.

Helvie

5 av. Expilly – 04 75 94 65 85 – www.hotel-helvie.com – Fermé 1er-22 mars

27 ch – 69/160 € 69/160 € – 13 € **b**

Rest ***Le Vivarais*** – *(Fermé 2 sem. en nov., dim. soir sauf juil.-août et lundi)* (19 €) Menu 29/87 € – Carte 65/110 € le soir

◆ À proximité du parc et du casino, cet hôtel Belle Époque a retrouvé tout son éclat d'antan, chic et feutré. Chambres confortables, salon cossu et belle piscine. Au restaurant, élégant, on déguste une cuisine soignée et délicate qui varie avec les saisons.

Château Clément

La Châtaigneraie – 04 75 87 40 13 – www.chateauclement.com – Fermé 15 déc.-15 mars **a**

5 ch – 160/200 € 160/270 € **Table d'hôte** – Menu 60 € bc/70 € bc

◆ Les enfants seront les bienvenus dans cette maison de maître (19e s.) qui offre un accueil chaleureux. Escalier monumental, superbes chambres, parc aux essences exotiques... Massages sur rendez-vous. À la table d'hôte, spécialités régionales et produits bio.

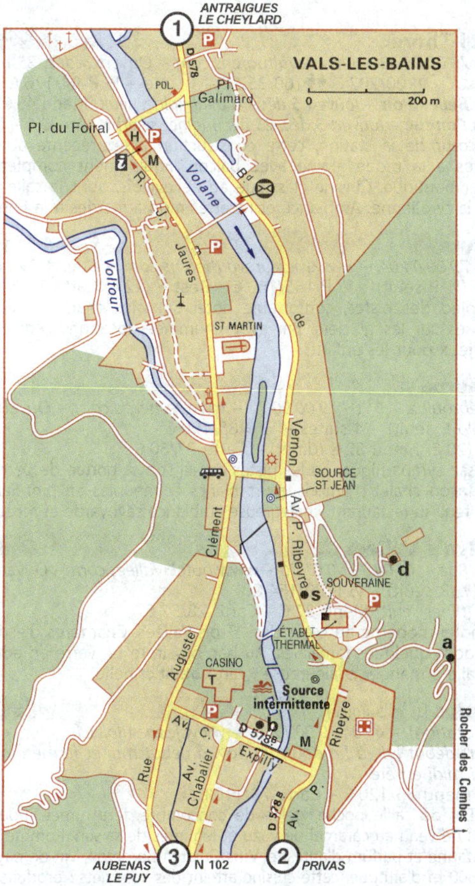

Villa Aimée

8 montée des Aulagniers – ✆ 04 75 88 52 75 – www.villaaimee.com
4 ch – 79/145 € 89/145 € **Table d'hôte** – Menu 35 € bc **d**
◆ Cette grande villa bourgeoise sur les hauteurs de la station (vue superbe) est une mer de tranquillité... Ses propriétaires : un commandant de marine (parfois à quai) et son épouse australienne. Cuisine internationale – principalement d'Asie – à la table d'hôte.

VAL-THORENS – **73 Savoie** – **333** M6 – **alt. 2 300 m** – **Sports d'hiver : 2 300/3 200 m** 4 25 – ✉ **73440 St Martin de Belleville** Alpes du Nord **46** F2

Paris 640 – Albertville 60 – Chambéry 109 – Moûtiers 36

Immeuble Eskival ✆ 04 79 00 08 08

Cime de Caron ★★★ (accès par le téléphérique de Caron).

Fitz Roy

– ✆ 04 79 00 04 78 – www.hotelfitzroy.com – Ouvert 10 déc.-28 avril
48 ch (½ P seult) – 8 suites – ½ P 246/755 € **Rest** – Menu 30/60 € – Carte 70/142 €
◆ Les chambres et suites, au style savoyard épuré (bois clair, tissus coordonnés), jouissent toutes d'une terrasse (dont la moitié côté pistes, plein sud). Grande cheminée au salon-bar. Repas sur la belle terrasse ou dans la salle vitrée ; cuisine actuelle.

Le Val Thorens

– 04 79 00 04 33 – *www.levalthorens.com – Ouvert 3 déc.-25 avril*
80 ch – 100/202 € 160/352 € – 1 suite – ½ P 94/176 €
Rest *Le Bellevillois* – *(ouvert 5 déc.-16 avril) (dîner seult)* Menu 48 € – Carte 48/62 €
Rest *La Fondue* – *(ouvert 3 déc.-23 avril) (dîner seult)* Menu 23 € – Carte 26/46 €
◆ Au cœur de la station, cette construction assez récente abrite de grandes chambres à la mode alpine avec balcon. Équipement complet de remise en forme et boutique. Cuisine classique au Bellevillois, dont la salle est décorée de frises à la tyrolienne. Ambiance et recettes montagnardes à la Fondue.

Mercure

– 04 79 00 04 04 – *www.mercurevalthorens.com – Ouvert 29 nov.-1er mai*
105 ch (½ P seult) – ½ P 145/160 € **Rest** – (22 €) Carte 30/51 €
◆ Au pied des pistes, confortable hôtel dont les chambres offrent de belles échappées sur les glaciers. Bar avec cheminée, location d'équipements de ski, espace jeux pour les enfants.

Le Sherpa

r. de Gébroulaz – 04 79 00 00 70 – *www.lesherpa.com – Ouvert 27 nov.-8 mai*
52 ch (½ P seult) – 4 suites – ½ P 85/190 €
Rest – (20 €) Menu 32 € (dîner) – Carte 27/60 €
◆ Adresse sympathique, où les pistes de ski sont à portée de bâton. Chambres et duplex façon chalet : lambris, murs blancs et meubles en pin. Salon-bar cosy au coin du feu. Au restaurant, chaleureuse ambiance savoyarde et recettes de tradition.

Des Trois Vallées

Grande Rue – 04 79 00 01 86 – *www.hotel3vallees.com – Ouvert 20 nov.-9 mai*
29 ch (½ P seult) – ½ P 89/154 €
Rest – *(dîner seult)* Menu 27 € – Carte 28/57 €
◆ Un hôtel moderne au cœur des... Trois-Vallées. Chambres d'esprit montagnard actuel, dont quelques familiales. Au bar, on sirote un verre en admirant les sommets. Salle à manger chaleureuse ; carte traditionnelle.

L'Oxalys (Jean Sulpice)

(entrée station) – 04 79 00 12 00 – *www.jean-sulpice.fr*
– Ouvert début juil. à fin août, fin nov. à début mai et fermé dim. soir et lundi midi en été
Rest – Menu 55/120 € – Carte 78/110 €
Spéc. Œuf de caille poché, gelée de concombre, féra fumée, bourrache et oxalis (été). Ris de veau au caramel de yuzu et légumes de saison. Pomme meringuée, miel de montagne et parfum d'antésite. **Vins** Chignin-Bergeron, Vin de pays d' Allobrogie.
◆ À 2 300 m d'altitude, cette cuisine atteint des sommets : produits savoyards d'exception, cuissons et assaisonnements parfaits, innovation réfléchie, harmonie des saveurs, sous la baguette de Jean Sulpice et de son épouse, excellente sommelière.

L'Épicurien

r. du Soleil, (Résidence le Montana) – 04 79 00 21 30
– www.restaurantmontana.fr – Ouvert mi-déc.-mi-avril et fermé sam. soir
Rest – *(dîner seult)* Menu 49/75 € – Carte 60/77 €
◆ Une atmosphère feutrée et un décor teinté d'exotisme, à travers les objets rapportés de voyage par les propriétaires... Cuisine contemporaine de qualité.

LE VALTIN – 88 Vosges – 314 K4 – 95 h. – alt. 751 m – ✉ 88230 — 27 D3

Paris 440 – Colmar 46 – Épinal 55 – Guebwiller 55

Auberge du Val Joli avec ch

12 bis le Village – 03 29 60 91 37 – *www.levaljoli.com – Fermé dim. soir, lundi soir, mardi midi sauf vacances scolaires et lundi midi sauf fériés*
10 ch – 82/140 € 82/140 € – 12 € – ½ P 72/90 €
Rest – (19 €) Menu 22 € (déj. en sem.), 31/62 € – Carte 55/80 €
◆ Petite hostellerie vosgienne tenue par la même famille depuis 1968. Atmosphère rustique dans la salle principale, ou nature devant la large verrière donnant sur la terrasse. Généreuse cuisine mettant joliment le terroir à l'honneur. Chambres pour l'étape.

LA VANCELLE – 67 Bas-Rhin – 315 H7 – rattaché à Lièpvre

VANDOEUVRE-LÈS-NANCY – 54 Meurthe-et-Moselle – 307 H7 – rattaché à Nancy

VANNES 🅿 – 56 Morbihan – 308 O9 – 53 079 h. – Agglo. 118 029 h. 9 A3 – alt. 20 m – ✉ 56000 Bretagne

Paris 459 – Quimper 122 – Rennes 110 – St-Brieuc 107

quai Tabarly ✆ 08 25 13 56 10

18 de Baden à Baden Kernic, par rte d'Auray et D 101 : 14 km, ✆ 02 97 57 18 96

Vieille ville★★ AZ : Place Henri-IV★ AZ 10, Cathédrale St-Pierre★ **B**, Remparts★, Promenade de la Garenne ≤ ★★ - La Cohue★ (anciennes halles) - Musée archéologique★ - Aquarium océanographique et tropical★ - Golfe du Morbihan★★ en bateau.

Villa Kerasy sans rest

20 av. Favrel et Lincy – ✆ 02 97 68 36 83 – www.villakerasy.com – Fermé 3-30 janv. et 13 nov.-11 déc. BY**r**

15 ch – 🛉105/140 € 🛉🛉140/250 € – ☕ 15 €

◆ Pondichéry, Cadix.... les chambres évoquent les différentes escales de la légendaire Compagnie des Indes. Jardin japonais, espace bien-être... élégance et harmonie !

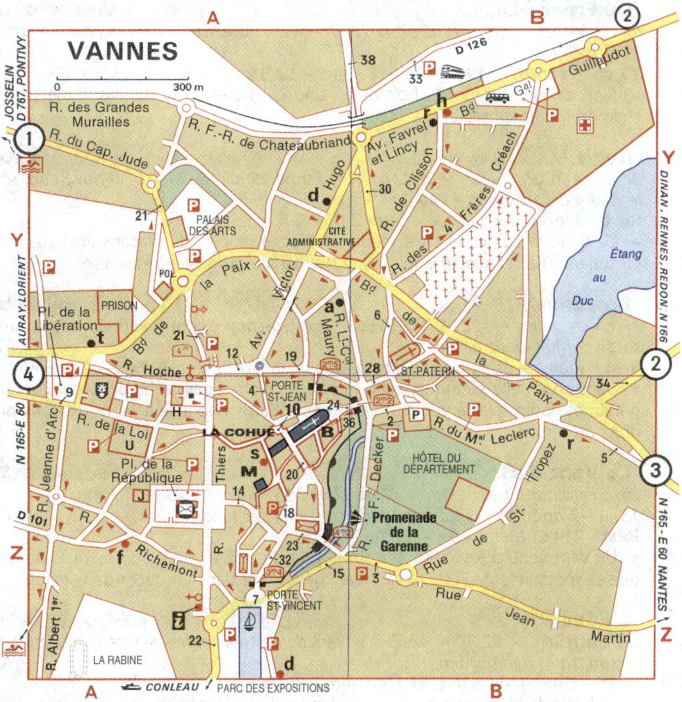

Allain Legrand (R.) . . . . BZ 2
Bazvalan (R. J. de) . . . . BZ 3
Billault (R.) . . . . AZ 4
Briand (R. A.) . . . . BZ 5
Le Brix (R. J.) . . . . AY 12
Fontaine (R. de la) . . . . BY 6
Gambetta (Pl.) . . . . AZ 7
Gougaud (R. J.) . . . . AZ 9
Le Hellec (R.) . . . . AZ 14
Henri-IV (Pl.) . . . . AZ 10
Lices (Pl. des) . . . . AZ 18
Mené (R. du) . . . . AY 19
Monnaie (R. de la) . . . . AZ 20
Monnet (Av. J.) . . . . AY 21
Le Pontois (R. A.) . . . . AZ 15
Porte-Poterne (R.) . . . . AZ 23
Porte-Prison (R.) . . . . AZ 24
Port (R. du) . . . . AZ 22
St-Nicolas (R.) . . . . BZ 28
St-Symphorien (Av.) . . . . BY 30
St-Vincent-Ferrier (R.) . . . . AZ 32
Strasbourg (R. de) . . . . BY 33
Verdun (Av. de) . . . . BZ 34
Vierges (R. des) . . . . AZ 36
Wilson (Av.) . . . . ABY 38

Best Western Vannes Centre

6 pl. de la Libération – ✆ 02 97 63 20 20 – www.bestwestern-vannescentre.com
58 ch – †70/102 € ††70/117 € – ☕ 13 € – ½ P 62/86 € AY**t**
Rest – (18 € bc) Menu 25/30 € – Carte 22/30 €
◆ Hôtel récent à deux pas du centre historique, idéal pour une clientèle d'affaires. Chambres de facture sobre et contemporaine ; salle de réunion et espace fitness. Au restaurant, cuisine traditionnelle sans prétention.

Marébaudière sans rest

4 r. Aristide Briand – ✆ 02 97 47 34 29 – www.marebaudiere.com BZ**r**
41 ch – †79/114 € ††79/114 € – ☕ 11 €
◆ En bordure du centre-ville, une bâtisse néobretonne devancée par un grand parking très pratique. Chambres fonctionnelles, offrant un bon niveau de confort et assez de calme.

Manche-Océan sans rest

31 r. du Lt-Col. Maury – ✆ 02 97 47 26 46 – www.manche-ocean.com – Fermé 18 déc.-10 janv. AY**a**
41 ch – †52/96 € ††52/96 € – ☕ 8,50 €
◆ Atmosphère familiale dans cet hôtel idéalement situé aux portes de la vieille ville. Chambres fonctionnelles aux teintes ensoleillées et de bonne tenue.

De France sans rest

57 av. Victor Hugo – ✆ 02 97 47 27 57 – www.hotelfrance-vannes.com – Fermé 21 déc.-5 janv. AY**d**
29 ch – †55/67 € ††59/72 € – 1 suite – ☕ 8 €
◆ Avec sa jolie façade de bois et de zinc, cet hôtel ne passe pas inaperçu. Les chambres sont sobres et bien tenues.

Régis

24 pl. de la Gare – ✆ 02 97 42 61 41 – Fermé 29 juin-6 juil., 16-30 nov., dim. sauf le midi hors saison et lundi BY**h**
Rest – Menu 24 € (sem.) – Carte 33/54 €
◆ Ce Régis-là cultive le style médiéval (vitraux, copies de blasons anciens, murs en tuffeau...) et concocte une cuisine du marché proposée à l'ardoise.

Roscanvec

17 r. des Halles – ✆ 02 97 47 15 96 – www.roscanvec.com – Fermé fin juin, lundi sauf sauf juil.-août et dim. AZ**s**
Rest – *(nombre de couverts limité, prévenir)* (25 € bc) Menu 30/60 € – Carte 49/73 €
◆ Dans une ruelle piétonne, cette maison à colombages cache un décor contemporain et épuré (petite vue sur les cuisines). Carte inventive à partir de bons produits du terroir.

Le Vent d'Est

23 r. Ferdinand-Le-Dressay – ✆ 02 97 01 34 53 – Fermé 23 avril-9 mai, 15 juil.-7 août, dim. sauf le midi d'oct. à mars et lundi AZ**d**
Rest – (14 €) Menu 26 € – Carte 27/53 €
◆ Un vent venu d'Alsace souffle sur le port de plaisance ! Ici, on savoure de goûteuses spécialités de l'Est, servies avec générosité dans un décor de winstub.

L'Éden

3 r. Pasteur – ✆ 02 97 46 42 62 – www.ledenrestaurant.fr – Fermé merc. soir hors saison, sam. midi et dim. AZ**f**
Rest – (14 €) Menu 16 € (déj. en sem.), 26/36 €
◆ Un jardin des délices à côté de l'ancien cinéma Éden... Les habitués – nombreux – viennent y savourer une cuisine fraîche et actuelle, qui ose les associations originales.

Les prix indiqués devant le symbole † correspondent au prix le plus bas en basse saison puis au prix le plus élevé en haute saison, pour une chambre single. Même principe avec le symbole †† cette fois pour une chambre double.

à St-Avé **6 km au Nord par ① et D 767 (près du centre hospitalier spécialisé) – 9 883 h. – alt. 50 m – ✉ 56890**

XXX **Le Pressoir** (Vincent David)
7 r. de l'Hôpital, à 1,5 km par rte de Plescop – ☎ 02 97 60 87 63 – www.le.pressoir-st-ave.com – Fermé 28 fév.-15 mars, 27 juin-5 juil., 3-18 oct., dim. soir et lundi
Rest – Menu 34 € (déj. en sem.), 62/85 €
Spéc. Carpaccio de langoustines crues juste tiédies à la fleur de thym, nage de kari gosse. Noix de ris de veau panée d'amande et homard bleu sauté à cru (avril à oct.). Pastilla de chocolat noir coulant, sorbet passion, caramel au beurre salé.
◆ Le Pressoir est mort, vive le Pressoir ! En 2010, Bernard Rambaud a passé la main à Vincent David, et la table n'a rien perdu de sa superbe : le jeune homme réalise une cuisine d'auteur inspirée… avec quelques hommages à l'ancien chef. Accueil chaleureux.

à Meucon **9 km au Nord par ① et D 767 – 308 O8 – 1 919 h. – alt. 80 m – ✉ 56890**

XX **Le Tournesol**
20 rte de Vannes – ☎ 02 97 44 50 50 – www.restaurant-le-tournesol.com – Fermé 6-15 juil., 14-28 sept., 28 fév.-6 mars, dim. soir, merc. soir et lundi
Rest – (16 €) Menu 22 € (sem.), 29/43 € – Carte 33/48 €
◆ Un soupçon de charme rustique (pierres apparentes), deux cuillérées contemporaines et quelques notes de verdure (jardin) : le décor est plaisant et la cuisine, dans l'air du temps.

à Conleau **4,5 km au Sud-Est - AZ – ✉ 56000 Vannes**

Presqu'île de Conleau★ 30 mn.

Le Roof
10 allée des Frères Cadoret – ☎ 02 97 63 47 47 – www.le-roof.com
40 ch – †79/119 € ††89/165 € – ☐ 14 € – ½ P 83/122 €
Rest – (24 € bc) Menu 29/59 € – Carte 35/65 €
Rest *Café de Conleau* – (15 €) Menu 20 € – Carte 22/45 €
◆ La presqu'île de Conleau domine une anse peuplée de voiliers... et c'est là que se niche le Roof. Chambres fonctionnelles, certaines avec vue sur le golfe du Morbihan. Au restaurant, cuisine de la mer et somptueux panorama. Esprit bistrot marin au Café...

rte d'Arradon **5 km par ④ et D 101 – ✉ 56610 Arradon :**

XX **L'Arlequin**
parc d'activités de Botquelen, (3 allée D. Papin) – ☎ 02 97 40 41 41 – Fermé sam. midi, dim. soir et merc.
Rest – (18 €) Menu 21/41 € – Carte 30/45 €
◆ Sur des bases traditionnelles, le chef concocte une cuisine ancrée dans son époque et variant avec les saisons. Salle agréable, ouverte sur la terrasse et les abords fleuris.

à Arradon **7 km par ④, D 101, D 101A et D 127 – 5 125 h. – alt. 40 m – ✉ 56610**

r Bouruet Aubertot ☎ 02 97 44 77 44

<★.

Le Parc er Gréo sans rest
9 r. Mané Guen, au Gréo, 2 km à l'Ouest (dir. le Moustoir) – ☎ 02 97 44 73 03 – www.parcergreo.com – Fermé 13 nov.-20 déc. et 2 janv.-10 fév.
14 ch – †72/90 € ††92/144 € – 1 suite – ☐ 14 €
◆ On se sent bien dans cette jolie maison entourée de verdure. Maquettes de bateaux et mobilier chiné dans le salon, chambres raffinées et douillettes, piscine chauffée. Charmant !

Les Vénètes
rest, ch,
à la pointe, 2 km – ☎ 02 97 44 85 85 – www.lesvenetes.com – Fermé 4-20 janv.
10 ch – †100/230 € ††100/230 € – ☐ 13 € – ½ P 80/145 €
Rest – *(fermé dim. soir de sept. à juin)* Menu 35/75 € – Carte 60/90 €
◆ Les pieds dans l'eau : dans les chambres, joliment aménagées, on jouit d'une vue exceptionnelle sur le golfe (balcons au 1er étage). Salle au décor marin, superbement située au bord de la mor bihan ("petite mer" en breton). Carte traditionnelle axée poisson.

LES VANS – 07 Ardèche – **331** G7 – 2 827 h. – alt. 170 m – ✉ 07140 **44** A3
Lyon Drôme Ardèche

Paris 663 – Alès 44 – Aubenas 37 – Pont-St-Esprit 66
place Ollier ✆ 04 75 37 24 48

Le Carmel ch,
montée du Carmel – ✆ 04 75 94 99 60 – www.le-carmel.com – Hôtel : ouvert 1er mars-11 nov. ; restaurant : ouvert 1er avril-30 sept.
26 ch – †45/55 € ††65/85 € – ☕ 10 € – ½ P 60/78 €
Rest – Menu 28/42 € – Carte 42/54 €
◆ Dominant le bourg médiéval, cet ancien couvent carmélite (1847) abrite des chambres de style provençal (murs ocres, mobilier en fer forgé). Joli jardin avec piscine. Restaurant aux couleurs ensoleillées et terrasse ombragée pour apprécier des plats du marché.

VANVES – 92 Hauts-de-Seine – **311** J3 – **101** 25 – voir à Paris, Environs

VARADES – 44 Loire-Atlantique – **316** J3 – 3 527 h. – alt. 13 m – ✉ 44370 **34** B2
Paris 333 – Angers 40 – Cholet 42 – Laval 95
place Jeanne d'Arc ✆ 02 40 83 41 88

La Closerie des Roses VISA AE
La Haute Meilleraie, 1,5 km au Sud par rte de Cholet – ✆ 02 40 98 33 30 – www.lacloseriedesroses.com – Fermé 3-19 oct., 16 janv.-8 fév., dim. soir, lundi soir, mardi soir et merc.
Rest – Menu 17 € (déj. en sem.), 28/60 € – Carte 46/75 €
◆ Table ancrée depuis 1938 face à la Loire et à l'abbatiale de St-Florent-le-Vieil. Le chef achète son poisson aux pêcheurs du coin et concocte une délicieuse cuisine régionale.

VARENGEVILLE-SUR-MER – 76 Seine-Maritime – **304** F2 – 1 071 h. **33** D1
– alt. 80 m – ✉ 76119 Normandie Vallée de la Seine

Paris 199 – Dieppe 10 – Fécamp 57 – Fontaine-le-Dun 18
Site★ église - Parc des Moustiers★ - Colombier★ du manoir d'Ango, S : 1 km - Ste-Marguerite : arcades★ de l'église O : 4,5 km - Phare d'Ailly ★ NO : 4 km.

à Vasterival 3 km au Nord-Ouest par D 75 et rte secondaire – ✉ 76119 Varengeville-sur-Mer

De la Terrasse rest, VISA
rte de Vasterival – ✆ 02 35 85 12 54 – www.hotel-restaurant-la-terrasse.com – Ouvert 20 mars-5 oct.
22 ch (½ P seult) – ☕ 8 € – ½ P 54/63 €
Rest – (17 €) Menu 22/35 € – Carte 25/43 €
◆ Au terme d'une route bordée de sapins, belle demeure (1902) entourée d'un jardin ombragé. La moitié des chambres offre une vue plongeante sur la mer. Cuisine traditionnelle dans la salle à manger tournée vers la Manche.

LA VARENNE-ST-HILAIRE – 94 Val-de-Marne – **312** E3 – **101** 28 – voir à Paris, Environs (St-Maur-des-Fossés)

VARETZ – 19 Corrèze – **329** J4 – rattaché à Brive-la-Gaillarde

VARS – 05 Hautes-Alpes – **334** I5 – 597 h. – alt. 1 650 m – ✉ 05560 **41** C1
Alpes du Sud

Paris 726 – Barcelonnette 41 – Briançon 46 – Digne-les-Bains 126
Cours Fontanarosa ✆ 04 92 46 51 31

aux Claux – ✉ 05560 Vars – Sports d'hiver : 1 650/2 750 m 2 56

L'Écureuil sans rest VISA AE
Les Claux – ✆ 04 92 46 50 72 – www.hotelecureuil.com – Ouvert 1er juil.-31 août et 12 déc.-25 avril
21 ch ☕ – †88/120 € ††110/128 €
◆ À 150 m des pistes, chalet dans le plus pur style savoyard. Bois omniprésent depuis le chaleureux salon-cheminée jusqu'aux chambres feutrées (la plupart avec balcon). Sauna.

Les Escondus

Les Claux – ✆ 04 92 46 67 00 – www.hotel-les-escondus.com – Ouvert 1er juil.-31 août et 1er déc.-30 avril
22 ch – 68/99 € 104/152 € – ½ P 71/99 €
Rest – (15 €) Menu 20 € (déj.)/30 € – Carte 29/39 €
◆ Tout pour se ressourcer : accès direct aux pistes, espace détente, piano-bar et chambres pratiques. Les amateurs d'insolite choisiront celle occupant une cabane dans les arbres ! Plats traditionnels dans la grande salle lambrissée ou en terrasse, côté forêt.

Chez Plumot

– ✆ 04 92 46 52 12 – Ouvert juil.-août et déc.-avril
Rest – (19 €) Menu 31 € – Carte 25/55 €
◆ Un incontournable de la station. Le cadre rustique s'accorde bien avec les plats traditionnels proposés ici. Carte allégée à midi, en hiver (snack, spécialités du Sud-Ouest).

à Ste-Marie-de-Vars – ✉ 05560 Vars

Alpage

✆ 04 92 46 50 52 – www.hotel-alpage.com – Ouvert 15 juin-1er sept. et 15 déc.-26 avril
17 ch – 50/57 € 70/150 € – 2 suites – ½ P 52/104 €
Rest – Menu 20/29 € – Carte 25/32 €
◆ Vieille ferme de village joliment rénovée, tout en pierres et bois. Chambres spacieuses et agréables à vivre, comme les salons communs (billard, cheminée). Une sympathique cuisine traditionnelle vous attend au restaurant, logé sous les voûtes de l'ancienne étable.

Le Vallon rest,

– ✆ 04 92 46 54 72 – www.hotelvallon.com – Ouvert juil.-août et 19 déc.-19 avril
32 ch – 44/75 € 65/111 € – 8 € – ½ P 55/79 €
Rest – *(fermé le midi en été)* (14 €) Menu 19/23 € – Carte 21/35 €
◆ Un séjour tout schuss ! Emplacement idéal au pied des pistes, accueil convivial, ambiance et décor montagnards, chambres ouvertes sur la nature, sauna, billard et ping-pong. Le restaurant, égayé de photos représentant le pays, propose des plats traditionnels.

VASSIVIÈRE (LAC DE) – 23 Creuse – 326 i6 – rattaché à Peyrat-le-Château (87 H.-Vienne)

VASTERIVAL – 76 Seine-Maritime – 304 F2 – rattaché à Varengeville-sur-Mer

---

VAUCHOUX – 70 Haute-Saône – 314 E7 – rattaché à Port-sur-Saône

---

VAUCHRÉTIEN – 49 Maine-et-Loire – 317 G5 – 1 558 h. – ✉ 49320 35 C2

Paris 313 – Nantes 119 – Angers 22 – Cholet 66
Mairie ✆ 02 41 91 24 18

Le Moulin de Clabeau sans rest

5 km au Nord par D 55 puis D 123 – ✆ 02 41 91 22 09 – www.gite-brissac.com
4 ch – 67 € 70 €
◆ Pour les amoureux de la nature, des vignobles et des vieilles pierres, un moulin à eau de 1320 et sa belle maison de meunier du 19e s. Confitures et gâteaux maison au petit-déjeuner.

VAUCRESSON – 92 Hauts-de-Seine – 311 I2 – 101 23 – voir à Paris, Environs

---

VAUDEVANT – 07 Ardèche – 331 J3 – 209 h. – alt. 600 m – ✉ 07410 44 B2

Paris 558 – Lyon 96 – Privas 89 – Saint-Étienne 67

La Récré

– ✆ 04 75 06 08 99 – www.restaurant-la-recre.com – Fermé déc., janv. et le soir sauf sam. de sept. à mars, dim. soir, lundi et mardi
Rest – *(nombre de couverts limité, prévenir)* (12 €) Menu 18/55 €
◆ Tableau noir, photos d'écoliers, cartes de géographie : jadis, ce restaurant était... une école ! À l'heure de la récré, on vient y savourer une cuisine bien dans son époque.

VAULT-DE-LUGNY – 89 Yonne – **319** G7 – rattaché à Avallon

VAULX – 74 Haute-Savoie – **328** I5 – 803 h. – alt. 530 m – ✉ 74150 **46** F1

Paris 539 – Annecy 19 – Genève 50 – Lyon 158

Par Monts et Par Vaulx

– *✆ 04 50 60 57 20 – www.restaurant-vaulx.fr – Fermé 15-30 août, 10 jours début janv., dim. soir, lundi soir, mardi soir et merc.*

Rest – *(nombre de couverts limité, prévenir)* Menu 28/36 € – Carte 27/36 €

◆ Sur la route qui traverse le village, auberge ancienne reprise par un jeune couple. Cadre rustique, terrasse ombragée et goûteuse cuisine de bistrot (excellent paris-brest).

VAUX-EN-BEAUJOLAIS – 69 Rhône – **327** G3 – 946 h. – alt. 360 m – ✉ 69460 **43** E1

Paris 443 – Lyon 49 – Villeurbanne 58 – Lyon 51

Auberge de Clochemerle avec ch

r. Gabriel-Chevallier – ✆ 04 74 03 20 16 – www.aubergedeclochemerle.fr – Fermé 5-13 sept. et 3-25 janv.

7 ch – 70 € 75 € – 10 €

Rest – *(fermé lundi et mardi)* Menu 30/65 € – Carte 61/78 €

◆ Auberge d'un village rendu célèbre par le roman "Clochemerle" de Gabriel Chevallier. Le chef écrit un menu actuel et captivant, mariant les beaux produits avec une sensibilité croissante. Agréable cadre néorustique. Chambres fraîches au mobilier de famille.

VAUX-LE-PÉNIL – 77 Seine-et-Marne – **312** F4 – rattaché à Melun

VAUX-SOUS-AUBIGNY – 52 Haute-Marne – **313** L8 – 662 h. – alt. 275 m – ✉ 52190 **14** C3

Paris 304 – Dijon 44 – Gray 43 – Langres 25

Auberge des Trois Provinces

r. de Verdun – ✆ 03 25 88 31 98 – Fermé 4-25 janv., 1 sem. en nov., dim. soir et lundi

Rest – *(prévenir)* Menu 19/29 € – Carte 40/98 €

◆ Une auberge accueillante sous la glycine, avec poutres et belle cheminée. Le décor est soigné, la cuisine aussi (plus traditionnelle à la carte).

Le Vauxois

6 r. de l'église – ✆ 03 25 84 36 74 – Fermé 4-25 janv., dim. soir et lundi

9 ch – 48 € 55 € – 6,50 €

◆ Chambres fonctionnelles parfaites pour l'étape, à 50 m de l'Auberge des Trois Provinces et à deux pas de l'église.

VELARS-SUR-OUCHE – 21 Côte-d'Or – **320** J6 – rattaché à Dijon

VÉLIZY-VILLACOUBLAY – 78 Yvelines – **311** J3 – **101** 24 – voir à Paris, Environs

VELLÈCHES – 86 Vienne – **322** J3 – 371 h. – alt. 69 m – ✉ 86230 **39** C1

Paris 302 – Poitiers 58 – Joué-lès-Tours 60 – Châtellerault 21

La Table des Écoliers

1 bis r. de l'Étang – ✆ 05 49 93 35 51 – www.latabledesecoliers.com – Fermé mardi et merc.

Rest – Menu 15 € (sem.)/45 €

◆ On replonge en enfance dans une ancienne salle de classe (tables d'écoliers, porte-manteaux...), pour une intéressante leçon gustative. Accueil sympathique et plats actuels.

VELLUIRE – 85 Vendée – **316** K9 – rattaché à Fontenay-le-Comte

VENAREY-LES-LAUMES – 21 Côte-d'Or – **320** G4 – 3 068 h. – alt. 235 m – ✉ 21150 Bourgogne **8** C2

Paris 259 – Avallon 54 – Dijon 66 – Montbard 15

place Bingerbrück ✆ 03 80 96 89 13

à Alise-Ste-Reine 2 km à l'Est – 695 h. – alt. 415 m – ✉ 21150

Mont Auxois★ : ✵★ - Château de Bussy-Rabutin★.

Auberge du Cheval Blanc

r. du Miroir – ✆ 03 80 96 01 55 – www.regis-bolatre.com – Fermé 6-14 sept., 2 janv.-10 fév., mardi sauf le midi en juil.-août, dim. soir et lundi

Rest – (15 €) Menu 18 € (déj. en sem.), 32/45 € – Carte 36/55 €

◆ Bâtisse en pierre où l'intérieur, rafraîchi et actuel, est agréablement réchauffé l'hiver par un bon feu de bois. Généreuse cuisine à composantes bourguignonnes.

à Mussy-la-Fosse 3 km à l'Ouest par rte secondaire – **320** G4 – 82 h. – alt. 280 m – ✉ 21150

Clos Mussy

8 r. du Château – ✆ 03 80 96 97 87 – www.closmussy.fr – Fermé 24 déc.-3 janv.

3 ch – 65 € 75 € **Table d'hôte** – Menu 35 € bc

◆ Face au site d'Alésia, cette maison forte (16e s.) témoigne de l'architecture militaire du Moyen Âge. Vastes chambres personnalisées ; grange aménagée en salon rustique. Table d'hôte proposée dans une grande salle médiévale dotée d'une cheminée monumentale.

VENASQUE – 84 Vaucluse – 332 D10 – 1 131 h. – alt. 310 m 42 E1

– ✉ 84210 Provence

Paris 690 – Apt 32 – Avignon 33 – Carpentras 13

Grand 'Rue ✆ 04 90 66 11 66

Baptistère★ - Gorges★ E : 5 km par D 4.

La Fontaine sans rest

pl. de la Fontaine – ✆ 04 90 60 64 05 – www.maisondecharme-venasque.com – Fermé mars, 2 sem. en nov., et fév.

4 ch – 115/125 € 115/125 €

◆ Dans ce beau village, cette Fontaine abrite quatre charmants duplex (boutis, cheminée, meubles chinés...) avec vue sur les toits ou le patio, ainsi qu'une boutique de décoration !

VENCE – 06 Alpes-Maritimes – 341 D5 – 18 931 h. – alt. 325 m 42 E2

– ✉ 06140 Côte d'Azur

Paris 923 – Antibes 20 – Cannes 30 – Grasse 24

8, place du Grand Jardin ✆ 04 93 58 06 38

Chapelle du Rosaire★ (chapelle Matisse) - Place du Peyra★ B **13** - Stalles★ de la cathédrale B **E** - ⩤★ de la terrasse du château N. D. des Fleurs NO : 2,5 km par D 2210.

Col de Vence ✵★★ NO : 10 km par D 2 - St-Jeannet : site★, ⩤★ 8 km par ③.

Alsace Lorr. (R.)	B	3
Évêché (R. de l')	B	5
Hôtel de Ville (R.)	B	6
Leclerc (Av. Gén.)	A	9
Marché (R. du)	B	10
Meyère (Av. Col.)	B	12
Peyra (Pl. du)	B	13
Place Vieille (R. de la)	B	14
Poilus (Av. des)	A	15
Portail Levis (R. du)	B	16
Résistance (Av. de la)	A, B	17
Rhin et Danube (Av.)	A	18
St-Lambert (R.)	B	19
Tuby (Av.)	A	21

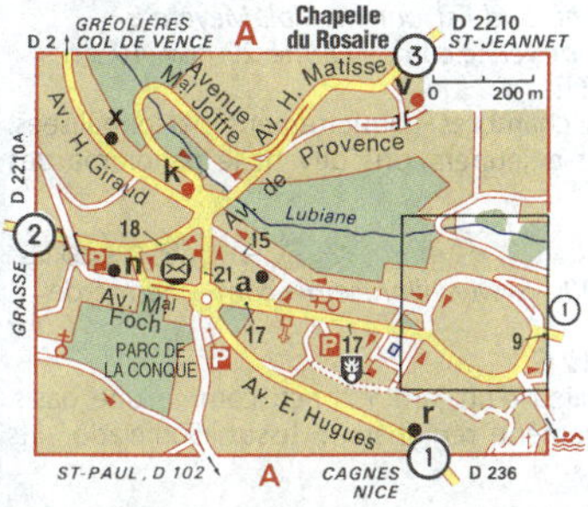

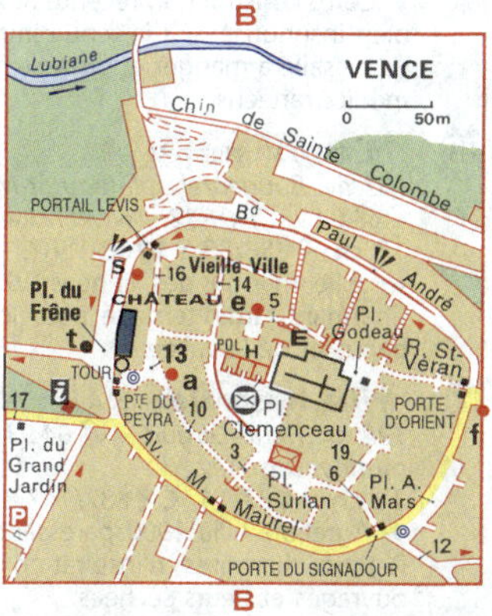

Château St-Martin & Spa
av. des Templiers, 2,5 km par rte du col de Vence (D 2)
A – 04 93 58 02 02 – www.chateau-st-martin.com – Fermé 11 déc.-11 fév.
45 ch – 360/1250 € 360/1250 € – 7 suites
Rest *Le St-Martin* – voir ci-après
Rest *La Rôtisserie* – *(fermé merc. et jeudi sauf de mai à sept.)* Menu 52/64 € bc – Carte 55/80 €
Rest *L'Oliveraie* – *(ouvert 1er juin-19 sept.) (déj. seult)* (52 €) Menu 64 € – Carte 54/80 €
◆ Cadre d'exception pour ce luxueux palace provençal dominant Vence et la mer depuis son vaste parc planté d'oliviers... Décors classiques, d'un parfait confort. À la Rôtisserie, grillades et recettes à la broche. Déjeuner servi l'été en terrasse au grill L'Oliveraie.

Cantemerle
258 chemin Cantemerle, au Sud-Est par av. Col. Meyère B – 04 93 58 08 18 – www.hotelcantemerle.com – Ouvert d'avril à mi-oct.
26 ch – 210/230 € 235/260 € – 1 suite – 16 €
Rest – *(fermé mardi midi et lundi de début sept. à mi-oct. et de début avril à mi-juin et dim. soir)* (22 €) Menu 28 € (déj. en sem.), 32/53 € – Carte 45/60 €
◆ Villa méridionale agencée autour d'un jardin ombragé avec piscine. Chambres élégantes et spacieuses, la plupart en duplex, et bel espace bien-être pour une détente complète ! Restaurant aux tons chocolat et terrasse dans la verdure ; cuisine traditionnelle.

Diana sans rest
79 av. des Poilus – 04 93 58 28 56 – www.hotel-diana.fr Aa
27 ch – 75/140 € 85/160 € – 12 €
◆ Hôtel central aux chambres confortables, peu à peu relookées dans un style actuel (toiles d'artistes locaux). Belle véranda ; fitness, solarium et jacuzzi sur le toit-terrasse.

Floréal
440 av. Rhin et Danube, par ②
– 04 93 58 64 40 – www.hotel-floreal.fr
41 ch – 60/112 € 78/137 € – 12 € – ½ P 62/98 €
Rest – *(fermé dim. hors saison et le midi) (résidents seult)* Menu 21/26 €
◆ Un jardin d'essences méditerranéennes entoure cet hôtel situé aux portes de Vence. Les chambres, dotées de balcons, bénéficient peu à peu d'une cure de jouvence. Cuisine traditionnelle servie dans une salle à manger prolongée d'une terrasse face à la piscine.

Mas de Vence
539 av. E. Hugues – 04 93 58 06 16 – www.azurline.com/mas Ar
41 ch – 62/88 € 85/115 € – 9 € – ½ P 79/86 €
Rest – (17 € bc) Menu 30 € – Carte 24/42 €
◆ Cette construction récente aux tons ocre surplombe un axe passant. Chambres bien insonorisées, à la tenue impeccable, souvent avec loggia. Hall sous verrière. Vaste salle à manger et terrasse à arcades bordant la piscine. Plats traditionnels et méditerranéens.

Miramar sans rest
167 av. Bougearel, (plateau St-Michel), au Sud-Est par av. Col. Meyère B – 04 93 58 01 32 – www.hotel-miramar-vence.com – Fermé 20 nov.-10 déc.
18 ch – 58/88 € 68/158 € – 12 €
◆ Jolie maison des années 1920 aux chambres coquettement personnalisées. Charmant jardin-terrasse pour les petits-déjeuners, pris devant le panorama des baous et de la vallée.

Villa Roseraie sans rest
128 av. Henri Giraud – 04 93 58 02 20 – www.villaroseraie.com – Fermé de mi-nov. à mi-fév. Ax
12 ch – 87/147 € 87/147 € – 12 €
◆ Agréable villa 1900 paressant au milieu d'un jardin conçu comme une oasis. Petites chambres d'inspiration typiquement régionale : tissus Souleiado, lits ouvragés et fleurs séchées.

La Maison du Frêne sans rest
1 pl. du Frêne – 06 88 90 49 69 – www.lamaisondufrene.com **Bt**
4 ch – 150/170 € 150/170 €
◆ Demeure 18e s. du vieux Vence où vous partagerez, le temps d'un séjour, la passion de l'art et du design contemporains. Une adresse de standing à l'atmosphère furieusement arty.

Le St-Martin – Hôtel Château St-Martin & Spa
– 04 93 58 02 02 – www.chateau-st-martin.com
– Fermé 11 déc.-11 fév.
Rest – *(fermé lundi et mardi hors saison et le midi du 15 juin au 15 sept.)*
Menu 65 € (déj.), 75 € bc/190 € – Carte 115/200 €
Spéc. Langoustine juste saisie, beurre émulsionné au jus de yuzu et jeunes ormeaux. Rouget en croûte de pain de mie, billes de concombre, fenouil et cébettes, rouille safranée. Tarte soufflée banane-rhum-raisin. **Vins** Bandol, Côtes de Provence.
◆ L'inventif Yannick Franques marie la délicatesse à la puissance, les saveurs les plus subtiles et les plus entêtantes. Une expérience rare et exquise, au Château St-Martin.

Auberge Les Templiers
39 av. Joffre – 04 93 58 06 05 – www.restaurant-vence.com – Fermé 24 oct.-3 nov., 19 fév.-6 mars, mardi midi et merc. midi en juil.-août, dim. et lundi
Rest – (29 € bc) Menu 39/69 € – Carte 51/77 € **Ak**
◆ Cette auberge ancienne est devancée par une avenante terrasse ombragée. Cadre rénové et frais de style provençal. Cuisine au goût du jour dans la note méridionale.

Le Vieux Couvent
37 av. Alphonse-Toreille – 04 93 58 78 58 – www.restaurant-levieuxcouvent.com
– Fermé 5 janv.-12 fév., merc. sauf le soir en été et jeudi midi **Bf**
Rest – *(nombre de couverts limité, prévenir)* Menu 27/38 € – Carte 32/50 €
◆ Cadre élégant pour ce restaurant installé dans un ancien séminaire du 17e s. Peintures et sculptures modernes contrastent avec les voûtes et murs en pierre. Cuisine régionale.

Les Bacchanales (Christophe Dufau)
247 av. de Provence – 04 93 24 19 19 – www.lesbacchanales.com
– Fermé 12-28 déc., mardi et merc. **Av**
Rest – (35 €) Menu 55 € (dîner)/80 €
Spéc. Rouget et crevettes de Méditerranée, consommé de poissons de roche et aïoli de fruits. Veau de lait corse glacé à la réglisse, raviole végétale. Nèfles et framboises du pays aux amandes fraîches. **Vins** Côtes de Provence, Vin de pays des Bouches du Rhône.
◆ Le chef signe une cuisine créative pleine de spontanéité, qui fait la part belle aux légumes, dans ce restaurant lumineux et contemporain (œuvres d'art). La chapelle Matisse est à deux pas.

Auberge des Seigneurs avec ch
1, rue du Dr Binet – 04 93 58 04 24 – www.auberge-seigneurs.com – Fermé de mi-déc. à mi-janv. **Bs**
6 ch – 65 € 85/95 € – 9 € – ½ P 95 €
Rest – *(fermé dim. et lundi)* (22 €) Menu 31/37 € – Carte 43/62 €
◆ François 1er, Renoir, Modigliani... Cette auberge historique sise dans une aile du château de Villeneuve eut de célèbres convives. Plats provençaux, agneau à la broche.

L'Armoise
9 pl. du Peyra – 04 93 58 19 29 – www.larmoise.com – Fermé le midi du 5 juil. au 23 août, dim. soir, mardi midi et lundi de sept. à juin **Ba**
Rest – *(nombre de couverts limité, prévenir)* (24 €) Menu 38 € – Carte environ 52 €
◆ Ce restaurant dédié aux saveurs de la mer occupe une ancienne poissonnerie et dresse sa terrasse sur la jolie place du Peyra. Grands classiques (bouillabaisse) et recettes maison.

La Litote

5 r. Évêché – ✆ 04 93 24 27 82 – www.lalitote.com – Fermé 12 nov.-16 déc., 14 janv.-5 fév., mardi d'oct. à avril, dim. soir et lundi Be

Rest – (18 €) Menu 20 € (déj. en sem.), 25/35 € – Carte environ 35 €

◆ Adresse située sur une placette du vieux Vence, réservée aux piétons. Accueil et service avenants, cadre chaleureux, terrasse et carte actuelle à composantes provençales.

VENDÔME – 41 Loir-et-Cher – 318 D5 – 17 029 h. – alt. 82 m 11 B2

– ✉ 41100 Châteaux de la Loire

- Paris 169 – Blois 34 – Le Mans 78 – Orléans 91
- parc Ronsard ✆ 02 54 77 05 07
- de La Bosse à Oucques La Guignardière, par rte de Beaugency : 20 km, ✆ 02 54 23 02 60
- Anc. abbaye de la Trinité★ : église abbatiale★★, musée★ BZ M - Château : terrasses ≤★.

Abbaye (R. de l')	BZ	2	États-Unis (R. des)	AY	10	Rochambeau (R. Mar.)	AY	19
Béguines (R. des)	BY	3	Gaulle (R. Gén.-de)	BZ	12	St-Bié (R.)	BZ	20
Bourbon (R. A)	BZ	5	Italie (R. d')	BX	14	St-Martin (Pl.)	BZ	22
Change (R. du)	BY	7	Poterie (R.)	AZ	16	Saulnerie (R.)	AZ	23
Clemenceau (Av. G.)	BX	8	République (Pl. de la)	BZ	17	Verrier (R. Cdt)	AXY	25

Le St-Georges ch, VISA AE

14 r. Poterie – 02 54 67 42 10 – www.hotel-saint-georges-vendome.com

28 ch – 65/85 € 75/95 € – 9 € – ½ P 79/89 € AZt

Rest – *(fermé dim. sauf fériés)* (18 € bc) Menu 25/39 € – Carte 38/50 €

◆ Cet immeuble du centre-ville, en angle de rue, cache un hôtel bien dans l'air du temps. Chambres fonctionnelles de style actuel, certaines avec baignoire balnéo. Au restaurant, cuisine aux saveurs des quatre continents sur fond de décor ethnique. Bar lounge africain.

Mercator AC rest, P VISA AE

rte de Blois, 2 km par ③ – 02 54 89 08 08 – www.hotelmercator.fr

56 ch – 52/61 € 58/64 € – 8 €

Rest – *(fermé 26 juil.-22 août, sam. et dim.)* Menu 17 €

◆ Proche d'un rond-point mais bordé d'espaces verts, hôtel dont les petites chambres chaleureuses affichent un style actuel. L'accueil familial est soigné. Au restaurant, cadre contemporain épuré et recettes traditionnelles.

Le Vendôme sans rest VISA AE

15 fg Chartrain – 02 54 77 02 88 – www.hotelvendomefrance.com

35 ch – 59/65 € 69/85 € – 10 € BYe

◆ Adresse familiale au cœur de la ville : une maison d'angle à la façade blanche abritant des chambres pratiques et un salon cosy (piano). Au petit-déjeuner, buffet très complet.

Le Terre à TR VISA

14 r. du Mar.-de-Rochambeau – 02 54 89 09 09 – Fermé 1 sem. en fév., sam. midi, dim. soir et lundi AYv

Rest – (17 € bc) Menu 28/32 €

◆ Dans les faubourgs de la ville, ce restaurant a pour particularité d'être installé dans une cave troglodytique. Il possède aussi une terrasse d'été. Menu-carte au goût du jour.

Auberge de la Madeleine avec ch VISA

6 pl. de la Madeleine – 02 54 77 20 79 – Fermé merc. AYd

8 ch – 40/47 € 40/54 € – 7 € – ½ P 53/56 €

Rest – Menu 18 € (sem.), 26/39 € – Carte 50/58 €

◆ Face à une placette, auberge régionale et sa sympathique terrasse, sur l'arrière, bordant le Loir. Salle à manger sur deux niveaux. Petites chambres sobres et néo-rustiques.

à St-Ouen 4 km au Nord-Est par D 92 et rte secondaire BX – 3 363 h. – alt. 81 m – ✉ 41100

La Vallée P VISA AE

34 r. Barré-de-St-Venant – 02 54 77 29 93 – www.restaurant-la-vallee.com – Fermé 7-21 mars, 3-11 janv., dim. soir, lundi et mardi sauf fériés

Rest – (17 €) Menu 24/36 € – Carte 36/49 €

◆ Accueillante maisonnette à l'abri des regards et du bruit. Couleurs ensoleillées et poutres dans la coquette salle à manger. Carte traditionnelle et beau plateau de fromages.

VENOSC – 38 Isère – 333 J8 – 894 h. – alt. 1 000 m – Sports d'hiver : 1 650/3 420 m 58 – ✉ 38520 Alpes du Nord

45 C2

Paris 633 – Gap 105 – Grenoble 66 – Lyon 166

La Condamine 04 76 80 06 82

Château de la Muzelle rest, P VISA

Bourg d'Arud – 04 76 80 06 71 – www.chateaudelamuzelle.com – Ouvert 29 mai-11 sept.

21 ch – 64 € 64 € – 10 € – ½ P 62/67 €

Rest – Menu 23/42 € – Carte 29/55 €

◆ De pimpants volets rouges égayent la sobre façade de ce petit château du 17e s. Chambres fonctionnelles et bien tenues, mansardées au deuxième étage. Ambiance familiale. Bonne cuisine traditionnelle mettant à profit les légumes du potager.

VENTABREN – 13 Bouches-du-Rhône – **340** G4 – **4 842 h.** – **alt. 210 m** – ✉ 13122 Provence **40** B3

Paris 746 – Aix-en-Provence 14 – Marseille 33 – Salon-de-Provence 27

11, boulevard de Provence ☎ 04 42 28 76 47

≤★ des ruines du Château.

XX ✿ **La Table de Ventabren** (Dan Bessoudo)

r. F.-Mistral – ☎ 04 42 28 79 33 – www.latabledeventabren.com – Fermé 23 déc.-31 janv., merc. soir d'oct. à mars, dim. soir d'oct. à avril et lundi

Rest – *(prévenir)* Menu 43/74 € – Carte 50/80 €

Spéc. Caviar d'aubergine fumée, chèvre frais de Provence, pastèque et chips de parmesan (été). Pigeon rôti, légumes de pot-au-feu, chantilly à la moutarde et viennoise au persil (hiver). Mousse au chocolat tiède, bonbons de banane croustillants et sucettes exotiques. **Vins** Palette, Côtes de Provence.

◆ Au cœur d'un village pittoresque, une belle occasion de faire une pause gourmande sur une terrasse dominant la vallée. La cuisine est fraîche, parfumée et met en relief avec justesse les saveurs franches de bons produits. Le tout à prix plutôt raisonnables...

VENTRON – 88 Vosges – **314** J5 – **928 h.** – **alt. 630 m** – **Sports d'hiver : 850/1 110 m** 8 – ✉ 88310 **27** C3

Paris 441 – Épinal 56 – Gérardmer 25 – Mulhouse 51

4, place de la Mairie ☎ 03 29 24 07 02

Grand Ventron ★★ NE : 7 km Alsace Lorraine

à l'Ermitage-du-Frère-Joseph **5 km au Sud par D 43 et D 43E – Sports d'hiver : 850/1 110 m 8 – ✉ 88310 Ventron**

Les Buttes

Ermitage Frère Joseph – ☎ 03 29 24 18 09 – www.ermitage-resort.com – Fermé 6 nov.-15 déc.

26 ch – 145/190 € 145/190 € – 1 suite – 18 € – ½ P 105/159 €

Rest – *(fermé le midi sauf dim. et fériés)* Menu 28/40 € – Carte 30/40 €

◆ Cadre montagnard chic, chambres douillettes (certaines avec jacuzzi) égayées d'images d'Épinal et salon cossu tapissé de dessins de Claudon : un chalet bien agréable ! Restaurant chaleureux et élégant, face aux pistes. Carte traditionnelle souvent renouvelée.

à Travexin **3 km à l'Ouest – ✉ 88310 Cornimont**

Le Géhan

9 rte de Travexin – ☎ 03 29 24 10 71 – www.legehan-charlemagne.com – Fermé 19 juil.-1er août

11 ch – 50 € 50 € – 9 € – ½ P 57 €

Rest – *(fermé dim. soir et lundi)* Menu 11 € (déj. en sem.), 18/42 € – Carte 23/48 €

◆ Derrière la façade colorée de cette maison de pays, des chambres bien insonorisées et joliment agrémentées de meubles de famille. Tenue exemplaire et accueil attentionné. Salle à manger lumineuse où l'on sert des menus traditionnels et quelques plats régionaux.

VERDUN – 55 Meuse – **307** D4 – **19 374 h.** – **alt. 198 m** – ✉ 55100 **26** A1 Alsace Lorraine

Paris 263 – Metz 78 – Bar-le-Duc 56 – Châlons-en-Champagne 89

place de la Nation ☎ 03 29 86 14 18

Ville Haute★ : Cathédrale Notre-Dame★, BYZ Palais épiscopal★ (Centre mondial de la paix) BZ - Citadelle souterraine★ : circuit★★ BZ - Les champs de bataille★★★ : Mémorial de Verdun, Fort et Ossuaire de Douaumont, Tranchée des Baïonnettes, le Mort-Homme, la Cote 304.

VERDUN

Alsace-Lorraine (Av.) . . . . **CZ** 2
Beaurepaire (R.) . . . . **CZ** 3
Belle-Vierge (R. de la) . . . . . . **BY** 4
Chevert (Pl.) . . . . **CZ** 5
Douaumont (Av. de) . . . . **CY** 6
Foch (Pl. Mar.) . . . . **CY** 7
Fort de Vaux (R. du) . . . . **CZ** 8
Frères-Boulhaut (R. des) . . . **CY** 9
Lattre-de-Tassigny (Av. Mar.-de) . . . . **CY** 10
Mautroté (R.) . . . . **BY** 13
Mazel (R.) . . . . **CY** 14
Prés.-Poincaré (R.) . . . . **CZ** 17
République (Quai de la) . . . . **CY** 18
Rû (R. de) . . . . **BZ** 19
St-Paul (R.) . . . . **CY** 20
St-Pierre (R.) . . . . **BY** 21
Soupirs (Allée des) . . . . **BY** 24

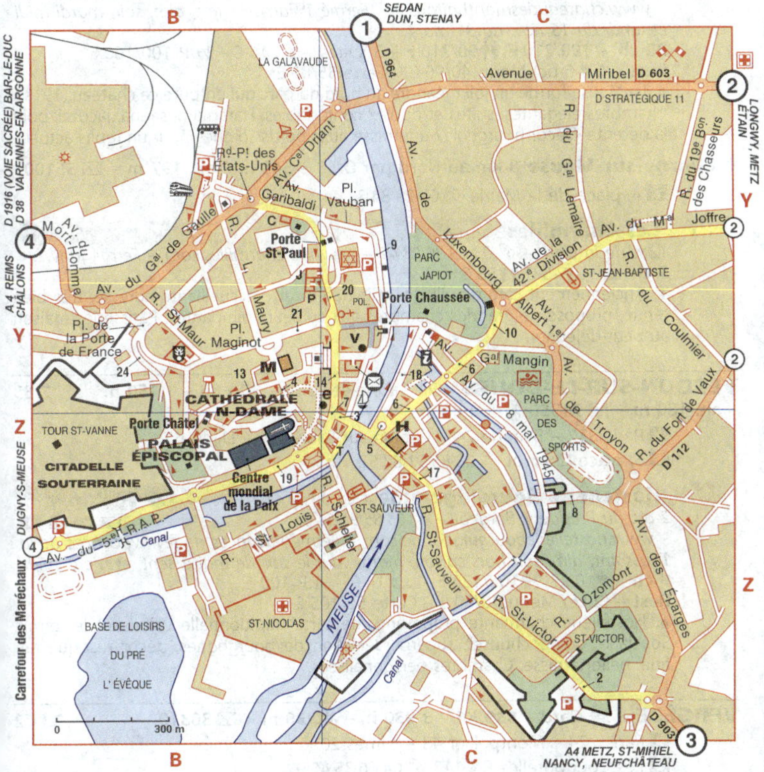

Hostellerie du Coq Hardi

8 av. Victoire – ✆ 03 29 86 36 36
– www.coq-hardi.com CY**v**
33 ch – 70/150 € 90/150 € – 2 suites – 20 € – ½ P 85/115 €
Rest – *(fermé de mi-fév. à mi-mars, sam. midi, dim. soir et vend.)* Menu 42/99 € – Carte 60/110 € le midi
Rest *Le Chantaco* – *(fermé dim. soir et mardi d'oct. à avril)* (14 € bc) Menu 21 € bc (sem.)/42 € bc – Carte 25/56 €

◆ Maison de tradition (1827) teintée de charme rétro : collection de coqs dans le hall, salon-cheminée, mobilier lorrain et quelques chambres dotées de superbes lits à baldaquin. Au restaurant, vénérables boiseries et cuisine classique. Formule brasserie au Chantaco.

Montaulbain sans rest

4 r. de la Vieille-Prison – ✆ 03 29 86 00 47 BCY**e**
10 ch – 35/42 € 35/42 € – 5,50 €

◆ Dans une rue semi-piétonne, cet hôtel propose des petites chambres simples, propres et au calme. Le hall, rustique, fait office de salle des petits-déjeuners.

aux Monthairons 13 km par ④ et D 34 – 361 h. – alt. 200 m – ✉ 55320

Hostellerie du Château des Monthairons
– ✆ 03 29 87 78 55
– www.chateaudesmonthairons.fr – Fermé 1er janv.-11 fév., dim. soir, mardi midi et lundi du 15 nov. au 31 mars
22 ch – †90/210 € ††90/210 € – 3 suites – ☕ 16 € – ½ P 100/160 €
Rest – (24 € bc) Menu 40/95 € – Carte 55/85 €
◆ La Meuse forme un joli méandre au bord du parc qui entoure ce château (19e s.). Chambres élégantes, suites et duplex confortables. Hammam, sauna, jacuzzi, pour la détente. Décor bourgeois ou terrasse aux abords soignés pour un repas actuel.

à Charny-sur-Meuse 8 km au Nord par D 38 – 543 h. – alt. 197 m – ✉ 55100
ℹ 4, place de la Mairie ✆ 03 29 84 33 44

Les Charmilles sans rest
12 r. de la Gare – ✆ 03 29 86 93 49 – www.les-charmilles.com – Fermé janv.
3 ch ☕ – †45 € ††55 €
◆ Anciennement café de village, puis hôtel, cette accueillante adresse, très bien tenue, propose de grandes chambres aux couleurs pimpantes. Pâtisseries maison au petit-déjeuner.

VERDUN-SUR-LE-DOUBS – 71 Saône-et-Loire – **320** K8 – 1 150 h. – alt. 180 m – ✉ 71350 Bourgogne **7** B3
▶ Paris 332 – Beaune 24 – Chalon-sur-Saône 24 – Dijon 65
ℹ 3, place Charvot ✆ 03 85 91 87 52

Hostellerie Bourguignonne avec ch
2 av. du Président Borgeot – ✆ 03 85 91 51 45
– www.hostelleriebourguignonne.com – Fermé vacances de fév., vacances de la Toussaint, dim. soir hors saison, mardi sauf le soir de mai à sept. et merc. midi
9 ch – †105 € ††105/126 € – ☕ 14 € – ½ P 100 €
Rest – (20 €) Menu 40/80 € – Carte 55/105 €
◆ Hostellerie charmante proposant une carte traditionnelle valorisant le terroir. Spécialité de "pôchouse", superbe sélection de bourgognes, décor rustique raffiné, belle terrasse. Chambres personnalisées.

VERGÈZE – 30 Gard – **339** K6 – 3 930 h. – alt. 30 m – ✉ 30310 **23** C2
▶ Paris 724 – Montpellier 43 – Nîmes 20
ℹ Les Coudourelles RN 113 ✆ 04 66 35 45 92

La Passiflore sans rest
1 r. Neuve – ✆ 04 66 35 00 00 – www.hotelpassiflore.com
11 ch – †57/68 € ††57/68 € – ☕ 8 €
◆ Façade avenante pour cette ancienne ferme du 18e s. Elle abrite de petites chambres simples, tournées vers une jolie cour.

VERGONCEY – 50 Manche – **303** D8 – 215 h. – alt. 70 m – ✉ 50240 **32** A3
▶ Paris 352 – Caen 120 – Saint-Lô 86 – Saint-Malo 60

Château de Boucéel sans rest
Lieu-dit Boucéel, 4 km à l'Est par D 108, D 40 et D 308 – ✆ 02 33 48 34 61
– www.chateaudebouceel.com – Fermé 11 janv.-8 fév.
5 ch ☕ – †120/175 € ††120/175 €
◆ Entouré d'un parc à l'anglaise et d'étangs, château de famille (1763) au décor raffiné : mobilier de style, parquet à caisson, portraits d'ancêtres. Chambres personnalisées.

VERGONGHEON – 43 Haute-Loire – **331** B1 – 1 758 h. – alt. 440 m – ✉ 43360 **6** C2
▶ Paris 470 – Clermont-Ferrand 60 – Le Puy-en-Velay 72 – St-Flour 51

La Petite École

à Rilhac, 3 km au Sud-Est par D 174 – ✆ 04 71 76 97 43 – www.restaurant-lapetiteecole.com – fermé 2 sem. en juin, 1 sem. en sept., 2 sem. en janv., dim. soir, mardi midi et lundi
Rest – *(prévenir)* Menu 29/33 €
◆ Bureau de la maîtresse, plumiers et ardoises sont encore là... Dans cette ancienne école, la cuisine, fine et savoureuse mérite un A sans hésitation. Accueil adorable.

LA VERNAREDE – 30 Gard – 339 J3 – 367 h. – alt. 345 m – ✉ 30530 23 C1

Paris 708 – Montpellier 124 – Nîmes 74 – Alès 29

Lou Cante Perdrix avec ch

Le Château – ✆ 04 66 61 50 30 – www.canteperdrix.fr – Fermé 2 janv.-13 fév.
13 ch – 52/58 € 52/58 € – ☕ 7 € – ½ P 55 €
Rest – Menu 20 € (déj. en sem.), 28/39 €
◆ Perdue au milieu des pins, cette imposante maison en pierre (1860) abrite une coquette salle (cheminée, plantes, tableaux...) où l'on sert une cuisine traditionnelle.

VERN-D'ANJOU – Maine-et-Loire – 317 E3 – 1 700 h. – alt. 50 m – ✉ 49220 35 C2

Paris 327 – Angers 36 – Laval 68 – Nantes 77

Le Pigeon Blanc

13 r. de l'Église – ✆ 02 41 61 41 25 – www.lepigeonblanc.com – Fermé 7-25 août, mi- janv.-mi- fév., dim. soir, mardi soir et merc.
Rest – (15 €) Menu 19/52 € – Carte 43/92 €
◆ Cuisine gourmande et généreuse réalisée par le jeune chef – au parcours déjà riche – qui a repris la maison familiale. Ambiance contemporaine et mobilier épuré. Accueil charmant.

VERNET-LES-BAINS – 66 Pyrénées-Orientales – 344 F7 – 1 488 h. – alt. 650 m – Stat. therm. : mi mars-fin nov. – Casino – ✉ 66820 22 B3

Languedoc Roussillon

Paris 904 – Mont-Louis 36 – Perpignan 57 – Prades 11
2, rue de la Chapelle ✆ 04 68 05 55 35
Site★ - Abbaye Saint-Martin-du-Canigou 2,5 km S★★.

Princess

r. des Lavandières – ✆ 04 68 05 56 22 – www.hotel-princess.fr – Ouvert 20 mars-20 nov.
40 ch – 47/109 € 47/109 € – ☕ 10 € – ½ P 48/79 €
Rest – (14 €) Menu 18/33 € – Carte 27/50 €
◆ Au pied du vieux Vernet. Chambres au décor actuel, certaines avec un balcon tourné vers les montagnes, d'autres donnant sur les toits du village. Vaste restaurant avec terrasse où l'on sert plusieurs menus dont un "du terroir".

VERNEUIL-SUR-AVRE – 27 Eure – 304 F9 – 6 699 h. – alt. 155 m – ✉ 27130 33 C3

Normandie Vallée de la Seine

Paris 114 – Alençon 77 – Argentan 77 – Chartres 57
129, place de la Madeleine ✆ 02 32 32 17 17
de Center Parcs Center Parcs, par rte de Mortagne : 9 km, ✆ 02 32 60 50 02
Église de la Madeleine★ - Statues★ de l'église Notre-Dame.

Le Clos

98 r. de la Ferté-Vidame – ✆ 02 32 32 21 81 – www.leclos-normandie.com
7 ch – 190 € 190 € – 3 suites – ☕ 22 €
Rest – *(fermé mardi sauf le midi d'avril à sept. et lundi sauf fériés)* Menu 45 € (déj. en sem.), 60/85 € – Carte 70/109 €
◆ Entouré d'un parc, ce castel normand en briques rouges, coiffé d'ardoises, offre un cadre d'une grande élégance. Confortables chambres personnalisées (mobilier de style). Salles à manger au décor raffiné, charmante terrasse, cuisine actuelle et bon choix de bordeaux.

Du Saumon ch, VISA MC

89 pl. de la Madeleine – ✆ 02 32 32 02 36 – www.hoteldusaumon.fr
– Fermé 17 déc.-10 janv. et dim. soir de nov. à mars
29 ch – †49/75 € ††49/75 € – ☕ 8 €
Rest – (11 €) Menu 17/51 € – Carte 40/50 €
◆ Ex-relais de poste (18e s.) tourné sur une cour intérieure. Les chambres du bâtiment principal, plus grandes, sont garnies de meubles anciens. En tartare, fumé, mariné, poêlé, grillé... : le saumon est ici chez lui ! Salle rajeunie et terrasse-trottoir.

à Bâlines **4 km par rte de Dreux – 423 h. – alt. 150 m – ✉ 27130**

XX **Le Moulin de Bâlines** avec ch VISA MC

rte de Courteilles, RN 12 – ✆ 02 32 39 40 78 – www.moulindebalines.com
– Fermé 1er-15 oct.
11 ch ☕ – †80 € ††90 € **Rest** – Menu 25/55 € – Carte 42/66 €
◆ Ce moulin du 18e s. bénéficie d'un cadre agréable au bord de l'Avre, malgré la N12 toute proche. Cuisine actuelle servie dans deux salles rustiques et en terrasse aux beaux jours. Côté hôtel, chambres fonctionnelles bien tenues. Accueil charmant.

VERNON – 27 Eure – 304 I7 – 24 018 h. – alt. 32 m – ✉ 27200 — 33 D2

Normandie Vallée de la Seine

▶ Paris 77 – Beauvais 66 – Évreux 34 – Mantes-la-Jolie 25
ℹ 36, rue Carnot ✆ 02 32 51 39 60
◉ Église Notre-Dame★ - Château de Bizy★ 2 km par ③ - Giverny★ 3 km.

Albuféra (R. d') . . . . BXY 2
Barette (Pl.) . . . . BY 3
Bonnard (R. P.) . . . . BX 4
Carnot (R.) . . . . BXY 5
Combattants-d'Indochine (R. des) . . . . . BX 8
Dr-Burnet (R.) . . . . BX 9
Dr-Chanoine (R. du) . . . . BX 10
Écuries-des-Gardes (R.) . . . . BX 13
Évreux (Pl. d') . . . . BY 14
Gambetta (Av.) . . . . BY 16
Gamilly (R. de) . . . . BY 18
Gaulle (Pl. Charles-de) . . . . BY 19
Giverny (R. de) . . . . BX 20
Leclerc (Bd du Mar.) . . . . . BXY 22
Ogereau (R. F.) . . . . BX 24
Paris (Pl. de) . . . . BY 25
Point-du-Jour (R. du) . . . . . ABX 28
Potard (R.) . . . . BX 29
République (Pl. de la) . . . . . BY 33
Riquier (R. Ch.-J.) . . . . BXY 34
Ste-Geneviève (R.) . . . . BY 38
St-Jacques (R.) . . . . BY 36
Soret (R. Jules) . . . . BX 39
Steiner (R. E.) . . . . AY 42
Victor-Hugo (Av.) . . . . BX 44

Normandy

1 av. P.-Mendès-France – ✆ 02 32 51 97 97 – www.le-normandy.net
50 ch – †79 € ††79/125 € – ☕ 10 € BYt
Rest – *(fermé sam. midi, lundi midi et dim.)* Menu 23/30 €
◆ Situé au centre-ville, cet hôtel propose des chambres bien tenues, garnies d'un mobilier fonctionnel. Salon et bar à l'ambiance cosy. Au restaurant, cuisine traditionnelle à déguster dans un plaisant décor de style brasserie-pub.

Les Fleurs

71 r. Carnot – ✆ 02 32 51 16 80 – www.restaurant-lesfleurs.fr – Fermé dim. soir sauf de mai à août, lundi et mardi midi BXa
Rest – *(nombre de couverts limité, prévenir)* (18 € bc) Menu 28/50 € – Carte 38/59 €
◆ Dans une ruelle du centre-ville, vénérable maison dont l'arrière-corps présente de beaux colombages. Agréable salle contemporaine à l'ambiance feutrée et carte traditionnelle.

Côté Marine

2 pl. Chantereine – ✆ 02 32 51 01 95 – Fermé vacances de Noël BXd
Rest – Menu 18/38 € – Carte environ 40 €
◆ En bordure de Seine, face au "Vieux Moulin" et au château des Tourelles, ce bâtiment année 1970 cache une agréable salle panoramique dans les tons pastel. Cuisine traditionnelle.

Le Bistro

73 r. Carnot – ✆ 02 32 21 29 19 – Fermé 1er-9 mars, 25 juil.-19 août, dim. et lundi
Rest – Menu 18 € bc/35 € bc – Carte 20/33 € BXa
◆ Cet ancien bar a conservé son comptoir aujourd'hui réservé aux clients pressés. Plats traditionnels à découvrir sur l'ardoise du jour et excellent choix de vins au verre.

VERNOUILLET – 28 Eure-et-Loir – **311** E3 – rattaché à Dreux

---

VERQUIÈRES – 13 Bouches-du-Rhône – **340** E2 – rattaché à St-Rémy-de-Provence

---

VERRIERES – 86 Vienne – **322** J6 – 869 h. – alt. 115 m – ✉ 86410 **39** C2
Paris 368 – Poitiers 31 – Châtellerault 68 – Buxerolles 33

Les Deux Porches sans rest

1 pl. de la Mairie – ✆ 05 49 42 83 85 – www.hotel-des-deux-porches.fr
16 ch – †47/50 € ††47/50 € – ☕ 7 €
◆ Sa situation centrale et ses chambres fonctionnelles décorées dans un style actuel font de cette adresse un point de chute bien pratique. Aimable accueil et petite restauration.

VERSAILLES – 78 Yvelines – **311** I3 – **101** 23 – voir à Paris, Environs

---

VERS-PONT-DU-GARD – 30 Gard – **339** M5 – rattaché à Pont-du-Gard

---

VERTEUIL-SUR-CHARENTE – 16 Charente – **324** L4 – 717 h. **39** C2
– alt. 100 m – ✉ 16510 Poitou Vendée Charentes
Paris 414 – Poitiers 78 – Angoulême 42 – Soyaux 44

Le Couvent des Cordeliers

8 r. du Docteur Deux-Després – ✆ 05 45 31 01 19 – www.lecouventdescordeliers.com – Fermé en janv.
5 ch ☕ – †95 € ††105 € **Table d'hôte** – Menu 32 € bc
◆ Une adresse de caractère installée dans un couvent du 15e s., au passé chargé d'histoire. Chambres raffinées et chaleureuses. Expositions et concerts dans l'ancienne chapelle. La maîtresse de maison vous fait découvrir le terroir charentais à sa table d'hôte.

VERTOU – 44 Loire-Atlantique – **316** H4 – rattaché à Nantes

---

VERTUS – 51 Marne – **306** G9 – 2 653 h. – alt. 85 m – ✉ 51130 **13** B2
Champagne Ardenne
Paris 139 – Châlons-en-Champagne 30 – Épernay 21 – Montmirail 39

à Bergères-les-Vertus 3,5 km au Sud par D 9 – 538 h. – alt. 108 m – ✉ 51130

Hostellerie du Mont-Aimé rest,
4-6 r. de Vertus – ✆ 03 26 52 21 31
– www.hostellerie-mont-aime.com
45 ch – 🚹80/90 € 🚹🚹110/140 € – ☕ 13 € – ½ P 95 €
Rest – *(fermé dim. soir de nov. à mars)* Menu 28/90 € – Carte 75/100 €
◆ Au pied du Mont-Aimé, cet hôtel dispose de chambres bien tenues, le plus souvent de plain-pied sur le jardin ou avec balcon. Goûteuse cuisine traditionnelle proposée dans l'élégante salle à manger fleurie, dotée d'une verrière. Belle carte de vins (champagnes).

LES VERTUS – 76 Seine-Maritime – **304** G2 – rattaché à Dieppe

---

VERZY – 51 Marne – **306** G8 – 1 067 h. – alt. 210 m – ✉ 51380 **13** B2
Champagne Ardenne
Paris 163 – Châlons-en-Champagne 32 – Épernay 23 – Reims 22
place de l'Hôtel de Ville ✆ 03 26 97 93 65
Faux de Verzy★ S : 2 km.

Au Chant des Galipes
2 r. Chanzy – ✆ 03 26 97 91 40 – Fermé 20 juil.-8 août, 20 déc.-20 janv., lundi soir, mardi soir, jeudi soir, dim. soir et merc.
Rest – (15 €) Menu 25/41 € – Carte 37/49 €
◆ Au cœur du bourg vigneron, une table sympathique (tons chauds, peinture au plafond représentant le ciel), où l'on peut écouter le chant des Galipes. Recettes dans l'air du temps.

VESCOUS – 06 Alpes-Maritimes – **341** D4 – rattaché à Gilette

---

LE VÉSINET – 78 Yvelines – **311** I2 – **101** 13 – voir à Paris, Environs

---

VESOUL P – 70 Haute-Saône – **314** E7 – 16 370 h. – alt. 221 m **16** B1
– ✉ 70000 Franche-Comté Jura
Paris 360 – Belfort 68 – Besançon 47 – Épinal 91
2,rue Gevrey ✆ 03 84 97 10 85

Du Lion sans rest
4 pl. de la République – ✆ 03 84 76 54 44 – www.hoteldulion.fr – Fermé 7-21 août et 26 déc.-3 janv. a
18 ch – 🚹55 € 🚹🚹55/63 € – ☕ 7 €
◆ Hôtel familial donnant sur une grande place et situé à proximité des rues commerçantes du centre-ville. Chambres simples et fonctionnelles, scrupuleusement tenues.

Le Caveau du Grand Puits
r. Mailly – ✆ 03 84 76 66 12 – Fermé 29 mai-5 juin, 15 août-5 sept., 24 déc.-3 janv., merc. soir, sam. midi, dim. et fériés u
Rest – Menu 18 € (sem.), 23/37 € – Carte 20/65 €
◆ Dans une ruelle de la vieille ville, cave voûtée aux murs de pierre complétée d'une mezzanine, où savourer des plats de tradition. Paisible cour intérieure aux beaux jours.

à Épenoux 5 km par ①, rte de St-Loup-sur-Semouse et D10 – 479 h. alt. 240 – ✉ 70000 Pusy-et-Épenoux

Château d'Épenoux
5 r. Ruffier-d'Épenoux – ✆ 03 84 75 19 60 – www.chateau-epenoux.com – Fermé 2-15 janv.
5 ch ☕ – 🚹89/118 € 🚹🚹118 € **Table d'hôte** – Menu 27 €
◆ Petit château du 18e s. et son parc planté d'arbres centenaires. Meubles et lustres anciens agrémentent les chambres spacieuses. Grand salon bourgeois et piscine écologique. Élégante salle à manger joliment dressée pour apprécier une cuisine traditionnelle.

VESOUL

Aigle-Noir (R. de l') 2
Alsace-Lorraine (R. d') 3
Annonciades (R. des) 4
Bains (R. des) 6
Banque (R. de la) 7
Châtelet (R. du) 8
Faure (R. Edgar) 10
Fleurier (R. de) 12
Gare (Av. de la) 13
Gaulle (Bd Ch.-de) 14
Genoux (R. Georges) 15
Gevrey (R.) 16
Girardot (R. du Cdt) 20
Grandes-Faulx (R. des) 22
Grand-Puits (Pl. du) 21
Ilottes (R. des) 23
Kennedy (Bd) 24
Leblond (R.) 25
Maginot (R. A.) 26
Moilly (R. de) 36
Morel (R. Paul) 27
Moulin-des-Prés (Pl. du) 28
République (Pl. de la) 29
St-Georges (R.) 30
Salengro (R. Roger) 31
Tanneurs (R. des) 32
Vendémiaire (R.) 33
Verlaine (R.) 35

VEUIL – 36 Indre – **323** F4 – rattaché à Valençay

VEULES-LES-ROSES – 76 Seine-Maritime – **304** E2 – 586 h. – alt. 15 m – ✉ 76980 Normandie Vallée de la Seine **33** C1

Paris 188 – Dieppe 27 – Fontaine-le-Dun 8 – Rouen 57

27, rue Victor-Hugo ✆ 02 35 97 63 05

Les Galets

à la plage – ✆ 02 35 97 61 33 – http://restaurant-lesgalets-veuleslesroses.com – Fermé merc. sauf août et mardi

Rest – (30 €) Menu 36/80 € – Carte 60/75 €

◆ Bâtisse en briques proche d'une plage de galets typique de la Côte d'Albâtre. Confortables salles à manger-véranda, tables soigneusement dressées et recettes d'aujourd'hui.

LE VEURDRE – 03 Allier – **326** F2 – 550 h. – alt. 190 m – ✉ 03320 **5** B1
Auvergne

Paris 272 – Bourges 66 – Montluçon 73 – Moulins 36

Le Pont Neuf

2 faubourg de Lorette – ✆ 04 70 66 40 12 – www.hotel-lepontneuf.com – Fermé mi-nov. à mi-fév. et dim. soir du 15 oct. au 31 mars

46 ch – †52/57 € ††57/96 € – ☕ 9 € – ½ P 57/77 €

Rest – (14 €) Menu 19 € (sem.)/41 € – Carte 28/60 €

◆ Tennis, piscine, sauna, salle de sport : cet hôtel traditionnel, situé non loin de la forêt de Tronçais, est idéal pour un moment de détente au vert. Certaines chambres donnent sur le parc. Au restaurant, carte classique et suggestions de saison.

VEUVES – 41 Loir-et-Cher – **318** D7 – 220 h. – alt. 62 m – ✉ 41150 **11** A1

Paris 205 – Bourges 135 – Orléans 84 – Poitiers 137

L'Auberge de la Croix Blanche

2 av. de la Loire – ✆ 02 54 70 23 80
– Fermé vacances de fév., merc. midi de Pâques à oct., merc. soir de nov. à Pâques, mardi soir de janv. à mars, lundi sauf le soir en juil.-août et dim. soir

Rest – (17 €) Menu 24/34 € – Carte 27/45 €

◆ Dans cette auberge familiale (1888) des bords de Loire, une savoureuse et généreuse cuisine traditionnelle, avec des produits de saison. Joli cadre rustique ; terrasse au jardin.

VEYNES – 05 Hautes-Alpes – **334** C5 – 3 164 h. – alt. 827 m – ✉ 05400 **40** B1

Paris 660 – Aspres-sur-Buëch 9 – Gap 25 – Sisteron 51

avenue Commandant Dumont ✆ 04 92 57 27 43

La Sérafine

Les Paroirs, 2 km à l'Est par rte Gap et D 20 – ✆ 04 92 58 06 00
– Fermé lundi et mardi

Rest – *(nombre de couverts limité, prévenir)* Menu 25/32 €

◆ Jolie bâtisse (18e s.) où vous serez reçu comme à la maison. Cuisine du marché proposée oralement (deux menus changés chaque jour), accompagnée de bons vins. Terrasse en saison.

VEYRIER-DU-LAC – 74 Haute-Savoie – **328** K5 – rattaché à Annecy

VÉZAC – 15 Cantal – **330** D5 – rattaché à Aurillac

VÉZELAY – 89 Yonne – **319** F7 – 473 h. – alt. 285 m **7** B2
– Pèlerinage (22 juillet). – ✉ 89450 Bourgogne

Paris 221 – Auxerre 52 – Avallon 16 – Château-Chinon 58

12, rue Saint-Etienne ✆ 03 86 33 23 69

Basilique Ste-Madeleine★★★ : tympan du portail central★★★, chapiteaux★★★.

Poste et Lion d'Or

pl. du Champ de Foire
– ✆ 03 86 33 21 23 – www.laposte-liondor.com
– Fermé 3 janv.-24 fév.

38 ch – †82/164 € ††82/164 € – ☕ 12 €

Rest – *(fermé mardi midi de nov. à mars et lundi)* (18 €) Menu 22/58 €

◆ Cet ancien relais de poste accueille les voyageurs depuis plus de 200 ans ! Confortables chambres de style classique, dont certaines – très prisées – donnent sur la campagne. Cuisine régionale revisitée au restaurant et vente de produits du terroir à la boutique.

Le St-Étienne

39 r. St-Étienne – ✆ 03 86 33 27 34 – www.le-saint-etienne.fr
– Fermé 1er janv.-28 fév., merc. et jeudi

Rest – Menu 25/49 € – Carte 54/87 €

◆ Dans cette jolie maison en pierre du 18e s., on déguste une agréable cuisine traditionnelle. Chaleureuse salle rustique (belles poutres peintes).

Le Bougainville

28 r. St-Etienne – ✆ 03 86 33 27 57
– Ouvert mi-fév. à mi-nov. et fermé lundi hors saison, mardi et merc.

Rest – Menu 22/29 € – Carte environ 34 €

◆ Ce restaurant familial – une maison ancienne – est idéalement situé sur la rue principale menant à la basilique. On y savoure une généreuse cuisine du terroir.

à St-Père **3 km au Sud-Est par D 957 – 385 h. – alt. 148 m – ✉ 89450**

Église N.-Dame★.

L'Espérance (Marc Meneau) rest,

rte de Vézelay – ✆ 03 86 33 39 10 – www.marc-meneau-esperance.com – Fermé mi-janv. à début mars, lundi midi, merc. midi et mardi sauf fériés

19 ch – †150/300 € ††150/300 € – 8 suites – ☕ 30 € – ½ P 250/350 €

Rest – *(prévenir)* Menu 95 € bc (déj.), 160/210 € – Carte 120/180 €

Spéc. "Drôlerie végétale". Rouget et fumet au foie, boudin aux pommes crues et confites. Blanc-manger au poivron rouge confit, glace aux framboises. **Vins** Bourgogne Vézelay, Chablis.

◆ Serge Gainsbourg aimait à séjourner dans cette belle maison de maître. Esprit cottage, classique ou contemporain : plusieurs atmosphères et un seul cap... le raffinement. Au restaurant, ouvert sur le ravissant jardin, on apprécie de belles saveurs relevées de créativité et une superbe sélection de bourgognes !

à Fontette **5 km à l'Est par D 957 – ✉ 89450 Vézelay**

Crispol ch,

rte d'Avallon – ✆ 03 86 33 26 25 – www.crispol.com – Ouvert mars-nov. et fermé lundi de nov. à avril

12 ch – †78/118 € ††78/118 € – ☕ 10 € – ½ P 78 €

Rest – *(fermé mardi midi et lundi)* Menu 25/56 € – Carte 33/58 €

◆ Maison en pierre à l'entrée du village, avec la Colline éternelle en toile de fond. L'annexe abrite de vastes chambres, datant des années 1990 et bien tenues. Au restaurant, les baies ménagent une belle vue sur la basilique. Plats de tradition.

à Pierre-Perthuis **6 km au Sud-Est par D 957 et D 958 – 118 h. – alt. 220 m – ✉ 89450**

Les Deux Ponts rest,

1 rte de Vézelay – ✆ 03 86 32 31 31 – Ouvert 15 mars-30 nov.

7 ch – †50/55 € ††50/65 € – ☕ 7 € – ½ P 57 €

Rest – *(fermé merc. d'oct. à mai et mardi) (nombre de couverts limité, prévenir)* Menu 23/39 € – Carte 33/49 €

◆ Maison de pays avenante et fleurie au bord d'une route de campagne. Chambres simples et confortables (sans télévision), de très bonne tenue. Salle de restaurant originale, épurée et égayée d'amusants lustres hollandais en verre.

VIA – 66 Pyrénées-Orientales – **344** D8 – rattaché à Font-Romeu

---

VIADUC DE GARABIT ★★ – 15 Cantal – **330** H5 – ✉ 15100 Auvergne **5** B3

Paris 520 – Aurillac 84 – Mende 74 – Le Puy-en-Velay 90

Maison du paysan★ à Loubaresse S : 7 km - Belvédère de Mallet ★★ SO : 13 km puis 10 mn.

Beau Site rest,

N 9 – ✆ 04 71 23 41 46 – www.beau-site-hotel.com – Ouvert 1er avril-3 nov.

17 ch – †55/70 € ††57/74 € – 3 suites – ☕ 11 € – ½ P 55/70 €

Rest – (14 €) Menu 19/51 € – Carte 40/56 €

◆ Viaduc, lac ou jardin : à vous de choisir la vue ! Les chambres, coquettes et confortables, arborent une déco moderne et colorée. Tennis, piscine, aire de jeux. Au restaurant, on apprécie une cuisine régionale tout en admirant le célèbre ouvrage de Gustave Eiffel.

Anglards-de-St-Flour **3 km au Nord – 321 h. – alt. 840 m – ✉ 15100**

La Méridienne

– ✆ 04 71 23 40 53 – www.hoteldelameridienne.com – Fermé 20 déc.-6 fév.

16 ch – †43/58 € ††43/58 € – ☕ 8,50 € – ½ P 51/57 €

Rest – *(fermé dim. soir et lundi midi d'oct. à avril)* Menu 16 € (sem.), 24/38 € – Carte 30/56 €

◆ Accueil tout en gentillesse dans cette maison récente. Chambres pratiques, sans fioritures mais très bien tenues ; choisir celles avec terrasse donnant sur le grand jardin. Carte régionale au restaurant.

VIBRAC – 16 Charente – 324 J6 – rattaché à Jarnac

VIC-EN-BIGORRE – 65 Hautes-Pyrénées – 342 M4 – 5 092 h. – alt. 216 m – ✉ 65500 28 A2

Paris 775 – Pau 47 – Aire sur l'Adour 53 – Auch 62

Réverbère

29 bd d'Alsace – ✆ 05 62 96 78 16 – www.lereverbere.fr – Fermé 17-31 déc.

10 ch – †50/53 € ††50/53 € – ☕ 7 € – ½ P 47/49 €

Rest – *(fermé sam. sauf le soir de juin à août et dim. soir)* (11 €) Menu 13 € (sem.), 21/35 € – Carte environ 51 €

◆ En léger retrait de la route, maison bigourdanne dont les chambres sont fonctionnelles et bien tenues. Cuisine traditionnelle servie dans une salle lumineuse et égayée de touches colorées.

La Maison d'Anaïs

3 r. Pasteur – ✆ 05 62 96 84 04 – www.chambres-d-hotes-pyrenees.com

3 ch ☕ – †60 € ††65 €

Table d'hôte – Menu 25/40 €

◆ Jolie ferme régionale aux faux airs de mas (façade saumon, volets bleus) dans un jardin verdoyant. Chambres au décor raffiné (meubles anciens, beaux tissus...) ; salon et bibliothèque. Petit-déjeuner et dîner en cuisine, autour de la grande table en bois.

VIC-FEZENSAC – 32 Gers – 336 D7 – 3 651 h. – alt. 110 m – ✉ 32190 28 A2

Paris 778 – Auch 32 – Bordeaux 182 – Toulouse 106

22, place Julie-Saint-Avit ✆ 05 62 06 34 90

à Préneron 6 km au Sud-Ouest par N 124, D 157 et rte secondaire – 140 h. – alt. 173 m – ✉ 32190

Auberge La Baquère

lieu-dit la Baquère – ✆ 05 62 06 42 75 – www.aubergelabaquere.canalblog.com – Fermé 2-15 déc., 24 janv.-7 fév. et lundi

Rest – Menu 18/29 € – Carte 28/35 €

◆ Cette ferme-auberge a beau être isolée en pleine campagne, les clients sont nombreux. Et pour cause : canard, ramier, truite et anguille y sont cuisinés avec style.

VICHY – 03 Allier – 326 H6 – 26 108 h. – alt. 340 m – Stat. therm. : 1er mars-fin nov. – Casinos : Le Grand Café BZ, Elysée Palace – ✉ 03200 6 C1

Auvergne

Paris 353 – Clermont-Ferrand 55 – Montluçon 99 – Moulins 57

Office de tourisme, 19, rue du Parc ✆ 04 70 98 71 94, Fax 04 70 31 06 00

du Sporting Club de Vichy à Bellerive-sur-Allier Allée Georges Baugnies, ✆ 04 70 32 39 11

la Forêt de Montpensier à Bellerive-sur-Allier Domaine du château de Rilhat, par rte de Clermont-Ferrand : 8 km, ✆ 04 70 56 58 39

Parc des Sources★ - Les Parcs d'Allier★ - Chalets★ (boulevard des États-Unis) BYZ - Le quartier thermal★ - Grand casino-théâtre★.

Vichy Spa Hôtel & Resort Les Célestins

111 bd États-Unis – ✆ 04 70 30 82 00 – www.vichy-spa-hotel.com rest, BYe

131 ch – †195/315 € ††240/360 € – 5 suites – ☕ 21 €

Rest *N 3* – (33 €) Menu 44/140 € bc – Carte 70/100 €

Rest *Le Bistrot des Célestins* – *(fermé dim. soir)* (19 €) Menu 25 € – Carte 30/45 €

◆ Hôtel de facture moderne, au milieu du parc des Sources, à recommander aux curistes pour son accès direct au spa Vichy. Chambres très spacieuses et piscine panoramique. Gastronomie et diététique sont à l'honneur au N 3, qui bénéficie d'une jolie terrasse. Plats traditionnels et grillades au Bistrot.

BELLERIVE-SUR-ALLIER

Auberger (Av. F.) . . . . **A** 2
Jean-Jaurès (Av.) . . . . **A** 16
Ramin (R. G.) . . . . **A** 28
République (Av.) . . . . **A** 30

VICHY

Alquié (R.) . . . . **BY** 15
Belgique (R. de) . . . . **BZ** 3
Besse (R.) . . . . **CZ** 20
Briand (Av. A.) . . . . **BZ** 4
Casino (R. du) . . . . **BZ** 5
Clemenceau (R. G.) . . . . **BZ** 6
Colombier (R. Hubert) . . . . **BZ** 23
Coulon (Av. P.) . . . . **BY** 7
Foch (R. Mar.) . . . . **CZ** 8
Glénard (Pl. Frantz) . . . . **BY** 9
Gramont (Av. de) . . . . **A** 10
Hôpital (Bd de l') . . . . **A** 13
Hôtel des Postes (R.) . . . . **CY** 14
Lattre-de-T. (Bd Mar.-de) . . . . **A** 17
Lucas (R.) . . . . **BY** 18
Lyautey (R. du Mar.) . . . . **A** 19
Parc (R. du) . . . . **BZ** 22
Paris (R. de) . . . . **CY**
Poincaré (Av.) . . . . **A** 24
Porte-Verrier (R. de la) . . . . **BZ** 31
Prés.-Eisenhower (Av. du) . . . . . . **BY** 25
Prés.-Wilson (R.) . . . . **BZ** 26
Prunelle (R.) . . . . **BZ** 27
République (Av.) . . . . **A** 29
Tour (R. de la) . . . . **BZ** 32

Aletti Palace

3 pl. Joseph Aletti – ✆ 04 70 30 20 20 – www.hotel-aletti.fr BZ**u**

129 ch – 131/148 € 150/167 € – 13 €

Rest *La Véranda* – ✆ 04 70 30 21 21 – (17 € bc) Menu 25/38 € – Carte 23/56 €

◆ Face au Grand Casino, élégant hôtel du début du 20e s. qui a su conserver un peu de son charme d'antan. Chambres spacieuses, grands salons pour les séminaires et les banquets. Restaurant aux grandes baies vitrées, d'où son nom ; cuisine style brasserie.

Les Nations

13 bd Russie – ✆ 04 70 98 21 63 – www.lesnations.com – Ouvert 1er avril-20 oct.

71 ch – 62/88 € 62/107 € – 12,50 € – ½ P 56/80 € BZ**c**

Rest – (18 €) Menu 22/28 € – Carte 27/39 €

◆ Situation centrale pour ce bel immeuble 1900 à la façade ouvragée. Le hall et les salons sont confortables ; les chambres sont décorées dans les tons gris, taupe ou prune. Cuisine traditionnelle ou diététique servie dans deux salles chaleureuses.

Pavillon d'Enghien

32 r. Callou – ✆ 04 70 98 33 30 – www.pavillondenghien.com – Fermé 20 déc.-1er fév. BY**b**

22 ch – 62/85 € 62/85 € – 9 € – ½ P 56/69 €

Rest *Les Jardins d'Enghien* – *(fermé vend. soir de nov. à avril, dim. soir et lundi)* (17 €) Menu 21/30 € – Carte 30/40 €

◆ Sympathique adresse dans un bâtiment du début du 20e s. disposant de chambres coquettes, décorées façon maison de famille. Restaurant au décor actuel, avec une terrasse au bord de la piscine, pour une cuisine simple et dépaysante.

Chambord

82 r. de Paris – ✆ 04 70 30 16 30 – www.hotel-chambord-vichy.com – Fermé 20 déc.-30 janv. CY**k**

27 ch – 48/57 € 55/70 € – 12 € – ½ P 60/70 €

Rest *L'Escargot qui Tette* – *(fermé dim. soir et lundi)* Menu 24 € (sem.), 35/45 € – Carte 36/60 €

◆ Depuis 1930, l'affaire est tenue par la même famille. Chambres confortables et chaleureuses, parfaites pour une étape. Cet escargot, emblème du restaurant, "tette" du vin rouge et figure en bonne place sur une carte privilégiant la cuisine traditionnelle.

Arverna sans rest

12 r. Desbrest – ✆ 04 70 31 31 19 – www.hotels-vichy.com – Fermé 29 déc.-2 janv. et 11 fév.-6 mars CY**g**

26 ch – 50/80 € 55/80 € – 8 €

◆ Un hôtel familial en plein centre, dans une rue calme. Chambres fonctionnelles, parfaites pour une bonne nuit de repos. Accueil sympathique.

Central Hôtel Kyriad

6 av. Prés.-Doumer – ✆ 04 70 31 45 00 CZ**h**

35 ch – 65/85 € 75/110 € – 9 € – ½ P 82/100 €

Rest – (13 €) Carte 20/50 €

◆ Dans le quartier commerçant de la ville, hôtel proposant des chambres de taille modeste, pratiques et bien insonorisées. Espace détente (jacuzzi, sauna, bain à remous).

Maison Decoret (Jacques Decoret) avec ch

15 r. du Parc – ✆ 04 70 97 65 06 – www.jacquesdecoret.com – Fermé mi-août à début sept., 28 fév.-17 mars, mardi et merc. BZ**b**

5 ch – 150/180 € 150/180 € – 18 € **Rest** – (40 €) Menu 65/110 €

Spéc. Foie gras de canard des Landes, carottes et pain d'épice. Jarret de veau confit, jus de blé brûlé et légumes marinés. Sablé amande, mousseux jasmin, mousse de lait et banane glacée. **Vins** Saint-Pourçain, Côte Roannaise.

◆ Une bâtisse du 19e s., une grande véranda cubique jouant sur la transparence : tel est le décor voulu par le chef Jacques Decoret. Recherche esthétique et créativité au rendez-vous. Quelques chambres style maison d'hôtes, rappelant l'esprit contemporain du lieu.

XX **L'Alambic**

8 r. N.-Larbaud – ✆ 04 70 59 12 71 – Fermé 31 juil.-24 août, 22 déc.-4 janv., 27 fév.-16 mars, dim. soir, lundi et mardi CY**u**

Rest – *(nombre de couverts limité, prévenir)* Menu 28/67 € bc

♦ Près du quartier commerçant, un restaurant grand comme un mouchoir de poche ! Cuisine de base traditionnelle, jouant avec gourmandise avec les saveurs, sans être alambiquée...

XX **La Table d'Antoine**

8 r. Burnol – ✆ 04 70 98 99 71 – www.latabledantoine.com – Fermé 21-26 juin, 1er-14 mars, 1er-6 nov., jeudi soir en hiver, dim. soir et lundi sauf fériés

Rest – (20 €) Menu 30/60 € – Carte 44/59 € BZ**d**

♦ Cette table-là affiche un petit air "Baltard" (verre et fonte). Cuisine gastronomique, inspirée par les voyages du chef, et beaux fromages auvergnats. Terrasse fleurie en été.

XX **La Table de Marlène**

bd de Lattre-de-Tassigny, La Rotonde – ✆ 04 70 97 85 42 – www.restaurantlarotonde-vichy.com – Fermé 10-30 janv., lundi et mardi

Rest – Menu 29/55 € – Carte 40/53 € BY**a**

Rest *Le Bistrot de la Rotonde* – *(fermé dim. soir, mardi soir et lundi)* (14 €) Menu 16/26 € – Carte environ 33 €

♦ Vaisseau futuriste de verre et d'acier posé sur le lac d'Allier. À l'étage, cette Table propose une cuisine fine et généreuse, à base de beaux produits (caille, pavé de charolais, escargot de Bourgogne). Cuisine traditionnelle au Bistrot, posé à fleur d'eau.

XX **Brasserie du Casino**

4 r. du Casino – ✆ 04 70 98 23 06 – www.umih-allier.com – Fermé 27 oct.-21 nov., 24 fév. -6 mars, mardi et merc. BZ**a**

Rest – (18 €) Menu 26 € – Carte 33/45 €

♦ Juste en face de l'opéra, cette brasserie a conservé son cadre 1920 tout en moulures, miroirs et photos anciennes. Cuisine de brasserie classique, généreuse et bien réalisée.

X **L'Hippocampe**

3 bd de Russie – ✆ 04 70 97 68 37 – Fermé juin, 20 nov.-15 déc., mardi midi, dim. soir et lundi BZ**z**

Rest – (18 € bc) Menu 28/56 € – Carte 40/60 €

♦ Sur un boulevard jalonné de villas 1900, une adresse qui fait la part belle aux produits de la mer (homard breton, médaillon de lotte, bouillabaisse), frais et bien accommodés.

à Creuzier-le-Vieux 4 km au Nord – 3 074 h. – alt. 400 m – ✉ 03300

XX **La Fontaine**

16 r. de la Fontaine – ✆ 04 70 31 37 45 – www.lafontainevichy.fr – fermé 22 août-8 sept., 22 déc.-7 janv., dim. soir, mardi soir et merc.

Rest – (18 €) Menu 26/37 € – Carte 38/50 €

♦ Beaucoup de simplicité et de saveurs au menu de cette auberge : viandes grillées dans la cheminée, produits de qualité et recettes traditionnelles. Terrasse sous la glycine.

VIC-LE-COMTE – 63 Puy-de-Dôme – 326 G9 – 4 583 h. – alt. 472 m – ✉ 63270 Auvergne 5 B2

Paris 433 – Ambert 56 – Clermont-Ferrand 23 – Issoire 16

Ste-Chapelle★ - Château de Busséol★ N : 6,5 km.

à Longues 4 km au Nord-Ouest par D 225 - ✉ 63270 Vic-le-Comte

XX **Le Comté**

186 bd. du Gén. de Gaulle – ✆ 04 73 39 90 31 – www.restaurantlecomte.com – Fermé 2 premières sem. de sept., merc. soir, dim. soir et lundi

Rest – Menu 21/38 €

♦ Une maison régionale du début du 20e s. près de la Banque de France. Quartier oblige, le décor est classique, et l'on y croise les notables locaux amateurs de gastronomie.

VIC-SUR-CÈRE – 15 Cantal – **330** D5 – **1 971 h. – alt. 678 m – Casino** **5** B3
– ✉ 15800 Auvergne

Paris 549 – Aurillac 19 – Murat 29

avenue André Mercier ✆ 04 71 47 50 68

Bel Horizon

r. Paul-Doumer – ✆ 04 71 47 50 06 – www.hotel-bel-horizon.com – Fermé 13 nov.-16 déc., dim. soir et lundi hors vacances scolaires de nov. à avril

24 ch – 51/58 € 53/59 € – 8 € – ½ P 49/53 €

Rest – (15 €) Menu 19/36 € – Carte 20/60 €

◆ La perspective sur le Carladès justifie l'enseigne de cet établissement traditionnel proche de la gare. Chambres simples et fonctionnelles. Généreuse cuisine appuyée sur le terroir régional ; belle vue sur les monts du Cantal à travers de larges baies.

Family Hôtel

av. E. Duclaux – ✆ 04 71 47 50 49 – www.family-hotel.fr

55 ch – 45/69 € 55/79 € – 16 suites – 8 € – ½ P 44/57 €

Rest – *(fermé 15 nov.-15 déc.)* (12 € bc) Menu 17/30 € – Carte 17/28 €

◆ Idéal pour les familles, cet ensemble hôtelier propose au choix des chambres fonctionnelles ou des studios, et diverses activités : piscines, tennis, animations, excursions... Restaurant de type pension, vue panoramique sur la vallée ; carte traditionnelle.

au Col de Curebourse 6 km au Sud-Est par D 54 – alt. 994 m – ✉ 15800 St Clement

Hostellerie St-Clément

– ✆ 04 71 47 51 71 – www.hotelstclementcantal.com – Femé 4 janv.-28 fév., dim. soir et lundi sauf juil.-août

21 ch – 60/70 € 60/70 € – 9 € – ½ P 61/71 €

Rest – Menu 28/96 € – Carte 50/73 €

◆ Longue bâtisse perchée à 1 000 m d'altitude. Depuis les chambres – certaines agrémentées d'un balcon en bois –, jolie vue plongeante sur la vallée ou sur le jardin. Au restaurant : beau panorama, terrasse sous une tonnelle et cuisine classique à dominante poisson.

VIDAUBAN – 83 Var – **340** N5 – **9 569 h. – alt. 60 m** – ✉ **83550** **41** C3

Paris 841 – Cannes 63 – Draguignan 19 – Fréjus 29

56, avenue du Président Wilson ✆ 04 94 73 10 28

XXX **La Bastide des Magnans** avec ch

32 av. Galliéni, rte La Garde-Freinet – ✆ 04 94 99 43 91 – www.bastidedesmagnans.com – Fermé 27 juin-4 juil., 24-31 déc., dim. soir, merc. soir hors saison et lundi

5 ch – 75/85 € 85/95 € – 10 € – ½ P 90/105 €

Rest – (19 €) Menu 30/78 € – Carte 70/95 €

◆ Cette ancienne magnanerie abrite deux lumineuses salles à manger décorées dans un style campagnard chic. Carte traditionnelle bien composée. Intérieur soigné pour les cinq chambres de charme, toutes imaginées sur un thème et une ambiance différents.

X **Concorde**

9 pl. Georges Clemenceau – ✆ 04 94 73 01 19 – www.restaurant-leconcorde.com – Fermé mardi soir en hiver et merc.

Rest – (18 € bc) Menu 31/58 € – Carte 50/90 €

◆ Sur la place du village, ce restaurant typiquement provençal propose une généreuse cuisine cent pour cent terroir avec, en saison, des spécialités de gibier et de champignons.

VIEILLEVIE – 15 Cantal – **330** C7 – **115 h. – alt. 220 m** – ✉ **15120** **5** B3

Paris 600 – Aurillac 45 – Entraygues-sur-Truyère 15 – Figeac 44

La Terrasse

Le Bourg – ✆ 04 71 49 94 00 – www.hotel-terrasse.com – Ouvert début avril à mi-nov.

24 ch – 50/68 € 50/68 € – 10 € – ½ P 56/65 €

Rest – *(fermé dim. soir et lundi sauf juil.-août)* (12 €) Menu 26/40 € – Carte 36/50 €

◆ Au bord du Lot, hôtel familial (depuis 1870) aux chambres anciennes mais bien tenues. Belle piscine avec vue sur des collines arborées. Côté restaurant, salle rustique (pressoir à vis) et terrasse ombragée sous une glycine. Généreuse cuisine actuelle axée sur la mer.

VIENNE – 38 Isère – **333** C4 – 30 092 h. – alt. 160 m – ✉ 38200 **44** B2
Lyon Drôme Ardèche

Paris 486 – Grenoble 89 – Lyon 31 – St-Étienne 49

Cours Brillier ✆ 04 74 53 80 30

Cathédrale St-Maurice★★ - Temple d'Auguste et de Livie★★ **R** - Théâtre romain★ - Église★ et cloître★ de St-André-le-Bas - Esplanade du Mont Pipet ≤★ - Anc. église St-Pierre★ - Groupe sculpté★ de l'église de Ste-Colombe AY - Cité gallo-romaine de St-Romain-en-Gal★★ (musée★, site★).

Plans pages suivantes

La Pyramide (Patrick Henriroux)

ch, VISA AE

14 bd Fernand Point, cours de Verdun, Sud du plan – ✆ 04 74 53 01 96 – www.lapyramide.com – Fermé 1er-16 mars, 19-25 août et 11-27 fév.

20 ch – 190/225 € 200/240 € – 4 suites – 22 €

Rest – *(fermé mardi et merc.)* Menu 59 € bc (déj. en sem.), 99/158 € – Carte 115/150 €

Spéc. Homard bleu à la vapeur de sel et d'aromates, cocotte de légumes au gingembre, jus cornouillaise (saison). Pigeon rôti "Terre de feu", quinoa vert et blanc, jus à boire "lippia" (saison). Piano au chocolat-praliné, amandes et noisettes, sauce café grillé. **Vins** Vins de pays des Collines Rhodaniennes.

Rest *L'Espace PH3* – Menu 29 € (sem.)/32 € – Carte 30/50 €

◆ En son agréable jardin, belle maison régionale aux chambres vastes et très élégantes (tendance provençale). Au restaurant gastronomique, fine cuisine aux saveurs actuelles, mise en valeur par quelques rares flacons... Intéressant menu du marché à midi en semaine. Au bistrot PH3, cadre cosy ouvert sur les cuisines.

Le Bec Fin

VISA

7 pl. St-Maurice – ✆ 04 74 85 76 72 – Fermé merc. soir, dim. soir et lundi

Rest – Menu 24 € (déj. en sem.)/62 € – Carte 38/75 € AY**r**

◆ À l'image de son jovial patron, la cuisine mi-régionale, mi-traditionnelle de ce restaurant ne manque pas de caractère. Décor sobre ; terrasse dressée sur la place en été.

Le Cloître

VISA AE

2 r. Cloîtres – ✆ 04 74 31 93 57 – www.le-cloitre.net – Fermé sam. soir et dim.

Rest – Menu 22/41 € – Carte 50/60 € BY**n**

◆ Aimable maison au pied de la cathédrale St-Maurice. Vitraux, pierres et poutres forment le cadre de la salle à manger principale. Recettes au goût du jour et bon choix de vins.

Saveurs du Marché

VISA

34 cours de Verdun - AZ – ✆ 04 74 31 65 65 – www.lessaveursdumarche.fr – Fermé 9 juil.-8 août, 24 déc.-4 janv., sam., dim. et fériés

Rest – (14 €) Menu 19 € (dîner)/38 € – Carte 36/52 € le soir

◆ Petite salle à manger colorée près de la pyramide de l'ancien cirque romain. Menu du marché à midi ; cuisine au goût du jour plus élaborée le soir. Carte de côtes-du-rhône.

L'Estancot

VISA

4 r. Table Ronde – ✆ 04 74 85 12 09 – Fermé 1er-16 sept., Noël à mi-janv., dim., lundi et fériés BY**e**

Rest – (16 €) Menu 20/30 € – Carte 24/40 €

◆ Sympathique adresse fréquentée par une clientèle d'habitués. Carte traditionnelle et régionale, avec en spécialité, les criques (des galettes de pommes de terre).

à Chasse-sur-Rhône 8 km par ① (Échangeur A7 - sortie Chasse-sur-Rhône) – 4 981 h. – alt. 180 m – ✉ 38670

Mercure

VISA AE

1363 av F. Mistral – ✆ 04 72 49 58 68 – www.mercure.com

115 ch – 79/129 € 89/139 € – 14 €

Rest – *(fermé sam. midi, dim. midi et fériés)* (18 €) Menu 22 € – Carte 26/38 €

◆ Grand bâtiment proche de l'autoroute. Les chambres, conçues pour être pratiques, sont décorées sur le thème du jazz, clin d'œil au célèbre festival de Vienne. Au restaurant, cadre contemporain et cuisine traditionnelle assortie de quelques "lyonnaiseries".

STE-COLOMBE

Briand (Pl. A.) . . . . AY
Cochard (R.) . . . . AY
Égalité (Pl. de l') . . . . AY
Garon (R.) . . . . AY
Herbouville (Q. d') . . . . AY
Joubert (Av.) . . . . AY
Nationale (R.) . . . . AY
Petits Jardins (R. des) . . . . AY

VIENNE

Allmer (R.) . . . . BZ 2
Allobroges (Pl. des) . . . . AZ
Anatole-France (Quai) . . . . . . BCY
Aqueducs (Ch. des) . . . . CY
Asiaticus (Bd) . . . . AZ
Beaumur (Montée) . . . . BCZ
Boson (R.) . . . . AZ
Bourgogne (R. de) . . . . BY
Brenier (R. J.) . . . . BY
Briand (Pl. A.) . . . . BY 3
Brillier (Cours) . . . . ABZ
Capucins (Pl. des) . . . . BCY
Célestes (R. des) . . . . CY 4
Chanteleuve (R.) . . . . BY 5
Charité (R. de la) . . . . BCY 6
Cirque (R. du) . . . . CY 7
Clémentine (R.) . . . . BY 8
Clercs (R. des) . . . . BY 9
Collège (R. du) . . . . BY 10
Coupe-Jarret (Montée) . . . . BZ
Éperon (R. de l') . . . . BY 12
Gère (R. de) . . . . CY
Jacquier (R. H.) . . . . BY
Jean-Jaurès (Q.) . . . . AYZ
Jeu-de-Paume (Pl. du) . . . . BY 15
Jouffray (Pl. C.) . . . . AZ
Juiverie (R. de la) . . . . BZ 16
Lattre-de-Tassigny (Pont de) . ABY
Laurent (R. Florentin) . . . . AZ
Marchande (R.) . . . . BY
Miremont (Pl. de) . . . . BY 18
Mitterrand (Pl. F.) . . . . BY 19
Orfèvres (R. des) . . . . BY 20
Pajot (Quai) . . . . BY 22
Palais (Pl. du) . . . . BY 23
Peyron (R.) . . . . BZ 24
Pilori (Pl. du) . . . . BY 25
Pipet (R.) . . . . CY
Pompidou (Bd Georges) . . . . . . AZ
Ponsard (R.) . . . . BY 28
République (Bd et Pl.) . . . . . . ABZ 29
Riondet (Quai) . . . . AZ
Rivoire (Pl. A.) . . . . CY
Romanet (R. E.) . . . . ABZ
Romestang (Cours) . . . . BZ
St-André-le-Haut (R.) . . . . CY 34
St-Louis (Pl.) . . . . BY
St-Marcel (Montée) . . . . CYZ
St-Maurice (Pl.) . . . . AY
St-Paul (Pl.) . . . . BY
St-Pierre (Pl.) . . . . AZ
Schneider (R.) . . . . CY 37
Sémard (Pl. P.) . . . . BZ
Table-Ronde (R. de la) . . . . BY 38
Thomas (R. A.) . . . . CY
Tupinières (Montée des) . . . . . . CZ
Ursulines (R. des) . . . . CY 39
Verdun (Cours de) . . . . AZ
Victor-Hugo (R.) . . . . BCYZ
11-Novembre (R. du) . . . . AZ 43

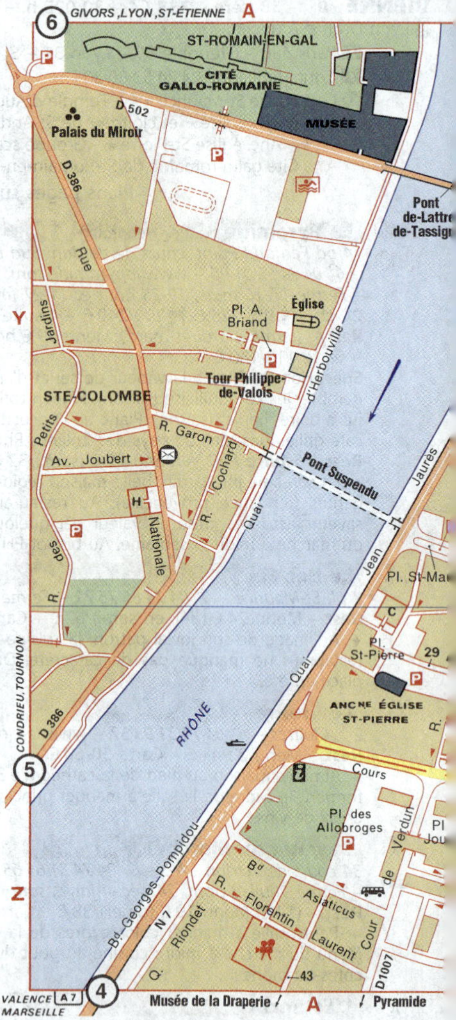

à Estrablin 8 km par ② et D 41 – 3 300 h. – alt. 223 m – ✉ 38780

La Gabetière sans rest

269 Le Logis Neuf, sur D 502
– ✆ 04 74 58 01 31
– www.la-gabetiere.com
– Fermé 25 déc.-17 janv.

12 ch – †55 € ††62/74 € – ☕ 10 €

◆ Dans un parc, charmant manoir du 16e s. joliment restauré et ses annexes. Chambres diversement décorées (styles "bonbonnière", provençal, ancien...). Piscine et aire de jeux.

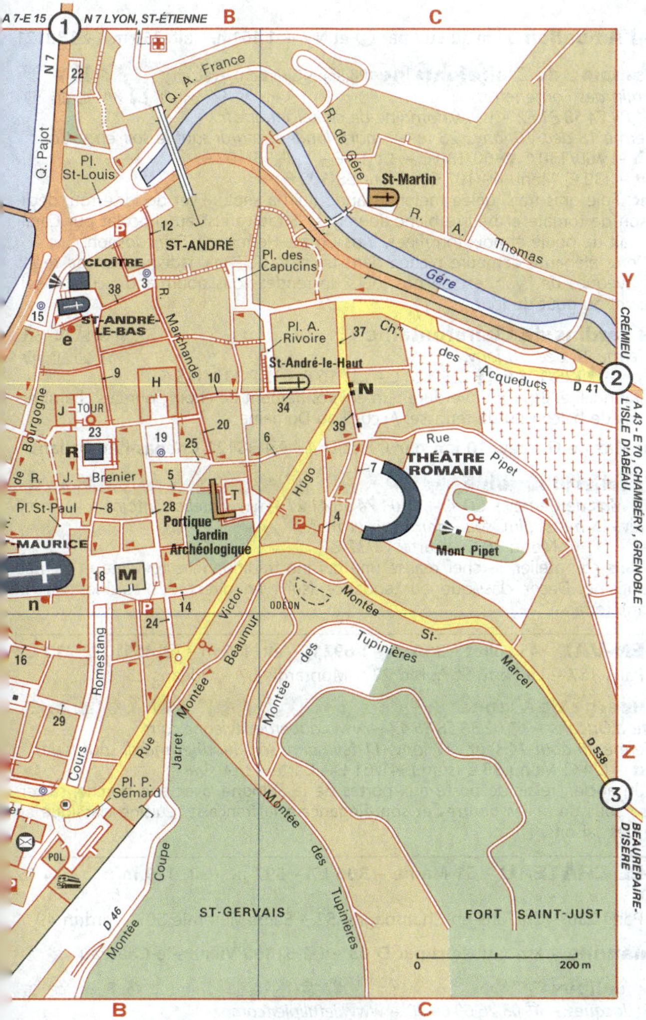

à Reventin-Vaugris (village) 9 km par ④, N 7 et D 131 – 1 649 h. – alt. 230 m – ✉ 38121

XX **La Maison de l'Aubressin**

847 chemin Aubressin, 1 km au Nord par rte secondaire – ✆ 04 74 58 83 02 – Fermé avril, sept., 24-31 déc., dim. soir, lundi et mardi

Rest – *(nombre de couverts limité, prévenir)* Menu 48 € bc/78 € bc – Carte 35/75 €

◆ Maison tapissée de lierre, perchée sur une colline avec vue sur le Pilat. Cuisine de tradition servie au milieu de reproductions de tapisseries du musée de Cluny ou en terrasse.

à Chonas-l'Amballan 9 km au Sud par ④ et N 7 – 1 461 h. – alt. 250 m – ✉ 38121

XXX **Domaine de Clairefontaine** (Philippe Girardon) avec ch
chemin des Fontanettes – ✆ *04 74 58 81 52* – *www.domaine-de-clairefontaine.fr* – *Fermé 18 déc.-10 janv., 28 fév.-9 mars, lundi et mardi sauf le soir en saison*
ch, rest, VISA AE
7 ch – †60/130 € ††60/130 € – ☕ 15 € – ½ P 95/108 €
Rest – (30 €) Menu 49/107 € – Carte 68/100 €
Spéc. Foie gras frais, gelée melon-lavande (juin à sept.). Filet de lotte rôti, déclinaison de tomate et beurre blanc au verjus. "Stradivarius" au chocolat pur Caraïbes, lait de poule et noix torréfiées. **Vins** Crozes-Hermitage, Saint-Joseph.
◆ Cette élégante demeure nichée dans un parc de 3 ha, jadis maison de repos des évêques de Lyon, est de nos jours un rendez-vous gourmand : cuisine soignée et au goût du jour.

Les Jardins de Clairefontaine
– *Fermé 18 déc.-18 janv.*
VISA AE
18 ch – †125/128 € ††125/128 € – ☕ 16 € – ½ P 113/115 €
◆ Tranquillité, espace et verdure : un environnement de choix pour ces chambres dotées de balcon ou de terrasse. Accueil au Domaine.

au Sud au Mas de Gerbey, 10 km par ④ et D 4 - ✉ 38121 Chonas-l'Amballan

X **L'Atelier d'Antoine**
P VISA
2176 Mas de Gerbey - CD 4 – ✆ *04 74 56 41 21* – *www.atelier-antoine.fr* – *Fermé 25 fév.-15 mars, dim. soir, mardi soir et merc.*
Rest – (17 €) Menu 30 € – Carte 12/32 €
◆ Dans son atelier, le chef réalise une cuisine traditionnelle revisitée et teintée d'exotisme. Décor classique ou tendance (suivi en direct des cuisines via un écran), terrasse.

VIENNE-EN-VAL – 45 Loiret – 318 J5 – 1 692 h. – alt. 112 m – ✉ 45510 — 12 C2

Paris 157 – La Ferté-St-Aubin 22 – Montargis 57 – Orléans 23

XX **Auberge de Vienne**
VISA AE
2 rte d'Orléans – ✆ *02 38 58 85 47* – *www.aubergedevienne.com* – *Fermé 30 août-14 sept., 17 janv.-11 fév., dim. soir, lundi et mardi sauf fériés*
Rest – (24 €) Menu 35 € (sem.), 41/61 € – Carte 43/60 €
◆ Un ancien relais de poste aux portes de la Sologne, avec son porche, sa terrasse sous de belles poutres et son élégance à la française. Cuisine classique au gré des saisons.

VIENNE-LE-CHÂTEAU – 51 Marne – 306 L7 – 597 h. – alt. 129 m – ✉ 51800 — 14 C2

Paris 236 – Châlons-en-Champagne 52 – Saint-Memmie 50 – Verdun 49

rte de Binarville 1 km au Nord par D 63 – ✉ 51800 Vienne-le-Château

Le Tulipier
rest, P VISA AE
r. St-Jacques – ✆ *03 26 60 69 90* – *www.letulipier.com*
38 ch – †57/73 € ††68/82 € – ☕ 8,50 € – ½ P 60/68 €
Rest – *(fermé dim. en hiver)* Menu 15/58 € – Carte 47/68 €
◆ Les amateurs de calme et de nature apprécieront cet hôtel moderne bordant la forêt d'Argonne. Chambres fonctionnelles, piscine couverte et salle de fitness. Plaisante salle à manger actuelle agencée autour d'une cheminée design. Cuisine au goût du jour.

VIERZON – 18 Cher – 323 I3 – 28 147 h. – alt. 122 m – ✉ 18100 — 12 C2

Limousin Berry

Paris 207 – Bourges 39 – Châteauroux 58 – Orléans 84

11, rue de la Société Française ✆ 02 48 53 06 14

18 de la Picardière Chemin de la Picardière, par rte de Gien : 8 km, ✆ 02 48 75 21 43

9 de Nançay à Nançay Domaine de Samord, NE : 18 km par D 926 et D944, ✆ 02 48 51 86 55

VIERZON

Baron (R. Bl.) .... A 2
Briand (Pl. Aristide) .... B 3
Brunet (R. A.) .... B
Dr-P.-Roux (R. du) .... B 6
Foch (Pl. du Mar.) .... B 7
Gaucherie (R. de la) .... A 8
Gaulle (R. Gén.-de) .... A 9
Joffre (R. du Mar.) .... B 12
Larchevêque (R. M.) .... A 13
Nation (Bd de la) .... A 14
Péri (Pl. Gabriel) .... A
Ponts (R. des) .... B
République (Av. de la) .... A 16
Roosevelt (R. Th.) .... B 18
Voltaire (R.) .... B 20
11-Novembre-1918 (R. du) .... A 22

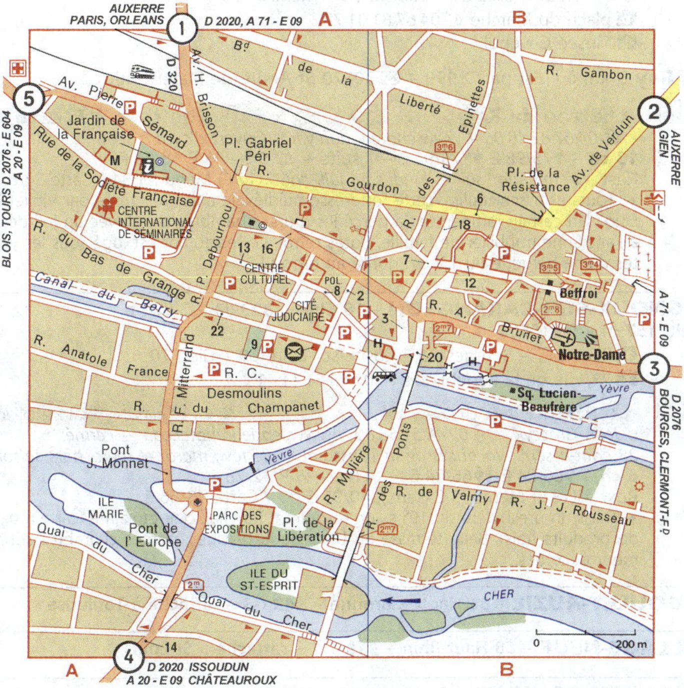

Continental sans rest
104 bis av. Ed.-Vaillant, 1,5 km par ① – ✆ 02 48 75 35 22 – www.hotelcontinental18.com – Fermé 24-31 déc.
37 ch – ♦48/56 € ♦♦60/75 € – ☕ 8 €
◆ En sortie de ville, dans une construction moderne, une adresse familiale pratique pour l'étape (chambres simples, plus calmes sur l'arrière). Petite restauration type snack.

à Méreau 4 km au Sud par D 918, rte d'Issoudun – 2 216 h. – alt. 106 m – ✉ 18120

Château le Briou d'Autry sans rest
31 r. d'Autry – ✆ 06 88 49 98 98 – www.lebrioudautry.fr
5 ch ☕ – ♦85/115 € ♦♦85/115 €
◆ Cette gentilhommière du 19e s. cultive l'esprit maison de famille. "Rodin", "George Sand"... chaque chambre honore la mémoire d'un artiste. Aux beaux jours, on profite du parc.

rte de Tours 2,5 km par ⑤ – ✉ 18100 Vierzon

Le Champêtre
89 rte de Tours – ✆ 02 48 75 87 18 – Fermé 1 sem. en fév., dim. soir, lundi soir, mardi soir et merc.
Rest – Menu 20 € (sem.), 24/44 € – Carte 30/52 €
◆ Petite maison sympathique à la salle à manger sagement champêtre. Au programme des réjouissances : de savoureuses recettes classiques et régionales.

VIEUX-MOULIN – 60 Oise – **305** I4 – rattaché à Compiègne

VIEUX-VILLEZ – 27 Eure – 304 H6 – rattaché à Gaillon

LE VIGAN – 30 Gard – 339 G5 – 4 059 h. – alt. 221 m – ✉ 30120 23 C2

Languedoc Roussillon

Paris 707 – Alès 66 – Lodève 50 – Mende 108

place du Marché ☎ 04 67 81 01 72

Musée Cévenol★.

au Rey 5 km à l' Est par D 999 – ✉ 30570 St Andre de Majencoules

Château du Rey

– ☎ *04 67 82 40 06 – www.chateaudurey.fr – Ouvert d'avril à sept.*

13 ch – †75/98 € ††75/98 € – 1 suite – ☕ 9 € – ½ P 68/81 €

Rest – *(fermé dim. soir et lundi sauf juil.-août)* (12 €) Menu 23/34 € Carte 34/63 €

◆ Tours et mâchicoulis... cette forteresse médiévale a été restaurée par Viollet-le-Duc ! Un certain raffinement a percé les murs : chambres cosy, avec un joli décor à l'ancienne (mobilier de famille, notes rétro). Le restaurant est logé sous les voûtes d'une bergerie du 13e s. Priorité au terroir !

VIGNOUX-SUR-BARANGEON – 18 Cher – 323 J3 – 2 020 h. – alt. 157 m – ✉ 18500 12 C3

Paris 215 – Bourges 26 – Cosne-sur-Loire 69 – Gien 70

23, rue de la République ☎ 02 48 51 11 41

Le Prieuré avec ch

ch,

r. Jean Graczyk – ☎ 02 48 51 58 80 – www.leprieurehotel.com – Fermé 28 août-4 sept., vacances de la Toussaint et de fév., mardi et merc. hors saison

6 ch – †66/84 € ††66/84 € – ☕ 8 € – ½ P 72/78 €

Rest – (18 €) Menu 25 € (sem.), 40/91 € bc – Carte 45/66 €

◆ Dans un presbytère du 19e s., un restaurant familial, clair et calme (carte à base de produits frais). Belle terrasse au bord de la piscine ; petites chambres sobrement décorées.

VIGOULET-AUZIL – 31 Haute-Garonne – 343 G3 – rattaché à Toulouse

VILLAGE-NEUF – 68 Haut-Rhin – 315 J11 – rattaché à St-Louis

VILLAINES-LA-JUHEL – 53 Mayenne – 310 H4 – 3 106 h. – alt. 185 m – ✉ 53700 35 C1

Paris 222 – Alençon 32 – Bagnoles-de-l'Orne 31 – Le Mans 58

boulevard du Général-de-Gaulle ☎ 02 43 03 78 88

Oasis sans rest

La Sourderie, 1 km par rte de Javron – ☎ 02 43 03 28 67 – www.oasis.fr

14 ch – †48 € ††60/105 € – ☕ 10 €

◆ Cette ferme au cachet rustique dispose de chambres ornées de poutres et de murs en briquette. Petit parc (plan d'eau, minigolf) ; restauration rapide au bar.

VILLARD-DE-LANS – 38 Isère – 333 G7 – 4 088 h. – alt. 1 040 m – Sports d'hiver : 1 160/2 170 m 2 27 – Casino – ✉ 38250 Alpes du Nord 45 C2

Paris 584 – Die 67 – Grenoble 34 – Lyon 123

101, place Mure Ravaud ☎ 08 11 46 00 15

18 de Corrençon-en-Vercors, S : 6 km par D 215, ☎ 04 76 95 80 42

Gorges de la Bourne★★★ – Route de Valchevrière★ O par D 215c.

Le Christiania

rest,

av. Prof. Nobecourt – ☎ 04 76 95 12 51 – www.hotel-le-christiania.fr

23 ch – †60/145 € ††90/220 € – ☕ 8 € – ½ P 90/130 € **k**

Rest *Le Tétras* – *(fermé le midi en hiver)* Menu 25 € (déj.), 30/35 € Carte 35/60 €

◆ Hôtel familial dont les vastes chambres personnalisées évoquent parfois un chalet de montagne ; presque toutes possèdent un balcon et regardent les sommets. Piscine couverte. Restaurant orné de bibelots et de trophées de chasse ; cuisine à l'accent du pays.

La Roseraie

309 av. Nobecourt – ✆ 04 76 95 11 99 – www.hotellaroseraie.com – Fermé 23-30 avril et 5 nov.-15 déc. **d**

22 ch – 70/120 € 80/150 € – 12 € – ½ P 80/120 €

Rest – *(fermé 18-30 avril et 20 sept.-20 déc.)* (28 €) Menu 35/45 € – Carte 35/50 €

◆ À deux pas du centre du village, affaire familiale récemment rénovée. Les chambres, bien équipées et tenues, bénéficient d'un balcon côté sud. Ambiance montagnarde et mobilier contemporain dans la salle à manger ; cuisine traditionnelle (produits régionaux).

Les Trente Pas

16 r. des Francs-Tireurs – ✆ 04 76 94 06 75 – Fermé 3-28 avril, 13 nov.-15 déc., jeudi soir, lundi et mardi sauf fériés **b**

Rest – Menu 16 € (déj. en sem.), 29/53 € bc – Carte 50/70 €

◆ À quelques pas – une trentaine ? – de l'église du village, petit restaurant proposant une généreuse cuisine traditionnelle. Les œuvres d'un peintre local décorent la salle.

au Sud-Ouest par D 215 et rte du col du Liorin – ✉38250 Villard-de-Lans

Auberge des Montauds rest,

aux Montauds : 4 km – ✆ 04 76 95 17 25 – www.auberge-des-montauds.fr – Fermé 14 avril-8 mai et 4 nov.-18 déc.

12 ch – 53/55 € 63/70 € – 8 € – ½ P 59/69 €

Rest – *(fermé lundi et mardi sauf juil.-août)* Menu 19 € (sem.), 23/36 € – Carte 26/50 €

◆ Pittoresque adresse installée dans une ancienne ferme, à l'extrémité d'un hameau d'altitude. Chaleureuses petites chambres de style chalet. Plats traditionnels, spécialités du Vercors, raclettes et fondues servis devant les flambées de la salle ou en terrasse.

La Ferme du Bois Barbu avec ch ch,

à Bois- Barbu : 3 km – ✆ 04 76 95 13 09 – www.fermeboisbarbu.com – Fermé 28 mars-9 avril, 3-8 oct., 14 nov.-10 déc.

8 ch – 52 € 62 € – 9 € – ½ P 56 €

Rest – *(fermé dim. soir et merc.)* Menu 19/34 €

◆ Non loin des pistes de ski de fond, agréable restaurant rustique (lambris, cheminée, etc.). Cuisine traditionnelle à l'accent du terroir. Chambres d'inspiration montagnarde.

VILLARD-DE-LANS

Adret (R. de l')	2
Chabert (Pl. P.)	4
Chapelle-en-Vercors (R. de la)	5
Croix Margot (Chemin de la)	27
Dr-Lefrançois (R. du)	6
Francs-Tireurs (Av. des)	8
Galizon (Chemin de)	9
Gambetta (R.)	10
Gaulle (Av. Gén.-de)	12
Libération (Pl. de la)	13
Lycée Polonais (R. du)	14
Martyrs (Pl. des)	15
Moulin (R. Jean)	16
Mure-Ravaud (Pl. R.)	17
Pouteil-Noble (R. P.)	19
Professeur Nobecourt (Av.)	20
République (R. de la)	22
Roux-Fouillet (R. A.)	23
Victor-Hugo (R.)	26

au Balcon de Villard rte Côte 2000, 4 km au Sud-Est par D 215 et D 215B – ✉ 38250 Villard-de-Lans

Les Playes
Les Pouteils Côte 2000 – ✆ 04 76 95 14 42 – www.hotel-playes.com – Ouvert 13 mai-25 sept. et 16 déc.-9 avril
22 ch – †58/78 € ††75/110 € – ☕ 11 € – ½ P 72/90 €
Rest – *(ouvert 1er juin-10 sept. et 16 déc.-30 mars) (dîner seult en hiver)* Menu 22/40 € bc
◆ Robuste chalet aux chambres progressivement rénovées dans un esprit montagnard actualisé ; quelques balcons face au massif de la Grande Moucherolle. Restaurant et terrasse ménagent une belle vue sur les sommets ; plats régionaux en hiver, traditionnels en été.

à Corrençon-en-Vercors 6 km au Sud par D 215 – 367 h. – alt. 1 105 m – ✉ 38250

place du Village ✆ 04 76 95 81 75

Du Golf
Les Ritons – ✆ 04 76 95 84 84 – www.hotel-du-golf-vercors.fr – Ouvert 6 mai-18 oct. et 19 déc.-28 mars
17 ch – †80/105 € ††105/180 € – 5 suites – ☕ 13 € – ½ P 97/145 €
Rest – *(fermé le midi sauf sam., dim. et fériés)* Menu 34/88 € – Carte 60/100 €
Spéc. Quasi de veau de Méaudre en tartare et truffe (printemps). Selle d'agneau allaiton de l'Aveyron à la plancha, quelques ris, mûre et écume de chèvre (été). "Les 3 C"... café, caramel et chocolat, en sept textures. **Vins** Châtillon-en-Diois, Vin de pays des Balmes Dauphinoises.
◆ Chambres coquettes, superbe extension "tout bois", beau bar cosy, sauna et jacuzzi flambant neufs, copieux petit-déjeuner : nouveau départ réussi pour cet hôtel familial ! Cuisine inventive soignée (produits du terroir), servie au coin du feu ou sur la jolie terrasse.

LE VILLARS – 71 Saône-et-Loire – 320 J10 – rattaché à Tournus

---

VILLARS – 84 Vaucluse – 332 F10 – 718 h. – alt. 330 m – ✉ 84400 42 E1

Paris 739 – Aix-en-Provence 96 – Avignon 58 – Marseille 112

La Table de Pablo
Hameau des Petits-Cléments – ✆ 04 90 75 45 18 – www.latabledepablo.com – Fermé 1er janv.-11 fév., jeudi midi, sam. midi et merc. de sept. à mai
Rest – *(nombre de couverts limité, prévenir)* (16 €) Menu 28/50 € – Carte 32/50 €
◆ Pour goûter une cuisine délicate et volontiers créative, à base de beaux produits régionaux, ce restaurant entre vignes et cerisiers est tout trouvé. Terrasse sous les oliviers.

VILLARS-LES-DOMBES – 01 Ain – 328 D4 – 4 303 h. – alt. 281 m 43 E1

– ✉ 01330 Lyon Drôme Ardèche

Paris 433 – Bourg-en-Bresse 29 – Lyon 37 – Villefranche-sur-Saône 29
3, place de l'Hôtel de Ville ✆ 04 74 98 06 29
du Clou RN 83, S : 3 km par D 1083, ✆ 04 74 98 19 65
du Gouverneur à Monthieux Château du Breuil, SO : 8 km par D 904 et D 6, ✆ 04 72 26 40 34
Parc des oiseaux★★ : Spectacle d'oiseaux en vol★★ S : 1 km.

Ribotel
rte de Lyon – ✆ 04 74 98 08 03 – www.ribotel.fr – Fermé 22 déc.-3 janv.
45 ch (½ P seult) – ½ P 55/72 €
Rest *La Villardière* – ✆ 04 74 98 11 91 – Menu 11 € (déj.)/35 € – Carte 34/68 €
◆ Une bonne adresse aux portes du parc ornithologique : chambres rénovées et petit salon pour la détente (fauteuils club, écran LCD). Au restaurant La Villardière, cuisine traditionnelle servie dans la salle à manger en rotonde.

à Bouligneux 4 km au Nord-Ouest par D 2 – 302 h. – alt. 282 m – ✉ 01330

Hostellerie des Dombes

Le Village – ✆ 04 74 98 08 40 – www.hostelleriedesdombes.com – Fermé 21-31 août, vacances de fév., jeudi soir et merc.

Rest – Menu 24 € (sem.), 29/52 € – Carte 35/55 €

◆ Maison traditionnelle qui abrite une salle à manger d'esprit champêtre, remplie par l'alléchant parfum d'une cuisine de terroir (grenouilles, gibier). Agréable terrasse.

Le Thou

Le Village – ✆ 04 74 98 15 25 – www.lethou.com – Fermé vacances de la Toussaint et de fév., dim. soir, lundi et mardi

Rest – Menu 25 € (sem.)/48 € – Carte 38/55 €

◆ Lumineuse entrée sous verrière pour cette ex-auberge de village superbement fleurie, dont la carte célèbre les terroirs de la Bresse et de la Dombes (grenouilles).

VILLARS-SOUS-DAMPJOUX – 25 Doubs – 321 K2 – 407 h. – alt. 362 m – ✉ 25190 — 17 C2

Paris 482 – Baume-les-Dames 50 – Besançon 81 – Montbéliard 24

à Bief 3 km au Sud – 116 h. – alt. 362 m – ✉ 25190

L'Auberge Fleurie

4 chemin de Dampjoux – ✆ 03 81 96 53 01 – Fermé 28 août-21 sept., vacances de fév., lundi et mardi

Rest – (11 €) Menu 20/35 € – Carte 26/44 €

◆ Cette petite auberge de village, qui surplombe le Doubs, met le terroir et la tradition à l'honneur. On se restaure dans une salle colorée.

VILLÉ – 67 Bas-Rhin – 315 H6 – 1 676 h. – alt. 260 m – ✉ 67220 — 2 C1

Alsace Lorraine

Paris 445 – Lunéville 82 – St-Dié 48 – Ste-Marie-aux-Mines 27

place du Marché ✆ 03 88 57 11 69

La Bonne Franquette

6 pl. Marché – ✆ 03 88 57 14 25 – www.hotel-bonne-franquette.com – Fermé 1er-7 juil., 22 oct.-7 nov. et 26 fév.-12 mars

9 ch – †52/57 € ††55/60 € – ☕ 11 € – ½ P 53/55 €

Rest – *(fermé sam. midi, dim. soir et lundi)* (9 €) Menu 18/32 € – Carte 28/54 €

◆ Sur une placette du centre-ville, auberge familiale, abondamment fleurie en saison. Chambres bien tenues, simples et fraîches. Accueil chaleureux. Deux salles de restaurant, une rustique et l'autre moderne, pour une agréable cuisine traditionnelle.

LA VILLE-AUX-CLERCS – 41 Loir-et-Cher – 318 D4 – 1 287 h. – alt. 143 m – ✉ 41160 — 11 B2

Paris 159 – Brou 41 – Châteaudun 29 – Le Mans 74

Mairie ✆ 02 54 80 62 35

Manoir de la Forêt

r. Françoise de Lorraine, à Fort-Girard : 1,5 km à l'Est par rte secondaire – ✆ 02 54 80 62 83 – www.manoirdelaforet.fr – Fermé 1 sem. en nov., 2-19 janv., lundi midi de mai à sept., dim. soir et lundi d'oct. à avril

16 ch – †58/75 € ††60/80 € – 2 suites – ☕ 12 € – ½ P 75/88 €

Rest – (18 €) Menu 27/51 € – Carte 38/75 €

◆ Pavillon de chasse du 19e s. isolé dans un parc. Les chambres (préférez celles du 1er étage, rénovées) aux meubles de style et le salon avec cheminée composent un cadre cossu. Le jeune chef s'applique à créer une cuisine bien dans son époque.

LA VILLE-BLANCHE – 22 Côtes-d'Armor – 309 B2 – rattaché à Lannion

---

VILLECOMTAL-SUR-ARROS – 32 Gers – 336 D9 – 801 h. – alt. 177 m – ✉ 32730 — 28 A2

Paris 760 – Pau 70 – Aire-sur-l'Adour 67 – Auch 48

XXX **Le Rive Droite**

1 chemin Saint Jacques – ✆ 05 62 64 83 08 – www.lerivedroite.com – Fermé lundi, mardi et merc. sauf du 17 juil. au 21 août
Rest – (25 € bc) Menu 34 € – Carte environ 34 €
◆ George Sand séjourna dans cette élégante chartreuse (18e s.) située au bord de la rivière. L'ancien et le contemporain s'y mèlent avec brio ; belle cuisine dans l'air du temps.

VILLECROZE – 83 Var – **340** M4 – 1 093 h. – alt. 300 m – ✉ 83690 **41** C3
Côte d'Azur

Paris 835 – Aups 8 – Brignoles 38 – Draguignan 21
rue Amboise Croizat ✆ 04 94 67 50 00
Belvédère★ : ✳★ N : 1 km.

XX **Le Colombier** avec ch

rte de Draguignan – ✆ 04 94 70 63 23 – www.lecolombier-var.com – Fermé 20 nov.-14 déc.
6 ch – †80/90 € ††90/120 € – ☕ 15 € – ½ P 75/80 €
Rest – *(fermé jeudi soir en hiver, dim. soir et lundi)* (20 €) Menu 29/55 € – Carte 45/67 €
◆ Cette maison régionale vous réserve un accueil chaleureux. Appétissante carte traditionnelle servie l'hiver dans un ravissant cadre provençal, et l'été sous la véranda. Coquettes chambres avec balcon.

au Sud-Est 3 km par rte de Draguignan et rte secondaire – ✉ 83690 Salernes

X **Au Bien Être** avec ch

chemin du Bien-être – ✆ 04 94 70 67 57 – www.aubienetre.com – Ouvert mars-oct., fermé lundi midi, mardi midi et merc. midi
8 ch – †50/78 € ††50/82 € – ☕ 9 € – ½ P 53/68 €
Rest – (19 €) Menu 26/68 € – Carte 47/65 €
◆ Coquette salle à manger dans les tons bordeaux et blanc, cheminée, agréable terrasse sous les chênes et cuisine du terroir avec un menu spécifique dédié à la truffe : bien-être assuré ! Pour l'étape, chambres fraîches ouvertes sur la piscine.

VILLE D'AVRAY – 92 Hauts-de-Seine – **311** J3 – voir à Paris, Environs

---

VILLEDIEU-LES-POÊLES – 50 Manche – **303** E6 – 3 920 h. – alt. 105 m – ✉ 50800 Normandie Cotentin **32** A2

Paris 314 – Alençon 122 – Avranches 26 – Caen 82
43 place de la République ✆ 02 33 61 05 69
Fondérie de cloches★.

Le Fruitier

pl. Costils – ✆ 02 33 90 51 00 – www.le-fruitier.com
51 ch – †55/120 € ††55/200 € – ☕ 8,50 € – ½ P 59/78 €
Rest – *(fermé 23 déc.-21 janv. et dim. soir de mi-nov. a début avril)* (17 €) Menu 26/34 € – Carte 27/50 €
Rest *La Poêle de Gargantua* – ✆ 02 33 90 51 03 *(fermé 23 déc.-3 janv.)* Menu 13/15 € – Carte 17/37 €
◆ Dans le centre de Villedieu-les-Poêles, hôtellerie familiale aux chambres fonctionnelles et bien tenues, certaines en duplex. Cuisine traditionnelle tournée vers les produits de l'océan servie dans la salle de restaurant au cadre contemporain sobre et chic. Snack à toute heure à La Poêle de Gargantua.

XXX **La Ferme de Malte**

11 r. Jules Tétrel – ✆ 02 33 91 35 91 – www.lafermedemalte.fr – Fermé 13 déc.-16 janv., dim. soir, merc. soir et lundi
Rest – Menu 18/40 € – Carte 35/55 €
◆ Cette ancienne ferme de l'ordre de Malte abrite des salles à manger chaleureuses donnant sur une terrasse. Cuisine traditionnelle et quelques préparations dans l'air du temps.

Manoir de l'Acherie avec ch
37 r. Michel-de-l'Épinay, à l'Acherie, 3,5 km à l'Est par D 975 et D 554 (autoroute A 84 sortie 38) – 02 33 51 13 87 – www.manoir-acherie.fr – Fermé 14 nov.-6 déc., 13-27 fév., dim. soir du 16 oct. au 10 avril et lundi
18 ch – 60/115 € 60/115 € – 9 € – ½ P 71/98 €
Rest – (15 €) Menu 18/40 € – Carte 35/45 €
◆ Au cœur du bocage normand, manoir du 17e s. et petite chapelle groupés autour d'un jardin. Un cadre authentique pour se régaler de plats du terroir et de grillades sur la braise. Les chambres, bien tenues et au calme, garantissent un séjour serein.

VILLEFARGEAU – 89 Yonne – 319 E5 – rattaché à Auxerre

VILLEFORT – 48 Lozère – 330 L8 – 639 h. – alt. 600 m – 48800 23 C1

Languedoc Roussillon

Paris 616 – Alès 52 – Aubenas 61 – Florac 63

rue de l'Église 04 66 46 87 30

Balme avec ch
pl. Portalet – 04 66 46 80 14 – www.hotelbalme.free.fr – Fermé 15-20 oct., 15 nov.-15 fév., dim. soir et lundi sauf juil.-août
14 ch – 49/56 € 49/56 € – 8,50 € – ½ P 59 € **Rest** – Menu 21/38 €
◆ Sympathique maison régionale située dans un bourg comptant parmi les portes d'entrée du Parc national des Cévennes. Cadre rustique et cuisine aux accents cévenols, un brin créative. Chambres simples pour l'étape.

VILLEFRANCHE-DE-CONFLENT – 66 Pyrénées-Orientales – 344 F7 22 B3
– 237 h. – alt. 435 m – 66500 Languedoc Roussillon

Paris 898 – Mont-Louis 31 – Olette 11 – Perpignan 51

place de l'Église 04 68 96 22 96

Ville forte★ - Fort Liberia : ★★.

Auberge Saint-Paul
7 pl. de l'Église – 04 68 96 30 95 – www.perso.wanadoo.fr/auberge.stpaul – Fermé 20-27 juin, 2 sem. fin nov., 3-27 janv., mardi hors saison, dim. soir et lundi
Rest – Menu 19/75 € bc – Carte 48/80 €
◆ Cette chapelle du 13e s. abrite un restaurant soigné. Salle rustique et terrasse ombragée. Cuisine féminine et subtile ; bon choix de vins de Bourgogne et du Roussillon.

VILLEFRANCHE-DE-ROUERGUE – 12 Aveyron – 338 E4 29 C1
– 12 040 h. – alt. 230 m – 12200 Midi-Toulousain

Paris 614 – Albi 68 – Cahors 61 – Montauban 80

Maison du tourisme promenade du Guiraudet 05 65 45 13 18

La Bastide★ : place Notre-Dame★, église Notre-Dame★ - Ancienne chartreuse St-Sauveur★ .

L'Épicurien
8 bis av. Raymond-St-Gilles – 05 65 45 01 12 – Fermé 15-30 nov., merc., jeudi, dim. soir hors saison, mardi sauf le soir en saison et lundi
Rest – Menu 14 € (déj. en sem.), 26/36 € – Carte 30/40 €
◆ Vous apprécierez l'atmosphère chaleureuse de cette ex-droguerie, à moins que la fraîcheur du soir ne vous attire vers sa terrasse. Goûteuse cuisine axée sur le poisson et la région.

Côté Saveurs
5 r. Belle-Isle – 05 65 65 83 64 – Fermé dim. et lundi
Rest – Menu 16 € (déj. en sem.), 28/58 € – Carte 46/60 €
◆ Un lieu dans l'air du temps, cosy et contemporain (pierres apparentes, touches pop). La cuisine, colorée, fraîche et goûteuse, sait mettre en valeur le terroir aveyronnais.

L'Assiette Gourmande

pl. André Lescure – ✆ 05 65 45 25 95 – www.lassiettegourmande.com – Fermé 16-30 mars, 8-15 juin, 7-14 sept., 14 déc.-4 janv., dim. sauf le midi de sept. à juin, mardi soir et merc. sauf juil.-août

Rest – Menu 15 € (sem.)/35 € – Carte 25/45 €

◆ Emplacement privilégié au cœur de la vieille ville pour cette maison du 13e s. rénovée dans un esprit mi-rustique, mi-moderne. Grillades et recettes régionales.

au Farrou Nord 4 km par D 1E – ✉ 12200 Villefranche de Rouergue

Relais de Farrou ch,

– *✆ 05 65 45 18 11 – www.relaisdefarrou.com – Fermé 25 janv.-7 fév., 3-14 nov., 19-26 déc.*

26 ch – 62/97 € 67/108 € – 10 € – ½ P 67/90 €

Rest – *(fermé sam. midi, dim. soir et lundi hors saison)* (15 €) Menu 23/50 € – Carte 48/65 €

◆ Ancien relais de poste de 1792 entièrement rénové dans un esprit actuel. Chambres confortables de tailles variables et équipements de détente (tennis, minigolf, piscine, fitness). Salle à manger vaste et claire ouverte sur un patio ; cuisine au goût du jour.

VILLEFRANCHE-SUR-MER – 06 Alpes-Maritimes – 341 E5 42 E2 – 6 610 h. – alt. 30 m – ✉ 06230 Côte d'Azur

Paris 932 – Beaulieu-sur-Mer 3 – Nice 5

jardin François Binon ✆ 04 93 01 73 68

Rade★★ - Vieille ville★ - Chapelle St-Pierre★ - Musée Volti★.

Accès et sorties : Voir plan de Nice

Versailles rest, ch,

7 bd Princesse Grace de Monaco – ✆ 04 93 76 52 52 – www.hotelversailles.com – Ouvert du 1er avril à fin oct. **k**

46 ch – 120/160 € 150/170 € – 15 €

Rest – *(fermé lundi et mardi)* (31 €) Menu 44 €

◆ Hôtel rénové dans un style actuel, bénéficiant d'une situation idyllique face à la mer. Les chambres, au décor épuré, jouissent d'un panorama unique sur la rade. Salle à manger moderne et vaste terrasse tournée vers la grande bleue ; carte régionale.

Welcome sans rest

3 quai Courbet – ✆ 04 93 76 27 62 – www.welcomehotel.com – Fermé 15 nov.-24 déc. **n**

35 ch – 105/180 € 105/255 € – 2 suites – 15 €

◆ Jean Cocteau fréquenta ce charmant hôtel et décora la chapelle Saint-Pierre également située sur le port. Plaisantes chambres personnalisées avec balcon et vue sur la mer.

La Flore sans rest

5 bd Princesse Grace de Monaco – ✆ 04 93 76 30 30 – www.hotel-la-flore.fr **e**

31 ch – 52/150 € 52/217 € – 12 €

◆ Cette bâtisse ocre rouge domine agréablement la rade de Villefranche. Les chambres, coquettes et peu à peu rafraîchies, sont souvent pourvues d'une loggia.

L'Oursin Bleu

11 quai Courbet – ✆ 04 93 01 90 12 – Fermé 10 janv.-10 fév. et mardi du 1er nov. au 30 mars **b**

Rest – (28 €) Menu 41 € – Carte 50/95 €

◆ Aquarium, hublots, jeux d'eau, fresques et belle terrasse installée sur les quais, face aux bateaux : la mer célébrée dans le décor autant que dans l'assiette, fine et actuelle.

VILLEFRANCHE-SUR-MER

Cauvin (Av. V.) 2
Corderie (Quai de la) 3
Corne d'Or (Bd de la) 5
Courbet (Quai Amiral) 6
Église (R. de l') 7
Foch (Av. du Maréchal) 8
Gallieni (Av. Général) 9
Gaulle (Av. Général-de) 10
Grande-Bretagne (Av. de) 12
Joffre (Av. Maréchal) 14
Leclerc (Av. Général) 15
Marinières (Promenade des) . . . 16
May (R. de) 18
Obscure (R.) 19
Paix (Pl. de la) 20
Poilu (R. du) 22
Pollonais (Pl. A.) 24
Ponchardier (Quai Amiral) 25
Poullan (Pl. F.) 26
Sadi-Carnot (Av.) 28
Settimelli-Lazare (Bd) 30
Soleil d'Or (Av. du) 31
Verdun (Av. de) 32
Victoire (R. de la) 34
Wilson (Pl.) 35

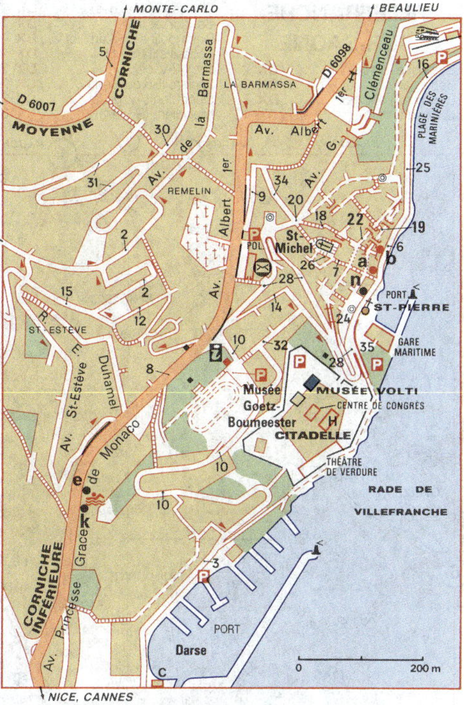

La Mère Germaine
9 quai Courbet – ✆ 04 93 01 71 39 – www.meregermaine.com
– Fermé 13 nov.-31 déc. **a**
Rest – Menu 43 € – Carte 60/150 €
◆ Emplacement idéal sur le port de pêche pour ce restaurant de produits de la mer, avec sa terrasse sur le quai. Depuis 1938, on y propose du beau poisson frais.

VILLEFRANCHE-SUR-SAÔNE – 69 Rhône – 327 H4 – 34 188 h. 43 E1
– alt. 190 m – ✉ 69400 Lyon Drôme Ardèche

Paris 432 – Bourg-en-Bresse 54 – Lyon 33 – Mâcon 47
96, rue de la sous-préfecture ✆ 04 74 07 27 40
du Beaujolais à Lucenay, S : 8 km par D 306 et D 30, ✆ 04 74 67 04 44

Plans pages suivantes

La Ferme du Poulet ch, rest,
180 r. Mangin, (Z.I. Nord-Est) – ✆ 04 74 62 19 07
– www.lafermedupoulet.com
– Fermé 10-30 août, 24-31 déc., dim. soir et lundi **DXs**
9 ch – 🚹110 € 🚹🚹110 € – ☕ 14 €
Rest – Menu 42/68 € – Carte 45/70 €
◆ Solide ferme du 17e s. joliment rénovée, où se marient le rustique et le contemporain. Chambres spacieuses et lumineuses. Élégant restaurant coiffé d'un plafond à la française.

VILLEFRANCHE-SUR-SAÔNE

Barbusse (Bd Henri) . . . . CX 2
Beaujolais (Av. du) . . . . CX 3
Berthier (R. Pierre) . . . . DX 7
Chabert (Ch. du) . . . . CX 12
Charmilles (Av. des) . . . . CX 14
Condorcet (R.) . . . . DX 15
Desmoulins (R. Camille) . . . DX 17
Écossais (R. de l') . . . . DX 18
Joux (Av. de) . . . . DX 25
Leclerc (Bd du Gén.) . . . . . . CX 27
Libération (Av. de la) . . . . . . CX 28
Maladière (R. de la) . . . . CX 30
Nizerand (R. du) . . . . CX 35
Paradis (R. du) . . . . CX 37
Pasquier (Bd Pierre) . . . . DX 39
Plage (Av. de la) . . . . DX 40
St-Roch (Montée) . . . . CX 43
Salengro (Bd Roger) . . . . CX 46
Savoye (R. C.) . . . . DX 48
Tarare (R. de) . . . . CX 54

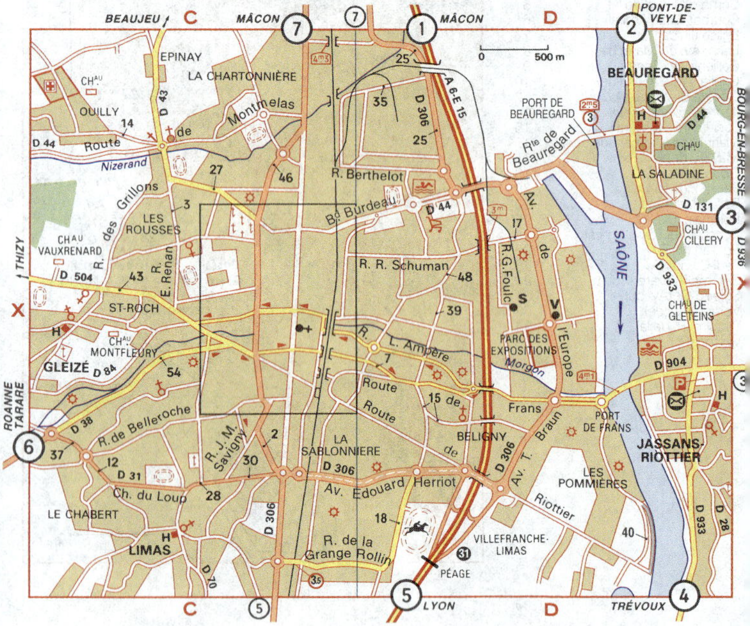

Plaisance

rest, VISA

96 av. de la Libération – ✆ 04 74 65 33 52 – www.hotel-plaisance.com – Fermé 24 déc.-3 janv. AZn

68 ch – †75/103 € ††75/103 € – 5 suites – ☕ 12 €

Rest – ✆ 04 74 68 10 37 *(fermé merc. midi, sam. midi et dim. midi)* Menu 25/40 € – Carte 27/41 €

◆ Immeuble des années 1970 situé au cœur de la capitale du Beaujolais. Jolies chambres et suites au look récemment actualisé. Parking et garage pratiques. Salle à manger agrémentée de fresques ; cuisine traditionnelle.

Newport

ch, VISA

610 av. de l'Europe, (Z.I. Nord-Est) – ✆ 04 74 68 75 59 – Fermé 10-17 juil., 14-21 août et 24 déc.-4 janv. DXv

48 ch – †65 € ††75 € – ☕ 7 € – ½ P 61 €

Rest – *(fermé sam., dim. et fériés)* (16 €) Menu 29 € (sem.)/44 € – Carte 20/50 €

◆ Ce gros pavillon proche d'axes passants et jouxtant le parc des expositions, dispose d'une insonorisation efficace. Chambres plus récentes dans l'annexe. Restaurant décoré de vieilles plaques émaillées ; plats traditionnels, menu du terroir et vins du cru.

Le Juliénas

VISA

236 r. d'Anse – ✆ 04 74 09 16 55 – www.restaurant-lejulienas.com – Fermé 2-21 août, lundi soir, sam. midi et dim. BZv

Rest – (18 €) Menu 26/48 € – Carte 53/62 €

◆ Dans ce petit restaurant, murs pâtinés recouverts de miroirs, luminaires rétro et tables bien espacées composent un cadre charmant. Carte actuelle de mets fins et savoureux.

VILLEFRANCHE-SUR-SAÔNE

Arts (Pl. des) . . . . **AZ** 49
Belleville (R. de) . . . . **BY** 5
Carnot (Pl.). . . . . **BZ** 9
Faucon (R. du). . . . . **BY** 19
Fayettes (R. des). . . . . **BZ** 20
Grange-Blazet (R.). . . . . **BZ** 23
Marais (Pl. des) . . . . **BZ** 32
Nationale (R.) . . . . **BYZ**
République (R. de la) . . . . . . **AZ** 41
Salengro (Bd Roger) . . . . **AY** 46
Savigny (R. J.-M.) . . . . **AZ** 47
Sous-Préfecture (R.) . . . . **AZ** 50
Stalingrad (R. de). . . . . **BZ** 52

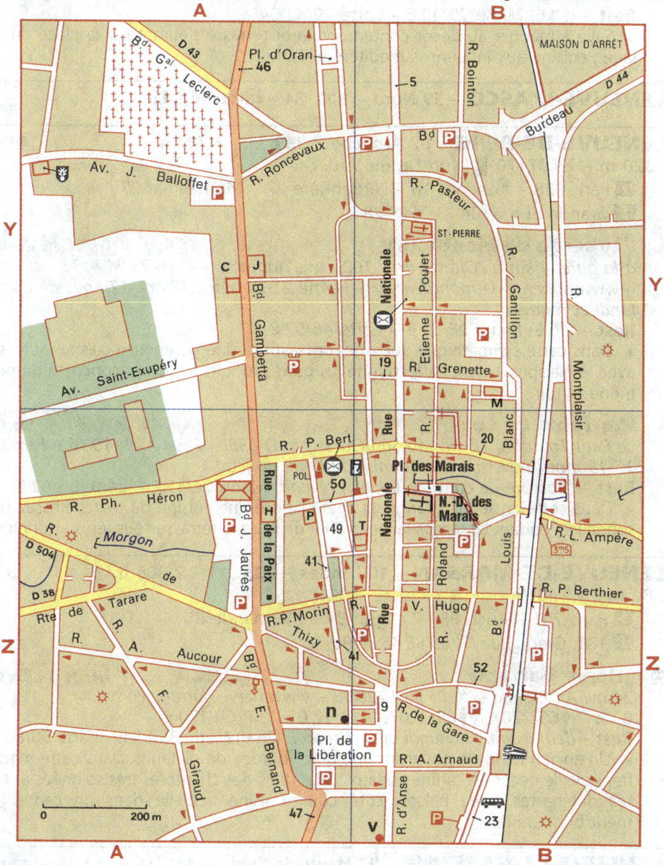

VILLEMAGNE-L'ARGENTIÈRE – 34 Hérault – 339 D7 – rattaché à Bédarieux

---

VILLEMONTAIS – 42 Loire – 327 C4 – 941 h. – alt. 466 m – ✉ 42155 44 A1

▶ Paris 404 – Lyon 95 – Roanne 13 – Vichy 77

Domaine du Fontenay sans rest
Lieu-dit Fontenay – ✆ 04 77 63 12 22
– www.domainedufontenay.com
4 ch – 🛉58 € 🛉🛉68 €
◆ Un domaine et sa chapelle abritant un retable du 15e s. Les chambres ont une jolie vue sur la plaine de la Loire. Les propriétaires, vignerons, aiment partager leur passion.

VILLEMOYENNE – 10 Aube – 313 F4 – 651 h. – alt. 130 m 13 B3
– ✉ 10260

▶ Paris 184 – Troyes 21 – Bar-sur-Aube 46 – Châtillon-sur-Seine 51

La Parentèle

32 r. Marcellin Lévêque – ✆ 03 25 43 68 68 – www.la-parentele-caironi.com – Fermé 1 sem. en mars, 2-10 janv., dim. soir, jeudi soir, lundi et mardi

Rest – (24 €) Menu 29/49 € – Carte 29/42 €

◆ Salle à manger au décor contemporain et terrasse s'étirant sur la place du village ; cuisine aux influences méditerranéennes.

VILLENEUVE-D'ASCQ – 59 Nord – 302 G4 – rattaché à Lille

VILLENEUVE-DE-BERG – 07 Ardèche – 331 J6 – 2 789 h. – alt. 320 m – ✉ 07170 Lyon Drôme Ardèche 44 B3

Paris 628 – Aubenas 16 – Largentière 27 – Montélimar 27

Grande Rue ✆ 04 75 94 89 28

Auberge de Montfleury

à la gare, 4 km à l'Ouest par N 102, rte d'Aubenas – ✆ 04 75 94 74 13 – www.auberge-de-montfleury.fr – Fermé 21-31 mars, 17 oct.-17 nov., dim. soir, lundi et mardi

Rest – (16 €) Menu 28/53 € – Carte 46/52 €

◆ Dans cette sympathique auberge, on savoure une généreuse cuisine qui varie avec les saisons. Le chef affectionne les bons produits locaux et concocte un petit menu terroir.

La Table de Léa

Le Petit Tournon, 1,5 km au Sud-Ouest par D 558 – ✆ 04 75 94 70 36 – Fermé 1er-15 mars, nov., merc. et le midi du lundi au jeudi

Rest – *(nombre de couverts limité, prévenir)* Menu 26/55 € – Carte 56/62 €

◆ Dans cette ancienne grange, la chef élabore une cuisine du marché assez personnelle. Pendant ce temps-là, on profite de la belle terrasse sous les marronniers...

VILLENEUVE-DE-MARSAN – 40 Landes – 335 J11 – 2 306 h. – alt. 80 m – ✉ 40190 3 B2

Paris 701 – Auch 88 – Langon 81 – Marmande 86

181, Grand'Rue ✆ 05 58 45 80 90

Hervé Garrapit

21 av. Armagnac – ✆ 05 58 45 20 08 – www.herve-garrapit.com

8 ch – †65/220 € ††65/220 € – ☕ 12 € – ½ P 68/170 €

Rest – *(fermé dim. soir, lundi midi et mardi)* (25 €) Menu 35/85 € – Carte 50/80 €

◆ Un ancien relais de poste sur une place bordée de platanes. Dans cette maison familiale, le décor est raffiné : beaux tissus dans des chambres très soignées et toutes différentes, avec balcon côté cour. Cuisine actuelle dans un cadre joliment bonbonnière.

VILLENEUVE-LA-GARENNE – 92 Hauts-de-Seine – 311 J2 – 101 15 – voir à Paris, Environs

---

VILLENEUVE-LA-SALLE – 05 Hautes-Alpes – 334 H3 – rattaché à Serre-Chevalier

---

VILLENEUVE-LE-COMTE – 77 Seine-et-Marne – 312 F3 – 1 755 h. – alt. 126 m – ✉ 77174 19 C2

Paris 40 – Lagny-sur-Marne 13 – Meaux 19 – Melun 38

A la Bonne Marmite

15 r. Gén.-de-Gaulle – ✆ 01 60 43 00 10 – www.restaurant-labonnemarmite.com – Fermé 6-25 août, 15 janv.-3 fév., dim. soir, lundi et mardi

Rest – (26 €) Menu 32 € (sem.), 51/72 € – Carte 53/75 €

◆ Superbe ferme briarde du 16e s., devenue ensuite relais de poste. Salles bourgeoises, belle terrasse d'été fleurie sous une treille, cuisine actuelle et beau choix de vins.

VILLENEUVE-LE-ROI – 94 Val-de-Marne – 312 D3 – 101 26 – voir à Paris, Environs

VILLENEUVE-LÈS-AVIGNON – 30 Gard – **339** N5 – 12 471 h. **23** D2
– alt. 23 m – ✉ 30400 Provence

Paris 678 – Avignon 8 – Nîmes 46 – Orange 28

1, place Charles David ✆ 04 90 25 61 33

Fort et Abbaye St-André★ : ≤★★ AV - Tour Philippe-le-Bel ≤★★ AV - Vierge★★ au musée municipal Pierre de Luxembourg★ AV **M** - Chartreuse du Val-de-Bénédiction★ AV.

Plan : voir à Avignon

Le Prieuré

7 pl. Chapitre – ✆ 04 90 15 90 15 – www.leprieure.com – Fermé janv. et fév.
26 ch – †93/280 € ††185/560 € – 13 suites – ☕ 19 € **AVt**
Rest – *(fermé dim. soir, mardi midi et lundi sauf de juin à sept.)* (35 € bc) Menu 48 € bc (déj. en sem.), 68/88 € – Carte 84/118 €
Spéc. Cabillaud confit et pommes de terre tièdies à l'huile d'olive et truffe. Langoustines snackées à l'huile d'olive, fondue de poireaux aux algues. Parfait nougatine, crémeux acidulé, marmelade aux citrons bio. **Vins** Côtes du Rhône.
◆ Ce prieuré du 14e s. a été aménagé dans un esprit résolument contemporain : ses espaces feutrés et stylés enchantent. À table, place aux saveurs du Sud : le chef réalise une cuisine délibérément simple, pleine des parfums de saison. Salle élégante et terrasse face au jardin de curé.

La Magnaneraie

37 r. Camp de Bataille – ✆ 04 90 25 11 11 – www.hostellerie-la-magnaneraie.com
30 ch – †121/362 € ††121/362 € – 2 suites – ☕ 25 € **AVb**
Rest – *(fermé merc. du 1er nov. au 30 avril, sam. midi, dim. soir et le midi en juil.-août)* (20 €) Menu 25 € (déj. en sem.), 31/89 € – Carte 60/86 €
◆ Cette élégante demeure du 15e s. propose des chambres contemporaines (styles romantique, colonial...). Bar ouvert sur une terrasse ombragée de platanes, jardin fleuri. Restaurant rehaussé de fresques et de colonnes ; cuisine provençale.

L'Atelier sans rest

5 r. Foire – ✆ 04 90 25 01 84 – www.hoteldelatelier.com – Fermé 14-20 nov.
20 ch – †69/98 € ††79/140 € – ☕ 9,50 € **AVe**
◆ Une vraie maison de charme (16e s.) : bel escalier, chambres dotées de meubles anciens, poutres apparentes, objets d'art et, aux beaux jours, petit-déjeuner dans le joli patio.

L'Estaminet

r. Francis Pouzol – ✆ 04 32 61 12 74 – www.restaurant-estaminet.com – Fermé 15 oct.-31 déc., dim. soir et lundi **AVr**
Rest – *(nombre de couverts limité, prévenir)* (18 €) Menu 23 € (déj.), 28/33 €
◆ Derrière un haut mur en pierre se cache une cour fleurie, ombragée par un if. La cuisine du marché prend de jolies accents du Sud et fait la part belle aux produits de la mer.

aux Angles AV – 8 115 h. – alt. 66 m – ✉ 30133

Fabrice Martin

22 bd Victor-Hugo – ✆ 04 90 84 09 02 – http://restaurantfabricemartin.over-blog.com – Fermé 22 août-5 sept., 24 oct.-2 nov., 27 fév.-5 mars, sam. midi, dim. soir et lundi
Rest – *(nombre de couverts limité, prévenir)* (18 €) Menu 26/65 € – Carte environ 59 €
◆ Les murs de ce petit restaurant sont couverts de portraits d'Indiens d'Amérique – la passion des patrons – et l'on déguste ici une cuisine du marché assez sophistiquée.

VILLENEUVE-LÈS-BÉZIERS – 34 Hérault – **339** E9 – rattaché à Béziers

VILLENEUVE-LOUBET – 06 Alpes-Maritimes – **341** D6 – 14 104 h. **42** E2
– alt. 10 m – ✉ 06270 Côte d'Azur

Paris 915 – Antibes 12 – Cannes 22 – Grasse 24

16, avenue de la Mer ✆ 04 92 02 66 16

de Villeneuve-Loubet Route de Grasse, par D 2085 : 4 km, ✆ 04 93 22 52 25

Musée de l'Art culinaire★ AX **M²**.

Voir plan de Cagnes-sur-Mer-Villeneuve-Loubet Haut-de-Cagnes.

XX **L'Auberge Fleurie**

au village, 13 r. Mesures – ✆ 04 93 73 90 92 – www.aubergefleurievilleneuveloubetvillage.com – Fermé 15 nov.-1er déc., jeudi sauf le soir en juil.-août et merc. AXu

Rest – *(prévenir)* (19 €) Menu 27/39 € – Carte 37/55 €

◆ Dans le village natal du célèbre cuisinier Auguste Escoffier, sympathique auberge proposant des plats inspirés du terroir. Poutres, pierres, tableaux modernes et terrasse d'été.

XX **La Flibuste-Martin's**

Port Marina Baie des Anges – ✆ 04 93 20 59 02 – www.lerepairedelaflibuste.fr – Fermé mi-nov. à mi-déc., merc. et jeudi d'oct. à mars AYe

Rest – (25 €) Menu 30 € (sem.)/35 € bc – Carte 36/112 €

◆ Cuisine de la mer mettant parfaitement en valeur la qualité des poissons (pêche de petits bateaux). Cadre chic et élégant, avec en toile de fond le port de plaisance.

à Villeneuve-Loubet-Plage – ✉ 06270

Galoubet sans rest

174 av. Castel – ✆ 04 92 13 59 00 – www.hotellegaloubet.com – Fermé 22-26 déc. AYs

22 ch – †95/114 € ††95/114 € – ☕ 9 €

◆ Le son du galoubet (instrument à vent méridional) ne viendra pas troubler votre repos dans ces chambres actuelles meublées en rotin et dotées d'une terrasse ou d'une loggia.

VILLENEUVE-SUR-LOT – 47 Lot-et-Garonne – 336 G3 4 C2

– 23 466 h. – alt. 51 m – ✉ 47300 Aquitaine

Paris 622 – Agen 29 – Bergerac 60 – Bordeaux 146

3, place de la Libération ✆ 05 53 36 17 30

de Villeneuve-sur-Lot à Castelnaud-de-Gratecambe, par rte de Bergerac : 12 km, ✆ 05 53 01 60 19

La Résidence sans rest

17 av. L. Carnot – ✆ 05 53 40 17 03 – www.hotellaresidence47.com – Fermé 27 déc.-5 janv. BZs

18 ch – †33/55 € ††33/55 € – ☕ 7 €

◆ Aux portes de la bastide médiévale, hôtel convivial offrant un hébergement simple. Les chambres côté cour, claires et calmes, ont l'avantage de donner sur les jardins voisins.

XX **La Table des Sens** (Hervé Sauton)

8 r. de Penne – ✆ 05 53 36 97 04 – www.latabledessens.com – Fermé dim. soir, mardi soir et lundi BYa

Rest – (18 €) Menu 28/55 € – Carte 44/60 €

Spéc. Homard en ravioles, bouillon mousseux à l'estragon. Ris de veau aux carottes confites à l'orange. Figues noires rôties et gâteau noisette.

◆ Le chef, au beau parcours, se fonde sur l'essentiel – les produits au naturel ! – et taquine les saveurs venues d'ailleurs... Des plats subtils et personnels, dans un décor qui rend zen.

à Pujols 4 km au Sud-Ouest par D 118 – 3 657 h. – alt. 180 m – ✉ 47300

place Saint Nicolas ✆ 05 53 36 78 69

< ★.

Des Chênes sans rest

Bel Air – ✆ 05 53 49 04 55 – www.hoteldeschenes.com – Fermé 23 déc.-15 janv. et dim. de nov. à avril

21 ch – †57/80 € ††73/96 € – ☕ 11 €

◆ Face au village perché de Pujols, bâtisse inspirée de l'architecture régionale, égayée par sa piscine et sa terrasse. Chambres fraîches, bien tenues, d'une tranquillité assurée.

XXX **La Toque Blanche**

– ✆ *05 53 49 00 30 – www.la-toque-blanche.com – Fermé 6-21 juin, 14-29 nov., 17-25 janv., dim. et lundi*

Rest – Menu 23 € (sem.), 39/85 € – Carte 50/100 €

◆ Pavillon tourné vers le bourg. Service à midi dans une véranda panoramique, le soir dans une élégante salle à manger. Cuisine de tradition avec des touches actuelles.

XX **Lou Calel**

Le bourg – ✆ 05 53 70 46 14 – Fermé 2 sem. en juin, 2 sem. en oct., 2 sem. en janv., mardi et merc.

Rest – Menu 24/40 € – Carte 42/54 €

◆ Cette auberge située dans le village vous accueille dans deux salles rustiques (dont une panoramique) ou sur sa terrasse surplombant la vallée du Lot. Goûteuse cuisine du terroir.

VILLENEUVE-SUR-TARN – 81 Tarn – 338 G7 – alt. 272 m – ✉ 81250 Curvalle **29 C2**

▶ Paris 714 – Albi 33 – Castres 67 – Lacaune 44

Hostellerie des Lauriers ch,

– ✆ 05 63 55 84 23 – *www.leslauriers.net* – *Ouvert de mi-mars à mi-oct.*
9 ch – 45/56 € 58/72 € – 8,50 € – ½ P 55/65 €
Rest – *(fermé dim. soir et lundi hors saison) (dîner seult)* Menu 17/30 € – Carte 25/45 €
◆ Maison en pierres du pays dans un parc au bord du Tarn, idéale pour des vacances "vertes" : chambres pratiques, piscine couverte, jacuzzi et randonnées organisées. Sobre salle à manger prolongée par une terrasse ; cuisine traditionnelle et recettes régionales.

VILLEPARISIS – 77 Seine-et-Marne – **312** E2 – **101** 19 – **voir à Paris, Environs**

VILLEREST – 42 Loire – **327** D4 – **rattaché à Roanne**

VILLEROY – 89 Yonne – **319** C2 – **rattaché à Sens**

VILLERS-BOCAGE – 14 Calvados – **303** I5 – **2 868 h.** – **alt. 140 m** **32** B2
– ✉ **14310** Normandie Cotentin

Paris 262 – Argentan 83 – Avranches 77 – Bayeux 26
place du Général de Gaulle ✆ 02 31 77 16 14

Les Trois Rois avec ch

2 pl. Jeanne d'Arc – ✆ 02 31 77 00 32 – *www.trois-rois.fr* – *Fermé dim. soir et lundi midi d'oct. à avril*
13 ch – 69/78 € 75/90 € – 10 € – ½ P 71/90 €
Rest – (19 €) Menu 26 € (déj. en sem.), 29/61 € – Carte 50/74 €
◆ Cette maison familiale, à la salle à manger bourgeoise et classique (tons jaunes, tableaux), propose des menus dans l'air du temps. Chambres rajeunies, sobres et actuelles.

VILLERS-COTTERÊTS – 02 Aisne – **306** A7 – **10 128 h.** – **alt. 126 m** **37** C3
– ✉ **02600** Nord Pas-de-Calais Picardie

Paris 81 – Compiègne 32 – Laon 61 – Meaux 41
6, place Aristide Briand ✆ 03 23 96 55 10
Château de François 1er : grand escalier★.
Forêt de Retz★.

Le Régent sans rest

26 r. du Gén. Mangin – ✆ 03 23 96 01 46 – *www.hotel-leregent.com*
30 ch – 72 € 82 € – 9 €
◆ Relais de poste du 18e s., organisé autour d'une cour pavée où trône un bel abreuvoir. Chambres au charme d'antan (meubles anciens) agrémentées de petites touches contemporaines.

VILLERSEXEL – 70 Haute-Saône – **314** G7 – **1 423 h.** – **alt. 287 m** **17** C1
– ✉ **70110** Franche-Comté Jura

Paris 386 – Belfort 41 – Besançon 59 – Lure 18
33, rue des Cités ✆ 03 84 20 59 59

Le Relais des Moines ch, ch,

1 r. du 13 Septembre 1944 – ✆ 03 84 20 50 50 – *www.lerelaisdesmoines.fr*
– Fermé 23 déc.-9 janv. et dim. soir
24 ch – 52 € 52/68 € – 8 € – ½ P 48 €
Rest – (12 €) Menu 26/34 € – Carte 26/60 €
◆ Un hôtel de belle ampleur, composé de plusieurs bâtiments. Chambres prati ques et très bien entretenues (les plus récentes dans une maison bourgeoise) Au restaurant, cuisine traditionnelle dont salaisons maison et spécialités franc comtoises.

La Terrasse

rte de Lure – ✆ 03 84 20 52 11 – www.laterrasse-villersexel.com – Fermé 24-26 déc., 31 déc.-2 janv., vend. soir et dim. soir d'oct. à mars

13 ch – †45/52 € ††52/62 € – ☕ 8,50 € – ½ P 53/56 €

Rest – (12 €) Menu 15 € (sem.), 25/35 € – Carte 24/51 €

◆ Dans la même famille depuis 1921, cette engageante maison dispose de chambres fonctionnelles et bien tenues, égayées de couleurs vives. Carte traditionnelle au restaurant ; agréable terrasse ombragée et fleurie en saison.

VILLERS-LE-LAC – 25 Doubs – 321 K4 – 4 339 h. – alt. 730 m – 17 C2

– ✉ 25130 Franche-Comté Jura

▶ Paris 471 – Basel 116 – Besançon 68 – La Chaux-de-Fonds 18

ℹ rue Pierre Berçot ✆ 03 81 68 00 98

◉ Saut du Doubs★★★ NE : 5 km - Lac de Chaillexon★ NE : 2 km - Musée de la montre★.

Le France (Hugues Droz)

8 pl. Cupillard – ✆ 03 81 68 00 06 – www.hotel-restaurant-lefrance.com – Fermé 24 oct.-9 nov. et 24 déc.-24 janv.

12 ch – †50/65 € ††60/100 € – ☕ 10 € – ½ P 60/90 €

Rest – *(fermé mardi midi d'oct. à mai, dim. soir et lundi)* Menu 19 € (déj.), 29/72 € – Carte 41/62 €

Spéc. Menu "Tout morilles". Filet de bœuf du Bourbonnais, réduction de trousseau et pommes de terre en fumée. Grand dessert. **Vins** Arbois-Savagnin, Arbois-Trousseau.

◆ Cet établissement accueillant perpétue la tradition familiale : quatre générations s'y sont succédé depuis 1900. Chambres actuelles et espace bien-être. Association de beaux produits, parfait mélange de saveurs et cuisine créative : Hugues Droz ravit les papilles dans une atmosphère chaleureuse.

VILLERS-SUR-MER – 14 Calvados – 303 L4 – 2 541 h. – alt. 10 m – 32 A3

– Casino Normandie Vallée de la Seine

▶ Paris 208 – Caen 35 – Deauville 8 – Le Havre 52

ℹ place Jean Mermoz ✆ 02 31 87 01 18

Domaine de Villers

chemin Belvédère – ✆ 02 31 81 80 80 – www.domainedevillers.com – Fermé 23-25 déc.

17 ch – †130/255 € ††130/255 € – ☕ 19 €

Rest – *(fermé le midi du lundi au jeudi)* Menu 36/54 € – Carte 53/82 €

◆ Manoir récent entouré d'un parc, avec vue sur la baie de Deauville. Ses chambres, luxueuses, déclinent les styles contemporain, marin, Art déco ou Directoire. Séduisante carte au goût du jour servie au coin du feu, dans une salle confortable ; terrasse panoramique.

VILLERVILLE – 14 Calvados – 303 M3 – rattaché à Honfleur

VILLETOUREIX – 24 Dordogne – 329 D4 – 823 h. – alt. 67 m – ✉ 24600 – 4 C1

▶ Paris 510 – Angoulême 59 – Bordeaux 119 – Périgueux 35

Le Moulin de Larcy

– ✆ 05 53 91 23 89 – www.le-moulin-de-larcy.com

3 ch ☕ – †160/240 € ††160/240 € **Table d'hôte** – Menu 18/28 €

◆ Le murmure de la rivière, la végétation luxuriante, l'intérieur élégant mis en scène par un propriétaire décorateur : ce moulin du 19e s. est un havre de paix ! Chambres avec salon et cuisine privée. À la table d'hôtes, menu suggéré la veille pour le lendemain.

VILLEURBANNE – 69 Rhône – 327 I5 – rattaché à Lyon

VILLIÉ-MORGON – 69 Rhône – 327 H3 – 1 740 h. – alt. 262 m – 43 E1

– ✉ 69910 Lyon Drôme Ardèche

▶ Paris 412 – Lyon 54 – Mâcon 23 – Villefranche-sur-Saône 22

◉ La Terrasse ✲★★ près du col du Fût d'Avenas NO : 7 km

L'Atelier du Cuisinier

17 r. Baudelaire – ✆ 04 74 62 20 76

Rest – Menu 14 € (déj.)/23 € – Carte 24/45 €

◆ À l'ardoise de ce bistrot à l'ancienne plein de charme, des suggestions appétissantes aux couleurs du terroir (pâté maison) et un grand choix de vins locaux. Terrasse ombragée.

à Morgon 2 km au Sud par D 68 – ✉ 69910

Le Morgon

– ✆ 04 74 69 16 03 – Fermé 3-10 mars, 15 déc.-1er fév., fériés le soir, mardi soir, dim. soir et merc.

Rest – Menu 15 € (sem.), 20/40 € – Carte 22/42 €

◆ Restaurant villageois disposant d'une salle à manger rajeunie dans un style restant assez classique, avec une petite cheminée et des tableaux colorés. Cuisine du terroir.

VILLIERS-LE-MAHIEU – 78 Yvelines – 311 G2 – 692 h. – alt. 127 m – ✉ 78770 18 A2

Paris 53 – Dreux 37 – Évreux 63 – Mantes-la-Jolie 18

Château de Villiers-le-Mahieu

r. du Centre – ✆ 01 34 87 44 25

– www.chateauvilliers.com – Fermé 24 déc.-1er janv. et 15-27 fév.

95 ch – 230/410 € 230/410 € – 20 € – ½ P 155/165 €

Rest – *(fermé le midi en sem. sauf vacances scolaires et fériés)* Carte 35/49 €

◆ Cerné de tours et de douves en eau, ce château du 17e s. (fondations du 13e s.) mêle charme du passé et goût du confort. Belles prestations dans les chambres (plusieurs annexes aux styles variés), spa de 700 m². Ambiance lounge au restaurant, cuisine actuelle.

VILLIERS-SOUS-GREZ – 77 Seine-et-Marne – 312 E6 – 763 h. – alt. 86 m – ✉ 77760 19 C3

Paris 75 – Corbeil-Essonnes 42 – Évry 43 – Savigny-sur-Orge 52

La Cerisaie sans rest

10 r. Larchant – ✆ 01 64 24 23 71 – www.cerisaie.fr

4 ch – 75/85 € 75/85 €

◆ Remarquablement restaurée, cette ferme du 19e s. est un vrai paradis. Meubles chinés et objets coup de cœur ornent les chambres aux noms évocateurs : Photographe, Orientale...

VILLIERS-SUR-MARNE – 52 Haute-Marne – 313 K4 – ✉ 52320 14 C3

Paris 282 – Bar-sur-Aube 41 – Chaumont 31 – Neufchâteau 52

La Source Bleue avec ch

2 km au Sud par D 194 – ✆ 03 25 94 70 35 – www.hotelsourcebleue.com

– Fermé 21 déc.-5 janv., dim. soir, lundi midi et mardi midi

11 ch – 75/90 € 75/90 € – 1 suite – 10 €

Rest – Menu 18 € (déj.), 29/50 € – Carte 52/61 €

◆ Moulin du 18e s. entouré d'un grand parc longeant la rivière. Intérieur sobre et plaisant, terrasse les pieds dans l'eau pour déguster poissons de rivière, cresson et vins du cru. Chambres fraîchement créées, très spacieuses et en pleine nature.

VINAY – 51 Marne – 306 F8 – rattaché à Épernay

VINCELOTTES – 89 Yonne – 319 E5 – rattaché à Auxerre

VINCENNES – 94 Val-de-Marne – 312 D2 – 101 17 – voir à Paris, Environs

---

VINCEY – 88 Vosges – 314 F2 – rattaché à Charmes

VINON-SUR-VERDON – 83 Var – 340 J3 – 3 734 h. – alt. 280 m – ✉ 83560 40 B2

Paris 775 – Aix-en-Provence 47 – Brignoles 52 – Digne-les-Bains 70

rue Saint-André ✆ 04 92 78 84 45

Relais des Gorges avec ch

230 av. de la République – ✆ 04 92 78 80 24 – Fermé 26 oct.-9 nov., 19-29 déc. et dim. soir d'oct. à mars

9 ch – †43 € ††52 € – ☕ 6,50 € – ½ P 48 € **Rest** – Menu 17/40 € – Carte 40/68 €

◆ Aux portes des grandioses gorges du Verdon, faites halte dans cette auberge où l'on sert une appétissante cuisine traditionnelle. Petites chambres sobres et pratiques.

VIRE – **14 Calvados** – **303** G6 – **12 347 h.** – **alt. 275 m** – ✉ **14500** **32** B2

Normandie Cotentin

Paris 296 – Caen 64 – Flers 31 – Laval 103

square de la Résistance ✆ 02 31 66 28 50

de Vire la Dathée à Saint-Manvieu-Bocage Ferme de la Basse Haie, SE : 8 km par D 150, ✆ 02 31 67 71 01

De France

4 r. d'Aignaux – ✆ 02 31 68 00 35 – www.hoteldefrancevire.com – fermé 6 déc.-4 janv. et dim. soir

20 ch – †60 € ††60 € – ☕ 8,50 € – ½ P 54 €

Rest – Menu 16/29 € – Carte 16/50 €

◆ Maison en pierre du centre-ville récemment rénovée, pour un résultat plaisant : des chambres contemporaines et épurées. Restaurant relooké (tableaux, poutres blanchies). Carte actuelle aux bases traditionnelles ; l'andouille est mise à l'honneur.

rte de Flers **2,5 km par D 524 – ✉ 14500 Vire :**

Manoir de la Pommeraie

– ✆ 02 31 68 07 71 – www.manoirdelapommeraie.com – Fermé dim. soir et lundi

Rest – (18 € bc) Menu 25/48 € – Carte 36/47 €

◆ En retrait de Vire, petit manoir du 18e s. isolé dans un parc aux arbres centenaires. Le nouveau chef propose une alléchante cuisine actuelle à base de bons produits de saison.

VIRÉ – **71 Saône-et-Loire** – **320** J11 – **1 056 h.** – **alt. 225 m** – ✉ **71260** **8** C3

Paris 378 – Mâcon 20 – Cluny 23 – Tournus 19

Frédéric Carrion Cuisine Hôtel

pl. A. Lagrange – ✆ 03 85 33 10 72 – www.relais-de-montmartre.fr – Fermé 8-31 janv.

10 ch – †130/320 € ††140/380 € – ☕ 16 €

Rest – *(fermé 29 août-5 sept., 8-31 janv., sam. midi, dim. soir et lundi)* (26 €) Menu 39/75 € – Carte 60/98 €

Spéc. Langoustine bretonne au parfum de pistache, tomates collection aux aromates (printemps-été). Volaille de Bresse cuisinée en cocotte, poire confite à la vanille et poivre vert de Penja. Soufflé chaud au Grand Marnier. **Vins** Mâcon Viré-Clessé, Mâcon Burgy.

◆ Décor contemporain et couleurs acidulées dans les chambres et la suite de cette belle bâtisse en pierre. Petit-déjeuner dans les vignes, fitness. Cuisine traditionnelle personnalisée, servie dans une élégante salle à manger (drapés, lustres en verre de Murano).

VIRIVILLE – **38 Isère** – **333** E6 – **1 291 h.** – **alt. 380 m** – ✉ **38980** **43** E2

Paris 549 – Lyon 92 – Grenoble 62 – Saint-Priest 73

Hostellerie de Chambaran

185 Grande-Rue-Jeanne-Sappey – ✆ 04 74 54 02 18 – www.hostelleriedechambaran.com

19 ch – †70 € ††90 € – ☕ 8 € – ½ P 75 €

Rest – *(fermé sam. midi)* Menu 24/49 € – Carte 22/55 €

◆ Au cœur d'un pittoresque village aux maisons en galets roulés, affaire familiale dont les chambres, sans fioriture mais rafraîchies, donnent sur un grand jardin-piscine. Chaleureuse salle à manger, terrasse ombragée et cuisine traditionnelle au restaurant.

VIRY-CHÂTILLON – **91 Essonne** – **312** D3 – **101** 36 – **voir à Paris, Environs**

VISCOS – 65 Hautes-Pyrénées – 342 L7 – 44 h. – alt. 800 m – ✉ 65120 28 A3

Paris 880 – Pau 75 – Tarbes 50 – Argelès-Gazost 17

La Grange aux Marmottes

au village – ✆ 05 62 92 88 88 – www.grangeauxmarmottes.com – Fermé 1er nov.-15 déc.

14 ch – †35/60 € ††70/120 € – ☕ 11 € – ½ P 62/88 €

Rest – Menu 21/52 € – Carte 26/45 €

◆ À la recherche du calme absolu ? Vous serez séduit par cette ancienne grange en pierre, située aux portes du Parc national des Pyrénées. Chambres vastes et douillettes. Atmosphère campagnarde dans la salle à manger et cuisine honorant la région.

VITERBE – 81 Tarn – 338 D8 – 330 h. – alt. 141 m – ✉ 81220 29 C2

Paris 693 – Albi 62 – Castelnaudary 52 – Castres 31

Les Marronniers

2 Grand Rue – ✆ 05 63 70 64 96 – www.lesmarronniers-viterbe.com – Fermé 2-19 nov., 23-25 fév., lundi soir d'oct. à mars, mardi soir et merc.

Rest – (11 €) Menu 19 € (sem.), 27/42 € bc – Carte 28/44 €

◆ Salle contemporaine dans les tons sable et chocolat, éclairage étudié, chaises à médaillon ajouré, salon-cheminée et plaisante terrasse face au jardin. Carte traditionnelle.

VITRAC – 24 Dordogne – 329 I7 – 831 h. – alt. 150 m – ✉ 24200 4 D3

Paris 541 – Brive-la-Gaillarde 64 – Cahors 54 – Périgueux 85

lieu-dit le bourg ✆ 05 53 28 57 80

du Domaine de Rochebois à Sarlat-la-Canéda Route de Montfort, SE : 2 km, ✆ 05 53 31 52 52

Château de Montfort★ NE : 2 km - Cingle de Montfort★ NE : 3,5 km

Périgord Quercy

Domaine de Rochebois sans rest

rte de Montfort, 2 km à l'Est par D 703 – ✆ 05 53 31 52 52 – www.rochebois.com – Ouvert début mai à fin sept.

10 ch – †165/295 € ††195/350 € – ☕ 15 €

◆ Un grand parc, un 9-trous, des jardins en terrasse et une décoration intérieure raffinée : cette demeure du 19e s. est un petit paradis au cœur du Périgord Noir.

Plaisance

au port – ✆ 05 53 31 39 39 – www.hotelplaisance.com – Ouvert 5 mars-11 nov.

48 ch – †55/64 € ††55/110 € – ☕ 9 € – ½ P 64/82 €

Rest – *(fermé dim. soir et vend. d'oct. à avril, vend. midi et sam. midi de mai à sept.)* Menu 16 € (déj. en sem.), 25/45 € – Carte 31/69 €

◆ Bâtisse régionale construite en 1808 à flanc de rocher, aux chambres bien tenues. L'annexe se trouve dans un ancien moulin et le jardin longe la Dordogne. On sert ici une copieuse cuisine du pays, à déguster en été sous la fraîcheur des tilleuls.

Le Clos Roussillon sans rest

1 km à l'Ouest par D 703 et rte secondaire – ✆ 05 53 28 13 00 – www.closroussillon-perigord.com – Ouvert 9 avril-31 oct.

31 ch – †55/75 € ††55/90 € – ☕ 8 €

◆ Un hôtel des années 1980 bien rénové, avec des chambres modernes et confortables, parfois pourvues de balcons et de kitchenettes, au milieu d'un parc : parfait en famille.

La Treille avec ch

Le Port – ✆ 05 53 28 33 19 – www.latreille-perigord.com – Fermé 14 nov.-17 déc. 15 fév.-5 mars, mardi sauf le soir du 15 juin au 15 oct. et lundi

8 ch – †48/54 € ††48/56 € – ☕ 8 € – ½ P 68 €

Rest – (17 €) Menu 20/45 € – Carte 40/63 €

◆ Cette maison tapissée de vigne vierge doit son nom aux Latreille, ses propriétaires depuis 1866. La bonne surprise vient de la cuisine, traditionnelle mais jamais ennuyeuse.

VITRAC – 15 Cantal – **330** B6 – 292 h. – alt. 490 m – ✉ 15220 **5** A3

Paris 561 – Aurillac 26 – Figeac 44 – Rodez 77

Auberge de la Tomette rest, VISA MC AE

– ✆ *04 71 64 70 94 – www.auberge-la-tomette.com – Ouvert Pâques-12 nov.*

16 ch – †86/95 € ††86/95 € – ☕ 10 € – ½ P 72/80 €

Rest – *(dîner seult)* Menu 24/39 €

◆ Agréable auberge mise en valeur par ses nouveaux propriétaires : chambres claires et actuelles, jardin fleuri avec jeux pour enfants, espace relaxation (sauna, hammam). La salle à manger rustique ouvre sur une terrasse-pergola. Cuisine traditionnelle.

VITRÉ – 35 Ille-et-Vilaine – **309** O6 – 16 156 h. – alt. 106 m – ✉ 35500 **10** D2

Bretagne

Paris 310 – Châteaubriant 52 – Fougères 30 – Laval 38

place Général de Gaulle ✆ 02 99 75 04 46

des Rochers Sévigné Château des Rochers, par rte d'Argentré : 6 km, ✆ 02 99 96 52 52

Château★★ : tour de Montalifant ≤★, tryptique★ - La Ville★ : rue Baudrairie★★ A 5, remparts★, église Notre-Dame★ B - Tertres noirs ≤★★ par ④ - Jardin du parc★ par ③ - ≤★★ des D178 B et D857 A - Champeaux : place★, stalles★ et vitraux★ de l'église 9 km par ④.

Ibis sans rest VISA MC AE

1 bd Chateaubriant, par ③ – ✆ 02 99 75 51 70 – www.ibishotel.com

62 ch – †54/95 € ††54/95 € – ☕ 8 €

◆ Non loin du centre médiéval, un hôtel récent proposant des chambres fonctionnelles et bien tenues. Préférez celles situées sur l'arrière, plus au calme.

Le Pichet VISA MC AE

17 bd de Laval, par ① – ✆ 02 99 75 24 09 – www.lepichet.fr – Fermé merc. soir, jeudi soir et dim.

Rest – *(nombre de couverts limité, prévenir)* Menu 18 € (sem.)/50 € – Carte 39/52 €

◆ Un Pichet confortable, qui verse à boire et à manger ! Le patron achète ses viandes chez les producteurs locaux et concocte une cuisine agréable. L'été, on profite du joli jardin.

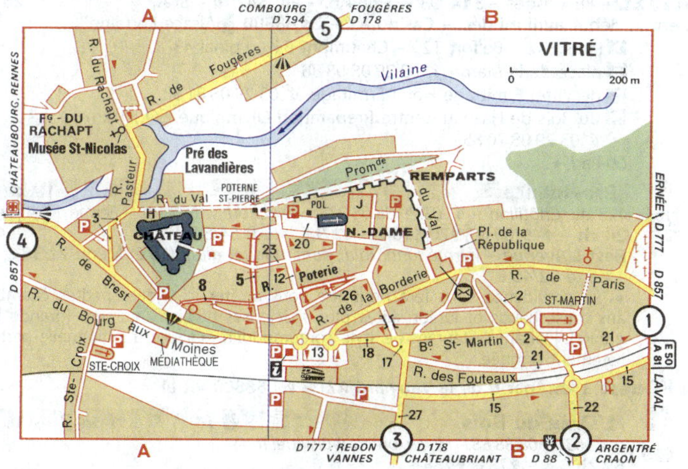

Argentré (R. B.-d') . . . . . B 2
Augustins (R. des) . . . . . A 3
Baudrairie (R. de la) . . . . . A 5
Borderie (R. de la) . . . . . B
En-Bas (R. d') . . . . . A 8
Garengeot (R.) . . . . . B 12
Gaulle (Pl. Gén.-de) . . . . . B 13
Jacobins (Bd des) . . . . . B 15
Leclerc (Pl. Gén.) . . . . . B 17
Liberté (R. de la) . . . . . B 18
Notre-Dame (Pl. et R.) . . . . . B 20
Paris (R. de) . . . . . B
Pasteur (R.) . . . . . A
Poterie (R.) . . . . . B
Prêche (Bd du) . . . . . A 21
Rochers (Bd des) . . . . . B 22
St-Louis (R.) . . . . . AB 23
St-Yves (Pl.) . . . . . A 25
Sévigné (R.) . . . . . B 26
70e-R.I. (R. du) . . . . . B 27

VITRY-LE-FRANÇOIS – 51 Marne – 306 J10 – 15 086 h. – alt. 105 m – ✉ 51300 Champagne Ardenne 13 B2

Paris 181 – Bar-le-Duc 55 – Châlons-en-Champagne 33 – Verdun 96

6, Boulevard François 1er ✆ 03 26 74 45 30

La Poste

pl. Royer-Collard – ✆ 03 26 74 02 65 – www.hotellaposte.com – Fermé 21 déc.-4 janv. et dim.

27 ch – 63/78 € 71/86 € – 10 €

Rest – *(fermé 2-23 août)* (20 €) Menu 23/75 € bc – Carte 65/80 €

◆ Face à la collégiale Notre-Dame, cet hôtel abrite des chambres pratiques, bien entretenues (certaines avec baignoire balnéo), et un agréable coin salon. Cuisine dans l'air du temps au restaurant.

De la Cloche

rest,

34 r. Aristide Briand – ✆ 03 26 74 03 84 – www.hotel-de-la-cloche.com – Fermé 3-9 janv. et dim. soir du 1er nov. au 30 avril

22 ch – 53/87 € 58/120 € – 9 €

Rest *Jacques Sautet* – Menu 27/60 € – Carte 58/103 €

Rest *Vieux Briscard* – (13 €) Menu 19/25 € – Carte 35/60 €

◆ Établissement du centre-ville disposant de chambres fonctionnelles et de bonne ampleur. Chez Jacques Sautet, cuisine classique dans un cadre bourgeois. Carte de brasserie au Vieux Briscard.

VITTEAUX – 21 Côte-d'Or – 320 H5 – 1 100 h. – alt. 320 m – ✉ 21350 8 C2

Bourgogne

Paris 259 – Auxerre 100 – Avallon 55 – Beaune 64

16, rue Hubert Languet ✆ 03 80 33 90 14

Vieille Auberge

19 r. Verdun – ✆ 03 80 49 60 88 – Fermé 21-30 juin, 17-31 oct., 2-9 janv., vend. en juil.-août et lundi

Rest – *(déj. seult sauf sam.)* (12 €) Menu 15/28 € – Carte 25/42 €

◆ Un bar à l'ambiance rurale dessert les deux salles rustiques de cette auberge familiale villageoise où l'on sert une cuisine traditionnelle. Petite terrasse ombragée.

VITTEL – 88 Vosges – 314 D3 – 5 684 h. – alt. 347 m – Stat. therm. : début avril-mi déc. – Casino AY – ✉ 88800 Alsace Lorraine 26 B3

Paris 342 – Belfort 129 – Chaumont 84 – Épinal 43

place de la Marne ✆ 03 29 08 08 88

36 de Vittel Ermittage Hôtel Ermitage, ✆ 03 29 08 81 53

9 du Bois de Hazeau Centre Préparation Olympique, SO : 1 km, ✆ 03 29 08 20 85

Parc★.

Providence

125 av. Châtillon – ✆ 03 29 08 08 27 – www.hotelvittel.com – Fermé 1er-4 janv.

24 ch – 49/80 € 70/110 € – 9 € – ½ P 54/84 € AYa

Rest *L'Avenue* – *(fermé lundi midi, sam. midi et dim.)* (15 €) Menu 22/38 € – Carte 22/46 €

◆ La providence vous fera peut-être vous arrêter ici : jolies petites chambres aux tons chauds et junior suites plus spacieuses et bien équipées (grande baignoire). Plaisant restaurant de style contemporain ; cuisine traditionnelle particulièrement soignée.

à l'Ouest 3 km **par r. de la Vauviard AZ** – ✉ **88800 Vittel**

L'Orée du Bois

– ✆ 03 29 08 88 88 – www.loreeduboisvittel.fr

57 ch – 78 € 88 €

Rest – (16 €) Menu 18 € (sem.), 25/38 € – Carte 30/50 €

◆ Face à l'hippodrome, un établissement conçu pour la détente : balnéothérapie massages, hammam, soins esthétiques. Chambres soignées ; testez les bio ou les familiales. Cuisine traditionnelle mettant en valeur les produits du terroi Agréable terrasse.

VITTEL

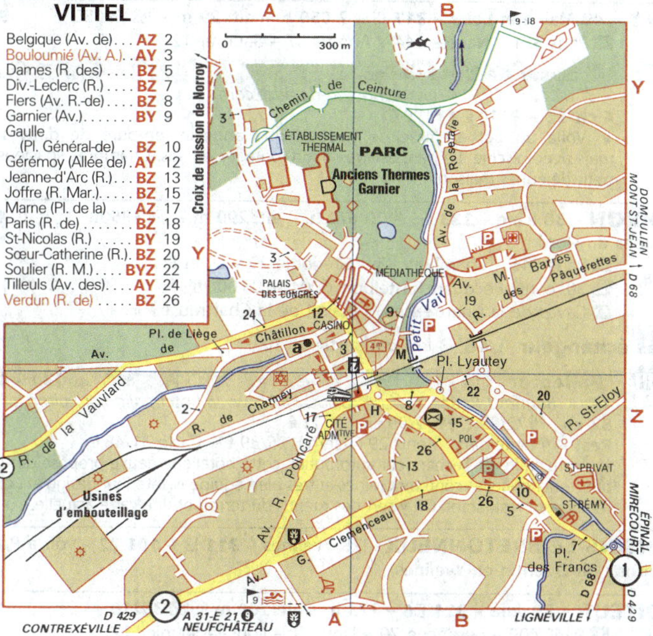

VIVÈS – 66 Pyrénées-Orientales – **344** H7 – rattaché au Boulou

VIVIERS – 07 Ardèche – **331** K7 – 3 841 h. – alt. 65 m – ✉ 07220 **44** B3

Paris 618 – Lyon 163 – Marseille 167 – Montpellier 158

5, place Riquet ✆ 04 75 52 77 00

Le Relais du Vivarais avec ch — ch,

31 rte Nationale 86 – ✆ 04 75 52 60 41 – www.relaisduvivarais.fr – Fermé en mars et 23 déc.-5 janv.

6 ch – †72/78 € ††75/96 € – ☕ 10 €

Rest – *(fermé dim. soir sauf résidents)* (17 €) Menu 29/47 € – Carte 32/70 €

◆ Dans cette sympathique auberge familiale, la cuisine met en valeur le terroir et les produits régionaux, ne dédaignant pas, çà et là, quelques détours exotiques. Jolies chambres au décor sobre ; pain et confitures maison au petit-déjeuner.

VIVONNE – 86 Vienne – **322** H6 – 2 975 h. – alt. 103 m – ✉ 86370 **39** C2

Poitou Vendée Charentes

Paris 354 – Angoulême 94 – Confolens 62 – Niort 67

place du Champ de Foire ✆ 05 49 43 47 88

Le St-Georges — rest,

Grande Rue, (près de l'église) – ✆ 05 49 89 01 89 – www.hotel-st-georges.com – Fermé 23 déc.-1er janv.

30 ch – †50/64 € ††57/83 € – ☕ 7 € – ½ P 88/126 €

Rest – *(fermé dim. soir, sam. midi, jeudi et vend. d' oct. à mars sauf résidents)* (10 €) Menu 21/30 € – Carte 26/44 €

◆ Ravaillac eut à Vivonne la terrible vision qui le conduisit au régicide. Dormez tranquille dans cet hôtel disposant de chambres fonctionnelles et bien tenues. Salle à manger contemporaine (cuisine traditionnelle) et espace bistrot pour le menu du jour.

VIVY – 49 Maine-et-Loire – **317** I5 – 2 050 h. – alt. 29 m – ✉ 49680 **35** C2

Paris 311 – Nantes 144 – Angers 57 – Saumur 12

Château de Nazé sans rest

– ✆ 02 41 51 80 91 – www.chateau-de-naze.com

4 ch – 110 € 120 €

◆ Voilà un bel exemple de néogothique angevin, entouré de douves soit, mais avec piscine. Le parc est très fleuri, potager en sus. Chambres spacieuses et petit-déjeuner maison.

VOIRON – 38 Isère – **333** G5 – 20 672 h. – alt. 290 m – ✉ 38500 **45** C2

Alpes du Nord

Paris 546 – Chambéry 43 – Grenoble 29 – Lyon 85

30, cours Becquart Castelbon ✆ 04 76 05 00 38

Caves de la Chartreuse★ - Massif de la Chartreuse★★.

près échangeur A 48 **3 km par sortie n° 10**

Palladior

4 r. A. Bouffard Roupé – ✆ 04 76 06 47 47 – www.hotel-palladior-voiron.fr

82 ch – 72/99 € 72/99 € – 11 €

Rest – *(Fermé dim.)* Menu 29 € (sem.), 35/39 € – Carte 31/48 €

◆ À proximité de l'échangeur autoroutier, cette hôtellerie neuve propose des chambres fonctionnelles contemporaines et très bien équipées. Intérieur design et agréable terrasse au restaurant. On y sert des menus du terroir et une carte actuelle.

VOISINS-LE-BRETONNEUX – 78 Yvelines – **311** I3 – **101** 22 – voir à Paris, Environs (St-Quentin-en-Yvelines)

VOITEUR – 39 Jura – **321** D6 – 773 h. – alt. 260 m – ✉ 39210 **16** B3

Paris 409 – Besançon 79 – Dole 51 – Lons-le-Saunier 12

3, place de la Mairie ✆ 03 84 44 62 47

Château Saint-Martin sans rest

– ✆ 03 84 44 91 87 – www.juranatura.fr – Fermé déc.-janv.

4 ch – 100 € 110 € – 7 €

◆ Un apéritif accueille les hôtes de ce château classé monument historique. Ses chambres, de styles différents, donnent parfois sur le parc et la chapelle du 14e s. Piano à disposition.

VOLLORE-VILLE – 63 Puy-de-Dôme – **326** I8 – 707 h. – alt. 540 m **6** C2 – ✉ 63120

Paris 408 – Clermont-Ferrand 58 – Roanne 63 – Vichy 52

Château de Vollore sans rest

– ✆ 04 73 53 71 06 – www.chateauvollore.com

5 ch – 110/210 € 130/250 €

◆ Ce château avec vue sur le Sancy a appartenu aux La Fayette ! Salons en enfilade, plafond vertigineux et chambres avec lits à baldaquin : un voyage dans l'histoire.

VOLNAY – 21 Côte-d'Or – **320** I7 – rattaché à Beaune

VONNAS – 01 Ain – **328** C3 – 2 623 h. – alt. 200 m – ✉ 01540 Bourgogne **43** E1

Paris 409 – Bourg-en-Bresse 23 – Lyon 69 – Mâcon 21

rue du Moulin ✆ 04 74 50 04 47

Georges Blanc

pl. du Marché – ✆ 04 74 50 90 90

– www.georgesblanc.com – Fermé janv.

30 ch – 180/425 € 180/425 € – 11 suites – 30 €

Rest *Georges Blanc* – voir ci-après

◆ D'une génération à l'autre, Vonnas est devenu... Blanc. Cette hôtellerie aux rouages huilés par les ans cultive avec chaleur l'art de recevoir à la bressanne ! Luxe sans ostentation, bois, pierre, superbe parc : une image du terroir qui sait vivre avec son temps.

Résidence des Saules sans rest

pl. du Marché – 04 74 50 90 51 – www.georgesblanc.com – Fermé janv.
6 ch – 160/180 € 160/180 € – 4 suites – 30 €
◆ Cette très jolie maison fleurie de géraniums est un peu l'annexe de l'hôtel Georges Blanc situé de l'autre côté de la place. Au-dessus de la boutique, chambres confortables.

Georges Blanc – Hôtel Georges Blanc

pl. du Marché – 04 74 50 90 90 – www.georgesblanc.com – fermé janv., merc. midi, jeudi midi, lundi et mardi
Rest – *(nombre de couverts limité, prévenir)* Menu 120/195 € – Carte 145/260 €
Spéc. Éclaté de homard confit au vin jaune, fines ravioles à l'oseille, parure sylvestre. Volaille de Bresse sauce foie gras, royale de foies blonds à l'artichaut. Panouille bressane glacée à la confiture de lait. **Vins** Mâcon-Lugny, Volnay.
◆ Sa propre grand-mère avait été sacrée "meilleure cuisinière du monde" par Curnonsky. La tradition reste reine à Vonnas, sans être figée ! L'inspiration de Georges Blanc, c'est la Bresse et sa poularde, les sauces aux goûts profonds, les cuissons savantes qui révèlent les saveurs… Le plaisir de manger, tout simplement.

L'Ancienne Auberge

pl. du Marché – 04 74 50 90 50 – www.georgesblanc.com – Fermé janv.
Rest – Menu 22 € (déj.), 32/52 € – Carte 35/62 €
◆ Bistrot au décor rétro en mémoire de l'auberge – ex-fabrique de limonade – ouverte par la famille Blanc à la fin du 19e s. (photos et affiches anciennes). Cuisine régionale.

VOSNE-ROMANEE – 21 Côte-d'Or – 320 J7 – 444 h. – alt. 242 m – 21700 8 D1

Paris 330 – Chalon-sur-Saône 49 – Dijon 21 – Dole 71

Le Richebourg

ruelle du Pont – 03 80 61 59 59 – www.hotel-lerichebourg.com – Fermé 19-26 déc.
24 ch – 139/239 € 139/239 € – 2 suites – 19 €
Rest – Menu 32/45 € – Carte 40/60 €
◆ Au cœur du célèbre village, hôtel contemporain offrant tout le confort moderne et un espace détente (soins, sauna, hammam) pour rendre votre séjour agréable. Chambres spacieuses.

VOUGEOT – 21 Côte-d'Or – 320 J6 – 216 h. – alt. 239 m – 21640 8 D1

Bourgogne

Paris 325 – Beaune 27 – Dijon 17
Château du Clos de Vougeot★ O.

Le Clos de la Vouge

1 r. du Moulin – 03 80 62 89 65 – www.vougeot-hotel.com – Fermé 20 déc.-31 janv.
10 ch – 69/119 € 69/119 € – 9 € – ½ P 67/77 €
Rest – (15 €) Menu 23 € (sem.), 30/37 € – Carte 27/52 €
◆ À proximité du célébrissime château du clos de Vougeot, cette bâtisse dispose de chambres bien tenues et joliment décorées. Ambiance familiale et cuisine traditionnelle.

à Gilly-lès-Cîteaux 2 km à l'Est par D 251 – 595 h. – alt. 227 m – 21640

Château de Gilly

– 03 80 62 89 98 – www.chateau-gilly.com
37 ch – 165/345 € 165/345 € – 11 suites – 23 €
Rest *Clos Prieur* – *(dîner seult sauf dim.)* Menu 46/69 € – Carte 70/110 €
Rest *Côté Terroirs* – *(fermé dim.) (déj. seult)* (24 €) Menu 29/39 €
◆ Calme et raffinement caractérisent cet ancien palais abbatial cistercien abritant de spacieuses chambres personnalisées. Agréables jardins à la française. Le Clos Prieur occupe un superbe cellier voûté d'ogives du 14e s. Plats classiques, superbe carte des vins. Au Côté Terroirs, formule bistrot et ambiance conviviale.

L'Orée des Vignes sans rest
6 rte d'Épernay – ☎ 03 80 62 49 77 – www.oreedesvignes.com
– Fermé 19 déc.-11 janv.
26 ch – †70/125 € ††70/125 € – ☕ 10 €
◆ Ferme du 16e s. encadrant une belle cour aménagée en jardin. Chambres calmes, assez grandes et équipées de meubles fonctionnels. Bel espace petit-déjeuner.

à Flagey-Échezeaux **3 km au Sud-Est par D 971 et D 109 – 500 h. – alt. 227 m – ✉ 21640**

Losset sans rest
10 pl. de l'Église – ☎ 03 80 62 46 00 – www.hotel-losset-bourgogne.com
7 ch – †85 € ††85/150 € – ☕ 10 €
◆ Hôtel récent aux chambres confortables diversement aménagées : certains meubles réalisés par un ébéniste, parquet, poutres au plafond, parfois un petit salon avec cheminée.

Petit Paris sans rest
6 r. du Petit-Paris – ☎ 03 80 62 84 09 – www.petitparis.bourgogne.free.fr
4 ch ☕ – †80/85 € ††80/85 €
◆ Accueil chaleureux et chambres personnalisées dans cette maison (17e s.) entourée d'un parc. Artiste, la propriétaire expose ses œuvres et vous initiera à la peinture (cours).

Simon
12 pl. de l'Église – ☎ 03 80 62 88 10 – www.restaurant-simon.fr
– Fermé 1er-15 août, 23-27 déc., 16 fév.-5 mars, dim. soir et merc.
Rest – *(nombre de couverts limité, prévenir)* Menu 20 € bc (déj.), 36/85 € – Carte 42/85 €
◆ Au centre d'un village viticole, un élégant restaurant contemporain apprécié par une clientèle fidèle. Appétissante cuisine actuelle à base de beaux produits. Accueil aimable.

VOUGY – 74 Haute-Savoie – 328 L4 – rattaché à Bonneville

VOUILLÉ – 86 Vienne – 322 G5 – 3 200 h. – alt. 118 m – ✉ 86190 — 39 C1

Paris 345 – Châtellerault 46 – Parthenay 34 – Poitiers 18

10, place de l'Eglise ☎ 05 49 51 06 69

Cheval Blanc avec ch
3 r. Barre – ☎ 05 49 51 81 46 – www.cheval-blanc-clovis.fr – Fermé 8-22 fév.
13 ch – †55 € ††55/68 € – ☕ 6,50 € – ½ P 49 €
Rest – (12 €) Menu 18 € (sem.), 25/45 € – Carte 24/46 €
◆ Au cœur du bourg, plusieurs salles à manger contemporaines (dont une avec cheminée) donnant sur une rivière, tout comme la paisible terrasse d'été. Chambres pratiques.

Clovis
29 ch – †55 € ††55/68 € – ☕ 6,50 € – ½ P 49 €
◆ À 100 m de la maison mère, construction récente aux chambres aménagées simplement. Petits-déjeuners proposés sous forme de buffet.

VOUTENAY-SUR-CURE – 89 Yonne – 319 F6 – 196 h. – alt. 130 m – ✉ 89270 — 7 B2

Paris 206 – Auxerre 37 – Avallon 15 – Vézelay 15

Auberge Le Voutenay avec ch
– ☎ 03 86 33 51 92 – www.aubergelevoutenay.com
– Fermé 26 juin-5 juil., 1er-21 janv., dim. soir, lundi et mardi
7 ch – †50 € ††60 € – ☕ 9 €
Rest – *(nombre de couverts limité, prévenir)* Menu 27/57 €
◆ Dans cette auberge du 18e s. bordant la route, il règne une plaisante atmosphère rustique, propice à la dégustation d'une cuisine traditionnelle et sympathique. Joli parc, coin bistrot et petite boutique de produits du terroir. Chambres simples et bien tenues.

VOUVRAY – 37 Indre-et-Loire – **317** N4 – 3 083 h. – alt. 55 m **11** B2
– ✉ 37210 Châteaux de la Loire

Paris 240 – Amboise 18 – Blois 51 – Château-Renault 25

12, rue Rabelais ✆ 02 47 52 68 73

Domaine des Bidaudières sans rest

r. de Peu Morier, rte de Vernou-sur-Brenne, par D 46 – ✆ 02 47 52 66 85 – www.bidaudieres.com

5 ch – †90/110 € ††120/135 €

◆ Quel charme ! Ce beau castel en tuffeau du 18e s. domine la vallée de son parc somptueux. Toile de Jouy et meubles chinés dans les chambres, belle piscine et orangerie.

VOVES – 28 Eure-et-Loir – **311** F6 – 2 910 h. – alt. 146 m – ✉ 28150 **12** C1

Paris 99 – Ablis 36 – Bonneval 23 – Chartres 25

Le Quai Fleuri

15 r. Texier Gallas – ✆ 02 37 99 15 15 – www.quaifleuri.com

21 ch – †71/91 € ††81/141 € – 4 suites – 12 €

Rest – *(fermé dim. soir)* (20 €) Menu 25/65 € bc – Carte 50/60 €

◆ Cet hôtel récent, flanqué d'un moulin reconstitué – emblème beauceron –, abrite de petites chambres personnalisées. Celles logées dans l'annexe sont plus spacieuses et de plain-pied avec le parc. Au restaurant, lumineux décor contemporain et cuisine traditionnelle.

VRON – 80 Somme – **301** D6 – 820 h. – alt. 15 m – ✉ 80120 **36** A1

Paris 211 – Abbeville 27 – Amiens 76 – Berck-sur-Mer 17

L'Hostellerie du Clos du Moulin

1 r. Maréchal Leclerc – ✆ 03 22 23 74 75 – www.leclosdumoulin.fr

15 ch – †79/99 € ††99/139 € – ½ P 79 €

Rest – (21 €) Menu 26/55 € – Carte 38/70 €

◆ Un beau jardin, des poutres et des vieilles pierres... du cachet ! Les chambres de ce joli domaine allient douceur champêtre et confort moderne. Cuisine de saison sous une grandiose charpente apparente... On se rêve gentleman-farmer !

WAHLBACH – 68 Haut-Rhin – **315** I11 – rattaché à Altkirch

WAILLY-BEAUCAMP – 62 Pas-de-Calais – **301** D5 – 938 h. **30** A2
– alt. 39 m – ✉ 62170

Paris 214 – Amiens 86 – Arras 89 – Lille 139

La Prairière sans rest

– ✆ 03 21 81 02 99 – http://lapraiRiere.com – Fermé 15 nov.-20 fév.

4 ch – †100 € ††100/120 €

◆ Une ancienne ferme (15e s.) réhabilitée avec goût. Salon feutré avec une superbe cheminée en brique et pierre ; jolies chambres meublées d'ancien et de contemporain.

WANGENBOURG – 67 Bas-Rhin – **315** H5 – alt. 452 m – ✉ 67710 **1** A1
Alsace Lorraine

Paris 469 – Molsheim 30 – Sarrebourg 36 – Saverne 19

32a, rue du Gén. de Gaulle ✆ 03 88 87 33 50

Région de Dabo-Wangenbourg★★.

Parc Hôtel

39 r. du Gén.-de-Gaulle – ✆ 03 88 87 31 72 – www.parchotelalsace.com – Ouvert 25 mars-5 nov.

29 ch – †69/99 € ††69/109 € – 10 € – ½ P 63/78 €

Rest – *(fermé le midi en sem.)* Menu 20/43 € – Carte 38/48 €

◆ Cette grande maison vosgienne se dresse dans un parc peuplé d'arbres centenaires, propice à la sérénité... Accueil chaleureux, chambres spacieuses et confortables (modernes ou de style). Cuisine traditionnelle dans un cadre cossu.

LA WANTZENAU – 67 Bas-Rhin – **315** K5 – rattaché à Strasbourg

WENGELSBACH – 67 Bas-Rhin – **315** K2 – rattaché à Niedersteinbach

WESTHALTEN – 68 Haut-Rhin – **315** H9 – **904 h.** – **alt. 240 m** **1** A3
– ✉ **68250** Alsace Lorraine

Paris 480 – Colmar 22 – Guebwiller 11 – Mulhouse 28

Auberge du Cheval Blanc (Gilbert Koehler) avec ch
20 r. Rouffach – ☎ 03 89 47 01 16 – www.auberge-chevalblc.com – Fermé 18-29 juin, 15 janv.-9 fév., lundi et mardi
11 ch – †85 € ††95 € – ☐ 13 € – ½ P 92/106 €
Rest – (26 € bc) Menu 38/75 € – Carte 54/92 €
Spéc. Dégustation de foie gras. Filet de pigeon. Vacherin nouvelle mode. **Vins** Riesling, Pinot noir.
◆ Voici une élégante maison, tenue par la même famille de vignerons depuis 1785. Cuisine à la fois classique et créative ; belle carte de vins d'Alsace dont ceux de la propriété. Les chambres, spacieuses, sont confortables et modernes.

WETTOLSHEIM – 68 Haut-Rhin – **315** H8 – **rattaché à Colmar**

WEYERSHEIM – 67 Bas-Rhin – **315** K4 – **3 098 h.** – **alt. 140 m** – ✉ **67720** **1** B1

Paris 486 – Haguenau 18 – Saverne 49 – Strasbourg 21

Auberge du Pont de la Zorn
2 r. République – ☎ 03 88 51 36 87 – Fermé 16 août-2 sept., 1 sem. vacances scolaires de fév., le midi sauf dim. et merc. soir
Rest – *(prévenir)* Menu 14 € (déj. en sem.)/33 € – Carte 16/36 €
◆ Reproductions de dessins signés Hansi, objets anciens, spécialités régionales et tartes flambées servies le soir : un concentré d'Alsace ! Bucolique terrasse en bord de Zorn.

WIERRE-EFFROY – 62 Pas-de-Calais – **301** D3 – **777 h.** – **alt. 28 m** **30** A2
– ✉ **62720**

Paris 262 – Calais 29 – Abbeville 88 – Boulogne-sur-Mer 14

La Ferme du Vert
r. du Vert – ☎ 03 21 87 67 00 – www.fermeduvert.com – Fermé 19 déc.-20 janv. et dim. sauf juil.-août
16 ch – †64/97 € ††69/100 € – 1 suite – ☐ 13 € – ½ P 72/103 €
Rest – *(fermé sam. midi, lundi midi et dim.)* Menu 25/49 € – Carte 32/57 €
◆ Le calme et la campagne réunis dans cette ancienne ferme du Boulonnais. Chambres décorées avec goût et simplicité. À table, régalez-vous de petits plats traditionnels élaborés avec des produits maison, dont de délicieux fromages au lait de vache (en vente).

Le Beaucamp sans rest
1 km au Sud par D 232 (rte de Wimille) – ☎ 03 21 30 56 13 – www.lebeaucamp.com – Fermé 1er janv.-14 mars et 15 oct.-31 déc.
5 ch ☐ – †85 € ††110 €
◆ Manoir familial (1850) au milieu d'un grand parc aux arbres centenaires. Vieux objets, tableaux, mobilier ancien forment un ensemble plaisant, et le confort est au rendez-vous !

WIHR-AU-VAL – 68 Haut-Rhin – **315** H8 – **rattaché à Munster**

WILLGOTTHEIM – 67 Bas-Rhin – **315** J4 – **1 072 h.** – **alt. 240 m** – ✉ **67370** **1** A1

Paris 463 – Metz 138 – Saarbrücken 94 – Strasbourg 33

La Cour de Lise avec ch
26 r. Principale – ☎ 03 88 64 93 36 – www.lacourdelise.fr – Fermé lundi et mardi
6 ch ☐ – †70/80 € ††90/120 €
Rest – *(nombre de couverts limité, prévenir)* (15 €) Menu 28/48 € – Carte 25/50 €
◆ Une auberge devenue ferme, puis retournée à ses premières amours. Dans une salle coquette, on savoure une cuisine traditionnelle, tout en raffinement ; l'accueil est charmant. Pour l'étape, chambres d'esprit contemporain.

WILLIERS – 08 Ardennes – 306 N4 – 44 h. – alt. 277 m – ✉ 08110 — 14 C1

Paris 277 – Châlons-en-Champagne 174 – Charleville-Mézières 57 – Arlon 44

Chez Odette — rest, VISA

– *03 24 55 49 55 – www.chez-odette.com*

9 ch – 175/265 € 175/265 € – 19 € **Rest** – *(fermé 29 mars -7 avril, 23 août-15 sept., et du lundi au jeudi)* Menu 50/70 €

◆ Odette tenait autrefois cette auberge convertie aujourd'hui en un hôtel plein de charme. Meubles contemporains et chinés dans les chambres, parfaitement équipées. Table gastronomique et café où l'on sert les mêmes plats et boissons qu'à l'époque d'Odette...

WIMEREUX – 62 Pas-de-Calais – 301 C3 – 7 410 h. – alt. 7 m — 30 A2

– ✉ 62930 Nord Pas-de-Calais Picardie

Paris 269 – Arras 125 – Boulogne-sur-Mer 7 – Calais 33

quai Alfred Giard 03 21 83 27 17

Du Centre — AC rest, P VISA AE

78 r. Carnot – 03 21 32 41 08 – www.hotelducentre-wimereux.fr – Fermé 13 déc.-24 janv.

21 ch – 60/70 € 70/90 € – 10 €

Rest – *(fermé lundi)* (19 €) Menu 23/31 € – Carte 24/40 €

◆ Bâtisse ancienne bordant la rue principale de cette station balnéaire de la Côte d'Opale. Les chambres, fonctionnelles, sont parfois dotées d'une mezzanine. Le restaurant affiche un sympathique look bistrot ; plats traditionnels et produits de la mer.

XXX **Liégeoise et Atlantic Hôtel** avec ch — ch, P VISA AE

digue de mer – 03 21 32 41 01 – www.atlantic-delpierre.com – Fermé fév.

18 ch – 130/170 € 130/170 € – 13 € – ½ P 138/158 €

Rest – *(fermé dim. soir et lundi midi)* (29 €) Menu 36/65 € – Carte 61/81 €

Rest *L'Aloze* – *(fermé dim. soir et lundi midi)* (18 €) Menu 23/28 €

◆ Bien situé sur le front de mer, face à la Manche. Belle salle à manger panoramique, décorée dans les tons gris et vert, pour apprécier huîtres chaudes, turbot et agneau aux olives... Les chambres, contemporaines, sont à préférer côté mer. Cadre convivial et plats traditionnels à l'Aloze.

X **Épicure** (Philippe Carrée) — VISA

1 r. Pompidou – 03 21 83 21 83 – Fermé 25 août-10 sept., 20 déc.-10 janv., merc. soir et dim.

Rest – *(nombre de couverts limité, prévenir)* Menu 25/40 € – Carte 40/70 €

Spéc. Homard côtier, ravioli aubergine-tomate (juin à oct.). Turbot sauvage, épeautre crémé aux champignons (oct. à avril). Ganache chocolat passion, fenouil confit, sauce cerise (mai à juil.).

◆ En centre-ville, derrière une façade discrète, un petit restaurant au cadre intime et feutré. Attrayante cuisine du moment, axée sur les produits de la mer.

WINKEL – 68 Haut-Rhin – 315 H12 – 382 h. – alt. 575 m – ✉ 68480 — 1 A3

Paris 466 – Altkirch 23 – Basel 35 – Belfort 50

XX **Au Cerf** avec ch — VISA

76 r. Principale – 03 89 40 85 05

6 ch – 46 € 52 € – 7,50 € – ½ P 50/55 €

Rest – *(fermé dim. soir, lundi et jeudi)* (13 €) Menu 28/57 € – Carte 29/37 €

◆ Accueillante auberge à la façade rouge située à deux pas de la source de l'Ill. Salles à manger cossues dont une aux allures de winstub. Plaisantes chambres sous les combles.

WISSEMBOURG – 67 Bas-Rhin – 315 L2 – 8 008 h. – alt. 157 m — 1 B1

– ✉ 67160 Alsace Lorraine

Paris 512 – Haguenau 33 – Karlsruhe 42 – Sarreguemines 80

9, place de la République 03 88 94 10 11

Vieille ville★ : église St-Pierre et St-Paul★.

Village★★ d'Hunspach 11 km par ②.

Plan page suivante

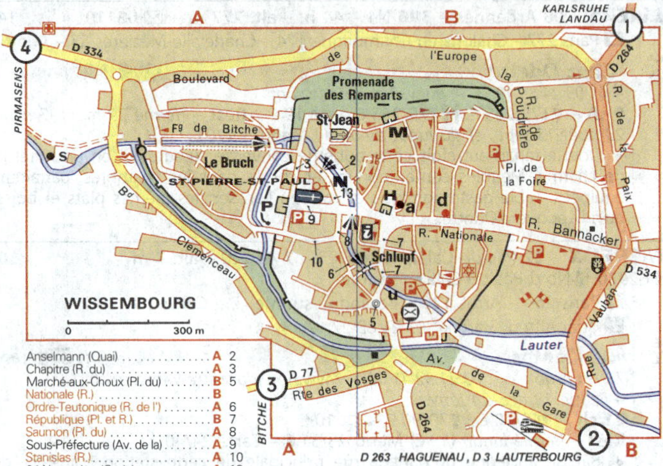

Au Moulin de la Walk — ch, ch, VISA AE

2 r. Walk – ☎ 03 88 94 06 44 – www.moulin-walk.com – Fermé 9-29 janv.

25 ch – †58/72 € ††67/72 € – ☕ 9 € – ½ P 75 € **As**

Rest – *(fermé 4-18 juil., 9-29 janv., vend. midi, dim. soir et lundi)* Menu 32/50 € – Carte 30/50 €

◆ Au bord d'une rivière, bâtiments aménagés sur les vestiges d'un moulin dont la roue tourne encore. Décor chaleureux et épuré avec du bois brut pour rappeler le style local. Carte classique et régionale (plusieurs recettes à base de foie gras), vins choisis.

XX **Hostellerie du Cygne** avec ch — A/C rest, ch, VISA AE

3 r. Sel – ☎ 03 88 94 00 16 – www.hostellerie-cygne.com – Fermé 4-18 juil., 7-21 nov. et 16 fév.-3 mars **Ba**

23 ch – †50/150 € ††50/250 € – ☕ 10 €

Rest – *(fermé jeudi midi, dim. soir et merc.)* (15 €) Menu 27/70 € – Carte 30/70 €

◆ Au cœur du pittoresque Wissembourg, hostellerie aménagée dans plusieurs maisons anciennes. Cuisine traditionnelle servie à la winstub ou dans une salle de style alsacien Renaissance. Chambres agréables et confortables.

XX **L'Ange** — VISA

2 r. de la République – ☎ 03 88 94 12 11 – www.restaurant-ange.com – Fermé 16-26 juin, 10-18 nov., 16 fév.-3 mars, dim. soir en hiver, lundi et mardi

Rest – Menu 27/38 € – Carte 35/45 € **Bu**

◆ Spécialité de cet Ange ? La bonne choucroute maison, à déguster dans une atmosphère alsacienne ou plus classique. Dans cette maison de 1617, on se régale aussi de plats actuels.

X **Le Carrousel Bleu** — VISA

17 r. Nationale – ☎ 03 88 54 33 10 – www.le-carrousel-bleu.fr – Fermé 1er-15 août, dim. et le soir en sem. **Bd**

Rest – (13 €) Menu 28/50 € – Carte 25/45 €

◆ Une adresse familiale (lui en cuisine ; elle en salle) dans une maison du 18e s. Carte dans l'air du temps (carpaccio de canard, raviolis de ricotta...) ; cadre moderne.

à Altenstadt 2 km par ② – ✉ 67160

XX **Rôtisserie Belle Vue** — A/C P VISA

1 r. Principale – ☎ 03 88 94 02 30 – www.bellevue-wiss.fr – Fermé 8 août-1er sept., 14 fév.-3 mars, dim. soir, lundi et mardi

Rest – Menu 27/55 € – Carte 30/60 €

◆ Dans cette grande maison familiale, on est reçu chaleureusement et on savoure une cuisine traditionnelle dans une atmosphère cossue. Plats du jour servis au bar-winstub.

XONRUPT-LONGEMER – 88 Vosges – 314 J4 – rattaché à Gérardmer

YERVILLE – 76 Seine-Maritime – 304 F4 – 2 260 h. – alt. 156 m 33 C1
– ✉ 76760

Paris 164 – Dieppe 44 – Fécamp 48 – Le Havre 69

de Yerville 367 rue des Acacias, NO : 0,5 km, ✆ 02 32 70 15 49

XX **Hostellerie des Voyageurs**

3 r. Jacques Ferny – ✆ 02 35 96 82 55 – www.hostellerie-voyageurs.com – Fermé dim. soir et lundi sauf fériés

Rest – Menu 15 € (déj. en sem.), 25/48 € – Carte 47/70 €

◆ Ex-relais de poste (1875) proposant une cuisine traditionnelle dans une grande salle rustique en deux parties. Terrasse côté jardin utilisée pour l'apéritif et le café.

YEU (ÎLE D') – 85 Vendée – 361 BC7 – voir à Île d'Yeu

YGRANDE – 03 Allier – 326 E3 – 756 h. – alt. 333 m – ✉ 03160 5 B1

Paris 310 – Clermont-Ferrand 111 – Moulins 34 – Montluçon 41

Château d'Ygrande rest, P VISA AE

Le Mont, 4 km à l'Est par D 192 et rte secondaire – ✆ 04 70 66 33 11 – www.chateauygrande.fr – Fermé 2 janv.-25 fév., mardi midi, dim. soir et lundi sauf juil.-août

19 ch – †130/230 € ††130/230 € – ☕ 16 € – ½ P 129/179 €

Rest – Menu 29/70 € – Carte 54/64 €

◆ Charme et élégance règnent dans ce château des années 1830. Des séjours à thème sont proposés (équitation, randonnée). Très beau panorama sur la campagne. Cuisine classique faisant la part belle aux produits du potager, salle à manger de style Directoire.

YSSINGEAUX – 43 Haute-Loire – 331 G3 – 6 888 h. – alt. 829 m 6 C3
– ✉ 43200 Lyon Drôme Ardèche

Paris 565 – Ambert 73 – Privas 98 – Le Puy-en-Velay 27

16, place Foch ✆ 04 71 59 10 76

Le Bourbon AC rest, VISA AE

5 pl. Victoire – ✆ 04 71 59 06 54 – www.le-bourbon.com – Fermé 23 juin-6 juil., 13-26 oct., 22 déc.-20 janv., dim. soir, mardi midi et lundi

11 ch – †65/75 € ††65/75 € – ☕ 12 € – ½ P 60/65 €

Rest – (16 €) Menu 22/56 € – Carte 41/55 €

◆ Petite auberge accueillante établie sur une place agréable. Chambres fonctionnelles colorées et dotées de jolies salles d'eau récentes. Au restaurant, cuisine régionale traditionnelle à base de produits en provenance des petits producteurs locaux.

YVETOT – 76 Seine-Maritime – 304 E4 – 10 943 h. – alt. 147 m 33 C1
– ✉ 76190 Normandie Vallée de la Seine

Paris 171 – Dieppe 57 – Fécamp 35 – Le Havre 58

8, place Maréchal Joffre ✆ 02 35 95 08 40

de Yerville à Yerville 367 rue des Acacias, NE: 13 km, ✆ 02 32 70 15 49

Verrières★★ de l'église St-Pierre.

Du Havre VISA AE

pl. des Belges – ✆ 02 35 95 16 77 – www.hotel-du-havre.fr

23 ch – †53/58 € ††58/66 € – ☕ 10 € – ½ P 54/58 €

Rest – ✆ 02 35 95 63 63 *(fermé vend. soir et sam. soir en hiver, férié en saison et dim.)* (10 €) Menu 21/25 € – Carte 42/50 €

◆ Une ambiance conviviale vous attend dans cet hôtel familial du centre. Chambres personnalisées de bon confort. Repas traditionnels à déguster dans une salle classique, où le décor évolue au gré de l'actualité, sportive notamment.

Le Manoir aux Vaches P VISA AE

2 r. Guy de Maupassant – ✆ 02 35 95 65 65 – www.lemanoirauxvaches.com

9 ch ☕ – †86/96 € ††96/116 €

◆ Belles chambres à mezzanine au décor original sur le thème des bovidés.

au Sud-Est 5 km sur D 5 – ✉ 76190 Yvetot

X **Auberge du Val au Cesne** avec ch

rte Duclair – ✆ 02 35 56 63 06 – www.valaucesne.fr – Fermé 22 août-4 sept. et 10-30 janv.

5 ch – †90 € ††90 € – ☕ 10 €

Rest – *(fermé lundi et mardi)* (15 €) Menu 28 € – Carte 50/60 €

◆ En pleine campagne, ravissante auberge normande du 17e s. proposant, dans cinq salles à manger rustiques (meubles anciens, cheminées), une cuisine traditionnelle et du marché. Mobilier de divers styles dans les chambres (régional, Art nouveau ou actuel). Bon confort.

à Motteville 9 km à l'Est par D 929 et D 20 – 719 h. – alt. 160 m – ✉ 76970

XX **Auberge du Bois St-Jacques**

à la gare – ✆ 02 35 96 83 11 – www.aubergebsj.com – Fermé 3 sem. en août, 1 sem. en fév., dim. soir, lundi soir et mardi

Rest – (12 €) Menu 17/46 € – Carte 36/42 €

◆ Ex-buffet de gare offrant le choix entre deux salles : l'une rustique (poutres, cuivres), l'autre actuelle, dans les tons rouges, en forme de rotonde. Cuisine au goût du jour.

YVOIRE – 74 Haute-Savoie – 328 K2 – 810 h. – alt. 380 m – ✉ 74140 46 F1

Alpes du Nord

Paris 563 – Annecy 71 – Bonneville 41 – Genève 26

place de la Mairie ✆ 04 50 72 80 21

Village médiéval★★ : jardin des Cinq Sens★.

Villa Cécile

156 rte de Messery, par D 25 – ✆ 04 50 72 27 40 – www.villacecile.com – Fermé 3 janv.-7 fév.

15 ch – †100/260 € ††100/260 € – ☕ 15 €

Rest – *(fermé lundi)* (25 €) Menu 36/47 € – Carte 47/67 €

◆ Piscines, jacuzzi, sauna et hammam invitent à la détente dans cette paisible villa en léger retrait de la cité médiévale. Chambres claires ornées de toiles d'artistes locaux. Cheminée l'hiver et terrasse ensoleillée aux beaux jours pour une cuisine traditionnelle.

Les Flots Bleus

– ✆ 04 50 72 80 08 – www.flotsbleus-yvoire.com – Ouvert de Pâques à mi-oct.

17 ch – †110/195 € ††110/195 € – ☕ 11 € – ½ P 91/129 €

Rest – Menu 22 € (sem.), 34/88 € – Carte 33/63 €

◆ Vue imparable sur le lac, terrasse ou balcon, confort moderne et équipements au top... Des chambres actuelles au cadre élégant. Beau mobilier contemporain ou montagnard. Cuisine de qualité 100% maison à l'esprit brasserie.

Le Pré de la Cure

pl. de la Mairie – ✆ 04 50 72 83 58 – www.pre-delacure.com – Ouvert 3 mars-13 nov.

25 ch – †74/98 € ††84/115 € – ☕ 10 € – ½ P 82/88 €

Rest – Menu 20 € (sem.), 27/49 € – Carte 35/60 €

◆ À l'entrée de la cité médiévale. Les grandes chambres, rénovées dans un esprit actuel, bénéficient de la vue sur le lac ou du calme côté jardin. Accueil attentionné. Cuisine régionale (pêche locale), salle-véranda et terrasse face à Yvoire et au Léman.

XX **Vieille Porte**

2 pl. de la Mairie – ✆ 04 50 72 80 14 – www.la-vieille-porte.com – Fermé 15 nov.-15 fév. et lundi sauf juil.-août

Rest – Menu 26 € (sem.)/41 € – Carte environ 45 €

◆ Maison du 14e s. appartenant à la même famille depuis 1587 ! Bel intérieur avec tomettes, poutres et pierres. Terrasse à l'ombre des remparts, face aux flots. Plats régionaux.

XX **Du Port** avec ch

r. du Port – 04 50 72 80 17 – www.hotelrestaurantduport-yvoire.com – Ouvert 1er mars-31 oct.

7 ch – 120/220 € 120/220 € – 17 € – ½ P 105/155 €

Rest – *(fermé merc. sauf de mai à sept.)* (27 €) Menu 32 € (sem.)/52 € – Carte 51/66 €

◆ Terrasse au bord du lac et plaisante façade fleurie pour cette maison idéalement située sur le port de plaisance. Spécialités de poissons. Belles chambres de style lacustre.

YVOY-LE-MARRON – 41 Loir-et-Cher – 318 I6 – 595 h. – alt. 129 m – ✉ 41600 12 C2

Paris 163 – Blois 45 – La Ferté-St-Aubin 13 – Orléans 35

route de Chaumont 02 54 88 07 14

Auberge du Cheval Blanc ch, ch,

1 pl. du Cheval-Blanc – 02 54 94 00 00 – www.aubergeduchevalblanc.com – Fermé 1er-17 mars et 18 déc.-5 janv.

15 ch – 90/95 € 95/100 € – 14 € – ½ P 90/110 €

Rest – *(fermé 1er-21 juil., lundi midi, mardi midi et merc. midi)* Menu 28/46 € – Carte 45/85 €

◆ Une avenante maison solognote au cœur du village. Les chambres sont chaleureuses et raffinées, certaines sur cour. Tomettes, poutres et trophées de chasse : tout un idéal champêtre ressuscité au restaurant. Beaux plats de tradition et jolis détours exotiques...

ZELLENBERG – 68 Haut-Rhin – 315 H7 – rattaché à Riquewihr

ZIMMERSHEIM – 68 Haut-Rhin – 315 I10 – rattaché à Mulhouse

ZONZA – 2A Corse-du-Sud – 345 E9 – voir à Corse

ZOUFFTGEN – 57 Moselle – 307 H2 – 667 h. – alt. 250 m – ✉ 57330 26 B1

Paris 341 – Luxembourg 20 – Metz 48 – Thionville 18

XXX **La Lorraine** (Marcel Keff) avec ch rest,

80 r. Principale – 03 82 83 40 46 – www.la-lorraine.fr – Fermé lundi et mardi

3 ch – 115 € 150/180 € – 18 €

Rest – (26 €) Menu 42/110 € – Carte 78/105 €

Spéc. Fricassée d'escargots de Cleurie, coulis de persil, émulsion de pommes de terre rattes. Cochon de lait de Kanfen rôti sur sa peau croustillante. Œuf tiède au chocolat, sabayon au rhum. **Vins** Auxerrois, Pinot Noir

◆ Table frontalière estimée pour sa cuisine actuelle. La cave s'expose sous vos pieds, à travers des hublots. Véranda et terrasse sur jardin agrandissent la salle, contemporaine. Chambres amples et cossues, de style lorrain. Petit-déjeuner gastronomique.

Cyrillus/Fotolia.com

Principauté d'Andorre

ANDORRE – **343** H9 – **83 137 h.** Midi-Toulousain

rue du Dr-Vilanova, Andorre-la- Vieille ✆ (00-376) 82 02 14

La Principauté d'Andorre, d'une superficie de 464 km^2, est située au cœur des Pyrénées, entre la France et l'Espagne. Depuis 1993, la Principauté est un État souverain membre de l'ONU. La langue officielle est le catalan mais la majorité de la population parle aussi le français et l'espagnol. La monnaie locale est l'euro. Pour se rendre en Andorre, les citoyens de l'Union Européenne ont besoin d'un passeport ou d'une carte d'identité en cours de validité.

Transports

Accès depuis la France : RN 22 passant par le tunnel d'Envalira.
Liaison par autocars : depuis l'aéroport de Toulouse-Blagnac par la Cie Novatel, renseignements ✆ (00-376) 803 789 et la Cie Nadal ✆ (00-376) 805 151. Depuis les gares SNCF de l'Hospitalet et Latour-de-Carol par la Cie Hispano-Andorrane, renseignements ✆ (00-376) 807 000.

ANDORRA-LA-VELLA Capitale de la Principauté – **343** H9 **28** B3
– **23 587 h.** – **alt. 1 029 m** – ✉ **AD500**

Paris 861 – Carcassonne 165 – Foix 102 – Perpignan 170

13 rue du Dr-Vilanova ✆ 00 376 82 02 14

Vallée du Valira del Nord★ N.

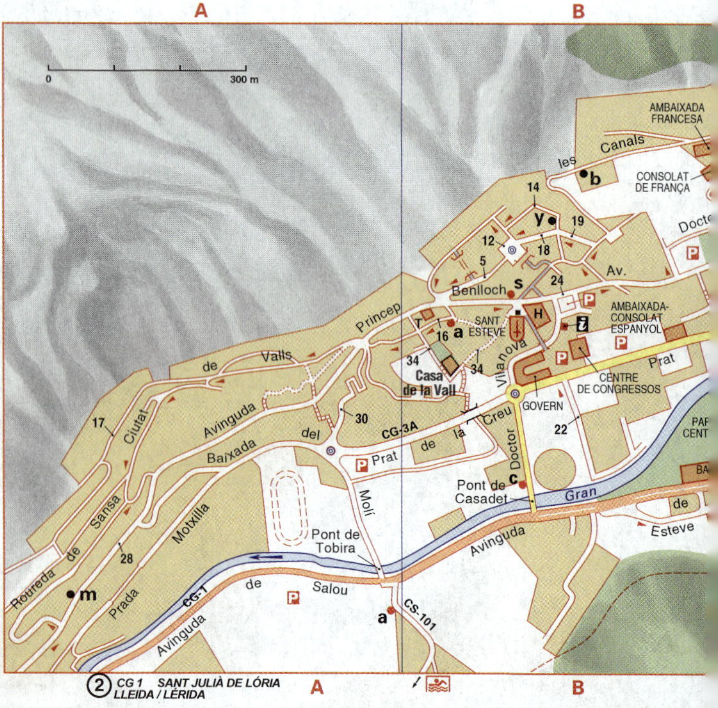

Andorra Park H.

Les Canals 24 – (00-376) 87 77 77 – www.parkhotelandorra.com

89 ch – single 105/210 € double 120/300 € – 1 suite **Bb**

Rest *És Andorra* – Carte 36/48 €

Rest *Racó del Park* – *(dîner seult)* Carte environ 35 €

◆ Situé dans la partie la plus haute de la ville, il est entouré de jardins. Les parties communes sont spacieuses et les chambres très bien équipées, toutes avec terrasse. Spa complet. És Andorra, le restaurant gastronomique, propose une carte traditionnelle actualisée et de belles vues.

Plaza

Maria Pla 19 – (00-376) 87 94 44 – www.plazandorra.com **Ca**

45 ch – single 106/226 € double 127/269 € – 45 suites – 17,50 €

Rest – *(Fermé lundi soir et mardi)* Carte 47/56 €

◆ Cet hôtel à l'élégance classique se distingue par son hall de réception, de mise sobre, mais qui dispose de deux ascenseurs panoramiques et offre une vue sur les couloirs menant aux chambres. Très soigné également, le restaurant propose une cuisine au goût du jour.

Arthotel

Prat de la Creu 15-25 – (00-376) 76 03 03 – www.arthotel.ad **Cd**

125 ch – single 62/207 € double 65/218 € – 9 €

Rest – Menu 19 €

Rest *Plató* – Carte 27/46 €

◆ Grand professionnalisme pour cet établissement d'esprit actuel, offrant des chambres assez spacieuses. Une cafétéria vient compléter les parties communes. Aménagement fonctionnel et entrée indépendante pour le restaurant Plató.

ANDORRA LA VELLA

Baixada del Molí	A	
Bonaventura Armengol	C	2
Bonaventura Riberaygua	C	
Canals	BC	
Casadet (Pont de)	B	
Ciutat de Valls	A	
Consell d'Europa (Av. del)	C	
Creu Grossa	C	4
Doctor Mitjavila (Av.)	C	
Doctor Molines	BC	
Doctor Néqui	B	5
Doctor Vilanova	B	
Escaler (Pl.)	C	
Esteve Dolça Pujal	BC	
Fener	C	
Fiter i Rossell	C	10
Guillemó (Pl.)	B	12
Joan Maragall	C	
Llacuna	B	14
Major (Antic Carrer)	B	16
Maria Pla	C	
Meritxell (Av.)	C	
Mestre Xavier Plana	A	17
Mossèn Cinto Verdaguer	B	18
Mossèn Tremosa	B	19
Obac	C	
Pere d'Urg	C	
Pompeu Fabra	C	20
Prada Casadet	B	22
Prada de la Creu	BC	
Prada Motxilla	A	
Prat de la Creu (Pont)	C	
Príncep Benlloch (Av. de)	AB	
Rebés (Pl.)	B	24
Roda	C	26
Rotonda (Pont de la)	C	
Roureda de Sansa	A	
Salou (Av.)	A	
Santa Coloma (Av. de)	A	28
Sant Andreu	C	
Sardana	C	
Tarragona (Av. de)	BC	
Toriba	A	30
Toriba (Pont de)	A	
Unió	C	
Vall	B	34

President
av. Santa Coloma 44 – ✆ (00-376) 87 72 77 – www.janhotels.com **Am**
100 ch – 60/124 € 80/165 € **Rest** – Carte 29/43 €
◆ Ce complexe hôtelier mi-classique, mi-actuel, propose de bonnes parties communes et des chambres confortables, dotées de parquet. Piscine couverte et solarium au 7 e étage. Correctement aménagé, le restaurant arbore un cadre au modernisme épuré.

Diplomatic
av. Tarragona – ✆ (00-376) 80 27 80 – www.diplomatichotel.com **Cm**
83 ch – 52/116 € 65/165 € – 2 suites **Rest** – Menu 18,50 €
◆ Situé au cœur d'un centre commercial et d'affaires, cet établissement abrite des chambres fonctionnelles qui conviendront aussi bien à une clientèle d'affaires qu'aux touristes. Cuisine internationale sans prétention servie dans un cadre sagement contemporain.

Florida sans rest
Llacuna 15 – ✆ (00-376) 82 01 05 – www.hotelflorida.ad **By**
27 ch – 41/86 € 45/95 €
◆ Cet hôtel familial à la façade actuelle dispose de parties communes réduites, de confortables chambres parquetées, d'un petit gymnase et d'un sauna.

XX **Borda Estevet**
carret. de La Comella 2 – ✆ (00-376) 86 40 26 – www.bordaestevet.com
Rest – Carte environ 40 € **Aa**
◆ Les magnifiques murs de pierre de cette ancienne grange abritent plusieurs salles à manger au décor rustique, dont une dispose d'une cheminée. Cuisine traditionnelle du marché et catalane.

XX **La Borda Pairal 1630**
Doctor Vilanova 7 – ✆ (00-376) 86 99 99 – www.labordapairal1630.com – Fermé dim. soir et lundi **Bc**
Rest – Carte 26/40 €
◆ Cette ancienne borda en pierre se distingue par son décor rustique. Bar d'accueil, salle à manger avec cave vitrée et salle de réception au premier.

XX **Taberna Ángel Belmonte**
Ciutat de Consuegra 3 – ✆ (00-376) 82 24 60 – www.tabernaangelbelmonte.com
Rest – Carte 40/56 € **Cb**
◆ Un restaurant agréable aux allures de taverne, qui arbore une mise en place impeccable et un beau décor où domine le bois. À la carte, produits du terroir, poissons et fruits de mer.

XX **Can Benet**
antic carrer Major 9 – ✆ (00-376) 82 89 22 – www.restaurant_canbenet.com – Fermé 15-30 juin et lundi sauf fériés **Ba**
Rest – Carte 26/53 €
◆ Petit espace doté d'un bar d'accueil au rez-de-chaussée. À l'étage, la salle principale, avec ses murs de pierre et son plafond en bois, arbore un style andorran.

CANILLO – 343 H9 – 4 633 h. – alt. 1 531 m – ✉ AD100 29 C3

Andorra la Vella 12

Crucifixion★ dans l'église de Sant Joan de Caselles NE : 1 km – Sanctuaire de Meritxell★ SE : 3 km.

Ski Plaza
carret. General – ✆ (00-376) 73 94 44 – www.plazandorra.com
121 ch – 74/226 € 95/269 € – 17,50 € **Rest** – Menu 26 €
◆ Perché à 1600 m d'altitude, cet établissement bien équipé propose des chambres de style montagnard extrêmement confortables, dont certaines possèdent un jacuzzi et d'autres sont réservées aux enfants. Ce vaste restaurant propose principalement ses repas sous forme de buffet.

ENCAMP – 343 H9 – 13 225 h. – alt. 1 313 m – ✉ AD200 29 C3

▶ Andorra la Vella 8

ℹ pl. Consell ✆ 00 376 73 10 00, Fax 00 376 83 98 78

◎ Casa Cristo★ - Musée National de l'Automobile★.

Coray

< 🌳 |♦| AC rest, ✂ 🚗 VISA ●●

Caballers 38 – ✆ (00-376) 83 15 13 – Fermé nov.

85 ch ☕ – †40/70 € ††48/72 € **Rest** – *(buffet seult)* Menu 11 €

◆ Bel emplacement pour cet hôtel perché sur les hauteurs de la localité. Parties communes actuelles et chambres fonctionnelles donnant, pour la plupart, sur la campagne environnante. Dans cette salle à manger vaste et lumineuse, les repas sont principalement servis sous forme de buffet.

Univers

|♦| ✂ ((•)) P VISA ●●

René Baulard 13 – ✆ (00-376) 73 11 05 – www.hoteluniversandorra.com – Fermé nov.

31 ch – †38/42 € ††65/75 € – ☕ 8 € **Rest** – Menu 14 €

◆ Posé sur les berges du Valira d'Orient, cet hôtel familial sympathique, d'esprit classique et fonctionnel, abrite des chambres exiguës mais de bon confort. Une carte réduite aux saveurs traditionnelles proposée dans une salle à manger correcte.

ESCALDES-ENGORDANY – 343 H9 – 16 078 h. – alt. 1 105 m – ✉ AD700 28 B3

▶ Andorra-la-Vella 2

ℹ place dels Co-Princeps ✆ (00-376) 82 09 63

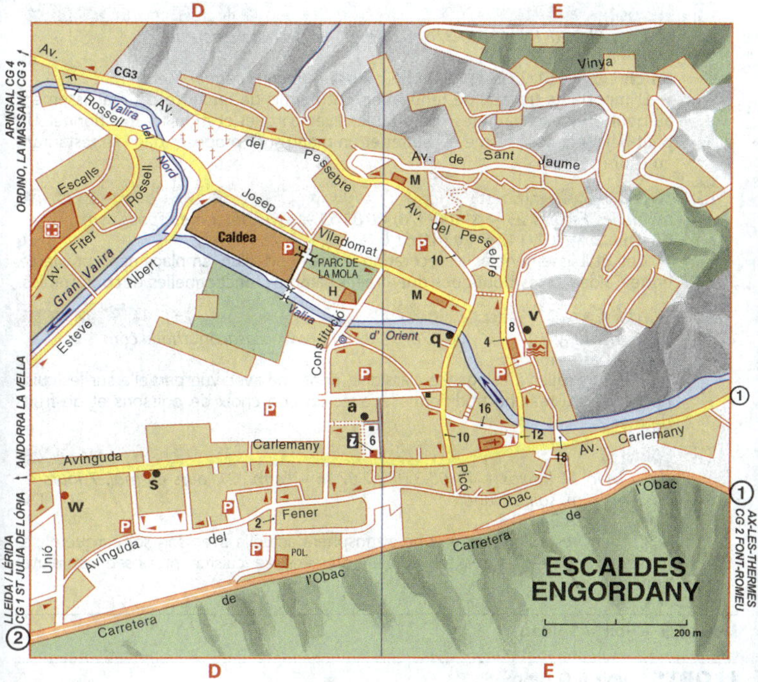

Carlemany (Av.) . . . . . DE
Ciutat de Sabadell . . . . . D 2
Constitució . . . . . D
Copríinceps (Pl.) . . . . . D 6
Coprínceps de Gaulle (Av.) . . . . . E 4
Creu Blanca (Pl.) . . . . . E 8
Escalls . . . . . D
Escoles (Av. de les) . . . . . E 10
Església de l' . . . . . E 12
Esteve Albert . . . . . D
Fener del (Av.) . . . . . D
Fiter i Rossell (Av.) . . . . . D
Josep Viladomat . . . . . DE
l'Obac . . . . . E
Obac (Ctra de l') . . . . . DE
Pessebre del (Av.) . . . . . DE
Picó . . . . . E
Santa Anna . . . . . E 16
Santa Anna (Pl.) . . . . . E 18
Sant Jaume (Av.) . . . . . E
Unió . . . . . D
Vinya . . . . . E

Roc de Caldes ch, rest,
carret. d'Engolasters, par ① carretera de l'Obac – (00-376) 87 45 55 – www.rocdecaldes.com
45 ch – 100/220 € – 15 € **Rest** – Menu 18 €
◆ L'architecture contemporaine de ce luxueux hôtel bâti à flanc de montagne se fond dans le paysage naturel. Les chambres, décorées avec goût, jouissent d'une superbe vue. Cadre classique et superbe panorama au restaurant.

Roc Blanc ch,
pl. dels Co-Prínceps 5 – (00-376) 87 14 00 – www.rocblanchotels.com
157 ch – 75/240 € 90/310 € – 3 suites **Da**
Rest *L'Entrecôte* – Carte 30/41 €
◆ Situé au centre de la localité, ce complexe composé de trois bâtiments reliés entre eux propose des espaces communs complets et des chambres accueillantes au mobilier mi-classique, mi-actuel. Correctement aménagé, le restaurant l'Entrecôte dispose d'une entrée indépendante.

Casa Canut
av. Carlemany 107 – (00-376) 73 99 00 – www.casacanuthotel.com
33 ch – 120/250 € – 15 € **Ds**
Rest *Casa Canut* – voir ci-après
◆ Ceux qui passeront le seuil de cet hôtel à la façade discrète ne pourront qu'être séduits par son raffinement. Chambres personnalisées, très confortables et extrêmement bien équipées.

Espel ch, rest,
pl. Creu Blanca 1 – (00-376) 82 08 55 – www.hotelespel.com – Fermé 2 mai-24 juin **Ev**
84 ch – 51/77 € 67/111 € **Rest** – *(menu unique)* Menu 16 €
◆ D'importants travaux de rénovation ont permis de remettre cet établissement au goût du jour. Chambres confortables avec parquet et mobilier fonctionnel. Un petit-déjeuner sous forme de buffet et un menu sont proposés dans ce restaurant au cadre sobre.

Metropolis sans rest
av. de les Escoles 25 – (00-376) 80 83 63 – www.hotel-metropolis.com
68 ch – 61/142 € 74/161 € **Eq**
◆ Cet établissement à la décoration sobre jouit d'un emplacement privilégié, entre Caldea et les boutiques duty-free. Chambres fonctionnelles et confortables.

Casa Canut – Hotel Casa Canut
av. Carlemany 107 – (00-376) 73 99 00 – www.casacanuthotel.com
Rest – Carte 46/79 € **Ds**
◆ Plusieurs salles à l'élégance classique, dont une avec vue partielle sur les cuisines. Carte du marché traditionnelle, avec un bon choix de poissons et de fruits de mer.

Gínjol
de la Unió 11 baixos – (00-376) 82 67 16 – Fermé 21 jours en mai, 7 jours en sept., dim. soir et lundi **Dw**
Rest – Carte 34/50 €
◆ Ce petit restaurant recrée une atmosphère actuelle avec son sol parqueté, ses lumières tamisées et ses tables bien dressées. La cuisine proposée est plutôt audacieuse.

INCLES – voir à Soldeu

LLORTS – voir à Ordino

LA MASSANA – 343 H9 – 9 276 h. – alt. 1 241 m – ✉ AD400 — 28 B3

Andorra la Vella 7
avenue Sant-Antoni (00-376) 82 56 93
Casa Areny-Plandolit★.

Rutllan

av. del Ravell 3 – ✆ (00-376) 83 50 00 – www.hotelrutllan.com
96 ch – 50/135 € 80/160 €
Rest – Menu 28 €
◆ Une adresse familiale, logée dans un bâtiment où le bois est omniprésent. Chambres confortables, dotées de balcons joliment fleuris à la belle saison. Restaurant de mise classique, décoré de nombreux vases en cuivre ou en céramique.

Abba Xalet Suites H.

carret. de Sispony, Sud : 1,8 km – ✆ (00-376) 73 73 00 – www.abbaxaletsuiteshotel.com
47 ch – 62/166 € 78/208 € – 36 suites
Rest – Menu 23 €
◆ La particularité de cet établissement composé de deux bâtiments : l'un ouvre toute l'année et dispose de chambres classiques, tandis que l'autre, fermé hors saison, propose exclusivement des suites. Chaque bâtiment possède son propre restaurant, tous deux correctement aménagés et servant matin, midi et soir.

El Rusc

carret. de Arinsal 1,5 km – ✆ (00-376) 83 82 00 – www.elrusc.com – Fermé 15 juin-15 juil., dim. soir et lundi
Rest – Carte environ 56 €
◆ Cette jolie maison en pierre abrite une élégante salle à manger rustique. Plats traditionnels, spécialités basques et bonne cave.

MERITXELL – 343 H9 – 61 h. – alt. 1 527 m – ✉ AD100 — 28 B3

Andorra la Vella 11

L'Ermita

Meritxell – ✆ (00-376) 75 10 50 – www.hotelermita.com – Fermé 8-14 juin et 19 oct.-18 nov.
27 ch – 35/55 € 60/98 € **Rest** – Carte 24/35 €
◆ Joli cadre montagnard pour cet hôtel familial, situé à proximité du sanctuaire de Meritxell. Agréables espaces communs et chambres fonctionnelles. Le restaurant arbore un style rustique et propose une carte complète de spécialités régionales.

ORDINO – 343 H9 – 3 309 h. – alt. 1 304 m – Sports d'hiver : 1 940/2 640 m 14 – ✉ AD300 — 28 B3

Andorra la Vella 9

Coma

– ✆ (00-376) 73 61 00 – www.hotelcoma.com
48 ch – 35/80 € 70/100 €
Rest – *(Fermé 2-26 nov.)* Carte 30/54 €
◆ Une même famille gère cet hôtel accueillant depuis 1932. Mobilier fonctionnel d'esprit actuel et baignoire avec hydromassage dans les chambres, qui disposent pour la plupart d'une terrasse. Le restaurant, spacieux et polyvalent, sert une savoureuse cuisine traditionnelle.

à Llorts – ✉ AD300

La Neu

carret. General, Nord-Ouest : 5,5 km – ✆ (00-376) 85 06 50 – www.restaurant-laneu.com – Fermé 15 jours en mai, 15 jours en oct. et merc.
Rest – Carte 30/52 €
◆ Belle décoration et jolie vue sur les montagnes dans ce petit restaurant vitré. La carte, annoncée oralement, présente de séduisants plats personnalisés.

PAS-DE-LA-CASA – 343 I9 – alt. 2 085 m – Sports d'hiver : 1 710/2 640 m 4 67 – ✉ AD200 — 29 C3

Andorra-la-Vella 29
Site★
Col d'Envalira★★

rte de Soldeu Sud-Est : 10 km

Grau Roig ch, rest, VISA MC AE

Grau Roig ✉ AD200 – ✆ (00-376) 75 55 56 – www.hotelgrauroig.com – Fermé 25 avril-16 juin et 15 oct.-25 nov.

42 ch – 91/290 € 108/350 €

Rest – Carte 42/58 €

◆ Le cirque de Pessons sert de cadre à cette typique construction montagnarde aux chambres coquettes et bien équipées. Agréable restaurant paré d'un plafond à caissons, de murs en pierre et d'objets anciens.

SANT JULIÀ DE LÒRIA – 343 G10 – 9 207 h. – alt. 909 m 28 B3

– ✉ AD600

Andorra-la-Vella 7

Musée du Tabac★.

au Sud-Est : 7 km

Coma Bella VISA MC

carret. de La Rabassa - alt. 1 300 ✉ AD600 – ✆ (00-376) 74 20 30 – www.hotelcoma-bella.com – Fermé 2-23 nov.

30 ch – 37/57 € 56/96 €

Rest – Menu 13 €

◆ Belle situation en pleine forêt de la Rabassa pour cet hôtel très reposant. Vastes parties communes et chambres fonctionnelles, dotées de salles de bain actuelles. Un honnête restaurant qui offre une vue magnifique sur les montagnes environnantes.

SOLDEU – 343 H9 – 698 h. – alt. 1 826 m – Sports d'hiver : 29 C3

1 710/2 640 m 4 67 – ✉ AD100

Andorra la Vella 20

Sport H. Hermitage ch, VISA MC

carret. de Soldeu – ✆ (00-376) 87 06 70 – www.sporthotels.ad – Fermé mai et juin

114 ch – 150/785 € – 6 suites

Rest – Carte environ 60 €

◆ Cet établissement au cadre luxueux, qui combine les styles zen et contemporain, offre un vaste spa, une gamme complète de services thérapeutiques et une superbe vue sur les montagnes. Au restaurant, deux thématiques : la Méditerranée et l'Asie.

Xalet Montana ch, VISA MC

carretera General – ✆ (00-376) 73 93 33 – www.xaletmontana.net – 20 déc.-15 avril

40 ch – 87/117 € 117/156 €

Rest – *(résidents seult buffet)* Menu 18 €

◆ Hôtel à la décoration soignée dont toutes les chambres offrent une vue sur les pistes de ski. Cadre nordique au salon et agréable espace de détente.

à Incles Ouest : 1,5 km – 538 h. – ✉ AD100

Galanthus ch, ch, VISA MC

carret. General – ✆ (00-376) 75 33 00 – www.somriuhotels.com – Fermé 2 mai-30 juin et 17 oct.-17 nov.

55 ch – 50/180 € 65/240 € – 15 €

Rest – Menu 25 €

◆ Plusieurs salons viennent compléter les parties communes de cet établissement aux lignes actuelles. Les chambres parquetées sont pourvues d'un mobilier fonctionnel et d'une douche à l'italienne. Carte créative agrémentée de quelques spécialités japonaises au restaurant.

à El Tarter Ouest : 3 km – 1 052 h. – ✉ AD100

Nordic rest,

✉ AD100 – ✆ (00-376) 73 95 00 – www.grupnordic.ad – Fermé 1er-15 mai et nov.

120 ch – †70/198 € ††94/264 €

Rest – *(dîner seult) (buffet seult)* Menu 20 €

◆ Cet hôtel se distingue par son vaste hall agrémenté d'une collection de voitures et de motos anciennes. Toutes dotées d'une terrasse, les chambres offrent une vue sur le village ou sur les montagnes. Restaurant assez spacieux dont les repas sont principalement servis sous forme de buffets.

EL TARTER – voir à Soldeu

Guillaume Besnard/Fotolia.com

Principauté de Monaco

MONACO – **341** F5 – **115**]27]28 – **32 020 h.** – **alt. 163 m** Côte d'Azur

État souverain enclavé dans le département français des Alpes-Maritimes et bordant la Méditerranée, la principauté de Monaco s'étend sur 1,5 km². Elle comprend le Rocher de Monaco (la vieille ville) et Monte-Carlo (la ville neuve), réunis par la Condamine (le port), Fontvieille à l'Ouest (l'industrie) et Larvotto à l'Est (la plage). Depuis 1993, la principauté est un état souverain membre de l' ONU.

Transports

Depuis l'héliport de Monaco-Fontvieille, liaisons quotidiennes avec l'aéroport de Nice-Côte d'Azur. Renseignements : Héli Air Monaco ✆ 08 26 10 50 50

Comment choisir, dans une localité, entre deux adresses de même catégorie (nombre de ⌂ ou de ✗) ? Sachez que les établissements sont classés par ordre de préférence au sein de chaque catégorie : les meilleures adresses d'abord.

MONACO **Capitale de la Principauté** – **MCO Monaco** – **341** F5 **42** E2
– **32 020 h.** – **alt. 163 m** – ✉ **98000**

Paris 949 – Menton 11 – Nice 23 – San Remo 41

2, boulevard des Moulins, Monte Carlo ✆ (00-377) 92 16 61 16

Circuit automobile urbain.

Jardin exotique★★ CZ : ≤★ - Grotte de l'Observatoire★ CZ **D** - Jardins St-Martin★ DZ - Ensemble de primitifs niçois★★ dans la cathédrale DZ - Christ gisant★ dans la chapelle de la Miséricorde D **B** - Place du Palais★ CZ - Palais du Prince★ : musée napoléonien et des Archives du palais★ CZ - Musées : océanographique★★ DZ (aquarium★★, ≤★★ de la terrasse), d'anthropologie préhistorique★ CZ **M³**, - Collection des voitures anciennes★ CZ **M¹**.

Plans pages suivantes

à Fontvieille

Columbus

23 av. Papalins – ✆ (00-377) 92 05 90 00
– www.columbusmonaco.com **AVs**

170 ch – †160/400 € ††160/400 € – 11 suites – ☐ 25 €

Rest – (18 €) Menu 40 € (dîner) – Carte 32/45 €

◆ Entre le port et la roseraie Princesse Grace, un hôtel de style contemporain, cultivant une ambiance lounge. Chambres contemporaines, certaines avec balcon, et piscine avec vue sur la mer. Cuisine aux influences multiples (française, provençale, italienne) dans un cadre chic ou sur l'agréable terrasse.

Beefbar

42 quai Jean-Charles-Rey – ✆ (00-377) 97 77 09 29 – www.beefbar.com

Rest – (18 € bc) Menu 39 € bc – Carte 48/90 € **AVa**

◆ Un "bar à viandes"... de bœuf (en provenance d'Europe, d'Amérique du Sud ou des États-Unis) réservé aux carnivores. Cadre tendance, très prisé de la clientèle locale.

MONTE-CARLO **Centre Mondain de la Principauté** – **MCO Monaco** **42** E2
– **341** F5 – **15 507 h.** – **Casinos : Grand Casino** DY, **Monte-Carlo Sporting Club** BU, **Sun Casino** DX

Paris 947 – Menton 9 – Monaco 2 – Nice 20

Monte-Carlo , par rte de la Turbie : 11 km, ✆ (33) (0)4 92 41 50 70

Terrasse★★ du Grand casino DXY - Musée de poupées et automates★ DX **M⁵** - Jardin japonais★ U.

Albert II (Av.)	AV	42
Larvotto (Bd du)	BU	25
Moulins (Bd des)	BU	32
Papalins (Av. des)	AV	36
Pasteur (Av.)	AV	39
Princesse-Grace (Av.)	BU	52
Rainier III (Bd)	AV	56
Turbie (Bd de la)	BU	65
Verdun (Bd de)	BU	66
Victor-Hugo (R.)	AV	67
Villaine (Av. de)	AU	68

Paris

pl. du Casino – ✆ (00-377) 98 06 30 00
– www.hoteldeparismontecarlo.com DY**y**

143 ch – †425/3 280 € ††425/3 280 € – 39 suites – ☕ 42 €

Rest *Le Louis XV-Alain Ducasse et Grill de l'Hôtel de Paris* – voir ci-après

Rest *Salle Empire* – ✆ (00-377) 98 06 89 89 *(ouvert juil.-août et fermé le midi)* Carte 92/166 €

Rest *Côté Jardin* – ✆ (00-377) 98 06 39 39 *(fermé le soir)* (49 €) Carte 50/78 €

◆ Situation idyllique, aménagements somptueux, luxe sans fausse note, espace bien-être fabuleux : le plus prestigieux des palaces monégasques... une légende ! La majestueuse Salle Empire (ors, stucs et cristal) accueille une brasserie chic en saison. Côté Jardin, terrasse avec vue sur le Rocher et buffet méditerranéen.

MONACO MONTE-CARLO

Albert II (Av.) . . . . **CZ** 42
Albert I (Bd) . . . . **CYZ**
Armes (Pl. d') . . . . **CZ** 2
Basse (R.) . . . . **CDZ** 3
Castro (R. Col.-de) . . . . . **CZ** 7
Comte-Félix-Gastaldi (R.) . . . . **DZ** 10
Crovetto-Frères (Av.) . . . **CZ** 12
Gaulle (Av. du Gén.-de) **DX** 14
Grimaldi (R.) . . . . **CYZ**
Kennedy (Av. J.-F.) . . . . **DY** 23
Larvotto (Bd du) . . . . . . **DX** 25
Leclerc (Bd du Gén.) . . **DX** 26
Libération (Pl. de la) . . . . **DX** 27
Madone (Av. de la) . . . . **DX** 28
Major (Rampe) . . . . **CZ** 29
Monte-Carlo (Av. de) . . . **DY** 30
Moulins (Bd des) . . . . . **DX** 32
Notari (R. L.) . . . . **CYZ** 33
Ostende (Av. d') . . . . . . **DY** 34
Palais (Pl. du) . . . . **CZ** 35
Papalins (Av. des) . . . . . **CZ** 36
Pêcheurs (Ch. des) . . . . **DZ** 40
Porte-Neuve (Av. de la) . . . . . **DZ** 41
Princesse-Antoinette (Av.) . . **CY** 46
Princesse-Caroline (R.) . . . . . **CZ** 48
Princesse-Charlotte (Bd) . . **DXY**
Princesse-Marie-de-Lorraine (R.) . . . . **DZ** 54
Prince-Pierre (Av.) . . . . **CZ** 44
République (Bd de la) . . . . . . **DX** 58
Ste-Dévote (Pl.) . . . . **CY** 63
Spélugues (Av. des) . . . . **DX** 62
Suffren-Reymond (R.) . . . . . **CZ** 64

Hermitage

square Beaumarchais – ✆ *(00-377) 98 06 40 00*
– www.montecarloresort.com DY**r**

252 ch – †273/2 760 € ††273/2 760 € – 28 suites – ☕ 38 €

Rest *Vistamar* – voir ci-après

Rest *Limun Bar* – ✆ (00-377) 98 06 48 48 – Carte 46/70 €

◆ Derrière une foisonnante façade 1900, une coupole signée Eiffel, un déluge de mosaïques, moulures, pampilles... Confort extrême, à la pointe de l'élégance contemporaine dans les deux ailes récemment rénovées. Beaux équipements pour séminaires. Petite restauration et salon de thé au Limun Bar.

Monte Carlo Bay Hotel and Resort

40 av. Princesse-Grace – ✆ (00-377) 98 06 02 00 – www.montecarlobay.com **BUr**

334 ch – 250/2 180 € 250/2 180 € – 22 suites – 35 €

Rest *Le Blue Bay* – ✆ (00-377) 98 06 03 60 *(fermé le midi de juin à sept., sam. midi, dim. soir et lundi d'oct. à mai)* (27 €) Menu 37 € (déj. en sem.), 65/75 € – Carte 63/197 €

Rest *L'Orange Verte* – ✆ (00-377) 98 06 03 60 – Carte 41/72 €

Rest *Las Brisas* – ✆ (00-377) 98 06 03 60 *(ouvert de mai à sept. et fermé le soir)* (27 € bc) Menu 37 € bc – Carte 49/85 €

◆ Ce palace monégasque s'étend sur 4 ha en bord de mer et abrite même un casino ! Chambres et suites résolument contemporaines. Piscine-lagon. Cadre élégant et invitation au voyage gastronomique au Blue Bay. Belle cuisine internationale à L'Orange Verte. Salades et grillades au Las Brisas dans une ambiance estivale.

Métropole

4 av. Madone – ✆ (00-377) 93 15 15 15 – www.metropole.com **DXz**

126 ch – 420/800 € 420/800 € – 15 suites – 37 €

Rest *Joël Robuchon Monte-Carlo et Yoshi* – voir ci-après

◆ Luxe et raffinement à tous les étages de ce palace (1886) relooké par Jacques Garcia. Beaux salons, bar feutré et magnifique spa.

Méridien Beach Plaza

22 av. Princesse Grace, à la plage du Larvotto – ✆ (00-377) 93 3098 80 – www.lemeridienmontecarlo.com **BUb**

403 ch – 230/549 € 249/549 € – 6 suites – 33 €

Rest *L'Intempo* – ✆ (00-377) 93 15 78 88 – (42 €) Menu 55/74 € – Carte 65/90 €

Rest *La Muse* – ✆ (00-377) 93 15 78 50 *(Ouvert 1er juin-15 sept.)* Carte 50/100 €

◆ Grand hôtel de style moderne avec sa plage privée. Les chambres les plus agréables sont panoramiques et donnent sur la mer. Superbes suites design, belles piscines et centre de conférences. Cuisine méditerranéenne à L'Intempo (ouvert 24 h/24). Espace plein air et ambiance balnéaire au Muse.

Fairmont Monte-Carlo

12 av. Spélugues – ✆ (00-377) 93 50 65 00 – www.fairmont.com/montecarlo **DYf**

572 ch – 229/829 € 229/829 € – 30 suites – 45 €

Rest *L'Argentin Grill* – ✆ (00-377) 93 30 93 30 *(fermé le midi)* Carte 65/145 €

Rest *Horizon* – Menu 49 € (déj.) – Carte 42/80 €

◆ Un immense complexe hôtelier avec galerie marchande, centre de conférences et casino. Toutes les chambres sont parées de couleurs fraîches, avec une vue superbe côté mer. Cuisine du moment et beau choix de grillades au bien nommé Argentin Grill. Un Horizon sur le toit ; cuisine méditerranéenne et ambiance yacht-club.

Port Palace

7 av. J. F. Kennedy – ✆ (00-377) 97 97 90 00 – www.portpalace.com

50 ch – 365/540 € 365/540 € – 9 suites – 22 € **DYt**

Rest *Mandarine* – voir ci-après

◆ Hôtel intime et luxueux, en face du port et de ses yachts. Grandes chambres élégantes (cuir piqué, tissus italiens, teintes apaisantes). Minispa au sous-sol.

Novotel

16 bd Princesse-Charlotte – ✆ (00-377) 99 99 83 00 – www.novotel.com

218 ch – 115/405 € 115/405 € – 17 suites – 17 € **CYk**

Rest *Les Grandes Ondes* – ✆ (00-377) 99 99 83 20 – (24 €) Menu 35 € – Carte 32/42 €

Rest *Novotel Café* – (18 €) Carte 28/38 €

◆ Sur les hauteurs de la principauté, les anciens studios de RMC ont laissé place à cet hôtel contemporain. Préférez les chambres côté jardin, plus calmes. Solarium au 7e étage. Cuisine méditerranéenne aux Grandes Ondes et clin d'œil aux grandes heures de la radio. Cuisine plus simple au plaisant Novotel Café.

Ni sans rest
1bis r. Grimaldi – ✆ (00-377) 97 97 51 51 – www.nihotel-nibar.com
17 ch – 150/230 € 180/260 € – 2 suites – 13 € CZx
◆ Derrière une façade typiquement monégasque, un hôtel surprenant, tourné vers l'art contemporain (œuvres de Ben ou Combas). Décor minimaliste et design dans les chambres.

Le Louis XV-Alain Ducasse – Hôtel de Paris
pl. du Casino – ✆ (00-377) 98 06 88 64
– www.alain-ducasse.com – Fermé 29 nov.-30 déc., 22 fév.-9 mars, merc. sauf le soir du 27 juil. au 17 août et mardi DYy
Rest – Menu 140 € bc (déj.), 210/280 € – Carte 193/224 €
Spéc. Légumes des jardins de Provence à la truffe noire, huile d'olive taggiasche. Poitrine de pigeonneau et foie gras de canard sur la braise, polenta et jus goûteux (15 oct. au 15 mars). Le Louis XV au croustillant de pralin. **Vins** Bandol, Côtes de Provence.
◆ Une harmonie parfaite entre un somptueux décor classique et des saveurs méditerranéennes sublimées ; même la simplicité atteint la perfection... Cave exceptionnelle.

Joël Robuchon Monte-Carlo – Hôtel Métropole
4 av. de la Madone – ✆ (00-377) 93 15 15 10
– www.metropole.com DXz
Rest – (34 €) Menu 43 € (déj.), 60/180 € – Carte 77/225 €
Spéc. Légumes primeurs bigarrés au king crabe et à la mozzarella "di buffala". "El arroz bomba" dans un bouillon aux saveurs de paella. Mikado chocolat orizaba, strudel aux graines de pavot, chantilly au café. **Vins** Côtes de Provence, Les Baux de Provence.
◆ La luxueuse salle à colonnades offre une vue sur les cuisines. À la carte, associations de saveurs inventives basées sur des produits nobles.

Grill de l'Hôtel de Paris – Hôtel de Paris
pl. du Casino – ✆ (00-377) 98 06 88 88
– www.hoteldeparismontecarlo.com – Fermé 10 janv.-7 fév. et le midi en juil.-août
Rest – Menu 68 € bc (déj.) – Carte 90/183 € DYy
◆ Du 8e étage de l'hôtel, entre ciel et mer, la vue sur la principauté est à couper le souffle ! La cuisine est classique, avec des viandes et des poissons au gril ou à la broche.

Vistamar – Hôtel Hermitage
square Beaumarchais – ✆ (00-377) 98 069 898 – www.montecarloresort.com
Rest – *(fermé le midi en juil.-août)* (39 € bc) Menu 95 € (dîner) DYr
– Carte 74/121 €
Spéc. Encornet farci aux herbes. Saint-Jacques en pot-au-feu et bouillon de homard (saison). Contraste de poire en croûte feuilletée, glace au miel.
◆ Votre plat idéal ? Produits, cuissons, garnitures : ici, le chef et sa brigade vous composent une assiette "sur mesure"... et savent exaucer vos souhaits ! Beau décor moderne : teintes douces et terrasse regardant le port.

Mandarine – Hôtel Port Palace
7 av. J.F. Kennedy – ✆ (00-377) 97 97 80 00 – www.mandarinemonaco.com
– Fermé 1er-29 nov. DYt
Rest – (37 €) Menu 49 € (déj. en sem.)/95 € – Carte 70/110 €
Spéc. Asperges vertes et maïs, crème glacée au caviar. Lotte rôtie en persillade de coriandre, jus passion. Figues pochées sur gelée de citron de pays. **Vins** Côtes de Provence, Bellet.
◆ Au 6e étage de l'hôtel, salle panoramique aux grandes baies vitrées et terrasse avec vue sur le port. Les produits sont beaux ; la table originale et raffinée.

Yoshi – Hôtel Métropole
4 av. Madone – ✆ (00-377) 93 15 13 13 – www.metropole.com DXz
Rest – *(fermé lundi)* (34 €) Menu 49 € (déj.), 90/180 € – Carte 73/258 €
Spéc. Fruits de mer au vinaigre en gelée. Black cod mariné et cuit. Yuzu aux pommes confites et crème cannelle. **Vins** Côtes de Provence, Bellet.
◆ La seconde table de Joël Robuchon au Métropole rend hommage à la cuisine nippone. Bouillons parfumés, sushis et makis y sont traités avec Yoshi ("bonté").

XX **Café de Paris**

pl. du Casino – ✆ (00-377) 98 06 76 23 – www.montecarloresort.com
Rest – (35 € bc) Carte 43/101 € DY**n**
◆ Un lieu mythique sur la place du casino. Le décor est Belle Époque et l'on y inventa la recette des crêpes Suzette ! Cuisine de brasserie inspirée par la Méditerranée.

XX **Maya Bay**

24 av. Princesse-Grace – ✆ (00-377) 97 70 74 67 – www.mayabay.mc
– Fermé nov., dim. et lundi BU**d**
Rest – (18 €) Carte 50/75 €
Rest *Sushi Bar* – (18 €) Carte 35/75 €
◆ Dans un même lieu, un restaurant japonais au cadre inventif et ultramoderne, et un restaurant thaïlandais, plus cosy, décoré de kimonos et d'orchidées. Une même gamme de prix et de qualité ; il ne reste qu'à choisir entre le parfumé et l'épure.

XX **La Trattoria**

Sporting d'été - 26 av. Princesse-Grace – ✆ (00-377) 98 06 71 71
– Ouvert mai-sept. et fermé le midi BU**m**
Rest – Carte 40/80 €
◆ Les atouts de cette trattoria chic montée sous la houlette d'Alain Ducasse ? Sa terrasse face à la mer bien sûr, et ses antipasti, pâtes fraîches et poissons, cuisinés à la toscane.

XX **La Maison du Caviar**

1 av. St-Charles – ✆ (00-377) 93 30 80 06 – Fermé sam. midi et dim.
Rest – Menu 28 € (déj.), 35/46 € – Carte 38/85 € DX**r**
◆ On ne sert pas ici que du caviar, mais aussi des blinis, du foie gras, des rognons de veau... Une cuisine et un décor traditionnels plébiscités par les Monégasques depuis 1954.

XX **La Romantica**

3 av. Saint-Laurent – ✆ (00-377) 93 25 65 66 – Fermé 15-25 fév., dim.
Rest – (19 €) Menu 36/50 € – Carte environ 60 € DX**b**
◆ Un sympathique restaurant familial en plein centre-ville. Un cadre élégant pour savourer une authentique cuisine du Nord italien, agrémentée de saveurs marines.

XX **Le Saint-Benoit**

10 ter av. Costa – ✆ (00-377) 93 25 02 34 – www.monte-carlo.mc/lesaintbenoit
– Fermé 20 déc.-6 janv. DY**b**
Rest – (22 € bc) Menu 27/38 € – Carte 42/60 €
◆ Saint Benoît vous aidera dans votre quête gastronomique... Jolie vue sur le port et le Rocher. Carte traditionnelle avec de belles spécialités de poisson, à prix raisonnable.

XX **Zest**

6 rte de la Piscine – ✆ (00-377) 97 98 49 70 – www.zestmonaco.mc
– Fermé lundi soir, sam. midi et dim. midi DZ**v**
Rest – (18 € bc) Carte 36/60 €
◆ Un zeste de mobilier de style, une pincée d'esprit lounge et une terrasse animée face aux yatchs. Produits frais, plats goûteux et bien réalisés dans un lieu vraiment branché.

X **Loga**

25 bd des Moulins – ✆ (00-377) 93 30 87 72 – www.leloga.com – Fermé
13-31 août, merc. soir et dim. DX**v**
Rest – (14 € bc) Menu 31 € (déj. en sem.) – Carte 31/56 €
◆ Bonne petite adresse familiale proposant des salades, des pâtes et des plats régionaux, le tout complété par l'ardoise du jour. L'après-midi, on fait salon de thé.

à Monte-Carlo-Beach (France Alpes-Mar.) 2,5 km au Nord-Est BU – ✉ 06190 Roquebrune-Cap-Martin

Monte-Carlo Beach Hôtel

av. Princesse Grace – ✆ (00-377) 98 06 52 65 – www.montecarlobeachhotel.com – Ouvert 4 mars-30 oct.

28 ch – †315/845 € ††315/845 € – 12 suites – ☕ 32 €

Rest *Elsa* – ✆ (00-377) 98 06 50 05 – Menu 39 € bc (déj. en sem.)/80 € – Carte 60/109 €

Rest *Le Deck* – ✆ (00-377) 98 06 51 00 *(ouvert 23 avril-23 oct. et fermé le soir)* Carte 39/107 €

Rest *La Vigie* – ✆ (00-377) 98 06 52 52 *(ouvert 1er juil.-28 août et fermé lundi)* Menu 45 € (déj.)/55 €

Rest *Le Sea Lounge* – ✆ (00-377) 98 06 54 54 *(ouvert 20 mai-28 août et fermé le midi)* Carte 36/51 €

◆ Petit hôtel de luxe entièrement rénové en 2009. Ambiance marine de grand standing (tons bleu et blanc, mobilier sur mesure) dans les chambres, ouvertes sur la mer. Impressionnant complexe balnéaire. Poissons et Méditerranée à l'honneur à l'Elsa. Brasserie au Deck. Poisson grillé à la Vigie. Tapas et DJ au Sea Lounge.

Voir aussi ressources hôtelières à ***Beausoleil*** *et* ***Cap d'Ail***

→ *Dénicher la meilleure table ?*
→ *Trouver l'hôtel le plus proche ?*
→ *Vous repérer sur les plans et les cartes ?*
→ *Décoder les symboles utilisés dans le guide...*

Suivez les Bibs rouges !

Les conseils du **Bib Chef**
pour vous aider au restaurant.

Les « bons tuyaux » et les informations du
Bib Astuce pour vous repérer dans le guide... et sur la route.

Les conseils du **Bib Groom**
pour vous aider à l'hotel.

Localité possédant au moins

●	un hôtel ou un restaurant
	une table étoilée
	un restaurant « Bib Gourmand »
	un hôtel « Bib Hôtel »
	un restaurant agréable
	une maison d'hôte agréable
	un hôtel agréable
	un hôtel très tranquille

Place with at least

●	a hotel or a restaurant
	a starred establishment
	a restaurant « Bib Gourmand »
	a hotel « Bib Hôtel »
	a particularly pleasant restaurant
	a particularly pleasant guesthouse
	a particularly pleasant hotel
	a particularly quiet hotel

Cartes

Cartes régionales des localités citées

Maps

Regional maps of listed towns

La France en 46 cartes

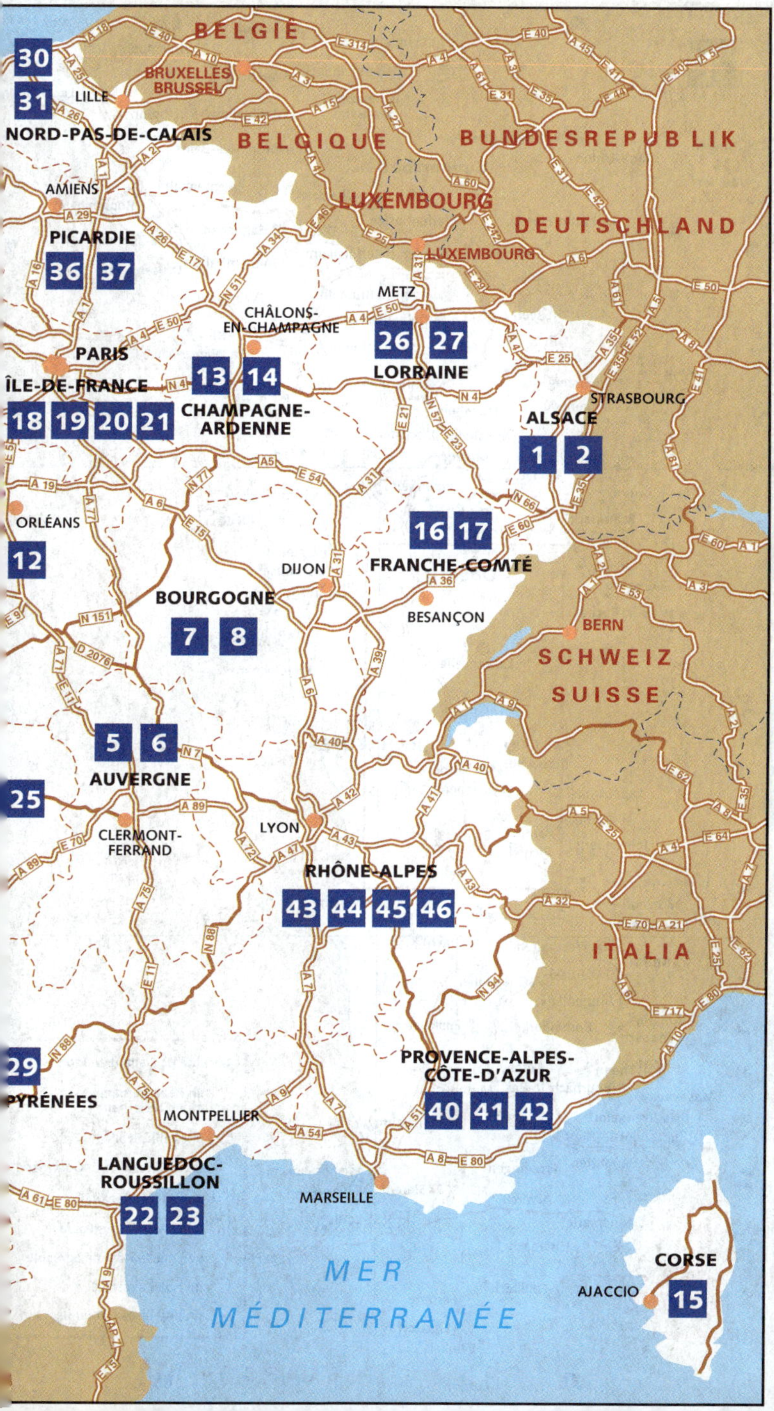
BELGIË
BRUXELLES
BRUSSEL
LILLE
NORD-PAS-DE-CALAIS
30
31
BELGIQUE
BUNDESREPUBLIK
DEUTSCHLAND
LUXEMBOURG
LUXEMBOURG
AMIENS
PICARDIE
36
37
METZ
CHÂLONS-
EN-CHAMPAGNE
26
27
LORRAINE
PARIS
ÎLE-DE-FRANCE
13
14
18
19
20
21
CHAMPAGNE-
ARDENNE
STRASBOURG
ALSACE
1
2
ORLÉANS
12
16
17
FRANCHE-COMTÉ
DIJON
BESANÇON
BOURGOGNE
7
8
BERN
SCHWEIZ
SUISSE
5
6
AUVERGNE
25
CLERMONT-
FERRAND
LYON
RHÔNE-ALPES
43
44
45
46
ITALIA
29
PYRÉNÉES
PROVENCE-ALPES-
CÔTE-D'AZUR
40
41
42
MONTPELLIER
LANGUEDOC-
ROUSSILLON
22
23
MARSEILLE
CORSE
AJACCIO
15
MER
MÉDITERRANÉE

1
A
B
Obersteinbach
Niedersteinbach
Gimbelhof
Wissembourg
Lembach
Lauterbourg
Niederbronn-les-Bains
Merkwiller-Pechelbronn
Hinsingen
Sarre-Union
Reipertswiller
Altwiller
Gundershoffen
Morsbronn-les-Bains
Leutenheim
Uberach
Roppenheim
La-Petite-Pierre
Pfaffenhoffen
Haguenau
Sessenheim
Graufthal
Niederschaeffolsheim
Marienthal
Drusenheim
Sarrebourg
Brumath
Weyersheim
Saverne
Mittelhausen
Kilstett
Birkenwald
Willgottheim
La Wantzenau
LORRAINE
(plans 26 27)
Obersteigen
Marlenheim
Schiltigheim
Wangenbourg
Traenheim
Strasbourg
Molsheim
Dachstein
Oberhaslach
Mutzig
Entzheim
Ostwald
Urmatt
Innenheim
Col du Donon
Mollkirch
Fegersheim
Schirmeck
Rosheim
Plobsheim
Ottrott
Les Quelles
Erstein
Fouday
Obernai
Osthouse
Saulxures
Sand
Colroy-la-Roche
DEUTSCHLAND
Rhinau
St-Dié-des-Vosges
La Vancelle
Diebolsheim
ILLHAEUSERN
Riquewihr
Zellenberg
Lapoutroie
Kaysersberg
Orbey
Wihr-au-Val
Colmar
Hohrodberg
FREIBURG IM BREISGAU
Muhlbach-s-Munster
Munster
Metzeral
Ste-Croix-en-Plaine
Sondernach
Gueberschwihr
Westhalten
Rouffach
Kruth
Murbach
Guebwiller
Jungholtz
St-Amarin
Berrwiller
Ensisheim
Moosch
Thann
Cernay
Masevaux
Bourbach-le-Bas
Mulhouse
Guewenheim
Riedisheim
Burnhaupt-le-Haut
Diefmatten
Frœningen
Kembs-Loéchlé
Sierentz
Rosenau
Altkirch
BELFORT
Dannemarie
St-Louis
Hirtzbach
BASEL
FRANCHE-COMTÉ
(plans 16 17)
Feldbach
Ferrette
Montbéliard
Ligsdorf
Winkel
SUISSE
Lucelle
RHIN
Sarre
A 4
E 25
N 4
D 1004
E 52
A 35
E 35
A 5
N 59
D 415
D 83
N 66
E 60
A 36
Localité possédant au moins :
un hébergement ou un restaurant
une table étoilée
un restaurant "Bib Gourmand"
un hôtel "Bib Hôtel"
un restaurant agréable
une maison d'hôte agréable
un hôtel agréable
un hôtel très tranquille

Alsace 2

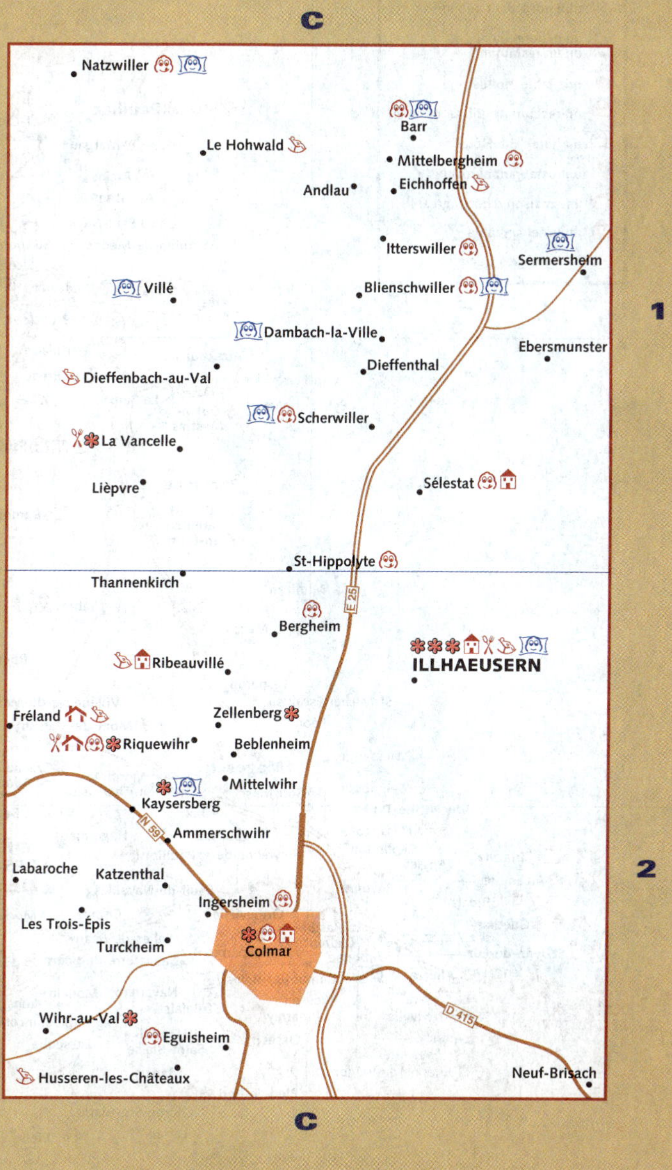
C
1
2
Natzwiller
Barr
Le Hohwald
Mittelbergheim
Andlau
Eichhoffen
Itterswiller
Sermersheim
Villé
Blienschwiller
Dambach-la-Ville
Ebersmunster
Dieffenthal
Dieffenbach-au-Val
Scherwiller
La Vancelle
Sélestat
Lièpvre
St-Hippolyte
Thannenkirch
E 25
Bergheim
ILLHAEUSERN
Ribeauvillé
Fréland
Zellenberg
Riquewihr
Beblenheim
Mittelwihr
Kaysersberg
N 59
Ammerschwihr
Labaroche
Katzenthal
Ingersheim
Les Trois-Épis
Colmar
Turckheim
D 415
Wihr-au-Val
Eguisheim
Husseren-les-Châteaux
Neuf-Brisach

3 Aquitaine

Localité possédant au moins :
un hébergement ou un restaurant
une table étoilée
un restaurant "Bib Gourmand"
un hôtel "Bib Hôtel"
un restaurant agréable
une maison d'hôte agréable
un hôtel agréable
un hôtel très tranquille
1
2
3
A
B
GOLFE
GASCOGNE
POITOU
Jonzac
GIRONDE
Soulac-sur-Mer
Pauillac
St-Ciers-de-Canesse
Margaux
Arcins
Avensan
Le Pian-Médoc
St-Aubin-de-Médoc
St-Loubès
La Rivière
Lormont
Cenon
Génissac
Bordeaux
Bègles
Bouliac
Arès
Créon
Arcachon
Martillac
La Brède
Cap-Ferret
Pyla-sur-Mer
Gujan-Mestras
Le Barp
Cadillac
St-Macaire
Langon
Sauternes
Eyre
Biscarrosse
Parentis-en-Born
Bernos-Beaulac
Mimizan
Sabres
Mézos
Roquefort
Lesperon
St-Michel-Escalus
Léon
Villeneuve-de-Marsan
Mont-de-Marsan
Messanges
Magescq
Montfort-en-Chalosse
Grenade-s-l'Adour
Seignosse
Soustons
St-Vincent-de-Tyrosse
Dax
Duhort-Bachen
Hossegor
Saubusse
Hagetmau
Capbreton
EUGÉNIE-LES-BAINS
Biarritz
Anglet
Peyrehorade
Pouillon
Arcangues
Bayonne
Amou
Sault-de-Navailles
Bidart
Orthevielle
Orthez
Morlanne
Guéthary
La Bastide-Clairence
Salies-de-Béarn
St-Jean-de-Luz
Arbonne
Hasparren
Sauveterre-de-Béarn
Hendaye
Ahetze
Cambo-les-Bains
Gave
Itxassou
Navarrenx
Monein
Lons
Sare
St-Palais
Jurançon
Pau
St-Pée-s-Nivelle
Bidarray
DONOSTIA-S. SEBASTIAN
Ainhoa
Ossès
L'Hôpital-Saint-Blaise
Lasseube
Espelette
Barcus
St-Étienne-de-Baïgorry
St-Jean-Pied-de-Port
Oloron-Ste-Marie
Larrau
Bielle
d'Aspe
ESPAÑA
PAMPLONA
A 10
A 63
A 64
A 660
N 10
E 5 - E 70
D 824
D 30
N 134

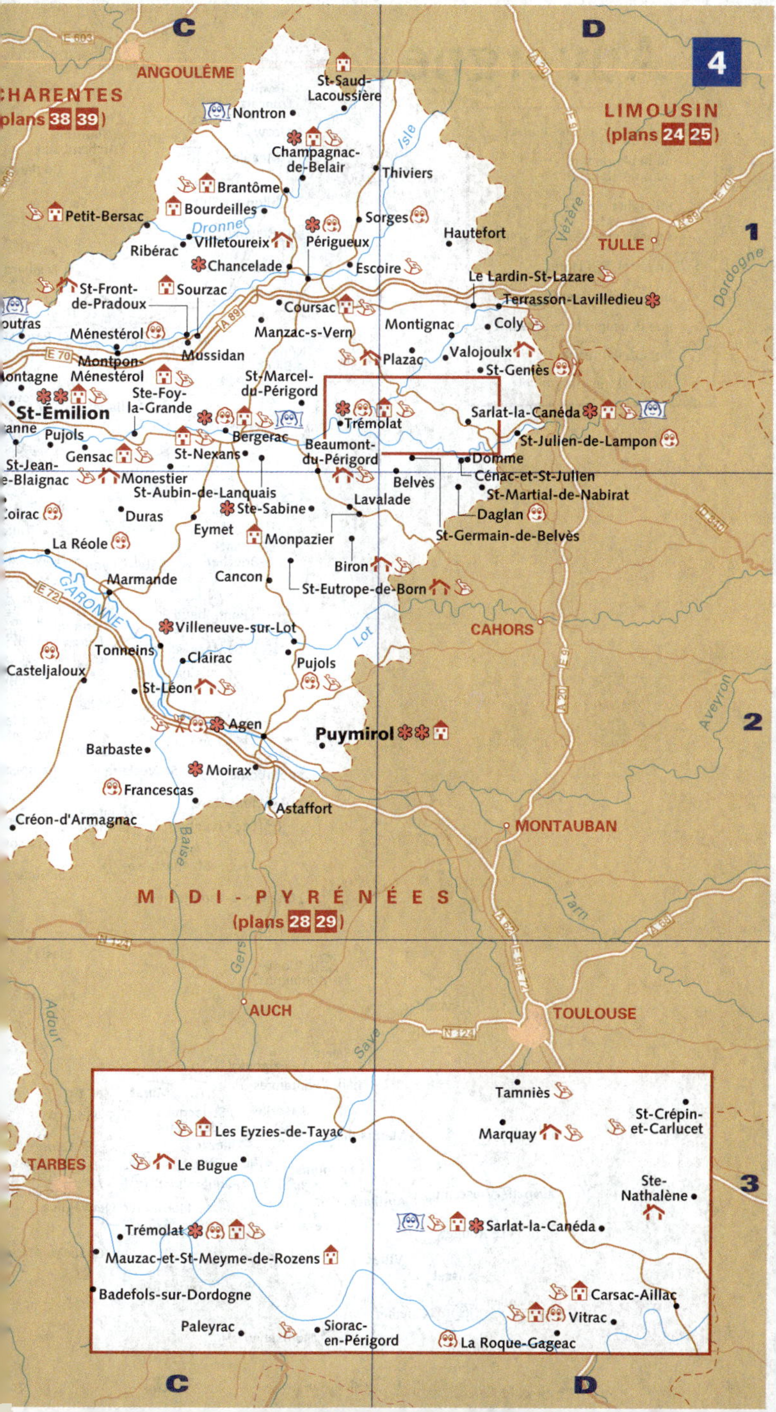
C
D
4
ANGOULÊME
CHARENTES
(plans 38 39)
LIMOUSIN
(plans 24 25)
St-Saud-Lacoussière
Nontron
Champagnac-de-Belair
Isle
Thiviers
Brantôme
Bourdeilles
Petit-Bersac
Dronne
Sorges
Hautefort
Vézère
TULLE
1
Ribérac
Villetoureix
Périgueux
Chancelade
Escoire
Le Lardin-St-Lazare
Dordogne
St-Front-de-Pradoux
Sourzac
Coursac
Terrasson-Lavilledieu
Coutras
Ménestérol
Manzac-s-Vern
Montignac
Coly
A 89
Mussidan
E 70
Montpon-Ménestérol
Plazac
Valojoulx
St-Geniès
Montagne
St-Marcel-du-Périgord
Ste-Foy-la-Grande
St-Émilion
Trémolat
Sarlat-la-Canéda
Pujols
Bergerac
St-Julien-de-Lampon
Gensac
St-Nexans
Beaumont-du-Périgord
Domme
St-Jean-de-Blaignac
Monestier
Belvès
Cénac-et-St-Julien
St-Aubin-de-Lanquais
St-Martial-de-Nabirat
Lavalade
Daglan
Coirac
Ste-Sabine
Duras
Eymet
Monpazier
St-Germain-de-Belvès
La Réole
Biron
Marmande
Cancon
St-Eutrope-de-Born
E 72
GARONNE
Villeneuve-sur-Lot
CAHORS
Lot
Tonneins
Clairac
Pujols
Casteljaloux
Aveyron
St-Léon
A 20
2
Agen
Puymirol
Barbaste
Moirax
Francescas
Astaffort
Créon-d'Armagnac
MONTAUBAN
Baïse
MIDI-PYRÉNÉES
(plans 28 29)
Tarn
A 62
A 68
N 124
Gers
AUCH
TOULOUSE
Adour
Save
N 124
Tamniès
Les Eyzies-de-Tayac
Marquay
St-Crépin-et-Carlucet
TARBES
Le Bugue
Ste-Nathalène
3
Trémolat
Sarlat-la-Canéda
Mauzac-et-St-Meyme-de-Rozens
Badefols-sur-Dordogne
Carsac-Aillac
Vitrac
Paleyrac
Siorac-en-Périgord
La Roque-Gageac
C
D

5 Auvergne

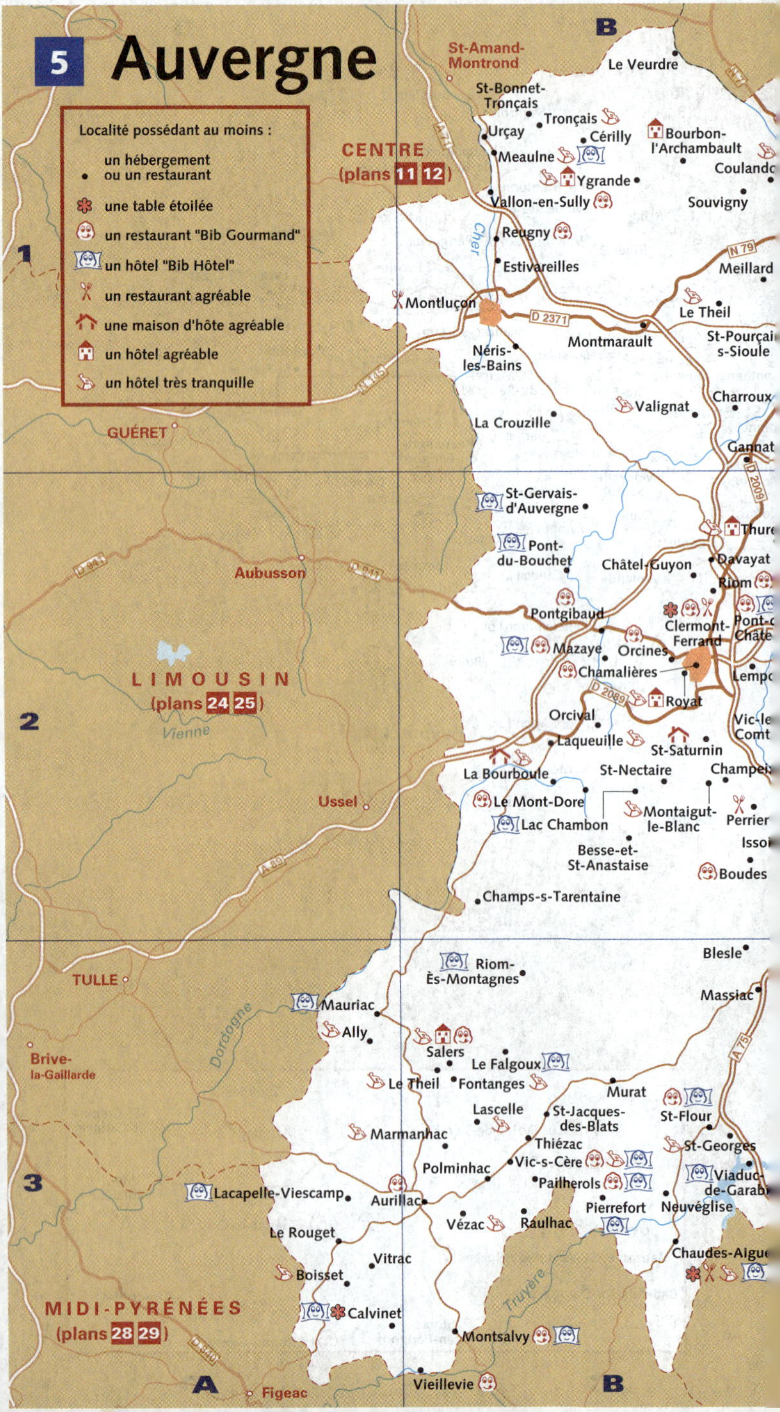

Localité possédant au moins :
un hébergement ou un restaurant
une table étoilée
un restaurant "Bib Gourmand"
un hôtel "Bib Hôtel"
un restaurant agréable
une maison d'hôte agréable
un hôtel agréable
un hôtel très tranquille
CENTRE
(plans 11 12)
LIMOUSIN
(plans 24 25)
MIDI-PYRÉNÉES
(plans 28 29)
A
B
1
2
3
St-Amand-Montrond
Le Veurdre
St-Bonnet-Tronçais
Tronçais
Cérilly
Bourbon-l'Archambault
Urçay
Meaulne
Ygrande
Coulandon
Vallon-en-Sully
Souvigny
Reugny
Cher
Estivareilles
Meillard
Montluçon
Le Theil
D 2371
Montmarault
St-Pourçain-s-Sioule
Néris-les-Bains
Valignat
Charroux
La Crouzille
Gannat
GUÉRET
D 2009
St-Gervais-d'Auvergne
Thuret
Pont-du-Bouchet
Châtel-Guyon
Davayat
Aubusson
Riom
D 941
Pontgibaud
Clermont-Ferrand
Pont-du-Château
Mazaye
Orcines
Chamalières
Lempdes
Royat
D 2089
Orcival
Vic-le-Comte
Laqueuille
St-Saturnin
Vienne
La Bourboule
St-Nectaire
Champeix
Ussel
Le Mont-Dore
Montaigut-le-Blanc
Perrier
Lac Chambon
Issoire
Besse-et-St-Anastaise
A 89
Boudes
Champs-s-Tarentaine
Blesle
Riom-Ès-Montagnes
TULLE
Massiac
Mauriac
Ally
Salers
Dordogne
Le Falgoux
A 75
Brive-la-Gaillarde
Le Theil
Fontanges
Murat
Lascelle
St-Jacques-des-Blats
St-Flour
Marmanhac
Thiézac
St-Georges
Polminhac
Vic-s-Cère
Viaduc-de-Garabit
Pailherols
Lacapelle-Viescamp
Aurillac
Pierrefort
Neuvéglise
Vézac
Raulhac
Le Rouget
Chaudes-Aigues
Vitrac
Boisset
Truyère
Calvinet
Montsalvy
Vieillevie
Figeac

C
D
6
E 607
N 80
La Chapelle-aux-Chasses
Chevagnes
Moulins
E 62
Dompierre-s-Besbre
N 70
BOURGOGNE
(plans 7 8)
Neuilly-le-Réal
Thionne
Jaligny-sur-Besbre
Charolles
N 79
1
E 62
MÂCON
A 40
E 21
A 6
E 15
E 21
N 7
Lapalisse
Billy
Vichy
St-Priest-Bramefant
Roanne
Villefranche-s-Saône
Puy-Guillaume
N 7
A 46
D 1083
Maringues
A 89
A 89
Lezoux
Thiers
Celles-sur-Durolle
Vollore-Ville
Bort-l'Étang
Augerolles
LYON
RHÔNE-ALPES
(plans 43 44 45 46)
A 72
A 43
A 46
2
Ceilloux
Montbrison
E 70
Sauxillanges
Ambert
A 47
Vienne
Sarpoil
ST-ÉTIENNE
Ste-Florine
E 15
Aurec-s-Loire
Vergongheon
La Chaise-Dieu
Brioude
St-Didier-en-Velay
Lavaudieu
Beauzac
St-Pal-de-Mons
N 102
Chomelix
Bransac
Dunières
Allier
ST-BONNET-LE-FROID
Yssingeaux
N 88
St-Vincent
Tence
Langeac
Queyrières
Le Chambon-s-Lignon
St-Arcons-d'Allier
Tournon-s-Rhône
Le Puy-en-Velay
St-Julien-Chapteuil
St-Front
Saugues
Moudeyres
VALENCE
3
Alleyras
St-Haon
Arlempdes
PRIVAS
LANGUEDOC-ROUSSILLON
(plans 22 23)
N 102
N 88
C
D

7 Bourgogne

Localité possédant au moins :
un hébergement ou un restaurant
une table étoilée
un restaurant "Bib Gourmand"
un hôtel "Bib Hôtel"
un restaurant agréable
une maison d'hôte agréable
un hôtel agréable
un hôtel très tranquille
B
TROYES
Sens
A 19
Yonne
St-Julien-du-Sault
JOIGNY
St-Florentin
Armançon
Aillant-sur-Tholon
A 6
Appoigny
Montigny-la-Resle
Tonnerre
Auxerre
Chablis
Bléneau
Vincelottes
Cravant
Nitry
Noyers
Accolay
Massangis
LOIRE
A 77
St-Fargeau
Voutenay-sur-Cure
L'Isle-sur-Serei
Merry-sur-Yonne
Valloux
Vault-de-Lugny
Avallon
Clamecy
Vézelay
Ste-Magnance
CENTRE
(plans 11 12)
Cosne-Cours-sur-Loire
St-Père
Pierre-Perthuis
Quarré-les-Tomb
Donzy
Yonne
Les Lavaults
2
Pouilly-sur-Loire
N 151
Corvol-d'Embernard
St-Agn
Corbigny
La Charité-sur-Loire
BOURGES
Pougues-les-Eaux
St-Jean-aux-Amognes
Nevers
Sauvigny-les-Bois
St-Pri
D 2076
Allier
Decize
Luzy
St-Amand-Montrond
A 71
N 7
Bourbon-Lancy
Pernand-Vergelesses
Ladoix-Serrigny
Savigny-lès-Beaune
Aloxe-Corton
Nantoux
3
Beaune
Challanges
A 6
St-Romain
Montagny-lès-Beaune
Levernois
Digoin
Paray-le-Mon
AUVERGNE
(plans 5 6)
Chaublanc
Nolay
Puligny-Montrachet
St-Gervais-en-Vallière
Chassagne-Montrachet
Verdun-sur-le-Doubs
Santenay
CHAGNY
N 7
Iguerande
A
B

C
D
8
Bar-s-Aube
D 619
CHAMPAGNE-ARDENNE
(plans 13 14)
E 17
E 54
A 5
D 674
E 21
Arc-sur-Tille
Dijon
Chenôve
Gevrey-Chambertin
Saulon-la-Rue
Chambolle-Musigny
Morey-St-Denis
Vougeot
Gilly-lès-Cîteaux
Curtil-Vergy
Vosne-Romanée
Nuits-St-Georges
1
Saône
N 19
E 54
Courban
Châtillon-sur-Seine
Balot
Seine
A 31
St-Rémy
Montbard
Venarey-les-Laumes
Alise-Ste-Reine
Is-sur-Tille
Bèze
Semur-en-Auxois
E 21
St-Seine-l'Abbaye
D 974
E 17
Vitteaux
Prenois
FRANCHE-
N 57
Chailly-sur-Armançon
Pouilly-en-Auxois
A 38
Dijon
BESANÇON
2
SAULIEU
La Bussière-sur-Ouche
A 39
Bouilland
Arnay-le-Duc
Pernand-Vergelesses
E 60
Dole
N 83
COMTÉ
(plans 16 17)
Thury
A 36
Beaune
Levernois
Autun
Chassagne-Montrachet
CHAGNY
Doubs
Bellevesvre
Mercurey
A 6
Le Creusot
Chalon-sur-Saône
St-Martin-en-Bresse
Le Breuil
St-Germain-du-Bois
A 39
Montcenis
E 607
N 80
St-Rémy
Buxy
St-Loup-de-Varennes
Beaurepaire-en-Bresse
Blanzy
LONS-LE-SAUNIER
Montceau-les-Mines
Sennecey-le-Grand
Ratte
N 70
Louhans
Jugy
Mancey
Tournus
Bruailles
Brancion
Cuisery
Ozenay
Le Villars
Cuiseaux
E 21
3
Charolles
Viré
Fleurville
Cluny
St-Claude
N 79
St-Maurice-de-Satonnay
Igé
Chevagny-les-Chevrières
ermaize-u-Bas
Berzé-la-Ville
Hurigny
Montmelard
Mâcon
Fuissé
A 40
E 21
E 62
Leynes
A 404
St-Amour-Bellevue
Chaintré
BOURG-EN-BRESSE
La Chapelle-de-Guinchay
RHÔNE-ALPES
Nantua
C
(plans 43 44 45 46)
D

9 Bretagne

B
1
2
3
A
B
Plougrescant
la Ville Blanche
Trévou-Tréguignec
Perros-Guirec
Roscoff
Trégastel
Penvénan
Île-de-Batz
Trébeurden
Tréguier
Plougasnou
Lannion
Guissény
St-Pol-de-Léon
Carantec
Locquirec
Plestin-les-Grèves
Brélidy
Portsall
Plouider
Lannilis
Île d'Ouessant
Brélès
Morlaix
Plouigneau
Lampaul-Plouarzel
E 50
St-Thégonnec
Pleyber-Christ
Plougonven
Guingamp
N12
Brest
Plougastel-Daoulas
Le Conquet
Sizun
Logonna-Daoulas
E 60
Camaret-sur-Mer
Hanvec
Crozon
Le Faou
Morgat
N 165
Aulne
Carhaix-Plouguer
Plomodiern
Ste-Anne-la-Palud
Châteauneuf-du-Faou
Rostrenen
Pointe-du-Raz
Tréboul
Locronan
Douarnenez
Île-de-Sein
Pont-Croix
Ty-Sanquer
Plogoff
Audierne
Quimper
La Forêt-Fouesnant
Pont-Aven
Pouldreuzic
Fouesnant
Bannalec
Bénodet
Riec-sur-Belon
Quimperlé
Ste-Marine
Concarneau
Plomeur
Pont-Scorff
Loctudy
Névez
St-Guénolé
Trégunc
Guidel
Hennebont
Pont-l'Abbé
Raguenès-Plage
Port-Manech
Lorient
Ploemeur
Moëlan-sur-Mer
Lomener
Riantec
Le Pouldu
Larmor-Plage
Étel
Île de Groix
Plouharnel
Port-Louis
Carnac
Portivy
Quiberon
La Trinité-sur-Mer
Sauzon
BELLE-ÎLE
Le Pal
Port-Goulphar
Bangor
Ste-Anne-d'Auray
St-Avé
Auray
Vannes
Bono
Baden
Arradon
St-Philibert
Île-d'Arz
Noyalo
Larmor-Baden
Île-aux-Moines
Locmariaquer
Arzon
Sarzeau
Penvins
Damgan

10
C
D
ST-LÔ
Coutances
Vire
1
BASSE NORMANDIE
(plans 32-33)
N.-D.-
du-Guildo
Ploubazlanec
Île de Bréhat
St-Cast-le-Guildo
Cap Fréhel
Fréhel
Sables-d'Or-
les-Pins
Paimpol
St-Quay-
Portrieux
Erquy
Le-Val-
André
Lancieux
Dinard
St-Malo
St-Servan-sur-Mer
Cancale
Avranches
St-Jouan-des-Guérets
La Gouesnière
Plélo
Sous-
la-Tour
Cesson
St-Aubin
Pléneuf-
Val-André
Ploubalay
St-Suliac
St-Brieuc
St-Pôtan
Plancoët
Dol-de-Bretagne
Les-Ponts-
Neufs
La Poterie
Pléven
Plouër-
sur-Rance
Pleudihen-sur-Rance
Le Tronchet
Dinan
Planguenoual
Lamballe
Combourg
Bazouges-la-Pérouse
Saint-Rémy-
du-Plain
St-Brice-
en-Coglès
Fougères
Rance
Ille
Hédé
Quédillac
Loudéac
Mûr-de-
Bretagne
Liffré
St-Grégoire
Noyal-sur-Vilaine
Vitré
Châteaubourg
2
Crédin
Guilliers
Iffendic
Paimpont
Rennes
Pont-Réan
Ploërmel
Josselin
Locminé
La Guerche-
de-Bretagne
Gennes-
sur-Seiche
Lohéac
Vilaine
La Gacilly
Rochefort-
en-Terre
Grand-
Fougeray
St-Avé
Questembert
Redon
Châteaubriant
Noyal-Muzillac
Billiers
La Roche-Bernard
PAYS DE LA LOIRE
(plans 34 35)
d'Houat
St-Nazaire
3
N 176
N 12
N 157
N 24
N 165
N 171
N 166
E 50
E 401
E 3
E 60
E 62
A 84
D 137
D 213
Localité possédant au moins :
un hébergement
ou un restaurant
une table étoilée
un restaurant "Bib Gourmand"
un hôtel "Bib Hôtel"
un restaurant agréable
une maison d'hôte agréable
un hôtel agréable
un hôtel très tranquille

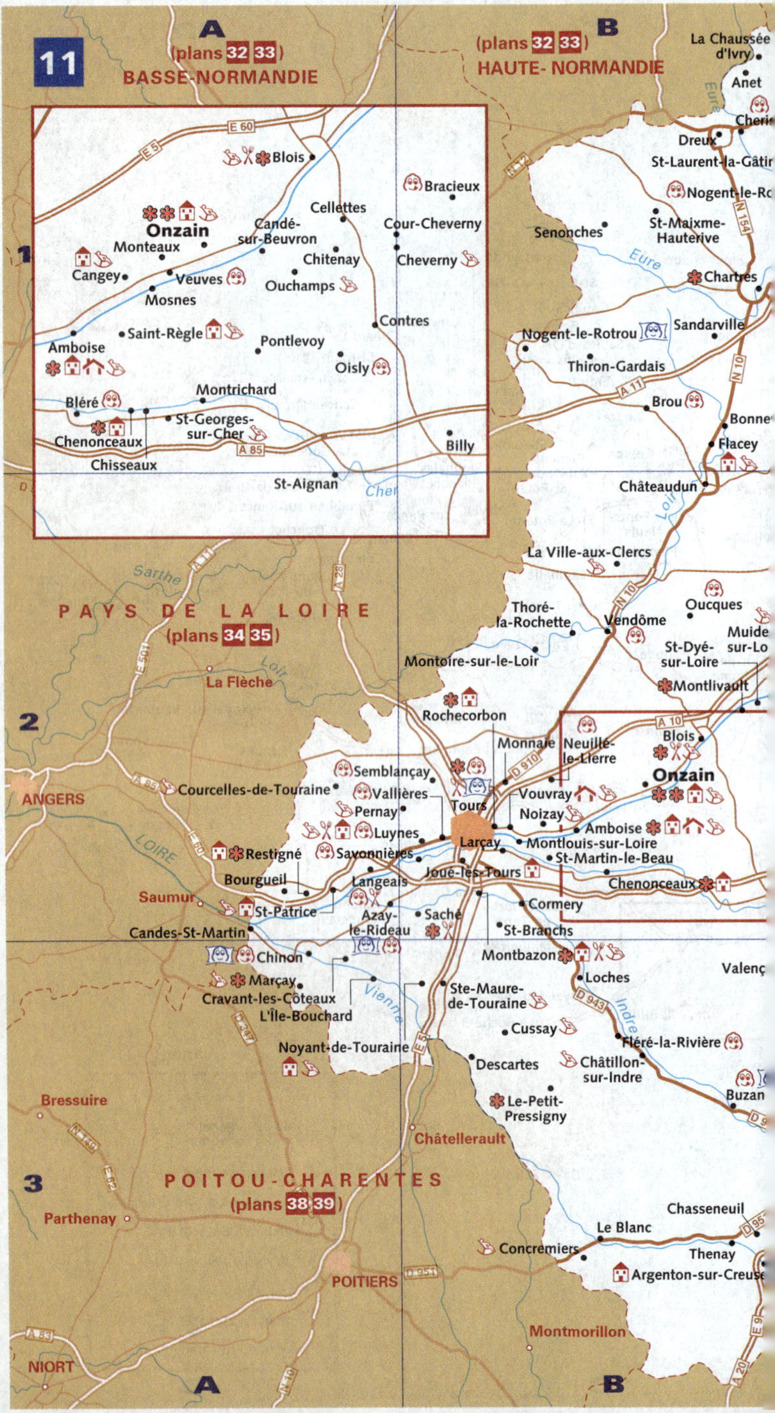
11
A
(plans 32 33)
BASSE-NORMANDIE
B
(plans 32 33)
HAUTE-NORMANDIE
Blois
Bracieux
Cellettes
Onzain
Candé-sur-Beuvron
Cour-Cheverny
Monteaux
Cheverny
Chitenay
Cangey
Veuves
Ouchamps
Mosnes
Contres
Saint-Règle
Amboise
Pontlevoy
Oisly
Montrichard
Bléré
St-Georges-sur-Cher
Chenonceaux
Billy
Chisseaux
St-Aignan
Cher
E 60
E 5
A 85
La Chaussée d'Ivry
Anet
Cherisy
Dreux
St-Laurent-la-Gâtine
Nogent-le-Roi
Senonches
St-Maixme-Hauterive
Eure
Chartres
Nogent-le-Rotrou
Sandarville
Thiron-Gardais
Brou
Bonneval
Flacey
Châteaudun
Loir
La Ville-aux-Clercs
Oucques
Thoré-la-Rochette
Vendôme
Muides-sur-Loire
St-Dyé-sur-Loire
Montoire-sur-le-Loir
Montlivault
N 12
N 154
N 10
A 11
1
2
3
Sarthe
PAYS DE LA LOIRE
(plans 34 35)
La Flèche
Rochecorbon
Monnaie
Neuillé-le-Lierre
Blois
Onzain
Semblançay
Vallières
Courcelles-de-Touraine
Vouvray
Tours
Pernay
Noizay
Luynes
Amboise
Larçay
Montlouis-sur-Loire
Restigné
Savonnières
St-Martin-le-Beau
Joué-lès-Tours
Bourgueil
Langeais
Chenonceaux
Saumur
St-Patrice
Azay-le-Rideau
Saché
Cormery
Candes-St-Martin
St-Branchs
Montbazon
Chinon
Valençay
Marçay
Loches
Cravant-les-Côteaux
Ste-Maure-de-Touraine
L'Île-Bouchard
Vienne
Indre
Cussay
Fléré-la-Rivière
Noyant-de-Touraine
Descartes
Châtillon-sur-Indre
Buzançais
Le-Petit-Pressigny
ANGERS
LOIRE
A 10
D 910
D 943
A 28
E 501
A 85
E 60
D 347
E 5
Bressuire
Châtellerault
POITOU-CHARENTES
(plans 38 39)
Parthenay
Chasseneuil
Le Blanc
Concremiers
Thenay
Argenton-sur-Creuse
POITIERS
D 951
Montmorillon
NIORT
A 83
N 10
A 20
E 9
A
B

Centre 12

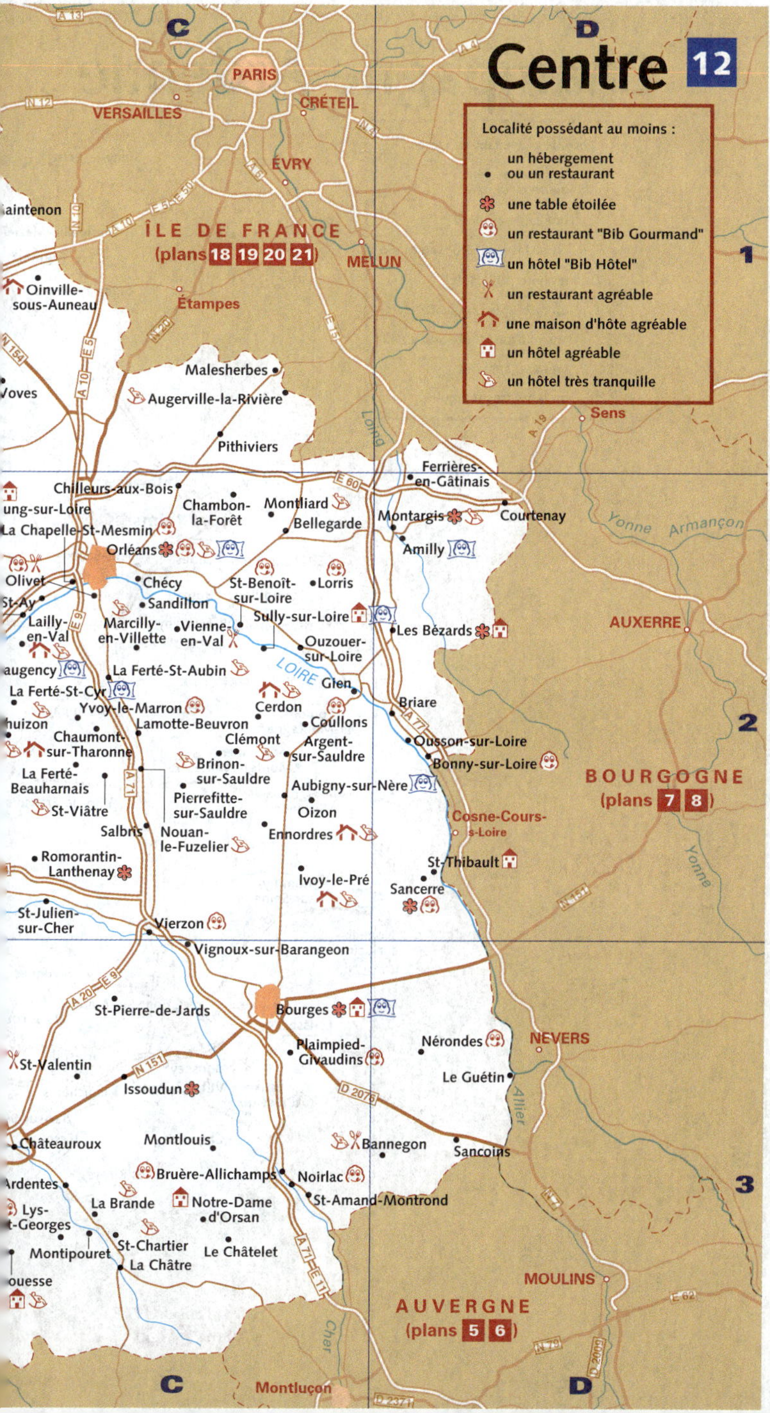

Localité possédant au moins :
un hébergement ou un restaurant
une table étoilée
un restaurant "Bib Gourmand"
un hôtel "Bib Hôtel"
un restaurant agréable
une maison d'hôte agréable
un hôtel agréable
un hôtel très tranquille
C
D
1
2
3
PARIS
VERSAILLES
CRÉTEIL
ÉVRY
MELUN
Étampes
ÎLE DE FRANCE
(plans 18 19 20 21)
Sens
AUXERRE
BOURGOGNE
(plans 7 8)
Cosne-Cours-s-Loire
NEVERS
MOULINS
AUVERGNE
(plans 5 6)
Montluçon
Oinville-sous-Auneau
Malesherbes
Augerville-la-Rivière
Pithiviers
Ferrières-en-Gâtinais
Chilleurs-aux-Bois
Chambon-la-Forêt
Montliard
Bellegarde
Montargis
Courtenay
La Chapelle-St-Mesmin
Orléans
Amilly
Olivet
Chécy
St-Benoît-sur-Loire
Lorris
Sandillon
Sully-sur-Loire
Les Bézards
Lailly-en-Val
Marcilly-en-Villette
Vienne-en-Val
Ouzouer-sur-Loire
La Ferté-St-Aubin
Gien
La Ferté-St-Cyr
Yvoy-le-Marron
Cerdon
Briare
Lamotte-Beuvron
Coullons
Chaumont-sur-Tharonne
Clémont
Argent-sur-Sauldre
Ousson-sur-Loire
Brinon-sur-Sauldre
Bonny-sur-Loire
La Ferté-Beauharnais
Pierrefitte-sur-Sauldre
Aubigny-sur-Nère
St-Viâtre
Oizon
Salbris
Nouan-le-Fuzelier
Ennordres
Romorantin-Lanthenay
St-Thibault
Ivoy-le-Pré
Sancerre
St-Julien-sur-Cher
Vierzon
Vignoux-sur-Barangeon
St-Pierre-de-Jards
Bourges
Plaimpied-Givaudins
Nérondes
St-Valentin
Issoudun
Le Guétin
Châteauroux
Montlouis
Bannegon
Sancoins
Bruère-Allichamps
Noirlac
St-Amand-Montrond
La Brande
Notre-Dame d'Orsan
Montipouret
St-Chartier
Le Châtelet
La Châtre
LOIRE
Loing
Yonne
Armançon
Allier
Cher

13 Champagne Ardenne

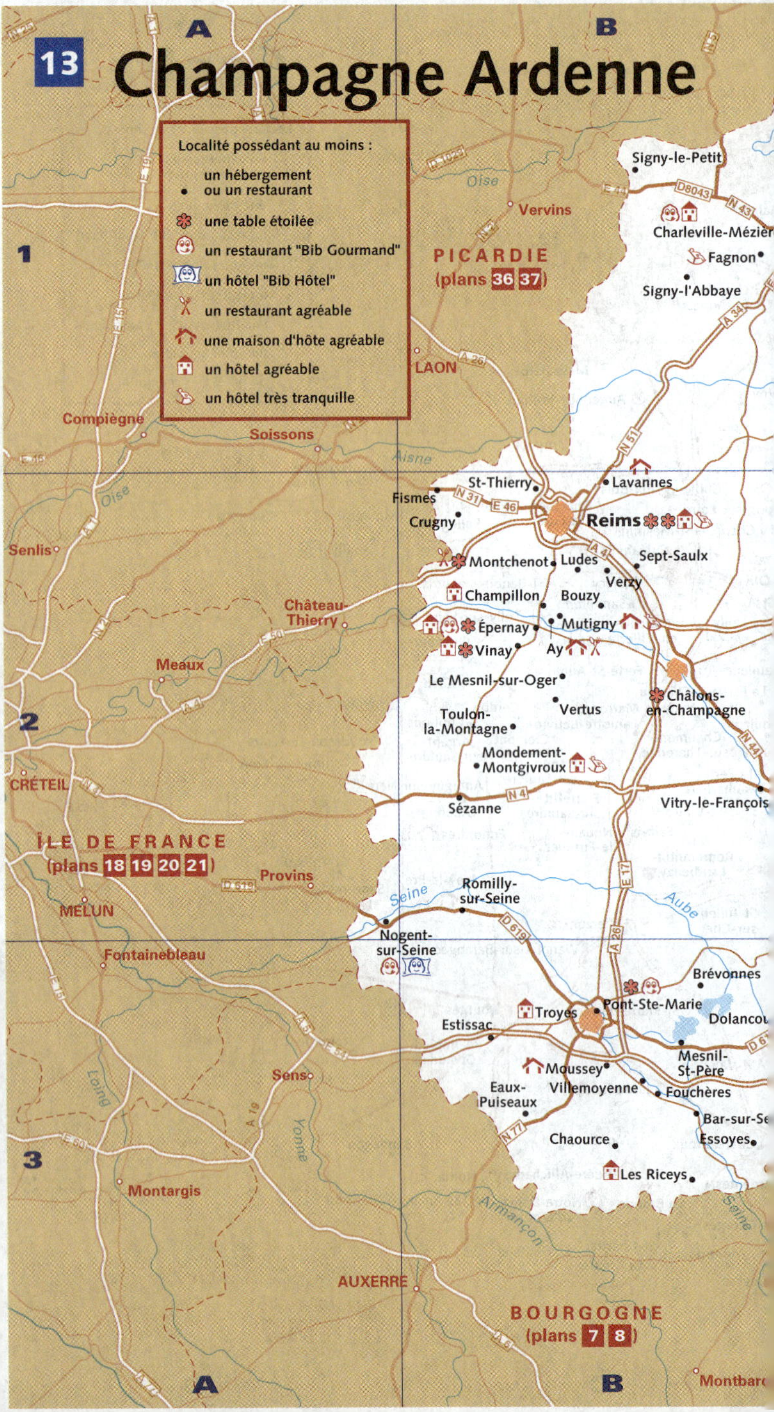

14
C
D
1
2
3
BELGIQUE
DEUTSCHLAND
LUXEMBOURG
LORRAINE
(plans 26 27)
FRANCHE-COMTÉ
(plans 16 17)
Givet
Les Hautes-Rivières
Sedan
Williers
Carignan
Mouzon
Harricourt
ARLON
(AARLEN)
LUXEMBOURG
TRIER
Thionville
Forbach
Vienne-le-Château
Verdun
METZ
Ste-Menéhould
BAR-LE-DUC
Toul
NANCY
St-Dizier
Giffaumont-
Champaubert
Joinville
Neufchâteau
Villiers-sur-Marne
Froncles-Buxières
Colombey-
les-Deux-Églises
Aube
Chaumont
Chamarandes
Nogent
Arc-
en-Barrois
Montigny-
le-Roi
Bourbonne-les-Bains
ÉPINAL
Langres
Bay-
sur-Aube
Vaux-sous-Aubigny
VESOUL
Meuse
Aisne
Moselle
Meurthe
Marne
Saône
Seine
A 203
D 8043
N 89
A 4
E 25
A 26
E 421
E 42
A 60
257
E 422
A 1
E 44
A 31
A 30
A 8
E 29
A 620
E 50
E 25
D 674
D 955
A 31
A 33
N 4
N 59
D 974
N 57
E 21
E 23
A 5
E 54
D 619
N 19
N 57
D 438

15
Corse
Localité possédant au moins :
un hébergement ou un restaurant
une table étoilée
un restaurant "Bib Gourmand"
un hôtel "Bib Hôtel"
un restaurant agréable
une maison d'hôte agréable
un hôtel agréable
un hôtel très tranquille
A
B
2
3
Ersa
Macinaggio
Nonza
Erbalunga
San-Martino-di-Lota
Patrimonio
Bastia
Saint-Florent
Oletta
N 193
L'Île-Rousse
N 1197
Algajola
Pigna
Lumio
Sant'Antonino
Calvi
Muro
Feliceto
Casamozza
Feravola
Galéria
Poggio-Mezzana
Cervione
Prunete
Calacuccia
Corte
Porto
Évisa
Piana
N 198
Aléria
Cargèse
Bocognano
Bastelica
Peri
Eccica-Suarella
Ajaccio
N 196
Sta-Maria-Sicché
Porticcio
Solenzara
Col de Bavella
Favone
Petreto-Bicchisano
Aullène
Zonza
Coti-Chiavari
Olmeto
Levie
Porto-Pollo
Ste-Lucie-de-Tallano
Ste-Lucie-de-Porto-Vecchio
Propriano
Cala Rossa
Sartène
Porto-Vecchio
Bonifacio

16 Franche-Comté

17
C
D
LORRAINE
(plans 26 27)
ALSACE
(plans 1 2)
SUISSE
Guebwiller
Thann
Mulhouse
Altkirch
BASEL
LIESTAL
DELÉMONT
SOLOTHURN
BERN
FRIBOURG
NEUCHÂTEL
LAUSANNE
LAC LÉMAN
Thonon-les-B.
SION
Rhône
ENÈVE
Doubs
Fougerolles
Luxeuil-les-Bains
Mélisey
Froideterre
Ronchamp
Lure
Belfort
Danjoutin
Sevenans
Delle
Villersexel
Sochaux
Montbéliard
Audincourt
Pont-de-Roide
Chamesol
Villars-s/s-Dampjoux
St-Hippolyte
Baume-les-Dames
Champlive
Cour-St-Maurice
Maîche
Goumois
Damprichard
Charquemont
Bretonvillers
Bonnétage
Valdahon
Loray
Villers-le-Lac
Morteau
Mouthier-Haute-Pierre
La Longeville
Montbenoît
Pontarlier
Malbuisson
Métabief
Jougne
Granges-Ste-Marie
1
2
3

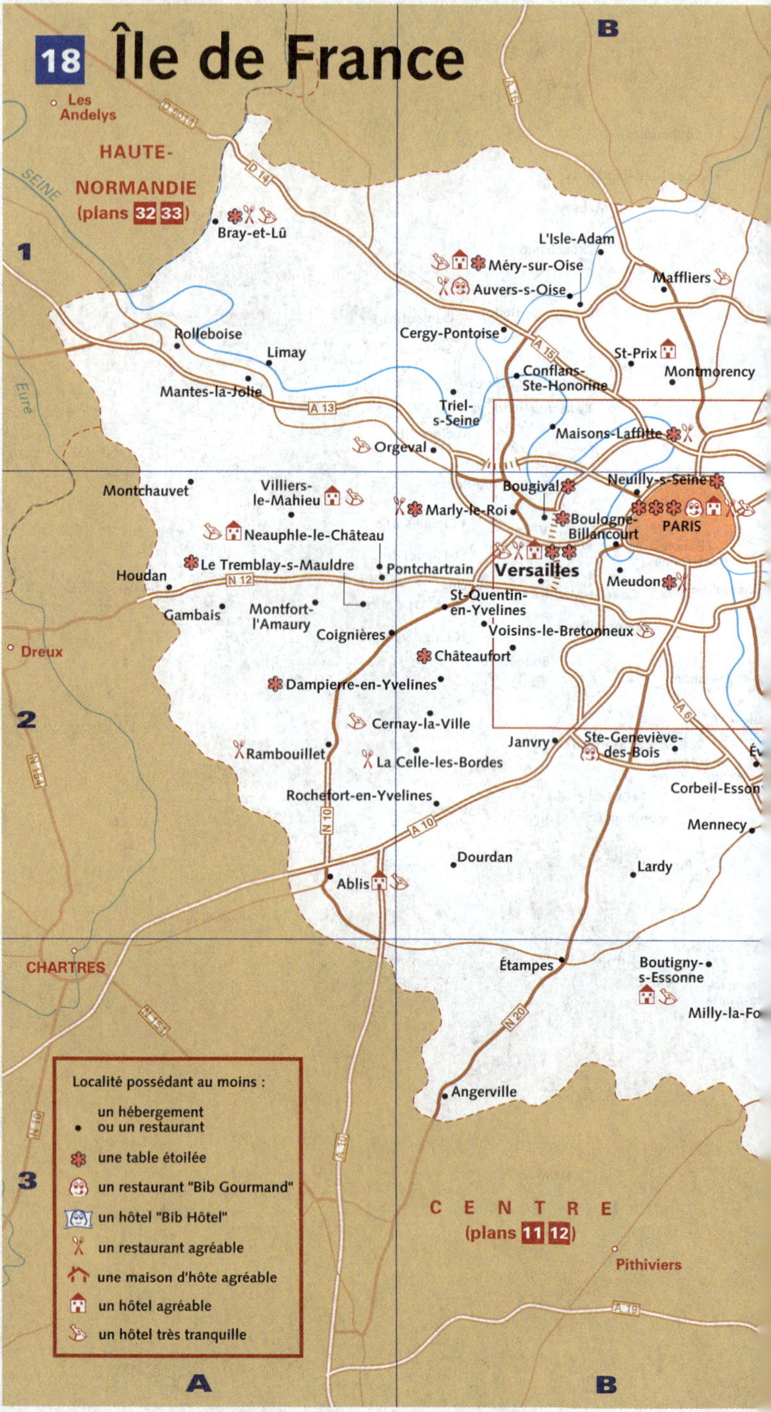
18
Île de France
Les Andelys
HAUTE-NORMANDIE
(plans 32 33)
SEINE
Eure
Bray-et-Lû
L'Isle-Adam
Méry-sur-Oise
Auvers-s-Oise
Maffliers
Rolleboise
Limay
Cergy-Pontoise
St-Prix
Montmorency
Conflans-Ste-Honorine
Mantes-la-Jolie
Triel-s-Seine
Maisons-Laffitte
Orgeval
Montchauvet
Villiers-le-Mahieu
Bougival
Neuilly-s-Seine
Marly-le-Roi
Boulogne-Billancourt
PARIS
Neauphle-le-Château
Le Tremblay-s-Mauldre
Pontchartrain
Versailles
Houdan
Meudon
Gambais
Montfort-l'Amaury
St-Quentin-en-Yvelines
Coignières
Voisins-le-Bretonneux
Dreux
Châteaufort
Dampierre-en-Yvelines
Cernay-la-Ville
Janvry
Ste-Geneviève-des-Bois
Rambouillet
La Celle-les-Bordes
Corbeil-Essonnes
Rochefort-en-Yvelines
Mennecy
Dourdan
Lardy
Ablis
CHARTRES
Étampes
Boutigny-s-Essonne
Milly-la-Fo
Angerville
CENTRE
(plans 11 12)
Pithiviers
D 6014
D 14
A 15
A 13
N 12
A 6
N 10
A 10
N 154
N 20
A 19
A
B
1
2
3
Localité possédant au moins :
un hébergement ou un restaurant
une table étoilée
un restaurant "Bib Gourmand"
un hôtel "Bib Hôtel"
un restaurant agréable
une maison d'hôte agréable
un hôtel agréable
un hôtel très tranquille

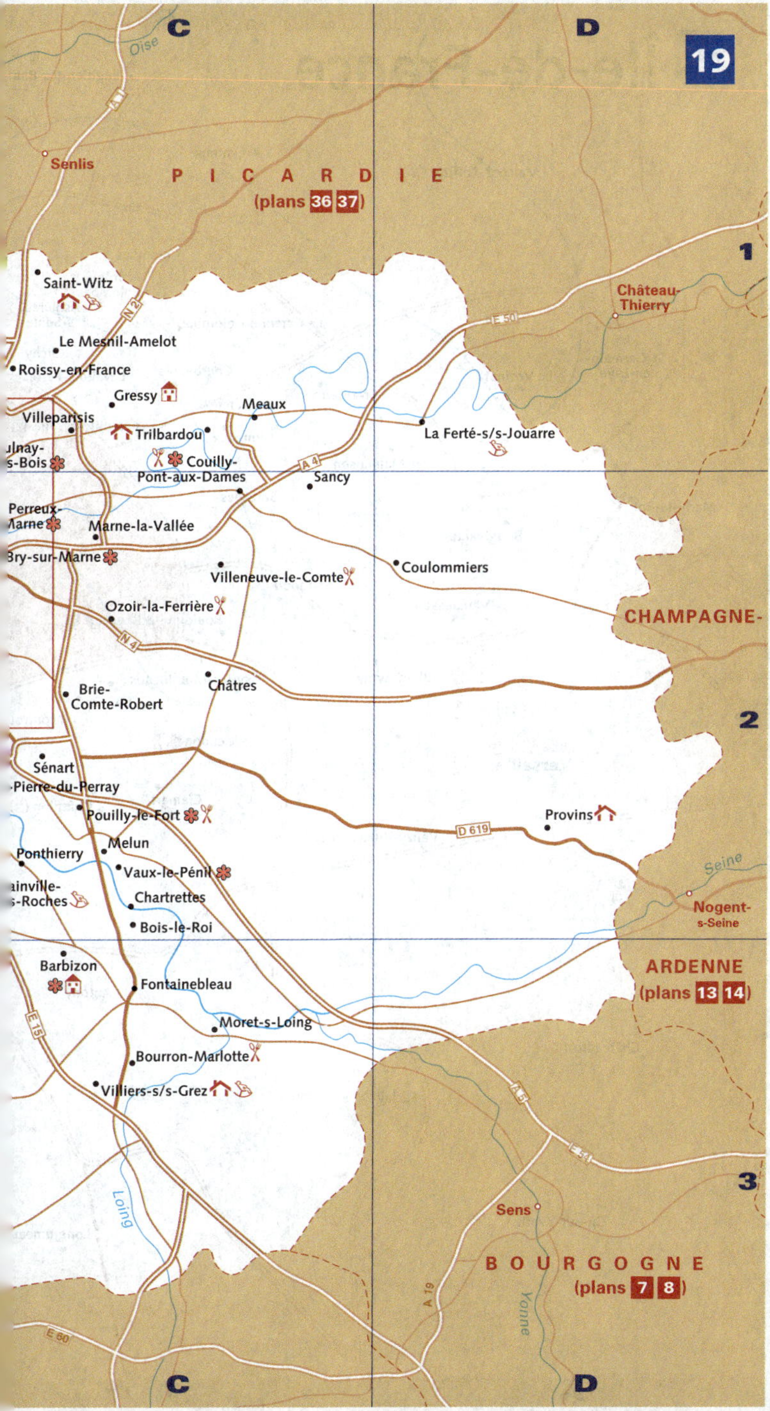
C
D
Oise
A 1
Senlis
P I C A R D I E
(plans 36 37)
1
Château-Thierry
E 50
Saint-Witz
N 2
Le Mesnil-Amelot
Roissy-en-France
Gressy
Meaux
Villeparisis
Trilbardou
La Ferté-s/s-Jouarre
ulnay-s-Bois
Couilly-Pont-aux-Dames
A 4
Sancy
Perreux-Marne
Marne-la-Vallée
Bry-sur-Marne
Villeneuve-le-Comte
Coulommiers
Ozoir-la-Ferrière
CHAMPAGNE-
N 4
Châtres
Brie-Comte-Robert
2
Sénart
Pierre-du-Perray
Pouilly-le-Fort
Provins
D 619
Melun
Ponthierry
Vaux-le-Pénil
Seine
ainville-s-Roches
Chartrettes
Nogent-s-Seine
Bois-le-Roi
Barbizon
ARDENNE
(plans 13 14)
Fontainebleau
E 15
Moret-s-Loing
Bourron-Marlotte
Villiers-s/s-Grez
A 5
E 54
3
Loing
Sens
B O U R G O G N E
(plans 7 8)
A 19
Yonne
E 60
C
D

20 Île-de-France

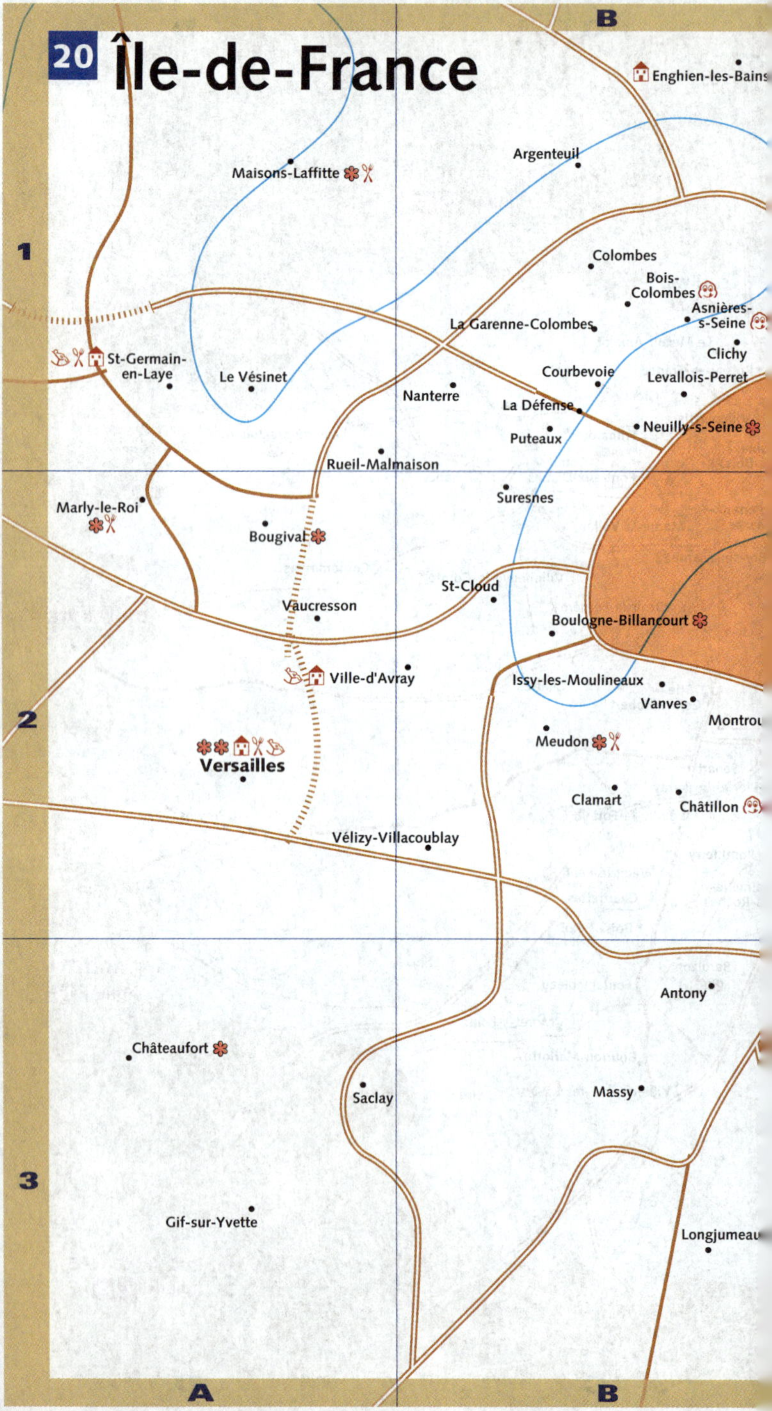

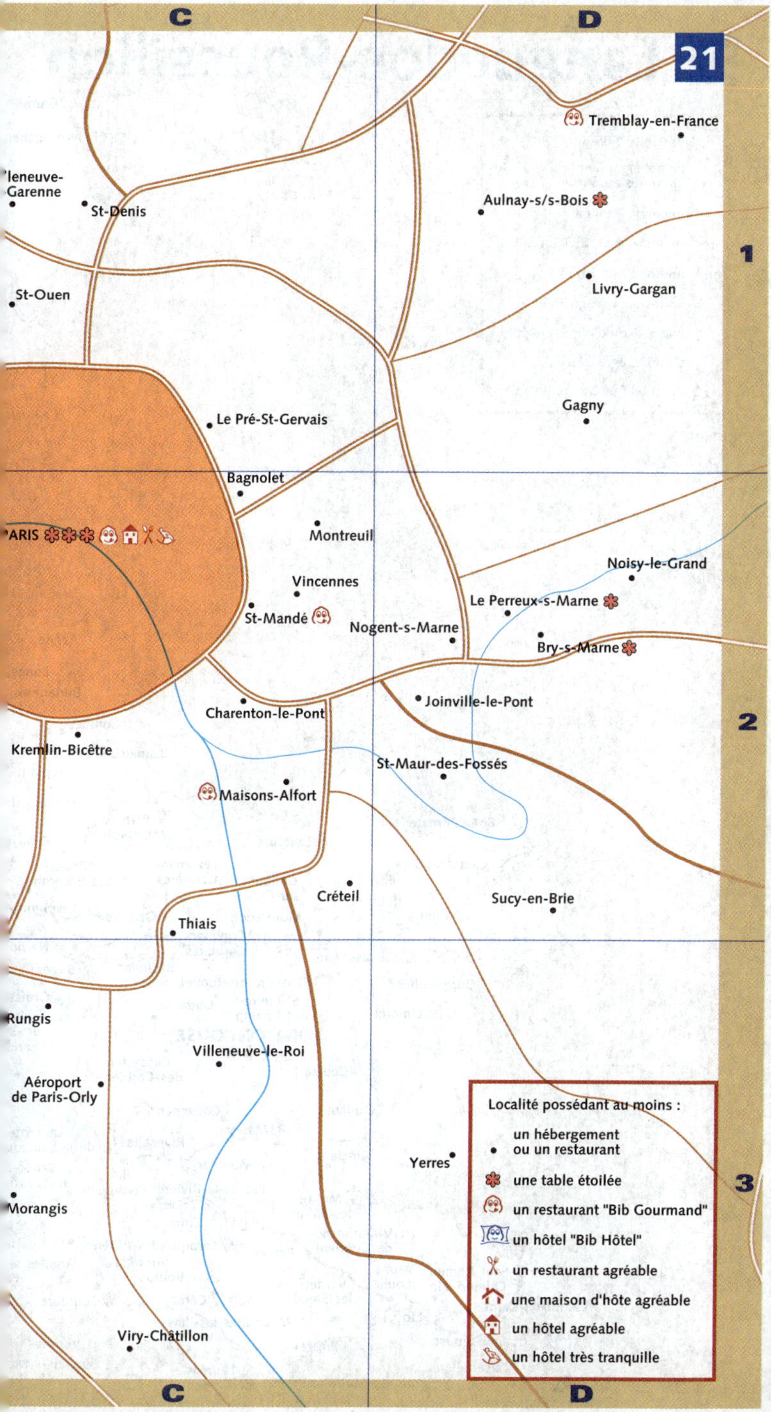

C
D
21
1
2
3
Tremblay-en-France
'lleneuve-Garenne
St-Denis
Aulnay-s/s-Bois
Livry-Gargan
St-Ouen
Gagny
Le Pré-St-Gervais
Bagnolet
PARIS
Montreuil
Noisy-le-Grand
Vincennes
Le Perreux-s-Marne
St-Mandé
Nogent-s-Marne
Bry-s-Marne
Joinville-le-Pont
Charenton-le-Pont
Kremlin-Bicêtre
St-Maur-des-Fossés
Maisons-Alfort
Créteil
Sucy-en-Brie
Thiais
Rungis
Villeneuve-le-Roi
Aéroport de Paris-Orly
Yerres
Morangis
Viry-Châtillon
Localité possédant au moins :
un hébergement ou un restaurant
une table étoilée
un restaurant "Bib Gourmand"
un hôtel "Bib Hôtel"
un restaurant agréable
une maison d'hôte agréable
un hôtel agréable
un hôtel très tranquille

22 Languedoc-Roussillon

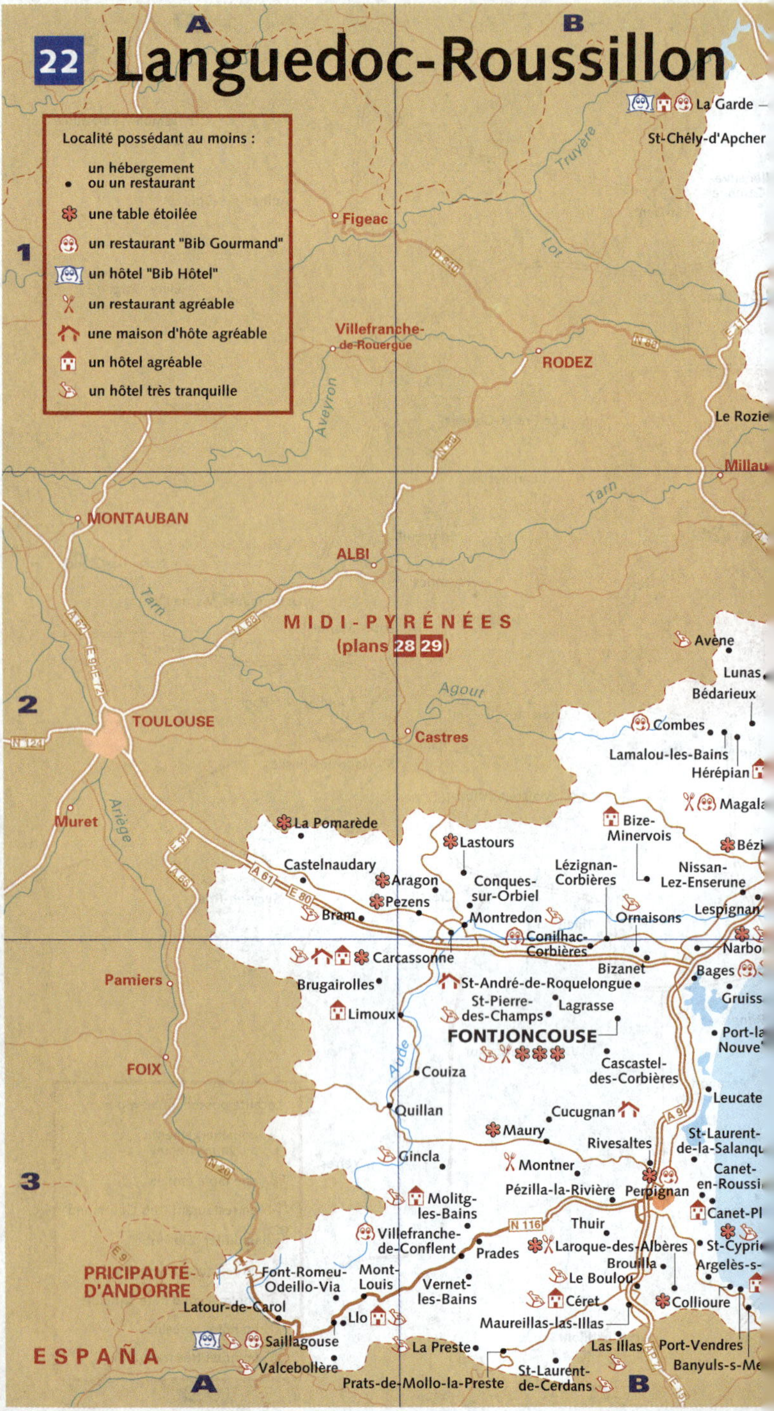

C
D
AUVERGNE
(plans 5 6)
VALENCE
PRIVAS
Die
Drôme
RHÔNE-ALPES
(plans 43 44 45 46)
RHÔNE
Largentière
1
St-Alban-sur-Limagnole
Aumont-Aubrac
Langogne
N 88
N 102
Marvejols
Mende
La Garde-Guérin
Villefort
St-Victor-de-Malcap
Nyons
Ste-Enimie
Cocurès
St-Ambroix
Florac
La Vernarède
Barjac
La Malène
N 106
Montclus
Larnac
Cornillon
Meyrueis
St-Privat-des-Vieux
Méjannes-lès-Alès
Bagnols-s-Cèze
St-Just-et-Vacquières
Alès
Gaujac
St-Hilaire-de-Brethmas
St-Laurent-des-Arbres
Montaren-et-St-Médiers
Valleraugue
Sauveterre
Carpentras
Le Rey
Anduze
St-Quentin-la-Poterie
Tornac
Uzès
Pujaut
Le Vigan
Tavel
Villeneuve-lès-Avignon
AVIGNON
Sauve
Collias
Castillon-du-Gard
Brissac
Ferrières-les-Verreries
Cabrières
Pont-du-Gard
Sommières
Nîmes
Marguerittes
St-Martin-de-Londres
Garrigues
Beaucaire
PROVENCE-ALPES
CÔTE D'AZUR
(plans 40 41 42)
Uchaud
Lodève
St-Guilhem-le-Désert
Mus
Garons
Vergèze
Durance
St-Saturnin-de-Lucian
Castries
Gallargues-le-Montueux
Arles
Gignac
Castelnau-le-Lez
Lunel
Aimargues
St-Gilles
A 54
Mourèze
A 750
E 11
Montpellier
E 80
2
Clermont-l'Hérault
Lattes
Aigues-Mortes
A 8
Vailhan
Le Grau-du-Roi
N 568
Istres
Pézenas
Palavas-les-Flots
Port-Camargue
A 9
La Grande-Motte
Balaruc-les-Bains
Carnon-Plage
Portiragnes
E 15
Mèze
Sète
A 55
E 80
Marseillan
Agde
Le Cap-d'Agde
Villeneuve-lès-Béziers
Valras-Plage
Sérignan
GOLFE DU LION
3
C
D

24
Limousin
B
CENTRE
POITOU-CHARENTES
(plans 38 39)
1
2
3
A
B
Gartempe
Vienne
Isle
Dronne
Vézère
E 62
N 145
N 141
E 603
D 941
A 20
E 9
A 89
Le Dorat
La Souterrai
Bessines-s-Gartempe
St-Étienne-de-Fursac
Mortemart
Thouron
Confolens
Oradour-s-Glane
St-Martin-du-Fault
Sauviat-sur-V
St-Priest-Taurion
St-Junien
Limoges
St-Léon de-Nob
Feytiat
Séreilhac
Solignac
Oradour-sur-Vayres
Nexon
Pierre-Buffière
Magnac-Bou
La Roche-l'Abeille
Nontron
Masse
Montgibaud
St-Ybard
Uzerche
AQUITAINE
(plans 3 4)
Segonzac
Objat
St-Viance
Donzenac
Varetz
Brive-la-Gailla
Lissac-sur-Co
Tur
Localité possédant au moins :
un hébergement ou un restaurant
une table étoilée
un restaurant "Bib Gourmand"
un hôtel "Bib Hôtel"
un restaurant agréable
une maison d'hôte agréable
un hôtel agréable
un hôtel très tranquille

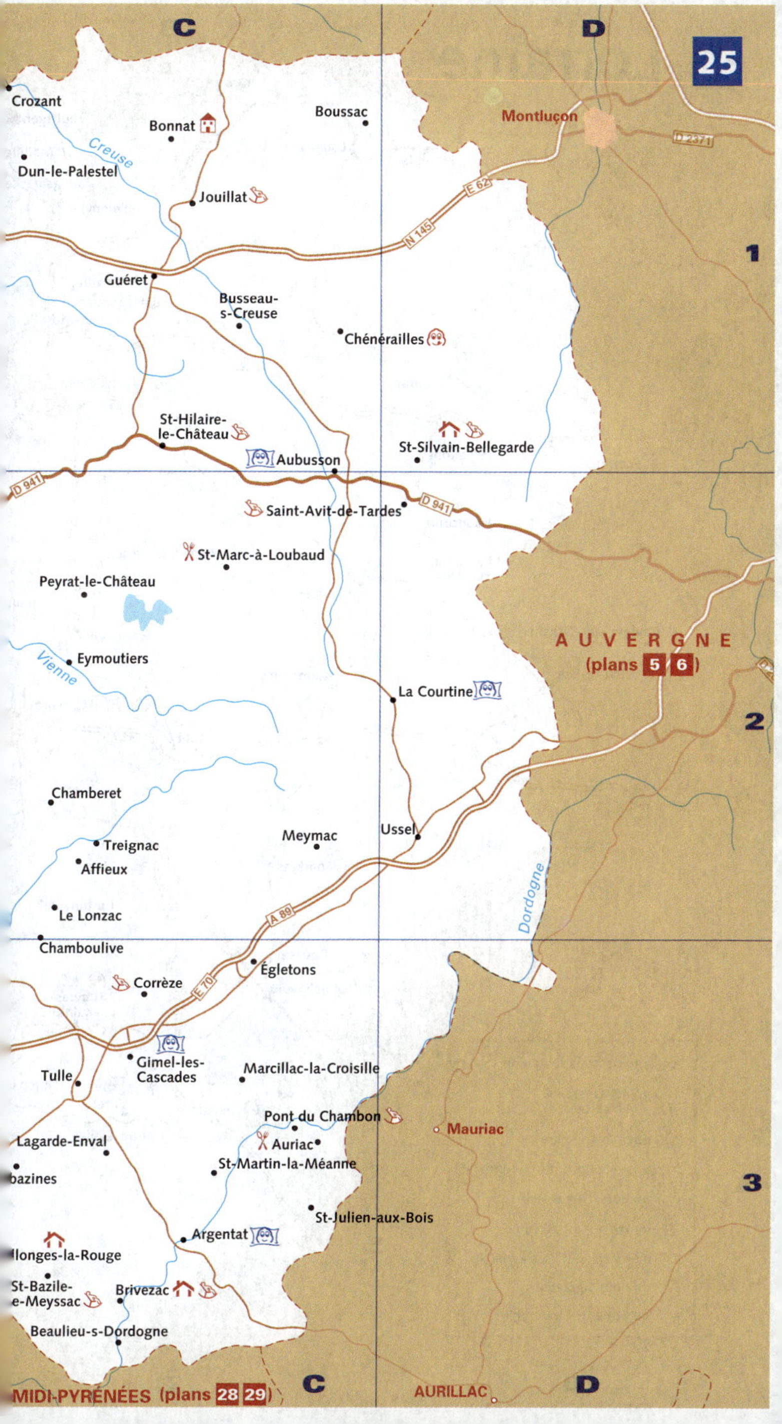
C
D
Crozant
Bonnat
Boussac
Montluçon
D 2371
Creuse
Dun-le-Palestel
Jouillat
E 62
N 145
1
Guéret
Busseau-s-Creuse
Chénérailles
St-Hilaire-le-Château
Aubusson
St-Silvain-Bellegarde
D 941
Saint-Avit-de-Tardes
D 941
St-Marc-à-Loubaud
Peyrat-le-Château
AUVERGNE
(plans 5 6)
Eymoutiers
Vienne
La Courtine
2
Chamberet
Ussel
Meymac
Treignac
Affieux
A 89
Le Lonzac
Dordogne
Chamboulive
Égletons
Corrèze
E 70
Gimel-les-Cascades
Tulle
Marcillac-la-Croisille
Pont du Chambon
Mauriac
Lagarde-Enval
Auriac
St-Martin-la-Méanne
3
St-Julien-aux-Bois
Argentat
St-Bazile-de-Meyssac
Brivezac
Beaulieu-s-Dordogne
MIDI-PYRÉNÉES (plans 28 29)
C
AURILLAC
D

26 Lorraine

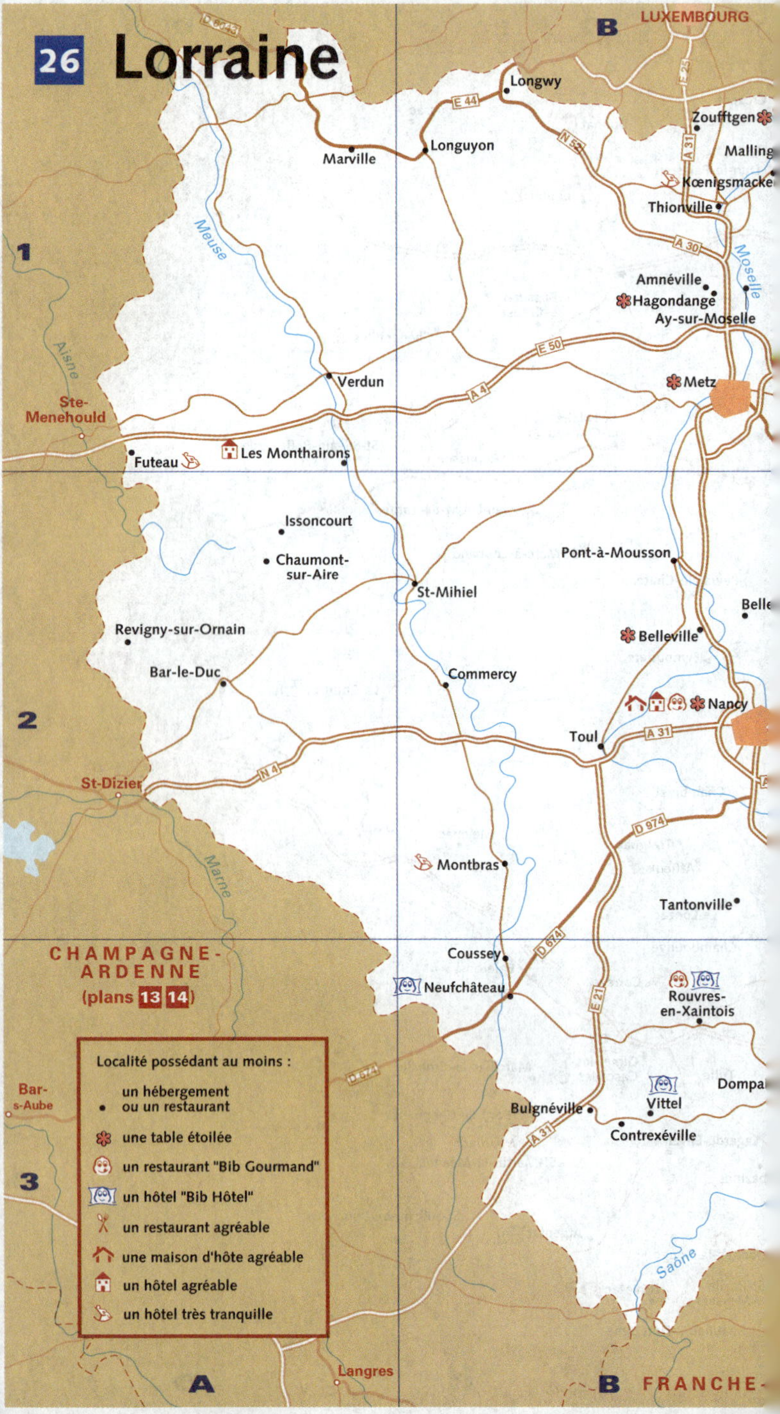
LUXEMBOURG
Longwy
Zoufftgen
Malling
Kœnigsmacker
Marville
Longuyon
Thionville
Meuse
Moselle
Amnéville
Hagondange
Ay-sur-Moselle
Aisne
Verdun
Metz
Ste-Menehould
Futeau
Les Monthairons
Issoncourt
Chaumont-sur-Aire
Pont-à-Mousson
St-Mihiel
Revigny-sur-Ornain
Belleville
Bar-le-Duc
Commercy
Nancy
Toul
St-Dizier
Marne
Montbras
Tantonville
CHAMPAGNE-ARDENNE
(plans 13 14)
Coussey
Neufchâteau
Rouvres-en-Xaintois
Bar-s-Aube
Dompaire
Bulgnéville
Vittel
Contrexéville
Saône
Langres
FRANCHE-
E 44
N 52
A 31
A 30
E 50
A 4
N 4
D 974
D 674
E 21
E 25
D 6043
A
B
1
2
3
Localité possédant au moins :
un hébergement ou un restaurant
une table étoilée
un restaurant "Bib Gourmand"
un hôtel "Bib Hôtel"
un restaurant agréable
une maison d'hôte agréable
un hôtel agréable
un hôtel très tranquille

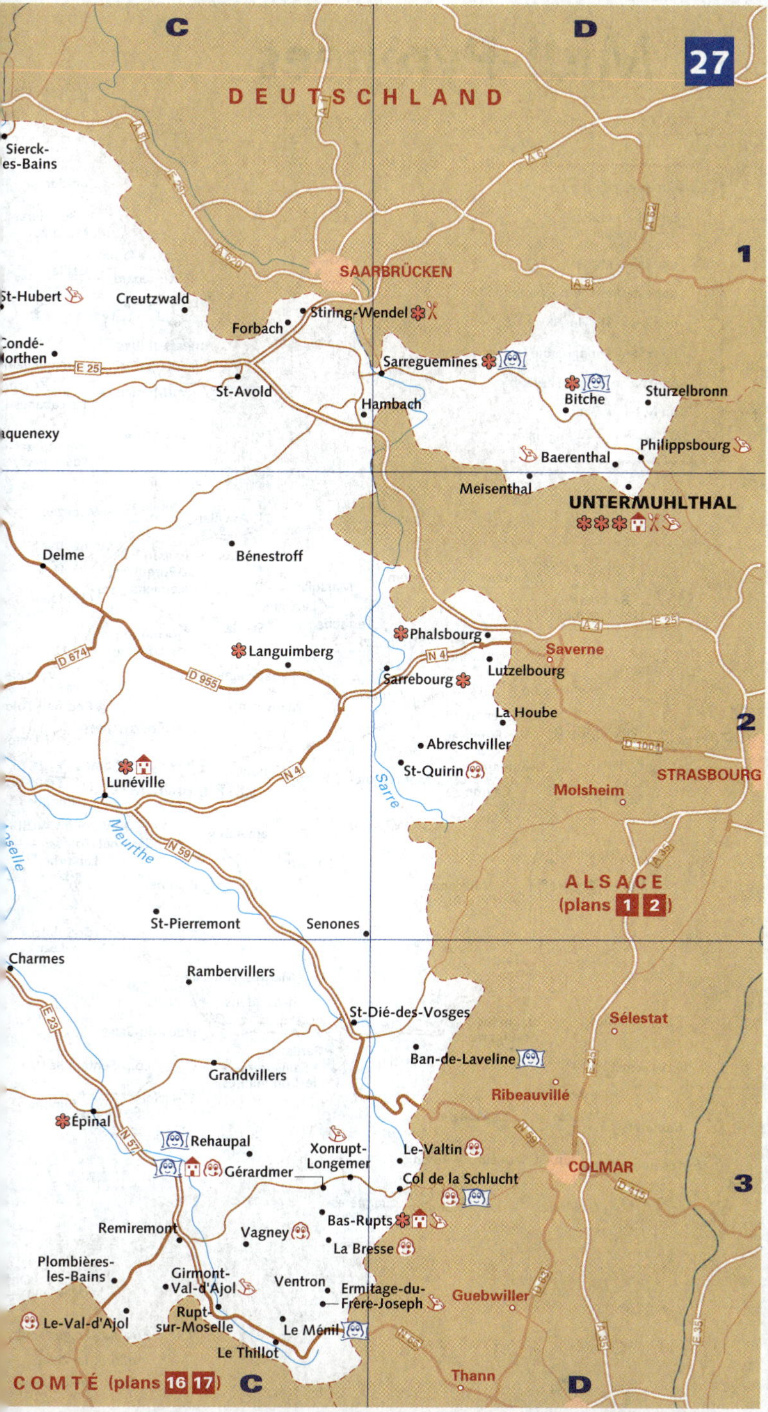

C
D
27
DEUTSCHLAND
Sierck-les-Bains
SAARBRÜCKEN
1
St-Hubert
Creutzwald
Stiring-Wendel
Forbach
Condé-Northen
Sarreguemines
St-Avold
Bitche
Sturzelbronn
Hambach
Philippsbourg
Baerenthal
Meisenthal
UNTERMUHLTHAL
Delme
Bénestroff
Phalsbourg
Saverne
Languimberg
Lutzelbourg
Sarrebourg
La Hoube
2
Abreschviller
St-Quirin
STRASBOURG
Lunéville
Molsheim
Meurthe
Sarre
ALSACE
(plans 1 2)
St-Pierremont
Senones
Charmes
Rambervillers
St-Dié-des-Vosges
Sélestat
Ban-de-Laveline
Grandvillers
Ribeauvillé
Épinal
Rehaupal
Xonrupt-Longemer
Le-Valtin
COLMAR
Gérardmer
Col de la Schlucht
3
Bas-Rupts
Remiremont
Vagney
La Bresse
Plombières-les-Bains
Girmont-Val-d'Ajol
Ventron
Ermitage-du-Frère-Joseph
Guebwiller
Le-Val-d'Ajol
Rupt-sur-Moselle
Le Ménil
Le Thillot
Thann
COMTÉ (plans 16 17)
C
D

28 Midi-Pyrénées

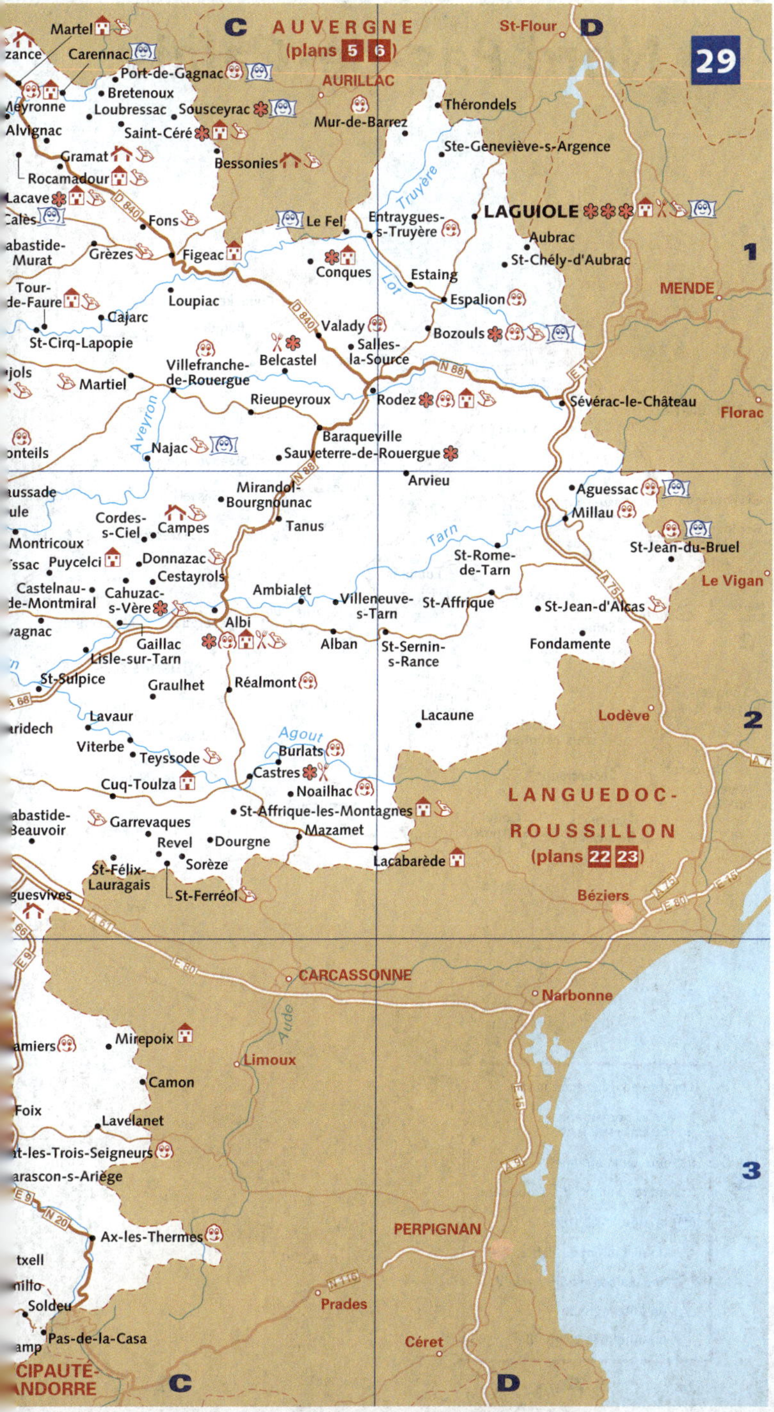
C
AUVERGNE
(plans 5 6)
St-Flour
D
Martel
Carennac
Port-de-Gagnac
Bretenoux
Meyronne
Loubressac
Sousceyrac
AURILLAC
Thérondels
Alvignac
Saint-Céré
Mur-de-Barrez
Gramat
Bessonies
Ste-Geneviève-s-Argence
Rocamadour
Truyère
Lacave
Calès
Le Fel
Entraygues-s-Truyère
LAGUIOLE
Fons
Aubrac
Labastide-Murat
Grèzes
Figeac
St-Chély-d'Aubrac
1
Conques
Estaing
MENDE
Tour-de-Faure
Lot
Espalion
Loupiac
Cajarc
D 840
Valady
Bozouls
St-Cirq-Lapopie
Salles-la-Source
Belcastel
Villefranche-de-Rouergue
N 88
Martiel
Rodez
Sévérac-le-Château
Florac
Rieupeyroux
Aveyron
Baraqueville
Najac
Sauveterre-de-Rouergue
Arvieu
Mirandol-Bourgnounac
Aguessac
Millau
Cordes-s-Ciel
Campes
Tanus
Tarn
St-Jean-du-Bruel
Montricoux
St-Rome-de-Tarn
Puycelci
Donnazac
Le Vigan
Castelnau-de-Montmiral
Cestayrols
Ambialet
Cahuzac-s-Vère
Villeneuve-s-Tarn
St-Affrique
St-Jean-d'Alcas
A 75
Albi
Gaillac
Alban
St-Sernin-s-Rance
Fondamente
Lisle-sur-Tarn
St-Sulpice
Graulhet
Réalmont
Lavaur
Lacaune
Lodève
2
Viterbe
Agout
Burlats
Teyssode
Castres
Cuq-Toulza
Noailhac
LANGUEDOC-ROUSSILLON
(plans 22 23)
St-Affrique-les-Montagnes
Labastide-Beauvoir
Garrevaques
Mazamet
Revel
Dourgne
Lacabarède
St-Félix-Lauragais
Sorèze
St-Ferréol
Béziers
A 61
E 80
CARCASSONNE
Narbonne
Pamiers
Mirepoix
Aude
Limoux
Camon
Foix
Lavelanet
St-Paul-les-Trois-Seigneurs
Tarascon-s-Ariège
A 9
3
N 20
Ax-les-Thermes
PERPIGNAN
N 116
Soldeu
Prades
Pas-de-la-Casa
Céret
PRINCIPAUTÉ D'ANDORRE
C
D

30 Nord Pas-de-Calais

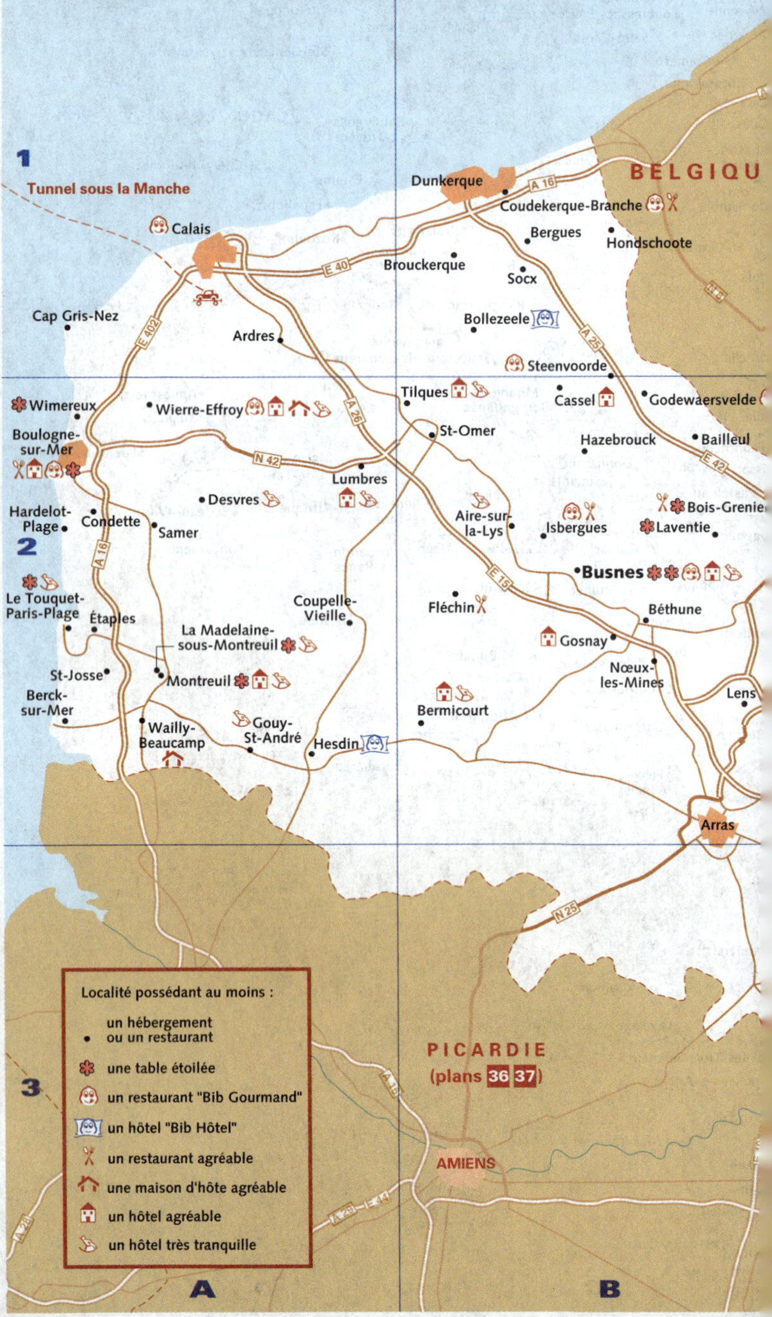

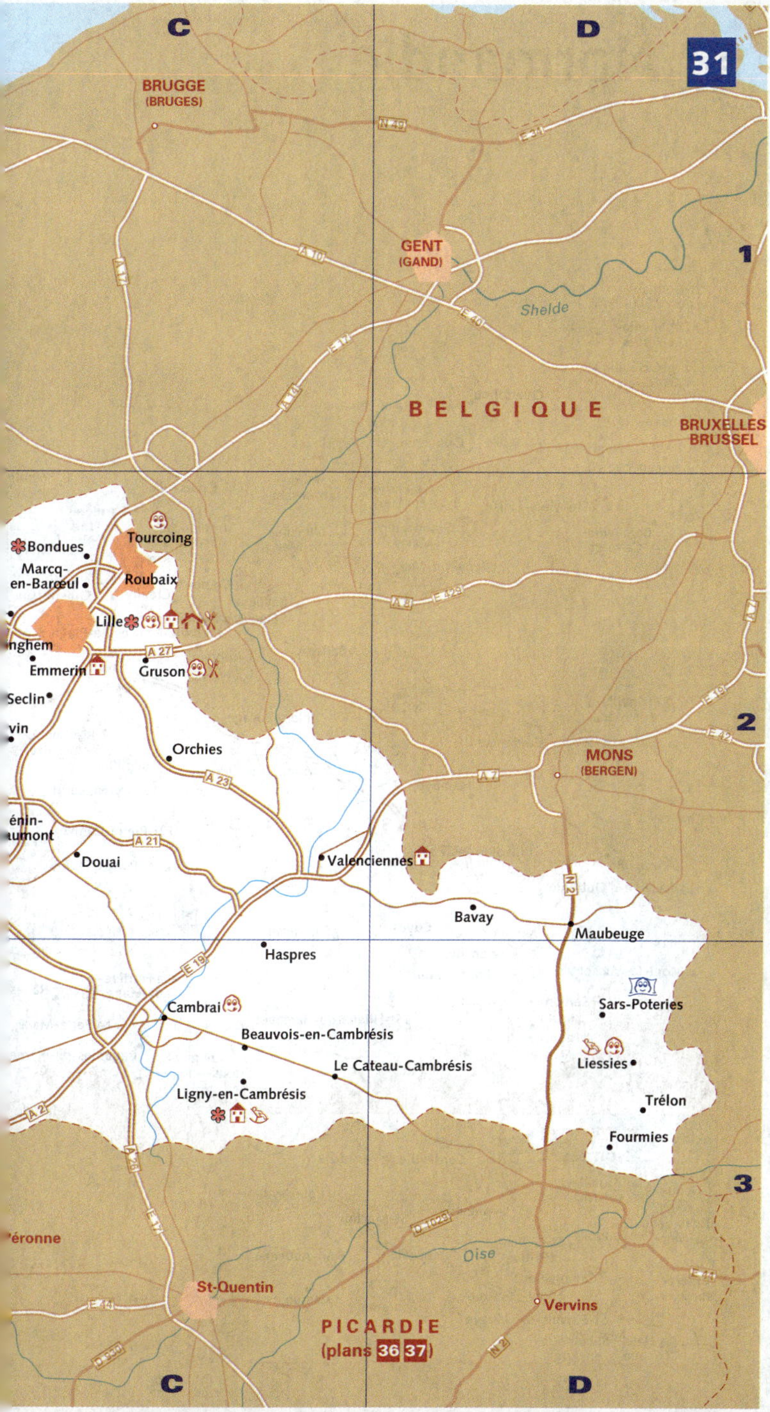
C
D
BRUGGE
(BRUGES)
N 49
E 34
A 10
A 17
GENT
(GAND)
1
E 40
Shelde
E 17
A 14
BELGIQUE
BRUXELLES
BRUSSEL
Tourcoing
Bondues
Marcq-
en-Barœul
Roubaix
Lille
A 8
E 429
A 27
Emmerin
Gruson
Seclin
E 19
2
E 42
Orchies
MONS
(BERGEN)
A 7
A 23
A 21
Douai
Valenciennes
N 2
Bavay
Maubeuge
Haspres
E 19
Sars-Poteries
Cambrai
Beauvois-en-Cambrésis
Le Cateau-Cambrésis
Liessies
Ligny-en-Cambrésis
Trélon
A 2
Fourmies
A 26
3
E 17
D 1029
Oise
E 44
St-Quentin
Vervins
E 44
D 930
PICARDIE
(plans 36 37)
N 2
C
D

32 Normandie

33
C
D
Abbeville
PICARDIE
(plans 36 37)
Le Tréport
Mesnil-Val
Eu
Varengeville-sur-Mer
St-Martin-le-Gaillard
Vastérival
Dieppe
Derchigny
Blangy-sur-Bresle
1
Veules-les-Roses
St-Valery-en-Caux
Le Bourg-Dun
Londinières
Sassetot-le-Mauconduit
Ingouville
Fécamp
Aumale
Étretat
Valmont
Neufchâtel-en-Bray
St-Jouin-Bruneval
Criquetot-l'Esneval
Yerville
Tôtes
Yvetot
Forges-les-Eaux
Frichemesnil
Clères
Le Havre
Notre-Dame-de-Gravenchon
Caudebec-en-Caux
HAUTE NORMANDIE
Tancarville
Martainville-Épreville
Gournay-en-Bray
St-Pierre-de-Manneville
Honfleur
Jumièges
Rouen
Lyons-la-Forêt
Fleury-la-Forêt
Conteville
Routot
Deauville
Bourg-Achard
La Bouille
Pont-St-Pierre
Ménesqueville
Bazincourt-sur-Epte
Epte
Pont-de-l'Arche
La Saussaye
Le Bec-Hellouin
Le Breuil-en-Auge
Connelles
Gisors
Auge
Louviers
St-Étienne-du-Vauvray
Les Andelys
Fresne-Cauverville
Brionne
Acquigny
Port-Mort
Lisieux
La Rivière-Thibouville
Gaillon
SEINE
Fourges
Notre-Dame-de-Livaye
La Croix-St-Leufroy
2
Vernon
Gasny
St-Julien-le-Faucon
Bernay
Giverny
Pacy-sur-Eure
Orbec
Évreux
Mantes-la-Jolie
Conches-en-Ouche
Eure
Notre-Dame-du-Hamel
ÎLE DE FRANCE
(plans 18 19 20 21)
Trun
St-Evroult-Notre-Dame-du-Bois
Le Pin-au-Haras
L'Aigle
Bourth
Nonancourt
Chandai
Aube
Verneuil-sur-Avre
Dreux
Macé
Rambouillet
Sées
Moulins-la-Marche
CENTRE
(plans 11 12)
Moulicent
Mortagne-au-Perche
Eure
Alençon
Bellême
Nocé
3
Mamers
Nogent-le-Rotrou
LE MANS
C
D
Loir
A 28
A 29
A 131
A 151
A 13
A 88
E 44
E 46
E 402
E 5
E 50
D 613
D 6015
D 6014
D 927
D 14
N 31
N 13
N 12
N 154
N 10
A 11
A 10
Localité possédant au moins :
un hébergement ou un restaurant
une table étoilée
un restaurant "Bib Gourmand"
un hôtel "Bib Hôtel"
un restaurant agréable
une maison d'hôte agréable
un hôtel agréable
un hôtel très tranquille

34 Pays de la Loire

35
C
D
BASSE NORMANDIE
(plans 32 33)
Mortagne-au-Perche
ALENÇON
St-Paterne
Neufchâtel-en-Saosnois
Villaines-la-Juhel
Mayenne
Nogent-le-Rotrou
Monhoudou
Martigné-sur-Mayenne
Sillé-le-Guillaume
La Ferté-Bernard
Évron
Domfront-en-Champagne
Argentré
St-Saturnin
Sceaux-sur-Huisne
St-Symphorien
Vaiges
Thorigné-sur-Dué
Champagné
Saulges
Loué
Le Mans
Brûlon
Grez-en-Bouère
Sablé-sur-Sarthe
St-Calais
St-Brice
Guécélard
Sarthe
Coudray
Malicorne-sur-Sarthe
Vendôme
Notre-Dame-du-Pé
Mayenne
La Chartre-sur-le-Loir
Luché-Pringé
La Flèche
Château-du-Loir
Champigné
Loir
Vaas
Le Lude
CENTRE
(plans 11 12)
Briollay
Angers
Linières-Bouton
LOIRE
St-Georges-des-Sept-Voies
Brissac-Quincé
TOURS
Les Rosiers-sur-Loire
St-Martin-de-la-Place
Vauchrétien
Gennes
Vivy
Chênehutte-les-Tuffeaux
Thouarcé
Saumur
Martigné-Briand
Montsoreau
Turquant
Doué-la-Fontaine
Fontevraud-l'Abbaye
Chinon
Vienne
POITOU-CHARENTES
(plans 38 39)
Bressuire
Châtellerault
Parthenay
POITIERS
Montmorillon
NIORT
1
2
3

36 Picardie
NORD
PAS-DE-CALAIS
(plans 30 31)
HAUTE
NORMANDIE
(plans 32 33)
ILE DE FRANCE
(plans 18 19 20 21)
Fort-Mahon-Plage
Quend
Argoules
Vron
Rue
St-Firmin
Favières
Gapennes
St-Valery-sur-Somme
Abbeville
Chépy
Béhen
Somme
Airaines
Authuille
Albert
Amiens
Lamotte-Warfuse
Dury
Roy
Montdidier
Conchy-les-Pots
Cuvilly
Gerberoy
Crillon
Beauvais
Étouy
Estrées-St-Denis
Compi
Clermont
Auteuil
Epte
Thibivillers
Cires-lès-Mello
Oise
Creil
Méru
Senlis
Les Andelys
SEINE
Belle-Église
Gouvieux
Chantilly
La Chapelle-en-Serval
Ermenon
Plailly
PONTOISE
PARIS
VERSAILLES
CRÉTEIL
Eure
ARR
A 16
A 29
E 44
E 402
A 28
N 25
N 31
E 46
E 15
A 1
A 15
N 2
N 12
D 6014
1
2
3
A
B
Localité possédant au moins :
un hébergement ou un restaurant
une table étoilée
un restaurant "Bib Gourmand"
un hôtel "Bib Hôtel"
un restaurant agréable
une maison d'hôte agréable
un hôtel agréable
un hôtel très tranquille

37
C
D
A 23
A 2
A 21
Douai
Valenciennes
NORD
PAS-DE-CALAIS
(plans 30 31)
E 19
Cambrai
1
Avesnes-
s-Helpe
A 2
Le Nouvion-
en-Thiérache
A 26
Le Catelet
Aisonville-
et-Bernoville
D 1029
Péronne
E 17
Étréaupont
Oise
E 44
St-Quentin
A 29
E 44
Neuville-St-Amand
iécourt
D 930
N 2
Danizy
Ste-Preuve
Chauny
Noyon
Rond-d'Orléans
Laon
2
A 26
Cuts
Chamouille
Neufchâtel-
sur-Aisne
Berneuil-sur-Aisne
ondes
Attichy
N 2
Bourg-
et-Comin
Berry-au-Bac
N 51
Soissons
Aisne
Pierrefonds
Courcelles-sur-Vesle
St-Jean-aux-Bois
N 31
E 46
Villers-
Cotterêts
Reims
Fère-
en-Tardenois
A 4
E 17
E 50
Marne
Mézy-
Moulins
Château-Thierry
Épernay
E 50
Reuilly-
Sauvigny
3
aux
CHAMPAGNE-ARDENNE
(plans 13 14)
A 4
C
D

38 Poitou-Charentes

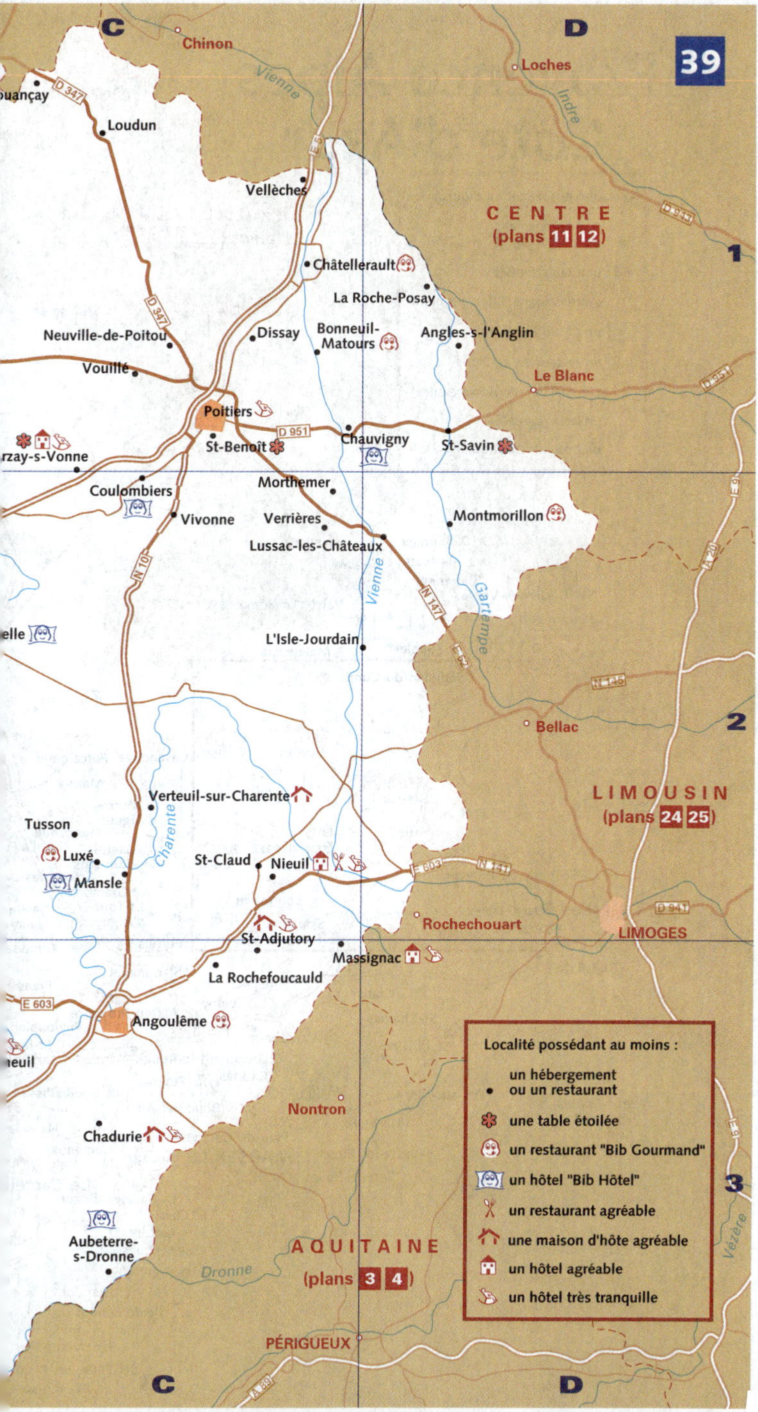
C
D
Chinon
Loches
Vienne
Indre
ouançay
D 347
Loudun
Vellèches
E 5
C E N T R E
(plans 11 12)
D 943
1
Châtellerault
La Roche-Posay
D 347
Neuville-de-Poitou
Dissay
Bonneuil-Matours
Angles-s-l'Anglin
Vouillé
Le Blanc
D 951
Poitiers
D 951
St-Benoît
Chauvigny
St-Savin
rzay-s-Vonne
Morthemer
Coulombiers
Vivonne
Verrières
Montmorillon
Lussac-les-Châteaux
N 10
Vienne
Gartempe
N 147
E 9
A 20
elle
L'Isle-Jourdain
E 62
N 145
Bellac
2
L I M O U S I N
(plans 24 25)
Verteuil-sur-Charente
Charente
Tusson
Luxé
St-Claud
Nieuil
Mansle
E 603
N 141
Rochechouart
D 941
LIMOGES
St-Adjutory
Massignac
La Rochefoucauld
E 603
Angoulême
neuil
Nontron
Chadurie
3
Vézère
Aubeterre-s-Dronne
Dronne
A Q U I T A I N E
(plans 3 4)
PÉRIGUEUX
A 89
C
D
Localité possédant au moins :
un hébergement ou un restaurant
une table étoilée
un restaurant "Bib Gourmand"
un hôtel "Bib Hôtel"
un restaurant agréable
une maison d'hôte agréable
un hôtel agréable
un hôtel très tranquille

Provence Alpes Côte d'Azur

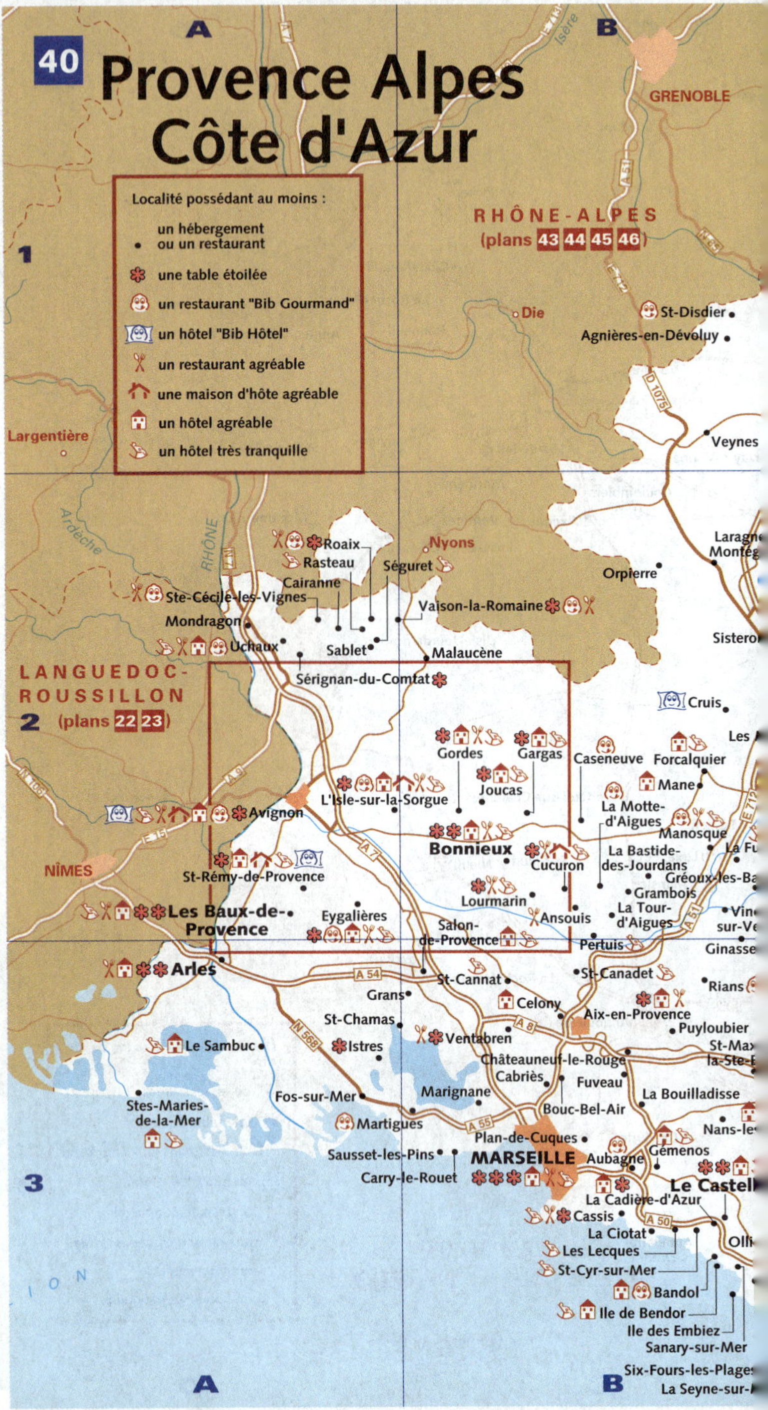

41
C
D
TORINO
A 32
A 21
A 55
E 70
La Grave
Névache
Le Monêtier-les-Bains
Montgenèvre
Serre-Chevalier
Briançon
Puy-St-Pierre
Puy-St-Vincent
Arvieux
Drac
N 94
St-Crépin
Orcières
Guillestre
Ceillac
St-Julien-en-Champsaur
Risoul
Vars
Col Bayard
La Bâtie-Neuve
Embrun
Gap
Baratier
Chorges
ITALIA
Demonte
Stura
CUNEO
St-Pons
Jausiers
Barcelonnette
Seyne
Auron
St-Martin-d'Entraunes
Beuil
Roure
Casterino
Tende
Valberg
St-Martin-Vésubie
Roquebillière
Digne-les-Bains
N 85
D 6204
Annot
Plan-du-Var
Utelle
Gilette
Moustiers-Ste-Marie
La Palud-sur-Verdon
Castellane
La Garde
Vescous
Châteauneuf-Villevieille
La Turbie
St-Martin-du-Var
Contes
Monti
Point Sublime
Les Salles-sur-Verdon
Thorenc
Peillon
Menton
Vence
MONTE-CARLO
Trigance
La Martre
Verdon
D 6085
Grasse
Nice
Èze
Comps-sur-Artuby
Fayence
Le Rouret
Beaulieu-sur-Mer
Quinson
Biot
Cagnes-sur-Mer
Seillans
Tourrettes
Mougins
St-Jean-Cap-Ferrat
Aups
Tourtour
Antibes
Villecroze
Callas
Cap d'Antibes
Draguignan
Montauroux
A 8
Lorgues
Cannes
Flayosc
La Motte
Le Cannet
Le Muy
La Napoule
Le Thoronet
Valescure
Les Arcs
Le-Val
Le Luc
Vidauban
St-Raphaël
Fréjus
Puget-sur-Argens
St-Aygulf
Les Issambres
Le Val d'Esquières
Plan-de-la-Tour
Ste-Maxime
Rocbaron
Grimaud
Port-Grimaud
Saint-Tropez
A 57
Cogolin
Gassin
Cuers
La Croix-Valmer
Ramatuelle
La Londe-les-Maures
Gigaro
Cavalaire-sur-Mer
La Crau
Rayol-Canadel-sur-Mer
Hyères
Cavalière
Carqueiranne
Aiguebelle
Le Lavandou
Giens
Bormes-les-Mimosas
Île de Port-Cros
Le Pradet
Île de Porquerolles
1
2
3

Provence Alpes Côte d'Azur

E

1

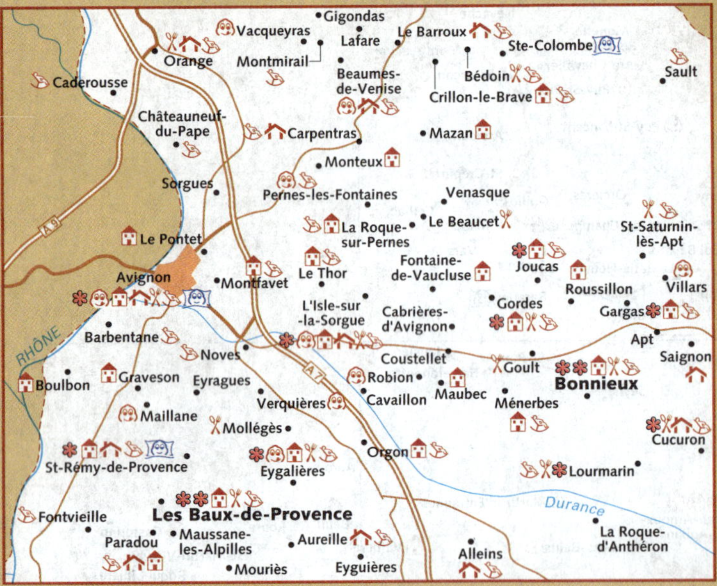

2

E

Rhône-Alpes

Localité possédant au moins :

- un hébergement ou un restaurant
- une table étoilée
- un restaurant "Bib Gourmand"
- un hôtel "Bib Hôtel"
- un restaurant agréable
- une maison d'hôte agréable
- un hôtel agréable
- un hôtel très tranquille

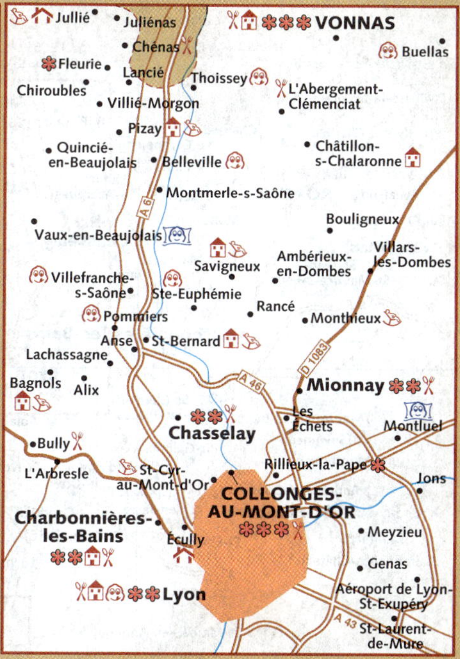

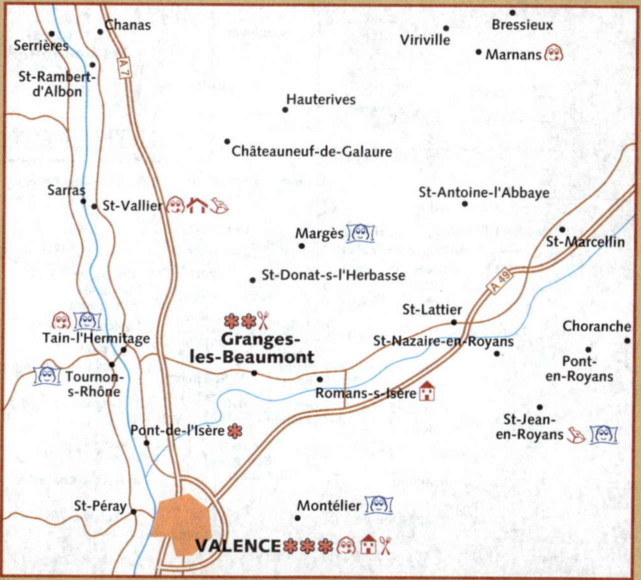

44 Rhône-Alpes

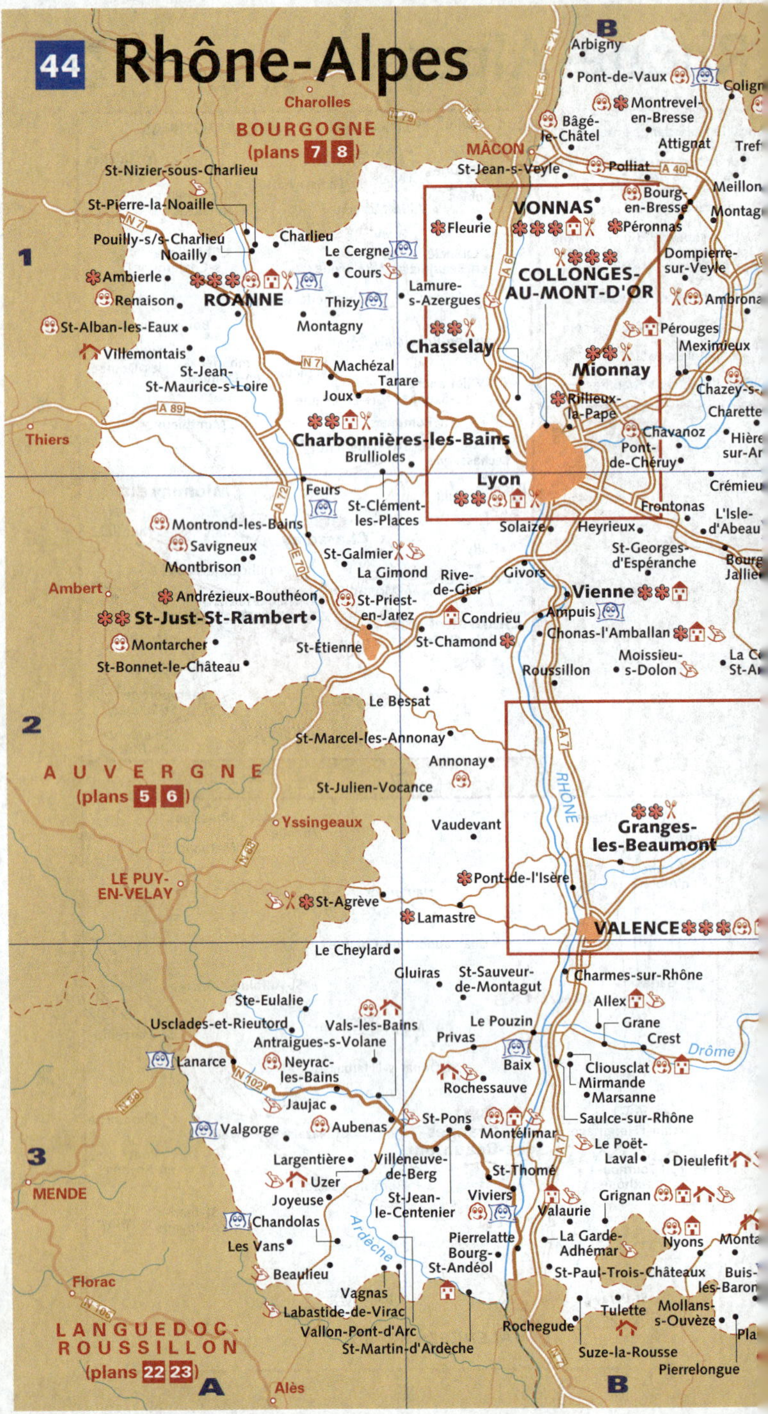

45
C
D
FRANCHE-COMTÉ
(plans 16 17)
LAC LÉMAN
SUISSE
SION
Thonon-les-Bains
Douvaine
Oyonnax
Chézery-Forens
Thoiry
GENÈVE
Nantua
St-Germain-de-Joux
Bossey
Bellegarde-s-Valserine
Éloise
Argentière
Le Lavancher
Les Praz-de-Chamonix
Cordon
Chamonix-Mont-Blanc
Vosges
Annecy
Veyrier-du-Lac
Megève
Rumilly
Talloires
AOSTA/AOSTE
Les Saisies
Belley
Jongieux
Faverges
Ugine
Hauteluce
Beaufort
Tertenoz
Arèches
Les Catons
La Rosière-1850
Champagneux
Le Bourget-du-Lac
Bourg-St-Maurice
Ste-Foy-Tarentaise
Chambéry
Peisey-Nancroix
Romagnieu
La Plagne
La Bâtie-Divisin
Tignes
Val-d'Isère
Champagny-en-Vanoise
La Tania
Le Praz
Val-Claret
Les Échelles
Pralognan-la-Vanoise
St-Laurent-du-Pont
St-Martin-de-Belleville
Bonneval-s-Arc
Voiron
Courchevel 1850
Le Sappey-en-Chartreuse
Val-Thorens
Aussois
Isère
Arc
Grenoble
Valloire
Uriage-les-Bains
Lans-en-Vercors
Alpe-d'Huez
Mizoën
Villard-de-Lans
ITALIA
Le Freney-d'Oisans
Corrençon-en-Vercors
Venosc
Les Deux-Alpes
Treffort
Briançon
Monestier-de-Clermont
Corps
Drac
Nonières
PROVENCE-ALPES-CÔTE D'AZUR
(plans 40 41 42)
GAP
Durance
Montbrun-les-Bains / Malaucène
Localité possédant au moins :
un hébergement ou un restaurant
une table étoilée
un restaurant "Bib Gourmand"
un hôtel "Bib Hôtel"
un restaurant agréable
une maison d'hôte agréable
un hôtel agréable
un hôtel très tranquille
1
2
3

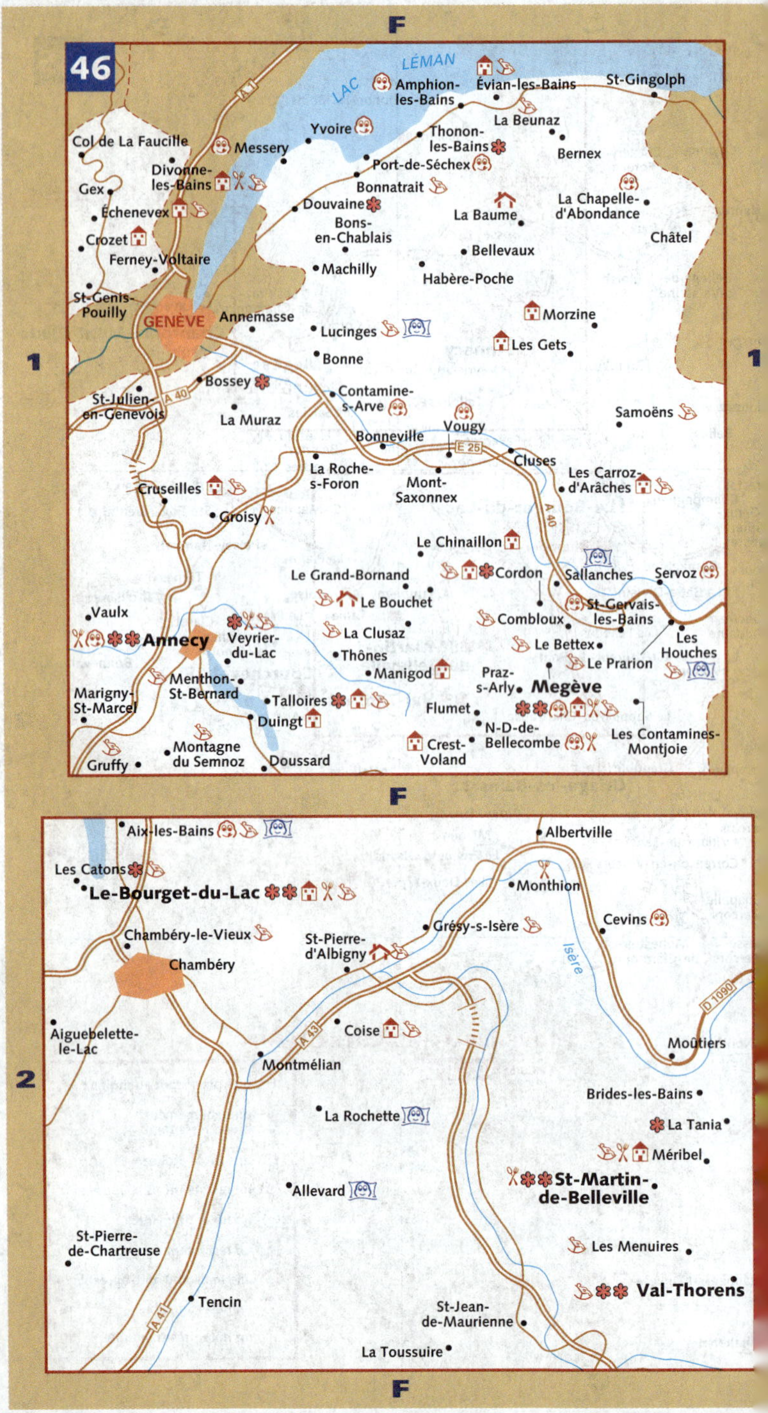
F
46
LAC LÉMAN
Amphion-les-Bains
Évian-les-Bains
St-Gingolph
La Beunaz
Bernex
Col de La Faucille
Messery
Yvoire
Thonon-les-Bains
Port-de-Séchex
Divonne-les-Bains
Gex
Bonnatrait
Échenevex
Douvaine
La Baume
La Chapelle-d'Abondance
Crozet
Bons-en-Chablais
Châtel
Ferney-Voltaire
Bellevaux
Machilly
Habère-Poche
St-Genis-Pouilly
GENÈVE
Annemasse
Morzine
Lucinges
Les Gets
Bonne
1
Bossey
Contamine-s-Arve
St-Julien-en-Genevois
A 40
La Muraz
Samoëns
Vougy
Bonneville
E 25
Cluses
La Roche-s-Foron
Mont-Saxonnex
Les Carroz-d'Arâches
Cruseilles
Groisy
A 40
Le Chinaillon
Le Grand-Bornand
Cordon
Sallanches
Servoz
Le Bouchet
Vaulx
St-Gervais-les-Bains
Combloux
La Clusaz
Annecy
Veyrier-du-Lac
Les Houches
Thônes
Le Bettex
Le Prarion
Menthon-St-Bernard
Manigod
Praz-s-Arly
Megève
Marigny-St-Marcel
Talloires
Flumet
Duingt
N-D-de-Bellecombe
Les Contamines-Montjoie
Montagne du Semnoz
Crest-Voland
Gruffy
Doussard
F
Aix-les-Bains
Albertville
Les Catons
Le-Bourget-du-Lac
Monthion
Grésy-s-Isère
Cevins
Chambéry-le-Vieux
St-Pierre-d'Albigny
Isère
Chambéry
D 1090
Aiguebelette-le-Lac
Coise
A 43
Moûtiers
2
Montmélian
Brides-les-Bains
La Rochette
La Tania
Méribel
Allevard
St-Martin-de-Belleville
Les Menuires
St-Pierre-de-Chartreuse
Val-Thorens
Tencin
St-Jean-de-Maurienne
A 41
La Toussuire
F

Distances entre principales villes
Distances between major towns

	Ami	Angers	Bayonne	Besançon	Bordeaux	Brest	Caen	Calais	Cherbourg	Clermont-Ferrand	Dijon	Grenoble	Le Havre	Lille	Limoges	Lyon	Le Mans	Marseille	Metz	Montpellier	Mulhouse	Nancy	Nantes	Nice	Orléans	Paris	Perpignan	Reims	Rennes	Rouen	Saint-Etienne	Strasbourg	Toulon	Toulouse
Angers	421																																	
Bayonne	903	564																																
Besançon	558	649	914																															
Bordeaux	724	384	192	736																														
Brest	628	378	831	962	633																													
Caen	256	253	795	649	616	375																												
Calais	160	512	1054	655	875	719	347																											
Cherbourg	377	372	878	771	681	423	124	467																										
Clermont-Ferrand	558	448	561	370	381	824	601	713	720																									
Dijon	474	551	836	97	673	862	548	573	670	308																								
Grenoble	709	727	823	315	686	1103	806	871	928	297	303																							
Le Havre	185	330	872	611	692	469	96	275	218	574	512	769																						
Lille	122	513	987	583	807	762	390	114	512	642	495	797	319																					
Limoges	526	265	408	499	228	605	490	682	609	237	436	542	540	611																				
Lyon	602	607	774	229	595	983	698	763	820	205	195	114	661	693	450																			
Le Mans	335	96	634	578	454	397	166	425	285	440	479	719	243	427	329	569																		
Marseille	913	908	698	541	648	1283	1010	1075	1132	477	507	309	973	1005	694	316	892																	
Metz	368	620	1093	268	919	917	571	467	693	569	262	564	543	367	723	457	532	769																
Montpellier	885	775	532	526	482	1120	928	1041	1047	338	492	293	899	970	528	300	760	168	753															
Mulhouse	554	774	1038	137	859	1028	714	697	836	493	222	436	676	597	621	381	643	696	233	683														
Nancy	383	666	1084	209	905	897	586	482	708	515	208	509	557	419	642	403	505	715	56	700	178													
Nantes	508	89	516	752	336	298	293	598	339	536	653	814	385	601	352	694	186	972	706	806	864	720												
Nice	1077	1071	861	704	812	1447	1174	1239	1296	641	671	330	1136	1168	858	479	1056	213	932	332	686	881	1134											
Orléans	269	245	647	418	467	591	321	425	443	300	319	576	283	354	269	469	144	760	464	624	545	451	331	915										
Paris	135	297	771	415	591	594	234	297	357	426	316	573	197	226	395	466	209	778	333	750	481	347	384	934	134									
Perpignan	982	754	498	676	448	1086	978	1137	1097	435	643	444	996	1066	494	451	810	320	904	155	835	853	771	475	724	850								
Reims	174	431	905	380	725	728	382	273	505	535	292	594	348	203	529	488	343	800	192	786	381	206	518	955	268	145	935							
Rennes	441	130	630	725	450	243	188	531	235	596	625	875	280	574	417	776	161	1056	679	920	793	661	110	1211	353	357	886	490						
Rouen	124	299	841	546	661	501	128	214	251	509	447	704	91	257	478	597	211	910	481	833	615	495	385	1065	217	132	933	292	313					
Saint-Etienne	660	576	715	288	535	952	729	822	848	146	254	154	700	751	391	63	561	335	515	320	441	465	663	491	428	526	470	548	724	636				
Strasbourg	524	775	1151	250	971	1072	726	623	849	606	335	531	698	523	733	494	687	808	163	793	116	156	862	789	586	489	943	349	834	637	550			
Toulon	976	971	761	604	711	1347	1073	1138	1195	540	570	330	1036	1068	757	379	955	64	831	232	763	781	1034	150	823	842	382	864	1119	972	397	873		
Toulouse	812	551	300	737	245	883	775	967	894	383	674	532	826	896	291	539	607	407	935	243	864	885	568	563	554	680	208	813	684	762	419	973	470	
Tours	373	124	534	521	355	497	264	523	383	341	422	619	341	457	229	469	96	800	563	665	648	555	210	956	117	241	718	374	259	310	468	693	863	514

808 km

Marseille - Strasbourg

Manufacture française des pneumatiques Michelin
Société en commandite par actions au capital de 304 000 000 EUR
Place des Carmes-Déchaux – 63 Clermont-Ferrand (France)
R.C.S. Clermond-Fd B 855 200 507

Dépôt légal mars 2011
Printed in Belgium, 01.11/09.1-1

Photographie de couverture :
– Juskina Lyn/Fotolia.com
– Weimas/Fotolia.com

Compogravure : Jouve, Saran (France)
Impression : CASTERMAN, Tournai (Belgique)
Reliure : S.I.R.C., Marigny-le-Châtel (France)
Parution 2011

1920